隆安律师

解读民法典

总则编·物权编

隆安律师事务所／编著

法律出版社 LAW PRESS · CHINA
北京

图书在版编目（CIP）数据

隆安律师解读民法典：全三册／隆安律师事务所编著. -- 北京：法律出版社，2022
ISBN 978-7-5197-6103-5

Ⅰ. ①隆… Ⅱ. ①隆… Ⅲ. ①民法－法典－法律解释－中国 Ⅳ. ①D923.05

中国版本图书馆 CIP 数据核字(2021)第 221488 号

隆安律师解读民法典
LONG'AN LÜSHI JIEDU MINFADIAN

隆安律师事务所 编著

责任编辑 李争春 翁潇潇
装帧设计 汪奇峰 臧晓飞

出版发行 法律出版社
编辑统筹 法规出版分社
责任校对 王晓萍 杨锦华
责任印制 张建伟
经　　销 新华书店

开本 710 毫米×1000 毫米 1/16
印张 158.5 **字数** 2580 千
版本 2022 年 2 月第 1 版
印次 2022 年 2 月第 1 次印刷
印刷 北京建宏印刷有限公司

地址：北京市丰台区莲花池西里 7 号（100073）
网址：www.lawpress.com.cn
投稿邮箱：info@lawpress.com.cn
举报盗版邮箱：jbwq@lawpress.com.cn

销售电话：010-83938349
客服电话：010-83938350
咨询电话：010-63939796

书号：ISBN 978-7-5197-6103-5
定价（全三册）：398.00 元

编 委 会

主　　编： 黄永庆　王　丹

执行主编： 雷艳智　魏　云

副 主 编： 胡　杰　许　晓　赵京辉　哈　斯
曹　娜　罗　洁　隋　辉　李高来
李长青　赖向东

隆安律师
解读民法典

本册编写人员名单

按照姓名笔画排列依次为：

北京总部： 王善忠　方嘉毅　代　赛　刘金燕　刘　箫　李佳星　佟　瑶　宋琪琪　陈　昕　金路循　胡小顺　贾思远　彭　啸　霍丹欣　魏美玲

上海办公室： 叶　锦　刘　冰　罗　洁　袁慧超

深圳办公室： 樵地祥

郑州办公室： 王晓乐　成俊慧　刘　琦　吴俊霖　张　倩　赵京辉　赵　楠　高春利　魏　云　李　劼

天津办公室： 雷艳智

隆安律师

解读民法典

序　言

《中华人民共和国民法典》被称为“社会生活的百科全书”，是新中国第一部以法典命名的法律，在法律体系中居于基础性地位，也是市场经济的基本法。法律的生命力在于实施，法律的权威也在于实施，准确地理解和适用民法典是法律共同体必须认真思考和研究的重要课题。《隆安律师解读民法典》是隆安律师基于长期法律实践对民法典的深度解读，紧扣法律适用，注重用案例阐释法律条文，内容翔实，为读者正确理解和适用民法典提供法律适用导引。

本书的主编黄永庆律师是我的学生，黄永庆同学自1999年起在隆安律师事务所担任律师、高级合伙人，这二十多年来，他始终保持不断学习的态度，致力于将学术研究与法律适用相结合，颇为勤勉专注。作为老师，看到他又呕心完成这样一部实践性学术成果，深感欣慰，希望他能继续求知、探索，也期待民法典所蕴含的平等意识、契约精神、诚信观念成为人们日常生活中的行为准则，实现民法典更为深远的时代价值。

是以为序！

2021年5月18日

司法解释及文件缩略语表

简称	全称
《民通意见》	《最高人民法院关于贯彻执行〈中华人民共和国民法通则〉若干问题的意见(试行)》(已被法释〔2020〕16号废止)
《民事案件诉讼时效制度规定》	《最高人民法院关于审理民事案件适用诉讼时效制度若干问题的规定》(根据法释〔2020〕17号修正)
《民法典物权编解释(一)》	《最高人民法院关于适用〈中华人民共和国民法典〉物权编的解释(一)》(法释〔2020〕24号)
《物权法解释(一)》	《最高人民法院关于适用〈中华人民共和国物权法〉若干问题的解释(一)》(已被法释〔2020〕16号废止)
《物业服务解释》	《最高人民法院关于审理物业服务纠纷案件适用法律若干问题的解释》(根据法释〔2020〕17号修正)
《合同法解释(一)》	《最高人民法院关于适用〈中华人民共和国合同法〉若干问题的解释(一)》(已被法释〔2020〕16号废止)
《合同法解释(二)》	《最高人民法院关于适用〈中华人民共和国合同法〉若干问题的解释(二)》(已被法释〔2020〕16号废止)、
《民法典担保制度解释》	《最高人民法院关于适用〈中华人民共和国民法典〉有关担保制度的解释》(法释〔2020〕28号)
《担保法解释》	《最高人民法院关于适用〈中华人民共和国担保法〉若干问题的解释》(已被法释〔2020〕16号废止)
《建筑物区分所有权解释》	《最高人民法院关于审理建筑物区分所有权纠纷案件适用法律若干问题的解释》(根据法释〔2020〕17号修正)
《技术合同解释》	《最高人民法院关于审理技术合同纠纷案件适用法律若干问题的解释》(根据法释〔2020〕20号修正)

续表

简称	全称
《技术合同纪要》	《最高人民法院关于印发全国法院知识产权审判工作会议关于审理技术合同纠纷案件若干问题的纪要的通知》(法〔2001〕84号)
《民间借贷规定》	《最高人民法院关于审理民间借贷案件适用法律若干问题的规定》(根据法释〔2020〕17号修正)
《建设工程解释(一)》	《最高人民法院关于审理建设工程施工合同纠纷案件适用法律问题的解释(一)》(法释〔2020〕25号)
《建设工程解释》	《最高人民法院关于审理建设工程施工合同纠纷案件适用法律问题的解释》(已被法释〔2020〕16号废止)
《建设工程解释(二)》	《最高人民法院关于审理建设工程施工合同纠纷案件适用法律问题的解释(二)》(已被法释〔2020〕16号废止)
《民法典婚姻家庭编解释(一)》	《最高人民法院关于适用〈中华人民共和国民法典〉婚姻家庭编的解释(一)》(法释〔2020〕22号)
《婚姻法解释(一)》	《最高人民法院关于适用〈中华人民共和国婚姻法〉若干问题的解释(一)》(已被法释〔2020〕16号废止)
《婚姻法解释(二)》	《最高人民法院关于适用〈中华人民共和国婚姻法〉若干问题的解释(二)》(已被法释〔2020〕16号废止)
《婚姻法解释(三)》	《最高人民法院关于适用〈中华人民共和国婚姻法〉若干问题的解释(三)》(已被法释〔2020〕16号废止)
《民法典继承编解释(一)》	《最高人民法院关于适用〈中华人民共和国民法典〉继承编的解释(一)》(法释〔2020〕23号)
《买卖合同解释》	《最高人民法院关于审理买卖合同纠纷案件适用法律问题的解释》(根据法释〔2020〕17号修正)
《商品房买卖合同解释》	《最高人民法院关于审理商品房买卖合同纠纷案件适用法律若干问题的解释》(根据法释〔2020〕17号修正)
《融资租赁解释》	《最高人民法院关于审理融资租赁合同纠纷案件适用法律问题的解释》(根据法释〔2020〕17号修正)
《城镇房屋租赁合同解释》	《最高人民法院关于审理城镇房屋租赁合同纠纷案件具体应用法律若干问题的解释》(根据法释〔2020〕17号修正)
《企业破产法规定(二)》	《最高人民法院关于适用〈中华人民共和国企业破产法〉若干问题的规定(二)》(根据法释〔2020〕18号修正)

续表

简称	全称
《农村土地承包纠纷司法解释》	《最高人民法院关于审理涉及农村土地承包纠纷案件适用法律问题的解释》(根据法释〔2020〕17号修正)
《人身损害赔偿案件解释》	《最高人民法院关于审理人身损害赔偿案件适用法律若干问题的解释》(根据法释〔2020〕17号修正)
《精神损害赔偿解释》	《最高人民法院关于确定民事侵权精神损害赔偿责任若干问题的解释》(根据法释〔2020〕17号修正)
《信息网络规定》	《最高人民法院关于审理利用信息网络侵害人身权益民事纠纷案件适用法律若干问题的规定》(根据法释〔2020〕17号修正)
《道路交通损害赔偿司法解释》	《最高人民法院关于审理道路交通事故损害赔偿案件适用法律若干问题的解释》(根据法释〔2020〕17号修正)
《医疗损害责任纠纷司法解释》	《最高人民法院关于审理医疗损害责任纠纷案件适用法律若干问题的解释》(根据法释〔2020〕17号修正)
《民事诉讼法解释》	《最高人民法院关于适用〈中华人民共和国民事诉讼法〉的解释》(根据法释〔2020〕20号修正)
《仲裁法解释》	《最高人民法院关于适用〈中华人民共和国仲裁法〉若干问题的解释》(法释〔2006〕7号)
《九民纪要》	《全国法院民商事审判工作会议纪要》(法〔2019〕254号)

总目录

第一编　总　　则

第二编　物　　权

第三编　合　　同

第四编　人　格　权

第五编　婚姻家庭

分 目 录

第一编 总 则

① 条文主旨为编者所加，仅供参考，下同。

第二编 物 权

第一分编 通 则

第四分编　担保物权

第五分编 占　　有

第一编　总　　则

第一章 基本规定

法律条文

第一条 为了保护民事主体的合法权益,调整民事关系,维护社会和经济秩序,适应中国特色社会主义发展要求,弘扬社会主义核心价值观,根据宪法,制定本法。

条文主旨

本条是关于本法的立法宗旨和依据的规定。

新旧法对比

《民法通则》①	《民法总则》②	《民法典》
第一条 为了保障公民、法人的合法的民事权益,正确调整民事关系,适应社会主义现代化建设事业发展的需要,根据宪法和我国实际情况,总结民事活动的实践经验,制定本法。	第一条 为了**保护民事主体**的合法权益,调整民事关系,**维护社会和经济秩序**,**适应中国特色社会主义发展要求**,**弘扬社会主义核心价值观**,根据宪法,制定本法。	【内容不变】第一条

理解与适用

立法目的是制定法律的根本目标和宗旨,在第 1 条中明确立法目的和依据符合我国立法的惯例。"根据宪法,制定本法"的规定明确了《民法典》的立法依据。《宪法》是民法的立法根据,民法在《宪法》的基础上,具体落实民事主体的

① 为方便阅读,本书中法律、法规名称均使用简称。《民法通则》已失效,下同。
② 《民法总则》已失效,下同。

民事权利。

“富强、民主、文明、和谐、自由、平等、公正、法治、爱国、敬业、诚信、友善”的社会主义核心价值观是经过千锤百炼从国家、社会、公民三个层面凝结出来的与我国国情相适应并能达成广泛社会共识的核心价值观。在社会主义核心价值观的引领下，公民以法律维权、以道德自律，具有国家强制执行力的法律规则用来约束人与人之间的交互行为，在法外空间则需道德规则用来约束己身。立法者须以公序良俗来规范民法规则，并使法律来保证最低限度道德的实现，最终形成风清弊绝的社会风气。

实务问题

2021 年 1 月 19 日，最高人民法院印发《关于深入推进社会主义核心价值观融入裁判文书释法说理的指导意见》。该意见全面规范了法官运用社会主义核心价值观释法说理的基本原则、基本要求、主要方法、重点案件、范围情形、配套机制等，突出“法官在法律框架内运用社会主义核心价值观释法说理”这一基本定位，有利于指引、规范法官运用社会主义核心价值观正确理解立法精神和立法目的，规范行使自由裁量权，充分发挥司法裁判在国家治理、社会治理中的规范、评价、教育、引领等功能，为人民群众在实施见义勇为、正当防卫以及维护公共利益和公共秩序时，在遇到“扶不扶”“劝不劝”“管不管”等法律和道德难题时，亮明立场，辨明方向。

（编写人：罗　洁　张　倩　李　劼）

法律条文

第二条　民法调整平等主体的自然人、法人和非法人组织之间的人身关系和财产关系。

条文主旨

本条是关于民法调整范围的规定。

新旧法对比

《民法通则》	《民法总则》	《民法典》
第二条　中华人民共和国民法调整平等主体的公民之间、法人之间、公民和法人之间的财产关系和人身关系。	第二条　民法调整平等主体的**自然人、法人和非法人组织之间的人身关系和财产关系**。	【内容不变】第二条

理解与适用

民事主体是民事关系的参与者、民事权利的享有者、民事义务的履行者和民事责任的承担者。根据权利义务所涉及的内容不同,民法所调整的民事关系可以分为人身关系和财产关系。民法调整的人身关系与民事主体的人格利益及民事主体的特定身份相关,如配偶之间的婚姻关系,父母子女之间的抚养和赡养关系。财产关系,是指民事主体之间基于物质利益而形成的民事法律关系,包括物权关系、债权关系等。

实务问题

自然人、法人、非法人组织之间的社会关系多种多样,并非所有社会关系都由民法调整。民法仅调整民事主体之间的民事关系,即作为平等主体之间自然人、法人、非法人组织之间发生的社会关系。例如,行政机关在从事行政管理活动时,会与自然人或法人形成行政法律关系,这种行政法律关系双方的地位是不平等的,不属于民法调整。机关从事民事活动,如因购买商品而与公司签订买卖合同,民法要求其必须以机关法人的身份进行,此时机关法人与其他民事主体之间的法律地位是平等的,这种买卖合同关系则由民法调整。

(编写人:罗 洁 张 倩)

法律条文

第三条 民事主体的人身权利、财产权利以及其他合法权益受法律保护,任何组织或者个人不得侵犯。

条文主旨

本条是关于民事权利及其他合法权益受法律保护的规定。

新旧法对比

《民法通则》	《民法总则》	《民法典》
第五条 公民、法人的合法的民事权益受法律保护,任何组织和个人不得侵犯。	第三条 **民事主体**的**人身权利、财产权利以及其他合法权益**受法律保护,任何组织**或者**个人不得侵犯。	【内容不变】第三条

理解与适用

民事权利及其他合法权益受法律保护是民法的基本精神，也是民事立法的出发点和落脚点。民事权利及其他合法权益受法律保护，就要求任何组织或者个人不得侵犯。不得侵犯，就是任何组织或者个人不得非法侵占、限制、剥夺他人的民事权利及其他合法权益，也不得干涉他人正常行使民事权利及其他合法权益。

实务问题

民事主体的民事权利并非可以毫无限制，不是绝对自由的。相反，民事主体行使民事权利要受到法律、公序良俗的约束，民事主体不得滥用民事权利，且国家基于公共利益的需要，在法律权限范围内经法定程序，在给予公平合理补偿的前提下，可以对民事主体的财产予以征收或者征用。

（编写人：罗　洁　张　倩）

法律条文

第四条　民事主体在民事活动中的法律地位一律平等。

条文主旨

本条是关于平等原则的规定。

新旧法对比

《民法通则》	《民法总则》	《民法典》
第三条　当事人在民事活动中的地位平等。	第四条　**民事主体**在民事活动中的**法律地位一律**平等。	【内容不变】第四条

理解与适用

平等原则，是指民事主体，无论法人、自然人还是非法人组织，无论法人规模大小、经济实力雄厚与否，无论自然人是男、女、老、少、贫、富，无论非法人组织经营什么业务，在从事民事活动时，他们在法律地位上都是平等的，他们的合法权益受到法律的平等保护。当事人之间地位平等是民法区别于其他法律部门的最为重要的特征。

实务问题

民事主体的法律地位一律平等，首先，体现为自然人的权利能力一律平等。权利能力就是自然人享有民事权利、承担民事义务的法律资格，这种法律资格，不因自然人的出身、身份、职业、性别、年龄、民族、种族等而不同，所有自然人从法律人格上而言都是平等的、没有差别的。其次，该原则体现为所有民事主体之间在从事民事活动时双方的法律地位平等。如一个资产规模很大的跨国公司，在与一个资产很少的公司开展交易时，尽管二者经济实力悬殊，但在法律上二者是平等的，必须在平等协商的基础上达成交易条款，任何一方不得利用自己的优势地位向对方施加不当压力。民法为了维护和实现民事主体之间法律地位的平等性，确保民事主体之间能平等协商交易条款，还规定当事人一方利用优势地位强加给另一方的不公平的"霸王条款"无效。最后，该原则还体现为所有民事主体的合法权益受到法律的平等保护。平等保护就是民事主体权利在法律上都是平等地受到保护的。平等保护还意味着民事主体的权利受到侵害时，在法律适用上是平等的，能够获得同等的法律救济。正因如此，我国《民事诉讼法》规定，民事诉讼当事人有平等的诉讼权利，人民法院审理民事案件对当事人在法律适用上一律平等。

（编写人：罗　洁　张　倩）

法律条文

第五条　民事主体从事民事活动，应当遵循自愿原则，按照自己的意思设立、变更、终止民事法律关系。

条文主旨

本条是关于自愿原则的规定。

新旧法对比

《民法通则》	《民法总则》	《民法典》
第四条　民事活动应当遵循自愿、公平、等价有偿、诚实信用的原则。	第五条　**民事主体从事民事活动，应当遵循自愿原则，按照自己的意思设立、变更、终止民事法律关系。**	【内容不变】第五条

理解与适用

自愿原则,可以从以下四个方面来理解:(1)民事主体有权自愿从事民事活动。民事主体参加或不参加某一民事活动由其自己根据自身意志和利益自由决定,其他民事主体不得干预,更不能强迫其参加。(2)民事主体有权自主决定民事法律关系的内容。民事主体决定参加民事活动后,可以根据自己的利益和需要,决定与谁建立民事法律关系,并决定具体的权利、义务内容,以及民事活动的行为方式。(3)民事主体有权自主决定民事法律关系的变动。民事法律关系的产生、变更、终止应由民事主体自己根据本人意志自主决定。(4)民事主体应当自觉承受相应法律后果。与民事主体自愿参加民事活动、自主决定民事法律关系相伴的是,民事主体需要自觉承担相应法律后果。自愿或者说意思自治的必然要求就是,每个人对自己的行为负责。

实务问题

自愿或者意思自治不是毫无约束的绝对的自由与放任。民事主体实现自愿、自主或意思自治的前提就是民事主体之间的平等法律地位。因此,民事主体的自愿是建立在相互尊重的基础上,必须尊重其他民事主体的自主意志。民事主体的意思自治,还受到民法的公平原则、诚信原则、守法原则等基本原则的约束,这些原则要求民事主体从事民事活动,要公平合理、诚实守信,不得违反法律,不得违背公序良俗。

(编写人:罗　洁　张　倩)

法律条文

第六条　民事主体从事民事活动,应当遵循公平原则,合理确定各方的权利和义务。

条文主旨

本条是关于公平原则的规定。

新旧法对比

《民法通则》	《民法总则》	《民法典》
第四条 民事活动应当遵循自愿、公平、等价有偿、诚实信用的原则。	第六条 **民事主体从事**民事活动，应当遵循公平原则**，合理确定各方的权利和义务。**	【内容不变】第六条

理解与适用

公平原则要求民事主体从事民事活动时要秉持公平理念，公正、平允、合理地确定各方的权利和义务，并依法承担相应的民事责任。公平原则首先要求民事主体在从事民事活动时，按照公平观念行使权利、履行义务，特别是对于双方民事法律行为，要求一方的权利和义务应当相适应，双方之间的权利和义务应当对等，不能一方承担义务另一方只享有权利，也不能一方享受的权利和义务相差悬殊。

实务问题

公平原则作为民法的基本原则，不仅是民事主体从事民事活动应当遵守的基本行为准则，也是人民法院审理民事纠纷应当遵守的基本裁判准则。人民法院在审理民事纠纷时，也可能会根据公平原则，酌情裁判合同当事人最初在合同中的约定，调整合同当事人的分配比例。

（编写人：罗 洁 张 倩）

法律条文

第七条 民事主体从事民事活动，应当遵循诚信原则，秉持诚实，恪守承诺。

条文主旨

本条是关于诚信原则的规定。

新旧法对比

《民法通则》	《民法总则》	《民法典》
第四条　民事活动应当遵循自愿、公平、等价有偿、诚实信用的原则。	第七条　**民事主体从事**民事活动，应当遵循诚信原则**，秉持诚实，恪守承诺。**	【内容不变】第七条

理解与适用

诚信原则作为民法最重要的基本原则，被称为民法的“帝王条款”，是各国民法公认的基本原则。诚信原则要求所有民事主体在从事任何民事活动时，包括行使民事权利、履行民事义务、承担民事责任时，都应该秉持诚实、善意，不诈不欺，言行一致，信守自己的承诺。

实务问题

由于诚信原则具有高度抽象性和概括性，其对于民事主体从事民事活动、司法机关进行民事裁判活动都具有重要作用。在当事人没有明确约定或法律没有具体规定时，人民法院可以根据诚信原则填补合同漏洞、弥补法律空白，平衡民事主体之间、民事主体与社会之间的利益，进而实现社会的公平正义。

（编写人：罗　洁　张　倩）

法律条文

第八条　民事主体从事民事活动，不得违反法律，不得违背公序良俗。

条文主旨

本条是关于公序良俗原则的规定。

新旧法对比

《民法通则》	《民法总则》	《民法典》
第七条　民事活动应当尊重社会公德，不得损害社会公共利益，扰乱社会经济秩序。	第八条　**民事主体从事**民事活动，不得**违反法律，不得违背公序良俗。**	【内容不变】第八条

理解与适用

公序良俗,是指公共秩序和善良习俗。守法和公序良俗原则要求自然人、法人和非法人组织在从事民事活动时,不得违反各种法律的强制性规定,不违背公共秩序和善良习俗。民事主体从事民事活动,法律不可能预见所有违背公序良俗的行为而作出详尽的禁止性规定。因此,有必要辅之以公序良俗原则,明确规定违背公序良俗的民事法律行为无效,以弥补法律禁止性规定的不足,维护社会公共秩序,实现民事主体的个体利益与社会公共利益的平衡。

实务问题

实务中,违背社会公序良俗的借贷合同无效,如实践中巨奖销售变向赌博等。另外,商业银行提供金融服务,也应当注意要符合公序良俗的法律要求。需注意的是,公共秩序强调的是国家和社会层面的价值理念,善良习俗突出的则是民间的道德观念。善良习俗具有一定的时代性和地域性,随着社会成员的普遍道德观念的改变而改变。

(编写人:罗 洁 张 倩)

法律条文

第九条　民事主体从事民事活动,应当有利于节约资源、保护生态环境。

条文主旨

本条是关于绿色原则的规定。

新旧法对比

《民法通则》	《民法总则》	《民法典》
无	第九条　民事主体从事民事活动,应当有利于节约资源、保护生态环境。	【内容不变】第九条

理解与适用

绿色原则贯彻了《宪法》关于保护环境的要求,将环境资源保护上升至民法基本原则的地位。同时也呼应了《环境保护法》第 6 条中明确的"企业事业单位和其他生产经营者应当防止、减少环境污染和生态破坏，对所造成的损害依法承担责任。公民应当增强环境保护意识，采取低碳、节俭的生活方式，自觉履行环境保护义务”。

实务问题

绿色原则纳入民法基本原则的体系中，在物权编、合同编、侵权责任编中都有体现，该原则为司法审判提供法律适用指引。

根据《最高人民法院关于审理生态环境损害赔偿案件的若干规定（试行）》（2020年修正）第11条之规定：“被告违反国家规定造成生态环境损害的，人民法院应当根据原告的诉讼请求以及具体案情，合理判决被告承担修复生态环境、赔偿损失、停止侵害、排除妨碍、消除危险、赔礼道歉等民事责任。”

“有利于节约资源、保护生态环境”可被直接适用于具体个案中。在李某诉华润置地（重庆）有限公司环境污染责任纠纷案[①]中，法院认为：“从市民的投诉反映看，被告作为万象城购物中心的经营管理者，其在生产经营过程中，理应认识到使用LED显示屏播放广告、宣传资料等发出的强光会对居住在对面以及周围住宅小区的原告等人造成影响，并负有采取必要措施以减少对原告等人影响的义务。但被告仍然一直使用LED显示屏播放广告、宣传资料等，其产生的强光明显超出了一般人可容忍的程度，构成光污染，严重干扰了周边人群的正常生活，对原告等人的环境权益造成损害，进而损害了原告等人的身心健康。因此即使原告尚未出现明显症状，其生活受到光污染侵扰、环境权益受到损害也是客观存在的事实，故被告应承担停止侵害、排除妨碍等民事责任。”由于光污染对人身的伤害具有潜在性、隐蔽性和个体差异性等特点，人民法院认定光污染损害，应当依据国家标准、地方标准、行业标准，是否干扰他人正常生活、工作和学习，以及是否超出公众可容忍度等进行综合认定。对于公众可容忍度，可以根据周边居民的反应情况、现场的实际感受及专家意见等判断。

另外，商业银行在信贷业务中，向涉及“高耗能、高污染、产能过剩”等民事主体的借款人发放贷款，应当要求借款人符合《民法典》关于绿色原则的法律要求。

（编写人：罗　洁　张　倩）

---

① 最高人民法院指导案例128号（2019年）。

法律条文

第十条 处理民事纠纷,应当依照法律;法律没有规定的,可以适用习惯,但是不得违背公序良俗。

条文主旨

本条是关于处理民事纠纷的依据的规定。

新旧法对比

《民法通则》	《民法总则》	《民法典》
第六条 民事活动必须遵守法律,法律没有规定的,应当遵守国家政策。	第十条 **处理民事纠纷,应当依照**法律;法律没有规定的,**可以适用习惯,但是不得违背公序良俗。**	【内容不变】第十条

理解与适用

本条规定,人民法院、仲裁机构等在处理民事纠纷时,首先应当依照法律。这里的法律是指广义的法律,包括全国人大及其常委会制定的法律和国务院制定的行政法规、地方性法规、自治条例和单行条例等。法律没有规定的,可以适用不违背公序良俗的习惯。习惯是指在一定地域、行业范围内长期为一般人确信并普遍遵守的民间习惯或者商业惯例。

实务问题

《民法通则》规定:"没有法律规定的,应当遵守国家政策。"现在国家政策已经不再作为法院判决中的依据。

民事生活纷繁复杂,法律很难做到面面俱到,习惯可以在一定程度上弥补法律的不足。适用习惯受到两个方面的限制:第一,适用习惯的前提是法律没有规定。所谓法律没有规定,就是相关的法律、行政法规、地方性法规对特定民事纠纷未作出规定。第二,所适用的习惯不得违背公序良俗。因此,并非所有的习惯都可以用作处理民事纠纷的依据,只有不违背公序良俗的习惯才可以,当然适用习惯也不得违背法律的基本原则。实务中,交易习惯已被《民法典》确认为处理民事纠纷的依据之一。在业务开展中,民事主体应特别注意相关的交易习惯,对于交易习惯，由提出主张的一方当事人承担举证责任。

（编写人：罗　洁　张　倩）

法律条文

第十一条　其他法律对民事关系有特别规定的，依照其规定。

条文主旨

本条是关于一般法与特别法的关系的规定。

新旧法对比

《民法通则》	《民法总则》	《民法典》
无	第十一条　其他法律对民事关系有特别规定的，依照其规定。	【内容不变】第十一条

理解与适用

特别规定与一般规定不一致的，适用特别规定。明确强调特别法优先的法律适用规则。

实务问题

如关于诉讼时效，总则规定的一般诉讼时效期间为 3 年。而《海商法》第 260 条规定，有关海上拖航合同的请求权，时效期间为 1 年，自知道或者应当知道权利被侵害之日起计算。《保险法》第 26 条第 2 款规定，人寿保险的被保险人或者受益人向保险人请求给付保险金的诉讼时效期间为 5 年，自其知道或者应当知道保险事故发生之日起计算。上述规定就具有优先适用的地位。

（编写人：罗　洁　张　倩）

法律条文

第十二条　中华人民共和国领域内的民事活动，适用中华人民共和国法律。法律另有规定的，依照其规定。

条文主旨

本条是关于民法的效力范围的规定。

新旧法对比

《民法通则》	《民法总则》	《民法典》
第八条 在中华人民共和国领域内的民事活动，适用中华人民共和国法律，法律另有规定的除外。 本法关于公民的规定，适用于在中华人民共和国领域内的外国人、无国籍人，法律另有规定的除外。	第十二条 中华人民共和国领域内的民事活动，适用中华人民共和国法律。法律另有规定的，**依照其规定**。	【内容不变】第十二条

理解与适用

民法的地域效力范围，是指民法在什么空间领域内适用。本条规定，在中华人民共和国领域内的民事活动，适用中华人民共和国法律。中华人民共和国领域内包括中华人民共和国领土、领空、领海，以及根据国际法视为我国领域的我国驻外使馆，国籍为中国的船舶、航空器等。在中华人民共和国领域内的民事活动一般来说都得适用我国法律。本条的但书规定，法律另有规定的，依照其规定。其中最为重要的就是涉外民事关系的法律适用问题，《涉外民事关系法律适用法》对此有专门的规定。除此之外，有些单行民事法律也对涉外民事关系的法律适用进行了规定。

实务问题

对于中华人民共和国领域外的民事活动是否适用中华人民共和国法律，由于涉及国际私法的法律适用问题，各国国际私法具有相应的规定，且不同的民事法律关系所适用的法律有不同规定，法律适用情况比较复杂，故本条未对此作出规定。但值得注意的是，该条并不意味着在中华人民共和国领域外的民事活动，就不能适用中华人民共和国法律，需要根据具体情况和所在国法律的具体规定确定。

（编写人：罗　洁　张　倩）

第二章　自　然　人

第一节　民事权利能力和民事行为能力

法律条文

第十三条　自然人从出生时起到死亡时止，具有民事权利能力，依法享有民事权利，承担民事义务。

条文主旨

本条是关于自然人民事权利能力的规定。自然人的民事权利能力始于出生，终于死亡。

新旧法对比

《民法通则》	《民法总则》	《民法典》
第九条　公民从出生时起到死亡时止，具有民事权利能力，依法享有民事权利，承担民事义务。	第十三条　**自然人**从出生时起到死亡时止，具有民事权利能力，依法享有民事权利，承担民事义务。	【内容不变】第十三条

理解与适用

民事权利能力，是指民事主体享有民事权利、承担民事义务的法律资格。法律规定了自然人民事权利能力，也即确认了自然人的民事主体地位，这是自然人依法享有民事权利、承担民事义务的前提。自然人的民事权利能力既包括自然人享有民事权利的资格，也包括自然人承担民事义务的资格。从含义来说，称其为“民事权利义务能力”显得更为全面。民事权利能力具有不可剥夺的特征。

自然人生存期间,其民事权利能力不因任何原因丧失、消灭。自然人受到刑事处罚、丧失民事行为能力等,都不能导致民事权利能力的减损或者消灭。

实务问题

自然人死后其遗物、遗体、姓名、肖像、名誉、荣誉等受到其他组织或个人的损害,其近亲属有权主张权利,请求救济。对侵害英雄烈士的姓名、肖像、名誉、荣誉,损害社会公共利益的行为人,英雄烈士近亲属不提起民事诉讼的,检察机关可以依法向人民法院提起公益诉讼,要求侵权人承担侵权责任。

(编写人:罗　洁　张　倩)

法律条文

第十四条　自然人的民事权利能力一律平等。

条文主旨

本条是关于自然人民事权利能力平等的规定。

新旧法对比

《民法通则》	《民法总则》	《民法典》
第十条　公民的民事权利能力一律平等。	第十四条　**自然人**的民事权利能力一律平等。	【内容不变】第十四条

理解与适用

自然人的民事权利能力不因民族、种族、性别、职业、家庭出身、宗教信仰等而有差别。

(编写人:罗　洁　张　倩)

法律条文

第十五条　自然人的出生时间和死亡时间,以出生证明、死亡证明记载的时间为准;没有出生证明、死亡证明的,以户籍登记或者其他有效身份登记记载的时间为准。有其他证据足以推翻以上记载时间的,以该证据证明的时间为准。

条文主旨

本条是关于自然人出生时间和死亡时间的规定。

新旧法对比

《民法通则》	《民法总则》	《民法典》
无	第十五条　自然人的出生时间和死亡时间，以出生证明、死亡证明记载的时间为准；没有出生证明、死亡证明的，以户籍登记或者其他有效身份登记记载的时间为准。有其他证据足以推翻以上记载时间的，以该证据证明的时间为准。	【内容不变】第十五条

理解与适用

本条将出生证明、死亡证明记载的时间作为判断自然人出生时间、死亡时间的最基本依据。出生证明，即出生医学证明，记载有新生儿的姓名、性别、出生时间、父母亲姓名等。死亡证明是指有关单位出具的证明自然人死亡的文书。本条规定的户籍登记以外的其他有效身份登记，包括我国公民居住证、港澳同胞回乡证、台湾居民的有效旅行证件、外国人居留证等。

实务问题

出生和死亡均是法律事件，能够引起一定的法律关系的产生、变更或者消灭。出生时间和死亡时间的判断具有重要的法律意义。例如，被继承人的死亡时间直接决定继承开始的时间，影响遗产的范围、继承人的范围等。港澳同胞回乡证、台湾居民的有效旅行证件、外国人居留证等都是我国公安机关或者国家主管机关遵循法定程序签发的，也可以作为判断自然人出生时间的重要依据。

（编写人：罗　洁　张　倩）

法律条文

第十六条　涉及遗产继承、接受赠与等胎儿利益保护的，胎儿视为具有民事权利能力。但是，胎儿娩出时为死体的，其民事权利能力自始不存在。

条文主旨

本条是关于胎儿利益保护的规定。

新旧法对比

《民法通则》	《民法总则》	《民法典》
无	第十六条 涉及遗产继承、接受赠与等胎儿利益保护的,胎儿视为具有民事权利能力。但是胎儿娩出时为死体的,其民事权利能力自始不存在。	第十六条 涉及遗产继承、接受赠与等胎儿利益保护的,胎儿视为具有民事权利能力。但是,胎儿娩出时为死体的,其民事权利能力自始不存在。

理解与适用

自然人的民事权利能力始于出生。胎儿尚未出生,本不具有民事权利能力,但又有必要在一定情形下(在涉及遗产继承、接受赠与等有利于胎儿的利益时)进行保护。根据本条,胎儿自母亲怀孕之时起就应被视为赋予胎儿民事权利能力,若胎儿娩出时为死体,则胎儿的民事权利自其母亲怀孕之时即消灭,视为自始不存在。该条不仅保护胎儿在遗产继承中的利益,同时还明确了胎儿接受赠与等涉及胎儿利益保护的其他领域。

实务问题

从继承的角度,胎儿需要保留必要的继承份额。从侵权的角度,胎儿出生之后可以独立请求赔偿。从诉讼身份的角度,在涉及胎儿利益的案件中,胎儿出生后,其法定代理人可以出生后的婴儿的名义起诉或者应诉。也就是说,出生后的婴儿可以以当事人的身份出现在诉讼中。需要注意的是,胎儿利益特别保护制度中"涉及遗产继承、接受赠与等",是不完全列举。

(编写人:罗　洁　张　倩)

法律条文

第十七条　十八周岁以上的自然人为成年人。不满十八周岁的自然人为未成年人。

条文主旨

本条是关于成年人与未成年人年龄标准的规定。

新旧法对比

《民法通则》	《民法总则》	《民法典》
第十一条　十八周岁以上的公民是成年人,具有完全民事行为能力,可以独立进行民事活动,是完全民事行为能力人。 十六周岁以上不满十八周岁的公民,以自己的劳动收入为主要生活来源的,视为完全民事行为能力人。	第十七条　十八周岁以上的**自然人为**成年人。**不满十八周岁的自然人为未成年人。**	【内容不变】第十七条

理解与适用

成年人可以独立实施民事法律行为,未成年人只可以独立实施部分民事法律行为,实施其他民事法律行为要经过法定代理人的同意或者追认。

实务问题

成年不仅意味着其可以独立行使更多的权利,更意味着要独立承担更多的义务,拥有更大自主权的同时,也要对自己的行为后果独立负责。未成年人的身体、心智发育还没有完全成熟,各个国家或者地区均对未成年人从法律上予以特殊保护,促进其健康成长。父母是未成年人的监护人,未成年人的父母已经死亡或者没有监护能力的,依法由其他有监护能力的人担任监护人但法律只对丧失或者部分丧失民事行为能力的成年人设立监护,依法确定监护人。

（编写人:罗　洁　张　倩）

法律条文

第十八条　成年人为完全民事行为能力人,可以独立实施民事法律行为。

十六周岁以上的未成年人,以自己的劳动收入为主要生活来源的,视为完全民事行为能力人。

条文主旨

本条是关于完全民事行为能力人的规定。

新旧法对比

《民法通则》	《民法总则》	《民法典》
第十一条　十八周岁以上的公民是成年人，具有完全民事行为能力，可以独立进行民事活动，是完全民事行为能力人。 十六周岁以上不满十八周岁的公民，以自己的劳动收入为主要生活来源的，视为完全民事行为能力人。	第十八条　成年人为完全民事行为能力人，可以独立实施民事法律行为。 十六周岁以上的未成年人，以自己的劳动收入为主要生活来源的，视为完全民事行为能力人。	【内容不变】第十八条

理解与适用

民事行为能力，是指民事主体独立参与民事活动，以自己的行为取得民事权利或者承担民事义务的法律资格。民事行为能力与民事权利能力不同，民事权利能力是民事主体从事民事活动的前提，民事行为能力是民事主体从事民事活动的条件。所有的自然人都有民事权利能力，但不一定都有民事行为能力。自然人一经出生即当然享有民事权利能力，但要独立从事民事活动，实施民事法律行为，还必须要具有相应的民事行为能力。自然人的辨识能力因年龄、智力、精神健康等因素不同而有差异。完全民事行为能力人具有健全的辨识能力，可以独立进行民事活动。

实务问题

依据本条第 1 款规定，成年人，即年龄 18 周岁的自然人，具有完全民事行为能力，为完全民事行为能力人，可以独立实施民事法律行为，并独立对民事法律行为的法律后果负责。例如，成年人可以独立签订房屋租赁合同，行使合同约定的权利，履行合同约定的义务。但是，本条规定的成年人指辨认识别能力正常的成年人，对于辨认识别能力不足的成年人则根据具体情况的不同归为限制民事行为能力人或者无民事行为能力人，不属于本条规定的范围。依据本条第 2 款规定，16 周岁以上的未成年人，如果以自己的劳动收入为主要生活来源的，表明其已经具备成年人的辨识能力，可以独立实施民事法律行为，独立承担民事法律行为的后果，因此可以视为完全民事行为能力人。

（编写人：罗　洁　张　倩）

法律条文

第十九条　八周岁以上的未成年人为限制民事行为能力人，实施民事法律行为由其法定代理人代理或者经其法定代理人同意、追认；但是，可以独立实施纯获利益的民事法律行为或者与其年龄、智力相适应的民事法律行为。

条文主旨

本条是关于限制民事行为能力的未成年人的规定。

新旧法对比

《民法通则》	《民法总则》	《民法典》
第十二条　十周岁以上的未成年人是限制民事行为能力人，可以进行与他的年龄、智力相适应的民事活动；其他民事活动由他的法定代理人代理，或者征得他的法定代理人的同意。 不满十周岁的未成年人是无民事行为能力人，由他的法定代理人代理民事活动。	第十九条　八周岁以上的未成年人为限制民事行为能力人，**实施民事法律行为由其法定代理人代理或者经其法定代理人同意、追认，但是可以独立实施纯获利益的民事法律行为或者与其年龄、智力相适应的民事法律行为。**	第十九条　八周岁以上的未成年人为限制民事行为能力人，实施民事法律行为由其法定代理人代理或者经其法定代理人同意、追认；但是，可以独立实施纯获利益的民事法律行为或者与其年龄、智力相适应的民事法律行为。

理解与适用

限制民事行为能力，又称部分民事行为能力或不完全民事行为能力，是指可以独立进行一些民事活动但不能独立进行全部民事活动的资格。关于法定代理人同意、追认，同意是指事前同意，追认指事后追认。8 周岁以上的未成年人已经具有一定的辨认识别能力，可以独立实施的民事法律行为包括两类：一类是纯获利益的民事法律行为，如赠与。另一类是与其年龄、智力相适应的民事法律行为为,例如8周岁的儿童购买小额礼品等。

实务问题

8周岁的儿童现场购买大量盲盒玩具,其所支出的金额远超其年龄、智力状况及日常生活所需限度,且法定代理人知悉购买盲盒行为后不予追认,实务中法院倾向于认定盲盒卖家与儿童之间订立的买卖合同无效。合同无效,因该合同取得的财产,应当予以返还,不能返还或者没有必要返还的,应当折价补偿。

(编写人:罗 洁 张 倩)

法律条文

第二十条 不满八周岁的未成年人为无民事行为能力人,由其法定代理人代理实施民事法律行为。

条文主旨

本条是关于无民事行为能力的未成年人的规定。

新旧法对比

《民法通则》	《民法总则》	《民法典》
第十二条 十周岁以上的未成年人是限制民事行为能力人,可以进行与他的年龄、智力相适应的民事活动;其他民事活动由他的法定代理人代理,或者征得他的法定代理人的同意。 不满十周岁的未成年人是无民事行为能力人,由他的法定代理人代理民事活动。	第二十条 不满八周岁的未成年人**为**无民事行为能力人,由**其**法定代理人代理实施民事**法律行为**。	【内容不变】第二十条

理解与适用

无民事行为能力,是指不具有以自己的行为取得民事权利或者承担民事义务的资格。8周岁以下的未成年人,生理、心理发育仍然很不成熟,对自己行为的辨认识别能力以及行为后果的预见能力仍然非常不够,为了避免他们的权益受到损害,法律将其规定为无民事行为能力人。

实务问题

从我国实践情况来看,8 周岁以下的儿童处于父母或者其他监护人的全面保护之下,极少有独立实施民事法律行为的机会,由法定代理人全面代理实施民事法律行为是符合我国国情的。从有利于保护儿童合法权益的角度,按照本条的规定,不满 8 周岁的低龄儿童接受了别人的玩具或者压岁钱,应看作事实行为,而不等同于儿童实施了接受赠与的民事法律行为。

(编写人:罗 洁 张 倩)

法律条文

第二十一条 不能辨认自己行为的成年人为无民事行为能力人,由其法定代理人代理实施民事法律行为。

八周岁以上的未成年人不能辨认自己行为的,适用前款规定。

条文主旨

本条是关于无民事行为能力的成年人的规定。

新旧法对比

《民法通则》	《民法总则》	《民法典》
第十三条 不能辨认自己行为的精神病人是无民事行为能力人,由他的法定代理人代理民事活动。 不能完全辨认自己行为的精神病人是限制民事行为能力人,可以进行与他的精神健康状况相适应的民事活动;其他民事活动由他的法定代理人代理,或者征得他的法定代理人的同意。	第二十一条 不能辨认自己行为的**成年人为**无民事行为能力人,由**其**法定代理人代理**实施**民事**法律行为**。 **八周岁以上的未成年人不能辨认自己行为的,适用前款规定。**	【内容不变】第二十一条

理解与适用

有的自然人虽已年满18周岁,达到成年人的年龄,但因先天、疾病等原因,辨认识别能力不足,也不能正常预见自己行为的法律后果。本条第1款中“不能辨认自己行为的成年人”指对普通的事物和行为欠缺基本的认识判断能力,也不能正常预见自己行为的法律后果的成年人。第2款中“不能辨认自己行为的八周岁以上的未成年人”指患有智力障碍、精神障碍或者因其他疾病等原因导致心智不能正常发育,辨识能力严重不足的未成年人。

实务问题

需要注意的是,本条第1款中的“不能辨认自己行为”和本法第22条中的“不能完全辨认自己行为”,是指辨认识别能力不足处于一种持续的状态,不能是暂行性或者短暂的状态,例如因酗酒、滥用麻醉用品或者精神药品,对自己的行为暂时没有辨认识别能力的成年人,不属于本法所称的无民事行为能力人或者限制民事行为能力人。另外,因先天、疾病等各种原因不能辨认自己行为的成年人,既包括智力障碍患者、严重精神障碍患者,也包括阿尔茨海默病患者等。但大部分精神障碍患者中,焦虑症、抑郁症、强迫症等常见精神障碍患者一般是有民事行为能力的。只有患精神分裂症等严重精神障碍者,才可能丧失部分或完全丧失民事行为能力。

(编写人:罗 洁 张 倩)

法律条文

第二十二条　不能完全辨认自己行为的成年人为限制民事行为能力人,实施民事法律行为由其法定代理人代理或者经其法定代理人同意、追认;但是,可以独立实施纯获利益的民事法律行为或者与其智力、精神健康状况相适应的民事法律行为。

条文主旨

本条是关于限制民事行为能力的成年人的规定。

新旧法对比

《民法通则》	《民法总则》	《民法典》
第十三条　不能辨认自己行为的精神病人是无民事行为能力人，由他的法定代理人代理民事活动。 不能完全辨认自己行为的精神病人是限制民事行为能力人，可以进行与他的精神健康状况相适应的民事活动；其他民事活动由他的法定代理人代理，或者征得他的法定代理人的同意。	第二十二条　不能完全辨认自己行为的**成年人为**限制民事行为能力人，**实施民事法律行为由其法定代理人代理或者经其法定代理人同意、追认，但是可以独立实施纯获利益的民事法律行为或者与其智力、精神健康状况相适应的民事法律行为。**	第二十二条　不能完全辨认自己行为的成年人为限制民事行为能力人，实施民事法律行为由其法定代理人代理或者经其法定代理人同意、追认；但是，可以独立实施纯获利益的民事法律行为或者与其智力、精神健康状况相适应的民事法律行为。

理解与适用

不能完全辨认自己行为的成年人是指对比较复杂的行为不能作出正确的认识判断，也不能完全预见自己行为的法律后果。“不能完全辨认自己行为的成年人”不局限于精神病人，应理解为由于智力障碍、精神障碍以及其他疾病导致不能完全辨认自己行为的成年人。“与其智力、精神健康状况相适应”的认定，应当结合限制民事行为能力的成年人的智力、精神健康状况、行为的性质、标的数额等因素综合判断，具体情况具体分析，没有统一的标准。

实务问题

限制民事行为能力的成年人实施民事法律行为需要考虑的精神健康因素主要指因精神疾病引起的认知判断能力不足的情况，不能正常参与民事活动，从事较为复杂的民事法律行为。民法根据认识判断能力的不同，对这些成年人作了进一步的区分，分为两类：一是不能辨认自己行为的成年人；二是不能完全辨认自己行为的成年人。不能辨认自己行为的成年人指对普通的事物和行为欠缺基本的认识判断能力，也不能正常预见自己行为的法律后果。

（编写人：罗　洁　张　倩）

法律条文

第二十三条 无民事行为能力人、限制民事行为能力人的监护人是其法定代理人。

条文主旨

本条是关于无民事行为能力人、限制民事行为能力人的法定代理人的规定。

新旧法对比

《民法通则》	《民法总则》	《民法典》
第十四条 无民事行为能力人、限制民事行为能力人的监护人是他的法定代理人。	第二十三条 无民事行为能力人、限制民事行为能力人的监护人是其法定代理人。	【内容不变】第二十三条

理解与适用

法律对具有监护资格的人、监护人的选任、监护的设立方式、监护职责等都作出了严格、明确的规定。代理无民事行为能力人、限制民事行为能力人实施民事法律行为是监护人履行监护职责的重要内容,本条有利于保护无民事行为能力人、限制民事行为能力人的人身、财产及其他合法权益。

实务问题

已成年的自然人为无民事行为能力或者限制民事行为能力人时,如该自然人参加诉讼,其监护人作为该自然人的法定代理人参加诉讼,但要认定已经成年的自然人为无民事行为能力或者限制民事行为能力的人,必须经过人民法院的审理并由人民法院作出裁判文书予以认定,即有符合法律规定的申请人向人民法院提出申请,人民法院按照法定的特别程序经过审理后作出判决,判决该自然人是否为无民事行为能力或者限制民事行为能力人。

(编写人:罗 洁 张 倩)

法律条文

第二十四条 不能辨认或者不能完全辨认自己行为的成年人,其利害关系人或者有关组织,可以向人民法院申请认定该成年人为无民事行为能力人

或者限制民事行为能力人。

被人民法院认定为无民事行为能力人或者限制民事行为能力人的，经本人、利害关系人或者有关组织申请，人民法院可以根据其智力、精神健康恢复的状况，认定该成年人恢复为限制民事行为能力人或者完全民事行为能力人。

本条规定的有关组织包括：居民委员会、村民委员会、学校、医疗机构、妇女联合会、残疾人联合会、依法设立的老年人组织、民政部门等。

条文主旨

本条是关于认定与恢复无民事行为能力人或者限制民事行为能力人的规定。

新旧法对比

《民法通则》	《民法总则》	《民法典》
第十九条　精神病人的利害关系人，可以向人民法院申请宣告精神病人为无民事行为能力人或者限制民事行为能力人。 被人民法院宣告为无民事行为能力人或者限制民事行为能力人的，根据他健康恢复的状况，经本人或者利害关系人申请，人民法院可以宣告他为限制民事行为能力人或者完全民事行为能力人。	第二十四条　**不能辨认或者不能完全辨认自己行为的成年人，其**利害关系人**或者有关组织**，可以向人民法院申请**认定该成年人**为无民事行为能力人或者限制民事行为能力人。 被人民法院**认定**为无民事行为能力人或者限制民事行为能力人的，**经本人、利害关系人或者有关组织申请，人民法院可以**根据**其智力、精神**健康恢复的状况，**认定该成年人恢复**为限制民事行为能力人或者完全民事行为能力人。 **本条规定的有关组织包括：居民委员会、村民委员会、学校、医疗机构、妇女联合会、残疾人联合会、依法设立的老年人组织、民政部门等。**	【内容不变】第二十四条

理解与适用

本条规定针对的是不能辨认或者不能完全辨认自己行为的成年人。依据本条规定,该认定需要向法院提出申请,并需要由法院作出判决,主要原因是无民事行为能力或者限制民事行为能力的认定对成年人的权益影响重大。将成年人认定为无民事行为能力人或者限制民事行为能力人,既是对辨认识别能力不足的成年人的保护,也是对这些成年人自由实施民事法律行为的限制,因此必须通过法定程序进行。此外,这些成年人辨认识别能力缺失的程度也有所不同,一般人难以认定,宜由法院综合各方面情况作出判断。

实务问题

申请主体的范围。利害关系人的情况比较复杂,其具体范围无法通过立法明确规定,应当具体情况具体分析。一般而言,对于本条第1款规定的“利害关系人”的范围,主要包括本人的近亲属、债权人债务人等。对于第2款规定的“利害关系人”的范围,主要包括本人的监护人、债权人债务人等。但具体案件中,这些主体是否都有资格向法院提出申请,也要在个案中根据实际情况作出判断。认定利害关系人是不是适格的申请主体,需要看本人的民事行为能力状况对其是否有重要意义或者影响。例如,本人的债务人如果不是为了确定民事法律行为的效力,也不得向法院申请认定其为无民事行为能力人、限制民事行为能力人。另外,应当注意的是,认定成年人为无民事行为能力或者限制民事行为能力,对成年人的行为自由影响重大,原则上应当由利害关系人提出,对于“有关组织”向法院提出申请宜作严格限制,必须是基于保护该成年人合法权益的迫切需要。

(编写人:罗 洁 张 倩)

法律条文

第二十五条 自然人以户籍登记或者其他有效身份登记记载的居所为住所;经常居所与住所不一致的,经常居所视为住所。

条文主旨

本条是关于自然人住所的规定。

新旧法对比

《民法通则》	《民法总则》	《民法典》
第十五条　公民以他的户籍所在地的居住地为住所，经常居住地与住所不一致的，经常居住地视为住所。	第二十五条　**自然人**以户籍**登记或者其他有效身份登记记载的居所**为住所；经常居所与住所不一致的，经常居所视为住所。	【内容不变】第二十五条

理解与适用

住所，是指民事主体进行民事活动的中心场所或者主要场所。自然人的住所一般指自然人长期居住、较为固定的居所。自然人的住所对婚姻家庭继承、债权债务、管辖、送达等具有重要的法律意义。自然人应当在经常居住地的公安机关进行户籍登记，户籍登记记载的居所即其长期居住、较为固定的居所。其他有效身份登记主要包括居住证和外国人的有效居留证件等。

实务问题

居所指自然人实际居住的一定处所，其与住所的区别是，一个自然人可以同时有两个或多个居所，但只能有一个住所。一般的居所都是自然人临时居住，为暂时性的，住所则为长期固定的。对自然人提起的民事诉讼，由被告住所地人民法院管辖；被告住所地与经常居住地不一致的，由经常居住地人民法院管辖。自然人的经常居住地，是指自然人离开住所地至起诉时已连续居住1年以上的地方，但自然人住院就医的地方除外。因此，如果原告在起诉时可以提供其经常居住地的购房合同、房产证、水电煤缴费凭证及居住证等形成证据链表明不在户籍所在地超过1年以上的，就不必去户籍登记地起诉。

（编写人：罗　洁　张　倩）

第二节　监　　护

法律条文

第二十六条　父母对未成年子女负有抚养、教育和保护的义务。

成年子女对父母负有赡养、扶助和保护的义务。

条文主旨

本条是关于父母子女之间法律义务的规定。

新旧法对比

《婚姻法》①	《民法总则》	《民法典》
第二十一条　父母对子女有抚养教育的义务;子女对父母有赡养扶助的义务。 父母不履行抚养义务时,未成年的或不能独立生活的子女,有要求父母付给抚养费的权利。 子女不履行赡养义务时,无劳动能力的或生活困难的父母,有要求子女付给赡养费的权利。 禁止溺婴、弃婴和其他残害婴儿的行为。 第二十三条　父母有保护和教育未成年子女的权利和义务。在未成年子女对国家、集体或他人造成损害时,父母有承担民事责任的义务。	第二十六条　**父母对未成年子女**负有**抚养、教育和保护**的义务。 **成年子**女对父母负有**赡养、扶助和保护**的义务。	【内容不变】第二十六条

理解与适用

父母对未成年子女的抚养、教育和保护义务,主要包括进行生活上的照料,保障未成年人接受义务教育,保护未成年人的人身、财产不受到侵害,促进未成年人的身心健康发展等。成年子女对父母的赡养、扶助和保护义务,主要包括子女对丧失劳动能力或生活困难的父母,要进行生活上的照料和经济上的赡养,保护父母的人身、财产权益不受侵害。

实务问题

尊老爱幼是中华民族的传统美德,本条从弘扬中华民族的传统美德出发,根

① 《婚姻法》已失效,下同。

据《宪法》，在《婚姻法》《未成年人保护法》《老年人权益保障法》等法律有关规定的基础上，将父母子女之间的法律义务进一步明确化、法定化，强调了家庭责任，有利于促进家庭关系的和睦，从法律上倡导和落实社会主义核心价值观。

（编写人：罗　洁　张　倩　李　劼）

法律条文

第二十七条　父母是未成年子女的监护人。

未成年人的父母已经死亡或者没有监护能力的，由下列有监护能力的人按顺序担任监护人：

（一）祖父母、外祖父母；

（二）兄、姐；

（三）其他愿意担任监护人的个人或者组织，但是须经未成年人住所地的居民委员会、村民委员会或者民政部门同意。

条文主旨

本条是关于未成年人的监护人的规定。

新旧法对比

《民法通则》	《民法总则》	《民法典》
第十六条　未成年人的父母是未成年人的监护人。 未成年人的父母已经死亡或者没有监护能力的，由下列人员中有监护能力的人担任监护人： （一）祖父母、外祖父母； （二）兄、姐； （三）关系密切的其他亲属、朋友愿意承担监护责任，经未成年人的父、母的所在单位或者未成年人住所地的居民委员会、村民委员会同意的。	第二十七条　父母是未成年**子女**的监护人。 未成年人的父母已经死亡或者没有监护能力的，由下列有监护能力的人**按顺序**担任监护人： （一）祖父母、外祖父母； （二）兄、姐； （三）**其他愿意担任监护人的个人或者组织，但是须经未成年人住所地的居民委员会、村民委员会或者民政部门同意。**	【内容不变】第二十七条

续表

《民法通则》	《民法总则》	《民法典》
对担任监护人有争议的，由未成年人的父、母的所在单位或者未成年人住所地的居民委员会、村民委员会在近亲属中指定。对指定不服提起诉讼的，由人民法院裁决。 没有第一款、第二款规定的监护人的，由未成年人的父、母的所在单位或者未成年人住所地的居民委员会、村民委员会或者民政部门担任监护人。		

理解与适用

本条第1款规定父母是未成年人的法定监护人。第2款规定，父母死亡或者没有监护能力的情况下，由父母之外具有监护能力的人"按顺序"担任监护人；或者由"愿意担任监护人的个人或组织"担任监护人。

实务问题

实践中，有些情况下具有监护资格的人互相推脱，都不愿意担任监护人，导致监护无从设立，无民事行为能力人或者限制民事行为能力人的权益得不到保护。针对以上问题，本条明确具有监护资格的人按照顺序担任监护人，主要目的在于防止具有监护资格的人之间互相推卸责任。如果两个或者两个以上具有监护资格的人，都愿意担任监护人，也可以按照本条规定的顺序确定监护人，或者依照本法第30条规定进行协商；协商不成的，按照本法第31条规定的监护争议解决程序处理，由居民委员会、村民委员会、民政部门或者人民法院按照最有利于被监护人的原则指定监护人，不受本条规定的"顺序"的限制，但仍可作为指定的依据。

（编写人：罗 洁 张 倩）

法律条文

第二十八条　无民事行为能力或者限制民事行为能力的成年人，由下列有监护能力的人按顺序担任监护人：

（一）配偶；

（二）父母、子女；

（三）其他近亲属；

（四）其他愿意担任监护人的个人或者组织，但是须经被监护人住所地的居民委员会、村民委员会或者民政部门同意。

条文主旨

本条是关于无民事行为能力或者限制民事行为能力的成年人的监护人的规定。

新旧法对比

《民法通则》	《民法总则》	《民法典》
第十七条　无民事行为能力或者限制民事行为能力的精神病人，由下列人员担任监护人： （一）配偶； （二）父母； （三）成年子女； （四）其他近亲属； （五）关系密切的其他亲属、朋友愿意承担监护责任，经精神病人的所在单位或者住所地的居民委员会、村民委员会同意的。 对担任监护人有争议的，由精神病人的所在单位或者住所地的居民委员会、村民委员会在近亲属中指定。对指定不服提起诉讼的，由人民法院裁决。	第二十八条　无民事行为能力或者限制民事行为能力的**成年人**，由下列**有监护能力的人按顺序**担任监护人： （一）配偶； （二）父母**、子女**； **（三）**其他近亲属； **（四）其他愿意担任监护人的个人或者组织，但是须经被监护人住所地的居民委员会、村民委员会或者民政部门同意。**	【内容不变】第二十八条

续表

《民法通则》	《民法总则》	《民法典》
没有第一款规定的监护人的，由精神病人的所在单位或者住所地的居民委员会、村民委员会或者民政部门担任监护人。		

理解与适用

无民事行为能力或者限制民事行为能力的成年人的监护，应当从人身权益保护、财产保护等角度按顺序担任。首先，夫妻之间具有相互的扶养义务。因此，由配偶担任监护人有利于保护被监护人的人身、财产及其他合法权益。其次，是父母、子女，有法定的抚养、赡养关系，适宜担任监护人。而后是祖父母、外祖父母、孙子女、外孙子女、兄弟姐妹，基于血缘关系、生活联系，以及情感基础等因素，有利于保护被监护人的合法权益。最后才是其他愿意担任监护人的个人或组织，且应由被监护人住所地的居民委员会、村民委员会或者民政部门同意。

实务问题

随着我国公益事业的发展，有监护意愿和能力的社会组织不断增多，由社会组织担任监护人是家庭监护的有益补充，也可以缓解国家监护的压力。但是，监护不同于简单的生活照顾，还要对被监护人的财产进行管理和保护，代理被监护人实施民事法律行为，对被监护人的侵权行为承担责任等，自愿担任监护人的社会组织要具有良好信誉、有一定的财产和工作人员等，这些条件都需要在实践中严格掌握，由成年人住所地的居民委员会、村民委员会或者民政部门根据实际情况作出判断。

（编写人：罗　洁　张　倩）

法律条文

第二十九条　**被监护人的父母担任监护人的，可以通过遗嘱指定监护人。**

条文主旨

本条是关于遗嘱监护的规定。

新旧法对比

《民法通则》	《民法总则》	《民法典》
无	第二十九条 被监护人的父母担任监护人的,可以通过遗嘱指定监护人。	【内容不变】第二十九条

理解与适用

在被监护人的父母担任监护人的前提下,被监护人的父母可以通过立遗嘱的形式为被监护人指定监护人。如果父母因丧失监护能力没有担任监护人,或者因侵害被监护人合法权益被撤销监护人资格等不再担任监护人的,父母无权再通过立遗嘱的形式为被监护人指定监护人。而且,有权以遗嘱的形式指定监护人的主体仅限于父母,其他任何人都不能以遗嘱的形式指定监护人。父母既可以为未成年子女指定监护人,也可以为无民事行为能力或者限制民事行为能力的成年子女指定监护人。

实务问题

关于遗嘱指定监护与法定监护的关系,一般来说,遗嘱指定监护具有优先地位。遗嘱指定监护是父母通过立遗嘱选择值得信任并对保护被监护人权益最为有利的人担任监护人,应当优先于本法第 27 条、第 28 条规定的法定监护。遗嘱指定监护指定的监护人,也应当不限于本法第 21 条、第 28 条规定的具有监护资格的人。但是,遗嘱指定的监护人应当具有监护能力,能够履行监护职责。如果遗嘱指定后,客观情况发生变化,遗嘱指定的监护人因患病等原因丧失监护能力,或者因出国等各种原因不能够履行监护职责,就不能执行遗嘱指定监护,应当依法另行确定监护人。

(编写人:罗 洁 张 倩)

法律条文

第三十条 依法具有监护资格的人之间可以协议确定监护人。协议确定监护人应当尊重被监护人的真实意愿。

条文主旨

本条是关于协议确定监护人的规定。

新旧法对比

《民法通则》	《民法总则》	《民法典》
无	第三十条 依法具有监护资格的人之间可以协议确定监护人。协议确定监护人应当尊重被监护人的真实意愿。	【内容不变】第三十条

理解与适用

在法律对具有监护资格的人作了严格限定的前提下,允许具有监护资格的人之间根据各自与被监护人的生活联系状况、经济条件、能够提供的教育条件或者生活照料措施等,在尊重被监护人意愿的基础上通过协商确定监护人。这既是对具有监护资格的人共同意愿的尊重,也有利于保护被监护人的合法权益。

实务问题

未成年人的父母有监护能力的,不得与其他人签订协议,确定由其他人担任监护人,推卸自身责任。对于未成年人,协议监护只限于父母死亡或者没有监护能力的情况。协议确定的监护人必须从具有监护资格的人之间产生,不得在法律规定的具有监护资格的人之外确定监护人。在具有监护资格的人之外确定监护人的,协议监护无效。在充分尊重被监护人的真实意愿的基础上,合意确定监护人,确定后不得擅自变更。"尊重被监护人的真实意愿"不是简单地征求被监护人的意见,要结合多种情况进行综合考量判断,探求其内心真实的愿望。例如被监护人与哪一个具有监护资格的人生活联系最为密切等因素,去发现并充分尊重被监护人的真实意愿,这对于保护被监护人的身心健康,具有重要意义。

(编写人:罗　洁　张　倩)

法律条文

第三十一条　对监护人的确定有争议的,由被监护人住所地的居民委员会、村民委员会或者民政部门指定监护人,有关当事人对指定不服的,可以向人

民法院申请指定监护人；有关当事人也可以直接向人民法院申请指定监护人。

居民委员会、村民委员会、民政部门或者人民法院应当尊重被监护人的真实意愿，按照最有利于被监护人的原则在依法具有监护资格的人中指定监护人。

依据本条第一款规定指定监护人前，被监护人的人身权利、财产权利以及其他合法权益处于无人保护状态的，由被监护人住所地的居民委员会、村民委员会、法律规定的有关组织或者民政部门担任临时监护人。

监护人被指定后，不得擅自变更；擅自变更的，不免除被指定的监护人的责任。

条文主旨

本条是关于监护争议解决程序的规定。

新旧法对比

《民法通则》	《民法总则》	《民法典》
第十六条　未成年人的父母是未成年人的监护人。 未成年人的父母已经死亡或者没有监护能力的，由下列人员中有监护能力的人担任监护人： （一）祖父母、外祖父母； （二）兄、姐； （三）关系密切的其他亲属、朋友愿意承担监护责任，经未成年人的父、母的所在单位或者未成年人住所地的居民委员会、村民委员会同意的。 对担任监护人有争议的，由未成年人的父、母的所在单位或者未成年人住所地	第三十一条　对监护人**的确定**有争议的，由**被监护人**住所地的居民委员会、村民委员会**或者民政部门**指定**监护人，有关当事人**对指定不服**的，可以向人民法院申请指定监护人；有关当事人也可以直接向人民法院申请指定监护人。** 居民委员会、村民委员会、民政部门**或者人民法院应当尊重被监护人的真实意愿，按照最有利于被监护人的原则在依法具有监护资格的人中指定监护人。** **依照本条第一款规定指定监护人前，被监护人的人身权利、财产权利以及其他**	第三十一条　对监护人的确定有争议的，由被监护人住所地的居民委员会、村民委员会或者民政部门指定监护人，有关当事人对指定不服的，可以向人民法院申请指定监护人；有关当事人也可以直接向人民法院申请指定监护人。 居民委员会、村民委员会、民政部门或者人民法院应当尊重被监护人的真实意愿，按照最有利于被监护人的原则在依法具有监护资格的人中指定监护人。 依据本条第一款规定指定监护人前，被监护人的人身权利、财产权利以及其他

续表

《民法通则》	《民法总则》	《民法典》
的居民委员会、村民委员会在近亲属中指定。对指定不服提起诉讼的,由人民法院裁决。 没有第一款、第二款规定的监护人的,由未成年人的父、母的所在单位或者未成年人住所地的居民委员会、村民委员会或者民政部门担任监护人。 第十七条 无民事行为能力或者限制民事行为能力的精神病人,由下列人员担任监护人: (一)配偶; (二)父母; (三)成年子女; (四)其他近亲属; (五)关系密切的其他亲属、朋友愿意承担监护责任,经精神病人的所在单位或者住所地的居民委员会、村民委员会同意的。 对担任监护人有争议的,由精神病人的所在单位或者住所地的居民委员会、村民委员会在近亲属中指定。对指定不服提起诉讼的,由人民法院裁决。 没有第一款规定的监护人的,由精神病人的所在单位或者住所地的居民委员会、村民委员会或者民政部门担任监护人。	**合法权益处于无人保护状态的,由被监护人住所地的居民委员会、村民委员会、法律规定的有关组织或者民政部门担任临时监护人。** **监护人被指定后,不得擅自变更;擅自变更的,不免除被指定的监护人的责任。**	合法权益处于无人保护状态的,由被监护人住所地的居民委员会、村民委员会、法律规定的有关组织或者民政部门担任临时监护人。 监护人被指定后,不得擅自变更;擅自变更的,不免除被指定的监护人的责任。

理解与适用

本条第 1 款规定了对监护人的确定有争议情况下的两种解决途径：一是由被监护人住所地的居民委员会、村民委员会或者民政部门指定监护人。当事人对该指定不服的，可以向法院提出申请，由法院指定监护人。法院的指定具有终局效力。二是有关当事人可以不经居民委员会、村民委员会或者民政部门的指定，直接向法院提出申请，由法院指定监护人。第 2 款规定了居民委员会、村民委员会、民政部门或者人民法院指定监护人的原则：一是应当尊重被监护人的真实意愿；二是要按照最有利于被监护人的原则指定。第 3 款规定了在处理监护争议时的临时监护制度。第 4 款规定了指定监护的法律效力。

实务问题

居民委员会、村民委员会、民政部门或者人民法院指定监护人并不需要遵照《民法典》第 27 条第 2 款、第 28 条规定的顺序，而应当结合具有监护资格的人与被监护人的生活情感联系、有无利害冲突，具有监护资格的人的品行、身体状况、经济条件以及能够为被监护人提供的教育水平或者生活照料措施等，综合进行判断，并尊重被监护人的真实意愿，选择最有利于被监护人健康成长或者健康恢复、最利于保护被监护人合法权益的人担任监护人。

依照监护争议解决程序，由居民委员会、村民委员会、民政部门或者人民法院指定监护人后，被指定的监护人应当履行监护职责，不得推卸，不得擅自变更。如果擅自变更为其他人担任监护人的，不免除被指定的监护人的责任。被监护人侵害他人的合法权益，或者被监护人自身受到损害的，被指定的监护人仍应当承担责任，擅自变更后的监护人也要根据过错程度承担相应的责任。

（编写人：罗　洁　张　倩）

法律条文

第三十二条　没有依法具有监护资格的人的，监护人由民政部门担任，也可以由具备履行监护职责条件的被监护人住所地的居民委员会、村民委员会担任。

条文主旨

本条是关于民政部门或者居民委员会、村民委员会担任监护人的规定。

新旧法对比

《民法通则》	《民法总则》	《民法典》
第十六条　未成年人的父母是未成年人的监护人。 未成年人的父母已经死亡或者没有监护能力的，由下列人员中有监护能力的人担任监护人： （一）祖父母、外祖父母； （二）兄、姐； （三）关系密切的其他亲属、朋友愿意承担监护责任，经未成年人的父、母的所在单位或者未成年人住所地的居民委员会、村民委员会同意的。 对担任监护人有争议的，由未成年人的父、母的所在单位或者未成年人住所地的居民委员会、村民委员会在近亲属中指定。对指定不服提起诉讼的，由人民法院裁决。 没有第一款、第二款规定的监护人的，由未成年人的父、母的所在单位或者未成年人住所地的居民委员会、村民委员会或者民政部门担任监护人。 第十七条　无民事行为能力或者限制民事行为能力的精神病人，由下列人员担任监护人： （一）配偶；	第三十二条　没有**依法具有监护资格的**人的，**监护人**由**民政部门担任，也可以由具备履行监护职责条件的被监护人**住所地的居民委员会、村民委员会担任。	【内容不变】第三十二条

续表

《民法通则》	《民法总则》	《民法典》
（二）父母； （三）成年子女； （四）其他近亲属； （五）关系密切的其他亲属、朋友愿意承担监护责任，经精神病人的所在单位或者住所地的居民委员会、村民委员会同意的。 对担任监护人有争议的，由精神病人的所在单位或者住所地的居民委员会、村民委员会在近亲属中指定。对指定不服提起诉讼的，由人民法院裁决。 没有第一款规定的监护人的，由精神病人的所在单位或者住所地的居民委员会、村民委员会或者民政部门担任监护人。		

理解与适用

本条规定的“没有依法具有监护资格的人的”，主要指没有《民法典》第27条、第28条规定的具有监护资格的人的情况，即被监护人的父母死亡或者没有监护能力，也没有其他近亲属，或者其他近亲属都没有监护能力，而且还没有符合条件的其他愿意担任监护人的个人或者组织。如果存在具有监护资格的人，但其拒绝担任监护人的，不适用本条规定。

实务问题

实践中，因缺乏物质保障、居民委员会和村民委员会作出决议程序性强，不能适应及时履行监护职责的要求等原因，居民委员会、村民委员会担任监护人的情形比较少。但居民委员会、村民委员会对居住地区的未成年人和成年被监护人的健康状况、家庭情况等比较了解，如果具备履行监护职责条件，在主要由民政部门兜底的前提下，仍可以作为承担监护职责的补充主体。随着国家经济实力的增强和治理能力的提高,国家作为社会救助和保障的最后一道防线,应当强化监护职能,在监护人缺位时由政府民政部门担任兜底监护人,保障这些人的生活得到照料,使这些人的合法权益不至于受到侵害,也避免一些没有监护人的精神障碍患者危及他人。民政部门作为负责社会救济和社会福利的主要工作部门,应承担起更多的职责。因此,民政部门承担兜底性监护职责。

(编写人:罗 洁 张 倩)

法律条文

第三十三条 具有完全民事行为能力的成年人,可以与其近亲属、其他愿意担任监护人的个人或者组织事先协商,以书面形式确定自己的监护人,在自己丧失或者部分丧失民事行为能力时,由该监护人履行监护职责。

条文主旨

本条是关于意定监护的规定。

新旧法对比

《民法通则》	《民法总则》	《民法典》
无	第三十三条 具有完全民事行为能力的成年人,可以与其近亲属、其他愿意担任监护人的个人或者组织事先协商,以书面形式确定自己的监护人。协商确定的监护人在该成年人丧失或者部分丧失民事行为能力时,履行监护职责。	第三十三条 具有完全民事行为能力的成年人,可以与其近亲属、其他愿意担任监护人的个人或者组织事先协商,以书面形式确定自己的监护人,在**自己**丧失或者部分丧失民事行为能力时,**由该监护人**履行监护职责。

理解与适用

仅适用于完全民事行为能力人。意定监护系成年人完全基于自己意愿选择监护人,也体现了对被监护人意愿的尊重,为被监护人提供了一定的自主选择空间。意定监护人不限于近亲属,也不受法定监护人顺序限制。被监护人在身体健全、意识清楚的情况下,可以将自己的日常生活、财产管理等事务提前以书面形式将监护人确定下来。协议签订后，至被监护人丧失民事行为能力前，仍可以对一定监护协议的内容进行修订、补充、更改。

实务问题

意定监护制度作为一项较新的制度，目前属于原则性规定，在实践中具体如何落实仍有必要进一步研究探索。一般而言，意定监护优先于法定监护予以适用。法律设立意定监护制度是要尊重成年人自己的意愿，当然具有优先适用的地位。只有在意定监护协议无效或者因各种原因，例如协议确定的监护人丧失监护能力，监护协议无法履行的情况下，再适用法定监护。

（编写人：罗　洁　张　倩）

法律条文

第三十四条　监护人的职责是代理被监护人实施民事法律行为，保护被监护人的人身权利、财产权利以及其他合法权益等。

监护人依法履行监护职责产生的权利，受法律保护。

监护人不履行监护职责或者侵害被监护人合法权益的，应当承担法律责任。

因发生突发事件等紧急情况，监护人暂时无法履行监护职责，被监护人的生活处于无人照料状态的，被监护人住所地的居民委员会、村民委员会或者民政部门应当为被监护人安排必要的临时生活照料措施。

条文主旨

本条是关于监护职责内容的规定。

新旧法对比

《民法通则》	《民法总则》	《民法典》
第十八条　监护人应当履行监护职责，保护被监护人的人身、财产及其他合法权益，除为被监护人的利益外，不得处理被监护人的财产。 监护人依法履行监护的权利，受法律保护。	第三十四条　监护人**的职责是代理被监护人实施民事法律行为**，保护被监护人的人身**权利**、财产**权利以**及其他合法权益**等**。 监护人依法履行监护**职责产生**的权利，受法律保护。	第三十四条　监护人的职责是代理被监护人实施民事法律行为，保护被监护人的人身权利、财产权利以及其他合法权益等。 监护人依法履行监护职责产生的权利，受法律保护。

续表

《民法通则》	《民法总则》	《民法典》
监护人不履行监护职责或者侵害被监护人的合法权益的,应当承担责任;给被监护人造成财产损失的,应当赔偿损失。人民法院可以根据有关人员或者有关单位的申请,撤销监护人的资格。	监护人不履行监护职责或者侵害被监护人合法权益的,应当承担法律责任。	监护人不履行监护职责或者侵害被监护人合法权益的,应当承担法律责任。 **因发生突发事件等紧急情况,监护人暂时无法履行监护职责,被监护人的生活处于无人照料状态的,被监护人住所地的居民委员会、村民委员会或者民政部门应当为被监护人安排必要的临时生活照料措施。**

理解与适用

本条第1款规定了监护人的职责。第2款规定了监护人因履行监护职责所产生的权利。第3款规定了监护人的责任。相对于《民法总则》,第4款是《民法典》新增条款,赋予了被监护人住所地的居民委员会、村民委员会或者民政部门(以下简称临时照料人)对因监护人暂时无法履行监护职责导致处于无人照料状态下的被监护人(以下简称被照料人)予以临时照料的责任,由临时照料人为被照料人提供必要的临时紧急庇护和短期生活照料,保护其人身安全,且不得侵犯其合法权益,但此行为并不代表监护职责的转移。

实务问题

关于监护的性质问题,学术上存在争议,主要有“权利说”“义务或者职责说”“权利义务一致说”等。本条侧重于强调监护职责,同时也要保护因履行监护职责所产生的权利。被监护人都是未成年人或者辨识能力不足的成年人,监护人是否能履行好监护职责,对被监护人权益影响很大。监护人如果不履行监护职责或者侵害被监护人合法权益的,应当承担相应的责任,主要包括两个方面:一是对被监护人的侵权行为承担责任,监护人尽到监护责任的,可以减轻其侵权责任。二是监护人不履行监护职责或者侵害被监护人合法权益,造成被监护人人身、财产损害的,应当承担民事责任,包括停止侵害、赔偿损失等。

(编写人:罗 洁 张 倩 李 劼)

法律条文

第三十五条　监护人应当按照最有利于被监护人的原则履行监护职责。监护人除为维护被监护人利益外，不得处分被监护人的财产。

未成年人的监护人履行监护职责，在作出与被监护人利益有关的决定时，应当根据被监护人的年龄和智力状况，尊重被监护人的真实意愿。

成年人的监护人履行监护职责，应当最大程度地尊重被监护人的真实意愿，保障并协助被监护人实施与其智力、精神健康状况相适应的民事法律行为。对被监护人有能力独立处理的事务，监护人不得干涉。

条文主旨

本条是关于履行监护职责应当遵循的原则的规定。

新旧法对比

《民法通则》	《民法总则》	《民法典》
无	第三十五条　监护人应当按照最有利于被监护人的原则履行监护职责。监护人除为维护被监护人利益外，不得处分被监护人的财产。 未成年人的监护人履行监护职责，在作出与被监护人利益有关的决定时，应当根据被监护人的年龄和智力状况，尊重被监护人的真实意愿。 成年人的监护人履行监护职责，应当最大程度地尊重被监护人的真实意愿，保障并协助被监护人实施与其智力、精神健康状况相适应的民事法律行为。对被监护人有能力独立处理的事务，监护人不得干涉。	【内容不变】第三十五条

理解与适用

本条第1款确立了最有利于被监护人的原则。监护人在保护被监护人的人身权利、财产权利及其他合法权益的过程中，要综合各方面因素进行权衡，选择最有利于被监护人的方案，采取最有利于被监护人的措施，使被监护人的利益最大化。第2款规定了尊重未成年人意愿的原则。未成年人的监护人在作出与未成年人的利益有关的决定时，应当征求未成年人的意见，在未成年人提出自己的意见后，再根据未成年人的年龄、社会经验、认知能力和判断能力等，探求、尊重被监护人的真实意愿。第3款规定了最大程度地尊重成年被监护人意愿的原则。如果某项民事法律行为，根据被监护人的智力、精神健康状况，被监护人可以独立实施，监护人不得代理实施，要创造条件保障、支持被监护人独立实施。监护人不得干涉被监护人有能力独立处理的事务，促进被监护人按照自己的意愿独立、正常生活。

实务问题

监护人履行监护职责涉及被监护人人身、财产等各个方面，法律难以对所有具体履行职责的行为作出规范。通过确立监护人履行监护职责的重要原则，有利于指导监护人履行监护职责的行为，保护好被监护人的人身、财产权利及其他合法权益。本条确立了监护人履行监护职责的两项基本原则：第一，最有利于被监护人的原则；第二，尊重被监护人意愿的原则。

（编写人：罗 洁 张 倩）

法律条文

第三十六条　监护人有下列情形之一的，人民法院根据有关个人或者组织的申请，撤销其监护人资格，安排必要的临时监护措施，并按照最有利于被监护人的原则依法指定监护人：

（一）实施严重损害被监护人身心健康的行为；

（二）怠于履行监护职责，或者无法履行监护职责且拒绝将监护职责部分或者全部委托给他人，导致被监护人处于危困状态；

（三）实施严重侵害被监护人合法权益的其他行为。

本条规定的有关个人、组织包括：其他依法具有监护资格的人，居民委员会、村民委员会、学校、医疗机构、妇女联合会、残疾人联合会、未成年人保护

组织、依法设立的老年人组织、民政部门等。

前款规定的个人和民政部门以外的组织未及时向人民法院申请撤销监护人资格的，民政部门应当向人民法院申请。

条文主旨

本条是关于撤销监护人资格的规定。

新旧法对比

《民法通则》	《民法总则》	《民法典》
无	第三十六条　监护人有下列情形之一的，人民法院根据有关个人或者组织的申请，撤销其监护人资格，安排必要的临时监护措施，并按照最有利于被监护人的原则依法指定监护人： （一）实施严重损害被监护人身心健康行为的； （二）怠于履行监护职责，或者无法履行监护职责并且拒绝将监护职责部分或者全部委托给他人，导致被监护人处于危困状态的； （三）实施严重侵害被监护人合法权益的其他行为的。 本条规定的有关个人和组织包括：其他依法具有监护资格的人，居民委员会、村民委员会、学校、医疗机构、妇女联合会、残疾人联合会、未成年人保护组织、依法设立的老年人组织、民政部门等。 前款规定的个人和民政部门以外的组织未及时向人民法院申请撤销监护人资格的，民政部门应当向人民法院申请。	第三十六条　监护人有下列情形之一的，人民法院根据有关个人或者组织的申请，撤销其监护人资格，安排必要的临时监护措施，并按照最有利于被监护人的原则依法指定监护人： （一）实施严重损害被监护人身心健康的行为； （二）怠于履行监护职责，或者无法履行监护职责且拒绝将监护职责部分或者全部委托给他人，导致被监护人处于危困状态； （三）实施严重侵害被监护人合法权益的其他行为。 本条规定的有关个人、组织包括：其他依法具有监护资格的人，居民委员会、村民委员会、学校、医疗机构、妇女联合会、残疾人联合会、未成年人保护组织、依法设立的老年人组织、民政部门等。 前款规定的个人和民政部门以外的组织未及时向人民法院申请撤销监护人资格的，民政部门应当向人民法院申请。

理解与适用

本条第 1 款是撤销监护人资格诉讼的适用情形,第一,实施严重损害被监护人身心健康行为的,例如性侵害、出卖、遗弃、虐待、暴力伤害被监护人等。第二,怠于履行监护职责,或者无法履行监护职责并且拒绝将监护职责部分或者全部委托给他人,导致被监护人处于危困状态的。例如,父母有吸毒、赌博等恶习,怠于履行监护职责,导致儿童面临严重危险等;父母外出打工,也没有将监护职责委托给他人,留下年龄较小的儿童独立在家生活,处于危困状态等。第三,兜底性规定,只要有严重侵害被监护人合法权益行为的,均可以撤销监护人资格。例如,教唆、利用未成年人实施违法犯罪行为等。第 2 款对有权向法院申请撤销监护人资格的主体作出规定,"其他依法具有监护资格的人"主要依据《民法典》第 27 条、第 28 条的规定确定。例如,配偶担任监护人的,其他依法具有监护资格的人,指《民法典》第 28 条规定的父母、子女、其他近亲属、经被监护人住所地的居民委员会、村民委员会或者民政部门同意的其他愿意担任监护人的个人或者组织。第 3 款是对申请主体的补充规定。

实务问题

实践中,监护人严重侵害被监护人合法权益的行为时有发生,引起社会广泛关注。例如,媒体披露的父母吸毒,孩子在家里被饿死等。对于一些严重侵害被监护人合法权益的行为,本条第 3 款规定的个人和民政部门以外的组织因各种原因未及时向人民法院提出撤销监护人资格的申请,导致被监护人的合法权益无法得到保护。由于国家是社会救助和保障的最后一道防线,在这些情况下,民政部门应当承担起向法院申请撤销监护人资格的职责。要正确理解本款与第 2 款赋予民政部门申请主体资格的关系。民政部门只要是发现具有严重侵害被监护人合法权益的情形,即可依据本条第 2 款规定,向法院申请撤销监护人资格,不需要等到其他个人或者组织都不向法院申请之后再行申请。如果其他个人或者组织都不向法院申请撤销监护人资格,此时,民政部门应当依照第 3 款规定,主动向法院提出申请。

(编写人:罗 洁 张 倩)

法律条文

第三十七条 依法负担被监护人抚养费、赡养费、扶养费的父母、子女、配偶等,被人民法院撤销监护人资格后,应当继续履行负担的义务。

条文主旨

本条是关于法定扶养义务人继续负担扶养费的规定。

新旧法对比

《民法通则》	《民法总则》	《民法典》
无	第三十七条　依法负担被监护人抚养费、赡养费、扶养费的父母、子女、配偶等，被人民法院撤销监护人资格后，应当继续履行负担的义务。	【内容不变】第三十七条

理解与适用

依据本条规定，在具有法定扶养义务的人担任监护人的情况下，监护人资格被撤销，不再担任监护人后，具有法定扶养义务的人，例如配偶、父母、子女等，仍应继续负担抚养费、赡养费、扶养费。

实务问题

实践中，监护人往往由父母、子女、配偶等法定扶养义务人担任。监护人被撤销监护人资格后，就不能再继续履行监护职责。但法定抚养义务是基于血缘等关系由婚姻法确立的法律义务，该义务不因监护人资格的撤销而免除。具有法定扶养义务的人因严重侵害被监护人合法权益被撤销监护人资格的，均应继续履行负担抚养费、赡养费、扶养费的义务。

（编写人：罗　洁　张　倩）

法律条文

第三十八条　被监护人的父母或者子女被人民法院撤销监护人资格后，除对被监护人实施故意犯罪的外，确有悔改表现的，经其申请，人民法院可以在尊重被监护人真实意愿的前提下，视情况恢复其监护人资格，人民法院指定的监护人与被监护人的监护关系同时终止。

条文主旨

本条是关于恢复监护人资格的规定。

新旧法对比

《民法通则》	《民法总则》	《民法典》
无	第三十八条　被监护人的父母或者子女被人民法院撤销监护人资格后，除对被监护人实施故意犯罪的外，确有悔改表现的，经其申请，人民法院可以在尊重被监护人真实意愿的前提下，视情况恢复其监护人资格，人民法院指定的监护人与被监护人的监护关系同时终止。	【内容不变】第三十八条

理解与适用

依据本条规定，恢复监护人资格必须要向法院申请，由人民法院决定是否予以恢复。本条适用的对象仅限于被监护人的父母或者子女，其他个人或者组织的监护人资格一旦被撤销，不再恢复。被监护人的父母或者子女被撤销监护人资格后，再恢复监护人资格还需要满足以下几个条件：第一，没有对被监护人实施故意犯罪的情形，如对被监护人实施性侵害、虐待、遗弃被监护人等构成刑事犯罪的，不得恢复监护人资格。第二，确有悔改表现，即被监护人的父母或者子女不但要有悔改的意愿，还要有实际的悔改表现，这需要由人民法院根据具体情形予以判断。第三，要尊重被监护人的真实意愿，如果被监护人不愿意父母或者子女继续担任监护人的，则不得恢复监护人资格。第四，即使符合以上条件，法院也还需要综合考虑各方面情况，从有利于被监护人权益保护的角度，决定是否恢复监护人资格。

实务问题

实践中，有的监护人在资格被撤销后，确有悔改表现，有继续担任监护人的愿望。鉴于侵害被监护人合法权益的情形较为复杂，对于是否可以恢复监护人资格，法律不宜一概否定，有必要留下一定的空间。但被撤销监护人资格的情形，往往都是严重损害被监护人身心健康的情形，要非常慎重，要严格限定条件；对于实施性侵等严重伤害被监护人的情形，不得恢复监护人资格。而对因过失导致被监护人受到伤害等被撤销监护人资格的，确有悔改表现，经过申请后，法院综合考虑各方面情况，从有利于被监护人权益保护的角度，决定是否恢复监护人资格。

（编写人：罗 洁 张 倩）

法律条文

第三十九条　有下列情形之一的，监护关系终止：

（一）被监护人取得或者恢复完全民事行为能力；

（二）监护人丧失监护能力；

（三）被监护人或者监护人死亡；

（四）人民法院认定监护关系终止的其他情形。

监护关系终止后，被监护人仍然需要监护的，应当依法另行确定监护人。

条文主旨

本条是关于监护关系终止的情形的规定。

新旧法对比

《民法通则》	《民法总则》	《民法典》
无	第三十九条　有下列情形之一的，监护关系终止： （一）被监护人取得或者恢复完全民事行为能力； （二）监护人丧失监护能力； （三）被监护人或者监护人死亡； （四）人民法院认定监护关系终止的其他情形。 监护关系终止后，被监护人仍然需要监护的，应当依法另行确定监护人。	【内容不变】第三十九条

理解与适用

本条第1款是对监护关系终止的情形的规定。第2款明确了在有些监护关系终止的情形,例如监护人死亡、丧失监护能力或者被撤销监护人资格等,被监护人仍然需要监护的,就应当根据具体情况,依据法律的规定另行确定监护人。

实务问题

监护关系产生于监护的设立,较为明确。对未成年人或者无民事行为能力、限制民事行为能力的成年人确定了监护人,监护即设立,监护关系即产生。但监护关系终止的情形较为复杂,法律有必要予以明确。在有些监护关系终止的情形,例如监护人死亡、丧失监护能力或者被撤销监护人资格等,被监护人仍然需要监护的,就应当根据具体情况,依据法律的规定另行确定监护人。对于监护人死亡或者丧失监护能力等情形,可以依照《民法典》第27条至第32条重新确定监护人。对于撤销监护人资格的,由人民法院依照《民法典》第36条的规定,按照最有利于被监护人的原则依法指定监护人。

(编写人:罗 洁 张 倩)

第三节 宣告失踪和宣告死亡

法律条文

第四十条 自然人下落不明满二年的,利害关系人可以向人民法院申请宣告该自然人为失踪人。

条文主旨

本条是关于宣告失踪的条件的规定。

新旧法对比

《民法通则》	《民法总则》	《民法典》
第二十条 公民下落不明满二年的,利害关系人可以向人民法院申请宣告他为失踪人。	第四十条 **自然人**下落不明满二年的,利害关系人可以向人民法院申请宣告**该自然人**为失踪人。	【内容不变】第四十条

续表

《民法通则》	《民法总则》	《民法典》
战争期间下落不明的，下落不明的时间从战争结束之日起计算。		

理解与适用

宣告失踪，是指自然人下落不明达到法定的期限，经利害关系人申请，人民法院依照法定程序宣告其为失踪人的一项制度。所谓下落不明，是指自然人持续不间断地没有音讯的状态。自然人下落不明满二年，由利害关系人向人民法院申请。宣告失踪只能由人民法院作出，其他任何机关均无权作出。

实务问题

自然人的失踪将使与其相关的法律关系处于不确定状态，法律设立宣告失踪制度，就是为了调整这种不确定状态，保护相关当事人的利益。通过设立宣告失踪制度，由人民法院宣告自然人失踪，以结束失踪人财产无人管理以及其应当履行的义务不能得到及时履行的不确定状态，保护失踪人和利害关系人的利益，维护社会经济秩序的稳定。依照《民事诉讼法》的规定，人民法院审理宣告失踪案件，适用特别程序。人民法院受理宣告失踪案件后，应当发出寻找下落不明人的公告。宣告失踪的公告期间为三个月。公告期间届满，人民法院应当根据被宣告失踪的事实是否得到确认，作出宣告失踪的判决或者驳回申请的判决。

（编写人：罗　洁　张　倩）

法律条文

第四十一条　自然人下落不明的时间自其失去音讯之日起计算。战争期间下落不明的，下落不明的时间自战争结束之日或者有关机关确定的下落不明之日起计算。

条文主旨

本条是关于下落不明的时间计算的规定。

新旧法对比

《民法通则》	《民法总则》	《民法典》
第二十条　公民下落不明满二年的，利害关系人可以向人民法院申请宣告他为失踪人。 战争期间下落不明的，下落不明的时间从战争结束之日起计算。	第四十一条　**自然人下落不明的时间从其失去音讯之日起计算。**战争期间下落不明的，下落不明的时间自战争结束之日**或者有关机关确定的下落不明之日**起计算。	第四十一条　自然人下落不明的时间自其失去音讯之日起计算。战争期间下落不明的，下落不明的时间自战争结束之日或者有关机关确定的下落不明之日起计算。

理解与适用

民法所称的期间按照公历年、月、日、小时计算。按照日、月、年计算期间的，开始的当天不算入，从下一天开始计算。失去音讯之日作为起算日不算入，从下一日开始计算。战争期间下落不明的，由于战争状态不同于平时，兵荒马乱，失踪人的行踪难以确定，因此应从战争结束时开始计算下落不明的时间。

实务问题

本条关于下落不明的时间如何计算的规定，虽然规定在宣告失踪条件的规定之后，但不仅适用于宣告失踪的情形，也适用于宣告死亡的情形。依照《民事诉讼法》第192条规定，人民法院受理宣告失踪案件后，应当发出寻找下落不明人的公告。宣告失踪的公告期间为3个月。公告期间届满，人民法院应当根据被宣告失踪的事实是否得到确认，作出宣告失踪的判决或者驳回申请的判决。《民事诉讼法解释》第347条规定："寻找下落不明人的公告应当记载下列内容：(一)被申请人应当在规定期间内向受理法院申报其具体地址及其联系方式。否则，被申请人将被宣告失踪、宣告死亡；(二)凡知悉被申请人生存现状的人，应当在公告期间内将其所知道情况向受理法院报告。"

（编写人：罗　洁　张　倩）

法律条文

第四十二条　失踪人的财产由其配偶、成年子女、父母或者其他愿意担任财产代管人的人代管。

代管有争议，没有前款规定的人，或者前款规定的人无代管能力的，由人民法院指定的人代管。

条文主旨

本条是关于失踪人的财产代管人的规定。

新旧法对比

《民法通则》	《民法总则》	《民法典》
第二十一条　失踪人的财产由他的配偶、父母、成年子女或者关系密切的其他亲属、朋友代管。代管有争议的，没有以上规定的人或者以上规定的人无能力代管的，由人民法院指定的人代管。 失踪人所欠税款、债务和应付的其他费用，由代管人从失踪人的财产中支付。	第四十二条　失踪人的财产由**其**配偶、**成年子女、父母**或者**其他愿意担任财产代管人的人**代管。 代管有争议，没有**前款**规定的人**，**或者**前款**规定的人无代管能力的，由人民法院指定的人代管。	【内容不变】第四十二条

理解与适用

法律设立宣告失踪制度，主要目的就是结束失踪人财产无人管理以及其应当履行的义务不能得到及时履行的不确定状态，这既是对失踪人利益的保护，同时也是对失踪人的债权人等利害关系人合法权益的保护。这首先需要明确失踪人的财产由谁来代管。“其他愿意担任财产代管人”的可以为关系密切的其他亲属、朋友，也可以为有关组织。

实务问题

宣告失踪与宣告死亡不同，宣告失踪后仍有可能返回。宣告失踪的财产代管制度是对失踪人利益的保护。

（编写人：罗　洁　张　倩）

法律条文

第四十三条　财产代管人应当妥善管理失踪人的财产，维护其财产权益。

失踪人所欠税款、债务和应付的其他费用，由财产代管人从失踪人的财产中支付。

财产代管人因故意或者重大过失造成失踪人财产损失的，应当承担赔偿责任。

条文主旨

本条是关于财产代管人职责的规定。

新旧法对比

《民法通则》	《民法总则》	《民法典》
第二十一条　失踪人的财产由他的配偶、父母、成年子女或者关系密切的其他亲属、朋友代管。代管有争议的，没有以上规定的人或者以上规定的人无能力代管的，由人民法院指定的人代管。 失踪人所欠税款、债务和应付的其他费用，由代管人从失踪人的财产中支付。	第四十三条　**财产代管人应当妥善管理失踪人的财产，维护其财产权益。** 失踪人所欠税款、债务和应付的其他费用，由**财产**代管人从失踪人的财产中支付。 **财产代管人因故意或者重大过失造成失踪人财产损失的，应当承担赔偿责任。**	【内容不变】第四十三条

理解与适用

本条第1款是财产代管人维护失踪人权益的原则规定。法律规定财产代管人制度的目的之一就是保护失踪人在下落不明状态下的财产权益，因此财产代管人应当妥善保管失踪人的财产，维护失踪人的财产利益。第2款是对财产代管人履行失踪人应当履行的义务的规定。第3款是对财产代管人造成失踪人财产损失，应当承担赔偿责任的规定。

实务问题

财产代管人管理失踪人的财产，只要尽到善良管理人的义务，即能够像管理自己的事务一样管理失踪人的财产，就满足了法律规定的要求。代管人应当根据有利于保护失踪人财产的原则管好失踪人的财产，不得滥用代管权对失踪人的财产挥霍浪费、挪用谋利或者将失踪人的财产据为己有，侵犯失踪人的财产权益。由于失踪人的代管人从事的是一种无偿的行为，故本条规定，只有在代管人故意或重大过失造成失踪人的财产损害时，才应当承担赔偿责任，对于一般的过失造成的损害不承担赔偿责任。

（编写人：罗　洁　张　倩）

法律条文

第四十四条　财产代管人不履行代管职责、侵害失踪人财产权益或者丧失代管能力的，失踪人的利害关系人可以向人民法院申请变更财产代管人。

财产代管人有正当理由的，可以向人民法院申请变更财产代管人。

人民法院变更财产代管人的，变更后的财产代管人有权请求原财产代管人及时移交有关财产并报告财产代管情况。

条文主旨

本条是关于财产代管人变更的规定。

新旧法对比

《民法通则》	《民法总则》	《民法典》
无	第四十四条　财产代管人不履行代管职责、侵害失踪人财产权益或者丧失代管能力的，失踪人的利害关系人可以向人民法院申请变更财产代管人。 财产代管人有正当理由的，可以向人民法院申请变更财产代管人。	第四十四条　财产代管人不履行代管职责、侵害失踪人财产权益或者丧失代管能力的，失踪人的利害关系人可以向人民法院申请变更财产代管人。 财产代管人有正当理由的，可以向人民法院申请变更财产代管人。

续表

《民法通则》	《民法总则》	《民法典》
	人民法院变更财产代管人的，变更后的财产代管人有权要求原财产代管人及时移交有关财产并报告财产代管情况。	人民法院变更财产代管人的，变更后的财产代管人有权请求原财产代管人及时移交有关财产并报告财产代管情况。

理解与适用

变更财产代管人需要有法定的事由。如果出现财产代管人不履行代管职责、侵害失踪人财产权益或者丧失代管能力等事由，表明该财产代管人已经不再适格，则失踪人的利害关系人就可以向人民法院申请变更财产代管人。财产代管人不履行职责，包括不履行失踪人应当履行的义务，比如清偿债务、缴纳税款等。侵害失踪人财产权益，包括滥用代管权对失踪人的财产挥霍浪费，与他人恶意串通侵夺失踪人的财产等。财产代管人丧失了代管能力，可以理解为财产代管人丧失了行为能力。这些情况下失踪人的利害关系人可以向人民法院申请变更财产代管人。

实务问题

失踪人的财产代管人经人民法院指定后，代管人申请变更代管的，比照民事诉讼法特别程序的有关规定进行审理。申请理由成立的，裁定撤销申请人的代管人身份，同时另行指定财产代管人；申请理由不成立的，裁定驳回申请。失踪人的其他利害关系人申请变更代管的，人民法院应当告知其以原指定的代管人为被告起诉，并按普通程序进行审理。

（编写人：罗　洁　张　倩）

法律条文

第四十五条　失踪人重新出现，经本人或者利害关系人申请，人民法院应当撤销失踪宣告。

失踪人重新出现，有权请求财产代管人及时移交有关财产并报告财产代管情况。

条文主旨

本条是关于失踪宣告撤销的规定。

新旧法对比

《民法通则》	《民法总则》	《民法典》
第二十二条　被宣告失踪的人重新出现或者确知他的下落，经本人或者利害关系人申请，人民法院应当撤销对他的失踪宣告。	第四十五条　失踪人重新出现，经本人或者利害关系人申请，人民法院应当撤销失踪宣告。 **失踪人重新出现，有权要求财产代管人及时移交有关财产并报告财产代管情况。**	第四十五条　失踪人重新出现，经本人或者利害关系人申请，人民法院应当撤销失踪宣告。 失踪人重新出现，有权**请**求财产代管人及时移交有关财产并报告财产代管情况。

理解与适用

本条第1款是失踪宣告撤销的条件的规定。自然人因失去音讯下落不明而被宣告失踪，失踪宣告的撤销自然就要以这种状态的消除为条件。本条第2款规定的是失踪人重新出现后的法律效果。宣告失踪一经撤销，原被宣告失踪的自然人本人就应当恢复对自己财产的控制，财产代管人的代管职责应当相应结束，停止代管行为，移交代管的财产并向本人报告代管情况。

实务问题

利害关系人的范围应当与申请宣告失踪的利害关系人范围一致。自然人失踪只能由人民法院依据法定程序进行宣告，因此，该宣告的撤销也应当由人民法院通过法定程序来作出。撤销的申请应当向被宣告失踪的人的住所地基层人民法院提出。法院依据法定程序进行撤销宣告。

（编写人：罗　洁　张　倩）

法律条文

第四十六条　自然人有下列情形之一的，利害关系人可以向人民法院申请宣告该自然人死亡：

（一）下落不明满四年；

（二）因意外事件，下落不明满二年。

因意外事件下落不明，经有关机关证明该自然人不可能生存的，申请宣告死亡不受二年时间的限制。

条文主旨

本条是关于宣告死亡的条件的规定。

新旧法对比

《民法通则》	《民法总则》	《民法典》
第二十三条　公民有下列情形之一的，利害关系人可以向人民法院申请宣告他死亡： （一）下落不明满四年的； （二）因意外事故下落不明，从事故发生之日起满二年的。 战争期间下落不明的，下落不明的时间从战争结束之日起计算。	第四十六条　**自然人**有下列情形之一的，利害关系人可以向人民法院申请宣告**该自然人**死亡： （一）下落不明满四年； （二）因意外**事件，下落不明**满二年。 **因意外事件下落不明，经有关机关证明该自然人不可能生存的，申请宣告死亡不受二年时间的限制。**	【内容不变】第四十六条

理解与适用

宣告死亡是自然人下落不明达到法定期限，经利害关系人申请，人民法院经过法定程序在法律上推定失踪人死亡的一项民事制度。本条第 1 款是关于宣告死亡具备的法定条件，只能由人民法院经过法定程序，宣告自然人死亡。第 2 款是对第 1 款第 2 项的补充，若有关机关书面证明该自然人不可能生存的，则利害关系人可以据此直接申请法院宣告该自然人死亡，而不必等到下落不明满两年，即视为其已经死亡。

实务问题

自然人长期下落不明会使与其相关的财产关系和人身关系处于不稳定状

态,通过宣告死亡制度,可以及时了结下落不明人与他人的财产关系和人身关系,从而维护正常的经济秩序和社会秩序。宣告自然人死亡,是对自然人死亡在法律上的推定,这种推定将产生与生理死亡基本一样的法律效果。申请宣告死亡的利害关系人没有先后顺序。利害关系人申请宣告其死亡的,向下落不明人住所地基层人民法院提出。申请书应当写明下落不明的事实、时间和请求,并附有公安机关或者其他有关机关关于该自然人下落不明的书面证明。

(编写人:罗　洁　张　倩)

法律条文

第四十七条　对同一自然人,有的利害关系人申请宣告死亡,有的利害关系人申请宣告失踪,符合本法规定的宣告死亡条件的,人民法院应当宣告死亡。

条文主旨

本条是关于宣告死亡和宣告失踪的关系的规定。

新旧法对比

《民法通则》	《民法总则》	《民法典》
无	第四十七条　对同一自然人,有的利害关系人申请宣告死亡,有的利害关系人申请宣告失踪,符合本法规定的宣告死亡条件的,人民法院应当宣告死亡。	【内容不变】第四十七条

理解与适用

申请宣告的利害关系人没有顺序,宣告失踪也不是宣告死亡的前置程序。为了维护社会经济关系的稳定,利害关系人有的申请宣告死亡,有的不同意宣告死亡,则法院应当在符合宣告死亡条件下,作出宣告死亡的判决。

实务问题

宣告死亡和宣告失踪都是基于自然人下落不明,为了维护社会经济关系的稳定而设立的法律制度，二者都以被宣告人下落不明达到一段法定期间为前提，都需要利害关系人提出宣告申请，并且都由人民法院作出宣告的判决。但是，宣告死亡与宣告失踪在法律后果上又存在明显差异。一般来说，宣告死亡与自然死亡的法律效力相同，不但影响被宣告人财产的处分，而且也影响与其相关的身份关系，如夫妻关系与父母子女关系，同时，其遗产继承开始，其遗嘱也发生效力；宣告失踪的法律后果是为其设定财产代管人，只发生财产方面的影响而不会影响到身份关系的变化。

（编写人：罗　洁　张　倩）

法律条文

第四十八条　被宣告死亡的人，人民法院宣告死亡的判决作出之日视为其死亡的日期；因意外事件下落不明宣告死亡的，意外事件发生之日视为其死亡的日期。

条文主旨

本条是关于被宣告死亡的人死亡时间如何确定的规定。

新旧法对比

《民法通则》	《民法总则》	《民法典》
无	第四十八条　被宣告死亡的人，人民法院宣告死亡的判决作出之日视为其死亡的日期；因意外事件下落不明宣告死亡的，意外事件发生之日视为其死亡的日期。	【内容不变】第四十八条

理解与适用

因意外事件下落不明宣告死亡的，意外事件发生之日被推定为其死亡的日期，而非人民法院宣告死亡的判决作出之日。

实务问题

宣告死亡与自然死亡的法律效力相同，均涉及身份关系和财产关系的变化。

包括继承的开始、身份关系解除等，如遗产的具体范围、继承人的具体范围、遗嘱效力以及代位继承是否发生等。另外，意外事件发生之日与意外事件结束之日，被申请宣告死亡的人死亡概率差别并非悬殊，如规定意外事件结束之日，对于类似马航事件这种难下结论的意外事件来说，会有何时作为意外事件结束之日的争论。因此，最终规定意外事件发生之日视为死亡的日期。

（编写人：罗　洁　张　倩）

法律条文

第四十九条　自然人被宣告死亡但是并未死亡的，不影响该自然人在被宣告死亡期间实施的民事法律行为的效力。

条文主旨

本条是关于被宣告死亡但并未死亡的自然人实施的民事法律行为效力的规定。

新旧法对比

《民法通则》	《民法总则》	《民法典》
第二十四条　被宣告死亡的人重新出现或者确知他没有死亡，经本人或者利害关系人申请，人民法院应当撤销对他的死亡宣告。 有民事行为能力人在被宣告死亡期间实施的民事法律行为有效。	第四十九条　**自然人**被宣告死亡**但是并未**死亡**的，不影响该自然人**在被宣告死亡期间实施的民事法律行为**的效力。**	【内容不变】第四十九条

理解与适用

自然人被宣告死亡从本质上讲是一种拟制的死亡，有可能本人并没有自然死亡或者说真正死亡。被宣告死亡但未真正死亡的自然人，可能在被宣告死亡期间还在从事民事活动，包括吃穿住行等各种活动。如果因为他已经被宣告死亡了，就不承认他所从事的民事法律行为的效力，无疑是不合情理的，也不利于维护交易安全和社会经济秩序。因此，本条规定，自然人被宣告死亡但是并未死亡的，不影响该自然人在被宣告死亡期间实施的民事法律行为的效力。

实务问题

如果并未死亡的自然人从事的民事活动与被宣告死亡的法律后果不相关联,没有冲突的情况,则一般不会产生法律问题。比如,自然人被宣告死亡,其财产被依法继承,而该自然人并未死亡,生活在别处,购买食物,租住房屋,这些法律关系互不相干,皆属有效。但也有可能发生的情况是产生了冲突,相互抵触。如在并未死亡的自然人被宣告死亡期间,其配偶和本人都将同一房屋或者其他财产出卖。对此,按照前述司法解释提出的办法,本人实施的民事法律行为与被宣告死亡引起的法律后果相抵触的,以其实施的民事法律行为为准。在民法总则立法过程中,在这个问题上存在争议,该问题涉及各种情况和因素,比较复杂。单就本人实施的民事法律行为与被宣告死亡引起的民事法律行为相抵触的情况来说,两种民事法律行为是否都应当有效,如果都属有效,哪一个优先,等等。鉴于对此问题争议较大,本条对此未作具体规定,留待司法实践继续总结经验。

(编写人:罗 洁 张 倩)

法律条文

第五十条 被宣告死亡的人重新出现,经本人或者利害关系人申请,人民法院应当撤销死亡宣告。

条文主旨

本条是关于撤销死亡宣告的规定。

新旧法对比

《民法通则》	《民法总则》	《民法典》
第二十四条 被宣告死亡的人重新出现或者确知他没有死亡,经本人或者利害关系人申请,人民法院应当撤销对他的死亡宣告。 有民事行为能力人在被宣告死亡期间实施的民事法律行为有效。	第五十条 被宣告死亡的人重新出现,经本人或者利害关系人申请,人民法院应当撤销死亡宣告。	【内容不变】第五十条

理解与适用

被宣告死亡属于推定的死亡，在被宣告死亡的人确定没有死亡的情况下，宣告死亡的基础即不存在，撤销对其所作的死亡宣告，乃当然之理。本人或者利害关系人均可以在被宣告死亡的人的住所地申请，由法院作出新判决。

实务问题

需要注意的是，宣告死亡及撤销死亡宣告均应由法院通过法定程序作出。因为，宣告死亡是人民法院经过法定程序作出的，具有宣示性和公信力，产生相应的法律后果。即使被宣告人事实上没有死亡，也不能在重新出现后当然使得与其相关的民事法律关系恢复到原来的状态，而必须经本人或者利害关系人申请，同样由人民法院通过法定程序，作出新判决，撤销原判决。

（编写人：罗　洁　张　倩）

法律条文

第五十一条　被宣告死亡的人的婚姻关系，自死亡宣告之日起消除。死亡宣告被撤销的，婚姻关系自撤销死亡宣告之日起自行恢复。但是，其配偶再婚或者向婚姻登记机关书面声明不愿意恢复的除外。

条文主旨

本条是关于宣告死亡与撤销死亡宣告对婚姻关系法律效果的规定。

新旧法对比

《民法通则》	《民法总则》	《民法典》
无	第五十一条　被宣告死亡的人的婚姻关系，自死亡宣告之日起消灭。死亡宣告被撤销的，婚姻关系自撤销死亡宣告之日起自行恢复，但是其配偶再婚或者向婚姻登记机关书面声明不愿意恢复的除外。	第五十一条　被宣告死亡的人的婚姻关系，自死亡宣告之日起消除。死亡宣告被撤销的，婚姻关系自撤销死亡宣告之日起自行恢复。但是，其配偶再婚或者向婚姻登记机关书面声明不愿意恢复的除外。

理解与适用

被宣告死亡的人,死亡宣告被撤销的,为了保护婚姻的稳定性,婚姻关系一般而言是自行恢复,无须另行办理手续。但也为了遵从婚姻关系的自愿性,若其配偶再婚,或者向婚姻登记机关出具声明不愿意恢复的,不能自行恢复。

实务问题

对于死亡宣告被撤销,而其配偶又尚未再婚的,如果不规定婚姻关系自行恢复,那么想恢复的还要再办理结婚手续,考虑到宣告死亡制度与婚姻之基础并无多大关涉,而且还有尚未再婚的情形,这样处理既不合情理,也无必要,还不如让不想恢复的去办理离婚手续。但是,配偶再婚或者向婚姻登记机关书面声明提出不愿意恢复婚姻关系的,视为婚姻关系自死亡宣告之日起消除。

(编写人:罗 洁 张 倩)

法律条文

第五十二条 被宣告死亡的人在被宣告死亡期间,其子女被他人依法收养的,在死亡宣告被撤销后,不得以未经本人同意为由主张收养行为无效。

条文主旨

本条是关于撤销死亡宣告后如何处理宣告死亡期间的收养行为的规定。

新旧法对比

《民法通则》	《民法总则》	《民法典》
无	第五十二条 被宣告死亡的人在被宣告死亡期间,其子女被他人依法收养的,在死亡宣告被撤销后,不得以未经本人同意为由主张收养关系无效。	第五十二条 被宣告死亡的人在被宣告死亡期间,其子女被他人依法收养的,在死亡宣告被撤销后,不得以未经本人同意为由主张收养**行为**无效。

理解与适用

被宣告死亡的人在被宣告死亡期间,其子女被他人依法收养,被宣告死亡的人在死亡宣告被撤销后,仅以未经本人同意而主张收养关系无效的,一般法院不应准许。

实务问题

《民法典》第 1097 条规定生父母送养子女,应当双方共同送养。生父母一方不明或者查找不到的,可以单方送养。被宣告死亡的人在被宣告死亡期间,在法律上与子女的亲权关系已经消灭,已不存在经其同意的问题。因此哪怕被宣告死亡的人在死亡宣告被撤销后,主张未经其同意收养行为无效的,法院均不予支持。当然,如果收养人和被收养人同意解除收养关系的话,这属于另外协商的问题。

(编写人:罗　洁　张　倩)

法律条文

第五十三条　被撤销死亡宣告的人有权请求依照本法第六编取得其财产的民事主体返还财产;无法返还的,应当给予适当补偿。

利害关系人隐瞒真实情况,致使他人被宣告死亡而取得其财产的,除应当返还财产外,还应当对由此造成的损失承担赔偿责任。

条文主旨

本条是关于撤销死亡宣告后返还财产的规定。

新旧法对比

《民法通则》	《民法总则》	《民法典》
第二十五条　被撤销死亡宣告的人有权请求返还财产。依照继承法取得他的财产的公民或者组织,应当返还原物;原物不存在的,给予适当补偿。	第五十三条　被撤销死亡宣告的人有权请求**依照继承法取得其财产的民事主体**返还财产。**无法返还的,应当**给予适当补偿。 **利害关系人隐瞒真实情况,致使他人被宣告死亡取得其财产的,除应当返还财产外,还应当对由此造成的损失承担赔偿责任。**	第五十三条　被撤销死亡宣告的人有权请求依照**本法第六编**取得其财产的民事主体返还财产;无法返还的,应当给予适当补偿。 利害关系人隐瞒真实情况,致使他人被宣告死亡**而**取得其财产的,除应当返还财产外,还应当对由此造成的损失承担赔偿责任。

理解与适用

出于情理平衡双方的利益,被宣告死亡的人重新出现,财产可以继承的推定被推翻。继承人乃是无偿取得财产,故而规定被撤销死亡宣告的人有权请求其返还财产。无法返还的,应当给予适当补偿。如果自然人被宣告死亡乃是利害关系人隐瞒真实情况所导致,并且该利害关系人还因之获得利益,取得被宣告死亡人的财产,则该利害关系人存在过错,其取得财产带有非法性,不但不应受到利益上的保护,而且还应当承担相应的责任。

实务问题

继承人取得财产毕竟是因宣告死亡而起,属于合法取得,也自然将其作为自己的财产而使用、消费,乃至损毁,以致不能返还。继承遗产应当清偿被继承人依法应当缴纳的税款和债务,这种财产本应支付,即使死亡宣告被撤销也无返还之理。再如,第三人从继承人那里合法取得原属被宣告死亡人所有的财产的,从维护交易秩序的角度,也不应要求其返还。从维护交易秩序的角度,无法返还的情况下,应当根据财产尚存的利益给予适当补偿。返还财产时,孳息也应当一并返还。

(编写人:罗 洁 张 倩)

第四节 个体工商户和农村承包经营户

法律条文

第五十四条 自然人从事工商业经营,经依法登记,为个体工商户。个体工商户可以起字号。

条文主旨

本条是关于个体工商户的规定。

新旧法对比

《民法通则》	《民法总则》	《民法典》
第二十六条 公民在法律允许的范围内,依法经核准登记,从事工商业经营的,为个体工商户。个体工商户可以起字号。	第五十四条 **自然人从事工商业经营,经依法**登记,为个体工商户。个体工商户可以起字号。	【内容不变】第五十四条

理解与适用

有经营能力的自然人，经工商行政管理部门登记，领取个体工商户营业执照，从事工商业经营的，可以成为个体工商户。个体工商户可以使用名称，也可以不使用名称。个体工商户决定使用名称的，应当向登记机关提出申请，经核准登记后方可使用。一户个体工商户只能使用一个名称。

实务问题

法律不要求个体工商户一定要具有"字号"或"名称"。在诉讼中，个体工商户以营业执照上登记的经营者为当事人。有字号的，以营业执照上登记的字号为当事人，但应同时注明该字号经营者的基本信息。

（编写人：罗　洁　张　倩）

法律条文

第五十五条　农村集体经济组织的成员，依法取得农村土地承包经营权，从事家庭承包经营的，为农村承包经营户。

条文主旨

本条是关于农村承包经营户的规定。

新旧法对比

《民法通则》	《民法总则》	《民法典》
第二十七条　农村集体经济组织的成员，在法律允许的范围内，按照承包合同规定从事商品经营的，为农村承包经营户。	第五十五条　农村集体经济组织的成员，**依法取得农村土地承包经营权**，从事**家庭承包**经营的，为农村承包经营户。	【内容不变】第五十五条

理解与适用

本条所指的农村承包经营户，主要是农村集体经济组织内部成员，依人人有份家庭承包方式取得农村土地承包经营权的农户。承包经营权是一项法定权利，集体经济组织成员均享有这一权利。这种承包经营权，以户为生产经营单位,与一般的自然人个人作为民事主体有所区别,但又不同于非法人组织这类民事主体。

实务问题

农村土地承包一般采取农村集体经济组织内部的家庭承包方式。家庭承包方式,是指以农村集体经济组织的每一个农户家庭全体成员为一个生产经营单位,作为承包人与发包人建立承包关系,承包耕地、林地、草地等用于农业的土地。家庭承包中的承包人是农村集体经济组织的农户。土地承包经营权人在集体所有的土地上,对承包地享有占有、使用和收益的权利,体现了用益物权的基本特征和土地承包经营权人的基本权利。

(编写人:罗 洁 张 倩)

法律条文

第五十六条　个体工商户的债务,个人经营的,以个人财产承担;家庭经营的,以家庭财产承担;无法区分的,以家庭财产承担。

农村承包经营户的债务,以从事农村土地承包经营的农户财产承担;事实上由农户部分成员经营的,以该部分成员的财产承担。

条文主旨

本条是关于个体工商户、农村承包经营户债务承担的规定。

新旧法对比

《民法通则》	《民法总则》	《民法典》
第二十九条　个体工商户、农村承包经营户的债务,个人经营的,以个人财产承担;家庭经营的,以家庭财产承担。	第五十六条　个体工商户的债务,个人经营的,以个人财产承担;家庭经营的,以家庭财产承担;**无法区分的,以家庭财产承担。** **农村承包经营户的债务,以从事农村土地承包经营的农户财产承担;事实上由农户部分成员经营的,以该部分成员的财产承担。**	【内容不变】第五十六条

理解与适用

本条第1款是个体工商户债务承担的规定,个体工商户对于实践中无法区分是个人经营还是家庭经营的,如果是以自然人个人名义申请登记的个体工商户,但用家庭共有财产投资,或者收益的主要部分供家庭成员享用的,其债务应以家庭共有财产清偿。如果是夫妻关系存续期间,一方从事个体经营,其收入为夫妻共有财产并供家庭日常开支的,债务应以夫妻共有财产清偿。第2款是农村承包经营户债务承担的规定。农村土地家庭承包的承包方是本集体经济组织的农户。农户也是以户的财产承担责任,以确保义务的履行。

实务问题

考虑到随着我国城乡经济结构的调整和城镇化的发展,农村剩余劳动力向城镇的转移会不断增加,有的家庭成员进城务工就业,分门立户,已完全不参与家庭土地承包经营,也不分享承包家庭的收益,在这种情况下,可以不再承担原所在家庭承包经营的债务。因此本条规定,“事实上由农户部分成员经营的,以该部分成员的财产承担”。需要指出的是,在实践中,这一规定要严格掌握,防止出现借本条规定逃避应承担的债务的情形。

(编写人:罗　洁　张　倩)

第三章　法　　人

第一节　一般规定

法律条文

第五十七条　法人是具有民事权利能力和民事行为能力，依法独立享有民事权利和承担民事义务的组织。

条文主旨

本条是关于法人定义的规定。

新旧法对比

《民法通则》	《民法总则》	《民法典》
第三十六条　法人是具有民事权利能力和民事行为能力，依法独立享有民事权利和承担民事义务的组织。 法人的民事权利能力和民事行为能力，从法人成立时产生，到法人终止时消灭。	第五十七条　法人是具有民事权利能力和民事行为能力，依法独立享有民事权利和承担民事义务的组织。	【内容不变】第五十七条

理解与适用

所谓法人的民事权利能力，是指法人作为民事主体，享受民事权利并承担民事义务的资格。所谓法人的民事行为能力，是指法人作为民事主体，以自己的行为取得民事权利并承担民事义务的资格。法人是“自然人”的对称，是自然人之外最为重要的民事主体，有自身独立的法律人格，可以以自己的名义起诉与应诉、拥有财产、进行交易、承担责任。

实务问题

法人的民事权利能力是法人实施民事行为和从事民事活动的前提和基础。法人和自然人均具有民事权利能力，但是法人的民事权利能力不同于自然人的民事权利能力。法人是组织体，不是生命体，因此，某些与自然人的人身不可分离的人身权如生命权、健康权等不可能由法人享有，以性别、年龄、身份及亲属关系等为前提的权利义务，也不可能由法人享有和承担。

（编写人：罗　洁　张　倩）

法律条文

第五十八条　法人应当依法成立。

法人应当有自己的名称、组织机构、住所、财产或者经费。法人成立的具体条件和程序，依照法律、行政法规的规定。

设立法人，法律、行政法规规定须经有关机关批准的，依照其规定。

条文主旨

本条是关于法人成立法定原则及法人成立条件的规定。

新旧法对比

《民法通则》	《民法总则》	《民法典》
第三十七条　法人应当具备下列条件： （一）依法成立； （二）有必要的财产或者经费； （三）有自己的名称、组织机构和场所； （四）能够独立承担民事责任。	第五十八条　法人应当依法成立。 法人应当有自己的名称、组织机构、住所、财产或者经费。**法人成立的具体条件和程序，依照法律、行政法规的规定。** **设立法人，法律、行政法规规定须经有关机关批准的，依照其规定。**	【内容不变】第五十八条

理解与适用

本条第1款规定了法人成立的法定原则,法人成立法定原则,是指法人必须依法成立,不得自行设立法人。第2、3款规定了法人设立的实体要件及程序要件。不同类型的法人,其成立的实体要件和程序要件存在差异,故《民法典》授权相关法律和行政法规作具体规定。

实务问题

一般情况下,民事主体承担的应当是无限责任,有限责任只是责任形式的例外。法人却不同,法人对外独立承担民事责任,意味着法人的设立人及其成员只承担有限责任。分公司不是法人,可以以自己名义签订合同,但不可独立承担法律责任,享有法律权利。

(编写人:罗 洁 张 倩)

法律条文

第五十九条　法人的民事权利能力和民事行为能力,从法人成立时产生,到法人终止时消灭。

条文主旨

本条是关于法人的民事权利能力和民事行为能力的规定。

新旧法对比

《民法通则》	《民法总则》	《民法典》
第三十六条　法人是具有民事权利能力和民事行为能力,依法独立享有民事权利和承担民事义务的组织。 法人的民事权利能力和民事行为能力,从法人成立时产生,到法人终止时消灭。	第五十九条　法人的民事权利能力和民事行为能力,从法人成立时产生,到法人终止时消灭。	【内容不变】第五十九条

理解与适用

法人的民事权利能力和民事行为能力应当自法人成立时产生,而非登记时,因为并非所有的法人以注册登记为成立要件，如机关法人。自法人终止时该民事权利能力和民事行为能力消灭，而非登记注销后，因为并非所有的法人均需要清算或办理注销登记，清算结束即视为终止。

实务问题

“法人设立”，是创设法人的行为和过程；“法人成立”是“法人设立”的目标，是设立行为的终点。“设立”成功，方为“成立”。法人成立前，尚没有法人资格。之所以用“终止”而非“解散”，是因为法人解散后进入清算，清算中的法人仍是法人，法人资格继续存在，只是其民事行为能力被限制在了清算目的范围内，不得从事与清算无关的活动。清算结束并完成法人注销登记时，法人终止；依法不需要办理法人登记的，清算结束时，法人终止。法人终止，意味着其民事主体资格消灭。例如，企业破产清算时仍由破产管理人代为行使法人职权，法人的民事权利和民事行为能力并未消灭。此时应当将注销登记完成视为法人的终止。

（编写人：罗　洁　张　倩）

法律条文

第六十条　法人以其全部财产独立承担民事责任。

条文主旨

本条是关于法人独立承担民事责任的规定。

新旧法对比

《民法通则》	《民法总则》	《民法典》
无	第六十条　法人以其全部财产独立承担民事责任。	【内容不变】第六十条

理解与适用

法人的出资方以其投资额为限，独立承担民事责任。这意味着，法人的成员或者设立人只承担有限责任，以出资额或捐助额为限，享受有限责任制度的保护。

实务问题

我国现行法上的法人，只有法人独立承担责任一种。对于法人的内涵，大陆法系国家和地区的规定并不相同。在我国台湾地区和日本,法人并非仅指那些承担有限责任的团体,无限公司和两合公司也被认为是法人。在德国、瑞士,法人仅指成员或设立人承担有限责任的团体,无限公司和两合公司都不是法人。

(编写人:罗　洁　张　倩)

法律条文

第六十一条　依照法律或者法人章程的规定,代表法人从事民事活动的负责人,为法人的法定代表人。

法定代表人以法人名义从事的民事活动,其法律后果由法人承受。

法人章程或者法人权力机构对法定代表人代表权的限制,不得对抗善意相对人。

条文主旨

本条是关于法人的法定代表人的规定。

新旧法对比

《民法通则》	《民法总则》	《民法典》
第三十八条　依照法律或者法人组织章程规定,代表法人行使职权的负责人,是法人的法定代表人。	第六十一条　依照法律或者法人章程的规定,代表法人从事民事活动的负责人,为法人的法定代表人。 **法定代表人以法人名义从事的民事活动,其法律后果由法人承受。** **法人章程或者法人权力机构对法定代表人代表权的限制,不得对抗善意相对人。**	【内容不变】第六十一条

理解与适用

本条第1款是法定代表人的定义,法人作为一种社会组织体,对外进行民事活动,必须由自然人代而为之,即任何法人均须有自然人为其“代表”。第2、3款是法定代表人以法人名义从事民事活动的法律后果的规定。代表人执行法人的对外业务，所为的法律行为是法人自身的行为，当然由法人承担其后果。法定代表人若超越其授权与相对方订立合同，除相对方知道或者应当知道其超越权限的以外，该订立行为有效。

实务问题

法人限制法定代表人的代表权限，系法人内部的治理问题，第三人于外部往往难以知悉，如果认定该限制对法人外部的善意第三人有对抗效力，显然有损交易安全。但是，如果“相对人明知法人的权力机构或者章程对于法定代表人的代表权范围的限制”，则该相对人不能称为“善意相对人”，法人章程或者权力机构对法定代表人的代表权的限制，也就可以对抗该相对人。在合同纠纷案件中，主张合同关系成立并生效的一方当事人对合同订立和生效的事实承担举证责任。

（编写人：罗　洁　张　倩）

法律条文

第六十二条　法定代表人因执行职务造成他人损害的，由法人承担民事责任。

法人承担民事责任后，依照法律或者法人章程的规定，可以向有过错的法定代表人追偿。

条文主旨

本条是关于法定代表人因职务行为侵权的民事责任的规定。

新旧法对比

《民法通则》	《民法总则》	《民法典》
无	第六十二条　法定代表人因执行职务造成他人损害的，由法人承担民事责任。 法人承担民事责任后，依照法律或者法人章程的规定，可以向有过错的法定代表人追偿。	【内容不变】第六十二条

理解与适用

以企业法人的法定代表人名义从事的经营活动，给他人造成经济损失的，企业法人应当承担民事责任。法定代表人执行公司职务时违反法律、行政法规或者公司章程的规定，给公司造成损失的，应当承担赔偿责任。

实务问题

我国持法人实在说，认可法人具有侵权行为能力。因此，法人的法定代表人在执行法人事务的过程中，造成他人财产或者人身损害的，其侵权行为被视为法人自身的侵权行为，依法应由法人承担侵权责任。关于法人对其法定代表人的职务侵权行为承担民事责任后，能否向法定代表人行使追偿权问题。我国现有相关立法持肯定立场。法人承担民事责任后，依照法律或者法人章程的规定，可以向有过错的法定代表人追偿。应当注意，根据法人实在说，法定代表人的行为就是法人的行为，因此，法人难以根据代理的相关规定追究法定代表人的责任。

（编写人：罗 洁 张 倩）

法律条文

第六十三条 法人以其主要办事机构所在地为住所。依法需要办理法人登记的，应当将主要办事机构所在地登记为住所。

条文主旨

本条是关于法人的住所的规定。

新旧法对比

《民法通则》	《民法总则》	《民法典》
第三十九条 法人以它的主要办事机构所在地为住所。	第六十三条 法人以其主要办事机构所在地为住所。**依法需要办理法人登记的，应当将主要办事机构所在地登记为住所。**	【内容不变】第六十三条

理解与适用

法人应当将主要办事机构所在地登记为住所。之所以在“应当将主要办事机构所在地登记为住所”之前加上“依法需要办理法人登记的”这一限制，是因为在我国还存在依法不需要办理法人登记的法人，如依法不需要办理法人登记的事业单位和社会团体等。

实务问题

与自然人一样，法人也有住所。住所是民事主体从事民事活动所产生的各种权利义务的归属地点，是发生民事法律关系的中心地域。一个法人有可能拥有数个活动场所或者办事机构，但法人的住所只有一个。但现实中确实有不少法人的登记住所与主要办事机构所在地不一致，这不利于登记管理机关的管理和交易安全的保护。因为，法人的住所在法律上具有重要意义，如决定债务履行地、登记管辖、诉讼管辖、法律文书送达之处所、涉外民事关系之准据法等。

（编写人：罗　洁　张　倩）

法律条文

第六十四条　法人存续期间登记事项发生变化的，应当依法向登记机关申请变更登记。

条文主旨

本条是关于法人变更登记的规定。

新旧法对比

《民法通则》	《民法总则》	《民法典》
无	第六十四条　法人存续期间登记事项发生变化的，应当依法向登记机关申请变更登记。	【内容不变】第六十四条

理解与适用

法人登记，是指法人依法将其内部情况向国家登记机关报告登记的制度，是将法人内部情况公布于外的一种方法。登记的事项不完全相同，因此无法列举。但已登记的事项一旦发生变化，应至登记机关进行变更登记。

实务问题

依法登记成立的法人，在其取得法人资格的同时，其在登记机关登记的事项亦产生对外公示的效力。这些登记的事项在法人的运行过程中可能发生变化。如果不及时到登记机关办理变更登记，就会出现对外公示的登记信息与法人的实际信息不一致的情况，从而危及交易安全和交往安全。通过法人登记进行公示，既是保护交往相对人的需要，也是对法人进行必要的管理监督，以实现对社会经济秩序有效调控的需要。若实际经营地与注册地不符的，则应当至登记机关更新注册地，否则注册地联系不上的，则可能涉嫌违法异地经营。

（编写人：罗 洁 张 倩）

法律条文

第六十五条 法人的实际情况与登记的事项不一致的，不得对抗善意相对人。

条文主旨

本条是关于法人的实际情况与其登记事项不一致的法律后果的规定。

新旧法对比

《民法通则》	《民法总则》	《民法典》
无	第六十五条 法人的实际情况与登记的事项不一致的，不得对抗善意相对人。	【内容不变】第六十五条

理解与适用

本条规定的不得对抗善意相对人包含以下两种情形：第一，法人设立登记时法人的实际情况就与登记的事项不一致；第二，存续期间登记事项发生变更但未依法及时办理变更登记。

实务问题

法律、行政法规要求法人登记的事项往往是与其基本存在条件有重大关系的事项，如组织形式、目的范围、注册资本、法定代表人等。这些在登记机关登记的重大事项产生对外公示的效力，如果登记事项一开始就与法人的实际情况不符，或者存续期间登记事项发生变更但未依法及时办理变更登记，就会出现对外公示的登记信息与法人的实际信息不一致的情况，从而危及交易安全和交往安全。尽管立法要求法人在设立登记时应当如实登记相关事项，法人存续期间登记事项发生变更的应当及时申请变更登记，但基于各种原因，实践中仍然会出现法人的实际情况与登记的事项不相符合的情形。

（编写人：罗　洁　张　倩）

法律条文

第六十六条　登记机关应当依法及时公示法人登记的有关信息。

条文主旨

本条是关于登记机关公示法人登记信息义务的规定。

新旧法对比

《民法通则》	《民法总则》	《民法典》
无	第六十六条　登记机关应当依法及时公示法人登记的有关信息。	【内容不变】第六十六条

理解与适用

本条是对于登记机关的信息公示要求。为促进社会公众方便快捷地获知各类法人的登记信息，登记机关肩负着重要使命，发挥着无可替代的作用，可谓责无旁贷。

实务问题

从现实看，我国尚不具备对所有法人登记信息进行公示的客观条件，目前仅有市场监督管理部门对营利法人建立了较为完备的登记和公示制度，对于其他的法人，尚未建立起完备的登记和公示制度，部分法人的设立与变更甚至不以登记为要件。关于登记机关公示法人登记信息的具体方式，也存在争议。

（编写人：罗　洁　张　倩）

法律条文

第六十七条　法人合并的，其权利和义务由合并后的法人享有和承担。

法人分立的，其权利和义务由分立后的法人享有连带债权，承担连带债务，但是债权人和债务人另有约定的除外。

条文主旨

本条是关于法人合并、分立后其权利义务的享有和承担的规定。

新旧法对比

《民法通则》	《民法总则》	《民法典》
无	第六十七条　法人合并的，其权利和义务由合并后的法人享有和承担。 法人分立的，其权利和义务由分立后的法人享有连带债权，承担连带债务，但是债权人和债务人另有约定的除外。	【内容不变】第六十七条

理解与适用

法人合并，是指两个以上的法人不经清算程序而合并为一个法人的法律行为。按合并方式的不同，法人合并分为吸收合并和新设合并。吸收合并，是指一个或多个法人归并到一个现存的法人中去，被合并的法人资格消灭，存续法人的主体资格仍然存在。新设合并，是指两个以上的法人合并为一个新法人，原来的法人消灭，新的法人产生。法人分立，是指一个法人分成两个或两个以上法人的法律行为。按分立方式的不同，法人分立分为派生分立和新设分立两种方式。派生分立，是指原法人仍然存在，但从原法人中分立出去一个新的法人；新设分立，是指原法人分立为两个或者两个以上新的法人，原法人不复存在。

实务问题

法人的合并、分立不应当影响法人外部债权人的利益，合并、分立前法人的权利义务应当概括移转给合并、分立后的法人。例如，根据《公司法》规定，公司分立前的债务由分立后的公司承担连带责任。但是,公司在分立前与债权人就债务清偿达成的书面协议另有约定的除外。

(编写人:罗　洁　张　倩)

法律条文

第六十八条　有下列原因之一并依法完成清算、注销登记的,法人终止:

(一)法人解散;

(二)法人被宣告破产;

(三)法律规定的其他原因。

法人终止,法律、行政法规规定须经有关机关批准的,依照其规定。

条文主旨

本条是关于法人终止原因的规定。

新旧法对比

《民法通则》	《民法总则》	《民法典》
无	第六十八条　有下列原因之一并依法完成清算、注销登记的,法人终止: (一)法人解散; (二)法人被宣告破产; (三)法律规定的其他原因。 法人终止,法律、行政法规规定须经有关机关批准的,依照其规定。	【内容不变】第六十八条

理解与适用

法人的终止,又称法人的消灭,是指法人权利能力的终止。法人在解散、被宣告破产后依法完成清算、注销登记的,视为法人终止。既然设立法人须经有关机关批准,那么终止法人时,自然也应当允许法律、行政法规作出须经有关机关批准的规定。

实务问题

法人解散后，要经过法人清算程序，完成注销登记时，法人才终止。也就是说，“法人清算”是“法人终止”的前提，“法人终止”是“法人清算”的结果。“法人清算”与“法人终止”的关系，类似“法人设立”与“法人成立”的关系。法人设立行为完成的结果是法人人格的取得，即法人成立。法人清算行为完成的结果是法人的消灭，即法人终止。在法人终止前的法人清算阶段，法人并未“死亡”，其民事主体资格仍然存在。

（编写人：罗 洁 张 倩）

法律条文

第六十九条 有下列情形之一的，法人解散：

（一）法人章程规定的存续期间届满或者法人章程规定的其他解散事由出现；

（二）法人的权力机构决议解散；

（三）因法人合并或者分立需要解散；

（四）法人依法被吊销营业执照、登记证书，被责令关闭或者被撤销；

（五）法律规定的其他情形。

条文主旨

本条是关于法人解散的具体情形的规定。

新旧法对比

《民法通则》	《民法总则》	《民法典》
无	第六十九条 有下列情形之一的，法人解散： （一）法人章程规定的存续期间届满或者法人章程规定的其他解散事由出现； （二）法人的权力机构决议解散； （三）因法人合并或者分立需要解散；	【内容不变】第六十九条

续表

《民法通则》	《民法总则》	《民法典》
	（四）法人依法被吊销营业执照、登记证书，被责令关闭或者被撤销； （五）法律规定的其他情形。	

理解与适用

本条是关于法人解散具体情形的规定。自行解散系私法自治的体现，除非关涉社会公益，一般应予尊重。满足法定条件下的行政强制解散是国家治理社会的必要手段，主要包括吊销营业执照、登记证书，责令关闭或者撤销。营利法人被吊销营业执照，或者非营利法人被吊销登记证书，法人被责令关闭或者被撤销的，均意味着其丧失了继续营业或从事其他目的事业的资格，自然应予解散。

实务问题

司法强制解散在总则中并未具体列举，可以参考《公司法》相关条款。如公司股东长期处于矛盾冲突状态，经过诉讼、相关职能部门协调、人民法院组织调解、股权转让等方式，均无法替代司法强制解散途径解决公司经营管理严重困难的，人民法院可以认定“公司经营管理严重困难通过其他途径无法解决”。

（编写人：罗　洁　张　倩）

法律条文

第七十条　法人解散的，除合并或者分立的情形外，清算义务人应当及时组成清算组进行清算。

法人的董事、理事等执行机构或者决策机构的成员为清算义务人。法律、行政法规另有规定的，依照其规定。

清算义务人未及时履行清算义务，造成损害的，应当承担民事责任；主管机关或者利害关系人可以申请人民法院指定有关人员组成清算组进行清算。

条文主旨

本条是关于清算义务人与强制清算程序启动事由的规定。

新旧法对比

《民法通则》	《民法总则》	《民法典》
第四十条 法人终止，应当依法进行清算，停止清算范围外的活动。	第七十条 法人**解散的，除合并或者分立的情形外，清算义务人**应当**及时组成清算组**进行清算。 **法人的董事、理事等执行机构或者决策机构的成员为清算义务人。法律、行政法规另有规定的，依照其规定。** **清算义务人未及时履行清算义务，造成损害的，应当承担民事责任；主管机关或者利害关系人可以申请人民法院指定有关人员组成清算组进行清算。**	【内容不变】第七十条

理解与适用

清算义务人与清算人的概念不同。清算义务人，是指法人解散后依法负有启动清算程序的主体，其义务在于根据法律规定及时启动相应的清算程序以终止法人。清算义务人也可称为法人清算的组织主体。清算人，在我国通常被称为清算组，是指具体负责清算事务的主体，其义务在于依照法定程序进行清算。本条第1款规定了清算义务人的及时清算义务，即便司法强制解散情形下也不例外。第2款规定了清算义务人的担当主体。第2款允许法律、行政法规就清算设例外规定：一种是法人自行清算情形下的义务人为法人的董事、监事等执行机构或决策机构的成员。另一种是行政清算情形下的组织清算主体为行政主管机关。本条第3款规定了清算义务人未及时履行清算义务的后果。判断民事责任构成时，应当以清算义务人主观上有过错，客观上未及时履行清算义务、造成损害，损害与清算义务人未及时履行清算义务之间存在因果关系为构成要件。

实务问题

在我国目前的法律体系中，理事、董事的称谓较乱，一般而言，营利法人中的执行机构成员称为董事，非营利法人中捐助法人的决策机构成员称理事，非营利法人中的社会团体法人的执行机构成员也称理事，但根据《民办教育促进法》第20条“民办学校应当设立学校理事会、董事会或者其他形式的决策机构”的规定，决策机构成员也可称为董事或者其他称谓。另外，大量法人尤其是企业法人解散后应当清算而不清算，甚至故意借解散之机逃废债务的现象比较突出，这些“僵尸法人”的存在，危害着市场经济秩序和社会秩序的健康运行。建议进一步强化清算义务人依法清算的法律责任，建立一个健康有序的法人退出机制，从源头上减少“僵尸法人”的产生，保护法人相关利害关系人的合法权益。

（编写人：罗　洁　张　倩）

法律条文

第七十一条　法人的清算程序和清算组职权，依照有关法律的规定；没有规定的，参照适用公司法律的有关规定。

条文主旨

本条是关于法人清算程序和清算组职权的法律适用的规定。

新旧法对比

《民法通则》	《民法总则》	《民法典》
无	第七十一条　法人的清算程序和清算组职权，依照有关法律的规定；没有规定的，参照适用公司法的有关规定。	第七十一条　法人的清算程序和清算组职权，依照有关法律的规定；没有规定的，参照适用公司法律的有关规定。

理解与适用

法人解散，组成清算组后，即进入具体的清算程序，清算组根据法律规定的职权，按照法定的清算程序，开展清算工作。我国公司法专门就法人解散和清算作了规定，其中关于清算程序和清算组职权的规定相对而言比较完备，弥补了诸多法律、行政法规清算制度的空白。因此当清算程序和清算组职权没有具体规定时，就参照使用公司法。

实务问题

法人的清算程序和清算组职权是法人清算制度的核心内容，对于发挥清算制度的价值功能意义重大。换句话说，如果没有清算程序和清算组职权的相关规范，法人清算也就缺乏指引和规范，不可能有效进行。关于法人清算问题，专门规范法人的相关法律和行政法规几乎都会涉及，但具有可操作性的清算程序和清算组职权的规定，则仅在公司法中作了规定。公司法用一章专门就法人解散和清算作了规定，其中关于清算程序和清算组职权的规定相对而言比较完备。

（编写人：罗　洁　张　倩）

法律条文

第七十二条　清算期间法人存续，但是不得从事与清算无关的活动。

法人清算后的剩余财产，按照法人章程的规定或者法人权力机构的决议处理。法律另有规定的，依照其规定。

清算结束并完成法人注销登记时，法人终止；依法不需要办理法人登记的，清算结束时，法人终止。

条文主旨

本条是关于清算中法人地位、清算后剩余财产处置及法人终止的规定。

新旧法对比

《民法通则》	《民法总则》	《民法典》
无	第七十二条　清算期间法人存续，但是不得从事与清算无关的活动。 法人清算后的剩余财产，根据法人章程的规定或者法人权力机构的决议处理。法律另有规定的，依照其规定。 清算结束并完成法人注销登记时，法人终止；依法不需要办理法人登记的，清算结束时，法人终止。	第七十二条　清算期间法人存续，但是不得从事与清算无关的活动。 法人清算后的剩余财产，**按照**法人章程的规定或者法人权力机构的决议处理。法律另有规定的，依照其规定。 清算结束并完成法人注销登记时，法人终止；依法不需要办理法人登记的，清算结束时，法人终止。

理解与适用

法人解散后即进入清算阶段，清算中的法人仍然具有独立的法人地位，只是与解散前的法人相比，清算中法人的权利能力和行为能力缩减，被严格限制在以清算为目的的范围内。本条第 2 款规定了法人清算后剩余财产的处置规则。一般而言，法人清算后的剩余财产如何处置，首先是个意思自治问题，应当尊重法人成员、设立人的意志，根据法人章程的规定或者法人权力机构的决议处理。本条第 3 款区分法人是否依法需要办理法人登记，就法人解散后何时终止作了规定。凡依法不需要办理法人登记的，清算结束时，法人即告终止；依法需要办理法人登记的，则清算结束后，还应当进一步办理法人注销登记手续，当完成法人注销登记时，法人终止。

实务问题

鉴于解散前法人与清算中法人人格的同一性，清算中法人具有从解散前法人继续下来的民事诉讼及新的民事诉讼中的当事人能力。也就是说，清算中法人具有一般民事诉讼主体资格，对于有关因解散前法人的法律关系产生的纠纷，均由清算中法人作为诉讼主体参加诉讼活动。依法选任的清算人代表法人参加诉讼。在我国以清算组作为清算主体的模式下，由清算组负责人作为诉讼代表人参加诉讼活动。

（编写人：罗　洁　张　倩）

法律条文

第七十三条　法人被宣告破产的，依法进行破产清算并完成法人注销登记时，法人终止。

条文主旨

本条是关于法人破产清算终止程序的规定。

新旧法对比

《民法通则》	《民法总则》	《民法典》
无	第七十三条　法人被宣告破产的，依法进行破产清算并完成法人注销登记时，法人终止。	【内容不变】第七十三条

理解与适用

法人被宣告破产后，依法进行破产清算。经过注销登记，法人终止。

实务问题

需要注意的是，目前我国并无统一的破产法，《企业破产法》的适用范围是企业。但《企业破产法》为企业法人以外的法人和非法人组织破产时的清算程序，预留了接口。该法第 135 条规定："其他法律规定企业法人以外的组织的清算，属于破产清算的，参照适用本法规定的程序。"

（编写人：罗 洁 张 倩）

法律条文

第七十四条 法人可以依法设立分支机构。法律、行政法规规定分支机构应当登记的，依照其规定。

分支机构以自己的名义从事民事活动，产生的民事责任由法人承担；也可以先以该分支机构管理的财产承担，不足以承担的，由法人承担。

条文主旨

本条是关于法人分支机构的规定。

新旧法对比

《民法通则》	《民法总则》	《民法典》
无	第七十四条 法人可以依法设立分支机构。法律、行政法规规定分支机构应当登记的，依照其规定。 分支机构以自己的名义从事民事活动，产生的民事责任由法人承担；也可以先以该分支机构管理的财产承担，不足以承担的，由法人承担。	【内容不变】第七十四条

理解与适用

本条第1款规定了法人可以依法设立分支机构并需要登记。第2款规定了分支机构的民事责任承担。法人的分支机构在法人授权范围内依法从事民事活动,其经营管理的财产是法人财产的一部分,分支机构并不具有独立的人格,因此产生的民事责任由其法人承担。

实务问题

关于法人是否可以自主设立分支机构问题,涉及两个方面的内容:(1)可否设立分支机构;(2)设立分支机构是否需要审批。对此,需要依照相关法律和行政法规的规定。例如,商业银行根据业务需要可以在中华人民共和国境内外设立分支机构。设立分支机构必须经国务院银行业监督管理机构审查批准。

(编写人:罗　洁　张　倩)

法律条文

第七十五条　设立人为设立法人从事的民事活动,其法律后果由法人承受;法人未成立的,其法律后果由设立人承受,设立人为二人以上的,享有连带债权,承担连带债务。

设立人为设立法人以自己的名义从事民事活动产生的民事责任,第三人有权选择请求法人或者设立人承担。

条文主旨

本条是关于法人设立的法律后果和民事责任的规定。

新旧法对比

《民法通则》	《民法总则》	《民法典》
无	第七十五条　设立人为设立法人从事的民事活动,其法律后果由法人承受;法人未成立的,其法律后果由设立人承受,设立人为二人以上的,享有连带债权,承担连带债务。	【内容不变】第七十五条

续表

《民法通则》	《民法总则》	《民法典》
	设立人为设立法人以自己的名义从事民事活动产生的民事责任，第三人有权选择请求法人或者设立人承担。	

理解与适用

本条第1款针对的是设立人以设立法人的名义从事民事活动的情形，比如以设立法人的名义订立合同，或者在设立过程中出现侵权行为，法人成立的，法律后果由法人承受；法人未成立的，法律后果由设立人承受。第2款针对的是设立人为设立法人以自己的名义从事民事活动的情形下，对由此产生的民事责任，赋予第三人选择请求法人或者设立人承担责任的权利。

实务问题

法人成立前须先设立，法人因设立行为完成而成立，从而成为民事主体。法人自设立行为开始至法人成立，无论长短，通常均须经过一定的期间。处于设立程序中的法人，学说上称为设立中法人。设立中法人尚不具有民事权利能力，不能享有权利和负担义务。但筹备设立法人，通常需要设立人围绕法人的设立从事相关民事活动。从事相关民事活动，就会形成相关民事法律关系，进而产生相应的法律后果。设立人从事民事活动的目的受到限制，即必须是以“设立法人”为目的，坚持实质判断标准。如果设立人是为其自己的利益而非以设立法人为目的，则即使是以设立中法人的名义从事的民事活动，其法律后果原则上不应当由成立后的法人承受。

（编写人：罗 洁 张 倩）

第二节 营利法人

法律条文

第七十六条　以取得利润并分配给股东等出资人为目的成立的法人，为营利法人。

营利法人包括有限责任公司、股份有限公司和其他企业法人等。

条文主旨

本条是关于营利法人定义和类型的规定。

新旧法对比

《民法通则》	《民法总则》	《民法典》
无	第七十六条　以取得利润并分配给股东等出资人为目的成立的法人,为营利法人。 营利法人包括有限责任公司、股份有限公司和其他企业法人等。	【内容不变】第七十六条

理解与适用

营利法人区别于非营利法人的重要特征,不是“取得利润”,而是“利润分配给出资人”。是否从事经营活动并获取利润,与法人成立的目的没有直接关系,也不影响营利法人与非营利法人的分类。如果法人取得的利润属于法人,用于法人经营活动,则不是营利法人;如果法人的利润分配给股东等出资人,则属于营利法人。

实务问题

有限责任公司、股份有限公司是我国法律规定的最典型的营利法人类型。我国《公司法》还规定了一人有限责任公司和国有独资公司这两种特殊的有限责任公司。这两种特殊类型的公司仍然是公司,只是仅有一个出资者,一人有限责任公司的出资者是一个自然人股东或者一个法人股东,这种情况下出资者可能会利用有限责任的形式混同个人债务,需要“刺破公司的面纱”。无论这两种形式的公司出资人如何特殊,在取得利润并分配给其股东等出资人这个根本目的上,与普通公司没有区别,其也属于本条第 2 款规定的营利法人的类型。

(编写人:罗　洁　张　倩)

法律条文

第七十七条　营利法人经依法登记成立。

条文主旨

本条是关于营利法人登记的规定。

新旧法对比

《民法通则》	《民法总则》	《民法典》
无	第七十七条　营利法人经依法登记成立。	【内容不变】第七十七条

理解与适用

登记是营利法人设立时，依照法律、法规的相关内容和程序，将设立的主要事项按照登记机关的要求呈报，登记机关审核后记载于登记簿，发给执照、取得资格的程序。登记可以分为设立登记、变更登记、注销登记等多种，本条指设立登记。

实务问题

营利法人取得法人资格只有一种方式，即经过登记程序成立。登记机关认为设立人的申请不符合营利法人的条件，不予登记。登记机关认为设立人的申请符合条件，准予登记。经过登记后，营利法人取得法人资格。

（编写人：罗　洁　张　倩）

法律条文

第七十八条　依法设立的营利法人，由登记机关发给营利法人营业执照。营业执照签发日期为营利法人的成立日期。

条文主旨

本条是关于营利法人营业执照的规定。

新旧法对比

《民法通则》	《民法总则》	《民法典》
无	第七十八条　依法设立的营利法人，由登记机关发给	【内容不变】第七十八条

续表

《民法通则》	《民法总则》	《民法典》
	营利法人营业执照。营业执照签发日期为营利法人的成立日期。	

理解与适用

营业执照是营利法人获得国家许可从事经营活动的资格。从登记机关签发营业执照之日起,营利法人可以开展日常经营活动。登记机关核准营利法人的标志是颁发给其营业执照,营利法人营业执照的颁发日期是公司的成立日期。

实务问题

作为登记的产物,营业执照在民商事活动中具有重要地位,是取得民事主体资格和建立民商事信用的主要方式。营业执照需要载明的事项主要有:法人名称、住所、注册资本、资金性质、经营范围、法定代表人姓名等。工商行政管理部门应当通过企业信用信息公示系统,公示企业信息。日常审核合同时,应当先审核合同签订的主体,交易事项是否在合同各方营业执照中的经营范围中。

(编写人:罗　洁　张　倩)

法律条文

第七十九条　设立营利法人应当依法制定法人章程。

条文主旨

本条是关于营利法人的法人章程的规定。

新旧法对比

《民法通则》	《民法总则》	《民法典》
无	第七十九条　设立营利法人应当依法制定法人章程。	【内容不变】第七十九条

理解与适用

《公司法》中规定,设立公司必须依法制定公司章程。公司章程对公司、股东、董事、监事、高级管理人员具有约束力。公司的经营范围由公司章程规定,并依法登记。公司可以修改公司章程,改变经营范围,但是应当办理变更登记。

实务问题

法人章程是关于法人组织和行为的自治规则。法人章程的内容可以分为绝对必要记载事项和任意记载事项。绝对必要记载事项是指法律规定在章程中必须具备的内容,若不记载这些内容,该章程是无效的,登记机关将不予登记。法人章程是法人的行为准则,对法人具有约束力,法人的权力机构、执行机构和监督机构及其成员等也都要受到法人章程的制约。

（编写人:罗　洁　张　倩）

法律条文

第八十条　营利法人应当设权力机构。权力机构行使修改法人章程,选举或者更换执行机构、监督机构成员,以及法人章程规定的其他职权。

条文主旨

本条是关于营利法人权力机构的规定。

新旧法对比

《民法通则》	《民法总则》	《民法典》
无	第八十条　营利法人应当设权力机构。 权力机构行使修改法人章程,选举或者更换执行机构、监督机构成员,以及法人章程规定的其他职权。	【内容不变】第八十条

理解与适用

营利法人的权力机构有多种形式,如有限责任公司和股份有限公司的权力机构的主要形式是股东会,一人有限责任公司不设股东会,其股东是营利法人的权力机构。营利法人的一切重大事项,需要由其权力机构来作出决议。

实务问题

权力机构区别于执行机构和监督机构,其负责就营利法人的重大事项作出决议,行使投资人权利。一般情况下,营利法人的权力机构以召开出资人会议的形式而不采取常设机构或日常办公的方式,行使权力机构的各项职权。权力机构以会议的形式行使职权,是由权力机构的权力性质和所有权与经营权相分离的营利法人的基本原理决定的。

(编写人:罗　洁　张　倩)

法律条文

第八十一条　营利法人应当设执行机构。

执行机构行使召集权力机构会议,决定法人的经营计划和投资方案,决定法人内部管理机构的设置,以及法人章程规定的其他职权。

执行机构为董事会或者执行董事的,董事长、执行董事或者经理按照法人章程的规定担任法定代表人;未设董事会或者执行董事的,法人章程规定的主要负责人为其执行机构和法定代表人。

条文主旨

本条是关于营利法人执行机构的规定。

新旧法对比

《民法通则》	《民法总则》	《民法典》
无	第八十一条　营利法人应当设执行机构。 执行机构行使召集权力机构会议,决定法人的经营计划和投资方案,决定法人内部管理机构的设置,以及法人章程规定的其他职权。 执行机构为董事会或者执行董事的,董事长、执行董	【内容不变】第八十一条

续表

《民法通则》	《民法总则》	《民法典》
	事或者经理按照法人章程的规定担任法定代表人；未设董事会或者执行董事的，法人章程规定的主要负责人为其执行机构和法定代表人。	

理解与适用

根据本条第 1 款，营利法人应当设执行机构。营利法人执行机构的形式包括董事会、执行董事等。我国相关法律对具体营利法人的执行机构作了规定。第 2 款规定了营利法人执行机构的职权。第 3 款规定了营利法人执行机构与法定代表人的关系。根据本条第 3 款的规定，一是执行机构为董事会或者执行董事的，董事长、执行董事或者经理按照法人章程的规定担任法定代表人；二是未设董事会或者执行董事的，法人章程规定的主要负责人为其执行机构和法定代表人。

实务问题

营利法人通常实行所有权与经营权相分离的原则，权力机构决定公司的重大事项，执行机构执行权力机构的决定，执行日常业务。权力机构可以根据法人的具体情况，通过法人章程授权执行机构其他职权，如规定由执行机构决定承办法人审计业务的会计师事务所的聘任或者解聘等。

（编写人：罗　洁　张　倩）

法律条文

第八十二条　营利法人设监事会或者监事等监督机构的，监督机构依法行使检查法人财务，监督执行机构成员、高级管理人员执行法人职务的行为，以及法人章程规定的其他职权。

条文主旨

本条是关于营利法人监督机构的规定。

新旧法对比

《民法通则》	《民法总则》	《民法典》
无	第八十二条　营利法人设监事会或者监事等监督机构的，监督机构依法行使检查法人财务，监督执行机构成员、高级管理人员执行法人职务的行为，以及法人章程规定的其他职权。	【内容不变】第八十二条

理解与适用

根据本条规定，营利法人监督机构的职权主要包括：第一，检查法人财务。监督机构可以对营利法人的财务状况进行检查，如查阅法人账簿和其他会计资料，核对执行机构提交权力机构的财务报告、营业报告和利润分配方案等会计资料等。第二，对执行机构成员及高级管理人员执行法人职务的行为进行监督。第三，法人章程规定的其他职权。营利法人的监督机构享有的职权，除本条规定的外，有权行使法人章程规定的其他职权。有的法律对相关法人的监督机构的职权有具体规定。

实务问题

在所有权与经营权分离的现代营利法人里，权力机构并不直接管理或者控制营利法人，营利法人被交由执行机构治理。实践中，执行机构的权力很大，为了防止执行机构滥用权力，保护营利法人和出资人的利益，需要设计监督机制，对执行机构等营利法人的实际经营管理人员进行监督。营利法人的监督机构作为法人的专门监督机构，其规模应根据法人的具体情况而定，不应过大或过小。如果监督机构的规模过大，人数过多，对营利法人经营管理层的制约也就越大，可能会影响法人的运营效率。同时，监事人数太多，会增加法人的监督成本，从而损害法人和出资人的利益；如果监督机构的规模过小，人数过少，对法人经营情况的了解就可能不够全面，不能够真正起到监督的作用。法人可以根据其自身情况和实现监督机构监督职能的需要，在法人章程中对监督机构的职权作出其他规定。

（编写人：罗　洁　张　倩）

法律条文

第八十三条　营利法人的出资人不得滥用出资人权利损害法人或者其他出资人的利益；滥用出资人权利造成法人或者其他出资人损失的，应当依法承担民事责任。

营利法人的出资人不得滥用法人独立地位和出资人有限责任损害法人债权人的利益；滥用法人独立地位和出资人有限责任，逃避债务，严重损害法人债权人的利益的，应当对法人债务承担连带责任。

条文主旨

本条是关于营利法人出资人应当依法行使权利的规定。

新旧法对比

《民法通则》	《民法总则》	《民法典》
无	第八十三条　营利法人的出资人不得滥用出资人权利损害法人或者其他出资人的利益。滥用出资人权利给法人或者其他出资人造成损失的，应当依法承担民事责任。 营利法人的出资人不得滥用法人独立地位和出资人有限责任损害法人的债权人利益。滥用法人独立地位和出资人有限责任，逃避债务，严重损害法人的债权人利益的，应当对法人债务承担连带责任。	第八十三条　营利法人的出资人不得滥用出资人权利损害法人或者其他出资人的利益；滥用出资人权利造成法人或者其他出资人损失的，应当依法承担民事责任。 营利法人的出资人不得滥用法人独立地位和出资人有限责任损害法人债权人的利益；滥用法人独立地位和出资人有限责任，逃避债务，严重损害法人债权人的利益的，应当对法人债务承担连带责任。

理解与适用

本条第1款规定出资人行使权利不得损害营利法人和其他出资人的利益。对营利法人出资人滥用权利的行为，给营利法人或者其他出资人造成损失的，滥用权利的出资人应当依法承担民事责任。第2款明确了不得滥用股东权利的规定，符合法定条件，出资人滥用营利法人独立地位和出资人有限责任，逃避债务，严重损害法人的债权人利益的，可以“刺破法人面纱”将出资人和营利法人视为一体，从而追究出资人和营利法人共同的法律责任。

实务问题

我国营利法人特别是公司的实践时间不长，由于各方面的原因，一些营利法人虽然有健全的组织机构，但所有权和经营权并未完全分离，加之有的出资人缺乏商业诚信，利用法人独立地位侵占法人财产，逃避债务，损害债权人利益的情况比较严重。有必要引进公司法人人格否认制度，防止股东滥用公司法人人格、用有限责任获取非法利益，以保护债权人、维护正常的交易秩序。我国刚开始实行这一制度，法律只作原则性规定，法人人格否认制度的适用应当限制在司法审判中针对某一具体案件适用，不得任意扩大其适用范围。

（编写人：罗　洁　张　倩）

法律条文

第八十四条　营利法人的控股出资人、实际控制人、董事、监事、高级管理人员不得利用其关联关系损害法人的利益；利用关联关系造成法人损失的，应当承担赔偿责任。

条文主旨

本条是关于营利法人关联交易的规定。

新旧法对比

《民法通则》	《民法总则》	《民法典》
无	第八十四条　营利法人的控股出资人、实际控制人、董事、监事、高级管理人员不得利用其关联关系损害法人的利益。利用关联关系给法人造成损失的，应当承担赔偿责任。	第八十四条　营利法人的控股出资人、实际控制人、董事、监事、高级管理人员不得利用其关联关系损害法人的利益；利用关联关系造成法人损失的，应当承担赔偿责任。

理解与适用

所谓关联关系，是指营利法人的控股出资人、实际控制人、董事、监事、高级管理人员与其直接或者间接控制的营利法人之间的关系，以及可能导致营利法人利益转移的其他关系。但是，国家控股的营利法人之间不能仅因为同受国家控股而具有关联关系。法人的关联交易一般是指具有投资关系或者合同关系的不同主体之间所进行的交易，又称为关联方交易。正常的关联交易，可以稳定营利法人业务，分散经营风险，有利于营利法人的发展。但实务中常有营利法人利用与从属法人的关联关系和控制地位，迫使从属法人与自己或者其他关联方从事损害从属法人和少数出资人利益的交易。根据本条规定，与营利法人有关联关系的五种人不得利用其与营利法人的关联关系损害营利法人的利益，利用关联关系给法人造成损失的，应当就损失承担赔偿责任。

实务问题

我国的营利法人关联交易是随着经济发展、法人规模逐渐扩大、法人内部结构逐渐复杂而逐步增多的；特别是在较大的公司和上市公司中，这一现象更多。一些营利法人的大股东、实际控制人和管理层通过与法人的关联交易，随意挪用法人资金，为自己或者关联方提供担保，通过操纵交易条件等将营利法人的利润转移至关联方，严重地损害营利法人、少数出资人和债权人的利益。

（编写人：罗　洁　张　倩）

法律条文

第八十五条　营利法人的权力机构、执行机构作出决议的会议召集程序、表决方式违反法律、行政法规、法人章程，或者决议内容违反法人章程的，营利法人的出资人可以请求人民法院撤销该决议。但是，营利法人依据该决议与善意相对人形成的民事法律关系不受影响。

条文主旨

本条是关于营利法人的权力机构、执行机构决议撤销的规定。

新旧法对比

《民法通则》	《民法总则》	《民法典》
无	第八十五条　营利法人的权力机构、执行机构作出决议的会议召集程序、表决方式违反法律、行政法规、法人章程，或者决议内容违反法人章程的，营利法人的出资人可以请求人民法院撤销该决议，但是营利法人依据该决议与善意相对人形成的民事法律关系不受影响。	第八十五条　营利法人的权力机构、执行机构作出决议的会议召集程序、表决方式违反法律、行政法规、法人章程，或者决议内容违反法人章程的，营利法人的出资人可以请求人民法院撤销该决议。但是，营利法人依据该决议与善意相对人形成的民事法律关系不受影响。

理解与适用

根据本条的规定，无论是程序瑕疵还是内容瑕疵，营利法人的任何出资人都可以请求人民法院撤销该决议。程序瑕疵是指营利法人权力机构、执行机构作出决议的会议召集程序、表决方式违反法律、行政法规、法人章程。内容瑕疵是指营利法人的权力机构、执行机构决议内容违反法人章程。除外情况：即使决议被人民法院撤销，但是营利法人依据该决议与善意相对人形成的民事法律关系不受影响。

实务问题

营利法人的权力机构和执行机构通过召开会议，形成决议行使权力。上述决议一旦依法作出并生效，则变为营利法人的意志，对营利法人及其出资人具有约束力。因此，营利法人权力机构和执行机构的决议对出资人关系重大，如果有关决议有瑕疵，法律应当赋予出资人相应的救济办法，允许出资人对其提起无效或者撤销之诉。

（编写人：罗　洁　张　倩）

法律条文

第八十六条　营利法人从事经营活动，应当遵守商业道德，维护交易安全，接受政府和社会的监督，承担社会责任。

条文主旨

本条是关于营利法人应当履行的义务的规定。

新旧法对比

《民法通则》	《民法总则》	《民法典》
无	第八十六条　营利法人从事经营活动,应当遵守商业道德,维护交易安全,接受政府和社会的监督,承担社会责任。	【内容不变】第八十六条

理解与适用

商业道德,是指从事商业活动应遵循的道德规范。商业道德对法律起着较好的补充作用。营利法人作为民事主体从事经营活动,其合法权益受法律保护,但同时也应承担一定的社会责任。

实务问题

营利法人作为一种与社会经济各个方面有广泛联系的实体,应当遵守商业道德,接受相应规范的约束。在法律中作出规定,有利于促使营利法人形成良好的经营作风、树立商业信誉、维护社会公众利益和经济秩序。维护交易安全是从事经营活动应当遵循的基本准则,对于保护善意交易相对人的利益,建立诚实守信的市场环境,促进社会主义市场经济健康发展有重要意义。

(编写人:罗　洁　张　倩)

第三节　非营利法人

法律条文

第八十七条　为公益目的或者其他非营利目的成立,不向出资人、设立人或者会员分配所取得利润的法人,为非营利法人。

非营利法人包括事业单位、社会团体、基金会、社会服务机构等。

条文主旨

本条是关于非营利法人的定义及类型的规定。

新旧法对比

《民法通则》	《民法总则》	《民法典》
无	第八十七条　为公益目的或者其他非营利目的成立,不向出资人、设立人或者会员分配所取得利润的法人,为非营利法人。 非营利法人包括事业单位、社会团体、基金会、社会服务机构等。	【内容不变】第八十七条

理解与适用

本条第 1 款是非营利法人的定义。“营利目的”指以谋求利润为目的。第 2 款为几种典型非营利法人的列举:事业单位、社会团体、基金会、社会服务机构,还包括其他非营利法人。

实务问题

需要注意的是,本条所称的“非营利”概念,是相对于“营利”而言的。关于“非营利”的含义,可从“营利”与“赢利”“盈利”的区别中加以把握。根据汉语词典,“赢”,意为“赚”,相对于“赔”,而“赢利”是指赚得了利润或者即指利润,是一种静态的表示。“盈”,意为充满、多余,“盈利”即指利润,或者较多的利润,属于财会专业术语。而“营”的意思是谋求,“营利”是指谋求利润,“营利目的”或“营利性”,就是指以谋求利润为目的。因此,“非营利目的”或“非营利性”的含义,并不是经济学意义上的无利润,也不是不从事经营活动,而是一个用以界定组织性质的词汇,它指这种组织的运作目的不是为获取利润。

(编写人:罗　洁　张　倩)

法律条文

第八十八条　具备法人条件,为适应经济社会发展需要,提供公益服务设立的事业单位,经依法登记成立,取得事业单位法人资格;依法不需要办理法人登记的,从成立之日起,具有事业单位法人资格。

条文主旨

本条是关于事业单位法人资格取得的规定。

新旧法对比

《民法通则》	《民法总则》	《民法典》
第五十条　有独立经费的机关从成立之日起，具有法人资格。 具备法人条件的事业单位、社会团体，依法不需要办理法人登记的，从成立之日起，具有法人资格；依法需要办理法人登记的，经核准登记，取得法人资格。	第八十八条　具备法人条件，**为适应经济社会发展需要，提供公益服务设立**的事业单位，**经依法登记成立，取得事业单位法人资格；依法不需要办理法人登记的，从成立之日起，具有事业单位法人资格。**	【内容不变】第八十八条

理解与适用

事业单位法人仅指从事公益服务的事业单位，不包括承担行政职能和从事生产经营活动的事业单位。

实务问题

目前，我国的事业单位数量庞大，且现阶段发挥着不同的社会功能，既有从事公益服务的事业单位，又有承担一定行政职能的事业单位，还有从事相关生产经营活动的事业单位。我国事业单位改革的目标是将承担行政职能和从事生产经营活动的事业单位从事业单位法人中剥离出去，但从事公益服务的事业单位仍将在事业单位序列中长期存在。

（编写人：罗　洁　张　倩）

法律条文

第八十九条　事业单位法人设理事会的，除法律另有规定外，理事会为其决策机构。事业单位法人的法定代表人依照法律、行政法规或者法人章程的规定产生。

条文主旨

本条是关于事业单位法人组织机构的规定。

新旧法对比

《民法通则》	《民法总则》	《民法典》
无	第八十九条　事业单位法人设理事会的，除法律另有规定外，理事会为其决策机构。事业单位法人的法定代表人依照法律、行政法规或者法人章程的规定产生。	【内容不变】第八十九条

理解与适用

《民法典》没有强行规定事业单位法人一律要设理事会，而是规定，设立理事会的，理事会为其决策机构。事业单位法人若设立理事会，一般而言，理事会为其决策机构。

实务问题

《事业单位登记管理暂行条例》第 6 条规定了申请事业单位法人登记应当具备的条件，其中第 2 项为“有自己的名称、组织机构和场所”。但是，对于事业单位应当具备哪些组织机构，该条例未作规定。关于分类推进事业单位改革，我国正在进行。面向社会提供公益服务的事业单位，探索建立理事会、董事会、管委会等多种形式的治理结构，健全决策、执行和监督机制，提高运行效率，确保公益目标实现。不宜建立法人治理结构的事业单位，要继续完善现行管理模式。

（编写人：罗　洁　张　倩）

法律条文

第九十条　具备法人条件，基于会员共同意愿，为公益目的或者会员共同利益等非营利目的设立的社会团体，经依法登记成立，取得社会团体法人资格；依法不需要办理法人登记的，从成立之日起，具有社会团体法人资格。

条文主旨

本条是关于社会团体法人资格取得的规定。

新旧法对比

《民法通则》	《民法总则》	《民法典》
第五十条 有独立经费的机关从成立之日起,具有法人资格。 具备法人条件的事业单位、社会团体,依法不需要办理法人登记的,从成立之日起,具有法人资格;依法需要办理法人登记的,经核准登记,取得法人资格。	第九十条 具备法人条件,**基于会员共同意愿,为公益目的或者会员共同利益等非营利目的设立的**社会团体,**经依法登记成立,取得社会团体法人资格;依法不需要办理法人登记的,从成立之日起,具有社会团体法人资格。**	【内容不变】第九十条

理解与适用

社会团体法人的资格取得须满足以下条件:(1)基于会员共同意愿;(2)为公益或者会员共同利益等非营利目的;(3)社会团体既有依法登记成立的,也有依法不需要办理法人登记而成立的。一是,不需要登记的例如:参加中国人民政治协商会议的人民团体不进行登记;由国务院机构编制管理机关核定,并经国务院批准的社会团体可以免予登记。参加中国人民政治协商会议的人民团体有:中华全国总工会、中国共产主义青年团、中华全国妇女联合会、中国科学技术协会、中华全国归国华侨联合会、中华全国台湾同胞联谊会、中华全国青年联合会、中华全国工商业联合会。二是,经国务院批准可以免予登记的社会团体有:中国文学艺术界联合会、中国作家协会、中华全国新闻工作者协会、中国人民对外友好协会、中国人民外交学会、中国国际贸易促进会、中国残疾人联合会、宋庆龄基金会、中国法学会、中国红十字总会等。

实务问题

社会团体法人不同于传统民法理论所称的社团法人。尽管我国在法律、行政法规中一律使用“社会团体”或者“社会团体法人”的概念,但在行政机关的一些文件中及日常的新闻报道中,常常将社会团体简称为“社团”,将社会团体法人简称为“社团法人”。这种用法在我们国家约定俗成,但经常与境外的“社团法人”混淆。境外的社团法人是与财团法人(捐助法人)相对应的概念,社团法人为人的组织体,其成立的基础在人,以成员为要件。社团法人的内涵包括有限责任公司、股份有限公司等。

(编写人:罗　洁　张　倩)

法律条文

第九十一条　设立社会团体法人应当依法制定法人章程。

社会团体法人应当设会员大会或者会员代表大会等权力机构。

社会团体法人应当设理事会等执行机构。理事长或者会长等负责人按照法人章程的规定担任法定代表人。

条文主旨

本条是关于社会团体法人章程和组织机构的规定。

新旧法对比

《民法通则》	《民法总则》	《民法典》
无	第九十一条　设立社会团体法人应当依法制定法人章程。 社会团体法人应当设会员大会或者会员代表大会等权力机构。 社会团体法人应当设理事会等执行机构。理事长或者会长等负责人按照法人章程的规定担任法定代表人。	【内容不变】第九十一条

理解与适用

本条第1款明确章程是设立社会团体法人的法定必备文件。第2款是指引性规定,明确社会团体法人应当设立权力机构,但并未限定。第3款也是指引性规定,其规定社会团体法人应当设执行机构,而法定代表人由谁担任,应当交给社会团体法人的设立人通过章程确定规则。

实务问题

值得注意的是，根据《社会团体登记管理条例》第12条之规定："社会团体的法定代表人，不得同时担任其他社会团体的法定代表人。"另外，社会团体法人没有对监督机构的设立进行强制性规定。

（编写人：罗　洁　张　倩）

法律条文

第九十二条　具备法人条件，为公益目的以捐助财产设立的基金会、社会服务机构等，经依法登记成立，取得捐助法人资格。

依法设立的宗教活动场所，具备法人条件的，可以申请法人登记，取得捐助法人资格。法律、行政法规对宗教活动场所有规定的，依照其规定。

条文主旨

本条是关于基金会、社会服务机构、宗教活动场所等捐助法人资格取得的规定。

新旧法对比

《民法通则》	《民法总则》	《民法典》
无	第九十二条　具备法人条件，为公益目的以捐助财产设立的基金会、社会服务机构等，经依法登记成立，取得捐助法人资格。 依法设立的宗教活动场所，具备法人条件的，可以申请法人登记，取得捐助法人资格。法律、行政法规对宗教活动场所有规定的，依照其规定。	【内容不变】第九十二条

理解与适用

基金会、社会服务机构及宗教活动场所法人资格登记以具备法人条件为前提。经依法登记成立后,取得捐助法人资格。其中,考虑到不同宗教的做法不同,依法设立的宗教活动场所是否登记为法人,由其自行申请。宗教活动场所从事各类活动必须遵守国家法律法规,如《宗教事务条例》等行政法规的规范。

实务问题

设立民办学校、民办医院等法人组织,设立人可以根据设立的目的,选择登记为营利法人,或者登记为社会服务机构。选择登记为营利法人的,法人存续期间可以分配利润,法人终止时,可以分配剩余财产。选择登记为社会服务机构的,取得捐助法人资格,享受国家财政、税收等各方面扶持,但法人存续期间不得分配利润,法人终止时,不可以分配剩余财产,剩余财产将继续用于公益目的。

(编写人:罗 洁 张 倩)

法律条文

第九十三条 设立捐助法人应当依法制定法人章程。

捐助法人应当设理事会、民主管理组织等决策机构,并设执行机构。理事长等负责人按照法人章程的规定担任法定代表人。

捐助法人应当设监事会等监督机构。

条文主旨

本条是关于捐助法人章程与组织机构的规定。

新旧法对比

《民法通则》	《民法总则》	《民法典》
无	第九十三条 设立捐助法人应当依法制定法人章程。 捐助法人应当设理事会、民主管理组织等决策机构,并设执行机构。理事长等负责人按照法人章程的规定担任法定代表人。 捐助法人应当设监事会等监督机构。	【内容不变】第九十三条

理解与适用

本条第1款规定设立捐助法人，应当依法制定法人章程。第2款规定捐助法人应当设立决策机构和执行机构。法定代表人由章程规定。第3款规定捐助法人应当设立监督机构。

实务问题

对于捐助法人而言，由于没有会员大会等权力机构，关于捐助法人的组织及其管理方法，除了法律、行政法规的规定外，是由捐助人制定的捐助章程规定的。捐助章程还要规定法人的目的及所捐的财产等必不可少的内容。在捐助法人成立后，章程便成为独立的文件，约束捐助法人及其决策机构、执行机构的成员等。由此可见，由于捐助法人没有权力机构，相较于其他法人类型，章程的作用尤为重要，对于实现捐助人的捐助目的不可或缺。为了维持捐助法人的正常运行，有必要设立决策机构、执行机构及监督机构。也就是说，捐助法人的决策、执行机构及内部监督机制是法律的强制性规定，应记载于章程。

（编写人：罗　洁　张　倩）

法律条文

第九十四条　捐助人有权向捐助法人查询捐助财产的使用、管理情况，并提出意见和建议，捐助法人应当及时、如实答复。

捐助法人的决策机构、执行机构或者法定代表人作出决定的程序违反法律、行政法规、法人章程，或者决定内容违反法人章程的，捐助人等利害关系人或者主管机关可以请求人民法院撤销该决定。但是，捐助法人依据该决定与善意相对人形成的民事法律关系不受影响。

条文主旨

本条是关于捐助人监督的规定。

新旧法对比

《民法通则》	《民法总则》	《民法典》
无	第九十四条　捐助人有权向捐助法人查询捐助财产	第九十四条　捐助人有权向捐助法人查询捐助财产

续表

《民法通则》	《民法总则》	《民法典》
	的使用、管理情况，并提出意见和建议，捐助法人应当及时、如实答复。 捐助法人的决策机构、执行机构或者法定代表人作出决定的程序违反法律、行政法规、法人章程，或者决定内容违反法人章程的，捐助人等利害关系人或者主管机关可以请求人民法院撤销该决定，但是基于维护交易安全的考虑，捐助法人依据该决定与善意相对人形成的民事法律关系不受影响。	的使用、管理情况，并提出意见和建议，捐助法人应当及时、如实答复。 捐助法人的决策机构、执行机构或者法定代表人作出决定的程序违反法律、行政法规、法人章程，或者决定内容违反法人章程的，捐助人等利害关系人或者主管机关可以请求人民法院撤销该决定。但是，基于维护交易安全的考虑，捐助法人依据该决定与善意相对人形成的民事法律关系不受影响。

理解与适用

从作出决定的主体看，涵盖决定机构、执行机构和法定代表人；从撤销权启动的事由看，包括作出决定的程序违法或违反章程，以及决定内容违反章程；从撤销权的行使主体看，包括捐助人等利害关系人和主管机关。

实务问题

捐助法人没有成员，无法通过成员大会对理事会等进行有效监督。因此，必须强化其他监督制约手段。决定被人民法院撤销后，造成损失的，可要求有过错的决策机构成员（参与决定的且对该决定投了赞成票的成员）、执行机构成员或者法定代表人赔偿。当然，如果表决时投了反对票，则该投反对票者不应当承担赔偿责任。

（编写人：罗　洁　张　倩）

法律条文

第九十五条　为公益目的成立的非营利法人终止时，不得向出资人、设立人或者会员分配剩余财产。剩余财产应当按照法人章程的规定或者权力机

构的决议用于公益目的;无法按照法人章程的规定或者权力机构的决议处理的,由主管机关主持转给宗旨相同或者相近的法人,并向社会公告。

条文主旨

本条是关于为公益目的成立的非营利法人终止时剩余财产处置的规定。

新旧法对比

《民法通则》	《民法总则》	《民法典》
无	第九十五条　为公益目的成立的非营利法人终止时,不得向出资人、设立人或者会员分配剩余财产。剩余财产应当按照法人章程的规定或者权力机构的决议用于公益目的;无法按照法人章程的规定或者权力机构的决议处理的,由主管机关主持转给宗旨相同或者相近的法人,并向社会公告。	【内容不变】第九十五条

理解与适用

非营利法人终止时,能否向出资人、设立人或者会员等分配剩余财产,是区别为公益目的成立的非营利法人和其他非营利法人的主要标准。对于为公益目的成立的非营利法人,应当禁止分配利润,有章程的依照章程的规定或者按照权力机构的决议用于公益目的;无章程或者无决议的,则交由主管机关转给宗旨相同的或者相近的法人,并公告。

实务问题

公益性法人不仅享受公益事业用地及建设的优惠,还享受国家规定的税收优惠政策、信贷优惠政策及政府经费资助等各项扶持,公益性法人也因其公益性而更易获得来自社会各界的捐赠。因此,公益性法人清算后的剩余财产具有相当程度的公共性,性质上已不同于设立人投入的财产,不应当分配给设立人,否则会给打着公益幌子而行营利之实者以可乘之机。

（编写人:罗　洁　张　倩）

第四节 特别法人

法律条文

第九十六条　本节规定的机关法人、农村集体经济组织法人、城镇农村的合作经济组织法人、基层群众性自治组织法人,为特别法人。

条文主旨

本条是关于特别法人类型的规定。

新旧法对比

《民法通则》	《民法总则》	《民法典》
无	第九十六条　本节规定的机关法人、农村集体经济组织法人、城镇农村的合作经济组织法人、基层群众性自治组织法人,为特别法人。	【内容不变】第九十六条

理解与适用

本条对特别法人的类型作了完全列举式规定。其一,机关法人,机关法人的设立依据是《宪法》及其相关法律和行政决定,其设立目的是履行公共管理职能。其二,农村集体经济组织法人,根据《宪法》等相关法律的规定,农村集体经济组织依法代表农民集体行使农村集体土地所有权,在遵守有关法律的前提下,有独立进行经济活动的自主权。其三,城镇农村的合作经济组织法人,对内具有共益性或者互益性,对外又可以从事经营活动。其四,基层群众性自治组织法人,村民委员会、居民委员会基层群众性自治组织在设立、变更和终止,行使职能和责任承担上都有其特殊性,有必要将其作为特别法人。

实务问题

本条对特别法人的类型作了完全列举式规定,并没有在这四种特别法人类型后加"等",这与本章关于营利法人和非营利法人的列举不同。根据《民法典》第 72 条的规定,营利法人包括有限责任公司、股份有限公司和其他企业法人等。

第 87 条规定，非营利法人包括事业单位、社会团体、基金会、社会服务机构等。对营利法人和非营利法人的列举都采取了不完全列举的方式，只列举了几种比较典型的具体类型，对现实生活中已经存在或者可能出现的其他法人组织，可以按照其特征，分别归入营利法人或者非营利法人。这主要是考虑到现实社会中的绝大多数法人都可以纳入营利法人和非营利法人的范围，营利法人和非营利法人作为法人的最基础分类是合适的，特别法人的范围很小，未来也不宜扩大，否则就会侵蚀和动摇营利法人和非营利法人作为法人分类基础的地位。

（编写人：罗 洁 张 倩）

法律条文

第九十七条 有独立经费的机关和承担行政职能的法定机构从成立之日起，具有机关法人资格，可以从事为履行职能所需要的民事活动。

条文主旨

本条是关于机关法人的规定。

新旧法对比

《民法通则》	《民法总则》	《民法典》
第五十条 有独立经费的机关从成立之日起，具有法人资格。 具备法人条件的事业单位、社会团体，依法不需要办理法人登记的，从成立之日起，具有法人资格；依法需要办理法人登记的，经核准登记，取得法人资格。	第九十七条 有独立经费的机关**和承担行政职能的法定机构**从成立之日起，具有**机关**法人资格**，可以从事为履行职能所需要的民事活动。**	【内容不变】第九十七条

理解与适用

本条规定了机关法人的两大特点：一是依据法律法规和行政决定而成立的机关。既包括人大常委会等权力机关，国务院和各级地方政府等行政机关，法院和检察院等司法机关，也包括党的各级机关、民主党派机关等。二是有独立的经费。机关法人自成立时就具有法人资格。

实务问题

判断某个组织是否为机关法人,除了主要看其是否依法律法规和行政决定直接成立,且从事公共管理职能外,还要看其是否有独立的经费。一个机关的内部职能部门虽说也是依据法律和行政命令直接成立,也从事公共管理职能,但这些职能部门只是机关的组成部分,如某部委内部的一个司局,其没有独立的经费,所以机关内部的职能部门并不能成为机关法人,其从事民事活动所产生的法律后果应由该机关来承担。

(编写人:罗　洁　张　倩)

法律条文

第九十八条　机关法人被撤销的,法人终止,其民事权利和义务由继任的机关法人享有和承担;没有继任的机关法人的,由作出撤销决定的机关法人享有和承担。

条文主旨

本条是关于机关法人终止的规定。

新旧法对比

《民法通则》	《民法总则》	《民法典》
无	第九十八条　机关法人被撤销的,法人终止,其民事权利和义务由继任的机关法人享有和承担;没有继任的机关法人的,由作出撤销决定的机关法人享有和承担。	【内容不变】第九十八条

理解与适用

机关法人因被撤销而终止。对于机关法人被撤销而终止的,其民事权利和义务由继任的机关法人享有和承担;没有继任的机关法人的,由作出撤销决定的机关法人享有和承担。

实务问题

机关法人不但在设立上具有特殊性，在终止时也具有特殊性。营利法人和非营利法人可能因破产等原因被终止，而机关法人因其履行的是国家公共管理职能，不能因破产而终止。机关法人主要是因被撤销而终止，被撤销的原因可能是机构改革被合并，也可能是该机关完成了其阶段性的历史任务。

（编写人：罗 洁 张 倩）

法律条文

第九十九条　农村集体经济组织依法取得法人资格。

法律、行政法规对农村集体经济组织有规定的，依照其规定。

条文主旨

本条是关于农村集体经济组织法人的规定。

新旧法对比

《民法通则》	《民法总则》	《民法典》
无	第九十九条　农村集体经济组织依法取得法人资格。 法律、行政法规对农村集体经济组织有规定的，依照其规定。	【内容不变】第九十九条

理解与适用

根据《宪法》等相关法律的规定，农村集体经济组织依法代表农民集体行使农村集体土地所有权，在遵守有关法律的前提下，有独立进行经济活动的自主权。农村集体经济组织法人的设立、变更、终止有许多特殊之处。对于农村集体经济组织中的具体问题还需要根据农村集体产权制度改革的情况，由其他法律或者行政法规作出进一步的细化规定。因此，法律、行政法规对农村集体经济组织有规定的，依照其规定。

实务问题

随着农村集体经济的发展，农村集体拥有的经营性资产越来越多，根据中央关于稳步推进农村集体产权制度改革的意见,将有序推进经营性资产股份合作制改革,将农村集体经营性资产以股份或者份额形式量化到本集体成员,作为其参加集体收益分配的基本依据。改革主要在有经营性资产的村镇,特别是城中村、城郊村和经济发达村开展。已经开展这项改革的村镇,要总结经验,健全制度,让农民有更多获得感;没有开展这项改革的村镇,可根据群众意愿和要求,由县级以上地方政府作出安排,先进行试点,再由点及面展开,力争用5年左右时间基本完成改革。

(编写人:罗　洁　张　倩)

法律条文

第一百条　城镇农村的合作经济组织依法取得法人资格。

法律、行政法规对城镇农村的合作经济组织有规定的,依照其规定。

条文主旨

本条是关于合作经济组织法人的规定。

新旧法对比

《民法通则》	《民法总则》	《民法典》
无	第一百条　城镇农村的合作经济组织依法取得法人资格。 法律、行政法规对城镇农村的合作经济组织有规定的,依照其规定。	【内容不变】第一百条

理解与适用

合作经济组织法人具有特殊性,按照营利性法人和非营利性法人的分类,无法将其归入单纯的一类当中,应当作为特别法人。本条第1款重在突出城镇农村合作经济组织法人资格的取得。第2款则授权法律、行政法规对合作经济组织法人作出特别的规定。

实务问题

需要说明的是,供销合作社,其主体指的是基层供销合作社,县级、市级、省级联合社、中华全国供销合作总社，共同面临的问题就是没有“户口本”。供销合作社出资企业、举办的事业单位、发展的社会组织等分别受《公司法》《事业单位人事管理条例》《社会团体登记管理条例》等相关法律法规调整。

（编写人：罗 洁 张 倩）

法律条文

第一百零一条 居民委员会、村民委员会具有基层群众性自治组织法人资格，可以从事为履行职能所需要的民事活动。

未设立村集体经济组织的，村民委员会可以依法代行村集体经济组织的职能。

条文主旨

本条是关于基层群众性自治组织法人的规定。

新旧法对比

《民法通则》	《民法总则》	《民法典》
无	第一百零一条 居民委员会、村民委员会具有基层群众性自治组织法人资格，可以从事为履行职能所需要的民事活动。 未设立村集体经济组织的，村民委员会可以依法代行村集体经济组织的职能。	【内容不变】第一百零一条

理解与适用

村民委员会是村民自我管理、自我教育、自我服务的基层群众性自治组织，实行民主选举、民主决策、民主管理、民主监督。居民委员会是居民自我管理、自我教育、自我服务的基层群众性自治组织。其办理本居住地区居民的公共事务和公益事业；调解民间纠纷；协助维护社会治安；协助人民政府或者它的派出机关做好与居民利益有关的公共卫生、计划生育、优抚救济、青少年教育等工作；向人民政府或者它的派出机关反映居民的意见、要求和提出建议。村民委员会是各行政村依据《村民委员会组织法》设立的；居民委员会是依据居民委员会组织法设立的。因此，居民委员会、村民委员会具有基层群众性自治组织法人资格，可以从事为履行职能所需要的民事活动。

实务问题

村民委员会和居民委员会都是我国的基层群众性自治组织。根据《城市居民委员会组织法》的规定，居民委员会办理本居住地区公益事业所需的费用，经居民会议讨论决定，可以根据自愿原则向居民筹集，也可以向本居住地区的受益单位筹集，但是必须经受益单位同意；收支账目应当及时公布，接受居民监督。居民委员会的工作经费和来源，由不设区的市、市辖区的人民政府或者上级人民政府规定并拨付；经居民会议同意，可以从居民委员会的经济收入中给予适当补助。因此，其债务也只能以居民筹集的费用、政府拨付的工作经费和居民委员会的经济收入补助来承担。村民委员会原则上也应当以其办公经费承担债务，该债务是其代表村集体从事经济活动所欠，可以村集体财产承担，但不得处分村集体所有的土地。

（编写人：罗　洁　张　倩）

第四章　非法人组织

法律条文

第一百零二条　非法人组织是不具有法人资格，但是能够依法以自己的名义从事民事活动的组织。

非法人组织包括个人独资企业、合伙企业、不具有法人资格的专业服务机构等。

条文主旨

本条是关于非法人组织的定义和范围的规定。

新旧法对比

《民法通则》	《民法总则》	《民法典》
无	第一百零二条　非法人组织是不具有法人资格，但是能够依法以自己的名义从事民事活动的组织。 非法人组织包括个人独资企业、合伙企业、不具有法人资格的专业服务机构等。	【内容不变】第一百零二条

理解与适用

本条第1款规定非法人组织是无法人资格但能以自己名义从事民事活动的组织。非法人组织在民法上具有主体地位，具有民事权利能力和民事行为能力，能够享有并行使民事权利，承担民事义务。第2款规定列举了几种典型的非法人组织，包括个人独资企业、合伙企业、不具有法人资格的专业服务机构等。对于其他组织体是否属于非法人组织，需要根据具体情况判断。

实务问题

非法人组织为一种组织体，而不是自然人，这是非法人组织和法人的相同之处；非法人组织不具有法人资格。非法人组织与法人的最大区别在于，非法人组织不能独立承担民事责任，非法人组织的责任最终是由设立人或出资人承担无限责任。

（编写人：罗　洁　张　倩）

法律条文

第一百零三条　非法人组织应当依照法律的规定登记。

设立非法人组织，法律、行政法规规定须经有关机关批准的，依照其规定。

条文主旨

本条是关于非法人组织设立程序的规定。

新旧法对比

《民法通则》	《民法总则》	《民法典》
无	第一百零三条　非法人组织应当依照法律的规定登记。 设立非法人组织，法律、行政法规规定须经有关机关批准的，依照其规定。	【内容不变】第一百零三条

理解与适用

本条第1款规定非法人组织设立的登记程序，非法人组织登记设立有助于维护交易安全。第2款规定了非法人组织设立的前置审批程序，地方性法规、规章等其他规范性文件均不得为非法人组织的设立设置审批程序。

实务问题

非法人组织设立一律需要登记。非法人组织作为一种独立的民事主体类型，只有办理登记，交易相对人才能加以识别，要求非法人组织登记设立有助于维护交易安全。非法人组织的财产不足以清偿债务的,其出资人或者设立人承担无限责任。法律另有规定的,依照其规定。

（编写人:罗　洁　张　倩）

法律条文

第一百零四条　非法人组织的财产不足以清偿债务的,其出资人或者设立人承担无限责任。法律另有规定的,依照其规定。

条文主旨

本条是关于非法人组织民事责任的规定。

新旧法对比

《民法通则》	《民法总则》	《民法典》
无	第一百零四条　非法人组织的财产不足以清偿债务的,其出资人或者设立人承担无限责任。法律另有规定的,依照其规定。	【内容不变】第一百零四条

理解与适用

本条第1款规定,非法人组织的债务可以先由非法人组织以其能够处分的财产清偿债务,不足以清偿的,出资人或者设立人对非法人组织的债务应当承担无限责任,即由设立人或者出资人承担所有清偿责任。第2款规定,除前述一般性规定外,法律还可以作出特殊规定。

实务问题

与法人的民事责任特点相比,非法人组织的民事责任是一种无限连带责任。如此规定,有利于保护与非法人组织实施民事行为的第三人的合法利益。关于非法人组织的民事责任承担,除根据《民法典》规定设立人或者出资人承担无限责任的一般性规定外,法律还可以作出特殊规定。作出特殊规定的法律有《合伙企业法》《律师法》等。

（编写人:罗　洁　张　倩）

法律条文

第一百零五条　非法人组织可以确定一人或者数人代表该组织从事民事活动。

条文主旨

本条是关于非法人组织代表人的规定。

新旧法对比

《民法通则》	《民法总则》	《民法典》
无	第一百零五条　非法人组织可以确定一人或者数人代表该组织从事民事活动。	【内容不变】第一百零五条

理解与适用

非法人组织和法人一样,需要确定自然人作为代表人代表其作出意思表示,从事民事活动,与相对人形成民事法律关系。非法人组织的代表人可以是一人也可以是数人。非法人组织的设立人、出资人可以依法在非法人组织的章程或有关协议中确定非法人组织代表人的人数和权限。

实务问题

实务中,对于非法人组织的事务执行人执行的代理权限内的事务致人损害的,由非法人组织的全体成员承担责任;对于非法人组织的事务执行人实施的与职务无关的行为致人损害的,应由其个人承担侵权责任。

（编写人:罗　洁　张　倩）

法律条文

第一百零六条　有下列情形之一的,非法人组织解散:

(一)章程规定的存续期间届满或者章程规定的其他解散事由出现;

(二)出资人或者设立人决定解散;

(三)法律规定的其他情形。

条文主旨

本条是关于非法人组织解散事由的规定。

新旧法对比

《民法通则》	《民法总则》	《民法典》
无	第一百零六条　有下列情形之一的,非法人组织解散: (一)章程规定的存续期间届满或者章程规定的其他解散事由出现; (二)出资人或者设立人决定解散; (三)法律规定的其他情形。	【内容不变】第一百零六条

理解与适用

本条规定,非法人组织解散的事由包括:第一,非法人组织章程规定的存续期间届满。在非法人组织设立时,如果设立人或出资人在章程中明确规定了存续期间,存续期间届满后,设立人或出资人没有使非法人组织继续存续的意愿的,非法人组织就应当解散。第二,非法人组织章程规定的其他解散事由出现。出资人或设立人根据意思自治原则,在设立非法人组织时,在章程中约定出现特定事由,非法人组织将解散。一旦发生约定的解散事由,非法人组织则应解散。第三,出资人或者设立人决定解散。非法人组织在存续期间,如果出资人或设立人发现设立非法人组织的目的已经实现或者无法实现,或者基于其他事由而不愿意让非法人组织继续存续,完全可以按照自己的意愿作出解散非法人组织的决定。第四,法律规定的其他解散事由。

实务问题

从实体角度上,非法人组织的民事主体资格在解散至清算结束并办理注销登记之前仍然存在。此时有关的非法人组织的民事诉讼,仍应以该非法人组织的名义进行。若非法人组织在诉讼或者仲裁中宣布解散,法院或者仲裁机构一般先确定清算组织或者清算人。待确定后,由清算组织或者清算人在其职权范围内代表非法人组织参加诉讼或者仲裁。

（编写人：罗　洁　张　倩）

法律条文

第一百零七条　非法人组织解散的，应当依法进行清算。

条文主旨

本条是关于非法人组织清算的规定。

新旧法对比

《民法通则》	《民法总则》	《民法典》
无	第一百零七条　非法人组织解散的，应当依法进行清算。	【内容不变】第一百零七条

理解与适用

出资人或设立人在非法人组织出现解散的事由后，应当解散非法人组织，指定清算人开展清算活动。非法人组织的清算就是非法人组织解散后，依法确定清算人开展的清理结束现有业务、了结债权债务关系的活动。

实务问题

非法人组织的清算人可以由非法人组织的设立人或出资人确定，或者按照法律规定的方式确定。清算人可以由非法人组织的出资人或者设立人担任，也可以是设立人或出资人委托的人，还可以是法律规定的其他人员。清算人的职责通常包括了结现有业务（结束各种尚未完成的业务活动）、收取债权、偿还债务和移交剩余财产等。清算期间，非法人组织不得开展与清算目的无关的活动。非法人组织清算完成后，依法需要注销登记的非法人组织，还需要到登记机关办理注销登记手续，完成注销登记手续后非法人组织终止。非法人组织的清算具体程序，各相关法律也都有专门的规定。法律对特定非法人组织的清算有特别规定的，清算人应当按照其规定开展清算活动。

（编写人：罗　洁　张　倩）

法律条文

第一百零八条　非法人组织除适用本章规定外，参照适用本编第三章第一节的有关规定。

条文主旨

本条是关于非法人组织参照适用的规定。

新旧法对比

《民法通则》	《民法总则》	《民法典》
无	第一百零八条　非法人组织除适用本章规定外，参照适用本法第三章第一节的有关规定。	第一百零八条　非法人组织除适用本章规定外，参照适用**本编**第三章第一节的有关规定。

理解与适用

非法人组织作为一类独立的民事主体，虽有一定的特殊性，但作为与法人相对的一类民事主体，非法人组织与同样作为组织体的法人具有很多相似性，因此，法律规定可以参照适用法人一般规定中的有关规定执行。

实务问题

参照适用的前提是《民法典》民法总则编第四章关于非法人组织的规定和各非法人组织单行法没有规定，可以参照适用法人不涉及法人本质属性（如独立承担民事责任等）的规定。

（编写人：罗　洁　张　倩）

第五章　民事权利

法律条文

第一百零九条　自然人的人身自由、人格尊严受法律保护。

条文主旨

本条是关于自然人的人身自由、人格尊严受法律保护的规定。

新旧法对比

《民法通则》	《民法总则》	《民法典》
无	第一百零九条　自然人的人身自由、人格尊严受法律保护。	【内容不变】第一百零九条

理解与适用

人身自由是自然人自主参加社会各项活动、参与各种社会关系、行使其他人身权和财产权的基本保障，是自然人行使其他一切权利的前提和基础。人格尊严是人身权的重要内容，涉及生命权、身体权、健康权、姓名权、肖像权、名誉权、荣誉权、隐私权、婚姻自主权等权利。人身自由、人格尊严不受侵犯，是自然人作为人的基本条件。

实务问题

人身自由、人格尊严是自然人的重要权利。我国宪法对于人身自由、人格尊严高度重视，对此专门作了规定。《宪法》第 37 条规定，中华人民共和国公民的人身自由不受侵犯。任何公民，非经人民检察院批准或者决定或者人民法院决定，并由公安机关执行，不受逮捕。禁止非法拘禁和以其他方法非法剥夺或者限制公民的人身自由，禁止非法搜查公民的身体。《宪法》第 38 条规定，中华人民共和国公民的人格尊严不受侵犯。禁止用任何方法对公民进行侮辱、诽谤和诬告陷害。

（编写人：罗　洁　张　倩）

法律条文

第一百一十条　自然人享有生命权、身体权、健康权、姓名权、肖像权、名誉权、荣誉权、隐私权、婚姻自主权等权利。

法人、非法人组织享有名称权、名誉权和荣誉权。

条文主旨

本条是关于民事主体人格权的规定。

新旧法对比

《民法通则》	《民法总则》	《民法典》
第九十八条　公民享有生命健康权。 第九十九条　公民享有姓名权，有权决定、使用和依照规定改变自己的姓名，禁止他人干涉、盗用、假冒。 法人、个体工商户、个人合伙享有名称权。企业法人、个体工商户、个人合伙有权使用、依法转让自己的名称。 第一百条　公民享有肖像权，未经本人同意，不得以营利为目的使用公民的肖像。 第一百零一条　公民、法人享有名誉权，公民的人	第一百一十条　**自然人享有生命权、身体权、健康权、姓名权、肖像权、名誉权、荣誉权、隐私权、婚姻自主权等权利。** **法人、非法人组织享有名称权、名誉权、荣誉权等权利。**	第一百一十条　自然人享有生命权、身体权、健康权、姓名权、肖像权、名誉权、荣誉权、隐私权、婚姻自主权等权利。 法人、非法人组织享有名称权、名誉权和荣誉权。

续表

《民法通则》	《民法总则》	《民法典》
格尊严受法律保护,禁止用侮辱、诽谤等方式损害公民、法人的名誉。 第一百零二条　公民、法人享有荣誉权,禁止非法剥夺公民、法人的荣誉称号。 第一百零三条　公民享有婚姻自主权,禁止买卖、包办婚姻和其他干涉婚姻自由的行为。		

理解与适用

本条第 1 款是对自然人人格权的规定。人格权包括生命权、身体权、健康权、姓名权、肖像权、名誉权、荣誉权、隐私权、婚姻自主权等权利。生命权以保护自然人生命的延续为内容,健康权以保护身体各组织及整体功能正常为内容,身体权以保护身体组织的完整及对身体组织的支配为内容。当他人侵害自然人的身体已经达到使自然人的组织和功能不正常时,侵害的是自然人的健康权,而非身体权。当他人侵害自然人的身体,但未侵害自然人的组织和功能正常时,侵害的仅是自然人的身体权,而非健康权。如甲未经乙同意突然将乙的长头发剪断,此时乙的身体组织和功能正常并未受到侵害,但甲侵害了乙对自己身体组织完整及对身体组织的支配,侵害了乙的身体权。第 2 款是对法人、非法人组织人格权的规定。根据《民法总则》第 110 条第 2 款的规定,法人、非法人组织主要享有以下人格权:一是名称权。《民法通则》第 99 条第 2 款有类似的规定,即法人、个体工商户、个人合伙享有名称权。企业法人、个体工商户、个人合伙有权使用、依法转让自己的名称。二是名誉权。名誉权是指法人、非法人组织就其自身属性和价值所获得的社会评价,所享有的保有和维护的权利。三是荣誉权。荣誉权是指法人、非法人组织对其获得的荣誉及其利益所享有的保持、支配的权利。

实务问题

肖像权,是指自然人对在自己的肖像上体现的精神利益和物质利益所享有的权利。如明星代言协议解除后,若此前代言品牌在微博、微信自媒体平台发布的代言图片未予删除，构成对明星肖像的使用。若未经明星授权和同意，且该使用不具有其他合理使用情形的话，则构成对明星肖像权的侵权行为。人民法院可以根据情形判令侵权人停止侵害、恢复名誉、消除影响、赔礼道歉。

另外，具有较高知名度的社会公众人物的形象能够增加商品或服务的影响力和知名度，当被他人擅自持续性地使用时，必然侵犯了权利人自己使用或者许可他人使用的财产上的利益。因此，一般法院还会对损害赔偿的请求予以支持。

（编写人：罗　洁　张　倩）

法律条文

第一百一十一条　自然人的个人信息受法律保护。任何组织或者个人需要获取他人个人信息的，应当依法取得并确保信息安全，不得非法收集、使用、加工、传输他人个人信息，不得非法买卖、提供或者公开他人个人信息。

条文主旨

本条是关于自然人的个人信息受法律保护的规定。

新旧法对比

《民法通则》	《民法总则》	《民法典》
无	第一百一十一条　自然人的个人信息受法律保护。任何组织和个人需要获取他人个人信息的，应当依法取得并确保信息安全，不得非法收集、使用、加工、传输他人个人信息，不得非法买卖、提供或者公开他人个人信息。	第一百一十一条　自然人的个人信息受法律保护。任何组织**或者**个人需要获取他人个人信息的，应当依法取得并确保信息安全，不得非法收集、使用、加工、传输他人个人信息，不得非法买卖、提供或者公开他人个人信息。

理解与适用

个人信息权利是公民在现代信息社会享有的重要权利，明确对个人信息的保护对于保护公民的人格尊严，使公民免受非法侵扰，维护正常的社会秩序具有现实意义。根据本条规定，其他民事主体对自然人个人信息保护有以下义务：第一,任何组织和个人需要获取他人个人信息的,有依法取得并确保信息安全的义务。第二,不得非法收集、使用、加工、传输他人个人信息,不得非法买卖、提供或者公开他人个人信息。此义务既针对依法取得自然人个人信息的组织和个人,也针对非依法取得个人信息的组织和个人。

实务问题

对于不涉及敏感信息以及已经公开的个人信息不再具有隐秘的特点,只能寻求个人信息权的保护,而非隐私权。与隐私权救济有所区别的是,个人信息权不仅可以主张精神损害赔偿,还可以主张财产性的赔偿,关于赔偿的标准可以行为人所获得的利益来进行主张。在苏州贝尔塔数据技术有限公司(启信宝)与伊某一般人格权纠纷案[①]中,贝尔塔公司于2017年转载了4份文书,未获得中国裁判文书网和人民法院公告网主办单位的授权,亦未征询当事人伊某的意见。伊某在起诉前曾经与贝尔塔公司联系要求删除文书,贝尔塔公司未予删除。法院认为,贝尔塔公司公开的涉案裁判文书和公告文书能够识别出伊某的个人身份,包含了伊某的个人信息。结合文书内容易于识别伊某的个人身份,可以认定贝尔塔公司通过转载相关文书实施了公开伊某个人信息的行为。该案中,涉案文书已在互联网上合法公开。中国裁判文书网和人民法院公告网登载涉伊某的裁判文书和公告文书,系基于司法解释的强行性规定,伊某对此负有容忍之义务。贝尔塔公司基于公开的渠道收集后在其合法经营范围内向客户提供、公开相关法律文书,属于对已合法公开信息的合理使用。但本案中,伊某诉前和诉讼中曾多次要求贝尔塔公司删除其网上公开的相关裁判文书和公告文书,且贝尔塔公司之转载及再次公开行为对其后续就业及生活等造成了重大影响。受制于裁判文书和公告文书所涉个人信息给伊某造成的不利影响主要来自用人单位等第三方的主观判断,故在客观上伊某难以取得相关证据并进行具体举证,但法院认为伊某的陈述符合日常经验法则和一般认知,具有合理性。贝尔塔公司收到伊某要求后仍未及时删除相关裁判文书和公告文书,有悖于伊某对已公开信息进行传播控制的意思表示,违反了合法性、正当性和必要性原则,应该认为此举对伊某构成重大利益影响,侵犯了其个人信息权益。

(编写人:罗　洁　张　倩)

---

① 江苏省苏州市中级人民法院(2019)苏05民终4745号。

法律条文

第一百一十二条　自然人因婚姻家庭关系等产生的人身权利受法律保护。

条文主旨

本条是关于自然人身份权的规定。

新旧法对比

《民法通则》	《民法总则》	《民法典》
第一百零四条　婚姻、家庭、老人、母亲和儿童受法律保护。 残疾人的合法权益受法律保护。	第一百一十二条　**自然人因**婚姻、家庭**关系等产生的人身权利**受法律保护。	第一百一十二条　自然人因婚姻家庭关系等产生的人身权利受法律保护。

理解与适用

夫妻之间因为婚姻关系产生一些人身权利，如夫妻双方的扶养权利和义务。自然人因家庭关系产生一些人身权利，如父母有保护和教育未成年子女的权利和义务，子女对父母有赡养的义务。

实务问题

身份权主要包括配偶权、亲权、亲属权、监护权等。身份权是人格权的扩展，但是身份权和人格权所保护的利益在很多情况下是重合的。如侵害他人健康权时，可能会同时侵害他人的身份权益。

（编写人：罗　洁　张　倩）

法律条文

第一百一十三条　民事主体的财产权利受法律平等保护。

条文主旨

本条是关于民事主体的财产权利受法律平等保护的规定。

新旧法对比

《民法通则》	《民法总则》	《民法典》
第七十五条 公民的个人财产,包括公民的合法收入、房屋、储蓄、生活用品、文物、图书资料、林木、牲畜和法律允许公民所有的生产资料以及其他合法财产。 公民的合法财产受法律保护,禁止任何组织或者个人侵占、哄抢、破坏或者非法查封、扣押、冻结、没收。	第一百一十三条 **民事主体的财产权利**受法律**平等**保护。	【内容不变】第一百一十三条

理解与适用

本条的核心是"平等保护财产权利",源于《民法典》第4条"民事主体在民事活动中的法律地位一律平等",其内容是《宪法》之"中华人民共和国公民在法律面前一律平等"的应有之义。平等是民事法律关系的本质属性,也是市场经济的内在要求。在社会主义市场经济条件下,各种市场主体都处于平等地位,享有相同权利,承担相同责任。

在《民法典》发布以前,关于物权法的平等保护原则合宪性的反对主张多源于《宪法》"社会主义的公共财产神圣不可侵犯"的规定。"公有财产保护论"认为对公有财产需要区别于私有财产进行特殊保护,但是"神圣"之词仅是一种意识形态的表述,并不意味着公有财产的财产权利要高于私有财产,公有财产和私有财产均应当被合理保护,否则会造成经济态势失衡;另一种"私有财产保护论"认为物权法的平等保护原则仅针对私有财产,不适用于其他财产,诚然民法体系下的物权属于私法范畴,但是该条也仅说明民事权利中的财产权利受平等保护,而不否认其他权利的合法保护。

实务问题

公平竞争、平等保护、优胜劣汰是市场经济的基本法则。在社会主义市场经济条件下,各种所有制经济形成的市场主体都处于平等地位,享有相同权利,遵守相同规则,承担相同责任。如果不对民事主体的财产权利平等保护,解决纠纷的办法、承担的法律责任不一样,就不可能发展社会主义市场经济,也不可能坚持和完善社会主义基本经济制度。如对不同民事主体的财产权利不平等保护，势必损害民事主体依法创造、积累财产的积极性，不利于民富国强、社会和谐。

（编写人：罗　洁　张　倩　李　劼）

法律条文

第一百一十四条　民事主体依法享有物权。

物权是权利人依法对特定的物享有直接支配和排他的权利，包括所有权、用益物权和担保物权。

条文主旨

本条是关于民事主体依法享有物权的规定。

新旧法对比

《民法通则》	《民法总则》	《民法典》
无	第一百一十四条　民事主体依法享有物权。 物权是权利人依法对特定的物享有直接支配和排他的权利，包括所有权、用益物权和担保物权。	【内容不变】第一百一十四条

理解与适用

物权，是民事主体对物的权利。直接支配，是指对于物不需要他人的协助、配合，权利人就能对物自主利用。对所有权来说，权利人可以按照自己的意愿行使占有、使用、收益和处分的权利。物权的排他性是指一物之上不能有相互冲突的物权，比如所有权，一物之上只能有一个所有权。用益物权是相对于所有权的自物权，是在他人所有的财产上设立的权利，即对他人的财产享有占有、使用和收益的权利。因此，用益物权被称作他物权。担保物权是为了确保债务履行而设立的物权，当债务人不履行债务时，债权人就担保财产依法享有优先受偿的权利。担保物权包括抵押权、质权和留置权。

实务问题

物权是民事主体依法享有的一项重要的财产权利。这种权利是权利人在法律规定的范围内对特定的物享有的直接支配和排他的权利。由于物权是直接支配物的权利,因而物权又被称为“绝对权”;物权的权利人享有物权,其他任何人都不得非法干预,物权的权利人以外的任何人都是物权的义务人,因此物权又被称为“对世权”。在权利性质上,物权与债权不同。债权的权利义务限于当事人之间,如合同的权利义务限于订立合同的各方当事人;债权是要求债务人作为或者不作为的权利,债权人也只能要求债务人作为或者不作为,不能要求与其债权债务关系无关的人作为或者不作为;债权依赖债务人而存在,债权的行使要基于相对人的意思和行为。正因如此,债权被称为“相对权”“对人权”。同一物上存在数个权利时,一般原则是物权优先于债权。当同一物上多项他物权并存时,一般按照登记的时间确定权利的先后顺序。

(编写人:罗　洁　张　倩)

法律条文

第一百一十五条　物包括不动产和动产。法律规定权利作为物权客体的,依照其规定。

条文主旨

本条是关于物权客体的规定。

新旧法对比

《民法通则》	《民法总则》	《民法典》
无	第一百一十五条　物包括不动产和动产。法律规定权利作为物权客体的,依照其规定。	【内容不变】第一百一十五条

理解与适用

不动产是不可移动的物,如土地以及房屋、林木等土地附着物。动产是不动产以外的可移动的物,如机动车、电视机等。物权的物指有体物或者有形物,有体物或者有形物是物理上的物,包括固体、液体、气体,也包括电等没有形状的物。所谓有体物或者有形物主要是与精神产品相对而言的,著作、商标、专利等是精神产品,是无体物或者无形物,精神产品通常不是物权制度规范的对象。但在有些情况下，财产权利可以作为担保物权的标的，比如可以转让的注册商标专用权、专利权、著作权等知识产权中的财产权，可以出质作为担保物权的标的，形成权利质权。因此，法律规定权利作为物权客体的，依照规定。

实务问题

并非所有的有体物或者有形物都是物权制度规范的对象，能够作为物权制度规范对象的还必须是人力所能控制、有利用价值的物。随着科学技术的发展，一些原来无法控制且无法利用的物也可以控制和利用了，也就纳入了物权制度的调整范围，物权制度规范的物的范围也在不断扩大。

（编写人：罗　洁　张　倩）

法律条文

第一百一十六条　物权的种类和内容，由法律规定。

条文主旨

本条是关于物权法定的原则。

新旧法对比

《民法通则》	《民法总则》	《民法典》
无	第一百一十六条　物权的种类和内容，由法律规定。	【内容不变】第一百一十六条

理解与适用

物权法定中的法，是指法律，即全国人大及其常委会制定的法律，除法律明确规定可以由行政法规、地方性法规规定的外，一般不包括行政法规和地方性法规。物权法定，有两层含义：其一，物权由法律规定，当事人不能自由创设物权。违背物权法定原则，所设“物权”没有法律效力。其二，物权的权利内容，即物权的权利义务，一般也只能由法律规定。

实务问题

物权的规定许多都是强制性规范，当事人应当严格遵守，不能由当事人约定排除，除非法律规定了“有约定的按照约定”“当事人另有约定的除外”这些例外情形，不能自由创设物权。若当事人合同中自由创设物权类型，则不能产生设定物权的效果，而非合同无效的情形。当事人自由创设的物权虽然不应依法保护，但若当事人依据合同投资，其投资权益可通过债权的形式予以保护。

（编写人：罗　洁　张　倩）

法律条文

第一百一十七条　为了公共利益的需要，依照法律规定的权限和程序征收、征用不动产或者动产的，应当给予公平、合理的补偿。

条文主旨

本条是关于征收、征用的规定。

新旧法对比

《民法通则》	《民法总则》	《民法典》
无	第一百一十七条　为了公共利益的需要，依照法律规定的权限和程序征收、征用不动产或者动产的，应当给予公平、合理的补偿。	【内容不变】第一百一十七条

理解与适用

征收是国家以行政权取得集体、单位和个人的财产所有权的行为。征用是国家为了抢险、救灾等公共利益需要，在紧急情况下强制性地使用单位、个人的不动产或者动产。征收、征用是政府行使行政权，属于行政关系，不属于民事关系，但由于征收、征用是对所有权或者使用权的限制，同时又是国家取得所有权或者使用权的一种方式，因此民法通常都从这一民事角度对此作原则性规定。

实务问题

征收和征用是两个不同的法律概念。征收主要是所有权的改变，征用只是使用权的改变。征收是国家从被征收人手中直接取得所有权，其结果是所有权发生了移转；征用则主要是在紧急情况下对他人财产的强制使用，一旦紧急情况结束，被征用的财产应返还原权利人。为了防止其滥用，平衡他人财产保护和公共利益需要的关系,依法保护权利人的财产权利,征收、征用必须严格依照法律规定的程序进行。相比而言,征收是所有权的改变,并且事先有较充分的准备,因此程序上要求比较严格;征用一般都是在紧急情况下采取的措施,通常是临时性的,程序上相对比较简便。

(编写人:罗 洁 张 倩)

法律条文

第一百一十八条 民事主体依法享有债权。

债权是因合同、侵权行为、无因管理、不当得利以及法律的其他规定,权利人请求特定义务人为或者不为一定行为的权利。

条文主旨

本条是关于民事主体依法享有债权的规定。

新旧法对比

《民法通则》	《民法总则》	《民法典》
第八十四条 债是按照合同的约定或者依照法律的规定,在当事人之间产生的特定的权利和义务关系。享有权利的人是债权人,负有义务的人是债务人。 债权人有权要求债务人按照合同的约定或者依照法律的规定履行义务。	第一百一十八条 **民事主体依法享有债权。** 债权是因合同、**侵权行为、无因管理、不当得利以及法律的其他规定,权利人请求特定义务人为或者不为一定行为的权利。**	【内容不变】第一百一十八条

理解与适用

债是因合同、侵权行为、无因管理、不当得利以及法律的其他规定,在特定当事人之间发生的权利义务关系。首先,债是一种民事法律关系,是民事主体之间以权利义务为内容的法律关系。其次,债是特定当事人之间的法律关系。债的主体各方均为特定当事人。再次,债是特定当事人之间得请求为或者不为一定行为的法律关系。享有权利的人是债权人,负有义务的人是债务人。债是以请求权为特征的法律关系，债权人行使债权，只能通过请求债务人为或者不为一定行为得以实现。最后，债是因合同、侵权行为、无因管理、不当得利以及法律的其他规定而发生的法律关系。

实务问题

合同、侵权行为、无因管理、不当得利是债的发生的主要原因，除此之外，法律的其他规定也会引起债的发生，使民事主体依法享有债权。例如，《民法典》第 1064 条第 1 款规定："夫妻双方共同签名或者夫妻一方事后追认等共同意思表示所负的债务，以及夫妻一方在婚姻关系存续期间以个人名义为家庭日常生活需要所负的债务，属于夫妻共同债务。"因此，夫妻离婚时，即使是夫妻一方名义所负债务，只要该债务是用于家庭日常生活需要，则债权人对于夫妻另一方也应享有债权，这是依据法律规定而产生的特定相对人之间的债权。

（编写人：罗　洁　张　倩）

法律条文

第一百一十九条　依法成立的合同，对当事人具有法律约束力。

条文主旨

本条是关于依法成立的合同对当事人具有法律约束力的规定。

新旧法对比

《民法通则》	《民法总则》	《民法典》
第八十五条　合同是当事人之间设立、变更、终止民事关系的协议。依法成立的合同，受法律保护。	第一百一十九条　依法成立的合同，**对当事人具有法律约束力。**	【内容不变】第一百一十九条

理解与适用

合同是平等主体的自然人、法人、其他组织之间设立、变更、终止民事权利义务关系的协议。合同依法成立以后，对当事人就具有了法律约束力。所谓法律约束力，是指当事人应当按照合同的约定履行自己的义务，非依法律规定或者取得对方同意，不得擅自变更或者解除合同。如果不履行合同义务或者履行合同义务不符合约定,应当承担违约责任。

实务问题

合同的法律效力具有相对性,但是该相对性在法律特别规定下是可以突破的。例如,根据《建设工程解释(一)》第 43 条之规定:“实际施工人以转包人、违法分包人为被告起诉的,人民法院应当依法受理。实际施工人以发包人为被告主张权利的,人民法院应当追加转包人或者违法分包人为本案第三人,在查明发包人欠付转包人或者违法分包人建设工程价款的数额后,判决发包人在欠付建设工程价款范围内对实际施工人承担责任。”

(编写人:罗　洁　张　倩)

法律条文

第一百二十条　民事权益受到侵害的,被侵权人有权请求侵权人承担侵权责任。

条文主旨

本条是关于民事侵权责任承担的规定。

新旧法对比

《民法通则》	《民法总则》	《民法典》
第一百一十七条　侵占国家的、集体的财产或者他人财产的,应当返还财产,不能返还财产的,应当折价赔偿。 损坏国家的、集体的财产或者他人财产的,应当恢复原状或者折价赔偿。 受害人因此遭受其他重大损失的,侵害人并应当赔偿损失。	第一百二十条　**民事权益受到侵害的,被侵权人有权请求侵权人承担侵权责任。**	【内容不变】第一百二十条

理解与适用

被侵权人指的是侵权行为损害后果的直接承受者，是因侵权行为而使民事权益受到侵害的人。被侵权人可以是所有具有民事权利能力的民事主体，只要具有实体法上的民事权利能力，又因侵权行为而使其民事权益受到侵害的人，就是被侵权人，包括自然人、法人和非法人组织。侵权过错行为和损害结果之间是否存在因果关系是法院判断侵权责任问题的关键。

实务问题

有完全民事行为能力的被侵权人，可自己亲自行使侵权请求权，无民事行为能力或者限制民事行为能力的被侵权人，一般是由其法定代理人代为行使，自己不能亲自行使侵权责任请求权。特别注意的是，在被侵权人死亡时，其近亲属有权请求侵权人承担侵权责任。被侵权人可能是单个主体也可能是多个主体。在一个侵权行为有多个被侵权人的情况下，所有的被侵权人都享有请求侵权人承担侵权责任的权利，都可以提起侵权之诉，被侵权人的权利相互独立，一些被侵权人不行使权利不影响其他被侵权人提出请求权，被侵权人也可以提起共同诉讼。

（编写人：罗　洁　张　倩）

法律条文

第一百二十一条　没有法定的或者约定的义务，为避免他人利益受损失而进行管理的人，有权请求受益人偿还由此支出的必要费用。

条文主旨

本条是关于无因管理的规定。

新旧法对比

《民法通则》	《民法总则》	《民法典》
第九十三条　没有法定的或者约定的义务，为避免他人利益受损失进行管理<u>或者服务的</u>，有权<u>要</u>求受益人偿<u>付</u>由此<u>而</u>支付的必要费用。	第一百二十一条　没有法定的或者约定的义务，为避免他人利益受损失<u>**而**</u>进行管理<u>**的人**</u>，有权<u>**请**</u>求受益人偿<u>**还**</u>由此支出的必要费用。	【内容不变】第一百二十一条

理解与适用

无因管理,是指没有法定的或者约定的义务,为避免他人利益受损失而进行管理的行为。判断是否构成无因管理,一般应从以下三方面考虑:没有法定或者约定的义务;管理他人事务;避免他人利益受到损失。管理他人事务的人为管理人,因管理人管理其事务而受益的人为受益人。

实务问题

无因管理制度作为债的发生原因之一,使管理人和受益人之间产生了债权债务关系。无因管理行为虽为干预他人事务,但却是以为避免他人利益受损失为目的,有利于社会的互助行为。法律为鼓励这一行为,赋予管理人请求受益人偿还因管理行为而支出的必要费用的权利。因无因管理产生的债称为无因管理之债。如将自己的事务误认为他人事务进行管理,即使目的是为他人避免损失,也不能构成无因管理。如果行为人负有法定的或者约定的义务进行管理,也不能构成无因管理。

(编写人:罗 洁 张 倩)

法律条文

第一百二十二条 因他人没有法律根据,取得不当利益,受损失的人有权请求其返还不当利益。

条文主旨

本条是关于不当得利的规定。

新旧法对比

《民法通则》	《民法总则》	《民法典》
第九十二条 没有合法根据,取得不当利益,造成他人损失的,应当将取得的不当利益返还受损失的人。	第一百二十二条 **因他人**没有**法律**根据,取得不当利益,**受损失的人有权请求其返还不当利益。**	【内容不变】第一百二十二条

理解与适用

不当得利,是指没有法律根据,取得不当利益,造成他人损失的情形。判断是否构成不当得利，一般应从以下四方面考虑：民事主体一方取得利益；他方受到损失；双方主体取得利益和受到损失之间有因果关系；没有法律上的根据。

实务问题

因不当得利产生的债称为不当得利之债。不当得利在民法中产生的情况主要有以下几种：第一，民事法律行为不成立、无效及被撤销所产生的不当得利。第二，履行不存在的债务所引起的不当得利。第三，因合同解除产生的不当得利。第四，基于受益人、受害人或第三人行为而产生的不当得利。第五，基于事件而产生的不当得利。没有法律根据，取得不当利益，造成他人损失的，应当将取得的不当利益返还受损失的人，但是在不当得利中善意受益人所获利益不复存在时，则不负不当得利的返还义务。

（编写人：罗　洁　张　倩）

法律条文

第一百二十三条　民事主体依法享有知识产权。

知识产权是权利人依法就下列客体享有的专有的权利：

（一）作品；

（二）发明、实用新型、外观设计；

（三）商标；

（四）地理标志；

（五）商业秘密；

（六）集成电路布图设计；

（七）植物新品种；

（八）法律规定的其他客体。

条文主旨

本条是关于民事主体依法享有知识产权的规定。

新旧法对比

《民法通则》	《民法总则》	《民法典》
第九十四条　公民、法人享有著作权（版权），依法	第一百二十三条　**民事主体依法享有知识产权。**	【内容不变】第一百二十三条

续表

《民法通则》	《民法总则》	《民法典》
有署名、发表、出版、获得报酬等权利。 第九十五条　公民、法人依法取得的专利权受法律保护。 第九十六条　法人、个体工商户、个人合伙依法取得的商标专用权受法律保护。 第九十七条　公民对自己的发现享有发现权。发现人有权申请领取发现证书、奖金或者其他奖励。 公民对自己的发明或者其他科技成果,有权申请领取荣誉证书、奖金或者其他奖励。	**知识产权是权利人依法就下列客体享有的专有的权利:** **(一)作品;** **(二)发明、实用新型、外观设计;** **(三)商标;** **(四)地理标志;** **(五)商业秘密;** **(六)集成电路布图设计;** **(七)植物新品种;** **(八)法律规定的其他客体。**	

理解与适用

知识产权是民事主体对其创造性的客体依法享有的专有权利,也是民事主体依法享有的一项重要的民事权利,本条明确列举了我国现行法律所保护的知识产权的客体。除了上述法条具体列举的知识产权客体,法律对于目前没有明确界定的其他属于知识产权的客体也作出了法律保留规定。

实务问题

知识产权有以下特征:第一,知识产权是一种无形财产权。第二,知识产权具有财产权和人身权的双重属性,如作者享有发表权、署名权、修改权等人身权。第三,知识产权具有专有性。法律规定知识产权为权利人专有,除权利人同意或法律规定外,权利人以外的第三人不得享有或者使用该项权利,否则为侵害他人的知识产权。第四,知识产权具有地域性,法律确认和保护的知识产权,除该国与他国条约或参加国际公约外,只在一国领域内发生法律效力。第五,知识产权具有时间性,各国法律对知识产权的保护都有严格的时间限制。丧失效力的知识产权客体进入公有领域,成为全人类共有的财富。

（编写人:罗　洁　张　倩）

法律条文

第一百二十四条　自然人依法享有继承权。

自然人合法的私有财产,可以依法继承。

条文主旨

本条是关于自然人依法享有继承权的规定。

新旧法对比

《民法通则》	《民法总则》	《民法典》
第七十六条　公民依法享有财产继承权。	第一百二十四条　**自然人**依法享有继承权。 **自然人合法的私有财产,可以依法继承。**	【内容不变】第一百二十四条

理解与适用

继承权,是指自然人依照法律的规定或者被继承人生前立下的合法有效的遗嘱而取得被继承人遗产的权利。继承权是自然人的一项基本民事权利。自然人的合法私人财产不仅受我国法律保护,还可在自然人死亡后作为遗产由其继承人依法继承,我国法律以此两方面来实现对自然人合法私有财产保护的目的。

实务问题

实务中,一般从继承人是否享有继承权,遗产是否属于可以继承的自然人的合法私有财产这两方面来综合考量继承的效力。随着现代社会中财富形式的多样化,自然人可依法继承的遗产也不断变化。遗产是公民死亡时遗留的个人合法财产,包括:公民的收入;公民的房屋、储蓄和生活用品;公民的林木、牲畜和家禽;公民的文物、图书资料;法律允许公民所有的生产资料;公民的著作权、专利权中的财产权利;公民的其他合法财产。

另外,根据《公司法》第75条之规定:"自然人股东死亡后,其合法继承人可以继承股东资格;但是,公司章程另有规定的除外。"因此,如无章程相反规定,自然人股东的合法继承人可以自被继承人死亡后开始享有股东资格,其他股东不能以未登记为由抗辩其股东资格。

(编写人:罗 洁 张 倩)

法律条文

第一百二十五条 民事主体依法享有股权和其他投资性权利。

条文主旨

本条是关于民事主体依法享有股权和投资性权利的规定。

新旧法对比

《民法通则》	《民法总则》	《民法典》
无	第一百二十五条 民事主体依法享有股权和其他投资性权利。	【内容不变】第一百二十五条

理解与适用

股权,是指民事主体因投资于公司成为公司股东而享有的权利。股权源于股东投资财产的所有权,股东通过将自身财产的所有权让渡给公司,从而获得对价,该对价及由于让渡而衍生出来的权利即为股东的股权。其他投资性权利是指民事主体通过投资享有的权利。

实务问题

《民法典》总则部分只是提纲挈领地作出了保护股权和投资性权利的基础性规定,具体规定需要参照相关部门法律法规。如《公司法》第4条规定,公司股东依法享有资产收益、参与重大决策和选择管理者等权利。《公司法》还区分不同的公司形式,对民事主体投资公司成为公司股东后的权利作了详细规定。再如,民事主体通过购买证券、基金、保险等进行投资而享有的民事权利,这些投资性权利的具体权利内容由《证券法》等具体法律进行规定。

(编写人:罗 洁 张 倩)

法律条文

第一百二十六条　民事主体享有法律规定的其他民事权利和利益。

条文主旨

本条是关于其他民事权益的规定。

新旧法对比

《民法通则》	《民法总则》	《民法典》
无	第一百二十六条　民事主体享有法律规定的其他民事权利和利益。	【内容不变】第一百二十六条

理解与适用

本条是关于民事主体享有的民事权益的兜底性规定。

实务问题

随着社会、经济的发展，还会不断地有新的民事权益纳入法律的保护范围，但是目前立法中难以穷尽，所以只能作出兜底性规定，给其他新的民事权利和利益以法律保护的空间。

（编写人：罗　洁　张　倩）

法律条文

第一百二十七条　法律对数据、网络虚拟财产的保护有规定的，依照其规定。

条文主旨

本条是关于保护数据、网络虚拟财产的规定。

新旧法对比

《民法通则》	《民法总则》	《民法典》
无	第一百二十七条　法律对数据、网络虚拟财产的保护有规定的，依照其规定。	【内容不变】第一百二十七条

理解与适用

这是我国法律对互联网和大数据时代出现的网络虚拟财产、数据等新型财产保护的原则性规定，同时明确了数据、网络等虚拟财产亦受法律保护的原则。

实务问题

《民法典》对数据、网络等虚拟财产的保护持肯定态度，但如何保护、是否可以继承没有明确规定，这个仍旧需要法律的进一步细化和完善。若是网络平台经营者的侵权行为导致用户的虚拟财产受到损失，则由网络平台经营者承担侵权责任。网络平台经营者未尽到平台治理义务导致用户虚拟财产受损，则应承担相应责任。

（编写人：罗　洁　张　倩）

法律条文

第一百二十八条　法律对未成年人、老年人、残疾人、妇女、消费者等的民事权利保护有特别规定的，依照其规定。

条文主旨

本条是关于特别保护弱势群体民事权利的规定。

新旧法对比

《民法通则》	《民法总则》	《民法典》
第一百零五条　妇女享有同男子平等的民事权利。	第一百二十八条　**法律对未成年人、老年人、残疾人、**妇女、**消费者等的**民事权利**保护有特别规定的，依照其规定。**	【内容不变】第一百二十八条

理解与适用

本条是对弱势群体民事权利的特别保护的衔接性规定。对弱势群体保护有特别规定的是以特别法为优先处理的。

实务问题

未成年人、老年人、残疾人、妇女、消费者等民事主体,由于其心理、生理或者市场交易地位原因,可能在民事活动中处于弱势地位。为了保护整体上处于弱势地位的民事主体的民事合法权益,法律对未成年人、老年人、残疾人、妇女、消费者等的民事权利给予特别保护,如《消费者权益保护法》通过规定消费者的权利和经营者的义务来保护消费者的合法权益,规定消费者的知情权、选择权等权利,规定经营者负有保障消费者安全、质量保证、告知和召回等义务。《未成年人保护法》《老年人权益保障法》《残疾人保障法》《妇女权益保障法》对未成年人、老年人、残疾人、妇女的民事权利有特别保护规定。

(编写人:罗 洁 张 倩)

法律条文

第一百二十九条 民事权利可以依据民事法律行为、事实行为、法律规定的事件或者法律规定的其他方式取得。

条文主旨

本条是关于民事权利取得方式的规定。

新旧法对比

《民法通则》	《民法总则》	《民法典》
无	第一百二十九条 民事权利可以依据民事法律行为、事实行为、法律规定的事件或者法律规定的其他方式取得。	【内容不变】第一百二十九条

理解与适用

民事权利的取得，是指民事主体依据合法的方式获得民事权利。民事法律行为是指民事主体通过意思表示设立、变更、终止民事法律关系的行为，民法理论一般称为法律行为。事实行为是指行为人主观上没有引起民事法律关系发生、变更或者消灭的意思，而依照法律的规定产生一定民事法律后果的行为。法律规定的事件是指与人的意志无关而根据法律规定能引起民事法律关系变动的客观情况。

实务问题

事实行为有合法的，也有不合法的。拾得遗失物等属于合法的事实行为，侵害他人的人身、财产的侵权行为是不合法的事实行为。民事权利可以依据事实行为取得，如民事主体因无因管理行为取得对他人的无因管理债权等。除了民事法律行为、事实行为、法律规定的事件，民事权利还可以依据法律规定的其他方式取得。例如，因人民法院、仲裁委员会的法律文书或者人民政府的征收决定等，导致物权设立、变更、转让或者消灭的，自法律文书或者人民政府的征收决定等生效时发生效力。再如，为了公共利益的需要，依照法律规定的权限和程序可以征收集体所有的土地，单位、个人的房屋及其他不动产。

（编写人：罗　洁　张　倩）

法律条文

第一百三十条　民事主体按照自己的意愿依法行使民事权利，不受干涉。

条文主旨

本条是关于民事主体按照自己意愿依法行使民事权利的规定。

新旧法对比

《民法通则》	《民法总则》	《民法典》
无	第一百三十条　民事主体按照自己的意愿依法行使民事权利，不受干涉。	【内容不变】第一百三十条

理解与适用

自愿原则是民法的一项基本原则,贯彻于整个《民法典》之中。本条是自愿原则在行使民事权利中的体现,民事主体按照自己的意愿依法行使民事权利,任何组织和个人不得非法干涉。

实务问题

民事主体按照自己的意愿依法行使民事权利,不受干涉体现在:(1)民事主体有权按照自己的意愿依法行使民事权利或者不行使民事权利。(2)民事主体有权按照自己的意愿选择依法行使的民事权利内容。(3)民事主体有权按照自己的意愿选择依法行使民事权利的方式。例如,若和解协议是双方当事人经过较长时间酝酿考虑后自愿签订的,双方亲笔签字确认,是双方真实的意思表示,内容也不违反法律规定,则该和解协议是有效的。

(编写人:罗　洁　张　倩)

法律条文

第一百三十一条　民事主体行使权利时,应当履行法律规定的和当事人约定的义务。

条文主旨

本条是关于民事主体权利义务一致的规定。

新旧法对比

《民法通则》	《民法总则》	《民法典》
无	第一百三十一条　民事主体行使权利时,应当履行法律规定的和当事人约定的义务。	【内容不变】第一百三十一条

理解与适用

民事主体依法享有的民事权利和承担的民事义务是民事法律关系的内容。在民事法律关系中,民事权利和民事义务是相互对立、相互联系的。民事权利的内容要通过相应的民事义务表现,民事义务的内容由相应的民事权利限定。

实务问题

在很多情况下,民事主体享有权利的同时,负担法律规定的或者当事人约定的义务。如合同双方当事人一般相互约定各自的权利义务,一方当事人享有合同权利的同时,也负有约定的合同义务。民事主体行使权利时,应当履行法律规定的和当事人约定的义务。但如果一方当事人拒绝对方关于履行义务的请求是在行使不安抗辩权等权利,就不属于违反本条规定的行为。

(编写人:罗　洁　张　倩)

法律条文

第一百三十二条　民事主体不得滥用民事权利损害国家利益、社会公共利益或者他人合法权益。

条文主旨

本条是关于民事主体不得滥用民事权利的规定。

新旧法对比

《民法通则》	《民法总则》	《民法典》
无	第一百三十二条　民事主体不得滥用民事权利损害国家利益、社会公共利益或者他人合法权益。	【内容不变】第一百三十二条

理解与适用

不得滥用民事权利,指民事权利的行使不得损害国家利益、社会公共利益或者他人合法权益。每一个民事主体都有权行使自己所享有的权利,法律也鼓励民事主体行使自己的权利。但是,权利的行使,有一定界限,行使民事权利损害国家利益、社会公共利益或者他人合法权益的,为滥用民事权利。

实务问题

民事主体是否构成滥用民事权利的前提是享有相应的民事权利,且属于权利行使或与权利行使有关的行为;只有民事主体享有民事权利时,其不适当或者不合理地行使权利,才构成滥用民事权利的行为而违反法律规定。而侵权行为制度并没有限制民事权利的目的,不仅以故意为要件,而且仅因过失侵害他人合法权益也可以构成侵权行为。

(编写人:罗　洁　张　倩)

第六章　民事法律行为

第一节　一 般 规 定

法律条文

第一百三十三条　民事法律行为是民事主体通过意思表示设立、变更、终止民事法律关系的行为。

条文主旨

本条是关于民事法律行为定义的规定。

新旧法对比

《民法通则》	《民法总则》	《民法典》
第五十四条　民事法律行为是公民或者法人设立、变更、终止民事权利和民事义务的合法行为。	第一百三十三条　民事法律行为是**民事主体通过意思表示**设立、变更、终止**民事法律关系的**行为。	【内容不变】第一百三十三条

理解与适用

本条是民事法律行为的定义，指明民事法律行为是由民事主体通过意思表示所实施的具有法律效果的一系列行为。意思表示是民事法律行为的核心内容，也是界定民事法律行为双方权利和义务的关键。民事法律行为虽然是民事主体期望发生一定法律效果的行为，但并非任何民事法律行为都能最终产生民事主体所期望的法律效果。民事主体所从事的民事法律行为既可能是合法的，也可能是非法的，既包括合法的法律行为，也包括无效、可撤销和效力待定的法律行为。

实务问题

民事主体在社会生产生活中会从事各种各样的活动,但并非任何行为都是民事法律行为。民事法律行为作为一种法律事实,其必须是由自然人、法人和非法人组织这些民事主体实施的行为,非民事主体实施的行为不是民事法律行为,如司法机关作出的裁决、行政机关作出的处罚决定等也会产生法律后果,但其不是以民事主体身份作出的行为,因而裁决和处罚决定不属于民事法律行为。机关在从事这些活动时是以机关法人的民事主体身份进行的,其实施的行为也属于民事法律行为。

(编写人:罗　洁　张　倩)

法律条文

第一百三十四条　民事法律行为可以基于双方或者多方的意思表示一致成立,也可以基于单方的意思表示成立。

法人、非法人组织依照法律或者章程规定的议事方式和表决程序作出决议的,该决议行为成立。

条文主旨

本条是关于民事法律行为成立的规定。

新旧法对比

《民法通则》	《民法总则》	《民法典》
无	第一百三十四条　民事法律行为可以基于双方或者多方的意思表示一致成立,也可以基于单方的意思表示成立。 法人、非法人组织依照法律或者章程规定的议事方式和表决程序作出决议的,该决议行为成立。	【内容不变】第一百三十四条

理解与适用

民事法律行为根据行为人数可分为三类:双方民事法律行为、多方民事法律行为、单方民事法律行为。除此之外,法人或者非法人组织的决议行为也是一种较为特殊的民事法律行为。决议行为是指法人、非法人组织基于共同的意思表示而意图实现一定法律效果的民事法律行为,其满足民事法律行为的所有条件,也是一种民事法律行为,以公司决议最为典型。

实务问题

实务中,民事法律行为需要重点关注的是法人或者非法人组织的决议行为。决议行为一般并不需要所有当事人意思表示一致才能成立,而是多数人意思表示一致就可以成立。另外,决议是否依照法律或者章程规定的方式作出,更是决议行为能否有效成立的关键。在适用的范围上,决议行为原则上仅适用于法人或者非法人组织内部的决议事项,且原则上仅对法人或非法人组织发生效力。

(编写人:罗　洁　张　倩)

法律条文

第一百三十五条　民事法律行为可以采用书面形式、口头形式或者其他形式;法律、行政法规规定或者当事人约定采用特定形式的,应当采用特定形式。

条文主旨

本条是关于民事法律行为形式的规定。

新旧法对比

《民法通则》	《民法总则》	《民法典》
第五十六条　民事法律行为可以采用书面形式、口头形式或者其他形式。法律规定用特定形式的,应当依照法律规定。	第一百三十五条　民事法律行为可以采用书面形式、口头形式或者其他形式;法律、**行政法规**规定**或者当事人约定采**用特定形式的,应当**采用特定形式**。	【内容不变】第一百三十五条

理解与适用

书面形式，是指以文字等有形形式再现民事法律行为内容的形式。所谓口头形式，是指当事人以面对面的谈话或者以电话交流等方式形成民事法律行为的形式。除书面形式、口头形式之外的其他形式主要是：积极行为和法律明确规定的消极行为。在一些特殊情况下，出于保护交易安全、避免纠纷等考虑，有的法律、行政法规会对民事法律行为提出特殊要求，或者当事人会约定民事法律行为采用特定形式。对于未采用特殊形式的民事法律行为的后果问题，应当区分情况：第一，如果法律、行政法规明确规定或者当事人明确约定不采用特殊形式的后果的，则民事法律行为的后果依照法律、行政法规的规定或者当事人的约定，例如当事人明确约定民事法律行为不采用公证形式就不成立的，若该民事法律行为没有采有公证形式就不成立。第二，如果法律、行政法规只明确要求或者当事人约定采用特殊形式，但没有对不采用该形式的民事法律行为的后果作出明确规定的，则从鼓励交易的角度出发，原则上不宜轻易否定民事法律行为的效力。

实务问题

现实生活很复杂，民事法律行为的形式也多种多样，在有的情况下，当事人还可能采取书面形式和口头形式之外的方式从事民事法律行为。例如在合同领域，可以根据当事人的行为或者特定情形推定合同成立，也被称为默示合同。此类合同是指当事人未用语言或者文字明确表示成立，而是根据当事人的行为推定合同成立。这类合同在现实生活中很多，例如租房合同的期限届满后，出租人未提出让承租人退房，承租人也未表示退房而是继续交房租，出租人也接受了租金。根据双方的行为，可以推定租赁合同继续有效。再如，乘客乘上公共汽车并到达目的时，尽管乘车人和承运人之间没有形成书面形式或者口头形式的合同，但可以依当事人的行为推定双方的运输合同成立。

（编写人：罗　洁　张　倩）

法律条文

第一百三十六条　民事法律行为自成立时生效，但是法律另有规定或者当事人另有约定的除外。

行为人非依法律规定或者未经对方同意，不得擅自变更或者解除民事法律行为。

条文主旨

本条是关于民事法律行为生效时间的规定。

新旧法对比

《民法通则》	《民法总则》	《民法典》
第五十七条　民事法律行为从成立时起具有法律约束力。行为人非依法律规定或者取得对方同意，不得擅自变更或者解除。	第一百三十六条　民事法律行为自成立时**生效，但是法律另有规定或者当事人另有约定的除外。** 行为人非依法律规定或者未经对方同意，不得擅自变更或者解除**民事法律行为**。	【内容不变】第一百三十六条

理解与适用

民事法律行为的生效，是指民事法律行为产生法律约束力。民事法律行为自成立时生效，也就是说，民事法律行为的生效时间与民事法律行为的成立原则上是一致的。一些特殊的民事法律行为即使具备一般有效要件，在成立时也不立即生效，只有满足特殊生效要件后才生效。例如，附生效条件和附生效期限的民事法律行为在成立时并不立即生效，只有在条件成就时或者期限届至时才生效。

本条第2款规定表达了两层意思：第一，已成立生效的民事法律行为对当事人具有法律拘束力，这时的法律拘束力体现在当事人必须尊重该民事法律行为，并通过自己的行为全面履行民事法律行为所设定的义务。第二，对于具备一般有效要件且成立，但还不具备特殊生效要件的民事法律行为，在特殊生效要件尚不具备前，除非当事人另有约定或者法律另有规定，任意一方当事人也不得擅自变更或者解除民事法律行为。

实务问题

成立时就生效的民事法律行为的行为人应当具有相应的民事行为能力，意思表示应当真实，且不违反法律、行政法规的强制性规定，也不违背公序良俗。不具备一般有效要件的民事法律行为在成立时可能会有三种后果：无效、被撤销、效力待定。另外，一些特殊的民事法律行为即使具备一般有效要件，在成立时也不立即生效，只有满足特殊生效要件后才生效。例如，我国《民法典》合同编规定，法律、行政法规规定合同应当办理批准、登记等手续生效的，依照其规定。

（编写人：罗　洁　张　倩）

第二节　意 思 表 示

法律条文

第一百三十七条　以对话方式作出的意思表示，相对人知道其内容时生效。

以非对话方式作出的意思表示，到达相对人时生效。以非对话方式作出的采用数据电文形式的意思表示，相对人指定特定系统接收数据电文的，该数据电文进入该特定系统时生效；未指定特定系统的，相对人知道或者应当知道该数据电文进入其系统时生效。当事人对采用数据电文形式的意思表示的生效时间另有约定的，按照其约定。

条文主旨

本条是关于有相对人的意思表示生效时间的规定。

新旧法对比

《民法通则》	《民法总则》	《民法典》
无	第一百三十七条　以对话方式作出的意思表示，相对人知道其内容时生效。 以非对话方式作出的意思表示，到达相对人时生效。以非对话方式作出的采用数据电文形式的意思表示，相对人指定特定系统接收数据电文的，该数据电文进入该特定系统时生效；未指定特定系统的，相对人知道或者应	【内容不变】第一百三十七条

续表

《民法通则》	《民法总则》	《民法典》
	当知道该数据电文进入其系统时生效。当事人对采用数据电文形式的意思表示的生效时间另有约定的,按照其约定。	

理解与适用

意思表示,是指行为人为了产生一定民法上的效果而将其内心意思通过一定方式表达于外部的行为。意思表示中的“意思”,是指设立、变更、终止民事法律关系的内心意图,“表示”是指将内心意思以适当方式向适当对象表示出来的行为。意思表示的类型很多,依据是否向相对人作出,意思表示可区分为有相对人的意思表示和无相对人的意思表示。所谓有相对人的意思表示,又称为需要受领的意思表示,是指向特定对象作出的意思表示。所谓以对话方式作出的意思表示,是指采取使相对方可以同步受领的方式进行的意思表示,如面对面交谈、电话等方式。以对话方式作出的意思表示,相对人知道其内容时生效。

以非对话方式作出的意思表示,是表意人作出意思表示的时间与相对人受领意思表示的时间不同步,二者之间存在时间差。以非对话方式作出的意思表示,到达相对人时生效。这里“到达”并不意味着相对人必须亲自收到,只要进入相对人通常的地址、住所或者能够控制的地方(如信箱)即可视为到达,意思表示被相对人的代理人收到也可以视为“到达”。对于“数据电文形式”的意思表示生效时间则以当事人是否事先约定、是否指定特定接收系统而存在区别。

实务问题

在合同领域,一项要约明确指定了承诺应当发回的系统。如果只是在文件中显示了电子邮件或者传真印件的地址,但没有特别指定,则不应视为明确指定的一个信息系统。

“进入”概念用以界定数据电文的收到时间。所谓一项数据电文进入一个信息系统,其时间是在该信息系统内可投入处理的时间。至于进入该信息系统的数据电文是否能够为收件人所识读或者使用则不影响该数据电文意思表示的生效时间。在现实生活中,当事人可以约定数据电文形式的意思表示的生效时间可以不是该意思表示进入特定系统的时间。有这种约定的,从其约定。

(编写人:罗　洁　张　倩)

法律条文

第一百三十八条　无相对人的意思表示,表示完成时生效。法律另有规定的,依照其规定。

条文主旨

本条是关于无相对人的意思表示生效时间的规定。

新旧法对比

《民法通则》	《民法总则》	《民法典》
无	第一百三十八条　无相对人的意思表示,表示完成时生效。法律另有规定的,依照其规定。	【内容不变】第一百三十八条

理解与适用

无相对人的意思表示,又称为无须受领的意思表示,是指无须向特定对象作出的意思表示。无相对人的意思表示由于不涉及意思表示的受领问题,所以一般自意思表示完成时就发生法律拘束力。这是无相对人意思表示生效的一般性规则。需注意,无相对人意思表示的生效时间有例外规定。

实务问题

现实生活中这类意思表示也较多,如悬赏广告、遗嘱、抛弃权利的意思表示等。悬赏广告,其生效时间应是在纸质报刊、微信公众号或朋友圈等公开媒介上发布之时。

(编写人:罗　洁　张　倩)

法律条文

第一百三十九条　以公告方式作出的意思表示,公告发布时生效。

条文主旨

本条是关于以公告方式作出意思表示生效时间的规定。

新旧法对比

《民法通则》	《民法总则》	《民法典》
无	第一百三十九条　以公告方式作出的意思表示，公告发布时生效。	【内容不变】第一百三十九条

理解与适用

这里的公告既可以是在有关机构的公告栏公告，例如人民法院的公告栏；也可以是在报纸上刊登公告。以公告方式作出的意思表示，表意人一旦发出公告能够为社会公众所知道，就认为意思表示已经到达，即发生效力。

实务问题

实务中，并不是任何情况都可以采用公告方式作出意思表示，只有在穷尽所有方式仍然联系不到对方当事人时，才可以公告的方式作出意思表示。

（编写人：罗　洁　张　倩）

法律条文

第一百四十条　行为人可以明示或者默示作出意思表示。

沉默只有在有法律规定、当事人约定或者符合当事人之间的交易习惯时，才可以视为意思表示。

条文主旨

本条是关于作出意思表示方式的规定。

新旧法对比

《民法通则》	《民法总则》	《民法典》
无	第一百四十条　行为人可以明示或者默示作出意思表示。 沉默只有在有法律规定、当事人约定或者符合当事人之间的交易习惯时，才可以视为意思表示。	【内容不变】第一百四十条

理解与适用

意思表示原则上都需要以明示或者默示的方式作出。所谓明示的意思表示，就是行为人以作为的方式使相对人能够直接了解到意思表示的内容。默示的意思表示，又称为行为默示，是指行为人虽没有以语言或文字等明示方式作出意思表示，但以行为的方式作出了意思表示。沉默就是既不是明示，也不是默示，是一种完全的不作为。沉默原则上不得作为意思表示的方式。只有在有法律规定、当事人约定或者符合当事人之间的交易习惯时，才可以被拟制推定为意思表示。注意，只有法律规定，此处不包含行政法规。

实务问题

审判实践中，在当事人主张自己或者对方的沉默应被视为意思表示时，其负有相应的举证责任。法院一般根据双方的约定和交易习惯来具体甄别。

如在宜兴市新街街道海德名园业主委员会诉宜兴市恒兴置业有限公司、南京紫竹物业管理股份有限公司宜兴分公司物权确认纠纷、财产损害赔偿纠纷案[①]中，法院认为，开发商与小区业主对开发商在小区内建造的房屋发生权属争议时，应由开发商承担举证责任。如开发商无充分证据证明该房屋系其所有，且其已将该房屋建设成本分摊到出售给业主的商品房中，则该房屋应当属于小区全体业主所有。开发商在没有明确取得业主同意的情况下，自行占有使用该房屋，不能视为业主默示同意由开发商无偿使用，应认定开发商构成侵权。

（编写人：罗　洁　张　倩）

法律条文

第一百四十一条　行为人可以撤回意思表示。撤回意思表示的通知应当在意思表示到达相对人前或者与意思表示同时到达相对人。

条文主旨

本条是关于意思表示撤回的规定。

① 江苏省无锡市中级人民法院(2017)苏02民终5565号。

新旧法对比

《民法通则》	《民法总则》	《民法典》
无	第一百四十一条　行为人可以撤回意思表示。撤回意思表示的通知应当在意思表示到达相对人前或者与意思表示同时到达相对人。	【内容不变】第一百四十一条

理解与适用

意思表示的撤回，是指在意思表示作出之后但发生法律效力之前，意思表示的行为人欲使该意思表示不发生效力而作出的意思表示。撤回意思表示，应在意思表示作出之后，发生法律效力之前，即不能对相对人造成影响时才可以撤回。意思表示到达相对人后即已生效，则不能撤回，只能撤销。

实务问题

意思表示的撤回原则上只有在该意思表示有相对人的情况下才有意义，若是无相对人的意思表示则不存在撤回不撤回的问题。无相对人的意思表示在表示作出时就发生效力，不可能撤回，只可能撤销。因为意思表示的撤回是在意思表示未生效前使其不发生效力；而意思表示的撤销是指在意思表示作出并生效之后，行为人又作出取消其意思表示的表示。

（编写人：罗　洁　张　倩）

法律条文

第一百四十二条　有相对人的意思表示的解释，应当按照所使用的词句，结合相关条款、行为的性质和目的、习惯以及诚信原则，确定意思表示的含义。

无相对人的意思表示的解释，不能完全拘泥于所使用的词句，而应当结合相关条款、行为的性质和目的、习惯以及诚信原则，确定行为人的真实意思。

条文主旨

本条是关于意思表示解释的规定。

新旧法对比

《民法通则》	《民法总则》	《民法典》
无	第一百四十二条　有相对人的意思表示的解释，应当按照所使用的词句，结合相关条款、行为的性质和目的、习惯以及诚信原则，确定意思表示的含义。 无相对人的意思表示的解释，不能完全拘泥于所使用的词句，而应当结合相关条款、行为的性质和目的、习惯以及诚信原则，确定行为人的真实意思。	【内容不变】第一百四十二条

理解与适用

意思表示的解释，就是指因意思表示不清楚或者不明确发生争议时，由人民法院或者仲裁机构对意思表示进行的解释。解释的目的就是明确意思表示的真实含义。意思表示的解释不是任意的主观解释，而是必须遵循一定的规则进行解释，这些规则就是解释意思表示的方法。有相对人的意思表示一旦为相对人所受领，相对人就会对此产生合理信赖。如果出现表意人的内心真实意思和外在表示出来的意思表示不一致的情况，就需要平衡保护相对人的信赖利益与保护表意人的内心真实意思；同时，在这种情况下还需要考虑相对人对意思表示的理解水平。而在无相对人的意思表示的情况下，因不存在受领人，就不会产生受领人信赖利益保护的问题，且在这种情况下，因无受领人，则不需要考虑受领人的理解水平问题。因此，对无相对人的意思表示的解释就是主要探究表意人的内心真实意思。

实务问题

任何意思表示都是通过语言、文字、行为等一定外在表现形式体现出来的，而这些外在表现形式与表意人的内心真实意思表示是否一致，常常因表意人的表达能力或者表达方式的不同而出现差异。这就导致在现实生活中，对表意人作出的意思表示，不同的人可能就会产生不同理解，甚至产生争议。解释的目的就是明确双方当事人的真实意思表示。所以在解释时，不可只用单一的标准或方式，而应结合案件情况综合运用多种解释方式，以确定最符合当事人真实意思的解释结果。

（编写人：罗　洁　张　倩）

第三节　民事法律行为的效力

法律条文

第一百四十三条　具备下列条件的民事法律行为有效：

（一）行为人具有相应的民事行为能力；

（二）意思表示真实；

（三）不违反法律、行政法规的强制性规定，不违背公序良俗。

条文主旨

本条是关于民事法律行为有效要件的规定。

新旧法对比

《民法通则》	《民法总则》	《民法典》
第五十五条　民事法律行为应当具备下列条件： （一）行为人具有相应的民事行为能力； （二）意思表示真实； （三）不违反法律或者社会公共利益。	第一百四十三条　**具备下列条件的民事法律行为有效**： （一）行为人具有相应的民事行为能力； （二）意思表示真实； （三）不违反法律**、行政法规的强制性规定，不违背公序良俗。**	【内容不变】第一百四十三条

理解与适用

当事人实现意思自治的关键是民事法律行为能有效成立。但是，民事法律行为并不是在任何情况下都能具备完全有效的条件，会因民事主体的民事行为能力是否健全、意思表示是否真实、是否违法及违背公序良俗等情形而受影响。

只有同时符合以上三个要件的民事法律行为,才能产生法律效力。

实务问题

无论从立法还是司法的角度看,法律对于民事法律行为无效的认定都越来越趋于严格。这实际上体现了民法尊重意思自治、鼓励自由交易的精神。民事法律行为不具备本条要件并非一律无效。本条只是明确了一项有效的民事法律行为需要具备的基本要件。如果其中某项要件不具备,则民事法律行为的效力就可能受到影响,但并非一律无效。除有效外,民事法律行为还包括无效、可撤销、效力待定等其他效力形态。

(编写人:罗 洁 张 倩)

法律条文

第一百四十四条 无民事行为能力人实施的民事法律行为无效。

条文主旨

本条是关于无民事行为能力人实施的民事法律行为效力的规定。

新旧法对比

《民法通则》	《民法总则》	《民法典》
第五十八条 下列民事行为无效: (一)无民事行为能力人实施的; (二)限制民事行为能力人依法不能独立实施的; (三)一方以欺诈、胁迫的手段或者乘人之危,使对方在违背真实意思的情况下所为的; (四)恶意串通,损害国家、集体或者第三人利益的; (五)违反法律或者社会公共利益的;	第一百四十四条 无民事行为能力人实施的**民事法律行为无效。**	【内容不变】第一百四十四条

续表

《民法通则》	《民法总则》	《民法典》
(六)以合法形式掩盖非法目的的。 无效的民事行为,从行为开始起就没有法律约束力。		

理解与适用

无民事行为能力人,是指8周岁以下的未成年人以及不能辨别自己行为的成年人。无民事行为能力人实施的民事法律行为自始无效。

实务问题

无民事行为能力人尽管在民事权利能力方面同其他民事主体一律平等,但由于其不具备自己实施民事行为的能力,因此在法律上规定由其法定代理人代理其实施民事法律行为,而将其自身实施的民事法律行为则一律规定为无效。例如,无民事行为能力人纯获利益的行为无效。

(编写人:罗 洁 张 倩)

法律条文

第一百四十五条 限制民事行为能力人实施的纯获利益的民事法律行为或者与其年龄、智力、精神健康状况相适应的民事法律行为有效;实施的其他民事法律行为经法定代理人同意或者追认后有效。

相对人可以催告法定代理人自收到通知之日起三十日内予以追认。法定代理人未作表示的,视为拒绝追认。民事法律行为被追认前,善意相对人有撤销的权利。撤销应当以通知的方式作出。

条文主旨

本条是关于限制民事行为能力人实施的民事法律行为效力的规定。

新旧法对比

《民法通则》	《民法总则》	《民法典》
第五十八条　下列民事行为无效： （一）无民事行为能力人实施的； （二）限制民事行为能力人依法不能独立实施的； （三）一方以欺诈、胁迫的手段或者乘人之危，使对方在违背真实意思的情况下所为的； （四）恶意串通，损害国家、集体或者第三人利益的； （五）违反法律或者社会公共利益的； （六）以合法形式掩盖非法目的的。 无效的民事行为，从行为开始起就没有法律约束力。	第一百四十五条　限制民事行为能力人**实施的纯获利益的民事法律行为或者与其年龄、智力、精神健康状况相适应的民事法律行为有效；实施的其他民事法律行为经法定代理人同意或者追认后有效。** **相对人可以催告法定代理人自收到通知之日起一个月内予以追认。法定代理人未作表示的，视为拒绝追认。民事法律行为被追认前，善意相对人有撤销的权利。撤销应当以通知的方式作出。**	第一百四十五条　限制民事行为能力人实施的纯获利益的民事法律行为或者与其年龄、智力、精神健康状况相适应的民事法律行为有效；实施的其他民事法律行为经法定代理人同意或者追认后有效。 相对人可以催告法定代理人自收到通知之日起三十日内予以追认。法定代理人未作表示的，视为拒绝追认。民事法律行为被追认前，善意相对人有撤销的权利。撤销应当以通知的方式作出。

理解与适用

原则上，限制民事行为能力人所从事的民事法律行为，须经法定代理人同意或者追认才能有效。除纯获利益的民事法律行为或者与其年龄、智力、精神健康状况相适应的民事法律行为外，限制民事行为能力人实施的民事法律行为其效力处于待定状态，需要其法定代理人同意或者追认后才有效成立。

所谓催告，是指民事法律行为的相对人要求法定代理人在一定期限内就是否认可限制民事行为能力人所实施的民事法律行为的效力作出表示，逾期不作表示的，视为法定代理人拒绝承认行为的效力。这里的撤销权，是指民事法律行为的相对人在法定代理人追认限制民事行为能力人实施的民事法律行为前，撤销自己在该民事法律行为中所作的意思表示。

实务问题

此处的撤销权在性质上属于形成权，即相对人可以直接通过自己的行为而无须借助他人即可行使的权利。本条撤销权的行使应注意以下几点:第一,相对人撤销权的行使须在法定代理人追认之前,法定代理人一经追认,相对人不得再行使这一权利。第二,仅善意相对人可行使撤销权。所谓善意,是指相对人实施民事法律行为时并不知晓对方为限制民事行为能力人,且此种不知晓不构成重大过失。是不是善意相对人,一般应结合民事法律行为的具体内容、交易习惯等综合予以认定。第三,相对人行使撤销权时,应当通过通知的方式作出,这种通知必须是明示的、明确的,不得通过默示的方式。

(编写人:罗 洁 张 倩)

法律条文

第一百四十六条　行为人与相对人以虚假的意思表示实施的民事法律行为无效。以虚假的意思表示隐藏的民事法律行为的效力,依照有关法律规定处理。

条文主旨

本条是关于虚假行为与隐藏行为效力的规定。

新旧法对比

《民法通则》	《民法总则》	《民法典》
无	第一百四十六条　行为人与相对人以虚假的意思表示实施的民事法律行为无效。以虚假的意思表示隐藏的民事法律行为的效力,依照有关法律规定处理。	【内容不变】第一百四十六条

理解与适用

所谓虚假的意思表示,是指行为人与相对人都知道自己所表示的意思并非真意,通谋作出与真意不一致的意思表示。隐藏行为,又称隐匿行为,是指在虚伪表示掩盖之下行为人与相对人真心所欲达成的民事法律行为。根据本条规定,当同时存在虚伪表示与隐藏行为时,虚伪表示无效,隐藏行为并不因此无效,其效力如何,应当依据有关法律规定处理。具体来说,如果这种隐藏行为本身符合该行为的生效要件,那么就可以生效。反之,则无效。

实务问题

根据虚伪表示与隐藏行为的对应关系,有虚伪表示,未必存在隐藏行为;但有隐藏行为,则一定存在虚伪表示。前者如以逃避债务为目的的假赠与,赠与行为是通过虚伪表示而实施的行为,但并不存在隐藏行为;后者如名为赠与实为买卖行为,赠与行为是通过虚伪表示实施的行为,而买卖则是掩盖在虚伪表示之下的隐藏行为。根据本条规定,当同时存在虚伪表示与隐藏行为时,虚伪表示无效,隐藏行为并不因此无效,其效力如何,应当依据有关法律规定处理。例如,在当事人采取签订股权转让协议方式为借贷担保的非典型让与担保中,只要不违反法律法规的强制性规定,应该认定为有效。

(编写人:罗　洁　张　倩)

法律条文

第一百四十七条　基于重大误解实施的民事法律行为,行为人有权请求人民法院或者仲裁机构予以撤销。

条文主旨

本条是关于重大误解实施的民事法律行为效力的规定。

新旧法对比

《民法通则》	《民法总则》	《民法典》
第五十九条　下列民事行为,一方有权请求人民法院或者仲裁机关予以变更或者撤销: (一)行为人对行为内容有重大误解的; (二)显失公平的。 被撤销的民事行为从行为开始起无效。	第一百四十七条　基于重大误解**实施的民事法律行为,行为人有权请求人民法院或者仲裁机构予以撤销。**	【内容不变】第一百四十七条

理解与适用

基于重大误解实施的民事法律行为,其效力属于可撤销,而不是无效。重大误解是由表意人自己的过错造成的。撤销权的行使将彻底改变民事法律行为的效力,由于关涉当事人的重大利益,所以行为人享有的撤销权,必须向法院或者仲裁机构提出。

实务问题

重大误解一般应是对合同的主要内容或者重要条款发生了重大误解,并由此错误地导致了合同的订立。因对行为的性质、对方当事人、标的物的品种、质量、规格和数量等的错误认识,使行为的后果与自己的意思相悖,并造成较大损失的,一般可以认定为重大误解。需要指出的是,如果误解不是重大的(误解对行为人的影响不大),法律不允许行为人基于该误解行使撤销权。

(编写人:罗　洁　张　倩)

法律条文

第一百四十八条　一方以欺诈手段,使对方在违背真实意思的情况下实施的民事法律行为,受欺诈方有权请求人民法院或者仲裁机构予以撤销。

条文主旨

本条是关于以欺诈手段实施的民事法律行为效力的规定。

新旧法对比

《民法通则》	《民法总则》	《民法典》
第五十八条　下列民事行为无效: (一)无民事行为能力人实施的; (二)限制民事行为能力人依法不能独立实施的; (三)一方以欺诈、胁迫的手段或者乘人之危,使对方在违背真实意思的情况下所为的;	第一百四十八条　一方以欺诈手段,使对方在违背真实意思的情况下**实施的民事法律行为,受欺诈方有权请求人民法院或者仲裁机构予以撤销。**	【内容不变】第一百四十八条

续表

《民法通则》	《民法总则》	《民法典》
(四)恶意串通,损害国家、集体或者第三人利益的; (五)违反法律或者社会公共利益的; (六)以合法形式掩盖非法目的的。 无效的民事行为,从行为开始起就没有法律约束力。		

理解与适用

欺诈,是指行为人故意欺骗他人,使对方陷入错误判断,并基于此判断作出错误意思表示的行为。受欺诈方作出的错误的意思表示,是因为欺诈一方的欺诈行为造成的。撤销权人撤销权的行使与否,直接关涉民事法律行为的效力,也会对双方当事人的利益产生重大影响,因此受欺诈方行使撤销权必须采用提起诉讼或者申请仲裁的方式。

实务问题

一方当事人故意告知对方虚假情况,或者故意隐瞒真实情况,诱使对方当事人作出错误意思表示的,一般可以认定为欺诈行为。民事法律行为因欺诈被撤销后,如果行为人与相对人有意重新达成合意实施民事法律行为,法律并不禁止。但《民法典》没有延续《合同法》①对欺诈行为可变更的规定。因为,如果法院或者仲裁机构根据受欺诈人的申请对民事法律行为进行变更,则并不一定符合当事人包括受欺诈人的内心意思,反而容易形成公权力对私人权利领域的不当干扰,甚至导致自由裁量权的滥用。

(编写人:罗　洁　张　倩)

法律条文

第一百四十九条　第三人实施欺诈行为,使一方在违背真实意思的情况下实施的民事法律行为,对方知道或者应当知道该欺诈行为的,受欺诈方有权请求人民法院或者仲裁机构予以撤销。

① 《合同法》已失效,下同。

条文主旨

本条是关于第三人欺诈的民事法律行为效力的规定。

新旧法对比

《民法通则》	《民法总则》	《民法典》
无	第一百四十九条 第三人实施欺诈行为,使一方在违背真实意思的情况下实施的民事法律行为,对方知道或者应当知道该欺诈行为的,受欺诈方有权请求人民法院或者仲裁机构予以撤销。	【内容不变】第一百四十九条

理解与适用

这里的第三人,一般是指民事法律行为的双方当事人之外、与一方存在某种关系的特定人。在第三人欺诈的情形,只有一方当事人知道或者应当知道第三人欺诈时,受欺诈方当事人才享有撤销权。撤销权的行使仍须通过人民法院或者仲裁机构行使。

实务问题

实践中,对于第三人实施的欺诈行为,受欺诈人的相对方既可能知情,也可能不知情。例如,在欺诈买受人购买朋友二手车的例子中,二手车的出卖人既可能知道交易的达成系其朋友欺诈买受人的结果,也可能对此并不知情,单纯地认为买受人愿意购买自己的二手车。法律仅赋予相对方不知情时受欺诈人撤销民事法律行为的权利,体现了对善意相对人的保护。"第三人"可以是当事人、代理人、法定代表人以外的任何人。如果当事人的代理人或者法定代表人实施了欺诈行为,应当构成当事人一方实施欺诈行为,而不成立第三人欺诈。

(编写人:罗 洁 张 倩)

法律条文

第一百五十条 一方或者第三人以胁迫手段,使对方在违背真实意思的情况下实施的民事法律行为,受胁迫方有权请求人民法院或者仲裁机构予以撤销。

条文主旨

本条是关于以胁迫手段实施的民事法律行为效力的规定。

新旧法对比

《民法通则》	《民法总则》	《民法典》
第五十八条　下列民事行为无效： (一)无民事行为能力人实施的； (二)限制民事行为能力人依法不能独立实施的； (三)一方以欺诈、胁迫的手段或者乘人之危，使对方在违背真实意思的情况下所为的； (四)恶意串通，损害国家、集体或者第三人利益的； (五)违反法律或者社会公共利益的； (六)以合法形式掩盖非法目的的。 无效的民事行为，从行为开始起就没有法律约束力。	第一百五十条　一方**或者第三人**以胁迫手段，使对方在违背真实意思的情况下**实施的民事法律行为，受胁迫方有权请求人民法院或者仲裁机构予以撤销。**	【内容不变】第一百五十条

理解与适用

胁迫，是指行为人通过威胁、恐吓等不法手段对他人思想上施加强制，由此使他人产生恐惧心理并基于恐惧心理作出意思表示的行为。当事人因受胁迫而作出意思表示，其意思表示并没有产生错误，受胁迫人在作出符合胁迫人要求的意思表示时，清楚地意识到自己意思表示的法律后果，只是这种意思表示的作出并非基于受胁迫人的自由意志。无论是一方胁迫还是第三人胁迫，受胁迫人均享有对民事法律行为的撤销权。

实务问题

胁迫须具有不法性，包括手段或者目的的不法性，反之则不成立胁迫。例如,出租人以向法院起诉为要挟,要求承租人按合同约定及时履行交付租金的义务,此种情形便不属于应受法律调整的胁迫行为。以给公民及其亲友的生命健康、荣誉、名誉、财产等造成损害,或者以给法人的荣誉、名誉、财产等造成损害为要挟,迫使对方作出违背真实的意思表示的,一般可以认定为胁迫行为。另外,第三人胁迫不同于第三人欺诈行为,只要当事人是受胁迫从事的民事法律行为,受胁迫方都可以请求人民法院或者仲裁机构予以撤销。

(编写人:罗　洁　张　倩)

法律条文

第一百五十一条　一方利用对方处于危困状态、缺乏判断能力等情形,致使民事法律行为成立时显失公平的,受损害方有权请求人民法院或者仲裁机构予以撤销。

条文主旨

本条是关于显失公平的民事法律行为效力的规定。

新旧法对比

《民法通则》	《民法总则》	《民法典》
第五十八条　下列民事行为无效: (一)无民事行为能力人实施的; (二)限制民事行为能力人依法不能独立实施的; (三)一方以欺诈、胁迫的手段或者乘人之危,使对方在违背真实意思的情况下所为的; (四)恶意串通,损害国家、集体或者第三人利益的; (五)违反法律或者社会公共利益的;	第一百五十一条　一方**利用对方处于危困状态、缺乏判断能力等情形,致使民事法律行为成立时显失公平的,受损害方有权请求人民法院或者仲裁机构予以撤销。**	【内容不变】第一百五十一条

续表

《民法通则》	《民法总则》	《民法典》
(六)以合法形式掩盖非法目的的。 无效的民事行为,从行为开始起就没有法律约束力。		

理解与适用

危困状态,一般是指因陷入某种暂时性的急迫困境而对于金钱、物的需求极为迫切等。缺乏判断能力,是指缺少基于理性考虑而实施民事法律行为或对民事法律行为的后果予以评估的能力。此处的显失公平,是指双方当事人在民事法律行为中的权利义务明显失衡、显著不相称。对于显失公平的判断时点,应以民事法律行为成立时为限。受损害方只能通过法院或者仲裁机构行使撤销权。

实务问题

一方当事人利用优势或者利用对方没有经验,致使双方的权利与义务明显违反公平、等价有偿原则的,一般可以认定为显失公平。一般根据交易双方在民事法律行为成立之时,从是否利益失衡、是否存在暴利、是否遵守交易规则等方面确定行为效力。实践中,显失公平的交易行为有很多,如金融机构的从业人员向文化水平较低的老年人兜售理财产品,由于缺少判断能力,这些老年人以高昂价格购买了实际收益率较低的理财产品。

(编写人:罗　洁　张　倩)

法律条文

第一百五十二条　有下列情形之一的,撤销权消灭:

(一)当事人自知道或者应当知道撤销事由之日起一年内、重大误解的当事人自知道或者应当知道撤销事由之日起九十日内没有行使撤销权;

(二)当事人受胁迫,自胁迫行为终止之日起一年内没有行使撤销权;

(三)当事人知道撤销事由后明确表示或者以自己的行为表明放弃撤销权。

当事人自民事法律行为发生之日起五年内没有行使撤销权的,撤销权消灭。

条文主旨

本条是关于撤销权消灭期间的规定。

新旧法对比

《民法通则》	《民法总则》	《民法典》
无	第一百五十二条　有下列情形之一的，撤销权消灭： （一）当事人自知道或者应当知道撤销事由之日起一年内、重大误解的当事人自知道或者应当知道撤销事由之日起三个月内没有行使撤销权； （二）当事人受胁迫，自胁迫行为终止之日起一年内没有行使撤销权； （三）当事人知道撤销事由后明确表示或者以自己的行为表明放弃撤销权。 当事人自民事法律行为发生之日起五年内没有行使撤销权的，撤销权消灭。	第一百五十二条　有下列情形之一的，撤销权消灭： （一）当事人自知道或者应当知道撤销事由之日起一年内、重大误解的当事人自知道或者应当知道撤销事由之日起**九十日**内没有行使撤销权； （二）当事人受胁迫，自胁迫行为终止之日起一年内没有行使撤销权； （三）当事人知道撤销事由后明确表示或者以自己的行为表明放弃撤销权。 当事人自民事法律行为发生之日起五年内没有行使撤销权的，撤销权消灭。

理解与适用

民事法律行为因不同事由被撤销的，其撤销权应当在一定期间内行使。撤销权消灭的期间，一般为 1 年。但是，重大误解的撤销权消灭期间为 90 日，对此需特别注意。对于权利人知道撤销事由后明确表示或者以自己的行为表明放弃撤销权的，撤销权消灭，不受 1 年期间的限制。

实务问题

撤销权的行使将使可撤销的民事法律行为效力终局性地归于无效，这将对相对人的利益产生重大影响，因此，享有撤销权的权利人必须在一定期间内决定是否行使这一权利，从而保护相对人的利益，维护交易安全。这一期间被称为除斥期间，除斥期间经过，撤销权终局性地归于消灭，可撤销的民事法律行为自此成为完全有效的民事法律行为。

（编写人：罗　洁　张　倩）

法律条文

第一百五十三条　违反法律、行政法规的强制性规定的民事法律行为无效。但是，该强制性规定不导致该民事法律行为无效的除外。

违背公序良俗的民事法律行为无效。

条文主旨

本条是关于违反强制性规定与违背公序良俗的民事法律行为效力的规定。

新旧法对比

《民法通则》	《民法总则》	《民法典》
第五十八条　下列民事行为无效： （一）无民事行为能力人实施的； （二）限制民事行为能力人依法不能独立实施的； （三）一方以欺诈、胁迫的手段或者乘人之危，使对方在违背真实意思的情况下所为的； （四）恶意串通，损害国家、集体或者第三人利益的； （五）违反法律或者社会公共利益的； （六）以合法形式掩盖非法目的的。 无效的民事行为，从行为开始起就没有法律约束力。	第一百五十三条　违反法律、**行政法规的强制性规定的民事法律行为无效，但是该强制性规定不导致该民事法律行为无效的除外。** **违背**公**序良俗的民事法律行为无效**。	第一百五十三条　违反法律、行政法规的强制性规定的民事法律行为无效。但是，该强制性规定不导致该民事法律行为无效的除外。 违背公序良俗的民事法律行为无效。

理解与适用

法律规范分为强制性规范与任意性规范。任意性规范的目的是引导、规范民事主体的行为,并不具备强制性效力,民事法律行为与任意性规范不一致的,并不影响其效力。所以,民事法律行为违反强制性规定原则上无效但有一种例外,即当该强制性规定本身并不导致民事法律行为无效时,民事法律行为并不无效。公序良俗是公共秩序和善良习俗的简称,体现了国家对民事领域意思自治的一种限制。因此,对公序良俗的违背也构成民事法律行为无效的理由。

实务问题

民事法律行为违反强制性规定不产生无效法律后果的情形是,当该强制性规定本身并不导致民事法律行为无效时,民事法律行为并不无效。这里实际上涉及对具体强制性规定的性质判断问题。某些强制性规定尽管要求民事主体不得违反,但其并不导致民事法律行为无效。违反该法律规定的后果应由违法一方承担,对没有违法的当事人不应承受一方违法的后果。例如,一家经营水果的商店出售种子,农户购买了该种子,该商店违法经营种子,必须承担相应违法责任,但出于保护农户的目的,不宜认定该买卖行为无效。

(编写人:罗 洁 张 倩)

法律条文

第一百五十四条 行为人与相对人恶意串通,损害他人合法权益的民事法律行为无效。

条文主旨

本条是关于恶意串通的民事法律行为效力的规定。

新旧法对比

《民法通则》	《民法总则》	《民法典》
第五十八条 <u>下列民事行为无效:</u> <u>(一)无民事行为能力人实施的;</u>	第一百五十四条 <u>行为人与相对人</u>恶意串通,损害**<u>他人合法权益的民事法律行为无效。</u>**	【内容不变】第一百五十四条

续表

《民法通则》	《民法总则》	《民法典》
(二)限制民事行为能力人依法不能独立实施的; (三)一方以欺诈、胁迫的手段或者乘人之危,使对方在违背真实意思的情况下所为的; (四)恶意串通,损害国家、集体或者第三人利益的; (五)违反法律或者社会公共利益的; (六)以合法形式掩盖非法目的的。 无效的民事行为,从行为开始起就没有法律约束力。		

理解与适用

恶意串通,是指行为人与相对人互相勾结,为牟取私利而实施的损害他人合法权益的民事法律行为。恶意串通的民事法律行为在主观上要求双方有互相串通、为满足私利而损害他人合法权益的目的,客观上表现为实施了一定形式的行为来达到这一目的。

实务问题

无论是欺诈、胁迫、重大误解还是显失公平,大多调整的是仅涉及双方当事人之间的利益关系,而在恶意串通的情形下,实际是双方共同损害他人的合法权益。在这种情况下,双方串通的直接目的就是通过损害他人来实现自己的利益,因此,法律上对这种恶意串通行为确定为无效的做法,能够最大限度地实现对第三方合法权益的保护。另外,恶意串通是双方当事人所表达的都是内心真意,这和表意均非真实意思表示的虚假行为存在区别。此处损害他人合法权益的“他人”,不仅仅是第三人,还包括国家、集体的权益。

(编写人:罗　洁　张　倩)

法律条文

第一百五十五条 无效的或者被撤销的民事法律行为自始没有法律约束力。

条文主旨

本条是关于无效、被撤销的民事法律行为效力的规定。

新旧法对比

《民法通则》	《民法总则》	《民法典》
第五十八条 下列民事行为无效: (一)无民事行为能力人实施的; (二)限制民事行为能力人依法不能独立实施的; (三)一方以欺诈、胁迫的手段或者乘人之危,使对方在违背真实意思的情况下所为的; (四)恶意串通,损害国家、集体或者第三人利益的; (五)违反法律或者社会公共利益的; (六)以合法形式掩盖非法目的的。 无效的民事行为,从行为开始起就没有法律约束力。	第一百五十五条 无效的或者被撤销的民事法律行为自始没有法律约束力。	【内容不变】第一百五十五条

理解与适用

无效的民事法律行为,是指虽然已经成立,但因其在内容上违反了法律、行政法规的强制性规定或者公序良俗而应当被宣告无效的民事法律行为。可撤销的民事法律行为,是指当事人在从事民事法律行为时,因意思表示不真实或者对方的民事行为能力受到限制或者无权代理时,法律允许撤销权人通过行使撤销权而使该行为归于无效。无效民事法律行为、被撤销的民事法律行为自始无效。

实务问题

无效的民事法律行为由国家主动干预,而可撤销的民事法律行为须由撤销权人行使,国家对此不主动干预。可撤销民事法律行为在未被撤销以前是有效的,只是在被撤销后,可撤销民事法律行为的效力溯及既往地自始无效。无效的民事法律行为除自始无效外,还应当是当然无效、绝对无效。所谓当然无效,是指只要民事法律行为具备无效条件,其便当然产生无效的法律后果,无须经过特定程序的确认才无效;所谓绝对无效,是指这种民事法律行为的无效是绝对的而非相对的,对包括当事人在内的其他任何人而言均是无效的。

(编写人:罗　洁　张　倩)

法律条文

第一百五十六条　民事法律行为部分无效,不影响其他部分效力的,其他部分仍然有效。

条文主旨

本条是关于民事法律行为部分无效的规定。

新旧法对比

《民法通则》	《民法总则》	《民法典》
第六十条　民事行为部分无效,不影响其他部分的效力的,其他部分仍然有效。	第一百五十六条　民事**法律**行为部分无效,不影响其他部分效力的,其他部分仍然有效。	【内容不变】第一百五十六条

理解与适用

在民事法律行为无效部分与其他部分效力可分或相互不影响的情况下,部分无效才不会导致其他部分同时无效。反之,当部分无效的民事法律行为不可分或者会影响其他部分效力的,其他部分也应无效。

实务问题

如果无效部分属于整体民事法律行为成立生效的必要条款，或者无效部分事实上与其他部分不可分割，那么这种部分无效当然会同时导致其他部分的无效，进而影响整体的行为效力。换言之，若民事法律行为部分无效的后果影响其他部分效力的，其他部分同样无效。如交易标的不可分或性质相同。

（编写人：罗　洁　张　倩）

法律条文

第一百五十七条　民事法律行为无效、被撤销或者确定不发生效力后，行为人因该行为取得的财产，应当予以返还；不能返还或者没有必要返还的，应当折价补偿。有过错的一方应当赔偿对方由此所受到的损失；各方都有过错的，应当各自承担相应的责任。法律另有规定的，依照其规定。

条文主旨

本条是关于民事法律行为无效、被撤销及确定不发生效力的后果的规定。

新旧法对比

《民法通则》	《民法总则》	《民法典》
第六十一条　民事行为被确认为无效或者被撤销后，当事人因该行为取得的财产，应当返还给受损失的一方。有过错的一方应当赔偿对方因此所受的损失，双方都有过错的，应当各自承担相应的责任。 双方恶意串通，实施民事行为损害国家的、集体的或者第三人的利益的，应当追缴双方取得的财产，收归国家、集体所有或者返还第三人。	第一百五十七条　民事**法律**行为无效、被撤销**或者确定不发生效力**后，**行为人**因该行为取得的财产，应当予以返还**；不能返还或者没有必要返还的，应当折价补偿**。有过错的一方应当赔偿对方**由**此所受到的损失**；各**方都有过错的，应当各自承担相应的责任。**法律另有规定的，依照其规定。**	【内容不变】第一百五十七条

理解与适用

民事法律行为无效、被撤销以及确定不发生效力后，意味着民事法律行为的目的不能实现，应当恢复各方当事人在民事法律行为成立前的初始状态，就如同这一行为未曾发生一样。所以，各方当事人一般需要根据各自情况承担包括返还财产、折价补偿以及损害赔偿等相应的法律后果。返还财产的目的在于使双方的财产关系恢复到民事法律行为实施前的状态，因此无论双方是否存在过错，都负有返还财产的义务。

实务问题

民事法律行为效力被否定后，并非在任何情况下都存在返还财产、折价补偿或者赔偿损失的责任问题。法院会根据当事人的诉辩情况具体确定适用返还财产、折价补偿或者损害赔偿制度。如在民事法律行为因违法被宣告无效后，并不存在双方当事人相互返还财产的问题，而是需要根据相关法律、行政法规的规定对其予以没收、收缴等。以毒品买卖为例，双方签订的买卖合同显然因违反法律、行政法规的强制性规定而无效。但此时，双方因毒品交易产生的非法所得则应根据禁毒法等法律的规定予以收缴，而不是返还给一方当事人。

（编写人：罗　洁　张　倩）

第四节　民事法律行为的附条件和附期限

法律条文

第一百五十八条　民事法律行为可以附条件，但是根据其性质不得附条件的除外。附生效条件的民事法律行为，自条件成就时生效。附解除条件的民事法律行为，自条件成就时失效。

条文主旨

本条是关于附条件的民事法律行为的规定。

新旧法对比

《民法通则》	《民法总则》	《民法典》
第六十二条　民事法律行为可以附条件，附条件的民事法律行为在符合所附条件时生效。	第一百五十八条　民事法律行为可以附条件，**但是按照其性质不得附条件的除外。**附**生效**条件的民事法律行为，**自条件成就**时生效。**附解除条件的民事法律行为，自条件成就时失效。**	第一百五十八条　民事法律行为可以附条件，但是**根据**其性质不得附条件的除外。附生效条件的民事法律行为，自条件成就时生效。附解除条件的民事法律行为，自条件成就时失效。

理解与适用

民事法律行为中所附条件，是指当事人以未来客观上不确定发生的事实，作为民事法律行为效力的附款。但是，对于某些法律行为而言，则依其性质不得附条件，例如票据行为。所谓生效条件，是指使民事法律行为效力发生或者不发生的条件。所谓解除条件，又称消灭条件，是指对已经生效的民事法律行为，当条件具备时，该民事法律行为失效；如果该条件确定不具备，则该民事法律行为将继续有效。附生效条件的民事法律行为，自条件成就时生效。附解除条件的民事法律行为，自条件成就时失效。

实务问题

已经过去的、现在的以及将来确定不会发生的事实，不能作为民事法律行为的所附条件。如果是将来必然发生的事实，可以作为附期限。应当注意，这种条件事实发生的不确定性应当是客观存在的，如果仅仅是当事人认为事实发生与否不确定，但实际上必然发生或者不发生的，也不能作为所附条件。附生效条件的民事法律行为在生效条件成就前，仍然具有一定的法律效力。此时一般会在双方当事人之间产生拘束力，使当事人不得随意变更或者解除。

（编写人：罗　洁　张　倩）

法律条文

第一百五十九条　附条件的民事法律行为，当事人为自己的利益不正当地阻止条件成就的，视为条件已经成就；不正当地促成条件成就的，视为条件不成就。

条文主旨

本条是关于条件成就和不成就法律拟制的规定。

新旧法对比

《民法通则》	《民法总则》	《民法典》
无	第一百五十九条　附条件的民事法律行为，当事人为自己的利益不正当地阻止条件成就的，视为条件已成就；不正当地促成条件成就的，视为条件不成就。	第一百五十九条　附条件的民事法律行为，当事人为自己的利益不正当地阻止条件成就的，视为条件已**经**成就；不正当地促成条件成就的，视为条件不成就。

理解与适用

在附条件的民事法律行为中，条件的成就或不成就直接关系到民事法律行为的效力状况。条件的成就与否都具有或然性，这种或然性恰恰体现了民事法律行为当事人的意思自治，应当予以尊重。当一方当事人为了自己的利益通过不正当手段人为促成或者阻止条件成就时，不仅对意思自治原则造成了侵害，更有可能损害对方当事人的利益。因此本条对当事人恶意阻止条件成就和恶意促成条件不成就作出了法律拟制规定。

实务问题

在实务中，应当注意以下几种情况：第一，当事人主观上有为自己利益人为改变条件状态的故意。换言之，当事人从自己利益的角度考虑，主观上具有使条件成就或者不成就的故意。第二，当事人为此实施了人为改变条件成就状态的行为。民事法律行为中所附条件，其成就与否本不确定。当事人为自己利益实施了促成或阻止条件成就的行为。第三，该行为具有不正当性。这主要是指当事人的此种行为违反了诚信原则，不符合事先约定。例如，甲和乙约定，当甲不在A公司工作时，就把位于A公司附近的自住房产出卖给乙。乙为了尽快得到甲的房产，暗中找到A公司的经理，让其辞退甲，从而使得买卖合同生效。

（编写人：罗　洁　张　倩）

法律条文

第一百六十条　民事法律行为可以附期限，但是根据其性质不得附期限的除外。附生效期限的民事法律行为，自期限届至时生效。附终止期限的民事法律行为，自期限届满时失效。

条文主旨

本条是关于附期限的民事法律行为的规定。

新旧法对比

《民法通则》	《民法总则》	《民法典》
无	第一百六十条　民事法律行为可以附期限，但是按照其性质不得附期限的除外。附生效期限的民事法律行为，自期限届至时生效。附终止期限的民事法律行为，自期限届满时失效。	第一百六十条　民事法律行为可以附期限，但是**根据**其性质不得附期限的除外。附生效期限的民事法律行为，自期限届至时生效。附终止期限的民事法律行为，自期限届满时失效。

理解与适用

期限，是指未来一定来到的时间或者必然会发生的事件。法律行为原则上都可以附期限，但是有些行为不可以，主要是指身份上行为的结婚、收养等。所谓生效期限，是指决定民事法律行为效力发生的期限。期限届至，民事法律行为生效；期限届至前，民事法律行为虽已成立但并未生效。所谓终止期限，是指决定民事法律行为效力消灭的期限。期限届至，民事法律行为失效；期限届至前，民事法律行为始终有效。

实务问题

所附期限是必定可以届至的未来时间，所附条件则是未来可能成就也可能不成就的某一事实状态。期限的到来是必然确定的，但到来的具体时日却未必十分确定。比如，“等到下次天下雨时，我就把那批雨伞卖给你”，下次下雨是将来必定发生的事实，但具体哪一天会下雨则不能确定。

民事法律行为中的所附期限，不同于民事法律行为的履行期限。履行期限，是当事人对已生效民事法律行为的履行义务所施加的期限限制。这种情况下，民事法律行为已经生效，权利义务已经发生，只是由于履行期限尚未届至，当事人所负义务没有强制履行的效力。这就意味着，履行期限届至前，义务人可以不履行义务，权利人也不得强制义务人履行义务。但是，如果义务人提前履行且权利人同意，法律不作禁止。而对于附生效期限的民事法律行为而言，在期限到来前，民事法律行为并未生效，权利义务尚未生成，当事人当然不存在义务履行的问题。

（编写人：罗　洁　张　倩）

第七章 代　　理

第一节 一般规定

法律条文

第一百六十一条　民事主体可以通过代理人实施民事法律行为。

依照法律规定、当事人约定或者民事法律行为的性质，应当由本人亲自实施的民事法律行为，不得代理。

条文主旨

本条是关于代理适用范围的规定。

新旧法对比

《民法通则》	《民法总则》	《民法典》
第六十三条　公民、法人可以通过代理人实施民事法律行为。 代理人在代理权限内，以被代理人的名义实施民事法律行为。被代理人对代理人的代理行为，承担民事责任。 依照法律规定或者按照双方当事人约定，应当由本人实施的民事法律行为，不得代理。	第一百六十一条　**民事主体**可以通过代理人实施民事法律行为。 依照法律规定、当事人约定**或者民事法律行为的性质**，应当由本人**亲自**实施的民事法律行为，不得代理。	【内容不变】第一百六十一条

理解与适用

代理的适用范围原则上限于民事法律行为。但是要约邀请、要约撤回、催告、办理合同公证、纳税申报等准民事法律行为、事实行为和程序行为，也允许代理。不是所有民事法律行为都允许代理。依法律规定、当事人约定和法律行为性质，必须有本人亲自实施的行为，因为具有人身专属性均不得代理。

实务问题

一般来说，民事法律行为可以代理。但有以下几种例外情形：第一，依照法律规定应当由本人亲自实施的民事法律行为，如结婚登记。第二，依照当事人约定应当由本人亲自实施的民事法律行为。当事人双方基于某种原因，约定某一民事法律行为必须由本人亲自实施的，当事人自然应当遵守这一约定，不得通过代理人实施该民事法律行为。第三，依照民事法律行为的性质，应当由本人亲自实施的民事法律行为。这主要是指具有人身性质的身份行为，如遗嘱、遗赠等。

（编写人：罗　洁　张　倩）

法律条文

第一百六十二条　代理人在代理权限内，以被代理人名义实施的民事法律行为，对被代理人发生效力。

条文主旨

本条是关于代理效力的规定。

新旧法对比

《民法通则》	《民法总则》	《民法典》
第六十三条　公民、法人可以通过代理人实施民事法律行为。 代理人在代理权限内，以被代理人的名义实施民事法律行为。被代理人对代理人的代理行为，承担民事责任。	第一百六十二条　代理人在代理权限内，以被代理人名义实施的民事法律行为，**对被代理人发生效力。**	【内容不变】第一百六十二条

续表

《民法通则》	《民法总则》	《民法典》
依照法律规定或者按照双方当事人约定,应当由本人实施的民事法律行为,不得代理。		

理解与适用

代理法律关系存在三个主体,即被代理人(本人)、代理人和相对人。代理人在实施民事法律行为时,必须在代理权限内以被代理人的名义进行,即明确向相对人表明是替被代理人来实施该民事法律行为的。这里所说的"对被代理人发生效力",是指民事法律行为产生的法律效果归于被代理人,即代理人实施的民事法律行为所设立、变更、终止民事法律关系的一切结果都归于被代理人。一方面,代理的民事法律行为有效时,形成的权利义务应当由被代理人承受;另一方面,代理的民事法律行为无效时,引起的赔偿损失等民事责任也应当由被代理人承担。

实务问题

代理包括法定代理和委托代理。法定代理中代理人的代理权限由法律直接作出规定。委托代理中代理人的权限则由被代理人在授予代理人时确定,该权限的范围原则上由被代理人自由决定。代理权限使代理人能够明确自己可以从事哪些代理活动,也使第三人知道代理人的身份和权限,使之有目的、有选择地与其共同实施订立合同等民事法律行为,以防止因代理权限不明确而引起不必要的纠纷。如果发生了纠纷,也便于根据代理权限确定当事人之间的相互责任。代理人超越代理权限实施民事法律行为的,除符合表见代理的外,为无权代理,须经被代理人追认才能对被代理人产生效力。

(编写人:罗 洁 张 倩)

法律条文

第一百六十三条 代理包括委托代理和法定代理。

委托代理人按照被代理人的委托行使代理权。法定代理人依照法律的规定行使代理权。

条文主旨

本条是关于委托代理和法定代理的规定。

新旧法对比

《民法通则》	《民法总则》	《民法典》
第六十四条　代理包括委托代理、法定代理和指定代理。 委托代理人按照被代理人的委托行使代理权，法定代理人依照法律的规定行使代理权，指定代理人按照人民法院或者指定单位的指定行使代理权。	第一百六十三条　代理包括委托代理和法定代理。 委托代理人按照被代理人的委托行使代理权。法定代理人依照法律的规定行使代理权。	【内容不变】第一百六十三条

理解与适用

根据代理权产生的依据不同，代理被分为委托代理和法定代理。法定代理是指基于法律的规定直接产生的代理。委托代理是指按照代理人的委托来行使代理权的代理，有的学者又称为“意定代理”“授权代理”等。但委托关系并不一定产生代理权。当事人之间可能仅存在委托合同而并无委托代理关系。

实务问题

关于家事代理的问题需要说明一下。家事代理，是指夫妻双方因日常家庭事务与第三人进行一定民事法律行为时可以相互代理的制度，即夫妻一方代表家庭所为的行为，另一方也应承担因此而产生的法律后果。家事代理与一般民事代理有较大不同。首先，从适用范围上看，其只适用于婚姻家庭领域，不具有普遍适用性。其次，从法律效果上讲，家事代理中的妻或者夫任何一方的民事法律行为的效果由夫和妻双方共同承担；而一般民事代理中，代理人实施的民事法律行为的法律效果原则上由被代理人承担，代理人不承担。

（编写人：罗　洁　张　倩）

法律条文

第一百六十四条　代理人不履行或者不完全履行职责，造成被代理人损害的，应当承担民事责任。

代理人和相对人恶意串通，损害被代理人合法权益的，代理人和相对人应当承担连带责任。

条文主旨

本条是关于代理人不当履职与恶意串通民事责任的规定。

新旧法对比

《民法通则》	《民法总则》	《民法典》
第六十六条　没有代理权、超越代理权或者代理权终止后的行为，只有经过被代理人的追认，被代理人才承担民事责任。未经追认的行为，由行为人承担民事责任。本人知道他人以本人名义实施民事行为而不作否认表示的，视为同意。 代理人不履行职责而给被代理人造成损害的，应当承担民事责任。 代理人和第三人串通，损害被代理人的利益的，由代理人和第三人负连带责任。 第三人知道行为人没有代理权、超越代理权或者代理权已终止还与行为人实施民事行为给他人造成损害的，由第三人和行为人负连带责任。	第一百六十四条　代理人不履行或者不完全履行职责，造成被代理人损害的，应当承担民事责任。 代理人和相对人恶意串通，损害被代理人合法权益的，代理人和相对人应当承担连带责任。	【内容不变】第一百六十四条

理解与适用

代理是意思自治的扩张和补充,代理人行使代理权时,应当积极维护被代理人的利益,忠实勤勉地完全履行代理职责,否则就需要承担相应的法律责任。代理人越权行使代理权或者违反相关法律规定行使代理权,都属于不履行或者不完全履行代理职责,造成被代理人损害的,应当承担民事责任。恶意是指双方都明知或者应知其实施的行为会造成被代理人合法权益的损害还故意为之。串通是指双方在主观上有共同的意思联络。代理人和相对人承担连带责任的前提是恶意串通,以及代理行为损害了被代理人的合法权益。

实务问题

法定代理时,法律会对代理人的权限及相关职责作明确规定,代理人必须根据法律规定来行使代理权。委托代理时,被代理人对于代理事项、权限和期间等一般都有明确授权,代理人首先应当根据被代理人的授权来行使代理权,在授权范围内认真维护被代理人的合法权益,完成代理事项。有时,被代理人授予代理权的范围并不十分具体明确,代理人就应当根据诚信原则来从事代理行为。另外,此处的恶意串通就是双方串通在一起,共同实施某种行为来损害被代理人的合法权益。如果双方当事人或者一方当事人不知且不应知其行为的损害后果,就不构成恶意串通,不能适用本款规定,应当根据各自的行为来承担相应的民事责任。

(编写人:罗　洁　张　倩)

第二节　委托代理

法律条文

第一百六十五条　委托代理授权采用书面形式的,授权委托书应当载明代理人的姓名或者名称、代理事项、权限和期限,并由被代理人签名或者盖章。

条文主旨

本条是关于委托授权书的规定。

新旧法对比

《民法通则》	《民法总则》	《民法典》
第六十五条　民事法律行为的委托代理，可以用书面形式，也可以用口头形式。法律规定用书面形式的，应当用书面形式。 书面委托代理的授权委托书应当载明代理人的姓名或者名称、代理事项、权限和期间，并由委托人签名或者盖章。 委托书授权不明的，被代理人应当向第三人承担民事责任，代理人负连带责任。	第一百六十五条　委托代理**授权采用书面形式的，**授权委托书应当载明代理人的姓名或者名称、代理事项、权限和期间，并由被代理人签名或者盖章。	第一百六十五条　委托代理授权采用书面形式的，授权委托书应当载明代理人的姓名或者名称、代理事项、权限和期限，并由被代理人签名或者盖章。

理解与适用

本条规定是对授权委托书应当包括的内容作提示性规定，意在为法律实务作出明确指导。

实务问题

本条规定是对授权委托书应当包括的内容作提示性规定，目的是减少实践中的纠纷。在法律、行政法规没有特别规定或者当事人没有约定的情况下，委托代理授权可以采取书面形式、口头形式或者其他形式中的任何一种。其中，书面形式是最主要的一种授权形式，称为授权委托书。根据本条规定，授权委托书的内容包括代理人的姓名或者名称、代理事项、代理权限、代理期间等，被代理人还应当在授权委托书上签名或者盖章。

（编写人：罗　洁　张　倩）

法律条文

第一百六十六条　数人为同一代理事项的代理人的，应当共同行使代理权，但是当事人另有约定的除外。

条文主旨

本条是关于共同代理的规定。

新旧法对比

《民法通则》	《民法总则》	《民法典》
无	第一百六十六条　数人为同一代理事项的代理人的,应当共同行使代理权,但是当事人另有约定的除外。	【内容不变】第一百六十六条

理解与适用

共同代理,是指数个代理人共同行使一项代理权的代理。共同代理的特征是:有数个代理人;只有一个代理权;共同行使代理权。除非另有约定,数个代理人应当共同行使代理权,任何一个代理人都不得擅自单独实施代理行为。共同行使是指只有经过全体代理人的同意才能行使代理权,即数人应当共同实施代理行为,享有共同的权利义务。任何一个代理人单独行使代理权,均属于无权代理。

实务问题

如果数个代理人有数个代理权,属于集合代理,而不是共同代理。例如,被代理人授权甲为其购买一台电视机、乙为其购买一台电冰箱,即为集合代理。被代理人授权甲、乙一起为其购买一台电视机和一台电冰箱,才属于共同代理。如果数个代理人对同一个代理权可以单独行使,也属于单独代理,而不是共同代理。比如,被代理人授权甲、乙一起为其购买一台电视机和一台电冰箱,但谁买都可以,此种情况属于单独代理,而不是共同代理。在当事人没有特别约定,但被代理人就同一代理事项确定了数个代理人时,法律推定为共同代理。

(编写人:罗　洁　张　倩)

法律条文

第一百六十七条　代理人知道或者应当知道代理事项违法仍然实施代理行为,或者被代理人知道或者应当知道代理人的代理行为违法未作反对表示的,被代理人和代理人应当承担连带责任。

条文主旨

本条是关于代理违法事项民事责任的规定。

新旧法对比

《民法通则》	《民法总则》	《民法典》
第六十七条　代理人知道被委托代理的事项违法仍然进行代理活动的，或者被代理人知道代理人的代理行为违法不表示反对的，由被代理人和代理人负连带责任。	第一百六十七条　代理人知道**或者应当知道**代理事项违法仍然**实施**代理**行为**，或者被代理人知道**或者应当知道**代理人的代理行为违法**未作反对表示**的，被代理人和代理人**应当承担**连带责任。	【内容不变】第一百六十七条

理解与适用

从被代理人、代理人利用委托代理关系从事的违法行为的形式上看，主要有委托事项本身违法、被委托事项本身不违法但代理行为违法两种违法情况。代理人和被代理人在彼此之间"知道或者应当知道"对方实施违法行为时，须共同承担连带责任。

实务问题

代理违法造成第三人损害的，自应承担民事责任，但由被代理人承担还是代理人承担应当区分不同情形。一是代理事项本身违法，如委托代理人销售假冒伪劣产品；但乙不知道该产品为假冒伪劣产品，则由甲承担民事责任，乙不承担责任。二是代理事项不违法，但代理人实施的代理行为违法。如甲委托乙销售合法产品，乙将该产品贴上假冒商标进行销售，甲对此毫不知情，则乙承担民事责任，甲不承担责任。

（编写人：罗　洁　张　倩）

法律条文

第一百六十八条　代理人不得以被代理人的名义与自己实施民事法律行为，但是被代理人同意或者追认的除外。

代理人不得以被代理人的名义与自己同时代理的其他人实施民事法律行为,但是被代理的双方同意或者追认的除外。

条文主旨

本条是关于禁止自己代理与双方代理的规定。

新旧法对比

《民法通则》	《民法总则》	《民法典》
无	第一百六十八条　代理人不得以被代理人的名义与自己实施民事法律行为,但是被代理人同意或者追认的除外。 代理人不得以被代理人的名义与自己同时代理的其他人实施民事法律行为,但是被代理的双方同意或者追认的除外。	【内容不变】第一百六十八条

理解与适用

自己代理,是指代理人以被代理人的名义与自己实施民事法律行为。双方代理是指代理人同时代理被代理人和相对人实施同一民事法律行为。禁止自己代理和双方代理行为,是法律为了在代理人本人利益与其自己代理或双方代理行为冲突时,能最大限度维护被代理人的利益而进行的必要限制。

实务问题

自己代理和双方代理的效力,在被代理人同意或者追认后,代理行为应当属于有效。但是,在被代理人同意或追认前,目前实务中一般采取该代理行为应处于效力待定状态的观点。

(编写人:罗　洁　张　倩)

法律条文

第一百六十九条 代理人需要转委托第三人代理的，应当取得被代理人的同意或者追认。

转委托代理经被代理人同意或者追认的，被代理人可以就代理事务直接指示转委托的第三人，代理人仅就第三人的选任以及对第三人的指示承担责任。

转委托代理未经被代理人同意或者追认的，代理人应当对转委托的第三人的行为承担责任；但是，在紧急情况下代理人为了维护被代理人的利益需要转委托第三人代理的除外。

条文主旨

本条是关于复代理的规定。

新旧法对比

《民法通则》	《民法总则》	《民法典》
第六十八条 委托代理人为被代理人的利益需要转托他人代理的，应当事先取得被代理人的同意。事先没有取得被代理人同意的，应当在事后及时告诉被代理人，如果被代理人不同意，由代理人对自己所转托的人的行为负民事责任，但在紧急情况下，为了保护被代理人的利益而转托他人代理的除外。	第一百六十九条 代理人需要转委托第三人代理的，应当取得被代理人的同意或者追认。 **转委托代理经被代理人同意或者追认的，被代理人可以就代理事务直接指示转委托的第三人，代理人仅就第三人的选任以及对第三人的指示承担责任。** **转委托代理未经**被代理人同意**或者追认**的，**代理人应当对转委托的第三人的行为承担责任**，但是在紧急情况下**代理人**为了**维**护被代理人的利益**需要**转**委**托**第三人**代理的除外。	第一百六十九条 代理人需要转委托第三人代理的，应当取得被代理人的同意或者追认。 转委托代理经被代理人同意或者追认的，被代理人可以就代理事务直接指示转委托的第三人，代理人仅就第三人的选任以及对第三人的指示承担责任。 转委托代理未经被代理人同意或者追认的，代理人应当对转委托的第三人的行为承担责任；但是，在紧急情况下代理人为了维护被代理人的利益需要转委托第三人代理的除外。

理解与适用

复代理，即转委托代理，是指代理人为实施代理权限内的全部或者部分行为，经过被代理人同意或追认后，选定他人担任自己的被代理人的代理人，并由该他人代理被代理人实施法律行为的情形。复代理是以代理人独立选定他人，被选定的他人为复代理人，其代理的法律效果直接归属于被代理人。

对被代理人和原代理人而言，原代理人选任了复代理人后，复代理人所实施的民事法律行为的效力直接对被代理人发生，如果出现问题造成被代理人损害的，原则上原代理人不再承担除选任和对第三人指示之外的任何责任。

代理人未经被代理人同意或者追认而选任复代理人时，复代理人实施的代理行为就构成无权代理（例外情形是构成表见代理以及紧急情况下为了维护被代理人的利益需要），其行为对被代理人不发生效力，代理人应当对复代理人的行为承担责任。

实务问题

在复代理中需要注意的是，复代理人是由原代理人选任的，其代理权直接源于原代理人的代理权，而且权限范围不得大于原代理权的权限范围。同时，原代理人选任复代理人后，其代理权并不因此而消灭，仍然保有其代理人地位，其与被代理人之间的代理法律关系没有发生变化。复代理人是被代理人的代理人，被代理人就代理事务可以越过原代理人直接指示复代理人，复代理人应当按照被代理人的指示实施民事法律行为。

另外，紧急情况一般是指急病、通信联络中断等特殊原因，代理人自己不能办理又不能与被代理人取得联系，不及时转委托将造成损失等情况。

（编写人：罗　洁　张　倩）

法律条文

第一百七十条　执行法人或者非法人组织工作任务的人员，就其职权范围内的事项，以法人或者非法人组织的名义实施的民事法律行为，对法人或者非法人组织发生效力。

法人或者非法人组织对执行其工作任务的人员职权范围的限制，不得对抗善意相对人。

条文主旨

本条是关于职务代理的规定。

新旧法对比

《民法通则》	《民法总则》	《民法典》
无	第一百七十条　执行法人或者非法人组织工作任务的人员，就其职权范围内的事项，以法人或者非法人组织的名义实施民事法律行为，对法人或者非法人组织发生效力。 法人或者非法人组织对执行其工作任务的人员职权范围的限制，不得对抗善意相对人。	第一百七十条　执行法人或者非法人组织工作任务的人员，就其职权范围内的事项，以法人或者非法人组织的名义实施的民事法律行为，对法人或者非法人组织发生效力。 法人或者非法人组织对执行其工作任务的人员职权范围的限制，不得对抗善意相对人。

理解与适用

职务代理，是指根据代理人所担任的职务而产生的代理，即执行法人或者非法人组织工作任务的人员，就其职权范围内的事项，以法人或者非法人组织的名义实施的民事法律行为。职务代理无须法人或者非法人组织的特别授权，但是其行为的法律后果对法人或者非法人组织发生效力。

实务问题

法人或者非法人组织对执行其工作的人员都赋予一定的职权范围，有的情况是对社会公开的，相对人可以知悉，但有的情况相对人难以知道该职权的具体范围，只能依据公开信息或者交易习惯来判断。如果相对人是善意的，即对法人或者非法人组织对执行其工作任务的人员职权范围的限制，不知道也不应当知道，那么法律应当对这种合理信赖予以保护，以维护其合法权益。如果越权职务代理同时符合《民法典》第172条的规定，也可能同时构成表见代理，造成相对人请求权的竞合，就可选择适用。

（编写人：罗　洁　张　倩）

法律条文

第一百七十一条　行为人没有代理权、超越代理权或者代理权终止后，仍然实施代理行为，未经被代理人追认的，对被代理人不发生效力。

相对人可以催告被代理人自收到通知之日起三十日内予以追认。被代理人未作表示的，视为拒绝追认。行为人实施的行为被追认前，善意相对人有撤销的权利。撤销应当以通知的方式作出。

行为人实施的行为未被追认的，善意相对人有权请求行为人履行债务或者就其受到的损害请求行为人赔偿。但是，赔偿的范围不得超过被代理人追认时相对人所能获得的利益。

相对人知道或者应当知道行为人无权代理的，相对人和行为人按照各自的过错承担责任。

条文主旨

本条是关于无权代理的规定。

新旧法对比

《民法通则》	《民法总则》	《民法典》
第六十六条　没有代理权、超越代理权或者代理权终止后的行为，只有经过被代理人的追认，被代理人才承担民事责任。未经追认的行为，由行为人承担民事责任。本人知道他人以本人名义实施民事行为而不作否认表示的，视为同意。 代理人不履行职责而给被代理人造成损害的，应当承担民事责任。 代理人和第三人串通，损害被代理人的利益的，由代理人和第三人负连带责任。	第一百七十一条　行为人没有代理权、超越代理权或者代理权终止后，**仍然实施代理行为，未经被代理人追认的，对被代理人不发生效力。** **相对人可以催告被代理人自收到通知之日起一个月内予以追认。被代理人未作表示的，视为拒绝追认。行为人实施的行为被追认前，善意相对人有撤销的权利。撤销应当以通知的方式作出。** **行为人实施的行为未被追认的，善意相对人有权请求**	第一百七十一条　行为人没有代理权、超越代理权或者代理权终止后，仍然实施代理行为，未经被代理人追认的，对被代理人不发生效力。 相对人可以催告被代理人自收到通知之日起**三十日**内予以追认。被代理人未作表示的，视为拒绝追认。行为人实施的行为被追认前，善意相对人有撤销的权利。撤销应当以通知的方式作出。 行为人实施的行为未被追认的，善意相对人有权请求

续表

《民法通则》	《民法总则》	《民法典》
第三人知道行为人没有代理权、超越代理权或者代理权已终止还与行为人实施民事行为给他人造成损害的，由第三人和行为人负连带责任。	**行为人履行债务或者就其受到的损害请求行为人赔偿，但是赔偿的范围不得超过被代理人追认时相对人所能获得的利益。** **相对人知道或者应当知道行为人无权代理的，相对人和行为人按照各自的过错承担责任。**	行为人履行债务或者就其受到的损害请求行为人赔偿。但是，赔偿的范围不得超过被代理人追认时相对人所能获得的利益。 相对人知道或者应当知道行为人无权代理的，相对人和行为人按照各自的过错承担责任。

理解与适用

无权代理，是指行为人不具有代理权依然以被代理人名义而实施民事法律行为。无权代理行为在被代理人追认前，对被代理人而言处于效力待定状态。无权代理发生后，被代理人有追认和拒绝的权利，同时法律赋予相对人催告权和善意相对人撤销权，来平衡双方的权利义务。对于无权代理的责任承担：在无权代理行为未被追认时，法律允许善意相对人选择，可以让行为人直接承担行为后果，也可让行为人承担损害赔偿责任，只是不能因赔偿而获益；在相对人为恶意时，恶意相对人和行为人按照各自的过错承担责任。

实务问题

对于无权代理行为，被代理人可以追认该行为，使之确定地发生法律效力，也可以拒绝追认使之确定地不发生法律效力；善意相对人可以在被代理人追认前行使撤销权使之确定地不发生效力，如果相对人希望尽早确定其效力，可以催告被代理人予以追认。另外，需要注意的是，如果善意相对人要求行为人承担损害赔偿责任，本款对赔偿责任的范围作了一定的限制，即“赔偿的范围不得超过被代理人追认时相对人所能获得的利益”。也就是说，赔偿的范围不得超过履行利益。这主要是考虑到善意相对人对因无权代理而遭受损害也有一定的过失，不能因此而多获利益，应当对行为人的赔偿责任适当加以限制。

（编写人：罗 洁 张 倩）

法律条文

第一百七十二条　行为人没有代理权、超越代理权或者代理权终止后，仍然实施代理行为，相对人有理由相信行为人有代理权的，代理行为有效。

条文主旨

本条是关于表见代理的规定。

新旧法对比

《民法通则》	《民法总则》	《民法典》
无	第一百七十二条　行为人没有代理权、超越代理权或者代理权终止后，仍然实施代理行为，相对人有理由相信行为人有代理权的，代理行为有效。	【内容不变】第一百七十二条

理解与适用

所谓表见代理，是指行为人虽无代理权而实施代理行为，但是如果相对人有理由相信其有代理权，则该代理行为有效。构成表见代理，相对人必须是善意无过失，只要相对人基于代理外观对行为人有代理权形成了合理信赖，其代理行为就有效成立。如果相对人明知或者应知行为人没有代理权、超越代理权或者代理权已终止，而仍与行为人实施民事法律行为，那么就不构成表见代理，而成为无权代理。

实务问题

表见代理最重要的特征，就是相对人有正当理由相信行为人有代理权，而不问被代理人是否有过错。但一般来说，表见代理的产生与被代理人的过错有关，比如，因为被代理人管理制度的混乱，导致其公章、介绍信等被他人借用或者冒用；被代理人在知道行为人以其名义与第三人实施民事法律行为而不作否认表示等。这些都表明被代理人是有过错的。

（编写人：罗　洁　张　倩）

第三节 代理终止

法律条文

第一百七十三条 有下列情形之一的，委托代理终止：

（一）代理期限届满或者代理事务完成；

（二）被代理人取消委托或者代理人辞去委托；

（三）代理人丧失民事行为能力；

（四）代理人或者被代理人死亡；

（五）作为代理人或者被代理人的法人、非法人组织终止。

条文主旨

本条是关于委托代理终止的规定。

新旧法对比

《民法通则》	《民法总则》	《民法典》
第六十九条 有下列情形之一的，委托代理终止： （一）代理期间届满或者代理事务完成； （二）被代理人取消委托或者代理人辞去委托； （三）代理人死亡； （四）代理人丧失民事行为能力； （五）作为被代理人或者代理人的法人终止。	第一百七十三条 有下列情形之一的，委托代理终止： （一）代理期间届满或者代理事务完成； （二）被代理人取消委托或者代理人辞去委托； （三）代理人丧失民事行为能力； **（四）代理人或者被代理人死亡；** （五）作为**代理人或者被代理人**的法人**、非法人组织**终止。	第一百七十三条 有下列情形之一的，委托代理终止： （一）代理期限届满或者代理事务完成； （二）被代理人取消委托或者代理人辞去委托； （三）代理人丧失民事行为能力； （四）代理人或者被代理人死亡； （五）作为代理人或者被代理人的法人、非法人组织终止。

理解与适用

委托代理终止，是指被代理人与代理人之间的代理关系消灭。此处取消委托或辞去委托，均属于单方法律行为。

实务问题

应注意的是，如果被代理人突然死亡，要求代理人随即停止所有的代理活动，客观上有时难以做到，而且可能会损害被代理人的继承人的利益，因此，《民法典》第174条规定了一些例外情形，在这些情形下，代理人实施的代理行为仍然有效。

（编写人：罗　洁　张　倩）

法律条文

第一百七十四条　被代理人死亡后，有下列情形之一的，委托代理人实施的代理行为有效：

（一）代理人不知道且不应当知道被代理人死亡；

（二）被代理人的继承人予以承认；

（三）授权中明确代理权在代理事务完成时终止；

（四）被代理人死亡前已经实施，为了被代理人的继承人的利益继续代理。

作为被代理人的法人、非法人组织终止的，参照适用前款规定。

条文主旨

本条是关于委托代理终止的例外规定。

新旧法对比

《民法通则》	《民法总则》	《民法典》
无	第一百七十四条　被代理人死亡后，有下列情形之一的，委托代理人实施的代理行为有效： （一）代理人不知道<u>并</u>且不应当知道被代理人死亡； （二）被代理人的继承人予以承认；	第一百七十四条　被代理人死亡后，有下列情形之一的，委托代理人实施的代理行为有效： （一）代理人不知道且不应当知道被代理人死亡； （二）被代理人的继承人予以承认；

续表

《民法通则》	《民法总则》	《民法典》
	（三）授权中明确代理权在代理事务完成时终止； （四）被代理人死亡前已经实施，为了被代理人的继承人的利益继续代理。 作为被代理人的法人、非法人组织终止的，参照适用前款规定。	（三）授权中明确代理权在代理事务完成时终止； （四）被代理人死亡前已经实施，为了被代理人的继承人的利益继续代理。 作为被代理人的法人、非法人组织终止的，参照适用前款规定。

理解与适用

被代理人死亡和作为被代理人的法人、非法人组织终止时，一概规定委托代理终止不太合理。本条对一些例外情形作了规定。被代理人死亡后，本条所列举的情形，并不是表见代理，而是有权代理，其有权代理的法律结果直接归属于被代理人的继承人。

实务问题

实践情况较为复杂。被代理人突然死亡，代理人不一定能及时知道，比如此时代理人正在外地忙于代理事务，被代理人没有继承人，被代理人的继承人不知道代理人的存在，被代理人的继承人没有及时通知代理人被代理人死亡，等等，种种原因使代理人不知道并且不应当知道被代理人死亡的，此时代理人仍然在继续实施代理行为。如果规定此种情形代理行为无效，对代理人和相对人不甚合理。当然，如果代理人知道或者应当知道被代理人死亡的，代理关系终止，代理人就应当立刻停止实施代理行为。

（编写人：罗 洁 张 倩）

法律条文

第一百七十五条 有下列情形之一的，法定代理终止：

（一）被代理人取得或者恢复完全民事行为能力；

（二）代理人丧失民事行为能力；

（三）代理人或者被代理人死亡；

（四）法律规定的其他情形。

条文主旨

本条是关于法定代理终止的规定。

新旧法对比

《民法通则》	《民法总则》	《民法典》
第七十条　有下列情形之一的，法定代理或者指定代理终止： （一）被代理人取得或者恢复民事行为能力； （二）被代理人或者代理人死亡； （三）代理人丧失民事行为能力； （四）指定代理的人民法院或者指定单位取消指定； （五）由其他原因引起的被代理人和代理人之间的监护关系消灭。	第一百七十五条　有下列情形之一的，法定代理终止： （一）被代理人取得或者恢复完全民事行为能力； （二）代理人丧失民事行为能力； **（三）代理人或者被代理人死亡；** **（四）法律规定的其他情形。**	【内容不变】第一百七十五条

理解与适用

法定代理依法律规定的情形而产生，也应依法律规定的情形而终止。法定代理还可能因为其他规定或情形而终止，注意本条第 4 款为兜底性条款。

实务问题

法定代理产生的一个重要原因，是被代理人为无民事行为能力人或者限制民事行为能力人，需要监护人作为其法定代理人，代理其实施民事法律行为。如果被代理人取得或者恢复完全民事行为能力，比如未成年人年满 18 周岁，或者健康障碍患者恢复健康，法定代理就没有存在的必要，自然终止。

（编写人：罗　洁　张　倩）

第八章　民 事 责 任

法律条文

第一百七十六条　民事主体依照法律规定或者按照当事人约定，履行民事义务，承担民事责任。

条文主旨

本条是关于民事主体依法承担民事责任的规定。

新旧法对比

《民法通则》	《民法总则》	《民法典》
第一百零六条　公民、法人违反合同或者不履行其他义务的，应当承担民事责任。 公民、法人由于过错侵害国家的、集体的财产，侵害他人财产、人身的应当承担民事责任。 没有过错，但法律规定应当承担民事责任的，应当承担民事责任。	第一百七十六条　**民事主体依照法律规定和当事人约定，履行民事义务，**承担民事责任。	第一百七十六条　民事主体依照法律规定**或者按照**当事人约定，履行民事义务，承担民事责任。

理解与适用

法律规定或者当事人约定民事主体应当做什么和不应当做什么，即要求应当为一定的行为或者不为一定的行为，这就是民事主体的义务。本条明确，违反民事义务包括违反法律规定的民事义务和违反当事人约定的民事义务时，民事主体需承担相应的民事责任。民事责任是民事主体违反民事义务所应承担的责任，是以民事义务为基础的。

实务问题

法律责任不同于道德责任，道德责任是社会对人们实施的不符合道德规范行为的谴责。这种谴责只能通过社会舆论和行为人自我良心的反省来实现，而不能通过国家强制力实现，因而不具有强制性。法律责任中的民事责任的强制性表现在对不履行民事义务的行为予以制裁，要求民事主体承担民事责任。

（编写人：罗　洁　张　倩）

法律条文

第一百七十七条　二人以上依法承担按份责任，能够确定责任大小的，各自承担相应的责任；难以确定责任大小的，平均承担责任。

条文主旨

本条是关于按份责任的规定。

新旧法对比

《民法通则》	《民法总则》	《民法典》
无	第一百七十七条　二人以上依法承担按份责任，能够确定责任大小的，各自承担相应的责任；难以确定责任大小的，平均承担责任。	【内容不变】第一百七十七条

理解与适用

按份责任，是指责任人为多人时，各责任人按照一定的份额向权利人承担民事责任，各责任人之间无连带关系。权利人只能请求责任人按照确定的责任份额承担责任。两个或者两个以上的民事主体没有依照法律规定或者当事人的约定履行民事义务，可以根据每个民事主体对造成损害的后果的可能性来确定责任份额。难以确定责任大小的，每个行为人平均承担民事责任。

实务问题

法律未规定为连带责任的,通常为按份责任。按份责任产生的前提,是两个以上的民事主体不依照法律规定或者当事人约定履行民事义务产生的民事责任。法律不可能脱离具体案件,事先抽象出各种确定责任份额的标准,只能由人民法院、仲裁机构在具体案件中综合考虑各种因素来确定。责任分配的尺度有时很难有一个可以量化的标准,在某些情形下,由于案情复杂,很难分清每一个不依照法律规定或者当事人约定履行民事义务的行为对损害后果的作用力究竟有多大。

(编写人:罗 洁 张 倩)

法律条文

第一百七十八条 二人以上依法承担连带责任的,权利人有权请求部分或者全部连带责任人承担责任。

连带责任人的责任份额根据各自责任大小确定;难以确定责任大小的,平均承担责任。实际承担责任超过自己责任份额的连带责任人,有权向其他连带责任人追偿。

连带责任,由法律规定或者当事人约定。

条文主旨

本条是关于连带责任的规定。

新旧法对比

《民法通则》	《民法总则》	《民法典》
无	第一百七十八条 二人以上依法承担连带责任的,权利人有权请求部分或者全部连带责任人承担责任。 连带责任人的责任份额根据各自责任大小确定;难以确定责任大小的,平均承担责任。实际承担责任超过	【内容不变】第一百七十八条

续表

《民法通则》	《民法总则》	《民法典》
	自己责任份额的连带责任人,有权向其他连带责任人追偿。 连带责任,由法律规定或者当事人约定。	

理解与适用

连带责任,是指依照法律规定或者当事人的约定,两个或者两个以上当事人对共同产生的不履行民事义务的民事责任承担全部责任,并因此引起内部债务关系的一种民事责任。权利人有权要求连带责任人中的一人或数人承担全部责任,而一人或数人在承担全部赔偿责任后,将免除其他责任人的赔偿责任,实际承担责任的人有权向其他连带责任人追偿。连带责任是一种较为严厉的责任方式,除当事人有约定外,只能由法律作出规定。

实务问题

连带责任人对外承担了责任后,通常需要在内部确定各自的责任。我国司法实践的通常做法是:确定责任份额时,对每个责任主体在不履行民事义务时的过错进行比较,有故意或者有重大过失等较大过错的,承担的责任份额较大;过错较小的,如只有轻微过失的,可以承担较少的责任份额。另外,连带责任是法定责任,对外每一个责任人都承担全部责任,连带责任人之间不能约定改变责任的性质,对于内部责任份额的约定对外不发生效力。

(编写人:罗　洁　张　倩)

法律条文

第一百七十九条　承担民事责任的方式主要有:

(一)停止侵害;

(二)排除妨碍;

(三)消除危险;

(四)返还财产;

(五)恢复原状;

（六）修理、重作、更换；
（七）继续履行；
（八）赔偿损失；
（九）支付违约金；
（十）消除影响、恢复名誉；
（十一）赔礼道歉。
法律规定惩罚性赔偿的，依照其规定。
本条规定的承担民事责任的方式，可以单独适用，也可以合并适用。

条文主旨

本条是关于承担民事责任方式的规定。

新旧法对比

《民法通则》	《民法总则》	《民法典》
第一百三十四条 承担民事责任的方式主要有： （一）停止侵害； （二）排除妨碍； （三）消除危险； （四）返还财产； （五）恢复原状； （六）修理、重作、更换； （七）赔偿损失； （八）支付违约金； （九）消除影响、恢复名誉； （十）赔礼道歉。 以上承担民事责任的方式，可以单独适用，也可以合并适用。 人民法院审理民事案件，除适用上述规定外，还可以予以训诫、责令具结悔过、收缴进行非法活动的财物和	第一百七十九条 承担民事责任的方式主要有： （一）停止侵害； （二）排除妨碍； （三）消除危险； （四）返还财产； （五）恢复原状； （六）修理、重作、更换； **（七）继续履行；** （八）赔偿损失； （九）支付违约金； （十）消除影响、恢复名誉； （十一）赔礼道歉。 **法律规定惩罚性赔偿的，依照其规定。** **本条规定的**承担民事责任的方式，可以单独适用，也可以合并适用。	【内容不变】第一百七十九条

续表

《民法通则》	《民法总则》	《民法典》
非法所得,并可以依照法律规定处以罚款、拘留。		

理解与适用

本条规定了 11 种承担民事责任的方式,可以单独采用一种方式,也可以采用多种方式。惩罚性赔偿是指当侵权人(义务人)以恶意、故意、欺诈等的方式实施加害行为而致权利人受到损害的,权利人可以获得实际损害赔偿之外的增加赔偿。考虑到惩罚性赔偿是赔偿损失的一种特别赔偿,因此本款规定适用惩罚性赔偿应当在法律有特别规定的情况下,依照法律的规定予以适用。

实务问题

承担民事责任的方式是民事责任的具体体现,没有承担民事责任的方式,民事责任就难以落实。具体适用民事责任的方式应掌握的原则是,如果一种方式不足以救济权利人的,就应当同时适用其他方式。

(编写人:罗　洁　张　倩)

法律条文

第一百八十条　因不可抗力不能履行民事义务的,不承担民事责任。法律另有规定的,依照其规定。

不可抗力是不能预见、不能避免且不能克服的客观情况。

条文主旨

本条是关于不可抗力的规定。

新旧法对比

《民法通则》	《民法总则》	《民法典》
第一百零七条　因不可抗力不能履行合同或者造成他人损害的,不承担民事责任,法律另有规定的除外。	第一百八十条　因不可抗力不能履行**民事义务的**,不承担民事责任。法律另有规定的**,依照其规定**。	第一百八十条　因不可抗力不能履行民事义务的,不承担民事责任。法律另有规定的,依照其规定。

续表

《民法通则》	《民法总则》	《民法典》
第一百五十三条　本法所称的"不可抗力",是指不能预见、不能避免并不能克服的客观情况。	不可抗力是指不能预见、不能避免且不能克服的客观情况。	不可抗力是不能预见、不能避免且不能克服的客观情况。

理解与适用

因不可抗力而免责,不仅表明行为人的行为与不履行民事义务造成损害结果之间不存在因果关系,同时也表明行为人没有过错。因此,通常情况下,因不可抗力不能履行民事义务的,不承担民事责任。但法律规定因不可抗力不能履行民事义务,也要承担民事责任的则需要依法承担民事责任。

实务问题

对"不可抗力"的理解,应是根据现有的技术水平,一般对某事件发生没有预知能力。人们对某事件的发生的预知能力取决于当代的科学技术水平。某些事件的发生,在过去不可预见,但随着科学技术水平的发展,现在就可以预见。例如,现在对天气预报的准确率已达到90%以上,人们对狂风暴雨的规避能力已大大提高。

(编写人:罗　洁　张　倩)

法律条文

第一百八十一条　因正当防卫造成损害的,不承担民事责任。

正当防卫超过必要的限度,造成不应有的损害的,正当防卫人应当承担适当的民事责任。

条文主旨

本条是关于正当防卫的规定。

新旧法对比

《民法通则》	《民法总则》	《民法典》
第一百二十八条　因正当防卫造成损害的,不承担民事责任。正当防卫超过必要的限度,造成不应有的损害的,应当承担适当的民事责任。	第一百八十一条　因正当防卫造成损害的,不承担民事责任。 正当防卫超过必要的限度,造成不应有的损害的,正当防卫人应当承担适当的民事责任。	【内容不变】第一百八十一条

理解与适用

正当防卫,是指行为人为了保护自身合法权益、他人的人身财产权利或社会公共利益,为了避免遭受正在进行的不法侵害,而采取的在必要限度内的防卫行为。由于正当防卫本身具有正当性,是一种合法行为,因此在符合正当防卫构成要件的前提下,对此造成的损害,防卫人不承担赔偿责任。正当防卫超过必要限度造成损害,即防卫过当,则应承担适当的民事责任。此处适当的民事责任是指超出防卫限度的那部分损害,行为人应当予以赔偿。

实务问题

正确判断正当防卫是否超过必要的限度是实务中的关键所在。从防卫的时间上讲,对于侵害人已经被制伏或者侵害人已经自动停止侵害行为的,防卫人不得再进行攻击行为;从防卫手段来讲,能够用较缓和的手段进行有效防卫的情况下,不允许用激烈手段进行防卫。对于没有明显危及人身、财产等重大利益的不法侵害行为,不允许采取造成侵害人重伤等手段进行防卫。

(编写人:罗　洁　张　倩)

法律条文

第一百八十二条　因紧急避险造成损害的,由引起险情发生的人承担民事责任。

危险由自然原因引起的,紧急避险人不承担民事责任,可以给予适当补偿。

紧急避险采取措施不当或者超过必要的限度,造成不应有的损害的,紧急避险人应当承担适当的民事责任。

条文主旨

本条是关于紧急避险的规定。

新旧法对比

《民法通则》	《民法总则》	《民法典》
第一百二十九条　因紧急避险造成损害的，由引起险情发生的人承担民事责任。如果危险是由自然原因引起的，紧急避险人不承担民事责任或者承担适当的民事责任。因紧急避险采取措施不当或者超过必要的限度，造成不应有的损害的，紧急避险人应当承担适当的民事责任。	第一百八十二条　因紧急避险造成损害的，由引起险情发生的人承担民事责任。 危险由自然原因引起的，紧急避险人不承担民事责任，**可以给予适当补偿**。 紧急避险采取措施不当或者超过必要的限度，造成不应有的损害的，紧急避险人应当承担适当的民事责任。	【内容不变】第一百八十二条

理解与适用

紧急避险，是指为了使本人或者他人的人身、财产权利免受正在发生的危险，不得已采取的紧急避险行为，造成损害的，不承担责任或者减轻责任的情形。紧急避险人造成本人或者他人损害的，由引起险情发生的人承担责任。所谓不能超过必要的限度，是指在面临紧急危险时，避险人须采取适当的措施，以尽可能小的损害保全更大的利益，即紧急避险行为所引起的损害应轻于危险可能带来的损害。

实务问题

如果危险是由自然原因引起的，紧急避险人是为了本人的利益而采取了避险行为，造成第三人利益损害的，紧急避险人本人作为受益人，应当对第三人的损害给予补偿。例如，甲、乙是邻居，甲的房子因雷击失火，甲为了引消防车进入灭火，推倒了乙的院墙，使消防车进入后及时扑灭了自己家的大火。甲作为受益人对乙不承担责任，但应对乙给予适当补偿。

（编写人：罗　洁　张　倩）

法律条文

第一百八十三条　因保护他人民事权益使自己受到损害的，由侵权人承担民事责任，受益人可以给予适当补偿。没有侵权人、侵权人逃逸或者无力承担民事责任，受害人请求补偿的，受益人应当给予适当补偿。

条文主旨

本条是关于因保护他人民事权益使自己受损害时的责任承担的规定。

新旧法对比

《民法通则》	《民法总则》	《民法典》
第一百零九条　因防止、制止国家的、集体的财产或者他人的财产、人身遭受侵害而使自己受到损害的，由侵害人承担赔偿责任，受益人也可以给予适当的补偿。	第一百八十三条　因**保护他人民事权益**使自己受到损害的，由侵**权**人承担**民事**责任，受益人可以给予适当补偿。**没有侵权人、侵权人逃逸或者无力承担民事责任，受害人请求补偿的，受益人应当给予适当补偿。**	【内容不变】第一百八十三条

理解与适用

本条明确了见义勇为者的请求权和承担责任的规则。见义勇为者在因保护他人民事权益使自己受损害时，由侵权人承担责任，受益者可以或应当给予适当补偿。补偿不是赔偿，赔偿一般是填平原则，即损失多少赔偿多少，而补偿仅是其中的一部分。本条规定是“给予适当的补偿”，表明是要根据受害人的受损情况和受益人的受益情况等因素确定补偿的数额。

实务问题

在日常生活中，为保护他人民事权益被侵害而使自己受到损害的情况为数不少。行为人非因法定职责、法定义务或约定义务，为保护国家、社会公共利益或者他人的人身、财产安全，实施阻止不法侵害者逃逸的行为，人民法院可以认定为见义勇为。而见义勇为受害责任作为一种侵权责任类型，也可以适用有关侵权责任中受害人故意、不可抗力等减责免责事由，合理合法减轻见义勇为者的相关责任。

（编写人：罗 洁 张 倩）

法律条文

第一百八十四条　因自愿实施紧急救助行为造成受助人损害的，救助人不承担民事责任。

条文主旨

本条是关于自愿实施紧急救助行为的规定。

新旧法对比

《民法通则》	《民法总则》	《民法典》
无	第一百八十四条　因自愿实施紧急救助行为造成受助人损害的，救助人不承担民事责任。	【内容不变】第一百八十四条

理解与适用

自愿实施紧急救助行为，是指一般所称的见义勇为或者乐于助人的行为，不包括专业救助行为。本条所称救助人是指非专业人员，即一般所称的见义勇为或者乐于助人的志愿人员。

实务问题

实践中，虽然救助人是出于救助目的实施救助行为，但由于救助行为经常发生在受助人突发疾病等紧急状态，救助人一般未受过专业的救助训练，有的救助人不能很好地掌握专业救助技能，在某些情形下，可能发生因救助人的救助行为造成受助人损害的情形。为了鼓励互帮互助，《民法典》减轻了救助人的义务。要适用本条规定，须受助人受到的损害与救助人的行为有因果关系，即在紧急救助过程中，因为救助人的救助行为造成受助人的损害。

（编写人：罗 洁 张 倩）

法律条文

第一百八十五条　侵害英雄烈士等的姓名、肖像、名誉、荣誉，损害社会公共利益的，应当承担民事责任。

条文主旨

本条是关于侵害英雄烈士等的姓名、肖像、名誉、荣誉民事责任的规定。

新旧法对比

《民法通则》	《民法总则》	《民法典》
无	第一百八十五条　侵害英雄烈士等的姓名、肖像、名誉、荣誉，损害社会公共利益的，应当承担民事责任。	【内容不变】第一百八十五条

理解与适用

本条的保护对象是英雄烈士等的人格利益。英雄烈士等的姓名、肖像、名誉、荣誉包含了社会公众的民族情感。侵害英雄烈士人格利益的行为，不仅损害了英烈本人的人格权益，也是对社会公共利益的一种严重侵害行为。因此，侵权人应当承担民事责任，情节严重的，可以由检察机关向人民法院提起公益诉讼。

实务问题

在曾某侵害英烈名誉案①中，江苏省淮安市消防支队水上大队城南中队副班长谢勇因实施灭火救援行动不幸牺牲。2018 年 5 月 14 日，公安部批准谢勇同志为烈士并颁发献身国防金质纪念章。2018 年 5 月 14 日，曾某因就职受挫、生活不顺等原因，饮酒后看到其他网友发表悼念谢勇烈士的消息，为发泄自己的不满，在微信群公开发表一系列侮辱性言论，歪曲谢勇烈士英勇牺牲的事实。法院认为："对侵害英雄烈士的姓名、肖像、名誉、荣誉，损害社会公共利益的行为人，英雄烈士近亲属不提起民事诉讼的，检察机关可以依法向人民法院提起公益诉讼，要求侵权人承担侵权责任。"

检察机关履行这类公益诉讼职责，要在提起诉讼前确认英雄烈士是否有近

① 江苏省淮安市中级人民法院(2018)苏 08 民公初 1 号。

亲属以及其近亲属是否提起诉讼,区分情况处理。对于英雄烈士有近亲属的,检察机关应当当面征询英雄烈士近亲属是否提起诉讼;对于英雄烈士没有近亲属或者近亲属下落不明的,检察机关可以通过公告的方式履行告知程序。

(编写人:罗　洁　张　倩　李　劼)

法律条文

第一百八十六条　因当事人一方的违约行为,损害对方人身权益、财产权益的,受损害方有权选择请求其承担违约责任或者侵权责任。

条文主旨

本条是关于责任竞合的规定。

新旧法对比

《民法通则》	《民法总则》	《民法典》
第一百一十二条　当事人一方违反合同的赔偿责任,应当相当于另一方因此所受到的损失。 当事人可以在合同中约定,一方违反合同时,向另一方支付一定数额的违约金;也可以在合同中约定对于违反合同而产生的损失赔偿额的计算方法。	第一百八十六条　因当事人一方**的违约行为,损害对方人身权益、财产权益的,受损害方有权选择请求其承担违约责任或者侵权责任。**	【内容不变】第一百八十六条

理解与适用

在当事人的违约行为同时还造成人身或财产损害时,就会发生违约责任与侵权责任的竞合。此时,受损害方有权选择就违约责任或侵权责任择一行使请求权。

实务问题

在责任发生竞合时,不能同时行使请求权。如果受损害方行使一种请求权未果,而另一种请求权并未因时效而消灭,则受损害方仍可行使另一种请求权。

由于合同纠纷与侵权纠纷在管辖法院和适用法律方面存在区别，允许受损害方选择有利于自己的一种诉由提起诉讼，对受损害方比较方便，也有利于对受损害方的保护。对违约方来说，这两种责任无论对方要求其承担哪一种，都是合理的。

（编写人：罗　洁　张　倩）

法律条文

第一百八十七条　民事主体因同一行为应当承担民事责任、行政责任和刑事责任的，承担行政责任或者刑事责任不影响承担民事责任；民事主体的财产不足以支付的，优先用于承担民事责任。

条文主旨

本条是关于财产优先承担民事责任的规定。

新旧法对比

《民法通则》	《民法总则》	《民法典》
第一百一十条　对承担民事责任的公民、法人需要追究行政责任的，应当追究行政责任；构成犯罪的，对公民、法人的法定代表人应当依法追究刑事责任。	第一百八十七条　**民事主体因同一行为应当承担民事责任、行政责任和刑事责任的，承担行政责任或者刑事责任不影响承担民事责任；民事主体的财产不足以支付的，优先用于承担民事责任。**	【内容不变】第一百八十七条

理解与适用

行政责任，是指因违反行政法律或行政法规而应当承担的法定的不利后果。刑事责任是指因违反刑事法律而应当承担的法定的不利后果。一个行为既违反了民法又违反了行政法或者刑法，由此同时产生民事责任、行政责任或者刑事责任，即发生责任竞合。一般情况下，民事责任、行政责任和刑事责任，独立存在、互不干扰。但是，在某一责任主体的财产不足以同时满足民事赔偿责任与行政责任或者刑事责任中的罚款、罚金时，民事责任优先原则就是解决这类责任竞合时的法律原则。

实务问题

民事责任优先原则的适用是以责任主体所承担的民事责任合法有效为前提,只有在财产不足以同时满足民事责任、刑事责任、行政责任的赔偿时,才以民事责任为先。例如,一个企业生产伪劣产品,造成消费者人身、财产损害,并构成生产伪劣产品罪,其需要同时承担对消费者的民事责任以及生产伪劣产品罪的刑事责任,如果刑事责任包含罚金,其财产不足以同时支付对受害人的赔偿以及罚金时,对受害人的民事赔偿责任优先于罚金承担。

(编写人:罗 洁 张 倩)

第九章　诉 讼 时 效

法律条文

第一百八十八条　向人民法院请求保护民事权利的诉讼时效期间为三年。法律另有规定的，依照其规定。

诉讼时效期间自权利人知道或者应当知道权利受到损害以及义务人之日起计算。法律另有规定的，依照其规定。但是，自权利受到损害之日起超过二十年的，人民法院不予保护，有特殊情况的，人民法院可以根据权利人的申请决定延长。

条文主旨

本条是关于诉讼时效期间、诉讼时效期间的起算、最长诉讼时效及延长情形的规定。诉讼时效制度是我国一项基本民事法律制度，在我国民事法律制度体系中发挥着重要作用。2017 年 3 月 8 日第十二届全国人民代表大会第五次会议上作出的《中华人民共和国民法总则（草案）》中指出："诉讼时效是权利人在法定期间内不行使权利，权利不受保护的法律制度。"即权利人在法定期间内不行使权利，义务人有权提出拒绝履行的抗辩。通说认为，诉讼时效制度的立法目的有以下四个："第一，督促权利人行使权利，因在权利上睡眠者不值保护。第二，由于持续性事实被认为在盖然性上较能正确地反映真实，因此基于盖然性原则，诉讼时效期间届满，推定义务人不负有义务。第三，避免举证困难，减轻法院负担。第四，保护交易安全，尊重现存社会秩序，维护社会公共利益。"①

---

① 参见宋晓明、刘竹梅、张雪楳：《〈关于审理民事案件适用诉讼时效制度若干问题的规定〉的理解与适用》，载《人民司法》2008 年第 21 期。

新旧法对比

《民法通则》	《民法总则》	《民法典》
第一百三十五条　向人民法院请求保护民事权利的诉讼时效期间为二年，法律另有规定的除外。 第一百三十七条　诉讼时效期间从知道或者应当知道权利被侵害时起计算。但是，从权利被侵害之日起超过二十年的，人民法院不予保护。有特殊情况的，人民法院可以延长诉讼时效期间。 第一百四十一条　法律对诉讼时效另有规定的，依照法律规定。	第一百八十八条　向人民法院请求保护民事权利的诉讼时效期间为三年。法律另有规定的，依照其规定。 **诉讼时效期间自权利人知道或者应当知道权利受到损害以及义务人之日起计算。**法律另有规定的，依照其规定。但是自权利受到损害之日起超过二十年的，人民法院不予保护；有特殊情况的，人民法院可以**根据权利人的申请**决定延长。	第一百八十八条　向人民法院请求保护民事权利的诉讼时效期间为三年。法律另有规定的，依照其规定。 **诉讼时效期间自权利人知道或者应当知道权利受到损害以及义务人之日起计算。**法律另有规定的，依照其规定。但是，自权利受到损害之日起超过二十年的，人民法院不予保护，有特殊情况的，人民法院可以**根据权利人的**申请决定延长。

理解与适用

诉讼时效期间有普通诉讼时效期间、特别诉讼时效期间及最长诉讼时效期间三类。第一，根据本条的规定，普遍适用的诉讼时效期间为 3 年，自权利人知道或者应当知道权利受到损害以及义务人之日起计算。第二，特殊的诉讼时效期间是由《民法典》及其他民事特别法规定的区别于普通诉讼时效期间的诉讼时效期间，例如，《民法典》第 594 条："因国际货物买卖合同和技术进出口合同争议提起诉讼或者申请仲裁的时效期间为四年。"等。第三，最长诉讼时效期间为权利受损之日起 20 年，系不产生中断、中止的权利保护期间，自权利受到损害之日起计算，与普通诉讼时效期间的起算不同，不考虑权利人是否知道权利受损及义务人。

针对诉讼时效期间的起算，普通诉讼时效期间和特殊诉讼时效期间的起算均自权利人知道或者应当知道权利受到损害以及具体义务人之日起；最长诉讼时效期间则不考虑权利人是否知道权利受损及义务人，在权利受损害之日起计算，除极特殊的情形权利人可申请延长外，最长诉讼时效期间不中止、中断。普通诉讼时效期间和特殊诉讼时效期间的起算时间也存在例外规定，此时根据特别法优于普通法的原则，要适用特殊的例外规定。

诉讼时效的延长，是指权利人由于客观的障碍在该法律关系应当适用的诉讼时效期间内不能行使其请求权时，向人民法院提出延长诉讼时效的申请，由人民法院根据案件具体情况决定是否予以延长的情形。

诉讼时效与除斥期间的联系与区别：

诉讼时效与除斥期间的联系		
均以一定的事实状态存在、一定期间的经过为条件，发生一定的法律后果，均属法律事件。		
诉讼时效与除斥期间的区别		
类别	诉讼时效	除斥期间
定义	诉讼时效是权利人在法定期间内不行使权利，权利不受保护的法律制度。	除斥期间，是指法律规定某种民事实体权利存在的期间，权利人在此期间内不行使相应的民事权利，则在该法定期间届满时导致该民事权利的消灭。
适用客体	一般为请求权。	一般为形成权，如撤销权、解除权、终止权。
期间起算	普通诉讼时效期间和特殊诉讼时效期间的起算均自权利人知道或者应当知道权利受到损害以及具体义务人之日起；最长诉讼时效期间在权利受损害之日起计算。	自权利成立时起算。
期间性质	可变期间，存在中断、中止和延长。	不变期间，不存在中断、中止和延长。
法律效力	诉讼时效经过时，权利仍然可以行使，实体权利本身并不消灭，但义务人可主张拒绝给付的抗辩。	除斥期间经过后，实体权利本身消灭。
法律援用	人民法院不得主动适用。	当事人不主动援用，法院亦应依职权加以审查。

实务问题

1. 案例一①

（1）案情简介：武某英于 2011 年 8 月 19 日，分三次向中建公司汇款 1500 万

① 最高人民法院（2019）最高法民终 1337 号。

元,“附加信息及用途”中载明“投资”。2011年8月19日,邓某向中建公司汇款1600万元,“附加信息及用途”中载明“购地款”。2011年12月31日,邓某向中建公司汇款1000万元,“附加信息及用途”中载明“购房款”。证人邓某证明其是受武某英委托支付于中建公司合作购地款项目,其中汇款单是金额1000万元用途错写为购房款,其资金源于武某英。中建公司认可收到4100万元,提供收据显示款项性质为借款。2011年10月19日,武某英向中国重汽集团大同齿轮有限公司(以下简称重汽齿轮公司)汇款1300万元,“附加信息及用途”中载明“预付款”。2011年10月20日,武某英向重汽齿轮公司汇款600万元。2012年3月20日,邓某向益同公司汇款320万元,“附加信息及用途”中载明“房款”。2012年3月20日,大同市城区天悦服饰名品店向益同公司汇款80万元,“附加信息及用途”中载明“购地款”。2012年3月21日,武某英向益同公司汇款600万元,“附加信息及用途”中载明“借款”。2012年3月21日,武某英向益同公司汇款1000万元,“用途”中载明“往来”。2012年3月21日,武某英向益同公司汇款1000万元,“用途”中载明“往来”。武某英认可汇给益同公司的3000万元退回1000万元,实际汇款2000万元。以上武某英认为共向中建公司及指定账户汇款8000万元。中建公司认可收到6000万元。武某英提供的李某、张某与中建公司、西安安置置业有限公司、益同公司、段方亚股权转让纠纷一案的生效判决,认定中建公司与益同公司法定代表人、股东、住所地均相同,属于法人人格混同情形。

(2)法院认为:对中建公司上诉称武某英所诉款项发生在2011年至2012年间,至其起诉之时已长达6年之久,超过诉讼时效的问题。根据《民法总则》的相关规定,诉讼时效期间自权利人知道或者应当知道权利受到损害以及义务人之日起计算。根据《合同法》第206条“借款人应当按照约定的期限返还借款。对借款期限没有约定或者约定不明确的,依照本法第六十一条的规定仍不能确定的,借款人可以随时返还;贷款人可以催告借款人在合理期限内返还”之规定,武某英在2011年至2012年向中建公司支付款项,双方均未举证证实涉案款项的使用期限,故武某英在2018年起诉要求中建公司返还其资金,未超过诉讼时效。另外,中建公司在该案一审时并未对诉讼时效提出抗辩,根据《最高人民法院关于审理民事案件适用诉讼时效制度若干问题的规定》第4条第1款“当事人在一审期间未提出诉讼时效抗辩,在二审期间提出的,人民法院不予支持,但其基于新的证据能够证明对方当事人的请求已过诉讼时效期间的情形除外”之规定,中建公司在二审期间提出诉讼时效抗辩但未提交新的证据证明武某英的请求已过诉讼时效期间，故法院不予支持。

（3）评析：在法律实践中，承办律师要结合案件具体情况对案件诉讼时效进行审查，根据案件具体情况界定诉讼时效期间的起算。

2. 案例二[①]：

（1）案情简介：2001 年 8 月 10 日，金某海向国家知识产权局申请了名为"反向地面刨毛机"的发明专利，授权公告日为 2003 年 12 月 17 日，专利号为 ZL0112××××.0，目前专利有效。该专利权利要求 1 为：一种反向地面刨毛机，它包括电动机、传动装置、箱体、刨盘，其特征在于箱体上前后有两个反向运转的刨盘，由电动机连接传动装置带动前后刨盘运转，每个刨盘有若干个锯片。

2017 年 2 月 14 日，金某海的委托代理人在广东省广州市广州公证处公证人员见证下，使用公证处的计算机，在淘宝网上店铺名称为"润田建筑机械"的店铺以 1618 元（包含运费 130 元）在线订购了名称显示为"路面清渣机混凝土清渣机路面地面清灰机刨毛机清理机去灰去渣机"字样的商品一个（订单号为 254932××××××9945）。其中，商品页面显示商品价格、累计评论等相关信息。2017 年 2 月 21 日，广东省广州市广州公证处出具（2017）粤广广州第 024000 号公证书。2017 年 2 月 20 日，金某海的委托代理人在公证人员现场监督下，收取上述网购的商品（安能 ane220××××9895）。2017 年 2 月 21 日，金某海的委托代理人在公证人员见证下，使用公证处的计算机，对上述订单（订单号为 254932××××××9945）的物流信息进行查看，可见运单号码为 220××××9895。2017 年 2 月 27 日，广东省广州市广州公证处分别出具（2017）粤广广州第 027568 号、第 027569 号公证书。

经一审当庭开拆公证实物并进行比对，金某海主张被诉侵权产品与涉案专利权利要求 1 对应的技术特征相同。淘宝网上的"润田建筑机械"店铺系由栗某子注册开设。

（2）法院认为：关于金某海提起该案诉讼是否超过诉讼时效的问题。该案为侵权民事诉讼。2017 年 10 月 1 日实施的《民法总则》第 188 条规定，向人民法院请求保护民事权利的诉讼时效期间为 3 年，诉讼时效期间自权利人知道或者应当知道权利受到损害以及义务人之日起计算。《立法法》第 92 条规定，同一机关制定的法律，新的规定与旧的规定不一致的，适用新的规定。《专利法》实施于 2009 年 10 月 1 日，因此，该案诉讼时效的判断应适用《民法总则》的规定。《最高人民法院关于适用〈中华人民共和国民法总则〉诉讼时效制度若干问

① 最高人民法院（2020）最高法知民终 216 号。

题的解释》(已失效)第2条规定,《民法总则》施行之日,诉讼时效期间尚未满《民法通则》规定的2年或者1年,当事人主张适用《民法总则》关于3年诉讼时效期间规定的,人民法院应予支持。该案中金某海委托代理人公证购买被诉侵权产品的时间在2017年2月14日,至2017年10月1日《民法总则》实施未满《民法通则》规定的2年诉讼时效,因此可以适用《民法总则》3年诉讼时效的规定,至2019年5月金某海起诉未超过法定诉讼时效,栗某子的该项上诉理由不能成立,法院不予支持。

(3)评析:《民法典》本条系沿用《民法总则》的规定,《民法总则》将《民法通则》规定的2年的诉讼时效改成了3年。根据《最高人民法院关于适用〈中华人民共和国民法总则〉诉讼时效制度若干问题的解释》,《民法总则》关于3年诉讼时效期间的规定适用于在《民法总则》施行之日诉讼时效尚未满《民法通则》规定的诉讼时效及在《民法总则》施行后开始计算诉讼时效期间的情形。在法律实践中,要注意诉讼时效的衔接与适用。

(编写人:宋琪琪)

法律条文

第一百八十九条 当事人约定同一债务分期履行的,诉讼时效期间自最后一期履行期限届满之日起计算。

条文主旨

本条是关于分期履行债务诉讼时效期间起算点的特殊规定。分期履行债务,是指当事人在同一合同中约定,对合同约定的债务分期履行。其特点是对合同约定的债务,并非一次性全部给付,而是分期限分别给付,其分期给付标的物的质量、数量、地点可能相同也可能不同。所谓同一笔债务,是指该债务在合同订立之时即已确定,时间因素对其内容和范围不再起作用,受到时间因素影响的只是履行的方式。该类债务的典型表现形式为约定分期还款、分期交货的借款之债、买卖之债等。①

① 参见宋晓明、刘竹梅、张雪楳:《〈关于审理民事案件适用诉讼时效制度若干问题的规定〉的理解与适用》,载《人民司法》2008年第21期。

新旧法对比

《民法通则》	《民法总则》	《民法典》
无	第一百八十九条　当事人约定同一债务分期履行的，诉讼时效期间自最后一期履行期限届满之日起计算。	【内容不变】第一百八十九条

理解与适用

本条规定同一债务分期履行的诉讼时效期间自最后一期履行期限届满之日起计算，原因在于：第一，由同一债务整体性、唯一性的根本特性决定，当事人双方间仅存在一个债务，分期履行的各笔债务的整体性和关联性大于独立性，则应从每一期履行期限届满之日起算诉讼时效期间。第二，由诉讼时效的立法目的决定，有利于简化诉讼时效的计算，维持当事人之间稳定的债权债务关系，保护债权人的合理信赖利益。第三，有利于减轻当事人的诉累，减少纠纷，保障诉讼效率。此规定既符合人民群众的普遍认知，也符合商业交易习惯，有利于缓和矛盾，节约司法资源，实现诉讼效率。

实务问题

1. 案情简介①

2015 年 11 月 3 日，原告百世兴公司分别在位于辽宁省沈阳市大东区观泉路望花新村 276—4 甲 3、4 门的望客隆超市及北大营东路 22—1 号 14 门的联众便利店，公证购买四袋酒鬼花生及其他商品，共计支付 35 元。原告百世兴公司于 2017 年 10 月 26 日以佳越食品厂、联众便利店为本案被告向法院提起侵害商标权诉讼。

2. 法院认为

2002 年《最高人民法院关于审理商标民事纠纷案件适用法律若干问题的解释》第 18 条规定，侵犯注册商标专用权的诉讼时效为 2 年，自商标注册人或者利害权利人知道或者应当知道侵权行为之日起计算。商标注册人或者利害关系人超过 2 年起诉的，如果侵权行为在起诉时仍在持续，在该注册商标专用权有效期

① 最高人民法院(2019)最高法民申 5320 号。

限内，人民法院应当判决被告停止侵权行为，侵权损害赔偿数额应当自权利人向人民法院起诉之日起向前推算2年计算。该案中，根据查明的事实，2015年11月3日，百世兴公司分别在位于辽宁省沈阳市大东区观泉路望花新村276—4甲3、4门的望客隆超市及北大营东路22—1号14门的联众便利店，公证购买4袋酒鬼花生及其他商品，共计支付35元。百世兴公司于2017年10月26日以佳越食品厂、联众便利店为该案被告向一审法院提起侵害商标权诉讼。因此，百世兴公司公证购买被诉侵权商品之日，即2015年11月3日应视为其知道或者应当知道其涉案商标权利被佳越食品厂、联众便利店侵害之日。且百世兴公司于2015年7月23日至11月13日在沈阳市多家超市公证购买，亦可证明侵权行为至少一直持续至2015年11月13日。百世兴公司向一审法院提起诉讼的时间为2017年10月26日，因此，百世兴公司提起该案诉讼尚未超过2年诉讼时效。佳越食品厂主张百世兴公司提起诉讼超过诉讼时效的理由不能成立。

3. 评析

在适用本条规定时需注意，本条规定的是给付分期履行债务中的某一笔债务请求权的诉讼时效期间从何时起算，而非对全部债务给付请求权诉讼时效期间起算点的规定，须准确界定债务性质予以适用。持续性侵权之债是指侵权行为具有持续性的侵权之债，持续性侵权行为引起的损害会随着侵权行为的持续而不断增加，呈现不断积累的特点，不同于同一债务分期履行的情形，《民法典》并未对持续性侵权之债的诉讼时效进行专门规定。因此，持续性侵权之债应适用3年的普通诉讼时效并自权利人知道或者应当知道权利受到损害以及义务人之日起计算。

（编写人：宋琪琪）

法律条文

第一百九十条 无民事行为能力人或者限制民事行为能力人对其法定代理人的请求权的诉讼时效期间，自该法定代理终止之日起计算。

条文主旨

本条是关于无民事行为能力人、限制民事行为能力人针对其法定代理人请求权的诉讼时效期间起算的规定。

新旧法对比

《民法通则》	《民法总则》	《民法典》
无	第一百九十条　无民事行为能力人或者限制民事行为能力人对其法定代理人的请求权的诉讼时效期间，自该法定代理终止之日起计算。	【内容不变】第一百九十条

理解与适用

本条规定旨在保护无民事行为能力人与限制民事行为能力人对其法定代理人的请求权。在我国的监护制度下，无民事行为能力人及限制民事行为能力人不能独立实施民事法律行为、行使权利，须由其法定代理人代为行使，在其法定代理人滥用代理权损害其合法权益时，在法定代理关系存续期间，其无法完成救济。因此，将无民事行为能力人、限制民事行为能力人对其法定代理人的请求权的诉讼时效期间起算点规定为该法定代理终止之日，是十分必要的，并且使诉讼时效制度与监护制度相协调、衔接，使时效期间的起算与诉讼时效的价值相协调。

实务问题

本条规定的适用情形比较特殊，要求无民事行为能力人、限制民事行为能力人对于其法定代理人的请求权产生于法定代理关系存续期间，且只包括针对其法定代理人的请求权，而不包含对其他第三人的请求权。

（编写人：宋琪琪）

法律条文

第一百九十一条　未成年人遭受性侵害的损害赔偿请求权的诉讼时效期间，自受害人年满十八周岁之日起计算。

条文主旨

本条是关于未成年人遭受性侵害的损害赔偿请求权诉讼时效期间起算点的

特殊规定。

新旧法对比

《民法通则》	《民法总则》	《民法典》
无	第一百九十一条 未成年人遭受性侵害的损害赔偿请求权的诉讼时效期间，自受害人年满十八周岁之日起计算。	【内容不变】第一百九十一条

理解与适用

考虑到未成年人性意识的缺乏及性侵害的隐蔽性，本条旨在进一步保护未成年人的合法权益，遏制、减少对未成年人的性侵害，体现了对未成年人的特殊保护。

实务问题

针对16周岁以上以自己劳动收入为主要生活来源的未成年人，根据《民法典》第18条第2款："十六周岁以上的未成年人，以自己的劳动收入为主要生活来源的，视为完全民事行为能力人。"故该类未成年人在16周岁时其与法定代理人的法定代理关系即行终止，但为保护未成年人的合法权益，仍应依据《民法典》第191条的规定，从其年满18周岁之日起计算诉讼时效。

（编写人：宋琪琪）

法律条文

第一百九十二条　诉讼时效期间届满的，义务人可以提出不履行义务的抗辩。

诉讼时效期间届满后，义务人同意履行的，不得以诉讼时效期间届满为由抗辩；义务人已经自愿履行的，不得请求返还。

条文主旨

本条是关于诉讼时效期间届满的法律后果及义务人自愿履行的规定。

新旧法对比

《民法通则》	《民法总则》	《民法典》
第一百三十八条　超过诉讼时效期间，当事人自愿履行的，不受诉讼时效限制。	第一百九十二条　**诉讼时效期间届满的，义务人可以提出不履行义务的抗辩。** **诉讼时效期间届满后，义务人同意履行的，不得以诉讼时效期间届满为由抗辩；义务人已自愿履行的，不得请求返还。**	第一百九十二条　诉讼时效期间届满的，义务人可以提出不履行义务的抗辩。 诉讼时效期间届满后，义务人同意履行的，不得以诉讼时效期间届满为由抗辩；义务人已经自愿履行的，不得请求返还。

理解与适用

诉讼时效期间届满后，权利人仍享有诉权，仍可向法院主张已过诉讼时效的权利，但义务人可以超过诉讼时效为由提出不履行义务的抗辩，权利人不能请求强制义务人履行义务，权利人丧失胜诉权。诉讼时效抗辩权是指诉讼时效期间届满，义务人有权拒绝履行，若义务人放弃诉讼时效利益，则应作出同意履行的意思表示。

诉讼时效届满，并不意味着权利人是实体权利消灭，债的受领保持力依然存在，义务人虽获得不履行义务的抗辩权，但义务人也可以自由处分自己的时效利益。若义务人选择放弃时效利益并自愿向权利人履行义务，权利人仍有权受领义务人的给付，即使义务人在履行义务时不知诉讼时效已过的事实，也不得再提出时效届满的抗辩，不得请求返还已自愿履行的部分。

实务问题

1. 案例一①

(1)案情简介。1996 年 11 月 28 日，戚务诚事务所、熊猫商城公司与海南新安房地产有限公司协议，约定由戚务诚事务所承担熊猫万国商城建设项目的设计、咨询任务，熊猫商城公司向戚务诚事务所支付为完成商城建设项目的设计、模型制作、电脑效果图、电脑三维动画片和咨询等发生的一切费用，共计 800 万元人民币，上述费用由戚务诚事务所先行垫支，后三方当事人于 1997 年 3 月 14

① 最高人民法院(2017)最高法民再 63 号。

日签订补充协议,重新明确委托设计相关问题,总费用仍为800万元。2002年6月15日,双方又签订设计合同,并签订补充协议,约定设计费用共计208万元。熊猫商城公司仅支付30万元,尚欠178万元。

戚务诚事务所就2002年合同及2002年、2003年补充协议项下178万元诉至成都市青羊区人民法院并胜诉进入执行阶段,之后则等待熊猫商城公司积极配合执行该项债务以及支付1996年协议项下的800万元。此间,熊猫商城公司原法定代表人陈某光于2010年12月18日向戚务诚事务所法定代表人开具港币22万元的汇丰银行支票,以支付1996年协议拖欠款利息。戚务诚事务所于2012年向熊猫商城公司发出催收函未果。故请求法院判决:熊猫商城公司向戚务诚事务所返还垫付的设计、制作、咨询费本金800万元及其利息(自戚务诚事务所设计、咨询工作完成交付之日即1997年1月4日起按年息15%计算)。

(2)法院认为。即使可以认定陈某光代表熊猫商城公司支付1996年协议项下欠款,其也在诉讼时效届满之后。1996年协议欠款已成为自然债务,其中部分款项的清偿并不能恢复或者复活其余部分的诉讼时效。戚务诚事务所所主张的债权的诉讼时效应于2001年1月1日即已届满,期间无诉讼时效中断事由,无导致诉讼时效重新计算的事实,其于2013年4月起诉熊猫商城公司已是诉讼时效届满12年之后,超过法定期间,一审、二审法院认定本案诉讼并未超过诉讼时效,系适用法律错误,应予纠正。

(3)评析。针对时效届满后,义务人仅同意部分履行,对剩余部分行使时效抗辩的情形,在债权可分的情况下,并不违反法律的强制性规定,不损害公共利益,应当允许,义务人在诉讼时效届满后的部分履行也不能恢复其余部分的诉讼时效。

2. 案例二①

(1)案情简介。2008年10月6日,大正公司(乙方)、信联公司(甲方)签订《安装工程合同》一份。合同约定:信联公司将其服装印花车间配电工程发包给大正公司施工,本工程采用固定总价大包干方式承包,工程造价92万元。乙方不用提供工程发票给甲方,只需提供72.5万元的材料发票给甲方。合同第七条付款方式约定"1. 合同签订并且乙方进场施工之日起三天内,甲方支付30%工程款给乙方。2. 当工程进度达到70%时,三天内甲方再支付30%工程款给乙方。3. 当工程进度达到90%时,三天内甲方再支付20%工程款给乙方。4. 工程完工经甲方验收合格、通电之日起十五天内,甲方将余下20%工程款付清给乙

① 佛山市中级人民法院(2020)粤06民终1632号。

方。5. 若甲方逾期付款,则从逾期之日起,应付款项按照中国人民银行同期同类贷款利率支付利息给乙方,直到付清本息为止”。

2017 年 1 月 17 日,大正公司向信联公司送达《工程款催款函》,载明“致佛山市顺德区信联服装印花有限公司:由我公司承接安装的佛山市顺德区信联服装印花有限公司信联服装印花车间配电工程,至 2009 年 4 月 15 日已完成施工并投入使用,根据合同约定(合同编号:DZ-08-034),现向贵司申请合同造价 40%的工程余款 370,000 元……”信联公司的股东梁某在收函人处签名。

(2)法院认为。信联公司虽于 2017 年 1 月 17 日签收了大正公司发出的《工程款催款函》,但该时已过诉讼时效期间,信联公司并未作出同意履行给付工程款义务的意思表示,故不能以此认定信联公司放弃了诉讼时效抗辩的权利。此外,合同明确约定了信联公司履行付款义务的期限,大正公司未在诉讼时效期间内向信联公司主张权利,丧失了请求人民法院保护其债权的权利,大正公司以信联公司未履行付款义务、合同仍在履行中为由,主张其发出《工程款催款函》没有超过诉讼时效期间没有依据,一审判决认定信联公司的请求超过诉讼时效期间正确,二审法院予以维持。

3. 案例三[①]

(1)案情简介。2013 年 2 月 27 日,许继电气公司与山西灵石公司签订《综合自动化控制设备采购合同》一份,约定:山西灵石公司向许继电气公司采购 35kV 变电站综合自动化控制设备一套,价款总计 70 万元;产品质量保证期为设备投入运行并验收合格后 12 个月。价款支付方式及期限条款约定,合同签订后发货前 60 日买方支付合同总价款的 20%预付款;卖方将设备运到交货地点,外观验收合格,清点无误,并提供全额增值税专用发票后 10 日内,买方支付合同总价款的 30%货款;设备验收并调试合格投入运行,主要性能达标,买方确认设备调试合格或货到现场 6 个月内,买方收到财务收据 10 日内支付合同总价款的 40%货款;剩余 10%质保金,待质保期满无质量问题或货到现场 18 个月内,买方收到财务收据 10 日内支付。违约责任条款约定,卖方逾期交付设备、办证资料的,按合同总价 0.3%/日计算违约金,逾期 30 日未交付或因存有权利瑕疵被没收查处的,则按合同总价的 15%向买方支付违约金;买方逾期付款的,按应付款项的 0.3%/日计算违约金,最高不超过合同总价的 15%。

上述《综合自动化控制设备采购合同》签订后,许继电气公司按约履行了送货安装义务,并开具了增值税专用发票。2013 年 9 月 8 日,山西灵石公司工作

① 浙江省高级人民法院(2020)浙民终 864 号。

人员在发运通知单上对上述设备到货予以签收。2013 年 4 月 16 日,山西灵石公司向许继电气公司支付货款 14 万元,2014 年 5 月 6 日,又支付货款 21 万元,尚欠货款 35 万元。2019 年,山西灵石公司向许继电气公司发送加盖公司印章的《往来询证函》,载明截至 2019 年 6 月 30 日,山西灵石公司尚欠许继电气公司应付账款 35 万元。

(2)法院认为。该案争议焦点为《往来询证函》能否构成双方对涉案债权债务的重新确认。审理中,双方对本案诉讼时效应从 2014 年 3 月 8 日起算,许继电气公司未在两年内向山西灵石公司主张权利均无异议。争议在于 2019 年 6 月 30 日后,山西灵石公司向许继电气公司发出《往来询证函》,函中记载截至 2019 年 6 月 30 日应付账款 35 万元,同时明确本函仅为复核账目之用,并非催款结算。《最高人民法院关于超过诉讼时效期间后债务人向债权人发出权利债务的询证函的行为是否构成新的债务的起算的答复》中明确债务人在诉讼时效届满后主动向债权人发出查证核对债务行为的法律后果,可参照《最高人民法院关于超过诉讼时效期间借款人在催收通知书上签字或盖章的法律效力问题的批复》的规定进行认定和处理。而该批复明确对超过诉讼时效期间,债权人向债务人发出催收到期通知,债务人在该通知单上签字或者盖章的,应当视为对原债务的重新确认,该债权债务关系应受法律保护。据此,原审法院认定该案《往来询证函》应视为双方对原债务的重新确认并无不当。《往来询证函》记载山西灵石公司应付许继电气公司账款 35 万元,原审法院认定许继电气公司基于山西灵石公司对案涉债务的重新确认而提起诉讼未超过诉讼时效正确。

(3)评析。义务人仅确认债务存在,未表示愿意履行诉讼时效已届满的债务的,不能认定其放弃了诉讼时效利益。但是,针对诉讼时效已届满的债务,债务人签署同意履行债务的文件,如催款单、催收函等要求履行的文件,可认定债务人放弃了时效利益。

(编写人:宋琪琪)

法律条文

第一百九十三条　人民法院不得主动适用诉讼时效的规定。

条文主旨

本条是关于诉讼时效制度援用的规定。

新旧法对比

《民法通则》	《民法总则》	《民法典》
无	第一百九十三条　人民法院不得主动适用诉讼时效的规定。	【内容不变】第一百九十三条

理解与适用

当事人未提出诉讼时效抗辩时,法院不应主动适用诉讼时效制度进行裁判。因诉讼时效的抗辩权本质上属于义务人的私权利,根据民法意思自治的原则,其不属于人民法院应依职权主动适用的领域;根据处分原则,义务人可以自由选择是否行使诉讼时效届满的抗辩权;根据诚实信用原则,义务人不主张诉讼时效利益,依约履行合同义务也符合诚信原则,并不会导致不公平的结果出现。因此,人民法院不得主动适用诉讼时效制度予以裁判。

实务问题

在实务中应注意以下:(1)对于法院可否对诉讼时效制度予以释明,法律并未明文规定,在实践中存在争议。(2)对于最长诉讼时效期间,法院可否主动适用予以裁判,在实践中仍存在争议。

(编写人:宋琪琪)

法律条文

第一百九十四条　在诉讼时效期间的最后六个月内,因下列障碍,不能行使请求权的,诉讼时效中止:

(一)不可抗力;

(二)无民事行为能力人或者限制民事行为能力人没有法定代理人,或者法定代理人死亡、丧失民事行为能力、丧失代理权;

(三)继承开始后未确定继承人或者遗产管理人;

(四)权利人被义务人或者其他人控制;

(五)其他导致权利人不能行使请求权的障碍。

自中止时效的原因消除之日起满六个月,诉讼时效期间届满。

条文主旨

本条是关于诉讼时效中止情形的规定。诉讼时效的中止,是指在诉讼时效期间的最后6个月内,发生法定事由,在法定的中止事由发生及持续期间权利人无法行使请求权的,已经经过的诉讼时效期间依然有效,但暂停计算诉讼时效期间,待中止事由消灭后,继续计算诉讼时效,与中止前已经过的时效期间合并计入总的时效期间。本条旨在为遇特殊情况非出于主观过错无法行使请求权的权利人权利的行使保留必要的时间。

新旧法对比

《民法通则》	《民法总则》	《民法典》
第一百三十九条　在诉讼时效期间的最后六个月内,因不可抗力或者其他障碍不能行使请求权的,诉讼时效中止。从中止时效的原因消除之日起,诉讼时效期间继续计算。	第一百九十四条　在诉讼时效期间的最后六个月内,因下列障碍,不能行使请求权的,诉讼时效中止: (一)**不可抗力**; (二)**无民事行为能力人或者限制民事行为能力人没有法定代理人,或者法定代理人死亡、丧失民事行为能力、丧失代理权**; (三)继承开始后未确定继承人或者遗产管理人; (四)权利人被义务人或者其他人控制; (五)**其他导致权利人不能行使请求权的障碍。** 自中止时效的原因消除之日起满六个月,诉讼时效期间届满。	【内容不变】第一百九十四条

理解与适用

引起诉讼时效中止的法定事由有:

(1)不可抗力:不可抗力是指不能预见、不能避免且不能克服的客观情况。“不可抗力是任何一种请求权人要回避其影响的事件,这种事件使权利人即使通过最大的、竭尽全力的努力也不能进行权利追诉。"①在发生诸如地震、战争、重大自然灾害时，即使权利人要行使请求权，客观上也无法实现，因此，诉讼时效应暂停计算。

（2）无民事行为能力人或者限制民事行为能力人没有法定代理人，或者法定代理人死亡、丧失民事行为能力、丧失代理权：无民事行为能力人或者限制民事行为能力人不具备完全民事行为能力，无法独立实施民事法律行为，须通过其法定代理人行使请求权等，若无法定代理人或其法定代理人无法行使代理权，诉讼时效应停止计算。

（3）继承开始后未确定继承人或者遗产管理人：继承开始后，继承人及遗产管理人未确定，则遗产的权利人尚不明确，被继承人的债权人的义务人也未确定，因此请求权存在客观障碍无法行使，诉讼时效应停止计算。实务中认定构成该中止事由的情形包括：一是没有明确遗产管理人，当事人之间因继承遗产正在进行诉讼；二是被继承人配偶继续居住在作为遗产的房屋中；三是作为遗产的房屋被拆迁尚未安置；四是当事人对适用法定继承还是遗嘱继承尚存争议等。②

（4）权利人被义务人或者其他人控制：一般认为，若义务人与权利人有代表关系，或对权利人经营管理活动有决定性影响的；权利人是义务人的控股公司；权利人被限制人身自由等，导致请求权客观上无法行使，诉讼时效应停止计算。

（5）其他导致权利人不能行使请求权的障碍。

诉讼时效中止会引起诉讼时效期间停止计算，此前已经经过的诉讼时效期间依然有效，中止事由消灭后，再计算 6 个月的诉讼时效期间。

实务问题

1. 案例一③

（1）案情简介。2001 年 7 月，吴某柏与卓某兴在乌鲁木齐市共同出资注册成立了亿豪公司，从事医疗服务行业的投资和管理，卓某兴任法定代表人兼总经理，吴某柏任公司监事。根据工商档案、审计报告、卓某兴的询问笔录以及生效刑事判决认定的事实显示，卓某兴出资 260 万元，吴某柏出资 40 万元，但双方实际持股比例各占 50%。截至 2009 年 12 月，亿豪公司在全疆投资创办及合作的医院共计 16 家，分别为：新疆天山医院有限公司、新疆医科大学中医学院直属医

① ［德］卡尔·拉伦茨：《德国民法通论》（上册），王晓晔等译，法律出版社 2003 年版，第 342 页。

② 参见杨巍：《〈民法典〉第 194 条（诉讼时效中止）评注》，载《南京大学学报（哲学·人文科学·社会科学版）》2020 年第 6 期。

③ 最高人民法院（2016）最高法民终 662 号。

院泌尿科、妇科、男科、乳腺科、肝病科(合作经营)、乌鲁木齐西北女子医院有限公司、乌鲁木齐市华天医院有限公司、乌鲁木齐西部医院(有限公司)、昌吉五洲女子医院(有限责任公司)、新疆国医堂克拉玛依医院(分支机构)、库尔勒市现代女子医院(个体机构)、巴州生殖健康医院有限责任公司、石河子协和医院有限责任公司、沙湾五洲妇科医院有限责任公司、阿克苏生殖疾病专科医院有限责任公司、阿克苏现代女子医院有限责任公司、乌鲁木齐五洲男科医院有限公司、伊犁师范学院医院(事业机构)。吴某柏与卓某兴在上述16家医院中均占有股份且持股比例均等。亿豪公司于2008年10月被注销,但仍沿用原亿豪公司的经营模式。吴某柏因涉嫌刑事犯罪于2009年12月3日被羁押,2010年1月7日被依法逮捕,此后16家医院仍定期向卓某兴上交原亿豪公司投资的利润。从原亿豪公司财务人员陈某林向昌吉州人民检察院提交的2009年12月至2011年5月吴某柏、卓某兴等5人分红明细表显示,在此期间吴某柏账面分红为30,661,617.99元。

(2)法院认为。根据2008年《民事案件诉讼时效制度规定》第20条规定,吴某柏于2009年被公安部门羁押至2013年9月6日新疆维吾尔自治区高级人民法院作出生效判决,因其主观以外的原因未主张权利,构成诉讼时效中止。吴某柏于2014年3月提起民事诉讼,向卓某兴主张返还财产,并不违反法律关于诉讼时效的相关规定,未超过诉讼时效。综上,原告吴某柏的诉讼请求部分成立,该院予以支持。

2. 案例二①

(1)案情简介。1992年5月26日,万轩公司与海房公司签订合作合同,主要约定双方合作开发经营海南省海口市埌堃花园项目,海房公司提供土地使用权,协助万轩公司进行工程管理,万轩公司负责项目承建,提供项目开发所需建设资金。

合同签订后,万轩公司依约向海房公司支付履约保证金500万元,并开始进行项目建设。1992年8月31日,万轩公司向海房公司预付建设资金250万元。期间,海房公司因其他项目调用万轩公司价值111,075元的水泥。海房公司因合作项目共对外支付设计费、报建费、建设规划费等共计6,067,479.61元。上述款项相抵后,海房公司尚余款项1,543,595.39元。1995年11月,因万轩公司资金困难,合作项目停工。

2003年8月8日,万轩公司与海房公司签订补充协议,约定双方同意对合

① 最高人民法院(2020)最高法民终763号。

作项目按建设现状进行产权分割，万轩公司拥有海口市国用（籍）字第 Q2783 号土地使用权证（以下简称国用 2783 号土地使用权证）项下的土地使用权及该地块上附着物的所有权，海房公司拥有海口市国用（籍）字第 Q2782 号土地使用权证（以下简称国用 2782 号土地使用权证）项下的土地使用权及该地块上附着物的所有权。

2003 年 12 月，万轩公司以海房公司违约为由，向海口中院提起诉讼，请求判令解除双方签订的合作合同，将海房公司名下的合作土地使用权转让至万轩公司名下，并协助万轩公司办理项目重新报建手续。

（2）法院认为。万轩公司主张依照《中国委托公证人办理公证文书规则（试行）》第 11 条规定，委托公证人出具的公证文书必须经中国法律服务（香港）有限公司审核、加盖转递专用章，现因公司董事争议，中国法律服务（香港）有限公司无法出具转递公证授权，导致万轩公司无法行使诉权，李某堃个人亦无法代表公司行使诉权，因此诉讼时效期间应中止计算。对此，法院认为，当事人主张权利并非只有提起诉讼这一途径，当事人可以通过邮件、电话等形式向对方当事人主张权利，并取得诉讼时效中断的法律效果。庭审中，经反复询问，万轩公司亦未提供公司董事存在争议时，万轩公司便不能对外从事活动或者行使民事权利的明确依据。况且，根据已生效的最高人民法院（2010）民四终字第 12 号民事判决查明的事实，在万轩公司主张本案诉讼时效中止的期间，李某堃还于 2008 年 12 月 24 日代表万轩公司签名、盖章确认贷款催收函并认可信函所述债务，万轩公司亦根据商业登记条例进行了 2009 年至 2010 年的商业登记，以上事实表明万轩公司在此期间仍可由李某堃代表其进行民事活动，万轩公司亦可正常从事商业登记行为。此外，根据李某堃于 2018 年 4 月 25 日、2018 年 6 月 7 日向香港公司注册处提交的书面材料的内容，可以证明万轩公司被冻结搁置的状态可通过李某堃的申请予以解除。因此，原审认定董事争议系万轩公司内部管理问题，公司的冻结及解除均是万轩公司申请所致，不属于造成万轩公司诉权受限的客观障碍，并无不妥。

万轩公司还主张因李某堃健康原因导致本案诉讼时效中止。虽然万轩公司提供了证据证明李某堃存在因健康原因住院、治疗的情况，但根据本案查明的事实，2007 年 1 月 10 日李某堃还委托律师向香港公司注册处发函要求谨慎处理高某辉提交的万轩公司注册变更文书，2008 年 12 月 24 日代表万轩公司签名、盖章确认贷款催收函。万轩公司主张 2007 年 1 月 8 日起因李某堃健康原因导致万轩公司无法行使权利，与事实不符，原审法院对该理由未予采纳，并无不妥。

(3)评析。实务中,导致诉讼时效中止的事由须具体认定,相关情形能否构成中止事由,导致诉讼时效期间中止计算,要考虑该情形与权利人权利无法行使的关联性,结合案件实际情况判断该情形是否能够达到导致权利人“不能”行使权利的程度,准确界定案件诉讼时效期间。

(编写人:胡小顺 宋琪琪)

法律条文

第一百九十五条 有下列情形之一的,诉讼时效中断,从中断、有关程序终结时起,诉讼时效期间重新计算:

(一)权利人向义务人提出履行请求;

(二)义务人同意履行义务;

(三)权利人提起诉讼或者申请仲裁;

(四)与提起诉讼或者申请仲裁具有同等效力的其他情形。

条文主旨

本条是关于诉讼时效中断情形的规定。诉讼时效的中断,指在诉讼时效期间,发生法定事由,导致已经进行的诉讼时效期间归于无效,至该法定事由消灭后,重新开始计算诉讼时效期间。

新旧法对比

《民法通则》	《民法总则》	《民法典》
第一百四十条 诉讼时效因提起诉讼、当事人一方提出要求或者同意履行义务而中断。从中断时起,诉讼时效期间重新计算。	第一百九十五条 有下列情形之一的,诉讼时效中断,**从中断、有关程序终结时起**,诉讼时效期间重新计算: **(一)权利人向义务人提出履行请求;** **(二)义务人同意履行义务;** **(三)权利人提起诉讼或者申请仲裁;** **(四)与提起诉讼或者申请仲裁具有同等效力的其他情形。**	【内容不变】第一百九十五条

理解与适用

引起诉讼时效中断的法定事由主要包括：

(1)权利人向义务人提出履行请求：权利人向义务人提出履行请求即在积极行使权利，包括提起诉讼以及其他主张权利要求义务人履行的情形。根据《最高人民法院关于审理民事案件适用诉讼时效制度若干问题的规定》第8条，“权利人向义务人提出履行请求”包括：第一，当事人一方直接向对方当事人送交主张权利的文书，对方当事人在文书上签名、盖章、按指印或者虽未签名、盖章、按指印但能够以其他方式证明该文书到达对方当事人的；第二，当事人一方以发送信件或者数据电文方式主张权利，信件或者数据电文到达或者应当到达对方当事人的；第三，当事人一方为金融机构，依照法律规定或者当事人约定从对方当事人账户中扣收欠款本息的；第四，当事人一方下落不明，对方当事人在国家级或者下落不明的当事人一方住所地的省级有影响的媒体上刊登具有主张权利内容的公告的，但法律和司法解释另有特别规定的，适用其规定；

(2)义务人同意履行义务：根据《民事案件诉讼时效制度规定》第14条，义务人作出分期履行、部分履行、提供担保、请求延期履行、制定清偿债务计划等承诺或者行为的属于同意履行债务的情形；

(3)权利人提起诉讼或者申请仲裁；

(4)与提起诉讼具有同等效力的其他情形。根据《民事案件诉讼时效制度规定》第11条，这些情形包括：①申请支付令；②申请破产、申报破产债权；③为主张权利而申请宣告义务人失踪或死亡；④申请诉前财产保全、诉前临时禁令等诉前措施；⑤申请强制执行；⑥申请追加当事人或者被通知参加诉讼；⑦在诉讼中主张抵销；⑧其他与提起诉讼具有同等诉讼时效中断效力的事项。

实务问题

1. 案例一[①]

(1)案情简介。1992年12月22日，物资再生公司(借款方)与中国工商银行股份有限公司南昌市信托投资公司(贷款方)、物资贸易公司(保证方)签订《中国工商银行流动资金借款合同》约定：借款金额200万元整；借款期限自1992年12月22日至1993年2月15日止。借款实际发放和期限以借据为凭；

---

① 江西省高级人民法院(2020)赣民终418号。

借款利率为月息8.7‰,按季收息,利随本清;借款方请物资贸易公司作为自己的借款保证方,当借款方不履行合同时,由保证方连带承担偿还借款本息的责任;除因《借款合同条例》规定允许变更或解除合同的情况外,任何一方当事人不得擅自变更或解除合同;当事人一方依据《借款合同条例》要求变更或解除合同时,应及时采用书面形式通知其他当事人,并达成书面协议。物资再生公司出具《借款借据》载明以上借款事宜。原始债权系发生于1992年中国工商银行股份有限公司南昌市信托投资公司对物资再生公司的贷款,该债权后划转至中国工商银行股份有限公司南昌市中山路支行管理,再由中国工商银行股份有限公司江西省分行转让给华融公司,华融公司又转让给珠海恒强公司,珠海恒强公司转让给武汉运捷公司,武汉运捷公司最后转让给德广公司。

(2)法院认为。2017年6月1日德广公司向物资再生公司邮寄《债权转让告知暨催收通知书》,但未向保证人外商公司和物资贸易公司进行催收。从武汉运捷公司2016年10月13日向三被上诉人进行了公告催收至德广公司2018年11月26日向一审法院起诉时,对保证人的诉请已超过两年的保证期间。《担保法》第26条规定:"连带责任保证的保证人与债权人未约定保证期间的,债权人有权自主债务履行期届满之日起六个月内要求保证人承担保证责任。在合同约定的保证期间和前款规定的保证期间,债权人未要求保证人承担保证责任的,保证人免除保证责任。"《担保法解释》第36条第2款规定:"……连带责任保证中,主债务诉讼时效中断,保证债务诉讼时效不中断。"案涉债权几经转让,债权人对债务人和保证人主张权利,应当在法律规定的时效期间内依法行使。保证人作为独立的诉讼主体,德广公司未在合同约定的保证期间内向保证人主张权利,保证人外商公司和物资贸易公司的保证责任依法免除。故德广公司要求外商公司和物资贸易公司承担连带担保责任的请求,法院不予支持。

(3)评析。针对主债务诉讼时效与保证债务诉讼时效的关系,在《民法典》颁布以前,由《担保法解释》对主债务与保证债务诉讼时效的关系加以规定,但在实务中仍存在争议。

保证债务具有从属性,对于保证债务与主债务时效的关系,应遵循"从随主"的原则:保证债务时效期间适用主债务时效期间,但二者各自计算;主债务时效期间届满并不当然导致保证债务时效期间届满。主债务时效中断,保证债务时效同时中断,但须以保证债务时效已起算为前提;主债务时效因何种事由中断,在所不问。一般保证债务时效中断,主债务时效不中断;连带责任保证债务时效中断,主债务时效中断。主债务时效中止,保证债务时效同时中止。一般保证债务时效中止，主债务时效不中止；连带责任保证债务时效中止，主债务时效中止。主债务被重新确认的，主债务人丧失原时效抗辩权，主债务时效因中断而重新计算。①

（编写人：胡小顺　宋琪琪）

法律条文

第一百九十六条　下列请求权不适用诉讼时效的规定：

（一）请求停止侵害、排除妨碍、消除危险；

（二）不动产物权和登记的动产物权的权利人请求返还财产；

（三）请求支付抚养费、赡养费或者扶养费；

（四）依法不适用诉讼时效的其他请求权。

条文主旨

本条是关于不适用诉讼时效情形的规定。

新旧法对比

《民法通则》	《民法总则》	《民法典》
无	第一百九十六条　下列请求权不适用诉讼时效的规定： （一）请求停止侵害、排除妨碍、消除危险； （二）不动产物权和登记的动产物权的权利人请求返还财产； （三）请求支付抚养费、赡养费或者扶养费； （四）依法不适用诉讼时效的其他请求权。	【内容不变】第一百九十六条

理解与适用

一般来说，诉讼时效适用于请求权，本条列举了四种不适用诉讼时效的规定

① 参见杨巍：《保证债务与主债务的诉讼时效关联》，载《法学》2020年第6期。

的请求权类型：

(1)请求停止侵害、排除妨碍、消除危险：自民法原理言之，停止侵害、排除妨碍、消除危险原先作为物权人恢复圆满支配状态的请求权，其功能在于对抗侵害人以侵夺占有以外之方式，对物权发生妨碍或可能之妨碍，又称为“防御性请求权”。① 此种请求权具有特殊性，旨在排斥他人对物权人支配物权的干涉，以妨碍或可能妨碍持续为前提②，司法实践中妨碍的持续性及物权特殊规定导致诉讼时效起算点难以确定，为保障物权权能实现及权利人权利保障，因此涉及停止侵害、排除妨碍、消除危险的请求权不适用诉讼时效。

(2)不动产物权和登记的动产物权的权利人请求返还财产：基于不动产登记制度的公信力，已依法登记的不动产权属情况排除其他不特定人占有他人不动产或基于登记外事实产生的信赖，因此，不动产物权权利人的返还财产请求权这一物权请求权不适用诉讼时效。动产物权经登记，具有公示力、公信力，在登记基础上物权的返还原物请求权也不适用诉讼时效制度。

(3)请求支付抚养费、赡养费或者扶养费：该请求权系基于人身关系产生的有关财产给付的请求权，体现身份利益，涉及人身生存利益，出于公序良俗和人文关怀，请求支付抚养费、赡养费或者扶养费不适用诉讼时效制度。

(4)依法不适用诉讼时效的其他请求权。

实务问题

在实务中应注意：

(1)在法律实践中，应结合案件法律关系具体情况，把握好请求权之外的其他类型权利行使过程中的转化，若其中涉及应适用诉讼时效制度的请求权的转化，则应当适用诉讼时效制度。

(2)无效合同的确认是否应适用诉讼时效制度？确认合同无效之诉不应适用诉讼时效，合同经确认无效后，应当适用法律关于诉讼时效的规定。因合同当事人不享有确认合同无效的法定权利，只有仲裁机构和人民法院有权确认合同是否有效。合同效力的认定，实质是国家公权力对民事行为进行的干预。合同无效系自始无效，单纯的时间经过不能改变无效合同的违法性。当事人请求确认合同无效，不应受诉讼时效期间的限制，而合同经确认无效后，当事人关于返还财产及赔偿损失的请求，应当适用法律关于诉讼时效的规定。

---

① 参见朱晓喆：《诉讼时效制度的价值基础与规范表达：〈民法总则〉第九章评释》，载《中外法学》2017年第3期。

② 参见王洪亮：《物上请求权的功能与理论基础》，北京大学出版社2011年版，第168页。

本内容系最高人民法院观点，源于（2005）民一终字第104号“本院认为”部分，合同当事人不享有确认合同无效的法定权利，只有仲裁机构和人民法院有权确认合同是否有效。合同效力的认定，实质是国家公权力对民事行为进行的干预。合同无效系自始无效，单纯的时间经过不能改变无效合同的违法性。当事人请求确认合同无效，不应受诉讼时效期间的限制，而合同经确认无效后，当事人关于返还财产及赔偿损失的请求，应当适用法律关于诉讼时效的规定。

（编写人：胡小顺　宋琪琪）

法律条文

第一百九十七条　诉讼时效的期间、计算方法以及中止、中断的事由由法律规定，当事人约定无效。

当事人对诉讼时效利益的预先放弃无效。

条文主旨

本条是关于诉讼时效制度法定的规定。本条规定当事人不得排除诉讼时效制度的适用，不得对诉讼时效期间的适用做出差别约定，是我国对诉讼时效制度采取严格法定主义立场的体现，其目的是以此实现“法律秩序的清晰稳定”，“为交易关系提供安全保障”等。①

新旧法对比

《民法总则》	《民法典》
第一百九十七条　诉讼时效的期间、计算方法以及中止、中断的事由由法律规定，当事人约定无效。 当事人对诉讼时效利益的预先放弃无效。	【内容不变】第一百九十七条

理解与适用

诉讼时效的期间、计算方法须依据《民法典》及其他相关法律的规定执行，不得做出与法律相冲突的约定。引起诉讼时效中止、中断的事由法定，当事人的

① 参见黄薇主编：《中华人民共和国民法典总则编释义》，法律出版社2020年版，第532页。

自行约定无效。诉讼时效利益的预先放弃,是指义务人放弃尚未取得的诉讼时效利益,实质上排除了诉讼时效制度的适用,因此诉讼时效利益的预先放弃也无效。

实务问题

不得通过约定变相改变诉讼时效期间、计算方法及中止、中断事由。

（编写人:胡小顺 宋琪琪）

法律条文

第一百九十八条 法律对仲裁时效有规定的,依照其规定;没有规定的,适用诉讼时效的规定。

条文主旨

本条是关于仲裁时效的规定。仲裁时效期间是指权利人向仲裁机构申请仲裁请求保护其民事权利的法定期间,旨在维护法律秩序、交易稳定,其在制度实质、作用上和诉讼时效一致。

新旧法对比

《仲裁法》	《民法总则》	《民法典》
第七十四条 法律对仲裁时效有规定的,适用该规定。法律对仲裁时效没有规定的,适用诉讼时效的规定。	第一百九十八条 法律对仲裁时效有规定的,**依照其规定**;没有规定的,适用诉讼时效的规定。	【内容不变】第一百九十八条

理解与适用

对于法律无特殊规定的仲裁时效,适用诉讼时效的规定。

对于有特殊规定的仲裁时效,根据特别法优于普通法的原则,依照该法律规定。如劳动争议的仲裁时效,根据《劳动争议调解仲裁法》第27条:“劳动争议申请仲裁的时效期间为一年。仲裁时效期间从当事人知道或者应当知道其权利被侵害之日起计算。前款规定的仲裁时效,因当事人一方向对方当事人主张权利,或者向有关部门请求权利救济,或者对方当事人同意履行义务而中断。从中断时起,仲裁时效期间重新计算。因不可抗力或者有其他正当理由,当事人不能在本条第一款规定的仲裁时效期间申请仲裁的，仲裁时效中止。从中止时效的原因消除之日起，仲裁时效期间继续计算。劳动关系存续期间因拖欠劳动报酬发生争议的，劳动者申请仲裁不受本条第一款规定的仲裁时效期间的限制；但是，劳动关系终止的，应当自劳动关系终止之日起一年内提出。”

实务问题

1. 案例一①

(1)案情简介。赵某于2002年1月11日因公受伤，于2005年3月1日由甘肃矿区劳动局依据《工伤保险条例》认定为工伤，劳动能力鉴定结论为八级伤残。2004年赵某上岗后，所在单位为其重新安排了工作岗位。2005年6月30日，赵某向中核四零四厂寄送了损害赔偿申请书，2005年8月1日，赵某向甘肃矿区劳动局寄送了劳动仲裁申请书。2010年中核四零四有限公司完成对赵某的工伤保险待遇支付。2015年7月12日，赵某向甘肃矿区劳动人事争议仲裁委员会申请仲裁，仲裁委于2015年7月13日收到赵某寄送的劳动仲裁申请书，于7月20日作出矿劳仲案字(2015)007号不予受理案件通知书，以赵某的劳动争议申请仲裁超过规定的期限为由决定不予受理。赵某2005年和2015年社会保险月缴费基数分别为1432.81元和5766.28元；中核四零四总公司第三分公司2005年和2015年社会保险单位月缴费工资总额分别为686,998.97元和4,101,271.95元。

(2)法院认为。原审法院以申请仲裁超过时效期间为由，驳回赵某的诉讼请求，不属于适用法律错误。《劳动争议调解仲裁法》第27条第1款规定，劳动争议申请仲裁的时效期间为1年。仲裁时效期间从当事人知道或者应当知道其权利被侵害之日起计算。《劳动争议调解仲裁法》第27条第4款规定，劳动关系存续期间因拖欠劳动报酬发生争议的，劳动者申请仲裁不受该条第1款规定的仲裁时效期间的限制。四零四公司于2010年完成了对赵某工伤保险待遇的支付。根据《2010年2月3日关于赵某同志工伤费用支付事宜协调会会议纪要》(以下简称《纪要》)内容，赵某对于按照《工伤保险条例》第5章工伤保险待遇的规定确定的支付明细和金额并无异议，对该结果为其工伤费用支付处理的最终结果表示同意。赵某请求的在职伤残补助金属于工伤保险待遇范畴，按照上述规定，如对《纪要》确定的结果不服，其申请仲裁时效期间为1年。赵某于2015年7月12日提起劳动争议仲裁申请，已超过仲裁时效期间。赵某在再审申请中

① 最高人民法院(2017)最高法民申198号。

提出,在职伤残补助金系劳动报酬的性质,按照《劳动争议调解仲裁法》第 27 条第 4 款的规定,不受仲裁时效的限制。《劳动争议调解仲裁法》第 9 条规定,用人单位违反国家规定,拖欠或者未足额支付劳动报酬,或者拖欠工伤医疗费、经济补偿或者赔偿金的,劳动者可以向劳动行政部门投诉,劳动行政部门应当依法处理。法院认为,从该条的表述的分类判断,在职伤残补助金显然不属于劳动报酬,而属于经济补偿金的性质,不能适用《劳动争议调解仲裁法》第 27 条第 4 款的规定。《最高人民法院关于审理劳动争议案件适用法律若干问题的解释》第 3 条规定,"……对确已超过仲裁申请期限,又无不可抗力或者其他正当理由的,依法驳回其诉讼请求"。综上分析,原审法院以超过仲裁申请期限为由驳回赵某的诉讼请求,适用法律并无不当。

(3)评析。针对仲裁时效抗辩的提出时间问题,根据《第八次全国法院民事商事审判工作会议(民事部分)纪要》第 27 条内容:"当事人在仲裁阶段未提出超过仲裁申请期间的抗辩,劳动人事仲裁机构作出实体裁决后,当事人在诉讼阶段又以超过仲裁时效期间为由进行抗辩的,人民法院不予支持。当事人未按照规定提出仲裁时效抗辩,又以仲裁时效期间届满为由申请再审或者提出再审抗辩的,人民法院不予支持。"

2. 案例二①

(1)案情简介。李某臣于 1983 年 6 月调入航空研究院(原中国航空工业总公司第六二七研究所)工作。1987 年,李某臣开始停薪留职创办外语学校,先后与航空研究院签订三份停薪留职协议。在双方于 1993 年 6 月 25 日签订的第三份停薪留职协议书中,双方约定的停薪留职期间为 1993 年 1 月 1 日至 1994 年 12 月 31 日,在该协议的第 3 条约定:李某臣每年向航空研究院交纳管理费 2147.52 元,于每年的 6 月底一次性付清,如逾期 1 个月不交齐,视为自动离职。在该协议的履行期间,航空研究院于 1994 年 2 月 25 日以李某臣未按约定向其交纳管理费为由,作出处理决定,对李某臣按其自动离职处理,限期李某臣交回住房。但航空研究院并未向李某臣送达该决定。2010 年 12 月 22 日,李某臣向黑龙江省人事争议仲裁委员会申请仲裁,请求:航空研究院为李某臣补发 1995 年 1 月 1 日至 2003 年 12 月的工资 76,156 元;航空研究院向李某臣补发 2004 年 1 月到 2010 年 12 月的退休金 98,280 元,自 2011 年 1 月起按核定的数额按月向李某臣发放退休金;航空研究院为李某臣补缴养老保险、医疗保险按规定比例其应承担的费用。

① 最高人民法院(2019)最高法民再 126 号。

(2)法院认为。关于李某臣权利主张是否超过法定时限。根据2007年颁布实施的《劳动争议调解仲裁法》第27条第1款“劳动争议申请仲裁的时效期间为一年。仲裁时效期间从当事人知道或者应当知道其权利被侵害之日起计算”的规定,由于李某臣在第三份停薪留职协议到期后未再续签也未回单位工作,其以自己的实际行为表明其已经按照协议约定自动离职,也应当知道航空研究院按照协议约定对其作出按照自动离职处理的决定,李某臣在1993~1994年自动离职后,于2010年才申请仲裁且其并无充分证据证明存在不可抗力或者有其他正当理由,故其申请仲裁已超过仲裁时效期间,而仲裁是向人民法院起诉劳动人事争议的前置程序。原审因航空研究院未能提供李某臣收到解除或终止劳动关系书面通知的证据,适用《最高人民法院关于审理劳动争议案件适用法律若干问题的解释(二)》第1条第2项“因解除或者终止劳动关系所产生的争议,用人单位不能证明劳动者收到解除或者终止劳动关系书面通知时间的,劳动者主张权利之日为劳动争议发生之日”的规定,认定李某臣向黑龙江省人事争议仲裁委员会提出申请仲裁的日期即2010年12月22日为劳动争议发生之日。但上述规定的适用前提是劳动关系存续期间发生的解除或终止,而该案双方的停薪留职协议明确约定逾期一个月未缴纳管理费视为自动离职。双方的劳动关系早已不存在多年,劳动争议发生之日的确定不应适用上述条款,而应优先适用双方协议中关于自动离职的约定。故李某臣的诉讼请求应予驳回。

(3)评析。关于人事争议仲裁时效的法律适用,根据《最高人民法院关于人事争议申请仲裁的时效期间如何计算的批复》,事业单位人事争议仲裁时效适用《劳动争议调解仲裁法》第27条第1款、第52条的规定,当事人自知道或者应当知道其权利被侵害之日起一年内申请仲裁,仲裁机构予以受理的,人民法院应予认可。

(编写人:胡小顺　宋琪琪)

法律条文

第一百九十九条　法律规定或者当事人约定的撤销权、解除权等权利的存续期间,除法律另有规定外,自权利人知道或者应当知道权利产生之日起计算,不适用有关诉讼时效中止、中断和延长的规定。存续期间届满,撤销权、解除权等权利消灭。

条文主旨

本条是关于除斥期间的规定。除斥期间是须向义务人行使的权利的存在期间，即法律规定某种民事实体权利存在的期间，权利人在此期间内不行使相应的民事权利，则在该法定期间届满时导致该民事权利消灭。除斥期间主要适用于撤销权、解除权等形成权，此类形成权对于秩序稳定、交易安全有重要的意义，因此有必要对其存续期间进行限定。

新旧法对比

《合同法》	《民法总则》	《民法典》
第九十五条　法律规定或者当事人约定解除权行使期限，期限届满当事人不行使的，该权利消灭。 法律没有规定或者当事人没有约定解除权行使期限，经对方催告后在合理期限内不行使的，该权利消灭。	第一百九十九条　法律规定或者当事人约定的**撤销权、解除权等权利的存续期间，除法律另有规定外，自权利人知道或者应当知道权利产生之日起计算，不适用有关诉讼时效中止、中断和延长的规定。存续期间届满，撤销权、解除权等权利消灭。**	【内容不变】第一百九十九条

理解与适用

除斥期间自权利人知道或者应当知道权利产生之日起计算，其为不变期间，不适用诉讼时效中止、中断和延长的规定。除斥期间届满，实体权利消灭。

实务问题

1. 案情简介

2005 年 11 月 18 日，悦信公司以承诺人的名义向源昌公司和侯某财出具承诺函，主要内容为：本人于 2005 年 4 月 1 日受贵司及阁下委托，负责办理厦门市“源昌山庄”项目南闽字第××××号地块开发所需的部队手续(具体委托事项为：本人应负责以委托人的名义向××军区申办××军区联勤部批转中国人民解放军总后勤部(2003)后营字第×××号文的手续及文件(原件)并转交给贵司，以此办理上述委托事宜，委托人应支付其费用共计 3000 万元及两部奔驰牌小轿车)；本人确认截至 2005 年 4 月 13 日，已经陆续收到贵司及阁下支付的委托费用 2000 万元；本人承诺于 2006 年 1 月 28 日之前完成委托事项，如不能在 2006 年 1 月

28日之前完成委托事项的,本人将于2006年2月18日前将全部委托费用2000万元全额退还源昌公司及侯某财,逾期退还的,则由侯某财先生择选其他处置方式。该承诺函落款上列明的承诺人为悦信公司,但未加盖悦信公司的公章,洪某松及见证人侯某财、黄某城、黄某三(由黄某城代签)在该函上签字。2014年12月31日,源昌公司向悦信公司发《关于再次通知2000万元债权债务互相抵销的函》,称其将相关款项支付给悦信公司后,因悦信公司未完成委托事项又未另外退还委托费用,要求其对悦信公司享有的2000万元债权与悦信公司对其享有的2000万元款项相互抵销,抵销后,其对悦信公司不再负有债务。悦信公司否认收到该函。因悦信公司未偿还相关款项。

2. 法院认为

法定抵销权作为形成权,只要符合法律规定的条件即可产生。《合同法》第99条第1款规定了法定抵销权的形成条件,即当事人互负到期债务,该债务的标的物种类、品质相同的,任何一方可以将自己的债务与对方的债务抵销,但依照法律规定或者按照合同性质不得抵销的除外。

就权利形成的积极条件而言,法定抵销权要求双方互负债务,双方债务均已到期,且标的物种类、品质相同。其中,双方债务均已到期之条件当作如下理解:首先,双方债务均已届至履行期即进入得为履行之状态。其次,双方债务各自从履行期届至,到诉讼时效期间届满的时间段,应当存在重合的部分。亦即,就诉讼时效在先届满的债权而言,其诉讼时效届满之前,对方的债权当已届至履行期;就诉讼时效在后届满的债权而言,其履行期届至之时,对方债权诉讼时效期间尚未届满。在上述时间段的重合部分,双方债权均处于没有时效抗辩的可履行状态,"双方债务均已到期"之条件即已成就,即使此后抵销权行使之时主动债权已经超过诉讼时效,亦不影响该条件的成立。反之,上述时间段若无重合部分,即一方债权的诉讼时效期间届满时对方之债权尚未进入履行期,则在前债权可履行时,对方可以己方债权尚未进入履行期为由抗辩;在后债权可履行时,对方可以己方债权已过诉讼时效期间为由抗辩。如此,则双方债权并未同时处于无上述抗辩之可履行状态。即使在此后抵销权行使之时后债务已进入履行期,亦难谓满足该条件。因被动债权诉讼时效的抗辩可由当事人自主放弃,故可认定,在审查抵销权形成的积极条件时,当重点考察主动债权的诉讼时效,即主动债权的诉讼时效届满之前,被动债权进入履行期的,当认为满足双方债务均已到期之条件;反之则不得认定该条件已经成就。

《合同法》第99条第2款规定了法定抵销权的行使,即当事人主张抵销的,应当通知对方。通知自到达对方时生效。抵销不得附条件或者附期限。故可认定,通知仅系法定抵销权的行使方式,抵销权成立后当事人是否及时行使抵销权通知对方,并不影响抵销权的成立。该案中,源昌公司行使抵销权之时虽已超出诉讼时效,但并不妨碍此前抵销权的成立。抵销通知亦为单方意思表示,意思表示只要到达对方,无须其同意即可发生抵销的法律后果,作为形成权抵销权的行使不受诉讼时效限制。故而该案中双方互负的2000万元债务在(2012)闽民初字第1号案中源昌公司将债务抵销的举证证明目的告知悦信公司时即已抵销。原判决以源昌公司主张抵销时已经超过诉讼时效,以及悦信公司的债权在海南省高院作出(2016)琼民终154号民事判决之前不确定等理由认定不适于抵销,缺乏理据。此外,因抵销关系之双方均对对方承担债务,在某种程度上对已方之债权具有担保作用,故《合同法》未对抵销权的行使设置除斥期间,而是规定抵销权人行使抵销权后,对方可以在一定期间内提出异议。但即使如此,抵销权的行使亦不应不合理地迟延。该案中,悦信公司与源昌公司在2005年年末几乎同时发生数额相同的金钱债务。在长达6年的时间里,双方均未提出相应主张。2011年悦信公司向福建高院提起(2012)闽民初字第1号公司盈余分配之诉后,源昌公司遂即在该案中提出债务抵销之主张,当属在合理期限内主张权利,自难谓其怠于行使抵销权。此外,从实体公平的角度看若以源昌公司诉讼时效届满为由认定其不能行使抵销权,不仅违背抵销权的立法意旨,且有悖于民法之公平原则。综上,源昌公司在另案诉讼中行使抵销权并无不当,双方债权已经抵销。

3. 评析

针对人民法院应否主动依职权审查除斥期间的问题,《最高人民法院审判业务意见:对保证期间是否经过的案件事实,人民法院应依职权主动审查》中提到:"最高人民法院在制定该司法解释过程中的意见认为,保证期间从性质上应认为属于除斥期间,因而不适用中断、中止、延长。而从除斥期间的适用上看,其应当属于法院依职权予以审查的事项,而不属于依当事人抗辩审查的事项。"因此,人民法院应依职权主动审查除斥期间。

抵销权为形成权而非请求权,其行使不受诉讼时效的限制。但我国法律未设置抵销权的除斥期间。

(编写人:胡小顺　宋琪琪)

第十章　期 间 计 算

法律条文

第二百条　民法所称的期间按照公历年、月、日、小时计算。

条文主旨

本条是关于期间计算单位的规定。

新旧法对比

《民法通则》	《民法总则》	《民法典》
第一百五十四条　民法所称的期间按照公历年、月、日、小时计算。 规定按照小时计算期间的，从规定时开始计算。规定按照日、月、年计算期间的，开始的当天不算入，从下一天开始计算。 期间的最后一天是星期日或者其他法定休假日的，以休假日的次日为期间的最后一天。 期间的最后一天的截止时间为二十四点。有业务时间的，到停止业务活动的时间截止。	第二百条　民法所称的期间按照公历年、月、日、小时计算。	【内容不变】第二百条

理解与适用

我国民法中规定的期间计算单位共有四种,分别是年、月、日和小时。民法所称的期间按照公历年、月、日、小时计算。

实务问题

法律规定不可能穷尽和面面俱到,但需要把社会实践中最常用的期间计算单位加以明确规定。同时,在民事活动中,尊重当事人的意思自治和交易习惯,允许当事人约定期间的计算单位、计算方法。

(编写人:罗 洁 张 倩)

法律条文

第二百零一条 按照年、月、日计算期间的,开始的当日不计入,自下一日开始计算。

按照小时计算期间的,自法律规定或者当事人约定的时间开始计算。

条文主旨

本条是关于期间起算的规定。

新旧法对比

《民法通则》	《民法总则》	《民法典》
第一百五十四条 民法所称的期间按照公历年、月、日、小时计算。 规定按照小时计算期间的,从规定时开始计算。规定按照日、月、年计算期间的,开始的当天不算入,从下一天开始计算。 期间的最后一天是星期日或者其他法定休假日的,以休假日的次日为期间的最后一天。	第二百零一条 按照年、月、日计算期间的,开始的当日不计入,自下一日开始计算。 **按照小时计算期间的,自法律规定或者当事人约定的时间开始计算。**	【内容不变】第二百零一条

续表

《民法通则》	《民法总则》	《民法典》
期间的最后一天的截止时间为二十四点。有业务时间的,到停止业务活动的时间截止。		

理解与适用

以日、月、年计算的期间从次日起算。在按照小时计算期间的情况下,允许当事人约定。

实务问题

因为一年中各自然月的天数不一致,闰年与平年的二月份天数也不一致,所以按日计算期间的情况下,相同的期间长度在不同月份、年份可能产生不同的计算结果。在以年为计算单位的情况下,期间计算的结果不受一年中各自然月天数、闰年与平年的影响。

(编写人:罗　洁　张　倩)

法律条文

第二百零二条　按照年、月计算期间的,到期月的对应日为期间的最后一日;没有对应日的,月末日为期间的最后一日。

条文主旨

本条是关于期间结束的规定。

新旧法对比

《民法通则》	《民法总则》	《民法典》
无	第二百零二条　**按照年、月计算期间的,到期月的对应日为期间的最后一日;没有对应日的,月末日为期间的最后一日。**	【内容不变】第二百零二条

理解与适用

按年、月计算期限的,按到期月的对日计算;无对日的,月末日为到期日。

实务问题

在以日定期间的情况下,算足该期间之日即为期间最后一日。在按照年、月计算期间的情况下,期间结束日根据是否按照整月计算,会有两种不同的结果。在不按照整月计算的情况下,期间最后一日是到期月的签订合同的对应日。在按照整月计算的情况下,期间最后一日是月末日。实践中,要注意法律对日期的计算与实际日期计算的不同。

(编写人:罗 洁 张 倩)

法律条文

第二百零三条 期间的最后一日是法定休假日的,以法定休假日结束的次日为期间的最后一日。

期间的最后一日的截止时间为二十四时;有业务时间的,停止业务活动的时间为截止时间。

条文主旨

本条是关于期间结束日顺延和末日结束点的规定。

新旧法对比

《民法通则》	《民法总则》	《民法典》
第一百五十四条 民法所称的期间按照公历年、月、日、小时计算。 规定按照小时计算期间的,从规定时开始计算。规定按照日、月、年计算期间的,开始的当天不算入,从下一天开始计算。 期间的最后一天是星期日或者其他法定休假日的,	第二百零三条 期间的最后一**日**是法定休假日的,以**法定**休假日**结束**的次日为期间的最后一**日**。 期间的最后一**日**的截止时间为二十四**时**;有业务时间的,停止业务活动的时间为截止**时间**。	【内容不变】第二百零三条

续表

《民法通则》	《民法总则》	《民法典》
以休假日的次日为期间的最后一天。 期间的最后一天的截止时间为二十四点。有业务时间的，到停止业务活动的时间截止。		

理解与适用

期间的最后一天如果是法定节假日，则按照法定节假日结束的第二天算作期间的最后一日。期间的最后一日的截止时间为24点，如果有业务时间的，比如银行、证券交易所的营业时间，则以正常下班停止业务活动的时间为截止时间。

实务问题

关于特定期间届满的情形，如果法定节假日周五结束，周六需要上班，则以周五为实际休假日，周六为实际休假日的次日，即期间的最后一天。

（编写人：罗　洁　张　倩）

法律条文

第二百零四条　期间的计算方法依照本法的规定，但是法律另有规定或者当事人另有约定的除外。

条文主旨

本条是关于期间的法定或约定的规定。

新旧法对比

《民法通则》	《民法总则》	《民法典》
无	第二百零四条　期间的计算方法依照本法的规定，但是法律另有规定或者当事人另有约定的除外。	【内容不变】第二百零四条

理解与适用

期间的计算方法依照法律规定，特别法对期间的计算方法如果有不同规定的，适用特别法的规定。当事人有特定交易习惯或者对期间的计算方法能够达成一致约定的，可以依照当事人的约定。

实务问题

《民法典》是民事领域的基本法，规定期间的计算单位、期间的起算与结束、期间结束日的顺延等基本内容。单行法对期间的计算方法如果有不同规定的，根据特殊法优于一般法的法理，应当适用特别法的规定。例如，民事诉讼法上，诉讼文书在期满前交邮，即使人民法院收到时已逾期，一般不认定为逾期，以邮寄地邮局邮戳时间为准。

（编写人：罗　洁　张　倩）

第二编　物　　权

第一分编　通　则

第一章　一般规定

法律条文

第二百零五条　本编调整因物的归属和利用产生的民事关系。

条文主旨

本条首先明确物权编所规范之范围，即与人身权、债权等其他基本民事权利进行区分。其次说明物权编的任务在于合理确定物之归属、合理分配物的利用及其产生的利益及依法保障物权人对其物的支配。

新旧法对比

《物权法》①	《民法典》
第二条　因物的归属和利用而产生的民事关系，适用本法。 本法所称物，包括不动产和动产。法律规定权利作为物权客体的，依照其规定。 本法所称物权，是指权利人依法对特定的物享有直接支配和排他的权利，包括所有权、用益物权和担保物权。	【内容不变】第二百零五条

理解与适用

梅迪库斯谓民法之任务包括规定物之归属于人的事实。故此借《民法典》

① 《物权法》已失效，下同。

第205条明确以下三个问题：

(1)何者为物权？根据《民法典》第116条规定，物权的种类和内容由法律规定，所有权、土地承包经营权、建设用地使用权、宅基地使用权、居住权、地役权、抵押权、质权、留置权等物权为我国法律所规定之物权。

(2)物权如何归属于某主体？根据《民法典》第208条规定，不动产物权的设立、变更、转让和消灭，应当依照法律规定登记。动产物权的设立和转让，应当依照法律规定交付。申言之，物的归属需得到法律的承认，以此产生权利人对于物的支配与法律所规定之物权的相符性，从而使他人知晓物的归属信息，并使得权利人以正当理由享有关于物的支配利益，保障其免受任何人对于其支配和利益获取的妨害。

(3)物的利用有何种类型？物的利用即指对于物的利益的获取，包括不涉及他人与涉及他人两种情况。其一，当不涉及他人时，因物的利用所产生的利益是权利人对标的物的支配利益的表现，可归为物权的占有、使用、收益权能。其二，当涉及他人时，或表现为物权的变动，或作为债权形态呈现。

实务问题

《民法典》第205条作为物权编的一般规定，在实务中主要起明确所诉案由归于何种法律部门之作用，尤其是在不动产登记领域存在的民事与行政交叉的情形。如当事人因不动产登记簿存在错误，既以行政机关存在登记过失为由提起行政诉讼，又针对导致该不动产登记簿存在错误的民事法律行为效力提起民事诉讼。但是，《民法典物权编解释(一)》第1条明确规定："因不动产物权的归属，以及作为不动产物权登记基础的买卖、赠与、抵押等产生争议，当事人提起民事诉讼的，应当依法受理。当事人已经在行政诉讼中申请一并解决上述民事争议，且人民法院一并审理的除外。"故此，不动产登记作为一种物权公示手段，其本质是标识不动产物权发生变动的事实行为而不属于行政管理行为的范畴。因此，平等主体之间因不动产物权的归属，以及作为不动产物权登记基础的买卖、赠与及抵押等产生的争议应通过民事诉讼而非通过行政诉讼解决，并适用物权编有关规则。但应特别注意对此类案件的适用规则有例外情形即当事人已在行政诉讼中申请一并解决上述民事争议，且人民法院已一并审理的案件。

我国《民法典》物权编适用物权法定之原则，因此当事人所诉之权利是否属于物权之范畴值得特别注意。例如蔡某雪与新疆顺强混凝土有限公司、王某龙返还原物纠纷一案①中，原告蔡某雪主张返还转账支票，并赔偿35万元的诉求

① 新疆维吾尔自治区巴音郭楞蒙古自治州中级人民法院(2020)新28民终714号。

中,“转账支票”并不属于物权法意义上的物,而是权利人享有票据权利的凭证,因此其主张的原物返还并无请求权基础,同时票据法律关系也应属于《票据法》所调整的票据法律关系。

此外,基于该条规则阐释的物权排他与直接支配的属性可延伸出物权相较债权的优先性,即当同一标的物之上同时存在债权人主张债权与物权人主张物权时,物权应优先于债权实现。

(编写人:赵京辉)

法律条文

第二百零六条　国家坚持和完善公有制为主体、多种所有制经济共同发展,按劳分配为主体、多种分配方式并存,社会主义市场经济体制等社会主义基本经济制度。

国家巩固和发展公有制经济,鼓励、支持和引导非公有制经济的发展。

国家实行社会主义市场经济,保障一切市场主体的平等法律地位和发展权利。

条文主旨

本条是关于我国基本经济制度与社会主义市场经济原则的规定。第1款表明物权法实施的经济和制度基础为中国特色社会主义的基本经济制度。第2款表明物权法实施的指导思想是国家对公有制经济的巩固和发展,并同时鼓励、支持和引导非公有制经济的发展。第3款确立公平竞争、平等保护、优胜劣汰的市场经济基本法则。

新旧法对比

《物权法》	《民法典》
第三条　国家在社会主义初级阶段,坚持公有制为主体、多种所有制经济共同发展的基本经济制度。 国家巩固和发展公有制经济,鼓励、支持和引导非公有制经济的发展。 国家实行社会主义市场经济,保障一切市场主体的平等法律地位和发展权利。	第二百零六条　**国家坚持和完善公有制为主体**、多种所有制经济共同发展,**按劳分配为主体、多种分配方式并存,社会主义市场经济体制等社会主义基本经济制度。** 国家巩固和发展公有制经济,鼓励、支持和引导非公有制经济的发展。 国家实行社会主义市场经济,保障一切市场主体的平等法律地位和发展权利。

理解与适用

根据本条规定,我国社会主义基本经济制度内容涵盖了公有制为主体、多种所有制经济共同发展的所有制结构,以及按劳分配为主体、多种分配方式并存的分配方式和社会主义市场经济体制。物权编规定的物权制度及物权规范,从根本上讲是由我国社会主义基本经济制度所决定的,其内容寓于基本经济制度之中。因此,本条旨在重申、强调我国社会主义基本经济制度的基础性地位,将其作为物权法的基本原则,有利于指导我国物权制度的运行与实践,有利于正确处理各方的物权关系,在物权角度为社会主义基本经济制度的顺畅运行提供法律依据和法律保障。

实务问题

《民法典》第 206 条是对《宪法》第 6 条与第 11 条规定的再次强调与重申,在具体适用中一般与《民法典》第 207 条所规定的平等保护原则并行适用,并作为《民法典》中多项平等地位保障规则的基础,如《民法典》第 268 条规定的:"国家、集体和私人依法可以出资设立有限责任公司、股份有限公司或者其他企业。国家、集体和私人所有的不动产或者动产投到企业的,由出资人按照约定或者出资比例享有资产收益、重大决策以及选择经营管理者等权利并履行义务。"

同时基于该条规则发展的涉及农村集体经济的第 330 条双层经营体制和第 331 条关于土地承包经营权人依法对其承包经营的耕地、林地、草地等享有占有、使用和收益权利的规定,宜在具体适用中同时考虑第 206 条的内容。

(编写人:赵京辉)

法律条文

第二百零七条　国家、集体、私人的物权和其他权利人的物权受法律平等保护,任何组织或者个人不得侵犯。

条文主旨

本条确立物权平等保护原则,相较于《宪法》第 12、13 条的规定,特别明确了对于各种所有制物权进行平等保护。

新旧法对比

《物权法》	《民法典》
第四条　国家、集体、私人的物权和其他权利人的物权受法律保护，任何单位和个人不得侵犯。	第二百零七条　国家、集体、私人的物权和其他权利人的物权**受法律平等保护**，任何**组织**或者个人不得侵犯。

理解与适用

《民法典》总则编第113条规定民事主体的财产权利受法律平等保护，此条的规定是在第113条基础之上对其在物权层面上的细化，国家、集体、私人等物权的主体在法律地位上是平等的，其享有物权在受到侵害以后，受到法律的平等保护的权利。即使国有财产，一旦进入市场交易领域，也必须与其他财产一样在遵守相同的市场交易规则的前提下受平等保护，国家以国有财产出资，作为出资人之一，也与集体或者私人出资人同样应当按照《民法典》第268条和《公司法》的有关规定享受权利和履行义务。国家与其他主体发生产权纠纷，当事人也有权请求人民法院明晰产权，确认归属。任何人侵犯国家、集体、私人的物权和其他权利人的物权，无论是无权占有、妨害物权或者可能妨害物权，还是造成不动产或者动产毁损，权利人均有权依据《民法典》物权编的有关规定，请求行为人承担相应的民事责任。而关于如何界定国家、集体、私人财产及对其如何保护，可见下述解释：

首先，国有财产。《民法典》对国家所有权、国家机关的物权及国家举办的事业单位享有的物权的规定主要体现在第246条到第256条，属于国家所有即全民所有，主要涵盖最重要的生产资料或者市场化要素，同时宣示国家主权范围，国家所有权的客体主要包括矿藏、水流、海域、城市土地、自然资源等。国家机关对其直接支配的不动产和动产，享有占有、使用以及依照法律和国务院的有关规定处分的权利。另外，对于国有财产的保护可以参考2015年10月31日国务院办公厅印发的《关于加强和改进企业国有资产监督防止国有资产流失的意见》。

其次，集体财产。《民法典》第260条对集体所有的不动产和动产作出了规定："集体所有的不动产和动产包括：(一)法律规定属于集体所有的土地和森林、山岭、草原、荒地、滩涂；(二)集体所有的建筑物、生产设施、农田水利设施；(三)集体所有的教育、科学、文化、卫生、体育等设施；(四)集体所有的其他不动产和动产。"《民法典》第 265 条对集体财产的保护作出规定:"集体所有的财产受法律保护,禁止任何组织或者个人侵占、哄抢、私分、破坏。农村集体经济组织、村民委员会或者其负责人作出的决定侵害集体成员合法权益的,受侵害的集体成员可以请求人民法院予以撤销。"此外,值得特别注意的是关于滥用征收权力、违法征地侵犯集体财产的行为,《民法典》物权编一方面就征收目的、补偿原则和补偿内容作了明确规定,另一方面也在第 244 条规定对于耕地的特殊保护与征收的严格限制。

最后,私有财产。《民法典》第 266 条规定:"私人对其合法的收入、房屋、生活用品、生产工具、原材料等不动产和动产享有所有权。"并在第 267 条对私有财产的保护进行规定:"私人的合法财产受法律保护,禁止任何组织或者个人侵占、哄抢、破坏。"

此外,关于所谓"其他权利人的物权",例如社会团体所有权,《民法典》亦在第 270 条等条文予以规定。

实务问题

物权平等保护原则的适用多出现于国家征收的情形,须结合本条规定与《民法典》第 243 条关于征收的规定及《土地管理法》《国有土地上房屋征收与补偿条例》的相关内容。

(编写人:赵京辉)

法律条文

第二百零八条　不动产物权的设立、变更、转让和消灭,应当依照法律规定登记。动产物权的设立和转让,应当依照法律规定交付。

条文主旨

本条是关于确立物权变动的公示原则的规定。

新旧法对比

《物权法》	《民法典》
第六条　不动产物权的设立、变更、转让和消灭,应当依照法律规定登记。动产物权的设立和转让,应当依照法律规定交付。	【内容不变】第二百零八条

理解与适用

本条所规定的物权变动的公示原则要求不动产物权变动应当依照法律规定登记,动产物权变动应当依照法律规定交付,具言之:

就不动产物权变动的效力而言,首先依《民法典》第 214 条之规定,依照法律规定应当登记的,自记载于不动产登记簿时发生效力。换言之,不登记则不产生物权变动的效力,物权并不发生变动。其次,依法可不办理相应登记的或登记与否完全由当事人所决定的,属于"自愿登记"的情况,此时物权变动的效力不受登记影响,但在诸如《民法典》第 374 条规定的地役权情形中,未经登记不得对抗善意第三人。

就动产物权变动的效力而言,须区分强制交付与无须交付两种情况。前者不交付则物权不变动,如《民法典》第 429 条所规定的质权;后者无须交付亦可发生变动,如《民法典》第 228 条规定:"动产物权转让时,当事人又约定由出让人继续占有该动产的,物权自该约定生效时发生效力。"

同时,物权公示后可产生的法律效力如下:第一,设权利。主要是就不动产物权变动而言,公示则发生变动;不公示则不发生变动。对此可详见《民法典》第 209、224 条。第二,对抗力。主要是就动产物权变动而言,当事人如自愿登记,则增加了物权对抗第三人之效力。对此可详见《民法典》第 209 条。第三,宣示力。即以法定的公示形式宣告物权变动的存在。对此可详见《民法典》第 209 条。第四,推定力。即通过公示推定物权存续状态真实的法律效力。对此可详见《民法典》第 216 条。第五,公信力。即公示使社会公众普遍信任,法律故此依据该种普遍信任保护其物权变动之后果。

实务问题

司法实践中,因交易而导致物权主体发生争议最为常见,尤其是在动产观念交付、预售商品房销售等领域矛盾多发。总体来说,确定物的归属,不动产看登记,动产看占有。除登记错误需要依法更正的外,不动产登记簿上记载的人就是该不动产的权利人。不动产登记簿是公开的,有关人员都能查阅、复制。因此,不动产登记簿的公示性是最强的,最能适应市场交易安全、便捷的需要,能最大限度地满足保护权利人的要求,同时也是利用他人之物的制度基础。而对于动产,一般来说,动产的占有人就是权利人。

同时,在实务中,权利外观与真实的物权状态不一致的情况实属难免,有的出于当事人的意思,比如基于租赁、借用、保管关系;有的非出于当事人的意思,比如因被窃而丧失动产占有。出于当事人的意思而发生不一致,进而导致因为公信力而最终丧失物权的,属于交易风险,理性的交易主体应当考虑到这种风险并采取相应措施,比如收取租赁押金、委托给自己信任的人保管等。在这种情况下,通过公信力保护第三人取得的物权,一方面能最大限度地确保物权交易的确定性,有助于增进交易者的信心;另一方面也会强化物权人的风险意识,促使其更谨慎地选择交易对象与交易方式。在此意义上,公信力规则虽然不能完全消除不一致的发生,但是能够在一定程度上发挥促进一致的作用。非出于当事人的意思而导致不一致发生的,因为不属于当事人能够控制或者选择的市场风险范畴,法律不应坚持过强的公信力规则,比如,窃贼占有并处分赃物的,受让人一般不能主张公信力的保护。

此外,物权公示的举证责任亦需注意。鉴于物权变动的公示会产生推定力,所以已经对物权变动进行公示的物权人无须证明自己的物权,相反,对公示中的权利状态提出异议的人应当承担相应的举证责任。详细规则参见《民法典》第216条。

(编写人:赵京辉)

第二章　物权的设立、变更、转让和消灭

第一节　不动产登记

法律条文

第二百零九条　不动产物权的设立、变更、转让和消灭，经依法登记，发生效力；未经登记，不发生效力，但是法律另有规定的除外。

依法属于国家所有的自然资源，所有权可以不登记。

条文主旨

本条确立了不动产物权登记生效的一般性原则和不动产物权的公式原则及除外情况，即依法属于国家所有的自然资源的所有权可以不登记。

新旧法对比

《物权法》	《民法典》
第九条　不动产物权的设立、变更、转让和消灭，经依法登记，发生效力；未经登记，不发生效力，但法律另有规定的除外。 依法属于国家所有的自然资源，所有权可以不登记。	第二百零九条　不动产物权的设立、变更、转让和消灭，经依法登记，发生效力；未经登记，不发生效力，但是法律另有规定的除外。 依法属于国家所有的自然资源，所有权可以不登记。

理解与适用

1. 不动产定义

《担保法》第92条规定："本法所称不动产是指土地以及房屋、林木等地上附着物。"但是，《担保法》已经因《民法典》的实施而废止，在《民法典》中关于此

条已经删去。《不动产登记暂行条例》第 2 条第 2 款规定:“本条例所称不动产,是指土地、海域以及房屋、林木等定着物。”因此,在我国已经颁布实施的法律中并未有关于“不动产”的明确法律定义。一般情况下,理论中一般引用王利明[①]的论述,即不动产是指依照其物理性质不能移动或者移动将严重损害其经济价值的有体物。

2. 法律规定的不动产物权未经登记也发生效力的具体情形

(1)依法属于国家所有的自然资源,所有权可以不登记(《民法典》第 209 条第 2 款)。

(2)非依法律行为而发生的物权变动,自行为作出或者发生时即发生效力。第一,因人民法院、仲裁机构的法律文书或者人民政府的征收决定等,导致物权设立、变更、转让或者消灭的,自法律文书或者征收决定等生效时发生效力(《民法典》第 229 条)。第二,因继承取得物权的,自继承开始时发生效力(《民法典》第 230 条)。《物权法》第 29 条除了继承之外还有“受遗赠取得物权的”情形,《民法典》中将受遗赠取得的物权的情形删去,只保留了继承取得物权的情形。第三,因合法建造、拆除房屋等事实行为设立或者消灭物权的,自事实行为成就时发生效力(《民法典》第 231 条)。

(3)采取登记对抗主义的特定的不动产物权的变动自合同生效时设立,但是不得对抗善意第三人。

第一,土地承包经营权。土地承包经营权自土地承包经营权合同生效时设立(《民法典》第 333 条第 1 款)。土地承包经营权互换、转让的,当事人可以向登记机构申请登记;未经登记,不得对抗善意第三人(《民法典》第 335 条)。流转期限为五年以上的土地经营权,自流转合同生效时设立。当事人可以向登记机构申请土地经营权登记;未经登记,不得对抗善意第三人(《民法典》第 341 条)。第二,地役权。地役权自地役权合同生效时设立。当事人要求登记的,可以向登记机构申请地役权登记;未经登记,不得对抗善意第三人(《民法典》第 374 条)。

(4)宅基地使用权既未有登记生效的规定也未有登记对抗的规定。

宅基地使用权的取得、行使和转让,适用土地管理的法律和国家有关规定(《民法典》第 363 条)。已经登记的宅基地使用权转让或者消灭的,应当及时办理变更登记或者注销登记(《民法典》第 365 条)。

3. 依法属于国家所有的自然资源、野生动植物资源等

(1)矿藏、水流、海域(《民法典》第 247 条)。(2)无居民海岛属于国家所

① 王利明编著:《物权法研究》(第 3 版),中国人民大学出版社 2013 年版,第 67 页。

有,国务院代表国家行使无居民海岛所有权(《民法典》第248条)。(3)城市的土地,属于国家所有。法律规定属于国家所有的农村和城市郊区的土地,属于国家所有(《民法典》第249条)。(4)森林、山岭、草原、荒地、滩涂等自然资源,属于国家所有,但是法律规定属于集体所有的除外(《民法典》第250条)。(5)法律规定属于国家所有的野生动植物资源,属于国家所有(《民法典》第251条)。(6)无线电频谱资源属于国家所有(《民法典》第252条)。(7)法律规定属于国家所有的文物,属于国家所有(《民法典》第253条)。(8)国防资产属于国家所有。铁路、公路、电力设施、电信设施和油气管道等基础设施,依照法律规定为国家所有的,属于国家所有(《民法典》第254条)。

实务问题

由于我国经济宏观调控的需要,各地纷纷出台"限购令"对买受人的购房条件予以限制,在司法实践中出现大量关于房屋的买受人与房屋登记人不一致的情况,执行中涉及的房屋买受人与被执行人登记的不动产信息"名""实"不符的问题大量存在。

2021年1月1日施行的《最高人民法院关于人民法院办理执行异议和复议案件若干问题的规定》中,关于在金钱债权执行中涉及的相关问题进行了规定。

第28条规定,买受人对登记在被执行人名下的不动产提出异议,符合下列情形且其权利能够排除执行的,人民法院应予支持:(1)在人民法院查封之前已签订合法有效的书面买卖合同;(2)在人民法院查封之前已合法占有该不动产;(3)已支付全部价款,或者已按照合同约定支付部分价款且将剩余价款按照人民法院的要求交付执行;(4)非因买受人自身原因未办理过户登记。

第29条规定,买受人对登记在被执行的房地产开发企业名下的商品房提出异议,符合下列情形且其权利能够排除执行的,人民法院应予支持:(1)在人民法院查封之前已签订合法有效的书面买卖合同;(2)所购商品房系用于居住且买受人名下无其他用于居住的房屋;(3)已支付的价款超过合同约定总价款的50%。

上述第28条和第29条,云南省高级人民法院(2019)云民终1028号杨某珍、朱某案外人执行异议之诉二审民事判决中,云南省高级人民法院关于第28条和第29条适用进行如下确认:"本院认为,《执行异议和复议案件规定》第二十八条是对无过错不动产购买人执行异议成立条件做出的一般规定,包括各类住宅商品房(并不区分购买的是首套住宅还是非首套住宅)和非住宅商品房购房人等,与该规定第二十九条之间并非排斥关系,而是一般与特殊的包含关系,从两项条文对执行异议成立要件的规定上看,第二十九条规定的住宅商品房(首套住房)购房人排除执行异议的条件相对于第二十八条中无过错不动产购买人排除执行异议的条件更宽松,如无须占有房屋,只需支付百分之五十以上购房款等,立法目的系为了加强对执行异议诉讼中首套住房商品房购房人权益的保护,并非限制和排除对一般不动产购房人的保护。因此,即使杨永珍购买的不是首套住宅商品房而不能适用《执行异议和复议案件规定》第二十九条的规定处理,但只要杨永珍的执行异议符合该规定第二十八条的设定条件,仍应按照《执行异议和复议案件规定》第二十八条确定涉案房产可以排除强制执行。”

(编写人:魏　云)

法律条文

第二百一十条　不动产登记,由不动产所在地的登记机构办理。

国家对不动产实行统一登记制度。统一登记的范围、登记机构和登记办法,由法律、行政法规规定。

条文主旨

本条是关于我国对不动产实行统一登记制度的原则性规定。

新旧法对比

《物权法》	《民法典》
第十条　不动产登记,由不动产所在地的登记机构办理。 国家对不动产实行统一登记制度。统一登记的范围、登记机构和登记办法,由法律、行政法规规定。	【内容不变】第二百一十条

理解与适用

我国对于不动产物权在实行统一登记制度之前实行分散登记模式。按照不动产的种类不同分别适用专门的法律法规,例如:土地登记适用《土地管理法》《土地登记办法》等;房屋登记适用《城市房地产管理法》《房屋登记办法》等;森林、林木和林地登记适用《森林法》《林木和林地权属登记管理办法》等;以及土地承包经营权、草原、海域等也均有各自适用的登记制度。同时,自然资源部、住房和城乡建设部、国家林业和草原局、农业农村部、生态环境部及其地方分支机构分别对不同的不动产物权行使登记管理职权。在分散登记模式下,各自部门出台各自的不动产物权登记标准,信息管理混乱,也容易造成重复登记、登记信息不准确等。

2007 年 10 月 1 日生效的《物权法》首次提出不动产统一登记制度,但后续配套的法律、行政法规等并未出台。

直至 2014 年 1 月 21 日,中央机构编制委员会发布《关于整合不动产登记职责的通知》将房屋登记、林地登记、草原登记和土地登记的职责整合由一个部门承担。

2014 年 5 月,国土资源部在地籍管理司加挂不动产登记局牌子,承担指导监督全国土地登记、房屋登记、林地登记、草原登记、海域登记等不动产登记工作的职责。2014 年 11 月,中国土地矿产法律事务中心(国土资源部土地争议调处事务中心)更名为国土资源部不动产登记中心(国土资源部法律事务中心),主要承担不动产登记相关政策、业务、技术等方面支撑工作和国土资源法律事务工作。

2014 年 11 月 24 日,国务院正式颁布了《不动产登记暂行条例》并于 2015 年 3 月 1 日生效。为了进一步实施《不动产登记暂行条例》,2016 年 1 月 1 日,原国土资源部发布《不动产登记暂行条例实施细则》。2019 年《不动产登记暂行条例》和《不动产登记暂行条例实施细则》均进行了修订。

2020 年 5 月 28 日,第十三届全国人民代表大会第三次会议通过《民法典》,自 2021 年 1 月 1 日起施行,《物权法》被废止,在《民法典》中仍然确立不动产统一登记制度。

实务问题

1. 不动产物权登记的登记种类

依据《不动产登记暂行条例》第 3 条的规定,不动产物权登记的登记种类包括:不动产首次登记、变更登记、转移登记、注销登记、更正登记、异议登记、预告登记、查封登记等。

2. 依法进行不动产统一登记的不动产物权种类

依据《不动产登记暂行条例》第 5 条的规定,依法进行不动产统一登记的不动产物权种类包括:集体土地所有权,房屋等建筑物、构筑物所有权,森林、林木所有权,耕地、林地、草地等土地承包经营权,建设用地使用权,宅基地使用权,海域使用权,地役权,抵押权,法律规定需要登记的其他不动产权利。

3. 进行不动产统一登记的机构

(1)属地原则登记办理。依据《不动产登记暂行条例》第 7 条的规定,不动产登记由不动产所在地的县级人民政府不动产登记机构办理；直辖市、设区的市人民政府可以确定本级不动产登记机构统一办理所属各区的不动产登记。

(2)跨县级行政区域的不动产登记。依据《不动产登记暂行条例实施细则》第3条的规定，由所跨县级行政区域的不动产登记机构分别办理。不能分别办理的，由所跨县级行政区域的不动产登记机构协商办理；协商不成的，由共同的上一级人民政府不动产登记主管部门指定办理。不动产登记机构依照《不动产登记暂行条例》第7条第2款的规定，协商办理或者接受指定办理跨县级行政区域不动产登记的，应当在登记完毕后将不动产登记簿记载的不动产权利人以及不动产坐落、界址、面积、用途、权利类型等登记结果告知不动产所跨区域的其他不动产登记机构。

(3)国务院国土资源主管部门会同有关部门规定。依据《不动产登记暂行条例实施细则》第4条的规定，国务院确定的重点国有林区的森林、林木和林地，由自然资源部受理并会同有关部门办理，依法向权利人核发不动产权属证书。国务院批准的项目用海、用岛的登记，由自然资源部受理，依法向权利人核发不动产权属证书。

（编写人：魏　云）

法律条文

第二百一十一条　当事人申请登记，应当根据不同登记事项提供权属证明和不动产界址、面积等必要材料。

条文主旨

本条是关于当事人申请不动产物权登记时应当提供必要的材料。

新旧法对比

《物权法》	《民法典》
第十一条　当事人申请登记，应当根据不同登记事项提供权属证明和不动产界址、面积等必要材料。	【内容不变】第二百一十一条

实务问题

1. 不动产物权登记的申请人

根据《不动产登记暂行条例》第 14 条的规定：

(1)应当由双方当事人双方共同申请的情形：因买卖、设定抵押权等申请不动产登记的。

(2)可以由当事人单方申请的情形：①尚未登记的不动产首次申请登记的。②继承、接受遗赠取得不动产权利的。③人民法院、仲裁委员会生效的法律文书或者人民政府生效的决定等设立、变更、转让、消灭不动产权利的。《不动产登记暂行条例实施细则》第 19 条对此进行了进一步明确：人民法院持生效法律文书和协助执行通知书要求不动产登记机构办理登记的；人民检察院、公安机关依据法律规定持协助查封通知书要求办理查封登记的；人民政府依法做出征收或者收回不动产权利决定生效后，要求不动产登记机构办理注销登记的；法律、行政法规规定的其他情形。④权利人姓名、名称或者自然状况发生变化，申请变更登记的。⑤不动产灭失或者权利人放弃不动产权利，申请注销登记的。⑥申请更正登记或者异议登记的。⑦法律、行政法规规定可以由当事人单方申请的其他情形。

(3)共有不动产登记的申请人。根据《不动产登记暂行条例实施细则》第 10 条的规定，①应当经占份额 2/3 以上的按份共有人或者全体共同共有人共同申请，但共有人另有约定的除外。②按份共有人转让其享有的不动产份额，应当与受让人共同申请转移登记。③建筑区划内依法属于全体业主共有的不动产申请登记，依照本实施细则第 36 条的规定办理。《不动产登记暂行条例实施细则》第 36 条规定，办理房屋所有权首次登记时，申请人应当将建筑区划内依法属于业主共有的道路、绿地、其他公共场所、公用设施和物业服务用房及其占用范围内的建设用地使用权一并申请登记为业主共有。业主转让房屋所有权的，其对共有部分享有的权利依法一并转让。

(4)无民事行为能力人、限制民事行为能力人申请不动产登记。根据《不动产登记暂行条例实施细则》第 11 条的规定，①无民事行为能力人、限制民事行为能力人申请不动产登记的，应当由其监护人代为申请。②监护人代为申请登记的，应当提供监护人与被监护人的身份证或者户口簿、有关监护关系等材料；因处分不动产而申请登记的，还应当提供为被监护人利益的书面保证。③父母之外的监护人处分未成年人不动产的，有关监护关系材料可以是人民法院指定监护的法律文书、经过公证的对被监护人享有监护权的材料或者其他材料。

2. 申请人可以委托他人代为申请不动产登记

根据《不动产登记暂行条例实施细则》第12条的规定，(1)代理申请不动产登记的，代理人应当向不动产登记机构提供被代理人签字或者盖章的授权委托书。(2)自然人处分不动产，委托代理人申请登记的，应当与代理人共同到不动产登记机构现场签订授权委托书，但授权委托书经公证的除外。(3)境外申请人委托他人办理处分不动产登记的，其授权委托书应当按照国家有关规定办理认证或者公证。

3. 不动产物权登记的申请需要现场办理

《不动产登记暂行条例》第15条第1款规定：当事人或者其代理人应当向不动产登记机构申请不动产登记。在该规定中并未出现“现场字样”，但是，在司法实践中，关于本条的理解均是理解为不动产物权登记的申请需要现场办理，不接受邮寄等方式的申请。例如：常某敏与北京市规划和国土资源管理委员会再审案[①]中，北京市高级人民法院认为，“申请不动产登记，首先应符合提出申请的法定形式。《不动产登记暂行条例》第十五条第一款规定，当事人或者其代理人应当到不动产登记机构办公场所申请不动产登记。……本案中，常学敏通过邮寄申请材料的方式，向原北京市规划和国土资源管理委员会（因机构改革，其职责现由北京市规划和自然资源委员会承担，以下简称市规自委）提出的履责申请，不符合法定的形式要求”。在刘某、涞源县人民政府再审案[②]中，河北省高级人民法院认为，“《不动产登记暂行条例》第十五条第一款规定，当事人或者其代理人应当到不动产登记机构办公场所申请不动产登记。该案中，申请人刘龙申请涞源县政府履行为其颁发宅基地使用证的职责，应当到不动产登记机构办公场所提出，而其以邮寄的方式申请涞源县政府给其颁发宅基地使用证，不符合上述规定”。

（编写人：魏　云）

法律条文

第二百一十二条　登记机构应当履行下列职责：

（一）查验申请人提供的权属证明和其他必要材料；

① 北京市高级人民法院（2019）京行申25号。

② 河北省高级人民法院（2019）冀行申374号。

（二）就有关登记事项询问申请人；

（三）如实、及时登记有关事项；

（四）法律、行政法规规定的其他职责。

申请登记的不动产的有关情况需要进一步证明的，登记机构可以要求申请人补充材料，必要时可以实地查看。

条文主旨

本条是关于不动产登记机构在申请人提交不动产登记申请后应当履行的相关审查职责的规定，包括查验申请人的相关材料、询问申请人相关登记事项、如实并及时登记有关事项等。

新旧法对比

《物权法》	《民法典》
第十二条　登记机构应当履行下列职责： （一）查验申请人提供的权属证明和其他必要材料； （二）就有关登记事项询问申请人； （三）如实、及时登记有关事项； （四）法律、行政法规规定的其他职责。 申请登记的不动产的有关情况需要进一步证明的，登记机构可以要求申请人补充材料，必要时可以实地查看。	【内容不变】第二百一十二条

实务问题

登记审查环节是不动产登记制度中的非常重要的内容，其审查是进行形式性审查还是实质性审查在本条中并未予以明确。在最高人民法院关于胡某轩等土地行政管理（土地）再审案①以及黄某东、朱某莹土地行政管理（土地）再审案②中，均对《物权法》第12条中登记机构应当履行的审查义务定性为“审慎审查的义务”：“根据《中华人民共和国物权法》第十二条的规定，登记机构应当履行查验土地权属证明和其他必要材料，如实、及时登记有关事项等职责。根据上

① 最高人民法院（2017）最高法行申8528号。

② 最高人民法院（2018）最高法行申1665号。

述法律的有关规定,县级以上人民政府应当在土地使用权属登记工作中尽到审慎审查的义务。”

在登记机构尽到审慎审查的义务,仅仅程序上的瑕疵,并不足以导致撤销不动产登记。在陈某先、赵某与云南省易门县人民政府、许某明等再审行政案[①]中:再审申请人(一审原告、二审被上诉人)陈某先、赵某系夫妻关系,再审被申请人(一审第三人、二审上诉人)许某明、普某仙亦系夫妻关系。2015年6月26日原告与第三人签订了《易门县房地产交易合同》,合同约定原告把属于自己所有的位于易门县六街云庵街的房屋出让给第三人。同日,易门县房地产交易中心对该合同进行了鉴证,易门县房管所就该房屋交易登记的相关情况对交易双方进行了询问并制作了《房屋交易登记询问笔录》,该所并对该合同予以登记,登记号(2015)第139号。2015年8月17日,易门县房地产交易中心根据第三人的委托,对案涉房屋进行了面积测绘,并出具了《易门县房地产交易中心房屋面积测绘报告》(易测2015-298号);亦于同日,第三人缴纳了营业税、契税等税金合计1,129,764.28元,并填写了《易门县房地产权属登记领证申报表》提交给易门县房管所,易门县房管所就第三人申请本案案涉房屋产权转移登记的相关情况对其进行了询问并制作了《房屋登记询问笔录》。经审查后,被告于2015年8月18日依据第三人提供的房屋所有权证书、房地产交易合同、《房屋交易登记询问笔录》、契税发票复印件、易门县房地产交易中心房屋面积测绘报告等材料将案涉的房屋所有权转移登记于第三人名下并颁发了易房权证易门县字第××号、0022517-××号房屋所有权证。次日,普某仙领走了该两本房屋所有权证。

在上述案件中,最高人民法院认为该案争议焦点为:易门县房管所在对陈某先、赵某与许某明、普某仙就房屋交易进行询问并对房屋交易合同登记后,根据许某明、普某仙一方的权属登记申请并对许某明、普某仙一方询问后,将案涉房屋的所有权转移登记给许某明、普某仙是否合法,是否应当撤销被诉登记颁证。《物权法》第12条第1款、《房屋登记办法》第12条、第18条、《不动产登记暂行条例》第14条第1款均规定对房屋等不动产登记时,应当由双方当事人申请,且登记机构应当对双方当事人进行询问。之所以作出上述规定,是因为不动产登记是一项审慎、严肃的行政行为,必须保证申请人具有进行不动产转移、变更等登记的真实意愿。该案中,陈某先、赵某与许某明、普某仙于2015年6月26日签订《易门县房地产交易合同》,约定了房屋交易相关事项,易门县房管所就该房屋交易登记的相关情况对交易双方进行了询问并制作了《房屋交易登记询问

① 最高人民法院(2017)最高法行申181号。

笔录》，并对该合同予以登记，该询问及登记是对房屋交易行为真实性的确认，亦是对合同约定双方申办房地产权属转移登记等事项的确认。从《房屋登记询问笔录》比《房屋交易登记询问笔录》仅多出第6项即"对申请登记的房屋面积是否有异议"，也可以看出二者在内容上具有高度的重合性，因此，可以认定《房屋交易登记询问笔录》能够体现陈某先、赵某具有向许某明、普某仙转移登记案涉房屋的真实意思表示。同时，陈某先、赵某与许某明、普某仙在《房屋交易登记询问笔录》上均确认了向易门县房管所提交的相关资料的真实性。而房屋行政登记是对房屋所有权转移、变更等物权变动的确认，故易门县政府在对陈某先、赵某与许某明、普某仙进行交易登记询问后，再依许某明、普某仙的单方申报领证申请，即颁发案涉房屋所有权证书，程序上虽存在瑕疵，但尚未达到撤销该颁证行为的程度。

（编写人：魏　云）

法律条文

第二百一十三条　登记机构不得有下列行为：

（一）要求对不动产进行评估；

（二）以年检等名义进行重复登记；

（三）超出登记职责范围的其他行为。

条文主旨

本条是关于登记机构禁止从事的行为的规定。

新旧法对比

《物权法》	《民法典》
第十三条　登记机构不得有下列行为： （一）要求对不动产进行评估； （二）以年检等名义进行重复登记； （三）超出登记职责范围的其他行为。	【内容不变】第二百一十三条

实务问题

本条主要是针对在立法调研过程中发现的一些问题，一些地方的不动产登记机构管理不严格，利用职务之便以权谋私，给当事人在办理不动产登记的过程中设置障碍。因此，本条对反映比较多的两个问题进行明确限制即"要求对不动产进行评估”和“以年检等名义进行重复登记”的问题，同时又明确了第3款的兜底条款。经查阅相关案例，《物权法》在2007年10月1日生效以来，适用《物权法》第13条的法院判决非常少，也从侧面反映自《物权法》明确此规定之后达到了比较好的立法效果。

（编写人：魏　云）

法律条文

第二百一十四条　不动产物权的设立、变更、转让和消灭，依照法律规定应当登记的，自记载于不动产登记簿时发生效力。

条文主旨

本条是关于依法应当进行登记的不动产物权的设立、变更、转让和消灭发生效力的时间。

新旧法对比

《物权法》	《民法典》
第十四条　不动产物权的设立、变更、转让和消灭，依照法律规定应当登记的，自记载于不动产登记簿时发生效力。	【内容不变】第二百一十四条

理解与适用

不动产登记簿是国家对不动产实行统一登记制度后，由统一的不动产物权登记机构管理的不动产物权登记档案。2015年2月27日，原国土资源部公布不动产登记簿证样式并于2015年3月1日全面试行。《不动产登记簿》记载了不动产的坐落、界址、空间界限、面积、用途等自然状况，不动产权利的主体、类型、内容、来源、期限、权利变化等权属状况，以及涉及不动产权利限制、提示的事项和其他相关事项。

实务问题

在曾某森、温某华城乡建设房屋登记管理行政再审案件[1]中，广州市国土资

① 最高人民法院（2018）最高法行再165号。

源和规划委员会(原广州市国土资源和房屋管理局)经审核后将涉案房屋转移登记在申诉人(原审第三人、再审申请人)曾某森的名下,因涉案房屋涉及刑事诉讼,尚未将房地产权证颁发给曾某森。最高人民法院在案件审理中认为:虽然房屋登记程序包括记载于登记簿和发证两个程序,但只要房屋登记机构将房屋权利和其他应当记载的事项记载于登记簿,房屋登记便发生效力。该案中,2010年9月13日,广州市国土资源和房屋管理局将涉案房屋转移登记至曾某森名下,已将相关事项记载于登记簿。申诉人至2014年9月9日,仍然能够到房屋登记机构查询打印涉案房屋的《房地产登记簿查册表》,查询到涉案房屋的登记字号、权属人及产权证号等信息,足以证明登记事项已对外产生公信力。广州市国土资源和房屋管理局在此后对已经完成的登记事项进行更改,并不能消除涉案房屋依照法律规定已经登记的法律后果。因此,在司法实务中,只要取得不动产登记机构的不动产登记簿,权利人是否取得其权利证书不影响不动产物权的设立、变更、转让和消灭的效力。

(编写人:魏　云)

法律条文

第二百一十五条　当事人之间订立有关设立、变更、转让和消灭不动产物权的合同,除法律另有规定或者当事人另有约定外,自合同成立时生效;未办理物权登记的,不影响合同效力。

条文主旨

本条是关于不动产物权合同的合同效力与不动产物权登记产生的物权效力的区别的规定。

新旧法对比

《物权法》	《民法典》
第十五条　当事人之间订立有关设立、变更、转让和消灭不动产物权的合同,除法律另有规定或者合同另有约定外,自合同成立时生效;未办理物权登记的,不影响合同效力。	第二百一十五条　当事人之间订立有关设立、变更、转让和消灭不动产物权的合同,除法律另有规定或者**当事人**另有约定外,自合同成立时生效;未办理物权登记的,不影响合同效力。

理解与适用

本条规定的是物权法上的不动产物权变动的原因与结果相区分的原则，即物权变动的区分原则，又称分离原则。由于物权是对世权，具有绝对性和排他性，其义务主体涉及权利人以外的任何第三人，因此不动产物权就必须通过一定方式使其具有可识别的外观性，采取登记方式的公示就是被我国法律予以确认的行之有效的方式。而物权变动的原因即合同是债权，具有相对性和特定性，仅能对抗特定的合同相对方，物权相对于债权具有排他的优先性。将物权与债权进行分离，有利于清晰区分当事人的行为效力及责任，保护有效的合同当事人的合法权益，保障市场交易安全。

实务问题

1. 物权转让行为不能成就，并不必然导致物权转让的原因即债权合同无效

在重庆索特盐化股份有限公司与重庆新万基房地产开发有限公司土地使用权转让合同纠纷案①中，最高人民法院就物权转让行为无效是否导致合同无效进行如下认定："物权转让行为不能成就，并不必然导致物权转让的原因即债权合同无效。双方签订的《联合开发协议》及《补充协议》作为讼争土地使用权转让的原因行为，是一种债权形成行为，并非该块土地使用权转让的物权变动行为。相关法律关于未经通知抵押权人而导致物权转让行为无效的规定，其效力不应及于物权变动行为的原因行为。因为当事人可以在合同约定中完善物权转让的条件，使其转让行为符合法律规定。本案即属此种情形。"

2. "一房数卖"的合同履行问题

最高人民法院2016年11月21日发布的《第八次全国法院民事商事审判工作会议（民事部分）纪要》第15条规定："审理一房数卖纠纷案件时，如果数份合同均有效且买受人均要求履行合同的，一般应按照已经办理房屋所有权变更登记、合法占有房屋以及合同履行情况、买卖合同成立先后等顺序确定权利保护顺位。但恶意办理登记的买受人，其权利不能优先于已经合法占有该房屋的买受人。对买卖合同的成立时间，应综合主管机关备案时间、合同载明的签订时间以及其他证据确定。"

因此，在"一房数卖"的情况下，司法实践中一般按照已经办理房屋所有权变更登记、合法占有房屋以及综合情况的考虑等顺序确定权利保护顺位。但是，

---

① 最高人民法院（2008）民一终字第122号。

根据《民法典》第154条规定，行为人与相对人恶意串通，损害他人合法权益的民事法律行为无效。因此由于恶意串通而导致买卖合同无效的买受人，即使该买受人与出卖人之间已经完成了变更登记，也会因为缺乏合法基础而不应优先保护。

3. 在生效法律文书依然有效的情况下，不动产登记簿所记载的“权利人”提起行政诉讼，与被诉行政行为不具有行政诉讼意义上的利害关系，不具有原告主体资格

在孙某甲与孙某乙房屋征收补偿决定再审案[①]中，最高人民法院认定，生效法律文书确认不动产物权后，当事人未及时办理产权变更登记，致使不动产登记簿显示的权属状态与生效法律文书确立的权属状态不一致，该情形并不影响当事人依据生效法律文书对该不动产享有物权。在生效法律文书依然有效的情况下，不动产登记簿所记载的“权利人”提起行政诉讼，与被诉行政行为不具有行政诉讼意义上的利害关系，不具有原告主体资格。

（编写人：魏　云）

法律条文

第二百一十六条　不动产登记簿是物权归属和内容的根据。

不动产登记簿由登记机构管理。

条文主旨

本条是关于不动产登记簿效力和其登记管理机构的规定。

新旧法对比

《物权法》	《民法典》
第十六条　不动产登记簿是物权归属和内容的根据。不动产登记簿由登记机构管理。	【内容不变】第二百一十六条

实务问题

1. 不动产登记，仅仅是权利归属的确认和记载，本身并不直接设定物权

最高人民法院在方某升、方某才林业行政管理（林业）再审审查与审判监督

① 最高人民法院（2017）最高法行申5914号。

行政裁定书[1]中关于不动产登记与物权变动的关系问题进行如下认定："依据上述立法规定，我国对不动产实行国家统一登记制度，未经依法登记公示的物权，不得对抗善意第三人。但不动产登记，仅仅是权利归属的确认和记载，本身并不直接设定物权；设立、变更、转让和消灭不动产物权的，通常只能是买卖、赠与、继承、承包等合同行为或者合法建造等事实行为，以及人民法院、仲裁委员会的法律文书或者人民政府的征收决定等。也就是说，设立、变更、转让和消灭不动产物权的法律行为和事实行为是前因，随之相应发生的不动产物权变动及其登记是结果。因此，当事人之间发生不动产买卖、赠与、继承、承包等法律关系，经不动产登记部门依法办理相应的不动产物权变动登记后，一方当事人因反悔等原因对物权变动登记行为提出异议的，不宜在基础民事争议尚未解决的情况下径行提起行政诉讼，一般应先行通过民事等途径解决基于买卖、赠与、继承、承包等基础民事法律关系发生的纠纷，或者依据《中华人民共和国行政诉讼法》第六十一条的规定，在提起行政诉讼的同时，申请一并解决相关民事争议，人民法院可以一并审理行政和民事争议。在基础民事争议解决、权利归属明确后，权利人可以持生效法律文书申请不动产登记部门依法变更错误的不动产物权登记。"

2. 其他法院对经法律文书确认的不动产物权采取保全措施不能影响权利人基于《民法典》第229条已经取得的物权权利

在上海民润实业有限公司、王某芳等申请执行人执行异议之诉案[2]中，山东省蓬莱市人民法院民事调解书确认的协议内容，涉案房屋所有权归王某芳所有。该民事调解书于2008年12月6日已经发生法律效力。依据《物权法》第28条（现《民法典》第229条）的规定，因人民法院的法律文书导致物权设立、变更、转让或者消灭的，自法律文书生效时发生效力，故王某芳于2008年12月6日已经取得涉案房屋的所有权。是否进行不动产登记的变更，是王某芳的权利。并无法律规定该权利因未及时办理产权登记或者变更登记而丧失。上海民润公司据以申请执行的（2013）青海法海商初字第27号民事调解书中，杨某浩为被告，承担175万元的补充赔偿责任。故上海民润公司只能就杨某浩所有的财产申请执行。王某芳于2008年12月6日已经取得涉案房产权利，青岛海事法院其后对涉案房屋采取保全措施并不能影响王某芳已经取得的权利。……二审判决对上海民润公司提出的对涉案房产许可执行的诉讼请求不予支持，并无不当。上海民润公司认为涉案房地产登记以及诉讼保全的效力应高于民事调解书约定的房

[1] 最高人民法院（2017）最高法行申8483号。
[2] 最高人民法院（2015）民申字第2747号。

产归属,缺乏法律依据,不能成立。

(编写人:魏　云)

法律条文

第二百一十七条　不动产权属证书是权利人享有该不动产物权的证明。不动产权属证书记载的事项,应当与不动产登记簿一致;记载不一致的,除有证据证明不动产登记簿确有错误外,以不动产登记簿为准。

条文主旨

本条是关于权利人持有的不动产权属证书与登记管理机构进行登记的不动产登记簿之间关系的规定。

新旧法对比

《物权法》	《民法典》
第十七条　不动产权属证书是权利人享有该不动产物权的证明。不动产权属证书记载的事项,应当与不动产登记簿一致;记载不一致的,除有证据证明不动产登记簿确有错误外,以不动产登记簿为准。	【内容不变】第二百一十七条

理解与适用

根据《不动产登记暂行条例》第 21 条的规定,登记事项自记载于不动产登记簿时完成登记。不动产登记机构完成登记,应当依法向申请人核发不动产权属证书或者登记证明。权利人持有的不动产权属证书是根据不动产登记机构完成的不动产登记事项记载的内容制作的,因此,当记载不一致时,除有证据证明不动产登记簿确有错误外,以不动产登记簿为准。根据《民法典物权编解释(一)》第 2 条规定,当事人有证据证明不动产登记簿的记载与真实权利状态不符、其为该不动产物权的真实权利人,请求确认其享有物权的,应予支持。

实务问题

在王某平、绵阳市商业银行股份有限公司广元分行执行分配方案异议之诉二审案件[①]中,关于不动产权属证书与不动产登记簿记载不一致的问题,四川省高级人民法院认为:根据现查明事实,其实广元市房管处办理房产抵押登记的惯常做法,就是将抵押及其变动情况记载在权利证书底联上,并通过信息公开的方式予以登记公示,该案也已就抵押权顺位变更事项在房产证底联上做了明确记载,唯没有在计算机信息查询系统上予以公示,形式上确有瑕疵。但这种记载造成不动产登记簿与不动产权属证书记载的内容不一致,应系登记机关消极公示造成的,责任不应由相关权利人承担。依照《物权法》第 17 条关于"不动产权属证书是权利人享有该不动产物权的证明。不动产权属证书记载的事项,应当与不动产登记簿一致;记载不一致的,除有证据证明不动产登记簿确有错误外,以不动产登记簿为准"之规定,该案可作为不以登记簿为准的例外情况,应视为已经办理了顺位变更登记。在最高人民法院再审案件中,对此认定进行了支持。

(编写人:魏　云)

法律条文

第二百一十八条　权利人、利害关系人可以申请查询、复制不动产登记资料,登记机构应当提供。

条文主旨

本条是关于权利人以及与不动产有关的利害关系人可以进行不动产登记资料的查询和复制的规定。

新旧法对比

《物权法》	《民法典》
第十八条　权利人、利害关系人可以申请查询、复制登记资料,登记机构应当提供。	第二百一十八条　权利人、利害关系人可以申请查询、复制**不动产**登记资料,登记机构应当提供。

实务问题

《不动产登记资料查询暂行办法》中对不动产查询中涉及争议比较多的"利害关系人"、可以查询复制的登记资料的范围等进行了比较明确详细的规定。

① 四川省高级人民法院(2017)川民终 922 号;最高人民法院(2020)最高法民申 1254 号。

1. 不动产登记资料的范围

《不动产登记资料查询暂行办法》第2条中明确关于不动产登记资料，包括：(1)不动产登记簿等不动产登记结果；(2)不动产登记原始资料，包括不动产登记申请书、申请人身份材料、不动产权属来源、登记原因、不动产权籍调查成果等材料以及不动产登记机构审核材料。

2. “利害关系人”的范围以及可以查询的资料范围

《不动产登记资料查询暂行办法》第19条规定符合下列条件的利害关系人可以申请查询有利害关系的不动产登记结果：(1)因买卖、互换、赠与、租赁、抵押不动产构成利害关系的；(2)因不动产存在民事纠纷且已经提起诉讼、仲裁而构成利害关系的；(3)法律法规规定的其他情形。

3. “利害关系人”查询不动产登记资料需要提交的材料

(1)查询申请书以及不动产权利人、利害关系人的身份证明材料。查询申请书应当包括下列内容：查询主体；查询目的；查询内容；查询结果要求；提交的申请材料清单。(《不动产登记资料查询暂行办法》第8条)

(2)因买卖、互换、赠与、租赁、抵押不动产构成利害关系的，还需要提交买卖合同、互换合同、赠与合同、租赁合同、抵押合同。(《不动产登记资料查询暂行办法》第20条)

(3)因不动产存在相关民事纠纷且已经提起诉讼或者仲裁而构成利害关系的，还提交受理案件通知书、仲裁受理通知书。(《不动产登记资料查询暂行办法》第20条)

(4)有买卖、租赁、抵押不动产意向，或者拟就不动产提起诉讼或者仲裁等，但不能提供上述利害关系证明材料的，可以提交《不动产登记资料查询暂行办法》第8条规定材料，查询相关不动产登记簿记载的下列信息：不动产的自然状况，不动产是否存在共有情形，不动产是否存在抵押权登记、预告登记或者异议登记情形，不动产是否存在查封登记或者其他限制处分的情形。(《不动产登记资料查询暂行办法》第21条)

如果前述当事人委托律师进行查询的，还可以申请查询相关不动产登记簿记载的下列信息：申请验证所提供的被查询不动产权利主体名称与登记簿的记载是否一致，不动产的共有形式，要求办理查封登记或者限制处分机关的名称。(《不动产登记资料查询暂行办法》第22条)

(编写人：魏　云)

法律条文

第二百一十九条　利害关系人不得公开、非法使用权利人的不动产登记资料。

条文主旨

本条是关于利害关系人对于获得的权利人不动产登记资料负有保密等义务的规定。

新旧法对比

《物权法》	《民法典》
无	第二百一十九条　利害关系人不得公开、非法使用权利人的不动产登记资料。

实务问题

《不动产登记暂行条例》第28条规定，查询不动产登记资料的单位、个人应当向不动产登记机构说明查询目的，不得将查询获得的不动产登记资料用于其他目的；未经权利人同意，不得泄露查询获得的不动产登记资料。根据《不动产登记资料查询暂行办法》第25条的规定，利害关系人申请查询的，应当承诺不将查询获得的不动产登记资料、登记信息用于其他目的，不泄露查询获得的不动产登记资料、登记信息，并承担由此产生的法律后果。同时《不动产登记资料查询暂行办法》第30条也规定了查询人违反该办法规定应当承担相关责任的行为方式，其中包括采用提供虚假材料等欺骗手段申请查询、复制不动产登记资料的；泄露不动产登记资料、登记信息的；遗失、拆散、调换、抽取、污损、撕毁不动产登记资料的；擅自将不动产登记资料带离查询场所、损坏查询设备的；因扰乱查询、复制秩序导致不动产登记机构受损失的；滥用查询结果证明的。

（编写人：雷艳智）

法律条文

第二百二十条　权利人、利害关系人认为不动产登记簿记载的事项错误的，可以申请更正登记。不动产登记簿记载的权利人书面同意更正或者有证据证明登记确有错误的，登记机构应当予以更正。

不动产登记簿记载的权利人不同意更正的，利害关系人可以申请异议登记。登记机构予以异议登记，申请人自异议登记之日起十五日内不提起诉讼的，异议登记失效。异议登记不当，造成权利人损害的，权利人可以向申请人请求损害赔偿。

条文主旨

本条是关于不动产登记制度中的更正登记制度和异议登记制度的规定。

新旧法对比

《物权法》	《民法典》
第十九条　权利人、利害关系人认为不动产登记簿记载的事项错误的，可以申请更正登记。不动产登记簿记载的权利人书面同意更正或者有证据证明登记确有错误的，登记机构应当予以更正。 不动产登记簿记载的权利人不同意更正的，利害关系人可以申请异议登记。登记机构予以异议登记的，申请人在异议登记之日起十五日内不起诉，异议登记失效。异议登记不当，造成权利人损害的，权利人可以向申请人请求损害赔偿。	第二百二十条　权利人、利害关系人认为不动产登记簿记载的事项错误的，可以申请更正登记。不动产登记簿记载的权利人书面同意更正或者有证据证明登记确有错误的，登记机构应当予以更正。 不动产登记簿记载的权利人不同意更正的，利害关系人可以申请异议登记。登记机构予以异议登记，申请人自异议登记之日起十五日内不**提起诉讼**的，异议登记失效。异议登记不当，造成权利人损害的，权利人可以向申请人请求损害赔偿。

理解与适用

《民法典》第208条确立了物权公示原则。

实务问题

1. 因不动产登记事项错误而产生的变更错误登记的行政诉讼和因为权属争议而产生的民事诉讼的关系

在刘某木、刘某青等林业行政管理（林业）再审审查与审判监督行政案件[①]中，最高人民法院认为：我国对不动产实行国家统一登记制度，未经依法登记公示的物权，不得对抗善意第三人。但不动产登记，仅仅是权利归属的确认和记

① 最高人民法院（2017）最高法行申8650号。

载,本身并不直接设定物权;设立、变更、转让和消灭不动产物权的,通常只能是买卖、赠与、继承、承包等合同行为或者合法建造等事实行为,以及人民法院、仲裁委员会的法律文书或者人民政府的征收决定等。也就是说,设立、变更、转让和消灭不动产物权的法律行为和事实行为是前因,随之相应发生的不动产物权变动及其登记是结果。因此,当事人之间发生不动产买卖等法律关系,经不动产登记部门依法办理相应的不动产物权变动登记后,一方当事人因反悔等原因对物权变动登记行为提出异议的,不宜在基础民事争议尚未解决的情况下径行提起行政诉讼,一般应先行通过民事等途径解决基于买卖等基础民事法律关系发生的纠纷,或者依据《行政诉讼法》第 61 条规定在提起行政诉讼的同时,申请一并解决相关民事争议,人民法院可以一并审理行政和民事争议。在基础民事争议解决、权利归属明确后,权利人可以持生效法律文书申请不动产登记部门依法变更错误的不动产物权登记。再审申请人所持的“必须按先行后民原则撤销林权证,否则林权证的效力时刻拘束民事争议的裁决程序”的主张,依法不能成立。

2. 异议登记申请人应当在异议登记之日起 15 日内以什么材料证明其“提起诉讼”

《不动产登记暂行条例实施细则》第 83 条第 2 款规定,异议登记申请人应当在异议登记之日起 15 日内,提交人民法院受理通知书、仲裁委员会受理通知书等提起诉讼、申请仲裁的材料;逾期不提交的,异议登记失效。

3. 异议登记失效不影响物权归属争议的实体审理

《民法典物权编解释(一)》第 3 条规定:异议登记因《民法典》第 220 条第 2 款规定的事由失效后,当事人提起民事诉讼,请求确认物权归属的,应当依法受理。异议登记失效不影响人民法院对案件的实体审理。

(编写人:雷艳智)

法律条文

第二百二十一条　当事人签订买卖房屋的协议或者签订其他不动产物权的协议,为保障将来实现物权,按照约定可以向登记机构申请预告登记。预告登记后,未经预告登记的权利人同意,处分该不动产的,不发生物权效力。

预告登记后,债权消灭或者自能够进行不动产登记之日起九十日内未申请登记的,预告登记失效。

条文主旨

本条是关于不动产登记制度中的预告登记制度的规定。

新旧法对比

《物权法》	《民法典》
第二十条　当事人签订买卖房屋或者其他不动产物权的协议，为保障将来实现物权，按照约定可以向登记机构申请预告登记。预告登记后，未经预告登记的权利人同意，处分该不动产的，不发生物权效力。 预告登记后，债权消灭或者自能够进行不动产登记之日起三个月内未申请登记的，预告登记失效。	第二百二十一条　当事人签订买卖房屋**的协议**或者**签订**其他不动产物权的协议，为保障将来实现物权，按照约定可以向登记机构申请预告登记。预告登记后，未经预告登记的权利人同意，处分该不动产的，不发生物权效力。 预告登记后，债权消灭或者自能够进行不动产登记之日起九十日内未申请登记的，预告登记失效。

实务问题

1. 预售商品房抵押贷款中，虽然银行与借款人（购房人）对预售商品房做了抵押预告登记，但该预告登记并未使银行获得现实的抵押权，而是待房屋建成交付借款人后银行就该房屋设立抵押权的一种预先的排他性保全。如果房屋建成后的产权未登记至借款人名下，则抵押权设立登记无法完成，银行不能对该预售商品房行使抵押权。

在中国光大银行股份有限公司上海青浦支行（以下简称光大银行）诉上海东鹤房地产有限公司、陈某绮保证合同纠纷案①中，上海市第二中级人民法院认为：系争房产上设定的抵押预告登记，与抵押权设立登记具有不同的法律性质和法律效力。根据《物权法》等相关法律法规的规定，预告登记后，未经预告登记的权利人同意，处分该不动产的，不发生物权效力。预告登记后，债权消灭或者自能够进行不动产登记之日起三个月内未申请登记的，预告登记失效。即抵押权预告登记所登记的并非现实的抵押权，而是将来发生抵押权变动的请求权，该请求权具有排他效力。因此，上诉人光大银行作为系争房屋抵押权预告登记的权利人，在未办理房屋抵押权设立登记之前，其享有的是当抵押登记条件成就或约定期限届满对系争房屋办理抵押权登记的请求权，并可排他性地对抗他人针

① 载《最高人民法院公报》2014年第9期。

对系争房屋的处分，但并非对系争房屋享有现实抵押权，一审判决对光大银行有权行使抵押权的认定有误，应予纠正。

因此，不动产抵押预登记，并不产生抵押权设立的法律后果，基于抵押预登记的权利是抵押物权之期待权，该期待权利也属债权。最高人民法院关于江西通运房地产开发有限公司、郭某禄商品房销售合同纠纷再审案件①中对此也进行了认可。

2. 预告登记申请人作为被执行人被法院预查封其预告登记的不动产后，预告登记申请人与不动产登记权利人协商解除合同使预告登记失效的，申请执行人不得再申请执行预告登记申请人原预告登记的不动产。

在德辅供应链管理（香港）有限公司、何某申请执行人执行异议之诉再审案件②中，最高人民法院认为，首先，根据最高人民法院、国土资源部、建设部《关于依法规范人民法院执行和国土资源房地产管理部门协助执行若干问题的通知》第 15 条第 3 项的规定，被执行人购买的办理了商品房预售合同登记备案手续或者商品房预告登记的房屋，人民法院可以进行预查封。该通知第 16 条规定："国土资源、房地产管理部门应当依据人民法院的协助执行通知书和所附的裁定书办理预查封登记。土地、房屋权属在预查封期间登记在被执行人名下的，预查封登记自动转为查封登记，预查封转为正式查封后，查封期限从预查封之日起开始计算。"据此可知，预查封区别于正式查封，预查封针对的是被执行人尚不享有物权的土地、房屋等不动产。该案预查封保全的仅是何某基于商品房预售合同对恺泰公司享有的不确定的合同权利。只有在案涉房屋完成本登记，何某取得案涉房屋物权，预查封转为正式查封后，才能对案涉房屋进行拍卖、变卖、折价，以满足德辅公司对何某享有的债权。其次，该案中，案涉房屋在办理权属变更登记前，恺泰公司是该房屋权利人，何某尚未取得该房屋所有权。何某是否交清房屋价款以及是否实际占有该房屋，均不是判断该房屋权属的依据。虽然何某与恺泰公司签订商品房预售合同后，办理了预告登记，但预告登记的效力在于限制或阻却未经预告登记权利人同意对不动产进行处分，以保证预告登记权利人将来取得不动产物权。预告登记权利人并不因办理了预告登记而取得不动产所有权。何某作为预告登记权利人享有的是案涉商品房预售合同约定的条件成就时可要求恺泰公司办理房屋过户登记等债权请求权，其对案涉房屋并不享有物权。二审关于案涉房屋权属的认定符合法律规定。同时，案涉商品房预售合同何某

① 最高人民法院（2019）最高法民再 404 号。

② 最高人民法院（2020）最高法民申 2441 号。

与恺泰公司已经协议解除，并得到人民法院确认。《物权法》第 20 条第 2 款规定："预告登记后，债权消灭或者自能够进行不动产登记之日起三个月内未申请登记的，预告登记失效。"《最高人民法院关于适用〈中华人民共和国物权法〉若干问题的解释（一）》第 5 条规定："买卖不动产物权的协议被认定无效、被撤销、被解除，或者预告登记的权利人放弃债权的，应当认定为物权法第二十条第二款所称的'债权消灭'。"据此，何某基于商品房预售合同对恺泰公司享有的债权已因合同被解除而消灭，相应的预告登记亦随之失效。何某未能取得案涉房屋所有权，德辅公司要求执行该房屋的主张没有法律依据。

因此，在人民法院对不动产预查封状态下，被执行人与不动产登记权利人之间因债权关系消灭而导致预登记失效的，预查封状态也予以失效。

（编写人：雷艳智）

法律条文

第二百二十二条　当事人提供虚假材料申请登记，造成他人损害的，应当承担赔偿责任。

因登记错误，造成他人损害的，登记机构应当承担赔偿责任。登记机构赔偿后，可以向造成登记错误的人追偿。

条文主旨

本条是关于不动产当事人因其过错给他人造成损害的赔偿责任，以及登记机构应当承担的赔偿责任的规定。

新旧法对比

《物权法》	《民法典》
第二十一条　当事人提供虚假材料申请登记，给他人造成损害的，应当承担赔偿责任。 因登记错误，给他人造成损害的，登记机构应当承担赔偿责任。登记机构赔偿后，可以向造成登记错误的人追偿。	第二百二十二条　当事人提供虚假材料申请登记，**造成他人**损害的，应当承担赔偿责任。 因登记错误，**造成他人**损害的，登记机构应当承担赔偿责任。登记机构赔偿后，可以向造成登记错误的人追偿。

实务问题

登记机构因登记错误给"他人"造成损失的，请求赔偿的主体并不仅局限于"房屋所有权人"。

2011年8月22日，姜某富与腾蓬房开公司签订编号为2011-029的《商品房买卖合同》，约定姜某富向腾蓬房开公司购买长顺县国税局旁（县城河坝西侧）长阳二期9幢包括102、202、302、402号在内的预售商品房共计十二套，姜某富向腾蓬房开公司付款1,998,600元，腾蓬房开公司并出具收据给姜某富。合同签订之日，姜某富与腾蓬房开公司按合同约定到长顺县住建局房屋管理所办理了商品房预售合同备案登记，预售合同登记号为2011-029。2013年，长顺县人民法院作出判决①，判令案外人林某、黄某偿还长顺民营担保公司借款和利息共计503,444元以及支付违约金35,000元，腾蓬房开公司承担连带责任。后长顺民营担保公司申请强制执行，长顺县人民法院作出（2014）长执字第26-2号执行裁定书将涉案的501、502、601号作价533,112.41元以物抵债给长顺民营担保公司，不足部分由林某、黄某补交，同时解除对602、701号房屋的查封。姜某富得知以上情况后，于2015年7月1日向长顺县人民法院提出执行异议，长顺县人民法院作出（2015）长执异字第7号执行裁定书，驳回姜某富的异议。姜某富以抵押登记行为侵犯其合法权益为由，于2016年3月14日向龙里县人民法院提起行政诉讼，请求确认长顺县住建局、长顺县政府于2011年12月29日作出的对长顺县城关河坝长阳小区二期9幢房5-6层01、02号房屋（抵押登记号为长寨镇房他字第A0002707号）的抵押登记行为违法；龙里县人民法院作出（2016）黔2730行初23号行政判决，判决确认长顺县政府、长顺县住建局作出的前述抵押登记颁证行政行为违法。后长顺县住建局不服，向一审法院提起上诉，该院作出（2017）黔27行终67号行政判决书，判决驳回上诉，维持原判。

抵押登记行为经法院生效判决确认违法后，姜某富于2017年8月21日向长顺县住建局、长顺县政府申请行政赔偿，并提交了其主张的损失的依据等材料，请求赔偿其经济损失1,998,600元及支付至付清损失1,998,600元之日止的利息。长顺县住建局于2017年10月18日作出长住建行赔字（2017）1号行政赔偿决定书，决定对姜某富不予赔偿。长顺县政府在法定期限内未作出赔偿决定。

姜某富于2018年11月15日向长顺县人民法院提起诉讼，请求解除与腾蓬

① 广西壮族自治区梧州市长洲区人民法院（2013）长民初字第292号。

房开公司签订的商品房买卖合同,并判令腾蓬房开公司返还其已支付的购房款1,998,600元,从其付清全款之日起按银行同期贷款利息支付至全部购房款还请之日为止。长顺县人民法院经审理后,作出(2018)黔2729民初1165号民事判决,判决腾蓬房开公司于判决生效之日起十五日内向姜某富返还购房款1,998,600元;驳回姜某富的其他诉讼请求。该判决现已生效,并已进入执行阶段。后长顺县人民法院作出(2019)黔2729执165号执行裁定书载明:未发现被执行人有财产可供执行。经征询申请执行人李某明的意见,其书面同意终结本次执行程序。遂该院裁定终结本次执行程序。

2019年7月30日,贵州省高级人民法院作出(2018)黔行赔终291号行政赔偿判决书认为,姜某富作为商品房买卖合同的买受人,其涉案房屋经过备案登记,并不当然具有对抗其他物权的效力,其请求权基础仍然是债权请求权。对于姜某富通过民事诉讼救济途径救济其债权并执行不能的事实是否使姜某富对涉案房屋的债权转化为物权期待权。债权受损不属于行政赔偿的范畴。该案中,姜某富因其债权受损请求行政赔偿,无事实基础和法律依据,一审法院以此为由驳回其诉讼请求并无不当,法院予以维持。

2020年9月24日,最高人民法院作出(2020)最高法行赔申176号行政赔偿赔偿裁定书依法再审该案,认定的依据是:因登记机关的错误或违法登记行为给他人造成损失的,受害人有权提出赔偿申请,其中并未限定只有房屋所有权人才有权请求赔偿。姜某富购买的案涉房屋已办理了商品房预售合同备案登记,对案涉房屋享有债权请求权,该项权利亦应受到法律保护,姜某富就其财产损失有权提出赔偿请求。一、二审认定事实不清,适用法律错误。综上,撤销一、二审行政赔偿判决,依法再审该案。

(编写人:雷艳智)

法律条文

第二百二十三条　不动产登记费按件收取,不得按照不动产的面积、体积或者价款的比例收取。

条文主旨

本条是关于不动产登记费用的收取问题的规定。

新旧法对比

《物权法》	《民法典》
第二十二条　不动产登记费按件收取，不得按照不动产的面积、体积或者价款的比例收取。具体收费标准由国务院有关部门会同价格主管部门规定。	第二百二十三条　不动产登记费按件收取，不得按照不动产的面积、体积或者价款的比例收取。

实务问题

本条是在《物权法》立法过程中进行征求意见时，我国许多地方存在不动产登记收费的差异性规定且收费过高，有的地方按照不动产登记的面积收费，有的地方按照不动产登记的买卖合同或者抵押登记的合同标的额为基数进行收费。一般认为，不动产登记机构是非营利性单位，不动产登记工作量也并不会因为不动产登记涉及的合同标的额的增加而增加工作量，因此不动产登记收费不宜与不动产的面积、价款等因素进行关联，并且也容易造成群众的误解与矛盾。据此，从人民利益的角度来考虑，《物权法》立法过程中从国家大法的角度明确了不动产登记的收费标准，同时从行政管理的角度规定具体收费标准由国务院有关部门会同价格主管部门规定。在《民法典》立法时登记机构的实际工作中，早已做到了不动产登记费按件收取，不按照不动产的面积、价款等为标准进行收取，《民法典》的立法为了巩固工作成果对此规定进行了延续，只是删掉了从行政管理的角度规定的具体收费标准由国务院有关部门会同价格主管部门规定。

（编写人：雷艳智）

第二节　动产交付

法律条文

第二百二十四条　动产物权的设立和转让，自交付时发生效力，但是法律另有规定的除外。

条文主旨

本条是关于动产物权的变动以交付作为生效要件的一般性规定，指的是物的直接占有的转移，即一方按照法律行为要求，将物的直接占有转移给另一方的事实。

新旧法对比

《物权法》	《民法典》
第二十三条　动产物权的设立和转让，自交付时发生效力，但法律另有规定的除外。	第二百二十四条　动产物权的设立和转让，自交付时发生效力，但是法律另有规定的除外。

理解与适用

对本条的理解与适用，应注意把握以下几点：

（1）动产物权的设立和转让实行不交付不生效的原则，交付是动产物权变动的必要条件。而交付之所以会导致物权发生变动，是基于当事人之间存在物权变动的合意，如果没有设立和转让物权的合意，仅仅发生交付行为就不会产生物权变动的效力，例如，承揽行为中的交付。同样地，如果仅有当事人之间物权变动的合意，而没有实际的交付行为，则不会发生物权变动的结果（法律另有规定的除外）。

（2）本条仅适用于因法律行为发生的动产物权变动，例如，双方法律行为、单方法律行为、诺成性法律行为、实践性法律行为以及有偿法律行为和无偿法律行为等；而不适用于法律行为以外的原因发生的物权变动，例如以原始取得方式和继承方式取得动产所有权，因为在这些方式下取得动产所有权的，或者不发生交付，或者交付不具有法律意义。且本条所规定的物权变动，主要是指当事人通过合同约定转让动产所有权和设立动产质权两种情况，而留置权只能依法享有，不能由当事人创设，不属于本条调整的范围。

（3）本条所规定的"动产物权的变动以交付作为生效要件"是动产物权变动的一般性规定，同时，《民法典》也规定了在某些特殊情形下以变通方法代替现实交付，例如，简易交付、指示交付和占有改定；此外，对于船舶、航空器和机动车等特殊动产规定了"未经登记不得对抗善意第三人"，即特殊动产以登记而非交付作为物权变动的对抗要件。

（4）本条规定的"法律另有规定的除外"主要指的是：一是《民法典》第226条规定，"动产物权设立和转让前，权利人已经占有该动产的，物权自民事法律行为生效时发生效力"；《民法典》第227条规定，"动产物权设立和转让前，第三人占有该动产的，负有交付义务的人可以通过转让请求第三人返还原物的权利代替交付"；《民法典》第228条规定，"动产物权转让时，当事人又约定由出让人继续占有该动产的,物权自该约定生效时发生效力”。二是本章第3节对主要是对非依法律行为而发生的物权变动问题所作的规定。三是《民法典》物权编第四分编“担保物权”对动产质押权和留置权的相关规定。

(5)判断交付是否完成不一定要看标的物本身是否有实际上的物理空间概念上的转移,例如,甲卖给乙一台电动车,甲将该电动车停放的具体位置告知乙并将电动车钥匙交付给乙,此时,虽甲未实际将电动车的实体交付给乙,但依照通常的交易观念,应认为已完成了现实交付。

(6)交付不一定要由当事人亲力亲为,可以通过其他人完成,例如,甲卖给乙一台电动车,甲指令其保姆丙将该电动车交付给乙,则自丙将电动车交付给乙时,交付即告完成。

实务问题

(1)在司法实践中,本条多适用于案外人对强制执行案件中的案涉执行标的提起执行异议,此时,执行异议申请人通常非案涉标的占有者,其需要举证证明自己才是案涉标的的所有权人、实际占有者并非所有权人,且需要举证证明自己与实际占有者之间的法律关系,例如,出借、出租、承揽等,以此排除强制执行的民事权益。

(2)动产的所有权以占有的方式进行公示,在相关司法判例中,在没有相反证据推翻的情形下,一般应认定动产的占有者即为该动产的所有权人,非占有者主张其为动产的实际所有权人的应当承担举证责任。例如,最高人民法院(2020)最高法民申2622号民事裁定书中(案例来源:中国裁判文书网),龙晟公司实际占有的案涉物品被依法强制执行,案外人柳某森主张其系案涉物品的所有权人,并提交龙晟公司向其出具的《货物收条》予以证明,但最高人民法院再审认为:“虽然《货物收条》上写明物主为柳某森并载明了收货人,柳某森主张其系将案涉物品出借给龙晟公司展览使用,但亦可理解为系柳某森将案涉物品出卖给龙晟公司。因此,柳某森应当进一步举证证明其与龙晟公司之间系借用关系,其提供的《货物收条》不足以证明其对案涉物品享有所有权,其应承担举证不能的不利后果。”

(3)在相关司法判例中,对于货币的权利归属,一般根据货币占有的表象,推定银行账户所有人为货币的权利人,但在货币已特定化,表明货币所有人与占有人相分离的情况下,应以实际的权利人确定货币所有权人。例如,最高人民法院(2020)最高法民申1685号民事裁定书中(案例来源:中国裁判文书网),黄某申请再审称,“案涉被冻结的执行款项是泸州三建司所有的银行存款,货币属于民法上的特殊动产,通说采取'货币占有即所有'原则,该款进入泸州三建司银行账户,泸州三建司即取得该款所有权,不因该款的用途而改变所有权。该款尚未交付黄某全,黄某全不享有该款的物权或物权期待权等实体权利,不能排除强制执行",最高人民法院再审认为:"本案中,泸州三建司账户中的55万元系剑阁县张王乡人民政府依据其与泸州三建司及黄某全等民工在原晨佳商贸公司申请强制执行前已订立的《农民工工资调解书》,为解决民工工资问题而转入。张王乡政府在之后出具的《农民工工资说明》明确该款系泸州三建司向四川省剑阁县扶贫开发和移民工作局、张王乡政府申请55万元移民专项工程资金用以解决民工工资,并附相应民工姓名及工资列表。由此可知,案涉55万元系张王乡政府以移民专项工程资金支付的40名民工工资,与泸州三建司能够自行支配的其他货币资金不能等同,其款项性质已特定化为民工工资,泸州三建司仅是资金占有人,其对该款不享有所有权。"

(编写人:魏美玲)

法律条文

第二百二十五条　船舶、航空器和机动车等的物权的设立、变更、转让和消灭,未经登记,不得对抗善意第三人。

条文主旨

本条是关于特殊动产物权的变动以交付作为生效要件、以登记作为对抗要件的规定。本条延续了《海商法》《民用航空法》《道路交通安全法》关于"船舶、航空器和机动车所有权的取得、转让和消灭应当向有关机关登记,未经登记不得对抗善意第三人"的规定,并肯定此类动产以交付作为生效要件,既保持了法律的稳定性,同时增加了交易的便捷性,而以登记作为对抗要件则维护了登记的公信力,保护了善意第三人的权益。

新旧法对比

《物权法》	《民法典》
第二十四条　船舶、航空器和机动车等物权的设立、变更、转让和消灭,未经登记,不得对抗善意第三人。	【内容不变】第二百二十五条

理解与适用

对本条的理解与适用,应注意把握以下几点:

(1)船舶、航空器和机动车等特殊动产物权的变动以"合意+交付"为生效要件,而登记作为对抗要件,如果物权的变动未在登记部门进行登记,虽然在当事人之间已发生物权变动的效力,但该等物权变动不产生社会公信力,不得对抗善意第三人。

(2)所谓善意第三人,是指不知道也不应当知道船舶、航空器和机动车等特殊动产物权发生了变动的物权关系相对人,主要包括:以取得所有权为目的的相对人、抵押权人、质押权人和留置权人。虽然未经登记不得对抗善意第三人,但当善意第三人自愿放弃利益不再主张权利时,在不违反公序良俗的前提下,应允许善意第三人承认这种未经登记的物权变动的效力。也就是说,船舶、航空器和机动车等特殊动产物权变动未经登记不能对抗的法律效果,必须在有善意第三人主张时才能发生。

(3)当船舶、航空器和机动车等特殊动产物权的变动已经达成合意且已进行变更登记的,即便未交付也应当认定物权变动已生效,因为此类特殊动产物权在办理物权登记时,相关部门已对物权的来源进行必要的合理审查,且此时的物权变动可以对抗任何第三人包括善意第三人。

(4)当船舶、航空器和机动车等特殊动产物权的变动已经达成合意,且已交付并进行变更登记的,可以对抗任何第三人包括善意第三人。

实务问题

在司法实践中,当事人可以依据相关合同、付款凭证、实际占有使用的相关证据等主张其为相关船舶、航空器和机动车等特殊动产的实际所有权人,否定登记权利人的所有权。

(1)例如,江苏省高级人民法院(2019)苏民再345号民事判决书中,再审撤销了一审二审判决,认为:"朱某华提起本案诉讼请求大德物业返还案涉车辆,依据的是车辆初始登记证明。车辆作为特殊动产,登记产生的仅是对抗效力,登记本身并不是物权取得的依据。根据大德物业在本院再审审查期间提交的询问笔录,结合大德物业在二审期间提交的2008年12月13日朱某华与汽车销售公司就案涉车辆签订的销售合同、朱某华支付购车定金及购车款计289,000元的收款收据和刷卡凭证,以及二审庭审中朱某华代理人陈述车辆变更到大德物业之前每年的罚款、年检、保险费用均是朱某华负担,足以证明案涉车辆系由朱某华出资购置,朱某华仅依车辆初始登记不能证明其是案涉车辆的实际所有权人,其要求大德物业返还案涉车辆的诉讼请求,缺乏法律依据。”

(2)黑龙江省高级人民法院(2018)黑民终309号民事判决书中认定:“关于王某君是否具有案涉车辆的所有权的问题。通过王某君提交的《车辆买卖协议书》、刷卡消费记录、强制险抄单、车辆保养结算单等书证,并结合当事人陈述,徐延国通过抵债方式将案涉车辆抵顶王某君,证实王某君实际支付购车款的事实。在徐延国与王某君签订《车辆买卖协议书》后,王某君于2015年4月11日开始对案涉车辆进行保养,能够证实自此开始实际占有使用,其并于2016~2017年以王某君的名称交纳保险费等事实,证实该车辆至今仍有其实际占有使用的事实。依照《物权法》第23条之规定,动产物权的设立和转让,自交付时发生效力,王某君至少于2015年4月11日,已经取得了该案涉车辆的所有权。”

善意第三人不包括一般债权人。例如,黑龙江省高级人民法院(2018)黑民终309号民事判决书中认定,关于王某君享有的民事权益能否阻却执行的问题。王某君享有案涉车辆的所有权,但王某君一直未进行变更登记,现该案涉车辆仍登记为徐某国,虽然《物权法》第24条规定,机动车物权的设立、变更、转让和消灭,未经登记,不得对抗善意第三人,但申太公司作为一般的债权人,在不享有对该特殊动产直接排他性权利的前提下,不能对抗已经取得物权的买受人,其不属于善意第三人的范围。

在司法实践中,机动车等特殊动产已经交付但尚未办理登记的,人民法院在强制执行中,不应查封、扣押、冻结,即不能成为强制执行债权的标的;机动车等特殊动产已经交付但尚未办理登记的,人民法院对该动产登记所有权人强制执行并对该动产查封、扣押、冻结的,已取得动产所有权的权利人有权提起执行异议,阻却法院执行。

(编写人:魏美玲)

法律条文

第二百二十六条　动产物权设立和转让前,权利人已经占有该动产的,物权自民事法律行为生效时发生效力。

条文主旨

本条是关于简易交付的规定,是设立或者转让动产物权时的一种特殊的情形,即物权的受让人已经取得了动产的占有,而后又与动产的所有权人达成转移所有权或者设定质权合同的情形,此时当转移所有权或者设定质权合同生效时,物权的变动生效。

新旧法对比

《物权法》	《民法典》
第二十五条　动产物权设立和转让前,权利人已经依法占有该动产的,物权自法律行为生效时发生效力。	第二百二十六条　动产物权设立和转让前,权利人已经占有该动产的,物权自民事法律行为生效时发生效力。

理解与适用

对本条的理解与适用,应注意把握以下几点:

在简易交付中,受让人须于动产物权变动前先行占有该动产,例如,租赁、委托、保管、质权等原因,不论受让人基于何种原因占有该动产,且不论受让人的占有是否合法,均不影响简易交付的发生和效力。对此,《民法典》对《物权法》第25条规定进行了修改,不再以"依法"占有作为简易交付适用的前提。也就是说,即便受让人是通过盗窃而占有动产,当出让人与受让人之间就该动产物权转让的合意生效时,物权变动即通过简易交付而发生效力。

简易交付的生效以当事人之间关于物权变动的合同生效为要件,但物权变动的合同并不必然与简易交付同时生效。

实务问题

认定物权变动生效不以订立书面合同为必要条件,事实上的合同关系可以作为简易交付生效的条件,此时主张简易交付已依据事实上的合同关系生效的一方须注意留存证明事实上的合同关系存在的证据。

物权变动的合同并不必然与简易交付同时生效,还应根据具体的合同约定判定,且合同中关于物权变动的表述应当明确,例如,乙已占有甲的电脑,甲乙签订合同约定甲将电脑向乙出售,自乙付清价款时交货,则在乙付清价款之前,虽买卖合同已生效,但并不发生简易交付的效力,在乙付清价款之前,甲仍是电脑的所有权人,相关案例:最高人民法院(2016)最高法民申2709号民事裁定书(案例来源:中国裁判文书网),在实务中,建议在起草此类合同时注意对标的物占有状态的、交付条件及交付方式等进行明确清晰的表述。

(编写人:魏美玲)

法律条文

第二百二十七条　动产物权设立和转让前,第三人占有该动产的,负有交付义务的人可以通过转让请求第三人返还原物的权利代替交付。

条文主旨

本条是关于动产物权指示交付的规定,指示交付又称返还请求权的让与,本条所称的"第三人"是指能够对转让的标的动产进行物理意义上直接占有和控制的一方,如根据租赁协议、借用协议、保管协议或质押协议而占有动产的人,第三人占有动产的原因不以合法占有或者有权占有为必要条件。也就是说,不具备法律上的正当原因而占有动产的无权占有人也在本条的适用范围之内。

新旧法对比

《物权法》	《民法典》
第二十六条　动产物权设立和转让前,第三人依法占有该动产的,负有交付义务的人可以通过转让请求第三人返还原物的权利代替交付。	第二百二十七条　动产物权设立和转让前,第三人占有该动产的,负有交付义务的人可以通过转让请求第三人返还原物的权利代替交付。

理解与适用

对本条的理解与适用,应注意把握以下几点:

(1)必须在物权变动前由第三人占有该动产,《民法典》对《物权法》第26条规定进行了修改,不再以"依法"占有作为指示交付适用的前提,例如,甲将自己的电动车出售给乙,该电动车被丙盗去,甲向乙转让其对于丙的返还原物请求权来代替实际交付,丙是本条所指的"第三人",但具体到实践中,受让人购买此类被盗的、现实交付存在困难的标的并不常见。

(2)在指示交付中,让与人所让与的返还请求权包括债权请求权和物权请求权,此时若第三人基于侵权行为等无权占有该动产,出让人应当将其基于与第三人之间合同关系享有的债法上的请求权让与受让人,此时让与人在指示交付时应当将其针对第三人享有的任何合同上的返还请求权都让与给受让人。

(3)当让与人转让的返还请求权性质上属于债权请求权的范畴时(如基于租赁合同、借用合同、保管合同、质押合同等合同关系而转让的返还请求权),此时让与人转让的返还请求权本质上属于债权转让,让与人应当履行通知第三人的义务，但当第三人为无权占有的情形下，让与人转让的为基于所有权的物上请求权，不涉及让与人的通知义务。

实务问题

（1）受让方在受让通过指示交付方式交付的标的物时，建议在签订的相关合同中明确让与人的通知义务以及指示交付客观上无法实现时的处理方式，以保障受让方实际取得标的物的权益。

（2）让与人所让与的返还请求权并不限定于对特定第三人的返还请求权，也包括不特定第三人的返还请求权，例如，甲的电动车被盗窃，甲不知由何人占有，此时甲享有的返还请求权也可以让与。

（编写人：魏美玲）

法律条文

第二百二十八条　动产物权转让时，当事人又约定由出让人继续占有该动产的，物权自该约定生效时发生效力。

条文主旨

本条是关于动产物权占有改定的规定，占有改定即出让人自己保留直接占有，而为受让人创设间接占有以代替现实交付的一种变通方法。占有改定是以承认间接占有为前提的，其基于的是某种法律关系而对物进行间接的控制，例如出租人对租赁标的物就是间接占有。

新旧法对比

《物权法》	《民法典》
第二十七条　动产物权转让时，双方又约定由出让人继续占有该动产的，物权自该约定生效时发生效力。	第二百二十八条　动产物权转让时，当事人又约定由出让人继续占有该动产的，物权自该约定生效时发生效力。

理解与适用

对本条的理解与适用，应注意把握以下几点：

（1）占有改定以让与人客观上实际占有动产为必要条件，这是占有改定区分于简易交付、指示交付这两类特殊交付方式的要素。

(2)让与人与受让人之间必须达成转移动产物权的合意,一般可通过买卖或者让与担保设定,使受让人取得动产所有权,受让人基于所有权的取得而实现对动产的间接占有。

(3)让与人与受让人之间还需要另行设定某种使得让与人有权继续占有动产的法律关系,例如租赁、保管、借用等,通常需要双方之间存在明确的约定,否则将无法认定为占有改定,让与人的继续占有将可能变更为无权占有。

实务问题

(1)在占有改定的情形下,由于动产物权转移后,动产仍实际被让与人占有,此时在起草相关协议时应当注意保护受让人的权益,例如,让与人不得处分动产,不得在动产物权上设定权利限制,当让与人在司法案件中成为被执行人时,该动产不能被强制执行,并且要注意明确约定让与人的违约责任。

(2)在占有改定的情形下,若让与人在继续占有动产期间处分了动产的,构成物权处分,此时受让动产的第三人符合善意取得的有关规定的,则根据《民法典》第311条的规定,将认定善意第三人取得了动产物权,此时受让人有权向让与人主张权利。

(3)不得以占有改定的方式设定质权,即让与人不得因"占有改定系动产交付的有效方式之一"就以占有改定的方式将动产为受让人设定质权,这是由于在占有改定的情况下,质物实际上仍由出质人(让与人)占有,质权人未实际占有和控制质物,质权的担保功能无法实现。

(编写人:魏美玲)

第三节　其他规定

法律条文

第二百二十九条　因人民法院、仲裁机构的法律文书或者人民政府的征收决定等,导致物权设立、变更、转让或者消灭的,自法律文书或者征收决定等生效时发生效力。

条文主旨

本条规定的是基于公权力的行使而使物权发生变动的情形,依照本条规定,当因国家司法裁判权的行使、仲裁裁决以及国家行政管理权等公权力的行使导致物权的设立、变更、转让或者消灭，不经登记或交付，物权变动可以直接生效，人民法院、仲裁机关或者行政机关作出法律文书的生效时间就是当事人的物权设立、变动的时间。

新旧法对比

《物权法》	《民法典》
第二十八条　因人民法院、仲裁委员会的法律文书或者人民政府的征收决定等，导致物权设立、变更、转让或者消灭的，自法律文书或者人民政府的征收决定等生效时发生效力。	第二百二十九条　因人民法院、仲裁**机构**的法律文书或者人民政府的征收决定等，导致物权设立、变更、转让或者消灭的，自法律文书或者征收决定等生效时发生效力。

理解与适用

对本条的理解与适用，应注意把握以下几点：

（1）导致物权变动的人民法院判决、仲裁裁决的内容必须直接为当事人创设或者变动物权，根据《民法典物权编解释（一）》第7条的规定，“人民法院、仲裁机构在分割共有不动产或者动产等案件中作出并依法生效的改变原有物权关系的判决书、裁决书、调解书，以及人民法院在执行程序中作出的拍卖成交裁定书、变卖成交裁定书、以物抵债裁定书，应当认定为民法典第二百二十九条所称导致物权设立、变更、转让或者消灭的人民法院、仲裁机构的法律文书”，明确了能够导致物权变动的法律文书指形成性文书，给付性文书和确认性文书不能导致物权变动。

（2）由于法院的判决或者仲裁机关的仲裁裁决所针对的只是具体当事人，对当事人以外的第三人来说公示力较弱，根据《民法典》第232条的规定，“处分依照本节规定享有的不动产物权，依照法律规定需要办理登记的，未经登记，不发生物权效力”，因此，对于依照人民法院判决、仲裁裁决而享有的物权，在处分时，如果法律规定需要办理登记的，未经登记，不发生物权效力。

实务问题

（1）在实践中，若权利人依照人民法院判决或者仲裁机关的仲裁裁决享有所有权，且相关法律规定需要办理登记的，权利人可持相关的生效判决、仲裁裁决办理相关变更登记手续；若因该动产或不动产仍登记在其他主体名下导致被人民法院查封的，权利人可依法申请解除查封。

（2）因人民法院、仲裁机构或者政府行使公权力导致物权变动的情况下，由于物权的变动不以登记和交付作为生效要件，实践中在新权利人取得所有权之后至办理登记或交付之前，若原权利人将该动产或不动产转让给善意第三人的，依据公信原则，出于对权利登记或动产占有状态的信赖而从原权利人处受让该动产或不动产的第三人，可以对抗和排斥真正权利人的物权，人民法院对该善意第三人的权利请求，应依法予以支持。因此，新权利人取得所有权后应当尽快办理登记或占有。

（编写人：魏美玲）

法律条文

第二百三十条　因继承取得物权的，自继承开始时发生效力。

条文主旨

本条是关于通过继承而取得物权的规定，根据《民法典》第 1121 条第 1 款规定，“继承从被继承人死亡时开始”，这里的死亡包括自然死亡，针对宣告死亡的情形，自判决所确定的死亡之时继承开始。

新旧法对比

《物权法》	《民法典》
第二十九条　因继承<u>或者受遗赠</u>取得物权的，自继承<u>或者受遗赠</u>开始时发生效力。	第二百三十条　因继承取得物权的，自继承开始时发生效力。

理解与适用

对本条的理解与适用，应注意把握以下几点：

（1）根据《民法典》第 1124 条第 2 款规定，“受遗赠人应当在知道受遗赠后六十日内，作出接受或者放弃受遗赠的表示；到期没有表示的，视为放弃受遗赠”，这是由于遗赠属于法律行为，受遗赠人需要有是否接受遗赠的意思表示，否则遗赠不能生效，因此《民法典》删去了“受遗赠取得物权的，自受遗赠开始时发生效力”的规定。

（2）继承属于法律事实中的事件，因继承取得物权的，不以登记或者交付为条件，继承人自继承开始时即取得物权，另外根据《民法典》第 232 条规定，因继承而取得物权，如果涉及的遗产依照法律规定需要办理登记的，在继承人未办理登记之前其处分行为不发生效力。

(3)根据《民法典》第1121条第1款规定，“继承从被继承人死亡时开始”，对于宣告死亡的情形，继承应自判决所确定的死亡之时开始。

实务问题

在司法实践中，继承人在因继承取得物权后，若因实际取得、占有遗产而与其他人发生争议的，应当注意起诉时的案由，例如，母亲去世后留下一套房产，由父亲管理和使用，二者均未设立遗嘱，父亲去世后，大女儿使用父母遗留的房产，二女儿一直在国外，几十年后二女儿回国向法院提起诉讼，假设此时二女儿以“要求判令该房产由大女儿和二女儿共同共有”或者其他与“侵害继承权”相关的诉讼请求起诉，则大女儿会以诉讼时效作为抗辩；但如果二女儿以“分割共有财产”为由提起诉讼，因自父母去世时房产就归属姐妹二人共有，请求分割共有财产不适用诉讼时效，二女儿的权益就会得到维护和实现。①

（编写人：魏美玲）

法律条文

第二百三十一条　因合法建造、拆除房屋等事实行为设立或者消灭物权的，自事实行为成就时发生效力。

条文主旨

本条是关于因事实行为发生物权变动的规定，依照本条规定，由事实行为而导致的物权的设立或者消灭，自事实行为成就时发生效力。所谓事实行为，是指不以意思表示为要素的能够产生民事法律后果的法律事实，这些事实行为不以人的意思表示作为生效的要素或者必要条件。

新旧法对比

《物权法》	《民法典》
第三十条　因合法建造、拆除房屋等事实行为设立或者消灭物权的，自事实行为成就时发生效力。	【内容不变】第二百三十一条

① 最高人民法院(2017)最高法民再135号。

理解与适用

对本条的理解与适用,应注意把握以下几点:

(1)依法建造房屋取得物权的,属于基于法律行为以外的原因原始取得物权,建造人于建造房屋的行为成就之时取得物权,不以登记为要件,但由于法律规定不动产应当办理登记,因此,物权人原始取得所有权后还应当依法登记,未办理登记的,其后建造人处分房屋的行为将不能发生效力。

(2)并不是所有的事实行为都可以发生物权变动的效果,基于事实行为发生的物权变动,必须符合法律规定的构成要件,例如,合法建房取得物权应具备如下条件:一是取得了合法的土地权利;二是必须有合法的建房手续,且所建房屋符合规划要求,违章建筑不能取得物权;三是已经建成房屋,如果房屋尚在建设中,则不能取得物权。

实务问题

在房地产合作开发等案例中,通常根据事实开发建造行为的主体、出资主体来认定不动产的权利人,若当事人之间签订了合作开发协议,约定共同开发,但在实际履行中,仅其中一方实际出资并实施了建造行为的,人民法院将认定该出资并建造的一方取得物权。①

(编写人:魏美玲)

法律条文

第二百三十二条　处分依照本节规定享有的不动产物权,依照法律规定需要办理登记的,未经登记,不发生物权效力。

条文主旨

本条是关于未经登记取得的不动产物权进行处分时的限制性规定,例如前述的因法院判决、仲裁裁决、政府征收决定、继承及合法建造房屋等直接取得物权的,在权利人后续处分该不动产时,未经登记不发生物权变动的效力。

---

① 最高人民法院(2020)最高法民申7018号。

新旧法对比

《物权法》	《民法典》
第三十一条　依照本法第二十八条至第三十条规定享有不动产物权的，处分该物权时，依照法律规定需要办理登记的，未经登记，不发生物权效力。	第二百三十二条　**处分**依照本**节**规定享有**的**不动产物权，依照法律规定需要办理登记的，未经登记，不发生物权效力。

理解与适用

对本条的理解与适用，应注意把握以下几点：

（1）根据《民法典》第229条至第331条发生的不动产物权变动，在登记前已经发生效力，因此本条中的登记没有设立物权的效力，而是将已经发生的不动产物权变动对外公示。

（2）本条中的登记，是对物权人进一步处分不动产的要求，但如果物权人自房屋建造完成后始终未办理登记，也始终未处分房屋，法律仍允许并保护物权人的权属；若物权人进一步处分不动产的，需先对该不动产办理登记手续，将取得的不动产物权纳入不动产登记，然后再进行处分，否则不发生物权变动的效力。

（3）依照本条规定，只有法律规定需要办理登记的不动产物权，才受到本条的限制，而根据现行法律法规规定，并非所有的不动产物权均需办理登记，例如土地承包经营权就属于法律未规定需办理登记的不动产物权，因此，当权利人在依照《民法典》物权编第2章第2节的规定，非经登记取得土地承包经营权后，其处分行为不需以登记为生效要件，但根据《民法典》第335条规定，未经登记，不得对抗善意第三人。

（4）权利人依照《民法典》物权编第2章第2节的规定非经登记取得的不动产物权，若该不动产已经存在先前已登记的权利人的，在新权利人办理登记前，原权利人处分该不动产并被善意第三人取得的，善意第三人取得该不动产的所有权受到保护。

实务问题

权利人依照《民法典》物权编第2章第2节的规定非经登记取得的不动产物权，即便权利人暂时没有处分该不动产的意愿的，也应当尽快办理登记，以免原权利人基于登记的公信力无权处分损害新权利人的合法权益。

土地承包经营权自承包合同生效时设立，宅基地使用权人依法对集体所有的土地享有占有和使用的权利，有权依法利用该土地建造住宅及附属设施，根据《民法典》第 365 条规定，已经登记的宅基地使用权转让或者消灭的，应当及时办理变更登记或者注销登记，但并未明确宅基地使用权采取登记生效。

（编写人：魏美玲）

第三章　物权的保护

法律条文

第二百三十三条　物权受到侵害的,权利人可以通过和解、调解、仲裁、诉讼等途径解决。

条文主旨

本条是关于物权纠纷解决方式的规定,当物权受到侵害时,享有物权的权利人可以根据实际情况选择和解、调解、仲裁、诉讼等救济途径进行解决。

新旧法对比

《物权法》	《民法典》
第三十二条　物权受到侵害的,权利人可以通过和解、调解、仲裁、诉讼等途径解决。	【内容不变】第二百三十三条

理解与适用

我国建立了和解、调解、仲裁、诉讼等多元化的民间纠纷解决机制,当事人在发生物权纠纷时可以根据实际情况选择更为便宜的方式。

(1)和解,是当事人在没有第三方参与的情况下,基于平等自愿原则协商后就物权纠纷解决达成一致,并形成和解协议,是权利人自行行使民事权利处分权的行为。该纠纷解决方式保密性强、比较灵活,且无论诉前、诉中,还是执行阶段均可进行和解。当一方当事人拒不履行双方私下达成的和解协议时,对方当事人一般无权申请公权力机构予以强制执行,法律法规另有规定的除外,如依据《最高人民法院关于执行和解若干问题的规定》第 18 条规定:“执行和解协议中约定担保条款,且担保人向人民法院承诺在被执行人不履行执行和解协议时自愿接受直接强制执行的,恢复执行原生效法律文书后,人民法院可以依申请执行人申请及担保条款的约定,直接裁定执行担保财产或者保证人的财产。”

(2)调解,是在当事人自愿、平等的基础上,通过第三方的调停就所涉纠纷达成协议,由法院和仲裁机构作出的生效调解书具有强制执行力。根据《人民调解法》规定:人民调解委员会调解民间纠纷不收取任何费用,经人民调解委员会调解达成调解协议的,可以制作调解协议书。当事人认为无须制作调解协议书的,可以采取口头协议方式,人民调解员应当记录协议内容。经人民调解委员会调解达成调解协议后,当事人之间就调解协议的履行或者调解协议的内容发生争议的,一方当事人可以向人民法院提起诉讼。经人民调解委员会调解达成调解协议后,双方当事人认为有必要的,可以自调解协议生效之日起30日内共同向人民法院申请司法确认,人民法院应当及时对调解协议进行审查,依法确认调解协议的效力。人民法院依法确认调解协议有效,一方当事人拒绝履行或者未全部履行的,对方当事人可以向人民法院申请强制执行。

(3)仲裁,是当事人事先就可能产生的纠纷解决达成仲裁协议,当纠纷发生时通过事先选定的仲裁委员会使用选定的仲裁语言解决纠纷的争议解决方式,仲裁员可以由当事人推选。根据《仲裁法》第4条的规定:当事人采用仲裁方式解决纠纷,应当双方自愿,达成仲裁协议。没有仲裁协议,一方申请仲裁的,仲裁委员会不予受理。第6条规定:仲裁委员会应当由当事人协议选定。第9条规定:仲裁实行一裁终局的制度。裁决作出后,当事人就同一纠纷再申请仲裁或者向人民法院起诉的,仲裁委员会或者人民法院不予受理。裁决被人民法院依法裁定撤销或者不予执行的,当事人就该纠纷可以根据双方重新达成的仲裁协议申请仲裁,也可以向人民法院起诉。

(4)诉讼,是物权人依据《民事诉讼法》规定,向有管辖权的人民法院请求保护其合法权益,最终由法院对争议进行裁决的争议解决方式。根据《诉讼费用交纳办法》第2条规定,当事人进行民事诉讼、行政诉讼需交纳诉讼费用。对方当事人拒不执行法院生效的判决的,可以申请法院强制执行。

此外,需注意在和解、调解、仲裁、诉讼四种救济途径之外,权利人还可以根据《民法典》等其他法律规定,通过正当防卫、紧急避险等合法的私力救济方式进行自我救济。

实务问题

1. 主合同约定的争议解决方式为仲裁,补充协议没有约定争议解决方式,仲

裁机构是否可对主合同和补充协议一并进行仲裁

当事人自愿达成合法有效协议或仲裁条款选定仲裁机构解决其争议纠纷，是采用仲裁方式解决争议纠纷的前提。如果当事人没有约定其争议纠纷由该仲裁机构解决，通常情况下，该仲裁机构无权受理该争议纠纷。但存在主合同与补充协议的情形时，当事人在主合同中约定其争议纠纷由仲裁机构解决，对于没有约定争议纠纷解决方式的补充协议可否适用该约定，其关键在于主合同与补充协议之间是否具有可分性。如果主合同与补充协议之间是相互独立且可分，那么，在没有特别约定的情况下，对于两个完全独立且可分的合同，其争议解决方式应按主合同或补充协议约定处理。如果补充协议是对主合同内容的补充，必须依附于主合同，而不能独立于主合同存在，那么主合同所约定的争议解决条款也适用于补充协议。[①]

2. 主合同与补充协议约定的争议解决方式不一致时如何处理

若当事人在补充协议中明确对主合同中约定的争议解决方式进行变更，则主合同中的争议解决条款失效，按照补充协议约定确定争议解决方式。

若补充协议未明确是对主合同中约定的争议解决方式进行变更时，则要区别补充协议与主合同之间是否具有可分性。如果主合同与补充协议之间相互独立且可分，那么，在没有特别约定的情况下，对于两个完全独立且可分的合同，其争议解决方式应分别按合同及补充协议约定处理。如果补充协议是对主合同内容的补充，必须依附于主合同，而不能独立于主合同存在，那么主合同所约定的争议解决条款也适用于补充协议，此时则为约定不明确，根据《仲裁法》第 18 条的规定，仲裁协议对仲裁事项或者仲裁委员会没有约定或者约定不明确的，当事人可以补充协议；达不成补充协议的，仲裁协议无效，应将争议提交有管辖权的法院解决。

3. 主债务约定仲裁，而债权人直接起诉保证人承担保证责任的不予支持

当主合同约定了仲裁管辖，而在保证合同没有约定仲裁管辖的情况下，原则上应当先行通过当事人协商一致或者经仲裁对主债务的范围作出确认，如果债权人只对保证人提起诉讼，保证人以主合同的约定和履行情况进行抗辩，必然会涉及法院对于已经约定仲裁裁决的争议事项能否进行审理和裁判的问题，这既涉及约定仲裁管辖当事人的仲裁程序选择权，也涉及人民法院审判权的行使范围。故在主债务未经过仲裁裁决确定的情况下，债权人直接起诉要求保证人承

① 最高人民法院(2015)执申字第 33 号；江苏省常州市中级人民法院(2020)苏 04 民特 103 号。

担保证责任的应不予支持。①

（编写人：霍丹欣）

法律条文

第二百三十四条　因物权的归属、内容发生争议的，利害关系人可以请求确认权利。

条文主旨

本条完全沿用了《物权法》第33条规定，本条是对物权确认请求权的规定，请求确认权利是物权保护的最基本方式。物权归属或者内容发生争议，物权人等利害关系人可以请求有关行政机关、人民法院等部门确认该物权的归属或者内容。

新旧法对比

《物权法》	《民法典》
第三十三条　因物权的归属、内容发生争议的，利害关系人可以请求确认权利。	【内容不变】第二百三十四条

理解与适用

根据《民事案件案由规定》的规定，物权确认纠纷项下子案由包括所有权确认纠纷、用益物权确认纠纷、担保物权确认纠纷三项。据此，当所有权、用益物权、担保物权的归属及物权内容范围发生争议时，利害关系人均可以请求有权机关确认权利。

本条规定的物权确认请求权的启动主体是利害关系人。利害关系人是指与特定的物就物权的归属和内容有物权法律关系的人。② 物权争议中的各方均享有本条所规定的确认请求权，他们都可以向有权机关提出物权确认的请求，即利害关系人可能是物权人也可能不是。如不动产登记信息的利害关系人包括交易当事人及其他与登记权利人有法律上纠纷的人。

物权确认的依据包括物权设立、变更、转让和消灭的相关依据。例如：《民法

① 最高人民法院（2015）民二终字第125号。
② 福建省高级人民法院（2020）闽民申1617号。

典》第216条第1款规定："不动产登记簿是物权归属和内容的根据。"《民法典物权编解释（一）》第2条规定："当事人有证据证明不动产登记簿的记载与真实权利状态不符、其为该不动产物权的真实权利人，请求确认其享有物权的，应予支持。"《民法典》第224条规定："动产物权的设立和转让，自交付时发生效力，但是法律另有规定的除外。"《民法典》第229条规定："因人民法院、仲裁机构的法律文书或者人民政府的征收决定等，导致物权设立、变更、转让或者消灭的，自法律文书或者征收决定等生效时发生效力。"

实务问题

根据"谁主张，谁举证"的民事举证责任规则，提起物权确认诉讼的当事人应承担其是该物权的"真实权利人"的举证责任。

实践中，利害关系人可以根据物权的具体情况，同时依据本条及《民法典》第235条至第238条等相关法律规定，选择在请求确认物权归属的同时，请求返还原物、赔偿损失等，以最大限度地保护物权人的合法权利。

（编写人：霍丹欣）

法律条文

第二百三十五条　无权占有不动产或者动产的，权利人可以请求返还原物。

条文主旨

返还原物请求权，是物权人在其财产被他人无权占有的情况下，保护其作为物权人对该物权享有的合法占有权的一项基本权利。无权占有是指没有法律根据、没有合同依据占有他人的物，包括自始物权占有和占有依据合法灭失后变更为无权占有。物权人的物，基于非法原因被他人侵占，物权人有权请求返还原物，使物复归于物权人事实上的支配。

新旧法对比

《物权法》	《民法典》
第三十四条　无权占有不动产或者动产的，权利人可以请求返还原物。	【内容不变】第二百三十五条

理解与适用

本条规定的返还原物请求权是一项权利人保护其对物权的占有支配权的基本权利，权利人可以依据权利基础要求无权占有人返还原物。本条中权利人不仅包括所有权人，也包括用益物权人等其他权利主体。

本条中无权占有人，既包括恶意的无权占有人，也包括善意无权占有人，只要其对动产或不动产的占有没有法律依据、合同约定，权利人就可向其行使权利，而无须举证证明其是善意还是恶意。

实务问题

实践中有如下问题需要注意：

（1）根据《民法典》第 460 条规定，不动产或者动产被占有人占有的，权利人除可以请求返还原物外，如产生孳息的，权利人还可以请求返还孳息。

（2）根据《民事诉讼法》第 67 条及《民事诉讼法解释》第 91 条所确立的“谁主张，谁举证”原则，权利人应证明原物的客观存在、其系原物的权利人及返还义务人无权占有的事实。

（3）根据《民法典》第 196 条第 2 款规定，不动产物权和登记的动产物权的权利人请求返还财产，不适用诉讼时效的规定。据此，未登记的动产物权的权利人请求返还原物，则适用诉讼时效的规定。

（4）行使返还原物请求权仅是物权保护的基本方式之一，具体还需根据被占有的物的状态以及权利人的诉求选择性适用。若动产或不动产被无权占有的状态未致使其在权利人内心的价值严重贬损，或该动产或不动产对权利人而言是具有某种特定意义的特定物，那么权利人一般会根据本条规定行使其民事权利，要求返还原物。同时，权利人还可以在请求返还原物的同时，根据《民法典》相关规定提起损害赔偿、修理、重做、更换等请求，以更好地弥补其损失。若该被他人无权占有的动产或不动产在被无权占有期间，出现对权利人的价值灭失或者物的灭失，如适用本条规定，则会陷入胜诉后执行不能的情况，对此，可直接依法选择请求赔偿等其他救济方式。

（5）在实务中，本条一般与《民法典》第 238 条、第 239 条、第 460 条结合适用。

（编写人：霍丹欣）

法律条文

第二百三十六条　妨害物权或者可能妨害物权的，权利人可以请求排除妨害或者消除危险。

条文主旨

排除妨害与消灭危险均是物权请求权。本条规定赋予权利人对物权正在受到妨害或者致使物权处于可能遭受妨害的危险状态之中时，请求排除妨害或者消除危险。

排除妨害是指物权的行使受到现实或者紧迫的妨碍时，权利人针对妨害物权行使的行为或者事实状态而采取的一种物权保护措施。相对人以非法的、不正当的行为或者以无权施加的设施对权利人的物权造成侵害或妨碍，现实地阻碍了特定物的权利人行使权利时，权利人有权请求排除妨害以使自己的权利恢复物的圆满状态。所谓妨害，是指以占有以外的方法，客观上不法阻碍或者侵害物权的支配状态，其主要情形有：对物的实体侵害、物的侵入、无权使用他人之物、妨碍物权的行使、否定他人对特定物的物权等。

消除危险，是指尚未实际发生妨害但若不消灭某种状态或阻止某种行为则将来必然会发生妨害时，权利人请求相对方采取的消灭可能致使危险发生的因素的救济措施。

新旧法对比

《物权法》	《民法典》
第三十五条　妨害物权或者可能妨害物权的，权利人可以请求排除妨害或者消除危险。	【内容不变】第二百三十六条

理解与适用

排除妨害是权利人针对妨碍物权行使的行为或者事实状态而采取的一种保护措施，排除妨害的目的是消除对物权行使的障碍或侵害，使物权恢复圆满状态，其适用前提是妨害状态的产生原因是非法的、不正当的。

排除妨害需由特定物的权利人提出申请，并举证证明存在妨害物权人的民事权益的持续状态，且该状态具有不正当性。不正当性主要是指没有法律根据、没有合同约定、缺乏合理性，即认定妨害状态主要取决于该种妨害行为是否超过了合理的限度，是否能被当地人们的一般生活观念所接受。轻微的妨害是社会生活中难免的，不承担排除妨碍责任，邻里间亦应在合理限度内承担相互容忍的义务。[①] 消除危险是指消除尚未实际发生的但将来必然会发生的妨害，这种危险是指相对人对已知物将来必然造成妨害或损害的行为或者设施状态，危险应当是可以合理预见而不是主观臆测的。遭受的危险或正被妨害的特定物依然存在，是权利人对现时妨害人行使请求权的前提，即这种妨害或危险应当是持续存在的。

实务问题

认定妨害状态主要取决于该种妨害行为是否有合法依据，是否超过了合理的限度，是否能被当地人们的一般生活观念所接受，在实务中对于妨害行为的认定需严谨把握，例如：基于相邻权等物权的特性以及公共利益考虑，物权权利人也负有一定程度的容忍义务，不能滥用排除妨害请求权。

排除妨害及消除危险需具有实际操作的可行性及必要性，是否会进一步损害其他人的合法权益。

（编写人：霍丹欣）

法律条文

第二百三十七条　造成不动产或者动产毁损的，权利人可以依法请求修理、重作、更换或者恢复原状。

条文主旨

本条赋予了权利人在不动产或者动产遭受不法毁损时，选择“修理、重作、更换或者恢复原状”的权利，属于物权补救措施请求权。修理，是指物毁损时，通过采取修复措施使其恢复到毁损之前的状态；重作，是指当物毁损到无法修理复原的情形时，按照与原物相同的材质、用途、价值重新制作，使其达到与毁损前的原物相同的价值；更换，是指物毁损至修理或者重作不能的程度，使用与此物相同的种类物进行更换；恢复原状，是指采取某种措施使遭受毁损的物恢复至毁损前的状态。

---

① 北京市第一中级人民法院(2019)京01民终474号。

新旧法对比

《物权法》	《民法典》
第三十六条　造成不动产或者动产毁损的，权利人可以请求修理、重作、更换或者恢复原状。	第二百三十七条　造成不动产或者动产毁损的，权利人可以**依法**请求修理、重作、更换或者恢复原状。

理解与适用

本条在《物权法》第36条规定的基础上增加了“依法”二字，在《民法典》编纂的过程中有意见提出返还原物、排除妨害、消除危险属于物权请求权，而修理、重作、更换或者恢复原状，在法律性质上不属于物权请求权，而属于债权请求权，实质上是侵权之债。本条增加“依法”二字，以示区分。这里的“依法”是指依照《民法典》侵权责任编及其他相关法律法规的规定，权利人行使请求权必须符合相关法律关于请求权的具体要件等方面的规定。

本条规定的修理、重作、更换或者恢复原状四种救济方式不能同时适用，恢复原状的适用以有修复的可能性与必要性为前提。判断受损财产是否存在修理、重作、更换或者恢复原状的必要，应综合考虑受损财产的实际价值与修理、重作、更换或者恢复原状的经济成本、受损物的性质为不可替代的特定物还是种类物、物的用途等因素，在本条规定的某一种方式足以使得权利人之损失得以弥补的情况下，不得再请求实施本条规定的其他方式。

实务问题

实践中应注意以下问题：

“修理、重做、更换或者恢复原状”须具有可能性和必要性，具体可从经济成本、时间成本、人力成本等各方面进行综合考量。

“修理、重作、更换或者恢复原状”是有先后顺序的，前一种责任方式可以填补被侵权人的损失时，应当选择此种方式。[①] 判断适用何种救济方式应根据物的性质、用途等特性综合考虑，不仅应考虑物的使用价值是否能够恢复，还需考虑物权人的内心情感价值与预期。比如甲的帽子被乙损坏，损坏的位置便于修补且具有维修的价值，通过修补可以使其使用价值恢复。但是，帽子除保暖之用，更多的是增添美丽、装饰自身美貌、彰显自身特点、提升自信的用途，故甲的

① 吉林省双辽市人民法院(2018)吉0382民初1427号。

帽子纵使修补后可以佩戴，但若甲每次看到这顶修补过的帽子时就会想到这是一顶破损的帽子，进而产生不好的情绪并不愿再穿戴，该物的价值在甲的内心就已经被折损，故在可能的情况下，其应当有权不选择修复而直接要求更换。

修理、重作、更换或恢复原状可以与赔偿损失等其他救济方式并用，比如在物被损害后，侵权人及时进行了修理、更换，但是由于物的侵害和修理、更换之间存在时间差，导致该期间物权人不能正常使用物以至于产生了额外的损失，此时物权人就有权同时请求赔偿经济损失。

（编写人：霍丹欣）

法律条文

第二百三十八条　侵害物权，造成权利人损害的，权利人可以依法请求损害赔偿，也可以依法请求承担其他民事责任。

条文主旨

本条赋予了物权权利人因物权受到侵害而导致受损害时，依法请求侵权人承担损害赔偿及其他民事责任的权利。

新旧法对比

《物权法》	《民法典》
第三十七条　侵害物权，造成权利人损害的，权利人可以请求损害赔偿，也可以请求承担其他民事责任。	第二百三十八条　侵害物权，造成权利人损害的，权利人可以**依法**请求损害赔偿，也可以**依法**请求承担其他民事责任。

理解与适用

赔偿损失，是指侵权人向受害人支付一定数额的金钱以弥补其损失的责任方式，赔偿的目的是进行损失补偿。除赔偿损失外，为更全面地保护物权的权利，《民法典》还规定了停止侵害、返还原物、排除妨害、消除危险、修理、重作、更换或者恢复原状、支付违约金、赔礼道歉等其他责任方式，权利人可以根据物权受侵害程度同时选择请求侵权人承担除赔偿损失外其他责任。

本条在《物权法》第37条规定的基础上增加了两个“依法”，在《民法典》编纂的过程中有意见提出返还原物、排除妨害、消除危险属于物权请求权，而赔偿损失、修理、重作、更换或者恢复原状，在法律性质上不属于物权请求权，而属于债权请求权，实质上是侵权之债。本条增加“依法”二字，以示区分[1]。这里的“依法”是指依照《民法典》侵权责任编及其他相关法律的规定，权利人行使请求权必须符合法律关于请求权具体要件等规定。

实务问题

损害赔偿请求权在本质上属于债权请求权，损害物权的赔偿，应符合一般侵权行为的构成要件，未因侵害获益而实际产生了损害后果，是本条适用的前提。

损害赔偿请求权作为债权请求权应适用诉讼时效条款。

根据《民法典》第1184条规定，侵害他人财产的，财产损失按照损失发生时的市场价格或者其他合理方式计算。《民法典》第1183条规定，因故意或者重大过失侵害自然人具有人身意义的特定物造成严重精神损害的，被侵权人有权请求精神损害赔偿。

（编写人：霍丹欣）

法律条文

第二百三十九条　本章规定的物权保护方式，可以单独适用，也可以根据权利被侵害的情形合并适用。

条文主旨

本条是关于物权人可以根据权利被侵害的情形选择单独适用某一种物权保护方式，也可以将多种物权保护方式合并适用的规定。

新旧法对比

《物权法》	《民法典》
第三十八条　本章规定的物权保护方式，可以单独适用，也可以根据权利被侵害的情形合并适用。 侵害物权，除承担民事责任外，违反行政管理规定的，依法承担行政责任；构成犯罪的，依法追究刑事责任。	第二百三十九条　本章规定的物权保护方式，可以单独适用，也可以根据权利被侵害的情形合并适用。

① 参见黄薇主编：《中华人民共和国民法典释义》，法律出版社2020年版，第446页。

理解与适用

物权受到侵害的，当事人可以通过请求确认权利、返还原物、排除妨害、消除危险、修理、重做、更换、损害赔偿等方式保护自己的权利。权利人可以根据物权受侵害的状况请求单独适用某一种物权保护方式，如果一种物权保护方式不足以救济权利人，也可以根据权利所损的情形请求与其他物权保护方式合并适用。

《民法典》删除了《物权法》第 38 条第 2 款“侵害物权，除承担民事责任外，违反行政管理规定的，依法承担行政责任；构成犯罪的，依法追究刑事责任”。但本条款的删除，并不影响侵权人被责令根据行政法律法规承担行政责任，根据《刑法》及其司法解释规定被追究刑事责任。

实务问题

法律不保护在权利上睡觉之人，法院也不能超越当事人的诉讼请求进行裁判，若权利人未能及时主张相应权利则可能导致此后主张相应权利时不被法院支持的风险，因此，建议当事人在物权遭受侵害时，根据物权受侵害的程度，在不存在冲突的前提下，尽可能全面地采取足以救济自身合法权益的多种物权保护方式。

物权人，发现侵权人实施了极为恶劣的物权侵权行为并造成了特别严重损害后果，侵权人的侵权行为有可能构成侵犯财产罪等刑事犯罪的，可以采取向公安机关报案的方式请求依法追究侵权人的刑事责任。

（编写人：霍丹欣）

第二分编　所 有 权

第四章　一 般 规 定

法律条文

第二百四十条　所有权人对自己的不动产或者动产，依法享有占有、使用、收益和处分的权利。

条文主旨

本条是关于所有权基本内容的规定，即所有权包括占有、使用、收益、处分四项权能。

新旧法对比

《物权法》	《民法典》
第三十九条　所有权人对自己的不动产或者动产，依法享有占有、使用、收益和处分的权利。	【内容不变】第二百四十条

理解与适用

所有权是完全物权，是所有人对所有物的永久和充分的物权，所有人以占有、使用、收益、处分或其他任何可能的方式实现的对物的直接支配的权利。当然，这四项权能并非要求所有人同时拥有，比如设定用益物权时就是所有人让渡了对标的物占有、使用、收益的权能。

占有权能，是指所有权人对标的物为事实上管领的权能，它是权利人对标的物进行现实支配的前提和基础。与仅作为事实状态的占有不同，在当事人基于占有权能而占有标的物时，不仅受到占有制度的保护，而且还受到占有背后之本权的保护。使用权能，是指所有权人依标的物的性质或用途，对其加以利用，以满足生活需要的权能。收益权能，是指所有权人收取标的物天然孳息和法定孳息的权能。例如，收取果树结出的果实，收取租金、利息等。在此需要注意的是，收益权能作为财产权利的内容，非所有权人独享，这也是用益物权的主要内容之一。处分权能，是指所有权人对标的物进行处置，从而决定标的物权属变化或者物理形态变化的权能。应该说，处分权能是所有权的核心内容，具体而言，处分权能包括事实上的处分和法律上的处分。事实上的处分，指对物进行物理上处理的权能，如销毁某物品、加工某物品等；法律上的处分，是指所有权人使标的物的所有权发生移转、消灭等法律行为，如买卖、赠与某物品等。

在此需要注意的是，所有权还具有消极权能。这是指在所有权受到妨害或有妨害的危险时，权利人有排除他人干涉，以恢复对标的物的圆满支配状态的权能。由于此项权能须在受他人不法之干扰、妨害或侵夺时，始能表现，故称为消极权能。

实务问题

实务中需要注意的问题是，所有权作为权利的一种，其行使亦须符合法律的规定。如《民法典》总则编第 132 条，“民事主体不得滥用民事权利损害国家利益、社会公共利益或者他人合法权益”，即是从所有权行使角度对其进行一定的限制，目的是保护国家利益、社会公共利益或者他人合法权益。李某某之子高某与史某结婚育有一子高某某，后双方离婚。离婚后，史某与高某某占有使用李某某房屋一间，李某某起诉要求史某腾退其房屋但不要求高某某一并腾退，北京市第三中级人民法院认为，李某某仅仅要求史某腾退房屋而不要求高某某腾退，实际上是以其物权阻却史某与高某某的抚养与监护关系，遂以《物权法》第 7 条驳回了李某某的诉讼请求。①

（编写人：王晓乐）

法律条文

第二百四十一条　所有权人有权在自己的不动产或者动产上设立用益物权和担保物权。用益物权人、担保物权人行使权利，不得损害所有权人的权益。

① 北京市第三中级人民法院(2020)京 03 民终 11792 号。

条文主旨

本条是关于所有权与他物权关系的规定。

新旧法对比

《物权法》	《民法典》
第四十条　所有权人有权在自己的不动产或者动产上设立用益物权和担保物权。用益物权人、担保物权人行使权利,不得损害所有权人的权益。	【内容不变】第二百四十一条

理解与适用

依他物权所支配的内容不同,可区分为用益物权和担保物权。用益物权,是指当事人依照法律规定,对他人所有的不动产或者动产,享有的占有、使用和收益的权利,它是以支配物的使用价值为内容的物权,如土地承包经营权、建设用地使用权、宅基地使用权、地役权等。担保物权,是指当债务人不履行债务时,债权人对债务人或者第三人提供的担保财产或者债权人合法占有的财产享有优先受偿的权利,它是以支配标的物交换价值为内容的物权,如抵押权、质权等。概言之,用益物权与担保物权具有如下差异:

(1)权利内容不同。用益物权以占有、使用和收益为内容,着眼于标的物的使用价值。担保物权旨在取得标的物的交换价值,是一种价值权,只需要支配其交换价值来实现其担保的主债权。由此决定着担保物权拥有物上代位性,而用益物权没有;同一标的物上可以并存数个担保物权,而不得并存数个以现实占有为要件的用益物权。

(2)权利客体的法律属性有别。用益物权的客体,在现实生活中为不动产及某些不动产权利。担保物权的客体则可以是不动产,也可以是动产;可以是不动产权利,也可以是债券、股权等权利。用益物权旨在支配标的物的使用价值,不重视标的物的让与性,故标的物是否为限制流通物或禁止流通物,在所不问。例如,国有土地为禁止流通物,但不妨碍在其上设立建设用地使用权。与此不同,担保物权旨在支配标的物的交换价值,故其标的物必须具有可让与性。

(3)权利实现的时间不同。权利人取得用益物权的当时即可实现其权利——占有、使用和收益。可见,用益物权的取得与权利的实现同时发生,二者并无时间的间隔。权利人取得担保物权不能当即实现其权利,须待债权已届清偿期而未获清偿时,才可行使变价权,使其债权获得清偿。可见,担保物权的权利取得与权利实现之间存在时间间隔。

(4)权利是否有主从性不同。在现行法中,用益物权原则上为独立的物权;担保物权在定性上是从物权,其因担保债权的存在而存续,随着被担保债权的消灭而消失。当然,有些担保物权也出现了从属性的缓和,比如最高额抵押权。

此外,在权利消灭的原因上,标的物灭失,用益物权因无法达到目的而归于消灭,而担保物权则不一定,只要存在标的物的代位物,担保物权就继续存在于该代位物之上。

实务问题

实践中存在的一个问题是,他物权人违反法律规定或者当事人的约定行使权利,或者不按照标的物的用途或者性质利用标的物,损害所有权人的权益。如沈阳市于洪区人民法院认为,“即使李某某将案涉车辆进行质押借款的行为得到了原告的追认,但按照上述法律规定,被告在处分该质车辆时,应当按照法律规定的实现质权的方式进行,即应当与出质人采取协议折价、或拍卖、变卖的方式并参照市场价格进行处分。被告与第三人对质押财产处分的约定不能违反法律规定,被告在未征得出质人同意,亦未采取法律规定的实现质权的方式处分质押车辆,侵害了原告作为所有权人的合法权益,对于给原告造成的损失,被告应当承担相应的赔偿责任①”。即他物权人行使权利时,必须尊重所有权人的权益。

(编写人:王晓乐)

法律条文

第二百四十二条　法律规定专属于国家所有的不动产和动产,任何组织或者个人不能取得所有权。

条文主旨

本条是关于所有权客体范围的规定。

新旧法对比

《物权法》	《民法典》
第四十一条　法律规定专属于国家所有的不动产和动产,任何单位和个人不能取得所有权。	第二百四十二条　法律规定专属于国家所有的不动产和动产,任何**组织或者**个人不能取得所有权。

① 辽宁省沈阳市于洪区人民法院(2018)辽0114民初530号。

理解与适用

国家专有是指只能为国家所有而不能为任何其他人所拥有。国家专有的财产由于不能为他人所拥有,因此不能通过交换或者赠与等任何流通手段转移所有权,这与非专有的国家财产的性质不同。非专有的国家财产是可以流转的,如国家用于投资的财产。国家专有的财产范围很宽,各项具体的专有财产由各个相关单行法律、行政法规规定,本条只作概括性规定。

国家专有的财产包括但不限于以下各项:

(1)国有土地。依据法律、行政法规的规定,属于国家所有的土地有:城市市区的土地;农村和城市郊区已被征收的土地;依法不属于集体所有的森林、山岭、草地、荒地、滩涂及其他土地等。

(2)海域。《海域使用管理法》规定,海域属于国家所有。

(3)水流。《宪法》规定,水流属于国家所有。

(4)矿产资源。《宪法》规定,矿藏属于国家所有。《矿产资源法》规定,矿产资源属于国家所有。有关法律、行政法规规定煤炭资源、石油资源、盐资源、水晶矿产等属于国家所有。

(5)无居民海岛。《海岛保护法》规定,无居民海岛属于国家所有。

(6)野生动物资源。《野生动物保护法》规定,野生动物资源属于国家所有。

(7)无线电频谱资源。本编第五章规定,无线电频谱资源属于国家所有。

国外有"公用财产"的概念,国外的公用财产指社会公众共同使用的财产,如公共道路、公路、街道、桥梁、水库、图书馆、港口等。有的国家规定公用财产属于社会公有,不属于国家所有,但国家享有主权和管理权。公用财产不能转让,不适用取得时效。在这一点上,与我国的国家专有财产有类似的地方。所有权是完全物权,是所有人对所有物的永久和充分的物权,所有人有权占有、使用、收益、处分。

实务问题

实务中需要注意的问题是,在合同中处分属于国家所有的不动产或者动产,合同应当认定为无效。如福建省高级人民法院二审认为,"福井村委会将专属于国家所有的矿产资源发包给林某某、陈某某开采,违反了法律的强制性规定,一审判决认定案涉《石场承包合同》无效,是正确的,林某强、陈某亮主张案涉《石场承包合同》部分有效部分无效,缺乏依据,不予支持[①]”。

(编写人:王晓乐)

法律条文

第二百四十三条　为了公共利益的需要,依照法律规定的权限和程序可以征收集体所有的土地和组织、个人的房屋以及其他不动产。

征收集体所有的土地,应当依法及时足额支付土地补偿费、安置补助费以及农村村民住宅、其他地上附着物和青苗等的补偿费用,并安排被征地农民的社会保障费用,保障被征地农民的生活,维护被征地农民的合法权益。

征收组织、个人的房屋以及其他不动产,应当依法给予征收补偿,维护被征收人的合法权益;征收个人住宅的,还应当保障被征收人的居住条件。

任何组织或者个人不得贪污、挪用、私分、截留、拖欠征收补偿费等费用。

条文主旨

本条是关于征收的规定。

新旧法对比

《物权法》	《民法典》
第四十二条　为了公共利益的需要,依照法律规定的权限和程序可以征收集体所有的土地和单位、个人的房屋及其他不动产。 征收集体所有的土地,应当依法足额支付土地补偿费、安置补助费、地上附着物和青苗的补偿费等费用,安排被征地农民的社会保障费用,保障被征地农民的生活,维护被征地农民的合法权益。 征收单位、个人的房屋及其他不动产,应当依法给予拆迁补偿,维护被征收人的合法权益;征收个人住宅的,还应当保障被征收人的居住条件。 任何单位和个人不得贪污、挪用、私分、截留、拖欠征收补偿费等费用。	第二百四十三条　为了公共利益的需要,依照法律规定的权限和程序可以征收集体所有的土地和**组织**、个人的房屋以及其他不动产。 征收集体所有的土地,应当依法**及时**足额支付土地补偿费、安置补助费**以及农村村民住宅、其他**地上附着物和青苗**等**的补偿费用,**并**安排被征地农民的社会保障费用,保障被征地农民的生活,维护被征地农民的合法权益。 征收**组织**、个人的房屋**以**及其他不动产,应当依法给予**征收**补偿,维护被征收人的合法权益;征收个人住宅的,还应当保障被征收人的居住条件。 任何**组织或者**个人不得贪污、挪用、私分、截留、拖欠征收补偿费等费用。

① 福建省高级人民法院(2015)闽民终字第1221号。

理解与适用

征收制度与公共利益联系密切。1982年《宪法》明确规定国家仅以“公共利益”的需要,才可以依照“法律”规定对土地实行征收。1986年颁布的《土地管理法》首次以法律的形式对土地征收制度作出了明确的规定,包括土地征收的条件、征收审批、征收的程序以及土地征收补偿的范围和标准。但在2004年《宪法修正案》通过之前,《宪法》《土地管理法》等仅有不动产“征用”的规定,国家为了公共利益需要,可以依法对集体土地进行征用。行政法学界也有“行政征收”与“行政征用”提法的并用问题。2004年的《宪法修正案》首次在《宪法》中确立了“征收”制度,并将“征收”与“征用”并列。《宪法》对这两个概念的区别对待,不仅具有宪法层面的积极意义,而且对于明确不同的法律关系,处理好公共利益和私有财产权的限制的关系具有重要意义,有力地推动了我国征收法律制度的体系化和完整性。以此为基础,2004年修改通过的《土地管理法》,把第2条第4款修改为:“国家为了公共利益的需要,可以依法对土地实行征收或者征用并给予补偿。”除此之外,还将相关条文中的“征用”修改为“征收”。自此,“征用”和“征收”在我国现行法律规范中有了明确的区别。此后,《物权法》于2007年通过并颁布实施,并在第42条规定了征收的条件,在第44条规定了财产的征用制度。《国有土地上房屋征收与补偿条例》于2011年颁布实施,对有关征收的条件、程序、补偿等都作了细化规定。由此,我国的征收制度设计更加符合我国社会主义市场经济建设的要求,如征收条件更加强调公共利益的需求,征收补偿更加公平合理,征收程序突出公正性等。

根据本条及有关法律规定,征收权的主体是国家,并由政府依法组织实施。征收、征用是一种国家的强制行为,是政府行使征收、征用权的行政行为,因此,享有征收、征用权的主体只能是国家,只有国家才能利用公权力对集体或私人财产进行干预,甚至将其强制性地移转给国家。除国家之外,任何组织和个人都不享有公权力,因而也不享有征收、征用权。关于集体土地征收的补偿问题。本条第2款规定:“征收集体所有的土地,应当依法及时足额支付土地补偿费、安置补助费以及农村村民住宅、其他地上附着物和青苗等的补偿费用,并安排被征地农民的社会保障费用,保障被征地农民的生活,维护被征地农民的合法权益。”本款虽没有规定征收补偿的标准,但强调了“依法及时足额”支付的要求。关于房屋拆迁的补偿问题。本条第3款规定:“征收组织、个人的房屋以及其他不动产,应当依法给予征收补偿,维护被征收人的合法权益;征收个人住宅的,还应当保障被征收人的居住条件。”依据《国有土地上房屋征收与补偿条例》第 17 条至第 19 条的规定，作出房屋征收决定的市、县级人民政府对被征收人给予的补偿包括：第一，被征收房屋价值的补偿；第二，因征收房屋造成的搬迁、临时安置的补偿；第三，因征收房屋造成的停产停业损失的补偿。市、县级人民政府应当制定补助和奖励办法，对被征收人给予补助和奖励。征收个人住宅，被征收人符合住房保障条件的，作出房屋征收决定的市、县级人民政府应当优先给予住房保障。具体办法由省、自治区、直辖市制定。对被征收房屋价值的补偿，不得低于房屋征收决定公告之日被征收房屋类似房地产的市场价格。被征收房屋的价值，由具有相应资质的房地产价格评估机构按照房屋征收评估办法评估确定。对评估确定的被征收房屋价值有异议的，可以向房地产价格评估机构申请复核评估。对复核结果有异议的，可以向房地产价格评估专家委员会申请鉴定。房屋征收评估办法由国务院住房城乡建设主管部门制定，制定过程中，应当向社会公开征求意见。关于征收程序问题。本条并未规定征收程序的内容。依据《土地管理法》第 47 条的规定，国家征收土地的，依照法定程序批准后，由县级以上地方人民政府予以公告并组织实施。县级以上地方人民政府拟申请征收土地的，应当开展拟征收土地现状调查和社会稳定风险评估，并将征收范围、土地现状、征收目的、补偿标准、安置方式和社会保障等在拟征收土地所在的乡（镇）和村、村民小组范围内公告至少 30 日，听取被征地的农村集体经济组织及其成员、村民委员会和其他利害关系人的意见。多数被征地的农村集体经济组织成员认为征地补偿安置方案不符合法律、法规规定的，县级以上地方人民政府应当组织召开听证会，并根据法律、法规的规定和听证会情况修改方案。拟征收土地的所有权人、使用权人应当在公告规定期限内，持不动产权属证明材料办理补偿登记。县级以上地方人民政府应当组织有关部门测算并落实有关费用，保证足额到位，与拟征收土地的所有权人、使用权人就补偿、安置等签订协议；个别确实难以达成协议的，应当在申请征收土地时如实说明。相关前期工作完成后，县级以上地方人民政府方可申请征收土地。就房屋拆迁而言，《国有土地上房屋征收与补偿条例》也规定了拟订方案、征求意见、组织听证、及时公告、行政复议等程序，以充分保障被征收人的合法权益。

实务问题

关于本条的适用，需要注意的是：（1）本条的适用要与《土地管理法》《国有土地上房屋征收与补偿条例》等相关规定结合起来适用。本条规定属于一般原则性的规定，在具体法律规定与本条规定内容不冲突的情况下，应当优先适用其他法律的规定,但本条有关"及时""足额"的要求,在具体法律没有规定或者规定不清晰、不明确,甚至与此不一致的情况下,应当严格适用本条的这一要求,做到公平合理补偿。(2)在一些其他特殊情形下,也要适用有关征收的规定。要适用本条及《土地管理法》《国有土地上房屋征收与补偿条例》等相关规定。

(编写人:王晓乐)

法律条文

第二百四十四条　国家对耕地实行特殊保护,严格限制农用地转为建设用地,控制建设用地总量。不得违反法律规定的权限和程序征收集体所有的土地。

条文主旨

本条是关于耕地保护的规定,旨在限制对集体土地的征收。

新旧法对比

《物权法》	《民法典》
第四十三条　国家对耕地实行特殊保护,严格限制农用地转为建设用地,控制建设用地总量。不得违反法律规定的权限和程序征收集体所有的土地。	【内容不变】第二百四十四条

理解与适用

保护耕地是我国的基本政策。应该说,我国耕地保护制度建立了相对完整的数量保护制度体系。但是直到1998年《土地管理法》修订时才提出"确保基本农田数量不减少、质量不降低、用途不改变",开始重视耕地质量和生产自然条件保护问题。《环境保护法》《土地管理法》《基本农田保护条例》等虽然也关注耕地质量和生产自然条件保护问题,提出环境保护及防止污染土地、水土流失、耕地沙化、盐碱化、贫瘠化等措施,但是在耕地质量和生产自然条件保护方面并没有实质性地进入国家立法正式日程,总体上缺乏耕地质量保护的核心法律依据。个别地方违法侵占使用耕地,改变耕地用途、荒废耕地的情形也时有发生。保护耕地对于我国而言,意义十分重大,而且针对当前的问题,保护耕地更是迫在眉睫。

本条规定不仅在民事基本法中宣示这一重要政策,也为其他具体法律规定耕地的保护提供基本法依据。《土地管理法》第3条规定:“十分珍惜、合理利用土地和切实保护耕地是我国的基本国策。各级人民政府应当采取措施,全面规划,严格管理,保护、开发土地资源,制止非法占用土地的行为。”第4条第1款、第2款规定:“国家实行土地用途管制制度。国家编制土地利用总体规划,规定土地用途,将土地分为农用地、建设用地和未利用地。严格限制农用地转为建设用地,控制建设用地总量,对耕地实行特殊保护。”在具体内容上,《土地管理法》第4章专门规定了耕地保护制度,主要包括以下内容:第一,国家实行占用耕地补偿制度。第二,实行耕地总量和质量保障。第三,实行永久基本农田保护制度。第四,禁止任何单位和个人闲置、荒芜耕地。第五,鼓励依法开垦未利用土地。

实务问题

首先,在实务中,对于违反法律规定私自征收集体所有土地的合同,结合其他法律规定,一般应认定为无效。如广西壮族自治区河池市中级人民法院认为,城南社区居委会未办有相关的征用地审批手续,且无授权就私自征用斗某某、韦某某耕地,违反我国相关法律法规的管理性规定。其次,《农村土地承包法》第4条规定:国家依法保护农村土地承包关系的长期稳定。农村土地承包后,土地的所有权性质不变。承包地不得买卖。该案中,城南社区居委会无手续无授权的情况下,双方签订所谓的《征地协议书》,名为征地实为买卖,违反了上述法律的强制性规定。因此,双方所签订的《征地协议书》违反《合同法》第52条之规定,为无效协议。①

(编写人:王晓乐)

法律条文

第二百四十五条　因抢险救灾、疫情防控等紧急需要,依照法律规定的权限和程序可以征用组织、个人的不动产或者动产。被征用的不动产或者动产使用后,应当返还被征用人。组织、个人的不动产或者动产被征用或者征用后毁损、灭失的,应当给予补偿。

① 广西壮族自治区河池市(地区)中级人民法院(2015)河市民二终字第159号。

条文主旨

本条是关于征用的规定。

新旧法对比

《物权法》	《民法典》
第四十四条　因抢险、救灾等紧急需要,依照法律规定的权限和程序可以征用单位、个人的不动产或者动产。被征用的不动产或者动产使用后,应当返还被征用人。单位、个人的不动产或者动产被征用或者征用后毁损、灭失的,应当给予补偿。	第二百四十五条　因抢险救灾、**疫情防控**等紧急需要,依照法律规定的权限和程序可以征用**组织**、个人的不动产或者动产。被征用的不动产或者动产使用后,应当返还被征用人。**组织**、个人的不动产或者动产被征用或者征用后毁损、灭失的,应当给予补偿。

理解与适用

依据本条规定,征用是指政府因抢险救灾、疫情防控等紧急需要,依照法律规定的权限和程序不经权利人同意暂时使用单位和个人财产的行为。虽然征收和征用都是政府通过法定权限和程序对单位和个人财产所有权的一种限制,但二者还是存在很大的差异,主要表现在以下几个方面:

(1)适用情况不同。征收是基于公共利益的需要,征用则主要用于抢险救灾、疫情防控等紧急需要。

(2)适用对象不同。征收的对象仅限于不动产,动产不适用征收,因为动产一般有很多替代物;征用的对象不仅包括不动产,也包括动产。

(3)法律效果不同。征收的结果是国家取得财产的所有权,此所有权自人民政府的征收决定生效时发生效力。征用的目的是取得使用权,而非所有权,发生转移的是所有权中的占有、使用权能。因此,在紧急情况消失后,政府应当将财产返还单位或者个人,并补偿被征收人所受到的损失,不能返还原物的,应当补偿。

(4)补偿标准不同。征收应按照标的物的价值进行及时充分的补偿;征用补偿则主要考虑被征用人所受到的损失,原则上只有在标的物灭失或损坏时,才基于标的物的价值给予合理补偿。财产被征用的,虽未造成财产本身的直接损害,但基于利用财产使用价值的事实,也应当给予补偿。

关于征用的适用条件,虽然征用不以取得所有权为目的,对权利人的影响不如征收那么严重,但由于征用也是对单位或者个人所有权的一种限制,因此,为防止政府滥用征用的权力损害所有权人的利益，现代各国对政府的征用行为进行严格控制。根据本条规定，征用的适用须满足以下条件：第一，必须基于抢险救灾、疫情防控等紧急需要；第二，必须严格按照法定权限进行征用；第三，必须严格按照法定程序进行征用；第四，对被征用人给予公平合理的补偿。从对当事人救济的角度讲，对于征用而言，也应当允许其通过行政复议或者行政诉讼的方式来主张权利。当事人不服政府的征用决定，或者对补偿的标准有异议，可以提起行政复议或者行政诉讼加以解决，而不应通过民事诉讼解决政府征用引起的纠纷。所有权是完全物权，是所有人对所有物的永久和充分的物权，所有人有权占有、使用、收益、处分。

实务问题

本条在实务中限制在"因抢险救灾、疫情防控"条件下，因此适用本条的范围相对较小。实践中出现大量的案例均是不符合"因抢险救灾、疫情防控"条件而导致诉请最终未能得到法院的支持。如贵州省遵义市播州区人民法院认为，"原告主张的2.223亩林地于2005年因公共利益需要（修建公路）已被政府征收的事实客观存在，而不是因抢险、救灾等紧急需要被临时征用。因此，原告主张其承包的2.223亩林地只是被临时征用与事实不符，不予支持[1]"。

（编写人：王晓乐）

① 贵州省遵义市中级人民法院（2017）黔0321民初6278号。

第五章　国家所有权和集体所有权、私人所有权

法律条文

第二百四十六条　法律规定属于国家所有的财产，属于国家所有即全民所有。

国有财产由国务院代表国家行使所有权。法律另有规定的，依照其规定。

条文主旨

本条是关于国有财产范围、国家所有的性质和国家所有权行使的规定。一是国有财产的范围应根据法律规定确定；二是国有财产所有权行使由国务院代表国家行使，但法律另有规定除外。

新旧法对比

《物权法》	《民法典》
第四十五条　法律规定属于国家所有的财产，属于国家所有即全民所有。国有财产由国务院代表国家行使所有权；法律另有规定的，依照其规定。	【内容不变】第二百四十六条

理解与适用

1. 国有财产的范围

本条第 1 款是对国有财产范围的概括性规定："法律规定属于国家所有的财产，属于国家所有即全民所有。"依据宪法、法律、行政法规，本法明确规定矿藏、水流、海域、无线电频谱资源、城市的土地、国防资产属于国家所有。法律规定属

于国家所有的铁路、公路、电力设施、电信设施和油气管道等基础设施、文物、农村和城市郊区的土地、野生动植物资源，属于国家所有。除法律规定属于集体所有的外，森林、山岭、草原、荒地、滩涂等自然资源，属于国家所有。现行法律、行政法规没有明确规定的，根据本条，可以在制定或者修改有关法律时作出具体规定。

2. 国家所有的性质

本条第1款中规定“国家所有即全民所有”，明确我国国家所有的性质是全民所有。根据《宪法》第9条第1款规定：“矿藏、水流、森林、山岭、草原、荒地、滩涂等自然资源，都属于国家所有，即全民所有；由法律规定属于集体所有的森林和山岭、草原、荒地、滩涂除外。”《民法典》亦规定：“国家财产属于全民所有。”《土地管理法》第2条第2款规定：“全民所有，即国家所有土地的所有权由国务院代表国家行使。”本条规定和《宪法》《民法通则》的规定相衔接，进一步明确国家所有的性质。

3. 代表国家行使国家财产所有权的主体

本条第2款是对代表国家行使国家财产所有权的主体的规定。本条规定除法律另有规定外，国有财产由国务院代表国家行使所有权。国有财产由国务院代表国家行使所有权，同时依照法律规定也可以由地方人民政府等部门行使有关权利。对此我国很多法律法规都有相应的规定，如《土地管理法》第5条规定：“国务院自然资源主管部门统一负责全国土地的管理和监督工作。县级以上地方人民政府自然资源主管部门的设置及其职责，由省、自治区、直辖市人民政府根据国务院有关规定确定。”《草原法》第8条规定：“国务院草原行政主管部门主管全国草原监督管理工作。县级以上地方人民政府草原行政主管部门主管本行政区域内草原监督管理工作。乡(镇)人民政府应当加强对本行政区域内草原保护、建设和利用情况的监督检查，根据需要可以设专职或者兼职人员负责具体监督检查工作。”《森林法》第9条规定：“国务院林业主管部门主管全国林业工作。县级以上地方人民政府林业主管部门，主管本行政区域的林业工作。乡镇人民政府可以确定相关机构或者设专职、兼职人员承担林业相关工作。”《水法》第12条规定：“国家对水资源实行流域管理与行政区域管理相结合的管理体制。国务院水行政主管部门负责全国水资源的统一管理和监督工作。国务院水行政主管部门在国家确定的重要江河、湖泊设立的流域管理机构(以下简称流域管理机构)，在所管辖的范围内行使法律、行政法规规定的和国务院水行政主管部门授予的水资源管理和监督职责。县级以上地方人民政府水行政主管部门按照规定的权限,负责本行政区域内水资源的统一管理和监督工作。"《煤炭法》第12条规定:"国务院煤炭管理部门依法负责全国煤炭行业的监督管理。国务院有关部门在各自的职责范围内负责煤炭行业的监督管理。县级以上地方人民政府煤炭管理部门和有关部门依法负责本行政区域内煤炭行业的监督管理。"《渔业法》第6条第1款规定:"国务院渔业行政主管部门主管全国的渔业工作。县级以上地方人民政府渔业行政主管部门主管本行政区域内的渔业工作。县级以上人民政府渔业行政主管部门可以在重要渔业水域、渔港设渔政监督管理机构。"《矿产资源法实施细则》第3条第2款规定:"国务院代表国家行使矿产资源的所有权。国务院授权国务院地质矿产主管部门对全国矿产资源分配实施统一管理。"

实务问题

国有财产的确定范围应根据法律规定确定。行使权利的主体,有法律规定的,按照法律规定;没有特殊规定的,由国务院行使。

(编写人:佟　瑶)

法律条文

第二百四十七条　矿藏、水流、海域属于国家所有。

条文主旨

本条是关于矿藏、水流、海域的国家所有权的规定。与其他部分自然资源不同,矿藏、水流、海域均为只能归属于国家所有的自然资源。

新旧法对比

《物权法》	《民法典》
第四十六条　矿藏、水流、海域属于国家所有。	【内容不变】第二百四十七条

理解与适用

1. 矿藏属于国家所有

本法依据《宪法》规定矿藏属于国家所有。矿藏属于国家所有,指国家享有对矿产资源的占有、使用、收益和处分的权利。《宪法》第9条第1款规定:"矿藏、水流、森林、山岭、草原、荒地、滩涂等自然资源,都属于国家所有,即全民所有;由法律规定属于集体所有的森林和山岭、草原、荒地、滩涂除外。"《矿产资源法》第 3 条第 1 款规定:"矿产资源属于国家所有,由国务院行使国家对矿产资源的所有权。地表或者地下的矿产资源的国家所有权,不因其所依附的土地的所有权或者使用权的不同而改变。"

国家对矿藏的所有权可以有多种行使方式。国家所有的矿藏,可以依法由全民所有制单位和集体所有制单位开采,也可以依法由公民采挖。《矿产资源法》第 3 条第 3 款中规定:"勘查、开采矿产资源,必须依法分别申请、经批准取得探矿权、采矿权,并办理登记……"《矿产资源法》第 4 条第 1 款规定:"国家保障依法设立的矿山企业开采矿产资源的合法权益……"依照规定,民事主体可以依法取得开发和经营矿藏的权利,其性质为采矿权。取得该权利后,通过开发和经营矿藏取得对矿藏的所有权。民事主体取得采矿权并不影响国家的所有权。国家保护合法的采矿权。但该采矿权与对矿藏的所有权不同,前者是他物权,后者是所有权。国家保障矿产资源的合理利用。

2. 水流属于国家所有

水流属于国家所有,指国家享有对水流的占有、使用、收益和处分的权利。《宪法》第 9 条第 1 款规定:"矿藏、水流、森林、山岭、草原、荒地、滩涂等自然资源,都属于国家所有,即全民所有……"《水法》第 3 条规定:"水资源属于国家所有。水资源的所有权由国务院代表国家行使……"水流是我国最宝贵的自然资源之一,是实现可持续发展的重要物质基础。只有严格依照《宪法》的规定,坚持水流属于国家所有,即全民所有,才能保障我国水资源的合理开发、利用、节约、保护和满足各方面对水资源日益增长的需求,适应国民经济和社会发展的需要。

3. 海域属于国家所有

海域,是指中华人民共和国内水、领海的水面、水体、海床和底土。这是一个空间资源的概念,是对传统民法中"物"的概念的延伸与发展。内水,是指中华人民共和国领海基线向陆地一侧至海岸线的海域。领海这个概念是随公海自由原则的确立而形成的,它是指沿着国家的海岸、受国家主权支配和管辖下的一定宽度的海水带。本条明确规定海域属于国家所有。《海域使用管理法》第 3 条第 1 款中规定:"海域属于国家所有,国务院代表国家行使海域所有权。任何单位或者个人不得侵占、买卖或者以其他形式非法转让海域。"

实务问题

在海域权属问题上存在一些争议理解,如个别地方政府或者有关部门擅自将海域的所有权确定为本地所有或者某集体经济组织所有,用海单位在需要使用海域时直接向乡镇和农民集体经济组织购买或者租用;个别乡镇竟然公开拍卖海域或者滩涂;有的村民认为,祖祖辈辈生活在海边,海就是村里的。这些认识和行为,不仅导致海域使用秩序的混乱,而且严重地损害了国家的所有权权益。因此,法律明确规定海域属于国家所有。海域属于国家所有,指国家享有对海域的占有、使用、收益和处分的权利。这不仅能正本清源,纠正思想上的错误认识,而且有助于树立海域国家所有的意识和有偿使用海域的观念,使国家的所有权权益能在经济上得到实现。

(编写人:佟　瑶)

法律条文

第二百四十八条　无居民海岛属于国家所有,国务院代表国家行使无居民海岛所有权。

条文主旨

无居民海岛的所有权归国家,同时也宣示了国家对无居民海岛的主权。无居住海岛的所有权由国务院行使。

新旧法对比

《物权法》	《民法典》
无	第二百四十八条　**无居民海岛属于国家所有,国务院代表国家行使无居民海岛所有权。**

理解与适用

这一规定来源于《海岛保护法》第 4 条的规定。海岛包括有居民海岛和无居民海岛,无居民海岛是指不属于居民户籍管理的住址登记地的海岛。我国海岛众多,海岛总面积约 8000 平方千米,其中 94%以上岛屿是无居民海岛。无居民海岛蕴藏着极为丰富的资源,在经济社会发展中具有不可估量的社会、经济、科研、生态价值。在开发海洋经济的大潮中,海岛应当成为实施国家海洋开发战略、保护海洋生态环境的重要依托。《民法典》明确无居民海岛属于国家所有,对保护海岛及其周边海域生态系统,合理开发利用海岛自然资源,维护国家海洋权益,促进海岛经济社会可持续发展具有重要意义。

无人居住海岛相关政策历史沿革:2001 年 10 月 27 日《海域使用管理法》审议通过,提出国家实行海域有偿使用制度。2002 年 1 月 1 日《海域使用管理法》正式实施。2003 年 7 月 1 日《无居民海岛保护与利用管理规定》(现已失效)实施,首次提出允许个人或机构开发利用无居民海岛,租用期最长为五十年。具体程序为:先进行申请的行政审批,再通过政府招标、拍卖等方式,最后确定海岛的利用人。2005 年 1 月 1 日,中国首个无人岛地方性法规——《宁波市无居民海岛管理条例》实施。2007 年 9 月,浙江省嘉兴市人民政府下发《关于进一步加强无居民海岛管理工作的通知》,要求各地完善无居民海岛保护与利用项目的审批机制;在沿海各市、县(市)无居民海岛的保护与利用规划制定、批准实施前,暂停无居民海岛开发利用项目的审批。2008 年 12 月 10 日国家海洋局发布拉动内需的"海十条"政策,单位和个人可以按照规划开发利用无人岛。2009 年 12 月 26 日全国人大审议通过中国第一部海岛保护法《海岛保护法》。海岛开发将有法可依。2010 年 3 月 1 日《海岛保护法》正式实施。

实务问题

首先,该条款明确了无居民海岛属于国有资产,且未规定除外条款,即未规定可归属集体所有。若地方性规定与该条款冲突的,应以上位法规定为准。其次,海岛开发主导用途涉及旅游娱乐、交通运输、工业、仓储、渔业、农林牧业、可再生能源、城乡建设、公共服务等多个领域,可依法按照审理程序申请使用。中国 300 万平方公里海域中,面积超过 500 平方米的海岛近 7000 个,小于 500 平方米的海岛有上万个。最后,无居民海岛并不以无人居住为认定标准。

(编写人:佟　瑶)

法律条文

第二百四十九条　城市的土地,属于国家所有。法律规定属于国家所有的农村和城市郊区的土地,属于国家所有。

条文主旨

本条是关于国家所有土地范围的规定。城市的土地属于国家所有;城市郊区、农村的土地,法律规定归国家所有的,属于国有土地。土地的所有权归国家所有,公民拥有的是土地使用权。

新旧法对比

《物权法》	《民法典》
第四十七条　城市的土地,属于国家所有。法律规定属于国家所有的农村和城市郊区的土地,属于国家所有。	【内容不变】第二百四十九条

理解与适用

根据《宪法》第10条第1款、第2款规定:“城市的土地属于国家所有。农村和城市郊区的土地,除由法律规定属于国家所有的以外,属于集体所有;宅基地和自留地、自留山,也属于集体所有”。我国实行土地的社会主义公有制。《宪法》第6条规定:“中华人民共和国的社会主义经济制度的基础是生产资料的社会主义公有制,即全民所有制和劳动群众集体所有制……”中华人民共和国成立以后,我国土地的社会主义公有制逐步确立,形成了全民所有土地,即国家所有土地和农民集体所有土地这两种基本的土地所有制形式。《土地管理法》第2条第1款规定:“中华人民共和国实行土地的社会主义公有制,即全民所有制和劳动群众集体所有制。”土地所有制的法律表现形式是土地所有权,即土地所有者对其土地享有占有、使用、收益和处分的权利。

本条规定了国家所有土地的范围,国家所有的土地包括:

(1)城市的土地属于国家所有。这里所讲的城市,根据《城市规划法》第3条第1款的规定,是指“国家按行政建制设立的直辖市、市、镇”。“城市的土地属于国家所有”即指国家对于城市的土地享有所有权,且城市的土地所有权只属于国家。《宪法》第10条中第1款规定:“城市的土地属于国家所有。”《土地管理法》第9条第1款中规定:“城市市区的土地属于国家所有。”

(2)法律规定属于国家所有的农村和城市郊区的土地属于国家所有。《宪法》第10条中规定:“农村和城市郊区的土地,除由法律规定属于国家所有的以外,属于集体所有……”《土地管理法》第9条第2款中规定:“农村和城市郊区的土地,除由法律规定属于国家所有的以外,属于农民集体所有……”农村和城市郊区的土地,除法律规定属于国家所有的以外,都属于农民集体所有的。但是法律规定属于国家所有的农村和城市郊区的土地属于国家所有。这里所讲的法律是全国人大及其常委会通过的具有法律约束力的规范性文件,包括《宪法》和其他法律。《宪法》第 9 条第 1 款就规定:“矿藏、水流、森林、山岭、草原、荒地、滩涂等自然资源,都属于国家所有,即全民所有;由法律规定属于集体所有的森林和山岭、草原、荒地、滩涂除外。”也就是说,国家法律未确定为集体所有的森林和山岭、草原、荒地、滩涂地等,均属于国家所有。国务院发布的《土地管理法实施条例》第 2 条规定,属于国家所有的土地是:“(一)城市市区的土地;(二)农村和城市郊区中已经依法没收、征收、征购为国有的土地;(三)国家依法征用的土地;(四)依法不属于集体所有的林地、草地、荒地、滩涂及其他土地;(五)农村集体经济组织全部成员转为城镇居民的,原属于其成员集体所有的土地;(六)因国家组织移民、自然灾害等原因,农民成建制地集体迁移后不再使用的原属于迁移农民集体所有的土地。”

实务问题

本条界定了国有土地的范围即城市的土地、有法律规定的城市郊区和农村的土地。另外需要注意的是,“法律”有规定的。城市郊区、农村的土地可能为集体土地,但如果法律有规定的,也属于国有土地。

(编写人:佟　瑶)

法律条文

第二百五十条　森林、山岭、草原、荒地、滩涂等自然资源,属于国家所有,但是法律规定属于集体所有的除外。

条文主旨

本条是关于国家所有的森林、草原等自然资源的规定。自然资源原则上都归国家所有,除非有法律规定属于集体所有的。

新旧法对比

《物权法》	《民法典》
第四十八条　森林、山岭、草原、荒地、滩涂等自然资源,属于国家所有,但法律规定属于集体所有的除外。	第二百五十条　森林、山岭、草原、荒地、滩涂等自然资源,属于国家所有,但是法律规定属于集体所有的除外。

理解与适用

《宪法》第 9 条第 1 款规定："矿藏、水流、森林、山岭、草原、荒地、滩涂等自然资源，都属于国家属所有，即全民所有；由法律规定属于集体所有的森林和山岭、草原、荒地、滩涂除外。"根据这一规定，只有森林、草原和荒地才可以归集体所有。矿藏、水流只能国有。本条有关森林、山岭、草原、荒地、滩涂等自然资源所有权的规定是依据《宪法》作出的；《宪法》第 6 条规定："中华人民共和国社会主义经济制度的基础是生产资料的社会主义公有制……"《宪法》第 9 条第 2 款规定："国家保障自然资源的合理利用，保护珍贵的动物和植物。禁止任何组织或者个人用任何手段侵占或者破坏自然资源。"我国绝大多数自然资源都属于国家所有，这是我国不同于资本主义国家经济制度的基本特征之一。本法根据《宪法》和有关法律的规定，对自然资源的归属作出规定，对进一步保护国有自然资源，合理开发利用国有自然资源，具有重要意义。

我国其他法律对自然资源的国家所有权也作出了相应的规定。《森林法》第 14 条第 1 款规定："森林资源属于国家所有，由法律规定属于集体所有的除外。"《草原法》第 9 条规定："草原属于国家所有，由法律规定属于集体所有的除外。国家所有的草原，由国务院代表国家行使所有权。任何单位或者个人不得侵占、买卖或者以其他形式非法转让草原。"森林、山岭、草原、荒地、滩涂作为自然资源，一般属于国家所有。依照我国的法律规定，森林、山岭、草原、荒地、滩涂等自然资源除了国家所有外，存在另一种所有权形式，即集体所有。

实务问题

涉及自然资源的如采矿权、林权等国有资产的许可大都是需要经过特殊程序并需要考虑特殊政策及法律规定的。

（编写人：佟　瑶）

法律条文

第二百五十一条　法律规定属于国家所有的野生动植物资源，属于国家所有。

条文主旨

本条是关于属于国家所有的野生动植物资源的规定。本条款的限定条件是有法律规定属于国家财产的野生动植物资源。

新旧法对比

《物权法》	《民法典》
第四十九条　法律规定属于国家所有的野生动植物资源，属于国家所有。	【内容不变】第二百五十一条

理解与适用

根据《野生动物保护法》第 3 条规定："野生动物资源属于国家所有。国家保护依法开发利用野生动物资源的单位和个人的合法权益。"依据《野生动物保护法》第 2 条第 2 款的规定，野生动物，指受保护的野生动物，即珍贵、濒危的陆生、水生野生动物和有益的或者有重要经济、科学研究价值的陆生野生动物。野生植物资源，是指原生地天然生长的珍贵植物和原生地天然生长并具有重要经济、科学研究、文化价值的濒危、稀有植物。

实务问题

法律规定属于国家所有的野生动植物资源，属于国家所有。这样规定有利于保护我国的野生动植物资源，有利于更加合理地利用野生动植物资源。但在实务中需要注意的是"法律规定"属于国家所有的，并不是指所有的野生动植物资源。

（编写人：佟　瑶）

法律条文

第二百五十二条　无线电频谱资源属于国家所有。

条文主旨

本条是关于无线电频谱资源的国家所有权的规定。

新旧法对比

《物权法》	《民法典》
第五十条　无线电频谱资源属于国家所有。	【内容不变】第二百五十二条

理解与适用

无线电频谱同矿藏、水流、森林、山岭、草原一样，是国家宝贵的自然资源。无线电频率虽然是人类共享的自然资源，但相对一定的时间、空间，频谱资源又是有限的。《无线电管理条例》明确规定，“无线电频谱资源属于国家所有”。国家对无线电频谱实行统一规划、合理开发、科学管理、有偿使用的原则。根据国际电信联盟《无线电规则》的规定，电信定义为利用有线电、无线电、光或其他电磁系统对于符号、信号、文字、图像、声音或任何性质的信息的传输、发射或接收。无线电通信则为使用无线电波的电信。无线电波定义为频率在3000GHz以下，不用人工波导而在空间传播的电磁波。作为传输载体的无线电波都具有一定的频率和波长，即位于无线电频谱中的一定位置，并占据一定的宽度。无线电频谱一般指在9KHz～3000GHz频率范围内发射无线电波的无线电频率的总称。所有的无线电业务都离不开无线电频率，无线电频率是自然界存在的一种电磁波，是一种各国可均等获得的看不见、摸不着的自然资源，它具有以下六个特性：第一，它是有限的。尽管使用无线电频谱可以根据时间、空间、频率和编码四种方式进行频率的复用，但就某一频段和频率来讲，在一定的区域、一定的时间和一定的条件下使用频率是有限的。第二，它是排他的。无线电频谱资源与其他资源具有共同的属性，即排他性，在一定的时间、地区和频域内，一旦被使用，其他设备是不能再用的。第三，它具备复用性。虽然无线电频谱具有排他性，但在一定的时间、地区、频域和编码条件下，无线电频率是可以重复使用和利用的，即不同无线电业务和设备可以复用和共用。第四，它是非耗竭性的。无线电频谱资源又不同于矿产、森林等资源，它是可以被人类利用，但不会被消耗掉，不使用它是一种浪费，使用不当更是一种浪费，甚至由于使用不当产生干扰而造成危害。第五，它具有固有的传播特性。无线电波是按照一定规律传播，是不受行政地域的限制，传播既无省界也无国界。第六，它具有易污染性。如果无线电频率使用不当，就会受到其他无线电台、自然噪声和人为噪声的干扰而无法正常工作，或者干扰其他无线电台站，使其不能正常工作，使之无法准确、有效和迅速地传送信息。无线电频谱资源是有限的自然资源。为了充分、合理、有效地利用无线电频谱，保证各种无线电业务的正常运行，防止各种无线电业务、无线电台站和系统之间的相互干扰，本条规定无线频谱资源属于国家所有。

实务问题

无线电频谱资源属于国家所有，是指国家对无线电频谱资源享有占有、使用、收益和处分的权利。《无线电管理条例》第3条规定："无线电频谱资源属国家所有。国家对无线电频谱实行统一规划、合理开发、科学管理、有偿使用的原则。"使用无线电频谱应经过特殊许可程序并有偿使用。

（编写人：佟　瑶）

法律条文

第二百五十三条　法律规定属于国家所有的文物，属于国家所有。

条文主旨

不是所有的文物都属于国家所有，法律有规定属于国家的，归国家所有。

新旧法对比

《物权法》	《民法典》
第五十一条　法律规定属于国家所有的文物，属于国家所有。	【内容不变】第二百五十三条

理解与适用

《文物保护法》第5条规定：中华人民共和国境内地下、内水和领海中遗存的一切文物，属于国家所有。古文化遗址、古墓葬、石窟寺属于国家所有。国家指定保护的纪念建筑物、古建筑、石刻、壁画、近代现代代表性建筑等不可移动文物，除国家另有规定的以外，属于国家所有。国有不可移动文物的所有权不因其所依附的土地所有权或者使用权的改变而改变。

下列可移动文物，属于国家所有：(1)中国境内出土的文物，国家另有规定的除外；(2)国有文物收藏单位以及其他国家机关、部队和国有企业、事业组织等收藏、保管的文物；(3)国家征集、购买的文物；(4)公民、法人和其他组织捐赠给国家的文物；(5)法律规定属于国家所有的其他文物。属于国家所有的可移动文物的所有权不因其保管、收藏单位的终止或者变更而改变。

《文物保护法》第6条规定：属于集体所有和私人所有的纪念建筑物、古建筑和祖传文物以及依法取得的其他文物，其所有权受法律保护。文物的所有者必须遵守国家有关文物保护的法律、法规的规定。

实务问题

涉及文物的案件中，特别需要注意：第一，文物属于限制流通物；第二，我国法律并不禁止公民个人合法拥有，但是法律规定归国家所有的，属于国有财产。

（编写人：佟　瑶）

法律条文

第二百五十四条　国防资产属于国家所有。铁路、公路、电力设施、电信设施和油气管道等基础设施，依照法律规定为国家所有的，属于国家所有。

条文主旨

本条是关于国防资产的国家所有权以及属于国家所有的基础设施的规定。国防资产均属于国家财产。基础设施中，法律有规定为国家所有的，属于国家财产。

新旧法对比

《物权法》	《民法典》
第五十二条　国防资产属于国家所有。 铁路、公路、电力设施、电信设施和油气管道等基础设施，依照法律规定为国家所有的，属于国家所有。	【内容不变】第二百五十四条

理解与适用

本条第1款规定，国防资产属于国家所有。国防是国家生存与发展的安全保障，是维护国家安全统一，确保实现全面建设小康社会目标的重要保障。建立强大牢固的国防是中国现代化建设的战略任务。规定国防资产的国家所有权对我国的国防建设有重大意义。《国防法》第40条第2款也规定，国防资产归国家所有。根据《国防法》第40条第1款的规定，国家为武装力量建设、国防科研生产和其他国防建设直接投入的资金、划拨使用的土地等资源，以及由此形成的用于国防目的的武器装备和设备设施、物资器材、技术成果等属于国防资产。《国防法》第39条第1款规定，国家保护国防资产不受侵害，保障国防资产的安全、完整和有效。

本条第2款规定铁路、公路、电力设施、电信设施和油气管道等基础设施，依照法律规定为国家所有的，属于国家所有。依据本款的规定，并不是所有的铁路、公路、电力设施、电信设施和油气管道等基础设施，都属于国家所有，而是依照法律规定为国家所有的基础设施才属于国家所有。此处的基础设施也不仅仅是包括铁路、公路、电力设施、电信设施和油气管道这几种，只要是依照法律规定为国家所有的基础设施都被包括在本条之内。

铁路、公路、电力设施、电信设施和油气管道等基础设施都是国家重要的基础设施，建设铁路、公路、电力设施、电信设施和油气管道等基础设施对方便人民生活、提高人民生活水平有重要意义，确保铁路、公路、电力设施、电信设施和油气管道等基础设施的安全对于国民经济发展和保障人民群众生命财产安全意义重大。铁路、公路、电力设施、电信设施和油气管道等基础设施，依照法律规定为国家所有的，属于国家所有，对于提高基础设施的建设速度、使用效率和保障基础设施的安全等都有重要意义。《电力法》第4条规定：电力设施受国家保护。禁止任何单位和个人危害电力设施安全或者非法侵占、使用电能。

实务问题

对于基础设施应注意特殊法律规定，有法律规定属于国家所有的基础设施为国有资产，应注意按照国有资产相关保护规定处理。

（编写人：佟　瑶）

法律条文

第二百五十五条　国家机关对其直接支配的不动产和动产，享有占有、使用以及依照法律和国务院的有关规定处分的权利。

条文主旨

本条是关于国家机关的物权的规定。国家机关对其直接支配的财产享有占有和使用的权利；但处分权的行使需要根据法律规定和国务院的规定。

新旧法对比

《物权法》	《民法典》
第五十三条　国家机关对其直接支配的不动产和动产，享有占有、使用以及依照法律和国务院的有关规定处分的权利。	【内容不变】第二百五十五条

理解与适用

本条是对国家机关对其直接支配的物享有的物权的规定，规定国家机关对其直接支配的不动产和动产，享有占有、使用以及依照法律和国务院的有关规定处分的权利。本法依照《民法典》关于机关法人应当具备“必要的财产或者经费”、“与其业务活动相适应的经费来源”和“能够独立承担民事责任”等条件，从物权角度作出了上述规定。依据本条规定，国家机关应当依法对其直接支配的财产行使占有、使用和处分的权利。国家机关对其占用的财产的处分必须依照法律规定的限制和程序进行，不得擅自处置国有财产，加强了对国家机关直接占有的国有财产的保护。

实务问题

本条对国家机关对其直接支配的国有财产行使占有、使用和处分的权利作出了规定，但对于物权的四大权利之一收益权没有提及。

（编写人：佟　瑶）

法律条文

第二百五十六条　国家举办的事业单位对其直接支配的不动产和动产，享有占有、使用以及依照法律和国务院的有关规定收益、处分的权利。

条文主旨

本条是关于国家举办的事业单位的物权的规定。从主体上看，是国家举办的事业单位；从形式上是直接支配，不包括间接控制等；从权利范围上，有权直接占有和使用，但是收益权、处分权的行使受到限制，需要根据法律和国务院的规定。

新旧法对比

《物权法》	《民法典》
第五十四条　国家举办的事业单位对其直接支配的不动产和动产，享有占有、使用以及依照法律和国务院的有关规定收益、处分的权利。	【内容不变】第二百五十六条

理解与适用

国有事业单位的财产是国有资产的重要组成部分。明确国有事业单位对其直接支配的财产享有的权利,哪些权利必须依照法律和国务院的有关规定行使,这对保护国有事业单位的财产具有重要意义。对国家举办的事业单位占用的财产,要根据事业单位的类型、财产的特殊性对其收益和处分的权利分别处理:一是国家举办的事业单位对其占用的财产毫无处分权利,比如故宫博物院对其占用的某些财产;二是经过审批,国家举办的事业单位对其占用的财产具有部分处分权利;三是国家举办的事业单位对其占用的财产具有完全的处分权利。这就需要通过以后制定国有财产管理法对国家举办的事业单位如何有效行使、如何处分其占用的财产作出明确规定。

国家举办的事业单位应当依法对其直接支配的财产行使占有、使用、收益和处分的权利,不得擅自处置国有财产。《事业单位登记管理暂行条例》第 15 条规定:"事业单位开展活动,按照国家有关规定取得的合法收入,必须用于符合其宗旨和业务范围的活动。事业单位接受捐赠、资助,必须符合事业单位的宗旨和业务范围,必须根据与捐赠人、资助人约定的期限、方式和合法用途使用。"本条对国家举办的事业单位对其直接支配的国有财产行使占有、使用、收益和处分的权利作出了规定,加强了对国家举办的事业单位直接占有的国有财产的保护。

实务问题

在法律有规定或国务院有规定的前提下,国家举办的事业单位有权对其直接控制的国有财产行使所有权,除了占用、使用、处分,还有权按照相关规定进行收益。

(编写人:佟 瑶)

法律条文

第二百五十七条 国家出资的企业,由国务院、地方人民政府依照法律、行政法规规定分别代表国家履行出资人职责,享有出资人权益。

条文主旨

本条是关于国有出资的企业出资人制度的规定。依据《民法典》的规定,以国有资产出资设立的企业,一般是属于国有企业,由国务院、地方人民政府依照法律、行政法规规定分别代表国家履行出资人职责,享有出资人权益。

新旧法对比

《物权法》	《民法典》
第五十五条　国家出资的企业,由国务院、地方人民政府依照法律、行政法规规定分别代表国家履行出资人职责,享有出资人权益。	【内容不变】第二百五十七条

理解与适用

第一,国家出资的企业,不仅包括国家出资兴办的企业,如国有独资公司,也包括国家控股、参股有限责任公司和股份有限公司等。国家出资的企业不仅仅是以公司形式,也包括未进行公司制改造的其他企业。第二,代表履行国有企业的出资人职权的主体。根据《企业国有资产监督管理暂行条例》的规定,国务院和地方人民政府的具体分工是:国务院代表国家对关系国民经济命脉和国家安全的大型国有及国有控股、国有参股企业,重要基础设施和重要自然资源等领域的国有及国有控股、国有参股企业,履行出资人职责。省、自治区、直辖市人民政府和设区的市、自治州级人民政府分别代表国家对由国务院履行出资人职责以外的国有及国有控股、国有参股企业,履行出资人职责。需要明确的是,国家实行国有企业出资人制度的前提是国家统一所有,国家是国有企业的出资人。中央政府与地方政府都只是分别代表国家履行出资人职责,享有出资人权益。不能把国家所有与政府所有等同起来,更不能把国家所有与地方政府所有等同。

实务问题

关于国有企业的出资人职责和权益,中央政府和地方政府通过各自设立的国有资产管理委员会,代表国家享有公司法规定的资产收益、重大决策和选择管理者等出资人权益;对国有资产保值、防止国有资产流失负监管责任。需要注意的是,根据《宪法》的规定和国有资产管理改革所遵循的政企分开的原则,中央政府和地方政府以及其设立的国有资产管理机构不能干预国家出资的企业依法行使的自主经营权。

(编写人:佟　瑶)

法律条文

第二百五十八条　国家所有的财产受法律保护，禁止任何组织或者个人侵占、哄抢、私分、截留、破坏。

条文主旨

本条是关于国有财产保护的规定。任何组织或个人不得侵占、哄抢、私分、截留、破坏国有财产。

新旧法对比

《物权法》	《民法典》
第五十六条　国家所有的财产受法律保护，禁止任何单位和个人侵占、哄抢、私分、截留、破坏。	第二百五十八条　国家所有的财产受法律保护，禁止任何**组织或者**个人侵占、哄抢、私分、截留、破坏。

理解与适用

国有财产属全民所有，是国家经济、政治、文化、社会发展的物质基础。加大对国有财产的保护力度，切实防止国有财产流失，是巩固和发展公有制经济的重要内容。《宪法》第12条规定："社会主义的公共财产神圣不可侵犯。""国家保护社会主义的公共财产。禁止任何组织或者个人用任何手段侵占或者破坏国家的和集体的财产"。《物权法》坚持平等保护的原则；同时，从实际情况看，目前经济领域中受侵害最严重的恰恰是国有财产，《物权法》就加强对国有财产的保护、切实防止国有财产流失作出有针对性的规定，是必要的。因此，本条根据宪法和民法通则的规定，针对国有财产的特点，从物权的角度作出了保护国有财产的一般原则性规定，即："国家所有的财产受法律保护，禁止任何组织和个人侵占、哄抢、私分、截留、破坏。"

"国家所有的财产"是指依法属于全民所有的财产，不仅包括国家拥有所有权的财产，如矿藏、水流、海域，国有的土地以及森林、山岭、草原、荒地、滩涂等自然资源，野生动植物资源，无线电频谱资源，依法属于国家所有的文物，国有的铁路、公路、电力设施、电信设施和油气管道等基础设施，国家机关和国家举办的事业单位依法直接支配的国有财产，而且包括国家依法投入到企业的动产和不动产。另外国家的财政收入、外汇储备和其他国有资金也属于国家所有的财产。

“侵占”是指以非法占有为目的，将其经营、管理的国有财产非法占为己有。侵占的客体是国有财产。侵占的主体一般是经营、管理国有财产的单位或者个人，如国有企业、国家举办的事业单位等。构成侵占，还有一个要件是侵占主体要有主观故意，即以非法占有国有财产为目的。

“哄抢”是指以非法占有为目的，组织、参与多人一起强行抢夺国有财产的行为。哄抢的客体是国有财产。哄抢的主体可以是任何的单位和个人，并且还需具备非法占有国有财产的主观故意。

“私分”是指违反国家关于国有财产分配管理规定，以单位名义将国有财产按人头分配给单位内全部或者部分职工的行为。如违反国家关于国有资金与企业资金的分账比例管理制度，由单位领导班子集体决策或者由单位负责人决定并由直接责任人员经手实施，擅自将国有资金转为企业资金，进而以单位分红、单位发奖金等名义私分国有财产。私分的主体是单位，一般指负有经营、管理国有财产的国家机关、国有公司、企业、事业单位、人民团体等单位。

“截留”是指违反国家关于国有资金等国有财产拨付、流转的决定，擅自将经手的有关国有财产据为己有或者挪作他用的行为。如有的政府部门将其经手的，应当向农村集体支付的土地征收补偿费不及时支付或者留下挪作他用。截留的主体一般是指经手国有财产的单位或者相关责任人员。

“破坏”是指故意毁坏国有财产，影响其发挥正常功效的行为，如采取爆破的方式毁坏国有铁路，影响国家正常交通运输的行为。破坏的主体可以是任何的单位和个人，而且需有主观上的毁坏国有财产的故意。

实务问题

侵占、哄抢、私分、截留、破坏国有财产的，应当承担返还原物、恢复原状、赔偿损失等民事责任；触犯《治安管理处罚法》和《刑法》的，还应当承担相应的法律责任。有关单位的责任人也要依法追究行政责任甚至是刑事责任。

（编写人：佟　瑶）

法律条文

第二百五十九条　履行国有财产管理、监督职责的机构及其工作人员，应当依法加强对国有财产的管理、监督，促进国有财产保值增值，防止国有财产损失；滥用职权，玩忽职守，造成国有财产损失的，应当依法承担法律责任。

违反国有财产管理规定，在企业改制、合并分立、关联交易等过程中，低

价转让、合谋私分、擅自担保或者以其他方式造成国有财产损失的，应当依法承担法律责任。

条文主旨

本条是关于国有财产管理法律责任的规定。本条第1款对履行国有财产管理、监督职责的机构及其工作人员切实履行职责作了规定，同时第2款针对现实中存在的国有财产流失的突出问题作了规定。

新旧法对比

《物权法》	《民法典》
第五十七条　履行国有财产管理、监督职责的机构及其工作人员，应当依法加强对国有财产的管理、监督，促进国有财产保值增值，防止国有财产损失；滥用职权，玩忽职守，造成国有财产损失的，应当依法承担法律责任。 违反国有财产管理规定，在企业改制、合并分立、关联交易等过程中，低价转让、合谋私分、擅自担保或者以其他方式造成国有财产损失的，应当依法承担法律责任。	【内容不变】第二百五十九条

理解与适用

1. 关于国有财产管理、监督机构及其工作人员的职责

国务院国有资产监督管理委员会除了根据国务院授权，依照公司法等法律和行政法规履行出资人职责外，还负有以下主要职责：(1)指导推进国有企业改革；对所监管企业国有资产的保值增值进行监督，加强国有资产的管理工作；推进国有企业的现代企业制度建设，完善公司治理结构；推动国有经济结构和布局的战略性调整。(2)代表国家向部分大型企业派出监事会；负责监事会的日常管理工作。(3)通过法定程序对企业负责人进行任免、考核并根据其经营业绩进行奖惩；建立符合社会主义市场经济体制和现代企业制度要求的选人、用人机制，完善经营者激励和约束制度。(4)通过统计、稽核对所监管国有资产的保值增值情况进行监管；建立和完善国有资产保值增值指标体系，拟订考核标准；维护国有资产出资人的权益。(5)起草国有资产管理的法律、行政法规，制定有关

规章制度;依法对地方国有资产管理进行指导和监督。还有三点需要注意:一是履行国有财产管理、监督职责的机构不仅仅是中央政府和地方政府设立的国有资产监督管理委员会(局),而且包括其他机构,比如,财政部门、审计部门、水利部门、外汇管理部门、银行业监督委员会等,还有国家机关和国家举办事业单位内部设立的国有财产管理部门等,都负有一定的国有财产管理、监督职责。二是国有财产监督管理机构应当支持企业依法自主经营,除履行出资人职责以外,不得干预企业的生产经营活动。三是本条强调了国有财产管理、监督职责的机构的工作人员的责任。如果滥用职权,玩忽职守,造成国有资产损失的,还要依法承担行政责任、刑事责任等。

2. 违反国有财产管理规定造成国有财产损失的法律责任

据了解,造成国有财产流失的,主要发生在国有企业改制、合并分立、关联交易的过程中。造成国有财产损失的有以下常见情形:(1)低价转让。有的不按规定进行国有财产评估或者压低评估价格。有的不把国家划拨的土地计入国有股;有的对专利、商标等无形资产不作评估;有的将国有财产无偿转让或者低价折股、低价出售给非国有单位或者个人;有的在经营活动中高价进、低价出。(2)违反财务制度,合谋私分侵占国有财产。有的将应收账款做成呆账、坏账,有的私设“小金库”或者设立“寄生公司”,以后再侵占私分。(3)擅自担保。有的根本不认真调查被担保人的资信情况,未经法定程序和公司章程规定,擅自向非国有单位或者个人担保,造成国有财产损失。

实务问题

本条被广泛地认为能有效地促进国有资产保值增值,防止国有资产流失。即违反国有财产管理,造成国有财产流失的,应当依法承担法律责任,包括赔偿损失等民事责任,纪律处分等行政责任,构成犯罪的,依法追究刑事责任。

(编写人:佟　瑶)

法律条文

第二百六十条　集体所有的不动产和动产包括:

(一)法律规定属于集体所有的土地和森林、山岭、草原、荒地、滩涂;

(二)集体所有的建筑物、生产设施、农田水利设施;

(三)集体所有的教育、科学、文化、卫生、体育等设施;

(四)集体所有的其他不动产和动产。

条文主旨

本条是对集体所有财产范围的规定。

集体所有权，是指劳动群众集体对集体所有财产的占有、使用、收益和处分的权利，是劳动群众集体所有制的法律表现。集体所有权同国家所有权一样，是建立在生产资料公有制基础上的所有权制度。集体所有权与国家所有权相比较，具有的法律特征是：(1)权利主体的广泛性与多元化；(2)权利客体的限定性，集体组织所有权的客体不是针对任何种类的财产；(3)所有权的独立性，权利人独立地享有和行使所有权；(4)所有权取得方式的有限性，最初来自劳动群众的自愿互利出资，财产主要通过民事方式取得。

新旧法对比

《物权法》	《民法典》
第五十八条　集体所有的不动产和动产包括： (一)法律规定属于集体所有的土地和森林、山岭、草原、荒地、滩涂； (二)集体所有的建筑物、生产设施、农田水利设施； (三)集体所有的教育、科学、文化、卫生、体育等设施； (四)集体所有的其他不动产和动产。	【内容不变】第二百六十条

理解与适用

集体财产是广大人民群众辛勤劳动积累的成果，是发展集体经济和实现共同富裕的重要基础。确认集体财产的范围，对保护集体的财产权益，维护广大集体成员的合法财产权益具有重大意义。本条文以列举加概括的方式，对集体所有权的客体范围作出规定，目的是保护集体所有权。

实务问题

1. 案例一①

(1)案情简介：在临高县某村仓米经济合作社诉某县人民政府土地行政裁

① 参见最高人民法院行政审判庭《中国行政审判指导案例》(第3卷)。

决案中，涉案宗地面积为 59.25 亩，在 1991 年以前一直由某合作社（临高县某村仓米经济合作社）和某经济合作社（临高县新盈镇朗英村某经济合作社）耕作，其中位于临新公路东北边的坡地、旱田和位于新盈镇门牌大街的西北方陈氏宗祠处的争议地，主要由某经济合作社耕作，位于新盈镇门牌大街的西南方堡垒处的争议地，主要由某合作社耕作。1991 年，新盈镇政府与某合作社签订协议，约定某合作社将争议土地中 30 余亩荒坡地提供给新盈镇政府取土，新盈镇政府则支付取土费。1992 年 10 月，经某纪念馆申请，新盈镇政府批准其使用争议土地约 7 亩建某纪念馆，并颁发了《宅基地使用证明书》，之后某纪念馆在争议土地上兴建陈氏宗祠。2001 年，某合作社与某经济合作社因出让部分争议地发生纠纷，某县政府受理该纠纷并经调查取证作出临府（2002）39 号《处理决定》，认定争议地为集体土地，按照双方实际使用争议地的情况，将争议地平分给某合作社和某经济合作社。某合作社不服镇政府的处理决定，申请复议。而海南省法制办发文认为，双方均未能提供有效证据证明争议地权属，故依据原国家土地管理局《确定土地所有权和使用权的若干规定》第 18 条的规定，争议地应认定为国有土地，遂责令某县政府自行纠正。据此，某县政府作出临府（2004）34 号《处理决定》。某合作社和某经济合作社均不服该决定，遂向海南省政府申请行政复议，海南省政府作出琼府复决字（2004）128 号《行政复议决定书》维持了该决定。某合作社不服某县政府作出的临府（2004）34 号《处理决定》，提起诉讼，请求撤销该决定。

（2）一审法院判决：维持被告某县政府作出的（2004）34 号《处理决定》。原告某合作社不服一审法院判决，提起上诉称：原审法院认定事实不清，证据不足。争议地历来属于仓米村集体土地，被上诉人某县政府在土改时还向农民颁发了土地所有权证，故请求撤销一审判决。第三人某纪念馆不服一审法院判决，亦提起上诉称：本纪念馆筹办期间已经办理了相关手续，并领取了《宅基地使用证明书》，而原审法院认定争议地属于国有土地是错误的，争议地应为集体土地。原审法院认定事实不清，对土地性质定性错误，请求二审法院撤销一审判决，判令被上诉人某县政府重新作出处理决定。二审法院判决：驳回上诉，维持原判。上诉人某合作社不服二审判决，申请再审。再审法院判决：撤销一审判决和二审判决；撤销被申请再审人某县政府作出的（2004）34 号《处理决定》；由被申请再审人某县政府重新作出具体行政行为。

（3）评析：土地属于农村集体经济组织界限范围，且一直由农村集体经济组织连续使用，在农村集体经济组织没有证据证明其权属，行政机关也无法证明土地属于国家所有的情况下，应当认定土地性质属于集体所有。此时，行政机关仅依据土地在土改期间未确定权属，而认定土地属于国有土地的，属于认定事实不清，由此作出的行政裁决应当予以撤销。

2. 案例二①

（1）案情简介。在刘某华诉刘某群、周某莲宅基地使用权纠纷案中，原告刘某华在原籍恭城县龙虎乡狮子村有一间砖瓦结构的住房，面积为52.16平方米，房屋用地为集体土地；被告周某莲在狮子村有其前夫李某义名下的水泥平房一间，面积为76.70平方米，房屋用地为国有土地。2008年9月，狮子村在龙虎乡政府的指导下进行危房改造，原告刘某华为此事同被告刘某群回狮子村看过房屋，原告刘某华将原有住房拆除后，便委托被告刘某群筹集物资准备重建。同年11月15日，被告刘某群以原告刘某华委托代理人的身份与被告周某莲签订了一份《宅基地兑换协议》。协议约定：原告刘某华与被告周某莲兑换各自的宅基地给对方建房，协议书上，原告刘某华没有签名，被告刘某群以代理人身份签名，被告周某莲及在场证明人分别签名。随后，被告周某莲在原告刘某华的宅基地上建起了一间占地90平方米的钢混结构水泥楼房，原告刘某华只是在周某莲的宅基地空地上堆放了一些建房材料。2008年12月，原告刘某华以被告刘某群未经本人同意，无权代理与被告周某莲签订《宅基地兑换协议》为由，请求法院确认两被告签订的协议无效。

（2）法院认为。原告刘某华与被告刘某群系亲兄妹关系，二人均在外地工作生活，危房改造开始时，二人曾一同回狮子村看过房屋，原告将其旧房拆除后，便委托被告刘某群筹集物资准备重建，因而双方在此期间联系是比较密切的，被告刘某群在与被告周某莲签订协议时是以原告刘某华全权代理人身份出现的，被告周某莲有理由相信与被告刘某群签订的《宅基地兑换协议》是经过原告同意的，被告刘某群的行为构成了表见代理，但由于两被告签订的《宅基地兑换协议》内容违反了《土地管理法》的相关规定，因而两被告所签订的《宅基地兑换协议》无效。法院依照《民事诉讼法》第130条（现为第133条）、《合同法》第52条第1款规定，判决被告刘某群与被告周某莲2008年11月15日签订的《宅基地兑换协议》为无效协议。

（3）评析。旧房拆除后的宅基地所有权属于集体所有，由村集体经济或者村民委员会经营管理。以旧房拆除后的宅基地为标的与他人签订的互换协议是无效协议。

（编写人：袁慧超）

① 广西壮族自治区恭城瑶族自治县人民法院（2014）恭民再字第1号。

法律条文

第二百六十一条　农民集体所有的不动产和动产，属于本集体成员集体所有。

下列事项应当依照法定程序经本集体成员决定：

（一）土地承包方案以及将土地发包给本集体以外的组织或者个人承包；

（二）个别土地承包经营权人之间承包地的调整；

（三）土地补偿费等费用的使用、分配办法；

（四）集体出资的企业的所有权变动等事项；

（五）法律规定的其他事项。

条文主旨

本条关于对农民集体所有财产归属及重大事项集体决定的规定。

农民集体所有的特点，是集体财产集体所有、集体事务集体管理、集体利益集体分享。农民集体所有的不动产和动产，属于本集体成员集体所有，即农民集体财产集体所有的基本内容。集体所有权的主体是农民集体，具体的组织形式依照《民法典》总则编第99条规定，是农民集体经济组织，第101条第2款规定，未设立村集体经济组织的，村民委员会可以依法代行村集体经济组织的职能。

农民集体行使集体所有权，应当依照法定程序，经由本集体成员决定相应的重大事项。

新旧法对比

《物权法》	《民法典》
第五十九条　农民集体所有的不动产和动产，属于本集体成员集体所有。 下列事项应当依照法定程序经本集体成员决定： （一）土地承包方案以及将土地发包给本集体以外的单位或者个人承包； （二）个别土地承包经营权人之间承包地的调整； （三）土地补偿费等费用的使用、分配办法；	第二百六十一条　农民集体所有的不动产和动产，属于本集体成员集体所有。 下列事项应当依照法定程序经本集体成员决定： （一）土地承包方案以及将土地发包给本集体以外的**组织**或者个人承包； （二）个别土地承包经营权人之间承包地的调整； （三）土地补偿费等费用的使用、分配办法；

续表

《物权法》	《民法典》
（四）集体出资的企业的所有权变动等事项； （五）法律规定的其他事项。	（四）集体出资的企业的所有权变动等事项； （五）法律规定的其他事项。

理解与适用

本条对经农民集体成员决定的重大事项作出详细规定，符合实际情况，是独具特色的所有权制度的具体体现。农民是农村集体组织的成员，基于此种身份，其应当享有成员权。故《物权法》第59条，第一次明确了成员权的概念，但成员权作为一种身份权，不同于集体所有权。从实践来看，集体组织和其成员利益存在一定的脱节现象，普遍存在集体土地所有权弱化和虚化的问题，这产生了一些漠视集体经济组织成员利益的问题。[①] 其主要原因就在于，成员权的虚化和弱化，故此需要规定集体经济组织成员权制度，扩大集体经济组织成员在管理集体经济组织事务方面的自主权。但是，因《物权法》并没有规定成员权制度，从而使实践中出现很多问题，如外嫁女是否依然属于集体经济组织成员、在城市定居的人为取得土地承包经营权而故意将户口迁回农村等。《民法典》物权编本应对集体经济组织成员权作出更加明确的规定，包括对成员资格认定方法的规定，明确成员资格取得与丧失的条件，成员享有的具体权利和承担的义务等。然而从民法典内容来看，在该方面仍然存在欠缺。

实务问题

1. 案情简介[②]

张某等163人原系东新村（贵阳市某乡东山村东新村民组）村民。征地单位（贵阳市委组织部、贵阳市体委、贵州省公安厅、贵阳市中级人民法院、贵阳市交通局汽车运输七场、贵州省消防总队）与东新村民组、村民委员会（贵阳市某乡东山村民委员会）、乡政府（贵阳市某乡人民政府）签订征地合同，约定：被征土地54.67亩；支付乡政府征地补偿费、安置补助费1,626,466元。签订合同后，征地单位依据合同的约定支付款项。乡政府累计拨付村民委员会885,185元。收取补偿款后，村民委员会向被征土地村民发放安置补助费699,738元。

① 参见陈小君：《我国农民集体成员权的立法抉择》，载《清华法学》2017年第2期。

② 参见最高人民法院民事审判庭编：《民事审判指导与参考》2000年第3卷，人民法院出版社2018年版，第4页。

之后,村民委员会又修建水果批发市场,为此占用了东新村部分土地,支付该村民土地补偿费 100,000 元,村民先后共得款 799,738 元。此后,村民对乡政府及村民委员会发放的征地补偿费、安置补助费数额产生异议,认为其应得的征地补偿费、安置补助费被乡政府和村民委员会截留,未用于兴办公益事业和解决农民就业,侵犯了该村民的合法权益,并向有关部门进行反映,但协商未果。张某等 163 人以村民委员会、地方政府截留征地补偿费、安置补助费为由,提起诉讼,请求判令乡政府及村民委员会返还被侵占的安置补助费。

另查明:乡政府、村民委员会未向东新村的村民公布征地单位支付的 1,626,466 元征地补偿费及安置补助费收支状况。东新村大部分土地被征用后,村民已转为城市居民。原东新村建制已被撤销。依据安置合同的约定,村民委员会是否足额支付被安置人员安置补助费,该笔费用支付等情况亦未向村民公布。

2. 法院认为

一审法院裁定:驳回原告张某等 163 人的起诉。原告张某等 163 人不服一审法院裁定,提起上诉称:本方系被征土地产生的土地补偿费及安置补助费的权利人,一审法院认定该笔安置补助费的所有权归农民集体组织所有,本方无权代表农民集体组织主张该项权利,不具备原告主体资格,属于认定事实及适用法律错误,请求撤销一审法院裁定,受理本案并作出实体判决。二审法院裁定:驳回上诉,维持原裁定。

3. 评析

国家建设征用土地上的附着物和青苗补偿费应当支付给个人,征地补偿费、安置补助费属于农民集体所有,村民委员会及地方政府对征地补偿费及安置补助费的安排和使用属于行使行政管理权的行为。村民与乡政府、村民委员会管理使用因征地产生的征地补偿费及安置补助费引起的争议,不属于平等民事主体之间发生的纠纷。同时,被征地村民个人并非被征土地权利享受人,不能以个人名义起诉,不具有原告主体资格。

(编写人:袁慧超)

法律条文

第二百六十二条　对于集体所有的土地和森林、山岭、草原、荒地、滩涂等,依照下列规定行使所有权:

(一)属于村农民集体所有的,由村集体经济组织或者村民委员会依法代表集体行使所有权;

(二)分别属于村内两个以上农民集体所有的,由村内各该集体经济组织或者村民小组依法代表集体行使所有权;

(三)属于乡镇农民集体所有的,由乡镇集体经济组织代表集体行使所有权。

条文主旨

本条是关于农民集体行使所有权代表的规定。

对于集体所有的土地和森林、山岭、草原、荒地、滩涂等不动产,因为集体所有的形式不同,行使权利的代表也不相同。农民集体最主要的表现是村集体、乡镇集体或者两个以上的村集体,这是在人民公社化时期形成的不同所有形式,即"三级所有、队为基础"的体制,基本上是生产队所有,也有生产大队、公社所有的情况。在改革开放后,形成了不同的集体组织的形式。

新旧法对比

《物权法》	《民法典》
第六十条　对于集体所有的土地和森林、山岭、草原、荒地、滩涂等,依照下列规定行使所有权: (一)属于村农民集体所有的,由村集体经济组织或者村民委员会代表集体行使所有权; (二)分别属于村内两个以上农民集体所有的,由村内各该集体经济组织或者村民小组代表集体行使所有权; (三)属于乡镇农民集体所有的,由乡镇集体经济组织代表集体行使所有权。	第二百六十二条　对于集体所有的土地和森林、山岭、草原、荒地、滩涂等,依照下列规定行使所有权: (一)属于村农民集体所有的,由村集体经济组织或者村民委员会**依法**代表集体行使所有权; (二)分别属于村内两个以上农民集体所有的,由村内各该集体经济组织或者村民小组**依法**代表集体行使所有权; (三)属于乡镇农民集体所有的,由乡镇集体经济组织代表集体行使所有权。

理解与适用

"村",是指行政村,即设立村民委员会的村,而非自然村。"分别属于村内两个以上农民集体所有"主要是指该农民集体所有的土地和其他财产在改革开放以前就分别属于两个以上的生产队,现在其土地和其他集体财产仍然分别属于相当于原生产队的各该农村集体经济组织或者村民小组的农民集体所有。

"村民小组"是指行政村内的由村民组成的自治组织。根据《村民委员会组织法》的相关规定,村民委员会可以根据居住地区划分若干个村民小组。如果村内有集体经济组织的,就由村内的集体经济组织行使所有权;如果没有村内的集体经济组织,则由村民小组来行使。

属于乡镇农民集体所有的,由乡镇集体经济组织代表集体行使所有权。这种情况包括:第一,改革开放以前,原本以人民公社为核算单位的土地,在公社改为乡镇以后仍然属于乡镇农民集体所有;第二,在人民公社时期,公社一级掌握的集体所有的土地和其他财产仍然属于乡镇农民集体所有。上述两种情况下,由乡镇集体经济组织代表集体行使所有权。

实务问题

1. 案情简介[①]

2008 年 10 月 5 日,梁平县蟠龙镇五星村 6 组村民汪某恒与同村 5 组村民贺某贵签订购房协议,将其所有的位于五星村 6 组的一套房屋以 1 万元的价格卖给贺某贵。协议签订当日,贺某贵付清了购房款。同年 10 月 13 日,贺某贵向当地财政所缴纳购房的契税 300 元。同年 11 月 2 日,汪某恒将房屋交付给贺某贵使用。随后,双方向国土房管部门申请办理该房屋的过户登记。同年 12 月 31 日,梁平县国土资源和房屋管理局向汪某恒发出《不予审理通知单》,认为五星村 6 组村民汪某恒与五星村 5 组村民贺某贵不是一个集体经济组织的成员,(转让房屋)不符合相关法律规定,通知汪某恒前去领回申请办理房屋过户登记的资料。后双方因办理产权变更登记未果发生纠纷,汪某恒诉至法院,要求确认双方签订的购房协议无效,由贺某贵返还房屋,由其返还购房款。

2. 法院认为

重庆市梁平县人民法院经审理认为,农村房屋所有权转让,房屋占有范围内的宅基地使用权随之转让。农村宅基地具有福利性质,只供该村民小组等集体经济组织成员享有,原告系五星村 6 组村民,被告系五星村 5 组村民。原告将其建在农村集体所有土地上的房屋转让给不属于本集体经济组织成员的被告,房屋买卖协议违反了法律的强制性规定。判决汪某恒与贺某贵签订的《购房协议》无效,汪某恒返还购房款,贺某贵返还房屋。

贺某贵不服一审判决,向重庆市第二中级人民法院提起上诉。重庆二中院

① 《同村不同组村民是否属同一农村集体经济组织的认定——重庆二中院判决贺某贵与汪某恒房屋买卖合同纠纷一案》,载《人民法院报》2012 年 1 月 5 日,第 6 版。

经审理认为，该案中，农村集体土地的发包情况表明，五星村存在以村为单位的村农民集体经济组织。贺某贵与汪某恒虽不是同一村民小组的村民，但都是五星村的村民，属同一村集体经济组织的成员，双方签订的《购房协议》并不违反法律、行政法规的强制性规定，具有法律效力。

2011 年 11 月 3 日，重庆市第二中级人民法院判决撤销一审民事判决，确认贺某贵与汪某恒签订的《购房协议》有效。

3. 评析

判断同村不同村民小组的村民是否属同一农村集体经济组织成员时，应依据集体土地的物权归属、发包主体等进行识别。无村农民集体经济组织而仅有村内并存的各农村集体经济组织的，同村不同组的村民不属同一农民集体经济组织成员；有村农村集体经济组织形式或者村农民集体经济组织与村内各农民集体经济组织并存的，同村不同组的村民属同一农民集体经济组织成员。

（编写人：袁慧超）

法律条文

第二百六十三条　城镇集体所有的不动产和动产，依照法律、行政法规的规定由本集体享有占有、使用、收益和处分的权利。

条文主旨

本条是关于城镇集体所有财产的规定。

城镇集体所有，是城镇集体所有组织对其财产的所有形式。城镇中的手工业、工业、建筑业、运输业、商业、服务业等行业的各种形式的合作经济，都是劳动群众集体所有制经济，城镇集体所有制企业是财产属于劳动群众集体所有、实行共同劳动、在分配方式上以按劳分配为主体的经济组织。劳动群众集体所有，就是本集体企业的劳动群众集体所有。

新旧法对比

《物权法》	《民法典》
第六十一条　城镇集体所有的不动产和动产，依照法律、行政法规的规定由本集体享有占有、使用、收益和处分的权利。	【内容不变】第二百六十三条

理解与适用

本条规定了城镇集体财产权利，该权利行使的主体是本集体，即城镇集体所有的不动产和动产，应由本集体占有、使用、收益和处分。由此可见，行使城镇集体财产权的只能是该集体，而不能由个别集体成员专行，这样才能防止部分集体成员利用经手城镇集体所有的不动产和动产之便利，非法占有城镇集体财产，侵犯城镇集体财产所有权。

实务问题

1. 案情简介①

根据王某、马某、徐某等 76 人提交的工商登记资料及兼并协议等载明的内容，原重庆 J 排风扇厂系集体所有制企业，主管部门为重庆市沙坪坝区工业局。1998 年 12 月 7 日，原重庆 J 排风扇厂与重庆 L 电器有限责任公司签订《兼并协议》，在《兼并协议》生效条款中，约定兼并须提交重庆 J 排风扇厂职工大会讨论并获三分之二以上的人员通过，报主管局及区体改委批准。1998 年 12 月 18 日，沙坪坝区工业管理局、沙坪坝区体制改革委员会批复同意兼并。1999 年 1 月 6 日，原重庆 J 排风扇厂经重庆市沙坪坝区工业局会同该区体制改革委员会研究同意，申请注销企业营业执照。根据沙区府地法〔1999〕31 号文件载明的内容，原重庆 J 排风扇厂的土地使用权为国有划拨地。签订兼并协议时，原重庆 J 排风扇厂有职工 101 人，退休职工 46 人，本案起诉的 76 人中，在签订兼并协议时有 18 人系退休职工，58 人在职。另查明，本案所涉《兼并协议》已经履行完毕；最高人民法院所作〔2007〕民立他字第 15 号《关于对基层供销社产权整体转让纠纷能否受理请示的答复》，是针对上级供销社未征得社员同意而将基层供销社整体转让，侵害社员财产权情形。

2. 法院认为

法院认为，该案争议焦点是王某、马某、徐某等 76 人是否为该案适格原告。根据该案认定的事实，原集体企业重庆 J 排风扇厂对外的权利与义务均由重庆 L 电器有限责任公司继受，但若原集体企业重庆 J 排风扇厂与重庆 L 电器有限责任公司因《兼并协议》产生的权利义务关系发生纠纷，因原集体企业重庆 J 排风扇厂已经注销，其民事主体资格已经消灭，应由其清算主体即其开办单位为诉讼主体。故王某、马某、徐某等 76 人并非本案适格原告。

---

① 重庆市第一中级人民法院(2017)渝 01 民终 239 号。

综上所述，王某、马某、徐某等76人的上诉理由没有事实和法律根据，对其上诉请求，不予支持；一审裁定认定事实清楚，结果正确，应予维持。最终法院裁定驳回上诉，维持原裁定。

3. 评析

该案中，重庆J排风扇厂系集体所有制企业，其具有独立法人资格，该企业兼并是处分城镇集体所有的财产的行为，因此根据本条规定，行使该权利的主体应当为集体企业，而不是该集体企业的个别职工。王某等人若有不同意见，应当通过企业职工大会或其上级主管部门实现自己在集体企业的权利，而集体企业部分职工个人不能代表集体企业的意志。故王某、马某、徐某等76人并非该案适格原告，不能代表整个企业的利益提起诉讼请求。

（编写人：袁慧超）

法律条文

第二百六十四条　农村集体经济组织或者村民委员会、村民小组应当依照法律、行政法规以及章程、村规民约向本集体成员公布集体财产的状况。集体成员有权查阅、复制相关资料。

条文主旨

本条是对集体经济组织公布集体财产的规定。

新旧法对比

《物权法》	《民法典》
第六十二条　集体经济组织或者村民委员会、村民小组应当依照法律、行政法规以及章程、村规民约向本集体成员公布集体财产的状况。	第二百六十四条　**农村集体经济组织**或者村民委员会、村民小组应当依照法律、行政法规以及章程、村规民约向本集体成员公布集体财产的状况。**集体成员有权查阅、复制相关资料。**

实务问题

在农村集体经济组织中，农村集体经济组织是特别法人，集体经济组织成员即农民，是组织成员，享有成员权。集体经济组织以及代行集体经济组织职权的村民委员会，都对全体农民即组织的成员负有义务，其中之一就是向本集体成员公布集体财产的状况。这是农民作为集体经济组织成员享有的知情权的具体表现。集体经济组织或者村民委员会、村民小组依照法律、行政法规以及章程、村规民约的规定,向本集体成员公布集体财产状况,才能使成员的知情权得到实现。

(编写人:袁慧超)

法律条文

第二百六十五条　集体所有的财产受法律保护,禁止任何组织或者个人侵占、哄抢、私分、破坏。

农村集体经济组织、村民委员会或者其负责人作出的决定侵害集体成员合法权益的,受侵害的集体成员可以请求人民法院予以撤销。

条文主旨

本条是对集体所有财产受法律保护的规定。

集体所有的财产,无论是农村集体所有的财产,还是城镇集体所有的财产,都平等地受到法律保护,他人不得侵害。故本条规定禁止任何组织或者个人侵占、哄抢、私分、破坏集体所有的财产。

本条特别授予集体组织成员一个权利,即在农村集体经济组织、村民委员会或者其负责人作出的决定侵害集体成员合法权益的时候,受侵害的集体成员享有撤销权,符合上述要求的,可以请求人民法院对侵害集体成员合法权益的决定予以撤销。这个撤销权没有规定除斥期间,原则上应当适用《民法典》总则编第152条有关除斥期间为一年的规定。

新旧法对比

《物权法》	《民法典》
第六十三条　集体所有的财产受法律保护,禁止任何单位和个人侵占、哄抢、私分、破坏。 集体经济组织、村民委员会或者其负责人作出的决定侵害集体成员合法权益的,受侵害的集体成员可以请求人民法院予以撤销。	第二百六十五条　集体所有的财产受法律保护,禁止任何**组织**或者个人侵占、哄抢、私分、破坏。 **农村集体经济组织**、村民委员会或者其负责人作出的决定侵害集体成员合法权益的,受侵害的集体成员可以请求人民法院予以撤销。

理解与适用

本条规定了集体财产权的保护方式,强调禁止任何单位和个人侵占、哄抢、私分、破坏集体财产,同时在第2款规定了集体成员的诉权,赋予集体成员请求人民法院撤销集体经济组织、村民委员会或者其负责人作出的不当决定的权利。

实务问题

1. 案情简介①

2004年5月,原临安市河桥镇上卜村(现已并入临安市河桥镇中鑫村)所在的一处矿产由杭州瑞达莹石经营有限公司承包,因涉及采矿许可证的重新办理问题,产生了一些费用。该矿也曾被相关部门责令停产和罚款。两被告在担任书记、村委会主任期间,同意支付了该矿的办证费用和罚款及同意退还部分承包费用。

2008年6月18日,临安市农经审计总站受河桥镇中鑫村村委会委托,对原上卜村财务进行审计。2008年10月20日,该站出具审计报告,在报告第四项审计结果和发现的问题中,认为:办证费用、罚款及部分承包款不应由村集体承担。

原告陈某生、毛某根等125人诉称:办证费用、国土局的罚款、停产8个月中5个月的承包款,应当由承包方杭州瑞达莹石经营有限公司承担。两被告未经村民大会或村民代表大会讨论而签字同意上述费用和损失由村集体资金支付,造成上卜村劳动群众集体成员财产损失415,500元,根据《物权法》第63条第2款规定,请求判令:(1)撤销两被告同意将办证费用、国土局的罚款、停产8个月中5个月的承包款合计415,500元由上卜村集体承担的决定;(2)判令两被告赔偿415,500元给原上卜村集体(现为中鑫村5个组)。

被告胡某海、季某土辩称:根据合同约定,办证费用应当由发包方即上卜村支付;国土局罚款是由于发包方发包给承包方的可开采层已经无矿石可采,造成承包人超范围开采,责任不应当归责于承包人,本案两位被告作为当时的村负责人同意承担该笔罚款,同时与国土局进行交涉,将采矿许可证的范围进行变更,此事是经过村两委讨论决定的;退还停产8个月中5个月的承包款,系临安市安全生产监督管理局认为矿山存在两个安全隐患,该隐患在上卜村进行矿山发包的时候已经客观存在,并非承包方的原因造成,当时承包方要求顺延5个月的承包期,最终的协商结果是退回5个月的承包款,该方案也是经过村两委同意,并

① 浙江省临安市中级人民法院(2010)杭临民初字第523号;浙江省杭州市中级人民法院(2011)浙杭民终字第223号。

提交了村民代表会议讨论通过的。综上，两被告在处理与承包方的纠纷过程中，并没有擅自变更合同条款，也没有侵犯村集体经济组织的合法权益，请求法院驳回原告的诉讼请求。

2. 法院认为

一审法院认为：(1)《物权法》第 63 条第 2 款规定："集体经济组织、村民委员会或者其负责人作出的决定侵害集体成员合法权益的，受侵害的集体成员可以请求人民法院予以撤销。"该条款是指涉及集体成员个人或其所在农户的财产、人身等权利受到侵害时，该集体成员有起诉的权利。该案原告认为侵犯集体资产会直接导致集体成员个人利益损害，从而直接起诉的做法，不符合现行法律规定，故该案原告主体不适格。(2)《物权法》第 63 条第 2 款规定可撤销负责人作出的决定，该决定显然是指基于集体负责人身份作出的决定，诉讼中应由村集体作为被告应诉，原告以个人为被告起诉，不符合《最高人民法院关于适用〈中华人民共和国民事诉讼法〉若干问题的意见》第 42 条，"法人或者其他组织的工作人员因职务行为或授权行为发生的诉讼，该法人或其他组织为当事人"之规定，故本案被告主体也不适格。(3)另因该案中并非直接针对某集体经济组织成员个人或其所在农户作出决定的情形，原告起诉的事项并非《物权法》第 63 条第 2 款规定的调整范围，该事项不属于民事诉讼受案范围。综上，根据《民事诉讼法》第 108 条(现为第 111 条)第(一)、(二)、(四)项、《最高人民法院关于适用〈中华人民共和国民事诉讼法〉若干问题的意见》第 139 条之规定，裁定驳回原告陈某生、毛某根等 125 人的起诉。二审法院认为该案不属于人民法院民事诉讼受案范围，遂作出驳回上诉，维持原裁定的终审裁定。

3. 案例分析

本条文所沿袭的《物权法》第 63 条第 2 款规定，"集体经济组织、村民委员会或者其负责人作出的决定侵害集体成员合法权益的，受侵害的集体成员可以请求人民法院予以撤销"。对该条款的理解适用应当与《民事诉讼法》第 108 条的规定相结合，对集体经济组织、村民委员会及其负责人作出的有关集体资产的决定，无直接利害关系的集体成员不能起诉请求撤销。

(编写人：袁慧超)

法律条文

第二百六十六条　私人对其合法的收入、房屋、生活用品、生产工具、原材料等不动产和动产享有所有权。

条文主旨

本条是关于私人所有权的规定。

私人所有权,指私人对其所有的财产依法进行占有、使用、收益和处分的权利。私人,指自然人、个体工商户、农村承包经营户、外国人、无国籍人等。营利法人和非营利法人、特别法人以及非法人组织的所有权,也被规定在私人所有权范围内。

我国私人所有权的法律特征是:(1)私人所有权的主体,主要是自然人个人以及非公有的法人、非法人组织;(2)私人所有权的客体,包括私人的生活资料和生产资料;(3)私人财产的基本来源,是私人的劳动所得和其他合法收入;(4)私人所有权与其他所有权受到同等法律保护。

私人所有权包括占有、使用、收益、处分四项权能。私人行使这四项权能与国家、集体有所不同,通常以直接的方式进行,即私人自己以积极主动的行为直接作用于所有物的方式进行。私人通过行使这些权能,在生产、生活中发挥其财产的效用,满足其物质文化生活的需求。

本条规定的私人所有权的客体,主要是自然人所有权的客体,是生活资料和生产资料,即合法的收入、房屋、生活用品、生产工具、原材料等不动产和动产。

新旧法对比

《物权法》	《民法典》
第六十四条　私人对其合法的收入、房屋、生活用品、生产工具、原材料等不动产和动产享有所有权。	【内容不变】第二百六十六条

理解与适用

本条所规定的收入、房屋、生活用品、生产工具和原材料的具体范围包括:

(1)收入。包括人们从事各种劳动获得的货币收入或者有价物。主要包括:工资,指定期支付给员工的劳动报酬;从事智力创造和提供劳务所取得的物质权利,如稿费、专利转让费、讲课费、咨询费等;因拥有债权、股权而获得的利息、股息、红利所得;出租建筑物、土地使用权、机器设备、车船以及其他财产所得;转让建筑物、土地使用权、机器设备、车船、有价证券、股权以及其他财产所得;得奖、中奖以及其他偶然所得;从事个体经营的劳动收入、从事承包土地所获得的收益等。

（2）房屋。包括依法购买的城镇住宅，也包括在农村宅基地上依法建造的住宅，也包括商铺、厂房等建筑物。根据《土地管理法》《城市房地产管理法》以及本法的规定，房屋仅指在土地上的建筑物部分，不包括其占有的土地。

（3）生活用品。是指用于生活方面的物品，如家用电器、私人汽车等。

（4）生产工具和原材料。二者均为重要的生产资料，是生产所必需的基础物质，其中生产工具是指人们在进行生产活动时所使用的器具，如机器设备、车辆、船舶等运输工具。原材料是指生产产品所需的物质基础材料，如矿石、钢铁、木材等。

除上述内容外，私人财产还包括其他的不动产和动产，均为私人所有权的客体。

实务问题

1. 案情简介[①]

原告汪某诚、汪某正、汪某仁、汪某东、汪某惠、汪某国（以下简称汪某诚等六人）与被告淮安市博物馆（以下简称博物馆）发生返还原物纠纷，向江苏省淮安市清河区人民法院提起诉讼。原告汪某诚等六人诉称：原告祖辈就居住在本市东长街306号，系经营酒坊的商家。日本兵侵略淮阴（现名为淮安）城时，原告祖父带领全家迁居乡村。临行前，原告祖父吩咐雇员将家中数量可观又不便携带的古钱币埋藏于宅中。当原告祖父重返淮阴城时，雇员已下落不明，故对于自家大量的古钱币埋藏于住宅何处不得而知。原告祖父及父亲于生前均向原告嘱告，注意探查挖掘。2007年4月，原告祖宅房屋遇拆迁，原告曾先后多次向拆迁主管部门及当地居委会反映，原告祖宅地下有祖父埋藏的古钱币若干。由于原告与拆迁人因为补偿安置未能达成一致意见而未履行拆迁相关手续。2009年9月27日晚，原告汪某仁的妻子留守在被拆迁房内，拆迁办工作人员将其领至其他地点商谈有关事项，并随之将原告祖宅推倒。2009年10月13日，该拆迁工地工人在原告祖宅范围内发现了涉案埋藏的古钱币。后经被告博物馆清理共计13口袋，均被其收藏。原告索还未果，遂诉至法院请求判令被告博物馆返还涉案的13口袋古钱币。

被告博物馆辩称：第一，依据《文物保护法》的规定，中华人民共和国境内地下、内水和领海中遗存的一切文物，属于国家所有。本案涉案的全部古钱币经文物行政部门鉴定，属于可移动文物，故依法属于国家所有。博物馆是依法批准设

① 汪某诚等六人诉淮安市博物馆返还祖宅的埋藏文物纠纷案，载《最高人民法院公报》2013年第5期。

立的国有文物收藏单位,对涉案的古钱币有职责依法收藏。第二,原告方主张涉案古钱币为其祖上所埋藏,但其既不能提供这批古钱币的来源、数量、处置等所留下的任何文字凭据,也不能说明古钱币的数量、年代、特征、埋藏的位置等基本事实,故原告称该钱币是其祖上所埋藏,显然不能成立。综上所述,该批古钱币属于国家所有的文物,请求依法驳回原告方的诉讼请求。

2. 法院认为

一审法院认为:其一,关于涉案钱币是否为原告祖辈所遗留。对此,根据现有证据可以认为该批古钱币为原告方祖辈所遗留。原告方所举证据处于优势且可以形成证据锁链,故法院认定该古钱币系原告祖上所埋。其二,关于涉案古钱币是否应当予以返还。虽然文物属于限制流通物,但我国法律并不禁止公民个人合法拥有。《最高人民法院关于贯彻执行〈中华人民共和国民法通则〉若干问题的意见(试行)》第 93 条规定,公民、法人对于挖掘、发现的埋藏物、隐藏物如果能够证明属其所有,而且根据现行的法律、政策又可以归其所有的,应当予以保护。《文物保护法》第 6 条规定,属于集体所有和私人所有的纪念建筑物、古建筑和祖传文物,其所有权受法律保护。可见法律允许私人拥有文物。其三,关于返还的数量。原告方主张为 13 口袋,有十五六万枚。被告博物馆则称,当初钱币挖出土时,连泥带币一共装了 13 口袋,但经过清洗后称量估算 55,000 枚左右。由于钱币数量、品种较多且已被法院封存,故以法院最终封存的两箱古钱币作为返还标的。综上,一审法院判决被告博物馆于判决生效后三日内返还原告汪某诚等六人两箱古钱币(已被本院封存于被告博物馆临时库房内)。

被告博物馆不服一审判决提起上诉。二审法院认为:关于涉案古钱币归属,私人可以成为文物的所有权人。被上诉人汪某诚等六人能够证明涉案古钱币属其祖父所有,且被上诉人对其祖父的财产依法亦享有继承的权利,故涉案文物为祖传文物,属有主物。据此判决驳回上诉,维持原判。

3. 评析

埋藏或隐藏于公民祖宅且能够基本证明属于其祖产的埋藏物,在无法律明文规定禁止其拥有的情况下,应判定属于公民私人财产。

(编写人:袁慧超)

法律条文

第二百六十七条　私人的合法财产受法律保护,禁止任何组织或者个人侵占、哄抢、破坏。

条文主旨

本条是关于私人所有权受法律保护的规定。

《民法典》确定的物权保护原则是平等保护，即总则编第 113 条。对于物权编的所有权，本条再次作出规定，私人的合法财产受法律保护，禁止任何组织和个人侵占、哄抢、破坏，确立了私人所有权法律保护的原则。事实上，在所有的财产权利保护中，最需要保护的是私人所有权。原因是公有财产有国家和集体的力量予以保护，而私人所有权缺少这样的保护力量，具有脆弱性。因此，在对国家所有权、集体所有权以及私人所有权的保护中，应当有所倾斜，要更好地保护私人所有权。

新旧法对比

《物权法》	《民法典》
第六十六条　私人的合法财产受法律保护，禁止任何单位和个人侵占、哄抢、破坏。	第二百六十七条　私人的合法财产受法律保护，禁止**任何组织或者个人**侵占、哄抢、破坏。

实务问题

1. 案情简介①

原告谭某向他人借款 30 万元用于生意来往，并由被告某融金所成都分公司承担一般保证责任，同时，原告、被告双方又签订《汽车抵押合同》，约定由谭某的汽车提供反担保，并办理了抵押登记。

后来，因谭某未按约偿还借款，原、被告双方又签订《车辆转让协议》，约定将抵押车辆转让给被告公司以抵偿谭某所欠债务，十余天后，因谭某未归还借款，被告公司就派人在谭某毫不知情的情况下将案涉车辆开走，之后谭某多次与被告公司协商汽车归还事宜未果，就诉至法院。

2. 法院认为

一审法院认为：我国《民法通则》明确规定，财产所有权是指所有人依法对自己的财产享有占有、使用、收益和处分的权利，公民的合法财产受法律保护，禁止任何组织或者个人侵占、哄抢、破坏或者非法查封、扣押、冻结、没收。该案中，案涉车辆为谭某所有，被告公司无论是为行使抵押权，还是因为与谭某签订有

① 《私自开走抵押车辆　成都一男子被判返还并赔偿损失》，载《人民法院报》2018 年 8 月 21 日，第 3 版。

《车辆转让协议》将车辆抵偿债务，案涉车辆的交付必须是谭某自愿交付或依照法律规定交付，而被告公司在未取得谭某同意的情况下擅自将车开走，其行为已侵犯谭某的合法权益，并综合考虑给谭某造成的损失，遂依法作出判决，判令被告返还原告谭某所有的车辆，并从谭某的汽车被开走之日起至实际返还车辆之日止，按每月 3000 元标准赔偿损失。

二审法院认为：该案中上诉人某融金所成都分公司未经法律规定的程序和方式，采用私力方式将诉争车辆予以扣押，故其应返还谭某的车辆并对所造成的损失承担赔偿责任。一审法院裁判返还车辆和赔偿损失并无不当。故判决驳回上诉，维持原判。

3. 评析

公民的合法财产受法律保护，禁止任何组织或者个人侵占、哄抢、破坏或者非法查封、扣押、冻结、没收。

（编写人：袁慧超）

法律条文

第二百六十八条　国家、集体和私人依法可以出资设立有限责任公司、股份有限公司或者其他企业。国家、集体和私人所有的不动产或者动产投到企业的，由出资人按照约定或者出资比例享有资产收益、重大决策以及选择经营管理者等权利并履行义务。

条文主旨

本条是关于企业出资人权利的规定。

出资人指对企业投入资本的自然人、法人或者非法人组织。既然向有限责任公司、股份有限公司或者其他企业投资，出资人就对该企业享有股权以及其他投资性权利。国家、集体和私人所有的不动产或者动产投到企业的，由出资人按照约定或者出资比例享有股权，这类权利包括：第一，资产收益，出资人有权通过企业盈余分配，从中获得红利；第二，重大决策，出资人通过股东会或者股东大会等作出决议的方式，决定企业的重大行为；第三，选择经营管理者，有权通过股东会或者股东大会作出决议选择，或者更换公司的董事或者监事，决定董事或者监事的薪酬，通过董事会聘任或者解聘经理等企业高管；第四，其他权利。

出资人同时也应当履行相应的义务，例如按照约定或者章程的规定，按期、足额地缴纳出资,不得滥用出资人的权利干涉企业正常的经营活动等。这正是《民法典》总则编第125条规定的股权是基本民事权利的本意所在。

新旧法对比

《物权法》	《民法典》
第六十七条　国家、集体和私人依法可以出资设立有限责任公司、股份有限公司或者其他企业。国家、集体和私人所有的不动产或者动产,投到企业的,由出资人按照约定或者出资比例享有资产收益、重大决策以及选择经营管理者等权利并履行义务。	第二百六十八条　国家、集体和私人依法可以出资设立有限责任公司、股份有限公司或者其他企业。国家、集体和私人所有的不动产或者**动产投到**企业的,由出资人按照约定或者出资比例享有资产收益、重大决策以及选择经营管理者等权利并履行义务。

理解与适用

出资人作为股东,按照《公司法》的规定,依法享有资产收益、参与重大决策和选择经营管理者等权利。所谓出资人,就是向企业投入资本的人,根据本条的规定,出资人可以是国家、集体,也可以是私人。而在出资权益存在争议的情况下,当事人需要证明自己是出资人并能主张享有出资权益。为此,除了相关出资约定外,还需要按照《公司法》规定出具出资证明文件、公司章程和工商登记等证据材料来主张其权利。

实务问题

1. 案情简介①

1999年4月28日,原娄底市城市建设综合开发总公司(以下简称娄底市城建总公司)与被告陈某松签订《承包经营合同书》,并于同日在娄底市公证处进行公证。合同约定:娄底市城建总公司将其下属的原娄底市城建实业发展公司交由被告陈某松承包经营,期限自1999年5月1日至2002年4月30日,承包经营期间被告独立核算、自负盈亏,并由被告向娄底市城建总公司交纳了1万元的风险抵押金。合同第5条甲方(娄底市城建总公司)职责第三项约定:"将该承包体承包以前机械设备、固定资产、生产经营场所(具体情况见附件移交表)一并移交乙方经营管理并预借伍万元给乙方(陈某松)作为生产起动资金。"乙方职责第八项约定:"预借的生产起动资金,须及时的归还甲方,承包的第二年归还

① 湖南省娄底市娄星区人民法院(2009)娄星民一初字第623号;湖南省娄底市中级人民法院[原湖南省娄底地区(市)中级人民法院](2011)娄中民三终字第49号。

40%,余款在第三年全部还清。”合同签订后,被告陈某松依约向娄底市城建总公司交纳了1万元的风险抵押金。承包期满后,被告陈某松于2002年6月6日将其承包的资产移交给娄底市城建总公司。2005年,娄底市城建总公司进行企业改制,该公司注销后,成立了娄底市城建总公司留守处负责处理企业改制遗留问题。2005年4月18日,娄底市城建总公司向娄底市建设局改制办就陈某松的往来账进行了情况汇报,反映自1995年5月26日至2002年6月止,该公司预付账款陈某松账面金额达259,064.27元,至今尚欠190,076.67元。本案在庭审过程中,被告陈某松对上述事实予以认可。另查明,2008年3月12日至4月10日,娄底市企改办对娄底市城建总公司留守处2005年9月1日至2008年3月31日的财务状况以及改制资产处置和财务收支事项的合法、合规性进行了审计,其出具的娄企审2008第008号审计报告亦反映被告陈某松尚欠娄底市城建总公司借款190,076.67元。娄底市城建总公司经过企业改制后被注销,该公司将其对被告陈某松的上述债权移交给娄底市建设局并由该局负责清收。还查明,2009年8月10日,被告陈某松以自己是娄底市城建总公司职工,娄底市城建总公司因企业改制与其已解除劳动关系为由,要求娄底市城建总公司留守处以及娄底市建设局支付一次性补偿金57,920.00元,而娄底市城建总公司留守处以及娄底市建设局在诉讼中以陈某松欠有债务为由主张抵扣。再查明,娄底市城建总公司隶属于娄底市建设局。国务院对行政单位进行机构改革后,娄底市建设局于2010年更名为娄底市住房和城乡建设局。

2. 法院认为

一审法院认为:娄底市城建总公司与被告签订《承包经营合同书》合法有效,对双方具有约束力。娄底市城建总公司改制后,其对被告享有的债权已合法转让给原告,原告依法享有对该笔债权的追偿权。被告陈某松至今尚欠原告娄底市住房和城乡建设局190,076.67元,事实清楚,且被告对该笔欠款数额不持异议,故对原告要求被告陈某松偿还欠款的诉讼请求予以支持;娄底市住房和城乡建设局的前身为娄底市建设局,该局经机构改革现更名为娄底市住房和城乡建设局,故娄底市建设局的权利、义务由原告继受。娄底市城建总公司隶属于娄底市建设局,该公司是娄底市建设局投资创办的国有企业,2005年,该公司依照娄底市人民政府有关改制政策之要求,由主管单位负责对下属企业进行改制,这一行为并不违反法律的规定,故对被告陈某松认为原告诉讼主体不适格的抗辩理由不予采纳。另被告主张在该案中抵销其已缴纳的10,000元风险抵押金的意见,予以采纳。最终,一审法院判决由被告偿还原告欠款180,076.67元,逾期利息自2010年8月19日起按照中国人民银行同期贷款利率算至清偿之日止。

上诉人陈某松不服原审法院的上述民事判决,提出上诉。二审法院认为:该案双方当事人争议的焦点问题之一,为娄底市住房和城乡建设局的主体资格问题。娄底市住房和城乡建设局的前身为娄底市建设局,该局经机构改革现更名为娄底市住房和城乡建设局,故娄底市建设局的权利、义务由娄底市住房和城乡建设局继受。娄底市城建总公司隶属于娄底市建设局,该公司是娄底市建设局投资创办的国有企业,2005年,该公司依照娄底市人民政府有关改制政策之要求,由主管单位负责对下属企业进行改制。而娄底市国资委只是监督管理机构,不是本案中的出资人,故娄底市住房和城乡建设局是该案适格的诉讼主体。陈某松上诉称娄底市住房和城乡建设局诉讼主体不适格以及应当由娄底市国资委来主张权利没有事实和法律依据,法院不予支持。最终,二审法院判决驳回上诉,维持原判。

3. 评析

国有资产管理委员会是国有企业监督管理机构,该案中国有企业出资人并非国资委,其实际出资人享有诉讼主体地位。

(编写人:袁慧超)

法律条文

第二百六十九条　营利法人对其不动产和动产依照法律、行政法规以及章程享有占有、使用、收益和处分的权利。

营利法人以外的法人,对其不动产和动产的权利,适用有关法律、行政法规以及章程的规定。

条文主旨

本条是关于营利法人和其他法人所有权的规定。

营利法人在民法上的地位是民事主体,其享有的所有权,相对于国家所有权和集体所有权,属于私人所有权的范畴。因而营利法人对其不动产和动产享有所有权,应当依照法律、行政法规以及章程的规定,对其不动产和动产享有占有、使用、收益和处分的权利,具有绝对的支配权利。

营利法人以外的法人,对其不动产和动产的权利也是私人所有权,适用有关法律、行政法规以及章程的规定,对其所有的财产享有占有、使用、收益、处分的权利,也是绝对的支配权。

新旧法对比

《物权法》	《民法典》
第六十八条　企业法人对其不动产和动产依照法律、行政法规以及章程享有占有、使用、收益和处分的权利。 企业法人以外的法人，对其不动产和动产的权利，适用有关法律、行政法规以及章程的规定。	第二百六十九条　**营利**法人对其不动产和动产依照法律、行政法规以及章程享有占有、使用、收益和处分的权利。 **营利**法人以外的法人，对其不动产和动产的权利，适用有关法律、行政法规以及章程的规定。

理解与适用

私人所有权，原本指自然人个人对其所有的财产依法进行占有、使用、收益和处分的权利。但是，《民法典》概括的私人所有权，不仅包括自然人个人的所有权，还包括营利法人、营利法人以外的法人以及社会团体的所有权。

（编写人：袁慧超）

法律条文

第二百七十条　社会团体法人、捐助法人依法所有的不动产和动产，受法律保护。

条文主旨

本条是关于社会团体法人、捐助法人所有权的规定。

社会团体法人和捐助法人都是非营利法人，相对于国家所有权和集体所有权，对其财产享有的所有权也是私人所有权，对其依法所有的不动产和动产都享有占有、使用、收益、处分的权利，是绝对的支配权。社会团体法人、捐助法人的所有权同样适用平等保护原则，同样受法律保护。

新旧法对比

《物权法》	《民法典》
第六十九条　社会团体法人、捐助法人依法所有的不动产和动产，受法律保护。	第二百七十条　**社会团体法人、捐助法人**依法所有的不动产和动产，受法律保护。

理解与适用

本条确认社会团体对自己的合法财产享有所有权,禁止任何人非法侵害,社会团体法人和捐助法人对其依法所有的财产,享有直接的支配权,不受他人非法干涉。任何单位和个人都不得侵占、挪用、哄抢、破坏和任意调拨社会团体依法所有的财产。非经法律规定的权限和程序,不得征收、征用。任何单位或者个人侵害社会团体财产的,该社会团体有权向人民法院提起诉讼,要求侵害人承担返还财产、赔偿损失等法律责任。

实务问题

1. 案情简介①

坐落于本市东城区东交民巷某号(台基厂大街某号)总建筑面积 2656.4 平方米的房屋系原告所有之房产。其中建筑面积 645.2 平方米的房屋由被告使用,双方未签订租赁协议。1985 年 9 月 18 日,北京市人民政府办公厅作出《关于东交民巷小学退还宗教房产的现场办公会议纪要》,会议决定被告将东交民巷教堂和教堂东侧南段的教堂附属用房及院内部分空地退还原告,教堂内的其他房屋,继续由被告使用。现由被告使用的某层楼及某侧的两排平房仍属宗教,学校在征得市宗教处和教会同意后可以翻建或改建,租金仍按翻建、改建以前的面积计算。1994 年 5 月 19 日,原告取得上述房屋的权属证书。1995 年,原告曾向原北京市东城区房地产管理局提出申请,要求被告的上级主管部门原北京市东城区教育局支付房租。经北京市东城区(1995)东房字第 9 号房屋纠纷决定书决定,由原北京市东城区教育局支付 1985 年 10 月至 1995 年 12 月的租金 155,854.51 元,后双方均未履行。1996 年,原告曾起诉至原北京市东城区人民法院,要求被告支付 1985 年至 1996 年的房租。1996 年 11 月 21 日,原北京市东城区人民法院判决被告补付 1994 年 11 月至该判决生效之日的房屋租金(每月以 947.48 元计算)。诉讼中,应原告申请,本院委托北京北方房地产咨询评估有限责任公司对涉诉房屋的使用费进行评估。评估时点为 2013 年 5 月 11 日至 2015 年 5 月 10 日以及 2015 年 8 月 11 日。鉴定结论为 2013 年 5 月至 2015 年 5 月的租金标准不等,最低为 2013 年 5 月,每月每平方米 3.506 元,最高为 2014 年 5 月,每月每平方米 3.942 元。2013 年 5 月 11 日至 2015 年 5 月 10 日的房屋租金总计 1,787,063 元。原告对上述鉴定结论不持异议。被告则主张鉴定结论

① 北京市东城区人民法院(2015)东民初字第 07117 号。

系按照经营用途进行的鉴定,不符合政府用房,行政划拨的公益性质,价格过高。涉诉房屋系被告出资修建的,故让被告为自己修建的房屋交纳租金,显失公平。

庭审中,被告主张在使用涉诉房屋过程中,曾出资对房屋进行了修缮,相关修缮费用应当从房屋使用费中扣除。就此主张,被告提供了修缮合同等。原告对该证据不予认可,认为与本案无关。

2. 法院认为

社会团体包括宗教团体的合法财产受法律保护。该案中,根据已查明的事实,被告开设小学所使用的房屋系原告所有,双方虽未签订租赁合同,但被告使用原告的房屋应向原告支付相应的房屋使用费。关于房屋使用费的具体数额,由于被告系实施小学义务制教育的事业单位,经费来源系全额拨款,自身并不具有盈利能力。故法院将结合被告自身特点,参考评估结论,对房屋使用费标准予以酌定。关于原告要求被告腾退房屋的诉讼请求,被告使用涉诉房屋系经过相关会议讨论后确定,依据相关会议精神,被告有权继续使用涉诉房屋。现原告要求被告腾退诉争房屋,无相关依据,法院对被告的该项诉讼请求,不予支持。关于被告提出的房屋修缮费用问题,被告要求在该案中进行折抵,无相关法律依据,就此问题被告可另行解决。

最终法院判决被告向原告给付 2013 年 5 月 21 日至 2015 年 5 月 10 日的房屋使用费共计人民币 941,992 元,驳回原告的其他诉请。

3. 评析

社会团体包括宗教团体的合法财产受法律保护。

(编写人:袁慧超)

第六章　业主的建筑物区分所有权

法律条文

第二百七十一条　业主对建筑物内的住宅、经营性用房等专有部分享有所有权，对专有部分以外的共有部分享有共有和共同管理的权利。

条文主旨

本条是关于界定建筑物区分所有权的基础性规定。

新旧法对比

《物权法》	《民法典》
第七十条　业主对建筑物内的住宅、经营性用房等专有部分享有所有权，对专有部分以外的共有部分享有共有和共同管理的权利。	【内容不变】第二百七十一条

理解与适用

1. 建筑物区分所有权的法律构成

本条以法典条文的形式明确，我国建筑物区分所有权的法律构成由三部分组成：业主对建筑物内的住宅、经营性用房等专有部分的所有权，对专有部分以外的共有部分的共有和共同管理权。简言之，即建筑物区分所有权系由专有所有权、共用部分持分权（共有所有权）及成员权三部分构成。[①]

建筑物区分所有权与其他的物权种类相比较，具有一些特殊性，具体体现在

① 参见陈华彬：《建筑物区分所有权的构成研究——兼及对〈物权法〉第70条的释明》，载《中国不动产法研究》2015年第2期。

以下各方面。

权利主体:作为权利主体的业主,其身份集不动产专有权利人、共有权利人与业主组织成员三种身份于一身。

权利客体:呈现多样性,专有权的客体为建筑材料组成的四周上下封闭的、在构造和使用上具有独立性和经济价值的建筑空间,而共有权的客体为建筑物及其附属建筑物中所有的共有部分,成员权的客体为权利人作为业主组织成员所为的行为。

权利性质:呈现一体性,表现为构成建筑物区分所有权的专有权、共有权与成员权不可分离,少了一个都会导致建筑物区分所有权解体或者无法正常行使。而且,专有权是主导,业主拥有专有权是拥有共有权和成员权的前提。

权利内容:呈现复杂性,表现为上述三种权利义务关系经常相互交织。①

因此,建筑物区分所有权不能根据一般的所有权规则或者共有权规则来进行处理,它是一种新型的复合型物权类型,是群体性的区分所有物权在空间上的集合。除了在专有权层面上它与其他的不动产物权有一样的占有、使用、收益、处分外,在共有权层面上它却不是《民法典》物权编第8章所规范的共同,它是一种特殊的共有。② 在成员权的层面的相关规定里,它甚至有“组织法”的外观。《物权法》起草时正是基于此种认知,本着物权法定的原则设专章进行了规定。《民法典》将即有的建筑物区分所有权规范全部吸收并有所调整,具体调整的内容及展望,笔者将在后续具体条文中展开论述。

2. 建筑物区分所有权的应用场景

上面的这些表述有点儿晦涩,转化成普通人可以理解的场景,其实更容易理解“业主的建筑物区分所有权”这个概念:在城市里打拼的你,凑足资金、鼓足勇气购买了某某小区的一处房产,在你奔波忙碌着办交易手续、搬家入住的时候,在法律层面上你不仅成为你自己房屋的所有权人,同时也拥有了这个小区业主身份所带来的成员权,对小区共有部分享有共有和共同管理的权利。你的邻居们,经常和你在业主群里讨论小区里的各项事务——物业服务如何?生活设施是否便利?设施坏了怎么修?停车位到底是谁的?外墙广告费收走了?会所绿地怎么让人占用了……你,其实就是法律术语里那个“建筑物区分所有权人”。

《民法典》物权编首条就亮出物权规范所要解决的问题:物的归属和利

---

① 参见马骏驹、余延满:《民法原论》,法律出版社2005年版,第350~353页。

② 参见最高人民法院民一庭:《最高人民法院建筑物区分所有权、物业服务司法解释理解与适用》,人民法院出版社2017年版,第59页。

用。[①] 在区分所有的情况下，由于产权主体是多样化的，甚至一个小区有成千上万的业主。众多的业主因共同生活在一幢（片）建筑物，这种共同生活关系中必然有一些共同事务，这些事务解决的是小区里除了自己房产以外的那些部分，如何归属和有效利用，如何便利广大业主生活的问题。众多业主要对这些事项发表意见，必然就有如何发起、组织业主，如何进行群体性行动，如何形成决策意见，如何推进落实共同事务的管理性问题。而这一切活动的出现，就只是因为你买了一套房子。

建筑物区分所有权理论体系中，专有部分所有权在建筑物区分所有权中居于主导地位，但突出专有部分所有权主导地位的同时，更多的关注被投向了维持区分所有权人之间的共同关系之上。共用部分之管理和利用皆与区分所有权人全体之正常居住生活息息相关，关乎其正常生活权利的合理实现，因此作为建筑物区分所有权重要内容之一的共同关系，在很大程度上脱离了财产所有权人对共有财产进行支配以获取其利益的管理特点，而具有了人合性的特点。每个区分所有权人之间，不再是简单的财产共有关系，而是相互依存、相互协助之共同生活关系。这种共同关系的权利载体就是共有权和共同管理权。[②]

准确理解业主的建筑物区分所有权的概念和内涵，有助于正确运用本章相关的具体法律规定。在这个领域中存在不少的争议问题，而且由于前述共同关系所必然带来的群体性特征，相关法律关系里的各方（业主、开发商、物业、政府部门……）都有不少难点和痛点问题，因为没有明确具体的法律规定，需要从业主的建筑物区分所有权制度的立法本意去解读和分析，才能找到相对公平的、和谐稳定的解决方案。

实务问题

1. 业主的定义

本章所规定的建筑物区分所有权前面有个定语——业主。业主，在建筑物区分所有权理论中标准称谓为“区分所有权人”。在 2003 年颁布施行的《物业管理条例》第 6 条，对“业主”曾经有过概念性界定，确认业主指房屋的所有权人。此后 2007 年的《物权法》将“业主”这个主体称谓直接作为基础概念使用在法律规范中。

《建筑物区分所有权解释》以司法解释的形式确立了界定业主身份的一般

① 参见《民法典》第 205 条，本编调整因物的归属和利用产生的民事关系。

② 参见杜万华、辛正郁、杨永清：《〈关于审理建筑物区分所有权纠纷案件具体应用法律若干问题的解释〉的理解与适用》，载《人民司法》2009 年第 13 期。

规则。通过细化规范,明确符合下列情形之一的为业主:(1)依法登记取得建筑物专有部分所有权的人;(2)因人民法院、仲裁机构的法律文书或者人民政府的征收决定取得建筑物专有部分所有权的人;(3)因继承取得建筑物专有部分所有权的人;(4)因合法建造房屋等事实行为取得建筑物专有部分所有权的人;(5)基于与建设单位之间的商品房买卖民事法律行为,已经合法占有建筑物专有部分,但尚未依法办理所有权登记的人。

结合上述规定,其实无论是普通民众,还是法学专家学者,对于业主这个角色和身份都不会有分歧的意见了,后续条文的研讨中均采用业主这一表述简洁的说法。

2. 业主所享有的共同管理权利

前文提到,业主的建筑物区分所有权的法律构成里包含了成员权。即以业主的身份参与共有部分共同管理的权利。这些管理权利具体体现为哪些场景呢?根据现有法律法规规定,主要概括为以下这些:(1)提议召开业主大会会议;(2)提出制定和修改管理规约、业主大会议事规则的建议;(3)提出物业管理有关事项的建议;(4)提出选聘和解聘物业服务企业的建议;(5)提出自行管理建筑物及其附属设施的建议;(6)参加业主大会会议,行使投票权;(7)选举业主委员会成员,并享有被选举权;(8)了解物业共用部位、共用设施设备和相关场地使用情况;(9)监督业主委员会的工作;(10)监督物业服务企业履行物业服务合同;(11)监督物业共用部位、共用设施设备和场地的管理和使用情况;(12)监督共用设施设备专项维修资金的管理和使用;(13)依法纠正利害相关业主改变住宅使用用途的错误做法。

(编写人:陈　昕)

法律条文

第二百七十二条　业主对其建筑物专有部分享有占有、使用、收益和处分的权利。业主行使权利不得危及建筑物的安全,不得损害其他业主的合法权益。

条文主旨

本条是关于业主对专有部分的专有权的范围和限制的规定。

新旧法对比

《物权法》	《民法典》
第七十一条　业主对其建筑物专有部分享有占有、使用、收益和处分的权利。业主行使权利不得危及建筑物的安全,不得损害其他业主的合法权益。	【内容不变】第二百七十二条

理解与适用

本条传达出建筑物区分所有权中专有权的两层含义:

一方面是所有权的赋权,业主的建筑物区分所有权构成中的专有权,是业主对建筑物内的住宅、经营性用房等专有部分的所有权。在专有权这个层面上,业主所享有的所有权与《民法典》第240条所规定的所有权一般规定没有区别。

另一方面是权利的限制,基于区分所有权的复合性权益特征,从成员权的人合性、群体性考量,作为一个群体的一员,任何个体权利人都必须要考虑群体的整体利益,不得危害他人、危害物权集合空间的安全。这种建筑物区分所有权背景所带来的人人须具备"集体主义意识",与本编第7章"相邻关系"规范所要求的有利生产、方便生活、团结互助、公平合理,是不一样的。

法条之所以要求业主行使自身权利时要有"集体主义意识",是因为业主专有部分房屋与建筑物的共有部分,是有机结合、不可分离的存在状态。业主的专有部分存在于一幢建筑物里,可如果建筑物没有大堂、楼道、走廊、电梯,业主就无法进入自己的专有部分;没有水电气暖、水箱、化粪池等管线和设备,业主就无法正常使用自己的专有部分;没有绿地、停车空间等,业主的生活品质也会大打折扣;楼上业主家的地面就是楼下业主家的天花板,如果楼上业主不"善待"自家地面,楼下业主的安宁生活必然会受到影响……

基于此,本条规定要求业主行使权利不得危及建筑物的安全,不得损害其他业主的合法权益。具体表现为,业主在对专有部分装修时,不得拆除房屋内的承重墙,不得在专有部分内储藏、存放易燃易爆危险等物品,以免危及整个建筑物的安全。业主不得任意弃置垃圾、排放污染物或者制造噪声、违反规定饲养动物、违章搭建、侵占通道等。在《物业管理条例》第50、52条中,对此也有作出相关规定加以约束。

实务问题

1. 何为专有部分

关于专有部分的界定,最高人民法院在《建筑物区分所有权解释》第 2 条予以明确,即建筑区划内符合下列条件的房屋(包括整栋建筑物),以及车位、摊位等特定空间,应当认定为《民法典》第 2 编第 6 章所称的专有部分:(1)具有构造上的独立性,能够明确区分;(2)具有利用上的独立性,可以排他使用;(3)能够登记成为特定业主所有权的客体;(4)规划上专属于特定房屋,且建设单位销售时已经根据规划列入该特定房屋买卖合同中的露台等。

2. 实施什么样的行为视为损害其他业主的合法权益

《建筑物区分所有权解释》第 4 条规定,业主基于对住宅、经营性用房等专有部分特定使用功能的合理需要,无偿利用屋顶以及与其专有部分相对应的外墙面等共有部分的,不应认定为侵权。但违反法律、法规、管理规约,损害他人合法权益的除外。为了更好地理解规范表述,笔者通过一个案例,来展示业主的具体行为尺度。

3. 典型案例①

该案中,一业主认为邻居违法违规擅自在共有墙体上搭设三条管线,破坏外墙瓷砖结构,形成瓷砖脱落,高空坠物危及公众生命安全隐患。该案件当年虽然以"相邻关系纠纷"案由立案,但通过法院所引述的裁判规范可知,争议内容应落在建筑物区分所有所的范畴内。

经过审理,法院最终依据 2009 年《建筑物区分所有权解释》第 4 条之规定,认定被诉邻居作为专有部分所有权人,有权在合理范围内利用其专有部分相对应的外墙面等共有部分。被诉邻居为满足正常生活需要,在与起诉业主房屋上下层中线以上的外墙安装管线,并未侵犯起诉业主的权益,也符合相邻关系的要求。

(编写人:陈　昕)

法律条文

第二百七十三条　业主对建筑物专有部分以外的共有部分,享有权利,承担义务;不得以放弃权利为由不履行义务。

---

① 最高人民法院(2013)民监字第 15 号。

业主转让建筑物内的住宅、经营性用房，其对共有部分享有的共有和共同管理的权利一并转让。

条文主旨

本条是关于业主对共有部分的共有权利及义务的规定。

新旧法对比

《物权法》	《民法典》
第七十二条　业主对建筑物专有部分以外的共有部分，享有权利，承担义务；不得以放弃权利不履行义务。 业主转让建筑物内的住宅、经营性用房，其对共有部分享有的共有和共同管理的权利一并转让。	第二百七十三条　业主对建筑物专有部分以外的共有部分，享有权利，承担义务；不得以放弃权利**为由**不履行义务。 业主转让建筑物内的住宅、经营性用房，其对共有部分享有的共有和共同管理的权利一并转让。

理解与适用

关于业主对建筑物专有部分以外的共有部分的权利和义务，本条只作了原则的规范，涉及三个方面的问题。

1. 准确把握区分所有中的共有部分

具体到一个小区、一个建筑物里，哪些区域是全体业主享有共有权利的共有部分？

建筑物内属于业主共有的公摊面积，可以参考《房产测量规范》[①]的规定。共有建筑面积的内容包括：电梯井、管道井、楼梯间、垃圾道、变电室、设备间、公共门厅、过道、地下室、值班警卫室等，以及为整幢服务的公共用房和管理用房的建筑面积，以水平投影面积计算；共有建筑面积还包括套与公共建筑之间的分隔墙，以及外墙（包括山墙）水平投影面积一半的建筑面积。

小区内超出某一幢建筑物、建筑区划范围内的共有部分表现形式比较复杂，具体情况会因住宅类型有所不同，大致可以分为：（1）属于市政公用的教育、医疗、社区服务、行政管理等市政类配套，这些配套设施多为政府负责投资、建设和管理，其所有权属于政府。（2）服务于较大范围的市政类配套设施。这些设施

① 国家标准 GB/T17986.1-2000。

的所有权归属建设管理的市场专营公司，建筑区划内的市政管线是与住宅浑然一体的，理论上房屋出售后其所有权应归属全体业主。[①]（3）建筑区划内的公共场所和公用设施，在房屋竣工交付业主后，所有权应归属全体业主。

司法实践中对“共有部分”的认定，需要具体结合《建筑物区分所有权解释》第3条整体理解。依据该规定，通常情况下建筑区划内的以下部分，应当认定为《民法典》第2编第6章所称的共有部分：（1）建筑物的基础、承重结构、外墙、屋顶等基本结构部分，通道、楼梯、大堂等公共通行部分，消防、公共照明等附属设施、设备，避难层、设备层或者设备间等结构部分；（2）其他不属于业主专有部分，也不属于市政公用部分或者其他权利人所有的场所及设施等；（3）建筑区划内的土地，依法由业主共同享有建设用地使用权，但属于业主专有的整栋建筑物的规划占地或者城镇公共道路、绿地占地除外。

根据上述规定，从建筑物使用功能上可以将共有部分概述为基本结构部分、公共通行部分、附属设施、设备、公共结构部分、道路、绿地等。结合《民法典》和司法解释，可以看出现有区分所有权规范采用的是分散列举、排除加兜底规定结合的方法，描摹出共有部分的范围。如果以通俗的语言表述，可以说，业主自己家户门以外的部分，只要不属于市政公用部分或者其他权利人所有的场所及设施，都是共有部分。

2. 强调业主的权利义务相统一

业主对专有部分以外的共有部分享有权利，承担义务。这里的权利，依据《民法典》第273条的规定，是指业主对共有部分享有共有和共同管理的权利。

既然业主对共有部分享有共有权利，就自然包含所有权的一般职能——占有、使用、收益或者处分的权利；此外，业主对共有部分还要共负义务。但如何正确行使这些权利、承担义务，还要依据本法及相关法律法规和建筑区划管理规约的规定。比如，《民法典》第283条对建筑物及其附属设施的费用分摊、收益分配等事项的规定。

业主对共有部分享有共同管理的权利，管理权利的具体形态前文已经详述，这里不再重复。需要关注的是，业主对共有部分的管理也负有相应的义务，大家的事务大家管，在一幢或多幢建筑物形成的区分所有物权集群这种状态下，没有

---

① 这部分存在较大争议。一些小区房屋建成后相关设施已经移交并入市政管理，其产权归属是否还归属全体业主的问题上，存在不同的意见。部分小区因历史遗留问题未实现移交，市政部门管理时采用的以红线为界，红线外是市政服务管线，红线内“自管”。不过，从这种界分的实际操作，也可以印证管线归全体业主的观点。

谁能揣着手看着别人干活。[1] 此外，众多业主共同行使权利的群体行动机制，如何有效建立、协调和运转，是业主共有权层面上的难点和痛点。

本条规定明确提示，业主对专有部分以外的共有部分既享有权利，又负有义务，放弃权利不能成为不履行义务的理由。典型的例子比如，业主不得以不使用电梯为由，不交纳电梯维修费用。还有业主自称房屋空置不交供暖（有的小区还有制冷）费用，这都是业主对共有部分未尽注意义务的表现。供暖/制冷设备是全体业主共有共用的，它的运转维护必然产生成本，相关单位收取经营费用，即是正常运转和维护的需要，也是业主的义务，不能以不使用（放弃权利）而拒付。[2]

3. 强化复合性权利的一体性

笔者在《民法典》第 271 条关于建筑物区分所有权的基础性规定的讨论中，已经阐明业主的建筑物区分所有权是一个复合性权利，业主享有的专有权、共有权与成员权，是一体的不可分离。《民法典》在本条第 2 款再次强化这一权利性质，规定业主转让建筑物内的住宅、经营性用房，其对共有部分享有的共有和共同管理的权利一并转让。

据此可知，如果业主丧失了对专有部分的所有权，也就丧失了对共有部分的共有和共同管理的权利。这不难理解，很难想象一个已经卖房的业主，却坚称保留了成员权，坚持回来参与小区的业主大会，或者坚持主张共有部分的收益分配。[3]

实务问题

建筑区划内依法属于全体业主共有的不动产，能否进行登记？这个问题在理论上有争议，实践中也有操作困难。虽然 2016 年国土资源部发布实施的《不动产登记暂行条例实施细则》第 36 条明确规定，办理房屋所有权首次登记时，申请人应当将建筑区划内依法属于业主共有的道路、绿地、其他公共场所、公用设施和物业服务用房及其占用范围内的建设用地使用权一并申请登记为业主共

① 此说法来源于舒可心：《业主自治手册》，人民出版社 2018 年版。

② 有些地区通过设备技术手段解决了供暖和制冷的实时计量、计时收费，不在此事项的讨论范围。

③ 共有部分的收益分配事项，已卖房业主有没有权利主张分配房屋转让前的应得份额？这是一个不能武断下结论的问题。应该具体结合小区的议事规则、业主大会关于此事项的具体决议来个案衡量。事实上，在社区治理这个领域，由于不同的小区（物业管理区域）情况不同，有的已经设立业主大会，有的则没有，议事规则不同、建设开发背景和手续不同，都可能导致同样外观的话题，结论可能有所不同。由于业主争议的事项，往往和老百姓生活密切相关，话题热度高，一些媒体喜欢用结论性、口号性的标题引导，仿佛某个个案的结论就是放之四海皆准的真相，这样的做法有时是欠妥当、不严谨的。社区治理这个领域原本就是利益主体多元、矛盾极端对立甚至说不可调和的状态，一个不合适本社区的“口号”往往会导致涉事主体更难沟通、更深误解……而在社区治理这个大课题里，由于业主的建筑物区分所有权的复合性，除了依法认定物的归属和利用外，更难的是业主组织体系的理性运转，以及业主组织与外部利益方、政府机构等，如何有效沟通、协商的问题，这些更需要理性、智慧的解决方案去推动，而不是口号式的运动去解决。

有。但在实践中，与本条规定相关联的案件中，业主方胜诉的案件几乎没有。

2020 年 9 月，自然资源部对十三届全国人大三次会议第 3226 号建议作出答复，再次明确按照“物权法定、权利设定和登记确权”的原则和程序，全体业主共有的不动产范围应当在建设工程规划中予以明确，在建设工程规划审批和实施时严格落实，避免开发商留有部分房产、出现产权模糊，在此基础上，依法开展登记，明确产权归属、定分止争。这一精神如果能够真正落地实施，相信对社区治理领域的纠纷解决会有积极的作用。

（编写人：陈　昕）

法律条文

第二百七十四条　建筑区划内的道路，属于业主共有，但是属于城镇公共道路的除外。建筑区划内的绿地，属于业主共有，但是属于城镇公共绿地或者明示属于个人的除外。建筑区划内的其他公共场所、公用设施和物业服务用房，属于业主共有。

条文主旨

本条是关于建筑区划内道路、绿地、公共场所、公用设施和物业服务用房的归属问题的规定，是业主共有权的具体化规定。

新旧法对比

《物权法》	《民法典》
第七十三条　建筑区划内的道路，属于业主共有，但属于城镇公共道路的除外。建筑区划内的绿地，属于业主共有，但属于城镇公共绿地或者明示属于个人的除外。建筑区划内的其他公共场所、公用设施和物业服务用房，属于业主共有。	第二百七十四条　建筑区划内的道路，属于业主共有，但是属于城镇公共道路的除外。建筑区划内的绿地，属于业主共有，但是属于城镇公共绿地或者明示属于个人的除外。建筑区划内的其他公共场所、公用设施和物业服务用房，属于业主共有。

理解与适用

本条沿袭上一条关于业主共有部分的共有权的规定，以列举方式对建筑区划内的几种法定共有部分作出具体化规定，也是实践中经常出现争议和纠纷的几种共有物。

讨论具体种类前，先来看一个基本概念——建筑区划。

尽管我国物权法使用建筑物区分所有权的概念，但实践中众多业主集群所共有的，可不只是一幢建筑物，而是一片建筑物，俗称“小区”。“小区”这个概念，较早出现在1994年建设部制定的强制性国家标准《城市居住区规划设计规范》GB50180-93，该设计规范中将城市居住区按照人口规模分级管理，其中的居住小区一般称小区，是指被城市道路或自然分界线所围合，并与居住人口规模(10,000~15,000人)相对应，配建有一套能满足该区居民基本的物质与文化生活所需的公共服务设施的居住生活聚居地。由于我国商品房开发建设多是以小区为单位进行规划审批和建设，所以一个共同的规划范围往往构成了业主的区分所有权的物理边界。业主的区分所有权的范围已经从建筑物拓展到整个小区，例如本条所规定的绿地、道路和物业管理用房都属于全体业主共同所有。①

建筑区划是指，对按照统一的城市规划要求，遵循统一规划、合理布局、因地制宜、综合开发、配套建设的原则规划建设的，能满足人们生产、生活需要的建筑物聚集区进行的区域划分。划分建筑区划的依据主要是城市规划道路、设施设备、建筑物规模、行政管理、物业管理等因素。建筑区划一般与《物业管理条例》中的物业管理区域相一致，以便于建筑物及配套设施的管理。② 一般来讲，建筑区划的划分应当以宗地红线内规划行政主管部门批准的建设工程规划总平面图为基础，充分考虑物业共用设施设备、建筑物规模、社区建设等因素，圈划出业主共有权的“势力范围”。

根据本条的规定，可以明确以下几种法定共有部分。

1. 道路、绿地

2007年《物权法》制定过程中，对如何规定建筑区划内道路和绿地归属，存在不同意见。最终统一为，建筑区划内的道路作为建筑物的附属设施原则上归业主共有，但是属于城镇公共道路的除外。建筑区划内的绿地作为建筑物的附属设施原则归业主共有，但是属于城镇公共绿地或者明示属于个人的除外。这样规定的根源，来源于小区的土地使用权归业主共有，附着其上的道路、绿地当然也是同样的属性。

但是这种业主共有是一般情况，也存在非共有的例外：有的道路如果是城镇公共道路、公共绿地，权属归国有；建设单位销售住宅、经营性用房时将特定部分

---

① 参见王利明：《论业主的建筑物区分所有权的概念》，载《当代法学》2006年第5期。

② 参见最高人民法院民法典贯彻实施工作领导小组：《民法典物权编理解与适用》(上)，人民法院出版社2020年版，第353页。

绿地以买卖、赠与等方式进行了处置，与建筑物专有部分一同销售，则可以确认归该业主专有使用。

2. 公共场所、公用设施

一个住宅小区想要实现业主对房产的正常居住使用，就必然要按照规划建设配套服务所必需的排水系统、配电房、天然气管道、小区出入口、路灯、沟渠、景观、走廊、围墙等，这些因自然属性和功能用途与住宅密切相关的部分，就是本条所称“其他公共场所、公共设施”，这些也是法定共有部分，它们不可能归属某一业主专有，也不可能由开发企业保留所有权。

本条关于其他公共场所、公共设施的规定没有列举，因为不同地区、不同档次的小区里，公共场所设施不会尽同。但也不能仅以其具有一定的公共使用功能就当然认定归全体业主共有。实践中的判定标准，通常会看两个因素，一是看它们是否为业主实现对住宅正常使用所不可缺少的条件，二是看这些“权属不明”的部分在开发建造过程中的费用，是否已经分摊给全体业主，如果分摊就归业主共有。反之，应本着谁投资归谁所有的原则确定。

3. 物业服务用房

物业管理用房也是法定共有部分。在《物业管理条例》中对此就早有规定——该法规第30条规定，建设单位应当按照规定在物业管理区域内配置必要的物业管理用房；第37条规定，物业管理用房的所有权依法属于业主。未经业主大会同意，物业服务企业不得改变物业管理用房的用途；第38条规定，物业服务合同终止时，物业服务企业应当将物业管理用房交还给业主委员会。《物权法》到《民法典》都将此精神秉持，本着物权法定的原则，明确物业服务用房归业主共有，定分止争。

实务问题

1. 业主共有的部分如何使用

《民法典》物权编开篇就明确了，本编调整因物的归属和利用产生的民事关系，本条规定就属于确认“物的归属”的规范。归属明确后，这些属于业主共有的物如何利用，还有待于整合其他法条共同考量。比如，后面第278条的共同决定条款，第282条共有部分收入归属条款等。

2. 会所是业主共有的吗

《民法典》中除了本条的道路、绿地和第275条、第276条的车位、车库作出列举，其他的公共场所、公共设施没有列举，实践中往往会出现一些权属不明的情况，会所因其与业主生活品质提升密切相关，属于高发争端的部分。如前所述，并不是小区内肉眼可见的全部非专有建筑物、构筑物都必然是共有的，具体情况还应从规划、使用和投资成本等角度多元考查。下面结合涉及会所权益的案件，具体分析。

3. 案例①

该案中，因案涉小区开发商对外欠债不还，经司法裁判后仍不履行生效法律文书确定的义务，债权人向法院申请执行。法院依法查封了小区内作为会所功能使用的房屋准备拍卖。涉案小区业主委员会提出执行异议被驳回后，提起执行异议之诉，请求法院撤销拍卖裁定、停止执行、解除查封，并确认涉案房屋属于全体业主共有。

两审法院经审理均认为，一方面会所归属在开发商和业主的《商品房买卖合同》中约定不明确，另一方面会所建设成本未列入小区建造成本由业主共同分摊，且无有效证据证明业主委员会实际占有使用。最终均未支持业主委员会关于涉案会所权属共有以及阻却或部分阻却执行的诉讼请求。

最高人民法院经再审审查，也考察了会所建造投资的情况，最终认定在法律没有明文规定、当事人也没有约定的情况下，应根据实际投资情况加以确定，即如果有证据证明会所的成本实际列入了商品房建造成本，构成商品房对外销售价格的组成部分，则归业主所有；反之，则应归开发商所有。

（编写人：陈　昕）

法律条文

第二百七十五条　建筑区划内，规划用于停放汽车的车位、车库的归属，由当事人通过出售、附赠或者出租等方式约定。

占用业主共有的道路或者其他场地用于停放汽车的车位，属于业主共有。

第二百七十六条　建筑区划内，规划用于停放汽车的车位、车库应当首先满足业主的需要。

条文主旨

上述两条原本在《物权法》中是一条，拆分成两条，分别是关于车位、车库的归属和如何配置的规定。

---

① 湖北省高级人民法院(2018)鄂民终383号；最高人民法院(2018)最高法民申4578号。

新旧法对比

《物权法》	《民法典》
第七十四条　建筑区划内，规划用于停放汽车的车位、车库应当首先满足业主的需要。 建筑区划内，规划用于停放汽车的车位、车库的归属，由当事人通过出售、附赠或者出租等方式约定。 占用业主共有的道路或者其他场地用于停放汽车的车位，属于业主共有。	第二百七十五条　建筑区划内，规划用于停放汽车的车位、车库的归属，由当事人通过出售、附赠或者出租等方式约定。 占用业主共有的道路或者其他场地用于停放汽车的车位，属于业主共有。 第二百七十六条　建筑区划内，规划用于停放汽车的车位、车库应当首先满足业主的需要。

理解与适用

近年来，中国社会私人轿车拥有量增速明显，汽车已经实实在在走入普通家庭，停车难不仅是每个小区的热点问题，也是很多业主们的痛点。近年来，司法实践中关于住宅小区车位、车库相关的纠纷呈现逐年上升的态势。《民法典》第275条和第276条两条，本是从《物权法》第74条按照内容将归属问题和配置原则拆分而来，这里一并讨论。

1. 车位车库归属的确定

属于全体业主享有共有权利的共有部分，通常在自然状态上或者功能结构上不可分割、不宜分割，也不可能归属任何单个业主专有的财产，如电梯等公用设施设备或道路绿地等公用场所。实践中，城市的商品房小区均配建有车库和车位，这些具备专用性的车库和车位的归属，是可以由当事人通过出售、附赠或者出租等方式约定归业主专有或者专用的。但有一些位于小区特殊位置的车位，是法定共有部分，即《民法典》第275条第2款这种情况，占用业主共有的道路或者其他场地用于停放汽车的车位，法定属于业主共有。

上述原则自《物权法》时代就确立并由《民法典》沿用，这样规定符合商品房小区的开发建设现实，既容易操作也可以避免纠纷。如果完全不考虑车位车库客观上的可区分性，一律规定归业主共有，且不说由于车位车库这个“物”存在的地理位置不同，可能在法理和学理上的权属争议很难厘清，仅仅因为车位车库和住宅户数、业主人数的差异，业主专有面积不同、商品房销售时间先后不同等客观原因，归全体业主共有使用的操作就很难落实。

具体到现实生活中，讨论车位车库的归属，应结合其位置和种类分别分析，不可泛泛而谈。

(1)产权车位

这一类车位是指开发商建设的能取得产权证书的地下车位,由于我国目前的不动产登记规定对于商品房领域可以办理登记的不动产权利,房屋类仅限于建筑物、构筑物所有权,土地类仅限于建设用地使用权,所以符合规划建造的地下车库的车位通常可以登记取得产权,并由此成为业主的专有部分。

(2)公摊车位

①这一类车位是《民法典》第 275 条第 2 款所规范的类别,即占有业主共有的道路或者其他场地用于停放汽车的车位,属于业主共有。此种法定共有,法理上一方面因为车位位置是占用业主共有的道路或者其他场地,另一方面还因为相关的建造成本已经列入公摊面积,通过开发商的销售行为,由全体业主"支付了对价"。对此事项,最高人民法院曾经有过一个热点案例明确了此原则。

②案例。[①] 此案件中,最高人民法院在再审审查中认可了原审法院的裁判精神,认为小区建设完成之后,随小区内房屋的出售,小区建筑区划内的土地使用权也随之转移,小区的共有部分土地使用权归小区业主共有。由于案涉车位不能办理产权登记,不能成为专有部分,确认该部分停车位属于占用业主共有的道路或者其他场地用于停放汽车的车位。

此种类型的车位,通常表现为商品房小区的地上车位,也有可能出现在地下超规建设的车位区域。《建筑物区分所有权解释》第 6 条规定,建筑区划内在规划用于停放汽车的车位之外,占用业主共有道路或者其他场地增设的车位,应当认定为《民法典》第 275 条第 2 款所称的车位。笔者认为,根据本条司法解释,如果小区地下车库内存在超出规划的车位,该车位因为无法办理不动产登记,也应认定为业主共有部分。

(3)人防车位

这一类车位在目前的商品房小区广泛存在,而且是纠纷矛盾的高发区。我国根据国防需要,为防范和减轻空袭危害,在城市总体规划中必须纳入人民防空工程建设规划,整个城市的建设都应兼顾人民防空需要。城市新建民用建筑,开发商必须要按照国家有关规定修建战时可用于防空的地下室。所以,几乎每一个小区、每一栋民用建筑都必须配套建设人防面积。

建设人防面积的投资是多元化的,不单一由国家兴建。国家鼓励、支持企业

① 重庆市高级人民法院(2016)渝民终 7 号;最高人民法院(2017)最高法民申 2817 号。

事业组织、社会团体和个人,通过多种途径,投资进行人民防空工程建设;人民防空工程平时由投资者使用管理,收益归投资者所有。所以,讨论人防工程归属和利用时,必须溯源到人防工程的建造过程去考察,不能武断地得出一定是业主共有或者不是的结论。

人民防空工程是国防的组成部分,根据《民法典》第254条的规定,国防资产属于国家所有。现实生活中,人防工程平时多用于停车或者仓储使用。利用小区人防空间为业主设置停车位,有利于缓解停车难问题。但不能因为它具备了业主公共服务的外观,就改变其归属国有的性质和人民防空法律规范体系中的管理使用规则。

作为解决战时防空、应急避难功能的空间,人民防空工程不应当仅纳入某一物业管理区域的业主共有部分,事实上人防工程一般也不会被计入公摊面积,其建造成本由开发商承担。那么根据"谁投资,谁受益"的原则,开发商保留该车位的管理及收益权是被现有法律所允许的。除非有证据可以证明人防工程建筑成本最终计入房价且面积亦由业主分摊,才可以进一步论证其管理使用和收益属于全体业主。司法实践中,依据这样原则裁判的案例已经有很多。

2. 车位车库配置原则

《民法典》第276条强调,小区内车位车库的配置原则必须是"首先满足业主的需要"。对于怎样做才是符合此规定的要求,法律层面并没有特别明确的进一步规定。但司法解释和一些地方性法规、规范性文件中对此有一些细化的要求,在此做一简要梳理。

(1)《建筑物区分所有权解释》第5条规定,建设单位按照配置比例将车位、车库,以出售、附赠或者出租等方式处分给业主的,应当认定其行为符合有关"应当首先满足业主的需要"的规定。

(2)《北京市物业管理条例》第80条规定,(车位车库)用于出售的,应当优先出售给本物业管理区域内的业主;不出售或者尚未售出的,应当提供给本物业管理区域内的业主使用。满足业主需要后仍有空余的,可以临时按月出租给物业管理区域外的其他人。

(3)《上海市住宅物业管理规定》第62条规定,物业管理区域内的机动车停车位,应当提供给本物业管理区域内的业主、使用人使用。建设单位尚未出售的停车位,应当出租给业主、使用人停放车辆,不得以只售不租为由拒绝出租。停车位不得转让给物业管理区域外的单位、个人;停车位满足业主需要后仍有空余的,可以临时按月出租给物业管理区域外的单位、个人。

(4)《江苏省物业管理条例》第63条规定,建设单位拟出售车位、车库数量少于本区域要求购买车位、车库业主的房屋套数时,应当通过抽签等公平方式确定,每户业主只能购买一个车位或者车库。建设单位未出售或者未附赠的车位、车库,应当优先出租给本区域内业主,建设单位不得只售不租。拟出租车位、车库数量少于本区域要求承租车位、车库业主的房屋套数时,应当通过抽签等公平方式确定给未购买或者未受赠车位、车库的业主,每户业主只能承租一个车位或者车库。在首先满足本物业管理区域内业主的购买和承租需要后还有多余车位、车库的,可以出租给本物业管理区域外的使用人,但租赁期限不得超过6个月。

(5)《深圳经济特区物业管理条例》第86条规定,住宅物业的车位、车库约定归建设单位所有的,其所有的车位、车库只能出售、附赠、出租给本物业管理区域的业主。建设单位应当在房屋预售或者现售时,将本物业管理区域用于出售、附赠、出租的车位、车库的数量予以公示,并在房地产买卖合同中明示。

通过梳理可以看出,不同地区均对如何首先满足业主的需要作出尝试性规定,有的具体、细节,有的概括、宏观,通过了解这些规定可以有助于准确应用《民法典》提出的原则性要求。此外,因为各地车位供需关系的紧张程度不同,对于满足本物业管理区域的业主需要后的"富余"车位态度,也出现不同的立地。

实务问题

1."应当首先满足业主的需要"是否属于效力性强制性规定

此问题在司法实务中存在争议。笔者认为,应当认定本条关于车位、车库"应当首先满足业主的需要"的规定属于效力性强制性规定。试想,如果此规定不具备效力强制性,就很难纠正开发商未满足业主需要实施的错误做法。

本条规定作为配置车位车库资源的原则,对某个特定小区来说,具有保障业主共同权益的公益性色彩,如果该规定不是效力强制性规定,相关业主主张不符合此原则的合同无效就难以获得支持,立法目的将可能落空。因此,在小区业主自身配置比例内的停车需求没有得到满足的情况下,应当宣告开发商违反本条配置原则签署的合同或者与其他业主签订的超过配置比例买卖车位、车库的合同无效。

2.车位配置比例缩水,业主能否获得赔偿

《建筑物区分所有权解释》第5条规定中提出,建设单位按照配置比例将车位、车库,以出售、附赠或者出租等方式处分给业主的行为,是符合优先满足业主需要的做法。

这里提到的"配置比例"如何确定？

配置比例，是指规划确定的建筑区划内规划用于停放汽车的车位、车库与房屋套数的比例，该比例是规划行政主管部门根据城市整体规划对开发商的要求。小区配套停车位一般是按照户进行规划，每户配建多少个车位，具体数量综合考虑该小区的各种因素确定，并不存在全国统一的标准，即使是同一城市不同位置的小区，该比例也有可能不同。业主可以通过申请信息公开或者是诉讼中申请法院调取等手段，获知与自身所在小区相关的配置比例。

问题是，如果出现开发商实际交付的小区车位相比规划配置比例缩水的情况，业主的利益如何保障？业主能否据此主张赔偿？答案是肯定的，苏州曾经出现此种类型的批量热点案件。苏州工业园区的部分小区均存在"车位缩水"的情况，对此业主委员会起诉该小区开发商，要求根据建设规划补建车位、赔偿损失。案件最终因小区待建场所层高受限，实际无法建造机械车位，法院最终判决开发商赔偿业主经济损失。①

（编写人：陈　昕）

法律条文

第二百七十七条　业主可以设立业主大会，选举业主委员会。业主大会、业主委员会成立的具体条件和程序，依照法律、法规的规定。

地方人民政府有关部门、居民委员会应当对设立业主大会和选举业主委员会给予指导和协助。

条文主旨

本条是关于设立业主组织的相关规定。

① 苏州工业园区人民法院曾受理了很多此类型的案件，其中比较有代表性的案件是（2017）苏0591民初4753号，苏州工业园区第五元素业主委员会与苏州工业园区中华企业房地产开发有限公司建筑物区分所有权纠纷，该案件判决支持的损失赔偿金额高达736万元。但事实上，对于广大业主来说，赔款依然解决不了现实的停车难问题。而且由于业主组织如何操作领受此赔偿款、如何在业主间分配，以及如何有效使用该赔偿款改善小区停车问题，都有现实的操作困难，小区业主更期待的判决是支持补建。在此判决之后仍然可以看到工业园区的其他小区业主起诉要求补建车位，但客观上由于很难补建，相关问题依然焦灼。

新旧法对比

《物权法》	《民法典》
第七十五条　业主可以设立业主大会，选举业主委员会。 地方人民政府有关部门应当对设立业主大会和选举业主委员会给予指导和协助。	第二百七十七条　业主可以设立业主大会，选举业主委员会。**业主大会、业主委员会成立的具体条件和程序，依照法律、法规的规定。** 地方人民政府有关部门**、居民委员会**应当对设立业主大会和选举业主委员会给予指导和协助。

理解与适用

《民法典》自本条规定开始到第280条，是对业主的建筑物区分所有权中的成员权，作出规范指引。将一个物业管理区域描述为区分所有物权集群，这是以“物”的视角进行描述；以“人”的视角来描述，就是俗称的“小区”“社区”，它是业主的集群。而业主的集群组合在一起，就构成了业主大会。

1. 业主大会和业主委员会

伴随着我国城镇住房制度改革的进程，住房资源逐渐实现由行政配置向市场配置的转变，政府和单位逐步退出了对城镇住房的物业管理领域，居民（业主）为了有效地进行物业管理，逐步构建了相应的决策机构（业主大会）和执行机构（业主委员会）。

建设部曾于1994年发布《城市新建住宅小区管理办法》（已失效），提出住宅小区要成立管理委员会的要求，管理委员会是在房地产行政主管部门指导下，由住宅小区内房地产产权人和使用人选举的代表组成，代表和维护住宅小区内房地产产权人和使用人的合法权益。到2003年，《物业管理条例》首次从行政法规的层面明确了业主、业主大会和业主委员会的概念。明确物业管理区域内全体业主组成业主大会，一个物业管理区域成立一个业主大会，业主大会应当代表和维护物业管理区域内全体业主在物业管理活动中的合法权益。业主委员会是业主大会的执行机构，由业主大会选举产生。

2007年施行的《物权法》在法律层面上确立了业主大会和业主委员会的法律地位，本条对原有规定有所拓展和加强。拓展体现在，规范政府部门对业主大会、业主委员会指导和协助时，增加了居民委员会的纽带作用；加强体现在，强调业主大会、业主委员会成立的具体条件和程序，依照法律、法规的规定进行。

2. 业主大会、业主委员会成立的具体条件和程序

《物业管理条例》和一些地方性法规对业主大会、业主委员会成立的具体条件和程序均有规定。《民法典》在本条形式上“增加”提出依法设立要求，此种修订旨在强调程序的正当性。下面以北京为例，将业主大会、业主委员会成立条件和程序，简要进行梳理概括。①

业主大会成立条件	一个物业管理区域内，已交付业主的专有部分达到建筑物总面积50%以上。
申请人	以下三类主体可以申请成立业主大会 1. 5%以上的业主； 2. 专有部分占建筑物总面积5%以上的业主； 3. 建设单位。 上述三类主体可以自行提交申请，居民委员会、村民委员会也可以组织上述符合条件的主体提出申请。
受理单位	街道办事处、乡镇人民政府。
审核期间	接到成立业主大会书面申请后30日内。
成立程序	业主大会的成立是通过召开首次业主大会会议来实现的，首次业主大会会议解决通过管理规约、业主大会议事规则、选举产生业主委员会等重要事项，这些事项表决通过形成决议后，业主大会就从自然状态存在的业主群体，显像成为可以开展工作的业主机构。首次业主大会会议的流程顺序可以简要概括为： 1. 指定筹备组组长； 2. 筹备组组长在30日内组织召开首次筹备组会议，成立筹备组； 3. 筹备组自成立之日起60日内，组织召开首次业主大会会议； 4. 会议召开15日前在物业管理区域内显著位置发布通知，议题应当通过管理规约、业主大会议事规则，选举产生业主委员会委员和候补委员，并报物业所在地的居民委员会、村民委员会； 5. 居民委员会、村民委员会应当派代表列席会议； 6. 会议的决定应当自作出之日起3日内在物业管理区域内显著位置公示；

① 以下内容的梳理概括，来源于2020年5月1日起施行的《北京市物业管理条例》，北京市人大及其常委会发布〔15届〕第24号。

续表

	7. 选举产生业主委员会之日起 30 日内,向物业所在地的街道办事处、乡镇人民政府申请备案。

[1]《北京市物业管理条例》在行文表述中三者是并列关系,由此可知,三类申请人均可自行发起成立业主大会的申请,而无须满足人数和面积占比双 5%以上。北京地区对此事项的态度始终如此,以此来表达鼓励、便利业主大会成立的态度。这在 2010 年年底由北京市住房和城乡建设委员会、北京市民政局、北京市社会保障局联合发布《北京市住宅区业主大会和业主委员会指导规则》(京建发〔2010〕739 号)中就有所体现。该文件一直以来都是指导北京地区业主大会和业主委员会工作的操作性很强的重要文件,该规则第 10 条明确指出,占总人数 5%以上或者专有部分面积占建筑物总面积 5%以上的业主也可以自行向物业所在地街道办事处、乡镇人民政府提出成立业主大会的书面申请。

关于业主大会、业主委员会成立条件和程序,各地均有细节性的规定,《民法典》本条强调的依法设立理念,是对社区治理领域提出的规范性指引。

3. 居民委员会的退与进

在我国社区自治领域里,居民委员会的身影一直伴随,而且始终有着退与进的纠结。在 20 世纪 90 年代住宅小区推进“管理委员会”的年代,居民委员会是主导的、积极的。但随着社区自治的发展,业主自治意识的进步,无论是政府机关还是业主群体,普遍认为“草根出身”的业主委员会更能适应社区自治的发展趋势。应当使居民委员会逐步弱化对物业的直接管理,改为相对超脱的“必要的引导和帮助”角色,业主大会是业主的自治组织,故其成立应由业主自行筹备、自主组建。

但是经过若干年的社会实践,城市商品房小区业主的松散性、陌生性等原因,都客观上造成业主大会和业主委员会的成立难、运作难。由于业主大会的设立和业主委员会的选举,对于小区的持续稳定有较大的影响,应当适度加强公权指导和协助。《中共中央、国务院关于加强和完善城乡社区治理的意见》指出“加强社区党组织、社区居民委员会对业主委员会和物业服务企业的指导和监督”。2018 年 8 月《民法典》物权编第一次审议时,有代表建议草案对此作出有针对性的规定。2019 年 4 月《民法典》物权编第二次审议稿中,“居民委员会”出现在指导协助主体中。这一变化传达出立法机关的期盼:坚持为社区自治留出空间的同时,并不代表公权完全退出、不管不问,在提供政策法规、提供示范文本、帮助成立筹备组织、协调业主分歧等居民委员会擅长的领域上,公权(或者说准公权)有节制参与,能够指导协助居民更好地实现自治。居民委员会就在这种克制地有为中，扮演着重要角色。①

笔者认为，良好的期盼有待于实践去检验。毕竟，现实中居民委员会已经是“上面千条线，下面一根针”的工作状态，新增它对设立业主大会和选举业主委员会的指导和协助要求，是否可以在各个社区有效推进和落实有待观察；此外，立法期盼中包含了类似“提高成立率”的指标要求，对于已经习惯了落实任务和指标的居民委员会，它的指导和协助方式是否可以契合分散式的业主集群，是否符合区分所有权领域的业主共同决策规律，也有待于进一步观察。

（编写人：陈　昕）

法律条文

第二百七十八条　下列事项由业主共同决定：

（一）制定和修改业主大会议事规则；

（二）制定和修改管理规约；

（三）选举业主委员会或者更换业主委员会成员；

（四）选聘和解聘物业服务企业或者其他管理人；

（五）使用建筑物及其附属设施的维修资金；

（六）筹集建筑物及其附属设施的维修资金；

（七）改建、重建建筑物及其附属设施；

（八）改变共有部分的用途或者利用共有部分从事经营活动；

（九）有关共有和共同管理权利的其他重大事项。

业主共同决定事项，应当由专有部分面积占比三分之二以上的业主且人数占比三分之二以上的业主参与表决。决定前款第六项至第八项规定的事项，应当经参与表决专有部分面积四分之三以上的业主且参与表决人数四分之三以上的业主同意。决定前款其他事项，应当经参与表决专有部分面积过半数的业主且参与表决人数过半数的业主同意。

条文主旨

本条是关于业主共同决定事项及表决规则的规定。

① 参见于飞：《民法典物权编基层群众性自治组织相关条文解读》，载《中国民政》2020年第20期。

新旧法对比

《物权法》	《民法典》
第七十六条　下列事项由业主共同决定： （一）制定和修改业主大会议事规则； （二）制定和修改建筑物及其附属设施的管理规约； （三）选举业主委员会或者更换业主委员会成员； （四）选聘和解聘物业服务企业或者其他管理人； （五）筹集和使用建筑物及其附属设施的维修资金； （六）改建、重建建筑物及其附属设施； （七）有关共有和共同管理权利的其他重大事项。 决定前款第五项和第六项规定的事项，应当经专有部分占建筑物总面积三分之二以上的业主且占总人数三分之二以上的业主同意。决定前款其他事项，应当经专有部分占建筑物总面积过半数的业主且占总人数过半数的业主同意。	第二百七十八条　下列事项由业主共同决定： （一）制定和修改业主大会议事规则； （二）制定和修改管理规约； （三）选举业主委员会或者更换业主委员会成员； （四）选聘和解聘物业服务企业或者其他管理人； （五）**使用**建筑物及其附属设施的维修资金； （六）**筹集**建筑物及其附属设施的维修资金； （七）改建、重建建筑物及其附属设施； **（八）改变共有部分的用途或者利用共有部分从事经营活动；** （九）有关共有和共同管理权利的其他重大事项。 **业主共同决定事项，应当由专有部分面积占比三分之二以上的业主且人数占比三分之二以上的业主参与表决。**决定前款**第六项至第八项**规定的事项，应当经**参与表决专有部分面积四分之三以上的业主且参与表决人数四分之三**以上的业主同意。决定前款其他事项，应当经**参与表决**专有部分面积过半数的业主且**参与表决**人数过半数的业主同意。

理解与适用

本条继续体现“组织法”的内容，而且是与业主组织、业主成员权相关的最重要的条款，它确立的共同决定事项和决议规则是不可违反的效力强制性规定。通过本条的规范指引，明确业主组织的议事范围、议事程序。

1. 业主共同决定事项的变化

2003 年的《物业管理条例》以列举的方式规定了七个方面事项必须由“业主共同决定”，这实际上就是业主共同管理权的范围。后来的《物权法》第 76 条继续沿用,《民法典》编纂在仍然保留原有七大事项的基础上,有两个方面的调整和变化。

(1)降低维修资金使用门槛。本条将原来的"使用和筹集建筑物及其附属设施的维修资金"拆分成"使用""筹集"两项内容,而且结合第2款调整适用不同的表决方式,将使用维修资金降为一般表决事项,降低了表决门槛。立法期待以此解决实践中维修资金的决策程序长、使用难问题,加快提起使用维修资金的申请进度,尽快开展维修工作,改善多数小区房屋年久失修的大问题。

(2)添加"改变共有部分的用途或者利用共有部分从事经营活动"事项。这一内容的添加并不新鲜,在2009年《最高人民法院关于审理建筑物区分所有权纠纷案件适用法律若干问题的解释》中就已经有所体现,该司法解释第7条明确规定,改变共有部分的用途、利用共有部分从事经营性活动、处分共有部分,以及业主大会依法决定或者管理规约依法确定应由业主共同决定的事项,应当认定为是有关共有和共同管理权利的其他重大事项。

《民法典》编纂吸收了这一司法解释的经验,将此事项补充在业主共同决定事项的列举中予以强调。共有部分的改变用途或者从事经营性活动,往往涉及业主的重大利益,比如实践中有小区将公共绿地改建为停车场,或者将大堂共有部分的空间出租给快递公司,在共有部分搭建临时用房出租获利等,这些改变会影响业主的正常生活秩序,涉及业主的共同利益,理应由全体业主共同决定。

2. 表决方式的变化

《民法典》在本条第2款对《物业管理条例》《物权法》一贯以来的表决方式作出调整,为了清晰呈现变化的细微,笔者将相关规定简要梳理一下:

法规名称	表决方式
《物业管理条例》 2003.9.1施行	第十二条　业主大会会议可以采用集体讨论的形式,也可以采用书面征求意见的形式;但应当有物业管理区域内持有1/2以上投票权的业主参加。 …… 业主大会作出决定,必须经与会业主所持投票权1/2以上通过。业主大会作出制定和修改业主公约、业主大会议事规则,选聘和解聘物业管理企业,专项维修资金使用和续筹方案的决定,必须经物业管理区域内全体业主所持投票权2/3以上通过。 ……
《物权法》 2007.3.16发布 2007.10.1施行	第七十六条　……决定前款第五项和第六项规定的事项,应当经专有部分占建筑物总面积三分之二以上的业主且占总人数三分之二以上的业主同意。决定前款其他事项,应当经专有部分占建筑物总面积过半数的业主且占总人数过半数的业主同意。

续表

法规名称	表决方式
《物业管理条例》 2007.8.26 发布 2007.10.1 施行	第十二条　业主大会会议可以采用集体讨论的形式，也可以采用书面征求意见的形式；但是，应当有物业管理区域内专有部分占建筑物总面积过半数的业主且占总人数过半数的业主参加。 …… 业主大会决定本条例第十一条第（五）项和第（六）项规定的事项，应当经专有部分占建筑物总面积 2/3 以上的业主且占总人数 2/3 以上的业主同意；决定本条例第十一条规定的其他事项，应当经专有部分占建筑物总面积过半数的业主且占总人数过半数的业主同意。 ……
《民法典》 2021.1.1 施行	第二百七十八条　……业主共同决定事项，应当由专有部分面积占比三分之二以上的业主且人数占比三分之二以上的业主参与表决。决定前款第六项至第八项规定的事项，应当经参与表决专有部分面积四分之三以上的业主且参与表决人数四分之三以上的业主同意。决定前款其他事项，应当经参与表决专有部分面积过半数的业主且参与表决人数过半数的业主同意。

通过以上的梳理，可以看出《民法典》在通过比例的规定中，将《物权法》中以“总面积、总人数”为计算基数调整为以参与表决人数为基数。

实务问题

1. 业主共同决定事项的表决，必须以业主大会会议形式作出吗

此问题的提出，源于对比《公司法》上股东会会议的相关规定。《公司法》第 37 条第 1 款规定了公司股东会的职权，同时第 2 款规定，“对前款所列事项股东以书面形式一致表示同意的，可以不召开股东会会议，直接作出决定，并由全体股东在决定文件上签名、盖章”。本条规定可以推导出一个规则，除非全体股东书面同意不召开会议表决，股东会会议，必须以会议形式作出。

由于业主大会一般被认为是业主组织的决策机关，经常会有人拿公司这一组织体的决策机关——股东会规则与业主大会组织规则类比。由此引发题述讨论问题，如果业主共同决定某个事项，不通过召开“会议”，而是通过联合签名的方式，是否可以？笔者认为，虽然同为组织体，但公司是紧密型组织，业主大会不是。业主大会作出有效的表决，不一定要有会议的外观形式，只要符合本条规定的参与比和通过比，反馈出业主集群的真实意思表达，就应该被视为有效决定。

《公司法》上要求股东会决议的严苛程序，是因为一项经营决策是否经过会议上的磋商、讨论，是否听取了异议股东的意见，对表决结果会有不同影响；而业主大会这个组织体内，业主间在共有部分、共同权益事项上的"合作"关系，远没有公司组织严密。而且业主组织"众口难调"，共同决定的事项上只需依法确认少数意见服务多数意见的原则。会议只是征集和汇总业主意见的一种方式，对分散的业主意见征集和汇总的方式还可以有其他方式。本条所涉及的内容从《物业管理条例》开始，从来就没有过类似业主共同决定必须以业主大会会议方式表决的规定。加之，由于本条第2款内容提高表决参与人数门槛，业主组织形成有效决议已经很难了，如果再刻板地要求必须以"会议"形式进行，只会是难上加难，不利于推进业主组织有效实现共同决策。

2. 业主总人数、总面积

由于《民法典》在业主共同决定表决通过比例问题上将原有以"总面积""总人数"为计算基数，调整为以参与表决业主为基数，有观点认为总面积、总人数的规定被"取消"，这样的理解是片面的。目前业主共同决定的机制，强调与会最低条件——面积和人数占比2/3以上"参与表决"，法律条文表述里虽然未见"总面积""总人数"字眼，但占比2/3是怎么计算得出的？这里其实暗含了会议的筹备、组织者仍要掌握、查实建筑物总面积和业主总人数。虽然《建筑物区分所有权解释》为适应《民法典》表述一致性，已经进行了修改，但其修改前关于如何计算建筑物总面积和业主总人数的规定，仍然具有指导意义。

（编写人：陈　昕）

法律条文

第二百七十九条　业主不得违反法律、法规以及管理规约，将住宅改变为经营性用房。业主将住宅改变为经营性用房的，除遵守法律、法规以及管理规约外，应当经有利害关系的业主一致同意。

条文主旨

本条是关于将住宅改变为经营性用房的规定。

新旧法对比

《物权法》	《民法典》
第七十七条　业主不得违反法律、法规以及管理规约,将住宅改变为经营性用房。业主将住宅改变为经营性用房的,除遵守法律、法规以及管理规约外,应当经有利害关系的业主同意。	第二百七十九条　业主不得违反法律、法规以及管理规约,将住宅改变为经营性用房。业主将住宅改变为经营性用房的,除遵守法律、法规以及管理规约外,应当经有利害关系的业主**一致**同意。

理解与适用

住宅改变为经营性用房,俗称"住改商",近年来越来越多被社会各界广泛关注。人们在解决了"居者有其屋"之后,基于生活品质、资产保值增值等多种考虑,越来越多注重良好的居住品质问题,而"住改商"的操作,往往对住宅小区的安宁、安全、舒适等各方面均会产生负面的影响。

本条与《物权法》相比只是增加了"一致"两个字,旨在强调该事项需征求利害关系业主的最大化同意意见。此种强化也并非创新,在此前的司法解释中就有规定。《建筑物区分所有权解释》第10条规定,业主将住宅改变为经营性用房,未经有利害关系的业主一致同意,有利害关系的业主请求排除妨害、消除危险、恢复原状或者赔偿损失的,人民法院应予支持。将住宅改变为经营性用房的业主以多数有利害关系的业主同意其行为进行抗辩的,人民法院不予支持。

由上述规定可知,法院在司法裁判中早有一致性的考量,而且态度比较坚决,此处没有"多数意见决",必须"一致"意见。《民法典》吸收司法解释经验,对一致性予以强化,表达对"住改商"行为的限制态度是非常有必要。城市房地产发展必须依据城市的整体规划进行,既然小区在规划建设过程中是"住宅",必然在能源、教育、卫生等配套建设方面都是以住宅使用用途为规划依据,如果业主们任意将住宅改变为商用,不仅会造成小区内外来人员杂乱,增加小区不安全因素,干扰其他住宅业主的正常生活;更严重的是会挤占原有住宅用途的配套资源,造成小区车位、电梯、水电等公共设施使用的紧张或超出设计负载等严重问题,极易引发各种纠纷,必须加以严格约束。

实务问题

1. 有利害关系的业主范围是什么

对此问题,《建筑物区分所有权解释》第11条有明确规定,即本栋建筑物内的其他业主,均应当认定为“有利害关系的业主”。同时,根据该条规定,建筑区划内,本栋建筑物之外的业主,有证据证明其房屋价值、生活质量受到或者可能受到不利影响,也有可能被视为有利害关系。

2. 业主同意的方式是明示还是默认

无论是本条规定还是司法解释,虽然都没有强调业主的一致性意见是否需为“书面”,但从立法本意解读,一致同意的书面还是口头形式不重要,但至少是明示不能是默示。否则此类纠纷发生后,实施“住改商”行为的业主以没有业主明示反对为抗辩,就可以将本条规定架空,这不符合本条规范的立法目的。而且,从证据证明效力的视角看,实施“住改商”行为的业主,如果希望通过充分举证获得支持,也应该去努力搜集利害关系业主明示做出的同意意见。

3. 对“住改商”行为的纠正需要考查结果吗

利害关系业主对“住改商”行为主张权利,法院不会考虑受诉“住改商”行为是否对其他业主产生的“不利”结果,只要该行为没有取得本条所要求的一致性同意意见,就应当纠正。2014 年第 11 期《最高人民法院公报案例》之张某诉郑某伟、中国联合网络通信有限公司武汉市分公司建筑物区分所有权纠纷案对此有过比较明确的诠释。

该案件审理法院认为,在审理建筑物区分所有权案件时,即使业主对房屋的使用没有给其他区分所有权人造成噪声、污水、异味等影响,只要房屋的用途发生改变,由专供个人、家庭日常生活居住使用改变为用于商业、工业、旅游、办公等经营性活动,即可认定该行为影响了业主的安宁生活,属于将住宅改变为经营性用房行为,应依照关于业主改变住宅用途的规定处理。

4. 取得营业执照可否对抗利害关系业主

实践中,有的“住改商”业主以其已经办理工商登记并取得了营业执照,经行政认可具备“正当性”,对抗有利害关系业主的异议。应该说,此种现象以前确实客观存在。但即使是“住改商”业主已经办理了工商登记并取得营业执照的事实,这也是行政登记及许可范围的问题,不能改变“住改商”当事人民事行为效力问题。笔者认为,该事实不能限制本条规定的效力,不能对抗利害关系业主依据本条所主张的救济。当然,随着近年来工商登记部门已经越来越严谨,此种情况已不多见。

（编写人：陈　昕）

法律条文

第二百八十条　业主大会或者业主委员会的决定,对业主具有法律约束力。

业主大会或者业主委员会作出的决定侵害业主合法权益的,受侵害的业主可以请求人民法院予以撤销。

条文主旨

本条是关于业主大会、业主委员会决定的效力作出规定,并赋予业主撤销权的规定。

新旧法对比

《物权法》	《民法典》
第七十八条　业主大会或者业主委员会的决定,对业主具有约束力。 业主大会或者业主委员会作出的决定侵害业主合法权益的,受侵害的业主可以请求人民法院予以撤销。	第二百八十条　业主大会或者业主委员会的决定,对业主具有**法律**约束力。 业主大会或者业主委员会作出的决定侵害业主合法权益的,受侵害的业主可以请求人民法院予以撤销。

理解与适用

本条规定的两款内容,完整呈现出业主组织体所特有的约束与制衡关系,理解本条时应从两个方面来把握。

1. 约束:成员要受到组织决定的约束

业主大会由物业管理区域内的全体业主组成,是小区业主自治的议事机构,维护物业管理区域内全体业主在物业管理活动中的合法权益。业主委员会作为业主大会的执行机构,具体实施业主大会作出的决定,业主委员会通过执行业主大会的决议来实施业主共同决定。结合上下法条和《物业管理条例》,业主委员会决定应该是业主大会决定/决议的具体落实和体现,而并非业主委员会这个机构的独立意志。在现有法律法规框架下,它的角色定位应为日常实现沟通、联系,会议期间负责上下联络、组织实施会议。

《民法典》第278条所规定的业主共同决定事项,经由业主大会作出符合法定条件的决定后,就是业主大会这个松散组织体的共同意思表示,任何单个业主的意思表示都无权对抗这个共同意志。因此,本条第1款明确业主大会或者业主委员会的决定,对业主具有法律约束力。

此处，虽然业主大会或者业主委员会是以并列关系出现，但笔者认为，它们并不是一个平行关系，这两个机构的地位不同、层次不同。业主大会依法作出的决定很大程度上就是业主们的共同意志，但业主委员会的决定却不一定。因为业主委员会常设、灵活、便利，有时甚至出现以业主委员会（现任委员）替全体业主作出决定的情况，业主委员会的决定不一定是业主们的共同意志。此时，就会触发本条第二款的制衡机制——业主撤销权。

2. 制衡：个体成员的合法权益也有力量

对业主具有约束力的业主大会或者业主委员会的决定，必须是业主大会、业主委员会依据法定程序作出的，内容须符合法律、法规及规章的规定，不能违背公序良俗，不得损害国家、公共和他人利益。否则，业主可以依据本条第2款发起制衡的对抗，通过行使业主撤销权进行纠正。近年来，业主撤销权纠纷是司法实践中数量增长较快的案件类型（见图1）。

图1　2012~2021年业主撤销权纠纷数量

业主撤销权的性质，有学者和专家讨论研究它是不是形成权，但从实务的角度看，无论它是何种性质的权利，如何正确行使才是重点。《最高人民法院关于审理建筑物区分所有权纠纷案件适用法律若干问题的解释》第12条规定，业主以业主大会或者业主委员会作出的决定侵害其合法权益或者违反了法律规定的程序为由，请求人民法院撤销该决定的，应当在知道或者应当知道业主大会或者业主委员会作出决定之日起一年内行使。由上述规定概括可知，业主撤销权行使有以下几个要点：

（1）行使方式。发起诉讼，请求法院撤销相关决定。

（2）受诉标的。业主大会决定或业主委员会决定。

(3)撤销理由。既包括实体权益受损,也包括决定程序违法。自《物业管理条例》开始,到《物权法》《民法典》关于业主撤销权的表述都是“……决定侵害业主合法权益的,受侵害的业主可以请求人民法院予以撤销”。因此有人将此解读为,需有实质权益受损的业主起诉撤销才可以获得支持,但实际上并非如此。业主撤销权作为业主组织有序合法开展工作的制衡,如果将其功能局限在实质权益受损的救济,就太过狭隘了。业主组织体本来就非常松散,严格依照法定程序落实业主共同决定的规则,是对各成员权益的基本保障,如果不允许成员对违法的程序提出异议,业主组织很难健康有序发展。事实上,司法解释的规定已经对此作出澄清。

(4)行使期限。一年,从知道或者应当知道业主大会或者业主委员会作出决定之日起算。比如,业主委员会违法选聘物业服务企业接管小区,业主对此不满就应当在合理时间内尽快起诉,因为司法解释确认的一年行使期限很短,异议业主如果只停留在反感、发声、吵架、拒付费等对抗层面,不及时行使业主撤销权,在违法选聘物业服务企业服务满一年后的起诉行为,就有可能被法院撤回。这样的规范价值在于,一方面保护业主的合法权利,另一方面也尽量维护业主共同生活秩序的相对稳定性。

实务问题

1. 未参会业主,是否有撤销权

我国的法律体系里,一般没有“默示认可”规则,即使没有参与业主大会会议的业主,也不天然视同他同意了会议议题、认可了会议的程序,就如同前述《民法典》第279条一样,不可能因为利害关系业主没明示反对就视为其同意。所以,业主无论是否参与业主大会会议,都有权依法行使业主撤销权。无论是《民法典》本条还是司法解释,都没有对业主撤销权的行使做出是否参会的限制。

如果将此问题再延伸下,已经在会议中投了赞成票的业主,可以提起业主撤销权诉讼吗?有观点认为,基于简化诉讼关系,消除滥诉干扰的目的,有权提起撤销之诉的主体应当限于在投票表决过程中明确表示反对或者不知道该表决内容的业主。在表决过程中投票赞成的业主事后不得提起撤销之诉。

结合上述约束与制衡关系的视角,不难看出这种观点是错误的。如果业主大会会议的议题实体上损害业主利益,或者会议作出决议的程序不符合法律规定,法律赋予业主撤销权是一种制衡,从而指引业主组织规范有序发展。即使是参会并投赞成票的业主,一旦发现会议程序上有问题,比如自己所支持的赞成立场并未达到法定通过规则,但业主大会(或业主委员会)却仍然强行作出决议,这样的情况下，有什么法理依据限制赞成票业主的诉讼权利？他享有的成员权益不会因为投了赞成票就被剥夺，他仍可以起诉主张撤销权，表达自己对小区共同事务的看法。当然，无论什么立场的业主起诉，诉权是一回事儿，诉讼请求能否被支持，是另外一回事儿。那些无理取闹、出尔反尔，缺乏证据支持的诉讼请求，最终也不会获得法院的支持。

2. 业主委员会诉讼主体资格

关于业主委员会是否具有诉讼主体资格的问题，通过裁决文书网检索可知，业主委员会不论是为原告还是做被告，已裁判公开的案例都有很多，其中不乏公报案例。近年来，随着对于业主大会登记制度的推进，甚至已经出现业主大会作为诉讼当事人的案件。①

关于业委会是否具有诉讼主体资格的问题。最高人民法院曾在《关于金湖新村业主委员会是否具备民事诉讼主体资格请示一案的复函》中明确态度：金湖新村业主委员会符合"其他组织"条件，对房地产开发单位未向业主委员会移交住宅区规划图等资料、未提供配套公用设施、公用设施专项费、公共部位维护费及物业管理用房、商业用房的，可以自己的名义提起诉讼。业主委员会是依法由业主大会选举产生的，代表全体业主的利益，应当属于《民事诉讼法》第 51 条规定的"其他组织"，可以作为民事诉讼的当事人，其诉讼活动的法律后果由全体业主承担，最高人民法院在不少具体案例中也表述过类似观点。以业主撤销权纠纷来看，业主行使撤销权发起诉讼，是以业主委员会为被告的，诉讼结果如果是受诉决定被撤销，该决定即不再对全体业主具有约束力。

（编写人：陈　昕）

法律条文

第二百八十一条　建筑物及其附属设施的维修资金，属于业主共有。经业主共同决定，可以用于电梯、屋顶、外墙、无障碍设施等共有部分的维修、更新和改造。建筑物及其附属设施的维修资金的筹集、使用情况应当定期公布。

紧急情况下需要维修建筑物及其附属设施的，业主大会或者业主委员会可以依法申请使用建筑物及其附属设施的维修资金。

---

① 从《物业管理条例》的规定开始，业主大会成立后对于这个"机构"如何公示，一直没有特别明确的细则，实践中对外证明身份的文件一般就是业主委员会备案单，作为诉讼当事人参与诉讼活动的也多为业主委员会。在《物业管理条例》中规定备案也针对的是"业主委员会"，刻制印章主体也是业主委员会。住房和城乡建设部在 2010 年发布《业主大会和业主委员会指导规则》，其中第 34 条曾提及可以刻制业主大会印章。北京地区自 2010 年开始也尝试在全国率先为业主大会颁发《业主大会登记证书》，但实践中业主大会办理登记、刻制印章的情况确实不多见。

条文主旨

本条是关于建筑物及其附属设施的维修资金(以下简称维修资金)的归属、使用、用途、管理以及紧急情况下如何使用的规定。

新旧法对比

《物权法》	《民法典》
第七十九条　建筑物及其附属设施的维修资金,属于业主共有。经业主共同决定,可以用于电梯、水箱等共有部分的维修。维修资金的筹集、使用情况应当公布。	第二百八十一条　建筑物及其附属设施的维修资金,属于业主共有。经业主共同决定,可以用于电梯、**屋顶、外墙、无障碍设施**等共有部分的维修**、更新和改造。建筑物及其附属设施的**维修资金的筹集、使用情况应当**定期**公布。 **紧急情况下需要维修建筑物及其附属设施的,业主大会或者业主委员会可以依法申请使用建筑物及其附属设施的维修资金。**

理解与适用

随着我国住房制度改革的不断推进,过去主要由单位、集体承担的房屋维修管理责任逐渐转嫁由居民(业主)个人承担。在我国,尤其是城镇地区,居民住宅又多为高层建筑,居住人民众多。建筑物及其附属设施发生问题后能否得到及时、正常地维修,直接影响居民的居住生活乃至安全。因此,为避免日后发生“搭便车”等问题,业主在购房时即被要求预交一部分资金(维修资金),专门用于建筑物共有部分的维修、更新和改造。

《物权法》明确了维修资金的归属、用途及其使用必须经业主共同决定。随后,为进一步加强对维修基金的管理,维护业主合法权益,建设部和财政部颁布《住宅专项维修资金管理办法》,详细规定了维修基金的交存、使用和监督管理等具体事项。

1. 维修资金的归属

本条第1款开宗明义,规定维修资金为业主共有财产。实践中,首期维修资金一般由开发商代收代缴,在办理房屋入住手续前缴纳(《住宅专项维修资金管理办法》第12条第1款)。根据《物业管理条例》第53条第1款规定,不论是住宅房屋业主,还是住宅小区内的非住宅业主以及与单幢住宅楼结构相连的非住宅物业的业主,都应当缴纳维修资金。缴纳标准一般按照所购房屋的建筑面积交存维修资金,每平方米建筑面积交存首期维修资金的数额为当地住宅建筑安装工程每平方米造价的5%~8%(《住宅专项维修资金管理办法》第7条)。

2. 维修资金的用途

本条第1款第2句规定,维修资金可以用于电梯、屋顶、外墙、无障碍设施等共有部分的维修、更新和改造。此处虽然使用的是“可以”,但是基于维修资金的设立目的和性质,维修资金必须是专款专用,只能用于此条规定的用途,不能挪作他用。

根据《住宅专项维修资金管理办法》第3条规定,共用部位是指根据法律、法规和房屋买卖合同,由单幢住宅内业主或者单幢住宅内业主及与之结构相连的非住宅业主共有的部位,一般包括:住宅的基础、承重墙体、柱、梁、楼板、屋顶以及户外的墙面、门厅、楼梯间、走廊通道等;共用设施设备是指根据法律、法规和房屋买卖合同,由住宅业主或者住宅业主及有关非住宅业主共有的附属设施设备,一般包括电梯、天线、照明、消防设施、绿地、道路、路灯、沟渠、池、井、非经营性车场车库、公益性文体设施和共用设施设备使用的房屋等。

3. 维修资金的筹集及使用

维修资金的筹集及使用关乎业主能否正常使用建筑物及其附属设施,涉及全体业主的共同利益,每位业主对此都享有知情权。因此,为便于业主及时了解相关情况,本条第2款第2句规定维修资金的筹集使用情况应当定期公布。公布义务人一般为维修资金的筹集或管理主体,包括业主大会、业主委员会、物业公司或其他管理人。《最高人民法院关于审理建筑物区分所有权纠纷案件适用法律若干问题的解释》第13条进一步规定,业主请求公布、查阅维修资金筹集和使用情况的,人民法院应当支持。

基于维修资金的公益性和公共性,维修资金的使用必须由业主共同决定。根据《民法典》第278条,使用维修资金应由专有部分面积占比2/3以上的业主且人数占比2/3以上的业主参与表决,并经参与表决专有部分面积过半数的业主且参与表决人数过半数的业主同意。

4. 紧急情况下维修资金的使用

实践中,很多住宅小区因业主众多、实际入住率过低或大业主所占专有部分面积过大,导致参与表决的业主都很难以达到人数占总业主人2/3以上且专有部分面积占比2/3以上的法定要求,导致维修资金的提取使用程序复杂、耗时过长。因此,本法采纳了《住宅专项维修资金管理办法》第23条和第24条的规定,在发生危及房屋安全等紧急情况下,维修资金的提取使用不需要业主大会决议。

一些地方性法规或规章对于何为“危及房屋安全等紧急情况”作了进一步规定。如《北京市住宅专项维修资金管理办法》第29条第2款规定:“前款所称的紧急情况一般包括:(一)屋面防水损坏造成渗漏的;(二)电梯故障危及人身安全的;(三)高层住宅水泵损坏导致供水中断的;(四)楼体单侧外立面五分之一以上有脱落危险的;(五)消防系统出现功能障碍,消防管理部门要求对消防设施设备维修及更新、改造的。”实践中,要防止业主大会或业主委员会与物业服务人相互勾结,通过扩大解释“紧急状况”套取、挪用业主的维修资金。

实务问题

1. 业主大会及业主委员会是否有权向业主追缴维修资金

(1)对于买房时未交过维修资金的老旧小区,以及维修资金余额不足需要续交的小区,经常会遇到部分业主拖欠拒缴维修资金的情况。对此,如果管理规约、业主大会议事规则对维修资金追缴事宜已有规定,则据此处理。如果未作规定,鉴于维修资金属于全体业主共同所有且特定用于小区共有部分的维护,业主大会或业主委员会为行使维护小区共同或公共利益之职责的管理权,有权要求业主补缴维修资金。最高人民法院以指导性案例的方式,认可了业主大会有权起诉要求业主补缴维修资金。另须注意的是,维修资金的筹集及续交方案应当经过业主共同决定。

(2)在上海市虹口区久乐大厦小区业主大会诉上海环亚实业总公司业主共有权纠纷案中,[①]业主大会要求补缴维修资金的权利,是业主大会代表全体业主行使维护小区共同或公共利益之职责的管理权,人民法院应予以支持。

2. 业主是否可以以诉讼时效已过为由拒绝缴纳维修资金

(1)不可否认,追缴维修资金属于债权请求权,2008年《民事案件诉讼时效制度规定》第1条确实也未将支付维修资金请求权明确列为不适用诉讼时效抗辩的债权请求权。但是,维修资金系全体业主共有,专户存储、专款专用,旨在维护全体业主的公共利益。因此,业主的维修基金缴纳义务不应因诉讼时效制度而被免除,否则也将对其他业主不公平。对此,上述也予以确认。

(2)在上海市虹口区久乐大厦小区业主大会诉上海环亚实业总公司业主共有权纠纷案中,专项维修资金是为特定范围的公共利益,即全体业主共同利益而特别确立的一项法定义务,专门用于物业共用部位、共用设施设备保修期满后的

① 最高人民法院指导案例65号(2016年)。

维修和更新、改造的资金,属于全体业主共有。如果允许某些业主不缴纳维修资金而可享有以其他业主的维修资金维护共有部分而带来的利益,其他业主就有可能在维护共有部分上支付超出自己份额的金钱,这违背了公平原则,并将对建筑物的长期安全使用,对全体业主的共有或公共利益造成损害。因此,缴纳专项维修资金的义务是一种旨在维护共同或公共利益的法定义务,其只存在补缴问题,不存在因时间经过而可以不缴的问题。业主拒绝缴纳专项维修资金,并以诉讼时效提出抗辩的,人民法院不予支持。

3. 维修资金能否作为"业主委员会的责任财产"

(1)有观点认为维修资金只能专款专用,不能用作业主委员会承担责任的财产。[①] 首先,根据相关法律规定,业主委员会本就无独立财产,无法独立承担责任,其行为的相关法律后果应由全体业主承担。由此分析可知,"业主委员会的责任财产"一词并不准确。其次,当业主委员会所负债务本身就是应当由维修资金支付的费用,用维修资金予以偿还也合情合理。至于业主委员会所负债务并非符合维修资金的用途时,问题就比较复杂。虽然维修资金具有公益性和专款专用的性质,但现行法律及司法解释并未将其列入可以排除法院强制执行的财产范围。因此,司法实践中对于能否执行维修资金偿还业主委员会所负的任何种类债务,尺度不一。

(2)案例。[②] 在北京市通州区某小区业主委员会执行异议申请复议案中,申请执行人对被执行人业主委员会享有的是追偿权,基础债务源自业主委员会向第三人的借款,用于替前物业公司清偿拖欠的电费。执行过程中,被申请人名下的维修资金账户被北京市通州区人民法院扣划,故提起执行异议。被申请人认为维修资金属于业主所有,不是业委会财产,并且借款行为未经业主大会授权,法律效力不应由全体业主承担。对此,北京市第三中级人民法院认定,首先,没有法律规定法院不得扣划维修资金账户;其次,业主委员会名下的维修资金属于其财产,故可以执行。业主委会的执行复议申请被驳回。

(3)案例。[③] 在上海市某保洁服务有限公司申请执行某小区业主委员会纠纷案执行过程中,上海市闵行区人民法院查询到被执行人业主大会名下的维修

---

① 参见最高人民法院民法典贯彻实施工作领导小组:《民法典物权编理解与适用》(上),人民法院出版社2020年版,第405页。

② 北京市第三中级人民法院(2020)京03执复7号。

③ 康怀琳、李永新、杨泽卿:"闵行法院:在执行业主委员会为被执行人的案件中,无需经过追加可直接执行业主大会账户资金",原载《上海法治报》(2020年3月26日B3版),之江青年执行论坛微信公众号。

资金账户。鉴于该账户的特殊性,法院向相应住房保障和房屋管理局咨询确认维修资金账户的性质及用途。工作人员告知法院该业主大会账户内有三个分户,分别为业主大会活动经费科目、公共收益科目、维修资金科目,各账户资金来源不同且用途特定,账户内资金的提取需经业主大会表决。该案债务为小区绿化改造工程所致,该局认为法院对于业主大会名下账户财产有执行依据,即可以从公共收益账户支取,也可以从维修资金账户中支取,且应当由全体业主共同承担。但基于该账户只能给付特定债务,执行费用不应从中提取。法院遂划拨维修资金账户内相应钱款,发还给申请执行人,并免除本案执行费。

(编写人:李佳星)

法律条文

第二百八十二条　建设单位、物业服务企业或者其他管理人等利用业主的共有部分产生的收入,在扣除合理成本之后,属于业主共有。

条文主旨

本条是关于业主共有部分收益归属的规定。

新旧法对比

《物权法》	《民法典》
第五十四条　利用物业共用部位、共用设施设备进行经营的,应当在征得相关业主、业主大会、物业服务企业的同意后,按照规定办理有关手续。业主所得收益应当主要用于补充专项维修资金,也可以按照业主大会的决定使用。	第二百八十二条　**建设单位、物业服务企业或者其他管理人等利用业主的共有部分产生的收入,在扣除合理成本之后,属于业主共有。**

理解与适用

根据《建筑物区分所有权解释》第 14 条规定,建设单位、物业服务企业或者其他管理人等擅自占用、处分业主共有部分、改变其使用功能或者进行经营性活动,权利人有权请求将扣除合理成本之后的收益用于补充专项维修资金或者业主共同决定的其他用途。虽然规定了业主共有部分收益应用于补充维修资金或按业主大会决定使用，暗含了维修资金应归属业主所有，但是缺乏对业主共有部分收益归属的明确法律。

关于业主共有部分的范围，本章之前部分已经做了详细阐述，不再赘述。通常利用业主共有部分能够产生收入的情况包括：第一，在业主共有部分设置广告、收取费用，比如楼顶平台、建筑外墙面、电梯轿厢、走廊过道等；第二，在业主共有场地放置自动贩售机、物品寄存柜、通信基站、充电桩等，收取租金；第三，将占用业主共有道路或者其他场地设置的车位出租所收取的停车费，以及将规划用于停放汽车的车位向业主以外第三人出租所收取的停车费。

实践中，业主的共有部分一般由物业服务人管理、经营，所取得的收益也由其收取。对此，经授权的业主或业主委员会可以根据此条款提起诉讼，请求归还收益，但已经发生的合理成本，应予扣除。业主共有部分收益的用途，根据前述条款规定，可以用于补充维修资金或业主共同决定的其他用途。有些地区对于用途补充维修资金的比例也有规定。比如《北京市物业管理条例》第74条第2款规定："……专项维修资金余额不足首期应筹集金额百分之三十的，百分之五十以上的公共收益金额应当优先用于补充专项维修资金，剩余部分的使用由业主共同决定。"《江苏省物业管理条例》第66条第1款规定："业主大会成立前……物业服务企业应当将汽车停放费单独列账，所得收益的百分之七十纳入住宅专项维修资金，其余部分可以用于补贴物业费。"

实务问题

1. 业主共有部分的收益及合理成本的举证责任由谁承担

根据"谁主张，谁举证"的原则，业主共有部分的收益应当由主张返还的业主或业主委员会承担，合理成本应由主张费用已支付的物业服务人承担，包括应证明合理性①。

实践中，由于业主共有部分的收益一般由物业服务人收取，业主及业主委员会往往对于收益的项目及数额都不甚了解。因此，业主及业主委员会应当加强对小区公共收益等的规范化管理，在物业服务合同中对相关事项及违约责任等进行约定，并且平日留意、定期核查小区共有部分的利用及收费情况，做好拍照等证据留存工作。

① 《建筑物区分所有权解释》第14条第2款规定：属于前款所称擅自进行经营性活动的情形，权利人请求建设单位、物业服务企业或者其他管理人等将扣除合理成本之后的收益用于补充专项维修资金或者业主共同决定的其他用途的，人民法院应予支持。行为人对成本的支出及其合理性承担举证责任。

2. 物业服务人为共有部分收益所支付的费用是否都属于合理成本

不一定属于合理成本。本条中规定的应被扣除的合理成本，需要满足两个条件：第一，费用支出事项和数额是合理的；第二，该笔费用应当由业主承担，否则即使该笔费用是必要支出，也不应当从属于业主的共有部分收益中扣减。

第一个条件很好理解，不再赘述。第二个条件则是容易被忽略的问题，也是物业服务人虚报成本的手段之一。事实上，物业费收费方式及内容不同，以及支出费用是否存在法定承担方等，都会影响对成本是否应被扣除的认定。

物业费收费方式和内容：由于目前大部分物业服务项目的收费标准依然为包干制，因此业主缴纳的物业费中实际已经包含了如日常运营维护和养护等费用。比如物业服务人原有工作人员足以承担对公共区域广告牌的清洁工作，物业公司要求在广告收益中扣减人工和清洁成本，则很可能不会被认定为应被扣除的合理成本。但对于物业服务人为运营共有部分额外投入且明显超过日常物业服务的成本，则依然可能被认定为应予扣除的合理成本。

费用的法定承担方，《住宅专项维修资金管理办法》第 25 条规定，下列费用不得从住宅专项维修资金中列支：(1)依法应当由建设单位或者施工单位承担的住宅共用部位、共用设施设备维修、更新和改造费用；(2)依法应当由相关单位承担的供水、供电、供气、供热、通讯、有线电视等管线和设施设备的维修、养护费用；(3)应当由当事人承担的因人为损坏住宅共用部位、共用设施设备所需的修复费用；(4)根据物业服务合同约定，应当由物业服务企业承担的住宅共用部位、共用设施设备的维修和养护费用。因此这些费用不应当转嫁给业主承担。

案例[①]：该案的争议焦点之一为被告业主委员会收取的小区公共部位收益应如何处理。一审法院认为，该案所涉及公共部位收益包括广告收入、公共部位租赁收入及停车费收入，该收益不仅基于所有权而产生，还有赖于被告作为物业服务企业对共有物进行管理而产生，在此过程中被告必然付出相应的管理成本。因此，该收益应当主要归属于全体业主享有[②]……法院考虑到公共部位收益的内容为广告、公共部位租赁及停车费，任何一项都离不开被告作为物业管理企业投入人力、财力等成本进行运营，而该种成本显然与《前期物业管理服务合同》

① 上海市静安区人民法院(2014)静民一(民)初字第 691 号；上海市第二中级人民法院(2015)沪二中民二(民)终字第 3029 号。

② 虽然该案双方当事人对于利润分成没有规定，但是法院认为被告付出了管理成本，也应享有合理的回报。故，法院根据公平原则，酌定收益物业公司享有 30% 的收益，业主享有 70% 的收益。笔者对此表示认同。法院的判决既符合公平原则，也可以激励物业公司更好地运营业主共有部分，取得更高的收益，是一个双赢的结果。但是随着该法实施，该条款明确将扣除合理成本的全部收益认定为业主所有，今后在双方未达成书面约定的情况下，类似判决应很难再出现。

包含的小区日常物业服务的成本有所不同，不应理解为已包括在日常物业服务的成本中……被告在收支汇总表所列支出部分在性质上属于管理成本，故公共部位收入不应再扣除被告所列的支出部分再进行分配……二审法院维持原判。

3. 物业服务人能否以业主共有部分的收益抵销业主个人欠付的物业管理费

根据该法第568条第1款规定，只有当事人互负债务且债务的标的物种类、品质相同时，才可抵销。业主共有部分的收益属于全体业主共有，故物业服务人所负债务的债权人是全体业主。而物业管理费则是业主个人对物业服务人负有的债务。因此，两笔债权债务的主体不同，不符合法定抵销的条件。

（编写人：李佳星）

法律条文

第二百八十三条　建筑物及其附属设施的费用分摊、收益分配等事项，有约定的，按照约定；没有约定或者约定不明确的，按照业主专有部分面积所占比例确定。

条文主旨

本条是关于建筑物及其附属设施费用分摊、收益分配规则的规定。

新旧法对比

《物权法》	《民法典》
第八十条　建筑物及其附属设施的费用分摊、收益分配等事项，有约定的，按照约定；没有约定或者约定不明确的，按照业主专有部分占建筑物总面积的比例确定。	第二百八十三条　建筑物及其附属设施的费用分摊、收益分配等事项，有约定的，按照约定；没有约定或者约定不明确的，按照业主专有部分面积所占比例确定。

理解与适用

本条规定的建筑物及其附属设施的费用分摊，主要是指对建筑物共有部分及其附属设施的管理、维修、更新及改造等费用；建筑物共有部分的收益，是指利用共有部分取得的各种利益，包括《民法典》第282条规定的由物业服务人代为收取的收入。

根据意思自治原则，建筑物及其附属设施的费用分摊、收益分配等事项均优先按照业主间的约定处理，约定形式既可以是小区的管理规约，也可以由业主大会决议。没有约定或约定不明时,则按照业主专有部分面积所占比例确定。根据立法沿革可知,此处所占比例的分母应为全体业主专有部分面积之总和,不包括小区或建筑物共有部分。《最高人民法院关于审理建筑物区分所有权纠纷案件适用法律若干问题的解释》第 8 条规定,业主享有的"专有部分面积可以按照不动产登记簿记载的面积计算;尚未进行物权登记的,暂按测绘机构的实测面积计算;尚未进行实测的,暂按房屋买卖合同记载的面积计算"。

建筑物区分所有权人对建筑物及其附属设施的权利在性质上类似共有。[①] 本条规定实际是以业主专有部分面积所占比例计算业主对共有部分潜在的持有份额,但又与按份共有中的份额有所不同。[②] 按份共有的份额是财产份额,可以独立转让、抵押,但是本条规定的份额没有所有权效力,不能转让、抵押,只是作为业主分摊费用、分享收益的比例。

实务问题

1. 关于电梯、下水管道等附属设施费用的分摊问题

实践中,有些居住在低楼层的业主以不使用电梯为由拒绝支付电梯维修费,有些业主以家中下水管道并不堵塞为由拒绝支付小区公共部分下水管道的维修费。[③] 但是,电梯、下水管道等建筑物附属设施属于业主共同所有,业主负有对于公共设施共同出资维修养护的义务,不以业主实际使用情况为支付条件,业主不能以此为由拒绝缴纳维修费,不得免除对公共设施的维修养护义务。

2. 关于"一部共有部分"的费用分摊问题

小区内建筑物及其附属设施、场地等虽然都属于业主共有部分,但实际上有些部分是供全体业主共同使用的,有些则只是供部分业主使用。学理上将前者称为"全体共有部分",为全体业主共有,由此发生的费用由全体业主承担,比如小区内的绿地、给小区全体房屋供热的锅炉房,而后者被称为"一部共有部分",为相关业主共有,由此发生的费用仅由相关业主承担,比如某栋单元楼的电梯、走廊等。[④]

本法仅笼统规定建筑物及其附属设施的费用按照业主专有部分占建筑物总面积的所占比例确定。按照文义解释,"建筑物总面积"未以相关性作为面积区分标准;按照体系解释,本章节相关条款都未采取"全体共有部分"和"一部共有

---

① 参见最高人民法院民法典贯彻实施工作领导小组:《民法典物权编理解与适用》(上),人民法院出版社 2020 年版,第 405 页。

② 参见崔建远:《物权法》,中国人民大学出版社 2014 年版,第 207 页。

③ 辽宁省沈阳市中级人民法院(2020)辽 01 民终 14145 号;吉林省延边朝鲜族自治州中级人民法院分院(2014)延中民一终字第 572 号等。

④ 参见崔建远:《物权法》,中国人民大学出版社 2013 年版,第 198 页。

部分”两分的理论。因此,“建筑物总面积”一般情况下应当是指全体业主。但是在一个拥有数栋独立单元楼的小区,当其中一栋单元楼的电梯坏了,却要求全小区业主承担,似乎又确有不公。

目前,多地对于住宅小区增设电梯都明确规定仅需经本栋单元楼业主表决。①

(编写人:李佳星)

法律条文

第二百八十四条　业主可以自行管理建筑物及其附属设施,也可以委托物业服务企业或者其他管理人管理。

对建设单位聘请的物业服务企业或者其他管理人,业主有权依法更换。

条文主旨

本条是关于建筑物及其附属设施管理的规定。

新旧法对比

《物权法》	《民法典》
第八十一条　业主可以自行管理建筑物及其附属设施,也可以委托物业服务企业或者其他管理人管理。 对建设单位聘请的物业服务企业或者其他管理人,业主有权依法更换。	【内容不变】第二百八十四条

理解与适用

本条规定了管理建筑物及其附属设施的两种形式,一是业主委托物业服务企业或者其他管理人(统称物业服务人),二是业主自行管理。对于建设单位聘请的物业服务人,业主有权解聘。

---

① 参见《关于北京市既有多层住宅增设电梯的若干指导意见》第3条规定:住宅增设电梯,应当经用地权属单位同意后,由本楼业主根据《物权法》的规定共同决定。同时,应征得因增设电梯后受到采光、通风和噪声直接影响的本单元业主的同意;《江苏省物业管理条例》第70条规定:住宅物业需要使用共有部分增设电梯等进行二次开发、改造的,应当经本幢或者本单元房屋专有部分面积占比三分之二以上的业主且人数占比三分之二以上的业主参与表决,并经参与表决专有部分面积四分之三以上的业主且参与表决人数四分之三以上的业主同意,符合规划、土地、建设、环境保护、消防管理等法律法规和技术标准,并且依法办理相关批准手续。

1. 委托物业服务企业及其他管理人管理

物业服务企业：通常是指依法设立、具有独立法人资格，从事物业管理服务活动的企业。我国对于物业服务企业曾实行过严格的资质管理和分级制度。住房和城乡建设部颁发的《物业服务企业资质管理办法》详细规定了各资质等级物业服务企业的条件及可以承接的物业管理项目。随着市场化发展和"放管服"改革的深入，我国于 2018 年 3 月正式废止了《物业服务企业资质管理办法》，彻底取消了物业服务企业的资质认定和物业服务人员的资格限制。《物业管理条例》第 32 条仅规定从事物业管理活动的企业应当具有独立的法人资格。目前，委托物业服务企业管理是多数建设单位和业主对建筑物及其附属设施进行管理的主要形式。

其他管理人：是指业主委托管理建筑物及其附属设施的除物业服务企业以外的其他主体，主要包括管理公有住房的房管机关以及其他组织和自然人等。实践中，存在大量非物业服务企业的物业管理人。因此，为全面规范物业管理行为，本条将其他管理人与物业服务企业共同列为物业服务人，赋予相同的权利和义务。本法第 937 条同样明确规定物业服务人包括物业服务企业和其他管理人。

法定程序：业主委托物业服务人管理，应当按照本法第 278 条规定，由业主共同决定，具体应当由专有部分面积占比 2/3 以上的业主且人数占比 2/3 以上的业主参与表决，并经参与表决专有部分面积过半数的业主且参与表决人数过半数的业主同意；然后业主或业委会应当与物业服务人签署书面物业服务合同。为保障业主的合法权利，本法将物业服务合同归为有名合同，在合同编进行专章规范。

2. 业主自行管理

除了委托物业服务人外，本条规定业主也可以自行管理建筑物及其附属设施。这种情况大多发生在业主人数较少的建筑区划。实践中，也有小区业主因与物业服务企业矛盾无法调和，转为自行管理。但随着经济发展和科技进步，建筑物及其附属设施的管理日趋复杂，也给业主自行管理的模式增加了难度。

3. 业主有权更换建设单位聘请的物业服务人

住宅小区或一栋住宅楼建好后，即需要对建筑物及其附属设施进行管理。但一般情况下，业主是陆续分批入住的，因此不可能在房屋建成后的第一时间成立业主大会。因此，《物业管理条例》第 21 条规定"在业主、业主大会选聘物业服务企业之前，建设单位选聘物业服务企业的，应当签订书面的前期物业服务合同”,以保障业主在这段过渡期内依然能够享受物业服务、正常使用房屋。

但由于前期物业服务人并非由业主自主决定选聘,业主很可能不满意。故本条第2款规定业主有权自由解聘建设单位委托的前期物业服务人。但解聘程序依然应按照本法第278条的规定,由业主共同决定。

实务问题

物业服务合同一般是由业主委员会与物业服务人签订,业主能否以不知晓合同内容、不是合同当事人为由,拒绝履行物业服务合同的义务?

根据本法第939条规定,不论是物业服务人与业主委员会签订的物业服务合同,还是与建设单位签订的前期物业服务合同,都对业主具有约束力。该合同只要依法成立,业主基于该合同,既享有权利,享受物业服务人提供的物业服务,又受该合同约束,如基于合同履行交纳物业管理费。业主以其并非合同当事人抗辩不履行合同义务的,人民法院一般不予支持。

(编写人:李佳星)

法律条文

第二百八十五条　物业服务企业或者其他管理人根据业主的委托,依照本法第三编有关物业服务合同的规定管理建筑区划内的建筑物及其附属设施,接受业主的监督,并及时答复业主对物业服务情况提出的询问。

物业服务企业或者其他管理人应当执行政府依法实施的应急处置措施和其他管理措施,积极配合开展相关工作。

条文主旨

本条是关于物业服务人与业主之间的关系及前者所应承担的义务的规定。

新旧法对比

《物权法》	《民法典》
第八十二条　物业服务企业或者其他管理人根据业主的委托管理建筑区划内的建筑物及其附属设施,并接受业主的监督。	第二百八十五条　物业服务企业或者其他管理人根据业主的委托,**依照本法第三编有关物业服务合同的规定**管理建筑区划内的建筑物及其附属设施,接受业主的监督,**并及时答复业主对物业服务情况提出的询问。**

续表

《物权法》	《民法典》
	物业服务企业或者其他管理人应当执行政府依法实施的应急处置措施和其他管理措施,积极配合开展相关工作。

理解与适用

1. 物业服务人应当按照法律规定及合同约定管理建筑物及其附属设施

根据本法第284条规定,业主有权选择委托物业服务人管理建筑物及其附属设施。针对此种管理模式,本条规定了物业服务人与业主间是一种合同关系,物业服务人应按照本法合同编中物业服务合同的相关规定提供物业服务。

物业服务合同的内容一般包括服务事项、服务质量、服务费用的标准和收取办法、维修资金的使用、服务用房的管理和使用、服务期限、服务交接等条款,以及物业服务人公开作出的有利于业主的服务承诺(本法第938条)。本法第941条项下及《物业管理条例》总结实践经验,对物业服务人的管理行为作了具体规定。这些规定的义务属于物业服务人的法定义务,无论物业服务人与业主是否实际签署了物业服务合同,物业服务人都应当履行。

目前,多地住建局都结合本地实际情况,颁布了物业服务合同示范文本①,供业主参考使用。

2. 业主的监督权和知情权

物业服务人提供的物业管理行为是否符合法律规定和合同约定,直接影响到建筑物及其附属设施能否正常有效地运转以及建筑区划内的卫生、治安、环保、消防等方方面面,与每个业主的切身利益都息息相关,也关系着社会的和谐与安定,因此,在提供物业服务的过程中,物业服务人的行为应当接受业主的监督。本条第1款为业主的监督权提供了法律依据。

但如果业主只享有监督权,却无法查询、了解物业服务收费标准、服务质量、共有部分经营收益等重要信息,业主的监督权将只是一张无法兑现、毫无价值的"空头支票"。因此,《物业管理条例》第6条原则性规定业主"对物业共用部位、共用设施设备和相关场地使用情况享有知情权和监督权",再配合《建筑物区分

---

① 如2020年7月,深圳市住建局结合最新法律规定,修订颁布了《深圳市物业服务合同(示范文本)》《深圳市前期物业服务合同(示范文本)》。

所有权解释》第13条以列举加兜底的方式明确了业主公开查阅权的客体范围①,共同保障了业主知情权与监督权的有效行使。

同时,实践中物业服务相关的文件资料非常多,业主通过查询档案等方式耗时耗力,效率还低。因此,为进一步便于业主知情权的行使,本条第1款还规定业主可以采取询问的方式了解物业管理相关情况。物业服务人对此负有及时答复的法定义务,能够现场答复的应当现场答复,不能当场答复的,应当说明原因,了解情况后及时以口头或书面形式答复业主。如此也有利于加深业主和物业服务人之间的沟通和理解,消除不必要的误会。

3. 物业服务人负有执行政府依法实施的管理措施的义务

2020年伊始,为应对席卷全国的新冠肺炎疫情,在各地各级人民政府领导下,广大物业服务人承担了大量具体艰巨的疫情防控责任,为隔离传播源、阻断传播途径打下坚实的基础,得到了社会的普遍认可。因此,结合疫情防控工作的经验,本条第2款明确了突发事件下②,物业服务人的相关责任和义务,增加规定物业服务人应当执行政府依法实施的应急处置措施和其他管理措施,积极配合开展相关工作。

实务问题

基于历史遗留问题等原因,有的物业服务人在小区服务多年,却从未与建筑单位、业主委员会或业主签订任何(前期)物业服务合同。有的观点认为可根据本法第490条规定,如果物业服务人以实际行为提供了物业服务,业主也予以接受,则认定双方形成了事实上的物业服务合同关系③。另应注意的是,当物业服务合同已终止,原物业服务人拒不退场、强行服务的,不得以存在事实物业服务合同关系为由,要求业主支付物业费(本法第949条)。

(编写人:李佳星)

---

① 《建筑物区分所有权解释》第13条规定:业主请求公布、查阅下列应当向业主公开的情况和资料的,人民法院应予支持:(一)建筑物及其附属设施的维修资金的筹集、使用情况;(二)管理规约、业主大会议事规则,以及业主大会或者业主委员会的决定及会议记录;(三)物业服务合同、共有部分的使用和收益情况;(四)建筑区划内规划用于停放汽车的车位、车库的处分情况;(五)其他应当向业主公开的情况和资料。

② 《突发事件应对法》第3条第1款规定:本法所称突发事件,是指突然发生,造成或者可能造成严重社会危害,需要采取应急处置措施予以应对的自然灾害、事故灾害、公共卫生事件和社会安全事件。

③ 参见最高人民法院民法典贯彻实施工作领导小组主编:《中华人民共和国民法典物权编理解与适用(上)》,人民法院出版社2020年版,第420页。

法律条文

第二百八十六条　业主应当遵守法律、法规以及管理规约，相关行为应当符合节约资源、保护生态环境的要求。对于物业服务企业或者其他管理人执行政府依法实施的应急处置措施和其他管理措施，业主应当依法予以配合。

业主大会或者业主委员会，对任意弃置垃圾、排放污染物或者噪声、违反规定饲养动物、违章搭建、侵占通道、拒付物业费等损害他人合法权益的行为，有权依照法律、法规以及管理规约，请求行为人停止侵害、排除妨碍、消除危险、恢复原状、赔偿损失。

业主或者其他行为人拒不履行相关义务的，有关当事人可以向有关行政主管部门报告或者投诉，有关行政主管部门应当依法处理。

条文主旨

本条是关于业主义务及业主大会和业主委员会有权制止损害他人合法权益行为的规定。

新旧法对比

《物权法》	《民法典》
第八十三条　业主应当遵守法律、法规以及管理规约。 业主大会和业主委员会，对任意弃置垃圾、排放污染物或者噪声、违反规定饲养动物、违章搭建、侵占通道、拒付物业费等损害他人合法权益的行为，有权依照法律、法规以及管理规约，要求行为人停止侵害、消除危险、排除妨害、赔偿损失。业主对侵害自己合法权益的行为，可以依法向人民法院提起诉讼。	第二百八十六条　业主应当遵守法律、法规以及管理规约，**相关行为应当符合节约资源、保护生态环境的要求。对于物业服务企业或者其他管理人执行政府依法实施的应急处置措施和其他管理措施，业主应当依法予以配合。** 业主大会**或者**业主委员会，对任意弃置垃圾、排放污染物或者噪声、违反规定饲养动物、违章搭建、侵占通道、拒付物业费等损害他人合法权益的行为，有权依照法律、法规以及管理规约，**请**求行为人停止侵害、排除妨碍、消除危险、**恢复原状、**赔偿损失。 **业主或者其他行为人拒不履行相关义务的，有关当事人可以向有关行政主管部门报告或者投诉，有关行政主管部门应当依法处理。**

理解与适用

1. 业主的义务

遵守法律、法规以及管理规约是业主应当履行的最基本的义务,包括按照约定缴纳物业费(本法第944条),不得危及建筑物安全(本法第272条),以及《物业管理条例》第7条规定的业主在物业管理活动中应履行的义务:(1)遵守管理规约、业主大会议事规则;(2)遵守物业管理区域内物业共用部位和共用设施设备的使用、公共秩序和环境卫生的维护等方面的规章制度;(3)执行业主大会的决定和业主大会授权业主委员会作出的决定;(4)按照国家有关规定交纳专项维修资金;(5)按时交纳物业服务费用;(6)法律、法规规定的其他义务。

管理规约是指"规范区分所有建筑物的管理、使用乃至所有关系的自治规则",如同公司章程,"具有业主团体根本自治法规的性质"。①《物业管理条例》第17条规定"管理规约应当对有关物业的使用、维护、管理,业主的共同利益,业主应当履行的义务,违反管理规约应当承担的责任等事项依法作出约定"。管理规约对全体业主都具有约束力,其中与使用相关的事项对物业的承租人、借用人或者其他物业使用人同样具有拘束力。

此外,本条还规定物业服务人执行政府依法实施的应急处置措施和其他管理措施时,业主应当依法予以配合。

2. 业主大会和业主委员会的物业管理职能

业主共同生活在一个小区或建筑物内。各自对所享有的专有部分和共有部分行使权利时,不可避免会相互影响,有时就会产生冲突。冲突可能发生在业主个人与个人之间,比如楼上装修时不小心弄爆了水管,往楼下的天花板和墙壁渗水;可能发生在业主个人与部分业主之间,比如一户业主每天半夜12点开窗用喇叭大叫解压,此行为必然导致左邻右舍诸多业主的不满;还有可能发生在部分业主与全体业主之间,比如多户业主不交物业费,物业服务人因为缺乏资金而无法按照约定及时对小区建筑物及附属设施进行修理,从而影响全体业主的利益。因此,如何对业主权利进行约束和管理,就产生了建筑物区分所有中的成员权。该权利兼具"物法性"(对建筑物的维护管理)和"人法性"(对建筑物区分所有权人行为的制约)。② 业主大会和业主委员会正是代表全体业主行使成员权的

① 参见最高人民法院民法典贯彻实施工作领导小组主编:《中华人民共和国民法典物权编理解与适用》(上),人民法院出版社2020年版,第422页。

② 参见最高人民法院民法典贯彻实施工作领导小组主编:《中华人民共和国民法典物权编理解与适用》(上),人民法院出版社2020年版,第423~424页。

组织机构。《物业管理条例》第 8 条规定:“物业管理区域内全体业主组成业主大会。业主大会应当代表和维护物业管理区域内全体业主在物业管理活动中的合法权益。”

3. 侵害他人合法权益的行为

《建筑物区分所有权解释》第 15 条列举了常见的损害他人合法权益的行为,包括:(1)损害房屋承重结构,损害或者违章使用电力、燃气、消防设施,在建筑物内放置危险、放射性物品等危及建筑物安全或者妨碍建筑物正常使用;(2)违反规定破坏、改变建筑物外墙面的形状、颜色等损害建筑物外观;(3)违反规定进行房屋装饰装修;(4)违章加建、改建,侵占、挖掘公共通道、道路、场地或者其他共有部分。

4. 救济途径

面对上述侵害他人合法权益的行为,首先,本条第 2 款规定了业主大会和业主委员会可以依照法律、法规以及管理规约的规定,要求侵害人停止侵害、消除危险、排除妨碍、赔偿损失;其次,本法第 287 条规定,受到侵害的业主可以向人民法院提起诉讼。此外,本条第 3 款新增了有关当事人可以向有关行政主管部门报告或者投诉,有关行政主管部门应当依法处理。这里的有关当事人可以是业主大会、业主委员会、物业服务人或受到侵害的业主。

实务问题

业主大会是否具有诉讼主体资格,在理论界和实务界一直存在很大分歧。有的观点认为在审判实务界,一般否定业主大会具有诉讼主体资格。[①] 但是在裁判文书网上搜索诉讼当事人包含“业主大会”的案件,已超过两千个。由此说明这确实是个复杂且有待立法机关或司法机关统一的问题。

根据现有法律分析,《业主大会和业主委员会指导规则》第 2 条规定:“业主大会由物业管理区域内的全体业主组成,代表和维护物业管理区域内全体业主在物业管理活动中的合法权利,履行相应的义务。”因此,业主大会是由同一个物业管理区域内全体业主组成的,代表和维护物业管理区域内全体业主在物业管理活动中的合法权利、履行相应的义务的自治组织。

有的观点强调业主大会不具有独立财产、其法律后果需由全体业主分担,所

① 最高人民法院民法典贯彻实施工作领导小组主编:《中华人民共和国民法典物权编理解与适用》(上),人民法院出版社 2020 年版,第 426 页。

以不应该承认其诉讼主体地位。[①] 但是这种观点恐怕也并不具有说服力。首先,业主委员会作为业主大会的内设及执行机构,也存在前述全部问题,但审判实践中已经基本认可了业主委员会的诉讼主体资格。[②] 其次,即使承认业主大会的诉讼主体资格,其诉讼主体行为能力亦应当受到法定职责的限制,比如只能在涉及住宅小区全体业主公共利益的物业管理纠纷的范围内具有诉讼主体资格,而且其采取诉讼行为前应当经业主共同决定。由此,其法律后果由全体业主承担也相对公平。事实上,前述最高人民法院第65号指导案例(2011)沪二中民二(民)终字第1908号民事判决中,上海市第二中级人民法院就阐明业主大会作为自治组织,其享有管理全体业主共有财产、共同事务的权利,可以作为其他组织参加诉讼。

当然,业主大会作为诉讼主体参与诉讼或仲裁,在实际操作中也可能会遇到各种障碍。比如,很多地方现在对业主委员会的登记和申请公章等配套制度都日趋完善,但是绝大多数地方对于业主大会能否办理登记或申请公章,都缺乏相应规定,导致行政机关无法可依。也有地区政府曾探索研究过业主大会的主体资格问题。2013年,温州曾作为试点,试行“业主大会法人化”。[③] 该市鹿城区民政局将两个符合成立社团登记条件的小区业主大会准予社团登记。业主大会成为社团法人,从根本上解决了问题。该试点随后的发展和推行情况,目前尚未可知。但该试点的确提出了一个可供解决问题的思路,有待进一步研究。

(编写人:李佳星)

法律条文

第二百八十七条　业主对建设单位、物业服务企业或者其他管理人以及其他业主侵害自己合法权益的行为,有权请求其承担民事责任。

---

① 全国人大常委会法制工作委员会负责人在解读物权法对业主大会和业主委员会的法律地位时认为:“物权法草案曾对业主大会和业主委员会以自己的名义提起诉讼的问题作了规定。经反复研究认为,这个问题较为复杂。业主大会或者业主委员会没有独立财产,享有的权利和承担的义务都要落在业主身上,业主大会或者业主委员会提起诉讼依法要交诉讼费用,一旦败诉,后果要由全体业主分担。如果部分业主没有及时交纳有关费用,还涉及法院如何执行等问题。对业主大会或者业主委员会提起诉讼的权利以暂不规定为妥。对侵害业主共同权益的纠纷,可以通过民事诉讼法的有关规定提起诉讼。”

② 参见前述本法第280条中的实务问题。

③ 参见《温州试行业主大会法人化首倡者“折腾”成国家试点》,载《山东商报》2013年4月1日;《浙江温州试点业委会具法人资格首次控告开发商》,载《现代金报》2015年10月8日。

条文主旨

本条是关于业主合法权益保护的规定。

新旧法对比

《物权法》	《民法典》
第八十三条　……业主对侵害自己合法权益的行为,可以依法向人民法院提起诉讼。	第二百八十七条　业主**对建设单位**、物业服务企业或者其他管理人以及其他业主侵害自己合法权益的行为,**有权请求其承担民事责任。**

理解与适用

《民法典》编纂过程中,有的意见表示《物权法》第 83 条第 1 款规定了业主义务,第 2 款又将业主大会、业主委员会制止损害他人合法权利的权利与业主合法权益保护规定并列,体例上不合适,建议对业主合法权益保护作单独规定。2018 年 8 月审议的《民法典》各分编草案吸收了这一意见,单列一条并作了修改完善。

本法及《物业管理条例》都对业主权利作了规定。如本法第 274 条规定一般情况下,建筑区划内的道路、绿地、建筑区划内的其他公共场所、公用设施和物业服务用房等,均属于业主共有;第 275 条第 2 款规定,占用业主共有的道路或者其他场地用于停放汽车的车位,属于业主共有;第 281 条规定,建筑物及其附属设施的维修资金,属于业主共有;第 282 条规定,建设单位、物业服务企业或者其他管理人等利用业主的共有部分产生的收入,在扣除合理成本之后,属于业主共有。《物业管理条例》第 6 条中也以列举加兜底的方式规定了业主在物业管理活动中享有的权利。

根据本条规定,业主对建设单位、物业服务人以及其他业主侵害自己合法权益的行为,有权请求其承担民事责任。具体的民事责任,可以依据本法第 179 条的相关规定。

实务问题

1. 建设单位在物业开发过程中常见的侵权行为

实践中,建设单位的侵权行为大多发生在小区设立初期,即前期物业管理阶段。此时由于业主大会还未成立,业主往往处于弱势地位。建设单位常见的侵权行为包括:(1)将小区的物业管理权交给自己的关联公司,利用优势地位向业主收取高额的物业费或维修费;(2)拒绝或拖延向业主大会或业主委员会移交小区物业控制权;(3)擅自改变小区的土地等共有部分用途,占为己用、出租牟利等。[1]

2. 侵权责任与违约责任的区分和竞合

业主要求建设单位、物业服务人或其他业主承担的民事责任,可能是侵权责任,也可能是违约责任,有时可能两种责任都构成。比如,业主委员会与物业公司签订的物业服务合同约定合同期届满后物业公司应将物业用房返还业主委员会,否则应支付违约金,然而合同期届满后业主大会也已经选聘了新的物业公司,但原物业公司却拒绝腾退物业用房。此时,业主委员会既有权依据合同约定请求原物业公司返还物业用房、支付违约金,也有权主张返还原物请求权,并要求赔偿房屋占用损失(侵权损害赔偿)。根据本法186条规定,业主或业主委员会应当在违约责任和侵权责任中二选其一。这也要求业主和业主委员会能够准确区分实施侵害行为方所应承担的责任类型及责任范围,从而作出最优选择。

(编写人:李佳星)

① 参见最高人民法院民法典贯彻实施工作领导小组主编:《中华人民共和国民法典物权编理解与适用》(上),人民法院出版社2020年版,第428页。

第七章　相邻关系

法律条文

第二百八十八条　不动产的相邻权利人应当按照有利生产、方便生活、团结互助、公平合理的原则，正确处理相邻关系。

条文主旨

本条是关于处理相邻关系基本原则的规定。

新旧法对比

《物权法》	《民法典》
第八十四条　不动产的相邻权利人应当按照有利生产、方便生活、团结互助、公平合理的原则，正确处理相邻关系。	【内容不变】第二百八十八条

理解与适用

相邻关系，是指互相毗邻的不动产权人之间在行使所有权或者使用权时，因相互之间给予便利或者接受限制所发生的权利义务关系。该制度的本质在于扩展一方的所有权，限制对方的排除请求权，通过设立作为或不作为义务，去平衡当事人双方利益关系。

适用本条时，应严格坚持“十六字原则”，即有利生产、方便生活、团结互助、公平合理。该原则也是诚信原则在相邻关系中的具体表现。[①] 对此原则，可以从两个方面理解：一是相邻不动产各方权利人之间在利用不动产的过程中互负

---

① 参见中国审判理论研究会民事审判理论专业委员会编著：《民法典物权编条文理解与司法适用》，法律出版社2020年版，第189页。

容忍义务;二是相邻各方权利人行使权利时应注意限度问题。

实务问题

本条规定了处理相邻关系纠纷的基本原则,这也是法院在处理相邻关系纠纷时常用的法律依据。根据法律规定,相邻关系之权利受限方具有容忍义务,应当容忍对方在必要限度内使用自己所有或使用的不动产。故相邻关系之权利行使方,如若在必要限度内行使权利,另一方负有容忍义务,限制了对方的排除请求权。由此可知,对"必要限度"的理解与把握在司法实践中显得尤为重要。人民法院在处理相邻关系纠纷判断一方权利的延伸是否超过必要限度时,应严格遵从相邻关系的"十六字原则"。

此外,在实务当中应明确相邻关系不能够直接适用于土地以及房屋的租赁权人。从体系角度看,相邻关系规定于物权编,故原则上应仅适用于物权人,而上述所说的两类人严格讲属于债权人。但作为占有人,其排除妨害请求权和消除危险请求权不受限制。另外,合同编所规定的债权人代位权范围并非仅包括金钱债权,也包括非金钱债权。

(编写人:吴俊霖)

法律条文

第二百八十九条　法律、法规对处理相邻关系有规定的,依照其规定;法律、法规没有规定的,可以按照当地习惯。

条文主旨

本条是关于处理相邻关系依据的规定。

新旧法对比

《物权法》	《民法典》
第八十五条　法律、法规对处理相邻关系有规定的,依照其规定;法律、法规没有规定的,可以按照当地习惯。	【内容不变】第二百八十九条

理解与适用

本条对处理相邻关系的依据予以规定。强调依照"法律、法规",凸显了行政法规以及地方性法规的法源地位。因为需要用法律调整的相邻关系的种类随着社会经济的发展，其数量越来越多，且《民法典》物权编不可能对需要调整的相邻关系一一列举，只能作出原则性规定。而司法实践中，基于相邻关系发生的纠纷的种类很多，而人民法院又不得拒绝裁判，裁判的作出要求有明确的法律依据，故本条规定为司法裁判提供便利。

我国有些法律、法规对处理相邻关系作出了规定。例如，《建筑法》对施工现场相邻建筑物的安全、地下管线的安全，以及周围环境的安全都提出了要求。该法第39条第2款规定："施工现场对毗邻的建筑物、构筑物和特殊作业环境可能造成损害的，建筑施工企业应当采取安全防护措施。"第40条规定："建设单位应当向建筑施工企业提供与施工现场相关的地下管线资料，建筑施工企业应当采取措施加以保护。"第41条规定："建筑施工企业应当遵守有关环境保护和安全生产的法律、法规的规定，采取控制和处理施工现场的各种粉尘、废气、废水、固体废物以及噪声、振动对环境的污染和危害的措施。"

实务问题

在司法实践中，如若法律、法规均未作出规定时，也可以适用司法解释的相关规定。假如以上均未对相邻关系纠纷作出规定，法官可以依照当地习惯来处理相邻关系纠纷。应强调的是，主张该习惯之人应当对于习惯的内容承担举证责任。法官亦可以根据审理案件的需要，依职权进行调查。[①] 在现实生活当中，有关屋檐滴水、果实掉落、竹木根枝越界等相邻关系纠纷频繁发生。有学者主张，相邻一方在地界一带种植树木时，应当与地界线保持适当的距离。如若越界的树木危机邻人的不动产的安全和使用时，邻人可以行使消除危险请求权，造成损害时，可行使损害赔偿请求权。

（编写人：吴俊霖）

法律条文

第二百九十条　不动产权利人应当为相邻权利人用水、排水提供必要的便利。

对自然流水的利用，应当在不动产的相邻权利人之间合理分配。对自然流水的排放，应当尊重自然流向。

① 参见最高人民法院民法典贯彻实施工作领导小组主编：《中华人民共和国民法典物权编理解与适用》（上），人民法院出版社2020年版，第444页。

条文主旨

本条是关于用水、排水相邻关系的规定。

新旧法对比

《物权法》	《民法典》
第八十六条　不动产权利人应当为相邻权利人用水、排水提供必要的便利。 对自然流水的利用,应当在不动产的相邻权利人之间合理分配。对自然流水的排放,应当尊重自然流向。	【内容不变】第二百九十条

理解与适用

本条针对相邻用水、排水关系中出现的问题,作出了明确的规定,既有利于及时公正处理相邻用水、排水关系纠纷,保障居民生活用水,也有利于促进生产建设健康发展,维护社会和谐稳定。

1. 相邻用水关系

相邻用水关系,是指相邻权人依法引取定量之水、存蓄定量之水时,需要利用相邻地方的不动产时,相邻他方负有容忍义务甚至提供必要便利而形成的相邻关系。[①] 自然万物皆有其定律,正所谓世间所言"水往低处流"。不动产权利人行使权利时应尊重水的自然流向,对于水流的经过地,应坚持由高至低、由近至远的原则使用。如若擅自截流或独占,而影响他方正常的生产经营活动的,他方有权请求排除妨害,造成损失的有权请求赔偿损失。

2. 相邻排水关系

相邻排水关系,包括相邻自然排水关系和相邻人工排水关系。对于自然排水,低地所有人或使用人不得建立堤坝妨碍自然流水。如若低地堵塞时,低地所有人不负有疏通义务,关于必要疏通之工事,由高地的所有人或使用人负担。对于人工排水,原则上双方不互负容忍义务。屋檐滴水,性质上属于人工排水,因此建造房屋之时,不得使雨水注入邻人的不动产,不得以行使相邻权为由抗辩。

① 崔建远:《物权法》(第2版),中国人民大学出版社2011年版,第216页。

实务问题

在我国,处理相邻用水、排水纠纷,按性质可分为协商、调解、诉讼三种方式。关于对自然流水的使用问题,特别法有规定的,首先应当适用特别法的规定。

《水法》第57条规定:“单位之间、个人之间、单位与个人之间发生的水事纠纷,应当协商解决;当事人不愿协商或者协商不成的,可以申请县级以上地方人民政府或者其授权的部门调解,也可以直接向人民法院提起民事诉讼。县级以上地方人民政府或者其授权的部门调解不成的,当事人可以向人民法院提起民事诉讼。在水事纠纷解决前,当事人不得单方面改变现状。”

《水法》规定的水事纠纷包括因用水、排水引起的相邻关系纠纷和非相邻关系纠纷。以上三种解决纠纷的方式并行不悖,由当事人选择使用。相邻各方经协商或者调解达成的协议,只要符合自愿、合法的原则,具有合同效力。

(编写人:吴俊霖)

法律条文

第二百九十一条　不动产权利人对相邻权利人因通行等必须利用其土地的,应当提供必要的便利。

条文主旨

本条是关于相邻关系中通行权的规定。

新旧法对比

《物权法》	《民法典》
第八十七条　不动产权利人对相邻权利人因通行等必须利用其土地的,应当提供必要的便利。	【内容不变】第二百九十一条

理解与适用

不动产权利人原则上有权禁止他人进入其土地,但他人因通行等必须利用或进入其土地的,不动产权利人应当提供必要的便利。这些情形是:

(1)他人有通行权的。不动产权利人必须为相邻“袋地”的权利人提供通行便利。“袋地”是指土地被他人土地包围,与公路没有适宜的联络,致使不能正常使用的,土地权利人可以通行周围的土地以到达公路。但应选择损害最小的处所及方法通行,仍有损害的,应支付偿金。

袋地的形成如是因土地的分割或者一部的让与而致不通公路时,袋地的权利人只能通行受让人或者让与人的土地,而且无须支付补偿金。

(2)依当地习惯,许可他人进入其未设围障的土地刈取杂草,采集枯枝、枯干,采集野生植物,或放牧牲畜等。

(3)他人物品或者动物偶然失落于其土地时,应允许他人进入其土地取回。

本条所称的"通行",不仅指人的通行,还包括牲畜、机动车等设备的通行,但不包括地下污水管道的通行。因为地下管道的通行,是铺设管线形成的相邻关系,应由《民法典》第292条规制。

实务问题

实践中,如果不动产权利人应当提供必要便利而不提供的,相邻权人可以诉请法院予以支持。

例如在买卖合同中,买受人取得的只能是出卖人有处分权的标的物或权利。如果出卖人无权处分,即使买卖双方在合同中进行了约定,买受人也无法通过该买卖合同而取得相应的权属。出卖人出卖不动产时,其基于相邻关系而在他人不动产上有通行等权利不应成为转让标的。即使双方在买卖合同中对该通行权进行了所谓的约定,对第三人也不具有约束力。买受人享有的通行权权源基础同样是相邻关系,而并非买卖合同的约定。当客观情况发生变化,买受人不再符合相邻关系要件时,第三人可以拒绝买受人的通行要求,买受人无权以买卖合同中关于通行权的约定约束第三人。

(编写人:吴俊霖)

法律条文

第二百九十二条　不动产权利人因建造、修缮建筑物以及铺设电线、电缆、水管、暖气和燃气管线等必须利用相邻土地、建筑物的,该土地、建筑物的权利人应当提供必要的便利。

条文主旨

本条是关于利用相邻土地的规定。

新旧法对比

《物权法》	《民法典》
第八十八条　不动产权利人因建造、修缮建筑物以及铺设电线、电缆、水管、暖气和燃气管线等必须利用相邻土地、建筑物的，该土地、建筑物的权利人应当提供必要的便利。	【内容不变】第二百九十二条

理解与适用

本条规定的使用邻地包括两种情形。

1. 因建造、修缮建筑物而临时使用邻地

土地权利人因建造、修缮建筑物暂时而且有必要使用相邻的土地、建筑物的，相邻的土地、建筑物的权利人应当提供必要的便利。必须使用相邻土地建筑物是指，若不使用便无以完成建造或修缮建筑物之工作。若只是为了减少工作的时间或费用，则不能认为有使用的必要。要斟酌建造或修缮建筑物的规模、社会价值、紧急性、邻地之使用状况、所受到损害的性质与程度、有无其他办法等综合予以考虑。例如，甲要在自己的建设用地使用权范围内建筑自己的房屋，有必要将脚手架临时搭在相邻的乙的土地范围内，乙不能阻拦，而应提供必要的便利。同时，占用相邻土地进行施工应当按照约定的范围、期限、用途等使用，施工期满应当及时腾退场地，不能无正当理由长期占用，否则应当承担相应的民事责任。

2. 在邻地上安设管线

从建筑工程学角度上讲，土地权利人，非经过邻人的土地而不能安设电线、水管、煤气管等管线，而此等管线又为土地权利人所必需，该土地权利人有权通过邻人的土地安设，但应选择损害最小的处所及方法安设，仍有损害的，应支付偿金。

实务问题

因修缮房屋、建筑施工、铺设管线等引起的相邻关系有两个特点：

(1)“临时利用”，亦即利用相邻土地、建筑物的时间较为明确，因特定事由在特定时间利用，排除永久利用。与相邻通行权相比，后者不限定通行的期间。临时利用的时间通常为修建施工期间，施工结束应当立即撤出并恢复原状，不得无故拖延。

(2)“必须利用”,是指这种利用具有必要性与合法性,利用相邻权利人土地、建筑物的理由客观存在并且充分,修建施工按规定经过了行政审批。铺设电线、电缆、水管、暖气和燃气管线往往涉及社会公众利益,如果不利用相邻权利人的土地、建筑物,施工就无法正常开展,不仅可能造成一定的经济损失,而且可能严重影响企业生产和居民生活。相反,如果这种利用不是“必须”的,不动产权利人经过努力可以自己解决,相邻权利人可以拒绝向其提供便利。

人民法院审理此类相邻权纠纷时,应当根据案件中不同的利益做好价值判断和取舍,平衡好各类合法权益之间的关系。

在举证责任方面,因建造、修缮建筑物以及铺设电线、电缆、水管、暖气和燃气管线等必须利用相邻土地、建筑物的一方当事人,应当举证证明另一方须提供必要便利的基本事实。如果不能证明这种利用是必需的,应当承担损害赔偿的法律责任。

(编写人:吴俊霖)

法律条文

第二百九十三条　建造建筑物,不得违反国家有关工程建设标准,不得妨碍相邻建筑物的通风、采光和日照。

条文主旨

本条是关于通风、采光和日照的规定。

新旧法对比

《物权法》	《民法典》
第八十九条　建造建筑物,不得违反国家有关工程建设标准,妨碍相邻建筑物的通风、采光和日照。	第二百九十三条　建造建筑物,不得违反国家有关工程建设标准,不得妨碍相邻建筑物的通风、采光和日照。

理解与适用

土地的所有人或者利用人利用土地实现土地效益的最为通常的形式,是在土地之上建造建筑物。与不动产相邻关系的性质在于不动产权利的扩张或限制相一致，建筑物相邻关系的功能也在于协调相邻近建筑物之间的权利冲突，从而平衡相邻近建筑物所有人或者利用人之间的利益，促进土地和建筑物的有效利用，促进社会的和谐与安宁。

通风、采光和日照是衡量一个人居住质量的重要标准。随着城市化的发展，在现代都市，建筑物的通风、采光和日照问题日益成为社会关注的问题。由于城市土地价值的提升，导致建筑物之间的距离比过去小，高层建筑进一步普及，这些变化使得建筑物之间通风、采光和日照的矛盾越来越多，因此，《物权法》在《民法通则》规定的基础上，对通风、采光和日照的问题作进一步规定。本次《民法典》编纂仅作个别文字修改。

不动产相邻关系中最重要的就是通风、采光和日照的问题。妨碍日照、采光和通风的判断标准是受害人能够主张排除妨害和损害赔偿的必要条件。事实上，基于相邻关系制度的固有功能，相邻建筑物的所有人或利用人之间必须负有一定的容忍义务。易言之，只有在日照妨碍、采光妨碍和通风妨碍超出必要的容忍限度，受害人主张排除妨碍和损害赔偿才能够得到支持。

由于我国地域辽阔，各地经济发展很不平衡，所以在《民法典》物权编中很难规定具体的标准。又由于不同社会发展阶段对建设工程标准的要求也有所不同，因此不宜在《民法典》物权编中规定具体的标准。所以本条只是原则规定。

实务问题

根据本条的规定，我国建筑物相邻关系制度中，有关日照、通风、采光的妨碍行为的判断，系以国家有关工程建设标准的内容为基本判断标准。建造建筑物违反国家有关工程建设标准的，应当视为超出了社会一般人的容忍限度，受害人可以主张排除妨碍和损害赔偿。

反之，符合国家建设标准的，即使对邻近建筑的通风、采光和日照造成一定程度的妨碍，也应当视为未超出容忍限度，相邻建筑物的所有人或利用人负有容忍义务。而国家以行政规范这种公法性质的文件调整毗邻建筑物之间的权利义务关系，也体现了现代社会公法相邻关系与私法相邻关系交错的特征。

我国的一些相关建筑规范中，对于相邻建筑物之间的通风、日照和采光等作了规定，比较有代表性的如住房和城乡建设部发布的《城市居住区规划设计标准》，对城市居住区建筑物的间距、采光、日照等方面提出了基本要求，如该标准4.0.9条在对住宅建筑间距作出一般规定的同时，还对特定情况作出规定：第一，老年人居住建筑日照标准不应低于冬至日日照时数二小时；第二，在原设计建筑外增加任何设施不应使相邻住宅原有日照标准降低，既有住宅进行无障碍改造加装电梯除外;第三,旧区改建项目内新建住宅建筑日照标准不应低于大寒日日照时数一小时。该标准是判断日照妨碍是否超出容忍限度的重要依据。此外,一些地方政府也制定了该地区的相关规范,在不与国家规范相冲突的情况下,相关地方性规范可以作为判断是否构成日照妨碍的参考。

审判实践中,以国家有关建筑规范作为判断是否妨害相邻建筑物。该条为强制性条文,必须严格执行。通风、采光和日照的依据,是长期以来普遍遵循的方法。在不违反国家规范的前提下,建筑物所在地的地方性规范更贴近个案的具体情况,也是案件审理中的重要参考。在没有相关规定的情况下,应当结合当地习惯和各方的具体情况判断是否超出了必要的容忍限度。

(编写人:吴俊霖)

法律条文

第二百九十四条　不动产权利人不得违反国家规定弃置固体废物,排放大气污染物、水污染物、土壤污染物、噪声、光辐射、电磁辐射等有害物质。

条文主旨

本条是关于相邻不动产之间排放、施放污染物的规定。

新旧法对比

《物权法》	《民法典》
第九十条　不动产权利人不得违反国家规定弃置固体废物,排放大气污染物、水污染物、噪声、光、电磁波辐射等有害物质。	第二百九十四条　不动产权利人不得违反国家规定弃置固体废物,排放大气污染物、水污染物、**土壤污染物**、噪声、**光辐射、电磁辐射**等有害物质。

理解与适用

相邻环保关系是相邻关系中的重要关系,关系相邻各方的生活和生产安全。在现代社会,人们生活环境的质量日益受到社会的重视,各国政府都在加大环境保护的力度,其中重要的举措就是加强有关环境保护方面的立法。但是保护环境不能只靠《环境保护法》,在与环境有关的相邻关系,以及侵害环境的民事责任等方面，则是民法的重要任务。[①]

相邻关系中的容忍义务，即遭受来自相邻不动产的污染物侵害时，此种侵害如果是轻微的，或者按地方习惯认为不构成损害的，则应当容忍，不能阻止相邻不动产排放或施放污染物。但只要此种侵害超过了必要的限度或者可容忍的限度，就可以通过法律途径要求相邻不动产权利人停止侵害、消除危险、排除妨害，以及赔偿损失。这样规定的目的是维持相邻不动产之间的和睦关系，因为一个人不可能生活在真空里，来自相邻不动产的污染物的侵入是不可避免的，但这种侵害不能超过一个合理的度。

（1）大气污染物，主要包括燃煤的煤烟污染，废气、粉尘和恶臭污染，机动车船的尾气污染等。《大气污染防治法》第8条规定，国务院生态环境主管部门或者省、自治区、直辖市人民政府制定大气环境质量标准，应当以保障公众健康和保护生态环境为宗旨，与经济社会发展相适应，做到科学合理。第9条规定，国务院生态环境主管部门或者省、自治区、直辖市人民政府制定大气污染物排放标准，应当以大气环境质量标准和国家经济、技术条件为依据。第12条规定，大气环境质量标准、大气污染物排放标准的执行情况应当定期进行评估，根据评估结果对标准适时进行修订。

（2）水污染是我国环境保护中的一个突出问题。随着工业生产的增长和城市的发展，排向江河、湖泊的污水量不断增加，特别是未经处理的工业废水带有大量的有毒、有害污染物质，排放到自然水体，造成了水体污染，破坏了生态平衡。《水污染防治法》对防治水污染作了相关规定。

（3）固体废物污染防治工作面临着许多新的情况和问题，主要表现在以下几个方面：①固体废物产生量持续增长，工业固体废物每年增长7%，城市生活垃圾每年增长4%；②固体废物处置能力明显不足，导致工业固体废物（很多是危险废物）长年堆积，垃圾围城的状况十分严重；③固体废物处置标准不高，管理不严，不少工业固体废物仅仅做到简单堆放，城市生活垃圾无害化处置率仅达到20%左右；④农村固体废物污染问题日益突出，畜禽养殖业污染严重，大多数农村生活垃圾没有得到妥善处置；⑤废弃电器产品等新型废物不断增长，造成新的污染。《固体废物污染环境防治法》第14条规定，国务院生态环境主管部门应当会同国务院有关部门根据国家环境质量标准和国家经济、技术条件，制定固体废物鉴别标准。在相邻关系中，不动产权利人不得违反国家规定的标准，向相邻不动产倾倒、堆放、丢弃、遗撒固体废物。

---

① 黄薇主编：《中华人民共和国民法典物权编解读》，中国法制出版社2020年版，第303页。

(4)《环境保护法》第42条第1款规定,排放污染物的企业事业单位和其他生产经营者,应当采取措施,防治在生产建设或者其他活动中产生的废气、废水、废渣、医疗废物、粉尘、恶臭气体、放射性物质以及噪声、振动、光辐射、电磁辐射等对环境的污染和危害。

(5)在相邻关系中,不动产权利人向相邻不动产施放噪声是难免的,但是要控制施放噪声的分贝以及施放噪声的时间,不得影响相邻不动产权利人正常的生产、生活;随着城市化的发展,高层建筑的玻璃幕墙造成的光污染,以及霓虹灯等造成的光污染越来越多。解决此类纠纷,一是要求建筑单位在建筑物设计上要考虑相邻不动产可能遭受的损害,二是要给受损害的相邻不动产充分、合理的补偿。

(6)随着近代无线电技术的发展,电磁波污染日益受到社会的重视。《广播电视设施保护条例》第11条规定:"广播电视信号发射设施的建设,应当符合国家有关电磁波防护和卫生标准;在已有发射设施的场强区内,兴建机关、工厂、学校、商店、居民住宅等设施的,除应当遵守本条例有关规定外,还应当符合国家有关电磁波防护和卫生标准。"

实务问题

1. 判断构成相邻污染侵害的标准

(1)有弃置或者排放行为。依本条规定,不动产权利人须有弃置固体废物、排放大气污染物、水污染物、土壤污染物、噪声、光辐射、电磁辐射等有害物质的行为。其通常的表现形式是将废气、废水、废渣、粉尘、垃圾、放射性物质等有害物质和噪声、震动、恶臭、光波、电磁波排放或者传播到环境中,使相邻不动产权利人的生活环境受到一定程度的危害行为。

(2)排放行为违反国家规定。不动产权利人弃置固体废物或排放有害物质,不得违反国家规定。由于不可量物侵害与《环境保护法》调整的内容具有内在的关联性,这里的"国家规定"主要指国家有关环境保护方面的法律法规规章和规范性文件的规定,包括相关国家标准。是否违反国家规定,是判断不动产权利人排放或施放行为的合法性以及是否侵害他人相邻权的重要依据。

2. 明显超出容忍限度或者没有相关国家规定的,应当做好利益衡量

审判实践中,在判断是否构成相邻污染侵害时,标准不一致的情况较为突出,有的以是否超出国家规定为标准,有的适用环境侵权无过错归责原则。有观点认为,即使行为合法、排放达标,也仍有可能侵犯相邻关系,承担民事责任,这是相邻制度区别于环境管制的优点和特点,把相邻领域环境民事责任的承担简

化为“超标担责”,而未充分考虑管制标准在不同类型环境侵害中的意义差别,也容易在司法实践中产生“达标免责”的误导,不利于环境权益的充分保护。

本条虽然将排放行为“违反国家规定”作为相邻污染侵害的判断标准,但司法实践中仍应借鉴容忍限度理论,做好利益衡量。排污虽未超过国家规定,但根据习惯、经验或者常理推论明显超出一般人容忍限度,不予救济明显不合理的,从以人为本、优先保障生存权考虑,可以根据个案具体情况在利益衡量基础上判断是否构成相邻污染妨害。

在没有国家规定的领域,或者争议的行为不属于既存国家规定调整的对象等情形下,不动产权利人排放或者弃置有害物质的行为,仍然可能构成对相邻关系的侵害。此种情形下,虽然判断标准无法依据国家规定,但应当结合案件情况进行利益衡量,判断是否超出了容忍限度。具体而言,要对被侵害利益的种类、性质、被侵害程度、加害行为样态、受害方具体情况和加害方具体情况,并结合不动产利用的先后关系、污染者所从事行为的社会价值和必要性综合衡量,判断该排放行为是否超过了一个理性人能够忍受的范围和程度。

（编写人:吴俊霖）

法律条文

第二百九十五条　不动产权利人挖掘土地、建造建筑物、铺设管线以及安装设备等,不得危及相邻不动产的安全。

条文主旨

本条是关于维护相邻不动产安全的规定。

新旧法对比

《物权法》	《民法典》
第九十一条　不动产权利人挖掘土地、建造建筑物、铺设管线以及安装设备等,不得危及相邻不动产的安全。	【内容不变】第二百九十五条

理解与适用

不动产权利人有权在自己具有使用权的土地范围内进行工程建设,但是要

注意相邻不动产的安全,避免给相邻不动产造成不应有的损害。所谓“不得危及相邻不动产的安全”主要包括以下几个方面:

(1)在自己的土地上开挖地基时,要注意避免使相邻土地的地基发生动摇或有动摇之危险,致使相邻土地上的建筑物受到损害。

(2)在与相邻不动产的疆界线附近处埋设水管时,要预防土沙崩溃、水或污水渗漏到相邻不动产。

(3)不动产权利人在自己的土地范围内种植的竹木根枝伸延,危及另一方建筑物的安全和正常使用时,应当消除危险,恢复原状。

(4)不动产权利人在相邻土地上的建筑物有倒塌的危险从而危及自己土地及建筑物安全时,有权要求相邻不动产权利人消除危险。

《建筑法》对施工现场相邻建筑物的安全、地下管线的安全提出了明确要求。该法第39条第2款规定:“施工现场对毗邻的建筑物、构筑物和特殊作业环境可能造成损害的,建筑施工企业应当采取安全防护措施。”第40条规定:“建设单位应当向建筑施工企业提供与施工现场相关的地下管线资料,建筑施工企业应当采取措施加以保护。”

实务问题

通过检索已公开的裁判文书大数据发现,该法条被生效裁判文书引用多达4073次/件。从行业分类情况看,主要集中在房地产,建筑,电力、热力、燃气及水生产和供应,制造,租赁和商务服务等行业领域。从案由分类情况看,当前最主要的案由是民事,有4049件,其次是行政23件,执行1件。主要集中于物权纠纷中的物权保护纠纷和所有权纠纷中的相邻关系纠纷,其中占比最大的四级案由分别为排除妨害纠纷(616件)、财产损害赔偿纠纷(745件)、相邻损害防免关系纠纷(700件)。

“不得危及”,在司法实践中应当引起必要的重视,需要进行类型化分析。

(1)不动产权利人挖掘土地、建造建筑物、铺设管线以及安装设备等,使相邻不动产遭受现实的损害后果的,应赔偿其经济损失。

(2)不动产权利人挖掘土地、建造建筑物、铺设管线以及安装设备等,虽然尚未使相邻不动产遭受现实的损害,但是具有造成损害后果的现实紧迫的可能性,对此应当消除危险,不能等到损害后果形成后再去救济相邻不动产的权利。

(3)不动产权利人挖掘土地、建造建筑物、铺设管线以及安装设备等,既未对相邻不动产造成现实的损害后果,也未使相邻不动产陷入有可能发生损害后果的现实危险,而仅形成了发生损害结果的抽象可能性,对此不能认定相邻权人的行为危及相邻不动产的安全。之所以按照危及程度划分不同类型，并且针对不同类型给予适当的民事制裁，主要考虑了民法具有权利恢复法的性质，只有在对民事权利造成现实损害后果和现实紧迫危险时才能认为民事权利被危及。

举证责任方面，危及相邻不动产的安全，相邻不动产权利人负有举证责任，应举证证明已经形成客观的现实危险。已经造成损失要求赔偿损失的，还应证明具体的损害事实和范围。①

（编写人：吴俊霖）

法律条文

第二百九十六条　不动产权利人因用水、排水、通行、铺设管线等利用相邻不动产的，应当尽量避免对相邻的不动产权利人造成损害。

条文主旨

本条是关于在使用相邻不动产时避免造成损害的规定。

新旧法对比

《物权法》	《民法典》
第九十二条　不动产权利人因用水、排水、通行、铺设管线等利用相邻不动产的，应当尽量避免对相邻的不动产权利人造成损害；**造成损害的，应当给予赔偿**。	第二百九十六条　不动产权利人因用水、排水、通行、铺设管线等利用相邻不动产的，应当尽量避免对相邻的不动产权利人造成损害。

理解与适用

由该条可知，不动产权利人在行使相邻权的同时，负有尽量避免对被使用的相邻不动产的权利人造成损害的义务。没有造成损害的，相邻方应当容忍。②

利用相邻土地引水、排水可能无法避免给相邻土地的权利人造成损失，但应选择损害最小的处所或方法进行引水或者排水，仍有损害的情况下，要给予相邻土地的权利人以补偿。参照我国台湾地区“民法”的规定，关于用水、排水的补偿有以下几项：

① 参见孙宪忠、朱广新主编：《民法典评注物权编》，中国法制出版社2020年版，第319页。
② 参见杨立新：《中华人民共和国民法典条文要义》，中国法制出版社2020年版，第223页。

(1)高地所有人,因使浸水之地干涸,或排泄家用、农工业用之水,以至河渠或沟道,得使其水通过低地。但应择于低地损害最少之处所及方法为之。前项情形,高地所有人,对于低地所受之损害,应支付偿金(我国台湾地区"民法"第779条)。

(2)土地所有人,因使其土地之水通过,得使用高地或低地所有人所设之工作物。但应按其受益之程度,负担该工作物设置及保存之费用(我国台湾地区"民法"第780条)。

(3)水源地或井之所有人,对于他人因工事杜绝、减少或污秽其水者,得请求损害赔偿。如其水为饮用,或利用土地所必要者,并得请求恢复原状;但不能恢复原状者,不在此限(我国台湾地区"民法"第782条)。

(4)土地所有人因其家用或利用土地所必要,非以过巨之费用及劳力不能得水者,得支付偿金,对邻地所有人,请求给予有余之水(我国台湾地区"民法"第783条)。

利用相邻土地通行,一般都会对相邻土地的权利人造成损害,特别是在相邻土地上开路的情况下,损害是避免不了的,享有通行权的人必须给予补偿。

关于必须利用相邻不动产铺设管线的,应选择对相邻不动产损害最小之处所或方法进行,并按照损害的大小,给予补偿。我国台湾地区"民法"第786条规定:"土地所有人,非通过他人之土地,不能安设电线、水管、煤气管或其他筒管,或虽能安设而需费过巨者,得通过他人土地之上下而安设。但应择其损害最少之处所及方法为之,并应支付偿金。"

关于在自己的土地上进行建筑活动,而有必要临时使用相邻土地、建筑物,如有损害,应当对相邻土地、建筑物的权利人给予补偿。我国台湾地区"民法"第792条规定:"土地所有人,因邻地所有人在其疆界或近旁,营造或修缮建筑物或其他工作物有使用其土地之必要,应许邻地所有人使用其土地,但因而受损害者,得请求偿金。"

实务问题

此次《民法典》第296条并未完整沿用《物权法》第92条规定,"不动产权利人因用水、排水、通行、铺设管线等利用相邻不动产的,应当尽量避免对相邻的不动产权利人造成损害;造成损害的,应当给予赔偿"。原因在于,根据该条规定,在无法避免造成损害的情况下,要给予赔偿,这也是公平合理原则的体现。《民法典》编纂过程中,有的意见提出,造成损害的,应当给予赔偿,可以由《民法典》侵权责任编调整,无须在本条作出特别规定。经研究,2018年8月审议的《民法典》各分编草案删除了“造成损害的,应当给予赔偿”的规定,删除此规定,并非是造成损害无须赔偿,而是如果造成损害,可以依据《民法典》侵权责任编的规定请求损害赔偿。

(编写人:吴俊霖)

第八章 共 有

法律条文

第二百九十七条　不动产或者动产可以由两个以上组织、个人共有。共有包括按份共有和共同共有。

条文主旨

本条是关于共有概念和共有形式的规定。

新旧法对比

《物权法》	《民法典》
第九十三条　不动产或者动产可以由两个以上单位、个人共有。共有包括按份共有和共同共有。	第二百九十七条　不动产或者动产可以由两个以上组织、个人共有。共有包括按份共有和共同共有。

理解与适用

1. 共有的定义和特征

共有，是指两个以上的民事主体对同一物共同享有所有权。

共有有以下特征：(1)共有的主体为共有人，具有非单一性，由两个或两个以上的自然人、法人和非法人组织构成。(2)共有的客体为共有物，具有单一性，包括不动产和动产。(3)共有的内容，即共有人之间因共有同一物而形成的权利义务关系，包括共有物所有权和共有人内部权利义务关系。共有物的所有权具有单一性，虽然共有存在权利义务分割，但并非数个所有权并存。

2. 共有的形式

(1)按份共有指两个以上的民事主体，按各自的共有份额对共有物享有权利、承担义务的共有。

（2）共同共有是指两个以上的民事主体，基于某种共同关系，对共有物不分份额地共同享有权利、承担义务的共有。

（3）准共有是指两个以上的民事主体对所有权之外的他物权的共有。《民法典》第310条规定，两个以上组织、个人共同享有用益物权、担保物权的，参照适用本章的有关规定。

3. 共有产生的原因

（1）当事人约定共有。

（2）法律规定的共有，如夫妻共有、家庭共有、合伙共有。

实务问题

在实务中，要注意区分按份共有和共同共有。按份共有和共同共有在权利义务上存在明显差异，要实现共有目的，首先需要准确判断共有的性质。例如，重庆市万州区人民法院审理的姜某与姜某某共有物分割纠纷案[①]中，一审法院首先根据《物权法》第93条、第94条确认“原告姜某与被告姜某某通过继承（或接受赠予）方式取得案涉房屋的权利份额，双方属于按份共有关系，原告姜某目前享有四分之三的份额，被告某某目前享有四分之一的份额”。

当无法确认共有性质时，可以适用《民法典》第308条规定，共有人对共有的不动产或者动产没有约定为按份共有或者共同共有，或者约定不明确的，除共有人具有家庭关系等外，视为按份共有。

（编写人：刘　琦）

法律条文

第二百九十八条　按份共有人对共有的不动产或者动产按照其份额享有所有权。

条文主旨

本条是关于按份共有的规定。

① 重庆市万州区人民法院（2020）渝0101民初7355号。

新旧法对比

《物权法》	《民法典》
第九十四条　按份共有人对共有的不动产或者动产按照其份额享有所有权。	【内容不变】第二百九十八条

理解与适用

1. 按份共有定义

按份共有，是指两个以上的民事主体，按各自的共有份额对共有物享有权利、承担义务的共有。

2. 按份共有基本特征

(1)按份共有人基于各自对共有物享有的份额，确定权利义务的范围。

(2)按份共有的份额可以由共有人约定，没有约定或者约定不明确的，可依据《民法典》第309条的规定确定。

(3)按份共有的份额是针对同一所有权的抽象份额，按份共有人基于份额享有的权利义务及于共有物的全部，并非局限于共有物的某一个特定部分。

实务问题

在实务中，由于按份共有的权利义务范围受到份额限制，按份共有人行使共有权，需要依据《民法典》第300条、第301条、第302条的规定进行。

(编写人：刘　琦)

法律条文

第二百九十九条　共同共有人对共有的不动产或者动产共同享有所有权。

条文主旨

本条是关于共同共有的规定。

新旧法对比

《物权法》	《民法典》
第九十五条　共同共有人对共有的不动产或者动产共同享有所有权。	【内容不变】第二百九十九条

理解与适用

1. 共同共有定义

共同共有,是指两个以上的民事主体,基于某种共同关系,对共有物不分份额地共同享有权利、承担义务的共有。

2. 共同共有基本特征

(1)共同共有以共同关系存在为前提,依据共同关系而产生,如夫妻关系、家庭关系。

(2)共同共有关系存续期间,共有权不分份额。

(3)共同共有人平等地对共有物享有权利、承担义务。

3. 共同共有的形式

(1)夫妻共有。夫妻共有是最典型的共同共有,《民法典》第 1062 条规定,夫妻共同财产的范围:“夫妻在婚姻关系存续期间所得的下列财产,为夫妻的共同财产,归夫妻共同所有:(一)工资、奖金、劳务报酬;(二)生产、经营、投资的收益;(三)知识产权的收益;(四)继承或者受赠的财产,但是本法第一千零六十三条第三项规定的除外;(五)其他应当归共同所有的财产。夫妻对共同财产,有平等的处理权。”

(2)家庭共有。家庭共有是指家庭成员对于在家庭共同生活关系存续期间,共同创造、共同所得的财产的共有,家庭共有财产包括家庭成员共同劳动所得、家庭成员共同受赠的财产等。

要注意区分家庭共有财产和家庭财产。家庭共有财产以维持家庭成员共同生产或者共同生活为目的,家庭财产不仅包括家庭共有财产,还包括家庭成员个人财产,如夫妻个人财产、成年子女个人财产等。

(3)遗产分割前的共有。遗产继承发生后到遗产分割前,因尚未确定继承人的遗产继承份额,理论上遗产作为一个整体由全体继承人共同共有。《民法典》第 1151 条规定,存有遗产的人,应当妥善保管遗产,任何组织或者个人不得侵吞或者争抢。

实务问题

关于合伙的共有性质,理论上存在争议。《民法典》第 969 条第 2 款规定,“合伙合同终止前,合伙人不得请求分割合伙财产”,该规定具有共同共有的特征。《民法典》第 972 条规定,“合伙的利润分配和亏损分担,按照合伙合同的约定办理;合伙合同没有约定或者约定不明确的,由合伙人协商决定;协商不成的,由合伙人按照实缴出资比例分配、分担；无法确定出资比例的，由合伙人平均分配、分担”，该规定又具有按份共有的特征。因此，合伙财产属于共同共有还是按份共有，尚无定论。故在实务中，涉及合伙财产的使用规则，可以参照《民法典》中关于合伙合同的具体规定来处理。

（编写人：刘　琦）

法律条文

第三百条　共有人按照约定管理共有的不动产或者动产；没有约定或者约定不明确的，各共有人都有管理的权利和义务。

条文主旨

本条是关于共有物管理的规定。

新旧法对比

《物权法》	《民法典》
第九十六条　共有人按照约定管理共有的不动产或者动产；没有约定或者约定不明确的，各共有人都有管理的权利和义务。	【内容不变】第三百条

理解与适用

1. 共有物管理定义

共有物管理是指共有人对共有物进行的除处分和重大修缮之外的管理，该管理以维持共有物的现状为目的，一般包括保存、使用、简单修缮等。

（1）共有物的保存以维持共有物现状为目的，避免共有物损毁或灭失，例如对共有汽车的合理存放。

（2）共有物的使用应尽合理的注意义务，符合共有物的使用目的和用途。

（3）共有物的简单修缮是为了使共有物保持完好状态，例如对共有房屋破损门窗的维修。

2. 共有人对共同财产的管理可以分为约定管理和共同管理

（1）约定管理是指共有人依照约定对共有物进行保管、使用、简单修缮等，约定内容应包括管理范围、管理责任人、管理费用承担等内容。约定管理是管理共有物的基本原则。

(2)共同管理是指共有人对共有物管理没有约定或者约定不明确的,各共有人都有管理的权利和义务。

实务问题

本条并未规定共有人约定管理的具体方式和条件,在实务中,如共有人因管理共有物出现纠纷,可以参照《民法典》第301条的规定处理。

例如,在程某与姜某某、南京金尊餐饮管理有限公司房屋租赁合同纠纷一案[①]中,江苏省南京市中级人民法院认为"为促使共有房产得到利用,及时获取收益,孙某、顾某、陈某某三名共有人于2010年7月29日召开共有人会议,虽然程某未参加该会议,但并不因此影响《共有人决议》的效力。根据《物权法》第96条规定,共有人按照约定管理共有的不动产或者动产;没有约定或者约定不明确的,各共有人都有管理的权利和义务。虽然法律没有明确各共有人行使管理权利和履行管理义务的具体方式和条件,但结合该法第九十七条的规定来看,除另有约定外,经占份额三分之二以上的按份共有人同意即可确认管理行为的合法性,因为,在没有另行约定的情况下,作为对共有人的利益影响最大的处分共有财产的行为尚且只需三分之二以上按份共有人同意,那么,管理共有财产则更不必一定要经过全体按份共有人一致同意。否则,则不利于实现物权利益最大化,反而可能因此造成社会财富浪费,从根本上损害全体共有人的权益"。

(编写人:刘 琦)

法律条文

第三百零一条 处分共有的不动产或者动产以及对共有的不动产或者动产作重大修缮、变更性质或者用途的,应当经占份额三分之二以上的按份共有人或者全体共同共有人同意,但是共有人之间另有约定的除外。

条文主旨

本条是关于共有物处分、重大修缮、变更性质或者用途的规定。

① 江苏省南京市中级人民法院(2013)宁民再终字第48号。

新旧法对比

《物权法》	《民法典》
第九十七条　处分共有的不动产或者动产以及对共有的不动产或者动产作重大修缮的，应当经占份额三分之二以上的按份共有人或者全体共同共有人同意，但共有人之间另有约定的除外。	第三百零一条　处分共有的不动产或者动产以及对共有的不动产或者动产作**重大修缮、变更性质或者用途的**，应当经占份额三分之二以上的按份共有人或者全体共同共有人同意，但是共有人之间另有约定的除外。

理解与适用

1. 共有物的处分

共有物的处分，即消灭或转移共有物的所有权，可以分为事实上的处分和法律上的处分。①事实上的处分，如拆除、消耗、丢弃、销毁等。②法律上的处分，如转让、赠与、抵押、质押等。

2. 重大修缮

重大修缮亦称改良行为，指在不改变共有物性质的前提下，以提高共有物效用或者增加共有物价值为目的的修缮行为。与简单修缮相比，重大修缮所需费用更多、修缮周期更长，亦可能改变共有物的物理结构。

3. 本条新增“变更性质或者用途”的情形

变更共有物性质或者用途的，对共有人利益大影响重大，因此，按照处分和重大修缮的标准来对待变更性质或者用途的行为，可以更加全面、合理地维护共有人利益。

4. 本条区分按份共有和共同共有不同的处分原则

(1)按份共有采用“多数决”，处分共有的不动产或者动产以及对共有的不动产或者动产作重大修缮、变更性质或者用途的，应当经占份额2/3以上的按份共有人同意。

(2)共同共有采用“一致决”，处分共有的不动产或者动产以及对共有的不动产或者动产作重大修缮、变更性质或者用途的，应当经全体共同共有人同意。

(3)共有人之间另有约定的除外。

实务问题

房屋共有产权是普遍存在的房屋产权形式，在实务中，因房屋共有产权处分而引起的纠纷时有发生,下文列举几种房屋共有产权纠纷处理情形,以供参考。

(1)房屋登记权利人出卖共有房屋不符合《民法典》第301条关于共有物处分的规定或者当事人的另行约定,如果买受人是善意,且买卖合同约定的对价合理,但未办理房屋所有权变更登记手续的,其他共有权人请求确认房屋买卖合同无效的,人民法院不予支持。

(2)出卖人出卖登记在其名下的共有房屋不符合《民法典》第301条规定的条件或者共有人约定的条件,在房屋买卖合同有效的情况下,买受人请求履行房屋买卖合同,其他共有人不同意出卖该共有房屋,并表示不予协助办理该房屋权属变更登记手续的,人民法院应驳回买受人关于继续履行合同的诉讼请求。

(3)部分共有人出售共有房屋,其他共有人事后追认的,买卖合同有效。例如,肖某某与王某某、中国工商银行股份有限公司天津市分行、郑某房屋买卖合同纠纷案[①]中,天津市第一中级人民法院认为,“上诉人肖某某与被上诉人王某某签订的房屋买卖协议书是双方真实意思表示,虽然在签订买卖合同时,共有权人中国工商银行天津市分行职工住宅合作社的设立单位工商银行天津分行并不知情,但在得知双方进行房屋买卖后,对上诉人与被上诉人之间的房屋买卖合同不持异议,并愿意配合办理房屋交易的相关事宜,因此,上诉人与被上诉人之间的买卖合同不存在合同无效的情形,双方均应当按照合同的约定履行”。

(4)部分共有人出售共有房屋,其他共有人不予追认,房屋购买人可以善意取得。善意取得应满足以下条件:①受让人受让该不动产或者动产时是善意的;②以合理的价格转让;③转让的不动产或者动产依照法律规定应当登记的已经登记,不需要登记的已经交付给受让人。

(编写人:刘　琦)

法律条文

第三百零二条　共有人对共有物的管理费用以及其他负担,有约定的,按照其约定;没有约定或者约定不明确的,按份共有人按照其份额负担,共同共有人共同负担。

条文主旨

本条是关于承担共有物的管理费用及其他负担的规定。

① 天津市第一中级人民法院(2018)津01民终870号。

新旧法对比

《物权法》	《民法典》
第九十八条　对共有物的管理费用以及其他负担,有约定的,按照约定;没有约定或者约定不明确的,按份共有人按照其份额负担,共同共有人共同负担。	第三百零二条　**共有人**对共有物的管理费用以及其他负担,有约定的,按照**其**约定;没有约定或者约定不明确的,按份共有人按照其份额负担,共同共有人共同负担。

理解与适用

共有物的管理费用,是指对共有物的保存费用、对共有物作简单修缮或重大修缮所支出的费用,例如共有车辆的保养费用、共有房屋的装修费用等。

共有物的其他负担,是指税费、保险费、因共有物致害所产生的损害赔偿金、医疗费等各类负担。

共有物管理费用以及其他负担的分配原则:(1)对共有物的管理费用以及其他负担,有约定的,按照约定处理。(2)没有约定或者约定不明确的,按份共有人按照其份额负担,共同共有人共同负担。(3)在按份共有中,如果部分共有人支付了必要的管理费用或其他负担,超过其所应分担的份额,可以请求其他共有人按其各自应负担的份额偿还;共同共有不存在此种追偿情形。

实务问题

在实务中,应注意审查管理费用或其他负担发生的真实性、必要性及合理性。

(编写人:刘　琦)

法律条文

第三百零三条　共有人约定不得分割共有的不动产或者动产,以维持共有关系的,应当按照约定,但是共有人有重大理由需要分割的,可以请求分割;没有约定或者约定不明确的,按份共有人可以随时请求分割,共同共有人在共有的基础丧失或者有重大理由需要分割时可以请求分割。因分割造成其他共有人损害的,应当给予赔偿。

条文主旨

本条是关于共有财产分割原则的规定。

新旧法对比

《物权法》	《民法典》
第九十九条　共有人约定不得分割共有的不动产或者动产，以维持共有关系的，应当按照约定，但共有人有重大理由需要分割的，可以请求分割；没有约定或者约定不明确的，按份共有人可以随时请求分割，共同共有人在共有的基础丧失或者有重大理由需要分割时可以请求分割。因分割对其他共有人造成损害的，应当给予赔偿。	第三百零三条　共有人约定不得分割共有的不动产或者动产，以维持共有关系的，应当按照约定，但是共有人有重大理由需要分割的，可以请求分割；没有约定或者约定不明确的，按份共有人可以随时请求分割，共同共有人在共有的基础丧失或者有重大理由需要分割时可以请求分割。因分割**造成**其他共有人损害的，应当给予赔偿。

理解与适用

1. 共有财产分割原则

(1)约定分割原则。一是共有人可以约定是否能够分割共有财产。二是共有人约定不得分割的，如共有人有重大理由需要分割共有财产，可请求分割。重大理由主要是指维持必要的生活、医疗、教育等费用的支出。

(2)无约定或约定不明确的分割原则。一是在按份共有中，按份共有人可以随时请求分割。二是在共同共有中，当共有的基础丧失或者有重大理由需要分割时，共同共有人可以请求分割。共同共有的产生以共有关系存在为前提，当共有基础丧失、共有关系消失时，共有人可以请求分割共有财产，如离婚、家庭解体。重大理由主要是指维持必要的生活、医疗、教育等费用的支出。《民法典》第1066条规定，婚姻关系存续期间，有下列情形之一的，夫妻一方可以向人民法院请求分割共同财产：其一，一方有隐藏、转移、变卖、毁损、挥霍夫妻共同财产或者伪造夫妻共同债务等严重损害夫妻共同财产利益的行为；其二，一方负有法定扶养义务的人患重大疾病需要医治，另一方不同意支付相关医疗费用。

2. 共有财产分割的损害赔偿

如果分割共有财产造成其功能的削弱和丧失，导致共有财产价值降低，给其他共有人造成损害的，行使分割请求权的共有人，应当对其他共有人给予赔偿。

实务问题

《企业破产法规定(二)》第4条规定，“债务人对按份享有所有权的共有财产的相关份额，或者共同享有所有权的共有财产的相应财产权利，以及依法分割共有财产所得部分,人民法院均应认定为债务人财产。人民法院宣告债务人破产清算,属于共有财产分割的法定事由。人民法院裁定债务人重整或者和解的,共有财产的分割应当依据民法典第三百零三条的规定进行;基于重整或者和解的需要必须分割共有财产,管理人请求分割的,人民法院应予准许。因分割共有财产导致其他共有人损害产生的债务,其他共有人请求作为共益债务清偿的,人民法院应予支持"。

《民法典》并未规定共有物分割请求权是否适用诉讼时效,按照诉讼时效的制度目的来看,共有物分割请求权不应适用诉讼时效。①

（编写人:刘　琦）

法律条文

第三百零四条　共有人可以协商确定分割方式。达不成协议,共有的不动产或者动产可以分割且不会因分割减损价值的,应当对实物予以分割;难以分割或者因分割会减损价值的,应当对折价或者拍卖、变卖取得的价款予以分割。

共有人分割所得的不动产或者动产有瑕疵的,其他共有人应当分担损失。

条文主旨

本条是关于共有物分割方式的规定。

新旧法对比

《物权法》	《民法典》
第一百条　共有人可以协商确定分割方式。达不成协议,共有的不动产或者动产可以分割并且不会因分割减损价值的,应当对实物予以分割;难以分割或者因分割会减损价值的,应当对折价或者拍卖、变卖取得的价款予以分割。 共有人分割所得的不动产或者动产有瑕疵的,其他共有人应当分担损失。	第三百零四条　共有人可以协商确定分割方式。达不成协议,共有的不动产或者动产可以分割且不会因分割减损价值的,应当对实物予以分割;难以分割或者因分割会减损价值的,应当对折价或者拍卖、变卖取得的价款予以分割。 共有人分割所得的不动产或者动产有瑕疵的,其他共有人应当分担损失。

① 参见最高人民法院民法典贯彻实施工作领导小组主编:《中华人民共和国民法典物权编理解与适用》(上),人民法院出版社2020年版,第503页。

理解与适用

1. 分割方式

(1)协议分割:共有人可以协商确定分割方式,协议内容可以由共有人自行约定,并经全体共有人同意。

(2)裁判分割:共有人无法达成分割协议,可以提请法院裁判分割。裁判分割原则如下:①实物分割,共有物可以分割并且不会因分割减损价值的,应当对实物予以分割。②折价分割,如共有物难以分割或者因分割会减损价值的,共有人中的一人或数人愿意取得共有物的所有权,并向其他共有人作价赔偿。③变价分割,如共有物难以分割或者因分割会减损价值的,各共有人均不愿接受共有物的,将共有物拍卖或变卖,共有人就所得价款按比例进行分割。

2. 瑕疵担保责任

共有财产分割后,共有人因分得的财产有瑕疵而遭受损失的,其他共有人应当按各自所分得财产份额的比例进行补偿。共有财产瑕疵包括权利瑕疵和物的瑕疵。本款规定既适用于协议分割,也适用于裁判分割。

实务问题

1. 案情简介①

邸某与李某原系夫妻关系,双方于 1994 年 10 月 31 日登记结婚,婚后生育一女。婚姻存续期间,购买了位于北京市西城区右安门内西街×号院×号楼×层×房屋。后李某于 1997 年因家务琐事与邸某发生争执,携带女儿离家出走。邸某于 2001 年起诉至北京市宣武区人民法院要求离婚。北京市宣武区人民法院经审理,出具了(2001)宣民初字第 2444 号民事判决书,判决邸某与李某离婚。对于房屋产权分割问题,法院建议邸某另案起诉。至今,李某一直没有任何的音讯。诉争房屋系邸某与李某婚后购买,为二人的夫妻共同财产。

2. 法院认为

一审法院认为,"涉案房屋是原、被告之间按份共有的财产,其中原、被告各占有百分之五十的产权份额,且原、被告之间没有约定不得分割涉案房屋,各按份共有人可随时请求分割。因此,关于原告要求分割涉案房屋的诉讼请求,有事实及法律依据,本院予以支持。涉案房屋属于不动产,实物难以分割,因此应当对其折价款予以分割"。

(编写人:刘　琦)

① 北京市西城区人民法院(2018)京 0102 民初 31902 号。

法律条文

第三百零五条　按份共有人可以转让其享有的共有的不动产或者动产份额。其他共有人在同等条件下享有优先购买的权利。

条文主旨

本条是关于按份共有人优先购买权的规定。

新旧法对比

《物权法》	《民法典》
第一百零一条　按份共有人可以转让其享有的共有的不动产或者动产份额。其他共有人在同等条件下享有优先购买的权利。	【内容不变】第三百零五条

理解与适用

1. 按份共有份额的转让

(1)按份共有人在共有关系存续期间,有权转让其享有的共有不动产或者动产份额。按份共有人转让其享有的共有份额无须得到其他共有人同意,但不得因此损害其他共有人的利益。

(2)如共有人之间约定份额不得转让,从约定。但按份共有人有重大理由行使共有物分割请求权时,依照《民法典》第303条、第304条的规定处理。

2. 优先购买权

(1)本条规定按份共有人的优先购买权,其目的是维持已有共有关系的稳定,尽量降低因外部人员介入对共有关系产生的影响,有利于保护现有财产秩序,提高对共有物的利用效率。

(2)优先购买权的适用。一是按份共有人对外转让其份额时,其他共有人在同等条件下享有优先购买权。《民法典物权编解释(一)》第9条规定,共有份额的权利主体因继承、遗赠等原因发生变化时,其他按份共有人主张优先购买的,不予支持,但按份共有人之间另有约定的除外。二是同等条件是指其他共有人购买转让份额给出的价格或条件与购买该份额的非共有人给出的价格与条件相同。《民法典物权编解释(一)》第10条规定,《民法典》第305条所称的"同等条件",应当综合共有份额的转让价格、价款履行方式及期限等因素确定。三是按份共有人对内转让其份额时，其他共有人是否在同等条件下享有优先购买权，《民法典物权编解释(一)》第13条对此作出了规定，按份共有人之间转让共有份额，其他按份共有人主张依据《民法典》第305条规定优先购买的，不予支持，但按份共有人之间另有约定的除外。

实务问题

共有物被采取强制执行措施，按照通常理解，其他共有人在该等场合依然可以行使优先购买权。[①]

按份共有人转让其享有的共有份额无须得到其他共有人同意，但法律有特别规定的除外。例如，《城市房地产管理法》第38条第4款规定，共有房地产，未经其他共有人书面同意的，不得转让。

其他共有人在同等条件下享有优先购买权利的限制性规定：《民法典物权编解释(一)》第12条规定，按份共有人向共有人之外的人转让其份额，其他按份共有人根据法律、司法解释规定，请求按照同等条件优先购买该共有份额的，应予支持。其他按份共有人的请求具有下列情形之一的，不予支持：(1)未在本解释第11条规定的期间内主张优先购买，或者虽主张优先购买，但提出减少转让价款、增加转让人负担等实质性变更要求；(2)以其优先购买权受到侵害为由，仅请求撤销共有份额转让合同或者认定该合同无效。

（编写人：刘　琦）

法律条文

第三百零六条　按份共有人转让其享有的共有的不动产或者动产份额的，应当将转让条件及时通知其他共有人。其他共有人应当在合理期限内行使优先购买权。

两个以上其他共有人主张行使优先购买权的，协商确定各自的购买比例；协商不成的，按照转让时各自的共有份额比例行使优先购买权。

条文主旨

本条是关于按份共有人行使优先购买权的规定。

---

① 参见最高人民法院民法典贯彻实施工作领导小组主编：《中华人民共和国民法典物权编理解与适用》(上)，人民法院出版社2020年版，第507页。

新旧法对比

《物权法》	《民法典》
无	第三百零六条　按份共有人转让其享有的共有的不动产或者动产份额的,应当将转让条件及时通知其他共有人。其他共有人应当在合理期限内行使优先购买权。 两个以上其他共有人主张行使优先购买权的,协商确定各自的购买比例;协商不成的,按照转让时各自的共有份额比例行使优先购买权。

理解与适用

《物权法》第101条规定按份共有人的优先购买权,但该规定对于优先购买权的适用范围、同等条件的认定、优先购买权的行使期间等问题都缺乏具体规定。《民法典》第306条吸收了《物权法解释(一)》第9~14条的内容,明确按份共有人转让共有财产份额时其他共有人优先购买权的实现方式。

1. 按份共有人及时通知义务

按份共有人转让其享有的共有的不动产或者动产份额的,应当将转让条件及时通知其他共有人。通知的内容一般应该包括转让的价款、支付方式、期限等具体条件。

2. 其他共有人应当在合理期限内行使优先购买权

根据《民法典物权编解释(一)》第11条规定,优先购买权的行使期间,按份共有人之间有约定的,按照约定处理;没有约定或者约定不明的,按照下列情形确定:(1)转让人向其他按份共有人发出的包含同等条件内容的通知中载明行使期间的,以该期间为准;(2)通知中未载明行使期间,或者载明的期间短于通知送达之日起15日的,为15日;(3)转让人未通知的,为其他按份共有人知道或者应当知道最终确定的同等条件之日起15日;(4)转让人未通知,且无法确定其他按份共有人知道或者应当知道最终确定的同等条件的,为共有份额权属转移之日起6个月。

3. 两个以上其他共有人主张行使优先购买权的,处理方法如下

(1)主张行使优先购买权的其他共有人可以协商确定各自的购买比例。

(2)如果协商不成的,则应按照转让时各自的共有份额比例行使优先购买权。

实务问题

1. 对共有人优先购买权与承租人优先购买权竞合的处理

有学者认为,在共有人转让共有份额时,承租人无权行使优先购买权;在对共有物进行分割、共有物整体转移所有权的情况下,其他共有人有权行使优先购买权,承租人也有权行使优先购买权,当两者发生竞合时,前者应优先于后者。

最高人民法院民法典贯彻实施工作领导小组在《中华人民共和国民法典物权编理解与适用》(上)中的观点是:"共有人的优先购买权是基于共有的物权关系而产生,承租人的优先购买权是基于租赁的债权关系而产生。根据物权优于债权的原理,应该认为共有人的优先购买权优于承租人的优先购买权。"

2. 人民法院在执行程序中,如何保护其他共有人的优先购买权

参照《浙江省高级人民法院执行局关于执行共有财产若干疑难问题的解答》,"共有财产的处置过程中,其他共有人依法享有优先购买权。人民法院在拍卖、变卖前,应当以书面或可以确认知悉的方式,通知共有人,并发布公告。采取网络司法拍卖的,应按照最高人民法院《关于网络司法拍卖若干问题的规定》和我院《网络司法拍卖(变卖)工作规程(试行)》的相关规定对优先购买权进行确认,在公告中载明有优先购买权人的情况。其他共有人认为人民法院拍卖、变卖,以物抵债行为侵害其优先购买权的,人民法院可以按照最高人民法院《关于人民法院办理执行异议和复议案件若干问题的规定》第五条之规定进行审查"。

(编写人:刘　琦)

法律条文

第三百零七条　因共有的不动产或者动产产生的债权债务,在对外关系上,共有人享有连带债权、承担连带债务,但是法律另有规定或者第三人知道共有人不具有连带债权债务关系的除外;在共有人内部关系上,除共有人另有约定外,按份共有人按照份额享有债权、承担债务,共同共有人共同享有债权、承担债务。偿还债务超过自己应当承担份额的按份共有人,有权向其他共有人追偿。

条文主旨

本条是关于因共有财产产生的债权债务关系的效力的规定。

新旧法对比

《物权法》	《民法典》
第一百零二条　因共有的不动产或者动产产生的债权债务，在对外关系上，共有人享有连带债权、承担连带债务，但法律另有规定或者第三人知道共有人不具有连带债权债务关系的除外；在共有人内部关系上，除共有人另有约定外，按份共有人按照份额享有债权、承担债务，共同共有人共同享有债权、承担债务。偿还债务超过自己应当承担 份额的按份共有人，有权向其他共有人追偿。	第三百零七条　因共有的不动产或者动产产生的债权债务，在对外关系上，共有人享有连带债权、承担连带债务，**但是**法律另有规定或者第三人知道共有人不具有连带债权债务关系的除外；在共有人内部关系上，除共有人另有约定外，按份共有人按照份额享有债权、承担债务，共同共有人共同享有债权、承担债务。偿还债务超过自己应当承担份额的按份共有人，有权向其他共有人追偿。

理解与适用

1. 共有财产产生的债权债务关系的对外效力

（1）在对外关系上，并不区分按份共有和共同共有，因共有的不动产或者动产产生的债权债务，共有人均享有连带债权、承担连带债务。

共有人享有连带债权，即因共有的不动产或者动产产生的债权，任一共有人都可以主张债权；共有人承担连带债务，即因共有的不动产或者动产产生的债务，第三人可向任一共有人主张债权，此项规定有利于保护善意第三人的权利。

（2）法律另有规定或者第三人知道共有人不具有连带债权债务关系的除外。

2. 共有财产产生的债权债务关系的对内效力

（1）因共有的不动产或者动产产生的债权债务，共有人有约定，从约定。

（2）按份共有中，共有人无约定或约定不明，按份共有人按照份额享有债权、承担债务。

（3）共同共有中，共同共有人共同享有债权、承担债务。

3. 共有人追偿权

（1）按份共有中，当部分按份共有人对外承担的债务超出自己应当承担份额，有权向其他共有人追偿。

（2）共同共有中，因内部关系不分份额，所以承担债务不存在追偿的问题。

实务问题

《合伙企业法》因共有财产产生的债权债务关系的效力应当如何适用?

《合伙企业法》第38条规定,合伙企业对其债务,应先以其全部财产进行清偿。第39条规定,合伙企业不能清偿到期债务的,合伙人承担无限连带责任。第40条规定,合伙人由于承担无限连带责任,清偿数额超过本法第33条第1款规定的其亏损分担比例的,有权向其他合伙人追偿。

(编写人:刘　琦)

法律条文

第三百零八条　共有人对共有的不动产或者动产没有约定为按份共有或者共同共有,或者约定不明确的,除共有人具有家庭关系等外,视为按份共有。

条文主旨

本条是关于共有关系不明对共有关系性质推定的规定。

新旧法对比

《物权法》	《民法典》
第一百零三条　共有人对共有的不动产或者动产没有约定为按份共有或者共同共有,或者约定不明确的,除共有人具有家庭关系等外,视为按份共有。	【内容不变】第三百零八条

理解与适用

1.共有人之间可以约定共有的性质

《民法典》第1065条规定,男女双方可以约定婚姻关系存续期间所得的财产以及婚前财产归各自所有、共同所有或者部分各自所有、部分共同所有。约定应当采用书面形式。没有约定或者约定不明确的,适用本法第1062条、第1063条的规定。夫妻对婚姻关系存续期间所得的财产以及婚前财产的约定,对双方具有法律约束力。夫妻对婚姻关系存续期间所得的财产约定归各自所有,夫或者妻一方对外所负的债务,相对人知道该约定的,以夫或者妻一方的个人财产清偿。

2. 推定为按份共有的情形

共有人之间对共有性质没有约定或约定不明确，除共有人具有家庭关系等外，推定为按份共有。

实务问题

1. 案情简介①

本案系债权人袁某代位提起的析产诉讼。争议焦点为：陈某和詹某就涉案房屋享有的产权份额应当如何认定。涉案房屋系陈某、詹某于2006年共同购买，并登记在陈某和詹某名下，且并未约定为按份共有或者共同共有。

《物权法》第103条规定，共有人对共有的不动产或者动产没有约定为按份共有或者共同共有，或者约定不明确的，除共有人具有家庭关系等外，视为按份共有。第104条规定，按份共有人对共有的不动产或者动产享有的份额，没有约定或者约定不明确的，按照出资额确定；不能确定出资额的，视为等额享有。

2. 法院判决

因陈某、詹某原系男女朋友关系，陈某和詹某对涉案房屋应为按份共有。因双方对于涉案房屋享有的份额没有约定，故应当按照出资比例确定双方各对涉案房屋享有的份额。

（编写人：刘　琦）

法律条文

第三百零九条　按份共有人对共有的不动产或者动产享有的份额，没有约定或者约定不明确的，按照出资额确定；不能确定出资额的，视为等额享有。

条文主旨

本条是关于按份共有人份额不明的确定原则的规定。

① 江苏省南京市中级人民法院(2020)苏01民终4583号。

新旧法对比

《物权法》	《民法典》
第一百零四条　按份共有人对共有的不动产或者动产享有的份额,没有约定或者约定不明确的,按照出资额确定;不能确定出资额的,视为等额享有。	【内容不变】第三百零九条

理解与适用

按份共有人需按各自的共有份额对共有物享有权利和承担义务,如果份额不明,则不利于按份共有的权利行使,本条规定确立了当按份共有人份额不明时的确定原则。(1)意思自治原则,按份共有人可以对共有的不动产或者动产享有的份额进行约定。(2)出资确定原则,按份共有人对共有的不动产或者动产享有的份额约定或者约定不明确的,按照出资额确定份额。(3)等分原则,按份共有人对共有的不动产或者动产享有的份额约定或者约定不明确的,且不能确定出资额的,推定为等额享有份额。

实务问题

被执行人的房产存在共有情况,是否必须先经过诉讼明确共有份额才能执行?

1. 人民法院可查封、扣押、冻结的被执行人与其他人共有的财产,可以协议分割,也可以提起析产诉讼。

《最高人民法院关于人民法院民事执行中查封、扣押、冻结财产的规定》第14条规定,对被执行人与其他人共有的财产,人民法院可以查封、扣押、冻结,并及时通知共有人。共有人协议分割共有财产,并经债权人认可的,人民法院可以认定有效。查封、扣押、冻结的效力及于协议分割后被执行人享有份额内的财产;对其他共有人享有份额内的财产的查封、扣押、冻结,人民法院应当裁定予以解除。共有人提起析产诉讼或者申请执行人代位提起析产诉讼的,人民法院应当准许。诉讼期间中止对该财产的执行。

2. 执行法院在告知共有人有权协议分割共有财产或者提出析产诉讼后,共有人没有协议分割或者诉讼,则执行法院可以继续推进执行。

《广东高院关于执行案件法律适用疑难问题的解答意见(2016)》处理意见:“根据《最高人民法院关于人民法院民事执行中查封、扣押、冻结财产的规定》第十四条规定，共有人协议分割共有财产并经债权人认可的，人民法院可以认定有效；共有人提起财产诉讼或者申请执行人代位提起财产诉讼的，人民法院应当准许，诉讼期间中止对该财产的执行。因此，执行法院在告知共有人有权协议分割共有财产或者提出析产诉讼后，共有人没有协议分割或者诉讼，则执行法院可以继续推进执行，依照《中华人民共和国物权法》等法律规定并结合案件具体情况对共有份额进行强制分割”。

3. 执行法院对被执行共有财产份额进行强制分割，应依照《民法典》关于共有的法律规定进行。

（编写人：刘　琦）

法律条文

第三百一十条　两个以上组织、个人共同享有用益物权、担保物权的，参照适用本章的有关规定。

条文主旨

本条是关于用益物权和担保物权的准共有的规定。

新旧法对比

《物权法》	《民法典》
第一百零五条　两个以上单位、个人共同享有用益物权、担保物权的，参照本章规定。	第三百一十条　两个以上**组织**、个人共同享有用益物权、担保物权的，参照**适用**本章**的有关**规定。

理解与适用

共有制度并非专为所有权共有而设定，其他财产权亦可共有。“数人共有所有权以外之财产权，例如地上权、永佃权、地役权、典权、抵押权、耕作权等物权，渔业权、入渔权、水权等准物权，著作权、专利权等无体财产权，均可准用关于共有之规定。”①

本条对用益物权和担保物权的准共有作出了规定，当两个以上组织、个人共同享有用益物权、担保物权的，参照共有的规定处理。准共有的标的物是所有权

① 参见史尚宽：《物权法论》，中国政法大学出版社2000年版，第185页。

之外的其他财产权利，如果法律对其有特别规定，则应该首先适用法律特别规定。知识产权、股权不适用本条的规定。

实务问题

案例[①]：原告严某某、被告汪某某、被告荔民农资公司以及第三人浦发银行渭南分行均与本案所涉十五亩国有土地使用权具有利害关系，原告严某某作为利害关系人请求确认对其登记在被告荔民农资公司名下的十五亩国有土地使用权中的五亩享有用益物权，故本案应确定为共有（用益物权）确认纠纷。

《物权法》第105条规定，“两个以上单位、个人共同享有用益物权、担保物权的，参照本章规定”。原告严某某与被告汪某某基于土地合约取得涉案土地的用益物权，成立共有关系。因为原告严某某与被告汪某某分别以自己受让的国有土地出资款作为自己投资份额，共同以被告荔民农资公司的名义取得该涉案十五亩国有土地权，根据《物权法》第94条和第104条之规定，该共有关系应为按份共有关系。

（编写人：刘　琦）

① 陕西省渭南市中级人民法院（2017）陕05民终969号。

第九章　所有权取得的特别规定

法律条文

第三百一十一条　无权处分人将不动产或者动产转让给受让人的，所有权人有权追回；除法律另有规定外，符合下列情形的，受让人取得该不动产或者动产的所有权：

（一）受让人受让该不动产或者动产时是善意；

（二）以合理的价格转让；

（三）转让的不动产或者动产依照法律规定应当登记的已经登记，不需要登记的已经交付给受让人。

受让人依据前款规定取得不动产或者动产的所有权的，原所有权人有权向无处分权人请求损害赔偿。

当事人善意取得其他物权的，参照适用前两款规定。

条文主旨

本条是关于善意取得制度的规定。

善意取得制度，是指行为人无权处分他人的财产，若受让人在受让时是善意，则受让人有权取得该物所有权或他物权的制度，这是一项重要的民事法律制度。

善意取得的构成要件包括：一是受让人在受让不动产或动产时必须是善意，二是转让的价格合理，三是转让的不动产或动产依照法律该登记的已经登记，无须登记的已经交付给受让人。善意取得必须具备上述三个要件，缺一不可。

新旧法对比

《物权法》	《民法典》
第一百零六条　无处分权人将不动产或者动产转让给受让人的，所有权人有权追回；除法律另有规定外，符合下列情形的，受让人取得该不动产或者动产的所有权： （一）受让人受让该不动产或者动产时是善意的； （二）以合理的价格转让； （三）转让的不动产或者动产依照法律规定应当登记的已经登记，不需要登记的已经交付给受让人。 受让人依照前款规定取得不动产或者动产的所有权的，原所有权人有权向无处分权人请求赔偿损失。 当事人善意取得其他物权的，参照前两款规定。	第三百一十一条　无权处分人将不动产或者动产转让给受让人的，所有权人有权追回；除法律另有规定外，符合下列情形的，受让人取得该不动产或者动产的所有权： （一）受让人受让该不动产或者动产时是善意； （二）以合理的价格转让； （三）转让的不动产或者动产依照法律规定应当登记的已经登记，不需要登记的已经交付给受让人。 受让人依据前款规定取得不动产或者动产的所有权的，原所有权人有权向无处分权人请求**损害赔偿**。 当事人善意取得其他物权的，参照**适用**前两款规定。

理解与适用

本条由三款构成，第 1 款规定了所有权人有权追回被无权处分的动产或不动产和善意取得制度的构成要件、法律效果；第 2 款规定了所有权人对无权处分人享有损害赔偿请求权；第 3 款规定了其他无权参照适用善意取得制度。

善意取得既适用于动产，也适用于不动产，我国在《物权法》中明确承认不动产适用善意取得制度。

善意取得发生后，在原权利人[①]、无权处分人和受让人之间就产生了一系列法律后果，原权利人无权向受让人主张任何权利，无权处分人可以向受让人主张债权，原权利人可以根据不同情形要求无权处分人承担违约责任、侵权责任。

至于参照适用善意取得制度的其他物权，涉及物权的种类众多，比如抵押权的善意取得、质权的善意取得、留置权的善意取得、用益物权的善意取得等。

实务问题

善意取得制度是司法实践中的常见问题，也是一个老生常谈的问题，在具体

① 此处的原权利人包括原所有权人和原其他物权权利人。

适用中,可以重点从以下几个问题进行攻防。

1."善意"的认定标准

善意取得制度的首要条件就是善意,在处理该类纠纷时首先要判断受让人在受让时是否属于善意,如果属于,则构成善意取得,如果不属于,则不构成善意取得。

(1)善意的认定标准。根据《民法典物权编解释(一)》第14条的规定,善意必须是以受让人在受让时无重大过失为标准,如果原权利人能够证明受让人在受让时明知转让人无权处分,就不能认定为善意。

(2)无权处分的判断标准。善意的判断标准是受让人在受让时是否知道转让人无权处分,无权处分的判断标准根据受让的标的物不同而有所不同,具体如下:

一是无权处分不动产的判断标准。针对标的物为不动产的,根据《民法典物权编解释(一)》第15条的规定,受让人具有特定情形的,应认定其明知转让人无处分权,即不构成善意,具体情形包括:①登记簿上存在有效的异议登记;②预告登记有效期内,未经预告登记的权利人同意;③登记簿上已经记载司法机关或者行政机关依法裁定、决定查封或者以其他形式限制不动产权利的有关事项;④受让人知道登记簿上记载的权利主体错误;⑤受让人知道他人已经依法享有不动产物权。

二是无权处分动产的判断标准。针对标的物为动产的,根据《民法典物权编解释(一)》第16条的规定,交易的对象、场所或者时机等不符合交易习惯的,应当认定受让人具有重大过失,比如,在买卖车辆时,明知车辆被查封而买卖,或者明知转让人与登记的车主不一致而未采取其他核实工作而购买,属于有重大过失。

2."合理价格"的认定标准

合理价格是善意取得的又一个构成要件,在处理该类纠纷时也要判断转让时的价格是否合理。根据《民法典物权编解释(一)》第18条的规定,应当根据转让标的物的性质、数量以及付款方式等具体情况,参考转让时交易地市场价格以及交易习惯等因素综合认定。

在处理该类纠纷时,可以采取询价、评估等方式对当时的交易价格进行判断,确定一个参考价格,在此基础上与转让价格进行对比,来判断转让价格是否合理。因转让价格与参考价格不可能一致,这就涉及如何判断合理的问题,我们认为,可以参考《合同法解释(二)》第19条第2款的规定,转让价格达不到交易时参考价70%的,一般可以视为明显不合理的低价;对转让价格高于参考价

30%的，一般可以视为明显不合理的高价。

需要强调的是，不合理价格包括价格过低和价格过高两种情况，价格过低肯定不构成善意取得，这是没有争议的，但是，如果价格过高，同样属于不合理价格，这种情况下是否成立善意取得呢？我们认为，价格过高虽然属于不合理价格，但是，价格过高有价值判断因素，只要受让人能够合理解释价格过高的原意，不能否定他的善意，更适宜认定为构成善意取得。

3. 关于款项是否必须实际支付的问题

关于适用善意取得中价款是否必须实际支付的问题，最高人民法院倾向性观点认为，并非必须以实际支付价款为要件，合理价格转让包括“未支付对价”情形。而且受让人依约未支付价款，或者受让人违约未支付价款，均不妨碍善意取得的成立；“以合理的价格转让”也不限定为货币购买方式，交易只需有对价即可，如受让人可以以互易或出资形式支付对价，只要支付了相当于动产或不动产合理货币价值的对价，即构成“以合理的价格转让”。①

4. 股权可以类推适用善意取得制度

股权既不是动产，也不是不动产，能否适用善意取得制度呢？

最高人民法院认为，股权的善意取得并不能直接适用《物权法》第106条之规定。股权的变动与动产的交付公示及不动产的登记公示均有不同。根据《公司法》(2005)第32条第3款有关“公司应当将股东的姓名或者名称及其出资额向公司登记机关登记；登记事项发生变更的，应当办理变更登记。未经登记或者变更登记的，不得对抗第三人”之规定，股权在登记机关的登记具有公示公信的效力。在四川京龙建设集团有限公司等与深圳市合众万家房地产投资顾问有限公司等股权确认纠纷上诉案中，锦云公司及思珩公司的股权已变更登记在合众公司名下，华仁公司基于公司股权登记的公示方式而产生对合众公司合法持有锦云公司及思珩公司股权之信赖，符合《物权法》第106条所规定的维护善意第三人对权利公示之信赖，以保障交易秩序的稳定及安全之意旨。故该案可类推适用《物权法》第106条有关善意取得之规定。②

5. 转让合同的效力影响善意取得

转让合同的效力是否影响善意取得的成立呢？根据《民法典物权编解释(一)》第20条的规定，转让合同被认定无效或者被撤销的，不能成立善意取得。

---

① 参见杜万华主编、最高人民法院民事审判第一庭编著：《最高人民法院物权法司法解释(一)理解与适用》，人民法院出版社2016年版，第449~451页。

② 最高人民法院(2013)民二终字第29号。

因此，在处理该类案件时，可以从转让合同的效力入手，来判断是否成立善意取得。

6. 善意取得制度中的举证责任分配

在善意取得诉讼中，根据“谁主张，谁举证”的原则，原权利人主张受让人不构成善意取得，应当对此承担举证责任，但这绝不意味着受让人可以不举证，我们建议受让人要提供证据证明自己构成善意取得，不要一味地被动防守。

（编写人：王善忠）

法律条文

第三百一十二条　所有权人或者其他权利人有权追回遗失物。该遗失物通过转让被他人占有的，权利人有权向无处分权人请求损害赔偿，或者自知道或者应当知道受让人之日起二年内向受让人请求返还原物；但是，受让人通过拍卖或者向具有经营资格的经营者购得该遗失物的，权利人请求返还原物时应当支付受让人所付的费用。权利人向受让人支付所付费用后，有权向无处分权人追偿。

条文主旨

本条是关于遗失物善意取得的规定。

新旧法对比

《物权法》	《民法典》
第一百零七条　所有权人或者其他权利人有权追回遗失物。该遗失物通过转让被他人占有的，权利人有权向无处分权人请求损害赔偿，或者自知道或者应当知道受让人之日起二年内向受让人请求返还原物，但受让人通过拍卖或者向具有经营资格的经营者购得该遗失物的，权利人请求返还原物时应当支付受让人所付的费用。权利人向受让人支付所付费用后，有权向无处分权人追偿。	第三百一十二条　所有权人或者其他权利人有权追回遗失物。该遗失物通过转让被他人占有的，权利人有权向无处分权人请求损害赔偿，或者自知道或者应当知道受让人之日起二年内向受让人请求返还原物；但是，受让人通过拍卖或者向具有经营资格的经营者购得该遗失物的，权利人请求返还原物时应当支付受让人所付的费用。权利人向受让人支付所付费用后，有权向无处分权人追偿。

理解与适用

本条是《民法典》第 311 条的特别规定,即针对遗失物的善意取得问题单独作出规定,但是,构成善意取得的条件仍然应当按照第 311 条的规定。

遗失物的权利主体不限于所有权人,其他权利人可以行使该权利,比如质权人、留置权人、保管人、承租人等,只要能够合法占有遗失物,就可以行使追索遗失物的权利。

遗失物的追回有两种救济路径,一是要求无权处分人承担损害赔偿责任,二是要求受让人返还原物,但是有二年的期间限制。

需要特别强调的是,如果受让人是通过拍卖或者向具有经营资格的主体购得遗失物,权利人在要求返还原物时需要向受让人支付其所支出的购买费用,而不是无偿追回。

实务问题

针对遗失物的善意取得问题,在具体适用中,重点讨论下列问题:

1. 本条的二年期间不是诉讼时效

本条规定权利人应当自知道或者应当知道遗失物受让人之日起二年内主张权利,该两年是诉讼吗?我们认为,本条仅仅是关于权利行使期间的限制,是对遗失物善意取得的期间限制,而不是诉讼时效,如果超过二年再行使,不会得到法院支持,受让人成立善意取得,因此,权利人一定要在知道或者应当知道遗失物受让人之日起二年内行使权利。

2. 救济路径的选择

针对遗失物,权利人有两个救济路径,一是要求无处分权人赔偿损失,二是要求受让人返还原物,这两个请求权分别是损害赔偿请求权和返还原物请求权,二者是竞合关系,权利人只能选择一个,不能先采取一个,然后再采取另外一个。这就涉及权利人如何选择最好的救济路径,从而能够最大限度地维护自身利益。

在选择救济路径时,如果想选择返还原物,需要考虑原物是否存在、是否存在返还的可能性,如果不具备,则不建议选择这个救济路径。如果无处分权人没有赔偿能力,则不建议选择要求对方赔偿损失的救济路径。

3. 受让人不能留置遗失物

在受让人通过拍卖或者向具有经营资格的经营者购得该遗失物时,若权利人拒绝向受让人支付购买费用,受让人是否可以留置遗失物呢?我们认为,法律未赋予受让人留置权,受让人无权留置遗失物,但是,受让人可以申请法院保全遗失物,督促权利人履行支付购买费用的义务。

4. 遗失物善意取得的举证责任分配

在遗失物善意取得的诉讼中,权利人承担证明自己是遗失物权利人的责任。

如果受让人认为是通过拍卖或者向具有经营资格的经营者购买该遗失物并要求对方支付购买费用,其需要证明下列事项:第一,拍卖取得的证据,比如成交确认书;第二,经营者具备经营资格;第三,支付购买费用的证据。在上述证明事项中,经营者具备经营资格是一个不明确的事项,我们认为,需要证明经营者具有营业执照和经营资质。

(编写人:王善忠)

法律条文

第三百一十三条　善意受让人取得动产后,该动产上的原有权利消灭。但是,善意受让人在受让时知道或者应当知道该权利的除外。

条文主旨

本条是关于善意取得的动产上原有权利的消灭的规定。

新旧法对比

《物权法》	《民法典》
第一百零八条　善意受让人取得动产后,该动产上的原有权利消灭,但善意受让人在受让时知道或者应当知道该权利的除外。	第三百一十三条　善意受让人取得动产后,该动产上的原有权利消灭。但是,善意受让人在受让时知道或者应当知道该权利的除外。

理解与适用

《民法典》第311条规定善意取得成立后,发生所有权变动的法律效果,本条进一步规定动产善意取得后的权利负担问题。根据本条规定,动产善意取得后,原有的权利(比如抵押权、质权、留置权等)消灭,即只要构成善意取得,不仅发生所有权变动,还将导致原有权利的消灭。但是,如果受让人在受让时明知或应当知道动产上存在特定的权利,则不会导致权利消灭。

(编写人:王善忠)

法律条文

第三百一十四条　拾得遗失物，应当返还权利人。拾得人应当及时通知权利人领取，或者送交公安等有关部门。

条文主旨

本条是关于拾得遗失物应当返还权利人的规定。

拾得遗失物，是指发现且实际占有该遗失物。"遗失物"，是指非基于权利人的意志而暂时丧失占有的处于非隐藏状态的动产，其特征如下：第一，遗失物是有主财产，不能是无主财产，所以会产生返还给权利人的后果。第二，遗失物是由于权利人疏忽或过失而暂时丧失占有，不能是权利人有意抛弃。第三，遗失物必须是动产，且只能是具体的物，而不能是权利或不能被人实际控制的物。

新旧法对比

《物权法》	《民法典》
第一百零九条　拾得遗失物，应当返还权利人。拾得人应当及时通知权利人领取，或者送交公安等有关部门。	【内容不变】第三百一十四条

理解与适用

1. 拾得遗失物行为的性质

拾得遗失物属于事实行为，而非法律行为，即此种行为的生效不以行为人具有行为能力为要件，无民事行为能力人和限制民事行为能力人也可以成为拾得人。

2. 拾得遗失物的返还

我国采用遗失物之不能取得所有权主义，即国家以外的主体不会因拾得遗失物而取得其所有权。

实务问题

根据本条规定，遗失物应当返还给权利人，权利人在行使权利时需要注意以下几点。

1. 权利人行使权利的途径

根据本条规定，权利人发现遗失物被他人拾得后，可以直接向拾得人要求返还，若拾得人拒不返还，权利人可以选择通过民事诉讼要求拾得人返还，若拾得人故意损坏遗失物，且遗失物价值很大，权利人还可以采取刑事报案，追究拾得人的刑事责任。

2. 权利人可以选择的案由

拾得人与遗失人之间，可以形成原物返还请求权关系，也可以形成侵权责任关系。权利人可以采取的案由主要包括遗失物返还纠纷、财产损害赔偿纠纷、不当得利纠纷。

3. 管辖法院

遗失物涉及的遗失物返还纠纷、不当得利纠纷案件，适用一般地域管辖，由被告住所地或所在地法院管辖，需要注意的是，财产损害赔偿纠纷一般由造成遗失物毁损的侵权行为地或者被告住所地或所在地法院管辖。

4. 返还遗失物的举证责任分配

权利人要承担证明自己是权利人的举证责任，需要收集取得遗失物权利的证据，比如：购买记录、遗失前的使用记录等。

（编写人：王善忠）

法律条文

第三百一十五条　有关部门收到遗失物，知道权利人的，应当及时通知其领取；不知道的，应当及时发布招领公告。

条文主旨

本条是关于有关部门收到遗失物后通知或公告义务的规定。

新旧法对比

《物权法》	《民法典》
第一百一十条　有关部门收到遗失物，知道权利人的，应当及时通知其领取；不知道的，应当及时发布招领公告。	【内容不变】第三百一十五条

理解与适用

本条规定即延续该条的内容，具体规定了有关部门关于遗失物处理的法定义务，即有关部门在接收遗失物后，就成为遗失物的保管人和责任人，对遗失物负有相应的保管、通知和公告义务。如果遗失物的权属明晰，则有关部门应当直接通知权利人前来领取其遗失物；如果遗失物权属不明晰，或者不能直接通知到权利人时，有关部门应当及时发布招领公告，便于权利人在看到公告后前来领取其遗失物。

（编写人：王善忠）

法律条文

第三百一十六条　拾得人在遗失物送交有关部门前，有关部门在遗失物被领取前，应当妥善保管遗失物。因故意或者重大过失致使遗失物毁损、灭失的，应当承担民事责任。

条文主旨

本条是关于拾得人和有关部门对遗失物应尽保管义务的规定。若违反保管义务，因故意或者重大过失致使遗失物毁损、灭失的，责任主体应当承担相应的民事责任。

新旧法对比

《物权法》	《民法典》
第一百一十一条　拾得人在遗失物送交有关部门前，有关部门在遗失物被领取前，应当妥善保管遗失物。因故意或者重大过失致使遗失物毁损、灭失的，应当承担民事责任。	【内容不变】第三百一十六条

理解与适用

本条规定的立法精神与各大陆法系国家规定一致，即拾得人对遗失物应负有保管义务。

根据本条规定，针对遗失物的拾得，遗失人和拾得人、有关部门之间形成特定的民事权利义务关系。保管义务的主体，既包括拾得人，也包括接收遗失物的有关部门。

对于拾得人，保管义务的时间持续到将遗失物送交有关部门；对于有关部门，保管义务的时间则一直持续到遗失物被领取为止。

关于责任的承担，依据民法中的过错原则，有过错才承担民事责任，即拾得人与有关部门只有对遗失物毁损、灭失的结果具有故意或重大过失时，才应当承担民事责任。

实务问题

在认定权利人与拾得人或保管人的民事责任的纠纷中，实务中注意以下几个问题。

1. 可以选择的案由

拾得人、保管人对遗失物的保管不善导致遗失物损毁的，属于损害他人财产，权利人可以选择财产损害赔偿纠纷的案由。

2. 管辖法院

财产损害赔偿纠纷一般由造成遗失物毁损的侵权行为地或者被告住所地或所在地法院管辖。

3. 举证责任分配

权利人要证明拾得人或者保管人存在故意或者重大过失，从而导致遗失物毁损或灭失，这是权利人的举证责任，拾得人或者保管人不用承担证明不存在故意或者过失的举证责任，但是我们建议提供证据证明遗失物毁损或者灭失的真实原因，而不是消极被动的防守。

4. 遗失物损失额的界定要合理

首先，损失额按照遗失物被毁损、灭失时的价值计算，而不能按照遗失物购买时的价值计算。其次，当事人往往对损失额的认定有异议，在认定时应当参考当地的市场价格，必要时，可以请物价、市场监管部门予以鉴定或提供参考意见。在综合各方面情况后再作出合理认定。

（编写人：王善忠）

法律条文

第三百一十七条　权利人领取遗失物时，应当向拾得人或者有关部门支付保管遗失物等支出的必要费用。

权利人悬赏寻找遗失物的，领取遗失物时应当按照承诺履行义务。

拾得人侵占遗失物的，无权请求保管遗失物等支出的费用，也无权请求权利人按照承诺履行义务。

条文主旨

本条是关于遗失人应当支付保管费用、履行悬赏义务及免除上述义务特定条件的规定。

新旧法对比

《物权法》	《民法典》
第一百一十二条　权利人领取遗失物时，应当向拾得人或者有关部门支付保管遗失物等支出的必要费用。 权利人悬赏寻找遗失物的，领取遗失物时应当按照承诺履行义务。 拾得人侵占遗失物的，无权请求保管遗失物等支出的费用，也无权请求权利人按照承诺履行义务。	【内容不变】第三百一十七条

理解与适用

拾得人和有关部门在保管遗失物期间，为了维护遗失物的现状，可能会产生必要的保管费用，对于这类保管费用，应当由权利人承担，而不能由拾得人或者保管部门承担。需要强调的是，我国仅支持拾得人可以要求必要的保管费或者悬赏金，法律并未规定权利人支付额外的报酬，因此，拾得人或保管部门无权要求权利人支付报酬，但是，如果权利人自愿支付，拾得人可以接受，保管部门则不可以接受。

在实践中，有的权利人为了尽快找到遗失物，会发布悬赏广告，承诺给拾得人一定的报酬，该承诺具有法律效力，在领取遗失物时应当兑现。

虽然拾得人有权利要求权利人支付保管费用或者悬赏报酬，但是这种权利不是无条件的，而是有条件，即拾得人应当及时将遗失物返还给权利人，如果拾得人恶意占有遗失物，拒不返还，其此时已构成对权利人所有权的侵犯，法律将剥夺其请求保管遗失物必要费用和请求权利人履行悬赏义务的权利。

实务问题

根据本条规定，拾得人和保管部门可以要求权利人支付保管费用，拾得人可以要求权利人支付悬赏费用，若权利人拒不支付，拾得人可以通过民事诉讼的方式索要，在提起民事诉讼时，需要注意以下几个问题。

1. 可以选择的案由

针对索要保管费用的纠纷，属于遗失物返还时的保管费用支付纠纷，仍然可以适用遗失物返还纠纷这个案由。

针对索要悬赏费用的纠纷，可以选择悬赏广告纠纷这个案由。

2. 管辖法院

遗失物返还纠纷和悬赏广告纠纷案件，适用一般地域管辖，由被告住所地或所在地法院管辖。

3. 拾得人不能留置遗失物要求权利人支付悬赏金

在悬赏场合下，有的权利人在找到遗失物后反悔，不同意支付悬赏金，此时，拾得人能否留置遗失物直至权利人支付悬赏金呢？答案是否定的，我国法院并没有规定拾得人有留置权。但是，如果悬赏金额很大，拾得人担心胜诉后无法执行到位，该怎么救济呢？此时，可以申请法院对遗失物进行保全，从而避免胜诉后无法执行到位的情况。

（编写人：王善忠）

法律条文

第三百一十八条　遗失物自发布招领公告之日起一年内无人认领的，归国家所有。

条文主旨

本条是关于遗失物在发布招领公告后逾期不被领取时权利归属的规定。

新旧法对比

《物权法》	《民法典》
第一百一十三条　遗失物自发布招领公告之日起<u>六个月</u>内无人认领的，归国家所有。	第三百一十八条　遗失物自发布招领公告之日起<u>一年</u>内无人认领的，归国家所有。

理解与适用

1. 关于无人认领的遗失物的归属问题，学界主要有拾得人取得主义、公法人取得主义、拾得人不完全取得主义三种意见。从我国立法来看，我国采取公法人取得主义，即如果权利人在招领公告之日起 1 年内前来认领的，则遗失物重新归属于权利人。如果权利人自发布招领公告之日起满 1 年仍未认领，则遗失物归国家所有,且此属于所有权的原始取得。

2. 本条规定需与《民法典》第 315 条规定衔接适用,即发布招领公告的前提条件是不知道或无法联系到权利人,若在此前提条件下,有关部门未发布招领公告通知权利人领取,即便经过 1 年的认领期间,遗失物的所有权也不发生转移。

3. 本条中的 1 年属于除斥期间,并不发生中止、中断和延长的后果。

(编写人:王善忠)

法律条文

第三百一十九条　拾得漂流物、发现埋藏物或者隐藏物的,参照适用拾得遗失物的有关规定。法律另有规定的,依照其规定。

条文主旨

本条是关于拾得漂流物、发现埋藏物或者隐藏物的处理的规定。

新旧法对比

《物权法》	《民法典》
第一百一十四条　拾得漂流物、发现埋藏物或者隐藏物的,参照拾得遗失物的有关规定。文物保护法等法律另有规定的,依照其规定。	第三百一十九条　拾得漂流物、发现埋藏物或者隐藏物的,参照**适用**拾得遗失物的有关规定。**法律**另有规定的,依照其规定。

理解与适用

对于漂流物、埋藏物和隐藏物的权利归属,我国采取公有主义,或称国家取得所有权主义,即物品归国家所有。

由于遗失物、漂流物、埋藏物和隐藏物的概念在外延上同“文物”的概念存在交叉,因此,无论是遗失物,还是漂流物、埋藏物或隐藏物,只要构成“文物”,均优先适用《文物保护法》的规定。

(编写人:王善忠)

法律条文

第三百二十条　主物转让的,从物随主物转让,但是当事人另有约定的除外。

条文主旨

本条是关于主物与从物关系的规定。

新旧法对比

《物权法》	《民法典》
第一百一十五条　主物转让的，从物随主物转让，但当事人另有约定的除外。	第三百二十条　主物转让的，从物随主物转让，但是当事人另有约定的除外。

理解与适用

按照物与物之间的相互关系，可分为主物和从物。主物，一般是指由从物辅助的物。从物具有如下特点：一是从物不是主物的组成部分，从物理上可以分离。比如手机和充电器，充电器不是电脑的组成部分，二者在空间上可以分离。二是从物能够辅助主物发挥作用，比如电脑和鼠标，鼠标能够更便捷地操纵电脑。三是从物和主物有一定的空间场合的联系，从物为了辅助主物发挥作用，必须与主物在一定的空间产生联系，否则无法辅助主物发挥作用，比如空调和遥控器，二者必须同处于一个空间范围内，遥控器才能发挥从物的作用。四是从物和主物必须同属一人，只有这样，才能适用从物随主物转移所有权的规则。

实务问题

本条是任意性规范，允许当事人自行约定，比如对从物是否随主物转移和设定抵押的范围是否包括对从物作出约定，但是，一旦当事人未及时约定，则要适用本条的规定。

在最高人民法院民事判决书中，法院认为，因抵押合同当事人双方对抵押物在建项目金龙大厦中电梯的权属存在争议，且抵押合同中未对电梯部分作出特别约定，且在二审时仍未对电梯的产权作出确定。虽然电梯可以作为独立的权利客体存在，但作为建筑物重要组成部分的电梯，一旦与建筑物本身脱离，其将失去独立存在的意义。因此，原审法院将在建项目中的电梯部分认定为抵押物金龙大厦的从物是正确的。虽然在抵押设定时，电梯并未安装，但至今上诉人也没有证据证明该电梯的所有权属于另一个主体。因此，无论在抵押设定前后，除非当事人之间有特别约定，电梯应当视为抵押房产的组成部分之一，即大厦的从物。故本案抵押物的财产范围包括电梯部分。上诉人山东金龙关于金龙大厦中的电梯部分不属于抵押范围的上诉理由没有法律依据,应当予以驳回。①

上述案例提示我们,一定要根据需要对从物是否随主物一并转让作出明确的规定,避免利益受损。

(编写人:王善忠)

法律条文

第三百二十一条　天然孳息,由所有权人取得;既有所有权人又有用益物权人的,由用益物权人取得。当事人另有约定的,按照其约定。

法定孳息,当事人有约定的,按照约定取得;没有约定或者约定不明确的,按照交易习惯取得。

条文主旨

本条是关于天然孳息和法定孳息的归属的规定。

孳息是相对于原物而言的,是指由原物而产生的物,包括天然孳息与法定孳息。天然孳息是指依物的自然属性所产生的物。天然孳息的范围非常广,主要来源于种植业和养殖业,如耕作土地获得粮食和其他出产物,种植果树产生果实,包括竹木的枝根,养殖牲畜获得各种子畜和奶产品等。天然孳息是原物的出产物,一方面,人们占有、使用原物并对其进行生产劳动,其目的就是获得出产物、收获物,因此法律规定天然孳息的归属,实际上就是对劳动的保护;另一方面,日常生活中也常发生原物在脱离所有权人的情况下而产生孳息的情形,因此确定孳息的归属尤显必要。②

新旧法对比

《物权法》	《民法典》
第一百一十六条　天然孳息,由所有权人取得;既有所有权人又有用益物权人的,由用益物权人取得。当事人另有约定的,按照约定。	第三百二十一条　天然孳息,由所有权人取得;既有所有权人又有用益物权人的,由用益物权人取得。当事人另有约定的,按照<u>其</u>约定。

① 最高人民法院(2005)民二终字第73号。

② 参见胡康生主编:《中华人民共和国物权法释义》,法律出版社2007年版,第254~255页。

续表

《物权法》	《民法典》
法定孳息,当事人有约定的,按照约定取得;没有约定或者约定不明确的,按照交易习惯取得。	法定孳息,当事人有约定的,按照约定取得;没有约定或者约定不明确的,按照交易习惯取得。

理解与适用

本条包括两款,第1款是天然孳息的取得情况,第2款是法定孳息的取得情况。

天然孳息和法定孳息的取得规定均是任意规范,允许当事人自行约定,除另有约定外,天然孳息原则上由所有权人取得,但是,如果既有所有权人又有用益物权人,则由用益物权人取得;法定孳息则是按照交易习惯取得。

实务问题

在适用本条时,一定要区分"取得"和"收取","取得"是有权利收取并归其所有,而"收取"仅仅是有权利收,并不一定归其所有。比如根据《民法典》第412条、第430条和第452条的规定,抵押权人、质权人、留置权人都可以收取孳息,但是,收取的孳息必须用于清偿债务,而不是归收取人所有。

(编写人:王善忠)

法律条文

第三百二十二条　因加工、附合、混合而产生的物的归属,有约定的,按照约定;没有约定或者约定不明确的,依照法律规定;法律没有规定的,按照充分发挥物的效用以及保护无过错当事人的原则确定。因一方当事人的过错或者确定物的归属造成另一方当事人损害的,应当给予赔偿或者补偿。

条文主旨

本条是关于添附取得物归属的规定。

添附是加工、附合、混合三种方式在学理上的统称,添附物是因加工、附合、混合行为而产生的新的物,主要特征如下:一是两个物品的所有人并非一人或者加工他人物品;二是添附物不可分割或分割成本过高不宜分割;三是添附物只能归一人所有。

新旧法对比

《物权法》	《民法典》
无	第三百二十二条　因加工、附合、混合而产生的物的归属，有约定的，按照约定；没有约定或者约定不明确的，依照法律规定；法律没有规定的，按照充分发挥物的效用以及保护无过错当事人的原则确定。因一方当事人的过错或者确定物的归属造成另一方当事人损害的，应当给予赔偿或者补偿。

理解与适用

关于添附物的归属，首先尊重当事人的约定，如果没有约定或者约定不明确，则按照法律规定，如果没有法律规定，则按照充分发挥物的效用和保护无过错当事人的原则，由法官自由裁量。针对恶意添附的，不但无法获得添附物的所有权，还要面临承担损害赔偿的责任或者补偿责任。

实务问题

在争夺添附物所有权的案件中，可以从两个方面入手：一是证明添附物归己方所有才能充分发挥物的效用，二是证明对方对添附物的形成有过错，不能取得添附物所有权。但是，当充分发挥物的效用原则与保护无过错当事人原则冲突时，该如何选择？

比如，雕刻家在朋友家看到一葫芦，一时兴起，在葫芦上进行创作，雕刻完成的葫芦非常漂亮，雕刻家想要葫芦，但朋友不同意给，此时，该如何处理葫芦的所有权？

我们认为，对他人之物进行加工，应当归他人所有，不能因为进行了加工就能取得他人物品的所有权。但是，也有一种观点认为，如果加工后的物品价值显著高于物品的原有价值，可以由加工人取得加工物的所有权，但是，需要对物品原所有人进行补偿或者赔偿。

（编写人：王善忠）

第三分编 用 益 物 权

第十章 一 般 规 定

法律条文

第三百二十三条 用益物权人对他人所有的不动产或者动产,依法享有占有、使用和收益的权利。

条文主旨

本条是关于用益物权人享有的基本权利的规定。

新旧法对比

《物权法》	《民法典》
第一百一十七条 用益物权人对他人所有的不动产或者动产,依法享有占有、使用和收益的权利。	【内容不变】第三百二十三条

理解与适用

用益物权是权利人对不动产或者动产,依法享有占有、使用和收益的权利。用益物权是以对他人所有的物为使用、收益的目的而设立的,因而被称作"用益"物权。用益物权制度是物权法律制度中一项非常重要的制度,与所有权制度、担保物权制度等一同构成了物权制度的完整体系。

1. 用益物权制度的建立,对社会、经济发展有着重要意义

(1)促进资源的有效利用。随着社会、经济的发展,人们对物质尤其是对土地等资源的需求不断扩大,而土地等资源相对稀缺、不可替代。为了社会和经济

的持续发展，必然要提高对土地等资源的有效利用，充分发挥其效用。在对资源的利用过程中，通过建立对物的利用予以保障的机制，以实现资源有效、充分利用的目的，便成为物权尤其是用益物权法律制度的任务之一。用益物权法律制度，可以在不能取得土地等资源的所有权或不必取得他人之物的所有权时，使得用益物权人可以通过对他人所有之物的占有、使用而获得收益，同时为社会提供财富。而对于所有人，也可以通过设定用益物权，将其所有的土地等资源交由他人使用收益，由此所有人可以不必直接使用其所有物也能获得收益。所有权人和用益物权人都可取得相应利益，表明资源的使用价值得到了更为有效、充分的实现。对整个社会而言，社会的资源得到有效利用，社会的整体利益也就得到了最大限度的实现和满足。

（2）维护资源的有序利用。维护资源的有序利用，有以下四层含义：

第一，通过用益物权制度，确定所有权人与用益物权人之间的权利义务，以达到权利人之间的利益平衡。用益物权制度并非单纯为维护用益物权人的利益而建立的制度，而是在维护用益物权人权利的同时，兼顾所有权人利益的制度。所以说，用益物权制度是平衡用益物权人和所有权人之间利益保障的法律制度。

第二，用益物权制度所规定的所有权人与用益物权人之间的权利义务，是法定的权利义务，当事人不得随意变更。这样就避免了一方利用其社会或者经济上的优势地位，迫使对方放弃权利，或者无端地增加本不应由对方履行的义务。以此来保障双方权利义务关系的长久与稳定。

第三，用益物权一般需要通过登记的公示方法将土地等资源上的权利状态昭示社会。通过公示来保障用益物权人的权利不为他人所侵害，并保障交易的安全。同时，通过对用益物权的设立目的、土地等资源的用途等进行登记，防止用益物权人任意改变土地等资源的原有用途。

第四，用益物权制度赋予了权利人对土地等资源的占有、使用和收益的权利。同时，还要求权利人在行使权利时，应当承担保护和合理开发利用资源的义务。这对保护和合理开发利用土地等资源，促进社会经济的可持续发展有重要意义。

2. 用益物权的权利类型

用益物权的权利类型，在不同的国家有不同的制度安排，这主要是根据一国的政治、经济、历史和文化的不同背景而决定的。通常来说，以传统民法上的地上权、地役权和永佃权最具代表性。我国的用益物权制度，是根据我国的社会主义基本经济制度决定的。《民法典》物权编专章规定的用益物权种类有土地承包经营权、建设用地使用权、宅基地使用权、居住权和地役权。

实务问题

1. 案情简介[1]

刘某安宅基地上建造的自有房屋被法院查封，后饶某祥向查封法院提出执行异议，称该房屋是饶某祥数年前向刘某安购买，价款已支付，因宅基地使用证不能在房管部门办理转名手续，故饶某祥与两被告一起前往公证处办理了赠与公证，该房屋应属饶某祥所有，请求法院解除对该房屋的查封。经查确有双方签字的受赠书。而刘某安主张承诺将异议房屋给饶某祥使用的20年期限已满，且饶某祥未支付约定的全部对价。法院最终裁定驳回饶某祥的执行异议。此后饶某祥向法院起诉，请求判决：确认饶某祥对该房屋的用益物权合法有效。

2. 法院认为

饶某祥在本案中主张确认其依据受赠书取得了案涉房屋的用益物权且上述用益物权的取得符合法律规定，理据不充分，不予采纳。

3. 评析

该案焦点问题是在物权法定的原则下，确认之诉能否要求确认种类物权。用益物权是物权分类的一种，并非一项具体的物权，不同的用益物权所对应的权利义务内容并不完全相同，根据《民法典》第323条的规定，用益物权人对他人所有的不动产或者动产，依法享有占有、使用和收益的权利。该条是对用益物权人基本权利方面的规定。占有、使用和收益权是物权项下的部分权能，但占有、使用、收益权本身不能当然等同于物权，其权利来源也可能基于物权或者债权。本案中，无论饶某祥基于其所称的买卖合同关系，还是基于刘某安、钟某英所述的以支付价款换取房屋使用权的实质上的租赁合同关系，饶某祥仅能享有相应债权，而非物权。

（编写人：赵　楠）

法律条文

第三百二十四条　国家所有或者国家所有由集体使用以及法律规定属于集体所有的自然资源，组织、个人依法可以占有、使用和收益。

---

[1] 广东省越秀区人民法院（2014）穗越法民三初338号；广东省广州市中级人民法院（2016）粤01民终1534号。

条文主旨

本条是关于国有和集体所有的自然资源,组织和个人可以取得用益物权的规定。

新旧法对比

《物权法》	《民法典》
第一百一十八条　国家所有或者国家所有由集体使用以及法律规定属于集体所有的自然资源,单位、个人依法可以占有、使用和收益。	第三百二十四条　国家所有或者国家所有由集体使用以及法律规定属于集体所有的自然资源,**组织、**个人依法可以占有、使用和收益。

理解与适用

在我国,国家对土地等资源实行公有制,它是我国生产资料社会主义公有制的重要组成部分。《宪法》第10条第1款、第2款规定:"城市的土地属于国家所有。农村和城市郊区的土地,除由法律规定属于国家所有的以外,属于集体所有;宅基地和自留地、自留山,也属于集体所有。"根据《宪法》的规定,土地公有制有两种形式:一种是国家所有;另一种是集体所有。城市市区的土地属于国家所有即全民所有。随着社会主义建设事业的不断发展,城市作为政治、经济和文化的中心,在国家和社会生活中具有突出作用。城市中各种形式的用地十分重要和宝贵。因此,城市的土地属于国家所有。在农村和城市郊区,土地是从事农业生产的主要生产资料,是农村劳动群众集体所有制的重要物质基础。为了促进农村各项事业的发展,保障农村和城市郊区劳动者的合法权益,农村和城市郊区的土地除法律规定属于国家所有的以外,一律属于集体所有。宅基地和自留地、自留山,虽然由农民个人使用,但也属于农民集体所有。土地等自然资源的公有制,决定了组织、个人利用土地等资源,必然要在国家所有或者集体所有的土地等资源上取得用益物权。

物权制度具有较强的本土性,与一国的基本经济制度密切相关。用益物权制度也概莫能外。从国外的法律规定看,凡实行计划经济体制的国家,其《民法典》上没有物权法编,没有用益物权制度,仅规定所有权制度且非常简单。这是因为,实行计划经济体制的国家,一般运用行政手段组织经济运行。国有土地的使用关系采取无偿的划拨方式,作为国有土地所有者的国家将国有土地划拨给国有企业无偿使用。农村土地则由作为所有者的集体自己使用,农户在集体所有的土地上进行生产劳动,按劳取酬,不发生所有权与使用权的分离。无论是国有土地还是集体所有的土地的使用,都不采取设立用益物权的方式,因而不需要用益物权制度。实行市场经济体制的国家,其《民法典》上都有物权法编,都规定了完备的所有权制度和用益物权制度。建立较为完备的所有权、用益物权等物权制度,也是实行社会主义市场经济的基本法律保障。

《民法典》物权编上的用益物权,是不动产所有权与不动产使用权分离的法律形式。凡实行市场经济体制的国家,均有用益物权制度。但用益物权制度所发挥的作用及其意义,又因实行土地公有制或者土地私有制,而在一定程度上有所差别。在资本主义的市场经济国家,土地归私人所有,土地所有者自己使用土地,是土地使用关系的主要形式;土地所有者自己不使用而交给他人使用,是土地使用关系的次要形式。我国是在土地公有制基础上实行社会主义市场经济,城市土地归国家所有,农村土地归集体所有。作为土地所有者的国家自己不使用土地而交给各类企业等使用,是国有土地使用关系的主要形式;作为土地所有者的农民集体自己不使用土地而交给农户使用,是农村土地使用关系的主要形式。因此,用益物权制度,对于实行社会主义市场经济的我国所具有的意义和所发挥的作用,要远远超过对于实行资本主义市场经济的国家所具有的意义和所发挥的作用。

《民法典》物权编根据我国的基本经济制度,以及建立和完善社会主义市场经济体制的要求,在用益物权分编中设专章分别规定了土地承包经营权、建设用地使用权、宅基地使用权等用益物权。

土地承包经营权,是指权利人依法对农民集体所有和国家所有由农民集体使用的耕地、林地、草地等享有占有、使用和收益的权利,有权从事种植业、林业、畜牧业等农业生产。《民法典》物权编明确将农村土地承包经营权规定为用益物权,赋予了农民长期而有保障的土地使用权。本法对承包经营权人的基本权利、承包经营权的期限和期满后的继续承包、承包经营权的流转、承包地的调整和收回、承包地被征收的补偿等作了规定。

建设用地使用权,是指权利人依法对国家所有的土地享有占有、使用和收益的权利,有权利用该土地建造建筑物、构筑物及其附属设施。建设用地使用权是用益物权中的一项重要权利。建设用地使用权人通过出让或者划拨的方式取得对国家所有的土地使用和收益的权利,有权利用该土地建造建筑物、构筑物及其附属设施。本法对建设用地使用权的取得方式、分层设立建设用地使用权、建设用地使用权的转让和出资或者抵押、建设用地使用权期满后的续期等作了规定。

宅基地使用权,是指权利人依法对集体所有的土地享有占有和使用的权利,有权依法利用该土地建造住宅及其附属设施。本法对宅基地使用权的取得、行使和转让等作了原则性的规定。

实务问题

1. 案情简介[①]

吉林省云峰水库边境渔政管理站下发《关于许可吉林省某某农业休闲旅游有限公司在云峰水库发展农业渔业休闲旅游的批复》,许可某某公司在指定区域、水域内开展农业、渔业休闲旅游等综合开发事项。而张某某于当年春季在允许开发的地区范围内种植了15亩玉米。于是双方产生纠纷,诉至法院。

2. 法院认为

一审法院认为,该案系排除妨害纠纷,判决张某某停止对范围内水淹地的侵害,将水淹地上的种植物清除。二审法院认为,张某某在本案涉争区域范围内种植玉米,侵犯了某某公司的权利,某某公司主张张某某停止侵害、排除妨碍、恢复原状,应予支持,一审判决并无不当。

3. 评析

该案中,法院根据《物权法》第117条"用益物权人对他人所有的不动产或者动产,依法享有占有、使用和收益的权利",第118条"国家所有或者国家所有由集体使用以及法律规定属于集体所有的自然资源,单位、个人依法可以占有、使用和收益"的规定,认定当地管理部门将涉争区域许可由某某公司发展农业渔业休闲旅游,该行政许可行为合法有效,某某公司依法取得了云峰水库相关区域的用益物权,有权对其进行占有、使用和收益。被告张某某在该案涉争区域范围内种植玉米,侵犯了原告某某公司对云峰水库相关区域的用益物权,应当支持原告某某公司主张张某某停止侵害、排除妨碍、恢复原状的诉讼请求。

(编写人:赵　楠)

法律条文

第三百二十五条　国家实行自然资源有偿使用制度,但是法律另有规定的除外。

① 吉林省临江市人民法院(2017)吉0681民初427号;吉林省白山市中级人民法院(2018)吉06民终323号。

条文主旨

本条是关于我国自然资源使用制度的规定。

新旧法对比

《物权法》	《民法典》
第一百一十九条　国家实行自然资源有偿使用制度,但法律另有规定的除外。	第三百二十五条　国家实行自然资源有偿使用制度,但是法律另有规定的除外。

理解与适用

对他人所有的土地等不动产的使用和收益一直是世界各国用益物权制度的主要内容。随着社会经济的发展,土地资源、矿产资源、水资源等自然资源的使用和收益问题日益成为用益物权制度的重要课题。

土地等自然资源一方面是整个社会赖以存续的共同物质基础,具有社会性;另一方面又只能在具体的使用中实现价值,使用权属必须确定。在资本主义制度下,通过用益物权制度,所有权人之外的权利人也可以就土地等自然资源进行使用和分享收益,这在一定程度上克服了私有制的狭隘局限,有利于物尽其用。我国是社会主义公有制国家,自然资源主要归国家所有即全民所有。国家通过自然资源的有偿使用制度,适应社会主义市场经济发展的客观要求,为合理利用资源打下了基础。

我国的自然资源使用制度是建立在社会主义公有制基础上,适应社会主义市场经济发展的,按照土地管理法、矿产资源法、水法等法律以及国务院的有关规定,对自然资源实行有偿使用为原则、无偿使用为例外的制度。

1. 自然资源的有偿使用制度

自然资源有偿使用制度,是指国家以自然资源所有者和管理者的双重身份,为实现所有者权益,保障自然资源的可持续利用,向使用自然资源的组织和个人收取自然资源使用费的制度。目前,法律规定了土地资源、矿产资源、水资源等自然资源的有偿使用制度,例如,《土地管理法》第 2 条第 5 款规定:“国家依法实行国有土地有偿使用制度。但是,国家在法律规定的范围内划拨国有土地使用权的除外。”《矿产资源法》第 5 条规定:“国家实行探矿权、采矿权有偿取得的制度;但是,国家对探矿权、采矿权有偿取得的费用,可以根据不同情况规定予以减缴、免缴。具体办法和实施步骤由国务院规定。开采矿产资源,必须按照国家有关规定缴纳资源税和资源补偿费。”《水法》第 7 条规定:“国家对水资源依法实行取水许可制度和有偿使用制度。但是,农村集体经济组织及其成员使用本集体经济组织的水塘、水库中的水的除外。国务院水行政主管部门负责全国取水许可制度和水资源有偿使用制度的组织实施。"

之所以对于土地资源、矿产资源、水资源等自然资源实行有偿使用制度,是因为:首先,在社会主义公有制条件下,只有实行自然资源有偿使用制度,才能使自然资源所有权在经济上更充分地得到实现,从而真正保障社会主义公有制的主体地位。自然资源是巨大的社会财富,随着经济和社会的发展,其价值日益上升。只有收益归公有,才能充分体现自然资源的社会主义公有制。在自然资源使用制度改革前,国家曾长期以行政手段无偿提供土地资源、水资源等自然资源给企业、事业单位使用。本应归公有的大量资源收益留在使用者手中,国家缺乏调剂余缺的力量,难以实现自然资源在社会化生产中的优化配置,自然资源的公有制在很大程度上被虚化。通过改革,推行自然资源的有偿使用制度,国家代表全体人民掌握了自然资源的收益,就有了足够的财力进行宏观调控,组织社会生产。其次,在社会主义市场经济条件下,只有实行自然资源有偿使用制度,才能充分发挥市场对经济发展的积极作用。社会主义市场经济是一个包括了生产资料市场、消费品市场以及资金、劳动力、自然资源等生产要素使用权市场的完整体系。重要自然资源作为基本的生产要素,其使用权不进入市场流通,社会主义市场体系就不完善,难以充分发挥市场优化配置、公平竞争的作用。在过去的使用制度下,自然资源使用者既没有压力,也没有动力,多占少用,早占晚用,占优用劣、占而不用甚至乱占滥用,严重浪费了宝贵的自然资源。同时,占有资源较多且质量优越的企业,与占有较少、质量较差的企业实际上处于不平等竞争的地位。通过有偿、能流动的自然资源使用制度,将自然资源的使用权作为生产要素交由市场调节,才能合理配置自然资源,实现最大的资源利用效益。

2. 自然资源的无偿使用

《土地管理法》《水法》等法律同时规定了自然资源的无偿使用作为有偿使用基本原则的例外。例如,《土地管理法》第 2 条、《水法》第 7 条的例外条款。

之所以在自然资源使用制度改革后仍然保留无偿使用自然资源的例外情况,主要是因为:首先,通过划拨等方式无偿取得土地等自然资源的使用权的情况仍然有存在的必要性。一些公益事业、公共建设仍然需要有相应的扶持。其次,农村集体经济组织和农民已有的使用水资源等自然资源的权益应当得到维护,以避免增加农民负担。这也是促进农业和农村持续、稳定、健康发展,以及构建和谐社会所必需的。

无偿使用作为自然资源使用制度中的例外和补充,其适用范围和条件是受到严格限制的。以划拨取得土地使用权为例:《土地管理法》第54条,对划拨土地明确规定为四种情形。城市《房地产管理法》第40条,对划拨取得土地使用权的房地产的转让规定了限制条件。对自然资源的无偿使用必须严格遵守法律规定的范围和条件,发挥对自然资源有偿使用制度的有益补充作用。自然资源使用制度和用益物权制度的关系以有偿使用为基本原则,以无偿使用为例外和补充的自然资源使用制度是《民法典》物权编用益物权制度的重要基础。要准确把握自然资源使用制度和用益物权制度的关系还应当注意以下几点:

(1)自然资源使用制度与用益物权制度的基础是一致的。它们都建立在社会主义公有制基础上,并且服务于社会主义市场经济的发展。

(2)尽管自然资源使用制度和用益物权制度是相通的,但是它们各自属于不同的法律部门,有各自独特的领域。自然资源使用制度属于经济法的范畴,用益物权制度中除了与自然资源使用制度相关的权利,还有地役权这样独有的权利类型。自然资源使用制度和用益物权制度在各自的领域内,按照各自的内在规律发挥作用并且互相协调,才能全面调整相应的社会关系。

实务问题

1. 案情简介[①]

被告松阳县某某水电开发有限公司成立于2002年12月12日,从事水力发电、库区养殖,已向原告松阳县水利局申办了取水许可。自2009年开始,被告在本县取水从事水力发电,根据有关规定,水力发电用水按0.008元/千瓦时的标准征收水资源费。被告自动缴纳了2010年前的水资源费,但2011年1月至2012年12月期间总发电量5,978,943千瓦时折计应交水资源费47,831.6元未缴纳,原告曾于2013年3月26日书面通知被告按指定时间、地点缴纳该水资源费,但被告至起诉时未予缴纳,故诉求被告支付水资源费47,831.6元。

2. 法院判决

被告某某水电开发有限公司未依照法律规定履行缴纳相应的水资源费的义务,判决其于一个月内向松阳县水利局缴纳水资源费47,831.6元。

3. 评析

《民法典》第325条规定:"国家实行自然资源有偿使用制度,但是法律另有规定的除外。"根据该条规定,国家实行自然资源有偿使用制度,受许可使用国家

① 浙江省松阳县人民法院(2013)丽松民初357号。

资源的单位或个人应当按照有关规定支付对价。在该案中,被告某某水电开发有限公司向原告松阳县水利局申办了取水许可,且连续两年取水用于水力发电,但并未按照规定缴纳相应的水资源费,原告松阳县水利局有权依法要求某某水电开发有限公司依照法律规定履行缴纳相应的水资源费的义务。某某水电开发有限公司应当根据相关规定向原告支付水资源费。因此,法院根据《物权法》第119条规定,判令被告向原告支付水资源费。

(编写人:赵　楠)

法律条文

第三百二十六条　用益物权人行使权利,应当遵守法律有关保护和合理开发利用资源、保护生态环境的规定。所有权人不得干涉用益物权人行使权利。

条文主旨

本条是关于用益物权人应当保护和合理开发利用资源,以及所有权人不得干涉用益物权人行使权利的规定。

新旧法对比

《物权法》	《民法典》
第一百二十条　用益物权人行使权利,应当遵守法律有关保护和合理开发利用资源的规定。所有权人不得干涉用益物权人行使权利。	第三百二十六条　用益物权人行使权利,应当遵守法律有关保护和合理开发利用资源、**保护生态环境**的规定。所有权人不得干涉用益物权人行使权利。

理解与适用

本条分别从用益物权人和所有权人的角度,规定了以下内容:

1. 用益物权人行使权利,应当遵守法律有关保护和合理开发利用资源的规定。

用益物权是在他人所有的不动产或者动产上享有的占有、使用和收益的权利。在我国,多为在国家所有或者集体所有的土地上设立建设用地使用权、农村土地承包经营权和宅基地使用权,以及行使对国家所有的矿产资源、水资源等自然资源开发利用的权利。用益物权人在行使权利的同时,应当履行遵守法律有关保护和合理开发利用土地等资源的规定的义务。

土地、矿产、水资源等自然资源,具有不可再生性或者稀缺匮乏性。拿土地资源来说,土地是人类可利用的一切自然资源中最基本、最宝贵的资源,是人类最基本的生产资料。我国人多地少,特别是耕地少,是我国的基本国情。我国国土总面积约960万平方公里,居世界第三位。但人均占有国土面积不到世界人均占有量的1/3。而在我国国土总面积中,不能或者难以利用的沙漠、戈壁等又占去相当大一部分。我国目前的可耕地为18.4亿亩,人均1.4亩。耕地资源还存在几个突出的问题:(1)人均占有耕地的数量少;(2)耕地总体质量差,生产水平低,抗自然灾害的能力差;(3)耕地退化严重;(4)耕地后备资源匮乏。我国每年因各项建设占用以及自然灾害毁损等还在造成耕地不断减少,而我国的人口却还在不断增长。人增地减的趋势已经成为我国经济社会发展中的一个重大问题和严峻挑战。因此,十分珍惜、合理利用土地和切实保护土地特别是耕地,是我国的基本国策。合理开发土地,保护土地资源是促进社会经济可持续发展的基本要求。强化土地等资源的保护,保证对土地等资源的永续利用,是资源利用中一个特别重要的问题。因此,本条明确要求:用益物权人行使权利,应当遵守法律有关保护和合理开发利用资源的规定。

对保护和合理开发利用资源,我国相关法律都作出了明确规定。比如《土地管理法》规定,十分珍惜、合理利用土地和切实保护耕地是我国的基本国策。各级人民政府应当采取措施,全面规划,严格管理,保护、开发土地资源,制止非法占用土地的行为。使用土地的单位和个人必须严格按照土地利用总体规划确定的用途使用土地。国家保护耕地,严格控制耕地转为非耕地。非农业建设必须节约使用土地,可以利用荒地的,不得占用耕地;可以利用劣地的,不得占用好地。禁止占用耕地建窑、建坟或者擅自在耕地上建房、挖砂、采石、采矿、取土等。禁止占用永久基本农田发展林果业和挖塘养鱼。

又如《农村土地承包法》规定,农村土地承包经营应当遵守法律、法规,保护土地资源的合理开发和可持续利用。未经依法批准不得将承包地用于非农建设。国家鼓励增加对土地的投入,培肥地力,提高农业生产能力。承包人承担维持土地的农业用途,不得用于非农建设;依法保护和合理利用土地,不得给土地造成永久性损害的义务。

再如《矿产资源法》规定,国家保障矿产资源的合理开发利用。禁止任何组织或者个人用任何手段侵占或者破坏矿产资源。各级人民政府必须加强矿产资源的保护工作。开采矿产资源,必须采取合理的开采顺序、开采方法和选矿工艺。矿山企业的开采回采率、采矿贫化率和选矿回收率应当达到设计要求。在开采主要矿产的同时,对具有工业价值的共生和伴生矿产应当统一规划,综合开采,综合利用,防止浪费;对暂时不能综合开采或者必须同时采出而暂时还不能综合利用的矿产以及含有有用成分的尾矿,应当采取有效的保护措施,防止损失破坏。开采矿产资源,应当节约用地。耕地、草原、林地因采矿受到破坏的,矿山企业应当因地制宜地采取复垦利用、植树种草或者其他利用措施。

作为相关的用益物权人,在享有权利的同时,应当严格遵守有关法律,积极保护和合理开发利用自然资源。

2. 用益物权人行使权利,应当遵守保护生态环境的规定。

《民法典》第9条关于"民事主体从事民事活动,应当有利于节约资源、保护生态环境"的规定,确立了绿色原则。绿色原则与公平原则、诚信原则、权利义务一致等原则一样,从不同角度体现了社会化的要求,其要实现民事主体与生态环境之间的利益平衡,是《民法典》社会化一面的新表现和新动向。绿色原则确立了绿色发展理念、生态安全价值和生态伦理观。

用益物权人利用所有权人的财产进行收益,不得以牺牲资源、生态环境为代价从事生产开发,侵害社会公共利益。否则,将构成权利滥用,并应承担相应的责任。

生态环境具有不同于一般财产的特殊属性,是国民经济和社会发展的重要物质基础,是人类和自然界和谐相处的纽带,一旦破坏,难以修复或修复成本很高。生态环境的公共属性,决定了用益物权人一般不可能像对自己的财产那样从内心里珍惜爱护,因而从用益物权制度设计角度来讲,实行生态环境破坏有偿制度,用益物权人作为一个"经济人",会在从事生产开发获取利润和破坏生态环境而被追偿之间寻找平衡点,从而有利于生态环境的保护。

3. 所有权人不得干涉用益物权人行使权利。

所有权人不得干涉用益物权人行使权利,是由所有权与用益物权、所有权人与用益物权人之间的关系决定的。用益物权虽由所有权派生,但它是一项独立的物权,当事人依法取得用益物权后对所有人的不动产或动产享有占有、使用、收益和依法转让该用益物权的权利。用益物权具有直接支配性和排他性,可以依法直接行使权利,不受第三人的侵害和所有权人的干涉。比如,农村土地承包经营权人依法享有承包地使用、收益和土地承包经营权流转的权利,有权自主组织生产经营和处置产品。发包人应当尊重承包人的生产经营自主权,不得干涉承包人依法进行正常的生产经营活动。土地承包经营权流转的主体是承包人,承包人有权依法自主决定土地承包经营权是否流转和流转的方式。承包期内发包人不得调整承包地。因自然灾害严重毁损承包地等特殊情形,需要适当调整承包的耕地和草地的,应当依照《农村土地承包法》等法律规定办理。承包期内发包人不得收回承包地。《农村土地承包法》等法律另有规定的依照其规定。

所有权人不得干涉用益物权人行使权利,是用益物权人正常行使权利的基本保障。当然,如果用益物权人在行使权利时存在违背法律规定、未合理利用和保护资源等损害所有权人权益的行为,所有权人有权依法制止,并要求其赔偿损失。

实务问题

1. 案情简介①

无锡市某某景区管委会建设了无锡动植物园、欢乐园,该项目是无锡市重点生态环境工程和"为民办实事"项目,在该项目建设过程中无锡市某某景区管委会未经批准和办理相关手续改变了部分林地的用途,其中部分已缴纳罚款,部分已补全相关手续,部分尚没有立即补办相关手续的条件。民间环保组织中华环保联合会收到群众举报信后赶赴实地考察,后诉至法院。

2. 法院认为

无锡市某某景区管委会在开发过程中确实对环境造成了一定程度的损害,应当承担民事责任。判决无锡市某某景区管委会补全林地改变用途相关手续,完成部分地块复绿固土、异地补植工作,赔偿部分植被恢复费用并支付中华环保联合会为此案支出的必要的费用。

3. 评析

环境是人类社会持续协调发展的必要前提,生态环境保护是一项极为重要的工作。《民法典》第1229条规定:"因污染环境、破坏生态造成他人损害的,侵权人应当承担侵权责任。"《民法典》第326条规定:"用益物权人行使权利,应当遵守法律有关保护和合理开发利用资源、保护生态环境的规定。所有权人不得干涉用益物权人行使权利。"

该案是一起由非营利性组织提起的因建设单位实施建设工程时未经批准占用林地,改变林地用途对生态环境造成损害的生态环境损害公益诉讼。该案中,被告在开发无锡市动植物园、欢乐园过程中未遵守有关保护和合理开发资源的规定,破坏了自然环境,因此法院判令被告承担相应的法律责任是正确的。

(编写人:赵 楠)

---

① 江苏省无锡市滨湖区人民法院(2012)锡滨环民初2号。

法律条文

第三百二十七条　因不动产或者动产被征收、征用致使用益物权消灭或者影响用益物权行使的，用益物权人有权依据本法第二百四十三条、第二百四十五条的规定获得相应补偿。

条文主旨

本条是关于用益物权人因征收、征用有权获得补偿的规定。

新旧法对比

《物权法》	《民法典》
第一百二十一条　因不动产或者动产被征收、征用致使用益物权消灭或者影响用益物权行使的，用益物权人有权依照本法第四十二条、第四十四条的规定获得相应补偿。	第三百二十七条　因不动产或者动产被征收、征用致使用益物权消灭或者影响用益物权行使的，用益物权人有权依据本法第二百四十三条、第二百四十五条的规定获得相应补偿。

理解与适用

用益物权是当事人依照法律规定，对他人所有的不动产享有占有、使用和收益的权利。用益物权虽由所有权派生出来，但它是一项独立的物权。用益物权人是对他人所有的物享有占有、使用和收益的权利人，虽然不是物的所有权人，但也是具有独立物权地位的权利人。在他人的不动产或者动产被征收、征用，致使所有权消灭或者影响所有权行使的，应当依法给予所有权人补偿。同时，因他人的不动产或者动产被征收、征用致使用益物权消灭或者影响用益物权行使的，用益物权人也有权依法获得相应的补偿。

《宪法》第 10 条第 3 款规定："国家为了公共利益的需要，可以依照法律规定对土地实行征收或者征用并给予补偿。"这一规定表明征收和征用，应当遵循三个原则：(1)公共利益需要的原则。实施征收、征用，必须是出于公共利益的需要，这是征收、征用的前提条件。公共利益通常是指全体社会成员的共同利益和社会的整体利益。(2)依照法定程序的原则。征收、征用在一定程度上限制了他人的财产权。为了防止这种手段的滥用，平衡他人财产保护和公共利益需要的关系，征收、征用必须严格依照法律规定的程序进行。(3)依法给予补偿的原则。尽管征收和征用是为了公共利益需要，但都不能采取无偿剥夺的方式，必须依法给予补偿。补偿的方式应视财产的类别而加以区别对待。在征收过程中,征收的对象一般都是不动产,并且是所有权的改变,一般都要给予金钱补偿、相应的财产补偿或者其他形式的补偿。在征用过程中,如果是非消耗品,使用结束后,原物还存在的,应当返还原物,对于物的价值减少的部分要给予补偿;如果是消耗品,通常要给予金钱补偿。

征收主要是针对不动产,而不动产中又以征收集体所有的土地最具代表性,因此,对征收集体土地,如何对所有权人即农民集体和用益物权人即承包经营权人给予补偿,就显得尤为重要。

本法第 243 条第 2 款规定,征收集体所有的土地,应当依法及时足额支付土地补偿费、安置补助费以及农村村民住宅、其他地上附着物和青苗等的补偿费用,并安排被征地农民的社会保障费用,保障被征地农民的生活,维护被征地农民的合法权益。该款明确规定了要给予集体所有土地的用益物权人补偿。而具体补偿范围和标准,则要根据《土地管理法》的规定办理。在适用《土地管理法》第 48 条的规定时,应当把握以下几点:(1)征地补偿和安置补助的原则是征收土地时应当给予公平、合理的补偿,保障被征地农民原有生活水平不降低、长远生计有保障。征收土地后通过补偿和采取各项安置措施,要使被征地农民的生活水平达到征地前的生活水平。如果达不到,应当采取相应的措施,包括提高补偿标准。(2)征收土地应当依法及时足额支付土地补偿费、安置补助费以及农村村民住宅、其他地上附着物和青苗等的补偿费用,并安排被征地农民的社会保障费用。(3)征收农用地的土地补偿费、安置补助费标准由省、自治区、直辖市通过制定公布区片综合地价确定。制定区片综合地价应当综合考虑土地原用途、土地资源条件、土地产值、土地区位、土地供求关系、人口以及经济社会发展水平等因素,并至少每三年调整或者重新公布一次。(4)征收农用地以外的其他土地、地上附着物和青苗等的补偿标准,由省、自治区、直辖市制定。对其中的农村村民住宅,应当按照先补偿后搬迁、居住条件有改善的原则,尊重农村村民意愿,采取重新安排宅基地建房、提供安置房或者货币补偿等方式给予公平、合理的补偿,并对因征收造成的搬迁、临时安置等费用予以补偿,保障农村村民居住的权利和合法的住房财产权益。(5)县级以上地方人民政府应当将被征地农民纳入相应的养老等社会保障体系。被征地农民的社会保障费用主要用于符合条件的被征地农民的养老保险等社会保险缴费补贴。被征地农民社会保障费用的筹集、管理和使用办法,由省、自治区、直辖市制定。

本法第 245 条规定,因抢险救灾、疫情防控等紧急需要,依照法律规定的权限和程序可以征用组织、个人的不动产或者动产。被征用的不动产或者动产使用后,应当返还被征用人。组织、个人的不动产或者动产被征用或者征用后毁损、灭失的,应当给予补偿。根据这一规定,组织、个人的不动产或者动产被征用或者征用后毁损、灭失,致使用益物权消灭,或者影响用益物权行使的,应当对用益物权人给予补偿。

实务问题

1. 案情简介①

2012年,淳安县某某村村民委员会因乡教育旅游合体项目征用需要将原告吴某某种植的枇杷树、桃树等土地征收,征收的青苗补偿款为29,567元。钱款已于2013年下发至被告淳安县某某村村民委员会处,因该村的第四生产队被征地块的权属有争议,故被告一直未将该地块的青苗补偿费支付给吴某某。吴某某多次与村主任等村干部协商无果,故向法院提起诉讼,请求判令淳安县某某村村民委员会向其支付青苗补偿款29,567元。

2. 法院认为

因土地征用,使已种植的青苗未能收获,土地使用者有权要求给付经济补偿。原告吴某某的诉求合理,应当予以支持。

3. 评析

根据《民法典》第327条规定,因不动产或者动产被征收、征用致使用益物权消灭或者影响用益物权行使的,用益物权人有权依法获得相应补偿。在该案中,吴某某依法对其承包的土地享有占有、使用和收益的权利,土地于其承包经营期间被征用,土地的用益物权受到影响,致使种植的青苗未能收获,符合用益物被征收时有权获得补偿的规定。吴某某种有青苗的地块被征用,其要求持有该费用的被告支付青苗补偿费,诉请合理。因此,法院根据《物权法》第42条第2款"征收集体所有的土地,应当依法足额支付土地补偿费、安置补助费、地上附着物和青苗补偿费等费用,安排被征地农民的社会保障费用,保障被征地农民的生活,维护被征地农民的合法权益"的规定,对原告的主张予以支持。

(编写人:赵　楠)

① 浙江省淳安县人民法院(2019)浙0127民初493号。

法律条文

第三百二十八条　依法取得的海域使用权受法律保护。

条文主旨

本条是关于海域使用权的规定。

新旧法对比

《物权法》	《民法典》
第一百二十二条　依法取得的海域使用权受法律保护。	【内容不变】第三百二十八条

理解与适用

海洋被称为“蓝色国土”,在人类文明的发展史上起着重要的作用。根据本法第 247 条的规定,海域属于国家所有。国家是海域所有权的唯一主体。海域与土地具有相同的属性,随着海洋科学技术的发展,海域可以通过技术手段加以区分并进行排他性的使用,海域越来越成为被人类利用的重要资源。1993 年财政部和国家海洋局颁布的《国家海域使用管理暂行规定》第一次规定了海域使用权制度。此后,一些沿海省市也先后出台了有关海域使用权方面的地方性政府规章。2001 年我国颁布了《海域使用管理法》,从法律上确立了海域使用权制度。该法规定的海域是指我国内水、领海的水面、水体、海床和底土,范围从海岸线开始到领海外部界线为止。我国海域的面积达 38 万平方千米。

海域使用权是指组织或者个人依法取得对国家所有的特定海域排他性使用权。组织和个人使用海域,必须依法取得海域使用权。海域使用权取得的方式主要有三种:一是组织和个人向海洋行政主管部门申请;二是招标;三是拍卖。有关组织和个人使用海域的申请被批准或者通过招标、拍卖方式取得海域使用权后,海域使用权人应当办理登记手续。依照法律规定属于国务院批准用海的,由国务院海洋行政主管部门登记造册,向海域使用权人颁发海域使用权证书;属于地方人民政府批准用海的,由地方人民政府登记造册,向海域使用权人颁发海域使用权证书。根据使用海域不同的用途,海域使用权最高期限分别为:养殖用海 15 年;拆船用海 20 年;旅游、娱乐用海 25 年;盐业、矿业用海 30 年;公益事业用海 40 年;港口、修造船厂等建设工程用海 50 年。海域作为国家重要的自然资源实行有偿使用制度。组织和个人使用海域，应当按照国务院的规定缴纳海域使用金。为了切实保护养殖用海渔民的利益，目前海域主管部门在实际工作中对有争议的海域、海洋自然保护区、渔业资源保护区、传统赶海区等涉及公共利益的海域不进行招标和拍卖。同时，对于专业渔民使用海域从事养殖生产的，可以在规定的面积内减缴或者免缴海域使用金。海域使用权作为一项重要的财产权利，可以依法转让、继承。

《海域使用管理法》颁布后，海域使用权制度日趋完善。海域使用权制度在维护海域使用权人的合法权益，规范海洋开发利用秩序，促进海域的合理开发和海洋产业的健康发展等方面取得了良好的效果。海域使用权已成为与建设用地使用权等性质相同的用益物权。

在2007年《物权法》起草过程中，有人提出，海域使用权应与建设用地使用权等并列为用益物权，建议专章规定海域使用权，强化海域使用权的物权特点，增加海域使用权抵押以及设立海域使用权时优先考虑渔民利益等内容。《物权法》没有对海域使用权专章规定，主要是考虑到海域使用权是一个综合性的权利，包括利用海域从事建设工程、海水养殖、海底探矿采矿、旅游等多种活动。《物权法》有关用益物权的规定，是根据土地的不同用途产生的不同法律关系分别规定为土地承包经营权、建设用地使用权和宅基地使用权，没有综合规定为土地使用权。因此，如果将海域使用权专章规定，会造成物权法用益物权编体系的不平衡。所以，强化海域使用权的物权特点，弥补现行《海域使用管理法》不足的问题，还是应当留待修改《海域使用管理法》时一并解决。因此，本条只是对海域使用权作了原则性的规定，确立了海域使用权用益物权的属性，任何组织和个人使用海域必须依法取得海域使用权，依法取得的海域使用权受法律保护。根据特别法优先于普通法的原则，海域使用权首先应当适用《海域使用管理法》的规定；《海域使用管理法》没有规定的，适用《物权法》的有关规定。

实务问题

1. 案情简介[①]

2008年4月8日，原告王某远取得编号为3711×××009的海域使用权证书，证书载明宗海面积为35.11公顷，使用权终止日期为2018年4月8日，并载明该海域的四至。后原告将该海域临时性交付王某迎使用。现该海域由被告邵某连实际使用。原告提起本案诉讼要求被告返还涉案海域使用权。在本案审理过

① 青岛海事法院(2017)鲁72民初1415号；山东省高级人民法院(2018)鲁民终541号。

程中，被告邵某连辩称涉案海域系其从王某拾（王某迎之父）、王某瑞处受让取得。

2. 法院认为

一审法院认为被告邵某连使用涉案海域并无法律依据，其行为构成侵权。原告要求被告停止侵害，并将涉案海域交还原告使用，理由正当，应予支持。二审法院维持一审法院判决。

3. 评析

依据《民法典》第 328 条规定，依法取得的海域使用权受法律保护。本案中，原告王某远取得编号为 3711×××009 的海域使用权证书，即合法取得了涉案海域的使用权，对涉案海域享有占有、使用和收益的权利。虽然被告辩解称其从他人处受让取得涉案海域使用权，但由于原告是将该海域临时性交付王某迎使用。第三人王某拾（王某迎之父）并非合法的海域使用权人，故被告使用涉案海域并无法律依据，属于对原告海域使用权的侵权行为，应当承担侵犯物权的侵权法律责任。因此，法院根据《物权法》第 122 条之规定判决被告邵某连停止侵权并向原告返还涉案海域。

（编写人：赵 楠）

法律条文

第三百二十九条 依法取得的探矿权、采矿权、取水权和使用水域、滩涂从事养殖、捕捞的权利受法律保护。

条文主旨

本条是关于探矿权、采矿权，取水权、使用水域和滩涂从事养殖、捕捞权利的规定。

新旧法对比

《物权法》	《民法典》
第一百二十三条 依法取得的探矿权、采矿权、取水权和使用水域、滩涂从事养殖、捕捞的权利受法律保护。	【内容不变】第三百二十九条

理解与适用

我国对自然资源实行有偿使用制度。《矿产资源法》《水法》《渔业法》分别对组织和个人利用自然资源的权利作出了规定。探矿权、采矿权、取水权和从事养殖、捕捞的权利具有自身的特点,与一般的用益物权有所不同。用益物权一般是通过合同设立,探矿权、采矿权、取水权和从事养殖、捕捞的权利是经行政主管部门许可设立。考虑到探矿权、采矿权、取水权和从事养殖、捕捞的权利主要是对国家自然资源的利用,权利人取得这些权利后,即享有占有、使用和收益的权利,其权能与用益物权是一致的,同时也需要办理登记并进行公示,符合物权的公示的原则。因此,《物权法》对这些权利作了原则性、衔接性的规定。1986 年颁布的《矿产资源法》曾规定,"勘查矿产资源,必须依法登记。开采矿产资源,必须依法申请取得采矿权",但是在当时计划经济体制下,探矿权人、采矿权人是无偿取得探矿权和采矿权的。之后修改的《矿产资源法》规定国家实行探矿权、采矿权有偿使用的制度。根据《矿产资源法》的规定,勘查、开采矿产资源,必须依法分别申请、经批准取得探矿权、采矿权,并办理登记。《矿产资源法》第 5 条规定,国家实行探矿权、采矿权有偿取得的制度;但是,国家对探矿权、采矿权有偿取得的费用,可以根据不同情况予以减缴、免缴。具体办法和实施步骤由国务院规定。开采矿产资源,必须按照国家有关规定缴纳资源税和资源补偿费。

关于探矿权、采矿权的转让问题,1986 年颁布的《矿产资源法》曾明确规定,采矿权不得买卖、出租,不得用作抵押。买卖、出租采矿权或者将采矿权用作抵押的,没收违法所得,处以罚款,吊销采矿许可证。修改后的《矿产资源法》虽然仍规定禁止将探矿权、采矿权倒卖牟利,但是已经允许探矿权、采矿权进行有条件的转让,探矿权、采矿权的财产权的特征得到了进一步的明确。根据《矿产资源法》的规定,探矿权、采矿权的转让应当符合以下条件:第一,探矿权人有权在划定的勘查作业区内进行规定的勘查作业,有权优先取得勘查作业区内矿产资源的采矿权。探矿权人在完成规定的最低勘查投入后,经依法批准,可以将探矿权转让给他人。第二,已取得采矿权的矿山企业,因企业合并、分立,与他人合资、合作经营,或者因企业资产出售以及有其他变更企业资产产权的情形而需要变更采矿权主体的,经依法批准可以将采矿权转让给他人采矿。

1988 年颁布的《水法》对取水权作出了规定。当时主要是从资源配置和行政管理的角度规范取水权制度的。修改后的《水法》,进一步明确了国家对水资源实行有偿使用制度,并完善了取水许可制度。对水利用的方式主要有三种:第一,直接从江河、湖泊或者地下取用水资源的组织和个人,应当按照国家取水许可制度和水资源有偿使用制度的规定,向水行政主管部门或者流域管理机构申请领取取水许可证,并缴纳水资源费,取得取水权。第二,农村集体经济组织及其成员使用本集体经济组织的水塘、水库中的水的,不需要申请取水许可。第三,家庭生活和零星散养、圈养畜禽饮用等少量取水,不需要申请取水许可。国务院水行政主管部门负责全国取水许可制度和水资源有偿使用制度的组织实施。

申请取水权应当按照以下程序:在建设项目立项前,应当先提出取水许可预申请,经审批后才能立项。在建设项目经批准后,再提出取水许可申请。提取地下水的,在打水前应当提出取水许可预申请,然后根据抽水试验,批准取水权。取水权有优先顺序的规定。首先应当满足城乡居民生活用水,并兼顾农业、工业、生态环境用水以及航运等需要。在干旱和半干旱地区开发、利用水资源,应当充分考虑生态环境用水需要。取水许可证有效期限一般为5年,最长不超过10年。有效期届满,需要延续的,取水组织或者个人应当在有效期届满45日前向原审批机关提出申请,原审批机关应当在有效期届满前,作出是否延续的决定。目前我国法律对取水权能否转让未作规定。实践中,正对取水权转让的问题进行研究和探索。

我国《渔业法》对从事养殖和捕捞的权利作出了规定。根据《渔业法》的规定,国家对水域利用进行统一规划,确定可以用于养殖业的水域和滩涂。组织和个人使用国家规划确定用于养殖业的全民所有的水域、滩涂的,使用者应当向县级以上地方人民政府渔业行政主管部门提出申请,由本级人民政府核发养殖证,许可其使用该水域、滩涂从事养殖生产。核发养殖证的具体办法由国务院规定。

我国对于捕捞业实行捕捞许可证制度。渔业捕捞许可证是国家批准从事捕捞生产的证书。从事捕捞生产的组织和个人,必须向县级以上主管部门提出申请,取得渔业捕捞许可证后,方准进行作业。县级以上渔业行政主管部门,按不同作业水域、作业类型、捕捞品种和渔船马力大小,实行分级审批发放。捕捞许可证也有一定的期限,比如,内陆水域捕捞许可证的有效期限为5年。需要指出的是,本法规定的捕捞活动应当是发生在国家享有所有权的水域进行的,对于在公海、经济毗连区等我国不享有国家所有权的水域从事的捕捞行为,《渔业法》可以对此进行调整,但不属于本法调整的范畴。

从以上规定可以看到,《矿产资源法》《水法》《渔业法》等单行法律对相关的权利都作了较为全面的规定。但是,由于这些法律多是从行政管理的角度对权利进行规范的,这些权利的物权属性并不明确,财产权利的内容并不完善,更缺少对这些权利相应的民事救济措施。因此实践中也出现了一些侵犯权利人合法权益的行为,比如内水的传统捕捞区被改变用途后,从事捕捞的渔民无法得到相应的补偿和安置。所以,《民法典》物权编有必要作出衔接性的规定,明确这些权利受物权以及相关法律的保护。至于进一步完善这些权利的问题,可以通过修改相关法律加以解决。根据特别法优于普通法适用的原则,探矿权、采矿权、取水权,利用水域、滩涂从事养殖、捕捞的权利,应当首先适用《矿产资源法》《水法》《渔业法》等法律的规定;《矿产资源法》《水法》《渔业法》等法律没有规定的,适用本法的有关规定。

实务问题

1. 案情简介[①]

李某有取得当地人民政府批准、水产管理局登记并发放的为期 3 年的水域、滩涂养殖使用证后,在该承包水域养殖蟹苗。被告李某未经原告李某有允许在该水域横截渔网。为此,李某有诉至法院,请求判令李某立即拆除渔网、恢复原告水域养殖权、赔偿经济损失 8000 元并承担本案诉讼费用。

2. 法院认为

公民依法取得的使用水域从事养殖的权利受法律保护。被告李某侵害原告李某有的合法权益,依法应予拆除。对于原告要求被告赔偿其经济损失的诉讼请求,因原告未提供充分证据证明其具体损失数额,故法院不予支持。

3. 评析

从事养殖、捕捞的权利,是指自然人、法人或其他组织依法取得的在一定水域从事养殖或捕捞水生动植物的特许物权。《民法典》第 329 条规定:"依法取得的探矿权、采矿权、取水权和使用水域、滩涂从事养殖、捕捞的权利受法律保护。"该案中,原告李某有通过合法手续取得涉案水域的滩涂养殖使用证,即享有使用涉案水域、滩涂从事养殖、捕捞的权利,该权利具有排他性,其他人不得侵犯。被告李某未经原告李某有允许在该水域横截渔网,其行为侵犯了原告从事养殖、捕捞的权利,应当承担相应的侵权责任。因此,法院判令被告立即拆除渔网、恢复原告水域养殖权是正确的。

(编写人:赵　楠)

① 安徽省临泉县人民法院(2016)皖 1221 民初 2275 号。

第十一章　土地承包经营权

法律条文

第三百三十条　农村集体经济组织实行家庭承包经营为基础、统分结合的双层经营体制。

农民集体所有和国家所有由农民集体使用的耕地、林地、草地以及其他用于农业的土地，依法实行土地承包经营制度。

条文主旨

本条是关于农村集体经济组织实行家庭承包经营为基础、统分结合的双方经营体制的规定，明确依法实行土地承包经营制度。

新旧法对比

《物权法》	《民法典》
第一百二十四条　农村集体经济组织实行家庭承包经营为基础、统分结合的双层经营体制。 农民集体所有和国家所有由农民集体使用的耕地、林地、草地以及其他用于农业的土地，依法实行土地承包经营制度。	【内容不变】第三百三十条

理解与适用

根据《农村土地承包法》的规定，农村土地承包采取农村集体经济组织内部的家庭承包方式，不宜采取家庭承包方式的“四荒地”等农村土地，可以采取招标、拍卖、公开协商等方式承包。由此可见，农村土地承包经营制度包括两种承包方式，即家庭承包和以招标、拍卖、公开协商等方式的承包。家庭承包方式，是指以农村集体经济组织的每一个家庭全体成员为一个生产经营单位，作为承包人和发包人建立承包关系，承包耕地、林地、草地等用于农业的土地。双层经营包含了两个经营层次：一是家庭分散经营层次；二是集体统一经营层次。

土地是农业最基本的生产要素，又是农民最基本的生活保障，农村集体经济组织成员与土地的关系，是决定农业发展、农村稳定和农民富裕的最基本和最重要的问题。因此，以家庭承包经营为基础、统分结合的双层经营体制，赋予农民长期而有保障的土地使用权，维护农村土地承包当事人的合法权益，促进农业、农村经济发展和农村社会稳定。

本条第 2 款规定了依法实行土地承包经营制度的农业用地的范围。其中既包括农民集体所有的农业用地，也包括国家所有依法由农民集体使用的农业用地。本条“用于农业的土地”，主要有耕地、林地和草地，还有一些其他用于农业的土地，如荒山、荒丘、荒沟、荒滩等“四荒地”。上述这些用于农业的土地中数量最多，涉及面最广，与每一个农民利益最密切的是耕地、林地和草地，对此本法作了重点表述。其他农村土地如“四荒地”等包含在本条规定的“其他用于农业的土地”之中。

实务问题

本条在实际适用中，要充分结合党中央、国务院近几年关于承包地“三权分置”的改革政策。理解“落实集体所有权、稳定农户承包权、放活土地经营权”这一理念。在充分尊重农民真实意愿的基础上，合理有序促进农业市场化、集约化、组织化、规模化发展。

（编写人：代　赛）

法律条文

第三百三十一条　土地承包经营权人依法对其承包经营的耕地、林地、草地等享有占有、使用和收益的权利，有权从事种植业、林业、畜牧业等农业生产。

条文主旨

本条是关于土地承包经营权人享有的基本权利的规定。

新旧法对比

《物权法》	《民法典》
第一百二十五条　土地承包经营权人依法对其承包经营的耕地、林地、草地等享有占有、使用和收益的权利,有权从事种植业、林业、畜牧业等农业生产。	【内容不变】第三百三十一条

理解与适用

土地承包经营权属于用益物权,是农户或经济组织在集体所有或者国家所有由农民集体使用的土地上依照土地承包合同的约定进行农业经营活动的权利。土地承包经营权作为用益物权,如果土地承包经营权受到发包方或者第三人的侵害,土地承包经营权人有权行使物上请求权。

土地承包经营权的主体可以根据家庭承包和其他方式的承包两种不同的承包方式,分为两类:第一,家庭承包的土地承包经营权主体。家庭承包的土地承包经营权人必须是从事农业生产的个人或“农户”(家庭),并且是承包地所属的村集体经济组织的成员。第二,以其他方式承包的土地承包经营权主体。通过招标、拍卖、公开协商等方式承包荒地等农村土地的,承包方可以是本集体经济组织以外的单位或者个人。

土地承包经营权人享有的基本权利有:占有、使用、收益三种权利。除此之外,承包经营权人还享有如下权利:第一,较长的承包期及承包期满后可以继续承包;第二,依法享有土地承包经营权流转的权利;第三,承包期内,发包人不得收回承包地,国家保护进城农户的土地承包经营权。不得以退出土地承包经营权作为农户进城落户的条件;第四,承包期内,发包人不得调整承包地;第五,承包地被征收的,土地承包经营权人有权依照法律规定获得相应补偿。

实务问题

土地承包经营权作为用益物权与所有权一样具有物上请求权,该项权能较债权请求权能更有效地保护土地承包经营权人的利益。土地承包经营权人享有自主将土地承包经营权流转的权利基础,任何人不得强迫或者阻碍。一旦土地承包经营权人对土地的占有、使用、收益和有限处分权利被妨害,权利人可要求妨害人停止侵害、返还财物、排除妨碍或者赔偿损失。在实践中,土地承包经营权人还可以向发包方提起合同之诉,土地承包经营权纠纷主要表现为合同纠纷。

(编写人:代　赛)

法律条文

第三百三十二条　耕地的承包期为三十年。草地的承包期为三十年至五十年。林地的承包期为三十年至七十年。

前款规定的承包期限届满，由土地承包经营权人依照农村土地承包的法律规定继续承包。

条文主旨

本条是关于耕地、草地、林地承包期限以及期限届满后，土地承包经营权人继续承包的规定。

新旧法对比

《物权法》	《民法典》
第一百二十六条　耕地的承包期为三十年。草地的承包期为三十年至五十年。林地的承包期为三十年至七十年；特殊林木的林地承包期，经国务院林业行政主管部门批准可以延长。 前款规定的承包期届满，由土地承包经营权人按照国家有关规定继续承包。	第三百三十二条　耕地的承包期为三十年。草地的承包期为三十年至五十年。林地的承包期为三十年至七十年。 前款规定的承包期限届满，由土地承包经营权人**依照农村土地承包的法律**规定继续承包。

理解与适用

本条沿用了《农村土地承包法》第21条的规定，对耕地、草地、林地规定了不同的承包期，这主要是考虑到，耕地、草地、林地的投资收益周期差异较大。通常来说，耕地当年投入，当年就可以取得收益，故承包期规定30年，相对较短；草地需要数年投入，将草地变为草原，方可持续取得收益，故承包期规定30年至50年，相对长一些；林地需要数年、甚至数十年才能取得收益，所谓"十年树木"，也说明林地投资周期长的特点，故承包期规定30年至70年，相对最长。

《民法典》对承包期限届满继续承包的规定，是为了赋予农民长期而有保障的土地使用权，给广大农民吃一颗"定心丸"，更好地坚持土地承包经营这一基本制度。关于承包期的计算起点，由于我国农村土地承包实施的初始时间不统一，《民法典》及《农村土地承包法》并没有规定起算的具体时间节点。实践中，各地大约在1978~1984年开始第一轮承包，承包期不低于15年；第二轮承包在第一轮承包期限届满后延长30年;第三轮承包在第二轮承包期限届满后再延长30年。目前多数处在第二轮承包阶段,很快就要进入第三轮承包。对于草地和林地的承包期,则根据各地关于草地和林地承包期的不同规定,进行不同时间的延长。

需要注意的是,本条所规定的土地承包期限,是法律明确要求家庭承包应当达到的法定期限,任何单位和个人均不得通过合同随意作出约定。

另外,本条是关于以家庭承包方式取得的土地(耕地、草地、林地)承包经营期限的规定,而对以招标、拍卖、公开协商等其他方式承包"四荒"等土地所取得的土地承包经营权期限,本法并未规定。《农村土地承包法》第49条规定,对以其他方式承包农村土地的,则赋予当事人自主协商承包期限的权利。在1999年,国务院办公厅发布《关于进一步做好治理开发农村"四荒"资源工作的通知》规定:"四荒"使用权承包、租赁或拍卖的期限,最长不超过50年。因此,实行"四荒"土地承包的,承包期限不得超过50年。

实务问题

《民法典》本条及《农村土地承包法》所规定的土地承包期限,是法律明确要求家庭承包应当达到的法定期限,任何单位和个人均不得通过合同随意作出约定。《农村土地承包纠纷司法解释》第7条规定,"承包合同约定或者土地承包经营权证等证书记载的承包期限短于农村土地承包法规定的期限,承包方请求延长的,应予支持"。

另外,实践中可能出现承包方将承包的土地流转的情形,流转的期限原则上不得超过承包期的剩余期限。对于在《农村土地承包法》实施前签订的土地承包经营合同的期限长于该法规定期限的,应予以保护,发包人以土地承包期限长于《农村土地承包法》或者《物权法》规定的期限为由,请求予以调整或者重新签订承包合同的,不应支持。

(编写人:代　赛)

法律条文

第三百三十三条　土地承包经营权自土地承包经营权合同生效时设立。

登记机构应当向土地承包经营权人发放土地承包经营权证、林权证等证书,并登记造册,确认土地承包经营权。

条文主旨

本条是关于土地承包经营权设立和登记的规定。

新旧法对比

《物权法》	《民法典》
第一百二十七条　土地承包经营权自土地承包经营权合同生效时设立。 县级以上地方人民政府应当向土地承包经营权人发放土地承包经营权证、林权证、草原使用权证，并登记造册，确认土地承包经营权。	第三百三十三条　土地承包经营权自土地承包经营权合同生效时设立。 **登记机构**应当向土地承包经营权人发放土地承包经营权证、林权证**等证书**，并登记造册，确认土地承包经营权。

理解与适用

根据本条的规定，土地承包经营权采取了意思主义物权变动模式，即土地承包经营权的设立，只需发包方和承包方达成意思表示上的一致，法律不要求该项物权的设立以登记为要件。这样做主要是考虑到农村的实际情况，第一，承包方案经村民会议或村民代表会议讨论同意，集体经济组织成员相互熟悉，承包的地块人所共知，能够起到相应的公示作用。第二，承包证书的发放和登记造册，往往滞后于承包合同的签订，不能因此而否认农户的承包经营权，登记造册是作为对土地承包经营权确认的程序，如果不考虑农村的实际情况，生搬硬套传统的物权法原理，必然会损害广大农民的利益。

《不动产登记暂行条例》第 6 条第 2 款规定，"县级以上地方人民政府应当确定一个部门为本行政区域的不动产登记机构，负责不动产登记工作，并接受上级人民政府不动产登记主管部门的指导、监督"。登记机构依法发放土地承包经营权证、林权证等证书的同时，还应将土地承包经营权登记造册，确认土地承包经营权。不动产登记簿由登记机构负责管理，如果不动产登记簿记载的事项与农村土地承包经营权证、林权证记载的事项不一致的，除非有证据证明不动产登记簿有错误，否则应以不动产登记簿为准。

实务问题

在现实生活中，屡屡发生集体经济组织成员因各种原因未能取得土地承包经营权的情况。在这种情况下，当事人能否向法院起诉，法院是否会受理？《农村土地承包纠纷司法解释》第1条第2款规定，“农村集体经济组织成员因未实际取得土地承包经营权提起民事诉讼的，人民法院应当告知其向有关行政主管部门申请解决”。也就是说，法院不会受理，当事人只能向行政主管部门申请解决。之所以这样规定，主要是考虑到：第一，该问题涉及集体经济组织成员权认定，涉及农村公共事务管理的问题，法院不宜介入；第二，在当事人没有土地承包合同的情况下，其诉讼请求本身就缺乏合理依据。

另外，发包方就同一土地签订两个以上承包合同，承包方均主张取得土地经营权的，应如何处理？《农村土地承包纠纷司法解释》第19条规定，按照下列情形，分别处理：(1)已经依法登记的承包方，取得土地经营权；(2)均未依法登记的，生效在先合同的承包方取得土地经营权；(3)依前两项规定无法确定的，已经根据承包合同合法占有使用承包地的人取得土地经营权，但争议发生后一方强行先占承包地的行为和事实，不得作为确定土地经营权的依据。

（编写人：代　赛）

法律条文

第三百三十四条　土地承包经营权人依照法律规定，有权将土地承包经营权互换、转让。未经依法批准，不得将承包地用于非农建设。

条文主旨

本条是关于土地承包经营权互换、转让的规定。

新旧法对比

《物权法》	《民法典》
第一百二十八条　土地承包经营权人依照农村土地承包法的规定，有权将土地承包经营权采取转包、互换、转让等方式流转。流转的期限不得超过承包期的剩余期限。未经依法批准，不得将承包地用于非农建设。	第三百三十四条　土地承包经营权人依照法律规定，有权将土地承包经营权互换、转让。未经依法批准，不得将承包地用于非农建设。

理解与适用

《农村土地承包法》对土地承包经营权流转作了区分，将其中发生移转物权效果的转让、互换，在第 2 章第 4 节“土地承包经营权的保护和互换、转让”中规定；将其中仅发生债权效果的出租(转包)、入股等，在第 2 章第 5 节“土地经营权”中规定。《民法典》本条的规定，在《物权法》第 128 条、《农村土地承包法》第 2 章第 4 节的相关规定的基础上明确了土地承包经营权的互换、转让。

关于互换，《农村土地承包法》第 33 条规定，“承包方之间为方便耕种或者各自需要，可以对属于同一集体经济组织的土地承包经营权进行互换，并向发包方备案”。需要注意，此处的备案属于事后监督性质，是否备案不影响当事人之间所签订的土地承包经营权互换合同的效力。

关于转让，《农村土地承包法》第 34 条规定，“经发包方同意，承包方可以将全部或者部分的土地承包经营权转让给本集体经济组织的其他农户，由该农户同发包方确立新的承包关系，原承包方与发包方在该土地上的承包关系即行终止”。需要注意，土地承包经营权转让未经发包方同意则合同无效。

土地承包经营权的流转，有利于促进农村生产力的发展，实现农村劳动力转移和优化农村土地资源配置，有利于推动农村土地承包关系的长期稳定。

依照《农村土地承包法》第 38 条规定，土地承包经营权流转应遵循以下原则：(1)依法、自愿、有偿，任何组织和个人不得强迫或者阻碍土地经营权流转；(2)不得改变土地所有权的性质和土地的农业用途，不得破坏农业综合生产能力和农业生态环境；(3)流转期限不得超过承包期的剩余期限；(4)受让方须有农业经营能力或者资质；(5)在同等条件下，本集体经济组织成员享有优先权。

实务问题

承包方将土地承包经营权转让给本集体经济组织的其他农户应当经发包方同意。实践中，有时发包方既不表示同意，也不表示不同意，有的还无法定理由不同意，此种情况下，该如何认定发包人同意呢？通常认为，对发包方同意的时间和方式宜采取相对宽松的态度，嗣后同意、发包方的粮食补贴发放记录乃至发包负责人在审判过程中的有关知道转让但未予反对的证人证言，一般可视为满足了“经发包方同意”这一要件。

另外，我国现阶段的家庭土地承包经营权具有社会保障的性质，是农民的主要生存依靠。法律及有关规定虽然允许承包方自主流转承包经营权，但对以转让方式流转的，设定了较为严格的条件，且须经发包方同意。因此，法院对土地承包经营权转让的认定往往是从严把握的，应注意以下三点：第一，当事人之间有转让土地承包经营权的明确意思表示，如双方之间签署了书面转让合同，或者虽无书面转让合同,但承包方向发包方和有关主管部门提出了重新签订承包合同或办理转让变更登记的申请等,经发包方同意的,转让合同成立生效。如果发包方无法定理由不同意或者拖延表态(在一定时期内不表态),根据《农村土地承包纠纷司法解释》第14条的规定,也应该认为转让合同成立并生效。第二,虽无证据证明当事人之间有转让土地承包经营权的约定,但时候已实际以转让方式办理了土地承包经营权变更登记的,应认定土地承包经营权转让成立并生效。第三,不属于上述两种情形,当事人之间流转土地的方式是转让还是转包的意思表示不明确的,应认定当事人之间成立转包关系。

(编写人:代 赛)

法律条文

第三百三十五条 土地承包经营权互换、转让的,当事人可以向登记机构申请登记;未经登记,不得对抗善意第三人。

条文主旨

本条是关于互换、转让土地承包经营权进行登记及效力的规定。

新旧法对比

《物权法》	《民法典》
第一百二十九条 土地承包经营权人将土地承包经营权互换、转让,当事人要求登记的,应当向县级以上地方人民政府申请土地承包经营权变更登记;未经登记,不得对抗善意第三人。	第三百三十五条 土地承包经营权互换、转让的,当事人可以向登记机构申请登记;未经登记,不得对抗善意第三人。

理解与适用

本条沿袭了《物权法》第129条的规定,明确了土地承包经营权的互换、转让,采用登记对抗主义,即不登记不得对抗善意第三人。

根据本条规定,发包方和承包方就土地承包经营权互换、转让达成一致的意思表示,该流转合同即发生法律效力,登记并非合同生效的必要条件。合同当事人可以自愿办理登记,如果当事人在达成土地承包经营权流转的合意以后,考虑交易成本等没有办理登记,法律上也承认其具有物权变动的效力,只不过受让人取得的物权不能对抗善意第三人。与此同时，考虑到土地承包经营权互换、转让后，如果未将权利变动的事实通过登记的方法予以公示，他人可能因不了解权利变动的情况而受到损害。因此，本法将登记与否的决定权交给了当事人。未经登记的，不能对抗善意第三人。也就是说，不登记将产生不利于土地承包经营权受让人的法律后果。比如，承包人甲将土地承包经营权转让给乙，但没有办理变更登记。此后，甲又将同一块地的承包经营权转让给丙，同时办理了变更登记。如果乙与丙就该块土地的承包经营权的归属发生纠纷，由于丙取得的土地承包经营权进行了登记，他的权利将受到保护。乙将不能取得该地块的土地承包经营权。因此，土地承包经营权的受让人为了更好地维护自己的权益，要求办理土地承包经营权流转登记比较妥当。

实务问题

在登记要件主义下，登记是法律强制性要求，只有依法办理登记，物权才能够有效地设立并发生变动，未经登记不能发生物权变动的效果。但是，在登记对抗模式中，登记并不是强制性的要求，当事人可以自由选择是否登记，即使没有办理登记当事人之间仍然可以发生物权的变动，只不过不能对抗善意第三人。实践中，我们会面临如何区分合同效力和登记效力的问题，也就是说，如何判断登记对合同效力的影响。通常认为，登记是一种物权变动的公示方法，它与物权的变动联系在一起，是针对民事权利的变动而设定的，不是针对合同行为。如果当事人之间对物权的设立和移转达成合意，只要这种合意不违反法律法规的强行性规定和公序良俗，即便没有完成登记手续，也应当认为合同已经成立并生效。当事人一方以未登记为由，请求确认土地承包经营权互换与转让合同无效的，不予支持。

司法实践中，还经常遇见的情形是承包方就同一土地签订两个以上转让、互换合同，受让方均主张取得土地承包经营权的，如何处理？一般应由已经取得登记的受让方取得土地承包经营权；均未登记的，由合同生效在先的受让方取得土地承包经营权。无法确定合同生效时间的，由已经依法占有并作出实际投入的一方取得土地承包经营权。未能取得土地承包经营权的一方，可要求受益方补偿其合理投入。如果补偿不足以弥补其损失的，可要求出让方按其过错大小予以赔偿。

（编写人：代　赛）

法律条文

第三百三十六条　承包期内发包人不得调整承包地。

因自然灾害严重毁损承包地等特殊情形，需要适当调整承包的耕地和草地的，应当依照农村土地承包的法律规定办理。

条文主旨

本条是关于承包期内调整承包地的规定。

新旧法对比

《物权法》	《民法典》
第一百三十条　承包期内发包人不得调整承包地。 因自然灾害严重毁损承包地等特殊情形，需要适当调整承包的耕地和草地的，应当依照农村土地承包法等法律规定办理。	第三百三十六条　承包期内发包人不得调整承包地。 因自然灾害严重毁损承包地等特殊情形，需要适当调整承包的耕地和草地的，应当依照**农村土地承包的**法律规定办理。

理解与适用

土地是农民的基本生产资料，是农民最主要的生活保障，赋予农民长期而有保障的土地承包经营权，是保持农村土地承包关系长期稳定的关键。长期以来，通过行政手段频繁变动和调整承包地，是影响农村土地承包关系稳定的最突出问题，也是承包人的土地承包经营权受到侵害的主要原因，由此使得农民对土地缺乏预期，生产积极性不高，不愿意对土地进行长期投入。为保持农村土地承包关系的稳定，中共中央和立法机关先后颁布政策文件、制定法律法规从制度上保障该政策目标的落实。

相关的政策，历经从个别时期提倡的“大稳定、小调整”到“增人不增地、减人不减地”，再到“长久不变”，体现了国家的基本政策导向。2018 年修改的《农村土地承包法》第 28 条第 1 款明确规定，“承包期内，发包方不得调整承包地”。《民法典》本条规定再次重申了发包人不得调整承包地的规定，给农民吃了“定心丸”。

除了自然灾害严重毁损承包地可调整的情形外，一般认为，部分农户的土地被征收或者用于乡村公共设施和公益事业建设，丧失土地的农民不愿意“农转非”，不要征地补偿等费用，要求继续承包土地的或者人地矛盾特别突出的，属于可以对个别农户之间承包地适当调整的“特殊情形”。

实务问题

《农村土地承包纠纷司法解释》第6条规定，因发包方违法调整承包地产生的纠纷，按照不同情况，应分别作出如下处理：(1)发包方未将承包地另行发包给他人，承包人请求返还承包地的，应予支持；(2)发包方已将承包地另行发包给第三人，承包方以发包方与第三人为共同被告，请求确认其所签订的承包合同无效、返还承包地并赔偿损失的，应予支持。

实践中，存在以下几个问题，值得注意：

(1)经承包方请求，确认发包方和第三人签订的承包合同无效的实体处理。第一，合同被确认无效后，承包地原则上应当返还给承包方。返还承包地的履行期限应为地上农作物收获期届满后至下一耕种期开始前。承包地确实无法在上述期间返还的，在明确承包方享有土地承包经营权的前提下，应视具体情况给予承包方适当补偿。第二，合同被确认无效后，对已经履行完毕的部分，第三人要求发包方返还其已经支付的有关费用的，人民法院不予支持。第三，合同被确认无效后，承包方要求赔偿其收益损失的，人民法院不予支持。因发包方的过错，给承包方造成其他特定损失的，承包方主张赔偿的，人民法院应予支持。第三人对该损失的发生具有过错的，应承担相应的赔偿责任。第四，合同被确认无效后，第三人要求受益方补偿其在土地上的合理投入的，人民法院应予支持。第三人未以反诉方式主张的，人民法院应当释明。对补偿数额的确定，当事人难以举证的，可以参照当地同类情况合理认定。

(2)承包方未请求确认发包方和第三方签订的合同无效，而仅是要求获得承包收益的处理。人民法院应在确认承包方对争议所涉土地享有承包经营权的基础上，认定承包方与第三方之间成立土地流转关系，承包方要求第三人直接向其支付合同约定收益的，人民法院应予支持。如果发包方与第三人签订的是无偿合同，人民法院可以依照《农村土地承包纠纷司法解释》第15条的规定按照公平原则处理。

(3)在发包方和第三人因合同履行发生纠纷的案件审理中，当事人未对合同效力提出异议的，人民法院不主动审查是否涉及抛荒地问题对合同效力的影响。如果承包方请求以有独立请求权的第三人身份参加诉讼并要求确认合同无效的，人民法院应予支持。

（编写人：代　赛）

法律条文

第三百三十七条　承包期内发包人不得收回承包地。法律另有规定的，依照其规定。

条文主旨

本条是关于承包期内不得收回承包地的规定。

新旧法对比

《物权法》	《民法典》
第一百三十一条　承包期内发包人不得收回承包地。农村土地承包法等法律另有规定的，依照其规定。	第三百三十七条　承包期内发包人不得收回承包地。法律另有规定的，依照其规定。

理解与适用

土地承包经营权是在集体土地所有权之上设定的一类他物权，一经设定，即具有对抗所有权的效力。土地承包经营权的收回受土地承包经营权身份性与物权性的限制，只要土地承包经营权未因法定原因而消灭，发包方即不得收回。根据本条规定，除法律对承包地的收回有特别规定外，在承包期内，无论承包人发生什么样的变化，只要作为承包人的家庭还存在，发包人都不得收回承包地。

《农村土地承包法》修改废止了"承包期内，承包方全家迁入设区的市，转为非农业户口的，应当将承包的耕地和草地交回发包方。承包方不交回的，发包方可以收回承包的耕地和草地"的规定，改为"引导支持"其按照自愿有偿原则依法在本集体经济组织内转让土地承包经营权或者将承包地交回发包方，也可以"鼓励"其流转土地经营权。发包方不得以退出土地承包经营权作为农民进城落户的条件，不得强制收回进城农户的承包地。

需要注意，根据《土地管理法》第61条规定，发包方可以基于公共设施、公益事业的建设收回承包地，使承包方丧失土地承包经营权。

《民法典》本条规定的核心内容是承包期内不得随意收回农民的承包地，允许承包农户设立、流转土地经营权，使广大农民真正地感到土地承包经营权是有切实保障的。

实务问题

因发包方违法收回承包地，或者因发包方收回承包方弃耕、撂荒的承包地产生的纠纷，根据《农村土地承包纠纷司法解释》第 6 条规定，应按照下列情形，分别处理：(1)发包方未将承包地另行发包，承包方请求返还承包地的，应予支持；(2)发包方已将承包地另行发包给第三人，承包方以发包方和第三人为共同被告，请求确认其所签订的承包合同无效、返还承包地并赔偿损失的，应予支持。但属于承包方弃耕、撂荒情形的，对其赔偿损失的诉讼请求，不予支持。前述第(2)项所称的第三人，请求受益方补偿其在承包地上的合理投入的，应予支持。

如果在发包方根据《农村土地承包法》第 27 条规定收回承包地前，承包方已经以出租、入股或者其他形式将其土地经营权流转给第三人，且流转期限尚未届满，因流转价款收取产生的纠纷，该如何处理？《农村土地承包纠纷司法解释》第 9 条规定，按照下列情形，分别处理：(1)承包方已经一次性收取了流转价款，发包方请求承包方返还剩余流转期限的流转价款的，应予支持；(2)流转价款为分期支付，发包方请求第三人按照流转合同的约定支付流转价款的，应予支持。

(编写人：代　赛)

法律条文

第三百三十八条　承包地被征收的，土地承包经营权人有权依据本法第二百四十三条的规定获得相应补偿。

条文主旨

本条是关于承包地被征收时的补偿权利的规定。

新旧法对比

《物权法》	《民法典》
第一百三十二条　承包地被征收的，土地承包经营权人有权依照本法第四十二条第二款的规定获得相应补偿。	第三百三十八条　承包地被征收的，土地承包经营权人有权依据本法**第二百四十三条**的规定获得相应补偿。

理解与适用

土地承包经营权是一种用益物权，是土地承包经营权主体依法享有的财产性权利，受法律保护。本法第 243 条第 1、2 款规定："为了公共利益的需要，依照法律规定的权限和程序可以征收集体所有的土地和组织、个人的房屋以及其他不动产。征收集体所有的土地，应当依法及时足额支付土地补偿费、安置补助费以及农村村民住宅、其他地上附着物和青苗等的补偿费用，并安排被征地农民的社会保障费用，保障被征地农民的生活，维护被征地农民的合法权益。"对本条的理解适用应注意以下三点：

1. 征收目的要合法

在处理承包地征收问题时，首要的问题是征收目的的合法性，即为什么要征收承包地。在我国，土地征收经常涉及广大农民的切身利益，特别是近年来我国房地产事业快速发展，因土地征收问题产生的社会问题极为突出，亟须规范。尽管我国《宪法》和法律等明确基于公共利益的需要可以征收土地，然而，何为"公共利益"，则尚没有明确、清晰的界定。征收各方对"公共利益"往往有截然相反的认识，这就导致了冲突的产生。为了减少这种情况的发生，实务界、理论界进行了大量探讨。多数部门和专家认为：在不同的领域、不同情形下，"公共利益"的内涵是不同的，其认定相当复杂，《民法典》难以对其作出统一规定，还是分别由《土地管理法》《城市房地产管理法》等具体立法分别规定较为合适。由此，对"公共利益"的界定应坚持基于不同的领域、不同的情形加以理解，并依据具体法律、行政法规的具体规定进行认定。

2. 征收程序要合法

土地征收依法应符合一定的程序要求。例如，《土地管理法》第 47 条规定："国家征收土地的，依照法定程序批准后，由县级以上地方人民政府予以公告并组织实施。县级以上地方人民政府拟申请征收土地的，应当开展拟征收土地现状调查和社会稳定风险评估，并将征收范围、土地现状、征收目的、补偿标准、安置方式和社会保障等在拟征收土地所在的乡（镇）和村、村民小组范围内公告至少三十日，听取被征地的农村集体经济组织及其成员、村民委员会和其他利害关系人的意见。多数被征地的农村集体经济组织成员认为征地补偿安置方案不符合法律、法规规定的，县级以上地方人民政府应当组织召开听证会，并根据法律、法规的规定和听证会情况修改方案。拟征收土地的所有权人、使用权人应当在公告规定期限内，持不动产权属证明材料办理补偿登记。县级以上地方人民政府应当组织有关部门测算并落实有关费用，保证足额到位，与拟征收土地的所有权人、使用权人就补偿、安置等签订协议;个别确实难以达成协议的,应当在申请征收土地时如实说明。相关前期工作完成后,县级以上地方人民政府方可申请征收土地。”该规定相较于修正前的规定,完善了土地征收程序,将法律规定的批后公告修改为批前公告,进一步保障了被征地农民的参与权、监督权。

3. 征收补偿要合法

根据本法第 243 条第 2 款的规定,征收集体所有的土地,应当支付土地补偿费、安置补助费,以及农村村民住宅、其他地上附着物和青苗等的补偿费用,并安排被征地农民的社会保障费用。实践中,基于法律规定的不完善性以及对补偿项目未有明确规定的情况,各个地方征地补偿的范围把握并不一致,有的地方将土地承包经营权人主张的地上补偿笼统纳入地上附着物的补偿中,严重损害了土地承包经营权人的合法权益。为此,《民法典》明确区分了住宅和其他地上附着物,以确保补偿的公平合理。

实务问题

实务中出现较多的问题是,在承包地征收补偿费用分配纠纷中,如何认定补偿主体(如出嫁女、“黑户”、离婚)。处理这个问题,首先需要面对的是集体经济组织成员资格的认定问题,由于缺乏明确的法律规定,这个问题在理论上和实务上争议很大。从目前的实践来看,人民法院在认定集体经济组织成员资格时主要从如下三个方面判断、认定:第一,是否有农村集体经济组织所在地常驻户口;第二,是否在本集体经济组织所在地长期生产生活;第三,是否与本集体经济组织形成事实上的权利义务关系及管理关系。《第八次全国法院民事商事审判工作会议(民事部分)纪要》第 23 条明确:审理土地补偿费分配纠纷时,要在现行法律规定框架内,综合考虑当事人生产生活状况、户口登记状况,以及农村土地对农民的基本生活保障功能等因素认定相关权利主体。要以当事人是否获得其他替代性基本生活保障为重要考量因素,慎重认定其权利主体资格的丧失,注重依法保护妇女、儿童以及农民工等群体的合法权益。从最高人民法院的意见来看,对集体经济组织成员资格的认定基本上遵从长期生产生活和户口登记两个标准。

(编写人:代　赛)

法律条文

第三百三十九条　土地承包经营权人可以自主决定依法采取出租、入股或者其他方式向他人流转土地经营权。

条文主旨

本条是关于土地经营权流转方式的规定。

新旧法对比

《农村土地承包法》	《民法典》
第三十六条　承包方可以自主决定依法采取出租(转包)、入股或者其他方式向他人流转土地经营权,并向发包方备案。	第三百三十九条　土地承包经营权人可以自主决定依法采取出租、入股或者其他方式向他人流转土地经营权。

理解与适用

随着新型工业化、城镇化、农业现代化的发展,深化农村土地制度改革是大势所趋。现阶段,农民保留土地承包权、流转土地经营权的意愿较为强烈,将土地承包经营权分为承包权和经营权,实行所有权、承包权、经营权分置并行,以此推动、促进农业现代化。这是我国继家庭联产承包责任制之后农村改革的又一重大制度创新。“三权分置”作为中央农村土地制度改革的重要内容之一,主要目标在于放活经营权的同时,不损害农民利益。“土地经营权”的明确,是在坚持农村土地集体所有权的根本地位以及严格保护农户承包权的前提下,赋予经营主体更有保障的土地经营权。而土地经营权的流转则为放活经营权的具体举措之一。通过土地经营权的流转,赋予承包方自主决定采取出租、入股或者其他方式流转土地经营权的权利,既有利于放活土地经营权,保护农民利益,也有利于促进农村经济的发展。流转方式应作如下理解:

1. 出租

所谓出租,根据《农村土地承包经营权流转管理办法》第 35 条第 5 款的规定,是指承包方将部分或全部土地承包经营权以一定期限租赁给他人从事农业生产经营。出租后原土地承包关系不变,原承包方继续履行原土地承包合同规定的权利和义务。承租方按出租时约定的条件对承包方负责。从前述定义可以得出,出租具有以下几个特征:第一,尽管承包方将土地经营权对外租赁给他人进行农业生产经营,但其出租的权益范围不能超过原承包经营合同范围,仅是将部分或全部土地经营权进行出租,出租合同的内容不得与原承包合同相冲突;第二,出租后,原承包合同关系、内容并不发生变化,原承包经营权依然存在;第三,基于合同的相对性,发包方与承包方为合同主体,承包方与承租方为合同主体,发包方与承租方之间并不存在直接的权利义务关系。值得一提的是,本法修改了《农村土地承包法》中"出租(转包)"的表述,删去了"转包"的表述。这是因为,无论在学理上还是在法律上,均尚未就"出租"与"转包"的关系问题达成一致意见。仅从词语的内涵而言,出租的内涵应大于转包的内涵。也就是说,转包仅是出租的一种特殊形式。

2. 入股

所谓入股,根据《农村土地承包经营权流转管理办法》第35条第4款的规定,是指实行家庭承包方式的承包方之间为发展农业经济,将土地承包经营权作为股权,自愿联合从事农业合作生产经营;其他承包方式的承包方将土地承包经营权量化为股权,入股组成股份公司或者合作社等,从事农业生产经营。从前述规定看,政策上区分了"实行家庭承包方式的承包方"和"其他承包方式的承包方",对其作了不同限制。土地经营可以采取入股的流转方式,极大地拓宽了原法律规定的范围,为实践的发展预留了广阔的空间。

3. 其他方式

这是一个兜底性的表达方式,是指与出租、入股效果相同的流转方式,根据《关于完善农村土地所有权承包权经营权分置办法的意见》,"其他方式"大概包括如下几种类型:土地托管、农地信托、代耕代种、返租倒包等。易言之,"转让""互换"等导致土地承包经营权转移的流转方式,以及"抵押"等发生创设他物权效果的流转方式,并不属于本条所称的"其他方式"。

实务问题

实务中,须关注的问题是:土地经营权流转未备案时的效力问题。从《农村土地承包法》的规定看,其在规定流转土地经营权的方式的同时,专门要求向发包方备案。该规定旨在强化对流转土地经营权的监管。但实践中需要注意的是,备案属于事后监督性质,关于备案的规定属于管理性强制性规定,是否备案不影响当事人之间所订立的流转土地经营权合同的效力。特别是本条在吸收《农村土地承包法》第36条规定的基础上,已删除该项规定,在此情况下,当事人以未备案为由向人民法院起诉确认合同无效的,不应获得支持。

(编写人:代　赛)

法律条文

第三百四十条　土地经营权人有权在合同约定的期限内占有农村土地,自主开展农业生产经营并取得收益。

条文主旨

本条是关于土地经营权权利内容的规定。

新旧法对比

《农村土地承包法》	《民法典》
第三十七条　土地经营权人有权在合同约定的期限内占有农村土地，自主开展农业生产经营并取得收益。	【内容不变】第三百四十条

理解与适用

关于土地经营权的性质，学界尚未能达成一致，但在现行法律框架下，土地经营权已被归入《民法典》物权编中的用益物权中。以此论之，土地经营权具有物权属性。我们认为，对土地经营权进行物权化的制度规定，将“三权分置”进行“物权—物权—物权”的土地权利构造，是对中央政策要求的落实，有利于稳定土地利用关系，有利于保障权利主体的合法权益，也有利于为土地经营权相关纠纷的解决提供法律依据。

从法律层面讲，土地经营权的权能表现在如下几个方面：

1. 土地占有权

所谓占有，是指占有人对物的实际控制。占有是法律保护的事实状态，这种事实状态，就是一种对物的实际控制，对物具有事实上的管领力。因此，土地占有权，就是土地经营权人对土地进行实际控制的权利，其权利依据是土地经营权人与土地承包权人就流转土地经营权所订立的合同。占有土地是土地经营权人进行农业生产经营的前提和基础，也是用益物权权能的直接体现。占有权是土地经营权最为基础的权利内容。

2. 土地使用权

土地使用权，是指土地经营权人对土地进行农业生产经营的权利。从目的而言，土地经营权人通过土地经营权流转合同取得土地经营权就是为了在土地上进行农业生产、经营活动，也就是对土地进行使用、利用，如进行耕种等。需要注意的是，土地经营权人的使用权也受到一定限制。《农村土地承包法》第 11 条规定，未经依法批准，不得将承包地用于非农建设；该法第 38 条亦规定，土地经营权的流转不得改变土地所有权的性质和土地的农业用途，不得破坏农业综合生产能力和农业生态环境。因此，土地经营权人使用土地不得用于非农目的。

3. 土地收益权

土地收益权,是指土地经营权人基于其土地经营活动享有的获得相应利益的权利,主要表现在:(1)农业生产经营的直接收益。(2)补偿费和相关农业政策补贴。比如,《农村土地承包法》第 43 条规定:经承包方同意,受让方可以依法投资改良土壤,建设农业生产附属、配套设施,并按照合同约定对其投资部分获得合理补偿。又如,《农村土地承包纠纷司法解释》第 20 条第 2 款规定:承包方已将土地经营权以出租、入股或者其他方式流转给第三人的,除当事人另有约定外,青苗补偿费归实际投入人所有,地上附着物补偿费归附着物所有人所有。此外,根据国家针对农业发展出台的相应扶持政策,土地经营权人依法享有农业政策补贴的收益。

4. 土地处分权

土地处分权,是指土地经营权人对其经营土地享有依法处分的权利。土地经营权作为他物权,依法仅享有处分土地经营权自身的权利,如流转土地经营权或为其设定权利负担。但需要注意的是,在目前的政策框架下,土地经营权人的该项权能并不充分。比如,《关于完善农村土地所有权承包权经营权分置办法的意见》明确规定:经营主体再流转土地经营权或依法设定抵押权,须经承包农户或其委托代理人书面同意,并向农民集体书面备案。

实务问题

实践中须注意的是,侵犯农村土地经营权的事项是否属于人民法院受案范围?《农村土地承包纠纷司法解释》第 1 条第 1 款规定:“下列涉及农村土地承包民事纠纷,人民法院应当依法受理:……(三)土地经营权侵权纠纷;(四)承包经营权互换、转让纠纷;(五)土地经营权流转纠纷;(六)承包地征收补偿费用分配纠纷;……(八)土地经营权继承纠纷。”因此,对上述纠纷可以提起民事诉讼。同时,如果认为乡镇政府或者县级以上地方政府的农村部门等干涉农村土地承包,变更、解除承包合同,或者强迫、阻碍承包方进行土地承包经营权流转的,可以根据《行政诉讼法》第 12 条第 7 项的规定,以“认为行政机关侵犯其经营自主权或者农村土地承包经营权、农村土地经营权”为由,依法提起行政诉讼。

(编写人:代　赛)

法律条文

第三百四十一条 流转期限为五年以上的土地经营权，自流转合同生效时设立。当事人可以向登记机构申请土地经营权登记；未经登记，不得对抗善意第三人。

条文主旨

本条是关于土地经营权设立时间和登记对抗效力的规定。

新旧法对比

《农村土地承包法》	《民法典》
第四十一条 土地经营权流转期限为五年以上的，当事人可以向登记机构申请土地经营权登记。未经登记，不得对抗善意第三人。	第三百四十一条 **流转期限为五年以上的土地经营权，自流转合同生效时设立。**当事人可以向登记机构申请土地经营权登记；未经登记，不得对抗善意第三人。

理解与适用

本法第209条第1款规定：不动产物权的设立、变更、转让和消灭，经依法登记，发生效力；未经登记，不发生效力，但是法律另有规定的除外。本条即属于“法律另有规定”的情形。5年以上的土地经营权采“登记对抗主义”。对于流转期限为5年以上的土地经营权，受让方自合同生效时起即取得土地经营权；如果未经登记，仅不能对抗善意第三人。需要说明的是，流转期限为5年以上的土地经营权，是否办理登记，为当事人的权利，并不是对土地经营权流转的强制性要求。立法之所以这样规定，原因在于设定土地经营权的目的在于明确和保护经营主体通过流转合同取得的土地经营权，特别是实践中存在经营期限长短不一的经营者。为实现加快放活土地经营权之目的，不宜为土地经营权设立设定复杂的程序，否则，既不符合实际情况，也将加重当事人的负担。

实务问题

实务中，需要注意本条的“不得对抗善意第三人”的内涵。具体而言，“不得对抗善意第三人”包括如下几方面的含义：第一，当事人之间订立了土地经营权合同，但未进行登记，如承包人与善意第三人就土地经营权再次签订流转合同并进行了登记，则该善意第三人尽管合同签订在后却取得土地经营权，原合同对方当事人不能获得土地经营权，其只能根据其签订的流转合同追究承包人的违约责任；第二，当事人之间就土地经营权签订了流转合同并进行了登记，如承包人与第三人就土地经营权再次签订流转合同，则无论该第三人是否为善意，该第三人均不能取得土地经营权，但该第三人可以根据其签订的流转合同追究承包人之违约责任；第三，土地经营权流转合同当事人之间，在合同生效时即设立土地经营权，当事人未对设立的土地经营权申请登记，仅不具备对抗善意第三人的效力。如无善意第三人主张权利，未经登记的土地经营权仍为有效，且具备本法第340条规定的所有权能。

（编写人：代　赛）

法律条文

第三百四十二条　通过招标、拍卖、公开协商等方式承包农村土地，经依法登记取得权属证书的，可以依法采取出租、入股、抵押或者其他方式流转土地经营权。

条文主旨

本条是关于以特殊方式承包的土地流转土地经营权的特殊规定。

新旧法对比

《农村土地承包法》	《民法典》
第五十三条　通过招标、拍卖、公开协商等方式承包农村土地，经依法登记取得权属证书的，可以依法采取出租、入股、抵押或者其他方式流转土地经营权。	【内容不变】第三百四十二条

理解与适用

本条适用的前提条件是“通过招标、拍卖、公开协商等方式承包农村土地”，与该方式相对的是常见的家庭承包方式。实践中，能“通过招标、拍卖、公开协商等方式”承包的农村土地，一般是“四荒”地，即荒山、荒沟、荒丘、荒滩（包括荒地、荒坡、荒草和荒水），这些土地是按照市场化原则支付一定对价取得的。因此，立法不仅允许其土地经营权流转，还为其增设了“抵押”的流转方式。当然，立法也为其设定了一个限制条件，即通过招标、拍卖、公开协商等方式承包农村土地,必须在经依法登记取得权属证书后,方可以采取出租、入股、抵押或者其他方式流转。

实务问题

实务中,需要注意的是发包方就同一土地签订两个以上承包合同、承包方均主张土地经营权时如何处理的问题。根据《农村土地承包纠纷司法解释》第 19 条的规定,发包方就同一土地签订两个以上承包合同,承包方均主张取得土地经营权的,按照下列情形,分别处理:(1)已经依法登记的承包方,取得土地经营权;(2)均未依法登记的,生效在先合同的承包方取得土地经营权;(3)依前两项规定无法确定的,已经根据承包合同合法占有使用承包地的人取得土地经营权,但争议发生后一方强行先占承包地的行为和事实,不得作为确定土地经营权的依据。

(编写人:代　赛)

法律条文

第三百四十三条　国家所有的农用地实行承包经营的,参照适用本编的有关规定。

条文主旨

本条是关于国家所有的农用地如何承包经营的规定。

新旧法对比

《物权法》	《民法典》
第一百三十四条　国家所有的农用地实行承包经营的,参照本法的有关规定。	第三百四十三条　国家所有的农用地实行承包经营的,参照适用**本编**的有关规定。

理解与适用

《土地管理法》第 2 条第 1 款规定:"中华人民共和国实行土地的社会主义公有制,即全民所有制和劳动群众集体所有制。"因此,从土地性质上划分,我国土地分为集体所有的土地和国家所有的土地。"国家所有的农用地"并非农村用地,而是指集体所有的农用地之外的农用地,包括国有农场、林场、垦区、生产建设兵团的农用地。尽管国家所有的农用地也可以由集体或个人承包,但这些土地在性质上却并非农村用地。根据本条之规定,这些农用地也可以实行承包经营。

实务问题

司法实务中,涉及本条的案例尚属少见。需要注意的是,本条规定的乃是"参照适用",因此,本编的有关规定不一定都可以适用于国家所有的农用地;即便适用,也不应直接援引适用,而应根据相关法理及土地政策在充分论证后再予以适用。

(编写人:代　赛)

第十二章　建设用地使用权

法律条文

第三百四十四条　建设用地使用权人依法对国家所有的土地享有占有、使用和收益的权利，有权利用该土地建造建筑物、构筑物及其附属设施。

条文主旨

本条是关于建设用地使用权的定义的规定。首先，本条针对的是国家所有的土地，应区别于集体所有的土地。其次，本条针对的是建设用地，应区别于农用地、未利用地。再次，国有建设用地归国家所有，任何组织及个人对国有建设用地不享有所有权，仅享有国有建设用地使用权。最后，建设用地使用权是一项排他权利，其具体内容既包括对该国有土地享有占有、使用和收益的权利，也包括利用该土地建造建筑物、构筑物及其附属设施的权利。

新旧法对比

《物权法》	《民法典》
第一百三十五条　建设用地使用权人依法对国家所有的土地享有占有、使用和收益的权利，有权利用该土地建造建筑物、构筑物及其附属设施。	【内容不变】第三百四十四条

理解与适用

对于建筑物、构筑物及其附属设施的定义，目前没有明确的法律规定，参考国家标准《固定资产分类与代码》(GB/T 14885—2010)，建筑物一般系指人们在其内生产、生活和进行其他活动的房屋或者场所；构筑物一般系指人们不在其内生产、生活的人工建造物；附属设施一般系指以建筑物或构筑物为载体的附属设备和配套设施，包括排水、采暖、卫生、通风、照明、通讯、煤气、消防、中央空调、电梯、电气、智能化楼宇相关设备和配套设施。

实务问题

与本条直接相关的常见实务纠纷为，一方当事人未经建设用地使用权人同意，擅自占有、使用、收益或利用该土地建造建筑物、构筑物及其附属设施，侵犯权利人对该土地享有的建设用地使用权，权利人依法要求侵权人停止侵害并赔偿损失。但在土地使用权人与房屋所有权人不一致且双方并无任何约定的情况下，建设用地使用权人能否依法要求房屋所有权人支付土地占有使用费，在实务中存在争议。

在某实业公司诉某柴油机公司用益物权纠纷案①中，实业公司主张要求柴油机公司向其支付土地占有使用费，理由是实业公司通过受让方式取得某土地建设用地使用权，依法对该土地享有占有、使用、收益的权利，柴油机公司一直占用该土地上的建筑物，因此应当向实业公司支付土地占有使用费。柴油机公司则认为，实业公司取得该建设用地使用权之前，柴油机公司已取得该土地上建筑物的所有权，且实业公司与柴油机公司之间没有对支付土地占有使用费进行约定，更没有支付土地占有使用费的法定情形，因此无须向实业公司支付土地占有使用费。

一审法院判令柴油机公司向实业公司支付全部土地占有损失。但二审法院（宁夏高院）认为，一方面，柴油机公司一直实际使用案涉土地，致使实业公司无法对案涉土地行使其合法享有的占有、使用、收益之权利；另一方面，在实业公司受让建设用地使用权时，各方未能通过协商处理有关问题，双方均有过错。因此，柴油机公司应对实业公司由此产生的损失进行相应补偿，但由于实业公司亦有过错，因此对于土地占有损失，由双方各自承担一半。

从上述案件中可以看出，建设用地使用权人依法对国家所有的土地享有占有、使用和收益的权利，在土地使用权人与房屋所有权人不一致且双方并无任何约定的情况下，建设用地使用权人有权依法要求房屋所有权人支付土地占有使用费，但使用费的具体金额需要结合土地价值、双方有无过错等各种因素综合判定。

（编写人：方嘉毅）

① 宁夏回族自治区高级人民法院（2018）宁民终 38 号。

法律条文

第三百四十五条　建设用地使用权可以在土地的地表、地上或者地下分别设立。

条文主旨

本条是关于建设用地使用权分层设立原则的规定，明确除地表外，地上空间及地下空间均可以分别设立建设用地使用权。

新旧法对比

《物权法》	《民法典》
第一百三十六条　建设用地使用权可以在土地的地表、地上或者地下分别设立。新设立的建设用地使用权，不得损害已设立的用益物权。	第三百四十五条　建设用地使用权可以在土地的地表、地上或者地下分别设立。

理解与适用

虽然建设用地使用权可以在土地的地表、地上或者地下分别设立，但这并不意味着权利人取得某土地建设用地使用权之后，必然可以不受限制地使用地上或地下的全部空间。

实务问题

在实务中，本条款一般与其他条款同时引用，以证明某一方当事人依法享有建设用地使用权，以及地上、地下建筑物或构筑物的所有权。

在赵某与天津某投资公司合同纠纷案[①]中，双方对涉案地下车位的所有权归属产生争议。法院在认定权属问题时，根据《物权法》第136条，“建设用地使用权可以在土地的地表、地上或者地下分别设立。新设立的建设用地使用权，不得损害已设立的用益物权”，第137条第1款，“设立建设用地使用权，可以采取出让或者划拨等方式”，认为通过土地出让方式，可以取得土地使用权，涵盖地表、地上、地下。涉案地下车位，是天津某投资公司受让土地后，依法投资建造，其已经取得地下车位土地使用权。同时，根据《物权法》第30条，“因合法建造、

① 天津市宝坻区人民法院(2019)津0115民初442号。

拆除房屋等事实行为设立或者消灭物权的，自事实行为成就时发生效力”，第142条，“建设用地使用权人建造的建筑物、构筑物及其附属设施的所有权属于建设用地使用权人，但有相反证据证明的除外”，法院认为，合法建造的房屋等建筑物，自建造时即设立所有权，所有权归属于合法建造人，并不需要以登记作为设立权利要件，属于登记设立物权的除外情形。该案中，天津某投资公司投资建造涉案小区地下空间部分，已经取得合法规划、施工手续，并通过竣工备案手续，已经取得涉案地下车位的所有权。故最终认定天津某投资公司系涉案建设用地使用权人、涉案地下车位所有权人。

（编写人：方嘉毅）

法律条文

第三百四十六条　设立建设用地使用权，应当符合节约资源、保护生态环境的要求，遵守法律、行政法规关于土地用途的规定，不得损害已经设立的用益物权。

条文主旨

本条明确相关主体在设立建设用地使用权时，应当满足以下三项条件：(1)符合节约资源、保护生态环境的要求；(2)遵守法律、行政法规关于土地用途的规定；(3)不得损害已经设立的用益物权。

新旧法对比

《物权法》	《民法典》
第一百三十六条　建设用地使用权可以在土地的地表、地上或者地下分别设立。新设立的建设用地使用权，不得损害已设立的用益物权。	第三百四十六条　设立建设用地使用权，**应当符合节约资源、保护生态环境的要求，遵守法律、行政法规关于土地用途的规定，**不得损害已经设立的用益物权。

理解与适用

根据上述规定，有关行政部门在为有关主体登记设立建设用地使用权时，应当确保土地使用权的设立符合上述三项条件，否则该项登记属于违法登记。

实务问题

实务中，如因有关部门违法登记给当事人或第三方造成损失的，应当给予赔偿。

另外，根据本条规定，设立建设用地使用权不得损害已经设立的用益物权，反之，如果前述用益物权设立的时间早于建设用地使用权设立的时间，则建设用地使用权人无法以其享有的建设用地使用权对抗前述用益物权人。例如，在重庆某食品公司诉某航空油料公司排除妨害纠纷案[①]中，重庆某食品公司主张，某航空油料公司在其享有建设用地使用权的土地地下铺设涉案输油管道构成侵权，要求某航空油料公司停止侵权并排除妨害。重庆高院再审时认为，新设立的建设用地使用权不得损害设立在先的用益物权，建设用地使用权人取得的建设用地使用权并非均为完整地及于建设用地的地表、地上和地下，该权利受到的限制应当以权利人取得权利时的约定为准。重庆某食品公司在取得案涉土地使用权时，已知悉并认可某航空油料公司在该土地下方铺设涉案输油管道，因此，某航空油料公司并未构成侵权。

（编写人：方嘉毅）

法律条文

第三百四十七条　设立建设用地使用权，可以采取出让或者划拨等方式。

工业、商业、旅游、娱乐和商品住宅等经营性用地以及同一土地有两个以上意向用地者的，应当采取招标、拍卖等公开竞价的方式出让。

严格限制以划拨方式设立建设用地使用权。

条文主旨

1. 设立建设用地使用权，可以采取出让或者划拨等方式。但应严格限制以划拨方式设立建设用地使用权。

设立建设用地使用权的方式包括有偿出让及无偿划拨两种方式。土地使用权出让，是指国家以土地所有者的身份将土地使用权在一定年限内让与土地使用者，并由土地使用者向国家支付土地使用权出让金的行为，出让一般通过协议、招标、拍卖等方式进行；划拨土地使用权，是指县级以上人民政府依法批准，

① 重庆市高级人民法院（2015）渝高法民申字第01974号。

在土地使用者缴纳补偿、安置等费用后将该幅土地交付其使用，或者将土地使用权无偿交付给土地使用者使用的行为。

设立建设用地使用权，一般采用有偿出让方式，以划拨方式设立建设用地使用权应严格限制。只有国家机关用地和军事用地（详见《划拨用地目录》），城市基础设施用地和公益事业用地，国家重点扶持的能源、交通、水利等基础设施用地，以及法律、行政法规规定的其他用地，经县级以上人民政府依法批准，才可以通过划拨方式设立建设用地使用权。

2. 工业、商业、旅游、娱乐和商品住宅等经营性用地以及同一土地有两个以上意向用地者的，应当采取招标、拍卖等公开竞价的方式出让。

新旧法对比

《物权法》	《民法典》
第一百三十七条　设立建设用地使用权，可以采取出让或者划拨等方式。 工业、商业、旅游、娱乐和商品住宅等经营性用地以及同一土地有两个以上意向用地者的，应当采取招标、拍卖等公开竞价的方式出让。 严格限制以划拨方式设立建设用地使用权。采取划拨方式的，应当遵守法律、行政法规关于土地用途的规定。	第三百四十七条　设立建设用地使用权，可以采取出让或者划拨等方式。 工业、商业、旅游、娱乐和商品住宅等经营性用地以及同一土地有两个以上意向用地者的，应当采取招标、拍卖等公开竞价的方式出让。 严格限制以划拨方式设立建设用地使用权。

理解与适用

本条规定，经营性用地以及同一土地有两个以上意向用地者的，应采取招标、拍卖等公开竞价的方式出让，换言之，不得通过划拨或非公开协议出让方式设立建设用地使用权。

实务问题

本条第2款是关键条款，属于法律效力性的强制性规定。在许多实务案件中，当事人往往在取得经营性用地时，没有采取招标、拍卖等公开竞价出让方式，导致土地受让无效。

例如，在北京某教育咨询公司诉沁阳市政府合同纠纷案[①]中，最高人民法院

① 最高人民法院（2019）最高法民申5162号。

经审理认为，根据《物权法》第 137 条规定，“设立建设用地使用权，可以采取出让或者划拨等方式。工业、商业、旅游、娱乐和商品住宅等经营性用地以及同一土地有两个以上意向用地者的，应当采取招标、拍卖等公开竞价的方式出让。严格限制以划拨方式设立建设用地使用权。采取划拨方式的，应当遵守法律、行政法规关于土地用途的规定”，故案涉土地应通过招标、拍卖等公开竞价的方式出让。该案采取协议方式出让土地，违反了法律强制性规定，因此协议约定无效。

又如，在山东某实业公司诉莒县城某经济合作社等房地产开发经营合同纠纷案[①]中，最高人民法院经审理认为，该案中，山东某实业公司与莒县城某经济合作社签署了相关协议，就案涉土地的开发建设进行了约定。案涉协议均明确约定莒县城某经济合作社保证案涉土地挂牌拍卖价格每亩不超过 70 万元，并保证挂牌给山东某实业公司。该约定违反了《物权法》第 137 条的规定，依法应为无效。

（编写人：方嘉毅）

法律条文

第三百四十八条　通过招标、拍卖、协议等出让方式设立建设用地使用权的，当事人应当采用书面形式订立建设用地使用权出让合同。

建设用地使用权出让合同一般包括下列条款：

（一）当事人的名称和住所；

（二）土地界址、面积等；

（三）建筑物、构筑物及其附属设施占用的空间；

（四）土地用途、规划条件；

（五）建设用地使用权期限；

（六）出让金等费用及其支付方式；

（七）解决争议的方法。

条文主旨

建设用地使用权出让合同，是指市、县人民政府自然资源主管部门作为出让方将国有建设用地使用权在一定年限内让与受让方，受让方支付土地使用权出

① 最高人民法院（2019）最高法民申 3501 号。

让金的合同。本条明确通过出让方式设立建设用地使用权的,应当签署书面出让合同,并明确了出让合同的一般条款。

新旧法对比

《物权法》	《民法典》
第一百三十八条　采取招标、拍卖、协议等出让方式设立建设用地使用权的,当事人应当采取书面形式订立建设用地使用权出让合同。 建设用地使用权出让合同一般包括下列条款: (一)当事人的名称和住所; (二)土地界址、面积等; (三)建筑物、构筑物及其附属设施占用的空间; (四)土地用途; (五)使用期限; (六)出让金等费用及其支付方式; (七)解决争议的方法。	第三百四十八条　通过招标、拍卖、协议等出让方式设立建设用地使用权的,当事人应当采用书面形式订立建设用地使用权出让合同。 建设用地使用权出让合同一般包括下列条款: (一)当事人的名称和住所; (二)土地界址、面积等; (三)建筑物、构筑物及其附属设施占用的空间; (四)土地用途**、规划条件**; (五)**建设用地使用权期限**; (六)出让金等费用及其支付方式; (七)解决争议的方法。

实务问题

与《合同法》上普通标的物买卖合同不同,国有建设用地使用权出让合同具有行政性及合同性双重属性,因此导致在实务中,法院在认定"国有土地使用权出让合同究竟属于民事合同还是行政协议"时存在严重分歧。

有的观点认为,土地使用权出让是国家作为土地所有权人将土地使用权在一定年限内出让给受让人,从而创设土地使用权物权的一种民事行为。建设用地使用权作为法定的用益物权,已在《物权法》中予以明确列举。土地行政管理部门在土地使用权出让合同法律关系中,只是代表国家对土地所有权进行处分,并不是以土地管理者的身份出现。同时,国家在以土地所有权人身份从事土地使用权出让行为时,其法律地位是特殊的民事主体,与土地使用权受让人的法律地位完全平等,土地使用权出让合同的订立遵循的是平等、自愿、有偿的原则,合同内容是当事人真实内心意愿的表达。另外,《民事案件案由规定》已明确将"建设用地使用权出让合同纠纷"列为民事案由。因此,国有建设用地使用权出让合同属于民事合同。

亦有观点认为，出让土地使用权实质上是行政机关行使行政职权的行为，目的是实现社会公共利益或者行政管理目标，出让合同中约定的更多是行政法上的权利义务关系。同时，《行政诉讼法》明确将“行政机关不依法履行、未按照约定履行或者违法变更、解除政府特许经营协议、土地房屋征收补偿协议等协议”等纠纷纳入行政诉讼受案范围。因此，土地出让合同属于行政协议。

司法实践中，最高人民法院在审理不同案件时，对国有建设用地使用权出让合同性质的认定亦有所不同。根据最高人民法院在2020年作出的清远盛兴投资有限公司、广东省清远市清城区人民政府再审审查与审判监督行政裁定书①以及2017年作出的香港斯托尔实业(集团)有限公司、泰州市人民政府经贸行政管理(内贸、外贸)再审行政裁定书②，我们倾向于认为，国有建设用地使用权出让合同具有行政性及合同性双重属性，因此土地出让合同既要遵循意思自治和契约自由原则，也要按照法律、行政法规规定的步骤、程序和方式缔约和履行。当事人之间的合同关系，可以适用《民法典》予以调整。对于此类土地出让合同的效力，要依据《民法典》《土地管理法》《行政诉讼法》及相关行政法规的规定综合进行评价。另外，在审理程序方面，考虑到一般情况下，选择通过行政诉讼程序解决的，人民法院在适用《民法典》等民事法律规范认定合同效力、确定损失范围、分配违约责任的同时，还应依据行政实体法律规范和《行政诉讼法》对行政机关订立、履行、变更、解除国有建设用地使用权出让合同的行为是否具有法定职权、是否滥用职权、适用法律法规是否正确、是否遵守法定程序、是否明显不当、是否履行相应法定职责等进行合法性审查，更有利于全面审查协议内容，因此适用行政诉讼程序审理也更为适宜。

(编写人：方嘉毅)

法律条文

第三百四十九条　设立建设用地使用权的，应当向登记机构申请建设用地使用权登记。建设用地使用权自登记时设立。登记机构应当向建设用地使用权人发放权属证书。

① 最高人民法院(2020)最高法行申3832号。

② 最高人民法院(2017)最高法行再99号。

条文主旨

本条明确了相关主体在通过出让或划拨形式设立建设用地使用权时，应当向有关登记部门申请建设用地使用权登记，登记机构应当向建设用地使用权人发放权属证书。同时，本条明确建设用地使用权自登记时设立。

新旧法对比

《物权法》	《民法典》
第一百三十九条　设立建设用地使用权的，应当向登记机构申请建设用地使用权登记。建设用地使用权自登记时设立。登记机构应当向建设用地使用权人发放建设用地使用权证书。	第三百四十九条　设立建设用地使用权的，应当向登记机构申请建设用地使用权登记。建设用地使用权自登记时设立。登记机构应当向建设用地使用权人发放**权属证书**。

理解与适用

根据本条规定，建设用地使用权自登记时设立，换言之，如果仅签署了建设用地使用权出让合同、转让合同，或者仅有政府部门关于土地出让、划拨的函件等，均不能设立建设用地使用权。一方以前述文件主张其享有建设用地使用权的，不能对抗已登记为建设用地使用权人的权利主体。

实务问题

实务中，与本条直接相关的常见纠纷为，一方依法登记为建设用地使用权人，另一方依据其与政府部门或建设用地使用权人签署的出让合同、转让合同，或者依据政府部门关于土地出让的函件等，主张其系真正的建设用地使用权人。对于此类纠纷，法院一般认为，未依法登记的主体无权对抗已依法登记为建设用地使用权人的权利主体。

在吉林粮食集团房地产公司与吉林粮食集团进出口公司合同纠纷案①中，进出口公司依法登记为涉案土地的建设用地使用权人，地产公司依据其与进出口公司的协议，主张进出口公司仅系代其持有土地，因此地产公司才是真正的建设用地使用权人。吉林省高级人民法院经审理认为，《物权法》第 139 条规定："设立建设用地使用权的，应当向登记机构申请建设用地使用权登记。建设用地使用权自登记时设立。登记机构应当向建设用地使用权人发放建设用地使用权

① 吉林省高级人民法院（2019）吉民终 349 号。

证书。”建设用地使用权需依法登记才能设立。进出口公司依法登记取得国有土地使用权证,已依法取得了本案诉争地块的建设用地使用权。地产公司主张其为本案诉争地块的真实权利人,进出口公司仅为代持本案诉争地块,应当依照《物权法解释(一)》第2条关于“当事人有证据证明不动产登记簿的记载与真实权利状态不符、其为该不动产物权的真实权利人,请求确认其享有物权的,应予支持”的规定,支持其该部分诉讼请求。但建设用地使用权必须经过行政机关的严格审核并经法定程序取得,进出口公司通过法定程序取得了本案诉争地块的建设用地使用权,并依法进行了登记,本案不存在不动产登记簿的记载与真实权利状态不符的情形,因此《物权法解释(一)》第2条不适用于本案。涉案协议仅在地产公司与进出口公司之间形成了建设用地使用权转让等债权关系,该协议并不具有物权变动的法律效力。地产公司提出的确认本案诉争地块的土地使用权为其所有的上诉请求,法院不予支持。

另外,在广州三辉房地产公司与广州合民投资公司案外人执行异议之诉一案①中,“三建房产分公司”依法登记为涉案土地的建设用地使用权人,广州三辉房地产公司依据广州市规划局、广州市国土局房地产管理局分别出具的关于同意涉案地块的用地人变更为广州三辉房地产公司的批复,主张其才是真实的建设用地使用权人。广东省高级人民法院经审理认为,根据《物权法》第139条等相关规定,不动产物权的设立、变更、转让和消灭的效力规定,都是以登记为前提的,且明确登记的具体形式必须是将不动产物权需设立、变更、转让和消灭的完整内容记载在该不动产登记簿上。涉案地块在广州市国土管理部门记载的用地单位为“三建房产分公司”而非“三辉公司”,充分表明该地块产权人为三建房产分公司,广州三辉房地产公司上诉主张其依据政府及相关国土部门的批复已完成涉案地块建设用地使用权的变更登记与事实不符,由此所主张的其为涉案地块的使用人,因未达到上述法律条款中的登记要求而不能成立,法院不予支持。

(编写人:方嘉毅)

法律条文

第三百五十条　建设用地使用权人应当合理利用土地,不得改变土地用途;需要改变土地用途的,应当依法经有关行政主管部门批准。

① 广东省高级人民法院(2017)粤民终2034、2035号。

条文主旨

我国实行土地用途管制制度，国家编制土地利用总体规划，规定土地用途。建设单位使用国有土地的，应当按照土地使用权出让等有偿使用合同的约定或者土地使用权划拨批准文件的规定使用土地；确须改变该幅土地建设用途的，应当经有关人民政府自然资源主管部门同意，报原批准用地的人民政府批准。其中，在城市规划区内改变土地用途的，在报批前，应当先经有关城市规划行政主管部门同意。

新旧法对比

《物权法》	《民法典》
第一百四十条　建设用地使用权人应当合理利用土地，不得改变土地用途；需要改变土地用途的，应当依法经有关行政主管部门批准。	【内容不变】第三百五十条

理解与适用

本条规定应属于行政管理性规定，不属于效力性强制性规定。

实务问题

实务中，如当事人之间签署的建设用地使用权转让合同或房屋买卖合同等中擅自约定变更土地用途，针对该类合同是否因违反法律强制性规定而无效，在实践中存在一定争议。

例如，在周口颍河中学与周口市实验中学合同纠纷案①中，颍河中学通过出让方式取得某建设用地使用权，土地用途为"教学"，后颍河中学与实验中学签订《联合经营快捷酒店协议》，约定颍河中学将某场地和建筑物交由实验中学经营酒店。颍河中学因与实验中学的协议纠纷将实验中学诉至法院。一审、二审法院经审理认为，《联合经营快捷酒店协议》名为联营实为租赁，该协议约定擅自变更了土地用途，因此属于无效合同。河南省高级人民法院再审认为，原审认定《联合经营快捷酒店协议》无效时引用了以下法律规定：《物权法》第 140 条："建设用地使用权人应当合理利用土地，不得改变土地用途；需要改变土地用途的，应当依法经有关行政主管部门批准。"《土地管理法》第 56 条："建设单位使

① 河南省高级人民法院(2016)豫民再 162 号。

用国有土地的，应当按照土地使用权出让等有偿使用合同的约定或者土地使用权划拨批准文件的规定使用土地；确需改变该幅土地建设用途的，应当经有关人民政府土地行政主管部门同意，报原批准用地的人民政府批准。其中，在城市规划区内改变土地用途的，在报批前，应当先经有关城市规划行政主管部门同意。”《城市房地产管理法》第18条：“土地使用者需要改变土地使用权出让合同约定的土地用途的，必须取得出让方和市、县人民政府城市规划行政主管部门的同意，签订土地使用权出让合同变更协议或者重新签订土地使用权出让合同，相应调整土地使用权出让金。”以上法律规定均不属于效力性规范，故原审适用法律错误，《联合经营快捷酒店协议》有效。

实际上，从各地高院的各项判决结果来看，各地高院倾向于认为“建设用地使用权人应当合理利用土地，不得改变土地用途；需要改变土地用途的，应当依法经有关行政主管部门批准”这一规定应属于行政管理性规定，而不属于效力性强制性规定，因此即便双方合同约定改变土地用途，也不至于导致合同无效。笔者亦认同这一观点。

（编写人：方嘉毅）

法律条文

第三百五十一条　建设用地使用权人应当依照法律规定以及合同约定支付出让金等费用。

条文主旨

本条规定，建设用地使用权人应当依照法律规定以及合同约定支付出让金等费用，亦即以出让等有偿使用方式取得国有土地使用权的建设单位，应当在按照国务院规定的标准和办法以及出让合同的约定，缴纳土地使用权出让金等土地有偿使用费和其他费用后，方可使用土地。未按照出让合同约定支付土地使用权出让金的，土地管理部门有权解除合同，并可以请求违约赔偿。

新旧法对比

《物权法》	《民法典》
第一百四十一条　建设用地使用权人应当依照法律规定以及合同约定支付出让金等费用。	【内容不变】第三百五十一条

实务问题

根据本条规定,建设单位通过出让方式取得建设用地使用权的,应当在按照合同约定支付土地出让金等相关费用后,方可使用土地。结合《城市房地产管理法》的规定,如果建设单位未按照出让合同约定支付土地使用权出让金的,土地管理部门还有权解除合同,并可以请求违约赔偿。但如果土地出让合同对出让金约定不明确或不完整,此时建设单位仍应按照国务院规定的标准和办法向土地管理部门支付出让金。

例如,在广州富杰投资公司与广州国土局行政诉讼纠纷案①中,广州富杰投资公司先与广州市增城区国土局签署了土地出让合同,依约缴纳了土地出让金,并办理了土地登记手续,取得了涉案土地的建设用地使用权。后增城区规划局向广州富杰投资公司出具批复,将土地建筑面积从200,000平方米调整为252,637平方米(调整原因不明),针对多出面积部分对应的土地出让金,广州富杰投资公司与广州市增城区国土局先前并未进行任何约定,亦未签署补充合同进行约定。面积调整后,增城区国土局要求广州富杰投资公司就多出面积部分补缴土地出让金,广州富杰投资公司认为无须补缴,双方遂就出让金的缴纳问题产生争议。法院经审理认为,该案中,虽然增加的地下建筑面积在双方出让合同及原规划条件中并未约定,且广州富杰投资公司与广州市增城区国土局也未就此补充签订出让合同,但《物权法》第141条规定:"建设用地使用权人应当依照法律规定以及合同约定支付出让金等费用。"增城区国土局要求广州富杰投资公司补缴地下建筑的土地出让金,符合《物权法》的上述规定。

(编写人:方嘉毅)

法律条文

第三百五十二条　建设用地使用权人建造的建筑物、构筑物及其附属设施的所有权属于建设用地使用权人,但是有相反证据证明的除外。

条文主旨

本条是关于建筑物权属认定的规定。

① 广东省高级人民法院(2015)粤高法行申字第590号。

新旧法对比

《物权法》	《民法典》
第一百四十二条　建设用地使用权人建造的建筑物、构筑物及其附属设施的所有权属于建设用地使用权人，但有相反证据证明的除外。	第三百五十二条　建设用地使用权人建造的建筑物、构筑物及其附属设施的所有权属于建设用地使用权人，但是有相反证据证明的除外。

理解与适用

按照本条规定，一般情况下，建设用地使用权人对其建造的建筑物、构筑物及其附属设施享有所有权，但如果有相反证据能够证明建筑物、构筑物及其附属设施的所有权归属其他方，例如，建设单位在与政府部门签署的出让合同中约定建成的建筑物产权归政府所有等，则前述建筑物、构筑物及其附属设施的产权归属其他方。

实务问题

首先，建设用地使用权人要证明其系涉案建筑物的所有权人，需要证明：第一，其系依法登记的建设用地使用权人；第二，涉案建筑物由其建造。反之，如果某主体仅证明其系依法登记的建设用地使用权人，但无法证明土地上的涉案建筑物由其建造，则无法证明其系该建筑物的所有权人。例如，在贵阳云富达实业公司案外人执行异议之诉案①中，贵州省高级人民法院经审理认为，贵财公司虽通过受让方式取得建设用地使用权，但是涉案房屋是实业公司作为原建设用地使用权人期间建造的，实业公司并未将房屋产权转让给贵财公司（因特殊原因造成"房地分离"），因此房屋所有权仍归实业公司所有。

其次，在建设用地使用权人举证证明其对其建设的建筑物享有所有权的情况下，另一方当事人如要主张其系建筑物、构筑物的真实所有权人，则需要举出充分的"相反证据"。例如，在曹某等执行异议之诉一案中，安徽省高级人民法院经审理认为，虽然宜百置业公司系涉案土地建设用地使用权人，且涉案房屋由其建造，但是根据铜陵市机关事务管理局举出的以下相反证据，足以证明其系涉案房屋的真实所有权人：第一，铜陵市国土局与宜百置业公司签订的出让合同约

---

① 贵州省高级人民法院（2017）黔民终678号。

定铜陵市国土局将某土地出让给宜百置业公司使用,大厦建成后第五至九层由宜百置业公司无偿提供给市政府,另无偿提供四个地下车位给市政府;第二,铜陵市机关事务管理局与宜百置业公司签订返还协议,约定原出让合同约定的无偿返还给铜陵市人民政府作为办公用房的第五至八层返还给铜陵市机关事务管理局;第三,铜陵仲裁委员会据此已经裁决铜陵市商会大厦第五、第六、第七、第八层办公用房屋归铜陵市机关事务管理局所有。

但实践中,法院实际上对于"相反证据"的认定标准往往较为严格,除非该"相反证据"非常充分、翔实,否则法院不会轻易否定建设用地使用权人对其建造的建筑物等的所有权。

(编写人:方嘉毅)

法律条文

第三百五十三条　建设用地使用权人有权将建设用地使用权转让、互换、出资、赠与或者抵押,但是法律另有规定的除外。

条文主旨

根据本条规定,依法登记的建设用地使用权人有权将其取得的建设用地使用权进行处置,包括将其转让、互换、出资、赠与或者抵押,但法律另有规定的除外。例如,《土地管理法》第56条规定:"建设单位使用国有土地的,应当按照土地使用权出让等有偿使用合同的约定或者土地使用权划拨批准文件的规定使用土地……"因此,对于通过划拨方式取得的建设用地使用权,权利人在进行处置的时候,仍应符合划拨批准文件的相关规定。

新旧法对比

《物权法》	《民法典》
第一百四十三条　建设用地使用权人有权将建设用地使用权转让、互换、出资、赠与或者抵押,但法律另有规定的除外。	第三百五十三条　建设用地使用权人有权将建设用地使用权转让、互换、出资、赠与或者抵押,但是法律另有规定的除外。

理解与适用

需要特别注意的是对于通过划拨方式取得的建设用地使用权,权利人在进行处置的时候,需要满足特定的条件并履行特定的法律程序。

实务问题

根据《城镇国有土地使用权出让和转让暂行条例》第45条的规定,划拨土地使用权和地上建筑物、其他附着物所有权的转让、出租、抵押必须经过市、县人民政府土地管理部门和房产管理部门批准,并同时符合以下条件:(1)土地使用者为公司、企业、其他经济组织和个人;(2)领有国有土地使用证;(3)具有地上建筑物、其他附着物合法的产权证明;(4)依照本条例第2章的规定签订土地使用权出让合同,向当地市、县人民政府补缴土地使用权出让金或者以转让、出租、抵押所获收益抵缴土地使用权出让金。

另外,根据《国务院办公厅关于完善建设用地使用权转让、出租、抵押二级市场的指导意见》第6条规定,以划拨方式取得的建设用地使用权转让,需经依法批准,土地用途符合《划拨用地目录》的,可不补缴土地出让价款,按转移登记办理;不符合《划拨用地目录》的,在符合规划的前提下,由受让方依法依规补缴土地出让价款。

(编写人:方嘉毅)

法律条文

第三百五十四条　建设用地使用权转让、互换、出资、赠与或者抵押的,当事人应当采用书面形式订立相应的合同。使用期限由当事人约定,但是不得超过建设用地使用权的剩余期限。

条文主旨

建设用地使用权人转让、互换、出资、赠与或者抵押建设用地使用权的,应当采用书面方式订立合同。当事人通过口头方式订立合同的,合同一般不成立,除非当事人一方已经履行主要义务,且对方接受,此时合同成立。另外,建设用地使用权的使用期限由当事人约定,但是不得超过建设用地使用权的剩余期限,亦即超过部分的约定无效。

新旧法对比

《物权法》	《民法典》
第一百四十四条　建设用地使用权转让、互换、出资、赠与或者抵押的,当事人应当采取书面形式订立相应的合同。使用期限由当事人约定,但不得超过建设用地使用权的剩余期限。	第三百五十四条　建设用地使用权转让、互换、出资、赠与或者抵押的,当事人应当采用书面形式订立相应的合同。使用期限由当事人约定,但是不得超过建设用地使用权的剩余期限。

实务问题

实践中常见的纠纷为,建设用地使用权人与他人通过口头等非书面方式约定转让建设用地使用权,后因其中一方违反约定,另一方要求其继续履约,由此产生纠纷。在该类案件中,法院一般认为,除非协议一方已经履行协议主要义务(例如,受让方已支付大部分土地转让款,或转让方已交付土地、办理土地使用权转让登记等)且另一方接受,否则口头协议不成立。

例如,在铜仁惠得置业公司与石某合同纠纷案①中,法院经审理认为,该案中,置业公司与石某转让案涉地块的土地使用权,依法应当签订书面合同。但依法应当签订书面合同而未签订的土地使用权转让合同,并非一定无效。根据《合同法》第36条关于"法律、行政法规规定或者当事人约定采用书面形式订立合同,当事人未采用书面形式但一方已经履行主要义务,对方接受的,该合同成立"的规定,只要一方履行了主要义务且对方接受,即使是应当签订书面合同而未签订,合同也成立生效。该案中,石某支付的购地款仅有92,400元,而案涉地块的出让价款共计924,000元,即石某只交付了约定购地款的10%,没有履行主要义务。另外,根据《物权法》第9条第1款关于"不动产物权的设立、变更、转让和消灭,经依法登记,发生效力;未经登记,不发生效力。但法律另有规定的除外"的规定,不动产的交付以登记为要件。该案中,案涉土地使用权的权属尚未变更登记到石某名下,置业公司未完成交付。置业公司将案涉地块交案外人建设,石某支付建设费的行为并非物权法意义上的交付。因此,置业公司出让案涉地块,没有与石某达成书面协议,且石某未履行主要义务,置业公司亦未完成交付,故涉案口头合同依法未成立。

(编写人:方嘉毅)

---

① 贵州省铜仁市中级人民法院(2019)黔06民终581号。

法律条文

第三百五十五条　建设用地使用权转让、互换、出资或者赠与的，应当向登记机构申请变更登记。

条文主旨

建设用地使用权的转让、互换、出资或者赠与，属于建设用地使用权的权属变更。正如建设用地使用权设立应办理设立登记，建设用地使用权人转让、互换、出资、赠与建设用地使用权的，亦应当向登记机构申请变更登记。建设用地使用权自登记时转让、互换、出资或赠与生效。广义上的“转让”包括买卖、交换、赠与、出资等形式涉及的建设用地使用权转移，本条的“转让”我们理解应该为狭义的“转让”，主要指的是买卖行为。

新旧法对比

《物权法》	《民法典》
第一百四十五条　建设用地使用权转让、互换、出资或者赠与的，应当向登记机构申请变更登记。	【内容不变】第三百五十五条

实务问题

实务中，与本条相关的常见纠纷为，土地使用权人作为转让方就同一出让土地使用权订立数个转让合同，在转让合同有效的情况下，受让方均要求履行合同。此时应当如何处理。结合现行法律法规及司法解释的规定，应按照如下原则处理：

(1)已经办理土地使用权变更登记手续的受让方，请求转让方履行交付土地等合同义务的，应予支持；

(2)均未办理土地使用权变更登记手续，已先行合法占有投资开发土地的受让方请求转让方履行土地使用权变更登记等合同义务的，应予支持；

(3)均未办理土地使用权变更登记手续，又未合法占有投资开发土地，先行支付土地转让款的受让方请求转让方履行交付土地和办理土地使用权变更登记等合同义务的，应予支持；

(4)合同均未履行，依法成立在先的合同受让方请求履行合同的，应予支持。

未能取得土地使用权的受让方请求解除合同、赔偿损失的，依照《民法典》

的有关规定处理。

（编写人：方嘉毅）

法律条文

第三百五十六条　建设用地使用权转让、互换、出资或者赠与的，附着于该土地上的建筑物、构筑物及其附属设施一并处分。

条文主旨

本条是关于“房随地走”原则的规定。建设用地使用权通过转让、互换、出资或者赠与的方式变更权利人的，附着于该土地上的建筑物、构筑物及其附属设施也应一并变更为由新的建设用地使用权人所有。

新旧法对比

《物权法》	《民法典》
第一百四十六条　建设用地使用权转让、互换、出资或者赠与的，附着于该土地上的建筑物、构筑物及其附属设施一并处分。	【内容不变】第三百五十六条

理解与适用

根据本条规定，建设用地使用权转让、互换、出资或者赠与后，权利人在办理建设用地使用权变更登记时，也应一并办理房屋所有权的变更登记。

实务问题

实务中涉及本条规定的问题，主要是由于建设用地使用权转让、互换、出资或者赠与后，在并未办理房屋所有权登记的情况下，原建设用地使用权人将房屋出售引起的纠纷，或者法院在原建设用地使用权人作为被执行人的案件中执行了相关房屋后，新的建设用地使用权人提出执行异议之诉的纠纷。

在重庆某电力公司与王某执行异议之诉案①中，重庆某电力公司因与第三人廖某借款纠纷申请执行廖某某处房产，在执行过程中，王某作为案外人，以查封房产实际为王某所有提出执行异议。法院在审查后，认定王某在 2010 年与廖

① 四川省广安市中级人民法院(2017)川 16 民终 813 号。

某签署了《房屋买卖协议》，并在2011年办理了诉争房屋所在土地的土地使用权证和部分房屋面积的房屋产权证，并认为王某以240万元人民币的合理价格购得了第三人廖某所属的房屋，并取得了土地使用权和部分房屋产权。虽然王某没有取得房屋的全部产权，但是根据"房随地走""二者具有不可分离性"之原则，其在享有土地所有权时应一并享有土地上建筑物的所有权。最终法院裁定不得对涉案房屋进行执行。需注意的是，法院在审查此类执行异议之诉的过程中，会重点审查转让协议签署的时间、转让对价是否合理、转让对价是否已实际支付以及支付的时间，避免被执行人通过虚假的土地或房屋买卖逃避执行。

（编写人：方嘉毅）

法律条文

第三百五十七条　建筑物、构筑物及其附属设施转让、互换、出资或者赠与的，该建筑物、构筑物及其附属设施占用范围内的建设用地使用权一并处分。

条文主旨

本条是关于"地随房走"原则的规定。建筑物、构筑物及其附属设施通过转让、互换、出资或者赠与的方式变更所有权人的，其占用范围内的建设用地使用权也一并变更权利人。

新旧法对比

《物权法》	《民法典》
第一百四十七条　建筑物、构筑物及其附属设施转让、互换、出资或者赠与的，该建筑物、构筑物及其附属设施占用范围内的建设用地使用权一并处分。	【内容不变】第三百五十七条

理解与适用

本条规定最常见的适用即房地产开发商将小区商品房进行销售后，小区业主对小区内其房屋占用范围内相应土地的建设用地使用权共有。

实务问题

（1）对于通过有偿方式（例如，出让）取得建设用地使用权的土地上的房屋，在进行房地一体的转让、互换、出资或赠与时通常没有直接的法律障碍。但对于通过划拨方式取得的建设用地使用权，权利人在对土地上的建筑物、构筑物及其附属设施进行转让、互换、出资或者赠与时，需要考虑到之后建设用地使用权也必须随之进行转让、互换、出资或者赠与的情况。根据《城镇国有土地使用权出让和转让暂行条例》第45条规定，公司、企业、其他经济组织和个人的划拨土地使用权和地上建筑物、其他附着物所有权可以在签订土地使用权出让合同并补缴土地出让金后进行转让、出租、抵押。因此，要对划拨土地上房屋进行转让，应当先签订出让合同并补缴土地出让金，将土地取得方式变为出让，才可以进行转让。但在实践中，针对划拨土地补办出让手续并非易事，由于通过划拨方式取得建设用地使用权的主体往往是机关、事业单位或国有企业，往往还须获得机关事务管理局的批准。因此，如果拟购买的房屋所在的土地为通过划拨方式取得，建议在确认能够合法合规地办理建设用地使用权和房屋的变更登记的前提下，再进行购买。

（2）实务中存在较多法院查封建设用地使用权后土地上房屋的实际所有权人提出执行异议的案件。在四川省高级人民法院审理的李某、陈某申请执行人执行异议之诉案[①]中，李某申请执行被执行人某处土地的土地使用权，陈某在人民法院查封案涉土地使用权之前已与被执行人签订书面的房屋买卖合同，购买土地上的房屋，支付了全部购房款，开具了相应的销售不动产统一发票，之后依据购房合同、发票等相关证明材料到房产登记主管部门申请办理房屋产权登记，并于2015年12月22日领取了房屋产权证书，已实际入住。陈某以其合法享有房屋及房屋使用范围内的土地使用权为由提出执行异议。法院认为，陈某已经提交充分的证据证明其系争议土地范围内房屋的合法所有权人，亦应享有该房屋使用范围内的土地使用权，其权利能够排除对案涉土地使用权的强制执行。

（编写人：方嘉毅）

法律条文

第三百五十八条　建设用地使用权期限届满前，因公共利益需要提前收回该土地的，应当依据本法第二百四十三条的规定对该土地上的房屋以及其他不动产给予补偿，并退还相应的出让金。

① 四川省高级人民法院（2018）川民终931号。

条文主旨

出于公共利益的需要，国家可以在建设用地使用权期限届满前收回土地。此种情形下应当退还土地出让金，并按照土地和不动产征收的规定对该土地上的房屋以及其他不动产给予补偿。

新旧法对比

《物权法》	《民法典》
第一百四十八条　建设用地使用权期间届满前，因公共利益需要提前收回该土地的，应当依照本法第四十二条的规定对该土地上的房屋及其他不动产给予补偿，并退还相应的出让金。	第三百五十八条　建设用地使用权**期限**届满前，因公共利益需要提前收回该土地的，应当依据本法**第二百四十三条**的规定对该土地上的房屋**以**及其他不动产给予补偿，并退还相应的出让金。

理解与适用

本条规定了国家在期限届满前收回建设用地使用权的两个原则：第一，收回原因应当是为了公共利益；第二，土地收回适用“房地一体”原则，一并对土地上的房屋及其他不动产给予补偿，而不是单独另行适用房屋征收程序。

本条规定的“退还相应的出让金”应当是退还剩余未使用年限对应的土地出让金。

实务问题

对于本条规定的国家基于公共利益可以收回土地以及应当对土地上的房屋及其他不动产一并补偿，实践中并无太多争议，主要是在收回土地过程中就征收补偿款的价格存在一些争议和纠纷。由于针对的是行政机关收回土地的决定，土地使用权人通常是通过行政诉讼方式进行解决。

（编写人：方嘉毅）

法律条文

第三百五十九条　住宅建设用地使用权期限届满的，自动续期。续期费用的缴纳或者减免，依照法律、行政法规的规定办理。

非住宅建设用地使用权期限届满后的续期，依照法律规定办理。该土地上的房屋以及其他不动产的归属，有约定的，按照约定；没有约定或者约定不明确的，依照法律、行政法规的规定办理。

条文主旨

本条规定明确了住宅建设用地使用权期限届满后无须申请自动续期，但续期为有偿还是无偿，缴纳费用标准如何，有待出台新规定进行明确。对于非住宅建设用地使用权期限届满后的续期，可以依照《城市房地产管理法》等法律规定办理。

新旧法对比

《物权法》	《民法典》
第一百四十九条　住宅建设用地使用权期间届满的，自动续期。 非住宅建设用地使用权期间届满后的续期，依照法律规定办理。该土地上的房屋及其他不动产的归属，有约定的，按照约定；没有约定或者约定不明确的，依照法律、行政法规的规定办理。	第三百五十九条　住宅建设用地使用权**期限**届满的，自动续期。**续期费用的缴纳或者减免，依照法律、行政法规的规定办理。** 非住宅建设用地使用权期限届满后的续期，依照法律规定办理。该土地上的房屋以及其他不动产的归属，有约定的，按照约定；没有约定或者约定不明确的，依照法律、行政法规的规定办理。

理解与适用

本条规定将建设用地使用权分为住宅建设用地使用权和非住宅建设用地使用权，实际上此处的建设用地使用权仅指以出让方式取得的建设用地使用权，法律未对以划拨方式设立的建设用地使用权的使用期限进行规定。

就住宅建设用地而言，使用权期限届满的，自动续期。就续期费用问题，本条仅规定“依照法律、行政法规的规定办理”，具体续期费用的标准还有待后续出台规定予以明确。

就非住宅建设用地而言，结合《城市房地产管理法》第22条规定，土地使用权出让合同约定使用年限届满，土地使用者需要继续使用土地的，应当至迟于届满前一年申请续期，除根据社会公共利益需要收回该幅土地的，应当予以批准。经批准准予续期的,应当重新签订土地使用权出让合同,依照规定支付土地使用权出让金。土地使用权出让合同约定的使用年限届满,土地使用者未申请续期或者虽申请续期但依照前述规定未获批准的,土地使用权由国家无偿收回。

实务问题

2016年温州市鹿城区部分期限为20年的住宅建设用地使用权到期,续费金额可能高达房价总额的1/3,这一事件引起社会广泛关注。随后,原国土资源部办公厅发布了《关于妥善处理少数住宅建设用地使用权到期问题的复函》,明确将“两不一正常”作为少数住宅建设用地使用权期间届满的过渡性方案,即不需要提出续期申请、不收取费用,正常办理交易和登记手续。但这仅是过渡性方案,随后,中共中央、国务院在《关于完善产权保护制度依法保护产权的意见》中提出,“研究住宅建设用地等土地使用权到期后续期的法律安排,推动形成全社会对公民财产长久受保护的良好和稳定预期”。这意味着自动续期不等于无偿续期,但对于续期费用如何缴纳、缴纳标准是什么,由于涉及人民群众的切身利益,在《民法典》立法的过程中属于争议较大的一个问题。有专家提出应当结合住宅建设用地使用权的实际期限判断是缴纳续期费用还是减免,对于期限较短、取得房屋时支付的对价明显低于市场价格的,可以要求缴纳续期费用。因此,后续特别法和国务院的行政法规等详细配套规定的出台也值得关注。

(编写人:方嘉毅)

法律条文

第三百六十条　建设用地使用权消灭的,出让人应当及时办理注销登记。登记机构应当收回权属证书。

条文主旨

本条明确了对于出让形式设立的建设用地使用权,在建设用地使用权消灭后,出让人应当及时办理注销登记。登记机构应当收回权属证书。

新旧法对比

《物权法》	《民法典》
第一百五十条　建设用地使用权消灭的,出让人应当及时办理注销登记。登记机构应当收回建设用地使用权证书。	第三百六十条　建设用地使用权消灭的,出让人应当及时办理注销登记。登记机构应当收回**权属证书**。

理解与适用

现行法律并未对建设用地使用权的消灭作出规定,笔者理解,建设用地使用权主要会在以下四种情形下消灭:(1)建设用地使用权期限届满而又未能续期,由国家无偿收回的;(2)建设用地使用权期限届满前被依法收回的;(3)建设用地使用权人放弃权利的;(4)土地灭失的。

在上述情形下,建设用地使用权灭失后,对于出让形式设立的建设用地使用权,出让人应当及时办理注销登记。这也意味着出让人有权直接办理注销登记,而无须经过建设用地使用权人的同意。同时,登记机构应当收回权属证书意味着建设用地使用权人有义务交还权属证书。

实务问题

实务中对于建设用地使用权消灭后的处理与本条直接规定的内容存在一定差异。本条规定建设用地使用权消灭后办理注销登记的义务人是出让人,但各地不动产登记中心的建设用地使用权注销登记均要求权利人进行办理。

此外,本条明确规定在建设用地使用权消灭的情况下,出让人应当及时办理注销登记,这意味着在办理注销登记时建设用地使用权已经消灭。因此,在实务中,可以通过政府部门是否明确作出了收回土地的决定、是否办理了注销登记来判断建设用地使用权是否消灭、建设用地使用权人基于建设用地使用权作出的民事行为是否合法有效。在湖北某材料公司、中国石化公司湖北武汉石油分公司房屋租赁合同纠纷案①中,武汉市中级人民法院认为湖北英华材料公司办理了涉案土地使用权的登记手续,系涉案土地使用权的权利人,涉案土地使用权年限虽已届满,但未被政府部门收回,也未进行土地使用权注销登记,因此涉案土地的土地使用权的权属并未因土地使用权年限届满而发生变化,英华公司仍然

① 湖北省武汉市中级人民法院(2019)鄂01民终5769号。

是涉案土地使用权的权利人,双方签署的涉案房屋租赁合同合法有效。

(编写人:方嘉毅)

法律条文

第三百六十一条　集体所有的土地作为建设用地的,应当依照土地管理的法律规定办理。

条文主旨

本条是关于集体建设用地使用权的规定。对于集体建设用地使用权,主要适用《土地管理法》及相关的法律规定。

新旧法对比

《物权法》	《民法典》
第一百五十一条　集体所有的土地作为建设用地的,应当依照土地管理**法等法律**规定办理。	第三百六十一条　集体所有的土地作为建设用地的,应当依照土地管理**的法律**规定办理。

理解与适用

根据《土地管理法》的规定,集体建设用地的使用者应当严格按照土地利用总体规划、城乡规划确定的用途使用土地,不得擅自改变土地用途。

实务问题

《土地管理法》对于集体经营性建设用地使用权的流转作出了突破性的规定,删除了原法第 43 条“任何单位和个人进行建设,需要使用土地的,必须依法申请使用国有土地”及第 63 条“农民集体所有的土地的使用权不得出让、转让或者出租用于非农业建设”的规定,并在新法第 24 条、第 63 条、第 64 条和第 66 条对集体经营性建设用地入市、流转作出了制度性规定,结束了多年来集体建设用地不能与国有建设用地同权同价同等入市的二元体制,允许集体经营性建设用地使用权依法转让,为城乡一体化发展扫除了制度性的障碍。

根据《土地管理法》的规定,土地利用总体规划、城乡规划确定为工业、商业等经营性用途,并经依法登记的集体经营性建设用地,经 2/3 以上集体经济组织成员同意,土地所有权人可以通过出让、出租等方式交由单位或者个人使用。通过出让等方式取得的集体经营性建设用地使用权可以转让、互换、出资、赠与或者抵押,但法律、行政法规另有规定或者土地所有权人、土地使用权人签订的书面合同另有约定的除外。依照上述规定,不少地区设立了农村产权交易中心,通过公开方式对集体经营性建设用地进行挂牌交易,并逐步开展了集体经营性建设用地使用权作价入股的试点。在上述集体经营性建设用地使用权的流转中,集体经营性建设用地使用权的价值如何评估、入市后的使用年限如何设定、是否以登记为权利转让生效的要件等实务问题都有待相关部门出台具体规定以进一步明确。

(编写人:方嘉毅)

第十三章　宅基地使用权

法律条文

第三百六十二条　宅基地使用权人依法对集体所有的土地享有占有和使用的权利，有权依法利用该土地建造住宅及其附属设施。

条文主旨

本条是关于宅基地使用权的基础性规定。

新旧法对比

《物权法》	《民法典》
第一百五十二条　宅基地使用权人依法对集体所有的土地享有占有和使用的权利，有权依法利用该土地建造住宅及其附属设施。	【内容不变】第三百六十二条

理解与适用

根据《宪法》第 10 条的规定，宅基地和自留地、自留山一样，属于集体所有。农民使用宅基地是对集体所有的土地的使用。根据《土地管理法》和相关法律规定，土地的利用必须符合国家对土地的用途管制，土地作为重要的自然资源，同时又是重要的生产资料，在我国人多地少的基本国情下尤其需要重点保护，违规使用土地，特别是占用耕地始终被严格禁止。所以农民取得宅基地，必须依法办理用地手续，不得多占，也不得违反规划，改变土地用途。

宅基地使用权是一种带有社会福利性质的权利，是农民的安身之本，与土地承包经营权一样，农民基于集体经济组织成员的身份无偿取得。在我国社会保障体系没有完全覆盖广大农村地区的情况下,土地承包经营权解决了农民的基本衣食来源,宅基地使用权解决了农民的基本居住问题。因而这两项制度构成了农村经济、社会、民生稳定的基础。

实务问题

配偶是否享有宅基地使用权?

司法实践中确认宅基地使用权人的问题比较复杂,需要结合当事人户籍是农业、非农业,是否为本村集体经济组织成员,建房审批手续是否齐全,居住使用等情况进行综合判断。其中比较有争议的一类问题是在离婚诉讼中,配偶一方对于另一方婚前取得的宅基地或者配偶一方父母名下宅基地是否享有对应的财产性权利?审判实务中对此处理意见并不一致,并且因农村房屋在婚姻关系存续期间可能发生拆迁,拆迁与否也导致裁判结果出现差异。

目前审判实务中在处理此类问题时主要有以下几种方式:对于诉讼时没有发生拆迁的,如果配偶一方没有贡献,则没有权利主张分割房屋,基于房地一体原则,当然也无权就宅基地使用权主张权利,反之则可以;而对于诉讼时发生拆迁的,有的法院以一方对拆迁前的房屋土地没有贡献为由,对其主张分割的请求不予支持,有的法院则以一方被列为拆迁安置人口为由,判决其享有对应的宅基地上的利益。而之所以在类似的案件中处理存在差异,主要原因在于对宅基地使用权是否会因婚姻关系的缔结而让配偶一方当然享有,存在不同的理解。

从《婚姻法》的立法理念来看,对于夫妻共同财产的认定应当基于夫妻双方对于共同财产的贡献。相关司法解释亦规定一方个人所有的财产不因婚姻关系延续而转化为夫妻共同财产。宅基地使用权作为一种用益物权,其承载的价值亦属于财产利益,也应当适用相关规定。从保持法律精神统一的角度出发,夫妻一方能否取得另一方婚前所得宅基地或配偶父母名下宅基地上的利益应当视其有无贡献具体区分如下:(1)在不涉及拆迁的情形下,对于一方婚前个人或者家庭取得的宅基地,如果另一方在婚姻关系存续期间对于其上的房屋建造没有贡献,那么在离婚时其没有权利主张分割房屋及宅基地;如果婚后存在新建或者翻建的情形,那么夫妻一方则成为新建、翻建房屋的共有权人,根据房地一体原则,其对于房屋对应的宅基地亦享有权利,这也是夫妻特殊身份关系效力的体现,夫妻一方可以据此主张分割宅基地及其上的房屋。(2)在涉及拆迁的情形下,拆迁利益作为被拆迁房屋利益的一种转化方式,仍然适用上述规则,即根据有无贡献(主要是有无改建、翻建)确定一方是否享有权利。

(编写人:刘　箫)

法律条文

第三百六十三条　宅基地使用权的取得、行使和转让，适用土地管理的法律和国家有关规定。

条文主旨

本条是关于宅基地使用权的取得、行使和转让的法律准用问题的规定。

新旧法对比

《物权法》	《民法典》
第一百五十三条　宅基地使用权的取得、行使和转让，适用土地管理法等法律和国家有关规定。	第三百六十三条　宅基地使用权的取得、行使和转让，适用土地管理的法律和国家有关规定。

理解与适用

宅基地使用权的取得、行使主要涉及国家土地管理制度。《土地管理法》以及有关法规、政策中对宅基地使用权的取得及其必要限制作出了相对明确的规定。实践中遇到的问题应当依照这些规定处理。《民法典》本章内容对国家土地管理制度的具体内容不作重复规定，只作出必要的衔接性规定。

《土地管理法》第62条和《民法典》第399条对宅基地使用权作了规定。根据《土地管理法》第62条的规定，农村村民一户只能拥有一处宅基地，其宅基地的面积不得超过省、自治区、直辖市规定的标准。人均土地少、不能保障一户拥有一处宅基地的地区，县级人民政府在充分尊重农村村民意愿的基础上，可以采取措施，按照省、自治区、直辖市规定的标准保障农村村民实现户有所居。农村村民建住宅，应当符合乡（镇）土地利用总体规划、村庄规划，不得占用永久基本农田，并尽量使用原有的宅基地和村内空闲地。编制乡（镇）土地利用总体规划、村庄规划应当统筹并合理安排宅基地用地，改善农村村民居住环境和条件。农村村民住宅用地，由乡（镇）人民政府审核批准；其中，涉及占用农用地的，依照《土地管理法》有关规定办理审批手续。农村村民出卖、出租、赠与住宅后，再申请宅基地的，不予批准。国家允许进城落户的农村村民依法自愿有偿退出宅基地，鼓励农村集体经济组织及其成员盘活利用闲置宅基地和闲置住宅。国务院农业农村主管部门负责全国农村宅基地改革和管理有关工作。《民法典》第

399条规定，宅基地使用权不得抵押。

此外，中共中央、国务院、地方政府及土地管理部门通过各类有关文件，多次强调农村居民建住宅要严格按照所在的省、自治区、直辖市规定的标准，依法取得宅基地。农村居民每户只能有一处不超过标准的宅基地，多出的宅基地，要依法收归集体所有。同时禁止城镇居民在农村购置宅基地。

关于宅基地使用权的转让和抵押，始终严格限制。早在物权法立法时期就有观点指出，随着城市化的发展，很多农民进入城市，也有不少城镇居民下乡购房，已经出现宅基地使用权向村集体经济组织之外流转的客观情况和需求，特别是在大城市附近或者比较发达地区，这类交易非常频繁。宅基地上的房屋属于农民个人所有，应允许转让，或者对转让作出一定的限制，而不是彻底禁止。虽然国务院曾在北京市大兴区等少数地区开展农村集体建设用地有偿流转试点工作，但从全国范围看，放开宅基地使用权转让和抵押的条件尚不成熟。农民一旦失去住房及其宅基地，将会丧失基本生存条件，影响社会稳定。为了维护现行法律和现阶段国家有关农村土地政策，《民法典》的有关规定应当与《土地管理法》等法律的规定保持一致。

需要说明的是，包括《土地管理法》在内的我国土地法律、法规、政策在各个历史时期时有调整、变化，但就宅基地使用权而言，诸如“一户一宅”“禁止与城镇居民进行交易”等基本原则，多年来不但没有改变而且被进一步强化。但我们应当看到的是我国的土地管理制度正在进行与时俱进的改革，有关法律、法规、政策也在不断完善。对于宅基地使用权的有偿流转问题，相信随着改革的深化、保护农民利益机制的健全，包括《民法典》在内的有关法律会给出进一步明确的规定。

实务问题

宅基地使用权能否有偿转让？

对此问题，虽然目前为止《土地管理法》等相关法律、法规、政策均作出禁止性的规定，但在司法实践中农民之间、农居之间关于宅基地房屋交易问题屡见不鲜，对有关交易行为是否绝对违法无效并不能一概而论。严格意义上讲，农村宅基地使用权只能在本村集体经济组织成员之间进行转让，但司法实践中，农民与城镇居民之间所进行的宅基地转让其实大量存在，是否一定无效，对这一问题不能一概而论，需要结合居住使用情况、身份户籍变动情况、建房审批情况综合判定。

《北京市高级人民法院农村私有房屋买卖纠纷合同效力认定及处理原则研

讨会会议纪要》中明确规定此类案件裁判指导原则为：农村私有房屋买卖合同应当认定无效，此类合同的效力以认定无效为原则，以认定有效为例外，如果买卖双方都是同一集体经济组织的成员，经过了宅基地审批手续的，可以认定合同有效。实践中，甚至有非同一集体经济组织成员之间的宅基地房屋买卖合同因购买者当年办理了相关用地审批手续亦或建房审批手续，而被认定为有效。

但有争议的问题是，倘若初次购房一方不具备购房资格（村集体经济组织成员身份），也没有办理用地、建房审批手续，但在其取得宅基地房屋后又通过分家析产、赠与、二次转让、继承等法律行为使得宅基地房屋继续流转至第三人手中，此时第三人具备购买资格或者办理了相关用地、建房手续。此时的宅基地房屋买卖行为法律效力将如何认定？司法裁判结果不一，但目前笔者接触到的裁判案例反映的裁判倾向是只要现阶段占有、使用宅基地房屋的主体具备诸如户籍入迁、村集体经济组织成员身份或者办理了用地、建房审批手续，即认定买卖合同有效，对前手交易合法性不做评价或者直接也认定为有效。

目前，宅基地使用权转让和抵押的问题仍然比较复杂，不宜一概而论。《民法典》对这个问题不可能作出具体规定，待各方面的认识进一步统一，有一些经验的时候，再根据实际情况，通过《土地管理法》或者地方性法规等其他规范性文件予以解决。

（编写人：刘 箫）

法律条文

第三百六十四条 宅基地因自然灾害等原因灭失的，宅基地使用权消灭。对失去宅基地的村民，应当依法重新分配宅基地。

条文主旨

本条是关于宅基地消灭后的重新分配的规定。

新旧法对比

《物权法》	《民法典》
第一百五十四条 宅基地因自然灾害等原因灭失的，宅基地使用权消灭。对失去宅基地的村民，应当重新分配宅基地。	第三百六十四条 宅基地因自然灾害等原因灭失的，宅基地使用权消灭。对失去宅基地的村民，应当**依法**重新分配宅基地。

理解与适用

重新分配宅基地的客观原因,是自然灾害导致的宅基地灭失。虽然从物理上来说,土地不会灭失,但其作为房屋建设用地的功能可能会因暴雨、泥石流、河流改道、拆迁等自然或人为因素而丧失。这时候基于宅基地使用的无偿性和福利性,失去宅基地的村集体经济组织成员自然有权重新申请获批宅基地。

此外,对于多占宅基地的情况,要予以纠正,不应当把多占的宅基地也纳入重新分配中。重新分配的宅基地应当符合乡(镇)土地利用总体规划,尽可能利用原有的宅基地和村内空闲地,严格执行国家有关保护耕地的政策要求。

实务问题

1. 分家析产场景下宅基地使用权的归属

关于宅基地的重新分配,司法实践中有关因“分家析产”导致宅基地使用权需要重新划分的问题值得研究。有别于城镇居民基于个体享有所有权登记的不动产,在我国广大农村地区,村民享有宅基地使用权对应的权利主体应当是“户”,但对户的概念应当如何理解,存在诸多分歧。从法律的角度出发,作为一种用益物权的归属主体,户的概念应当具有严格的法律定义,但实践中的矛盾恰恰在于“户”的概念在我国法律体系中并不明确。

目前,从法律层面而言,与户相关的概念主要体现在《户口登记条例》第5条当中。而就农村的习俗而言,所谓的一户,一般指父母子女等家庭成员。然而随着城镇化及拆迁进程的加快,登记在一个户口本上的人与户主之间并不一定具有传统的一户意义上的亲属关系,故此,如果仅以户口簿作为判断户的唯一依据,缺乏实践的土壤。因此,单就宅基地使用权归属对应的户的概念而言,判断时不仅须结合户口簿上的登记和农村的风俗,还需考虑宅基地使用权独特的主体限制条件:如果成年子女已经并非集体经济组织成员或另外获得了宅基地,即使其户口依然登记在父母的户口簿中,也不能认定其属于父母的户中人口,不能再以户中成员身份对父母名下的宅基地享有使用权(空挂户问题)。

另一种比较复杂的情况是,就农村的习俗而言,存在成家立户之说,即成年子女结婚即可视为“成家”,成为农村人眼中的一户。然而,如果该子女希望单独办理户口本,即想完成登记意义上的分户,尚需满足其他条件。对此,各地公安机关的规定存在一定差异,但大都要求分户人具有独立房产,因而实践中“分户”多以“分家”为基础,理想状态下,是分出单过的子女另获批宅基地建房,然而受各地宅基地分配条件所限,“分户不分家”的情况仍然很常见:父母院内起院墙，一分若干，各自在小院内居住。那么此时宅基地使用权及院落内房屋归属认定就成了棘手问题。这也就是实践中拆迁部门多按照一宗宅基地来确定被安置对象及拆迁补偿利益的给付，而不是按照分户情况分别发放拆迁补偿的主要原因之一，当然这中间还夹杂有其他原因。但问题是这样处理是否合理？倘若一宗宅基地分为两户甚至多户（有独立户口本）是否仍应按一宗宅基地认定有待商榷，反之，在没有明确的分家单作为已分家析产依据的情况下，如果仅因分户是否又能当然认定子女（主要是儿子）对各自院内房屋享有所有权？笔者的倾向性意见是：分户不等同于分家，仅因分户不能得出院落及房产已经分开的结论，要想各自认定院落房屋归属，还应当结合分家单、建房审批表等材料加以证明。

2. 分家单与出嫁女

宅基地使用权的归属争议中，往往会牵扯到"分家单"。提到分家单效力问题，在农村房地相关的继承纠纷中，分家行为是否存在对于遗产的归属亦会产生重要的影响。结合多年的农村习俗，分家单大都存在两个特征：一是父母在分家单上不签字或不完全签字，二是女儿在分家单上不签字或者不参与。在父母和儿子签订完分家协议多年之后，不乏出嫁女儿起诉主张继承遗产的情况，且时常以其未参与或不知晓分家协议、侵犯其权益为由主张分家协议无效。

此类纠纷的难点在于，如何认定分家单的效力。一种观点认为，家庭财产的分割，需要全体家庭成员确认（基于家庭财产共有），故无论时间长短，只要女儿未曾在分家单上签字，就应当认定分家单无效。另一种观点认为，分家单应当结合农村地区的风俗和财产的性质综合判定，如果是老人在世时主持的分家，且分割的财产属于老人所有（基于夫妻共有），则应当推定老人具有赠与的意思表示，故此无论女儿是否签字，都不影响分家单的效力；如果分割的财产中涉及女儿的出资出力，则在适当考虑债权的基础上给予女儿补偿，但不能因此否认分家单的效力。司法实践中，多采取第二种观点。无论认同与否，实践中分家单广泛存在，笔者亲身代理案件中，直接起诉分家单无效明显难以获支持。

（编写人：刘　箫）

法律条文

第三百六十五条　已经登记的宅基地使用权转让或者消灭的，应当及时办理变更登记或者注销登记。

条文主旨

本条是关于宅基地使用权的变更登记和注销登记的规定。

新旧法对比

《物权法》	《民法典》
第一百五十五条　已经登记的宅基地使用权转让或者消灭的,应当及时办理变更登记或者注销登记。	【内容不变】第三百六十五条

理解与适用

宅基地使用权不仅涉及国家对土地资源的管理,更是一种重要的用益物权。宅基地使用权的设立、变更和消灭登记,既有利于加强土地管理,又有利于表彰物权的状态,从而减少争端。

目前关于宅基地使用权变更登记与注销登记的规定,主要见于《土地登记规则》。《土地登记规则》第37条规定:"有下列情形之一的,土地使用权转让双方当事人应当在转让合同或者协议签订后三十日内,涉及房产变更的,在房产变更登记发证后十五日内,持转让合同或者协议、土地税费缴纳证明文件和原土地证书等申请变更登记:(一)依法转让土地使用权的;(二)因买卖、转让地上建筑物、附着物等一并转移土地使用权的,房屋所有权变更而使土地使用权变更的,在申请变更登记时,应当提交变更后的房屋所有权证书"。第39条规定:"因交换、调整土地而发生土地使用权、所有权变更的,交换、调整土地的各方应当在接到交换、调整协议批准文件后三十日内,持协议、批准文件和原土地证书共同申请变更登记。"第56条规定:"因自然灾害等造成土地权利灭失的,原土地使用者或者土地所有者应当持原土地证书及有关证明材料,申请土地使用权或者土地所有权注销登记。"第58条规定:"土地使用者、所有者和土地他项权利者未按照本规则规定申请注销登记的,土地管理部门可以依照规定直接办理注销土地登记,注销土地证书。"

目前有的地方的宅基地使用权的登记制度不够完善,有的宅基地使用权还没有登记。这一现状所引发的问题在集体土地征拆过程中已经凸显,就宅基地使用权合法主体认定而言,在没有明确登记使用权人的情况下,认定非常棘手,往往产生大量纠纷。从《物权法》明确立法至《民法典》颁布,时间已经不短,但本条的落实效果显然有限,许多农村地区宅基地审批及登记基本处于搁置状态。

一方面因为人地关系日渐趋于紧张,另一方面由于村一级自治组织在村务管理方面具有很强的自主性。综合来看农村宅基地登记制度尚需加紧落实。但在《民法典》层面,本条对宅基地使用权的取得、行使和转让作了与其他法律和国家有关规定的衔接性规定,已经为未来宅基地使用权制度的发展完善留下了空间。

实务问题

因继承导致的宅基地使用权变动问题。

现实生活中,宅基地使用权人主体发生变化的原因往往涉及“继承”问题。从集体土地所有制的角度来看,农村宅基地使用权是不允许通过继承方式取得的,但结合“房地一体”原则,如果宅基地使用权人在宅基地上所建房屋因其死亡发生继承,那么根据“地随房走”的处理结果,实际效果上,继承人可以继续享有房屋所占用宅基地的使用权。但这样一来,就有个随之而来的问题,司法实践中,处理起来比较复杂,即被继承人子女为非本村集体经济组织成员或者已经农转非,又或者虽然具有村集体经济组织成员身份但因为外嫁、分家单过等原因已经另外获批宅基地,此时是否依然可以基于继承父母的房屋,而获得宅基地使用权?同一问题如果放在遗赠和遗赠抚养协议制度之下,受赠方的身份对于协议的履行又会产生什么影响?

从家庭成员内部之间,子女身份与继承权行使限制条件来看,就民法的传统理论而言,民事法律行为的效力一般涉及的是当事人意思表示是否自由真实、当事人行为能力是否具备、是否违反法律行政法规的强制性规定,并不涉及当事人的户口性质等身份属性。然而就农村房屋及宅基地的继承而言,当事人的身份属性对于行为效力的影响却成为一个无法绕开的问题。对于子女的身份性质是否影响其继承农村房屋的问题,实践中的观点已趋于一致,如果是基于继承关系取得宅基地房屋,无论身份属性如何,都并不影响农村房屋的继承及房屋所依附宅基地使用权的取得,即无论子女的身份性质是否为城镇居民、是否与父母同为集体经济组织成员,都不构成继承的障碍,且该子女不仅能够继承宅基地上的房屋,还可基于继承而获得相应宅基地的使用权。

至于其权利来源,主要是1995年国家土地管理局颁布的《确定土地所有权和使用权的若干规定》和2011年国土资源部、中央农村工作领导小组办公室、财政部、农业部联合颁布的《关于农村集体土地确权登记发证的若干意见》。但实际上,对于继承人身份性质问题,各地法院还是有不同的认识。就司法实践而言,在现有的我国土地理论框架之下,在符合我国现行土地法律法规的前提下,针对非农村集体成员身份子女继承农村房之问题,可以从以下几个角度考虑:首先,如果非农子女为农村房之唯一继承人,那么,按照继承法的规定,对其合法继承权应该予以保护,其可以继承父母农村宅基地之房屋。其次,如果非农子女不为农村房之唯一继承人,且其他子女均已申请或分配宅基地,非农子女要求继承农村房的,仍可以考虑其诉求。最后,如果非农子女不为农村房之唯一继承人,尚有其他村集体成员子女未分配新的宅基地,且在诉争农村房居住生活,那么就应该考虑房屋首先应保障本村集体成员之居住生活,该农村房应该由该集体成员子女居住使用,可以考虑给予非农子女一定其他方式之补偿。

对于家庭成员之外的其他人而言,如果受赠人(扶养人)与赠与人(被扶养人)并非同一集体经济组织成员,该行为的效力应如何认定?实践中认识也不统一。对于遗赠、遗赠扶养协议的效力与身份属性的关系,就买卖和赠与法律行为的本质而言,受赠人的身份不应当成为效力的障碍。然而,农村房屋却具有一定的特殊性,究其原因,在于我国法律对于宅基地使用权和集体经济组织成员身份采取了相关的管制制度。就遗赠和遗赠扶养协议而言,其重要内容之一包括所有权人对于其财产的处分行为,然而由于上述宅基地的特殊性的存在,接受农村房屋赠与的一方应当具有一定的身份限制。究其目的,一方面是为了避免农村宅基地流转至诸多非集体经济组织成员手中,另一方面是为了避免当事人以赠与名义行买卖之实。故此,对于遗赠和遗赠扶养协议而言,如果受赠人(扶养人)与赠与人(被扶养人)不具有同一集体经济组织成员身份,原则上应当认定上述行为无效。至于受赠人(扶养人)已经履行的义务,应当由赠与人(被扶养人)或权利承受人支付一定的损失赔偿。

(编写人:刘　箫)

第十四章 居　住　权

法律条文

第三百六十六条　居住权人有权按照合同约定，对他人的住宅享有占有、使用的用益物权，以满足生活居住的需要。

条文主旨

本条是关于居住权概念的规定。

新旧法对比

无	《民法典》
无	第三百六十六条　居住权人有权按照合同约定，对他人的住宅享有占有、使用的用益物权，以满足生活居住的需要。

理解与适用

居住权是大陆法系传统的物权形态，是指居住权人对他人住宅的全部或者部分及其附属设施，享有占有、使用的权利。

1. 一些国家和地区关于居住权制度的规定和研究

目前，一些国家主要是欧洲国家的民法典大多继受和发展了居住权制度，如《法国民法典》《德国民法典》《意大利民法典》《瑞士民法典》《奥地利民法典》等。此外，我国澳门特别行政区民法典也规定了居住权制度。一些东亚国家和地区虽普遍继受了西方物权制度，却大多未规定居住权等人役权制度，如韩国、我国台湾地区等都没有规定居住权制度。还有的国家如日本，最初未继受居住权制度，随着理论和实践的发展，根据实际需要，在最近的民法修改中，在相关章节增加了关于居住权制度的规定。

2. 规定居住权制度的意义

(1)增加规定居住权制度是加快建立多主体供给、多渠道保障、租购并举的住房制度的需要。(2)增加规定居住权制度是住房商品化和市场化发展的反映。(3)增加规定居住权制度是房屋在居民财产体系中地位提高的体现。(4)增加规定居住权制度是更好地满足住宅所有权人意思自由的需求。

3. 居住权的含义和法律特征

本条规定,居住权人有权按照合同约定,对他人的住宅享有占有、使用的用益物权,以满足生活居住的需要。根据本条规定,居住权有以下法律特征:

(1)居住权是在他人住宅上设立的物权。设立居住权的主体应当是房屋所有权人。在自己所有的房屋上创设居住权的行为,是房屋所有权人处分自己财产的行为。因此,房屋所有权人有权根据自己的个人意志,在自己所有的住宅的全部或部分上设立居住权。此外,本条同样规定,设立居住权的客体只能是他人所有的住宅,其他类型的房屋如小产权房、公房等则不能设立居住权。

(2)居住权是一种用益物权。根据《民法典》的规定,居住权是一项用益物权。是指居住权人对他人所有的住宅及附属设施享有占有、使用的权利,以满足日常生活的需要。需要注意的是,本条规定的居住权是一项法律创设的权利,与所有权人、承租人、借用人、存在抚养关系的人等所享有的居住权是有所区别的。上述权利人享有的权利不具有物权的排他性,不是本条所规定的居住权,不能适用本章的规定。

(3)居住权是为特定自然人设定的。享有居住权的人应当是自然人,法人或其他组织不能享有居住权。居住权具有排他性,居住权人以外的人一般不能享有居住权,但家庭成员应当排除在外。

(4)居住权是为特定自然人生活居住的需要而设定的权利。居住权人享有居住权的目的应是满足日常生活需要,一般情况下,居住权人不应享有出租权,且根据《民法典》第369条,居住权不得转让、继承。

(5)居住权人按照合同约定对他人的住宅享有占有、使用的权利。

居住权人对住宅享有占有、使用的权利,根据与所有权人的约定,居住权人还应享有对住宅内具体设备设施的使用权。笔者认为,本条规定是"居住权"制度的概念和纲领,第366条并未规定居住权的设立方式、客体、是否有偿等问题,这些问题在第367~371条中陆续有所规范。鉴于此,研究居住权制度,应当结合《民法典》物权编第14章的全部内容,以整体性的、概括性的思维去尝试解读、应用居住权制度，不可片面地理解居住权的客体、是否有偿等问题。否则，在司法实践中，很难不被束手束脚，难以发挥居住权这一制度的最大效用。作为法律从业人员，笔者希望广大读者在办案过程中充分践行居住权制度、探索居住权的边界，不拘一格，在继承、离婚、析产等不同种类的案件中尝试突破所有权的边界，探索单独实现居住权的可能性，充分完善居住权制度在司法实践中的应用，维护当事人合法权益。

实务问题

《民法典》实施前，对居住权的保护并不完整和全面，法律中没有明确规定居住权，出现"居住权"的表述也多是处理婚姻和家庭成员关系的领域。例如，《无锡市房屋居住权处理办法》虽然对居住权有所规定，但该规定以调整家庭成员之间的住宅居住权关系为宗旨，难以全面保护居住权人的合法权益。《婚姻法解释(一)》的第27条第3款、《最高人民法院关于人民法院审理离婚案件处理财产分割问题的若干具体意见》第14条等司法解释条文中，虽然也涉及居住权，但也是以离婚后无住所配偶的居住权益为保护对象，旨在保障离婚纠纷中弱势方的居住权益。

截至目前，已经见到部分法院在《民法典》施行后，作出涉及居住权案件的判例。例如，上海市第二中级人民法院在其微信公众号中发表的高某甲、高某乙物权纠纷一案，系上海市首例因人民法院生效法律文书设立居住权登记的案件。

上述案件的案情概述如下：高某甲与高某乙系兄弟，原共同居住在A房屋内。1995年，高某乙增配B房屋。双方协商由高某甲居住B房屋，高某乙居住A房屋。后两套房屋均被拆迁，A房屋拆迁所得款项由高某乙支配。B房屋拆迁后，安置C房屋，产权登记在高某乙名下，但该房屋自安置开始由高某甲居住。高某甲要求高某乙将C房屋过户至其名下，遭拒后提起诉讼，要求确认其享有C房屋的完整产权。

一审法院认为，高某甲在B房屋上不具有常住户口，不属于共同居住人，因此该房屋的全部拆迁安置利益应归高某乙所有，故驳回高某甲的诉请。

二审中合议庭注意到，A房屋的拆迁安置款有高某甲的份额，但高某乙未将该款项分配给高某甲，而是全部用于购置商品房。合议庭最终促成双方达成了C房屋归高某乙所有，高某乙为高某甲设置附期限居住权及支付补偿款的调解方案。上海市第二中级人民法院出具调解书后，为保障居住权的顺利登记，承办法官陪同双方当事人一同前往静安区自然资源确权登记事务中心办理登记手续。2021年4月29日，该中心在核查了民事调解书后，依照《上海市不动产登记技术规定》第 11.1.3 条的规定办理了登记。

让全体人民住有所居、让房屋回归居住属性,是《民法典》增设居住权制度的终极目标。居住权制度在解决老年人、妇女以及未成年人等弱势群体的住房问题上必将起到至关重要的作用。我国目前已经有经济适用房、廉租房、住房公积金、限价房和公共租赁房等多层次的保障性住房,居住权的设立将弥补私有房屋居住问题的空白,有利于进一步完善住房保障体系。

(编写人:贾思远)

法律条文

第三百六十七条　设立居住权,当事人应当采用书面形式订立居住权合同。

居住权合同一般包括下列条款:

(一)当事人的姓名或者名称和住所;

(二)住宅的位置;

(三)居住的条件和要求;

(四)居住权期限;

(五)解决争议的方法。

条文主旨

本条是关于居住权合同形式和内容的规定。

新旧法对比

无	《民法典》
无	第三百六十七条　设立居住权,当事人应当采用书面形式订立居住权合同。 居住权合同一般包括下列条款: (一)当事人的姓名或者名称和住所; (二)住宅的位置; (三)居住的条件和要求; (四)居住权期限; (五)解决争议的方法。

理解与适用

1. 居住权合同的形式

根据《民法典》的规定，创设居住权的方式有合同、遗嘱法院判决三种。本条是对居住权合同的合同形式和内容的规定。

2. 居住权合同的内容

本条第2款规定是2019年4月《民法典》物权编草案二审稿增加规定的内容。2019年12月《民法典》草案在二审稿的基础上又作了修改完善。根据本条第2款的规定，居住权合同一般包括下列五个方面条款。

(1)当事人的姓名或者名称和住所。当事人的姓名或者名称和住所，是合同中的主体要件。居住权合同的当事人一般为住宅的所有权人和居住权人。为保护部分如以房养老的老年人的合法权益，2019年12月审议的民法典草案将本项由"当事人的姓名和住所"修改为"当事人的姓名或者名称和住所"。

(2)住宅的位置。居住权合同中应当明确住宅的具体位置，以确定当事人设立居住权的住宅。一般情况下，合同中明确的住宅的位置应与住宅房屋产权证上的位置一致。

(3)居住的条件和要求。居住权合同中可以约定居住的条件和要求，主要包括当事人的权利义务。为避免纠纷的发生，应当尽量详细约定各方的权利、义务。

(4)居住权期限。本项是2019年12月审议的《民法典》草案增加规定的内容。有的意见提出，为扩大居住权的适用范围，应该允许当事人对居住权期限进行约定。各方当事人对居住权期限的约定可以更好地保障当事人设立居住权的意思自由，扩大居住权制度的适用性。当事人可以根据不同情况、不同需求在居住权合同中约定居住权的期限。例如，给未成年人设立居住权的，可以约定居住权期限存续至未成年人成年之时。如果当事人未对居住权期限作出约定，根据本法的规定，居住权人死亡的，居住权消灭。

(5)解决争议的方法。居住权合同可以就合同履行发生争议的解决方法作出约定。因履行居住权合同发生争议的，所有权人和居住权人可以提交双方当事人指定的仲裁委员会仲裁，或者依法向人民法院起诉。

实务问题

以合同方式设立居住权：前置居住权合同掣肘保障性居住权。

以合同方式设立居住权时，居住权合同的订立应当遵循合同的平等、自愿原则，居住权合同应当是当事人的真实意思表示，居住权合同同样应当受《民法典》总则、合同编各条文的约束。家庭关系中，居住权旨在保障弱势方的居住权益，当事人就居住权的期限、房屋的位置、行使权利的条件和要求等内容协商一致，签订居住权合同、办理居住权登记，居住权人的权利才能得到保障。

然而，实践中，若当事人在办理居住权登记前未能订立居住权合同，则居住权人的居住权很难得到保障。在杨某、邱某离婚后财产纠纷案①中，双方在离婚协议书中约定杨某对邱某个人婚前住宅享有居住权，事后邱某却反对设立居住权，双方不能就居住权设立的条款达成合意。若非此案发生时《民法典》尚未出台，否则依据居住权登记设立规则，杨某的居住权益难以被保障。家庭和睦情形下，居住权设立与否并不会妨碍弱势方在特定住宅中生活居住。相反，正是因为家庭成员之间不能就居住权的设立及相关内容达成一致，才发生赡养纠纷诉讼、离婚纠纷诉讼和分家析产纠纷诉讼等案件。此时当事人合意达成居住权合同的可能性不大，更毋论及居住权登记设立相关事宜，因而前置居住权合同事实上掣肘了家庭关系中的弱势方取得居住权。在陆某与张某、杨某等继承纠纷案②中，80 余岁高龄的陆某与其他家庭成员无法就居住权的设立达成一致，前置居住权合同缺失，陆某无法取得保障性居住权。倘使江苏省常州市中级人民法院不从尊重陆某长期居住的事实和保障集体经济组织成员基本生存权的角度出发，判决陆某对 23 号房享有居住权，则无法实现老有所住。类似的案件不胜枚举。遵循《民法典》第 367 条和第 368 条的规定，居住权的设立以当事人之间的书面居住权合同为前提，以居住权登记为生效要件，则在赡养纠纷、离婚纠纷和分家析产纠纷等家庭纠纷中，双方当事人关系恶化，无法达成订立书面居住权合同的合意，居住权的登记设立亦无法实现。在此境遇下，弱势方只能通过诉讼的方式维护居住权，而居住权的设立具有非强制性，法官无法依据《民法典》第 367 条和第 368 条判决弱势方取得居住权，居住权制度的立法目的无法实现。因此，经由上述司法判决、相关法条和法理论述，以合同方式设立居住权时，居住权的设立不具有强制性，存在前置居住权合同阻碍弱势方取得保障性居住权的情形，有必要在立法上进行完善，以更好地保障弱势方的居住权。

（编写人：贾思远）

---

① 福建省高级人民法院(2018) 闽民再 6 号。

② 江苏省常州市中级人民法院(2019)苏 04 民终 2985 号。

法律条文

第三百六十八条 居住权无偿设立，但是当事人另有约定的除外。设立居住权的，应当向登记机构申请居住权登记。居住权自登记时设立。

条文主旨

本条是关于居住权设立的规定。

新旧法对比

无	《民法典》
无	第三百六十八条 居住权无偿设立，但是当事人另有约定的除外。设立居住权的，应当向登记机构申请居住权登记。居住权自登记时设立。

理解与适用

本条规定是在立法过程中不断修改完善的。2018 年 8 月审议的《民法典》各分编草案仅规定了“设立居住权的，应当向登记机构申请居住权登记。居住权自登记时设立”。在征求意见过程中，有的学者建议进一步完善居住权制度的规定，明确居住权原则上应是无偿设立的用益物权。2019 年 4 月审议的《民法典》物权编草案二审稿将该款单列一条，并在下一条中增加规定“居住权无偿设立”。后有意见提出，居住权应以无偿设立为原则，但应允许当事人作例外约定。故，2019 年 12 月审议的《民法典》草案将“居住权无偿设立”移至本条并修改为“居住权无偿设立，但是当事人另有约定的除外”。

1. 居住权一般情况下无偿设立

居住权制度产生初始，是房屋所有权人为与其有特定人身关系的人设立的，无偿性是居住权制度的特征之一。设立居住权一般情况下带有扶助、友善、帮助的性质。按照本条的规定，居住权无偿设立，即居住权人无须向房屋的所有权人支付对价。

此外，本条规定，居住权无偿设立，但当事人另有约定的除外。根据本条的规定，居住权以无偿设立为原则，当事人可以就是否无偿设立作出约定。

2. 设立居住权的，应当向登记机构申请居住权登记

我国物权制度有“登记生效”与“登记对抗”两种物权变动模式。对于居住

权的设立，采用登记生效的物权变动模式。不动产登记簿是确定居住权的根本依据。居住权的设立登记是指将设立居住权的事实依法记载于不动产登记簿的行为。本条规定，设立居住权的，应当向登记机构申请居住权登记。居住权自登记时设立。根据本条的规定，当事人签订居住权合同后，居住权并未设立，当事人需持居住权合同到不动产登记机构申请居住权登记。不动产登记机构将设立居住权的情况登记在不动产登记簿上，居住权自登记时设立。如果仅就住宅的部分设立居住权应当在居住权合同中予以明确，并在不动产登记簿上予以明确。

实务问题

《不动产登记暂行条例》第 5 条规定，“下列不动产权利，依照本条例的规定办理登记”。由此明确了登记能力法定原则，并非不动产上任何事项都可以登记，只有对保护权利人以及不动产交易具有重大法律意义的事项，才应当在登记簿上记载并公示。哪些权利有登记能力不完全受物权法定的限制，物权法定只是要求物权的种类和内容由法律规定，即便不动产权利不属于物权，只要该权利的登记对保护权利人和促进交易有必要性，就应当赋予其登记能力。

居住权采登记生效主义。《民法典》实施后，可以预见的是，《不动产登记暂行条例》与《不动产登记暂行条例实施细则》会作出相应的更改，如增设居住权登记的相应簿专门页、增设具体操作流程，以及需提交的材料清单。在此之前，可将居住权纳入《不动产登记暂行条例》第 5 条第 10 项“法律规定需要登记的其他不动产权利”中。对于当事人在居住权合同中的特殊约定，可繁可简，不动产权利登记簿页上增设的栏目由于受到篇幅的限制，可能只能进行简要记载，无法完全满足当事人的个性化需求。对此，笔者认为，为更好地解决上述问题，可将居住权合同作为不动产登记簿的附件。

（编写人：贾思远）

法律条文

第三百六十九条　居住权不得转让、继承。设立居住权的住宅不得出租，但是当事人另有约定的除外。

条文主旨

本条是关于居住权限制的规定。

新旧法对比

无	《民法典》
无	第三百六十九条 居住权不得转让、继承。设立居住权的住宅不得出租，但是当事人另有约定的除外。

理解与适用

居住权制度设计的初衷是为满足特定自然人生活居住的需要。因此，通常只能允许居住权人占有、使用标的住宅，一般情况下居住权人不得利用房屋进行出租收益，否则将违背该制度设计的初衷。但居住权毕竟属于当事人意思自治的范围，故当事人另有约定的除外。

(1)居住权不得转让。居住权只能由居住权人本人享有，居住权人不得将其享有的居住权再次转让。

(2)居住权不得继承。居住权人死亡的，居住权消灭，居住权人的继承人不能通过继承的方式获得居住权。

(3)设立居住权的住宅不得出租。转让和继承是法律明确禁止的行为，而居住权人对标的住宅的出租权则可以通过双方当事人的约定而发生变更。法律原则上禁止居住权人出租标的住宅，但双方当事人另有约定的除外。

实务问题

实践中居住权人应负哪些义务?

1. 妥善保管住宅的义务

既然居住权人对标的住宅享有占有、使用的权利，那么相应地，居住权人就有妥善保管的义务。居住权人应当合理使用住宅，维持住宅的居住使用用途和性质，不得改变房屋的结构。笔者认为，即使在没有约定的情况下，居住权人违背了妥善保管住宅的义务，也应当承担恢复原状、赔偿损失的责任。

2. 维修住宅的义务

笔者认为，关于住宅的日常维修问题，应由当事人约定，若当事人没有约定或约定不明，则应视具体情况而定：

首先，若居住权为有偿设立，则按照权利与义务相一致的原则，所有权人收取了使用费，说明设立居住权的行为带有商业性。若如此，所有权人就应当承担与该项权利相适应的义务，即维修义务。在所有权人承担修缮义务的情况下，居住权人有通知义务。

其次，若居住权为无偿设立，则应视习惯而定，通常应当由居住权人承担维修义务。如果居住权人不进行维修，所有权人有权维修。不负有维修义务的一方进行维修的，有权向维修义务方请求返还维修费用，具体可以依照无因管理的相关规定处理。

3. 不得擅自出租住宅和转让居住权的义务

居住权设立的初衷是一项保护家庭关系中弱势一方的权利，但保护弱势方的权利，不应建立在损害另一方权利的基础上。故法律规定居住权人不得擅自转让和出租居住权。那么，居住权人不得转让居住权，其能否以居住权设立抵押权呢？笔者认为，尽管《民法典》没有禁止居住权的抵押，但因在抵押权实现时会发生居住权的主体变更，这就相当于居住权的转让，而这已经违背了居住权的设立目的，因此，居住权不得抵押。

4. 容忍义务

首先，住宅上已经设立抵押权、地役权等权利负担的，居住权人应承受该权利负担。若该等权利负担设立在先，则相应的权利人享有的权利必然优先于居住权人。例如，在抵押权实现时，居住权人不得对抗受让人，因此居住权归于消灭。同时，居住权人不得排除地役权人行使地役权。

其次，所有权人仍有处分住宅的权利，居住权人应当容忍。设立居住权后，所有权人又设立抵押权或出售、赠与房屋的，居住权人无权阻止。但笔者认为，所有权人行使所有权，不得对抗在先设立的居住权。例如，所有权人不得在同一标的房屋上既设立居住权又设立出租权。另外，所有权人出售、赠与房屋的，居住权人不得对抗，但居住权人应与承租权人一样，享有同等情况下的优先权。

最后，居住权设立后，为保持所有权的完整状态，所有权人有权对住宅进行必要的检查。对此，居住权人负有容忍的义务。

（编写人：贾思远）

法律条文

第三百七十条　居住权期限届满或者居住权人死亡的，居住权消灭。居住权消灭的，应当及时办理注销登记。

条文主旨

本条是关于居住权消灭的规定。

新旧法对比

无	《民法典》
无	第三百七十条　居住权期限届满或者居住权人死亡的，居住权消灭。居住权消灭的，应当及时办理注销登记。

理解与适用

由于居住权制度设计的目的是保障居住权人的生活居住的需要，其期限一般具有长期性、终生性。本条规定，居住权期限届满或者居住权人死亡的，居住权消灭。

根据本条规定，居住权消灭主要包括两种情形：

(1)居住权期限届满。当事人可以自由约定居住权的期限，这种约定既可以采取具体时间，也可以约定具体条件，但约定的条件应是确定的、明确的、具体的。例如，双方当事人既可以约定自合同签订之日起20年后，居住权消灭，也可以约定"未成年人成年时"居住权消灭。

(2)居住权人死亡。当事人可以根据意思自由约定居住权期限，如果没有约定，居住权一般至居住权人死亡时消灭。

本条规定，居住权消灭的，应当及时办理注销登记，将登记于不动产登记簿上的居住权信息注销。

（编写人：贾思远）

法律条文

第三百七十一条　以遗嘱方式设立居住权的，参照适用本章的有关规定。

条文主旨

本条是关于以遗嘱方式设立居住权的规定。

新旧法对比

无	《民法典》
无	第三百七十一条　以遗嘱方式设立居住权的，参照适用本章的有关规定。

理解与适用

1. 关于居住权的设立方式

根据本法的规定，设立居住权，有以下几种方式，不同的设立方式，居住权设立的时间不同。

(1)合同。当事人订立居住权合同是设立居住权最主要的形式。通过订立居住权合同设立居住权的，必须到登记机构申请居住权登记，居住权自登记时设立。

(2)遗嘱。住宅所有权人可以以遗嘱的方式为他人设立居住权，即住宅所有权人在自己的遗嘱里明确为他人设立居住权。

(3)法院判决。除本章规定的以合同和遗嘱方式设立居住权外，居住权还可以通过法院判决的形式设立。本法第229条规定，因人民法院、仲裁机构的法律文书或者人民政府的征收决定等，导致物权设立、变更、转让或者消灭的，自法律文书或者征收决定等生效时发生效力。《婚姻法解释(一)》第27条第3款规定，离婚时，一方以个人财产中的住房对生活困难者进行帮助的形式，可以是房屋的居住权或者房屋的所有权。司法实践中，如离婚判决时，法官可以依法将居住权判给一些有特殊需要的人，这也是依法律规定设定居住权的一种方式。

2. 以遗嘱方式设立居住权的，参照适用本章的有关规定

本法第366条至第370条对居住权概念、居住权合同内容、居住权的设立、居住权的限制、居住权的消灭作了规定。当事人以遗嘱方式设立居住权的，本章的相关规定如居住权的限制和消灭等都可以参照适用。

实务问题

依据《民法典》第371条和第1123条的规定，当事人以遗嘱方式设立居住权的，参照适用居住权章节的有关规定。并且，以遗嘱方式设立居住权包含以遗嘱继承方式设立居住权和以遗赠方式设立居住权。

然而，在实践中，此种情况下关于居住权登记的条款却是缺失的。以遗嘱方式设立居住权时，居住权登记规定的缺失不利于居住权人和第三人的法益保护。

立法尚未明确规定以遗嘱继承方式获得居住权者必须登记，实践中可能存在居住权人怠于进行居住权登记的情况。若被继承人将房屋的所有权和居住权分别处分给不同的继承人，在未办理居住权登记的情况下，所有权人将住宅售给他人的，或许存在居住权人因缺乏居住权登记不得对抗善意受让人，从而损害居住权人利益情况。杨立新教授认为，遗嘱生效后居住权未登记者，不发生法律效力。[①] 然而，现实的问题是，居住权系用益物权，以遗嘱继承方式设立居住权，非因法律行为引起物权变动，从物权理论上来讲不适用登记生效主义或登记对抗主义，故以遗嘱继承方式设立居住权时居住权登记生效说与不动产登记理论相悖。[②]

综上所述，现有立法尚未明确以遗嘱继承方式设立居住权时居住权登记的法律效力，可能在司法适用上存在一定的隐患。

（编写人：贾思远）

① 参见杨立新主编：《中华人民共和国民法典释义与案例评注·物权编》，中国法制出版社 2020 年版，第 591-615 页。

② 参见屈然：《论我国居住权的设立方式与登记效力》，载《法学杂志》2020 年第 12 期。

第十五章　地　役　权

法律条文

第三百七十二条　地役权人有权按照合同约定,利用他人的不动产,以提高自己的不动产的效益。

前款所称他人的不动产为供役地,自己的不动产为需役地。

条文主旨

本条为地役权篇章的总则性条文,对地役权的概念作出了规定。地役权,指通过合同的约定,以提高利用自己不动产的效能为目的,在他人不动产上设立权利义务的他物权。

地役权归属于用益物权范畴,具有以下特点:

(1)地役权依合同而设立,属意定物权。设立地役权,当事人之间应当采取书面合同形式,以规范供役权人和地役权人之间所达成的以设立地役权为目的和规定相关权利义务的合同。

(2)地役权是利用他人不动产而获益的权利,具有从属性。在地役权关系中,存在供役地与需役地两块不动产,属于不同的不动产权利人,且是需役地的权利人为了提高自身利用不动产的便利而使用供役地的权利,该等权利从属于其对需役地的权利(如所有权、土地承包经营权、建设用地使用权等),同样地,供役地权利人对需役地所负担的义务亦从属于其对供役地所享有的权利。

(3)地役权是为了提高自身不动产效益而设立的权利。地役权的设立,必须以提高需役地的价值和效率为前提,此种“价值和效率”不仅包括财产利益,如用水、通行等,亦包括精神利益,如望远、光照等。

新旧法对比

《物权法》	《民法典》
第一百五十六条　地役权人有权按照合同约定,利用他人的不动产,以提高自己的不动产的效益。 前款所称他人的不动产为供役地,自己的不动产为需役地。	【内容不变】第三百七十二条

理解与适用

地役权与相邻关系容易混淆,此处简述二者的主要区别:

(1)产生的法律基础不同。地役权系根据供役地权利人与需役地权利人自愿所达成的合同权利义务而产生,相邻关系则系依据法律规定直接产生。

(2)权利义务性质不同。地役权主要弥补相邻权的不足,在相邻权范畴之外,供役地权利人与需役地权利人可通过合同约定的方式来弥补,相邻关系则是法律上对不动产权之间的利用关系的最小限度的调节。地役权不仅是一项独立的民事权利,还是一种独立物权形式,为用益物权的一种,而相邻关系的权利基础为权利人对不动产所拥有的所有权。

(3)对不动产的地域环境要求不同。地役权的设定既可以发生在相邻的不动产权利人之间,也可以发生在不相邻的不动产权利人之间;而相邻关系则只能发生在相互毗邻的不动产权利人之间。

(4)权利期限和有偿与否不同。地役权因为属意定物权,一般在合同条款中设定了一定的履行期限及义务对价;而相邻关系则无期限限制及无法定支付对价。

实务问题

1. 案情简介①

殷某连系龙口市芦头镇前店村村民,在本村有承包地一处。龙口市润丰建材有限公司原经营处所系租赁任某谦之妻孟某霞名下的厂房(现已不在此处营业),任某谦系龙口市润丰建材有限公司的登记监事。2013 年 9 月 14 日,因龙口市润丰建材有限公司改电线,需要占用殷某连的部分承包地,经协商,殷某连

① 山东省龙口市人民法院(2015)龙北民初字第 461 号。

与任某谦在于某(于某系龙口市芦头镇派出所工作人员)作为见证人的情况下签订《占地合同》一份,载明:“占地合同由于龙口市润丰建材有限公司改电线,占用了殷某连部分田地,经双方协商,每年给补偿费人民币400元。殷某连(签字按手印)任某谦(签字按手印)见证人:于某(签字)2013年9月14日”。合同签订后,任某谦按约定于2013年给付殷某连补偿费用400元,于2014年给付殷某连补偿费用400元。后任某谦拒绝按约定继续给付相应款项,亦未停止占用殷某连的土地。殷某连诉至法院,要求判令被告立即自2015年起每年给付补偿款400元。

2. 法院认为

地役权自地役权合同生效时设立。2013年9月14日,殷某连与任某谦签订《占地合同》,依据该合同,殷某连作为供役地权利人负有允许占用承包地铺设电线的约定义务,同时享有每年获得补偿费400元的合同权利,任某谦作为合同另一方,依约享有占用原告承包地铺设电线的权利,同时负有向原告每年给付400元补偿费的合同义务。合同签订后,殷某连依约履行了相关义务,故应享有每年获得相应补偿费的合同权利。殷某连依据《占地合同》要求被告任某谦继续按照约定给付补偿费具有法律依据,法院予以支持。

法院判决:被告任某谦于判决生效后10日内一次性给付原告殷某连2015年、2016年两年的占地补偿费共计800元,自2017年起于每年的12月31日前给付原告殷某连占地补偿费400元。

3. 评析

依法成立的合同受法律保护。任某谦与殷某连于2013年9月14日签订《占地合同》,约定由于龙口市润丰建材有限公司改电线,占用了殷某连部分田地,故每年给补偿费400元。这是双方当事人真实意思表示,且不违反有关法律、法规之规定,应认定合法有效。因该合同上虽注明系龙口市润丰建材有限公司改电线占地,但并没有明确约定由龙口市润丰建材有限公司每年给殷某连补偿费400元,任某谦以个人名义在合同上签名,且不能提供充分证据证实,在与殷某连签订合同时,任某谦已向殷某连明确披露任某谦是代表龙口市润丰建材有限公司与殷某连签订合同,也没有以代理人的身份与殷某连签订合同,故殷某连要求任某谦按照合同约定履行给付补偿款的义务,理由成立,于法有据,法院依法予以支持。

(编写人:叶　锦)

法律条文

第三百七十三条　设立地役权,当事人应当采用书面形式订立地役权合同。

地役权合同一般包括下列条款:

(一)当事人的姓名或者名称和住所;

(二)供役地和需役地的位置;

(三)利用目的和方法;

(四)地役权期限;

(五)费用及其支付方式;

(六)解决争议的方法。

条文主旨

本条是关于地役权的取得方式的规定。

地役权基于法律行为取得。当事人之间需要设定地役权时,应采用签订书面合同的方式来设立,但是否所有以口头方式设立的地役权合同均不产生地役权设立的法律后果呢?根据《民法典》第490条第2款的规定:"法律、行政法规规定或者当事人约定合同应当采用书面形式订立,当事人未采用书面形式但是一方已经履行主要义务,对方接受时,该合同成立。"根据此条规定,若当事人之间无书面合同,在纠纷发生时,人民法院可以基于个案情况进行审理并作出判决,但当事人负有更加严格的举证义务,在人民法院根据当事人的举证无法查明纠纷事实情况时,原则上应驳回当事人的诉讼请求。

另外,地役权合同的设定亦需要符合《民法典》所规定的合同生效的一般条件,以对供役地损害最小的方式设立,违背公序良俗等基本原则的合同,则不具备法律效力。

新旧法对比

《物权法》	《民法典》
第一百五十七条　设立地役权,当事人应当采<u>取</u>书面形式订立地役权合同。 地役权合同一般包括下列条款: (一)当事人的姓名或者名称和住所;	第三百七十三条　设立地役权,当事人应当采<u>用</u>书面形式订立地役权合同。 地役权合同一般包括下列条款: (一)当事人的姓名或者名称和住所;

续表

《物权法》	《民法典》
(二)供役地和需役地的位置; (三)利用目的和方法; (四)利用期限; (五)费用及其支付方式; (六)解决争议的方法。	(二)供役地和需役地的位置; (三)利用目的和方法; (四)**地役权期限**; (五)费用及其支付方式; (六)解决争议的方法。

理解与适用

地役权书面合同条款应当包括:

(1)当事人的姓名或名称以及住所。合同首先应当列明当事人各方的姓名或名称,以确定当事人主体身份,自然人姓名易重名的,可以加上身份证号码以示区分。注明当事人各方的地址用以在纠纷发生时确定诉讼管辖、法律文书送达、债务履行、涉外法律适用的准据法等事项。

(2)供役地和需役地所处的明确位置。一般情况下,两块相邻的不动产之间才能设立地役权,明确供役地与需役地的位置、面积等事项有利于在纠纷发生时迅速对纠纷发生的对象予以固定,提高纠纷解决效率,供役地与需役地位置等信息模糊,不宜用书面表达时,可绘图表明。

(3)设立地役权的目的以及实现地役权的方法。这是合同权利义务的核心部分,地役权的设立目的和实现方法往往直接对应了供役地权利人的合同义务,在完全履行合同义务后亦有获得补偿的权利。本部分的内容应当约定细致,以便在纠纷发生时有据可依。

(4)地役权的期限。地役权系通过合同的订立而取得的物权,随着时间变化,当事人各方的需求亦会随之变化,因此,对地役权合同设定一定的期限是必要的。地役权因合同的订立而产生,亦因合同的终止而结束。

(5)享有地役权所应支付的对价及支付方式。地役权合同既可以是无偿的,也可以是有偿的,本条主要涉及价款的金额、支付方式、支付时间,这些均由合同当事人各方协商确定后进行书面约定。

(6)合同各方发生纠纷时的解决方法。本条主要解决若在合同履行过程中发生纠纷,应通过何种方式来处理的问题,如协商解决、诉讼解决或仲裁解决。若通过诉讼或仲裁途径解决,约定需要符合民事诉讼法之相关规定。

实务问题

1. 案情简介①

朱某彬、李某忠系南、北邻居，2015 年 1 月，双方因拓宽两户门前道路产生纠纷，朱某彬要求拓路，李某忠不同意，正余镇昌盛村村委会民调人员张某平、汤某明、陈某芝进行调解，因朱某彬拓路，损坏李某忠种植的油菜，以及朱某彬搭建小屋损毁李某忠部分农作物，朱某彬同意赔偿李某忠损失 1000 元，并经过调解人员当场予以交付。赔偿款交付后，朱某彬称拓路后还需保滩，以防道路被雨水冲毁，李某忠表示同意。2016 年夏季，双方因保滩问题又发生争议。2017 年 2 月 27 日，李某忠以朱某彬非法在其承包的土地上筑路为由向法院提起诉讼，请求朱某彬停止侵害并赔偿其损失。

2. 法院认为

朱某彬占用李某忠承包土地修筑道路并实施保滩，应当属于在李某忠承包土地上设立地役权。根据《物权法》第 157 条之规定，地役权的设立应当采用书面形式，现双方就地役权设立未采书面形式，口头约定无效，地役权合同未成立，地役权亦未设立。但在口头磋商过程中，李某忠口头同意朱某彬拓路、保滩，朱某彬根据李某忠的该口头同意进行了拓路、保滩，并支付了一定的费用。现李某忠不同意朱某彬在其承包地上继续进行保滩，虽合乎法律，但因其口头同意而给朱某彬造成的损失，其应当根据过错承担相应的缔约过失责任。

法院判决：依照《物权法》第 157 条，《侵权责任法》第 15 条第 1 款第 1 项、第 5 项之规定，判决：(1)朱某彬停止在李某忠承包地及“十边”土地上筑路及保滩行为。(2)朱某彬在判决生效之日起 30 日内拆除其在李某忠承包地及“十边”土地上铺设的道路及在保滩工作中建设的其他设施，恢复土地可耕种状态。

3. 评析

地役权，是指为自己使用不动产的便利或提高其效益而按照合同约定利用他人不动产的权利。本案中，朱某彬在李某忠户临河路三米的机耕道路上修路和在临河岸边的十边土地上实施保滩的行为，未占用李某忠的承包地，故不存在设立地役权的情形，但因临河岸边的十边土地由李某忠负责管理使用，故朱某彬在十边土地上实施保滩的行为侵犯了李某忠的管理使用权，李某忠有权要求朱某彬停止侵害行为并恢复原状。

（编写人：叶 锦）

---

① 江苏省海门市人民法院(2017)苏 0684 民初 1362 号。

法律条文

第三百七十四条　地役权自地役权合同生效时设立。当事人要求登记的,可以向登记机构申请地役权登记;未经登记,不得对抗善意第三人。

条文主旨

本条是关于地役权的效力的规定。

1. 地役权的生效

当事人可在地役权合同中约定合同生效的条件或者生效期限,当该等条件成就或期限达到时,地役权合同生效,同时地役权随时设立。在此之前,合同未生效,但当事人应当遵守合同中所约定的权利义务,该等权利义务已对当事人发生法律效力。

当事人在地役权合同中未做上述约定的,合同自当事人各方签署(或加盖公章)之日起生效,同时地役权亦随之设立。

2. 地役权的对抗效力

地役权合同的生效及地役权的设立不以登记为成立条件,地役权依法成立后即对当事人产生法律效力,但地役权为用益物权,亦具有物权所具有的绝对性和排他性效力,如果未进行公示,可能会使第三人遭受损害。因此,本条规定当事人可以向登记机构申请地役权登记,若未经登记的,不得对抗善意第三人,这即为地役权的登记对抗主义。

登记的目的在于将地役权予以公示,保护善意第三人的合法权益,同时使得地役权人取得对抗善意第三人的效力。本条所述善意第三人主要是指供役地的所有权或使用权受让人,当该等受让人善意不知其所收入的供役地上存在供役义务时,可进行抗辩,拒绝承担地役权义务。

新旧法对比

《物权法》	《民法典》
第一百五十八条　地役权自地役权合同生效时设立。当事人要求登记的,可以向登记机构申请地役权登记;未经登记,不得对抗善意第三人。	【内容不变】第三百七十四条

理解与适用

如何实施地役权登记？

《不动产登记暂行条例实施细则》第64条规定："地役权登记，不动产登记机构应当将登记事项分别记载于需役地和供役地登记簿。供役地、需役地分属不同不动产登记机构管辖的，当事人应当向供役地所在地的不动产登记机构申请地役权登记。供役地所在地不动产登记机构完成登记后，应当将相关事项通知需役地所在地不动产登记机构，并由其记载于需役地登记簿。地役权设立后，办理首次登记前发生变更、转移的，当事人应当提交相关材料，就已经变更或者转移的地役权，直接申请首次登记。"据此可知：

(1)地役权只有同时登记在供役地和需役地登记簿上时，才能对善意第三人产生对抗效力，只有当供役地和需役地分属不同的登记机构时，在供役地登记簿上所作地役权登记才对善意第三人产生对抗效力；

(2)地役权登记的申请人应为地役权合同当事人各方；

(3)当供役地登记机构与需役地登记机构分属不同机构时，供役地登记机构负责通知需役地登记机构将相关地役权设立情况登记在需役地的登记簿上；

(4)当地役权发生变更、转让或解除时，地役权合同当事人各方应当及时办理相关地役权变更或注销登记。

实务问题

1. 案情简介[①]

2000年1月25日，张某亮作为乙方、建行永城支行(原中国建设银行永夏矿区支行)作为甲方，双方签订房屋买卖合同，主要约定："一、甲方将市饮食服务公司根据(1999)商中民一初字第15号调解书用以抵偿借款本息的房产及地皮(位于老城某路东侧，以饮食服务公司某号房屋所有权证表明的范围为准)出售给乙方……五、甲方淮海商厦东头一间过道作永久过道，甲、乙双方共同使用；六、原饮食服务公司某号房产证所表明的过道(临解放路西大门)所有权归乙方，作为永久过道使用……"张某亮于2000年3月24日取得房屋所有权证。张某亮购买的上述房产，北侧是建行永城支行的9500042号L型楼房，此楼房东头一层为东西宽2.7米的南北过道，房产证附记栏写有"此楼东头过道属于矿区建行，南头过道属于饮食服务公司，2003年6月17日"之内容。2003年6月，建行

① 河南省永城市人民法院(2017)豫1481民初2018号。

永城支行采取拍卖的方式将上述房屋卖于案外人洪某伟，房管部门给洪某伟颁发05597号房屋所有权证。后淮海商厦行使优先购买权，商丘市中级人民法院于2004年6月23日作出判决，确认淮海商厦享有优先购买权。判决生效后，永城市住房保障服务中心依据商丘市中级人民法院(2005)商法执字第39号协助执行通知书，于2005年8月8日将该L型楼房过户给淮海商厦，房产证号为永房字第(2005)13901号，此楼一层东头的“过道”亦在此产权范围内，产权证书中没有关于“过道”的记载和说明。自此，张某亮与淮海商厦因该“过道”的使用产生纠纷。后张某亮以永城市住房保障服务中心为淮海商厦颁发房屋所有权证的行为侵犯其合法权益为由提起行政诉讼，虞城县人民法院作出裁定，驳回张某亮的起诉。张某亮不服提起上诉，商丘市中级人民法院于2016年6月27日作出(2016)豫14行终78号裁定，驳回上诉，维持原裁定。2015年10月21日，淮海商厦以张某亮强占该过道为由，提起侵权诉讼，要求张某亮停止侵权、返还房屋(过道)，永城市人民法院于2016年8月18日作出(2015)永民初字第4800号民事判决，判决张某亮返还淮海商厦上述“过道”。张某亮不服提起上诉，商丘市中级人民法院于2017年3月15日作出(2016)豫14民终4520号民事判决，驳回上诉，维持原判。另查明，该L型楼房及张某亮购买的房屋，原为河南省永城市饮食服务公司所有，该公司1990年在改建上述物业时，为方便小吃市场通行，分别在淮海商厦L型楼房东端面朝淮海路和南端面朝解放路各留一通道。1992年，淮海商厦就L型楼房与河南省永城市饮食服务公司签订房屋租赁合同，后河南省永城市饮食服务公司以抵债方式将此楼房过户给建行永城支行。1995年11月9日，淮海商厦与建行永城支行续签房屋租赁合同至2001年7月1日，后又续签至2004年7月1日。据此，张某亮提起诉讼要求：(1)判决张某亮与建行永城支行签订的地役权合同合法有效；(2)判决张某亮对紧邻淮海商厦东头一间享有地役权(通行权)；(3)判决建行永城支行、淮海商厦不得侵犯张某亮依法享有的地役权(通行权)。

2. 法院认为

地役权是指不动产权利人按照合同约定利用他人不动产，以提高自己的不动产的效益的权利。本案中，张某亮与建行永城支行2000年1月25日签订房屋买卖合同，该合同第5条约定，“甲方淮海商厦东头一间过道作永久过道，甲、乙双方共同使用”。该约定实质上是双方对于使用通道的约定。同时，该房屋买卖合同在实质上已经满足了地役权书面合同的形式要件，且系双方真实意思表示，不违反法律规定，应为有效。故对张某亮要求确认其与建行永城支行签订的地役权合同合法有效的诉讼请求，应予支持。《物权法》第158条规定，地役权自地役权合同生效时设立，张某亮作为地役权人，对该“过道”享有地役权。但是，建行永城支行2003年6月出售9500042号房产时，未声明张某亮对该“过道”享有地役权（通行权），淮海商厦通过诉讼行使优先购买权胜诉后，法院执行、房管部门给淮海商厦颁发的产权证书中，没有关于“过道”的记载和说明，导致张某亮与淮海商厦因该“过道”的使用产生纠纷。基于淮海商厦对涉案房产取得完整物权，张某亮对该“过道”享有的地役权行使不能，其可依法向责任方主张赔偿。

法院判决：根据《物权法》第156条、第158条等相关法律法规之规定，判决：(1)张某亮与建行永城支行签订的房屋买卖合同中关于地役权（通行权）的约定有效；(2)驳回张某亮要求建行永城支行、淮海商厦不得侵犯其地役权（通行权）的诉讼请求。

3. 评析

张某亮的诉讼请求有三项，判项中虽对张某亮的第二项诉讼请求未予裁判，但从判决主文内容看，实际上已经对张某亮诉请的第二项内容作出评判和论述，只是基于淮海商厦已对涉案房产取得完整物权，张某亮对该“过道”享有的地役权行使不能，故张某亮的权利问题可向责任方另行主张权利。在第三项诉请的判决中亦涵盖了对张某亮第二项诉请的裁判内容。

（编写人：叶 锦）

法律条文

第三百七十五条　供役地权利人应当按照合同约定，允许地役权人利用其不动产，不得妨害地役权人行使权利。

条文主旨

本条是关于供役地权利人的义务的规定。

地役权系因合同而设立，供役地权利人与地役权人之间的权利义务由地役权合同条款约定，供役地权利人的义务分为作为义务和不作为义务，无论是作为义务还是不作为义务，供役地权利人均需要积极配合地役权人实现其合同目的，不得妨害地役权人行使地役权权利。

地役权合同成立后，供役地权利人应依照诚实信用原则，依据合同当事人各方合意所定的条款,允许地役权人在合同范围内利用供役地实现其地役权合同目的,否则应承担相应违约责任。

新旧法对比

《物权法》	《民法典》
第一百五十九条　供役地权利人应当按照合同约定,允许地役权人利用其<u>土地</u>,不得妨害地役权人行使权利。	第三百七十五条　供役地权利人应当按照合同约定,允许地役权人利用其**<u>不动产</u>**,不得妨害地役权人行使权利。

理解与适用

在实践中,对供役地权利人的义务,应严格遵照合同的约定来要求,对合同约定以外的义务,供役地权利人有权拒绝,但若该等合同以外的义务系属于《民法典》第509条第2款规定的"当事人应当遵循诚信原则,根据合同的性质、目的和交易习惯履行通知、协助、保密等义务"时,该等义务属于履行合同义务时需要履行的附随义务,供役地权利人应当考虑予以配合。

实务问题

1. 案情简介①

2004年9月16日,龙州县百货公司与邹某清签订《项目投资合作协议书》,该协议约定合作期限为40年,由龙州县百货公司以位于龙州县龙州镇城北路10号的3307.7平方米国有划拨土地使用权中的1868平方米土地使用权入股。2005年7月22日,龙州县百货公司与邹某清签订《项目投资合作补充协议书》,约定由邹某清于每年1月29日前一次性支付给百货公司15万元,作为百货公司安置职工的生活费、养老费、医疗保险费。同年8月9日,龙州县百货公司与邹某清共同出资成立龙嘉公司,其中百货公司出资6万元,占12%,邹某清出资44万元,占88%,邹某清为公司法定代表人。

2015年5月25日,龙州县百货公司向法院申请要求对龙嘉公司使用土地面积2249.7平方米进行评估。2015年7月15日,法院依法委托广西国联房地产评估有限公司对诉争土地2249.7平方米进行评估。2015年8月24日,广西国联房地产评估有限公司认为本县县城土地租赁市场不活跃,无法满足估价结论。龙州县百货公司认为自2007年4月29日至今,龙嘉公司占用属于其的位于龙

① 广西壮族自治区龙州县人民法院(2014)龙民初字第28号。

州镇城北路 10 号的国有划拨商业土地面积 2249.7 平方米,龙嘉公司未支付该土地使用费,为维护其合法权益,龙州县百货公司向法院起诉要求依法判令龙嘉公司停止侵权,并支付自 2007 年 4 月 29 日起至 2013 年 11 月 30 日止的土地使用费 1,645,833.33 元。

2. 法院认为

根据《物权法》第 156 条的规定,地役权属于从属性权利,是以不动产的存在为前提设立的,与不动产之间具有不可分割性,因此,不能超越不动产本身进行设立或处分。2004 年 9 月 16 日,龙州县百货公司与邹某清签订《项目投资合作协议书》,该协议约定由龙州县百货公司以位于龙州县龙州镇城北路 10 号国有划拨商业土地中的 1868 平方米土地使用权入股。其余 1439.7 平方米土地使用权属于地役权纠纷,根据《物权法》第 156 条、第 157 条规定,地役权人有权按照合同约定,利用他人的不动产,以提高自己的不动产的效益。设立地役权,当事人应当采取书面形式订立地役权合同,由此,地役权基于双方当事人的合同而产生,根据该法第 159 条规定,供役地权利人应当按照合同约定,允许地役权人利用其土地,不得妨害地役权人行使权利。龙州县百货公司主张龙嘉公司存在侵权行为没有法律依据,不予采信。鉴于双方当事人事先没有对其余地役权明确约定,龙州县百货公司请求龙嘉公司支付 2007 年 4 月 29 日至 2013 年 11 月 30 日的土地使用费 1,645,833.33 元,没有提供证据加以证实其经济损失,故不予采纳。

法院判决:依照《物权法》第 156 条、第 157 条、第 159 条的规定,判决驳回龙州县百货公司的全部诉讼请求。

3. 评析

本案的争议焦点是龙嘉公司、邹某清是否存在侵占龙州县百货公司土地使用权的行为,如果存在,龙嘉公司、邹某清应否向龙州县百货公司支付土地使用费。

龙州县百货公司与邹某清于 2004 年 9 月 16 日签订《项目投资合作协议书》,该协议约定龙州县百货公司以位于龙州县龙州镇城北路 10 号的 3307.7 平方米国有划拨商业土地使用权中的 1868 平方米土地使用权入股,其余土地及土地上的建筑物不作为投资资产。2004 年 9 月 21 日,龙州县百货公司向县经贸局提交的《关于要求批准项目投资合作协议书实施的请示》明确表示,其将位于龙州镇城北路 10 号,即龙州二旅社现址的 3307.7 平方米国有划拨土地作为合作投资项目建设用地,作为招商引资的优惠条件,在计算投资额和股份时仅以大厦建筑所占土地面积的1868平方米土地使用权评估作价作为投资资产，剩余土地面积和即将拆除的地上房产不算作投资资产。2004年10月26日，龙州县人民政府作出龙政函(2004)95号批复，同意该请示。另外，从双方合作建设的龙嘉商贸大厦的地理位置及实际经营需要考虑，龙嘉商贸大厦需要利用除建筑面积以外的土地进行经营。综上所述，龙州县百货公司与邹某清于2004年9月16日签订的《项目投资合作协议书》系约定以国有划拨商业土地1868平方米土地使用权入股，其余1439.7平方米土地使用权是关于地役权的约定，即龙嘉公司可以合理使用该土地面积，不存在侵权情形。对于该部分土地的使用费用问题，由于双方未在合同中明确约定，故对龙州县百货公司的诉请不予支持。龙州县百货公司主张龙嘉公司、邹某清对其另外的810平方米土地使用权存在侵权行为，但其在诉讼过程中均未能提供相应证据证实，故对其该主张不予支持。龙州县百货公司主张龙嘉公司、邹某清侵占其土地使用权面积2249.7平方米，要求龙嘉公司停止侵权并支付相应侵权费用。经查明，龙州县百货公司与邹某清签订的合同约定，除涉案土地中的1868平方米外，龙嘉公司可以合理使用剩余的1439.7平方米土地，该项约定属于关于地役权的约定。双方对涉案的3307.7平方米以外的土地的使用没有约定，龙州县百货公司主张邹某清存在侵权行为，并以此为由起诉，该项纠纷属于侵权纠纷，但龙州县百货公司所主张的侵权事由无事实依据，不予支持。龙州县百货公司主张广西国联房地产评估有限公司于2015年8月24日作出的评估结论因未经庭审质证，不应采信。经核实，法院已于2015年10月18日告知龙州县百货公司该结论，并询问其是否需要重新选择其他评估机构进行评估，龙州县百货公司表示不需要重新选择其他评估机构，由法院依法判决。因此，龙州县百货公司的该项主张与事实不符，不予支持。

（编写人：叶 锦）

法律条文

第三百七十六条　地役权人应当按照合同约定的利用目的和方法利用供役地，尽量减少对供役地权利人物权的限制。

条文主旨

本条是关于地役权人的义务的规定。

地役权人在地役权合同中的核心义务是减少对供役地权利人物权的限制，

主要从以下几个方面来理解：

1. 地役权合同为意定合同

地役权合同由当事人各方协商一致后确定各方权利义务并进行书面记载，地役权合同的条款体现了更多的自主性，地役权人应当按照合同约定的权利利用供役地，如地役权合同约定对供役地的利用目的为修筑篱笆，则地役权人不得在供役地上修筑围墙。

2. 地役权的客体

较《物权法》之规定来看，《民法典》将地役权的客体确定为不动产，而不仅是土地，《民法典》在地役权的相关规定中，强调对不动产利用效益的提高。据此可知，地役权合同的客体不仅是财产利益，还有精神、情感或美感上的利益。

3. 地役权的设立目的系提高需役地之利用效益

需役地之利用效益不仅为经济效益，也可以为精神、情感或美感效益。只要地役权人可以利用供役地，并获得需役地的经济或精神效益提升，则均可以达到设立地役权的目的。

但综上所述，地役权的设立亦应当符合公序良俗和绿色效益要求，尽量以对供役地权利人的限制最小为限，若对供役地造成不必要的损害或对供役地权利人的物权造成了超出合同范围的侵害，则地役权人均应当承担恢复原状或赔偿损失的责任。

新旧法对比

《物权法》	《民法典》
第一百六十条　地役权人应当按照合同约定的利用目的和方法利用供役地，尽量减少对供役地权利人物权的限制。	【内容不变】第三百七十六条

理解与适用

1. 正确界定地役权纠纷案件的当事人主体资格范围

地役权纠纷容易与相邻关系纠纷混淆，部分地役权纠纷案件容易被认定为相邻关系纠纷案件，而二者的区别在于，地役权合同系意定合同，根据合同相对性原则，权利义务只发生在合同当事人各方之间，而相邻关系纠纷则可能涉及案外人的权利或义务。如某案一审中，法院界定该案为相邻通行纠纷，二审法院则认为，从该案诉讼各方所签署的合同可以认定各方真实意思表示为地役权的设立,因此,第三人不应为该案被告。[1]

2. 充分保护地役权的物权属性

地役权需要随着不动产所有权、土地承包经营权、建设用地使用权等其他用益物权的变动而变动,且土地上已经设立用益物权的,未经用益物权人同意,土地所有权人不得设立地役权。

3. 明确地役权合同登记的责任

《不动产登记暂行条例实施细则》第 64 条规定:"地役权登记,不动产登记机构应当将登记事项分别记载于需役地和供役地登记簿。供役地、需役地分属不同不动产登记机构管辖的,当事人应当向供役地所在地的不动产登记机构申请地役权登记。供役地所在地不动产登记机构完成登记后,应当将相关事项通知需役地所在地不动产登记机构,并由其记载于需役地登记簿。地役权设立后,办理首次登记前发生变更、转移的,当事人应当提交相关材料,就已经变更或者转移的地役权,直接申请首次登记。"据此可知,供役地权利人及地役权人均负有向不动产登记机构申请地役权合同登记的义务,在地役权合同中明确该等义务及违约责任,有利于保护供役地权利人的权利。

实务问题

1. 案情简介[2]

2000 年 10 月 30 日,沅陵县五强溪东亚实业开发公司将地块麻伊伏安栏桥地号 09-10-42 的土地转让给怀运集团公司,沅陵县人民政府为怀运集团公司办理了沅国用(2000)字第 2765 号国有土地使用证,记载使用权面积为 6079.24 平方米,另道路分摊 554.09 平方米,四至为东至本宗地邻街道,南至本宗地外墙与农业银行相邻,西至本宗地外墙与粮站相邻,北至本宗地外墙与私房交界。2003 年 8 月 18 日,怀运集团公司经过登记的下属机构即怀运集团五强溪分公司取得了该宗地上的房屋所有权。2004 年 9 月,怀运集团五强溪分公司(甲方)与唐某友(乙方)签订协议书,约定甲方从甲方征地红线图内划出宽(以乙方房屋前水泥柱子为准)5 米的土地给乙方做通道且永久无偿使用。2015 年唐某友开始在该通道上修建永久性建筑,怀运集团五强溪分公司多次劝阻无果。2015 年 5 月 12 日,沅陵县五强溪镇村镇规划国土建设综合服务站给唐某友下达了《责令停工通知书》,唐某友仍继续在该土地上修建房屋,怀运集团五强溪分公司遂

① 广西壮族自治区百色市中级人民法院(2019)桂 10 民终 599 号。

② 湖南省沅陵县人民法院(2015)沅民一初字第 752 号。

提起本案诉讼。另,怀运集团五强溪分公司与农业银行相邻处向北至怀运集团五强溪分公司临街面外墙的长度为 67.95 米。据此,怀运集团五强溪分公司向法院提起诉讼,请求法院判令唐某友立即停止侵害,拆除违法建筑,恢复原状。

2. 法院认为

怀运集团五强溪分公司与唐某友之间签订的协议书在实质上已经满足了地役权合同需要书面合同的形式要件。该案中唐某友为了自家房屋通行方便,与怀运集团五强溪分公司通过自愿协商所达成的协议书,其性质是唐某友(地役权人)在怀运集团五强溪分公司(供役地权利人)的土地使用权范围内设定了地役权。该协议是双方真实的意思表示,没有违反相关法律规定,当事人应当遵守。2000 年 10 月 30 日,沅陵县五强溪东亚实业开发公司将地块麻伊伏安栏桥地号 09-10-42 的土地转让给怀运集团公司,并办理了国有土地使用权证。2003 年 8 月 18 日,怀运集团五强溪分公司取得了该宗地上的房屋所有权,并办理了房屋所有权证。根据相关"地随房走"的法律规定,虽怀运集团五强溪分公司未申请办理土地使用权变更登记,但怀运集团五强溪分公司取得了该宗地上的房屋所有权,即取得了土地使用权。因此,怀运集团五强溪分公司是本案适格的诉讼主体。根据沅国用(2000)字第 2765 号国有土地使用证的记载,怀运集团五强溪分公司与农业银行相邻处向北至与私房交界处的临街面长度为 73.40 米,而怀运集团五强溪分公司与农业银行相邻处向北至怀运集团五强溪分公司临街面外墙的长度为 67.95 米,根据怀运集团五强溪分公司与唐某友双方签订的协议书,有宽 5 米的土地使用权怀运集团五强溪分公司让给了唐某友做通道且永久无偿使用。根据《物权法》规定,地役权人应当按照合同约定的利用目的和方法利用供役地,尽量减少对供役地权利人物权的限制。而唐某友在该供役地上修建永久性建筑,违反了合同约定,滥用地役权,同时唐某友的上述行为亦侵犯了怀运集团五强溪分公司的国有土地使用权,应予停止侵害。现怀运集团五强溪分公司主张要求唐某友立即停止侵害,拆除违法建筑,恢复原状,于法有据,法院予以支持。

法院判决:唐某友于本判决生效之日起 15 日内拆除其在原告怀运集团五强溪分公司国有土地使用证范围内修建的永久性建筑,并恢复原状。

3. 评析

本案协议是一个典型的地役权合同,怀运集团为供役地权利人,唐某友为地役权人。《物权法》第 159 条、第 160 条规定,"供役地权利人应当按照合同约定,允许地役权人利用其土地,不得妨害地役权人行使权利","地役权人应当按照合同约定的利用目的和方法利用供役地,尽量减少对供役地权利人物权的限制”。本案中,协议书中约定争议地仅供唐某友为通道使用,现唐某友却在争议地上修建永久性建筑,违反了协议书中约定的供役地的利用目的和方法,且限制了怀运集团五强溪分公司对供役地的物权的使用,怀运集团五强溪分公司有权要求唐某友停止侵害,恢复原状。

(编写人:叶　锦)

法律条文

第三百七十七条　地役权期限由当事人约定;但是,不得超过土地承包经营权、建设用地使用权等用益物权的剩余期限。

条文主旨

本条是关于地役权的期限的规定。

期限指从某一特定时间到另一特定时间所经过的时间,为一定的时间段。地役权由地役权合同当事人各方通过合同的约定而设立,合同各方可针对合同履行的期限及地役权权利行使的起止时间作出约定。

就地役权的从属性与不可分性而言,地役权设立的期限受供役地及需役地的权利期限所限制,即地役权期限不得超过供役地及需役地的权利期限。例如,在供役地上存在某土地承包经营权,剩余期限为 5 年,则欲设定地役权的期限不能超过 5 年,超过部分无效。

地役权期限作为一项法律事实,影响地役权的有效存续时间。在地役权存续期限内,地役权人可依法依约使用供役地,而当地役权期限届满时,地役权权利则终止。

新旧法对比

《物权法》	《民法典》
第一百六十一条　地役权的期限由当事人约定,但不得超过土地承包经营权、建设用地使用权等用益物权的剩余期限。	第三百七十七条　地役权期限由当事人约定;**但是,**不得超过土地承包经营权、建设用地使用权等用益物权的剩余期限。

理解与适用

《民法典》第 373 条规定："设立地役权，当事人应当采用书面形式订立地役权合同。地役权合同一般包括下列条款：……（四）地役权期限；……"

虽然《民法典》第 373 条规定了地役权合同作为书面合同的条款要点，但在实践中，部分合同当事人可能在合同条款订立时，缺少对地役权期限的明确约定。当地役权合同条款中无地役权期限约定时，如何处理呢？通常可以由合同当事人各方就地役权期限事项进行补充约定，无法进行补充约定的，则以供役地或需役地权利期限届满时间孰早为地役权期限届满时间，该等时间届满，则地役权权利终止。

另，若供役地或需役地上用益物权期满延续，那么该等不动产上已设立的地役权权利该如何处理呢？通常，一份地役权合同上所约定的地役权期限终止日期会早于前述用益物权届满日，若该等用益物权获得了期满延续，地役权合同当事人各方亦有意继续地役权相关各方权利义务关系的，则可由地役权合同当事人各方另行签署书面补充协议或新的地役权合同，以相应延长地役权期限，即新设地役权，且新设地役权期限仍不得超过供役地或需役地上的用益物权期限。

实务问题

1. 案情简介①

2003 年 9 月 4 日，为充分利用水利资源优势，发挥更好的经济效益，经兴安县兴安镇粉洞村委同意许可，利用群英渠道，王某坤在仙人桥大桥头上修建群英电站，因修建公路须占用侯某华的责任山及坡地，王某坤（乙方）与侯某华（甲方）反复协商后签订《群英电站用地协议书》，该协议书由侯某锡执笔，兴安县兴安镇粉洞村委会盖章，双方在协议书上约定："1. 乙方在甲方的责任山及坡地修建公路用地界限：（大桥头）上边界线从侯某丰柑子地下面地边往江边上游直进到侯德胜下面一排柳杉为界，上游里面与侯德胜责任山为界（已种皮竹）下边以江面洪水线为界。2. 在此界限内乙方可无限期用，甲方不得以任何理由干涉乙方的正常生产。3. 付款方式：甲方以上划分给乙方的山场坡地包括杉树补偿共叁仟贰佰元（3200.00 元）乙方在动工动土时一次性付清，乙方不得以任何理由拖欠。4. 甲方转让给乙方的山场坡地，只能搞电站使用，如今后电站不搞，山场土地归甲方管理使用。5. 此协议壹式叁份，甲方壹份，乙方壹份，粉洞村委壹

① 广西壮族自治区兴安县人民法院（2016）桂 0325 民初 1201 号。

份。6. 此协议从签字之日起生效,希甲乙双方共同遵守执行。”同年,王某坤将该电站转让给杨某兴。之后几经周转,2012 年兴安县群英水电站变更为兴安县仙人桥水电站,执行事务合伙人由侯德光变更为莫某林。2016 年 5 月 17 日,该电站的法定代表人由莫某林变更为侯某生,股东、发起人由莫某林、侯德光变更为唐某娟、侯某生。另,案涉林地使用权人为侯某华,2010 年前未颁发林权证。侯某华于 2010 年 10 月 29 日获颁的林权证载明,使用期 70 年,至 2080 年 8 月 6 日止。侯某华向法院提起诉讼,请求判令兴安县仙人桥水电站停止侵权,归还侵占土地。

2. 法院认为

兴安县仙人桥水电站为其电站开发的通行之需,以有偿的方式取得他人的土地使用权用于拓宽道路,与侯某华就道路通行等事宜签订《群英电站用地协议书》,实质上即兴安县仙人桥水电站作为需役地的权利人,利用侯某华享有权利的土地通行,并相应地给付供役地的权利人侯某华相应补偿的地役权合同。本案当事人因履行用地协议产生的纠纷,即地役权纠纷。兴安县仙人桥水电站的合伙人虽几经变更,但并没有改变合同的性质,兴安县仙人桥水电站现依旧享有该用地的使用权,侯某华关于合同失效的抗辩理由不成立,其主张由兴安县仙人桥水电站返还土地缺乏法律依据,法院不予支持。

法院判决:驳回侯某华诉讼请求。

3. 评析

《物权法》第 156 条第 1 款规定,“地役权人有权按照合同约定,利用他人的不动产,以提高自己的不动产的效益”。地役权,是指土地上的权利人(包括土地所有人、土地使用权人),为了自己使用土地的方便或者土地利用价值的提高,通过约定而得以利用他人土地的一种定限物权。《物权法》第 161 条规定,“地役权的期限由当事人约定,但不得超过土地承包经营权、建设用地使用权等用益物权的剩余期限”。2010 年以前,兴安镇尚未颁发林权证,对林地承包期限未作规定,此后林权证限定承包期限为 70 年,双方约定兴安县仙人桥水电站可无限期使用显然与法律规定相违背,其超出承包期限的约定无效。《合同法》第 56 条规定,“合同部分无效,不影响其他部分效力的,其他部分仍然有效”。涉案合同系双方真实意思之表示,除“无限期使用”约定外其他内容不违反法律、行政法规的强制性规定,合法有效。双方均应当遵循诚实信用原则,按照约定全面履行各自的义务。

(编写人:叶 锦)

法律条文

第三百七十八条　土地所有权人享有地役权或者负担地役权的，设立土地承包经营权、宅基地使用权等用益物权时，该用益物权人继续享有或者负担已经设立的地役权。

条文主旨

本条是关于在享有和负担地役权的土地上设立用益物权时的处理方式的规定。

《民法典》第372条和第373条规定了地役权的意定取得，本条则规定了地役权的法定取得，即土地所有权人享有或负担地役权的，在后续设立土地承包经营权、宅基地使用权等用益物权时，该用益物权人直接继续享有或者负担已经设立的地役权，可谓被动取得。

本条规定赋予了用益物权人作为地役权设立主体的权利。《民法典》未明确规定用益物权人可以成为地役权的设定主体，但从本条规定看，《民法典》并未排除这一情况。

本条规定解释了地役权具有从属性特征的一种情况。一项已经设立的地役权会随着土地所有权人后续设立的土地承包经营权、宅基地使用权等用益物权，转移给用益物权人，由其继续享有或负担。

新旧法对比

《物权法》	《民法典》
第一百六十二条　土地所有权人享有地役权或者负担地役权的，设立土地承包经营权、宅基地使用权时，该土地承包经营权人、宅基地使用权人继续享有或者负担已设立的地役权。	第三百七十八条　土地所有权人享有地役权或者负担地役权的，设立土地承包经营权、宅基地使用权**等用益物权时，**该**用益物权人**继续享有或者负担**已经**设立的地役权。

理解与适用

《农村土地承包法》第2条规定："本法所称农村土地，是指农民集体所有和国家所有依法由农民集体使用的耕地、林地、草地，以及其他依法用于农业的土地。"由此，土地承包经营权的主体包括农村集体经济组织。另，宅基地使用权的客体为农村集体所有的土地，因此，宅基地使用权的权利主体亦为农村集体经济组织。再者，《民法典》第344条规定："建设用地使用权人依法对国家所有的土地享有占有、使用和收益的权利,有权利用该土地建造建筑物、构筑物及其附属设施。”第 361 条规定:“集体所有的土地作为建设用地的,应当依照土地管理的法律规定办理。”

综上所述,本条所规定的用益物权人,不仅指国家,还有农村集体经济组织。

实务问题

1. 案情简介①

乔某梅、朱某民与朱某海均系老河口市洪山咀镇小黄楝树村 2 组村民。乔某梅丈夫、朱某民父亲朱某荣(已故)在世时,用其经营的一块土地与同村组村民朱某正互换后取得名称为“寨北”的一块土地经营权,该土地面积原为 1.89 亩,该块土地面积已经扣除道路面积。土地二轮延包办理土地经营权证时,朱某荣向村组报的该块土地面积为 3 亩,故该块土地经营权证上的面积写为 3 亩。该块土地与朱某海耕地相邻,原有 30 米长、2 米宽的道路,供朱某海、证人张某兵等三户村民收种庄稼通行。近年来,乔某梅、朱某民以该道路包括在自己耕地范围内为由,将该道路毁掉,种上庄稼。2015 年 8 月 15 日,朱某海因收割庄稼需从该道路上通过,强行割掉了乔某梅、朱某民在毁掉的道路上栽种的已经成熟的长 30 米、宽 2 米范围内的玉米,朱某海割掉乔某梅、朱某民玉米后,找组长王某银,让乔某梅、朱某民把割掉的玉米收回家,王某银当时让乔某梅、朱某民把割掉的玉米收回家,乔某梅、朱某民不收。乔某梅、朱某民多次找村干部解决无果,乔某梅、朱某民为维护其合法权益,诉至法院,请求判令朱某海停止侵害,并赔偿损害的乔某梅、朱某民价值 2000 元的玉米。

另,承包方代表姓名为乔某梅的老河口市农村经营管理局农地承包权(2005)第 07240208 号农村土地承包经营权证载明:乔某梅位于老河口市洪山咀镇小黄楝树村 2 组寨北地块的面积为 3 亩;承包方代表姓名为朱某海的老河口市农村经营管理局农地承包权(2005)第 07240228 号农村土地承包经营权证载明:朱某海位于老河口市洪山咀镇小黄楝树村 2 组寨北地块的面积为 5.7 亩。

2. 法院认为

乔某梅、朱某民与朱某海两家分别承包经营老河口市洪山咀镇小黄楝树村 2 组土地,其各自持有的农村土地承包经营权证载明:乔某梅位于寨北地块的面积为 3 亩,朱某海位于寨北地块的面积为 5.7 亩,两家承包经营的土地(东西)相邻。2015 年 10 月 20 日,乔某梅、朱某民以朱某海强行将其长 30 米、宽 2 米范围

① 湖北省老河口市人民法院(2015)鄂老河口民初字第 01894 号。

内的玉米地轧成道路,作为通行道路为由,诉至法院,请求判令朱某海停止侵害,并赔偿其玉米损失2000元。该案一审庭审中,村民张某兵证实“……原来就是一条路,我们拉庄稼必须走这条路,乔某梅将路毁了种上了庄稼”,二组组长王某银证实“……原来确实是一条路,乔某梅他们把路毁了种了包谷,那三家拉玉米必然走那条路”。乔某梅、朱某民起诉主张朱某海强行收割其长30米、宽2米范围内的玉米,要求赔偿玉米损失2000元,该玉米虽播种于其土地承包经营权证面积之内,但该争议的土地属历史形成并为相邻地役权人共用的道路,朱某海收割时玉米已经成熟,并通过本组组长告知乔某梅、朱某民自行收回,乔某梅、朱某民拒绝收回。乔某梅、朱某民主张朱某海把原有出路挖掉扩大自己土地,硬要从乔某梅、朱某民地中通行的理由,未提交证据加以证实,因此依法不予支持。

法院判决:驳回乔某梅、朱某民的诉讼请求。

3. 评析

该案争议的焦点为乔某梅、朱某民是否有权在争议的道路上播种农作物玉米。从该案查明的事实来看,乔某梅、朱某民的亲属朱某荣在土地二轮延包时,将其原耕地面积1.89亩向村组上报为3亩,并取得经营权证,侵害了朱某海方的合法权益,从而将原为相邻地役权人共用的道路占为己有进行耕种。但依据《物权法》第162条、第163条之规定,无论是原土地所有人还是相邻地役权人,均不得未经所有人和其他地役权人同意而擅自予以变更或解除。而该案中,乔某梅、朱某民将该条道路毁掉,播种农作物,虽经村委会予以登记,但其行为本身不具有合法性,属自担风险的行为。乔某梅、朱某民的玉米已经成熟,不存在减产,朱某海在割掉乔某梅、朱某民的玉米后,已通过本组组长告知乔某梅、朱某民将割掉的玉米收回,但乔某梅、朱某民拒绝收回,其损失应由乔某梅、朱某民自行负担,故对乔某梅、朱某民要求朱某海停止侵害、赔偿损失的诉讼请求,不予支持。

(编写人:叶 锦)

法律条文

第三百七十九条 土地上已经设立土地承包经营权、建设用地使用权、宅基地使用权等用益物权的,未经用益物权人同意,土地所有权人不得设立地役权。

条文主旨

本条是关于在已设立用益物权的土地上再设立地役权的处理方式的规定。

《民法典》第378条系关于地役权设立在先,用益物权设立在后的规定,本条则为用益物权设立在先,地役权设立在后的规定。

本条规定的目的旨在保护依法已设立的用益物权。用益物权一旦设立即具有对世性,可依法对抗包括土地所有权人在内的所有人。《民法典》第326条规定,所有权人不得干涉用益物权人行使权利。

用益物权实际上是对所有权人的权利限制。《民法典》第240条规定:"所有权人对自己的不动产或者动产,依法享有占有、使用、收益和处分的权利。"该法第323条规定:"用益物权人对他人所有的不动产或者动产,依法享有占有、使用和收益的权利。"据此,所有权人一旦在自己的不动产或者动产上设立了用益物权,则所有权中所包含的除处分权之外的其他占有、使用和收益权利均归用益物权人享有。

地役权可以在所有权上设立,亦可以在用益物权上设立。《民法典》第378、380、381、382条均包含了地役权对其他用益物权所产生的权利限制规定,亦属对地役权的增益。正因为地役权存在前述特性,因此本条规定,对于已经设定用益物权的土地,若欲再设立地役权,则需要事先征得用益物权人的同意,否则用益物权人的权益将受到损害。

新旧法对比

《物权法》	《民法典》
第一百六十三条　土地上已设立土地承包经营权、建设用地使用权、宅基地使用权等权利的,未经用益物权人同意,土地所有权人不得设立地役权。	第三百七十九条　土地上**已经**设立土地承包经营权、建设用地使用权、宅基地使用权等**用益物权**的,未经用益物权人同意,土地所有权人不得设立地役权。

理解与适用

地役权的设立应以订立书面合同为表现形式,用益物权人同意土地所有权人再设立地役权的,亦应采用书面形式。若地役权权利内容超出用益物权权利范围,则应在征得用益物权人同意的情况下,由土地所有权人另行与需役地权利人签署合同。

若土地所有权人未征得用益物权人同意而设立了地役权,则属于无权处分行为，该等行为的效力待用益物权人追认，用益物权人予以追认的，地役权权利设立时间为用益物权人追认之日；若用益物权人不予以追认的，则地役权设立无效，由此给第三人造成的损失由土地所有权人承担。

实务问题

1. 案情简介①

1998年7月，迁将营乡娘娘庙村经济联合社与被告沈某桂签订四荒使用权拍卖合同，将本村西涝洼子100亩荒山拍卖给沈某桂使用。在2006年被告沈某桂修建60余亩山地苗圃，浇苗木的水源在其上边的后树林子地上方，当时后树林子地由村委会管理使用。沈某桂通过水管经由后树林子地将水引到其苗圃，其中有1000多米的水管埋在后树林子地的地下，有约100米在后树林子地的地面之上。2016年4月6日迁将营乡娘娘庙村民委员会与原告隋国山签订后树林子《承包山林合同》，原告隋国山取得了后树林子地的承包经营权50年。据此，隋国山向法院起诉，请求判令被告将埋在原告承包林地的水管移走并恢复原状等。

2. 法院认为

沈某桂于1998年7月以拍卖形式取得迁将营乡娘娘庙村西涝洼子荒山使用权，隋国山于2016年4月则以竞拍方式取得迁将营乡娘娘庙村大红洼后树林子约260亩林地承包经营权，双方均系合法取得迁将营乡娘娘庙村集体所有的不动产使用权。隋国山承包的林地位于沈某桂承包的荒山北面山上，沈某桂承包的山地（苗圃）在隋国山承包林地山下南面，中间相隔有迁将营乡娘娘庙村林地（约300米的距离）和一条道路，沈某桂引水点在隋国山承包林地的北面，用直线管道通过隋国山的林地（不是自然流水）。沈某桂引水管线虽然先取得土地使用权，且经村同意使用村土地埋设管线，并使用至今，但在村委会转移不动产使用权给隋国山时，并未设立地役权，也没约定地役权的转让。所以，沈某桂不享有地役权。土地所有权人设定了诸如土地承包经营权、建设用地使用权、宅基地使用权等用益物权后，在这些用益物权存续期间，对所有权人而言该土地的使用价值已经受到了限制，所有权人已经不能行使该土地的使用价值的权能，而是由上述用益物权人来行使。土地使用权人在此情况下，就不能再以该土地设定地役权。娘娘庙村委会即使现在同意沈某桂使用该不动产土地上的通行权，也没有法律依据，是无效行为。隋国山请求沈某桂将引水管道移走并恢复原状，

① 河北省丰宁满族自治县人民法院（2017）冀0826民初2216号。

符合《物权法》的相关规定,法院予以支持。

法院判决:沈某桂于本判决生效之日起停止对隋国山承包的林地(大红洼后树林子)使用权的侵害,并于 2018 年 4 月 30 日前将原埋在地里及表面引水管线移走,恢复林地原状,不得妨害隋国山对该林地行使经营管理权。

3. 评析

该案争议的焦点是引水管理通行权。沈某桂采水通过他人不动产的通行权为地役权的延伸。《物权法》第 163 条规定,土地上已设立土地承包经营权、建设用地使用权、宅基地使用权等权利的,未经用益物权人同意,土地所有权人不得设立地役权。这一规定,目的在于保护土地承包经营权、建设用地使用权、宅基地使用权等用益物权人的合法权益。根据这一规定,在未经过用益物权人同意的情况下,土地所有权人不能在已经设立上述用益物权的土地上,再设立地役权。

(编写人:叶 锦)

法律条文

第三百八十条 地役权不得单独转让。土地承包经营权、建设用地使用权等转让的,地役权一并转让,但是合同另有约定的除外。

条文主旨

本条是关于地役权不得单独转让的规定。

本条规定体现了地役权的从属性。地役权因需役地权利的延伸而取得,依附于需役地的所有权或使用权的存在而存在,不能脱离需役地的权利而单独产生,脱离需役地的权利,地役权则没有存在的价值。

地役权不得脱离土地承包经营权、建设用地使用权等单独转让,且当土地承包经营权、建设用地使用权转让时,地役权亦一并转让,即权利人不得单独处分地役权。

新旧法对比

《物权法》	《民法典》
第一百六十四条 地役权不得单独转让。土地承包经营权、建设用地使用权等转让的,地役权一并转让,但合同另有约定的除外。	第三百八十条 地役权不得单独转让。土地承包经营权、建设用地使用权等转让的,地役权一并转让,但是合同另有约定的除外。

理解与适用

本条规定中但书部分“但是合同另有约定的除外”中的“合同”主要指土地承包经营权转让合同、建设用地使用权转让合同等其他需役地用益物权转让合同,或地役权设立合同。在该等合同中的约定仍需要遵守地役权不得单独转让的原则,本条中的“另有约定”主要指,当需役地用益物权转让但不转让地役权时,地役权终止。

实务问题

1. 案情简介①

武穴市城乡规划局将其在武穴市余川镇向宕村一尖山经营的“广济第二招待所”即现一尖山庄转让给彭某胜(又名彭某巴)。2007 年 6 月 7 日,武穴市余川镇向宕村村民委员会与彭某胜签订《一尖山开发协议》,约定将原广济第二招待所南边路外侧西从栽树田(茶叶园东侧),东至港边,包括水塘以及南边小山的土地给彭某胜无偿使用 60 年。2008 年 4 月 10 日,彭某胜与彭某华签订《太平一尖二招房屋产权转让协议》,彭某胜将太平一尖山原广济第二招待所房屋产权转让给彭某华。此后,彭某华将原“广济第二招待所”更名为“一尖山庄”,并开始建设和经营。2008 年 11 月 30 日,武穴市余川镇向宕村村民委员会将一尖二招(原广济第二招待所)南边路外水塘及水塘岸对面(东边)10 米以内(长度约为塘岸长度)土地一并出让给彭某华使用,一次性收取出让费 600 元。2010 年 12 月 12 日,彭某胜与彭某华之子彭某签订《一尖山庄水塘南边场地转让协议》,彭某胜将一尖山庄南边场地的使用权转让给彭某华。

2009 年 1 月 17 日,彭某华以彭某的名义向武穴市国土资源局申请并办理了一尖山庄国有土地使用权证书[国有土地使用权证书号为武穴国用(2009)第 161606010 号]。2011 年 10 月 21 日,武穴市城乡规划局分别向彭某华、彭某及彭某华的父亲彭某波颁发了建设用地规划许可证,许可彭某华、彭某、彭某波在一尖山庄南边水塘的南边场地上建设住宅。2013 年 1 月 23 日,武穴市国土资源局分别向彭某华、彭某、彭某波颁发了国有土地使用权证书。其中,彭某的国有土地使用权证书号为武国用(2013)第 161614070 号,彭某波的国有土地使用权证书号为武国用(2013)第 161614071 号,彭某华的国有土地使用权证书号为武国用(2013)第 161614072 号。

---

① 湖北省武穴市人民法院(2016)鄂 1182 民初 427 号。

2012年5月24日，彭某华与郭某权签订《一尖山庄出售协议书》，该协议约定：(1)彭某华将一尖山庄范围内现有的土地(包括水塘南边平地)、房屋、门口水塘、绿化树木花草及相关设备设施出售给郭某权。(2)出售金额150万元，协议签订时郭某权首付40万元(当日付10万元，此后10天内付款30万元)，下欠的110万元由郭某权按月息一分(月利率10‰)的贷款形式分三次付清本息。①从签订协议之日(2012年5月24日)起至2012年8月15日前交款10万元，利息另算。②第一个50万元从2012年5月24日起至2012年8月23日止期间不计息，从2012年8月24日起至2013年2月23日止6个月计算利息，至2013年2月23日止时本息为53万元；第二个50万元从2012年5月24日起至2012年11月23日止不计息，从2012年11月24日起至2013年5月23日止6个月计算利息，至2013年5月23日止时本息为53万元。(3)彭某华的责任。①山庄财产在双方协议签订后由彭某华按《山庄财产登记表》如数移交给郭某权，不得转移或截留；②彭某华负责结清山庄财产移交前的所有经济往来包括电费、电话费、电视信号费等；③原山庄以彭某名义办理的土地证和南边平地以彭某波、彭某华、彭某三人私人建房名义办理的规划证和土地证出让金收据，在郭某权交清全部款项后移交给郭某权。南边平地的土地证彭某华正在办理中(其土地出让金及手续费已交)，彭某华尽力办理完毕。但因政策或其他原因(包括增加费用)不能办理此证的，彭某华不负任何责任。(4)郭某权的责任为按协议付清山庄出售的全部金额(含利息)。下欠金额(含利息)分三次交清。①2012年8月15日前交付转让本金10万元(利息另算)；②2013年2月3日交付本息53万元；③2013年5月23日交付本息53万元。(5)特别说明。①本协议签订后一尖山庄由郭某权经营；②山庄一号房西边空地是原广济二招的厕所所在地，其面积不在土地证面积之内；③郭某权必须在证件移交半年内办理证件过户手续，彭某华配合提供相关证件，其所有费用由郭某权负责。如过期或不办理证件过户手续所引起的纠纷由郭某权负责；④如开发需要占用进茶园路口山边两块茶地，郭某权须用茶园附近不少于同倍面积的山地置换给彭某华，新茶地平整和茶苗移栽等费用由郭某权负责，以确保彭某华茶园面积不流失；⑤彭某华不提供发票，也不负担各种费税，出售金150万元是净值。(6)违约责任。①彭某华在山庄移交期间人为造成财产损失的要根据损失的金额给予郭某权两倍的赔偿。②郭某权在规定的时间内不能付清彭某华出售金的本金和利息的，将承担下欠金额从协议签字之日起按月利率20‰计付的利息。如果拖欠超过三个月彭某华可以向当地法院申请处理，或收回山庄所有权，郭某权首付40万元作为违约金赔偿给彭某华。本协议一式两份,自双方签字之日起生效。彭某华和郭某权分别在协议书上签了名字,蔡某作为公证人也在协议上签了名字。协议签订后,双方办理了财产移交手续。郭某权接收一尖山庄后,即着手兴建宾馆,其建设施工的临时工棚搭建在水塘南边的平地上。

协议书签订的当日,郭某权按约支付转让金10万元给彭某华。2012年6月10日,郭某权支付20万元给彭某华。2013年9月23日,郭某权支付20万元给彭某华。2014年5月20日,彭某华与郭某权签订《一尖山庄出售合同补充协议》,双方约定:一尖山庄出售金按原合同为150万元,郭某权已付50万元,下欠本金100万元,按原合同约定到2014年8月18日应付利息60万元,共计160万元。此款由郭某权在2014年6月18日前付款20万元,在2014年7月18日前付款50万元,在2014年8月18日前付款60万元,共计130万元。若郭某权按约定时间付款,则彭某华放弃30万元不要,郭某权不按160万元付款。否则,按原合同执行。彭某华和郭某权均在补充协议上签了名字。徐某雄作为证明人也在补充协议上签了名字。2014年6月18日,郭某权付款20万元给彭某华。2014年8月20日,郭某权付款10万元给彭某华。2014年11月7日,郭某权付款8万元给彭某华。后虽经多次催要,郭某权再未付款给彭某华。2016年2月19日,彭某华诉至法院,请求判令郭某权支付一尖山庄出售款本金62万元及违约金等。

2. 法院认为

彭某华与郭某权所签订的《一尖山庄出售协议书》以及《一尖山庄出售合同补充协议》是双方当事人的真实意思表示,其内容没有违反国家法律和现行政策的强制性规定,应为有效协议,对双方当事人均有法律约束力。一尖山庄系武穴市城乡规划局经营的原广济第二招待所,其土地性质属国家所有,故双方之间关于一尖山庄的财产及其范围内的土地使用权的转让是合法的,且双方当事人对此转让均不持异议,法院予以确认。双方协议中的一尖山庄南边的水塘以及水塘南边的山坡土地属于武穴市余川镇向宕村集体所有,一尖山庄(包括原广济二招)的所有人为了提高一尖山庄的经营效益,使用属于向宕村所有的水塘及水塘南边的山坡土地,是在依法行使地役权,应当受到法律保护。地役权可以转让。故彭某胜经营一尖山庄时将一尖山庄南边的水塘及水塘南边的山坡土地的使用权转让给彭某华,彭某华再转让给郭某权,均为合法。

法院判决:郭某权支付给彭某华转让款62万元及违约金20万元等。

3. 评析

该案争议焦点为：(1)双方签订协议中涉及土地转让是否属于地役权转让；(2)彭某华是否存在违约行为。首先，彭某华与郭某权所签订的《一尖山庄出售协议书》以及《一尖山庄出售合同补充协议》系双方当事人真实意思表示且不违反法律、法规的强制性规定，合法有效。其次，双方协议中的一尖山庄南边的水塘以及水塘南边的山坡土地属于武穴市余川镇向宕村集体所有，2008 年 11 月 30 日，向宕村为便利彭某华经营一尖山庄，将一尖山庄南边路外水塘及水塘岸(东边)10 米以内的土地交给其使用，一次性收取土地使用费 600 元；2010 年 12 月 12 日，彭某华依约定取得了水塘南边山坡土地的场地使用权。彭某华利用属于向宕村所有的水塘及水塘南边的山坡土地，提高一尖山庄的经营效益，是在依法行使地役权，应当受到法律保护。最后，根据《物权法》第 164 条规定，地役权不得单独转让。土地承包经营权、建设用地使用权等转让的，地役权一并转让。彭某华是一尖山庄的所有权人，也是向宕村 5345 平方米土地上水塘及水塘南边场地的实际地役权人，一尖山庄转让，依法地役权也一并转让，彭某华与郭某权签订《一尖山庄出售协议书》，郭某权接管一尖山庄后在原址上成立了湖北一尖山庄旅游开发有限公司，依约取得向宕村 5345 平方米土地上的地役权。郭某权提出的彭某华还有 5345 平方米土地使用权至今未交付构成合同违约的理由缺乏事实和法律依据，不能成立。

(编写人：叶　锦)

法律条文

第三百八十一条　地役权不得单独抵押。土地经营权、建设用地使用权等抵押的，在实现抵押权时，地役权一并转让。

条文主旨

本条是关于地役权不得单独抵押的规定。

本条规定体现了地役权的从属性。地役权的抵押不能与土地经营权、建设用地使用权的抵押分开设立，必须随该等权利的抵押而抵押，其核心在于：(1)地役权可不随土地经营权、建设用地使用权一并抵押，但不得单独抵押；(2)需役地物权是否能够被抵押，需要考虑是否存在法律禁止性规定，若存在，则该等物权不能被抵押；(3)抵押权人在实现抵押权时，被抵押的地役权随被抵押的土地经营权、建设用地使用权等一并转让。

新旧法对比

《物权法》	《民法典》
第一百六十五条　地役权不得单独抵押。土地承包经营权、建设用地使用权等抵押的，在实现抵押权时，地役权一并转让。	第三百八十一条　地役权不得单独抵押。**土地经营权**、建设用地使用权等抵押的，在实现抵押权时，地役权一并转让。

理解与适用

本条规定中的"土地经营权"与《民法典》第 379 条规定中的"土地承包经营权"不同。根据《农村土地承包法》的相关规定，"土地承包经营权"具备身份要素，不宜作为抵押财产，而"土地经营权"为财产性权利，可以作为抵押财产。

实务问题

1. 案情简介①

原被告双方均系谭庄乡南阳沟村集体经济组织成员，二被告东西相邻，李某章房屋居西，谷某来旧宅基居东。2011 年 2 月 28 日，原告刘某堂、周某群、刘某峰、刘某东、刘某胖作为村北浇地部分代表，谷某来作为占地方代表，双方签订协议书一份，约定："在挖井期间的投资由浇地代表方负责另外补贴谷某来井占地 500 元，另外打井不投资。在使用期间，谷某来不得以任何理由停止用井，使用权永远归于浇地代表方使用。"双方均在协议上签字捺印。协议签订后原告将 500 元给付谷某来，该村四、五十户村民开始集资并在谷某来旧宅基地东侧打井（包括安装电闸、电表、管道等）一直使用至今，谷某来无偿使用。

2016 年 9 月 10 日，谷某来作为甲方，李某章作为乙方，双方签订协议一份，约定：经双方协商，甲方将自己旧宅基地以 5000 元价格转让给乙方使用。宅基地四至（东至水泥路、北至谷某来房根角、南至道、西至李某章房根角）为界，其中宅基地内有大伙井一口，允许乙方在宅基地范围内使用，其井使用权以甲方与大伙签订的原协议为准。二被告在协议上签字捺印，见证人谷某在协议上签字。

机井现仍在使用，经现场勘验井东边垒起石头，井以北有 3 米宽道路供通行。现原告以谷某来将旧宅基地卖与李某章，李某章开始施工，导致五原告无法正常使用机井为由诉至法院，要求二被告停止侵害、恢复机井原状。

---

① 河北省灵寿县人民法院（2017）冀 0126 民初 327 号。

2. 法院认为

土地上的权利人为了自己使用土地的方便或者土地利用价值的提高，通过约定而得以利用他人土地的权利，为地役权。五原告与谷某来签订的协议书系地役权合同，系双方真实意思表示，合法有效，法院予以确认。地役权自地役权合同生效时设立。供役地权利人应当按照合同约定，允许地役权人利用其土地，不得妨害地役权人行使权利。该案中，五原告为地役权人，李某章为供役地权利人，李某章旧宅基地为供役地，五原告所种农田地为需役地。原告称谷某来妨害其行使权利，但未提交证据，故对其主张法院不予采信。谷某来作为该宅基地使用权人，在不损害原告机井使用权的情况下有权处分其权利。原告要求谷某来停止侵权、恢复原状的诉讼请求无事实根据，法院不予支持。

法院判决：驳回原告刘某堂等五人对谷某来、李某章的诉讼请求。

3. 评析

根据《物权法》第 164 条之规定，“地役权不得单独转让。土地承包经营权、建设用地使用权等转让的，地役权一并转让，但合同另有约定的除外”。谷某来将其旧宅基地使用权转让给李某章，故该旧宅基地上的地役权一并转让给李某章，该地役权对受让人李某章具有约束力，李某章亦应按照合同约定，允许原告继续利用该旧宅基地，不得妨害原告使用机井的权利。根据现场勘验井以北有 3 米宽道路供通行，且井以东垒起的石头并未影响原告使用机井，原告称李某章施工行为妨害其权利未提交证据，故对原告要求李某章停止侵害、恢复原状的诉讼请求不予支持。

（编写人：叶　锦）

法律条文

第三百八十二条　需役地以及需役地上的土地承包经营权、建设用地使用权等部分转让时，转让部分涉及地役权的，受让人同时享有地役权。

条文主旨

本条是关于地役权在需役地及需役地上的土地承包经营权、建设用地使用权等权利部分转让时的处理的规定。

本条及第 383 条阐释了地役权的不可分性。需役地被分割后，除非地役权仅与被分割后的某一块土地相关，否则地役权应存在于与之相关的每一块土地上，被分割后的需役地权利人均需要履行地役权合同约定的相关义务。

新旧法对比

《物权法》	《民法典》
第一百六十六条　需役地以及需役地上的土地承包经营权、建设用地使用权部分转让时，转让部分涉及地役权的，受让人同时享有地役权。	第三百八十二条　需役地以及需役地上的土地承包经营权、建设用地使用权等部分转让时，转让部分涉及地役权的，受让人同时享有地役权。

理解与适用

地役权与相邻权不同，相邻权由法律规定产生，只要不动产相邻，就具备提出相邻权的法律基础，所以，一般相邻权不具备转让的必要性。

地役权则是为提高需役地的效能而设立的物权，因此其行使不能与需役地相分离，当需役地被分割后，被分割后的需役地权利人均需要履行地役权合同义务，除非该地役权与某一块被分割后的土地之间无关联。

实务问题

1. 案情简介①

李某华、田某翠、杨某国、韦某洪、黄某凤与陈某芬系邻居关系，争议路段位于陈某芬家房屋前。2001 年 4 月 23 日，陈某芬与王某珍、吴某江及李某华、杨某国达成《修路占地协议》，该协议第 1 条载明：“杨某国、王某珍、李某华三家自愿出资修路从陈某英、吴某江门前过，陈某英也要过此路，让地不出资，只是补助陈某芬家水泥砖钱，地也不付钱”。杨某国、王某珍、李某华三家支付了陈某芬拆其围墙的弥补费 1800 元。2008 年 5 月 11 日，陈某芬之姐陈某英（吴某江之妻）将其位于西河社区梓桐阁组的房屋转让给陈某芬。2008 年 5 月 15 日，陈某芬为甲方，王某珍、李某华为乙方，在西河社区调解委员会的调解下，双方达成了《土地调解协议》，该协议载明：“经双方共同协商和西河社区调解，甲方愿将本人门前的一幅土地让给乙方作通道使用，乙方一次性给付甲方土地补偿费人民币壹万叁仟元（￥13,000.00 元）整，特订以下协议如下：一、从陈某芬现住住房外墙角起至杨某国家墙角止，长 11.8 米、宽 1.4 米作通道用地面积使用。二、经调解：王某珍、李某华二户及二户的儿女及子孙后代转让土地给别人同样不得收取费用，如以

① 贵州省安龙县人民法院（2016）黔 2328 民初 1543 号。

后转让房屋及土地给其他人，甲方收取外来买主每户贰仟元(￥2000.00元)，如乙方一次性将房屋土地转让给任何买方，甲方不得再收取外来户费用。……”该协议签订后，王某珍与李某华各支付给陈某芬6500元。2008年12月17日，韦某洪因购买李某华的部分房屋而支付陈某芬2000元过路补偿费，陈某芬向其出具的收条中明确“路宽1.4米，长11.8米作通道”。2013年10月12日，王某珍将其位于西河社区梓桐阁组的宅基地转让给黄某凤。

另，原陈某英家房屋(现已转让给陈某芬)外的道路长11.8米，即是王某珍、李某华与陈某芬于2008年5月15日签订的《土地调解协议》中“从陈某芬现住住房外墙角起至杨某国家墙角止”的路段，该路段中有部分已经硬化成水泥路面。2016年，李某华等要求硬化陈某芬现住房屋与原陈某英家房屋(现已转让给陈某芬)外的土路时，遭到陈某芬阻止。

2. 法院认为

首先，虽然原、被告对被告家房屋门口的通道的使用权归属有争议，但该争议道路已形成通道10余年是客观存在的事实，根据《物权法》第87条的规定，通道占地使用权的归属并不影响本案相邻关系的处理。同时《物权法》第84条规定，“不动产的相邻权利人应当按照有利生产、方便生活、团结互助、公平合理的原则，正确处理相邻关系”。该案中，五原告要求对该路段享有通行权，但客观上陈某芬并未阻止五原告通行该路段，因此，对于原告对陈某芬门前路段享有通行权的诉请，予以确认。其次，对五原告对通行路段硬化，并要求修建该路段的主张，相邻各方在对各自的不动产行使所有权和使用权时，基于物权的排他性特征，难免发生抵触和感到不便，需要对相邻不动产的所有权、使用权进行适当的扩展或限制，以满足相邻各方利益的需要。这种对权利的扩展和限制应具有适当性，遵循有利生产、方便生活、团结互助、公平合理的原则。就该案而言，对争议路段进行硬化，既能方便原告及其他人的通行，有利于生产生活，又对陈某芬非但没有妨碍，亦未损害陈某芬的任何利益，反而有利于陈某芬的通行，因此对五原告的该项主张予以支持。

法院判决：(1)李某华、田某翠、杨某国、韦某洪、黄某凤享有陈某芬门前道路的通行权；(2)陈某芬于本判决生效后10日内拆除其封堵部分。

3. 评析

该案争议焦点一：本案是地役权纠纷还是相邻关系纠纷《物权法》第156条第1款规定：“地役权人有权按照合同约定，利用他人的不动产，以提高自己的不动产的效益。”第157条第1款规定：“设立地役权，当事人应当采取书面形式订立地役权合同。”该案中,陈某芬与李某华、杨某国、王某珍签订的《修路占地协议》,陈某芬、王某珍、李某华签订的《土地调解协议书》均采用书面形式约定了有偿使用道路通行,且约定了费用及其支付方式,符合地役权合同订立的特征,故本案应认定为地役权纠纷。

该案争议焦点二:五原告是否享有对其门前路段的通行权,并对该路段进行修建。该案中,订立地役权的合同主体系陈某芬、李某华、杨某国、王某珍,王某珍已将其房屋和土地使用权转让给黄某凤,李某华已将其部分房屋和土地使用权转让给韦某洪,并按照前述《土地调解协议》支付了相应费用,根据《物权法》第166条关于“需役地以及需役地上的土地承包经营权、建设用地使用权部分转让时,转让部分涉及地役权的,受让人同时享有地役权”的规定,黄某凤、韦某洪亦享有该案所涉地役权。虽然《土地调解协议》明确由李某华等通行的长11.8米、宽1.4米的道路仅是从陈某芬现住房屋起至杨某国家墙角止,并不包含陈某芬门前道路,但若李某华等仅通行该条道路,只能通行至陈某芬门前,并不能通行至道路上,将无法实现签订《修路占地协议》《土地调解协议》的通行目的,根据《物权法》第159条关于“供役地权利人应当按照合同约定,允许地役权人利用其土地,不得妨害地役权人行使权利”的规定,供役地权利人陈某芬应拆除封堵部分,允许五原告通行。关于五原告是否可对该路段进行修建的问题。经审查,该案所涉2份协议,并未约定通行人可以对协议所涉道路进行硬化,故因协议而取得通行权利的相对人未经通道土地使用权人陈某芬的同意而径行实施硬化道路的行为,侵害了陈某芬的土地使用权,根据《物权法》第160条关于“地役权人应当按照合同约定的利用目的和方法利用供役地,尽量减少对供役地权利人物权的限制”的规定,对原告提出的该项诉讼请求不予支持。

(编写人:叶 锦)

法律条文

第三百八十三条　供役地以及供役地上的土地承包经营权、建设用地使用权等部分转让时,转让部分涉及地役权的,地役权对受让人具有法律约束力。

条文主旨

本条是关于地役权在供役地及供役地上的土地承包经营权、建设用地使用权等权利转让时的处理的规定。

继第382条,本条亦阐释了地役权的不可分性。供役地被分割后,原则上,地役权应存在于与之相关的每一块土地上,不受供役地被分割的影响。

新旧法对比

《物权法》	《民法典》
第一百六十七条　供役地以及供役地上的土地承包经营权、建设用地使用权部分转让时,转让部分涉及地役权的,地役权对受让人具有约束力。	第三百八十三条　供役地以及供役地上的土地承包经营权、建设用地使用权等部分转让时,转让部分涉及地役权的,地役权对受让人具有**法律**约束力。

理解与适用

地役权存在于供役地之上,无供役地即不可能产生地役权,因此若供役地上出现土地承包经营权、建设用地使用权等权利并发生转让,地役权亦随之产生于转让后的每一块土地上。需要注意的是,这里的转让系上述权利的部分转让,若全部转让,则不发生本条所规定的不可分性特点。

但若供役地被分割后,地役权仅与被分割后的一部分供役地相关,则地役权仅在该部分供役地上存续。

实务问题

1.案情简介①

2012年9月13日,广东中宝拍卖有限公司(拍卖人)与利珅公司(买受人)签订拍卖成交确认书,确认买受人是日下午3时在拍卖人于阳江市阳西县广场路18号二楼举行的第2012016期拍卖会上,通过公开竞价成交金汇公司位于中山市坦洲镇金斗湾土地开发区的土地使用权,成交价为7,040,000元;拍卖标的按现状拍卖,委托人和拍卖人对拍卖标的不承担瑕疵担保责任,买受人不得以拍卖土地存在任何瑕疵向委托人、拍卖人、抵押权人平安银行股份有限公司深圳上步支行主张任何权利;该拍卖标的在中山市国土部门登记的土地用途虽为工业用地,但中山市坦洲镇规划管理所的函件反映,该土地已规划为金山城公园用地,而且该地块在实际使用中已为金山城公园用地,该用地上空已拉有2组220KV的高压线通过。双方还确认了其他权利义务。2013年3月22日,利珅公司取得位于中山市坦洲镇金斗湾土地开发区地块的土地使用权证,土地使用

① 广东省中山市第一人民法院(2014)中一法坦民一初字第21号。

权证号为中府国用(2013)第易3302058号,地类(用途)为工业用地,使用权类型为出让。利珅公司称金汇公司、金山城物管公司占用其土地,遂于2013年12月26日诉至法院,请求法院判令:(1)金汇公司、金山城物管公司返还其占用利珅公司所属土地红线范围内的土地;(2)金汇公司、金山城物管公司拆除其私自建造在利珅公司红线土地范围内的花架、游泳池、岗亭等违法建筑物等。

2. 法院认为

利珅公司在竞拍涉案土地时,已明知该地块在实际使用中为金山城公园用地,花架、游泳池、岗亭等也是拍卖前业已存在的。利珅公司拍得该地块并取得土地使用权证书后,即可依法享有该土地使用权。金汇公司、金山城物管公司并未在利珅公司取得土地使用权证后占有该土地,地上建筑物也是之前建造的,金汇公司、金山城物管公司不存在占有等侵权行为。故利珅公司的诉讼请求没有事实和法律依据,依法应予驳回。

法院判决:驳回利珅公司的诉讼请求。

3. 评析

该案争议的焦点在于利珅公司通过法院拍卖取得涉案土地的使用权后,金山城公园在涉案土地红线范围内且仍在使用中,是否构成对利珅公司的侵权。该案中,经查,1996年中山市坦洲镇人民政府《关于支持金汇实业有限公司兴建金山城公园的批复》及2011年中山市坦洲镇规划管理所出具的《关于金山城公园用地拍卖问题的函》反映,金山城公园建于1997年,并一直被金山城小区业主使用至今,坦洲镇规划所也明确了该公园用地只能用作小区绿化配套建设,不得擅自用作其他用途。故可以认定金山城小区已在金山城公园的土地上设立了地役权,并得到了相关部门的批准。《物权法》第158条规定:"地役权自地役权合同生效时设立。当事人要求登记的,可以向登记机构申请地役权登记;未经登记,不得对抗善意第三人。"第167条规定:"供役地以及供役地上的土地承包经营权、建设用地使用权部分转让时,转让部分涉及地役权的,地役权对受让人具有约束力。"根据上述法律规定,地役权自合同生效时设立,已经登记公示的地役权对受让人具有约束力。涉案土地在公开拍卖前,已对金山城公园用地情况进行公示,因此即使利珅公司通过合法手段取得涉案土地使用权,但涉案土地上原有地役权对其仍有约束力。拍卖成交价仅为每平方米166.93元,已对利珅公司不能利用的土地部分作出相应的补偿。因此,利珅公司主张金汇公司、金山城物管公司的行为构成侵权的理由不能成立,法院不予支持。

(编写人:叶　锦)

法律条文

第三百八十四条　地役权人有下列情形之一的，供役地权利人有权解除地役权合同，地役权消灭：

（一）违反法律规定或者合同约定，滥用地役权；

（二）有偿利用供役地，约定的付款期限届满后在合理期限内经两次催告未支付费用。

条文主旨

本条是关于地役权的消灭的规定。

地役权消灭的原因一般有以下五种：

（1）合同所设定的地役权期限届满。地役权合同当事人各方订立的地役权期限届满且没有续签合同的，地役权则于前述期限届满之日消灭。

（2）供役地权利人依法解除地役权合同。地役权人存在损害土地行为或违约行为的，供役地权利人可以依法解除地役权合同。

（3）地役权利抛弃。地役权权利人在不损害第三方合法权益的情况下，可随意处置自身物权，地役权自地役权权利人作出抛弃行为时消灭。

（4）地役权混同。需役地权利人依法或以某种合法原因获得了供役地权利，这时地役权因权利混同而消灭。

（5）供役地或需役地被征收。地役权必须依附供役地或需役地上的权利而存在，且地役权合同中，该等权利及权利人需依法匹配，若供役地或需役地被征收，则地役权合同亦履行不能，地役权消灭。

新旧法对比

《物权法》	《民法典》
第一百六十八条　地役权人有下列情形之一的，供役地权利人有权解除地役权合同，地役权消灭： （一）违反法律规定或者合同约定，滥用地役权； （二）有偿利用供役地，约定的付款期间届满后在合理期限内经两次催告未支付费用。	第三百八十四条　地役权人有下列情形之一的，供役地权利人有权解除地役权合同，地役权消灭： （一）违反法律规定或者合同约定，滥用地役权； （二）有偿利用供役地，约定的付款**期限**届满后在合理期限内经两次催告未支付费用。

理解与适用

以诚实信用及契约履行稳定为原则，法律赋予地役权权利人的权利亦需合理合法使用。当有偿使用供役地，且需役地权利人未按约支付合同款项时，除非合同有明确约定，否则供役地权利人需要向需役地权利人进行合理催告，催告次数为二次，二次催告后仍不履行合同义务的，供役地权利人可解除地役权合同。

实务问题

1. 案情简介①

文某良与陈某兴、王某镜三人于1985年共同出资在刘八碗辖区内购置了一块可建六间房的宅基地，为了公平，三人约定抽签划地，并签订了《三人协议》。《三人协议》载明："住房座东南，向西北，厨房座西北，向东南，住房与厨房相隔距离为五米，造型必须整齐一致，前面不得凸凹……场内空地均属三家共有……"后王某镜将其名下宅基地转让给了陈某兴，1995年，陈某兴又将房屋和宅基地转卖给了原告陈某杰。2014年2月，被告文某良打算将旧房拆除重建，为了节约成本，被告与原告商定，两家共用桩基础，两墙紧挨而建，并到实地划定了双方界线。2014年8月7日，被告与隔壁熊某林、熊某珍共同签订了一份《拓宽通道互利共便协议》，开辟了一条可通行人和车辆的道路。2014年7月被告开始建造新房，在紧挨原告地基方向的垛墙上开设了卫生间窗口，且在其房屋右前空场地上建造室外楼梯和室外阳台。2015年7月，原告起诉至法院要求判令拆除被告违约违法建造的室外楼梯和走廊及凸出的阳台，原告考虑到拆除被告违法建造的室外楼梯、走廊以及凸出的阳台损失较大，容易造成相邻关系恶化，于2017年4月24日撤回起诉。嗣后，被告又在场地上修建门前道、屋外走廊，并抬高门前场地，原告起诉要求解除合同。

另，2014年8月，文某良和西南面邻居熊某林、熊某珍签订一份《拓宽通道互利共便协议》，该协议签订后，文某良将西南面旧厨房拆除，与墙外的通道连通，达到车辆可以进出的目的。该协议约定的内容中有"通道宽为4.05米，甲方（熊某林、熊某珍）已有路宽平均3米，不足尺寸由乙方（文某良）将自家厨房拆除向内退后1.05米作为双方共同通道，各自主宾由此道自由出入不受限制"。该协议还约定了甲方（熊某林、熊某珍）车辆可以使用乙方（文某良）新开的院门进出车库，乙方让出的路面由乙方负责硬化等内容。从该协议的内容可以认定，

① 江西省九江县人民法院（2017）赣0421民初547号。

文某良拆除自家旧厨房形成的新通道是与熊家共用的一条永久性通道，并非文某良所称是为施工所需开辟的临时性通道。文某良在翻盖新房时，在原有房屋基线以外修建了一楼阳台及室外楼梯，一楼阳台向前伸出约1米，室外楼梯向前伸出约4米。文某良在新房前场地上浇注地坪，整体抬升地面约40公分，已事实上将自己房前场地与其他共用场地分割开。

2. 法院认为

文某良在共有场地上修建一楼阳台、室外楼梯，并在新房前场地上浇注地坪，整体抬升地面约40公分，事实上将自己房前场地与其他共用场地分割开，违反《三人协议》的约定，占用了共有屋场的面积，单方改变了共有屋场的历史原貌，导致《三人协议》继续履行的基础已不复存在。文某良为了通行的便利，拆除自家旧厨房，与墙外的通道连通，已事实上形成新的通道，而无须再从文某良屋前场地通行。文某良、陈某杰作为供役地权利人有权要求终止《三人协议》，从而地役权消灭。

法院判决：依照《物权法》第87条、第168条，《合同法》第94条第4项，《民法通则》第83条，《民事诉讼法》第152条（现为第155条）之规定，判决解除被告文某良与案外人陈某兴、王某镜签订的《三人协议》，原、被告在各自地役权地域内行使权利。

3. 评析

公民、法人的合法民事权益受法律保护。《物权法》规定，地役权人有权按照合同约定，利用他人的不动产，以提高自己的不动产的效益，《三人协议》系协议人真实意思表示，没有违反法律相关规定，各方应当遵守。地役权人必须履行合理使用的义务，如果地役权人未履行合理使用的义务，供役地权利人有权解除地役权合同。被告文某良在其房屋右前空场地上建造室外楼梯和室外阳台，违反了《三人协议》，其行为导致不能实现合同目的，原告陈某杰地役权未能实现，原告陈某杰作为供役地权利人有权要求终止《三人协议》，从而地役权消灭。相邻通行权，又称“必要通行权”，是指由于地理条件的限制，一方必须利用相邻一方所有或者使用的土地，取得通行等权利。被告文某良在庭审中提出即使解除地役权也应当保留其通行的权利，但被告文某良已经与熊某林、熊某珍签订《拓宽通道互利共便协议》，另行开辟了新的通行道路，原告陈某杰宅基地上的通行道路已经不是唯一的必须保留的通行道路，故对被告文某良该项主张，法院不予支持。综上所述，被告违反《三人协议》，侵犯了原告的合法权益，现原告请求终止1986年8月4日被告与案外人陈某兴、王某镜签订的《三人协议》，消灭地役权，理由正当，于法有据，法院予以支持。

（编写人：叶　锦）

法律条文

第三百八十五条　已经登记的地役权变更、转让或者消灭的，应当及时办理变更登记或者注销登记。

条文主旨

本条规定了已经登记的地役权在变动后的变更登记。

《民法典》第374条规定地役权的设立采取登记对抗主义，未经登记的地役权不得对抗善意第三人。设立登记后，地役权若发生变更、转移或消灭，均应进行后续的变更或注销登记。

向公众及时公开地役权的设立、变动及消灭情况，对保护相关主体的合法权益，防止纠纷的产生都有极为重要的作用。

新旧法对比

《物权法》	《民法典》
第一百六十九条　已经登记的地役权变更、转让或者消灭的，应当及时办理变更登记或者注销登记。	【内容不变】第三百八十五条

理解与适用

地役权合同的当事人若对地役权的设立进行了登记，但在地役权发生变更、转移或消灭时，怠于完成后续变更或注销登记，并给第三方造成损失的，应赔偿损失。

实务问题

1. 案情简介①

2010年5月4日，为了车辆通行，刘某华与同组村民候某甲、覃某权、覃某柏、杨某、候某乙协商修建公路主线至刘某华等六户的道路，并签订了《协议书》，公路总投资2万元；该协议同时约定经过覃某权的土地由刘某华以相同的土地面积给予补偿，任何人不得在公路上有意设障碍物影响公路畅通，不得以任何借口阻碍公路维护和排水沟疏通。协议签订后，刘某华按照协议，用覃某权稻

① 湖北省长阳土家族自治县人民法院(2016)鄂05285民初254号。

场坎下刘某华的土地交换覃某权家门口的土地(名为“古树凸”的土地),补偿给了覃某权。后六户一直按协议履行,各方车辆均能通行。

2015年8月26日,覃某权修建自家门口的水泥稻场,刘某华、覃某柏找到覃某权,认为车辆通行不畅,要求覃某权解决问题。2015年9月6日,经高峰村村民委员会调解,认为“覃某权在硬化稻场时,造成通行困难”,但调解未能达成一致意见。2015年9月14日,经渔峡口镇人民调解委员会调解,始终未能达成协议,但提出的调解意见认为,“覃某权硬化稻场时,刘某华、覃某、覃某柏等三户未主动与其商议稻场中原公路硬化方案,硬化过程中也未到现场,而覃某权明知硬化稻场要保证对方三户公路通畅,却在出口未放缓坡,致使公路不能正常通行,故双方各户均有主观过错”。

另,原、被告所修建的道路从最远户刘某华处途经覃某柏处连接到高峰村村级公路,从覃某权家门口通过。覃某权用水泥浇筑自家门口的稻场后,稻场东头宽4.57米,西头宽5.4米,原修建的部分道路也是覃某权稻场的一部分。该稻场东头与原道路相接,车辆畅通无阻,但稻场西头留有宽47厘米的排水沟,覃某权在水沟中放置了长2.65米的木方,水沟边即为覃某权修建的坡面长50厘米、宽3.35米的缓坡。经实际测量,稻场西头水平面至修建道路1.6米最低点坑洼处落差为39厘米,至原修建道路水平面处落差为35厘米。由于刘某华认为通行不畅,遂诉至法院,请求判令覃某权排除妨碍,保障公路畅通。

2. 法院认为

刘某华为了车辆通行与同组村民候某甲、覃某权、覃某柏、杨某、候某乙协商,修建至刘某华等六户的道路,并签订了《协议书》。该协议约定使用覃某权门口的土地,刘某华将覃某权稻场坎下的土地交换给覃某权使用,对覃某权进行了补偿。刘某华为了便利自己的宅基地使用以及附近田地蔬菜运输,与覃某权协商后签订协议,在覃某权门口土地上设定了地役权,覃某权门口的土地为供役地,刘某华的宅基地以及农田为需役地。协议签订后,该道路一直畅通无阻,车辆能够顺利通行。现覃某权浇筑自家门口的稻场,因稻场的一部分就是通行的道路,稻场西头缓坡较陡,造成部分过往车辆通行不便。

覃某权为方便生产、生活修建自家门口的稻场,因一时疏忽,在稻场西头修建的缓坡较陡,稻场水平面至修建道路1.6米最低点坑洼处落差为39厘米,至原修建道路水平面处落差为35厘米,严重影响了过往车辆的通行。这一事实有覃某权当庭陈述,“我发现后,缓坡已经放好了。严某师傅稻场建好后才发现车子过不得,发现的时候有点迟,放的缓坡就有点陡”;同时有本县高峰村村民委员会、本县渔峡口镇人民调解委员会的调解意见，现场勘验图等证据相互印证。在庭审过程中，原告经过计算，要求被告在稻场西头修建130厘米的缓坡。经查，普通轿车接近角在20°至30°，离去角在15°至22°，最小离地间隙一般在12厘米至20厘米，根据最小角度15°，坡高为35厘米（$\sin 15° \approx 0.2588$，为坡高与坡面长度即坡长的比值），计算出坡长应为1.35米。覃某权应在保持坡高不变的情况下，在稻场西边修建宽3.5米、长1.35米的缓坡。

法院判决：覃某权在自家门口稻场西头修建宽3.5米、长1.35米的缓坡，保证车辆正常通行。限本判决生效后30日内履行。

3. 评析

根据《物权法》第159条的规定，作为供役地权利人，覃某权应当按照协议约定，允许地役权人刘某华利用其土地，不得妨害地役权人行使权力。覃某权辩称，该协议没有进行地役权登记、没有生效，根据《物权法》第158条之规定，地役权自地役权合同生效时设立，当事人要求登记的，可以向登记机构申请地役权登记；未经登记，不得对抗善意第三人。因此，原、被告间签订的协议合法有效并应按约履行相应权利义务。

（编写人：叶　锦）

第四分编　担 保 物 权

第十六章　一 般 规 定

法律条文

第三百八十六条　担保物权人在债务人不履行到期债务或者发生当事人约定的实现担保物权的情形，依法享有就担保财产优先受偿的权利，但是法律另有规定的除外。

条文主旨

本条是关于担保物权含义的规定。

新旧法对比

《物权法》	《民法典》
第一百七十条　担保物权人在债务人不履行到期债务或者发生当事人约定的实现担保物权的情形，依法享有就担保财产优先受偿的权利，但法律另有规定的除外。	第三百八十六条　担保物权人在债务人不履行到期债务或者发生当事人约定的实现担保物权的情形，依法享有就担保财产优先受偿的权利，但是法律另有规定的除外。

理解与适用

担保物权，是指债权人所享有的为确保债权实现，在债务人或者第三人所有的物或者权利之上设定的，就债务人不履行到期债务或者发生当事人约定的实现担保物权的情形时，优先受偿的他物权。

所谓“优先受偿”，是指在债务人到期不清偿债务或者出现当事人约定的实现担保物权的情形时,债权人可以对担保财产进行折价或者拍卖、变卖担保财产,以所得的价款优先实现自己的债权。担保物权所具有的优先受偿性,是基于物权的排他效力产生的,是对物权而不是对人权。

所谓"优先",主要是指:(1)优先于其他不享有担保物权的普通债权;(2)优先于人的担保,也就是保证担保。

实务问题

"法律另有规定的除外",即这种优先受偿权也不是绝对的,其他法律法规有特别规定的,按照特别规定进行处理。最常见的,就是在企业破产清算分配中,担保物权人的受偿序位并不是第一位的。根据《企业破产法》第113条第1款的规定,破产财产在优先清偿破产费用和共益债务后,依照下列顺序清偿:(1)破产人所欠职工的工资和医疗、伤残补助及抚恤费用,所欠的应当划入职工个人账户的基本养老保险、基本医疗保险费用,以及法律、行政法规规定应当支付给职工的补偿金;(2)破产人欠缴的除前项规定以外的社会保险费用和破产人所欠税款;(3)普通破产债权。

(编写人:樵地祥)

法律条文

第三百八十七条　债权人在借贷、买卖等民事活动中,为保障实现其债权,需要担保的,可以依照本法和其他法律的规定设立担保物权。

第三人为债务人向债权人提供担保的,可以要求债务人提供反担保。反担保适用本法和其他法律的规定。

条文主旨

本条是关于担保物权的适用范围以及反担保的规定。

新旧法对比

《物权法》	《民法典》
第一百七十一条　债权人在借贷、买卖等民事活动中,为保障实现其债权,需要担保的,可以依照本法和其他法律的规定设立担保物权。	【内容不变】第三百八十七条

续表

《物权法》	《民法典》
第三人为债务人向债权人提供担保的，可以要求债务人提供反担保。反担保适用本法和其他法律的规定。	

理解与适用

担保物权的适用范围仅限于民事活动，不适用于行政行为和司法行为等非平等主体之间形成的关系。设立担保物权，适用的范围是借贷和买卖等民事活动。

反担保，是指替债务人提供担保的第三人，为了保证自己的追偿权得到实现，可以要求债务人为自己追偿权的实现提供担保。反担保是第三人保护自己合法权益的必要手段，是担保活动中普遍使用的方法。向第三人提供反担保的基础是本担保，反担保是债务人向担保人提供的担保。反担保的意义是，担保人为了自身的利益安全，为了避免其对债务人期待的追偿权成为既得权后不能实现的风险，可以要求债务人或债务人以外的人向其提供反担保，以保障其承担担保责任后向债务人追偿损失的权利得以实现。

实务问题

反担保的责任期间应如何计算？反担保所担保的对象不是主债权，而是主债权的担保人对主债务人的追偿权。当反担保的担保方式为保证时，则涉及保证期间的起算问题。反担保是为了保障保证人承担担保责任后实现对债务人的追偿权而设定的担保，反担保责任的履行应以保证人已履行担保责任为前提。主合同的保证期间与反担保人的保证期间二者适用的起算规则不同，反担保人的保证期间应当从担保人实际履行了担保责任之日起计算。

（编写人：樵地祥）

法律条文

第三百八十八条　设立担保物权，应当依照本法和其他法律的规定订立担保合同。担保合同包括抵押合同、质押合同和其他具有担保功能的合同。担保合同是主债权债务合同的从合同。主债权债务合同无效的，担保合同无效，但是法律另有规定的除外。

担保合同被确认无效后，债务人、担保人、债权人有过错的，应当根据其过错各自承担相应的民事责任。

条文主旨

本条是关于担保合同从属性以及担保合同无效后的法律责任的规定。

新旧法对比

《物权法》	《民法典》
第一百七十二条　设立担保物权，应当依照本法和其他法律的规定订立担保合同。担保合同是主债权债务合同的从合同。主债权债务合同无效，担保合同无效，但法律另有规定的除外。 担保合同被确认无效后，债务人、担保人、债权人有过错的，应当根据其过错各自承担相应的民事责任。	第三百八十八条　设立担保物权，应当依照本法和其他法律的规定订立担保合同。**担保合同包括抵押合同、质押合同和其他具有担保功能的合同**。担保合同是主债权债务合同的从合同。主债权债务合同无效的，担保合同无效，但是法律另有规定的除外。 担保合同被确认无效后，债务人、担保人、债权人有过错的，应当根据其过错各自承担相应的民事责任。

理解与适用

相较于《物权法》第172条，《民法典》第388条新增“担保合同包括抵押合同、质押合同和其他具有担保功能的合同”，扩大了担保合同的范围。这意味着，担保合同还包括其他能够设立担保物权的合同。《民法典》合同编有规定的，如设立的所有权保留的担保合同、融资租赁合同属于抵押合同和质押合同之外的其他担保合同；《民法典》没有规定，但是其他法律或者司法解释规定的担保物权，如让与担保，设立的这种担保物权的担保合同，应当也属于本条规定的其他具有担保功能的合同，也是担保合同。

担保合同和主债权债务合同之间的关系是，被担保的债权债务合同是主债权债务合同，担保合同是主债权债务合同的从合同。基于主债权债务合同与担保合同的这种主从关系，主债权债务合同无效的，担保合同无效，但是法律另有规定的除外，如国际贸易中见索即付、见单即付的保证合同。

实务问题

设立担保，首先要避免的，是担保合同被认定为无效。《民法典》没有就担保合同的效力问题作出集中的专门规定。当前实务中常见的担保合同无效事由归纳如下：

（1）总则编第6章第3节"民事法律行为的效力"。《民法典》第143条规定："具备下列条件的民事法律行为有效：（一）行为人具有相应的民事行为能力；（二）意思表示真实；（三）不违反法律、行政法规的强制性规定，不违背公序良俗。"与之相对应，《民法典》第144、146、153条分别规定违反上述三个条件之一的民事法律行为无效。此外，《民法典》第154条还规定："行为人与相对人恶意串通，损害他人合法权益的民事法律行为无效。"

（2）物权编"担保物权"分编第16章"一般规定"。例如，本条关于担保合同无效的法律规定。

（3）合同编"通则"分编第3章"合同的效力"。《民法典》第504条规定："法人的法定代表人或者非法人组织的负责人超越权限订立的合同，除相对人知道或者应当知道其超越权限外，该代表行为有效，订立的合同对法人或者非法人组织发生效力。"第505条规定："当事人超越经营范围订立的合同的效力，应当依照本法第一编第六章第三节和本编的有关规定确定，不得仅以超越经营范围确认合同无效。"

（4）法定代表人越权担保。《公司法》第16条规定："公司向其他企业投资或者为他人提供担保，依照公司章程的规定，由董事会或者股东会、股东大会决议；公司章程对投资或者担保的总额及单项投资或者担保的数额有限额规定的，不得超过规定的限额。公司为公司股东或者实际控制人提供担保的，必须经股东会或者股东大会决议。"

（5）分支机构未取得法人授权。根据《最高人民法院关于审理经济合同纠纷案件有关保证的若干问题的规定》，区分一般法人的分支机构和金融机构的分支机构，无法人授权的，前者担保原则上无效，后者担保原则上有效。

（6）担保人为国家机关或事业单位。《民法典》第683条规定："机关法人不得为保证人"，"以公益为目的的非营利法人、非法人组织不得为保证人"。

（7）担保财产已被法院查封。《民法典》第399条规定"依法被查封、扣押、监管的财产"不得抵押。

（8）担保财产为共同共有，未征得共同共有人同意。《民法典》第301条明确规定，处分共有的不动产或者动产，应当经全体共同共有人同意，但是共有人之间另有约定的除外。当然，在此情况下，可能存在担保物权善意取得的问题。但如债权人（尤其是作为专业金融机构的债权人）未尽审慎调查之义务，非善意相对人,则不能构成善意取得。

（编写人:樵地祥）

法律条文

第三百八十九条　担保物权的担保范围包括主债权及其利息、违约金、损害赔偿金、保管担保财产和实现担保物权的费用。当事人另有约定的,按照其约定。

条文主旨

本条是关于担保物权的担保范围的规定。

新旧法对比

《物权法》	《民法典》
第一百七十三条　担保物权的担保范围包括主债权及其利息、违约金、损害赔偿金、保管担保财产和实现担保物权的费用。当事人另有约定的,按照约定。	第三百八十九条　担保物权的担保范围包括主债权及其利息、违约金、损害赔偿金、保管担保财产和实现担保物权的费用。当事人另有约定的,按照**其**约定。

理解与适用

担保物权的担保范围,是指担保物权所担保的效力范围。担保效力范围是:第一,主债权,如借贷中的本金债权;第二,利息,如借贷中的利息之债权;第三,违约金,违约一方依照约定应当给付的违约金之债;第四,损害赔偿金,违约方造成守约方损害的损害赔偿之债;第五,保管担保财产的费用,在担保范围之内;第六,实现担保物权的费用。如果当事人另有约定的,按照约定确定效力范围。

实务问题

实践中存在担保合同约定的担保范围和登记簿记载的担保范围不一致的情况,担保范围应该以合同约定的为准,还是以登记簿登记的为准便成为问题。关于此问题,《九民纪要》第 58 条规定:"以登记作为公示方式的不动产担保物权的担保范围,一般应当以登记的范围为准。但是,我国目前不动产担保物权登记,不同地区的系统设置及登记规则并不一致,人民法院在审理案件时应当充分注意制度设计上的差别，作出符合实际的判断：一是多数省区市的登记系统未设置‘担保范围’栏目，仅有‘被担保主债权数额(最高债权数额)’的表述，且只能填写固定数字。而当事人在合同中又往往约定担保物权的担保范围包括主债权及其利息、违约金等附属债权，致使合同约定的担保范围与登记不一致。显然，这种不一致是由于该地区登记系统设置及登记规则造成的该地区的普遍现象。人民法院以合同约定认定担保物权的担保范围，是符合实际的妥当选择。二是一些省区市不动产登记系统设置与登记规则比较规范，担保物权登记范围与合同约定一致在该地区是常态或者普遍现象，人民法院在审理案件时，应当以登记的担保范围为准。”

（编写人：樵地祥）

法律条文

第三百九十条　担保期间，担保财产毁损、灭失或者被征收等，担保物权人可以就获得的保险金、赔偿金或者补偿金等优先受偿。被担保债权的履行期限未届满的，也可以提存该保险金、赔偿金或者补偿金等。

条文主旨

本条是关于担保范围及于担保财产代位物的规定。

新旧法对比

《物权法》	《民法典》
第一百七十四条　担保期间，担保财产毁损、灭失或者被征收等，担保物权人可以就获得的保险金、赔偿金或者补偿金等优先受偿。被担保债权的履行期未届满的，也可以提存该保险金、赔偿金或者补偿金等。	第三百九十条　担保期间，担保财产毁损、灭失或者被征收等，担保物权人可以就获得的保险金、赔偿金或者补偿金等优先受偿。被担保债权的履行期限未届满的，也可以提存该保险金、赔偿金或者补偿金等。

理解与适用

担保物权的担保效力及于担保财产的代位物。担保期间，如果担保财产发生毁损、灭失或者被征收等情形，该担保财产依据法律能获得保险金、损害赔偿金或者补偿费。根据担保物权的物上代位性规则，担保物权人可以就担保人所获得的保险金、赔偿金或者补偿金等代位物优先受偿。被担保债权的履行期限未届满的,也可以提存该保险金、赔偿金或者补偿金等。

实务问题

如遇担保财产拆迁,若不能就担保财产代位物及时受偿,担保权人或将面临抵押物灭失、担保代位物被处分无法追回的重大风险。因此,担保权人应切实注意以下问题:

(1)密切关注担保财产状态(包括是否列入拆迁范围等),在掌握拆迁线索后及时向拆迁机构释明担保权利,提出要求就拆迁补偿款优先受偿的权利声明文件,以降低拆迁机构“善意无过错”的认定。

(2)及时启动诉讼程序(包括执行),正确制定诉讼方案,巧妙通过法院的财产保全措施为担保财产的“间接占有”增强保护,以保障对后续抵押代位物的顺利受偿。

(编写人:樵地祥)

法律条文

第三百九十一条 第三人提供担保,未经其书面同意,债权人允许债务人转移全部或者部分债务的,担保人不再承担相应的担保责任。

条文主旨

本条是关于债务转让对担保物权效力的影响的规定。

新旧法对比

《物权法》	《民法典》
第一百七十五条 第三人提供担保,未经其书面同意,债权人允许债务人转移全部或者部分债务的,担保人不再承担相应的担保责任。	【内容不变】第三百九十一条

理解与适用

第三人作为担保人向债权人提供担保,尽管是在债权人和第三人之间发生的法律关系,但通常是第三人作为担保人与债务人存在信赖关系。在担保期间,债务人转移债务,对担任担保人的第三人利益会产生影响。如果第三人知道债务转移,仍然同意继续提供担保的,则没有问题。如果未经第三人的书面同意,债权人同意债务人转让全部或者部分债务的,第三人不再承担相应的担保责任。第三人同意债务转移应当是书面同意,因而即使口头同意,也不发生第三人继续提供担保的后果。所谓“相应的担保责任”,是指全部转让债务的,相应的担保责任是全部担保责任,部分转让债务的,相应的担保责任是转移的部分债务的担保责任。

实务问题

在审查担保人是否同意债务承担之前,应当准确认定债务承担的效力。债务承担协议一般由承担人与债务人签订,经债权人同意后,债务承担协议便生效。值得注意的是,如无特别约定,承担人和债权人签订的承担协议也应当是有效的债务承担协议,而且不需要债务人的同意。其原因是承担人代替债务人承担债务,对债务人并无不利。本条规定的“相应的担保责任”应注意担保人未同意转移债务的范围,担保人只对其未同意转移的部分债务免除担保责任,对于余下部分的债务担保责任则应当继续承担。

(编写人:樵地祥)

法律条文

第三百九十二条　被担保的债权既有物的担保又有人的担保的,债务人不履行到期债务或者发生当事人约定的实现担保物权的情形,债权人应当按照约定实现债权;没有约定或者约定不明确,债务人自己提供物的担保的,债权人应当先就该物的担保实现债权;第三人提供物的担保的,债权人可以就物的担保实现债权,也可以请求保证人承担保证责任。提供担保的第三人承担担保责任后,有权向债务人追偿。

条文主旨

本条是关于物的担保和人的担保的关系的规定。

新旧法对比

《物权法》	《民法典》
第一百七十六条　被担保的债权既有物的担保又有人的担保的，债务人不履行到期债务或者发生当事人约定的实现担保物权的情形，债权人应当按照约定实现债权；没有约定或者约定不明确，债务人自己提供物的担保的，债权人应当先就该物的担保实现债权；第三人提供物的担保的，债权人可以就物的担保实现债权，也可以要求保证人承担保证责任。提供担保的第三人承担担保责任后，有权向债务人追偿。	第三百九十二条　被担保的债权既有物的担保又有人的担保的，债务人不履行到期债务或者发生当事人约定的实现担保物权的情形，债权人应当按照约定实现债权；没有约定或者约定不明确，债务人自己提供物的担保的，债权人应当先就该物的担保实现债权；第三人提供物的担保的，债权人可以就物的担保实现债权，也可以**请求**保证人承担保证责任。提供担保的第三人承担担保责任后，有权向债务人追偿。

理解与适用

在各种不同形式的担保中，其彼此效力应如何确定，本条规定的基本规则是：

（1）被担保的债权既有物的担保又有人的担保的，债务人不履行到期债务或者发生当事人约定的实现担保物权的情形，在原来的合同中已经约定了如何处理的，应当按照约定实现债权。对此，任何一方都不会也不应有异议。

（2）当事人事先没有约定或者约定不明确，如果是债务人自己提供物的担保的，债务人的物权担保优先，债权人应当就该物的担保实现债权。不足清偿部分，第三人作为担保人的，承担补充的担保责任。

（3）第三人提供物的担保的，物的担保和人的担保处于同等地位，由债权人选择，可以就物的担保实现债权，也可以请求保证人承担保证责任。

（4）提供担保的第三人承担了担保责任的，取得向债务人追偿的权利，可以向债务人追偿，补偿自己因承担担保责任发生的损失。

实务问题

本条在实务适用中存在较大争议的，是混合担保中担保人之间是否享有追偿权的问题。对此，全国人大法制工作委员会编写的《中华人民共和国物权法释义》对担保人之间是否可以相互追偿的问题持否定意见。其重要理由是认为担保人之间相互追偿相当于各担保人之间相互担保，在理论上说不通，且在程序上费时、费力、不经济。关于此问题，《九民纪要》第56条规定：“被担保的债权既有保证又有第三人提供的物的担保的，担保法司法解释第三十八条明确规定，承担了担保责任的担保人可以要求其他担保人清偿其应当分担的份额。但《物权法》第 176 条并未作出类似规定，根据《物权法》第 178 条关于‘担保法与本法的规定不一致的，适用本法’的规定，承担了担保责任的担保人向其他担保人追偿的，人民法院不予支持，但担保人在担保合同中约定可以相互追偿的除外。”由此可以看出，当前混合担保是不可以相互追偿的。

（编写人：樵地祥）

法律条文

第三百九十三条　有下列情形之一的，担保物权消灭：

（一）主债权消灭；

（二）担保物权实现；

（三）债权人放弃担保物权；

（四）法律规定担保物权消灭的其他情形。

条文主旨

本条是关于担保物权消灭一般事由的规定。

新旧法对比

《物权法》	《民法典》
第一百七十七条　有下列情形之一的，担保物权消灭： （一）主债权消灭； （二）担保物权实现； （三）债权人放弃担保物权； （四）法律规定担保物权消灭的其他情形。	【内容不变】第三百九十三条

理解与适用

法律规定担保物权消灭一般事由的意义是，就担保物权消灭的一般情形作出规定，当出现这样的事由时，担保物权消灭，担保人不再承担担保责任。

担保物权消灭的一般事由是：

(1)主债权消灭:主债权既然已经消灭,担保物权的存在就没有了意义,因而就没有继续存在的必要。

(2)担保物权实现:债权人作为担保物权人,实现了担保物权,其债权得到了保障,担保物权自然消灭。

(3)债权人放弃担保物权:放弃担保物权是债权人对自己享有的权利的处分,已经放弃,担保物权自然消灭。

(4)法律规定担保物权消灭的其他情形:如担保财产灭失等。

实务问题

本条未规定主债权诉讼时效届满后担保物权是否消灭的问题。《民法典》第419条规定:"抵押权人应当在主债权诉讼时效期间行使抵押权;未行使的,人民法院不予保护。"由于担保物权从属于主债权,因此,在主债权因诉讼时效届满而成为自然债务后,抵押权也无法通过人民法院予以保护。目前主流观点认为,主债权诉讼时效期间届满后,人民法院不予保护不等于抵押权的消灭,只是抵押人因为诉讼时效届满而享有主债务人的时效抗辩权。问题是,在抵押权不再受人民法院保护的情形下,抵押人能否提起诉讼,请求抵押权人协助办理注销抵押登记?对此,最高人民法院的意见是,既然抵押权已经不再受到人民法院的保护,与其让抵押登记的存在影响抵押人处分抵押物,不如明确抵押人有权请求抵押权人协助办理注销抵押登记,以充分发挥物的效用,这也是物尽其用原则的基本要求。①

(编写人:樵地祥)

① 参见最高人民法院:《民法典担保制度司法解释系列解读之三:"关于保证合同"部分重点条文解读》,载百家号网2021年2月10日,https://baijiahao.baidu.com/s?id=1691288144177923121&wfr=spider&for=pc。

第十七章　抵　押　权

第一节　一般抵押权

法律条文

第三百九十四条　为担保债务的履行,债务人或者第三人不转移财产的占有,将该财产抵押给债权人的,债务人不履行到期债务或者发生当事人约定的实现抵押权的情形,债权人有权就该财产优先受偿。

前款规定的债务人或者第三人为抵押人,债权人为抵押权人,提供担保的财产为抵押财产。

条文主旨

本条为定义性条款,规定了抵押权的性质及定义。抵押权是为了担保债务履行而设立的权利,抵押权设立时债务人或者第三人不转移财产的占有,将该财产抵押给债权人的,债务人不履行到期债务或发生当事人约定的实现抵押权的情形时,债权人有权就该财产优先受偿。

新旧法对比

《物权法》	《民法典》
第一百七十九条　为担保债务的履行,债务人或者第三人不转移财产的占有,将该财产抵押给债权人的,债务人不履行到期债务或者发生当事人约定的实现抵押权的情形,债权人有权就该财产优先受偿。 前款规定的债务人或者第三人为抵押人,债权人为抵押权人,提供担保的财产为抵押财产。	【内容不变】第三百九十四条

理解与适用

抵押权属于担保物权。抵押权是针对财产的交换价值而设定的一种物权,它本质上是价值权,其目的在于以担保财产的交换价值确保债权得以清偿。

抵押权作为约定担保物权,其内容为就抵押物的价值优先受偿,且不转移占有,在抵押期间,抵押物仍由抵押人占有。其标的物是债务人或第三人提供为担保的特定财产,该财产包括动产、不动产和权利。债权人行使抵押权的前提是债务人不履行到期债务或者发生当事人约定的实现抵押权的情形,且具有追及性。

抵押权有如下特征:

(1)抵押权是担保物权。抵押权以抵押财产作为债权的担保,表现在抵押权人在抵押财产担保的债权已届清偿期而未受清偿,或者发生当事人约定的实现抵押权的情形时,有权依照法律规定,以抵押财产折价或者以拍卖、变卖抵押财产的价款优先受偿。

(2)抵押权是债务人或者第三人以其所有的或者有权处分的特定的财产设定的物权。作为抵押权客体的财产,必须是债务人或者第三人所有的或者依法有权处分的,对自己无所有权或者无处分权的财产不得设定抵押权。用于抵押的财产还应当是特定的。

(3)抵押权是不转移标的物占有的物权。抵押权设定后,抵押人不必将抵押财产转移给抵押权人,抵押人仍享有对抵押财产的占有、使用和收益的权利。

(4)抵押权人有权就抵押财产卖得价金优先受偿。优先受偿,是指当债务人有多个债权人,其财产不足以清偿全部债权时,有抵押权的债权人,可以优先于其他债权人而受到清偿。

实务问题

实现抵押权必须符合法律规定的条件,具备以下条件之一即可实现抵押权:

(1)债务清偿期届满,债务人不履行义务。清偿期未届满,抵押权人无权拍卖抵押财产优先受偿。

(2)发生当事人约定的实现抵押权的情形。比如,债权人与债务人约定,贷款只能用于教学大楼的建设,改变贷款用途的,双方的借贷法律关系终止,债务人即刻归还已贷出款项,不能归还的,债权人可以拍卖债务人的抵押财产,就卖得的价款优先受偿。当双方约定的实现抵押权的条件成就时,即使债务清偿期没有届满,抵押权人也有权拍卖、变卖抵押财产优先受偿。

(编写人:金作鹏)

法律条文

第三百九十五条　债务人或者第三人有权处分的下列财产可以抵押：

（一）建筑物和其他土地附着物；

（二）建设用地使用权；

（三）海域使用权；

（四）生产设备、原材料、半成品、产品；

（五）正在建造的建筑物、船舶、航空器；

（六）交通运输工具；

（七）法律、行政法规未禁止抵押的其他财产。

抵押人可以将前款所列财产一并抵押。

条文主旨

本条是关于债务人及第三人可设定抵押权的财产范围的规定。可抵押的财产分为：建筑物和其他土地附着物，建设用地使用权，海域使用权，生产设备、原材料、半成品、产品，正在建造的建筑物、船舶、航空器，交通运输工具，法律、行政法规未禁止抵押的其他财产。

《民法典》删除了《物权法》中"以招标、拍卖、公开协商等方式取得的荒地等土地承包经营权"项，变更为"海域使用权"。

新旧法对比

《物权法》	《民法典》
第一百八十条　债务人或者第三人有权处分的下列财产可以抵押： （一）建筑物和其他土地附着物； （二）建设用地使用权； （三）以招标、拍卖、公开协商等方式取得的荒地等土地承包经营权； （四）生产设备、原材料、半成品、产品； （五）正在建造的建筑物、船舶、航空器； （六）交通运输工具； （七）法律、行政法规未禁止抵押的其他财产。 抵押人可以将前款所列财产一并抵押。	第三百九十五条　债务人或者第三人有权处分的下列财产可以抵押： （一）建筑物和其他土地附着物； （二）建设用地使用权； **（三）海域使用权；** （四）生产设备、原材料、半成品、产品； （五）正在建造的建筑物、船舶、航空器； （六）交通运输工具； （七）法律、行政法规未禁止抵押的其他财产。 抵押人可以将前款所列财产一并抵押。

理解与适用

根据本条规定，财产抵押必须符合两个条件：第一，债务人或者第三人对抵押财产有处分权；第二，属于本条规定的可以抵押的财产。

债务人或者第三人对抵押财产有处分权包括：

(1)债务人或者第三人是抵押财产的所有权人。

(2)债务人或者第三人对抵押财产享有用益物权，法律规定该用益物权可以抵押。比如，《城市房地产管理法》第32条规定，房地产转让、抵押时，该房屋占用范围内的土地使用权同时转让、抵押。第48条规定："依法取得的房屋所有权连同该房屋占用范围内的土地使用权，可以设定抵押权。以出让方式取得的土地使用权，可以设定抵押权。"

(3)债务人或者第三人根据法律、行政法规规定，或者经过政府主管部门批准，可以将其占有、使用的财产抵押。比如，《全民所有制工业企业转换经营机制条例》第15条规定，国有企业根据生产经营的需要，对一般固定资产，可以自主决定出租、抵押或者有偿转让。对关键设备、成套设备或者重要建筑物，经政府主管部门批准，也可以抵押、有偿转让。

同时，本条以明文规定的形式划定了债务人及第三人可设定抵押权的财产范围，将之限定在建筑物和其他土地附着物，建设用地使用权，海域使用权，生产设备、原材料、半成品、产品，正在建造的建筑物、船舶、航空器，交通运输工具，法律、行政法规未禁止抵押的其他财产。

与《物权法》不同的是，《民法典》在制定过程中将"以招标、拍卖、公开协商等方式取得的荒地等土地承包经营权"一项变更为"海域使用权"，将已经在《海域使用权管理规定》《不动产登记暂行条例》《不动产登记暂行条例实施细则》中进行了详细规定的海域使用权纳入了可抵押财产范畴。至此，海域使用权正式作为可抵押财产进入了设立抵押权的可行范围。

实务问题

随着海洋经济的快速发展，将海域使用权用于流转或融资的市场需求不断扩大，海域使用权转让、出租、抵押已大量发生(仅2007年，全国海域使用权转让115宗，利用海域使用权办理抵押贷款1386宗，尤其是福建省海岸线长，海域面积大，海域使用权流转的市场更大，全省建行系统2009年8月在武夷山开办"海域使用权估价培训专题"讲座，足以说明海域使用权抵押、估价是市场化的需求)[①]。《海域使用管理法》第 33 条规定,国家实行海域有偿使用制度,单位和个人使用海域必须按照国务院的规定缴纳海域使用金。

办理海域使用权抵押需要具备如下条件:一是抵押人必须依法取得海域使用权;二是海域使用权抵押活动不得损害国家海域所有权和国家利益,不得改变海域使用权规定的海域用途和用海期限;三是海域使用权抵押必须进行抵押登记。

基于海域使用权的性质与特点,对于临海工业、港口物流等行业来说,海域使用权与临海土地使用权关系极为紧密。

除渔业及养殖用海外,海域使用权的价值主要体现在海域与临海土地结合形成的港口、码头、航道等资源上,如果单独以海域或临海土地任何一方作为抵押物,都无法体现海域的实际价值。

故而在实践中,完全摒弃临海土地单独进行海域使用权抵押,将面临海域使用权可抵押价值降低的风险。

在价值评估上,目前缺乏海域估价方面的规定,使海域估价无章可循。

海域使用权评估值存在极大的不确定性。目前办理海域使用权抵押贷款的对象可以分为两大类,一类是养殖业,另一类是船舶、码头业等。养殖业受台风等季节性因素影响大,抗风险能力弱,收益存在不确定性,估价机构难以预测其效益的走向,不能保证抵押物估价后的绝对保值;船舶、码头业等是粗放型产业,面临重新“洗牌”的可能性较大,而海域使用权价值受制于其生产效益,存在较大的信贷风险。

同时,目前缺乏对海域使用权进行价值估价的专业评估机构,相当程度地依附于资产、房地产、土地专业的估价机构来运作。这些估价机构在对海域地理、陆岸交通、用途以及抵御自然灾害能力对海域评估价值的影响因素、影响程度的把握上还不是很准确。尤其是缺乏关于海域使用权价值评估的规范(或准则、规定),使得估价机构对海域使用权价值的评估难以满足合规性、合理性。

(编写人:金作鹏)

① 参见《谈海域使用权抵押与估价》,载百度文库网 2021 年 1 月 4 日,https://wenku.baidu.com/view/22c232c325284b73f242336c1eb91a37f01132f8.html。

法律条文

第三百九十六条　企业、个体工商户、农业生产经营者可以将现有的以及将有的生产设备、原材料、半成品、产品抵押，债务人不履行到期债务或者发生当事人约定的实现抵押权的情形，债权人有权就抵押财产确定时的动产优先受偿。

条文主旨

本条将浮动抵押的主体范围限定在企业、个体工商户、农业生产经营者；抵押的范围限制在从事生产经营活动的领域，即自然人和其他非生产经营组织不能设立浮动抵押；客体仅限于抵押人的流动资产，包括现有的和以后将有的；浮动抵押可以登记，也可以不登记，自签订抵押合同时生效，但是未经登记不得对抗第三人。

《民法典》删除了《物权法》中“经当事人书面协议”的表述。

新旧法对比

《物权法》	《民法典》
第一百八十一条　经当事人书面协议，企业、个体工商户、农业生产经营者可以将现有的以及将有的生产设备、原材料、半成品、产品抵押，债务人不履行到期债务或者发生当事人约定的实现抵押权的情形，债权人有权就实现抵押权时的动产优先受偿。	第三百九十六条　企业、个体工商户、农业生产经营者可以将现有的以及将有的生产设备、原材料、半成品、产品抵押，债务人不履行到期债务或者发生当事人约定的实现抵押权的情形，债权人有权**就抵押财产确定时的**动产优先受偿。

理解与适用

浮动抵押，是指权利人以现有的和将有的全部财产或者部分财产为其债务提供担保。债务人不履行到期债务或者发生当事人约定的实现抵押权的情形的，债权人有权就抵押财产确定时的动产优先受偿。比如，企业以现有的以及未来可能买进的机器设备、库存产成品、生产原材料等动产担保债务的履行。

浮动抵押源于英国的衡平法。1870年，英国上诉法院在判决中认为，公司可以抵押现有的和将来取得的全部财产，但抵押权人不得干预公司的经营管理。自此，浮动抵押制度正式确立。该制度在印度、巴基斯坦、澳大利亚、新西兰、马来西亚、新加坡等国家得到承认。大陆法系国家如芬兰、挪威、瑞典、日本和俄罗斯也借鉴英国浮动抵押制度，在民法或者商法上作出了相应的规定。美国、加拿大也建立了类似英国的浮动抵押制度的动产统一权益担保制度。

浮动抵押具有不同于固定抵押的两个特征：第一，浮动抵押设定后，抵押的财产不断发生变化，直到约定或者法定的事由发生，抵押财产才确定。第二，浮动抵押期间，抵押人处分抵押财产不必经抵押权人同意，抵押权人对抵押财产无追及的权利，只能就约定或者法定事由发生后确定的财产优先受偿。

与《物权法》第 181 条相比，本条删除了“经当事人书面协议”的规定，由此，之后当事人之间成立动产浮动抵押，并不以书面形式为限，还可以通过口头形式或者其他形式订立。

在放宽浮动抵押设立需满足的形式条件基础上，《民法典》明确了浮动抵押权优先受偿的时间，债权人有权就“抵押财产确定时的动产”优先受偿。此处的“抵押财产确定时”，根据《民法典》第 411 条规定，应为以下情形发生时：“（一）债务履行期限届满，债权未实现；（二）抵押人被宣告破产或者解散；（三）当事人约定的实现抵押权的情形；（四）严重影响债权实现的其他情形。”

实务问题

浮动抵押在实践中面临多重风险：

1. 主体风险

《民法典》对浮动抵押的规定囊括的主体范围过宽，包括了企业、个体工商户、农业生产经营者。这种规定虽然有利于市场经营的灵活性，但对个体工商户和农业生产经营者没有强制性的最低资本限度和资本固定规定，就算是《公司法》上的企业法人，由于我国《公司法》的登记制度不甚健全，资本控制有待完善，虚假出资和抽逃出资的情况也十分普遍。

由于我国目前对于个体工商户、普通农户现在的和将来拥有的动产，甚至对于个体企业、合伙企业、非公司企业现在的和将来拥有的动产，都缺乏有效的监管制度，难以避免诸如“骗贷骗保”行为的发生。

从操作上来讲，企业和个体工商户可以在工商管理部门登记，但对农业生产经营者的登记部门现在没有明确规定，从实践上来讲也无法确定。

2. 标的风险

浮动抵押最大的特点在于其抵押标的在设定抵押之时是不确定的。浮动抵押固定化之前，抵押人对抵押财产仍有经营自主权，即可在正常经营过程中使用和处分抵押物，如将其出售、出租、设定抵押等。抵押人的这种处分权是与浮动抵押物的浮动性相一致的。

（1）在设定抵押时，抵押的标的无法确定，那么抵押物的价值以及所担保的债权的价值范围都难以确定。在贷款的情形中，银行只能通过估计设定浮动抵押财产的价值，来确定发放贷款的额度，但是，没有经过专业的评估，差距很可能非常大。如果过分高估，那么从一开始，债权就存在了风险。而就算在设定浮动抵押之时，抵押财产的价值大于抵押担保的债权，但由于此时抵押财产的价值只有借鉴比较的功能，最后实现抵押权之时抵押财产的价值能否一直保持，能否不贬值是根本无法控制的。

（2）浮动抵押的不确定性还在于，浮动抵押的前期登记，仅有证明抵押合同存在的效力，而不具有普通抵押权的固定效力。具体来说就是，在浮动抵押登记后，抵押财产依然可以被抵押人处分，到最后实现抵押权之时，到底还有多少财产可以作为抵押财产受偿是无法预见的，更是无法控制的。

（3）在浮动抵押期间，抵押人合法处分抵押财产应当在合理的生产经营活动范围内，但是，所谓合理的生产经营活动应该如何界定？法律没有规定，在实践中可能只能通过法院审查后确定，但是，由法院审查也只能做到事后审查，而事后审查有不可避免的缺陷：①事后审查取证困难，不可能完全无误地审查出抵押人恶意处分抵押财产的事实；②事后审查即便可以确定抵押人恶意处分抵押财产，但若抵押人无力承担赔偿责任，那么抵押权人的利益必定受损且无法弥补。

由于我国将浮动抵押的范围限制在动产中，在抵押财产确定之前，债权人对抵押物并无控制力或控制力较弱，企业仍可自由处分其财产，如在此之前企业财产急剧减少、企业经营状况严重恶化，即使或可由于成就《民法典》第411条规定的“严重影响债权实现的其他情形”导致抵押财产确定，但仍将影响浮动抵押权之实现，甚至使债权人设立担保权的目的落空，其中尤其企业以生产原料作浮动抵押物为甚。同时，浮动抵押制度的运转有赖于良好的市场环境和社会信誉，我国正由计划经济向市场经济转型，变动较大，在这样的背景下规定浮动抵押不利于保护债权人的利益。

在面临需要与相对公司签订浮动抵押合同的情形时，当事人应注意合同中被纳入浮动抵押的财产范围，以最大限度地保障自身抵押权的实现。

从我国目前的实际情况来看，浮动抵押主要存在于项目融资中，特别是国际项目融资中。这主要是因为在项目融资中，借款人很少能有充足的财产可供抵押，而贷款人又看好该项目效益，乐于接受以借款人现有的各种财产、在建工程及将来的收益等作为抵押。而我国将浮动抵押人的范围扩大至所有类型的企业、个体工商户和农业生产经营者,将抵押物局限为动产中的生产设备、原材料、半成品、产品。虽然我国创设这一制度的主要目的在于提高中小企业、个人经营者的担保能力,缓解其融资难的问题,但浮动抵押制度的实际效果还有待观察。

(编写人:金作鹏)

法律条文

第三百九十七条　以建筑物抵押的,该建筑物占用范围内的建设用地使用权一并抵押。以建设用地使用权抵押的,该土地上的建筑物一并抵押。

抵押人未依据前款规定一并抵押的,未抵押的财产视为一并抵押。

条文主旨

本条是关于房地产抵押关系的规定,其中建筑物主要指国有土地上的建筑物和乡镇、村企业的厂房等建筑物。本条规定的建设用地使用权,包括城市住宅和公共设施用地、工矿用地、交通水利设施用地、旅游用地、军事设施用地的使用权。在设定抵押权时,房屋及其所占用范围内的土地应一并设定抵押权,不可分割。

新旧法对比

《物权法》	《民法典》
第一百八十二条　以建筑物抵押的,该建筑物占用范围内的建设用地使用权一并抵押。以建设用地使用权抵押的,该土地上的建筑物一并抵押。 抵押人未依照前款规定一并抵押的,未抵押的财产视为一并抵押。	第三百九十七条　以建筑物抵押的,该建筑物占用范围内的建设用地使用权一并抵押。以建设用地使用权抵押的,该土地上的建筑物一并抵押。 抵押人未依**据**前款规定一并抵押的,未抵押的财产视为一并抵押。

理解与适用

由于房屋具有依附土地存在的特性,房屋所有权依法转让,必然产生建设用地使用权是否一并转让的问题;同样,建设用地使用权依法转让,也会产生该土地上的建筑物是否一并转让的问题。因房地产的不可分性,我国在处理房地产关系时的一个重要原则就是"地随房走"或者"房随地走"。

所谓"房随地走",就是指转让建设用地使用权时,该土地上的房屋也应一并转让。若实现抵押权,必然带来抵押财产的转让,因此在设定抵押权时,房屋的所有权和建设用地使用权应当一并抵押,只有这样,才能保证实现抵押权时,房屋所有权和建设用地使用权同时转让。

实务问题

由于附有建筑物的土地使用权在设定抵押权时往往需同时对建筑物与土地本身设立抵押权,实践中部分抵押权人为规避该情况,先将土地使用权进行抵押,后在土地上兴建工程,并将该在建工程抵押给其他抵押权人。根据《民法典》第 417 条规定,建设用地使用权抵押后,该土地上新增的建筑物不属于抵押财产。该建设用地使用权实现抵押权时,应当将该土地上新增的建筑物与建设用地使用权一并处分。但是,新增建筑物所得的价款,抵押权人无权优先受偿。①

同时值得注意的是,首先,《民法典》第 397 条所称"占用范围内"主要用来界定建筑物与建设用地使用权之间的所属关系,即建设用地使用权仅指与抵押建筑物相应的建设用地使用权,而非其他建设用地使用权。当宗地上有数栋建筑物时,抵押人以其中部分建筑物设定抵押的,该抵押建筑物所占该宗地的应有份额也一并抵押。

其次,以建设用地使用权设定抵押的,该土地上原有的建筑物当然一并抵押,但是,抵押之后在该土地上新增的建筑物不属于抵押物,除非再次设定抵押。假如抵押人和抵押权人发生纠纷,抵押权人可以对房屋和土地一并主张处分,但抵押权人对该抵押土地上新增的建筑物的相应价值没有优先受偿权。

作为抵押权人,在签订抵押合同前应尽量全面地调查土地或建筑物的情况,查阅其上是否附有有效的抵押权,以免在实现抵押权时面临清偿顺序的问题。

(编写人:金作鹏)

法律条文

第三百九十八条　乡镇、村企业的建设用地使用权不得单独抵押。以乡镇、村企业的厂房等建筑物抵押的,其占用范围内的建设用地使用权一并抵押。

① 参见广东省高级人民法院执行局执行裁决要点摘编 2019 年第 7 期 · 合第 15 期,载搜狐网 2019 年 9 月 10 日,https://www.sohu.com/a/340114054_100014550。

条文主旨

本条为对乡镇、村企业的建设用地使用权的抵押限制，规定乡镇、村企业不能仅以集体所有的建设用地抵押，但可以将乡镇、村企业的厂房等建筑物抵押，以厂房等建筑物抵押的，其占用范围内的建设用地使用权一并抵押。

新旧法对比

《物权法》	《民法典》
第一百八十三条　乡镇、村企业的建设用地使用权不得单独抵押。以乡镇、村企业的厂房等建筑物抵押的，其占用范围内的建设用地使用权一并抵押。	【内容不变】第三百九十八条

理解与适用

我国对耕地实行特殊保护，严格限制农用地转为建设用地。除兴办乡镇企业和村民建设住宅经依法批准使用农民集体所有的土地，或者乡镇、村公共设施和公益事业建设经依法批准使用农民集体所有的土地之外，任何单位和个人进行建设，需要使用土地的，必须依法申请使用国有土地。

由于抵押权的实现会带来建设用地使用权转让的后果，对农村建设用地的抵押不作任何限制，可能出现规避法律，以抵押为名，目的在于将农村集体所有的土地直接转为城市建设用地的情况。

本条规定虽然允许乡镇、村企业的建设用地使用权随厂房等建筑物一并抵押，但《民法典》对实现抵押权后土地的性质和用途作了限制性规定。本法第350条规定：建设用地使用权人应当合理利用土地，不得改变土地用途；需要改变土地用途的，应当依法经有关行政主管部门批准。同时本法第418条规定：以集体所有土地的使用权依法抵押的，实现抵押权后，未经法定程序，不得改变土地所有权的性质和土地用途。也就是说，当抵押权实现时，即使乡镇、村企业的建设用地使用权随其厂房等建筑物被拍卖了，受让的土地仍然属于农村集体所有。该土地原为工业用途，未经有关部门批准，买受人不能将该土地用于商业、旅游和住宅建设。

实务问题

根据《土地管理法》第66条规定，不按照批准的用途使用土地的，农村集体经济组织报经原批准用地的人民政府批准,可以收回土地使用权。收回农民集体所有的土地的,对土地使用权人应当给予适当补偿。

该条仅规定了应将土地使用权收回的情况和对土地使用权人的补偿,对已建在被收回土地上的建筑物并未作出明确规定。虽然在实务中一般比照对土地使用权人的补偿规定对建筑物所有权人进行补偿,但在具体评估标准不明的情况下,涉及乡镇、村企业的建筑业务应着重考察该用地的使用情况,避免因土地收回造成损失。

(编写人:金作鹏)

法律条文

第三百九十九条　下列财产不得抵押:

(一)土地所有权;

(二)宅基地、自留地、自留山等集体所有土地的使用权,但是法律规定可以抵押的除外;

(三)学校、幼儿园、医疗机构等为公益目的成立的非营利法人的教育设施、医疗卫生设施和其他公益设施;

(四)所有权、使用权不明或者有争议的财产;

(五)依法被查封、扣押、监管的财产;

(六)法律、行政法规规定不得抵押的其他财产。

条文主旨

本条是关于抵押的禁止性规定,将不得抵押的财产限定为:土地所有权;宅基地、自留地、自留山等集体所有土地的使用权,但是法律规定可以抵押的除外;学校、幼儿园、医疗机构等为公益目的成立的非营利法人的教育设施、医疗卫生设施和其他公益设施;所有权、使用权不明或者有争议的财产;依法被查封、扣押、监管的财产;法律、行政法规规定不得抵押的其他财产。

《民法典》剔除了《物权法》中“事业单位、社会团体”的表述,变更为“成立的非营利法人”;去除了耕地;将“医院”变更为“医疗机构”。

新旧法对比

《物权法》	《民法典》
第一百八十四条　下列财产不得抵押： （一）土地所有权； （二）耕地、宅基地、自留地、自留山等集体所有的土地使用权，但法律规定可以抵押的除外； （三）学校、幼儿园、医院等以公益为目的的事业单位、社会团体的教育设施、医疗卫生设施和其他社会公益设施； （四）所有权、使用权不明或者有争议的财产； （五）依法被查封、扣押、监管的财产； （六）法律、行政法规规定不得抵押的其他财产。	第三百九十九条　下列财产不得抵押： （一）土地所有权； （二）宅基地、自留地、自留山等集体所有土地的使用权，但是法律规定可以抵押的除外； （三）学校、幼儿园、**医疗机构**等以公益为目的**成立的非营利法人**的教育设施、医疗卫生设施和其他公益设施； （四）所有权、使用权不明或者有争议的财产； （五）依法被查封、扣押、监管的财产； （六）法律、行政法规规定不得抵押的其他财产。

理解与适用

1. 土地所有权

土地所有权既包括国有土地的所有权，也包括集体所有的土地的所有权。目前，我国法律没有规定国有土地所有权可以抵押。

2. 宅基地、自留地、自留山等集体所有土地的使用权

集体所有土地分为农用地和建设用地，农用地除四荒地的建设经营权外，一般不允许抵押，建设用地抵押的要依法转为国家所有。

宅基地是农民生活之必需和赖以生存之所在。自留地、自留山是作为农民生活保障的基本生产资料，带有社会保障性质，从保护广大农民根本利益出发，禁止以宅基地、自留地、自留山的使用权作抵押。

3. 学校、幼儿园、医疗机构等以公益为目的成立的非营利法人的教育设施、医疗卫生设施和其他公益设施

此项目下的非营利法人是为了保证公众生活水平而设立的，也是一种公益事业，如果允许以医疗设施作抵押，一旦实现抵押权，就会影响公众生活，不利于保障人民健康与社会稳定。

4. 所有权、使用权不明或者有争议的财产

如果一项财产的所有权或者使用权不明确，甚至是有争议的，将其抵押不仅

可能侵犯所有权人或者使用权人的合法权利，而且可能引起矛盾和争议，使得社会关系更加混乱。因此，所有权、使用权不明或者有争议的财产不得抵押。

5. 依法被查封、扣押、监管的财产

对违反海关法和其他有关法律法规规定的进出境货物、物品予以扣留。依法被查封、扣押、监管的财产，其合法性处于不确定状态，国家法律对其不能予以确认和保护。因此，禁止以依法被查封、扣押、监管的财产作抵押。

6. 法律、行政法规规定不得抵押的其他财产

这是一项兜底性规定。除本条前五项所列不得抵押的财产外，在设定抵押权时，还要看其他法律、行政法规有无禁止抵押的规定。

实务问题

本条所涉实务问题须结合《民法典》其他有关担保的规定，详见本书在其他法条中"实务问题"部分的解读。

（编写人：金作鹏）

法律条文

第四百条　设立抵押权，当事人应当采用书面形式订立抵押合同。

抵押合同一般包括下列条款：

（一）被担保债权的种类和数额；

（二）债务人履行债务的期限；

（三）抵押财产的名称、数量等情况；

（四）担保的范围。

条文主旨

本条是关于抵押权设立的规定。担保物权可以作多种分类，根据发生原因的不同，可分为法定担保物权和约定担保物权。设立抵押权，当事人要将其意思通过某种外在的形式表现出来，体现在抵押权设立的情况下就是合同。

新旧法对比

《物权法》	《民法典》
第一百八十五条　设立抵押权，当事人应当采取书面形式订立抵押合同。	第四百条　设立抵押权，当事人应当采用书面形式订立抵押合同。

续表

《物权法》	《民法典》
抵押合同一般包括下列条款： (一)被担保债权的种类和数额； (二)债务人履行债务的期限； (三)抵押财产的名称、数量、质量、状况、所在地、所有权归属或者使用权归属； (四)担保的范围。	抵押合同一般包括下列条款： (一)被担保债权的种类和数额； (二)债务人履行债务的期限； (三)抵押财产的名称、数量**等情况**； (四)担保的范围。

理解与适用

设立抵押权是抵押人与抵押权人之间的法律行为，该种行为不仅要求当事人双方意思表示一致，还要求采用书面形式订立抵押合同。

抵押合同一般包括下列条款：

1. 被担保债权的种类和数额

主债权的种类，主要指主债权是财物之债，还是劳务之债。财物之债，是指以给付一定财物为内容的债。这里的财物可以是特定物，比如某种文物；也可以是金钱或者其他替代物，比如一定数量的金钱、钢材、大米等。劳务之债，是指以债务人提供一定的劳务为义务内容的债。这里的劳务，可以有一定的物化结果，比如承揽人提供的劳务；也可以没有一定的物化结果，比如承运人提供的劳务。主债权的数额，指主债权的财物金额，或者向劳动者支付的工资、劳务费。

2. 债务人履行债务的期限

债务履行期限，指债务人履行债务的最终日期。超过债务履行期限，债务人未履行债务的，就产生以抵押财产折价或者拍卖、变卖抵押财产偿还债务的法律后果。

3. 抵押财产的名称、数量等情况

抵押财产的名称，指抵押的是何种标的物，如房屋、建设用地使用权，还是机器设备。数量，指抵押财产有多少，比如房屋几间，土地多大，机器设备有几台。质量，指抵押财产的品质，比如抵押财产的质量标准是什么。

4. 担保的范围

抵押财产担保的范围包括主债权及利息、违约金、损害赔偿金和实现抵押权的费用。

除包括前四项内容外，当事人之间可能还有其他认为需要约定的事项，比如抵押财产的保险责任由谁承担，抵押人如果提前偿还债权向谁提存，发生纠纷后是否申请仲裁等,这些内容也可以在协商一致的情况下在抵押合同中约定。

实务问题

抵押财产的保险责任由谁承担,抵押人如果提前偿还债权向谁提存,发生纠纷后是否申请仲裁等问题,并未列入《民法典》对担保合同的强制性规定中,但在实务中,因担保合司出现纠纷时,对以上问题若无相应约定会导致问题解决效率低下,应在合同订立时将相关问题考虑在内。

除一般的担保合同外,在实践中尚存在一种特殊的担保合同,即"独立担保合同"。独立担保合同为,担保人为受益人提供保障,受益人在符合规定与条款约定的基础上,提出索款请求,被请求的单位向其支付赔偿金,履行补偿承诺。其具有的特征是履行不具备从属性,当合同内容改变后,担保人须承担责任。现在,这项业务已经在商业银行中开展,有较大的上升空间,但在具体实施中,得到我国法律认可的是国外的商业银行与机构的该项业务,对国内商业银行和机构的这项业务持有的是不认可的态度。

我国的司法实践对于合同中约定的"保证合同效力独立于主合同"效力的认定仍存在分歧,但根据《最高人民法院关于审理独立保函纠纷案件若干问题的规定》第23条规定,当事人约定在国内交易中适用独立保函,一方当事人以独立保函不具有涉外因素为由,主张保函独立性的约定无效的,人民法院不予支持。最高人民法院《关于审理独立保函纠纷案件若干问题的规定》将独立保函的适用范围由国际商事交易扩展至国内交易,当事人可以在国内交易中适用独立保函。在司法实践中,已有部分国内交易的案例开始引用独立保函的相关法律规定,目前法院审判趋势也是支持在国内交易中采用"独立保函"。

故而在实践中,倾向于认为对于保证合同、定金合同,双方当事人可以在合同中约定保证合同或定金合同的效力独立于主合同,该约定合法有效。而对于担保物权设立(抵押、质押、留置)的担保合同,应当遵循主合同无效,担保合同亦无效的原则。

(编写人:金作鹏)

法律条文

第四百零一条　抵押权人在债务履行期限届满前,与抵押人约定债务人不履行到期债务时抵押财产归债权人所有的,只能依法就抵押财产优先受偿。

条文主旨

本条规定抵押权人与抵押人之间约定的流质条款部分无效,担保合同并不因流担保条款的无效而无效,债务届期后债权人可依有效的让与担保依法就抵押财产优先受偿。

新旧法对比

《物权法》	《民法典》
第一百八十六条　抵押权人在债务履行期届满前,不得与抵押人约定债务人不履行到期债务时抵押财产归债权人所有。	第四百零一条　抵押权人在债务履行期限届满前,与抵押人约定债务人不履行到期债务时抵押财产归债权人所有的,**只能依法就抵押财产优先受偿。**

理解与适用

流担保条款,即担保人在债务履行期限届满前,与被担保人约定债务人不履行到期债务时抵押财产归被担保人所有。

对于让与担保合同和流担保条款,《九民纪要》采取了"部分有效、部分无效说",认为让与担保部分有效,流担保条款无效,但对于流担保条款应该如何处理却没有作出具体指示。《民法典》第401条和第482条则在此基础上进行了进一步的阐释说明,规定:抵押权人(质权人)在债务履行期限届满前,与抵押人(出质人)约定债务人不履行到期债务时抵押财产(质押财产)归债权人所有的,只能依法就抵押财产(质押财产)优先受偿。虽然《民法典》仍然意在否定流押(流质)条款的效力,但强调了基于物债二分原则,担保合同并不因流担保条款的无效而无效。这样的规定对经济生活中出现的新型担保制度的完善是有利的。

实务问题

1.《民法典》关于流押条款、流质条款规定的溯及力

《民法典时间效力规定》第7条规定,《民法典》施行前,当事人在债务履行期限届满前约定债务人不履行到期债务时抵押财产或者质押财产归债权人所有的,适用《民法典》第401条和第428条的规定。

也就是说,关于流押条款、流质条款效力等问题,即使合同签订在《民法典》正式实施之日以前,也应当适用《民法典》的有关规定。《民法典》在流押条款、流质条款效力问题上具有溯及既往的效力。

2. 流押条款的认定

从司法实践来看，与流押条款密切相关的是让与担保。在让与担保中，当事人形式上签订的是转让合同（包括买卖合同、股权转让合同），实际目的却在于设定担保。正因为形式上签订的是转让合同，所以才会约定抵押财产在特定情况下归名义上的买受人（实际上的债权人）所有。在此情形中，识别是否存在流押条款，首先就要识别该所谓的转让合同是真正的转让合同，还是让与担保合同。

一般情况下在实践中判断是否存在主合同是判断一个协议是真正的转让合同还是让与担保的重要标准。让与担保作为一种非典型担保，属于从合同的范畴。与此相对应，往往还会存在一个主合同。而真正的转让合同往往只有一个合同，不存在主从合同的问题。

另外在让与担保中，当事人或者约定回购条款，或者名义上的买受人实际取得所有权时附有一定条件，此点使其有别于一般的转让合同。因为在一般的转让合同中，一旦所有权发生了转移，通常不会发生回购或附条件的问题。

3. 流押条款与浮动抵押

实务中的交易环境较为复杂，要在更为复杂的交易环境中平衡债权人、债务人的风险负担问题。

在动产抵押的情况下，若当事人双方选择占有改定的交付方式，流担保条款是否成立在目前的司法裁判实践中尚未有较为典型的案例可以作为支撑。若流押条款与浮动抵押同时存在，担保权人要面临的风险远在二者单独存在时之上。

（编写人：金作鹏）

法律条文

第四百零二条　以本法第三百九十五条第一款第一项至第三项规定的财产或者第五项规定的正在建造的建筑物抵押的，应当办理抵押登记。抵押权自登记时设立。

条文主旨

财产抵押是重要的民事法律行为，法律除要求设立抵押权要订立书面合同外，还要求对某些财产办理抵押登记，不经抵押登记，抵押权不发生法律效力。根据本条规定，需要进行抵押登记的财产为：（1）建筑物和其他土地附着物；

(2)建设用地使用权;(3)海域使用权;(4)正在建造的建筑物。不动产抵押登记,可以使得抵押财产的物上负担一目了然,使实现抵押权的顺序清楚明确,有利于预防纠纷,保护债权人和第三人的合法权益,维护交易安全,保障经济活动的正常进行。

新旧法对比

《物权法》	《民法典》
第一百八十七条　以本法第一百八十条第一款第一项至第三项规定的财产或者第五项规定的正在建造的建筑物抵押的,应当办理抵押登记。抵押权自登记时设立。	第四百零二条　以本法第<u>三百九十五</u>条第一款第一项至第三项规定的财产或者第五项规定的正在建造的建筑物抵押的,应当办理抵押登记。抵押权自登记时设立。

理解与适用

物权法定是一项重要原则。不动产抵押是在不动产上设定负担,直接关系到交易第三人和后位抵押权人的利益,为了便于第三人在与抵押人进行交易时作出合理预期,避免遭受损害,也为了方便债权人查看抵押财产的权属关系以及抵押权的优先顺位,以决定是否接受以该物进行抵押担保,设定不动产抵押应当办理登记。

抵押合同的订立是以发生物权变动为目的的原因行为,属于债权关系范畴,其成立、生效应当依据合同法确定。抵押权有效,除要求抵押合同合法有效这一要件外,还必须符合物权法的公示原则。将抵押合同的效力和抵押权的效力混为一谈,不利于保护抵押合同当事人的合法权益。

实务问题

《民法典》第366条规定,居住权人有权依照合同约定,对他人的住宅享有占有、使用的用益物权,以满足生活居住的需要。

虽然《民法典》中并未对居住权下定义,但按照通说,居住权是指自然人依照合同约定、遗嘱或者通过其他合法形式取得,并经依法登记设立的对住宅的全部或部分所享有的占有、使用的用益物权。

依照现有规定,居住权的设立将不可避免地与抵押权产生冲突,抵押必将面临如何处理居住权的问题。当借款人逾期还款,而最终需要通过法院诉讼对房屋进行拍卖、变卖以收回贷款时,有居住权存在的住房,必将出现无人敢拍的情况,毕竟就算拍得了房屋,如果居住权人不配合,买受人也将面临无法在实际意义上取得房屋的情况。

这种情况下，抵押权人为了保障自身权利，或可在签订合同时采取以下措施：(1)在抵押条款中要求抵押人就提供的住宅类抵押财产作出承诺，承诺在该抵押财产上没有部分或全部设立居住权，并且承诺未经抵押权人书面同意，不得对该抵押财产的任何部分或全部设立居住权；(2)如果抵押财产上已经设立了居住权的，要求抵押人通知居住权人，并由居住权人出具书面的承诺，同意在抵押权人行使抵押权时涂销居住权，或者要求在办理抵押前涂销居住权，否则抵押权人有权拒绝发放贷款；(3)对于已经设立居住权的房屋，在要求居住权人书面承诺的同时，还要求抵押人和居住权人不得修改居住权合同、延长居住权期限、新增居住权人等；(4)将未经抵押权人许可设立居住权视为抵押财产价值贬损的情形，要求必须提供等值的其他担保物，如在一定期限内未提供其他担保物的，视为根本违约，可以宣布贷款提前到期，要求立即清偿剩余全部贷款本息；(5)如果抵押物上已经设立居住权的，居住权人拒绝书面同意在抵押权人行使抵押权时涂销居住权，或未经抵押权人书面同意修改居住权合同、延长居住权期限、新增居住权人的也视为根本违约，抵押权人有权要求抵押人/借款人另行提供等值的担保，如在一定期限内未提供其他担保物的，视为根本违约，可以宣布贷款提前到期，要求立即清偿剩余全部贷款本息。

实践中站在房屋的所有权人角度考虑，居住权也有对世性，且在占有、使用这两项权能上，居住权可以对抗所有权，优先于所有权。换言之，若 A 的居住权在 B 的房屋上设立，那么 B 的所有权人身份也难以阻碍 A 在此合法居住。

举重以明轻，所有权人尚且不能奈何居住权人，其他债权人更是要考虑到居住权效力带来的影响，在商事活动中应谨慎成为设立有居住权房屋的所有权人；商品房购买者在原有审查基础上，还必须审查房屋居住权设立情况。即使其他权利完整，若房屋一经设立居住权，也会面临可买不可住或可买卖不出的尴尬。

进行与不动产相关的抵押之前应对不动产情况进行调查，着重关注附着在该不动产上的异议登记等情况，避免因不动产权属问题影响抵押权的实现。

（编写人：金作鹏）

法律条文

第四百零三条　以动产抵押的，抵押权自抵押合同生效时设立；未经登记，不得对抗善意第三人。

条文主旨

本条规定动产物权变动采取登记对抗主义,即动产物权的设立、变更、转让和消灭不登记不得对抗善意第三人。同时,变更《物权法》中“本法第一百八十条第一款第四项、第六项规定的财产或者第五项规定的正在建造的船舶、航空器”的措辞为“动产”,将范围扩大到所有动产,与不动产定义相呼应。

新旧法对比

《物权法》	《民法典》
第一百八十八条　以本法第一百八十条第一款第四项、第六项规定的财产或者第五项规定的正在建造的船舶、航空器抵押的,抵押权自抵押合同生效时设立;未经登记,不得对抗善意第三人。	第四百零三条　以**动产**抵押的,抵押权自抵押合同生效时设立;未经登记,不得对抗善意第三人。

理解与适用

根据本条规定,当事人以动产设立抵押的,可以办理抵押登记,也可以不办理抵押登记,抵押权不以登记为生效条件,而是自抵押合同生效时设立。但是,办理与不办理抵押登记的法律后果是不同的。未办理抵押登记的,不得对抗善意第三人。所谓不得对抗善意第三人是指合同签订后,如果抵押人将抵押财产转让,对于善意取得该财产的第三人,抵押权人无权追偿,而只能要求抵押人以抵押物的价值承担责任。

实务问题

《民法典》第414条规定,同一财产向两个以上债权人抵押的,拍卖、变卖抵押财产所得的价款依照下列规定清偿:(1)抵押权已经登记的,按照登记的时间先后确定清偿顺序;(2)抵押权已经登记的先于未登记的受偿;(3)抵押权未登记的,按照债权比例清偿。其他可以登记的担保物权,清偿顺序参照适用前述规定。

根据《民法典》的规定,当同一动产上有多项担保物权竞存时,优先受偿顺序为:留置权>价款抵押权>已登记的抵押权、质权(按照公示时间先后)>未登记的抵押权。

法定动产担保物权优先于约定动产担保物权。根据《民法典》第456条,同一动产上已经设立抵押权或者质权，该动产又被留置的，留置权人优先受偿。根据《民法典》第416条，购买价款抵押权人优先于抵押物买受人的其他担保物权人受偿，但是留置权人除外。因此，与抵押、质押这类需要通过当事人合意方式产生的动产担保物权相比，留置权作为法定动产担保物权具有优先效力。

先公示的动产担保物权优先于后公示的动产担保物权。动产抵押权以登记为公示方式，动产质权以占有为公示方式。根据《民法典》第414条，同一动产向两个以上债权人抵押的，应依照抵押权登记的先后确立多个抵押权之间的优先受偿顺序。根据《民法典》第415条，同一动产既设立抵押权又设立质权的，拍卖、变卖该财产所得的价款按照登记、交付的时间先后确定清偿顺序。

例如，在动产固定抵押权和浮动抵押权竞存的情况下，《民法典》未明确规定浮动抵押与固定抵押竞存时（尤其是浮动抵押权登记在先，固定抵押权登记在后时）的优先受偿顺序。根据公示对抗主义实行登记优先规则，即企业以其现有的以及将有的生产设备、原材料、半成品及产品等财产设定浮动抵押后，又以其中的生产设备等部分财产设定了动产抵押，并都办理了抵押登记的，应根据《民法典》第414条适用统一的规则，登记在先的浮动抵押优先于登记在后的动产抵押。

据此在动产抵押的情况下，如无特殊情况，选择动产抵押权登记是避免纠纷的较好方法。

（编写人：金作鹏）

法律条文

第四百零四条　以动产抵押的，不得对抗正常经营活动中已经支付合理价款并取得抵押财产的买受人。

条文主旨

本条是对正常经营活动中的买受人进行的规定。将《物权法》仅赋予动产浮动抵押人的抵押财产正常经营权，扩大至所有动产抵押人（从原来只适用于动产浮动抵押上升到适用于所有动产抵押）。

新旧法对比

《物权法》	《民法典》
第一百八十九条　企业、个体工商户、农业生产经营者以本法第一百八十一条规定的动产抵押的，应当向抵押人住所地的工商行政管理部门办理登记。抵押权自抵押合同生效时设立；未经登记，不得对抗善意第三人。 依照本法第一百八十一条规定抵押的，不得对抗正常经营活动中已支付合理价款并取得抵押财产的买受人。	第四百零四条　**以动产抵押的，不得对抗正常经营活动中已经支付合理价款并取得抵押财产的买受人。**

理解与适用

《物权法》中关于正常经营的买受人规则仅适用于动产浮动抵押，在实践中，此范围显然过小，如果买受人在每次进行动产交易之前都要调查是否存在登记，将不利于商事交易的效率，并且增加了买受人的成本。这样实际上并不利于市场的正常发展。

《民法典》本条的规定进行了放宽，规定以动产抵押的，均不得对抗正常经营活动中已经支付合理价款并取得抵押财产的买受人。

实务问题

司法实践中的关键点在于如何认定“正常经营活动”，对正常经营活动《民法典》没有作出具体明确的规定。司法实践中对正常经营活动到底如何判断，仅作了一个宽泛的限制，将判断行为的合理性的自由裁量权交给了法院，法院根据个案，结合交易习惯和商业惯例作出综合判断。

这样的判断具体要把握三个因素：第一，存在有效的交易合同，且对方当事人已经支付了合理价款；第二，财产的所有权已经发生转移，买受人已经取得抵押财产的所有权；第三，没有发现其他恶意串通损害债权人利益的情形。

在个案中，法官考量的因素和细节还有很多，例如，交易双方的关系、交易习惯及时间、交易的合理性、价款的给付等。

（编写人：金作鹏）

法律条文

第四百零五条　抵押权设立前，抵押财产已经出租并转移占有的，原租赁关系不受该抵押权的影响。

条文主旨

本条是关于租赁物上设立债权有效性的规定，确定租赁关系不受抵押权影响的情况仅限于抵押权设立前抵押财产已出租且已转移占有。

新旧法对比

《物权法》	《民法典》
第一百九十条　订立抵押合同前抵押财产已出租的，原租赁关系不受该抵押权的影响。抵押权设立后抵押财产出租的，该租赁关系不得对抗已登记的抵押权。	第四百零五条　**抵押权设立前**，抵押财产已经出租**并转移占有的**，原租赁关系不受该抵押权的影响。

理解与适用

《物权法》的规定是在“先租后抵”的情况下，“抵押不破租赁”的原则，但是该条文并没有对租赁事实如何认定作出清晰的规定，导致实践中存在大量的抵押人与第三人恶意串通倒签租赁合同，以对抗抵押权人的情况，严重损害了抵押权人的利益。

本条规定则对“抵押不破租赁”增加了“转移占有”的条件，解决了实践中经常出现的租赁合同倒签的问题，强调了只有实际占有租赁物才能对抗抵押权。本条对抵押与租赁的关系进行了进一步的细化：在抵押权已经登记的情况下，无论是动产抵押还是不动产抵押，抵押破租赁；在抵押权未登记的情况下，动产抵押权不可以对抗善意第三人，不动产抵押权则未设立。

实务问题

从《中华人民共和国民法典物权编理解与适用》来看，所谓“抵押不破租赁”，指的是出租人将财产出租并转移占有后，又用该财产设定抵押权时，原租赁关系不受抵押权的影响。准确理解该规则，需要注意以下几点：

1. 承租人须已经占有租赁物

尽管租赁权性质上属于债权，但却具有对抗所有权、抵押权等物权的效力。

也就是说，尽管其性质上属于债权，但却具有优于物权的效力。如已签订租赁合同但尚未占有租赁物的承租人，仅为一般债权人，不能对抗后设立的抵押权。

2. 在后的抵押权须已设立

“买卖不破租赁”也好，“抵押不破租赁”也罢，本质上均为在后设立的所有权、抵押权等物权不得对抗在先设立的已经转移占有的租赁权。故在“买卖不破租赁”场合，要求所有权已经发生变动；在“抵押不破租赁”场合，也要求抵押权已经设立。

3. 原租赁关系不受该抵押权的影响

原租赁关系不受该抵押权的影响，一方面是指抵押权的设立不影响原租赁关系的存续，承租人仍可基于租赁合同继续占有使用租赁物；另一方面是指抵押权实现时，只要租赁合同还在合同有效期内，租赁合同对抵押物（同时也是租赁物）受让人继续有效，受让人取得的是有租赁权负担的抵押物。而此时抵押权人或者受让人能否向抵押人主张损害赔偿，则需要通过研究法院后续的判例来进行学习。

可以对抗抵押权并不意味着可以阻止抵押权的实现，最高人民法院已有判例[①]认为无论租赁在先还是租赁在后，均不影响抵押权人请求法院对依法设立的抵押权进行确认。

（编写人：金作鹏）

法律条文

第四百零六条　抵押期间，抵押人可以转让抵押财产。当事人另有约定的，按照其约定。抵押财产转让的，抵押权不受影响。

抵押人转让抵押财产的，应当及时通知抵押权人。抵押权人能够证明抵押财产转让可能损害抵押权的，可以请求抵押人将转让所得的价款向抵押权人提前清偿债务或者提存。转让的价款超过债权数额的部分归抵押人所有，不足部分由债务人清偿。

条文主旨

本条规定了抵押期间，抵押人可以转让抵押财产。抵押权人能够证明抵押

① 中国农业银行股份有限公司酒泉分行诉苏某梅等金融借款合同纠纷案，最高人民法院（2019）最高法民终 1206 号民事判决书。

财产转让可能损害抵押权的，可以请求抵押人将转让所得的价款向抵押权人提前清偿债务或者提存。这个修改一方面维护了善意第三人的权益，另一方面在抵押人拥有足够多的财产而不可能损害抵押权人的利益时，赋予抵押人对财产的转让自由，也可以避免部分抵押权人恶意阻止抵押人转让财产。

新旧法对比

《物权法》	《民法典》
第一百九十一条 抵押期间，抵押人经抵押权人同意转让抵押财产的，应当将转让所得的价款向抵押权人提前清偿债务或者提存。转让的价款超过债权数额的部分归抵押人所有，不足部分由债务人清偿。 抵押期间，抵押人未经抵押权人同意，不得转让抵押财产，但受让人代为清偿债务消灭抵押权的除外。	第四百零六条 **抵押期间，抵押人可以转让抵押财产。当事人另有约定的，按照其约定。抵押财产转让的，抵押权不受影响。** **抵押人转让抵押财产的，应当及时通知抵押权人。抵押权人能够证明抵押财产转让可能损害抵押权的，可以请求抵押人将转让所得的价款向抵押权人提前清偿债务或者提存。转让的价款超过债权数额的部分归抵押人所有，不足部分由债务人清偿。**

理解与适用

《民法典》汲取了《物权法》和《担保法》的不足之处并作出了具有历史性的跨步，根据本条规定，抵押人在抵押期间对于抵押财产具有任意转让的自由，不需要经过其他人同意，有利于缓解抵押人紧张的资金状况。同时放开对抵押物转让的限制条件可以充分发挥物的效用，并大幅提升物的利用效率，贯彻物尽其用原则。在司法实践中效率往往是行为的第一准则，《民法典》第 406 条正是减少了交易中的过程性环节，以节约交易成本，提高交易便利程度。

新规的更改必定涉及一个问题的两个方面，在赋予抵押人转让自由的同时，可能会对债权人尤其是金融机构造成较大不利影响。此时，抵押人仅负有通知义务，而抵押权人在清收和维权方面就需要投入额外的工作量，例如确认新抵押人的身份信息，确定联系地址、送达情况，以及起诉或仲裁等方面工作，会产生大量的障碍。

实务问题

1. 对抵押人、买受人及抵押权人的影响

对抵押人而言，允许其在不影响抵押登记的情况下办理不动产的过户登记，有助于简化交易程序，降低抵押人的交易成本。

对买受人而言,除非抵押权人与抵押人另有约定,否则其受让抵押物无须经过抵押权人同意,降低了交易难度。尽管买受人购买抵押物的同时亦须承受抵押权实现的风险,但该等风险已通过登记进行公示,买受人可在决定购买前充分判断交易风险并做出决策,但须自行判断考虑抵押权对抵押物交易价值的影响。

对抵押权人而言,抵押权人可通过约定排除抵押人自主转让的权利;即使抵押人转让抵押物,抵押权人亦未丧失抵押权。此外,如果抵押权人能够证明抵押财产转让可能损害抵押权,亦可选择要求以转让价款提前清偿债务或者提存。该等规定给予抵押权人较为充分的选择权,有助于在促进抵押物流通的前提下保障抵押权人债权安全。

2. 对“当事人另有约定”的公示要求

根据目前的规定,《民法典》第 406 条对抵押物自由转让设置了法定例外,即“当事人另有约定的,按照其约定”,但未明确规定“另有约定”是否必须进行公示,以及在另有约定情况下仍进行转让的法律效果。为避免不必要的纠纷,在约定禁止抵押物自由转让时最好提前进行公示。

综上所述,此条规定虽然弥补了《物权法》中对于抵押人保护不足的弊端,但却大大增加了抵押权人和买受人的风险。从抵押权人的角度来看,抵押权人对抵押物的控制能力变弱,对抵押物的控制成本却大幅上升;从买受人的角度来看,买受人支付价款并转移占有之后因为物权的追及效力仍有失去抵押物的风险,物权所有权上存在的权利负担使得购买目的不易实现。同时在抵押人无其他财产时,风险便会全部转移到买受人身上,显失公平。

(编写人:金作鹏)

法律条文

第四百零七条　抵押权不得与债权分离而单独转让或者作为其他债权的担保。债权转让的,担保该债权的抵押权一并转让,但是法律另有规定或者当事人另有约定的除外。

条文主旨

本条是关于抵押权行使的限制性规定,抵押权是担保物权,它以其担保的债权存在为前提,没有债权,则抵押权也没有存在的意义。故当债权转让时该债权抵押权也应一并转让,但在此基础上仍留有当事人意思自治的空间。

新旧法对比

《物权法》	《民法典》
第一百九十二条　抵押权不得与债权分离而单独转让或者作为其他债权的担保。债权转让的,担保该债权的抵押权一并转让,但法律另有规定或者当事人另有约定的除外。	第四百零七条　抵押权不得与债权分离而单独转让或者作为其他债权的担保。债权转让的,担保该债权的抵押权一并转让,但是法律另有规定或者当事人另有约定的除外。

理解与适用

作为担保物权的一种,抵押权以其所担保的债权存在为前提,没有债权,就不可能有抵押权,抵押权具有附随性。那么,抵押权能否单独转让或者作为其他债权的担保;债权转让的,担保该债权的抵押权是否一并转让。这些都需要法律予以明确规定。这里所讲的抵押权不得与债权分离而单独转让,是指抵押权人不得将抵押权单独让与他人而自己保留债权。

抵押物是实现抵押权的标的物,抵押权的效力自然及于抵押物。由于抵押权是为担保债权而存在的,因此在全部债权没有得到清偿之前,抵押权的效力及于整个抵押物。债权转让时该债权抵押权应一并转让,但在此基础上仍留有当事人意思自治的空间。

由于抵押权具有附随性,被担保的债权转让的,抵押权应当随被担保债权的转让而移转于受让人,因此本条规定:"……债权转让的,担保该债权的抵押权一并转让……"需要注意的是,关于这一规定,本条还有一项"但书"规定:"……但是法律另有规定或者当事人另有约定的除外。""法律另有规定",例如本法第421条规定,最高额抵押担保的债权确定前,部分债权转让的,最高额抵押权不得转让。

"当事人另有约定",既可以是抵押权人在转让债权时,与受让人约定,只转让债权而不转让担保该债权的抵押权,这种情形大多发生在债权部分转让时;也可以是第三人专为特定的债权人设定抵押的,该第三人与债权人约定,被担保债权的转让未经其同意的,抵押权因债权的转让而消灭。

实务问题

司法实践中,发生债权转让时抵押权的转移以通知为对抵押权人生效的条件,而对抵押权人的通知若不以书面或电子途径留痕,嗣后证明将面临极大的困难。故在进行债权转让的时候,对抵押权人的通知应以可留下证明材料的方式为佳,尽量不采取口头方式告知。

而在订立独立担保合同时,独立担保合同不具备从属性这一属性,国内商业银行的独立担保业务和司法操作有较大差异,具体表现为以下两点:国内金融的发展,加快了其与国外金融的沟通,双方之间有大量的业务,结算业务增加;这些业务如果用国内司法定义,均为在国内发生的经济行为,判定合同不具备效力。

无论是国内还是国外的金融机构,都增加了自己分支机构的数量,以适应经济发展提出的要求,但这些活动若想顺利进行,必须要合理判断国内金融机构做出的行为的性质,如果判定为国内的经济行为,会给银行的经营带来较大的风险,可能造成银行损失。

对于银行设立的分支机构,国内的分支机构与国外金融机构建立贸易后,需科学评估,判断其行为是否有效,给出正确的判断,避免因行为失效,而让金融机构承担大额金额的输出,造成财产损失。

(编写人:金作鹏)

法律条文

第四百零八条　抵押人的行为足以使抵押财产价值减少的,抵押权人有权请求抵押人停止其行为;抵押财产价值减少的,抵押权人有权请求恢复抵押财产的价值,或者提供与减少的价值相应的担保。抵押人不恢复抵押财产的价值,也不提供担保的,抵押权人有权请求债务人提前清偿债务。

条文主旨

本条是关于抵押人对抵押物损害应承担的责任及抵押权人的救济方式的规定。

抵押人若使抵押财产价值减少,抵押权人具有请求其停止其行为、提供与减少的价值相应的担保的权利。当抵押人拒绝承担前两项责任时,抵押权人有权请求债务人提前清偿债务。

新旧法对比

《物权法》	《民法典》
第一百九十三条　抵押人的行为足以使抵押财产价值减少的,抵押权人有权要求抵押人停止其行为。抵押财产价值减少的,抵押权人有权要求恢复抵押财产的价值,或者提供与减少的价值相应的担保。抵押人不恢复抵押财产的价值,也不提供担保的,抵押权人有权要求债务人提前清偿债务。	第四百零八条　抵押人的行为足以使抵押财产价值减少的,抵押权人有权请求抵押人停止其行为;抵押财产价值减少的,抵押权人有权请求恢复抵押财产的价值,或者提供与减少的价值相应的担保。抵押人不恢复抵押财产的价值,也不提供担保的,抵押权人有权请求债务人提前清偿债务。

理解与适用

抵押权设立后,抵押权人并不实际占有抵押财产,抵押财产仍由抵押人占有、使用和收益,在抵押期间,有可能由于抵押人的行为致使抵押财产价值减少,损害抵押权人的利益。

抵押人使抵押财产价值减少的行为主要包括两个方面:一是抵押人采取积极的行为致使抵押财产价值减少,如拆除抵押的房屋、驾驶抵押的机动车时因操作不当造成车辆损坏;二是抵押人消极的不作为致使抵押财产价值减少,如对抵押的危旧房屋不作修缮、有库房却任由抵押的机器设备在室外被风吹雨淋。抵押权是为保障抵押权人的利益而设定的,当抵押人的行为侵害抵押权人的利益时,法律应当给予抵押权人保全抵押财产价值、维护抵押担保效力的权利。

实务问题

对此,抵押权人有权要求抵押人停止其行为,如停止砍伐林木或拆除房屋的行为,加紧房屋维修或者加强对抵押物的保护。

而很多时候,即使抵押人停止其行为,也已造成了抵押物价值的减少。对此,抵押权人有权要求抵押人恢复抵押物的价值,如将拆除的房屋重新盖上,将损坏的抵押物修理或者重作。

当抵押财产的价值难以恢复或者恢复的成本过高时,抵押权人也可以要求抵押人提供与减少的价值相应的担保,如抵押人砍伐的林木价值约为 10 万元,抵押权人就有权要求抵押人提供价值相当于 10 万元的新的抵押财产或者质押财产,或者由第三人对这 10 万元的债务提供保证担保。经抵押权人要求,抵押人不恢复抵押财产的价值也不提供担保的,抵押权人为保护自己的利益,防止抵押财产的价值进一步减少,有权要求债务人提前清偿债务。

需要注意的是,本条规定的抵押财产价值减少,均是由于抵押人的行为造成的,即只有在抵押人对抵押财产价值减少有过错时,才按照本条的规定处理。对于抵押人对抵押财产价值减少无过错时如何处理的问题,本条没有作出规定。实践中出现不可归责于抵押人的抵押物价值减少时,抵押权人只能在抵押人因损害而得到的赔偿范围内要求提供担保,而这时抵押物价值未减少的部分,仍作为债权的担保。

(编写人:金作鹏)

法律条文

第四百零九条　抵押权人可以放弃抵押权或者抵押权的顺位。抵押权人与抵押人可以协议变更抵押权顺位以及被担保的债权数额等内容。但是,抵押权的变更未经其他抵押权人书面同意的,不得对其他抵押权人产生不利影响。

债务人以自己的财产设定抵押,抵押权人放弃该抵押权、抵押权顺位或者变更抵押权的,其他担保人在抵押权人丧失优先受偿权益的范围内免除担保责任,但是其他担保人承诺仍然提供担保的除外。

条文主旨

抵押权作为抵押权人享有的一项权利,抵押权人可以放弃抵押权从而放弃其债权就抵押财产优先受偿的权利。抵押权人不行使抵押权或者怠于行使抵押权的,不得推定抵押权人放弃抵押权。抵押权人放弃抵押权,不必经过抵押人的同意。抵押权人放弃抵押权的,抵押权消灭。

新旧法对比

《物权法》	《民法典》
第一百九十四条　抵押权人可以放弃抵押权或者抵押权的顺位。抵押权人与抵押人可以协议变更抵押权顺位以及被担保的债权数额等内容,但抵押权的变更,未经其他抵押权人书面同意,不得对其他抵押权人产生不利影响。	第四百零九条　抵押权人可以放弃抵押权或者抵押权的顺位。抵押权人与抵押人可以协议变更抵押权顺位以及被担保的债权数额等内容。**但是,**抵押权的变更未经其他抵押权人书面同意**的**,不得对其他抵押权人产生不利影响。

续表

《物权法》	《民法典》
债务人以自己的财产设定抵押，抵押权人放弃该抵押权、抵押权顺位或者变更抵押权的，其他担保人在抵押权人丧失优先受偿权益的范围内免除担保责任，但其他担保人承诺仍然提供担保的除外。	债务人以自己的财产设定抵押，抵押权人放弃该抵押权、抵押权顺位或者变更抵押权的，其他担保人在抵押权人丧失优先受偿权益的范围内免除担保责任，但是其他担保人承诺仍然提供担保的除外。

理解与适用

抵押权的顺位是指抵押权人优先受偿的顺序，作为抵押权人享有的一项利益，抵押权人可以放弃其顺位，即放弃优先受偿的次序利益。抵押权人放弃抵押权顺位的，放弃人处于最后顺位，所有后顺位抵押权人的顺位依次递进。但在放弃人放弃抵押权顺位后新设定的抵押权不受该放弃的影响，其顺位仍应在放弃人的抵押权顺位之后。

本条规定，抵押权人与抵押人可以协议变更抵押权的顺位以及被担保的债权数额等内容。所谓抵押权顺位的变更，是指将同一抵押财产上的数个抵押权的清偿顺序互换。抵押权的顺位变更后，各抵押权人只能在其变更后的顺序上行使优先受偿权。

实务问题

对抵押权顺位以及被担保的债权数额等内容的变更，如果在同一抵押财产上还有其他抵押权人的，可能对这些抵押权人产生不利的影响。例如，当事人协议将第三顺位的抵押权变更为第一顺位的，那么就会影响原第一顺位与第二顺位抵押权的实现，甚至使他们完全得不到清偿。从当前的司法裁判来看，实务中的抵押变更案例大多与债权转让、增减抵押担保范围、放弃抵押权等有关，其是否影响其他抵押权人的关键在于变更对其他抵押权人是否产生了不利影响。若抵押变更未经其他抵押权人书面同意，则因变更产生的不利影响不对其他抵押权人产生效力。

本条第 2 款规定，债务人以自己的财产设定抵押，抵押权人放弃该抵押权、抵押权顺位或者变更抵押权的，其他担保人在抵押权人丧失优先受偿权益的范围内免除担保责任，但其他担保人承诺仍然提供担保的除外。这一规定是针对被担保的债权既有以债务人自己的财产作抵押的抵押担保又有其他担保的情形而作出的特别规定。这里的“其他担保人”既包括为债务人担保的保证人，也包括提供抵押、质押担保的第三人。

根据本法第 392 条规定:“被担保的债权既有物的担保又有人的担保的,债务人不履行到期债务或者发生当事人约定的实现担保物权的情形,债权人应当按照约定实现债权;没有约定或者约定不明确,债务人自己提供物的担保的,债权人应当先就该物的担保实现债权;第三人提供物的担保的,债权人可以就物的担保实现债权,也可以请求保证人承担保证责任。……”

据此可知,在债务人以自己的财产设定抵押的情形下,如果抵押权人放弃该抵押权、抵押权的顺位或者变更抵押权而使其失去优先受偿的权利或者减少优先受偿的范围,那么因债权人丧失优先受偿的权利而未能受偿的债权,就要由保证人来承担保证责任,这就会加大保证人的保证责任。这种因抵押权人的行为而加重保证人保证责任的现象,是不合理的。为了避免发生这种现象,保护保证人等其他担保人的合法利益,本条特别规定,其他担保人在抵押权人丧失优先受偿权益的范围内免除担保责任。但如果其他担保人承诺仍然提供担保的,其担保责任不予免除。

(编写人:金作鹏)

法律条文

第四百一十条　债务人不履行到期债务或者发生当事人约定的实现抵押权的情形,抵押权人可以与抵押人协议以抵押财产折价或者以拍卖、变卖该抵押财产所得的价款优先受偿。协议损害其他债权人利益的,其他债权人可以请求人民法院撤销该协议。

抵押权人与抵押人未就抵押权实现方式达成协议的,抵押权人可以请求人民法院拍卖、变卖抵押财产。

抵押财产折价或者变卖的,应当参照市场价格。

条文主旨

本条是关于抵押权实现的条件、方式和程序的规定。条件上,本条对抵押权人实现抵押权的规定为:一是债务履行期间届满,债务人不履行债务;二是发生了当事人约定的实现抵押权的情形。满足上述任一条件,抵押权人就可以依照本条规定的方式和程序处理抵押财产以实现其债权。债务人不履行到期债务或者发生当事人约定的实现抵押权的情形的,抵押权人可以与抵押人就如何处理抵押财产进行协商，如果双方达成协议，就可以按照协议约定的方式实现抵押权。若双方达成协议，则可通过以抵押财产折价或者拍卖、变卖该抵押财产三种方式实现抵押权；若无法达成协议的，抵押权人可以请求人民法院拍卖、变卖抵押财产。

本条取消了《物权法》中关于协议损害其他债权人利益时的起诉时间限制的表述。

新旧法对比

《物权法》	《民法典》
第一百九十五条　债务人不履行到期债务或者发生当事人约定的实现抵押权的情形，抵押权人可以与抵押人协议以抵押财产折价或者以拍卖、变卖该抵押财产所得的价款优先受偿。协议损害其他债权人利益的，其他债权人可以在知道或者应当知道撤销事由之日起一年内请求人民法院撤销该协议。 抵押权人与抵押人未就抵押权实现方式达成协议的，抵押权人可以请求人民法院拍卖、变卖抵押财产。 抵押财产折价或者变卖的，应当参照市场价格。	第四百一十条　债务人不履行到期债务或者发生当事人约定的实现抵押权的情形，抵押权人可以与抵押人协议以抵押财产折价或者以拍卖、变卖该抵押财产所得的价款优先受偿。协议损害其他债权人利益的，其他债权人可以请求人民法院撤销该协议。 抵押权人与抵押人未就抵押权实现方式达成协议的，抵押权人可以请求人民法院拍卖、变卖抵押财产。 抵押财产折价或者变卖的，应当参照市场价格。

理解与适用

本条对抵押权人实现抵押权的条件作出了规定：一是债务履行期间届满，债务人不履行债务；二是发生了当事人约定的实现抵押权的情形。满足上述任一条件，抵押权人就可以依照本条规定的方式和程序处理抵押财产以实现其债权。

与《物权法》不同，《民法典》本条删除了关于协议损害其他债权人利益时，其他债权人请求人民法院撤销该协议应在知道或者应当知道撤销事由之日起一年内的表述，将该条的起诉时间纳入诉讼时效的一般规定，是对民事诉讼时效的一种统一，完善了我国的民事法律体系。

实务问题

本条规定的一个提前实现抵押权的情况为“发生当事人约定的实现抵押权的情形”，其中浮动抵押是以抵押人现有的以及将有的动产作抵押，抵押期间，抵押人在正常经营范围内可以自由处分其动产，债务人到期不履行债务的，抵押权人以实现抵押权时的动产优先受偿。

如果只允许抵押权人在债务人到期不履行债务时才能实现抵押权,可能会由于抵押人在经营过程中的非正常经营行为或者恶意的行为,甚至是正常经营行为,造成抵押权实现时抵押财产大量减少,无法对抵押权人的债权起到担保作用,从而损害抵押权人的利益。

允许抵押权人与抵押人约定提前实现抵押权的条件,抵押权人就可以在抵押合同中对抵押人的某些行为进行约束,一旦抵押人违反约定从事了这些行为,满足了约定的实现抵押权的条件,抵押权人就可以提前实现抵押权,以保障自己的债权得到清偿。

实践中,一些抵押权人为了尽快实现抵押权,会事先与抵押人签署一份具有强制执行力的公证文书,约定债务人到期不履行债务的,抵押权人不必向人民法院提起诉讼,可直接向人民法院申请强制执行,进行执行程序。因此,建议为使抵押权的实现程序更加简便,应当允许抵押权人在协议不成的情况下,直接向人民法院申请拍卖、变卖抵押财产。

而抵押权人与抵押人未就实现抵押权达成协议,主要有两种情形:一是双方对债务履行期届满债权未受清偿的事实没有异议,只是就采用何种方式来处理抵押财产的问题达不成一致意见;二是双方在债务是否已经履行以及抵押权本身的问题上存在争议,如双方对抵押合同的有关条款或者抵押权的效力问题存在争议,这些问题实际上是实现抵押权的前提条件,双方对此发生争议,也就谈不上协议以何种方式实现抵押权了。对于第一种情形,即抵押权人与抵押人仅就抵押权实现方式未达成协议的,为了简化抵押权的实现程序,本条规定,抵押权人可以直接请求人民法院拍卖、变卖抵押财产。对于第二种情形,抵押权人仍应当采取向人民法院提起诉讼的方式解决。

(编写人:金作鹏)

法律条文

第四百一十一条　依据本法第三百九十六条规定设定抵押的,抵押财产自下列情形之一发生时确定:

(一)债务履行期限届满,债权未实现;

(二)抵押人被宣告破产或者解散;

(三)当事人约定的实现抵押权的情形;

(四)严重影响债权实现的其他情形。

条文主旨

依照本条的规定,抵押财产确定的情形有以下四种:

(1)债务履行期届满,债权未实现的,抵押财产确定。无论抵押权人是否向抵押人提出实现抵押权的要求,抵押财产均应确定。自债务履行期届满之日起,抵押人不得再处分抵押财产。

(2)抵押人被宣告破产或者解散的,抵押人停止营业,进入清算程序。由于其财产不再发生变动,抵押财产随之确定,抵押权人对抵押财产享有优先受偿的权利。

(3)发生当事人约定的实现抵押权的情形的,抵押财产确定。

(4)发生严重影响债权实现的其他情形的,抵押财产确定。

本条将《物权法》中抵押人被撤销的措辞更改为解散。

新旧法对比

《物权法》	《民法典》
第一百九十六条　依照本法第一百八十一条规定设定抵押的,抵押财产自下列情形之一发生时确定: (一)债务履行期届满,债权未实现; (二)抵押人被宣告破产或者被撤销; (三)当事人约定的实现抵押权的情形; (四)严重影响债权实现的其他情形。	第四百一十一条　依据本法第三百九十六条规定设定抵押的,抵押财产自下列情形之一发生时确定: (一)债务履行期限届满,债权未实现; (二)抵押人被宣告破产或者**解散**; (三)当事人约定的实现抵押权的情形; (四)严重影响债权实现的其他情形。

理解与适用

本条是专门针对浮动抵押的规定。根据《民法典》,当事人除可以在特定的财产上设定抵押即固定抵押外,企业、个体工商户、农业生产经营者还可以将现有的以及将有的生产设备、原材料、半成品和产品抵押,即在上述动产上设定浮动抵押,当债务人不履行到期债务或者发生当事人约定的实现抵押权的情形时,债权人有权就实现抵押权时的动产优先受偿。浮动抵押区别于固定抵押的一个重要特征就是抵押财产的范围不确定,浮动抵押设定后,抵押人仍然有权继续占有、经营管理并自由处分其财产,这样就使得抵押财产不固定,在抵押期间不断发生变化。但是,当抵押权人需要行使抵押权时,抵押财产应当是确定的,只有抵押财产被确定,抵押权人才能将抵押财产折价或者拍卖、变卖以实现抵押权,因此,抵押财产的确定是抵押权实现的前提条件。

实务问题

本条所规定的严重影响债权实现的情形,范围比较广泛,既可以是因经营不善导致抵押人经营状况恶化或者严重亏损;也可以是因抵押人放弃其到期债权、无偿转让财产或者以明显不合理的低价转让财产,致使其财产明显减少;还可以是抵押人为逃避债务而隐匿、转移财产。

抵押人有上述行为,严重影响债权实现的,抵押权人为保证抵押财产达到一定的数额,以起到担保其债权优先受偿的作用,可以向抵押人要求确定抵押财产,以实现抵押权。抵押人对抵押权人的要求有异议的,抵押权人可以向人民法院请求确定抵押财产。

在实践中,如果抵押人有放弃其到期债权、无偿转让财产或者以明显不合理的低价转让财产的行为,严重影响抵押权人债权实现的,抵押权人除可以依照本条规定要求确定抵押财产外,还可以依照合同法的有关规定向人民法院请求撤销抵押人的行为。因抵押权人行使撤销权而追回的财产,如果原本就属于浮动抵押财产的范围,那么抵押财产确定后,仍属于抵押财产。

(编写人:金作鹏)

法律条文

第四百一十二条　债务人不履行到期债务或者发生当事人约定的实现抵押权的情形,致使抵押财产被人民法院依法扣押的,自扣押之日起,抵押权人有权收取该抵押财产的天然孳息或者法定孳息,但是抵押权人未通知应当清偿法定孳息义务人的除外。

前款规定的孳息应当先充抵收取孳息的费用。

条文主旨

本条是关于抵押权人有权收取孳息的规定。债务履行期届满,债务人不履行债务致使抵押物被人民法院依法扣押时,抵押人所有权受到全面限制,用益权丧失。此时抵押物孳息是抵押标的物的一部分,抵押权人有权收取孳息与抵押物一起拍卖,从拍卖金中优先受偿。

新旧法对比

《物权法》	《民法典》
第一百九十七条　债务人不履行到期债务或者发生当事人约定的实现抵押权的情形,致使抵押财产被人民法院依法扣押的,自扣押之日起抵押权人有权收取该抵押财产的天然孳息或者法定孳息,但抵押权人未通知应当清偿法定孳息的义务人的除外。 前款规定的孳息应当先充抵收取孳息的费用。	第四百一十二条　债务人不履行到期债务或者发生当事人约定的实现抵押权的情形,致使抵押财产被人民法院依法扣押的,自扣押之日起,抵押权人有权收取该抵押财产的天然孳息或者法定孳息,但是抵押权人未通知应当清偿法定孳息义务人的除外。 前款规定的孳息应当先充抵收取孳息的费用。

理解与适用

孳息是与原物相对而言的,是指由原物而产生的物。孳息包括天然孳息与法定孳息。天然孳息,是指依物的自然属性而产生的物,如母牛所生的牛犊,果树上所产出的果实,土地上所生产的粮食,都为天然孳息。法定孳息,是指依一定的法律关系由原物所生的物,例如,房屋出租所得的租金,依股本金所得的股息,即为法定孳息。

法定孳息与天然孳息的区别就在于:前者须依一定的法律关系才能取得,而在此法律关系中,有权取得孳息者须履行相应的义务;而后者是基于物的天性所得,取得人并不以履行一定的民事义务为前提。

实务问题

从现有关于孳息的条文规定来看,大多数法条都实质上采原物主义立场,认为孳息应归属于原物所有人。

有两种例外情况需要考虑:一是以标的物是否交付作为孳息归属标准,交付前孳息归出卖人所有,交付后则归买受人所有。二是对天然孳息所有权,一般仍遵循原物主义原则,由原物所有权人取得。而当既有所有权人又有用益物权人时,则一般规定由用益物权人取得,除非当事人另有约定。至于法定孳息则遵循当事人意思自治和交易习惯。

显然,在孳息的归属问题上,这两种规定之间存在冲突关系。在实现抵押权的语境下这个问题依然存在。

(编写人:金作鹏)

法律条文

第四百一十三条　抵押财产折价或者拍卖、变卖后，其价款超过债权数额的部分归抵押人所有，不足部分由债务人清偿。

条文主旨

本条是关于质物变价款的归属原则的规定。在抵押权实现后，质物价款超过债权数额的部分归抵押人所有，不足部分由债务人清偿，即抵押物仅为实现主债权数额做担保，侧面否定了流押条款的有效性。

新旧法对比

《物权法》	《民法典》
第一百九十八条　抵押财产折价或者拍卖、变卖后，其价款超过债权数额的部分归抵押人所有，不足部分由债务人清偿。	【内容不变】第四百一十三条

理解与适用

担保设定的目的在于确保债务的清偿，当担保物所担保的债权履行期届满而未受清偿时，担保权人可以就质物的变价款优先受偿。

担保权的实现是担保权的根本效力所在，也是担保权人最重要的权利。担保权实现就是将质物的交换价值兑现，担保权人以变价款优先受偿。对担保物价值的最初估算与最终的变价可能并不一致，这与当事人在设定担保权时对担保物的估算是否准确以及市场价格的不断变化有关。

无论担保物的变价如何，设定担保权时的主债权是清楚的，因此，实现担保权应以清偿担保物担保范围内的债权为界，担保物折价、拍卖、变卖后，超过所担保的债权额的，价款归担保人所有，不足的部分由债务人清偿。

实务问题

实践中，抵押权人在实现抵押权时，应当注意以下情况：

(1)如果数个可分的担保物为同一债权担保的，各个担保物都担保债权的全部，但在实现担保权时，如果担保权人折价、拍卖或者变卖部分担保物的价款足以清偿抵押担保范围内的债权，则应停止折价、拍卖或者变卖其余的担保物。因为担保物的所有权归出质人，担保人只是以担保物担保质权人的债权，一旦债权受清偿,担保权也就消灭了,剩余的担保物应当归还担保人。

(2)如果以一个质物作为债权担保的,质物变价超出所担保的债权的,应当将剩余价款还给出质人,因为出质人是质物的所有权人。

(3)如果担保物的变价款不足以清偿所担保的债权的,担保人以全部变价款交给担保权人后,担保权消灭。因为担保权的标的物是担保物,担保物因用于清偿担保债权而消灭,担保权也随之消灭。担保债权未清偿的部分,仍然在债权人与债务人之间存在,只是不再是有担保权担保债权,而是无担保权担保债权,债务人仍然负有清偿债务的义务。当债务人和担保人不是同一人时,未偿还的债务由债务人承担,担保人不再承担责任。

(编写人:金作鹏)

法律条文

第四百一十四条　同一财产向两个以上债权人抵押的,拍卖、变卖抵押财产所得的价款依照下列规定清偿:

(一)抵押权已经登记的,按照登记的时间先后确定清偿顺序;

(二)抵押权已经登记的先于未登记的受偿;

(三)抵押权未登记的,按照债权比例清偿。

其他可以登记的担保物权,清偿顺序参照适用前款规定。

条文主旨

本条规定了抵押权的清偿顺序,以抵押登记为核心,《民法典》围绕其删除了《物权法》中关于同顺位按比例清偿的规定,加入了“其他可以登记的担保物权,清偿顺序参照适用前款规定”的表述。《民法典》生效后,当同一动产上有多项担保物权竞存时,优先受偿顺序为:留置权>价款抵押权>已登记的抵押权、质权(按照公示时间先后)>未登记的抵押权。

新旧法对比

《物权法》	《民法典》
第一百九十九条　同一财产向两个以上债权人抵押的,拍卖、变卖抵押财产所得的价款依照下列规定清偿:	第四百一十四条　同一财产向两个以上债权人抵押的,拍卖、变卖抵押财产所得的价款依照下列规定清偿:

续表

《物权法》	《民法典》
(一)抵押权已登记的,按照登记的先后顺序清偿;顺序相同的,按照债权比例清偿; (二)抵押权已登记的先于未登记的受偿; (三)抵押权未登记的,按照债权比例清偿。	(一)抵押权已经登记的,按照登记的**时间**先后确定清偿顺序; (二)抵押权已经登记的先于未登记的受偿; (三)抵押权未登记的,按照债权比例清偿。 **其他可以登记的担保物权,清偿顺序参照适用前款规定。**

理解与适用

《民法典》在第 414 条第 2 款中增加了“其他可以登记的担保物权,清偿顺序参照适用前款规定”。如此一来既弥补了之前《物权法》中对于权利质权等担保物权规定缺失的遗憾,同时也是与《民法典》第 388 条中新增的“其他具有担保功能的合同”一句进行法律体系上的呼应。

《九民纪要》第 65 条规定,同一动产上同时设立质权和抵押权的,应当参照适用《物权法》第 199 条规定,根据是否完成公示以及公示先后情况来确定清偿顺序:质权有效设立、抵押权办理了抵押登记的,按照公示先后确定清偿顺序;顺序相同的,按照债权比例清偿;质权有效设立,抵押权未办理抵押登记的,质权优先于抵押权;质权未有效设立,抵押权未办理登记的,因此时抵押权已经有效设立,故抵押权优先受偿。该规定与《民法典》精神一脉相承。

实务问题

由于《民法典》第 388 条将非典型担保合同纳入了担保合同的范畴,在司法实践的审判过程中,应注意此条确立了一切可登记的担保物权均适用这一条款的规则(权利质权、所有权保留买卖合同、融资租赁合同中所有权登记情况、保理合同项下均已登记的多次转让问题)。

在涉及抵押登记的情况下,如无特殊情况,为保证抵押权得以实现,应尽快办理抵押登记。

(编写人:金作鹏)

法律条文

第四百一十五条　同一财产既设立抵押权又设立质权的，拍卖、变卖该财产所得的价款按照登记、交付的时间先后确定清偿顺序。

条文主旨

本条是对《民法典》第414条的补充，共同确立了同一动产上有多项担保物权竞存时，留置权>价款抵押权>已登记的抵押权、质权(按照公示时间先后)>未登记的抵押权的清偿顺序。

新旧法对比

《担保法解释》	《民法典》
第七十九条　同一财产法定登记的抵押权与质权并存时，抵押权人优先于质权人受偿。 同一财产抵押权与留置权并存时，留置权人优先于抵押权人受偿。	第四百一十五条　**同一财产既设立抵押权又设立质权的，拍卖、变卖该财产所得的价款按照登记、交付的时间先后确定清偿顺序。**

理解与适用

抵押权可以在不动产和动产上设立，而质权只能在动产和权利上设立，因此，在其上既能设立抵押权又能设立质权的“同一财产”，应系同一动产。换言之，动产既可以是抵押权的标的物，也可以成为质权的标的物。

实务问题

根据《民法典》第415条的规定可以总结得出，动产抵押权与动产质权并存的情况下，可以分以下情形进行考虑：

1. 抵押权设立在先

(1)抵押权已登记。

动产抵押权登记的，即具有对抗第三人的效力，对于其后设立的质权而言，虽然动产交付也具有公示效力，但该质权不得对抗先设立且具有公示效力的动产抵押权。而《民法典》第415条所确立的“以权利公示的时间先后决定清偿顺序”，此时将发挥作用，使得该抵押权优先于其后设立的质权受偿。

(2)抵押权未登记。

虽然未经登记的抵押权也已经设立,但不具有公示效力,其后设立的质权因动产交付而取得公示效力,就应优先于之前设立的动产抵押权受偿。

2. 质权设立在先

质权因动产交付而取得公示效力,如若其后再设立动产抵押权,无论动产抵押权是否登记,都不能影响在先设立的质权的优先受偿顺序。

《民法典》生效后,抵押权的清偿顺序规定体现出其对抵押权清偿顺序的态度为以登记为核心,故而在涉及抵押的情况下为保证抵押权实现,抵押权人应尽快办理抵押登记。

(编写人:金作鹏)

法律条文

第四百一十六条　动产抵押担保的主债权是抵押物的价款,标的物交付后十日内办理抵押登记的,该抵押权人优先于抵押物买受人的其他担保物权人受偿,但是留置权人除外。

条文主旨

出卖人将标的物(动产)出卖给买受人后,或者债权人提供标的物价款后,出卖人或者债权人为了担保基于该标的物形成的价款的债权而在该标的物上设立抵押权,在法定期限内办理抵押登记后,出卖人或者债权人的抵押权就优先于其他担保物权,但依然劣后于留置权。也就是说,价款抵押权所担保的主债权就是抵押的动产的购买价款。

新旧法对比

无	《民法典》
无	第四百一十六条　**动产抵押担保的主债权是抵押物的价款,标的物交付后十日内办理抵押登记的,该抵押权人优先于抵押物买受人的其他担保物权人受偿,但是留置权人除外。**

理解与适用

《民法典》第416条仅规定动产抵押担保的主债权是抵押物的价款，但并没有限制只有标的物的出卖方才能成为价款抵押权人，故在实践中为买方提供融资的第三方亦可以成为价款抵押权人。比如，出卖人并不允许买受人赊购，也不愿设置抵押权的，此时第三人作为融资方，可以将价款支付给出卖人，同时获得该动产的价款抵押权。或者出卖人同意设置价款优先权，第三人愿意为买方支付该价款的，此时如果不允许第三人成为抵押权人，就只能由出卖人将该债权及其上的从权利价款优先权转让给第三人，增加了交易的复杂程度和交易成本。

根据《民法典》第416条规定，只有动产可以设立价款抵押权，不动产和知识产权等资产不可以设立价款抵押权。这里的动产包括一切动产，如交通工具、产品、生产设备、半成品、原材料等。且并未禁止在一个动产上设置两个以上的价款抵押权，所以多个价款抵押权可以在同一动产上并存。

实务问题

该价款优先权之所以被称为“超级优先权”的原因在于其突破了抵押在先的优先原则，只要满足本条规定的几个要件后成立了价款优先权，就可以优先于买受人的除了留置权以外的其他所有担保物权人；但是要注意该优先权的“超级”仅在于优先于买受人的其他担保物权人，即使设立在先。而如果在标的物交付之前，就已经由买受人以外的人设立了其他担保物权的，不能适用。按照本条规定，抵押期间，抵押人可以转让抵押财产；抵押财产转让的，抵押权不受影响。此时若该动产系在他处设立了抵押，则此时即便价款抵押权人优先于买受人的其他抵押权人，也不能优先于动产转让前的其他抵押权人。

在融资担保活动中，买受人可以在合同的标的物上设定抵押权并进行登记，以此来担保约定的价款。首先，当买受人即抵押人不履行约定的给付义务时，出卖人即抵押权人可以行使附着于此标的物上的“购买价金担保权”，且购买价金担保权优先于其他任何设定于此标的物上的担保权，出卖人的权利可以最大限度地得到救济。其次，在实践中往往标的物的所有权归属于谁无关紧要。买受人可以获得该标的物的所有权并将其投入自己的正常经营活动之中。这使得买受人达到了快速融资、增加交易的目的，也提高了其履行价款给付义务的可能性。最后，由于出卖人并不享有所有权，其行使债权之时仅须主张担保物权而非取回权，可要求法院将标的物进行拍卖、变卖，是一种成本极低的融资途径。

（编写人：金作鹏）

法律条文

第四百一十七条　建设用地使用权抵押后，该土地上新增的建筑物不属于抵押财产。该建设用地使用权实现抵押权时，应当将该土地上新增的建筑物与建设用地使用权一并处分。但是，新增建筑物所得的价款，抵押权人无权优先受偿。

条文主旨

本条规定，处分抵押的建设用地使用权实现抵押权时，虽然新增的建筑物不属于抵押财产，但仍可以将其与建设用地使用权一并处分。但处分后，由于新增的建筑物不属于抵押财产，处分新增建筑物所得的价款，抵押权人没有优先受偿的权利，只能作为普通债权人行使权利。

新旧法对比

《物权法》	《民法典》
第二百条　建设用地使用权抵押后，该土地上新增的建筑物不属于抵押财产。该建设用地使用权实现抵押权时，应当将该土地上新增的建筑物与建设用地使用权一并处分，但新增建筑物所得的价款，抵押权人无权优先受偿。	第四百一十七条　建设用地使用权抵押后，该土地上新增的建筑物不属于抵押财产。该建设用地使用权实现抵押权时，应当将该土地上新增的建筑物与建设用地使用权一并处分<u>。**但是，**</u>新增建筑物所得的价款，抵押权人无权优先受偿。

理解与适用

债务人或者第三人有权处分的建设用地使用权可以抵押。以建设用地使用权抵押的，该土地上现有的建筑物一并抵押，抵押人未一并抵押的，未抵押的建筑物视为一并抵押。建设用地使用权抵押后，抵押人仍然有权依法对该土地进行开发，建造建筑物。为了实现抵押权，需要处分抵押的建设用地使用权时，如果该土地上已存在建筑物，一般来讲，只有将建筑物与建设用地使用权一并处分，才能实现建设用地使用权现实的使用价值和交换价值。对于该土地上新增的建筑物，由于其不在抵押合同约定的抵押财产的范围内，因此不属于抵押财产。

实务问题

由于附有建筑物的土地使用权在设定抵押权时往往需同时对建筑物与土地

本身设立抵押权,实践中部分抵押权人为规避该情况往往先将土地使用权进行抵押,后在土地上兴建工程,并将该在建工程抵押给其他抵押权人。

作为抵押权人,在签订抵押合同前应尽量全面地调查土地或建筑物的情况,查阅其上是否附有有效的抵押权,以免在实现抵押权时面临清偿顺序的问题。

(编写人:金作鹏)

法律条文

第四百一十八条　以集体所有土地的使用权依法抵押的,实现抵押权后,未经法定程序,不得改变土地所有权的性质和土地用途。

条文主旨

本条为集体所有土地使用权抵押权的实现效果,规定了集体所有土地使用权在实现抵押权时,非经法定程序用途不可变的规则。

新旧法对比

《物权法》	《民法典》
第二百零一条　依照本法第一百八十条第一款第三项规定的土地承包经营权抵押的,或者依照本法第一百八十三条规定以乡镇、村企业的厂房等建筑物占用范围内的建设用地使用权一并抵押的,实现抵押权后,未经法定程序,不得改变土地所有权的性质和土地用途。	第四百一十八条　**以集体所有土地的使用权依法抵押的,**实现抵押权后,未经法定程序,不得改变土地所有权的性质和土地用途。

理解与适用

为了保护我国集体土地,防止农业用地的流失,促进农村经济的发展,农村土地使用权的流转应当坚持土地所有权的性质和土地用途不变的原则。以建设用地使用权抵押的,实现抵押权后,未经法定程序,土地的所有权不得转移,仍归国家所有或者归集体所有,也不得擅自改变土地的原有用途。

(编写人:金作鹏)

法律条文

第四百一十九条　抵押权人应当在主债权诉讼时效期间行使抵押权；未行使的，人民法院不予保护。

条文主旨

抵押权是物权，不适用诉讼时效制度，但存在抵押权人行使抵押权的存续期间，即抵押权人应当在主债权诉讼时效期间内行使抵押权，未行使的，人民法院不予保护。

新旧法对比

《物权法》	《民法典》
第二百零二条　抵押权人应当在主债权诉讼时效期间行使抵押权；未行使的，人民法院不予保护。	【内容不变】第四百一十九条

理解与适用

从权利性质上来看，抵押权为担保物权。物权请求权不适用诉讼时效的有关规定。《民事案件诉讼时效制度规定》第 1 条、《民法典》第 188 条均明确，只有债权请求权适用诉讼时效制度。由此可见，抵押权属于物权，不是债权，不适用诉讼时效制度。

《民法典》第 419 条沿袭了《物权法》第 202 条的规定，即“抵押权人应当在主债权诉讼时效期间行使抵押权；未行使的，人民法院不予保护”。

《民法典担保制度解释》第 44 条进一步明确：主债权诉讼时效期间届满后，抵押权人主张行使抵押权的，人民法院不予支持；抵押人以主债权诉讼时效期间届满为由，主张不承担担保责任的，人民法院应予支持。

需要澄清的是，抵押权人行使抵押权存在一定的存续期间，该存续期间就是主债权诉讼时效届满前，如果未在存续期间行使抵押权的，那么抵押权人的权利将不被法律保护。

实务问题

较之《担保法解释》关于抵押权人实现抵押权的期间为“主债权诉讼时效结束后的二年”的规定，《民法典担保制度解释》进一步规定了抵押权人在主债权诉讼时效期间内仅对债务人行使请求权的,抵押权人向抵押人行使抵押权的存续期间延展到申请执行时效期间届满前,促使抵押权人在上述存续期间内尽快行使权利。

抵押权人应积极关注主债权诉讼时效期间,避免抵押权无法实现。

（编写人:金作鹏）

第二节 最高额抵押权

法律条文

第四百二十条 为担保债务的履行,债务人或者第三人对一定期间内将要连续发生的债权提供担保财产的,债务人不履行到期债务或者发生当事人约定的实现抵押权的情形,抵押权人有权在最高债权额限度内就该担保财产优先受偿。

最高额抵押权设立前已经存在的债权,经当事人同意,可以转入最高额抵押担保的债权范围。

条文主旨

最高额抵押,是指抵押人与抵押权人协议,在最高债权额限度内,以抵押物为一定期间内连续发生的债权作担保。

新旧法对比

《物权法》	《民法典》
第二百零三条 为担保债务的履行,债务人或者第三人对一定期间内将要连续发生的债权提供担保财产的,债务人不履行到期债务或者发生当事人约定的实现抵押权的情形,抵押权人有权在最高债权额限度内就该担保财产优先受偿。 最高额抵押权设立前已经存在的债权,经当事人同意,可以转入最高额抵押担保的债权范围。	【内容不变】第四百二十条

理解与适用

最高额抵押具有以下特征：

(1)最高额抵押是为将来发生的不确定债权作担保。将来债权，指在设定抵押权时尚未发生，但将要发生的债权。所谓不确定债权，是指将要发生的实际债权额为多少在设定抵押权时不确定。

(2)最高额抵押是限额担保。限额担保，指抵押权人和抵押人协议约定抵押物担保的最高数额，无论将来实际发生的债权如何增减变动，超过此额时，以其最高额为限，不及此额时，以其实际发生的债权额为限，抵押权人在限额内有权就抵押物优先受偿。

(3)最高额抵押是为一定期间内连续发生的债权作担保。

实务问题

最高额抵押的意义：最高额抵押是随着商品经济发展而产生的一项重要的抵押担保制度，一些国家的民法中对此早已作了规定。随着我国社会主义市场经济的发展，有些银行也采取了最高额抵押贷款的办法。最高额抵押与一般抵押相比有其优越性，比如，甲向乙连续多次借款，如果采用一般财产抵押的办法，那么，每次借款都须签订一次抵押合同，对财产进行一次评估，进行一次抵押物登记，十分烦琐不便。而签订一个最高额抵押合同，无论债权发生几次，都只进行一次财产评估和抵押物登记就可以了，省时、省力、省钱，还可以加速资金的流通，有利于促进经济发展。

1. 期货情境下担保权人面临的风险与措施

(1)风险：因为最高额担保所担保的债权债务关系是在较长一段时间内持续发生的，若是将最高额担保设立前就已经存在的债权转入最高额担保范围内，则使时间更为持续，而期货的特征就是无法预估一段时间内的市场走向和价格波动方向。所以在这种情况下，以期货为最高额担保物的风险是和时间呈正相关的。

(2)措施：在债务人提供抵押的情况下，作为抵押权人在签订最高额抵押合同时，应特别关注关于最高额抵押期限的约定。要注意与担保人在最高额抵押合同中约定的确定最高额抵押所担保的债权额的时间要完全覆盖债务人向债权人履行约定债务的时间，以防止脱保的情况。在提供担保后至担保期间结束之前，要关注担保物是否存在涉诉或者被查封扣押的可能。

2. 现货情境下担保人面临的风险与措施

(1)风险:最高额抵押权将任何债权都纳入其中,这就会存在侵权损害赔偿等偶然债权。这就会使担保人承担较大的风险,并且这种方式对后顺位的抵押权人和一般债权人而言,也缺乏预测可能性,不利于交易秩序的稳定。在最高额抵押权确定之前,如果债权人与债务人之间的交易次数较少并且交易金额也很少,就会影响抵押物抵押价值的充分利用,影响抵押物的正常价值的发挥。

(2)措施:①法律允许意思自治,可以将最高额担保的债权进行限缩。②在和担保权人签订合同时(实践中往往是金融机构提供的格式合同)注意对己方不利的格式条款并进行修改。

3. 现货情境下担保权人面临的风险与措施

(1)风险:在司法实践中担保权人往往都是银行或者相关金融机构,对于他们来说最高额担保的风险大多逃不过抵押合同的法律适用出现错误这一问题。一些金融机构在同一时期内,与同一借贷人签订多份最高额担保合同,但这样只能对所签最高额抵押合同中最高额金额发生作用。在实践中会出现二次抵押的情况,即抵押人未经抵押权人允许将抵押物评价值高于最高额限的部分进行另外抵押并办理了抵押登记手续。此时抵押形式等级高于最高额贷款如一般抵押担保。

(2)措施:①加强对借款人、抵押人及抵押财产的监管。②在抵押期限内提起诉讼及时要求担保人承担担保责任。③对抵押人能否以二次抵押对抗一般抵押合同进行约定。④将最高额设置高于债务本金、利息及其他实现债权的一切费用。

(编写人:金作鹏)

法律条文

第四百二十一条 最高额抵押担保的债权确定前,部分债权转让的,最高额抵押权不得转让,但是当事人另有约定的除外。

条文主旨

本条规定了最高额抵押担保的转让条件,债权确定前,部分债权转让的,最高额抵押权不得转让,但是当事人另有约定的除外。

新旧法对比

《物权法》	《民法典》
第二百零四条　最高额抵押担保的债权确定前，部分债权转让的，最高额抵押权不得转让，但当事人另有约定的除外。	第四百二十一条　最高额抵押担保的债权确定前，部分债权转让的，最高额抵押权不得转让，但是当事人另有约定的除外。

理解与适用

对于最高额抵押权是否随其所担保的主债权的转让而转让的问题，应当区别不同情况分别对待。最高额抵押所担保的主债权确定后，主债权在约定的最高限额内就抵押财产优先受偿，此时最高额抵押与一般抵押没有什么区别，因此，根据一般抵押权随主债权的转让而转让的原则，主债权转让的，最高额抵押权一并转让。本条规定："最高额抵押担保的债权确定前，部分债权转让的，最高额抵押权不得转让，但是当事人另有约定的除外。"之所以这样规定，是因为最高额抵押是对一定期间内连续发生的所有债权作担保，而不是单独对其中的某一个债权作担保，因此，最高额抵押权并不从属于特定债权，而是从属于主合同关系。部分债权转让的，只是使这部分债权脱离了最高额抵押权的担保范围，对最高额抵押权并不产生影响，最高额抵押权还要在最高债权额限度内，对已经发生的债权和尚未发生但将来可能发生的债权作担保。因此，最高额抵押担保的主债权确定前，部分债权转让的，最高额抵押权并不随之转让，除非当事人另有约定。

根据本条"但书"的规定，当事人可以约定在最高额抵押担保的债权确定前，最高额抵押权随部分债权的转让而转让。

实务问题

在司法实践中，当事人的约定主要有以下两种情形：(1)部分债权转让的，抵押权也部分转让，原最高额抵押所担保的债权额随之相应减少。在这种情况下，转让的抵押权需要重新作抵押登记，原最高额抵押权需要作变更登记。(2)部分债权转让的，全部抵押权随之转让，未转让的部分债权成为无担保债权。

作为抵押人，在《民法典》给予充分意思自治空间的情况下，约定最高额抵押转让时应注意将相应约定尽量以文字的方式明确加入合同。

（编写人：金作鹏）

法律条文

第四百二十二条　最高额抵押担保的债权确定前,抵押权人与抵押人可以通过协议变更债权确定的期间、债权范围以及最高债权额。但是,变更的内容不得对其他抵押权人产生不利影响。

条文主旨

最高额抵押担保的债权确定前,抵押权人与抵押人可以通过协议变更最高额抵押的有关内容。当事人可以协议变更的内容主要包括:(1)债权确定的期间;(2)债权范围;(3)最高债权额。

新旧法对比

《物权法》	《民法典》
第二百零五条　最高额抵押担保的债权确定前,抵押权人与抵押人可以通过协议变更债权确定的期间、债权范围以及最高债权额,但变更的内容不得对其他抵押权人产生不利影响。	第四百二十二条　最高额抵押担保的债权确定前,抵押权人与抵押人可以通过协议变更债权确定的期间、债权范围以及最高债权额。**但是,**变更的内容不得对其他抵押权人产生不利影响。

理解与适用

最高额抵押担保的债权确定前,当事人可以协议延长或者缩短最高额抵押合同中约定的债权确定的期间。当事人亦可以协议变更最高额抵押权担保的债权范围,例如,某家电经销商与某家电制造商签订一份最高额抵押合同,为一定期间内连续购进的该家电制造商生产的电视机所要支付的货款提供担保。同时,当事人可以协议提高或者降低抵押财产担保的最高债权额。

实务问题

是否变更债权确定的期间、债权范围以及最高债权额,取决于当事人的协商一致,但在同一抵押财产上还有其他抵押权人特别是后顺位的抵押权人时,变更的内容可能对他们产生一定的影响,甚至损害他们的合法权益。

例如,最高额抵押合同中约定的债权确定的最后日期在后顺位抵押权的债务履行期届满之前的,如果最高额抵押权人与抵押人协议延长债权确定的期间,将债权确定的最后日期延长至该后顺位抵押权的债务履行期届满之后,就会对后顺位抵押权人实现其抵押权产生不利的影响。又如,最高额抵押权人与抵押人协议提高最高债权额,而实际发生的债权数额也高于原最高债权额,那么抵押财产的变价款用于优先清偿该最高额抵押权的数额就会相应增加,这样也会对后顺位抵押权人实现其抵押权产生不利影响。

为防止最高额抵押权人与抵押人的变更损害其他抵押权人的利益,本条以"但书"的形式特别规定:变更的内容不得对其他抵押权人产生不利影响。根据这一规定,最高额抵押权人与抵押人的变更对其他抵押权人产生不利影响的,该变更无效。

(编写人:金作鹏)

法律条文

第四百二十三条　有下列情形之一的,抵押权人的债权确定:

(一)约定的债权确定期间届满;

(二)没有约定债权确定期间或者约定不明确,抵押权人或者抵押人自最高额抵押权设立之日起满二年后请求确定债权;

(三)新的债权不可能发生;

(四)抵押权人知道或者应当知道抵押财产被查封、扣押;

(五)债务人、抵押人被宣告破产或者解散;

(六)法律规定债权确定的其他情形。

条文主旨

依据本条规定,最高额抵押的情境下,抵押权人的债权确定的情形为:(1)约定的债权确定期间届满;(2)没有约定债权确定期间或者约定不明确,抵押权人或者抵押人自最高额抵押权设立之日起满二年后请求确定债权;(3)新的债权不可能发生;(4)抵押权人知道或者应当知道抵押财产被查封、扣押;(5)债务人、抵押人被宣告破产或者解散;(6)法律规定债权确定的其他情形。

《民法典》本条将《物权法》中抵押人被撤销的措辞更改为解散,并增加了"抵押权人知道或者应当知道"抵押财产被查封、扣押。

新旧法对比

《物权法》	《民法典》
第二百零六条　有下列情形之一的，抵押权人的债权确定： （一）约定的债权确定期间届满； （二）没有约定债权确定期间或者约定不明确，抵押权人或者抵押人自最高额抵押权设立之日起满二年后请求确定债权； （三）新的债权不可能发生； （四）抵押财产被查封、扣押； （五）债务人、抵押人被宣告破产或者被撤销； （六）法律规定债权确定的其他情形。	第四百二十三条　有下列情形之一的，抵押权人的债权确定： （一）约定的债权确定期间届满； （二）没有约定债权确定期间或者约定不明确，抵押权人或者抵押人自最高额抵押权设立之日起满二年后请求确定债权； （三）新的债权不可能发生； （四）**抵押权人知道或者应当知道**抵押财产被查封、扣押； （五）债务人、抵押人被宣告破产或者**解散**； （六）法律规定债权确定的其他情形。

理解与适用

本条是专门针对浮动抵押的规定。当事人约定的确定债权期间届满，最高额抵押权所担保的债权额即自行确定。此处需要区分当事人约定的债权确定期间与最高额抵押权的存续期间。前者是指最高额抵押权人与抵押人之间约定的，用以确定最高额抵押权所担保债权额的时间；后者是指最高额抵押权担保债权的期间。最高额抵押权的存续期间与主债权的诉讼时效一致。

“新的债权不可能发生”主要包括两种情形：一是连续交易的终止。如果最高额抵押是对连续交易提供担保，则连续交易的结束日期就是债权额的确定时间，即使当事人约定的债权确定期间或者本条第 2 项规定的法定债权确定期间还没有届至，最高额抵押权所担保的债权额也确定。二是最高额抵押关系的基础法律关系消灭而导致新的债权不可能发生。比如，在连续的借款交易中，借款人的严重违约致使借款合同依照合同约定或者法律规定被解除，新的借款行为自然不再发生。这种关系终止时，最高额抵押权所担保的债权额自然也确定。在这种情况下，债权额的确定时间也不受当事人约定的或者法定债权确定期间的影响。

实务问题

最高额抵押权所担保债权额的确定将产生以下法律效力：一是最高额抵押权转变为普通抵押权。在债务人不履行到期债务或者出现当事人约定的实现抵押权的情形时，抵押权人可以依照普通抵押权的有关规定行使其抵押权。二是确定被担保债权的范围。被担保债权额确定时存在的主债权，无论其是否已到清偿期或者是否附有条件，均属于最高额抵押权担保的范围。被担保债权确定时存在的被担保主债权的利息、违约金、赔偿金，无论在确定时是否已经发生，也都属于被担保债权的范围。但是在最高额抵押权担保的债权确定后才发生的主债权不属于被担保债权的范围。三是最高额抵押权所担保的债权确定后，一旦债权到期或者出现当事人约定的可以实现抵押权的情形，抵押权人就可以就抵押财产优先受偿，但优先受偿的额度不得超过双方当事人约定的最高担保额。抵押权人实现最高额抵押权时，如果实际发生的债权额高于最高限额的，以最高额为限，超过部分不具有优先受偿的效力；如果实际发生的债权额低于最高限额的，以实际发生的债权额为限就抵押财产优先受偿。

同时，由于本条在抵押财产被查封、扣押前增加了"抵押权人知道或者应当知道"的前提，因此当抵押财产被查封、扣押的情况发生时，抵押人应积极承担通知抵押权人的责任，抵押权人亦应关注设立最高额抵押的抵押物是否有被查封、扣押的情况，保证抵押权得以实现。

（编写人：金作鹏）

法律条文

第四百二十四条　最高额抵押权除适用本节规定外，适用本章第一节的有关规定。

条文主旨

本条是关于最高额抵押权同样适用一般抵押权的有关规定。

新旧法对比

《物权法》	《民法典》
第二百零七条　最高额抵押权除适用本节规定外，适用本章第一节<u>一般抵押权</u>的规定。	第四百二十四条　最高额抵押权除适用本节规定外，适用本章第一节的<u>有关</u>规定。

理解与适用

最高额抵押权虽然作为一种特殊的抵押权在《民法典》有关规定中被单独列明,但在实务中其有关问题的解决同样适用一般抵押权的规定,这体现出了《民法典》法律体系构建的统一性。

实务问题

最高额抵押权所担保债权额的确定将产生最高额抵押权转变为普通抵押权的效力,查封、扣押是一种确定最高额抵押权所担保债权额的法定情形。然而在司法实践中,财产被查封或扣押并不意味着其必然将被变现。

当查封或者扣押被解除,查封、扣押申请人已撤销了自己的查封、扣押意思表示,债务人的财产恢复正常经营处分时,最高额抵押权所担保债权额是否仍为确定状态在司法实践中的处理方式略有不同。

故而在目前的情形下,当事人在涉及最高额抵押争议时,作为第三人如反对最高额相应的债权增加,其可以以申请查封、扣押的方式使最高额抵押的债权不再增加;而作为最高额抵押权人,为保证自身抵押权可以最大限度实现,可主张第三人并不干预债务人的财产抵押,原本设立的最高额抵押是债权人、债务人与抵押人达成的一致意思表示,第三人未有此意思表示的,不能推定相应的意思表示,此时应该认为最高额抵押得以恢复,而不是一直处于一般抵押状态。

(编写人:金作鹏)

第十八章　质　　权

第一节　动产质权

法律条文

第四百二十五条　为担保债务的履行，债务人或者第三人将其动产出质给债权人占有的，债务人不履行到期债务或者发生当事人约定的实现质权的情形，债权人有权就该动产优先受偿。

前款规定的债务人或者第三人为出质人，债权人为质权人，交付的动产为质押财产。

条文主旨

本条是关于动产质权概念的规定。

所谓质权，又称为质押权，是一种典型的担保物权，质押是指债务人或者第三人将自己的财产交付债权人占有，或在自己的财产权利上设定权利质押，作为债务履行的担保，如果债务履行期届满，债务人不履行债务或者发生当事人约定的实现质权情形的，质权人有权就质押的财产优先受偿。债权人对质押的财产享有的占有权和优先受偿权称为质权。当事人设定质权的行为称为设质、出质或者质押。

债务人或者第三人交由债权人占有的特定财产为质押财产，也称质押物或质物；接受质物的债权人为质权人，提供质押财产出质的人为出质人。

根据标的物的不同，质权分为动产质权和权利质权。

动产质权，是指债务人或者第三人将其动产交付给债权人占有，将该动产作为债权的担保，债务人不履行债务或者发生当事人约定的实现质权情形时，债权人以该动产折价或者以拍卖、变卖该动产的价款优先受偿的担保物权。动产质权的法律特征:(1)动产质权是以债务人或者第三人的动产为标的物所设定的质权;(2)动产质权以质权人占有动产质物为必要条件;(3)动产质权是以质物所卖得的价金优先受偿的权利。

权利质权,是指以所有权以外的依法可转让的债权或者其他财产权利为标的物而设定的质权。权利质权的性质为担保物权。债务人或者第三人可以出质的有权处分的权利包括:汇票、本票、支票、债券、存款单、提单、仓单、应收账款、股权,以及专利权、著作权等知识产权中的财产权利等法律、法规规定可以出质的其他财产权利。

新旧法对比

《物权法》	《民法典》
第二百零八条　为担保债务的履行,债务人或者第三人将其动产出质给债权人占有的,债务人不履行到期债务或者发生当事人约定的实现质权的情形,债权人有权就该动产优先受偿。 前款规定的债务人或者第三人为出质人,债权人为质权人,交付的动产为质押财产。	【内容不变】第四百二十五条

理解与适用

1. 关于质权的法律特征

(1)质权是一种担保物权。

质权是担保物权,具有绝对性、对世性、支配性、排他性等物权的基本属性,物权法的基本原则对质权也是完全适用的。也就是说,质权人在其所支配的出质物的范围内,可以排除任何人的干涉,当然也包括质物所有人的非法干预。其他人对质权构成侵害的,质权人可以行使相应的物权请求权来保护其质权的完整状态,如当质物被第三人侵夺的时候,质权人有追回质物的权利,可向非法占有该质物的人主张返还质物。质权是以担保债权的实现为目的,而不是以对质物使用收益为目的。担保物权的从属性、不可分性、物上代位性等,在质权中均有典型和明确的体现。

质权的从属性,是指其作为旨在担保债权的实现的一种担保物权,具有从属于主债权的特征,质权的产生、转移或消灭均从属于主债权的产生、转移或消灭。

质权的不可分性,是指质押财产的全部担保债权的各部,质押财产的各部担保债权的全部。质权不因质押财产的分割、部分灭失或让与而受影响,也不因被担保债权的分割、部分清偿或让与而受影响。这就是质权不可分性的表现。

质权的物上代位性,是指质物因灭失、受损、被征用而获得保险金、赔偿金、补偿金时,该保险金、赔偿金、补偿金成为质押财产的代位物,质权人有权就该项保险金、赔偿金或补偿金行使质权。

(2)质权是在债务人或第三人提供的财产上设定的担保物权。

在质权法律关系中,提供质押财产的出质人,既可以是债务人,也可以是债务人之外的第三人。也就是说,质权就是通过特定财产的实际金钱价值来担保债权的实现,并不要求这一财产属于债务人所有,如果它属于债务人以外的第三人所有,只要第三人同意在该财产上设定质权,且此项约定不违反法律的强制性规定,那么该约定当然是有效的。但需要注意的是,质押财产虽然可以不必是债务人所有的财产,但出质人和债权人不应该为同一人。

(3)质权是移转标的物占有的担保物权。

质权的成立和存续,须以移转标的物的占有为必要条件。质权的这种制度设计模式,可以充分保护质权人利益。质权人不仅可以通过对质物进行拍卖、变卖、折价等优先受偿的方式来保障其债权的实现,还可以通过对质物的占有来给债务人以心理压力,促使其清偿债务以重新取得对质物的占有并进行相应的使用、收益。但是因为质权人占有质物,需要履行必要的保管义务且不能进行相应的使用、收益,这在一定程度上也加重了担保物权人(质权人)的负担,也不利于对质物进行充分的使用、收益。

(4)质权是就标的物交换价值优先受偿的权利。

质权作为典型的担保物权,当然具有优先受偿的属性。所谓优先受偿,包含三层意义:其一,有质权担保的债权,该债权人可以就质物出卖后的价金,优先于普通债权人而受清偿。其二,在债务人宣告破产时,质权成立在破产宣告之前的,该项质权不受破产宣告影响,质权人仍然可以就该特定的质物在行使别除权的基础上实现其质权,并可以就其卖得的价金优先受偿。其三,如果同一个质物上设定有两个以上的质权,先次序质权人能够优先于后次序质权人而受清偿。也就是说,如果质物出卖后获得的价金高于先次序的担保债权,高出部分的价金再清偿后次序的债权,如果先次序的担保债权高于质物出卖后的全部价金,超出质物担保部分的债权为普通债权,应当劣后于后次序有质权担保的债权受清偿。

2. 关于动产质权的主体和客体

(1)《民法典》第425条第2款明确了动产质押的当事人和质押财产。动产质权法律关系有两方当事人:出质人(债务人或第三人)与质权人(债权人)。动产质权标的物为交付的动产即质押财产。

(2)质权法律关系的主体是出质人和质权人,即出质物的所有人和质权人,而不能称为债务人和债权人,债务人和债权人是主债权债务关系的主体,债务人和出质人可以为同一人,也可以不是同一人,债权人和质权人一定为同一人。出质人是以自己所有的或享有处分权的财产为自己或者他人的债权设定出质担保的人,出质人可以是债务人本人,也可以是债务人以外的第三人。第三人为出质人的,即为物上保证人。

(3)动产质权的客体,又被称为动产质权的标的物或出质物,是指出质人用以设定质权的财产。

3. 质权与抵押权的区别

(1)在客体方面,依照担保物权部分的相关规定,质押可以分为动产质押和权利质押,即其客体只能是动产或者可以质押的权利。不动产之上不能设立质权。而抵押权的标的物为不动产、不动产用益物权及动产。

(2)在构成要件方面,质权为占有担保物权。质权的成立以占有的移转为要件,而依照抵押权的有关规定,抵押权的成立通常以登记为成立要件或者对抗要件,此为质权与抵押权的根本区别所在。

(3)在担保机能方面,质权兼具留置效力和优先受偿的效力。质权人占有质物,可以给债务人以心理压力,促使其及时清偿债务;在债务期限届满未受清偿时,债权人可就质物变价优先受偿。而抵押权为非占有性担保物权,债务期限届满时以优先受偿效力来发挥担保作用。

(4)在实现方式方面,质权人在债权届期而未受清偿时,因其已事先占有标的物,故而在不能协商一致时,其可以不必经诉讼程序而径行按照市价变卖质物或以其他方式处分质物,就其价款受偿。出质人如认为变价有失公允,可另行通过诉讼解决。而按照大多数国家民法典的规定,抵押权人因债务人不履行债务而实现其抵押权时,如果不能就标的物的作价问题协商一致,一般须向人民法院申请拍卖抵押物,以清偿自己的债务,而不能够直接将标的物变卖。

实务问题

在实践中,适用本条要注意以下问题:

1. 货币可否质押的问题

货币作为特殊的动产,与普通动产不同。普通动产的所有权与占有、使用和收益权可以相分离，而货币作为等价物具有流通功能，所有权与占有权不能分离，如果货币的所有权与占有权相分离，其流通价值将会丧失。货币的占有人即为所有权人，货币的占有只能是现实占有，而不能是间接占有。如果将货币交给他人，如借贷或者委托保管等，货币所有权因为占有转移而转移，所有人与占有人形成了借贷或者借用关系。

关于金钱能否作为质押的标的物，司法实践中有不同意见：一种意见认为，质押的特点在于出质人不丧失对质物的所有权，货币作为特殊种类物，出质人对其的所有权因为占有的转移而丧失，因此，金钱不能作为质押物；另一种意见则认为，金钱为特殊的动产，如果采用特殊的方法将其特定化，在不移转所有权的情况下转移占有，即可成立质押。《担保法解释》第 85 条对此作了规定："债务人或者第三人将其金钱以特户、封金、保证金等形式特定化后，移交债权人占有作为债权的担保，债务人不履行债务时，债权人可以以该金钱优先受偿。"如果出质人将金钱存入银行，取得存款单，将存款单交给债权人，属于权利质押；如果出质人将金钱封存交给债权人作为债务人履行债务的担保，属于动产质押。

2. 动产质权的善意取得问题

在出质人以自己无所有权或者无处分权的财产出质的场合，该质押是否有效以及质物的所有人能否向质权人追索，涉及质权人对质权是否善意取得的问题。质权的善意取得，和动产所有权善意取得相同，存在质权人和动产所有人两个主体利益的平衡问题。如果肯定质权的善意取得，就会使所有人的权益置于风险之中；如果否定质权的善意取得，则会造成质权的不安全。应当看到，动产质权是以质权人占有标的物为其成立和存续要件的，只有占有质物才能给出质人以较重的责任并给予质权人以权利保障。根据民法原理，质权设定以占有为公示方式，而无登记制度，因此，债权人往往无法审查出质人是否具有所有权或处分权。如果质物交付后，真正的权利人可以追回，则动产质权制度将变得毫无意义。因此，为保护善意取得动产质权的质权人的利益和维护交易安全，各国民法普遍承认质权的善意取得，即使债务人无权处分质物，善意的质权人仍可取得质权。我国《物权法》第 106 条对此也予以了承认，《物权法》第 106 条规定，无处分权人将不动产或者动产转让给受让人的，所有权人有权追回；除法律另有规定外，符合下列情形的，受让人取得该不动产或者动产的所有权：(1) 受让人受让该不动产或者动产时是善意的；(2) 以合理的价格转让；(3) 转让的不动产或者动产依照法律规定应当登记的已经登记，不需要登记的已经交付给受让人。受让人依照前述规定取得不动产或者动产的所有权的，原所有权人有权向无处分权人请求赔偿损失。当事人善意取得其他物权的,参照前述规定。

《民法典》物权编也沿用了善意取得规则,具体规则可以参见《民法典》物权编中的第311条的规定,参照适用动产所有权的善意取得规则。《民法典》第311条与《物权法》第106条的区别仅在于其将《物权法》第106条第1款第1项中的“受让人受让该不动产或者动产时是善意的”中的“的”去掉,将第2款中的“请求赔偿损失”改为“请求损害赔偿”等,在文义上更加严谨。

(编写人:刘金燕)

法律条文

第四百二十六条　法律、行政法规禁止转让的动产不得出质。

条文主旨

本条是关于动产质押财产范围的禁止性规定。

对于质押财产的条件,本条仅规定“法律、行政法规禁止转让的动产不得出质”,没有规定具体的条件。哪些财产可以作为质权标的物,各国规定不尽相同。根据民法的法理,法律不禁止的,都应当是允许的,因此法律未明确规定禁止转让的动产,都可以作为设定质权的标的物。合法拥有的并且依法可以转让的动产可以设定质权。因此,可以设定质权的动产范围应当是十分广泛的,如车辆、古董字画、货物等。但是,法律、行政法规规定禁止流通的动产不得设定质权,如毒品、管制枪支等。出质物范围的确定与该物是否属于流通物联系密切。

以物能否流通、能在何种范围内流通为标准,物可以区分为流通物、限制流通物和禁止流通物。其中,流通物是指法律允许在民事主体之间自由流通的物,限制流通物是指法律对流通范围和程度有一定限制的物,禁止流通物是指法律明令禁止流通和转让的物。因本条明确规定法律、行政法规禁止转让的动产不得出质,因此,禁止流通的动产自然不能设定质权,而可以流通和限制流通的动产则可以出质。根据《文物保护法》《金银管理条例》《外汇管理条例》等的规定,我国目前限制流通物主要有:(1)按照指令性计划购、销的物资。(2)黄金、白银,只能由国家规定的专营单位经营,公民之间不得买卖。(3)外币,只能在特定的商店或部门使用,公民之间不得炒买炒卖。(4)公民收藏的文物,不得在个人之间买卖,更不得出售给外国人。如要出售,只能售给国家规定的文物收购部门。(5)麻醉药品、剧毒品、运动枪支等,只能由国家允许的单位购售,个人不能随意购售。(6)国营企业法人闲置的固定资产或因关停并转需要转让给其他单位的资产,在转让时应取得上级主管机关的同意。(7)法律规定的其他限制流通物。禁止流通物主要包括国家专有的物资、土地、矿藏、水流、淫秽书画等。

概言之,一般认为,作为质物的动产应该符合以下几个条件:(1)该动产须为特定物。(2)该动产必须是法律允许流通或者允许让与的动产。(3)具有保值性。(4)该动产须为独立物。

新旧法对比

《物权法》	《民法典》
第二百零九条　法律、行政法规禁止转让的动产不得出质。	【内容不变】第四百二十六条

理解与适用

依据本条规定并结合法理,作为质权的标的物,应当具备下列条件:

(1)具有特定性。质押财产必须是特定的财产,这样质权人才能顺利地实现质权,一般而言,只要在实现质权的时候,出质物是特定物即可。如果合同中对于质押财产约定不明,或者约定的质押财产与实际移交的财产不一致的,应当以实际移交的财产为准。

(2)具有可让与性。不能让与的财产因为无法通过交易的方式实现它的金钱价值,质权的实现就更无从谈起了。如果以法律、法规禁止流通的动产或者禁止转让的动产设定质权担保的,质押合同无效。例如,毒品、人体器官、淫秽物品等不能转让,不具有转让价值,不能作为质权的标的物。如以被人民法院查封的股权设定质权担保的,质押合同无效。如果以法律、法规限制流通的动产设定质权的,在实现质权时,人民法院应当按照有关法律、法规的规定对该财产进行处理。

(3)具有保值性。必须不能因为使用而导致该物价值的丧失,如果因为出质人继续占有、使用该物而导致价值贬损或丧失,就会使质权担保主债权实现的目的落空。

(4)该动产须为独立物。没有独立性、从属于他物的从物,因无法与主物分开,不能单独交付,无法成立质权。这是物权的标的物必须具有独立性的必然结果。

基于上述论述,本条关于"法律、行政法规禁止转让的动产不得出质"之规定的立法规范位阶限于狭义上的法律和行政法规。

《合同法解释(一)》第 4 条规定:“合同法实施以后,人民法院确认合同无效,应当以全国人大及其常委会制定的法律和国务院制定的行政法规为依据,不得以地方性法规、行政规章为依据。”为了保持立法和法律适用上的一致性,本条据以援用的立法文件位阶即应限于全国人大及其常委会制定的法律和国务院制定的行政法规,不得以地方性法规、行政规章以及其他规范性文件为依据。

实务问题

在实践中,适用本条要注意以下问题:

1. 关于本条适用的基本规范问题

本条规定适用的限制是“法律、行政法规”禁止转让的动产,不包括地方性法规、行政规章以及其他规范性文件。在出质标的物属于法律、行政法规规定禁止转让的动产时,不仅该质权不能设立,有关质押合同也因违反法律的强制性规定而应被认定为无效。

2. 关于实践中几种特殊动产能否成为出质标的物的问题

(1)国家机关的财产。《担保法解释》第 3 条规定:“国家机关和以公益为目的的事业单位、社会团体违反法律规定提供担保的,担保合同无效。因此给债权人造成损失的,应当根据《担保法》第五条第二款的规定处理。”国家机关被《担保法》禁止担任保证人,其规定在《担保法》第 8 条中,至于国家机关能否用自己的财产为自己或他人提供抵押或质押,《担保法》和《民法典》均没有明确规定。依上述司法解释的规定,以国家机关的财产进行抵押或质押的行为是无效行为,行为无效后,也不排除国家机关承担民事责任的可能性。我们认为,即使《民法典》施行后《担保法》废止,这一规则也不违反《民法典》和其他相关法律的规定,可以继续适用。

(2)学校、幼儿园、医疗机构等为公益目的成立的非营利法人的教育设施、医疗卫生设施和其他社会公益设施。《民法典》物权编中的第 399 条第 3 项规定,学校、幼儿园、医疗机构等为公益目的成立的非营利法人的教育设施、医疗卫生设施和其他公益设施不得抵押,该规定当然可以适用于质押。作为动产的教育设施、医疗卫生设施和其他公益设施,不得出质。但上述非营利法人,以其教育设施、医疗卫生设施和其他公益设施以外的财产为自身债务提供质押的,应当可以设定质权。

(编写人:刘金燕)

法律条文

第四百二十七条　设立质权，当事人应当采用书面形式订立质押合同。

质押合同一般包括下列条款：

（一）被担保债权的种类和数额；

（二）债务人履行债务的期限；

（三）质押财产的名称、数量等情况；

（四）担保的范围；

（五）质押财产交付的时间、方式。

条文主旨

本条是关于质押合同形式和内容的规定。

质押合同为要式合同，当事人设立质权应当采取书面形式订立质押合同。质押合同一般应当包括以下条款：（1）被担保的主债权种类、数额；（2）债务人履行债务的期限；（3）质押财产的名称、数量等情况；（4）担保的范围；（5）质押财产交付的时间、方式；（6）当事人认为需要约定的其他事项。在此需要注意的是，本条规定的几项内容仅是为质押合同的订立提供一个范式或者样本，并非强制性内容，但被担保的主债权的种类和质押财产这两项应该是必须具备的条款，如果不具备这两个条款，质押合同不能成立。本条规定的其他条款对于规范质押合同的订立、减少不应有的纠纷具有重要意义。质押合同的成立，从根本上说，必须具有当事人将自己财产出质为相应债权提供担保的意思表示，且双方合意一致，否则该质押合同不能成立。在此需要注意，如果质押合同对被担保的主债权种类、出质财产没有约定或者约定不明，根据主合同和质押合同不能补正或者无法推定的，质押合同不能成立。

新旧法对比

《物权法》	《民法典》
第二百一十条　设立质权，当事人应当采取书面形式订立质权合同。 质权合同一般包括下列条款： （一）被担保债权的种类和数额； （二）债务人履行债务的期限；	第四百二十七条　设立质权，当事人应当采用书面形式订立质押合同。 质押合同一般包括下列条款： （一）被担保债权的种类和数额； （二）债务人履行债务的期限；

续表

《物权法》	《民法典》
(三)质押财产的名称、数量、质量、状况; (四)担保的范围; (五)质押财产交付的时间。	(三)质押财产的**名称、数量等情况;** (四)担保的范围; (五)**质押财产交付的时间、方式**。

理解与适用

质押合同的成立要有必备合同条款。通常而言,以下三个方面的内容应属于必备条款:

1. 被担保债权的种类和数额

动产质权是一般质权,其只能对现在发生的并且特定的债权设定,因此,有必要在质押合同中明确规定被担保债权的种类、数额。质押财产所担保主债权的种类,主要是指被担保主债权是因买卖、借款等原因产生的债权。主债权的数额则是限定出质人负担保责任范围的认定标准,特别是在当事人未约定所担保的范围时往往就依被担保主债权的数额来界定出质人的担保范围,因此必须载明。

2. 质押财产的名称、数量

质押财产是质押法律关系的标的物。质押担保是以质押财产来担保债权实现的法律制度,债权的实现必须以质押财产的变价来满足,所以应当对质押财产的情况有明确的约定。(1)质押财产的名称表明质押财产为何物,因而与他物区别开来,使质押财产具体化。(2)质押财产的数量,是指将质押财产在数学上或物理上依一定的单位以数量计算出来。它表明质押财产在量上的大小、多少。数量是计算质押财产价格或价值的基数。

3. 在质押合同中必须要载明质押合同的双方当事人。这是该合同成立的基础,也应是必备条款

至于债务人履行债务的期限、质押财产的质量等,这些条款从规范的角度讲,也应当尽量载明。因为质权的实现条件之一就是债务人在主债权到期时未履行,主债务的履行期限对质权人而言影响重大,有必要在质押合同中载明债务人履行债务的期限。特别是在由第三人提供质押财产时,第三人是否同意签订质押合同从而承担担保责任的一个很重要的考虑因素就是主债务的履行期限。这也可以给当事人以准确的行为预期,主债务履行期限明确,出质人就可以很清

楚地预见自己提供的质押财产上质押负担的存续期限。但如果这些内容可以通过合同解释的方式确定,则不会因此影响该质押合同的效力。

至于书面形式是否是质押合同的成立要件,存有一定的争议。作为要式合同的一种,质押合同要以书面形式为要件,未以书面形式订立合同的,该质押合同不成立。此书面形式应属于质押合同的成立要件要求,并非包含国家法律价值判断的生效条件。

实务问题

实践中,适用本条要注意的是如何正确认识质押合同的性质问题,这在学理上以及实务操作上都具有重要意义。目前,学界对此主要有两种认识:其一,质押合同属于物权合同,即质押是一种物权行为;其二,质押合同就是一般的债权合同。之所以出现这种分歧,是因为人们对物权行为是否承认以及物权行为是否具有无因性的认识不同。我国大多数学者都主张在我国不宜采用物权行为理论,尤其是不应该采用物权行为无因性理论。有观点认为,这种理论的缺点在于严重损害出卖人的利益,违背了交易活动中的公平正义。在交付标的物之后发现买卖契约未成立、无效或被撤销,因物权行为之无因性,不受债权行为的影响,买受人仍取得标的物所有权,出卖人仅能依不当得利之规定请求返还,于是出卖人由所有权人变为债权人,不能享受法律对物权的特殊保护,对其地位十分不利。比如,如果买受人已将标的物转卖,第三人即使属于恶意亦能获得所有权,出卖人不能对该第三人行使任何权利,只能向买受人请求返还转卖所得价金。如上所述,我国不采用物权行为理论,但合同的订立与物权变动之间究竟是什么关系呢?根据《担保法》第 64 条的规定,不经过交付的程序,设定质押的合同不能生效。从法理上讲,质押合同的订立在当事人之间创设有关质权设定的权利义务关系,为物权变动的原因行为,属于合同法层面的问题;质权的设定,是合法有效的质押合同所产生的结果,属于物权法层面的问题。其实,质押合同仅是设定质权的民事行为,是质权的必要条件,但并不是质权发生的充分条件。作为物权,质权是否成立,除有质押合同外,还须有交付要件。只有有效的质押合同,才能使当事人双方设定质权的权利义务,但质权不成立并不等同于质押合同无效。因此,应当将质押合同的生效与质权的成立区分开。质押合同生效的条件,应当适用《民法典》合同编的规定,而质权的成立生效则适用《民法典》物权编的规定。

在法律适用上,质押合同是设定质权的主要方式,但同时质押合同本身又属于一类典型意义上的合同。有关质押合同成立、合同效力、违约责任以及合同解除等规则，在《民法典》合同编以及相关法律没有专门规定的情况下，就要适用总则编的一般规则。换言之，质押合同也会存在不成立或者无效的情形，在一方当事人违反合同约定的情形下，要承担相应的违约责任。当事人也可以对承担违约责任的形式，如违约金以及合同解除的条件等作出约定。这些约定只要不违反法律的强制性规定或者公序良俗，就应当认定为有效，在当事人之间就具有相应的法律拘束力。

（编写人：刘金燕）

法律条文

第四百二十八条　质权人在债务履行期限届满前，与出质人约定债务人不履行到期债务时质押财产归债权人所有的，只能依法就质押财产优先受偿。

条文主旨

本条是关于流质规则的规定。

流质，也称绝押，是指转移质物所有权的预先约定，即自质权设立时至债务履行期限届满前，质权人和出质人关于在主债权已届清偿期未受清偿时，质押财产的所有权即移转为债权人所有的约定。

自罗马法以来，大陆法系国家禁止流质契约是立法惯例，我国的《担保法》和《物权法》绝对禁止流质契约，禁止流质的原因是：第一，体现民法的公平、等价有偿原则。如果债务人为经济所困，会自己提供或者由第三人提供高价值的抵押物担保较小的债权，债权人乘人之危获取暴利，损害债务人或者第三人的利益，或者质权设定后质物价值减损至低于所担保的债权，对债权人不公平。第二，避免债权人以胁迫或者乘人之危迫使债务人订立流质条款，或者债务人基于重大误解而订立显失公平的流质契约。第三，禁止流质条款也是质权本质属性的表现。质权是一种变价求偿权，质物未经折价或者变价，就预先约定质物转移给质权人所有，违背了质权的价值权属性。当事人在质押合同中约定的流质条款虽然无效，但质押合同仍有效，质权人就质押财产有权优先受偿。《民法典》本条有限地承认了流质契约的规定更适应我国目前经济的发展，有利于鼓励交易。从民法的理论角度而言，流质契约本身依然是当事人对质权实现方式的一种约定，在不侵害他人或公共利益、不违背公序良俗等的情形下，要尊重当事人的意思自治，当事人于质权设定时对出质物的价值应当有符合其市值的估价，其在自愿协商的基础上成立流质契约并无不妥。

新旧法对比

《物权法》	《民法典》
第二百一十一条　质权人在债务履行期届满前，不得与出质人约定债务人不履行到期债务时质押财产归债权人所有。	第四百二十八条　质权人在债务**履行期限**届满前，**与出质人约定债务人不履行到期债务时质押财产归债权人所有的，只能依法就质押财产优先受偿。**

理解与适用

关于本条的适用，要准确把握以下三个方面：

（1）本条明确了"质权人在债务履行期限届满前，与出质人约定债务人不履行到期债务时质押财产归债权人所有"的情形下，不能认定该条款无效，更不能认定该质权无效。换言之，即使质权人与出质人之间作出了上述约定，也不影响质押合同的效力，更不能影响质权的成立。

（2）当事人在质押合同中作出了这一约定后，在符合质权实现条件时，即债务人到期未清偿债务时，不能产生该约定的法律后果，但该约定不影响质押合同其他条款的效力，即质权人不能取得该标的物的所有权，其只能从实现其债权的角度获得满足，也就是只能从质权作为担保物权的功能价值上予以定位，质权人得以就该质物在其担保范围内的债权优先受偿。在后果上，也就是该标的物价值不足以偿还所担保债权范围的，债务人应当继续承担剩余债务的清偿责任；如果该标的物价值超过所担保债权范围，则超过部分应当返还出质人。至于优先受偿的方式和程序，应当与担保物权实现的一般程序相同。

（3）本条适用的前提条件是当事人在"债务履行前"作出约定。这一时间限定十分重要。在债务到期后债务人没有履行债务的时候，质权人和出质人约定将出质物移转给债权人所有的条款是有效的，这不属于本条规定的流质契约的范畴，而是质权实现的一种方式。当然，这时要按照市场价值合理估价，也要注意考虑维护第三人，尤其是出质人的其他债权人的合法权益。当出质物的价值高于债权额时，质权人在取得出质物的所有权时要给予出质人以合理的补偿，当出质物的价值低于其所担保的债权额时，债务人要对余额继续履行清偿义务。

实务问题

审判实践中,适用本条要注意以下问题:

本条虽然适当开禁了流质契约,但不能认为流质契约就绝对有效。流质契约也属于合同的一种,有关合同法律制度的一般规则,流质契约当然也要适用。如果该流质契约存在可撤销事由的,依照当事人申请,人民法院可以依法予以撤销。但要注意如果存在《民法典》总则编中第151条规定的"一方利用对方处于危困状态、缺乏判断能力等情形,致使民事法律行为成立时显失公平"的情形,则要适当把握,尤其是在是否构成显失公平的认定方面,要注意与本条后段的"只能依法就质押财产优先受偿"相衔接。如果通过这一内容予以限定,可以确保公平,就不能适用《民法典》总则编中第151条的规定撤销该约定。此外,在存在符合合同保全中的撤销权的情形下,也可以适用《民法典》合同编的相应规定予以撤销。

(编写人:刘金燕)

法律条文

第四百二十九条　质权自出质人交付质押财产时设立。

条文主旨

本条是关于质权生效时间的规定。

如本法第427条所述,质押合同是否生效,应该依据合同编的相关规定来判断,而不能以质权是否设定为标准进行判断。如果质押合同具备法律规定的生效要件,则应认为合同关系已经发生,当事人应该受到合同的约束,违约者应该承担违约责任。至于质权能否成立,并不是质权合同生效的必要条件,质权自出质人交付质押财产时设立。因为在质押合同生效后不一定能够完成质押财产的交付,有可能因为一方违约,还有可能因为其他原因,故不能认为质权未生效时质押合同也无效。而质权的成立,必须以质押财产的交付为必要条件,不能认为质押合同生效后就必然发生质权的生效。质押合同的生效能够发生债法上的效果,但是不一定能够发生物权法上的效果。要发生质权设定的效果,必须进行质权的公示即交付。如果质押合同生效而当事人未交付质押财产,则权利人就只享有债权请求权,而不享有物权请求权。这时当事人可以请求法院判决出质人交付质押财产,或者判决出质人承担违约责任或者损害赔偿责任。

新旧法对比

《物权法》	《民法典》
第二百一十二条　质权自出质人交付质押财产时设立。	【内容不变】第四百二十九条

理解与适用

交付对于质权的成立起到了关键作用,所以有必要探讨一下交付的具体情形与质权成立之间的关系。

众所周知,动产物权的公示方法为占有与交付。占有与交付在动产物权的变动中,也发挥着决定动产物权变动的生效、权利推定和善意保护效力。交付可以分为现实交付和观念交付。动产物权变动的一般规则中所讲的交付,是指现实交付,即一方将物的直接占有移转给另一方的行为。此种交付,一般自动产转移给受让人占有时完成。现实交付还包括委托交付与拟制交付两种形式。委托交付,是指让与人根据约定将动产交付给第一承运人(包括受让人指定的中间人)或邮局的交付方式。此种交付方式中,办理完毕托运、交邮等手续,即为交付。拟制交付,是指让与人将代表标的物权利的有效凭证(如仓单、提单、存款单、票据等)交付给受让人,交付即告完成的交付方式。

所谓观念交付,是指在特殊情况下,法律允许当事人通过特别的约定,不现实交付动产而采用变通的或观念上的方法转移标的物权利的交付方式。观念交付主要包括下列三种形式:(1)简易交付。根据《民法典》物权编中第226条的规定,“动产物权设立和转让前,权利人已经占有该动产的,物权自民事法律行为生效时发生效力”。《民法典》第226条规定的是简易交付,简易交付是指受让人于受让动产之前,基于某种法律关系已占有标的物,并于让与合同成立时,发生所有权移转的效力。简易交付的成立须具备两个要件:第一,受让人必须于受让前基于某种合法的法律关系(比如,借用、保管、租赁等)占有标的物;第二,让与人与受让人之间达成合法有效的转让协议。(2)指示交付。根据《民法典》物权编中第227条的规定,“动产物权设立和转让前,第三人占有该动产的,负有交付义务的人可以通过转让请求第三人返还原物的权利代替交付”。《民法典》第227条规定的是指示交付,指示交付是指在交易标的物被第三人占有的场合,出让人与受让人约定,出让人将其对占有人的返还请求权移转给受让人,由受让人向第三人行使,以代替现实交付的方式。(3)占有改定。根据《民法典》物权编中第 228 条的规定,“动产物权转让时,当事人又约定由出让人继续占有该动产的,物权自该约定生效时发生效力”。《民法典》第 228 条规定的是占有改定,占有改定是指让与人转让所有权后,仍继续占有该物,依照当事人之间订立的合同,使受让人因此而取得间接占有,以取代实际交付。

以上这三种观念交付方式简化了交易的程序,在现实生活中具有非常重要的意义。但观念交付中的占有改定与指示交付,并未伴随有标的物占有的移转,不具备完整的公示作用,也不具有相应的公信力。为维护交易的安全,法律上通常有必要对其适用及引起物权变动的效力予以适当的限制。占有改定这种交付方式,虽然标的物的所有权已经发生了转移,但其仍然由原所有人占有,这就给人造成一种所有权还未转移的假象,所以应当适当限制占有改定的效力。虽然它能在当事人内部之间产生所有权移转的效力,但这种移转不得对抗善意第三人。

至于动产质权的设定,在通常情况下,要以出质物转移占有给质权人为要件。但在简易交付中,因为质权人已经占有了质物,实际上达到了现实交付的效果,应该承认简易交付也可以作为质权设定中的动产交付方法。所谓质物的现实交付,是指出质人将质物的占有实际移转于质权人,由质权人直接控制和支配。这是质物交付的一般形式,也是最常见的形式。质物的简易交付,通常是出质人在依质权设定的方式交付质物给质权人前,质权人已经通过委托、借贷、租赁、使用等方式实际占有质物。这种情况下,质物的交付仅需出质人与质权人达成设定质权的合意。

对于以指示交付的方式设定动产质权,有学者认为,质权人还应采取适当措施公示其权利的存在和控制质物(如粘贴质押封条、在保管人的仓库上加锁等),否则,该质权不能对抗善意第三人。我们认为,以指示交付的方式设定质权是切实可行的,而且从充分发挥质物的经济效益的角度考虑,以指示交付的方式设定质权,对他人继续对质物进行使用、收益,甚至出质人重复设定质权而使其价值得到充分利用具有积极意义。质物的指示交付,又称为间接交付,是指在出质人向质权人交付质物之前或之时,质物已由第三人实际占有的,出质人可以将其对第三人的返还请求权转让给质权人,以代替质物的实际交付。具体做法是,出质人向占有质物的第三人发出通知,告知第三人质物已经出质的情况,该第三人在接到通知后即向质权人交付,而不得继续向出质人交付,否则即构成侵权。间接交付的质权成立时间为出质人将出质通知送达实际占有质物的第三人之时。

至于占有改定的方式,质权人并未现实地占有质物,由于无法克服公示方法上的缺陷,对通过占有改定设定质权的做法,应该采取否定的态度。动产质权的成立以动产的交付为前提和要件，如无动产的交付，质权人无法证明其质权存在，其他人无法知道该动产上已经设立质权，既不利于交易安全，也不利于保护其他人的利益。

实务问题

在实践中，适用本条要注意以下问题：

1. 质权人返还质押财产对质权效力的影响

质权人返还质押财产，在有的国家和地区的规定中是按照质权人默示抛弃质权处理，质权因质权人返还质押财产而消灭，如德国民法和我国台湾地区"民法"。但也有的立法例按照质权人不享有对抗效力来处理，即质权不因质权人返还质押财产而消灭，如《日本民法典》第 352 条规定："动产质权人非继续占有质押财产，不得以其质权对抗第三人。"我国《民法典》对质押财产返还对质权的影响未作规定，但《担保法解释》第 87 条第 1 款规定："……质权人将质物返还于出质人后，以其质权对抗第三人的，人民法院不予支持。"由此可见，《担保法解释》是采取了质押财产返还不消灭质权的态度，与日本民法关于"不得对抗第三人"的表述近似。因此，在我国法律背景下，质权人返还质押财产于出质人，无论是质权人依自己的意思表示（如交付质押财产于出质人保管、使用），还是质权人非依自己的意思表示（如质权人受出质人、债务人的欺诈返还质押财产），质权都并不消灭，质权人返还质押财产仅发生该质权"不得对抗第三人"的结果。至于"不得对抗的第三人"的范围，应该包括质押财产的所有权取得人（比如，善意取得人）、新质权人（出质人以质押财产再出质后形成的质权人）、经登记的动产抵押权人、租赁人、查封债权人、破产债权人。在此需要注意的是，尽管质权人因不再继续占有质押财产而不得对抗上述第三人，但仍然可以对抗出质人的普通债权人，否则这时即使认为该质权还存在，但其实已经丧失存在的意义。

2. 关于流动质押的问题

《九民纪要》第 63 条规定了流动质押的设立与监管人的责任，该条规定："在流动质押中，经常由债权人、出质人与监管人订立三方监管协议，此时应当查明监管人究竟是受债权人的委托还是受出质人的委托监管质物，确定质物是否已经交付债权人，从而判断质权是否有效设立。如果监管人系受债权人的委托监管质物，则其是债权人的直接占有人，应当认定完成了质物交付，质权有效设立。监管人违反监管协议约定，违规向出质人放货、因保管不善导致质物毁损灭失，债权人请求监管人承担违约责任的，人民法院依法予以支持。如果监管人系受出质人委托监管质物,表明质物并未交付债权人,应当认定质权未有效设立。尽管监管协议约定监管人系受债权人的委托监管质物,但有证据证明其并未履行监管职责,质物实际上仍由出质人管领控制的,也应当认定质物并未实际交付,质权未有效设立。此时,债权人可以基于质押合同的约定请求质押人承担违约责任,但其范围不得超过质权有效设立时质押人所应当承担的责任。监管人未履行监管职责的,债权人也可以请求监管人承担违约责任。"这一内容对于解决审判实务中的相关问题具有很强的针对性。

（编写人:刘金燕）

法律条文

第四百三十条　质权人有权收取质押财产的孳息,但是合同另有约定的除外。

前款规定的孳息应当先充抵收取孳息的费用。

条文主旨

本条是关于质权人的孳息权及孳息费用充抵的规定。

孳息包括天然孳息和法定孳息。天然孳息是指果实、动物的产物及其他依照自然规律从原物中所收获的出产物。质押物的法定孳息是指出质人通过质押物与第三人在发生一定法律关系的基础上依法取得的收益,如质押物出租的租金等。法定孳息是出质人对质押物经营的结果,是出质人通过授权他人对质押物进行使用、经营而获得的利益。依照本条规定,质权人有权收取质押财产的孳息,此时质权人并非取得了孳息的所有权,而是取得质物孳息的质权,但合同另有约定的除外。前款规定的孳息应当先充抵收取孳息的费用。这种规则能够真正剥夺出质人的占有,促使其清偿债务,发挥质权的留置效力。

新旧法对比

《物权法》	《民法典》
第二百一十三条　质权人有权收取质押财产的孳息,但合同另有约定的除外。 前款规定的孳息应当先充抵收取孳息的费用。	第四百三十条　质权人有权收取质押财产的孳息,**但是**合同另有约定的除外。 前款规定的孳息应当先充抵收取孳息的费用。

理解与适用

关于本条第1款规定的当事人约定的情形，如果当事人约定出质人收取孳息，或者约定质权人无权收取质押财产的孳息，质权人则不能收取孳息作为债权的担保。如果当事人对于质权人能否收取质押财产的孳息没有约定或者约定不明的，质权人则可以按照本条规定收取质押财产的孳息。也就是说，质权人当然有权收取质物的孳息，这与抵押权人仅能在例外的情况下收取抵押物的孳息不同。质权人收取的质物孳息要首先用来清偿收取质物孳息所用的费用，然后方可用于清偿质物所担保的债权。

实务问题

在实践中，适用本条时应注意以下问题：

1. 孳息余额的处理问题

质权人所收取的孳息在根据本条第2款规定充抵收取孳息的费用后，若孳息尚有剩余应如何处理？对此，本条没有明确规定。《担保法解释》第96条规定："本解释第五十七条、第六十二条、第六十四条、第七十一条、第七十二条、第七十三条、第七十四条、第八十条之规定，适用于动产质押。"该解释第64条规定："债务履行期届满，债务人不履行债务致使抵押物被人民法院依法扣押的，自扣押之日起抵押权人收取的由抵押物分离的天然孳息和法定孳息，按照下列顺序清偿：(一)收取孳息的费用；(二)主债权的利息；(三)主债权。"以此为参照，分析本条关于质权人可以收取孳息的规定，其本意应当是质权人因收取孳息而取得对孳息的质权，即质权效力范围扩展至所收取的孳息之上，以实现质权担保之目的。因此，在解释上应当认为，质权人所收取的孳息首先充抵质权人收取孳息的费用后，其次可以充抵主债权利息，最后再充抵主债权。

2. 关于本条的适用还要考虑质权效力所及标的物范围的问题

这里主要涉及从物和添附物的问题。

(1) 从物。一般而言，从物系非主物之成分、助主物之效用且与主物同属一人之物。在没有特别的交易惯例的情况下，从物的权利变动一般采用从物随主物移转的规则。但在质押制度中，质权的效力是否及于质押物的从物，还需要进行具体的分析：对于在质权设定之前就是质押物从物的物品，依照《担保法解释》第91条的规定，应为质权的效力所能及。至于质权设定之后才成为质押物的从物的，《民法典》物权编以及《担保法解释》均未明文规定，但通常而言，此时质权的效力亦应及于该从物。但从物未随同质物移交质权人占有的，质权的效力不及于从物。

（2）添附物。就质押物的添附在质押制度中产生的法律后果，《民法典》物权编对此也没有具体规定，而《担保法解释》第62条规定："抵押物因附合、混合或者加工使抵押物的所有权为第三人所有的，抵押权的效力及于补偿金；抵押物所有人为附合物、混合物或者加工物的所有人的，抵押权的效力及于附合物、混合物或者加工物；第三人与抵押物所有人为附合物、混合物或者加工物的共有人的，抵押权的效力及于抵押人对共有物享有的份额。"《担保法解释》第96条规定："本解释第五十七条、第六十二条、第六十四条、第七十一条、第七十二条、第七十三条、第七十四条、第八十条之规定，适用于动产质押。"我们认为，从内容上看，这些规定与《民法典》物权编相关规定并不冲突，动产质权的效力也要及于质押物的添附物。依据添附的规则，当添附物的所有权归属于出质人以外的第三人时，该第三人应该给予出质人一定的补偿金，而依据质权的代位性，质权可以存在于该补偿金之上；当质押物所有人为附合物、混合物或者加工物的所有人时，质权的效力及于附合物、混合物或者加工物；当第三人与质押物所有人为附合物、混合物或者加工物的共有人时，质权的效力及于出质人对共有物享有的份额。

（编写人：刘金燕）

法律条文

第四百三十一条　质权人在质权存续期间，未经出质人同意，擅自使用、处分质押财产，造成出质人损害的，应当承担赔偿责任。

条文主旨

本条是关于质权人擅自使用、处分质押财产责任的规定。质权人虽然在质押期间有权占有质押财产，但出质人并未因设立质权而丧失对质物的所有权，质权人没有经过出质人同意，不得擅自使用、处分质押财产，否则应当承担由此给出质人造成的损害赔偿责任。例外的是，如果出于履行妥善保管质物义务而对质物进行必要的使用，是法律所允许的，出质人不得以此为由要求质权人承担赔偿责任。

在理论上，根据对质押财产的支配内容的不同，可以将质权分为占有质权、收益质权和归属质权（流质的情形）。本条所针对的主要是对收益质权承认与否的问题。所谓收益质权，是指质权人对其占有的质物得为使用收益的质权。收益质权又可分为利息质权与销偿质权：利息质权是指质权人以质物的收益充抵原本债权的利息的质权；销偿质权是指以质物的收益抵销债权原本的质权。依据本条规定，并结合我国民法理论，由于动产质权为担保物权而非用益物权，质权人并不拥有对质押财产的使用收益权。质权人占有质押财产，目的在于担保债权之实现，客观上却形成对出质人使用或者处分质押财产的限制。质权人使用或者处分质押财产，违反设定质权的目的。

新旧法对比

《物权法》	《民法典》
第二百一十四条　质权人在质权存续期间，未经出质人同意，擅自使用、处分质押财产，给出质人造成损害的，应当承担赔偿责任。	第四百三十一条　质权人在质权存续期间，未经出质人同意，擅自使用、处分质押财产，**造成出质人**损害的，应当承担赔偿责任。

理解与适用

从质权设立的目的看，质权是为了保障质权人的债权的实现，而非使质权人获得对质押财产的使用收益权，因此，质权人未经出质人同意，不得擅自使用、处分质押财产。但质权人经过出质人同意或者依据质押合同约定同意其使用、处分质押财产的，其收益在扣除必要支出后，可以约定用于清偿被担保的债权利息和主债权。如果收益超出了被担保的债权数额，超出部分应以不当得利返还给出质人。

依据本条规定，质权人在质权存续期间并非绝对不能使用或者处分质押财产，其可以根据质押合同的约定或经出质人同意使用、处分质押财产，并以其收益清偿被担保的债权。但质权人未经出质人同意或者非因保管质押财产的需要使用、处分质押财产造成出质人损失的，则应当承担赔偿责任。

实务问题

实践中，质权人非经出质人同意使用、处分质押财产所应承担的赔偿责任并不以质押财产毁损、灭失为必要条件，二者没有必然联系。即使质押财产没有毁损、灭失，质权人因擅自使用、处分质押财产获得收益的，出质人也可以据此请求人民法院减少或者免除其应当承担的债务数额。对于收益大于该债务数额的部分，出质人有权依据不当得利的规定向质权人主张返还。

实践中有观点认为，为了充分发挥质押财产的价值，应允许质权人有限地使用质押财产,这不仅不会增加出质人的负担,还有利于债务的减轻。我国立法并未对此进行规定,原因是质权人不享有质押财产的所有权,而是为了担保债权的实现而占有质物,因此,不能在质权存续期间未经出质人同意就行使排他性权利。而且,如果允许出质人使用质物,可能会导致质物损害,造成价值贬损,造成出质人的损失,也不利于质权人的债权的实现。

（编写人:刘金燕）

法律条文

第四百三十二条　质权人负有妥善保管质押财产的义务;因保管不善致使质押财产毁损、灭失的,应当承担赔偿责任。

质权人的行为可能使质押财产毁损、灭失的,出质人可以请求质权人将质押财产提存,或者请求提前清偿债务并返还质押财产。

条文主旨

本条是关于质权人妥善保管义务和赔偿责任的规定。

在质权法律关系中,质权人占有质物,质权人也最有条件对质物进行保管,其保管标的物的成本相应地也是最低的,因此,法律将保管质物的义务赋予了质权人。质权人若违反了对质物的保管义务,导致质物毁损、灭失的,就应当对出质人承担损害赔偿责任。

新旧法对比

《物权法》	《民法典》
第二百一十五条　质权人负有妥善保管质押财产的义务;因保管不善致使质押财产毁损、灭失的,应当承担赔偿责任。 质权人的行为可能使质押财产毁损、灭失的,出质人可以要求质权人将质押财产提存,或者要求提前清偿债务并返还质押财产。	第四百三十二条　质权人负有妥善保管质押财产的义务;因保管不善致使质押财产毁损、灭失的,应当承担赔偿责任。 质权人的行为可能使质押财产毁损、灭失的,出质人可以**请求**质权人将质押财产提存,或者请求提前清偿债务并返还质押财产。

理解与适用

对于质权人的保管义务在学理上已经达成共识,但对"质权人妥善保管质物的义务"的注意程度尚需进一步明确。民法上的注意义务有三种,由轻到重分别为:一般第三人的注意义务、如同对待自己事务一样的注意义务、善良管理人的注意义务。违反了一般第三人的注意义务的过失为重大过失,违反了对待自己事务一样的注意义务为具体轻过失,违反了善良管理人的注意义务为抽象轻过失。有观点认为,我国物权法律制度所规定的出质人保管标的物的义务应当解释为"善良管理人的注意义务",我们认为,如果将本条的注意义务解释为"善良管理人的注意义务",表面上是保护出质人的利益,但是实际上对出质人是不利的,因为如果加重了债权人的责任,债权人在设立质权时更加谨慎,不利于出质人进行融资行为。而若将质权人保管质物的义务解释为"一般第三人"的注意义务,则该义务过轻又会有损于出质人的权利。所以,将质权人的注意义务以尽到"如同对待自己的事务般的义务"为妥,如果质权人没有妥善保管标的物,即由于质权人的过错导致标的物毁损灭失的,那么质权人须对出质人负损害赔偿的责任。实务中对于质权人是否尽到妥善保管义务,还需要结合案件的实际情况与生活常识具体判断。

至于质权人违反妥善保管义务的举证责任由谁负担的问题,本条规定并不明确。有观点认为,出质人仅负责证明质押财产灭失或者毁损的事实,而应由质权人证明自己对质押财产已经尽到妥善保管义务或者证明对质押财产的毁损灭失没有过错。如果质权人不能举证证明,则应推定其有过错,并因此承担赔偿责任。我们认为,这一观点有一定道理。从质押合同的履行角度讲,质权人妥善保管质押财产的情形应属于其履行合同义务的范畴。质权人就其是否履行合同义务的事实情况,应当承担举证责任。但从另一角度言之,质权人未尽到妥善保管义务导致质物毁损灭失应承担的赔偿责任,在本质上也可以构成侵权损害赔偿责任,有关侵权责任的归责原则、构成要件等要遵从侵权责任法律制度的相应规则,依据《民法典》侵权责任编中第 1165 条第 2 款的规定,依照法律规定推定行为人有过错,其不能证明自己没有过错的,应当承担侵权责任。关于过错推定责任的适用,需要以法律明确规定为前提。而本条关于质权人承担损害赔偿责任的规定并未提出适用过错推定责任。我们认为,未尽到妥善保管义务属于有过错的范畴。有关举证责任分配的问题,依据《民事诉讼法解释》第 91 条等规定,在法律没有特别规定的情况下,当事人应当对相应的构成要件事实承担举证责任。按照侵权责任的规则,此举证责任并不能由质权人承担。这一问题涉及违约责任和侵权责任的竞合问题,要考虑适用竞合的相关规则处理。

本条第 2 款规定了质押财产面临可能毁损灭失时的补救措施。本条第 2 款规定的"质权人的行为可能使质押财产毁损、灭失的",是指质权人未尽善管义务而可能使质押财产遭受毁损或灭失的事实。由于这种事实仅是使质押财产有可能遭受毁损或者灭失的危险,而并非质押财产已实际遭受毁损或灭失,为避免发生实际损失,应当允许出质人提前采取相应的补救措施,而不能要求出质人的损失已发生才能再主张赔偿责任。

出质人的补救措施包括提存质物、请求提前清偿债权并返还质物。此处的提存与《民法典》合同编和《提存公证规则》中的提存含义不同。《民法典》合同编第570条规定,提存是债务人难以清偿时将标的物交由提存部门保存以消灭债权的行为。《提存公证规则》第2条规定,"提存公证是公证处依照法定条件和程序,对债务人或担保人为债权人的利益而交付的债之标的物或担保物(含担保物的替代物)进行寄托、保管,并在条件成就时交付债权人的活动。为履行清偿义务或担保义务而向公证处申请提存的人为提存人。提存之债的债权人为提存受领人"。而本条中的提存,并未转移质物的所有权,债权也并未消灭,提存的目的是让提存机关妥善保管质物,债务到期后,如果债务人履行了清偿义务,债务人有权从提存机关取回质物;如果债务人在债务到期后未清偿或者未全部清偿债务,质权人有权就提存的质物行使质权,以质押财产优先受偿。另外,出质人也可以要求提前清偿被担保的债权而返还质押财产。由于将质押财产提存要经过法院或者有关主管机关批准,涉及的成本较高,时间也会比较长,因此,本条为了给予当事人更大的意思自治的空间,允许在债务人有条件提前清偿或者作为第三人的出质人有条件代债务人提前清偿的前提下,出质人可以向债权人要求提前清偿债权并返还质押财产。而且,法律对出质人提前清偿债权采取鼓励的态度,《担保法解释》第92条规定:"……出质人提前清偿债权的,应当扣除未到期部分的利息。"即允许出质人扣除债权未到期之间的利息提前清偿债务。在出质人提前清偿债权时,质权人将损失利息,这可以视为质权人所产生的债权损失。

实务问题

审判实践中,适用本条要注意关于保管费用的承担问题以及必要费用的边界问题。质权人妥善保管质物产生的保管费用,属于对标的物正常管理维护所支出的必要费用,当然属于质权所担保的债权范围。但在质权人在不能对质押财产妥善保管时,又可能产生委托其他人保管的费用问题,这部分保管费用应属于质权人未尽妥善保管义务所造成的损失,应当由质权人承担。

至于提存费用的承担,本条并未明确,《担保法解释》第92条规定,按照《担保法》第69条的规定将质物提存的,质物提存费用由质权人负担;本条规定的

"质权人的行为可能使质押财产损毁、灭失的,出质人可以请求质权人将质押财产提存"与《担保法》第69条规定的"质权人不能妥善保管质物可能致使其灭失或者毁损的,出质人可以要求质权人将质物提存"立法目的相同,由于提存费用是基于质权人不能尽到妥善保管质押财产的义务而产生的,因此该提存费用应由质权人承担符合民法的公平原则。

（编写人:刘金燕）

法律条文

第四百三十三条　因不可归责于质权人的事由可能使质押财产毁损或者价值明显减少,足以危害质权人权利的,质权人有权请求出质人提供相应的担保;出质人不提供的,质权人可以拍卖、变卖质押财产,并与出质人协议将拍卖、变卖所得的价款提前清偿债务或者提存。

条文主旨

本条是关于质权保护的规定。

在质权存续期间,质权人对质押财产享有保全请求权,因不可归责于质权人的事由可能使质押财产损毁或者价值明显减少,足以危害质权人权利的,质权人可以行使质押财产保全请求权,请求出质人提供相应的担保,以保障自己的债权的实现。出质人不提供担保的,由于质权人占有质物,质权人可以拍卖、变卖质押财产,与出质人协议将拍卖、变卖所得的价款用于提前清偿债务或者将价款予以提存。本条规定之目的在于保障质权不因质押财产的毁损或价值减少而受到影响。

新旧法对比

《物权法》	《民法典》
第二百一十六条　因不能归责于质权人的事由可能使质押财产毁损或者价值明显减少,足以危害质权人权利的,质权人有权要求出质人提供相应的担保;出质人不提供的,质权人可以拍卖、变卖质押财产,并与出质人通过协议将拍卖、变卖所得的价款提前清偿债务或者提存。	第四百三十三条　因**不可**归责于质权人的事由可能使质押财产毁损或者价值明显减少,足以危害质权人权利的,质权人有权**请求**出质人提供相应的担保;出质人不提供的,质权人可以拍卖、变卖质押财产,并与出质人协议将拍卖、变卖所得的价款提前清偿债务或者提存。

理解与适用

本条具体含义阐释如下：

质权人有权请求出质人提供担保或将质物进行变价应满足的条件为：(1)质物出现损毁或价值明显减少的并非由质权人原因造成的，但足以影响质权人的权利；(2)需要满足价值明显减少的程度，少量的自然损耗或者未危害质权人债权实现的不能成为质权人行使该权利的原因；(3)应首先向出质人提出增加担保的请求，提供担保和质押财产损毁减少的价值相当的物的担保；(4)在出质人不提供担保时，质权人才可以对质物行使处置权，并将处置后的价款与出质人协商提前清偿债务或者将价款提存待债务期满后行使质权。需要注意的是，如果质押财产只是有减少或毁损的可能，且这种可能只是质权人主观判断，而非客观存在或必然发生，或者损坏或减少的价值并不构成对债权人利益的侵害，质押财产尚能担保债权实现的，质权人就不得要求出质人提供担保。但是，若是在质权以外，债权人的债权还有其他担保，如保证，则原则上不影响本条的适用。也就是说，只要质物的损坏已足以危害质权人权利的实现，无论质权人能否以其他担保方式满足其债权受偿的请求，质权人均可对质物实行变价。但如果此质物的毁坏是由于质权人的原因造成的，则依据《民法典》第 432 条的规定，质权人不仅不能行使其对质物的保全权，反而还要承担相应的损害赔偿责任。

本条规定的“相应的担保”，是指质权人要求出质人提供的担保的价值与质押财产可能毁损或者减少部分的价值相当。这都是基于担保物权着眼于标的物的交换价值的考虑而得出的结论。即在价值上，出质人提供的担保应能代替质押财产可能毁损或者价值明显减少的部分。另外，本条进一步规定，在出质人拒绝提供担保的情况下，质权人有权拍卖或者变卖质押财产。这里的拍卖、变卖财产与质权人本身就占有质物密切相关，此与抵押权的规则不相同。依据《民法典》第 408 条的规定，抵押人的行为足以使抵押财产价值减少的，抵押权人有权请求抵押人停止其行为；抵押财产价值减少的，抵押权人有权请求恢复抵押财产的价值，或者提供与减少的价值相应的担保。抵押人不恢复抵押财产的价值，也不提供担保的，抵押权人有权请求债务人提前清偿债务。也就是说，抵押权人因为并没有占有抵押物，在操作层面，其无法单独完成对抵押物的拍卖、变卖事宜。

实务问题

审判实践中，适用本条要注意的是，有关本条规定的出质人拍卖、变卖质押财产的规定与担保物权实现程序并不相同。尤其是与《民法典》第 437 条规定的质权实现程序有明显不同，后者强调的是在符合相应条件下，出质人可以请求人民法院拍卖、变卖质押财产的情形。依据本条规定，质权的保护程序由质权人启动，主债务未届清偿期时，而质押财产有毁损或者价值明显减少的可能，足以危及质权人的利益时，在出质人不提供担保的情形下，法律为了保护质权人和出质人的利益，赋予质权人不必征得出质人的同意而拍卖或变卖质押财产的权利。有观点认为，从担保物权实现程序的角度讲，在符合拍卖、变卖要求的情况下，本条规定似也可以统一纳入适用民事诉讼法上的担保物权实现程序的范围。这一观点似乎有一定道理，但结合本条规定具体情形，质权人依据本条规定对质押财产的拍卖或者变卖，其本质是在债权未届满清偿期前的预行拍卖，所得的价款质权人并不直接优先受偿，而只能将由此拍卖或变卖所得的价款代充质押财产。经出质人同意的，质权人得以质押财产的变价款用于提前清偿质权所担保的债权；出质人不同意提前清偿的，则可以将该变价款依法予以提存，待债务期满未获清偿时再行使质权。

（编写人：刘金燕）

法律条文

第四百三十四条　质权人在质权存续期间，未经出质人同意转质，造成质押财产毁损、灭失的，应当承担赔偿责任。

条文主旨

本条是关于责任转质的规定。

在出质人以间接占有的财产出质的，或者质权人以质押财产所有人名义，为自己的债务将质押财产出质于第三人的情形会涉及转质权的设定问题。

转质，是指质权人于质权存续期间，为担保自己或者他人债权的实现，将质物向第三人再设定新质权，移转占有于该债权人的行为。质权人得以质物转质的权利，即为转质权。因转质而取得质权的人，称为转质权人。学理上讲，转质分为承诺转质和责任转质。承诺转质，质权人经出质人同意后，为担保其他债权而将质押财产向第三人设立新的质权。责任转质，是指在质权存续期间，无须经出质人同意，而以自己的责任将质押财产为第三人设定质权。

本条承认上述两种转质类型，适用的原则是：在责任转质中，即未经出质人同意而转质，造成质押财产损毁、灭失的，质权人承担赔偿责任。在承诺转质中，即出质人同意转质的，转质权成立，应当按照约定处理。承诺转质的后果是：第一，转质权担保的债权范围，应当在原质权担保的债权范围内，超过部分不具有优先受偿的效力。第二，转质权的效力优先于原质权。

新旧法对比

《物权法》	《民法典》
第二百一十七条　质权人在质权存续期间，未经出质人同意转质，造成质押财产毁损、灭失的，应当向出质人承担赔偿责任。	第四百三十四条　质权人在质权存续期间，未经出质人同意转质，造成质押财产毁损、灭失的，**应当承担赔偿责任。**

理解与适用

有关本条的法律适用，具体阐释如下：

关于责任转质。这是本条的明确规定，即质权人在质权存续期间，未经出质人同意而仅以自己的责任所进行的转质。通常而言，责任转质成立后，发生以下效果：

1. 责任转质对转质人（原质权人）的效力

转质人的质权仍继续存在，但其实现受到限制。转质人因转质权的设定，而将其占有的质物担保价值赋予转质权人。即转质人的质权应当受转质权的约束，易言之，在该范围内，转质人不得抛弃其债权或者免除主债务人的债务。只有在原质权所担保的债权额超过转质权所担保的债权额时，转质人才得于其超过的范围受主债务人的清偿。同时，根据本条规定，因责任转质造成质押财产毁损灭失的，质权人应当向出质人承担赔偿责任。转质人对于因转质所遭受不可抗力的损失，也应当负责。因为责任转质是未征得出质人的同意而以自己的责任进行的，因此应当加重其责任。况且质权人本应自己保管质物，现因为转质的结果而将质物交第三人保管，所以也应当加重其责任，法律在赋予质权人转质便利的同时，要求转质人承担更重的责任，也符合权利义务相一致的原则。

2. 责任转质对转质权人的效力

转质权人对质物取得新质权，可以依法行使质权中留置权和优先受偿权。但转质权实现的条件应当受到原质权的限制，而且转质是质物的再出质，而并非以债权与质权共同设定权利质权，所以转质权人不能直接向原质权人的债务人收取债权。转质权人只能在转质人对主债务人所享有的担保债权额内实现其质权。转质权人的质权对转质人的原质权具有优先的效力。当质权实现时，对于质物卖得的价金,转质权人的债权优先受偿,若有剩余,转质人方可受偿。转质人将转质的事实通知主债务人后,如果主债务人未经转质权人同意而对原质权人清偿,则其清偿不得对抗转质权人。但转质权人的债权虽已届清偿期,若原质权人对于主债务人的债权尚未届清偿期,则转质权人不得实现其质权。

3. 责任转质对出质人的效力

转质权是一种物权,属于质权的特殊形式,应产生相应的物权效力,不仅对转质权人和转质人(原质权人)有效力,而且对出质人也有效力。出质人要想清偿债务并取回质物,便应当先向转质权人清偿;若清偿转质权所担保的债务有剩余的,则应再向质权人清偿。

承诺转质,又称为同意转质,是指质权人经出质人同意,为担保自己的债务,而将质物移转占有于第三人,就质物再设定新质权的行为。承诺转质一经成立,具有如下法律后果:

(1)出质人在质权设定时,作出转质承诺,即产生法律效力,出质人不得随意撤销或撤回承诺。

(2)承诺转质的后果直接指向出质人。出质人不仅要承担出质的风险,而且要承受转质带来的风险,并受到转质权的拘束。出质人向质权人清偿债务时,原质权虽然消灭,转质权的质权并不消灭,出质人不能收回质物;如果出质人想要取回质物,只能以第三人的地位向转质权人清偿质权人的债务。

4. 承诺转质的转质权的质权优先于原质权人的质权

质权人受到转质权人的质权优先效力的制约,在承诺转质中,转质权是基于出质人的所有权而产生的,并非基于原质权人的质权而设定,因此,转质权独立于原质权而存在,且优先于原质权的效力。此优先效力表现在:一是转质权人对于质权人的债权若已届清偿期,则无论质权人的债权是否届期,转质权人均可直接行使质权,从质物变价中优先受偿;二是原质权人的质权因债权届期而到达实现期时,其债权可以消灭,但是转质权人的质权不消灭,这时必须从质物中扣除对转质权人的担保债权额,仅就其剩余部分来满足自己债权的清偿。

实务问题

实践中,关于本条的适用,需要注意的问题是:

1. 关于转质权所担保的债权范围的限制问题

转质权与原质权是相互独立的,因转质而取得质权的权利人为转质权人,转质权人的质权优先于原质权人的质权。因此,转质权所担保的债权范围,应当在原质权所担保的债权范围之内。转质权人在原质权所担保的债权额范围内,于自己债权受清偿前，对质押财产享有留置、占有权，而质权人则丧失该权利。在实现质权时，应以质押财产的变价价款优先清偿转质权人的债权，然后再以其余额清偿转质人的债权。出质人向转质人清偿债务后，原质权消灭，但转质权并不因此而消灭。转质人不能清偿转质权人的到期债务时，质押财产所有人可以第三人的身份向转质权人清偿转质人的债务，以取回质押财产，从而也可以抵销原债务人对质权人的债务。

2. 关于责任转质的效力问题

本条明确规定，因责任转质造成质押财产毁损灭失的，质权人应当向出质人承担赔偿责任。这种规定是非常合理的，因为此时如果要求出质人不通过质权人而直接向转质权人主张赔偿责任，出质人将因信息不对称等原因而存在困难和障碍。根据民商法上的权利义务相一致的原则，在赋予质权人以转质的便利之同时，要求质权人因转质权人的过错造成质押财产毁损、灭失向出质人承担赔偿责任，实现了双方当事人的利益均衡，体现了民法的公平原则。

（编写人：刘金燕）

法律条文

第四百三十五条　质权人可以放弃质权。债务人以自己的财产出质，质权人放弃该质权的，其他担保人在质权人丧失优先受偿权益的范围内免除担保责任，但是其他担保人承诺仍然提供担保的除外。

条文主旨

本条是关于质权人放弃质权的规则的规定，与《民法典》第409条关于放弃抵押权或抵押权顺位的规定具有相似的立法目的。

质权是物权，属于一项民事权利，质权人作为权利人当然可以放弃质权。质权人放弃质权，是指质权人放弃了自己的债权就质物优先受偿的权利。质权人有权处分自己的质权。当质权人以放弃质权的方式处分质权时，应当符合法律的规定。如果债务人以自己的财产出质的，质权人放弃质权，就意味着放弃了债务人以自己的财产担保的权利，其他担保人在质权人放弃的担保范围内免除担保责任，但是，如果其他担保人仍然承诺愿意提供担保的除外，质权人放弃质权的意思表示应当明示，如果质权人不行使质权或者怠于行使质权的，不能推定为质权人放弃质权。质权人放弃质权，是质权人的单方意思表示，无须经过出质人的同意。质权因质权人放弃质权的行为而丧失,质权人应当返还质物的占有于出质人。

新旧法对比

《物权法》	《民法典》
第二百一十八条　质权人可以放弃质权。债务人以自己的财产出质,质权人放弃该质权的,其他担保人在质权人丧失优先受偿权益的范围内免除担保责任,但其他担保人承诺仍然提供担保的除外。	第四百三十五条　质权人可以放弃质权。债务人以自己的财产出质,质权人放弃该质权的,其他担保人在质权人丧失优先受偿权益的范围内免除担保责任,**但是**其他担保人承诺仍然提供担保的除外。

理解与适用

质权的放弃,又被称为质权的抛弃,包括相对抛弃和绝对抛弃。所谓质权的相对抛弃,是指质权人为出质人的特定无担保债权人的利益而抛弃其质权。此种抛弃仅于质权抛弃人和受抛弃利益的特定无担保债权人间发生效力,于其他质权人的利益并无任何影响;质权的抛弃人和受抛弃利益之债权人得就质权抛弃人对质押物变卖所得价金的可分金额,按照其各自债权额比例受偿。质权的绝对抛弃,是指质权人以消灭质权的意思放弃质权。此种抛弃通常需要质权人向出质人为抛弃的意思表示,即质权人的债权变为无担保债权。同时,质权人放弃质权,不得有损于其他利害关系人的利益,这也是诚信原则的基本要求。特别是当质权所担保的债权有其他担保人时,质权人有关质权的任何处分行为,将直接影响担保人的利益。

本条涉及质权法律关系三方当事人:(1)以自己的财产设立质权的债务人(出质人);(2)除债务人以外的为债权提供担保的人;(3)质权人(债权人)。质权人可以放弃质权,但是不得损害其他利害关系人的利益,故其他担保人在质权人放弃优先受偿权益的范围内免除担保责任,除非其他担保人愿意承担质权人放弃质权所产生的不利影响,愿意继续在原担保的范围内承担担保责任的,则尊重当事人的意思自治。

实务问题

实务中,质权的放弃应当以明示的方式作出,如果质权人以书面方式放弃质权并且返还质押财产,则当然发生放弃质权的法律效果,即质权人不再享有就质押财产变价所得的价款优先受偿的权利。由于质权公示的方式是质权人占有质押财产,如果质权人主动返还质押财产,且不属于受胁迫、欺诈的情形,应当认定质权人放弃了质权。

（编写人：刘金燕）

法律条文

第四百三十六条 债务人履行债务或者出质人提前清偿所担保的债权的，质权人应当返还质押财产。

债务人不履行到期债务或者发生当事人约定的实现质权的情形，质权人可以与出质人协议以质押财产折价，也可以就拍卖、变卖质押财产所得的价款优先受偿。

质押财产折价或者变卖的，应当参照市场价格。

条文主旨

本条是关于质权实现的规定。

质权作为担保物权，具有从属性，当债务人履行债务或者出质人提前清偿债务时，该被担保债权消灭，质权自然也随之消灭，质权人丧失继续占有或者留置质押财产的依据，所以，质权人应当将质押财产返还给出质人，如果质权人拒不返还或者导致质物毁损灭失的，应当承担相应的赔偿责任。

本条第2款、第3款对于质权实现的问题作了规定。动产质权的实现，是指质押财产担保的债权已届清偿期，债务人未履行债务，质权人以质押财产折价，或者依法拍卖、变卖质押财产并就获得的价款优先受偿的行为。动产质权实现的条件是：(1)动产质权有效存在。(2)质权所担保的债权已届清偿期。(3)作为质权人的主债权人未获得清偿。(4)对债务未清偿，非因债权人方面的原因而造成。

新旧法对比

《物权法》	《民法典》
第二百一十九条 债务人履行债务或者出质人提前清偿所担保的债权的，质权人应当返还质押财产。债务人不履行到期债务或者发生当事人约定的实现质权的情形，质权人可以与出质人协议以质押财产折价，也可以就拍卖、变卖质押财产所得的价款优先受偿。质押财产折价或者变卖的，应当参照市场价格。	【内容不变】第四百三十六条

理解与适用

质权的实现是实践中普遍存在也会经常涉及的问题,在这里有必要予以详细阐述。

1. 质权的实现概述

质权的实现,是指债务履行期限届满债务人未履行债务,通过依法处理质押财产而使债权获得清偿。质权的实现本质上是质权人的权利而非义务,因此,当质权人要求债务人清偿债务时,债务人不能以应先行使质权为抗辩,并不得强行以质押物清偿债务。关于质权实现的类型主要有两种:其一是当事人自救主义,即质权的实现主要通过质权人和出质人协商来进行,国家在通常情况下不能干预。英美法系国家多采此种做法。其二是司法救济保护主义,即质权的实现必须在人民法院主导下进行,而不能私自实现。换言之,采此种做法,质权的实现多采取公力救济的方法,德国、日本等国多采此做法。依据本条第 2 款的规定,债务人不履行到期债务或者发生当事人约定的实现质权的情形,质权人可以与出质人协议以质押财产折价,也可以就拍卖、变卖质押财产所得的价款优先受偿。可见我国对质权的实现采取的做法是,先由当事人协商解决,在协商不成时再依当事人的申请由法院予以救济的模式,即当事人自救主义和司法救济相结合的质权实现模式。

2. 质权实现的条件

依据本条规定,质权的实现一般应当具备以下四个条件:其一,质权合法有效存在。如果质权无效,质权的实现自然无从谈起。在此需要注意,基于质权的从属性,主债权无效,则质权无效。在发生转质的情况下,质权的实现会受到转质权人实现债权的限制,如当原质权人将债权连同质权一并出质时,由于出质人不能随意使质物灭失或毁损,这就意味着在上述情况下出质人不能随意消灭作为质押标的的债权,当然也就不能随意消灭作为债权担保的质权。其二,质权所担保的债权已届清偿期。但依照本条规定,发生当事人约定的实现质权的情形时,即使债务并未届期,质权人也可以实现质权。其三,主债权未获得清偿。债务人没有清偿债务或者第三人未代为清偿,既包括没有清偿全部债务,也包括尚有部分债务没有清偿,因为依据质权的不可分原则,债务人虽然只有部分债务未履行,质权人仍然可以对全部质押物主张实现质权。其四,对债务未清偿,非因债权人方面的原因而造成。若债务人没有履行债务是由债权人一方当事人的原因造成,则质权人不得实现其质权。比如,债权人拒绝接受债务人的全面适当履行等。

3. 质权的实现方式

质权实现的方式主要有三种，即拍卖、变卖、折价。其中，拍卖是主要方法，将质押财产拍卖、变卖的变价款，质权人有权优先受偿。质押财产拍卖、变卖的变价款若超出质权担保的范围，超出部分归出质人所有，不足部分由债务人承担清偿责任。在实践中具体以何种方式实现质权，首先由当事人协商决定，这种约定既可在订立质押合同时，也可在订立质押合同后，甚至实现质权时。若双方协议不成，质权人可以向人民法院起诉，由人民法院裁决以何种方式实现质权。下面对三种方法加以具体的分析。

(1)拍卖。

拍卖是以公开竞价的方式出让质押财产，价高者获得质押财产的所有权。拍卖因可使质押物的变价公开、公平，既最大限度地保障了债权的实现，又保护了出质人的利益，所以拍卖是实现质权的最基本方式。拍卖分任意性拍卖和强制拍卖，前者由当事人自愿委托拍卖人拍卖，后者是质权人申请法院拍卖。有关拍卖的程序与效果，具体应适用《拍卖法》及《民事诉讼法》的有关规定。如果当事人协商一致，可以自行委托拍卖机构进行拍卖。如果当事人就质押物的拍卖不能协商一致，则只能由法院依据《民事诉讼法》以及最高人民法院的有关司法解释进行。

对当事人协商进行的任意拍卖，当事人应该遵守《拍卖法》及其他法律、法规对拍卖标的物的限制性规定。比如，拍卖文物、黄金制品等国家限制流通物的，应当依据相关的法律规定进行。涉及国有资产拍卖的，必须遵循国有资产管理方面的法律法规及规章的规定，如国务院颁布的《国有资产评估管理办法》等。对于人民法院进行的强制拍卖，应当遵循有关的法律、法规及司法解释的规定，人民法院组织拍卖时，必须委托依法成立的资产评估机构对质押物进行评估。

(2)变卖。

变卖，是质权人与出质人达成变卖协议，是对标的物进行换价的一种较拍卖简易的方式，即由当事人或法院直接将质押物以公平合理的价格出卖，并以所得价款优先偿还其担保债权的质权实现方式。

但应该注意的是，在司法实践中一般是以拍卖为原则，变卖仅以例外的形式存在，变卖的方式较拍卖便捷，它不需要经过竞价，而是由当事人或法院直接将标的物以相当的、合理的价格出卖。当事人可以通过协商将标的物变卖，如果协商不成，质权人可以向人民法院起诉，在获得胜诉判决后，可以通过人民法院的强制执行程序变卖质押物。

(3)折价。

折价,是质权人与出质人协议,由质权人出价购买质押财产,取得质押财产的所有权,以代替债务的履行,或者协议不成时经由人民法院审理后判决,按照质押物自身的品质、参考市场价格,把质押物所有权由出质人转移给质权人,从而实现质权的一种方式。简而言之,以质押物折价即以协议的形式取得质押物所有权。这种方法虽程序简便,但是透明性不足。

质物折价可以先由当事人协商决定,如果当事人协商不成,则质权人可以直接向人民法院起诉,在其获得胜诉判决后,通过折价的方式实现质权,涉及的非常重要的问题就是质押物折价时的资产评估问题。如果质押物是国有资产,则必须按照国有资产的有关管理规定进行相应的资产评估程序。比如,根据《全民所有制工业企业转换经营机制条例》第 15 条第 4 款的规定,企业处置固定资产,应当依照国家有关规定进行评估。以折价的方式实现质权时,虽然出质人与质权人通过合意可以确定质物的价格,但是应当注意折价的程序是否公允,不得损害国家、社会以及第三人的利益。

实务问题

在实践中,适用本条要注意以下三个问题:

(1)考虑到质权人已经占有质押财产,在质权的实现方面居于有利地位,为了更好地协调出质人和质权人之间的利益,给予出质人替代债务人履行债务或者以其他方法消灭质权的机会,基于诚信原则的要求,质权人在拍卖或者变卖质押财产前应当通知出质人,但质权人无法通知的除外。

(2)变卖质押物,我们应该注意以下两个问题:第一,依据《民事诉讼法》第 254 条的规定,“国家禁止自由买卖的物品,交有关单位按照国家规定的价格收购”。现已失效的《担保法解释》第 5 条第 2 款也规定,“以法律、法规限制流通的财产设定担保的,在实现债权时,人民法院应当依照有关法律、法规的规定对该财产进行处理”。第二,依据《最高人民法院〈关于人民法院执行工作若干问题的规定(试行)〉》第 33 条的规定,“被执行人申请对人民法院查封的财产自行变卖的,人民法院可以准许,但应当监督其按照合理价格在指定的期限内进行,并控制变卖的价款”。这样规定主要是为了保护出质人的合法权益。

(3)质押财产折价或者拍卖、变卖该质押财产的价款低于质权设定时约定价值的,应当按照质押财产实现时的价值进行清偿。不足清偿的部分,由债务人清偿。质押财产折价或者拍卖、变卖所得的价款,当事人没有约定的,按下列顺序清偿:①实现质权的费用;②主债权的利息;③主债权。

(编写人:刘金燕)

法律条文

第四百三十七条　出质人可以请求质权人在债务履行期限届满后及时行使质权;质权人不行使的,出质人可以请求人民法院拍卖、变卖质押财产。

出质人请求质权人及时行使质权,因质权人怠于行使权利造成出质人损害的,由质权人承担赔偿责任。

条文主旨

本条是关于出质人请求质权人及时行使质权和质权人怠于行使质权责任的规定。

在履行期限届满后,出质人享有对质权人及时行使质权的请求权,质权人也应当及时行使质权,实现自己的债权。如果质权人怠于行使质权,出质人享有请求质权人及时行使质权的权利,即及时行使质权的请求权:(1)质权人不行使质权的,出质人可以请求人民法院拍卖、变卖质押财产,尽早结束债权债务关系。(2)质权人怠于行使质权,由此造成质押财产损害的,出质人的及时行使质权请求权转化为损害赔偿请求权,请求质权人就由此造成的损失承担赔偿责任,质权人应当予以赔偿。

新旧法对比

《物权法》	《民法典》
第二百二十条　出质人可以请求质权人在债务履行期届满后及时行使质权;质权人不行使的,出质人可以请求人民法院拍卖、变卖质押财产。出质人请求质权人及时行使质权,因质权人怠于行使权利造成损害的,由质权人承担赔偿责任。	第四百三十七条　出质人可以请求质权人在债务**履行期限**届满后及时行使质权;质权人不行使的,出质人可以请求人民法院拍卖、变卖质押财产。 出质人请求质权人及时行使质权,因质权人怠于行使权利**造成出质人损害**的,由质权人承担赔偿责任。

理解与适用

本条的第1款规定了出质人的两项权利是逻辑递进关系,出质人不能在债务履行期届满时直接请求拍卖、变卖质物，而应该首先请求质权人行使质权，在质权人不行使质权时，才可以请求人民法院拍卖、变卖质物。虽然学理上很少讨论质权人怠于行使质权时出质人的权利内容，但是从合同的角度，的确存在质权人怠于行使质权的可能，尤其是质押财产的价值明显超过债权时，可能发生质权人不急于行使质权的情形，所以我们有必要讨论在质权人怠于行使质权时出质人的行使质权请求权以及质权人怠于行使质权的责任问题。

1. 关于质权实现程序的适用

实践中，由于动产质权以质权人占有标的物为要件，对出质人而言，质物往往丧失其相应的利用价值，也就会产生在主债务履行期限届满时，出质人往往不愿意清偿主债务以获得质押财产，而希望债权人实现质权的情况。实践中还有一种情况是，质物的价值较大，甚至明显超过其担保债权的价值，在债权已届清偿期后，质权人怠于行使质权，使得出质人对于该质物超过债权部分的价值无法支配，这既不公平，也不利于物尽其用。综合这两个方面的考虑，在动产质权所担保的主债权已届清偿期，债务人未履行到期债务的，赋予质权人以及出质人请求实现质权的权利，这对实现双方当事人的利益平衡具有现实意义。

关于质权的实现，一方面，质权人可以主张实现担保物权。在债务履行期限届满后，质权人在质押财产所担保的债权未全部清偿前，质权人可以继续占有质押财产，以发挥“留置”的效力，这时出质人不得请求质权人返还质押财产。质权人可以与出质人协议以质押财产折价，也可以依法拍卖、变卖质押财产。有关具体实现程序可以适用《民法典》第 436 条的规则，同时也需注意与《民事诉讼法》所规定的担保物权程序做好衔接。另一方面，在特定条件下，出质人也可以主张实现担保物权。质权人经出质人请求不行使质权的，出质人可以请求人民法院拍卖、变卖质押财产。本条第 1 款赋予出质人请求质权人在债务到期后行使质权的权利，但若质权人不行使质权或者怠于行使质权，出质人有权请求人民法院依法拍卖、变卖质押财产以实现质权。这一点与抵押权的相关规则大致相当。

2. 关于质权人怠于行使权利时的责任承担

为了督促担保物权人及时行使权利，稳定交易秩序，《民法典》对抵押规定了权利行使期间，即抵押权人应当在主债权诉讼时效期间内行使抵押权；未行使的，人民法院不予保护。质权同样存在主债权到期而及时行使质权的问题。但质权与抵押权不同，主要表现在以下方面：一是抵押权并不移转抵押物占有，抵押物始终在抵押人手里控制和使用；质权移转质物占有，质权设立后，质物由质权人占有。二是主债权期限届满债务人不履行债务的情况出现后，抵押权人由于没有抵押物，往往积极行使抵押权，以保证债权的实现；而质权人由于质物在其手中控制，往往并不急于行使质权。对于是否与抵押权一样规定动产质权权利行使期间的问题，有专家提出，规定抵押权超过时效法院不予保护并无不妥；而如果规定质权超过时效法院不予保护则有失公允，因为质物在质权人处占有，债务人不还债，过了时效，依照法律的时效规定，强行把质物从质权人手中要回，对质权人不公。根据抵押权与质权的不同，《民法典》未规定质权权利行使期间，但为了避免质权人滥用权利或者怠于行使权利，本条第 2 款赋予了出质人行使质权的请求权及质权人怠于行使质权的责任。

随着经济社会的发展，质物的市场价格会发生变化，也会发生因意外而毁损、灭失的情形。因此，在债务履行期届满后，债务人未清偿债务的，质权人应当及时行使质权，以免给出质人造成损失，出质人也有权请求质权人行使权利。质权人怠于行使权利后，质物价格下跌，或者发生其他毁损、灭失等情形，这时对出质人而言也会发生相应的损失。在此情形下，质权人对出质人的损失要承担赔偿责任。按照本条第 2 款的规定，出质人主张损害赔偿责任，首先要在债务清偿期已届满的情况下，明确请求质权人及时行使质权。其次，必须证明有损害，这里的损害原则上是指质物价值超过其担保债权价值的部分，在计算上应包括此时质物价格下跌而发生的贬值。但同时也要考虑债务人清偿债务的情形，如果债务人全部清偿债务，这时质权就会消灭，质权人就质物毁损灭失的全部损失承担赔偿责任。若部分清偿，则也要将剩余债权价值与质物原本价值予以比较，再结合质物价值毁损情况确定相应的赔偿数额。最后，要证明损害后果的发生与质权人怠于行使质权具有相当因果关系。

实务问题

在实践中，适用本条要注意以下问题：

（1）适用担保物权实现程序的问题。依据《民事诉讼法解释》第 361 条的规定，《民事诉讼法》第 203 条规定的担保物权人，包括抵押权人、质权人、留置权人；其他有权请求实现担保物权的人，包括抵押人、出质人、财产被留置的债务人或者所有权人等。在申请实现担保物权的主体当中，包括质权人和出质人。但在物的担保人与主债务人非为同一人时，是否应将主债务人列为被申请人或追加为第三人？我们认为，为避免不同利害关系人之间的权利冲突，应当允许将相关利害关系人作为实现担保物权案件中的被申请人。

（2）注意本条规定与《民法典》中的第 436 条第 1 款规定的衔接适用问题。

依照第436条第1款的规定，债务人履行债务或者出质人提前清偿所担保的债权的，质权人应当返还质押财产。而本条第1款后半句规定，质权人不及时行使质权的，出质人可以请求人民法院拍卖、变卖质押财产。关于这两个规定的衔接问题，要注意的是，当质物的折价或者拍卖、变卖是由当事人通过协商进行时，则质权人与出质人之间可以就该质物折价、拍卖或变卖后所得价款的清偿顺序作出约定，若当事人没有约定，按下列顺序清偿：首先，抵偿实现质权的费用；其次，偿还主债权的利息；最后，偿还主债权。出质人依据本条规定，请求质权人行使质权时，可以采取与质权人协议以质押财产折价来实现质权，也可以与质权人协商一致采取拍卖或者变卖质押财产来实现质权。在质权人不同意采取前述协商方式时，出质人有权诉诸法院，请求法院拍卖、变卖质押财产。如果是人民法院对质物进行变卖和拍卖，则首先应扣除执行费用，即拍卖、变卖被执行人的财产所发生的费用，此外还包括查封、扣押等程序引发的费用，其次是偿还债权人的债权。

（编写人：刘金燕）

法律条文

第四百三十八条　质押财产折价或者拍卖、变卖后，其价款超过债权数额的部分归出质人所有，不足部分由债务人清偿。

条文主旨

本条是关于质权实现后质押财产变价款归属的规定。

质权人实现质权，将质押财产折价或者拍卖、变卖后，质押财产变价款的归属原则：(1)如果变价款超过债权数额的，清偿债务后，其超出的部分由于出质人享有所有权，自然应当归出质人所有。(2)在出质人为第三人的情形下，变价款不足以清偿债务的，其不足部分，由债务人继续承担清偿责任，出质人不再承担除质押财产价值之外的债务。

新旧法对比

《物权法》	《民法典》
第二百二十一条　质押财产折价或者拍卖、变卖后，其价款超过债权数额的部分归出质人所有，不足部分由债务人清偿。	【内容不变】第四百三十八条

理解与适用

质权设定的目的在于确保债务的清偿。当质押所担保的债权于履行期届满而未受清偿时,质权人可以就质物的价款优先受偿。质权的实现是质权的根本效力所在。质物价值的最初估算与最终的变价可能并不一致,这与当事人在设定质权时对质物的估算是否准确以及市场价格不断变化有关。但是,无论质物的变价如何,设定质权时的主债权是确定的。因此,实现质权应以清偿质押担保范围的债权为界,质物折价、拍卖、变卖后,超过所担保的债权额的,价款归出质人所有;不足的部分由债务人清偿。特别是在出质人为第三人的情况下,出质人提供质押财产只是供作债权的担保,自己并不成为连带或者按份的债务人,即出质人仅以质押财产的价值为限或者仅以约定的,且不超过质押财产价值的限额承担担保责任,而对债务不承担履行和清偿责任。主债权到期后,如果质物的变价款不足以清偿所担保债权数额的,债权未受清偿的,不足部分的债务与出质人无关。此时,未受清偿的债权不再是质押担保债权,就成为普通债权,由债务人继续承担清偿责任。如果质押财产折价或者拍卖、变卖后,其价款超过债权数额的部分,也不能归债务人所有,只能归出质人所有,因为出质人是质物的所有权人,但这时因质权的实现,债务人所负债务也已经消灭,其不再负有清偿责任。

实务问题

审判实践中,适用本条要注意以下问题:

1. 数个可分的质物为同一债权担保时的质权实现问题

在此情况下,各个质物都担保债权的全部,但在实现质权时,如果质权人折价、拍卖或者变卖部分质物的价款足以清偿质押担保范围的债权,则应停止折价、拍卖或者变卖其余的质物。因为这时质权的功能或者目的已经实现,其担保的债权也已被清偿,质权也自然就消灭了,其他的标的物不再有质权的负担,相应的所有权又恢复到圆满状态,剩余的质物当然应当归还出质人。

2. 质权人对债务人其他财产的求偿问题

在债务人提供质押财产的情况下,质权人是否可以不行使质权,而在债务人到期不清偿债务时,要求债务人以质押财产之外的财产清偿债权?对此,理论上有所谓先行主义和选择主义之分。我们认为,这首先要回归质权作为权利的基本属性,在法律没有作禁止性规定的情况下,即使该债权有质权的存在,原则上债权人向债务人主张清偿责任，并无不可；反之，债务人自愿清偿债务也无不可，这时债权即因清偿而消灭，相应的质权也就消灭了。

3. 质押财产的价值差额问题

实践中，质权人实现质权时，不能按质权设定时约定的价值向债务人追偿，质押财产的价值的计算需以质权实现时的价值为准，但如果存在债务人或出质人在设定质权时欺诈等原因，约定的质押财产的价值显著高于实现质权时的价值的，则应当由债务人或出质人承担补足差额的责任。

（编写人：刘金燕）

法律条文

第四百三十九条　出质人与质权人可以协议设立最高额质权。

最高额质权除适用本节有关规定外，参照适用本编第十七章第二节的有关规定。

条文主旨

本条是关于最高额质权的设立及其法律适用的规定。

所谓最高额质权，是指为担保债务的履行，债务人或者第三人对一定期间内将要连续发生的不特定的债权预定一个限额，提供质押担保而设定的特殊质权，债务人不履行到期债务或者发生当事人约定的实现质权的情形，质权人有权在最高债权额限度内就该担保财产优先受偿的担保物权。最高额质权的特点是：（1）最高额质权用以担保债权人一定范围内的不特定债权；（2）最高额质权所担保的债权限于预定的最高担保额；（3）最高额质押的主合同债权可以有条件地转让；（4）最高额质押合同内容的变更受到限制。

本条对最高额质权规定的基本原则是：（1）出质人与质权人可以协议设立最高额质权。（2）最高额质权除了适用本节有关规定外，参照《民法典》第 17 章第 2 节最高额抵押权的规定。按照这一规定，关于最高额抵押权规定可以适用于质权。关于最高额质权的具体规则，应参照关于质权的规定和最高额抵押权的规定确定。

新旧法对比

《物权法》	《民法典》
第二百二十二条 出质人与质权人可以协议设立最高额质权。 最高额质权除适用本节有关规定外，参照本法第十六章第二节最高额抵押权的规定。	第四百三十九条 出质人与质权人可以协议设立最高额质权。 最高额质权除适用本节有关规定外，参照适用**本编第十七章第二节的有关**规定。

理解与适用

1. 最高额质权的设立

设定最高额质押或抵押的作用在于担保将来才产生的债权，这并不符合传统意义上担保物权从属性的要求。但在担保物权制度上仍要设置最高额抵押或者质权，其根本原因在于简化交易程序，提高交易效率，降低交易成本。而通过设立最高额质押，针对同一目的、反复实施的同一性质的交易行为，可以有效地解决质权连续设定中繁杂的程序问题，以同一财产或财产集合为质押财产，在此财产价值范围内设定质权，从而提升当事人意思自治的弹性，为当事人之间长期经常性的商业交往提供充分的保障和有力的支持。

依据本条第 2 款的规定，有关最高额质权的规定，既要符合质权的一般规则，也要适用《民法典》关于最高额抵押的规定。通常而言，最高额质押的设立，须由双方当事人通过协商订立书面合同，合同内容主要包括：(1)设立最高额质押的目的（所要担保的基础关系）；(2)被担保主债权的种类和最高额；(3)债务人履行债务的期限；(4)质押物的名称、数量、质量、状况、所在地、所有权权属或使用权权属；(5)质押担保的范围，如事先未约定，则包括原债权、利息、违约金和实现质权的费用；(6)规定决算期，即最高额质押在实现过程中，应确定实际担保债权数额的时间，逾期所生债权，则不受最高额质押担保，一般可在合同中写明，“担保期间为×年×月×日至×年×月×日”或“×年×月×日确定债权”；(7)当事人认为需要约定的其他事项。

2. 最高额质权的特征

最高额质押是质押的一种特殊形态，其特殊之处表现在以下几点：

(1)最高额质押所担保的债权限额是确定的，但实际发生的债权额是不确定的。设定最高额质押时，债权尚未发生，为保证将来债权的实现，质权人与出质人协议商定担保的最高债权额度，出质人以其质押财产在最高额度内对债权作担保。

(2)最高额质押一般是对一定期间内连续发生的债权限于预定的最高担保额作担保。所谓一定期间,是指发生债权的期间,如约定从2020年1月1日至2020年12月31日发生的债权,出质人对这个期间发生的100万元限额内的债权作担保。所谓连续发生的债权,是指实际发生的债权次数是不确定的,并且是接连发生的。最高额质押以一次订立的质押合同进行一次质押物交付就可以对一个时期内多次发生的债权作担保,既省时、省力、省钱,又可以加速资金流通,有利于促进经济发展。

此外,根据《担保法解释》第81条的规定,最高额抵押权所担保的债权范围,并不包括抵押物因财产保全或者执行程序被查封后或债务人、抵押人破产后发生的债权。即使决算期还未届满,如果发生上述几种情况,此期间内产生的债权不属于最高额质押担保的范围。

(3)最高额质押的主合同债权可以有条件地转让。我国《担保法》及《担保法解释》并没有承认最高额质押,《担保法》第61条还规定最高额抵押的主合同债权不得转让,依此类推,即使认为基于对最高额抵押的准用可以允许最高额质押存在的话,最高额质押所担保的主债权也是不能转让的。《物权法》修正了《担保法》的相关规定,即对最高额抵押和最高额质押担保的债权的转让并不采取绝对禁止的态度,而是有条件的允许。《民法典》沿用了这一做法。据此可知,最高额质押担保的债权确定前,部分债权可以转让,此时最高额质押并不随之转让,而使得转让之部分债权变为没有担保的普通债权。但是,如果当事人另有约定的,则要从其约定。如果将基础合同转让,因为此时所有债权都将转让,那么基于最高额质押对主债权转让上的从属性,最高额质押也随之转让,这样不会对债务人和第三人产生任何不利的影响。如果当事人在签订最高额质押合同中约定了债权人将部分债权转让,最高额质权也随之转让的,从尊重当事人意思自治的原则,该约定是有效的,部分债权转让时最高额质权也同时转让。

(4)最高额质押合同内容的变更受到限制。根据《民法典》第422条规定,"最高额抵押担保的债权确定前,抵押权人与抵押人可以通过协议变更确定债权的期间、债权范围以及最高债权限额。但是,变更的内容不得对其他抵押权人产生不利影响"。《担保法解释》第82条的规定,"当事人对最高额抵押合同的最高限额、最高额抵押期间进行变更,以其变更对抗顺序在后的抵押权人的,人民法院不予支持"。

3. 最高额质押所担保债权的确定

最高额质押担保制度与最高额抵押担保一样，从其诞生的第一天起，在促进社会经济发展的同时，也有其不合理的一面。一旦最高额质押设定后，债权人利用自己的优势地位，随意减少交易的次数或不发生交易，导致质押物的价值受到不正当的拘束，进而束缚债务人的经济活动。这时，由于债务人处于相对弱势地位，对债权人的有关行为缺乏必要的对抗手段，那么债务人、出质人乃至整个社会经济秩序都将得不到有力保护。为了克服最高额质押的这种弱点，特别规定了质权人的债权确定规则，即只允许最高额质押在特定期间内存在，如果没有约定特定期间，将通过其他方式对于担保债权数额予以确定，以尽早结束质押物上负担的不确定状态，防止债权人利用最高额质押对债务人形成长期的支配。

所谓最高额质权的确定，是指因某一事由的出现而将原本不确定的最高额质押所担保的债权额确定化的过程。关于最高额质权确定的事由，根据本条及《民法典》第 423 条的规定，主要有以下几个方面：

（1）质权人与出质人约定的最高额质押存续期间已经届满，即最高额质押的决算期届至，最高额质押当然确定。此外，如果双方当事人在最高额质押有效存续期间，协商终止后续交易或缩短最高额质押的存续期间所发生的债权债务，则在终止交易之时或者变更的期间届满之日，最高额质押所担保的债权即为确定。但如上所述，此种变更不能对其他质权人产生不利的影响，否则无效。

（2）最高额质押合同的双方当事人在合同中没有约定决算期的，或者约定不明确的，质权人或者出质人自最高额质权设立之日起满两年后请求确定债权，该请求提出之时最高额质权也随之确定。

（3）被担保的债权已经没有继续发生的可能。最高额质押构成要素中的基础合同是设定最高额质押的根本，也就是质权人与出质人设立最高额质押合同所担保的债权债务关系发生的根本原因，如果质权人与出质人之间的交易合同已经终止、解除或者因其他原因而消灭，被担保的债权已经没有再发生的可能，最高额质权应从此时起确定。

（4）质权人知道或者应当知道质押财产被查封、扣押的，这也构成最高额质权确定的原因。

（5）债务人、出质人被宣告破产或解散的。这时债务人丧失了继续进行交易的能力，最高额质权也应从破产案件被人民法院受理时或解散决定送达时起确定。但是该债务人或者出质人发生合并或者分立的情形，不能成为债权确定的事由。

最高额质权所担保债权确定后，关于最高额质押所担保债权的优先受偿额度的确定，参照《担保法解释》第83条关于最高额抵押的规定，在最高额质权确定时，已经发生的债权，在约定担保范围内，若不高于最高限额，则以该实际发生的债权数额为限享有就最高额质押物变现后的优先受偿权；若实际发生的债权数额超出最高限额，则应以最高限额为限享有优先受偿权。同时，被担保债权确定后所发生的任何债权，不属于质押担保的范围。此外，根据《民法典》第389条的规定，在当事人对最高额质权担保的债权内容有约定时要以约定为准，在没有约定时，则该债权应该包括债权之本金、利息、违约金、损害赔偿金、保管担保财产和实现质权费用的总和，当该总和金额超出最高额质权所担保的最高债权限额时，超出部分没有优先受偿权。但是，保管质押财产和实现质权的费用，无论在被担保的债权确定时是否已经发生，均属于质权担保的范围。而且，保管质押财产和实现质权的费用，应当从质押财产的拍卖价金中扣除，不得计入最高额。

实务问题

审判实践中适用本条要注意的是关于最高额质权的独立性问题。首先，最高额质权的独立性首先表现在最高额质权的设定，以将来的债权为前提，在与被担保债权的发生从属上，存在时间差，因此可以理解为最高额质权在发生上与被担保的个别债权之间无从属性。最高额质权在决算前与被担保债权中的个别债权无一一对应的担保关系，最高额质权人也不承担担保责任，因此与单个的债权之间无从属性。其次，最高额质权在决算前不随被担保债权的转让而转让，在转让上与被担保的债权之间无从属性，最高额质权担保仅对特定的债务人或者特定交易关系中连续发生的债权负责，在决算之前，也就是最高额质权行使条件成就之前，不从属于哪一笔债权。最后，最高额质权并不因质权存续期间内的某一具体债权的消灭而消灭，某一具体债权的消灭，并不意味着最高额质权所担保债权的全部消灭，而最高额质权所担保的并不是某一特定的债权。即使某一具体债权消灭了，其后还有其他债权发生的可能。

（编写人：刘金燕）

第二节 权利质权

法律条文

第四百四十条　债务人或者第三人有权处分的下列权利可以出质：

（一）汇票、本票、支票；

（二）债券、存款单；

（三）仓单、提单；

（四）可以转让的基金份额、股权；

（五）可以转让的注册商标专用权、专利权、著作权等知识产权中的财产权；

（六）现有的以及将有的应收账款；

（七）法律、行政法规规定可以出质的其他财产权利。

条文主旨

本条是关于可以出质的权利范围的规定。权利质权是指以出质人提供的财产权利为标的而设定的质权。设立权利质权的目的在于充分利用票据、有价证券及其他财产凭证所体现的无形财产权，以促进资金融通和商品流通、发展经济。

新旧法对比

《物权法》	《民法典》
第二百二十三条　债务人或者第三人有权处分的下列权利可以出质： （一）汇票、支票、本票； （二）债券、存款单； （三）仓单、提单； （四）可以转让的基金份额、股权； （五）可以转让的注册商标专用权、专利权、著作权等知识产权中的财产权； （六）应收账款； （七）法律、行政法规规定可以出质的其他财产权利。	第四百四十条　债务人或者第三人有权处分的下列权利可以出质： （一）汇票、本票、支票； （二）债券、存款单； （三）仓单、提单； （四）可以转让的基金份额、股权； （五）可以转让的注册商标专用权、专利权、著作权等知识产权中的财产权； （六）**现有的以及将有的**应收账款； （七）法律、行政法规规定可以出质的其他财产权利。

理解与适用

本条规定了可以出质的权利的范围，从而明确了权利质权的种类。

根据本条规定，可以出质的权利范围包括：(1)汇票、本票、支票；(2)债券、存款单；(3)仓单、提单；(4)可以转让的基金份额、股权；(5)可以转让的注册商标专用权、专利权、著作权等知识产权中的财产权；(6)现有的以及将有的应收账款；(7)法律、行政法规规定可以出质的其他财产权利。

实务问题

权利质权本质上是一种质权，在实务中，需要注意以下三个问题：

1. 订立书面质押合同

权利质权可基于一定的法律事实或法律行为而取得。具体而言，权利质权可以通过设立行为、转让行为、取得时效、继承、善意取得等方式取得。其中，权利质权的设立行为最为常见，也最为重要。根据《民法典》第427条的规定，设立质权，当事人应当采用书面形式订立质押合同。因权利质权的客体不同，设立要求也有所不同，但一般包括下列条款：(1)被担保债权的种类和数额；(2)债务人履行债务的期限；(3)质押财产的名称、数量等情况；(4)担保的范围；(5)质押财产交付的时间、方式；(6)违约责任。

2. 办理交付或登记手续

订立质押合同后，不代表质权已经设立，还必须交付权利凭证或办理质押登记，质权才设立。如果未履行交付或登记手续，不影响质押合同的效力，当事人可基于该有效质押合同向对方当事人主张相应的违约责任，要求出质人交付凭证或者配合办理质押登记。如果客观上已经无法再交付权利凭证或办理质押登记，则要主张相应的违约责任。

3. 先办理质押登记后签署质押合同不影响质权设立

在实践中，一般是先签署书面质押合同，然后再办理质押登记，但是，如果先办理质押登记，后签署书面质押合同，此时，质权设立了吗？对此，最高人民法院认为，在正式签订借款合同与质押合同前，当事人即办理有关权利的质押登记，并不违反法律、行政法规的禁止性规定，质押登记发生在主合同和质押合同签订之前，不影响质押合同的效力，质权已经设立[①]。

（编写人：彭　啸）

---

① 最高人民法院(2006)民二终字第97号。

法律条文

第四百四十一条 以汇票、本票、支票、债券、存款单、仓单、提单出质的，质权自权利凭证交付质权人时设立；没有权利凭证的，质权自办理出质登记时设立。法律另有规定的，依照其规定。

条文主旨

本条是关于以汇票、本票、支票、债券、存款单、仓单、提单出质的权利质权设立的规定。

新旧法对比

《物权法》	《民法典》
第二百二十四条 以汇票、支票、本票、债券、存款单、仓单、提单出质的，当事人应当订立书面合同。质权自权利凭证交付质权人时设立；没有权利凭证的，质权自有关部门办理出质登记时设立。	第四百四十一条 以汇票、**本票、支票**、债券、存款单、仓单、提单出质的，质权自权利凭证交付质权人时设立；没有权利凭证的，质权自办理出质登记时设立。**法律另有规定的，依照其规定。**

理解与适用

1. 以汇票、本票、支票、债券、存款单、仓单、提单设立质权的一般规则

根据本条规定，有权利凭证的，质权自权利凭证交付质权人时设立。权利凭证是记载权利内容的象征性证书，通常以书面形式呈现，如汇票、本票、支票、存款单、仓单、提单和一部分实物债券等都具有权利凭证。没有权利凭证的，质权自办理出质登记时设立，我国部分债券已经实现无纸化，没有权利凭证，如以此出质，当事人必须前往法律、法规规定的有关登记部门办理出质登记。

2. 以票据设立质权的特殊规则

根据《票据法》第35条第2款规定，汇票可以设定质押；质押时应当以背书记载“质押”字样。同时，第81条第1款、第94条第1款规定，本票、支票的背书除各自章节规定外，适用有关汇票的规定。因此，以任何票据出质时，都应当背书记载“质押”的字样，但上述规定仅将质押背书作为票据质权设定的要件，而未明确其为生效要件还是对抗要件。

《担保法解释》第98条规定，以汇票、支票、本票出质，出质人与质权人没有背书记载“质押”字样，以票据出质对抗善意第三人的，人民法院不予支持。即

以票据的交付作为票据质权的生效要件,而以质押背书作为对抗要件。新颁布的《民法典担保制度解释》与上述观点保持一致,其第 58 条规定,以汇票出质,当事人以背书记载“质押”字样并在汇票上签章,汇票已经交付质权人的,人民法院应当认定质权自汇票交付质权人时设立。

此外,新修订的《最高人民法院关于审理票据纠纷案件若干问题的规定》第 50 条还规定,背书人在票据上记载“不得转让”“委托收款”“质押”字样,其后手再背书转让、委托收款或者质押的,原背书人对后手的被背书人不承担票据责任,但不影响出票人、承兑人以及原背书人之前手的票据责任。

综上所述,基于票据的文义性特点,出质人与质权人应当在票据上背书记载“质押”字样,否则,该质权没有对抗善意第三人的效力。换言之,如果没有质押背书,那么质押合同仅在出质人和质权人之间发生法律效力,而对于善意取得该票据的权利人来说,其仍然可以行使票据记载的权利,出质人作为背书人,不能对抗该善意第三人的行权请求。

3. 以仓单设立质权的特殊规则

仓单是保管人向存货人签发的提取仓储物的凭证。《民法典担保制度解释》第 59 条第 1 款对以仓单设立质权作了进一步规定,即存货人或者仓单持有人在仓单上以背书记载“质押”字样,并经保管人签章,仓单已经交付质权人的,人民法院应当认定质权自仓单交付质权人时设立。没有权利凭证的仓单,依法可以办理出质登记的,仓单质权自办理出质登记时设立。该条款根据仓单是否存在权利凭证进一步明确设立质权的生效要件,即“交付”或“登记”,而将背书记载作为对抗要件。

实务问题

1. 建议接受质押前核实汇票、本票、支票、债券、存款单、仓单、提单的真实性

未核实权利真实性不影响质权的设立,但是,为了保证出质权利的真实性和保护质权人的权利安全,我们建议质权人应当事先核实质押权利的真实性。

实践中,已有未核实出质权利的真实性而被认定对质押无效有重大过失的案例,比如最高人民法院审理的中信银行股份有限公司济南分行(以下简称中信济南分行)与山东省华兴摩托车有限公司、山东华兴企业集团总公司及中国银行股份有限公司河池分行(以下简称河池中行)借款担保合同纠纷案,华兴摩托车公司向中信济南分行提出存单质押时,出具了盖有河池中行城南分理处公章的存单与盖有河池中行财会科公章的承诺书各一份,两枚公章主体明显不同,中信济南分行作为专业金融机构对此未予充分注意,未采取向出具存单的银行核押

或询问等有效措施，对签订无效质押合同也存在重大过失。根据《存单纠纷规定》第8条关于“接受存单质押的人在审查存单的真实性上有重大过失的，开具存单的金融机构仅对所造成的损失承担补充赔偿责任”的规定，河池中行应对中信济南分行因存单合同无效而导致质权落空所产生的损失承担赔偿责任。

2. 票据质押既要记载“质押”字样，又要交付给质权人

根据本条规定，在汇票、本票和支票上设立质押，既要记载“质押”字样，又要交付给质权人。交付给质权人是质押设立的条件，而记载“质押”字样则是对抗善意第三人的要件，二者缺一不可。

3. 提单具有债权与所有权凭证的双重属性，质押合同要明确约定提单性质

最高人民法院认为，提单具有债权凭证和所有权凭证的双重属性，提单持有人是否因受领提单的交付而取得物权以及取得何种类型的物权，取决于合同的约定。本案中，开证行建行荔湾支行根据其与开证申请人蓝粤能源之间的合同约定持有提单，结合当事人的真实意思表示以及信用证交易的特点，应认定开证行对信用证项下单据中的提单以及提单项下的货物享有质权，开证行行使提单质权的方式与行使提单项下动产质权的方式相同，即对提单项下货物折价、变卖、拍卖后所得价款享有优先受偿权。①

4. 关于仓单质权优先受偿的特殊规定

根据《民法典担保制度解释》第59条的规定，出质人既以仓单出质，又以仓储物设立担保，按照公示的先后确定清偿顺序；难以确定先后的，按照债权比例清偿。保管人为同一货物签发多份仓单，出质人在多份仓单上设立多个质权，按照公示的先后确定清偿顺序；难以确定先后的，按照债权比例受偿。在上述两种情形中，债权人举证证明其损失系由出质人与保管人的共同行为所致，请求出质人与保管人承担连带赔偿责任的，人民法院应予支持。

（编写人：彭　啸）

法律条文

第四百四十二条　汇票、本票、支票、债券、存款单、仓单、提单的兑现日期或者提货日期先于主债权到期的，质权人可以兑现或者提货，并与出质人协议将兑现的价款或者提取的货物提前清偿债务或者提存。

① 最高人民法院(2015)民提字第126号。

条文主旨

本条是关于以汇票、本票、支票、债券、存款单、仓单、提单出质的权利质权人行使权利的特别规定。

兑现日期，是指汇票、本票、支票、债券、存款单上所记载的权利得以实现的日期；提货日期，是指仓单、提单上记载的交付物品的日期。

新旧法对比

《物权法》	《民法典》
第二百二十五条　汇票、支票、本票、债券、存款单、仓单、提单的兑现日期或者提货日期先于主债权到期的，质权人可以兑现或者提货，并与出质人协议将兑现的价款或者提取的货物提前清偿债务或者提存。	第四百四十二条　汇票、**本票、支票**、债券、存款单、仓单、提单的兑现日期或者提货日期先于主债权到期的，质权人可以兑现或者提货，并与出质人协议将兑现的价款或者提取的货物提前清偿债务或者提存。

理解与适用

载明兑现日期或者提货日期的汇票、本票、支票、债券、存款单、仓单、提单的兑现日期或者提货日期届至时，原则上必须兑现或者提货，以免除第三债务人的债务。如果不按时兑现或者提货，有可能会给债务人自身带来损失，最终影响所担保的主债权的实现。因此，当兑现日期或提货日期先于主债权到期，质权人有权不经出质人同意兑现汇票、本票、支票、债券或者存款单上所载款项，或提取仓单或者提单上所载货物。

值得注意的是，质权人兑现款项或提取货物后必须通知出质人，并与出质人协商，以该等款项或货物提前清偿债权，或将其提存，而不能直接据为己有。同时，出质人也只能在提前清偿或提存中择其一，不能既不同意提前清偿又不同意提存。

经提前清偿，质权消灭；经提存，质权继续存在于提存的款项或者货物上，在主债权到期时，质权人可以就提存的款项或货物优先受偿。

实务问题

实践中，还有另一种情况，即该等兑现日期或提货日期晚于主债权到期时，质权人能否提前实现质权。通常来讲，如果这种情况下允许质权人兑现或提货，相当于要求第三债务人提前履行债务，不当地加重了其所承担的义务，有失公平，除非该第三债务人同意提前履行债务。因此，质权人应当于汇票、本票、支票、债券、存款单、仓单、提单的兑现日期或者提货日期的到期日行使质权。

（编写人：彭 啸）

法律条文

第四百四十三条　以基金份额、股权出质的，质权自办理出质登记时设立。

基金份额、股权出质后，不得转让，但是出质人与质权人协商同意的除外。出质人转让基金份额、股权所得的价款，应当向质权人提前清偿债务或者提存。

条文主旨

本条是关于以基金份额、股权出质的权利质权设立和出质人处分基金份额、股权的限制的规定。

新旧法对比

《物权法》	《民法典》
第二百二十六条　以基金份额、股权出质的，当事人应当订立书面合同。以基金份额、证券登记结算机构登记的股权出质的，质权自证券登记结算机构办理出质登记时设立；以其他股权出质的，质权自工商行政管理部门办理出质登记时设立。 基金份额、股权出质后，不得转让，但经出质人与质权人协商同意的除外。出质人转让基金份额、股权所得的价款，应当向质权人提前清偿债务或者提存。	第四百四十三条　以基金份额、股权出质的，**质权自办理出质登记时设立**。 基金份额、股权出质后，不得转让，但**是**出质人与质权人协商同意的除外。出质人转让基金份额、股权所得的价款，应当向质权人提前清偿债务或者提存。

理解与适用

1. 出质登记

本条规定，以基金份额、股权出质的，质权自办理出质登记时设立。《物权法》第226条以基金份额、股权是否在证券登记结算机构登记作为确定出质登记机构的依据。《民法典》中删除了这一区分原则，仍需要根据《证券法》《公司法》的相关规定确定具体登记机构。

2. 转让限制

根据本条第 2 款规定，原则上基金份额和股权出质后，不能转让，主要基于以下两点考虑：一是出质人虽将基金份额和股权出质，但其仍为基金份额的持有人或公司股东，转让是一种处分行为，该权利属于出质人，质权人无权直接转让作为债权担保的基金份额和股权，否则将损害出质人的权利；二是基金份额、股权虽为出质人所有，但其作为债权的担保被依法设定了权利负担，如果出质人不经质权人同意随意转让，将会损害质权人的利益，不利于担保债权的实现。

若出质人与质权人协商一致，双方均同意转让已出质的基金份额和股权，法律自然允许，但出质人转让基金份额、股权所得价款必须用于提前清偿债权或提存。

实务问题

1. 基金份额的出质登记

（1）出质登记机构。

根据《证券登记结算管理办法》第 2 条、第 40 条的规定，在证券交易所上市的股票、债券、证券投资基金份额等证券及证券衍生品种（以下统称证券）的登记结算，适用本办法。证券的质押、锁定、冻结或扣划，由托管证券的证券公司和证券登记结算机构按照证券登记结算机构的相关规定办理。非上市证券的登记结算业务，参照本办法执行。

（2）出质登记材料。

根据《证券质押登记业务实施细则（2020 年修订版）》第 4 条规定，质押双方向该公司（中国证券登记结算有限责任公司）申请办理证券质押登记，应提交以下材料：

①证券质押登记申请，其中：对于融资类质押（初始质押），应列明质权人名称、质权人身份证件类型、质权人身份证件号码、出质人名称、出质人证券账户、证券代码、证券简称、托管单元、证券类别、质押证券数量、业务类型、融资金额、年化融资利率、融资期限、融资投向、预警线（如有）、平仓线（如有）、质押合同编号；对于融资类质押（补充质押），应列明质权人名称、质权人身份证件类型、质权人身份证件号码、出质人名称、出质人证券账户、证券代码、证券简称、托管单元、证券类别、质押证券数量、业务类型、补充质押对应的初始质押证券所属市场、对应的初始质押业务登记编号、质押合同编号；对于非融资类质押，应列明质

权人名称、质权人身份证件类型、质权人身份证件号码、出质人名称、出质人证券账户、证券代码、证券简称、托管单元、证券类别、质押证券数量、业务类型、质押合同编号。

②质押合同原件。

③质押双方有效身份证明文件及复印件。

④质押证券登记在证券期货经营机构单一资产管理计划专用证券账户中，且资产委托人为个人或机构的，应当由管理人提交有关业务申请材料，并提供委托人、托管人(如有)出具的知晓办理证券质押登记的相关文件。

⑤证券质押行为需经国有资产监督管理机构等主管部门批准或备案的，应当提供相关批准或备案文件原件及复印件。

⑥本公司要求提供的其他材料。

2. 股权的出质登记

(1)有限责任公司和未在登记结算公司登记的股份有限公司的出质登记。

①出质登记机构。

根据《工商行政管理机关股权出质登记办法》第2条、第3条的规定，有限责任公司和股份有限公司股权出质登记，适用该办法。已在证券登记结算机构登记的股份有限公司的股权除外。负责出质股权所在公司登记的工商行政管理机关是股权出质登记机关，各级工商行政管理机关的企业登记机构是股权出质登记机构，即有限责任公司的股权和未在证券登记结算机构登记的股份有限公司的股权的质押登记，在出质股权所在公司登记的工商行政管理机关的企业登记机构办理。

②出质登记材料。

根据《工商行政管理机关股权出质登记办法》第7条规定，申请股权出质设立登记，应当提交下列材料：

一是申请人签字或者盖章的《股权出质设立登记申请书》；

二是记载有出质人姓名(名称)及其出资额的有限责任公司股东名册复印件或者出质人持有的股份公司股票复印件(均需加盖公司印章)；

三是质权合同；

四是出质人、质权人的主体资格证明或者自然人身份证明复印件(出质人、质权人属于自然人的由本人签名，属于法人的加盖法人印章，下同)；

五是国家工商行政管理总局要求提交的其他材料。

此外，若指定代表或者共同委托代理人办理的，还应当提交申请人指定代表或者共同委托代理人的证明。

（2）已在登记结算公司登记的股份有限公司的出质登记。

已在登记结算公司登记的股份有限公司办理出质登记的，其出质登记机构依据《证券登记结算管理办法》第2条、第40条之规定进行确定，出质登记材料按照《证券质押登记业务实施细则（2020年修订版）》第4条规定作准备，参考前文“1. 基金份额的出质登记”中的内容。

（编写人：彭　啸）

法律条文

第四百四十四条　以注册商标专用权、专利权、著作权等知识产权中的财产权出质的，质权自办理出质登记时设立。

知识产权中的财产权出质后，出质人不得转让或者许可他人使用，但是出质人与质权人协商同意的除外。出质人转让或者许可他人使用出质的知识产权中的财产权所得的价款，应当向质权人提前清偿债务或者提存。

条文主旨

本条是关于以知识产权中的财产权出质的权利质权的设立和出质人处分知识产权的限制的规定。

新旧法对比

《物权法》	《民法典》
第二百二十七条　以注册商标专用权、专利权、著作权等知识产权中的财产权出质的，当事人应当订立书面合同。质权自有关主管部门办理出质登记时设立。 知识产权中的财产权出质后，出质人不得转让或者许可他人使用，但经出质人与质权人协商同意的除外。出质人转让或者许可他人使用出质的知识产权中的财产权所得的价款，应当向质权人提前清偿债务或者提存。	第四百四十四条　以注册商标专用权、专利权、著作权等知识产权中的财产权出质的，质权自办理出质登记时设立。 知识产权中的财产权出质后，出质人不得转让或者许可他人使用，但是出质人与质权人协商同意的除外。出质人转让或者许可他人使用出质的知识产权中的财产权所得的价款，应当向质权人提前清偿债务或者提存。

理解与适用

1. 出质登记

知识产权是一种无形财产权,无法以占有的方式进行公示,而必须以登记的方式进行公示。

2. 转让和许可使用限制

本条第 2 款规定存在的原因在于,无论是否有偿转让和许可使用,必然导致该注册商标专用权、专利权、著作权等知识产权中的财产权价值的下降,最终将损害质权人的利益。但出质人与质权人对转让和许可使用意思表示一致,法律亦不会加以干涉。

实务问题

1. 出质登记机关

(1)注册商标专用权的出质登记。

根据《注册商标专用权质押登记程序规定》第 1 条之规定,国家知识产权局负责办理注册商标专用权质权登记。

根据《注册商标专用权质权登记程序规定》第 4 条之规定,申请注册商标专用权质权登记的,应提交下列文件:

①申请人签字或者盖章的《商标专用权质权登记申请书》;

②主合同和注册商标专用权质权合同;

③申请人签署的承诺书;

④委托商标代理机构办理的,还应当提交商标代理委托书。

上述文件为外文的,应当同时提交其中文译文。中文译文应当由翻译单位和翻译人员签字盖章确认。

(2)专利权的出质登记机关。

根据《专利权质押登记办法》第 2 条之规定,国家知识产权局负责专利权质押登记工作。

根据《专利权质押登记办法》第 7 条之规定,申请专利权质押登记的,当事人应当向国家知识产权局提交下列文件(可以提交电子扫描件):①出质人和质权人共同签字或者盖章的专利权质押登记申请表;②专利权质押合同;③双方当事人的身份证明;④委托代理的,注明委托权限的委托书;⑤其他需要提供的材料。

此外,专利权经过资产评估的,当事人还应当提交资产评估报告(可以提交电子扫描件)。除身份证明外,当事人提交的其他各种文件应当使用中文。身份证明是外文的,当事人应当附送中文译文;未附送的,视为未提交。

(3)著作权的出质登记机关。

根据《著作权质权登记办法》第2条之规定,国家版权局负责著作权质权登记工作。

根据《著作权质权登记办法》第6条之规定,申请著作权质权登记的,应提交下列文件,提交的文件是外文的,需同时附送中文译本:①著作权质权登记申请表;②出质人和质权人的身份证明;③主合同和著作权质权合同;④委托代理人办理的,提交委托书和受托人的身份证明;⑤以共有的著作权出质的,提交共有人同意出质的书面文件;⑥出质前授权他人使用的,提交授权合同;⑦出质的著作权经过价值评估的、质权人要求价值评估的或相关法律法规要求价值评估的,提交有效的价值评估报告;⑧其他需要提供的材料。

2. 知识产权出质后许可使用的对价款归属

如果质权人同意出质人转让或许可他人使用出质的知识产权,出质人会因转让行为或许可使用行为而获得相应价款,但该价款不归属于出质人;同时,由于债务清偿期尚未届至,该价款也不当然地用于清偿所担保的债权,出质人可与质权人协商,将所得价款用于提前清偿债务或进行提存。实践中,当事人依据本条第2款主张提前清偿债务或提存的,应主要对下列事项承担举证责任:第一,存在合法有效的主债权;第二,该知识产权已设立质权;第三,质权人同意将该知识产权有偿转让或许可他人使用。

(编写人:彭　啸)

法律条文

第四百四十五条　以应收账款出质的,质权自办理出质登记时设立。

应收账款出质后,不得转让,但是出质人与质权人协商同意的除外。出质人转让应收账款所得的价款,应当向质权人提前清偿债务或者提存。

条文主旨

本条是关于以应收账款出质的权利质权设立和出质人转让应收账款的限制的规定。

应收账款是指权利人因提供一定的货物、服务或设施而获得的要求义务人付款的权利以及依法享有的其他付款请求权,包括现有的和未来的金钱债权,但不包括因票据或其他有价证券而产生的付款请求权以及法律、行政法规禁止转让的付款请求权。

新旧法对比

《物权法》	《民法典》
第二百二十八条 以应收账款出质的,当事人应当订立书面合同。质权自信贷征信机构办理出质登记时设立。 应收账款出质后,不得转让,但经出质人与质权人协商同意的除外。出质人转让应收账款所得的价款,应当向质权人提前清偿债务或者提存。	第四百四十五条 以应收账款出质的,质权自办理出质登记时设立。 应收账款出质后,不得转让,但是出质人与质权人协商同意的除外。出质人转让应收账款所得的价款,应当向质权人提前清偿债务或者提存。

理解与适用

1. 应收账款的种类

《应收账款质押登记办法》所称的应收账款包括下列权利:(1)销售、出租产生的债权,包括销售货物,供应水、电、气、暖,知识产权的许可使用,出租动产或不动产等;(2)提供医疗、教育、旅游等服务或劳务产生的债权;(3)能源、交通运输、水利、环境保护、市政工程等基础设施和公用事业项目收益权;(4)提供贷款或其他信用活动产生的债权;(5)其他以合同为基础的具有金钱给付内容的债权。

2. 出质登记

以应收账款出质的,在订立质押合同后,质权并不当然设立,双方当事人还须到有关部门办理出质登记后质权才设立。目前,我国应收账款的质押登记在中国人民银行征信中心的应收账款质押登记公示系统办理。

3. 转让限制

本条第2款规定的是应收账款出质后对出质人权利的限制,即出质人不得随意转让应收账款。这主要是为了保护质权人的利益,防止出质人随意处置应收账款,保证其所担保的债权的实现。出质人只有在取得质权人同意的情况下才能转让应收账款。与前几条的规定的内容类似。

实务问题

1. 在接受质押前应当核对应收账款的真实性

质权人在接受应收账款质押前,要核实应收账款的真实性,确认真实性后,对应收账款的债务人产生约束力。

根据《民法典担保制度解释》第61条第1款和第2款的规定，应收账款的债务人确认应收账款的真实性后，不能再以应收账款不存在或者已经消灭为由主张不承担责任；如果质权人接受质押登记时未核实应收账款的真实性，但是能够证明应收账款真实存在，则可以就应收账款优先受偿，反之，则无法优先受偿。

2. 行使优先受偿权时应及时通知应收账款的债务人

根据《民法典担保制度解释》第61条第3款的规定，质权人享有质权之后，一旦出现出质人违约，就要立即行使质权，通知应收账款的债务人向其履行权利，避免该债务人再向出质人履行义务。如果质权人已经通知应收账款的债务人要行使优先受偿权，则应收账款债务人的这种履行行为不能对抗质权人，仍然要承担还款责任，如果质权人未通知应收账款的债务人向其履行，则不再对应收账款享有优先受偿权。

3. 对应收账款设立特定账户行权的问题

根据《民法典担保制度解释》第61条第4款的规定，以基础设施和公用事业项目收益权、提供服务或者劳务产生的债权以及其他将有的应收账款出质，当事人为应收账款设立特定账户，发生法定或者约定的质权实现事由时，质权人有权就该特定账户内的款项优先受偿；特定账户内的款项不足以清偿债务或者未设立特定账户，质权人有权请求折价或者拍卖、变卖项目收益权等将有的应收账款，并以所得的价款优先受偿。

4. 同一应收账款同时存在保理、应收账款质押和债权转让的优先受偿顺序

根据《民法典担保制度解释》第66条的规定，同一应收账款同时存在保理、应收账款质押和债权转让，致使多个权利人主张权利的，已登记的先于未登记的；均已登记的，按照登记时间的先后顺序行使权利；均未登记的，由最先向应收账款债务人主张权利的人优先受偿；既未登记也未通知的，则按各自债权的比例取得应收账款。

（编写人：彭　啸）

法律条文

第四百四十六条　权利质权除适用本节规定外，适用本章第一节的有关规定。

条文主旨

本条是关于权利质权适用动产质权有关规定的规定。

新旧法对比

《物权法》	《民法典》
第二百二十九条　权利质权除适用本节规定外，适用本章第一节动产质权的规定。	第四百四十六条　权利质权除适用本节规定外，适用本章第一节**的有关**规定。

理解与适用

权利质权与动产质权均为质权的组成部分，二者在很多方面具有共同点，如均以取得客体交换价值为目的的担保物权。但是权利质权的标的为权利，而动产质权的标的为动产，因此二者在权利的生效等具体方面存在一定区别。

本章第1节关于动产质权的规定是针对质权的一般形式加以规定的，本节则是仅对权利质权的某些内容作了特殊规定，其他没有规定的内容可以适用动产质权的规定，如本章第一节关于质押合同的订立以及质押合同的一般条款和流质条款的效力、质权人的权利和义务、质权的保全、质权的放弃、质权的实现方式和最高额质权等。

（编写人：彭　啸）

第十九章　留　置　权

法律条文

第四百四十七条　债务人不履行到期债务，债权人可以留置已经合法占有的债务人的动产，并有权就该动产优先受偿。

前款规定的债权人为留置权人，占有的动产为留置财产。

条文主旨

本条规定了留置权的构成要件及留置权的优先受偿效力。所谓“留置”就是指扣留的意思，与留置权有一定的差别。留置权作为一种法定担保物权，是指债权人依法占有债务人的动产，当债权履行期限届满但债务人未履行债务时债权人有权依法留置该动产，并可就该动产折价或者拍卖、变卖的价款优先受偿的担保物权。留置权具有担保物权的从属性，也即留置权的成立、消灭及优先受偿的范围均取决于被担保的主债权的情况。此外，需要注意的是根据《最高人民法院关于审理企业破产案件若干问题的规定》第 71 条第 2 项的规定[①]，留置物不属于破产财产。

留置权的成立需要满足以下条件：第一，债权人已经合法占有了债务人的动产；第二，债权人占有的债务人动产与债权属于同一法律关系；第三，被留置的动产不属于当事人约定或法律规定不得留置的动产，且债权人留置债务人动产的行为不违反公序良俗并不与债权人所负担的特定义务相抵触；第四，债权的清偿期限届满且债务人仍未清偿债务。

---

① 参见《最高人民法院关于审理企业破产案件若干问题的规定》第 71 条第 2 项的规定，下列财产不属于破产财产：(2)抵押物、留置物、出质物，但权利人放弃优先受偿权的或者优先偿付被担保债权剩余的部分除外。

新旧法对比

《物权法》	《民法典》
第二百三十条　债务人不履行到期债务，债权人可以留置已经合法占有的债务人的动产，并有权就该动产优先受偿。 前款规定的债权人为留置权人，占有的动产为留置财产。	【内容不变】第四百四十七条

理解与适用

所谓"占有"是指人对物事实上的管领与控制。[①] 留置权构成要件中的占有被严格地限定为"合法占有"，即债权人基于特定的法律关系而形成的对物之事实上的管领与控制。此处的特定法律关系主要表现为合同关系。根据《民法典》第783条、第836条、第903条及第959条的规定，承揽合同中的承揽人、货运合同中的承运人、保管合同中的保管人以及行纪合同中的行纪人可以依法对标的物享有留置权。此外，根据《海商法》第141条及第161条的规定，出租人及承揽方对特定财产享有留置权。虽然留置权可以基于债权人的直接占有或间接占有而成立，但是单纯的持有并不能成立留置权。例如占有辅助人仅持有动产而未占有动产，所以其不得享有留置权。[②]

根据《民法典》第447条的规定，债权人可以留置的财产限于债务人的动产。通常意义下，"债务人的动产"被理解为债务人所有的动产。那么对于非债务人所有的动产债权人是否享有留置权呢？根据《民法典》第311条的规定，除所有权外的其他物权之善意取得可以参照适用所有权善意取得的规定。留置权属于物权的一种，因此只要符合善意取得的构成要件，债权人可以就第三人所有之物取得留置权。前述《民法典》第三编项下的规定也并未将留置财产限定为债务人所有的财产，由此也就为特定情况下的留置权善意取得留存了空间。除此之外，《民法典担保制度解释》第62条明文规定了留置权善意取得的有关规则。此处值得注意的是企业之间留置的第三人的财产若与债权并非同一法律关系，此时债权人不能就该财产取得留置权，第三人可以请求债权人返还留置财产。

① 刘家安：《物权法论（第二版）》，中国政法大学出版社2015年版，第191页。
② 黄薇主编：《中华人民共和国民法典释义及适用指南》（上册），中国民主法制出版社2020年版，第676页。

实务问题

目前,现行法已经明确规定了留置权成立的积极要件及消极要件。但是在实务中前述规则的理解与适用仍存在一定的争议,笔者在此拟结合司法实务案例就一些常见问题展开分析。

(1)实务中当事人在处理留置权相关事项时应当特别注意留置权的法定担保物权属性。留置权系法定担保物权意味着当事人间的"留置权合同"并不能如"抵押合同""质押合同"一样产生促成担保物权成立的效果。留置权是否成立应当严格依照现行法律规定的条件进行判定,与当事人的合意并无太大关联。此处,笔者试以山东省潍坊市中级人民法院2018年裁判的昌邑市南玉联运有限公司诉昌邑市富利源家纺有限公司留置权纠纷案①为例展开说明。本案中原告昌邑市南玉联运有限公司请求法院确认其与被告昌邑市富利源家纺有限公司签订的留置权担保合同合法有效。对此,法院认为虽然双方当事人自愿订立了留置权合同,但是签订合同时涉案财产并不在原告的合法控制下也即不符合"合法占有"的法定条件,原告不得依据留置权合同主张行使留置权。虽然《民法典》第388条规定,设立担保物权应当依照本法和其他法律的规定订立担保合同,担保合同包括抵押合同、质押合同和具有担保功能的合同。但是,留置权系法定担保物权,其性质明显有别于抵押权等约定担保物权。留置权是否成立须依照法定条件进行判断,所谓留置权合同不能产生留置权,债权人不得据此行使留置权。

(2)在处理留置权纠纷的司法实务中,债权人是否合法占有留置财产是各方当事人关注的争议焦点。此处的核心问题是债权人间接占有债务人财产能否成立留置权?现实生活中,涉案财产很可能是需要特别设备或存储条件方能妥善保管的财产,债权人可能不具有相应的条件而需要另行委托他人保管,此时能否认定债权人合法占有债务人财产呢?笔者在此以2019年山东省高级人民法院裁判的中国民生银行股份有限公司东营分行诉东营市东明石油化工有限责任公司、东营市垦利黄河工贸有限责任公司留置权纠纷案②展开论述。被告东营市东明石油化工有限责任公司在诉讼中辩称:涉案燃油始终处于南储仓储管理集团有限公司山东分公司直接占有而中国民生银行股份有限公司东营分行间接占有的状态,因此不存在留置权成立所必要的占有。对于此观点,法院认为虽然

① 山东省潍坊市中级人民法院(2018)鲁07民终357号。

② 山东省高级人民法院(2019)鲁民终189号。

原告委托南储仓储管理集团有限公司监管,但南储仓储管理集团有限公司系代原告占有油品,该行为不能改变原告合法占有涉案油品的事实。被告认为原告因其间接占有而不能成立留置权的主张不能成立。笔者认为,原告的抗辩观点及法院的说理是合理的,因为现行法仅规定了合法占有的要求而并未进一步区分直接占有与间接占有,只要债权人对留置物有事实上的管领力就符合了占有的条件。

(3)在留置权善意取得的情境下,债权人应尽到何种注意义务也是在实践中存有争议的问题。具体而言,债权人欲留置相关财产时是否有审查该财产权属状况的义务?什么情况下债权人才能作为善意第三人而取得留置权?对此,笔者拟以浙江省金华市中级人民法院于2017年裁判的永康市奔宝汽车修理有限公司诉陈某、张某留置权纠纷案①、湖北省高级人民法院于2016年裁判的武汉裕祥兴运输有限公司诉武汉长海国际船舶代理有限公司、武汉长海集装箱航运有限公司留置权纠纷案②及北京市第一中级人民法院于2018年裁判的天水新华印刷厂诉北京嘉隆瑞泰商贸有限公司、北京大河印务有限责任公司留置权纠纷案③为例展开论述。

在永康市奔宝汽车修理有限公司诉陈某、张某留置权纠纷案中,法院认为虽然涉案车辆并未登记在张某名下,但在发生事故后系张某向原告请求救援和修理。该车辆的投保人、保险指定的受益人均是张某。修理完毕后,原告应张某要求开具修理费发票,并由其向保险公司申请理赔,涉案车辆所有事宜均由张某与原告联系。原告在占有张某交付的车辆时原告并不知道张某对该车辆无处分权,根据《担保法解释》第108条的规定,原告对该车辆享有留置权。

在武汉裕祥兴运输有限公司诉武汉长海国际船舶代理有限公司、武汉长海集装箱航运有限公司留置权纠纷案中,法院认为根据《合同法》的规定,托运人或者收货人不支付运费、保管费以及其他运输费用的,承运人对相应的运输货物享有留置权,但当事人另有约定的除外。由此可见通海水域货物运输的承运人对货物行使留置权时,并不需要判断货物所有权的归属,也不需要判断货物所有权人是否与其签订了正式运输合同,除非另有明确约定,只要托运人、收货人或者其他关系方不向其支付相关合理费用,承运人就有权在运输义务完成后,对控制的货物行使留置权,这是保护承运人收取运费合法权利的一种法律制度。

---

① 浙江省金华市中级人民法院(2017)浙07民终1929号。

② 湖北省高级人民法院(2016)鄂民终1131号。

③ 北京市第一中级人民法院(2018)京01民终7376号。

在天水新华印刷厂诉北京嘉隆瑞泰商贸有限公司、北京大河印务有限责任公司留置权纠纷案中，法院认为虽然涉案机器设备的所有权存有争议，但北京嘉隆瑞泰商贸有限公司在占有该机器设备时并不知晓机器设备的所有权归属存在争议。换言之，北京嘉隆瑞泰商贸有限公司为善意第三人，该机器设备的所有权归属对于其留置权的行使并不构成任何冲突。

由此可见，笔者认为若留置权人的留置权系基于《民法典》第三编项下各有名合同的特别规定而产生的，则其对留置财产的审查义务仅限于前述法律规定的范畴。若留置权人的留置权系基于《民法典》第二编项下之留置权的一般规定产生的，则仍需依照善意取得的构成要件尽到必要的审查义务。其取得留置权必须基于一定的权利外观且在占有留置财产时需为善意方能取得留置权。此外，债权人还需要符合《民法典担保制度解释》第 62 条的规定。

（编写人：刘　冰）

法律条文

第四百四十八条　债权人留置的动产，应当与债权属于同一法律关系，但是企业之间留置的除外。

条文主旨

本条限定了留置财产与债权的关系，其分为一般规则和特别规则两个部分。但书之前为留置财产与债权关系的一般规则，即法律要求留置财产与债权属于同一法律关系。但书所写之内容在学理上被称为“商事留置权”，即各方当事人均为企业的情况下，法律例外地允许债权人留置与债权非属于同一法律关系的财产。此处的企业主要包括有限责任公司、股份有限责任公司、合伙企业、全民所有制企业、乡镇企业等。

新旧法对比

《物权法》	《民法典》
第二百三十一条　债权人留置的动产，应当与债权属于同一法律关系，但企业之间留置的除外。	【内容不变】第四百四十八条

理解与适用

留置财产与债权属于同一法律关系的理解存在一定的学理争议，也即留置财产与债权之间需要具有一定的牵连关系。根据通说的理解，债权与物的关联包含直接关联和间接关联。直接关联就是指债权直接由标的物产生。间接关联是指债权与标的物返还请求权因同一法律关系或同一生活关系而发生。[①] 虽然合同之债是发生留置权的主要情形，但是侵权之债、不当得利之债与无因管理之债也可能具备发生留置权的条件。

实务问题

虽然学理上已经对“留置动产与债权属于同一法律关系”的理解与适用作出了界定，但是在实践中该问题仍然存在一些争议。如前所述，根据《民法典》对承揽合同、货运合同、保管合同以及行纪合同的规定，法律对于债权人可以留置的财产进行了明确的说明，通常是前述有名合同项下之标的物。但是，根据《民法典》留置权相关条文的立法精神，在前述列明之有名合同之外仍有留置权发生的场合。那么在这些非列明之场合如何理解与适用“留置动产与债权属于同一法律关系”的规则呢？笔者在此拟以浙江省温州市中级人民法院2020年裁判的杭州钢铁集团有限公司诉浙江兴乐电缆集团有限公司留置权纠纷案[②]和北京市第一中级人民法院于2018年裁判的天水新华印刷厂诉北京嘉隆瑞泰商贸有限公司、北京大河印务有限责任公司留置权纠纷案[③]为例进行分析。

在杭州钢铁集团有限公司诉浙江兴乐电缆集团有限公司留置权纠纷案中，法院认为，杭州钢铁集团有限公司与浙江兴乐电缆集团有限公司之间存在房屋租赁及房屋占有使用关系，但并不存在企业间营业性商事法律关系，因此不能直接适用企业间留置权法律规定。浙江兴乐电缆集团有限公司对杭州钢铁集团有限公司所负债务为房屋租金及占有使用费，杭州钢铁集团有限公司对涉案房屋内物品的占有系基于双方就房屋腾空等争议所致的事实占有状态，与租赁及房屋占有使用形成的债权债务并非同一法律关系，并不符合留置权成立要件。因此杭州钢铁集团有限公司不能主张对涉案房屋内物品享有留置权。但是在天水新华印刷厂诉北京嘉隆瑞泰商贸有限公司、北京大河印务有限责任公司留置权纠纷案中法院认为依据《物权法》第231条的规定，因为北京嘉隆瑞泰商贸有限

---

① 最高人民法院民法典贯彻实施工作领导小组：《中华人民共和国民法典物权编理解与适用（下）》，人民法院出版社2020年版，第1286页。

② 浙江省温州市中级人民法院（2020）浙03民终3630号。

③ 北京市第一中级人民法院（2018）京01民终7376号。

公司留置北京大河印务有限责任公司的设备属于企业之间的留置，所以行为不受同一法律关系的限制。

前述两个判决对于何为留置动产与债权属于同一法律关系显然具有不同的理解，二者的分歧在于在商事留置的情境下，债权人是否因商事营业关系而占有涉案财产是否影响留置权的成立。也即作为出租人的债权人能否以因承租人不履行腾退义务而占有的财产主张留置权，担保其租金债权的实现？笔者认为，若双方当事人均为企业，则依照《民法典》的规定允许债权人留置非与债权属于同一法律关系的动产即可解决争议。若当事人为非企业主体时，则还是应当回到《民法典》所确定的同一法律关系的界定标准之下。根据通说的观点，留置财产与债权之间的间接关联是指债权与标的物返还请求权因同一法律关系或同一生活关系而发生。在前述案件中，出租人要求给付租金的债权是基于租赁关系而产生的，债务人要求返还标的物的请求权是基于其对标的物之所有权而产生的，二者并非产生于同一法律关系。因此，非商事留置的场合下，出租人不能对承租人放置于租赁标的物内的财产行使留置权。对于承租人而言，其可依据前述理由主张债权人的留置权不成立。而对于出租人，其应当认识到该种情景下存在的留置权不成立的风险，而积极采取诉讼法上的保全措施维护自己的利益。

（编写人：刘　冰）

法律条文

第四百四十九条　法律规定或者当事人约定不得留置的动产，不得留置。

条文主旨

本条是留置权成立的消极要件。阻却留置权成立的情形有三种，第一种为法律明文规定不得留置的动产，债权人不得留置；第二种为当事人约定不得留置的动产，债权人不得留置；第三种为违反公序良俗的留置也不能形成留置权。

新旧法对比

《物权法》	《民法典》
第二百三十二条　法律规定或者当事人约定不得留置的动产，不得留置。	【内容不变】第四百四十九条

理解与适用

就法律明文规定不得留置的情形而言，主要分为以下两种情景：第一种为法律直接规定不得留置的情形，例如根据《海关法》第 37 条第 1 款和《居民身份证法》第 15 条第 3 款的规定，被海关监禁的货物和居民身份证属于法律规定不得留置的动产。[①] 第二种为法律规定的禁止流通物，例如毒品等。

就当事人约定不得留置的动产而言，主要分为以下两种情形：第一种为当事人事先约定未来的债权不适用留置权，例如《民法典》第三编项下涉及留置权的各条款中所言明的“当事人另有约定的除外”。第二种为债权人留置财产的行为与其承担的合同义务或其他特殊约定相抵触，例如当事人间约定了履行交付货物与给付价金义务的先后顺序，债权人履行交付货物的义务在先时其就不能主张留置。

除了法律明文规定及当事人约定不得留置外，根据《民法典》第 8 条的规定违反公序良俗的留置权也不能成立。例如，债权人不得留置防止传染病疫情所急需的医疗物资，因为此时若允许债权人留置该物资则势必会影响公共卫生秩序。再如，一般情况下债权人也不得留置自然人的遗体，因为对自然人遗体的处置关涉善良风俗。[②]

实务问题

值得注意的是前述“当事人另有约定”应当是明确的正面约定，而不能通过合同中的其他义务条款推断相关标的物不得留置。[③] 由此可见，债务人在订立相关条款时应当尽量明确。

（编写人：刘　冰）

法律条文

第四百五十条　留置财产为可分物的，留置财产的价值应当相当于债务的金额。

---

① 参见黄薇主编：《中华人民共和国民法典释义及适用指南》（上册），中国民主法制出版社 2020 年版，第 678 页。
② 参见黄薇主编：《中华人民共和国民法典释义及适用指南》（上册），中国民主法制出版社 2020 年版，第 678 页。
③ 上海市第二中级人民法院（2018）沪 02 民终 4791 号。

条文主旨

实现债权是设置留置权的目的,因此留置财产的价值应当相当于债务的金额,否则就会造成当事人间利益的失衡。《民法典担保制度解释》第38条第1款的规定再次重申了留置财产为可分物时留置权人行使留置权的范围限于债务金额的规则。

新旧法对比

《物权法》	《民法典》
第二百三十三条　留置财产为可分物的,留置财产的价值应当相当于债务的金额。	【内容不变】第四百五十条

理解与适用

对于该条款的理解可以分别从留置财产为可分物和不可分物两种视角展开。可分物是指可以分割且不因分割而损害其价值和性能的物。此处需要注意的是一些看似可分的物会因为当事人的特殊约定而成为不可分物。根据该条款的规定,若财产为可分物时,债权人仅能留置相当于债权金额的部分作为留置财产,超出部分应当返还债务人。也即债务人有权就超出债权金额的部分请求债权人解除留置并予以返还。若债权人拒不返还并造成损失的,其应当承担违约责任或承担侵权损害赔偿责任。此外,价值相当并不是指完全等值,而应当理解为留置财产的价值不能明显超过债权金额。不可分物是指依其性质不可分割或分割后会改变其性质或降低其价值的物。若留置财产属于不可分物,则留置权人可以不受该条款的限制而可以对留置物的全部行使留置权。

实务问题

《民法典》第450条的适用不存在特别的困难,但是却极容易被行使留置权的债权人所忽略。债权人在留置债务人的财产时应当特别注意第450条所强调的"留置财产应当相当于债务的金额"的规定以规避因超额留置而产生的损害赔偿责任。笔者在此拟以广东省广州市中级人民法院于2017年裁判的广州市腾捷汽车租赁有限公司诉钟某斌留置权纠纷案①、山东省枣庄市中级人民法院

① 广州市中级人民法院(2017)粤01民终10278号。

于2020年裁判的临沂市昊顺汽车运输有限公司诉枣庄市德源油脂销售有限公司、王某正留置权纠纷案①及辽宁省辽河市中级人民法院2019年裁判的潘某东诉中国石油天然气股份有限公司辽河油田分公司留置权纠纷案②为例进行说明。

在广州市腾捷汽车租赁有限公司诉钟某斌留置权纠纷案中,法院认为,钟某斌虽系合法占有并留置涉案车辆,但留置车辆的价值与管理费的实际金额差距甚大。钟某斌在留置权的具体行使方式和范围上,确有不妥。所以钟某斌应对广州市腾捷汽车租赁有限公司因涉案车辆被留置而产生的损失承担一定赔偿责任。

在临沂市昊顺汽车运输有限公司诉枣庄市德源油脂销售有限公司、王某正留置权纠纷案中,法院认为在枣庄市德源油脂销售有限公司未支付运费的情况下,临沂市昊顺汽车运输有限公司虽然对其所承运的货物享有留置权,但临沂市昊顺汽车运输有限公司留置货物的价值明显远远超出其应收取运费的价值,且其在留置货物后未依法及时实现留置权,造成了损失的扩大。因此,对于临沂市昊顺汽车运输有限公司超出其债权范围留置财产而造成的损失应当由其自行负担。

在潘某东诉中国石油天然气股份有限公司辽河油田分公司留置权纠纷案中,法院根据现有证据认为,被债权人留置的十五台车辆的价值达到千万余元,而债务人所欠债务仅为154万余元。因此,潘某东虽系合法占有并留置涉案车辆,其合理的留置费用应予以支持,但留置车辆的价值与其主张债权的实际金额差距甚大。故潘某东在留置权的具体行使方式和范围上明显不当,应对辽河油田分公司因涉案车辆被留置而产生的损失承担一定赔偿责任。

由此,从最大限度规避风险和损失的角度出发,债权人在留置相关财产时应当特别注意以自己的债权金额为限合理控制留置财产范围。尤其是在相关财产为多个物的集合或可分物的情境下,债权人务必严格参照债权金额决定留置范围,否则就有因留置不当而产生赔偿损失的风险。

(编写人:刘　冰)

① 枣庄市中级人民法院(2020)鲁04民终2482号。

② 辽河中级人民法院(2019)辽74民终90号。

法律条文

第四百五十一条　留置权人负有妥善保管留置财产的义务；因保管不善致使留置财产毁损、灭失的，应当承担赔偿责任。

条文主旨

本条规定了留置权人的保管义务及留置权人未尽保管义务时承担的赔偿责任。留置权人对留置财产的保管义务，自留置权成立时产生，于留置财产交还时消灭。留置权人的保管义务是一种消极性义务，一般情况下其并不需要留置权人有积极的作为。也即留置权人只需维持留置财产的原状、保持其正常状态，确保留置财产不受到侵害、毁损或灭失即可。①

新旧法对比

《物权法》	《民法典》
第二百三十四条　留置权人负有妥善保管留置财产的义务；因保管不善致使留置财产毁损、灭失的，应当承担赔偿责任。	【内容不变】第四百五十一条

理解与适用

目前认定留置权人尽到妥善保管留置财产的义务的标准存在一定的争议，也即在何种程度上可以认定留置权人尽到了妥善保管的义务。第一种观点认为，妥善保管义务就是指善良管理人的注意义务。所谓善良管理人的注意义务就是指一般交易观念下有相当知识经验和诚实的人所具有的注意，其判断标准是一种客观的注意能力。第二种观点认为，除了不可抗力的原因外，留置权人均应对保管不善造成的损失承担赔偿责任。第三种观点认为，所谓保管义务就是尽到与处理自己的事务一样的注意即可。

除了认定尽到妥善保管留置财产义务的标准存有争议外，“妥善保管”的具体内容现行法也未明确作出规定。根据《担保法解释》第 93 条和第 114 条的规定，未经债务人同意，留置权人不得擅自使用、出租和处分留置财产，否则留置权人应对其造成的损失承担损害赔偿责任。笔者认为在现行有效的法律及其司法解释未作出相反规定的情况下，从平衡各方当事人利益及最大限度规避风险的

① 参见黄薇主编：《中华人民共和国民法典释义及适用指南》（上册），中国民主法制出版社 2020 年版，第 681 页。

角度出发，留置权人未经许可不得擅自使用、出租和处分留置财产应当作为妥善保管义务的具体内容。

根据《民法典》第 1165 条第 1 款及第 1166 条的规定，因留置权人保管不善而造成留置财产毁损、灭失的行为属于一般侵权行为，适用过错责任。留置权人保管留置物须由债务人提供必要的协助时，债务人应当予以协助。若因债务人拒绝提供协助而造成留置财产的损失的，债务人不得请求留置权人承担损害赔偿责任。根据《民法典》第 389 条的规定，留置权人为尽到妥善保管义务而支付的保管费用应当计入债权并向债务人求偿。

实务问题

认定留置权人尽到妥善保管义务的标准在理论上存有争议，实务中也并没有通行的标准。例如，在广西省南宁市中级人民法院于 2018 年裁判的覃某胜诉南宁冠星汽车服务有限公司财产损害赔偿纠纷案[①]中，法院认为，南宁冠星汽车服务有限公司行使对该案车辆的留置权，由此产生对被留置车辆的保管义务。南宁冠星汽车服务有限公司将该案留置车辆安全停放，使车辆不受人为损坏即应认定其尽到了相关的妥善保管义务，不应加重债权人南宁冠星汽车服务有限公司的保管义务。况且，南宁冠星汽车服务有限公司为无偿保管，应跟有偿保管有区别。再例如，在广东省中山市中级人民法院 2018 年裁判的中山市金怡纺织有限公司诉民汇（中山）织染有限公司财产损害赔偿纠纷案[②]中，法院认为，当事人双方明知棉纱保质期不长，但未签订加工或保管合同对棉纱如何保管作出约定，中山市金怡纺织有限公司对保管要求亦未提出特别约定或予以声明，故民汇（中山）织染有限公司在留置期间对棉纱仅须负担合理保管义务即可。

由此可见，在不同的案件中，针对不同的标的物留置权人须尽到不同的保管义务，何为"妥善"实际上属于法官自由裁量的标准，需要结合个案进行判断。从留置权人最大限度规避风险的角度出发，笔者认为留置权人可以借鉴中山市金怡纺织有限公司诉民汇（中山）织染有限公司财产损害赔偿纠纷案中法院的观点对留置权人的保管要求进行特别的约定。根据《民法典》的规定，债权人留置财产后应当给予债务人一定的履行宽限期并通知债务人。由此可见，债权人可以与债务人就如何保管留置物形成一个书面的特别约定。留置权人依照约定

① 广西壮族自治区南宁市中级人民法院（2018）桂 01 民终 860 号。
② 广东省中山市中级人民法院（2018）粤 20 民终 5277 号。

管理留置物则可以尽量规避由法律规定的模糊性所带来的风险。

（编写人：刘　冰）

法律条文

第四百五十二条　留置权人有权收取留置财产的孳息。

前款规定的孳息应当先充抵收取孳息的费用。

条文主旨

本条是关于留置权人的孳息收取权的规定。收取就是指通过事实行为或法律行为获得并控制留置财产的孳息。留置权人虽然有孳息收取权，但是被收取的孳息并非归留置权人所有，其归属需根据法律规定或当事人约定进行判断。留置财产的孳息所有权归属应当根据《民法典》第321条的规定来确定。天然孳息的归属首先应当依照当事人间的约定进行确定；当事人没有约定时，其归用益物权人所有；既没有约定也无用益物权人时，归所有权人所有。法定孳息的归属先依照当事人间的约定确定，当事人没有约定或约定不明时按照交易习惯确定。虽然留置权人不能取得留置财产孳息的所有权，但是留置权的法律效力可以及于孳息，即留置财产的孳息将成为留置财产的一部分。债务人在未履行债务之前不能要求留置权人返还留置财产的孳息。① 除了规定留置权人的孳息收取权外，本条还明确了收取孳息所支出之费用的负担问题。根据该条规定，收取的孳息应当优先抵充收取孳息的费用。

新旧法对比

《物权法》	《民法典》
第二百三十五条　留置权人有权收取留置财产的孳息。 前款规定的孳息应当先充抵收取孳息的费用。	【内容不变】第四百五十二条

理解与适用

本条涉及留置权的担保范围。根据《民法典》第389条的规定，当事人没有

① 黄薇主编：《中华人民共和国民法典释义及适用指南》（上册），中国民主法制出版社2020年版，第683页。

另行约定的情况下，担保物权的担保范围包括主债权及其利息、违约金、损害赔偿金、保管担保财产和实现担保物权的费用。但是现行法并未继续言明抵充费用以后的抵偿规则。《担保法解释》第114条及第64条规定了孳息的抵充顺序，即首先抵充收取孳息的费用，其次抵充主债权的利息，最后抵充主债权。学理上的通说观点与前述规则一致。①

实务问题

根据本条款的规定孳息收取权是留置权人的权利，但是在特殊场合其也可能转变为留置权人对留置物的妥善保管义务。具体而言，当留置权人不予收取孳息可能会造成本不应有的损失时，留置权人应当尽到及时通知债务人收取孳息或自己收取的义务。

（编写人：刘　冰）

法律条文

第四百五十三条　留置权人与债务人应当约定留置财产后的债务履行期限；没有约定或者约定不明确的，留置权人应当给债务人六十日以上履行债务的期限，但是鲜活易腐等不易保管的动产除外。债务人逾期未履行的，留置权人可以与债务人协议以留置财产折价，也可以就拍卖、变卖留置财产所得的价款优先受偿。

留置财产折价或者变卖的，应当参照市场价格。

条文主旨

本条是关于留置权实现方式的规定。根据本条及相关条款的规定，留置权会发生二次效力。当债权履行期限届满而债务人不履行债务时，留置权仅产生留置债务人财产的效力而暂不发生优先受偿的效力。仅在留置财产以后，留置权人给予债务人履行债务的期限届满时，留置权人才能通过折价、拍卖或变卖的方式实现留置权。

① 最高人民法院民法典贯彻实施工作领导小组：《中华人民共和国民法典物权编理解与适用》（下），人民法院出版社2020年版，第1330页。

新旧法对比

《物权法》	《民法典》
第二百三十六条　留置权人与债务人应当约定留置财产后的债务履行期间；没有约定或者约定不明确的，留置权人应当给债务人两个月以上履行债务的期间，但鲜活易腐等不易保管的动产除外。债务人逾期未履行的，留置权人可以与债务人协议以留置财产折价，也可以就拍卖、变卖留置财产所得的价款优先受偿。留置财产折价或者变卖的，应当参照市场价格。	第四百五十三条　留置权人与债务人应当约定留置财产后的债务履行期限；没有约定或者约定不明确的，留置权人应当给债务人六十日以上履行债务的期限，但是鲜活易腐等不易保管的动产除外。债务人逾期未履行的，留置权人可以与债务人协议以留置财产折价，也可以就拍卖、变卖留置财产所得的价款优先受偿。 留置财产折价或者变卖的，应当参照市场价格。

理解与适用

就留置权人留置财产后的债务履行期限而言，存在三种设置方式：第一种为留置权人（债权人）与债务人约定留置财产后的债务履行期限，这种约定既可以是当事人在主合同中的事先约定，也可以是债权人留置债务人财产后与债务人协商确定的债务履行期限。当事人应当根据实际情况公平合理地约定前述债务履行期限，否则该约定期限存在因显失公平而被撤销的风险。[①]。第二种为当事人没有约定或约定不明确的，留置权人应当给债务人60日以上的债务履行期限并通知其在期限内履行债务。第三种为当留置财产为鲜活易腐等不易保管的动产时，留置权人可以不为债务人设置留置财产后的债务履行期限而可以直接实现留置权。

就本条款的规定而言，其暗含了一项留置权人应当履行的义务，即通知义务。该项通知的主要内容为：告知债务人主债务履行期限届满，债权人已经留置了债务人的财物；若债务人不能在约定或确定的宽限期限内履行债务则留置权人有权处分留置财产并就所得价款优先受偿。现行法并未明文规定前述通知的作出形式，但从实务的角度出发，债权人应当以书面形式向债务人发出前述通知。当债权人无法通知到债务人时，债权人可以在前述债务履行期限的最长期限届满后通过法定方式实现留置权。债权人若未履行前述通知义务而直接处分

① 黄薇主编：《中华人民共和国民法典释义及适用指南》（上册），中国民主法制出版社2020年版，第684页。

留置财产造成债务人损失的，债权人应当承担相应的损害赔偿责任。

本条款规定了三种留置权的实现方式，即债权人与债务人协议折价、拍卖或变卖留置财产并以所得价款优先受偿。折价或拍卖的应当参照市场价格处理。

实务问题

除了留置财产为鲜活易腐等不易保管的动产的情况，是否还存在其他债权人可以在前述债务履行期限届满前实现留置权的情形？学理上存在留置权的紧急行使的概念，曾被写入《担保法解释》第112条。所谓留置权的紧急行使是指债务人在丧失清偿能力而不能履行债务时，为保全债权人的利益，赋予债权人对其占有的债务人的动产在债权未届清偿期的情况下仍能行使留置权。[①] 现行法并未延续《担保法解释》第112条的规定，但这并不意味着债权人在债务履行期限尚未届满但其自身负担的交付义务已届履行期的情况下不能留置前述标的。笔者认为，在该情境下，债权人可以援用《民法典》第527条及第528条的规定，依法行使不安抗辩权，通过中止履行的方式实现留置标的物的目的。但是，应当注意的是此时债权人留置标的物的行为能否产生留置权并最终实现优先受偿仍存有争议。

此外，值得注意的是《民法典》及其司法解释并未规定前述留置财产后的债务履行期限的上限。鉴于留置权长期存在可能会多支出保管费用，留置物的长期闲置也不符合物尽其用的立法精神，因此有必要确定前述债务履行期限的上限。实务中，债权人可以参考日常生活观念或交易习惯进行确定。

关于留置权的实现是否受到主债权诉讼时效的影响的问题，《民法典》并未作出明确的规定，但是《民法典担保制度解释》第44条第2款规定，即使主债权诉讼时效期间届满，财产被留置的债务人或者对留置财产享有所有权的第三人仍不得请求债权人返还留置财产；该债务人或者第三人仅能请求法院拍卖、变卖留置财产并以所得价款清偿债务。也就是说，留置权的实现并不受主债权诉讼时效的影响，主债权诉讼时效期间届满并不意味着留置权的消灭，留置权人仍可行使留置权。

（编写人：刘 冰）

① 最高人民法院民法典贯彻实施工作领导小组：《中华人民共和国民法典物权编理解与适用（下）》，人民法院出版社2020年版，第1035页。

法律条文

第四百五十四条　债务人可以请求留置权人在债务履行期限届满后行使留置权；留置权人不行使的，债务人可以请求人民法院拍卖、变卖留置财产。

条文主旨

本条是赋予债务人请求留置权人实现留置权的规定，其规定了债务人得请求留置权人行使权利的时点及留置权人不行使权利情况下的救济措施。

新旧法对比

《物权法》	《民法典》
第二百三十七条　债务人可以请求留置权人在债务履行期届满后行使留置权；留置权人不行使的，债务人可以请求人民法院拍卖、变卖留置财产。	【内容不变】第四百五十四条

理解与适用

《民法典》第 454 条规定了债务人达成提前行使留置权目标的两种方式。第一种方式为债务人请求债权人实现留置权，若债权人同意行使留置权，则债权人应当依照《民法典》第 453 条的规定采用协商折价、拍卖或变卖的方式来实现留置权。第二种方式为，债权人怠于行使权利不愿行使留置权的，债务人可以请求法院拍卖、变卖留置财产。此时债务人应当依据《民事诉讼法》第 203 条的规定向担保财产所在地或担保物权登记地基层人民法院提出申请实现担保物权的请求。此处值得注意的是根据《民事诉讼法解释》第 361 条的规定，能向法院申请实现担保物权的申请人包括：留置权人、财产被留置的债务人、财产被留置的所有权人。

实务问题

就债务人请求留置权人行使权利的时点而言，《民法典》所规定的“债务履行期限届满后”存在理解上的歧义。具体而言，其既可以被理解为主债务履行期限届满时债务人得请求留置权人行使留置权，也可以被理解为债权人留置财产后的债务履行期限届满时债务人得请求留置权人行使留置权。那么，债务人究竟于哪一时点行使《民法典》第 454 条所赋予的请求权呢?《民法典》第 454 条的立法本意在于督促留置权人及时行使权利以避免留置财产闲置带来的损失。《民法典》第 453 条所规定的债务人财产被留置后的债务履行期限实际上是法律为最大限度规避债务人因留置财产被处分而丧失财产权利的风险所作的制度设计,其对债务人而言具有权利属性。由此,若债务人放弃前述债务履行期限而请求留置权人提前行使留置权是对自身权利的处分。在没有特殊事由的情况下,不宜否定债务人处分自身权利的行为。综上所述,《民法典》第 454 条所规定的“债务履行期限届满后”应理解为主债务履行期限届满。

(编写人:刘 冰)

法律条文

第四百五十五条　留置财产折价或者拍卖、变卖后,其价款超过债权数额的部分归债务人所有,不足部分由债务人清偿。

条文主旨

本条是关于留置财产折价、拍卖或变卖后所得价款的分配及剩余债务的处理的规定。债权人在债权限额内对留置财产变价所得价款享有优先受偿权。若所得价款超过债权限额,则多余部分归债务人所有。若所得价款不足以清偿债务,则债务人应当继续清偿剩余部分。但是,前述不足部分仅为普通债权,债权人不再享有优先受偿的权利。

新旧法对比

《物权法》	《民法典》
第二百三十八条　【留置权实现】留置财产折价或者拍卖、变卖后,其价款超过债权数额的部分归债务人所有,不足部分由债务人清偿。	【内容不变】第四百五十五条

理解与适用

债权人能否可以不行使留置权而要求债务人以其他财产清偿债务?目前该问题存在先行主义和选择主义两种观点。先行主义认为留置权人必须先对留置财产行使留置权,仅当留置财产不足以清偿债权时,留置权人对债务人其他财产才有求偿权。选择主义认为债权人可以选择行使留置权,也可以选择要求债务人以其他财产清偿。留置权作为一种担保物权,其制度目的在于保障主债权的实现。因此主债权的债权人既可以要求债务人履行债务,也可以要求实现留置权。①

实务问题

前述规则在《企业破产法》中有所体现。根据《企业破产法》第110条的规定,对破产人的特定财产享有担保权的债权人行使优先受偿权利未能完全受偿的,其未受偿的债权作为普通债权。此外,该规则在我国民事诉讼执行程序的系列规则中也有所体现。《最高人民法院关于人民法院执行工作若干问题的规定(试行)》第31条规定:"人民法院对被执行人所有的其他人享有抵押权、质押权或留置权的财产,可以采取查封、扣押措施。财产拍卖、变卖后所得价款,应当在抵押权人、质押权人或留置权人优先受偿后,其余额部分用于清偿申请执行人的债权。"

(编写人:刘　冰)

法律条文

第四百五十六条　同一动产上已经设立抵押权或者质权,该动产又被留置的,留置权人优先受偿。

条文主旨

本条是关于留置权与其他担保物权并存于同一动产时的实现顺序的规定。当同一动产上既存在留置权又存在抵押权或质权时,留置权的实现优先于抵押权或质权。该条规则体现了担保物权中法定担保物权优先于意定担保物权的基本规则。

新旧法对比

《物权法》	《民法典》
第二百三十九条　同一动产上已设立抵押权或者质权,该动产又被留置的,留置权人优先受偿。	【内容不变】第四百五十六条

① 最高人民法院民法典贯彻实施工作领导小组:《中华人民共和国民法典物权编理解与适用》(下),人民法院出版社2020年版,第1312页。

理解与适用

《民法典》第456条并未区分在留置财产上设立抵押权或质权之主体为留置财产所有人还是留置权人，而只是统一规定了法定担保物权优先于意定担保物权的基本规则。但是，学理观点认为，当留置财产之上之抵押权或质权系由留置权人设立时，相关担保物权的实现顺序应作有别于前述基本规则的顺序。若第三人善意取得了针对留置物的抵押权或质权，则此时应当让后成立的抵押权或质权优先实现，而非固守法定担保物权优先于意定担保物权的基本规则。

实务问题

在极其特殊的情况下，司法实务中存在个别债权人为了实现自己的权益而恶意主张留置权成立的情形。该种情形下，留置权人之留置权系出于损害他人利益的目的而设定，那么此时应当如何处理呢？

笔者拟在此以山东省高级人民法院于2019年裁判的中国民生银行股份有限公司东营分行诉东营市东明石油化工有限责任公司、东营市垦利黄河工贸有限责任公司留置权纠纷案[①]为例进行分析。原告中国民生银行股份有限公司东营分行（后文简称民生银行）与被告东营市东明石油化工有限责任公司（后文简称东明石化公司）间具有票据追索债权债务关系，民生银行有权要求东明石化公司向其给付票款及利息。其后，民生银行又与东明石化公司订立了《综合授信合同》及《借款合同》，为担保合同项下之债务，袁某泉、张某及山东骏马石油设备制造集团有限公司为债务人提供了保证担保，此外东明石化公司以其名下之燃油作为质物为前述债务提供质押担保。其后，东营市亨百利石油化工有限责任公司（后文简称亨百利公司）与东明石化公司订立了燃油买卖合同。亨百利公司依法将购买燃油的价款汇入民生银行账户清偿前述借款后，东明石化公司遂要求民生银行履行交付燃油的义务。但民生银行拒绝履行燃油交付义务而主张其因占有前述燃油而依法对该批燃油享有留置权。该留置权应当优先于前述质权实现，民生银行有权在东明石化公司所欠票款及利息的范围内优先受偿，双方由此发生纠纷诉诸法院。

山东省高级人民法院认为，该案的争议焦点为民生银行对东明石化公司质押的油品是否享有留置权。根据《物权法》第230条第1款、第331条的规定及《担保法解释》第111条的规定，债权人行使留置权的前提是债务履行期限届满

① 山东省高级人民法院（2019）鲁民终189号。

前其已合法占有债务人的动产,留置的动产与债权之间存在牵连性,且动产的留置应当是基于公平原则并不违反诚实信用原则,亦不能损害他人合法权益。此外,动产的留置不得与债权人所承担的义务相抵触。首先,在该案中民生银行占有涉案油品是基于另案认定的因借款合同而产生的借款债务,该判决认定民生银行对质押油品享有质押权。前述借款债务与票据追索权纠纷项下债务仅是借款人相同,保证人却不相同,且尚未清偿完毕。所以,如果认定民生银行对东明石化公司另案质押的油品享有优先于另案质押权的留置权,会损害另案保证人的利益,有违公平原则。其次,民生银行在该案中主张留置权的目的是排除涉案油品上其自身享有的质权,违反了民法的诚实信用原则。在这种情况下,不但留置权不能优先于质权,该留置权也应当视为不存在。最后,根据《物权法》第 219 条第 1 款的规定,在东明石化公司履行前述借款债务后,民生银行东营分行负有返还质押燃油的义务。该案如果认定民生银行对应当返还的质押燃油享有留置权,不仅与法律规定其应承担的上述义务相抵触,而且会造成维护当事人此笔交易安全之际,却破坏了债务人与其他债权人之间他笔交易的安全,对其他债权人合法权益造成损害。综上所述,民生银行对前述质押燃油不享有留置权。

优先权是指基于国家政策对于特种债权人利益的特殊保护而赋予其债权优先受偿的权利,例如船舶优先权和航空器优先权。当留置权与优先权并存时,其处理规则须参考具体的法律规定。例如,根据《海商法》第 25 条的规定,当船舶优先权、船舶留置权和船舶抵押权并存时,三者的受偿顺序如下:船舶优先权先于船舶留置权先于船舶抵押权。除此之外,税收优先权也是实务中常见的问题。根据《税收征收管理法》第 45 条的规定,发生于纳税人财产被留置之前的税收优先于留置权的执行。

(编写人:刘　冰)

法律条文

第四百五十七条　留置权人对留置财产丧失占有或者留置权人接受债务人另行提供担保的,留置权消灭。

条文主旨

本条是关于留置权消灭的规定。根据《民法典》第 457 条的规定,留置权消灭的情形有两种:第一种为留置权人丧失对留置财产的占有;第二种为留置权人接受债务人另行提供的担保。

就第一种情形而言,当留置权人非出于自己的主观意思丧失对留置财产的占有时留置权是否消灭存有争议。留置权人虽然对留置物短暂地失去占有(包括因侵夺而失去占有),但是之后其又可以通过占有保护恢复占有的情况下留置权并不消灭。仅有当留置权人不能依照占有保护的规定恢复占有时,留置权才会归于消灭。除了前述学理规则外,《民事诉讼法解释》第154条第2款、第157条,《最高人民法院关于人民法院民事执行中查封、扣押、冻结财产的规定》第11条规定了,被法院查封、扣押、冻结的留置财产由法院保管时,留置权不因转移占有而消灭。

就第二种情形而言,仅有当债务人另行提供担保且留置权人接受的情形下,留置权才会消灭。债务人仅向留置权人提供担保并不会必然导致留置权的消灭,还需要同时满足该担保被留置权人接受的条件。前述规则在《企业破产法》中也有所体现。根据《企业破产法》第37条的规定,管理人提供债权人接受的担保物可以取回留置物,债权人接受是取回留置物的条件之一。强调债权人的接受这一条件在债务人另行提供保证担保的场合显得尤为重要。因为保证担保仅仅是通过增加责任财产来保障债权的实现,具有较大的不确定性。由此可见,从保护留置权人利益出发,应当赋予留置权人同意或者不同意债务人通过另行提供保证担保的方式消灭留置权的权利。

新旧法对比

《物权法》	《民法典》
第二百四十条　留置权人对留置财产丧失占有或者留置权人接受债务人另行提供担保的,留置权消灭。	【内容不变】第四百五十七条

理解与适用

根据《担保法解释》第114条及第80条的规定,在留置财产灭失、毁损或者被征用的情况下,留置权人可以就该留置财产的保险金、赔偿金或者补偿金优先受偿。留置财产灭失、毁损或者被征用的情况下,留置权所担保的债权未届清偿期的,留置权人可以请求人民法院对保险金、赔偿金或补偿金等采取保全措施。由此可见,留置权也具备了物上代位性,也即若留置财产毁损灭失或被征用时,留置权仍存在与该财产的保险金、赔偿金或补偿金上。笔者认为,虽然现行法并未继续沿用前述规则,但在未作出相反规定的情况下仍可认为留置权具有物上代位性。

实务问题

根据本条的规定,留置权人接受债务人提供的担保系留置权消灭的原因之一,那么债权人依法向法院申请财产保全是否属于"另行提供担保"的范畴而可能导致留置权的消灭呢?笔者在此拟以广东省中山市中级人民法院2018年裁判的中山市金怡纺织有限公司诉民汇(中山)织染有限公司财产损害赔偿纠纷案①为例进行说明。法院认为该案中,民汇(中山)织染有限公司对涉案棉纱行使留置权后,虽又在诉讼中申请财产保全并对中山市金怡纺织有限公司的银行存款予以冻结,但该财产保全措施并不属于上述法律规定的另行提供担保的方式,不属于留置权消灭的原因。因此,中山市金怡纺织有限公司不能主张财产保全后民汇(中山)织染有限公司所享有的留置权消灭。

(编写人:刘　冰)

① 广东省中山市中级人民法院(2018)粤20民终5277号。

第五分编 占　　有

第二十章 占　　有

法律条文

第四百五十八条　基于合同关系等产生的占有，有关不动产或者动产的使用、收益、违约责任等，按照合同约定；合同没有约定或者约定不明确的，依照有关法律规定。

条文主旨

占有作为对物的事实上的管领，按照是否具有法律上的原因为标准分为有权占有与无权占有，具有法律上原因的占有为有权占有，例如基于租赁、保管、仓储等原因而占有；没有法律上原因的占有或者在法律原因消失后仍然占有的则属于无权占有。[①] 有权占有因具有占有的权源，只要权源继续存在，即受法律保护，他人请求交付占有，即有权拒绝。无权占有的占有人，因无权源的存在，遇到有权人请求其交还占有物时，无权拒绝，而有返还义务。

新旧法对比

《物权法》	《民法典》
第二百四十一条　基于合同关系等产生的占有，有关不动产或者动产的使用、收益、违约责任等，按照合同约定；合同没有约定或者约定不明确的，依照有关法律规定。	【内容不变】第四百五十八条

① 参见黄薇主编：《中华人民共和国民法典释义及适用指南》（上），中国民主法制出版社 2020 年版，第 465 页。

理解与适用

基于合同等债的原因而占有,如果合同有约定则按照合同约定;合同没有约定或者约定不明确的情形,例如租赁合同,如租赁双方对于租赁期间租赁物的收益没有约定或者约定不明确的,应依照《民法典》合同编第720条的规定(归承租人所有)进行处理。无论是有权占有还是无权占有,均应受到法律的保护,这是出于维护社会秩序的需要。

实务问题

1. 案情简介[①]

2008年8月5日,盛京银行保工支行(以下简称保工支行)取得了案涉房屋的所有权。2011年9月26日,保工支行作为出售方与购买方李某华签订了《房屋买卖框架协议》,协议约定房屋的具体价格以评估为准,确定后以盛京银行总行审批为准。房屋转让价格确定后,双方签订正式的房屋转让合同,乙方一次性缴纳全部购房款。同时甲方授权乙方于框架协议签订后对现房屋使用人进行清理。双方约定应于2011年11月30日签订正式房屋转让合同,在此时间之前,如甲方上级盛京银行总行未批准此次房屋转让事宜,则框架协议自动失效。2011年9月30日,保工支行为李某华出具购买抵债房的500万元房款收款收据。2013年5月,李某华投资的辽宁顺颐德餐饮有限公司(以下简称顺颐德公司)成立,在该公司办理工商注册登记时,保工支行为李某华提供了加盖保工支行印章的2012年6月30日保工支行与顺颐德公司签订的《房屋租赁合同》《房屋所有产权》《房屋分层分户平面图》,顺颐德公司将案涉房屋地址登记为注册地址。2015年12月29日、2017年1月17日,顺颐德公司作为发包方(甲方)与承包方杨某(乙方)签订两份《承包经营合同》,约定乙方承包案涉房屋用于餐饮经营(新华园酒店),期限分别为2016年1月10日至2017年1月10日,2017年1月20日至2018年1月19日止。争议焦点:(1)案涉房屋的权利归属;(2)新华园酒店及杨某应否向保工支行给付案涉房屋使用费用。

2. 法院认为

一审法院:李某华与保工支行签订的《房屋买卖框架协议》自2011年11月30日已失效,李某华对案涉房屋并无合法权利。李某华虽与杨某签订了案涉房屋的《承包经营合同》,但因李某华不具有合法权利,保工支行有权要求新华园

① 最高人民法院(2019)最高法民再283号。

酒店及杨某腾退房屋。同时根据《物权法》第37条的规定,新华园酒店、杨某应自工商登记注册之日起向保工支行支付占有使用费。

二审法院:保工支行以其行为表明其同意李某华占有使用案涉房屋,李某华是基于保工支行的意思而占有,是合法占有,并非违法侵占。同时,新华园酒店、杨某有理由相信顺颐德公司对案涉房屋的占有使用合法,其通过签订合同的形式占有使用案涉房屋既无过错也无过失,是合法的占有使用。本案是保工支行以其是案涉房屋所有权人,新华园酒店、杨某无权占有,向新华园酒店、杨某主张腾退案涉房屋,退而言之,从保工支行与李某华及李某华与新华园酒店、杨某之间的合同关系看,即便李某华、新华园酒店、杨某负有腾退案涉房屋义务,非属该案审理范围。相关当事人如对此存有争议,应待保工支行向相关当事人履行通知解除对案涉房屋实际占有后,可另行通过诉讼向相关当事人主张腾退案涉房屋。关于保工支行要求支付占有使用费的诉讼请求以新华园酒店、杨某应当返还其非法占有的案涉房屋为基础,因李某华、新华园酒店、杨某对案涉房屋属于合法占有,其不对保工支行承担返还案涉房屋的民事责任。据此,保工支行此项诉讼请求的基础已不存在。

再审法院:因李某华与保工支行之间的《房屋买卖框架协议》已经生效,且双方未签订正式的买卖合同,李某华继续占有案涉房屋,已经没有明确的合同的依据,仅是在保工支行长期不主张返还的默许下仍继续占用案涉房屋。新华园酒店、杨某与李某华签订《承包经营合同》,取得房屋合法占有的基础并不存在且第二次签订的《承包经营合同》期限已届满,故新华园酒店、杨某作为实际占有人应在生效判决明确后,返还案涉房屋。保工支行主张的案涉房屋占有使用费系其将房屋交给李某华占用所可能产生的费用,保工支行应当在其与李某华之间解决该费用问题,其直接请求新华园酒店、杨某向其支付房屋占有使用费,缺乏事实和法律依据。

3.评析

一审法院和再审法院均认为因李某华与保工支行之间未签订正式的买卖的合同,所以李某华的占有不具备法律上的原因,而属于非法占有,新华园酒店与杨某占有房屋也因不具备占有的法律基础而属于非法占有,负有返还案涉房屋的义务。二审法院则认为李某华的占有是基于保工支行的意思而占有,是合法占有。新华园酒店、杨某基于善意相信李某华属于合法占有而与其签订合同,也属于合法占有。保工支行应该在向相关当事人履行通知解除后再另行要求当事人腾退案涉房屋。

与该案相类似的是在租赁期限届满后,承租人继续使用租赁物,而出租人没有提出异议的,原租赁合同继续有效,但是租赁期限为不定期。该种情况下承租人因为法律的明确规定而应当被认定为有权占有。

预约合同明确约定应当签订正式的书面合同而到期未签订的,合同相对人继续占有案涉房屋因不具有法律上的原因也无明确的法律规定,因此属于无权占有,占有人负有返还义务。

(编写人:高春利　成俊慧)

法律条文

第四百五十九条　占有人因使用占有的不动产或者动产,致使该不动产或者动产受到损害的,恶意占有人应当承担赔偿责任。

条文主旨

本条是关于无权占有情况下恶意占有人的责任承担问题的规定。无权占有根据占有人主观意思的不同,又可以分为恶意占有和善意占有。善意占有指占有人在主观上认为自己有权占有标的物。恶意占有指明知或者因重大过失不知自己为无权占有而仍然进行的占有。善意占有也可能转变为恶意占有。一般情况下,善意占有人不承担占有期间占有物受到损害的赔偿责任。所谓损害指占有物的效用和价值降低。本条中的不动产或者动产受到的损害,是指不动产或者动产因正常使用而发生的正常损耗和折旧。在有权占有的情况下,一般双方会对占有使用期间的正常损耗作出约定,一般由所有权人承担。在无权占有的情况下,对于占有物的正常损耗善意占有人不承担责任,恶意占有人则需要承担使物品恢复原状的义务。

新旧法对比

《物权法》	《民法典》
第二百四十二条　占有人因使用占有的不动产或者动产,致使该不动产或者动产受到损害的,恶意占有人应当承担赔偿责任。	【内容不变】第四百五十九条

理解与适用

如果基于合同等债的原因的有权占有，占有期间不动产或者动产受到损害的，一般根据合同各方的约定处理，所有权人可以要求占有人承担违约责任。同时《民法典》第784条（承揽合同）、第832条（货运合同）、第897条（保管合同）、第917条（仓储合同）等法律条文也对合同存续期间占有物损毁灭失等作出了规定。关于恶意占有人占有不动产或者动产的行为属于侵犯物权的行为，其承担损害赔偿责任范围的规定可以参照《民法典》物权编第238条（《物权法》第37条）的规定"侵害物权，造成权利人损害的，权利人可以依法请求损害赔偿，也可以依法请求承担其他民事责任"。以及《民法典》侵权责任编第1184条（《侵权责任法》第19条）的规定"侵害他人财产的，财产损失按照发生时的市场价格或者其他合法方式计算"。

实务问题

1. 案情简介[①]

电力设备公司的厂址位于海口市文明东路181号，电力设备公司厂址的西侧与鑫和大厦相邻，富鳌物业公司是鑫和大厦的物业管理公司。鑫和大厦至文明东路路边有一块空地，该空地现设有停车场，目前由富鳌物业公司进行管理使用。电力设备公司主张富鳌物业公司管理使用下的停车场占用了其名下土地，多次交涉要求富鳌物业公司返还未果，遂成讼。同时电力设备公司要求富鳌物业支付土地占有使用费。

2. 法院认为

一审：富鳌物业公司无权占有电力设备公司土地，应承担返还土地的责任。富鳌物业公司按照每月收取的停车费向电力设备公司支付土地占有使用费。二审：维持原判。再审：裁定驳回再审申请，同时指出电力设备公司的土地被富鳌物业公司侵占使用，电力设备公司有权得到土地被占用期间的财产损失赔偿，因本案是侵权之债，而非合同之债，损失计算方法按照被侵占土地的现有停车收费标准计算，符合《侵权责任法》第19条"侵害他人财产的，财产损失按照损失发生时的市场价格或者其他方式计算"的规定。同时富鳌物业公司并未提供证据证明其为善意占有人，一审、二审法院依据《物权法》第37条作出判决适用法律正确。

---

① 海南省海口市中级人民法院（2019）琼01民终62号。

3. 评析

权利人要求恶意占有人承担损害赔偿责任本质上属于侵权之债，损失赔偿额的计算标准可以参照《民法典》侵权责任编关于侵犯物权损害责任的规定确定。

（编写人：高春利　成俊慧）

法律条文

第四百六十条　不动产或者动产被占有人占有的，权利人可以请求返还原物及其孳息；但是，应当支付善意占有人因维护该不动产或者动产支出的必要费用。

条文主旨

本条规定是占有人的返还原物请求权以及善意占有人的必要费用支付请求权。这里的权利人既包括所有权人，也包括其他有权占有人，例如留置权人等。权利人可以请求返还的内容包含原物和孳息，这里的孳息包含天然孳息和法定孳息，返还原物和孳息的义务人既包括善意占有人，也包含恶意占有人。但是善意占有人还享有要求权利人支付必要费用的权利。

新旧法对比

《物权法》	《民法典》
第二百四十三条　不动产或者动产被占有人占有的，权利人可以请求返还原物及其孳息；但应当支付善意占有人因维护该不动产或者动产支出的必要费用。	【内容不变】第四百六十条

理解与适用

善意占有人有权请求支付的仅限于为了维护不动产或者动产支付的必要的费用，必要费用是指在通常情况下为了保管、维持占有物的正常状态必需的费用。与必要费用相对应的是有益费用和奢侈费用。

关联法条：《民法典》第979条：管理人没有法定的或者约定的义务，为避免他人利益受损失而管理他人事务的，可以请求受益人偿还因管理事务而支付的必要费用；管理人因管理事务受到损失的，可以请求受益人给予适当补偿。

管理事务不符合受益人真实意思的，管理人不享有前款规定的权利；但是，受益人的真实意思违反法律或者违背公序良俗的除外。

实务问题

恶意占有人无权要求支付必要费用。

恶意占有人是否有权请求支付必要费用在实践中存在较多的争议。认为恶意占有人无权要求支付的主要理由在于《民法典》仅仅规定了善意占有人有权请求支付，从反面推论，恶意占有人应无权要求支付。[①] 认为恶意占有人有权要求支付的则多从无因管理及不当得利的角度的出发，认为如果符合无因管理、不当得利的构成要件，则有权要求支付。

本条规定的占有恢复请求权与不当得利、无因管理之间存在竞合关系，结合立法目的，在认定存在善意占有或者恶意占有的情况下，应该优先适用本条关于占有的规定。

（编写人：高春利　成俊慧）

法律条文

第四百六十一条　占有的不动产或者动产毁损、灭失，该不动产或者动产的权利人请求赔偿的，占有人应当将因毁损、灭失取得的保险金、赔偿金或者补偿金等返还给权利人；权利人的损害未得到足够弥补的，恶意占有人还应当赔偿损失。

条文主旨

本条是关于权利人的损害赔偿请求权的规定。该条前款规定的返还保险金、赔偿金或者补偿金等的义务既约束恶意占有人，也约束善意占有人。但是如果不动产或者动产毁损灭失且不存在其他补偿利益，则善意占有人不再负有赔偿的义务，因为善意占有人承担的是返还责任不是赔偿责任。

① 参见陈华彬：《我国民法典物权编占有规则立法研究》，载《现代法学》2018 年第 1 期。

新旧法对比

《物权法》	《民法典》
第二百四十四条　占有的不动产或者动产毁损、灭失,该不动产或者动产的权利人请求赔偿的,占有人应当将因毁损、灭失取得的保险金、赔偿金或者补偿金等返还给权利人;权利人的损害未得到足够弥补的,恶意占有人还应当赔偿损失。	【内容不变】第四百六十一条

理解与适用

该条可与《民法典》合同编关于不当得利的规定结合起来理解。在不当得利的得利人不知道且不应当知道取得的利益没有法律根据,取得的利益已经不存在的,不承担返还该利益的义务。得利人知道或者应当知道取得的利益没有法律根据的,受损失的人可以请求得利人返还其取得的利益并依法赔偿损失。

实务问题

不当得利中善意受益人所获利益不复存在,不负有不当利益的返还义务。

《物权法》第 244 条规定:“占有的不动产或者动产毁损、灭失,该不动产或者动产的权利人请求赔偿的,占有人应当将毁损、灭失取得的保险金、赔偿金或者补偿金等返还给权利人;权利人的损害未得到足够弥补的,恶意占有人还应当赔偿损失。”上述规定,与该法第 244 条关于“占有人因使用占有的不动产或者动产,致使该不动产或者动产受到损害的,恶意占有人应当承担赔偿责任”、第 243 条关于“不动产或者动产被占有人占有的,权利人可以请求返还原物及其孳息,但应当支付善意占有人因维护该不动产或者动产支出的必要费用”的规定,共同构成了占有人与权利人之间的权利义务规则。上述规则的体系解释表明,法律对占有关系进行调整时,无论占有人使用占有物时权利人的损害赔偿请求权,占有物毁损、灭失时权利人的损害赔偿请求权,抑或权利人对占有物的返还请求权,均区分占有人的主观心理状态,分别对善意占有人和恶意占有人赋予不同的权利义务、课以不同的责任方式和责任范围。例如,在占有物毁损、灭失场合下,权利人请求赔偿的,善意占有人仅负有返还因“毁损、灭失取得的保险金、赔偿金或者补偿金”的义务。同样地,不当得利关系中,亦应区分受益人的善意与否,确定不同的返还义务范围,如受益人主观上是善意的,其返还义务的范围应以现存利益为限，没有现存利益的，不再负有不当利益的返还义务；如受益人主观上为恶意，即使没有现存利益，也不能免除其返还所受不当利益的义务。事实上，这一结论，在比较法解释的层面上，亦能获得充分的支持。[①]

（编写人：高春利 成俊慧）

法律条文

第四百六十二条 占有的不动产或者动产被侵占的，占有人有权请求返还原物；对妨害占有的行为，占有人有权请求排除妨害或者消除危险；因侵占或者妨害造成损害的，占有人有权依法请求损害赔偿。

占有人返还原物的请求权，自侵占发生之日起一年内未行使的，该请求权消灭。

条文主旨

本条是关于占有人的占有保护请求权的规定。请求权的内容包含返还原物请求权，排除妨害请求权，消除危险请求权，损害赔偿请求权。其中基于占有而享有的返还原物请求权区别于《民法典》物权编第 235 条规定的物权权利人所享有的返还原物请求权，前者受一年的除斥期间的限制，后者则不受诉讼时效规定的限制。

新旧法对比

《物权法》	《民法典》
第二百四十五条　占有的不动产或者动产被侵占的，占有人有权请求返还原物；对妨害占有的行为，占有人有权请求排除妨害或者消除危险；因侵占或者妨害造成损害的，占有人有权请求损害赔偿。 占有人返还原物的请求权，自侵占发生之日起一年内未行使的，该请求权消灭。	【内容不变】第四百六十二条

① 最高人民法院第三巡回法庭（2017）最高法民再 287 号。

理解与适用

占有作为一种事实状态，在民法上具有一定的意义，其也可能成为侵权的对象，亦应该受到法律的保护。对占有保护的法律意义在于任何人不能在未经法律允许的情况下以私力改变现状。无论占有人是有权占有还是无权占有，均可以主张占有保护。基于占有保护请求权产生原因的不同，无权占有又可以区分为没有法律基础的占有以及法律基础丧失后的占有（失权占有），在后者的情况下，原则上权利人既可以依据合同约定要求返还或主张损害赔偿，也可以基于占有提出占有保护请求权。

关联法条：《民法典》第 196 条规定，下列请求权不适用诉讼时效的规定：（1）请求停止侵害、排除妨碍、消除危险；（2）不动产物权和登记的动产物权的权利人请求返还财产；（3）请求支付抚养费、赡养费或者扶养费；（4）依法不适用诉讼时效的其他请求权。

实务问题

1. 案情简介①

2014 年 4 月 6 日，雷某君与恺利公司签订《浙江省商品房买卖合同》一份，约定恺利公司将案涉房屋以 74 万元的价格出售给雷某君，购房款支付方式为一次性付款。房屋交付期限为 2014 年 8 月 31 日之前。合同签订后，雷某君已按约全额支付购房款。签订合同的当日，雷某君与杭州达曼酒店有限公司（以下简称达曼酒店）签订《房屋租赁合同》，约定将案涉房屋出租给达曼酒店经营使用，租赁期限为十年。现案涉房屋由达曼酒店承租经营并向雷某君支付租金。就马沙公司与恺利公司、王某、福安市联泰工艺品有限公司合同纠纷一案，一审法院于 2017 年 6 月 9 日作出（2017）闽民初 51 号民事裁定书，查封了登记在恺利公司名下包括案涉房屋在内的 276 套房屋及其他财产。雷某君不服该裁定，以其在案涉房屋被采取保全措施之前已向恺利公司购买诉争房屋，且以合同已实际履行为由向一审法院提出执行异议，请求解除对案涉房屋的保全。一审法院于 2017 年 10 月 18 日作出（2017）闽执异 20 号执行裁定书，裁定驳回雷某君的异议申请。雷某君收到该裁定书后，在法律规定的期限内向一审法院提起本案诉讼。

2. 法院认为

一审：因雷某君未提供证据证明合同约定的办证期限届满后至案涉房产被

---

① 最高人民法院（2019）最高法民终 1467 号。

采取保全措施前的数年期间已积极向恺利公司主张权利或催促恺利公司办理案涉房产过户手续,存在怠于行使权利的行为,因此不满足“非因买受人自身原因未办理过户登记”的情形。

二审:根据雷某君与达曼酒店签订的《房屋租赁合同》,雷某君于 2014 年 8 月 31 日起将案涉房屋出租给达曼酒店经营使用。占有既可以是直接占有,也可以是间接占有,达曼酒店按约承租经营案涉房屋并向雷某君支付租金的行为,应视为雷某君在案涉房屋被司法查封前就通过他人间接占有案涉房屋。同时,雷某君未办理过户登记是因为恺利公司未依约向雷某君提供《土地使用权证书》及《房屋所有权证》等办证所需材料。最终二审法院认定雷某君享有足以排除强制执行的民事权益。

3. 评析

根据《最高人民法院关于人民法院办理执行异议和复议案件若干问题的规定》第 28 条的规定,房屋买受人对房屋的请求权能够排除出卖人的一般金钱债权人对房屋的强制执行权。该条第 2 项规定的“占有”既可以直接占有,也可以间接占有。

(编写人:高春利　成俊慧)

隆安律师
解读民法典

合同编

隆安律师事务所／编著

法律出版社 LAW PRESS · CHINA
—— 北京 ——

隆安律师

解读民法典

本册编写人员名单

按照姓名笔画排列依次为：

北京总部： 白玉君　朱中锋　刘丰德　权鲜枝　孙钦举　李艳秋　李高来　李维强　张　丽　张晓菁　侯岳岩　姜梦军　郭　晶　韩燕鲁　解加芬　朴　渊

上海办公室： 陆少华　曾　丽

沈阳办公室： 丁景宇　于　斌　马丹丹　马百奇　马　闯　马苗苗　马思雨　马　亮　马晨皓　王　云　王　丹　王会森　王志刚　王志睿　王学勇　王艳朋　王　崇　王　敏　王　瑞　王蕴采　方太伟　甘国明　石　双　石菲菲　付振宇　白建羽　冯　昀　冯梦旦　冯　添　兰　波　曲德刚　吕力加　吕亚楠　吕佳怡　朱　丹　朱圣楠　朱晓明　任春阁　刘华剑　刘君顺　刘国照　刘俊华　刘美妮　刘　晖　刘煜彤　刘德光　齐秋阳　闫　璐　孙天瑶　孙　迪　孙　斌　孙　微　孙境泰　杜晓彤　李一帆　李　岗　李若蒙　李　卓　李　绅　李　敏　李惠君　李　程　李　霖　杨日新　杨　雨　杨雨杭　杨　迪　肖　瑶　吴永新　吴　杰　吴雪飞　吴　蔚　里祉彧　岑　慧　何东旭　佟振平　汪晓光　宋　立　宋丽娜　宋济廷　宋智慧　张文敏　张　驰　张秋实　张海宁　张梦月　张　梅　张　鸽　张道宁　张　婷　陈宇晴　陈　爽　邵　琰　武新路　范琳琳　明　月　明伯翰　金大鹏　周　尧　孟凡玲　赵兴阳　赵惠兵　郝　恺　钟　宇　姜艳红　姜　曼　宫　菲　宫琳琳　祝雪峰　秦晓天　聂　斌　栗子翔　贾晓东　贾　强　顾吉欣　徐　驰　高　宁　高　金　高　放　高铁虹　高　强　高　巍　唐连阁　黄海健　曹　昱　龚　剑　崔春雨　崔　莹　梁　宜　梁　朕　隋　辉　董　晨　傅泓然　焦　健　蒙　觊　潘云飞　薛苏阳　薛　微　魏明杰　魏　峰

深圳办公室： 王伟艺　王琼花　方　俊　刘佳佳　李崖立　杨　铖　吴旺根　罗勇健　郑日宇　涂素雄

成都办公室： 李玥斌

武汉办公室： 杨晓辉

株洲办公室： 郑孝军

南通办公室： 曹　杰

司法解释及文件缩略语表

简称	全称
《民通意见》	《最高人民法院关于贯彻执行〈中华人民共和国民法通则〉若干问题的意见(试行)》(已被法释〔2020〕16号废止)
《民事案件诉讼时效制度规定》	《最高人民法院关于审理民事案件适用诉讼时效制度若干问题的规定》(根据法释〔2020〕17号修正)
《民法典物权编解释(一)》	《最高人民法院关于适用〈中华人民共和国民法典〉物权编的解释(一)》(法释〔2020〕24号)
《物权法解释(一)》	《最高人民法院关于适用〈中华人民共和国物权法〉若干问题的解释(一)》(已被法释〔2020〕16号废止)
《物业服务解释》	《最高人民法院关于审理物业服务纠纷案件适用法律若干问题的解释》(根据法释〔2020〕17号修正)
《合同法解释(一)》	《最高人民法院关于适用〈中华人民共和国合同法〉若干问题的解释(一)》(已被法释〔2020〕16号废止)
《合同法解释(二)》	《最高人民法院关于适用〈中华人民共和国合同法〉若干问题的解释(二)》(已被法释〔2020〕16号废止)、
《民法典担保制度解释》	《最高人民法院关于适用〈中华人民共和国民法典〉有关担保制度的解释》(法释〔2020〕28号)
《担保法解释》	《最高人民法院关于适用〈中华人民共和国担保法〉若干问题的解释》(已被法释〔2020〕16号废止)
《建筑物区分所有权解释》	《最高人民法院关于审理建筑物区分所有权纠纷案件适用法律若干问题的解释》(根据法释〔2020〕17号修正)
《技术合同解释》	《最高人民法院关于审理技术合同纠纷案件适用法律若干问题的解释》(根据法释〔2020〕20号修正)

续表

简称	全称
《技术合同纪要》	《最高人民法院关于印发全国法院知识产权审判工作会议关于审理技术合同纠纷案件若干问题的纪要的通知》(法〔2001〕84号)
《民间借贷规定》	《最高人民法院关于审理民间借贷案件适用法律若干问题的规定》(根据法释〔2020〕17号修正)
《建设工程解释(一)》	《最高人民法院关于审理建设工程施工合同纠纷案件适用法律问题的解释(一)》(法释〔2020〕25号)
《建设工程解释》	《最高人民法院关于审理建设工程施工合同纠纷案件适用法律问题的解释》(已被法释〔2020〕16号废止)
《建设工程解释(二)》	《最高人民法院关于审理建设工程施工合同纠纷案件适用法律问题的解释(二)》(已被法释〔2020〕16号废止)
《民法典婚姻家庭编解释(一)》	《最高人民法院关于适用〈中华人民共和国民法典〉婚姻家庭编的解释(一)》(法释〔2020〕22号)
《婚姻法解释(一)》	《最高人民法院关于适用〈中华人民共和国婚姻法〉若干问题的解释(一)》(已被法释〔2020〕16号废止)
《婚姻法解释(二)》	《最高人民法院关于适用〈中华人民共和国婚姻法〉若干问题的解释(二)》(已被法释〔2020〕16号废止)
《婚姻法解释(三)》	《最高人民法院关于适用〈中华人民共和国婚姻法〉若干问题的解释(三)》(已被法释〔2020〕16号废止)
《民法典继承编解释(一)》	《最高人民法院关于适用〈中华人民共和国民法典〉继承编的解释(一)》(法释〔2020〕23号)
《买卖合同解释》	《最高人民法院关于审理买卖合同纠纷案件适用法律问题的解释》(根据法释〔2020〕17号修正)
《商品房买卖合同解释》	《最高人民法院关于审理商品房买卖合同纠纷案件适用法律若干问题的解释》(根据法释〔2020〕17号修正)
《融资租赁解释》	《最高人民法院关于审理融资租赁合同纠纷案件适用法律问题的解释》(根据法释〔2020〕17号修正)
《城镇房屋租赁合同解释》	《最高人民法院关于审理城镇房屋租赁合同纠纷案件具体应用法律若干问题的解释》(根据法释〔2020〕17号修正)
《企业破产法规定(二)》	《最高人民法院关于适用〈中华人民共和国企业破产法〉若干问题的规定(二)》(根据法释〔2020〕18号修正)

续表

简称	全称
《农村土地承包纠纷司法解释》	《最高人民法院关于审理涉及农村土地承包纠纷案件适用法律问题的解释》(根据法释〔2020〕17号修正)
《人身损害赔偿案件解释》	《最高人民法院关于审理人身损害赔偿案件适用法律若干问题的解释》(根据法释〔2020〕17号修正)
《精神损害赔偿解释》	《最高人民法院关于确定民事侵权精神损害赔偿责任若干问题的解释》(根据法释〔2020〕17号修正)
《信息网络规定》	《最高人民法院关于审理利用信息网络侵害人身权益民事纠纷案件适用法律若干问题的规定》(根据法释〔2020〕17号修正)
《道路交通损害赔偿司法解释》	《最高人民法院关于审理道路交通事故损害赔偿案件适用法律若干问题的解释》(根据法释〔2020〕17号修正)
《医疗损害责任纠纷司法解释》	《最高人民法院关于审理医疗损害责任纠纷案件适用法律若干问题的解释》(根据法释〔2020〕17号修正)
《民事诉讼法解释》	《最高人民法院关于适用〈中华人民共和国民事诉讼法〉的解释》(根据法释〔2020〕20号修正)
《仲裁法解释》	《最高人民法院关于适用〈中华人民共和国仲裁法〉若干问题的解释》(法释〔2006〕7号)
《九民纪要》	《全国法院民商事审判工作会议纪要》(法〔2019〕254号)

分 目 录

第三编 合 同

第一分编 通 则

① 条文主旨为编者所加，仅供参考。下同。

第二分编 典型合同

第三编　合　　同

第一分编　通　则

第一章　一般规定

法律条文

第四百六十三条　本编调整因合同产生的民事关系。

条文主旨

本条是关于合同编的概念和调整对象的规定。合同编是调整有关合同的订立、履行、保全等法律关系的规范，该编共计526条，条文数量在《民法典》中占比超过40%，其内容分为通则、典型合同和准合同三个分编：第一分编为通则。通则是关于合同的一般规则，其主要规范合同的订立、合同的效力及合同的履行、保全、变更和转让、终止、违约责任等问题。第二分编为典型合同。所谓典型合同，也就是有名合同。合同编一共规定了19种典型合同，包括买卖合同，供用电、水、气、热力合同，赠与合同，借款合同，保证合同，租赁合同，融资租赁合同，保理合同，承揽合同，建设工程合同，运输合同，技术合同，保管合同，仓储合同，委托合同，物业服务合同，行纪合同，中介合同，合伙合同。第三分编是准合同。所谓准合同，是指与合同相关的有关无因管理、不当得利的债的形态的规定。

新旧法对比

《合同法》	《民法典》
第一条　为了保护合同当事人的合法权益，维护社会经济秩序，促进社会主义现代化建设，制定本法。	第四百六十三条　**本编调整因合同产生的民事关系。**

理解与适用

根据本条规定,可以从以下几个方面理解合同编调整范围:

(1)合同编的调整范围涵盖了所有平等民事主体之间设立、变更、终止民事权利义务关系的协议。这就意味着合同编调整平等主体之间因合同产生的法律关系。具体而言,合同编调整合同的订立、履行、变更、终止等法律关系。

(2)合同编是《民法典》的一部分,调整的是民事关系,不属于民事关系的其他活动不适用合同编。政府对经济的管理活动,属于行政管理关系,不适用合同编。例如,财政拨款、征用等,是政府行使行政管理职权,属于行政关系,适用有关行政法,不适用合同编。企业、单位内部的管理关系,是管理与被管理的关系,不是平等主体之间的关系,不适用合同编。例如,工厂车间内的生产责任制,是企业的一种管理措施,不适用合同编。

(3)政府机关参与的合同,应当区别不同情况分别处理。政府机关作为平等的主体与对方签订合同的,如购买办公用品、设备,属于一般的合同关系,适用合同编。政府采购行为本身,由《政府采购法》来规范,而政府与对方之间订立的政府采购合同要适用《民法典》合同编。国家根据抢险救灾、疫情防控或者其他需要下达国家订货任务、指令性任务的,有关民事主体之间应当依照有关法律、行政法规规定的权利和义务订立合同。

实务问题

本分编作为通则部分,对于合同编其他分编的理解和适用具有重要指导意义。合同编是《民法典》的重要组成部分,是规范市场交易的基本法律,它涉及生产、生活领域的方方面面,对于及时解决各类合同经济纠纷,保护当事人的合法权益,维护社会经济秩序,优化营商环境,促进社会主义现代化建设具有十分重要的作用。

(编写人:吴旺根)

法律条文

第四百六十四条　合同是民事主体之间设立、变更、终止民事法律关系的协议。

婚姻、收养、监护等有关身份关系的协议,适用有关该身份关系的法律规定;没有规定的,可以根据其性质参照适用本编规定。

条文主旨

合同是平等民事主体之间订立的民事权利义务关系的协议，属于民事法律关系，主要是指财产关系，而婚姻、收养、监护等有关身份关系的协议，适用其他法律规定。合同编所调整的合同，是债权、物权、知识产权、人格权等民事合同，而其他合同，如收养协议、监护协议、离婚协议等人身关系的民事合同不包括在内。关于行政管理的协议和法人、非法人组织内部的管理协议以及劳动合同，更不属于合同编的调整范围。对于难以纳入合同编或者其他法律没有明文规定的合同，本编第 467 条和第 468 条作了兜底规定，可以根据其性质适用本编通则规定，并可以参照适用本编典型合同。

新旧法对比

《合同法》	《民法典》
第二条　本法所称合同是平等主体的自然人、法人、其他组织之间设立、变更、终止民事权利义务关系的协议。 婚姻、收养、监护等有关身份关系的协议，适用其他法律的规定。	第四百六十四条　**合同是民事主体之间设立、变更、终止民事法律关系的协议。** **婚姻、收养、监护等有关身份关系的协议，适用有关该身份关系的法律规定；没有规定的，可以根据其性质参照适用本编规定。**

理解与适用

对本条第 1 款可以从以下几个方面理解：合同编所规定的“合同”是平等主体的自然人、法人和非法人组织之间的协议。首先，“平等主体”是民事关系的核心特征。从行政管理的角度，行政机关与行政相对人之间系不平等主体。从企业管理的角度，企业与职工也系不平等主体。这些都不属于“民事主体”。其次，民事主体包括自然人、法人和非法人组织三类。

本条第 2 款是关于身份关系的协议，参照适用合同编的规定。合同编主要调整财产关系，婚姻、收养、监护等有关身份关系的协议有其特殊性，相关法律对这些身份关系作出规定的，适用该相关法律规定；如果对这些身份关系没有相关法律规定，可以根据婚姻、收养、监护这类身份关系协议的性质，参照适用合同编的相关规定。

实务问题

对于行政管理关系的协议，如有关综合治理、国有土地出让、集体土地征用、计划生育、生态环境保护等协议，不是民事合同，不适用合同编；对于政府的采购活动，虽然政府与对方之间的合同要适用合同编，但对于政府采购行为本身，则适用专门的《政府采购法》。

（编写人：吴旺根）

法律条文

第四百六十五条　依法成立的合同，受法律保护。

依法成立的合同，仅对当事人具有法律约束力，但是法律另有规定的除外。

条文主旨

依法成立的合同，受法律保护。所谓受法律保护，是指如果一方当事人未取得对方当事人同意，擅自变更或者解除合同，不履行合同义务或者履行合同义务不符合约定，从而使对方当事人的权益受到损害，则受损害方有权通过向人民法院起诉请求维护自己的权益，法院应当根据原告的诉讼请求依法维护其权益，对于擅自变更或者解除合同的一方当事人强制其履行合同义务并承担违约责任。

依法成立的合同，仅对当事人具有法律约束力，是指合同的相对性，基于合同所享有的权利是债权，而债权具有相对性。一般而言，合同只能对合同当事人产生拘束力，非合同当事人不能诉请强制执行合同，除非法律另有明确规定，而此处的“法律”是指法律、法规、司法解释等。

所谓法律约束力，是指当事人应当按照合同的约定履行自己的义务，非依法律规定或者取得对方同意，不得擅自变更或解除合同。不履行合同义务或者履行合同义务不符合约定的，应当承担违约责任。

新旧法对比

《合同法》	《民法典》
第八条　依法成立的合同，对当事人具有法律约束力。当事人应当按照约定履行自己的义务，不得擅自变更或者解除合同。 依法成立的合同，受法律保护。	第四百六十五条　依法成立的合同，受法律保护。 **依法成立的合同，仅对当事人具有法律约束力，但是法律另有规定的除外。**

理解与适用

该条主要是指合同一旦依法成立就具有法律效力,合同的当事人必须受合同的约束,具有相对性。合同的法律约束力,是合同制度的核心,它具有由国家力量保证合同履行的法律上的强制作用。如果合同没有一定的法律约束力,当事人一方可以任意不履行或者不完全履行合同约定的义务,或者由一方当事人随意变更或解除合同,或者可以拒绝履行因自己不履行合同义务或者履行合同义务不符合约定而应当承担的违约责任。赋予合同以法律约束力是国家用法律调整经济关系、用合同组织经济活动、促进市场经济法治化建设的重要措施。

实务问题

合同的成立与生效是两个不同的概念。合同的成立要件是双方意思表示一致,即承诺的内容和要约的内容一致。合同成立不一定就必然生效。成立的合同,只有符合法定的生效要件,才有约束合同当事人的法律效力。合同依法成立生效以后,对当事人就具有了法律约束力,当事人应当按照合同的约定履行自己的义务,非依法律规定或者取得对方同意,不得擅自变更或者解除合同。而对于合同不成立,当事人所承担的缔约过失责任不应超过合同履行利益。

（编写人:吴旺根）

法律条文

第四百六十六条　当事人对合同条款的理解有争议的,应当依据本法第一百四十二条第一款的规定,确定争议条款的含义。

合同文本采用两种以上文字订立并约定具有同等效力的,对各文本使用的词句推定具有相同含义。各文本使用的词句不一致的,应当根据合同的相关条款、性质、目的以及诚信原则等予以解释。

条文主旨

本条是关于合同条款解释的规定。根据本条第 1 款规定,对合同条款理解有争议的,应当援引《民法典》第 142 条第 1 款进行解释。依据《民法典》第 142 条的规定,意思表示的解释通常分为有相对人的意思表示的解释和无相对人的意思表示的解释。所谓有相对人的意思表示的解释,是指对表意人向特定的相对人发出的意思表示进行的解释。所谓无相对人的意思表示的解释,是指对不需要相对人的意思表示进行的解释。针对有相对人的意思表示,《民法典》第142条第1款规定:"有相对人的意思表示的解释,应当按照所使用的词句,结合相关条款、行为的性质和目的、习惯以及诚信原则,确定意思表示的含义。"

新旧法对比

《合同法》	《民法典》
第一百二十五条　当事人对合同条款的理解有争议的,应当按照合同所使用的词句、合同的有关条款、合同的目的、交易习惯以及诚实信用原则,确定该条款的真实意思。 合同文本采用两种以上文字订立并约定具有同等效力的,对各文本使用的词句推定具有相同含义,各文本使用的词句不一致的,应当根据合同的目的予以解释。	第四百六十六条　当事人对合同条款的理解有争议的,**应当依据本法第一百四十二条第一款的规定,确定争议条款的含义。** 合同文本采用两种以上文字订立并约定具有同等效力的,对各文本使用的词句推定具有相同含义。各文本使用的词句不一致的,应当根据合同的**相关条款、性质、**目的**以及诚信原则等**予以解释。

理解与适用

本条第1款是关于合同争议条款解释的规定。第一,要按照条款所使用的词句进行解释,即文义解释。解释合同条款必须首先从词句的含义入手,一些词句在不同的场合可能表达出不同的含义,应当按照一个合理人通常的理解来进行。第二,对条款中词句的理解不能孤立进行,要结合其他相关条款、行为的性质和目的、习惯以及诚实信用原则,综合判断、确定争议条款的含义。

本条第2款是关于不同文字文本解释的规定。依据本款规定,合同文本采用两种以上文字订立并约定具有同等效力的情况下,应当对各文本使用的词句推定具有相同的含义。但在各文本使用的词句不一致的情况下,应当根据当事人订立合同的目的予以解释。诚信原则作为民法的基本原则,在不同文字的合同文本解释中也应当遵循,合同的性质也可能直接影响到对合同文本的理解。因此,在不同文字合同文本的解释中增加根据"合同的相关条款"、"合同的性质"以及"诚信原则"予以解释。

实务问题

在当事人对合同条款的理解有争议时,首先,应当对合同所使用的文字词句进行解释;其次,根据条款在整个合同中的位置与其他条款的关联确定各个条款在整个合同中所具有的正确意思；再次，如果合同所使用的文字或某个条款可能有两种解释时，应采取最适合于合同目的的解释；最后，合同所使用的文字词句有疑义时，应参照在交易中大家普遍接受的，长期、反复实践的行为规则等来确定该条款的意思。

（编写人：吴旺根）

法律条文

第四百六十七条　本法或者其他法律没有明文规定的合同，适用本编通则的规定，并可以参照适用本编或者其他法律最相类似合同的规定。

在中华人民共和国境内履行的中外合资经营企业合同、中外合作经营企业合同、中外合作勘探开发自然资源合同，适用中华人民共和国法律。

条文主旨

本条是关于无名合同和涉外合同适用法律的规定。无名合同，又称非典型合同，是指法律没有明文规定，亦未赋予一定名称的合同。以法律是否设有规范并赋予一个特定名称为标准，合同分为有名合同与无名合同。与无名合同相对应的是有名合同，合同编规定了 19 种典型合同，但合同编只能将一些普遍发生、常见的合同加以类型化处理，作出规定。对于那些合同编中没有规定的非典型合同，或将来可能出现的一些新的合同，可以参照合同编第二分编典型合同或其他法律最相类似的规定。

涉外合同当事人可以协议选择合同适用的法律。但对于在中华人民共和国境内履行的中外合资经营企业合同、中外合作经营企业合同、中外合作勘探开发自然资源合同，应当适用中华人民共和国法律。这些合同的当事人不能选择其他国家或地区的法律。

新旧法对比

《合同法》	《民法典》
第一百二十四条　本法分则或者其他法律没有明文规定的合同，适用本法总则的规定，并可以参照本法分则或者其他法律最相类似的规定。	第四百六十七条　本法或者其他法律没有明文规定的合同，适用**本编通则的**规定，**并可以参照**适用本编**或者其他法律最相类似合同的规定。**

续表

《合同法》	《民法典》
	在中华人民共和国境内履行的中外合资经营企业合同、中外合作经营企业合同、中外合作勘探开发自然资源合同,适用中华人民共和国法律。

理解与适用

本条第 1 款是关于非典型合同法律适用规则的规定。合同编通则的规定是针对所有合同的共性规定。因此,非典型合同应当适用合同编通则的规定,合同编通则对合同的订立、合同的效力、合同的履行、合同的保全、合同的变更和转让、合同的权利义务终止、违约责任等所作的规定均适用于各类非典型合同。合同编第二分编规定的典型合同,虽然是对某类合同的专门性规定,但其他一些合同可能会与合同编规定的典型合同存在共同之处或者相近之处。

本条第 2 款还对特定涉外合同的法律适用作了规定,即在中华人民共和国境内履行的中外合资经营企业合同、中外合作经营企业合同、中外合作勘探开发自然资源合同,适用中华人民共和国法律。

实务问题

非典型合同的主要难题,在于当事人的意思不完备时如何适用法律。当事人在签订、履行合同或者为合同发生纠纷时,可以找与该合同最相类似的典型合同,或者虽然在分编中没有规定,但在其他的法律中规定的合同,参照适用。

(编写人:吴旺根)

法律条文

第四百六十八条　非因合同产生的债权债务关系,适用有关该债权债务关系的法律规定;没有规定的,适用本编通则的有关规定,但是根据其性质不能适用的除外。

条文主旨

本条是关于非因合同产生的债权债务关系的法律适用。非因合同产生的债权债务关系,包括侵权之债、无因管理之债、不当得利之债以及因法律的其他规定产生的债权债务关系。对于因侵权产生的债权债务关系，首先适用《民法典》侵权责任编和其他有关法律对侵权责任所作的规定。对因无因管理和不当得利产生的债权债务关系，首先适用《民法典》合同编第三分编准合同的有关规定。对于因法律的其他规定，例如，因与婚姻家庭有关的法律规定所产生的给付抚养费或者赡养费的债权债务关系，首先适用这些法律的有关规定。对于非因合同产生的债权债务关系，没有相关内容作出特别规定的，直接适用本法合同编通则的规定，而且还应当考虑该债权债务的性质。

新旧法对比

无	《民法典》
无	第四百六十八条 **非因合同产生的债权债务关系，适用有关该债权债务关系的法律规定；没有规定的，适用本编通则的有关规定，但是根据其性质不能适用的除外。**

理解与适用

对于本条的规定，可以从以下几个方面理解：

非因合同产生的债权债务关系，首先适用有关该债权债务关系的法律规定。《民法典》第118条第2款规定，债权是因合同、侵权行为、无因管理、不当得利以及法律的其他规定，权利人请求特定义务人为或者不为一定行为的权利。从该规定可以看出，债权债务关系的发生原因有以下几类：

(1)合同依法成立后，即在当事人之间产生债权债务关系。基于合同所产生的债为合同之债，债权人有权按照合同约定，请求合同债务人履行合同义务。合同之债是民事主体为自己利益依自己意思自行设定的，合同之债属于意定之债。

(2)侵权行为，是指侵害他人民事权益的行为。因行为人侵害他人人身权利、财产权利以及其他合法权益，产生侵权之债，侵权人与被侵权人之间形成债权债务关系。侵权之债并不是基于当事人的意愿设定的，是法律直接对侵权行为所作出的否定性评价，给被侵权人以救济，保护被侵权人的民事权益。侵权之债属于法定之债。

(3)无因管理，是指没有法定的或者约定的义务，为避免他人利益受损失进行管理的行为。无因管理行为虽干预他人事务，但却是以避免他人利益受损失为目的，有利于社会的互助行为。法律为鼓励这一行为赋予管理人请求受益人偿还因管理行为支出的必要费用的权利。无因管理之债并不是基于当事人的意愿设定的,而是根据法律的规定,为法定之债。

(4)不当得利,是指没有法律根据,取得不当利益,造成他人损失的情形。任何民事主体不得没有法律根据取得利益而致他人损害,因此,法律规定受损失的人有权请求取得不当得利的人返还不当利益。不当得利之债不是当事人双方间的合意,也不以当事人的意志为转移,而是法律为纠正不当得利,直接赋予当事人的权利义务,也是法定之债。

(5)法律的其他规定。合同、侵权行为、无因管理、不当得利是债的发生的主要原因,除此之外,法律的其他规定也会引起债的发生,使民事主体依法享有债权。例如《民法典》第26条规定,父母对未成年子女负有抚养、教育和保护的义务。成年子女对父母负有赡养、扶助和保护的义务。《民法典》第1067条规定,父母不履行抚养义务的,未成年子女或者不能独立生活的成年子女,有要求父母给付抚养费的权利。成年子女不履行赡养义务的,缺乏劳动能力或者生活困难的父母,有要求成年子女给付赡养费的权利。

实务问题

本条属于合同编施行法的内容。在实践中,诸如不当得利、无因管理、侵权行为所产生的债权债务关系,已有明确法律规定,优先适用有关规定。而对于没有相应规定,但也属于债权债务关系的,参照适用合同编规定。像其他法定债权债务关系,如所有权人与无权占有人之间的返还关系、孳息和使用利益返还、费用偿还等,这些请求权并非基于“债”发生,而是基于物权人的地位和无权占有而发生,对此都可以参照适用合同编通则的有关规定。

(编写人:吴旺根)

第二章　合同的订立

法律条文

第四百六十九条　当事人订立合同，可以采用书面形式、口头形式或者其他形式。

书面形式是合同书、信件、电报、电传、传真等可以有形地表现所载内容的形式。

以电子数据交换、电子邮件等方式能够有形地表现所载内容，并可以随时调取查用的数据电文，视为书面形式。

条文主旨

本条是关于合同形式的规定。本条第 1 款规定了当事人订立合同，可以选择的法定形式：书面形式、口头形式或者其他形式。第 2 款就书面形式进行了规定。第 3 款就视为书面形式的方式作了规定。

新旧法对比

《合同法》	《民法典》
第十条　当事人订立合同，有书面形式、口头形式和其他形式。 法律、行政法规规定采用书面形式的，应当采用书面形式。当事人约定采用书面形式的，应当采用书面形式。 第十一条　书面形式是指合同书、信件和数据电文（包括电报、电传、传真、电子数据交换和电子邮件）等可以有形地表现所载内容的形式。	第四百六十九条　当事人订立合同，**可以采用**书面形式、口头形式**或者**其他形式。 书面形式是**合同书、信件、电报、电传、传真**等可以有形地表现所载内容的形式。 **以电子数据交换、电子邮件等方式能够有形地表现所载内容，并可以随时调取查用的数据电文，视为书面形式。**

理解与适用

合同形式是当事人合意的外在表现形式,是合同内容的载体。合同的形式可以分为书面形式、口头形式和其他形式三种。

(1)书面形式,是指以文字等有形的表现形式订立的合同。书面形式主要体现一种证据的作用。常见的书面形式合同有五类:合同书、信件、电报、电传、传真。此外,以电子数据交换、电子邮件等方式能够有形地表现所载内容,并可以随时调取查用的数据电文,视为书面形式。

(2)口头形式,即运用语言对话的方式缔约。一般即时结清的买卖、服务和消费合同大都采取口头形式订立,其固有缺点是缺乏文字凭据。

(3)其他形式,主要有两种:一是推定形式(也称默示形式),是当事人仅用行为向对方为要约,对方通过一定的行为作出承诺,从而使合同成立。二是法律另有规定或者当事人约定的形式。

实务问题

1. 电子数据交换、电子邮件视为书面形式

《合同法》第 11 条规定,数据电文包括电报、电传、传真、电子数据交换和电子邮件,属于合同的书面形式。而《民法典》则采用法律拟制,将"以电子数据交换、电子邮件等方式能够有形地表现所载内容,并可以随时调取查用的数据电文"视为书面形式。这一方面是说明理论界对数据电文有了更深的认识,另一方面是与《电子签名法》保持衔接。

电子数据交换、电子邮件等方式与电报、传真方式存在区别。电子数据交换、电子邮件等数字数据电文形式,存在固有缺陷:一方面,现有技术尚不能解决签字问题,作为证据使用存在极大障碍;另一方面,这种形式并不存在原件。因此,电子合同不可能提供"经过签署的原件",但符合法定要件的,可以"视为书面形式"订立的合同。

根据《电子签名法》第 5 条规定,符合下列条件的数据电文,视为满足法律、法规规定的原件形式要求:(1)能够有效地表现所载内容并可供随时调取查用。(2)能够可靠地保证自最终形成时起,内容保持完整、未被更改。但是,在数据电文上增加背书以及数据交换、储存和显示过程中发生的形式变化不影响数据电文的完整性。

《民法典》将上述规定内容,扼要规定为"能够有形地表现所载内容,并可以随时调取查用的",但在诉讼和举证过程中,则有必要适用《电子签名法》有关规定。

2. 合同的其他形式

《合同法解释(二)》第 2 条规定:当事人未以书面形式或者口头形式订立合

同，但从双方从事的民事行为能够推定双方有订立合同意愿的，人民法院可以认定是以《合同法》第 10 条第 1 款中的“其他形式”订立的合同。但法律另有规定的除外。

在深圳洪涛教育集团有限公司（以下简称洪涛公司）等与北京华夏兴业建筑咨询有限公司（以下简称华夏兴业公司）中介合同纠纷案[①]中，北京市第一中级人民法院分析认为：根据《合同法》规定，居间人负有向委托人报告订立合同的机会或者提供订立合同的媒介服务的义务。该案中，华夏兴业公司从四联公司经办人白某处得知四联公司准备提前与蒋某放、谢某、袁某解除房屋租赁合同的信息。殷某实、姜某宇受洪涛公司委托为寻找符合条件的办公用房与华夏兴业公司取得联系，华夏兴业公司向殷某实、姜某宇提供了谢某等人房源信息，洪涛公司也跟随华夏兴业公司实际查看了房屋，并在委托人与相对人之间进行沟通、撮合，确定了房屋租赁合同的内容与细节，上述行为可以认定华夏兴业公司为洪涛公司报告订立租赁合同的机会并提供订立租赁合同的媒介服务，履行了居间合同的主要义务，洪涛公司亦接受了上述行为，双方之间达成了订立居间合同的合意，应当认定双方以《合同法》第 10 条第 1 款中的“其他形式”订立了合同。

（编写人：杨　铖）

法律条文

第四百七十条　合同的内容由当事人约定，一般包括下列条款：

（一）当事人的姓名或者名称和住所；

（二）标的；

（三）数量；

（四）质量；

（五）价款或者报酬；

（六）履行期限、地点和方式；

（七）违约责任；

（八）解决争议的方法。

当事人可以参照各类合同的示范文本订立合同。

条文主旨

本条是关于合同条款和示范文本的规定。

① 北京市第一中级人民法院（2021）京 01 民终 638 号。

本条第1款规定,合同的内容由当事人约定,并就合同的一般条款作了列举。合同一般包括下列条款:(1)当事人的姓名或者名称和住所。这是每一个合同必备的条款,当事人是合同的主体。不仅要把合同当事人都写入合同中,而且要把各方当事人的姓名或者名称和住所都做准确和清晰的表达。(2)标的。标的是合同当事人的权利义务指向的对象。标的是合同成立的必要条件,是一切合同的必备条款。合同的种类不同,合同的标的也多种多样,例如,有形财产、无形财产、劳务、工作成果,等等。(3)数量。数量是合同的重要条款。合同的数量要准确,选择适用共同接受的计量单位、计量方法和计量工具,并根据不同情况,要求不同的精确度。(4)质量。质量是指标准、技术要求,包括性能、效用、工艺等,一般通过品种、型号、等级等体现出来。(5)价款或者报酬。价款或者报酬,是作为代价支付的货币等。价款或报酬是有偿合同的必备条款,缺少该内容,合同则无法履行。(6)履行期限、地点和方式。履行期限是指合同中规定当事人履行自己义务的时间界限;履行地点是指当事人履行合同义务和对方当事人接受履行的地点;履行方式是指当事人履行合同义务的具体做法。(7)违约责任。违约责任是指当事人在不履行合同义务或者履行义务不符合约定时应当承担的法律责任。(8)解决争议的方法。解决争议的方法指合同争议的解决途径及法律适用问题等。解决争议的途径主要有以下几种:协商和解、第三人调解、仲裁、诉讼。但是,本条第1款并没有规定合同的主要条款(或称必备条款)。

本条第2款规定,当事人可以参照各类合同的示范文本订立合同,但并不是强制的要求。

新旧法对比

《合同法》	《民法典》
第十二条　合同的内容由当事人约定,一般包括以下条款: (一)当事人的名称或者姓名和住所; (二)标的; (三)数量; (四)质量; (五)价款或者报酬; (六)履行期限、地点和方式; (七)违约责任; (八)解决争议的方法。 当事人可以参照各类合同的示范文本订立合同。	第四百七十条　合同的内容由当事人约定,一般包括下列条款: (一)当事人的**姓名或者名称**和住所; (二)标的; (三)数量; (四)质量; (五)价款或者报酬; (六)履行期限、地点和方式; (七)违约责任; (八)解决争议的方法。 当事人可以参照各类合同的示范文本订立合同。

理解与适用

合同条款,是表达合同当事人约定的合同内容的具体条款。按照《合同法解释(二)》第1条的规定,人民法院能够确定当事人名称或者姓名、标的和数量的,一般应当认定合同成立。

《民法典》第510条、第511条,规定了质量、价款或者报酬、履行地点、履行期限、履行方式、履行费用等合同有关内容没有约定或者约定不明确的情况下的处理规则。

《民法典》中对于合同一般条款的第1项规定,从《合同法》"当事人的名称或者姓名和住所"修订为"当事人的姓名或者名称和住所",将姓名调整至名称之前,系按《民法典》第一编总则的章节先"自然人"而后"法人"的顺序修订。

实务问题

1. 当事人就必要条款未达成合意,也未实际履行,合同不成立

在原告海宁市一良服饰有限公司与被告杭州富阳典秀针织有限公司、许某冰定作合同纠纷一案①中,杭州市富阳区人民法院认为,合同的内容由当事人约定,一般包括标的、数量、质量、价款或者报酬、履行期限、履行地点和方式等内容,其中标的、数量、价款等是合同的必要条款,原告、被告双方就必要条款未达成合意,也未实际履行,故合同不成立。

2. 当事人就合同条款约定后,又重新约定的,应按重新约定的条款履行

在原告董某杰与被告徐州市鼓楼区慈济庵建设工程施工合同纠纷一案②中,丰县人民法院认为,原告按照约定实际进行了涉案工程的施工,施工完毕后,被告向原告出具了防水维修施工签证单,该签证单系对涉案工程量以及工程款的确认。之后,原告一直向被告催要工程款。2020年12月13日,被告向原告支付了20,000元。同日,原告出具了收条。该收条系原告的真实意思表示,且不违反法律法规的强制性规定,合法有效。涉案收条中的"……年前剩余款按实际工程款进度支付(审计后支付总款数30%,计算以审计报告为准)",系原被告双方对涉案工程款支付方式的重新约定,原被告均应按约履行。因该工程尚未进行审计,原告起诉要求被告支付剩余工程款,缺乏事实及法律依据,法院不予支持。

---

① 浙江省富阳市人民法院(2020)浙0111民初6452号。

② 江苏省丰县人民法院(2020)苏0321民初5866号。

3. 价款或报酬是有偿合同的必备条款，缺少该内容，合同则无法履行

在魏某娇与吴某月等股份转让纠纷上诉案①中，最高人民法院认为：该案所审理的《股份转让协议》，各方当事人均承认其属于有偿合同，所约定的转让标的为嘉濠集团的股份。但是在两份股份转让协议中，对魏某娇所持嘉濠集团27.62%股份和吴某元所持的0.38%股份转让给吴某月，却均没有约定对价。根据《合同法》第12条规定，有偿合同应当约定价款或报酬。《合同法》第61条、第62条规定，当事人就价款没有约定或约定不明的，可以协议补充；不能达成补充协议的，按照合同有关条款或交易习惯确定；仍不能确定的，按照订立合同时履行地的市场价格履行。故价款或报酬是有偿合同的必备条款，缺少该内容，合同则无法履行。

公司股份不同于有形财产，其价值由多种因素构成，如固定资产和流动资金、知识产权或专有技术以及产品盈利能力和人员素质等。只有经过评估机构专门评估后，公司股份的价值才能体现或接近客观真实，在该基础上约定股份转让对价，才能体现当事人签订股份转让协议的真实意愿。吴某月担任嘉濠商厦董事长和向嘉濠商厦出资，其实质是吴某月获得嘉濠商厦的经营管理权和嘉濠商厦的资本得到补充，而非魏某娇转让其股份所获得的对价。如认定吴某月担任嘉濠商厦董事长和向嘉濠商厦出资，是魏某娇转让嘉濠集团股份的对价，则必须得到魏某娇的认可并且经过特别约定，否则，吴某月的行为作为股份出让的对价不能成立。然而吴某月主张的这种对价，在股份转让协议中却未有约定，魏某娇事实上也未予认可。该案二审期间，合议庭主持双方为此进行调解，但终因存在分歧而未能达成新的协议。故该案股份转让协议因无对价约定，无法履行而未成立，缔约双方因协议不成立各自应承担相应责任。魏某娇以《股份转让协议》未就主要条款达成合意、协议未成立为由，请求撤销原判，法院予以支持。合同生效与否、有无效力，皆应以合同成立为前提，没有成立的合同，自开始即对当事人没有约束力。原审判决认定吴某月担任嘉濠商厦董事长和向嘉濠商厦出资，是魏某娇转让嘉濠集团部分股份的对价，而判决该两份股份转让协议有效，属认定事实不清、适用法律不当，应予纠正。吴某月关于该案《股份转让协议》有效的诉讼请求应予驳回。

（编写人：杨　铖）

① 最高人民法院（2002）民二终字第2号。

法律条文

第四百七十一条　当事人订立合同,可以采取要约、承诺方式或者其他方式。

条文主旨

本条是关于合同订立方式的规定。合同订立的方式有:要约、承诺方式,或者其他方式。

新旧法对比

《合同法》	《民法典》
第十三条　当事人订立合同,采取要约、承诺方式。	第四百七十一条　当事人订立合同,**可以**采取要约、承诺方式**或者其他方式**。

理解与适用

合同订立是缔约人为意思表示并达成合意的状态。

要约、承诺既是合同订立的方式,也是合同订立的两个阶段,结果是合同成立。

所谓其他方式的合同订立,传统上有交叉要约、同时表示、意思实现以及实践中诸如证券场内交易,每一瞬间都有大量的买方和卖方的报价发出,交易系统按照价格优先、时间优先的规则,由电脑自动撮合、逐笔不断成交的方式。因此,对于合同订立方式,本条在《合同法》规定的"要约、承诺方式"基础上增加"其他方式",为实践情况及其发展留下空间。

实务问题

1. 要约、承诺的意思表示应当真实

在上诉人周某余与被上诉人储某房屋租赁合同纠纷案[①]中,该案的争议焦点为:周某余与案外人储某之间对涉案房屋的买卖是否是其真实意思表示,双方是否已经实际履行了房屋买卖合同,房屋所有权是否已经发生了转移。江苏省宿迁市中级人民法院认为,该案中,周某余与储某之间的合同应是名为房屋买卖合同,实为民间借贷,双方并未就房屋买卖达成一致的意思表示。主要理由是:

① 江苏省宿迁市中级人民法院(2020)苏13民终2119号。

(1)双方未达成买卖该房屋的合意;(2)房屋款项未交付;(3)房屋买卖合同没有实际履行。双方在签订合同后,由于双方并未形成买卖房屋的真实意思表示,故储某并未支付购房款,合同签订后房屋也未交付,周某余也一直居住在涉案房屋内,这也符合双方签订该房屋买卖合同系为周某余向储某借款提供担保的真实目的。双方后虽又签订租赁合同,但并不能改变双方当事人之间虚假房屋买卖的事实。综上所述,双方签订的涉案合同并非双方真实意思表示,其实质是为周某余与储某之间借款提供担保,且双方没有实际履行该房屋买卖合同,房屋所有权也没有发生转移。

2. 合同成立应具备要约和承诺两个阶段,意思表示一致,达成合意

在上诉人姜某与被上诉人王某杰、胡某蒙合同纠纷案①中,针对姜某是否应当赔偿胡某蒙、王某杰相应的损失,河南省平顶山市中级人民法院具体评析如下:当事人订立合同,有书面形式、口头形式和其他形式。当事人订立合同,采取要约、承诺方式。承诺生效时合同成立。该案中,就胡某蒙一审提交的录音证据、微信聊天记录和双方当事人的陈述来看,2020 年 3 月底,胡某蒙与姜某协商火锅店转让事宜,并协商以一定的价格转让火锅店的行为,可以视为胡某蒙向姜某发出了要约。双方经过多次沟通协商,2020 年 4 月中旬,姜某通过微信同意接手火锅店,并数次表明先履行部分支付转让费的义务,该行为表明姜某向胡某蒙作出法律意义上的承诺。根据合同成立应具备要约和承诺两个阶段来看,双方就转让合同意思表示一致,达成合意,胡某蒙与姜某之间的合同关系已经成立,双方应当按照约定全面履行自己的义务。后姜某明确向胡某蒙、王某杰表明不再接手火锅店,应视为其明确表示不履行合同义务,姜某的行为构成了违约,双方之间的合同应予以解除。胡某蒙、王某杰可以要求姜某赔偿因其违约给胡某蒙、王某杰造成的损失。

3. 主张合同成立的当事人,应当证明与合同当事人分别作出要约和承诺,符合合同成立要件

在李某勇与中国农业银行股份有限公司重庆云阳支行储蓄存款合同纠纷案②中,最高人民法院裁判摘要中指出:《合同法》第 13 条规定:“当事人订立合同,采取要约、承诺方式。”第 25 条规定:“承诺生效时合同成立。”依照上述法律规定,储蓄人主张与银行成立储蓄存款合同,应当证明其与银行分别作出要约和承诺,符合合同成立要件。当储蓄人依据犯罪分子伪造的存单主张与银行成立

① 河南省平顶山市中级人民法院(2020)豫 04 民终 4216 号。

② 最高人民法院(2013)民提字第 95 号。

储蓄合同,人民法院应判定储蓄人与银行是否就储蓄事宜分别作出要约、承诺。在不能认定双方成立储蓄合同情形下,储蓄人依据伪造存单提起的诉讼,应依照《最高人民法院关于审理存单纠纷案件的若干规定》,作为一般存单纠纷处理。

（编写人:杨　铖）

法律条文

第四百七十二条　要约是希望与他人订立合同的意思表示,该意思表示应当符合下列条件:

(一)内容具体确定;

(二)表明经受要约人承诺,要约人即受该意思表示约束。

条文主旨

本条是关于要约的定义及其构成要件的规定。"要约是希望与他人订立合同的意思表示"即要约的定义。本条后段规定要约的意思表示的两个构成要件:一是内容具体确定;二是表明经受要约人承诺,要约人即受该意思表示约束(愿受约束)。

新旧法对比

《合同法》	《民法典》
第十四条　要约是希望和他人订立合同的意思表示,该意思表示应当符合下列规定: (一)内容具体确定; (二)表明经受要约人承诺,要约人即受该意思表示约束。	第四百七十二条　要约是希望与他人订立合同的意思表示,该意思表示应当符合下列条件: (一)内容具体确定; (二)表明经受要约人承诺,要约人即受该意思表示约束。

理解与适用

要约是在合同订立过程中,要约人希望与他人订立合同的意思表示。要约亦称发价、发盘、出盘、出价或者报价。要约与承诺共同构成一个民事法律行为,而要约本身并不构成一个独立的法律行为。

要约应当符合以下构成要件:

(1)要约内容具体、确定。内容具体,是指要约的内容必须包含合同的主要条款。内容确定，是指要约的内容必须明确，达到一般人能够理解其真实含义的水平。

(2)表明经受要约人承诺，要约人即受该意思表示约束。

值得注意的是：要约人应当是特定的，受要约人则可以是特定的，也可以是非特定的(如构成要约的商业广告和宣传的内容，或者悬赏广告，就是向不特定的人发出的)。

实务问题

1. 实践性合同成立生效以当事人意思表示一致、实际交付为要件

在原告王某芳、原告王某宝与被告王某宇、第三人马某伟确认合同无效纠纷案①中，图们市人民法院认为，根据《民法典》第471条规定："当事人订立合同，可以采取要约、承诺方式或者其他方式。"第472条规定："要约是希望与他人订立合同的意思表示，该意思表示应当符合下列条件：(一)内容具体确定；(二)表明经受要约人承诺，要约人即受该意思表示约束。"合同的成立需要当事人之间就债权债务关系达成协议，即合意产生。借款合同为实践性合同，其成立并生效应当以当事人的意思表示一致、借款实际交付为要件。该案中王某芳、王某宝没有与王某宇商定借款及抵押事宜，没有订立合同的意思表示，双方未形成借款及抵押的一致意思表示，即未产生合意，王某芳、王某宝也未取得借款，因此王某芳、王某宝与王某宇之间借款合同关系不成立。

2. 在现行法律没有明确规定的情况下，应当充分尊重当事人意思自治，解释为诺成性合同

诺成性合同即只要当事人意思表示一致合同即告成立。根据2017年第9期《最高人民法院公报》案例通州建总集团有限公司与内蒙古兴华房地产有限责任公司建设工程施工合同纠纷上诉案②的裁判摘要，可知：

(1)对以物抵债协议的效力、履行等问题的认定，应以尊重当事人的意思自治为基本原则。一般而言，除当事人有明确约定外，当事人于债务清偿期届满后签订的以物抵债协议，并不以债权人现实地受领抵债物，或取得抵债物所有权、使用权等财产权利，为成立或生效要件。只要双方当事人的意思表示真实，合同内容不违反法律、行政法规的强制性规定，合同即为有效。

(2)当事人于债务清偿期届满后达成的以物抵债协议，可能构成债的更改，

① 吉林省图们市人民法院(2021)吉2402民初67号。

② 最高人民法院(2016)最高法民终484号，参见《最高人民法院公报》2017年第9期。

即成立新债务,同时消灭旧债务;亦可能属于新债清偿,即成立新债务,与旧债务并存。基于保护债权的理念,债的更改一般需有当事人明确消灭旧债的合意,否则,当事人于债务清偿期届满后达成的以物抵债协议,性质一般应为新债清偿。

(3)在新债清偿情形下,旧债务于新债务履行之前不消灭,旧债务和新债务处于衔接并存的状态;在新债务合法有效并得以履行完毕后,因完成了债务清偿义务,旧债务才归于消灭。

(4)在债权人与债务人达成以物抵债协议、新债务与旧债务并存时,确定债权是否得以实现,应以债务人是否按照约定全面履行自己义务为依据。若新债务届期不履行,致使以物抵债协议目的不能实现的,债权人有权请求债务人履行旧债务,且该请求权的行使,并不以以物抵债协议无效、被撤销或者被解除为前提。

《〈第八次全国法院民事商事审判工作会议(民事部分)纪要〉理解与适用》①就此指出:以物抵债协议并非必须为实践性合同,对于没有完成他种给付的,实际上更符合新债清偿(原债和新债并存)的特征。在现行法律没有明确规定的情况下,应充分尊重当事人意思自治,将之解释为诺成性合同。房屋所有权是否完成变动,房屋是否交付仅涉及债是否已经获得清偿问题,不应影响以物抵债协议的生效。《第八次全国法院民事商事审判工作会议(民事部分)纪要》对以物抵债协议的性质没有作出明确规定,其中,第17条是从正面明确对完成产权变更手续的以物抵债协议,当事人没有正当理由不能主张无效或可撤销,但不能因此得出以物抵债协议没有完成产权变更手续即不发生效力的结论,因为合同不生效与合同无效系不同层次的概念。

(编写人:杨 铖)

法律条文

第四百七十三条 要约邀请是希望他人向自己发出要约的表示。拍卖公告、招标公告、招股说明书、债券募集办法、基金招募说明书、商业广告和宣传、寄送的价目表等为要约邀请。

商业广告和宣传的内容符合要约条件的,构成要约。

① 杜万华主编:《〈第八次全国法院民事商事审判工作会议(民事部分)纪要〉理解与适用》,人民法院出版社2017年版,第324页。

条文主旨

本条是关于要约邀请的规定。第 1 款列举了常见的要约邀请。拍卖公告、招标公告、招股说明书、债券募集办法、基金招募说明书、商业广告和宣传、寄送的价目表等为要约邀请。因此,一般具有以上这些形式的意思表示都不是要约,而是要约邀请。

第 2 款规定,如果商业广告和宣传具备了要约的条件,就构成了要约,而不再是要约邀请。

新旧法对比

《合同法》	《民法典》
第十五条　要约邀请是希望他人向自己发出要约的意思表示。寄送的价目表、拍卖公告、招标公告、招股说明书、商业广告等为要约邀请。 商业广告的内容符合要约规定的,视为要约。	第四百七十三条　要约邀请是希望他人向自己发出要约的表示。拍卖公告、招标公告、招股说明书、**债券募集办法、基金招募说明书、**商业广告**和宣传**、寄送的价目表等为要约邀请。 商业广告**和宣传**的内容符合要约**条件**的,**构成**要约。

理解与适用

1. 要约邀请,是一方希望他方向自己发出要约的表示

要约邀请是订立合同的预备行为。要约邀请和要约的主要区别有:(1)要约是一种法律行为,具有法律意义;要约邀请是一种事实行为,不具有法律意义。(2)要约是当事人自己主动提出愿意与他人订立合同的意思表示;要约邀请是希望他人向自己发出要约的意思表示。(3)要约一旦被承诺,合同即告成立,要约人受其要约的约束;而受要约邀请的人依要约邀请发出要约,要约邀请人仍然享有是否作出承诺的选择权。(4)要约的内容应当包括合同的主要条款;而要约邀请无须具备合同的主要条款。

2. 典型的要约邀请类型

(1)拍卖公告。拍卖人在拍卖前刊登或者以其他形式发出拍卖公告,对拍卖物及其价格进行宣传介绍等,属于要约邀请。

(2)招标公告。招标是指招标人采取招标通知或者招标公告的方式发出意思表示,以吸引投标人投标。对于招标公告或者招标通知,一般都认为属于要约

邀请,不是要约。

(3)招股说明书。招股说明书是股份有限公司发起人向社会公开募集股份时或者公司经批准向社会公开发行新股时,向社会公众公开的说明文书。招股说明书是向社会发出的要约邀请,邀请公众向公司发出要约,购买公司的股份。

(4)债券募集办法。公司发行公司债券,应当按照规定公告公司债券募集办法,记载并披露对投资者作出投资决策有重大影响的信息。投资者根据债券募集办法记载的情况决定是否购买债券。

(5)基金招募说明书。基金招募说明书是基金发起人公开发售基金时,为基金投资者提供的对基金情况进行说明的文件。投资者根据基金招募说明书载明的情况判断是否申购基金。

(6)商业广告和宣传。商业广告是指商品经营者或者服务提供者通过一定媒介和形式直接或者间接地介绍自己所推销的商品或者服务的广告。宣传,是除通过商业广告外,对商品或者服务进行推广的其他形式。一般而言,商业广告和宣传的目的在于宣传商品或者服务的优点,并以此影响顾客购买商品或者服务,为要约邀请。一般的商业广告和宣传并不能构成一个要约,但也不排除有些内容确定的商业广告和宣传构成要约。

(7)寄送的价目表。发送商品价目表,是商品生产者或者销售者推销商品的一种方式。价目表仅指明了商品、价格,并没有指明数量,对方不能以肯定的答复使合同成立,不符合要约的条件,性质上是要约邀请。

本条第2款规定,商业广告和宣传的内容符合要约条件的,构成要约。依照合同编第472条的规定,一项意思表示构成要约应当符合下列条件:一是内容具体确定;二是表明经受要约人承诺,要约人即受该意思表示约束。认定一项商业广告或者商业宣传是否符合要约的条件,需要根据实际情况进行判断。

实务问题

1. 国土资源局的挂牌出让国有土地使用权公告属于要约邀请

时间集团公司诉浙江省玉环县国土局土地使用权出让合同纠纷案①裁判摘要:根据《合同法》第15条第1款的规定,国有土地使用权出让公告属于要约邀请,竞买人在竞买申请中提出报价,并按要约邀请支付保证金的行为,属于要约,双方当事人尚未形成土地使用权出让合同关系。国有土地使用权出让方因出让公告违反法律的禁止性规定,撤销公告后,造成竞买人在缔约阶段发生信赖利益损失的,应对竞买人的实际损失承担缔约过失责任。

① 最高人民法院(2003)民一终字第82号,参见《最高人民法院公报》2005年第5期。

2. 当事人在网站发布公开拍卖推介书的行为，实质上是要约邀请

在成都鹏伟实业有限公司与江西省永修县人民政府、永修县鄱阳湖采砂管理工作领导小组办公室(以下简称采砂办)采矿权纠纷案[①]中，最高人民法院认为：采砂办在"中国投资在线"网站发布的公开拍卖《推介书》是对公开拍卖采砂权事宜向社会不特定对象发出的要约邀请，在受要约人与之建立合同关系，且双方对合同约定的内容产生争议时，该要约邀请对合同的解释可以产生证据的效力。采砂办工作人员编写的《可行性报告》与《推介书》的内容是一致的，是对要约的具体化和解释，在本案中可以作为证据使用。

(编写人：杨　铖)

法律条文

第四百七十四条　要约生效的时间适用本法第一百三十七条的规定。

条文主旨

本条是关于要约生效时间的规定。要约生效的时间适用本法第137条的规定。

《民法典》第137条规定，以对话方式作出的意思表示，相对人知道其内容时生效。以非对话方式作出的意思表示，到达相对人时生效。以非对话方式作出的采用数据电文形式的意思表示，相对人指定特定系统接收数据电文的，该数据电文进入该特定系统时生效；未指定特定系统的，相对人知道或者应当知道该数据电文进入其系统时生效。当事人对采用数据电文形式的意思表示的生效时间另有约定的，按照其约定。

新旧法对比

《合同法》	《民法典》
第十六条　<u>要约到达受要约人时生效。</u> <u>采用数据电文形式订立合同，收件人指定特定系统接收数据电文的，该数据电文进入该特定系统的时间，视为到达时间；未指定特定系统的，该数据电文进入收件人的任何系统的首次时间，视为到达时间。</u>	第四百七十四条　**<u>要约生效的时间适用本法第一百三十七条的规定。</u>**

① 最高人民法院(2008)民二终字第91号。

理解与适用

本条是关于要约生效时间的规定。要约作为一种有特定或不特定相对人的意思表示,其生效时间,适用本法第 137 条关于有相对人的意思表示的生效时间的规定。在没有特别约定或法律另有规定的一般情况下,要约和承诺的生效都坚持"到达主义"。

(1)以对话方式作出的要约意思表示,相对人知道其内容时生效。以对话方式作出的要约,要约人作出意思表示和受要约人受领要约的意思表示是同步进行的,没有时间差,因此,要约人作出要约的意思表示并使受要约人知道时即发生效力。

(2)以非对话方式作出的要约意思表示,到达相对人时生效。要约在这种情况下,只要是进入受要约人通常的地址、住所或者能够控制的地方(如信箱)即视为到达,意思表示被受要约人的代理人收到也可以视为到达。这样规定,还意味着:即使在要约的意思表示送达受要约人前受要约人已经知道该意思表示的内容的,该意思表示也不生效。

(3)以非对话方式作出的采用数据电文形式的要约意思表示,该数据电文进入该特定系统时生效;未指定特定系统的,相对人知道或者应当知道该数据电文进入其系统时生效。要约的意思表示采用数据电文方式作出,虽然也是以非对话方式进行的,但由于其发出和到达具有自动性、实时性等特点,意思表示发出即到达,其生效时间也与一般的非对话方式作出的意思表示的生效时间有所区别:对有特定系统的,含有要约意思表示的数据电文进入该特定系统时生效;对未制定特定系统的,推定受要约人知道或者应当知道该数据电文进入其系统时生效。

(4)当事人对采用数据电文形式的意思表示的生效时间另有约定的,按照其约定。这是为尊重当事人对意思表示生效时间的约定,体现意思自治。

实务问题

1. 以对话方式作出的意思表示,相对人知道其内容时生效,但当事人无证据证明自身系对话的相对人的,对其不产生效力

在再审申请人周某芬与被申请人伊厦成都国际商贸城股份有限公司(以下简称伊厦公司)租赁合同纠纷案[①]中,四川省高级人民法院认为,关于伊厦公司是否放弃了案涉商铺综合管理服务费的问题,周某芬虽然提供了部分商家与伊

① 四川省高级人民法院(2018)川民申 5818 号。

厦公司法定代表人之间2014年5月13日的对话录音，但是，周某芬与伊厦公司在再审审查询问中均表示，成都国际商贸城的商户人数众多，各自协议的履行情况并不完全一致。本案中，目前并无证据证明周某芬是上述对话的相对人，或者参与对话的商家代表已向伊厦公司明示了其所代表的其他商户名称且周某芬包含在其中。根据《民法总则》第137条第1款“以对话方式作出的意思表示，相对人知道其内容时生效”之规定，伊厦公司法定代表人对相关商家代表作出的意思表示，并不会对周某芬产生法律效力。因此，周某芬关于伊厦公司已放弃案涉商铺综合管理服务费的再审理由不能成立，相应地，周某芬申请再审提交的伊厦公司网站公告等证据，亦无法推翻二审判决的相关认定。

2. 以行为作出意思表示，并实际履行的，对当事人发生效力

在上诉人汪某、上诉人北京科影传媒有限公司（以下简称科影公司）与被上诉人央视国际网络有限公司（以下简称央视国际公司）、西安梦想流坊影视文化传媒有限公司（以下简称梦想流坊公司）侵害著作权纠纷案①中，就《齿痕》的拍摄是否侵犯了《归途》的摄制权的问题，一审法院认为：《民法总则》第137条第2款规定，以非对话方式作出的意思表示，到达相对人时生效。汪某担任导演，根据其自己创作的《归途》，拍摄了《齿痕》。汪某以担任导演拍摄《齿痕》的行为作出了许可被告使用剧本《归途》的意思表示。二审法院重庆市高级人民法院进一步分析认为，《著作权法》第15条规定：电影作品和以类似摄制电影的方法创作的作品的著作权由制片者享有，但编剧、导演、摄影、作词、作曲等作者享有署名权，并有权按照与制片者签订的合同获得报酬。电影作品和以类似摄制电影的方法创作的作品中的剧本、音乐等可以单独使用的作品的作者有权单独行使其著作权。作为影视行业的从业者，汪某理应知悉《齿痕》（原《归途》）拍摄制作完成后著作权归属于制片者，故无论基于常理还是法律规定，汪某必然先要与《齿痕》（原《归途》）的制片者或制片者的受托方达成某种许可使用约定，汪某才会将自己创作的剧本《归途》提供使用，且在从事编剧、导演工作期间不对使用剧本《归途》提出异议。《著作权法实施条例》第23条规定，使用他人作品应当同著作权人订立许可使用合同，许可使用的权利是专有使用权的，应当采取书面形式，但是报社、期刊社刊登作品除外。因此，《著作权法》第24条规定的“使用他人作品应当同著作权人订立许可使用合同”，除专有使用权许可之外，并未要求必须是书面形式，汪某主张需签订书面合同许可行为方能成立的上诉理由不能成立。汪某提供自己创作的剧本、从事编剧、导演拍摄的行为已经作出了许可他人将其剧本《归途》以类似摄制电影的方法创作成作品《齿痕》（原《归途》）的

① 重庆市高级人民法院（2020）渝民终1686号。

意思表示，且已经实际履行，故其主张央视国际公司、科影公司及梦想流坊公司未经许可摄制、播放《齿痕》侵犯其摄制权的上诉理由不能成立。

3. 当事人未指定用于沟通还款的特定系统和方式，一方向另一方邮箱成功发送了邮件，即应推定另一方已知晓

在上诉人甘某与被上诉人刘某民间借贷纠纷案①中，湖北省宜昌市中级人民法院认为，根据《民法总则》第137条第2款规定，以非对话方式作出的意思表示，到达相对人时生效。以非对话方式作出的采用数据电文形式的意思表示，相对人指定特定系统接收数据电文的，该数据电文进入该特定系统时生效；未指定特定系统的，相对人知道或者应当知道该数据电文进入其系统时生效。当事人对采用数据电文形式的意思表示的生效时间另有约定的，按照其约定。本案中，甘某并未向刘某指定用于沟通还款的特定系统和方式，刘某向甘某邮箱成功发送了邮件，即应推定甘某对刘某还款一事已知晓。另外，自2013年刘某还款至2017年甘某向一审法院起诉已经经过了4年多时间，甘某并未提供证据证明在此期间其向刘某主张过债权，亦可对此予以佐证。

（编写人：杨　铖）

法律条文

第四百七十五条　要约可以撤回。要约的撤回适用本法第一百四十一条的规定。

条文主旨

本条是关于要约撤回的规定。要约的撤回适用本法第141条的规定。

《民法典》第141条规定：行为人可以撤回意思表示。撤回意思表示的通知应当在意思表示到达相对人前或者与意思表示同时到达相对人。

新旧法对比

《合同法》	《民法典》
第十七条　要约可以撤回。撤回要约的通知应当在要约到达受要约人之前或者与要约同时到达受要约人。	第四百七十五条　要约可以撤回。**要约的撤回适用本法第一百四十一条的规定。**

① 湖北省宜昌市中级人民法院(2020)鄂05民再31号。

理解与适用

所谓要约的撤回，是在要约尚未发生法律效力之前，要约人撤回要约，使尚未生效的要约不产生预期的效力。这种撤回不会对受要约人造成任何影响，也不危害交易秩序，法律是允许的。但行为人撤回要约的意思表示，是有条件的，要在要约到达受要约人之前或者同时到达受要约人。如果撤回要约的意思表示在要约到达受要约人之后到达，则要约已经生效，若要使要约失去效力，则要适用《民法典》第 476 条关于要约撤销的有关规定，看是否符合要约的撤销的条件。

要约的撤回与撤销有本质区别。要约的撤回是在要约生效前作出的使其不发生效力的表示，目的是使一个未发生法律效力的要约不发生法律效力，此时主要考虑保护要约人对其意思表示的自由处分权利；要约的撤销是在要约作出并生效后，要约人又作出取消其意思表示的表示，目的是使一个已经发生法律效力的要约失去法律效力，因此时受要约人已知悉要约内容甚至基于合理信赖采取了行动，需要平衡要约人与受要约人的利益。

依据《民法典》合同编第 474 条和总则编第 137 条，以对话方式发出的要约，受要约人知道其内容时生效；以非对话方式作出的要约，到达受要约人时生效。因此，对于以对话方式作出的要约，相当于即时生效，撤回的空间比较小；对于以非对话方式作出的要约，则可以适用本条关于撤回的规定。

实务问题

1. 规定要约、承诺可以撤回，是为确保合同符合当事人内心真实意愿

在中国农业银行重庆市分行（以下简称农行市分行）与重庆雨田房地产有限公司（以下简称雨田公司）买卖合同纠纷案①中，最高人民法院认为：雨田公司上诉主张其与农行营业部及朝天门支行签订《置换协议》，为农行市分行胁迫所致。农行市分行答辩称，雨田公司与农行营业部及朝天门支行签订的《置换协议》为雨田公司与农行营业部置换房屋，与其没有关系。依据庭审查明的案件事实，雨田公司围绕该项主张，自始未能举证证明农行市分行胁迫其签订《置换协议》的事实存在，因此，雨田公司关于《置换协议》为农行市分行胁迫的主张，没有事实依据，不予支持。

《最高人民法院司法观点集成 · 民事卷Ⅱ》（新编版）②进一步指出，雨田公司对其主张农行市分行已经构成胁迫的诉讼请求所依据的事实，有责任提供证

---

① 最高人民法院（2004）民一终字第 8 号。

② 刘德权、王松主编：《最高人民法院司法观点集成 · 民事卷Ⅱ》（新编版），中国法制出版社 2017 年版，第 845 页。

据加以证明。因为,《置换协议》同其他合同一样,作为双方意思表示的记载和履行义务、享有权利的依据,应当是在双方意思表示一致的基础上成立的,即双方把自己愿意置换房屋的内心意思通过签订《置换协议》的外在行为表示出来。否则,《置换协议》就不能成立。换句话说,《置换协议》的订立同样有一个反复协商的过程,不可能"一拍即合"。合同的订立都存在要约和承诺这样两个阶段,"要约到达受要约人时生效","承诺通知到达要约人时生效"。因此,《置换协议》本质上是双方要约与承诺的结果。如果双方因为种种原因不想置换房屋,不愿意订立《置换协议》,根据《合同法》第 17 条、第 27 条关于"要约可以撤回。撤回要约的通知应当在要约到达受要约人之前或者与要约同时到达受要约人"和"承诺可以撤回,撤回承诺的通知应当在承诺通知到达要约人之前或者与承诺通知同时到达要约人"之规定,雨田公司在向农行营业部以及朝天门支行发出置换房屋的要约,至到达两受要约人之前,可以撤回要约;两受要约人发出承诺至到达要约人雨田公司之前,也可以撤回承诺,以确保《置换协议》符合双方内心真实意愿。但是,依据查明的案件事实,在双方订立《置换协议》过程中,雨田公司自始未能举证证明农行市分行胁迫其签订《置换协议》的事实存在。由于没有支持的法定事由,二审判决驳回了雨田公司的该项请求。

2. 交易各方采用电子邮件、网上交流等方式订立合同,应当注意的事项

根据《商务部关于网上交易的指导意见(暂行)》,交易各方采用电子邮件、网上交流等方式订立合同,应当遵守《合同法》《电子签名法》的有关规定,注意下列事项:(1)与数据电文确认收讫有关的事项;(2)以数据电文形式发送的要约的撤回、撤销和失效以及承诺的撤回;(3)自动交易系统形成的文件的法律效力;(4)价款的支付,标的物和有关单据、凭证的交付;(5)管辖法院或仲裁机构的选择,准据法的确定;(6)法律、法规规定的其他事项。交易方采用格式合同的,制定合同的一方应遵守法律、法规关于格式合同的规定,并注意适应网络特点,相对方要仔细阅读合同条款,谨慎操作。

(编写人:杨　铖)

法律条文

第四百七十六条　要约可以撤销,但是有下列情形之一的除外:

(一)要约人以确定承诺期限或者其他形式明示要约不可撤销;

(二)受要约人有理由认为要约是不可撤销的,并已经为履行合同做了合理准备工作。

条文主旨

本条是关于要约不得撤销情形的规定。以下两种情况，要约不得撤销：

(1)要约人以“确定承诺期限或者其他形式”明示要约不可撤销；

(2)受要约人有理由认为要约是不可撤销的，并已经为履行合同做了合理准备工作。

新旧法对比

《合同法》	《民法典》
第十八条　要约可以撤销。撤销要约的通知应当在受要约人发出承诺通知之前到达受要约人。 第十九条　有下列情形之一的，要约不得撤销： (一)要约人确定了承诺期限或者以其他形式明示要约不可撤销； (二)受要约人有理由认为要约是不可撤销的，并已经为履行合同作了准备工作。	第四百七十六条　要约可以撤销，**但是**有下列情形之一的**除外**： (一)要约人**以确定**承诺期限或者其他形式明示要约不可撤销； (二)受要约人有理由认为要约是不可撤销的，并已经为履行合同**做了合理**准备工作。

理解与适用

要约的撤销是在要约作出并生效后，要约人又作出取消其意思表示的表示，目的是使一个已经发生法律效力的要约失去法律效力。承诺之前，要约人可以撤销要约，但以下两种情形除外：(1)要约人明示邀约不可撤销。要约人明示邀约不可撤销，可以通过确定承诺期限等形式。例如，要约人在要约中声明“我们坚持此要约直至收到贵方回复”“这是一个确定的要约”。(2)受要约人有理由认为要约是不可撤销的，并已经为履行合同做了合理准备工作。这是为保护受要约人的合理信赖。

第一个构成要件，受要约人有理由认为要约是不可撤销的。根据《国际商事合同通则》注释，受要约人对要约人的合理信赖，可以有以下来源：(1)受要约人的合理信赖，可源于要约人的行为。比如，受要约人对要约人有所了解，双方曾在商业上有过往来，并由此相信要约人的要约不可撤销。(2)受要约人的合理信赖，可源于要约本身的性质。比如，对某一项要约作出承诺前，需要受要约人进行广泛、昂贵的调查，或需要受要约人向第三方发出要约以作出该项要约的承诺。

第二个构成要件,受要约人已经为履行合同做了合理准备工作。《民法典》增加了“合理”二字。受要约人基于对要约不可撤销的合理信赖所作出的合理准备,应该是在有关贸易中被视为正常行为,或者应该是要约人所能预见或者知悉的行为。通常是为生产所作的准备、购买或租用材料设备、负担费用等。

实务问题

1. 违反关于要约人在承诺期限内要约不可撤销的法律规定,应当承担缔约过失责任

在上诉人蒙城县住房和城乡建设局(以下简称蒙城住建局)与被上诉人安徽省海陆通建设有限公司(以下简称海陆通公司),原审被告安徽合肥公共资源交易中心合同纠纷案①中,二审法院安徽省合肥市中级人民法院认为:《合同法》第19条规定,有下列情形之一的,要约不得撤销:(1)要约人确定了承诺期限或者以其他形式明示要约不可撤销;(2)受要约人有理由认为要约是不可撤销的,并已经为履行合同作了准备工作。结合本案,招标文件规定的有效期为“投标有效期自投标文件递交截止之日起九十天”,也就是说,海陆通公司在递交投标文件截止之日起90天内其生效的要约依《合同法》的规定属于不可撤销的邀约。因此,在招标代理机构已经公示海陆通公司为第一中标候选人,且从海陆通公司向招标代理机构报告表明其放弃第一中标候选人资格的理由“因公示中的项目经理从本公司辞职,不能实际到岗参与项目建设;以及由于融资机构撤回对该项目的融资,导致该项目资金不能保证项目正常施工的原因”来看,该放弃行为系其自身而非蒙城住建局原因所致,海陆通公司也没有提交其他证据证明其放弃行为本身有可以归责于蒙城住建局的原因或因素,系其单方意思表示。因而该行为不仅违反了其在《投标函》《投标人声明和承诺函》中有关“在投标有效期内不修改和撤销投标文件”的声明和承诺,也违反了《合同法》第19条关于要约人在承诺期限内要约不可撤销的法律规定,应当承担缔约过失责任。

2. 没有签订书面合同,但受要约人有理由认为要约不可撤销,并实际履行的,口头协议成立

在上诉人安徽省中车科技有限公司(以下简称安徽中车公司)与被上诉人潘某,第三人刘某德专利合同纠纷一案②中,就争议焦点潘某和安徽中车公司之间“便携式自发光诱导牌”产品成果转让合同是否成立,安徽省高级人民法院认

① 安徽省合肥市中级人民法院(2020)皖01民终1420号。

② 安徽省高级人民法院(2020)皖民终343号。

为:《合同法》第19条、第25条规定,有下列情形之一的,要约不得撤销:……(2)受要约人有理由认为要约是不可撤销的,并已经为履行合同作了准备工作,承诺生效时合同成立。《专利法》第6条规定,非职务发明创造,申请专利的权利属于发明人或者设计人。该案中,安徽中车公司向潘某发送的《显示屏的外观结构设计合同》上载明了"甲方需在合同签订之日起五个工作日内将设计费三十万元付给乙方。在组装完并把因其他原因而放在刘某德名下的显示屏专利权转到中车公司名下后,甲方应在三个工作日内支付设计费用壹拾万元整"等内容。依据已生效的判决认定的事实能够确认,涉案外观设计不属于职务发明创造,涉案"便携式自发光诱导牌"外观设计的发明人为潘某,项目发起人为刘某德,软件的开发人为上海大学,故"便携式自发光诱导牌"外观设计申请权应属于潘某。潘某、刘某德、上海大学在安徽中车公司没有给付研发费的情况下,为促进合作,协商决定将专利申请权暂时放在刘某德名下,待安徽中车公司履行专利成果转让合同后,由刘某德直接将专利申请权转给安徽中车公司。潘某与安徽中车公司没有签订书面合同,但安徽中车公司向潘某发送了《显示屏的外观结构设计合同》。其后,潘某知晓刘某德将涉案外观设计专利申请人变更为安徽中车公司,没有提出反对意见,上述行为可视为潘某完成了研发设计并在收到安徽中车公司的《显示屏的外观结构设计合同》后,将实际成果交付了对方,即潘某已实际履行了《显示屏的外观结构设计合同》。安徽中车公司辩称在要约后又变更撤回,但其已实际获得涉案专利发明的相关设计方案并实际将自己作为专利申请人申请专利。依据已生效的判决能够认定,潘某对涉案外观设计专利的研发不属于职务行为,安徽中车公司也未能就其取得涉案外观设计专利发明申请权做出合理的说明并提供证据证明,故对其辩称要约撤回,合同不成立的观点,不予采信。依据民事诉讼公平、合理的基本原则,保护发明人的知识产权,应当认定安徽中车公司与潘某关于《显示屏的外观结构设计合同》的口头协议成立。

(编写人:杨　铖)

法律条文

第四百七十七条　撤销要约的意思表示以对话方式作出的,该意思表示的内容应当在受要约人作出承诺之前为受要约人所知道;撤销要约的意思表示以非对话方式作出的,应当在受要约人作出承诺之前到达受要约人。

条文主旨

本条是关于撤销要约的条件的规定。原则上,要约人应当在受要约人作出承诺之前撤销要约,但撤销要约的意思表示以不同方式作出的,条件略有不同。

对于撤销要约的意思表示以对话方式作出的,该意思表示的内容应当在受要约人作出承诺之前,让受要约人知晓;对于撤销要约的意思表示以非对话方式作出的,该意思表示的内容应当在受要约人作出承诺之前到达受要约人,到达受要约人则推定受要约人已知晓。

新旧法对比

《合同法》	《民法典》
第十八条 要约可以撤销。撤销要约的通知应当在受要约人发出承诺通知之前到达受要约人。	第四百七十七条 **撤销要约的意思表示以对话方式作出的,该意思表示的内容**应当在受要约人**作出承诺**之前**为受要约人所知道;撤销要约的意思表示以非对话方式作出的,**应当在受要约人**作出承诺**之前到达受要约人。

理解与适用

本条对《合同法》第18条作出了修改,并与《民法典》总则编第137条衔接。

撤销要约的通知本身是一种意思表示。意思表示的到达与生效时间自然适用《民法典》总则编第137条的规定。具体可以从以下两个方面理解:

(1)撤销要约的意思表示以对话方式作出的,该意思表示的内容应当在受要约人作出承诺之前,受要约人知道该意思表示时生效;撤销要约的意思表示以非对话方式作出的,该意思表示的内容应当在受要约人作出承诺之前,到达受要约人时生效。

(2)要约人想要撤销要约的,应当在"受要约人作出承诺"之前。本法合同编第480条规定,承诺应当以通知的方式作出;但是,根据交易习惯或者要约表明可以通过行为作出承诺的除外。也就是说,承诺不一定要以通知方式作出,也可以通过行为作出。因此,第477条作出相应规定。

实务问题

1. 要约人在受要约人作出承诺意思表示之前已经明确表示撤销要约的，该撤销行为应依法认定有效

在上诉人上海图云物流有限公司（以下简称图云公司）与被上诉人舟山军华船务有限公司（以下简称军华公司）航次租船合同纠纷案[①]中，双方当事人均确认，图云公司业务员2019年7月10日通过微信向军华公司发送了未盖章的航次租船合同文本，军华公司于当日17:30将其单方盖章的合同图片发送给图云公司，图云公司回复“收到”。图云公司上诉认为其回复“收到”即为对军华公司的要约作出承诺。浙江省高级人民法院认为，按照《合同法》第21条规定“承诺是受要约人同意要约的意思表示。”第25条规定“承诺生效时合同成立。”第26条中规定“承诺通知到达要约人时生效。”该案中，图云公司向军华公司发送未盖章的航次租船合同文本的行为，可视为要约邀请。军华公司将其单方盖章的合同发送给图云公司的行为应视为要约。图云公司在收到军华公司单方盖章合同时回复的“收到”二字，不足以认定包含有同意要约的意思，同时图云公司业务员在微信中也要求军华公司次日早上发送扫描件，由图云公司盖章，而且该航次租船合同文本第10条约定“本合同经甲、乙双方签字、盖章后生效……”。因此，图云公司应以盖章方式对合同内容进行确认才构成有效承诺，其业务员在军华公司发送单方盖章的合同照片时回复“收到”尚未构成有效承诺。《合同法》第18条、第20条规定，要约可以撤销。撤销要约的通知应当在受要约人发出承诺通知之前到达受要约人。要约人依法撤销要约的，要约失效。在图云公司尚未盖章之前，2019年7月11日10:20，军华公司表示“这船确实没办法定了，要么只能给你留着了”，即军华公司在图云公司作出承诺意思表示之前已明确表示撤销合同要约，该撤销行为依法应认定有效，军华公司的要约失效。图云公司于当日10:35向军华公司发送加盖图云公司印章的合同的行为，发生在军华公司的要约失效之后，故原判认为图云公司与军华公司之间的航次租船合同并未成立生效，并无不妥。

2. 在受要约人作出承诺前，要约人向法院提起诉讼的，视为撤销要约

在原告秋某朵与被告天津景秀置业投资有限公司（以下简称景秀置业公司）商品房预售合同纠纷一案[②]中，关于认购书是否解除问题，天津市宝坻区人

① 浙江省高级人民法院（2020）浙民终504号。

② 天津市宝坻区（县）人民法院（2021）津0115民初785号。

民法院认为:合同订立需要经过要约、承诺两个阶段,承诺生效时合同成立,承诺可以以通知或者行为的方式作出。该案中,秋某朵于2020年9月向景秀置业公司提交书面《退房申请》并单方签署解除协议的行为,即是向景秀置业公司发出要约,景秀置业公司未在该解除协议上签字盖章,在本案诉状向其送达前亦未向秋某朵退还房款,故在本案诉状送达景秀置业公司前,景秀置业公司并未就解除协议向秋某朵作出承诺,即该解除协议在本案诉状送达景秀置业公司时尚未生效。庭审中,景秀置业公司主张该解除协议已经生效,双方之间的认购书已经解除,虽可视为其就解除协议向秋某朵作出承诺,但秋某朵在该承诺作出前已向本院提出诉讼,要求景秀置业公司退还房款213,425元并支付相应利息的行为,可视为撤销前述要约,该撤销要约的意思表示自诉状送达景秀置业公司时生效,因此秋某朵向景秀公司作出的"解除认购书、景秀置业公司退还秋某朵房款202,888元"的要约自动失效。综上所述,上述解除协议尚未成立,对双方不具有法律拘束力,至庭审时止,双方于2019年8月12日签订的认购书尚未解除。

(编写人:杨　铖)

法律条文

第四百七十八条　有下列情形之一的,要约失效:

(一)要约被拒绝;

(二)要约被依法撤销;

(三)承诺期限届满,受要约人未作出承诺;

(四)受要约人对要约的内容作出实质性变更。

条文主旨

本条是关于要约失效的规定。本条规定了四种要约失效的情形:(1)要约被受要约人拒绝;(2)不属于要约不可撤销的情形,要约被依法撤销;(3)受要约人超过承诺期限没有作出承诺;(4)受要约人对要约的内容作出了实质性变更。

新旧法对比

《合同法》	《民法典》
第二十条　有下列情形之一的，要约失效： （一）拒绝要约的通知到达要约人； （二）要约人依法撤销要约； （三）承诺期限届满，受要约人未作出承诺； （四）受要约人对要约的内容作出实质性变更。	第四百七十八条　有下列情形之一的，要约失效： （一）**要约被拒绝**； （二）**要约被**依法撤销； （三）承诺期限届满，受要约人未作出承诺； （四）受要约人对要约的内容作出实质性变更。

理解与适用

要约的失效，即要约的消灭或终止，是指要约丧失了法律效力，要约人和受要约人均不受该要约约束。具体情形如下：

（1）要约被拒绝。受要约人通知要约人，拒绝与要约人订立合同，或提出反要约。这种拒绝，可以是明示的，也可以是默示的。所谓“默示拒绝”，即在规定期限内不作答复，或者在规定期限内提出了反要约。

（2）要约被依法撤销。符合本法第 477 条撤销要约的条件，要约被依法撤销，当然失去法律效力。如果不符合要约撤销的条件，则不发生要约被撤销的效力。也就是说，如果符合本法第 476 条要约不可撤销的情形，则即使要约人作出了撤销要约的意思表示，也不发生要约被撤销的效力。

（3）承诺期限届满，受要约人未作出承诺。要约中规定了承诺期限的，受要约人超过该期限未作出承诺，要约的效力归于消灭。如要约没有规定承诺期限，则适用本法第 481 条关于承诺到达时间的规定。

（4）受要约人对要约的内容作出实质性变更。按照本法第 488 条，受要约人对要约的内容作出实质性变更的，为新要约。有关合同标的、数量、质量、价款或者报酬、履行期限、履行地点和方式、违约责任和解决争议方法等的变更，是对要约内容的实质性变更。

实务问题

1. 收到要约后，受要约人明确拒绝签署合同及履行义务的，合同不生效

在再审申请人上海济环水处理科技有限公司（以下简称济环公司）与被申

请人九江萍钢钢铁有限公司（以下简称九钢公司）招标投标买卖合同纠纷一案①中，江西省高级人民法院认为，九钢公司招标邀请函（说明书）中载明招标项目名称为循环水药剂处理总包（2年），招标物资（参考）数量附表中招标物资序号为1至20，招标缴费显示投标保证金为132,500元，招标资料费500元，合计133,000元。附件《报价表》中写明"我公司应九江萍钢钢铁有限公司招标邀请函（循环水药剂处理总包编号：JG/ZB/SL2017-YP001）参与招标，价格为据自己的供货能力报价"。从以上招投标的基本信息反映，涉案招标名称为循环水药剂处理总包，招标数量为1至20项，参与招标者需缴纳133,000元保证金。在整个招标邀请函中，并没有本次招标可分包的说明，缴纳的保证金也没有区分1至20项中各分项应缴纳保证金的数量，而是要求参与招标的单位缴纳全部保证金，该案再审庭审时，九钢公司委托诉讼代理人承认参与招标的3家企业均是对全部20项内容进行了报价，证明3家参与招标企业对本次招标为总包认识是一致的。九钢公司退回济环公司14项未中标项目保证金17,500元，留下6项中标项目保证金115,000元，其计算依据不详，九钢公司委托诉讼代理人对此也无法解释。因此，济环公司主张该案工程招标为总包理由充分。九钢公司主张本次招标不是总包可以分包，但整个招标文件中并无分包或可分包的字据，九钢公司对此应承担举证不能的法律后果。2017年3月23日，九钢公司代表林某将自己签名并加盖九钢公司合同专用章的《工矿产品购销合同》交给济环公司代表方某，同日方某在该合同上签名并交给其公司另一员工寄回济环公司。但根据九钢公司制定的《工矿产品购销合同》第15条第3项约定：本合同自双方法定代表人或委托代理人签字并加盖有效合同印章之日生效。九钢公司签字、盖章的《工矿产品购销合同》上只有九钢公司单方签字、盖章，济环公司没有在合同上盖章，合同没有生效。九钢公司2017年4月1日向济环公司发送《业务工作联系函》，限定济环公司当日16时前回复是否签订合同及技术协议事宜，济环公司在当日15时许通过电子邮箱向九钢公司发送《工作联系函》，指出九钢公司开标项目只是《招标邀请函》的部分招标项目，并未按总包方式进行开标，明确拒绝签署合同和药剂发运。故九钢公司主张双方之间《工矿产品购销合同》已经生效没有事实和法律依据。

2. 合同期限届满失效后，一方以原合同约定的条件主张履行，属于要约，另一方拒绝的，要约失效

在原告宁波市乐嘉化工有限公司与被告江苏嘉丰化学股份有限公司买卖合

① 江西省高级人民法院（2018）赣民再207号。

同纠纷一案[①]中，宁波市北仑区人民法院认为：当事人对合同的效力可以约定附期限。附终止期限的合同，自期限届满时失效。该案中，原告、被告间的2011-01-0401号合同约定了交货时间，属于附终止期限的合同，其期限为2011年2月28日前。期限届满后，合同已失效。此时，原告以原合同约定的条件向被告提货，属于要约，现被告因为原告没有依合同要求足额支付货款等理由予以拒绝，原告要约失效，双方没有订立新合同。

3. 要约发出后又返回并获得受要约人同意的，要约依法撤销

在上诉人郴州元亨汽车维修服务有限公司（以下简称元亨公司）与被上诉人郴州市正大机动车交易有限公司（以下简称正大公司）租赁合同纠纷一案[②]中，针对元亨公司与广德公司是否形成了事实上的租赁关系这一争议焦点，湖南省郴州市中级人民法院认为：2012年7月26日正大公司发函不再承租涉案场地属实，该通知可以视为正大公司向广德公司发出解除租赁关系的要约，该要约发出后正大公司电话通知广德公司反悔，并获得广德公司的同意。因此，广德公司并未就该解除租赁关系的要约进行承诺，正大公司的要约依法撤销，并未产生解除租赁关系的法律效力。因此，正大公司与广德公司之间签订的《场地租赁合同》及《补充协议》仍然合法有效，事实上直至原审庭审过程中，广德公司一直认可其与正大公司之间签订的租赁合同的效力，且在元亨公司迟延支付租金后，也向正大公司催收租金。既然正大公司与广德公司之间签订的《场地租赁合同》及《补充协议》的效力未因2012年7月26日的发函受到影响，那么正大公司与元亨公司之间的《协议书》仍然合法有效，元亨公司并未与广德公司形成事实上的租赁关系，故对上诉人的该观点不予采纳。

4. 有效期限之外所作承诺，属于无效承诺

在EASTONECONTROLTECHNOLOGY. INC（美国宇世通控制技术有限公司）（以下简称美国宇世通公司）与中国工业机械进出口公司（以下简称机械进出口公司）招标投标买卖合同纠纷案[③]中，北京市第一中级人民法院认为：2001年6月20日机械进出口公司向美国宇世通公司所发招标文件，系邀请美国宇世通公司进行投标的要约邀请。美国宇世通公司向机械进出口公司的投标行为，属于订立合同过程中的要约。美国宇世通公司在该要约中规定的投标有效期表明受要约人只有在该有效期内作出承诺，才是有效承诺。本案所涉投标是在

---

① 浙江省宁波市北仑区人民法院（2011）甬仑商初字第654号。

② 湖南省郴州市中级人民法院（2016）湘10民终957号。

③ 北京市第一中级人民法院（2003）一中民初字第06640号。

2001年8月10日开标,机械进出口公司未在美国宇世通公司投标书明确的投标有效期内通知美国宇世通公司中标,属于无效承诺。且美国宇世通公司收到通知书后,未对机械进出口公司迟延承诺作出有效的意思表示,故美国宇世通公司和机械进出口公司针对本案所涉招标投标未达成合意,美国宇世通公司就本案所涉项目的投标已失效,机械进出口公司理应返还美国宇世通公司投标保证金人民币15,450元。原告美国宇世通公司要求被告机械进出口公司返还投标保证金的诉讼请求,证据充分,于法有据,应予支持。被告机械进出口公司关于其双方未约定投标保证金有效期的抗辩意见,与本院查明的事实不符,其关于其已于2001年10月30日和11月13日在中国国际招标网上公告中标结果,美国宇世通公司应于此时得知中标结果的陈述,因在中国国际招标网上公告中标结果不是双方约定的通知中标结果的方式,美国宇世通公司没有查询该网站的义务,机械进出口公司于2001年11月13日向美国宇世通公司制作并发出中标通知书的行为已构成迟延承诺,机械进出口公司关于没收美国宇世通公司投标保证金的抗辩意见,证据不足,于法无据,本院不予采信。

5. 受要约人的承诺实质变更了要约的内容,不符合合同成立的要件

在上诉人中信银行股份有限公司广州分行(以下简称中信银行广州分行)与被上诉人广州市锦江房地产有限公司(以下简称锦江公司)欠款纠纷案①中,广东省高级人民法院认为:根据本案查明事实,应认定中信银行广州分行、锦江公司之间没有重新达成协议。首先,双方之间没有以书面形式签订且经双方盖章确认的新的还款协议。中信银行广州分行主张锦江公司出具的所有还款计划均是基于中信银行广州分行在该时段寄出计息清单以及电话催收或派人上门追收的行为而作出。但中信银行广州分行并未提交该时段的催收通知及电话清单等证据佐证,锦江公司对中信银行广州分行的上述说法亦予以否认。依照《最高人民法院关于民事诉讼证据的若干规定》(2001年)第2条"当事人对自己提出的诉讼请求所依据的事实或者反驳对方诉讼请求所依据的事实有责任提供证据加以证明。没有证据或者证据不足以证明当事人的事实主张的,由负有举证责任的当事人承担不利后果"的规定,中信银行广州分行应当承担举证不能的责任。其次,根据《合同法》第13条规定:当事人订立合同,采取要约、承诺方式。本案中,并没有证据显示,中信银行广州分行曾向锦江公司发出要约,锦江公司有过承诺;或锦江公司向中信银行广州分行发出要约,中信银行广州分行作过承

① 广东省广州市中级人民法院(2007)穗中法民二初字第239号;广东省高级人民法院(2008)粤高法民二终字第11号。

诺。即使按中信银行广州分行所主张锦江公司出具的7份函件均系因其催收而作出的说法成立,但由于中信银行广州分行并未提交相关证据佐证其催收内容与锦江公司出具的7份函件回复的内容一致,也不符合《合同法》的上述规定。假设中信银行广州分行发出的催收通知可以视为一种要约,锦江公司出具的7份还款计划是否构成承诺,则需审查该7份还款计划的内容。锦江公司出具的7份还款计划均变更了要约内容,包括:还款数额的变更、要求免除利息、变更了还款的日期、附加了还款条件、明确附条件告之中信银行广州分行其执行的是法院已生效的判决,并非新的债务等。依照《合同法》第20条第4项的规定:受要约人对要约的内容作出实质性变更的,要约失效。《合同法》第30条规定:"承诺的内容应当与要约的内容一致。受要约人对要约的内容作出实质性变更的,为新要约。有关合同标的、数量、质量、价款或者报酬、履行期限、履行地点和方式、违约责任和解决争议方法等的变更,是对要约内容的实质性变更。"锦江公司出具的7份函件均未表述锦江公司是收到中信银行广州分行的催收后所发出的承诺。即使上述函件是承诺,由于锦江公司的承诺已经实质变更了中信银行广州分行的要约的内容,也不符合合同法关于合同成立的要件。反之,锦江公司出具的7份函件是否构成新要约,中信银行广州分行对此有否承诺?同理,对锦江公司出具的7份函件,中信银行广州分行并未作出过任何承诺。依照《合同法》第21条规定:承诺是受要约人同意要约的意思表示。第22条规定:承诺应当以通知的方式作出,但根据交易习惯或者要约表明可以通过行为作出承诺的除外。该案中,中信银行广州分行并无向锦江公司发出通知作出承诺,且由于双方之间的债务已成为自然之债,并不适用双方之前订立的借款合同所约定的条款的约束,故双方在债务成为自然之债后从未形成一种交易习惯可视为承诺。中信银行广州分行也无证据证明其通过何种行为作出了承诺。因此,在排除了其他可视为承诺的情形后,中信银行广州分行所发出的承诺依法应当以通知的方式作出,且该通知应当以明示的方式作出,否则,不能对锦江公司构成承诺。《合同法》第23条规定:承诺应当在要约确定的期限内到达要约人。要约没有确定承诺期限的,承诺应当依照下列规定到达:(1)要约以对话方式作出的,应当即时作出承诺,但当事人另有约定的除外;(2)要约以非对话方式作出的,承诺应当在合理期限内到达。第25条规定:承诺生效时合同成立。据此,如果锦江公司的上述函件是以对话方式交付中信银行广州分行(中信银行广州分行声称在该时段催收),中信银行广州分行应当对此即时作出承诺,但没有证据证实中信银行广州分行有作出过何种承诺。假使上述函件是以非对话的形式向中信银行广州分行发出，但本案事实表明，锦江公司所发出的最后一份函件，即2006年2月28日致中信银行广州分行的《还款计划书》，列明最迟还款日期为2006年7月31日。依照上述《合同法》的规定，中信银行广州分行的承诺应当在合理期限内到达锦江公司，即中信银行广州分行的承诺应当在锦江公司所作出的最后还款期限内作出并通知锦江公司，但截至目前没有证据证实中信银行广州分行在此期间内向锦江公司发出承诺。综上所述，无论上述何种情况，现均没有证据证实中信银行广州分行、锦江公司双方达成新的还款协议。中信银行广州分行上诉主张其与锦江公司之间已就还款达成了新的合意、形成了新的法律关系的理由不能成立，本院不予支持。同理，利息是附随欠款的孳息，并非单独债务，中信银行广州分行提出锦江公司确认利息，是对整体债务的重新确认，视为在双方之间达成新的协议的主张亦不能成立。

（编写人：杨 铖）

法律条文

第四百七十九条 承诺是受要约人同意要约的意思表示。

条文主旨

本条是关于承诺的规定。承诺是受要约人同意要约的意思表示，即受要约人同意接受要约的条件以缔结合同的意思表示。

新旧法对比

《合同法》	《民法典》
第二十一条 承诺是受要约人同意要约的意思表示。	【内容不变】第四百七十九条

理解与适用

从性质上来说，承诺与要约一样，都属于意思表示。承诺的表意人即受要约人具有使合同得以成立的意图。符合生效要件的承诺可以发生受要约人预期的法律效果，使合同得以成立。对承诺的定义，可以从以下四个方面理解：

（1）承诺须由受要约人作出。要约是要约人向受要约人发出的，受要约人是要约人选定的交易相对方，只有受要约人才具有作出承诺的资格，受要约人以外的第三人不具有承诺的资格。因此,第三人进行承诺不是承诺,而只能视作对要约人发出了要约。如果订约的意思表示是向不特定人发出的,并且该订约的意思表示符合要约条件构成要约,则不特定人中的任何人均可以作出承诺,其一旦作出承诺,受要约人即为特定。

(2)承诺须向要约人作出。承诺是对要约的同意,受要约人意在与要约人订立合同,当然要向要约人作出。如果承诺不是向要约人作出,则作出的承诺意思表示不视为承诺,不能达到与要约人订立合同的目的。

(3)承诺是受要约人决定与要约人订立合同的意思表示。承诺在性质上属于意思表示,其必须符合意思表示的要件,即承诺人应当有受承诺拘束的意思。如果答复中包含了承诺的意思,但订约的意图不十分明确,在此情况下,应根据诚实信用原则和交易习惯来确认承诺是否有效。

(4)承诺的内容须与要约的内容保持一致。这是承诺最核心的要件,承诺必须是对要约完全的、单纯的同意。因为受要约人如想与要约人订立合同,必须使承诺在内容上与要约的内容保持一致,否则要约人就可能拒绝受要约人而使合同不能成立。如果受要约人在承诺中对要约的内容加以扩张、限制或者变更,便不能构成承诺,并可能构成一项新的要约。

实务问题

判断承诺的内容是否与要约的内容一致并非易事,受要约人对要约简单地回答同意的情形并不多见,因此,必须对受要约人的承诺进行分析。如果仅仅是表述的形式不同,而不是实质的不一致,则不应当否定承诺的效力。如果承诺中提出了一些新的条件,就要分析这些新的条件是否从实质上改变了要约的内容。如果没有从实质上改变要约的内容,则应当认为是对要约的承诺。如果从实质上改变了要约的内容,则不应认为是一项承诺,而是构成了一项新要约。

(编写人:刘佳佳)

法律条文

第四百八十条　承诺应当以通知的方式作出;但是,根据交易习惯或者要约表明可以通过行为作出承诺的除外。

条文主旨

本条是关于承诺方式的规定。

新旧法对比

《合同法》	《民法典》
第二十二条　承诺应当以通知的方式作出,但根据交易习惯或者要约表明可以通过行为作出承诺的除外。	第四百八十条　承诺应当以通知的方式作出;**但是,**根据交易习惯或者要约表明可以通过行为作出承诺的除外。

理解与适用

承诺方式,是指受要约人将其承诺的意思表示传达给要约人所采用的方式。对一项要约作出承诺即可使合同成立,因此承诺以何种方式作出是很重要的事情。一般来说,法律并不对承诺必须采取的方式作限定,而只是一般规定承诺应当以明示或者默示的方式作出。所谓明示的方式,一般指通知。以通知的方式作出承诺可以是口头通知,也可以是书面通知。一般来说,如果法律或要约中没有规定必须以书面形式表示承诺,当事人就可以口头形式表示承诺。所谓默示的方式,一般指按照交易的习惯或者当事人之间的约定,受要约人尽管没有通过书面或者口头方式明确表达其意思,但是通过实施一定的行为和其他形式作出了承诺。

根据本条规定,承诺应当以通知的方式作出,根据交易习惯或者要约也可以通过行为作出承诺。本条中"通知的方式"是典型的明示方式。"通过行为作出承诺"属于默示的方式,这里的"行为"通常是指履行行为,比如预付价款、装运货物或在工地上开始施工等。以通知方式作出承诺具有直接、明确、不易产生纠纷的特点,因此承诺一般应以通知的方式作出。但是商业实践中往往还存在一些交易习惯,根据《合同法解释(二)》第 7 条规定,"下列情形,不违反法律、行政法规强制性规定的,人民法院可以认定为合同法所称'交易习惯':(一)在交易行为当地或者某一领域、某一行业通常采用并为交易对方订立合同时所知道或者应当知道的做法;(二)当事人双方经常使用的习惯做法。对于交易习惯,由提出主张的一方当事人承担举证责任。"

值得注意的是,本条规定是对承诺方式的一般性规定,原则上承诺需要以通知的方式或者通过行为作出,但并没有排除沉默方式的承诺。沉默是一种既无语言表示也无行为表示的纯粹的缄默,完全不作任何表示,是一种完全的不作为。受要约人的沉默原则上不得推定为受要约人同意要约。《民法典》第 140 条第 2 款规定,"沉默只有在有法律规定、当事人约定或者符合当事人之间的交易习惯时,才可以视为意思表示"。据此,沉默视为承诺的条件非常严格,如果没有要约人与受要约人事先的约定,也没有要约人与受要约人之间交易的习惯做法,在没有法律特别规定的情况下,仅仅由要约人在要约中表明如果不答复就视为承诺是不行的。

实务问题

如果要约人没有在要约中明确以何种方式承诺,受要约人是否可以通过行为的方式承诺?由于《民法典》并不禁止以行为承诺以及《民法典》第469条第1款已规定"当事人订立合同,可以采用书面形式、口头形式或者其他形式",此处所说的"其他形式"其实就是指以行为的方式承诺,所以承诺也可以在口头和书面形式之外以行为来作出。

(编写人:刘佳佳)

法律条文

第四百八十一条　承诺应当在要约确定的期限内到达要约人。

要约没有确定承诺期限的,承诺应当依照下列规定到达:

(一)要约以对话方式作出的,应当即时作出承诺;

(二)要约以非对话方式作出的,承诺应当在合理期限内到达。

条文主旨

本条是关于承诺到达时间的规定。

新旧法对比

《合同法》	《民法典》
第二十三条　承诺应当在要约确定的期限内到达要约人。 要约没有确定承诺期限的,承诺应当依照下列规定到达: (一)要约以对话方式作出的,应当即时作出承诺,<u>但当事人另有约定的除外;</u> (二)要约以非对话方式作出的,承诺应当在合理期限内到达。	第四百八十一条　承诺应当在要约确定的期限内到达要约人。 要约没有确定承诺期限的,承诺应当依照下列规定到达: (一)要约以对话方式作出的,应当即时作出承诺; (二)要约以非对话方式作出的,承诺应当在合理期限内到达。

理解与适用

本条区分要约是否确定了承诺期限，对承诺的到达时间分别作了规定。要约确定了承诺期限的，受要约人自然应当尊重要约人的意愿，承诺应当在该承诺期限内到达要约人。本条明确规定了承诺的生效采纳到达主义，即承诺期限是指承诺到达要约人的期限，而非承诺发出的期限。所谓到达，指承诺的通知到达要约人支配的范围内，如要约人的信箱、营业场所等。至于要约人是否实际阅读和了解承诺通知，则不影响承诺的效力。承诺通知一旦到达要约人，合同即宣告成立。

要约没有确定承诺期限的，根据要约是以对话方式作出还是以非对话方式作出，承诺到达时间又有所不同：

(1)关于以对话方式作出的要约。所谓以对话方式作出的要约，是指采取使受要约方可以同步受领的方式作出的要约，如面对面交谈、电话等方式。在以这种方式作出的要约中，要约人作出要约和受要约人受领要约是同步进行的，没有时间差，受要约人可以即时决定是否接受。依据本条规定，对于以这种方式作出的要约，如果要约本身没有确定承诺期限，则受要约人应当即时作出承诺，对话结束后再作出的承诺对要约人不具有拘束力。《合同法》第 23 条第 2 款中规定，“要约以对话方式作出的，应当即时作出承诺，但当事人另有约定的除外”。“当事人另有约定”不仅指要约人在要约中规定了承诺期限，也指事先约定好的情况。本条删去了《合同法》的“但当事人另有约定的除外”，意在使条文表述更为简洁，如果当事人另有约定，则自然应当尊重当事人约定，无须特别强调。虽然本条删去了《合同法》的“但当事人另有约定的除外”，但条文规范的内涵没变，如果要约人在要约中规定了承诺期限，或者双方事先有约定，则自然应当尊重当事人意愿。

(2)关于以非对话方式作出的要约。要约本身没有确定承诺期限的，如果要约以非对话方式作出，则如何确定承诺期限？根据《民法典》第 481 条第 2 款的规定，应当在合理期限内作出承诺。一般来说，该期限是否合理应考虑三个因素：一是要约到达受要约人的时间，二是受要约人作出考虑的期间，三是承诺的信件到达要约人手中的期限。如果受要约人是在合理期限内发出的信件，但是因为送达等方面的原因而发生迟延，则构成承诺的特殊迟延，应当按照《民法典》第 487 条关于承诺逾期到达的规则确定其效力。

实务问题

本条关于承诺到达时间的规定，可以结合合同编第 486 条与第 487 条作一体理解,这三个条文结合起来,从承诺作出的时间层面对承诺的效力作出了完整的规定。本条可以说是从正面对一项有效承诺应当具备的时间要件作出原则性规定,即一般而言,在承诺期限内到达要约人的承诺,才是一项有效的承诺。合同编第486条和第487条是从反面对未在承诺期限内到达要约人的承诺的效力作出规定。依据合同编第486条和第487条的规定,未在承诺期限内到达要约人的承诺原则上对要约人不具有拘束力,视为新要约,但是要约人及时通知受要约人该承诺有效的除外;有的承诺虽然未在承诺期限内到达要约人,但如果该承诺是受要约人在承诺期限内发出的,按照通常情形能够及时到达要约人,但是因其他原因迟到的,该承诺原则上仍然有效,但是要约人及时通知受要约人因承诺超过期限而不接受该承诺的除外。

(编写人:刘佳佳)

法律条文

第四百八十二条　要约以信件或者电报作出的,承诺期限自信件载明的日期或者电报交发之日开始计算。信件未载明日期的,自投寄该信件的邮戳日期开始计算。要约以电话、传真、电子邮件等快速通讯方式作出的,承诺期限自要约到达受要约人时开始计算。

条文主旨

本条是关于承诺期限起算点的规定。

新旧法对比

《合同法》	《民法典》
第二十四条　要约以信件或者电报作出的,承诺期限自信件载明的日期或者电报交发之日开始计算。信件未载明日期的,自投寄该信件的邮戳日期开始计算。要约以电话、传真等快速通讯方式作出的,承诺期限自要约到达受要约人时开始计算。	第四百八十二条　要约以信件或者电报作出的,承诺期限自信件载明的日期或者电报交发之日开始计算。信件未载明日期的,自投寄该信件的邮戳日期开始计算。要约以电话、传真、**电子邮件**等快速通讯方式作出的,承诺期限自要约到达受要约人时开始计算。

理解与适用

如何确定承诺期限的起算点，对受要约人是否作出承诺、何时作出承诺、以何种方式作出承诺以及作出的承诺是否有效等具有重要意义。因此，法律有必要对承诺期限的起算点确定一个统一的标准，以尽量减少可能发生的争议。本条参考了《联合国国际货物销售合同公约》，根据不同的要约的作出方式，分别规定了承诺期限起算点的不同标准。

（1）要约以信件或者电报作出的，承诺期限自信件载明的日期或者电报交发之日开始计算。如果要约人在信件中明确载明了承诺期限的起算点，则按照私法自治原则，应当尊重要约人的意愿，即以要约载明的时间点作为承诺期限的起算点。如果信件未载明日期，则自投寄该信件的邮戳日期开始计算。对于以信件方式作出的要约，如果以要约到达受要约人作为承诺期限的起算点，显然会给要约人带来不利，因为在要约人以信件、电报等方式发出要约的情况下，要约人并不能控制要约何时才能到达受要约人，一概要求以到达时间为起算时点，将使要约人处于不利地位，因此为了保护要约人，本条规定此种情形下自投寄该信件的邮戳日期开始计算承诺期限。

（2）要约以电话、传真、电子邮件等快速通讯方式作出的，承诺期限自要约到达受要约人时开始计算。要约以电话、传真、电子邮件等快速通讯方式作出的，由于此种方式发出要约，要约在途中的时间几乎可以忽略不计，此时，要约一经发出即可到达受要约人，承诺期限也开始计算。

实务问题

依据本条规定，要约以电话、传真、电子邮件等快速通讯方式作出的，承诺期限自要约到达受要约人时开始起算，而没有像以信件、电报方式作出的要约那样，承认要约人可以单方确定承诺期限的起算时间点。但按照私法自治原则，在当事人以电话、传真、电子邮件等快速通讯方式作出要约时，也应当允许要约人单方确定承诺期限的起算点。承诺期限是限制承诺人作出承诺的时间，承诺期限的起算事实上也是限制承诺人作出承诺时间的组成部分，因此，承诺期限的起算自然也可以由要约人加以确定。

（编写人：刘佳佳）

法律条文

第四百八十三条　承诺生效时合同成立，但是法律另有规定或者当事人另有约定的除外。

条文主旨

本条是关于采用要约、承诺方式所订合同的成立时间的规定。

新旧法对比

《合同法》	《民法典》
第二十五条　承诺生效时合同成立。	第四百八十三条　承诺生效时合同成立,**但是法律另有规定或者当事人另有约定的除外**。

理解与适用

合同是当事人之间设立、变更、终止民事法律关系的协议,本质上是当事人之间的合意。采用要约、承诺方式订立的合同属于典型的双方民事法律行为。要约人发出要约,受要约人作出承诺;承诺生效之时,要约人与受要约人之间的意思表示达成一致。所以,原则上承诺生效时,就是合同成立之时。因此,本条规定,承诺生效时合同成立,原则上将“承诺生效时”作为采用要约、承诺方式所订合同的成立时间。

民事活动应当充分尊重当事人的意愿。总则编第5条将自愿原则作为民法的基本原则之一,规定民事主体从事民事活动,应当遵循自愿原则,按照自己的意思设立、变更、终止民事法律关系。据此,合同成立时间也应当允许当事人双方另行约定,因此本条在原则上将“承诺生效时”作为合同成立时间的同时还作了但书规定,即“法律另有约定或者当事人另有约定的除外”。这样,既为法律另行规定留下空间,也有利于当事人根据实际情况对合同成立时间另行约定。比如依照法律规定,实践性合同自实际交付标的物时成立,例如定金合同自实际交付定金时成立、自然人之间的借款合同自贷款人提供借款时成立。此外,要约人与受要约人也可能会对合同成立时间作出另行约定。例如,要约人与受要约人约定,承诺生效后还要制作专门的合同书,当事人均签名、盖章时合同始成立。在这种情况下,就不能将承诺生效时间直接作为合同成立时间,而是应当尊重当事人之间的约定,以当事人均签名、盖章时作为合同成立时间。

实务问题

应当明确的是,合同成立与生效在绝大多数情况下时间是一致的,但二者不能等同。合同成立解决的问题是当事人之间的何意是否存在,而生效解决的问题是已经成立的合同能否为法律所认可,能否发生法律上的效力。

另外,当事人另有约定的,也应当遵循当事人的约定。例如,当事人约定应当采取书面形式订立合同的合同应当在签订书面合同后成立,当事人约定办理公证后合同成立的,在办理公证前即便当事人已经达成了合意,合同也并未成立。

(编写人:刘佳佳)

法律条文

第四百八十四条　以通知方式作出的承诺,生效的时间适用本法第一百三十七条的规定。

承诺不需要通知的,根据交易习惯或者要约的要求作出承诺的行为时生效。

条文主旨

本条是关于承诺生效时间的规定。

新旧法对比

《合同法》	《民法典》
第二十六条　承诺通知到达要约人时生效。承诺不需要通知的,根据交易习惯或者要约的要求作出承诺的行为时生效。 采用数据电文形式订立合同的,承诺到达的时间适用本法第十六条第二款的规定。	第四百八十四条　**以通知方式作出的承诺,生效的时间适用本法第一百三十七条的规定。** **承诺不需要通知的,根据交易习惯或者要约的要求作出承诺的行为时生效。**

理解与适用

承诺生效的时间即为合同成立的时间,合同一成立即对当事人双方都产生法律约束力。本条区分以通知方式作出的承诺与通过行为作出的承诺,对承诺的生效时间分别作了规定。

1. 以通知方式作出的承诺的生效时间

承诺是一种有相对人的意思表示,以通知方式作出的承诺自然应当适用总则编第 137 条的规定:“以对话方式作出的意思表示,相对人知道其内容时生效。以非对话方式作出的意思表示,到达相对人时生效。以非对话方式作出的采用数据电文形式的意思表示,相对人指定特定系统接收数据电文的,该数据电文进入该特定系统时生效;未指定特定系统的,相对人知道或者应当知道该数据电文进入其系统时生效。当事人对采用数据电文形式的意思表示的生效时间另有约定的,按照其约定。”

《民法典》第 137 条对意思表示的生效时间规定与《合同法》相比,略有不同。《合同法》第 16 条第 2 款规定:“采用数据电文形式订立合同,收件人指定特定系统接收数据电文的,该数据电文进入该特定系统的时间,视为到达时间;未指定特定系统的,该数据电文进入收件人的任何系统的首次时间,视为到达时间。”

2. 通过行为作出承诺的生效时间

根据本条规定,承诺不需要通知的,根据交易习惯或者要约的要求作出承诺的行为时,承诺生效。《国际商事合同通则》在注释中予以举例说明:为建立一个数据库,甲要求乙编写一套专门的程序。在未给甲发出承诺通知的情况下,乙开始编写程序,并在完成后要求甲根据要约中所开列的条件付款。这种情况下,乙无权要求付款,因为乙从未通知甲,乙对要约的所谓承诺没有生效。但如果甲在其要约中通知乙随后的两周甲不在,乙如果有意承诺该要约,为节省时间,应立即着手编写程序。这种情况下,一旦乙开始编写工作,合同即告成立,即便乙未将承诺立即通知甲或在以后阶段通知甲。

实务问题

承诺不需要通知的,根据交易习惯或者要约的要求作出承诺的行为时生效,这一规则延续了《合同法》的规则。对于以行为方式作出承诺的,主要是意思实现的方式。例如,在试用买卖中,在试用期满后,如果买受人没有拒绝购买,则应当认定已经同意购买,而不需要买受人对出卖人作出购买的通知。但是需要指出的是,对于以行为方式承诺的,仅限于法律有明确规定、有交易习惯或要约有明确规定的场合,在没有法律规定、交易习惯或要约要求的场合,当事人应以通知的方式作出承诺的意思表示。

(编写人:刘佳佳)

法律条文

第四百八十五条　承诺可以撤回。承诺的撤回适用本法第一百四十一条的规定。

条文主旨

本条是关于承诺撤回的规定。

新旧法对比

《合同法》	《民法典》
第二十七条　承诺可以撤回。撤回承诺的通知应当在承诺通知到达要约人之前或者与承诺通知同时到达要约人。	第四百八十五条　承诺可以撤回。**承诺的撤回适用本法第一百四十一条的规定。**

理解与适用

承诺的撤回是指受要约人阻止承诺发生法律效力的意思表示。承诺是一种能够产生法律效果的意思表示,承诺作出后如果要撤回必须满足一定的条件。本条关于承诺的撤回条件的规定,只是基于体例的考虑,作了转引性规定,但在实质内容上与《合同法》相比没有变化。根据《民法典》第141条的规定,撤回意思表示的通知应当在意思表示到达相对人前或者与意思表示同时到达相对人,因此承诺的撤回并不会产生不利的影响。如果承诺通知已经生效,合同已经成立,则受要约人当然不能再撤回承诺。承诺是一种意思表示,承诺的撤回条件应当适用《民法典》第141条关于意思表示撤回条件的规定。据此,承诺的撤回条件可以概括为,撤回承诺的通知应当在承诺通知到达要约人之前或者与承诺通知同时到达要约人。如果撤回承诺的通知晚于承诺通知到达要约人,则承诺已经生效,合同已经成立,受要约人撤回承诺的通知不生效力。

(编写人:刘佳佳)

法律条文

第四百八十六条　受要约人超过承诺期限发出承诺,或者在承诺期限内发出承诺,按照通常情形不能及时到达要约人的,为新要约;但是,要约人及时通知受要约人该承诺有效的除外。

条文主旨

本条是关于逾期承诺的法律效果的规定。

新旧法对比

《合同法》	《民法典》
第二十八条　受要约人超过承诺期限发出承诺的，除要约人及时通知受要约人该承诺有效的以外，为新要约。	第四百八十六条　受要约人超过承诺期限发出承诺，**或者在承诺期限内发出承诺，按照通常情形不能及时到达要约人的**，为新要约；**但是，要约人及时通知受要约人该承诺有效的除外。**

理解与适用

本条是在《合同法》第28条的基础上修改而来的。《合同法》第28条参考了《联合国国际货物销售合同公约》与《国际商事合同通则》对于逾期承诺的规定，但并不完整，该规定仅对受要约人超过承诺期限发出的承诺的法律效果作了规定。实践中，逾期承诺还包括一类情形，即受要约人在承诺期限内发出承诺，按照通常情形不能及时到达要约人，并且确实也没有在承诺期限内到达要约人，这种承诺原则上也应视为新要约。本条规定在《合同法》第28条规定的基础上，纳入了该类逾期承诺的情形，与《联合国国际货物销售合同公约》与《国际商事合同通则》的规定保持了一致。对本条的规定可以从以下两个层面理解：

(1)逾期承诺视为新要约。本条的"承诺期限"不仅指要约人在要约中确定的承诺期限，也指要约人未确定承诺期限，而根据实际情况推断的合理期限。逾期承诺包括两类情形：第一类情形是，受要约人超过承诺期限发出承诺。这种情况下，承诺到达要约人时肯定也已经超过承诺期限。第二类情形是，承诺虽然是在承诺期限内发出的，按照通常情形不能及时到达要约人，并且也确实没有在承诺期限内到达要约人。在以上两类情形下，承诺到达要约人时，要约的承诺期限已过，受要约人发出的承诺对要约人不产生拘束力，此承诺已不能作为一项有效承诺，而只能作为一项新的要约。对该项新要约，原受要约人成为新要约的要约人，原要约人成为新要约的受要约人，双方位置互换，可以按照要约、承诺规则作新的处理。

(2)虽然承诺已经迟延到达要约人，但是如果要约人及时通知受要约人该承诺有效的，该承诺仍为有效。这体现了对要约人意愿的尊重，也符合受要约人的利益，有利于促进交易。何谓"及时"，要根据交易的实际情况予以判断。

实务问题

依据本条的规定，对迟到的承诺，要约人及时通知受要约人该承诺有效，也可以使其发生效力。但要约人应当及时通知受要约人，一旦及时通知，该承诺仍然有效。如果要约人不愿承认其效力，则该迟到的承诺为新要约，要约人将处于承诺人的地位，在迟到的承诺转化为新要约以后，原要约人也应该及时承诺，以防止原要约人在承诺迟到以后利用其选择权来从事投机行为。

（编写人：刘佳佳）

法律条文

第四百八十七条　受要约人在承诺期限内发出承诺，按照通常情形能够及时到达要约人，但是因其他原因致使承诺到达要约人时超过承诺期限的，除要约人及时通知受要约人因承诺超过期限不接受该承诺外，该承诺有效。

条文主旨

本条是关于因传递迟延造成的逾期承诺的法律效果的规定。

新旧法对比

《合同法》	《民法典》
第二十九条　受要约人在承诺期限内发出承诺，按照通常情形能够及时到达要约人，但因其他原因<u>承诺到</u>达要约人时超过承诺期限的，除要约人及时通知受要约人因承诺超过期限不接受该承诺的以外，该承诺有效。	第四百八十七条　受要约人在承诺期限内发出承诺，按照通常情形能够及时到达要约人，但**是**因其他原因**<u>致使承诺</u>**到达要约人时超过承诺期限的，除要约人及时通知受要约人因承诺超过期限不接受该承诺外，该承诺有效。

理解与适用

本条针对的是在承诺期限内发出并且依通常情形可于承诺期限内到达要约人，但因传递过程中的原因造成承诺到达要约人时超过承诺期限的情形。本条规定的情形再加上本法第 486 条规定的逾期承诺的一般情形，在逻辑上涵盖了承诺超过承诺期限到达要约人的所有情形，与本法第 481 条规定可以说是正反面的关系。本法第 481 条是从正面对有效承诺的时间要件作出规定，第 486 条是关于逾期承诺的法律效果的一般性规定,本条是对因传递迟延造成的逾期承诺的法律效果的特别规定。

本条规定参考了境外立法例,与《联合国国际货物销售合同公约》与《国际商事合同通则》的规定是一致的。对于未迟发而逾期的承诺,按照通常情形能够及时到达要约人,只是因其他原因造成承诺逾期,受要约人对承诺能够及时到达要约人的预期和信赖有必要予以保护,在法律效果上应当与本法第486条规定的逾期承诺的一般情形区别对待。依照本条规定,受要约人在承诺期限内发出承诺,按照通常情形能够及时到达要约人,但是因其他原因致使承诺到达要约人时超过承诺期限的,该承诺有效。同时为了保护要约人的利益,本条对此作了除外规定,允许要约人及时否定该承诺的效力,即如果要约人及时通知受要约人因承诺超过期限不接受该承诺,则该承诺对要约人不产生拘束力。如果要约人没有及时通知受要约人不接受该承诺,则该承诺有效、合同成立。

实务问题

构成特殊迟延应具备下列条件:第一,受要约人在承诺期限内发出承诺,这既包括受要约人在要约期限内作出承诺,也包括要约没有规定明确的期限而受要约人在合理的期限内作出承诺;第二,承诺按照通常情形能够及时到达要约人,但因其他原因到达时超过了承诺期限;第三,如果要约人未及时通知受要约人因承诺超过期限不接受该承诺,该承诺有效。要约人如果要拒绝此种承诺,应当及时通知受要约人。而且为了防止发生纠纷,要约人拒绝承诺的通知也应当在到达承诺人时生效。

(编写人:刘佳佳)

法律条文

第四百八十八条　承诺的内容应当与要约的内容一致。受要约人对要约的内容作出实质性变更的,为新要约。有关合同标的、数量、质量、价款或者报酬、履行期限、履行地点和方式、违约责任和解决争议方法等的变更,是对要约内容的实质性变更。

条文主旨

本条是关于承诺对要约内容作出实质性变更的规定。

新旧法对比

《合同法》	《民法典》
第三十条　承诺的内容应当与要约的内容一致。受要约人对要约的内容作出实质性变更的，为新要约。有关合同标的、数量、质量、价款或者报酬、履行期限、履行地点和方式、违约责任和解决争议方法等的变更，是对要约内容的实质性变更。	【内容不变】第四百八十八条

理解与适用

根据本条规定，“承诺的内容应当与要约的内容一致”，即承诺是对要约的同意，其同意内容必须与要约的内容一致，才构成意思表示的一致即合意，从而使合同成立。承诺的内容与要约的内容一致，具体表现在：承诺必须是无条件的承诺，不得限制、扩张或者变更要约的内容，否则不能构成承诺，而应视为对原要约的拒绝并作出一项新的要约，或称为反要约。在承诺中，受要约人必须表明其愿意按照要约的全部内容与要约人订立合同，才能使合同成立，否则很难认定当事人就合同的全部内容达成了合意。

但现实中的承诺往往不是简单地回答“是”或者“同意”，承诺是否与要约一致，也是需要进行判断的。承诺虽然在形式上对要约内容有变更，但实质上并没有变更的，仍然可以认为与要约一致，承诺仍为有效。比如，承诺的内容与要约的主要内容意思一致，仅就要约的附随事项附以条件或者为其他非实质变更的，承诺仍为有效。要求承诺与要约的内容绝对一致，不利于合同的成立，不利于鼓励交易。

因此，可以认为，承诺对要约的内容并非绝对不可以改变，其对非实质内容可以变更，其改变实质内容时则构成一个新要约。问题在于，改变什么样的内容是实质性的变更？实质性变更是指足以对要约的内容和当事人的利益产生重大影响的变更，具有如下特点：第一，实质性变更是对要约内容的重大变更，依据本条规定，有关合同标的、数量、质量、价款或者报酬、履行期限、履行地点和方式、违约责任和解决争议方法的变更是实质性变更；第二，实质性变更对当事人的利益具有重大影响；第三，需要根据具体的交易情形予以判断，由于合同类型繁多，对变更是否构成实质性变更还需考虑交易的具体情形。

实务问题

本条对实质性条款作了列举，有关合同标的、数量、质量、价款或者报酬、履行期限、履行地点和方式、违约责任和解决争议方法的条款,为实质性条款。但是,实质性条款不限于所列的这些项目,例如,对合同所适用的法律的选择一般也可以归为实质性条款。本条对于实质性条款项目的开列具有提示性质,在实际交易的具体合同中,哪些条款内容的变更构成实质性变更,还需就个案进行具体分析。

(编写人:刘佳佳)

法律条文

第四百八十九条　承诺对要约的内容作出非实质性变更的,除要约人及时表示反对或者要约表明承诺不得对要约的内容作出任何变更外,该承诺有效,合同的内容以承诺的内容为准。

条文主旨

本条是关于承诺对要约内容作非实质性变更的规定。

新旧法对比

《合同法》	《民法典》
第三十一条　承诺对要约的内容作出非实质性变更的,除要约人及时表示反对或者要约表明承诺不得对要约的内容作出任何变更的以外,该承诺有效,合同的内容以承诺的内容为准。	第四百八十九条　承诺对要约的内容作出非实质性变更的,除要约人及时表示反对或者要约表明承诺不得对要约的内容作出任何变更外,该承诺有效,合同的内容以承诺的内容为准。

理解与适用

承诺的内容应与要约的内容一致,但并非绝对一致。本条规定,承诺可以在特定条件下对要约的内容作出非实质性变更,所谓非实质性变更,是指除《民法典》第488条所规定的实质性变更以外的内容的变更。从表面上看,非实质性变更也是对要约内容的变更,但此种变更没有实质性改变要约的内容,对当事人的利益也没有产生重大影响,没有实质性增加要约人的负担,因此,也可以构成有效的承诺。

本条参考了《联合国国际货物销售合同公约》和《国际商事合同通则》的规

定。根据本条规定,承诺对要约的内容作出非实质性变更,该承诺有效,合同的内容以承诺的内容为准。但是如果要约人及时表示反对或者要约表明承诺不得对要约的内容作出任何变更,则承诺对要约人不产生拘束力;如果要约人没有及时表示反对,要约也没有表明承诺不得对要约的内容作出任何变更,则该承诺仍为有效承诺,合同的内容以承诺的内容为准。

实务问题

从鼓励交易的立场出发,在承诺的内容上采纳宽松立场,并不要求承诺必须与要约绝对一致,符合现在合同立法的发展趋势。在交易实践中,如果要求承诺必须与要约绝对一致,很可能不利于合同的成立,阻碍交易的正常进行。因此,只要不改变要约的实质性内容,且要约人没有及时表示反对,要约也没有表明承诺不得对要约的内容作出任何变更,仍可构成承诺,而不是反要约。

(编写人:刘佳佳)

法律条文

第四百九十条　当事人采用合同书形式订立合同的,自当事人均签名、盖章或者按指印时合同成立。在签名、盖章或者按指印之前,当事人一方已经履行主要义务,对方接受时,该合同成立。

法律、行政法规规定或者当事人约定合同应当采用书面形式订立,当事人未采用书面形式但是一方已经履行主要义务,对方接受时,该合同成立。

条文主旨

本条是关于采用书面形式订立的合同的成立时间的规定。本条第 1 款规定的是采用合同书形式订立合同的合同成立时间,并对采用合同书形式订立的合同的特别成立要件作了规定。本条第 2 款规定的是当事人未按照规定或者约定采用书面形式但合同仍成立的一种情形。本条规定的特殊情形下合同成立的时间是一样的,即一方已经履行主要义务且对方接受时。

新旧法对比

《合同法》	《民法典》
第三十二条　当事人采用合同书形式订立合同的,自双方当事人签字或者盖章时合同成立。 第三十六条　法律、行政法规规定或者当事人约定采用书面形式订立合同,当事人未采用书面形式但一方已经履行主要义务,对方接受的,该合同成立。 第三十七条　采用合同书形式订立合同,在签字或者盖章之前,当事人一方已经履行主要义务,对方接受的,该合同成立。	第四百九十条　当事人采用合同书形式订立合同的,自当事人**均签名、盖章或者按指印时**合同成立。在签名、盖章或者按指印之前,当事人一方已经履行主要义务,对方接受**时**,该合同成立。 法律、行政法规规定或者当事人约定合同应当采用书面形式订立,当事人未采用书面形式但是一方已经履行主要义务,对方接受**时**,该合同成立。

理解与适用

在合同书中,当事人的签名、盖章或者按指印是证明当事人意思表示的效力比较强的证据,一般可以确认当事人对合同内容协商一致,因此,当事人均签名、盖章或者按指印时合同成立。但是,合同成立的核心要素是各方当事人意思表示一致,如果一个以合同书形式订立的合同已经履行了主要义务,且对方也接受了,应视为合同成立符合各方当事人的共同意愿,该合同成立。

如果法律、行政法规规定或者当事人约定合同应当采用书面形式订立,当事人就应当采用书面形式订立合同。但是,这并不能反推说当事人未采用书面合同形式订立合同则合同一定不成立,形式不是最重要的,最重要的还是各方当事人之间是否达成合意。当然,本款规定的合同成立仍然是以一方已经履行主要义务且对方接受为前提。

部分司法解释已经根据该规定进行调整,例如,根据《最高人民法院关于审理著作权民事纠纷案件适用法律若干问题的解释》第 22 条规定,著作权转让合同未采取书面形式的,人民法院依据《民法典》第 490 条的规定审查合同是否成立。

实务问题

实务中已有根据本条规定作出裁定的案例。例如,在李某某与江西银行股份有限公司赣州分行（以下简称江西银行赣州分行）金融借款合同纠纷案①中，李某某认为签订合同时，江西银行赣州分行并未向其告知纠纷由江西银行赣州分行所在地人民法院进行管辖的约定，故该约定对上诉人李某某不发生效力，即一审法院对本案没有管辖权，请求撤销一审裁定，将案件移送广东省汕头市中级人民法院管辖。江西省高级人民法院认为，2018 年 12 月 28 日李某某与江西银行赣州分行签订《最高额保证合同》，明确约定李某某作为保证人，为江西银行赣州分行与原审被告赣州广益建造有限公司在 2018 年 12 月 28 日至 2019 年 12 月 27 日内签订的所有主合同项下各笔债权提供最高额连带责任保证担保，该合同第 12 条明确约定争议解决方式，向乙方所在地法院提起诉讼。依据《民法典》第 490 条第 1 款之规定，"当事人采用合同书形式订立合同的，自当事人均签名、盖章或者按指印时合同成立。在签名、盖章或者按指印之前，当事人一方已经履行主要义务，对方接受时，该合同成立"，第 502 条第 1 款之规定，"依法成立的合同，自成立时生效，但是法律另有规定或者当事人另有约定的除外"，该案涉案合同已依法成立并生效，对双方当事人均有约束力，李某某上诉称江西银行赣州分行在签合同时并未告知其关于管辖的约定，管辖的约定对其不发生法律效力，因缺乏事实依据，法院不予支持。

（编写人：王伟艺）

法律条文

第四百九十一条　当事人采用信件、数据电文等形式订立合同要求签订确认书的，签订确认书时合同成立。

当事人一方通过互联网等信息网络发布的商品或者服务信息符合要约条件的，对方选择该商品或者服务并提交订单成功时合同成立，但是当事人另有约定的除外。

条文主旨

本条是关于签订确认书的合同及电子合同成立时间的规定。本条第 1 款对当事人要求签订确认书情形下合同的成立时间作了规定。本条第 2 款是关于电子合同的成立时间，该款规定电子合同的成立需要具备两个基本条件：第一，当事人一方通过互联网等信息网络发布的商品或者服务信息符合要约条件，第二，

① 江西省高级人民法院（2021）赣民辖终 7 号。

相对方选择该商品或者服务并提交订单成功。

新旧法对比

《合同法》	《民法典》
第三十三条　当事人采用信件、数据电文等形式订立合同的,可以在合同成立之前要求签订确认书。签订确认书时合同成立。	第四百九十一条　当事人采用信件、数据电文等形式订立合同要求签订确认书的,签订确认书时合同成立。 **当事人一方通过互联网等信息网络发布的商品或者服务信息符合要约条件的,对方选择该商品或者服务并提交订单成功时合同成立,但是当事人另有约定的除外。**

理解与适用

本条第1款基本沿用了《合同法》第33条规定的表述,但是有一处不同。《合同法》第33条明确了提出签订确认书的时间是"在合同成立之前",本条第1款规定没有明确该时间要求,但是也应该理解为"在合同成立之前"。因为在合同成立后,一方当事人提出签订确认书的要求的,对合同的成立不产生任何影响。

本条第2款基本采纳了《电子商务法》第49条第1款的规定"电子商务经营者发布的商品或者服务信息符合要约条件的,用户选择该商品或者服务并提交订单成功,合同成立。当事人另有约定的,从其约定",明确了电子合同成立的一般规则。当事人一方通过互联网等信息网络发布的商品或者服务信息符合要约条件,即属于发出要约。相对方选择该商品或者服务并提交订单成功,即属于作出承诺。订单一旦提交成功,合同即成立,订单提交成功的时间即为合同成立的时间。

实务问题

信息网络技术的普及已经让线上交易成为合同交易中的重要类型,实务中关于线上交易的纠纷也日益普遍。本条规定的电子合同成立的一般规则与《电子商务法》的立法实践以及实务中的司法观点基本一致。在尹某与苏宁易购集团股份有限公司苏宁采购中心网络购物合同纠纷案①中,法院认为,尹某在天猫

① 北京互联网法院(2019)京0491民初39019号。

平台上选择苏宁易购经营的商品并提交订单、支付价款，当事人之间的网络购物合同已成立并生效，对当事人具有法律约束力，各方应当按照约定全面履行各自的义务。

（编写人：王伟艺）

法律条文

第四百九十二条　承诺生效的地点为合同成立的地点。

采用数据电文形式订立合同的，收件人的主营业地为合同成立的地点；没有主营业地的，其住所地为合同成立的地点。当事人另有约定的，按照其约定。

条文主旨

本条是关于合同成立地点的规定。

新旧法对比

《合同法》	《民法典》
第三十四条　承诺生效的地点为合同成立的地点。 采用数据电文形式订立合同的，收件人的主营业地为合同成立的地点；没有主营业地的，其经常居住地为合同成立的地点。当事人另有约定的，按照其约定。	第四百九十二条　承诺生效的地点为合同成立的地点。 采用数据电文形式订立合同的，收件人的主营业地为合同成立的地点；没有主营业地的，其**住所地**为合同成立的地点。当事人另有约定的，按照其约定。

理解与适用

一般来说，承诺生效时合同成立，承诺生效的地点为合同成立的地点。而当事人采用特定形式订立合同的，特定形式的完成地点为合同成立的地点。

根据本条第2款规定，采用数据电文形式订立的合同，原则上以收件人的主营业地为合同成立的地点。这里的收件人是指要约人，即收到承诺的人。如果收件人没有主营业地，则其住所地为合同成立的地点，即收件人是自然人的，合同成立的地点以自然人的住所地为准；收件人是法人的，合同成立的地点以法人的主要办事机构所在地为准。本条规定的“数据电文形式”与总则编第137条第2款规定的“数据电文”应作同一理解，指经由电子手段、电磁手段、光学手段或类似手段生成、发送、接收或存储的信息，这些手段包括但不限于电子数据交换、电子邮件、电报、电传或传真。此外，合同成立地点的确定应当尊重当事人的意愿，对于采用数据电文形式订立的合同，也应当允许当事人对合同成立地点作另外约定。当事人作出另外约定的，按照其约定确定合同成立地点。

实务问题

在南京易欧科技有限公司（以下简称易欧公司）与滨海县正信仪器厂买卖合同纠纷案①中，南京市鼓楼区人民法院认为，双方在《购销合同》第5条关于争议解决方式中约定“争议若协商调解不成，依法向合同签约所在地人民法院起诉。”经询问易欧公司合同订立过程，该公司称由易欧公司草拟合同盖章后传真给正信仪器厂，由该厂盖章后回传给易欧公司，正信仪器厂对上述合同订立过程无异议。《合同法》第34条第1款规定：“承诺生效的地点为合同成立的地点。”易欧公司向正信仪器厂传真合同视为要约，正信仪器厂盖章的行为视为承诺，也即双方合同成立的地点为正信仪器厂住所地，江苏省滨海县。易欧公司与正信仪器厂合同约定的管辖法院为合同签约所在地人民法院，即江苏省滨海县人民法院，南京市鼓楼区人民法院对该案没有管辖权。

（编写人：王伟艺）

法律条文

第四百九十三条　当事人采用合同书形式订立合同的，最后签名、盖章或者按指印的地点为合同成立的地点，但是当事人另有约定的除外。

条文主旨

本条是关于采用合同书形式订立的合同的成立地点的规定。当事人采用合同书形式订立合同的，以签名、盖章或者按指印的地点为合同成立的地点；如果各方当事人签名、盖章或者按指印的时间不同步，则以最后签名、盖章或者按指印的地点为合同成立的地点。当然，如果当事人对合同成立的地点另有约定的，则应当尊重当事人的意愿，以当事人之间的约定确定合同成立的地点。

① 江苏省南京市鼓楼区人民法院（2015）鼓商初字第253号。

新旧法对比

《合同法》	《民法典》
第三十五条　当事人采用合同书形式订立合同的，双方当事人签字或者盖章的地点为合同成立的地点。	第四百九十三条　当事人采用合同书形式订立合同的，**最后签名、盖章或者按指印的地点为合同成立的地点，但是当事人另有约定的除外。**

理解与适用

本条规定在《合同法》第 35 条的基础上作了调整：第一，不再使用双方当事人的表述，因为合同当事人也可能是多方当事人，修改后的表述更为严谨；第二，将“签字或者盖章”改为“签名、盖章或者按指印”，从签字到签名更加严谨，增加按指印的情形也更加符合实践情况；第三，增加了当事人另有约定的情形，这个调整采纳了《最高人民法院关于适用〈中华人民共和国合同法〉若干问题的解释（二）》第 4 条的观点，即“采用书面形式订立合同，合同约定的签订地与实际签字或者盖章地点不符的，人民法院应当认定约定的签订地为合同签订地；合同没有约定签订地，双方当事人签字或者盖章不在同一地点的，人民法院应当认定最后签字或者盖章的地点为合同签订地。”

实务问题

本条规定以书面合同为前提，口头合同和其他形式的合同虽然也存在合同签订地，但不涉及签名、盖章或者按指印的问题。实务中合同成立的地点可能涉及管辖权和法律适用问题，例如，在林某某诉李某某民间借贷纠纷案①中，法院认为，该案系基于债权转让而形成的民间借贷纠纷，原借贷法律关系双方即范某某与林某某未约定纠纷处理应当适用的法律，在债权转让后林某某和李某某双方亦未就法律适用问题达成合意。根据《民法通则》第 145 条“涉外合同的当事人可以选择处理合同争议所适用的法律，法律另有规定的除外。涉外合同的当事人没有选择的，适用与合同有最密切联系的国家的法律”的规定，应当根据最密切联系原则确定该案实体审理所适用的法律。虽然林某某与原债权人范某某均是美国公民，但案涉借款是范某某由美国汇至林某某在中国银行开立的账户，借条以中文的形式表述，借条中将借款货币由美元转换成人民币，借款利息以中

① 广西壮族自治区高级人民法院（2010）桂民四终字第 12 号。

国住房利率为计算依据，故本案借款合同与中国有最密切联系。范某某转让债权给李某某，双方所签订的债权转让合同的缔约地为中国南宁，债权受让人、债务人在中国南宁有住所地及经常居住地，据此，案涉债权转让合同亦明显与中国有更密切联系，故本案实体审理应适用中华人民共和国的法律。

（编写人：王伟艺）

法律条文

第四百九十四条　国家根据抢险救灾、疫情防控或者其他需要下达国家订货任务、指令性任务的，有关民事主体之间应当依照有关法律、行政法规规定的权利和义务订立合同。

依照法律、行政法规的规定负有发出要约义务的当事人，应当及时发出合理的要约。

依照法律、行政法规的规定负有作出承诺义务的当事人，不得拒绝对方合理的订立合同要求。

条文主旨

本条是关于强制缔约义务的规定。根据该规定，强制缔约包括对缔约各方的共同强制缔约义务、对某一方民事主体的强制要约义务和对某一方民事主体的强制承诺义务。

新旧法对比

《合同法》	《民法典》
第三十八条　国家根据需要下达指令性任务或者国家订货任务的，有关法人、其他组织之间应当依照有关法律、行政法规规定的权利和义务订立合同。	第四百九十四条　国家根据**抢险救灾、疫情防控或者其他**需要下达国家订货任务、指令性任务的，有关**民事主体**之间应当依照有关法律、行政法规规定的权利和义务订立合同。 **依照法律、行政法规的规定负有发出要约义务的当事人，应当及时发出合理的要约。** **依照法律、行政法规的规定负有作出承诺义务的当事人，不得拒绝对方合理的订立合同要求。**

理解与适用

《民法典》第494条第1款规定涉及对缔约各方的共同强制。该款规定源于我国《合同法》第38条规定的国家订货合同制度，结合新冠肺炎疫情防控工作进行了完善①。根据该款规定，有关民事主体在国家根据抢险救灾、疫情防控或者其他需要下达国家订货任务、指令性任务的情形下，应当依照有关法律、行政法规规定的权利和义务订立合同，即相关的民事主体都负有强制缔约的义务。

根据我国《民法典》第494条第2款的规定，依照法律、行政法规的规定负有发出要约义务的当事人应当及时发出合理的要约，该规定应当为强制要约的规定。要约是希望与他人订立合同的意思表示，一经受要约人承诺，即对要约人产生法律约束力，承诺生效时，合同即成立。一般情况下，民事主体可以自行决定是否发出要约、向谁发出要约、何时发出要约以及要约内容等，但在特定情形下，要约人必须发出要约，并且发出要约的时间、相对人、内容等还要受到一定限制。这种限制是对民事主体自愿从事民事活动的重大干预，直接影响到民法自愿原则的落实，《民法典》在第494条第2款规定了施加此种限制的法律效力位阶，即“法律、行政法规”。由于要约人发出要约是具有民法上效果的行为，而且法律对义务人施加此种义务也是希望产生期待的法律效果，因此，强制要约应当有一定要求，发出要约是义务人不得拒绝的义务，发出要约的时间应当及时，内容应当合理，否则将失去设立强制要约制度的意义。

本条第3款的规定是对“负有作出承诺义务的当事人”提出的要求，应当为强制承诺。根据民法自愿原则，民事主体对他人发出的要约或者提出的订立合同的要求，有权自主决定是接受还是拒绝。但在特定情形下，如基于保护社会公共利益的需要，民事主体这种自主决定的权利有必要受到限制。因此，我国《民法典》第494条第3款规定了强制承诺义务，但强制承诺的义务来源也仅限于法律和行政法规的规定。

实务问题

合同当事人享有自愿订立合同的权利，强制缔约是对合同自由的重大干预，

① 参见王晨：《关于〈中华人民共和国民法典（草案）〉的说明》，载中国人大网2020年5月22日，http://www.npc.gov.cn/npc/c30834/202005/50c0b507ad32464aba87c2ea65bea00d.shtml。

属于例外规定。强制缔约是指法律和行政法规对民事主体施加的与其他民事主体订立合同的义务,非有正当理由,民事主体不得拒绝订立该合同。强制缔约方面的纠纷在供水、供电、供气、供热等民生行业较为常见,例如,在王某某与天津市三和热力有限公司供用热力合同纠纷案①中,人民法院认为,民事主体从事民事活动,应当遵循公平原则,合理确定各方的权利和义务。按照《电力法》第26条第1款"供电营业区内的供电营业机构,对本营业区内的用户有按照国家规定供电的义务;不得违反国家规定对其营业区内申请用电的单位和个人拒绝供电"的规定,结合《合同法》关于供用热力合同参考供用电合同的有关规定,供热服务企业在符合上述规定的情形下也需按照国家规定提供供热义务、不得拒绝供热。《天津市供热用热条例》第23条规定"供热单位应当保证正常、稳定、连续按照规定供热,在供热期间实行24小时不间断服务,加强巡视检查,发现问题或者接到投诉,应当及时处理,不得拖延,不得擅自停热"。居民生活中,电、水、气、热等均属与民生事业息息相关的公共产品,普通居民一般无法直接选择提供产品和服务的主体。原告所居住的小区,被告系唯一提供供热服务的单位,涉诉小区的供热管线等设施均由其管理,原告作为涉诉房屋的所有权人只能接受被告提供的供热服务,如果被告拒绝提供服务,原告将处于无法获取供热服务的境地,显失公平,也不符合法律的基本原则和精神。因此被告作为在供热服务区内唯一的供热机构,不得拒绝为原告提供供热服务。

(编写人:王伟艺)

法律条文

第四百九十五条　当事人约定在将来一定期限内订立合同的认购书、订购书、预订书等,构成预约合同。

当事人一方不履行预约合同约定的订立合同义务的,对方可以请求其承担预约合同的违约责任。

条文主旨

本条是关于预约合同的规定。本条第1款对预约合同的定义作了界定。预

① 天津市北辰区人民法院(2020)津0113民初9050号。

约合同最本质的内涵是约定在将来一定期限内订立合同。本条第 2 款规定了不履行预约合同的应承担预约合同约定的违约责任。

新旧法对比

《最高人民法院关于审理买卖合同纠纷案件适用法律问题的解释》(2012 年)	《民法典》
第二条　当事人签订认购书、订购书、预订书、意向书、备忘录等预约合同,约定在将来一定期限内订立买卖合同,一方不履行订立买卖合同的义务,对方请求其承担预约合同违约责任或者要求解除预约合同并主张损害赔偿的,人民法院应予支持。	第四百九十五条　当事人**约定在将来一定期限内订立合同的**认购书、订购书、预订书等,构成预约合同。 **当事人**一方不履行**预约合同约定的**订立合同义务的,对方可以请求其承担预约合同的违约责任。

理解与适用

预约合同的本质是合同,其成立与效力原则上适用合同的规定,违反预约合同侵害了一方当事人的信赖利益,应承担违约责任。与预约合同相对应的是本约合同,预约合同的目的在于订立本约合同,预约合同当事人的义务就是在一定期限内订立本约合同,订立本约合同是预约合同得到履行的结果。本约合同当事人可直接履行各自义务,实现合同目的,无须再另行订立合同。①

本条第 2 款包含两个内容:(1)预约合同的违约形式;(2)违约后果。预约合同违约的具体情形有:第一,明示拒绝订立本约或以行动表示拒绝订立本约;第二,对未决条款恶意磋商;第三,对已决条款重启磋商。② 对于预约合同违约责任的承担方式,根据《民法典》第 577 条的规定,承担方式有继续履行、采取补救措施或者赔偿损失等。

实务问题

在张某琮与成都永晨兴投资有限公司房屋买卖合同纠纷案③中,法院认为:

---

① 参见黄薇主编:《中华人民共和国民法典合同编解读》(上册),中国法制出版社 2020 年版,第 117 页。

② 参见睢晓鹏:《民法典预约合同的理解》,载中国法院网 2020 年 8 月 6 日,https://www.chinacourt.org/article/detail/2020/08/id/5393540.shtml。

③ 成都市双流区人民法院(2021)川 0116 民初 1761 号。

根据双方当事人签订的《森港合作修建优惠权申请书》的内容,双方约定在签订购买森港项目房屋的预定书或认定协议书时,按约定的优惠房价签订预定书或认定协议,该申请书实质为预约合同,双方建立了商品房买卖预约合同关系。本案中,永晨兴公司同意返还张某琼所缴纳的申请金40,000元,属于当事人在法律规定范围内自由处分其民事权利,符合法律规定,故对张某琼要求永晨兴公司返还优惠权申请金40,000元的诉讼请求,予以支持。由该案可以看出,本条在实务中的运用,主要关键点在于认定合同是否属于预约合同,及违反预约合同后具体违约责任的认定。

(编写人:涂素雄)

法律条文

第四百九十六条　格式条款是当事人为了重复使用而预先拟定,并在订立合同时未与对方协商的条款。

采用格式条款订立合同的,提供格式条款的一方应当遵循公平原则确定当事人之间的权利和义务,并采取合理的方式提示对方注意免除或者减轻其责任等与对方有重大利害关系的条款,按照对方的要求,对该条款予以说明。提供格式条款的一方未履行提示或者说明义务,致使对方没有注意或者理解与其有重大利害关系的条款的,对方可以主张该条款不成为合同的内容。

条文主旨

本条是关于格式条款的规定。本条第1款规定了格式条款的定义。格式条款又称为标准条款,是指当事人为了重复使用而预先拟定,并在订立合同时未与对方协商的条款,如在保险合同、供水电热力合同和邮电合同等中就存在大量的格式条款。格式条款最实质的特征在于"未与对方协商"。

本条第2款规定了格式条款提供方的提示、说明义务,并明确了违反该义务的法律效果。

新旧法对比

《合同法》	《民法典》
第三十九条　采用格式条款订立合同的，提供格式条款的一方应当遵循公平原则确定当事人之间的权利和义务，并采取合理的方式提请对方注意免除或者限制其责任的条款，按照对方的要求，对该条款予以说明。 格式条款是当事人为了重复使用而预先拟定，并在订立合同时未与对方协商的条款。	第四百九十六条　格式条款是当事人为了重复使用而预先拟定，并在订立合同时未与对方协商的条款。 采用格式条款订立合同的，提供格式条款的一方应当遵循公平原则确定当事人之间的权利和义务，并采取合理的方式**提示**对方注意免除或者减轻其责任**等与对方有重大利害关系的条款，**按照对方的要求，对该条款予以说明。**提供格式条款的一方未履行提示或者说明义务，致使对方没有注意或者理解与其有重大利害关系的条款的，对方可以主张该条款不成为合同的内容。**

理解与适用

根据该条的第 1 款规定，可以看出格式条款具有以下特征：

(1)预制的合同条款，具有提前性。一般合同条款是双方达成签约意向，经重复讨论才制定的。而格式条款则在尚未达成签约意向时，格式条款提供方根据其自身经营情况等就已制定了。

(2)稳定且可重复的合同条款。一旦拟定了格式条款，就需要长时间执行，其稳定性体现在禁止随意修改其中的条款，对于合同条款禁止讨价还价；提供商品或服务的一方将格式条款打印为固定格式，以供各方查看。可重复性意味着合同可以重复使用。

(3)未与对方协商的条款。与一般合同条款不同，格式条款由其中一方预先自行确定，一般合同条款的制定是通过两方相互协商完成的。

受格式条款特征的影响，合同自由原则受到限制，不符合合同自由原则。格式条款禁止交易对手进行选择或协商，强制相对人执行，但这种事实上的不平等被缔约地位的平等所掩盖，导致相对方的地位十分不利，不符合民法合同的基本原则，导致相对方的正当权益被损害。故为保护相对方的正当权益，该条第 2 款随后规定了格式条款提供方的提示、说明义务，并明确了违反该义务的法律效果。

依照本条第 2 款的规定，采用"合理的方式"，目的在于使相对方充分注意，如实践中一些格式条款采用特别的字体予以提示。对于"合理的方式"具体指什么方式,要视具体情况而定,应能引起相对方的注意。"有重大利害关系的条款",一般来说主要包括但不限于格式条款提供方免除或者减轻其责任、加重对方责任、限制或者排除对方主要权利等的条款。"有重大利害关系的条款"的认定,要视格式条款的具体情况而定。对格式条款提供方未履行提示或者说明义务的法律效果,本条第 2 款规定为"对方可以主张该条款不成为合同的内容",即"该条款不成为合同的内容",其只能由相对方主张,格式条款提供方无权主张,这也是从制度设计上对相对方所作的倾斜性保护。[①]

实务问题

在刘某某诉中国移动通信集团江苏有限公司徐州分公司电信服务合同案[②]中,法院认为:采用格式条款订立合同的,提供格式条款的一方应当遵循公平原则确定当事人之间的权利和义务,并采取合理的方式提请对方注意免除或者限制其责任的条款,按照对方的要求,对该条款予以说明。电信业务的经营者作为提供电信服务合同格式条款的一方,应当遵循公平原则确定与电信用户的权利义务内容,权利义务的内容必须符合维护电信用户和电信业务经营者的合法权益、促进电信业的健康发展的立法目的,并有效告知对方注意免除或者限制其责任的条款并向其释明。法院认定本案被告既未在电信服务合同中约定有效期内容,亦未提供有效证据证实已将有效期限制明确告知原告,被告暂停服务、收回号码的行为构成违约,应当承担继续履行等违约责任。

(编写人:涂素雄)

法律条文

第四百九十七条　有下列情形之一的,该格式条款无效:

(一)具有本法第一编第六章第三节和本法第五百零六条规定的无效情形;

(二)提供格式条款一方不合理地免除或者减轻其责任、加重对方责任、限制对方主要权利;

(三)提供格式条款一方排除对方主要权利。

---

① 参见黄薇主编:《中华人民共和国民法典合同编解读》(上册),中国法制出版社 2020 年版,第 127 页。

② 徐州市泉山区人民法院(2011)泉商初字第 240 号。

条文主旨

本条是关于格式条款无效的规定。《民法典》第1编第6章第3节中的第153条规定了违反法律、行政法规的强制性规定、违背公序良俗的民事法律行为无效;《民法典》第1编第6章第3节中的第154条规定了行为人与相对人恶意串通,损害他人合法权益的民事法律行为无效;《民法典》第506条规定了合同中约定造成他人伤害或因故意或者重大过失造成对方财产损失免责的条款无效。

本条中不仅规定了格式条款的无效适用上述民事法律行为和合同无效的规定外,又特别规定了两种格式条款无效的情形,即提供格式条款一方不合理地免除或者减轻其责任、加重对方责任、限制对方主要权利和提供格式条款一方排除对方主要权利,由此达到保护格式合同相对方的权益,以维护市场交易的公平正义。

新旧法对比

《合同法》	《民法典》
第四十条　格式条款具有本法第五十二条和第五十三条规定情形的,或者提供格式条款一方免除其责任、加重对方责任、排除对方主要权利的,该条款无效。	第四百九十七条　**有下列情形之一的,该格式条款无效:** **(一)具有本法第一编第六章第三节和本法第五百零六条规定的无效情形;** (二)提供格式条款一方不合理地免除**或者减轻**其责任、加重对方责任、限制对方主要权利; **(三)提供格式条款一方排**除对方主要权利。

理解与适用

签订格式条款属于签约主体作出民事法律行为,该法律行为是否有效受《民法典》第1编第6章第3节关于民事法律行为的效力中的规定调整。同时格式条款也属于合同,适用《民法典》第506条中关于免责条款无效的规定。最后基于格式条款的特殊性,本条又特别规定了两种格式条款无效的情形,即提供格式条款一方不合理地免除或者减轻其责任、加重对方责任、限制对方主要权利和提供格式条款一方排除对方主要权利。

本条中第1项规定的无效情形,可见对应法条的阐述,不再赘述。此处重点分析本条中第2项和第3项规定的无效情形。

第2项和第3项规定格式条款无效的情形可以分两个部分来看;(1)对格式

条款提供方,不合理地免除或者减轻其责任的无效;(2)对格式条款相对方,加重其责任、限制或排除其主要权利的无效。此处"免除或者减轻其责任"中的"责任"是指依照法律应当负有的强制性法定义务,如商品销售中的三包责任和开具发票的责任;此处"加重对方责任"的"责任"是指通常情况下不应当承担的义务,如要求相对方对不可抗力发生的后果也应承担责任;此处"限制对方主要权利"和"排除对方主要权利"中的"主要权利"是指按照合同的性质通常应当享有的主要权利,如购买商品应享有售后服务的权利。

实务问题

在张某与南通市远通房地产开发有限公司(以下简称远通公司)房屋买卖合同纠纷案①中,法院认为:提供格式条款的一方未履行提示或者说明义务,致使对方没有注意或者理解与其有重大利害关系的条款的,对方可以主张该条款不成为合同的内容。此外,《民法典》还规定了提供格式条款一方不合理地免除或者减轻其责任、加重对方责任、限制对方主要权利和排除对方主要权利的,格式条款无效。远通公司提供的房屋缺少采光井属于违约行为。该案不能以双方的合同中并没有明确标注采光井,也不能以双方在合同中约定样板房不作为交房依据为由免除远通公司责任。案涉房屋缺少采光井,的确给购房人造成一定的影响。鉴于该案中购房者张某并不要求解除合同,该院根据案涉房产价值等因素酌情判决远通公司赔偿张某损失人民币 10 万元。从该案例中,可以看出格式条款无效的规定在实践中运用的一个难点是,最终签订合同文本中,可能不会直接体现或写明免除格式条款提供方责任或排除相对方主要权利的合同条文,需要结合双方缔约过程中的其他承诺、陈述、宣传资料等才能判断是否存在会被认定无效的格式条款。

(编写人:涂素雄)

法律条文

第四百九十八条　对格式条款的理解发生争议的,应当按照通常理解予以解释。对格式条款有两种以上解释的,应当作出不利于提供格式条款一方的解释。格式条款和非格式条款不一致的,应当采用非格式条款。

① 南通市中级人民法院(2020)苏 06 民终 4038 号。

条文主旨

本条是关于格式条款解释规则的规定。格式条款属于合同条款，因此格式条款的解释，也应适用合同解释的一般规则。但格式条款与一般合同条款的不同之处在于它并非由当事人双方相互协商拟定的，而往往是由格式条款提供方一方事先拟定且不允许相对方进行修改的，因此，对格式条款的解释必须遵循此条规定的特别规则。

新旧法对比

《合同法》	《民法典》
第四十一条　对格式条款的理解发生争议的，应当按照通常理解予以解释。对格式条款有两种以上解释的，应当作出不利于提供格式条款一方的解释。格式条款和非格式条款不一致的，应当采用非格式条款。	【内容不变】第四百九十八条

理解与适用

根据本条规定，格式条款的解释遵循以下三个规则：

(1)按照通常理解予以解释。格式条款是为了重复使用、针对不特定人而拟定的，因此格式条款的解释既不按照提供格式条款一方的理解予以解释，也不按照特定的相对人的理解予以解释，而是按照可能订立该格式条款的一般人的理解予以解释。

(2)作出对提供格式条款一方不利解释规则，即当格式条款有两种以上解释时，给予相对方倾斜性保护，作出不利于提供格式条款一方的解释。

(3)格式条款与非格式条款不一致的，采用非格式条款。这是因为格式条款是由一方提供而未经协商的，非格式条款是由当事人双方协商一致的，如果格式条款与非格式条款不一致，实际上是当事人双方以其合意排除了格式条款的适用。在这种情形下，采用非格式条款，既尊重了双方当事人的真实意思表示，也有利于保护非格式条款提供方的利益。

实务问题

在重庆源榕和餐饮文化有限公司诉雷某特许经营合同案[①]中,法院认为:首先,《联盟经营合同书》属于格式合同,应当作出不利于提供格式条款一方的解释。《合同法》第41条规定:"对格式条款的理解发生争议的,应当按照通常理解予以解释。对格式条款有两种以上解释的,应当作出不利于提供格式条款一方的解释。格式条款和非格式条款不一致的,应当采用非格式条款。"因此,不应将上述合同终止条款解释为只有在联盟店已经经营后,而遭受严重亏损且无力或不可能继续经营时,被许可人才能解除合同。此种解释明显限制了被许可人的合同解除权;而应当将上述合同终止条款解释为包括已经经营以及未能经营两种情况,以充分保障被许可人的权益。其次,根据"举重以明轻"的法理,"无法开店"与"无力或不可能继续经营"相比,其不能实现合同目的的程度更甚,更需要终止合同,故该案中被许可人长期无法开店的情形应当属于《联盟经营合同书》约定的自动终止的情形。一审法院结合上述合同终止条款及联盟店长期无法开设之事实,依法判决解除双方签订的《联盟经营合同书》并无不当。从该案例中,可以看出格式条款解释规则在实践中的运用,不仅需要结合格式条款中本身文义所表达意思表示,更要结合格式条款提供方可能会为追求自己单方面的利益,违背公平原则,不合理地分配合同交易中的风险和负担等特点,从维护公平正义的目的出发,对格式条款的内容作出最合适的解释。

(编写人:涂素雄)

法律条文

第四百九十九条　悬赏人以公开方式声明对完成特定行为的人支付报酬的,完成该行为的人可以请求其支付。

条文主旨

本条是关于悬赏广告的规定。悬赏广告在现实社会中较为常见,是指悬赏人以广告的方式公开表示对于完成一定行为的人,给予报酬的意思表示。悬赏人对于完成该行为的人,负有给付报酬的义务。

---

① 重庆市高级人民法院(2019)渝民终2054号。

新旧法对比

《最高人民法院关于适用〈中华人民共和国合同法〉若干问题的解释(二)》	《民法典》
第三条 悬赏人以公开方式声明对完成一定行为的人支付报酬,完成特定行为的人请求悬赏人支付报酬的,人民法院依法予以支持。但悬赏有合同法第五十二条规定情形的除外。	第四百九十九条 悬赏人以公开方式声明对完成**特定行为**的人支付报酬的,**完成该行为的人可以请求其支付。**

理解与适用

依据该条规定,悬赏广告的构成要件有以下三个:(1)要以公开的方式做出声明,即悬赏人不是向特定的人发出声明,而是向一般社会公众发出声明。公开的具体方式,可以通过广播电视、报纸期刊和互联网等媒介发布声明,在广告栏内、电线杆上张贴声明,在公共车辆、场所内悬挂声明等。(2)悬赏人在声明中提出明确具体的要求,即相对人要完成特定行为,这是悬赏人负担给付报酬义务的前提条件。特定行为可以是积极的作为,也可以是消极的不作为,但不得违背国家利益、公序良俗和损害他人合法权益。(3)悬赏人有给付一定报酬的意思表示。

实务问题

在鲁某庚与东港市公安局悬赏广告纠纷上诉案[①]中,法院认为:发布悬赏广告是一种民事法律行为,即广告人以广告的方式发布声明,承诺对任何按照声明的条件完成指定事项的人给予约定的报酬。任何人按照广告公布的条件,完成了广告所指定的行为,即对广告人享有报酬请求权。发出悬赏广告的人,则应该按照所发布广告的约定,向完成广告指定行为的人支付承诺的报酬。该案中东港市公安局通过东港市电视台发布通告中的部分内容,属于悬赏广告。通告虽然是以东港市公安局的名义发布的,但由于悬赏给付的报酬,是由被害人家属提供的,通告中的悬赏行为,实际上是受被害人家属委托的行为。被害人家属的本意是以50万元人民币直接奖励能够提供破案线索的举报人,希望能够有助于公安机关迅速破案。东港市公安局以鲁某庚所提供的线索不符合悬赏通告所规定

① 辽宁省高级人民法院(2002)辽民一终字第38号。

的条件为由，拒绝将被害人家属用于奖励的50万元全部给付鲁某庚，并将其予以占有，超出了被害人家属的委托权限，也不符合其在悬赏通告中的承诺，没有任何的法律依据。鲁某庚对其主张权利，应予支持。从该案例中，可以看出悬赏广告在实务中的运用，主要遇到的问题和要解决的难点在于发布的声明是否属于悬赏广告、相对人完成的特定行为是否符合悬赏条件、同一特定行为能否获得重复奖励等。

（编写人：涂素雄）

法律条文

第五百条　当事人在订立合同过程中有下列情形之一，造成对方损失的，应当承担赔偿责任：

（一）假借订立合同，恶意进行磋商；

（二）故意隐瞒与订立合同有关的重要事实或者提供虚假情况；

（三）有其他违背诚信原则的行为。

条文主旨

本条是关于当事人在订立合同中具体的违背诚信行为及应当承担赔偿责任的规定。本条规定中列明的三种违背诚信行为具体释义如下：

（1）假借订立合同，恶意进行磋商。这是指根本没有与对方订立合同的目的，为达成其他目的，故意与对方进行协商谈判，进而导致对方利益受损。

（2）故意隐瞒与订立合同有关的重要事实或者提供虚假情况。根据诚信原则的要求，当事人在订立合同过程中，对有关的重要事实和情况负有告知义务，隐瞒重要事实或提供虚假信息的，均违反了诚信原则的要求，造成对方损失的，应当承担赔偿责任。

（3）有其他违背诚信原则的行为。为了防止和杜绝无意或者故意的规避前两项违背诚信的行为，同时随着社会生产的发展，人们对违背诚信行为的认识发生变化，行为的法律性质也在不断变化，故第3项使用“有其他违背诚信原则的行为”作为兜底条款，规定实施与前两项行为相同或相似的违背诚信的行为，造成对方损失的，亦要承担赔偿责任。[①]

① 参见黄薇主编：《中华人民共和国民法典合同编解读》（上册），中国法制出版社2020年版，第135页。

新旧法对比

《合同法》	《民法典》
第四十二条　当事人在订立合同过程中有下列情形之一，给对方造成损失的，应当承担损害赔偿责任： （一）假借订立合同，恶意进行磋商； （二）故意隐瞒与订立合同有关的重要事实或者提供虚假情况； （三）有其他违背诚实信用原则的行为。	第五百条　当事人在订立合同过程中有下列情形之一，**造成对方损失的**，应当承担赔偿责任： （一）假借订立合同，恶意进行磋商； （二）故意隐瞒与订立合同有关的重要事实或者提供虚假情况； （三）有其他违背**诚信**原则的行为。

理解与适用

缔约过失责任是指在合同缔结过程中，当事人一方因自己的故意而致合同不成立、无效或被撤销，应承担对信赖其合同为有效成立的相对人基于此项信赖而发生损害的赔偿责任。缔约过失责任是民事责任的重要组成部分，它在民事责任中具有独立的价值，缔约过失责任制度的确定，不仅完善了我国债和合同制度的体系，完善了交易规则，而且有助于促进整个社会的诚实守信。根据该条规定，缔约过失责任采取的是过错责任原则，缔约过失责任构成要件有以下四个：

（1）缔约过失责任发生在合同订立过程中。只有在合同尚未成立，或虽然成立，但因为不符合法律的生效要件而被确认为无效或被撤销时，缔约人才承担缔约过失责任。如合同已成立且生效的，则应按违约责任处理，而不是按缔约过失责任处理。

（2）缔约一方当事人有违反诚信原则的行为。在缔约阶段，当事人为缔结契约而接触协商之际，已由原来的普通关系进入一种特殊的关系（信赖关系），双方均应依诚信原则互负一定的义务（一般称为附随义务），如履行通知、协助、保密等义务。若当事人违背了其所负有的附随义务，并破坏了缔约关系，就构成了缔约过失，才有可能承担责任。

（3）造成相对人信赖利益的损失。缔约过失责任的承担必须以造成对方的损失为前提。信赖利益，指相对人是基于合理的信赖确认合同能成立并能因此获得相应的利益。而信赖利益损失，是指相对人因信赖合同会有效成立却由于合同最终不成立或无效而受到的利益损失。

（4）相对人信赖利益损失与行为人的缔约过失行为存在因果关系。也就是说，相对方的信赖利益损失是由行为人的缔约过失行为造成的，而不是其他行为造成的。如果这二者之间不存在因果关系，则行为人无须承担缔约过失责任。

该条明确承担缔约过失责任的方式为赔偿损失。一般认为，缔约过失责任的赔偿范围为相对人因信赖合同成立而支付的各种费用，且以不超过合同成立时的履行利益为限，而不能直接要求赔偿合同成立本应获得的利润。

实务问题

在车某民与李某兵、青岛安诺运输有限公司车辆租赁合同纠纷案[①]中，法院认为，被告李某兵委托原告追索涉案泵车过程中，始终未告知涉案泵车并非被告所有，涉案泵车追回后，被告李某兵并未及时租赁给原告，后被法院扣押，导致原告无法实现对涉案泵车的租赁，原告基于对被告李某兵的信赖而由此产生了信赖利益损失。被告李某兵的行为违反了诚实信用原则，应承担缔约过失责任，对原告造成的损失，应承担赔偿责任。综合考虑该案事实、被告李某兵的过错程度、原告的成本支出以及预期利益等，原告要求被告李某兵赔偿损失 20 万元，数额过高，本院酌定被告李某兵赔偿原告损失 15 万元较为适宜。从该案例中，可以看出该条规定在实务中的运用，主要遇到的问题和要解决的难点在于如何认定行为人是否构成缔约过失并因此要承担缔约过失责任；行为人若需要承担缔约过失责任，则其赔偿范围和金额如何确定。

（编写人：涂素雄）

法律条文

第五百零一条　当事人在订立合同过程中知悉的商业秘密或者其他应当保密的信息，无论合同是否成立，不得泄露或者不正当地使用；泄露、不正当地使用该商业秘密或者信息，造成对方损失的，应当承担赔偿责任。

条文主旨

本条规定了当事人在订立合同过程中的保密义务。条文前半部分规定了对所知悉商业秘密或者其他应当保密的信息，当事人负有不得泄露或者不正当使用的义务。条文后半部分规定了泄露或不正当使用，造成对方损失的，应当承担赔偿责任。

---

① 青岛市城阳区人民法院(2020)鲁 0214 民初 12734 号。

根据《反不正当竞争法》第9条最后1款的规定，商业秘密指不为公众所知悉、具有商业价值并经权利人采取相应保密措施的技术信息、经营信息等商业信息。因《民法典》调整的不仅包括商事主体之间所订立的合同，也包括一些机关、事业单位及个人等相互之间订立的合同，其中也包含一些未能满足商业秘密构成要件，但仍具有经济价值或竞争优势和财产属性的秘密信息，为保护该等秘密信息，该条紧随商业秘密之后将其他应当保密的信息同等列为需要保密的范围。

新旧法对比

《合同法》	《民法典》
第四十三条　当事人在订立合同过程中知悉的商业秘密，无论合同是否成立，不得泄露或者不正当地使用。泄露或者不正当地使用该商业秘密给对方造成损失的，应当承担损害赔偿责任。	第五百零一条　当事人在订立合同过程中知悉的商业秘密**或者其他应当保密的信息**，无论合同是否成立，不得泄露或者不正当地使用；泄露、不正当地使用该商业秘密**或者信息，造成对方损失的，**应当承担赔偿责任。

理解与适用

根据本条规定，订立合同过程中需要保密的范围包括商业秘密和其他应当保密的信息，保密义务的履行方式为不得泄露或不正当使用，违反保密义务造成对方损失的应当承担赔偿责任。

民法中需承担责任的事由主要有违约、侵权和缔约过失。该条规定违反保密义务应当承担赔偿责任，可能存在侵权责任和缔约过失责任相竞合的情形。参照《民法典》第186条当违约责任和侵权责任相竞合时，受损害方有权选择请求另一方当事人承担违约责任或者侵权责任的规定，结合本条具体违反保密义务行为的性质，判断是否存在侵权责任和缔约过失责任相竞合，若存在相竞合情形的，则受损害方有权选择提起侵权责任之诉或缔约过失之诉。

实务问题

根据最高人民法院2020年4月7日发布的《2019年中国法院10大知识产权案件和50件典型知识产权案例》中的华阳新兴科技（天津）集团有限公司（以下简称华阳公司）与麦达可尔（天津）科技有限公司（以下简称麦达可尔公司）、

王某刚、张某星、刘某侵害商业秘密纠纷案①,可窥见实务中对商业秘密的认定难点与重点。

该案二审法院(天津市高级人民法院)认定华阳公司的 43 家客户信息属于商业秘密中的客户名单,认定依据为以下三个方面:

(1)依照《最高人民法院关于审理不正当竞争民事案件应用法律若干问题的解释》第 13 条第 1 款,“商业秘密中的客户名单,一般是指客户的名称、地址、联系方式以及交易的习惯、意向、内容等构成的区别于相关公知信息的特殊客户信息,包括汇集众多客户的客户名册,以及保持长期稳定交易关系的特定客户”。因此,华阳公司主张的 43 家客户信息符合上述法律的规定,具有秘密性的特征。

(2)华阳公司对 43 家客户信息采取了合理的保密措施,包括华阳公司与其员工签订保密协议,43 家客户信息均存储于华阳公司 ERP 系统中,公司员工需要使用用户名及密码才能登录 ERP 系统。王某刚作为华阳公司的高级管理人员,负有保守公司商业秘密的法定义务;张某星、刘某与华阳公司签订了保密协议,应当认定华阳公司采取了保密措施。

(3)43 家客户信息具有现实的或者潜在的商业价值,能为华阳公司带来竞争优势,故上述客户名单具有实用性和价值性。

该案再审法院(最高人民法院)最终审理认定 43 家客户信息不属于商业秘密,理由如下:

首先,在当前网络环境下,相关需方信息容易获得,且相关行业从业者根据其劳动技能容易知悉;其次,关于订单日期,单号,品名、货品规格,销售订单数量、单价、未税本位币等信息均为一般性罗列,并没有反映某客户的交易习惯、意向及区别于一般交易记录的其他内容。在没有涵盖相关客户的具体交易习惯、意向等深度信息的情况下,难以认定需方信息属于《反不正当竞争法》保护的商业秘密。

(编写人:涂素雄)

① 最高人民法院(2019)最高法民再 268 号。

第三章　合同的效力

法律条文

第五百零二条　依法成立的合同，自成立时生效，但是法律另有规定或者当事人另有约定的除外。

依照法律、行政法规的规定，合同应当办理批准等手续的，依照其规定。未办理批准等手续影响合同生效的，不影响合同中履行报批等义务条款以及相关条款的效力。应当办理申请批准等手续的当事人未履行义务的，对方可以请求其承担违反该义务的责任。

依照法律、行政法规的规定，合同的变更、转让、解除等情形应当办理批准等手续的，适用前款规定。

条文主旨

一般而言，依法成立的合同，自成立时即生效，但存在例外，因而可以将合同生效的要件分为合同生效的一般要件和合同生效的特殊要件。

合同生效的一般要件，是指欲使已成立的合同发生完备的法律效力而应当具备的法律条件。合同生效的要件是判断合同是否具备法律效力的标准。本法第 143 条规定，具备下列条件的民事法律行为有效：(1)行为人具有相应的民事行为能力；(2)意思表示真实；(3)不违反法律、行政法规的强制性规定、不违背公序良俗。合同作为一项典型的民事法律行为，亦应当具备本法所规定的民事法律行为有效的要件。

原则上，合同具备本法第 143 条所规定的条件时，自成立时生效。而有些合同则需要具备特殊的要件方能生效，从而发生当事人所预期的法律效果。例如，本条第 2 款规定的需要审批生效的合同。

新旧法对比

《合同法》	《民法典》
第四十四条　依法成立的合同，自成立时生效。 法律、行政法规规定应当办理批准、登记等手续生效的，依照其规定。 第七十七条第二款　法律、行政法规规定变更合同应当办理批准、登记等手续的，依照其规定。 第八十七条　法律、行政法规规定转让权利或者转移义务应当办理批准、登记等手续的，依照其规定。 第九十六条第二款　法律、行政法规规定解除合同应当办理批准、登记等手续的，依照其规定。	第五百零二条　依法成立的合同，自成立时生效，**但是法律另有规定或者当事人另有约定的除外。** 依照法律、行政法规的规定，合同应当办理批准等手续的，依照其规定。**未办理批准等手续影响合同生效的，不影响合同中履行报批等义务条款以及相关条款的效力。应当办理申请批准等手续的当事人未履行义务的，对方可以请求其承担违反该义务的责任。** **依照法律、行政法规的规定，合同的变更、转让、解除等情形应当办理批准等手续的，适用前款规定。**

理解与适用

本条第1款对合同的生效时间进行了规定。依据该款规定，依法成立的合同，自成立时生效。一般情况下，只要当事人依法就合同的主要条款达成合意，该合意就在双方当事人之间产生法律拘束力。所谓合同的成立，是指订约当事人就合同的主要条款达成合意。所谓合同的生效，是指已经成立的合同在当事人之间产生了一定的法律拘束力，也就是通常所说的法律效力。此处所说的法律效力，并不是指合同能够像法律那样产生约束力。合同本身并不是法律，而只是当事人之间的合意，因此不能具有法律一样的效力。而所谓合同的法律效力，只不过是强调合同对当事人的拘束性。

本条第2款具有两层含义：第一，报批义务条款具有独立性，即报批条款在性质上类似于合同中的清算条款和仲裁条款，尽管合同尚未经批准，报批义务条款也应当已经生效。因为当事人订立合同的目的是使该合同有效并得以履行，只有使报批义务条款生效，法院才可以要求负有报批义务的当事人继续履行合同义务，以实现合同订立的目的。第二，违反报批义务条款，应当承担违约责任。在未报审批的情况下，尽管该合同整体上未生效，但由于报批义务条款具有独立性，该条款仍然有效，因此，一方当事人有权请求应当办理申请批准等手续的当事人履行义务，如果负有履行报批义务的人不履行义务，则应当承担违反该义务的责任。

本条第3款规定："依照法律、行政法规的规定，合同的变更、转让、解除等情形应当办理批准等手续的，适用前款规定。"本条第3款为新增条款，主要是考虑到《合同法》中分别对合同的变更、转让、解除中的批准进行规定。为简化《合同法》的规定，合同编用本款对变更、转让和解除三种情形集中进行规定，以避免法律条文的冗杂。

本款所规定的变更、转让和解除的批准与本条第2款性质相同，对于法律规定需要办理批准等手续才能生效的，不办理批准就不具有合法性，在未办理批准手续前就不应发生效力。例如，《矿产资源法》第6条第1款第2项规定："已取得采矿权的矿山企业，因企业合并、分立，与他人合资、合作经营，或者因企业资产出售以及有其他变更企业资产产权的情形而需要变更采矿权主体的，经依法批准可以将采矿权转让他人采矿。"依此规定，采矿权的转让在批准前并不发生转让的效力。

实务问题

在理论上和实务中，法律和行政法规规定需经批准的情形主要有：

（1）针对市场准入资格的批准。例如，从事证券经纪业务、期货经纪业务主体需经批准才能从事相关业务；房地产销售商需获得预售许可证方可以从事商品房预售行为等。在特许经营、限制经营的情形下，如果未获批准取得经营资质即从事民商事交易行为，则合同的效力将得到否定性评价。当然，在合理期限内取得资质的，合同效力不受影响。

（2）针对交易行为的批准。例如，国有企业转让国有资产的合同须经批准等。对于该类批准，应为本处所说的合同的生效要件。

（3）对履行行为的批准。该类批准主要涉及合同义务能否得到履行，权利能否发生变动问题，一般不影响合同的效力。例如，矿产资源转让行为，就需要批准。

（编写人：吴旺根）

法律条文

第五百零三条　无权代理人以被代理人的名义订立合同，被代理人已经开始履行合同义务或者接受相对人履行的，视为对合同的追认。

条文主旨

本条是关于被代理人无权代理合同追认的规定。无权代理人以被代理人的名义订立合同后,被代理人对该无权代理行为享有追认的权利。一般情况下,被代理人实际进行追认的,都是以口头或者书面等明示的方式作出追认的意思表示。但在一些情况下,被代理人没有以明示的方式作出追认或者拒绝的意思表示,但已经开始履行合同义务或者接受相对人履行。被代理人开始履行合同义务或者接受相对人履行的行为,是对无权代理行为的正面反馈,属于一种积极的作为,即被代理人已经开始履行合同义务或者接受相对人履行的,视为对合同的追认。

新旧法对比

《最高人民法院关于适用〈中华人民共和国合同法〉若干问题的解释(二)》	《民法典》
第十二条　无权代理人以被代理人的名义订立合同,被代理人已经开始履行合同义务的,视为对合同的追认。	第五百零三条　无权代理人以被代理人的名义订立合同,被代理人已经开始履行合同义务**或者接受相对人履行的**,视为对合同的追认。

理解与适用

本条的适用前提是无权代理人以被代理人的名义订立合同。总则编第171条对无权代理的三种典型表现形式作了明确规定。总则编第171条第1款规定,行为人没有代理权、超越代理权或者代理权终止后,仍然实施代理行为,未经被代理人追认的,对被代理人不发生效力。本条所规定的"无权代理人以被代理人的名义订立合同"即是指行为人没有代理权、超越代理权或者代理权终止后,仍然以被代理人的名义与他人订立合同的情形。所谓没有代理权是指行为人根本没有得到被代理人的授权,就以被代理人的名义与他人订立合同。比如,行为人伪造被代理人的公章、合同书或者授权委托书等,假冒被代理人的名义与他人签订合同。所谓超越代理权是指行为人与被代理人之间有代理关系存在,行为人有一定的代理权,但其实施的代理行为超出了代理范围。所谓代理权终止后仍然实施代理是指行为人与被代理人之间原本有代理关系,由于代理期限届满、代理事务完成或者被代理人取消委托等法定情形的出现使得代理权终止,但是行为人仍然实施代理行为。行为人无代理权却以被代理人的名义实施民事法律行为，不符合被代理人的意愿，法律效果不能直接及于被代理人，本应对被代理人不发生效力，但是考虑到行为人实施的民事法律行为并非都对被代理人不利，有些对被代理人可能是有利的；而且，既然代理行为已经完成，如果被代理人事后愿意承认，从鼓励交易、维护交易秩序稳定以及更好地保护各方当事人利益的角度出发，也没有必要一概否定其效力。

实务问题

被代理人必须全部追认行为人的无权代理，如行为人签订的合同，被代理人必须追认合同的全部内容。如果被代理人仅追认合同的部分内容，则属于新的要约，不构成追认，合同对被代理人也不生效。

被代理人以履行合同义务的行为追认合同，必须是履行合同全部义务，才能构成追认，如果被代理人仅履行部分合同义务，则只能视为新的要约，能否构成新的合同，则取决于相对人是否接受被代理人的部分履行行为。如果相对人接受被代理人的部分履行，则视为接受要约，成立新的合同。此时，行为人订立的合同对被代理人并不生效，该无权代理合同仍然由行为人承担法律责任。

（编写人：吴旺根）

法律条文

第五百零四条　法人的法定代表人或者非法人组织的负责人超越权限订立的合同，除相对人知道或者应当知道其超越权限外，该代表行为有效，订立的合同对法人或者非法人组织发生效力。

条文主旨

本条是关于因越权订立的合同效力的规定。依照本条规定，法人的法定代表人或者非法人组织的负责人超越权限订立合同的，一般情况下代表行为有效，所订立的合同对法人或者非法人组织发生效力。如果合同的相对人在订立合同时知道或者应当知道法人的法定代表人或者非法人组织的负责人的行为是超越权限的，而仍与之订立合同，则具有恶意，此时没有对合同的相对人加以保护的必要。本条立足于维护交易安全，应当保护的是善意相对人的利益。因此，本条在规定法定代表人、负责人超越权限订立的合同一般对法人或者非法人组织发生效力的同时，排除了相对人知道或者应当知道其超越权限的情形。

新旧法对比

《合同法》	《民法典》
第五十条　法人或者其他组织的法定代表人、负责人超越权限订立的合同，除相对人知道或者应当知道其超越权限的以外，该代表行为有效。	第五百零四条　法人的法定代表人或者**非法人组织的**负责人超越权限订立的合同，除相对人知道或者应当知道其超越权限外，该代表行为有效，**订立的**合同对法人或者非法人组织发生效力。

理解与适用

本条规定的是表见代表制度。所谓表见代表，是指法人的法定代表人或者非法人组织的负责人代表法人或者非法人组织对外订立合同，如果第三人不知道或者不应当知道该法定代表人、负责人超越权限，该合同对法人或者非法人组织发生法律效力。表见代表的主要特点如下：

（1）必须是法人的法定代表人或者非法人组织的负责人代表法人或者非法人组织对外订立合同。法定代表人应当明确登记，并在登记簿以及营业执照上披露。法定代表人、负责人都是自然人，他们本身具有双重身份，其既是一般自然人，又是能够代表法人或非法人组织行为的人。尽管他们是有权代表法人、非法人组织行为的人，但只有在其对外代表法人、非法人组织行为的时候，其行为才能对法人、非法人组织产生法律效果。如果仅仅是以个人的名义从事某种行为，则只能视为其个人的行为，不属于代表法人、非法人组织的行为，如果是以自然人的身份从事经营活动，则将由其个人承担该行为的后果。

（2）必须是法定代表人或者非法人组织的负责人代表法人或者非法人组织与第三人订立合同时超越代表权限。一方面，法定代表人或者非法人组织的负责人可以代表法人或者非法人组织从事广泛的行为，例如，代表法人或非法人组织缴纳税收、制定管理制度等。另一方面，构成表见代表必须是法定代表人或者非法人组织的负责人代表法人或者非法人组织订立合同时超越代表权限，换言之，如果其仍然在职权范围内行为，也不会涉表见代表的问题。

（3）第三人不知道或者不应当知道该法定代表人、负责人超越权限。立法之所以规定在法定代表人或者非法人组织的负责人代表法人或者非法人组织超越代表权限订立合同时，要保护第三人的利益，是因为第三人不知道或者不应当知道该法定代表人、负责人超越权限，也就是说，第三人是善意的、无过失的。因为法定代表人、负责人不需要获得法人或非法人组织的授权，第三人在与法定代表人、负责人订立合同时不必去核实其是否获得授权,这种核实也是十分困难的。如果因为第三人没有调查、核实该法定代表人、负责人是否有权行为,就可能导致交易无效,则将会造成交易的不安全,而且不利于鼓励交易。尤其是法定代表人、负责人的越权行为常常会形成一种权利的外观,即第三人在与法定代表人、负责人缔约时,有合理的理由相信其有代表权。这种信赖利益本身是交易安全的组成部分,保护交易安全就应当保护这种信赖利益。因此,只要第三人不知道或者不应当知道该法定代表人、负责人超越权限,该合同就对法人或者非法人组织发生效力。

(4)该合同对法人或者非法人组织发生效力。法人或者非法人组织的法定代表人、负责人超越权限订立的合同,除了相对人知道或者应当知道的,应当视为法人或者非法人组织的行为。

实务问题

法人将代表权限制记载于章程并在登记机关登记的,本身不足以推定相对人应当知道。因为只有法人的法定登记事项方可发生公示效力,任何人不得主张不知法定登记事项;但对于法定登记事项以外的登记信息,第三人并无查询的义务且在现行登记制度下,事实上也缺乏合理的查询途径。除公、检、法等国家机关外,需委托律师方可查询。在日常经济往来中,要求第三人随时委托律师查询对方公司登记信息,否则即推定为应当知道全部登记信息,显然过苛。但是,法律有特别规定的,如《公司法》规定,当公司对外担保时,第三人负有注意义务,即形式审查其权限的义务。

(编写人:吴旺根)

法律条文

第五百零五条　当事人超越经营范围订立的合同的效力,应当依照本法第一编第六章第三节和本编的有关规定确定,不得仅以超越经营范围确认合同无效。

条文主旨

本条是关于超越经营范围订立的合同效力的规定。该条在《合同法》中并未涉及,但吸纳了《合同法解释(一)》第10条的规定:"当事人超越经营范围订立合同,人民法院不因此认定合同无效。但违反国家限制经营、特许经营以及法律、行政法规禁止经营规定的除外。"依据这一规定,对于超越经营范围订立的合同效力的确定,首先,应当依据"本法第一编第六章第三节和本编的有关规定"来判断合同的效力;其次,不能"以超越经营范围"而认定合同无效。换言之,当事人超越经营范围的合同,原则应当有效,但在特殊情形下,该合同也可能被认定为无效合同。

新旧法对比

《最高人民法院关于适用〈中华人民共和国合同法〉若干问题的解释(一)》	《民法典》
第十条　当事人超越经营范围订立合同,人民法院不因此认定合同无效。但违反国家限制经营、特许经营以及法律、行政法规禁止经营规定的除外。	第五百零五条　当事人超越经营范围订立的合同的效力,**应当依照本法第一编第六章第三节和本编的有关规定确定,不得仅以超越经营范围确认合同无效。**

理解与适用

判定合同效力根本标准为"本法第一编第六章第三节和本编的有关规定"。具体来说,包括两方面的内容:

(1)当事人超越经营范围订立的合同原则上是有效的。经营范围,是指国家允许企业生产和经营的商品类别、品种及服务项目,反映企业业务活动的内容和生产经营方向,是企业业务活动范围的法律界限,体现企业民事权利能力和行为能力的核心内容。要求当事人(企业)在经营范围内行为是必要的,但这并不意味着超越经营范围的行为应一概被宣告为无效。其根本原因在于:超越经营范围,不仅涉及当事人(企业)本身,而且涉及合同一方与相对人的交易问题。如果一方当事人从事越权行为时相对人不知或不应当知道当事人的行为是越权的,则因超越经营范围而宣告无效,将直接使第三人蒙受损失,这显然不利于鼓励交易,维护交易秩序。

(2)在特殊情形下,当事人(企业)超越经营范围的合同可能被宣告无效。条款并没有肯定当事人(企业)超越经营范围订立的合同都是有效的。因为对一些当事人(企业)特殊经营资质的要求不是一般的管理性规范,而可能属于效力性规范。例如,《商业银行法》明确规定了设立商业银行的条件,必须通过严格的审批程序才能设立,这对于维护金融安全和金融秩序具有重要意义,因此,该规范不属于管理性规范,而应当属于效力性规范。法律关于一些禁止经营的规定,如禁止从事军火、军械及其配件、警用和军用物品等这些特许经营的规定即属于效力性规定。如果当事人（企业）超越经营范围订立违反国家限制经营、特许经营以及法律、行政法规禁止经营规定的合同，则出于保护第三人利益、交易安全以及维护国家经济秩序和公共秩序的需要，此类合同应当被宣告无效。

实务问题

在认定当事人超越经营范围所订立的合同是否违反法律、行政法规的强制性规定时，应当正确区分效力性强制性规定和管理性强制性规定。《民法典》第153条规定："违反法律、行政法规的强制性规定的民事法律行为无效。但是，该强制性规定不导致该民事法律行为无效的除外。违背公序良俗的民事法律行为无效。"其中，关于"该强制性规定不导致该民事法律行为无效的除外"的表述，就隐含着对效力性强制性规定和管理性强制性规定的区分。《全国法院民商事审判工作会议纪要》第30条规定，下列强制性规定，应当认定为"效力性强制性规定"：强制性规定涉及金融安全、市场秩序、国家宏观政策等公序良俗的；交易标的禁止买卖的，如禁止人体器官、毒品、枪支等买卖；违反特许经营规定的，如场外配资合同；交易方式严重违法的，如违反招投标等竞争性缔约方式订立的合同；交易场所违法的，如在批准的交易场所之外进行期货交易。关于经营范围、交易时间、交易数量等行政管理性质的强制性规定，一般应当认定为"管理性强制性规定"。

依据《合同法解释（一）》第10条的规定，对于经营范围超越可分为：对一般经营范围的超越和对禁止经营、限制经营以及特许经营事项的超越。对一般经营范围的超越只是违反了管理性强制性规定，并不会导致合同无效。如果超越经营范围所订立的合同违反了特许经营、禁止经营以及限制经营规定，则其违反的是效力性强制性规定，应当认定该合同无效。

（编写人：吴旺根）

法律条文

第五百零六条　合同中的下列免责条款无效：

（一）造成对方人身损害的；

（二）因故意或者重大过失造成对方财产损失的。

条文主旨

本条是关于免责条款效力的规定，免责条款是当事人双方在合同中事先约定的，旨在限制或免除其未来的责任的条款。按照合同自由原则，当事人可以在法律规定的范围内，自由约定合同条款，因此当事人既可以在合同中约定合同义务和违约责任，也可以在合同中约定免责条款。免责条款一旦订入合同，就意味着当事人已经就免责条款达成了合意，但当事人达成的免责条款并不是当然有效的。我国法律从合同自由原则及经济效率考虑，允许当事人达成免责条款，但这并不意味着当事人可以对免责条款任意作出约定。虽然违约责任具有一定程度的任意性，但其又具有一定的强制性。当事人在不违反法律和公共道德的情况下，可以自由设定免责条款，但免责条款必须符合法律规定，才能合法有效。

新旧法对比

《合同法》	《民法典》
第五十三条　合同中的下列免责条款无效： （一）造成对方人身伤害的； （二）因故意或者重大过失造成对方财产损失的。	【内容不变】第五百零六条

理解与适用

本条规定了以下两种免责条款无效：

（1）造成对方人身伤害的条款无效，对于人身的健康和生命安全，法律是给予特殊保护的。如果允许免除一方当事人对另一方当事人人身伤害的责任，那么就无异于纵容当事人利用合同形式对另一方当事人的生命健康进行摧残，这与保护公民的人身权利的宪法原则是相违背的。在实践当中，这种免责条款一般也都是与另一方当事人的真实意思相违背的。所以本条对于这类免责条款加以禁止。

（2）因故意或者重大过失给对方造成财产损失责任的免责条款。之所以将免除因故意或者重大过失造成对方财产损失责任的条款确认无效，是因为这种条款严重违反了诚信原则，如果允许这类条款的存在，就意味着允许一方当事人利用这种条款不公平对待对方当事人，损害对方当事人的权益，这是与合同制度的设立目的相违背的。对于本项规定需要注意的有两点：一是对于免除因一般过失而给对方当事人造成财产损失责任的条款，可以认定为有效。二是必须是免除因故意或者重大过失给对方当事人造成财产损失责任的条款无效。也就是说，对于因故意或者重大过失造成的损失限于财产损失。如果是免除造成对方人身伤害责任的条款，无论当事人是否有故意或者重大过失，只要是免除对人身伤害责任的条款,都应当依据本条第 1 项的规定确认无效。

实务问题

本条款实际上体现了事先免责条款无效原则。合同事先免责条款,是指双方当事人在合同中预先达成一项协议,免除将来可能发生损害的赔偿责任。在合同中约定的这样的协议条款,就是事先免责条款。事先免责条款分为人身损害的免责条款和财产损害的免责条款。人身损害的事先免责条款一般是绝对无效,但有些人身损害事先免责条款应当认为是有效的。例如,在竞技体育中,对于某些有严重危险的项目,事先约定免除人身损害的竞赛者的民事责任。如拳击,这样的人身损害事先免责条款是有效的,只有故意伤害对方当事人的,才应当承担赔偿责任。财产损害的免责条款一般是合同中的事先免责条款,也包括财产损害的侵权行为事先免责条款。需要注意的是,本条款主要针对事先免责的情形,如果是事后一方免除对方责任的,一般是有效的。

(编写人:吴旺根)

法律条文

第五百零七条　合同不生效、无效、被撤销或者终止的,不影响合同中有关解决争议方法的条款的效力。

条文主旨

本条是关于争议解决条款效力的规定。依据本条规定,合同不生效、无效、被撤销或者终止的,不影响合同中有关解决争议方法的条款的效力。这包括了四种原因行为:一是合同不生效,所谓不生效的合同,是指法律规定了合同生效应当满足特别的要件,在这些要件未被满足时合同的状态。未生效合同的典型形态是依据法律、行政法规的规定应当办理批准才能生效,而当事人并未办理批准手续的合同。二是合同无效,是指合同虽然已经成立,但因其在内容上违反了法律、行政法规的强制性规定和社会公共利益而无法律效力的合同。三是合同被撤销,是指当事人在订立合同时,因意思表示不真实,法律允许撤销权人通过行使撤销权而使已经生效的合同归于无效。四是合同终止,是指因为债务人、合同解除(包括法定解除、约定解除、解除条件成就)、债务相互抵销、提存、免除债务、混同等原因而使合同权利义务消灭。其中,最典型的形态是合同解除。

本条确立了有关解决争议方法的条款的独立性原则,这就是说,尽管有关解决争议方法的条款依附于主合同,但应当把这些条款与合同中的其他条款看作两个不同的单独的协议,有关解决争议方法的条款独立于合同的其他条款而存在。因此,有关解决争议方法的条款不因主合同的不生效、无效、被撤销或终止而失效。当主合同发生不生效、无效、被撤销、终止等情形时,合同的当事人依然可以依据合同中的有关解决争议方法的条款解决其争议。例如,依据仲裁协议向仲裁机构申请仲裁,由仲裁机构对争议作出裁决。

新旧法对比

《合同法》	《民法典》
第五十七条　合同无效、被撤销或者终止的,不影响合同中独立存在的有关解决争议方法的条款的效力。	第五百零七条　合同**不生效**、无效、被撤销或者终止的,**不影响合同中有关解决争议方法的条款的效力。**

理解与适用

本条所说的有关争议解决方法的条款包括以下几种情形。

(1)仲裁条款。所谓仲裁条款,是当事人事先约定,就将来纠纷提交给仲裁机构加以解决的条款。仲裁条款的内容包括以仲裁方式解决纠纷的选择和对仲裁委员会的选择。根据《仲裁法》第 5 条规定,仲裁条款一经成立生效,便产生了排除法院管辖的效力。一方当事人向法院起诉,法院不予受理。《仲裁法》第 6 条第 1 款规定,合同当事人可就仲裁委员会的选择进行约定。

(2)选择受诉法院条款。《民事诉讼法》第 34 条规定:"合同或者其他财产权益纠纷的当事人可以书面协议选择被告住所地、合同履行地、合同签订地、原告住所地、标的物所在地等与争议有实际联系的地点的人民法院管辖,但不得违反本法对级别管辖和专属管辖的规定。"根据该条规定,合同当事人可以通过约定的方式选择受诉法院。

(3)法律适用条款。此条款多见于具有涉外因素的合同之中。根据《涉外民事关系法律适用法》第 3 条的规定,合同当事人可以以明示的方式选择涉外民事关系适用的法律。

(4)约定检验、鉴定机构的条款。此条款是当事人就纠纷发生时,对检验、鉴定机构选择的约定。

实务问题

在司法实践中需要注意的是,合同中确定的这些解决争议条款虽然具有独立性,但其适用的前提是符合法律的规定,例如,仲裁条款必须明确;选择的受诉法院具有管辖权;对于具有涉外因素的合同,当事人选择处理合同争议所适用的法律符合法律的规定等。

(编写人:吴旺根)

法律条文

第五百零八条　本编对合同的效力没有规定的,适用本法第一编第六章的有关规定。

条文主旨

本条是关于合同效力援引性的规定。本条就合同效力的认定指向了本法第1编第6章"民事法律行为"部分。合同编重在规范双方法律行为即合同行为。合同效力是合同法的核心问题,合同只有在发生效力的情况下,才能产生履行、变更、解除以及违约责任的承担等问题。因此,有关合同效力的问题本应在合同编中作出全面规定,凡是涉及双方法律行为的成立、生效、效力瑕疵、合同被宣告无效和被撤销后的后果等理应规定在合同编中,以保持合同编体系的完整性。但是,鉴于《民法典》采取了提取公因式的立法技术,总则编第6章对此已经作出明确规定,合同编自然不必重复作出规定,援引性规定既节约了文字,也同样可以达到规范合同行为,明确法律后果的目的。

本条为《民法典》新设条文。

新旧法对比

无	《民法典》
无	第五百零八条　本编对合同的效力没有规定的,适用本法第一编第六章的有关规定。

理解与适用

本法第1编总则第6章对民事法律行为的效力作了全面、系统的规定,包括民事法律行为的有效要件、无民事行为能力人和限制民事行为能力人实施的民事法律行为的效力、以虚假意思表示实施的民事法律行为的效力、基于重大误解实施的民事法律行为的效力、以欺诈手段实施的民事法律行为的效力、以胁迫手段实施的民事法律行为的效力、显失公平的民事法律行为的效力、撤销权除斥期间的规定、违反法律和行政法规的强制性规定及违背公序良俗的民事法律行为的效力、恶意串通的民事法律行为的效力、无效或者被撤销的民事法律行为自始无效、民事法律行为部分无效、民事法律行为无效和被撤销及确定不发生效力的后果,还包括附条件和附期限民事法律行为的生效与失效规定等。合同属于双方或者多方民事法律行为,本编即合同编没有规定的,自然应当适用总则编第六章的有关规定。

实务问题

《民法典》总则编中有关法律行为的效力规定是对诸多法律行为效力规定抽象所得的共性规则,与分则各部分对具体法律行为效力的规定属于一般和特别的关系。在适用规则时,应当遵循特别法优于一般法的原则,在分则各部分对具体法律行为效力有规定的情况下,应当优先适用分则部分的规定,只有在分则部分对具体法律行为的效力问题没有规定时,方可适用总则部分有关法律行为效力的规定。

(编写人:吴旺根)

第四章　合同的履行

法律条文

第五百零九条　当事人应当按照约定全面履行自己的义务。

当事人应当遵循诚信原则，根据合同的性质、目的和交易习惯履行通知、协助、保密等义务。

当事人在履行合同过程中，应当避免浪费资源、污染环境和破坏生态。

条文主旨

为了更好地履行合同，实现合同目的，在履行合同的过程中需要遵循以下三个原则：

第 1 款是关于全面履行原则的规定。当事人会在合同中对合同义务作出约定，合同义务在不同的合同中有所区别。当事人履行合同义务，应当以全面履行为原则。

第 2 款是关于诚信履行原则的规定。诚信原则是市场经济活动中的道德准则，也是民法的重要原则，我国《民法典》总则编第 7 条规定了诚信原则，民事主体从事民事活动，应当遵循诚信原则，秉持诚实，恪守承诺。

第 3 款是关于绿色履行原则的规定。我国《民法典》总则编第 9 条规定了绿色原则，民事主体从事民事活动，应当有利于节约资源、保护生态环境。第 9 条为后面各分编围绕着“绿色原则”加以贯彻提供了基础，第 509 条属于合同编中对“绿色”制度的规定，呼应总则规定，为生态环境保护提供法律保障。

新旧法对比

《合同法》	《民法典》
第六十条　当事人应当按照约定全面履行自己的义务。	第五百零九条　当事人应当按照约定全面履行自己的义务。

续表

《合同法》	《民法典》
当事人应当遵循诚实信用原则,根据合同的性质、目的和交易习惯履行通知、协助、保密等义务。	当事人应当遵循**诚信原则**,根据合同的性质、目的和交易习惯履行通知、协助、保密等义务。 **当事人在履行合同过程中,应当避免浪费资源、污染环境和破坏生态。**

理解与适用

根据本条第1款的规定,当事人应当按约定全面履行自己的义务。当事人应当履行的义务不仅限于合同的主要义务,对于当事人约定的其他义务,当事人也应当按照约定履行。合同编对违反合同义务的法律后果作出规定,当事人不履行合同主要义务或约定的其他义务,需要承担违约责任。《民法典》合同编第577条规定,当事人一方不履行合同义务或者履行合同义务不符合约定的,应当承担继续履行、采取补救措施或者赔偿损失等违约责任。根据合同编关于合同解除的有关规定,当事人违反合同义务,符合法定或约定解除条件的,还可以解除合同。

根据本条第2款的规定,合同履行应当遵循诚信原则。基于诚信原则,当事人须负担附随义务,即除应当按照合同约定履行自己的义务外,也要履行合同未作约定,但按诚信原则应当履行的通知、协助、保密等义务。本款列举附随义务中通知、协助和保密三项较为典型的义务,但附随义务的范围不局限于此,须根据合同的性质、目的和交易习惯作出具体判断。

根据本条第3款的规定,当事人在履行合同的过程中,应当避免浪费资源、污染环境和破坏生态。如今的司法实践在践行全面履行原则和诚信履行原则中已有建树,未来将更注重绿色原则的体现,着力推动生态文明建设。

实务问题

1. 案情简介①

2013年11月13日,游某与鸿达公司签订机动车买卖合同,约定游某购买鸿达公司一辆殴曼牌水泥罐装车,购车款38万元。合同对车辆配置特别约定:380W发动机、46立方米航天双龙牌水泥罐。合同签订后,游某按约支付了货

① 最高人民法院发布19起合同纠纷典型案例之17:游某诉鸿达公司买卖合同纠纷案(2015-12-04)。

款;鸿达公司将车辆及有关手续交付给游某,并为其办理了车辆上户。2014 年 6 月 3 日,游某在运输过程中水泥罐出现裂纹,并发现水泥罐并非航天双龙牌。遂起诉请求鸿达公司更换水泥罐,并赔偿其误工营运损失 5 万元。

2. 法院认为

湖南省临澧县人民法院一审判决鸿达公司为游某将水泥罐更换为航天双龙牌水泥罐,并赔偿游某车辆换罐期间的停运损失。一审判决后,鸿达公司提出上诉。常德市中级人民法院二审判决驳回上诉,维持原判。

3. 评析

合同当事人应严守合同约定,全面、诚实履行义务。该案中,游某充分履行了付款义务,但鸿达公司并未按约定向游某交付配置“航天双龙牌”的水泥罐车,且未告知游某获得认可,应承担违约责任。

(编写人:方　俊)

法律条文

第五百一十条　合同生效后,当事人就质量、价款或者报酬、履行地点等内容没有约定或者约定不明确的,可以协议补充;不能达成补充协议的,按照合同相关条款或者交易习惯确定。

条文主旨

本条提出了合同内容补充规定的适用前提,即合同依法成立并生效。未成立、生效的合同没有进入履行的阶段,并无进行合同补充的必要。

本条提出两种合同内容补充方法:第一,当事人协议补充。按照民法意思自治原则,民事主体依法享有在法定范围内的行为自由,并可以根据自己的意志产生、变更、消灭民事法律关系。在当事人就合同有关内容没有约定或约定不明确时,可通过当事人协议补充合同内容。第二,按照合同有关条款或交易习惯确定。如果当事人未能就合同有关内容达成补充协议,则按照合同有关条款或交易习惯确定。合同有关条款产生自当事人的协商,在合同内容存在欠缺或不明确时,可结合相关条款探寻当事人的真实意愿,加以补充。交易习惯是在交易行为当地或者某一领域、某一行业通常采用并为交易对方订立合同时所知道或者应当知道的做法,或者指当事人双方经常使用的习惯做法。在合同内容存在欠缺或不明确时,也可根据交易习惯补充合同内容。

新旧法对比

《合同法》	《民法典》
第六十一条　合同生效后，当事人就质量、价款或者报酬、履行地点等内容没有约定或者约定不明确的，可以协议补充；不能达成补充协议的，按照合同有关条款或者交易习惯确定。	第五百一十条　合同生效后，当事人就质量、价款或者报酬、履行地点等内容没有约定或者约定不明确的，可以协议补充；不能达成补充协议的，按照合同**相关**条款或者交易习惯确定。

理解与适用

合同给付的必要条件之一是内容确定。合同内容确定，也叫作合同漏洞填补，在当事人订立的合同内容不明确或没有约定时，运用法律规定的原则为此赋予确定的内容，保障合同适当、全面的履行。

在合同依法成立并生效的前提下，对质量、价款、履行地点、履行方式、履行期限等内容未作出约定，或约定不明确的，首先可以由当事人协议补充确定；当事人未能达成补充协议的，可以通过合同相关条款或者交易习惯确定；如果依据本条规定的两个途径仍无法确定合同内容的，除法律另有规定外，依据本法第511条、第513条、第514条的规定。

实务问题

1. 案情简介①

2012年2月9日，江苏真慧影业有限公司与章某签订《聘请合约》，《聘请合约》约定：江苏真慧影业有限公司决定聘请章某担任其计划摄制的电影片《杀戒》的总导演，章某同意，并向所有投资方负责。章某作为该片总导演，对该片的艺术创作具有其最终的决定权。在影片拷贝上，如有主创人员的片头字幕时，江苏真慧影业有限公司同意章某的名字及职衔独立排名在该片片头字幕出现。章某诉请判令江苏真慧影业有限公司将章某的名字及职衔独立排名在电影《杀戒》片头字幕上；给付章某总导演聘请酬金20万元。

2. 法院认为

根据合同约定，章某作为该片总导演，对该片的艺术创作具有其最终的决定权。影视剧的艺术创作包括前期筹备、中期拍摄及后期制作过程，故除非合同明

① 江苏省高级人民法院(2014)苏知民终字第0185号。

确约定将终剪权排除在外，总导演对艺术创作的最终决定权应当包括终剪权。章某已提交体现其总导演艺术风格的影片剪辑版本，只是江苏真慧影业有限公司公司决定不采纳该剪辑版本，且双方发生分歧后未能妥善处理争议，才导致章某最终未参与公映版本的后期制作。据此，应当认定章某亦已完成合同约定的总导演的具体工作。在双方未能达成妥协的情况下，鉴于章某已经完成总导演工作，并已提交用于"监督指导后期制作"的总导演剪辑版本，尤其是公映版本全部采用了章某执导拍摄的全部镜头，故江苏真慧影业有限公司应当按照合同约定在片头字幕上给章某以"总导演"独立署名并支付余款，除非章某本人对此予以放弃。另外，在公映版本上署名章某为总导演，也符合章某已经完成总导演工作的实际。

3. 评析

对于双方当事人的权利义务应该在合同中予以明确规定，如果没有约定或者约定不明确的，可以协议补充；不能达成补充协议的，按照合同有关条款、合同性质、合同目的或交易习惯确定。章某作为江苏真慧影业有限公司聘请的电影《杀戒》总导演，已经适当履行了合同约定的拍摄义务，并提交反映其总导演意图的剪辑版本，其依法应当享有总导演的署名权和要求支付 20 万元剩余酬金的权利。

（编写人：方　俊）

法律条文

第五百一十一条　当事人就有关合同内容约定不明确，依据前条规定仍不能确定的，适用下列规定：

（一）质量要求不明确的，按照强制性国家标准履行；没有强制性国家标准的，按照推荐性国家标准履行；没有推荐性国家标准的，按照行业标准履行；没有国家标准、行业标准的，按照通常标准或者符合合同目的的特定标准履行。

（二）价款或者报酬不明确的，按照订立合同时履行地的市场价格履行；依法应当执行政府定价或者政府指导价的，依照规定履行。

（三）履行地点不明确，给付货币的，在接受货币一方所在地履行；交付不动产的，在不动产所在地履行；其他标的，在履行义务一方所在地履行。

（四）履行期限不明确的，债务人可以随时履行，债权人也可以随时请求履行，但是应当给对方必要的准备时间。

（五）履行方式不明确的，按照有利于实现合同目的的方式履行。

（六）履行费用的负担不明确的，由履行义务一方负担；因债权人原因增加的履行费用，由债权人负担。

条文主旨

当事人就有关合同约定不明确的，既不能通过协商达成补充协议，又不能按照合同的有关条款或者交易习惯确定的，适用本条规定确定合同相关内容。

质量要求不明确的，优先按照国家标准和行业标准履行。对于国家标准和行业标准，优先按照强制性国家标准履行；没有强制性国家标准的，按照推荐性国家标准履行；没有推荐性国家标准的，按照行业标准履行；没有国家标准、行业标准的，按照通常标准或者符合合同目的的特定标准履行。这里的通常标准一般指同一价格的中等质量标准。

价款或者报酬不明确的，除了依法应当执行政府定价或者政府指导价的之外，按照订立合同时履行地的市场价格履行。

履行地点不明确的，分三种情况：给付货币的，在接受货币一方所在地履行；交付不动产的，在不动产所在地履行；其他标的，在履行义务一方所在地履行。

履行期限不明确的，债务人可以随时向债权人履行义务，债权人也可以随时请求债务人履行义务，但都需要给对方必要的准备时间。

履行方式不明确的，不同的合同对应多样的履行方式，难有一般性的、确定性的标准。合同目的是当事人双方订立合同时共同追求的，因而履行方式不明确时，按照有利于实现合同目的的方式履行。

履行费用的负担不明确的，由履行义务一方负担履行费用。与《合同法》第62条不同的是，为了平衡债权人与债务人的利益，本条规定，因债权人原因增加的履行费用，由债权人负担。

新旧法对比

《合同法》	《民法典》
第六十二条　当事人就有关合同内容约定不明确，依照本法第六十一条的规定仍不能确定的，适用下列规定：	第五百一十一条　当事人就有关合同内容约定不明确，**依据前条**规定仍不能确定的，适用下列规定：

续表

《合同法》	《民法典》
（一）质量要求不明确的，按照国家标准、行业标准履行；没有国家标准、行业标准的，按照通常标准或者符合合同目的的特定标准履行。 （二）价款或者报酬不明确的，按照订立合同时履行地的市场价格履行；依法应当执行政府定价或者政府指导价的，按照规定履行。 （三）履行地点不明确，给付货币的，在接受货币一方所在地履行；交付不动产的，在不动产所在地履行；其他标的，在履行义务一方所在地履行。 （四）履行期限不明确的，债务人可以随时履行，债权人也可以随时要求履行，但应当给对方必要的准备时间。 （五）履行方式不明确的，按照有利于实现合同目的的方式履行。 （六）履行费用的负担不明确的，由履行义务一方负担。	（一）质量要求不明确的，**按照强制性国家标准履行；没有强制性国家标准的，按照推荐性国家标准履行；没有推荐性国家标准的，按照行业标准履行；**没有国家标准、行业标准的，按照通常标准或者符合合同目的的特定标准履行。 （二）价款或者报酬不明确的，按照订立合同时履行地的市场价格履行；依法应当执行政府定价或者政府指导价的，**依**照规定履行。 （三）履行地点不明确，给付货币的，在接受货币一方所在地履行；交付不动产的，在不动产所在地履行；其他标的，在履行义务一方所在地履行。 （四）履行期限不明确的，债务人可以随时履行，债权人也可以随时**请求**履行，但**是**应当给对方必要的准备时间。 （五）履行方式不明确的，按照有利于实现合同目的的方式履行。 （六）履行费用的负担不明确的，由履行义务一方负担**；因债权人原因增加的履行费用，由债权人负担。**

理解与适用

明确的合同内容是顺利履行合同的关键。但现实中往往由于各种原因，合同中的一些重要条款会出现约定不明的情况。本条是法定合同补漏规则的一般性规定。

根据本条的规定，如果当事人在合同中对质量、价款、履行地点、履行方式、履行期限、履行费用等没有约定，或者约定不明的，既不能通过协商达成补充协议，又不能按照合同相关条款或者交易习惯确定时，除法律另有规定外，适用本条款的规定，以此来保证合同的履行。

在司法适用中，需要考虑本条的适用前提，即法律对于上述涉及的合同项目没有例外规定，如果有例外规定，则优先适用例外规定。例如，当事人没有约定交付地点或者约定不明确，依据本法第510条的规定仍不能确定的，适用本法第603条的规定。

实务问题

1.案情简介①

2004年10月2日至2005年2月20日，李某祥从刘某明处拉农标普瑞纳饲料4206市斤、华中正大饲料236市斤，双方未约定价款和还款时间，只约定卖猪后付款。2005年农历正月21日刘某明到李某祥家中，李某祥称已付货款7500元，刘某明否认，双方纠纷成讼。刘某明请求判令李某祥归还货款9248元，支付滞纳金1664.64元。刘某明按照饲料生产厂家发货的价格对外销售，即普瑞纳饲料每市斤2.0625元，华中正大饲料每市斤2.429元，对此李某祥予以认可。另查明，兰考县人民法院在审理刘某明诉杨某某等4人买卖合同纠纷一案时，针对同一时期、同一品牌饲料的价格有明确的认定，该判决(2000年兰民初字第48号民事判决)已经发生法律效力。

2.法院认为

刘某明对其诉称的饲料价格不仅提供了厂家的发货单和兰考县人民法院的生效判决，而且李某祥也不持异议，对此本院依法予以确认。李某祥称刘某明承诺价格上给予其优惠但未提供相应证据证明，故李某祥的该辩称理由不能成立，本院依法不予采信。李某祥称在其家中归还给刘某明货款7500元，因有人在场可以证明，所以未让刘某明出具收条的理由，不符合交易常理，也没有证人证言之外的证据相印证，且刘某明予以否认，本院依法不予采信。因刘某明与李某祥未约定支付货款时间，也未约定违约责任，故刘某明请求的滞纳金没有法律依据，本院依法不予支持。

3.评析

当事人对于债务的价款或者报酬不明确的，除了依法应当执行政府定价或者政府指导价的之外，按照订立合同时履行地的市场价格履行；履行期限不明确的，债务人可以随时向债权人履行义务，债权人也可以随时请求债务人履行义务，但都需要给对方必要的准备时间。

(编写人：方　俊)

① 河南省开封市中级人民法院(2009)汴民终字第349号。

法律条文

第五百一十二条　通过互联网等信息网络订立的电子合同的标的为交付商品并采用快递物流方式交付的，收货人的签收时间为交付时间。电子合同的标的为提供服务的，生成的电子凭证或者实物凭证中载明的时间为提供服务时间；前述凭证没有载明时间或者载明时间与实际提供服务时间不一致的，以实际提供服务的时间为准。

电子合同的标的物为采用在线传输方式交付的，合同标的物进入对方当事人指定的特定系统且能够检索识别的时间为交付时间。

电子合同当事人对交付商品或者提供服务的方式、时间另有约定的，按照其约定。

条文主旨

本条根据电子合同的标的为交付商品或提供服务的不同情况分别作出规定，并针对采用在线传输方式交付标的物的情形作出专门规定：

电子合同的标的为交付商品并采用快递物流方式交付的。通过网络订立电子合同生效后，实践中主要有两种交付方式，一是门店自取，二是通过快递物流方式交付，采用第二种方式交付较为常见。如果电子合同的商品销售方先将物品交由第三方快递物流公司，再由第三方快递物流公司将物品交给购买方的，以收货人的签收时间为交付时间。

电子合同的标的为提供服务的。原则上以生成的电子凭证或者实物凭证中载明的时间为提供服务时间；但实践中如果电子凭证或者实物凭证上并未载明时间或者载明时间与实际提供服务时间不一致，则以实际提供服务的时间为准。

电子合同的标的物为采用在线传输方式交付的。采用在线传输方式交付标的物的，合同标的物进入对方当事人指定的特定系统并能够检索识别的时间为交付时间。该规定有利于明确交付时间，保障相对方利益。

本条第 1 款、第 2 款提供了 3 种电子合同当事人交付商品、提供服务的一般规则，第 3 款规定，当事人可以另行约定交付商品或提供服务的方式、时间。当事人另有约定的，按照其约定。

新旧法对比

《中华人民共和国电子商务法》	《民法典》
第五十一条　合同标的为交付商品并采用快递物流方式交付的，收货人签收时间为交付时间。合同标的为提供服务的，生成的电子凭证或者实物凭证中载明的时间为交付时间；前述凭证没有载明时间或者载明时间与实际提供服务时间不一致的，实际提供服务的时间为交付时间。 合同标的为采用在线传输方式交付的，合同标的进入对方当事人指定的特定系统并且能够检索识别的时间为交付时间。 合同当事人对交付方式、交付时间另有约定的，从其约定。	第五百一十二条　**通过互联网等信息网络订立的电子合同的标的为交付商品并采用快递物流方式交付的，**收货人**的**签收时间为交付时间。**电子**合同**的**标的为提供服务的，生成的电子凭证或者实物凭证中载明的时间为**提供服务**时间；前述凭证没有载明时间或者载明时间与实际提供服务时间不一致的，**以**实际提供服务的时间**为准**。 **电子**合同**的**标的**物**为采用在线传输方式交付的，合同标的**物**进入对方当事人指定的特定系统且能够检索识别的时间为交付时间。 **电子**合同当事人对交付商品或者提供服务的方式、时间另有约定的，按照其约定。

理解与适用

本条第1款规定了电子合同的标的为交付商品并采用快递物流方式交付的，收货人的签收时间为交付时间。商品的交付时间是判断动产所有权是否转移的重要依据，同时也是判断标的物毁损、灭失的风险由哪一方当事人承担的依据。本法第604条规定，标的物毁损、灭失的风险，在标的物交付之前由出卖人承担，交付之后由买受人承担，但是法律另有规定或者当事人另有约定的除外。

通过网络订立的电子合同生效后，往往有两种交付方式，采用门店自取的面对面交付方式，交付时间不会产生纠纷；如果电子合同的商品销售方自己提供物流服务，则以收货人签收时间为交付时间，也没有争议。但如果电子合同的商品销售方先将物品交由第三方快递物流公司，再由第三方快递物流公司将物品交给购买方的，商品交付时间以销售方将物品交给第三方快递物流公司的时间为准，还是以第三方快递物流公司将商品送达且收货人签收的时间为准，存在一定争议。本条吸收《电子商务法》第51条的规定，明确以收货人的签收时间为交付时间。

本条第1款还规定了关于电子合同标的为提供服务的情形。实践中常出现电子合同标的为提供服务的情况，如教育培训、交通出行、文化娱乐等。原则上生成的电子凭证或实物凭证中载明的时间为提供服务时间。但实践中存在凭证未载明时间，或载明时间与实际提供服务时间不一致的情况，此时以实际提供服务的时间为准。

本条第2款规定了采用在线传输方式交付标的物的情形。采用在线传输方式交付标的物时，交付时间的确定容易存在争议。本条作出与《电子商务法》一致的规定，对采用在线传输方式交付标的物的情形，将合同标的物进入对方当事人指定的特定系统且能够检索识别的时间规定为交付时间。《民法典》总则编、《电子签名法》也对数据电文的接收问题作出了相应规定。总则编第137条规定，以非对话方式作出的采用数据电文形式的意思表示，相对人指定特定系统接收数据电文的，该数据电文进入该特定系统时生效。《电子签名法》第11条第2款规定，收件人指定特定系统接收数据电文的，数据电文进入该特定系统的时间，视为该数据电文的接收时间。本条与总则编和《电子签名法》相比，增加了"能够检索识别"的规定，目的在于进一步明确交付时间，避免纠纷。但本条并未对相对方没有指定接收电子合同标的物的特定系统的情况加以规定，对此可参照总则编第137条规定，相对人未指定特定系统的，相对人知道或者应当知道该数据电文进入其系统时生效。

本条第3款体现民法的意思自治原则，当事人可以对交付商品或提供服务的方式、时间另行约定。如果当事人作出另外约定的，按照其约定。

实务问题

1. 案情简介[①]

2019年3月7日，舒某在桑诺公司于京东平台开设的TOTO桑诺洁具专卖店购买两个智能马桶，订单号：891××××××××，总价：11,176元，优惠：200元，实付款：10,976元。2019年3月14日，舒某收到涉案马桶并在收货单上签名。2019年3月24日，开箱后发现其中一个马桶破损。

舒某提交收货时外观变形的邮件外包装照片。桑诺公司主张舒某在收货后应当第一时间查验，有问题应该及时联系卖家，桑诺公司客服之前强调过一定要收货查验，舒某没有当场验收，属于舒某的责任。桑诺公司提交签字回单，证明舒某进行了收货查验并签字。舒某主张签字回单没有问题，其签字只是说明收

① 北京互联网法院（2019）京0491民初31028号。

到货物，并不能说明马桶是完好的，桑诺公司的格式条款违反《消费者权益保护法》，应为无效。舒某主张其在3月24日发现破损后第一时间联系了桑诺公司。

2. 法院认为

通过互联网等信息网络订立的电子合同的标的为交付商品并采用快递物流方式交付的，收货人的签收时间为交付时间。

本案中，舒某通过电子商务平台在桑诺公司处购买涉案商品，双方之间建立了网络购物合同关系，系双方当事人的真实意思表示，且形式和内容不违背法律、行政法规的强制性规定，应为有效。涉案合同的标的为交付马桶并采用快递物流的方式交付，舒某在桑诺公司多次提醒其在签收前开箱验货的情况下，未履行及时查验义务即签收涉案马桶，其签收时视为完成了涉案马桶的交付，涉案马桶的毁损、灭失风险即转移给舒某承担。

3. 评析

电子合同的标的为交付商品并采用快递物流方式交付的，收货人的签收时间为交付时间。一经收货人签收财产所有权和风险即予以转移。

（编写人：方　俊）

法律条文

第五百一十三条　执行政府定价或者政府指导价的，在合同约定的交付期限内政府价格调整时，按照交付时的价格计价。逾期交付标的物的，遇价格上涨时，按照原价格执行；价格下降时，按照新价格执行。逾期提取标的物或者逾期付款的，遇价格上涨时，按照新价格执行；价格下降时，按照原价格执行。

条文主旨

合同执行政府定价、政府指导价的，如果在合同约定的履行期间政府定价、政府指导价调整，按标的物交付时的价格计价。逾期交付的，价格上涨时，按原价格执行；价格下降时，按新价格执行。逾期提取或付款的，价格上涨时，按新价格执行；价格下降时，按原价格执行。

新旧法对比

《合同法》	《民法典》
第六十三条　执行政府定价或者政府指导价的,在合同约定的交付期限内政府价格调整时,按照交付时的价格计价。逾期交付标的物的,遇价格上涨时,按照原价格执行;价格下降时,按照新价格执行。逾期提取标的物或者逾期付款的,遇价格上涨时,按照新价格执行;价格下降时,按照原价格执行。	【内容不变】第五百一十三条

理解与适用

我国实行宏观调控下主要由市场形成价格的机制,价格分为市场调节价、政府指导价和政府定价。市场调节价指经营者(从事生产、经营商品或者提供有偿服务的法人、其他组织和个人)自主制定,通过市场竞争形成的价格。政府定价指依照《价格法》规定,由政府价格主管部门或者其他有关部门按照定价权限和范围制定的价格。政府指导价指依照《价格法》规定,由政府价格主管部门或其他有关部门按照定价权限和范围规定基准价及其浮动幅度,指导经营者制定的价格。

在合同交易中,价格通常按市场调节价由当事人共同商定。国家对合同交易规定有政府指导价的,当事人应在指导价的幅度内商定价格。国家对合同交易规定有政府定价的,当事人应当遵守,一方违反价格管理规定的,另一方可以请求其退还多收的价金。本条对执行政府定价或者政府指导价作出规定。

实务问题

1. 案情简介①

谢某冬原系东晟钢筋加工厂的个体工商户,委托其舅舅徐某书代为管理钢材业务事宜。2016 年年初,徐某书经第三人张某先介绍认识张某君。随后,徐某书与张某君达成购买钢材的口头协议。2016 年 10 月 7 日,徐某书向张某君沅陵三维技校的工程发送钢材高线 10.308 吨,张某君在送货清单上签字确认数

① 湖南省怀化市中级人民法院(2019)湘 12 民终 2574 号。

量;2016 年 10 月 24 日,徐某书向张某君沅陵三维技校的工程发送钢材高线 13.558 吨,张某君在送货清单上签字确认数量。2016 年年底,张某君支付钢材款 30,000 元及运输费 1000 元。剩余钢材款谢某冬多次催要,没有结果,无奈诉至法院。庭审中双方对钢材款单价有异议,谢某冬诉称钢材单价 3100 元/吨,张某君认为钢材单价为 2860 元/吨。本院另查明,在张某君签字确认的送货清单上冠有“东晟钢筋加工厂”的名称。二审时,谢某冬陈述:“当时价格对方说他的价格,我说我的价格,我问价格,对方说先送了再说。”

2. 法院认为

本案中买卖双方没有签订书面的买卖合同,在具体履行买卖合同的过程中也没有就价格达成一致意见,但从张某君在谢某冬的送货清单上签字确认钢材数量以及张某君的庭审自认可以认定,二者之间形成钢材买卖合同关系。《合同法》第 62 条第 2 项规定:“价款或者报酬不明确的,按照订立合同时履行地的市场价格履行;依法应当执行政府定价或者政府指导价的,按照规定履行。”第 63 条规定“执行政府定价或者政府指导价的,在合同约定的交付期限内政府价格调整时,按照交付时的价格计价。逾期交付标的物的,遇价格上涨时,按照原价格执行;价格下降时,按照新价格执行。逾期提取标的物或者逾期付款的,遇价格上涨时,按照新价格执行;价格下降时,按照原价格执行”。根据本案的实际情况,本院酌定按两人所主张价格的均价确定本案双方买卖时的交易价格,即 2980 元/吨,故张某君应支付的钢材款共计为 71,120.68 元[(10.308 吨+13.558 吨)×2980 元/吨]。

3. 评析

在执行政府定价或者政府指导价的商品买卖合同中,一方违约的,由违约方承担不利的后果。

(编写人:方　俊)

法律条文

第五百一十四条　以支付金钱为内容的债,除法律另有规定或者当事人另有约定外,债权人可以请求债务人以实际履行地的法定货币履行。

条文主旨

在合同交易过程中,对于以支付金钱为内容的债,当事人可以约定以某种币种履行义务。如果法律没有特别规定,当事人也没有约定的,债权人可以请求债务人以实际履行地的法定货币履行。

新旧法对比

无	《民法典》
无	第五百一十四条 以支付金钱为内容的债,除法律另有规定或者当事人另有约定外,债权人可以请求债务人以实际履行地的法定货币履行。

理解与适用

金钱之债指债务人以给付一定货币履行债务的债,由于货币是一种纯粹的可替代物,任何等额的货币价值相等则可互相替代,不可能发生不可替代的灭失,也不存在履行在经济上不合理的情况。因而金钱之债原则上必须实际履行,即便债务人可能暂时遇到经济困难不能给付,也只会导致履行迟延,而非履行不能。

对于以支付金钱为内容的债,除法律另有规定或当事人另有约定外,债权人可请求债务人以实际履行地的法定货币履行。在我国的国内交易中,货币一般以人民币支付,但法律另有规定或当事人另有约定除外。

实务问题

1. 案情简介①

董某系一名现役军人,2016 年 4 月,董某与杜某经人介绍相识并恋爱。同年 5 月,董某休假同杜某在眉山生活至同年 6 月回到部队。期间,董某将其中国工商银行借记卡、中国邮政储蓄银行工资卡、中国农业银行偿还房贷的银行卡交由杜某保管,杜某用上述银行卡中的钱给董某偿还房贷并进行其他消费。同年 12 月,双方解除恋爱关系,杜某将董某的上述银行卡交还董某。经双方结算,杜某于 2017 年 1 月 27 日向董某出具借条,载明:“今杜某(身份证)于 2017 年 1 月 27 日欠款懂鹏 12 万元整(大写拾贰万整),于 2017 年 3 月至 10 月底,每月 30 日按时还款于懂鹏 1 万 5 千元(一万伍千元)特立此字据以作凭证! 借款人杜某 2017 年 1 月 27 日。”其后,杜某未按约定还款,董某于 2017 年 9 月以不当得利诉

① 四川省眉山市东坡区人民法院(2018)川 1402 民初 1384 号。

至本院，后撤诉。2018 年 4 月 4 日，董某以合同纠纷再次诉至本院。

2. 法院认为

关于杜某辩称的董某主体不适格，本院认为，因庭审中杜某自认《借条》中“懂鹏”为原告董某，结合董某持有《借条》原件，本院认定原告董某为本案适格主体。

该借条系董某、杜某双方当事人真实意思表示，内容不违反法律、行政法规的强制性规定，合法有效，杜某应当按照约定期限履行还款义务。关于杜某辩称的《借条》中币种约定不明，本院认为，结合交易习惯及通常理解，应认定为人民币。

3. 评析

双方当事人对于履行金钱债务中所用货币种类约定不明的，应结合交易习惯及通常理解予以认定。

（编写人：方　俊）

法律条文

第五百一十五条　标的有多项而债务人只需履行其中一项的，债务人享有选择权；但是，法律另有规定、当事人另有约定或者另有交易习惯的除外。

享有选择权的当事人在约定期限内或者履行期限届满未作选择，经催告后在合理期限内仍未选择的，选择权转移至对方。

条文主旨

本条第 1 款规定了选择权归属的一般原则，以一般原则加例外规定的方式，对选择权的归属主体作出规定。标的有多项而债务人只需履行其中一项的，原则上选择权归属于债务人。同时，该款将法律另有规定、当事人另有约定或另有交易习惯三种情况作为例外情形加以规定。

本条第 2 款规定选择权的转移。当事人对期限已有约定的，享有选择权的当事人应在约定期限内作出选择；当事人未对选择权行使约定期限的，应当在履行期限届满前作出选择。同时，考虑到选择权的行使直接影响到债的标的的确定，对当事人影响重大，因而，第 2 款在约定期限和履行期限届满后，设定了催告期限加以缓冲。即使当事人对选择权的行使期限作了约定，在约定期限届满未作出选择的，相对方都要先进行催告。只有当选择权的当事人在催告后的合理期限内仍未选择的，选择权才转移给对方。

新旧法对比

无	《民法典》
无	第五百一十五条　标的有多项而债务人只需履行其中一项的，债务人享有选择权；但是，法律另有规定、当事人另有约定或者另有交易习惯的除外。 享有选择权的当事人在约定期限内或者履行期限届满未作选择，经催告后在合理期限内仍未选择的，选择权转移至对方。

理解与适用

选择之债是指债的关系在成立之时，确定的标的有数个，当事人在履行时能选择其中一个而为给付。选择之债在履行前必须依据一定的原则对其加以特定化，使选择之债变为简单之债，从而使其能够履行。选择权人一旦行使选择权，则选择之债的标的被特定化，当事人应当按照债的要求履行债务。在选择之债中，如果数个可供选择的给付中有部分嗣后发生给付不能，则选择权人仅能在剩余的给付中作出选择；如果仅存一项可能的给付，则选择之债转化为简单之债，当事人应当按照债的要求履行债务。

实务问题

1. 案情简介①

2012 年佳源公司股东黎某健将其持有的 45%股份分别内部转让于李某标与中汽公司，李某标受让 29%股份后变更登记为 49%，中汽公司受让 16%股份后变更登记为 51%。2018 年 5 月，李某标、中汽公司、黎某健共同委托丙会计所对佳源公司 2004 年 3 月 1 日至 2012 年 2 月 29 日的财务状况及股东权益进行审计。2018 年 5 月 28 日同诚会计所作出《审计报告》。同日，黎某健、中汽公司、李某标三方共同签订《清算决议书》，该决议书第 5 条第 1 款为“黎某健转让股份并退出佳源公司，由中汽公司、李某标继续经营，佳源公司结余股东权益 31,383,422.24 元，由中汽公司、李某标两方共同享有，其中中汽公司享有 19,971,268.7 元（折合 63.64%），李某标享有 11,412,153.54 元（折合

① 广西壮族自治区高级人民法院（2019）桂民申 2168 号。

36.36%)”,第2款为“根据2012年2月28日三方签订的《股权转让合同》,黎某健将股份转让16%给中汽公司,转让29%给李某标,中汽公司、李某标双方根据各方享有的股权权益也可以考虑与公司的往来款项,另行商定对价,确定受让股份后51%和49%所占股东权益份额,或重新确定股权比例”。

2. 法院认为

从文义解释及条文的内部逻辑分析,上述《清算决议书》第5条第1款内容实际上是确认李某标与中汽公司因工商登记股份比例与股东权益不相符,李某标因持有的股份比例高于其实际权益,中汽公司所持股份比例低于其实际权益,双方形成债权债务关系。第2款的内容实际为,双方约定债务履行方式包括:其一,在维持当前登记的股份比例不变的情况下,双方协商对价,由李某标向中汽公司支付相应价款;其二,以股东权益折合的股份比例为计算基础,李某标返还差额比例股份;双方可以选择其中一种方式予以解决。李某标与中汽公司双方形成广义上的债之关系,债务人李某标对中汽公司负有给付义务;双方因约定两种选择性给付方式,实际上为选择之债。因双方未约定选择权归属,基于债务人为作出给付行为一方,选择权利益应属于债务人。但根据原审查明事实,在双方发生本案纠纷前及诉讼期间,李某标一直未作出选择,故因怠于行使该权利,其已经丧失选择权利益。基于尊重双方意思自治及诚实信用原则,该选择权应转移至债权人。

3. 评析

在选择之债中,除法律另有规定、当事人另有约定或者另有交易习惯的,债务人享有选择权,债务人怠于行使选择权的,且直至履行期限届满未作选择的,选择权转移至对方。

(编写人:方　俊)

法律条文

第五百一十六条　当事人行使选择权应当及时通知对方,通知到达对方时,标的确定。标的确定后不得变更,但是经对方同意的除外。

可选择的标的发生不能履行情形的,享有选择权的当事人不得选择不能履行的标的,但是该不能履行的情形是由对方造成的除外。

条文主旨

本条第1款对选择权行使的方式和法律效果作出规定。有选择权的当事人应选择通知的方式,通知到达对方时,标的确定。标的一旦确定,即对双方当事人产生拘束力。除非经过对方同意,标的一经确定后,不得变更。

本条第2款对选择之债发生标的不能履行情形时如何行使选择权作出规定。为了尽可能促成债务的履行,可选择的标的发生不能履行情形的,享有选择权的当事人不得选择不能履行的标的,只能从剩余的标的中选择。同时,为了公平合理地平衡当事人之间的利益,本条作出例外规定,若该不能履行的情形是对方,即无选择权的当事人造成的,享有选择权的当事人既可在剩余的标的中进行选择,也可选择该不能履行的标的进而主张相应的法律效果。

新旧法对比

无	《民法典》
无	第五百一十六条 当事人行使选择权应当及时通知对方,通知到达对方时,标的确定。标的确定后不得变更,但是经对方同意的除外。 可选择的标的发生不能履行情形的,享有选择权的当事人不得选择不能履行的标的,但是该不能履行的情形是由对方造成的除外。

理解与适用

选择之债的选择权属于形成权的一种,一经当事人行使,将直接导致其民事权利义务关系的变动,债的标的得以确定,债务人应按照确定后的标的履行义务,债权人有权按确定后的标的请求债务人履行义务。

标的的不能履行影响选择权人的选择。此所谓不能给付既包括自始给付不能,也包括嗣后给付不能。原则上享有选择权的当事人不得选择不能履行的标的,只能从剩余的标的中选择;但本条作出例外规定,若在一项合同交易中约定了多项可选择的标的,如果债权人享有选择权,标的的不能履行是债务人造成的,那么债权人可以选择该不能履行的标的,进而依法主张解除合同或要求债务人承担违约责任。

实务问题

1. 案情简介①

2011 年 1 月 16 日，甲公司(甲方)与乙公司(乙方)就一期原料车间生产设备承揽项目签订《合同书》，约定由乙公司承建甲公司喷雾塔及输送带等生产设备，合同总金额为 900 万元；付款方式为合同签订后 7 天内支付第一部分(550 万元)的 30%作为定金，乙公司进场时支付工程第一部分(550 万元)的 35%，7000 型塔主体做好后支付工程第一部分(550 万元)的 20%，工程第一部分设备冷调试好时支付第一部分(550 万元)的 5%，工程第二部分制作时间确定后支付第二部分(350 万元)的 30%，在乙公司的工程第二部分材料进场时支付第二部分(350 万元)的 35%，6000 型塔主体做好后支付工程第二部分(350 万元)的 20%，工程第二部分设备冷调试好时支付第二部分(350 万元)的 5%，余款在全部设备验收及核算最终合同总价后，并签署验收合格证书之日起的 6 个月内支付完毕；乙公司在合同生效后并现场具备施工条件后 100 天内完成合同项目的安装与调试，进场时间是 2011 年 2 月 20 日前。合同签订后，乙公司向甲公司供应、安装、调试相应设备，甲公司从 2011 年 1 月 31 日起至 2011 年 12 月 12 日共付款 824 万元。2011 年 2 月 16 日，乙公司与龙某冲签订一份《工程协议书》，约定：乙公司将 6000 型(价格为 17 万元)、7000 型(价格为 18 万元)喷雾塔承包给龙某冲施工。2012 年 6 月 23 日，甲公司与乙公司又签订一份一期原料车间送料系统改造《合同书》(合同编号为：20120622)，约定由乙公司负责甲公司一期原料车间压机送料系统的改造工程，合同总金额为 30 万元；付款方式为甲公司向乙公司支付合同总价的 50%作为预付款，全部设备冷调试合格时支付合同总金额的 40%，余款 10%在全部设备验收及核算最终合同总价后，并签署验收合格证书之日起的 6 个月内支付完毕；乙公司在收到预付款后 20 天内完成项目的安装及调试。2012 年 6 月 24 日甲公司支付乙公司 15 万元。

在上述两份合同的履行过程中，双方对部分项目进行了更改。2012 年 8 月 8 日，双方还签订了设备供销合同，约定由乙公司承揽加工中转罐(含搅拌机)，合同金额 4.5 万元。

2012 年 10 月 6 日，甲公司向乙公司出具一份《原料车间设备存在的问题》，提出了 20 个存在的问题，证实原料车间的多个系统存在 20 个程度不同的质量问题。2012 年 10 月 9 日，乙公司向甲公司出具了《处理办法和时间》、《甲陶瓷

① 江西省高级人民法院(2016)赣民终 279 号。

除铁机解决方案》、乙公司对甲公司“20 条”问题的答复及意见，就甲公司反映的问题逐一进行了答复。

2013 年 1 月 1 日，甲公司与龙某冲签订了一份《喷雾塔维修工程合同书》，约定“更换塔的顶、分风器、塔身最顶两层不锈钢”。2013 年 1 月 31 日，甲公司又与龙某冲签订了一份《喷雾塔维修工程合同书补充协议》，约定“更换喷雾塔的顶与直桶骨架、塔内不锈钢”。

2013 年 1 月 21 日，甲公司诉至高安法院要求处理。

2. 法院认为

本案中，依据《合同法》第 111 条的规定，在符合物的瑕疵担保责任的构成要件时，买受人可以自行“合理选择”要求出卖人承担何种责任。因此，买受人享有的瑕疵担保请求权之间具有类似于选择之债的关系，而不是请求权竞合的关系。只要买受人选择主张其中某一种权利，则其与出卖人之间的法律关系就因选择而得以确定，不得再加以改变。先为修理和更换（无瑕疵履行义务），后为解除（清算了结）、减价（形成权）、损害赔偿（设备再履行所导致的营业中断）、费用偿还。既然《合同法》和买卖合同司法解释已将选择权交给买受人，且修理和更换作为第一层面上的瑕疵担保请求权（再履行请求权），并无先后之区别，故甲公司可以自行决定对瑕疵标的物采取更换方式，而非采取修理方式。

3. 评析

在选择之债中，选择权人行使选择权，债务标的确定。确定的债务标的不得变更，但是经对方同意的除外。

（编写人：方　俊）

法律条文

第五百一十七条　债权人为二人以上，标的可分，按照份额各自享有债权的，为按份债权；债务人为二人以上，标的可分，按照份额各自负担债务的，为按份债务。

按份债权人或者按份债务人的份额难以确定的，视为份额相同。

条文主旨

本条第 1 款界定了按份债权和按份债务的定义。按份之债是指债的复数个体各自按照确定的份额分享债权或分担债务的债，其标的都是可分的。按份债权是数个债权人就各自应当分享的债权份额有要求和请求清偿的权利;按份债务是数个债务人就各自应当承担的债务份额负担的清偿义务。按第 1 款规定,按份债权的债权人为二人以上,按各自份额各自享有债权,每个债权人只能就自己的份额向债务人主张债权,不得超过自己份额行使债权;按份债务的债务人为二人以上,按照份额各自负担债务,每个债务人只就自己应当承担的份额向债权人履行债务,对超过自己份额的债务有权拒绝。

本条第 2 款对份额难以确定的情形加以规定。按份债权人的份额或按份债务人的份额难以确定的,法律有规定或当事人有约定的,按法律规定或当事人约定。如果法律没有规定,当事人也没有约定或约定不明确的,难以确定按份债权人或按份债务人的份额时,视为份额相同。每个债权人平均分享债权,每个债务人平均分担债务。

新旧法对比

《民法通则》	《民法典》
第八十六条　债权人为二人以上的,按照确定的份额分享权利。债务人为二人以上的,按照确定的份额分担义务。	第五百一十七条　债权人为二人以上,**标的可分**,按照份额**各自享有债权的,为按份债权**;债务人为二人以上,**标的可分**,按照份额**各自负担债务的,为按份债务。** **按份债权人或者按份债务人的份额难以确定的,视为份额相同。**

理解与适用

按份之债实质上是数个债的集合,因而表现为数个债权人之间或数个债务人之间不具有牵连关系。按份之债具有以下特点:第一,各个债权人就自己的份额独立享有债权,无权请求债务人向自己清偿全部债务;各个债务人就自己的份额独立负担义务,对其他债务人负担的义务没有清偿义务。第二,某一债权人受领的超出自己应受领的份额时,或者作为不当得利对债务人负有返还义务,或者作为无因管理确定为代其他债权人受领,其他债权人的债权并不因此消灭。某一债务人超出自己的份额履行的,或者认定为系代其他债务人履行,成立第三人清偿,发生他人债务消灭的后果,或者就其超出部分,可依不当得利向受领人请求返还,同时其他债务人的债务并不消灭。第三,就一个债权人或者一个债务人发生的事项,对其他债权人或者债务人不发生效力。第四,如果按份之债是基于同一合同发生,则合同的解除除了应由一方当事人向对方当事人全体为之外,在发生争议时,全体债权人或者全体债务人应当作为共同诉讼人参加诉讼。

实务问题

1. 案情简介[①]

骏杰公司多年来长期向全通公司和国通公司提供轴承产品,但双方未签订书面买卖合同。2016 年 5 月 9 日,骏杰公司向全通公司发出一份《对账单》,全通公司在该欠款数额为 91,076.40 元的对账单上加盖印章,并由王某芬签名确认。2016 年 12 月 1 日,骏杰公司向全通公司和国通公司分别发出同一份《对账单》,全通公司和国通公司分别在该欠款数额为 107,708.80 元的对账单上加盖各自印章,并均由王某芬于同年 12 月 5 日签名确认。2017 年 5 月 16 日,全通公司向骏杰公司支付货款 2 万元。2017 年 12 月 1 日,骏杰公司再次向全通公司和国通公司分别发出同一份《对账单》,对账单上要求全通公司和国通公司财务核对后并签字及盖公章并回传,全通公司在该欠款数额为 87,708.80 元的对账单上加盖印章,并由王某芬于同年 12 月 4 日签名确认;国通公司也在该同一份欠款数额为 87,708.80 元的对账单上加盖印章,并由王某芬于 2018 年 2 月 6 日签名确认。2018 年 4 月 2 日,骏杰公司委托广东盈聚律师事务所向全通公司发出催款《律师函》,但全通公司未支付货款。

2. 法院认为

骏杰公司分别在 2016 年 12 月 1 日以及 2017 年 12 月 1 日向全通公司和国通公司发出同一对账单,而全通公司和国通公司分别在该同一对账单上盖章并由财务人员签字确认拖欠甲公司货款。全通公司和国通公司并没有在对账单上作出其之间是按照各自责任份额向甲公司承担责任,不对另一方所负债务向骏杰公司承担清偿责任的意思表示。因此,全通公司和国通公司分别在同一对账单上盖章并由财务人员签字确认的行为,应认定为全通公司和国通公司对该对账单中的债务作出共同承担清偿责任即连带责任的意思表示。

3. 评析

由于当事人的合同约定不一定采用"按份责任"或者"连带责任"的表述,此时认定当事人所负责任是否为按份责任的关键在于合同表述中是否表达了各责任人之间是按照各自责任份额向债权人承担责任,各负责人不对其他人所负债务向债权人承担清偿责任的意思。

(编写人:方　俊)

① 广东省肇庆市中级人民法院(2019)粤 12 民终 223 号。

法律条文

第五百一十八条　债权人为二人以上，部分或者全部债权人均可以请求债务人履行债务的，为连带债权；债务人为二人以上，债权人可以请求部分或者全部债务人履行全部债务的，为连带债务。

连带债权或者连带债务，由法律规定或者当事人约定。

条文主旨

本条第1款界定了连带债权和连带债务的定义。连带债权的债权人为二人以上，部分或全部债权人均可请求债务人履行债务；连带债务的债务人为二人以上，无论债务人之间内部份额如何划分，债权人既可以请求全部债务人履行全部债务或部分债务，也可请求部分债务人履行全部债务或部分债务。全部或部分债务人履行一部分债务的，未履行的债务部分仍然是各债务人的连带债务，债权人有权请求全部债务人或部分债务人履行。

本条第2款对连带债务的成立作严格限制，规定连带债务由法律规定或者当事人约定；既没有法律规定也没有当事人约定的，不得成立连带债务。连带债权的各债权人共享同一债权，但可以由某一债权人单独行使该债权，这种情况也需要有法律规定或当事人约定。

新旧法对比

《民法通则》	《民法典》
第八十七条　债权人或者债务人一方人数为二人以上的，依照法律的规定或者当事人的约定，享有连带权利的每个债权人，都有权要求债务人履行义务；负有连带义务的每个债务人，都负有清偿全部债务的义务，履行了义务的人，有权要求其他负有连带义务的人偿付他应当承担的份额。	第五百一十八条　**债权人为二人以上，部分或者全部债权人均可以请求债务人履行债务的，为连带债权；债务人为二人以上，债权人可以请求部分或者全部债务人履行全部债务的，为连带债务。**

理解与适用

连带之债是指在一个债的关系中，债权人或债务人有数人时，各个债权人均得请求债务人履行全部债务，各个债务人均负有履行全部债务的义务，且全部债务因一次全部履行而归于消灭的债。连带之债的发生原因有两种：第一，基于法律规定,法定连带之债的成立以法律的明确规定为前提;第二,基于当事人的约定,意定连带之债主要指当事人之间的约定所产生的连带债务或连带债权。当事人通过约定,只能给自己设定连带债务,不能给他人设定连带债务。如果当事人通过合同设定连带债务,并不需要当事人在合同中明确使用“连带”一词,只要当事人在合同中约定,数个债务人对全部债务承担履行义务,而且因某一当事人的给付都可以使全部债务归于消灭的,即可在当事人之间成立连带债务。

本条所称法律规定,系全国人民代表大会及其常务委员会制定的法律之规定,非广义上的法律,必须为本条规定以外的法律规定。本条本身并非连带之债发生的依据,不得单纯依照本条规定判定连带之债。

实务问题

1. 案情简介①

2014 年恒通公司以购销合同纠纷为由向哈尔滨市道外区人民法院起诉孔某军及案外人哈尔滨融汇金属材料经销有限责任公司、樊某。经道外区人民法院主持调解,孔某军与恒通公司及案外人哈尔滨融汇金属材料经销有限责任公司、樊某达成调解协议,哈尔滨市道外区人民法院于 2014 年 5 月 26 日作出(2014)外民三初字第 387 号民事调解书,调解协议如下:“1. 孔某军及案外人哈尔滨融汇金属材料经销有限责任公司、樊某欠恒通公司货款 1,728,974.60 元,于 2014 年 6 月 10 日前共同偿还恒通公司 300,000 元;7 月 10 日前偿还恒通公司 500,000 元,余欠款 928,974.60 元于 2014 年 8 月 20 日前付清;2. 如孔某军及案外人哈尔滨融汇金属材料经销有限责任公司、樊某不能按期给付上述任何一笔到期债务,则恒通公司有权要求一次性全部给付;3. 案件受理费 8209 元,减半收取 4104 元,由孔某军及案外人哈尔滨融汇金属材料经销有限责任公司、樊某负担,与上述款项一并给付恒通公司”。2015 年 2 月 14 日,孔某军给付恒通公司 5 套房产,双方认定该 5 套房产价值为 675,910 元,恒通公司并于当日向孔某军出具收据一份。

2. 法院认为

《民法通则》第 86 条规定:“债权人为二人以上的,按照确定的份额分享权利。债务人为二人以上的,按照确定的份额分担义务。”该案中,在(2014)外民三初字第 387 号民事调解书中约定的内容为孔某军及案外人哈尔滨融汇金属材料经销有限责任公司、樊某共同偿还恒通公司债务,孔某军等三债务人对各自承

① 黑龙江省哈尔滨市中级人民法院(2017)黑 01 民终 2310 号。

担的债务份额并未与债权人进行明确约定,债务份额并不确定,故孔某军所主张的按份之债并未成立。孔某军主张以此推定为按份之债没有法律依据。该债务即为孔某军等三债务人的共同债务,恒通公司有权向任一债务人主张权利。

3. 评析

按份之债的成立应当具备以下四个要件。第一,债的一方当事人为两人或两人以上;第二,给付须基于同一原因;第三,债的标的为可分;第四,当事人依确定的份额享有债权或负担义务。也就是说,在多数人之债的关系成立时,债务人之间的份额要求要确定。

(编写人:方　俊)

法律条文

第五百一十九条　连带债务人之间的份额难以确定的,视为份额相同。

实际承担债务超过自己份额的连带债务人,有权就超出部分在其他连带债务人未履行的份额范围内向其追偿,并相应地享有债权人的权利,但是不得损害债权人的利益。其他连带债务人对债权人的抗辩,可以向该债务人主张。

被追偿的连带债务人不能履行其应分担份额的,其他连带债务人应当在相应范围内按比例分担。

条文主旨

本条第1款是关于连带债务人之间份额确定的规定。在连带债务人内部关系中如何确定各自应当承担的债务份额,有法律规定或当事人约定的,按照法律规定或当事人约定;没有法律规定或当事人约定,难以确定各连带债务人的债务份额的,视为份额相同,即由各连带债务人平均分担债务。

本条第2款和第3款是关于连带债务人追偿权的规定。连带债务人的追偿权是连带债务人因履行债务、抵销债务等使连带债务人对债权人的债务在一定范围内消灭的,该连带债务人享有向其他连带债务人追偿的权利。连带债务人向债权人履行债务后,债权相应消灭,连带债务人与债权人之间的外部关系转化为连带债务人之间的内部关系。

因而,本条第2款规定,连带债务人在承担超过自己的债务份额的债务时,才能向其他连带债务人行使追偿权,并且行使追偿权的范围限于实际承担债务超过自己份额的部分。该款赋予行使追偿权的连带债务人以债权人的权利，连带债务人有权就超过部分在其他连带债务人未履行的份额范围内追偿，并相应地享有债权人的权利，典型的如债权所附的担保等从权利。为平衡债权人与享有追偿权的连带债务人之间的利益，该款同时规定，实际承担债务的连带债务人享有债权人的权利，但是不得损害债权人的利益。此外，为了平衡享有追偿权的连带债务人与其他连带债务人之间的利益，本款规定，其他连带债务人对债权人的抗辩，可以向该连带债务人主张。

本条第 3 款规定，被追偿的连带债务人不能履行其分担份额的，其他连带债务人应当在相应范围内按比例分担，避免出现在其他连带债务人之一发生破产等情形致使不能履行其应当分担的份额时，实际承担债务的连带债务人的追偿权难以全部实现的情况。

新旧法对比

《民法通则》	《民法典》
第八十七条　债权人或者债务人一方人数为二人以上的，依照法律的规定或者当事人的约定，享有连带权利的每个债权人，都有权要求债务人履行义务；负有连带义务的每个债务人，都负有清偿全部债务的义务，履行了义务的人，有权要求其他负有连带义务的人偿付他应当承担的份额。	第五百一十九条　**连带债务人之间的份额难以确定的，视为份额相同。** **实际承担债务超过自己份额的连带债务人，有权就超出部分在其他连带债务人未履行的份额范围内向其追偿，并相应地享有债权人的权利，但是不得损害债权人的利益。其他连带债务人对债权人的抗辩，可以向该债务人主张。** **被追偿的连带债务人不能履行其应分担份额的，其他连带债务人应当在相应范围内按比例分担。**

理解与适用

连带债务中的追偿权属于债务人所享有的一项权利，按照私法自治原则，债务人可以将其追偿权放弃。如果作出履行的债务人明确向其他连带债务人表示放弃其追偿权，则该行为对所有连带债务人发生效力，此时作出履行的债务人无权再向其他连带债务人追偿。

作出履行的债务人在行使追偿权的过程中，可以在其追偿权范围内免除其他债务人的偿还义务。如果追偿权人只是免除某一连带债务人的偿还义务，则该免除行为仅对该债务人有效,追偿权人仍有权在未获清偿的债权数额内请求其他连带债务人承担连带责任。但如果追偿权人免除所有连带债务人的偿还义务,则其法律效果与追偿权的放弃类似,追偿权人无权再向任何连带债务人追偿。

实务问题

1. 案情简介[①]

2008 年,广州广开驾驶员培训有限公司(以下简称广开公司)将张某明、张某强等四人诉至广州市萝岗区人民法院,请求判令四人连带向广开公司缴纳认缴的注册资本出资额 25 万元。该股东不履行对公司出资义务纠纷案,广州市萝岗区人民法院经审理后于 2009 年 3 月 16 日作出(2008)萝法民二初字第 105 号民事判决,判决四人连带向广开公司缴纳出资资金 25 万元。张某明等不服上述一审判决,向广州市中级人民法院提起上诉。广州市中级人民法院经审理判决:驳回上诉,维持原判。判决生效后,广开公司向广州市萝岗区人民法院申请强制执行。广州市黄埔区人民法院将(2010)穗萝法执民字第 692 号案及(2010)穗萝法执民字第 298 号案执行款扣除执行费后,将余款用以抵扣(2017)粤 0112 执恢 38 号案案款,但仍欠 30,011 元。广州市黄埔区人民法院在张某强名下账户扣划 30,011 元,至此,该案执行完毕。张某明被强制执行后,于 2017 年 6 月 5 日诉至原审法院。

2. 法院认为

《民法通则》第 86 条规定,"债权人为二人以上的,按照确定的份额分享权利。债务人为二人以上的,按照确定的份额分担义务"。第 87 条规定,"债权人或者债务人一方人数为二人以上的,依照法律的规定或者当事人的约定,享有连带权利的每个债权人,都有权要求债务人履行义务;负有连带义务的每个债务人,都负有清偿全部债务的义务,履行了义务的人,有权要求其他负有连带义务的人偿付他应当承担的份额"。该案中,张某明、张某强在之前的股东不履行对公司出资义务纠纷案中被判决承担缴纳出资资金 25 万元的连带责任,都属于负有连带义务的债务人。在生效判决执行过程中,张某明被强制履行了清偿 456,945.42 元(含执行费 3650 元)债务的义务。张某明履行义务后,有权要求张某强偿付其应当承担的份额。

---

① 广东省珠海市中级人民法院(2017)粤 04 民终 2814 号。

3. 评析

债权人或者债务人一方人数为二人以上的,依照法律的规定或者当事人的约定,享有连带权利的每个债权人,都有权要求债务人履行义务;负有连带义务的每个债务人,都负有清偿全部债务的义务,履行了义务的人,有权要求其他负有连带义务的人偿付他应当承担的份额。

(编写人:方 俊)

法律条文

第五百二十条 部分连带债务人履行、抵销债务或者提存标的物的,其他债务人对债权人的债务在相应范围内消灭;该债务人可以依据前条规定向其他债务人追偿。

部分连带债务人的债务被债权人免除的,在该连带债务人应当承担的份额范围内,其他债务人对债权人的债务消灭。

部分连带债务人的债务与债权人的债权同归于一人的,在扣除该债务人应当承担的份额后,债权人对其他债务人的债权继续存在。

债权人对部分连带债务人的给付受领迟延的,对其他连带债务人发生效力。

条文主旨

本条第1款是关于部分连带债务人履行、抵销债务或提存标的物对其他连带债务人发生效力的规定。部分连带债务人向债权人履行或抵销债务,或者提存标的物,均可使债权人的债权全部或部分得到实现。

本条第2款是关于部分连带债务人的债务被债权人免除对其他债务人发生效力的规定。债权人向全体连带债务人表示免除连带债务的,自然发生连带债务的消灭;债权人仅免除部分连带债务人的债务的,本款规定债权人仍可向其他债务人请求履行,但是其他债务人所承担的连带债务数额要扣除被免除的连带债务人应当承担的内部份额。

本条第3款是关于混同的规定。部分连带债务人的债务与债权人的债权同归于一人的,混同后的债权人,或者说发生混同的连带债务人,仍可以债权人的地位,向其他连带债务人请求承担连带责任,但是连带债务的数额要扣除发生混同的连带债务人应当承担的内部份额。

本条第4款是关于债权人迟延受领的规定。债权人对部分连带债务人的给付受领迟延的，对其他连带债务人发生效力。

新旧法对比

无	《民法典》
无	第五百二十条　**部分连带债务人履行、抵销债务或者提存标的物的，其他债务人对债权人的债务在相应范围内消灭；该债务人可以依据前条规定向其他债务人追偿。** **部分连带债务人的债务被债权人免除的，在该连带债务人应当承担的份额范围内，其他债务人对债权人的债务消灭。** **部分连带债务人的债务与债权人的债权同归于一人的，在扣除该债务人应当承担的份额后，债权人对其他债务人的债权继续存在。** **债权人对部分连带债务人的给付受领迟延的，对其他连带债务人发生效力。**

理解与适用

在连带债务中，各债务人的债务并非完全独立，在债的履行过程中，某些事项只是对个别债务人发生效力，而某些事项对其他债务人产生效力，据此，可以将连带债务履行过程中的事项分为绝对效力事项和相对效力事项。绝对效力事项指某些事项不仅对个别债务人产生效力，而且对所有债务人都有普遍效力。本条所涉及的履行、抵销、提存、免除、混同及受领迟延，均属于绝对效力事项，对所有债务人都具有普遍效力。

实务问题

1.案情简介[①]

四川省成都市中级人民法院就甲银行成都分行与丙物资公司、乙公司票据追索权纠纷一案，于2016年6月24日作出（2016）川01民初284号民事判决书，判决，“一、被告丙二局集团物资公司于本判决生效之日起十日内支付原告甲

① 四川省高级人民法院（2017）川执复163号。

银行股份有限公司成都分行票据款70,000,000元,并支付资金利息(资金利息计算方式为:30,000,000元的利息从2015年9月2日起,30,000,000元的利息从2015年10月23日起,10,000,000元的利息从2016年1月28日起,计算至清偿日止,按中国人民银行公布的同期贷款基准利率计算);二、被告成都乙实业有限公司对被告丙二局集团物资公司上述第一项应付款项承担连带付款责任……”判决作出后,甲银行成都分行(甲方)与丙物资公司(乙方)于2016年7月21日达成《和解协议》,约定:“二、甲乙双方一致确认,针对(2016)川01民初284号案票据纠纷,乙方应在本协议生效之日起30日内一次性支付甲方涉诉票据本金人民币(大写:柒仟万元;小写:70,000,000元),上述款项一经支付给甲方,甲乙双方就上述案件的一切债权债务全部了结。五、(2016)川01民初284号案及(2016)川01民初289号案的诉讼费、保全费、律师费以及甲方为实现债权所发生的一切费用由甲方承担。六、甲方放弃就(2016)川01民初284号案及(2016)川01民初289号案票据欠款本金在清偿日前对乙方的所有利息,同时放弃上述案件中对乙方的其他一切诉讼请求。七、鉴于(2016)川01民初284号案及(2016)川01民初289号案目前仍处于上诉期内,乙方在放弃自身上诉权利基础上,甲乙双方达成本和解协议,故甲方承诺并保证在乙方依照本协议约定履行还款义务的前提下,放弃对乙方申请执行上述案件一审判决的权利。”当日,丙物资公司撤回上诉。2016年7月28日,甲银行成都分行向丙物资公司出具《付款说明》,要求丙物资公司依据《和解协议》的约定将款项汇入以下账户并注明用途:账号为××,户名为甲银行股份有限公司成都分行,行号为316651000022,款项用途注明为归还商票贴现款项。2016年8月9日,乙公司通过上海银行成都府南支行向甲银行成都分行××的账户转入人民币70,000,000元,附加信息及用途栏载明“归还商票贴现款项”。当日,甲银行成都分行向丙物资公司出具《情况说明》称,其已经收到(2016)川01民初284号案中票据票面金额的全部款项,其与丙物资公司之间基于以上票据的一切债权债务关系已全部终结,双方不再因上述票据相互承担任何经济责任和法律责任。另外,甲银行成都分行依据(2016)川01民初284号判决,于2016年11月24日向该院申请强制执行乙公司欠付的70,000,000元资金利息275.93万元、案件受理费397,698元、保全费5000元。依据其申请,四川省成都市中级人民法院于2017年2月15日作出(2017)川01执37号执行通知书、报告财产令并送达乙公司。

2. 法院认为

《民法通则》第87条规定,“债权人或者债务人一方人数为二人以上的,依照法律的规定或者当事人的约定,享有连带权利的每个债权人,都有权要求债务人履行义务;负有连带义务的每个债务人,都负有清偿全部债务的义务,履行了义务的人,有权要求其他负有连带义务的人偿付他应当承担的份额”。

该案中,根据(2016)川01民初284号民事判决,乙公司对丙物资公司应付款项承担连带付款责任,两者系连带债务关系。甲银行成都分行有权单独或同时向乙公司、丙物资公司主张付款义务。乙公司、丙物资公司任何一方向甲银行成都分行履行付款义务,其法律效果均及于另一方。根据甲银行成都分行向四川省成都市中级人民法院申请强制执行前,其与丙物资公司达成的《和解协议》,甲银行成都分行自愿放弃(2016)川01民初284号、(2016)川01民初289号案件票据欠款本金在清偿日前对丙物资公司的所有利息,同时放弃上述案件中对丙物资公司的其他一切诉讼请求,并自愿承担为实现债权所发生的诉讼费、保全费、律师费等一切费用。据此,甲银行成都分行免除的是丙物资公司作为连带债务人在履行《和解协议》后,基于(2016)川01民初284号民事判决所负的其他全部债务,而非免除丙物资公司在连带债务内部所应当承担的特定债务份额,故甲银行成都分行对丙物资公司所作整体免除的权利处分之效果应当及于连带债务人乙公司。

3. 评析

在连带债务中,债权人对于某一连带债务人债务的免除,其效果及于其他连带债务人。

(编写人:方　俊)

法律条文

第五百二十一条　连带债权人之间的份额难以确定的,视为份额相同。

实际受领债权的连带债权人,应当按比例向其他连带债权人返还。

连带债权参照适用本章连带债务的有关规定。

条文主旨

本条第1款规定,在连带债权内部关系中,关于各连带债权人的份额,如果既没有法律规定,也没有当事人约定,难以确定各连带债权人之间的份额的,视为份额相同,即由各连带债权人平均分享债权。

本条第 2 款规定,实际受领债权的连带债权人应向其他连带债权人返还,返还的数额按照连带债权人的份额比例计算。

本条第 3 款的“参照适用”主要针对外部关系而言,就部分连带债权人与债务人之间发生的事项对其他连带债权人产生的效力,参照本法合同编第 520 条的规定。

新旧法对比

无	《民法典》
无	第五百二十一条　**连带债权人之间的份额难以确定的,视为份额相同。** **实际受领债权的连带债权人,应当按比例向其他连带债权人返还。** **连带债权参照适用本章连带债务的有关规定。**

理解与适用

连带债权的效力分为对内效力和对外效力。对内效力指连带债权在债权人之间的效力。在连带债权中,如果一个债权人接受了债务人的全部清偿,应当按照其享有的利益在内部进行重新分配,扣除其应分享的债权数额后,返还给其他债权人。对于各个连带债权人的份额,如果各个债权人就其内部关系作出了特别约定,应当依据当事人之间的约定确定份额。如果当事人没有对此作出约定,应当依据法律规定予以确定。如果各债权人没有对连带债权的分享数额作出规定,法律也没有对此作出规定时,各个债权人应当平均分享该利益。

对外效力指各连带债权人与债务人之间的权利义务关系,每个连带债权人都有权请求债务人履行债务,在债务人作出履行时,任何一个连带债权人都可以受领履行,并因此导致连带债权人与债务人之间的关系消灭。

如果债务人以交付特定物的方式履行债务,则受领标的物的债权人无须向其他连带债权人交付该标的物,只需要向其他债权人偿还其应当分享的债权份额。如果连带债权因一个债权人发生混同而消灭,则该债权人也应该返还其多得的利益,因为其通过混同获得了超出其应享有部分的利益。

实务问题

1. 案情简介①

2006年4月25日,周甲出具一份协议书,周乙、宣某(当时与周乙系夫妻关系)、周丙作为同意人在协议书下方签名,协议书的内容为于2005年12月周丙取得原有青石街35-1号203室房屋拆迁补助款40万元,并于2006年2月以周乙、周甲、周丙等3人之名购买303室,房款全额为118万元,而头期款为37万元,并同时向建设银行贷款81万元,分期为20年限。从2006年4月至2026年4月,并于每月25日含息还款于建设银行5580元左右,但因父亲周丙已退休,弟周乙、弟媳宣某两人因工作收入有限,因而无还款能力,经协商由大姐周甲负起还款一事,于2006年4月起并经周丙、周乙、宣某一致同意。以后房屋若有买卖,所得卖房款项将归还大姐周甲,另含房屋装修费18万元。特此证明。上述协议签订后,303室于2009年3月6日办理了产权登记,登记的房屋所有权人为周丙、周乙、周甲,共有情况为共同共有。2016年7月6日,周甲、周丙、周乙以460万元的价格将303室出售,售房款由周甲收取,周甲用售房款提前还清了贷款,包含贷款本金在内,周甲共支付贷款本息1,135,954.9元。周甲表示,因周丙等人户口尚未迁出,尾款3万元尚未交付,现共收到售房款457万元。周乙及周丙均同意按房屋总价457万元计算各人应得的份额。周乙与周甲就售房款分割产生纠纷,2016年9月22日,双方经有关部门调解,周甲先给了周乙20万元,因余款协商未果,周乙诉至一审法院,要求周甲支付售房款及利息。周甲在答辩时提出反诉,一审法院向周甲释明,本案不需要反诉,提出抗辩意见即可达到目的,但周甲的委托诉讼代理人表示反诉是周甲的权利,一定要提出反诉请求。

2. 法院认为

在共同共有关系终止时,对共有财产的分割,有协议的,按协议处理;没有协议的,应当根据等分原则处理。因涉案房屋登记为周丙、周甲、周乙三人共同共有,出售该房屋时各方也无其他约定,一审法院依据2006年各方签字确认的协议书,扣除周甲支付的贷款本息及装修款后,按等分原则分割剩余购房款,符合法律规定,并无不当。

3. 评析

连带债权人之间的份额难以确定的,视为份额相同。

(编写人:方　俊)

① 江苏省南京市中级人民法院(2018)苏01民终7503号。

法律条文

第五百二十二条　当事人约定由债务人向第三人履行债务，债务人未向第三人履行债务或者履行债务不符合约定的，应当向债权人承担违约责任。

法律规定或者当事人约定第三人可以直接请求债务人向其履行债务，第三人未在合理期限内明确拒绝，债务人未向第三人履行债务或者履行债务不符合约定的，第三人可以请求债务人承担违约责任；债务人对债权人的抗辩，可以向第三人主张。

条文主旨

涉他合同包括利益第三人合同和由第三人履行的合同。本条规定的是利益第三人合同。

本条第1款规定的是关于不真正的利益第三人合同，遵守合同相对性原则，即合同项下的权利和义务只由合同当事人享有或承担，合同对当事人以外的第三人不具有法律约束力。而本款规定的不真正的利益第三人合同，由债务人向第三人履行债务，是债权人与债务人之间的约定，该约定不对第三人产生法律约束力，第三人不享有请求债务人履行的权利。债务人未向第三人履行债务或者履行债务不符合约定的，应当向债权人承担违约责任。

本条第2款对真正利益第三人合同中第三人取得履行请求权的条件及相应法律效果作出规定。第三人取得履行请求权须满足如下条件：一是要有法律规定或当事人约定；二是利益第三人合同是为了第三人的利益而设置的，按照民法的自愿原则，第三人有权拒绝。因而本款规定第三人可在合理期限内拒绝，未在合理期限内拒绝的，第三人取得直接请求债务人履行的权利。第三人取得履行请求权的法律效果是：债务人未向第三人履行债务或者履行债务不符合约定的，第三人可以请求债务人承担继续履行、赔偿损失等违约责任。但由于第三人不是合同当事人，合同本身的权利如解除权、撤销权等，第三人不得行使。另外，本款规定了债务人的抗辩问题。债务人对债权人的抗辩，可以向第三人主张。

新旧法对比

《合同法》	《民法典》
第六十四条　当事人约定由债务人向第三人履行债务的,债务人未向第三人履行债务或者履行债务不符合约定,应当向债权人承担违约责任。	第五百二十二条　当事人约定由债务人向第三人履行债务,债务人未向第三人履行债务或者履行债务不符合约定的,应当向债权人承担违约责任。 **法律规定或者当事人约定第三人可以直接请求债务人向其履行债务,第三人未在合理期限内明确拒绝,债务人未向第三人履行债务或者履行债务不符合约定的,第三人可以请求债务人承担违约责任;债务人对债权人的抗辩,可以向第三人主张。**

理解与适用

1. 本条第 1 款的规定有如下重点

(1)第三人是否为利益的承受者,可以由当事人约定产生,体现了合同法的意思自治的原则;

(2)向第三人履行的合同并不以第三人表示接受利益为成立要件;

(3)债务人如果未向第三人履行债务或者履行债务不符合约定,债务人只需要对债权人承担违约责任,体现了合同责任的相对性原则;

(4)依据《合同法解释(二)》第 16 条的规定,第三人在诉讼中,只能以无独立请求权的身份参加诉讼,不能主张合同关系中的权利。

2. 本条第 2 款的规定有如下重点

(1)第三人可以直接请求债务人向其履行债务主要依据为法律的规定或当事人的约定。如果没有法律规定或当事人约定,那么第三人不享有该权利。

(2)"第三人未在合理期限内明确拒绝",赋予第三人拒绝的权利,此处既尊重了当事人需要通过利他合同来实现利益安排的需要,也尊重了受益人的意思。

(3)债务人未向第三人履行债务或者履行债务不符合约定的,第三人有权请求债务人履行,或请求其承担违约责任。债务人瑕疵履行的,第三人有权请求债务人承担瑕疵履行责任。

(4)债务人基于对债权人的抗辩,可用以对抗第三人。该规定赋予第三人一种类似于债权人的地位。

实务问题

1. 案情简介①

2014 年 9 月 10 日，桐梓县浙贵广兴房地产开发有限公司（以下简称浙贵广兴公司）作为发包方与重庆天纬渝盛建设（集团）有限公司（以下简称天纬渝盛公司）公司作为承包方签订《补充协议》，将贵州省遵义市桐梓县“君悦国际”房地产开发项目三期工程发包给天纬渝盛公司施工。同日，天纬渝盛公司作为甲方与乙方曹某龙就前述项目签订了《项目目标责任承包合同》，主要约定甲方将其与浙贵广兴公司签订的施工合同全部内容转由乙方进行实际施工，甲方向乙方收取 2% 的管理费，且乙方须在合同签订后当日内一次性向甲方缴纳履约保证金 500 万元等。同日，天纬渝盛公司出具委托书，主要载明：天纬渝盛公司应浙贵广兴公司及曹某龙要求，委托曹某龙将应向天纬渝盛公司缴纳的履约保证金 500 万元转入发包人指定账户，并与发包人完善相关手续。合同签订后，曹某龙根据合同约定及天纬渝盛公司的委托事项，将 500 万元履约保证金直接支付给了浙贵广兴公司，但曹某龙至今未能参与合同项目的施工。

2. 法院认为

根据《合同法》第 64 条的规定，当事人可以约定由债务人向第三人履行债务，但并不因此改变债权人和债务人的权利义务关系，不突破合同相对性原则。不能因为第三人接受了债务履行即认定其加入债的关系而负有相应的返还义务。

该案中，根据已经查明的事实，天纬渝盛公司与曹某龙签订的承包合同中约定曹某龙须向天纬渝盛公司缴纳履约保证金 500 万元。其后，天纬渝盛公司出具委托书载明由曹某龙将应向其缴纳的履约保证金 500 万元转入发包人指定账户。按照上述合同约定，曹某龙负有向天纬渝盛公司缴纳 500 万元保证金的债务，而委托书确定了由曹某龙向第三人浙贵广兴公司履行承包合同约定的债务。曹某龙的付款行为不能证明其与浙贵广兴公司之间建立了合同权利义务关系。虽然天纬渝盛公司没有实际收到案涉款项，但并不能因此免除其因合同无效负有的相应返还责任。《承诺书》和《说明》均系浙贵广兴公司单方出具，只能证明其收到曹某龙缴纳的 500 万元保证金的事实，无法证实三方就保证金问题达成变更协议。二审判决认定天纬渝盛公司应当返还曹某龙 500 万元工程保证金，并无不当。由上所述，实际接受债务履行的第三人并不当然成为债的主体，天纬

① 最高人民法院(2017)最高法民申 2086 号。

渝盛公司以刘某明实际收到案涉款项为由主张应由刘某明负返还责任，无法律依据。

3. 评析

当事人可以约定由债务人向第三人履行债务，但并不因此改变债权人和债务人的权利义务关系，不突破合同相对性原则。不能因为第三人接受了债务履行即认定其加入债的关系而负有相应的返还义务。

（编写人：方　俊）

法律条文

第五百二十三条　当事人约定由第三人向债权人履行债务，第三人不履行债务或者履行债务不符合约定的，债务人应当向债权人承担违约责任。

条文主旨

涉他合同包括利益第三人合同和由第三人履行的合同。本条规定的是由第三人履行的合同，指双方当事人约定债务由第三人履行的合同。根据合同相对性的原则，合同仅对合同当事人产生法律拘束力。对于由第三人履行的合同，虽然合同债权人与债务人约定由第三人向债权人履行债务，但由于第三人不是合同当事人，因而合同对第三人没有法律约束力。第三人不向债权人履行债务的，可能会基于第三人与债务人的约定，向债务人承担责任。不履行债务或者履行债务不符合约定而产生的违约责任，由债务人向债权人承担。

新旧法对比

《合同法》	《民法典》
第六十五条　当事人约定由第三人向债权人履行债务的，第三人不履行债务或者履行债务不符合约定，债务人应当向债权人承担违约责任。	第五百二十三条　当事人约定由第三人向债权人履行债务，第三人不履行债务或者履行债务不符合约定的，债务人应当向债权人承担违约责任。

理解与适用

由第三人履行的合同没有突破原有合同的相对性，不解决债权人是否具有直接请求第三人履行的权利的问题。债权人是否享有直接请求第三人履行的权利，属于真正的利益第三人合同的范畴，要看债务人和第三人之间是否订立以债权人为受益人的真正利益第三人合同。

根据《合同法解释(二)》第16条的规定,在由第三人履行的合同中,第三人为无独立请求权的第三人参加诉讼,但人民法院不得依职权将其列为该合同诉讼案件的被告或有独立请求权的第三人。这是因为第三人在诉讼中没有独立的诉讼地位,只能依附于原告或被告一方,也不能在诉讼中确定第三人承担民事责任。

实务问题

1. 案情简介①

20××年×月×日,原告焦某军、被告中山国旅签订的一份《出境旅游服务合同》中约定,焦某军购买中山国旅所提供的出境旅游服务,具体为马来西亚、新加坡、泰国三国11日游活动,并包含各类旅行社责任险、航空险、意外险等费用,团费共6560元。但实际上从出发时开始,一直系由第三人康辉旅行社组团出境旅游,中山国旅并未就此获得焦某军同意。旅游途中原告遭遇车祸身体严重受损,如被诊断为造成了胸腔积血、脾破裂、腰椎压缩性骨折、右锁骨闭合性骨折等伤害。泰方车队作为旅游辅助服务者,系受康辉旅行社委托的并帮助其履行旅游合同义务,并未与旅游者直接形成旅游服务合同关系。

2. 法院认为

该案中,旅游者在旅游过程中乘坐旅行社提供的车辆发生交通事故导致人身损害、财产损失的,构成违约责任和侵权责任的竞合,旅游者有权选择合同之诉或侵权之诉要求旅行社承担相应民事赔偿责任。旅行社擅自将其旅游业务转让给其他旅行社的,与其签订旅游合同的旅行社和实际提供旅游服务的旅行社应承担连带责任。

3. 评析

旅游者与旅行社签订旅游合同后,双方形成旅游服务合同关系,旅行社所提供的服务应当符合保障旅游者人身、财产安全的要求。同时,旅行社委托的旅游辅助人所提供的食宿、交通运输等服务系旅行社履行旅游服务合同义务的延续,应认定为是代表旅行社的行为,旅游辅助人的侵权行为可直接认定为旅行社的侵权行为。

(编写人:方　俊)

① 焦某军与江苏省中山国际旅行社有限公司、第三人中日康辉南京国际旅行社有限责任公司旅游侵权纠纷案,载《最高人民法院公报》2012年第11期。

法律条文

第五百二十四条　债务人不履行债务，第三人对履行该债务具有合法利益的，第三人有权向债权人代为履行；但是，根据债务性质、按照当事人约定或者依照法律规定只能由债务人履行的除外。

债权人接受第三人履行后，其对债务人的债权转让给第三人，但是债务人和第三人另有约定的除外。

条文主旨

本条是关于第三人清偿规则的规定，打破债的相对性，赋予第三人代为履行的权利。该第三人代为履行债务不需要考虑是否违反债务人的意思，债权人也不得拒绝。

具有合法利益的第三人并不是在所有情况下都享有代为履行的权利，本条对此作了除外规定，即根据债务性质、按照当事人约定或者依照法律规定只能由债务人履行的，则第三人即使具有合法利益，也不能代为履行。此外，自愿原则是民法的基本原则，如果债权人与债务人特别约定只能由债务人履行的，尊重该特别约定，排除第三人的履行。法律对此作出特别规定的，依照法律规定。

有合法利益的第三人代为履行后，债权人的债权得以实现，债权人与债务人之间的债权债务关系终止。对于第三人与债务人之间的关系，根据本条规定，债权人接受第三人履行后，其对债务人的债权转让给第三人。

新旧法对比

《物权法》	《民法典》
第一百九十一条　抵押期间，抵押人经抵押权人同意转让抵押财产的，应当将转让所得的价款向抵押权人提前清偿债务或者提存。转让的价款超过债权数额的部分归抵押人所有，不足部分由债务人清偿。 抵押期间，抵押人未经抵押权人同意，不得转让抵押财产，但受让人代为清偿债务消灭抵押权的除外。	第五百二十四条　**债务人不履行债务，第三人对履行该债务具有合法利益的，第三人有权向债权人代为履行；但是，根据债务性质、按照当事人约定或者依照法律规定只能由债务人履行的除外。** **债权人接受第三人履行后，其对债务人的债权转让给第三人，但是债务人和第三人另有约定的除外。**

理解与适用

何谓“对履行该债务具有合法利益”的第三人，本条未作具体规定，需要根据实践情况的需要和发展进行判断并归纳总结。

另外，如果第三人清偿后，债务人向债权人提出，第三人的清偿是在其不知道的情况下作出的，债务人在得知第三人实际作出履行的情况后，不同意第三人作出履行，要求债权人向第三人返还财产，该要求是否应得到支持？本条并未规定第三人清偿一定要得到债务人的同意，因而一般认为，第三人一旦作出履行就发生效力，债权人与债务人之间债的关系因此消灭。但如果债务人在第三人作出履行之前提出异议，法律上应当允许。

实务问题

1. 案情简介①

2013 年 12 月，段某成与胡某美、任某记签订《协议书》，约定胡某美因建设安达公司的北岸干渠房地产开发及景观工程资金困难，向段某成累计借款 2633 万元，任某记在本协议签订之日向段某成支付 1000 万元，并提供 500 万元的延期支票，余款 1133 万元，由任某记负责付清；胡某美将在建的北岸干渠房地产项目中的房产抵押贷款，贷款可向段某成偿还借款；胡某美认可任某记的还款行为，任某记自胡某美在建北岸干渠房地产项目中的房产销售款中扣回上述款项。

根据 2014 年 6 月 13 日胡某美以巨泰公司法定代表人身份向安达公司出具的《承诺书》，北岸干渠景观工程及周边房地产开发合同系安达公司与焉耆县政府签订，实际施工人和承包人是胡某美，经政府研究同意安达公司退出，由巨泰公司承接。《协议书》签订后，段某成实际收到 1000 万元并出具收条，载明：今收到任某记代胡某美偿还焉耆北岸干渠项目借款 1000 万元。安达公司出具《证明》，称其法定代表人任某记替胡某美还款 1000 万元系公司行为，该款项从公司账户支出。

段某成认为按协议约定任某记及安达公司还有 1633 万元借款未支付，故诉至巴音郭楞州中院，请求任某记及安达公司偿还借款本息。巴音郭楞州中院认为，《协议书》实质上是第三人代为清偿的合同，段某成起诉不是借款人的任某记及安达公司归还借款，没有事实依据和法律依据，遂判决驳回段某成的诉讼请求。段某成不服，上诉至新疆高院。新疆高院判决驳回上诉，维持原判。段某成

① 最高人民法院（2017）最高法民申 724 号。

仍不服,向最高人民法院申请再审。最高人民法院裁定驳回段某成的再审申请。

2. 法院认为

本案中当事人之间的三方协议第 3 条约定,胡某美将在建的甲公司焉耆县北岸干渠房地产项目中的房产抵押贷款,贷款可用于给段某成偿还借款,任某记给予协助办理相关贷款抵押手续。第 4 条约定:胡某美认可任某记的还款行为,任某记自胡某美在建焉耆县北岸干渠房地产项目中的房产销售款中扣回上述款项。上述款项付清后,胡某美、段某成双方销案。在任某记给付了部分款项后,段某成出具的收条也明确载明“收到任某记代替胡某美还焉耆北岸干渠项目借款 1000 万元”。据此,二审判决认定,胡某美并没有退出其与段某成之间的民间借贷关系,任某记只是代为履行的一方,是胡某美履行债务的辅助人,胡某美作为债务人,仍负有偿还借款的义务,三方协议构成第三人代为履行的法律关系,而不是债务转移关系,在认定事实和适用法律上均无不当。

3. 评析

当事人约定由第三人向债权人履行债务,第三人不履行债务或者履行债务不符合约定,债务人应当向债权人承担违约责任。债务转移和第三人代为履行的主要区别在于债务人是否退出原债权债务关系。在债务转移的情况下,第三人完全代替债务人的地位,债务人退出合同关系,原合同关系消灭。在第三人代为履行的情况下,第三人只是履行主体而不是合同的债务人。债权人只能将第三人作为债务履行的辅助人而不能将其作为合同当事人。

(编写人:方　俊)

法律条文

第五百二十五条　当事人互负债务,没有先后履行顺序的,应当同时履行。一方在对方履行之前有权拒绝其履行请求。一方在对方履行债务不符合约定时,有权拒绝其相应的履行请求。

条文主旨

本条规定同时履行抗辩权。同时履行抗辩权,指在没有先后履行顺序的双务合同中,一方当事人在对方当事人未为履行或者履行不符合约定的情况下,享有拒绝对待给付的权利。

本条规定同时履行抗辩权的效力。对方不履行债务的,当事人在对方履行之前有权拒绝其履行请求。对于对方履行债务不符合约定的，当事人有权拒绝其相应的履行请求。

新旧法对比

《合同法》	《民法典》
第六十六条　当事人互负债务，没有先后履行顺序的，应当同时履行。一方在对方履行之前有权拒绝其履行要求。一方在对方履行债务不符合约定时，有权拒绝其相应的履行要求。	第五百二十五条　当事人互负债务，没有先后履行顺序的，应当同时履行。一方在对方履行之前有权拒绝其履行**请求**。一方在对方履行债务不符合约定时，有权拒绝其相应的履行**请求**。

理解与适用

同时履行抗辩权属延期的抗辩权，只是暂时阻止对方当事人请求权的行使，非永久的抗辩权。对方当事人完全履行了合同义务，同时履行抗辩权消灭，当事人应当履行自己的义务。当事人行使同时履行抗辩权致使合同迟延履行的，该当事人不承担违约责任。

实务问题

1. 案情简介①

2015 年 1 月 1 日、2016 年 1 月 1 日、2017 年 1 月 1 日原告华奥物业公司和仁寿县珑镇嘉源小区第一届业主委员会分别签订《物业服务合同》，约定合同期一年，2018 年 1 月 1 日原告华奥物业公司和仁寿县珑镇嘉源小区第一届业主委员会签订《关于珑镇嘉源小区物业服务合同的延续协议》，约定双方同意将 2017 年 1 月 1 日签订的物业服务合同延续至 2019 年 3 月 30 日；2019 年 3 月 1 日原告华奥物业公司和仁寿县珑镇嘉源小区第一届业主委员会签订《物业服务合同》，约定合同期二年，2019 年 3 月 1 日至 2021 年 3 月 1 日；2019 年 3 月 1 日原告华奥物业公司和仁寿县珑镇嘉源小区第一届业主委员会签订《补充协议》，约定业主委员承诺将小区维修资金 4 月 30 日前向相关部门申请划拨到业主委员会账户，此合同执行一年后，根据市场行情及政府指导价，可适当调高物业管理费。仁寿县珑镇嘉源小区第一届业主委员会与原告华奥物业公司签订的《物业服务合同》均约定华奥物业公司提供的物业公共服务事项和质量应符合下列约

① 四川省仁寿县人民法院(2021)川 1421 民初 154 号。

定:(1)建筑物共有部分及设施设备的使用、管理和维护;(2)公共绿化的维护;(3)公共区域环境卫生维护;(4)公共区域的秩序维护;(5)物业使用中禁止行为的告知、劝阻、报告;(6)物业维修、更新、改造费用的账务管理;(7)物业服务档案和物业档案的保管。物业服务达不到合同约定的服务事项和质量的,应以收取的物业服务费为基数向全体业主或相应业主支付1%的违约金。还约定,物业公司接受业主的监督,定期向业主报告物业服务合同的履行情况,及时公告建筑区域内的重大物业服务事项;物业公司不得擅自占用和改变建筑区域内共有部分的用途,如需在本物业内改、扩建完善配套项目,应协商后经专有部分占建筑总面积2/3以上的业主且占总人数2/3以上的业主同意后,报有关部门批准方可实施。合同约定住宅多层物管费0.5元/月·平方米。物业服务费按半年收取一次的方式交纳,应在当年的(上半年)1月31日前和(下半年)7月31日前履行交纳义务。

根据被告提交的照片、当事人陈述、证人证言,原告甲物业公司管理的案涉小区存在以下问题:外墙砖有部分脱落;枯树叶、枯树枝未清理;垃圾清理不彻底;车辆停放无序;公共娱乐、健身器材缺少维护;积水未清理。位于龙正镇广场路××(乙小区)1幢3单元6层2号房屋系周某勤、徐某兰共同共有。建筑面积119.16平方米。被告徐某兰从2015年11月18日起未支付物业服务费。在被告徐某兰欠交物业费期间,原告华奥物业公司向其进行过催收。

2. 法院认为

原告、被告系物业服务合同关系,原告华奥物业公司有义务提供符合合同约定内容和质量标准的物业服务,被告徐某兰有义务按合同约定时间、金额支付物业费。本案查明原告华奥物业公司在履行物业服务合同的过程中确有履行不到位、不作为情形。在原告华奥物业公司提供物业服务确有不符合约定情形时,被告徐某兰拒绝履行交纳相应物业费属行使履行抗辩权合法行为,不构成违约。原告华奥物业公司未按照合同约定完全履行物业服务合同义务,被告交纳物业费应作相应调减,而不是完全不交纳。故对被告徐某兰抗辩不交纳物业费,本院不予支持。

3. 评析

当事人互负债务,没有先后履行顺序的,应当同时履行。一方在对方履行之前有权拒绝其履行要求。另一方在对方履行债务不符合约定时,有权拒绝其相应的履行要求。

(编写人:方　俊)

法律条文

第五百二十六条　当事人互负债务，有先后履行顺序，应当先履行债务一方未履行的，后履行一方有权拒绝其履行请求。先履行一方履行债务不符合约定的，后履行一方有权拒绝其相应的履行请求。

条文主旨

本条规定先履行抗辩权。先履行抗辩权是指双务合同中应当先履行的一方当事人未履行或履行债务不符合约定的，后履行的一方当事人享有拒绝对方履行请求或拒绝对方相应履行请求的权利。

新旧法对比

《合同法》	《民法典》
第六十七条　当事人互负债务，有先后履行顺序，先履行一方未履行的，后履行一方有权拒绝其履行要求。先履行一方履行债务不符合约定的，后履行一方有权拒绝其相应的履行要求。	第五百二十六条　当事人互负债务，有先后履行顺序，**应当**先履行**债务**一方未履行的，后履行一方有权拒绝其履行**请求**。先履行一方履行债务不符合约定的，后履行一方有权拒绝其相应的履行**请求**。

理解与适用

先履行抗辩权的成立要件：第一，基于同一双务合同，当事人互负债务，在履行上有关联性；第二，当事人的债务有先后履行顺序，这种履行顺序的确立，或依法律规定，或依当事人约定，或依交易习惯；第三，应当先履行的当事人不履行债务，或履行债务不符合约定；第四，后履行一方当事人的债务已届履行期，如果后履行一方当事人的债务尚未到期，在对方当事人请求履行时，以债务履行期尚未届至抗辩即可，无须适用先履行抗辩权。

先履行抗辩权属延期的抗辩权，只是暂时阻止对方当事人请求权的行使，并非永久的抗辩权。对方当事人履行合同义务后，先履行抗辩权消灭，当事人应当履行自己的义务。后履行一方当事人行使先履行抗辩权致使合同迟延履行的，该当事人不承担违约责任，迟延履行的责任由对方承担。后履行一方当事人行使先履行抗辩权，不影响追究应当先履行一方当事人的违约责任。

实务问题

1. 案情简介①

2013年12月26日,双方签订《房屋租赁合同》,合同约定乙工程部租赁甲公司位于富蕴县城南工业区建筑面积为1044.83平方米的房屋;租赁期限自2013年12月26日起至2018年12月25日止;租金标准为前三年每年租金160,000元,自第四年起,剩余两年租金在上三年房租的基础上递增10%,同时约定了租金的支付时间、违约责任等。2016年9月8日,双方签订了房屋租赁合同的补充协议,将原房屋租赁合同第2条第2款变更为:(1)在原合同期满后再续租5年(续租期即2018年12月25日至2023年12月25日);(2)5年续租期的租金为年租金160,000元,分上、下半年支付,支付月份为每年1月和6月。2019年下半年,因环保原因甲公司不能再用土锅炉为乙工程部提供供暖服务。2019年11月,阿勒泰地区生态环境局富蕴县分局作出富环强决字[2019]2号查封、扣押行政强制措施决定书,查封、扣押原告富蕴县城南工业区的供水设施(锅炉房、380伏配电箱)。另查明,2019年8月至9月,甲公司负责人陆某梅与乙工程部经营者戴某的儿子戴某洋通过微信方式协商乙工程部使用电磁采暖的方案。乙工程部安装电磁采暖设施花费322,000元。

2. 法院认为

根据《合同法》第67条"当事人互负债务,有先后履行顺序,先履行一方未履行的,后履行一方有权拒绝其履行要求。先履行一方履行债务不符合约定的,后履行一方有权拒绝其相应的履行要求"的规定,提供正常使用状态的案涉房屋系甲公司的先履行义务,因甲公司履行义务不符合约定,即未能保持租赁物房屋的正常使用状态,乙工程部作为后履行一方具有先履行抗辩权,有权暂缓支付租金,并非违约行为,故乙工程部不应向甲公司给付违约金4万元。对于甲公司认为乙工程部未交纳2020年度房租存在违约行为,应向其给付违约金4万元的意见,本院不予采信。一审法院认定乙工程部未按时支付房租构成违约不当,本院予以纠正。

3. 评析

先履行抗辩权中的"当事人互负债务",要求双方债务是具有对价关系的。买卖合同中对价关系的债务应该是出卖人的货物供给义务和买受人的支付货款义务。

(编写人:方　俊)

---

① 新疆维吾尔自治区伊犁哈萨克自治州阿尔泰地区中级人民法院(2021)新43民终73号。

法律条文

第五百二十七条　应当先履行债务的当事人，有确切证据证明对方有下列情形之一的，可以中止履行：

（一）经营状况严重恶化；

（二）转移财产、抽逃资金，以逃避债务；

（三）丧失商业信誉；

（四）有丧失或者可能丧失履行债务能力的其他情形。

当事人没有确切证据中止履行的，应当承担违约责任。

条文主旨

不安抗辩权指在双务合同中先履行义务的一方当事人，在有确切证据证明后履行一方当事人有丧失或者可能丧失履行能力因而不能履行合同义务时，享有的暂时中止履行的抗辩权。不安抗辩权的性质是一时性抗辩权，属延期抗辩权，应当先履行债务的当事人，在有确切证据证明对方有下列情形之一时，可以暂时中止履行：（1）经营状况严重恶化的；（2）转移财产、抽逃资金，以逃避债务的；（3）丧失商业信誉的；（4）有丧失或者可能丧失履行债务能力的其他情形的。为了避免当事人滥用不安抗辩权，本条还规定，当事人没有确切证据中止履行的，应当承担违约责任。

新旧法对比

《合同法》	《民法典》
第六十八条　应当先履行债务的当事人，有确切证据证明对方有下列情形之一的，可以中止履行： （一）经营状况严重恶化； （二）转移财产、抽逃资金，以逃避债务； （三）丧失商业信誉； （四）有丧失或者可能丧失履行债务能力的其他情形。 当事人没有确切证据中止履行的，应当承担违约责任。	【内容不变】第五百二十七条

理解与适用

不安抗辩权的成立要件：第一，合同确立的债务合法、有效；第二，双方当事人因同一双务合同互负债务且有先后履行顺序；第三，后履行的一方当事人有丧失或可能丧失债务履行能力的极大可能。后履行义务人的期限利益应当受到保护，没有正当理由不得剥夺，不安抗辩权制度虽然是一个正当理由，但剥夺后履行义务人的期限利益是有条件的，不允许在后履行义务人有履行能力的情况下行使不安抗辩权，只能在有不能为对待给付的现实危险危及先履行义务人的债权实现时，才能行使不安抗辩权。

不安抗辩权的性质是一时性抗辩权，属延期抗辩权，是间接保障债权的手段，暂时中止合同的履行乃是不安抗辩权行使的主要效果。倘若对方当事人提供了担保或者作了对待给付，不安抗辩权消灭，当事人应当履行合同。

实务问题

1. 案情简介①

2010 年 7 月 7 日，周某(乙方)与某公司(甲方)签订《重庆市商品房买卖合同》，该合同约定该商品房成交总金额为 268,672 元，周某应于 2010 年 7 月 7 日支付房款 255,238 元，余款 13,434 元于 2011 年 7 月 30 日前付清；某公司应在 2011 年 7 月 30 日前将该房交付给周某，如逾期交房超过 30 日而周某要求继续履行合同的，合同继续履行，某公司应当自约定的最后交付期限的第 2 天起至实际交付之日止按日向周某支付已付房款的 4‰的违约金。同时合同第 8 条约定由于乙方原因，未能按期交付的，双方同意按以下方式处理：乙方付清全部房款(包括按揭贷款及面积差异退补款)、付清政府部门规定的费用(包括大修基金、税费)且无银行按揭欠款，方可进行房屋交接。合同签订后，周某按照合同约定向被告某公司支付了房款和房屋专项维修金。2012 年 11 月 20 日，某公司通知原告周某去接房。2014 年 3 月 12 日，周某向被告某公司交付了余款。

另查明，在合同履行过程中，某公司的原法定代表人李某强(亦为重庆某城市建设(集团)有限公司的时任董事长)及股东李某因涉嫌串通投标罪被重庆市长寿区公安局立案侦查。2011 年 5 月，某公司的财务资料、银行账户以及包括部分项目在内的资产先后被查封、冻结或扣押，后某小区建设工程停工。2012 年 5 月 7 日，重庆市长寿区公安局解除了对某公司银行账户的强制措施。2012

① 最高人民法院发布 19 起合同纠纷典型案例之 10：周某诉重庆某房地产开发有限公司房屋买卖合同纠纷案(2015-12-04)。

年 11 月 19 日,某公司通过了其建设的小区第 10 幢楼的重庆市建设工程竣工验收备案以及建设工程消防竣工验收备案。

2. 法院认为

本案中某公司未按合同约定的时间向周某交付房屋是事实,但合同中明确约定周某应付清全部房款等费用后,方可进行房屋交接,即周某应该先履行付款的义务,某公司才履行交房的义务。同时,周某在庭审中称其到某公司履行义务,其售房部已关门,但并无证据提交,且如其不能直接履行义务,也可采取其他方式履行付款的义务,如提存等方式。另外,周某在二审中提出其是行使不安抗辩权,但根据上述法律规定,周某发现某公司当时具有不能按期交房的可能性,未及时与对方沟通核实,在未通知对方的情况下就自行中止了合同的履行。不符合不安抗辩权的行使条件和履行规范,其不安抗辩权不能成立。故某公司不应向周某支付违约金。

3. 评析

抗辩权的行使是对抗违约行为的一种救济手段,在双务合同中,首先应根据双方签订的合同约定来确定双方的权利义务。并且,行使不安抗辩权,需要有足够的证据予以支持。

（编写人:方　俊）

法律条文

第五百二十八条　当事人依据前条规定中止履行的,应当及时通知对方。对方提供适当担保的,应当恢复履行。中止履行后,对方在合理期限内未恢复履行能力且未提供适当担保的,视为以自己的行为表明不履行主要债务,中止履行的一方可以解除合同并可以请求对方承担违约责任。

条文主旨

应先履行的一方当事人行使不安抗辩权,中止履行后,应及时通知另一方当事人。在当事人行使不安抗辩权中止履行后,给予对方当事人“补救”机会,即要求对方当事人在一定期限内提供担保。对方未提供担保的,应当先履行债务一方可以解除合同;对方提供担保的,应当先履行债务一方恢复履行。

本条根据对方是否提供担保规定两种法律效果:第一,应先履行一方行使不安抗辩权,中止履行并及时通知对方后,如果对方提供了适当担保的,消除了影响先履行一方当事人债权实现的情形，先履行债务一方应恢复履行。第二，当事人行使不安抗辩权、中止履行后，对方在合理期限内未恢复履行能力并且未提供适当担保的，视为以自己的行为表明不履行主要债务。中止履行的一方，即行使不安抗辩权的一方不但可以解除合同，还可以请求对方承担赔偿损失等违约责任。

新旧法对比

《合同法》	《民法典》
第六十九条　当事人依照本法第六十八条的规定中止履行的，应当及时通知对方。对方提供适当担保时，应当恢复履行。中止履行后，对方在合理期限内未恢复履行能力并且未提供适当担保的，中止履行的一方可以解除合同。	第五百二十八条　当事人**依据前条**规定中止履行的，应当及时通知对方。对方提供适当担保**的**，应当恢复履行。中止履行后，对方在合理期限内未恢复履行能力且未提供适当担保的，**视为以自己的行为表明不履行主要债务**，中止履行的一方可以解除合同**并可以请求对方承担违约责任**。

理解与适用

当事人行使不安抗辩权错误的，应当承担违约责任。行使不安抗辩权，举证责任在先履行合同义务的当事人，其应当有确切证据证明对方不能履行合同或者有不能履行合同的可能性。一旦对方提供适当担保的，则应当及时恢复履行。恢复是否及时，担保是否适当，应根据诚信原则，结合案涉合同标的额、当事人履约能力等具体情况加以考量。

实务问题

1. 案情简介①

2007年12月10日，甲方福建华辰房地产有限公司（以下简称华辰公司）与乙方俞某新、丙方魏某瑞签订的《商铺认购书》约定，俞某新向华辰公司认购“君临盛世茶亭”一号地块的一、二、三层店面，面积约2378平方米，每平方米价格72,798元，总价款17,275.0198万元。俞某新在签订本认购书后10日内支付给华辰公司订金6360万元；华辰公司应当在收到俞某新订金后30日内领取《商品房预售许可证》，并与俞某新签订《商品房买卖合同》，同时保证在签订《商品房

① 俞某新与福建华辰房地产有限公司、魏某瑞商品房买卖（预约）合同纠纷案，载《最高人民法院公报》2011年第8期。

买卖合同》后的10日内在房地产交易管理部门备案登记。如华辰公司不能在上述约定的期限内领取《商品房预售许可证》,俞某新即放弃认购,华辰公司必须于收到订金后的第31日起两个月内将俞某新支付的订金全部返还;逾期返还,其利息按月利率10%计(不足一个月的,按实际天数计算)。华辰公司收到订金后的第31日起两个月未全部返还订金的,视为逾期返还;逾期三个月未全部返还订金及其利息的,俞某新可采取"以房抵欠款"的方式实现债权,即将华辰公司尚欠的订金和利息转为购买华辰公司上述项目的房产(具体店面房号由俞某新选定),其店面售价按第1条约定的出售价的30%计价。如在"以房抵欠款"后,华辰公司仍欠俞某新余款,则华辰公司应提供其他地块的店面抵扣其余欠款(仍按售价30%计价),双方签订《商品房买卖合同》。俞某新不同意"以房抵欠款"的方式实现债权的,则华辰公司应以现金返还和支付。俞某新支付订金6360万元部分为现金,部分为汇款等。魏某瑞对华辰公司的债务承担连带保证责任,保证期间为两年。

《商铺认购书》签订后,俞某新或其指令有关单位通过银行账户向华辰公司支付8笔共计4900万元,另华辰公司还分别于2007年12月10日、2007年12月11日、2007年12月21日向俞某新出具400万元、260万元、300万元计960万元三张《收款收据》,即华辰公司先后共向俞某新出具合计9张5860万元的《收款收据》,其在《收款收据》的款项内容栏目内均写明"认购君临盛世茶亭一号地块1—3层店面订金(详见2007年12月10日协议书)"等内容。华辰公司在上述400万元、260万元、300万元计960万元三张《收款收据》的存根联中,除记载"认购君临盛世茶亭一号地块1—3层店面订金(详见2007年12月10日协议书)"内容外,还分别注明"回报率部分2%另计""回报率部分20%另计""100+1000+400=1500万元回报率20%"的内容。

2. 法院认为

该案中俞某新主张不安抗辩权的理由是华辰公司丧失商业信誉,依据是其与福州华辰公司签订另一购房合同后,福州华辰公司将合同约定的房屋设定抵押。然而,福州华辰公司与华辰公司是两个不同的法人,以案外人违约为由在本案合同履行中行使不安抗辩权,不符合合同相对性原则。根据《合同法》第68条的规定,俞某新关于其行使不安抗辩权的主张,依据不足。《合同法》第69条规定了行使不安抗辩权的要件,即使俞某新有权行使不安抗辩权,也应当及时通知对方。但无证据证明俞某新履行过通知义务。因此,俞某新关于其行使不安抗辩权的主张,缺乏事实和法律依据。

3. 评析

《合同法》第 68 条并未规定案外人违约是当事人行使不安抗辩权的情形。因此，合同一方当事人不能以案外人违约为由在合同履行中行使不安抗辩权。

（编写人：方　俊）

法律条文

第五百二十九条　债权人分立、合并或者变更住所没有通知债务人，致使履行债务发生困难的，债务人可以中止履行或者将标的物提存。

条文主旨

债权人分立、合并或者变更住所应当及时通知债务人，以便债务人履行债务。如果债权人没有通知债务人，导致债务人履行债务发生困难的，债务人可以中止履行或者将标的物提存。这种情形下债务人中止履行或者将标的物提存，不能认定债务人违约。若债权人分立、合并或者变更住所并未及时通知债务人，但并不会使债务履行发生困难的，此时债务人不得以此为理由中止履行或者将标的物提存，否则属于债务人违约。

新旧法对比

《合同法》	《民法典》
第七十条　债权人分立、合并或者变更住所没有通知债务人，致使履行债务发生困难的，债务人可以中止履行或者将标的物提存。	【内容不变】第五百二十九条

理解与适用

除了本条列举的三种情形外，临时关门歇业、变更联系方式而没有通知债务人，导致债务履行困难的，债务人中止履行或将标的物提存，也应当获得司法支持。

实务问题

1. 案情简介①

葛某岭、李某及其余四位案外人有意向郑某运承包五常社区回迁房便民服

① 浙江省杭州市中级人民法院（2016）浙 01 民终 5722 号。

务项目中的黄沙、水泥部分项目，便由葛某岭牵头与郑某运协商，后葛某岭向郑某运交付定金30万元，该30万元定金由包括葛某岭在内的6位合伙人每人交付5万元组成。后承包未能实现，葛某岭、郑某运就退还定金一事进行协商，后郑某运向葛某岭出具收条协议一份，约定：在2014年6月25日郑某运收到葛某岭定金30万元，在2015年5月27日经过双方协商，葛某岭同意郑某运在2015年12月1日前把22万元还给葛某岭，葛某岭无权向郑某运要回余下8万元。如果郑某运没有在2015年12月1日前将22万元还给葛某岭，葛某岭有权向郑某运要回定金30万元，并可从2014年6月25日起按照30万元、10%的利率计算利息。2015年12月7日，郑某运以银行转账的方式归还葛某岭款项183,340元，同日，郑某运归还李某36,660元。现葛某岭认为郑某运未能在2015年12月1日前归还22万元，应按照30万元的金额向葛某岭归还并计算利息。

2. 法院认为

该案中，葛某岭于2015年11月回到安徽老家后更换手机号码未告知郑某运，致使郑某运在接近2015年12月1日时仍无法联系到葛某岭，且前往葛某岭在杭州的住处也找不到葛某岭。根据《合同法》第70条的规定，葛某岭在没有通知郑某运的情况下便回到老家并变更了联系方式，导致郑某运履行债务发生困难，在双方的收条协议中并未约定指定打款账户的情况下，考虑到归还金额较大，郑某运选择中止履行债务，在与葛某岭取得联系并确定了履行方式后再行履行，并不构成违约。

3. 评析

债权人变更联系方式而没有通知债务人，致使债务人履行债务发生困难，债务人可以中止履行。

（编写人：方　俊）

法律条文

第五百三十条　债权人可以拒绝债务人提前履行债务，但是提前履行不损害债权人利益的除外。

债务人提前履行债务给债权人增加的费用，由债务人负担。

条文主旨

提前履行，是指在履行期限到来前的履行。债务人提前履行债务损害债权人利益的，债权人可以拒绝债务人的履行。债务人提前履行债务不损害债权人利益的，债权人应当接受债务人的履行。债务人提前履行债务给债权人增加负担的，费用由债务人承担。

新旧法对比

《合同法》	《民法典》
第七十一条　债权人可以拒绝债务人提前履行债务，但提前履行不损害债权人利益的除外。 债务人提前履行债务给债权人增加的费用，由债务人负担。	第五百三十条　债权人可以拒绝债务人提前履行债务，但是提前履行不损害债权人利益的除外。 债务人提前履行债务给债权人增加的费用，由债务人负担。

理解与适用

债权人可以拒绝债务人提前履行债务，但是提前履行不损害债权人利益的除外。除外可分为两种情况：第一，如果履行期限是为债务人的利益设定的，则债务人可以提前履行自己的义务，因为一般不能限制当事人放弃自己的利益，这种履行是适当的，债权人应当接受；第二，如果履行期限是为债权人利益设定的，或者关涉双方的利益，得提前履行。债权人拒绝的，应当举证证明其利益受到损害。提前履行给债权人增加的费用，应当由债务人承担。

实务问题

1. 案情简介①

李某中与杨某玲系夫妻关系，于 1996 年 12 月 16 日办理结婚登记。李某中作为买受人于 2014 年 10 月 27 日与吉林省中深房地产开发有限公司签订《商品房买卖合同》，购得双阳区城市嘉园一期 37 号楼 3 单元 606 室房屋。2018 年 1 月 3 日，李某中与李某辉签订协议，将案涉房屋以 265,000 元的价格出售给李某辉，李某辉将购房款 260,000 元支付给李某中，约定剩余 5000 元房款于办理产权过户后一次性结清。李某中于 2018 年 1 月 5 日将案涉房屋交付给李某辉。2018 年 9 月 27 日，李某中申请将所购买的房屋转移登记至李某中名下，权利证号吉(2018)双阳区不动产权第 0010562 号，丘地号 13-1/99-111(606)。上述事实，有原被告当事人陈述、原告提交的协议 1 份、银行卡交易明细清单 1 份、证

① 吉林省长春市中级人民法院(2019)吉 01 民终 2252 号。

人张某和赵某当庭证言、本院调取的李某中和杨某玲结婚登记申请书、《商品房买卖合同》、个人住房信息查询证明等证据在卷为凭,足资认定属实。

2. 法院认为

一审庭审中李某辉明确表示愿意一次性支付剩余房款5000元应视为李某辉已明确主张愿意提前履行合同剩余义务。《合同法》第71条第1款规定,债权人可以拒绝债务人提前履行债务,但提前履行不损害债权人利益的除外。李某辉提前履行支付剩余房款5000元并未损害李某中、杨某玲利益,故一审法院根据李某辉该主张判决其支付剩余房款5000元并无不当,本院予以确认。

3. 评析

债务人提前履行债务不损害债权人利益的,债权人应当接受债务人的履行。

（编写人:方　俊）

法律条文

第五百三十一条　债权人可以拒绝债务人部分履行债务,但是部分履行不损害债权人利益的除外。

债务人部分履行债务给债权人增加的费用,由债务人负担。

条文主旨

本条规定债务人部分履行债务,是指债务的履行期限届满时,债务人只履行其中一部分债务,既可以是就整个债务部分履行,也可以是就分期履行中的某一期部分履行。合同编将全面履行作为合同履行的原则(体现在本法第509条第1款中),债务人履行部分债务,属于违反合同的约定,原则上属于违约行为,债权人可以拒绝并请求债务人承担违约责任;债权人也可以接受债务人的部分履行,并保留请求债务人承担违约责任的权利;债权人还可以无保留地接受债务人的部分履行,此时债务人的部分履行不再被当作违约对待。

基于诚信原则(同样体现在本法第509条),如果债务人部分履行不损害债权人的利益,债权人应当接受债务人的部分履行,不得拒绝。债务人部分履行债务有可能给债权人增加费用,此时费用由债务人负担。

新旧法对比

《合同法》	《民法典》
第七十二条　债权人可以拒绝债务人部分履行债务,但部分履行不损害债权人利益的除外。 债务人部分履行债务给债权人增加的费用,由债务人负担。	第五百三十一条　债权人可以拒绝债务人部分履行债务,但是部分履行不损害债权人利益的除外。 债务人部分履行债务给债权人增加的费用,由债务人负担。

理解与适用

根据本法第 509 条的规定,合同的履行是指债务人全面、适当地完成其合同义务,实现合同债权的给付行为和给付结果的统一,但有时候债务人无法一次性全面给付,会出现部分履行的情况。部分履行并非没有履行,如果部分履行仅是少量不足,斟酌当事人利益及交易惯例,一般不应拒绝受领;如果是严重不足,则可以拒绝对方的履行,并行使抗辩权,拒绝履行自己的义务。如果一方已经受领了部分履行,则必须作出相当于对方已经履行部分的行为(如支付相应价款)。如果一方已经受领部分履行,不得以对方没有履行而行使抗辩权,只能就对方未履行部分行使抗辩权。

本条还规定了债权人对于债务人部分履行的拒绝受领权,但这种拒绝受领权需要以部分履行对债权人的利益有损害为前提,如果部分履行不损害债权人利益,则债权人不享有拒绝受领权,不能拒绝债务人的部分履行。

实务问题

1. 案情简介①

2018 年 3 月 29 日,河南天方华中药业有限公司(以下简称天方公司)与上海中西三维药业有限公司(以下简称中西公司)签订药品销售合同一份,由天方公司向中西公司购买规格为 CP2015 的盐酸倍他司汀 75 公斤,含税总价为 150 万元,交货日期为 2018 年 4 月,并约定供货方式为中西公司运送,交付地点为天方公司所在地,运费由中西公司负担,付款方式为预付款,并对其他权利义务进行约定。

2018 年 4 月 27 日,天方公司向中西公司交付 20 万元的承兑汇票一张;2018

① 上海市第一中级人民法院(2019)沪 01 民终 8193 号。

年5月19日,天方公司向中西公司划款271,379元。诉讼过程中,双方一致确认,针对上述药品销售合同,天方公司已向中西公司共计支付50万元预付款(组成为:20万元银行承兑汇票、271,379元银行划款及天方公司之前交易向中西公司多支付的款项)。

2018年11月5日,中西公司向天方公司发出解除合同通知书,载明因天方公司仅支付1/3的货款,且至今仍未支付剩余货款,导致合同目的无法实现,现通知天方公司解除合同,并退回货款。

2018年12月5日,中西公司向天方公司退还上述50万元预付款。2018年12月5日,天方公司向中西公司发送不同意解除合同的复函,明确天方公司不同意解除合同,并要求中西公司继续履行合同。2018年12月11日,天方公司再次将系争50万元预付款支付至中西公司账户。2018年12月26日,中西公司再次将上述50万元预付款退还天方公司。

2. 法院认为

该案中就货款支付而言,中西公司属债权人,天方公司属债务人,现并无证据证明天方公司部分履行付款义务损害了中西公司的利益,因此,中西公司无权拒绝天方公司部分履行的付款义务。因中西公司无权拒绝天方公司部分履行的付款义务,也即天方公司向中西公司支付的50万元预付款,中西公司应当接受,故中西公司亦应当履行该50万元预付款所对应的交货义务(交付25公斤盐酸倍他司汀)。

3. 评析

债权人可以拒绝债务人部分履行债务,但部分履行不损害债权人利益的除外。

(编写人:方　俊)

法律条文

第五百三十二条　合同生效后,当事人不得因姓名、名称的变更或者法定代表人、负责人、承办人的变动而不履行合同义务。

条文主旨

本条规定当事人姓名等变化对合同履行的影响。合同生效后,当事人的姓名变更、法人或者非法人组织的名称变更,并没有实质上改变合同主体。因而,本条规定,合同生效后,当事人不得因姓名、名称的变更或者法定代表人、负责人、承办人的变动而不履行合同义务。

新旧法对比

《合同法》	《民法典》
第七十六条　合同生效后，当事人不得因姓名、名称的变更或者法定代表人、负责人、承办人的变动而不履行合同义务。	【内容不变】第五百三十二条

理解与适用

本条体现了本法第 509 条诚信原则的要求，当事人应按照诚信原则全面履行合同义务，不能因为自己的姓名或名称、法定代表人等的变更而不履行合同义务，也不得因承办人等的变动不履行合同义务。

实务问题

1. 案情简介[①]

2016 年，王某花在白山市浑江区天地源大饭店办理了住宿订餐卡。白山市浑江区天地源大饭店经营者毕某萍因欠王某花房租 5000 元，双方协商由王某花到白山市浑江区天地源大饭店办卡抵顶。王某花于 2016 年 3 月 17 日到该饭店办理了天地源大饭店住宿订餐卡，卡中金额 5000 元，卡号 515，卡上标注 2016 年 1 月 1 日起三年有效。2016 年 8 月 17 日王某花在天地源大饭店就餐消费一次，金额为 400 元。2017 年 7 月 15 日王某花再次到该饭店就餐持该卡结算时，被饭店告知，已换老板，该卡不能使用。另查明，白山市浑江区天地源大饭店于 2015 年在工商行政管理部门注册登记，经营者为毕某萍。2016 年 7 月，因毕某萍涉嫌犯罪被刑拘，该饭店由李某椿实际经营。2017 年 5 月 19 日该饭店因转让而注销。同日李某椿又以“白山市浑江区天地源大饭店”名称重新注册登记，经营者为李某椿。法院二审期间，2018 年 1 月 17 日白山市浑江区天地源大饭店变更名称为白山市浑江区天地缘大饭店，经营者仍为李某椿。

2. 法院认为

王某花与白山市浑江区天地源大饭店已形成消费合同关系。在白山市浑江区天地源大饭店经营者毕某萍涉嫌犯罪被刑拘后，该饭店由李某椿实际经营。在此期间，王某花持卡在饭店消费，李某椿对此并未提出异议。虽然，该饭店先

① 吉林省高级人民法院(2018)吉民申 3161 号。

注销，后又以“白山市浑江区天地源大饭店”名称重新注册登记以及再变更名称为“白山市浑江区天地缘大饭店”，但其经营者仍为李某椿。经营者李某椿与前手毕某萍之间的关系，不能对抗王某花持卡消费的权利。根据《合同法》第76条关于“合同生效后，当事人不得因姓名、名称的变更或者法定代表人、负责人、承办人的变动而不履行合同义务”的规定，白山市浑江区天地源大饭店应继续履行合同义务。鉴于双方已无法继续履行消费合同，故原审判决解除合同返还卡中余额4600元，并无不当。

3. 评析

合同生效后，当事人不得因姓名、名称的变更或者法定代表人、负责人、承办人的变动而不履行合同义务。

（编写人：方　俊）

法律条文

第五百三十三条　合同成立后，合同的基础条件发生了当事人在订立合同时无法预见的、不属于商业风险的重大变化，继续履行合同对于当事人一方明显不公平的，受不利影响的当事人可以与对方重新协商；在合理期限内协商不成的，当事人可以请求人民法院或者仲裁机构变更或者解除合同。

人民法院或者仲裁机构应当结合案件的实际情况，根据公平原则变更或者解除合同。

条文主旨

1. 情势变更

情势变更制度是指合同依法成立后，客观情况发生了无法预见的重大变化，致使原来订立合同的基础丧失或者动摇，如果继续履行合同，会对一方当事人明显不公平，因而允许变更或者解除合同以维持当事人之间的公平。

依照本条规定，情势变更制度的适用需要满足以下条件：

（1）合同成立后，合同的基础条件发生了重大变化。首先，该重大变化为客观情况，如何判断是否“重大”，需要根据客观情况本身对合同基础的影响等作出具体判断；其次，该重大变化应发生在合同成立后至履行完毕前的期间内；第三，该重大变化应该是当事人在订立合同时无法预见的，否则由此产生的不利后果由当事人自己承受；第四，该重大变化不能属于商业风险。

(2)继续履行合同对当事人一方明显不公平。情势变更制度是为了实现合同正义,是对当事人意思自治进行的调整,但该调整需要被限制在必要情形内。只有在继续履行合同对当事人一方明显不公平时,才可适用情势变更制度,干预及调整当事人之间的权利义务关系。

2. 情势变更制度带来的法律效果

(1)受不利影响的当事人有权请求与对方重新协商。对方应该积极回应参与协商,双方当事人应该依照诚信、公平原则,重新调整权利义务关系,变更或解除合同。

(2)双方当事人在协商过程中,就合同的变更或解除无法达成一致意见、协商不成的,当事人可以请求人民法院或者仲裁机构作最终裁断。最终是否变更或者解除合同,是否有必要对当事人的权利义务进行调整,如何调整,由人民法院或者仲裁机构斟酌判定,根据公平原则变更或者解除合同。

新旧法对比

《合同法解释(二)》	《民法典》
第二十六条　合同成立以后客观情况发生了当事人在订立合同时无法预见的、非不可抗力造成的不属于商业风险的重大变化,继续履行合同对于一方当事人明显不公平或者不能实现合同目的,当事人请求人民法院变更或者解除合同的,人民法院应当根据公平原则,并结合案件的实际情况确定是否变更或者解除。	第五百三十三条　合同成立后**,合同的基础条件**发生了当事人在订立合同时无法预见的、不属于商业风险的重大变化,继续履行合同对于当事人一方明显不公平**的,受不利影响的当事人可以与对方重新协商;在合理期限内协商不成的**,当事人**可以**请求人民法院**或者仲裁**机构变更或者解除合同。 人民法院**或者仲裁机构**应当**结合案件的实际情况,**根据公平原则变更或者解除**合同**。

理解与适用

本条的适用一般以受不利影响的一方当事人申请为前提。在具体的司法实践中,情势变更的类型有很多,在确认时应该采取具体问题具体分析的态度。具体判断是否构成情势变更,应以是否导致合同基础丧失,是否造成对价关系障碍作为判断标准。若只是一般变化,对合同的成立和履行没有重大影响,则不认为是情势变更,如价格正常变化,货源相对减少等。

对于情势变更原则的法律效果,变更或解除合同的效力层次是不同的,即法院或仲裁机构在认定变更或解除合同方面可能会遵循一定的顺序。按照合同严守的原则,法律优先考虑在最大限度范围内维持原有的合同关系。因此,如果合同有变更的可能,应该首先变更合同,如果变更合同还不能消除双方显失公平的结果,则考虑解除合同。如果当事人坚持解除合同,而该合同达到本条款认定的"继续履行合同对于当事人一方明显不公平的",法院或仲裁机构可以认定直接解除合同。

实务问题

1. 案情简介①

2010 年 3 月 29 日,郑某平与新疆龙煤能源有限责任公司(以下简称龙煤公司)签订《股权转让协议》约定,郑某平向龙煤公司转让其持有的新疆恒润泰商贸有限公司(以下简称恒润泰公司)51%的股权,包括乌鲁木齐县松树头煤矿区西勘查区 8.12 平方公里的探矿权证,储量 25,852 万吨。经双方协商,转让价款为 102,840,000 元。付款方式为龙煤公司在协议签订后 3 日内向郑某平支付定金 1500 万元,在收到定金后 10 日内双方办理股东变更登记及法定代表人变更登记,并将公司各类证照、公章等资料移交龙煤公司指定人员,变更登记手续办理完毕后 3 日内龙煤公司支付全部转让余款 8784 万元,先期支付的定金自动转为转让款。若龙煤公司不能按时足额支付转让款(除不可抗力影响),应按日 2‰支付逾期付款违约金。股权交易过程中发生的各项税、费,按照国家规定由转让方郑某平承担。郑某平负责松树头煤矿区西勘查区东部及南部矿权空白区的扩储工作,费用由恒润泰公司支出,原探矿权区内储量 25,852 万吨,经详查储量多于 25,852 万吨,多出部分由龙煤公司按股比支付郑某平转让款。当事人各方协商一致,可以变更或解除本协议。发生下列情况之一时,一方可以解除本协议:(1)由于不可抗力或不可归责于各方的原因致使本协议的目的无法实现的;(2)另一方丧失实际履约能力的;(3)另一方严重违约致使不能实现协议目的。

协议签订后,2010 年 4 月 6 日,龙煤公司向郑某平支付定金 1500 万元。2010 年 4 月 12 日,双方当事人办理了股东工商变更登记和法定代表人变更登记,恒润泰公司的股权结构由郑某平持股 100%变更为郑某平持股 49%,龙煤公司持股 51%,法定代表人由郑某平变更为武某云。2010 年 4 月,郑某平向龙煤公司移交了恒润泰公司的公章、郑某平人名章及公司各类证照资料。

龙煤公司向郑某平支付股权转让款日期及金额如下:2010 年 4 月 29 日支付

① 最高人民法院(2019)最高法民终 827 号。

4000万元;2010年7月28日支付120万元;2011年1月13日支付120万元;2011年11月11日支付20万元;2013年2月6日支付50万元;2013年5月8日支付50万元。综上所述,龙煤公司共计支付股权转让款4360万元,加之其2010年4月6日已付定金1500万元可抵股权转让款,龙煤公司合计支付郑某平股权转让款5860万元。

2010年8月4日,乌鲁木齐市人民政府办公厅作出(2010)第085号《督查通知》,要求由乌鲁木齐县负责,对南山风景区范围内的各类矿场进行清理整顿,停止在南山地区开展各类开采行为。2010年10月,新疆维吾尔自治区发展和改革委员会正式致函征求乌鲁木齐市人民政府对乌鲁木齐松树头矿区(临近后峡东部矿区)开发意见,乌鲁木齐市人民政府指出,如果在南山矿区大规模开发煤炭资源,势必会严重破坏南山的生态环境和水源地,严重影响首府的生存和发展,因此,保护好包括松树头矿区在内的南山片区的生态环境对乌鲁木齐市的可持续发展具有重要而深远的意义。该委遂停止了后峡东部及南山片区所有矿区总体规划的编制和审批工作。2011年11月4日,新疆维吾尔自治区人民政府作出《关于对硫磺沟矿区和南山景区煤矿进行综合整治的通知》,禁止在南山景区进行矿产资源勘查开发和污染环境的项目建设,不得批准原有煤矿扩产增能,按照利用3年到5年时间逐步关停南山景区内所有煤矿的要求,制订切实可行的计划,列出具体时间表,使南山景区内所有煤矿逐步减产,直至关闭。

《股权转让协议》生效后,恒润泰公司对乌鲁木齐县松树头煤矿区西勘查区进行储量详查并于2010年10月编制详查报告。2011年7月11日,新疆维吾尔自治区矿产资源储量评审中心出具新国土资储评(2011)154号《〈新疆乌鲁木齐县松树头煤矿区西勘查区详查报告〉矿产资源储量评审意见书》,认定经详查后该矿区资源量增加储量5826万吨。2011年9月20日,新疆维吾尔自治区国土资源厅出具新国土资储备字(2011)154号关于《〈新疆乌鲁木齐县松树头煤矿区西勘查区详查报告〉矿产资源储备量评审备案证明》,同意备案。

2012年11月20日,龙煤公司向新疆维吾尔自治区国土资源厅呈报《关于乌鲁木齐县松树头勘查区煤炭资源勘查报告评审备案的请示》。2015年11月2日,龙煤公司向乌鲁木齐市国土资源局呈报《关于乌鲁木齐县松树头勘探区探矿权延续的请示》,申请办理案涉探矿权延续,相关部门尚未作出准予案涉探矿权许可证延续的意见。

2017年1月26日,《新疆维吾尔自治区人民政府党组2017年第2次中心组学习暨第2次会议纪要》提出:要坚决彻底关闭昌吉回族自治州、乌鲁木齐南山风景区及周边的小煤矿，防止对水源地造成污染，对生态环境造成破坏。2017年3月9日，新疆维吾尔自治区发展和改革委员会作出《关于新疆甲能源后峡巴波萨依煤矿复工有关意见的复函》，具体意见为，按照自治区人民政府印发的新政函〔2011〕312文件及《新疆维吾尔自治区人民政府党组2017年第2次中心组学习暨第2次会议纪要》要求不得批准再扩大产能，逐步实施减产、关停。

郑某平分别于2012年10月31日、2013年11月1日、2015年10月30日向龙煤公司致函催收案涉剩余股权转让款及逾期付款违约金。2012年11月9日，龙煤公司向郑某平出具的《对郑某平来函意见的复函》记载：双方对该矿权煤炭资源开发存在的政策性不确定因素已取得共识。我公司愿意与您共同努力，继续推进项目开发建设或争取政策补偿。2016年5月24日，郑某平向乌鲁木齐市中级人民法院提起本案诉讼，该院将本案移送至一审法院。2016年7月11日，龙煤公司向郑某平送达《解除股权转让协议和股权转让补充协议通知书》。

2. 法院认为

龙煤公司作为矿产企业，在《股权转让协议》签订时对于案涉矿区位于风景名胜区内应当知晓，即使如龙煤公司所称当地环保政策宽松，龙煤公司在行政法规有明确的规定下，其对政策的走向应当有预见，之后当地政策逐步收紧导致探矿权不能延续对于龙煤公司而言不属于意外风险。龙煤公司明知行政法规禁止在风景名胜区采矿，而甘愿冒风险通过签订《股权转让协议》成为恒润泰公司股东享有矿业权所带来的利益，此种风险属于商业风险，不适用《合同法解释(二)》第26条的规定。

3. 评析

情势变更属于合同成立的基础环境发生了异常的变动，所造成的风险属于意外的风险。而这种异常变动是在合同订立时不可预见的。如果在订立合同时，已知有情势变更的可能，就表明相关当事人已经认识到合同的基础可能会发生变化，且对这个变化自愿承担风险。

（编写人：方　俊）

法律条文

第五百三十四条　对当事人利用合同实施危害国家利益、社会公共利益行为的，市场监督管理和其他有关行政主管部门依照法律、行政法规的规定负责监督处理。

条文主旨

本条是关于合同监管的规定。依照本条规定,市场监督管理部门和其他有关行政主管部门的监督处理,应当符合下列条件:第一,监督处理的对象是当事人利用合同实施危害国家利益、社会公共利益行为的违法行为,而不得干涉当事人依法享有的合同权利。第二,应当依照法律、行政法规的规定负责监督处理,有关部门应当依法行政,不得超越法定权限,不得违反法定程序。

新旧法对比

《合同法》	《民法典》
第一百二十七条　工商行政管理部门和其他有关行政主管部门在各自的职权范围内,依照法律、行政法规的规定,对利用合同危害国家利益、社会公共利益的违法行为,负责监督处理;构成犯罪的,依法追究刑事责任。	第五百三十四条　对**当事人**利用合同**实施**危害国家利益、社会公共利益行为**的,市场监督管理和其他有关行政主管部门依照法律、行政法规的规定**负责监督处理。

理解与适用

合同是当事人意思自治的结果,一般情况下与公法无关,司法救济也遵循不告不理的原则。但如此则不足以制止利用合同从事的违法行为。而市场监督管理和其他有关行政主管部门,可以利用自己对市场管理的特别权力,对市场进行积极、主动的监督和检查,能及时发现无效合同,及时地加以制止和惩处,有效维护市场秩序,保护国家和社会公共利益。因而,若当事人借意思自治侵害国家利益、社会公共利益,应由国家通过公法加以监督和制裁。

实务问题

1. 案情简介①

2004 年,山西省晋城市中级人民法院作出(2004)晋市法民破字第 061 号民事裁定,裁定宣布山西省晋城市太行印刷机械有限责任公司(以下简称太印公司)破产还债。2004 年 10 月 19 日,太印公司清算组(以下简称太印清算组)与天脊集团公司签订《关于天脊集团太印化工股份有限公司收购原太印公司资产和安置人员协议》,其中第 3 条约定,原太印公司破产后的非经营性资产和生活

① 最高人民法院(2016)最高法行申 4361 号。

区管理由太印清算组一并移交天脊集团公司，并由晋城市政府委托天脊集团公司代管3年，3年后由晋城市政府负责接管。2005年1月27日，太印清算组与李某昌签订《原太印公司职工离厂离岗住房协议书》（以下简称住房协议），约定“收购后原太印公司的公有住房将全部移交天脊集团公司，乙方（李某昌）租住的母子楼313号原太印公司的公有住房租金收费标准暂时维持不变……”2015年3月9日，李某昌以晋城市天泽太行机械制造有限公司（天脊集团公司收购太印公司后新组建的公司）为被举报人，向晋城市工商局举报该公司在合同签订中存在欺诈行为，住房协议中有违背其真实意思表示的欺诈性内容。晋城市工商局审查后认为被举报人不存在合同欺诈行为，于2015年5月12日作出《关于李某昌举报事项的回复》，决定对其举报不予立案。李某昌不服，向晋城市政府申请复议，晋城市政府作出（2015）18号行政复议决定，维持了晋城市工商局《关于李某昌举报事项的回复》。李某昌不服该复议决定，向山西省晋城市中级人民法院提起本案诉讼。

2. 法院认为

李某昌认为自己遭受合同欺诈，有权向晋城市工商局举报，请求其依法履行查处合同欺诈的职责。晋城市工商局根据《合同法》《合同违法行为监督处理办法》的相关规定，对李某昌的举报内容进行了核查，根据核查情况认定被举报人不存在合同欺诈行为，进而作出《关于李某昌举报事项的回复》，决定对李某昌举报事项不予立案。据此，晋城市工商局已履行了其依法查处合同欺诈的法定职责。李某昌请求撤销《关于李某昌举报事项的回复》无事实和法律依据。根据原审查明的事实，李某昌于2015年5月14日就晋城市工商局《关于李某昌举报事项的回复》向晋城市政府申请行政复议，晋城市政府受理后于2015年6月9日作出行政复议决定并告知李某昌诉权，复议程序合法，李某昌请求撤销晋城市政府（2015）18号行政复议决定的理由亦不能成立。

3. 评析

依法实施合同行政监督管理，依法查处合同欺诈等违法行为，是市场监督管理部门的法定职责。

（编写人：方　俊）

第五章　合同的保全

法律条文

第五百三十五条　因债务人怠于行使其债权或者与该债权有关的从权利，影响债权人的到期债权实现的，债权人可以向人民法院请求以自己的名义代位行使债务人对相对人的权利，但是该权利专属于债务人自身的除外。

代位权的行使范围以债权人的到期债权为限。债权人行使代位权的必要费用，由债务人负担。

相对人对债务人的抗辩，可以向债权人主张。

条文主旨

本条是关于债权人代位权的规定。本条第 1 款规定了债权人行使代位权应满足的条件，第 2 款则就代位权的行使范围、因行使所产生费用的承担以及对债务人的效力进行规定。

债权人行使代位权应满足以下几项条件：(1)债权人对债务人的债权合法；(2)债权人对债务人的债权已经到期；(3)债务人对外享有债权，债务人对相对人所享有的债权不是专属于债务人自身的权利；(4)债务人怠于行使其债权以及与该债权有关的从权利，影响债权人债权的实现。

新旧法对比

《合同法》	《民法典》
第七十三条　因债务人怠于行使其到期债权，对债权人造成损害的，债权人可以向人民法院请求以自己的名义代位行使债务人的债权，但该债权专属于债务人自身的除外。 代位权的行使范围以债权人的债权为	第五百三十五条　因债务人怠于行使其**债权或者与该债权有关的从权利，影响债权人的到期债权实现的**，债权人可以向人民法院请求以自己的名义代位行使**债务人对相对人的权利**，但是该权利专属于债务人自身的除外。

续表

《合同法》	《民法典》
限。债权人行使代位权的必要费用，由债务人负担。	代位权的行使范围以债权人的**到期债权**为限。债权人行使代位权的必要费用，由债务人负担。 **相对人**对债务人的抗辩，可以向债权人主张。

理解与适用

一、债权人代位权的定义及性质

债权人代位权是指债务人怠于行使债权以及与该债权相关的从权利，影响债权人到期债权实现的，债权人可以通过向法院起诉的方式，要求以自己的名义代位行使债务人对相对人的权利，以保障债权实现的权利。

法律创设债权人代位权的目的在于担保债权的实现，赋予债权人干预债务人处分责任财产的权利，当债务人怠于行使权利导致其责任财产减少而影响债权人债权实现时，债权人可以行使代位权，维持债务人责任财产，使债权得以保全。

债权人代位权具有法定性，系法律规定的债权人的一项权利，并不需要当事人就此作出约定。根据本条规定，如满足规定的行使条件，债权人即可依法行使代位权。

二、债权人行使代位权的条件

1. 债权人对债务人的债权合法

(1)债权人对债务人的债权必须合法，此乃行使代位权的首要条件。违法之债不受法律保护，如债权人与债务人之间因赌博、吸毒等违法犯罪活动而产生债权债务，则债权人因此所享有的债权为非法债权，无法获得法律的保护，债权人的代位权也就失去了合法的基础，难以主张。

(2)债权人对债务人的债权也应当是有效且确定的。通常而言，债权人要行使代位权，其与债务人之间的合同关系应当是有效的，即不存在尚未成立，或被认定无效，被撤销等情形。但需注意的是在合同无效、被撤销等情形下，债权人可能对债务人享有返还财产请求权、损失赔偿请求权等债权请求权，则债权人可能就此行使债权人代位权。同时，债权人对债务人的债权应当是确定的。因债权人代位权是以其到期债权为限，如债权尚未确定，则债权人的诉讼请求即难以确定，代位权将难以行使。

2. 债权人对债务人的债权已经到期

债权人对债务人的债权已经到期,即债务已陷于迟延履行,亦是债权人代位权行使的条件之一。如债务人的债务未到履行期或履行期间未届满,则债权是否能实现尚未可知,此时如赋予债权人代位权,则会对债务人形成不当干预,而且变相缩短债务人的履行期间,对债务人不利。当然,《民法典》第 536 条又特别针对债权到期前,债权人为保存债务人财产而行使代位权作出相应规定。

3. 债务人对外享有债权(含其从权利),该债权不是专属于债务人自身的权利

(1)债务人对外享有债权,这是代位权行使的基础。倘若债务人对外无债权,也就不存在债权人的代位权。本条将债权人代位权的客体范围由原来的债务人的"到期债权"扩大至"债权以及其从权利",扩充了代位权的行使范围,加强了对债权人债权实现的保障。具体而言,债务人对外债权主要包括"具有金钱给付内容的到期债权",也包括《民法典》第 536 条规定的未到期的债权的例外情形。债权的从权利则一般是指为保障债权实现的担保物权或其他担保权。

(2)前述债权不得为债务人的专属权利。通常而言,债务人的专属权利包括专属性人身权和专属性财产权。专属于债务人的人身权,债权人不能代位行使。而专属于债务人的财产权利则须由债务人亲自行使,根据《最高人民法院关于适用〈中华人民共和国合同法〉若干问题的解释(一)》第 12 条的规定,此类专属性财产权主要包括"基于扶养关系、抚养关系、赡养关系、继承关系产生的给付请求权和劳动报酬、退休金、养老金、抚恤金、安置费、人寿保险、人身伤害赔偿请求权等权利"。

4. 债务人怠于行使其债权以及与该债权有关的从权利,影响债权人债权的实现

本要件是债权人行使其代位权的必要性要件,具体而言,本要件由以下两个子要件构成。

(1)债务人怠于行使其债权及相关从权利。

"怠于行使"的前提应是债务人应行使且能够行使,即债务人如不积极行使权利,其权利可能面临消失或丧失的风险,且其客观上能对相对人行使权利,不存在任何客观上的行使障碍。对于"怠于行使"的认定,则可参考《最高人民法院关于适用〈中华人民共和国合同法〉若干问题的解释(一)》第 13 条的规定,债务人怠于行使权利是指债务人不履行其对债权人的到期债务,又不以诉讼方式或仲裁方式向其债务人主张其享有的金钱给付内容的到期债权。换言之,债务

人只有采取诉讼或仲裁方式主张债权才不构成“怠于行使”。如债务人只是直接向相对人主张债权的，恐仍被认定为“怠于行使”，否则债务人与相对人将极易串通阻碍债权人行使代位权。

(2)债务人怠于行权影响债权人债权的实现。

“影响债权人债权的实现”是指债务人的责任财产不足以清偿债权人的债权。债权人代位权的根本目的在于保护债权人的债权实现，如债务人虽怠于行权，但其责任财产足以实现债权人的债权，则债权人不得据此行使代位权。只有当债权人的债权面临无法实现的风险时，才有行使代位权之必要。

三、债权人代位权行使的方式、范围及费用负担

1. 代位权须以自己名义，以诉讼方式行使

债权人行使代位权时，应当以自己的名义作为原告向相对人主张，而不应以债务人的名义主张权利。同时，代位权必须以诉讼方式行之，而不能通过仲裁等非诉讼方式行使。实践中，即使债务人与相对人有签订仲裁协议，相对人也不得以此对债权人的代位权诉讼提出管辖权异议。例如，根据广州芳村恒基房地产发展有限公司、广州康赐投资咨询有限公司债权人代位权纠纷二审民事裁定书①，广东省高院针对管辖权异议最终认定：“……债权人代位权是基于债权的保全权能而生成的一项法定权利，不是当事人因合同权利义务关系而直接产生的权利，因此，起诉的依据是法律规定并非合同约定，无须当事人间协议约定。……根据《最高人民法院关于适用〈中华人民共和国合同法〉若干问题的解释(一)》第十四条的规定，代位权的行使应通过诉讼的方式进行。据此，本案的提起不受涉案《合作合同》中约定的仲裁条款约束。”

2. 代位权行使的范围

按照本条规定，代位权行使的范围应当以债权人的到期债权额为限，但结合代位权行使的对象，代位权行使的范围同时还需以债务人的债权额为限。举例说，A 对 B 的债权额为 100 万元，B 对 C 的债权额为 80 万元，则 A 对 C 行使代位权的额度范围只能是 80 万元，而不能超出 80 万元。反过来说，如 A 对 B 的债权额为 80 万元，B 对 C 的债权额为 100 万元，则 A 对 C 行使代位权的额度范围也只能是 80 万元。

3. 代位权行使的必要费用由债务人承担

债权人行使代位权将会产生诉讼费、律师费、差旅费、公证费等必要费用，该等必要费用应由债务人承担。

① 广东省高级人民法院(2019)粤民辖终 207 号。

实务问题

一、债权人代位权的效力问题

1. 债权人代位权对相对人的效力

本条规定的“相对人对债务人的抗辩，可以向债权人主张”，是指债权人行使代位权时，相对人可以向债权人主张其对债务人的抗辩。该等抗辩通常包括债权未到期的抗辩、权利不发生或消灭的抗辩、债权抵销的抗辩、同时履行的抗辩、先履行的抗辩等。但需注意，相对人不得以其与债权人之间并无债务关系为由提出抗辩，因为债权人代位权制度实质上已经突破了债的关系的相对性。

2. 债权人代位权对债务人的效力

债务人无论是否参加债权人代位权诉讼，诉讼结果都将对债务人产生效力。本法第 527 条具体规定了代位权行使的效果归属问题，即债权人受领相对人的债务履行后，债权人与债务人之间、债务人与相对人之间的权利义务均相应终止。

3. 债权人代位权对债权人的效力

债权人代位权的行使保障了债权人债权的实现，但债权人行使代位权时不得超出债务人的权利范围，也不得超出其债权范围。同时，债权人在行使代位权时应尽到善良管理人注意义务，不得滥用代位权，应维护债务人合法权益。例如，在边某、王某等与中国太平洋财产保险股份有限公司池州中心支公司、张某马机动车交通事故责任纠纷案①中，浙江嘉兴市中级人民法院在判决中提道：“至于太保池州公司提出的‘张某马未到庭应诉答辩，也未提供其持有的全部保险单，视为放弃对免责条款抗辩的权利，根据最高人民法院《关于民事诉讼证据的若干规定》第 75 条的规定，应推定保险公司免赔 10%的理由成立’的主张，因边某等 4 人主张商业三者险的保险金，行使的是合同法中的代位权，作为代位权法律关系中的债权人，在代位行使债务人张某马对次债务人太保池州公司的债权时，本身负有善良管理人的注意义务，在太保池州公司提出免责抗辩时，边某等 4 人自可代替张某马进行反驳。……太保池州公司系商业三者险合同关系一方当事人，其也有能力对此进行举证，故并不存在张某马妨碍举证的情形。……”

二、在认定代位权行使是否符合法定要件时，要注意举证责任的分配

(1)应由债权人证明是否存在影响到期债权实现的情形。

(2)为避免债务人与相对人串通阻碍债权人行使代位权，对债务人怠于行使权利的证明可考虑实行举证责任倒置，即由相对人(债务人的债务人)举证证

---

① 浙江省嘉兴市中级人民法院(2015)浙嘉民终字第 376 号。

明债务人未怠于行使权利。如债务人既没有提起诉讼亦未进行仲裁,亦未受偿的,一般可由此推定债务人怠于行使权利,债权人可以行使代位权。在“高某德诉河南永达地产有限公司(以下简称永达公司)等债权人代位权纠纷再审案”[①]中,河南高院指出:“根据《合同法解释(一)》第十三条第2款规定,次债务人不认为债务人有怠于行使其到期债权情况的,应当承担举证责任。本案中,永达公司举证证明其在鑫银盛公司出现挤兑风险后,于2012年7月25日在郑州市金水区担保行业规范管理工作指挥部主持下,与鑫银盛公司等达成《关于永达公司融资项目理财客户本金解决方案》,说明永达公司作为次债务人,在本案中确有正当理由需要迟延履行债务。在此情况下,鑫银盛公司作为债务人虽未提起诉讼或仲裁,仍不宜认定构成怠于行使债权。且在此后永达公司足额向鑫银盛公司清偿了涉案债务,亦说明高某德作为债权人的权益,并未因鑫银盛公司怠于行使债权而受到损害。原审判决认定鑫银盛公司没有怠于行使债权,判决驳回高某德的诉讼请求并无不当。”此外,在实务中,还需结合案件具体情况综合权衡来认定债务人是否构成“怠于行使权利”。在“鲁某鱼、陈某芬债权人代位权纠纷再审审查与审判监督民事裁定书,”[②]最高人民法院指出:“本案存在两个争议问题,一是债务人的债权是否到期;二是债务人是否怠于行使该债权。……就第二个问题,上述司法解释第十三条规定:‘合同法第七十三条规定的“债务人怠于行使其到期债权,对债权人造成损害的”,是指债务人不履行其对债权人的到期债务,又不以诉讼方式或者仲裁方式向其债务人主张其享有的具有金钱给付内容的到期债权,致使债权人的到期债权未能实现。次债务人(即债务人的债务人)不认为债务人有怠于行使其到期债权情况的,应当承担举证责任’。该条文将债务人怠于行使权利的一般判断标准具化为‘未提起诉讼或仲裁’,同时赋予次债务人以举证义务,对于解决‘怠于行使权利’的举证难题具有积极意义。本院组织本案询问时,林海公司陈述,未提起诉讼一是因经营情况不好无法支付诉讼费用,二是除《重组协议》外无其他证据支持。本院认为,若林海公司陈述如实,则其在不掌握证据的情况下,提起诉讼未必符合自身利益考量;再联系上述林海公司持续与云锡公司协商对账的事实,虽林海公司未提起诉讼或仲裁,但也难以认定构成‘怠于行使权利’。”

(编写人:李崖立)

① 河南省高级人民法院(2017)豫民再261号。

② 最高人民法院(2019)最高法民申1201号。

法律条文

第五百三十六条　债权人的债权到期前，债务人的债权或者与该债权有关的从权利存在诉讼时效期间即将届满或者未及时申报破产债权等情形，影响债权人的债权实现的，债权人可以代位向债务人的相对人请求其向债务人履行、向破产管理人申报或者作出其他必要的行为。

条文主旨

本条是关于债权人出于保存目的而作出保存行为的规定，系《民法典》新增加的条文。

债权人可在其债权到期前，出于保存目的代位行使保存权利的行为，本条列明了两种典型的保存行为：

(1)债务人的债权或与该债权相关的从权利因诉讼时效期间即将届满而影响债权人的债权实现的，债权人为中断诉讼时效保全债权，可以在其债权履行期限届满前，代位向债务人的相对人要求履行。

(2)在债务人的相对人进入破产程序时，债务人未及时于债权申报期限内向相对人的破产管理人申报债权，影响债权人债权实现的，则债权人无须等到其债权到期，可以提前代位申报债权以保障其债权未来得以清偿。

新旧法对比

无	《民法典》
无	第五百三十六条　**债权人的债权到期前，债务人的债权或者与该债权有关的从权利存在诉讼时效期间即将届满或者未及时申报破产债权等情形，影响债权人的债权实现的，债权人可以代位向债务人的相对人请求其向债务人履行、向破产管理人申报或者作出其他必要的行为。**

理解与适用

1. 债权人有权在其债权到期前，出于保存权利的目的，代位行使保存行为

法律之所以赋予债权人代位行使保存行为的权利，主要出于两个原因：其一是权利保存行为能保障权利得以实现，如果要求债权人必须在其债权到期后再

代位行使相应的保存行为,债务人的债权或相关从权利很可能已经消灭,可能危及债权人债权的实现;其二,债权人的保存行为对债务人有利,能使得债务人债权得以保存,也不会损害债务人之相对人的任何利益。

2. 本条规定的债权人可以提前代位行使的保存行为限定为两类

(1)为中断诉讼时效,代位向债务人的相对人要求履行债务的行为。根据本条规定,债权人为保存目的而代位向债务人的相对人主张权利时,并不需要以诉讼的方式进行,债权人可以直接向相对人请求其向债务人履行,直接主张即可产生诉讼时效中断的法律效果。

(2)为保全债务人债权,代位向破产管理人申报债权的行为。当债务人未及时申报债权,债权人代位申报债权时,法律也不要求其必须以诉讼方式为之。此外,需要注意的是,依照本条内容,并未要求债务人对相对人的权利已经到期,因为在相对人破产的情况下,根据《企业破产法》第 46 条第 1 款的规定,“未到期的债权,在破产申请受理时视为到期”,因此在此情形下,即使债务人对相对人的债权尚未到期,债权人也可以代位申报债权以保障其债权的实现。

(编写人:李崖立)

法律条文

第五百三十七条　人民法院认定代位权成立的,由债务人的相对人向债权人履行义务,债权人接受履行后,债权人与债务人、债务人与相对人之间相应的权利义务终止。债务人对相对人的债权或者与该债权有关的从权利被采取保全、执行措施,或者债务人破产的,依照相关法律的规定处理。

条文主旨

本条是关于债权人代位权行使效果的规定,主要包含两方面内容:

(1)代位权成立后,在债权人与债务人以及债务人与其相对人之间所产生的法律效果。当债权人受领债务人的相对人之债务履行后,债权人与债务人,债务人与其相对人之间的相应权利义务终止。

(2)本条新增了代位权诉讼与债务人对外债权的保全、执行以及债务人破产程序之间的关系处理规则,即如债务人的债权以及相关从权利被保全、执行,或债务人进入破产程序的,按照相应的法律规定处理。本条规定表明,行使代位权的债权人相较于直接起诉并申请保全、执行的其他债权人而言，并没有优先权。同时，对于债务人破产的，应按照《企业破产法》等相关规定，防止债务人对个别债权人的自行清偿。

新旧法对比

《最高人民法院关于适用〈中华人民共和国合同法〉若干问题的解释（一）》	《民法典》
第二十条　债权人向次债务人提起的代位权诉讼经人民法院审理后认定代位权成立的，由次债务人向债权人履行清偿义务，债权人与债务人、债务人与次债务人之间相应的债权债务关系即予消灭。	第五百三十七条　人民法院认定代位权成立的，**由债务人的相对人向债权人履行义务，债权人接受履行后，**债权人与债务人、**债务人与相对人**之间相应的**权利义务终止**。**债务人对相对人的债权或者与该债权有关的从权利被采取保全、执行措施，或者债务人破产的，依照相关法律的规定处理。**

理解与适用

1. 本条系直接将《合同法解释（一）》第20条的内容直接转化为法律条文，具有更高的司法指导意义。

2. 本条规定的债权人代位权行使的效果主要从以下几个方面理解：

（1）代位权行使的效果不宜直接归于债务人。

《民法典》采纳“直接受偿原则”，将代位权行使的效果原则上归属于债权人，由债务人的相对人直接向债权人清偿债务，债权人直接享有行使代位权的成果。传统民法理论对于代位权行使的效果主要主张采用两种原则，“入库原则”与“直接受偿原则”。所谓“入库原则”是指，债权人行使代位权应将代位权实现后所取得的财产归属于债务人，即“入库”，再由所有的债权人从债务人处平等受偿，其坚持债的平等性。毫无疑问，“入库原则”打击债权人行使代位权的积极性，客观上使得其他怠于维权的债权人“搭便车”，不利于代位权制度的发展，为我国法律所摒弃。

（2）债务人的相对人向债权人履行相应债务后，债权人与债务人、债务人与其相对人之间相应的债权债务关系终止。此处应特别注意，代位权行使的效果应仅限于“相应的”债权债务终止：

①具体就债权人与债务人间的债权而言，如果债务人的相对人向债权人清偿了债权人全部债权，则债权人与债务人间的债权债务全部消灭，但如债务人的

相对人向债权人履行清偿义务后,仅使得债权人部分债权得以清偿的,则债权人有权就未获得清偿的部分继续向债务人主张权利。

②就债务人与相对人间的债权而言,债务人与相对人之间的权利义务也仅在相对人履行义务范围内予以消灭,相对人向债权人履行义务等同于向债务人履行义务,即相对人向债权人的履行行为与向债务人的履行行为产生相同的法律效果。

(3)如出现债务人对相对人的债权及从权利被保全、执行的,或出现债务人进入破产程序的,应按照相关法律规定处理。

①当出现债务人对外债权被保全、执行的,应依照民事诉讼法等相关法律规定处理。因我国法律针对代位权行使的效果采取"直接受偿原则",于是实务中出现一些误解的观点,其认为允许债务人的相对人直接向债权人清偿,则意味着赋予行使代位权的债权人优先受偿的权利,所以即使债务人的对外债权被采取了保全、执行措施,行使代位权的债权人仍享有优先顺位受偿。为避免误解,本条明确规定了,债务人对相对人的债权或相关从权利被采取保全、执行措施的,依照相关法律规定处理。如此说明了债权人的代位权诉讼仅为实现债权的途径之一,与其他债权人直接起诉债务人主张权利一样,并不存在优先顺位的问题。债权人代位权不同于常见的担保物权、建设工程价款等优先权,不享有无论其权利行使的时间先后都优先于其他债权受偿的优先地位。

②如债务人破产的,首先应适用《企业破产法》等有关破产程序的特别法律规定。如根据《企业破产法》第32条规定,"人民法院受理破产申请前六个月内,债务人有本法第二条第一款规定的情形,仍对个别债权人进行清偿的,管理人有权请求人民法院予以撤销……"。因此,即使在债务人的相对人向债权人履行债务后,如出现前述第32条规定情形的,债务人的破产管理人仍可以请求法院撤销债务人之相对人对债权人所为的清偿行为。

实务问题

司法实践中,在债权人向债务人的相对人提起代位权诉讼后,可能出现为逃避债务,债务人与相对人串通由相对人直接向债务人清偿债务的情形。如出现前述行为,法院对该行为的法律效力将不予认可,即相对人向债务人所为的擅自清偿行为无效,如债权人代位权成立,则相对人仍需向债权人履行债务清偿义务。在"中国农业银行汇金支行诉张家港涤纶厂代位权纠纷案"[1]中,苏州中院

① 中国农业银行记金支行诉张家港涤纶厂代位权纠纷案,载《最高人民法院公报》2004年第4期。

明确指出,"涤纶厂与工艺品公司在一审判决之后达成以资产抵债的协议无效,不能产生导致本案终结的法律后果。……本案中,进入代位权诉讼程序后,债务人即丧失了主动处分次债务人债权的权利。代位权行使的后果直接归属于债权人,次债务人如果履行义务,只能向代位权人履行,不能向债务人履行。工艺品公司在诉讼中主动清结债权债务,存在逃避诉讼,规避法律的故意……"。此外,在李某等诉张某军债权人代位权纠纷案①中,浙江嘉兴市中级人民法院亦如是提到,"债权人张某军提起代位权诉讼后,债务人众帮公司和次债务人李某完全了解代位权诉讼的存在,应当知道债权人胜诉的后果将是债权人直接受偿,次债务人需向债权人履行。但是,在原审诉讼过程中,次债务人李某向众帮公司支付91万元款项,众帮公司称其后将该笔款项转付给其他债权人用于清偿债务,该行为存在逃避诉讼、规避法律的故意。故对诉讼过程中李某向众帮公司清偿债务行为的法律效力,本院不予认可。因此,张某军有权要求李某支付91万元款项"。

(编写人:李崖立)

法律条文

第五百三十八条　债务人以放弃其债权、放弃债权担保、无偿转让财产等方式无偿处分财产权益,或者恶意延长其到期债权的履行期限,影响债权人的债权实现的,债权人可以请求人民法院撤销债务人的行为。

条文主旨

本条是关于债务人无偿处分财产、恶意延长债权履行期限时债权人撤销权的相关规定。条文列举了债务人无偿处分财产权益的三种典型行为,即放弃其债权、放弃债权担保、无偿转让财产,但债务人无偿处分财产的行为并不限于法条所列举的该三种行为,法条以兜底性表述将解释权留待未来的司法解释。

根据本条规定,债权人撤销权的行使应满足以下相应要件:(1)债权人对债务人享有有效债权;(2)债务人实施了无偿处分行为或恶意延长债权履行期限的行为;(3)债务人无偿处分财产或恶意延长债权履行期限的行为影响债权人债权的实现。

① 浙江省中级人民法院(2016)浙04民终57号。

新旧法对比

《合同法》	《民法典》
第七十四条　因债务人放弃其到期债权或者无偿转让财产，对债权人造成损害的，债权人可以请求人民法院撤销债务人的行为。债务人以明显不合理的低价转让财产，对债权人造成损害，并且受让人知道该情形的，债权人也可以请求人民法院撤销债务人的行为。 撤销权的行使范围以债权人的债权为限。债权人行使撤销权的必要费用，由债务人负担。	第五百三十八条　债务人以**放弃其债权**、**放弃债权担保**、无偿转让财产**等方式无偿处分财产权益**，**或者恶意延长其到期债权的履行期限**，**影响债权人的债权实现的**，债权人可以请求人民法院撤销债务人的行为。

理解与适用

一、债权人撤销权的定义与功能

本条规定的债权人撤销权是指债务人出现放弃其债权、放弃债权担保、无偿转让财产等无偿处分财产的行为，或者实施恶意延长其到期债权的履行期限的行为，影响债权人的债权实现时，债权人有权请求人民法院撤销债务人前述行为的权利。债权人撤销权系由法律规定所产生，是一项法定的债权权能。①

债权人撤销权与债权人代位权均系债的保全制度，都具有保全债务人责任财产，保障债权实现的功能。但两者的区别在于，代位权是代位行使债务人任由其责任财产减少的消极行为，而撤销权则撤销的是债务人积极减少其责任财产的不当行为。

债权人撤销权分为两类，其一为针对债务人无偿处分财产的不当行为，即本条所规定，其二则针对的是债务人有偿处分财产的不当行为，具体参见《民法典》第539条规定，容后阐述。

二、债务人无偿处分财产时，或恶意延长其到期债权时，债权人行使撤销权的要件

1. 债权人对债务人享有有效债权

债权人对债务人存在合法有效的债权，这是债权人撤销权得以成立并行使

① 参见王利明：《合同法研究》（第2卷）（第3版），中国人民大学出版社2015年版，第121页。

的前提条件。另外,对比《合同法》第 74 条以及《合同法解释(二)》第 18 条的规定,本条所规定的债权不仅包括债权人对债务人的到期债权,还应包括未到期债权。

2. 债务人实施了无偿处分财产的行为,或恶意延长债权履行期限的不当行为

本条主要规定了债权人可撤销债务人两类不当行为,第一类为无偿处分财产行为,第二类为恶意延长债权履行期限的行为。

(1)针对无偿处分财产行为,条文列举了三种典型的无偿处分财产的不当行为,包括债务人放弃债权、放弃债权担保和无偿转让财产。但无偿处分财产的行为并不限于条文所列举的三种情形,只要是债务人减损其责任财产,危害债权人债权的行为,都可能成为债权人行使撤销权的对象。同时需注意的是,无偿处分的财产既包括动产或不动产等有形财产,也包括股权、债权、知识产权等无形资产。撤销权所撤销的无偿处分行为,一般主要指的是债务人的法律行为,而对于事实行为,比如债务人损坏其自有机器设备等财产,以及债务人的身份行为(如结婚、离婚等)则无从撤销。

(2)关于恶意延长到期债权履行期限的行为,该行为虽然并没有在形式上直接减少债务人的责任财产,但通过延长其债权履行期限,就会使得债务人未能如期获得本应获得的清偿,从而影响其清偿能力。此外,针对该行为,法律特别强调债务人需具有主观上的"恶意"。换言之,如果债务人延长其债权履行期限并不具有主观恶意,比如债务人考虑到相对人客观上存在给付困难等合理理由的,则其并不构成本条所规定的恶意延长债权履行期限。

3. 债务人无偿处分财产或恶意延长到期债权履行期限,影响债权人债权的实现

本要件是行为后果的要件,即无论是债务人无偿处分财产行为,还是恶意延长其到期债权履行期限的行为,只有当前述行为减少债务人的责任财产或在实质上降低了债务人履行债务的能力,从而影响到债权人债权的实现时,才能触发债权人行使撤销权。此时,债权人行使撤销权,并不要求其债权已到期,也包括未到期债权。另外,相对于恶意延长到期债权行为,针对债务人无偿处分财产的行为,本条并不要求债务人或相对人具有损害债权的主观过错,只要前述行为客观上影响到债权人债权的实现,债权人就可以行使撤销权。

三、债务人无偿处分财产、恶意延长其债权履行期限时债权人撤销权的行使方式

根据本条规定,债权人撤销权的行使主体是债权实现受影响的债权人。债

权人撤销权只能以诉讼的方式行使,不能通过其他非诉讼方式如仲裁行使,因为该撤销权直接系对债务人与第三人行为自由的干预,打破了合同的相对性,直接影响原有的交易秩序,所以需由法院对撤销权的行使进行审查,能防止撤销权的不当行使或滥用,有利于稳定交易秩序。

实务问题

1. 关于债权人撤销权的行使方式

有一点需注意,即债权人应以直接提起诉讼请求撤销的方式为之,而不能以在诉讼中提出抗辩的形式行使。因为债权人的撤销权与合同编中基于法定可撤销事由而成立的撤销权不同,后者可由当事人于合同诉讼中以"合同中具有可撤销事由"提出抗辩,由人民法院予以审查,对合同是否可撤销直接作出判断。《九民纪要》第 42 条规定,撤销权应当由当事人行使。当事人未请求撤销的,人民法院不应当依职权撤销合同。一方请求另一方履行合同,另一方以合同具有可撤销事由提出抗辩的,人民法院应当在审查合同是否具有可撤销事由以及是否超过法定期间等事实的基础上,对合同是否可撤销作出判断,不能仅以当事人未提起诉讼或者反诉为由不予审查或者不予支持。一方主张合同无效,依据的却是可撤销事由,此时人民法院应当全面审查合同是否具有无效事由以及当事人主张的可撤销事由。当事人关于合同无效的事由成立的,人民法院应当认定合同无效。当事人主张合同无效的理由不成立,而可撤销的事由成立的,因合同无效和可撤销的后果相同,人民法院也可以结合当事人的诉讼请求,直接判决撤销合同。

2. 关于相应的举证责任问题

(1)首先应由债权人对其撤销权是否成立,是否有权行使,按照"谁主张,谁举证"的原则予以举证证明,即债权人应证明其撤销权的行使满足前述几大要件,其撤销权才能成立。

(2)但在债务人恶意延长其债权履行期限的情形下,由于债务人主观上是否存在"恶意"往往难以证明,此时可以通过债务人的客观行为判断,如果债务人延长其到期债权的履行期限没有正当理由的,则应当认定债务人的行为属于恶意延长债权履行期限的行为,除非债务人能自行举证证明其延长债权履行期限具有合理理由。实践中,常见的合理理由通常包括相对人客观上履行不能、没有偿债能力、债务人与相对人具有亲属关系等关联关系等。例如在淮安丽都置业有限公司等诉江苏盐城二建集团有限公司等债权人撤销权纠纷案[①]中，次债务人南翔公司上诉称："其与南峰公司签订了《债权转让协议》及南翔公司与南峰公司、丽都公司、安徽南峰嘉和房地产开发有限公司签订《关于盘活丽都公司工程项目用于偿债之一揽子协议书》约定南峰公司对丽都公司的债权平价转让给南翔公司，待丽都公司履行南翔公司债务后，南翔公司再向南峰公司支付转让款，上述约定系有偿转让，且属于未到期债权。"但江苏省淮安市中级人民法院认定："上述两份协议虽然确定了转让价格，但对支付方式设置了条件，即在丽都公司履行南翔公司债务后南翔公司才能支付南峰公司转让款。该条件能否成就，何时成就均由南翔公司决定，该约定属于不确定状态，其实质是通过侵害债权人的利益而损及其债权，甚至使债权人的债权事实上落空，对债权人造成损害。故南峰公司与南翔公司对债权转让设置条件的行为属于恶意延长到期债权的履行期。"

3. 债权人行使撤销权时，应以自己名义起诉，列债务人为被告，可列受益人或受让人为第三人

《合同法解释(一)》第24条规定："债权人依照合同法第七十四条的规定提起撤销权诉讼时只以债务人为被告，未将受益人或者受让人列为第三人的，人民法院可以追加该收益人或者受让人为第三人。"虽然《合同法解释(一)》已于2021年1月1日被废止，但在新司法解释出台前，可参考前述规定确定债权人撤销权诉讼中各诉讼当事人。

（编写人：李崖立）

法律条文

第五百三十九条　债务人以明显不合理的低价转让财产、以明显不合理的高价受让他人财产或者为他人的债务提供担保，影响债权人的债权实现，债务人的相对人知道或者应当知道该情形的，债权人可以请求人民法院撤销债务人的行为。

条文主旨

本条是关于债务人有偿不当处分财产时的债权人撤销权的规定。本条所规定的债权人撤销权主要针对的是债务人有偿不当处分财产的行为，而本法第

① 江苏省淮安市中级人民法院(2018)苏08民终453号。

538 条规定的撤销权的对象则是债务人无偿处分财产等行为，本条与第 538 条一并构成了债权人撤销权的完整法律体系。

根据本条规定，债权人行使相应撤销权应满足以下相应条件：(1)债权人对债务人享有合法的债权；(2)债务人实施了有偿不当处分财产的行为；(3)债务人前述行为影响了债权人债权的实现。

本条撤销权的行使同样必须是通过法院诉讼的方式为之。

新旧法对比

《合同法》	《民法典》
第七十四条　因债务人放弃其到期债权或者无偿转让财产，对债权人造成损害的，债权人可以请求人民法院撤销债务人的行为。债务人以明显不合理的低价转让财产，对债权人造成损害，并且受让人知道该情形的，债权人也可以请求人民法院撤销债务人的行为。 撤销权的行使范围以债权人的债权为限。债权人行使撤销权的必要费用，由债务人负担。	第五百三十九条　债务人以明显不合理的低价转让财产、**以明显不合理的高价受让他人财产或者为他人的债务提供担保，影响债权人的债权实现，债务人的相对人知道或者应当知道该情形的，**债权人**可以**请求人民法院撤销债务人的行为。

理解与适用

1. 当债务人实施有偿不当处分财产的行为时，债权人依照本条规定依法享有撤销权

相较本法第 538 条所规定的债务人无偿处分财产的行为而言，债务人实施本条规定的有偿不当处分财产的行为同样可能会影响债权人债权的实现。比如债务人以不合理低价转让财产时，其所获得的对价远低于其所转让财产的合理价值，如此会导致债务人的责任财产减少，从而影响到债权人债权的实现。但因为债务人从事的是有偿的处分行为，即相对人为获得受让利益支付了相应的交易成本，所以债权人在实施本条所规定的撤销权时，应满足法定的要件，以维护相应的交易秩序与交易安全。

2. 针对债务人有偿不当处分财产的行为，债权人行使本条规定的撤销权时应符合以下条件

(1)债权人对债务人享有合法有效的债权。如本书之前所论述，债权人对

债务人享有合法有效的债权是债权人行使撤销权的前提条件，不再赘述。从本条规定来看，其对于债权人的债权并未限定必须为到期债权，换言之，也可包括未到期债权。此外，本条也未就债权的产生原因作相应限制，即无论债的发生原因为何，该债权不仅包括常见的合同之债，还包括基于不当得利、无因管理、侵权行为等原因所产生的法定之债。

（2）债务人实施了有偿不当处分财产的行为。本条所指的有偿不当处分财产行为主要包括了以下几种行为：第一，债务人以明显不合理的低价转让财产，或以明显不合理高价受让财产。当债务人以明显不合理的低价转让财产，或以明显不合理高价受让财产时，都会导致其个人责任财产在数额上减少，都可能影响债权人债权的实现。但具体而言，债务人转让财产时，如何判断其转让价格构成"明显不合理低价"，或"明显不合理高价"，本条并没有给出详细的规定，目前最高人民法院也尚未就此出台相关新的司法解释，可见实践中还需要法官在个案中结合当事人交易的具体情况进行综合认定。不过，根据《合同法解释（二）》第 19 条的相关规定，"人民法院应当以交易当地一般经营者的判断，并参考交易当时交易地的物价部门指导价或者市场交易价，结合其他相关因素综合考虑予以确认。转让价格达不到交易时交易地的指导价或者市场交易价百分之七十的，一般可以视为明显不合理的低价；对转让价格高于当地指导价或者市场交易价百分之三十的，一般可以视为明显不合理的高价。"例如，最高人民法院在陈某聪、莫某良债权人撤销权纠纷再审案[①]的民事裁定书中提道："石化大厦作价 3000 万元，是否为不合理低价。根据《合同法解释（二）》第 19 条规定，判断'是否以不合理低价转移财产'的标准应当以交易当地一般经营者的判断，并参考交易当时交易地的物价部门指导价或者市场交易价，结合其他相关因素综合考虑予以确认。本案中，石化大厦建于 1992 年，距离《抵债协议》签订时已近二十三年；东诚公司于 2009 年购买石化大厦的价格为 2000 万元；税务机关在 2015 年莫某良与东诚公司办理过户手续时对石化大厦作出的核税价格为 23，574，200 元。综合以上事实，原审认定东诚公司以 3000 万元价格转让石化大厦，并非不合理低价，并无不当。"第二，债务人为他人债务提供担保的行为。本项行为系《民法典》在《合同法》基础上新增加的行为类型。通常而言，为他人提供担保是一种无偿行为，未来在主债务人未履行到期债务时，将由提供担保的债务人承担

① 最高人民法院（2019）最高法民申 615 号。

相应的清偿责任,可能导致债务人责任财产减少,危及债权人债权的实现。此处所规定的"提供担保",并未限定是何种担保方式,既包括为他人的债务担任保证人,也包括于自己的财产上设定抵押、质押等以担保他人债务。

(3)债务人有偿不当处分行为影响债权人债权的实现。债务人实施前述有偿不当处分行为时,应在客观上影响债权人债权的实现,方能行使撤销权。如果债务人为前述行为时,并未导致其责任财产减少,或虽导致其财产减少但仍能保障债权人的债权得以清偿,则债权人无权进行干涉。

(4)债务人的相对人主观上存在恶意,即"相对人知道或者应当知道该情形"。债权人要行使本条所规定的撤销权撤销债务人前述有偿不当处分行为,则本要件不可或缺。本条内容虽未明确规定"相对人知道或者应当知道"的内容具体应为何,但根据本条的文义表述,并结合设立债权人撤销权的目的与宗旨看,应是相对人知道或应当知道债务人有偿不当处分行为,且该行为影响债权人债权的实现。

3. 本条撤销权的行使方式

债权人行使本条所规定的撤销权必须以诉讼方式为之,而不能由仲裁等其他非诉讼方式进行。

实务问题

实务中,债权人欲按照本条规定行使撤销权,证明"债务人之受让人具有主观恶意"是难点。通常而言,一般应由债权人对此承担举证责任。如债权人能证明债务人实施前述损害债权的不当行为,而以当时情形应为受让人知晓,法院可推定受让人具有主观恶意。

在海南鑫桥实业集团有限公司(以下简称鑫桥公司)与海南香江德福大酒楼(以下简称香江酒楼)、海南香江实业有限公司(以下简称香江公司)等债权人撤销权纠纷二审案[①]中,最高人民法院即采取上述以客观行为推定主观意愿的方法来认定主观恶意,其判决提及,"(三)关于民联公司、香江公司、香江酒楼与新华社海南分社是否具有主观恶意的问题。通常情况下,主观的意愿均需以客观的行为来体现。从民联公司、香江公司、香江酒楼与新华社海南分社签订《和解协议》的背景来看,该协议是在鑫桥公司申请法院执行,案涉土地使用权及地上建筑物已被法院查封,香江酒楼、香江公司股权已被冻结的状态下签订的;从

① 最高人民法院(2015)民二终字第322号。

解除合同事由来看……新华社海南分社在工程是否延误及延误工期时间长短的问题上,意思表示前后矛盾,对于到底延误多长时间及延误原因是否全在施工方等问题,民联公司、香江公司、香江酒楼居然不提出任何异议以维护自身权益。新华社海南分社在已入驻新闻中心大厦十余年的情况下,又提出解除合同,有违日常生活经验法则,不符常情常理。从新华社海南分社的权益保障上来看……可见无论民联公司是否认可鑫桥公司的代付行为,只要新华社海南分社接受,按照鑫桥公司的承诺,新华社海南分社的权益是可以得到相当程度保障的,若非为了获得更多的利益,实无必要解除合同。从香江公司、香江酒楼支付土地出让金义务方面看……因此,在《和解协议》签订之时,香江酒楼和香江公司并无缴交土地出让金及契税的现实压力,其在《和解协议》中放弃对案涉土地权利的行为有违一个一般经营者的正常判断。综合上述分析,民联公司、香江公司、香江酒楼与新华社海南分社签订《和解协议》,有从源头消除民联公司、香江公司、香江酒楼对案涉土地的权利主张,从而达到避债目的的主观故意,不具有行为目的动机的正当性,新华社海南分社对《和解协议》的签订将严重影响民联公司、香江公司、香江酒楼的履行资力并害及鑫桥公司,是明知并乐见其成的。己所不欲,勿施于人,本案《和解协议》的签订恶意明显,有违'诚实生活、不害他人、各得其所'的民事活动基本原则和道德规范"。此外,还应注意,判断相对人是否具有主观恶意,应以债务人前述不当行为发生时为时点。

(编写人:李崖立)

法律条文

第五百四十条　撤销权的行使范围以债权人的债权为限。债权人行使撤销权的必要费用,由债务人负担。

条文主旨

本条就债权人撤销权的行使范围以及行使撤销权必要费用的负担作出规定。债权人撤销权的行使范围以债权人的债权为限。债权人行使撤销权所产生的必要费用,比如诉讼费、差旅费、律师代理费等则应由债务人负担。

新旧法对比

《合同法》	《民法典》
第七十四条　因债务人放弃其到期债权或者无偿转让财产，对债权人造成损害的，债权人可以请求人民法院撤销债务人的行为。债务人以明显不合理的低价转让财产，对债权人造成损害，并且受让人知道该情形的，债权人也可以请求人民法院撤销债务人的行为。 撤销权的行使范围以债权人的债权为限。债权人行使撤销权的必要费用，由债务人负担。	第五百四十条　撤销权的行使范围以债权人的债权为限。债权人行使撤销权的必要费用，由债务人负担。

理解与适用

1. 债权人撤销权的行使范围应以债权人的债权为限

因债权人撤销权制度的目的在于保全债权人的债权实现，所以需要对撤销权的行使范围予以限定，以便于在债权人的利益与债务人处分财产的行为自由之间实现平衡。此处以“债权人的债权”为限，对于债权范围之外的，债权人无权请求撤销。但需注意，如债务人所实施的处分行为，在性质上具有不可分性，如低价转让其房产，该房产的价值虽大于债权人的债权数额，但因转让房产的行为具有不可分性，所以债权人应也有权请求法院撤销该行为。此外，因债务人的行为被撤销后自始无效，相对人应将相应财产返还给债务人用于扩充债务人的责任财产，即适用“入库原则”，而行使撤销权的债权人并无任何优先受偿的权利，如此会导致债权人通过撤销权保全其债权的目的落空，所以有学者提出应“适当扩张债权人撤销权中的债权人债权的范围”①。

2. 债权人行使撤销权所产生的必要费用应由债务人承担

本条所规定的行使撤销权的必要费用应包括但不限于诉讼费、律师代理费、差旅费等必要费用，只要是合理必要的费用，债权人均有权要求债务人负担。

① 王利明、朱虎主编：《中国民法典释评 · 合同编通则》，中国人民大学出版社 2020 年版，第 380 页。

实务问题

学者提出的“适当扩张债权人撤销权中的债权人债权的范围”，在司法实践中已经为一些法院所支持。如湖南省高级人民法院于上海旭宁国际贸易有限公司(以下简称旭宁公司)、邹某债权人撤销权纠纷案”二审判决①就指出，“就撤销权的行使范围以债权人的债权为限的理解适用问题。首先，因被撤销而取回的财产应当归入债务人殷某云的责任财产中，作为全体债权人债务的共同担保。行使撤销权的债权人邹某对由旭宁公司返还给债务人殷某云的财产并无优先受偿权和直接受领权，仍须与其他债权人平等受偿，本案撤销权范围不应局限于邹某现主张的4450万元之债权；其次，债权人邹某的债权来源于债务人殷某云未付的4450万元股权转让款，其孳息应可依法另予以主张，邹某的债权数额在债务人殷某云清偿前并不确定且实际应处于增长中；最后，本案撤销权的行使，在于否定债务人殷某云整体无偿转让天时利公司股权这一行为，天时利公司股权的实际价值亦并不确定。故本案撤销权的范围应及于殷某云与旭宁公司于2015年9月9日签订的整体股权转让协议”。再如，浙江省金华市中级人民法院在(2019)浙07民终633号民事判决书中提及，“虽然胡某伟对胡某星、胡某凤仅有借款本金4,358,352元及相应利息的债权，但胡某星、胡某凤转让涉案债权，危害的是全体债权人的权益，胡某伟为恢复债务人的责任财产，行使撤销权范围可以总债权为限”。

(编写人：李崖立)

法律条文

第五百四十一条　撤销权自债权人知道或者应当知道撤销事由之日起一年内行使。自债务人的行为发生之日起五年内没有行使撤销权的，该撤销权消灭。

条文主旨

本条是关于债权人撤销权行使期限的规定，即债权人应在其知道或应当知道撤销事由之日起一年内行使。但撤销权的最长行使期间为5年，即自债务人的行为发生之日起5年内未行使的，撤销权消灭。

① 湖南省高级人民法院(2019)湘民终38号。

新旧法对比

《合同法》	《民法典》
第七十五条　撤销权自债权人知道或者应当知道撤销事由之日起一年内行使。自债务人的行为发生之日起五年内没有行使撤销权的，该撤销权消灭。	【内容不变】第五百四十一条

理解与适用

（1）债权人撤销权的行使期间为除斥期间，所谓除斥期间即为不变期间，不因任何事由而发生中断、中止或延长。债权人如在此期间内不行使撤销权，则期间经过，撤销权即消灭。

（2）根据本条规定，债权人撤销权的行使期间为 1 年，即自债权人知道或应当知道撤销事由之日起算。在债权人起诉请求撤销债务人不当行为时，如果债务人或其相对人主张债权人的撤销权行使期间已经经过，撤销权已经消灭的，应由债务人或其相对人对此承担相应的举证责任。

（3）为维护交易关系的稳定，法律规定债权人撤销权的最长行使期间为 5 年，即自债务人的行为发生之日起 5 年内未行使的，撤销权消灭。法律之所以设置撤销权行使的最长期限，是因为债权人可能对债务人的行为不知情，或者债权人虽然知情，但债务人或相对人或许无法证明债权人对此知情，如不设置此最长期限，就可能使得债务人与相对人的交易关系长期处于不稳定状态。

实务问题

关于债权人撤销权的最长行使期间，在实务中还有以下两个问题需厘清：

（1）最长行使期间的起算点为债务人行为发生之日，而非该行为完成之日。换言之，只要债务人开始从事该行为，而无论该行为是否完成，均应开始起算该最长行使期间。以债务人低价转让财产为例，双方自签订合同后，实际的财产交付可能需后期完成，则债权人撤销权最长期间应自债务人与相对人间买卖合同生效时起算，而非财产的实际交付或交易实际完成之日。

（2）撤销权一年的行使期间，必须受制于最长行使期间。也就是说，只要最长行使期间经过，无论债权人撤销权一年的行使期间是否经过，撤销权均告消灭，法官均应依职权驳回债权人的主张。在（2018）最高法民再 81 号案件中，最高人民法院即认定“即使认定华泰公司享有《合同法》上的撤销权，但因天源公司与林某、邹某之间的房屋买卖行为发生于2006年5月22日，而华泰公司提起本案诉讼的时间为2014年，亦已远超过债权人撤销权的法定行使期限，不再受法律保护。故华泰公司的起诉不符合民事诉讼法规定的民事案件受理条件，依法应不予受理。一审法院受理并对本案经实体审理后作出判决，二审法院予以维持，不符合法律规定，依法应予撤销”。

（编写人：李崖立）

法律条文

第五百四十二条　债务人影响债权人的债权实现的行为被撤销的，自始没有法律约束力。

条文主旨

本条是关于债权人撤销权行使效果的规定。根据本条规定，债务人相应行为被撤销的，自始无效。

新旧法对比

《合同法解释（一）》	《民法典》
第二十五条　债权人依照合同法第七十四条的规定提起撤销权诉讼，请求人民法院撤销债务人放弃债权或转让财产的行为，人民法院应当就债权人主张的部分进行审理，依法撤销的，该行为自始无效。 两个或者两个以上债权人以同一债务人为被告，就同一标的提起撤销权诉讼的，人民法院可以合并审理。	第五百四十二条　**债务人影响债权人的债权实现的行为被撤销的，自始没有法律约束力。**

理解与适用

债权人依法行使撤销权后，债务人实施的行为自始没有法律效力。具体而言，债务人行为被撤销后将对债务人、债务人的相对人、行使撤销权的债权人产生如下效力：

（1）对债务人而言，债务人行为被撤销后，其行为自始无效。比如当债务人系无偿处分其财产，放弃债权或债权担保时，其前述行为被撤销后，债务人的相对人仍应对债务人负有债务;当债务人有偿不当处分其财产,比如以明显不合理低价转让财产的,则债务人转让行为被撤销后,该转让行为自始无效,受让人负有返还所转让财产的义务,如无法返还的受让人应负有返还该财产价值的义务,债务人应返还相应价款至受让人。

(2)对债务人的相对人来说,当债务人行为被撤销后,债务人与相对人之间的行为应自始无效,双方均负有恢复原状的义务。如上所述,此时相对人主要负有返还所转让的财产等利益的义务,如果已办理不动产变更登记的,相对人还负有为恢复原状而再次办理变更登记的义务。如债务人与其相对人之间的合同关系被撤销,相对人遭受一定的信赖利益损失,债务人负有缔约过失责任的,则相对人有权要求债务人承担相应的缔约过失责任。

(3)对行使撤销权的债权人而言,债务人行为被撤销后,债务人的相对人应向债务人返还相应财产,该等财产直接纳入债务人的责任财产,而债权人无权就此要求优先受偿。此时,债权人想要实现自己的债权,只能通过直接起诉债务人并经由胜诉判决强制执行该等财产,而不能通过行使代位权等其他途径直接实现债权。

实务问题

撤销权行使后的法律效力并不能直接及于债务人的相对人(受让人)与其后手之间的法律关系。实践中,受让人在取得债务人处分的财产后,有可能会再次处分该财产,将财产转让至其后手处,而该后手亦可能又转让至次后手处,如此不断交易下去。如撤销权行使后的效力直接及于受让人以及其后手,乃至再后手等之间的法律关系,则会使多个纵深交易关系始终处于不稳定的状态,严重危及各交易参与方的合法权益和合法有序的市场交易秩序。所以,为保护交易安全,债权人行使撤销权的法律效力应当仅限于债务人与其相对人之间的法律关系,而不应当不当扩张。江苏省南通市崇川区法院于龚某林与陈某黎债权人撤销权纠纷案①民事判决中指出,"债权人撤销权之诉原则上只能及于受让人,而不应及于转得人,债权人行使撤销权时不得向转得人提出请求。本案中,原告的撤销权不应及于转得人石某杰、姜某。原告如认为石某杰、姜某与陈某存在恶意串通,可主张确认转让行为无效,而非行使债权人撤销权"。

同时,在具体适用时,也应考虑善意取得规则,保护善意后手的合法权利。例如,在沈阳广利达商贸有限公司、沈阳国浩蓝天环保新能源有限公司债权人撤

① 江苏省南通市崇川区人民法院(2018)苏0602民初4559号。

销权纠纷案[①]中,沈阳市中级人民法院指出"孙某与广利达公司之间的股权转让不存在《中华人民共和国合同法》第七十四条规定的撤销情形。……国浩公司按照合同约定支付合理对价,并登记为沈阳合力供热有限公司股东,国浩公司对案涉股权构成善意取得。综上所述,孙某将其持有沈阳合力供热有限公司 82%的股权转让给广利达公司以及广利达公司受让孙某持有沈阳合力供热有限公司82%的股权后,转让给国浩公司的两次股权转让行为,不存在《合同法》第七十四条规定的可撤销情形"。

(编写人:李崖立)

① 辽宁省沈阳市中级人民法院(2020)辽 01 民终 6275 号。

第六章　合同的变更和转让

法律条文

第五百四十三条　当事人协商一致，可以变更合同。

条文主旨

本条是关于协商变更合同的规定。

新旧法对比

《合同法》	《民法典》
第七十七条　当事人协商一致，可以变更合同。 法律、行政法规规定变更合同应当办理批准、登记等手续的，依照其规定。	第五百四十三条　当事人协商一致，可以变更合同。

理解与适用

1. 合同变更的含义及意义

合同的变更是指合同成立后，当事人在原合同的基础上对合同的内容进行修改或者补充。本条规定的合同变更是狭义的合同变更，仅仅是合同权利义务关系的变更，不包括合同当事人或者合同主体的变更，债权人和债务人的改变是通过本章债权转让、债务转移等制度调整的。

合同是当事人经协商一致达成的，合同成立后，对当事人具有法律约束力。但是，当事人在订立合同时，有时难以对涉及合同的所有问题都能做出准确判断并做出明确的约定；合同订立后，也可能会出现新的情况变化导致合同内容需要调整。因此，当事人可以通过协商决定是否就变更事项达成补充协议。

如果双方当事人就变更事项达成了一致意见，变更后的内容替代了原合同的内容,当事人则应当按照变更后的内容履行合同。合同变更原则上仅对合同未履行部分具有约束力,即合同变更不具有溯及力,除非当事人另有约定。

值得注意的是,当事人之间的合同变更,未经第三人同意,对第三人产生不利影响的内容,对第三人不发生效力。例如,《民法典》第 695 条规定:"债权人和债务人未经保证人书面同意,协商变更主债权债务合同内容,减轻债务的,保证人仍对变更后的债务承担保证责任;加重债务的,保证人对加重的部分不承担保证责任。债权人和债务人变更主债权债务合同的履行期限,未经保证人书面同意的,保证期间不受影响。"

2. 协商变更的要件

首先,合同变更的前提是已存在合法有效的合同关系。未成立、无效、被撤销、确定不发生效力的合同不能被变更。已成立但未生效的合同,如附生效条件期限的合同也可以变更。

其次,事实上对合同的内容进行了变更。合同变更事项可以是数量的增加或者减少,可以是当事人给付价款或者报酬的调整,可以是履行期限、地点和方式的变更,也可以是违约责任的重新约定,还可以是合同担保条款以及争议解决方式的变更。此外,增加合同条款补充签订合同的,也属于合同变更。

再次,当事人就变更事项应协商一致。合同通过要约—承诺的方式达成,合同的变更也应通过要约—承诺的方式完成,非经各方当事人达成合意,任何人都不得更改,否则,变更的内容不发生效力,还可能构成违约。协商一致可以是约定条件下的变更权,也可以是事后协商。

最后,依照法律、行政法规的规定,合同的变更应当办理批准等手续的,适用其规定。本条虽然删除了《合同法》第 77 条第 2 款的规定,但《民法典》第 502 条第 3 款规定,依照法律、行政法规的规定,合同的变更、转让、解除等情形应当办理批准等手续的,适用前款规定。这一规定明确了调整双方当事人之间的合同关系需要政府监管,否则效力可能受到影响。同时,第 502 条第 2 款规定,未办理批准等手续影响合同生效的,合同不生效,但不影响合同中履行报批等义务条款以及相关条款的效力。应当办理申请批准等手续的当事人未履行义务的,对方可以请求其承担违反该义务的责任。例如,《最高人民法院关于审理建设工程施工合同纠纷案件适用法律问题的解释(一)》第 2 条规定:"招标人和中标人另行签订的建设工程施工合同约定的工程范围、建设工期、工程质量、工程价款等实质性内容,与中标合同不一致,一方当事人请求按照中标合同确定权利义务的,人民法院应予支持。招标人和中标人在中标合同之外就明显高于市场价格购买承建房产、无偿建设住房配套设施、让利、向建设单位捐赠财物等另行签订合同,变相降低工程价款,一方当事人以该合同背离中标合同实质性内容为由请求确认无效的,人民法院应予支持。”依据该规定,在建设工程施工合同纠纷案件的审理中,应以备案合同确定双方的权利义务关系,双方当事人事后签订的补充协议未经备案登记的,变更不生效。

实务问题

在实践中,合同变更应注意以下问题:

(1)合同变更是合同内容的局部变更,而非实质性内容的变更;在当事人意思表示不明的情况下,标的物的重大变化和合同性质的重大改变等原则上推定为合同更新,而标的物数量的少量增减、履行地的改变、履行期限的缩短或延长等原则上被推定为合同变更。合同变更与合同更新不同,合同更新是消灭旧的权利义务,设定新的权利义务。换言之,合同更新使得合同丧失了同一性,合同变更没有使得合同丧失同一性。区分合同变更和合同更新的关键因素在于当事人意思表示和订立合同的目的有何不同,以此判断属于合同变更抑或合同更新。

(2)情势变更条件下的变更合同,不适用本条规定。

(3)司法实践中,如当事人前后签订了不同协议对双方权利义务关系进行约定,且约定不一致的,在后的协议视为对在前协议的变更,对当事人具有法律约束力。

(编写人:王琼花)

法律条文

第五百四十四条　当事人对合同变更的内容约定不明确的,推定为未变更。

条文主旨

本条是关于合同变更的内容约定不明确的规定,确定了合同变更禁止推定的原则。

新旧法对比

《合同法》	《民法典》
第七十八条　当事人对合同变更的内容约定不明确的,推定为未变更。	【内容不变】第五百四十四条

理解与适用

本条规定的合同变更,其性质为协议变更,不包括法定变更和裁判变更。合同变更涉及合同权利义务关系的变化,直接关系到当事人的利益,若在当事人没有明确意思表示下推定合同变更,将对当事人发生不利影响。为了减少在合同变更时可能发生的纠纷,合同变更时,要求当事人须明确表达变更合同的主观意愿,并就变更的内容达成一致意见。当事人对合同变更的内容约定不明确的,推定为未变更,即明确了合同变更禁止推定的原则。

合同变更禁止推定原则,要求当事人变更合同的意思表示必须以明示或默示的方式作出,否则不得推定当事人存在变更合同的主观意愿。《民法典》第140条规定:“行为人可以明示或者默示作出意思表示。沉默只有在有法律规定、当事人约定或者符合当事人之间的交易习惯时,才可以视为意思表示。”可见,认定“默示”须以存在某些能够确定当事人变更合同的主观意愿并达成一致意见的外在的客观行为为条件。

在约定合同变更时,对部分条款的变更约定明确,部分约定不明确的,如两类条款在内容上可以进行分割的,则约定明确的部分有效,约定不明确的部分推定为未变更;如两类条款在内容上不能分割的,则整个合同条款视为变更约定不明确,应当推定为未变更。

实务问题

约定不明确是指根据合同整体内容以及适用《民法典》第142条、第466条等所规定的合同解释方法仍无法确定的情况。

认定明示方式表达的合同变更意愿,应当把握以下要点:第一,明示方式是对变更合同的意思表示形式做出的要求,并不针对行为的具体内容。第二,变更合同的意愿须明确表达出来,而不是隐藏在行为之中。第三,明示表达的方式为文字、语言以及其他形式,通过这种表达形式能够确切地认定双方当事人具有变更合同的主观意愿。第四,明示表达变更合同意愿的文字、语言等应当记录在合同文本,或者与合同文本有密切关系的相关文件之中以及采用双方当事人认可的记录形式,如补充协议、合作备忘录、会议纪要、工程变更单等。

认定默示方式表达合同变更意愿,应当把握以下几点:第一,当事人在新合同文本中没有使用明示的方式明确表达变更合同的主观意愿。第二,当事人表达变更合同意愿的方式是行为。第三,默示方式须达到不含糊地加以认定的程度,包含“不含糊”的、“毫无疑问”的、“具有实施变更的明显意图”的等。第四,须有法律规定、当事人约定或者符合当事人之间的交易习惯。

（编写人：王琼花）

法律条文

第五百四十五条　债权人可以将债权的全部或者部分转让给第三人，但是有下列情形之一的除外：

（一）根据债权性质不得转让；

（二）按照当事人约定不得转让；

（三）依照法律规定不得转让。

当事人约定非金钱债权不得转让的，不得对抗善意第三人。当事人约定金钱债权不得转让的，不得对抗第三人。

条文主旨

本条是关于债权转让的规定。

新旧法对比

《合同法》	《民法典》
第七十九条　债权人可以将合同的权利全部或者部分转让给第三人，但有下列情形之一的除外： （一）根据合同性质不得转让； （二）按照当事人约定不得转让； （三）依照法律规定不得转让。	第五百四十五条　债权人可以将**债权的**全部或者部分转让给第三人，但是有下列情形之一的除外： （一）根据**债权**性质不得转让； （二）按照当事人约定不得转让； （三）依照法律规定不得转让。 **当事人约定非金钱债权不得转让的，不得对抗善意第三人。当事人约定金钱债权不得转让的，不得对抗第三人。**

理解与适用

债权转让是指不改变债权关系的内容，债权人通过协议而将其债权全部或部分转移于第三人的行为。债权人转让权利可以是债权的全部转让，也可以是债权的部分转让，只要转让债权被充分特定化即可，比如对某客户在某时间段内的债权，由于其可以被特定化不存争议，故可以就该部分进行转让。此时，债权人作为让与人与第三人作为受让人,经过协商一致达成债权转让合同。债权全部转让的,第三人作为受让人取代原债权人即让与人的地位成为新的债权人;债权部分转让的,第三人作为受让人,除双方另有约定外,受让人与让与人按份享有债权。

法律允许债权人的转让行为,既体现了权利人处分自己权利的自由,也可以充分发挥债权的经济价值。但是为了维护社会公共利益及经济秩序,根据理论发展和实践需要,对债权的可转让性也进行了一定的限制,且《民法典》在《合同法》规定的基础上,对该制度作了进一步的补充完善。根据本条第1款规定,以下三类债权不得转让。

1. 根据债权性质不得转让的债权

债权性质不得转让的债权主要包括基于当事人特定身份而产生的债权,或与债权人的人身具有不可分割的关系而产生的债权。主要包括以下几种类型:第一,基于信任关系订立的委托合同、赠与合同等产生的债权;第二,债权人的变动必然导致债权内容发生根本性变化;第三,债权人的变动会影响债务人基于原合同基础关系所享有的利益,实质性地增加了债务人的负担或者风险,或实质性地损害了债务人的利益。例如抚养费请求权、抚恤金请求权等具有人身损害赔偿性质的债权不得转让。

2. 按照当事人约定不得转让的债权

当事人在订立合同时对债权的转让作出特别约定,明确禁止债权人将债权转让给第三人的,如该约定没有被确定为无效协议或者无效条款,债权人就应当遵守该约定,不得将债权转让给第三人。

3. 依照法律规定,不得转让的债权

国家以法律禁止转让的,当事人应当严格遵守,不得违反法律的规定。违反禁止性规定的,转让合同当然无效。这类债权主要有两类:第一,根据《民法典》第502条第2款的规定,转让债权应当办理批准登记等手续,债权人向批准或者登记机关申请权利转让时被拒绝的;第二,违反法律法规禁止性规定的债权。在我国,禁止转让的债权多以行政规章的形式出现,如《财政部关于进一步规范金融资产管理公司不良债权转让有关问题的通知》第2条规定,下列资产不得对外公开转让:债务人或担保人为国家机关的不良债权;经国务院批准列入全国企业政策性关闭破产计划的国有企业债权;国防、军工等涉及国家安全和敏感信息的债权以及其他限制转让的债权。

本条第2款规定属于新增的内容,对约定不得转让的债权作了区分处理,对当事人约定不得转让而实际已经转让的金钱债权和非金钱债权的法律效力进行了明确。《合同法》第79条第2项规定,当事人约定不得转让的债权,债权人不得违反该约定擅自转让该债权。但是,债权人转让该债权的效力如何,债权的受让人能否取得债权,理论界对此有不同观点,司法实践中也存在诸多争议。本条第2款在平衡保护债务人利益和促进债权流通这二者关系的基础上,区分两种情形作了规定:一是当事人约定非金钱债权不得转让的,不得对抗善意第三人。在受让人为善意时,为了保护交易安全,受让人取得债权,债务人不能对受让人主张债权禁止转让的抗辩,以保护善意的受让人并保障债权的流通价值;在受让人为恶意时,如果债务人不提出抗辩,则该债权转让有效,债务人有权向受让人主张债权禁止转让的抗辩,若债务人提出受让人是恶意的,则对债权转让无效的抗辩,应予以支持。二是当事人约定金钱债权不得转让的,不得对抗第三人。金钱债权的转让对债务人的影响较小,且金钱债权的流通价值在实践中非常重要。此时,受让人无论善意还是恶意,都能取得债权,债务人不能对受让人主张债权禁止转让的抗辩,债务人因此所遭受的损失,有权请求让与人承担违约损害赔偿责任。

实务问题

1. 关于约定禁止债权转让条款的作用和防范

在本条规则下,受让人无须审阅原债权人与债务人之间的合同约定,或特别了解二者之间的债权是否存在约定转让限制,更有利于债权的自由转让,顺应了当前经济背景下债权资产化的形势,以及债权作为交易标的和融资工具的现实。同时,该条规定对金钱债权和非金钱债权予以区分,赋予金钱债权更大的流通自由,也符合经济现实的需要。在该新规下,债务人已经难以通过在合同中约定禁止债权转让条款来获得保护。如需实现对自身权益的更大保护,债务人应更倚重债权转让的通知规则,确保自身可及时获取有效的债权转让通知,避免双重给付之风险;如有必要,亦可考虑对债权人设置较高违约金等方式,增加债权人任意转让债权的成本。除此之外,债务人亦需留存变更给付对象而造成的费用增加的相应证据,以便可得就该部分费用进行抵扣或另行主张。

2. 关于善意的认定

非金钱债权禁止转让约定不得对抗善意第三人的规则中关于善意的认定,债权人将约定不得转让的非金钱债权让与的,善意受让人可取得债权。对受让人善意的判断似可参照《物权法解释(一)》第15条至第19条的规则,即受让人受让债权时不知道转让人无处分权且无重大过失的，应当认定受让人为善意，且应由主张权利人（此处应为债务人）证明受让人非善意。此外，我们亦认为，在债权让与中，让与人的地位、交易背景、交易习惯、债权种类影响着对“善意”要件的判断。又结合债权以得让与为原则，不得让与为例外，因此债务人应就受让人之恶意负担举证责任。但让与人向受让人出示的债权证书上已显示债权不得让与的，应推定受让人为恶意。这方面的规则尚需进一步完善。

3. 关于债权转让的构成要件

（1）债权人与债务人之间存在有效的债权。有效的债权，指该债权真实存在且并未消灭。让与人仅负有保证它确实存在的义务，并不负有保证债务人能够清偿的义务。有效的债权取决于原始债权人和债务人的债权债务关系是否生效，如果原始的债权债务关系无效，转让的前提条件不存在。

（2）被让与的债权具有可让与性，不得违反本条关于三种不得转让的债权的规定。

（3）让与人与受让人就债权转让达成合意。名义上是转让债权，实际上是转让方让受让方帮忙清收债权，那么受让人不享有实际债权，转让合同不成立。最高人民法院在黑龙江加州国际投资咨询有限公司（以下简称加州公司）、黑龙江嘉泰建筑工程有限公司（以下简称嘉泰公司）债权转让合同纠纷再审审查与审判监督民事裁定书[①]中认为：“华尔公司受让取得对化建公司的案涉债权后，于 2009 年 9 月 21 日与嘉泰公司签订《债权转让协议》，约定将案涉债权转让给嘉泰公司。但是，同日华尔公司与嘉泰公司又签订《债权转让补充协议》，约定：由嘉泰公司清收华尔公司对化建公司的案涉债权，清回金额不足 20 万元，华尔公司补齐；清回金额超出 20 万元，超出部分归华尔公司所有。根据《债权转让补充协议》约定内容可见，华尔公司与嘉泰公司之间并无转让案涉债权的真实意思，双方仅约定由嘉泰公司负责清收案涉债权，嘉泰公司并没有由此受让华尔公司对化建公司的债权。加州公司在与嘉泰公司签订《债权转让协议》之后，又与华尔公司签订另一份《债权转让协议》，约定：加州公司自华尔公司处受让同一债权。据此，可以认定加州公司当时明知嘉泰公司并不实际享有对化建公司的案涉债权。嘉泰公司并没有取得对化建公司的债权，其与加州公司签订《债权转让协议》，约定转让其所称自己对化建公司的债权，该协议客观上尚不能履行，嘉泰公司只有在实际取得该项债权后，才能履行上述《债权转让协议》。嘉泰公司

---

① 最高人民法院（2020）最高法民申 751 号。

没有取得案涉债权,加州公司也相应不能按照上述《债权转让协议》的约定取得该债权。"债权转让合同的成立,必须是让与人和受让人就债权的转让意思表示一致。债权让与合同一经成立并生效,让与人和受让人之间立即发生债权让与的效果。但是,为了保护债务人的利益,我国立法规定了对债务人的通知义务。

4. 关于债权转让纠纷的案由确定

债权转让协议确定债权受让方取得原合同约定的全部权利,债权转让的后果仅是原合同权利主体发生变更,并不影响案件的法律关系性质。

因债权转让合同发生的纠纷,诉讼当事人就是债权人和受让人,因此关于"债权转让合同纠纷"案由的确定理应是针对债权出让人和债权受让人之间的债权转让权利义务关系,而与债务人无关。如果所有与债权转让有关的纠纷均纳入债权转让合同纠纷,反而不符合并失去了《民事案件案由规定》对债权转让合同纠纷作为一个独立案由的目的和意义。

(编写人:王琼花)

法律条文

第五百四十六条　债权人转让债权,未通知债务人的,该转让对债务人不发生效力。

债权转让的通知不得撤销,但是经受让人同意的除外。

条文主旨

本条是关于债权转让通知的规定。

新旧法对比

《合同法》	《民法典》
第八十条　债权人转让权利的,应当通知债务人。未经通知,该转让对债务人不发生效力。 债权人转让权利的通知不得撤销,但经受让人同意的除外。	第五百四十六条　债权人转让**债权,未通知债务人的,**该转让对债务人不发生效力。 **债权转让的**通知不得撤销,但**是**经受让人同意的除外。

理解与适用

债权人对享有的债权可以自由处分,但因其转让的行为会直接影响债务人的履行,故要求债权人转让债权时承担通知债务人的义务,让债务人知晓应当履行债务的对象,以避免重复履行、错误履行或给债务人的履行增加负担,引起不必要的纠纷。为了平衡债权流通性和债务人利益保护,本条规定在债权转让的问题上确立了债权转让只需通知债务人的原则,即债权转让并不需要取得债务人的同意。

本条第1款规定的债权转让通知并不决定债权转让的时间,也不决定债权的最终归属,而仅仅是对债务人发生效力的条件。受让人取得债权后债务人接到转让通知前,无论债务人是否实际知晓债权转让,债务人有权拒绝受让人的履行请求,债务人有权选择向让与人履行债务也有权选择向受让人履行债务。中国农业发展银行、江西省万事发粮油有限公司金融借款合同纠纷再审民事判决书裁判要旨:《合同法》第80条第1款规定,“债权人转让权利的,应当通知债务人。未经通知,该转让对债务人不发生效力”。据此,债权转让自通知到达债务人时,该转让对债务人始发生效力。通知是有相对人的意思表示,而意思表示由效果意思、表示意思与表示行为构成。债务人对债权的知晓不能替代债权转让的通知。故在债权人(转让人)与受让人欠缺通知的表示意思与表示行为的情况下,债务人虽从其他渠道获悉债权转让的事实,仍不能认定债权转让已向其通知。故该案债权转让对债务人尚未发生法律效力。债务人接到转让通知后,债务人应当依照债权转让协议向受让人履行债务,不得再向让与人履行。

债权转让的通知义务,对于债权转让通知的主体、时间和方式均未有明确规定,除法律另有规定,让与人与债务人另有约定外,转让通知的形式应当作出较为宽泛的解释,即允许当事人通过口头或书面形式进行通知。另外,受让人直接向人民法院提起债权转让合同纠纷之诉时,也应认定“通知”已经送达,该债权转让通知在相应诉讼材料送达债务人之后对债务人发生法律效力。因此,通知形式可由当事人自由选择,只要在不晚于债务履行的期间内履行的通知均应认定有效。

债权转让通知债务人后,为保护受让人的利益,本条第2款规定让与人对受让人负有不得撤销转让通知的义务。如果让与人在发出转让通知后有权随意单方撤销转让通知,则债务人即有权拒绝受让人的履行请求,在债务人向让与人作出履行后债务人的债务消灭,此时受让人仅能向让与人请求,会因此而遭受讼累、承受让与人的破产风险等不利影响,不利于受让人地位的保障和债权的流通。这也同样有助于保护债务人的利益,避免债权人单方面撤销转让通知时,债务人的审查困难。

实务问题

(1)关于通知形式。法律并未具体规定债权转让通知的形式,采用书面形式通知并由债务人签字认可是最佳形式。因此,在债权转让时,债权人应采取书面通知形式,以减少诉讼纠纷。若以书面形式之外的形式通知的,应保证债务人能够及时、准确地获知债权转让的事实。因此,若采用登报的方式,应选择公开广泛发行的报纸,以便在发生争议时有足够的证据证明已履行了债权转让的通知义务,从而使得债权转让对债务人发生效力。

根据法院判例,这六种通知形式可以被法院认可有效:①登报通知;②债务人自身行为认可;③特快专递方式通知;④口头通知;⑤起诉通知;⑥诉讼中通知。

(2)债权人以登报的方式通知债务人并不违反法律规定,但公告送达是其他送达方式无法有效到达当事人时才不得不适用的一种送达方式,其适用具有严格的标准和具体限制。

在何某兰诉海科公司等清偿债务纠纷案①中,最高人民法院认为:"在公开报纸上登报通知债务人及担保人,不违反法律法规的强制性规定,并没有致使债务人错误履行债务、双重履行债务或加重债务人履行债务的负担,也没有损害债务人的利益,应认定债权人已将债权转让的事实告知债务人及担保人。"

在沂源县润丰农业生产资料连锁有限公司、李某明债权转让合同纠纷案②中,山东省淄博市中级人民法院认为:"一审法院经审查认为,公告送达是作为其他送达方式无法有效到达当事人时才不得不适用的一种送达方式,其适用具有严格的标准和具体限制,在无合同约定情况下,应参照《最高人民法院关于审理民事案件适用诉讼时效制度若干问题的规定》第十条第一款第四项的标准执行。"

(3)债权转让情形下的诉讼时效。《最高人民法院关于审理民事案件适用诉讼时效制度若干问题的规定》第 17 条第 1 款规定:"债权转让的,应当认定诉讼时效从债权转让通知到达债务人之日起中断。"债权转让通知能够引起诉讼时效的中断,但中断的前提必须是债权转让时没有超过诉讼时效,债务人同意债权

① 最高人民法院(2003)民一终字第 46 号。
② 山东省淄博市中级人民法院(2019)鲁 03 民终 2707 号。

转让的意思表示不构成对超过时效债务的重新确认。

（编写人：王琼花）

法律条文

第五百四十七条　债权人转让债权的，受让人取得与债权有关的从权利，但是该从权利专属于债权人自身的除外。

受让人取得从权利不因该从权利未办理转移登记手续或者未转移占有而受到影响。

条文主旨

本条是关于受让人取得转让债权和从权利的规定。

新旧法对比

《合同法》	《民法典》
第八十一条　债权人转让权利的，受让人取得与债权有关的从权利，但该从权利专属于债权人自身的除外。	第五百四十七条　债权人转让**债权**的，受让人取得与债权有关的从权利，但**是**该从权利专属于债权人自身的除外。 **受让人取得从权利不因该从权利未办理转移登记手续或者未转移占有而受到影响。**

理解与适用

从权利，是指附随于主权利的权利。抵押权、质权、留置权、定金债权、保证债权等担保权利以及附属于主债权的利息等孳息请求权，都属于主权利的从权利。由于从权利是从主权利派生出来的，从权利从属于主权利，这也包括转让上的从属性。

根据本条第1款规定，债权人转让主权利时应当将从权利一并转让，受让人在取得主权利的同时，也取得与债权有关的从权利。本法第407条也规定，债权转让的，担保该债权的抵押权一并转让，但是法律另有规定或者当事人另有约定的除外；根据本法第696条第1款可知，债权人将全部或者部分债权转让给第三人，通知保证人后，保证人对受让人承担相应的保证责任。同时，主债权被分割或者部分转让的，各债权人可以就其享有的债权份额行使担保权。但如果从权利具有人身专属性及其产生仅仅针对债权人、与债权人有不可分割的关系时，则不得随主权利一并转让。

本条在《合同法》的基础上增设第 2 款，“受让人取得从权利不因该从权利未办理转移登记手续或者未转移占有而受到影响”。在债权转让前，从属性的担保权利已经进行了公示，公示公信的效果已经达成，此时，在物和权利担保的顺位上，仍是以设定担保的公示时间为依据而确定顺位。受让人取得这些从权利是基于“从随主”的法律原理以及《民法典》第 407 条的直接规定，并非基于法律行为发生的物权变动，故不以登记为生效要件。该规定有利于保障主债权顺利实现。在四川省高级人民法院(2016)川民初 19 号借款合同纠纷一审民事判决书中，法院认为，“根据《中华人民共和国物权法》第一百九十二条‘抵押权不得与债权分离而单独转让或者作为其他债权的担保。债权转让的，担保该债权的抵押权一并转让，但法律另有规定或者当事人另有约定的除外’、《中华人民共和国合同法》第八十一条‘债权人转让权利的，受让人取得与债权有关的从权利，但该从权利专属于债权人自身的除外’之规定，抵押权作为从权利应随债权转让而转让，债权受让人取得的抵押权系基于法律的明确规定，并非基于新的抵押合同重新设定抵押权，故不因债权受让人未及时办理抵押权转移登记手续而消灭。截至目前，抵押权人仍登记为金谷信托，原告四川发展资产公司作为债权受让人未办理抵押权的转移登记，不影响其对案涉三份《抵押合同》所载抵押物享有优先受偿权。根据《抵押合同》约定，抵押担保范围为主合同项下的主债权、利息、罚息、复利、违约金等费用。因此，四川发展资产公司有权向波鸿机电、威斯汀汽车、川吉房地产提供的抵押物行使优先受偿权，波鸿机电、威斯汀汽车、川吉房地产承担责任的范围为本金 16,000 万元+期内利息 6,417,111.11 元+按约定应承担的罚息和复利。波鸿机电、威斯汀汽车、川吉房地产承担担保责任后，有权向波鸿集团追偿”。

实务问题

1. 关于从权利转移登记的新规定

本条第 2 款的内容是《合同法》所没有明确的，在现实当中有非常重要的意义，实践中存在判例认为债权让与中的从权利转移应以办理转移登记手续为要件，导致受让人的权利受到影响的情况。然而，显然办理转移登记手续然后再申请执行的过程中，存在时间差，当中可能发生各种各样的情况，譬如其他法院抢先执行、重复扣押重复查封等可能对受让人不利的情况。在《民法典》作出明确规定的情况下，对于受让人一并取得从权利的争议将得以解决。同时，《城市房地产抵押管理办法》第37条和《不动产登记暂行条例实施细则》第69条关于抵押权随主债权转让应当进行转移登记的规定，是对抵押权转让在实务中的具体操作指引及程序性规定，并不是对抵押权转让的效力性规定，没有进行登记不影响从权利转让的效力。该办法及细则属于部门规定，效力层级低于法律。

2. 当事人可以约定转让债权而不转让担保该债权的抵押权

保证债权不具有人身专属性，随主债权的转让一并转让给第三人，保证人在原担保的范围内对受让人承担保证责任，不会造成对保证人的不利益。但是如果保证人与债权人事先明确约定，仅对特定的债权人承担保证责任的，在债权转让时保证责任消灭。

《民法典》第407条规定："抵押权不得与债权分离而单独转让或者作为其他债权的担保。债权转让的，担保该债权的抵押权一并转让，但是法律另有规定[①]或者当事人另有约定的除外。"《九民纪要》第62条规定："抵押权是从属于主合同的从权利，根据'从随主'规则，债权转让的，除法律另有规定或者当事人另有约定外，担保该债权的抵押权一并转让。受让人向抵押人主张行使抵押权，抵押人以受让人不是抵押合同的当事人、未办理变更登记等为由提出抗辩的，人民法院不予支持。"

因此，当事人可以另行约定，既可以是抵押权人在转让债权时，与受让人约定，只转让债权而不转让担保该债权的抵押权，也可以是第三人专为特定的债权人设定抵押的，该第三人与债权人约定，被担保债权的转让未经其同意的，抵押权因债权的转让而消灭。

（编写人：王琼花）

法律条文

第五百四十八条　债务人接到债权转让通知后，债务人对让与人的抗辩，可以向受让人主张。

条文主旨

本条是关于债权转让时债务人抗辩权的规定。

① 法律另有规定的例外情形，如《民法典》第421条规定，最高额抵押担保的债权确定前，部分债权转让的，最高额抵押权不得转让，但是当事人另有约定的除外。第696条第2款规定，保证人与债权人约定禁止债权转让，债权人未经保证人书面同意转让债权的，保证人对受让人不再承担保证责任。

新旧法对比

《合同法》	《民法典》
第八十二条　债务人接到债权转让通知后，债务人对让与人的抗辩，可以向受让人主张。	【内容不变】第五百四十八条

理解与适用

本条规定是为了保护债务人的利益不应因债权转让遭受损害。抗辩权是指债权人行使债权时，债务人根据法定事由，对抗债权人行使请求权的权利。根据债的同一性原则，被让与的债权上原已存在的从权利和从义务应当继续存在，其中当然包括抗辩权。抗辩权是固有的权利，并不因为权利的转让而消灭，因此，在债权转让的情况下，因基础合同而享有的抗辩权，债务人可以向作为新债权人的受让人行使该抗辩，债务人明确表示放弃的除外。

债务人可以对受让人主张的其对让与人的"抗辩"涵盖一切实体抗辩和程序抗辩。债务人可以对受让人行使的实体法上的抗辩权有：第一，债权不发生的抗辩，如债权不成立或被撤销或被确认为无效的抗辩权；第二，债权消灭的抗辩，如让与人行使撤销权、解除权而致使债权消灭的抗辩，以及清偿、提存、免除、抵销等而消灭的抗辩；第三，拒绝给付的抗辩，如已过诉讼时效、同时履行抗辩权、不安抗辩权、先履行抗辩权、债务已履行或者部分履行的抗辩权、履行期尚未届满的抗辩等。

"债务人接到债权转让通知后"系指债务人可以向受让人主张抗辩的时点。未将抗辩产生时点限制于债务人接到转让通知前，只要是债务人可以对让与人主张的抗辩，都可以对受让人主张。

实务问题

在债权转让中债务人放弃抗辩权的效力方面，《最高人民法院关于当前商事审判工作中的若干具体问题》在关于保理合同纠纷案件的审理问题中指出："债务人依据基础合同享有的抵销权及抗辩权，可以对抗保理商，但保理商与债务人另有约定的除外。"《天津市高级人民法院关于审理保理合同纠纷案件若干问题的审判委员会纪要（二）》提出："债务人收到债权转让通知后，其因基础合同而享有的抗辩权、抵销权可以向保理商主张，债务人明确表示放弃抗辩权、抵销权的除外。"《关于审理前海蛇口自贸区内保理合同纠纷案件的裁判指引（试行）》

提出："债务人不得再主张抗辩权、抵销权的情形：(1)债务人单方明确表示或以自己的行为表明放弃抗辩权、抵销权的；(2)债权转让通知书中明确注明债务人放弃抗辩权、抵销权，债务人在债权转让通知书上盖章确认，且未在合理期限内明确提出异议的。"

根据上述规定，债务人明确放弃或以自己的行为表明放弃抗辩权、抵销权的，债务人不得再向受让人主张。放弃抗辩权的约定系双方当事人的真实意思表示，并不违反法律行政法规的强制性规定，对双方具有约束力。最高人民法院(2018)最高法民终31号民事判决中，认为："债务人确认该债权转让并同意按照债权转让通知履行的，如债务人无预先放弃抗辩权或者抵销权以及存在欺诈等严重过错的情形，债务人仍不失抗辩权或者抵销权。"这说明如债务人作出了相应的承诺或预先放弃抗辩，则法院将不予支持其依据基础交易合同享有的抗辩权。

(编写人：王琼花)

法律条文

第五百四十九条　有下列情形之一的，债务人可以向受让人主张抵销：

(一)债务人接到债权转让通知时，债务人对让与人享有债权，且债务人的债权先于转让的债权到期或者同时到期；

(二)债务人的债权与转让的债权是基于同一合同产生。

条文主旨

本条是关于债权转让时债务人抵销权的规定。

新旧法对比

《合同法》	《民法典》
第八十三条　债务人接到债权转让通知时，债务人对让与人享有债权，并且债务人的债权先于转让的债权到期或者同时到期的，债务人可以向受让人主张抵销。	第五百四十九条　**有下列情形之一的，**债务人可以向受让人主张抵销： (一)债务人接到债权转让通知时，债务人对让与人享有债权，且债务人的债权先于转让的债权到期或者同时到期； **(二)债务人的债权与转让的债权是基于同一合同产生。**

理解与适用

抵销是合同终止的情形之一,本法第568条规定了债的法定抵销,当事人互负债务且债务的标的物种类、品质相同的,任何一方可以将自己的债务与对方的到期债务抵销;但是,根据债务性质、按照当事人约定或者依照法律规定不得抵销的除外。不同于法定抵销,本条对抵销债务的性质没有特别限定,不要求债务标的物种类、品质相同。本条第1项规定的抵销权构成要件包括:第一,债务人对让与人享有债权的法律原因必须在债务人接到债权转让通知时已经存在;第二,债务人对让与人的债权先于转让的债权到期或者同时到期;第三,债务人对让与人的债权在通知到达时已届清偿期。

本条第2项属于新增内容,确认了在债务人的债权与转让的债权基于同一法律关系产生的情形下,债务人可以向债权受让人主张抵销。根据该项规定,债务人对受让人主张抵销权的条件是债务人对让与人的债权与转让债权是基于同一合同产生的,此时无须考虑债务人的债权与转让债权到期时间的先后,债务人均可对受让人主张抵销,只要债务有效且不为法律禁止抵销的都可以抵销。由于这两个债权是基于同一合同产生的,因此具有密切的联系,受让人就应当认识到债务人对让与人可能基于该合同享有债权,因此受让人能够在订立债权转让合同时对这种抵销可能性进行预先的安排。

值得注意的是,如果债务人在接到债权转让通知时,债务人的抵销权依照法律规定已经产生,其可以行使抵销权但尚未行使,即使在债权转让后,债务人原本可以主张抵销的利益此时也应加以保护,因此在债务人接到转让通知后,仍可以向受让人主张该抵销。

实务问题

1. 司法实践中对债务人抵销权之认定

从司法实践来看,在受让人依据债权转让合同要求债务人承担债务的案例中,出于谨慎性之考虑,法院审查债务人能否行使抵销权时,主要关注以下几方面:第一,债务人债权的真实性。从技术角度考虑,如债务人的债权涉及第三人,法院多会从证据角度出发,要求第三人参加诉讼。第二,债务人的债权到期时间与转让债权的到期时间的先后。第三,债务人之债权是否已另案诉讼。从以上几方面来看,对于债权让与中债务人行使抵销权的问题,并没有细致之讨论,包括对债务人债权性质是否存在特别要求、债务人行使抵销权的时间是否存在限制等。对于债权让与中债务人的抵销权与一般抵销权之区别,更无深入讨论。

在近年来的有些案例之中,甚至出现未对债务人债权的到期时间与让与债权的到期时间先后进行审查,直接判决债权可以抵销之情形。

综上,无论是在司法实践之中还是在对本条文的理解上,都存在许多争议,对于何种情况下债务人能够行使抵销权,也没有明确而划一的标准。债务人抵销权无疑是对债务人期待利益之特殊保护,但对于债权受让人来说,如果一旦债务人要求行使抵销权,由于一般债权并无公示,其便可能面临受让债权无法全部或部分实现之风险。虽然此时受让人仍然可以根据债权转让合同要求转让方承担瑕疵担保责任,但却给受让人带来诉累。在债权转让合同约定不明确或受让人未尽到一般注意义务的情形下,对于己方的损失受让人也可能需要承担部分责任。

2. 债权转让下的执行抵销

债务人可以抵销的债权范围较广,执行程序中的债权、应收账款等期待债权,同样可以主张抵销。《最高人民法院关于人民法院办理执行异议和复议案件若干问题的规定》第 19 条对执行程序中允许被执行人主张抵销作出明确地肯定:"当事人互负到期债务,被执行人请求抵销,请求抵销的债务符合下列情形的,除依照法律规定或者按照债务性质不得抵销的以外,人民法院应予支持:(一)已经生效法律文书确定或者经申请执行人认可;(二)与被执行人所负债务的标的物种类、品质相同。"

债权转让下的执行抵销实际上包括三种情形:第一种是申请执行人将债权转让给第三人,在接到让与通知时若被执行人对该申请执行人享有到期债权,则被执行人可以对受让人主张抵销权;第二种是申请执行人将债权转让给第三人,被执行人在接到让与通知时对该第三人享有到期债权,则被执行人可以据此对该第三人主张抵销权;第三种情形是申请执行人未转让债权,被执行人在本次执行程序开始之前已经受让了第三人对申请执行人享有的债权且已届清偿期,则被执行人可以据此对申请人主张抵销。特别需要注意的是,在第三种情形下,若被执行人是在执行程序开始后受让了第三人转让的债权,并据此主张与申请执行人对自己享有的债权进行相互抵销,则基于抵销的期待可能性,以及从抵销权滥用的防范角度出发,不应当允许。只有在执行程序开始前已经受让了第三人对申请执行人享有的债权,并且同时或先于申请执行人的债权到期,才能主张执行抵销。

(编写人:王琼花)

法律条文

第五百五十条　因债权转让增加的履行费用，由让与人负担。

条文主旨

本条是关于债权转让增加履行费用负担的规定。

新旧法对比

无	《民法典》
无	第五百五十条　**因债权转让增加的履行费用，由让与人负担。**

理解与适用

债权转让增加履行费用负担的问题，《合同法》并没有规定，此为新增条款。债权转让不会损害债务人的利益，但可能给债务人带来额外费用，如履行地点、履行方式变化而增加的交通费、住宿费等，尽管债权转让无须债务人同意，但通知债务人即对其生效。债务人受到让与人与受让人之间的债权转让协议约束，不得拒绝向债权受让人履行债务，否则将承担违约责任。因此让与人不应因债权转让给债务人带来其他负担，由此产生的费用让与人承担，这一规定也符合本法第511条第6项的规定："履行费用的负担不明确的，由履行义务一方负担；因债权人原因增加的履行费用，由债权人负担。"

实务问题

在债权部分转让的情况下，费用如何负担的问题，我们认为，对此可以进一步细化处理：首先，要尊重当事人的约定。如果当事人之间，特别是债权人与受让人之间就费用负担已经有明确约定的，可以适用本法第522条规定的为第三人利益合同的规则处理。其次，部分转让债权的，仅涉及部分转让债权履行费用的增加，这时从法律规则上，应仅就这部分增加的费用，适用本条的规定，即由原债权人承担。

对于因债权转让增加的履行费用，应由债务人承担举证责任，该部分费用应与原履行债务的费用进行区分，让与人承担的只是额外增加的费用，原履行债务的费用，应按照合同约定或者法律规定予以确定。对债权全部转让的让与人已经退出原债权债务关系，此时要求让与人负担增加的履行费用可能存在实践的困难,因债务人可向受让人主张对让与人债权的抵销,故因债权转让增加的履行费用可向受让人主张抵销。

(编写人:王琼花)

法律条文

第五百五十一条　债务人将债务的全部或者部分转移给第三人的,应当经债权人同意。

债务人或者第三人可以催告债权人在合理期限内予以同意,债权人未作表示的,视为不同意。

条文主旨

本条是关于债务转移的规定。

新旧法对比

《合同法》	《民法典》
第八十四条　债务人将合同的义务全部或者部分转移给第三人的,应当经债权人同意。	第五百五十一条　债务人将**债务的**全部或者部分转移给第三人的,应当经债权人同意。 **债务人或者第三人可以催告债权人在合理期限内予以同意,债权人未作表示的,视为不同意。**

理解与适用

债务转移,是在保持债同一性的基础上,债务人将债务全部或者部分地转让给第三人。本条明确规定,不管是债务的全部还是部分转移给第三人的,均需经债权人同意。

债务转移涉及债权人、债务人和第三人三方,其产生可能存在三种不同的方式:债权人、债务人和第三人共同缔结债务转移合同;第三人和债权人缔结债务转移合同;第三人和债务人缔结债务转移合同。本条第1款规定的是债务人和第三人缔结债务转移合同的情形。在原有的债权债务关系中,债权人、债务人相互了解,特别是债权人对债务人履行债务的能力较为熟悉,而债务人将债务转移给第三人时,债权人并不必然了解第三人的履行能力、资信状况。为保护债权人利益不受债务人与第三人之间转移债务的影响,债务转移合同生效必须取得债权人的同意。无论是债务的部分转移,还是全部转移,都应当得到债权人的同意。未经债权人同意便转让债务的,转让行为无效。债权人可以拒绝债务人转移债务,有权要求债务人继续按照原合同履行债务,若债务人不履行、迟延履行的构成违约,承担相应的违约责任。

债务转移必须同时具备四个条件:第一,要存在有效的债务,这是债务转移的前提。第二,被转移的债务要具有可移转性。根据债务的性质、当事人的约定或者法律规定不得转移的债务(法律规定不得转移的债务例如本法第 894 条第 1 款规定,保管人不得将保管物转交第三人保管),以及不具有可移转性的债务,不能成为债务转移合同的标的。第三,债务人须与第三人就债务的转移达成合意。债务人和第三人签订债务转移合同,该债务转移合同适用民事法律行为和合同的一般规定,如法律法规规定应当办理批准手续生效的,应依法办理手续。在债务人和第三人签订的债务转移合同中,必须体现由第三人负担债务且债务人从债务关系中脱离出来的明确意思表示,否则,不发生债务转移的法律效果。第四,债务转移须经债权人同意。债权人和债务人的合同关系是产生在相互了解的基础上,在订立合同时,债权人一般要对债务人的资信情况和偿还能力进行了解,而对于取代债务人或者加入债务人中的第三人的资信情况及履行债务的能力,债权人不可能完全清楚。所以,如果债务人不经债权人的同意就将债务转移给了第三人,那么,对于债权人来说显然是不公平的,不利于保障债权人合法利益的实现。债务人无论转移的是全部义务还是部分义务,都需要征得债权人同意。未经债权人同意,债务人转移合同义务的行为对债权人不发生效力。债权人有权拒绝第三人向其履行,同时有权要求债务人履行义务并承担不履行或者迟延履行合同的法律责任。转移义务要经过债权人的同意,这也是合同义务转移制度与合同权利转让制度最主要的区别。

为保护债权人合法权益,避免债务人损害债权人合法权益或与第三人串通恶意损害债权人的合法权益,本条在《合同法》第 84 条的基础上,增加了第 2 款规定:经债务人或第三人对于债务转移在合理期限内向债权人进行催告后,如债权人未作表示,则视为不同意。第 2 款规定是《民法典》第 140 条第 2 款"沉默只有在有法律规定、当事人约定或者符合当事人之间的交易习惯时,才可以视为意思表示"的具体化。如此设计,是因为债权是否能够实现,对债权人来讲至关重要。如债务转移给第三人承担,债权人必然要对第三人的偿债能力、履行意愿等因素综合考量,慎重做出决定。加之合同具有相对性的原则,所以在债务转移时,必然要在债务人、第三人、债权人三者之间形成非常明确的法律关系,不适用默示许可原则。但债权人虽未明确作出同意的意思表示,但其主动向承担债务的第三人请求履行债务的,应视为同意。

应当指出的是,债务人转移义务有别于第三人替债务人履行债务(也称“债务加入”)。本法第552条对债务加入的问题作出了规定,明确当事人可以约定由第三人向债权人履行债务。第三人不履行债务或者履行债务不符合约定的,债务人应当向债权人承担违约责任。第三人代为履行是债权人和债务人约定由第三人代债务人清偿债务,实质是辅助债务人履行债务,属于债的履行方式。在此情况下,因为债的结构没有发生变化,债权人不能直接要求第三人履行或承担违约责任。而债务转移中,第三人和债务人之间存在合同,债权人因此取得对第三人承担债务的请求权。

实务问题

债务转移和债务加入的区别主要有以下几方面:

(1)是否需要债权人同意存在区别。债务转移中债务人应当征得债权人的同意,否则债务转移行为无效;债务加入,债务人同意第三人代替其履行债务即可,不必经债权人的同意。债务加入,本质上是增加一个新的债务人来保障债权实现,属于对债权人有利益的行为,无须债权人同意,在第三人与债务人约定加入债务的场合,应当通知债权人,或者第三人直接向债权人表示愿意加入债务。

(2)债务人是否免责存在区别。在债务转移中,通常债务人将债务转移给第三人后,其已经脱离原债务关系,即其不再作为债务人对债权人承担履行债务的义务,而是由第三人作为债务人,故此,债务转移又被称为免责的债务承担;在债务加入中,第三人在其承诺的范围内与债务人一起对债权人承担连带责任,故此,债务加入又被称为并存的债务承担。

(3)法律后果存在区别。在债务人转移义务后,第三人成为合同关系的当事人,如果债务人未能按照合同约定履行,债权人可以直接请求第三人履行义务,而不能再要求原债务人履行。在债务部分转移的情况下,债权人可以向债务人和第三人中的任何一方要求履行。在债务加入的情况下,第三人履行有瑕疵的,债权人只能要求债务人承担违约责任,而不能要求第三人承担违约责任。

要判断是债务加入还是债务转移,关键在于第三人的加入是否导致原债务人退出原债权债务关系。第三人取代原债务人的地位而承担全部债务的是债务转移,原债务人在转移给第三人的债务范围内,不再承担债务。而在债务加入的场合,债务人并不因第三人加入债务关系中而脱离原债权债务关系,债务人和第三人对债权人承担连带清偿责任。在广东达宝物业管理有限公司与广东中岱企业集团有限公司、广东中岱电讯产业有限公司、广州市中珊实业有限公司股权转让合作纠纷案[①]中，最高人民法院认为：合同外的第三人向合同中的债权人承诺承担债务人义务的，如果没有充分的证据证明债权人同意债务转移给该第三人或者债务人退出合同关系，不宜轻易认定构成债务转移，一般应认定为债务加入。第三人向债权人表明债务加入的意思后，即使债权人未明确表示同意，但只要其未明确表示反对或未以行为表示反对，仍应当认定为债务加入成立，债权人可以依照债务加入关系向该第三人主张权利。

（编写人：王琼花）

法律条文

第五百五十二条　第三人与债务人约定加入债务并通知债权人，或者第三人向债权人表示愿意加入债务，债权人未在合理期限内明确拒绝的，债权人可以请求第三人在其愿意承担的债务范围内和债务人承担连带债务。

条文主旨

本条是关于债务加入的规定。

新旧法对比

无	《民法典》
无	第五百五十二条　**第三人与债务人约定加入债务并通知债权人，或者第三人向债权人表示愿意加入债务，债权人未在合理期限内明确拒绝的，债权人可以请求第三人在其愿意承担的债务范围内和债务人承担连带债务。**

理解与适用

1. 债务加入的含义

债务加入也称并存的债务承担，指债务人并没有脱离原债务关系，第三人又

① 最高人民法院(2010)民提字第153号。

加入原存的债务关系中与债务人共同承担债务。

2. 债务加入的构成要件

根据本条规定,债务加入的构成要件主要包括:一是原债权债务关系有效存在,这是第三人与债务人共同承担债务的基础。二是债务人不脱离原债务关系,第三人与债务人约定第三人加入债务与债务人共同承担债务。债务人仍应当在债务范围内承担履行义务,其并没有因第三人加入债务而免除其履行义务,即第三人加入债务只是在债务人的基础上增加了一个新的债务人,在性质上具有担保债权实现的功能。三是原债务具有可转移性,不存在债务性质决定不能转移的、当事人约定债务不能转移的以及法律禁止债务转移的情形。四是第三人有债务加入的明确的意思表示。这种意思表示可以是第三人与债权人达成双方协议,也可以是第三人向债权人单方承诺由第三人履行债务人的债务,但同时不免除债务人履行义务。

3. 债务加入的法律效果

对债权人,债务加入使债权人的债权进一步得到保障,债权人可以向债务人主张权利,也可以向第三人主张清偿,但仅享有一个债权而不是两个债权。

对债务人,债务人并不脱离原债权债务关系,仍对债权人负有履行合同的义务,依然享有对债权人的合理抗辩权。此外,根据《民法典》第 697 条第 2 款的规定,第三人加入债务的,保证人的保证责任不受影响。因此,为债务人提供的担保并不因第三人加入债务而受到影响,该担保仍然对债务人发生担保效力,但对加入的第三人不发生担保效力。

对第三人,第三人成为新的债务人,与原债务人一起对债权人承担连带债务,可以行使原债务人对债权人的抗辩。当然,连带债务的范围应限制在当事人约定的债务范围内,如当事人无特别约定,推定第三人与债务人对债务承担全部连带责任。

第三人履行债务后与债务人之间的关系,依据第三人与债务人之间的约定。

实务问题

1. 债务加入的举证责任分配

债务加入既然属于合同,就应当按照合同相关法律规定分配举证责任。债权人对本债与债务加入之债的产生负有举证责任,第三人和债务人对债权债务的变更、消灭负有举证责任。

2. 债务加入关系的认定

认定是否成立债务加入关系的核心在于第三人是否具有明确的加入债权人

与债务人的原债权债务之中,并以自身财产与债务人共同对债权人承担清偿责任的意思表示。这也是审判实践中的难点所在。债务加入属于无名、不要式合同,没有法律的明确规定,也没有明确的形式要求,是否成立债务加入仅凭第三人的意思表示。通过分析有关司法判例可以看出,认定成立债务加入的审理规则为:只有第三人明确对债权人作出作为债务加入人或者同意对某一确定的债务与债务人承担连带责任意思表示的情形下,才认定为债务加入。

3. 债务加入情形下的诉讼时效

债务加入产生的效果是债权人和第三人之间形成了一个债权债务关系,该债权债务关系与原债权债务关系具有关联性,第三人和债务人对债权人负有连带清偿责任,两者相对独立又相互关联。因此在债务加入情形下的诉讼时效应当如何计算,也是司法实践中应当注意的一个问题。因第三人和债务人对债权人承担连带清偿责任,债权人既可以单独向债务人主张清偿也可以单独向债务加入的第三人主张债务,还可以向双方同时提出主张。因此对债务人和第三人而言诉讼时效应当分别计算。

关于债务加入是否导致债务人诉讼时效的中断问题,因第三人承诺清偿债务并未免除债务人的清偿责任,故债务人的诉讼时效不受第三人债务加入的影响。

而在债务已过诉讼时效期间的情形下,诉讼时效是否中断需要分情形讨论。如债务承担协议系只在债权人与第三人之间签订,则诉讼时效不受影响,第三人可行使原债务人的诉讼时效抗辩权;如果债务承担协议系由债权人、第三人、原债务人三方签订,则认为属于重新确认了债权,第三人不能行使原债务人的诉讼时效抗辩权。

4. 第三人的债权人的撤销权

《民法典》第538条规定:"债务人以放弃其债权、放弃债权担保、无偿转让财产等方式无偿处分财产权益,或者恶意延长其到期债权的履行期限,影响债权人的债权实现的,债权人可以请求人民法院撤销债务人的行为。"债务加入的情形下,第三人无偿负担原属于他人的债务,导致第三人的责任财产减少,如果因此危及其债权人债权的实现,该第三人的债权人有权请求法院撤销第三人债务加入的行为。

5. 债务加入与连带保证的区别

根据本条规定,债务加入与连带保证之间的区别主要表现在三个方面。第一,保证债务是主债务的从债务,即保证人承担的保证责任为从属性债务,或者说保证人是为他人的债务负责；在债务加入中，第三人作为连带债务人，其承担的债务与债务人的债务具有同一性，二者之间不存在主从关系，第三人加入债务后，即与债务人一起成为共同债务人，是为自己的债务负责。故第三人承担债务的内容是否具有从属性质，是债务加入与连带保证的本质区别。第二，连带保证受到保证期间与诉讼时效的双重限制，保证期间属于除斥期间，在当事人没有约定的情况下为主债务履行期限届满之后 6 个月，在连带保证中，债权人必须在保证期间内要求保证人承担保证责任，否则保证期间经过后，债权人未主张权利的，保证人不再承担保证责任；债务加入则不受保证期间的限制，仅受诉讼时效的制约。第三，保证人享有追偿权，即保证人承担保证责任后，享有债权人对债务人的权利，有权在承担保证责任范围内向债务人追偿；在债务加入的场合，第三人在清偿债务后，是否可以向债务人追偿，取决于其在债务加入时与债务人之间的具体约定。

6. 约定不明时债务移转与债务加入的认定规则

债务转移与债务加入的根本区别在于，第三人承诺承担债务后，债务人是否脱离原债务关系，即债务人是否继续对债务承担清偿责任。在司法实践中，第三人与债务人约定承担债务时，尤其是在债权人、债务人、第三人的三方协议中并未明确债务人是否退出原债务关系时，如何认定三方协议中约定的性质究竟是债务转移还是债务加入，对债务人的利益有重大影响。

根据《中华人民共和国民法典合同编释义》中的观点，在债务转移与债务加入的意思表示不明确时，考虑到债权人对债务人资力与履行能力的信赖，从保护债权人利益的价值出发，债务人不应轻易地从原债务中脱离，可以推定为债务加入，即债务人应当继续对债权人承担清偿责任。[①]

最高人民法院民二庭在《民商事审判若干疑难问题》中总结了审判实践中存在的两种争议观点：一种观点认为，约定不明视为债务转移，即除从协议中的文字和履行行为可以推断出未免除原债务人义务，否则视为免除原债务人的义务；与之对立的观点认为，约定不明视为债务加入，理由是权利的放弃必须经明示的行为，因此，除从协议中的文字和履行行为可以推断出免除原债务人义务，否则视为未免除原债务人义务。在张某良、张某双借款合同纠纷再审案[②]中，最高人民法院认为，第三人以自己的名义另行向债权人出具债务凭据并承诺由其偿还，债权人同意第三人承担还款责任，但双方没有约定原债务人脱离债权债务

① 参见黄薇主编：《中华人民共和国民法典合同编释义》，法律出版社 2020 年版，第 202 页。

② 最高人民法院（2019）最高法民再 316 号。

关系，债权人没有明确表示免除原债务人的还款义务，也没有其他证据或行为表明债权人同意由第三人独立承担原债务人债务，故应认定为并存式债务承担，即应当认定为债务加入。

（编写人：王琼花）

法律条文

第五百五十三条　债务人转移债务的，新债务人可以主张原债务人对债权人的抗辩；原债务人对债权人享有债权的，新债务人不得向债权人主张抵销。

条文主旨

本条是关于债务转移中新债务人抗辩和抵销的规定。

新旧法对比

《合同法》	《民法典》
第八十五条　债务人转移义务的，新债务人可以主张原债务人对债权人的抗辩。	第五百五十三条　债务人转移债务的，新债务人可以主张原债务人对债权人的抗辩；**原债务人对债权人享有债权的，新债务人不得向债权人主张抵销。**

理解与适用

债务人转移债务后，新债务人取得原债务人的一切法律地位，有关对债权人的一切抗辩和抗辩权，新债务人都有权对债权人主张。债务的受让人取得的抗辩权的内容包括一切实体抗辩和程序抗辩，例如，第一，法定的抗辩事由，如不可抗力。第二，在实际发生债的关系后，债务人可据以对抗债权人的一切事由，新债务人可以对抗债权人。例如，可撤销的合同原债务人享有的撤销权，债权人的违约行为，债权人有关免责的意思表示，以及原债务人对债权已经实施的履行行为，新债务人都可以以其对抗债权人。

债务转移后，原债务人享有的对债权人的抵销权不发生转移，即原债务人对债权人享有的债权，新债务人不得向债权人主张抵销。因为债务转移是特定债务的主体变更，原债务人没有转让自己对债权人享有的债权，当然不在转让的范围内。原债务人对债权人享有的债权，仍然可以向债权人主张。

实务问题

根据本条规定，债务人转移债务的，新的债务人可以主张原债务人对债权人的抗辩。在免责的债务转移方式中，第三人取代原债务人地位成为新的债务人，除了法律另有规定、当事人另有约定以及根据债务性质不得转移的情形外，第三人基于原债权债务关系，当然取得原债务人对债权人的抗辩权。新债务人享有的抗辩权，是基于债权人与原债务人之间法律关系所产生的，包括阻止或者排斥债权的成立、存续或者行使的所有事由产生的一切实体抗辩和程序抗辩，主要包括诉讼时效抗辩，债权不发生的抗辩，因履行、提存、抵销、免除等债权消灭抗辩，合同因被撤销、被解除等不存在的抗辩，以及同时履行抗辩、先履行抗辩、不安抗辩等履行抗辩。

本条关于新债务人抵销权的规定，适用债务加入中。应当注意的是，债务转移中关于抵销权的规则与债权让与中的规则不同，在债权让与中，债务人对原债权人享有债权的，在其接到转让通知时，其享有的债权先于转让债权或者与转让债权同时到期，或者债务人对债权人享有的债权与转让债权基于同一合同关系产生，此时债务人可以向受让人主张抵销。

（编写人：王琼花）

法律条文

第五百五十四条　债务人转移债务的，新债务人应当承担与主债务有关的从债务，但是该从债务专属于原债务人自身的除外。

条文主旨

本条是关于债务转移中新债务人承担从债务的规定。

新旧法对比

《合同法》	《民法典》
第八十六条　债务人转移义务的，新债务人应当承担与主债务有关的从债务，但该从债务专属于原债务人自身的除外。	第五百五十四条　债务人转移**债务**的，新债务人应当承担与主债务有关的从债务，但是该从债务专属于原债务人自身的除外。

理解与适用

从债务也称附随债务，随主债务产生而产生，随主债务消灭而消灭。债务人转移债务的，从债务随主债务一并转移，新债务人同时承担与主债务有关的从债务。即使当事人在转让债务时，未在转让协议中明确规定从债务问题，也不影响从债务转移给债务的受让人，尤其在全部债务转移时，原债务人的地位由受让人取得从而脱离债的关系。债权人权利的实现只能依赖于新债务人的履行行为，新债务人自然应当对从债务予以承担。但是，第三人原来向债权人所担保，在债务转移时若担保人未明确表示继续承担担保责任，则担保责任将因债务转移而消灭。

专属于原债务人的从债务，在主债务转移时，不必然随之转移。专属于原债务人的从债务，是指应当由原债务人自己来履行的附属于主债务的债务，一般在债务转移之前已经发生的从债务要由原债务人来履行，不得转由债务的受让人来承担，对于与原债务人的人身相关或者与原债务人有特殊关联的从债务，应由原债务人来承担，不属于主债务的转让。

实务问题

本条规定了新债务人应当承担与主债务有关的从债务，并未规定新债务人当然享有与主债务有关的从权利。

在债务转移中，第三人为原债务人提供的担保，由于涉及原债务人和新债务人之间资力和履行能力的差异，因此，除另有约定外，未经担保人同意，担保人不对债务承担担保责任。本法第 391 条规定第三人提供担保，未经其书面同意，债权人允许债务人转移全部或者部分债务的，担保人不再承担相应的担保责任。本法第 697 条第 1 款也规定："债权人未经保证人书面同意，允许债务人转移全部或者部分债务，保证人对未经其同意转移的债务不再承担保证责任，但是债权人和保证人另有约定的除外。"

（编写人：王琼花）

法律条文

第五百五十五条　当事人一方经对方同意，可以将自己在合同中的权利和义务一并转让给第三人。

条文主旨

本条是关于债权债务一并转让的规定。

新旧法对比

《合同法》	《民法典》
第八十八条　当事人一方经对方同意，可以将自己在合同中的权利和义务一并转让给第三人。	【内容不变】第五百五十五条

理解与适用

债权债务一并转让又称为概括转让，是指合同一方当事人将其权利和义务一并转移给第三人，由第三人全部地承受这些权利和义务。债权债务一并转让不同于债权转让和债务转移的是，它是合同一方当事人对合同权利和义务的全面处分，其转让的内容实际上包括债权的转让和债务的转移两部分内容。债权债务一并转让的后果，导致原合同关系的消灭，第三人取代了转让方的地位，产生出一种新的合同关系。

债权债务一并转让主要发生在双务合同中。对于当事人只承担义务或者享受权利的单务合同不存在债权债务一并转让的问题。比如，赠与合同的被赠与人只享有权利而不承担义务，这些合同的当事人不可能出现将债权债务一并转让的情况。

债权债务一并转让包括意定转让和法定转让，本条规定的意定转让是经当事人合意而产生；法定转让最为典型的是本法第 67 条规定的法人合并和分立情形中的一并转让。

债权人转让债权应当通知债务人；债务人转移债务的必须经债权人的同意。债权债务一并转让既包括了债权的转让，又包括债务的转移，所以，一方当事人在进行转让前应当取得对方的意见，使对方能根据受让方的具体情况来判断这种转让行为会否对自己的权利造成损害。只有经对方当事人同意，才能将债权债务一并转让。如果未经对方同意，一方当事人就擅自一并转让债权债务的，那么其转让行为无效，对方有权就转让行为对自己造成的损害，追究转让方的违约责任。

实务问题

1. 债权债务一并转让的案由确定

因债权债务一并转让的案由确定,因债权债务一并转让合同而发生的纠纷,并非因原法律关系而发生的,故不应按原法律关系确定案由。在确定本案由时,还需要注意区分当事人间发生争议的到底是哪一个法律关系。如果在债权债务概括转移合同生效后,因原债权债务关系的履行问题发生纠纷诉至法院,即应按原法律关系确定案由。如果债权债务概括转移合同生效后,因债权债务概括转移合同的履行发生争议,则应按债权债务概括转移合同纠纷确定案由。

2. 债权转让管辖权争议的总体处理原则

关于转让债权只规定了通知债务人的程序,并没有设定别的严格条件,债权人为规避原协议管辖约定,可能会采取虚假转让债权给选定的第三人,从而达到恶意规避管辖的目的。故此,《民事诉讼法解释》第 33 条规定:"合同转让的,合同的管辖协议对合同受让人有效,但转让时受让人不知道有管辖协议,或者转让协议另有约定且原合同相对人同意的除外。"可见,债权转让中,受让人与债务人之间争议的管辖,原则上以基础合同的约定为准。

3. 涉及仲裁条款的处理

债权受让人受让债权所依据的基础合同含有仲裁条款的,受让人亦受仲裁条款约束。《仲裁法解释》第 9 条规定,债权债务全部或者部分转让的,仲裁协议对受让人有效,但当事人另有约定、在受让债权债务时受让人明确反对或者不知有单独仲裁协议的除外。在中国有色金属进出口河南公司与辽宁渤海有色金属进出口有限公司(以下简称辽宁公司)债权转让协议纠纷案中,最高人民法院认为,本案债权是基于原合同产生的,且需依附于原合同实现。辽宁公司接受债权转让协议,其中应包括解决争议的条款。而依据双方所签订的合同的约定,双方解决权利义务争议要通过仲裁裁决,因此,辽宁公司要实现其受让的权利,亦需要通过仲裁解决。故本案应依据仲裁条款的约定,通过约定的仲裁机构裁决,人民法院不应受理。①

(编写人:王琼花)

① 最高人民法院(2000)经终字第 48 号。

法律条文

第五百五十六条　合同的权利和义务一并转让的，适用债权转让、债务转移的有关规定。

条文主旨

本条是关于合同权利义务一并转让适用条款的规定。

新旧法对比

《合同法》	《民法典》
第八十九条　权利和义务一并转让的，适用本法第七十九条、第八十一条至第八十三条、第八十五条至第八十七条的规定。	第五百五十六条　**合同的**权利和义务一并转让的，适用**债权转让、债务转移的有关规定。**

理解与适用

合同的权利和义务一并转让时，同时受到债权转让、债务转移有关规定的调整。

实务问题

在涉及债权转让时，适用如下规定：第 545 条规定不得转让的债权的规定；第 547 条关于债权受让人取得与债权有关的从权利的规定；第 548 条关于债务人对让与人的抗辩权的规定；第 549 条关于债务人对受让人主张抵销权的规定；第 550 条关于债权转让增加的履行费用的负担的规定；第 502 条第 3 款关于债权转让批准的规定。在涉及债务转移时，适用如下规定：第 502 条第 3 款关于债务转移批准的规定；第 553 条关于新债务人的抗辩和抵销的规定；第 554 条关于新债务人承担与主债务有关的从债务的规定。

（编写人：王琼花）

第七章　合同的权利义务终止

法律条文

第五百五十七条　有下列情形之一的，债权债务终止：
（一）债务已经履行；
（二）债务相互抵销；
（三）债务人依法将标的物提存；
（四）债权人免除债务；
（五）债权债务同归于一人；
（六）法律规定或者当事人约定终止的其他情形。
合同解除的，该合同的权利义务关系终止。

条文主旨

本条是关于债权债务终止情形的规定。

债是有期限的民事法律关系，债的关系从设立到终止是一个动态的过程，债因法定或约定等多种原因而产生，也因多种原因而终止。导致债权债务终止的原因包括履行、抵销、提存、免除、混同以及法律规定或者当事人约定终止的其他原因，以上原因适用于法定之债及意定之债的终止。合同解除仅适用于意定之债的终止。

新旧法对比

《合同法》	《民法典》
第九十一条　有下列情形之一的，合同的权利义务终止： （一）债务已经按照约定履行； （二）合同解除； （三）债务相互抵销；	第五百五十七条　有下列情形之一的，**债权债务终止**： （一）债务已经履行； （二）债务相互抵销； （三）债务人依法将标的物提存；

续表

《合同法》	《民法典》
（四）债务人依法将标的物提存； （五）债权人免除债务； （六）债权债务同归于一人； （七）法律规定或者当事人约定终止的其他情形。	（四）债权人免除债务； （五）债权债务同归于一人； （六）法律规定或者当事人约定终止的其他情形。 **合同解除的，该合同的权利义务关系终止。**

理解与适用

债权债务终止，不仅涵盖因合同引起的意定之债，还涵盖不当得利、无因管理、侵权之债等法定之债。

债权债务的终止有两种情形：一是指单个债权债务终止，二是指整体债权债务关系终止。单个债权债务终止，并不必然导致整体债权债务关系终止。在双务合同中，一方适当履行债务，只能导致单个债权债务终止，只有在双方均适当履行债务，才会导致整体债权债务关系终止。本条第 1 款规定的是单个债权债务终止的情形，第 2 款规定的是合同解除导致整体的债权债务关系终止的情形。

除了本条列举的履行、抵销、提存、免除、混同、解除等导致债权债务终止的情形外，法律规定的其他情形，也会导致债权债务终止。比如，因不可抗力导致履行不能的，债权债务终止。本法第 147 条至第 151 条规定当事人基于重大误解、显失公平或者受欺诈、胁迫而实施的行为，此种行为如被撤销，则在此基础上产生的债权债务关系亦终止。

此外，法律规定或者当事人约定的其他情形也可以导致债权债务终止。法定情形中，比如，《民法典》第 934 条规定："委托人死亡、终止或者受托人死亡、丧失民事行为能力、终止的，委托合同终止；但是，当事人另有约定或者根据委托事务的性质不宜终止的除外。"约定情形中，比如，在附终止期限的合同中，期限届满，则债权债务终止。

实务问题

1. 案情简介[①]

2005 年 12 月 25 日，谢某英与宏亚公司签订《租赁合同》，宏亚公司将西湖

① 湖北省黄冈市中级人民法院（2020）鄂 11 民终 1892 号。

四路厂区租赁给谢某英用于从事石材经营活动，租赁期限20年。2013年5月20日，姚某亮以谢某英的名义与铁塔公司签订《租赁协议》，由铁塔公司承租原谢某英的租赁地用于基站建设等。第三人姚某亮与谢某英系夫妻关系。2012年3月20日，谢某英失踪，经姚某亮申请，法院于2018年11月8日宣告谢某英死亡。谢某英失踪后，姚某亮使用案涉厂区继续经营，并以谢某英名义继续与铁塔公司签订租赁协议，将房屋租赁用于架设移动通信基站。2020年，宏亚公司诉至法院，要求铁塔公司立即停止对上述厂区所有权的侵害、立即拆除楼顶铁塔、恢复原状。

2. 法院认为

谢某英与宏亚公司签订的《租赁合同》合法有效。谢某英虽然于2018年11月8日被宣告死亡，但合同一方当事人死亡并不必然导致合同权利义务终止。2009年《城镇房屋租赁合同解释》第19条规定："承租人租赁房屋用于以个体工商户或者个人合伙方式从事经营活动，承租人在租赁期间死亡、宣告失踪或者宣告死亡，其共同经营人或者其他合伙人请求按照原租赁合同租赁该房屋的，人民法院应予支持。"在谢某英尚未失踪时，就由姚某亮经手交纳租金，并且在谢某英失踪至其被宣告死亡期间，一直是由姚某亮继续经营石材生意并交纳租金，姚某亮系谢某英的共同经营人。谢某英被宣告死亡后，姚某亮按照《租赁合同》继续向宏亚公司支付租金，《租赁合同》的权利义务已经由姚某亮继受取得。因姚某亮享有案涉厂区的租赁权，姚某亮以谢某英名义与铁塔公司签订的《租赁协议》亦为有效，故铁塔公司与姚某亮系合法占有案涉厂区。宏亚公司的主张不能成立，予以驳回。

（编写人：郑日宇）

法律条文

第五百五十八条　债权债务终止后，当事人应当遵循诚信等原则，根据交易习惯履行通知、协助、保密、旧物回收等义务。

条文主旨

本条是关于债权债务终止后的义务的规定。

债权债务终止后的义务，不是当事人约定的义务，而是法律规定的义务，是遵循诚信原则，根据交易习惯确定的附随性质的义务，通常包括通知、协助、保密、旧物回收等几项。

新旧法对比

《合同法》	《民法典》
第九十二条　合同的权利义务终止后，当事人应当遵循诚实信用原则，根据交易习惯履行通知、协助、保密等义务。	第五百五十八条　**债权债务**终止后，当事人应当遵循**诚信**等原则，根据交易习惯履行通知、协助、保密、**旧物回收**等义务。

理解与适用

债权债务终止后，当事人之间的权利义务并不绝对终止。根据诚信原则和交易习惯，当事人仍须承担通知、协助、保密、旧物回收等附随义务，以便保护交易秩序，平衡当事人利益和社会利益。

实务问题

1. 案情简介[①]

2004 年 9 月 17 日，广联公司与首都机场签订《代持协议》，约定由广联公司出资 12,672 万元，委托首都机场代广联公司收购国元信托投资公司 9%的股权并代为持有，代持期限 3 年；同时还约定首都机场将应广联公司不时之需，无条件配合广联公司出具加盖公司印章的相关法律文件并配合办理相关手续等。上述合同签订后，广联公司将资金汇给首都机场，首都机场向广联公司出具收款确认函，并以首都机场的名义购买国元信托投资公司 9%的股权，并办理工商登记手续。2010 年，广联公司提起诉讼，要求首都机场将代持的股权进行转让、根据有关法律规定以及相关部门的要求对股权转让所需的系列文件进行盖章确认、协助广联公司取得国元信托公司相应分红款。

2. 法院认为

《代持协议》因履行期限届满已经终止。但是，《合同法》第 92 条规定，合同的权利义务终止后，当事人应当遵循诚实信用原则，根据交易习惯履行通知、协助、保密等义务。《代持协议》属于委托合同，委托合同终止后，受托人首都机场应当履行协助委托人广联公司处置股权和领取分红款的义务。

（编写人：郑日宇）

① 最高人民法院（2011）民二终字第 63 号。

法律条文

第五百五十九条　债权债务终止时,债权的从权利同时消灭,但是法律另有规定或者当事人另有约定的除外。

条文主旨

本条是关于债权的从权利随债权消灭而消灭的规定。

债权的从权利,是指附随于主权利的权利,包括债的担保中的抵押权、质权、留置权、定金、保证,以及利息债权、违约金债权等。从权利从属于主权利,一般随着主权利而发生、存续、变更、转让、消灭等,因此,主权利消灭,从权利一般也随之消灭。

新旧法对比

无	《民法典》
无	第五百五十九条　债权债务终止时,债权的从权利同时消灭,但是法律另有规定或者当事人另有约定的除外。

理解与适用

债权债务终止时,附随于主权利的权利,包括债的担保中的抵押权、质权、留置权、定金、保证,以及利息债权、违约金债权等同时消灭,但是法律另有规定或者当事人另有约定的除外。

法律另有规定的情形,比如,《企业破产法》第124条规定:"破产人的保证人和其他连带债务人,在破产程序终结后,对债权人依照破产清算程序未受清偿的债权,依法继续承担清偿责任。"由上述规定可知,在债权债务终止后,作为从权利的担保权仍未消灭,保证人仍须对债权人承担保证责任。

此外,本条也允许当事人约定债权债务终止后,从权利不随之消灭而继续存在。

实务问题

1. 案情简介①

2016年2月8日,刘某、米业公司、涂某明签订了《借款协议》,约定米业公

① 安徽省霍邱县人民法院(2020)皖1522民初4058号。

司向刘某借款90万元，涂某明为前述借款承担连带责任担保，保证期间为借款期限届满后两年，担保范围约定为本协议项下的借款本息及借款人应向出借人承担的违约金、罚息及出借人为实现债权而发生的费用。《借款协议》签订后，刘某向米业公司提供了90万元借款。借款到期后，米业公司及涂某明均未履行还本付息义务。2019年3月21日，霍邱县人民法院裁定受理米业公司破产清算。其后，刘某诉至法院，要求米业公司偿还借款本息，涂某明承担连带清偿责任。后刘某向米业公司破产管理人申报债权，2020年5月11日，米业公司破产管理人向刘某出具债权审查结论通知书，确认刘某申报的出借本金及利息，均为普通债权。

2\. 法院认为

刘某与米业公司的借贷关系合法有效。涂某明自愿为案涉借款提供连带责任保证，意思表示真实，应依约承担连带保证责任。《担保法解释》第44条规定："保证期间，人民法院受理债务人破产案件的，债权人既可以向人民法院申报债权，也可以向保证人主张权利。债权人申报债权后在破产程序中未受清偿的部分，保证人仍应当承担保证责任。债权人要求保证人承担保证责任的，应当在破产程序终结后六个月内提出。"现米业公司在涂某明的保证期间内进入破产程序，刘某申报债权后仍有未受清偿的部分，涂某明仍应当承担保证责任。故刘某要求涂某明承担借款本金及利息于法有据，予以支持。米业公司破产程序尚未终结，为避免同一债权双重受偿，在本案履行过程中应注意与米业公司破产程序的衔接，将此后在米业公司破产程序中受偿的部分予以扣除。

（编写人：郑日宇）

法律条文

第五百六十条　债务人对同一债权人负担的数项债务种类相同，债务人的给付不足以清偿全部债务的，除当事人另有约定外，由债务人在清偿时指定其履行的债务。

债务人未作指定的，应当优先履行已经到期的债务；数项债务均到期的，优先履行对债权人缺乏担保或者担保最少的债务；均无担保或者担保相等的，优先履行债务人负担较重的债务；负担相同的，按照债务到期的先后顺序履行；到期时间相同的，按照债务比例履行。

条文主旨

清偿抵充，是指债务人对同一债权人负担的数项债务种类相同，债务人的给付不足以清偿全部债务时，通过当事人约定、债务人指定或按法律规定的方式确定该给付抵充债务中的某项或者某几项；或者债务人在履行主债务外还应当支付利息和实现债权的有关费用，其给付不足以清偿全部债务的，确定该给付抵充实现债权的有关费用、利息及主债务的顺序。

本条是关于数项债务的清偿抵充顺序的规定，第561条则是关于费用、利息和主债务的清偿抵充顺序的规定。

新旧法对比

《最高人民法院关于适用〈中华人民共和国合同法〉若干问题的解释(二)》	《民法典》
第二十条　债务人的给付不足以清偿其对同一债权人所负的数笔相同种类的全部债务，应当优先抵充已到期的债务；几项债务均到期的，优先抵充对债权人缺乏担保或者担保数额最少的债务；担保数额相同的，优先抵充债务负担较重的债务；负担相同的，按照债务到期的先后顺序抵充；到期时间相同的，按比例抵充。但是，债权人与债务人对清偿的债务或者清偿抵充顺序有约定的除外。	第五百六十条　债务人对同一债权人负担的数项债务种类相同，债务人的给付不足以清偿全部债务的，**除当事人另有约定外，由债务人在清偿时指定其履行的债务。** **债务人未作指定的**，应当优先履行已经到期的债务；数项债务均到期的，优先履行对债权人缺乏担保或者担保最少的债务；**均无担保或者**担保相等的，优先履行债务人负担较重的债务；负担相同的，按照债务到期的先后顺序履行；到期时间相同的，按照债务比例履行。

理解与适用

清偿抵充有两种情形：第一，数项债务的清偿抵充；第二，关于费用、利息和主债务的清偿抵充。本条及下一条分别对这两种情形进行规定。

数项债务的清偿抵充，要求具备三项条件：第一，债务人对同一债权人负有数项债务。如果债务人只负有一项债务，则只发生部分清偿而不存在抵充顺序；如果多个债务人分别负担债务，则由多人分别清偿，不发生抵充；如果债务人对多个债权人负有债务，则由债务人分别向多个债权人清偿，也不发生抵充。第二，债务人负担的数项债务种类相同。如果种类不同，则根据不同的给付类型和债务类型分别清偿，不发生抵充。第三，债务人的给付不足以清偿全部债务。如果给付足以清偿全部债务,则全部债务消灭,不存在清偿抵充问题。只有不足以清偿全部债务,才有确定清偿抵充顺序的必要。不足以清偿全部债务,既包括不足以清偿数项债务,也包括不足以清偿其中一项债务。

确定清偿抵充顺序的原则是:当事人有约定的,按约定;无约定的,由债务人指定;既无约定,债务人也未作指定,则按法定顺序。法定顺序为:已到期债务、缺乏担保或担保最少的债务、债务人负担较重的债务、先到期的债务、债务比例。

需要注意的是,债务人指定抵充的意思表示必须在给付时作出,在给付后作出的指定无效,除非债权人同意债务人给付后指定并且不损害第三人利益。

实务问题

1. 案情简介[①]

北仑公司先后向恒威公司购买了三台机床,型号 MV1580 机床价款 560,000 元,型号 MV1060 机床价款 280,000 元,型号 MV1165 机床价款 330,000 元。双方的争议点为北仑公司就 MV1580 机床向恒威公司总共付款数额。恒威公司认为,北仑公司已向其付款共 440,000 元,尚欠 120,000 元;北仑公司认为三台机床共计 1,170,000 元,其已支付 850,000 元,其中,对 MV1580 机床,北仑公司支付的货款为 540,000 元,只欠恒威公司 20,000 元。

2. 法院认为

清偿抵充,首先要充分体现契约自由。当事人之间就债务人的给付系抵充何宗债务有约定时,从其约定。其次应尊重债务人指定抵充的权利。在债权人与债务人双方未达成抵充合意的情况下,各国民法无例外地规定债务人有权以其单方面的意思表示,决定其给付系清偿何宗债务,这无疑符合私法自治的本义。因为清偿的给付行为,由债务人为之,自然应当尊重其意思。但是,债务人的指定应在偿还债务时即作出明确表示。在该案中,北仑公司认为,其向恒威公司支付的 850,000 元,其中 540,000 元是用于支付 MV1580 机床的,对 MV1580 机床只欠恒威公司 20,000 元。在双方无约定的情况下,北仑公司有权在偿还债务时指定其偿还的哪笔款项是用于支付哪台机床的货款的,但北仑公司并未在偿还债务时对此进行明确,根据诚实信用原则和禁止权利滥用原则,北仑公司的此项权利应该转移给恒威公司行使。恒威公司认为北仑公司偿还的 850,000 元只有 440,000 元是用于偿付 MV1580 机床的,其余的是用于支付第二台和第三台的,法院认为恒威公司的选择并未损害北仑公司的利益,故予以支持,认定北

① 浙江省宁波市江北区人民法院(2008)甬北民二初字第 422 号。

仑公司就 MV1580 机床尚欠恒威公司 120,000 元。

由上述案例可知,在 2008 年时,已有法院提出尊重债务人的意思,认可债务人指定抵充的权利。但是,要求债务人的指定应在偿还债务时即作出明确表示,否则,根据诚实信用原则和禁止权利滥用原则,此项指定抵充的权利将转移给债权人。

(编写人:郑日宇)

法律条文

第五百六十一条　债务人在履行主债务外还应当支付利息和实现债权的有关费用,其给付不足以清偿全部债务的,除当事人另有约定外,应当按照下列顺序履行:

(一)实现债权的有关费用;

(二)利息;

(三)主债务。

条文主旨

本条是关于费用、利息和主债务的清偿抵充顺序的规定。

债务人在履行主债务外还应当支付利息和实现债权的有关费用,其给付不足以清偿全部债务的,若当事人有约定的抵充顺序,按约定的顺序抵充;若无约定,则债务人的给付先抵充实现债权的费用,次抵充利息,再次抵充主债务。

新旧法对比

《合同法解释(二)》	《民法典》
第二十一条　债务人除主债务之外还应当支付利息和费用,当其给付不足以清偿全部债务时,并且当事人没有约定的,人民法院应当按照下列顺序抵充: (一)实现债权的有关费用; (二)利息; (三)主债务。	第五百六十一条　债务人在履行主债务外还应当支付利息和**实现债权的有关**费用,其给付不足以清偿全部债务的,**除当事人另有约定外**,应当按照下列顺序履行: (一)实现债权的有关费用; (二)利息; (三)主债务。

理解与适用

与上一条关于数项债务的清偿抵充不同,本条的清偿抵充是针对某项债务存在主债务、利息和实现债权的有关费用时,如何确定抵充顺序。本条确定清偿抵充顺序的原则是,当事人有约定的按约定,无约定的,则按法定抵充顺序:实现债权的有关费用、利息、主债务。需要注意的是,实现债权的有关费用、利息均应真实合法有效,方可抵充,否则,不可抵充。比如,约定的利息超出法律规定的上限,则超出的部分无效,无效的利息不得抵充。

本条与上一条规定亦存在联系。在确定数项债务清偿抵充顺序后,债务人的给付不足以清偿某一项债务并且该项债务存在主债务、利息和实现债权的有关费用时,应同时适用本条规定确定某项债务的清偿抵充顺序。

此外,关于违约金的抵充顺序,目前法律没有规定。在司法实践中,违约金一般优先于本金进行抵充。违约金属于从债权,先抵充从债权,再抵充主债权,更符合法理。

实务问题

1. 案情简介[①]

2014 年 10 月 15 日,王某勇向王某军借款 50,000 元并出具借条,载明利息为每月 500 元。王某勇出具借条后,未向王某军偿还借款本金和利息。2017 年 1 月 1 日,王某勇向王某军重新出具借条,并于 2020 年 12 月 13 日向王某军还款 10,000 元,其后未再还款。2021 年,王某军诉至法院要求王某勇偿还本金及利息。

2. 法院认为

依法成立的合同,受法律保护,对双方当事人具有法律约束力。当事人应当按照约定全面履行自己的义务。王某勇向原告王某军借款 50,000 元,王某勇应当偿还该借款本金和利息。王某勇辩称其已归还 10,000 元本金,但王某军认为归还的 10,000 元系利息。因双方均未提供证据证明已偿还的 10,000 元是本金还是利息,双方也未对债务清偿顺序进行明确约定,根据《民法典》第 561 条的规定,“债务人在履行主债务外还应当支付利息和实现债权的有关费用,其给付不足以清偿全部债务的,除当事人另有约定外,应当按照下列顺序履行:(一)实现债权的有关费用;(二)利息;(三)主债务”,王某军未提供证据证明其实现债

① 四川省洪雅县人民法院(2021)川 1423 民初 58 号。

权的有关费用,故法院认定该10,000元系利息。

（编写人：郑日宇）

法律条文

第五百六十二条　当事人协商一致,可以解除合同。

当事人可以约定一方解除合同的事由。解除合同的事由发生时,解除权人可以解除合同。

条文主旨

本条是关于协商解除合同和约定解除权的规定。

协商解除合同,是指在合同生效后、履行完毕之前,当事人通过协商,就解除合同达成合意。

约定解除权,是指当事人约定,在合同履行过程中发生某种事由,当事人有解除合同的权利。

新旧法对比

《合同法》	《民法典》
第九十三条　当事人协商一致,可以解除合同。 当事人可以约定一方解除合同的条件。解除合同的条件成就时,解除权人可以解除合同。	第五百六十二条　当事人协商一致,可以解除合同。 当事人可以约定一方解除合同的事由。解除合同的事由发生时,解除权人可以解除合同。

理解与适用

合同的解除有三种类型:协商解除、行使约定解除权、行使法定解除权。本条是关于协商解除和约定解除权的规定。协商解除和约定解除权都是出自当事人意思自治,两者区别在于:第一,协商解除是当事人合意解除现存的合同关系,约定解除权则是当事人约定将来出现某种事由时,一方或双方享有解除合同的权利。第二,协商解除的后果是直接导致合同关系解除,约定解除权并不直接导致合同关系解除,而是在出现某种约定事由时,一方或双方享有合同解除权。只有在解除权人依法行使解除权时才会导致合同解除。

需要注意的是,约定解除权与附解除条件的合同也有区别:约定解除权,约定的事由出现只会导致当事人享有解除权而不是合同解除,只有当事人作出解除合同的意思表示才会导致合同解除。附解除条件的合同,在条件成就时,无须当事人作出解除的意思表示,合同自动解除。

实务问题

1. 案情简介[①]

2009 年 9 月 19 日,李某稼将案涉房产出租给肯德基公司,租赁期限自 2009 年 9 月 19 日起至 2024 年 9 月 30 日止;租金以肯德基公司每月营业额的 6%计收,肯德基公司应于每月 5 日之前向李某稼提供上月营业额和应计抽成租金额,即租金通知单;李某稼应于每月 5 日之前向乙方提供合法的房屋租赁发票,以便肯德基公司按时凭证付款。肯德基公司应于每月 15 日前向李某稼交付当月租金;如李某稼无任何违约,肯德基公司逾期支付租金连续达二个月以上,李某稼有权选择提前终止本合同。2011 年 1 月 10 日至 4 月 12 日,肯德基公司多次将 2010 年 12 月租金通知单向李某稼发送并催要发票,但是李某稼未予回复亦未提供发票。此后,肯德基公司再未向李某稼支付租金。2011 年 5 月 25 日,李某稼向肯德基公司送达了解除合同通知书,肯德基公司于 2011 年 8 月 16 日诉至法院,要求确认李某稼送达的解除合同通知书无效。

2. 法院认为

租赁合同约定,先由肯德基公司向李某稼提供租金通知单,李某稼确认后向肯德基公司提供发票,肯德基公司再按凭证付款。若李某稼未能提供发票,则肯德基公司有权迟延支付租金而不被视为违约。肯德基公司向李某稼送达租金通知单后,李某稼未按合同约定向肯德基公司提供发票,导致肯德基公司迟延支付租金,故肯德基公司迟延支付租金的行为不属违约情形。虽然租赁合同约定,若甲方无任何违约,乙方逾期支付租金连续达两个月以上的,甲方有权选择提前终止合同。现肯德基公司逾期支付租金达两个月以上属实,但系李某稼未提供发票所致,双方约定的合同解除条件未成就。李某稼在双方约定的解除合同条件未成就情况下,向肯德基公司发出的解除合同通知书不发生解除合同的效力。

(编写人:郑日宇)

① 甘肃省庆阳市中级人民法院(2014)庆中民终字第 38 号。

法律条文

第五百六十三条　有下列情形之一的，当事人可以解除合同：

(一)因不可抗力致使不能实现合同目的；

(二)在履行期限届满前，当事人一方明确表示或者以自己的行为表明不履行主要债务；

(三)当事人一方迟延履行主要债务，经催告后在合理期限内仍未履行；

(四)当事人一方迟延履行债务或者有其他违约行为致使不能实现合同目的；

(五)法律规定的其他情形。

以持续履行的债务为内容的不定期合同，当事人可以随时解除合同，但是应当在合理期限之前通知对方。

条文主旨

本条是关于合同法定解除的规定。

法定解除，是指合同生效后、履行完毕前，发生解除合同的法定事由时，当事人行使合同解除权，致使合同关系终止。

新旧法对比

《合同法》	《民法典》
第九十四条　有下列情形之一的，当事人可以解除合同： (一)因不可抗力致使不能实现合同目的； (二)在履行期限届满之前，当事人一方明确表示或者以自己的行为表明不履行主要债务； (三)当事人一方迟延履行主要债务，经催告后在合理期限内仍未履行； (四)当事人一方迟延履行债务或者有其他违约行为致使不能实现合同目的； (五)法律规定的其他情形。	第五百六十三条　有下列情形之一的，当事人可以解除合同： (一)因不可抗力致使不能实现合同目的； (二)在履行期限届满前，当事人一方明确表示或者以自己的行为表明不履行主要债务； (三)当事人一方迟延履行主要债务，经催告后在合理期限内仍未履行； (四)当事人一方迟延履行债务或者有其他违约行为致使不能实现合同目的； (五)法律规定的其他情形。 **以持续履行的债务为内容的不定期合同，当事人可以随时解除合同，但是应当在合理期限之前通知对方。**

理解与适用

判断当事人一方是否享有法定解除权,重点应考虑合同目的是否不能实现,而不是对方是否违约。如果合同目的能够实现,即使对方违约,一般也不产生法定解除权。如果合同目的不能实现,即使对方不存在违约行为,也产生法定解除权。比如,因不可抗力致使不能实现合同目的,双方均不存在违约行为,但是双方均有权解除合同。

本条第 1 款列举了 5 项产生法定解除权的情形,其中,第 1 项、第 4 项均明确规定"致使不能实现合同目的"。第 2 项及第 3 项则明确规定违约方不履行或迟延履行的是主要债务,因此是根本性的影响合同目的实现的债务,违约方不履行主要债务或迟延履行主要债务经催告仍未履行,将直接导致守约方不能实现合同目的。第 5 项属于兜底条款,因为除了前述 4 项之外,还有《民法典》或其他法律规定的其他产生法定解除权的情形。比如《企业破产法》第 18 条规定:"人民法院受理破产申请后,管理人对破产申请受理前成立而债务人和对方当事人均未履行完毕的合同有权决定解除或者继续履行,并通知对方当事人。管理人自破产申请受理之日起二个月内未通知对方当事人,或者自收到对方当事人催告之日起三十日内未答复的,视为解除合同。管理人决定继续履行合同的,对方当事人应当履行;但是,对方当事人有权要求管理人提供担保。管理人不提供担保的,视为解除合同。"

第 2 款规定的是任意解除权,属于本条新增内容,是综合了《合同法》中关于借款、租赁、保管、仓储合同中关于任意解除权的内容而增设的规定,其目的是避免当事人无期限地受到不定期合同的约束。任意解除权产生的条件有两项:第一,必须是以持续履行的债务为内容的合同,如仓储合同、租赁合同;第二,必须是不定期合同,包括自始不确定期限的合同和合同期满后双方默示继续履行的合同,如租赁期满后继续履行的租赁合同。以持续履行的债务为内容的合同包含两层意思:第一,在时间上持续履行;第二,给付总额根据时间长短而定而不是自始确定。如果给付总额自始确定,即使给付期限不确定,则债务人只要一次或分次付清即可导致合同终止,不存在受无限期约束的可能,从而也就没有赋予债务人任意解除权的必要。

任意解除权的行使要求行使方应在合理期限之前通知对方。合理期限根据不同的合同类型及实际情况而定。未在合理期限之前通知对方,并不会导致解除无效,但会导致解除通知延至合理期限之后生效。

实务问题

1. 案情简介①

2014 年 7 月 1 日,华纳公司与君怡公司签订《前期物业服务合同》,约定华纳公司选聘君怡公司对华纳绿城小区提供前期物业管理服务,合同期限自 2014 年 7 月 1 日起至 2017 年 6 月 30 日止。2019 年 10 月 24 日,华纳公司向君怡公司作出《关于终止物业服务的函》,以君怡公司提供的物业服务不达标,告知君怡公司于 2019 年 11 月 1 日终止双方之间的前期物业服务合同关系。本案争议焦点为:《前期物业服务合同》是否已经终止。

2. 法院认为

《物业管理条例》第 26 条规定,前期物业服务合同可以约定期限;但是,期限未满、业主委员会与物业服务企业签订的物业服务合同生效的,前期物业服务合同终止。该案中,虽然华纳公司在中标通知上载明中标工期至业主委员会成立之日止,但由于华纳绿城小区业主委员会多年来一直未能按规范成立,如据此确定履行期限,会导致履行期限不明确。双方自愿就物业服务期限明确进行约定,并报当地主管部门备案,对该服务期限约定的效力,应当予以认可。2014 年 7 月 1 日《前期物业服务合同》约定履行期限截至 2017 年 6 月 30 日,期限届满后,君怡公司继续提供物业服务,华纳公司对此未提出异议,则应视为《前期物业服务合同》继续履行,履行期限变更为不定期,华纳公司可以随时解除该合同。2019 年 10 月 24 日,华纳公司向君怡公司作出《关于终止物业服务的函》,故双方的《前期物业服务合同》已经终止。

在上述案例中,合同期限届满后双方继续履行的《前期物业服务合同》属于以持续履行的债务为内容的不定期合同,当事人享有任意解除权,因此,华纳公司要求确认合同终止的主张得到支持。但是,该任意解除权的行使以在合理期限之前通知对方为前提,"合理期限"的认定由法官根据案件具体情况,以当事人可以寻求替代履行或消除合同解除所致的不利影响所需的合理时间,进行自由裁量。该案对合理期限并未论述。在《民法典》实施后,针对此类纠纷,裁判文书应对合理期限进行充分论述,以确定合同解除的准确日期。

(编写人:郑日宇)

---

① 江苏省连云港市中级人民法院(2020)苏 07 民终 1241 号。

法律条文

第五百六十四条　法律规定或者当事人约定解除权行使期限，期限届满当事人不行使的，该权利消灭。

法律没有规定或者当事人没有约定解除权行使期限，自解除权人知道或者应当知道解除事由之日起一年内不行使，或者经对方催告后在合理期限内不行使的，该权利消灭。

条文主旨

本条是关于解除权行使期限的规定。

解除权的行使期限由当事人约定或法律规定。若无约定或规定，行使期限为经对方催告后的合理期限；若无催告，行使期限为解除权人知道或者应当知道解除事由之日起一年。

新旧法对比

《合同法》	《民法典》
第九十五条　法律规定或者当事人约定解除权行使期限，期限届满当事人不行使的，该权利消灭。 法律没有规定或者当事人没有约定解除权行使期限，经对方催告后在合理期限内不行使的，该权利消灭。	第五百六十四条　法律规定或者当事人约定解除权行使期限，期限届满当事人不行使的，该权利消灭。 法律没有规定或者当事人没有约定解除权行使期限，**自解除权人知道或者应当知道解除事由之日起一年内不行使，或者**经对方催告后在合理期限内不行使的，该权利消灭。

理解与适用

约定解除权和法定解除权均有期限限制，用以促使当事人及时行使权利，尽快确定合同关系并维持稳定。解除权的行使期限的确定分为四种情况：一是法律有特别规定，则按照法律规定的期限。二是当事人有约定的，按当事人约定的期限。当事人约定的期限与法定期限不一致时，根据意思自治原则，除非当事人的约定损害国家利益或公共利益，应以当事人约定为准。三是没有法律规定或当事人约定，行使期限为经对方催告后的合理期限；合理期限根据实际情况确定，若当事人对合理期限有异议，由法院或仲裁机构确定。四是没有法律规定或当事人约定,对方亦未催告,或者很长时间之后才催告,则行使期限为解除权人知道或者应当知道解除事由之日起一年。该一年期限为除斥期间,不适用中止、中断和延长的规定。《民法总则》第 199 条对此已有明确规定,《民法典》沿用了这一规定。

需要注意的是,任意解除权的行使不受本条规定的期限限制。

实务问题

1. 案情简介①

迪普物业公司于 2016 年 8 月 4 日向博诚物业公司送达解除合同通知书,以博诚物业公司一直未支付股权转让款为由,解除双方于 2009 年 7 月 20 日签订的《陕西迪普投资集团有限公司股权转让协议书》,并向法院请求确认解除合同的效力。

2. 法院认为

解除权属于可以单方行使的形成权,为了促使权利人及时行使权利,该权利之行使应当受法定或者约定期限的限制。《最高人民法院关于审理商品房买卖合同纠纷案件适用法律若干问题的解释》(2003 年)第 15 条针对商品房买卖合同之解除权的行使,就未催告时的期限明确规定:"……对方当事人没有催告的,解除权应当在解除权发生之日起一年内行使;逾期不行使的,解除权消灭。"根据类推适用的民法基本原理,该案是股权转让合同,与商品房买卖合同在性质上均属于价值较大的转移财产所有权的合同,具有一定的参照性。股权一旦进行工商变更登记、完成权属的转移,如果放任解除权行使的合理期限过长,不仅将使股权的归属处于长期不确定状态,影响股权的正常交易和公司的经营,也将使新股东无法安心对公司进行投入经营使公司资产不断增值,违背商事交易倡导的效率价值。因此股权转让合同解除权的行使,即便对方不催告,亦应有合理期限。此外,针对同样是形成权的撤销权,《民法总则》第 152 条第 2 款规定:"当事人自民事法律行为发生之日起五年内没有行使撤销权的,撤销权消灭。"该规定对解除权的行使期限也具有参照性。该案中,迪普物业公司于股权转让协议成立及股权变更登记后经过 7 年才向博诚物业公司行使合同解除权,此时案涉陕西迪普投资集团有限公司已经在股权、经营以及资产上发生了诸多变化。经一审、二审法院查明,博诚物业公司受让案涉股权后,已经再次转让了案涉股权并已经完成了工商变更登记,已经不再持有陕西迪普投资集团有限公司的股权。

① 陕西省高级人民法院(2018)陕民终 409 号。

若允许迪普物业公司行使合同解除权,超出了交易主体的合理预期,将严重影响陕西迪普投资集团有限公司治理结构及正常经营,损害受让股权案外人的合法权益,有违诚实信用原则。故其行使解除权的主张不应予以支持。

上述案例发生在《民法典》实施前,当时《合同法》并未规定行使合同解除权的除斥期间。该案判决认为股权转让合同与商品房买卖合同在性质上相近,参照审理商品房买卖合同纠纷案件的司法解释,将股权转让合同解除权的行使应受合理期限的限制,并认定该期限为除斥期间。在《民法典》实施前,该案的结论不能类推适用于其他合同纠纷,但是对于统一规定合同解除权行使期限起了推动作用。《民法典》第564条的规定,为今后各类合同纠纷案中关于合同解除权的期限认定,提供了统一的法律依据。

(编写人:郑日宇)

法律条文

第五百六十五条　当事人一方依法主张解除合同的,应当通知对方。合同自通知到达对方时解除;通知载明债务人在一定期限内不履行债务则合同自动解除,债务人在该期限内未履行债务的,合同自通知载明的期限届满时解除。对方对解除合同有异议的,任何一方当事人均可以请求人民法院或者仲裁机构确认解除行为的效力。

当事人一方未通知对方,直接以提起诉讼或者申请仲裁的方式依法主张解除合同,人民法院或者仲裁机构确认该主张的,合同自起诉状副本或者仲裁申请书副本送达对方时解除。

条文主旨

本条是关于解除权行使的方式以及确认解除行为效力的规定。

一方依法主张解除合同的前提是其享有约定解除权或法定解除权。主张解除合同,应当通知对方。解除行为发生效力的时间有三种情况:一是自通知到达对方时解除;二是通知载明债务人在一定期限内不履行债务则合同自动解除,债务人在该期限内未履行债务的,合同自通知载明的期限届满时解除;三是当事人一方未通知对方,直接以提起诉讼或者申请仲裁的方式依法主张解除合同,人民法院或者仲裁机构确认该主张的,合同自起诉状副本或者仲裁申请书副本送达对方时解除。

对解除合同有异议时的救济程序是,任何一方当事人均可以请求人民法院或者仲裁机构确认解除行为的效力。

新旧法对比

《合同法》	《民法典》
第九十六条　当事人一方依照本法第九十三条第二款、第九十四条的规定主张解除合同的,应当通知对方。合同自通知到达对方时解除。对方有异议的,可以请求人民法院或者仲裁机构确认解除合同的效力。 法律、行政法规规定解除合同应当办理批准、登记等手续的,依照其规定。	第五百六十五条　当事人一方依法主张解除合同的,应当通知对方。合同自通知到达对方时解除;**通知载明债务人在一定期限内不履行债务则合同自动解除,债务人在该期限内未履行债务的,合同自通知载明的期限届满时解除**。对方对解除合同有异议的,**任何一方当事人均**可以请求人民法院或者仲裁机构确认解除行为的效力。 **当事人一方未通知对方,直接以提起诉讼或者申请仲裁的方式依法主张解除合同,人民法院或者仲裁机构确认该主张的,合同自起诉状副本或者仲裁申请书副本送达对方时解除。**

理解与适用

解除权作为形成权,其行使仅需要通知对方,无须征得对方同意。行使解除权,可以通知对方的方式行使,也可以直接通过提起诉讼或申请仲裁的方式行使。以通知方式行使分两种情况:一是直接通知对方即时解除合同;二是通知载明债务人在一定期限内不履行债务则合同自动解除,债务人在该期限内未履行债务的,合同自通知载明的期限届满时解除,无须解除权人再另行发出解除通知。

无论当事人行使约定解除权还是法定解除权,均应以上述法定方式行使,否则,不发生解除合同的效力。

实务问题

1. 案情简介①

博达公司与中铝重庆公司于 2007 年 12 月 20 日签订期限为 25 年的《石灰

① 最高人民法院(2019)最高法民终 511 号。

投资建设协议书》。2014年6月13日,中铝重庆公司致函博达公司,明确表示因为“受全球经济复苏不及预期、行业产能严重过剩、竞争不断加剧等不利因素影响,氧化铝行业亏损运营”暂停收购,对暂停期限没有说明,其后长期停止收购。博达公司于2015年直接诉至法院请求解除上述《石灰投资建设协议书》,一审法院于2015年7月5日向中铝重庆公司送达了本案起诉状副本等法律文书。一审判决后,被告不服,提起上诉。

2. 法院认为

一审法院认为,在合同期限届满前,中铝重庆公司已经明确表示且以自己的行为表明不履行向博达公司继续收购约定产品的义务,且不具有应归咎于博达公司原因的合理事由,构成预期违约。双方签订合同的目的已无法实现。博达公司有权行使法定解除权,一审法院对此予以支持。因博达公司未直接向中铝重庆公司作出解除合同的意思表示,而是通过提起诉讼解除合同,一审法院以向中铝重庆公司送达本案起诉状副本的时间(2015年7月5日)作为博达公司解除合同的意思表示到达中铝重庆公司的时间,故一审法院确认本案所涉《石灰投资建设协议书》已于2015年7月5日解除。二审法院认为,博达公司起诉请求解除合同符合法定解除条件,据此法院以判决的方式判令案涉协议予以解除,系人民法院行使公权力对于当事人私领域的商事交易行为的判定,其解除的时间应为本判决生效之日。该案中,虽然合同解除时间的确定对当事人的实体权利并无影响,但一审法院确认案涉协议解除的时间为起诉状送达中铝重庆公司的日期,属适用法律不当,本院予以纠正。

由上述案例可知,对以诉讼或仲裁方式解除合同的,其合同解除的时间如何确定,在此前的司法实践中存在争议。一审法院认为合同自起诉状副本或者仲裁申请书副本送达对方时解除,二审法院认为合同自判决生效之日起解除。《民法典》第565条第2款明确规定合同自起诉状副本或者仲裁申请书副本送达对方时解除,将会杜绝此类争议。

(编写人:郑日宇)

法律条文

第五百六十六条　合同解除后,尚未履行的,终止履行;已经履行的,根据履行情况和合同性质,当事人可以请求恢复原状或者采取其他补救措施,并有权请求赔偿损失。

合同因违约解除的，解除权人可以请求违约方承担违约责任，但是当事人另有约定的除外。

主合同解除后，担保人对债务人应当承担的民事责任仍应当承担担保责任，但是担保合同另有约定的除外。

条文主旨

本条是关于合同解除后法律后果的规定。

合同解除后会产生诸多法律后果：尚未履行的，终止履行；已经履行的，根据不同情况，当事人可以请求恢复原状、采取其他补救措施、赔偿损失。因违约解除的，解除权人可以请求违约方承担违约责任。主合同解除后，担保人仍应当承担担保责任。

新旧法对比

《合同法》	《民法典》
第九十七条　合同解除后，尚未履行的，终止履行；已经履行的，根据履行情况和合同性质，当事人可以要求恢复原状、采取其他补救措施，并有权要求赔偿损失。	第五百六十六条　合同解除后，尚未履行的，终止履行；已经履行的，根据履行情况和合同性质，当事人可以请求恢复原状或者采取其他补救措施，并有权请求赔偿损失。 **合同因违约解除的，解除权人可以请求违约方承担违约责任，但是当事人另有约定的除外。** **主合同解除后，担保人对债务人应当承担的民事责任仍应当承担担保责任，但是担保合同另有约定的除外。**

理解与适用

合同解除后，合同关系终止，因此，尚未履行的部分，随之终止履行。但是，合同关系终止，其他权利义务并未终止，针对已经履行的部分，根据履行情况和合同性质，当事人可以请求恢复原状或者采取其他补救措施，并有权请求赔偿损失。本条将《合同法》第97条中的“恢复原状、采取其他补救措施”修改为“恢复原状或者采取其他补救措施”，明确了恢复原状和采取其他补救措施是选择适用关系，能够恢复原状的，则恢复原状，不能恢复原状的，则应采取其他补救措施。

根据合同的属性不可能或者不容易恢复原状的，不必恢复原状。这类情况主要包括:第一,以持续履行的债务为内容的继续性合同;第二,涉及第三人利益或者交易秩序的合同。比如租赁合同、委托合同,都不可能恢复原状。赔偿损失包括直接损失和合同履行后可获得的利益。采取其他补救措施包括修理、更换、价值返还等。

针对因违约解除的,解除权人还可以请求违约方承担违约责任,违约责任包括支付违约金、赔偿损失。

担保合同是为了保护主合同而订立,主合同解除后,由此产生的债务人的责任,担保人应承担担保责任。但是,担保合同当事人对主合同解除后的担保责任另有约定的,则从约定。

实务问题

1. 案情简介①

2017 年 10 月 28 日,刘某与赵某伟及中介周某田签订《个人购房合同》,由刘某将案涉房屋向赵某伟出售,合同约定了相关违约责任。其后,刘某将收到赵某伟的购房首付款 607,375 元挪作他用,并未将房屋交付赵某伟。2020 年 7 月 10 日,刘某犯诈骗罪被判处有期徒刑 11 年,该判决已发生法律效力。赵某伟诉至法院要求解除合同。

2. 法院认为

赵某伟与刘某及周某田签订的房屋买卖合同及居间合同成立有效,双方均应主动履行各自的义务。刘某以国华公司之名收取购房首付款后,不能履行交付房屋的义务,现因犯罪被追究刑事责任,已不能履行合同并构成违约,故依法解除三方签订的《个人购房合同》。合同解除后,刘某及国华公司依法返还赵某伟购房首付款 607,375 元。赵某伟诉请赔偿违约金 607,375 元过高,刘某要求降低违约金金额符合有关法律规定,法院酌定刘某赔偿赵某伟违约金 120,000 元,超出部分,法院不予支持;赵某伟诉请返还购房首付款利息,因合同未约定利息,且已赔偿其违约金,故对赵某伟此项诉请,法院不予支持。

(编写人:郑日宇)

法律条文

第五百六十七条　合同的权利义务关系终止,不影响合同中结算和清理条款的效力。

① 天津市宝坻区人民法院(2020)津 0115 民初 6776 号。

条文主旨

本条是关于结算和清理条款的效力不受合同的权利义务关系终止影响的规定。

结算和清理条款涉及当事人对合同的权利义务关系终止后事务的处理,独立存在,不因合同的权利义务关系终止而影响其效力。

结算是货币给付行为,结算主要方式包括:银行汇票结算、商业汇票结算、银行本票结算、支票结算、汇兑、委托收款。

清理是对债权债务进行清点、估价和处理。清理条款一般会约定清理主体、范围及清理的方法。

新旧法对比

《合同法》	《民法典》
第九十八条　合同的权利义务终止,不影响合同中结算和清理条款的效力。	第五百六十七条　合同的**权利义务关系终止**,不影响合同中结算和清理条款的效力。

理解与适用

本条前半句将合同中结算和清理条款的效力不受影响的情形明确为合同权利义务关系终止,意在表明,其前提条件是合同有效,在有效的合同关系因履行、抵销、提存、免除、混同、解除以及法律规定或者当事人约定终止的其他原因而终止时,方才发生合同中结算和清理条款的效力不受影响的情形。如果合同自始整体无效,则结算和清理条款也无效。

实务问题

1. 案情简介①

2019 年 11 月 10 日,周某忠与信泰鞋厂签订租赁合同,约定由周某忠向信泰鞋厂租赁案涉厂房,租期一年,租金为 10 万元,保证金 4 万元,水电费由周某忠负责。合同签订后,周某忠向信泰鞋厂汇款 3 万元。合同届满后,周某忠未付水费为 1051.65 元,电费为 12,637 元。周某忠诉至法院,要求信泰鞋厂退还租房押金。

① 浙江省瑞安市人民法院(2020)浙 0381 民初 11480 号。

2. 法院认为

双方租赁合同已届满,周某忠向信泰鞋厂缴纳的押金3万元应予以退还,双方已约定水电费由周某忠负责,故扣除周某忠应付的水电费13,688.65元,余款16,311.35元信泰鞋厂应当予以返还。双方对房产税、土地税未作约定,根据相关税务法规的规定,该项税收应当由企业厂房出租方负担,故信泰鞋厂该项主张本院不予支持。

上述案例中,关于水电费结算的约定,即属于合同权利义务关系因期限届满而终止后独立存在的结算条款。

(编写人:郑日宇)

法律条文

第五百六十八条　当事人互负债务,该债务的标的物种类、品质相同的,任何一方可以将自己的债务与对方的到期债务抵销;但是,根据债务性质、按照当事人约定或者依照法律规定不得抵销的除外。

当事人主张抵销的,应当通知对方。通知自到达对方时生效。抵销不得附条件或者附期限。

条文主旨

本条是关于债务法定抵销的规定。

抵销是指在当事人互负债务的情况下,各以其债权冲抵其债务,从而使债权与对应的债务部分或全部消灭。

法定抵销,要求当事人互负有效债务,该债务的标的物种类、品质相同,并且主张抵销的一方的债权已到期。抵销不得附条件或期限,否则,不发生抵销的效力。

新旧法对比

《合同法》	《民法典》
第九十九条　当事人互负到期债务,该债务的标的物种类、品质相同的,任何一方可以将自己的债务与对方的债务抵销,但依照法律规定或者按照合同性质不得抵销的除外。	第五百六十八条　当事人互负债务,该债务的标的物种类、品质相同的,任何一方可以将自己的债务与对方的**到期**债务抵销;但是,根据债务性质、**按照当事人约定**或者依照法律规定不得抵销的除外。

续表

《合同法》	《民法典》
当事人主张抵销的,应当通知对方。通知自到达对方时生效。抵销不得附条件或者附期限。	当事人主张抵销的,应当通知对方。通知自到达对方时生效。抵销不得附条件或者附期限。

理解与适用

法定抵销的条件有五项:第一,当事人互负债务。第二,被抵销的一方债务已到期。第三,债务的标的物之种类、品质相同。第四,不存在禁止抵销的情形,亦即不存在当事人约定不得抵销或者法律规定不得抵销的情形。比如,《企业破产法》第40条规定:"债权人在破产申请受理前对债务人负有债务的,可以向管理人主张抵销。但是,有下列情形之一的,不得抵销:(一)债务人的债务人在破产申请受理后取得他人对债务人的债权的;(二)债权人已知债务人有不能清偿到期债务或者破产申请的事实,对债务人负担债务的;但是,债权人因为法律规定或者有破产申请一年前所发生的原因而负担债务的除外;(三)债务人的债务人已知债务人有不能清偿到期债务或者破产申请的事实,对债务人取得债权的;但是,债务人的债务人因为法律规定或者有破产申请一年前所发生的原因而取得债权的除外。"第五,抵销不得附有条件或期限。附有条件或期限将引起法律关系的不确定,失去抵销的意义。附有条件或期限,不发生抵销的效力。

抵销的效力:第一,双方互负的债务在等额范围内消灭。如果双方的债权债务正好相等,则抵销同时导致债权债务关系终止。如果债务的数额大于抵销额,则只会导致抵销范围内的债务消灭,不会导致双方债权债务关系终止,超出抵销额的债务依然存在。第二,抵销导致诉讼时效中断。抵销也是权利人向义务人主张权利的一种方式,根据《民法典》第195条第1项的规定,诉讼时效中断。

行使抵销权一方的债权不足以抵销全部债务时,适用《民法典》第561条的规定,双方有约定清偿抵充顺序的,从约定;无约定的,按法定的清偿抵充顺序亦即实现债权的费用、利息、主债务的顺序进行抵销。

实务问题

1.案情简介①

丁某才与袁某玲、马某伟双方存在相互的买卖合同关系,丁某才向袁某玲、

① 河南省登封市人民法院(2020)豫0185民初5201号。

马某伟出售猪饲料，并向袁某玲、马某伟回收生猪。2018 年 9 月 20 日，丁某才与袁某玲、马某伟经阶段性结算，袁某玲、马某伟仍欠丁某才货款 42,000 元，后丁某才继续向袁某玲、马某伟供应饲料 41,825 元，其间，袁某玲、马某伟陆续支付货款 17,000 元。此外，丁某才尚欠袁某玲、马某伟生猪款 57,502 元。后双方发生纠纷，丁某才诉至本院。

2. 法院认为

因双方属于买卖合同关系，双方互负到期债务，且合同标的物均属货币，故对袁某玲、马某伟请求生猪款抵销饲料款的主张，法院予以支持。

（编写人：郑日宇）

法律条文

第五百六十九条　当事人互负债务，标的物种类、品质不相同的，经协商一致，也可以抵销。

条文主旨

本条是关于债务约定抵销的规定。

约定抵销，是指当事人针对抵销达成合意，从而使双方互负的债务部分或全部消灭。

新旧法对比

《合同法》	《民法典》
第一百条　当事人互负债务，标的物种类、品质不相同的，经双方协商一致，也可以抵销。	第五百六十九条　当事人互负债务，标的物种类、品质不相同的，经协商一致，也可以抵销。

理解与适用

约定抵销充分体现了意思自治原则，互负债务的当事人，在标的物种类、品质不相同的情况下，不管债务是否到期，只要协商一致，即可抵销。约定抵销优于法定抵销。但是，约定抵销不得损害第三人利益，在损害第三人利益时，抵销对第三人不发生效力。约定抵销要求当事人对债权具有处分权，丧失处分权的债权，抵销不发生效力。比如，设置了质权的债权、被冻结的债权，不得进行抵销。

实务问题

1. 案情简介[①]

2013年8月2日，振丰公司向刘某芳出售复合肥，刘某芳陆续将上述化肥拉走，并于2014年10月16日完成交付手续，化肥货款共计7920元。刘某芳主张，振丰公司从刘某芳处拉走西瓜苗16,000棵，要求与本案化肥款相互抵顶。

2. 法院认为

振丰公司交付给刘某芳的标的物是化肥，刘某芳交付给振丰公司的标的物是西瓜苗，标的物的种类不相同，需双方协商一致，才可以抵销，现振丰公司不同意抵销，故对刘某芳要求抵顶货款的主张，不予支持，刘某芳主张西瓜苗款，可另案起诉。

（编写人：郑日宇）

法律条文

第五百七十条　有下列情形之一，难以履行债务的，债务人可以将标的物提存：

（一）债权人无正当理由拒绝受领；

（二）债权人下落不明；

（三）债权人死亡未确定继承人、遗产管理人，或者丧失民事行为能力未确定监护人；

（四）法律规定的其他情形。

标的物不适于提存或者提存费用过高的，债务人依法可以拍卖或者变卖标的物，提存所得的价款。

条文主旨

本条是关于提存条件的规定。

提存，是指因法律规定的原因导致债务人难以向债权人履行债务时，债务人将合同标的物或者拍卖、变卖标的物所得价款交付提存部门，从而使债务消灭的制度。

提存的条件有二：第一，存在债权人无正当理由拒绝受领、债权人下落不明、

① 河北省临漳县人民法院(2020)冀0423民初2586号。

债权人死亡未确定继承人和遗产管理人，或者丧失民事行为能力未确定监护人等法律规定的情形之一；第二，因上述情形的存在导致债务人难以向债权人履行债务。

在标的物不适于提存或者提存费用过高的情况下，可以提存拍卖、变卖标的物的价款。

新旧法对比

《合同法》	《民法典》
第一百零一条　有下列情形之一，难以履行债务的，债务人可以将标的物提存： （一）债权人无正当理由拒绝受领； （二）债权人下落不明； （三）债权人死亡未确定继承人或者丧失民事行为能力未确定监护人； （四）法律规定的其他情形。 标的物不适于提存或者提存费用过高的，债务人依法可以拍卖或者变卖标的物，提存所得的价款。	第五百七十条　有下列情形之一，难以履行债务的，债务人可以将标的物提存： （一）债权人无正当理由拒绝受领； （二）债权人下落不明； （三）债权人死亡未确定继承人、**遗产管理人**，或者丧失民事行为能力未确定监护人； （四）法律规定的其他情形。 标的物不适于提存或者提存费用过高的，债务人依法可以拍卖或者变卖标的物，提存所得的价款。

理解与适用

提存的条件，除了本条列举的四项情形外，还有一项条件是要求必须导致债务人难以履行债务。如果本条所列的障碍只是暂时的并且可以很快解决的，比如债权人的继承人、遗产管理人很快可以确定，则不得提存。

提存以提存标的物为原则，提存标的物拍卖、变卖所得价款为例外。只有在标的物不适于提存或者提存费用过高时，债务人才可以拍卖或者变卖标的物，提存所得的价款。标的物不适于提存，是指标的物不适于长期保管或长期保管有损其价值。标的物提存费用过高是指标的物提存费与标的物价值不成比例，经济效益极小甚至毫无经济效益。

实务问题

1. 案情简介①

2018 年 5 月 5 日，於某换向星空置业公司租赁涉案租赁物经营母婴用品专

① 山东省微山县人民法院（2019）鲁 0826 民初 1745 号。

卖店自2018年4月25日至2021年4月26日。2019年5月16日，星空置业公司将於某换已支付的2019年度租赁费及物业费退还。2019年5月24日及2019年6月4日，星空置业公司向於某换送达文书，说明了涉案租赁物已出售的情况。2019年5月21日，於某换将应付的租赁费及物业费22,973.2元提存，交至微山县公证处。此外，2018年8月16日，星空置业公司与第三人李某波签订《商品房买卖合同》，将涉案租赁物出卖给第三人，其后一直未将该房屋交付给第三人李某波亦未办理过户手续。

2. 法院认为

星空置业公司与第三人李某波虽然签订《商品房买卖合同》，但是涉案租赁物并未实际交付，亦未办理产权过户手续，故涉案租赁物并未发生物权变动，星空置业公司依旧是涉案租赁物的所有人。於某换与星空置业公司签订的《商铺租赁合同》，合法有效，双方当事人均应当严格遵守并履行合同义务。於某换向星空置业公司支付了2019年租赁费及物业费，但被星空置业公司退回，於某换在被告拒收租赁费及物业费后，依法向微山县公证处申请提存该费用。於某换的提存行为符合法律规定。提存后，租赁费及其他费用视为已支付给星空置业公司。於某换已履行了支付租金的义务，星空置业公司无正当理由拒不履行租赁合同义务的行为，于法无据，故於某换要求星空置业公司继续履行《商铺租赁合同》的诉讼请求，符合法律规定，法院予以支持。

（编写人：郑日宇）

法律条文

第五百七十一条　债务人将标的物或者将标的物依法拍卖、变卖所得价款交付提存部门时，提存成立。

提存成立的，视为债务人在其提存范围内已经交付标的物。

条文主旨

本条是关于提存成立及其对债务人效力的规定。

提存部门，是国家设立的受理提存申请、接受和保管提存标的物或价款，并应债权人或债务人的请求将提存物返还债权人或债务人的机关。在国外，提存部门一般是附属于法院的提存所。在中国，各地公证处是提存部门。

提存成立的时间为债务人将标的物或者将标的物依法拍卖、变卖所得价款交付提存部门时。具体根据标的物交付、验收的日期或者货币、支票交付的日期或转账成功的日期而确定。

提存成立的效力是视为债务人在其提存范围内已经交付标的物。

新旧法对比

《合同法解释(二)》	《民法典》
第二十五条　依照合同法第一百零一条的规定,债务人将合同标的物或者标的物拍卖、变卖所得价款交付提存部门时,人民法院应当认定提存成立。 提存成立的,视为债务人在其提存范围内已经履行债务。	第五百七十一条　债务人将标的物或者将标的物依法拍卖、变卖所得价款交付提存部门时,提存成立。 提存成立的,视为债务人在其提存范围内已经**交付标的物**。

理解与适用

提存成立的时间,根据标的物的情况、价款支付方式而不同,具体根据标的物交付、验收的日期或者货币、支票交付的日期或转账成功的日期而确定。

本条将提存成立的效力由"视为债务人在其提存范围内已经履行债务"改为"视为债务人在其提存范围内已经交付标的物",是因为提存并非绝对地消灭债务。如果提存物有瑕疵或与债的标的不符,债权人拒绝受领的,则债务并未消灭,因此,不能视为已经履行债务。

实务问题

1. 案情简介[①]

2015 年 7 月 6 日汤某平、蒲某容与垚成公司签订《商品房买卖合同》,约定汤某平、蒲某容向垚成公司购买案涉房屋,该份商品房买卖合同于同日进行了备案。其后,因汤某平、蒲某容无法办理按揭贷款,汤某平、蒲某容向垚成公司提出剩余房款以现金的方式支付,但垚成公司拒不出具手续,汤某平、蒲某容于 2018 年 9 月 17 日将剩余购房款 15 万元提存于什邡市公证处。汤某平、蒲某容认为自己履行了支付购房款的义务,要求垚成公司交付房屋,遂诉至本院,主张权利。

① 四川省什邡市人民法院(2018)川 0682 民初 2032 号。

2. 法院认为

汤某平、蒲某容与垚成公司签订的《商品房买卖合同》合法有效，双方均应按照合同约定履行各自的义务。汤某平、蒲某容按照合同约定履行了支付购房首付款的义务。剩余购房款15万元，虽双方合同约定由汤某平、蒲某容办理贷款，但实际上汤某平、蒲某容由于自身原因未将按揭贷款办理下来，根据合同约定，汤某平、蒲某容可以选择其他付款方式。现汤某平、蒲某容选择向垚成公司支付现金的方式履行支付剩余购房款的义务，因垚成公司不愿意出具手续，汤某平、蒲某容将剩余购房款15万元提存于什邡市公证处，汤某平、蒲某容提存成立，法院认定其履行了支付购房款的义务，根据双方合同约定，垚成公司应当向汤某平、蒲某容交付房屋并为汤某平、蒲某容办理房屋所有权证书。

（编写人：郑日宇）

法律条文

第五百七十二条　标的物提存后，债务人应当及时通知债权人或者债权人的继承人、遗产管理人、监护人、财产代管人。

条文主旨

本条是关于债务人在提存后的通知义务的规定。

标的物提存后，债务人应及时通知提存受领人，以便提存受领人知悉提存的事实并及时领取标的物。

新旧法对比

《合同法》	《民法典》
第一百零二条　标的物提存后，除债权人下落不明的以外，债务人应当及时通知债权人或者债权人的继承人、监护人。	第五百七十二条　标的物提存后，债务人应当及时通知债权人或者债权人的继承人、**遗产管理人**、监护人、**财产代管人**。

理解与适用

标的物提存的效力是视为债务人在其提存范围内已经交付标的物，但是此时债权人对提存并未知悉，还没获得债权利益，债务人应及时通知债权人或者债权人的继承人、遗产管理人、监护人、财产代管人提存的事实。通知的内容包括提存的标的、地点、领取提存物的时间和方法等相关事项。

与《合同法》对比,本条删除了“除债权人下落不明的以外”的规定。因为债权人下落不明的情况下,仍应通过公告的方式通知,以充分保障债权人的权利。

未尽通知义务,不影响提存成立。但是,若因未尽通知义务而造成债权人损失的,债务人应予以赔偿。

《提存公证规则》第 18 条第 3 款规定:“提存受领人不清或下落不明,地址不详无法送达通知的,公证处应自提存之日起六十日内,以公告方式通知。公告应刊登在国家或债权人在国内住所地的法制报刊上,公告应在一个月内在同一报刊刊登三次。”由此可知提存部门亦负有法定的通知义务。提存部门未尽通知义务而造成债权人损失的,亦应予以赔偿。

实务问题

1. 案情简介[①]

2000 年 12 月 20 日,周某玲与化工公司签订《房屋买卖合同》。由周某玲向化工公司购买案涉房屋。合同签订当日,周某玲向化工公司支付了首期购房款 28,000 元。2000 年 12 月 30 日,化工公司将房屋交付给周某玲。之后,化工公司进行改制,海口市政府国有资产监督管理委员会于 2008 年 10 月 28 日作出海国资法规(2008)143 号文件,将包括化工公司在内的 10 家企业资产移交海口市国有资产经营有限公司管理。2012 年 8 月 3 日,海口市国有资产经营有限公司又将化工公司委托海口市房产开发经营公司负责管理。因此,周某玲无法明确化工公司的具体负责人,亦无法交清剩余房款。2013 年 12 月 10 日,周某玲将其所欠化工公司的剩余购房款 111,875 元向海南省海口市琼崖公证处办理了提存。之后,周某玲将其提存剩余房款 111,875 元的情况通过电话通知了化工公司在本案中的诉讼代理人。化工公司未依约将上述房产的房屋所有权证办理至周某玲名下,遂成讼。

2. 法院认为

双方签订的《房屋买卖合同》合法有效,双方当事人应全面履行合同义务。合同签订后,周某玲向化工公司支付了首期购房款。因化工公司改制及没有接受周某玲支付剩余购房款的具体负责人,周某玲对剩余房款 111,875 元进行了提存,并在该案诉讼中通知了化工公司。周某玲对剩余房款 111,875 元的提存符合法律的规定,其对化工公司支付购房款义务已全部履行,并实际占有使用讼

① 海南省海口市美兰区人民法院(2014)美民一初字第 252 号。

争房屋,化工公司应当按约履行协助周某玲办理房屋过户手续的义务。

（编写人:郑日宇）

法律条文

第五百七十三条 标的物提存后,毁损、灭失的风险由债权人承担。提存期间,标的物的孳息归债权人所有。提存费用由债权人负担。

条文主旨

本条是关于提存对债权人效力的规定,涉及提存期间标的物风险、孳息和提存费用。

标的物提存后,即视为债务人在提存范围内已经交付标的物,因此,标的物的毁损、灭失的风险就应由债权人承担。

标的物的孳息是指由标的物产生的收益,包括自然孳息和法定孳息。

新旧法对比

《合同法》	《民法典》
第一百零三条 标的物提存后,毁损、灭失的风险由债权人承担。提存期间,标的物的孳息归债权人所有。提存费用由债权人负担。	【内容不变】第五百七十三条

理解与适用

标的物提存后,视为债务人在其提存范围内已经交付标的物,因此,毁损、灭失的风险由债权人承担。此时,若债权人已对待给付,则不可主张返还;若债权人未对待给付,则债务人可要求其对待给付。

标的物毁损、灭失包括可能是不可抗力、标的物自身性质导致,也可能由第三人或者提存部门原因导致。若是由第三人或者提存部门原因导致,债权人有权向第三人或提存部门索赔。

提存期间,标的物的孳息由提存部门收取,归债权人所有,收取孳息产生的费用从孳息中扣除。提存期间,债务人不再承担支付孳息的义务。

因提存是债权人的原因导致,故提存费用由债权人承担。但是在债务人依法取回标的物的情况下,提存费用由债务人承担。在支付提存费用前,提存部门有权留置与提存费用对应的提存标的物。提存费用包括提存公证费、公告费、保管费、评估鉴定费等。

实务问题

1. 案情简介[①]

2008 年 1 月 20 日，睿识公司向申某娣租赁案涉房屋。其后，申某娣向睿识公司提供了尾号为 4232 的工商银行账号，睿识公司按月将租金转入该账号。2013 年 4 月，申某娣的工商银行账号因家庭内部原因而注销。2013 年 6 月 7 日、27 日，睿识公司向上述账号内汇款 20 万元，因账号不存在未成功。2013 年 7 月 6 日，睿识公司向上海市浦东公证处提存 5 万元，支付提存费 3000 元。2013 年 10 月，申某娣诉至法院，以睿识公司拖欠租金为由要求解除合同。睿识公司反诉要求申某娣支付提存费用。

2. 法院认为

申某娣和睿识公司之间的房屋租赁合同合法有效，当事人应当按照合同的约定履行。申某娣注销该银行账号后未通知睿识公司新的付款方式，导致睿识公司在支付应付租金未成功后将应付租金进行提存，睿识公司已积极履行合同；故申某娣据此要求解除双方租赁合同，无事实及法律依据，法院不予支持。债务人难以履行债务的，债务人可以将标的物提存，提存费用由债权人负担。睿识公司因申某娣自身家庭内部原因注销了银行账号，以致未能按约汇款，而是以公证提存方式交付了部分租金。睿识公司现要求申某娣承担提存费用 3000 元，符合法律规定，予以支持。

（编写人：郑日宇）

法律条文

第五百七十四条　债权人可以随时领取提存物。但是，债权人对债务人负有到期债务的，在债权人未履行债务或者提供担保之前，提存部门根据债务人的要求应当拒绝其领取提存物。

债权人领取提存物的权利，自提存之日起五年内不行使而消灭，提存物扣除提存费用后归国家所有。但是，债权人未履行对债务人的到期债务，或者债权人向提存部门书面表示放弃领取提存物权利的，债务人负担提存费用后有权取回提存物。

① 上海市第一中级人民法院(2014)沪一中民二(民)终字第 899 号。

条文主旨

本条是关于债权人领取提存物的权利及限制、债务人取回提存物的权利的规定。

债权人有随时领取提存物的权利，但是受5年期限的限制，该权利自提存之日起5年内不行使而消灭。债权人对债务人负有到期债务的，应先履行债务或者提供担保，否则，提存部门根据债务人的要求应当拒绝其领取提存物。

在债权人未履行对债务人的到期债务或者向提存部门书面表示放弃领取提存物权利的情况下，债务人有权取回提存物，但须负担提存费用。

新旧法对比

《合同法》	《民法典》
第一百零四条　债权人可以随时领取提存物，但债权人对债务人负有到期债务的，在债权人未履行债务或者提供担保之前，提存部门根据债务人的要求应当拒绝其领取提存物。 债权人领取提存物的权利，自提存之日起五年内不行使而消灭，提存物扣除提存费用后归国家所有。	第五百七十四条　债权人可以随时领取提存物。但是，债权人对债务人负有到期债务的，在债权人未履行债务或者提供担保之前，提存部门根据债务人的要求应当拒绝其领取提存物。 债权人领取提存物的权利，自提存之日起五年内不行使而消灭，提存物扣除提存费用后归国家所有。**但是，债权人未履行对债务人的到期债务，或者债权人向提存部门书面表示放弃领取提存物权利的，债务人负担提存费用后有权取回提存物**。

理解与适用

提存后，债权人丧失对债务人的给付请求权，同时取得向提存部门领取提存物的请求权，领取的范围包括提存物及其孳息。

债务人在提存标的物时，应明确告知提存部门向债权人交付提存物的条件。若债权人未按该条件履行债务或提供担保，提存部门应按债务人的要求拒绝交付。若提存部门未予拒绝而擅自交付提存物，提存部门应向债务人赔偿。需要注意的是，提存部门拒绝债权人领取提存物是根据债务人的要求，若债务人未提出此项要求，则提存部门不得擅自拒绝。否则，债权人有权要求其及时交付并承担赔偿责任。

债权人领取提存物的权利自提存之日起5年内不行使而消灭，该5年期为除斥期间,不适用有关诉讼时效中止、中断和延长的规定。

与《合同法》第104条对比,本条增加了债务人取回提存物的规定,这是为了在特定情况下保护债务人的利益:第一,债权人未履行对债务人的到期债务,则债务人可以行使履行抗辩权,取回提存物,从而避免得不到债权人对待给付,提存物也收归国有的双重损失。债务人取回提存物后,其与债权人的债权债务关系恢复至提存前的状态,但是债务人得以债权人的违约行为而解除合同。第二,债权人向提存部门书面表示放弃领取提存物权利的,则债权债务已消灭,已无提存的必要,债务人有权取回提存物。债权人向提存部门书面表示放弃领取提存物权利,还有一种情况是由于双方协商一致以提存之外的方式终止了债权债务,书面表示放弃领取提存物权利是债权人的义务,在此情况下,债务人当然有权取回提存物。

实务问题

1. 案情简介①

2016年9月18日,张某朴与江某签订《济南市存量房屋买卖合同》,约定江某向张某朴购买案涉房屋,买卖双方应于合同签订之日起90日内到登记机构申请该房屋的过户转移登记。其后,张某朴拒绝继续履行合同,拒绝腾空并交付房屋,江某诉至法院,要求张某朴将房屋腾空并交付。审理过程中,江某将合同约定的剩余购房款227万元交至法院账户,法院判决认定"张某朴未能及时收到购房尾款的原因在于其本身……关于被告张某朴应得的剩余购房款,本院在其履行交付房屋等相关义务后,将及时予以发还"。判令张某朴将该房屋腾空并交付给原告江某。该判决生效后,张某朴未履行腾房并交付的义务,反而诉至法院要求江某支付购房款227万元。

2. 法院认为

《合同法》第91条第4项规定,债务人依法将标的物提存的,合同的权利义务终止。第104条第1款规定,债权人可以随时领取提存物,但债权人对债务人负有到期债务的,在债权人未履行债务或者提供担保之前,提存部门根据债务人的要求应当拒绝其领取提存物。该案中,关于购房款的问题,江某在已生效的(2017)鲁0112民初5809号案件中将227万元购房款向一审法院提存,依据前述规定,张某朴可在履行完该案判决书确定的交付房屋、赔偿损失等相关义务后向一审法院申请发还,故一审法院对张某朴要求江某支付227万元购房款的请

① 山东省济南市中级人民法院(2018)鲁01民终7864号。

求不予支持。

（编写人：郑日宇）

法律条文

第五百七十五条　债权人免除债务人部分或者全部债务的，债权债务部分或者全部终止，但是债务人在合理期限内拒绝的除外。

条文主旨

本条是关于债务免除的规定。

债务免除，是指债权人单方对债务人作出抛弃债权的意思表示，从而导致债权消灭的行为。债务人在合理期限内拒绝的，则不发生债务免除的效力。

新旧法对比

《合同法》	《民法典》
第一百零五条　债权人免除债务人部分或者全部债务的，合同的权利义务部分或者全部终止。	第五百七十五条　债权人免除债务人部分或者全部债务的，**债权债务**部分或者全部终止，**但是债务人在合理期限内拒绝的除外**。

理解与适用

免除，作为债权人抛弃债权的单方行为，无须征得债务人的同意，自意思表示到达债务人时即生效，并且免除的意思表示不得撤回。但是，鉴于债务免除未必绝对有利于债务人，而且基于自愿原则，债务人有拒绝的权利。因此，债务人在合理期限内拒绝的，免除自始不发生效力。

免除的法律效果是债权债务部分或者全部终止。但是，免除不得损害第三人利益。损害第三人利益的免除，对第三人不发生免除效果。

实务问题

1. 案情简介①

朱某民与张某兰经人介绍认识，于 2018 年 9 月 13 日确立恋爱关系。张某

① 四川省南充市中级人民法院(2020)川 13 民终 3044 号。

兰因开服装店向朱某民借款40,000元。2018年9月26日,朱某民通过其母亲刘某红的账户向张某兰共计转款40,000元。双方于2018年12月14日终止恋爱关系。2018年12月16日,张某兰给朱某民出具《借条》一张,确认以上借款事实。朱某民将《借条》照相后,将《借条》原件撕碎,向张某兰表示"不找张某兰要钱",要与张某兰恢复恋爱关系。张某兰不同意继续恋爱,后向朱某民返还借款870元。朱某民多次向张某兰催收未果,提起本案诉讼。

2. 法院认为

张某兰在朱某民处借款40,000元以及朱某民免除张某兰债务的事实,有《借条》照片影印件两张,《转账汇款》两张,朱某民与张某兰的微信聊天记录,朱某民的陈述予以证明,合法有效,应予以确认。免除,是指债权人为抛弃债权而对债务人为意思表示进而发生债务消灭的单方行为。债务一经免除,债权人不得撤销。本案的免除行为是朱某民向张某兰作出,且未损害第三人的利益,本案的债权人朱某民在向张某兰作出免除意思表示时案涉债消灭。朱某民无权再向张某兰主张债权。因此,对朱某民的诉讼请求,不予支持。

(编写人:郑日宇)

法律条文

第五百七十六条　债权和债务同归于一人的,债权债务终止,但是损害第三人利益的除外。

条文主旨

本条是关于债权债务混同的规定。

债权债务混同,是指债权和债务同归于一人,从而导致债权债务终止的法律事实。

新旧法对比

《合同法》	《民法典》
第一百零六条　债权和债务同归于一人的,合同的权利义务终止,但涉及第三人利益的除外。	第五百七十六条　债权和债务同归于一人的,**债权债务**终止,但是**损害**第三人利益的除外。

理解与适用

混同是法律事实,而不是法律行为。混同因债权债务的概括承受或特定承受而发生。概括承受包括企业合并、债权人继承债务人的债权债务、债务人继承债权人的债权债务、第三人继承债权人和债务人的债权债务。特定承受包括债务人受让债权人的债权、债权人承担债务人的债务。

债权债务因混同而绝对终止。但是,债权债务混同若损害第三人利益,则债权债务并不终止。比如,乙将其对丙的债权出质给甲,此后乙和丙的债权债务混同,不会导致已出质给甲的该项债权消灭,否则,将损害第三人甲的利益。

实务问题

1. 案情简介①

范某华与祝某文于2016年正月经人介绍相识后恋爱,双方于同年11月17日办理结婚登记手续。祝某文于2016年8月27日与他人签订店面租赁合同,经营汽车维修店。祝某文向范某华借款11,000元投入修理店经营,并向范某华出具了借条。双方婚后家庭收入来源主要来自该店的收入。2020年7月7日法院判决准许范某华与祝某文离婚,在该案中对修理店的收益进行了处理,未对修理店的货存进行处理。

2. 法院认为

民间借贷关系发生于双方恋爱期间,祝某文借款后立即签订了汽车维修店的租赁合同,借贷关系发生不足3个月,两人结婚,且婚后主要生活来自祝某文经营的汽车维修店。祝某文向范某华借款虽发生于双方婚前,但两人结婚后以汽车修理店的收入作为主要生活来源,亦无证据证明双方在婚姻关系存续期间实行约定财产制,因汽车修理店所负债务在双方婚姻关系存续期间可视为对外的共同债务,两人离婚后,汽车修理店的财产亦可作为夫妻共同财产予以分割。故婚前祝某文因修理店负欠范某华的11,000元,婚后两人共同经营汽车修理店期间,债权与债务同归于祝某文、范某华夫妻而混同,借贷关系终止,范某华提起本案民间借贷之诉,要求祝某文偿还借款的诉讼请求应当驳回。

(编写人:郑日宇)

---

① 湖南省(2020)湘1026民初807号。

第八章　违约责任

法律条文

第五百七十七条　当事人一方不履行合同义务或者履行合同义务不符合约定的，应当承担继续履行、采取补救措施或者赔偿损失等违约责任。

条文主旨

本条是关于违约责任基本规则的一般性规定。合同一经生效，即对当事人产生法律约束力。如当事人出现不履行合同义务，或不按照合同约定履行合同义务的违约行为，应当承担相应的违约责任。根据本条规定，违约责任的形式主要包括继续履行、采取补救措施，或者赔偿损失等。

新旧法对比

《合同法》	《民法典》
第一百零七条　当事人一方不履行合同义务或者履行合同义务不符合约定的，应当承担继续履行、采取补救措施或者赔偿损失等违约责任。	【内容不变】第五百七十七条

理解与适用

一、违约责任的构成要件以及特点

1. 顾名思义，违约责任就是当事人违反合同约定的义务，即合同债务，所应承担的民事法律后果。违约责任的构成要件应为：

(1) 当事人间的合同已经成立并生效。合同成立并有效是违约责任成立的前提条件，如无生效的合同，就不存在要求当事人按照合同约定履行义务，也就不存在当事人因违约而应承担相应的违约责任。

(2)当事人存在违约行为。所谓违约行为,就是指当事人未履行合同义务,或履行合同义务不符合合同约定。此处的合同义务,既包括主给付义务,也包括从给付义务、附随义务等。

2. 违约责任的特点

(1)违约责任首先是一种民事责任。通说认为违约责任是合同义务的转化和延伸,但实践中,违反合同义务的行为所产生的法律后果通常是多方面的,可能不仅包括民事法律关系上的后果,也可能会产生危害国家利益、社会公共利益等法律后果。这就会使得行为人因此还会承担相应的行政责任、刑事责任。而违约责任仅是指违反合同义务的一种民事责任。当然有时当事人因为违约行为亦会产生侵权责任,这时就会出现责任竞合的问题。

(2)违约责任具有一定的任意性。当事人的"意思自治"是民事领域中最重要的原则。法律允许当事人在不违反法律强制性规定的前提下对违约责任作出事先的安排与约定。当事人可以就违约行为的种类、违约金的数额与计算方式、损害赔偿的计算方式等作出预先约定。但应注意,当事人的前述约定不得违反法律、行政法规中效力性强制性规定,且如当事人在合同中约定"免责或限制责任"条款的,该等条款免除或限制的责任不得出现《民法典》第506条所规定的情形,否则该等条款无效。

(3)违约责任具有救济受损害方的功能,具有补偿性。违约责任中的继续履行实质上是使得合同中原定的义务得以实际履行,而违约损害赔偿则主要是填补受损害方的损失,而非以制裁违约方为目的。惩罚性赔偿主要规定在侵权法领域,主要见于《民法典》侵权责任编。

二、违约责任的归责原则

根据本条规定,违约责任的一般归责原则为无过错责任原则,也即严格责任原则,具体是指不论违约方是否存在过错,只要其出现违约行为,不履行或不按照约定履行合同义务的,就应承担违约责任,除非违约方存在合同约定的或者法定的免责事由(比如不可抗力等)。

同时,根据《民法典》合同编典型合同分编中的相应规定,特殊情形下,对违约人适用过错责任原则追责。过错责任原则是指违约责任以过错为归责事由,过错的形式包括故意与过失。比如合同编典型合同分编中就针对保管合同、赠与合同等典型合同规定了应对违约人进行过错归责。

三、违约责任的责任形式

违约责任的责任形式主要包括继续履行、采取补救措施和赔偿损失三种

类型:

(1)继续履行通常也称作强制履行,主要指以司法机关等公权力的强制力保证合同原定义务的继续履行。一般只有在债权人获得法院生效法律文书等执行依据后才能获得强制履行。只是在强制履行时应注意履行的对象通常限于以交付金钱、动产等财产为内容的债权,而不能对涉及债务人人身自由、人格尊严等债权进行强制履行。所以在债权人主张继续履行时,法院通常应根据债务的性质、实际履行的成本费用来综合判断是否支持该救济方式。

(2)采取补救措施,通说是指修理、重作、更换、减价等可以对债务人的违约行为进行补救的措施。具体由当事人根据违约方的违约程度、产生的违约后果等,结合具体个案情况予以选择适用。

(3)赔偿损失。赔偿损失就是指以金钱方式填补受损害方因违约所遭受的利益损失。赔偿损失是最为常见的一种违约责任形式,因其适用较继续履行等措施而言更具灵活性与可行性,这也是受损害方优先选择的救济方式。关于损失赔偿的范围、赔偿原则、限制等相关规定具体参见本法第584条。

实务问题

(1)本条虽确立"无过错归责原则"为违约责任的一般归责原则,但在实践中应特别注意"过错归责原则"的适用,主要是涉及典型合同分编中的合同类型时,应需依法优先适用过错归责原则。

(2)不同归责原则下举证责任的分配问题。在无过错归责原则下,主要应由受损害方就违约方存在违约行为、自身遭受损害、损害与违约行为之间存在因果关系承担举证责任。而应由违约方证明自身存在双方约定的或法律规定的免责事由。而在过错原则下,受损害方除了要证明违约方存在违约行为、自身遭受损害、损害与违约行为之间存在因果关系外,还应就违约方存在主观过错承担举证责任。

(3)本条规定的是违约责任的一般性规定,如果本法对于违约责任有其他特别规定的,应当优先适用特别规定。

(编写人:李崖立)

法律条文

第五百七十八条　当事人一方明确表示或者以自己的行为表明不履行合同义务的,对方可以在履行期限届满前请求其承担违约责任。

条文主旨

本条是关于预期违约责任的一般规定。赋予守约方在另一方出现预期违约时可于合同履行期限届满前请求违约方承担违约责任。

新旧法对比

《合同法》	《民法典》
第一百零八条　当事人一方明确表示或者以自己的行为表明不履行合同义务的，对方可以在履行期限届满之前要求其承担违约责任。	第五百七十八条　当事人一方明确表示或者以自己的行为表明不履行合同义务的，对方可以在履行期限届满前**请求**其承担违约责任。

理解与适用

1. 预期违约概念与形态

(1)预期违约又称为先期违约，是指在债务履行期限届满之前，当事人一方明确表示或以自己的行为表明不履行合同债务。预期违约区别于现实违约，由于其表现为未来不履约，所以其损害的是合同相对方的期待债权。此情形下，合同相对方可于债务履行期限届满前请求违约方承担相应违约责任，便于合同相对方能针对对方的预期违约行为尽早采取救济措施，减少损失或防止损失扩大，提高市场交易的有效性。

(2)预期违约包括明示预期违约与默示预期违约两种形态。明示预期违约是指合同履行期限届满之前，一方当事人向相对方明确表明其将不履行合同义务。这里需注意，前述的"明确表明"通常是指通过言词表明将不履行合同义务，该言词传达的内容必须是确定的。默示预期违约则是指一方当事人于合同履行期限届满之前，虽然没有明确表明其不履行合同义务，但却以其行为表示或让相对方推断出其将不履行合同义务，常见的行为包括将作为合同标的的财产私自转让给第三方等。

2. 预期违约的法律后果

根据本条规定，面对预期违约行为，合同相对方可以选择在履行期限届满前向对方主张违约责任，也可以选择在履行期限届满后，按照本法第577条的约定要求违约方承担相应违约责任。在预期违约的情形下，合同相对方通常可以要求违约方：

(1)损害赔偿。预期违约时，损害赔偿的计算方式与现实违约情况下的计算方式大致相同。只是在具体计算时,法院需要考虑因为受损害一方无须继续为履行行为而避免支出的成本费用。同时,因为当事人一方是在合同履行期限届满前出现预期违约,这就要求受损害一方应及时采取合理措施以防止自身损失扩大,否则受损害方无权就扩大部分的损失要求违约方予以赔偿。

(2)解除合同。解除合同是预期违约的主要法律后果。根据《民法典》第563条第1款第2项的规定,"在履行期限届满前,当事人一方明确表示或者以自己的行为表明不履行主要债务",当事人可以解除合同。但解除仅适用于违约方针对合同主要债务出现预期违约,如违约方仅表明或以行为表明其不履行的是从给付义务,或附随义务的,则在合同无约定的情况下,受损害方恐难以主张合同解除。

实务问题

(1)应注意预期违约与不安抗辩权的相互衔接问题。根据本法第527条第1款的规定,"应当先履行债务的当事人,有确切证据证明对方有下列情形之一的,可以中止履行:(一)经营状况严重恶化;(二)转移财产、抽逃资金,以逃避债务;(三)丧失商业信誉;(四)有丧失或者可能丧失履行债务能力的其他情形"。第528条规定:"当事人依据前条规定中止履行的,应当及时通知对方。对方提供适当担保的,应当恢复履行。中止履行后,对方在合理期限内未恢复履行能力且未提供适当担保的,视为以自己的行为表明不履行主要债务,中止履行的一方可以解除合同并可以请求对方承担违约责任。"上述第528条规定了行为人以自己的行为表明不履行主要债务,此乃预期违约中的一种特殊情形。在此情形下,中止履行的一方可以直接解除合同并要求对方承担违约责任。

(2)如何证明某一行为是否构成默示预期违约?在实务中,需要法官根据个案具体情况来判断违约方是否构成默示预期违约。上海市高级人民法院在审理中国城市建设控股集团有限公司(以下简称中国城建)与国联安基金管理有限公司(以下简称国联安基金)公司债券交易纠纷二审案[①]中认定:"故本案的争议焦点即在于中国城建是否存在默示预期违约的行为,国联安基金据此可在履行期限届满之前要求中国城建承担违约责任。……本案中,中国城建对于已经到期的利息不能支付,已经存在实际违约行为,对未到期债务无法确保能如期支付,也不能提供进一步的保证措施,国联安基金认为中国城建存在预期违约的行为,具有事实依据。"

(编写人:李崖立)

① 上海市高级人民法院(2018)沪民终448号。

法律条文

第五百七十九条　当事人一方未支付价款、报酬、租金、利息，或者不履行其他金钱债务的，对方可以请求其支付。

条文主旨

本条是关于金钱债务实际履行的规定。合同一方违反合同义务，不支付价款或报酬的行为在实践中非常典型，是常见的违约行为。针对违反金钱债务的行为，相对方可以通过要求违约方实际履行进行救济。

新旧法对比

《合同法》	《民法典》
第一百零九条　当事人一方未支付价款或者报酬的，对方可以要求其支付价款或者报酬。	第五百七十九条　当事人一方未支付价款、报酬、**租金、利息，或者不履行其他金钱债务的**，对方可以**请求**其支付。

理解与适用

针对金钱债务，实际履行是受损害方可以采取的一种违约救济方式。因为金钱乃种类物，金钱债务并不存在履行不能的问题，因此要求实际履行应是最符合合同目的以及受损害方利益的救济方式。而且，在受损害方选择要求实际履行的同时，亦可同时请求支付违约金或迟延利息，两者并行不悖。

（编写人：李崖立）

法律条文

第五百八十条　当事人一方不履行非金钱债务或者履行非金钱债务不符合约定的，对方可以请求履行，但是有下列情形之一的除外：

（一）法律上或者事实上不能履行；

（二）债务的标的不适于强制履行或者履行费用过高；

（三）债权人在合理期限内未请求履行。

有前款规定的除外情形之一，致使不能实现合同目的的，人民法院或者仲裁机构可以根据当事人的请求终止合同权利义务关系，但是不影响违约责任的承担。

条文主旨

本条是关于非金钱债务继续履行的规定。条文第1款列示了非金钱债务继续履行的除外情形。相较于《合同法》第110条内容，本条新增第2款内容，特别针对实践中出现的“合同僵局”情形提供解决方法，即赋予当事人请求法院或仲裁机构终止合同的权利。

新旧法对比

《合同法》	《民法典》
第一百一十条　当事人一方不履行非金钱债务或者履行非金钱债务不符合约定的，对方可以<u>要求</u>履行，<u>但</u>有下列情形之一的除外： （一）法律上或者事实上不能履行； （二）债务的标的不适于强制履行或者履行费用过高； （三）债权人在合理期限内未要求履行。	第五百八十条　当事人一方不履行非金钱债务或者履行非金钱债务不符合约定的，对方可以**<u>请求</u>**履行，**<u>但是</u>**有下列情形之一的除外： （一）法律上或者事实上不能履行； （二）债务的标的不适于强制履行或者履行费用过高； （三）债权人在合理期限内未请求履行。 **<u>有前款规定的除外情形之一，致使不能实现合同目的的，人民法院或者仲裁机构可以根据当事人的请求终止合同权利义务关系，但是不影响违约责任的承担。</u>**

理解与适用

1. 针对非金钱债务，不能请求继续履行的具体情形

（1）法律上或事实上不能履行。所谓法律上不能履行，指的是基于法律规定不能履行，或履行将违反法律规定。常见的法律上之履行不能的情形主要包括，如因为债务人在法律上丧失对不动产的所有权而不能履行，或者某项合同的履行依法必须经有权机关事先批准才能履行的等。此时，“法律上的原因是广义的，既可能基于法律行政法规、地方性法规、自治条例等的规定，也可能基于国务院部门规章、地方政府规章中的规定，甚至可能基于一项行政命令”。[①] 事实上的不能履行，则指按照自然法则上的原因已经不能履行，比如待交付的特定物，如房产、机器设备等已经毁损灭失。

---

① 王利明、朱虎主编：《中国民法典释评·合同编通则》，中国人民大学出版社2020年版，第586页。

(2)债务标的不适于强制履行或履行费用过高。债务标的不适于强制履行,是指依债的性质不适合强制履行。这类债务通常是指人身依赖性较高的债务,主要包括基于高度人身依赖性所产生的合同关系,如委托合同、合伙合同、特定服务合同等,尤其是高度依赖个人特殊的艺术、科学等方面的资格、素养或能力的合同,如设计合同、演出合同等。如果强制履行该等债务会危及双方间紧密的人身依赖性,或危害债务人的人身自由、人格尊严等人格权利与权益。履行费用过高通常指经济上的履行不能,虽然债务可能履行,但却会导致履行方投入过重的成本与费用,最终债权人所获得的利益与债务人为履行所支出的成本费用明显不成比例。日常中常见的此类情形有:钻戒或邮轮沉入海底,如需继续履行则必须耗费极大成本去打捞;交付的标的为已经停止生产的产品,如需继续交付,则需要供货方重新安装生产线再行生产等。实务中,在判断履行费用是否过高时,法院通常要对比考虑债务人履行的费用和债权人通过履行所可能获得的利益,履行的费用和采取其他补救措施的费用,以及债权人进行替代交易的合理性与可行性等。

(3)债权人在合理期限内未请求履行的。要求债权人需于合理期限内请求履行债务,这样能防止债务人长期处于不确定的状态之中,而必须随时准备履行。此处的"合理期限"可以由当事人双方事先约定,如没有约定也无法协议补充约定的,则需要按照合同的具体情况,并结合交易习惯等于个案中具体判断。

2. 不能请求继续履行时的解决方式

本条第 2 款规定乃新增条文,也是《民法典》合同编立法过程中变动较频繁、争议较大的条文之一。该款主要回应实务需要用于解决合同僵局问题。[①]根据本条规定,当出现不能请求继续履行债务时,应申请终止合同权利义务关系,具体适用时应注意以下事项:

(1)不能请求继续履行债务,致使不能实现合同目的时,何方有权申请终止合同权利义务。对于本款规定,"需要借助《九民纪要》第四十八条规定来理解其由来"。[②] 该纪要第 48 条规定了违约方解约权的内容,即允许在一些长期性的合同如房屋租赁合同的履行过程中,当出现合同僵局时,违约方在符合相应条件的前提下可以起诉请求解除合同。本款就是在前述规定的基础上发展而来,将请求终止合同关系的权利赋予合同双方当事人,即无论是违约方还是受损害

① 参见崔建远:《完善合同解除制度的立法建议》,载《武汉大学学报(哲学社会科学版)》2018 年第 2 期;王利明:《论合同僵局中违约方申请解约》,载《法学评论》2020 年第 1 期。

② 王利明、朱虎主编:《中国民法典释评·合同编通则》,中国人民大学出版社 2020 年版,第 590 页。

方均可以依照本款规定请求终止合同。实践中,受损害方其实完全可以优先选择根据本法第563条第1款第4项的规定,直接经通知违约方后径直解除合同,而无须按照本款规定经由法院或仲裁机构终止合同。

(2)经法院或仲裁机构才能终止合同权利义务关系。本款并未赋予当事人直接的解除权或终止权,而是赋予当事人申请法院或仲裁机构终止合同的权利。换言之,当事人不申请,则法院或仲裁机构不得主动依职权终止合同关系。

实务问题

(1)法院或仲裁机构在审查是否根据当事人申请终止合同时,参照实务案例,其通常会审查申请终止合同的一方是否存在"基于故意或重大过失而违约"的情形,且该方对合同不能继续履行是否负有主要责任。如果申请方存在以上情形,法院可能不支持合同终止的请求。湖南省高级人民法院在审理湖南嘉顺房地产开发有限公司(以下简称嘉顺公司)、衡阳金果投资有限责任公司合同纠纷二审案件[①]时,为解决合同履行僵局,便支持了违约方嘉顺公司解除合同的诉讼请求。法院在该案二审判决中指出,"本案嘉顺公司起诉请求解除合同。从案涉合同约定内容来看,未约定嘉顺公司具有合同解除权。从案涉合同履行情况来看,双方先后订立的"2·5协议"和"10·31协议"约定项目完工日期为2013年10月31日。至该案起诉之日,嘉顺公司未能完全履行合同法第六十条第一款规定的约定义务,该案嘉顺公司为违约方。本院认为,违约方不享有单方解除合同的权利。但是在本案合同履行过程中,双方因嘉顺公司与12位住户长期无法就安置标准达成一致形成合同僵局,双方也未能就下一步如何履行合同协商一致。鉴于嘉顺公司不存在恶意违约的情形,要求嘉顺公司继续履行合同,对其显失公平。如果不允许嘉顺公司通过起诉的方式解除合同,对双方都不利。上述事实,符合合同法第一百一十条第(一)项合同在法律上及事实上已无法履行的情形,嘉顺公司有权依据合同法第一百一十条第(一)项解除合同"。

(2)当法院在基于履行费用判断合同是否应当强制履行时,"'经济合理性'不应当作为判断合同是否应当强制履行的唯一标准。费用与收益合理与否涉及主观价值判断,而在合同关系中,此处的判断者应当为债权人,故应当结合债权人订立合同的目的,且考虑订立合同之初违约人应当预见到的违约成本"。[②] 因此,法院在具体处理此类案件时,应当结合案件实际情况,从债权人的角度出发,

① 湖南省高级人民法院(2020)湘民终545号。

② 中国审判理论研究会民事专业委员会编著:《民法典合同编条文理解与司法适用》,法律出版社2020年版,第211页。

综合判断合同是否能继续履行,而不是单纯从“经济合理性”予以认定。江苏省南京市中级人民法院于新宇公司诉冯某梅商铺买卖合同纠纷案终审判决书[①]中曾提到,当违约方继续履约所需的财力、物力超过合同双方基于合同履行所能获得的利益时,应该允许违约方解除合同,用赔偿损失来代替继续履行。在该案中,如果让新宇公司继续履行合同,则新宇公司必须以其6万余平方米的建筑面积来为冯某梅的22.50平方米商铺提供服务,支付的履行费用过高;而在6万余平方米已失去经商环境和氛围的建筑中经营22.50平方米的商铺,事实上也达不到冯某梅要求继续履行合同的目的。一审平衡双方当事人利益,判决解除商铺买卖合同,符合法律规定,是正确的。

(编写人:李崖立)

法律条文

第五百八十一条　当事人一方不履行债务或者履行债务不符合约定,根据债务的性质不得强制履行的,对方可以请求其负担由第三人替代履行的费用。

条文主旨

本条系根据理论和实践经验作出的新规定,是关于违约方负担第三人替代履行费用的规定。本条适用的前提是一方违约,且根据债务性质不得强制履行的,此时债权人可以请求债务人负担第三人替代履行的费用。

新旧法对比

无	《民法典》
无	第五百八十一条　**当事人一方不履行债务或者履行债务不符合约定,根据债务的性质不得强制履行的,对方可以请求其负担由第三人替代履行的费用。**

理解与适用

1. 第三人替代履行的概念及适用

第三人替代履行是指在符合本条规定的条件下,由债务人以外的第三人提

① 新宇公司诉冯某梅商铺买卖合同纠纷案,载《最高人民法院公报》2006年第6期。

供给付代为履行，履行的费用由债务人承担。本条规定的第三人替代履行（以下简称代履行）区别于执行程序中的替代执行措施。《民事诉讼法解释》第503条、第504均涉及执行程序中的代履行以及代履行费用问题。

通常而言，代履行主要适用于为一定给付行为的债务，常见的如买卖合同中的交付义务，或者房屋租赁合同中，房东对房屋的维修义务等。但如果合同债务系以不作为为标的的债务，而且具有一定持续性，也可以代履行。比如债务人负有不得在租赁厂房上乱搭建的义务，债务人实施乱搭建行为后则负有拆除并恢复原状的义务，此时如果债务人不拆除的，则债权人有权请求债务人负担第三人代为拆除的费用。

2. 根据债务的性质不得强制履行的情形

本条明确规定，只有当债务人违约，根据债务的性质不得强制执行时，才可由第三人代履行。此处“根据债务的性质不得强制执行”的情形就对应本法第580条所规定的三种情形，即“（一）法律上或者事实上不能履行；（二）债务的标的不适于强制履行或者履行费用过高；（三）债权人在合理期限内未请求履行。”

实务问题

第三人替代履行的费用如何计算？

代履行的费用是指由第三人替代履行其应当获取的对价。因为本条并未限制代履行费用必须于代履行发生后，才可由债权人向债务人请求支付，则债权人也可以在符合本条的条件下，直接请求债务人先行负担由第三人之后代履行的费用。所以该代履行对价应参考当时的市场价确定或按照实际发生的价格确定，并应具有合理性。需要注意的是，该费用并不包含债权人在寻求代履行过程中额外产生的其他成本费用，而这些额外产生的其他成本费用则可作为损失由债权人要求债务人承担。浙江舟山市定海区法院在中国联合网络通信有限公司舟山市分公司与浙江方舟科技发展有限公司承揽合同纠纷案①的审理中，支持了第三人替代履行的费用，法院如是判决：“合同解除的损失赔偿额应当相当于因违约所造成的损失，本案中原告因为继续履行与他人合同，而将被告未履行部分即剩余二十五个月的维保业务交由案外人舟山市南天信息科技有限公司替代履行，双方为此签订合同且已实际产生替代履行费用，又原告诉请损失低于委托评估标准，故对原告诉请被告赔偿二十五个月的维保业务的费用并在抵扣合同价款3%质保金后的损失273,611元，于法有据，本院予以支持；超出部分即一个

① 浙江省舟山市定海区人民法院（2015）舟定临商初字第308号。

月的维保业务费用，本院不予支持。”

（编写人：李崖立）

法律条文

第五百八十二条　履行不符合约定的，应当按照当事人的约定承担违约责任。对违约责任没有约定或者约定不明确，依据本法第五百一十条的规定仍不能确定的，受损害方根据标的的性质以及损失的大小，可以合理选择请求对方承担修理、重作、更换、退货、减少价款或者报酬等违约责任。

条文主旨

本条是关于履行不符合约定时的补救措施之规定。当债务人出现履行不符合约定时，主要包括质量、数量等不符合约定的情况，债权人可根据具体情况采取相应的补救措施。该等补救措施主要指修理、重作、更换，以及退货、减价等。

新旧法对比

《合同法》	《民法典》
第一百一十一条　质量不符合约定的，应当按照当事人的约定承担违约责任。对违约责任没有约定或者约定不明确，依照本法第六十一条的规定仍不能确定的，受损害方根据标的的性质以及损失的大小，可以合理选择要求对方承担修理、更换、重作、退货、减少价款或者报酬等违约责任。	第五百八十二条　**履行**不符合约定的，应当按照当事人的约定承担违约责任。对违约责任没有约定或者约定不明确，依据本法**第五百一十条**的规定仍不能确定的，受损害方根据标的的性质以及损失的大小，可以合理选择**请求**对方承担修理、**重作、更换**、退货、减少价款或者报酬等违约责任。

理解与适用

履行不符合约定，也称不完全履行，是指履行不符合合同要求，通常体现在质量、数量、期限等各方面不符合合同约定，包括瑕疵履行和加害履行两种。

履行不符合约定时的具体补救措施：如双方于合同中对出现履行不符合约定时应承担何违约责任事先有约定的，则违约方应按照合同约定承担相应违约责任。如双方对此没有约定，或者虽有约定但约定不明确，此时应当按照本法第510条的规定进行确定，如仍无法确定的，则按照本条规定采取相应补救措施。

根据本条规定，受损害方应根据标的性质以及损失大小，合理选择以下补救措施。

（1）修理、重作、更换。“有学者认为，修理、更换、重作是第一顺位的责任形式，减价和代替给付损害赔偿是并列第二顺位的责任形式，解除是最后顺位的责任形式。”[①]无论如何，修理一般针对的是轻微的履行瑕疵，该瑕疵尚未达到致使合同目的不能实现的程度且能在合理期间内得以补正。如果前述履行瑕疵致使合同目的不能实现，或修理费用过高，或无法在合理期限内修正等，则受损害方有权直接要求重做或更换，如重作或更换不可能、不合理或没有效果的，则可直接选择退货，或减价处理。

（2）退货。通说认为退货即意味着解除合同，并要求出卖人返还价款。这里的退货既可能是全部退货，也可能是部分退货。需注意的是，受损害方只有在满足约定的解除条件或法定的解除条件时才能主张解除合同予以退货。

（3）减少价款或报酬。减少价款或报酬即通称的减价。减价就是指在有偿合同中，减少合同对价，比如减少房屋租金、减少采购价格等。一般认为只有在其他补救措施无法采取，或没有必要采取的情况下，才能行使减价权。减价时，扣减标准的适用非常重要，但也充满争议。通常需要当事人协商一致，如未能达成共识的，则需要法院或仲裁机构根据个案综合确定。

实务问题

受损害方在按照本条规定选择相应补救措施时，需要遵循诚信原则和坚持合理性、必要性原则。例如，当债务人履行中仅出现轻微的瑕疵问题，经过维修能够予以及时补正并达到合同约定的质量要求时，如无其他特别考量或限制的，受损害方就应当秉持诚信原则，接受违约方以维修的方式承担责任，而不应坚持要求更换、重作或退货。当然，本条所规定补救方式与损失赔偿两者之间并行不悖。

浙江省高级人民法院在审理湖州越球电机有限公司（以下简称越球公司）、扬州锻压机床股份有限公司（以下简称锻压公司）买卖合同再审纠纷案[②]时于裁定书中指出，“即便能够认定锻压公司存在瑕疵履行，但该种瑕疵履行的后果只是减损该履行本身的价值或者效用，并不构成合同法第九十四条第四项规定的致使不能实现合同目的的合同法定解除情形。一、二审法院结合本案合同履行

① 郭明瑞、房绍坤主编：《合同法学》（第3版），复旦大学出版社2016年版，第209页。

② 浙江省高级人民法院（2018）浙民申235号。

的实际情况，根据诉讼经济原则，判令锻压公司返还17万元货款以弥补越球公司的修理费用，已经充分地考虑了越球公司的利益，也未超出其诉讼请求。越球公司关于解除合同的要求，既不符合双方约定的质量问题处理方式，又缺乏事实和法律依据”。此外，扬州裕顺建设开发有限公司（以下简称裕顺公司）与余某、江苏江都建设集团有限公司等商品房销售合同纠纷案[①]中，江苏省高级人民法院亦提出：“余某未能就房屋主体结构质量不合格举出充分证据，扬州市开发区质量监督站（以下简称开发区质监站）和工程设计单位扬州市建筑设计研究院有限公司（以下简称扬州建筑设计研究院）出具了维修意见，涉案房屋地下室返潮等问题属于一般质量瑕疵，可以通过维修等方式予以解决，故余某拒收房屋于法无据，但裕顺公司应当承担维修义务，并赔偿维修期间给余某所造成的损失。”

（编写人：李崖立）

法律条文

第五百八十三条　当事人一方不履行合同义务或者履行合同义务不符合约定的，在履行义务或者采取补救措施后，对方还有其他损失的，应当赔偿损失。

条文主旨

本条是关于违约方继续履行义务或采取补救措施后赔偿损失的规定。根据本条规定，实际履行与赔偿损失两种违约责任形式是可以并行的。

新旧法对比

《合同法》	《民法典》
第一百一十二条　当事人一方不履行合同义务或者履行合同义务不符合约定的，在履行义务或者采取补救措施后，对方还有其他损失的，应当赔偿损失。	【内容不变】第五百八十三条

① 江苏省高级人民法院（2019）苏民申1号。

理解与适用

实践中,一方违约后,往往经违约方采取补救措施或继续履行后仍无法弥补相对方因此所遭受的其他损失,本条针对此情形,赋予相对方就其遭受的其他损失进行索赔的权利。这里的“其他损失”通常包括以下几类:

(1)违约方最初不履行合同义务或履行合同义务不符合合同约定而给相对方所造成的损失;

(2)不继续履行或继续履行不符合约定义务给相对方造成的损失;

(3)违约方继续履行或完成补救措施前的延迟履行给相对方造成的损失;

(4)补救措施本身给相对方造成的损失;

(5)补救措施仍无法弥补的相对方的损失。

实务问题

受损害方适用本条向违约方主张损失时,应注意损失的计算问题。因为民法对于损害赔偿坚持采用“填平原则”,即损失赔偿金额应与当事人所遭受的损失相当。如受损害方已经因违约方实际履行或采取补救措施使得其所遭受的损失得到部分弥补,那么其被弥补的损失应从因违约方违约所遭受的全部损失中相应扣减。

(编写人:李崖立)

法律条文

第五百八十四条　当事人一方不履行合同义务或者履行合同义务不符合约定,造成对方损失的,损失赔偿额应当相当于因违约所造成的损失,包括合同履行后可以获得的利益;但是,不得超过违约一方订立合同时预见到或者应当预见到的因违约可能造成的损失。

条文主旨

本条是关于损害赔偿范围的规定。我国法律对于损害赔偿的范围坚持的是完全赔偿以及损失填平原则。根据本条规定,当事人因对方违约可请求的损失赔偿额应包括因违约所造成的全部损失,既包括实际的损失,也包括可得利益的损失。但损害赔偿范围还应以违约方订约时可预见的范围为限。

新旧法对比

《合同法》	《民法典》
第一百一十三条　当事人一方不履行合同义务或者履行合同义务不符合约定，给对方造成损失的，损失赔偿额应当相当于因违约所造成的损失，包括合同履行后可以获得的利益，但不得超过违反合同一方订立合同时预见到或者应当预见到的因违反合同可能造成的损失。 经营者对消费者提供商品或者服务有欺诈行为的，依照《中华人民共和国消费者权益保护法》的规定承担损害赔偿责任。	第五百八十四条　当事人一方不履行合同义务或者履行合同义务不符合约定，**造成**对方损失的，损失赔偿额应当相当于因违约所造成的损失，包括合同履行后可以获得的利益；**但是，**不得超过违约一方订立合同时预见到或者应当预见到的因违约可能造成的损失。

理解与适用

1. 违约损害赔偿的范围及种类

（1）违约时损害赔偿的范围，首先适用当事人的约定，如无约定或无明确约定的，则按照本条规定来确定损害赔偿的范围。按照本条规定，违约方应赔偿受损害方因违约行为所遭受的全部损失，以尽可能使得受损害方处于合同按约履行的状态，这样方能督促当事人有效履约。

（2）按照完全赔偿原则，违约方应赔偿的损失通常包括实际损失和可得利益的损失。实际损失是指因为违约行为而导致现有利益的减少，是现实利益的损失，可以理解为所受到的损害。比如，买卖合同中，因为卖方延迟交付标的物，而导致买方因此向其客户支付的违约金等。可得利益损失，即所失利益，通常称预期利益，是指受损害方本可以通过合同的履行所能获得的但却因违约而丧失的利益，是未来的、可期待的利益。又以买卖合同为例，买受人本可以在如约受领标的物后，将其转卖给第三方，从而获取转让差价利润，但现因出卖方违约，无法获得该可期待的利益。

（3）较可得利益损失而言，实际损失在实践中更容易确定与证明。实际损失一般包括两类损失，一是信赖利益的损失，比如费用的支出、丧失其他交易机会的损失，以及因违约方违约而导致自己对第三方承担的违约赔偿责任等损失。例如在话剧演出合同中，签约的话剧演员违约不能参加约定的剧目演出，导致演出临时取消，此时演出举办方为组织剧目演出所支出的成本费用及其应向广告赞助商支付的违约金等损失皆为实际损失。二是现有利益,或固有利益的损失。固有利益的损失更多发生在加害给付中,比如出卖人交付的是有瑕疵的设备,在设备使用过程中导致原物料损毁,原物料的价值损失即构成固有利益的损失。如此,违约损害赔偿诉讼中,鉴于可得利益举证的困难性,债权人通常更倾向于主张实际损失,但在追索实际损失中的信赖利益时,需注意信赖利益的赔偿一般不得大于债权人的履行利益,以防止债权人借此投机盈利。

2. 违约损害赔偿数额的限制

(1)在确定违约损害赔偿数额时,应适用可预见性原则,即违约赔偿的数额不得超过违约方在签订合同时预见到的或应当预见到的因违反合同而可能产生的损失范围。因为如果违约方在订立合同时无法预见到,其就无法提前预先安排自己的行为并采取合理措施去预防,如要求其就超出可预见范围的损失进行赔偿,明显有违公平合理原则。

(2)实践中在适用可预见原则时应注意以下事项:第一,预见的主体应为违约方,而不是守约方,因为违约方是损害赔偿责任的承担方。第二,预见的注意标准是客观的普通理性人的标准,即是一个处于违约方地位的普通理性第三人的立场。但在适用此标准时,需要特别考虑违约方是否具有特殊身份、职业背景、认知能力以及相对方是否有做特别的披露或声明等因素。比如,违约方是一个专业的基金管理人,其相较于普通的理性第三人而言在基金投资、管理方面的专业知识与业务常识必然更高。第三,预见的时点应是合同签订时,而非违约之时。因为合同是当事人双方对于未来交易的安排,按常理,当事人在订立合同时应根据其所预见到的未来风险,提前在合同中作出相应的安排和预防,因此以合同订立时为时点确定预见的范围是合适的。第四,预见的内容是可能发生的损失的性质和种类,而无须要求必须预见到损失具体的范围与数额。比如在航运服务合同中,承运人能预见到的因为其迟延运输而导致托运人交货迟延所可能对外负担的违约金,但对于该违约金的具体数额或范围恐难以准确预估。

(3)此外,在确定违约损害赔偿数额时还应注意其他原则的适用,比如,损益相抵原则,受损害方未采取适当措施防止损失扩大则无权就扩大的损失索赔,以及受损害方自身有过错应相应减少损失赔偿额等。

3. 损害赔偿数额的计算

通说认为,损害赔偿额有两种计算方法,包括主观计算方法和客观计算方法。所谓主观计算方法,又称为具体计算方法,其主要着眼于具体的交易情况,根据受损害方具体所产生的损失进行计算。客观计算方法,也称抽象计算方法,主要是按照社会的一般情况,仅考虑市场中的替代性交易价格进行计算。[①] 这两种计算方法的差异主要在于是否考虑受损害方的主观的、具体的因素。[②] 在按照客观方法计算时,首先考虑的是替代性交易,如未进行替代性交易,则可以考虑市场价格。市场价格是指在合同应当履行的地点,对应当交付的货物或应当提供的服务在可比情况下通常所收取的价格,或者如果该地无时价,时价可以参考另一地的时价。[③]

实务问题

(1)实践中,可得利益的计算较为困难,所以在请求赔偿可得利益时,举证是关键。如果没有可供参考的交易数据(含债权人早前可供参考的交易数据,比如债权人在合同履行期间的年度平均利润率,或者是同类型交易的相关数据等),则法院的自由裁量权较大,而且法院往往会以债权人自行预估的可得利益损失没有合理依据,缺乏客观确定性为由不予支持。关于可得利益的举证可以参考最高人民法院于案件审理中的相关要求进行。最高人民法院曾于判决中指出对于"可得利益损失"证明程度有两点要求:第一,可得利益需要具有客观确定性,即需要证明该利益乃系在合同履行后通常情况下必然获得的利益;第二,取得可得利益所支出的成本必须为取得该可得利益的充分条件而非必要条件。如在抚顺市中源建筑工程有限公司、抚顺长青羊绒业科技发展有限公司(以下简称长青公司)建设工程施工合同纠纷案[④]中,最高人民法院指出:"预期利益需具有客观确定性,指在合同履行后通常情况下必然获得的利益。长青公司建设羊绒加工车间,筹备经营羊绒制品,建设厂房仅是其获得预期利润的必要条件,而非充分条件。长青公司能否获得预期利润,除厂房外,还需综合考虑资金投入、人力资源、经营管理经验、市场情况、原料采购运输等多方面因素。……长青公司项目可行性研究报告中载明的长青公司项目投产后预期实现的年销售额,系项目投产前供项目决策所用的理论预测,其用途受限且缺乏客观确定性,该报告不能反映案涉建设工程施工合同正常履行后长青公司在通常情况下必然实现的销售额。辽宁永盛会计师事务所有限责任公司在上述审计报告中根据预期销售额计算出的长青公司预期利润额,也非合同履行后通常情况下必然获得的利润

① 参见王利明:《合同法研究》(第2卷)(第3版),中国人民大学出版社2015年版,第648-649页;韩世远:《合同法总论》(第4版),法律出版社2018年版,第819页。

② 参见王利明、朱虎主编:《中国民法典释评·合同编通则》,中国人民大学出版社2020年版,第606页。

③ 参见黄薇主编:《中华人民共和国民法典合同编解读》(上册),中国法制出版社2020年版,第437页。

④ 最高人民法院(2019)最高法民申1535号。

额,该审计报告缺乏必要的评估依据,故不能作为认定长青公司损失的依据。”

(2)可预见规则的适用则对当事人的披露义务提出更高的要求。如前所述,可预见规则对于预见的注意范围是以理性的、普通人的标准进行判断的,这就要求当事人对于合同的特殊需求、特殊目的以及背景情况需要于签约时进行充分的披露,促使相对方提高注意义务,扩充相对方对于违约行为可能给己方造成的损失的预见范围。比如对于合同履行的时效性要求较高的买卖合同或服务合同,当事人可于合同中明确披露合同的签订背景、合同欲实现的特殊目的、对于履约的严格时效要求,以及迟延履行将可能造成的损失范围等。

(3)本条是针对法定违约损失赔偿范围的一般性规定,如果其他法律对违约赔偿有特别规定的,依照其规定,即特别法优于一般法规定。比如,《海商法》对于赔偿责任限额的计算单位作了特别规定,所以如涉及海商合同纠纷的,优先适用《海商法》。又如,当涉及经营者向消费者提供的商品或服务存在质量问题的,尤其是经营者存在欺诈行为的,则优先适用《消费者权益保护法》的相关规定,由经营者支付惩罚性赔偿金。

(编写人:李崖立)

法律条文

第五百八十五条　当事人可以约定一方违约时应当根据违约情况向对方支付一定数额的违约金,也可以约定因违约产生的损失赔偿额的计算方法。

约定的违约金低于造成的损失的,人民法院或者仲裁机构可以根据当事人的请求予以增加;约定的违约金过分高于造成的损失的,人民法院或者仲裁机构可以根据当事人的请求予以适当减少。

当事人就迟延履行约定违约金的,违约方支付违约金后,还应当履行债务。

条文主旨

本条是关于约定违约金的规定。本条基本承袭了《合同法》第114条的规定,除将“当事人可以请求人民法院或仲裁机构”改为“人民法院或者仲裁机构可以根据当事人的请求”外,其他维持不变。此变化主要重在强调只有在当事人请求的前提下法院或仲裁机构才有权予以相应调整,未经请求其不得依职权予以主动调整。

新旧法对比

《合同法》	《民法典》
第一百一十四条　当事人可以约定一方违约时应当根据违约情况向对方支付一定数额的违约金,也可以约定因违约产生的损失赔偿额的计算方法。 约定的违约金低于造成的损失的,当事人可以请求人民法院或者仲裁机构予以增加;约定的违约金过分高于造成的损失的,当事人可以请求人民法院或者仲裁机构予以适当减少。 当事人就迟延履行约定违约金的,违约方支付违约金后,还应当履行债务。	第五百八十五条　当事人可以约定一方违约时应当根据违约情况向对方支付一定数额的违约金,也可以约定因违约产生的损失赔偿额的计算方法。 约定的违约金低于造成的损失的,**人民法院或者仲裁机构可以根据当事人的请求予以增加**;约定的违约金过分高于造成的损失的,**人民法院或者仲裁机构可以根据当事人的请求予以适当减少。** 当事人就迟延履行约定违约金的,违约方支付违约金后,还应当履行债务。

理解与适用

1. 约定违约金的方式

根据本条第1款规定,当事人可以在合同中约定出现违约情形时向对方支付一定数额的违约金,也可以约定因违约产生的损失赔偿额的计算方法。所以,约定违约金通常可以体现为上述两种不同的方式:预定损失赔偿额或约定损失赔偿额的计算方法。

(1)预定损失赔偿额,是指当事人订立合同时,对于未来可能出现的违约行为可能会造成的损失进行预估,并就损失赔偿设定一个数额或者范围。通常而言,预定损失赔偿额,对于合同双方有一定的益处,比如对于可能的受损害方来说,可以一定程度上减轻或避免其对损失赔偿额的证明责任;而对于违约方而言,也有利于提前给予其一个违约后果的合理预期,并可以锁定风险,防止违约风险的无限扩大。

(2)约定损失赔偿额的计算方法。关于损失赔偿额的计算方法,如之前所述,损失的计算方法主要分为主观计算方法和客观计算方法两种。当事人在合同中既可以采用主观计算方法,又可以采用客观计算方法,甚至兼顾采用两种计算方法。实践中,对于投资、合作型业务,当事人常以过往交易中的交易总额、收入总额或营业额等作为计算基数,再以平均利润率,或者中国人民银行公布的同期贷款基准利率,或者设定一个双方认可的数值等为乘数来计算损失赔偿额。

双方通过该等具体的预定，既有效设定预期，锁定风险，又减轻了受损害方的举证责任。

2. 违约金的司法调整

针对约定的违约金，法律赋予人民法院或仲裁机构经当事人请求后予以司法调整的权力，此处的调整包括司法酌减及司法酌增两种：

（1）司法酌减是指当合同约定的违约金过分高于违约所造成的损失时，法院或仲裁机构可以经当事人请求予以适当减少。此处应重点关注司法酌减的适用前提。一是约定的违约金过分高于损失的。此处损失的范围和数额应按照法定损失赔偿的范围和数额进行确定，即包括实际损失和可得利益的损失。而且只有在约定损失“过分高于”所造成的损失时，方可司法酌减。至于应如何认定“过分高于”，司法实践中，对于当事人约定的违约金超过造成损失的 30%时，法院或仲裁机构一般即据此认定构成“过分高于”。二是债务人提出申请，请求司法酌减。实践中债务人提出请求的方式通常是在诉讼中针对债权人的诉讼请求提出抗辩，当然也可以通过反诉的方式主张。但实务中，往往还会出现一种情况，比如当事人双方主要就是否存在违约进行主张、攻防辩论，而忽视违约金是否过高的问题，此时为公平维护双方利益，且避免重复诉讼，法院一般应就违约金是否过高问题行使其释明权。

（2）所谓司法酌增，则是指当约定的违约金数额低于违约行为所造成的损失数额时，则法院或仲裁机构经当事人请求可以予以增加。与司法酌减对于“过分高于”的程度要件不同的是，此时只要求“低于”，而不要求“过分低于”，由此体现立法对于债权人或者守约方权益的保护。司法机关在考量是否增加，以及增加的幅度时，通常会综合考虑一些因素，比如当事人的过错程度、合同履行情况、预期利益、债权人是普通民事主体还是商事主体，当事人是否有明确限制责任的意图等因素。

3. 迟延履行违约金与继续履行债务之间的并行

根据本条第 3 款内容，当事人专门针对迟延履行约定违约金的，违约方支付违约金后，还应承担继续履行的义务。此处规定的迟延履行违约金与继续履行之间是并行的关系。但需要注意：继续履行针对的是迟延履行后仍有可能且有必要履行的义务。如果继续履行对于债权人而言已经毫无意义，或者已经陷入履行不能的，则债权人有权拒绝继续履行而转而要求赔偿损失。另外，本条仅针对迟延履行违约金与继续履行之间的关系，并未涉及其他类型违约金和继续履行之间的关系。关于这些关系的处理，需要结合具体情形予以综合考量，应注意是否系同一违约行为导致违约金与其他违约责任形式,当事人之间是否存在特别的约定,以及约定的违约金与其他责任形式并用时不得超过债权人所遭受的损失总额等。

实务问题

根据2019年《九民纪要》第50条规定,认定约定违约金是否过高,一般应当以《合同法》第113条规定的损失为基础进行判断,这里的损失包括合同履行后可以获得的利益。除借款合同外的双务合同,作为对价的价款或者报酬给付之债,并非借款合同项下的还款义务,不能以受法律保护的民间借贷利率上限作为判断违约金是否过高的标准,而应当兼顾合同履行情况、当事人过错程度以及预期利益等因素综合确定。主张违约金过高的违约方应当对违约金是否过高承担举证责任。司法机关在进行司法酌减时不能完全"一刀切",且不可以借款合同中法定的对民间借贷利率保护的上限为标准去判断其他合同中违约金是否过高。

实务中,在违约金过高需司法酌减的案件中,通常首先由债务人对违约金过高承担相应的举证责任,那么债务人究竟应当如何举证违约金过高?本书特列举以下案例予以具体说明。在松原大润发商业有限公司、吉林省金钻购物广场有限公司房屋租赁合同纠纷案①中,违约方松原大润发公司在主张约定违约金过高应予调低时抗辩并举证证明道:"本案中,松原大润发公司在2010年至2012年期间收入的争议展位费、促销费总金额为13,526,834.35元,即使将该笔收入计提租金,则按照双方当事人在合同中约定的2.5%的提取租金标准,松原大润发欠缴租金的金额为338,170.85元,此金额即为金钻公司的实际损失。"最高人民法院最终认定"债务人已按照合同约定实际交付绝大部分租金,未履行部分仅为争议展位费、促销费对应租金,数额占应交租金的比例较小。根据上述分析,案涉合同所约定的违约金显然高于实际损失。松原大润发公司未实际缴纳争议展位费、促销费对应的租金,客观上也与双方对营业额的范围约定不明确有关,其主观过错程度较低。综合考虑本案事实和法律规定,本院酌定松原大润发公司赔偿金钻公司与租金损失相当的违约金331,420元。"在郑州金苑面业有限公司、郑州金山置业有限公司合同纠纷案②中,违约方金山公司在针对约定违约

① 最高人民法院(2018)最高法民再238号。
② 最高人民法院(2017)最高法民终553号。

金过高时抗辩道:“《协议书》约定的违约金比例过高,应当依法予以调整。《协议书》第四条逾期还款违约金日千分之十的约定,远远超过金苑公司以一年计贷款利息为参照的实际损失,金山公司有权请求法院对此予以调整。”最高人民法院最终就此认定:“一审法院结合本案实际,依照《合同法解释(二)》第二十九条‘当事人主张约定的违约金过高请求予以适当减少的,人民法院应当以实际损失为基础,兼顾合同的履行情况、当事人的过错程度以及预期利益等综合因素,根据公平原则和诚实信用原则予以衡量,并作出裁决’的规定,酌定按照中国人民银行规定的同期银行贷款利率的1.3倍计付违约金,符合法律规定。金苑公司虽对一审法院酌定的违约金计算标准提出异议,主张应按法律保护的民间借贷最高利率24%进行结算,但其并未提供证据证明其实际损失的数额,其该项主张缺少事实依据,本院不予支持。”

通过上述案例可以看出,对于提出违约金酌减请求的债务人而言,由于其本身难以掌握债权人损失的证据,因此实践中债务人的举证责任其实并不是要求债务人提供证明“债权人实际损失”的具体证据,而是要求其提供能证明约定违约金不合理的相关事实情况与证据。因此,债务人在主张酌减违约金时的举证应当是对债权人遭受的损失种类、债权人遭受损失的计算基础以及计算方式等内容进行举证与说明。

此外,在司法实务中,债权人作为违约损失的直接受损害方,如在债务人就违约金过高完成初步举证责任后,为避免约定违约金被酌减,其应当提交有助于证明违约所造成的损失金额较高、损害程度巨大的事实证据,从而完成对违约金约定金额合理性的举证责任。

(编写人:李崖立)

法律条文

第五百八十六条　当事人可以约定一方向对方给付定金作为债权的担保。定金合同自实际交付定金时成立。

定金的数额由当事人约定;但是,不得超过主合同标的额的百分之二十,超过部分不产生定金的效力。实际交付的定金数额多于或者少于约定数额的,视为变更约定的定金数额。

条文主旨

本条是关于违约定金的规定，整合了《合同法》《担保法》的定金规则。

新旧法对比

《担保法》	《民法典》
第八十九条　当事人可以约定一方向对方给付定金作为债权的担保。债务人履行债务后，定金应当抵作价款或者收回。给付定金的一方不履行约定的债务的，无权要求返还定金；收受定金的一方不履行约定的债务的，应当双倍返还定金。 第九十条　定金应当以书面形式约定。当事人在定金合同中应当约定交付定金的期限。定金合同从实际交付定金之日起生效。 第九十一条　定金的数额由当事人约定，但不得超过主合同标的额的百分之二十。	第五百八十六条　**当事人可以约定一方向对方给付定金作为债权的担保。定金合同自实际交付定金时成立。** **定金的数额由当事人约定；但是，不得超过主合同标的额的百分之二十，超过部分不产生定金的效力。实际交付的定金数额多于或者少于约定数额的，视为变更约定的定金数额。**

理解与适用

定金是指合同一方当事人为了确保合同的履行，而向对方给付的一定数额的金钱。

本条第1款第1句规定："当事人可以约定一方向对方给付定金作为债权的担保。"可见，定金属于债权的担保，是一种特殊的金钱担保。本条第1款第2句规定："定金合同自实际交付定金时成立。"该规定改变了《担保法》第90条的表述："定金合同从实际交付定金之日起生效。"采用"成立"的表述，更为科学、严谨，反映出定金合同为实践合同。本条第2款前半句规定："实际交付的定金数额多于或者少于约定数额的，视为变更约定的定金数额。"可见在交付定金之前，双方即使做出支付定金的口头约定，也不受该约定的拘束，当事人实际交付的定金数额可多于或少于约定的数额。在多于或少于约定数额的情况下，相对人不同意变更定金数额的，应当拒收定金；若予以收取，则应认为其接受了变更后的定金数额。

本条第2款规定："定金的数额由当事人约定；但是，不得超过主合同标的额的百分之二十，超过部分不产生定金的效力。"该规定是关于限定定金数额的规定，一方面，定金具有担保合同履行的功能，如果定金数额过高，便会过分地将当事人束缚在合同之上；另一方面，定金具有赔偿、补偿的功能，如果定金数额过高，可能使得相对人获得超额利益，有失公平。

实务问题

司法实践中，需注意区别于“订金”，订金没有担保性质，不能适用定金罚则。还需注意定金数额的限制，实践中，许多合同对于定金数额的约定比较随意，甚至超过主合同标的额20%，按照本条的规定，超过部分不产生定金的效力。此外，需要注意定金合同具有特殊的法定生效条件，不仅需要当事人双方的意思表示一致，还需要实际交付定金，定金合同才能生效。如双方当事人仅订立了定金合同或者在主合同中约定了定金条款但未实际支付定金，此时定金合同或定金条款并未生效。

（编写人：王琼花）

法律条文

第五百八十七条　债务人履行债务的，定金应当抵作价款或者收回。给付定金的一方不履行债务或者履行债务不符合约定，致使不能实现合同目的的，无权请求返还定金；收受定金的一方不履行债务或者履行债务不符合约定，致使不能实现合同目的的，应当双倍返还定金。

条文主旨

本条是关于定金罚则的规定。

新旧法对比

《合同法》	《民法典》
第一百一十五条　当事人可以依照《中华人民共和国担保法》约定一方向对方给付定金作为债权的担保。债务人履行债务后，定金应当抵作价款或者收回。给付定金的一方不履行约定的债务的，无权要求返还定金；收受定金的一方不履行约定的债务的，应当双倍返还定金。	第五百八十七条　债务人履行债务的，定金应当抵作价款或者收回。给付定金的一方**不履行债务或者履行债务不符合约定，致使不能实现合同目的的**，无权**请求**返还定金；收受定金的一方不**履行债务或者履行债务不符合约定，致使不能实现合同目的**的，应当双倍返还定金。

理解与适用

对比《合同法》第 115 条,本条增加了“履行债务不符合约定,致使不能实现合同目的的”这一情形,明确了定金罚则只能适用于根本违约的情形,对于履行债务虽不符合约定,但不会致使合同目的不能实现的情形,则不能适用。

定金担保,是通过一方当事人向对方当事人交付一定数量的金钱,把合同是否履行与定金的得失联系起来,使当事人产生心理压力,进而积极、适当地履行合同。定金的法律效力是指定金合同有效成立后,在当事人之间产生的相应权利义务关系。依照本条规定,定金的法律效力表现在两方面:一方面是债务人履行债务后定金应当抵作价款或者收回,此乃主合同得以履行情况下所表现的效力;另一方面是在发生违约情况下,给付定金的,一方不履行约定的债务的,无权要求返还定金,收受定金的,一方不履行约定的债务的,应当双倍返还定金。这就是所谓的“定金罚则”。定金的担保功能主要源于定金罚则的威慑与惩罚作用。

与其他担保不同,定金担保具有双向担保的功能,对给付定金的一方和收受定金的一方都有约束力,任何一方违约,均可以适用定金罚则。

实务问题

1. 适用定金罚则需具备的条件

(1)以违反有效合同为前提,即主合同必须有效,这是由定金合同的从属性所决定的。如果主合同无效或者被撤销的,即便当事人已有交付和收受定金的事实,也不能适用定金罚则。

(2)必须有违约行为。违约行为的存在是适用定金罚则的前提。违约行为是指不按合同约定履行债务的行为。

(3)只能针对不履行和根本违约的情形。即必须有合同目的落空的事实。合同目的的落空即合同目的不能实现,是适用定金罚则的基本条件。这里的合同目的仅指主合同的直接目的和主要目的。

(4)违约行为与合同目的落空之间有因果关系。违约行为或合同目的落空,并不必然导致定金罚则的适用,只有二者同时具备且存在因果关系时方可适用,即只有因违约行为致使合同目的不能实现时,才能适用定金罚则。

2. 根本违约的迟延履行行为

迟延履行不能实现合同目的,指迟延的时间对于债权的实现至关重要,超过了合同约定的期限履行合同,合同目的就将落空。通常以下情况可以认为构成根本违约的迟延履行：一是当事人在合同中明确约定超过期限履行合同，债权人将不接受履行，而债务人履行迟延。二是履行期限构成合同的必要因素，超过期限履行将严重影响订立合同所期望的经济利益。如季节性、时效性较强的标的物，如对联，过了春节交付，就没有了销路。三是继续履行不能得到合同利益。

（编写人：王琼花）

法律条文

第五百八十八条　当事人既约定违约金，又约定定金的，一方违约时，对方可以选择适用违约金或者定金条款。

定金不足以弥补一方违约造成的损失的，对方可以请求赔偿超过定金数额的损失。

条文主旨

本条是关于定金、违约金、赔偿损失适用的规定。

新旧法对比

《合同法》	《民法典》
第一百一十六条　当事人既约定违约金，又约定定金的，一方违约时，对方可以选择适用违约金或者定金条款。	第五百八十八条　当事人既约定违约金，又约定定金的，一方违约时，对方可以选择适用违约金或者定金条款。 定金不足以弥补一方违约造成的损失**的**，对方**可以**请求赔偿超过定金**数额**的损失。

理解与适用

本条第1款明确规定了定金与违约金是不能同时适用的，基于违约定金与违约金都以担保债权实现为主要功能，其效果是重复的，都具有对违约的赔偿或补偿性质，即定金具有替代违约金的效力。故一方违约时，守约方只可以选择适用定金或违约金其中的一种，不可同时适用。

考虑到定金存在可能低于违约金造成损失的情况，本条在《合同法》第116条的基础上增添了第2款："定金不足以弥补一方违约造成的损失的，对方可以请求赔偿超过定金数额的损失。”这一规定显示出定金的次要功能是填补损失。当事人约定定金，虽然不一定是为了预估将来的违约损失并锁定风险，但定金具有一定的违约救济功能。特别是解约定金具有一定的补偿功能，在实行定金罚则之后，当事人的损失很大程度上可以得到弥补。在支付惩罚性违约金之后，债权人的损失无法得到完全填补的更可取的手段，其实是一并主张损害赔偿而非直接调整违约金。根据本条第 2 款的规定，在同一债的关系中，守约方可以要求违约方按照定金罚则承担责任，也可以要求其承担损害赔偿责任，这是由于定金条款主要是通过定金罚则的惩罚作用，发挥担保功能，而违约损害赔偿的功能更多在于填平损失。

实务问题

1. 违约金条款和定金罚则不可同时适用

根据意思自治的法律原则，合同中的违约金条款、定金条款的适用，应当以当事人提出主张为前提，法院或仲裁机构不得主动适用。基于数额的计算和利己的考虑，当事人可以主张适用违约金条款也可以主张适用定金条款，如个案中的当事人同时主张适用违约金条款和定金条款的，法院或仲裁机构可以向该方当事人予以释明，进而由其明确诉请，也可以按照有利于守约方的原则选择适用其一。

2. 定金罚则不适用违约金调整规范

在《民法典》出台前，定金罚则的规定同时出现在《合同法》第 115 条和《担保法》第 89 条中，揭示了定金的担保和违约责任双重属性。《民法典》施行后，同时也宣告《合同法》《担保法》的废止。《担保法》中关于抵押、质押、留置等物保的规定由《民法典》物权编完善后吸纳；其中关于保证、定金等人保、金钱保的规定被《民法典》合同编吸纳。其中，关于定金规则的全部条文规定在第八章违约责任之中，在法典结构上并未突出定金的担保性。然而在法律实务中，我们应当将定金与其他违约责任作出一定程度的区分，这样可以更加深刻理解定金制度的司法适用。

虽然定金罚则的金额由法律规定，但基于民事法律公平原则，法院仍可对“双倍返还”的请求金额进行调整。

《民法典》第 585 条第 2 款规定：“约定的违约金过分高于造成的损失的，人民法院或者仲裁机构可以根据当事人的请求予以适当减少。”这是关于赔偿性违约金酌定减少的规定。但鉴于违约定金的功能类似于惩罚性违约金的功能，对于违约定金不应类推适用该规定。同时，根据《民法典》第 586 条第 2 款的规定，定金的数额由当事人约定;但是,不得超过主合同标的额的20%,超过部分不产生定金的效力。该规定已经对定金的数额进行了限制,因此定金不需要再类推适用惩罚性违约金的酌定减少方法。

(编写人:王琼花)

法律条文

第五百八十九条　债务人按照约定履行债务,债权人无正当理由拒绝受领的,债务人可以请求债权人赔偿增加的费用。

在债权人受领迟延期间,债务人无须支付利息。

条文主旨

本条是关于债权人拒绝受领和迟延受领的规定。

新旧法对比

无	《民法典》
无	第五百八十九条　**债务人按照约定履行债务,债权人无正当理由拒绝受领的,债务人可以请求债权人赔偿增加的费用。** **在债权人受领迟延期间,债务人无须支付利息。**

理解与适用

合同目的的实现不仅需要债务人履行合同义务,通常还需要债权人的配合或协助,否则,债务的履行可能因债权人的原因发生障碍,这种障碍在理论上被称为债权人受领迟延。债权人无正当理由拒绝受领,是指债务人按照约定履行了债务或者提出了履行债务的请求,债权人无理由地不予受领或者协助。

本条适用的要件包括:第一,债务人必须按照约定履行债务。如果债务人没有履行债务或履行债务不符合合同的约定,那么债权人无法受领或者有正当理由可以拒绝受领。第二,债权人没有按照合同约定受领债务人的给付。第三,债权人缺乏拒绝受领的正当理由。债权人拒绝受领的正当理由可以是约定的,也可以是法定的。如有约定,优先适用约定条款,如无约定,如果给付有质量瑕疵或者数量瑕疵,则援用本法第531条的规定,只要债务人的给付不符合合同约定，债权人的拒绝受领则是具有正当理由的。此外，本法也明确规定了一些具体情形。例如，第610条中规定，因标的物不符合质量要求，致使不能实现合同目的的，买受人可以拒绝接受标的物或者解除合同。第629条中规定，出卖人多交付标的物的，买受人可以接收或者拒绝接收多交付的部分。第740条第1款规定，出卖人违反向承租人交付标的物的义务，有下列情形之一的，承租人可以拒绝受领出卖人向其交付的标的物：第一，标的物严重不符合约定；第二，未按照约定交付标的物，经承租人或者出租人催告后在合理期限内仍未交付。

值得注意的是，出现了本条的情形，并不意味着债务人无须继续履行给付的义务，其仍有义务继续给付，但因债权人无正当理由拒绝受领，债务人可以依据本法第570条选择提存。根据本条第1款的规定，债务人有权请求债权人赔偿增加的费用，通常可能会产生的费用包括：①保管标的物所产生的费用；②是债务人再次提供给付所支出的费用，如仓储费、运输费、保险费、维护费等。根据本条第2款的规定，在债权人陷入受领迟延的情况下，受领迟延期间，债务人的利息停止计算。

实务问题

1. 债权人受领迟延时标的物的保管义务

债权人受领迟延后，除了债务人履行费用增加的问题，还存在受领迟延后债务人义务的减轻问题以及标的物风险是否转移的问题。如债权人受领迟延后，因不可归责于当事人的原因导致标的物毁损、灭失的，其风险由债权人承担。但特定物在受领迟延后因债务人原因灭失、毁损时，如何分配此等损害，实践中存有争议。债权人正当地行使拒绝受领权的情形下，如因标的物质量不符合要求，致使不能实现合同目的的，债权人可以拒绝接受标的物，标的物毁损、灭失的风险由债务人承担，实践中不存在争议。但是，根据诚信原则在标的物退还给债务人之前，债权人应当负有保管义务，其要求程度宜以与保管自己的物品一样的注意义务为标准。如果债权人没有尽到此种保管义务，致使标的物毁损、灭失的，由于债权人具有可归责性，故不属于标的物瑕疵担保责任风险负担的领域，而应当由债权人承担标的物毁损、灭失的赔偿责任，即债权人受领迟延期间，债务人仅对故意或重大过失造成的损害负赔偿责任。

2. 债权人受领迟延，债务人可否主张解除合同

根据本法第563条第1款的规定，当事人一方迟延履行主要债务，经催告后在合理期限内仍未履行；当事人一方迟延履行债务或者有其他违约行为致使不能实现合同目的的情形下，当事人可以解除合同。据此，如债权人受领迟延又经

催告后在合理期限内仍未受领,或受领迟延致使合同目的无法实现的情形下,债务人也可以主张解除合同,这样有利于及时解决合同履行争议问题,促使债权人及时受领给付的标的物,符合效率原则。此外,本法第 778 条也秉持了该理念,规定承揽工作需要定作人协助的,定作人有协助义务。定作人不履行协助义务致使承揽工作不能完成的,承揽人可以催告定作人在合理期限内履行义务,并可以顺延履行期限;定作人逾期不履行的,承揽人可以解除合同。

(编写人:王琼花)

法律条文

第五百九十条　当事人一方因不可抗力不能履行合同的,根据不可抗力的影响,部分或者全部免除责任,但是法律另有规定的除外。因不可抗力不能履行合同的,应当及时通知对方,以减轻可能给对方造成的损失,并应当在合理期限内提供证明。

当事人迟延履行后发生不可抗力的,不免除其违约责任。

条文主旨

本条是关于不可抗力和违约责任关系的规定,本条第 1 款规定的不可抗力为免除违约责任的法律事由,第 2 款规定了迟延履行场合不免除违约责任。

新旧法对比

《合同法》	《民法典》
第一百一十七条　因不可抗力不能履行合同的,根据不可抗力的影响,部分或者全部免除责任,但法律另有规定的除外。当事人迟延履行后发生不可抗力的,不能免除责任。 本法所称不可抗力,是指不能预见、不能避免并不能克服的客观情况。 第一百一十八条　当事人一方因不可抗力不能履行合同的,应当及时通知对方,以减轻可能给对方造成的损失,并应当在合理期限内提供证明。	第五百九十条　**当事人一方**因不可抗力不能履行合同的,根据不可抗力的影响,部分或者全部免除责任,但是法律另有规定的除外。因不可抗力不能履行合同的,应当及时通知对方,以减轻可能给对方造成的损失,并应当在合理期限内提供证明。 当事人迟延履行后发生不可抗力的,不免除**其违约**责任。

理解与适用

不可抗力的一般规定在本法第180条中,根据该条第1款,因不可抗力不能履行民事义务的,不承担民事责任。法律另有规定的,依照其规定。本条对合同领域中发生不可抗力的规定就是法律另有的规定,是本法第180条在合同编的具体化。

根据本条第1款,因不可抗力不能履行合同的,根据不可抗力的影响,部分或者全部免除违约责任,但法律另有规定的除外。当事人迟延履行后发生不可抗力的,不免除其违约责任。根据本法第180条第2款的规定,合同中的不可抗力是指合同订立后发生的,当事人订立合同时不能预见的,且不能避免和不能克服的,导致合同不能履行或合同目的不能实现的客观情况。

如何界定不可抗力,需要结合本法第180条的规定。理解合同领域的不可抗力,需要注意以下几点:第一,合同意义上的不可抗力必须对合同的正常履行造成客观障碍,即导致合同全部不能履行、部分不能履行或者不能如期履行。例如,《最高人民法院关于在防治传染性非典型肺炎期间依法做好人民法院相关审判、执行工作的通知》中,明确强调政府行政措施或"非典"疫情构成不可抗力须以导致合同不能履行,或者由于"非典"疫情的影响致使合同当事人根本不能履行作为前提条件。第二,虽然法律对不可抗力的范围和后果做了规定,但基于意思自治原则,法律并不排斥当事人在合同中对不可抗力的范围和后果进行约定。值得注意的是,本条第1款仅规定"但法律另有规定的除外",而未规定"当事人另有约定的除外"。可见本条属于效力性强制性规定,意味着当事人不能抽象地排除不可抗力规定的免责规定的适用。因此,不得约定抽象地排除不可抗力的免责规定,否则,因该约定违反效力性强制性规定而无效。

不可抗力作为违约责任的免责事由,包含两个方面的含义:第一,不可抗力仅是其造成合同履行障碍范围内对应的违约责任的免责事由,即根据不可抗力的影响程度对应的免除部分或者全部的违约责任。第二,当事人迟延履行后发生不可抗力的,不发生免除违约责任的效力。实质上换言之,不可抗力的免责范围应与合同履行障碍之间存在因果关系且影响程度与免责范围相对等。

实务问题

1. 通知义务和证明的提供

根据本条第1款第2项,当事人一方发生不可抗力,应当及时通知对方,以减轻可能给对方造成的损失,避免对方的损失扩大,并且应当在合理期限内提供有关不可抗力的证明。

(1)关于通知义务。该通知义务是基于诚信原则的附属义务,尽管不可抗力造成不能履行给付义务,但当事人之间相互照顾的义务并不应免除。“通知规则”旨在给对方当事人留出减损的时间和空间,故当事人如未尽通知义务的,应就对方扩大的损失承担过错赔偿责任。

(2)关于证明责任。根据“谁主张,谁举证”的原则,如果合同当事人无法举证证明,则其基于不可抗力免责的法律主张不能得到支持。“在合理期限内提供证明”,一方面可以避免当事人之间滋生纠纷,另一方面可以为债权人在行使保险金请求权或者解决与第三人之间的纠纷中提供协助。实践中不可抗力的证明,一般可以申请公证机构或者有关政府管理部门提供。

2. 不可抗力条款的类型与审查规则

实务中,不可抗力条款主要有四种类型:第一,不真正不可抗力条款,指合同约定的免责事由与法律规定的不可抗力事件范围一致,学理上称为不真正不可抗力条款。第二,扩张型不可抗力条款,指合同中约定的免责事由超出法律界定的不可抗力事件范围。第三,排除型不可抗力条款,指合同中约定任何情形下不能履行合同的一方均不能免除责任。第四,限缩型不可抗力条款,指合同中约定的免除事由缩减了法律规定的不可抗力事件范围。

如前所述,不可抗力属于效力性强制性规定,对于条款的效力应严格依照法律规定进行审查。第一,审查不可抗力条款是否属于格式条款,是否属于《民法典》第 497 条规定的无效情形。司法实践中,应考虑缔约当事人的地位是否平等、法律风险防范能力是否存在差异等因素,判断是否属于格式条款无效的情形。例如,对于劳动者与用工者之间在合同中约定不可抗力条款,如果存在劳动者合同责任风险的,则应认定为无效条款。第二,对于限缩型不可抗力条款,应审查是否存在《民法典》第 506 条规定的“免责条款无效”情形,即“(一)造成对方人身损害的;(二)因故意或者重大过失造成对方财产损失的。”第三,应审查是否存在《民法典》及相关法律规定的无效情形。不可抗力条款内容如果存在《民法典》第 154 条规定的“行为人与相对人恶意串通,损害他人合法权益的民事法律行为无效”的情形,也应认定该条款无效。第四,审查不可抗力条款约定的条件是否成就。

(编写人:王琼花)

法律条文

第五百九十一条　当事人一方违约后，对方应当采取适当措施防止损失的扩大；没有采取适当措施致使损失扩大的，不得就扩大的损失请求赔偿。

当事人因防止损失扩大而支出的合理费用，由违约方负担。

条文主旨

本条是关于债权人防止损失扩大的减损义务的规定。

新旧法对比

《合同法》	《民法典》
第一百一十九条　当事人一方违约后，对方应当采取适当措施防止损失的扩大；没有采取适当措施致使损失扩大的，不得就扩大的损失要求赔偿。 当事人因防止损失扩大而支出的合理费用，由违约方承担。	第五百九十一条　当事人一方违约后，对方应当采取适当措施防止损失的扩大；没有采取适当措施致使损失扩大的，不得就扩大的损失请求赔偿。 当事人因防止损失扩大而支出的合理费用，由违约方负担。

理解与适用

在合同履行过程中，如果一方当事人出现违约行为时，另一方不能无动于衷，任凭损失的扩大，而应当积极采取措施，防止损失扩大，尽量减少损失，保护双方当事人的利益。这就是非违约方的减损义务。据此，本条第1款首先规定，当事人一方违约后，对方应当采取适当措施防止损失的扩大，又进一步规定非违约方当事人没有采取适当措施致使损失扩大的，不得就扩大的损失请求赔偿。适用的构成要件为：第一，债务人违反义务导致损失的发生；第二，债权人没有采取适当措施，以防止损失的程度加深或者避免损失的增加；第三，发生的损失扩大；第四，债权人未采取适当措施与损失的扩大之间具有因果关系。其中，关键在于债权人是否采取防止损失扩大的适当措施，措施是否适当主要考虑债权人是否按照诚信原则的要求，尽自己的努力采取措施，避免损失扩大。

但本条第2款规定，当事人因防止损失扩大而支出的合理费用，由违约方负担。由于非违约方积极采取措施防止损失的扩大，尽管是避免自己的损失的扩大，但是减少的是违约方的赔偿责任，维护的是违约方的利益。基于公平原则，当事人因防止损失扩大而支出的合理费用，由违约方负担。非违约方应当提供证据证明自己在防止损失扩大中支出合理费用的证据，请求违约方予以赔偿。需要注意的是，违约方负担该费用的前提是，该费用是债权人为防止损失扩大而支出的，并且根据当时的情况是合理的。

本条规定的设计目的在于激励守约方采取措施减少损失，从而达到有利于经济效益、增进社会整体效益的作用。

实务问题

1. 可避免损失的司法认定

司法实践中，认定扩大的损失，需要确定受损害方应采取且能够采取减损措施的时间点。该时间点之后损失的产生，在受损害方的控制范围之内，与违约方的违约行为无关，即该损失与受损害方的行为之间存在因果关系。例如，在某租赁合同纠纷案件中，法院认为承租人自2012年1月20日起即欠付租金，其行为已经构成违约，但出租人在长达两年多的时间里，其明知承租人未生产经营且房租分文未交，仅数次发函催缴租金，但直至3年后的2015年提起诉讼，始终未采取解除合同、收回房屋、另行出租等措施，其履约行为有违减损规则和诚信原则，应属于扩大的损失，故不予支持扩大部分的损失。

2. 适当措施的判断标准

本条第1款规定，当事人一方违约后，对方应当采取适当措施防止损失的扩大。"采取适当措施"的关键在于判断受损害方的行为是否具有"合理性"。

减损规则的目的是要促使受损害方采取合理措施减轻损失，避免社会资源的浪费，因而判断受损害方的行为的合理性标准为：第一，要在其行为时或应为行为时加以判断，而不应以事后的情况来衡量先前的行为是否合理；第二，要看受损害方的主观方面而不应拘于行为的客观结果，只要受损害方在当时已尽心尽力了，即使客观上并没有减轻损失甚或增加了损失，仍然可以获得全部赔偿。实践中，对于措施的合理性确定，还应根据具体情况具体分析，尽可能考虑各种因素，而不是单单考虑经济、及时性等因素。

（编写人：王琼花）

法律条文

第五百九十二条　当事人都违反合同的，应当各自承担相应的责任。

当事人一方违约造成对方损失，对方对损失的发生有过错的，可以减少相应的损失赔偿额。

条文主旨

本条是关于双方违约时违约责任的规定。

新旧法对比

《合同法》	《民法典》
第一百二十条　当事人双方都违反合同的，应当各自承担相应的责任。	第五百九十二条　当事人都违反合同的，应当各自承担相应的责任。 当事人一方违约造成对方损失，对方对损失的发生有过错的，**可以减少**相应的损失赔偿额。

理解与适用

本条第 1 款规定了双方违约。双方违约是指双方当事人都违反合同义务，双方违约的条件是当事人双方都违反了自己应当履行的义务。对双方当事人违约行为的判断与一方违约的情况并无差别，在此不予赘述。双方各自违反相互独立的合同义务时，实际上是两个独立的违约行为，因此各自都应向对方承担相应的违约责任。据此，本条第 1 款规定，当事人都违反合同的，应当各自承担相应的责任。

本条第 2 款属于新增条款，确立了"过错相抵"规则。"过错相抵"规则指的是受损害一方对于损害结果的发生存在过错的，在计算损失赔偿额时，应当予以相应减少。"过错相抵"规则是计算违约损害赔偿范围的重要规则，在大陆法系、英美法系及《国际商事合同通则》等国际交易规则中得到广泛认可。《民法典》在合同编中增设该制度，弥补了违约损害赔偿范围计算中的规则缺失。《人民法院案例选》[1996 年第 4 辑(总第 18 辑)]曾经刊载这样一个案例：董某与某专用汽车物资经销公司之间订立汽车买卖合同，后董某驾驶汽车运载超重货物上路行驶，由于钢圈破碎导致翻车，给董某造成损害。交通事故处理部门认定汽车质量不合格是导致事故的主要原因，但董某超重行驶(存在过错)也是造成事故的原因之一。一审法院判决某专用汽车物资经销公司对董某的全部损失承担赔偿责任，二审法院认为某专用汽车物资经销公司应承担主要责任，董某也应承担一定责任。最高人民法院评析该案认为，作为出卖人的某专用汽车物资经销公司应无条件承担因其所销售车辆质量不合格而给买受人董某造成损害的赔偿责任。无论买受人有无过错，都不能作为出卖人免责的理由。但董某超重行驶，具有一定过错，同时该过错也是钢圈破碎、致车翻倒的原因之一，因此董某也应承担一定责任。由此可见，最高人民法院认为，在违约责任的产生层面，执行严格责任的归责原则，违约方因违约行为“无条件”承担违约责任，买受人过错不能作为免责理由；但在违约责任的赔偿范围层面，可适用“过错相抵”规则，存在过错的守约方也要承担一定的责任。

“过错相抵”规则已经在司法实践中适用，且实践效果较为理想，符合公平原则，避免债权人对因自己过错导致发生的损失获得赔偿，有助于双方共同努力避免损失的发生，因此本条款明确规定了过错相抵规则。

“过错相抵”与双方违约不同，“过错相抵”中，仅发生一个损害，只是对损害的发生债权人也有过错，而在双方违约的情形中，双方都违反了相互独立的合同义务，存在两个违约行为，有两个损害事实。“过错相抵”规则与本法第591条规定的减损义务也有不同，两者区分是根据时间阶段，“过错相抵”解决的是损失发生的阶段，减损规则解决的是损失扩大的阶段，因此两者发挥作用的场合是不同的。

实务问题

“过错相抵”规则的适用条件：

（1）受损失方因对方违约受有损害。“过错相抵”要求受损失方必须因对方当事人违约受有损害。如果违约行为发生后并未造成直接损害，而只是由于受损失方的过错导致损失，则不存在适用过失相抵规则的问题。

（2）双方均有过错。违约方的违约行为引起了损害的发生，但受损失方的过错也是导致损害发生的原因。

（3）双方过错与损害之间有因果关系。损害的发生是由于违约方的违约行为引起的，但受损失方的过错行为对损害的发生也起到一定的作用。受损失方的行为可以是积极行为，也可以是消极行为，正是由于双方行为的结合才导致最终损害后果的发生。

（编写人：罗勇健）

法律条文

第五百九十三条　当事人一方因第三人的原因造成违约的，应当依法向对方承担违约责任。当事人一方和第三人之间的纠纷，依照法律规定或者按照约定处理。

条文主旨

本条是关于因第三人原因造成违约时违约责任承担的规定。

新旧法对比

《合同法》	《民法典》
第一百二十一条　当事人一方因第三人的原因造成违约的，应当向对方承担违约责任。当事人一方和第三人之间的纠纷，依照法律规定或者按照约定解决。	第五百九十三条　当事人一方因第三人的原因造成违约的，应当**依法**向对方承担违约责任。当事人一方和第三人之间的纠纷，依照法律规定或者按照约定**处理**。

理解与适用

本条立法的用意在于恪守合同相对性原则，规制了合同相对性中的合同责任的相对性。因第三人的原因造成的违约，如第三人迟延交货造成一方当事人迟延履行，基于合同相对性原则，仍由债务人向债权人承担违约责任。债务人承担违约责任后，可向第三人追偿。法律规定因第三人原因造成违约由第三人直接承担责任的，第三人应当直接承担责任。例如，依照《消费者权益保护法》的规定，消费者因商品缺陷造成人身、财产损害的，可以向出售商品的销售者请求赔偿，也可以向制造商品的生产者请求赔偿，受损害的消费者直接请求生产者赔偿的，生产者应当赔偿。债务人对因第三人的原因造成的违约承担责任，排除债务人以违约是因第三人原因造成的作为免责事由的抗辩，有助于保护债权人的合理期待，从而保障交易的安全。

本条在《合同法》第 121 条的基础上，添加"依法"二字，所谓"依法"指的是依据本法第 577 条的规定："当事人一方不履行合同义务或者履行合同义务不符合约定的，应当承担继续履行、采取补救措施或者赔偿损失等违约责任。"

实务问题

实践中，法院可根据案情决定是否将第三人加入诉讼，列为诉讼第三人。

（编写人：罗勇健）

法律条文

第五百九十四条　因国际货物买卖合同和技术进出口合同争议提起诉讼或者申请仲裁的时效期间为四年。

条文主旨

本条是关于国际货物买卖合同和技术进出口合同诉讼、仲裁时效的规定。

新旧法对比

《合同法》	《民法典》
第一百二十九条　因国际货物买卖合同和技术进出口合同争议提起诉讼或者申请仲裁的期限为四年，自当事人知道或者应当知道其权利受到侵害之日起计算。因其他合同争议提起诉讼或者申请仲裁的期限，依照有关法律的规定。	第五百九十四条　因国际货物买卖合同和技术进出口合同争议提起诉讼或者申请仲裁的**时效期间**为四年。

理解与适用

本条是在《合同法》第129条规定的基础上进行的修改，主要是删除了与《民法典》第188条第2款重复的内容。本法第188条第1款规定："向人民法院请求保护民事权利的诉讼时效期间为三年。法律另有规定的，依照其规定。"第198条规定："法律对仲裁时效有规定的，依照其规定；没有规定的，适用诉讼时效的规定。"本条即是"法律的另有规定"。由于国际货物买卖合同和技术进出口合同发生的争议一般都比较复杂、合同期限也较长、涉及的标的额也较大，又涉及国际贸易，为了更有效地保护当事人的合法权益，《民法典》对这两类合同的时效期间规定了比普通诉讼时效更长的期间，为4年。需要注意的是，本条规定的时效期间，只适用于因国际货物买卖合同和技术进出口合同发生的争议。

实务问题

因本条所列的两类合同均是涉外合同，必然会涉及法律适用问题，即到底是适用中国法律还是外国法律的问题，而本条对于时效期间的规定相比一般的时效期间要长，当事人可以选择中国法律作为纠纷解决的准据法。

（编写人：罗勇健）

第二分编　典型合同

第九章　买卖合同

法律条文

第五百九十五条　买卖合同是出卖人转移标的物的所有权于买受人，买受人支付价款的合同。

条文主旨

买卖合同是约定出卖人转移买卖标的物的所有权于买受人，买受人支付价款的合同。买卖关系的主体是出卖人和买受人。转移买卖标的物的一方为出卖人，受领买卖标的物、支付价款的一方是买受人。

新旧法对比

《合同法》	《民法典》
第一百三十条　买卖合同是出卖人转移标的物的所有权于买受人，买受人支付价款的合同。	【内容不变】第五百九十五条

理解与适用

买卖合同的法律特征：(1)买卖合同是有名合同；(2)约定卖方转移所有权，买方支付价款的合同；(3)双务合同，即出卖人和买受人双方互享权利，互负义务；(4)有偿合同，出卖人与买受人有对价关系，任何一方从对方取得物质利益，都需要向对方付出相应的物质利益；(5)诺诚合同，一般当事人就买卖双方达成合意，买卖合同即成立，无须现实交付。

实务问题

在判断合同性质和类型时，必须依据当事人在合同中关于双方主要权利义务的约定，判断法律关系的种类以及内容。

（编写人：徐　驰）

法律条文

第五百九十六条　买卖合同的内容一般包括标的物的名称、数量、质量、价款、履行期限、履行地点和方式、包装方式、检验标准和方法、结算方式、合同使用的文字及其效力等条款。

条文主旨

本条是关于买卖合同条款的规定。

新旧法对比

《合同法》	《民法典》
第十二条　合同的内容由当事人约定，一般包括以下条款：（一）当事人的名称或者姓名和住所；（二）标的；（三）数量；（四）质量；（五）价款或者报酬；（六）履行期限、地点和方式；（七）违约责任；（八）解决争议的方法。当事人可以参照各类合同的示范文本订立合同。 第一百三十一条　买卖合同的内容除依照本法第十二条的规定以外，还可以包括包装方式、检验标准和方法、结算方式、合同使用的文字及其效力等条款。	第五百九十六条　买卖合同的内容一般包括**标的物的名称、数量、质量、价款、履行期限、履行地点和方式**、包装方式、检验标准和方法、结算方式、合同使用的文字及其效力等条款。

理解与适用

本条规定的含义是，在买卖合同中，当事人可以根据具体合同的实际情况，约定标的物名称、数量、质量、价款、履行期限、履行地点和方式、包装方式、检验标准、检验方法、结算方式、合同使用的文字及其效力等条款。该条只是起到一种提示性的作用，不具有强制约束力，对于买卖合同的成立及效力，对于买卖合同当事人的具体权利义务等并无实质性的影响。

实务问题

买卖合同约定的内容是否有必须包含的内容，即买卖合同的必备条款，缺少了必备条款，买卖合同将无法成立。我们认为，当事人姓名或者名称、标的物及其数量是买卖合同必备条款。这是因为，除却这三方面的内容，其他方面的合同内容均可依据本法第511条的规定，经过法律拟制的方式得到确定。而买卖合同当事人姓名或者名称、标的物及其数量不能进行法律拟制，否则将从根本上违反合同自愿原则。

（编写人：吴　杰）

法律条文

第五百九十七条　因出卖人未取得处分权致使标的物所有权不能转移的，买受人可以解除合同并请求出卖人承担违约责任。

法律、行政法规禁止或者限制转让的标的物，依照其规定。

条文主旨

本条是关于出卖人无权处分情形下买卖合同效力、违约责任承担的规定。

新旧法对比

《合同法》	《民法典》
第五十一条　无处分权的人处分他人财产，经权利人追认或者无处分权的人订立合同后取得处分权的，该合同有效。	第五百九十七条　因出卖人未取得处分权致使标的物所有权不能转移的，买受人可以解除合同并请求出卖人承担违约责任。 法律、行政法规禁止或者限制转让的标的物，依照其规定。

理解与适用

1. 关于合同效力

（1）买卖合同不因出卖人无权处分而无效；

（2）“买卖合同不因出卖人无权处分而无效”的前提：法律、行政法规禁止或者限制转让的标的物，依照其规定。

2. 关于出卖人无权处分之违约救济

(1)解除合同;

(2)要求出卖人承担违约责任。

实务问题

根据《民法典》第646条规定:“法律对其他有偿合同有规定的,依照其规定;没有规定的,参照适用买卖合同的有关规定。”该条款虽然处于《民法典》分则部分,但其适用范围并不仅限于买卖合同,可依据规定适用于以他人之物出租、抵押等无权处分行为。

(编写人:王蕴采)

法律条文

第五百九十八条　出卖人应当履行向买受人交付标的物或者交付提取标的物的单证,并转移标的物所有权的义务。

条文主旨

买卖合同中,买受人的目的是取得标的物所有权,出卖人最主要的义务即是完成标的物的转移。出卖人需要通过交付行为,完成占有的转移。根据买卖标的物的不同,出卖人可以直接交付标的物,也可以交付提取标的物的提单、仓单等物权凭证。

新旧法对比

《合同法》	《民法典》
第一百三十五条　出卖人应当履行向买受人交付标的物或者交付提取标的物的单证,并转移标的物所有权的义务。	第五百九十八条　出卖人应当履行向买受人交付标的物或者交付提取**标的物**的单证,并转移标的物所有权的义务。

理解与适用

交付行为分为现实的交付和拟制的交付两种。拟制的交付指转移请求第三人交付物的权利,提单、仓单等即属于此种情形。在实践中,出卖人在交付标的的同时,还应当适当履行义务,按照合同约定准时、完好地交付标的物。如买卖海鲜，出卖人未能准时交付，很可能导致标的物变质，从而无法达成合同目的，出卖人将承担相应的违约责任。

实务问题

在实务中，为起到担保的目的，借款合同双方可能会签订买卖合同。在借款人到期不履行还款义务时，出卖人即请求买受人交付标的物。此种情形虽具有买卖合同的外观，但双方的真实意思是以买卖合同中的标的物为借款进行担保。此种情形下，出卖人可以拒绝转移标的物，请求法院按照借款合同进行审理。

（编写人：刘　晖）

法律条文

第五百九十九条　出卖人应当按照约定或者交易习惯向买受人交付提取标的物单证以外的有关单证和资料。

条文主旨

本条是关于出卖人交付义务的规定。前项条款《民法典》第598条中规定，出卖人应当交付标的物或者交付提取标的物单证。提取标的物的单证，主要是指提单、仓单、所有权证书等，是对标的物占有权利的体现。提取标的物的单证可以作为拟制的交付代替实际的交付。这种拟制的交付不需要通过合同作出专门的约定。

第599条中规定，除了标的物的仓单、提单这些用于提取标的物的单证外，现实生活中关于买卖的标的物，还有可以有其他单证和资料。《买卖合同解释》第4条，《民法典》第599条规定的“提取标的物单证以外的有关单证和资料”，主要应当包括保险单、保修单、普通发票、增值税专用发票、产品合格证、质量保证书、质量鉴定书、品质检验证书、产品进出口检疫书、原产地证明书、使用说明书、装箱单等。如果买卖合同中明确约定了出卖人交付的义务，或者是按照交易的习惯出卖人应当交付上述单证和资料，则出卖人就有义务在履行交付标的物的义务以外，向买受人交付这些单证和资料。

新旧法对比

《合同法》	《民法典》
第一百三十六条　出卖人应当按照约定或者交易习惯向买受人交付提取标的物单证以外的有关单证和资料。	第五百九十九条　出卖人应当按照约定或者交易习惯向买受人交付提取标的物单证以外的有关单证和资料。

理解与适用

我国《民法典》第599条中的内容是对从给付义务进行的定义。关于从给付义务,《最高人民法院关于审理买卖合同纠纷案件适用法律问题的解释》第19条规定,出卖人没有履行或者不当履行从给付义务,致使买受人不能实现合同目的,买受人主张解除合同的,人民法院应当根据《民法典》第563条第1款第4项的规定,予以支持。

同时,《民法典》第563条第1款第4项中规定,当事人一方迟延履行债务或者有其他违约行为致使不能实现合同目的,另一方可以解除合同。但是,由于该条款内容过于原则性,在实践中易产生纠纷与争议,对"合同目的不能实现"一点,有多种解读,因为合同实现有主要合同目的的实现,也存在其他合同目的的实现。

实务问题

在实践中,有相当一部分诉讼是因为违反了从给付义务,当事人行使合同解除权。最为常见的情形是,由于出卖人没有及时给付发票导致合同买受人拒绝付款。因开具发票是用作财务入账和抵扣税款,一般不影响买卖合同目的的实现,法院对该类案件的判决,偏向于支持发票给付与支付货款不具有对等性来否定拒付款行为。也就是说,从给付义务与主给付义务在某种程度上并不具有对等性,所以出卖人违反了从给付义务,一般来说买受人也没有合同的解除权,但违反从给付义务导致合同无效的,买受人有权解除合同。

在买受人能否因出卖人违反《民法典》第599条而解除合同这个问题上,我们认为,在考虑违反从给付义务是否能够导致合同解除的同时,还应该结合公平原则,根据实际情况进行处理:

(1)如果双方在合同中明确约定了付款的同时交付有关单证或资料或者交付相应凭证后付款,则应按照合同约定履行。买受人有权依据《民法典》第525条、第526条规定,在出卖人不交付有关单证或资料时行使同时履行抗辩权或先予履行抗辩权，拒绝支付价款。

(2)如果买卖合同未约定交付有关单证或资料与付款的时间关系。首先，应尊重双方的交易习惯，如果买卖双方有先交付凭证后付款的交易习惯，则该习惯实际上是双方不成文的约定，也属于合同的一部分。买受人已经对先交付有关单证或资料后付款的交易规则产生信赖，甚至出卖人是因为同意先交付凭证后付款才能获得与买受人的交易机会，出卖人也接受这样的交易规则，在这种情况下，应依据意思自治原则，允许买受人在对方交付相应凭证前拒绝付款。

其次，如果双方形成了先付款后交付有关单证或资料的交易习惯，则买受人无权就出卖人未交付凭证行使抗辩权。

最后，如果双方未形成相关交易习惯，则应以实现合同目的为优先，结合公平原则进行综合考虑。

（编写人：方太伟）

法律条文

第六百条　出卖具有知识产权的标的物的，除法律另有规定或者当事人另有约定外，该标的物的知识产权不属于买受人。

条文主旨

本条是关于具有知识产权的标的物买卖中知识产权归属的规定，就是“知识产权保留条款”。

新旧法对比

《合同法》	《民法典》
第一百三十七条　出卖具有知识产权的计算机软件等标的物的，除法律另有规定或者当事人另有约定的以外，该标的物的知识产权不属于买受人。	第六百条　出卖具有知识产权的**标的物的**，除法律另有规定或者当事人另有约定外，该标的物的知识产权不属于买受人。

理解与适用

知识产权，是指民事主体对其在科学技术和文学艺术领域内创造性的智力成果所依法享有的专有权利。知识产权标的物除计算机软件外，还包括专利权的产品、音像制品、绘画、雕塑、时装设计等。值得注意的是当卖主将具有知识产权的计算机软件等标的物交付买主时,除法律另有规定或者当事人另有约定的外,该标的物的知识产权不随所有权的转移而属于买主。比如,当买主从卖主处获得某幅名画的所有权后,买主既不能在该画上署名,且除非法律另有规定或双方另有约定,也不得以营利为目的复制或销售该幅名画。比如,购买著作权人享有著作权的书籍,买主只能买到这本书(物品)本身,而不能买到这本书的著作权,著作权仍保留在作者手中。

知识产权的转让受到《专利法》《商标法》《著作权法》这些关于知识产权转让的法律规则的约束,它不受买卖合同法律的规定。所以这里面我们在理解的时候,物的交易和知识产品的交易是分开的,不能混同对待。

实务问题

在法律实务工作中,原则上,物品买卖不转移知识产权,但因为法律作出了例外规定,要注意根据当事人约定及法律的特殊规定确定合同标的中是否包括知识产权。

(编写人:姜艳红)

法律条文

第六百零一条　出卖人应当按照约定的时间交付标的物。约定交付期限的,出卖人可以在该交付期限内的任何时间交付。

条文主旨

本条是关于买卖合同中标的物交付时间和交付期限的规定。

新旧法对比

《合同法》	《民法典》
第一百三十八条　出卖人应当按照约定的期限交付标的物。约定交付期间的,出卖人可以在该交付期间内的任何时间交付。	第六百零一条　出卖人应当按照约定的**时间**交付标的物。约定交付**期限**的,出卖人可以在该交付**期限**内的任何时间交付。

理解与适用

根据契约严守精神,民事主体在交易活动中按照约定的期限交付标的物,是全面履行义务的当然内容和必然要求。

按照约定的履行时间和期限判断,具体可分为两种情形:其一,合同约定交付时间是某一确定时间。除对交付的时间有精确要求的买卖合同外,交易主体一般将履行时间约定到具体某日作为交付日,合同中常表述为“出卖人于某日交付标的物”。其二,合同约定交付时间是某一确定期限。交付期限指的是一个时间段,这一时间段是某几年、某几月或者某几天都有可能。此种情况下,依照本条规定,出卖人可在该交付期限内的任何时间交付,这亦符合当事人的真实意思表示。鉴于合同主体将交付时间约定为某一具体日,对出卖人履行交付义务的要求更为严格,现实生活中大量的合同往往是约定了一个交付的期限,合同常表述为“履行期……至……”。

本条之规定借鉴《联合国国际货物销售合同公约》第 33 条的规定,即“卖方必须按以下规定的日期交付货物:(a)如果合同规定有日期,或从合同可以确定日期,应在该日期交货;(b)如果合同规定有一段时间,或从合同可以确定一段时间,除非情况表明应由买方选定一个日期外,应在该段时间内任何时候交货;或者(c)在其他情况下,应在订立合同后一段合理时间内交货。”

实务问题

在民商事活动中,存在部分民事主体未严格按照合同约定的时间或者期限履行交付义务的情形,进而造成相对方损失并因此承担相应的民事责任。具体表现为:其一,迟于此时间或者期限履行交付义务,即为迟延交付,迟延交付的行为构成违约,符合约定解除和法定解除的,守约方可据此解除合同并追究违约责任。其二,早于此时间或者期限履行交付义务,即为提前履行,严格意义上也是一种违约,其造成的实际损失相对低于迟延交付。

为了更好地维护社会和经济秩序,弘扬社会主义核心价值观,通过《民法典》第 530 条的规定视情况减轻、免除提前履行的债务人违约责任。即债权人可以拒绝债务人提前履行债务,但是提前履行不损害债权人利益的除外。债务人提前履行债务给债权人增加的费用,由债务人负担。审判实践中,法官根据合同的真实约定界定当事人履行合同的时间或者期限。

(编写人:贾晓东)

法律条文

第六百零二条　当事人没有约定标的物的交付期限或者约定不明确的,适用本法第五百一十条、第五百一十一条第四项的规定。

条文主旨

本条规定于《民法典》第三编“合同”之第二分编“典型合同”之第九章“买卖合同”，是对标的物交付期限不明的补救条款。

新旧法对比

《合同法》	《民法典》
第一百三十九条　当事人没有约定标的物的交付期限或者约定不明确的，适用本法第六十一条、第六十二条第四项的规定。	【内容不变】第六百零二条

理解与适用

该条为准用性规则，即关于标的物交付期限不明确的，适用《民法典》第 510 条、第 511 条第 4 项规定解决。《民法典》第 510 条规定：“合同生效后，当事人就质量、价款或者报酬、履行地点等内容没有约定或者约定不明确的，可以协议补充；不能达成补充协议的，按照合同相关条款或者交易习惯确定。”如果仍不能确定，适用第 511 条第 4 项：“履行期限不明确的，债务人可以随时履行，债权人也可以随时请求履行，但是应当给对方必要的准备时间。”

当买卖合同中对标的物交付期限约定不明时，可以先通过补充协议确定；如果没有补充协议，可以通过合同相关约定或者交易习惯确定；如果仍不能确定，也可以要求义务人随时履行，但是必须给予义务人必要的准备时间，而准备的时间需要根据具体情况合理确定。再者，此义务的履行有先后顺序，该顺序具有非常重要的现实意义。

实务问题

在一份《购销合同》中，对货物交付期限部分约定“购方在接到本合同后，派车前往供方仓库提货，并自行承担运费，购方应在提货前三天书面通知供方具体货品、数量”。该条款中，自行派车前往提货并自行承担运费是约定的提货方式，而提货前三天书面通知具体货品、数量，是对标的物必要准备时间的约定，由于对何时发出书面提货通知的时间没有具体约定，因此应当属于对标的物交付期限没有约定的情形，应适用本条规则，即购方可要求随时履行，但应当给对方必要的准备时间。该案中，供方以其他自身认为不可抗拒的理由拒绝供货，致使该合同无法继续履行，购方起诉要求解除合同，最终法院因适用该法条，认定了对方的违约,最终判决双方解除了该合同。可见,该法条在实践中具有非常重要的指引作用。

(编写人:隋 辉)

法律条文

第六百零三条 出卖人应当按照约定的地点交付标的物。

当事人没有约定交付地点或者约定不明确,依据本法第五百一十条的规定仍不能确定的,适用下列规定:

(一)标的物需要运输的,出卖人应当将标的物交付给第一承运人以运交给买受人;

(二)标的物不需要运输,出卖人和买受人订立合同时知道标的物在某一地点的,出卖人应当在该地点交付标的物;不知道标的物在某一地点的,应当在出卖人订立合同时的营业地交付标的物。

条文主旨

此条规定于《民法典》合同编之第二分编"典型合同"之第九章"买卖合同",是关于标的物交付地点的规定。

新旧法对比

《合同法》	《民法典》
第一百四十一条 出卖人应当按照约定的地点交付标的物。 当事人没有约定交付地点或者约定不明确,依据本法第六十一条的规定仍不能确定的,适用下列规定: (一)标的物需要运输的,出卖人应当将标的物交付给第一承运人以运交给买受人; (二)标的物不需要运输,出卖人和买受人订立合同时知道标的物在某一地点的,出卖人应当在该地点交付标的物;不知道标的物的物在某一地点的,应当在出卖人订立合同时的营业地交付标的物。	【内容不变】第六百零三条

理解与适用

按约定的地点交付标的物，是出卖人交付的基本义务。首先，有约定从约定，出卖人应当在约定交付的期间内向买受人交付标的物；其次，对标的物交付地点无约定或约定不明确的情况下，依据本法第 510 条规定，买卖双方可以协商补充，不能达成补充协议的，按照合同相关条款或者交易习惯确定；最后，如果买卖双方没有约定交付地点或者约定不明确，事后又不能达成一致意见的，以标的物是否需要运输为标准来分别适用本条第 2 款第 1 项规定或第 2 项规定。

本条第 2 款第 1 项规定，标的物需要运输的，出卖人须货交第一承运人。此处的“承运人”，依据《最高人民法院关于审理买卖合同纠纷案件适用法律问题的解释》第 11 条，是指标的物由出卖人负责办理托运，承运人系独立于买卖合同当事人之外的运输业者的情形。

本条第 2 款第 2 项规定，标的物不需要运输的，若买卖双方订立合同时已知货物在某一地点的，出卖人须将货物交至该地点；若买卖双方订立合同时不清楚货在哪的，出卖人须将货交订立合同时的营业地。此处的“营业地”如何认定，可参考《联合国国际货物销售合同公约》第 10 条规定。该条规定，第一，如果当事人有一个以上的营业地，则应该将与合同及合同的履行具有最密切的营业地视为其营业地；在确定最密切联系营业地时，应考虑到双方当事人在订立合同前任何时候或订立合同时所知道或所设想的情况。第二，如果当事人没有营业地，则以其惯常居住地为准。

需要注意，此条与《民法典》第 602 条关于标的物交付期限不明时的处理规定存在差别，第 602 条规定当事人对标的物的交付期限没有约定或者约定不明确的，适用本法第 510 条和第 511 条第 4 项的规定，而此条只可适用本法第 510 条。

实务问题

在现实生活中，卖方通过物流公司办理运输业务，将货物交给买受人的情况很常见，如果双方约定了交付地点为买方所在地，出卖人应当按照约定的地点交付标的物，无论卖方是否通过物流公司运输，都不适用“货交第一承运人即完成交付义务”的规则，将标的物送至合同约定的买方所在地才算完成交付义务。在互联网购物的模式下，买方提供的收货地址可以认为是买卖双方对交付地点的明确约定，卖方不能以货交第一承运人为由拒绝承担标的物的在途风险。

（编写人：钟　宇）

法律条文

第六百零四条　标的物毁损、灭失的风险,在标的物交付之前由出卖人承担,交付之后由买受人承担,但是法律另有规定或当事人另有约定的除外。

条文主旨

本条是关于标的物风险负担问题的规定。

新旧法对比

《合同法》	《民法典》
第一百四十二条　标的物毁损、灭失的风险,在标的物交付之前由出卖人承担,交付之后由买受人承担,但法律另有规定或者当事人另有约定的除外。	【内容不变】第六百零四条

理解与适用

(1)风险负担的归属:以标的物的交付为标准判断风险归属。

(2)负担风险的法律效果:风险引发的损失和不利后果由该时点负担风险的一方承担。

(3)本条特别指明“法律另有规定或当事人另有约定的除外”,可见关于风险负担的规定当属任意法,而且也是补充法,即买卖合同当事人双方关于“风险负担转移”的约定是有效的,在当事人未对风险转移作出约定或约定不明的情况下,适用本条款之规定。

实务问题

要注意买卖合同对于风险转移的约定应明确。仅约定标的物所有权转移条款的,则标的物的风险转移应依据本条款所定的“交付”标准转移。例如,动产买卖合同约定“自合同订立时标的物所有权转移至买受人”,则该标的物的风险仍然在出卖人交付标的物时转移。

(编写人:王学勇)

法律条文

第六百零五条　因买受人的原因致使标的物未按照约定的期限交付的，买受人应当自违反约定时起承担标的物毁损、灭失的风险。

条文主旨

本条是对标的物风险负担规则的特殊规定。一般情况下，买卖合同中标的物的风险以"交付"为转移要件——标的物交付之前由出卖人承担，交付之后由买受人承担。但买卖双方都会影响交付，若因买受人的原因使得标的物未按照约定的期限交付，买受人应当承担由此造成的交易风险，而且该风险自买受人违反约定起即由买受人负担。

新旧法对比

无	《民法典》
无	第六百零五条　**因买受人的原因致使标的物未按照约定的期限交付的，买受人应当自违反约定时起承担标的物毁损、灭失的风险。**

理解与适用

日常交易风险普遍存在，影响交易实效但又不能归责于交易双方的可能性都属于标的物风险。标的物所有权发生转移前，为实现标的物归属的顺利过渡，标的物风险负担规则有着极其重要的法律意义，有利于稳定所有权确立前双方的权利义务关系，保障交易的平稳开展。《民法典》第 604 条确立了动产适用"交付主义"的风险负担规则，但以尊重当事人意愿为原则的合同编仍然在确立规则的同时为当事人的约定及可能出现的其他情况留足了适用空间并以第 605 条单条明确了因买受人原因影响交付时标的物风险自买受人违反约定起负担风险的规定。这种行为与风险负担具有因果关系的规定有利于促进当事人严肃对待合同，增强当事人的责任心和法律意识。

实务问题

举例说明：临近春节，某超市打算购进一批新鲜蔬菜以供村镇人们欢度新年。与某市购销中心的人员沟通后，该超市与购销中心在 2021 年 1 月 30 日达成协议，约定购销中心为该超市提供该超市指定的棚户区各类蔬菜共计 5 吨，超市于 2021 年 2 月 1 日到购销中心自提。协议达成之日该超市向购销中心指定的账户汇入一半货款，剩余货款将在提货后全部汇入。购销中心在收到第一批货款后便动员特定棚户区的农民准备了超市所需的蔬菜，但由于疫情防控政策的收紧加上天气突变，超市的运输车辆在 2021 年 2 月 3 日才到达购销中心，在装载蔬菜时发现装箱的冬白菜已经腐烂，经开箱重核后，确认有半吨冬白菜因超时封箱而未达到提货标准。现该超市欲与购销中心协商减少折损蔬菜货款，则该超市是否有请求基础？

上述例子中，购销中心是出卖方，某超市是买受方。根据《民法典》第 605 条标的物风险负担的特殊规定，因该超市延迟提货而致的风险自约定的 2021 年 2 月 1 日起便转移给了买受方超市，该部分风险最终所致的损失也应归责于买受方，出卖方购销中心无须对折损的半吨冬白菜负责。故该超市欲减少对购销中心的货款的请求没有基础。

（编写人：王志刚）

法律条文

第六百零六条　出卖人出卖交由承运人运输的在途标的物，除当事人另有约定外，毁损、灭失的风险自合同成立时起由买受人承担。

条文主旨

本条是指出卖人所出卖的货物，已经交由承运人运输的，其毁损、灭失的风险自合同成立时发生转移，由出卖人转移给买受人，而不是至货物实际交由买受人时风险才发生转移。

新旧法对比

《合同法》	《民法典》
第一百四十四条　出卖人出卖交由承运人运输的在途标的物，除当事人另有约定的以外，毁损、灭失的风险自合同成立时起由买受人承担。	第六百零六条　出卖人出卖交由承运人运输的在途标的物，除当事人另有约定外，毁损、灭失的风险自合同成立时起由买受人承担。

理解与适用

在途货物买卖,也称路货买卖。是指买卖双方所交易的标的物已经在运输途中,已经货交承运人。

在买卖合同中,正常情况下,标的物的风险转移,是交付之时,也就是标的物由买受人实际控制之时。《民法典》第 604 条明确规定:标的物毁损、灭失的风险,在标的物交付之前由出卖人承担,交付之后由买受人承担,但是法律另有规定或者当事人另有约定的除外。所以说,本条是标的物风险转移的例外。

区别于一般货物买卖,路货买卖具有以下特点:(1)路货买卖是凭单交易;(2)路货买卖所交易的货物已经在运输途中,不受出卖人控制;(3)出卖人将标的物交由承运人时,一般会对标的物进行投保。

《联合国国际货物销售合同公约》第 68 条规定:对于在运输途中销售的货物,从订立合同时起,风险就移转到买受人承担。但是,如果情况表明有此需要,从货物交付给签发载有运输合同的单据的承运人时起,风险就由买受人承担。尽管如此,如果出卖人在订立合同时已知道或理应知道货物已经遗失或损坏,而他又不将这一事实告知买受人,则这种遗失或损坏应由出卖人承担。

《最高人民法院关于审理买卖合同案件适用法律问题的解释》第 13 条规定:出卖人出卖交由承运人运输的在途标的物,在合同成立时知道或者应当知道标的物已经毁损、灭失却未告知买受人,买受人主张出卖人负担标的物毁损、灭失的风险的,人民法院应予以支持。

所以说,对于路货买卖标的物的风险,双方有约定的从约定,在没有约定的情况下,标的物的风险自合同成立时发生转移。而对于合同成立时,货物已经毁损、灭失,而出卖人明知而又没有告知买受人的,买受人可以主张该损失由出卖人承担。

实务问题

而对于在买卖合同成立时,货物已经毁损、灭失的举证责任,到底是分配给出卖人,还是分配给买受人,在司法实践中,是存在一定争议的。作者本人的意见是分配给买受人,因为证据规则的一个重要原则就是证有不证无的原则,在货物已经交付给承运人,出卖人也不控制货物的情况下,让出卖人证明货物未毁损或灭失,客观上难度很大。且将货物在合同成立前就已经毁损、灭失的举证责任分配给买受人,也更符合"谁主张、谁举证"的原则。

(编写人:祝雪峰)

法律条文

第六百零七条 出卖人按照约定将标的物运送至买受人指定地点并交付给承运人后，标的物毁损、灭失的风险由买受人承担。

当事人没有约定交付地点或者约定不明确，依据本法第六百零三条第二款第一项的规定标的物需要运输的，出卖人将标的物交付给第一承运人后，标的物毁损、灭失的风险由买受人承担。

条文主旨

本条是关于出卖人依约将标的物交付给第一承运人即为履行交付义务的情况下，标的物风险转移的规定。

本条规定共两款内容，主要解决标的物在运输中的风险由谁承担的问题。第1款规定在买卖合同订立后，如果合同涉及货物的运输，且出卖人根据合同有义务在某一特定地点把货物交付给承运人，那么在货物于该地点交付给承运人以前，风险不移转到买受人承担。

本条第2款中引用本法第603条第2款第1项规定，进一步明确出卖人没有义务或依约定无法明确有义务在某一特定地点交付货物，那么自货物按照合同交付给第一承运人以转交给买受人时起，风险就移转给买受人承担。

新旧法对比

《合同法》	《民法典》
第一百四十五条 当事人没有约定交付地点或者约定不明确，依照本法第一百四十一条第二款第一项的规定标的物需要运输的，出卖人将标的物交付给第一承运人后，标的物毁损、灭失的风险由买受人承担。	第六百零七条 **出卖人按照约定将标的物运送至买受人指定地点并交付给承运人后，标的物毁损、灭失的风险由买受人承担。** 当事人没有约定交付地点或者约定不明确，依据本法**第六百零三条第二款第一项**的规定标的物需要运输的，出卖人将标的物交付给第一承运人后，标的物毁损、灭失的风险由买受人承担。

理解与适用

本条规定要解决的是标的物在运输中所产生的灭失或毁损风险由谁承担的

问题。一般情况下,标的物交付是买卖合同中标的物发生灭失或毁损风险时责任承担的分水岭。标的物交付前,标的物的相关风险由出卖人承担,标的物交付后,标的物的相关风险由买受人承担,但双方另有约定的除外。本法第604条即基于以上原则作出了规定:“标的物毁损、灭失的风险,在标的物交付之前由出卖人承担,交付之后由买受人承担,但是法律另有规定或者当事人另有约定的除外。”但这是一般原则性规定。在现实交易中,买卖合同的具体情况千差万别,如上风险承担规则不足以全面应对。比如买卖合同标的物涉及运输时,如何确定风险承担就存在多种不同的可能。本条的立法主旨即在于此。显然确定交付界限是明确风险由谁承担的核心。因此本条以法定的形式规定了运输中的标的物风险承担主体划分问题。

从司法实践看,大量的买卖合同都会涉及货物的运输。货物在运输途中毁损、灭失在所难免,所以确定买卖合同标的物运输途中的风险由谁承担是一个极具现实意义的问题。本条两款内容均规定特定情况下,货交第一承运人后标的物风险由买方承担,其理由与买卖合同关系中买方所处的地位有关。因为买方能在目的地及时检验货物,更便于发现问题并及时采取措施。同时,这也符合一般人的交易习惯和认知。同样,我们可以看到在某些国际贸易惯例中也确定了这样的原则,如在国际货物买卖合同中,采取FOB、CIF和CFR等贸易术语订立的买卖合同,都是由买方承担货物在途风险的。

在民法典编纂过程中,由于《合同法》第145条只规定了本条第2款的内容,并无第1款的内容。这样一来,当出现买卖合同双方约定出卖人应当将货物交付到买受人指定的地点并交由承运人运输的情形时,风险如何分担就会出现无法可依的情况。基于此,立法机关采纳了有关方面意见,将原《最高人民法院关于审理买卖合同纠纷案件适用法律问题的解释》第12条“出卖人根据合同约定将标的物运送至买受人指定地点并交付给承运人后,标的物毁损、灭失的风险由买受人负担,但当事人另有约定的除外”的规定作适当文字性调整后吸收为本条的第1款。这样就形成了本条目前的样貌。这既体现了买卖合同标的物在运输中处理风险承担的公平与合理,有助于解决实际中的问题,同时又可以与本条第2款形成逻辑体系上的一致。

实务问题

司法实践中,在具体个案中判断是否适用本条货交承运人风险转移规则时,应当将本条规定与本法第603条的规定结合起来一并考量。不能简单地以货交第一承运人作为标的物风险转移的始点。

本法第603条规定,出卖人应当按照约定的地点交付标的物,即在此约定之地点交付标的物就视为完成了出卖人的交付义务,标的物灭失或毁损的风险旋即转由买受人承担。在合同双方没有约定交付地点或者约定不明确,又没有其他条件能加以明确时,此时分两种情况处理:第一种情况,买卖合同的标的物需要运输的,出卖人应当将标的物交付给第一承运人,第一承运人收货之时即为出卖人完成交付义务之时,标的物灭失或毁损的风险随即转由买受人承担。这也是本条第2款规定的情况。第二种情况,标的物不需要运输,双方订立合同时均知道标的物所处地点的,出卖人应当在该地点交付标的物;不知道标的物所处地点的,应当在出卖人订立合同时的营业地交付标的物。上述两种情况下出卖人完成交付的,标的物灭失或毁损的风险转由买受人承担。

近年来最高人民法院的裁判也支持了上述观点①,认为出卖人根据买受人的要求将订购的货物送至买受人,因双方的交易有明确的交货地点,所以不能适用关于在没有明确交付地点情况下货物风险转移至买方的规定。只有在不能确定货物交付地点时,才可依据本条第2款的规定,认定出卖人货交第一承运人后,即为履行完毕交货义务,货物风险转移给买受人承担。

(编写人:崔　莹)

法律条文

第六百零八条　出卖人按照约定或者依据本法第六百零三条第二款第二项的规定将标的物置于交付地点,买受人违反约定没有收取的,标的物毁损、灭失的风险自违反约定时由买受人承担。

条文主旨

本条旨在确定买受人未按约定收取标的物情况下,标的物毁损、灭失的风险负担。

《民法典》第603条第2款第2项规定,当事人未约定交付地点或者约定不明确,依据本法第510条的规定仍不能确定的,如果标的物不需要运输,出卖人和买受人订立合同时知道标的物在某一地点,出卖人应当在该地点交付标的物;不知道标的物在某一地点的,应当在出卖人订立合同时的营业地交付标的物。

《民法典》第510条规定:合同生效后,当事人就质量、价款或者报酬、履行

① 最高人民法院(2014)民申1868号。

地点等内容没有约定或者约定不明确的，可以协议补充，不能达成补充协议的，按照合同相关条款或者交易习惯确定。

新旧法对比

《合同法》	《民法典》
第一百四十六条　出卖人按照约定或者依照本法第一百四十一条第二款第二项的规定将标的物置于交付地点，买受人违反约定没有收取的，标的物毁损、灭失的风险自违反约定之日起由买受人承担。	第六百零八条　出卖人按照约定或者依据本法第六百零三条第二款第二项的规定将标的物置于交付地点，买受人违反约定没有收取的，标的物毁损、灭失的风险自违反约定**时**由买受人承担。

理解与适用

买卖合同中，当事人就风险负担进行了不同于本条规定的约定，以约定为准，在当事人未约定的情况下才适用本条。

在适用本条的情形中，标的物风险负担的转移虽然不因标的物的交付完成才发生，但是与标的物交付问题关系密切。

首先，适用本条确定标的物的风险负担的前提是履行期限届满。即当事人约定的交付时间已经届至，买受人未按照约定履行收取标的物的义务，出卖人将标的物置于约定或法律确定的交付地点，方可适用本条规定确定标的物的风险负担。

其次，交付地点的确定是本条规定适用中的重要问题。条文明确有关交付地点当事人的约定优于法定，即双方当事人对交付地点有约定的情况下依约定地点进行交付，没有约定又未能就交付地点达成补充协议的，依《民法典》第 603 条第 2 款第 2 项确定交付地点。

履行期限届满，出卖人将标的物置于约定或者依法确定的地点，出卖人在买卖合同中的义务即已全部履行完毕。因此，如买受人违反约定未收取标的物，从买受人违反约定时开始，标的物毁损、灭失的风险负担即转移至买受人。

此处买受人违反约定之时应当为当事人双方约定或依法确定的交付时间已经经过之时，即从此时开始，买受人已经错过约定或法定的收取标的物的时间，至此，标的物毁损、灭失的风险负担已完成转移。

另外，标的物风险负担的转移与标的物所有权的转移并不一定保持同步。由于此时交付并未完成，标的物的所有权并未发生转移，即至买受人收取标的物的这段时间，标的物毁损、灭失的风险虽由买受人承担，但是所有权仍归出卖人所有。

实务问题

在买受人违反约定时至买受人收取标的物时的这段时间,如标的物置于出卖人的营业地点或营业人享有使用权的仓库等地点,出卖人有权向买受人主张这一期间的仓库占用费或管理费等费用。由于实务中仓储费、管理费等费用的金额往往难以计算,因此在合同起草或审核中,可以建议出卖人约定买受人迟延取货的违约金。

实务中也存在买受人违反约定,长时间不收取标的物的情形,因此,为避免此种情形出现给出卖人增加不必要的负担,买卖合同也可约定超过一定期间,出卖人即可自行处置标的物。

买卖合同中对于标的物交付地点的约定,涉及买卖合同履行地的确定,与出现纠纷时诉讼管辖法院的确定亦密切相关,因此,在买卖合同的起草过程中对标的物的交付地点进行全面筹划有助于节约诉讼成本,为解决纠纷提供便利。

标的物的所有权虽然不随风险负担一并转移,但是标的物的利益承受应随风险负担一并转移至买受人。标的物毁损、灭失后可能产生经济上的代替标的物的财产利益,包括物与权利,例如保险金和保险金请求权。我们认为,标的物的风险负担转移至买受人后,因标的物毁损、灭失可能产生的财产利益也应当一并转移至买受人所有。

因此,代偿请求权随之而来,在合同起草时,即可约定在风险负担转移至买受人,所有权仍归出卖人所有的期间内,出卖人应将可能产生的损害赔偿请求权、保险金请求权等权利让与给买受人所有,即买受人可在负担风险的同时,享有代偿请求权,以达到提高效率、降低损失之目的。

(编写人:吴永新)

法律条文

第六百零九条　出卖人按照约定未交付有关标的物的单证和资料的,不影响标的物损毁、灭失风险的转移。

条文主旨

本条是出卖人交付有关标的物的单证和资料的义务不影响标的物损毁、灭失风险负担转移的规定。

新旧法对比

《合同法》	《民法典》
第一百四十七条　出卖人按照约定未交付有关标的物的单证和资料的,不影响标的物毁损、灭失风险的转移。	【内容不变】第六百零九条

理解与适用

标的物风险随交付转移,而交付标的物单证、资料仅仅属于买卖合同中的附随义务,所以只要标的物交付了,风险负担也就转移。风险负担的确定以民法典的相关规定为基本规则,与标的物所有权是否转移买受人没有直接关联。

实务问题

双方当事人未约定交付有关标的物的单证和资料时,标的物风险仍然因出卖人完成交付或其他原因而转移至买受人,而不问出卖人是否交付了有关的单证和资料,即使因为某些单证的缺乏,可能会影响买受人行使对标的物所有权,风险也由买受人承担。例如,买卖双方在买卖汽车的合同中,未约定出卖人必须向买受人交付商业发票,则即使出卖人未交付发票而只是按合同将汽车交付买受人,风险也已经转移至买受人。买受人在接收汽车后会因缺乏商业发票而不能办理汽车上路等有关手续,在其取得商业发票前,如果汽车因火灾而被烧毁,该损失由买受人自己承担。

(编写人:孙　迪)

法律条文

第六百一十条　因标的物不符合质量要求,致使不能实现合同目的的,买受人可以拒绝接受标的物或者解除合同。买受人拒绝接受标的物或者解除合同的,标的物毁损、灭失的风险由出卖人承担。

条文主旨

该条文是对出卖人根本违约的风险负担规定。因标的物的质量不符合要求,致使合同目的无法实现时,此时买受人除可行使解除权外赋予了买受人拒绝受领权。

新旧法对比

《合同法》	《民法典》
第一百四十八条　因标的物质量不符合质量要求，致使不能实现合同目的的，买受人可以拒绝接受标的物或者解除合同。买受人拒绝接受标的物或者解除合同的，标的物毁损、灭失的风险由出卖人承担。	第六百一十条　因标的物不符合质量要求，致使不能实现合同目的的，买受人可以拒绝接受标的物或者解除合同。买受人拒绝接受标的物或者解除合同的，标的物毁损、灭失的风险由出卖人承担。

理解与适用

标的物的质量要求，依照《民法典》第 511 条第 1 款之规定，标的物的质量不符合上述质量要求，致使合同目的无法实现的，买受人可以拒绝接受标的物，若符合《民法典》第 563 条第 4 款规定的情形，迟延交付或构成根本违约，买受人享有合同的法定解除权。“合同目的无法实现”应根据案件的具体情形综合判定。

根据《民法典》第 610 条的规定，在标的物交付之前，就赋予买受人不接收货物的正当性权利。标的物未交付，合同尚未履行完毕，出卖人仍需向买受人提供符合质量要求的标的物。由此避免双方法律关系复杂化。“买受人拒绝接受标的物或者解除合同的，标的物的毁损、灭失的风险由出卖人承担”，对于该条文中的“接受”可理解为买受人对标的物的认可，而非收到标的物行为本身。此时标的物因不可抗拒的因素发生毁损、灭失的风险仍由出卖人承担。

实务问题

本条专为应对出卖人根本违约而买受人解除合同案型而设，反映了“救济非违约方”的立法宗旨，对于该法条的适用，应从以下几方面考虑：第一，以“不能实现合同目的”为根本要件，“标的物不符合质量要求”为具体情形的。买受人主张标的物质量不合格解除买卖合同时依赖于合同目的判断。第二，结合其他相关法条参照适用的。对于该法条的适用因缔结合同的方式不同需结合不同的法条参照适用，例如，因网购所发生的质量纠纷，若消费者当场验收时发现质量问题，可以拒签快递，使其原路返回，此时可要求卖家重新发货或取消订单；若在使用过程中发现质量问题，可以要求商家协商赔偿损失或退款退货。《消费者权益保护法》第 25 条也对于消费者拒签、要求退货的情形做出规定，两者可结合适用。

（编写人：郝　恺）

法律条文

第六百一十一条　标的物毁损、灭失的风险由买受人承担的，不影响因出卖人履行义务不符合约定，买受人请求其承担违约责任的权利。

条文主旨

在标的物毁损、灭失的风险已由买受人承担的情况下，如出卖人有违约行为，则买受人仍有权向出卖人主张其应承担的违约责任。

《合同法》第149条规定："标的物毁损、灭失的风险由买受人承担的，不影响因出卖人履行债务不符合约定，买受人要求其承担违约责任的权利。"《民法典》对内容上并无实质性修改，在文字表述上，将"债务"改为"义务"，"要求"改为"请求"，立法用语更为规范。

新旧法对比

《合同法》	《民法典》
第一百四十九条　标的物毁损、灭失的风险由买受人承担的，不影响因出卖人履行债务不符合约定，买受人要求其承担违约责任的权利。	第六百一十一条　标的物毁损、灭失的风险由买受人承担的，不影响因出卖人履行**义务**不符合约定，买受人**请求**其承担违约责任的权利。

理解与适用

本条规定要解决的是，标的物风险负担与违约责任承担的关系问题。风险负担与违约责任是两种不同性质的法律制度，其在概念、内容、立法目的、因果关系等方面均有不同。

在标的物风险负担转移由买受人承担的情况下，出卖人基于违约行为而给买受人造成的损失违约责任，并不因此而消灭，买受人仍有权就出卖人的违约行为主张其承担违约责任。

实务问题

在正确理解风险负担制度与违约责任制度异质性的前提下，也须关注两者的关联性。不能将两者混淆，也不能完全割裂两者的关联。尤其在两者项下的损失确定问题上，要准确适用两项制度，明确划分损失的性质和范围。

（编写人：曲德刚）

法律条文

第六百一十二条　出卖人就交付的标的物，负有保证第三人对该标的物不享有任何权利的义务，但是法律另有规定的除外。

条文主旨

本条是关于出卖人的权利瑕疵担保义务的规定。

新旧法对比

《合同法》	《民法典》
第一百五十条　出卖人就交付的标的物，负有保证第三人不得向买受人主张任何权利的义务，但法律另有规定的除外。	第六百一十二条　出卖人就交付的标的物，负有保证第三人**对该标的物不享有任何权利的义务，**但是法律另有规定的除外。

理解与适用

出卖人的权利瑕疵担保义务，是指出卖人应保证对其出售的标的物享有合法、完整的权利，任何第三人对其出售的标的物不享有任何权利。出卖人违反权利瑕疵担保义务的，应承担相应的违约责任。另外，本条规定了除外条款，即如果有其他法律对有权利瑕疵的标的物买卖作出特别规定的，则应适用该特别规定。

实务问题

本条对《合同法》的修改，主要体现在是否只要第三人向买受人主张了其对标的物的权利，即可认定出卖人违反了权利瑕疵担保义务的问题。“主张权利”并不代表“享有权利”，出卖人并不能保证第三人均是基于对标的物享有合法权利而提出合法主张。对标的物不享有合法权利的第三人，向买受人提出了其对标的物的权利时，虽然可能对买受人造成影响甚至损失，但不应因此认定出卖人违反了权利瑕疵担保义务，否则，这将极大地加重出卖人的责任。

（编写人：于　斌）

法律条文

第六百一十三条　买受人订立合同时知道或者应当知道第三人对买卖的标的物享有权利的，出卖人不承担前条规定的义务。

条文主旨

本条是关于出卖人权利瑕疵担保责任和免除的规定。

新旧法对比

《合同法》	《民法典》
第一百五十一条　买受人订立合同时知道或者应当知道第三人对买卖的标的物享有权利的，出卖人不承担本法第一百五十条规定的义务。	第六百一十三条　买受人订立合同时知道或者应当知道第三人对买卖的标的物享有权利的，出卖人不承担**前条**规定的义务。

理解与适用

1. 本条之规定是《民法典》第612条规定的例外情形

(1)买卖合同的出卖人对于买受人应当承担权利担保的义务。在订立合同时，如果买受人已经知道或者应当知道标的物具有权利瑕疵的，除合同没有约定相反的意思，应当认定买受人放弃了出卖人对于标的物的瑕疵担保责任，出卖人不再承担该法律义务。

(2)对于买受人是否知道或者应当知道第三人对标的物享有权利，由出卖人负担举证证明责任。

(3)相关规定：《联合国国际货物销售合同公约》第41条规定，卖方所交付的货物，必须是第三方不能提出任何权利或要求的货物，除非买方同意在这种权利或要求的条件下，收取货物。

2. 权利瑕疵担保责任分为以下三种情况：

(1)标的物的所有权属于第三人，或第三人对该标的物也享有所有权。

(2)出卖人享有该标的物所有权，但该标的物的设计和制造侵犯了他人的专利权、商标权等合法权益。

(3)标的物的所有权上设有抵押权、留置权、优先权等其他权利负担，致使标的物的所有权受到限制。

3. 若因出卖人未履行权利担保义务，而使得合同订立后标的物的权利瑕疵没有去除的，买受人可以依照《民法典》合同编之规定请求出卖人承担违约责任。如构成根本违约，买受人可以单方解除合同。买受人不想解除合同的，也可以请求出卖人减少标的物价款。人民法院审理此类案件中，可以根据买受人诉讼请求追究出卖人违约责任的同时，根据物权人的诉讼请求追究出卖人作为无处分权人的物权侵权责任。

实务问题

1. 案情简介①

2015 年 8 月 20 日，狄某作为乙方，与甲方赵某签订车辆转押协议，赵某将车牌号为浙 C×××××黑色奔驰轿车转押给狄某，价格 21 万元，双方在协议中约定：(1)甲方保证对上述车辆享有质押权，享有转押权利。(2)转押时甲方向乙方交付车辆相关权属、权利证书以及相关手续。(3)该车辆转押后发生交通事故、交通违章所产生法律责任、经济纠纷与甲方无关。(4)如原车主需要取回车辆，甲乙协商后应积极配合甲方取回车辆。(5)甲方保证该车辆不是盗抢、诈骗、租赁车辆。(6)甲方保证该车辆以后不会变质为盗抢、诈骗车辆，甲方保证该车辆是车辆所有权人抵押的。同日，狄某按赵某要求向户名为王某的建行 62×××08 账号转款 21 万元，赵某于同日出具收条，内容为"今收到奔驰车牌号浙 C×××××购车款 21 万元整"。2016 年 8 月 2 日 17 时 20 分许，狄某向公安机关报警称，其奔驰轿车被人开走，嘉祥县公安局中心街派出所出警处置。该派出所出具的接处警现场处置备案单载明，狄某将自己的奔驰轿车放至春霞诊所附近，后发现被人开走，开走车的人给报警人留了一份合同。该车牌号浙 C×××××。派出所民警出警后将报警人送至刑警队，将此警情移送给刑警一中队。

另查明，浙 C×××××奔驰轿车所有人登记为厉某明，该车经多次转手。

2. 法院认为

法院审理认为，狄某与赵某于 2015 年 8 月 20 日签订的协议名为车辆转押协议，实属买卖合同关系。赵某将无所有权的车辆出售给狄某，双方签订了转押协议，后该车被他人开走，致使双方发生纠纷。狄某以赵某并不享受该车辆的质押权而与狄某签署车辆转押协议为由，请求确认原被告签署的车辆转押协议无效并判令被告返还购车款 21 万元及赔偿损失，法院依法不予支持。

综上，法院判决：驳回原告狄某的诉讼请求。

3. 案例分析

该案中，虽然车辆转押协议规避了买卖、转让等用词，但协议约定了转押时被告赵某向原告狄某交付车辆相关权属、权利证书以及相关手续，车辆转押后发生的交通事故、交通违章所产生的法律责任和经济纠纷与甲方无关等内容，同时双方对应支付的价款也进行了约定，足以说明双方签订协议目的为获得对价和

① 山东省滨州市滨城区人民法院(2017)鲁 1602 民初 2972 号。

对涉案车辆的占有和使用,因此《车辆转押协议》名为转押,实为转让,双方之间已形成了对涉案车辆的买卖合同关系。被告赵某已向原告狄某告知该车辆为抵押车的事实,且车辆的价格明显低于市场正常交易价格,应视为被告赵某已向原告披露了涉案车辆有权利瑕疵的事实,根据《民法典》第613条的规定可知,买受人订立合同时知道或者应当知道第三人对买卖的标的物享有权利的,出卖人不承担标的物的权利瑕疵担保义务。

据此,出卖人的权利瑕疵担保义务,也可因买受人明知或应知标的物有权利瑕疵而被免除。

(编写人:陈宇晴)

法律条文

第六百一十四条　买受人有确切证据证明第三人对标的物享有权利的,可以中止支付相应的价款,但是出卖人提供适当担保的除外。

条文主旨

(1)本条是《民法典》第三编合同中第二分编典型合同项下第九章买卖合同里的一个条款,其规定:买受人有确切证据证明标的物存在权利瑕疵,出卖人和买受人该如何处理。

(2)买卖合同是出卖人转移标的物的所有权于买受人,买受人支付价款的合同。在买卖合同中标的物会存在权利瑕疵和质量瑕疵,价款不会有瑕疵。

(3)《民法典》第612条规定:出卖人就交付的标的物,负有保证第三人对该标的物不享有任何权利的义务,但是法律另有规定的除外;第613条规定:买受人订立合同时知道或者应当知道第三人对买卖的标的物享有权利的,出卖人不承担前条规定的义务。

《民法典》第618条规定:当事人约定减轻或者免除出卖人对标的物瑕疵承担的责任,因出卖人故意或者重大过失不告知买受人标的物瑕疵的,出卖人无权主张减轻或者免除责任。

那么买受人有确切证据证明第三人对标的物享有权利时,出卖人和买受人该如何处理?该条规定:买受人可以中止支付相应的价款,但是出卖人提供适当担保的除外。

新旧法对比

《合同法》	《民法典》
第一百五十二条　买受人有确切证据证明第三人可能就标的物主张权利的，可以中止支付相应的价款，但出卖人提供适当担保的除外。	第六百一十四条　买受人有确切证据证明第三人对标的物享有权利的，可以中止支付相应的价款，但是出卖人提供适当担保的除外。

理解与适用

需要注意的是：买受人对“第三人对标的物享有权利”负有举证义务（比如房屋买卖合同的买受人有出卖人将该房已经出租给第三人的事实），如判断不当中止支付价款，将构成违约；中止支付价款的尺度限于“相应的”，即与第三人对标的物享有的权利给买受人造成的影响的相应。

实务问题

（1）买卖合同的当事人在签订合同时应当将该条细化，即如何中止支付相应的价款和出卖人如何提供适当担保，以便合同当事人有确定的预期。否则买受人有确切证据证明第三人对标的物享有权利时，对如何中止支付相应的价款和出卖人如何提供适当担保就会发生纠纷，彼此增加买卖合同的成本。

（2）在买卖合同中也可以约定：出卖人不告知买受人标的物瑕疵视为出卖人对买受人的欺诈，由出卖人对买受人承担惩罚性的赔偿责任。

（编写人：高　金）

法律条文

第六百一十五条　出卖人应当按照约定的质量要求交付标的物。出卖人提供有关标的物质量说明的，交付标的物应当符合该说明的质量要求。

条文主旨

本条是关于标的物应当符合质量要求的规定。

新旧法对比

《合同法》	《民法典》
第一百五十三条　出卖人应当按照约定的质量要求交付标的物。出卖人提供有关标的物质量说明的，交付的标的物应当符合该说明的质量要求。	【内容不变】第六百一十五条

理解与适用

质量要求是买卖合同的重要条款。出卖人交付的标的物应当符合约定的质量要求，否则，买受人可以依照“违约责任”的规定请求出卖人承担违约责任。买卖合同为双务合同，具有对价有偿性，因此在立法政策上必须实现给付与对待给付之间的均衡保护。一切有偿合同都存在等价关系，即一方取得标的物是给付对价的结果，则按照公平原则的要求，取得价款的一方有义务使对方获得无瑕疵的标的物，以充分满足权利人的要求。为实现满足权利人的要求，法律要求当事人诚实履行，实现双方利益，进而保护交易安全，由此产生了瑕疵担保制度。瑕疵担保责任是法律直接规定而非当事人约定的一种法定责任，是保护交易安全的必要条件，出卖人承担的是无过错责任。

实务问题

瑕疵担保是一种明示的担保，明示担保的产生不取决于卖方是否具有使用“担保”或“保证”这类正式词语，也不取决于卖方是否具有提供担保的特别意图，只要出卖人提供的有关标的物质量的说明，如产品说明书、宣传册、网站上的宣传资料，或者样品、模型等，构成当事人约定的有机组成部分，即应受瑕疵担保责任的约束。

（编写人：李　霖）

法律条文

第六百一十六条　当事人对标的物的质量要求没有约定或者约定不明确，依据本法第五百一十条的规定仍不能确定的，适用本法第五百一十一条第一项的规定。

条文主旨

本条是关于标的物质量要求没有约定或约定不明时的处理规定。

新旧法对比

《合同法》	《民法典》
第一百五十四条　当事人对标的物的质量要求没有约定或者约定不明确，依照本法第六十一条的规定仍不能确定的，适用本法第六十二条第一项的规定。	第六百一十六条　当事人对标的物的质量要求没有约定或者约定不明确，**依据本法第五百一十条的规定仍不能确定的，适用本法第五百一十一条第一项的规定。**

理解与适用

（1）合同中对标的物的质量要求没有约定或者约定不明确的情况下，首先要依照本法第510条的规定予以确定。

（2）若无法确定，再适用本法第511条第1款的规定。即"质量要求不明确的，按照强制性国家标准履行；没有强制性国家标准的，按照推荐性国家标准履行；没有推荐性国家标准的，按照行业标准履行；没有国家标准、行业标准的，按照通常标准或者符合合同目的的特定标准履行"。

实务问题

本条主要解决的问题是合同中各方对标的物的质量要求没有约定或者约定不明确时应该如何处理，本条文的规定是较为原则性的表述。在实际生活中，合同的履行情况较为复杂，且合同指向的标的物均不相同，在法律中一一作出具体、明确的规定，并不现实。在实践中的适用需结合所遇到的问题进行具体分析，以确定"特定标准"或"通常标准"的内容，即在具体问题的处理过程中体现出法律规定的原则和精神。

（编写人：杨　迪）

法律条文

第六百一十七条　出卖人交付的标的物不符合质量要求的，买受人可以依据本法第五百八十二条至第五百八十四条的规定请求承担违约责任。

条文主旨

本条是关于标的物质量不符合要求时,买受人权利的规定。

新旧法对比

《合同法》	《民法典》
第一百五十五条　出卖人交付的标的物不符合质量要求的,买受人可以依照本法第一百一十一条的规定要求承担违约责任。	第六百一十七条　出卖人交付的标的物不符合质量要求的,买受人可以依据本法**第五百八十二条至第五百八十四条的规定请求承担违约责任。**

理解与适用

本法第582条规定,"履行不符合约定的,应当按照当事人的约定承担违约责任。对违约责任没有约定或者约定不明确,依据本法第五百一十条的规定仍不能确定的,受损害方根据标的的性质以及损失的大小,可以合理选择请求对方承担修理、重作、更换、退货、减少价款或者报酬等违约责任。"第583条、第584条还规定,违约的当事人一方,在履行义务或采取补救措施后,对方还有其他损失的,应当赔偿损失。本条规定的"标的物不符合质量要求",既包括不符合双方合同中约定的质量要求,也包括本法第616条所规定的确定质量要求的情形。

实务问题

(1)出卖人承担标的物质量不符合要求责任的构成要件:一是交付的标的物有瑕疵;二是标的物瑕疵在标的物风险转移时存在;三是买受人为善意且无重大过失;四是买受人须在异议期间内履行瑕疵的通知义务。

(2)买受人有权请求出卖人对交付的不符合质量要求的标的物承担违约责任。买受人行使这一权利须注意以下四点:一是买卖合同为有效合同。二是出卖人交付的标的物不符合质量要求。三是买受人应当及时向出卖人提出。四是买受人没有处置或者使用该标的物。

(3)出卖人承担违约责任的方式。出卖人交付的标的物不符合质量要求时,承担违约责任的方式有两种:一种是当事人约定的方式。当事人可以根据本合同情况和本法关于违约责任的规定,约定出具体的违约责任。另一种是法定方式。即没有约定或者重新约定不成功的情况下,按照法定的方式承担违约责任。

(编写人:高铁虹)

法律条文

第六百一十八条 当事人约定减轻或者免除出卖人对标的物瑕疵承担的责任，因出卖人故意或者重大过失不告知买受人标的物瑕疵的，出卖人无权主张减轻或者免除责任。

条文主旨

如果买卖合同双方特别约定出卖人减轻或者免除瑕疵担保责任，一般情况下按照合同自治的原则，这种约定是合法有效的，但是如果出卖人明知标的物存在瑕疵，却故意不告知买受人，或者在交易过程中存在其他重大过失的情形，则属于欺诈行为，违背了诚实信用原则，出卖人不能依据该特约条款减轻或者免除其对标的物的瑕疵担保责任。

新旧法对比

《最高人民法院关于审理买卖合同纠纷案件适用法律问题的解释》	《民法典》
第三十二条　合同约定减轻或者免除出卖人对标的物的瑕疵担保责任，但出卖人故意或者因重大过失不告知买受人标的物的瑕疵，出卖人主张依约减轻或者免除瑕疵担保责任的，人民法院不予支持。	第六百一十八条　**当事人约定减轻或者免除出卖人对标的物瑕疵承担的责任，因出卖人故意或者重大过失不告知买受人标的物瑕疵的，出卖人无权主张减轻或者免除责任。**

理解与适用

买卖合同当中，出卖人具有减免标的物瑕疵担保责任的利益基础，因此经常可见买卖合同当中约定“商品售出，概不退换”“标的物按现状交付，出卖人不承担质量担保责任”等内容，如果无差别地支持当事人减免责任的约定，则可能导致交易双方利益严重失衡，进而破坏交易安全，增加交易成本，不利于经济活动的发展。因此，在尊重当事人意思基础上，对于此类减免责任的情形，法律应当做出例外的规定，以厘定自由与规则的边界，维护合理的交易秩序。本条款即是该项法律规则的具体体现。

实务问题

关于减轻或者免除标的物瑕疵担保的约定必须以明示的方式做出，不能通过默示推定的方式。具体可以是明确的合同条款，也可以一方在要约当中明确提出,对方通过承诺的方式予以确认。出卖人的过错包括故意和重大过失,故意是指明知标的物存在瑕疵而不告知买受人,重大过失是指出卖人没有尽到合同履行过程中的基本义务,出卖人的一般过失则不在此限。涉及此类纠纷时,应当由出卖人对减轻或者免除瑕疵担保责任的约定承担证明责任,由买受人对标的物瑕疵、损害后果、因果关系、出卖人过错等承担证明责任。

(编写人:曹 昱)

法律条文

第六百一十九条 出卖人应当按照约定的包装方式交付标的物。对包装方式没有约定或者约定不明确,依据本法第五百一十条的规定仍不能确定的,应当按照通用的方式包装;没有通用方式的,应当采取足以保护标的物且有利于节约资源、保护生态环境的包装方式。

条文主旨

本条是对出卖人标的物包装方式确定方法的规定。

产品的包装,当事人可以约定;当事人没有约定的应当遵循《民法典》的"绿色原则";需要注意的是当事人虽然可以约定产品的包装,但是这种约定不能违背法律规定。

新旧法对比

《合同法》	《民法典》
第一百五十六条 出卖人应当按照约定的包装方式交付标的物。对包装方式没有约定或者约定不明确,依据本法**第六十一条**的规定仍不能确定的,应当按照通用的方式包装;没有通用方式的,应当采取足以保护标的物的包装方式。	第六百一十九条 出卖人应当按照约定的包装方式交付标的物。对包装方式没有约定或者约定不明确,依据本法第**五百一十条**的规定仍不能确定的,应当按照通用的方式包装;没有通用方式的,应当采取足以保护标的物且有利于节约资源、保护生态环境的包装方式。

理解与适用

1. 包装方式的含义

标的物的包装方式包括包装材料的具体要求和包装的具体操作方式。包装材料和具体的操作方式，一般根据标的物的性质和运输的方式来确定。比如，就包装的具体操作方式来讲，包括运输包装方式和商品的销售包装方式。包装方式是否在合同中进行约定，应当根据买卖合同的具体情况来确定。需要约定包装方式的，当事人应以条款的形式对以下内容作出具体明确的约定：包装的规格、包装的材料、包装费用、包装的标识、包装的具体方式等。

2. 包装方式为买卖合同的条款之一

在买卖合同中，就一些易腐、易碎、易爆、易燃、易潮以及化学物品等标的物来讲，包装方式对于标的物品质的保护具有重要的意义。对有些标的物来说，质量标准的一部分可能就是通过包装本身来表现。因此，本章特设一条对标的物的包装方式予以规定。规定的内容主要是借鉴《联合国国际货物销售合同公约》第 35 条的有关规定，即卖方交付的货物必须与合同所规定的数量、质量和规格相符，并须按照合同所规定的方式装箱或包装。除双方当事人业已另有协议外，货物除非符合以下规定，否则即为与合同不符：货物按照同类货物通用的方式装箱或包装，如果没有此种通用方式，则按照足以保全和保护货物的方式装箱包装。

3. 出卖人不按约定的包装方式交付标的物属于违约

出卖人应当按照约定的包装方式交付标的物，这是本条规定的出卖人的义务，如果出卖人不履行或者不正确履行这一义务，则属于违约行为，应当依法承担违约责任。

4. 包装方式没有约定或者约定不明确时的处理方式

对于包装方式，合同中没有约定或者约定不明确时如何履行义务，本条规定了两种解决方案：

（1）按照本法第 510 条的规定确定。即由当事人协商解决重新订立包装条款或者按照交易习惯确定包装方式，一经重新协商确定，则应照此执行。

（2）依据本法规定直接确定。依据本法第 510 条的规定不能确定的，本条直接规定了解决方案：应当采用通用的方式包装，没有通用的包装方式的，应当采取足以保护标的物且有利于节约资源、保护生态环境的包装方式。至于何为“通用的包装方式”，一般理解为，有强制性国家标准、推荐性国家标准、行业标准的，这些标准应当理解为“通用的包装方式”。至于何为“足以保护标的物的包装方式”，则须根据具体的买卖合同的标的物作出判断。至于为何加上“节约资源、保护生态环境”的内容，主要是基于我国电子商务蓬勃发展的实际情况，有大量的包装物需要得到科学处理，为贯彻《民法典》总则编的绿色原则，特地加上了该内容，以指引人们培养可持续发展的生活方式。

（编写人：金大鹏）

法律条文

第六百二十条　买受人收到标的物时应当在约定的检验期内检验。没有约定检验期限的，应当及时检验。

条文主旨

本条是关于买受人的及时检验义务的规定。

新旧法对比

《合同法》	《民法典》
第一百五十七条　买受人收到标的物时应当在约定的检验期间内检验。没有约定检验期限的，应当及时检验。	第六百二十条　买受人收到标的物时应当在约定的检验期内检验。没有约定检验期限的，应当及时检验。

理解与适用

本条规定了买受人的及时检验义务，条文看似简单，却是《民法典》中非常重要的条款，涉及瑕疵担保责任的问题。买受人在收到货物后，有约定检验期限的要在约定期限内检验，没有约定期限的要及时地检验，检验的内容即出卖人交付的标的物是否符合合同的约定，如果不符合约定要把情况及时通知对方，以便进行补救或进一步采取救济措施。理解适用本条内容还应参照《买卖合同解释》第15、16条的相关规定。

实务问题

那么何为“及时检验”呢？实务中情况比较复杂，随着现代产品的科技附加值越来越高，对于商事主体而言，往往有能力、有条件聘请专业人员对大型电子机械设备进行检查验收。从这个意义来说本条更适用于商事主体，而对于一般民事主体，尤其是普通自然人而言，往往没有能力和条件在短时间内进行有效的验收，而是在使用的过程中逐渐发现产品是否符合要求，在这种情况下，不能因为消费者检验能力的欠缺而排除对其合法权益的保障。因此，对“及时检验”与否的判断,要根据买受人的不同性质而做具体的分析。

（编写人:白建羽）

法律条文

第六百二十一条　当事人约定检验期限的,买受人应当在检验期限内将标的物的数量或者质量不符合约定的情形通知出卖人。买受人怠于通知的,视为标的物的数量或者质量符合约定。

当事人没有约定检验期限的,买受人应当在发现或者应当发现标的物的数量或者质量不符合约定的合理期限内通知出卖人。买受人在合理期限内未通知或者自收到标的物之日起二年内未通知出卖人的,视为标的物的数量或者质量符合约定;但是,对标的物有质量保证期的,适用质量保证期,不适用该二年的规定。

出卖人知道或者应当知道提供的标的物不符合约定的,买受人不受前两款规定的通知时间的限制。

条文主旨

本条是关于买受人对标的物存在瑕疵时的异议期限及法律后果的规定。瑕疵担保义务是买卖合同中出卖人对买受人负有的重要合同义务,其履行的前提要件之一在于买受人在异议期间内充分履行瑕疵检验义务并在通知期间内通知出卖人。本法第620条规定了买受人应当在约定的检验期限内检验,或者在没有约定检验期限的情况下应当及时检验。而本条解决的是买受人在检验后,若有异议的,应在什么期限内通知买受人的问题,以及买受人怠于通知的情况下应承担什么法律后果的问题。

1. 关于异议期限的类型

(1)当事人约定检验期限的异议期限。根据本条第1款的规定,如果当事人约定检验期限的,则买受人应当在检验期限内将标的物的数量或者质量不符合约定的情形通知出卖人。买受人怠于通知的,视为标的物的数量或者质量符合约定。其中怠于通知一般是指有时间、有能力通知而不通知。

(2)当事人未约定检验期限的异议期限。根据本条第2款的规定,如果当事人没有约定检验期限的,此时的异议期限可分为三个层次。第一,买受人应当在发现或者应当发现标的物的数量或者质量不符合约定的合理期限内通知出卖人。关于合理期限,根据《买卖合同解释》第 12 条第 1 款的规定,应当综合当事人之间的交易性质、交易目的、交易方式、交易习惯、标的物的种类、数量、性质、安装和使用情况、瑕疵的性质、买受人应尽的合理注意义务、检验方法和难易程度、买受人或者检验人所处的具体环境、自身技能以及其他合理因素,依据诚实信用原则进行判断。第二,综合各种因素确定的合理期限最长不得超过二年。《买卖合同解释》第 12 条第 2 款规定:“民法典第六百二十一条第二款规定的‘二年’是最长的合理期限。该期限为不变期间,不适用诉讼时效中止、中断或者延长的规定。”第三,如果对标的物有质量保证期的,适用质量保证期,不适用该二年的规定。

(3)出卖人恶意情形下的异议期限。本条第 3 款规定了“出卖人恶意情形”下买受人异议期限的例外情况。此处的“出卖人恶意情形”是指出卖人在订立合同时知道或者应当知道提供的标的物不符合合同约定。本条的立法目的在于促进和加速商品交易,在一定程度上有利于出卖人,但出卖人知道或应当知道其提供的标的物不符合合同约定,则构成欺诈或违背诚实信用原则,不应享有法律规定的利益,此时,买受人就不受前两款规定的通知期限的限制。

2. 关于法律后果的规定

(1)在异议期限内提出异议的法律后果。买受人在异议期限内就数量和质量提出异议的,出卖人应承担瑕疵担保义务,即便此时买受人已经支付价款、确认欠款数额或使用标的物,当然,当事人双方另有约定的除外。《买卖合同解释》第 13 条规定:“买受人在合理期限内提出异议,出卖人以买受人已经支付价款、确认欠款数额、使用标的物等为由,主张买受人放弃异议的,人民法院不予支持,但当事人另有约定的除外。”

(2)在异议期限内没有提出异议的法律后果。根据本条的表述,从法律后果上看,买受人在约定的检验期限内怠于通知的,视为标的物的数量或者质量符合约定;买受人在合理期限内未通知或者自收到标的物之日起二年内未通知出卖人的,视为标的物的数量或者质量符合约定。至此,从出卖人的角度来看,出卖人就不再承担瑕疵担保义务了;从买受人的角度来看,买受人就丧失了违约救济的权利。在此基础上,《买卖合同解释》第 14 条进一步作出规定:“民法典第六百二十一条规定的检验期限、合理期限、二年期限经过后,买受人主张标的物的数量或者质量不符合约定的，人民法院不予支持。出卖人自愿承担违约责任后，又以上述期限经过为由反悔的，人民法院不予支持。”

值得注意的是，上述法律条文中并没有明确规定关于质量保证期的法律后果。为此，笔者认真研读了最高人民法院民法典贯彻实施工作领导小组主编的《中华人民共和国民法典合同篇理解与适用》对本条的“条文理解”，以及崔建远教授撰写的《论检验期间》的文章，并结合笔者对该条文的文义理解，认为在我国现行法上检验期间与质量保证期为不同的概念和制度，特别是在建设工程施工合同中。检验期间的客体(对象)买受人的义务，且为不真正义务，在检验期限内买受人提出质量异议的，成立物的瑕疵担保责任，反之则不承担；质量保证期的对象为修理、更换甚至退货的真正义务，期满的法律后果是出卖人的质量保证义务消失。这是从两个概念各自的功能上得出的结论。

从本条第2款的表述来看，质量保证期与检验期间联系起来以后，首先就产生了此时的质量保证期是最长合理期限的补充，还是作为检验期限的补充的争议。为此，最高人民法院民法典贯彻实施工作领导小组主编的《中华人民共和国民法典合同篇理解与适用》的观点认为，此时的质量保证期是对最长合理期限的补充。笔者认为，从文义上看，质量保证期是对二年的但书规定，而二年是最长的合理期限，因此，质量保证期应作为最长合理期限的补充。那么在此情况下，可以得出买受人在质量保证期内未通知出卖人的，视为标的物的数量或者质量符合约定的结论。

新旧法对比

《合同法》	《民法典》
第一百五十八条　当事人约定检验期间的，买受人应当在检验期间内将标的物的数量或者质量不符合约定的情形通知出卖人。买受人怠于通知的，视为标的物的数量或者质量符合约定。 当事人没有约定检验期间的，买受人应当在发现或者应当发现标的物的数量或者质量不符合约定的合理期间内通知出卖人。买受人在合理期间内未通知或者自标的物收到之日起两年内未通知出卖人的，	第六百二十一条　当事人约定检验期限的，买受人应当在检验期限内将标的物的数量或者质量不符合约定的情形通知出卖人。买受人怠于通知的，视为标的物的数量或者质量符合约定。 当事人没有约定检验期限的，买受人应当在发现或者应当发现标的物的数量或者质量不符合约定的合理期限内通知出卖人。买受人在合理期限内未通知或者自收到标的物之日起二年内未通知出卖人的，

续表

《合同法》	《民法典》
视为标的物的数量或者质量符合约定,但对标的物有质量保证期的,适用质量保证期,不适用该两年的规定。 出卖人知道或者应当知道提供的标的物不符合约定的,买受人不受前两款规定的通知时间的限制。	视为标的物的数量或者质量符合约定;但是,对标的物有质量保证期的,适用质量保证期,不适用该二年的规定。 出卖人知道或者应当知道提供的标的物不符合约定的,买受人不受前两款规定的通知时间的限制。

理解与适用

1. 准确理解本条的期限类型及相互关系

(1)期限类型。从本条的文字表述上看,主要规定了约定期限、合理期限、二年期限、质量保证期四种期限。第一,约定期限,是指在合同中约定的质量检验期限。第二,合理期限,是指在当事人没有约定质量检验期限的情况下,综合当事人之间的交易性质、交易目的、交易方式、交易习惯、标的物的种类、数量、性质、安装和使用情况、瑕疵的性质、买受人应尽的合理注意义务、检验方法和难易程度、买受人或者检验人所处的具体环境、自身技能以及其他合理因素,依据诚实信用原则进行判断的,买受人在发现或应当发现标的物数量或质量不符合约定的期限。第三,二年期限,是指最长的合理期限。该期限为不变期限,不适用诉讼时效中止、中断或者延长的规定。第四,质量保证期,是指出卖人向买受人承诺的标的物符合质量要求或使用性能的期限,一般情况下可以理解为保证产品性能的合理使用寿命。《产品质量法》第 27 条第 1 款第 4 项规定:“(四)限期使用的产品,应当在显著位置清晰地标明生产日期和安全使用期或者失效日期。”《消费者权益保护法》第 23 条第 1 款规定:“经营者应当保证在正常使用商品或者接受服务的情况下其提供的商品或者服务应当具有的质量、性能、用途和有效期限。”

(2)四种期限的相互关系。结合本条及上述司法解释的规定,关于异议期限的逻辑关系是,首先约定期限与合理期限、二年期限、质量保证期在适用上是相互排斥的关系,因为当事人双方约定检验期限的,就依当事人的约定,排除合理期限、二年期限、质量保证期的适用。其次,在没有约定检验期限的情况下,优先适用合理期限;但合理期限不能超过收到货物之日起二年,二年是最长的合理期限。质量保证期是对二年的例外规定,即对标的物有质量保证期的,适用质量保证期,不适用该二年的规定。由此可见,买受人首先受约定的检验期限的约束,没有约定的受合理期限的限制,合理期限最长不超过自收到标的物之日起二年,但质量保证期的约定优于二年。鉴于质量保证期是二年的例外情况,因此合理期限与质量保证期的关系,等同于合理期限与二年期限的关系。

(3)四种期限的区别。第一,起算时间不同。约定期限往往以当事人约定的起算时间起算;合理期限以买受人检验发现质量问题为起算时间;二年期限以买受人收到标的物之日起算;质量保证期根据实际情况,有的可能依据合同从收到标的物之日起算,有的也可能从产品生产出厂时起算。第二,权利功能不同。约定期限往往源于合同的约定,根据合同的约定,检验期限内买受人往往可以对货物的任何情况提出异议,除了货物的数量和质量,还可以包括种类、规格、颜色、形状、包装等其他方面,只要与合同不符即可,其解决的是是否需要承担违约责任的问题。而质量保证期,只针对货物的质量提出异议,与货物质量无关的数量、包装等问题不受质量保证期的调整,其解决的是期间内产品侵权无过错责任承担的问题。依据本条的规定,买受人于异议期间内未提质量异议,物的瑕疵担保责任不成立,但出卖人仍负质量保证义务,如出卖人负责消除缺陷、修理、更换甚至退货的义务。第三,期限长短不同。约定期限由合同双方当事人约定,期限的长短取决于当事人之间的合意,一般与标的物的性质没有必然联系。合理期限要综合当事人之间的交易性质、交易目的、交易方式、交易习惯、标的物的种类、数量、性质、安装和使用情况、瑕疵的性质、买受人应尽的合理注意义务、检验方法和难易程度、买受人或者检验人所处的具体环境、自身技能以及其他合理因素,依据诚实信用原则进行判断。期限的长短要受到多种因素的影响,因此要根据实际情况确定。质量保证期一般由标的物本身的性质决定,不同的标的物的质量保证期一般有较大差异。一些买卖合同中的标的物"质量保证期"往往以格式条款的形式加以规定,这种情况下买受人不具备与出卖人议定标的物"质量保证期"的可能性。

(4)四种期限的适用位阶。根据本条的表述及上述分析,四种期限在适用中,约定期限优先于合理期限,合理期限优先于二年期限,二年期限是最长的合理期限。质量保证期与二年期限的适用关系在学界及司法实践中存在争议,审判实践中一般认为质量保证期优先于二年期限。笔者认为,从文义上看,质量保证期是对二年期限的但书规定,从该角度看,质量保证期也应优先于二年期限。总体上看,四种期限的适用顺序是约定期限、合理期限、质量保证期、二年期限。

2. 外观瑕疵的异议期间和隐蔽瑕疵的异议期间

2012年5月10日公布的《买卖合同解释》第18条规定:"约定的检验期间过短,依照标的物的性质和交易习惯,买受人在检验期间内难以完成全面检验的,人民法院应当认定该期间为买受人对外观瑕疵提出异议的期间,并根据本解释第十七条第一款的规定确定买受人对隐蔽瑕疵提出异议的合理期间。"根据该条规定,其将异议期限区分为外观瑕疵的异议期限和隐蔽瑕疵的异议期限,符合客观实际,有现实价值。但2020年12月29日修正后的《买卖合同解释》没有保留此条。为此,笔者认为既然检验期限可以约定,那么可以结合实际情况就外观瑕疵的异议期限和隐蔽瑕疵的异议期限分别进行约定,以满足实际需要。

3. 运用于原权利/义务阶段的异议期限和运用于救济权利/义务阶段的异议期限

在笔者审核的合同中,就异议期限曾有"出卖人履行更换义务后,对更换后标的物的检验期限重新计算"的类似表述。对此的理解,崔建远教授认为[①]将检验期间区分为运用于原权利/义务阶段的检验期间和运用于救济权利/义务阶段的检验期间,并认为前者系管辖出卖人交付买卖物后、买受人就买卖物向出卖人提出质量异议所需要的一段期间(约定的,或合理的);后者为出卖人履行消除缺陷后,如对买卖物已经修理完毕,或更换了买卖物,甚至已经退货后,买受人就该消除缺陷仍不合格时向出卖人提出异议所需要的期间,即为买受人于"运用于原权利/义务阶段的检验期间"内向出卖人就买卖物提出质量异议。而"再次检验和实验"应当另有一段与之相匹配的检验期间,即"运用于救济权利/义务阶段的检验期间"。笔者认为这种区分具有现实意义,也符合实际需要。在法律条文没有规定的情况下,合同当事人可以根据实际情况约定。

4. 合同中仅约定质量保证期未约定检验期限的适用

合同中仅约定质量保证期而未约定检验期限的,根据上述分析,此时质量保证期应作为最长合理期限的补充。在具体适用中,不能直接将质量保证期认定为检验期限,而仍要确定合理期限,只是该合理期限不得超过质量保证期。

---

① 参见崔建远:《论检验期间》,载《现代法学》2018年第4期。

最高人民法院在包头海平面高分子工业有限公司与天立环保工程股份有限公司买卖合同纠纷案[1]二审民事判决书中认为:“本案双方当事人签订的合同未约定货物检验期间,但约定了一年的质量保证期。根据《中华人民共和国合同法》第一百五十七条、第一百五十八条的有关规定……本案中买受人海平面公司通知出卖人天立公司货物检验不合格的‘合理期间’应为一年质量保证期……海平面公司在二审中没有提供证据证明其于一年质量保证期内向天立公司提出了质量异议的事实……故海平面公司现以产品存在质量问题为由对天立公司行使合同履行抗辩权和请求赔偿权,本院不予支持。”

5. 合同中既约定质量保证期又约定检验期限的适用

如前文所述,合同约定的检验期限与质量保证期是不同的概念和制度,具有不同的功能和作用,是两个并行不悖的期限。但在异议期限的场合下,若同时约定检验期限和质量保证期的,约定的检验期限优先适用,或者排除适用质量保证期。

最高人民法院在荣成华泰汽车有限公司、深圳市比克动力电池有限公司买卖合同纠纷案[2]二审民事判决书中认为:“根据《中华人民共和国合同法》第一百五十八条第二款规定,在当事人没有约定检验期间的情况下,买受人应在发现或应当发现标的物的质量不符合约定的合理期间内或收货之日起两年内通知出卖人,否则视为符合约定,对标的物有质量保证期的,不适用两年的规定。本案中,当事人已明确约定了十五个工作日的质量检验期间,不符合上述法律规定的情形。并且,合同当事人有权自由约定合同条款,除非具备法定情形,不应排除适用。排除当事人约定的检验期间应限于根据标的物的性质和交易习惯,买受人在检验期间内难以完成检验。而本案中,如前所述,荣成华泰具有在十五个工作日内检测电池电量的能力。同时,在十五个工作日的质量检验期间之外,《质量协议》中还明确约定质保期自货物交付到入库后三个月开始计算九十六个月或最终用户新车上路后十二万公里。质量保证期间主要解决标的物可以按照正常质量要求使用多长时间的问题,质量检验期间主要解决标的物在交付时是否存在质量瑕疵的问题,二者系不同概念,在约定了质量检验期间的情况下,对标的物收货时的检验不应适用质量保证期间。”

6. 关于出卖人恶意的认定

买受人若主张“出卖人知道或者应当知道提供的标的物不符合约定”的,应

---

① 最高人民法院(2014)民二终字第27号。

② 最高人民法院(2018)最高法民终1850号。

由买受人承担举证责任,否则将承担不利后果。最高人民法院在迁西县燕东化工有限公司与安徽天康(集团)股份有限公司一般买卖合同纠纷案[①]再审民事裁定书中认为,燕东化工公司主张争议电缆存在质量瑕疵属于天康集团知道或应当知道的情形,因此不应受双方约定的一年异议期限的限制,但燕东并不能证明天康集团知道或应当知道其所提供的标的物不符合合同的约定,因此成为燕东化工公司败诉的理由之一。

通过查阅,最高人民法院在青岛源甲德商贸有限公司与内蒙古阜丰生物科技有限公司买卖合同纠纷再审案件[②]中,认定了“源甲德公司作为出卖人,其业务人员通过行贿方式以次充好交付货物的行为损害了买方的利益,违反了诚实信用原则”的事实,并认定源甲德公司对其所交付的标的物仍应承担瑕疵担保责任。

实务问题

1. 买受人履行通知义务的,注意留存证据

本条规定了买受人要在异议期限内履行通知义务及其怠于通知的法律后果。从实务的角度看,买受人履行通知义务时要通过一定的形式表现出来,并要留存证据,否则将承担不利后果。在上述迁西县燕东化工有限公司与安徽天康(集团)股份有限公司一般买卖合同纠纷再审案件中,最高人民法院认定:“燕东化工公司主张,其在约定质量异议期内已经向天康集团提出异议,但没有证据证实,对其主张本院不予采信。”

在实务中,履行通知义务会涉及通知的形式和载体问题。笔者推荐电子邮件的送达方式,电子邮件便捷、高效并留痕。对此,也需要在合同中事先约定电子邮件的送达方式。

2. 关于异议期限与质量鉴定的关系问题

实务中,因标的物质量问题产生纠纷时,买受人一般会申请启动质量鉴定程序,而此时出卖人会主张超过异议期限。对此如何处理,最高人民法院民法典贯彻实施工作领导小组主编的《中华人民共和国民法典合同篇理解与适用》对本条的理解认为,“不能仅以买受人违反及时检验义务为由拒绝鉴定,而应当综合考虑全案情形,判断是否启动鉴定程序。对产品在质保期过后可能无法进行检验,无法确定其交付时是否合格的,应当征询鉴定部门意见,以决定是否启动鉴

① 最高人民法院(2014)民申字第829号。

② 最高人民法院(2013)民申字第2342号。

定程序;对于确实无法检验的,可以买受人未履行及时检验义务为由驳回其相应诉请”。[①]

对此,笔者检索了最高人民法院在此问题中的三个案例,在这三个案例中法院均没有支持质量鉴定申请,并阐述了理由,可供实务参考。

其一,最高人民法院在其审理的石家庄诺奇热力管网有限公司与陕西高龙实业有限公司买卖合同纠纷案[②]中认为:“由于诺奇公司因未在验收期间及合理期间就涉诉产品质量提出异议,故产品质量已被视为符合合同约定,所以即使二审法院未再对涉诉产品进行质量鉴定、未采纳诺奇公司单方提交的鉴定报告结论,亦无不当。”

其二,最高人民法院在其审理的青岛祥杰橡胶机械制造有限公司与云南工祥橡胶管带有限公司买卖合同纠纷案[③]中认为:“工祥公司的上述行为应视为其对祥杰公司所交付的机械设备的质量在一年的质量保证期内未持异议,且工祥公司要求对机械设备进行鉴定时距离该公司收货完毕已一年零七个月之久,此时鉴定已不能真实反映祥杰公司交付时的机械设备情况,不具备鉴定基础。因此,二审法院对工祥公司鉴定申请不予同意,并无不妥。”

其三,最高人民法院在其审理的包头海平面高分子工业有限公司与天立环保工程股份有限公司买卖合同纠纷案[④]中认为:“自天立公司将本案所涉货物交付海平面公司至今已逾三年多时间。在此期间,第三人参与了设备安装工作,海平面公司亦承认自行试车使用。鉴定机构已无法客观还原该设备三年前的真实状况,无法得出三年前该设备是否存在质量问题的结论。即使鉴定机构做出现有设备存在质量问题的鉴定结论,基于前述原因,也无法将其责任直接归于出卖人天立公司,故该鉴定对于解决本案纠纷并无意义。”

3. 关于本条在买受人风险防控中的应用

通过上述分析,特别是通过检索最高人民法院的裁判案例,作为买受人,在关于本条的风险防控中,首先,应结合实际情况,在合同中约定严密的标的物检验条款和通知条款,对于特殊商品可能存在隐蔽瑕疵的情况下,建议区分外观瑕疵的检验期限和隐蔽瑕疵的检验期限,以及出卖人履行维修或更换义务后的检验期限。其次,要高度重视并及时履行检验义务。最后,在检验或合同履行中发

---

① 最高人民法院民法典贯彻实施工作领导小组主编:《中华人民共和国民法典合同编理解与适用》,人民法院出版社2020年版,第989页。

② 最高人民法院(2015)民申字第3457号。

③ 最高人民法院(2014)民申字第1280号。

④ 最高人民法院(2014)民二终字第27号。

现存在质量瑕疵时，应及时通知出卖人，并保存通知的证据。

（编写人：魏明杰）

法律条文

第六百二十二条　当事人约定的检验期限过短，根据标的物的性质和交易习惯，买受人在检验期限内难以完成全面检验的，该期限仅视为买受人对标的物的外观瑕疵提出异议的期限。

约定的检验期限或者质量保证期短于法律、行政法规规定期限的，应当以法律、行政法规规定的期限为准。

条文主旨

本条是关于约定检验期限或质量保证期过短情形将导致的法律后果的规定。

新旧法对比

《最高人民法院关于审理买卖合同纠纷案件适用法律问题的解释》（2012年）	《民法典》
第十八条　约定的检验期间过短，依照标的物的性质和交易习惯，买受人在检验期间内难以完成全面检验的，人民法院应当认定该期间为买受人对外观瑕疵提出异议的期间，并根据本解释第十七条第一款的规定确定买受人对隐蔽瑕疵提出异议的合理期间。 约定的检验期间或者质量保证期间短于法律、行政法规规定的检验期间或者质量保证期间的，人民法院应当以法律、行政法规规定的检验期间或者质量保证期间为准。	第六百二十二条　**当事人**约定的检验期限过短，**根据**标的物的性质和交易习惯，买受人在检验期限内难以完成全面检验的，该期限**仅视为**买受人**对标的物的**外观瑕疵提出异议的期限。 约定的检验期限或者质量保证期短于法律、行政法规规定期限的，应当以法律、行政法规规定的期限为准。

理解与适用

本条应与第621条结合起来进行理解。第621条规定了对标的物检验的异议通知，即买受人发现或应当发现标的物不符合约定应在合理期限予以通知出卖人，如怠于通知，则拟制为认可标的物符合约定。现实交易中，出卖方往往以格式合同等方式对检验期间做出有利于自己一方的过短期限约定，如由此而适用第621条则会导致买受人无法在认知范围内、合理期限内予以检验，将导致买卖双方权利失衡。为此，第622条做出补充即买受人在检验期限内难以完成全面检验的，该期限仅视为买受人对标的物的外观瑕疵提出异议的期限，而不是在法律上视为买受人认可了标的物。

同时，当约定较短的检验期限或质量保证期与法律、行政法规规定的较长期限不一致时，应当以较长的期限来作为检验期限对待，更加符合公平原则。

实务问题

实践中，存在一方当事人滥用优势地位约定不平等条款、约定过短的检验期限，导致对方当事人在客观上无法对交付的货物或其他标的物进行全面的检测、检验，如此将导致实际交易中的不公平、不平等情况发生。因此《民法典》并未将该检验期限的约定视为买受人实质上认可了交易的结果，而仅作为买受人对外观瑕疵提出异议的期限。实务中，作为卖方的约定条款一方面应注意符合交易习惯和诚信原则，为买方检验标的物留足充分合理的时间；另一方面，作为买方应该根据购买标的的品种、容积、数量、规格等方面做出充分预判，提前与卖方进行沟通协商，避免因约定过短的检验期限而导致的后期标的物质量瑕疵认定困难等问题发生。

（编写人：高　巍）

法律条文

第六百二十三条　当事人对检验期限未作约定，买受人签收的送货单、确认单等载明标的物数量、型号、规格的，推定买受人已经对数量和外观瑕疵进行检验，但是有相关证据足以推翻的除外。

条文主旨

本条延续了2012年《买卖合同解释》第15条规定的精神，完善了检验期间的相关规定，增加了未约定检验期时通过特定行为推定完成外观检验，如通过买受人签收的送货单、确认单等载明标的物数量、型号、规格的，推定买受人已经对标的物数量和外观瑕疵进行检验，符合交易习惯和诚信原则。2012年《买卖合同解释》第15条纳入《民法典》后即在修订版中删除，《民法典》对原先的“认定”修改为“推定”,“推定”即该行为系当事人的默示行为,给了当事人举证的空间。

新旧法对比

《最高人民法院关于审理买卖合同纠纷案件适用法律问题的解释》(2012年)	《民法典》
第十五条规定　当事人对标的物的检验期间未作约定,买受人签收的送货单、确认单等载明标的物数量、型号、规格的,人民法院应当根据合同法第一百五十七条的规定,认定买受人已对数量和外观瑕疵进行了检验,但有相反证据足以推翻的除外。	第六百二十三条　当事人对检验期限未作约定,买受人签收的送货单、确认单等载明标的物数量、型号、规格的,**推定**买受人已经对数量和外观瑕疵进行检验,但是有**相关**证据足以推翻的除外。

理解与适用

本条是关于检验期限未约定时标的物数量和外观瑕疵检验的规定,属于推定性规定——对数量和外观瑕疵的检验推定,如果未约定检验期,买受人的签收单视为对数量和外观瑕疵进行检验。

当事人未约定检验期限的,签收载明标的物数量、型号、规格的收货单据即推定对数量和外观瑕疵进行了检验;如果有相反证据足以证明当事人没有对数量和外观瑕疵进行检验的除外。此外,需要注意以下几点:

(1)为实现敦促买卖双方尽快结算的宗旨,买受人负有的异议和通知义务原则上不受交付数量和约定偏离程度的影响。

(2)出卖人明知或者应知实际交付的标的物数量或外观与约定不符的,买受人则不负有异议和通知义务。

(3)买受人对出卖人的部分履行行为可以接受或者拒绝,但是并不影响买受人可以追究出卖人违约责任的权利。

实务问题

本条规定着重为交易过程中经常发生的纠纷提供解决方案。在司法实践中,因标的物数量、型号、规格等引发的纠纷,主要体现在消费者通过网购、邮购等方式进行的小额买卖,以及在中、小型建筑工程上零星采购钢材、水泥、砂石等建材这两种情况。在这两种情况下,如果当事人签收的送货单、确认单等单据上载明数量的,根据日常生活经验法则,应当认定买受人在签收时即对数量进行了核点。对于合同当事人用肉眼观察等通常方法即可发现的标的物外观瑕疵，比如标的物的数量、型号、规格等属于当事人尽到一般合理注意义务即可发现的瑕疵，如果当事人签收的送货单、确认单等单据上对此没有提出异议的，应当认定买受人收到的标的物没有外观瑕疵。当然，如果买受人另外提供证据推翻送货单、确认单载明的内容的，则应当以其他证据可以证明的情况为准。

（编写人：汪晓光）

法律条文

第六百二十四条　出卖人依照买受人的指示向第三人交付标的物，出卖人和买受人约定的检验标准与买受人和第三人约定的检验标准不一致的，以出卖人和买受人约定的检验标准为准。

条文主旨

本条是关于出卖人向第三人履行义务情形下，出卖人、买受人、接受履行义务的第三人之间对标的物检验标准不一致时应依据何种标准的规定。

新旧法对比

《最高人民法院关于审理买卖合同纠纷案件适用法律问题的解释》（2012年）	《民法典》
第十六条　出卖人依照买受人的指示向第三人交付标的物，出卖人和买受人之间约定的检验标准与买受人和第三人之间约定的检验标准不一致的，人民法院应当根据合同法第六十四条的规定，以出卖人和买受人之间约定的检验标准为标的物的检验标准。	第六百二十四条　出卖人依照买受人的指示向第三人交付标的物，出卖人和买受人约定的检验标准与买受人和第三人约定的检验标准不一致的，以出卖人和买受人约定的检验标准为准。

实务问题

实践中，经常会出现直接转手买卖和连环买卖等情况，出卖人不直接向买受人履行义务交付标的物的情形在合同履行过程中并不鲜见，多方经手的过程中，有可能会出现几重检验标准，分别为出卖人认可的、买受人认可的及接受标的物的第三人认可的标准，在发生产品质量异议纠纷时，则可能会出现出卖人与买受人约定的标准和买受人与第三人之间约定的标的物交付标准之间的矛盾，在这样的前提下，本条规定得较为明确，以出卖人和买受人约定的检验标准为准进行认定，这样既可以确保发生纠纷时审判尺度的统一性，也相应地保护了合同的相对性。

（编写人：何东旭）

法律条文

第六百二十五条　依照法律、行政法规的规定或者按照当事人的约定，标的物在有效使用年限届满后应予回收的，出卖人负有自行或者委托第三人对标的物予以回收的义务。

条文主旨

本条规定了出卖人对旧物予以回收的义务。

新旧法对比

无	《民法典》
无	第六百二十五条　**依照法律、行政法规的规定或者按照当事人的约定，标的物在有效使用年限届满后应予回收的，出卖人负有自行或者委托第三人对标的物予以回收的义务。**

理解与适用

本条是对《民法典》第9条“民事主体从事民事活动，应当有利于节约资源、保护生态环境”的具体的贯彻和落实。该条具有为社会的整体利益，为社会上绝大多数人创造良好的生存环境和生态环境做出具体明示。本法第558条规定：“债权债务终止后，当事人应当遵循诚信等原则，根据交易习惯履行通知、协助、保密、旧物回收等义务。”该条规定了旧物回收的后合同义务，限制了私权利，维护了社会公共利益，有利于保护生态环境节约资源。

实务问题

该条主要是考虑到对生态环境的保护，出卖人出卖的标的物并不是普通的标的物,该标的物具有特殊的性质,比如化工生产中的一些具有腐蚀性、放射性等的一些危险物品,虽然在工业生产中具有重大作用,但该标的物一旦超过使用年限如果放任不管随意丢弃会出现安全隐患,就日常生活来说,汽车的铅蓄电池、电器产品等出卖者应当履行延伸的责任,依约定对报废产品履行回收义务,或者依据相关的法律、行政法规,如根据《废弃电器电子产品回收处理管理条例》《固体废物污染环境防治法》《清洁生产促进法》对废弃物品进行相应处理。

(编写人:刘君顺)

法律条文

第六百二十六条　买受人应当按照约定的数额和支付方式支付价款。对价款的数额和支付方式没有约定或者约定不明确的,适用本法第五百一十条、第五百一十一条第二项和第五项的规定。

条文主旨

本条是关于买受人支付价款和支付方式的规定。

新旧法对比

《合同法》	《民法典》
第一百五十九条　买受人应当按照约定的数额支付价款。对价款没有约定或者约定不明确的,适用本法第六十一条、第六十二条第二项的规定。	第六百二十六条　买受人应当按照约定的数额**和支付方式**支付价款。对价款**的数额和支付方式**没有约定或者约定不明确的,适用本法**第五百一十条、第五百一十一条第二项和第五项**的规定。

理解与适用

按约定的数额支付价款是买受人的基本义务,而支付方式,是指买受人完成履行价款支付义务的具体方法。首先,约定优先,有约定按约定,如果合同没有直接约定价款的数额,而是约定了一个计算价款的方法,且该方法清晰明确,同样属于对价款支付方式有约定的情形,买受人应该按照该约定履行。其次,对价款的数额和支付方式未做约定或约定不明确的情况下,可以依据本法第 510 条规定,买卖双方就价款的问题协议补充,不能达成补充协议的,按照合同相关条款或者交易习惯确定；还可以依据本法第 511 条第 2 项和第 5 项规定，按照订立合同时履行地的市场价格履行，或者依法应当执行政府定价或者政府指导价的，依照规定履行，或者按照有利于实现合同目的的方式履行。

此条在原《合同法》第 159 条规定的基础上，增添了在支付价款的数额和方式未做约定或约定不明确的情况下，可以按照有利于实现合同目的的方式履行。

实务问题

在买卖合同中，支付价款是买受人的主要合同义务，在实务纠纷中，经常出现买受人行使抗辩权来对抗出卖人关于支付标的物价款的请求权。如果出卖人违反从给付义务，除非出卖人违反该从给付义务导致买受人对所买货物无法正常使用，影响合同目的正常实现，否则买受人不能基于从给付义务的不履行而拒绝履行给付货款的主给付义务，但买受人可以主张相应的违约责任。

（编写人：孟凡玲）

法律条文

第六百二十七条　买受人应当按照约定的地点支付价款。对支付地点没有约定或者约定不明确，依据本法第五百一十条的规定仍不能确定的，买受人应当在出卖人的营业地支付；但是，约定支付价款以交付标的物或者交付提取标的物单证为条件的，在交付标的物或者交付提取标的物单证的所在地支付。

条文主旨

本条是关于买受人支付价款地点的规定。

新旧法对比

《合同法》	《民法典》
第一百六十条　买受人应当按照约定的地点支付价款。对支付地点没有约定或者约定不明确，依照本法第六十一条的规定仍不能确定的，买受人应当在出卖人的营业地支付，但约定支付价款以交付标的物或者交付提取标的物单证为条件的，在交付标的物或者交付提取标的物单证的所在地支付。	第六百二十七条　买受人应当按照约定的地点支付价款。对支付地点没有约定或者约定不明确，依据本法第五百一十条的规定仍不能确定的，买受人应当在出卖人的营业地支付；**但是，**约定支付价款以交付标的物或者交付提取标的物单证为条件的，在交付标的物或者交付提取标的物单证的所在地支付。

理解与适用

本条是对买受人支付价款地点的规定。在买卖合同履行中,买受人支付价款的地点直接影响支付价款费用的负担,根据支付价款地点是否事先约定分两种情况确定:第一,双方在买卖合同中约定了价款支付地点的,买受人应当按照约定的地点支付价款;第二,双方对价款支付地点没有约定或者约定不明确的,可以依据《民法典》合同编第510条的规定,由双方签订补充协议,按照补充协议约定的地点支付价款。

双方当事人未事先约定又不能达成补充协议的,也分为两种情况:第一,买受人应当在出卖人的营业地支付,这是确定支付价款地点的一般原则;第二,在交付标的物或者提取标的物单证的所在地支付,如果约定支付价款以交付标的物或者交付提取标的物的单证为条件的,则不以出卖人的营业地为支付地点,而应当在交付标的物或者提取标的物单证的所在地支付,这是确定支付价款地点的一般原则的例外规则。

实务问题

(1)按约定的支付价款的地点进行价款的交付不仅可以成为合同适当履行的一个重要条件,实践中可以成为判断表见代理的一个因素。

(2)本条借鉴了《联合国国际货物销售合同公约》第57条的规定,即"如果买方没有义务在任何其他特定地点支付价款,他必须在以下地点向卖方支付价款:(a)卖方的营业地;或者(b)如凭移交货物或单据支付价款,则为移交货物或单据的地点"。在国际货物贸易中,采用FOB、CIF等条件成交时,无论采用信用证还是跟单托收的付款方式,都是以卖方提交装运单据的地点为付款的地点,采用不同的货款支付方式,交单的地点是不同的,故付款的地点也是不同的。

(编写人:孙境泰)

法律条文

第六百二十八条　买受人应当按照约定的时间支付价款。对支付时间没有约定或者约定不明确,依据本法第五百一十条的规定仍不能确定的,买受人应当在收到标的物或者提取标的物单证的同时支付。

条文主旨

本条是关于买受人支付价款时间的规定。

本条也借鉴了《国际货物销售合同公约》的有关规定。该公约第58条规定:(1)如果买方没有义务在任何其他特定时间支付价款,他必须于卖方按照合同和本公约规定将货物或控制货物处置权的单据交给买方处置时支付价款。卖方可以支付价款作为移交货物或单据的条件。(2)如果合同涉及货物的运输,卖方可以在支付价款后把货物或控制货物处置权的单据移交给买方作为发运货物的条件。(3)买方在未有机会检验货物前,无义务支付价款,除非这种机会与双方当事人议定的交货或支付程序相抵触。当事人对付款时间没有约定,买受人应当在收取标的物同时付款,这也同我国民间"一手交钱,一手交货"的习惯相符合。此外,《日本民法典》第373条也有相似的规定,就买卖标的物的交付定有期限时,推定为就价金交付亦定有同一期限。

新旧法对比

《合同法》	《民法典》
第一百六十一条　买受人应当按照约定的时间支付价款。对支付时间没有约定或者约定不明确,依照本法第六十一条的规定仍不能确定的,买受人应当在收到标的物或者提取标的物单证的同时支付。	第六百二十八条　买受人应当按照约定的时间支付价款。对支付时间没有约定或者约定不明确,依据本法第五百一十条的规定仍不能确定的,买受人应当在收到标的物或者提取标的物单证的同时支付。

理解与适用

(1)在买卖合同过程中,如果双方没有对支付时间进行约定,或者支付时间约定不明确的,按照《民法典》第510条,双方可以补充协议,约定支付价款的时间。

(2)没有约定或者约定不明确,且也无法达成补充约定的,买受人应当在收到标的物或者提取标的物单证的同时支付。

实务问题

1. 案情简介[①]

2019年8月14日,欧浪公司与秀派公司签订《购货合同》,约定秀派公司向

① 上海市徐汇区人民法院(2020)沪0104民初28102号。

欧浪公司以单价 0.12 元/片的价格购买 92,000 片贴片发光管,付款时间为 30 天。2019 年 8 月 19 日,欧浪公司按约交付了 90,000 件货物,秀派公司于同日签收确认。2019 年 8 月 26 日,欧浪公司向秀派公司开具 10,800 元的发票。

2. 法院认为

欧浪公司与秀派公司签订的《购货合同》系双方当事人的真实意思表示,于法无悖,双方均应按约履行各自义务。上述《购货合同》、送货单、快递凭证、发票已经形成证据链,可以证明欧浪公司已经向秀派公司发送 90,000 片货物,秀派公司至今未付款,显已构成违约,欧浪公司诉请要求秀派公司支付货款并偿付利息损失,符合双方约定,于法有据,本院予以支持。

3. 评析

《民法典》第 628 条是买受人支付价款时间的规定,分为有约定和无约定两种。有约定的从约定,未达成补充协议的,买受人应当在收到标的物或者提取标的物单证的同时支付。例如,在该案中,双方订立了购货合同,并且欧浪公司提交 QQ 聊天记录、本案双方以往《购货合同》及对应送货单、快递凭证,以证实双方交易惯例,秀派公司的收货地址均为上海市青浦区××××××公路×××号×××栋×××楼,收货人均为范某某,与本案收货地址、收货人一致。当双方的买卖合同中未约定支付价款时间,双方也未就价款支付时间达成补充协议,因而根据本法的规定,秀派公司应当在交付标的物的同时进行价款的交付,延迟支付的应当承担相应的欠款利息。

(编写人:王志睿)

法律条文

第六百二十九条　出卖人多交标的物的,买受人可以接收或者拒绝接收多交的部分。买受人接收多交部分的,按照约定的价格支付价款;买受人拒绝接收多交部分的,应当及时通知出卖人。

条文主旨

本条是关于出卖人在多交标的物时的处理的规定。在上述法条叙述中可知,无论买受人是否接收多交的标的物,约定的标的物只要出卖人按照约定送至买受人,买受人是有相应的接收义务的。但若出卖人多交标的物的,就赋予买受人一个选择权,选择接收多余货物,还是拒绝多余货物。

新旧法对比

《合同法》	《民法典》
第一百六十二条　出卖人多交标的物的,买受人可以接收或者拒绝接收多交的部分。买受人接收多交部分的,按照合同的价格支付价款;买受人拒绝接收多交部分的,应当及时通知出卖人。	第六百二十九条　出卖人多交标的物的,买受人可以接收或者拒绝接收多交的部分。买受人接收多交部分的,按照约定的价格支付价款;买受人拒绝接收多交部分的,应当及时通知出卖人。

理解与适用

该条款规定的,需要当事人遵守履行义务及遵循诚实信用原则。当事人应当按照合同约定的标的质量、数量履行合同义务。

在实践中,出卖人多交货的原因有很多。其中,就包括疏忽大意或希望买受人多买货等。在此情况下,买受人有可能是有利的,也有可能是不利的(根据标的物当时的市场价格走向)。多交货物的行为本质上属于一种违约行为,但不构成根本违约,因此赋予买受人的权利为“拒绝接收”或“接收”标的物。

实务问题

如买受人拒绝接收多余货物,那么买受人仅有“通知”义务。对于买受人拒绝接收多余货物的情形,《民法典》在删除了买受人保管义务的同时,赋予了买受人仅通知出卖人即可,即通知到达出卖人即可,无须征得出卖人的同意的权利。

多交货物究其源头无非两种情况,一是出卖人疏忽,二是出卖人意图多卖。无论何种情形,过错均在出卖人。《民法典》删除了买受人的保管义务并作出相应规定降低了买受人的义务,更大程度上维护了买卖双方的公平正义。

(编写人:付振宇)

法律条文

第六百三十条　标的物在交付之前产生的孳息,归出卖人所有;交付之后产生的孳息,归买受人所有。但是,当事人另有约定的除外。

条文主旨

本条是关于标的物孳息的归属问题的规定。

新旧法对比

《合同法》	《民法典》
第一百六十三条　标的物在交付之前产生的孳息,归出卖人所有,交付之后产生的孳息,归买受人所有。	第六百三十条　标的物在交付之前产生的孳息,归出卖人所有;交付之后产生的孳息,归买受人所有。**但是,当事人另有约定的除外。**

理解与适用

(1)标的物孳息归属有约定按照约定;

(2)没有约定的,孳息随标的物的交付而转移:标的物在交付之前产生的孳息,归出卖人所有;交付之后产生的孳息,归买受人所有。

实务问题

在马某国、邱某等与陈某锋等买卖合同纠纷案①中,陈某锋、聂某元通过买受方式取得涉案船舶所有权后,将涉案船舶租赁给中铁二十五局所得租金即经营收益为法定孳息。但是,马某国与陈某锋、聂某元在《购船协议》中未对该法定孳息作出约定,根据现行有效的《民法典》第630条规定:"标的物在交付之前产生的孳息,归出卖人所有,交付之后产生的孳息,归买受人所有。但是,当事人另有约定的除外。"陈某锋、聂某元出租涉案船舶的经营收益应归其二人所有。

(编写人:龚　剑)

法律条文

第六百三十一条　因标的物的主物不符合约定而解除合同的,解除合同的效力及于从物。因标的物的从物不符合约定被解除的,解除的效力不及于主物。

① 湖南省汉寿县人民法院(2019)湘0722民初2418号。

条文主旨

根据物的从属性来划分，物可分为主物与从物。主物和从物是同属于一人所有的两个以上的在使用上有关联的物，起主要作用的是主物，起配合作用的是从物，比如电脑与鼠标。

本条的规定分为两个方面：一方面，因标的物的主物不符合约定而解除合同的，解除合同的效力及于从物。也就是说，因合同的主标的物不符合合同约定导致合同解除的，解除的效力同样及于从物，当事人不必另行约定。另一方面，因标的物的从物不符合约定被解除的，解除的效力不及于主物。也就是说，当合同标的物中涉及从物的部分被解除时，解除的效力并不及于主物，即关于主物的约定部分仍然具有法律效力。当事人不能因为从物不符合合同要求而要求解除涉及主物的合同部分。

新旧法对比

《合同法》	《民法典》
第一百六十四条　因标的物的主物不符合约定而解除合同的，解除合同的效力及于从物。因标的物的从物不符合约定被解除的，解除的效力不及于主物。	第六百三十一条　因标的物的主物不符合约定而解除合同的，解除合同的效力及于从物。因标的物的从物不符合约定被解除的，解除的效力不及于主物。

理解与适用

根据主物与从物之间的关联关系，对主物的处分效力当然及于从物，当因主物不符合约定而解除合同时，解除合同的效力当然及于从物；同时，因为主物在合同标的中承担主要作用，从物不符合合同约定并不必然导致合同根本违约，因此对从物的处分效力不及于主物。

实务问题

实践中，如何界定从物对于认定合同的效力具有重要作用，但现行法律并未就何为从物作出明确规定。根据最高人民法院的观点，从物与主物通常具有空间联系，但又不同于附和等关系紧密，且即便从物暂时与主物相分离，也不影响定性，故应结合案件实际情况予以认定。

（编写人：杨　雨）

法律条文

第六百三十二条　标的物为数物，其中一物不符合约定的，买受人可以就该物解除。但是，该物与他物分离使标的物的价值显受损害的，买受人可以就数物解除合同。

条文主旨

本条是关于当合同标的物为“数物”的情况下，合同解除权的行使的规定。

新旧法对比

《合同法》	《民法典》
第一百六十五条　标的物为数物，其中一物不符合约定的，买受人可以就该物解除，但该物与他物分离使标的物的价值显受损害的，当事人可以就数物解除合同。	第六百三十二条　标的物为数物，其中一物不符合约定的，买受人可以就该物解除。但是，该物与他物分离使标的物的价值显受损害的，买受人可以就数物解除合同。

理解与适用

首先，“数物”指的是单独存在的、两个以上的物的集合体。在形态上体现为，虽然系同一合同的标的物，但各个“物”是具有独立性的。“数物”的各自独立性排除了“主物与从物”“原物与孳息”的关系，鉴于“数物”之间的独立性，那么合同中对标的物的解除权，在一物一权的原理下，在无特别约定的情况下，对一物的处分效力并不当然及于另一物，因此合同解除权是可以单独行使的。同时本条也做了“数物同时出卖的合同解除权”例外情况的排除规定，即“该物与他物分离使标的物的价值显受损害的”这种特殊情况下，赋予买受人的数物合同解除权。

通常情况下，合同双方可以按合同约定，在解除条件成就时主张解除合同。如双方未就解除条件约定或约定不清时可援引本法第 563 条之规定主张解除合同。

实务问题

实践中，出现一物不符合约定，导致合同目的不能实现的，合同解除的效力原则上是有标的限制的。当出现数物具有牵连性和不可分割性的情况下，一物的解除权效力扩张到相关“数物”。例如，生产线上的不同设备，各个设备是独立存在的，当一物不符合约定，致使合同目的不能实现的，买受人当然享有合同解除权。但是，如果该设备的合同解除，直接导致生产线其他设备无法运行，他物的价值受到损害，可以赋予买受人数物请求权。

一般情况下，在解除“数物”买卖合同时，既要考虑物的独立性，也要考虑物的牵连性。实务中在本法第 563 条之规定解除合同的规则指导下，首先考虑基于“数物”中各自“物的独立性”，限制数物合同中滥用解除权；其次，基于“数物”中各自“物的牵连性”，对合同目的实现与否进行考虑，如果出现了一物的解除权行使，导致数物合同中其他物的合同目的无法实现的，买受人有权主张解除合同。本条文在实务中区别主物从物、分批履行等其他情况，重点考虑数物合同履行中，合同解除权的独立性和牵连性，指导买受人合理行使解除权。

（编写人：李　绅）

法律条文

第六百三十三条　出卖人分批交付标的物的，出卖人对其中一批标的物不交付或者交付不符合约定，致使该批标的物不能实现合同目的的，买受人可以就该批标的物解除。

出卖人不交付其中一批标的物或者交付不符合约定，致使之后其他各批标的物的交付不能实现合同目的的，买受人可以就该批以及之后其他各批标的物解除。

买受人如果就其中一批标的物解除，该批标的物与其他各批标的物相互依存的，可以就已经交付和未交付的各批标的物解除。

条文主旨

对于长期的供货合同，采用分批交付标的物的情况下，是否能够导致合同解除的规定。本条分三款对于标的物不交付或者交付不符合约定以及各批标的物之间的联系进行了阐述，从而因三种情况的不同而导致的合同解除的范围不尽相同。

（1）一般情况下，出卖人对某一批标的物构成了瑕疵交付，此种瑕疵交付达到了该批标的物的目的无法实现的情况，买受人有权仅就该批标的物行使解除权；

（2）出卖人对某一批标的物构成了瑕疵交付，而此种瑕疵交付不但导致该批标的物的目的无法实现,而且导致以后各批的标的物交付目的无法实现,由于该批标的物与之后标的物之间对于合同目的的牵连关系,致使今后的标的物交付因为该批标的物的根本违约而没有意义,买受人有权就该批标的物以及之后的各批标的物行使解除权;

(3)如果任何一批标的物的交付与整个标的物的交付是不可分的关系,或者说是相互依存的,任何一批标的物交付的根本违约都会导致整个合同的履行不可能或者没有意义,那么,买受人行使对任何一批标的物的解除权也可以对整个合同行使解除权。

新旧法对比

《合同法》	《民法典》
第一百六十六条　出卖人分批交付标的物的,出卖人对其中一批标的物不交付或者交付不符合约定,致使该批标的物不能实现合同目的的,买受人可以就该批标的物解除。 出卖人不交付其中一批标的物或者交付不符合约定,致使今后其他各批标的物的交付不能实现合同目的的,买受人可以就该批以及今后其他各批标的物解除。 买受人如果就其中一批标的物解除,该批标的物与其他各批标的物相互依存的,可以就已经交付和未交付的各批标的物解除。	第六百三十三条　出卖人分批交付标的物的,出卖人对其中一批标的物不交付或者交付不符合约定,致使该批标的物不能实现合同目的的,买受人可以就该批标的物解除。 出卖人不交付其中一批标的物或者交付不符合约定,致使之后其他各批标的物的交付不能实现合同目的的,买受人可以就该批以及之后其他各批标的物解除。 买受人如果就其中一批标的物解除,该批标的物与其他各批标的物相互依存的,可以就已经交付和未交付的各批标的物解除。

理解与适用

本条中,着重于"不能实现合同目的"的规定,无论标的物的交付情况如何,是否实现合同目的是衡量出卖人履行情况的最终标准,实务中应把握标的物交付与合同目的之间的关系,从而判断买受人的解除权行使;另外,标的物交付的牵连关系也是判断合同部分解除与整体解除的关键因素。

实务问题

首先,对于合同性质应以合同的目的为依据,判断分批交付是为了实现该批标的物的目的,还是为了实现整个合同的目的;其次,对于标的物交付的违约程度考量,只有达到合同目的无法实现的程度,买受人才具有法定的解除权;再次,买受人解除权的行使方式需要在合同中予以明确，如是否履行告知程序、是否需给出卖人留有补救的时间等；最后，在合同中，解除合同后的违约责任应在合同中释明，以便于买受人向出卖人主张权利。

（编写人：王　瑞）

法律条文

第六百三十四条　分期付款的买受人未支付到期价款的数额达到全部价款的五分之一，经催告后在合理期限内仍未支付到期价款的，出卖人可以请求买受人支付全部价款或者解除合同。出卖人解除合同的，可以向买受人请求支付该标的物的使用费。

条文主旨

本条考虑到在买卖合同中对买受人权益的保护，增加了对出卖人选择解除合同的前置付款催告程序，最大限度地保护了买受人的权益。

分期付款买卖中，出卖人向买受人请求支付全部价款或者主张解除合同，需要具备：(1)买受人逾期付款的金额达到全部金额的1/5；(2)出卖人已向买受人进行了催告；(3)买受人在合理期限内仍未支付价款。

出卖人行使全款清偿请求权和合同解除权的条件更严，有利于维护买卖合同的继续履行，有利于买受人避免仅因支付能力一时困难便丧失整个合同利益，防止出卖人随意使用合同解除权，促进交易达成。

新旧法对比

《合同法》	《民法典》
第一百六十七条规定　分期付款的买受人未支付到期价款的金额达到全部价款的五分之一的，出卖人可以要求买受人支付全部价款或者解除合同。出卖人解除合同的，可以向买受人要求支付该标的物的使用费。	第六百三十四条　分期付款的买受人未支付到期价款的数额达到全部价款的五分之一，**经催告后在合理期限内仍未支付到期价款的，**出卖人可以请求买受人支付全部价款或者解除合同。出卖人解除合同的，可以向买受人请求支付该标的物的使用费。

理解与适用

本条规定在文义上，不仅适用消费品买卖，也适用于商事买卖纠纷和股权转让纠纷等。

我们认为,分期付款买卖的规定一般是针对生活消费,立法意图旨在保护消费者。在非消费买卖场合,应考虑合同双方交易地位是否平等、合同是否存在格式条款、格式合同是否是行业普遍交易习惯等因素,确定买受人是否处于弱势地位。如果买受人实际上与消费买卖中的买受人无明显差别,则可以适用本条规定予以保护。

本条规定增加了关于出卖人主张解除合同前的催告义务,使出卖人不能直接选择解除合同。至于催告的形式,规定未作具体要求,口头、书面、电子数据形式的催告均可。但解除行为涉及合同关系终止,影响较大,建议采取书面方式为宜,以保留证据。

对于何为合理期限,法条仍未予以明确。对于出卖人而言,应尽量在发出的催告通知中明确买受人的付款期限,且付款期限应结合合同内容、交易习惯等综合确定,以避免日后主张解除合同被法院认定为不符合本条规定的解除条件。

实务问题

从合同解除的立法目的来看,合同生效后,由于情况的变化,合同的履行成为不可能或者难度较大,若再让合同继续发生法律效力,约束合同当事人,对其中一方甚至各方有害而无益,只有解除合同才能使局面改观。分期付款买卖中,出卖人的合同目的在于获得价款,如果买受人无法支付的到期价款达到一定比例,出卖人即存在合同目的无法实现的风险。在这种情况下,如果经催告后,买受人逾期仍未履行则表明合同几乎丧失继续履行的可能性,出卖人无法实现合同目的的风险进一步放大,为防止给其造成更大的损失,不应苛求出卖人继续等待履行,应当赋予出卖人彻底终结交易以摆脱困境的救济权利。并且,合同无法继续履行的原因在于买受人,故分期付款买卖合同解除后,出卖人有权获得利益补偿,请求买受人支付标的物的使用费。出卖人可以扣留已受领的价款,但超过标的物使用费及标的物受损赔偿额的部分,应返还买受人。对于数额标准,合同当事人有约定的,依约定处理;无约定的,可以参照当地同类标的物的租金标准确定。对于合同中约定的扣留受领价金条款应当进行公平性审查,约定的扣留数额超出标的物使用费和标的物受损赔偿额之和的,有失公平,对于超出部分法院不应支持。

(编写人:赵兴阳)

法律条文

第六百三十五条　凭样品买卖的当事人应当封存样品,并可以对样品质量予以说明。出卖人交付的标的物应当与样品及其说明的质量相同。

条文主旨

本条是关于凭样品买卖当事人基本权利义务的规定。

新旧法对比

《合同法》	《民法典》
第一百六十八条　凭样品买卖的当事人应当封存样品,并可以对样品质量予以说明。出卖人交付的标的物应当与样品及其说明的质量相同。	【内容不变】第六百三十五条

理解与适用

样品又称货样,是指当事人选定的用以决定标的物品质的货物,通常是从一批货物中抽取出来,或由生产使用部门加工设计出来用于反映和代表整批商品品质的少量实物。

凭样品买卖又称凭货样买卖、样品买卖,是指当事人双方约定一定的样品,出卖人交付的标的物应与样品具有相同品质的买卖。

凭样品买卖的特殊性体现在以样品来确定买卖标的物,出卖人交付的标的物需与样品具有相同品质,样品可以由出卖人提供也可以由买受人提供。因此,凭样品买卖依据样品来源,可分为卖方样品买卖关系、买方样品买卖关系、第三方样品买卖关系。

1. 凭样品买卖的构成

(1)当事人在订约时提示已存在的样品。样品是确定当时买卖标的物的依据,没有样品就无法确定买卖标的,所以,样品应是现成的。一般意义上说,当事人应在订立合同时就提示样品,或一方提出另一方接受,或共同确定,但均应在订立合同的过程中完成。

(2)当事人有明确的凭样品买卖意思表示。实践中一般表现为在合同中明确约定以样品来确定标的物品质,或者写明“凭样品买卖”等能够表明凭样品买卖的文字。相反,出卖人虽然指示了样品,但双方的真实意思表示并非凭样品买卖,则不构成凭样品买卖法律关系。

2. 样品的封存

样品在合同订立后可能因人为干扰和自身发生变化,影响对实际交付标的物的品质是否符合合同约定的判断。因此,样品应当封存是样品买卖必需的条件,已用于实际交付时进行验证。

(1)封存方式。当事人约定既可以采取贴封条的形式,也可以采取其他方式;既可以由当事人一方保存,也可以共同保存,还可以委托选定第三方保存。

(2)多份样品差异的解决。一是依当事人约定;二是没有约定,则视为合同质量条款约定不明,应适用《民法典》第510条、第511条的规定处理。

3. 样品质量的说明

为避免当事人对以实体呈现的样品品质产生理解分歧,本法条规定当事人可以对样品品质通过说明将样品品质进行固定。说明的形式由当事人自由选择,可以采取文字、图形、数据等方式,实践当中多以文字最为常见。

同时要注意对样品进行封存具有强制性,但法条对样品质量进行文字说明具有选择性,在既封存又进行文字说明的情况下,如果实际交付的标的物与样品不符发生纠纷,而样品质量与文字说明不一致,当事人又不能达成一致的,可依据《买卖合同解释》第40条的规定进行处理。

实务问题

当事人对于是否存在凭样品买卖法律关系及标的物与样品是否相符存在争议时,应根据当事人不同权利主张内容分配相应的举证责任。买受人主张为凭样品买卖的,应由买受人承担举证责任。出卖人主张为凭样品买卖的,应由出卖人负举证责任。买受人请求出卖人按照样品交付标的物时,应由买受人证明双方存在凭样品买卖关系。买受人如果认为出卖人所交付的标的物质量不符合样品质量的,则应由买受人负举证责任。出卖人请求买受人支付价款的,买受人以标的物不符合样品品质为由予以抗辩的,出卖人可以通过证明双方之间并非凭样品买卖关系进行对抗。

(编写人:丁景宇)

法律条文

第六百三十六条　凭样品买卖的买受人不知道样品有隐蔽瑕疵的,即使交付的标的物与样品相同,出卖人交付的标的物的质量仍然应当符合同种物的通常标准。

条文主旨

只有出卖人交付的标的物和通常质量标准相符合，才不属于违约。

新旧法对比

《合同法》	《民法典》
第一百六十九条　凭样品买卖的买受人不知道样品有隐蔽瑕疵的，即使交付的标的物与样品相同，出卖人交付的标的物的质量仍然应当符合同种物的通常标准。	【内容不变】第六百三十六条

实务问题

（1）若样品有隐蔽瑕疵，买受人知道或应当知道的，则买受人主观为恶意，视为买受人对该隐蔽瑕疵的接受或认可，出卖人交付的标的物与样品有同种瑕疵时，买受人无权请求出卖人承担违约责任。

（2）若样品有隐蔽瑕疵，买受人不知道的，出卖人交付的标的物即使与样品相同（含隐蔽瑕疵），仍构成违约、重大误解或欺诈的竞合，买受人可以择一主张出卖人的违约责任或撤销合同。

（编写人：马丹丹）

法律条文

第六百三十七条　试用买卖的当事人可以约定标的物的试用期限。对试用期限没有约定或者约定不明确，依据本法第五百一十条的规定仍不能确定的，由出卖人确定。

条文主旨

本条是对试用买卖合同中试用期限的规定。

新旧法对比

《合同法》	《民法典》
第一百七十条　试用买卖的当事人可以约定标的物的试用期间。对试用期间没有约定或者约定不明确，依照本法第六十一条的规定仍不能确定的，由出卖人确定。	第六百三十七条　试用买卖的当事人可以约定标的物的试用**期限**。对试用**期限**没有约定或者约定不明确，**依据**本法**第五百一十条**的规定仍不能确定的，由出卖人确定。

理解与适用

试用买卖是一种附条件的买卖，指买卖双方约定由买受人试用或者检验标的物，以买受人认可标的物为条件的买卖合同。在《民法典》第638条明确规定"试用期限届满，买受人对是否购买标的物未做表示的，视为购买。"说明本条对于期限的规定，就是一种对于合同成立的时间条件的具体规定。

标的物的试用期限是试用买卖合同中的重要条款，该条款同样适用一般合同的自愿原则，买卖双方当事人当然可以对标的物的试用期限自行约定，如在试用买卖合同中对试用期限没有约定或者约定不明确，那么首先应当依据《民法典》第510条的规定予以确定，也就是说，双方当事人可以补充协议；如不能达成补充协议，则按照该合同中的有关条款进行确定；仍然无法确定，则按照交易习惯确定。如果此时还是不能确定，就应由出卖人来确定试用的期限。笔者认为，由于试用买卖合同在试用期限内，标的物的物权还没有转移，相应的风险也没有转移，因而由出卖人来确定试用期限更为公平。

实务问题

在日常现实生活中，试用买卖合同往往是针对新型产品或服务而进行的特种合同。而且试用买卖合同有时是嵌套在一般的买卖合同当中的试用条款当中，不易被重视和察觉。我们需要重点关注的就是以下三点：

(1)以买受人的认可为条件的附条件合同；

(2)一般会约定期限，如果没有约定则补充约定，如不能补充约定则按照其他条款确定或交易习惯确定，以上都无法确定则由出卖人确定；

(3)试用期限内，买受人认可之前，标的物物权没有转移，相应的风险也没有转移。

(编写人：潘云飞)

法律条文

第六百三十八条　试用买卖的买受人在试用期内可以购买标的物，也可以拒绝购买。试用期限届满，买受人对是否购买标的物未作表示的，视为购买。

试用买卖的买受人在试用期内已经支付部分价款或者对标的物实施出卖、出租、设立担保物权等行为的，视为同意购买。

条文主旨

本条是对试用买卖合同买受人对标的物购买选择权的规定。

试用买卖合同在试用期限内，买受人对购买还是拒绝购买试用的标的物享有选择权，决定购买该标的物，或者拒绝购买该标的物，该权利属于买受人，他人不得干涉。买受人认可标的物的意思表示就是选择权的行使。该意思表示可以是口头的，也可以是书面的。在有些情况下，尽管买受人未作出认可的意思表示，即未作出购买该标的物的意思表示，法律规定应当视为认可。

买受人在试用期限届满后未作出是否认可的意思表示，既不表示购买，也不表示拒绝购买的，视为认可购买该标的物，且标的物已经交付，买受人应当履行买受人的义务。

买受人对试用买卖的标的物支付部分价款，对标的物实施出卖、出租、设定担保物权等行为的，视为同意购买，标的物交付，买受人应当履行其义务。买受人同意购买标的物或者视为同意购买标的物的，买卖合同即发生效力，双方当事人应按约定履行合同。在试用期限内买受人作出拒绝购买的意思表示的，该买卖合同不生效力。

新旧法对比

《合同法》	《民法典》
第一百七十一条　试用买卖的买受人在试用期内可以购买标的物，也可以拒绝购买。试用期间届满，买受人对是否购买标的物未作表示的，视为购买。	第六百三十八条　试用买卖的买受人在试用期内可以购买标的物，也可以拒绝购买。试用期限届满，买受人对是否购买标的物未作表示的，视为购买。 **试用买卖的买受人在试用期内已经支付部分价款或者对标的物实施出卖、出租、设立担保物权等行为的，视为同意购买。**

理解与适用

《买卖合同解释》第30条规定，买受人在试用期内支付部分价款或对标的物实施出卖、出租、设立担保物权等行为视为同意购买。《民法典》在《合同法》基础上吸收司法解释规定，作出本条规定。

作为一种特种买卖，试用买卖的特殊性主要体现在以买受人的同意为合同生效要件。买受人拥有单方决定买卖合同是否生效的权利，能够使法律关系发生、变更或者消灭，属于形成权。买受人的同意或者拒绝具有任意性，故试用买卖中一般不存在“为自己的利益不正当地阻止条件成就”的情形，无论买受人基于何种原因不同意购买，均不应适用《民法典》第159条的规定，将其视为不正当阻止条件成就而推定合同生效。如果买受人根本没有购买的真实意愿，仅为获得免费使用利益或者其他目的而试用标的物，则有违诚信原则。

实务问题

《民法典》第638条是对试用买卖合同中买受人对标的物的认可规定。遵循意思自治原则，若试用买卖中有对买受人同意购买标的物的规定，则按照约定处理，没有约定，买受人未作表示、支付价款或部分价款、对标的物进行处分的应当视为同意购买，当事人有特别约定的除外。实践中对于试用买卖主要根据双方的合同确定，在未形成书面协议的时候，必须以当事人之间的口头沟通记录为证明。仅一方主张买卖合同为试用买卖合同，而另一方则主张为买卖合同，且主张买卖合同关系的一方提交了送货单、增值税发票为证据，买受人也确认收到了案涉产品并进行了使用，因而从证据规则的角度来看，出卖人已完成了证明责任，而主张试用买卖合同的买受人未完成举证任务，可能要承担不利后果。

（编写人：高　强）

法律条文

第六百三十九条　试用买卖的当事人对标的物使用费没有约定或者约定不明确的，出卖人无权请求买受人支付。

条文主旨

《民法典》规定试用买卖的使用费用由出卖人与买受人协商确定。在当事人之间对试用标的物的使用费用没有约定或者约定内容模糊、有歧义等约定不明时，则出卖人无权主张试用期间的使用费用。

新旧法对比

《最高人民法院关于审理买卖合同纠纷案件适用法律问题的解释》(2012年)	《民法典》
第四十三条　试用买卖的当事人没有约定使用费或者约定不明确的，出卖人主张买受人支付使用费的，人民法院不予支持。	第六百三十九条　试用买卖的当事人**对标的物**使用费没有约定或者约定不明确的，出卖人无权请求买受人支付。

理解与适用

本条规定是借鉴《买卖合同解释》(2012年)第43条内容，规定了试用买卖的使用费问题。试用买卖是为了促成买卖合同的生效而形成的试用买卖关系。通常来讲，试用买卖的标的物就是买卖合同的标的物，但试用买卖合同并不必然导致买卖合同生效。试用期间，出卖人对试用标的物仍享有所有权，买受人享有试用权，但买卖合同是否生效则由买受人单方决定，无论买受人是否试用，买受人购买标的物，则买卖合同生效；反之，买受人拒绝购买，则买卖合同不生效。

《民法典》遵循民事行为自愿原则，对于试用买卖的使用费用由出卖人与买受人自由协商确定。在当事人未约定或者约定不明确时，从保护买受人利益的角度出发，出卖人无权向买受人主张。

实务问题

实践中，在当事人确定试用买卖关系时，对于使用费用未做约定或约定不明确时，如由买受人承担使用费用，则需要对买受人试用的次数、试用标的物价值的减损、试用收益等诸多因素进行考量。但司法审判中，通过案件审理的方式难以准确把握上述因素，在无法准确衡量使用价值的情况下，由买受人承担使用费用，则显失偏颇。况且，出卖人在订立合同时应当对于试用的成本予以考虑，因此，在当事人未约定或者约定不明确时，试用期间的使用费用由出卖人自行承担则更为妥当。

（编写人：岑　慧）

法律条文

第六百四十条　标的物在试用期内毁损、灭失的风险由出卖人承担。

条文主旨

本条是关于标的物在试用期内的风险负担问题的规定。

新旧法对比

无	《民法典》
无	第六百四十条 **标的物在试用期内毁损、灭失的风险由出卖人承担。**

理解与适用

1. 试用期内标的物的所有权问题

《民法典》物权编第224条规定："动产物权的设立和转让，自交付时发生效力，但是法律另有规定的除外。"由此可见，如无其他约定或者法律规定，标的物的所有权一般自交付时转移。但是本条中，出卖人将标的物交给买受人试用，其真实的意思表示应是仅将标的物的使用权转移至买受人。在买受人未作出购买的意思表示之前，买卖合同并未生效，故标的物的所有权自然也并未发生转移，仍归出卖人所有。因此，标的物的所有权是否转移，取决于买受人是否同意购买且具有溯及力，合同效力溯及至合同成立之时。

2. 标的物在试用期内的风险负担问题

《民法典》第604条规定："标的物损毁、灭失的风险，在标的物交付之前由出卖人承担，交付之后由买受人承担，但是法律另有规定或者当事人另有约定的除外。"但试用期内的交付，并非出卖人在履行买卖合同中"交付"的主要义务，并且买受人并不因此取得所有权，标的物毁损、灭失的风险自然也不发生转移。

实务问题

《民法典》对标的物在试用期内风险负担问题的规定，旨在明确加强对买受人利益的保护。实践中，在试用期内买受人对标的物也负有一定的注意义务，因此，还需考虑买受人是否违反了其应承担的注意义务。

（编写人：傅泓然）

法律条文

第六百四十一条　当事人可以在买卖合同中约定买受人未履行支付价款或者其他义务的，标的物的所有权属于出卖人。

出卖人对标的物保留的所有权，未经登记，不得对抗善意第三人。

条文主旨

本条是关于买卖合同中所有权保留制度的规定。所有权保留，系在买卖合同中，双方当事人可以约定在特定条件成就以前，买受人虽占有、使用标的物，但标的物的所有权仍由出卖人享有；待特定条件成就以后，标的物所有权由买受人享有。

新旧法对比

《合同法》	《民法典》
第一百三十四条　当事人可以在买卖合同中约定买受人未履行支付价款或者其他义务的，标的物的所有权属于出卖人。	第六百四十一条　当事人可以在买卖合同中约定买受人未履行支付价款或者其他义务的，标的物的所有权属于出卖人。 **出卖人对标的物保留的所有权，未经登记，不得对抗善意第三人。**

理解与适用

所有权保留制度的主要功能在于“担保”，但此种“担保”仅是从其功能来界定，而并非是法律层面上的担保物权。所有权保留对于“买卖”双方均有一定的好处，买受人不履行义务时，出卖人有权取回标的物；买受人则在未支付全部价款的情况下可以使用标的物。

实务问题

《民法典》明确了所有权保留中的登记对抗主义，即“出卖人对标的物保留的所有权，未经登记，不得对抗善意第三人”。实务中，只有建立登记制度、进行必要的公示，才有利于保护出卖人的利益，防止买受人对标的物进行无权处分，避免因买受人“无权处分”使第三人的利益遭受损害。

（编写人：宫琳琳）

法律条文

第六百四十二条 当事人约定出卖人保留合同标的物的所有权，在标的物所有权转移前，买受人有下列情形之一，造成出卖人损害的，除当事人另有约定外，出卖人有权取回标的物：

（一）未按照约定支付价款，经催告后在合理期限内仍未支付；

（二）未按照约定完成特定条件；

（三）将标的物出卖、出质或者作出其他不当处分。

出卖人可以与买受人协商取回标的物；协商不成的，可以参照适用担保物权的实现程序。

条文主旨

本条是关于所有权保留买卖合同中出卖人标的物取回权的规定。其中列举了在所有权保留买卖合同中出卖人可以行使标的物取回权的几种情形及相应的取回权的实现方式。

新旧法对比

《最高人民法院关于审理买卖合同纠纷案件适用法律问题的解释》（2012年）	《中华人民共和国民法典》
第三十四条 买卖合同当事人主张合同法第一百三十四条关于标的物所有权保留的规定适用于不动产的，人民法院不予支持。 第三十五条 当事人约定所有权保留，在标的物所有权转移前，买受人有下列情形之一，对出卖人造成损害，出卖人主张取回标的物的，人民法院应予支持： （一）未按约定支付价款的； （二）未按约定完成特定条件的； （三）将标的物出卖、出质或者作出其他不当处分的。 取回的标的物价值显著减少，出卖人要求买受人赔偿损失的，人民法院应予支持。	第六百四十二条 当事人约定出卖人保留合同标的物的所有权，在标的物所有权转移前，买受人有下列情形之一，造成出卖人损害的，除当事人另有约定外，出卖人有权取回标的物： （一）未按照约定支付价款，**经催告后在合理期限内仍未支付；** （二）未按照约定完成特定条件； （三）将标的物出卖、出质或者作出其他不当处分。 出卖人可以与买受人协商取回标的物；协商不成的，可以参照适用担保物权的实现程序。

理解与适用

1. 本条文适用于当事人双方在买卖合同中明确约定在某种条件实现前合同

标的物所有权不转移给买受人，仍然属于出卖人的情况下，且该合同标的物的占有已经由出卖人转移给买受人或第三人

一般动产所有权转移占有即为所有权转移，但因合同的特殊约定应视为占有转移但所有权尚未转移。在该所有权保留买卖合同中并不必须约定在某种特定事由出现时出卖人有权取回标的物，出卖人才享有出卖人取回权。即使没有明确约定出卖人取回权在特定事由出现时出卖人仍然有取回权。即标的物所有权保留为买卖双方意思自治，想适用本法条就必须协商自愿在合同中明确约定。出卖人取回权为法律规定，合同中没有明确约定但仍然适用。

2. 本条文明确规定了适用出卖人取回权的具体情形，即造成出卖人方的损害并符合法律规定的具体情形

（1）“造成出卖人损害的”，笔者认为该损害并非简单意义上的经济损失，除金钱、利息等经济、物质损失外，还应包括时间、机会、名誉、身体健康、精神状态等方面的损失。

（2）“未按照约定支付价款，经催告后在合理期限内仍未支付”，笔者认为按照约定支付价款系为按约定的方式、数量、时间正常履约，如不能按照约定履行并造成了出卖方的损害并经过出卖方的合理催告仍不能按约履行的情况下出卖人取回权即可行使。故因价款支付问题行使出卖人取回权时需要履行催告的前置程序。

（3）“未按照约定完成特定条件”，该款法律并未规定需要出卖人履行催告的前置程序，故只要出卖人确定买受人未能按约定完成合同约定义务，出卖人即可要求实现取回权。

（4）“将标的物出卖、出质或者作出其他不当处分”，笔者认为该款系建立在前两款规定的基础之上。如买受人已经如约履行合同义务后，买受人将仍由出卖人占有之下的标的物不当毁损，出卖人因此行使取回权已经没有任何法律依据。且不建立在前两款规定的基础之上，该条款可以单独适用的情况下，即使出卖人行使取回权成功之后是否应当返还买受人支付的相应价款或完成合同特定条件所付出的成本？如果是返还，此时出卖人标的物毁损消失，价款返还，出卖人可以要求买受人赔偿损失，最后的状态还是出卖人得到赔偿损失款，买受人行使了物权。该情形与正常履行合同无异。如果是不返还，出卖人标的物毁损消失，出卖人可以要求买受人赔偿损失，标的物价款不返还买受人，最后状态为出卖人手中既有价款又有赔偿损失款得到双份钱款，买受人除价款外还支付了赔偿损失款。该状态明显违背价值规律，不符合民法典的公平、等价有偿、诚实信

用原则。故对本款的理解应为在买受人未能按照约定支付价款或按照约定完成特定条件并对出卖人造成损害的情况下将标的物出卖、出质或者作出其他不当处分，出卖人才会有权行使取回权。

3. 本条文明确规定了出卖人取回权的实现方式

（1）标的物所有权保留系一种担保权益。其实现的方式首先可以由当事人双方协商解决取回标的物。

（2）如协商不成可以依据担保物权的实现方式来实现出卖人取回权。

担保物权的实现由《民法典》第410条、《民事诉讼法》第196、197条规定。其中：

《民法典》第410条规定：债务人不履行到期债务或者发生当事人约定的实现抵押权的情形，抵押权人可以与抵押人协议以抵押财产折价或者以拍卖、变卖该抵押财产所得的价款优先受偿。协议损害其他债权人利益的，其他债权人可以请求人民法院撤销该协议。抵押权人与抵押人未就抵押权实现方式达成协议的，抵押权人可以请求人民法院拍卖、变卖抵押财产。抵押财产折价或者变卖的，应当参照市场价格。

《民事诉讼法》第196条规定：申请实现担保物权，由担保物权人以及其他有权请求实现担保物权的人依照物权法等法律，向担保财产所在地或者担保物权登记地基层人民法院提出。第197条规定：人民法院受理申请后，经审查，符合法律规定的，裁定拍卖、变卖担保财产，当事人依据该裁定可以向人民法院申请执行；不符合法律规定的，裁定驳回申请，当事人可以向人民法院提起诉讼。

（3）出卖人还可以向法院依据《民法典》第642条向有管辖权的人民法院提起出卖人取回权之诉。

4. 本条文可适用于动产买卖合同

实务问题

（1）关于在出卖人取回权之诉中提起出卖人取回权诉讼的一定是出卖人一方，即原告为出卖人，被告为买受人，可能出现标的物占有人为第三人的情形，该第三人根据诉求的不同可与买受人为共同被告或作为有独立请求权的第三人。

（2）关于在出卖人取回权之诉中的管辖问题，如在双方买卖合同中已经明确约定有效的争议管辖法院从该约定，如没有约定应以被告住所地或合同履行地法院管辖。

（3）关于在出卖人取回权之诉中原告方的诉讼请求的问题，该案由的诉讼请求可为：确认双方签订标的物所有权保留买卖合同真实、有效；解除合同；原告行使取回权取回合同标的物;按合同约定给付违约金;赔偿相应损失等。如当事人双方或一方对合同效力有异议并异议成立的话,该无效合同约定的所有权保留约定即没有实际意义,就会触发双返和各自承担缔约过失责任,亦不会触及出卖人取回权争议。如合同成立并有效诉讼请求中不要求解除合同而是继续履行合同条款,那原告只能要求被告方继续履行合同义务支付货款及完成合同约定的特定义务,更不存在实现出卖人取回权了。原告行使取回权取回合同标的物是出卖人取回权之诉的核心诉讼请求,该请求与违约金及赔偿损失的诉讼请求并不矛盾,可以同时请求。

(4)关于在出卖人取回权之诉中原告举证的问题,第一,此类诉讼中原告应首先举证证明双方具有书面的买卖合同,并且买卖合同中明确约定了标的物所有权保留条款。口头合同且被告承认双方约定了标的物有权保留条款的可能性极小,如果被告承认具有上述口头约定的话,该诉讼极大可能为原、被告双方恶意侵害第三人利益的虚假诉讼。第二,原告方应举证证明所有权保留买卖合同中相应价款支付的相关约定及合理期限内催告的相关证据或被告需要完成的特定条件的相关约定。以上用以证明被告具有相关特定义务需要完成,如被告不能证明完成上述约定义务,法院应当保护原告方的取回权。第三,原告应当举证证明原告方已经履行了合同义务,合同标的物已经处于被告或经被告处于第三人的占有之中。如标的物还在原告的占有之中即不存在出卖人取回权之诉,起诉解除合同即可。第四,原告方应当举证证明因被告方未能按合同约定履行合同义务,给原告方造成了相应的损害的证据。如金钱、利息等经济损失或时间、商机、名誉、身体健康、精神状态等方面的损害的证据,且应证明上述损害与被告未能履行合同义务之间具有因果关系。第五,如本案具有有独立请求权的第三人,原告方应举证证明原、被告之间的所有权保留买卖合同中的所有权保留事项已经公示登记或第三人方已经明知该标的物的保留状态。若原抗辩第三人未能善意取得诉争标的物,上述证据或理由可以对抗该第三人。

(5)关于在出卖人取回权之诉中被告举证的问题,此类诉讼中被告可以在以下几个方面寻找机会。第一,被告方可以举证证明被告方已经充分完成合同义务。第二,可以举证证明原告方恶意阻拦或妨害被告方充分完成合同义务。第三,可以举证证明双方合同中并没有标的物所有权保留的约定或约定不明并足以认定该所有权保留条款无效,或答辩称双方订立合同非买卖合同而是其他法律关系的合同。第四,举证证明在标的物所有权保留买卖合同签署后,当事人双方签署补充条款取消所有权保留条款。第五,可以举证证明合同标的物尚在原告的占有之下或未经被告合同标的物由原告交与案外人或处于第三人的占有之下，或答辩原告方并未能履行买卖合同义务，合同标的物未经原告交与被告且标的物不在被告的占有之下。第六，可以举证证明合同标的物存在权利瑕疵，可能或已经被其他权利人或司法机关通知并举证证明该权利瑕疵已经或即将进入相关纠纷解决程序中，即行使不安抗辩权。第七，可以举反证证明被告方的行为未能导致原告方有损害发生或被告的违约行为与原告的损害之间没有因果关系。第八，在“未按照约定支付价款”的情形下答辩原告方并未履行催告的法定前置程序。第九，可以答辩原、被告主体资格不适格。第十，因标的物所有权保留制度仅适用于不动产，如双方买卖合同标的物为不动产可以此为抗辩理由等。

(6)关于在出卖人取回权之诉中有独立请求权的第三人举证，此类诉讼中有独立请求权的第三人应首先证明原告、被告间的所有权保留合同未能进行有效的登记公示且在第三人接受标的物时对所有权保留一事并不知情或无法知情，并第三人以不低于市场价格70%的价格已经支付并取得诉争标的物，此时其为善意第三人，可以有效对抗原告的出卖人取回权。

(7)案例。根据烟台德高石油科技有限公司与蓬莱市渤海造船有限公司管理人出卖人取回权纠纷案[①]的审理结果：一审裁定驳回原告起诉，因原告起诉被告为渤海公司的破产管理人，在破产管理人不予认可取回权的情况下，原告应当起诉渤海公司，故原告起诉渤海公司破产管理人属诉讼主体不当一审裁定驳回起诉。该案例虽为出卖人取回权纠纷，但争议焦点法条为《企业破产法规定(二)》中的第27条第1款的法律规定。在无锡市藕塘华生电力安装站与无锡鑫成金属制品加工有限公司加工合同纠纷二审案[②]中，一审判决驳回原告诉讼请求，二审维持原判。因原告、被告间诉争标的物为不动产，根据当时的司法解释出卖人取回权不适用于不动产。故一审、二审法院均没有支持原告诉讼请求。该案例虽为出卖人取回权纠纷，但争议焦点法条为《买卖合同解释》(2012年)中的第34条。在江苏三环实业股份有限公司与江苏金长兴电源有限公司出卖人取回权纠纷一审案[③]中，一审判决支持原告出卖人取回权，该案买卖合同约定在被告未支付合同价款90%前，设备所有权属原告所有，被告已经支付了20%的价款，在出卖人取回时，该20%的价款与标的物的折旧大体相当，故该案判决中

① 山东省蓬莱市人民法院(2020)鲁0684民初890号。
② 江苏省无锡市中级人民法院(2017)苏02民终4479号。
③ 江苏省盱眙市人民法院(2017)苏0830民初3500号。

仅要求原告自行取回标的物。

（编写人：佟振平）

法律条文

第六百四十三条　出卖人依据前条第一款的规定取回标的物后，买受人在双方约定或者出卖人指定的合理回赎期限内，消除出卖人取回标的物的事由的，可以请求回赎标的物。

买受人在回赎期限内没有回赎标的物，出卖人可以以合理价格将标的物出卖给第三人，出卖所得价款扣除买受人未支付的价款以及必要费用后仍有剩余的，应当返还买受人；不足部分由买受人清偿。

条文主旨

《合同法》对“取回权”制度未有明确规定，但在《买卖合同解释》第26条对“取回权”有规定。

本条涉及出卖人已经行使“取回权”的情况下，买受人享有的“赎回权”，以及再次出卖的价格合理性等相关问题。

关于“赎回权”，应是双方对“回赎期限”已有约定，或者出卖人已指定合理期限。关于“再次出卖”，因为出卖人有权就不足部分继续要求买受人清偿，故应满足再次出卖的价格“合理性”，即不得因不合理低价转卖而侵害买受人的合法利益。

新旧法对比

《最高人民法院关于审理买卖合同纠纷案件适用法律问题的解释》（2020年）	《民法典》
第三十六条　买受人已经支付标的物总价款的百分之七十五以上，出卖人主张取回标的物的，人民法院不予支持。 在本解释第三十五条第一款第（三）项情形下，第三人依据物权法第一百零六条的规定已经善意取得标的物所有权或者其他物权，出卖人主张取回标的物的，人民法院不予支持。	第六百四十三条　**出卖人依据前条第一款的规定取回标的物后，买受人在双方约定或者出卖人指定的合理回赎期限内，消除出卖人取回标的物的事由的，可以请求回赎标的物。** **买受人在回赎期限内没有回赎标的物，出卖人可以以合理价格将标的物出卖给第三人，出卖所得价款扣除买受人未支付的价款以及必要费用后仍有剩余的，应当返还买受人；不足部分由买受人清偿。**

理解与适用

基于买卖合同的法律关系在社会生活中大量存在,如何保障和约束买卖双方的权利义务,促成交易的公平实现,是立法和法律实践中值得关注的问题。然而,不得不正视的是,现实中大量的买卖合同存在不同程度的违约情形,对社会经济生活的有效运转造成了阻碍。鉴于此,如何有效地促成公平交易的完成,是立法以及实务中需要解决的问题。取回权制度,就是与此相关的一项制度。

在"取回权"问题上,涉及"取回权"的性质、行使"取回权"的条件及限制、相对方(买受人)的赎回权、标的物再次出卖等相关问题,主要体现在《民法典》第641条、第642条、第643条,以及《买卖合同解释》第26条等条文中。《民法典》第643条主要涉及"赎回权"以及再次出卖的问题,但应与"取回权"的其他条文结合起来加以理解。有几方面需要给予重视:

(1)"取回权"制度的出发点是促成合同目的的最终实现,而非简单地对违约行为的惩治。因此,行使取回权的情境下,不意味着合同必然解除。

(2)"取回权"虽然主要是基于对违约行为的遏制,但应兼顾对双方利益的保护,因而,《买卖合同解释》对取回权行使给予了一定的限制。这是"取回权"制度的出发点(促进合同目的的最终实现)决定的,也符合公平原则。具体体现为,出卖人行使取回权,受到比较严格的限制,在一定情况下,出卖人不能再行使取回权(例如,买受人已经支付的价款达到总价款75%以上时,出卖人关于取回权的主张将无法得到支持);再如,买受人享有赎回权,且出卖人指定的"回赎期限"应具备合理性等。

实务问题

1. 关于取回权与合同解除权的区别

从立法本意看,首先,出卖人的"取回权"应基于法律规定或者双方约定。其次,出卖人行使解除权,并不必然导致合同解除,而是作为促使合同公平履行的手段之一。从相关条文规定看,立法者也支持这一理解。例如,在出卖人依法行使取回权之后,买受人同样享有赎回权,在未能依据约定赎回的情况下,出卖人可以合理价格将标的物再次出卖以抵偿价款等。上述均表明,该规则意在促使合同得以继续履行,而非终止于取回权。

2. 关于"已经支付价款达到总价款75%以上,不再支持取回权"与《民法典》第642条第1款的关系问题

第642条第1款规定的是出卖人行使"取回权"的几种情形,现实中不排除

该第642条第1款情形与“已经支付价款达到总价款75%以上”同时出现的情况。从条文之间的表述看，应理解为，即便出现第642条第1款之情形，也仅为可以行使“取回权”，但当同时出现“已经支付价款达到总价款75%以上”的情形时，“取回权”将得不到支持。

3. 关于标的物再次出卖的价格的“合理性”问题

鉴于“取回权制度”需兼顾出卖人与买受人的利益，故出卖人虽然有权在买受人未能依法行使赎回权的情况下将标的物再次出卖，但由于出卖人有权就不足部分要求买受人继续清偿，故出卖人不得以不合理低价再次出卖，以免侵害买受人的合法权益。

（编写人：赵惠兵）

法律条文

第六百四十四条　招标投标买卖的当事人的权利和义务以及招标投标程序等，依照有关法律、行政法规的规定。

条文主旨

通过招标投标程序确立买卖关系的当事人的权利和义务，以及招标投标程序等，根据特别法优于一般法的原则，优先适用有关法律、行政法规的规定，无相关规定的，适用本法中的一般性规定。

新旧法对比

《合同法》	《民法典》
第一百七十二条　招标投标买卖的当事人的权利和义务以及招标投标程序等，依照有关法律、行政法规的规定。	【内容不变】第六百四十四条

理解与适用

招投标程序确立的买卖合同关系，优先以特别法，尤其是《招标投标法》等有关法律规定来确立，如特别法中无此规定的，以《民法典》中的一般规定来确定权利义务。

实务问题

首先,招投投标对于程序上规定比较严格,尤其是必须招标投标的项目,未经招标投标程序可能直接导致合同无效。其次,《招标投标法》第46条明确规定,招标人和中标人不得再行订立背离合同实质性内容的其他协议。也就是说,通过合同确定的权利义务,不得再有实质性的变更,否则即可能导致后续变更无效。最后,实践中,一般招投标合同中都会约定,在招投投标过程中双方的文件和承诺等均作为合同的一部分或者附件,对于双方均产生约束力,在发生纠纷时这些文件可以作为双方权利义务的约定依据。

(编写人:马　亮)

法律条文

第六百四十五条　拍卖的当事人的权利和义务以及拍卖程序等,依照有关法律、行政法规的规定。

条文主旨

本条是关于确定拍卖当事人的权利义务以及拍卖程序有关法律依据的规定。

新旧法对比

《拍卖法》	《民法典》
第一条　为了规范拍卖行为,维护拍卖秩序,保护拍卖活动各方当事人的合法权益,制定本法。	第六百四十五条　拍卖的当事人的权利和义务以及拍卖程序等,依照有关法律、行政法规的规定。

理解与适用

拍卖是指以公开竞价的形式,将特定物品或者财产权利转让给最高应价者的买卖方式。规范拍卖当事人权利义务的法律主要是《拍卖法》。除《拍卖法》有特殊规定的内容外,对于买卖合同的成立、效力、实质性条款等问题,仍需依据《民法典》合同编的相关规定来认定和处理。

实务问题

1. 拍卖人的权利义务

《拍卖法》中关于拍卖人权利义务的规定主要包括：拍卖人有权要求委托人说明拍卖标的的来源和瑕疵，拍卖人应当向竞买人说明拍卖标的的瑕疵；拍卖人对委托人交付拍卖的物品负有保管义务；拍卖人接受委托后，未经委托人同意，不得委托其他拍卖人拍卖；拍卖人及其工作人员不得以竞买人的身份参与自己组织的拍卖活动，并不得委托他人代为竞买；拍卖人不得在自己组织的拍卖活动中拍卖自己的物品或者财产权利；拍卖成交后，拍卖人应当按照约定向委托人交付拍卖标的的价款，并按照约定将拍卖标的移交给买受人。

2. 委托人的权利义务

《拍卖法》中关于委托人权利义务的规定主要包括：委托人应当向拍卖人说明拍卖标的的来源和瑕疵；委托人有权确定拍卖标的的保留价并要求拍卖人保密；委托人在拍卖开始前可以撤回拍卖标的，委托人撤回拍卖标的的，应当向拍卖人支付约定的费用，未作约定的，应当向拍卖人支付为拍卖支出的合理费用；委托人不得参与竞买，也不得委托他人代为竞买；按照约定由委托人移交拍卖标的的，拍卖成交后，委托人应当将拍卖标的移交给买受人。

3. 买受人的权利义务

《拍卖法》中关于买受人权利义务的规定主要包括：竞买人一经应价不得撤回；竞买人之间、竞买人与拍卖人之间不得恶意串通，损害他人利益；买受人应当按照约定支付拍卖标的价款，未按照约定支付价款的承担违约责任，或者由拍卖人征得委托人的同意将拍卖标的再行拍卖，原买受人应当支付第一次拍卖中本人及委托人应当支付的佣金并补足差额；买受人未能按照约定取得拍卖标的的，有权要求拍卖人或者委托人承担违约责任，买受人未按照约定受领拍卖标的的应当支付由此产生的保管费用。

4. 违法拍卖的法律责任

《拍卖法》第 58 条规定，委托人违反该法第 6 条的规定，委托拍卖其没有所有权或者依法不得处分的物品或者财产权利的，应当依法承担责任。拍卖人明知委托人对拍卖的物品或者财产权利没有所有权或者依法不得处分的，应当承担连带责任。《拍卖法》第 61 条规定，拍卖人、委托人违反该法第 18 条第 2 款、第 27 条的规定，未说明拍卖标的的瑕疵，给买受人造成损害的，买受人有权向拍卖人要求赔偿；属于委托人责任的，拍卖人有权向委托人追偿。拍卖人、委托人在拍卖前声明不能保证拍卖标的的真伪或者品质的，不承担瑕疵担保责任。

5. 司法实践中应注意的问题

（1）《拍卖法》第40条第1款和第61条第1款的适用关系。

《拍卖法》第40条第1款规定，买受人未能按照约定取得拍卖标的的，有权要求拍卖人或者委托人承担违约责任。《拍卖法》第61条第1款规定，拍卖人、委托人违反该法第18条第2款、第27条的规定，未说明拍卖标的的瑕疵，给买受人造成损害的，买受人有权向拍卖人要求赔偿；属于委托人责任的，拍卖人有权向委托人追偿。根据前者，买受人在寻求违约救济时似乎对合同相对人有选择权；根据后者，买受人似乎只与拍卖人存在合同关系，而与拍卖委托人不存在合同关系。由此产生了诸多困惑。在任意拍卖场合，通过拍卖建立的买卖合同究竟是成立在拍卖人与买受人之间，还是委托人与买受人之间，抑或三者之间？拍卖人的法律地位是出卖人，是委托人的直接代理人，还是促成买卖的中介人？应当由谁承担瑕疵担保责任？理论上的困惑导致了实践的混乱。有拍卖人根据纠纷类型的不同对自身法律地位进行"选择"，在买受人因迟延支付价款而需要支付违约金时声称自己作为出卖人有权请求支付违约金，而在涉及是否有拍卖标的瑕疵担保责任时强调自己只是提供中介服务而已，各种不诚信现象由此而生。

从体系解释的角度来看，《拍卖法》第40条第1款应理解为间接代理规则的组成部分，是买受人违约救济的请求权基础。在拍卖人以委托人的名义进行出卖时，根据《民法典》第162条发生直接代理的效果，即买卖合同成立在委托人与买受人之间；在拍卖人以自己的名义进行出卖或者开展名义不明的出卖时，则要依据"知悉"标准进行区分。根据《民法典》第925条的规定，买受人在订立合同时知道代理关系存在的，该合同直接约束委托人，但有证据证明该合同只约束拍卖人和买受人的除外；根据《民法典》第920条的规定，在买受人不知代理关系时，既可能发生直接代理效果，也可能发生间接代理效果（受托人因委托人的原因对第三人不履行义务时，受托人应披露委托人，第三人可行使合同相对人选择权，选择拍卖人或者委托人作为相对人主张权利）。

《拍卖法》第61条第1款规定，拍卖人、委托人未说明拍卖标的的瑕疵给买受人造成损害的，买受人有权向拍卖人要求赔偿；属于委托人责任的，拍卖人有权向委托人追偿。拍卖人对竞买人的瑕疵说明义务和成功竞买人的佣金支付义务符合中介合同的特征，买受人在拍卖人未履行如实告知义务时可以请求拍卖人返还佣金，并承担损害赔偿责任，该规定可视为《民法典》第920条的特殊规定（中介人故意隐瞒与订立合同有关的重要事实或者提供虚假情况，损害委托人利益的，不得请求支付报酬并应当承担赔偿责任）。拍卖人、委托人违反瑕疵说明义务的行为，分别属于中介人违反如实告知义务、委托人违反善意指示义务，须各自向其合同相对人承担违反中介合同、违反委托合同的损害赔偿责任。

综上，《拍卖法》第 40 条第 1 款应解释为买受人主张买卖合同违约救济的请求权基础；第 61 条第 1 款应解释为买受人向拍卖人主张中介合同违约救济的请求权基础。据此，拍卖人在充当出卖人时，原则上负有瑕疵担保义务，通过特别约定进行减轻或免除时应受《民法典》第 618 条的制约；而拍卖人在仅充当中介人时，即使没有特别约定原则上也不须担保买卖合同标的的相关品质。

（2）司法网拍中买受人“悔拍”的民事责任。

网络司法拍卖，是指人民法院依法通过互联网拍卖平台，以网络电子竞价方式公开处置财产的行为，属于线上拍卖和司法拍卖的结合。人民法院以拍卖方式处置财产的应当优先采取网络司法拍卖方式。最高人民法院颁布的《关于人民法院网络司法拍卖若干问题的规定》中对此进行了详细规定。

法院强制拍卖是带有公权力性质的公法行为，有别于平等民事主体间的任意拍卖。社会公众对于网络司法拍卖的特殊性缺乏正确认识，有人认为网拍类似网购，买受人享有反悔权，还有人认为法院负有瑕疵担保责任，可以随意要求解除合同并赔偿损失。针对实践中随意悔拍的乱象，《关于人民法院网络司法拍卖若干问题的规定》第 24 条规定：“拍卖成交后买受人悔拍的，交纳的保证金不予退还，依次用于支付拍卖产生的费用损失、弥补重新拍卖价款低于原拍卖价款的差价、冲抵本案被执行人的债务以及与拍卖财产相关的被执行人的债务。”据此，买受人悔拍后保证金不予退还。该规定改变了以前的二次拍卖价与前次拍卖价持平即退还保证金的规定，体现了对违约行为的惩罚性，但未明确保证金不足以填补差额时是否应当由悔拍人承担填补责任。对此还应进行辨析。

关于“悔拍”的定义，应注意与违约行为进行区分。《民法典》第 577 条规定，当事人一方不履行合同义务或者履行合同义务不符合约定的，应当承担继续履行、采取补救措施或者赔偿损失等违约责任。据此违约责任为严格责任，不以当事人的过错为要件。而“悔拍”的“悔”字表明其中包含主观过错成分，是因买受人主观原因导致的拒绝履行合同，不同于标的物本身存在瑕疵以及买受人因客观原因无法履约的情形，应区分而论：

第一种情况是标的物存在重大瑕疵或者实物与描述存在重大出入。《最高人民法院关于人民法院网络司法拍卖若干问题的规定》第 15 条规定：“被执行人应当提供拍卖财产品质的有关资料和说明。人民法院已按本规定第十三条、

第十四条的要求予以公示和特别提示，且在拍卖公告中声明不能保证拍卖财产真伪或者品质的，不承担瑕疵担保责任。”法院在拍卖公告中一般会明确标的物以实物现状为准，法院不承担拍卖标的物瑕疵保证责任。司法拍卖中不存在承担瑕疵担保责任的主动出卖人，苛求买受人通过拍卖财产的照片、视频或现场查看等方式发现标的物之瑕疵亦不现实。因此，标的物存在重大瑕疵或者实物与描述存在重大出入时，应当允许买受人行使合同解除权，此种情形不属于“悔拍”，亦不适用《最高人民法院关于人民法院网络司法拍卖若干问题的规定》第24条。

第二种情况是因客观原因发生的违约，包括支付不能和逾期付款。成交后支付不能的，应当适用《拍卖法》第39条，认定合同无效，标的物重新拍卖，违约人承担差额填补责任，当无异议。成交后逾期付款的问题则比较复杂。最高人民法院在《关于竞买人逾期支付价款是否应当重新拍卖的复函》中认为，不应仅因其延迟付款而认定拍卖目的难以实现进而否定拍卖的效力。对该答复应综合把握。一方面，若逾期付款买受人已向执行法院全额支付了拍卖价款，视为执行法院对延期付款行为的默认。如果法院裁定重新拍卖，既会增加拍卖成本，也会降低执行效率。另一方面，司法强制拍卖不同于民事任意拍卖，执行法院不是普通拍卖中的委托人，亦不是被执行人的代言人，不存在任意拍卖中出卖人可以通过意思自治来认可逾期违约效力的情况。基于司法拍卖的公信力以及杜绝执行权“寻租”的风险，应当慎重认定逾期付款的效力。原则上逾期付款应视为本次拍卖无效，法院应当裁定重新拍卖，除非买受人已经向法院支付了全部价款或者执行当事人均认同逾期付款拍卖有效，法院才可据此认定本次拍卖有效并裁定买受人承担逾期付款的违约责任。

第三种情况是存在主观过错（包括故意、重大过失或一般过失），且非因标的物本身瑕疵导致的拒绝支付标的价款，方属于狭义“悔拍”的范畴。对此，应首先适用《最高人民法院关于人民法院网络司法拍卖若干问题的规定》第24条，交纳的保证金不予退还，依次用于支付拍卖产生的费用损失、弥补重新拍卖的差价、冲抵本案被执行人的债务等；对于保证金不足以填补二次拍卖与再次拍卖差价的部分，应当适用《拍卖法》第39条，由悔拍人承担相应的差额填补责任。这既是违约责任履行利益赔偿原则的体现，也是拍卖问题体系化处理的体现。

（编写人：梁　宜）

法律条文

第六百四十六条　法律对其他有偿合同有规定的，依照其规定；没有规定的，参照适用买卖合同的有关规定。

条文主旨

按合同是否需支付对价，可分为有偿合同和无偿合同。有偿合同是当事人享有合同权利须向对方支付对价的合同。通常，买卖合同、互易合同、租赁合同、承揽合同等属于有偿合同。无偿合同是享有合同权利而无须支付对价的合同。通常，赠与合同属于无偿合同，委托合同、保管合同、保证合同等需根据是否约定了对价而判断是不是有偿合同或无偿合同。本条规定了除买卖合同以外的有偿合同，法律没有规定的，参照适用买卖合同的有关规定。

新旧法对比

《合同法》	《民法典》
第一百七十四条　法律对其他有偿合同有规定的，依照其规定；没有规定的，参照买卖合同的有关规定。	第六百四十六条　法律对其他有偿合同有规定的，依照其规定；没有规定的，参照适用买卖合同的有关规定。

理解与适用

《民法典》合同编规定了买卖合同，供用电、水、气、热力合同，赠与合同，借款合同，租赁合同，融资租赁合同，保理合同，承揽合同，建设工程合同，运输合同，技术合同，保管合同，仓储合同，委托合同，物业服务合同，行纪合同，中介合同，合伙合同。这些合同大多数是有偿合同。有偿合同中，买卖合同最为典型，《民法典》合同编对于买卖合同的规定也最为详细完整，其中一些规定属于有偿合同的共性，其他的有偿合同章节中没有规定的，以及《民法典》没有规定的非典型性合同，可直接参照适用买卖合同的规定。

实务问题

笔者认为，以下的合同均可参照适用《民法典》买卖合同的规定：

1. 租赁合同

《民法典》合同编租赁合同章未规定承租人是否有检验租赁物并通知出租人的义务。故应参照适用《民法典》第 620 条、第 621 条规定，承租人应及时检验租赁物是否有瑕疵并于获悉瑕疵时及时通知出租人。但因租赁合同是继续性合同,故承租人在接收租赁物后的整个租赁期间,在发现租赁物有瑕疵时均应及时通知出租人。

如当事人在租赁合同中约定了减轻或免除出租人对租赁物的瑕疵担保责任,出租人故意或重大过失不告知承租人租赁物的瑕疵的,可参照适用《民法典》第618条规定,出租人无权主张减轻或者免除责任。

2. 承揽合同

《民法典》承揽合同章未规定承揽合同中标的物所有权转移以及风险负担问题。就标的物为动产的情况分析:关于所有权转移问题,应按原材料提供方的不同而区别认定。如定作人提供原材料,则标的物的所有权自始应归定作人所有。如承揽人提供原材料,则标的物的所有权应参照适用《民法典》第598条规定,自标的物交付予定作人时所有权转移。关于风险负担问题,定作人提供原材料,则风险应由定作人负担。如承揽人提供原材料,则应参照适用《民法典》第604条规定,风险自交付时转移至定作人。

3. 权利转让合同

权利转让合同包括债权转让合同、股权转让合同、收益权转让合同等。权利转让合同并非《民法典》中规定的典型性合同,但可参照适用民法典关于买卖合同的规定。

《买卖合同解释》第32条规定:法律或者行政法规对债权转让、股权转让等权利转让合同有规定的,依照其规定;没有规定的,人民法院可以根据《民法典》第467条和第646条的规定,参照适用买卖合同的有关规定。

权利转让或者其他有偿合同参照适用买卖合同的有关规定的,人民法院应当首先引用《民法典》第646条的规定,再引用买卖合同的有关规定。

(编写人:王　敏)

法律条文

第六百四十七条　当事人约定易货交易,转移标的物的所有权的,参照适用买卖合同的有关规定。

条文主旨

本条是关于互易合同法律适用的规定。对于当事人约定以转移标的物所有权为内容的以物易物交易，参照适用《民法典》关于买卖合同的有关规定。

新旧法对比

《合同法》	《民法典》
第一百七十五条　当事人约定易货交易，转移标的物的所有权的，参照买卖合同的有关规定。	第六百四十七条　当事人约定易货交易，转移标的物的所有权的，参照**适用**买卖合同的有关规定。

理解与适用

1. 互易合同的概念

易货交易，即传统的“以货易货”的交易方式，易货交易合同又称互易合同，是指当事人约定相互转移除货币之外财产所有权的合同。互易合同当事人各自享有取得对方标的物的权利，负有将本人的标的物所有权转移给对方的义务。因此，互易合同是双务、有偿合同。但是，互易交易对于交换的标的物价值并不要求完全对等，交易过程中，当事人不仅考虑对方标的物的价格问题，还要考虑到自己对标的物的需要程度来最终确定是否达成交易。当然，当事人也可以约定以物换物的同时，由一方再支付另一方两物之间的差价，此种交易方式可以视为买卖与互易混合合同。

2. 互易合同的法律特征

根据《最高人民法院关于〈中华人民共合同民法典〉合同编理解与适用》对互易合同的解释，互易合同具有如下法律特征：

（1）互易合同以转让标的物所有权为目的，属于转让标的物所有权的合同。

（2）互易合同为双务有偿合同，当事人双方互负对待给付义务，均需直接向对方转让标的物的所有权。

（3）互易合同的双方当事人地位对等。互易人的任何一方均可视为出卖人或买受人，双方互负对等的权利义务，对于交付的财产相互负瑕疵担保责任。

（4）互易合同是诺成合同，互易合同自双方当事人达成互易协议时即告成立。

（5）互易合同一般为不要式合同。但不动产互易应采用书面形式订立，并且应办理登记手续。

3. 互易合同的法律适用

由于互易合同以转移标的物的财产所有权为目的，除以物易物而非以货币易物之外，互易合同具有买卖合同的其他特征，与买卖合同最为相似，因此，本条规定对于转移标的物的所有权的互易合同参照适用《民法典》关于买卖合同的相关规定。

实务问题

1. 区分互易合同与其他合同

传统的互易合同仅指标的物为货币之外的有形物的易货交易，无形物及权利不能作为交易的标的。例如，一方以其自有商标权为转让标的，而他方以设备作为交易对象，此种交易虽然转让了标的物的所有权，但由于一方的标的物为知识产权，因此，该合同并非互易合同，而应归类为混合合同，应参照适用知识产权转让的相关法律规定，不能简单适用买卖合同的相关法律规定。由此可见，本条仅适用于以转让有形物为标的的狭义互易合同。对于实践中以知识产权、土地使用权、劳务、债权等为转让标的的互易合同，由于此类合同与买卖合同区别较大，因此应归类为混合合同，适用特别法优于普通法的原则，参照适用有关知识产权、土地使用权、劳务、债权的特殊转让规则和国家政策处理。

2. 关于拆迁补偿安置协议

拆迁补偿安置协议是拆迁人和被拆迁人约定，以安置房屋与被拆迁房屋相互交换，转移房屋所有权的互易合同。根据 2003 年《商品房买卖合同解释》第 7 条规定："拆迁人与被拆迁人按照所有权调换形式订立拆迁补偿安置协议，明确约定拆迁人以位置、用途特定的房屋对被拆迁人予以补偿安置，如果拆迁人将该补偿安置房屋另行出卖给第三人，被拆迁人请求优先取得补偿安置房屋的，应予支持。被拆迁人请求解除拆迁补偿安置协议的，按照本解释第八条的规定处理。"因此，拆迁人在尚未将实行产权调换的补偿安置房屋交付并转移所有权给被拆迁人之前，又将该补偿安置房屋另行出卖给第三人的，对拆迁补偿安置协议不能一概适用买卖合同的法律规则，而应区别情况予以不同的处理：(1)当事人在拆迁补偿安置协议中只对补偿方式、安置用房面积、过渡期限等内容进行约定，而没有对协议的标的物即补偿安置用房的位置、用途进行明确具体约定的，在与其他房屋买卖合同发生冲突时，应适用一般房屋买卖合同的有关规定，按普通债权给予保护。(2)如当事人在拆迁补偿安置协议中不仅对屋的补偿方式、安置房屋面积、过渡期限等一般内容进行约定，而且对协议的标的物即安置用房的位置、用途也作了明确、特别约定的情况下，该标的物具有了特定性，结合拆迁补偿安置协议的特殊性，按照对被拆迁人利益的侧重保护原则，2003 年《商品房买卖合同解释》将此种情况下被拆迁人对该特定房屋的债权视为一种特种债权，赋予物权的优先效力，称为特种债权优先权，也就是债权物权化。根据特种债权的物权优先效力，被拆迁人的债权具有对抗第三人的效力，即排他性，拆迁人出卖拆迁补偿安置协议的标的物补偿安置房屋给第三人的行为为侵权行为，即使第三人办理房屋所有权转移登记，被拆迁人也可基于特种债权的物权优先效力，请求撤销登记，优先取得拆迁补偿安置房屋，第三人的物权变动不得对抗被拆迁人的物上请求权，以确保被拆迁人债权的安全，保障实现居者有其屋的社会目标。同时，由于被拆迁人已按协议约定支付了大部甚至全部房款，且具有物权的对世效力，因此，没有行使期限的限制。至于拆迁人与第三人之间的买卖合同效力则不因物权变动登记被撤销而无效，它对拆迁人和第三人均有约束力，在第三人无法取得房屋时，可依据 2003 年《商品房买卖合同解释》第 8 条规定，向拆迁人主张违约赔偿责任[①]。

但是，2021 年 1 月 1 日生效的《最高人民法院关于修改〈最高人民法院关于在民事审判工作中适用《中华人民共和国工会法》若干问题的解释〉等二十七件民事类司法解释的决定》删除了 2003 年《商品房买卖合同解释》的第 7 条与第 8 条，使被拆迁人的此种特种债权优先权没有了直接的法律依据，在此情况下，被拆迁人的债权是否还可以对抗已经办理了房屋所有权转移登记的第三人，从而撤销登记，优先取得拆迁补偿安置房屋尚需要最高人民法院在未来的民事审判实践中予以解释。

（编写人：吴雪飞）

① 参见最高人民法院民事审判第一庭编著：《最高人民法院关于审理商品房买卖合同纠纷案件司法解释的理解与适用》，人民法院出版社 2003 年版，第 88～90 页。

第十章　供用电、水、气、热力合同

法律条文

第六百四十八条　供电合同是供电人向用电人供电，用电人支付电费的合同。

向社会公众供电的供电人，不得拒绝用电人合理的订立合同要求。

条文主旨

本条是关于供电合同概念及供电人强制缔约义务的规定。新增了供电人强制缔约义务，防止公共服务提供者滥用市场垄断地位随意拒绝缔约，损害社会公共利益。

新旧法对比

《合同法》	《民法典》
第一百七十六条　供用电合同是供电人向用电人供电，用电人支付电费的合同。	第六百四十八条　供电合同是供电人向用电人供电，用电人支付电费的合同。 **向社会公众供电的供电人，不得拒绝用电人合理的订立合同要求。**

理解与适用

供用电合同是一种常见的民事合同。合同的标的，是一种特殊的商品——"电"，由于其具有客观物质性并能为人们所使用，因而属于民法上"物"的一种。供电人将自己所有的电力供应给用电人使用，用电人支付一定数额的价款，双方当事人之间的关系实际上是一种买卖关系。因此，供用电合同本质上属于一种特殊类型的买卖合同。供电合同具有公益性、继续性的特点，兼具买卖合同和公共服务合同的性质。首先，合同的主体是供电人和用电人。供电人是指供电企业或者依法取得供电营业资格的非法人单位。其他任何单位和个人都不得作为供电人。受供电企业委托供电的营业网点、营业所不具有权利能力,不能以自己的名义签订合同,因而不是供电人。用电人的范围非常广泛,自然人、法人以及其他组织等,都有资格成为供用电合同的用电人,订立供用电合同。其次,供用电合同属于持续供给合同。由于电力的供应与使用是连续的,因而合同的履行方式处于一种持续状态。供电人在发电、供电系统正常的情况下,应当连续向用电人供电,不得中断;用电人在合同约定的时间内,享有连续用电的权利。供用电合同为诺成、双务、有偿合同。供用电合同自双方当事人达成协议时起成立生效,而不以电力的实际供应为合同的生效要件,因而供用电合同属于诺成性合同。供用电双方都享有一定权利,负担一定义务,双方的权利义务具有对应性,所以供用电合同为双务合同。用电人使用电力须支付电费,供电人取得电费须供应电力,因此供用电合同为有偿合同。

实务问题

《民法典》新增了供电人强制缔约义务,但并不意味着供电人在任何情况下都要继续履行合同。根据《民法典》第654条规定,用电人存在以下情况时,供电人可以终止供电合同:(1)用电人未按照规定足额支付电费,自逾期超过三十日,经催告仍未交付电费的;(2)违章用电且情节严重的。供电人因用电人逾期不支付电费而终止供电的,应当先通知用电人。

(编写人:陈　爽)

法律条文

第六百四十九条　供用电合同的内容一般包括供电的方式、质量、时间,用电容量、地址、性质,计量方式,电价、电费的结算方式,供用电设施的维护责任等条款。

条文主旨

本条是关于供用电合同的内容的规定。

新旧法对比

《合同法》	《民法典》
第一百七十七条　供用电合同的内容包括供电的方式、质量、时间，用电容量、地址、性质，计量方式，电价、电费的结算方式，供用电设施的维护责任等条款。	第六百四十九条　供用电合同的内容<u>一般</u>包括供电的方式、质量、时间，用电容量、地址、性质，计量方式，电价、电费的结算方式，供用电设施的维护责任等条款。

理解与适用

供用电合同是供电人和用电人就电力的使用、供应等相关内容订立的合同。

1. 合同的主体为供电人和用电人

本条规定于《民法典》第三编“合同”之第二分编“典型合同”之第十章“供用电、水、气、热力合同”，故仅适用于供用电合同纠纷案件。供电人包括供电企业以及依法取得供电营业资格的非法人单位。其他任何单位和个人都不得作为供电人。用电人的范围则非常广泛，自然人、法人以及其他组织等，都有资格成为供用电合同的用电人，订立供用电合同。

2. 合同的标的物是电

本条款中的标的物“电”是一种无形的物质。电虽然客观存在，但却是看不见也摸不着的。

3. 有关供电的方式、质量和时间的规定

(1)供电的方式应根据国家的有关规定，从供电的经济、安全、合理等方面出发，结合电网的规划、用电需求和当地供电条件等因素与用户协商确定。

(2)供电的质量应考量供电频率、电压和可靠性三项指标。

(3)供电时间是供用电双方应在合同中具体规定的，用电人有权使用电力的起止时间。

4. 电力价格法定

根据《电力法》第35条之规定“本法所称电价，是指电力生产企业的上网电价、电网间的互供电价、电网销售电价。电价实行统一政策，统一定价原则，分级管理”可知，供电企业应当按照国家核准的电价和用电计量装置的记录，向用电人收取电费。供电企业不得擅自变更电价。

5. 供用电合同为诺成、双务、有偿合同

供用电合同自供用电合同双方达成一致时，合同成立并生效，因此供用电合同为诺成合同。供用电合同双方的权利义务具有相对性，因此供用电合同为双务合同。根据《民法典》第6条之规定,供用电合同是供电人向用电人供电,用电人支付电费的合同。用电人须向供电公司支付电力的使用费用,电力公司则须提供相应电力服务,因此供用电合同为有偿合同。

6. 法律效果

旨在明确供用电合同中的应写明的事项,在合同发生争议时,有助于划分责任主体、责任种类以及责任范围。

实务问题

1. 当事人

根据法律规定,供用电合同的主体分别为供电方和用电方。合同中双方当事人是作为平等民事主体的自然人、法人及其他组织。

我国对电力供应实行专营制度。在合同中负有供电义务的一方只能是由政府电力管理部门批准,持有《电力业务许可证》并领取了营业执照,从事电力供应业务并具有民事权利能力和民事行为能力的供电企业。《电力法》第25条中规定,一个供电营业区内只设立一个供电营业机构,即合同中的供电方。实践中不乏供电企业的分支机构如乡镇供电所未经持有电力业务许可证并具有法人资格的供电公司的授权,与客户签订供用电合同的现象。此类供用电合同一旦产生纠纷,用电人应以具备法人主体资格的供电公司为被告。

2. 管辖法院

(1)用电人起诉供电人的诉讼或仲裁应当按照供用电合同约定的管辖条款处理。如供用电合同约定法院管辖并且约定管辖法院的,应当从其约定。

(2)如用电人以侵权损害赔偿为由起诉,或以违约损害赔偿为由提起诉讼,均按照《民事诉讼法》的规定处理。

(3)《民法典》第650条规定,供用电合同的履行地点,按照当事人约定;当事人没有约定或者约定不明确的,供电设施的产权分界处为履行地点。

3. 举证责任

(1)供用电合同属于民事合同的一种,应适用《民事诉讼法》第64条规定:当事人对自己提出的事实主张,有责任提供证据。用电人作为原告对自己主张的事实应提供的证据主要包括:一是,与供电人签订合同的提供合同内容。二是,与供电人没有签订合同的,提供形成事实合同的依据以及电费缴费收据。

(2)在审判实践中常常出现用电人举证困难的问题,用电人作为原告常常难以提供供电人未按照国家规定的供电质量标准和约定安全供电的证据。但因法律无明文规定，故用电人提起诉讼时，不适用举证责任倒置的原则承担举证责任。

4. 案例

(1)案情简介①。在该案中，聚缘酒店的经营场所属于亿联公司物业管理的范围。因聚缘酒店的经营场所无法实现由供电企业直供到户，因而采取物业供电的方式转供电，即由亿联公司向聚缘酒店转供电，再将收取的电费交给供电企业。因聚缘酒店的用电量较大，聚缘酒店与亿联公司约定由亿联公司先供电，聚缘酒店后付费。2018年8月3日，因聚缘酒店欠付亿联公司水电费，经亿联公司催收，聚缘酒店的经营者孙某成向亿联酒店出具了字据一份，该字据载明："国际商贸城酒店欠凯里国际商贸城垫付叁拾叁万陆仟贰佰壹拾元，水费壹万叁仟叁佰肆拾肆元。欠方承诺2018年8月10日交壹拾伍万元给国际商贸城，前期已交伍万元，余下壹拾肆万伍仟伍佰伍拾肆元，分两次交清(9月30日前交清)。"2018年9月28日，亿联公司向聚缘酒店发出《通知》一份，该《通知》载明："由于您酒店2018年8月前欠水电费199,554元，截至9月9日，又欠水电费69,390元，共计268,944元。已电话通知您多次，也上门通知多次，即日起给予您酒店停止继续用电。请尽快交纳水电费。"2019年4月3日，亿联公司又向聚缘酒店的经营者孙某成发出《停电通知》，该《停电通知》载明："您使用的2栋3、4、5层401、501、301-307铺号，截至2019年3月20日已欠交公司水费18,873元。电费384,840元。请您在2019年4月3日17点前到公司财务室交清以上费用。逾期未交，公司将停止供电服务。"

(2)评析。该案中聚缘酒店拖欠亿联公司电费的行为，是民事法律关系中的债权债务关系，亿联公司以停电的方式来维权显然是违法的。亿联公司作为物业公司，其收取电费的行为只是代缴电费行为。该案的供用电合同双方为聚缘酒店和供电企业。

根据《电力供应与使用条例》规定，只有供电企业才有权停电，同时根据《供电营业规则》第67条规定，除因故中止供电外，供电企业对用户停止供电应按规定程序办理停电手续。即使按照一审判决认定的亿联公司是转供电行为，根据《供电营业规则》第14条规定，一审已查明上诉人与亿联公司并未签订任何协议，亿联公司只是代收电费，故其无权对原告强行停电。

此外，2021年1月1日即将实施的《民法典》第944条第3款的规定：物业服务人不得采取停止供电、供水、供热、供燃气等方式催交物业费。这也证明了

① 贵州省黔东南苗族侗族自治州中级人民法院(2020)黔26民终1494号。

物业公司等代缴机构不得以停止供电的方式催交物业费。

（编写人：张　鸽）

法律条文

第六百五十条　供用电合同的履行地点，按照当事人约定；当事人没有约定或者约定不明确的，供电设施的产权分界处为履行地点。

条文主旨

本条是关于供用电合同履行地的规定。

新旧法对比

《合同法》	《民法典》
第一百七十八条　供用电合同的履行地点，按照当事人约定；当事人没有约定或者约定不明确的，供电设施的产权分界处为履行地点。	【内容不变】第六百五十条

理解与适用

1. 构成要件

(1)合同履行地点的确定。依法订立的供用电合同，双方可以在合同订立过程中依照意思自治原则约定合同的履行地点，供用电合同约定了履行地点的，供电人应当按照该约定地点履行供电义务。在合同没有约定或者约定不明确的，供电设施的产权分界处为履行地点。

(2)供电设施产权分界处的定义。供电设施的产权分界处是划分供电设施所有权归属的分界点。在一般日常供用电关系中，产权归属于供电方的一般为输送电缆、变电器等设施；产权归属于用电方的一般自分电器开始至内部缆线。故供电设施产权分界处应定义为变电器与分电器之间的分界处。

2. 法律效果

本条的法律效果明确了供用电合同的合同履行地划分，尤其明确了在合同中约定不明的情况下合同履行地的实际界定标准，减少了合同纠纷发生时对于合同履行地的争议，对于履行供用电合同，确定供电设施的维修管理责任具有重要作用。

实务问题

1. 管辖法院

用电设施的产权分界处为供用电合同的履行地点。在合同中没有明确约定管辖法院的情况下，如涉及需要合同履行地法院管辖，即可参照此条文之规定，确定管辖法院。合同履行地是确定诉讼管辖的根据之一。

2. 供电设施产权分界处的规定

分界点电源侧的供电设施归供电人所有，分界点负荷侧的供电设施归用电人所有。当用电人为单位时，供电设施的产权分界处通常为该单位变电设备的第一个磁瓶或开关；当通电人为散户时，供电设施的产权分界处通常为进户墙的第一个接收点。

3. 案例

（1）案情介绍。① 上诉人喀什银瑞林国际大酒店有限公司与被上诉人新疆棉花产业集团喀什纺织有限责任公司供用电合同纠纷管辖权异议上诉一案，新疆维吾尔自治区喀什地区中级人民法院于2014年11月10日作出（2014）喀民初字第145-1号民事裁定。喀什银瑞林国际大酒店有限公司不服向一审法院提起上诉称，一审裁定书上认定上诉人起诉时的诉讼请求是226万元，但是从我方与被上诉人之间的协议书来看，根本无须实体审理就能确定本案标的，被上诉人是故意提高诉讼标的，使诉讼标的达到喀什地区中级人民法院管辖范围。因此，本案应由喀什市人民法院管辖，请求支持上诉人的上诉请求。

（2）法院认为。《民事诉讼法》第119条对起诉时应当具备的基本要件作出了相应的规定，只要起诉时具备了基本要件就可以立案。该案是供用电合同纠纷提起的诉讼，应适用合同纠纷案件管辖的一般原则。《民事诉讼法》第23条之规定："因合同纠纷提起的诉讼，由被告住所地或者合同履行地人民法院管辖。"该案中供用电合同的履行地和原审被告的住所地都在喀什地区，该案起诉标的金额亦属于喀什地区中级人民法院管辖范围，喀什地区中级人民法院对该案有管辖权。原审人民法院裁定驳回喀什银瑞林国际大酒店有限公司对该案管辖权提出的异议并无不当，喀什银瑞林国际大酒店有限公司的上诉理由不能成立，本院不予支持。依据《民事诉讼法》第169条第1款、第170条第1款第1

① 新疆维吾尔自治区人民法院（2015）新立终字第36号。

项、第 171 条、第 175 条之规定,裁定:驳回上诉,维持原裁定。本裁定为终审裁定。

(3)评析。该案中喀什银瑞林国际大酒店有限公司提出了管辖权异议,新疆维吾尔自治区高级人民法院于 2015 年依照《民事诉讼法》第 119 条对起诉时应当具备的基本要件做出了相应的规定,只要起诉时具备了基本要件就可以立案。该案是供用电合同纠纷提起的诉讼,应适用合同纠纷案件管辖的一般原则。《民事诉讼法》第 23 条之规定:"因合同纠纷提起的诉讼,由被告住所地或者合同履行地人民法院管辖,"作出裁定,依法驳回喀什银瑞林国际大酒店有限公司提出的管辖权异议。

在《民法典》颁布的今天,供用电合同的履行地有了更明晰的界定标准,有助于更加清晰明了地界定供用电合同的履行地。

(编写人:明伯翰)

法律条文

第六百五十一条　供电人应该按照国家规定的供电质量标准和约定安全供电。供电人未按照国家规定的供电质量标准和约定安全供电,造成用电人损失的,应当承担赔偿责任。

条文主旨

本条是关于供电人安全供电义务与违约责任的规定。供电人未按照国家规定的供电标准和约定安全供电,造成用电人的预期利益和固有利益损失的,应当承担违约赔偿责任。

新旧法对比

《合同法》	《民法典》
第一百七十九条　供电人应当按照国家规定的供电质量标准和约定安全供电。供电人未按照国家规定的供电质量标准和约定安全供电,造成用电人损失的,应当承担损害赔偿责任。	第六百五十一条　供电人应该按照国家规定的供电质量标准和约定安全供电。供电人未按照国家规定的供电质量标准和约定安全供电,造成用电人损失的,应当承担赔偿责任。

理解与适用

我国实行电力供应专营制度。供用电合同中负有供电义务的一方,应是由政府电力管理部门批准,持有《电力业务许可证》并领取了营业执照,从事电力供应业务的供电企业;或者依法取得了营业资格的非法人单位。同时《电力法》第25条规定,一个供电营业区内只设立一个供电营业机构。但实践中常见未经供电企业授权的分支机构、营业网点等不具备以自己名义签订合同的主体与用电人签订供用电合同的现象。此类供用电合同一旦产生纠纷,用电人应以具备法人主体资格的供电公司为被告。

实务问题

1. 在司法实践中管辖及举证责任等问题

按照《民事诉讼法》的规定,合同纠纷由被告住所地或者合同履行地人民法院管辖。如用电人以供电人违约造成损害为由起诉,可以向供电人住所地或者供用电合同履行地法院起诉。关于供用电合同履行地的确认规定在《民法典》第650条中,即供用电合同的履行地点,按照当事人约定;当事人没有约定或者约定不明确的,供电设施的产权分界处为履行地点。

供用电合同属于民事合同的一种,因此在诉讼过程中,也应遵循《民事诉讼法》中"谁主张,谁举证"这一规则。用电人作为原告对自己主张的事实应提供证据,实践中较为常见的证据主要包括:(1)与供电人签订合同的提供合同内容;(2)与供电人没有签订合同的,提供形成事实合同的依据以及电费缴费收据;(3)供电人存在违约供电行为及造成的损失。对于最后一点,审判实践中常常出现用电人举证困难,因举证责任的分配,用电人需要就损失与违约供电之间的因果关系进行举证;但同时因存在专业性的差异,用电人又难以提供供电人未按照国家规定的供电质量标准和约定安全供电的证据,此时多是通过委托第三方鉴定机构出具鉴定报告来弥补其他证据链的缺陷。因法律无明文规定,故用电人提起诉讼时,也不适用举证责任倒置的证据分配原则。

2. 因供电人未提前通知停止供电,造成用电人损失如何赔偿

《民法典》第652条规定:"供电人因供电设施计划检修、临时检修、依法限电或者用电人违法用电等原因,需要中断供电时,应当按照国家有关规定事先通知用电人;未事先通知用电人中断供电,造成用电人损失的,应当承担赔偿责任。"供电人对于因限电、检修等停电事项承担着事先通知的义务,因供电设施计划检修需要停电时,供电企业应当提前7天通知用户或者进行公告,因供电设施

临时检修需要停止供电时，供电企业应当提前 24 小时通知重要客户，未事先通知用电人中断供电，造成用电人损失的，应当承担损害赔偿责任。但是供电企业仅对突然断电造成的实际损失承担赔偿责任，对于因断电扩大的损失不承担责任。

（编写人：明　月）

法律条文

第六百五十二条　供电人因供电设施计划检修、临时检修、依法限电或者用电人违法用电等原因，需要中断供电时，应当按照国家有关规定事先通知用电人；未事先通知用电人中断供电，造成用电人损失的，应当承担赔偿责任。

条文主旨

本条是关于供电人中断供电时的通知义务的规定。

新旧法对比

《合同法》	《民法典》
第一百八十条　供电人因供电设施计划检修、临时检修、依法限电或者用电人违法用电等原因，需要中断供电时，应当按照国家有关规定事先通知用电人。未事先通知用电人中断供电，造成用电人损失的，应当承担损害赔偿责任。	第六百五十二条　供电人因供电设施计划检修、临时检修、依法限电或者用电人违法用电等原因，需要中断供电时，应当按照国家有关规定事先通知用电人；未事先通知用电人中断供电，造成用电人损失的，应当承担赔偿责任。

理解与适用

电力属于公共服务产品，用电人的用电权利应受法律保护。正常情况下，供电人应向用电人持续供电，不得中断。本条规定了在出现几种特殊情况时，即供电设施计划检修、临时检修、依法限电或者用电人违法用电等，允许供电人中断供电，但仍需遵守相关规定履行通知义务。如未依法履行通知义务，应对用电人因此造成的损失进行赔偿。

关于本条所提及的国家有关规定，主要应指国务院制定的《电力供应与使用条例》，该条例第 28 条规定："除本条例另有规定外，在发电、供电系统正常运行的情况下，供电企业应当连续向用户供电；因故需要停止供电时，应当按照下列要求事先通知用户或者进行公告：（一）因供电设施计划检修需要停电时，供电企业应当提前7天通知用户或者进行公告；（二）因供电设施临时检修需要停止供电时，供电企业应当提前24小时通知重要用户；（三）因发电、供电系统发生故障需要停电、限电时，供电企业应当按照事先确定的限电序位进行停电或者限电。引起停电或者限电的原因消除后，供电企业应当尽快恢复供电。”

实务问题

实务中，供电人和用电人之间是否签订了书面的供用电合同，对双方的权利义务会产生一定影响。如供用电合同中对中断供电如何通知进行了明确具体的约定，且合理合法，则双方均应当按照约定履行。在供电人和用电人之间就供电人是否依法或依约履行了通知义务发生争议时，根据相关法律规定，应由供电人对已依法或依约履行了通知义务承担举证证明责任。

关于中断供电造成的损失确定及赔偿范围问题，应视用电人如何主张权利而定，即需要根据用电人的请求权基础决定适用《民法典》合同编还是侵权责任编的相关规定。

（编写人：张　梅）

法律条文

第六百五十三条　因自然灾害等原因断电，供电人应当按照国家有关规定及时抢修；未及时抢修，造成用电人损失的，应当承担赔偿责任。

条文主旨

自然灾害等属于不可抗力，虽然是合同的免责事由，但不可抗力发生后，当事人仍应以善意诚信的态度去克服，特别是电力供应属于专业性强、人民基本生活的保障部门，更应及时最大限度地减少因不可抗力所造成的损失。这也是合同中诚实信用基本原则的要求。因此，在因自然灾害等断电后，供电人应按照国家有关规定及时抢修，减少用电人损失。

新旧法对比

《合同法》	《民法典》
第一百八十一条　因自然灾害等原因断电,供电人应当按照国家有关规定及时抢修。未及时抢修,造成用电人损失的,应当承担赔偿责任。	第六百五十三条　因自然灾害等原因断电,供电人应当按照国家有关规定及时抢修;未及时抢修,造成用电人损失的,应当承担赔偿责任。

理解与适用

不可抗力虽是合同的免责事由,但不可抗力发生后,当事人仍应以诚实善意的态度去克服,以最大限度地减少因不可抗力所造成的损失,这是合同诚实信用原则的要求。实践中适用该条款应以供电人是否及时履行了抢修义务以及及时的告知义务来判断,如修复内容并不属于疑难复杂大范围的作业内容,而抢修时间较长且未及时告知用户,造成用户未及时采取措施降低损失的,则供电人应承担相应的赔偿责任。

实务问题

实践中普遍存在于因电网公司在自然灾害发生后抢修不及时,抢修时间过长造成用电人的经济损失。例如,东北农村中农民种植反季节水果的大棚,因雨雪冰冻天气导致停电事故,造成大棚无法正常使用,大棚盖无法放下,造成水果严重冻害,出现绝收情况。农户起诉供电公司要求对上述经济损失进行赔偿,此类案例比较常见。

法院一般会审查供电合同中供电人是否及时履行了抢修义务。对及时抢修中"及时"的认定标准,应结合各地区电力部门的规定及电路维修项目的难易程度综合考虑。《供电监管办法》第 14 条第 3 款规定:"供电企业应当迅速组织人员处理供电故障,尽快恢复正常供电。供电企业工作人员到达现场抢修的时限,自接到报修之时起,城区范围不超过 60 分钟,农村地区不超过 120 分钟,边远、交通不便地区不超过 240 分钟。因天气、交通等特殊原因无法在规定时限内到达现场的,应当向用户做出解释。"根据《国家电网公司供电服务质量标准》的规定,供电人在客户查修故障抢修情况时,应告知客户当前进度或抢修结果。故依据上述规定,供电公司应按相关规定及时赶到现场进行维修,并应及时告知客户当前进度或抢修结果。如供电公司修复内容不属于疑难复杂作业,而修复时间却过长,明显超出当地电力部门操作规程要求的修复时限,又未能及时告知客户修复进度及抢修结果，造成客户生产经营损失的，供电公司应予赔偿。

（编写人：焦　健）

法律条文

第六百五十四条　用电人应当按照国家有关规定和当事人的约定及时支付电费。用电人逾期不支付电费的，应当按照约定支付违约金。经催告用电人在合理期限内仍不支付电费和违约金的，供电人可以按照国家规定的程序中止供电。

供电人依据前款规定中止供电的，应当事先通知用电人。

条文主旨

1. 本条规定于《民法典》第三编“合同”之第二分编“典型合同”之第十章“供用电、水、气、热力合同”，依据《民法典》第656条“供用水、供用气、供用热力合同，参照适用供用电合同的有关规定”的规定，本章第648条至第655条，均是以供电合同作为示例进行表述，以明确这一类型合同所涉及的当事人双方的主要权利义务。

2. 本条是以供用电合同为例，旨在对供用电法律关系中用电人所承担的交付电费的主要合同义务、因逾期交付电费应承担违约责任的形式标准以及对供电人中止供电的抗辩权内容予以明确规定。

（1）构成要件。

①供用电人之间供用电合同基础法律关系成立并有效。

本条文规定的目的在于规定用电人按照法律规定或者合同约定向供电人支付电费的行为义务和责任，作为典型合同之一的“供用电合同”，对于买卖标的物电力这一特殊的“物”的交易对价支付，应当以供电人与用电人之间存在合法有效的供用电法律关系为前提。这一法律关系的建立，除以供用电人之间签订书面合同作为表现形式之外，也包括在供用电人之间形成供用电的客观事实，即构成事实的供用电合同法律关系，此两种表现形式同时意味着作为供电人有权按照《民法典》第651条国家规定的供电质量标准和约定安全供电的对价收取电费，《民法典》在本条规定了用电人有给付电费的义务，该义务来源即包括供用电人之间明确约定的契约内容，同时也包括法律的明确规定，即使供用电人未签订书面的供用电合同，用电人也需要按照法律的明确规定负有向供电人支付购买电力的对价的金钱给付义务。

其中，供电人之间的明确约定，是指供电人与用电人根据《民法典》第648条、第649条规定所签订的书面供用电合同，该合同中对于电费计量、结算有明确约定的，用电人应当按照约定完全履行，未按照合同约定履行支付电费义务的，供电人有权依据合法有效的供用电合同向用电人主张意定标准的电费及逾期支付电费的违约金。

所依据的法律规定，具体是指国家关于电力供应、电力监管的相关规定，效力层级上既包括全国人大常委会发布的法律(《电力法》第33条)，也包括国务院颁布的行政法规(《电力供应与使用条例》第27条)，此外还包括依据法律制订颁行的部门规章、地方法规等。依据规定，用电人支付电费为法定义务，不受供电人与用电人是否订立书面供用电合同的限制。

②用电人存在违反法定或者约定金钱给付义务的逾期支付电费行为，导致供电人出现供应电力对价未收回的损害后果。

本条文规定的是用电人未遵守法律规定、违反书面供用电合同的约定义务的违约责任，此违约责任的承担以用电人存在未按时、足额支付电费的违约行为为要件。此构成要件的具体表现形式，与用电人支付电费的义务来源相对应，存在违反合同约定和法律规定义务两种情况，其中：对于违反合同约定的情况，可依照书面的供用电合同明确约定的契约内容来判断、衡量用电人是否存在违反约定义务的违约行为；而对于违反法律规定的情形，根据本条文的指示性规定，用电人法定支付电费的义务来自于国家的有关规定，则用电人在与供电人未签订书面供用电合同的情况下，用电人的行为是否应当承担违约责任，需要依据现行有效的既有规定进行衡量、判断。

依据《关于供电营业规则》第83条第1款“供电企业应在规定的日期抄录计费电能表读数”、第84条“基本电费以月计算，但新装、增容、变更与终止用电当月的基本电费，可按实用天数(日用电不足24小时的，按一天计算)每日按全月基本电费三十分之一计算。事故停电、检修停电、计划限电不扣减基本电费”和第86条“对月用电量较大的用户，供电企业可按用户月电费确定每月分若干次收费，并于抄表后结清当月电费。收费次数由供电企业与用户协商确定，一般每月不少于三次。对于银行划拨电费的，供电企业、用户、银行三方应签订电费划拨和结清的协议书”的规定，并结合《全国供用电规则》第70条“供电局应固定抄表日期，按期抄表收费。用户应按供电局规定的期限交付电费。对逾期不交者，加收迟纳金，并可停止供电。迟纳金从逾期之日起每日按电费总额的万分之五收取。如每次迟纳金累计收取总额,照明用户不足五角者按五角收取;电力用户不足一元者按一元收取。供电局对用电量较多的用户,由银行分次划拨电费,月末抄表结算。供电局可委托银行、农业信用社托收或代收电费"规定,可以得出"电费计量和支付程序、时间安排"的一般规定,即供电人每月在规定日期抄录计费电能表读数,并以该度数作为用电人支付的电费的依据,用电人需要在供电人抄表、告知电能表读数及是否存在欠付电费后,按照供电人通知或者法律规定的合理期限内交付电费,通常情况下除通知书上记载的时间和期限外,该合理期限依据《电力供应与使用条例》第 39 条的规定应当为三十天,供电人履行该催告程序后,如果用电人在规定时间届满前仍未结清欠付电费的,就可以认定用电人违反支付电费的法律规定存在违约行为。

③用电人的违约行为不存在法定或者约定的免责事由阻却其违约责任的承担。

本条文规定了用电人除需要正常支付电费外,其违约责任的内容以用电人逾期行为的持续时间是否超越用电人催告的合理期间作为分界线,区分为:

第一,在供电人催告的合理期限内,用电人的违约责任内容仅为承担逾期支付电费的违约金。在此期限和情况下,因《民法典》在本条文中并未赋予用电人阻却其因自身的违约行为而承担责任的特别规定,因此,应当适用《民法典》第一篇"总则"第八章"民事责任"的一般规定,除非存在不可抗力等情形,否则用电人存在本条文规定的违约行为的,应当承担规定的支付逾期违约金的责任。

对于违约金的标准,根据本条规定应当以合同约定为准,《民法典》充分尊重供用电合同当事人双方的意思表示。但供用电合同对违约金没有明确约定的,供用电合同当事人不能补充约定的,供电人有权依据国家有关规定标准,请求人民法院按照行政法规、规章的规定,依法确定违约金标准。

第二,超越供电人催告的合理期限的,用电人除须承担逾期支付电费的违约金外,供电人有权按照规定程序对用电人的逾期支付电费和违约金的行为做出中止供电的措施,以避免己方损失的进一步扩大,但供电人在实施中止供电决定前,应当事先通知用电人。在此期限和情形下用电人的违约责任,违约金计算和支付不必赘述,对于供电人中止供电的惩罚措施,鉴于《民法典》第 652 条同时规定了供电人未履行事先通知义务的侵权责任,使本条文第 2 款规定的供电人事先通知义务,是否履行成为阻却对供电人实施中止供电行为合法性、阻却用电人超越合理期限持续逾期支付电费违约责任承担的合法事由。在供电人未按规定事先通知用电人的情况下，本条文赋予用电人免除“中止供电”这一违约责任的承担的权利。

(2)法律效果。

法律效果，是指法律为了实现其目的而通过调整社会关系所产生的实际结果对整个社会所发生的客观影响或效应，包括法定权利与义务的实现和对社会产生实际后果。《民法典》第654条与该章节其他条款相结合，通过对供用电合同关系中“电力”供应及对价支付等义务内容、法律责任规定，规制供电人与用电人之间关于电力购买的基本秩序，本条文重点规制用电人的付款义务和责任，以维护供电人按照标准安全供电的正常经营秩序和经济权益的实现，最终达到在供电人与用电人平等法律主体之间维持社会正常经营秩序的社会效果。

新旧法对比

《合同法》	《民法典》
第一百八十二条　用电人应当按照国家有关规定和当事人的约定及时交付电费。用电人逾期不交付电费的，应当按照约定支付违约金。经催告用电人在合理期限内仍不交付电费和违约金的，供电人可以按照国家规定的程序中止供电。	第六百五十四条　用电人应当按照国家有关规定和当事人的约定及时支付电费。用电人逾期不支付电费的，应当按照约定支付违约金。经催告用电人在合理期限内仍不支付电费和违约金的，供电人可以按照国家规定的程序中止供电。 **供电人依据前款规定中止供电的，应当事先通知用电人。**

理解与适用

1. 当事人

依据《民法典》第648条供用电合同的定义，供用电合同纠纷的当事人包括供电人和用电人。

供电人，依据《电力法》第四章“电力供应”第25、26条的规定，供电人是指供电企业以及按照法律规定有权向营业区内用户供电的供电营业机构。

用电人，是指依据供用电合同申请用电的使用人。供电人与用电人未签订书面供用电合同，但客观上使用供电人提供的电力产品的，与供电人形成事实的供用电法律关系，也属于供用电纠纷的当事人。参照《关于供电营业规则》第98条规定，用电人从类型上可以分为居民用户和其他用户。居民用户可以被认定《民法典》第648条规定的社会公众。

2. 管辖法院

供用电合同纠纷不属于《民事诉讼法》中规定适用专属管辖的纠纷案件，因此，适用《民事诉讼法》关于地域管辖的一般规定。除供用电合同双方约定管辖外，被告其中对于合同履行地管辖权的认定，依照《民法典》第 649 条、第 650 条规定，按照双方在供用电合同中约定的“地址”确定，没有约定或者约定不明的，以供电设施产权分界为合同履行地，即供电设施产权分界所在地人民法院享有管辖权。

3. 举证责任

《民法典》及《最高人民法院关于民事诉讼证据的若干规定》中，对于供用电合同纠纷均没有关于举证责任倒置等的特殊规定，因此供电人、用电人均需要按照举证责任的一般规则，依据《民事诉讼法》第 64 条第 1 款“当事人对自己提出的主张，有责任提供证据”之规定，对自己的主张提供相应的证据予以证明。结合供用电合同纠纷普通民事诉讼基本诉争事实，进一步分析本条文适用中供用电双方在诉争时主要的请求权和抗辩权内容，可以确定各自一方的举证责任内容和通常证据情况。

（1）供电人一方的主要举证责任。

①从供电人的请求权角度。

在供用电合同纠纷案件中，供电人主要诉争请求包括电费及逾期违约金两项金钱给付义务内容，因此供电人一旦向用电人提出支付电费及逾期违约金的主张，首先，就需要对用电人负有电费支付义务承担举证责任，即证明双方之间形成了书面或者事实的供用电合同关系，并证明己方已经按照合同及法律规定履行了供电义务。其中，供电人与用电人根据《民法典》第 68、649 条规定签订了书面供用电合同，且该合同中对于电费计量、结算、违约金有明确约定的，供电人应当依据已经生效的供用电合同举证证明自己主张电费及违约金的标准。

其次，用电人存在欠付电费的违约行为，除举证证明存在基础法律关系外，需要对电人欠付电费金额、是否履行告知及催告行为、催告通知是否送达进行举证。供电人对于欠付电费金额的举证，应当对计量装置计数予以证明，以避免双方对于电费计量基础事实发生争议，举证的通常的证据形式包括抄表卡、客户欠费确认书等。

②从供电人抗辩权角度。

依据《民法典》第 648 条规定，供用电合同为强制效力的双务合同。其强制效力体现在，为保护用电人的依法享有供电人持续供电、按照质量标准供电的权利，《民法典》赋予用电人主张签订书面供用电合同，供电人不得拒绝的权利内容。其双务合同的性质体现在，供用电合同中的当事人双方向对方互相承担的对待给付义务，同时双方当事人都天然地被法律赋予双务合同中的同时履行抗辩权、先履行抗辩权和不安履行抗辩。《民法典》第 654 条中关于中止供电措施内容的规定，正是赋予的供电人有权在用电人经催告仍不支付电费和违约金的情形下，中止供电的权利，此为不安抗辩权在供电合同中供电人行使权利的具体表现形式。但同时，鉴于用电人对于电力产品基于生产经营生活的必要性和持续性要求，为保护用电人的基本生产、生活需要，《民法典》第 654 条第 2 款也同时规定了供电人行使不安抗辩权必须在催告无效的前提下行使，同时需要按照国家规定的程序采取中止供电的措施，此规定是赋予了用电人与供电人的不安抗辩权相对应的先履行抗辩权的内容，且该项抗辩权权能的效果，能够明确阻断供电人未经国家规定程序所采取中止供电行为的合法性，并赋予用电人依据《民法典》第 652 条规定对于供电人“未事先通知用电人中断供电”造成用电人损失的赔偿请求权，因此，如果供电人根据本条规定供电人已经采取中止供电措施的，还应当对中止供电前的催告行为是否做出以及是否送达用电人提供有效证据证明。

但值得注意的是，因供电人需要举证证明己方的事先通知的程序符合国家规定，就不得不对“中止供电”的国家规定程序内容进行举证证明，然而，现行行政法规、规章内容中对于经催告仍不支付电费的情形，程序上同时存在采取中止供电、停止供电的两种措施，且该两种措施规定的适用情形、程序时限、流程步骤、审批通知等并不相同，且规定的具体适用情形无法与《民法典》本条文相对应，致使对于因此情形下中止供电的通知时限缺乏明确的条文法意义上的有效指引，因此在司法实践中，人民法院在审理认定供电人此义务履行的时间要求需要更多依赖于供电与用电人在供用电合同中关于事先通知的具体约定。

供用电合同中对于送达通知有特别约定的，供电人需要提供符合供用电合同约定送达方式的证据。对于供用电合同中没有约定的，或者双方没有签订书面的供用电合同的，只能按照效力层级上位法优于下位法原则，以本条文规定“中止供电”措施对应的通知审批、时限要求，衡量和判断供电人提供的事先通知及催告程序是否符合法定程序要求，并确定是否产生了送达给用电人的法律效果。对此，除审批程序和时限外，供用电合同中对于送达通知有特别约定的，供电人需要提供符合供用电合同约定送达方式的证据，供用电合同中没有约定的，供电人可以依据《民事诉讼法》的相关规定提供送达的有关证据。

（2）用电人的举证责任

基于《民法典》第654条的用电人举证责任，主要集中在对于不存在欠付电费及违约金的抗辩以及对于供电人未履行催告义务或者中止供电前的通知义务的抗辩两个部分，而供电人中止供电前通知行为的举证责任应当由供电人承担，因此用电人仅需要对于不存在欠付电费及违约金的证明内容进行举证，证据形式包括书面、电子数据等多种客观证据形式。

实务问题

1. 供电人依据本条规定采取中止供电措施引发用电人争议，性质属于民事争议还是行政争议

该争议问题的提出，主要源于《民法典》第654条将《关于电力行政执法和电力行政执法监督工作的规定》的电力行政执法方式中的中止供电规定在供电人的权利内容之中，司法实践中存在用电人对供电人作出的中止供电通知向人民法院提起行政诉讼，请求确认行政强制行为违法的案件，因此有必要讨论本条所规定的中止供电行为的性质及所应当选择适用的程序法。

《电力法》已经将原供电局享有的电力事业监督管理职责和权限，改由县级以上地方人民政府行使，供电局已经不再享有行政管理的相应职权，但是，司法实践中确实存在尚未完成现行电力工业管理体制改革，仍由供电经营企业依据人民政府的授权或者因尚未剥离职能而同时承担行政管理职权的情况，在此情况下，供电人具备民事主体与行政主体的双重属性。在此情况下，需要区分供电人作出中止供电决定的请求权依据，确定中止供电措施的法律性质。简单地说，如果供电人依据《电力法》第65条规定，对于用电人危害供电、用电安全或者扰乱供电、用电秩序所作出的中止供电决定的，属于法律意义上的具体行政行为，属于行政争议，用电人对中止供电行为提出异议，应当严格按照《行政诉讼法》的程序进行。

然而，《民法典》第654条所赋予的供电人对用电人经催告仍不支付电费和违约金所采取的中止供电措施，是行使不安抗辩权的表现，也是电力行业内法律赋予的催收方式，权利行使的基础是依据《民法典》规定的供用电合同民事法律关系，性质上属于民事法律行为，并非是其履行电力管理部门职责、履行行政管理职能而作出的具体行政行为，对此行为引发的争议，不属于《行政诉讼法》的受案范围，用电人对供电人采取中止供电行为提出异议的，仅能选择民事诉讼程

序予以解决，供电人确实属于违反供电合同约定的，应当承担违约责任，未事先通知给用电人造成损失的，应承担民事赔偿责任。

2. 用电人对于电费计量装置计数错误请求供电人退还电费差额能否构成对于供电人电费支付的有效抗辩，能否成为阻却供电人行使请求权的有效抗辩事由

依据电力相关行政法规、规章中的规定，用电人认为供电人装设的计费电能表不准时，有权向供电人提出校验申请，供电人在校验后对于误差超出允许范围的情况，需要按照规定退补电费或者退补电量。此外，因为用电计量装置接线错、保险熔断、倍率不符等原因，同样会出现电能计量或者计算出现差错，按照行政法规、规章的相关规定，供电企业对于此类差错应当退补相应电量的电费，用电人有权依据前述两种情形请求供电人退补电费差额。

用电人如果能够证明确实存在需要供电人退补电量电费的情形的，通常认为这是对于计数装置有关的抗辩，属于供用电合同欠付电费以及金额这一客观基础事实的有效反证，对于供用电合同用电人是否欠付电费以及欠付金额的调查和事实认定，是人民法院审理必须查清的事实内容，因此足以构成对供电人电费支付请求的有效阻却。

值得注意的是，依据《供电营业规则》第 79 条、第 81 条的规定，用电人在申请验表、退补电量未正式确定前，用电人需要先按照正常月用电量交付电费，因此对于用电人来说，以此主张抵付电量电费需要以确定的法律事实作为依据。

3. 供电人与用电人在供用电合同中，按照《电力供应与使用条例》第 39 条规定或者《关于供电营业规则》第 98 条规定标准约定违约金的，用电人能否依据《民法典》第 585 条的规定主张约定的违约金过分高于造成的损失

《电力供应与使用条例》第 39 条规定“违反本条例第二十七条规定，逾期未交付电费的，供电企业可以从逾期之日起，每日按照电费总额 1‰~3‰加收违约金，具体比例由供用电双方在供用电合同中约定；自逾期之日起计算超过 30 日的，经催交仍未交付电费的，供电企业可以按照国家规定停止供电”，《供电营业规则》第 98 条规定“用户在供电企业规定的期限内未交清电费时，应承担电费滞纳的违约责任。电费违约金从逾期之日起计算至交纳日止。每日电费违约金按下列规定计算：(1) 居民用户每日按欠费总额的千分之一计算。(2) 其他用户：①当前欠费的，每日按欠费总额的千分之二计算；②跨年度欠费部分，每日按

欠费总额的千分之三计算。电费违约金收取总额按日累加计收，总额不足1元者按1月收取”，前述规定的违约金标准，即使是按照居民企业，折合后违约金（年利率为36%）保准也是明显超出法定资金占用利息损失的最高限额要求，因此在审判实践中，人民法院倾向于在用电人请求调整或者变相请求调整时，依据公平原则进行调整。

但调整并非确定性结论，对此项认定仍存在争议。主流观点认为，比照司法解释对于借贷纠纷中利息利率的规定和审判规则，前述标准应当被认为约定过分高于所造成的损失，应当予以适当减少。但仍存在另一种观点认为，既然认为供用电合同供电人请求权的基础来源于法律的明确规定，那么适用已经在行政法规、规章中明确规定且经过物价认证的价格就是当然之意，供电人并未被赋予对于电价金额的自由裁量、自主决定的权利，因此供电人低于《电力供应与使用条例》第39条规定或者《供电营业规则》第98条规定标准与用电人达成违约金约定，不具客观实现的可能性，而且对于用电人来说，违约责任被约定在合同条款中，亦不存在超过其在订立合同时预见或者应当预见到的因违约可能造成的损失，当然属于无须进行调整的范畴。

（编写人：宋丽娜）

法律条文

第六百五十五条　用电人应当按照国家有关规定和当事人的约定安全、节约和计划用电。用电人未按照国家有关规定和当事人的约定用电，造成供电人损失的，应当承担赔偿责任。

条文主旨

本条是关于用电人的义务及其违约责任的规定。供用电合同的主体为供电人与用电人，合同所涉标的物为电力。根据《民法典》第648条第1款规定：供用电合同是供电人向用电人供电，用电人支付电费的合同。可见，供用电合同主体双方实际形成的是买卖关系，相比一般货物的买卖合同，供用电合同的特殊之处在于，用电人能否安全、合理地使用电力，关系到整个电力系统乃至整个社会的公共安全，因此，有必要对标的物的使用做出约定及规定，同时应按国家规定安全用电。

新旧法对比

《合同法》	《民法典》
第一百八十三条　用电人应当按照国家有关规定和当事人的约定安全用电。用电人未按照国家有关规定和当事人的约定安全用电，造成供电人损失的，应当承担损害赔偿责任。	第六百五十五条　用电人应当按照国家有关规定和当事人的约定安全**、节约和计划**用电。用电人未按照国家有关规定和当事人的约定用电，造成供电人损失的，应当承担赔偿责任。

理解与适用

1. 构成要件

(1)供电人与用电人需订立供用电合同。

除法律另有规定或当事人另有约定外，买卖合同多为诺成合同，作为特殊类型买卖合同的供用电合同也为诺成合同。即合同自供电人与用电人达成协议起成立生效，不以电力的实际供应为生效要件。

(2)用电人违约、违章用电，给供电人造成损失。

本条所指用电人未按照国家有关规定和当事人的约定安全用电，主要指用电人在用电过程中违反了有关法律法规中关于安全用电的强制性规定。较为具体的规定在《电力供应与使用条例》第 30 条：用户不得有下列危害供电、用电安全，扰乱正常供电、用电秩序的行为：①擅自改变用电类别；②擅自超过合同约定的容量用电；③擅自超过计划分配的用电指标的；④擅自使用已经在供电企业办理暂停使用手续的电力设备，或者擅自启用已经被供电企业查封的电力设备；⑤擅自迁移、更动或者擅自操作供电企业的用电计量装置、电力负荷控制装置、供电设施以及约定由供电企业调度的用户受电设备；⑥未经供电企业许可，擅自引入、供出电源或者将自备电源擅自并网。

司法实践中最为常见的违约违规用电行为是窃电。根据《电力供应与使用条例》第 31 条规定，禁止窃电行为。窃电行为包括：①在供电企业的供电设施上，擅自接线用电；②绕越供电企业的用电计量装置用电；③伪造或者开启法定的或者授权的计量检定机构加封的用电计量装置封印用电；④故意损坏供电企业用电计量装置；⑤故意使供电企业的用电计量装置计量不准或者失效；⑥采用其他方法窃电。

用电人违约、违章用电，应对由此给供电人造成的损失承担赔偿责任。除了《电力法》第 65 条、《电力供应与使用条例》第 40 条规定的行政处罚措施外，从合同角度考虑，根据《民法典》第 577 条之规定，违约、违章用电属于违约行为，用电人应承担的违约责任包括支付违约金、采取补救措施等。另外，如违约用电行为造成了供电人须向案外人赔偿损失，则违约用电人也应为此承担赔偿责任。

2. 本条适用中的举证责任

当供电方以用电方违约用电为由提起诉讼，并对是否存在违约用电行为、损失数量、金额等事项举证证明后，由于双方专业度的差异，用电方取证则相对困难，通常只能从事实角度推翻供电方的证据。实践中，供电方通常是在常规检查中发现违约用电行为，因此证据中常包含记载违约用电行为、检查流程的现场记录表或检查笔录、违章用电通知书等书证，也有专业鉴定机构或计量单位出具的鉴定书，以此提高证据的证明力。需要注意的是，以上书证作出后，或有第三方参与，或经用电人签收认可，否则供电方自行收集制作的材料，可能被认定不足以证明存在违约用电行为，从而承担举证不力的后果。

而用电人如欲行使抗辩权，通常需要证明如下两个事项之一：①无违约用电行为，这一点上，用电人多从自己并非实际用电人或并非违约用电主体的角度提出抗辩。该抗辩欲有效，用电人需提供更名过户变更手续或实际用电人确认事实供用电关系成立，且自身存在违约用电行为的证据。否则根据合同相对性原理，不能阻却本条适用。②对损失数额不认可。这一点对用电方而言举证相对困难，只能从用电设备的数量、功率、使用时长来计算。若主张损失数额被恶意放任以至扩大，则须证明供电方明知违法用电行为存在，产生电价长期不正常，但仍按期收取，未采取任何措施或手段。

实务问题

如违法用电行为同时触及刑事犯罪，如何处理民刑之间的关系？

违法用电行为以窃电居多，即使盗窃的电能非属实物，但并不影响单一窃电行为同时触发多种追责机制。《电力法》第 71 条规定，盗窃电能构成犯罪的，依照《刑法》有关规定追究刑事责任。

实践中，常有民事诉讼的当事人主张，公安机关也已立案侦查，构成犯罪的，应追究其刑事责任。对此，有法院认为，违法用电行为是否构成刑事犯罪，并不影响供电方依合同要求用电方承担民事责任。供用电合同中供电人及用电人之间的纠纷，是以违约为由提起诉讼。虽然实体处理所涉及的事实与窃电行为有一定牵连性，但两者不属于同一法律关系，不存在“先刑后民”情形。

1. 违法用电量难计算

电能的计算必须依靠精密的仪表，而大部分违法用电行为就是使仪表无法准确计量。尤其当违法用电的主体为企业时，违法用电时间长、账目混乱、生产规律难掌握等问题凸显。

司法实践中通常使用《供电营业规则》第103条的计算方法，但《供电营业规则》属部门规章，该依据在实践中的应用存有异义。2013年3月8日，最高人民法院、最高人民检察院下发了《关于办理盗窃刑事案件适用法律若干问题的解释》，其中第4条第3项规定“盗窃电力、燃气、自来水等财务，盗窃数量能够查实的，按照查实的数量计算盗窃数额；盗窃数量无法查实的，以盗窃前六个月月均正常用量减去盗窃后计量仪显示的月均用量推算盗窃数额；盗窃前正常使用量不足六个月的，按照正常使用期间的月均用量减去盗窃后计量仪表显示的月均用电量推算盗窃数额”。

2. 如供电人故意放任损失扩大，以期多罚多缴，如何处理

实践中，有些供电企业明知用电方私接用电设备，每月缴纳电费明显与生产规律、用电性质不符，仍长期放任违约用电行为，事后一并就扩大的损失要求赔偿。对此，根据《民法典》第591条第1款规定：“当事人一方违约后，对方应当采取适当措施防止损失的扩大；没有采取适当措施致使损失扩大的，不得就扩大的损失请求赔偿。”

（编写人：李惠君）

法律条文

第六百五十六条　供用水、供用气、供用热力合同，参照适用供用电合同的有关规定。

条文主旨

《民法典》内对供用水、供用气等合同没有单独规定，而供用水、供用气、供用热力合同的相关规定，参照适用供用电合同的有关规定处理。

新旧法对比

《合同法》	《民法典》
第一百八十四条　供用水、供用气、供用热力合同，参照供用电合同的有关规定。	第六百五十六条　供用水、供用气、供用热力合同，参照<u>适用</u>供用电合同的有关规定。

理解与适用

由于供用水、气、热力合同与供用电合同有许多共同点，这类合同标的都是特殊商品，电、水、气、热力这类商品既是国民经济中的重要能源，也是人们生产、生活中的必需品。合同供应方主体都是特殊主体，供应方只能是依法取得特定营业资格的供应企业。合同关系都是买卖关系，供应人向使用人供应水、气或者热力，使用人支付价款的合同。合同内容大多是格式条款，都是由具有垄断地位或交易优势的一方或行业组织，事先拟定的重复使用的合同文本。基于上述诸多共同点，因此这些合同可以参照供用电合同的有关规定。例如供用水合同中供水方的责任，就可以参照适用供用电合同的规定，供水方应当按照国家规定的供水质量标准和约定供水，如果供应的水没有达到国家规定的质量标准，给用户的健康造成损害的，供水方应当承担损害赔偿责任。同时，供用水、供用气、供用热力合同，又各有其特性，与供用电合同并不完全相同，因此，只能参照适用供用电合同的有关规定，而不能完全适用，如何体现供用水、气、热力合同的特殊性，还有待相关立法的不断完善。

（编写人：贯　强）

第十一章　赠与合同

法律条文

第六百五十七条　赠与合同是赠与人将自己的财产无偿给予受赠人，受赠人表示接受赠与的合同。

条文主旨

"赠与"是赠与人将自己的财产无偿给与受赠人，受赠人表示接受的一种行为。

新旧法对比

《合同法》	《民法典》
第一百八十五条　赠与合同是赠与人将自己的财产无偿给予受赠人，受赠人表示接受赠与的合同。	【内容不变】第六百五十七条

理解与适用

赠与合同是赠予人与受赠人之间达成的一种无偿给予受赠人财产的合意。这种赠与的合意对合同的成立及生效没有任何要求。从法律行为的角度看，赠与合同是一种双方民事法律行为，需要赠与人作出将其财产无偿给予受赠人的意思表示，同时受赠人也作出愿意接受其财产的意思表示，当双方的意思表示达成一致时，这种双方民事法律行为才成立。从合同义务承担主体的角度看，赠与合同属于单务合同。在赠与合同中仅有赠与人负有法律义务，受赠人没有相应的对待给付义务。从合同的成立角度看，合同分为要物性法律行为和诺成性法律行为，赠与合同属于诺成性法律行为。合同的成立以合同双方当事人的意识表示达成一致为原则，要物为例外。对于例外情形应有法律明文规定，在赠与合同的规定中,并无实践性的要求,故赠与合同为诺成合同。

赠与和捐赠之间有一个共同的表现都是无偿的转移财产权利,但在具体解释上存在一些区别。赠与一般发生在具体当事人之间,而捐赠是为了促进社会公益性目的而进行的,受益人是不确定的多数人。赠与合同系当事人意思表示一致的协议,法律对此强制干预程度较低。慈善捐赠具有社会公益价值,有专门的立法对慈善事业进行规制,其中不少规定属于强制性规范,法律干预程度较强。具体来看:首先,慈善捐赠和赠与的法律关系主体不同,慈善捐赠至少涉及三方当事人,而赠与只涉及赠与人与受赠人两方当事人。其次,赠与和慈善捐赠的财产归属也不相同,在赠与关系中,受赠人接受财产后,财产归受赠人所有,而慈善捐赠关系中,捐赠人将财产交给慈善组织后,受赠人取得该项财产的处分权。由于慈善组织的公益性,受赠人享有的处分权是受到严格限制的,捐赠财产最终归于受益人。

赠与和债务免除也存在一些区别。债务免除和赠与都是使一方当事人获得利益,但是二者又有很大的区别。在法律行为方面,债务免除为单方法律行为,赠与是双方法律行为。债权人免除债务后,债权债务关系确定归于消灭,而赠与合同中,双方达成赠与合意后,除法律另有规定外,赠与人仍然享有任意撤销赠与的权利。

实务问题

实务中,赠与问题常常易与“彩礼”问题发生混淆,是日常生活中咨询较多的一个问题。目前我国对于“彩礼”应当如何给、给多少等具体问题是没有规定的。但是《民法典》第1042条规定了“禁止包办、买卖婚姻和其他干涉婚姻自由的行为。禁止借婚姻索取财物。”“彩礼”是自古以来的一种习俗,应当由男女双方协商一致,在均可接受的范围内约定给付的方式及金额。赠与彩礼的确是一种赠与行为,但此赠与行为并不是无偿的,而是一种附条件的所有权转移行为,是基于结婚为要件的附条件赠与行为。所以二者在本质上是有明显区别的。

(编写人:齐秋阳)

法律条文

第六百五十八条　赠与人在赠与财产的权利转移之前可以撤销赠与。

经过公证的赠与合同或者依法不得撤销的具有救灾、扶贫、助残等公益、道德义务性质的赠与合同,不适用前款规定。

条文主旨

本条是关于赠与的任意撤销及其限制的规定。赠与只有在同时符合时间条件和赠与性质的前提下,才有可能被撤销。即在赠与财产的权利转移之前,并且不是经过公证的赠与合同或者依法不得撤销的具有救灾、扶贫、助残等公益、道德义务性质的赠与合同。

新旧法对比

《合同法》	《民法典》
第一百八十六条　赠与人在赠与财产的权利转移之前可以撤销赠与。 具有救灾、扶贫等社会公益、道德义务性质的赠与合同或者经过公证的赠与合同,不适用前款规定。	第六百五十八条　赠与人在赠与财产的权利转移之前可以撤销赠与。 **经过公证的赠与合同或者依法不得撤销的具有救灾、扶贫、助残等公益、道德义务性质的赠与合同,不适用前款规定。**

理解与适用

1. 任意撤销权的构成要件

(1)时间条件。

须赠与标的物尚未交付或未移转登记。具体而言,对于动产,需在交付之前撤销;对于不动产和需要登记的动产,需在登记之前撤销。若赠与标的物已为交付或登记,不得撤销;若标的物一部分已交付或登记,则仅得就未交付或登记部分撤销,已交付或登记部分不得撤销。

(2)范围条件。

第一,赠与合同订立后经公证证明的,赠与人不得任意撤销。换句话说,可以任意撤销的赠与合同原则上限于未经公证的赠与合同。而赠与合同订立后,当事人交由公证部门公证,表明其赠与意愿的表达已十分慎重,因此,经过公证证明的赠与合同,赠与人不得任意撤销。

第二,具有公益、道德义务性质的赠与合同,无论当事人以何种形式订立,无论是否经过公证,也不问赠与的财产是否已转移其权利,赠与人均不得任意撤销。具有公益性质的赠与,主要是指为了救灾、扶贫、助残、助学等目的或为了资助公共设施建设、环境保护等公共事业所为的赠与。此类赠与的公益性和社会性,决定了赠与人不得任意撤销赠与,否则将与赠与的目的和宗旨相悖。履行道德义务的赠与,由于当事人之间有着道义上的因素,如果允许赠与人任意撤销,则与道义不符。因此,此类的赠与也不得由赠与人任意撤销。

第三,依法不得任意撤销的其他情形。《慈善法》第41条第1款规定:“捐赠人应当按照捐赠协议履行捐赠义务。捐赠人违反捐赠协议逾期未交付捐赠财产,有下列情形之一的,慈善组织或者其他接受捐赠的人可以要求交付;捐赠人拒不交付的,慈善组织和其他接受捐赠的人可以依法向人民法院申请支付令或者提起诉讼:(一)捐赠人通过广播、电视、报刊、互联网等媒体公开承诺捐赠的;(二)捐赠财产用于本法第三条第一项至第三项规定的慈善活动,并签订书面捐赠协议的。”该法第3条规定:“本法所称慈善活动,是指自然人、法人和其他组织以捐赠财产或者提供服务等方式,自愿开展的下列公益活动:(一)扶贫、济困;(二)扶老、救孤、恤病、助残、优抚;(三)救助自然灾害、事故灾难和公共卫生事件等突发事件造成的损害;(四)促进教育、科学、文化、卫生、体育等事业的发展;(五)防治污染和其他公害,保护和改善生态环境;(六)符合本法规定的其他公益活动。”从《慈善法》的规定可以看出,不得任意撤销的规定,有别于前两项特殊之处在于,只要是“捐赠人通过广播、电视、报刊、互联网等媒体公开承诺捐赠的”,即通过媒体公开承诺捐赠的,不得任意撤销。

2. 任意撤销权的法律效果

行使任意撤销权后,生效的赠与合同从此失去效力,合同双方的权利义务解除,赠与物的所有权不变,受赠人的履行请求权也随之消灭。

实务问题

1. 如果赠与人因行使任意撤销权而不交付赠与物,受赠人可向相关法院提起诉讼

根据一般地域管辖原则,对公民提起的民事诉讼,由被告住所地或经常居住地人民法院管辖,亦可由合同履行地法院管辖;但是如果赠与物为不动产,则由不动产所在地人民法院进行管辖。

诉讼中,受赠人需证明赠与合同已经公证,或者该合同是依法不得撤销的具有救灾、扶贫、助残等公益、道德义务性质的赠与合同。若非如此,在财产权利转移之前,赠与人可任意撤销合同。

2. 案例

(1)案情简介。[①]

2016年12月起至2017年3月,原告罗某琼与被告陈某处于恋爱关系。期

① 广西壮族自治区合浦县人民法院(2018)桂0521民初1964号。

间,由于被告陈某网络购物,原告罗某琼代被告陈某支付购物款共 7108.29 元,并代被告陈某充值手机话费 197.8 元。2017 年 1 月 20 日,原告罗某琼向被告陈某的银行卡转账 1500 元,之后双方共同于 2017 年春节期间到云南旅游。2017 年 2 月 18 日,原告罗某琼又向被告陈某的银行卡转账 10,000 元。2017 年 3 月被告陈某提出与原告罗某琼分手,罗某琼认为陈某恶意骗取财产,因此要求陈某返还两人恋爱期间罗某琼所支付的费用。

(2)法院认为。

双方当事人处于恋爱期间的资金经济往来,不排除包含因追求对方所产生的社会道德性质的情谊赠与,也不排除当事人之间的民间借贷关系。当事人对其自己的主张应当提供相应证据证明,如不能提供证据证实其主张应当承担举证不能的不利后果。该案中,原告罗某琼对于其与被告恋爱期间的资金往来,并不能提供证据证实系其与被告陈某的民间借贷关系,反观原告罗某琼在聊天记录中也陈述到"老实说那时候我是想和你在一起才这样子帮你",被告在庭审中也明确表示系原告对被告的赠与,并不存在借贷关系,也不同意偿还原告的资金。因此,本案应当属于赠与合同纠纷。关于原告赠与被告的款项能否要求被告返还的问题,根据《合同法》第 186 条的规定,赠与人在赠与财产的权利转移之前可以撤销赠与,具有救灾、扶贫等社会公益、道德义务性质的赠与合同或者经过公证的赠与合同,不适用前款规定。该案中,原告与被告发生恋爱直至共同旅游、发生性关系,应当认定原告为追求被告而对被告的赠与具有情谊性的道德性质,对原告主张被告骗取其钱财的主张不予支持。原告所赠与被告的钱财已经交付给被告,在被告不同意返还且不具备《合同法》第 192 条的情况下,依法不应支持原告的诉讼请求。

(编写人:杜晓彤)

法律条文

第六百五十九条　赠与的财产依法需要办理登记或者其他手续的,应当办理有关手续。

条文主旨

本条是关于赠与的财产需要办理有关法律手续的规定,即赠与合同履行的规定。

新旧法对比

《合同法》	《民法典》
第一百八十七条　赠与的财产依法需要办理登记<u>等</u>手续的，应当办理有关手续。	第六百五十九条　赠与的财产依法需要办理登记<u>**或者其他**</u>手续的，应当办理有关手续。

理解与适用

《民法典》第657条规定："赠与合同是赠与人将自己的财产无偿给予受赠人，受赠人表示接受赠与的合同。"赠与合同为诺成合同，自赠与人和受赠人意思表示一致时成立并生效，并不以赠与物的交付为条件。在赠与合同中，赠与人须将自己的财产无偿给予受赠人，赠与财产的所有权变更需要办理登记或其他手续的，应当办理有关手续。按照我国现有法律，赠与财产依法需要办理登记或者其他手续的，主要包括以下几种情形：

1. 房屋等不动产作为赠与财产需要办理登记等有关手续

房屋是典型的不动产。房屋赠与涉及所有权的转移，未进行变更登记，不发生效力。《民法典》第209条第1款规定："不动产物权的设立、变更、转让和消灭，经依法登记，发生效力；未经登记，不发生效力，但是法律另有规定的除外。"因此，在赠与房屋时，应当办理登记手续。

2. 汽车等动产作为赠与财产需要办理登记等有关手续

《民法典》第224条规定："动产物权的设立和转让，自交付时发生效力，但是法律另有规定的除外。"《民法典》第225条规定："船舶、航空器和机动车等的物权的设立、变更、转让和消灭，未经登记，不得对抗善意第三人。"

赠与动产大多是不需要登记的，动产自交付时所有权发生转移。但是，涉及特殊的动产，如汽车等，未经登记，不得对抗善意第三人。因此，在赠与汽车等动产时，为避免发生纠纷无法对抗善意第三人，也应当及时办理登记手续。

3. 股权等权利作为赠与财产需要办理登记等有关手续

《公司法》第32条规定："有限责任公司应当置备股东名册，记载下列事项：(一)股东的姓名或者名称及住所；(二)股东的出资额；(三)出资证明书编号。记载于股东名册的股东，可以依股东名册主张行使股东权利。公司应当将股东的姓名或者名称向公司登记机关登记；登记事项发生变更的，应当办理变更登记。未经登记或者变更登记的，不得对抗第三人。"

实务问题

接受股权赠与的受赠人，应当及时和赠与人一起到作为公司登记机关的市场监督管理部门，办理相应的股权变更登记手续，才能真正享有作为公司股东的权利。

（编写人：刘华剑）

法律条文

第六百六十条　经过公证的赠与合同或者依法不得撤销的具有救灾、扶贫、助残等公益、道德义务性质的赠与合同，赠与人不交付赠与财产的，受赠人可以请求支付。

依据前款规定应当交付的赠与财产因赠与人故意或者重大过失致使毁损、灭失的，赠与人应当承担赔偿责任。

条文主旨

本条主要意在规定法定不得撤销的赠与的赠与人不交付赠与财产的责任。经公证与具有特殊性质的赠与不得撤销，一旦因个人原因故意或重大过失导致赠与财产毁损灭失，赠与人还应当承担赔偿责任。

新旧法对比

《合同法》	《民法典》
第一百八十八条　具有救灾、扶贫等社会公益、道德义务性质的赠与合同或者经过公证的赠与合同，赠与人不交付赠与的财产的，受赠人可以要求交付。 第一百八十九条　因赠与人故意或者重大过失致使赠与的财产毁损、灭失的，赠与人应当承担损害赔偿责任。	第六百六十条　经过公证的赠与合同或者依法不得撤销的具有救灾、扶贫、助残等公益、道德义务性质的赠与合同，赠与人不交付赠与财产的，受赠人可以请求交付。 依据前款规定应当交付的赠与财产因赠与人故意或者重大过失致使毁损、灭失的，赠与人应当承担赔偿责任。

理解与适用

该条规定的内核即是依法不得撤销的具有救灾、扶贫、助残等社会公益、道德义务性质的赠与合同和经过公证的赠与合同，不可任意撤销其赠与。如果赠与人拒绝履行赠与财产的,受赠人可以请求实际交付。

在实际适用中,“交付的财产”不仅指动产,还包括不动产;

赠与人承担损害赔偿责任的前提是“故意、重大过失导致财产的毁损、灭失”,显然,因轻微过失、不可抗力等原因导致财产的毁损、灭失,赠与人是无须承担赔偿责任的。

实务问题

1.《民法典》规定“助残”项目的范围应当怎样理解

《民法典》在公益类型中加入“助残”项目,实际上是扩大了对赠与人不可撤销的公益事业范围的解释,也同时具有引导赠与人助残行为的作用。因此,此处的“助残”赠与不应当仅仅包括肢体残疾,还应当包括智力、精神等方面的残疾。因此,就需要鉴定机构方面增强对肢体残疾鉴定以外的其他残疾鉴定的业务水平,提高评残的客观度,公平、合法、客观地对肢体外的残疾进行鉴定。

2.《民法典》对不可撤销合同中规定的“赠与人故意或者重大过失导致毁损、灭失的,赠与人应当承担赔偿责任”的范围应该怎样适用

《合同法》第189条针对此项规定的适用范围应当包括具有任意撤销权的赠与合同,也包括依法不得撤销的赠与合同;而《民法典》中对此条款的规定,适用范围仅限于依法不得撤销的赠与合同。

(编写人:马晨皓)

法律条文

第六百六十一条　赠与可以附义务。

赠与附义务的,受赠人应当按照约定履行义务。

条文主旨

本条是关于附义务赠与的规定。赠与合同根据是否附有义务,将赠与合同分为附义务的赠与和不附义务的赠与。其中附义务的赠与也被称为附负担的赠与,是指赠与人与受赠人双方约定受赠人应当按照合同履行一定义务的赠与合同。所附义务可以约定作为方式,也可以约定不作为方式,而受益人既可以是赠与人,也可以是特定的第三人或不特定的社会公众,但所附义务必须具有合法性和可履行性。附义务的赠与目的是转移赠与财产权利,因此赠与合同主要目的和主要义务是赠与人承担向受赠人赠与财产的义务,如果赠与合同中受赠人的

附随义务与赠与人承担赠与财产的义务构成对待给付,合同性质不再是赠与合同,而可能构成其他法律关系。

新旧法对比

《合同法》	《民法典》
第一百九十条　赠与可以附义务。 赠与附义务的,受赠人应当按照约定履行义务。	【内容不变】第六百六十一条

理解与适用

一、附义务赠与的法律特征

既然附义务的赠与是赠与合同的一种,其应当同样具有赠与合同的一般特征,除一般特征外,附义务赠与还具有自身的法律特征,具体包括如下:

1. 附义务的赠与是双方民事法律行为

附义务的赠与作为赠与合同的一种类型,同样需要双方意思表示达成一致。只有赠与人表示愿意将自己的财产无偿给予受赠人,并要求受赠人履行一定的附随义务,同时受赠人表示愿意接受该赠与财产,并自愿履行附随义务,此时赠与合同才成立。

2. 附义务的赠与是无偿、单务合同

赠与合同的主要目的和主要义务是赠与人将自己的财产权利转移给受赠人。受赠人履行赠与人要求的附随义务,不是其取得赠与财产权利的对价,二者属于主义务与从义务的关系,不能因此认为附义务赠与具有有偿性或双务性,进而否认附义务赠与合同具有无偿、单务等一般赠与合同的共同法律特征。

3. 附义务的赠与中受赠人附有一定义务

与一般赠与合同不同的是,附义务赠与中需要受赠人履行一定的义务,所附随的义务是决定和影响赠与人作出是否赠与的意思表示的重要因素之一。其所附义务不是赠与的对价或报酬,即所附义务不能大于或者等于受赠人所获得的财产性利益,通常是低于赠与财产的价值。

4. 附义务的赠与中赠与人享有法定撤销权

依据《民法典》第663条第1款之规定,当受赠人不履行附随义务时,赠与人依法享有法定撤销权,有权撤销赠与并要求受赠人返还赠与财产。赠与人的撤销权,自知道或者应当知道撤销事由之日起一年内行使。

5. 附义务的赠与中赠与人附有瑕疵担保义务

依据《民法典》第662条第1款和第2款之规定，在普通的赠与合同中，赠与人一般不承担瑕疵担保责任，除非赠与人故意不告知瑕疵或者保证无瑕疵进而造成受赠人损失的情形。而附义务赠与中，赠与人需承担瑕疵担保义务。

6. 除当事人另有约定外，通常情况下在赠与人履行了赠与义务后，受赠人才开始履行赠与合同所附义务。因此一般情况下，如果赠与人未履行转移赠与财产权利的义务，受赠人可以拒绝履行所附义务。但是如果赠与合同明确约定，由受赠人先履行赠与合同所附义务，然后再由赠与人履行转移赠与财产权利的义务，这种约定因不违反法律的效力强制性规定，亦合法有效。

二、附随义务的内涵与特征

1. 附赠与合同中的附随义务，是指受赠人应当向赠与人承担的义务，是赠与合同的非主要义务；赠与人有权要求受赠人履行附随义务，违反了附随义务，受赠人应当承担相应的法律后果，包括赠与人行使法定撤销权，要求受赠人返还赠与财产等。在赠与人已经向受赠人履行交付转移赠与财产所有权的情形下，当受赠人不履行义务时赠与人亦可选择要求受赠人继续履行附随义务，但是以下情形除外：(1)法律上或者事实上不能履行；(2)债务的标的不适合强制履行或者履行费用过高；(3)债权人在合理期限内未请求履行。

2. 赠与所附义务的特征

(1)附义务赠与中所附义务可以是作为，也可以是不作为，例如，甲将出租给丙的车辆赠与乙，同时约定乙不得解除与丙的租赁合同，受赠人乙应履行的附随义务是一种不作为义务；如果甲将自己的车辆赠与乙，要求乙妥善保管该车辆内的物品，受赠人乙应履行的义务就是一种作为义务。

(2)附义务赠与中所附义务可以约定向赠与人履行，也可以约定向特定的第三人或者不特定的社会公众履行。例如，甲出国定居前决定将自己的房屋赠与乙，要求乙妥善保管室内的古籍，则所附义务的受益人是赠与人甲本人；如果甲要求乙照顾甲的奶奶，受益人则是第三人甲的奶奶；如果甲要求乙将赠与乙的房屋作为中学的阅览室，所附义务的受益人则是不特定的社会公众。

(3)附义务赠与中所附义务，不能违反公序良俗或者法律、行政法规的强制性规定，如所附义务不具有合法性，则所附义务无效。例如甲将自己的车辆赠与给乙，同时甲要求乙用该车辆撞伤丙泄愤，因为故意伤害是不合法的，因此所附义务无效，赠与合同也无效。

实务问题

实务中附义务赠与大多出现在近亲属之间，且多为口头约定，当赠与财产为多方的共同财产时，还需共同共有人的一致同意确认，这些都为附义务赠与合同的认定增加了一定的难度。附义务赠与中所附义务常见的有赡养老人的义务、共同居住的义务、支付子女抚养费的义务等，多发生在家庭纠纷中，如不能查明赠与合同性质以及所附义务是否履行等事实，将对老人、儿童等弱势群体造成显失公平的后果，更是不利于平衡家庭间的矛盾。因此，当事人之间如果建立附义务赠与合同关系，一定要注意事先签订书面协议书，明确赠与后需要受赠人承担的义务，邀请无利害关系人作为证人，保管好赠与财产转移的书面凭证，收集对方是否良好履行附随义务的证据材料等，以备双方发生纠纷时可作为调解和裁判依据。

另外实务中还需要特别注意区分附义务赠与与附条件赠与的区别。依据《民法典》第158条规定，民事法律行为可以附条件，但是根据其性质不得附条件的除外。附生效条件的民事法律行为，自条件成就时生效。附解除条件的民事法律行为，自条件成就时失效。条件是指发生与否不能确定的事实，而义务必须是义务人确定能做到的事实，否则如果给受赠人设立无法实现的义务将显失公平。如现实生活中男女双方可以证明是以缔结婚姻关系为目的而赠与对方一定的礼金或按照习俗支付彩礼，因双方是否能够实现结婚具有不确定性，故彩礼应认定为附条件赠与，而非附义务赠与。当附条件成就时，附条件赠与生效，如后续双方无法达成结婚的合意，则附条件赠与无效，应结合具体事实情况适当返还赠与财产。而附义务赠与中，赠与合意一旦达成即生效，所附义务是否履行不影响赠与合同的效力。一旦受赠人拒绝履行义务或违反赠与合同义务，虽然赠与已经生效且赠与财产可能已经交付受赠人，但是赠与人可通过行使法定撤销权实现司法救济。需注意的是，撤销赠与合同一定要在法定一年的除斥期间内及时主张，否则赠与人将丧失撤销权。

（编写人：闫　璐）

法律条文

第六百六十二条　赠与的财产有瑕疵的，赠与人不承担责任。附义务的赠与，赠与的财产有瑕疵的，赠与人在附义务的限度内承担与出卖人相同的责任。

赠与人故意不告知瑕疵或者保证无瑕疵，造成受赠人损失的，应当承担赔偿责任。

条文主旨

本条是关于赠与人对赠与财产的瑕疵担保责任的规定，对于赠予的财产有瑕疵的，原则上赠与人不承担责任，例外情形有两种：(1)附义务的赠与；(2)赠与人故意不告知瑕疵或者保证无瑕疵，造成受赠人损失。

新旧法对比

《合同法》	《民法典》
第一百九十一条　赠与的财产有瑕疵的，赠与人不承担责任。附义务的赠与，赠与的财产有瑕疵的，赠与人在附义务的限度内承担与出卖人相同的责任。 赠与人故意不告知瑕疵或者保证无瑕疵，造成受赠人损失的，应当承担损害赔偿责任。	第六百六十二条　赠与的财产有瑕疵的，赠与人不承担责任。附义务的赠与，赠与的财产有瑕疵的，赠与人在附义务的限度内承担与出卖人相同的责任。 赠与人故意不告知瑕疵或者保证无瑕疵，造成受赠人损失的，应当承担**赔偿责任**。

理解与适用

本条的内涵有两个方面：

(1)赠与的财产有瑕疵的，赠与人原则上不承担责任。这是因为在赠与合同中，受赠人是纯获利益的，无给付义务。而赠与人只有给付义务，无权利，因而赠与人对赠与财产的瑕疵，原则上不承担赠与财产物的瑕疵担保责任。

(2)赠与人对赠与财产承担瑕疵担保责任的情形有两种情形：第一，在附义务的赠与，该种赠与中，受赠人虽受有利益，但又需履行约定的义务。如赠与的财产有瑕疵，必然导致受赠人所受利益有所减损，这便与赠与合同约定的权利与义务不相对应，使受赠人遭受损失。为保护受赠人的利益，并求公允，应由赠与人承担瑕疵担保责任。就受赠人履行的义务而言，有如买卖合同中买受人的地位，因此，赠与人应在受赠人所附义务的限度内，承担与买卖合同中的出卖人同一的瑕疵担保责任。第二，赠与人故意不告知瑕疵或者保证无瑕疵，并且造成受赠人损失的，应当承担赔偿责任。赠与人故意不告知赠与的财产有瑕疵的，是有主观上的恶意，也有违诚信原则。因赠与财产的瑕疵给受赠人造成其他财产损失或者人身伤害的,应负赔偿责任。此处的"故意不告知"与"给受赠人造成损失"必须同时存在,如果赠与人故意不告知瑕疵,但没有给受赠人造成损失的,则不承担赔偿责任。赠与人保证赠与物无瑕疵,给受赠人造成损失的,也应承担赔偿责任。

实务问题

(1)在实务中,一部分纠纷产生于买卖合同关系中。出卖人将合同标的物之外的部分赠予给买受人,当买受人因该部分质量不合格向出卖人主张赔偿时,出卖人多依据本条作出抗辩,该抗辩理由往往得不到法院支持,法院认为:第一,买受人支付对价后才获得赠予部分,属于负义务的赠予;第二,出卖人作为赠与人应当承担与出卖人相同的责任。

(2)案例:在阳光一百置业(辽宁)有限公司(以下简称"阳光一百"公司)与刘某商品房销售合同案[①]中,法院认为,刘某与阳光一百公司于 2013 年 6 月 22 日签订的《商品房买卖合同》系双方当事人的真实意思表示,其内容未违反法律及行政法规的强制性规定,合法有效,双方均应按照协议约定履行自己的义务。关于阳光一百公司提出涉案赠与夹层部位不存在质量瑕疵,且根据法律规定,即便赠与夹层部位有瑕疵,亦不应承担责任,即不应赔偿刘某 8000 元的上诉主张,法院认为,《合同法》第 191 条规定,赠与的财产有瑕疵的,赠与人不承担责任。附义务的赠与,赠与的财产有瑕疵的,赠与人在附义务的限度内承担与出卖人相同的责任。赠与人故意不告知瑕疵或者保证无瑕疵,造成受赠人损失的,应当承担损害赔偿责任。而该案中,涉案房屋赠与夹层的赠与是在刘某支付了购买涉案房屋的对价后才会取得的赠与,属于附义务的赠与,此时,阳光一百公司作为赠与人承担与出卖人相同的责任。在二审期间,阳光一百公司亦承认涉案房屋赠与夹层的复式窗户不能完全打开的事实,且其在刘某购买房屋时未告知此部位的瑕疵,使该瑕疵对案涉房屋使用的空间和美观造成影响。故一审法院酌定由阳光一百公司赔偿刘某 8000 元并无不当,法院对阳光一百公司的上诉主张不予支持。

(编写人:王　云)

---

① 辽宁省沈阳市中级人民法院(2017)辽 01 民终 8580 号。

法律条文

第六百六十三条　受赠人有下列情形之一的，赠与人可以撤销赠与：
（一）严重侵害赠与人或者赠与人近亲属的合法权益；
（二）对赠与人有扶养义务而不履行；
（三）不履行赠与合同约定的义务。
赠与人的撤销权，自知道或者应当知道撤销事由之日起一年内行使。

条文主旨

本条是关于赠与法定撤销的规定。

新旧法对比

《合同法》	《民法典》
第一百九十二条　受赠人有下列情形之一的，赠与人可以撤销赠与： （一）严重侵害赠与人或者赠与人的近亲属； （二）对赠与人有扶养义务而不履行； （三）不履行赠与合同约定的义务。 赠与人的撤销权，自知道或者应当知道撤销原因之日起一年内行使。	第六百六十三条　受赠人有下列情形之一的，赠与人可以撤销赠与： （一）严重侵害赠与人或者赠与人近亲属的**合法权益**； （二）对赠与人有扶养义务而不履行； （三）不履行赠与合同约定的义务。 赠与人的撤销权，自知道或者应当知道**撤销事由**之日起一年内行使。

理解与适用

1. 严重侵害赠与人或赠与人近亲属的合法权益

受侵害人的近亲属范围可以适用《民法典》第1045条的规定，亲属包括配偶、血亲和姻亲。配偶、父母、子女、兄弟姐妹、祖父母、外祖父母、孙子女、外孙子女为近亲属。如果受赠人侵害的不是赠与人或赠与人的近亲属，则不构成此事由。

2. 对赠与人有扶养义务而不履行

受赠人对赠与人负有的扶养义务，不仅包含法定扶养义务，也包含约定扶养义务。受赠人必须具有扶养能力。

3. 不履行赠与合同约定的义务

赠与合同不存在无效或撤销情况，赠与合同约定了义务。

赠与人的撤销权，自知道或者应当知道撤销原因之日起一年内行使撤销权，一年的期限为除斥期间，不发生中止、中断或延长。赠与人超过一年内未行使的，撤销权消灭。

实务问题

举例：在一起案件中，讼争房产的原始产权证原件一直由父亲王某保管，对此其长子是知道的，但却称产权证保管不慎，并登报遗失，向所在地国土资源与房产管理局补办产权证，进而收取讼争房产的租金，长子的行为已严重侵害了其父的权利。此外，子女乃父母亲的精神寄托与依靠，作为长子，在其母亲去世后，理应对年迈的父亲怀有尊重、爱护之心。但是长子虽然在法律上接受了父亲的巨额财产赠与，但事实上并未实际交付，且基于经济利益纠纷方面的原因对本应安享晚年的父亲进行刑事控告，企图让年迈的父亲受到刑事制裁，致使本案所涉赠与依据的父子亲情的基础丧失。无论刑事控告结果如何，必然是对其父精神层面的严重伤害，父亲的诉讼请求符合本条规定的可以撤销赠与的情形。

（编写人：李一帆）

法律条文

第六百六十四条　因受赠人的违法行为致使赠与人死亡或者丧失民事行为能力的，赠与人的继承人或者法定代理人可以撤销赠与。

赠与人的继承人或者法定代理人的撤销权，自知道或者应当知道撤销事由之日起六个月内行使。

条文主旨

本条是关于对赠与人的继承人或法定代理人的撤销权相关内容的规定，保护法益为防止赠与行为作出后，赠与人遭受到受赠人严重违法侵害。本条所规定撤销权为法定撤销权，其中触发撤销权条件、撤销权利人、撤销权行权期间为本条文重点关注内容。首先，触发条件为法定条件，该法定条件的构成为：受赠人的客观违法行为致使受赠人发生死亡或者丧失民事行为能力的情形发生，则该法定条件成就，其中有两点需要注意：一是，该法定条件仅关注行为的客观违法性，而对受赠人的主观意愿在所不问。二是，仅在发生赠与人死亡或丧失民事行为能力时条件成就，而对除上述两种情形以外的损害结果并未作为该条件的成就要件。其次，对于撤销权利人的规定，本条文采用穷尽式列举，有且仅有赠与人的继承人及法定代理人。最后，撤销权的行权期间，本期间为除斥期间，期间经过后改撤销权消灭。

新旧法对比

《合同法》	《民法典》
第一百九十三条　因受赠人的违法行为致使赠与人死亡或者丧失民事行为能力的,赠与人的继承人或者法定代理人可以撤销赠与。 赠与人的继承人或者法定代理人的撤销权,自知道或者应当知道撤销原因之日起六个月内行使。	第六百六十四条　因受赠人的违法行为致使赠与人死亡或者丧失民事行为能力的,赠与人的继承人或者法定代理人可以撤销赠与。 赠与人的继承人或者法定代理人的撤销权,自知道或者应当知道撤销原因之日起六个月内行使。

理解与适用

本条适用于赠与行为完成后,赠与人遭受到受赠人严重违法侵害的情形,法律通过将撤销权行权主体进行转移,从而避免赠与人遭受侵害却无法行权的情况发生,最终达到规范受赠人行为、保护赠与人权益的立法目的。

实务问题

1. 案情简介①

谢某与陈某英共生育三子一女,长子陈某、次子陈某弟、三子陈某明、一女谢某妹。陈某英生前购买的和景唐家花园 3 号楼一单元 10 楼 1002 号房产系其夫妻共同财产,陈某英去世后,陈某明、谢某向法院申请分割该处房产,法院依法判决谢某享有该房 60%产权,四子女各享有 10%产权。2017 年 12 月 6 日,谢某将其所有的和景唐家花园 3 号楼一单元 10 楼 1002 号房产 60%的产权赠与陈某明,双方签订了书面赠与合同,并在公证处办理了公证。赠与合同约定附加义务,陈某明应提供适宜谢某居住的房屋供其居住,同时照顾其日常生活,否则谢某可依法向法院起诉撤销赠与。谢某因无明显诱因下出现胸闷,无明显胸痛及肩背部放射痛,伴全身浮肿,持续未改善,于 2018 年 9 月 13 日被家人送至蚌埠市第三人民医院救治。经过 52 天治疗,于 2018 年 11 月 4 日 7 时许,自主呼吸心跳停止,大动脉搏动消失,心电图示一直线,宣布临床死亡。

陈某、陈某弟认为陈某明违法行为导致谢某死亡,符合《合同法》第 193 条

① 安徽省蚌埠市中级人民法院(2020)皖 03 民申 49 号。

规定,应当撤销对其赠与,向法院提起诉讼。

2. 法院认为

关于该案原、被告之间争议的法律关系的性质,该案应认定为赠与合同纠纷。根据庭审查明的事实,该案系附义务的赠与合同,非附生效条件的赠与合同。附义务的赠与合同系诺成性合同,一经签订即告成立并生效,非经撤销,应认定合法有效。该案赠与的财产系不动产,虽未依法办理有关变更登记手续,但并不影响赠与合同的效力,仅不发生物权变动效力。谢某与陈某明签订的赠与合同已经公证,非经法定事由不得撤销。根据《合同法》第 193 条"因受赠人的违法行为致使赠与人死亡或者丧失民事行为能力的,赠与人的继承人或者法定代理人可以撤销赠与。赠与人的继承人或者法定代理人的撤销权,自知道或者应当知道撤销原因之日起六个月内行使。"谢某生前未依法撤销赠与,其去世后,原告陈某、陈某弟作为其子女,若想以继承人的身份行使撤销权,必须符合《合同法》第 193 条的规定,该案中,原告未能证实因陈某明的违法行为致使谢某死亡的情形,故原告陈某、陈某弟以继承人的名义行使撤销权,于法无据。其要求撤销《赠与合同》及公证书的诉请,依法不予支持。法院判决:驳回原告陈某、陈某弟的诉讼请求。

3. 评析

关于合同效力:案涉赠与合同系谢某真实意思表示,不违反法律、行政法规效力性禁止性规定,并且该赠与合同经过公证,非因法定理由不得撤销,因此该赠与合同合法有效,案件各方也均按照该合同各自行使权利、履行义务。关于合同性质:赠与合同约定被告应当为谢某提供适宜居住的房屋,而该义务的履行与否并不影响合同是否生效,因此,该赠与合同性质为附义务的赠与合同。关于合同撤销权的行使:案涉合同系已经履行完毕赠与义务且经公证的赠与合同,非经法定事由不得撤销,该案原告认为谢某死亡系陈某明违法行为导致,符合《合同法》第 193 条规定,其作为赠与人的继承人有权行使撤销权,但是其并未提供足以支撑其观点的证据,无法证明谢某死亡系被告违法行为导致,因此,其撤销权的行使并不符合《合同法》第 193 条规定,依法不予支持。

(编写人:梁　朕)

法律条文

第六百六十五条　撤销权人撤销赠与的,可以向受赠人请求返还赠与的财产。

条文主旨

本条是关于撤销权行使效力的规定。

新旧法对比

《合同法》	《民法典》
第一百九十四条　撤销权人撤销赠与的,可以向受赠人要求返还赠与的财产。	第六百六十五条　撤销权人撤销赠与的,可以向受赠人请求返还赠与的财产。

理解与适用

本条中的撤销权人是指拥有完整赠与权的赠与人本人以及享有撤销权的赠与人的继承人或法定代理人。例如,夫妻二人将共同共有的房屋赠送给成年子女,该行为属于共同共有人对共同财产的共同处分行为,那么,丈夫或妻子任何一人不享有单独的撤销权,除非共同共有人共同行使该项撤销权。

本条中可以请求受赠人返还赠与财产的撤销权不是指所有的撤销权,而是指特定情况下的任意撤销权和法定撤销权。

(1)因任意撤销权的行使期间是在赠与合同生效后至赠与财产的权利转移之前,故行使任意撤销权一般不存在财产问题,只有当赠与人将财产交付受赠与人后,而财产权利尚未发生转移时,赠与人行使撤销权的,才会产生财产返还的问题,一般见于所有权以变更权利登记为要件的不动产或其他财产权益的赠与合同之中。例如不动产,机动车、船舶等特殊动产或者上市公司的股权等其他财产权益。

(2)法定撤销权对财产的交付或者权利转移没有要求,故只有涉及财产返还的法定撤销权才是本条主要规范的范畴。

本条中规定的返还赠与财产的范畴,主要系指财产权利的转移。而不仅仅是赠与财产的转移占有。

本条中规定的返还赠与的财产,不仅指赠与时给予的财产,还包括赠与财产所产生的孳息以及财产的替代价值。例如,赠与人撤销赠与的房屋,那么受赠与人应将接受赠与的房屋及该房屋交付后产生的房租一并返还。如果受赠的房屋已被拆迁,则受赠人应当将受赠房屋的拆迁款及该房屋交付后至拆迁前产生的房租一并返还。

实务问题

1. 赠与财产贬值时的返还责任

(1)自然贬值,因正常使用自然损耗等原因产生贬值的,受赠人只需要返还现有财产,不应承担受赠财产的贬值补偿责任。

(2)人为损坏,如果受赠人在发生法定撤销事由后存在故意毁坏等行为,应考虑其过错行为,由受赠人对受赠财产的贬损价值承担相应的补偿责任。

2. 赠与财产毁损灭失或权利无法转移时的返还责任

如果赠与财产属于特定物的话,在撤销权人行使撤销权时,该财产已毁损灭失或已善意转移给第三人时,受赠人已无法返还该特定物。注意,本条规定的是"可以"向受赠人请求返还赠与的财产。而不是"只能"请求返还赠与的财产。这时,撤销权人可以选择请求受赠人对毁损灭失不能返还或无法返还赠与财产进行折价补偿。

(编写人:冯　添)

法律条文

第六百六十六条　赠与人的经济状况显著恶化,严重影响其生产经营或者家庭生活的,可以不再履行赠与义务。

条文主旨

本条规定是关于赠与人不再履行赠与义务的法定情形,该规定的权利并非撤销赠与合同的权利,而是拒绝履行赠与合同的权利,可以称为"穷困抗辩权"。该规定必须符合三个条件:

(1)赠与合同已经成立,同时赠与财产的权利尚未完全转移。如果赠与财产的权利已经移转,赠与行为已经完成,自无拒绝履行权发生的问题。

(2)赠与人的经济状况显著恶化。所谓显著恶化,是指赠与合同成立之后,赠与人的经济状况出现明显恶化的状态。状态恶化的时间应当是在赠与合同成立之后,而不是成立之前。

(3)经济状况显著恶化达到严重影响其生产经营或者家庭生活的程度。就恶化程度而言,必须达到"显著"的程度。必须严重影响到生产经营或者家庭生活,在生产经营方面,经济恶化使生产经营停止或经常停止以致生产经营能力严重下降。在家庭生活方面,一般是赠与人难以抚养家庭成员,使生活状况急剧下降。

综上,符合上述条件的,无论赠与合同以何种方式订立,无论赠与的目的性质如何,赠与人可以不再履行尚未履行的赠与义务。

新旧法对比

《合同法》	《民法典》
第一百九十五条　赠与人的经济状况显著恶化,严重影响其生产经营或者家庭生活的,可以不再履行赠与义务。	【内容不变】第六百六十六条

理解与适用

本条规定应主要对赠与人"经济状况显著恶化"和"严重影响其生产经营或者家庭生活"的把握。赠与人的经济状况显著恶化是本条适用的前提。实践中,要结合具体赠与合同的类型,注意审查赠与人的经济状况显著恶化的时间和原因,来对严重影响赠与人生产经营或者家庭生活程度作出相应的裁判。

(1)赠与人经济状况显著恶化应当发生在赠与合同成立之后。对于一般的赠与合同,如果在赠与合同成立之前,赠与人的经济状况已经显著恶化,赠与人实际上并不具备赠与能力,赠与人可以在赠与财产权利转移前撤销赠与。而对于经过公证的赠与合同或者依法不得撤销的具有救灾、扶贫、助残等公益、道德义务性质的赠与合同,如果在赠与合同成立之前,赠与人明知经济状况已经显著恶化而进行赠与,此类行为严重违背诚信原则,受赠人可以要求赠与人履行赠与合同,赠与人主张拒绝履行抗辩权或者撤销权,不应得到支持。

(2)赠与人经济状况显著恶化,已经严重影响赠与人生产经营或者家庭生活。经济状况显著恶化,是指在赠与合同之后,赠与人的经济状况出现明显恶化的现象,如赠与人产品销售严重积压,负债显著增加。经济状况恶化是否显著,应当就实际发生的情形而分别分析。仅恶化还不够,还必须严重影响到生产经营或者家庭生活,如因经济状况恶化,生产经营停止或经常停止致生产能力严重下降等;严重影响到家庭生活,一般是致赠与人难以抚养家庭成员,生活状况急剧下降。

实务问题

《民法典》第 666 条规定的是赠与合同的法定解除权,而《民法典》第 663 条第 1 款规定:"受赠人有下列情形之一的,赠与人可以撤销赠与:(一)严重侵害赠与人或者赠与人近亲属的合法权益;(二)对赠与人有抚养义务而不履行;(三)不履行赠与合同约定的义务。"该规定属于赠与合同法定撤销权的适用情形。

赠与合同系一种无偿性合同,是赠与人对受赠人的一种施惠行为。赠与合同属于公证赠与或者具有救灾、扶贫、助残等公益、道德义务性质时,赠与人不享有任意撤销权而必须履行赠与合同。赠与人除了享有任意撤销权和法定撤销权保护自己外,同时还享有在法律规定的情形下,拒绝履行赠与义务,法定解除赠与合同的权利。只要符合赠与合同法定解除权的条件,赠与合同的法定解除权并不是只能适用于经过公证的赠与合同或者依法不得撤销的具有救灾、扶贫等社会公益、道德义务性质的赠与合同,在一般赠与合同中,如果赠与人并不愿意行使任意撤销权,可以选择行使赠与合同法定解除权。如果赠与人陷入经营困难,无力维持生产经营或者难以维系生活抚养义务,强制履行赠与合同,显然不近人情,有违法律公平合理原则。为了更好地保护赠与人的合法权益,从立法者的角度同意赠与人不再履行赠与义务。

在司法实务中,应注意赠与合同的法定撤销权与赠与合同的法定解除权的区别:一是性质不同。赠与的法定撤销权系赠与人在法定情形下撤销赠与的权利,是形成权的一种;赠与合同的法定解除权则是法律赋予赠与人在财产状况显著恶化陷入穷困时享有的一种抗辩权。二是溯及力不同。赠与合同的法定撤销有溯及效力,赠与人可以请求受赠人返还已经发生转移的赠与物,而法定解除则不能。三是目的不同。赠与合同的法定撤销的目的主要是针对受赠人"忘恩负义"的行为而实施惩戒,而赠与合同的法定解除的目的主要在于帮助陷入困境之中的赠与人。

(编写人:马　闯)

第十二章　借款合同

法律条文

第六百六十七条　借款合同是借款人向贷款人借款，到期返还借款并支付利息的合同。

条文主旨

本条是关于借款合同定义的规定。借款人向贷款人借款，贷款人向借款人提供借款。借款人、贷款人是借款合同的相对合同主体，借款、期限、利息是借款合同的三个重要内容，提供借款、返还借款、支付利息是借款合同中的三个重要法律行为。

新旧法对比

《合同法》	《民法典》
第一百九十六条　借款合同是借款人向贷款人借款，到期返还借款并支付利息的合同。	【内容不变】第六百六十七条

理解与适用

借款合同是《民法典》合同编中的典型合同，既适用于民间借贷，也适用于金融机构贷款。

实务问题

相较《合同法》，《民法典》在自然人之间借款合同的成立和生效、高利放贷、利息约定方面有重大变动。在实务中应按照《民法典》及最高人民法院修订的司法解释的规定把握好借款合同具体内容。

（编写人：刘德光）

法律条文

第六百六十八条　借款合同应当采用书面形式，但是自然人之间借款另有约定的除外。

借款合同的内容一般包括借款种类、币种、用途、数额、利率、期限和还款方式等条款。

条文主旨

本条明确了借款合同设立的内容以及形式，在没有特殊约定的情况下，必须要以书面形式签订借款合同，在借款合同中要明确内容。

新旧法对比

《合同法》	《民法典》
第一百九十七条　借款合同采用书面形式，但自然人之间借款另有约定的除外。 借款合同的内容包括借款种类、币种、用途、数额、利率、期限和还款方式等条款。	第六百六十八条　借款合同应当采用书面形式，但是自然人之间借款另有约定的除外。 借款合同的内容一般包括借款种类、币种、用途、数额、利率、期限和还款方式等条款。

理解与适用

本法条明确了借款合同设立的内容以及形式，在没有特殊约定的情况下，必须要以书面形式签订借款合同，在借款合同中要明确以下内容：(1)借款种类也就是借款的性质；(2)借款币种，确认借款时人民币还是某种外币；(3)借款用途指借款使用的目的，是否为转款专用；(4)借款数额确认的是借款金额，不包括总金额以及分批支付借款时，每一次借款金额；(5)借款利率，确认双方借款关系的利息；(6)借款期限，明确借款期间，利息的计算期间，还款期间，以明确诉讼时效的起始时间。

实务问题

(1)在实务中，如仅存在转账凭证或汇款凭证，在没有借款合同的情况下，存在对主张的借款关系不予认定的风险。

(2)在实务中,如为明确借款利息,则对于主张利息的诉讼请求,存在不予认可的风险。

(3)对于借款合同中未约定借款期限的,诉讼时效从第一次追要借款时间起开始计算,若约定期限,则从到期之日起计算诉讼时效。

(编写人:栗子翔)

法律条文

第六百六十九条　订立借款合同,借款人应当按照贷款人的要求提供与借款有关的业务活动和财务状况的真实情况。

条文主旨

本条是关于借款人提供借款说明的义务的规定。为消除贷款人疑虑并保证借款合同的履行,法律规定在订立借款合同时,借款人应当按要求对与借款相关的真实情况进行说明,包括有关的业务活动和财务状况的证明。

新旧法对比

《合同法》	《民法典》
第一百九十九条　订立借款合同,借款人应当按照贷款人的要求提供与借款有关的业务活动和财务状况的真实情况。	【内容不变】第六百六十九条

理解与适用

借款合同的标的物是特殊的种类物——金钱,借款合同的成立与履行更直接地体现并影响合同当事人的经济状况与生产生活。因此,借款合同更加讲求合同双方遵守诚实守信原则,共同维护交易安全与稳定,为了保证借款事项的开展以及保障贷款人的回收利益,法律规定在订立借款合同时,借款人应当按照贷款人的要求提供与借款有关的业务活动和财务状况的真实情况。需要注意的是,借款人只有提供与借款相关的证明的义务,贷款人不能随意要求借款人提供证明。

实务问题

例如,某养猪场为扩大养殖规模急需流转资金,欲向隔壁常年盈利的某食品公司借款。为与该养猪场保持良好的合作关系，某食品公司在核查经营状况与年度预算后愿意为养猪场提供借款。该食品公司的负责人为把控风险，在签订借款合同时要求该养猪场提供与扩建所需资金相关的业绩及近几年来养猪场的财务状况。养猪场如实提供了情况说明书，食品公司在确认养猪场无坏账、死账与呆账并评估了猪肉产业的前景后，与养猪场签订了合同，助力养猪场增大养殖规模，振兴双方的产业链。

（编写人：李　敏）

法律条文

第六百七十条　借款的利息不得预先在本金中扣除。利息预先在本金中扣除的，应当按照实际借款数额返还借款并计算利息。

条文主旨

本条是关于扣除利息的禁止性规定，出借人不得预先将借款利息在借款本金中扣除，否则，借款本金以实际借款金额为准。

新旧法对比

《合同法》	《民法典》
第二百条　借款的利息不得预先在本金中扣除。利息预先在本金中扣除的，应当按照实际借款数额返还借款并计算利息。	【内容不变】第六百七十条

理解与适用

本条中的“本金”可理解为按照借款合同的约定应当向借款人提供的金钱。借款合同的本质就是一方向另一方提供一定数额的借款，在合同约定的期限届满后，借款人需返还借款并支付利息。而预扣本金则违背借款合同的性质、功能。同时也加重了借款人的负担。

在实务中高利放贷的情况普遍存在。借贷双方约定高额利率，贷款人通过放贷获取高额利率。此时若贷款人提前扣除利息，则很难判断是否存在高利放贷的情况，对于借款人则十分不利。该款条文对于这种提前扣除利息的行为作出禁止性规定，若违反这一禁止性规定，则需以实际借款数额计算本金，切实地保障借款人的权益。

实务问题

借款的数额和利息是借款合同需要规定的主要内容，当事人在订立借款合同时一般要对借款数额和利息的多少及支付期限作出明确的约定。一般来说，借款利息是在借款期限届满时或者合同履行期间按照约定分批偿付给贷款人。但是，现实中有的贷款人为了确保利息的收回，在提供借款时就将利息从本金中扣除，造成借款人借到的本金实质上为扣除利息后的数额。为了解决借款实践中经常出现的问题，体现合同公平的原则，防止贷款人利用优势地位确定不平等的合同内容，本条明确规定，贷款人在提供借款时不得预先将利息从本金中扣除。

（编写人：薛苏阳）

法律条文

第六百七十一条　贷款人未按照约定的日期、数额提供借款，造成借款人损失的，应当赔偿损失。

借款人未按照约定的日期、数额收取借款的，应当按照约定的日期、数额支付利息。

条文主旨

本条是关于贷款人未按照约定提供借款及借款人未按照约定支取借款责任的规定。借款合同签订后，贷款人和借款人都应当按照约定严格履行合同义务。

对于贷款人来说，按照约定的日期、数额向借款人提供借款，是其主要义务。若贷款人不能按照约定的日期、数额提供借款，该种违约行为将损害借款人的合法利益，影响其对借款的使用（资金使用利益），若涉及生产规划，还可能影响整个资金的良性周转和循环。依据《民法典》相关规定，因一方履行合同义务不符合约定（违约）导致对方损失的，自然应当承担损害赔偿等责任。

对于借款人来说，收到借款后依合同约定还本付息是主要义务。因为借款合同最重要的本质特点就是“还本付息”，贷款人主要是通过收取利息来获得营利。而在贷款人依约发放借款后，借款人未按约定时间和数额收取借款，是对自己经济权利的处置行为，其放弃能够及时使用借款的经济利益，后果自然应当自己承担。从公平角度说,该放弃行为不能也不应损害无违约行为的贷款人。故借款人应按约定日期开始计息、付息。

新旧法对比

《合同法》	《民法典》
第二百零一条　贷款人未按照约定的日期、数额提供借款,造成借款人损失的,应当赔偿损失。 借款人未按照约定的日期、数额收取借款的,应当按照约定的日期、数额支付利息。	【内容不变】第六百七十一条

理解与适用

依据合同违约责任处理原则,违约方无权要求守约方承担相应责任。因自己违约行为或对自己权益处分,要求另一方“埋单”更无法得到法律支持。

实务问题

本条不适用自然人之间借款。依据《民法典》及民间借贷司法解释相关规定,自然人之间借款以借款人实际收到借款或控制相关账户支配权等情形时,合同才成立。故自然人之间借款的,出借人未提供借款或借款人未收到借款,合同不成立,自然没有赔偿损失的前提或支付利息的义务。

非自然人之间借款,往往是以企业为主体,一般情况下标的金额比较大、订立合同手续较为复杂,若不对双方违约行为进行明确规制,无法达到保护贷款人和借款人的逾期利益目的。

(编写人:魏　峰)

法律条文

第六百七十二条　贷款人按照约定可以检查、监督借款的使用情况。借款人应当按照约定向贷款人定期提供有关财务会计报表或者其他资料。

条文主旨

本条是关于贷款人有权检查监督借款使用情况以及借款人应当承担协助贷款人检查监督义务的规定。

新旧法对比

《合同法》	《民法典》
第二百零二条　贷款人按照约定可以检查、监督借款的使用情况。借款人应当按照约定向贷款人定期提供有关财务会计报表等资料。	第六百七十二条　贷款人按照约定可以检查、监督借款的使用情况。借款人应当按照约定向贷款人定期提供有关财务会计报表**或者其他资料**。

理解与适用

借款人与贷款人签订借款合同后,借款人的业务活动和财务状况会随着市场供求等因素不断变化,而这些变化会直接影响借款人的还贷能力。为了保证贷款人能够按照合同约定收回借款,借款合同成立后,贷款人需要对借款的使用情况行使监督权。因此,本条规定,贷款人和借款人可以在合同中约定,贷款人有权检查、监督贷款的使用情况。这样贷款人就能及时了解借款人的生产经营情况,以确定借款人偿还借款能力是否受到影响。

除了贷款人可以依照合同约定对借款人的借款使用情况进行检查、监督外,借款人还应当按照约定向贷款人定期提供有关的财务会计报表或者其他资料。这些资料包括财务及盈利计划,会计、统计报表、纳税凭证等。这些资料能真实地反映借款人生产经营及财务资信状况,有助于贷款人正确、全面地作出判断,以保护自己的合法权益。

实务问题

1. 案情简介①

2015 年 3 月 27 日,原告中国建设银行股份有限公司洪江区支行(以下简称建行洪江区支行)向被告怀化市洪江区华青彩印包装厂(以下简称华青彩印厂)提供 5,000,000 元授信额度供其使用。廖某为原告员工,经办这笔贷款业务。同日,原告与被告胡某签订《最高额抵押合同》,约定以被告胡某所有的房屋为被告华青彩印厂与原告签订的借款合同提供抵押担保,并办理了抵押登记。2015 年 3 月 30 日,原告与被告华青彩印厂签订《人民币流动资金贷款合同》,约定由原告向被告华青彩印厂借款 2,000,000 元,借款期限为 12 个月。同日,原告与被告胡某签订《自然人保证合同》,约定被告胡某对被告华青彩印厂的上述

① 湖南省洪江市人民法院(2017)湘 1291 民初 129 号。

借款提供连带责任保证。2015年3月31日,原告将2,000,000元贷款发放到被告华青彩印厂在原告处所开设的账户。

为了帮助湖南棓雅生物科技股份有限公司偿还到期贷款,原告工作人员廖某要求借被告贷款1,580,000元替湖南棓雅生物科技股份有限公司还贷,月底归还。被告同意。廖某虚构事实,利用其保管被告方公章印鉴的便利,制作假的《供需合同书》,将被告华青彩印厂账户中的贷款1,580,000元转账到曾某在原告处设立的账户上,用途为货款;当日,廖某从曾某账户中转账1,000,000元给湖南棓雅生物科技股份有限公司彭某,彭某将该笔钱款偿还了自己的贷款;同日,廖某又从曾某账户中转账500,000元给文某,用于偿还文某所欠原告的贷款;同日,廖某从曾某账户中支取现金80,000元。

被告华青彩印厂从2015年4月起至2016年3月止,每月向原告偿还贷款利息,未偿还贷款本金。至2016年5月20日止,被告华青彩印厂尚欠原告贷款本金2,000,000元、利息14,775.36元。

2. 法院认为

(1)被告华青彩印厂于本判决生效之日起三十日内向原告建行洪江区支行偿还借款本金1,167,300元及其利息(从2016年4月1日起至借款本金还清之日止,按《人民币流动资金贷款合同》约定的利率标准计算,息随本清);(2)原告建行洪江区支行对被告胡某的抵押物处置所得价款在本判决第1项范围内享有优先受偿权;(3)被告胡某对本判决第1项债务承担连带清偿责任;(4)驳回原告建行洪江区支行的其他诉讼请求。

3. 案件分析

该案原告与被告华青彩印厂、胡某签订的《人民币流动资金贷款合同》《最高额抵押合同》《自然人保证合同》,均系双方当事人的真实意思表示,且合法有效。根据《民法典》第509条规定,当事人应当按照约定全面履行合同义务。当事人应当遵循诚实信用原则,根据合同的性质、目的和交易习惯履行通知、协助、保密等义务。根据《民法典》第672条的规定,贷款人可以对贷款的使用进行检查和监督。但原告工作人员不但不对该笔贷款的用途进行检查和监督,反而利用其职务便利,制作假合同,将本次贷款中的1,580,000元用于合同约定外的其他用途,明显违反了法律规定。因本案被告华青彩印厂仅取得1,167,300元贷款本金的支配权,其余部分贷款一直由原告工作人员廖某占有和使用,故该案原告按照合同实际支付给被告华青彩印厂的贷款金额认定为1,167,300元较为公平。

(编写人:刘俊华)

法律条文

第六百七十三条　借款人未按照约定的借款用途使用借款的，贷款人可以停止发放借款、提前收回借款或者解除合同。

条文主旨

本条是关于未按借款合同约定的用途使用借款时贷款人的权利的规定。因为用途是借款合同的主要内容之一，是贷款人决定是否放贷、利息、期限等的重要考量因素，借款人若擅自改变借款用途，会使贷款人预期收益变得不确定，增加了贷款人风险，属于重大违约，因此贷款人有权停止发放借款、提前收回借款或者解除合同。

新旧法对比

《合同法》	《民法典》
第二百零三条　借款人未按照约定的借款用途使用借款的，贷款人可以停止发放借款、提前收回借款或者解除合同。	【内容不变】第六百七十三条

理解与适用

签订借款合同的借款，主要是在金融机构和贷款人之间进行的。在我国，金融机构的借款，依据的不仅仅是自由的市场经济规则，也受国家的宏观经济政策、信贷政策和产业政策调控，借款的用途与国家的经济政策有直接联系。确保借款按照约定的用途使用，是保障宏观调控措施得到有效实施的重要手段。因此，法律和行政法规中也一直将借款用途作为金融机构借款合同的重要内容作出规定。比如，《商业银行法》第35条第1款规定，商业银行贷款，应当对借款人的借款用途、偿还能力、还款方式等情况进行严格审查。第37条规定，商业银行贷款，应当与借款人订立书面合同。合同应当约定借款用途等其他事项。中国人民银行颁布的《贷款通则》中，第19条明确规定，借款人应当按借款合同约定用途使用贷款，并于第71条规定，不按借款合同规定用途使用贷款的，由贷款人对其部分或全部贷款加收利息；情节特别严重的，由贷款人停止支付借款人尚未使用的贷款，并提前收回部分或全部贷款。

自然人之间的借款，贷款人亦可在借款合同中约定借款用途；当借款人未依约使用借款时,贷款人可采取相应的措施来保护自己的权利。

实务问题

在由最高人民法院民法典贯彻实施工作领导小组主编的《中华人民共和国民法典合同编理解与适用》一书中已经提示,在审判实践中应注意以下四个问题:借款人未按约定的借款用途使用借款的,贷款人可以停止发放贷款,提前收回借款或者解除合同;在民间借贷合同中,当事人可以根据意思自治约定借款用途、借款期限及利息等内容;借款人改变借款用途,担保人不能因此免除担保责任;合同中笼统地承诺为"流动资金"借款提供担保而对借款用途加以限制的,不得因借款用途问题而主张免除担保责任。以上这几个问题是最高人民法院民法典贯彻实施工作领导小组发出的倡议,对审判程序更有指导意义。但是在实践过程中,对于当事人和代理人来说,适用本条的难点在于贷款人证明借款人并未将借款用于约定用途。

对于专业的金融机构或者与借款人关系并不紧密的贷款人而言,很难证明借款人并未按照约定用途使用借款。从以往案例来看,能够证明"未按约定适用借款"的,一般是与借款人关系密切的贷款人。比如,在霍某玉与孟某煦民间借贷纠纷案①中,原告系被告的岳母,双方签订的借款合同约定借款用于清偿银行贷款,后原告查明被告名下房屋仍然处于有抵押登记状态,因此确定被告并未将借款用于约定用途,起诉至法院最后获得法院的支持。而在上海康鹏化学有限公司等与郭某晓等民间借贷纠纷案②中,上诉人主张被上诉人并未按约使用借款,却未得到法院的支持,从而上诉请求被驳回。在实践中,法官还会审查借款合同中借款用途的书面约定是否是双方真实意思表示;如果有证据证明双方另有合意,法官可能会认可真实意思表示。如在闫某昶与绥中县农村信用合作联社借贷合同纠纷案③中,法院认为上诉人与被上诉人签订的《贷款合同》中以养猪贷款为名贷款 3 万元,但是实际是以新贷款还旧贷款的"以旧还新"借贷行为,上诉人在该合同上签字认可,并为被上诉人出具了借款收据,双方履行的贷款合同手续齐全。因此,对于上诉人的"被上诉人违反借款用途约定"的主张,法院不予支持。

(编写人:孙 斌)

① 北京市通州区人民法院(2018)京 0112 民初 34841 号。

② 上海市第一中级人民法院(2013)沪一中民四(商)终字第 S1952 号。

③ 辽宁省葫芦岛市中级人民法院(2015)葫民终字第 00671 号。

法律条文

第六百七十四条　借款人应当按照约定的期限支付利息。对支付利息的期限没有约定或者约定不明确，依据本法第五百一十条的规定仍不能确定，借款期间不满一年的，应当在返还借款时一并支付；借款期间一年以上的，应当在每届满一年时支付，剩余期间不满一年的，应当在返还借款时一并支付。

条文主旨

本条是对借款合同中，对利息支付时间的规定。第一，先看合同双方是否就支付利息的时间进行了约定，有约定从约定。第二，在没有约定或者约定不明时，可以采取另行达成补充协议或者以交易习惯确定。第三，仍旧不能确定的，以借款借期是否超过来确定支付利息的时间。

新旧法对比

《合同法》	《民法典》
第二百零五条　借款人应当按照约定的期限支付利息。对支付利息的期限没有约定或者约定不明确，依照本法第六十一条的规定仍不能确定，借款期间不满一年的，应当在返还借款时一并支付；借款期间一年以上的，应当在每届满一年时支付，剩余期间不满一年的，应当在返还借款时一并支付。	第六百七十四条　借款人应当按照约定的期限支付利息。对支付利息的期限没有约定或者约定不明确，依据本法第五百一十条的规定仍不能确定，借款期间不满一年的，应当在返还借款时一并支付；借款期间一年以上的，应当在每届满一年时支付，剩余期间不满一年的，应当在返还借款时一并支付。

理解与适用

借款合同中，利息支付的约定是重中之重。很多时候，利息支付也是借贷双方达成合意的主要原因。利息支付的合同约定清晰明确，对合同双方都是十分有益的。虽然从表面看来是保护出借人权益为先，但从贷款人角度来看，清晰的约定也有益于贷款人明确履行支付利息义务，避免因约定不明导致双方权益受损。

支付利息的约定主要包括两方面内容，一个是支付利息的金额，另一个是支付利息的方式。利息的金额一般有固定金额或者固定计算方式两种，也是借贷双方对于借款合同较为关注的部分。利息的支付时间较利息的金额来说,有时会被合同双方忽视。

依据本条规定,首先,依据意思自治原则,如果借贷双方已经在合同中作出了明确的约定,则按照双方约定的时间支付利息,例如较为多见的是每月、每年固定某一天支付利息。其次,如果双方没有约定或者约定了但是不明确,比如每年支付一次当年利息,每年的什么时候呢?年初或者年底?则按照《民法典》第510条的规定处理,即,双方协商另行达成补充协议,如果双方不能协商一致,则依据合同其他条款及交易习惯确定。例如,双方合同条款中提到,一次性支付上一年利息,则可以确定,利息应在借期满一年时支付。再如,双方虽然没有任何约定,但贷款方一直在每年六月支付利息,借款方收取利息也没有提出异议,那么双方已经形成了一种交易习惯,即每年六月期间支付利息。

如果双方既没有达成补充协议,又没有形成交易习惯,那么依据本条规定,首先确定借期是否满一年。如果借款期间不满一年的,则利息应当在返还借款本金时随本金一并支付。如果借款期间超过一年的,则利息应当在借期每满一年时支付一次,当剩余期间不满一年时,利息应当在返还借款本金时随本金一并支付。

实务问题

无论是企业间融资还是个人间借贷,对于利息支付的时间,现在一般都有较为明确的约定。以确定具体的时间为常见。但往往借期较短的借款,当事人在签订借款合同时认为很快借款人就能够返还本金并支付利息,故没有约定利息支付时间。但实践中,有很多借款后因种种原因没有在短期内还款的情况,这时本条的规定就十分重要,可以为利息的支付和计算提供重要法律依据。

(编写人:吕亚楠)

法律条文

第六百七十五条　借款人应当按照约定的期限返还借款。对借款期限没有约定或者约定不明确,依据本法第五百一十条的规定仍不能确定的,借款人可以随时返还;贷款人可以催告借款人在合理期限内返还。

条文主旨

当事人合同约定还款期限的,借款人应按照合同约定期限返还借款。当事人未约定借款期限或者约定不明确的，依据本法第510条的规定确定，仍不能确定的，借款人可以随时返还；贷款人有权向借款人发出催告，要求借款人在合理期限内还款。

新旧法对比

《合同法》	《民法典》
第二百零六条　借款人应当按照约定的期限返还借款。对借款期限没有约定或者约定不明确，依照本法第六十一条的规定仍不能确定的，借款人可以随时返还；贷款人可以催告借款人在合理期限内返还。	第六百七十五条　借款人应当按照约定的期限返还借款。对借款期限没有约定或者约定不明确，**依据本法第五百一十条**的规定仍不能确定的，借款人可以随时返还；贷款人可以催告借款人在合理期限内返还。

理解与适用

本条是关于还款期限的规定。

还款期限是借款合同最主要的内容，当事人在订立借款合同时，应将还款期限、还款方式、利息、逾期还款违约金等在合同中作出明确规定。

但是在当事人对借款期限没有约定或者约定不明确的情况下，借款人何时返还借款？根据本条规定，首先应当根据本法第510条的规定确定，即当事人可以就还款期限一事进行协商，达成补充协议确定还款期限，不能达成补充协议的，可以按照当事人签订的合同有关条款或者当事人之间的交易习确定还款期限，根据以上规定仍不能确定还款期限的，借款人可以随时还款；贷款人有权向借款人发出催告，要求借款人在合理期限内还款。

实务问题

本条对贷款人催告借款人还款的“合理期限”未作出明确的规定，该合理期限由贷款人根据借款金额、借款人偿还能力等因素来确定。在发生纠纷时，司法机关亦可以根据具体的情况来确定“合理期限”或者判定贷款人确定的“合理期限”是否合理。

（编写人：张梦月）

法律条文

第六百七十六条　借款人未按照约定的期限返还借款的，应当按照约定或者国家有关规定支付逾期利息。

条文主旨

本条为借款人逾期返还借款的责任。对于逾期返还借款,计算逾期利息有约定的要按照合同约定或者按照国家有关规定进行支付逾期利息。

新旧法对比

《合同法》	《民法典》
第二百零七条　借款人未按照约定的期限返还借款的,应当按照约定或者国家有关规定支付逾期利息。	【内容不变】第六百七十六条

理解与适用

(1)2020 年 8 月 20 日以后,本条中对于借款合同中约定的利息不得高于成立时一年期贷款市场报价利率四倍。("一年期贷款市场报价利率",是指中国人民银行授权全国银行间同业拆借中心自 2019 年 8 月 20 日起每月发布的一年期贷款市场报价利率)

(2)对于逾期利息问题:根据《民间借贷规定》第 28 条第 1 款规定:借贷双方对逾期利率有约定的,从其约定,但是以不超过合同成立时一年期贷款市场报价利率四倍为限。

未约定逾期利率或者约定不明的,人民法院可以区分不同情况处理:第一,既未约定借期内利率,也未约定逾期利率,出借人主张借款人自逾期还款之日起参照当时一年期贷款市场报价利率标准计算的利息承担逾期还款违约责任的,人民法院应予支持;第二,约定了借期内利率但是未约定逾期利率,出借人主张借款人自逾期还款之日起按照借期内利率支付资金占用期间利息的,人民法院应予支持。

实务问题

(1)在民间借贷过程中,不仅要约定借款利息,同时也要在借款合同中对于逾期利息进行约定。

(2)金融借款合同纠纷中要注意逾期利息计算基数,因贷款人主张的逾期利息已高于正常借款利息,已具有违约惩罚性质,故不应以此为基数再行计收复利。

(编写人:宋　立)

法律条文

第六百七十七条　借款人提前返还借款的，除当事人另有约定外，应当按照实际借款的期间计算利息。

条文主旨

本条是关于借款人提前偿还借款的规定。

在借款合同中，一般对偿还借款的期间都有明确的规定，借款人应当按照约定履行合同。但是有的情况下，因生产经营状况或者其他情况发生了变化，借款人在合同履行期间不需要所借的资金，出现借款人提前偿还借款的情况。根据本条规定，对于提前还款应当按照以下原则确定双方的权利和义务：首先，当事人在合同中对提前还款有约定的，按照约定确定是否经贷款人同意及利息如何计算等问题。其次，当事人在合同中对提前还款没有约定的，提前还款不损害贷款人利益的，可以不经贷款人的同意，利息按照实际借款期间计算；提前还款损害贷款人利益的，贷款人有权拒绝借款人提前还款的要求。贷款人同意提前还款的，等于贷款人同意变更合同的履行期，因此。借款人应当按照变更后的期间向贷款人支付利息。

新旧法对比

《合同法》	《民法典》
第二百零八条　借款人提前偿还借款的，除当事人另有约定的以外，应当按照实际借款的期间计算利息。	第六百七十七条　借款人提前返还借款的，除当事人另有约定外，应当按照实际借款的期间计算利息。

理解与适用

提前返还借款的利息，如果当事人有约定，按照约定处理；如果没有约定，应当按照实际借款的期间计算利息。

实务问题

1. 案情简介①

被告李某汉于2015年2月3日向原告借款，并向原告出具借条一份，载明：今借到李某荣现金壹佰万元整。月息2分。原告李某荣同日通过银行转账方式

① 江苏省丰县人民法院(2020)苏0321民初4178号。

向被告分两次各转账50万元。后被告于2015年8月3日向原告出具利息结算书一份,载明:2015年2月3日至8月3日欠利息壹拾万元整。月息2分。2015年8月1日,被告李某汉再次向原告借款,并出具借条一份,载明:今借到郑某坤现金壹拾万元整。月息2分。被告借款后,分别于2018年11月偿还5万元,2018年12月偿还5万元,2019年6月偿还3万元,2019年8月偿还2万元,2019年9月偿还5万元,共计偿还20万元。另查明,原告李某荣与郑某坤系夫妻关系。

2. 法院认为

合法的民间借贷应受法律保护,借贷双方当事人应当按照协议约定履行义务。根据原告提供的借条、借记卡账户历史明细清单及原被告陈述,可以确认被告李某汉向原告借款,且尚欠本金110万元的事实,原告主张的超出部分,本院不予支持。借款人提前偿还借款的,除当事人另有约定的以外,应当按照实际借款的期间计算利息。对于被告偿还的20万元是本金还是利息问题,原被告各执一词,根据相关法律规定,被告偿还的20万元应视为100万元借款的利息(10个月的利息),再结合被告2015年8月3日出具的结算利息书,即被告已偿还2016年1月3日前100万元借款的利息。故对于原告主张的利息问题,本院根据借条上的约定、法律规定及原告陈述,支持100万元的利息,以100万元为基数按照年利率24%自2016年1月3日起计算至2020年8月20日,此后利息按照全国银行间同业拆借中心公布的贷款市场报价利率(LPR)的四倍15.4%计算至实际偿还止;支持10万元的利息,以10万元为基数,按照年利率24%自2015年8月3日起计算至2020年8月20日,此后利息按照全国银行间同业拆借中心公布的贷款市场报价利率(LPR)的四倍15.4%计算至实际偿还止。对于原告主张的10万元利息转本金问题,因原被告约定的利率已为年利率24%,再计算复息超过法律规定,故对原告该主张本院不予支持。

3. 案件分析

在约定利息的借款合同中,借款人支付的利息通常是根据借款期限确定的,借款人提前还款意味着缩短了借款期限,出借人同意的,则意味着借贷双方将原借款期限进行了变更,借款人只要按照实际借款期间支付利息即可。

(编写人:吕佳怡)

法律条文

第六百七十八条　借款人可以在还款期限届满前向贷款人申请展期;贷款人同意的,可以展期。

条文主旨

展期是指"把预定的日期往后推迟或延长"。本条的意思是：在征得贷款人同意的情况下，延长原借款的期限，使借款人能够继续使用借款。

新旧法对比

《合同法》	《民法典》
第二百零九条　借款人可以在还款期限届满之前向贷款人申请展期。贷款人同意的，可以展期。	【内容不变】第六百七十八条

理解与适用

（1）借款展期实际上是对原合同履行期限的变更，因此应当以贷款人同意为前提，并在贷款期限届满前提出申请。

（2）对于金融机构为借款人的借款合同，借款人未申请展期或申请展期未获批准的，其贷款从到期日次日起，转入逾期贷款账户。

实务问题

（1）保证人不同意借款展期的展期协议对其不发生效力，但是原保证合同继续有效。

借款人与贷款人之间的展期协议应当视为对原合同的变更，那么对于未经保证人书面同意的合同变更行为，对其不应产生效力。但是，保证人仍然应当对原合同承担保证责任。

（2）未经赋予强制执行效力公证的展期协议不具有强制执行力，债权人起诉的，人民法院应予受理。

展期协议由于已经对借款合同的金额、还款期限、利率等重要条款进行了重新约定，是一份新的协议。新的协议未经公证机关进行强制执行效力的公证，因此其不具备强制执行的效力。债权人向人民法院就相关债务提起诉讼的，人民法院应当依法予以受理。

（编写人：顾吉欣）

法律条文

第六百七十九条　自然人之间的借款合同，自贷款人提供借款时成立。

条文主旨

自然人之间的借款合同为实践合同，如自然人之间仅签订了借款合同，但未发生实际提供借款行为，依据本条规定，该合同暂不成立。

新旧法对比

《合同法》	《民法典》
第二百一十条　自然人之间的借款合同，自贷款人提供借款时生效。	第六百七十九条　自然人之间的借款合同，自贷款人提供借款时**成立**。

理解与适用

《民法典》之所以作此调整，是因为要区别对待自然人之间的借款合同和金融机构作为主体的借款合同，金融机构作为主体的借款合同为诺成合同，即贷款人与借款人达成书面协议，该合同即视为成立。而自然人之间的借款合同为实践合同，如双方仅签字确认，该合同尚不足以成立，贷款人必须实际向借款人提供借款，该合同才能依据法律规定成立。因此，如果自然人之间仅签订了借款合同，但贷款人并未实际向借款人提供借款，因合同尚未成立，此种情况下，借款人不能依据双方之间的借款合同请求贷款人向其履行提供借款的义务。

实务问题

实践中，该规定一方面可以减轻贷款人必须提供借款的责任，另一方面也减少了自然人之间借款产生的纠纷。

至于贷款人向借款人提供借款的形式，法律没有硬性规定，只要贷款人实际向借款人提供了借款本金即可，形式不限于现金、银行转账、票据等。

（编写人：李　岗）

法律条文

第六百八十条　禁止高利放贷，借款的利率不得违反国家有关规定。

借款合同对支付利息没有约定的，视为没有利息。

借款合同对支付利息约定不明确，当事人不能达成补充协议的，按照当地或者当事人的交易方式、交易习惯、市场利率等因素确定利息；自然人之间借款的，视为没有利息。

条文主旨

本条是关于借款利率和利息的规定。

新旧法对比

《合同法》	《民法典》
第二百一十一条 自然人之间的借款合同对支付利息没有约定或者约定不明确的，视为不支付利息。 自然人之间的借款合同约定支付利息的，借款的利率不得违反国家有关限制借款利率的规定。	第六百八十条 **禁止高利放贷，借款的利率不得违反国家有关规定。** 借款合同对支付利息没有约定的，视为**没有**利息。 借款合同**对**支付利息**约定不明确，当事人不能达成补充协议的，按照当地或者当事人的交易方式、交易习惯、市场利率等因素确定利息；自然人之间**借款**的，视为没有利息。**

理解与适用

本条第1款是对借款利率的规定。主要在于借贷利息必须受到法律严格限制，不能违反国家相关法律及监管规定。本条第2款是对借款合同未约定利息的规定。本条第3款是对借款合同利息约定不明确时的执行规则。

实务问题

1. 关于第1款

自1991年以来，民间借贷的利率的上限为"同期贷款利率的四倍"；2015年最高人民法院发布了《民间借贷规定》，其中第26条规定了民间借贷利率的"两线三区"标准，即"借贷双方约定的利率未超过年利率24%，出借人请求借款人按照约定的利率支付利息的，人民法院应予支持。借贷双方约定的利率超过年利率36%，超过部分的利息约定无效。借款人请求出借人返还已支付的超过年利率36%部分的利息的，人民法院应予支持。"

"两线三区"是近年来民间借贷利率的裁判依据，但很多意见提出，该标准过高。立法过程中，一直允许民间借贷利率略高于银行利率，原意是旨在促进民间资金灵活高效流通，一定程度上推动经济发展。但实践中，如果过高支持民间借贷利率，不仅挫伤实体经济积极性，还会扰乱金融秩序，客观上助推非法借贷的形成。近年来，出现了大量非法金融、非法放贷、"套路贷"、"校园贷"等问题，已经显现了民间借贷领域的突出问题。

为解决民间借贷产生的大量负面问题，2019年《全国法院民商事审判工作会议纪要》第53条明确职业放贷的民间借贷合同应当无效；2019年4月9日，最高人民法院、最高人民检察院、公安部、司法部联合发布的《关于办理黑恶势力刑事案件中财产处置若干问题的意见》中也提到了对非法民间借贷的处理。

《民法典》颁布生效后，《民间借贷规定》历经两次修正，将民间借贷利率的上限定为“合同成立时一年期贷款市场报价利率四倍”；适用时间标准为“2020年8月20日之后新受理的一审民间借贷案件，借贷合同成立于2020年8月20日之前，当事人请求适用当时的司法解释计算自合同成立到2020年8月19日的利息部分的，人民法院应予支持；对于自2020年8月20日到借款返还之日的利息部分，适用起诉时本规定的利率保护标准计算”。

将民间借贷利率上限定为“合同成立时一年期贷款市场报价利率四倍”，是对“两线三区”标准的下调。该调整相应地降低了融资成本，长远效果还有待观察，但能够一定程度上降低民间借贷的热度，有利于控制民间融资的发展与交易秩序。

2. 关于第2款

相较于《合同法》第211条，最大区别是本款将没有约定支付利息的借贷情形，拓展到全部类型，而《合同法》的规定只局限于自然人之间。即根据本款约定，只要借款合同没有约定支付利息，就一律视为没有利息。

法律拟制统一标准，有利于指引当事人的行为、统一裁决结果，客观上有助于维护社会和经济秩序。

3. 关于第3款

在借款合同实践中，基于订立合同的不严谨性、借款双方的亲密关系等原因，确实存在一些利息约定不明的情形。

首先，基于合同“意思自治”原则，当事人可以就利息问题重新协商，如果能达成补充协议的，遵照补充协议执行。

其次，如果不能达成补充协议的，本法第142条及第510条之规定，按照订立合同时“所使用的词句，结合相关条款、行为的性质和目的、习惯以及诚信原则，确定意思表示的含义”，来确定利息。

最后，还可以依据本法第511条第2项的规定，按照订立合同时履行地的市场价格履行；依法应当执行政府定价或者政府指导价的，依照规定履行，以此最终确定借款合同的利息计付标准。实践中,可以以订立借款合同时贷款市场报价利率予以确定。

至于自然人之间的借款,则与前述不同。第3款最终确认,自然人之间如约定不明确的,“视为没有利息”。

（编写人:王　崇）

第十三章　保证合同

第一节　一般规定

法律条文

第六百八十一条　保证合同是为保障债权的实现，保证人和债权人约定，当债务人不履行到期债务或者发生当事人约定的情形时，保证人履行债务或者承担责任的合同。

条文主旨

本条是关于保证合同的含义的规定。

新旧法对比

《担保法》	《民法典》
第六条　本法所称保证，是指保证人和债权人约定，当债务人不履行债务时，保证人按照约定履行债务或者承担责任的行为。	第六百八十一条　**保证合同是为保障债权的实现**，保证人和债权人约定，当债务人不履行到期债务**或者发生当事人约定的情形时**，保证人履行债务或者承担责任的合同。

理解与适用

（1）保证人是指在债务人不履行到期债务或者发生约定的情形时，具有代为清偿债务能力的人。根据法律规定，保证人的范围必须是债务人以外的第三人，债务人不得为自己提供保证。

（2）保证人可以是法人、自然人或者是其他组织。但是有一些机构不得担任保证人。国家机关法人不得担任保证人，学校、幼儿园、医院等以公益为目的的非营利单位、非法人组织的社会团体不得担任保证人。企业法人的分支机构、职能部门也不能担任保证人。但是企业法人的分支机构如果有法人书面授权的，可以在授权范围内提供保证。

(3)债权人要求保证人代为清偿债务或者履行义务的情形可以是债务人不履行到期债务，也可以是发生了债权人与债务人、保证人之间约定的承担保证责任的情形。如债务人债务虽然未到期，但是债权人有充分证据证明债权人已不可能继续履行主债务或明显缺乏履行债务的能力，保证合同中已约定该种情形下，债权人为保护自己的债权，防止债务人与保证人串通转移财产，按照保证合同的约定，可以要求保证人承担保证责任。

实务问题

1. 案情简介①

1995年10月13日，青海省格尔木市昆仑城市信用社(以下简称昆仑信用社)柴达木路服务站(以下简称服务站)通过海南财茂贸易有限公司(以下简称海南财茂公司)借给海南大信集团海口投资有限公司(以下简称大信投资公司)300万元，由海口市大信城市信用社(以下简称大信信用社)担保，借款期限一年。当月25日海南财茂公司向大信投资公司转账200万元，另100万元经大信投资公司同意转给其他公司。1996年12月31日，中国人民银行青海省分行批准服务站升格为格尔木市柴达木城市信用合作社(以下简称柴达木信用社)。1997年4月17日，在中国人民银行格尔木市支行的见证下，昆仑信用社与柴达木信用社签署交换协议书，约定：昆仑信用社将原借给大信投资公司本金300万元及利息1,022,598.11元，自移交之日起交给接管方柴达木信用社。同年6月2日，昆仑信用社、柴达木信用社、大信投资公司、大信信用社四方起草一份合同书，内容为：1995年10月25日由昆仑信用社借给大信投资公司人民币300万元，并由大信信用社提供不可撤销的还款担保；现因服务站已升格为柴达木信用社，根据当地人民银行规定，昆仑信用社须将大信投资公司的债务移交柴达木信用社，并负责以后的清收工作；该笔本息已逾期一年有余，因大信投资公司资金周转困难，大信信用社又未能代为履行偿还责任，为切实解决好上述问题，经四方共同友好协商，一致达成如下协议：合同签订后，柴达木信用社一次性给付大信投资公司贷款416万元整，大信投资公司委托柴达木信用社偿还昆仑信用社

① 最高人民法院(2000)经终字第159号。

300万元本金及所欠利息116万元；此贷款期限为半年，利率为月息10.69‰，仍由大信信用社对该贷款本息提供不可撤销的还款担保；借款到期后，大信投资公司必须按期归还或由大信信用社代为履行偿还责任。柴达木信用社、大信投资公司、大信信用社三方在合同上加盖了公章，借款方大信投资公司还加盖了总经理秦某松的名章，担保人大信信用社的代表人毛某敏签字。同日，柴达木信用社、大信投资公司、大信信用社签订格柴信贷字第97003号借款合同，约定：大信投资公司借款416万元，月息10.69‰；借款时间自1997年6月2日起至12月1日止，大信信用社承担连带偿还本息的保证责任，借款方不按期偿还借款，加收罚息20%并按逾期天数每天按欠款总额万分之五计收违约金。大信信用社同时向柴达木信用社出具一份还款担保书，承诺：保证按时归还借款方在该借款合同项下不能按期偿还的借款本息；本担保书自担保方签发日起生效，至偿还借款方全部所欠借款本息和费用时自动失效；同意在接到贷款方书面通知后7日内代为偿还借款方所欠借款本息。柴达木信用社还出具了发放416万元贷款的借款借据，该借据盖有大信投资公司的财务专用章和法定代表人秦某松的名章。

大信投资公司未能按时偿还416万元借款。1997年12月26日，柴达木信用社以柴城信字(97)第012号致函担保人大信信用社，请求其督促大信投资公司尽快还本付息。大信信用社此时已被海南发展银行兼并，更名为海南发展银行大信支行（以下简称大信支行）。1998年1月8日，大信支行将柴城信字(97)第012号公函电传给柴达木信用社，其上载有大信支行行长毛锐敏的批示："已收到，请与投资公司商量，能还则还点，不能还要与该社协商能否延期，我行担保不变。"此后，柴达木信用社索款未果，遂于1998年6月19日向青海省高级人民法院提起诉讼，请求判令被告大信投资公司、大信信用社归还借款本金416万元及利息583,308.18元，支付违约金117,301.98元，其他损失14万元和全部诉讼费用。另外，1998年6月21日经国务院批准，中国人民银行关闭了海南发展银行，成立了关闭海南发展银行清算组（以下简称海发行清算组）。

另查明，1995年12月28日，大信投资公司付青海省石油管道处经销部利息款78,750元；1996年2月9日，付给海南财茂公司利息款5249.99元；同年4月18日付给李某兰（海南财茂公司）利息款15,528.36元；同年11月12日又支付给海南财茂公司20,000元；上述四笔给付合计119,258.35元。

青海省高级人民法院经审理认为，1997年6月2日大信投资公司、大信信用社与柴达木信用社签订的借款合同及保证合同，是在解决大信投资公司原欠昆仑信用社借款的基础上形成的,三方在合同上盖章签名,且原大信信用社负责人亦承认,该主从合同是在三方意思表示真实的基础上形成的,应属有效合同,被告海发行清算组以该公司实际未发放贷款不承认合同效力的辩称不能成立,该院不予采纳;大信投资公司应当按合同约定承担归还本息和承担违约金的责任,合同约定违约金和罚息属双重计取违约金,大信投资公司责任过重,故欠款总额20%的罚息可不再计收,由于本案合同实际系在解决原欠借款问题的基础上形成的,故原告诉求经济损失本院亦不予支持;本案借款合同及不可撤销担保书明确约定保证人大信信用社承担的是连带责任保证,原告在索款无着及时主张权利的基础上向人民法院提起诉讼,被告海发行清算组以未约定保证期间、收案时间已超过保证期间六个月的主张不能成立,该院不予支持,被告大信投资公司、海发行清算组应当按照合同的约定履行自己的义务。该院根据《民法通则》第111条、第134条第1款第8项,《经济合同法》第5条、第6条、第26条,《担保法》第6条、第13条、第18条、第21条、第31条,《民事诉讼法》第130条之规定,判决:(1)海南大信集团海口投资公司在该判决生效之日起十日内向青海省格尔木市柴达木城市信用合作社偿还借款416万元及合同约定计算的利息,并承担欠款总额自逾期之日起每日万分之五的违约金。(2)关闭海南发展银行清算组对上述责任承担连带责任,承担责任后有权向海南大信集团海口投资公司追偿。一审案件受理费35,013.15元和财产保全费25,523.05元,由被告海南大信集团海口投资公司负担,关闭海南发展银行清算组承担连带责任。

海发行清算组不服青海省高级人民法院上述民事判决,提起上诉。

2. 法院认为

该案416万元借款合同是柴达木信用社和大信投资公司为清理原有债权债务而重新达成的协议,大信信用社自愿为此提供还款担保;三方的协议内容不违反法律规定,其意思表示真实、明确,应为有效。海发行清算组关于该笔贷款没有实际发放、原审认定416万元续借合同实属不当的上诉理由,法院不予支持。1995年12月28日至1996年11月12日,大信投资公司偿付青海省石油管道处经销部、海南财茂公司四笔利息款共计119,258.35元,均发生在1997年6月2日签订的416万元借款合同之前,且没有证据证明是偿还416万元借款的利息,故海发行清算组提出大信投资公司已偿还近12万元利息的主张,法院亦不予支持。保证人大信信用社在其出具的还款担保书中,没有明确约定其保证方式,应认定其按连带责任保证承担保证责任。该担保书因载明"自担保方签发日起生效,至偿还借款方全部所欠借款本息和费用时自动失效",属于对保证期间约定不明,保证期间为主债务履行期届满之日起二年,即 1997 年 12 月 3 日起至 1999 年 12 月 2 日止。该案债权人柴达木信用社在此保证期间内主张债权,海发行清算组的保证责任不能免除。另外,原大信支行于 1998 年 1 月 8 日向柴达木信用社承诺其“担保不变”,属于重新提供连带责任保证。因此,即使该保证期间按 6 个月计算(保证期间为 1998 年 1 月 9 日至同年 7 月 8 日,原审法院于 1998 年 6 月 19 日受理此案),海发行清算组的保证责任同样不能免除。故上诉人海发行清算组关手请求免除其保证责任的上诉理由,没有事实及法律依据,本院不予采纳。该案事实清楚,证据充分,原审法院适用法律基本正确。但原审判决判令按万分之五给付逾期违约金不当,应按中国人民银行不同时期规定的逾期付款违约金标准分段计付。根据《民事诉讼法》第 135 条第 1 款第 1、2 项之规定,判决如下:(1)维持青海省高级人民法院(1998)青经初字第 14 号民事判决第一项“海南大信集团海口投资公司向青海省格尔木市柴达木城市信用合作社偿还借款 416 万元及按合同约定计算的(期内)利息”和一审案件受理费、财产保全费承担部分;(2)变更原审判决第一项“逾期违约金”部分为:海南大信集团海口投资公司应偿付青海省格尔木市柴达木城市信用合作社 416 万元借款的逾期违约金(自 1997 年 12 月 3 日起至实际给付之日止,按中国人民银行不同时期规定的逾期付款违约金分段计付);(3)变更原审判决第二项为:关闭海南发展银行清算组对上述一、二项承担连带清偿责任;承担责任后有权向海南大信集团海口投资公司追偿。本案应付款项于本判决送达之日起十日内付清,逾期支付按《民事诉讼法》第 232 条规定办理。

(编写人:冯梦旦)

法律条文

第六百八十二条　保证合同是主债权债务合同的从合同。主债权债务合同无效的,保证合同无效,但是法律另有规定的除外。

保证合同被确认无效后,债务人、保证人、债权人有过错的,应当根据其过错各自承担相应的民事责任。

条文主旨

本条是关于保证合同的从属性以及保证合同无效后如何承担民事责任的规定。

新旧法对比

《担保法》	《民法典》
第五条　担保合同是主合同的从合同，主合同无效，担保合同无效。担保合同另有约定的，按照约定。 担保合同被确认无效后，债务人、担保人、债权人有过错的，应当根据其过错各自承担相应的民事责任。	第六百八十二条　保证合同是主债权债务合同的从合同。主债权债务合同无效的，保证合同无效，但是法律另有规定的除外。 保证合同被确认无效后，债务人、保证人、债权人有过错的，应当根据其过错各自承担相应的民事责任。

理解与适用

（1）明确"保证合同是主债权债务合同的从合同"，即保证合同最重要的从属性——效力的从属性；

（2）将"担保合同另有约定的，按照约定。"修改为"但是法律另有规定的除外"。

实务问题

（1）独立保函不是本条款所调整的保证合同，符合《最高人民法院关于审理独立保函纠纷案件若干问题的规定》中开立的独立保函，不是主合同的从合同，其效力独立于主合同。

（2）独立保函外独立保证的效力：保证合同中双方当事人关于排除合同从属性的约定无效。

（3）保证合同无效后各方责任的承担：按照《民法典担保制度解释》第17条规定："主合同有效而第三人提供的担保合同无效，人民法院应当区分不同情形确定担保人的赔偿责任：（一）债权人与担保人均有过错的，担保人承担的赔偿责任不应超过债务人不能清偿部分的二分之一；（二）担保人有过错而债权人无过错的，担保人对债务人不能清偿的部分承担赔偿责任；（三）债权人有过错而担保人无过错的，担保人不承担赔偿责任。主合同无效导致第三人提供的担保合同无效，担保人无过错的，不承担赔偿责任；担保人有过错的，其承担的赔偿责任不应超过债务人不能清偿部分的三分之一。"

（编写人：石菲菲）

法律条文

第六百八十三条　机关法人不得为保证人，但是经国务院批准为使用外国政府或者国际经济组织贷款进行转贷的除外。

以公益为目的的非营利法人、非法人组织不得为保证人。

条文主旨

首先关于机关法人，《民法典》第 97 条规定："有独立经费的机关和承担行政职能的法定机构从成立之日起，具有机关法人资格，可以从事为履行职能所需要的民事活动。"从这条规定可以看出，提供担保并非"为履行职能所需要的民事活动"，因此，机关法人不得为保证人。但根据实务来说，存在接受外国政府和国际经济组织贷款进行转贷的情况。针对这种情况，目前我国已经形成了独特的还款以及担保方式：中央政府将筹措到的外国政府或者国际经济组织贷款转贷给项目使用，同时要求地方政府委托其计划财务管理部门向中央政府提供还款担保，保证向中央政府偿还所用的贷款，中央政府和地方通过这种担保，共同维护国家偿还外债的信誉。因此，只要接受的贷款是外国政府或者国际经济组织提供的，并且经国务院批准，机关法人可以为担保人。

其次关于非营利法人，《民法典》第 87 条规定："为公益目的或者其他非营利目的成立，不向出资人、设立人或者会员分配所取得利润的法人，为非营利法人。非营利法人包括事业单位、社会团体、基金会、社会服务机构等。"关于非法人组织，《民法典》第 102 条规定："非法人组织是不具有法人资格，但是能够依法以自己的名义从事民事活动的组织。非法人组织包括个人独资企业、合伙企业、不具有法人资格的专业服务机构等。"

特别强调"以公益为目的"，是因为保证不属于"公益"，如果以公益为目的的非营利法人、非法人组织从事了保证这类非"公益"的民事活动，则违背了设立这类法人的初衷，故应予以禁止。

新旧法对比

《担保法》	《民法典》
第八条　国家机关不得为保证人，但经国务院批准为使用外国政府或者国际经济组织贷款进行转贷的除外。	第六百八十三条　**机关法人**不得为保证人，**但是**经国务院批准为使用外国政府或者国际经济组织贷款进行转贷的除外。

续表

《担保法》	《民法典》
第九条 学校、幼儿园、医院等以公益为目的的事业单位、社会团体不得为保证人。	**以公益为目的的非营利法人、非法人组织不得为保证人。**

理解与适用

适用本条需注意:第一,登记为营利法人的学校、幼儿园、医疗机构等不适用该条款规定;第二,机关法人提供担保无效;第三,以公益为目的的非营利性法人提供担保无效;第四,以公益为目的的非营利性法人组织担保无效;第五,营利法人、不以公益为目的的非营利法人、不以公益为目的的非法人组织都可以作为保证人。

实务问题

在马鞍山中加双语学校等诉新时代信托有限公司金融借贷公司案①中,最高人民法院对中加双语学校是否符合《担保法》第9条保证人主体资格法律要件进行了论述:"营利性法人区别于非营利性法人的重要特征,不是'取得利润'而是'利润分配给出资人'。中加双语学校章程明确了出资人暂不收取回报,新时代信托公司也未举证证明中加双语学校通过修改章程,报审批机关批准后收取回报。新时代信托公司以民办学校收取费用和合理回报认为中加双语学校具有营利性,本院不予支持。《中华人民共和国担保法》第九条规范目的是因学校、幼儿园、医院等以公益为目的的事业单位、社会团体直接为社会公众服务,如果作为保证人而最终履行保证责任,势必直接影响社会公共利益。民办非企业单位与事业单位的举办资金来源不同,但均有可能是以公益为目的的,故不能以民办非企业单位并非事业单位、社会团体而当然排除《中华人民共和国担保法》第九条的法律适用。"

尽管该案例确认了中加双语学校不具备担保人资格,《还款协议书》中约定中加双语学校为中加投资公司的借款提供连带责任担保的条款无效。但是并未因此而判决中加双语学校不承担任何责任。最高人民法院认为"新时代信托公司作为专业从事信托业务的金融机构明知或应知以公益为目的的民办学校不能作为保证人,而中加双语学校作为民办学校明知或应知不能对外提供担保,双方

① 最高人民法院(2017)最高法民终297号。

均存在过错且过错程度相当。根据当事人的过错程度,酌定中加双语学校责任范围为中加投资公司不能清偿部分的 1/2。"

这个案例肯定了非营利法人不得为保证人,但是在非营利法人明知或应知其不能对外提供担保,却仍签订担保条款的,主观上存在过错,应承担部分赔偿责任。《民法典》虽然对《担保法》内容进行了修改,但是本条的立法精神是一致的,所以该案例仍具有参考价值。

(编写人:孙　微)

法律条文

第六百八十四条　保证合同的内容一般包括被保证的主债权的种类、数额,债务人履行债务的期限,保证的方式、范围和期间等条款。

条文主旨

本条是关于保证合同主要内容的规定。

《担保法》第 15 条规定,保证合同应当包括以下内容:被保证的主债权种类、数额;债务人履行债务的期限;保证的方式;保证担保的范围;保证的期间;双方认为需要约定的其他事项。现将"应当"二字删去改为"一般包括"更尊重民法的意思自治原则。

新旧法对比

《担保法》	《民法典》
第十五条　保证合同应当包括以下内容: (一)被保证的主债权种类、数额; (二)债务人履行债务的期限; (三)保证的方式; (四)保证担保的范围; (五)保证的期间; (六)双方认为需要约定的其他事项。 保证合同不完全具备前款规定内容的,可以补正。	第六百八十四条　保证合同的内容**一般包括**被保证的主债权的种类、数额,债务人履行债务的期限,保证的方式、范围和期间等条款。

理解与适用

保证合同的内容，依照意思自治原则，应当由当事人自行约定。当事人在订立保证合同时，一般包括以下条款：

(1)被保证的主债权的种类、数额，如被保证的债权是银行贷款，具体数额是多少。

(2)债务人履行债务的期限，决定保证责任的开始时间，关系到保证期间的计算。

(3)保证的方式，即承担的保证责任是一般保证还是连带责任保证。

(4)保证的范围，即在主债权的何种范围内承担保证责任，如是否包括因债务人违约产生的违约责任或其他为实现主债权债务产生的费用等。

(5)保证期间，即保证人在保证责任开始后应当在何期间承担保证责任，关系到债权人向保证人主张保证责任的效力。

实务问题

随着社会经济快速发展，交易方式越发复杂多变，保证的方式也不再局限于简单传统的模式，保证合同中保证条款的描述也越发多样，但判断保证合同的成立与生效，应尊重当事人的意思自治，不应局限地将《担保法》列举的内容限定为保证合同必须具备的条款。

(编写人：石　双)

法律条文

第六百八十五条　保证合同可以是单独订立的书面合同，也可以是主债权债务合同中的保证条款。

第三人单方以书面形式向债权人作出保证，债权人接收且未提出异议的，保证合同成立。

条文主旨

本条合并了《担保法》第 13 条、第 93 条、《担保法解释》第 22 条第 1 款的内容。保证合同强调为书面要式合同，即保证合同既可以是单独订立的书面合同，也可以是书面订立的主债权债务合同中的保证条款。另根据《民法典》第 140 条的规定，行为人可以明示或者默示作出意思表示。沉默只有在有法律规定、当事人约定或者符合当事人之间的交易习惯时，才可以视为意思表示。

新旧法对比

《担保法》	《民法典》
第十三条　保证人与债权人应当以书面形式订立保证合同。 第九十三条　本法所称保证合同、抵押合同、质押合同、定金合同可以是单独订立的书面合同，包括当事人之间的具有担保性质的信函、传真等，也可以是主合同中的担保条款。	第六百八十五条　保证合同可以是单独订立的书面合同，也可以是主债权债务合同中的保证条款。 第三人单方以书面形式向债权人作出保证，债权人接收且未提出异议的，保证合同成立。

理解与适用

本条已明确法律规定第三人单方以书面形式向债权人作出保证的，债权人接受且未提出异议的，保证合同成立。本条法律规定是增加了债权人在默示同意时的权利，对其债权的实现增加了保障。

实务问题

1. 案情简介①

李某向徐某借款，刘某口头愿意做保证人，但并未以法律规定的书面形式明确其作为保证人。一审法院认定刘某为保证人，但因债权人未在保证期间内向保证人主张保证责任，从而免除其保证责任。事后，李某不服一审判决，上诉至二审法院。二审法院根据《民法典》第685条的规定，认为刘某未通过书面形式明确其作为保证人，故没有认定刘某为保证人。

2. 法院认为

上诉人徐某的上诉请求不能成立，一审法院认定事实清楚，适用法律不当，但裁判结果正确，本院依法予以维持。依照《民事诉讼法》第170条第1款第1项的规定，判决如下：驳回上诉，维持原判。

3. 评析

本案的焦点在于刘某自己口头承认同意担保，原告提交的录音显示其愿意做保证人，但并没有以法律规定的书面形式作出担保的意思表示情况下，保证合

① 江苏省常州市中级人民法院(2020)苏04民终4753号。

同是否成立。二审法院严格适用《民法典》第685条，认为其口头的自认，不符合法律规定的书面形式要件，担保合同不能成立。虽然《民法典》第490条第2款规定法律、行政法规规定或者当事人约定合同应当采用书面形式订立，当事人未采用书面形式但是一方已经履行主要义务，对方接受时，该合同成立。但保证合同中争议的发生往往存在于保证合同履行之前。因此在实务中一定要注意，如有保证人的加入，一定要以法律规定的书面形式签订书面保证合同，或提供书面保证。

（编写人：黄海健）

法律条文

第六百八十六条　保证的方式包括一般保证和连带责任保证。

当事人在保证合同中对保证方式没有约定或者约定不明确的，按照一般保证承担保证责任。

条文主旨

保证的方式被分为一般保证和连带责任保证。一般保证是指当事人在保证合同中约定，在债务人不能履行债务时，保证人承担保证责任的保证。连带责任保证是指当事人在保证合同中约定保证人与债务人对债务承担连带责任的保证。这两种保证之间最大的区别在于保证人是否享有先诉抗辩权。在一般保证的情况下，保证人享有先诉抗辩权，即一般保证的保证人在就债务人的财产依法强制执行仍不能履行债务前，对债权人可以拒绝承担保证责任。而在连带责任保证的情况下，保证人不享有先诉抗辩权，即连带责任保证的债务人在主合同规定的债务履行期届满没有履行债务的，债权人可以要求债务人履行债务，也可以要求保证人在其保证范围内承担保证责任。

新旧法对比

《担保法》	《民法典》
第十六条　保证的方式有： （一）一般保证； （二）连带责任保证。 第十九条　当事人对保证方式没有约定或者约定不明确的，按照连带责任保证承担保证责任。	第六百八十六条　保证的方式包括一般保证和连带责任保证。 当事人在保证合同中对保证方式没有约定或者约定不明确的，按照**一般保证**承担保证责任。

理解与适用

法律规范随着时代的发展而改变，在过去，基于《担保法》制定时的社会制度、环境因素的考量，保证责任约定不明的一律推定按照连带责任方式处理，体现了对债权人的强保护。《民法典》彻底修改了《担保法》第19条的规定，民法典最终选择回归民法传统，使当事人之间没有特别约定或者约定不明时，以一般保证来处理。此举既是对目前国家优化营商环境需要的回应，也是对债权人、保证债务人利益在法律技术层面的平衡。同时，本条是任意性规范，如果当事人选择加强对债权实现的保护时，可以特别约定保证人的保证方式为连带责任保证。连带责任保证需要特别约定，相当于是否承担连带保证责任需要经过保证人同意，避免保证人因不懂法律而使自己落入一个相当不利的境地；而精通法律的商事主体没有这一问题，如有需求，自然会约定为连带责任保证。

实务问题

从比较法上来看，在承认一般保证和连带责任保证区分的立法例中，绝大部分国家均规定在没有约定或者约定不明确时，按照一般保证承担保证责任，即承认保证人有先诉抗辩权是常态，而优先选择连带责任保证的立法例较为少见。

从司法实践中来看，没有约定或者约定不明确的按照连带责任保证承担保证责任的方式在司法实践中已经引发一定程度的混乱。实践中，尤其是在民间借贷的案件中，很多当事人是出于人情关系为他人的借款提供保证，但因为债权人实现自己的债权时首先考虑的是债务人还是保证人的财产更有利于执行的问题，所以很可能出现主债务人下落不明或有财产但不便执行时，债权人直接请求保证人履行保证责任而非请求债务人履行债务的情况，这样导致保证人本来只是基于人情关系为他人提供保证，但最终主债务人的财产未被执行而保证人的财产先被执行。而相对于主债务人而言，保证人的财产往往更容易被执行或变现，这样使得保证人可能落入一个相当不利的境地。另外，当保证人承担保证责任之后，又需要保证人向主债务人追偿，很可能导致保证人与主债务人之间人情关系破裂。没有如此强的履行债务必要性的保证人履行了债务的主要部分，同时又恶化了保证人与主债务人之间的关系，引发了很多现实中的混乱。

从公平原则来看，连带责任是一种加重责任，对于承担连带保证责任的当事人较为严厉，对于这种加重责任，原则上应当由当事人约定或者基于极为特殊的考虑，否则动辄让当事人承担连带保证责任也是不公平的。

从现实情况来看，推定保证人承担连带责任，对于实体经济影响较大，实践中因推定连带保证责任,导致“连环债”“三角债”较多,一家企业倒闭,多家企业倒闭的现象不断出现,对企业正常的生产经营和整体经济造成了较大负面影响。

（编写人:孙天瑶）

法律条文

第六百八十七条　当事人在保证合同中约定,债务人不能履行债务时,由保证人承担保证责任的,为一般保证。

一般保证的保证人在主合同纠纷未经审判或者仲裁,并就债务人财产依法强制执行仍不能履行债务前,有权拒绝向债权人承担保证责任,但是有下列情形之一的除外:

(一)债务人下落不明,且无财产可供执行;

(二)人民法院已经受理债务人破产案件;

(三)债权人有证据证明债务人的财产不足以履行全部债务或者丧失履行债务能力;

(四)保证人书面表示放弃本款规定的权利。

条文主旨

本条是关于一般保证和先诉抗辩权的规定。在一般情况下,在债务人不能履行债务时,保证人在主合同纠纷未经审判或者仲裁,并就债务人财产依法强制执行仍不能履行债务前,有权拒绝向债权人承担保证责任。但本条规定了债权人可以直接要求一般保证人承担责任的四种特殊情形。

(1)债务人下落不明,且无财产可执行。这里的下落不明证明标准与宣告失踪和宣告死亡的要求不太一样,这里的下落不明要求没有那么严格,只要债权人经催告后无法联系上债务人即可予以证明。但同时债权人还要证明债务人没有财产可供执行,二者需同时存在,缺一不可。

(2)人民法院已经受理债务人破产案件。本条要求需是人民法院受理,一般理解如果法院只是进行表面审查予以立案而非进行实体审理,不能称为受理破产案件,因此法院决定受理的时间段非常重要。

(3)债权人有证据证明债务人的财产不足以履行全部债务或者丧失履行债务的能力。在这种情况下,需要债权人证明的标准较高,一般理解债权人应提供权威部门出具的书面材料予以证明债务人的财产状况。

(4)保证人书面表示放弃本款规定的权利。就是说保证人有权主动放弃抗辩的权利,但一般来说要以书面的形式明示放弃。

新旧法对比

《担保法》	《民法典》
第十七条　当事人在保证合同中约定,债务人不能履行债务时,由保证人承担保证责任的,为一般保证。一般保证的保证人在主合同纠纷未经审判或者仲裁,并就债务人财产依法强制执行仍不能履行债务前,对债权人可以拒绝承担保证责任。有下列情形之一的,保证人不得行使前款规定的权利: (一)债务人住所变更,致使债权人要求其履行债务发生重大困难的; (二)人民法院受理债务人破产案件,中止执行程序的; (三)保证人以书面形式放弃前款规定的权利的。	第六百八十七条　当事人在保证合同中约定,债务人不能履行债务时,由保证人承担保证责任的,为一般保证。 一般保证的保证人在主合同纠纷未经审判或者仲裁,并就债务人财产依法强制执行仍不能履行债务前,**有权拒绝向债权人承担保证责任**,但是有下列情形之一的除外: **(一)债务人下落不明,且无财产可供执行;** **(二)人民法院已经受理债务人破产案件;** **(三)债权人有证据证明债务人的财产不足以履行全部债务或者丧失履行债务能力;** **(四)保证人书面表示放弃本款规定的权利。**

理解与适用

本条是关于一般保证和先诉抗辩权的规定。所谓一般保证,是指当事人在保证合同中约定,债务人不能履行债务时,由保证人承担保证责任的保证。所谓先诉抗辩权,是指在主合同纠纷未经审判或者仲裁,并就债财务人财产依法强制执行仍不能履行债务前,保证人对债权人可以拒绝承担保证责任。其原理是保证合同是主债权债务合同的从合同,是对主债权进行的担保。主债务是主债务人自己的债务,是主债务人本来应当履行的债务,该债务是第一位债务,该债务首先应当由主债务人自己履行。只有在主债务人不履行到期债务或者发生当事人约定的情形时,保证人才应当履行债务或者承担责任。否则保证人只承担第二位的保证责任。因此,法律赋予一般保证人先诉抗辩权。

但是,如果有证据证明债务人本身没有财产或财产不足以履行全部债务或者丧失履行能力,从实质效果考虑,这时应剥夺一般保证人的先诉抗辩权。因此,本条第 2 款规定了 4 种例外情形:(1)债务人下落不明,且无财产可供执行;(2)人民法院受理债务人破产案件;(3)债权人有证据证明债务人的财产不足以履行全部债务或者丧失履行债务能力;(4)保证人书面表示放弃本款规定的权利。

实务问题

债权人能否在诉讼中将债务人和一般保证人列为共同被告一并提起诉讼。

在一般保证中,保证合同之诉与主合同之诉并非必要的共同诉讼,人民法院不能强行将一般保证人与债务人列为共同被告。但是,如果债权人同时起诉债务人与一般保证人,若基于先诉抗辩权而一味不将其列为共同诉讼人,无疑会加大债权人的诉讼成本,无故增加诉累。一般保证人是享有先诉抗辩权,但将一般保证人列为被告并判定其承担责任与先诉抗辩权并不矛盾,到对债务人的财产依法强制执行后仍不能履行债务之时,方由一般保证人承担责任。

对此,《民法典担保制度解释》第 26 条规定:一般保证中,债权人一并起诉债务人和保证人的,人民法院可以受理,但是在作出判决时,除有《民法典》第 687 条第 2 款规定的情形外,应当在判决书主文中明确,保证人仅对债务人财产依法强制执行后仍不能履行的部分承担保证责任。该条文规定为“可以”受理,而不是“应予”受理,可见对于是否受理并未作出强制性规定。笔者认为,应当依据第 26 条的规定予以受理,这样做既做到保证诉讼效率,又能有效防止对债权人及一般保证人造成损害。

(编写人:兰 波)

法律条文

第六百八十八条　当事人在保证合同中约定保证人和债务人对债务承担连带责任的,为连带责任保证。

连带责任保证的债务人不履行到期债务或者发生当事人约定的情形时,债权人可以请求债务人履行债务,也可以请求保证人在其保证范围内承担保证责任。

条文主旨

本条是对连带责任保证的规定,规定了连带责任保证的含义以及实现连带责任保证的情形和条件。

新旧法对比

《担保法》	《民法典》
第十八条　当事人在保证合同中约定保证人与债务人对债务承担连带责任的，为连带责任保证。 连带责任保证的债务人在主合同规定的债务履行期届满没有履行债务的，债权人可以要求债务人履行债务，也可以要求保证人在其保证范围内承担保证责任。	第六百八十八条　当事人在保证合同中约定保证人和债务人对债务承担连带责任的，为连带责任保证。 连带责任保证的债务人**不履行到期债务或者发生当事人约定的情形时**，债权人可以请求债务人履行债务，也可以请求保证人在其保证范围内承担保证责任。

理解与适用

所谓连带责任保证，是指债务人在债务履行期届满时未履行债务或者发生当事人约定的情形时，债权人既可以请求债务人履行债务，也可以请求保证人在其保证范围内履行保证责任的保证方式。

根据《民法典》的规定，连带责任保证只能通过明确约定的书面方式设立，如果当事人没有约定保证方式或者对保证方式约定不明确，则只能认定为一般保证，而不能认定为连带责任保证。

连带责任保证与一般保证都属于保证的具体形态，都具有从属性，但连带责任保证与一般保证存在以下区别：第一，有无先诉抗辩权。连带责任保证中，保证人不享有先诉抗辩权，保证人与债务人之间负有共同连带责任。但一般保证中，保证人享有先诉抗辩权，其在债权人就债务人的财产依法强制执行仍不能履行债务前，有权拒绝承担保证责任。第二，当事人法律地位不同。连带责任保证人的地位类似于债务人，而一般保证中保证人承担的是第二位的责任。

实务问题

因连带责任保证中，保证人与债务人的地位是平等的，保证人不享有先诉抗辩权。因此在司法实践中，只要债务履行期届满或者约定的情形出现，债务人未履行债务的，无论债务人是否有履行能力，债权人均有权直接向保证人请求履行保证债务，保证人则必须承担保证责任。

需要明确的是，连带责任保证属于不真正连带债务。虽然债权人有权选择债务人或者保证人承担责任，但最终责任仍是由债务人承担，即保证人承担了保证责任之后，有权对债务人进行追偿。

（编写人：姜　曼）

法律条文

第六百八十九条　保证人可以要求债务人提供反担保。

条文主旨

本条是关于保证人要求债务人提供反担保的规定。

新旧法对比

《担保法》	《民法典》
第四条　第三人为债务人向债权人提供担保时，可以要求债务人提供反担保。 反担保适用本法担保的规定。	第六百八十九条　**保证人可以要求债务人提供反担保。**

理解与适用

所谓反担保是指债务人或第三人向担保人作出保证或设定物的担保，在担保人因清偿债务人的债务而遭受损失时，债务人向担保人作出清偿。

反担保的请求人为提供担保的第三人，意在当第三人为债务人提供担保后，为了实现追偿权，因而才有必要要求债务人提供反担保。

反担保以本担保的存在为前提。

反担保的主要功能是为了保障担保人追偿权的实现，可以适用于各种担保形式，无论是人的保证还是物的担保，担保人都可以要求债务人提供反担保。根据《民法典》的规定，本担保都要求采取书面形式，反担保性质上依然是担保，也应当采取书面形式。

《民法典》本条规定的"债务人提供反担保"，既可以是债务人自己提供，也可以是债务人委托他人提供。反担保责任产生的前提就是担保人依约代替主债务人履行了合同或者承担了责任，其才能请求反担保人承担反担保责任。

实务问题

在司法实践中，关于反担保责任何时产生的问题，首先应依照反担保合同的约定，但有一点需要注意的是：担保人一定已经依约代替主债务人履行了合同或者承担了责任，其才能请求反担保人承担反担保责任。

（编写人：朱　丹）

法律条文

第六百九十条　保证人与债权人可以协商订立最高额保证的合同，约定在最高债权额限度内就一定期间连续发生的债权提供保证。

最高额保证除适用本章规定外，参照适用本法第二编最高额抵押权的有关规定。

条文主旨

本条是关于最高额保证的规定。

新旧法对比

《担保法》	《民法典》
第十四条　保证人与债权人可以就单个主合同分别订立保证合同，也可以协议在最高债权额限度内就一定期间连续发生的借款合同或者某项商品交易合同订立一个保证合同。	第六百九十条　保证人与债权人可以协商订立最高额保证的合同，约定在最高债权额限度内就一定期间连续发生的债权提供保证。 最高额保证除适用本章规定外，参照适用本法第二编最高额抵押权的有关规定。

理解与适用

最高额保证合同，是指保证人在最高债权额限度内为一定期间连续发生的债权提供的保证担保合同。最高额保证合同不同于普通保证合同。普通保证合同是指保证人与债权人约定，由保证人对实际发生的债权作担保。而最高额保证是指保证人与债权人约定，在最高债权额限度内由保证人对未来连续发生的债权作担保。与普通保证合同相比，最高额保证合同的主要特点在于：第一，最高额保证合同是为“将来”发生的债权作担保。第二，最高额保证合同所担保的债权数额在最高额限度内是“不确定的”。第三，最高额保证合同是对“将来一定期间连续发生的债权”作担保；普通保证合同是对已经存在的债权作担保，通常这些债权为一个独立的债权。

《民法典》第424条规定：“最高额抵押权除适用本节规定外，适用本章第一节的有关规定。”不仅如此，最高额保证的法律适用还包括七个方面的含义：第一，适用《民法典》合同编第二分编“典型合同”第十三章“保证合同”第一节“一般规定”的内容。第二，适用合同编第一分编“通则”的规定。第三，适用总则编的有关规定。第四,适用物权编第四分编“担保物权”第十七章第二节“最高抵押权”的规定。第五,适用物权编第四分编“担保物权”第十七章第一节“一般抵押权”的规定。第六,适用物权编第四分编“担保物权”第十六章的“一般规定”的规定。第七,适用物权编第一分编“通则”的规定。

实务问题

最高额保证合同所保证的债权额的确定问题:

通过决算期确定债权,所谓决算期,是指债权人与保证人在最高额保证合同中约定的确定保证的最高额债权数额的时间,它是当事人约定的据以将最高额保证的连续发生的债权数额特定化的期日,是最终确定最高额保证所担保的债权的实际数额的日期。一旦该决算期到来,已经发生的债权就应到该日截止,这样来计算保证人应当承担的债权总额。

如债权未到清偿期的情况,本条规定对所有债权均可设立最高额保证合同,而不限于《担保法》第14条规定的就一定期间连续发生的“借款合同或者某项商品交易合同”。在最高额保证合同所约定的期间内,债权人与债务人之间可以连续发生多笔债权。在决算期到来之后,如果债权都已届清偿期而债务人未清偿的,债权人自然可以要求保证人承担责任。但如果其中有一笔或者数笔债务未届清偿期,债权人可否要求保证人承担责任?在此情况下,债权人不能要求保证人承担保证责任,而只能在每一笔债务都到期后才能请求保证人承担责任。理由在于:所谓最高额保证所担保的债权的确定,是指因法定的事由或者约定债权确定期限届满,而使最高额保证所担保的债权特定化。决算期的目的在于确定最高额保证中担保债权的范围,但决算期届满只是使债权额得以确定,并不意味着债权就应当清偿,也不意味着保证人必须立即承担保证责任。在决算期内发生的债权,只要在最高限额内,保证人都应承担保证责任。但在此情形下,债权人能否向保证人实际主张保证责任的承担,应取决于各笔债权的清偿期是否届至。决算期到来后,对于清偿期仍未届满的债权,由于主债务履行期尚未届满,债权人不能向保证人主张承担保证责任。

(编写人:李若蒙)

第二节　保证责任

法律条文

第六百九十一条　保证的范围包括主债权及其利息、违约金、损害赔偿金和实现债权的费用。当事人另有约定的，按照其约定。

条文主旨

本条是关于保证人承担保证责任的范围的规定。保证责任的范围可以由保证人和债权人自由约定，如双方没有约定或者约定不明的，保证范围包括主债权及其利息、违约金、损害赔偿金和实现债权的费用。

新旧法对比

《担保法》	《民法典》
第二十一条第一款　保证担保的范围包括主债权及利息、违约金、损害赔偿金和实现债权的费用。保证合同另有约定的，按照约定。	第六百九十一条　保证的范围包括主债权及**其**利息、违约金、损害赔偿金和实现债权的费用。**当事人**另有约定的，按照其约定。

理解与适用

从债权人的角度出发，不对保证范围作特别约定，即可以保障其权利。

实务问题

在实务中，实现债权的费用一般包括律师费等在诉讼过程中发生的费用。但因律师费是否合理不好确定，有些法院会对该费用不予支持。

（编写人：马苗苗）

法律条文

第六百九十二条　保证期间是确定保证人承担保证责任的期间，不发生中止、中断和延长。

债权人与保证人可以约定保证期间，但是约定的保证期间早于主债务履行期限或者与主债务履行期限同时届满的，视为没有约定；没有约定或者约定不明确的，保证期间为主债务履行期限届满之日起六个月。

债权人与债务人对主债务履行期限没有约定或者约定不明确的，保证期间自债权人请求债务人履行债务的宽限期届满之日起计算。

条文主旨

本条是关于保证期间的规定。

保证期间，是确定保证人承担保证责任的期间。换言之，保证人只在保证期间内对其担保的主债务负保证责任，而于保证期间届满后，保证人不再负保证责任。保证期间只能为在保证人的保证责任发生后的一定期间，而不能是保证责任发生前的一定期间。保证期间是不变期间，不发生中止、中断、延长的情形。保证期间的确定，分为约定的保证期间和法定的保证期间。

（1）约定的保证期间。按照合同自由原则，双方当事人对于保证期间有约定的，按照约定的期间确定。约定的保证期间早于主债务履行期限或者与主债务履行期限同时届满的，视为没有约定。

（2）法定的保证期间。一般保证的保证人与债权人未约定保证期间或者约定不明确的，保证期间为主债务履行期限届满之日起6个月。连带责任保证的保证人与债权人未约定保证期间或者约定不明确的，债权人有权自主债务履行期限届满之日起6个月内要求保证人承担保证责任。债权人与债务人对主债务履行期限没有约定或者约定不明确的，保证期间自债权人要求债务人履行义务的宽限期限届满之日起计算。

对于一般保证，在合同约定的保证期间和法定的保证期间内，债权人未对债务人提起诉讼或者申请仲裁的，保证人免除保证责任。对于连带责任保证，在合同约定的保证期间和前款规定的保证期间内，债权人未要求保证人承担保证责任的，保证人免除保证责任。

新旧法对比

《担保法》	《民法典》
第二十五条　一般保证的保证人与债权人未约定保证期间的，保证期间为主债务履行期届满之日起六个月。	第六百九十二条　**保证期间是确定保证人承担保证责任的期间，不发生中止、中断和延长。**

续表

《担保法》	《民法典》
在合同约定的保证期间和前款规定的保证期间,债权人未对债务人提起诉讼或者申请仲裁的,保证人免除保证责任;债权人已提起诉讼或者申请仲裁的,保证期间适用诉讼时效中断的规定。 第二十六条　连带责任保证的保证人与债权人未约定保证期间的,债权人有权自主债务履行期届满之日起六个月内要求保证人承担保证责任。 在合同约定的保证期间和前款规定的保证期间,债权人未要求保证人承担保证责任的,保证人免除保证责任。	**债权人与保证人可以约定保证期间,但是约定的保证期间早于主债务履行期限或者与主债务履行期限同时届满的,视为没有约定;没有约定或者约定不明确的,保证期间为主债务履行期限届满之日起六个月。** **债权人与债务人对主债务履行期限没有约定或者约定不明确的,保证期间自债权人请求债务人履行债务的宽限期届满之日起计算。**

理解与适用

1. 保证期间的概念和特征

保证期间,又称"保证责任的存续期间""承担保证责任的期间",是指在保证合同的当事人之间约定,或者依据法律规定,保证人在此期限内才承担保证责任,超过该期限,保证人不再承担保证责任的期间,准确地说,保证期间是保证合同约定或者法律规定的保证债务的履行期限。具体而言,保证期间具有如下特征:

(1)保证期间是只有在该期间内债权人向债务人(一般保证人)或者保证人(连带责任保证)依法主张了权利,保证人才承担保证责任的期间。超过该期限,保证人不再承担保证责任。

(2)保证期间由当事人约定或者法律规定。保证期间与一般合同的履行期一样,当然可以由当事人约定。当事人没有约定或者约定不明确的,保证期间为主债务履行期限届满之日起 6 个月。关于 6 个月的法律规定,我们认为,主要考虑保证合同具有单务性、无偿性,为倾斜保护保证人的权利,因此规定了较短的期限,这样可以避免保证人承担过重的责任。

(3)保证期间是保证合同的组成部分。就像一般合同条款都包含履行期限一样,保证合同也不例外。保证期间与一般合同的履行期功能完全相同,因此,当然是保证合同的组成部分。

2. 保证期间的性质

我们认为,不对保证期间的性质进行归类,其既不属于除斥期间,也不属于诉讼时效期间,而是《民法典》规定的一种特殊期间。现有理论一般认为,就民法上的期间而言,要么是诉讼时效期间,要么是除斥期间,必须二选一,不存在除此之外的其他性质。现在看来,还存在这样的特殊期间,只是理论上对其名称还没有达成共识。

3. 保证期间的类型

保证期间的类型,可以分为约定的保证期间和法定的保证期间。债权人和保证人可以约定保证期间,但是约定的保证期间早于主债务履行期限或者与主债务履行期限同时届满的,视为没有约定。

4. 保证期间的起算点

保证期间的起算点,是指保证期间从何时开始起算。从原理上看,保证合同的当事人可以约定。但实务上,很少有当事人对此进行约定。当事人没有约定,应当从主债务人履行期限届满之日开始起算。如果主合同对主债务履行期限没有约定或者约定不明的,债务人可以随时履行,债权人也可以随时请求履行,但是应当给对方必要的准备时间,即给予宽限期。在宽限期届满之后,如果主债务人仍然未清偿主债务的,则应承担违约责任,此时保证人也应当承担保证责任,因此,宽限期届满之日,开始计算保证期间。

5. 保证期间不发生中止、中断和延长的问题

6. 保证期间届满的法律效果

保证期间届满的法律效果,是指在保证期间内,如果债权人没有依法主张权利,将导致保证责任消灭,债权人无权请求保证人承担保证责任。

实务问题

(1)《民法典担保制度解释》第 32 条规定:“保证合同约定保证人承担保证责任直至主债务本息还清时为止等类似内容的,视为约定不明,保证期间为主债务履行期限届满之日起六个月。”

(2)人民法院应当主动审查保证期间是否届满。保证期间届满后,将导致保证责任消灭。在此情况下,尽管主债务依然存在,但是债权人只能向主债务人请求清偿债务,而不能请求保证人承担保证责任。由此可见,保证期间和时效的区别在于,保证期间的届满会导致保证责任本身的消灭,而不像时效那样仅仅导致保证人抗辩权的产生。因此相比较而言,人民法院应当主动审查保证期间是

否届满。

（编写人：刘国照）

法律条文

第六百九十三条　一般保证的债权人未在保证期间对债务人提起诉讼或者申请仲裁的，保证人不再承担保证责任。

连带责任保证的债权人未在保证期间请求保证人承担保证责任的，保证人不再承担保证责任。

条文主旨

本条是关于债权人未依法在保证期间向保证人主张权利保证人不再承担担保责任的法律规定。

新旧法对比

《担保法》	《民法典》
第二十五条　一般保证的保证人与债权人未约定保证期间的，保证期间为主债务履行期届满之日起六个月。 在合同约定的保证期间和前款规定的保证期间，债权人未对债务人提起诉讼或者申请仲裁的，保证人免除保证责任；债权人已提起诉讼或者申请仲裁的，保证期间适用诉讼时效中断的规定。 第二十六条　连带责任保证的保证人与债权人未约定保证期间的，债权人有权自主债务履行期届满之日起六个月内要求保证人承担保证责任。 在合同约定的保证期间和前款规定的保证期间，债权人未要求保证人承担保证责任的，保证人免除保证责任。	第六百九十三条　一般保证的债权人未在保证期间对债务人提起诉讼或者申请仲裁的，保证人不再承担保证责任。 连带责任保证的债权人未在保证期间请求保证人承担保证责任的，保证人不再承担保证责任。

理解与适用

1. 本条删除了《担保法》第 25 条第 2 款“债权人已提起诉讼或者申请仲裁

的,保证期间适用诉讼时效中断的规定。”

(1)保证期间与诉讼时效关系的理解,债权人在保证期间内依法向主债务人(一般保证)主张权利或者向保证人(连带责任保证)主张保证责任的,保证期间使命完成。就一般保证而言,保证人在保证期间对债务人提起诉讼或者申请仲裁的,从保证人拒绝承担保证责任的权利消灭之日起,开始计算保证债务的诉讼时效,而不是《担保法》规定的保证期间适用诉讼时效中断的规定。就连带保证责任而言,债权人在保证期间请求保证人承担保证责任的,开始计算保证债务的诉讼时效。

(2)保证期间是法定的或约定的保证责任的存续期间。就一般保证而言,债权人应当在保证期间对债务人提起诉讼或者申请仲裁,就连带责任保证而言,债权人应当在保证期间请求保证人承担保证责任。保证期间届满,债权人未依法向主债务人(一般保证)主张权利或者向保证人(连带责任保证)主张保证责任的,保证人的保证责任归于消灭。此为保证期间与保证责任的正确关系。

2. 一般保证的债权人和连带责任保证的债权人行使权利的方式对保证人承担保证责任的影响

对于一般保证而言,因保证人享有先诉抗辩权,债权人必须在保证期间内通过对债务人提起诉讼或者申请仲裁的方式行使,否则,保证责任消灭,保证人不再承担保证责任。此时,如果债权人没有在保证期间内以对债务人提起诉讼或者仲裁的方式主张权利,而只是向债务人主张权利,因其行使权利的方式不符合《民法典》第 693 条第 1 款的规定,保证人的保证责任消灭。

但是,一般保证的债权人虽然未在保证期间内对债务人提起诉讼或者申请仲裁,但却在保证期间内向保证人主张了权利,保证人的保证责任是否消灭,如何理解?

根据《中华人民共和国民法典合同编理解与适用》的[①]观点可知,此时保证人应当行使先诉抗辩权。如果先诉抗辩权成立,那么保证人不再承担保证责任。因为根据《民法典》第 693 条规定,在保证期间内,只要一般保证的债权人未对债务人提起诉讼或者申请仲裁,保证人就不再承担保证责任,没有任何例外情况;如果先诉抗辩权不成立,即债权人有证据证明债务人或者保证人符合《民法典》第 687 条第 2 款规定的四种情形之一的,保证人的保证责任不消灭,但保证期间使命完成,从债权人主张权利之日起,开始计算保证债务的诉讼时效。而连

① 最高人民法院民法典贯彻实施工作领导小组主编:《中华人民共和国民法典合同理解与适用》(二),人民法院出版社 2020 年版,第 1351~1352 页。

带责任保证则不同,因连带责任保证的保证人不享有先诉抗辩权,因此债权人只有在保证期间内对保证人主张承担保证责任的,保证责任人才承担保证责任。否则,保证责任消灭,保证人不再承担保证责任。

3. 连带责任保证则对债权人在保证期间届满前向保证人提起诉讼或者申请仲裁请求其承担保证责任后,又撤回起诉或者撤回仲裁申请的,能否认定债权人在保证期间内向保证人主张了权利问题的理解

(1)根据《中华人民共和国民法典合同编理解与适用》的[①]观点可知,应分别情形处理:如果人民法院将起诉状副本或者仲裁机构将仲裁申请书副本送达保证人的,则应当认定债权人在保证期间对保证人主张了权利;如果人民法院没有将起诉状副本或者仲裁机构没有将仲裁申请书副本送达保证人的,则应当认定债权人在保证期间内没有对保证人主张权利。

(2)同时,最高人民法院于 2020 年 12 月 31 日颁布的《关于适用〈中华人民共和国民法典〉有关担保制度的解释》第 31 条对债权人撤回起诉或仲裁申请的保证责任进一步予以明确:"一般保证的债权人在保证期间内对债务人提起诉讼或者申请仲裁后,又撤回起诉或者仲裁申请,债权人在保证期间届满前未再行提起诉讼或者申请仲裁,保证人主张不再承担保证责任的,人民法院应予支持。连带责任保证的债权人在保证期间内对保证人提起诉讼或者申请仲裁后,又撤回起诉或者仲裁申请,起诉状副本或者仲裁申请书副本已经送达保证人的,人民法院应当认定债权人已经在保证期间内向保证人行使了权利。"即对不同情形予以了法律评价。

(3)《民法典》第 694 条第 2 款规定,连带责任保证的债权人在保证期间届满前"请求保证人"承担保证责任的,从债权人请求保证人承担保证责任之日起,开始计算保证债务的诉讼时效。该条强调的是"请求保证人"承担保证责任,而没有规定具体的请求方式。《民法典》本条规定的"请求保证人承担保证责任",其本来的含义应当包括债权人请求的意思表示到达保证人,或者人民法院或者仲裁机构将起诉状或者仲裁文书的副本发送保证人。也就是说,"请求保证人承担保证责任"的意思表示一定要到达保证人。再鉴于连带责任保证的债权人一旦在保证期间届满前"请求"保证人承担保证责任,保证期间的作用就已完成,诉讼时效制度开始发生作用,即保证债务的诉讼时效开始起算,故应视情形分别处理更合适。

---

① 最高人民法院民法典贯彻实施工作领导小组:《中华人民共和国民法典合同编理解与适用》,人民法院出版社 2020 年版,第 1352 页。

4. 一般保证的债权人在保证期间届满前对债务人提起诉讼或者申请仲裁,后又撤回起诉或者撤回仲裁申请的,保证人的保证责任是否消灭问题的理解

根据前述理由,如果人民法院将起诉状副本或者仲裁机构申请书副本发送债务人的,则应当认定债权人在保证的期间内对债务人依法主张了权利,保证人的保证责任不消灭;如果人民法院没有将起诉状副本或者仲裁机构没有将仲裁机构没有将仲裁申请书副本发送债务人的,则应当认定债权人在保证期间没有依法对债务人主张权利,保证人的保证责任消灭。需要说明的是,假设文书副本未发送债务人,但债权人撤回起诉或者撤回仲裁申请本身的行为,应当认定为债权人未在保证期间内对债务人提起诉讼或者申请仲裁,与法院或者仲裁机构未依法发送文书副本无关。

实务问题

1. 本条是关于债权人未依法在保证期间向保证人主张权利,保证人不再承担担保责任的法律规定

关于保证期间是否届满,债权人是否在保证期间内依法行使权利等案件事实及债权人未在保证期间内行使权利保证责任消灭相关法律行为的认定,《民法典担保制度解释》第 34 条进行了明确规定,“人民法院在审理保证合同纠纷案件时,应当将保证期间是否届满、债权人是否在保证期间内依法行使权利等事实作为案件基本事实予以查明。债权人在保证期间内未依法行使权利的,保证责任消灭。保证责任消灭后,债权人书面通知保证人要求承担保证责任,保证人在通知书上签字、盖章或者捺指印,债权人请求保证人继续承担保证责任的,人民法院不予支持,但是债权人有证据证明成立了新的保证合同的除外。”

关于《担保法》第 25 条第 2 款规定:“在合同约定的保证期间和前款规定的保证期间,债权人未对债务人提起诉讼或者申请仲裁的,保证人免除保证责任;债权人已提起诉讼或者申请仲裁的,保证期间适用诉讼时效中断的规定”和第 26 条第 2 款规定:“在合同约定的保证期间和前款规定的保证期间,债权人未要求保证人承担保证责任的,保证人免除保证责任”的相关司法审判主要集中在债权人行使保证责任权利的期限及方式上,保证期间适用诉讼时效中断的情形比较少见。因司法审判需要综合查清案件事实,且更注重保护债权保证等实体权利,以求真正解决诉争。

2. 典型案例

(1)案情简介①。

法院查明:2014 年 9 月 19 日,委托人国控投资与借款人衡水北方农药化工有限公司、受托人中国民生银行股份有限公司石家庄分行签订《公司委托贷款合同》《委托贷款业务委托书》《委托贷款通知书》。合同约定,由委托人提供资金,由受托人根据委托人确定的贷款对象、用途、金额、期限、利率等而代理发放、监督使用并协助收回的贷款,贷款风险由委托人承担,受托人只收取相应委托贷款手续费,不承担任何形式的贷款风险。中国民生银行股份有限公司石家庄分行依照国控投资的委托,发放贷款金额 5000 万元,贷款期限 2014 年 9 月 19 日至 2015 年 3 月 19 日,委托贷款年利率 18%。该合同 4. 3 条约定,如果借款人未按照本合同的约定偿还贷款本金,借款人须自该笔贷款逾期之日起按逾期罚息利率支付罚息,直至借款人清偿全部本息为止,逾期罚息利率为本合同约定的贷款利率上浮 50%。该合同 4. 5 条约定,对借款人未能按时支付的利息,受托人有权按照逾期罚息利率计收复利。《委托贷款业务委托书》又对委托人、受托人、借款人名称,贷款币种、金额及期限,贷款用途,贷款年利率等进行了明确。《委托贷款通知书》又对借款人名称、贷款金额、贷款期限进行了明确。

2014 年 9 月 18 日,债权人国控投资与保证人融投担保签订《保证合同》。合同约定,保证合同指向的主合同《公司委托贷款合同》,融投担保为衡水北方农药化工有限公司向国控投资的借款承担保证责任,保证方式为连带责任保证,保证范围为本金 5000 万元,保证期间为主债权期限届满之日起两年。

2014 年 9 月 19 日,中国民生银行股份有限公司石家庄分行出具了《单位借款凭证》,实际履行了付款义务。

2019 年 3 月 5 日,衡水北方农药化工有限公司破产管理人出具《证明》,证明在衡水北方农药化工有限公司破产案件中,原告国控投资已申报债权。经破产管理人审查确认,至 2015 年 3 月 20 日,衡水北方农药化工有限公司并未清偿原告国控投资的债务,尚欠国控投资本金 5000 万元,利息加罚息 2,238,533. 04 元,共计 52,238,533. 04 元。截至证明之日,衡水北方农药化工有限公司并未清偿上述债务。

河北省石家庄市平安公证处于 2015 年 6 月 5 日出具(2015)冀石平证经字第 929 号《公证书》,证明国控投资的委托代理人于某于 2015 年 6 月 1 日向河北融投担保集团有限公司衡水办事处邮寄《关于要求河北融投担保集团有限公司

① 河北省石家庄市中级人民法院(2017)冀 01 民初 623 号。

代为偿还借款的函》,该函中明确要求融投担保对《公司委托贷款合同》项下的借款本金及利息承担连带保证责任。该邮件回执显示,该邮件于2015年6月2日被本人签收。

河北省石家庄市平安公证处于2017年5月10日出具(2017)冀石平证经字第676号《公证书》,证明国控投资的委托代理人于某于2017年5月10日向河北融投担保集团有限公司衡水办事处邮寄《关于要求河北融投担保集团有限公司代为偿还借款的函》,该函中明确要求融投担保对《公司委托贷款合同》项下的借款本金及利息承担连带保证责任。2017年5月15日,融投担保向国控投资出具《回执》,证明国控投资向融投担保邮寄的《关于要求河北融投担保集团有限公司代为偿还借款的函》已收悉。

(2)法院认为。

委托人国控投资与借款人衡水北方农药化工有限公司以及受托人中国民生银行股份有限公司签订的《公司委托贷款合同》、债权人国控投资与保证人融投担保签订的《保证合同》,均是双方的真实意思表示,内容不违反法律、行政法规的强制性规定,合法有效,本院予以确认。

关于《公司委托贷款合同》是否履行的问题。合同签订后,受托人中国民生银行股份有限公司石家庄分行按照合同约定履行了放款义务。合同履行期届满,借款人衡水北方农药化工有限公司未依约履行还款义务。根据双方签订的《保证合同》,原告国控投资要求保证人融投担保按照合同约定承担连带保证责任,偿还《公司委托贷款合同》项下的借款本金的诉讼请求,事实清楚,证据充分,符合法律规定和合同约定。

关于国控投资是否在保证期间内要求保证人融投担保承担保证责任的问题。根据《担保法》第26条之规定,在合同约定的保证期间和前款规定的保证期间,债权人未要求保证人承担保证责任的,保证人免除保证责任。根据《担保法解释》第34条之规定,连带责任保证的债权人在保证期间届满前要求保证人承担保证责任的,从债权人要求保证人承担保证责任之日起,开始计算保证合同的诉讼时效。本案中,借款合同的期限为2014年9月19日至2015年3月19日,保证期间为主债权期限届满之日起两年,故本案的保证期间应至2017年3月20日。国控投资于2015年6月5日向融投担保主张,要求其承担连带保证责任,系在保证期间内要求保证人承担保证责任,保证人融投担保的保证责任不应免除。同时,诉讼时效的起算点自2015年6月5日计算,国控投资于2017年5月10日再次向融投担保发函,属于诉讼时效重新计算的情形。故保证人融投担保应当承担保证责任。

关于保证人融投担保应当承担保证责任的范围问题。原告国控投资主张保证人融投担保承担贷款本金5000万元及支付逾期利息及诉讼费用。根据双方签订的《保证合同》,《保证合同》对保证范围有明确约定,保证范围为主债权金额中的本金5000万元,不包括其他费用,故原告主张保证人对5000万元本金承担保证责任,予以支持,主张对逾期利息及实现债权的费用承担保证责任,不符合合同约定,不予支持。保证人承担保证责任后,有权向债务人追偿。

(编写人:周　尧)

法律条文

第六百九十四条　一般保证的债权人在保证期间届满前对债务人提起诉讼或者申请仲裁的,从保证人拒绝承担保证责任的权利消灭之日起,开始计算保证债务的诉讼时效。

连带责任保证的债权人在保证期间届满前请求保证人承担保证责任的,从债权人请求保证人承担保证责任之日起,开始计算保证债务的诉讼时效。

条文主旨

本条是关于保证债务诉讼时效的规定。

新旧法对比

《最高人民法院关于适用〈中华人民共和国担保法〉若干问题的解释》	《民法典》
第三十四条　一般保证的债权人在保证期间届满前对债务人提起诉讼或者申请仲裁的,从判决或者仲裁裁决生效之日起,开始计算保证合同的诉讼时效。 连带责任保证的债权人在保证期间届满前要求保证人承担保证责任的,从债权人要求保证人承担保证责任之日起,开始计算保证合同的诉讼时效。	第六百九十四条　一般保证的债权人在保证期间届满前对债务人提起诉讼或者申请仲裁的,从**保证人拒绝承担保证责任的权利消灭之日**起,开始计算**保证债务**的诉讼时效。 连带责任保证的债权人在保证期间届满前请求保证人承担保证责任的,从债权人请求保证人承担保证责任之日起,开始计算**保证债务**的诉讼时效。

理解与适用

保证债务的诉讼时效的起算和主债务诉讼时效的起算是不同的,主债务的诉讼时效从主债务履行期届满之日起,而在保证债务中,一般保证与连带责任保证的诉讼时效的计算也有很大的差别。

《民法典担保制度解释》第28条,对一般保证中债权人依据生效法律文书对债务人的财产依法申请强制执行,保证债务诉讼时效的起算时间做了详细规定。与一般保证不同的是,连带责任保证中债权人主张债权时,对债务人或保证人并无先后次序之分。也就是说,债权人既可以要求债务人履行主债务,也可以要求保证人履行其保证责任,此时保证人不能以债权人尚未对债务人主张债务为由拒绝履行保证责任。所以在连带责任保证中,债权人在保证期间届满前要求保证人履行保证责任之时,才系保证责任的诉讼时效开始计算之日。

实务问题

1. 在本条中确认保证债务诉讼时效的意义在于:当债权人向主债务人或保证人主张权利后,保证期间这一概念即失去意义,因为保证人不能以保证期间作为抗辩理由。但在这种情况下,也不能让保证债务无限制地存续下去,否则将造成保证人承担责任过重。因此,法律上对保证债务的诉讼时效进行了单独约定。从法律层面看,保证期间是赋予债权人选择权的期间,债权人可以选择是否要求保证人承担保证责任,如果债权人要求保证人承担保证责任,则会引起保证之债的产生,此时保证之债与普通之债无异,理应存在时效问题。

2. 实务中需注意的有两点:第一,当债权人向保证人要求履行保证责任时,保证债务诉讼时效才开始起算。而债权人向债务人要求履行债务,并不构成保证债务诉讼时效的开始。第二,债权人要求保证人履行保证责任的方式,并不仅限于诉讼与仲裁,还包括其他的非司法途径,比如口头催告、书面告知等,但实务中一般建议采用书面的方式请求保证人履行保证责任,这样更方便留存证据方便举证。

(编写人:朱圣楠)

法律条文

第六百九十五条　债权人和债务人未经保证人书面同意,协商变更主债权债务合同内容,减轻债务的,保证人仍对变更后的债务承担保证责任;加重债务的,保证人对加重的部分不承担保证责任。

债权人和债务人变更主债权债务合同的履行期限,未经保证人书面同意的,保证期间不受影响。

条文主旨

本条是关于主合同变更对保证责任的影响的规定。

新旧法对比

《担保法》	《民法典》
第二十四条　债权人与债务人协议变更主合同的,应当取得保证人书面同意,未经保证人书面同意的,保证人不再承担保证责任。保证合同另有约定的,按照约定。	第六百九十五条　**债权人和债务人未经保证人书面同意,协商变更主债权债务合同内容,减轻债务的,保证人仍对变更后的债务承担保证责任;加重债务的,保证人对加重的部分不承担保证责任。** **债权人和债务人变更主债权债务合同的履行期限,未经保证人书面同意的,保证期间不受影响。**

理解与适用

保证人已书面同意债权人与债务人变更主合同的,应当根据保证人的真实意思表示认定保证责任。所以,该条适用条件为,未经保证人书面同意,债权人和债务人协商变更主合同。

该条第 1 款对主合同变更的情形予以了区分:减轻债务的,保证人仍对变更后的债务承担保证责任,而加重债务的,保证人对加重的部分不承担保证责任。

需要提醒注意的是,该条第 2 款规定,并未像第 1 款一样对变更情况予以区分。依据该款,主合同履行期限变更,保证期间不受影响。

实务问题

对于金融机构常见的“借新还旧”,《担保法解释》第 39 条规定:“主合同当事人双方协议以新贷偿还旧贷,除保证人知道或者应当知道的外,保证人不承担民事责任。新贷与旧贷系同一保证人的,不适用前款的规定。”在《民法典》出台后,由于该规定已经失效,该条规定的精神是否继续适用存在争议。但在《九民纪要》第 57 条中,该问题已有定论。《九民纪要》第 57 条规定:“贷款到期后,借款人与贷款人订立新的借款合同,将新贷用于归还旧贷,旧贷因清偿而消灭,为旧贷设立的担保物权也随之消灭。贷款人以旧贷上的担保物权尚未进行涂销登记为由，主张对新贷行使担保物权的，人民法院不予支持，但当事人约定继续为新贷提供担保的除外。”同时，2021 年 1 月 1 日正式实行的《民法典担保制度解释》第 16 条规定：“主合同当事人协议以新贷偿还旧贷，债权人请求旧贷的担保人承担担保责任的，人民法院不予支持；债权人请求新贷的担保人承担担保责任的，按照下列情形处理：（一）新贷与旧贷的担保人相同的，人民法院应予支持；（二）新贷与旧贷的担保人不同，或者旧贷无担保新贷有担保的，人民法院不予支持，但是债权人有证据证明新贷的担保人提供担保时对以新贷偿还旧贷的事实知道或者应当知道的除外。主合同当事人协议以新贷偿还旧贷，旧贷的物的担保人在登记尚未注销的情形下同意继续为新贷提供担保，在订立新的贷款合同前又以该担保财产为其他债权人设立担保物权，其他债权人主张其担保物权顺位优先于新贷债权人的，人民法院不予支持。”该解释的实行，对于“借新还旧”中担保责任的认定做出了进一步的详细规定。

（编写人：高　放）

法律条文

第六百九十六条　债权人转让全部或者部分债权，未通知保证人的，该转让对保证人不发生效力。

保证人与债权人约定禁止债权转让，债权人未经保证人书面同意转让债权的，保证人对受让人不再承担保证责任。

条文主旨

本条是关于债权转让时保证人的保证责任的规定。

新旧法对比

《担保法》	《民法典》
第二十二条　保证期间，债权人依法将主债权转让给第三人的，保证人在原保证担保的范围内继续承担保证责任。保证合同另有约定的，按照约定。	第六百九十六条　债权人转让**全部或者部分债权，未通知保证人的，该转让对保证人不发生效力。**

续表

《担保法》	《民法典》
	保证人与债权人约定禁止债权转让，债权人未经保证人书面同意转让债权的，保证人对受让人不再承担保证责任。

理解与适用

（1）通知义务。债权人转让全部或者部分债权，未通知保证人的，该转让对保证人不发生效力。《民法典》第546条规定了债权转让时要通知债务人。结合这两条规定理解是保证人与债务人属于性质"相同"。转让债权须通知债务人，那么转让债权也需要通知保证人。

（2）禁止转让债权。保证人与债权人约定禁止债权转让，债权人未经保证人书面同意转让债权的，保证人对受让人不再承担保证责任。对此的理解是关于保证人与债权人之间禁止债权转让的约定仅在保证人和债权人内部之间是有效的，但不能对抗第三人，债权人与受让人之间的转让行为仍然是有效的，只是保证人对受让人不再承担保证责任而已。

实务问题

1. 案情简介①

2001年3月，李某到刘某自办的服装加工厂打算订购一批夏季服装，双方经协商签订了一份服装买卖合同。合同约定：刘某向李某提供夏季时装1000套，每套100元，共计10万元，刘某于4月30日供货，李某先付定金4万元，其余货款至李某收货后第五天一次付清。合同签订后，李某当即付定金4万元，李某带刘某找到了某综合贸易公司经理包某，要求包某为其作保证人。双方又签订了一份保证合同，合同约定：若5月底李某不付货款，则包某应于2001年6月底给付货款6万元。刘某4月30日按时按量给李某发了货。5月2日，李某收到了夏季时装1000套。不料5月4日，刘某自办的服装厂发生了一场火灾，烧掉了大半个厂子。由于当初刘某是在下岗后向熟人借钱办的服装厂，那些借给刘某钱的熟人便纷纷找上门来要求刘某还款。为还钱，刘某将服装厂转让给了陈某，将该情况通知了李某，要求他直接向陈某偿付货款。5月7日，陈某找李某要钱，李某则以服装尚未售完为由推却。5月底，李某已将服装全部售出。陈

① 湖南省武冈市人民法院（2017）湘0581民初333号。

某又找李某要求付款,李某避而不见。为此,陈某找到包某,要求包某偿还货款6万元。包某却说,他只对刘某负责,与陈某无关。陈某经多次催要,包某均置之不理。陈某无奈,将包某、李某起诉至法院。

2. 法院认为

《合同法》第81条规定:“债权人转让权利的,受让人取得与债权有关的从权利,但该从权利专属于债权人自身的除外。”在转让合同权利时,从属于主债权的从权利,如抵押权、定金债权、利息债权、违约金债权及损害赔偿请求权等也将随主权利的转移而发生转移。因为依据民法一般原理,从权利随主权利的转移而转移,随主权利的消灭而消灭,主权利无效,从权利也就无效。所以,受让人不仅依转让合同取得了主债权,同时还取得了该主债权的从权利。但在从权利中,有一些专属于转让人自身,债权人转让债权时,该专属于债权人的从权利并不发生移转。

该案中刘某与李某签订的服装买卖合同及保证合同均符合国家法律法规的规定,应为有效合同。从该保证合同的约定来看,在李某不按时付款的时候,包某应负付款责任。刘某将其服装厂转让给陈某,此时应认为,包括对李某的债权均转让给了陈某,而且刘某已将此事通知了李某,因此可以认定刘某与陈某的债权转让合同已经成立。既然该合同的效力已经全面发生,此时陈某取代刘某成为原服装买卖合同的当事人,刘某即退出了该合同关系,而李某即应向新的债权人陈某履行其合同义务。至于保证人包某,就产生了其是否应该继续履行其保证义务的问题。根据我国《合同法》的规定以及我国《担保法》第22条的规定,“保证期间,债权人依法将主债权转让给第三人的,保证人在原保证担保的范围内继续承担保证责任”。因此,保证人包某的保证责任不能因为刘某未及时通知其权利转移而免除。其抗辩理由是不能成立的。陈某在受让债权的同时取得了担保权,可以要求包某承担保证责任。

3. 评析

根据《民法典》规定,保证合同具有从属性,主债权转让的,保证人在原保证担保的范围内对受让人继续承担担保责任。但下列两种情况,主债权转让,保证人不再承担保证责任:

(1)保证人与债权人约定仅对特定的债权人承担保证责任的。

(2)保证人与债权人约定禁止债权转让,债权人未经保证人书面同意转让债权的。

(编写人:张 婷)

法律条文

第六百九十七条　债权人未经保证人书面同意，允许债务人转移全部或者部分债务，保证人对未经其同意转移的债务不再承担保证责任，但是债权人和保证人另有约定的除外。

第三人加入债务的，保证人的保证责任不受影响。

条文主旨

债务人对外转让债务需要经过债权人同意，也需要保证人同意。债权人不同意债务人转让债务的，债务不发生转让，债权人同意债务人转让债务而保证人没有同意的，债务转移发生效力，但保证人对转让后债务不再承担保证责任。债权人可以就债务转移后保证责任承担另行作出约定。

第三人加入债务的，保证人的保证责任不受影响，即债的加入与保证并存。

新旧法对比

《担保法》	《民法典》
第二十三条　保证期间，债权人许可债务人转让债务的，应当取得保证人书面同意，保证人对未经其同意转让的债务，不再承担保证责任。	第六百九十七条　债权人未经保证人书面同意，允许债务人转移全部或者部分债务，保证人对未经其同意转移的债务不再承担保证责任，**但是债权人和保证人另有约定的除外。** **第三人加入债务的，保证人的保证责任不受影响。**

理解与适用

这里的“另有约定”指的是债务转移时，就债务转移后保证责任承担的问题作出约定。

债务加入，是指原债务人并没有脱离原债务关系，而第三人又加入原存的债务关系中，并与原债务人共同向同一债权人承担债务。债务加入作为并存的债务承担，从本质上讲，属于债务转移的形式之一，在此种债务转移中，保证人的保证责任不受影响。

实务问题

《民法典》第 697 条增加了例外规定,即"债权人和保证人另有约定的除外"。这也意味着,债权人可与保证人进行特别约定,保证人同意对未经其同意转移的债务承担保证责任。在实务操作中,债权人与保证人在签订担保合同时,可从自身利益出发作出相应调整。

(编写人:肖　瑶)

法律条文

第六百九十八条　一般保证的保证人在主债务履行期限届满后,向债权人提供债务人可供执行财产的真实情况,债权人放弃或者怠于行使权利致使该财产不能被执行的,保证人在其提供可供执行财产的价值范围内不再承担保证责任。

条文主旨

本条是关于一般保证的保证人在主债务履行期限届满后向债权人提供债务人财产信息对保证人保证责任免除的规定。

新旧法对比

《最高人民法院关于适用〈中华人民共和国担保法〉若干问题的解释》	《民法典》
第二十四条　一般保证的保证人在主债权履行期间届满后,向债权人提供了债务人可供执行财产的真实情况的,债权人放弃或者怠于行使权利致使该财产不能被执行,保证人可以请求人民法院在其提供可供执行财产的实际价值范围内免除保证责任。	第六百九十八条　一般保证的保证人在主债务履行期**限**届满后,向债权人提供债务人可供执行财产的真实情况,债权人放弃或者怠于行使权利致使该财产不能被执行**的**,保证人在其提供可供执行财产的价值范围内**不再承担**保证责任。

理解与适用

本条适用的条件是主债务履行期限届满后,债权人通过审判、仲裁或者强制执行后,债务人仍不能清偿全部债务,在此种情况下债权人有权请求保证人承担保证责任。在此之前,保证人可以行使先诉抗辩权进行抗辩。先诉抗辩权一旦行使就致使债权人只能先向主债务人请求实现债权。如果保证人发现债务人尚有可供执行的财产,并向债权人提供了真实情况的,此时如果债权人积极行使权利通过诉讼或者其他途径控制债务人的财产,不仅能使自己的债权得到保障,而且也免除了保证人日后可能承担的责任。但是,如果债权人放弃或者怠于行使权利,致使该项财产流失而不能再被用来强制执行从而致使债权不能实现,那么这种不利后果的产生源于他自身对自己权利的懈怠,不能将债权人自己的懈怠行为所产生的不利后果转嫁给保证人,加重保证人的风险。所以本条对保证人提出了可供执行财产的真实情况后保证人在其提供可供执行财产的价值范围内保证责任的免除规定是合理的。

实务问题

适用本条主要还是事实的认定问题。保证人要有强有力的证据证明在主债务行满后其向债权人提供债务人可供执行财产的真实情况。

(编写人:张海宁)

法律条文

第六百九十九条　同一债务有两个以上保证人的,保证人应当按照保证合同约定的保证份额,承担保证责任;没有约定保证份额的,债权人可以请求任何一个保证人在其保证范围内承担保证责任。

条文主旨

多个保证人之间的关系,实际上是三种情形:明确约定为按份共同保证;明确约定为连带共同保证,此时为真正连带;没有约定保证份额,但适用《民法典》第 699 条所规定的“没有约定保证份额的,债权人可以请求任何一个保证人在其保证范围内承担保证责任”的不真正连带共同保证,此时债权人可以请求任何一个保证人承担全部保证责任,保证人承担保证责任之后可以找债务人追偿,但是多个保证人之间没有相互追偿权。

新旧法对比

《担保法》	《民法典》
第十二条　同一债务有两个以上保证人的，保证人应当按照保证合同约定的保证份额，承担保证责任。没有约定保证份额的，保证人承担连带责任，债权人可以要求任何一个保证人承担全部保证责任，保证人都负有担保全部债权实现的义务。已经承担保证责任的保证人，有权向债务人追偿，或者要求承担连带责任的其他保证人清偿其应当承担的份额。	第六百九十九条　同一债务有两个以上保证人的，保证人应当按照保证合同约定的保证份额，承担保证责任；没有约定保证份额的，债权人可以请求任何一个保证人在其保证范围内承担保证责任。

理解与适用

《担保法》及其司法解释的基本精神是，无论共同担保的形态如何，均允许担保人之间相互追偿。但《民法典》第699条规定承担了担保责任的保证人可以向其他保证人追偿。从前述新法规定看，应是立法机关都不认可担保人之间可以相互求偿。除非多个担保人缔约时就知道要为同一债务提供担保，并明确约定担保人之间可以相互求偿，或各保证人内部之间另行明确约定了承担责任的特定份额。

债权人可以请求任何一个保证人承担全部保证责任，保证人承担保证责任之后可以向债务人追偿，但是多个保证人之间没有相互追偿权。

实务问题

1. 案情简介①

2013年11月8日至12月4日，中信银行股份有限公司郑州分行（以下简称中信郑州分行）分别与德源生态农业发展有限公司（以下简称德源公司）、王某华、郑某、河南天惠能源发展有限公司（以下简称天惠公司）、晶诚（郑州）科技有限公司（以下简称晶诚公司）签订《最高额保证合同》，主要约定：为确保中信郑州分行与金鹰公司在一定期限内连续发生的主债权的履行，德源公司、王某华、郑某、天惠公司、晶诚公司自愿提供最高额保证担保，主债权最高额度为5070万元，保证方式为连带责任保证，保证期间为两年。在中信郑州分行与郑某签订的

① 河南省高级人民法院（2019）豫民终623号。

《最高额保证合同》落款处载明,“甲方(笔者注:指郑某)配偶确认:已知晓上述合同约定并对于甲方依据本合同承担保证责任(包括但不限于处分夫妻共同财产)不持任何异议。”陈某蕾在该段文字后面签署姓名。2013 年 12 月 10 日,中信郑州分行与金鹰公司签订一份《国内保理业务合同》(有追索权),主要约定:中信郑州分行向金鹰公司提供最高额不超过 3900 万元的应收账款转让额度,到期日为 2014 年 6 月 11 日。中信郑州分行自发放保理转让借款之日起向金鹰公司收取转让价款的利息,转让价款利息(含逾期违约金)计至应收账款足额回收之日,利率为年息 7.28%。次日,中信郑州分行向金鹰公司提供借款本金 3900 万元。

2016 年 3 月 9 日和 12 日,中信郑州分行分别向金鹰公司和天惠公司发出逾期贷款催收函,要求金鹰公司和天惠公司偿还贷款本金 3900 万元及相应的利息和罚息,金鹰公司和天惠公司均于同年 3 月 12 日在回执上盖章确认。因借款人金鹰公司和各保证人均未还款,故中信郑州分行提起诉讼,请求判令金鹰公司偿还 3900 万元及利息,德源公司、王某华、郑某、陈某蕾、天惠公司、晶诚公司承担连带清偿责任。

2. 法院认为

河南省郑州市中级人民法院于 2018 年 9 月 28 日作出(2017)豫 01 民初 5654 号判决:金鹰公司偿还中信郑州分行借款本金 3900 万元及利息;天惠公司对金鹰公司上述债务承担连带清偿责任;驳回中信郑州分行的其他诉讼请求。宣判后,中信郑州分行不服,提起上诉。

河南省高级人民法院于 2019 年 5 月 14 日作出判决:金鹰公司偿还中信郑州分行借款本金 3900 万元及利息;德源公司、王某华、天惠公司、晶诚公司对金鹰公司的上述债务承担连带清偿责任;郑某对金鹰公司的上述债务承担连带清偿责任(郑某承担连带清偿责任的财产范围包括但不限于其与陈某蕾的夫妻共同财产);驳回中信郑州分行的其他诉讼请求。

法院生效裁判认为:根据相关法律规定,德源公司、王某华、郑某、天惠公司、晶诚公司构成连带共同保证。债权人在保证期间向保证人之一天惠公司主张权利的效力,及于其他连带责任保证人。故一审判决认为债权人未在保证期间内向其他保证人主张权利,从而判决驳回了中信郑州分行要求其他保证人担责的诉讼请求不当。陈某蕾以郑某配偶的身份在《最高额保证合同》中签字,陈某蕾同意郑某承担保证责任的财产范围包括其与郑某的夫妻共同财产,但陈某蕾并非本案的保证人,故其不应当承担保证责任。

本案当事人争议的焦点有两个:一是保证人德源公司、王某华、郑某、晶诚公司应否承担保证责任;二是陈某蕾是否保证人,应否承担责任,以及如果应当承担责任,应当如何承担责任。关于德源公司、王某华、郑某、天惠公司、晶诚公司的担保责任方式的问题。德源公司、王某华、郑某、天惠公司、晶诚公司与中信郑州分行分别签订《最高额保证合同》,分别为金鹰公司向中信郑州分行的同一笔3900万元借款提供保证,且未与中信郑州分行约定各自的保证份额。《担保法》第12条规定:"同一债务有两个以上保证人的,保证人应当按照保证合同约定的保证份额,承担保证责任。没有约定保证份额的,保证人承担连带责任,债权人可以要求任何一个保证人承担全部保证责任,保证人都负有担保全部债权实现的义务。已经承担保证责任的保证人,有权向债务人追偿,或者要求承担连带责任的其他保证人清偿其应当承担的份额。"最高人民法院《关于适用〈中华人民共和国担保法〉若干问题的解释》第19条第1款规定:"两个以上保证人对同一债务同时或者分别提供保证时,各保证人与债权人没有约定保证份额的,应当认定为连带共同保证。"根据上述规定,德源公司、王某华、郑某、天惠公司、晶诚公司构成连带共同保证。

关于德源公司、王某华、郑某、天惠公司、晶诚公司的保证责任是否超过保证期间,以及德源公司、王某华、郑某、天惠公司、晶诚公司应否承担保证责任的问题。根据本案事实,案涉债务于2014年6月11日到期,债务人金鹰公司未作清偿。2016年3月9日,中信郑州分行向保证人天惠公司发出催收函,天惠公司于同年3月12日盖章确认。因而,天惠公司的保证责任已经发生,并开始起算诉讼时效。根据上述《担保法》第12条之规定,债权人在保证期间向保证人之一主张权利的效力,及于其他连带责任保证人,因此,德源公司、王某华、郑某、晶诚公司的保证责任亦已发生,并开始计算诉讼时效。一审判决以债权人未在保证期间内主张过权利,判决驳回中信郑州分行要求德源公司、王某华、郑某、晶诚公司承担保证责任的诉讼请求属于适用法律欠当,二审判决予以了纠正。

关于陈某蕾是否保证人,以及应否承担保证责任的问题。陈某蕾作为郑某的配偶确认知晓《最高额保证合同》约定,并对于郑某依据该《最高额保证合同》承担保证责任(包括但不限于处分夫妻共同财产)无异议。上述事实表明,陈某蕾同意郑某承担保证责任的财产范围包括其与郑某的夫妻共同财产。陈某蕾虽然在《最高额保证合同》中签名,但并未表明保证人身份或者承担保证责任。根据《最高人民法院关于审理民间借贷案件适用法律若干问题的规定》第21条"他人在借据、收据、欠条等债权凭证或者借款合同上签字或者盖章,但未表明其保证人身份或者承担保证责任,或者通过其他事实不能推定其为保证人,出借人请求其承担保证责任的,人民法院不予支持”的规定,仅凭陈某蕾与郑某的夫妻关系以及陈某蕾在《最高额保证合同》中签名的行为不能推定陈某蕾为保证人,故陈某蕾不应当承担保证责任。

3. 评析

关于该案中的保证之债是否郑某和陈某蕾的夫妻共同债务,陈某蕾应否与郑某一起就该笔夫妻共同债务承担责任的问题。对此问题,在司法实务中存在三种观点:(1)夫妻在保证合同中均签署姓名的,应当认定该保证之债系夫妻共同债务。(2)保证人的配偶虽然保证合同中签字,但根据合同内容可以看出,保证人配偶同意承担责任的财产范围以其与保证人的夫妻共同财产为限,并不包括该保证人配偶的个人财产,故该保证人的配偶应当在其与保证人夫妻共同财产的范围内对案涉债务承担连带清偿责任。(3)保证合同中载明的内容仅能表明,在保证人承担保证责任时,保证人的配偶同意保证人承担保证责任的财产范围包括其与保证人的夫妻共同财产。保证人的配偶虽然在保证合同中签名,但其并未表明其保证人身份或者同意承担保证责任,仅凭保证人的配偶与保证人的夫妻关系以及该保证人的配偶在保证合同中签名的行为不能推定该保证人的配偶为保证人,故债权人无权要求该保证人的配偶承担保证责任。

经上网搜索类案,河南省高级人民法院于 2018 年 4 月 18 日作出的(2018)豫民终 195 号上诉人中原银行股份有限公司新乡南干道支行与被上诉人张某君、原审被告河南新基房地产开发集团有限公司、罗某高、罗某涛、罗某借款纠纷一案民事判决书中采纳的是第一种观点。在该判决书中人民法院认定:虽然罗某高在其与中原银行新乡南干道支行签订的《连带责任保证书》中列明了其与张某君共有的房屋,但是该《连带责任保证书》中明确约定,保证人对于案涉借款的担保并不仅限于该合同中所列举的房屋,而是以保证人所拥有的全部私有财产承担连带保证责任。张某君在该《连带责任保证书》共有人处签字,视为张某君对上述内容的确认和认可,具有夫妻双方共同签字的合意,对案涉借款承担保证责任是基于罗某高和张某君夫妻双方共同的意思表示。依照《最高人民法院关于审理涉及夫妻债务纠纷案件适用法律有关问题的解释》第 1 条“夫妻双方共同签字或者夫妻一方事后追认等共同意思表示所负的债务,应当认定为夫妻共同债务”的规定,罗某高对案涉债务承担连带保证责任应认定为是其和张某君的夫妻共同债务。我们支持第三种观点,我们认为:该案中,《最高额保证合同》的内容仅仅表明陈某蕾同意郑某承担保证责任的财产范围包括夫妻共同财产,但并无与郑某共同承担保证责任的意思表示,故本案不属于"共债共签"的情形,不能根据《最高人民法院关于审理涉及夫妻债务纠纷案件适用法律有关问题的解释》第1条的规定认为陈某蕾签字的行为成立夫妻共同债务。

关于以保证人配偶身份在保证合同中签字行为对案件处理结果的影响的问题。《最高额保证合同》的内容表明陈某蕾同意郑某承担保证责任的财产范围包括其与郑某的夫妻共同财产。在此情况下,为防止陈某蕾在执行中以执行夫妻共同财产侵害其利益为由提出异议,可在判决主文中加上"保证人郑某承担连带清偿责任的财产范围包括但不限于其与陈某蕾的夫妻共同财产"的内容。

综上所述,该案中,保证人德源公司、王某华、郑某、天惠公司、晶诚公司均与债权人签订保证合同,为债务人向债权人的同一笔债务提供保证担保,且均未与债权人约定各自的保证份额,故各保证人之间构成连带共同保证。债权人在保证期间内向其中一位保证人主张权利的效力,及于其他连带共同保证的保证人。其他连带共同保证的保证人在诉讼中主张债权人向其主张权利超过保证期间的,该项诉讼主张不成立。保证人的配偶虽然在保证合同中签名,但未表明保证人身份或者愿意承担保证责任的,该保证人的配偶并非保证人,人民法院不能判令该保证人的配偶承担保证责任。而且这种情况也不符合《最高人民法院关于审理涉及夫妻债务纠纷案件适用法律有关问题的解释》第1条"夫妻双方共同签字或者夫妻一方事后追认等共同意思表示所负的债务,应当认定为夫妻共同债务"的规定,对于这种情况在确定该保证人配偶的责任承担问题时,应当尊重该名当事人的真实意思表示,人民法院不宜认定案涉保证担保债务构成夫妻共同债务。为防止保证人的配偶在执行中以执行夫妻共同财产侵害其利益为由提出异议,可在判决主文中加上"保证人承担连带清偿责任的财产范围包括但不限于夫妻共同财产"的内容。

(编写人:任春阁)

法律条文

第七百条　保证人承担保证责任后,除当事人另有约定外,有权在其承担保证责任的范围内向债务人追偿,享有债权人对债务人的权利,但是不得损害债权人的利益。

条文主旨

保证人的追偿权,又称保证人的求偿权,是指保证人在承担保证责任后,可以向主债务人请求偿还的权利。保证人承担保证责任,对债权人与保证人之间的关系而言,形式上属于清偿自己的债务,但对主债务人和保证人之间的关系而言,实质上仍然属于清偿主债务人的债务。于是,自然有保证人承担保证责任后向债务人追偿的必要。

新旧法对比

《担保法》	《民法典》
第三十一条　保证人承担保证责任后,有权向债务人追偿。	第七百条　保证人承担保证责任后,**除当事人另有约定外,有权在其承担保证责任的范围内向债务人追偿,享有债权人对债务人的权利,但是不得损害债权人的利益。**

理解与适用

本条是关于保证人对债务人追偿权及相关权利的规定。本条在规定保证人对债务人享有追偿权的同时,又明确规定保证人享有债权人对债务人的权利,确立了保证人的代位权。保证人享有的是单纯的追偿权还是代位权直接影响了保证人能否取得担保权等从权利。如果保证人仅享有追偿权,则保证人只能向债务人追偿,而无法代位债权人向为债务提供担保的其他担保人追偿。但如果保证人享有法定代位权,则理论上可以被认为是法定债权让与,根据《民法典》第547条,债权人转让债权的,受让人取得与债权有关的从权利,因此保证人的代位权能够及于担保等从权利。

确立保证人的代位权有助于鼓励保证人清偿债务,因为保证人代为清偿债务后越容易追回损失的,保证人越不会逃避保证责任,无疑这对债权人实现债权也更为有利。

实务问题

保证人行使追偿权必须具备以下三个要件:

(1)必须是保证人已经对债权人承担了保证责任;

(2)必须是主债务人对债权人因保证而免责;

(3)必须是保证人没有赠与的意思。

(编写人:武新路)

法律条文

第七百零一条　保证人可以主张债务人对债权人的抗辩。债务人放弃抗辩的，保证人仍有权向债权人主张抗辩。

条文主旨

本条是关于一般保证人和连带保证人享有的债务人对债权人抗辩权的规定。

新旧法对比

《担保法》	《民法典》
第二十条　一般保证和连带责任保证的保证人享有债务人的抗辩权。债务人放弃对债务的抗辩权的，保证人仍有权抗辩。 抗辩权是指债权人行使债权时，债务人根据法定事由，对抗债权人行使请求权的权利。	第七百零一条　保证人**可以主张债务人对债权人的抗辩**。债务人放弃抗辩的，保证人仍有权**向债权人主张**抗辩。

理解与适用

保证合同是依附于主债权债务合同的从合同，具有从属性。保证合同中的保证人是在主债务人不履行义务或者履行的义务不符合主债权合同约定的情况下，根据保证合同的具体约定代替主债务人履行债务或者承担责任。根据保证合同从属性原理，主债务人享有的对抗债权人的权利，保证人都应当享有。即使主债务人放弃对债权人的抗辩的，保证人仍有权利抗辩。从维护经济和市场秩序的角度分析，通过立法的形式明确赋予保证人抗辩权不会对债权人的债权产生任何损害，亦同时保护了保证人的应有权利，避免债权人和债务人恶意串通损害保证人的利益。

实务问题

1. 举例说明

张某诉李某民间借贷纠纷案，2015年9月，被告李某向原告张某借款100万元用于资金周转，借期六个月，杨某为该笔债务承担连带保证责任，保证期间为二年。2016年8月，杨某出具还款保证书，承诺于2016年12月1日前归还借款，甲公司作为保证人盖章。借款到期后，被告仍未归还借款，原告张某于今年6月20日向法院起诉，要求被告李某归还借款，被告杨某、甲公司承担连带还款责任。被告杨某、甲公司经法院传票传唤，无正当理由拒不到庭参加诉讼。

2. 对已过保证期间的债务，法院应否主动审查并判决免除保证人的保证责任？存在三种不同意见：第一种意见认为，保证期间性质属于除斥期间，保证期间不同于诉讼时效，法院应当主动进行审查。

根据《担保法》相关司法解释之规定，保证期间不因任何事由发生中断、中止、延长的法律后果，因此，保证期间不同于诉讼时效，保证期间性质属于除斥期间，在保证期间届满时，债权人没有及时行使权利，则其要求保证人承担保证责任的实体权利归于消灭，当事人因缺乏法律意识而没有提出抗辩，法院应对保证人进行引导释明，征求其是否提出保证期间抗辩。在保证人没有明确表示放弃保证期间利益抗辩的情形下，法院应主动进行审查，免除保证人保证责任，以更好地保护双方当事人的利益。

第二种意见认为，保证期间虽不是诉讼时效期间，但其本质上同诉讼时效一样，法院不应主动审查。

2008年《民事案件诉讼时效制度规定》第3条规定，当事人未提出诉讼时效抗辩，人民法院不应对诉讼时效问题进行释明及主动适用诉讼时效的规定进行裁判，因此，对于保证期间，法院也不应主动进行释明并进行裁判。

第三种意见认为，应区别情况是否审查，如被告经法院传票传唤，无正当理由拒不到庭参加诉讼或到庭参加诉讼，但未提出抗辩已超过保证期间，法院不应主动审查；如被告属下落不明，法院公告送达传票的，则应主动审查。

笔者认同第三种意见。保证期间是既不同于诉讼时效也不同于除斥期间的一种特殊期间，有其自身的独特性。当债权人不积极行使权利超出保证期间，保证人提出抗辩的，或属下落不明未到庭的，保证人免除保证责任；如到庭未提出抗辩或无正当理由不到庭的，视为保证人放弃抗辩的权利，法院不主动审查保证期间，保证人不应免除保证责任。综上，应区别情况审查。

（编写人：唐连阁）

法律条文

第七百零二条　债务人对债权人享有抵销权或者撤销权的，保证人可以在相应范围内拒绝承担保证责任。

条文主旨

本条关于保证人抗辩权的规定主要采取了德国法的模式,明确赋予了保证人在主债务人对债权人享有抵销权或撤销权时拒绝承担保证责任的权利,而非保证人行使的主债务人的权利。由此可见,本条中保证人的抗辩权是保证人自身依法享有的延迟性或一时性抗辩权,不是来自主债务人,自然也就不存在主债务人放弃该权利的可能。因此,保证人享有的债务人对债权人的抗辩权,即使债务人放弃抗辩权,保证人仍然享有。这种权利性质上属于抗辩权而非形成权,用以对抗债权人请求保证人承担保证责任的请求权。原因在于,主债务人针对债权人享有的抵销权和撤销权属于形成权,具有专属性,保证人不得代为行使。另外,形成权人可以通过单方意思表示影响法律关系,一旦主债务人未及时行权但是保证人主张行权,客观上将导致主合同法律关系不稳定。而若出现保证人履行保证义务后,主债务人才行使撤销权或者抵销权的情形,将会衍生大量诉讼,加重当事人诉累且浪费司法资源。

新旧法对比

无	《民法典》
无	第七百零二条　债务人对债权人享有抵销权或者撤销权的,保证人可以在相应范围内拒绝承担保证责任。

理解与适用

《民法典》中关于抵销的法律规定在于第568条:“当事人互负债务,该债务的标的物种类、品质相同的,任何一方可以将自己的债务与对方的到期债务抵销;但是,根据债务性质、按照当事人约定或者依照法律规定不得抵销的除外。当事人主张抵销的,应当通知对方。通知自到达对方时生效。抵销不得附条件或者附期限。”以及第569条:“当事人互负债务,标的物种类、品质不相同的,经协商一致,也可以抵销。”

抵销是指二人互负相同种类债务,各使双方债务在对等额内相互消灭的法律制度。抵销具有消灭债权债务的功能,有利于降低交易费用以及增进交易效率。撤销权的行使虽突破了合同的相对性原理,但实则保护了合同债权有助于平衡双方当事人利益,即在债务人通过不正当手段减少其责任财产时,债权人有权恢复债务人的责任财产从而保全其合同债权。因此,该两种权利广泛出现于司法实践当中。如果主债务人丧失了或者已经行使了抵销权或撤销权，本条赋予保证人的抗辩权都将归于消灭，即该抗辩权并非永久的抗辩权。在保证人行使该权利之时，应符合相应构成要件。

实务问题

保证合同具有从属性，当债权人与债务人因抵销或撤销导致债权债务减少时，保证人的保证责任也应相应减少；如果因债务人过错以致保证人承担过度保证责任后，保证人应享有追偿权。当然，若保证责任的扩大系由保证人自身原因所致，其无法向债权人追偿。此过程中，保证人应注意相关证据收集以免承担举证不利的后果。

值得注意的是，本条只是规定了主债务人针对债权人享有抵销权或者撤销权这两种形成权时，保证人可以在相应的范围内拒绝承担保证责任，而没有规定主债务人针对债权人享有其他的形成权时，保证人是否也可以享有拒绝承担保证责任的抗辩权。在《民法典》中，除撤销权、抵销权之外，保证担保的情形中主债务人对债权人可能享有的形成权至少还包括解除权与选择权。因此具体司法实践中，有关于其他形成权的抗辩是否能够被支持还是值得商榷的问题。

（编写人：马思雨）

第十四章　租 赁 合 同

法律条文

第七百零三条　租赁合同是出租人将租赁物交付承租人使用、收益，承租人支付租金的合同。

条文主旨

本法是关于租赁合同的定义的规定，如出租人将房屋交付承租人使用，相应的承租人有支付租金的义务。

新旧法对比

《合同法》	《民法典》
第二百一十二条　租赁合同是出租人将租赁物交付承租人使用、收益，承租人支付租金的合同。	【内容不变】第七百零三条

理解与适用

租赁合同，是指出租人将租赁物交付承租人使用、收益，承租人支付租金的合同。出租人是交付租赁物一方，承租人为接受租赁物一方。租金为承租人向出租人交纳的使用租赁物的相应对价。在租赁合同中，承租人取得租赁物的使用收益权，出租人转让租货物的使用收益权，而不转让其所有权。在租赁合同终止时承租人要返还租赁物。租赁合同是双务、有偿合同。

实务问题

因租赁物种类不同，现实生活中涉及多种类型的租赁合同，其中涉及法律关系、法律问题较为复杂的为房屋租赁合同，极容易引发争议与纠纷，故对于租赁合同的审查需较为谨慎。如对于出租主体资格的审查，出租人是否有权出租标的物。查验出租人手中的有效证明文件，必要时前往相关房地产管理机构查验真实性，如房地产证、房屋所有权证、国有土地使用权证等能够证明权利合法来源的其他有效证明文件，相关权属证书记载的所有权人要与出租人保持一致。如出租房屋涉及其他共有权人，其他共有权人是否同意。如出租人非房屋产权人，该房屋为承租后再转租，还应审核产权人出具的书面同意出租人转租的文件，并将相关文件列为合同附件。实践中建议出租人和承租人签订书面的租赁合同。

（编写人：李　程）

法律条文

第七百零四条　租赁合同的内容一般包括租赁物的名称、数量、用途、租赁期限、租金及其支付期限和方式、租赁物维修等条款。

条文主旨

本条是关于租赁合同的主要内容的规定。

租赁合同的内容是指在租赁合同中应当约定哪些条款。由于租赁合同的标的物不同或者租赁期限、租赁方式不同，合同的内容可能也不同，但一些主要条款都是应该具备的。

1. 有关租赁物的条款

租赁物是租赁合同的标的物。租赁合同的当事人订立租赁合同的目的就是要使用租赁物或从他人使用租赁物中获取一定的利益，因此，租赁物是租赁合同的主要条款。有关租赁物的条款涉及这样几个方面：

（1）租赁物的名称。租赁物应以明确的语言加以确定，如汽车，是小轿车还是货车，要约定清楚。对租赁物本身的要求，租赁物应是有体物，非消耗物；应是流通物而不是禁止流通物，禁止流通物不能作为租赁物。如枪支是禁止制造、买卖、销售的，也是不能出租的。租赁物既可以是种类物，也可以是特定物，对于种类物，一旦承租人对其选择完毕就已特定化。例如，承租人要租赁一辆汽车，他在出租人处指定了品牌、型号、颜色、新旧程度甚至车牌号时，此辆轿车已特定化，出租人只能将该轿车向承租人交付。租赁物约定明确关系到租赁物的交付、合同期限届满承租人返还租赁物、第三人对租赁物主张权利等问题。

(2)租赁物的数量。明确数量,出租人才能准确地履行交付租赁物的义务,它也是租赁期限届满时,承租人返还租赁物时的依据。标的物数量是合同成立不可缺少的条款之一。

(3)租赁物的用途。租赁物的用途关系到承租人如何使用该租赁物,因为承租人负有按照约定使用租赁物的义务,租赁物的用途就必须约定清楚,否则当租赁物损坏时,出租人就难以行使其请求权。租赁物的用途应当根据租赁物本身的性质特征来确定。例如,用于载货的汽车不能用于载人,用于制造精密器件的车床不能用于制造一般的器件。约定租赁物的用途也可以明确承租人对租赁物使用过程中的消耗的责任归属问题。

2. 有关租赁期限的条款

租赁期限关系承租人使用租赁物的时间的长短、支付租金的时间、交还租赁物的时间等。如合同当事人对支付租金的期限没有约定时,可根据租赁期限来确定支付租金的期限。租赁期限的长短由当事人自行约定,但不能超过本章规定的最高期限。租赁期限可以年、月、日、小时计算,要根据承租人的需要来确定。如果当事人对租赁期限没有约定或者约定不明确的,可按照《民法典》第510条与第511条等有关规定来确定。

3. 有关租金的条款

出租人出租租赁物的目的就是收取租金,租金同租赁物一样是租赁合同中必不可少的条款,支付租金是承租人的主要义务,收取租金是出租人的主要权利。租金的多少、租金支付的方式;是人民币支付还是以外汇支付;是现金支付还是支票支付;是直接支付还是邮寄支付;是按月支付还是按年支付;是二次支付,还是分次支付;是预先支付还是事后支付,这些问题都应当在订立合同时约定明确,以避免事后发生争议。同时,这些约定也是合同当事人履行义务和行使权利的依据。

4. 有关租赁物维修的条款

承租人租赁的目的是使用收益,这就要求租赁物的状态必须符合使用的目的,同时,在使用租赁物时必然会有正常的消耗,这就有一个对租赁物的维修问题。对租赁物的维修义务应当由出租人承担,这是出租人在租赁合同中的主要义务。但并不排除在有些租赁合同中承租人负有维修义务。一般有几种情况:一是有些租赁合同,法律就规定承租人负有维修义务。例如,《海商法》规定,光船租赁由承租人负责维修、保养。有时为了能够对租赁物及时、更好地进行维护，保持其正常的使用功能，合同双方可以约定，维修义务由承租人负责。二是根据商业习惯，租赁物的维修义务由承租人负责。例如，在汽车租赁中，一般都是由承租人负责汽车的维修的。三是根据民间习俗，如在我国西南地区的房屋租赁中就有“大修为主，小修为客”的说法和习惯。

除了上述条款外，当事人还可以根据需要订立某些条款，如违约责任、解决争议的方式以及解除合同的条件等都是合同中的重要的条款。

新旧法对比

《合同法》	《民法典》
第二百一十三条　租赁合同的内容包括租赁物的名称、数量、用途、租赁期限、租金及其支付期限和方式、租赁物维修等条款。	第七百零四条　租赁合同的内容**一般**包括租赁物的名称、数量、用途、租赁期限、租金及其支付期限和方式、租赁物维修等条款。

理解与适用

《民法典》第 470 条第 1 款规定：“合同的内容由当事人约定，一般包括下列条款：（一）当事人的姓名或者名称和住所；（二）标的；（三）数量；（四）质量；（五）价款或者报酬；（六）履行期限、地点和方式；（七）违约责任；（八）解决争议的方法。”第 704 条规定：“租赁合同的内容一般包括租赁物的名称、数量、用途、租赁期限、租金及其支付期限和方式、租赁物维修等条款。”本条就是结合租赁合同的特点对《民法典》第四百七十条的具体化。对比原《合同法》第 213 条关于租赁合同内容的规定可知，仅在文字表述上增加“一般”，如此增加体现出本条属于指导性条款，也称任意性条款，是指在一般情况下，租赁合同应当具备的主要条款。即：本条的规定是一个指导性条款，是指在一般情况下，租赁合同应当具备的主要条款。由于租赁合同的标的物不同或者租赁期限、租赁方式不同，合同的内容当然不尽相同，但一些主要条款都是应该具备的。

实务问题

1. 正确区分租赁合同与租赁意向书

意向书是表示缔结协议的意向，并经另一方同意的文书。这种文书旨在表明一种意向，并不是正式的协议。意向书为进一步正式签订协议奠定了基础，是“协议书”或“合同”的先导，一般情况下，意向书具有预约的性质。《民法典》第 495 条规定：“当事人约定在将来一定期限内订立合同的认购书、订购书、预订书等,构成预约合同。当事人一方不履行预约合同约定的订立合同义务的,对方可以请求其承担预约合同的违约责任。"判断租赁意向书是否具有正式租赁合同的性质,应从双方合同是否符合《民法典》第704条规定的主要内容加以确定。

山西省高级人民法院在中化二建集团山西建筑工程有限公司(以下简称化二建建筑公司)与山西金峰建设工程有限公司(以下简称金峰公司)、任某成租赁合同纠纷案[①]中认为,化二建山西金地煤焦合成氨工程项目部与金峰公司签订了《建设工程分包合同》,由金峰公司分包山西金地煤焦有限公司年产12万吨合成氨项目中的压缩厂房土建工程等,金峰公司委派杜某生(杜某生)为现场负责人(乙方代表),支某年作为乙方委托代理人在合同上签章。该工程施工过程中,出租方(甲方)与承租方(乙方)签订一份《周转工具租赁合同》,约定乙方因工程需要,从2009年11月2日起向化二建建筑公司租赁分公司租赁部分周转材料,品种、规格、数量等明细详见提货单等。落款处化二建建筑公司租赁分公司在甲方(出租方)处加盖了公章,该公司经理康某生、经办人李某香签名;乙方(承租方)经办人支某年签名,加盖了"金峰公司项目部专用章"、中化二建集团山西金地煤焦合成氨工程项目部的章。该合同约定的具体内容符合原《合同法》第213条(现《民法典》第704条):"租赁合同的内容包括租赁物的名称、数量、用途、租赁期限、租金及其支付期限和方式、租赁物的维修等条款"规定的主要内容,并非意向书。双方系采用合同书的形式签订案涉租赁合同,案涉租赁合同自双方盖章签字时即已成立并生效。金峰公司主张该公司并未刻有"金峰项目部专用章",该章为他人私刻,该枚章不能代表金峰公司。但据本案查明的事实,该章不仅在《机械设备租赁合同》上使用过,而且还在金峰公司现场负责人杜某生签名确认的收据、证明、结算单等凭证中多次出现过,且现场负责人(乙方代表)杜某生的签名在该章之上。因此化二建建筑公司有理由相信"金峰公司项目部专用章"代表金峰公司。由此可见,金峰公司辩称支某年签名的《周转工具租赁合同》只是意向书,并未成立更未实际履行,周转工具系自备缺乏证据证明,依法不予采信。化二建建筑公司主张双方签订的《周转工具租赁合同》依法成立并已实际履行,有事实依据,法院予以支持。

2. 依据《民法典》第704条规定的内容,判断双方当事人合同性质

合同性质的认定应根据合同的主要条款,即合同双方当事人意欲设立的权利义务关系进行判定。最高人民法院在贵州恒昊投资有限公司(以下简称恒昊公司)与贵州省凯里化肥厂破产清算组(以下简称凯里清算组)、黔东南州新元

① 山西省高级人民法院(2019)晋民再256号。

化工有限责任公司（以下简称新元公司）租赁合同纠纷案①中认为，凯里清算组与恒昊公司在《租赁合同》中明确“为解决原贵州省凯里化肥厂职工生活问题，经凯里清算组研究决定，解除凯里化肥厂与黔东南州全江化工投资有限责任公司租赁合同，由清算（组）全面接管凯里化肥厂资产，并将合成氨生产装置（包括脱碳部分）租赁给恒昊公司经营”，在该合同中双方对租赁财产的名称、范围与用途、租赁时间、出租方人员安置、工资待遇、社会保障、租赁资产的保值与增值及各方的权利与义务等事项进行了约定。这些条款内容及性质完全符合原《合同法》第213条（现《民法典》第704条）有关租赁合同的规定。且双方在实际履行合同过程中，恒昊公司向凯里清算组支付租金，凯里清算组向恒昊公司、黔东南分公司出具的结算票据亦注明为“租金”。黔东南分公司向相关部门提交报告，亦是请求减免租金。故原审判决认定诉争《租赁合同》性质为租赁合同，并无不当。故恒昊公司上诉称诉争《租赁合同》性质实为合作关系，理由不能成立。

3. 租赁合同非要式合同，主张租赁合同有效成立的，需举证证明存在租赁合同关系

根据《民事诉讼法解释》第90条“当事人对自己提出的诉讼请求所依据的事实或者反驳对方诉讼请求所依据的事实，应当提供证据加以证明，但法律另有规定的除外。在作出判决前，当事人未能提供证据或者证据不足以证明其事实主张的，由负有举证责任的当事人承担不利的后果。”虽租赁合同不是要式合同，租赁合同的书面形式要求，对租赁合同的成立及效力并不起直接的影响，但主张租赁关系的当事人应对双方存在租赁关系承担举证责任。青海省高级人民法院在西宁源汇礼仪庆典有限公司（以下简称源汇公司）与湟源县文体旅游局租赁合同纠纷案②中认为，为更好地宣传湟源排灯的历史文化内涵，打造文化旅游品牌，扩大湟源的知名度和影响力，提高广大群众的文化遗产保护意识，促进湟源县文化旅游业持续、健康发展，湟源县委、县政府下发了《关于印发〈2017青海·湟源排灯文化旅游节活动方案〉的通知》，并成立了领导小组，领导小组下设办公室，办公室设在县文化旅游体育局。源汇公司要求湟源县文体旅游局向其支付制作灯组参加湟源县排灯节的租赁费653,808元，返还参加湟源县排灯节活动中提供的灯组，如不能返还则予以赔偿。源汇公司需举证证明其与湟源县文体旅游局存在租赁合同关系。源汇公司与湟源县文体旅游局并未签订书面的租

① 最高人民法院（2017）最高法民终486号。

② 青海省高级人民法院（2020）青民再108号。

赁合同,虽租赁合同不是要式合同,租赁合同的书面形式要求,对租赁合同的成立及效力并不起直接的影响,但源汇公司仍应对双方存在租赁关系承担举证责任。下面对源汇公司所举证据进行分析认定:(1)彩灯验收单,该验收单中载明“定制单位”“承揽单位”等字样,与源汇公司所主张的租赁关系不符,且仅有马某的签字,并无湟源县文体旅游局的盖章确认,马某作为排灯节活动的一般工作人员并无对外签订合同及对灯组金额进行结算的权责,故该证据不能证明双方存在租赁关系及湟源县文体旅游局需支付相应租赁费的事实。(2)郑重声明,该声明中仅有源汇公司的盖章,并没有湟源县文体旅游局的盖章确认,不构成要约承诺,不能证明源汇公司与湟源县文体旅游局存在合同关系。(3)短信、微信聊天记录,仅能证明源汇公司与湟源县文体旅游局时任局长就“排灯艺术节彩灯制作费”进行沟通交流的事实,并不能证明双方存在租赁合同关系及湟源县文体旅游局需支付653,808元租赁费的事实。(4)金额49,996.2元发票一张,该证据与《2017青海·湟源排灯文化旅游节活动经费支出一览表》活动经费明细中所记载的“西宁源汇彩灯展示补助50,000元(发票)”相互印证,能够证明源汇公司给湟源县文体旅游局开具发票,湟源县文体旅游局向县政府请示相应经费,湟源县财政局给湟源县文体旅游局下达了相应经费,其中给源汇公司补助50,000元的事实。(5)录音资料、照片、视频等,仅能证明源汇公司参展的事实,不能证明双方存在租赁合同关系。综合以上证据并结合已查明的事实可以认定,2017年湟源排灯文化旅游节活动中湟源排灯展的协助单位为城管局、电力公司及大美公司,湟源县文体旅游局与大美公司签订《第二届湟源县排灯艺术节排灯制作安装工程合同书》及《湟源县赞布林卡排灯制作安装工程合同书》,并已按合同约定给大美公司支付148,496元,大美公司与湟源县文体旅游局存在合同关系,系湟源排灯展的参展单位。源汇公司所举证据不能证明其与湟源县文体旅游局存在租赁合同关系,故其应承担举证不能的责任。若双方存在租赁合同关系,则承租人应当妥善保管租赁物,因保管不善造成租赁物毁损、灭失的,应当承担损害赔偿责任。现源汇公司所举证据不能证明双方存在租赁合同关系,故对源汇公司主张湟源县文体旅游局支付租赁费653,808元并返还租赁物,如租赁物不能返还则赔偿损失的诉求,本院不予支持。

4. 依照租赁合同条款或者双方当事人实际履行情况确定当事人权利义务①

合同条款是由合同双方协商一致,确定双方当事人权利义务关系的具体条

① 最高人民法院民法典贯彻实施工作领导小组主编:《中华人民共和国民法典合同编理解与适用》(二),人民法院出版社2020年版,第1417~1418页。

文。合同双方当事人权利义务关系除法律另有特别规定外，主要由双方合同条款加以确定。齐备、清晰、准确的合同条款，决定合同是否成立、生效以及能否顺利履行。也决定着双方当事人订立合同目的能否实现。本条规定了租赁合同的主要内容。但并不意味着当事人订立的租赁合同中缺少了本条规定中的任何一项就会导致合同的不成立或者无效。《合同法解释(二)》第1条规定："当事人对合同是否成立存在争议，人民法院能够确定当事人名称或者姓名、标的和数量的，一般应当认定合同成立。但法律另有规定或者当事人另有约定的除外。对合同欠缺的前款规定以外的其他内容，当事人达不成协议的，人民法院依照合同法第六十一条、第六十二条、第一百二十五条等有关规定予以确定。"依照该司法解释的规定可知，租赁合同最主要的内容，除了当事人名称或者姓名外，就租赁物的名称与数量等，其他内容均可以由当事人协商补充或者根据法律解释规则予以确定；也可以根据当事人实际履行情况予以确定。

（编写人：甘国明）

法律条文

第七百零五条　租赁期限不得超过二十年。超过二十年的，超过部分无效。

租赁期限届满，当事人可以续订租赁合同；但是，约定的租赁期限自续订之日起不得超过二十年。

条文主旨

本条是关于租赁合同的期限进行限制的规定。

新旧法对比

《合同法》	《民法典》
第二百一十四条　租赁期限不得超过二十年。超过二十年的，超过部分无效。 租赁期限届满，当事人可以续订租赁合同；但约定的租赁期限自续订之日起不得超过二十年。	第七百零五条　租赁期限不得超过二十年。超过二十年的，超过部分无效。 租赁期限届满，当事人可以续订租赁合同；**但是，**约定的租赁期限自续订之日起不得超过二十年。

理解与适用

我国《民法典》并未对租赁合同的最短期限进行限制,仅在本条对租赁合同的最高期限进行了限制。

本条仅对租赁合同的期限进行了法定限制,即在租赁合同不存在其他无效事由的情况下,租赁合同并不因租赁期限超过法定最高期限而整个租赁合同无效,也并非有关租赁期限的合同条款无效,仅租赁期限中超过20年的部分无效。租赁合同约定的租赁期限超过20年的,可以视为租赁期限为20年的租赁合同。

续订的租赁合同与租赁合同并无本质区别,同样受法定最高期限20年的限制。

实务问题

本条对于租赁合同期限进行了强制性规定,租赁期限超过20年的部分无效。但是,我们认为在适用本条时,判断租赁合同中租赁期限超过20年的部分的效力之前,应当首先判断,租赁期限超过20年的部分租赁合同是否已经成立,实务中存在租赁合同约定的期限较长,但是并未明确约定未来的租金,或者对于其他核心内容约定为“另行协商”“届时商议确定等”,由于租赁合同的核心内容并未确定,我们不能认为租赁期限超过20年的部分租赁合同已经成立,因此不能认定该租赁合同的租赁期限超过20年。

本条虽然对租赁合同的租赁期限进行了限制,但是并非对于租赁关系中租赁期限的绝对限制。因为在实务中,签订租赁期限为20年的合同,租赁期限届至后,双方当事人完全有另行签订租赁合同的自由,对此,本法第734条第2款规定:租赁期限届满,房屋承租人享有以同等条件优先承租的权利,即对此予以保护。即使双方当事人未主动更新租赁合同,但是当事人双方维持租赁期间的状态,承租人继续占有使用租赁物,出租人未提出异议的,根据本法第734条第1款的规定,原租赁合同继续有效,租赁期限变更为不定期。

(编写人:薛 徽)

法律条文

第七百零六条 当事人未依照法律、行政法规规定办理租赁合同登记备案手续的,不影响合同的效力。

条文主旨

本条文是关于租赁合同的登记备案手续不影响合同效力的规定。即规定了法律、行政法规要求当事人办理租赁合同的登记备案手续,但租赁合同的效力不受当事人是否办理登记备案手续的影响。

新旧法对比

《最高人民法院关于审理城镇房屋租赁合同纠纷案件具体应用法律若干问题的解释》	《民法典》
第四条　当事人以房屋租赁合同未按照法律、行政法规规定办理登记备案手续为由,请求确认合同无效的,人民法院不予支持。当事人约定以办理登记备案手续为房屋租赁合同生效条件的,从其约定。但当事人一方已经履行主要义务,对方接受的除外。	第七百零六条　当事人未依照法律、行政法规规定**办理租赁合同登记备案手续**的,**不影响合同的效力**。

理解与适用

《民法典》中规定租赁合同包括动产租赁、不动产租赁与特定条件下的权利租赁,但我国法律与行政法规只规定了房屋租赁合同需要进行登记备案。

随着我国市场经济发展和房地产业的兴起,房屋租赁登记备案才逐步建立。随着改革开放的深入,城乡人口开始的大规模流动,房屋租赁市场日益活跃,租赁市场秩序出现了一系列问题。为了解决问题,立法者试图通过建立房屋租的登记备案制度,完整动态的房屋租赁档案体系,通过对流动人员的管理,以达到维持社会治安的目的。房地产主管部门通过登记备案制度,可以具体审查房屋租赁合同是否体现自愿、平等、互利和诚信原则,房屋租赁合同是否明确租赁双方的权利义务,房屋租赁合同签订后确定其合法性,从而达到对房屋租赁市场监督管理,并以此打击房屋租赁市场的违法违规现象。

因此可以看出,房屋租赁合同登记备案制度建立的起初是为了行政管理。但从《城市房地产管理法》的规定看,该法也并未将房屋租赁合同登记备案作为生效要件。同时,《商品房屋租赁管理办法》第 23 条规定,房屋出租人未进行房屋租赁合同登记备案的,要承担相应的法律责任,但依据《合同法解释(一)》第 4 条的规定,法院依然不能以《商品房屋租赁管理办法》作为认定房屋租赁合同效力的依据。因此,在实践中租赁双方未依照法律、行政法规规定办理租赁合同登记备案手续的,不影响合同的效力。

实务问题

第706条是《民法典》中唯一一条明确规定登记备案不影响合同效力的条文,在实践中其他民事合同可借鉴本条文的规定,即如法律、行政法规中未明确规定未登记备案的合同不生效,则应当认为民事合同仅因未登记备案不影响合同效力。

(编写人:秦晓天)

法律条文

第七百零七条　租赁期限六个月以上的,应当采用书面形式。当事人未采用书面形式,无法确定租赁期限的,视为不定期租赁。

条文主旨

本条对6个月以上的租赁合同提出形式要求,要求采用书面形式,属于要式合同。如果没有采用书面形式,且没有其他证据能够证明约定的租赁期限,则按照不定期租赁合同处理。

新旧法对比

《合同法》	《民法典》
第二百一十五条　租赁期限六个月以上的,应当采用书面形式。当事人未采用书面形式的,视为不定期租赁。	第七百零七条　租赁期限六个月以上的,应当采用书面形式。当事人未采用书面形式,**无法确定租赁期限的**,视为不定期租赁。

理解与适用

《民法典》第707条是对6个月以上较长租赁期限的租赁合同的形式规定和相关推定。该类合同需要采用书面的形式签订。合同当事人在没有满足形式要求的情况下,可以通过合同外其他证据来证明约定的租赁期限。在其他证据也无法证明的情况下,租赁合同才被推定为不定期租赁合同。《民法典》对合同法的修改,增强了《民法典》对双方意思自治原则的尊重,为双方进一步补充约定或提供其他证据证明租赁期限提供了可能性。这也呼应了《民法典》第510条规定,即合同生效后,双方对部分合同条款约定不明确的,可以补充约定。同时,在证据方面,如有其他证据能证明双方对租赁期限的真实约定的,可按照约定处理。《民法典》没有直接将6个月以上的非书面租赁合同视为不定期租赁,尊重了其他证据体现的双方真实意思表示,更大程度地保护了合同签订方的利益。

实务问题

在实务中,比较长期的租赁合同一般价值量较大,应该以书面的形式约定好合同中关于租赁物,数量,租赁期限,支付方式等重要条款,以便纠纷产生后有清晰的证据支持,帮助合同各方妥善处理问题。不定期租赁合同虽然允许租赁双方随时解除合同,以免长时间受合同的束缚,但如果合同的解除并非在当事人预料之中,会给双方带来不便。如在商务租赁案例中,在没有书面约定的情况下,承租方便开始投入资金装修翻新房屋,如果该租赁合同被认定为不定期租赁合同,一旦出租方要求解约,会对承租方造成不必要的损失。在赣榆县工商行政管理局诉伏开贵房屋租赁合同纠纷案①中,出租方赣榆县工商行政管理局出租位于赣榆县农贸市场西北角处的营业房给承租人用于建造简易冷库并对外经营使用。承租人的租赁期限远长于6个月,但双方并没有签订书面合同。后因赣榆县城整体规划的需要,决定对相关房屋进行拆迁并解除租赁合同。收到相关通知后,承租人以自己投入冷库建设巨大为由拒绝搬迁而产生纠纷。此案中,法院将双方口头约定的租赁合同认定为不定期租赁合同。因此肯定了赣榆县工商行政管理局的合同解除权。为保护承租人权益,在长期租赁案中订立书面合同的重要性可见一斑。

另一个实务中常见的问题为原租赁合同到期后,新的续租合同的租赁期限为6个月以上,但是合同双方没有签订书面合同。如果在新的租赁期间内,承租人对租赁物有新的投入或有转租的行为,出租人解除权的行使会造成承租人违约。此类问题与《民法典》第734条关联紧密。根据《民法典》第734条的规定,租赁期限届满,承租人继续使用租赁物,出租人没有提出异议的,原租赁合同继续有效,但是租赁期限为不定期。由此可见,在没有书面合同具体化新的租赁合同相关条款的情况下,新的口头续租合同很可能被认定为不定期租赁合同。在聂某园与贺某亮房屋租赁合同纠纷上诉案②中,出租人与承租人在签订长达2

① 江苏省连云港市中级人民法院(2005)连民一终字第498号。
② 甘肃省庆阳市中级人民法院(2013)庆中民终字第423号。

年的租赁合同后，口头约定续租且实际租期长于6个月。在续租期间，承租人将房屋转租给次承租人等。由于出租人要求解除与承租人的合同并收回房屋，承租人与次承租人产生纠纷。此案中，法院认定出租人与承租人在房屋续租期间的租赁合同为不定期租赁合同。因此法院支持了出租人的合同解除权。合同解除的后果为承租人需要对次承租人的经济损失赔偿。

《民法典》第707条对《合同法》进行修改，规定对于6个月以上未采用书面形式的租赁合同在无法确定租赁期限的情形下，才视为不定期租赁合同。这在一定程度上要求法院审理案件时对其他能证明租赁期限的证据予以足够的重视，以免先入为主地认定有争议合同为不定期租赁合同。这体现了对合同双方真实意思表示和证据的尊重。但为预防不定期租赁合同解除权的行使而带来的不确定性，对于长期租赁来说，建议合同双方应该订立书面形式合同。

（编写人：张道宁）

法律条文

第七百零八条　出租人应当按照约定将租赁物交付承租人，并在租赁期限内保持租赁物符合约定的用途。

条文主旨

本条含有两层含义：一是，出租人有按照合同约定交付租赁物的义务；二是，出租人在租赁期间承担租赁物的瑕疵担保责任。

新旧法对比

《合同法》	《民法典》
第二百一十六条　出租人应当按照约定将租赁物交付承租人，并在租赁期限内保持租赁物符合约定的用途。	【内容不变】第七百零八条

理解与适用

1. 出租人有按照合同约定交付租赁物的义务

承租人签订租赁合同，支付合理对价，为了获得租赁物的占有、使用和收益的权利。出租人需将租赁物转移占有至承租人，承租人自转移占有后获得使用权。租赁物包括动产、不动产,双方可能就租赁物为动产的约定名称、规格、型号、数量、性能、交付方式、时间、地点等;双方可能就租赁物为不动产的约定性质、期限、面积、特殊用途、登记备案等。

2. 出租人在租赁期间承担租赁物的瑕疵担保责任

瑕疵担保责任原来是买卖合同中卖方的法定责任。卖方必须就出卖的标的物的瑕疵承担担保责任,包括物的瑕疵担保和权利瑕疵担保。租赁合同与买卖合同一样属于双务、有偿合同,存在一定的共性。租赁合同中的出租人与买卖合同中的出卖人一样,需要承担租赁物的瑕疵担保责任。

出租人应保证租赁物具备应有的使用价值,如承租人租赁房屋是为了居住,出租人在交付时及租赁期间就要保证房屋具有居住的性能,如不漏水、不漏电、棚顶不塌陷、墙体不开裂等。同时,出租人应担保第三人就租赁物不得对承租人主张足以妨碍其使用与收益的权利。如承租人承租一段时间后,出现第三人主张出租人无权出租、收回租赁物,会造成承租人的权利损害。因此,法律规定出租人在租赁期间需要承担租赁物的瑕疵担保责任。

需要说明的是,在订立合同时,知道租赁物有瑕疵的,出租人不负瑕疵担保责任。但特殊情况下,即使承租人知道租赁物有瑕疵,出租人也要负瑕疵担保责任。《民法典》第731条对此作了明确规定:"租赁物危及承租人的安全或者健康的,即使承租人订立合同时明知该租赁物质量不合格,承租人仍然可以随时解除合同。"

当然,法律关于权利瑕疵担保的规定并非强制性规定,当事人可以通过约定予以解除。但是在出租人存在故意或重大过失的情况下该约定不能免除其相应的瑕疵担保责任。

实务问题

依法律规定,物的瑕疵担保责任是指担保标的物应具有通常的品质或者特别约定的品质,它包括价值瑕疵担保责任、效用瑕疵担保责任和所保证的品质担保责任三种。担保责任方一般为有偿合同的当事人,如出卖人、出租人、承揽人、寄存人、工程承包人等承担的责任。关于标的物品质的认定,首先以当事人在合同中的约定为准,如未有明确约定,但担保责任方提供了质量说明的,依该说明为准;当事人无约定或约定不明,且担保责任方未提供任何相关质量说明,则根据《民法典》合同编相关规定认定。

(编写人:王会森)

法律条文

第七百零九条　承租人应当按照约定的方法使用租赁物。对租赁物的使用方法没有约定或者约定不明确,依据本法第五百一十条的规定仍不能确定的,应当根据租赁物的性质使用。

条文主旨

本条规定的对租赁物的使用是承租人的一项基本权利。在出租人按照约定将可以正常使用且不存在瑕疵的出租物交付承租人时,承租人有义务按照双方约定或按照租赁物性质使用该出租物。因为承租人对于租赁物只有使用权而没有所有权,租赁物在租赁期结束后要交还给出租人。物品在使用中都会产生一定的折旧和磨损,价值随即逐渐减少,在使用价值彻底丧失后,物品丧失价值从而报废。因此承租人需按照双方约定或租赁物的性质合理使用租赁物,额外对租赁物造成损失或灭失,应当承担相应赔偿责任,出租人亦可以因此提出要求单方解除合同。

本条实现的条件如下:

(1)出租人将租赁物按照双方约定交付承租人;

(2)承租人按照约定或租赁物性质合理使用;

(3)未按约定或租赁物性质使用承租人将承担相应赔偿责任。

新旧法对比

《合同法》	《民法典》
第二百一十七条　承租人应当按照约定的方法使用租赁物。对租赁物的使用方法没有约定或者约定不明确,依据本法第六十一条的规定仍不能确定的,应当按照租赁物的性质使用。	第七百零九条　承租人应当按照约定的方法使用租赁物。对租赁物的使用方法没有约定或者约定不明确,依据本法第五百一十条的规定仍不能确定的,应当根据租赁物的性质使用。

理解与适用

承租人租赁该物的目的就是获得租赁物的使用权,所以使用租赁物是承租人在租赁合同中应当享有的一项基本权利。但是在租赁合同中,承租人获得的仅仅是租赁物的使用权而非所有权,当合同结束时,承租人应当将所有权返还出租人。因此在承租过程中,必须必须按照约定的方法使用租赁物。值得注意的是，任何物品在使用过程中都会产生不同程度的消耗，承租人在承租过程中仅对租赁物有按照约定使用的义务，而没有阻止租赁物产生自然消耗的义务。在承租人按照约定使用租赁物或根据租赁物的性质使用租赁物的过程中，租赁物的损毁，承租人对此并不承担赔偿责任。

承租人合理使用租赁物，包括两种情况：第一种为双方当事人对租赁物的使用方法有明确约定时，按照约定使用租赁物；第二种是当双方当事人对租赁物的使用没有明确约定时，租赁物的使用方法可以参照交易习惯，当没有交易习惯或交易习惯无法确定时，则应当按照租赁物的性质来确定租赁物的使用方法。

承租人如果不能按照约定或租赁物的性质合理使用租赁物，给租赁物造成损害的，应当承担赔偿责任。出租人亦可以行使合同解除权。

实务问题

1. 案情简介①

2013 年 11 月 26 日，由常州市新北区西夏墅镇人民政府作为甲方、常州市新北区西夏墅镇观庄村村民委员会作为乙方，签订《农业租地协议书》一份，甲方租用乙方位于西浦公路南、西海路北面积 198.8 亩的土地；租用年限为十年，从 2013 年 1 月 1 日起至 2023 年 10 月 31 日止；租用土地承包金为每亩 1000 元人民币；租金在每年度 12 月底前与乙方结算；甲方所租用的土地由乙方以净田提供。就上述租用土地局部，2016 年 2 月 16 日，原常州市新北区西夏墅镇农业服务站受常州市新北区西夏墅镇人民政府的委托以自己名义（甲方）与徐某英（乙方）签订《西夏墅镇生态林建设种植协议书》，合同签订后，徐某英未支付过租金。2019 年 11 月 1 日常州市新北区西夏墅镇农业综合服务中心（原常州市新北区西夏墅镇农业服务站于 2017 年因机构合并被撤销，相关职能由该中心承接）制作《通知函》，该份函件于 2019 年 11 月 4 日通过 EMS 寄送，交寄单显示：收件人徐某英 136××××××××、邮寄地址为常州市西夏墅微山湖路 82 号。EMS 查询系统显示，邮件于 2019 年 11 月 5 日由门卫代收。2019 年 12 月 5 日，该中心又制作《通知函》一份。该函件于 2019 年 12 月 5 日通过 EMS 寄送，EMS 查询系统显示，邮件于 2019 年 12 月 6 日由门卫代收。经查，常州市新北区西夏墅镇微山湖路 82 号系常州施欢金属材料有限公司的经营地址，工商登记显示，公司共有两名股东，徐某英和施某（系徐某英之子），施某为执行董事兼总经理，徐某英为监事。该地址与本案诉争租赁地块仅隔一条小河，通过搭建的钢结构便桥

① 江苏省常州市新北区人民法院（2020）苏 0411 民初 395 号。

相连通。租赁地块上有近1/4的面积被徐某英开挖成了鱼塘,鱼塘四周还铺设了数米宽的水泥路;鱼塘西侧还盖有两座水泥房屋(一座用于养鸡,另一座现场还有工人在内部装修施工),并大面积浇筑水泥场地且铺盖绿毯(摆放儿童游乐设施),鱼塘北侧有多栋木屋且都进行了精装修,设有台球室、健身室、茶室(边上摆放钢琴)、独立卫生间、卧室等。

2. 法院认为

关于原告主体问题,虽然协议是以原农业服务站名义签订,但根据《农业租地协议书》可知,所涉土地是以镇政府名义流转,《西夏墅镇生态林建设种植协议书》中也写明原农业服务站是受镇政府委托签订协议书,现该服务站已经撤销,承接职能的中心也是由原告主管,故以原告名义主张权利,并无不当。关于被告是否违约使用租赁土地的问题。在租赁合同中明确约定被告"只能种植短期的观赏花卉苗木品种,不得搭建任何配套设施及附属设施",然从法院组织双方现场勘查的情况看,被告大面积挖鱼塘、浇水泥场地、建房屋,显然违反了合同约定的,改变了土地用途。关于土地租金,被告在原告起诉前,2016年至2019年租金均未支付,存在长期拖欠。在原告起诉后,被告才按原告第三项诉请缴纳了58,972.6元租金。故对被告抗辩称之前想交租金,因原告(或服务站)不告知账号而交不了租金的抗辩意见,本院不予采信。基于以上两点(拖欠租金和违反土地用途),本院认为原告有权单方解除合同,并要求被告恢复原状返还租赁土地。关于原告发《通知函》解除协议送达是否有效的问题,本院认为,常州市西夏墅微山湖路82号系常州施欢金属材料有限公司的经营地址,该公司由被告与其儿子施某共同经营,该企业地址与被告承租地块仅一河之隔,且由钢结构便桥相连。原告寄发函件均注明被告电话,本院向被告发送的应诉材料,被告也是通过微山湖路82号接收后应诉。故本院认为原告《通知函》的送达是有效的,双方租赁协议于2019年12月6日解除。合同有效解除后,被告应及时将租赁土地恢复原状后返还被告,并承担该期间的土地使用费。另外需要说明的是,双方在签订合同时,特别约定"只能种植短期的观赏花卉苗木品种,不得搭建任何配套设施及附属设施",合同解除或到期也是"甲方不作补贴,乙方自行搬迁后土地归还甲方",故被告后续仍投资建鱼塘、浇水泥场地、建房屋等,是自己不计后果的单方违约行为,造成损失理应由其自己承担。如果因为被告投入而不退还或要补偿,才是对集体利益的严重损害。

法院判决:(1)确认《西夏墅镇生态林建设种植协议书》于2019年12月6日解除;(2)被告徐某英于本判决生效之日起15日内将租赁土地恢复至净田状

态并返还原告常州市新北区西夏墅镇人民政府;(三)被告徐某英于本判决生效之日起十五日内向原告常州市新北区西夏墅镇人民政府支付土地使用费(自2019年12月7日起至实际返还之日止按每年15,000元标准计算)。

3. 评析

因双方在签订合同时,特别约定“只能种植短期的观赏花卉苗木品种,不得搭建任何配套设施及附属设施”,合同解除或到期也是“甲方不作补贴,乙方自行搬迁后土地归还甲方”,按照原《合同法》第217条的规定,承租人应当按照约定的方法使用租赁物。

(编写人:吕力加)

法律条文

第七百一十条　承租人按照约定的方法或者根据租赁物的性质使用租赁物,致使租赁物受到损耗的,不承担赔偿责任。

条文主旨

只要承租人未违反约定或未违背租赁物的使用性质而使用租赁物,那么对于该租赁物的正常使用过程中产生的损耗,甚至是其他非因承租人主观故意产生的其他损耗,出租人都不能够就该损耗请求承租人赔偿。

新旧法对比

《合同法》	《民法典》
第二百一十八条　承租人按照约定的方法或者租赁物的性质使用租赁物,致使租赁物受到损耗的,不承担损害赔偿责任。	第七百一十条　承租人按照约定的方法或者根据租赁物的性质使用租赁物,致使租赁物受到损耗的,不承担赔偿责任。

理解与适用

该条文对承租人而言是一条免责条文,即免除承租人按照约定使用租赁物的赔偿义务。该条文的立法目的是希望承租双方对租赁物的使用目的进行相应的明确,而且大部分的租赁物都会随着使用时间的增加而产生相应的折旧或者是破损,这种租赁物的损耗并不是依靠承租人的注意义务就能加以避免的,也就是说这种损耗是必然的。而且既然承租人在租赁租赁物时也给予了出租人相应的租金,也是变相对该租赁物的损耗的一种补偿。因此就公平责任而言,这种基于合同的约定或者租赁物的性质使用租赁物,所造成的损耗,出租人不得要求承租人进行赔偿,承租人可依据该条文提出相应的证据从而对出租人不合理的赔偿请求进行抗辩。

实务问题

案例:刘某超诉王某珊房屋租赁合同纠纷案

1. 案情简介①

刘某超(出租人、甲方)与王某珊(承租人、乙方)签订《房屋租赁合同》,约定甲方将位于成华区房屋出租给乙方,租赁期限自2014年7月1日至2016年6月30日;2014年6月26日,双方签署了《物业交割表》,载明:收到刘某超前述案涉房屋,原屋内甲方设施为两道铁门和一道塑钢门,卫生间蹲便水箱,厨房、阳台、卫生间有地砖和墙砖。王某珊收房后,对案涉房屋进行了部分装饰装修,安装了木地板、水龙头等,添置了热水器等部分家具家电。王某珊于2016年12月底向刘某超交还了案涉房屋的钥匙,但并未进行结算。期间,双方因就王某珊添置的装饰装修的折价问题未达成一致意见,王某珊在搬离时将案涉房屋内的家具家电以及水盆、水龙头、水箱、灯泡等一并拆除搬走。故刘某超向法院主张王某珊交房产生的损失,调解纠纷损失,拖欠的水费、气费、办卡费损失,房间打扫费用损失,房屋部分设施损坏赔偿费,部分拆除设施恢复费用,卫生间外观损坏重新装修损失,房屋空置损失等。一审法院认为其证据不足驳回起诉,刘某超不服,提起上诉。

2. 法院认为

根据《合同法》第218条"承租人按照约定的方法或者租赁物的性质使用租赁物,致使租赁物受到损耗的,不承担损害赔偿责任"之规定,刘某超要求王某珊承担损害赔偿责任的前提条件应为王某珊不当使用案涉房屋而造成设施毁损,但本案中刘某超并未提交足以采信的证据对此予以证明,故本院对刘某超主张的案涉房屋室内设施毁损及更换费用的损失不予支持。法院判决:驳回上述,维持原判。

3. 评析

刘某超所要的损害赔偿均是基于王某珊租赁房屋,正常生活所需而造成的房屋自然损耗,以及由于在出租人同意之下安装了部分添附物所造成的损失或

① 四川省成都市中级人民法院(2020)川01民终4571号。

是拆除添附物所造成的损失。以上损失都不是基于王某珊的主观故意,均属于《民法典》第710条所述“承租人按照约定的方法或者根据租赁物的性质使用租赁物,致使租赁物受到损耗的,不承担赔偿责任”。因此法院对刘某超主张的案涉房屋室内设施毁损及更换费用的损失不予支持。

(编写人:宋济廷)

法律条文

第七百一十一条　承租人未按照约定的方法或者未根据租赁物的性质使用租赁物,致使租赁物受到损失的,出租人可以解除合同并请求赔偿损失。

条文主旨

本条规定给出租方的合同解除权以及损失赔偿权有两个条件,即未按照约定的方法或者未根据租赁物的性质使用租赁物,以及致使租赁物受到损失,而且双方之间具有因果关系,出租方才可依据本条解除合同并请求赔偿损失。

新旧法对比

《合同法》	《民法典》
第二百一十九条　承租人未按照约定的方法或者租赁物的性质使用租赁物,致使租赁物受到损失的,出租人可以解除合同并要求赔偿损失。	第七百一十一条　承租人未按照约定的方法或者**未根据**租赁物的性质使用租赁物,致使租赁物受到损失的,出租人可以解除合同并请求赔偿损失。

理解与适用

(1)首先需要看双方之间的意思自治,即合同如何约定使用租赁物,只要双方的约定不违反法律规定,双方就应遵循合同。

(2)如双方之间的合同未约定租赁物的使用方式,需运用体系解释的方法,结合合同其他条款进行综合判断从而确定租赁物的使用方法。

(3)如结合合同条款仍无法确定租赁物的使用方法,则需根据租赁物的性质来判断使用方法。

如根据上述办法确定承租方未正确使用租赁物造成租赁物受到损失的,出租人有权解除合同并请求赔偿损失,但“损失”需要有证据予以证明存在相应的损害事实,否则将无法得到赔偿。

实务问题

损失在实务中往往是比较难以证明的问题，且法官也会结合实际情况予以综合考量，针对损失如何举证问题，需要出租方从租赁物出租之前的状态、租赁物受损后的状态、出租方是否存在过错、维修租赁物所需费用等各方面进行举证，形成证据链条，证据之间相互印证。但需要提示的是，作为承租人，有可能会申请鉴定，故在争议解决前，租赁物需保持现状不进行使用。

（编写人：张　驰）

法律条文

第七百一十二条　出租人应当履行租赁物的维修义务，但是当事人另有约定的除外。

条文主旨

本条是关于出租人的维修义务的规定，即租赁合同中如对租赁物的维修义务进行了约定，则从其约定；若没有明确约定，则应由出租人负责承担维修义务。

新旧法对比

《合同法》	《民法典》
第二百二十条　出租人应当履行租赁物的维修义务，但当事人另有约定的除外。	第七百一十二条　出租人应当履行租赁物的维修义务，但是当事人另有约定的除外。

理解与适用

出租人的维修义务是在租赁物出现不符合约定使用条件的情况或状态时，出租人应当在接到承租人的通知后，在合理时间内采取合理措施，及时对租赁物进行修理和处理，以排除故障、损坏等，使租赁物能够恢复正常使用的状态。按照一般价值判断，维修义务也应该包括日常的维护和保养。

需要注意的是，《民法典》第713条与本条规定具有关联性，第713条第2款为新增内容，明确规定了如因承租人的过错致使租赁物需要维修的，出租人将不再承担维修义务。

（编写人：杨雨杭）

法律条文

第七百一十三条　承租人在租赁物需要维修时可以请求出租人在合理期限内维修。出租人未履行维修义务的，承租人可以自行维修，维修费用由出租人负担。因维修租赁物影响承租人使用的，应当相应减少租金或者延长租期。

因承租人的过错致使租赁物需要维修的，出租人不承担前款规定的维修义务。

条文主旨

承租人有权利请求出租人对其出租的租赁物在合理期限内进行维修。出租人未应承租人要求对其出租的租赁物进行维修的，承租可以自行维修，并有权向出租人主张维修费。因租赁物的维修影响承租人对租赁物使用的，应当相应对租期进行延长或者对维修期间的租金进行减免。

因承租人的原因导致租赁物损坏需要维修的，出租人无须承担前款规定的维修或支付维修费的义务。

新旧法对比

《合同法》	《民法典》
第二百二十一条　承租人在租赁物需要维修时可以要求出租人在合理期限内维修。出租人未履行维修义务的，承租人可以自行维修，维修费用由出租人负担。因维修租赁物影响承租人使用的，应当相应减少租金或者延长租期。	第七百一十三条　承租人在租赁物需要维修时可以请求出租人在合理期限内维修。出租人未履行维修义务的，承租人可以自行维修，维修费用由出租人负担。因维修租赁物影响承租人使用的，应当相应减少租金或者延长租期。 **因承租人的过错致使租赁物需要维修的，出租人不承担前款规定的维修义务。**

理解与适用

出租人有保证租赁物正常使用的义务，承租人有支付对价的义务。承租人依约定支付租金，出租人应保证其租赁物交付给承租人之后能正常使用，无论是租赁物损坏后的维修，还是承租人自行维修后垫付的维修费，都应由出租人来承担。而租赁物维修期间也可能会导致租赁物的暂时无法使用或者影响使用,所以就应当相应地延长租期,或对维修期内的租金进行减免。

然而,对上述出租人的维修及承担维修金的义务,都是基于租赁物本身或非因承租人的原因导致租赁物的损坏。若是因承租人的过错导致租赁物损坏的,那么出租人无须承担上述责任。

实务问题

实务中对本条法律的适用主要存在以下几个方面的难点:

(1)租赁物损坏的原因。租赁物的损坏是承租人导致还是出租人导致的是适用本条法律的关键,《民法典》新增"因承租人的过错致使租赁物需要维修的,出租人不承担前款规定的维修义务"这一项即表明,租赁物损坏的原因是首先需要认定的一个环节,当事人应当对自己主张的请求加以证明。

(2)维修所需要的费用问题。若是出租人自行维修那么在所不提,假设租赁物的维修费用是由承租人垫付,在承租人找出租人报销的时候,难免会出现对维修费用金额不认可的地方,那么也许在此过程中还可能出现需要司法鉴定的情形,对租赁物的损坏和维修的费用进行鉴定。

(编写人:蒙　舰)

法律条文

第七百一十四条　承租人应当妥善保管租赁物,因保管不善造成租赁物毁损、灭失的,应当承担赔偿责任。

条文主旨

本条是关于承租人具有妥善保管租赁物的义务的规定。

新旧法对比

《合同法》	《民法典》
第二百二十二条　承租人应当妥善保管租赁物,因保管不善造成租赁物毁损、灭失的,应当承担损害赔偿责任。	第七百一十四条　承租人应当妥善保管租赁物,因保管不善造成租赁物毁损、灭失的,应当**承担赔偿责任**。

理解与适用

妥善保管租赁物是承租人的主要义务之一。保管的义务源自于承租人对赁物享有的是占有和使用权。租赁期满承租人返还时租赁物时应当符合租赁物应有的状态。承租人的保管义务应包括几个内容：

(1)按照约定的方式或者租物的性质所要求的方法保管租赁物。

(2)按照租赁物的使用状况进行正常的维护：对于租赁物正常维护的费用有两类：一是，为维护物的使用收益能力所支付的费用，如机器设备上的润滑油，汽车使用的汽油、机油等，这部分费用一般应由承租人负担；二是，为了维持租赁物使用收益状态所支出的费用，如房屋的修费用、汽车换胎的费用、机器设备更换零部件的费用等，应当由出租人负担。

(3)通知和协助义务：当租赁物出现质量问题影响承租人正常使用时，应及时通知出租人，并采取积极措施防止损坏的蔓延或损失的扩大。

承租人如果违反该项义务，没有对租赁物妥善保管，造成租赁物毁损、灭失的，应当承担损害偿责任。

实务问题

根据最高人民法院及各省法院判例，对于承租人因保管不善造成租赁物毁损、灭失的，根据具体情节，法院大部分支持了原告请求承租人承担赔偿责任的请求，因此，承租人如果违反该项义务，没有对租赁物妥善保管，造成租赁物毁损、灭失的，应当承担损害赔偿责任。如果是由于其他允许使用租赁物的人的行为造成的租赁物的损坏的，承租人也应承担责任，因为第三人使用租赁物是经承租人许可的。

（编写人：刘煜彤）

法律条文

第七百一十五条　承租人经出租人同意，可以对租赁物进行改善或者增设他物。

承租人未经出租人同意，对租赁物进行改善或者增设他物的，出租人可以请求承租人恢复原状或者赔偿损失。

条文主旨

改善，是指在对租赁物外观形状不做改变的情况下，对其性能予以改良。增设他物，也叫添附，是指在原有的租赁物上添加另外的物。

本条分为两层含义，(1)在租赁物租赁期间，经过出租人的同意，承租人可以对租赁物进行改善或者增设他物。(2)在租赁期间，如未经过出租人同意，承租人不得对租赁物进行改善或者增设他物，否则出租人可以请求承租人恢复原状或者赔偿损失。

新旧法对比

《合同法》	《民法典》
第二百二十三条　承租人经出租人同意，可以对租赁物进行改善或者增设他物。 承租人未经出租人同意，对租赁物进行改善或者增设他物的，出租人可以要请求承租人恢复原状或者赔偿损失。	第七百一十五条　承租人经出租人同意，可以对租赁物进行改善或者增设他物。 承租人未经出租人同意，对租赁物进行改善或者增设他物的，出租人可以**请求**承租人恢复原状或者赔偿损失。

理解与适用

(1)承租人如需对租赁物进行改善或者增设他物的，应当征得出租人同意。

(2)如承租人擅自改善租赁物的，出租人可以请求恢复原状或者赔偿损失。

实务问题

(1)承租人对租赁物进行改善或者增设他物时的费用负担问题：如果双方有约定的，按照约定处理；如果双方没有约定的，而又难以协商达成一致意见的情况下，如果未经出租人同意，则费用由承租人自行承担；如果已经征得出租人同意的情况下，可以比照添附行为进行处理。

(2)承租人擅自改善的，出租人是否可以同时主张承租人承担恢复原状或赔偿损失和违约金问题：最高人民法院认为，如出租人提起了侵权之诉，则不能同时适用；如果出租人提起了合同之诉，因我国法律并未明确禁止对民事责任的合并适用，人民法院应基于恢复原状、赔偿损失与支付违约金的产生基础和各自的功能加以分析。

(编写人：朱晓明)

法律条文

第七百一十六条　承租人经出租人同意，可以将租赁物转租给第三人。承租人转租的，承租人与出租人之间的租赁合同继续有效；第三人造成租赁物损失的，承租人应当赔偿损失。

承租人未经出租人同意转租的，出租人可以解除合同。

条文主旨

本条所称转租，是指承租人在租赁期间将租赁物交付给第三人使用、收益，第三人向承租人支付租金的行为。

转租有利于交易流转，可以有效提高租赁物使用效率。但是，因承租人在租赁期间实际占有租赁物，租赁物的转租可能损害出租人的利益，因此本条规定承租人转租的，应当经过出租人同意。若第三人造成租赁物损失，承租人对出租人承担赔偿责任。

新旧法对比

《合同法》	《民法典》
第二百二十四条　承租人经出租人同意，可以将租赁物转租给第三人。承租人转租的，承租人与出租人之间的租赁合同继续有效，第三人对租赁物造成损失的，承租人应当赔偿损失。 承租人未经出租人同意转租的，出租人可以解除合同。	第七百一十六条　承租人经出租人同意，可以将租赁物转租给第三人。承租人转租的，承租人与出租人之间的租赁合同继续有效；第三人**造成**租赁物损失的，承租人应当赔偿损失。 承租人未经出租人同意转租的，出租人可以解除合同。

理解与适用

在我国的租赁合同中，曾有人利用转租的形式提高租赁物租金以获取暴利，这种情况在房屋租赁中较为常见。此种行为侵害了出租人的利益，为规范此类行为，本条规定承租人将租赁物转租他人的必须经出租人同意。

转租包括经出租人同意和未经出租人同意两种情况。

1. 经出租人同意的转租

经出租人同意的转租，承租人与出租人之间的租赁合同继续有效；第三人造成租赁物损失的，承租人对出租人承担赔偿责任。经出租人同意的转租分为两种情形:(1)在租赁合同订立时明确约定承租人有权出租租赁物;(2)在租赁期间承租人征得出租人同意将租赁物转租。对于事前未经出租人同意,出租人知道后并不反对或予以承认的,参照本法第718条的规定也可以视为出租人同意的转租。

经出租人同意的转租是有效的。此时承租人与第三人(次承租人)形成新的租赁关系,但承租人与出租人的租赁关系仍然存在。承租人仍然应当向出租人承担支付租金、在租赁期限届满前返还租赁物的义务。第三人对租赁物造成损失的,出租人应向承租人索赔。如前所述,转租情况下形成了两个有效的合同,即原租赁合同、转租合同。由于出租人与第三人(次承租人)之间没有直接的租赁法律关系,他们共同的对方是承租人,当第三人对租赁物造成损失时,虽然侵犯了出租人的物权,但是,按照出租人与承租人之间的租赁合同,该物件在租赁关系成立期间归承租人占有、使用,承租人负有妥善保管该物的义务,出租人应向承租人索赔,而无权直接向第三人索赔。当然,承租人在赔偿出租人的损失后,可以依法向第三人追偿。

2. 未经出租人同意的转租

本条规定未经出租人同意的转租,出租人可以解除合同。

首先,在转租的情况下,虽然承租人不脱离租赁关系,但出租人可能因此丧失对租赁物的控制,也难以了解第三人对租赁物的使用情况,因此擅自转租可能导致对原出租人利益的损害。其次,承租人依据租赁合同获得对租赁物的使用权,在转租的情形下,承租人通过转租这种交易行为获利,而非源于对租赁物的使用,这显然不符合当事人订立合同的目的,承租人擅自转租的行为应当视为未遵守合同目的的行为。此外,在特定情形下,承租人的转租行为甚至还可能与出租人的租赁交易形成竞争关系。最后,租赁虽然属于债权关系,但出租人和承租人之间也存在人身信赖关系,出租人通常是经过选择而允许特定的人租赁其物,擅自转租破坏了此种信赖关系,使得原租赁关系存在的基础受到影响。因此,我国不允许承租人在未经出租人同意的情况下转租租赁物,并通过赋予出租人解除权的方式保护出租人利益。

实务问题

承租人擅自转租,出租人行使解除权时会对转租合同产生相应影响。未经出租人同意的转租,尽管转租合同效力不受影响,但是该转租行为系违背出租人意志,违反法律规定的行为,因此法律赋予出租人合同解除权。根据本法第716条规定,承租人未经出租人同意将租赁物转租的,出租人可以解除合同。若出租人不行使解除权，转租关系仍然存续，不会受到影响；若出租人行使解除权，其可依据物权请求权要求返还租赁物，承租人丧失租赁权，转租合同因其赖以存在的基础不复存在而不得不终止。此时次承租人与出租人之间并无直接的租赁关系，不能请求出租人承担违约责任。次承租人能否向承租人请求损害赔偿，要看其是否为善意，若次承租人为善意，在订立合同时不知道也不应知道承租人未经出租人同意转租，为保护善意第三人利益，应由承租人承担相应的赔偿责任；若次承租人为恶意，在与承租人订立合同时知道或应当知道承租人未取得出租人同意，则此种风险在其订立合同时是可以预见的，此时不能要求承租人承担赔偿责任。

（编写人：范琳琳）

法律条文

第七百一十七条　承租人经出租人同意将租赁物转租给第三人，转租期限超过承租人剩余租赁期限的，超过部分的约定对出租人不具有法律约束力，但是出租人与承租人另有约定的除外。

条文主旨

承租人经出租人同意将租赁物转租给第三人后，出租人与承租人的原租赁合同仍然有效，承租人同样需要承担原租赁合同中约定的权利义务；根据“合同具有相对性”的原则，转租人（承租人）与次承租人之间按照新租赁合同中的约定行使自己的权利义务。根据“一方不能把自己不享有的权利转给第三方”的法理，转租合同中承租人承诺对次承租人的权利即转租合同中对次承租人权利的约定不能超过原租赁合同中的承租人所享有的权利。

新旧法对比

《最高人民法院关于审理城镇房屋租赁合同纠纷案件具体应用法律若干问题的解释》	《民法典》
第十五条　承租人经出租人同意将租赁房屋转租给第三人时，转租期限超过承租人剩余租赁期限的，人民法院应当认定超过部分的约定无效。但出租人与承租人另有约定的除外。	第七百一十七条　承租人经出租人同意将租赁物转租给第三人，转租期限超过承租人剩余租赁期限的，**超过部分的约定对出租人不具有法律约束力，**但是出租人与承租人另有约定的除外。

理解与适用

转租合同中，对于超过原租赁合同权利的部分是否有效，笔者认为转租合同系双方合意订立，自双方签字盖章后成立，但次承租人对出租人是否能有效取得权利，即转租合同是否有效，则需要根据出租人的承诺的有无而定，因此，出租人的同意是转租合同订立的前提条件。本条规定转租合同中约定的转租期限超过承租人剩余租赁期限的，该约定只要不存在本法规定的无效事由即为有效，次承租人也因此取得相应权利，因合同具有相对性，所以该权利仅对转租人（承租人）和次承租人产生法律约束力，但对出租人不产生法律约束力。原租赁合同期限届满后，出租人可以基于对出租物享有的所有权向次承租人主张要求次承租人在一定期限内返还租赁物，次承租人则可依据转租合同的约定向承租人主张违约责任。

实务问题

1. 案情简介①

原告汪某清诉称：2014 年 5 月 19 日，原、被告自愿在江北区签订了《摊位租赁合同》，被告租用江北区建新东路×号市场内第××号摊位从事美心室内门及套装门经营。2014 年 11 月 8 日，原告以书面形式通知被告解除摊位租赁合同，可被告仍置之不理。被告周某华辩称：（1）被告暂不交纳租金系依法行使抗辩权，不存在违约，原告无权解除租赁合同，也无权要求被告赔偿滞纳金。（2）根据合同约定及法律规定，原告无权解除合同。（3）租赁合同不存在滞纳金，本合同约定的滞纳金性质应是违约金。

一审法院经审理查明：2014 年 5 月 19 日，原告与被告签订《摊位租赁合同》，约定如下：原告将位于江北区建新东路×号所属使用摊位××号租给被告使用，经营范围美心室内门及套装门；租期为 5 年，从 2014 年 6 月 1 日至 2019 年 5 月 30 日止。另查，位于重庆市江北区建新东路×号××栋房屋的登记权利人为重庆市和安商贸有限责任公司、重庆市建磊商贸有限责任公司、重庆市发安商贸有限责任公司及重庆市壮志商贸有限责任公司。上述四公司（下称壮志等四公司）于 2014 年 4 月 6 日将位于建新东路×号所属使用面积 1129.42 平方米房屋租赁给原告，租期为 2014 年 4 月 10 日至 2019 年 4 月 9 日；并于 2014 年 11 月 26 日出具证明，表示原告对前述房屋“可以自行经营，也可以以自己名义分成格子

① 重庆市江北区人民法院（2014）江法民初字第 10325 号。

铺出租给他人经营”。

2. 法院认为

原、被告之间签订的《摊位租赁合同》是双方当事人的真实意思表示，已依法成立并生效，双方均应依法依约享受各自权利，并全面履行各自义务。关于涉讼合同约定的租赁期限超过原告与出租人签订的租赁合同约定的剩余租赁期限部分的效力，从现有证据判断，并不存在原告与出租人之间就此问题的相关约定，因此原告主张出租人认可超出的部分租赁期限效力的观点不能成立；故根据《最高人民法院关于审理城镇房屋租赁合同纠纷案件具体应用法律若干问题的解释》第15条的规定，前述超过部分租赁期限的约定应认定为无效；但该部分条款无效并不影响其他约定及合同整体的效力。

3. 评析

在该案中，壮志等四公司对于其所有的案涉房产出租给该案原告，并明确“可以自行经营，也可以以自己名义分成格子铺出租给他人经营”，租期为2014年4月10日至2019年4月9日，原告又将案涉房屋转租给被告，约定租期从2014年6月1日至2019年5月30日止。笔者认为，基于原告与出租人签订的租赁合同，出租人允许将租赁物转租，因出租人的同意是转租合同订立的前提条件，所以，原告有权将案涉租赁物转租给被告，原告与被告之间签订的转租合同是原、被告双方当事人的真实意思表示，已依法成立并生效，原、被告双方均应依法依约享受各自权利，并全面履行各自义务。但是转租合同约定的租赁期限超过了租赁合同中原告对案涉租赁物享有的权利，根据“一方不能把自己不享有的权利转给第三方”的法理，转租合同中承租人承诺对次承租人的权利即转租合同中对次承租人权利的约定不能超过原租赁合同中的承租人所享有的权利，因此，涉讼合同约定的租赁期限超过原告与出租人签订的租赁合同约定的剩余租赁期限部分的效力被人民法院认定为无效。

但是，该案在《民法典》下，人民法院对于涉讼合同约定的租赁期限超过原告与出租人签订的租赁合同约定的剩余租赁期限部分的效力应认定为有效。根据本条规定转租合同中约定的转租期限超过承租人剩余租赁期限的，该约定只要不存在本法规定的无效事由即为有效。被告也因此取得相应权利，因合同具有相对性，所以该权利仅对原告和被告产生法律约束力，但对出租人不产生法律约束力。原租赁合同期限届满后，出租人可以基于对出租物享有的所有权向被告主张要求被告在一定期限内返还租赁物，被告则可依据转租合同的约定向原告主张违约责任。

（编写人：王艳朋）

法律条文

第七百一十八条　出租人知道或者应当知道承租人转租，但是在六个月内未提出异议的，视为出租人同意转租。

条文主旨

这是《民法典》新增的关于推定出租人同意转租的条款。

当承租人未经出租人允许将租赁物转租，如果出租人在6个月内未提出异议，则推定出租人同意转租，即承租人与次承租人的租赁关系成立，次承租人合法享有占有使用或者按照约定对租赁物进行装修装饰的权利。

新旧法对比

无	《民法典》
无	第七百一十八条　出租人知道或者应当知道承租人转租，但是在六个月内未提出异议的，视为出租人同意转租。

理解与适用

出租人的同意是出租人单方对承租人转租行为的认可。没有出租人的认可，转租行为无效。对承租人的转租行为，出租人认可的方式有两种。一种是在租赁合同中明确约定相关内容。另一种是事后追认。《合同法》对转租行为的事后追认及出租人的异议期间未做明确规定，《民法典》增补了这方面内容。

在出租人知道或者应当知道承租人将租赁物转租、次承租人已经实际占有使用或者已经对租赁物进行装修装饰情况下却长期未做明确反对表示，应当视为出租人对转租行为予以认可。为督促出租人及时行使权利，维护市场交易的稳定性，《民法典》第718条设置了6个月的异议期间。如果出租人在6个月时间内怠于行使权利，则视为同意转租。

司法实践中需要把握两个问题：

1. 知道或者应当知道的认定

如何认定出租人知道或者应当知道转租事实,可以从两方面着手。(1)即有证据证明出租人明知次承租人已经实际占用使用租赁物而未提出异议;(2)依据其他现有证据能够证明出租人应当知道承租人转租的事实,即可构成同意转租的推定事实成立。该事实的举证责任应当由承租人承担。

2. 6 个月期间的性质

本条对 6 个月异议期的规定,旨在保护出租人与次承租人的合法权益。同时,遏制承租人擅自转租行为。出租人对承租人的转租行为及次承租人已经实际占用使用租赁物的事实不做明确表态,就会使承租人与次承租人的交易行为处于效力待定状态,不利于稳定已成事实的转租关系和次承租人利益的保护。因此,该条设定了 6 个月的异议期限。

需要明确的是,该期间是出租人行使合同解除权和主张合同无效的权利期间,其性质应当是除斥期间。因此,该期间不适用诉讼时效中断、中止和延长的相关规定。

实务问题

1. 案情简介①

关某等拥有一栋 12 层楼房的所有权。2006 年 1 月,关某等将楼房整体租给苏某。约定租期十年,2016 年 1 月到期,年租金 160 万元,租金上打租,每年 1 月 10 日一次性支付全年租金。租赁合同成立后苏某马上以自己名义将房子租给金龙泉公司。苏某与金龙泉公司所签租赁合同与原租赁合同内容相同,年租金仍为 160 万元,租赁期限不变。金龙泉公司每年通过苏某将 160 万年租金转交给关某等,有时金龙泉公司也直接将租金转账至关某的公司。金龙泉公司将房屋装修后分别租给孙某某、郑某某做洗浴和宾馆。租金分别为 240 万元和 180 万元。租赁期限与原合同相同。租赁合同履行到 2012 年 1 月,因孙某某、郑某某拖欠金龙泉公司租金,导致关某不能通过苏某取得 160 万元年租金。于是,关某等通知苏某按照原合同约定解除租赁合同,从孙某某、郑某某处收回房屋,并与孙某某、郑某某重新签订了租赁合同。金龙泉公司认为权利受损,于是起诉关某等,要求赔偿所投入的装修费 2000 余万元和可得利益损失。在诉讼中,关某等提起反诉,主张只将楼房整体出租给苏某,不了解金龙泉公司,更不认识孙某某、郑某某。苏某以自己名义将房子转租给金龙泉公司,金龙泉公司又将房屋装

① 辽宁省沈阳市中级人民法院(2014)沈中民四初字 150 号。

修后分别转租给孙某某、郑某某,自己不知情,属于擅自转租,行为无效。

2. 法院认为

从关某等通过苏某从金龙泉公司接受每年160万元年租金的行为看,认定关某对以上一系列转租行为不仅知情而且认可。法院判决关某等赔偿金龙泉公司可得利益损失732余万元。由于装修折旧殆尽,金龙泉公司的装修损失未得到法院支持。

3. 评析

从整个案情来看,关某与苏某签订的租赁合同是合法有效的。尽管苏某将所租赁房屋转租给金龙泉公司没有经过关某等的同意。但是,从金龙泉公司每年通过苏某转给关某160万元租金来看,关某对苏某的转租行为是知情的,而且,合同已经如此履行了6年,关某等对此从未提出异议。可以说,关某等的行为是一种民事法律上的"默示"行为,其用实际行动表明同意转租。因此,转租行为有效。即承租人苏某与次承租人金龙泉公司的租赁关系成立。金龙泉公司作为次承租人合法享有占有使用或者按照约定对租赁物进行装修装饰的权利。关某等在租赁合同履行期内收回房屋使用权给金龙泉公司造成了损失。因此,法院判决支持了金龙泉公司可得利益损失的主张。

(编写人:冯 昀)

法律条文

第七百一十九条 承租人拖欠租金的,次承租人可以代承租人支付其欠付的租金和违约金,但是转租合同对出租人不具有法律约束力的除外。

次承租人代为支付的租金和违约金,可以充抵次承租人应当向承租人支付的租金;超出其应付的租金数额的,可以向承租人追偿。

条文主旨

本条是关于次承租人代偿请求权及追偿权的规定,是《民法典》新增的一条规定,源自《城镇房屋租赁合同解释》。本条第1款明确规定了次承租人享有代偿请求权,即次承租人可以代承租人向出租人支付欠付的租金和违约金,从而抗辩出租人因承租人欠付租金而行使合同解除权。第2款明确规定了次承租人享有追偿权,即次承租人代承租人向出租人支付的租金和违约金可以用来折抵其应向承租人支付的租金,当其支付的数额超出其应向承租人支付租金的范围时,对承租人享有追偿权。

新旧法对比

《最高人民法院关于审理城镇房屋租赁合同纠纷案件具体应用法律若干问题的解释》(2009 年)	《民法典》
第十七条　因承租人拖欠租金,出租人请求解除合同时,次承租人请求代承租人支付欠付的租金和违约金以抗辩出租人合同解除权的,人民法院应予以支持。但转租合同无效的除外。次承租人代为支付的租金和违约金超出其应付的租金数额,可以折抵租金或者向承租人追偿。	第七百一十九条　**承租人拖欠租金的,次承租人可以代承租人支付其欠付的租金和违约金,但是转租合同对出租人不具有法律约束力的除外。** **次承租人代为支付的租金和违约金,可以充抵次承租人应当向承租人支付的租金;超出其应付的租金数额的,可以向承租人追偿。**

理解与适用

《民法典》在编纂过程中对《城镇房屋租赁合同解释》第 17 条的内容进行了调整,并将其吸纳到租赁合同的相关规定中,从而尽量避免次承租人丧失对租赁物的合法占有及使用。由于合同的相对性,次承租人虽为租赁物的实际占有使用人,但其与出租人之间并不存在直接的合同关系,当承租人未按合同约定向出租人支付租金时,出租人可以在催告无果后行使合同解除权,次承租人如不与出租人达成新的租赁合同,则无法继续使用租赁物。本条法律赋予次承租人代偿请求权,解决了次承租人在三方关系中的相对弱势地位问题,维护了租赁关系的稳定。

本条法律应适用于租赁物的转租,而非租赁权的转让。租赁权转让时承租人的权利义务发生概括性转移,次承租人作为新的承租人与出租人成立新的合同关系,此时应适用《民法典》合同的变更和转让中的相关规定。

实务问题

次承租人对承租人的追偿权的行使可能早于或晚于其向承租人支付租金的履行期。若追偿权的行使早于履行期,次承租人可以向承租人主张全部追偿。若追偿权的行使晚于履行期,次承租人可以主张折抵应向承租人支付的租金,在次承租人应付租金数额小于其实际代付数额时,次承租人可以主张承租人向其清偿差额部分。

出租人不应基于此条款主张次承租人向其支付承租人拖欠的租金和违约金,即出租人对次承租人不享有直接的租金支付请求权,这是由合同的相对性决定的。只有当承租人拖欠租金同时又怠于履行对次承租人的债权请求权时,出租人才能通过行使代位权向次承租人主张权利。

(编写人:邵　琰)

法律条文

第七百二十条　在租赁期限内因占有、使用租赁物获得的收益,归承租人所有,但是当事人另有约定的除外。

条文主旨

本条是关于承租人对租赁物占有、收益权利的相关规定,系补充性规定,而非强制性规定。

新旧法对比

《合同法》	《民法典》
第二百二十五条　在租赁期间因占有、使用租赁物获得的收益,归承租人所有,但当事人另有约定的除外。	第七百二十条　在租赁**期限内**因占有、使用租赁物获得的收益,归承租人所有,但是当事人另有约定的除外。

理解与适用

本条规定内容是由租赁合同性质决定的,承租人对租赁物的占有、使用以支付租金作为对价,就租赁物的占有、使用而获得的收益,承租人应当享有相应的财产权利。“当事人另有约定的除外”表明出租人和承租人之间可以自由约定租赁期间占有、使用租赁物获得的收益的归属,法律对此不作强制性要求。仅在出租人与承租人未作约定的情况下,适用本条。但仍需注意的是,当事人另行约定的权利义务内容,可能会影响合同性质的认定。基于多角度考虑问题,在涉及第三人权益时,还应结合物权编、侵权责任编等,准确理解与适用该规定。

实务问题

承租人通过合法转租收取的超出其应向出租人交付的租金之外的租金差额即属于本条规定的收益。承租人使用经营租赁物租用获得的收益,比如使用租赁设备生产的产品、驾驶租赁汽车从事货物运输获得的收益等也适用本条规定。在不定期租赁合同中，任何一方未通知解除租赁合同的情况下，承租人应当继续按照合同约定支付租金，而相应的，租赁期内的占有使用收益也应继续归于承租人。如果租赁期间届满后，出租人已经明确拒绝续租，要求承租人返还租赁物的，则不应认为原租赁合同继续有效，超出租赁期外的租赁物收益，则不应再被认定为归属于承租人，承租人拒绝返还租赁物，还可能面临违约责任承担风险。

（编写人：刘美妮）

法律条文

第七百二十一条　承租人应当按照约定的期限支付租金。对支付租金的期限没有约定或者约定不明确，依据本法第五百一十条的规定仍不能确定，租赁期限不满一年的，应当在租赁期限届满时支付；租赁期限一年以上的，应当在每届满一年时支付，剩余期限不满一年的，应当在租赁期限届满时支付。

条文主旨

本条规定是在租赁合同双方当事人对租金支付期限没有约定或者约定不明情况下，解决如何确认租金支付期限的问题。鉴于租金支付是房屋租赁合同中重要的组成部分，是合同的主要义务，但是当房屋租赁合同中未约定或对租金支付期限约定不明情况下，为了避免纠纷，区别了不同租赁期限下对租金支付时间的不同确认方式。

新旧法对比

《合同法》	《民法典》
第二百二十六条　承租人应当按照约定的期限支付租金。对支付期限没有约定或者约定不明确，依照本法第六十一条的规定仍不能确定，租赁期间不满一年的，应当在租赁期间届满时支付；租赁期间一年以上的，应当在每届满一年时支付，剩余期间不满一年的，应当在租赁期间届满时支付。	【内容不变】第七百二十一条

理解与适用

本条是利用民法原理，结合"合同的交易习惯"进行的法律解释，通过区分两个类型以确认合同双方针对租金支付期限的真实意思表示。第一种是依据《民法典》第510条之规定确认支付租金期限；第二种就是本条规定的，适用《民法典》第510条仍无法确认的，适用本条规定。具体适用方式如下：第一，租赁期限不满一年的，承租人在租赁期限届满时支付；第二，租赁期限一年以上的，承租人按年支付；第三，租赁期限一年以上的，扣除承租人已按年支付的租金后，剩余期限不足一年的，承租人在租赁期限届满前支付。该条文主要是在当事人没有约定和约定不明情况下的补充性规范。

实务问题

1. 在诉讼实务中应注意问题

如果租赁合同对租金支付期限约定不明或者没有约定，不仅会影响当事人的实体权利，也将涉及当事人对租金主张的诉讼时效计算，那么实践中便要区分一次性支付和分期支付的两种不同情况。在一次性支付全额租金且合同双方当事人无其他约定的情况下，出租人和承租人对租金诉讼时效的起算时点并无异议，即从租金支付期限届满之日开始计算诉讼时效。如租赁合同双方约定租金分期支付，那么就出现了两种不同的观点：其一为将同一租赁合同项下的租金视为"同一债务"，则应从最后一起租金的支付期限届满之日开始计算；其二为每一期租金均成立一个独立债权请求权，则每一期租金请求权应分别计算。鉴于租赁合同目的的实现特殊性，应当区分"租金之债"和"分期给付之债"的不同性质，应当按照每一期租金请求权积极行使权利，避免因为租金支付的期限争议，导致权利不受司法保护。

2. 在非诉讼实务中应注意的问题

在起草、审查房屋租赁合同时应对租金支付期限做出明确约定。应在合同条文的表述中，明确约定房屋租金支付的具体日期，明确租金缴纳的具体时点；为了避免歧义和约定不明，应该明确约定所付租金所对应的具体租赁期限，可以用列举的方法将支付时间明确为时间点。

（编写人：李　卓）

法律条文

第七百二十二条　承租人无正当理由未支付或者迟延支付租金的，出租人可以请求承租人在合理期限内支付；承租人逾期不支付的，出租人可以解除合同。

条文主旨

本条是关于承租人违反支付租金义务的法律后果的规定。

新旧法对比

《合同法》	《民法典》
第二百二十七条　承租人无正当理由未支付或者迟延支付租金的，出租人可以要求承租人在合理期限内支付。承租人逾期不支付的，出租人可以解除合同。	第七百二十二条　承租人无正当理由未支付或者迟延支付租金的，出租人可以**请求**承租人在合理期限内支付；承租人逾期不支付的，出租人可以解除合同。

理解与适用

按时足额交付租金是租赁合同中承租人的主要义务，属于主合同义务。承租人没有正当理由未支付或延迟支付，构成违约行为，必然会产生相应的法律效果。根据该条及《民法典》第563条第3项的规定，出租人在承租人欠付租金情况下的救济途径有以下几种。

1. 催告

承租人未支付租金或者迟延支付租金，出租人有权采用通知的方式对承租人进行催告，请求承租人在合理期限内履行支付租金的义务。《民法典》第563条第1款第3项是对合同法定解除权的一般规定，即“当事人一方迟延履行主要债务，经催告后在合理期限内仍未履行”的，当事人可以解除合同。《民法典》第722条规定是租赁合同法定解除权的特别规定，其前半句规定的“出租人可以请求承租人在合理期限内支付”，应理解为出租人向承租人发出催告通知后，承租人未在合理期限内支付租金，出租人方得行使合同解除权。

本条规定的“合理期限”具体应为多久，应综合考量租赁期间和租金支付频次等因素。租赁期间较长，应给予承租人相对较长的宽限期；租金支付频次较高，应给予承租人相对较短的宽限期。

2. 行使合同解除权

如果在出租人提出的宽限期内，承租人仍未支付租金，出租人可以行使合同解除权。解除权是形成权，一经行使，该租赁合同即解除。

对于出租人行使法定解除权的方式，第722条未作规定，可以参照《民法典》合同编通则部分第565条第1款有关合同解除的一般规定，"当事人一方依法主张解除合同的，应当通知对方。合同自通知到达对方时解除；通知载明债务人在一定期限内不履行债务则合同自动解除，债务人在该期限内未履行债务的，合同自通知载明的期限届满时解除。对方对解除合同有异议的，任何一方当事人均可以请求人民法院或者仲裁机构确认解除行为的效力"。可见，出租人行使法定解除权时，应当向承租人送达解除合同的通知，该通知送达承租人时租赁合同即解除。出租人也可以将催告履行通知与解除通知合并，在请求承租人限期支付欠付租金的催告通知中，载明承租人未在该期限内支付租金的情况下，合同自动解除。根据《民法典》第565条第2款的规定，当事人一方可以不通知对方，直接以提起诉讼或者申请仲裁的方式依法主张解除合同，此时，若人民法院或者仲裁机构确认该主张的，合同自起诉状副本或者仲裁申请书副本送达对方时解除。

实务问题

1. 承租人支付了部分欠付租金，是否属于本条规定的"逾期不支付"

本条后半句规定"承租人逾期不支付的，出租人可以解除合同"，但未明确"不支付"是指全部不支付还是部分不支付。当承租人支付了部分欠付租金，仍有部分租金欠付时，是否归入本条"逾期不支付"的情形？根据《民法典》第563条第1款第3项有关合同法定解除的一般规定，"当事人一方迟延履行主要债务，经催告后在合理期限内仍未履行"是行使合同法定解除权的构成要件，由此可见，违约方延迟履行的债务需是合同的"主要债务"。从性质上讲，承租人给付租金义务是租赁合同的主合同义务，无疑属于"主要债务"；从数量上讲，应当考虑租金欠付数额及在整体租金中所占比例，来确定出租人是否能够行使法定解除权。对于长期租赁合同分期支付的租金，属于定期给付之债，如果只欠付一期租金，即使相对于整个租赁期间的租金而言占比不高，也可能构成"逾期不支付"，出租人可以行使法定解除权。

2. 承租人有"正当理由"未支付或延迟支付租金的，不属于违约

对于哪些才是"正当理由"，法律上无明确规定。从实务来看，不可抗力、承租人的先履行抗辩权等都属于正当理由。例如，因不可抗力或意外事件使租赁物全部或者部分毁损、灭失，承租人已无法对租赁物使用、收益的；出租人没有履

行义务,致使承租方不能正常使用租赁物,合同目的不能实现的。

（编写人:宋智慧）

法律条文

第七百二十三条　因第三人主张权利,致使承租人不能对租赁物使用、收益的,承租人可以请求减少租金或者不支付租金。

第三人主张权利的,承租人应当及时通知出租人。

条文主旨

本条是关于出租人的瑕疵担保责任的规定,出租人在出租时应该确保交付的租赁物没有权利瑕疵,没有第三人对租赁物提出权利主张。如果有第三人就租赁物主张权利,将妨害承租人使用、收益租赁物,有的是全部不能使用、收益,有的是部分不能使用、收益。全部不能的,承租人可以不支付租金;部分不能的,承租人可以减少支付租金。

新旧法对比

《合同法》	《民法典》
第二百二十八条　因第三人主张权利,致使承租人不能对租赁物使用、收益的,承租人可以要求减少租金或者不支付租金。 第三人主张权利的,承租人应当及时通知出租人。	第七百二十三条　因第三人主张权利,致使承租人不能对租赁物使用、收益的,承租人可以**请求**减少租金或者不支付租金。 第三人主张权利的,承租人应当及时通知出租人。

理解与适用

对于出租人而言,该条规定的是出租人的瑕疵担保责任,规定了出租人应担保第三人不会对租赁物提出主张以免妨害承租人对租赁物的使用、收益。在理解和适用上,应注意以下几点:

1. 第三人主张权利,必须是足以部分或全部妨害承租人使用、收益租赁物,才能成立权利瑕疵担保。例如,第三人就租赁物主张所有权,但若是该所有权是在租赁合同成立后由该第三人取得的,那么根据买卖不破租赁的规定,排斥不了承租人的租赁权,不影响承租人对租赁物的使用、收益,便不能成立权利瑕疵担保。

2. 第三人对租赁物主张权利,妨害承租人使用、收益租赁物,应在法律后果上予以区分。对于全部不能使用收益的,承租人可以不支付租金;对于部分不能使用收益的,承租人可以减少支付租金。

3. 第三人就租赁物主张权利的,承租人应该及时通知出租人。该通知义务为附随义务,承租人没有及时通知的,导致出租人不能及时救济,遭受损失的,承租人应负赔偿责任,因为附随义务的违反可成立损害赔偿责任。不过,该项赔偿责任的范围,限于出租人未能及时就第三人主张权利而采取必要的救济措施而造成的损失,不得包括承租人违反了租赁合同而产生的违约金。承租人没有及时通知,属于违反附随义务,原则上不产生解除权。不过出租人因此而遭受重大损失或导致出租目的落空的,仍可解除租赁合同。

实务问题

1. 案情简介①

2008 年 3 月 16 日,原告周某与被告徐某标签订了《厂房租赁协议书》。协议约定,原告周某将镇隆楼寨工业区厂房面积 3500 平方米出租给被告徐某标,租期为 2008 年 3 月 16 日至 2013 年 3 月 15 日。租金及支付方式为:被告每月 15 日向原告缴付当月租金人民币 20,000 元。对违约责任的约定为:协议双方的任何一方违约都应补偿对方半年租金。原告周某与被告徐某标签订《厂房租赁协议书》后,原告将厂房如期交付给被告徐某标,被告徐某标接收后,将厂房交由被告惠阳区镇隆快达电子厂实际使用。2012 年 5 月 1 日,被告惠阳区镇隆快达电子厂接到一份由刘某署名的通知,通知内容如下:"为衔接惠州市政府搞好农村城市化建设方针,加快发展步伐,我方决定将坐落在镇隆楼寨管理区的地块重新规划并发展建设。现正式通知你方自行搬迁,必须在十五天内搬迁完毕,否则造成一切经济损失由你方自行负责。特此通知。"被告徐某标将通知事项告知原告张某明并要求张某明前来协助处理。2012 年 7 月 2 日,张某明与刘某就厂房的土地权属纠纷至镇隆镇维稳中心反映问题,镇隆镇维稳中心出具受理事项详表。2012 年 10 月 7 日,惠阳区镇隆快达电子厂因厂房的土地权属纠纷问题导致停产,两被告将停产事宜通过电话告知原告张某明,张某明派其代理人与两被告交接。被告以原告未协助解决纠纷,未充分履行出租人义务为由,自 2012 年 5 月起未如期交纳厂房租金。2013 年 5 月 8 日,原告以被告拖欠厂房租金为由诉至一审法院,请求判令被告支付拖欠的厂房租金合计 260,000 元、违约金 120,000 元,合计 380,000 元给原告。

① 广东省惠州市中级人民法院(2013)惠中法民四终字第 510 号。

2. 法院认为

原告周某、张某明出租给被告徐某标的厂房因与第三人发生争议，致使被告从 2012 年 5 月开始无法正常使用厂房，最终导致被告在 2012 年 10 月停产搬迁。被告因此不支付此时间段的厂房租金，符合“因第三人主张权利，致使承租人不能对租赁物使用、收益的，承租人可以要求减少租金或者不支付租金”的规定，被告未交纳厂房租金并不构成违约。据此一审法院判决驳回原告周某、张某明的诉讼请求。上诉人周某、张某明不服一审判决，提起上诉。

二审法院判决：原审法院认为被上诉人徐某标无须向上诉人周某、张某明支付拖欠的租金是错误的。法律规定“因第三人主张权利，致使承租人不能对租赁物使用、收益的，承租人可以要求减少租金或者不支付租金”，当且仅当租赁物完全不能使用和收益，承租人才有权要求不交租。从被上诉人仍能使用厂房到 2012 年 10 月的事实看，被上诉人并非不能使用上诉人出租的厂房，而且被上诉人没有提交任何关于其租用上诉人厂房因受干扰没有收益的证据。事实上被上诉人仍然对上诉人的产房进行占有和使用，只是生产受到部分影响，故被上诉人应该支付部分租金。结合本案实际情况，本院酌情支持被上诉人每月支付 1 万元租金给上诉人，共支付 5 万元。

3. 评析

第三人对租赁物主张权利，妨害承租人使用、收益租赁物，应在法律后果上予以区分。对于全部不能使用收益的，承租人可以不支付租金。对于部分不能使用收益的，承租人可以减少支付租金，但不能完全不支付租金。原告周某、张某明出租给被告徐某标的厂房因与第三人发生争议，致使徐某标从 2012 年 5 月开始无法正常使用厂房。事实上徐某标仍然对周某、张某明的产房占有和使用，只是生产受到部分影响，故徐某标虽可以减少支付租金但仍应该支付部分租金，结合本案实际情况，法院支持被上诉人每月支付 1 万元租金给上诉人，共计 5 万元。

（编写人：高　宁）

法律条文

第七百二十四条　有下列情形之一，非因承租人原因致使租赁物无法使用的，承租人可以解除合同：

（一）租赁物被司法机关或者行政机关依法查封、扣押；

（二）租赁物属权有争议；

（三）租赁物具有违反法律、行政法规关于使用条件的强制性规定情形。

条文主旨

本条规定了非因承租人原因致使租赁物无法使用的，承租人可以解除租赁合同的三种法定情形。

新旧法对比

《最高人民法院关于审理城镇房屋租赁合同纠纷案件具体应用法律若干问题的解释》(2009年)	《民法典》
第八条　因下列情形之一，导致租赁房屋无法使用，承租人请求解除合同的，人民法院应予支持： （一）租赁房屋被司法机关或者行政机关依法查封的； （二）租赁房屋权属有争议的； （三）租赁房屋具有违反法律、行政法规关于房屋使用条件强制性规定情况的。	第七百二十四条　有**下列情形之一，非因承租人原因致使租赁物无法使用的，承租人可以解除合同：** **（一）租赁物被司法机关或者行政机关依法查封、扣押；** **（二）租赁物属权有争议；** **（三）租赁物具有违反法律、行政法规关于使用条件的强制性规定情形。**

理解与适用

《民法典》对2009年《城镇房屋租赁合同解释》中的第8条内容进行了调整，此条规定了非因承租人原因致使租赁物无法使用，承租人可以解除合同的三种情形：(1)租赁物被司法机关或者行政机关依法查封、扣押；(2)租赁物属权有争议；(3)租赁物具有违反法律、行政法规关于使用条件的强制性规定情形的。《民法典》在原有租赁房屋的基础上，将范围扩大到了所有租赁物，并在第一种情形下增加了扣押的情况，同时增加了"非因承租人原因"的前提条件。需要注意的是，如果以上三种情形是由承租人个人原因造成，则承租人无权主张解除合同；如果租赁物能够正常使用，承租人亦无权主张解除合同。

实务问题

1. 案情简介①

2017年8月，李某与王某签订《租房协议书》一份，协议约定：(1)王某将坐落于某区的二室一厅房屋租给李某有偿使用。租赁期限10个月，即自2017年8

① 辽宁省铁岭市银州区人民法院(2017)铁银民初字122号。

月26日起至2018年6月25日止。(2)租金定为一次性交款,每月房屋租金为1900元人民币,10个月房屋租金为19,000元人民币,房屋到期需续租提前一个月交纳下一年度的房屋租金。(3)租赁期间,双方不能私自毁约,如果王某单方面违约,应支付李某3000元作为补偿。如果李某单方面违约,应给王某3000元作为补偿。如确有特殊情况,需双方协商解决,租赁期间李某需缴纳房屋及室内设施保证金2000元人民币,如果李某在租赁房屋期间,损坏王某室内外设施,双方协商后,损失设施赔偿金在李某缴纳的保证金中扣除。同日,王某给李某出具了收条一张,收条上写明,收到租房户李某梅2017年8月26日至2018年6月25日房费19,000元人民币、房屋押金2000元人民币、水电煤气押金1000元人民币。李某入住后,王某因为债务纠纷,房屋的所有权发生了争议,经常有人因产权问题上门吵闹,严重影响李某日常生活。李某多次与王某沟通要求其解决,但王某未予解决。2017年10月14日,李某搬离房屋并向王某提出解除租赁协议,并要求返还剩余租金及保证金。

2. 法院认为

王某出租房屋存在产权争议。根据2009年《城镇房屋租赁合同解释》第8条第2款的"租赁房屋权属有争议的",导致租赁房屋无法使用,承租人请求解除合同的,人民法院应予支持。法院判决李某与王某解除租赁协议,并判令王某返还李某剩余8个月的房租费15,200元及押金2000元。

3. 评析

从整个案情来看,因租赁房屋权属有争议,符合《民法典》第724条规定的,非因承租人原因致使租赁物无法使用的,承租人可以解除合同的法定情形之一:租赁物权属有争议。在此案中,房屋权属有争议,导致租户李某无法正常使用,承租人李某请求解除合同的,人民法院应予支持。在现实生活中,租房人一旦发现房屋被司法机关或者行政机关依法查封、扣押,或者房屋权属发生争议时,一定要保留好相关证据,并及时通知出租人要求解除合同。

(编写人:王　丹)

法律条文

第七百二十五条　租赁物在承租人按照租赁合同占有期限内发生所有权变动的,不影响租赁合同的效力。

条文主旨

本条是关于"买卖不破租赁"原则的规定。

新旧法对比

《合同法》	《民法典》
第二百二十九条　租赁物在租赁期间发生所有权变动的，不影响租赁合同的效力。	第七百二十五条　租赁物**在承租人按照租赁合同占有期限内**发生所有权变动的，不影响租赁合同的效力。

理解与适用

从买卖不破租赁原则的确立过程可以看出，该原则主要适用于土地、房屋等不动产的租赁。这可以从各国立法中得到印证。《法国民法典》第 1743 条规定："如出租人出卖租赁物时，买受人不得辞退经公证作成或有确定日期的租赁契约的房屋或土地承税人；但于租赁契约中保留此项权利者，不在此限。"法国对于房屋及土地租赁契约，如果契约已经公证或者该契约有确定日期，则该租赁权有对抗效力，买卖不破该租赁，但双方在契约中另有约定的除外。《德国民法典》第 571 条第 1 项规定："出租的土地在交付转承租人后，由出租人让与第三人时，受让人代替出租人取得在所有期间因租赁关系所产生的权利和义务。"该条规定了土地租赁契约中，出让不破租赁。《日本民法典》第 605 条规定："不动产租赁已将其登记时，对于以后就其不动产取得物权的人，亦发生效力。"依日本民法，租赁经登记后，有对抗力。值得注意的是，这些国家的"买卖不破租赁"是指不动产租赁。这是因为，以居住营业或农耕为目的而承租他人之不动产，各国立法为谋求社会生活之安定及增进，均采取巩固承租人地位之方针。

实务问题

我国在《合同法》出台之前，司法解释也明确规定该原则仅适用于房屋买卖。而在司法实践中，当事人援引该原则予以抗辩的也绝大多数仅限于房屋租赁。对此，结合其他国家的立法，大多数学者认为我国《合同法》第 229 条所确定的买卖不破租赁原则应当仅限于房屋等不动产的租赁。

在我国，由于土地属于国家所有或者集体所有，单位或个人仅有土地使用权。根据《宪法》的规定，土地使用权可以依法转让、出租，那么，对于存在于土地使用权之上的租赁合同，在土地使用权转让时，其租赁关系亦应仍然有效，即应当类推适用买卖不破租赁原则。

（编写人：聂　斌）

法律条文

第七百二十六条　出租人出卖租赁房屋的,应当在出卖之前的合理期限内通知承租人,承租人享有以同等条件优先购买的权利;但是,房屋按份共有人行使优先购买权或者出租人将房屋出卖给近亲属的除外。

出租人履行通知义务后,承租人在十五日内未明确表示购买的,视为承租人放弃优先购买权。

条文主旨

1. 本条是关于房屋租赁的承租人对租赁的房屋行使优先购买权的规定

优先购买权,是指民事主体在特定买卖的同等条件下,依法享有优先于他人购买财产的权利。司法实践中常见类型包括财产共有人的优先购买权、公司股东的优先购买权以及本条所涉及的房屋承租人的优先购买权等。房屋承租人的优先购买权是指房屋承租人在出租人出卖承租人承租的房屋时,在同等条件下可以优先购买该房屋的权利。

2. 根据本条规定,房屋承租人行使优先购买权要同时满足以下条件

(1)在出租人和承租人存在合法有效的房屋租赁合同关系前提下,出租人要向第三人出卖该出租房屋。

(2)承租人在得到出租人对外出卖房屋通知后,主张以同等条件购买该房屋。

(3)承租人购买房屋的意思表示须在得到出租人出售房屋通知后 15 日内作出,超过 15 日的视为承租人放弃行使优先购买权。

3. 本条规定的房屋承租人在行使优先购买权时的例外情形是本条中的新增内容。对进一步规范承租人行使优先购买权起到了重要作用

(1)当该房屋的其他按份共有人主张购买该房屋的情况下,承租人不得主张优先购买权。依据《民法典》第 306 条规定,房屋的按份共有人在同等条件下也享有优先购买权。此时就会产生房屋的其他按份共有人与房屋的承租人之间就优先购买权的冲突。本条在第 1 款但书中直接明确房屋的其他按份共有人主张优先购买权时,承租人的优先购买权不能行使。

(2)近亲属之间房屋买卖的情况下,承租人不得主张优先购买权。近亲属间的交易往往与基于单纯商品价值交换的交易关系有着天壤之别。在我国,人们注重效益的同时,更加看重情感关系,本条直接规定出租人将租赁房屋出卖给

近亲属可阻却承租人行使优先购买权,符合社会公众的道德与情感认知。

(3)承租人行使优先购买权有15天的期限限制。基于不动产交易秩序和交易安全的考虑,出租人在出卖租赁房屋时不可能无限期的等待承租人是否行使优先购买权的答复。承租人在接到出租人买房通知后应及时答复。因此,本条第2款规定若承租人接到通知后15日内未明确表示购买的,则自动丧失优先购买权。

新旧法对比

《合同法》	《民法典》
第二百三十条　出租人出卖租赁房屋的,应当在出卖之前的合理期限内通知承租人,承租人享有以同等条件优先购买的权利。	第七百二十六条　出租人出卖租赁房屋的,应当在出卖之前的合理期限内通知承租人,承租人享有以同等条件优先购买的权利;**但是,房屋按份共有人行使优先购买权或者出租人将房屋出卖给近亲属的除外。** **出租人履行通知义务后,承租人在十五日内未明确表示购买的,视为承租人放弃优先购买权。**

理解与适用

房屋承租人的优先购买权指在房屋租赁关系中,承租人依照法律规定所享有的、当出租人将租赁房屋转让给第三人时,在同等条件下优先于当事人而购买房屋的权利。据查,该项权起源于拜占庭时期罗马法关于租佃关系的规则,后被法国民法、德国民法继受并加以完善,逐渐成为各国民法普遍接受的一项规则。我国在对房屋承租人优先购买权的保护最早可追溯至《民通意见》第118条的规定,即"出租人出卖出租房屋,应提前三个月通知承租人。承租人在同等条件下,享有优先购买权"。这一精神后被《合同法》第230条和2009年《城镇房屋租赁合同解释》加以完善,最终被《民法典》确认,形成本条目前的样貌。

一般认为,房屋承租人的优先购买权具有以下基本特征。第一,房屋承租人享有的优先购买权具有法定性。房屋承租人优先购买权是一项法定的权利,由法律直接规定。第二,该项权利是承租人所享有的对出租人出卖房屋的请求权。因其本质是一种债权,故不能直接对物主张权利,也不能直接对抗第三人。第三,其行使对象具有特定性。一方面,房屋承租人只能针对其所租赁的房屋主张优先购买权，不能延伸至出租人出租的其他房屋；另一方面，承租人只能向出租人主张该项权利，若存在已经取得该租赁房屋所有权的善意第三人，则承租人无权以优先购买权受到侵害为由对抗此善意第三人。此外，该项权利专属于承租人，不能通过转让或者继承转移至他人。第四，房屋承租人优先购买权具有限制性。优先购买权在赋予房屋承租人权利的同时，也给其设定了限制条件，在这些限制条件下承租人的优先购买权不得行使。

1. 承租人优先购买权行使条件

根据本条规定，承租人行使优先购买权，须满足如下条件。

(1)出租人与承租人间须有合法有效的租赁合同。

出租人与承租人间合法有效的租赁合同是产生承租人优先购买权的逻辑前提。根据本法对合同成立的相关规定，房屋租赁合同依法成立并生效一般需要满足以下几个条件。其一，房屋租赁合同签订时，合同双方均为完全民事行为能力人。其二，出租人有权出租该房屋，且该房屋权利外观完整，不属于有权利瑕疵的临时建筑、非法建筑等。其三，房屋租赁合同的内容为合同双方真实的意思表示，且无合同无效的情形。如果双方当事人之间并不存在真实的房屋租赁意思表示，双方就不存在房屋租赁关系，承租人的优先购买权就无从谈起。

(2)出租人须有出卖租赁房屋的行为。

出租人出卖房屋的行为是承租人主张优先购买权的基础。我们需从以下几个方面加以理解：

一是出卖租赁房屋的行为须发生在租赁期间内，否则与承租人无关，不存在优先购买权问题。

二是出租人的行为应属为取得对价而出卖租赁房屋所有权的行为。赠与、继承或以公益为目的而由政府实施的征收、征用行为下，承租人不得主张优先购买权。

三是出卖租赁房屋的行为须现实发生。关于出卖行为是否现实发生的判断，实践中存在三种不同的判断标准：第一种观点认为，应当以出租人将房屋的所有权转移给第三人为判断标准；第二种观点认为，应根据第三人与出租人房屋买卖合同成立为判断标准；第三种观点认为，应当以出租人向第三人发出出卖租赁房屋的要约为判断标准。目前的主流观点认为，第二种判断标准更为符合逻辑。因为，承租人行使优先购买权的基础性条件是以“同等条件”购买其承租的房屋，只要“同等条件”能够确定，优先购买权就有了行使的基础。而在出租人与第三人间买卖房屋合同成立时，“同等条件”就有了参照的对象。因此，现实出卖租赁房屋的行为以出租人与第三人间买卖房屋合同成立为判断依据更加合理。

(3)承租人须以同等条件购买。

承租人行使优先购买权须受到“以同等条件购买”的限制。这种限制尊重了出卖人的所有权,使出卖人的正当权益免遭损失;如果承租人不能以同等条件购买,则应按价高者得的市场原则决定租赁房屋的归属。

关于同等条件的判断标准存在不同观点,但总的原则是要维护出租人的利益。承租人只要价格、支付方式等主要合同条件与第三人提供的购买条件相同即可构成同等条件。在价格条件和支付方式相同的情况下,对于其他交易条件是否需要完全相同,则要看该条件是否影响到出租人的利益,如果没有影响,则应认定为同等条件。

(4)承租人须在收到通知的15日内行使优先购买权。

根据本条规定,“出租人出卖租赁房屋的,应当在出卖之前的合理期限内通知承租人”,这说明通知是出租人的义务,而非承租人行使优先购买权的条件。承租人知晓出租人出卖房屋的事实后自行决定是否行使该权利。关于出租人履行通知义务的期限,《民通意见》第118条规定:“出租人出卖出租房屋,应提前三个月通知承租人……”为平衡权利保护和经济效率,《合同法》改“三个月”通知期为“合理期限”。合理期限可根据租赁房屋的具体情况、交易习惯等因素综合确定长短。承租人在收到出租人通知后,为行使优先购买权,应当在15日内作出购买的意思表示。此时“十五日”的性质是除斥期间,不适用中止、中断及延长的规定。若15日期间届满,承租人未作出购买的意思表示的,则丧失优先购买权。

2. 承租人行使优先购买权的例外限制

(1)房屋按份共有人行使优先购买权对承租人优先购买权的限制。

根据法律规定,共有关系分为共同共有和按份共有两种情况。在共同共有关系中,由于共有财产未经全体共同共有人同意不得处分,因此共同共有人只需不同意对外处分该共有财产即可有效防止财产权属的变更,无须以优先购买权为抗辩事由对抗第三人。而在按份共有关系中,只要超过拥有2/3以上份额的共有财产权利人同意,即可对外处分该财产。此时必然会对不同意对外处分该财产的按份共有人的权益产生影响。以出卖出租房屋为例,依据《民法典》第306条规定,房屋的按份共有人在同等条件下也享有优先购买权。此时就会产生房屋的其他按份共有人与房屋的承租人之间就优先购买权的冲突。本条在第

1款但书中直接明确房屋的其他按份共有人主张优先购买权时，承租人的优先购买权不能行使，其法理根据为物权优于债权原则。房屋按份共有人是基于所有权主张权利，当然地优于承租人基于租赁合同主张的优先购买权。

（2）出租人将房屋出卖给近亲属对承租人优先购买权的限制。

近亲属间具有浓厚的道德与人伦色彩，人身关系特征鲜明。这与基于单纯商品价值交换的买卖关系有着天壤之别。在我国，民众注重效益的同时，更加看重情感关系，本条直接规定出租人将租赁房屋出卖给近亲属的，阻却承租人行使优先购买权，符合社会公众的道德与情感认知，同时也避免了近亲属间的买卖行为无法在价格、付款期限等方面与承租人形成同等条件时的尴尬。

实务问题

在司法实务中，就承租人的优先购买权问题应注意以下几点。

（1）承租人优先购买权以出租人与其签订的房屋租赁合同为基础，即承租人仅可基于合法有效的合同，对其已承租的房屋享有同等条件下的优先购买权。我们可以从两个角度加以理解。第一，对于出租人的其他待出售房屋，由于承租人与出租人间并无租赁合同存在，因此承租人并不享有优先购买权。这一点上不能做扩大理解。最高人民法院2003年公报案例杨巧丽诉中州泵业公司优先购买权侵权纠纷案也明确了这一观点。第二，承租人是否享有同等条件下的优先购买权仅基于其是否享有合法的租赁权进行判断。除非法律另有规定，否则承租房屋上的其他权利负担并不影响优先购买权的行使。例如租赁物上设有抵押权，但抵押权的设立时间并非承租人优先购买权保护考虑的因素。不论抵押权是否设立于租赁合同成立前，承租人的优先购买权均应得到保护。最高人民法院在（2020）最高法执监171号执行裁定书中对这一观点予以肯定。

（2）作为承租人优先购买权的实质要件，同等条件的判断以出租人与第三人买卖合同约定的条件为标准。除了购买价格和支付方式是最主要的合同条件外，其他交易条件也需要完全相同方符合“同等条件”的标准。在司法实务中一般应考察承租人提出的购买条件是否影响到出租人的利益。出租人有权以最有利于己方的合同条件作为承租人行使优先购买权的“同等条件”。本观点同样体现在山东省高级人民法院（2019）鲁民终626号民事判决书中。

（3）生活实践中存在出租人与多个承租人签订数个房屋租赁合同的“一房数租”的情况。在此种情况下，只要不存在合同无效的情形，房屋出租人与所有承租人之间的房屋租赁合同均有效。但承租人优先购买权应由实际房屋承租人享有，其他租赁房屋的承租人可向房屋出租人主张违约损害赔偿责任。

(4)本条直接规定了出租人向近亲属转让房屋可阻却出租人行使优先购买权这一特殊事由,但并未对出租人的近亲属的范围加以明确。对于近亲属范围的界定应明确具体,不可任意扩大,否则将严重影响承租人优先购买权的行使。虽然本法第1045条第1、2款规定:“亲属包括配偶、血亲和姻亲。配偶、父母、子女、兄弟姐妹、祖父母、外祖父母、孙子女、外孙子女为近亲属。”但从体系上看,这是本法婚姻家庭编中的规定,是否可以将其直接引用至合同编的具体合同规则中,有待商榷。

(编写人:张秋实)

法律条文

第七百二十七条　出租人委托拍卖人拍卖租赁房屋的,应当在拍卖五日前通知承租人。承租人未参加拍卖的,视为放弃优先购买权。

条文主旨

本条是关于委托拍卖情况下房屋承租人优先购买权的规定。

新旧法对比

2009年版《最高人民法院关于审理城镇房屋租赁合同纠纷案件具体应用法律若干问题的解释》	《民法典》
第二十三条规定　出租人委托拍卖人拍卖租赁房屋,应当在拍卖5日前通知承租人。承租人未参加拍卖的,人民法院应当认定承租人放弃优先购买权。	第七百二十七条　出租人委托拍卖人拍卖租赁房屋的,应当在拍卖五日前通知承租人。承租人未参加拍卖的,**视为放弃优先购买权**。

理解与适用

本条规定一方面对承租人优先购买权进行程序性保障,保证其在房屋拍卖的情况下正常行使优先购买权,同时又通过对承租人优先购买权的限制以避免因承租人怠于行使优先购买权而降低房屋交易的效率,同时能够减少或避免房价波动给出租人造成的损失。

实务问题

房屋承租人优先购买权问题是司法实践中出现最多的优先购买权纠纷,亦是司法实践中处理最为混乱的一个问题。

(1)关于房屋租赁合同生效并成立的条件。《民法典》第727条沿用了2009年《城镇房屋租赁合同解释》第23条的观点:“出租人委托拍卖人拍卖租赁房屋,应当在拍卖5日前通知承租人。承租人未参加拍卖的,视为放弃优先购买权。”从该条看,在出租人决定拍卖租赁房屋的时候,租赁合同已经成立了。故可以视为,在房屋租赁合同生效的时候,房屋承租人的优先购买权就已经具备了。同时,《民法典》第725条和第405条在涉及抵押与租赁的关系规定中,都要求承租人已经占有了租赁物,由此可以判断光有租赁合同生效还并不具备优先购买权完全成立的条件。完善的优先购买权成立条件应当是租赁物应当已经由出租人移转给承租人并占有。

(2)关于房屋租赁合同有效性的司法认定。在已经生效的司法判例中可以确定的司法观点包括:第一,借用人对借用房屋不享有优先购买权。第二,厂矿、车间、酒店、浴池、商铺、仓库等经营场所承包合同的承包人不享有优先购买权;主要原因是上述经营场所的承包合同可能会涉及资质的问题。第三,名为承包合同,实为租赁合同的,承包人或承租人享有优先购买权。第四,关于房屋租赁合同不成立、未生效、无效、被撤销、效力待定、被解除或因期限届满而终止时,承租人是否享有优先购买权的问题,《广东省高级人民法院在关于房屋买卖合同中承租人优先购买权有关问题的批复》第3条和《北京市高级人民法院关于审理房屋租赁合同纠纷案件若干疑难问题的解答》第31条的规定体现的观点是一致的:承租人对租赁房屋享有优先购买权,并不以其按照租赁合同约定支付租金为前提;但如果承租人欠付租金已构成法定解除或约定解除租赁合同的条件,且出租人主张解除租赁合同的,因租赁关系已不存在,故承租人不再享有优先购买权。第五,不定期租赁的承租人享有优先购买权。第六,不定期租赁,在租赁合同解除前,承租人也拥有优先购买权。

(3)房屋承租人优先购买权的法律效力。首先,该权利无法通过登记取得对抗效力。房屋承租人的优先购买权仅具有债权效力,而不具有物权性效力,在房屋租赁合同未经登记备案时,承租人的优先购买权不具有对抗效力。其次,该权利可以通过房屋租赁合同登记备案取得对抗效力。在实务中,天津、上海等地的相关地方性法规及规章均规定了该种规则。

(编写人:宫　菲)

法律条文

第七百二十八条　出租人未通知承租人或者有其他妨害承租人行使优先购买权情形的，承租人可以请求出租人承担赔偿责任。但是，出租人与第三人订立的房屋买卖合同的效力不受影响。

条文主旨

本条是关于出租人侵害承租人优先购买权所产生的法律后果及承租人可救济方式或途径的规定。该条应从三个方面理解：第一方面是出租人的法定义务，即应履行通知与协助义务。第二方面是出租人的赔偿责任，本条是承租人享有请求权基础的条款，当出租人未履行通知义务或协助义务时，承租人可依据此条请求出租人承担赔偿责任。第三方面是出租人与第三人订立的房屋买卖合同的法律后果，出租人侵害承租人优先购买权的行为并不必然导致合同无效，出租人与第三人订立的房屋买卖合同的效力不受影响。房屋买卖合同的效力，应依据签订的《房屋买卖合同》当事人主体、是否为双方的真实意思表示，是否违反法律和行政法规的强制性规定等是否符合《民法典》相关条款而认定。

新旧法对比

无	《民法典》
无	第七百二十八条　出租人未通知承租人或者有其他妨害承租人行使优先购买权情形的，承租人可以请求出租人承担赔偿责任。但是，出租人与第三人订立的房屋买卖合同的效力不受影响。

理解与适用

本条是新增条款，其立法旨意是保护承租人的合法权益不受侵害。承租人的优先购买权不能离开房屋租赁权而单独存在，承租人行使同等条件下的优先购买权的首要法定条件是承租人和出租人存在合法有效的房屋租赁关系。优先购买权是基于房屋租赁债权产生的，属于债权性质。本条规定当承租人优先购买权被侵害时，承租人以本条为请求权基础请求出租人承担赔偿责任，依据《民法典》第 1164 条应理解为侵害了承租人法定的优先购买权的侵权之诉。

因此要尤其注意承租人的举证责任，其应提出证据证明以下几点：(1)出租人侵害优先购买权的行为;(2)承租人合法权益受到损害的事实;(3)出租人的侵害行为与承租人损害结果之间存在因果关系。在具体的法律适用时,存在承租人请求赔偿损失种类的多样性及赔偿损失范围的不确定等问题,如承租人的租金损失、中介费用、搬家腾挪费用、房屋增值损失等,但最具争议的是房屋增值的损失,在理论上包括房屋增值的损失,在现实社会共识度上也应包括房屋增值损失。

因此,本条在法律适用中应重点注意两个方面:其一,应注重房屋增值损失与评估费用问题以保持利益平衡;其二,出租人承担赔偿责任的条件是承租人具有购买能力因出租人的原因未能购买,提高承租人举证责任,包括提供充分的证据证明本人具有购房能力且做了必要的准备。

实务问题

司法实践中,当承租人优先购买权被侵害时,承租人的诉讼请求及主张存在不统一及争议。承租人的诉讼请求一般是通过主张优先购买权,主张优先购买权及确认房屋买卖合同无效,主张优先购买权及赔偿责任,主张优先购买权、确认房屋买卖合同无效及赔偿责任四种方式行使诉权。

本条立法明确了优先购买权被侵害的赔偿责任与房屋买卖的法律关系不同,从而确立了不同的请求权基础。在法律实务中,应注意优先购买权被侵害时,依据《民法典》请求赔偿责任房屋买卖合同效力不受影响的规定,应以侵权之诉举证,使当事人的诉讼请求目的明确,更便于实际操作。

(编写人:杨日新)

法律条文

第七百二十九条　因不可归责于承租人的事由,致使租赁物部分或全部毁损、灭失的,承租人可以请求减少租金或者不支付租金;因租赁物部分或者全部毁损、灭失,致使不能实现合同目的的,承租人可以解除合同。

条文主旨

本条是对租赁期间租赁物意外灭失风险负担规则的规定。

租赁物的意外灭失风险负担,即当由于不可归责于承租人和出租人双方当事人的事由,致使租赁物部分或全部毁损、灭失的法律后果。自罗马法以来就形成了由物之所有人负担风险,即“不幸事件只能落在被击中者头上”的法律观念，故应由出租人负担此种情形下标的物毁损、灭失的风险。

新旧法对比

《合同法》	《民法典》
第二百三十一条　因不可归责于承租人的事由，致使租赁物部分或者全部毁损、灭失的，承租人可以要要求减少租金或者不支付租金；因租赁物部分或者全部毁损、灭失，致使不能实现合同目的的，承租人可以解除合同。	第七百二十九条　因不可归责于承租人的事由，致使租赁物部分或者全部毁损、灭失的，承租人可以**请求**减少租金或者不支付租金；因租赁物部分或者全部毁损、灭失，致使不能实现合同目的的，承租人可以解除合同。

理解与适用

本条规定的是在承租人已尽了善良管理人的义务的情况下，由于其他原因，造成租赁物的毁损、灭失的，承租人享有何种权利。

1. 不可归责于承租人的事由有下列几种情况

（1）因不可抗力的原因造成租赁物毁损、灭失的。不可抗力的条件是不能预见、不能避免，并且不能克服。例如，承租人租赁房屋时，由于发生洪水，大水冲进房屋，使屋内的墙皮脱落，这种损坏是承租人难以克服的。按照本法的规定，不可抗力是免责的事由，因此，在出现不可抗力时，租赁物毁损、灭失的，承租人不承担责任。

（2）因意外事件造成租赁物毁损、灭失的。例如，承租人租用汽车在路上正常行驶，被一辆违反交通规则的汽车撞坏，经过认定承租人无过错，汽车的损害是由于第三人违反交通规则的行为造成的。

（3）因出租人不履行义务造成租赁物毁损、灭失的。例如，承租人租赁的房屋，由于雨季下雨太多出现屋顶漏雨，承租人要求出租人进行维修，但出租人迟迟不予维修，最后导致房屋倒塌。倒塌的原因就是出租人没有对房屋进行及时的维修。

上述前两种情况属于租赁合同双方当事人都无过错，既不可归责于承租人，也不可归责于出租人，而出现的租赁物毁损、灭失的情况。在这种情况下，应当维护哪一方当事人的利益，是法律所要解决的问题。按照民法上的一般原则，对物的风险责任是以谁享有所有权为标准的，即所有权人承担对物的毁损、灭失的风险。本法在买卖合同中规定了买卖合同标的物的风险责任在交付后转移至买受人的一般原则。在租赁合同中，多数情况下，出租人是租赁物的所有人，至少是可以支配租赁物的人，当发生不可归责于双方当事人的事由，造成租赁物毁损、灭失的，这个风险责任应当由出租人来承担。

在第三种情况下，由于出租人有过错，造成租赁物的毁损、灭失时，当然应当由其承担损失的责任。

2. 在上述三种情况下，由于承租人对租赁物已不能使用或使用的效能受到了影响，本条规定承租人可行使以下权利

(1)要求减少租金或不支付租金。减少租金一般适用于租赁物部分毁损，但还能够使用，或者是承租人已经支付了部分租金的情况，而租赁物全部毁损、灭失的，已支付的租金不再返还，未支付的租金不再支付。不支付租金一般是指租赁物虽然部分毁损，但已失去其效用或者租赁物全部毁损、灭失，承租人已不能使用该租赁物，当然可以要求不支付租金。不支付租金的法律后果实际上是合同已不可能履行，当承租人不支付租金时，如果出租人同意，合同实际上是协议解除，合同已经终止。

(2)解除合同。解除合同的条件是不能实现合同目的。这里规定的解除条件比《民法典》第563条规定的“因不可抗力致使不能实现合同目的”的范围要宽。即使不是不可抗力，只要承租人没有过错，租赁物毁损、灭失的，实际上已经不可能再履行合同了，这时承租人便可以行使解除权。这种解除权不同于上面所说的协议解除，它是法定解除，其不是请求权，而是一种形成权，即承租人主张解除合同的，只要通知到达出租人，合同即行解除，如果出租人对此有异议，可以提请诉讼或仲裁，人民法院或者仲裁机构也只是对承租人行使解除权的效力进行确认。

实务问题

承租人以租赁物部分或全部毁损、灭失主张解除租赁合同同时依赖于合同目的判断。

(编写人：里祉彧)

法律条文

第七百三十条　当事人对租赁期限没有约定或者约定不明确，依据本法第五百一十条的规定仍不能确定的，视为不定期租赁；当事人可以随时解除合同，但是应当在合理期限之前通知对方。

条文主旨

本条是关于租赁期限没有约定或者约定不明确时的法律后果的规定。

新旧法对比

《合同法》	《民法典》
第二百三十二条　当事人对租赁期限没有约定或者约定不明确，依照本法第六十一条的规定仍不能确定的，视为不定期租赁。当事人可以随时解除合同，但出租人解除合同应当在合理期限之前通知承租人。	第七百三十条　当事人对租赁期限没有约定或者约定不明确，依据本法第**五百一十条**的规定仍不能确定的，视为不定期租赁；当事人可以随时解除合同，**但是应当在合理期限之前通知对方。**

理解与适用

租赁合同是出租人与承租人之间定期或者不定期地转移租赁物的占有权、使用权的合同。从是否规定租赁期限来看，租赁合同分为定期租赁合同和不定期租赁合同两种。定期租赁合同的当事人在合同中约定了租赁期限，合同于约定的租赁期限届满时终止。一般租赁合同都要明确约定租赁期限，以便确定租赁价值的回收、租金构成等问题。

租赁合同当事人也可以不约定期限，这就是不定期租赁合同。与约定有期限的租赁合同相比，未约定期限或者约定期限不明确的合同在履行时有一定困难，容易酿成纠纷。根据本条规定，当事人对租赁期限没有约定或者约定不明确时，应首先依照《民法典》第 510 条的规定进行协议补充，即由出租人和承租人就租赁期限进行再磋商，如果能够达成协议，合同即按照补充协议的期限履行，仍不能达成补充协议的，则依照合同有关条款或者交易习惯加以确定。如果合同双方当事人既不能就租赁期限达成补充协议，又不能根据合同有关条款或者交易习惯加以确定，只要出租人没有收回租赁物的意思，同时也没有收回行为并且继续收取租金的，就表明租赁关系仍然存在，但这时的租赁视为不定期租赁，双方当事人可以随时解除合同。如果承租人在使用租赁物后已达到了其预期目的，同时履行了其义务，可以提出终止合同的履行；如果出租人对租赁物有客观原因需要利用，而非出于其他恶意，可以在保障承租人利益不受损害的情况下，收回租赁物。但出租人解除合同时，应依诚实信用原则，在一个合理期限之前通知承租人。

实务问题

在不定期租赁合同关系中,法律规定出租人与承租人均可随时解除合同。但是因为缺少租期的约束,不定期租赁合同的出租人和承租人在各自出租和使用、收益租赁物时均承担着同等的市场交易风险,租金上涨时,出租人就会随意地解除合同或者抬高租金,这样承租人的成本就会相应增加。事实上,出租人与承租人面临着相同的商业风险,因此并不能因解除行为而产生损害赔偿责任,仅能够在一方未在合理期限内行使解除权,或者未尽到通知等附随义务的情况下承担赔偿责任。

(编写人:董　晨)

法律条文

第七百三十一条　租赁物危及承租人的安全或者健康的,即使承租人订立合同时明知该租赁物质量不合格,承租人仍然可以随时解除合同。

条文主旨

本条是关于租赁物如危及承租人安全、健康,即使承租人明知质量不合格,承租人仍然可以解除合同的规定。

新旧法对比

《合同法》	《民法典》
第二百三十三条　租赁物危及承租人的安全或者健康的,即使承租人订立合同时明知该租赁物质量不合格,承租人仍然可以随时解除合同。	【内容不变】第七百三十一条

理解与适用

本条是关于租赁物瑕疵担保责任的一项规定,即当承租人的安全或者健康受到租赁物威胁时,承租人可以随时向出租人主张解除合同。该解除权是任意的、法定的权利,不受合同的约定限制,如果合同对该项权利予以限制,则该部分条款亦无效。该条款是出于对物质性人格权的优先保护而设定的,即当财产权与人格权发生冲突时,人格权的位阶高于财产权,保护上也应当高于对财产权的保护,这也是立法精神的体现。

条文中限定的是租赁物“危及”承租人安全或者健康的情况,“危及”意味着威胁是紧迫的且将来必然发生,那么适用该条时就要举证证明该危险必然发生,此时应以普通人的一般常识或者同等专业知识的承租人的认识为标准,而出租人的主观标准在所不问。

实务问题

当承租人适用该条行使解除权后,基于租赁合同的损害赔偿能否得到救济,要看承租人是否明知危及安全或者健康的危险的存在。如果明知,则基于该合同的解除导致的财产损失将得不到支持,因为其属于承租人自担风险;但如果不明知,由于出租人提供安全或者健康的租赁物应当是其义务,则前述基于该租赁合同造成的财产损失仍应当得到支持。

(编写人:张文敏)

法律条文

第七百三十二条　承租人在房屋租赁期限内死亡的,与其生前共同居住的人或者共同经营人可以按照原租赁合同租赁该房屋。

条文主旨

本条是关于共同居住人(经营人)对租赁房屋的居住权的规定。承租人死亡的,与其生前共同居住(共同经营)的人可按照原租赁合同租赁该房屋。这时,与承租人生前共同居住(共同经营)的人,就应当将自己变更为承租人,按照原租赁合同的内容办理续租。

新旧法对比

《合同法》	《民法典》
第二百三十四条　承租人在房屋租赁期间死亡的,与其生前共同居住的人可以按照原租赁合同租赁该房屋。	第七百三十二条　承租人在房屋租赁**期限内**死亡的,与其生前共同居住的人**或者共同经营人**可以按照原租赁合同租赁该房屋。

理解与适用

1. 继受租赁合同的条件

首先,该权利只能基于合法有效的房屋租赁法律关系,其必须以租赁合同有效为基础,以租赁权存在为前提。若该房屋未取得建设工程规划许可,或是未经批准的临时建筑,因出租人与承租人之间的租赁合同无效,则不发生共同居住人和共同经营人的居住权问题。其次,承租人的"死亡"既可以是自然死亡,也可以是宣告死亡。最后,共同居住人和共同经营人对于承继该租赁合同的权利应受到租赁期限的限制。在租赁期限届满后,承租人死亡的,共同居住人和共同经营人不再享有房屋的居住权。

2. 共同居住人与共同经营人的范围

在判断其范围时,应注意:首先承租人的共同居住人首先应当限定为自然人;其次,应当基于以生活为目的而存在与承租人共同居住的事实,而非与承租人具有可以继承的身份关系;最后,共同居住人应当具有与承租人长期共同居住的意思,在承租房屋居住的行为是持续稳定的,并非临时性居住。而对于非基于生活,而是基于共同经营目的的,对承租人租赁的房屋存在居住事实的共同经营人,其范围既可以包括个人合伙或者个体工商户,也可以包括法人或者非法人组织,不应当仅限于自然人或者自然人的合伙。

3. 继受权的行使方式与限制

共同居住人或者共同经营人决定继受租赁合同的,应在承租人死亡后的合理期限内,将决定继受合同的事实以适当的方式通知出租人,且在继受合同的意思表示到达出租人时,即发生合同继受的法律效力,否则视为共同居住人或共同经营人放弃继受租赁合同。

在继受该合同时,共同居住人或共同经营人应当按照合同条件继续履行租赁合同。若变更租赁合同的条款承租房屋,则视为新的租赁合同要约,出租人有权拒绝其继续承租。此外,共同居住人或共同经营人的继受权不能转由第三人行使。

实务问题

共同居住人或共同经营人对合同的继受属于权利义务的概括继受,在继受租赁合同后,共同居住人或共同经营人处于承租人的法律地位,承担承租人的权利义务。对于原承租人生前履行合同的行为,亦对继受合同的共同居住人或共同经营人发生直接法律效力,应由共同居住人或共同经营人承担相应的法律后果。实务中,若出租人对承租人违约,共同居住人或共同经营人得以依照租赁合同约定主张由出租人承担违约责任。反之,承租人生前具有违约行为的,出租人亦可主张由共同居住人或共同经营人承担相应的违约责任。

（编写人:吴　蔚）

法律条文

第七百三十三条　租赁期限届满,承租人应当返还租赁物。返还的租赁物应当符合按照约定或者根据租赁物的性质使用后的状态。

条文主旨

根据当事人之间签订的租赁合同,在合同约定的租赁期限届满时,承租人应当将租赁物返还给出租人。返还的租赁物的品质应当符合租赁合同约定或通常使用后的质量标准应有之态。

新旧法对比

《合同法》	《民法典》
第二百三十五条　租赁期间届满,承租人应当返还租赁物。 返还的租赁物应当符合按照约定或者租赁物的性质使用后的状态。	第七百三十三条　租赁**期限**届满,承租人应当返还租赁物。返还的租赁物应当符合按照约定或者**根据**租赁物的性质使用后的状态。

理解与适用

1. 关于租赁物返还的问题

(1)依据当事人之间签订的动产或不动产的租赁合同,租赁期限届满前,当事人可协商是否进行续租。若当事人无意续租的或未进行商议的,承租人应当依据合同约定,将租赁物返还给出租人。

(2)若出租人恶意不返还租赁物或故意拖延的,则承租人为恶意无权占有人,恶意的承租人此时对租赁物进行维修的,他日无权请求出租人支付相关费用。在此基础上,在物权保护上出租人可对承租人及相关出租物行使返还原物请求权(不动产无诉讼时效限制,未登记的动产适用短期三年普遍诉讼时效),在债权保护上则可要求承租人返还不当得利,承担相应的侵权或违约责任。租赁物价值和侵占时间超过相关法律规定的,可构成侵占罪,出租人需提起自诉。

2. 关于合同效力问题

(1)租赁合同有效,且关于租赁物的性质使用后的状态无相关法律法规或司法解释的强行性效力性规定时,返还的租赁物品质可根据《民法典》的自愿、平等、意思自治原则,依据合同的约定来审视。若返还的租赁物产生明显超越合理使用和通常标准的损伤时,出租人可要求原承租人承担相应违约或侵权责任。

(2)租赁合同因某些原因被认定无效或被撤销,承租人应当在法院认定合同无效的判决之后,及时将相关租赁物返还给出租人,若返还的租赁物产生明显超越合理使用和通常标准的损伤时,出租人可要求原承租人承担侵权责任。至于租金,此时因合同的无效,则承租人需支付的并非租金,而是对租赁物的"使用"的对价,此时应当按照市场平均租金标准及承租人使用时间来综合计算,多退少补。

实务问题

在租赁合同有效的前提下,何为合理使用和通常标准的损伤?举例说明:甲将手机出租给乙,那么在无事先约定的前提下,手机可能遭受其中以下两种损害:正常使用的折旧磨损或(和)用手机砸核桃。很显然,乙为善意的他主占有人,对于手机正常使用折旧磨损,是租赁物权人应当容忍的损害,不构成对租赁物所有权的损害,系"未超越合理使用和通常标准的损伤"。而对于砸核桃来说,乙非自主占有人,若是乙自己的手机,乙怎么砸别人都管不着。但乙仅为他主占有人,因此负有特定的注意义务,当乙丧心病狂地用易碎的手机砸核桃时,他应该意识到,自己的行为已越界,超出了"合理使用和通常标准的损伤"的范围,因此应当承担相应的赔偿责任。

(编写人:马百奇)

法律条文

第七百三十四条　租赁期限届满,承租人继续使用租赁物,出租人没有提出异议的,原租赁合同继续有效,但是租赁期限为不定期。

租赁期限届满,房屋承租人享有以同等条件优先承租的权利。

条文主旨

本条第 1 款规定对《合同法》第 236 条个别字词进行了改动,但并未对具体条文的内容进行修改。规定了租赁期限届满后,租赁合同继续有效的两个条件:

(1)承租人继续使用租赁物;(2)出租人对承租人继续使用租赁物这一事实未提出异议。此时,可以推定出租人与承租人之间租赁关系延续,租赁期限转为不定期。

本条第2款为新增条款,规定租赁期限届满,房屋承租人享有以同等条件优先承租的权利。

新旧法对比

《合同法》	《民法典》
第二百三十六条　租赁期间届满,承租人继续使用租赁物,出租人没有提出异议的,原租赁合同继续有效,但租赁期限为不定期。	第七百三十四条　租赁期限届满,承租人继续使用租赁物,出租人没有提出异议的,原租赁合同继续有效,但是租赁期限为不定期。 **租赁期限届满,房屋承租人享有以同等条件优先承租的权利。**

理解与适用

本条第1款规定的是在租赁期限届满后,租赁合同继续有效的情形。本款规定实质上是通过出租人和承租人的行为,推定双方延续租赁合同达成一致的意思表示,从而延续双方的租赁关系。承租人以其继续使用的明示行为、出租人以其并未反对的默示行为,共同推定双方延续租赁合同关系。

出租人和承租人虽然延续原租赁合同关系,但依据本条第1款规定内容的表述,原租赁合同租赁期限变为不定期,其他约定若无变更应继续有效。为何原租赁期限变为不定期呢?根据《民法典》第707条规定,当事人未采用书面形式,无法确定租赁期限的,视为不定期租赁。在出租人和承租人并未签署续租合同的情况下,此时将租赁期限变为不定期符合《民法典》相关规定,也是法律规定统一性的体现。

本条第2款为《民法典》新增规定,是对租赁合同中房屋租赁合同的特殊规定。本条第2款以法律的形式正式赋予了房屋承租人享有优先承租权,这是本条最大的亮点。

实务问题

此前并无优先承租权的法律规定,仅有《合同法》第230条规定的房屋承租人享有优先购买权的规定。因此,对比优先购买权,笔者认为在适用优先承租权时，从权利本身出发，可参照适用优先购买权的以下特征。

1. 权利性质的界定

对于优先购买权的权利性质，通说观点为优先购买权是一种附条件的形成权，即在一定条件成就时，由法律赋予的权利人仅凭自己的单方行为即可使法律关系发生、变更、消灭的权利。从本条第 2 款的表述上看，优先承租权与优先购买权的表述方式都是在某种条件成就时房屋承租人享有的权利，且在法律条文中此时并不需要其他主体同意或不同意的表示，此种表述符合单方行为的作出可以变动法律关系的权利内容。因此，笔者认为优先承租权是一种附条件的形成权。

2. 权利行使

《民法典》第 726 条规定承租人应在出租人在合理期限内履行通知义务后 15 日内明确表示行使优先购买权，否则视为放弃权利。因此，房屋承租人优先购买权的行使应是通过明示的方式行使优先购买权。不过明示行使的前提是出租人在合理期限内向承租人履行告知义务。优先承租权虽未明确规定权利行使的方式，但笔者认为，从附条件的形成权的行使方式和立法统一的角度出发，优先承租权的行使也应以出租人在合理期限内向承租人履行告知义务为前提，之后再由承租人以明示的方式行使权利。

（编写人：崔春雨）

第十五章　融资租赁合同

法律条文

第七百三十五条　融资租赁合同是出租人根据承租人对出卖人、租赁物的选择，向出卖人购买租赁物，提供给承租人使用，承租人支付租金的合同。

条文主旨

本条保留延续了《合同法》第237条的内容，未作修改。本条从权利义务关系的角度规定了融资租赁合同的法律概念。根据这一规定，在融资租赁合同中，虽然缔约方是出租人和承租人，但出卖人仍是合同履行中必不可少的一方。其中，出租人的主要义务是根据承租人对出卖人、租赁物的选择，向出卖人购买租赁物，并提供给承租人使用；承租人的义务是支付租金。

新旧法对比

《合同法》	《民法典》
第二百三十七条　融资租赁合同是出租人根据承租人对出卖人、租赁物的选择，向出卖人购买租赁物，提供给承租人使用，承租人支付租金的合同。	【内容不变】第七百三十五条

理解与适用

1. 融资租赁合同的性质与特征

融资租赁合同是一种特殊的法律关系，与买卖、租赁、担保、借款等制度关系密切，既有很多相似之处，但又具备自己独有的特征。就其性质上而言，其应当是一种独立的合同，这也是我国《合同法》和《民法典》合同编均将其作为一种独立的有名合同予以专章规定的原因。其特征为以下几点。

(1)涉及三方主体与两个合同。

虽然按照本条的规定,融资租赁合同的缔约方仅包括出租人和承租人两方,但在其整个履行过程中,租赁物的出卖人承担着非常重要的角色,不可或缺。因此其也就同时涉及两个合同:即在出租人与承租人之间的融资租赁合同之外,还包括出租人与出卖人之间的买卖合同。出卖人虽然在理论上而言不属于融资租赁合同的缔约方,但融资租赁合同的履行却要基于出卖人的交货义务来完成。从这个意义上来说,如果出卖人无法完成交货义务,则融资租赁合同也就无法实际履行。这也是《融资租赁解释》中将出卖人作为一方诉讼参与人的主要理由。

(2)出租人根据承租人对出卖人、租赁物的选择购买租赁物。

这是融资租赁合同与一般租赁合同的主要区别。租赁合同的租赁物是已经实际由出租人合法占有并享有处分权的物。融资租赁在签署合同时租赁物并未由出租人所占有,而是要根据承租人的要求去购买,先购买后出租,为租而买。

(3)租赁物的所有权在融资租赁合同履行过程中由出租人享有。

这是融资租赁合同和借款合同,尤其是和有担保物权的借款合同的主要区别。实践中,经常有人将融资租赁合同与按揭贷款合同做类比。实际上这两种合同虽然从表面看有很多相似之处,但最大的区别就在于所购买的合同标的物所有权的归属。前者在合同履行期间属于出租人所有,只有在合同期满后才能根据合同约定重新确定是归承租人所有还是仍归出租人所有;后者所购买的合同标的物(如商品房)的所有权则毫无争议地属于借款人所有。

(4)合同期满后租赁物可根据合同的约定重新确定。

融资租赁合同中一般会约定合同期满后租赁物归哪一方所有。在没有约定或约定不明时归出租人所有;在约定归承租人所有或者约定了象征性价款时则归承租人所有。

2. 融资租赁合同是诺成合同还是实践合同

在合同法理论中,诺成合同自双方签字或盖章之日起生效(如买卖合同),实践合同又称“要物合同”,自合同标的物交付之日起生效(比较典型的如保管合同和民间借贷合同)。区分“诺成合同”还是“实践合同”的意义在于确认合同生效的时点。

根据本条规定,融资租赁合同中出租人的义务有二:第一,根据承租人的选择出资购买租赁物(签署买卖合同);第二,将租赁物交给承租人使用。也就是说,买卖合同的订立是为了履行融资租赁合同,融资租赁合同的履行以买卖合同的存在和生效为前提。同时出租人还要将租赁物交给承租人,如果租赁物不能交付将直接导致融资租赁合同无法实现。在全国人大常委会法制工作委员会编著的《中华人民共和国合同法释义》一书中也有如下表述:“就租赁与买卖的关系而言,租赁合同自当事人双方签订合同之日起成立,但合同自承租人收到出租人交付的标的物时生效。因此,若买卖合同不成立、无效或解除,则融资租赁合同也就因标的物的履行不能而解除。”①由此可知,《合同法》是将融资租赁合同定性为“实践合同”的。

最高人民法院则认为,对现实中存在的融资租赁合同如何归类要具体情况具体分析,不能一概而论。

一是对于以一般通用设备作为租赁物的融资租赁,承租人选定的租赁物通常已经存在或经过简单加工组装很快就可以交付使用。在这种情况下,融资租赁合同倾向于“实践合同”,应以承租人受领出卖人交付的租赁物作为合同生效的时点。

二是对于以特殊设备作为租赁物的融资租赁,因承租人选定的租赁物尚不存在,需要根据承租人的要求进行生产,而且生产周期一般较长,投资金额巨大。在这种情况下,将融资租赁合同定性为“诺成性合同”比较适宜。因为此类特殊设备从开始生产到交付使用时间跨度较长,如果此时承租人不按期交付租金,出租人是很难承受的。

综上所述,在实践中认定某一融资租赁合同属于“实践合同”还是“诺成合同”是非常重要的,一方面关系到融资租赁合同的履行起点问题(承租人何时开始支付租金);同时也关系到租赁物的风险承担问题(这个问题将在此后的解读中详细论述)。

3. 融资租赁合同的一些独有的特征

融资租赁合同除了上述较为典型的特征之外,还有一些专属特征,比如融资租赁合同的“不可解约性”,出租人的“瑕疵担保免责特约”等。这些特点在下面各条款的解读中详细介绍。

(编写人:李维强)

---

① 全国人民代表大会常务委员会法制工作委员会编:《中华人民共和国合同法释义》,法律出版社2009年版,第287~288页。

法律条文

第七百三十六条　融资租赁合同的内容一般包括租赁物的名称、数量、规格、技术性能、检验方法，租赁期限，租金构成及其支付期限和方式、币种，租赁期限届满租赁物的归属等条款。

融资租赁合同应当采用书面形式。

条文主旨

本条是关于融资租赁合同内容和形式的规定，延续保留了《合同法》第238条的内容，未作修改。合同的内容是指约束双方当事人权利义务关系的具体条款，在合同的履行和发生争议后的纠纷解决中具有重要的作用。因融资租赁合同法律关系比较复杂，且一般来说履行周期较长、金额较大，故法律明确规定其应当采用书面形式。

新旧法对比

《合同法》	《民法典》
第二百三十八条　融资租赁合同的内容包括租赁物名称、数量、规格、技术性能、检验方法，租赁期限，租金构成及其支付期限和方式、币种、租赁期间届满租赁物的归属等条款。 融资租赁合同应当采用书面形式。	第七百三十六条　融资租赁合同的内容**一般**包括租赁物**的**名称、数量、规格、技术性能、检验方法，租赁**期限**，租金构成及其支付期限和方式、币种，租赁期限届满租赁物的归属等条款。 融资租赁合同应当采用书面形式。

理解与适用

合同中关于租赁物的名称、数量、规格、技术性能、检验方法、租赁期限、租金构成以及支付期限和方式、币种等几项内容乃是融资租赁合同中最为基础性的内容，无须赘言。笔者拟就融资租赁合同中的一些特殊条款列举解读如下。

1. 本条所提到的是租赁期满后租赁物的归属

这是融资租赁与经营性租赁最大的区别。经营性租赁是出租人将自己有权处分的租赁物交给承租人占有使用，租赁期满后租赁物仍归出租人所有；融资租赁则不同，由于承租人所支付的租金中一般都包含了租赁物的购买价值，因此通常来说租赁期满后租赁物的残值应归承租人所有。但这也仅仅是交易惯例而已,按照租赁合同法律关系的性质,如果合同中未对租赁期满后租赁物的归属做出约定或者约定不明的,按照融资租赁合同的法律性质,因租赁物的所有权在租赁期间一直属于出租人所有,则在租赁期满后租赁物仍应归出租人所有。如果届时要将租赁物的所有权归属于承租人,法律要求必须要在合同中明确约定该租赁物无偿归属于承租人或者承租人需支付象征性的价款后方可取得。这一点,是承租人在签署合同时必须要引起注意的,不能仅凭通常理解。

2. 违约条款的约定

"完备合法的违约条款是合同的灵魂",一份合同的内容签署得再完善,如果违约条款不完善或者出现效力瑕疵,则在解决争议时势必会形同虚设,使争议双方遇到很大困难。因此,双方在签订合同时对于租赁物的交付、租金的支付等有一方违约时,应当如何追究违约方的违约责任应当尽量约定得明确、具体、可操作性强。

3. 争议的解决机构要尽量明确

按照民事诉讼法的相关规定,融资租赁合同的履行地为租赁物使用地,按照法定管辖,合同争议应由被告方所在地或者合同履行地人民法院管辖。但法定管辖的规定并不排斥约定管辖,实践中合同双方仍然可以按照《民事诉讼法》的规定来约定案件的管辖法院或者共同选择仲裁机构来解决争议。

实务问题

在司法实践中,有以下两方面问题需要各方在合同签订时予以关注。

1. 融资租赁交易中的买卖合同由哪一方来签署

租赁物的买卖合同应由出租人与出卖人进行签署,但随着融资租赁交易的发展,更多的出租人为了省事或者说为了规避风险,常常会委托承租人直接与出卖人签署租赁物的买卖合同(但使用的合同版本均是由出租人提供的)。由承租人来签署买卖合同虽然与法律规定不符,但由于承租人的签署权来自出租人的授权,因此也不能说该买卖合同的效力就一定会受到否定性评价。在这种情况下,承租人就要认真阅读合同文本,从中发现是否存在对己方不利的条款,尤其是在租赁物的交付、租赁物价款的支付、买卖合同的解除以及解除后的责任承担等方面更要引起注意。

2. 格式条款问题

由于实践中绝大多数融资租赁合同、租赁物的买卖合同的文本均是由融资租赁企业事先拟好提供的,内容繁杂冗长。出租人为了更好地规避自身风险,不可避免地会有很多加重对方责任、减轻己方责任的条款内容。因此,需要承租人在签署合同时要找专业的法律人士进行把关，以避免或者由于对融资租赁法律知识的欠缺或者未加注意而致使自身合法权益受到影响。虽然法律规定了格式条款可能会因此而不成为合同内容或者无效，但防患于未然总是必要的（有关格式合同的具体规定见《民法典》第496~498条）。

（编写人：李维强）

法律条文

第七百三十七条　当事人以虚构租赁物方式订立的融资租赁合同无效。

条文主旨

本条是关于融资租赁合同当事人虚伪意思表示对合同效力的影响，是《民法典》的新增条款。融资租赁也是一种租赁，尽管其法律关系性质与普通经营性租赁有着很大的区别。但现实存在的租赁物仍是其核心要素，按照《民法典》第735条的规定，融资租赁合同中出租人的主要义务有两项：一是按照承租人的选择和要求购买租赁物；二是将租赁物交付给承租人。如果租赁物根本不存在，既无须购买也无须交付，则不符合融资租赁关系的应有之义，这样的合同仅有融资租赁之名，而无其实，其效力也必将受到法律的否定性评价。

新旧法对比

无	《民法典》
无	第七百三十七条　当事人以虚构租赁物方式订立的融资租赁合同无效。

理解与适用

融资租赁交易的本身兼具“融资”与“融物”的双重属性。但在司法实践中，很多民事主体为了获得变相贷款，通常采取融资租赁的形式，但却无融资租赁之实。在《民法典》颁布之前，对于这类合同的应当如何认定其性质和效力，争议颇多。

首先，没有租赁物或者租赁物的价值与租金价值差距甚远的，应当如何认定？

针对这个问题，《最高人民法院关于审理融资租赁合同纠纷案件适用法律问题的解释》第 1 条中规定:“人民法院应当根据民法典第七百三十五条规定,结合标的物的性质、价值、租金的构成以及当事人的合同权利和义务,对是否构成融资租赁法律关系作出认定。对名为融资租赁合同,但实际不构成融资租赁法律关系的,人民法院应按照其实际构成的法律关系处理。”这一规定对司法实践中解决融资租赁实际法律关系的认定起到了很好的规范作用。

《民法典》第 146 条第 1 款规定:“行为人与相对人以虚假的意思表示实施的民事法律行为无效。”而本条则正是这一规定的具体体现。

但融资租赁合同无效后又应当如何解决当事人双方的争议呢?这就又用到了《民法典》第 146 条第 2 款“以虚假的意思表示隐藏的民事法律行为的效力,依照有关法律规定处理”的规定。也就是说,在司法实践中,对于“名为融资租赁实为借贷”的现象虽然不能认定为融资租赁关系,但如果没有其他违反法律、法规强制性规定的情形,可透过现象发现其实质,按照借贷法律关系来处理。当然,笔者认为不仅仅应包括虚构租赁物的情况,还应当包括租赁物的价值与实际所支付租金的价值严重不符的情况。比如租赁物仅仅价值 1000 元,而实际取得的价款却是 1000 万元,同样承租人在“占有、使用”租赁物过程中可能支付的租金总价值在 1100 万元,这很明显也是“名为融资租赁实为借贷”的表现形式。这样的合同按照本条规定也应当是无效的。

其次,在有实际租赁物的融资租赁交易中,是否就完全符合融资租赁合同的性质和特点呢?

笔者认为,也不能一概而论,还要具体分析租赁物的种类和性质。按照《金融租赁公司管理办法》第 4 条所规定的“适用于融资租赁交易的租赁物为固定资产”,租赁物的性质应被界定为固定资产。由此我们可以具体分析不同种类“租赁物”对合同性质的影响。以下为最高人民法院观点。

1. 不动产能否成为融资租赁交易的合法租赁物

参照上述规定,对租赁物属于企业固定资产的企业厂房或者是添附在不动产上的其他设备,一般可以认定为融资租赁关系。如果是以出售或投资的不动产作为租赁物的,如在建住宅商品房,房地产开发企业作为承租人的,则因在建商品房并不属于房地产企业的固定资产,而应当属于其“产品”,就不应认定为融资租赁关系。

在这里,我们还应当明确一个概念,即何为“固定资产”?有的人容易望文生义,将“固定资产”理解为固定不动的物,这实际上是错误的。确定某物是否属于固定资产,不是取决于它的实物属性,而是取决于它在生产过程中执行职能的特殊方式。固定资产的一个重要特征是持有的目的在于使用而不是出售或投资,为了出售而持有的实物资产属于存货。因此,根据持有的目的不同,某物在不同的民事主体手中具备不同的属性。

2. 权利能否作为融资租赁合同的合法租赁物

实践中,有的民事主体为了获得融资的目的,将部分权利内容作为租赁物,包括收费权,专利权、商标权等。按照最高人民法院的观点,这类权利由于不具备物的物理属性,因此不可能为承租人所实际占有和使用。从法律关系的本质来看,收费权的融资租赁实际上是对收费权的质押,专利权和商标权的融资租赁也是一种对知识产权的质押或者许可使用,其并不构成实际上的租赁关系。因此,以权利作为租赁物表现形式的,不构成融资租赁关系,而应当按照其实际构成的法律关系来处理。

3. 软件能否成为融资租赁合同的合法租赁物

实务中,把软件作为租赁物的表现形式有两种方式:第一,无实务载体的独立的软件租赁;第二,依附于设备之上的软件租赁。

计算机软件虽然具备一定的外在表现形式,但应当把作为著作权客体的软件与作为物权客体的软件产品进行区分。正如知识产权中的专利权与商标权,如果将软件的著作权客体作为融资租赁的标的物,则不能构成融资租赁关系,因为这实质上也是一种软件的许可使用;如果将附着在计算机设备上的软件作为融资租赁的标的物,因租赁物本身不仅包含软件,还包括计算机载体本身,则应当认定为合法融资租赁关系。

综上,实务中我们在认定融资租赁关系时,不仅仅要看合同的表面形式,看是否存在实际的租赁物,还要具体分析租赁物的性质、价值、租金的构成以及当事人的权利义务关系等多方面,从而综合认定是否真正构成融资租赁法律关系。

实务问题

1. 案情简介①

2011 年 7 月 12 日,国泰租赁有限公司(以下简称国泰租赁)与山东三威置业有限公司(以下简称三威置业)签订《融资租赁合同》(以下简称租赁合同),约定三威置业将“大地锐成”项目 137 套商品房的所有权转让给国泰租赁,然后回租该商品房,融资金额人民币 1 亿元,租赁年利率 20%,租金总额为人民币 105,001,000 元(含人民币 1000 元名义价款),租赁期限自 2011 年 7 月 12 日起

① 山东省高级人民法院(2013)鲁商初字第 33 号。

至2011年10月12日止；自租赁合同签订之日起90日内，三威置业应会同国泰租赁到房地产主管部门办理网签手续，否则视为三威置业违约。三威置业若未按时足额支付到期租金及其他款项时，应视为违约，应向国泰租赁支付违约金及逾期租金占用利息：逾期租金占用利息按应付未付租金本金、租赁年利率、占用天数逐日计算；违约金按应付未付租金的日万分之五计收。同时，一方如有违约或侵权行为，须承担另一方为实现债权而支出的诉讼费、律师费和其他费用等。同日，山东鑫海投资有限公司（以下简称鑫海投资公司）、山东鑫海担保有限公司（以下简称鑫海担保公司）与国泰租赁签订《保证合同》，三威置业法定代表人张某1和公司股东张某2向国泰租赁出具个人担保声明书，均同意就上述三威置业对国泰租赁所负的全部债务提供不可撤销的连带责任保证，保证范围为主合同项下的全部债务，包括但不限于租金、手续费、租金占用利息、违约金、诉讼费及律师代理费等。

上述合同签订当天，国泰租赁依约向三威置业支付人民币1亿元，但三威置业在租赁期限内未依约支付租金。2011年12月20日，国泰租赁与三威置业签订《补充协议》，将租金支付展期至2012年12月20日，租金总额12,774.11万元，分5期支付。2011年12月26日，张某1与国泰租赁签订《质押合同》，张某2以其所持三威置业49%股权为三威置业提供质押担保，并办理质押登记。展期后，三威置业仍未依约支付租金，2012年12月20日，国泰租赁与三威置业再次签订《补充协议》，约定将租金支付展期至2013年7月15日，并约定租金总额为人民币148,228,296.18元，分3期支付。同日，张某2出具确认函，承诺继续提供质押担保。三威置业实际共支付633万元（其中500万元为租赁期限内支付，其余为展期期间支付），2011年12月20日的补充协议到期后，三威置业未再支付任何款项。国泰租赁与山东众成仁和律师事务所签订《委托代理合同》，支付律师代理费人民币592,213元。2013年9月25日，国泰租赁向各保证人邮寄律师函，要求各保证人承担连带保证责任。

2. 法院认为

（1）国泰租赁对租赁物并未实际享有所有权，租赁合同签订时，涉案租赁物尚属违章建筑，也未取得预售许可证，租赁物所有权无法转移给国泰租赁，且事实上至今也未转移给国泰租赁。（2）租赁物价值与租金差异较大，国泰租赁所购商品房按当时当地同类型房价估算价值不会低于人民币1.6亿元，合同约定购房款为人民币1亿元，非等价交换，不存在真正的买卖合同交易行为。（3）涉案合同事实上不存在真实的租赁合同法律关系：①三威置业作为租赁物实际所有权人与自己不可能产生租赁关系，同时也无法通过占有、使用租赁物而取得收益；②融资租赁关系中租金一般应体现租赁物价值，本案租赁物价值不低于人民币1.6亿元，而合同约定租金为人民币1.05亿元。(4)涉案合同属名为融资租赁合同，实为资金借贷关系，合同中约定，国泰租赁支付三威置业人民币1亿元，三威置业依据20%的年利率向国泰租赁支付租金，若遇人民银行基准利率上调，租赁利率也将作出等额上调，双方实际上是借钱还钱关系。据此，涉案合同仅是单纯的融资，不存在融物，国泰租赁与三威置业之间构成借贷关系。

（编写人：李维强）

法律条文

第七百三十八条　依照法律、行政法规的规定，对于租赁物的经营使用应当取得行政许可的，出租人未取得行政许可不影响融资租赁合同的效力。

条文主旨

本条是关于租赁物经营许可对合同效力的影响的规定，是由2014年《融资租赁解释》第3条吸收到《民法典》中的。

本条涉及行政许可与合同效力的关系问题，此前争议颇多。现在《民法典》以法律的形式对此进行了确认，结束了争议。承租人是租赁物的使用主体，比如医疗器械租赁中，承租医疗器械的主体一般是医疗机构。这些机构理应受到行政部门的监管，合法成立的医疗机构均应取得行政审批。即便是一些没有取得行政审批的非法机构，其在经营使用租赁物的过程中受到行政法规的处罚，也仅仅是行政约束规范的范畴，而不应当将这种规范扩大到融资租赁交易中来。故融资租赁合同的效力不应受到影响。

新旧法对比

《最高人民法院关于审理融资租赁合同纠纷案件适用法律问题的解释》(2014年)	《民法典》
第三条　根据法律、行政法规规定，承租人对于租赁物的经营使用应当取得行政许可的，人民法院不应仅以出租人未取得行政许可为由认定融资租赁合同无效。	第七百三十八条　**依照**法律、行政法规的规定，对于租赁物的经营使用应当取得行政许可的，**出租人未取得行政许可不影响融资租赁合同的效力。**

理解与适用

融资租赁公司作为出租人,其主要义务是以融物的方式向承租人提供融资,租赁物的经营使用与出租人没有直接关系。换句话说,出租人只是负责购买租赁物,但并不经营使用租赁物,行政法规对经营使用的监管,不能约束到购买人一方,出租人只需具备融资租赁资质即可。

这在医疗器械的经营使用中表现得尤为突出。《医疗器械监督管理条例》,其中对于医疗器械的经营使用者需要经过行政许可制度作出了规范,由此引发了卫生行政监管部门与融资租赁行业之间就融资租赁合同效力问题多年的争论。随着社会的进步,尤其是国家立法、司法部门对合同效力的理解越来越深入,从维护私法自治和交易安全的精神出发,多主张将行政审批与合同效力相分离。

经过多年的实践,最高人民法院在2014年施行的《融资租赁解释》第3条规定:“根据法律、行政法规规定,承租人对于租赁物的经营使用应当取得行政许可的,人民法院不应仅以出租人未取得行政许可为由认定租赁合同无效。”自此在实务界结束了争论,为实践指明了方向。此次《民法典》将这一条款吸收进来,正是体现了国家立法部门对这一观点的确认。

实务问题

笔者自2018年3月以来,一直在为一起涉及全国数百家医疗机构、数十家融资租赁公司的融资租赁案件做代理人,三年以来该系列案件在全国多个省份、地区进入诉讼、仲裁程序,并引起了国家卫生健康委员会、最高人民法院、公安部的广泛关注。但直至目前,该系列案件仍然在持续中,没有最终作出结论性裁判。但这并不妨碍笔者结合这一系列案件中所呈现的问题从理论层面作出讨论。(以下对此系列案件简称为远程系列案件)

1. 基本案例

北京远程视界集团科技集团有限公司(以下简称远程集团)成立于2012年。该集团名下共有数十家子公司,分别按照医院内的妇科、眼科、耳鼻喉科、心内科、骨科、肿瘤科等科室类别进行分工。自2015年开始,远程集团假托贯彻落实国家卫生和计划生育委员会(现已更名为国家卫生健康委员会)新医改方案中关于解决百姓看病难、看病贵问题的方针政策,在全国范围内宣传推广“医联体”合作项目。2016年、2017年两年中,远程公司派出大批业务员深入全国各省份,尤其是“老少边穷地区”的基层医院寻求项目合作。该公司在项目洽谈初期承诺对合作医院提供专家技术支持及专科设备,合作医院对此不需要任何投资,只需要提供场地。医疗设备所需资金先期均由远程公司垫付,项目开展过程中的盈利按照远程公司、医院方、专家、资金提供方各占25%的比例进行分配。如当期盈利不足以支付资金提供方的应分配数额,则由远程公司进行垫付。基层医疗机构出于发展需要和提高医疗服务能力的考虑,加之远程集团承担经济责任的承诺,遂纷纷同意合作并按其要求签署了先期合作协议。但在正式签署主协议时,远程公司却带来融资租赁公司的人员,并声称设备所需资金先由融资租赁公司来支付,此后租金的分期还款均由远程集团承担,医院尽可放心。但上述这份项目合作协议仅仅是远程集团为各医院画的一个"大饼"。实际上,远程集团既不生产设备也没有雄厚资金,几年来,完全是靠这样一种"空手套白狼"的平台模式,通过在各省建立样板医院引诱更多医院与其开展合作。远程模式涉案范围覆盖全国十几个省份的数百家基层医院,与远程集团合作的融资租赁公司包括西安宝信租赁有限公司、中信富通融资租赁有限公司、浙江海亮融资租赁有限公司、山东盈旺融资租赁有限公司、山东地矿融资租赁有限公司等三十余家。虽各融资租赁公司格式合同文本存在差异,但涉及的交易模式基本相同。

(1)医院方与融资租赁公司的关系。远程公司与医院签署《项目合作协议》后,积极促成医院方与该公司指定的融资租赁公司签署《融资租赁合同》,同时医院方、融资租赁公司、远程公司三方签署《委托购买协议》,共同构成融资租赁交易法律文件。《租赁合同》约定,出租人(融资租赁公司)根据承租人(医院)自主选择的租赁物以及供应商(远程公司),委托承租人向供应商购买租赁物,并以融资租赁方式提供给承租人使用。出租人负责根据协议约定支付设备购买价款,承租人应按协议约定向出租人支付租金。

(2)医院方、融资租赁公司与远程公司设备采购关系。医院方、融资租赁公司、远程公司三方签署《委托购买协议》,约定融资租赁公司委托医院向远程公司购买融资租赁合同项下的设备,并对设备要求、价款支付、所有权、运输、交付、安装、验收、售后服务与质量保证、索赔、违约责任等进行了约定。协议约定,设备所有权归融资租赁公司所有,与设备有关任何事项由医院和远程公司自行协商。在该融资租赁关系中,远程集团既是项目发起方也是合同约定的设备供应商。由于各基层医院对融资租赁模式并不了解,加之远程集团言之凿凿的承诺,便签署了合作协议及设备融资租赁合同,涉及的设备款少则数百万元,多则数千万元。同时各家医院均按照远程公司及融资租赁公司要求,在签署上述主协议的同时还签署了设备的验收报告以及收货确认书。合同签署后,融资租赁公司在明知合同所约定的付款条件未成就的情况下(验收报告、收货确认书与合同同时签署,实际未交货)即向远程公司全额支付设备价款。价款支付后远程公司并未按合同约定向医院方交付约定设备,且在支付了几个月的租金后便拒绝按其与医院方的协议垫付后期租金,从而导致医院方在未收到任何设备或仅收到极低比例设备情况下,背负大额债务,遭受融资租赁公司对其追索大额租金以及违约金。

据不完全统计,全国范围内与远程集团合作的基层医院近千家,基本上是国有公立二甲医院,协议签订的时间大部分是在 2017 年,涉及的融资金额达近百亿元。自 2017 年年底开始,远程集团资金链彻底断裂,大量基层医院在未收到设备的情况下无法根据项目合作协议约定取得相关收益,更无力自行支付大额租金。2018 年上半年,各融资租赁公司纷纷将合作医院起诉至法院或申请仲裁,要求各医院加速到期支付全部租金并承担巨额违约金。目前该系列案件中的大部分仍在审理中。

2. 评析

在案发之初,笔者在与某医院的负责人接触时,医院方就有人提出根据《医疗器械监督管理条例》的规定,应审查出租人和出卖人是否取得医疗器械的经营许可,以界定该合同的效力问题。笔者经过分析,尤其是根据 2014 年《融资租赁解释》第 3 条的规定,认为这一思路很难得到司法机关的支持,遂在此后的诉讼过程中,未提出这一主张。

(编写人:李维强)

法律条文

第七百三十九条　出租人根据承租人对出卖人、租赁物的选择订立的买卖合同,出卖人应当按照约定向承租人交付标的物,承租人享有与受领标的物有关的买受人的权利。

条文主旨

本条是关于出卖人与承租人在买卖合同中的权利义务关系的规定,延续保留了《合同法》第 239 条的内容,《民法典》未作修改。

诚如前述,租赁物的《买卖合同》是《融资租赁合同》得以履行的前提和基础。但由于融资租赁合同不同于一般租赁,租赁物是由承租人根据自身的需求选择,并由承租人直接占有使用的。另外,融资租赁中的租赁物一般都具有价值高、体积大、专业性强的特点。由出卖人直接向承租人交付租赁物可以节省运输成本(无须经过在出租人处的周转环节)。更重要的还是在对租赁物的验收方面,由于租赁物是由承租人根据自身需求直接选择的,承租人方作为专业人士能够对租赁物的性能、是否符合要求等方面较之出租人作出更加方便、专业的判断。因此,法律规定在租赁物的交付环节可以突破合同的相对性原则,由出卖人直接向承租人交付租赁物,并且由承租人享有验收等与受领标的物有关的买受人权利。

新旧法对比

《合同法》	《民法典》
第二百三十九条　出租人根据承租人对出卖人、租赁物的选择订立的买卖合同,出卖人应当按照约定向承租人交付标的物,承租人享有与受领标的物有关的买受人的权利。	【内容不变】第七百三十九条

理解与适用

本条在理解上并无难点,且实践中方便易行。关键点在最后一句话,即“承租人享有与受领标的物有关的买受人权利。”《民法典》在“买卖合同”一章中用多个条款规定了买受人受领标的物的权利义务,包括对标的物的数量、质量、包装方式、接收时间地点、检验期间、不符合受领约定的追责等内容。根据本条规定,既然法律已经明确将上述权利均由买受人(出租方)转移给承租人,则承租人就应当有权行使上述权利内容,出卖人也应当积极履行,以完成自己的交付义务。

实务问题

如前面所举的远程系列案件,法律规定“出卖人应当按照约定向承租人交付租赁物”,就必须实实在在交付合同约定的标的物,如果出卖人未能实际交付,就应当构成违约,同时也就意味着出租人也没有完成租赁物的“交付义务”。远程系列案件中,三方在签署协议的同时,融资租赁公司就要求合作医院在设备接收单和验收报告上签字盖章,这明显就是一种违法操作。在接下来的实际履行中,出卖人远程集团根本没有向承租人交付任何设备,或者只是交付了约定的一小部分设备。在这种情况下,作为出租人的融资租赁公司却持设备接收单和验收报告来证明承租人已经接收到全部租赁物。这两份证据仅仅表面真实,实际上根本达不到其证明目的。司法机关也不应当根据这样两份虚假的文件来认定案件事实。

（编写人：李维强）

法律条文

第七百四十条　出卖人违反向承租人交付标的物的义务，有下列情形之一的，承租人可以拒绝受领出卖人向其交付的标的物：

（一）标的物严重不符合约定；

（二）未按照约定交付标的物，经承租人或者出租人催告后在合理期限内仍未交付。

承租人拒绝受领标的物的，应当及时通知出租人。

条文主旨

本条是关于出卖人不符合约定交付租赁物时，承租人可以拒绝受领的条件的规定，是将2014年《融资租赁解释》第5条第1款吸收到《民法典》中。上一条规定了出卖人应直接向承租人交付租赁物，本条则规定了如果出卖人交付的租赁物本身出现质量问题或者交付方式不符合合同约定时，承租人可以拒绝受领。

新旧法对比

《最高人民法院关于审理融资租赁合同纠纷案件适用法律问题的解释》（2014年）	《民法典》
第五条　出卖人违反合同约定的向承租人交付标的物的义务，承租人因下列情形之一拒绝受领租赁物的，人民法院应予支持： （一）租赁物严重不符合约定的； （二）出卖人未在约定的交付期间或者合理期间内交付租赁物，经承租人或者出租人催告，在催告期满后仍未交付的。 承租人拒绝受领租赁物，未及时通知出租人，或者无正当理由拒绝受领租赁物，造成出租人损失，出租人向承租人主张损害赔偿的，人民法院应予支持。	第七百四十条　出卖人违反向承租人交付标的物的义务，有下列情形之一的，承租人可以拒绝受领出卖人向其交付的标的物： （一）**标的物**严重不符合约定； （二）**未按照约定交付标的物，经承租人或者出租人催告后在合理期限内仍未交付。** 承租人拒绝受领标的物的，应当及时通知出租人。

理解与适用

《民法典》第610条规定："因标的物不符合质量要求，致使不能实现合同目的的，买受人可以拒绝接受标的物或者解除合同。买受人拒绝接受标的物或者解除合同的，标的物毁损、灭失的风险由出卖人承担。"在前一条中我们谈到，承租人根据法律规定直接接受租赁物，并可以享有买受人受领标的物的权利。那么当出卖人交付租赁物出现严重的履行瑕疵时，承租人自然可以根据《民法典》第610条规定的内容拒绝受领标的物。本条为承租人拒绝受领设定了两种情形：一是当交付的租赁物严重不符合约定，也就是标的物的品种、规格、质量出现严重瑕疵，致使承租人无法实现合同目的。二是交付时间严重违反约定，且在经过承租人催告后，在催告期满后仍未交付，同样致使承租人无法实现合同目的。这两种情况发生后，均将导致承租人占有使用租赁物的目的落空，属于出卖人严重违约情形。本条在适用时应注意两个方面问题。

(1)当出卖人发生严重的履行瑕疵，足以导致承租人合同目的不能实现时。如果仅是微小瑕疵，可以通过补救措施予以完善的话，承租人不能拒绝受领。

(2)承租人拒绝受领后，应当及时通知出租人。毕竟，承租人拒绝受领标的物的权利来自出租人，出租人才是买卖合同中的买受人。当实际属于买受人的权利受到损害时，买受人当然享有知情权。同时就如何解决拒绝受领后的问题，也应由出租人作为买卖合同的当事人来主张权利。如果承租人在拒绝受领后，未能及时通知出租人，或者承租人拒绝受领租赁物的理由不符合本条规定的，应付如何处理？对此，《融资租赁解释》第3条规定："承租人拒绝受领租赁物，未及时通知出租人，或者无正当理由拒绝受领租赁物，造成出租人损失，出租人向承租人主张损害赔偿的，人民法院应予支持。"

实务问题

虽然法律和司法解释对于承租人拒绝受领租赁物的情形以及通知义务作出了规定。但是实务中仍然存在以下问题，法律和司法解释均未予明确。

(1)对于承租人合法拒绝受领租赁物并及时通知出租人后，承租人是否应当继续履行租金支付义务？按照《民法典》第742条的规定："承租人对出卖人行使索赔权利，不影响其履行支付租金的义务……"也就是说，无论承租人是否拒绝受领租赁物，也无论拒绝受领后是否通知出租人，其支付租金的义务并不受到影响。那么在出租人正常收取租金的情况下，其又何来损失？

(2)如果承租人按照本条规定，在合法拒绝受领租赁物并及时通知出租人后，是否可以理解为此后出租人即便受到损失，承租人也无须担责？

要想解决上述两个问题，笔者认为最重要的是要明确司法解释中所提到的“损失”是何种损失？是租金损失还是其他什么损失？如果是租金损失，那是否意味着承租人合法拒绝受领并及时通知出租人后，就可以不再承担租金支付义务？如果是租金之外的其他损失，笔者实在难以理解出租人在正常收取租金之后还会有什么其他损失，如果有也只能是因自行向出卖人行使索赔权而遭受的损失。而一般在出租人能够正常收取租金的情况下，其根本没有去主动索赔的主观意愿。

总而言之，在上述问题中，无论是法条还是解释，抑或是最高人民法院的相关解读，都没能作出明确规定。

前述远程系列案件的模式中，各家医院由于一方面轻信了远程集团的诱惑，另一方面对融资租赁制度知识有所欠缺，才导致在不能得到租赁物的情况下，还要承受着巨额租金的支付义务。

在该案中，融资租赁公司在签订主合同的同时就要求医院签署了关于全部租赁物的设备接收单和验收报告，实属恶意促成付款条件，而医院方对此可能引发的法律后果也并没有引起高度重视。当远程集团将大批资金拿到手后，并未去购买任何设备，而是人去楼空，不知去向。而融资租赁公司正是利用法律的规定才要求医院全额支付租金。虽然从制度设计角度来讲，医院在支付融资公司租金之后，还可以向远程集团进行索赔，但这也只存在于理论上，因为远程集团已经根本没有赔付能力。其所带来的结果就是一家民营企业靠着骗术聚敛了巨额资金，本已经济窘迫的公立基层医院却在未得到任何租赁物的情况下背负了巨额债务。而造成这一结局的很大因素就是因为我们国家的融资租赁制度设计得尚有不完善之处。我们可以设想如果购买设备的资金是医院借来的，那么医院完全可以审慎地掌控这些资金的支付，即便发生了设备不能到位的情况，医院对于应当承担的借款归还义务也是能够理解并认同的。

（编写人：李维强）

法律条文

第七百四十一条　出租人、出卖人、承租人可以约定，出卖人不履行买卖合同义务的，由承租人行使索赔的权利。承租人行使索赔权利的，出租人应当协助。

条文主旨

本条是关于承租人可以直接向出卖人行使索赔权的规定,本条延续保留了《合同法》第240条,未作修改。

本条同样是基于融资租赁交易的特殊性,突破合同相对性原则,在出卖人存在重大违约的情况下,将索赔权根据合同的约定赋予承租人行使。

新旧法对比

《合同法》	《民法典》
第二百四十条　出租人、出卖人、承租人可以约定,出卖人不履行买卖合同义务的,由承租人行使索赔的权利。承租人行使索赔权利的,出租人应当协助。	【内容不变】第七百四十一条

理解与适用

在适用本条时,一个重要的前提是承租人行使索赔权的来源基础是出租人、出卖人、承租人三方的约定。因为承租人毕竟不是买卖合同的当事人,理论上无权直接行使买受人的权利。但可以根据三方的约定,突破合同的相对性。适用情形是当出卖人不履行买卖合同义务时(或者是出卖人交付的租赁物存在质量瑕疵,或者是不能交付租赁物),承租人可以按照《民法典》第617条规定的"出卖人交付的标的物不符合质量要求的,买受人可以依据本法第五百八十二条至五百八十四条的规定请求承担违约责任",向出卖人主张修理、更换、退货、减少价款、折价补偿、解除合同赔偿损失等违约责任。

本条同时规定,在承租人行使索赔权时,出租人应予协助,但却没有明确说明这种协助是怎样的一种方式,又应当协助到什么程度。因此,目前法律还是过于强调对出租方的权利保护。

实务问题

本条内容涉及融资租赁交易中出租人的一项重要权利,即"出租人的瑕疵担保免责特约"。按照理论上的观点,在融资租赁交易中,出租人的主要义务就是支付购买租赁物的价款,其权利是通过收取租金从而收回投资并取得相应利润。除此之外,几乎所有涉及租赁物本身的权利义务或风险责任均应由承租人承担。对此,应当根据我国目前的国情和实践中出现的问题,适当加大对出租方的责任制约。因为这一制度设计目前已经被很多怀有不良用心的融资租赁公司所利用。以“远程案件”为例,在该案买卖合同的约定中,西安宝信融资租赁公司实际上也为自己设定了较为审慎严苛的付款条件,共计 19 项,且明确要求必须全部满足其中第 1 至第 11 项方可向出卖人支付款项。其中最关键的一条就是承租人在出卖人交付租赁物后,应由承租人签署设备接收单和验收报告,同时验收报告中应明确记录每一件设备的规格、型号、编码或序列号。但融资公司为了达到尽快支付款项的目的,在签署买卖合同的同时便要求医院签署这两份文件,因为租赁设备根本没有出现,所以其设备编码和序列号也就无法填写。但就是这样一份不符合合同约定要求的空白文件就成了置所有医院于困境的关键证据。法院在审理案件时认为,融资租赁公司已经完成了支付租赁物款项的主要义务,该支付是否符合约定则在所不问。此后因出租人享有“瑕疵担保免责特权”,则作为承租人的医院是否实际收到租赁物均与出租人无关,不影响医院支付租金的义务。也正是因为这一点,各医院对法院的一审判决均不服,也根本无法理解,以致形成了极为激烈的纠纷冲突隐患。

同时,医院在接下来向出卖人远程公司的索赔中,虽然可依据本条规定的出租方的协助义务,但诚如前述,这种协助更多的是一种倡导性义务,因为无法界定这种义务的内容以及违反协助义务后的惩罚制裁措施。

鉴于此,笔者呼吁并建议国家司法部门应当尽快根据实践中出现的问题制定更为详尽可行的解释,以尽量强化对合同双方的保护,而不是仅仅强调保护出租方的权利。

(编写人:李维强)

法律条文

第七百四十二条　承租人对出卖人行使索赔权利,不影响其履行支付租金的义务。但是,承租人依赖出租人的技能确定租赁物或者出租人干预选择租赁物的,承租人可以请求减免相应租金。

条文主旨

本条是关于承租人在行使索赔权的同时是否应照常支付租金的规定,是由 2014 年《融资租赁解释》第 6 条吸收到《民法典》中的。

一个完整的融资租赁交易包括两个合同,即买卖合同与融资租赁合同,这两个合同既紧密相连，又有相对区分。根据上一条的规定，承租人经过与出租人、出卖人协商一致，在买卖合同的履行出现瑕疵时，可以直接向出卖人行使索赔权。既然承租人的索赔权得到保障，那么其支付租金的义务就应当照常履行。当然，这种情况也不是没有例外。本条规定，只有在承租人选择租赁物时并非完全依靠自己的主观意愿，而是依赖出租人的技能来确定或者说出租人对承租人的选择进行了干预的情况下，承租人即可请求减免相应租金。这也是法律要求当事人各担其责的具体表现。

新旧法对比

《最高人民法院关于审理融资租赁合同纠纷案件适用法律问题的解释》(2014 年)	《民法典》
第六条　承租人对出卖人行使索赔权，不影响其履行融资租赁合同项下支付租金的义务，但承租人以依赖出租人的技能确定租赁物或者出租人干预选择租赁物为由，主张减轻或者免除相应租金支付义务的除外。	第七百四十二条　承租人对出卖人行使索赔权利，不影响其履行支付租金的义务。但是，承租人依赖出租人的技能确定租赁物或者出租人干预选择租赁物的，承租人可以请求减免相应租金。

理解与适用

在上一条中，我们谈到出租人在融资租赁合同中享有一项重要的权能，即“瑕疵担保的免责特约”。因为租赁物和出卖人的选择一般情况下是由承租人按照自己的意愿要求进行选择的，在这种情况下，由于出租人对出卖人和出卖人所交付的标的物的了解情况远不如承租人清楚，尤其是对于出卖人的信誉和社会评价，其产品的质量等。所以，法律才规定将租赁物的受领权、验收权等均由出租人让渡与承租人。法律同时规定，在三方协商一致的情况下，包括买卖合同履行瑕疵所致的索赔权也应被赋予承租人。出租人的主要义务就是支付租赁物的对价，而并不承担租赁物的瑕疵担保责任。承租人在取得索赔权的同时，为了不使出租人的权利受到损害，承租人应照常履行租金的支付义务，这样才能保证出租人与承租人之间的权利义务平衡，融资租赁交易才是公平的。

但出租人的“瑕疵担保免责特约”也不是没有例外情况，即当承租人选择租赁物时是依赖于出租人的技能或干预时，此时对出卖人的了解情况就发生了变化，承租人处于一种被动弱势的地位。比如，当出租人代替承租人选择出卖人和租赁物，或者是出租人擅自变更了承租人已经选择好的出卖人和租赁物时，如果出卖人违约，再要求承租人照常支付租金就不符合公平原则了。

当然，在这种情况下，承租人的租金支付义务是否能够全部免除，还要根据出租人在选择出卖人和租赁物过程中所起到的作用大小来确定。因此，本条规定"承租人可以请求减免相应租金"。实践中，承租人如果遇到出租人对租赁物和出卖人的选择实施干预的情况，要注意保留相关证据，以便在发生纠纷时能够保障自身的合法权益。

实务问题

实践中，还有一种情况就是如果发生出卖人根本违约，即出卖人不能交付租赁物或者其所交付的租赁物根本无法使用，致使承租人的合同目的无法实现。在这种情况下，如果仍然遵循本条规定，势必会发生承租人在无法取得租赁物的情况下还要承担全部租金支付义务的不公平现象，由于出租人仍然可以收取租金，故一般情况下其不会主动提出解除买卖合同。

正如前面所提到的远程系列案件，由于远程集团在收取设备款后，出于种种原因未能向大部分医院交付设备，且人去楼空，钱款被挥霍。而几乎所有的融资租赁公司都向法院或仲裁委提出了租金加速到期，要求医院支付全部租金的请求。

在这种情况下，各家医院都向裁判部门提出了解除合同的反诉请求，应当说，医院的这项诉请无论是根据《融资租赁解释》第 11 条，还是根据现《民法典》第 754 条，均应得到支持。但就目前受理该系列案件数量最多的西安各法院的审理结果来看，一审法院均未支持该请求，而是判决所有的医院要支付全部租金。各败诉医院全部提出上诉，目前二审尚在审理当中。

理论上讲，该案的正确处理方式应当是解除合同，并根据各方当事人在合同履行中的过错情况分担损失，这样才能体现法律的公平公正，让所有的当事人息诉服判。

（编写人：李维强）

法律条文

第七百四十三条　出租人有下列情形之一，致使承租人对出卖人行使索赔权利失败的，承租人有权请求出租人承担相应的责任：

（一）明知租赁物有质量瑕疵而不告知承租人；

（二）承租人行使索赔权利时，未及时提供必要协助。

出租人怠于行使只能由其对出卖人行使的索赔权利，造成承租人损失的，承租人有权请求出租人承担赔偿责任。

条文主旨

本条是关于出租人在妨碍索赔权的行使时应当承担责任的规定，是由 2014 年《融资租赁解释》第 18 条吸收到《民法典》其中。本条第 1 款规定在承租人存在过错的情况下导致承租人索赔失败时，应向承租人承担相应责任。本条第 2 款规定在索赔权并未让渡给承租人时，出租人不作为，怠于行使权利导致承租人损失的，出租人应予赔偿。

新旧法对比

《最高人民法院关于审理融资租赁合同纠纷案件适用法律问题的解释》（2014 年）	《民法典》
第十八条　出租人有下列情形之一，导致承租人对出卖人索赔逾期或者索赔失败，承租人要求出租人承担相应责任的，人民法院应予支持： （一）明知租赁物有质量瑕疵而不告知承租人的； （二）承租人行使索赔权时，未及时提供必要协助的； （三）怠于行使融资租赁合同中约定的只能由出租人行使对出卖人的索赔权的； （四）怠于行使买卖合同中约定的只能由出租人行使对出卖人的索赔权的。	第七百四十三条　出租人有下列情形之一，致使承租人对出卖人行使索赔权利失败的，**承租人有权请求出租人承担相应的责任**： （一）明知租赁物有质量瑕疵而不告知承租人； （二）承租人行使索赔权利时，未及时提供必要协助。 出租人怠于行使只能由其对出卖人行使的索赔权利，造成承租人损失的，**承租人有权请求出租人承担赔偿责任。**

理解与适用

本条是对出租人在妨碍索赔权行使或者怠于行使索赔权所应承担责任的具体细化。分为两部分：第一是在承租人行使索赔权时，如果出租人“明知租赁物质量有瑕疵而不告知承租人”，这应当属于出租人的主观恶意；第二是“承租人行使索赔权时，未及时提供必要协助的”，这应属于出租人的恶意不作为。在这两种情况下，如果承租人索赔失败或者索赔逾期，出租人应当根据其过错大小承担相应责任。

实务问题

在实务中,笔者认为,第 1 款第 1 项规定的"出租人明知租赁物质量有瑕疵",对承租人而言,其举证义务未免过于严苛。融资租赁交易中,租赁物一般均由出卖人直接交付承租人,出租人并不经手,要想让承租人举证证明出租人明知租赁物质量有问题,这存在很大困难。因为民事诉讼中按照"谁主张谁举证"的原则,必须由承租人来证明出租人"明知",然"举证之所在,败诉之所在",承租人要想通过此项规定维护自身权益极其困难。如果将规定修改为"出租人知道或应当知道"则赋予承租人一定的推定权,其举证的困难程度明显会减轻许多。再来看第 2 项"未及时提供必要协助。"诚如我们在《民法典》第 741 条中所谈到的,何为"必要协助"？其概念和范围又当如何界定？这些问题没有明确的标准,这不仅仅给承租人在向出租人索赔时设置了困难,同时也给裁判者高度的自由裁量权,容易导致标准不一、裁判结果各异的情况发生。

本条第 2 款规定在出租人自行享有索赔权时,由于其本身的不作为而给承租人带来损失时,应当承担赔偿责任。这应当属于对"出租人瑕疵担保免责特约"原则的突破,对承租人是有利的。但这里又出现一个问题,就是根据本法第 742 条的规定,承租人对出卖人行使索赔权利,不影响其履行支付租金的义务,结合本项规定能否推导出当承租人无法向出卖人行使索赔权时或者索赔不到位时,就可以不再履行相应部分租金的支付义务？无论是《民法典》还是司法解释均没有给出相应答案。相信在实践中这又将成为一项具有极大争议的问题,急需最高立法机关或司法部门作出明确的解答。

(编写人:李维强)

法律条文

第七百四十四条　出租人根据承租人对出卖人、租赁物的选择订立的买卖合同,未经承租人同意,出租人不得变更与承租人有关的合同内容。

条文主旨

本条是关于未经承租人同意,出租人不得擅自变更买卖合同内容的相关规定,延续保留了《合同法》第 241 条的内容,未作修改。

融资租赁交易的一个重要特征就是租赁物并非出租人本就掌控的实物,而需要由承租人自行选择购买，这是融资租赁合同与一般经营性租赁合同的最大区别。承租人根据自身的工作要求，需要某项设备，但因为自身资金困难，这才选择融资租赁的模式。租赁物的买卖合同虽然由出租人来签订，但租赁物的种类、规格、型号、技术要求，还有交付时间、交付方式等都要由承租人根据需要来确定。如果出租人在买卖合同签订后，与出卖人协商一致，利用双方合同当事人的身份权利，在未经承租人同意的情况下，擅自变更了与承租人有关的合同内容，势必会导致承租人的合同目的无法正常实现，因此，本条对此作出了禁止性规定，这也是由融资租赁合同的特点所决定的。

新旧法对比

《合同法》	《民法典》
第二百四十一条　出租人根据承租人对出卖人、租赁物的选择订立的买卖合同，未经承租人同意，出租人不得变更与承租人有关的合同内容。	【内容不变】第七百四十四条

理解与适用

需要注意的是，本条所规定的出租人不得变更的买卖合同的内容，只是与承租人有关的内容，如果是与承租人无关，而是关涉出租人的相关内容，比如租赁物价款的支付时间、支付方式等，则属于出租人可以与出卖人自行协商的内容，经过双方协商一致是可以变更的。但这些内容的变更同样不能影响到与承租人有关的内容的履行。比如，由于价款的支付时间发生变更，导致租赁物的交付时间也发生变更，则同样应当予以禁止。如果因此而给承租人带来损失的，出租人和出卖人应当按照各自的过错大小向承租人承担相应的违约责任。

在上述情况下，承租人要求其他两方承担违约责任的同时，还可以根据合同履行的具体情况行使合同解除权或者拒绝受领标的物，以维护自身合法权益。

实务问题

实务中，如果发生了未经承租人同意，出租人与出卖人就租赁物买卖合同的实际内容作出了变更，且是对租赁物的实际情况作出了变更的话又该如何处理？笔者认为，如果发生了这种情况，比如对租赁物的品牌、型号、种类作出了变更，很有可能会导致承租人的合同目的无法实现。基于此，承租人一方面应当享有合同的解除权，另一方面可以对租赁物的选择受到出租人不当干预为由要求不再履行租金的支付义务。

（编写人：李维强）

法律条文

第七百四十五条　出租人对租赁物享有的所有权，未经登记，不得对抗善意第三人。

条文主旨

本条是关于出租人对租赁物物权效力的规定。由《合同法》第242条修改而来，但这一修改却是对合同法中传统理论的重大颠覆，出租人对租赁物所享有的物权性质发生了重大变化，需要我们特别关注。按照本条规定，出租人虽对租赁物享有所有权，但如果该权利未经登记，承租人对租赁物作出处分的，出租人所享有的所有权不能对抗善意第三人。

新旧法对比

《合同法》	《民法典》
第二百四十二条　出租人享有租赁物的所有权。承租人破产的，租赁物不属于破产财产。	第七百四十五条　出租人对租赁物享有的所有权，**未经登记，不得对抗善意第三人。**

理解与适用

根据融资租赁制度的传统理论，出租人对租赁物所享有的所有权仅仅是一个具有担保功能的名义上的所有权，是为了担保租金的收取而设定的。但是根据《合同法》第242条的规定，这个名义上的所有权却产生了一个真正意义所有权的效果，使得出租人在承租人破产时还享有取回权。这种制度设计的问题，是当出租人对租赁物的所有权在未经公示的情况下，却可以行使真正所有权人的权利。在物权理论中，不动产所有权的设立、变更，其公示方式为登记，动产物权的设立、变更，其公示方式为交付，实际上也就是看谁占有动产，一般即可认为谁享有所有权。融资租赁交易中的租赁物有的是不动产，但更多的是动产。当承租人占有租赁物并对其进行相应处分时，比如转让，设定抵押、质押等担保物权时，相对方极有可能善意相信承租人对该租赁物享有相应的处分权能。按照《合同法》的理论，承租人在处分租赁物时就构成无权处分，按照《合同法》第51条的规定，这种无权处分应为效力待定，一旦出租人对此不予认可，则善意相对方的权益则将很难保障，势必会给交易安全造成巨大影响。

正是为了更好地解决这一问题，《民法典》作出了修改。根据本条规定，租赁物的所有权未经登记的，不得对抗善意第三人。此处修改，一方面促使出租人强化对租赁物的所有权公示，另一方面也对第三人提出了更大的要求，即其与承租人进行交易时，应当按照相关规定对标的物的权属状况进行必要查询。

如此一来，就会产生两种结果：一是出租人对租赁物进行了登记，如果第三人未经查询就与承租人发生交易，则应推定第三人非善意；二是如果出租人对租赁物没有进行登记，则第三人只要按照善意取得的相关规定取得了租赁物，则出租人无权再行追回租赁物。

从另一个角度来说，由于融资租赁的租赁物绝大多数为动产，动产的公示原则一般为交付和占有。但在融资租赁关系中，租赁物的所有权和使用权是分离的，当占有使用租赁物的承租人擅自转让租赁物，或者在租赁物上设置其他担保物权时，不仅相对人很难辨别此时租赁物的权利属性，出租人也很难维护自己的合法权益。基于实践中这类现象发生很多，故《民法典》中确定了"所有权未经登记，不得对抗善意第三人"的原则，也是促使出租人要对自己所享有的租赁物所有权进行登记。一经登记，则相对人在与承租人就租赁物发生某种法律关系时，可以到相关登记部门进行查询，从而明确租赁物的权利性质。这样做就从根本上很好地保护了出租人的合法权益。

实务问题

对于《民法典》中的这一变化，其实在2014年《融资租赁解释》中已经有所体现。该解释第9条规定："承租人或者租赁物的实际使用人，未经出租人同意转让租赁物或者在租赁物上设立其他物权，第三人依据物权法第一百零六条的规定取得租赁物的所有权或者其他物权，出租人主张第三人物权权利不成立的，人民法院不予支持，但有下列情形之一的除外：（一）出租人已在租赁物的显著位置作出标识，第三人在与承租人交易时知道或者应当知道该物为租赁物的；（二）出租人授权承租人将租赁物抵押给出租人并在登记机关依法办理抵押权登记的；（三）第三人与承租人交易时，未按照法律、行政法规、行业或者地区主管部门的规定在相应机构进行融资租赁交易查询的；（四）出租人有证据证明第三人知道或者应当知道交易标的物为租赁物的其他情形。”

虽然这一条已经因为《民法典》的颁布施行而失效。但笔者认为，作为出租人如果要想尽量维护自身合法权益，保证自己对租赁物所有权不受影响，在依法登记的同时也应尽量借鉴司法解释中所提出的做法，比如在租赁物的显著位置作出标识等。而作为第三人在进行交易时，更应提高法律认知能力，到法律或行政法规规定的有关登记部门进行查询租赁物的相关权属状况。

（编写人：李维强）

法律条文

第七百四十六条　融资租赁合同的租金，除当事人另有约定外，应当根据购买租赁物的大部分或者全部成本以及出租人的合理利润确定。

条文主旨

本条是关于融资租赁合同如何确定租金的规定，基本延续保留了《合同法》第 243 条的内容。

融资租赁交易中出租人是以营利为目的的，其为承租人出资购买租赁物的最终目的就是通过收取租金来赚取利润。因此，租金的确定当为融资租赁合同的核心要素。所以，如何确定租金的组成内容，无论是对出租人还是对承租人都非常重要。本条规定，租金的组成和数额可以由双方当事人进行协商约定。如果没有相关约定，则应按照购买租赁物的大部分或者全部成本以及出租人的合理利润来确定。

新旧法对比

《合同法》	《民法典》
第二百四十三条　融资租赁合同的租金，除当事人另有约定的以外，应当根据购买租赁物的大部分或者全部成本以及出租人的合理利润确定。	第七百四十六条　融资租赁合同的租金，除当事人另有约定外，应当根据购买租赁物的大部分或者全部成本以及出租人的合理利润确定。

理解与适用

在一般租赁中，承租人所支付的租金应当是租赁物使用价值的对价。而在融资租赁中，承租人所支付的租金更主要的内容应当是“融资”的对价，因此，融资租赁的租金标准是远远高于一般租赁的。通常情况下,出租人消耗在租赁物上的价值包括三部分:租赁物的购买价款、为购买租赁物而向银行或其他主体进行融资而支付的利息,还有就是为了开展租赁业务而付出的营业成本。这三项再加上出租人所要赚取的合理利润就构成了租金的主要内容。

实务问题

按照本条规定,出租人确定租金的标准就是租赁物的价款加上合理利润。但问题的关键是"合理利润"又当如何确定?实务中,很多融资租赁公司在确定"利润"时一般由这样几部分组成:一是租赁物购买价格的资金占用损失,这个损失一般都会高于银行同期贷款利率;二是手续费;三是以其他名目设立的项目,比如咨询费等。此外,融资租赁公司一般还会在合同中约定高额的违约金和逾期利息、罚息等。以前述远程系列案件为例,出租人宝信公司在合同中约定的违约金为未还款金额的每日1‰,相当于年息36%。远远高于民间借贷所保护的利息上限。但是按照最高人民法院于2020年12月29日为广东省高级人民法院所作《关于新民间借贷司法解释适用范围问题的批复》中的规定:"关于适用范围问题。经征求金融监管部门意见,由地方金融监管部门监管的小额贷款公司、融资担保公司、区域性股权市场、典当行、融资租赁公司、商业保理公司、地方资产管理公司等七类地方金融组织,属于经金融监管部门批准设立的金融机构,其因从事相关金融业务引发的纠纷,不适用新民间借贷司法解释。"也就是说,无论是当初24%的利率上限还是现在的4倍LPR均不能约束融资租赁公司的业务。如果在合同履行中承租人发生迟延支付租金,其所要承担的违约金、逾期利息或者罚息很有可能是非常高的。这一点应当提醒承租人在签订合同时应当与出租人进行谨慎沟通。

(编写人:李维强)

法律条文

第七百四十七条　租赁物不符合约定或者不符合使用目的的,出租人不承担责任。但是,承租人依赖出租人的技能确定租赁物或者出租人干预选择租赁物的除外。

条文主旨

本条是关于出租人对租赁物瑕疵担保责任的规定,延续保留了《合同法》第

244条的内容。根据融资租赁交易的传统理论,出租人对租赁物的"瑕疵担保免责特约"是该项制度的一个重要特点。由于租赁物是由承租人选择的,并且一般情况下承租人还会指定具体的出卖人,故承租人对出卖人的社会信誉、口碑评价有着较出租人更为深入的了解,或者说基于对自己的选择负责的态度,法律规定当租赁物出现瑕疵履行的情况时,出租人不承担责任。

当然,例外的情况就是,当承租人对租赁物的选择是依赖于出租人的技能或在出租人干预了承租人的选择权的情况下,承租人不得再行要求免责,而是应当按照其过错程度承担相应的责任。

新旧法对比

《合同法》	《民法典》
第二百四十四条　租赁物不符合约定或者不符合使用目的的,出租人不承担责任,但承租人依赖出租人的技能确定租赁物或者出租人干预选择租赁物的除外。	第七百四十七条　租赁物不符合约定或者不符合使用目的的,出租人不承担责任。**但是,**承租人依赖出租人的技能确定租赁物或者出租人干预选择租赁物的除外。

理解与适用

对于租赁物完全由承租人自行选择的情况下,出租人享有"瑕疵担保免责特约",我们已经在前面进行了较多的论述,在此不再赘言。现在,我们着重谈一下本条的除外情形。如果承租人在当初选择租赁物时,或者依赖出租人的技能,或者遵从出租人的意见,或者出租人对承租人的选择权进行了干预,则当租赁物到达承租人处,如果租赁物在使用中不符合约定或者不符合使用目的,出租人应当承担相应责任。也就是说,在这种情况下,出租人是不能用"瑕疵担保免责特约"进行抗辩的。

实务问题

在出租人对租赁物的选择起了决定性作用的情况下如何处理纠纷,实务操作中也是有法可依的,2020年《融资租赁解释》第8条规定:"租赁物不符合融资租赁合同的约定且出租人实施了下列行为之一,承租人依照民法典第七百四十四条、第七百四十七条的规定,要求出租人承担相应责任的,人民法院应予支持:(一)出租人在承租人选择出卖人、租赁物时,对租赁物的选定起决定作用的;(二)出租人干预或者要求承租人按照出租人意愿选择出卖人或者租赁物的;

(三)出租人擅自变更承租人已经选定的出卖人或者租赁物的。承租人主张其系依赖出租人的技能确定租赁物或者出租人干预选择租赁物的,对上述事实承担举证责任。"笔者认为,司法解释中的这一规定已经非常明确,但需要提醒的是举证责任在承租人一方,这就要求承租人在合同磋商和签订时需要尽量保留相关证据,以便在此后的纠纷解决中更好地维护自身权益。

(编写人:李维强)

法律条文

第七百四十八条　出租人应当保证承租人对租赁物的占有和使用。

出租人有下列情形之一的,承租人有权请求其赔偿损失:

(一)无正当理由收回租赁物;

(二)无正当理由妨碍、干扰承租人对租赁物的占有和使用;

(三)因出租人的原因致使第三人对租赁物主张权利;

(四)不当影响承租人对租赁物占有和使用的其他情形。

条文主旨

本条是关于承租人有权平静占有、使用租赁物的规定。是由《合同法》第245条与2014年《融资租赁解释》第17条内容合并而成。

融资租赁合同中承租人最主要的权利,或者说合同目的就是取得租赁物,并通多对租赁物的占有、使用完成工作目标。也就是说,承租人通过支付租金换取对租赁物的占有使用对价。根据等价有偿的原则,作为已经收取了租金的出租人而言,就有义务保证承租人平静占有使用租赁物,不得对其实施任何妨碍、干扰,否则就应当赔偿承租人的损失。本条是对承租人合同权利予以保障的重要内容。

新旧法对比

《合同法》	《最高人民法院关于审理融资租赁合同纠纷案件适用法律问题的解释》(2014 年)	《民法典》
第二百四十五条　出租人应当保证承租人对租赁物的占有和使用。	第十七条　出租人有下列情形之一,影响承租人对租赁物的占有和使用,承租人依照合同法第二百四十五条的规定,要求出租人赔偿相应损失的,人民法院应予支持: (一)无正当理由收回租赁物; (二)无正当理由妨碍、干扰承租人对租赁物的占有和使用; (三)因出租人的原因导致第三人对租赁物主张权利; (四)不当影响承租人对租赁物占有、使用的其他情形。	第七百四十八条　出租人应当保证承租人对租赁物的占有和使用。 出租人有下列情形之一的,承租人有权请求其赔偿损失: (一)无正当理由收回租赁物; (二)无正当理由妨碍、干扰承租人对租赁物的占有和使用; (三)因出租人的原因致使第三人对租赁物主张权利; (四)不当影响承租人对租赁物占有和使用的其他情形。

理解与适用

《合同法》第 245 条规定:“出租人应当保证承租人对租赁物的占有和使用”。该条内容较为原则、简单,在实践中,对哪些情况构成出租人干扰承租人占有、使用租赁物并未明确,导致裁判机关在适用该条时掌握标准不一。为了解决这个问题,2014 年施行的《融资租赁解释》第 17 条进行了细化,用四项内容对这一问题做出了具体规定。分别是:(1)出租人无正当理由收回租赁物;(2)出租人无正当理由妨碍、干扰承租人对租赁物的占有和使用;(3)因出租人的原因导致第三人对租赁物主张权利;(4)不当影响承租人对租赁物占有、使用的其他情形。

上述第 1、2 项内容中的“无正当理由”指的是排除出租人对租赁物的正常检查、维护等有正当理由的情形,避免承租人以妨碍租赁物的占有使用为由,拒绝出租人正当行使取回权或者对租赁物进行必要的查验。第 3 项内容主要针对出租人对外转让融资租赁合同项下的权利,危及承租人对租赁物的正常占有使用情形。第 4 项为兜底条款。

应当说，上述司法解释施行后，在司法实践中发挥了重大作用，有效指导统一了各地的裁判标准。《民法典》将上述法条与司法解释中的内容有效结合，形成新的法条。

实务问题

融资租赁合同在履行过程中，为了保障承租人合同目的的实现，应当赋予承租人对租赁物的独占使用权。承租人的这种使用权，不但可以对抗出租人的所有权，还应当能够对抗租赁物上的他物权。出租人不得妨碍、干扰承租人依法定或约定所拥有的权利。无论出租人转让合同中的权利义务或是将租赁物出售、抵押，都必须以保障承租人对租赁物的正常使用为前提。如果承租人违反了这些义务，就应当对承租人承担违约责任，赔偿承租人的损失。这也是融资租赁合同本身的特点所决定的。

实践中，是不是说承租人在主张平静占有使用租赁物的过程中就能够完全排斥出租人对租赁物所享有的权利呢？这就要从权利义务对等原则来分析。如果承租人一直在积极履行自己的租金支付义务，当然能够排斥出租人对租赁物的干扰和妨碍。但如果在合同履行中，承租人在支付租金过程中发生违约，则出租人享有两方面的权利：一是要求租金加速到期，向承租人提出支付全部租金的主张；二是要求解除合同，取回租赁物。也就是说，只有出租人对租赁物所享有的所有权是具有担保其租金实现的作用，在承租人根本违约，致使出租人收取租金的合同目的无法实现的情况下，出租人才可以主张解除融资租赁合同，并取回租赁物。当然，按照司法解释的规定，出租人在主张上述权利时，只能择一行使，不能同时主张。

上述权利主张的法条依据规定在《民法典》第752~754条中，具体问题将在以下条文中详述。

（编写人：李维强）

法律条文

第七百四十九条　承租人占有租赁物期间，租赁物造成第三人人身损害或者财产损失的，出租人不承担责任。

条文主旨

本条是关于出租人侵权责任免除的规定。基本延续保留了《合同法》第246

条的内容。

新旧法对比

《合同法》	《民法典》
第二百四十六条 承租人占有租赁物期间,租赁物造成第三人的人身伤害或者财产损害的,出租人不承担责任。	第七百四十九条 承租人占有租赁物期间,租赁物造成第三人人身**损害**或者财产**损失**的,出租人不承担责任。

理解与适用

本条明确规定了在承租人占有租赁物期间,租赁物造成第三人人身损害或者财产损失的,出租人免责。其主要理由为,融资租赁合同中的租赁物是由承租人选择,并由出卖人直接交付给承租人,并由承租人占有使用的。在整个过程中,出租人并未对租赁物享有管控职责,因此,其既不是租赁物的使用者,也不是租赁物的生产者和销售者,故从侵权责任的角度出发,出租人不承担因租赁物所造成的侵权责任。

实务问题

按照《民法典》中侵权责任编的相关规定,侵权责任一般分为四种情形:产品责任、机动车交通事故责任、高度危险作业责任、建筑物和物件损害责任。

产品责任一般由产品的生产者、销售者承担责任,如果是因运输者或仓储者等第三人的过错使产品存在缺陷的,生产者、销售者赔偿后有权向第三人追偿。如前所述,出租人并非租赁物的生产者和销售者,故其无须承担产品责任。

如租赁物是机动车,那么按照机动车交通事故责任的相关规定,一般是由机动车实际使用人承担责任,只有在机动车所有人或者管理人对损害的发生存在过错的前提下,所有人和管理人才承担相应的责任。融资租赁交易中,由于机动车是由承租人直接选择的,一般也是由承租人或是承租人允许的人实际使用,如果发生交通事故,很难得出出租人对该损害的发生存在过错的结论。因此,在这种情况下,出租人也无须担责。

按照《民法典》中关于高度危险作业侵权的相关规定,该种侵权责任一般由经营者或是占有、使用人承担责任。出租人既不是租赁物的经营者也不是占有使用人,故无须担责。

对建筑物和建筑物件损害责任的承担主体一般应为直接管理人或使用人,如果所有人直接管理使用建筑物件,当发生损害结果时,自应承担责任。如果建筑物和物件并非由所有人管理使用时,其赔偿责任的主体就应当是管理人或使用人。从这个角度看,即便租赁物为建筑物或物件,因出租人并非直接管理和使用人,当发生损害后果时,也无须担责。

《民法典》第1178条规定:"本法和其他法律对不承担责任或者减轻责任的情形另有规定的,依照其规定。"本条则属于这种情形,已经由《民法典》直接规定当租赁物造成他人人身伤害或者财产损失的,出租人不承担责任。

(编写人:李维强)

法律条文

第七百五十条　承租人应当妥善保管、使用租赁物。

承租人应当履行占有租赁物期间的维修义务。

条文主旨

本条是关于对租赁物应有承租人保管、维修的规定。延续保留了《合同法》第247条的内容,《民法典》未作修改。

新旧法对比

《合同法》	《民法典》
第二百四十七条　承租人应当妥善保管、使用租赁物。承租人应当履行占有租赁物期间的维修义务。	【内容不变】第七百五十条

理解与适用

妥善保管使用租赁物无论在融资租赁中,还是在一般租赁中,都是承租人的应尽义务,这也是合同当事人诚实信用原则的具体体现。因为,租赁物的所有权属于出租人,合同结束后除租赁物的正常损耗外,承租人应当尽到善良管理人的义务。

实务问题

对租赁物的维修,融资租赁与一般租赁有区别。按照《民法典》第712条之规定:"出租人应当履行租赁物的维修义务,但是当事人另有约定的除外。"由于融资租赁合同的特殊性,出租人对租赁物仅享有担保意义上的所有权,合同期满后租赁物的所有权一般归承租人所有。因此规定由承租人承担租赁物的维修义务更为适宜。

（编写人：李维强）

法律条文

第七百五十一条 承租人占有租赁物期间，租赁物毁损、灭失的，出租人有权请求承租人继续支付租金，但是法律另有规定或者当事人另有约定的除外。

条文主旨

本条是关于合同履行期间租赁物风险承担的规定。由2014年《融资租赁解释》第7条吸收而来。

该司法解释第7条规定："承租人占有租赁物期间，租赁物毁损、灭失的风险由承租人承担，出租人要求承租人继续支付租金的，人民法院应予支持。但是当事人另有约定或者法律另有规定的除外。"明确规定了承租人占有租赁物期间，租赁物损毁灭失的风险由承租人承担。《民法典》在吸收该条过程中，在具体表述上做了调整，虽删除了"风险由承租人承担"的字样，但具体意思并未改变，只是更加简略。因出租人并不承担租赁物的直接管控义务，因此要求出租人承担租赁物损毁、灭失的风险既不公平，也不现实。本条同时规定了租赁物损毁灭失后的法律后果，即并不免除承租人的租金支付义务。当然作为任意法，也并不排斥当事人对此另行作出约定。

新旧法对比

《最高人民法院关于审理融资租赁合同纠纷案件适用法律问题的解释》（2014年）	《民法典》
第七条 承租人占有租赁物期间，租赁物毁损、灭失的风险由承租人承担，出租人要求承租人继续支付租金的，人民法院应予支持。但当事人另有约定或者法律另有规定的除外。	第七百五十一条 **承租人占有租赁物期间，租赁物毁损、灭失的，**出租人有权请求承租人继续支付租金，但是法律另有规定或者当事人另有约定的除外。

理解与适用

《合同法》并未对融资租赁合同中租赁物的风险承担作出规定，但在实践中这种情况是极有可能发生的。如何在纠纷处理中适用公平合理的评判标准成为关键，如果按照一般租赁的原则，因不可归责于承租人的事由而致使租赁物损毁灭失的，应由出租人自担风险。

但融资租赁不同于一般租赁，一般租赁中租赁物的所有权归出租人所有，承租人支付的租金仅仅是使用对价，当发生不可归责于双方的风险时，租赁物损毁灭失的风险自应由出租人承担，承租人因其合同目的已经无法实现，可解除合同。而融资租赁中，出租人所享有的所有权仅仅是担保意义上的，并非真正的全部所有权，更类似于所有权保留的买卖合同。合同期满后，租赁物的所有权一般归于承租人所有。且出租人在融资租赁中的主要义务是根据承租人的选择购买租赁物并将租赁物交付承租人使用。当出租人履行完毕上述义务后，其主要义务已经完成，这也是融资租赁合同的主要特点。故租赁物的风险承担问题应由承租人负担更为合理。

实务问题

本条规定在承租人在占有租赁物期间，租赁物损毁灭失的风险由承租人承担。但实践中如果发生租赁物尚未交付给承租人即发生损毁灭失的情况，该风险应由哪一方来承担？这实际上也涉及之前我们谈到的融资租赁合同是诺成合同还是实践合同的问题。笔者认为，根据融资租赁合同的定义，既然法律规定的“融资租赁合同是出租人根据承租人对出卖人、租赁物的选择，向出卖人购买租赁物，提供给承租人使用，承租人支付租金的合同。”中出租人的义务有二：购买租赁物并提供给承租人使用。该合同应当属于要物合同，即实践合同。本条也规定，租赁物的风险由承租人承担的前提是“承租人占有租赁物期间”。结合这两点就足以说明，在租赁物尚未交付给承租人时，即承租人尚未占有租赁物时，租赁物发生损毁灭失的风险，不应由承租人担责。在此种情况下，理论上的责任承担者应当是出租人。但是，由于租赁物是由出租人与出卖人签订买卖合同而来，在标的物交付之前的风险承担应当按照买卖合同的相关规定来判断。根据《民法典》第604条规定：“标的物损毁灭失的风险，在标的物交付之前由出卖人承担，交付之后由买受人承担，但是法律另有规定或当事人另有约定的除外。”根据这一基本原则，租赁物在交付之前的风险应由出卖人承担。标的物交付承租人之后，承租人已经实际占有标的物的，损毁灭失的风险才转由承租人承担。

（编写人：李维强）

法律条文

第七百五十二条　承租人应当按照约定支付租金。承租人经催告后在合理期限内仍不支付租金的，出租人可以请求支付全部租金；也可以解除合同，收回租赁物。

条文主旨

本条是关于承租人支付租金及拒付租金时出租人权利主张的规定，基本延续保留了《合同法》第248条的内容。

在融资租赁合同中，承租人的主要义务就是按照约定支付租金。如果承租人违反这一约定，不支付租金或者迟延支付租金，那么出租人可以对承租人进行催告。经催告后，承租人在合理期限内仍不履行义务的，出租人依照本条约定可以采取两项救济措施：一是不解除合同，但全部租金加速到期，要求承租人支付全部租金；二是解除合同，收回租赁物。这也体现了出租人对租赁物享有所有权的担保功能。

新旧法对比

《合同法》	《民法典》
第二百四十八条　承租人应当按照约定支付租金。承租人经催告后在合理期限内仍不支付租金的，出租人可以要求支付全部租金；也可以解除合同，收回租赁物。	第七百五十二条　承租人应当按照约定支付租金。承租人经催告后在合理期限内仍不支付租金的，出租人可以**请求**支付全部租金；也可以解除合同，收回租赁物。

理解与适用

融资租赁合同的租金是出租人的全部成本加应得利润，收回成本并取得利润是现代商业行为主体的终极目标。融资租赁合同的履行是有先后顺序的，先由出租人购买租赁物并将租赁物提供给承租人使用，此时出租人的主要义务已经完成，接下来就是通过收取租金来实现自己的合同目的了。此时，承租人既然已经取得租赁物的占有使用权，并依靠这一权利达到了自己的合同目的，那么按照权利义务对等的原则，就应当依约向出租人支付租金。只有这样合同才是公平合理，等价有偿的。当承租人不支付租金时，就构成了违约。当一方违约时，非违约方当然要追究对方的违约责任。

本条为保障出租人的权益，为其设计了两项救济措施。在这两项救济措施行使时,要注意的是,出租人只能择一行使,不能同时主张。一般情况下,出租人均会选择租金的加速到期,毕竟收回成本和赚取相应利润是出租人的主要目的,将租赁物收回对于出租人来讲并没有太大意义。但是根据本条的规定,出租人在提出全部租金主张之前,应当先行催告,并给予承租人合理的准备期限。这是因为融资租赁的租金一般数额比较巨大,先前将租金分化到每一期来完成,对承租人的承受能力是有所考虑的。现在要求承租人一次性支付全部租金,显然是很困难的,所以应当给予承租人必要的合理的准备时间。当然,如果出租人认为承租人根本无力支付租金,为了减少损失出租人便只能采取解除合同,收回租赁物的途径了。

实务问题

前面提到,出租人的两条救济措施不能同时主张,只能择一行使。如果实践中出租人先采取了租金主张,得到人民法院的支持后,承租人根本不能履行判决义务。承租人是否能够另行起诉解除合同,收回租赁物?有观点认为,这样做违反了一事不再理原则,因为出租人的权益已经得到生效判决的保障,承租人无力履行判决义务,应当按照强制执行程序来追究承租人的责任,出租人不能再行要求收回租赁物,否则的话,就等于出租人拿到两份胜诉的生效判决,得到了双份赔偿。

最高人民法院的观点为:发生这种情况,人民法院应当受理出租人的第二次诉讼,因为前后两个诉请并不是基于同一事实和同一法律关系提出的同一诉讼请求,并不构成重复诉讼。在此前提下,如果出租人得到了两份胜诉判决,则需避免承租人被双重执行。解决方式为应由人民法院在第二份判决(解除合同,收回租赁物)中对第一份判决(支付全部租金)及承租人未能履行该判决的事实作出认定,此时第二份判决是基于新的事实而产生的,其效力在法理上已经代替了先前判决。根据上述观点,2014 年《融资租赁解释》第 21 条第 2 款规定"出租人请求承租人支付合同约定的全部未付租金,人民法院判决后承租人未予履行,出租人再行起诉请求接触融资租赁合同、收回租赁物的,人民法院应予受理。"

但笔者认为,这种变通方式虽然也有其合理之处,但仍然是在强调对出租人的保护,可以使出租人无论发生什么情况均能立于不败之地,且无须承担任何风险。合理合法的做法应该是由出租人在提起诉讼之初就要谨慎评判案件后果,根据承租人的履行能力来选择更适合自己的诉讼思路。

(编写人:李维强)

法律条文

第七百五十三条　承租人未经出租人同意，将租赁物转让、抵押、质押、投资入股或者以其他方式处分的，出租人可以解除融资租赁合同。

条文主旨

本条是关于承租人无权处分租赁物时承租人可解除合同的规定。本条吸收自2014年《融资租赁解释》第12条第1项的内容。但新旧对比可以看到，《民法典》在对这一款项进行吸收时删除了“转租”情形(具体理由见实务部分的分析)。

融资租赁合同中租赁物的所有权由出租人享有，但除了处分权外的占有、使用、收益三项权能均由承租人享有。由于承租人实际占有租赁物，故一般情况下第三人出于租赁物公示效力的原因，很容易相信租赁物的所有权系由承租人享有。因此，当承租人将租赁物转让、抵押、质押、投资入股或者以其他方式进行处分的，将会对出租人的所有权产生重大影响。当租赁物未经登记时，还有可能因第三人的善意取得而使出租人丧失所有权。如此，则出租人的合同目的将无法实现，故本条赋予了出租人可以解除融资租赁合同的权利。

新旧法对比

《最高人民法院关于审理融资租赁合同纠纷案件适用法律问题的解释》(2014年)	《民法典》
第十二条　有下列情形之一，出租人请求解除融资租赁合同的，人民法院应予支持： (一)承租人未经出租人同意，将租赁物转让、转租、抵押、质押、投资入股或者以其他方式处分租赁物的； ……	第七百五十三条　承租人未经出租人同意，将租赁物转让、抵押、质押、投资入股或者以其他方式处分的，出租人可以解除融资租赁合同。

理解与适用

无权处分，是指行为人没有处分权，却以自己的名义实施的对他人财产的处分行为。无权处分的合同效力问题一直是法律界的重大问题，近年来，我国在立法和司法层面也一直在这一问题上发生着观点上的变化和争议。

《合同法》第51条将无权处分行为规定为“效力待定合同”，无权处分合同的效力有待于所有权人的追认，这一观点曾经在实务界产生了很大影响，并深入人心。2012年，最高人民法院颁布施行《买卖合同解释》，其中第3条第1款规定："当事人一方以出卖人在缔约时对标的物没有所有权或者处分权为由主张合同无效的，人民法院不予支持。"自此，无权处分合同效力待定的观点发生了重大变化，无权处分合同有效。此次《民法典》直接删除了《合同法》第51条，至此，效力待定说已经成为历史，取而代之的是无权处分合同有效说。基于此，本条中承租人对租赁物的擅自处分行为以应认定为有效。

上述合同有效后，合同相对方能否取得租赁物的相应权利，就应当按照《民法典》第745条"出租人对租赁物享有的所有权，未经登记，不得对抗善意第三人"的规定来确定。同时此时也涉及出租人能否对租赁物行使追回权的问题。

当承租人擅自处分租赁物的合同被认定为有效时，承租人的权益又当如何保护？本条规定出租人可以解除融资租赁合同。合同的解除情形有三种：协议解除、约定解除、法定解除。本条中的解除即应为《民法典》第563条第1款第4项后段"有其他违约行为致使不能实现合同目的"规定的法定解除。合同解除后，出租人或者要求承租人承担违约责任，赔偿相关损失，或者因第三人非善意，而追回租赁物。

实务问题

如前所述，在《民法典》对司法解释进行吸收过程中，对承租人的擅自处分情形删除了"转租"一项，究其原因我们认为，这是因为出租人解除合同的原因是收取租金的合同目的受到了重大影响，使出租人的预期心态处于不安状态。但这是不是就能肯定出租人的合同目的已经绝对不能实现呢？尚不能确定，尤其是针对承租人的"转租"行为而言。因为承租人转租应是出于利益驱动，次承租人的租金一般会高于原租金，这样一来，承租人支付租金的能力应当更高，不会影响出租人合同目的的实现。另外，转租行为不同于转让、投资入股等致使租赁物所有权发生变化的情形，出租人对租赁物享有所有权的担保功能并未受到影响。在这样的情况下，如果赋予出租人合同解除权，将会影响交易安全。

此外，除了本条规定的解除情形之外，2014年《融资租赁解释》保留了第12条第2、3、4项的内容，作为出租人解除合同的其他理由。其中第2项"承租人未按照合同约定的期限和数额支付租金，符合合同约定的解除条件，经出租人催告后在合理期限内仍不支付的；"为约定解除项。第3项"合同对于欠付租金解除合同的情形没有明确约定，但承租人欠付租金达到两期以上，或者数额达到全部租金百分之十五以上，经出租人催告后在合理期限内仍不支付的；"为法定解除项。第4项"承租人违反合同约定，致使合同目的不能实现的其他情形"为兜底条款。实践中，除了本条所列情形之外，还应当充分注意到司法解释的相关规定。

（编写人：李维强）

法律条文

第七百五十四条　有下列情形之一的，出租人或者承租人可以解除融资租赁合同：

（一）出租人与出卖人订立的买卖合同解除、被确认无效或者被撤销，且未能重新订立买卖合同；

（二）租赁物因不可归责于当事人的原因毁损、灭失，且不能修复或者确定替代物；

（三）因出卖人的原因致使融资租赁合同的目的不能实现。

条文主旨

本条是关于合同双方均可解除融资租赁合同的情形规定，吸收自2014年《融资租赁解释》第11条的内容。

在前面内容中所提到的合同解除的原因均是因为一方严重违约的情形，本条规定的则是以融资租赁合同客观上不能履行作为解除的条件。其中第1、2项均以承租人无法占有、使用租赁物以至于合同目的无法实现而解除，合同解除后的返还以及赔偿责任可以按照各方的过错由裁判机关依法裁决。第3项将出卖人不履行买卖合同作为双方均可解约的理由。按照前述规定，在出卖人违约时，合同虽然赋予了承租人对出卖人的直接索赔权，但并未免除承租人的租金支付义务。当承租人向出卖人索赔不能或者出卖人根本没有履约能力时，如果不赋予承租人合同解除权，则承租人势必会陷入非因自己的主观过错而既不能占有使用租赁物，又要如数支付租金的不公平境地。因此，本条规定，在这种情况下，如果出租人不主动解除合同，承租人有权提出解除合同。

新旧法对比

《最高人民法院关于审理融资租赁合同纠纷案件适用法律问题的解释》（2014年）	《民法典》
第十一条　有下列情形之一，出租人或者承租人请求解除融资租赁合同的，人民法院应予支持：	第七百五十四条　有下列情形之一的，出租人或者承租人可以解除融资租赁合同：

续表

《最高人民法院关于审理融资租赁合同纠纷案件适用法律问题的解释》(2014年)	《民法典》
(一)出租人与出卖人订立的买卖合同解除、被确认无效或者被撤销,且双方未能重新订立买卖合同的; (二)租赁物因不可归责于双方的原因意外毁损、灭失,且不能修复或者确定替代物的; (三)因出卖人的原因致使融资租赁合同的目的不能实现的。	(一)出租人与出卖人订立的买卖合同解除、被确认无效或者被撤销,且未能重新订立买卖合同; (二)租赁物因不可归责于当事人的原因毁损、灭失,且不能修复或者确定替代物; (三)因出卖人的原因致使融资租赁合同的目的不能实现。

理解与适用

合同的目的在于履行,但在履行过程中势必会出现各种原因导致合同履行障碍,引发纠纷。当然合同履行发生障碍的原因大部分是因为某一方当事人发生了违约情形时,法律便赋予了守约方合同解除权,但如果履行不能的原因并非因为某一方违约,而是出现了不可归责于双方的特殊情况,比如不可抗力、情势变更、第三人原因等,再要强制维系合同的履行,则势必会对某一方产生不公平。因此,本条将合同的解除权赋予双方当事人。

融资租赁交易涉及三方当事人、两个合同,而买卖合同的顺利履行是融资租赁合同得以正常履行的前提和基础。本条第1项即将买卖合同的履行障碍作为解除的原因,在或者因为买卖合同被解除,或者因为买卖合同被确认无效、或被撤销,且不能重新订立买卖合同的情况下,融资租赁合同的履行也就成为无本之木、无源之水。

融资租赁交易中最重要的标的物是租赁物,租赁物能够正常发挥其功能、作用是承租人的主要合同目的,当租赁物因不可归责于任一方当事人的原因而损毁、灭失,比如天灾、社会动乱等现象,并且不能修复或者确定替代物时,承租人的合同目的已经无法实现,如果还要坚持承租人支付租金则会给承租人带来无法承受的压力,也极不公平。所以本条也将租赁物的损毁、灭失作为双方均可解除合同的理由。

第3项"因出卖人的原因致使融资租赁合同的目的无不能实现。"更是强调了租赁物的重要性。在融资租赁交易中,出卖人的最根本义务就是提供租赁物,如果因为出卖人不能按约交付租赁物或者是不能交付符合合同约定的租赁物,则无论是买卖合同还是融资租赁合同就均无法履行。在这种情况下，如果还要求承租人承担租金支付义务当然是不公平的。

上述三项内容虽然规定"出租人或者承租人可以解除合同，"但笔者认为本条更多的是将解除权赋予了承租人。因为根据融资租赁交易的理论，融资租赁合同具有"不可解约性"，且出租人享有"瑕疵担保免责特约"，在上述情况尤其是第2、3项情形发生时，出租人解除合同的主观性并不强烈，其依然可以依据合同的约定向承租人追讨租金。因此赋予承租人合同解除权则是非常必要的，只有这样才能维护法律、规则的公平公正。

实务问题

在前述的远程系列案件中，正是由于远程集团作为出卖人，才致使大部分医院不能得到租赁物，此时医院的合同目的已经无法实现，但出租人却仍然起诉要求承租人支付全部租金。在承租人一颗螺丝钉都没有收到的情况下，要求承租人背负几百万甚至几千万元的租金义务显然是不公平的。于是各被诉医院纷纷提出反诉，要求依据这一条款解除合同，这本是合法有据的。

合同解除后，根据法律的相关规定，各方应互负返还责任，融资租赁公司将设备价款支付给了出卖人远程集团，则应由远程集团予以归还。笔者之所以提到设备款应由远程集团来负责返还，在法律上也是有可参照依据的。《商品房买卖合同解释》第21条第2款规定："商品房买卖合同被确认无效或者被撤销、解除后，商品房担保贷款合同也被解除的、出卖人应当将收受的购房贷款和购房款的本金及利息分别返还给担保权人和买受人。"融资租赁合同和商品房的按揭贷款合同有一定的相似性，都是由买受人项第三方借款购买标的物，第三方将款项直接支付给出卖人，再由买受人分期返还第三方本金及利息。在商品房买卖合同解除后，本条明确规定了由出卖人将收取的购房贷款返还给担保权人（银行）。那么，相类似的融资租赁合同被解除后，也应当由出卖人将收取的租赁物买受款直接返还给出租人。这样做，既符合相关规定，也符合经济简便原则。

此外，如果在这个过程中融资租赁公司还有其他损失的话，则应由三方根据各自过错程度来承担。这样判决才是公平合理并符合法律规范的。但是受理该案的一审法院却未能秉持这一观点，而是要求继续履行融资租赁合同，判决各医院在承担全部租金支付义务的基础上还要给付出租人高额的违约金。

（编写人：李维强）

法律条文

第七百五十五条　融资租赁合同因买卖合同解除、被确认无效或者被撤销而解除，出卖人、租赁物系由承租人选择的，出租人有权请求承租人赔偿相应损失；但是，因出租人原因致使买卖合同解除、被确认无效或者被撤销的除外。

出租人的损失已经在买卖合同解除、被确认无效或者被撤销时获得赔偿的，承租人不再承担相应的赔偿责任。

条文主旨

本条是关于融资租赁合同因买卖合同被解除、被确认无效或被撤销而解除的，承租人如何向出租人赔偿损失的规定。本条吸收自 2014 年《融资租赁解释》第 16 条，但在文字表述上略有修改。

根据《民法典》第 754 条第 1 项的规定，融资租赁合同可因买卖合同被解除、被确认无效或被撤销而解除。那么解除后出租人的损失应当由谁来承担，本条第 1 款作出了规定，如果出卖人、租赁物是由承租人选择的，则承租人应当承担赔偿责任；如果买卖合同被解除、被确认无效或被撤销的原因是因出租人所导致的，承租人不承担责任。

无论因何种原因导致买卖合同解除、被确认无效或被撤销，若出租人的损失已经在处理买卖合同的过程中得到赔偿的，承租人不再承担责任。

新旧法对比

《最高人民法院关于审理融资租赁合同纠纷案件适用法律问题的解释》（2014 年）	《民法典》
第十六条　融资租赁合同因买卖合同被解除、被确认无效或者被撤销而解除，出租人根据融资租赁合同约定，或者以融资租赁合同虽未约定或约定不明，但出卖人及租赁物系由承租人选择为由，主张承租人赔偿相应损失的，人民法院应予支持。 出租人的损失已经在买卖合同被解除、被确认无效或者被撤销时获得赔偿的，应当免除承租人相应的赔偿责任。	第七百五十五条　融资租赁合同因买卖合同解除、被确认无效或者被撤销而解除，出卖人、租赁物系由承租人选择的，出租人有权请求承租人赔偿相应损失；但是，因出租人原因致使买卖合同解除、被确认无效或者被撤销的除外。 出租人的损失已经在买卖合同解除、被确认无效或者被撤销时获得赔偿的，承租人不再承担相应的赔偿责任。

理解与适用

在融资租赁交易中，出租人的主要义务是提供资金来购买租赁物，租赁物和出卖人一般情况下是由承租人来选择。出租人与出卖人签订买卖合同应当是受承租人的指示来完成的，对于出卖人及租赁物的情况，出租人并不如自己购买标的物那般进行充分了解。在出租人已经完成支付租赁物价款的情况下，如果买卖合同因为种种原因被解除、被确认无效或者被撤销，买卖合同的效力瑕疵势必会导致融资租赁合同的履行不能，出租人也必然会遭受租金损失。那么这种损失应由谁来承担就会成为一个最关键的问题。本条就此作出规定，认为应由承租人来承担。但是，如果买卖合同被解除、被确认无效或被撤销的原因是由出租人造成的，比如出租人的支付货款问题、出卖人或租赁物是由出租人选择的等情况，也就是说，出租人应在上述情况中承担责任的时候，其损失就不能归责于承租人，而应当由出租人自己承担。在买卖合同纠纷的处理或解决过程中，如果出卖人已经将全部货款返还给出租人甚至承担了一定的违约责任，那在这种情况下出租人的损失便已经得到了填补。为了避免出租人再行向承租人提出损失主张，本条第 2 款规定了承租人不再承担相应的赔偿责任。

实务问题

上述法律规定的都是正常情况下的处理方式和责任承担问题。实务中，案情不同，具体责任问题也会因案情的不同而有所区别。我们仍然以远程系列案件为例：正常的融资租赁交易，是承租人在选择好租赁物或者说已经与出卖人达成意向后，因自有资金不足，而自行寻找融资租赁公司来融资。在这种情况下，出租人一方是被动的，因此其主要义务就是提供资金货款。但在远程系列案件中，我们注意到其操作模式不同于正常，因为在 2016 年的时候，远程公司就已经与很多家融资租赁公司达成了合作协议，然后再由远程公司出面去寻找合作医院。打一个不太恰当的比喻，这时候医院就成为被两家企业围猎的“猎物”。远程公司在通过一系列诱惑性的条件甚至虚假的承诺博取医院的信任后，为医院选择融资租赁公司。医院在签署合同前根本不知道有融资租赁公司的存在，更没有和融资租赁公司有过任何形式的前期磋商。这种情况就是一种“非正常的”融资租赁交易。融资租赁公司的这个交易中承担扮演了一个什么角色是非常令人怀疑的。像这样的案件人民法院在处理中就不能只看表面现象，而应当认真探求其实质内容，从而作出客观、公正的判决。

（编写人：李维强）

法律条文

第七百五十六条　融资租赁合同因租赁物交付承租人后意外毁损、灭失等不可归责于当事人的原因解除的，出租人可以请求承租人按照租赁物折旧情况给予补偿。

条文主旨

本条是关于租赁物因不可归责于双方当事人的原因毁损灭失而导致融资租赁合同解除的法律后果，吸收自 2014 年《融资租赁解释》第 15 条。按照前述《民法典》第 754 条第 2 项的规定，租赁物因不可归责于当事人的原因损毁灭失，且不能修复或者确定替代物的，出租人或者承租人均可以请求解除合同。当融资租赁合同解除后，应如何解决这一损失问题，本条规定可以由承租人按照租赁物的折旧情况对出租人进行补偿。

新旧法对比

《最高人民法院关于审理融资租赁合同纠纷案件适用法律问题的解释》(2014 年)	《民法典》
第十五条　融资租赁合同因租赁物交付承租人后意外毁损、灭失等不可归责于当事人的原因<u>而解除</u>，出租人<u>要求</u>承租人按照租赁物折旧情况给予补偿的<u>，人民法院应予支持。</u>	第七百五十六条　融资租赁合同因租赁物交付承租人后意外毁损、灭失等不可归责于当事人的原因**<u>解除的</u>**，出租人**<u>可以请求</u>**承租人按照租赁物折旧情况给予补偿。

理解与适用

《民法典》第 751 条规定："承租人占有租赁物期间，租赁物损毁、灭失的，出租人有权请求承租人继续支付租金，但是法律另有规定或者当事人另有约定的除外。"初看与本条似有矛盾之处。实际上，第 751 条规定的是风险负担规则，本条规定的是合同解除后的补偿问题。这就构成了二者的竞合。在这种情况下，又该如何处理呢？

笔者认为，在这两个条款的适用过程中，首先要区分租赁物损毁、灭失的原因，第 751 条只规定了"承租人占有租赁物期间，租赁物损毁、灭失的"这一前提，这种损毁、灭失有可能是因承租人的过错所致，当然也有可能是因不可归责于双方的意外情况所致。因此,在发生了租赁物损毁、灭失的结果后,我们首先要分析原因,其作用在于确定当事人是否享有合同解除权。如果是因为承租人一方的原因造成租赁物损毁、灭失的,则承租人不享有解除权,仍应继续承担租金给付义务。如果符合本条规定的范畴,既因不可归责于当事人的原因意外损毁的话,由于双方均不存在违约情形,这种情况下就产生了风险负担与合同解除的竞合。这个时候如果仍然要求承租人继续履行租金给付义务则利益会明显失衡,就会形成无论何种原因出租人的利益均会得到保护的不公平状态。因此,法律为了解决这一问题,实际上是赋予了当事人选择权。如果当事人不主张解除合同,则应尊重其选择,按照第 751 条的规定处理。如果当事人选择了合同解除,则应按照本条规定处理。

如果双方当事人提出了各自不同的主张,即出租人要求继续履行合同,要求承租人支付租金,而承租人则要求解除合同,免除租金支付义务的话,人民法院应该首先审查融资租赁合同是否已经具备本条规定的解除情形。如果解除条件已经具备,则应优先适用本条规定,判决解除合同。针对合同解除后出租人的权益保障问题,根据《民法典》第 566 条"合同解除后,尚未履行的,终止履行"的规定,因融资租赁合同是持续性合同,解除后不发生溯及力,故当事人已经履行的不再返还和恢复原状,尚未履行的终止履行。此时,对承租人而言,尚未支付的租金无须再行支付,但相应地,其对租赁物也就不再享有占有、使用的权利,应将租赁物返还出租人。此时由于租赁物已经损毁、灭失,返还不能,所以本条规定,承租人应当补偿承租人租赁物的折旧价值。

综上所述,我们能够看到,风险负担与合同解除这两种方式还是有很大区别的,主要区别就是对出租人所期待的利润是否予以补偿。实践中,承租人从保护自身利益出发,应当很好地利用这一制度设计;而人民法院在处理此类案件纠纷时,更需秉持利益平衡原则,客观分析租赁物损毁、灭失的原因,从而准确界定合同的解除权是否已经成就。

实务问题

由这一条规定,我们可以看到,如果租赁物因不可归责于承租人的原因而意外损毁、灭失的,承租人因合同目的已经无法实现,享有合同解除权。同时,因为租赁物的所有权在此时尚属于出租人所有,因此法律规定承租人应按照实际情况折价补偿给出租人,当然剩余的租金肯定是无须支付了。这一规定应当说是比较公平的,毕竟租赁物的意外毁损、灭失是双方都不愿意也难以防控的,但这就要求承租人应当注意收集保存租赁物损毁、灭失是由于不可归责于承租人的意外这方面的证据。所以，实务中本条能够有效适用的关键在于证据。

（编写人：李维强）

法律条文

第七百五十七条　出租人和承租人可以约定租赁期限届满租赁物的归属；对租赁物的归属没有约定或者约定不明确，依据本法第五百一十条的规定仍不能确定的，租赁物的所有权归出租人。

条文主旨

本条是关于融资租赁合同期满后租赁物归属的规定。延续保留了《合同法》第250条的规定，《民法典》未作实质修改。

租赁期满后，租赁物的归属问题也是融资租赁合同不同于一般租赁的一个关键所在。在一般租赁中，合同期满后租赁物自应返还给出租人。但融资租赁合同中承租人所支付的租金不仅是租赁物的使用价值，更多的是租赁物的购买价款。因此，在融资租赁合同签订之初，本条规定双方可就合同期满后租赁物的归属作出约定。但如果没有约定或者约定不明，可先根据《民法典》第510条的规定进行补充协议，补充协议不成时按照一般规则租赁物仍归出租人所有。

新旧法对比

《合同法》	《民法典》
第二百五十条　出租人和承租人可以约定租赁期间届满租赁物的归属。对租赁物的归属没有约定或者约定不明确，依照本法第六十一条的规定仍不能确定的，租赁物的所有权归出租人。	第七百五十七条　出租人和承租人可以约定租赁**期限**届满租赁物的归属；对租赁物的归属没有约定或者约定不明确，**依据本法第五百一十条**的规定仍不能确定的，租赁物的所有权归出租人。

理解与适用

合同漏洞填补的前提是存在合同漏洞并由此产生争议，为了有效解决合同签订过程中一些事先没有考虑到的细节，《民法典》第510条、第511条延续保留了《合同法》第61条、第62条的内容，允许当事人在发现合同漏洞后再行协商进行填补，或者根据交易习惯来进行确定，这些方式均属于合同的漏洞填补问题。所谓“交易习惯”，按照《最高人民法院关于适用〈中华人民共和国合同法〉若干问题的解释(二)》(已失效)第7条规定:"下列情形,不违反法律、行政法规强制性规定的,人民法院可以认定为合同法所称'交易习惯':(一)在交易行为当地或者某一领域、某一行业通常采用并为交易对方订立合同时所知道或者应当知道的做法;(二)当事人双方经常使用的习惯做法。对于交易习惯,由提出主张的一方当事人承担举证责任。"另外,《民法典》中还将第466条和第142条第1款作为在合同解释过程中的判断依据。

实务问题

本条在理解过程中并无太多歧义,适用过程中也不会出现较大争议。但根据融资租赁合同的性质,实务中还是建议双方当事人在合同签订时应就租赁期满后租赁物的归属问题作出明确约定,或者根据《民法典》第759条以约定租赁物象征性价款的方式来界定租赁物的归属。如果在合同的履行过程中,融资租赁合同被解除或认定为无效,则不能再适用本条,而应当按照合同解除规则或合同无效后的相应规则进行处理,在此不再赘述。

(编写人:李维强)

法律条文

第七百五十八条　当事人约定租赁期限届满租赁物归承租人所有,承租人已经支付大部分租金,但是无力支付剩余租金,出租人因此解除合同收回租赁物,收回的租赁物的价值超过承租人欠付的租金以及其他费用的,承租人可以请求相应返还。

当事人约定租赁期限届满租赁物归出租人所有,因租赁物毁损、灭失或者附合、混合于他物致使承租人不能返还的,出租人有权请求承租人给予合理补偿。

条文主旨

本条是关于合同解除后,双方就租赁物的价值与已支付租金的价值平衡及租赁物无法返还时的规定。当合同约定租赁期满后租赁物的所有权对承租人所有时,如果在合同的履行中,承租人已经支付了大部分租金,但因无力支付剩余租金而违约,出租人行使合同解除权并以所有权人的身份收回租赁物时,租赁物的价值很有可能会超过剩余租金的价值。如果允许出租人收回租赁物而不返还租赁物价值与剩余租金差额的话,势必对承租人造成不公平。因此,本条规定,在这种情况下,出租人应返还差额。当合同约定租赁期满后租赁物的所有权仍归出租人所有,但因为租赁物在使用过程中已经损毁、灭失或者与其他动产或者不动产混合、附合在一起,造成返还不能的,承租人应给予出租人合理的补偿。当然,如果租赁物损毁、灭失是因为承租人的过错造成的,则应当适用《民法典》第 751 条,由承租人承担违约责任,赔偿出租人的损失。

新旧法对比

《合同法》	《民法典》
第二百四十九条　当事人约定租赁期限届满租赁物归承租人所有,承租人已经支付大部分租金,但无力支付剩余租金,出租人因此解除合同收回租赁物的,收回的租赁物的价值超过承租人欠付的租金以及其他费用的,承租人可以要求部分返还。	第七百五十八条　当事人约定租赁期限届满租赁物归承租人所有,承租人已经支付大部分租金,但是无力支付剩余租金,出租人因此解除合同收回租赁物,收回的租赁物的价值超过承租人欠付的租金以及其他费用的,承租人可以请求相应返还。 当事人约定租赁期限届满租赁物归出租人所有,因租赁物毁损、灭失或者附合、混合于他物致使承租人不能返还的,出租人有权请求承租人给予合理补偿。

理解与适用

《民法典》第 584 条规定:“当事人一方不履行合同义务或者履行合同义务不符合约定,造成对方损失的,损失赔偿额应当相当于违约所造成的损失,包括合同履行后可以获得的利益;但是,不得超过违约乙方订立合同时预见到或者应当预见到的因违约可能造成的损失。”也就是说,当承租人因欠付租金而违约时,出租人的可得利益(或者是承租人应当预见到的合同损失)就是所欠租金。为了避免违约方承担过分的赔偿责任,民法理论还规定了“损益相抵”原则,在这种情况下,如果允许出租人直接收回租赁物,则很有可能违反上述原则。比如:租赁物价值 1000 万元,租期两年,租赁期满后约定租赁物归承租人所有,全部租金为 1200 万元,分 12 期付清。如果承租人已经支付租金 900 万元,而无力支付剩余 300 万元,此时出租人可要求解除合同并收回租赁物。若租赁物经过评估价值为 400 万元,如果允许出租人无条件收回租赁物,则出租人将白白赚取 100 万元。此时承租人所应当预见到的出租人损失也是 300 万元,根据上述法律规定,出租人在收回租赁物时就应当返还承租人 100 万元的差额。当然,本条只规定了在合同解除时租赁物的价值超过剩余租金的价值这一情况。如果在合同解除时,经评估租赁物的价值低于剩余租金的数额时,《最高人民法院关于审理融资租赁合同纠纷案件适用法律问题的解释》第22条规定:“出租人依照本解释第五条的规定请求解除融资租赁合同,同时请求收回租赁物并赔偿损失的,人民法院应予支持。前款规定的损失赔偿范围为承租人全部未付租金及其他费用与收回租赁物价值的差额。合同约定租赁期间届满后租赁物柜出租人所有的,损失赔偿范围还应包括融资租赁合同到期后租赁物的残值。”这一规定是对本条第1款的补充适用,实践中应根据具体情况结合理解适用。如前面的例子,如果前提条件均不变,合同解除时租赁物经评估价值为200万元,则出租人在收回租赁物时,承租人还应赔偿出租人100万元的损失,这样才是符合规定并公平的。

在适用本条第2款时,应与前述第751条、第754条第2项、第756条、第757条相结合,构成以下完整规则:在融资租赁合同履行期间,承租人占有租赁物,如果租赁物意外毁损、灭失,出租人、承租人均有权解除合同,解除合同后,出租人可以要求承租人按照租赁物的折旧情况予以补偿,承租人无须再支付租金;如果双方均未主张解除合同,除法律另有规定或当事人另有约定外,出租人可以要求承租人继续支付租金;如果约定租赁期满后租赁物仍归出租人所有,承租人应按照租赁物的残值给予出租人合理补偿。如果租赁物并未损毁、灭失,而是由于租赁物的特殊性必须附着于其他动产或不动产之上,或者由于租赁物的返还成本过高,比如需拆除很多设备房屋才能取出,在这种情况下法律也不要求必须返还原物,仍要求以其残值为标准对出租人进行合理补偿。

实务问题

无论是本条第1款还是第2款,都涉及对租赁物在一定时点进行价值确定问题,如果双方当事人对此产生争议又当如何处理?对此,《融资租赁解释》第12条作出规定:“诉讼期间承租人与出租人对租赁物的价值有争议的,人民法院可以按照融资租赁合同的约定确定租赁物价值;融资租赁合同未约定或者约定不明的,可以参照融资租赁合同约定的租赁物折旧以及合同到期后租赁物的残值确定租赁物价值。承租人或者出租人认为前款确定的价值严重偏离租赁物实际价值的,可以请求人民法院委托有资质的机构评估或者拍卖确定。”这一规定为租赁物在合同解除或者合同期满后的价值确定指明了顺序和方法:优先由双方按照合同约定进行;没有约定或约定不明时采取参照折旧及残值确定的方式。为了避免合同一方尤其是出租人利用订立合同时的优势地位,对租赁物的价值作出显失公平的约定，司法解释规定在约定的价值严重偏离实际价值时，任何一方均可申请人民法院委托评估或拍卖，由市场来确定租赁物的价值。

（编写人：李维强）

法律条文

第七百五十九条　当事人约定租赁期限届满，承租人仅需向出租人支付象征性价款的，视为约定的租金义务履行完毕后租赁物的所有权归承租人。

条文主旨

本条是关于租赁物约定象征性价款时推定其归属情况的规定。《民法典》第757条规定在融资租赁合同期满后，双方当事人应约定租赁物的归属情况，如果没有约定或者约定不明，租赁物归出租人所有。实践中，大部分合同除了作出上述约定外，还有可能约定合同期满后承租人仅需向出租人支付象征性保留价款（比如1元或1000元），此时则应根据这一约定推定租赁物的所有权在合同期满时应归承租人所有。

新旧法对比

无	《民法典》
无	第七百五十九条　当事人约定租赁期限届满，承租人仅需向出租人支付象征性价款的，视为约定的租金义务履行完毕后租赁物的所有权归承租人。

理解与适用

由于融资租赁合同的特殊性，即租赁物是根据承租人的选择由出租人购买的，因此，该租赁物的使用价值对出租人而言没有太大意义。租赁合同期满后，出租人一般不需要租赁物的残值，在出租人已经通过收取租金满足自己的合同目的之后，对租赁物的所有权就更没有期待利益了。而租赁物虽然已经被承租人长期占有使用，但在租赁合同期满时，大部分租赁物还具有相当的使用价值，如果一定要将租赁物归还出租人，则无论是对出租人、承租人，还是对于更好发挥租赁物的使用价值而言都不是最好的选择。因此，按照国际惯例，一般合同中都会约定在合同期满时由承租人向出租人支付一个象征性的保留价款即可完全取得租赁物的所有权。这样不仅满足了合同双方当事人的期待利益，同时也能让租赁物继续发挥其使用价值。

在合同中约定保留性价款，也就说明双方订立合同时已经就合同期满后租赁物的归属问题达成了共识，在这种情况下，租赁物应归承租人所有。

实务问题

实践中，有一点需要提醒的是，双方当事人在作出上述约定时，必须要用明确的文字和表述方式，否则就很有可能被视为约定不明。比如双方在合同中约定：租赁期满后承租人可以选择仅需向出租人支付象征性价款或者选择不支付价款而放弃租赁物，由于前述赋予了承租人选择权且该选择权的行使期限为合同期限届满时，那么在合同订立时以及履行期间承租人就无法行使选择权，相应的也就无法确定租赁期满后租赁物的归属。按照《民法典》第 757 条的规定，此种情况下租赁物的所有权就会因为约定不明而归属于出租人。因此，笔者提醒承租人，从保护自身权益角度出发，一定要在合同订立时就要采取明确的约定来确认租赁物的归属情况。当前，大部分融资租赁合同的文本均由出租人一方提供，如果承租人方在订立合同时审查不严格或者对法律规定的理解不透彻，则很有可能丧失自己的期待权益，并致使自己在诉讼过程中处于被动地位。

（编写人：李维强）

法律条文

第七百六十条　融资租赁合同无效，当事人就该情形下租赁物的归属有约定的，按照其约定；没有约定或者约定不明确的，租赁物应当返还出租人。但是，因承租人原因致使合同无效，出租人不请求返还或者返还后会显著降低租赁物效用的，租赁物的所有权归承租人，由承租人给予出租人合理补偿。

条文主旨

本条是关于融资租赁合同无效时租赁物归属的相关规定，吸收自 2014 年《融资租赁解释》第 4 条，相关内容在文字表述上略有修改。如果融资租赁合同受到法律的否定性评价而导致无效，那么根据《民法典》第 157 条的规定，合同无效后，行为人因该行为取得的财产应当予以返还，不能返还或者没有必要返还的，应当折价补偿。有过错的一方应当赔偿对方由此所受的损失；各方都有过错的，应当各自承担相应的责任。因此，合同无效后首先涉及的是财产的返还问题,根据前述规定,对租赁物的归属有约定的,从约定,没有约定或约定不明的,租赁物应当归出租人所有。因为根据融资租赁合同的特殊性,如果是因为承租人的原因导致合同无效的,或者租赁物返还不能的,出租人可以选择不主张租赁物的所有权,此时租赁物归承租人所有,但承租人要给予出租人合理补偿。

新旧法对比

《最高人民法院关于审理融资租赁合同纠纷案件适用法律问题的解释》(2014 年)	《民法典》
第四条　融资租赁合同被认定无效,当事人就合同无效情形下租赁物归属有约定的,从其约定;未约定或者约定不明,且当事人协商不成的,租赁物应当返还出租人。但因承租人原因导致合同无效,出租人不要求返还租赁物,或者租赁物正在使用,返还出租人后会显著降低租赁物价值和效用的,人民法院可以判决租赁物所有权归承租人,并根据合同履行情况和租金支付情况,由承租人就租赁物进行折价补偿。	第七百六十条　融资租赁合同无效,当事人就该情形下租赁物的归属有约定的,按照其约定;没有约定或者约定不明确的,租赁物应当返还出租人。但是,因承租人原因致使合同无效,出租人不请求返还或者返还后会显著降低租赁物效用的,租赁物的所有权归承租人,由承租人给予出租人合理补偿。

理解与适用

1. 融资租赁合同无效的情形

合同无效,是指合同已经成立,但因为违反了法律、行政法规的强制性规定或者违背公序良俗等情形而不发生法律效力。《民法典》总则篇第 6 章第 3 节对民事法律行为的效力问题作出了明确规定。具体到融资租赁合同中,可能导致合同无效的情形主要有以下几种。

(1)《民法典》第 737 条规定的以虚构租赁物方式订立的融资租赁合同。这也是《民法典》第 146 条所规定的"虚假意思表示行为无效"的具体化。

(2)按照《民法典》第 153 条第 1 款规定违反法律、行政法规的效力性强制性规定的无效。当然在这里如何识别效力性强制规定是一个难点和重点问题。这个可以参考《九民纪要》第 30 条的相关内容:"下列强制性规定,应当认定为'效力性强制性规定':强制性规定涉及金融安全、市场秩序、国家宏观政策等公序良俗的;交易标的禁止买卖的;违反特许经营规定的;交易方式严重违法的;交易场所违法的。”因此，如果融资租赁合同违反了上述规定内容，则会被认定为无效。

(3)按照《民法典》第153条第2款规定违反“公序良俗”的。公序良俗是公共秩序和善良风俗的合称。如何认定公序良俗，同样可以以《全国法院民商事审判工作会议纪要》第31条为参考，该条规定，在违反规章的一般情况下不影响合同效力，但如果该规章的内容涉及金融安全、市场秩序、国家宏观政策等公序良俗的，也应当认定合同无效。

(4)按照《民法典》第154条的规定，合同当事人恶意串通，损害他人合法权益的行为无效。融资租赁法律关系包括三方当事人，如果其中两方当事人恶意串通起来，损害第三方利益的，则应被认定为无效。如前面我们所提到的远程系列案件，由于出租人与出卖人先达成合作协议，然后再由出卖人去以诱惑性的条件“围猎”承租人，在这个过程中，融资租赁公司与远程公司之间很有可能构成恶意串通，这也是一个合理怀疑。但由于在诉讼之初承租人方很难拿到相关证据，故没有在诉讼中以此为由主张合同无效，而是依赖于刑事立案后警方对该两家公司磋商过程以及合同履行中的一些证据的侦查结果，再来视情况调整诉讼思路。

2. 融资租赁合同无效的法律后果

合同无效后的法律后果主要是恢复到合同订立之初的状况，这就主要涉及财产返还、折价补偿和赔偿损失问题。在融资租赁合同中，决定财产返还时可能出现两种情况：一是双方均看重租赁物的价值，因而争夺租赁物所有权；二是双方均将租赁物视为负担，拒绝接受租赁物。因此，如何处理租赁物的归属就成了首要问题。本条规定首先要看合同对租赁物的归属约定，尊重当事人的意思自治，只有在对租赁物的归属没有约定或者约定不明时才按照一般规定归属于出租人所有。当合同无效的原因是由承租人所造成的情况下，出于照顾无过错方的原则，本条赋予出租人对租赁物的选择权，如果出租人不要求承租人返还租赁物，或者根据实际情况返还租赁物或造成租赁物的实际使用功能显著降低的，从公平和实际角度出发，租赁物的所有权归承租人所有，而无论承租人是否同意，这也体现了对过错方的惩罚意味。因为租赁物归承租人所有，按照合同无效后财产各自返还的规定，出租人应当将已经收取的租金返还承租人并且无权再行收取此后租金。这时候出租人既没有享有租赁物，又不能收取租金，势必会对出租人造成很大损失。因此，本条规定，出租人的损失就应当由承租人进行合理补偿。

实务问题

1. 买卖合同无效对融资租赁合同的影响

实务中，由于一个完整的融资租赁法律关系包括三方当事人、两个合同。如果买卖合同被确认为无效，势必会造成租赁物的履行不能，在这种情况下，融资租赁合同也就无法实现合同目的。因此，《民法典》第754条第1项规定融资租赁合同可因此予以解除。

2. 对虚构租赁物的融资租赁合同无效后的处理

按照《民法典》中因虚假意思表示而导致合同无效的规定和该法第146条第2款“以虚假的意思表示隐藏的民事法律行为的效力，依照有关法律规定处理”的规定，当融资租赁合同只有其名而无其实的，如名为融资租赁实为借款的合同，则应当按照借款关系来处理。

（编写人：李维强）

第十六章　保理合同

法律条文

第七百六十一条　保理合同是应收账款债权人将现有的或者将有的应收账款转让给保理人，保理人提供资金融通、应收账款管理或者催收、应收账款债务人付款担保等服务的合同。

条文主旨

本条是关于保理合同的概念的规定。

为更好地理解保理合同的概念，应先对保理业务的含义进行说明。保理业务一词是音译过来的，源于英文“factoring”一词，在《牛津法律大辞典》中，factoring 被译为[①]“保理”，指的是一种“商业惯例”，即保理商代表其客户承担信用控制、信用风险以及收取账款的责任。保理可以采取以下形式：为客户收取账款、承担信用风险、保理商收取客户的发票并定期向客户付款、为客户融资。无论采取哪种形式，保理商都会向客户一次性支付大部分价款，到期再向债务人收取。保理商收取佣金作为其承担风险的对价。“保理”一词中文名称的确定是在 1991 年 4 月底，当时应国际保理人联合会（Factor Chain International，FCI）邀请，我国正式向 FCI 发函确认将“factoring”一词译为“保理”。

从上述保理的英文定义来看，保理业务其实是保理人以现金形式购入债权人（卖方）的应收账款，提供管理和催收服务，并承担卖方无法给付货款风险的一种经营方式，其实质是为赊销贸易的当事人特别是卖方提供融资。而在保理人提供保理服务的过程中所签署的用于约束保理商和应收账款债权人的合同，主要涉及两个合同关系和三方合同当事人。两个合同关系指的是使得应收账款

① ［英］戴维·M. 沃克：《牛津法律大辞典》，李双元等译，法律出版社 2003 年版，第 412 页。

设立的基础交易合同和债权转让合同;三方当事人指的是应收账款债权人、应收账款债务人和保理人。保理人为获得保理收益,会介入应收账款债权人和债务人的法律关系,为债权人提供融资、账款管理与催收及其他服务。

结合保理业务的概念和实质,本条主要是从规范保理人和应收账款债权人之间的权利义务角度,厘清保理合同的概念,即保理合同是应收账款债权人将现有的或者将有的应收账款转让给保理人,保理人提供资金融通、应收账款管理或者催收、应收账款债务人付款担保等服务的合同。

新旧法对比

无	《民法典》
无	第七百六十一条 **保理合同是应收账款债权人将现有的或者将有的应收账款转让给保理人,保理人提供资金融通、应收账款管理或者催收、应收账款债务人付款担保等服务的合同**。

理解与适用

1. 保理合同中可以用于转让的应收账款并不局限于现有债权,将有债权同样可以进行转让

本条在应收账款的形成时间上作了比较宽松的规定,将未来形成的应收账款也包含在内。

应收账款本是会计学上的术语,法律上暂未确定应收账款的含义,理解应收账款,确有必要结合部门规章。2019 年 9 月,中国人民银行发布的《应收账款质押登记办法》第 2 条第 1 款规定:“本办法所称应收账款是指权利人因提供一定的货物、服务或设施而获得的要求义务人付款的权利以及依法享有的其他付款请求权,包括现有的和将有的金钱债权,但不包括因票据或其他有价证券而产生的付款请求权,以及法律、行政法规禁止转让的付款请求权。”《应收账款质押登记办法》明确可以进行质押的应收账款包括现有的和将有的,但《商业银行保理业务管理暂行办法》第 8 条将应收账款定义为“企业为提供商品、服务或者出租资产而形成的金钱债权及其产生的收益,但不包括因票据或其他有价证券而产生的付款请求权”,《商业银行保理业务暂行办法》对应收账款在形成时间和基础法律关系两方面进行了限定:第一,不包括将来存在的债权;第二,基础交易限定为商品、服务或出租资产。由于保理业务提供资金融通兼具担保债权实现的

功能,以及商业银行开展的保理业务金额巨大,为维护商业银行自身利益及整个金融市场的稳定,必须对应收账款作出限定。

《民法典》在立法的过程中,立法机关也关注到上述部门规章存在的矛盾之处,但《民法典》关于保理合同的规定之所以把将有的应收账款作为可转让的标的,不仅是因为《质押登记办法》关于应收账款的规定,也是充分考虑了经济全球化背景下与国际接轨的问题。《国际保理公约》第5条规定,保理合同约定:若现在或将来发生的多数应收账款,在契约缔结或债权具体发生时,可以被确认为转让合同之标的的,则关于该等应收账款转让之约定,即不因未区分各笔应收账款而无效。《联合国国际贸易中应收款转让公约》第8条第2款也明确"除非另行议定,一项或多项未来应收款的转让无须逐项应收款转让办理新的转移手续即可具有效力",即在国际公约中,承认将来债权可以让与。《民法典》在本条中采纳了与国际通行准则相一致的表述,认为现有的或将有的应收账款都可以作为保理合同的转让标的。

2. 保理人提供的服务的范围包括资金融通、应收账款管理或者催收、应收账款债务人付款担保的一项或者多项,该条列举方式属于概括式列举,除了这几种服务外,保理人可以与债权人对服务内容进行约定

(1)资金融通。

在保理业务中,根据保理人是否预先支付款项,分为预付保理和到期保理。顾名思义,预付保理是指保理人先行预付应收账款债权人部分款项作为融资款,剩余款项按期从债务人处收回后向债权人支付,或由于债务人发生信用风险时,保理人在期限内支付余款。而到期保理则相反,保理人不向债权提供融资服务,按期从债务人处收回应收账款后向债权人支付或债务人发生信用风险后,在期限内向债权人付款。

在实务中,大多数保理都采用的是预付保理。这是因为在商业惯例中,买卖双方进行交易时,卖方通常会给予买方账期,意味着卖方作为应收账款的债权人无法立即实现应收账款债权,账期越长,资金回流越慢,对卖方来说资金压力越大,经营风险越高,而预付保理业务可以很好地解决这一问题。保理人受让应收账款后,预先支付一定比例的债权,债权人预先取得资金后,可以继续投入生产经营活动。

(2)应收账款管理和催收。

这一服务主要指保理人为债权人提供应收账款账目簿记和债权催收等服务。债权人支付一定比例的手续费后将该项服务外包给保理人,节省时间和精力。

(3)应收账款债务人付款担保。

本项业务只能针对无追索权保理业务。在保理业务中,按照保理人在债务人无法偿付(包括债务人丧失支付能力或单纯不想支付等情形)应收账款时,是否可以向债权人反向转让应收账款、要求债权人回购应收账款或者返还融资款的标准,保理业务分为有追索权和无追索权的保理。本条应收账款债务人付款担保服务是指在债务人原因导致债务无法履行时,保理人承担担保责任。但不包括因债权人自身原因导致的合同不履行。

(4)"等服务"为保理人与应收账款债权人之间约定其他服务提供了可能。

本条规定仅是选择性和提示性的规定,并没有穷尽保理人可能提供服务的范围,在本条中出现的几种服务是保理合同中比较典型的服务,其他服务内容可以由当事人自行约定。

实务问题

1. 应收账款债权转时点

对于已经存在的现有应收账款,在保理人和债权人之间签署保理合同,达成债权转让之合意时,即发生权利变动的后果;将来债权在实际发生时即可发生权利变动的后果。

2. 保理合同的效力

保理合同不因没有同时提供本条所规定的服务内容认定为无效。

3. 典型案例

鑫晟保理有限公司、上海周贤房地产开发有限公司与中科建设开发总公司、上海和一投资发展有限公司等合同纠纷二审[①]

(1)案情简介。

2012 年 12 月 31 日,周贤地产公司(应收账款债务人)将某地块项目发包给中科建设公司承建(应收账款债权人),中科建设公司向周贤地产公司收取工程款,双方签订建设工程施工合同。2015 年 2 月 9 日、4 月 22 日,周贤地产公司、中科建设公司和鑫晟保理公司签订两份有追索权的保理业务合同,约定中科建设公司将应收账款债权转让给鑫晟保理公司,鑫晟保理公司给予中科建设公司总额不超过 5000 万元保理融资款。周贤地产公司确认上述事实。

2015 年 4 月 24 日,鑫晟保理公司以商业承兑汇票方式向中科建设公司给付 4000 万元保理融资款。上述应收账款在中国人民银行征信中心进行了登记。

① 上海市高级人民法院(2016)沪民终 478 号。

2015年6月9日，周贤地产公司承诺向鑫晟保理公司追加保证金640万元。2015年7月23日，鑫晟保理公司以中科建设公司存在违约事实为由要求中科建设公司、周贤地产公司回购应收账款5000万元及逾期利息。

上海市第一中级人民法院判决周贤地产公司向鑫晟保理公司支付3360万元回购款及逾期利息。双方均上诉，上海市高级人民法院判决撤销一审判决，改判周贤地产公司向鑫晟保理公司支付2360万元回购款及逾期利息。

（2）上海市高级人民法院部分观点及论述。

保理业通常将保理业务定义为，以债权人让与其应收账款为前提，集应收账款催收、管理、坏账担保及融资于一体的综合金融服务。出让人通过将自己的债权转让给保理商取得资金，获得资本融通。信托业开展的应收账款转让及回购、收益权转让及回购等业务，在交易模式、转让标的物上与之类似。法院在审理此种合同引发的纠纷时，不应以某些商业企业、行业协会对此种合同的定义作为审理案件的依据，而应根据《合同法》及其相关司法解释进行审理。

系争《国内保理业务合同（有追索）》主要约定了两个方向相反的交易。第一部分是应收账款的转让；第二部分是当债务人出现拒绝付款、债权人停业等合同约定的情形时，保理人有权要求债权人向其购买前述应收账款。上述交易的实质究竟属于真实的买卖（债权转让），还是以买卖方式移转标的物（债权），而以价金名义通融金钱，需综合考量如下因素：第一，标的物（债权）在法律上、事实上是否具有可转让性；第二，标的物（债权）事实上是否已经转让；第三，买受人是否实际承担标的物（债权）的风险；第四，买受人对出卖人有无追索权；第五，出卖人、买受人有无赎回标的物的权利、义务；第六，出卖人对标的物（债权）有无剩余价值追索权；第七，买卖的标的物之实际交易价格和市场公允价格比较；第八，当标的物为未来应收账款时，买受人是否实际取得应收账款的管理和控制权。

保理已是金融市场上一种较为常见的交易方式。在无追索权的保理中，决定其收益率的主要因素在于债务人资产状况、担保状况和债权到期日等。风险越高的债权，其市场转让价格的折价率也就越高。受让人在承担高风险的前提下，可能获得远高于年利率36%以上的收益。根据权利义务相一致原则，采用此种交易模式的保理，不应比照借款合同处理。但当保理加入追索条款后，受让人存在两种选择：一是继续向债务人主张债权，以实现较高的收益；二是向出让人追索，实现固定无风险收益。如法院一概将有追索权的保理按债权买卖处理，就会导致大量民间资本改用此种方式，通过转让未来才会产生的、不确定的债权，预先设定一个根本无意去实现的较高收益，掩盖出借方通过行使追索权获取固定收益的实质交易。但如一概将有追索权的保理比照借款合同处理，也有可能剥夺受让人和债权人在设定最低收益率的前提下，受让人通过向债务人主张权利，谋求较高收益率的可能。所以，在具体处理时，应将有追索权的保理理解为债权买卖合同但附加了转换为借款合同的特别约定。

（编写人：李艳秋）

法律条文

第七百六十二条　保理合同的内容一般包括业务类型、服务范围、服务期限、基础交易合同情况、应收账款信息、保理融资款或者服务报酬及其支付方式等条款。

保理合同应当采用书面形式。

条文主旨

本条是关于保理合同内容和形式的规定。

第1款对保理合同的主要内容作了提示性列举，包括业务类型、服务范围、服务期限、基础交易合同情况、应收账款信息、保理融资款或服务报酬及支付方式等条款。除此之外，保理合同还可约定担保、违约责任、争议解决等条款。

第2款规定保理合同应当采用书面形式，该条款为倡导性规定，便于纠纷发生时便于当事人举证。《民法典》第469条第2款、第3款规定书面形式是合同书、信件、电报、电传、传真等可以有形地表现所载内容的形式。以电子数据交换、电子邮件等方式能够有形的表现所记载的内容，可以随时调取查用的数据电文，视为书面形式。

新旧法对比

无	《民法典》
无	第七百六十二条　**保理合同的内容一般包括业务类型、服务范围、服务期限、基础交易合同情况、应收账款信息、保理融资款或者服务报酬及其支付方式等条款。** 保理合同应当采用书面形式。

理解与适用

本条仅是对保理合同的内容做的提示性规定。实务中,保理人、应收账款债权人和债务人为明晰权利义务,应在保理合同中尽可能详尽规定各方权利和义务,与各方当事人义务相对应,应约定切实可行的违约责任条款,以免各方当事人发生纠纷主张赔偿时,不具有合同依据。

在理解本条时,还应关注保理业务的分类,不同类型的保理业务,保理合同约定的内容及重点有所不同。按照保理人在债务人破产、单纯无支付意愿或者无法偿付应收账款时,保理人是否可以向应收账款债权人反转让应收账款,或者要求债权人回购应收账款、归还融资款,可以将保理区分为有追索权的保理和无追索权的保理,该种分类是保理业务中最为重要的分类。有追索权的保理人在债务人破产、单纯无支付意愿或者无法偿付应收账款时,对应收账款债权人享有追索权;无追索权的保理人在应收账款债务人因信用风险拒付应收账款时,对应收账款债权人不享有追索权。

有追索权的保理业务中,保理合同一般涉及两个方向相反的交易:第一,应收账款的转让,即应收账款债权人向保理人转让基础交易合同项下的应收账款;第二,当应收账款债务人拒付应收账款、停业破产等保理合同约定的情形时,保理人有权要求应收账款债权人回购前述应收账款。而在无追索权的保理业务中,保理合同一般仅有一个方向的交易,即应收账款债权人作为债权让与人,向保理人让与债权,保理人自行负担应收账款无法收回的坏账风险。在我国,现阶段主要以有追索权的保理业务为主。

按照是否将应收账款转让的事实通知债务人,保理业务可以分为公开型保理和隐蔽型保理。公开型保理,是指将应收账款转让的事实通知债务人;隐蔽型保理,又称暗保理,是指保理合同签订的一定时期内,保理人和债权人都未将应收账款转让的事实通知债务人,在约定期限届满或约定事由出现后,保理人可将应收账款转让的事实通知债务人。在隐蔽型保理业务中,应收账款债权人以其名义继续向债务人收取应收账款,债权人收款后再向保理人转付。为了避免应收账款债权人与债务人恶意串通,另行使用其他账户支付应收账款,通常约定由保理人管理和实际控制债权人用于接收应收账款的账户,同时以对债权人设定违约责任的方式应对债权人另行收取债权的风险。

根据基础交易的性质和债权人、债务人所在地不同,保理可分为国际保理和国内保理;根据保理人所提供服务内容不同,保理分为融资保理和非融资保理;保理业务还有其他分类,在此不赘。总之,重要的还是关于有追索权和无追索权保理的分类，对此《民法典》第 766 条和第 767 条进行了规定。

实务问题

保理业务实务中，从保理人的角度考虑，保理人应在保理合同中对应收账款的来源即基础交易合同进行尽可能详细的描述，包括应收账款的金额、时间、债务人、基础合同性质、特征和内容，同时明确约定由哪一方向应收账款债务人发送债权转让的通知，并将债务人对应收账款的回函作为保理合同的附件，在保理合同生效条款中对生效时间作出特别设置。保理业务的专业性极强，因此，保理人在开展具体的保理业务时，应当聘请专业的律师团队对保理业务的各个环节进行优化设计，最大限度地保障保理人的合法权益。

从保理合同纠纷案件的审判实践来看，保理人和应收账款债权人经常通过往来函件、邮件等方式对保理合同作出变更，这些往来函件、邮件和传真也可能构成保理合同的组成部分，因此，当事人应当保存好往来函件，便于纠纷发生时进行举证。

（编写人：李艳秋）

法律条文

第七百六十三条　应收账款债权人与债务人虚构应收账款作为转让标的，与保理人订立保理合同的，应收账款债务人不得以应收账款不存在为由对抗保理人，但是保理人明知虚构的除外。

条文主旨

本条是关于应收账款债权人和债务人虚构应收账款不得对抗保理人的规定。

保理法律关系以债权转让为前提，《联合国国际贸易中应收款转让公约》第 12 条规定，除非让与人与受让人另外约定，让与人在订立转让合同时应保证：第一，让与人有权转让该应收账款；第二，在此之前让与人未将应收账款转让给其他受让人。

按照本条规定及国际贸易公约的规定，应收账款的债权人对债权转让应当承担两方面的瑕疵担保义务：第一，应收账款债权人必须保证债权受让人为唯一合法权利人，保理人完整地、独占的享有基于该应收账款的所有权利，该等权利具有排他性；第二，应收账款债权人必须保证该应收账款本身是合法、真实有效的，是基于真实交易产生的，债权人保证对保理合同义务的履行符合基础合同条款。如果债务人因债权人提供的货物或服务存在瑕疵而拒付应收账款的，则应认定为应收账款债权人转让的应收账款不合格，债权人应当承担瑕疵责任。

新旧法对比

无	《民法典》
无	第七百六十三条 **应收账款债权人与债务人虚构应收账款作为转让标的，与保理人订立保理合同的，应收账款债务人不得以应收账款不存在为由对抗保理人，但是保理人明知虚构的除外。**

理解与适用

1.应收账款债权人与债务人之间的通谋虚伪表示所产生的效果，应当达到使得保理人产生了信赖并基于该信赖签订了保理合同。

本条规定的法理基础为外观主义下的善意保护，即“通谋虚伪表示无效不得对抗善意第三人”，本条“应收账款债权人与债务人虚构应收账款作为转让标的，与保理人订立保理合同的”的规定，应理解为虚构债权与订立保理合同之间具有因果关系，保理人因为合理信赖债权人和债务人之间存在合法有效的应收账款的外观，而与债权人订立了保理合同。

2.本条规定与以往善意无过失的判断标准不同，将应收账款债务人抗辩的理由限定在“保理人明知”，排除了“保理人应知”的规定。

本条外观主义保护的标准在法律规定层面与以往都不同。《民法典》在规范表见代理和表见代表时，外观保护主义的判断标准为相对人是否“知道或者应当知道”，与《民法总则》的规定保持一致。对于“知道”，基本无争议，指的是事实上知道；而“应当知道”指的是推定知道。本条中，没有采纳“应当知道”的标准，即只有在保理人“明知”应收账款债权人和应收账款债务人通谋虚伪表示，伪造应收账款的情况下，应收账款债务人才能以应收账款不存在为由对抗保理人。

立法机关刻意在本条规定中将“应当知道”这一情形排除在外，表明立法机关的规范立场：与应收账款债权人通谋虚伪表示的债务人应当对自身实施通谋虚伪意思表示的行为承担相应的不利后果。

实务问题

一、本条外观主义保护的标准在司法实践层面与以往的判例观点不同

司法实践中,在《民法典》未生效以前,对于保理人的合理信赖保护,限定在保理人善意且无过失的范围内,即要求保理人就应收账款的真实性进行必要的审查和核实,尽到审慎注意义务,合理信赖应收账款真实存在。《民法典》生效后,因为本条没有采纳"应当知道"的判断标准,所以,今后司法实践中,应收账款债务人不能以推定保理人"应当知道"应收账款虚假进行抗辩。

二、典型案例

珠海华润银行股份有限公司与江西省电力燃料有限公司、广州大优煤炭销售有限公司(原审第三人)保理合同纠纷案①

(一)案情简介

珠海华润银行与广州大优公司进行了有追索权的明保理,约定:本合同项下的保理业务类型属于有追索权的明保理;珠海华润银行为广州大优公司核定的保理融资额度为人民币二亿元整;相关买方关联额度具体明细如下:……江西燃料公司五千万元……上述《国内保理业务合同》签订后,广州大优公司向珠海华润银行提交了其与江西燃料公司在2012年9月6日签订的《煤炭买卖合同》(复印件)一份(合同编号:JXDY1306),该《煤炭买卖合同》中江西燃料公司所加盖的合同专用章编码为:3601000065725。

广州大优公司还向珠海华润银行提交了加盖江西燃料公司公章的落款时间为2013年10月24日的《应收账款转让确认书》(编号:ZhGZ001)和《应收账款转让通知确认书》。其中:《应收账款转让确认书》确认江西燃料公司应付广州大优公司账款46,115,344.70元,已付款金额零元,预付款金额零元,佣金及折让金额3680万元,应付账款到期日为2014年3月22日等;《应收账款转让通知确认书》确认已收到上述《应收账款转让确认书》,已知晓并同意按照上述内容执行等。

对于应收账款到期后不能收回保理融资款的情况,珠海华润银行有权依据保理合同约定选择向应收账款债权人或债务人主张权利,且珠海华润银行不承担江西燃料公司的信用风险。卖方广州大优煤炭销售有限公司为了向珠海华润银行申请保理融资款,伪造了买方江西燃料公司的合同专用章,变造了《煤炭买卖合同》,擅自将供货数量从5.5万吨变造为9.5万吨,同时更改了结算方式、账

① 最高人民法院(2017)最高法民再164号。

户信息等条款。江西燃料公司在《应收账款转让确认书》上加盖公章,对 9.5 万吨货物对应的应收账款进行了确认。

(二)最高人民法院裁判观点

特别说明:审理本案的逻辑起点,遵从已生效的(2015)珠中法民二初字第21 号判决书关于案涉《综合授信协议》《国内保理业务合同》为合法有效合同的认定,进一步评判本案当事人之间就基础合同及其所生债权的转让与保理融资合同之间的关系、追索权与反转让的权利性质等法律问题。

法律适用的说明:因合同的约定涉及金融借款、债权转让、账务管理等有名合同和无名合同之混合契约,本院在判断本案各方当事人的权利义务时,原则上尊重当事人在合同中约定的内容,对合同没有约定或约定不明之处,除直接适用《合同法》总则的相关规定外,将类推适用最相类似之有名合同的相关规定,在斟酌合同目的、利益状态及交易惯例的基础上,合理确定当事人的权利和义务,衡平当事人之间的利益。

(三)案例评析

1. 基础债权瑕疵能否对抗债权受让人

(1)本案债权人和债务人之间的基础债权债务关系是基于煤炭买卖合同关系而发生的,存在真实的业务。债权人变造了将合同签订时间更改为 2013 年 9 月 6 日、数量更改为 9.5 万吨、价款更改为 4611 万余元。对于该编造行为,债务人主张其不知情,但与在案证据所证明的案件事实不符。债务人实际知道其在真实的煤炭买卖合同项下欠付债权人的货款数额,从本案中货款结算的实际情况来看,案涉货款亦均是江西燃料公司采用直接由其账户中转账、背书转让银行承兑汇票的方式直接向广州大优公司支付,并无委托第三方支付、结算的情形。由此可以认定,江西燃料公司作为案涉《煤炭买卖合同》的买受人,不仅应当知道而且实际知道其与广州大优公司之间货款已经支付和尚未支付的具体情况。

(2)江西燃料公司在《应收账款转让确认书》中确认广州大优公司对其享有46,115,344.70 元应收账款的行为,是故意而为的欺诈行为。原《合同法》第 42 条规定,当事人在订立合同过程中,故意隐瞒与订立合同有关的重要事实或者提供虚假情况,给对方造成损失的,应当承担损害赔偿责任。据此,在当事人准备、商议订立合同的过程中,一方当事人有义务就与订约相关的重要事实如实回答对方当事人的询问,这是基本的商业伦理,也是诚信原则的当然要求。该案中,广州大优公司对江西燃料公司的应收账款是否真实存在、数额多少,是珠海华润银行在决定是否发放贷款时必须考虑的重要事实。

江西燃料公司在珠海华润银行向其调查基础交易合同的真实性时,负有如实陈述的法定义务。曾某生作为江西燃料公司的时任党委书记,同时也是在该合同上签字的授权委托代表,在回答珠海华润银行的问询时,只需要向本单位的财务人员核实,就可以准确告知货款的支付和结余情况。但江西燃料公司在《应收账款转让确认书》中并没有如实向珠海华润银行陈述该 5.5 万吨煤炭买卖合同项下账款的支付和结余情况,反而径行确认应收账款余额为 46,115,344.70 元,已付款金额为零元,并郑重声明该应付账款的贸易背景真实、合法和有效,同意将该账款所享有的权益全部转让给珠海华润银行。据此,应当认定江西燃料公司就与订约有关的重要事实向珠海华润银行提供虚假情况,系欺诈行为。

(3)江西燃料公司在签署《应收账款转让通知确认书》后,仍然继续向广州大优公司支付剩余货款,主观恶意明显。《合同法》第 80 条规定:"债权人转让权利的,应当通知债务人。未经通知,该转让对债务人不发生效力。债权人转让权利的通知不得撤销,但经受让人同意的除外"。据此规定,债权转让依让与人和受让人的意思表示一致而发生效力,对债务人而言,一经通知,债权让与即对其生效,债务人应当向新债权人履行债务。江西燃料公司在确认其收到编号为 SCF20131022001 的《应收账款转让通知书》并承诺按照通知中的相关内容执行的情况下,仍然于 2013 年 11 月 13 日、12 月 31 日分别向广州大优公司支付了剩余的 900 万元和 379.091132 万元货款。

江西燃料公司的上述付款行为,系在明知相关债权已经由珠海华润银行受让的情况下实施的,不仅直接违反了其在《应收账款转让确认书》和《应收账款转让通知确认书》中向珠海华润银行作出的未经其同意不向广州大优公司支付货款的承诺内容,也违反了《合同法》第 80 条的规定,该擅自清偿行为无法以任何理由加以正当化,亦不能产生对抗珠海华润银行的效力。基础交易合同系债权人和债务人通谋虚伪而进行的欺诈行为,认定为无效。

2. 通谋虚伪对内及对第三人的效力如何

当事人之间合同无效,如果第三人知道该通谋虚伪表示,则虚伪表示的无效可以对抗该第三人;当第三人不知道当事人之间的虚伪意思表示时,该虚伪意思表示的无效不得对抗善意第三人。

《合同法》第 82 条规定:"债务人接到债权转让通知后,债务人对让与人的抗辩,可以向受让人主张"。上述规定之规范意旨,系为保护债务人之利益不至因债权转让而受损害。就债务人能否以系争债权系通谋虚构为由向受让人抗辩这一问题，立法本身未设明文规定。根据民法基本原理，双方当事人通谋所为的虚伪意思表示，在当事人之间发生绝对无效的法律后果。但在虚伪表示的当事人与第三人之间，则应视该第三人是否知道或应当知道该虚伪意思表示而发生不同的法律后果：当第三人知道该当事人之间的虚伪意思表示时，虚伪表示的无效可以对抗该第三人；当第三人不知道当事人之间的虚伪意思表示时，该虚伪意思表示的无效不得对抗善意第三人。据此，江西燃料公司关于案涉应收账款虚假的诉讼理由能否对抗珠海华润银行，取决于珠海华润银行在受让债权时是否善意。

本案中，珠海华润银行在签订案涉《国内保理业务合同》之前，不仅审核了广州大优公司提交的《煤炭买卖合同》和增值税发票的原件，还指派工作人员王某刚到江西燃料公司调查贸易背景的真实性，并对江西燃料公司签署《应收账款转让确认书》《应收账款转让通知确认书》等行为进行面签见证，向江西燃料公司送达了《应收账款转让通知书》，应当认定在案涉保理合同签订之前，珠海华润银行已经就基础债权的真实性问题进行了必要的调查和核实，广州大优公司和江西燃料公司共同向珠海华润银行确认了基础债权真实、合法、有效，珠海华润银行已经尽到了审慎的注意义务，其有理由相信广州大优公司对江西燃料公司享有46,115,344.70元债权。

3. 关于珠海华润银行在已经通过另案诉讼向广州大优公司主张权利的情况下，能否继续要求江西燃料公司清偿债务的问题

（1）关于保理人对债权人的反转让应收账款的权利与对债务人的求偿权能否并存的问题。

关于应收账款的反转让，案涉《国内保理业务合同》第2条第18项约定了两种类型：在合同所约定的特定情形下，珠海华润银行向广州大优公司转回已经受让的应收账款；如珠海华润银行提供保理融资的情况下，广州大优公司向其支付保理融资款及相关未结清费用后，与该应收账款有关的一切权利亦应同时转让回广州大优公司。关于特定情形下的反转让，该合同第38条和第39条约定：出现基础合同发生商业纠纷，但基础合同双方当事人未向珠海华润银行提交商业纠纷处理意见等情形的，珠海华润银行可以向广州大优公司发出《应收账款反转让通知书》，同时要求广州大优公司向珠海华润银行支付保理融资款及相关未结清费用；在珠海华润银行要求反转让的情况下，广州大优公司应按照《应收账款反转让通知书》的要求向珠海华润银行支付本息和费用，未及时足额支付的，珠海华润银行有权从广州大优公司账户中主动扣款或采用其他办法强行收回有关

款项。根据上述约定，保理商向债权出让方反转让债权的法律效果依法应当认定为解除债权转让合同，将债权返还给出让人，故应收账款的反转让应受《合同法》总则中关于合同解除的相关规定的调整。

案涉《国内保理业务合同》中关于广州大优公司归还了保理融资款及相关未结清费用后，与该应收账款有关的一切权利亦应同时转回，以及发生江西燃料公司不履行偿还义务等情形珠海华润银行有权通知广州大优公司反转让债权的约定，应当解释为案涉债权转让合同的约定解除条件。因此，在合同约定的解除条件成就的情况下，如果珠海华润银行向广州大优公司反转让债权，因债权转让合同解除后其已不再具有江西燃料公司的债权人身份，其要求江西燃料公司清偿债务的权利基础已不存在，故该项权利与其对江西燃料公司的求偿权在法律性质上不能同时并存。据此，珠海华润银行在本案中要求江西燃料公司清偿债务的诉讼请求能否得到支持，取决于其另案提起的诉讼是否应当认定为已经行使了解除债权转让合同的权利，将债权返还给广州大优公司。

2015 年 11 月 20 日，广东省珠海市中级人民法院作出(2015)珠中法民二初字第 21 号民事判决，判令广州大优公司向珠海华润银行偿还保理融资款本金人民币 3680 万元及利息，珠水能源集团有限公司、李某、李某洁对上述还款义务承担连带清偿责任。在珠海华润银行主张权利的过程中，并无书面文件证明其表达过向广州大优公司反转让债权的意思。而且，从珠海华润银行所实施的系列诉讼行为的实际情况来看，其真实意思是坚持要求江西燃料公司和广州大优公司同时承担债务，核心诉求是要求广州大优公司与江西燃料公司共同归还所欠借款，始终没有包含向广州大优公司归还债权的意思表示。故可以认定，珠海华润银行在另案诉讼中所主张的权利，在性质上属于要求广州大优公司归还借款的追索权，并非债权的反转让。

(2)保理人对债务人的求偿权与对债权人的追索权能否同时并存？

大陆法系的通说认为，有追索权的保理业务所包含的债权转让合同的法律性质并非纯正的债权让与，而应认定为是具有担保债务履行功能的间接给付契约。间接给付，学说上又被称为新债清偿、新债抵旧，或为清偿之给付。根据民法基本原理，间接给付作为债务清偿的方法之一，是指为清偿债务而以他种给付代替原定给付的清偿，并不具有消灭原有债务的效力，在新债务履行前，原债务并不消灭，只有当新债务履行且债权人的原债权因此得以实现后，原债务才同时消灭。从司法实践中的情况来看，对保理商有追索权的保理业务中，在债权未获清偿的情况下，保理商不仅有权请求基础合同的债务人向其清偿债务，同时有权向基础合同债权的让与人追索这一问题,并无分歧认识,但在原有债务和受让债权的数额不一致的情况下应当如何确定清偿义务范围和顺序,还没有先例判决可以遵循。

案涉《国内保理业务合同》第40条约定:如发生买方/债务人明确表示或以自己行为表明将拒绝支付全部或部分的应收账款等情形的,珠海华润银行有权立即向广州大优公司追索尚未收回的应收账款,有权从广州大优公司在珠海华润银行开立的账户上扣收其应付给其银行的款项。根据双方在《国内保理业务合同》中的约定和间接给付的法理,珠海华润银行本应先向江西燃料公司求偿,在未获清偿时,才能够向广州大优公司主张权利,追索权的功能相当于广州大优公司为江西燃料公司的债务清偿能力提供了担保,这一担保的功能与放弃先诉抗辩权的一般保证相当。

参照《担保法》关于一般保证的法律规定,江西燃料公司应当就其所负债务承担第一顺位的清偿责任,对其不能清偿的部分,由广州大优公司承担补充赔偿责任。就这一法律问题,广东省珠海市中级人民法院另案中作出的(2015)珠中法立民终字第62号民事裁定书的认定并不正确,导致当事人因同一事件所引发的纠纷不能通过一个诉讼程序加以解决,本应予以纠正,但考虑到珠海华润银行的实体权利能够在本案中得到救济,法院不再通过审判监督程序对该院的相关裁判予以纠正。因珠海华润银行对广州大优公司债权并未得到实际清偿,故其虽然通过另案向广州大优公司行使了追索权,但仍然有权就未获清偿的部分向江西燃料公司主张,故法院对珠海华润银行在本案中的诉讼主张,予以支持。

(编写人:李艳秋)

法律条文

第七百六十四条　保理人向应收账款债务人发出应收账款转让通知的,应当表明保理人身份并附有必要凭证。

条文主旨

本条是关于保理人可以向应收账款债务人发出通知的规定。

当保理人与应收账款债权人对债权转让事宜达成一致后,保理人可以凭借能够证明其保理人身份的相关凭证向应收账款债务人发送应收账款转让的通知。

新旧法对比

无	《民法典》
无	第七百六十四条　**保理人向应收账款债务人发出应收账款转让通知的，应当表明保理人身份并附有必要凭证**。

理解与适用

1. 根据本条规定，在保理业务中，债权转让后，向应收账款债务人履行债权转让通知义务的主体可以是保理人，也可以应收账款债权人

按照《民法典》第546条规定，债权人转让债权时，如果债权人未通知债务人，该转让对债务人不发生效力。即如果债权人与受让人签订了债权转让的协议，债权转让未通知到债务人的，该转让不对债务人发生效力，只在债权人和受让人之间有效，债务人仍然可以基于其与债权人之间的债权债务关系，向债权人给付债务。这是一般的金钱债权在转让时所做的一般规定，但在保理业务中，应收账款的金额较大，如果仅仅适用《民法典》第546条的规定，要求债权人通知债务人，则不利于保护保理人或债务人的利益，如可能存在债权并未如实告知债务人债权转让的金额、内容等，保理人作为通知义务的主体，则可以灵活有效的解决这一问题。从合同安全履行的角度出发，保理人在发出债权转让通知时应当附有可以表明保理人身份的必要的凭证，包括但不限于保理人身份证明、债权人签章的债权转让通知、商业发票、债权让与合同等书面证明文件。

2. 应收账款债务人拒绝接受应收账款债权转让通知，不影响应收账款债权转让这一行为本身的效力

在保理人未提供相关证明材料时，债务人有权拒绝接受应收账款转让通知，有权拒绝向保理人履行债权。债务人拒绝接收转让通知的，债权转让本身的效力不因债务人拒绝接收债权转让通知而受到任何影响，仅仅产生该等转让不对债务人发生效力的法律后果。

3. 债权转让通知的形式、通知主体等可以由债权人和保理人进行约定

关于债权转让通知的形式和通知主体，《民法典》并未进行强制性规定。应收账款债权人和保理人可以在保理合同中约定向应收账款债务人履行通知义务的主体，在通知形式方面，也可以进行特别的约定，各方当事人应当按照约定的形式承担义务。

实务问题

一、在应收账款债权人、债务人和保理人未就应收账款的通知事宜进行约定的情形下,如何认定通知义务的履行问题,天津市高级人民法院在总结司法审判实践经验的基础上,于2015年8月12日发布了《天津市高级人民法院关于审理保理合同纠纷案件若干问题的审判委员会纪要(二)》(以下简称《会议纪要(二)》),其中第2条第4款规定:保理商或者债权人与债务人未对债权转让通知的形式作出约定的,下列情形可以视为履行了债权转让通知义务:(1)债权人在债权转让通知文件上签章并实际送达债务人;(2)债权人在所转让应收账款的对应发票上明确记载了债权转让主体和内容并实际送达债务人;(3)保理商与债权人、债务人共同签订债权转让协议;(4)经公证证明债权转让通知已经送达债务人,但有相反证据足以推翻公证的除外。

二、隐蔽型保理业务中,在约定的期限未到或约定的条件未成就时,保理人和应收账款债权人不会向应收账款债务人发送债权转让的通知,债权转让通知发送与否并不影响债权转让本身的效力,只是该转让不对应收账款债务人发生效力。在债务人收到债权转让通知之前,保理人无权要求应收账款债务人承担对待给付的责任。

三、典型案例:青岛市城阳区人民医院与龙信国际商业保理(天津)有限公司等合同纠纷案①。

1. 案情简介

2014年12月至2016年2月,康瑞公司与鄄城医院、曹县医院及城阳医院签订医疗耗材采购合同,应收账款尚未到期。2016年10月31日,康瑞公司与龙信保理公司签订《国内保理合同》,约定康瑞公司拟将上述未到期合格应收账款转让给龙信保理公司,融资款限额160万元。2016年11月2日,龙信保理公司向康瑞公司支付保理预付款160万元,康瑞公司已偿还1,419,500元,尚欠龙信保理公司180,500元。2016年10月31日,康瑞公司分别向鄄城医院、曹县医院及城阳医院邮寄《应收账款转让通知书》,载明将应收账款转让给龙信保理公司。2016年11月,曹县医院、城阳医院签收《应收账款转让通知书》,11月2日,鄄城医院签收《应收账款转让通知书》。鄄城医院、城阳医院、曹县医院尚欠康瑞公司780,072元、130,620元、1,053,462元货款。之后,龙信保理公司起诉鄄城医院、曹县医院及城阳医院偿还应收账款本金180,500元及逾期利息。济南高新区人民法院一审认为,龙信保理公司与康瑞公司之间的保理合同合法有效,且已

① 山东省济南市中级人民法院(2019)鲁01民终3904号。

通知三家医院,对其产生法律约束力,三家医院在其责任范围内向龙信保理公司承担还款责任。城阳医院不服上诉。

2. 法院认为

康瑞公司已将《应收账款转让通知书》通知城阳医院。龙信保理公司提交的邮寄单原件显示,2016 年 10 月 31 日,康瑞公司将应收账款转让通知书邮寄城阳医院。城阳医院虽抗辩未收到,但收件地址为城阳医院的住所地,收件人亦为其法定代表人,龙信保理公司提交的邮寄单邮寄查询信息复印件亦显示,该邮件于 2016 年 11 月 1 日由本人签收,故根据高度盖然性原则,可以认定城阳医院已经收悉应收账款转让通知书,即原债权人康瑞公司已经将债权转让的事实通知到债务人城阳医院。

(编写人:李艳秋)

法律条文

第七百六十五条　应收账款债务人接到应收账款转让通知后,应收账款债权人与债务人无正当理由协商变更或者终止基础交易合同,对保理人产生不利影响的,对保理人不发生效力。

条文主旨

在《民法典》中保理合同虽已独立成为有名合同且设专章对其进行规定,但保理合同成立的前提仍然有赖于应收账款债权人和债务人之间的基础交易合同。本条立法的本意在于限制基础交易合同的变更对保理人的影响。以应收账款转让通知到达债务人为界限,此后,应收账款债权人和债务人之间协商变更或终止基础交易合同的,给保理人带来的不利影响不应当由保理人承担。

在理解本条时重点在于基础交易合同变更或终止是否属于"无正当理由"。

新旧法对比

无	《民法典》
无	第七百六十五条　**应收账款债务人接到应收账款转让通知后,应收账款债权人与债务人无正当理由协商变更或者终止基础交易合同,对保理人产生不利影响的,对保理人不发生效力。**

理解与适用

本条规定借鉴了《联合国国际贸易中应收款转让公约》第20条的规定：在让与通知前，债权人和债务人对原始契约的修改，对受让人有效，但让与通知后的修改，原则上不对受让人生效，除非得到受让人同意。该公约既考虑了多变的商业形势，允许基应收账款债权人和债务人对础交易合同进行变更，又充分的保护了保理人的利益，法理基础在于对保理人的合理信赖利益保护。

基础交易合同的变更是否属于"无正当理由"，虽是一个事实判断问题，但背后却是价值判断的问题。在理解这一问题时，须从以下几方面出发：第一，保理合同和基础交易合同属于两个独立的合同，不是主、从合同；第二，保理合同的效力，应当按照合同效力的一般性判断规则作出认定，只要不存在法律规定的合同无效的情形，保理合同应当认定为有效，基础交易合同的效力不影响保理合同的效力；第三，基础交易合同毕竟是保理合同成立的前提，因此，在保理人与应收账款债务人之间的权利义务方面，应当根据具体情况来确认，应收账款债务人收到应收账款转让通知后，其基于基础交易合同对应收账款债权人享有的抗辩权和抵销权，同样可以向保理人主张。

实务问题

《中国银行业保理业务规范》第6条规定：按照是否将应收账款转让的事实通知债务人，可分为公开型保理和隐蔽型保理。隐蔽型保理中应收账款转让的事实暂不通知债务人，但银行保留一定条件下通知的权利。《天津市高级人民法院关于审理保理合同纠纷案件若干问题的审判委员会纪要(一)》第13条规定，隐蔽型保理又称暗保理，是指保理合同签订后的一定时期内，保理商或债权人都未将应收账款转让事实通知债务人，仅在约定期限届满或约定事由出现后，保理商可将应收账款转让事实通知债务人。

在以上两个规范性文件中，明确的是在隐蔽型保理业务中，应收账款的债权人和保理人可以暂缓将债权转让事宜通知到应收账款债务人，当约定期限届满或者条件成就时，保理人可以通知应收账款债务人，但是该等通知仍应表明保理人身份并附相关证明材料。保理人在符合保理合同约定的情况下，可以向应收账款债务人主张债权。

保理人应重点关注基础交易合同的付款条件是否成就，如付款条件未成就，保理人向应收账款债务人主张清偿应收账款债权的，债务人有权拒绝。

1. 案情简介

在招商银行股份有限公司武汉水果湖支行与国网湖北招标有限公司、湖北阳灿和贸易有限公司招标投标买卖合同纠纷案[①]中，2013 年 4 月 12 日，水果湖支行与阳灿和公司签订了编号为 2013 年水保理字第 0406 号的《国内保理业务协议》(有追索权)，该协议约定：水果湖支行向阳灿和公司提供公开型有追索权国内保理服务；阳灿和公司应对水果湖支行未按时受偿的应收账款债权承担回购责任，回购金额计算方式为：水果湖支行基本收购款+基本收购款逾期支付违约金+水果湖支行所实际发生的所有管理及追索费用；阳灿和公司完成应收账款回购后，水果湖支行将对商务合同买方的应收账款债权转回至阳灿和公司，本条规定并不影响水果湖支行作为应收账款权利人向商务合同买方主张应收账款支付的权利。该协议签章处有双方的签章。

2014 年 3 月 3 日，阳灿和公司向水果湖支行提交了《授信额度使用申请书》和编号为 2014 年 190301 号的《国内保理业务申请书》，其中申请的融资金额均为 1000 万元。同日，水果湖支行与阳灿和公司签订的《应收账款转让登记协议》约定：应收账款转让登记系统为人民银行“应收账款质押登记系统”，阳灿和公司同意将 2014 年 2 月起对国网公司因销售烧结煤产生的全部应收账款(对应合同协议编号为经购，对应税票编号为 03655902－03655912，税票金额共计 12,598,688 元，应收账款对应金额为 12,598,688 元)转让给水果湖支行，并授权该行办理应收账款转让登记。该协议签章处有双方的签章。

2014 年 3 月 3 日，水果湖支行与阳灿和公司共同向国网公司发出 2014 年水债转字第 0301 号《应收账款债权转让通知书》(公开型)，主要内容为：根据权利转让方阳灿和公司与权利受让方水果湖支行于 2013 年 4 月 12 日签订的 2013 年水保理字第 0406 号的《国内保理业务协议》，权利转让方和权利受让方共同通知如下，权利转让方已将下列《应收账款债权转让清单》项下贵司应当向权利转让方支付的应收账款的权利转让给权利受让方。国网公司在该通知书确认回执联盖章签名确认。

2. 法院认为

水果湖支行与阳灿和公司订立合同，受让基于经购 140202《煤炭买卖合同》产生的应收账款债权，并以《应收账款债权转让通知书》的形式通知债务人国网公司，应享有基于《煤炭买卖合同》的卖方债权。国网公司签收《应收账款债权转让通知书》并承诺按通知要求“在上述合同项下应收账款期满或付款条件成

① 最高人民法院(2017)最高法民申 366 号。

就时”承担付款责任，国网公司应履行《煤炭买卖合同》约定的买方付款义务。《煤炭买卖合同》未约定买方付款时间或期限，根据合同第4条约定的结算方式，国网公司在以下条件成就时承担付款责任：(1)交货完成且收到煤炭接收方电厂的验收清单；(2)收到供货方阳灿和公司开具的增值税发票；(3)收到电厂支付的该批次煤款。国网公司并未向水果湖支行作出承担无条件付款义务或放弃抗辩权的承诺，仍应享有基于《煤炭买卖合同》的抗辩权。因水果湖支行既未举证证明《煤炭买卖合同》约定的交货已经完成且收到煤炭接收方电厂的验收清单，亦未举证证明电厂已经向国网公司支付该批次煤款，故水果湖支行请求判令国网公司履行付款义务不符合《煤炭买卖合同》的约定，应予驳回。国网公司上诉称《应收账款债权转让通知书》仅告知国网公司在“合同项下应收账款期满或付款条件成就时”负有付款义务，因《煤炭买卖合同》约定的付款条件未成就，国网公司无付款义务的上诉理由成立。一审判决漏查部分重要事实，判令国网公司向水果湖支行承担付款责任错误，应予纠正。

（编写人：李艳秋）

法律条文

第七百六十六条　当事人约定有追索权保理的，保理人可以向应收账款债权人主张返还保理融资款本息或者回购应收账款债权，也可以向应收账款债务人主张应收账款债权。保理人向应收账款债务人主张应收账款债权，在扣除保理融资款本息和相关费用后有剩余的，剩余部分应当返还给应收账款债权人。

条文主旨

在保理业务中，按照保理人在债务人无法偿付应收账款时，是否可以向应收账款债权人反转让应收账款、要求债权人回购应收账款或归还融资款，分为有追索权的保理和无追索权的保理。本条规定，在有追索权保理中，保理人对于主张返还保理融资款本息或者回购应收账款债权享有选择权，既可以向应收账款债权人主张，也可以向应收账款债务人主张。但是，如果保理人向应收账款债务人主张债权，债务人履行付款义务，保理人扣除保理融资款本息和相关费用后，应当将多余的款项返还给应收账款债权人。

新旧法对比

无	《民法典》
无	第七百六十六条 **当事人约定有追索权保理的，保理人可以向应收账款债权人主张返还保理融资款本息或者回购应收账款债权，也可以向应收账款债务人主张应收账款债权。保理人向应收账款债务人主张应收账款债权，在扣除保理融资款本息和相关费用后有剩余的，剩余部分应当返还给应收账款债权人。**

理解与适用

1. 在有追索权的保理中，保理人获得清偿以保理融资款本息和相关费用为最高限额。

有追索权的保理和无追索权的保理的区分标准在于保理人是否承担应收账款不能收回的商业风险，保理人不承担该商业风险的，为有追索权的保理，保理人承担该商业风险的，为无追索权的保理。从经济学的角度来说，风险与收益同在，约束条件下，风险越高，收益越高，有无追索权的保理分类也遵循着经济学的基本原理，同时，也充分考虑了保理金融市场环境的稳定性及第三方利益的保护问题。那么，在保理人不承担应收账款无法偿还的商业风险时，意味着保理人在收回保理融资款本息和相关费用后，不能再因此获取不当利益，故当保理人向应收账款债务人请求给付，应收账款债务人履行给付应收账款义务的，保理人应当将除保理融资款本息和相关费用外的剩余款项返还给债权人。

保理融资款本息和相关费用包括保理融资款本息、保理商未受清偿的保理融资额度承诺费、保理手续费、保理首付款使用费等到期未付费用。

2. 保理人同时向应收账款的债权人和债务人主张权利的，保理合同有约定的，从约定，保理合同没有约定的，应当由应收账款债务人先行支付，其不能清偿的部分，由应收账款债权人承担补充赔偿的责任。

按照本条规定，保理人对于受让的债权，享有向应收账款债权人或债务人请求给付的权利。保理合同发生纠纷后，保理人通常以应收账款债权人和债务人为共同被告向法院提起诉讼，此时，在保理合同未对清偿范围和顺序作出约定的情况下，法院如何认定应收账款债权人和债务人清偿义务范围和顺序，各地法院的裁判路径并不一致。一种裁判路径是按照让与担保的法律构成，将应收账款债权人作为第一顺位的责任人，判令应收账款债权人在债务人不能清偿的范围内承担补充责任。另一种裁判路径是基于间接给付的基本法理，将应收账款债务人作为第一顺位的还款义务人，应收账款债权人在债务人不能清偿的范围内承担补充责任。从审判实践的效果来看，间接给付和让与担保的裁判路径在最终结果上并无本质上的不同，仅仅是论证逻辑存在差异。

实务问题

1. 实务中，在有追索权的保理中，保理人能够获得清偿的最高限额以保理融资款本息和相关费用为限成为主流裁判观点。在珠海华润银行股份有限公司与江西省电力燃料有限公司、广州大优煤炭销售有限公司保理合同纠纷案①中，最高人民法院认为，保理人珠海华润银行实际向广州大优公司（应收账款债权人）发放的借款本金为3680万元，故珠海华润银行在本案中对江西燃料公司（应收账款债务人）所能主张的权利范围，依法应当限缩至3680万元借款本金及其利息的范围之内，不能支持珠海华润银行要求江西燃料公司向其支付应收账款本金4611万元及利息的诉求。

2. 实务中，保理人同时向应收账款债权人和债务人主张权利的，如果合同有约定，从约定，合同没有约定，按照间接给付的法理判令应收账款债务人承担第一顺位的还款责任，应收账款债权人承担补充责任。在中铁物资集团新疆有限公司与中国工商银行股份有限公司乌鲁木齐钢城支行等合同纠纷案②中，最高人民法院认为：从工行钢城支行（保理人）所实施的系列行为的真实意思来看，其核心诉求是要求中铁新疆公司（应收账款债务人）和诚通公司（应收账款债权人）同时承担债务，共同归还所欠借款，故应认定工行钢城支行在本案诉讼中所称的“回购权”实际上属于追索权。在有追索权保理业务的框架之下，当债务人不偿付债务时，保理人并不承担该应收账款不能收回的坏账风险，追索权的制度设计相当于由债权人为债务人的债务清偿能力提供了担保，其功能与放弃先诉抗辩权的一般保证相当。最高人民法院在（2017）最高法民再164号案中也持相同的裁判观点。

3. 典型案例：天津市治达安居建设有限责任公司、天津市市政建设开发有限责任公司合同纠纷案③。

① 最高人民法院（2017）最高法民再164号。
② 最高人民法院（2014）民二终字第271号。
③ 天津市高级人民法院（2020）津民终1213号。

(1)案情简介。

2018年1月16日,天信公司与开发公司签订《有追索权国内保理业务合同》,约定开发公司以其与治达公司于2010年2月5日签订的《红桥区定向安置经济适用房项目建设协议书——红桥区(双环新苑)定向安置经济适用房建筑项目》项下应收账款2亿元,通过应收账款转让的方式同天信公司开展保理业务,保理融资金额为1亿元,保理融资利率为9.3%每年,结算方式为按日计息(日利率=年利率/360),按季结息。融资到期日为2019年1月25日,还息方式为年化3.3%期初一次性收取,年化6%按季结息收取。约定天信公司向开发公司收取保理手续费150万元。转让的《商务合同》应收账款净额为6亿元。同时约定了违约责任:如开发公司未按期受让或未按期偿还《保理合同》融资本金及利息(含被宣布提前到期),每延迟一日,按应付未付受让款金额的万分之五向天信公司支付违约金。若开发公司出现违反合同约定的情况,则开发公司负责赔偿天信公司由此产生的一切损失,此损失包括损失本身及合理的费用,包括但不限于利息、违约金、诉讼费、仲裁费、保全费、审计费、评估费、鉴定费、拍卖费、律师费、差旅费、融资银行罚金等。

追索权分为对开发公司的追索权和对治达公司的追索权。对开发公司的追索权是指天信公司受让开发公司应收账款后,如发生《商务合同》买方拖延付款,拒绝付款或无力支付,或开发公司在收到《商务合同》买方付款后未及时足额向天信公司转付等情形,天信公司有权向开发公司要求偿还买方到期未偿付的保理融资借款本金、融资利息、逾期支付违约金及天信公司所实际发生的所有管理及追索费用,即无论因何种原因导致《商务合同》保理期间应收账款没有及时支付给天信公司,天信公司对开发公司都具有完全的无条件的追索权。对《商务合同》买方的追索权,是指天信公司在受让应收账款后作为权利人在买方未按《商务合同》约定及时足额付款时,对买方的追索权。在任何时候,天信公司行使其中一种追索权并不影响其对另一种追索权的行使。合同项下的应收账款由天信公司负责管理和回收,开发公司负责协助催收。

(2)法院认为。

天信公司与开发公司签订《有追索权国内保理业务合同》,开发公司将对治达公司的应收账款6亿元转让给天信公司,天信公司受让应收账款后,与光大银行签订《质押合同》,将其中的1.3亿元应收账款质押给光大银行,并办理了应收账款质押登记。该事实已经天津市高级人民法院(2020)津民终512号生效民事判决确认,该判决认定案涉应收账款质权依法设立,光大银行就1.3亿元应收账款享有优先受偿权。根据原《物权法》第228条第2款规定,应收账款出质后,不得转让,但经出质人与质权人协商同意的除外。

本案中,治达公司未向天信公司偿还应收账款债务,开发公司与天信公司签订《应收账款转让回购协议》,约定由开发公司回购《有追索权国内保理业务合同》项下应收账款6亿元。因回购的应收账款中包含上述已经质押的1.3亿元应收账款,且本案现有证据不能证明该转让经质权人光大银行同意,故天信公司与开发公司签订的《应收账款转让回购协议》中涉及1.3亿元的应收账款转让不发生法律效力。天信公司与开发公司就剩余4.7亿元达成的转让约定系当事人真实意思表示,内容不违反法律、行政法规的强制性规定,合法有效。依据《应收账款转让回购协议》约定,开发公司应在回购到期日前将回购资金支付到天信公司指定账户,天信公司应将对治达公司的应收账款债权转回开发公司。开发公司未按期履行上述义务,应承担相应的合同责任。

(编写人:李艳秋)

法律条文

第七百六十七条　当事人约定无追索权保理的,保理人应当向应收账款债务人主张应收账款债权,保理人取得超过保理融资款本息和相关费用的部分,无需向应收账款债权人返还。

条文主旨

在无追索权的保理中,保理人自行承担应收账款不能收回的坏账风险,因此,在应收账款债务人信用出现问题时,保理人只能向应收账款债务人主张债权,不能向应收账款债权人主张。作为保理人承担坏账风险的收益,保理人收回应收账款的金额超过保理融资款本息和相关费用的部分,不需要向应收账款债权人返还。

新旧法对比

无	《民法典》
无	第七百六十七条　当事人约定无追索权保理的,保理人应当向应收账款债务人主张应收账款债权,保理人取得超过保理融资款本息和相关费用的部分,无需向应收账款债权人返还。

理解与适用

（1）在无追索权的保理业务中，保理人提供应收账款坏账担保，完全买断应收账款债权，发生信用风险时，保理人不能向应收账款主张权利，只能请求应收账款债务人履行债务。

无追索权保理指保理人根据债权人提供的债务人核准信用额度，在信用额度内承购债权人对债务人的应收账款并提供坏账担保责任，债务人因发生信用风险未按基础合同约定按时足额支付应收账款时，保理人不能向债权人追索的保理，又称为买断型保理。在应收账款债务人发生信用风险时，因保理人对应收账款债权人不享有追索权，不能向债权人请求给付。信用风险主要包括应收账款债务人信用丧失、财务周转困难或单纯无支付意愿等。

（2）保理人对应收账款债权人并非完全没有追索权，如果债务人因基础交易合同所产生的抗辩、抵销或依法解除交易合同等因素而拒绝付款的，保理人可以向应收账款债权人行使追索权。

应收账款债权转让是保理合同订立的前提，债权人作为债权让与人，负有对应收账款债权的瑕疵担保义务，债权人应当保证转让的债权合法、真实，债务人对债权人不享有抵销权和抗辩权及第三人不得向债权受让人（保理人）主张任何权利等瑕疵担保义务，否则，债权人应当承担去除权利瑕疵继续履行合同、承担违约责任，保理人基于保理合同约定也享有抗辩权和解除合同的权利。所以如应收账款债务人因为应收账款债权人的原因，拒绝支付应收账款，保理人可以向应收账款债权人行使追索权，要求应收账款债权人返还保理融资款或者回购债权。

（3）当应收账款债权能够实现时，保理人获得清偿的范围与保理融资款本息和费用不存在必然联系，超过保理融资款本息和费用的部分，无须向债权人返还，但应收账款债权人和保理人可以对此进行约定。

保理融资款实质上是保理人受让应收账款债权的对价，在无追索权的保理中，因为保理人对应收账款债权人不享有追索权，自行承担了应收账款债务人坏账的信用风险，所以，保理人经过与应收账款债务人沟通协商收回的应收账款范围不以保理融资款本息和费用为最高限额。但保理人和应收账款债权人可以在保理合同中对此进行约定。

实务问题

1. 无追索权保理中，因保理人不享有追索权，承担了较高的风险，为保证保理人的权益，保理人可以与应收账款债权人约定反转让权。应收账款债权人对其所转让的应收账款负有瑕疵担保义务，保理人可以事先在合同中约定如果应收账款因债务人向债权人行使抗辩权或抵销权等债权人原因无法收回的，债权人应当返还保理融资款或回购债权。

2. 典型案例：中国工商银行股份有限公司大连青泥洼桥支行与大连阿尔滨集团有限公司、中国融资租赁有限公司合同纠纷案。[①]

（1）案情简介。

2013年4月25日，被告与第三人签订《融资租赁合同》《委托购买协议》，双方约定：融资租赁的租赁物件为30辆HN3310P34DLM3华菱牌自卸车和10辆AH5253GJB6星马牌混凝土搅拌运输车。第三人为被告提供的租赁成本为18,550,000元，租赁期限为3年，自起租日起算，租金总额为人民币20,628,196.36元。被告未按本合同规定支付租金或其他应付款，经首次书面通知发出后10个工作日内仍未完全支付的，视为根本违约。对被告的根本违约，第三人可以采取以下措施：追索被告应付的所有到期未付租金、逾期利息、全部未到期租金、留购价款及其他应付款项；终止本合同，取回租赁物件，要求被告支付所有到期未付租金、逾期利息、租赁成本、违约金及其他应付款项，并可要求赔偿损失。

2013年6月8日，第三人作为出租人以其与承租人（被告）之间形成的应收租赁款协议约定，向原告申请办理无追索权应收租赁款保理业务，并同原告签订《应收租赁款保理业务协议》，协议约定保理融资总额为15,750,000元，融资发放日与到期日以融资支付凭证为准；当承租人连续出现两笔以上不按期偿付应收租赁款时，原告在协议中约定，有权停止第三人以其与该承租人在本协议项下的应收租赁款办理的保理业务。同时，该协议在违约及违约责任部分中约定，承租人连续两次不能按时支付租赁款，在无追索权保理协议中不属于第三人违约。在发生违约事件时，原告可以采取的方式包括，应收租赁款到期时，直接向承租人追索。

2013年6月14日，原告向第三人发放用途为融资保理业务款项15,750,000元。当日第三人按照委托购买协议向辽宁鑫润汽车销售有限公司支付购买融资租赁的租赁物件款1,855,000元。截至2016年6月13日合同约定的履行期届满，被告尚欠6期本金8,281,272.88元未偿还。2015年7月1日，第三人向原告发函，称第三人已为被告垫款155.71万元，并同意将保理业务项下的租赁物，即案涉40辆工程车辆由原告处置变现，用于偿还被告的剩余债务。

① 辽宁省大连市中级人民法院（2016）辽02民终6057号。

(2)法院认为。

本案二审焦点是:第一,被上诉人阿尔滨集团应向上诉人偿还的利息如何计算的问题;第二,上诉人主张被上诉人融资租赁公司以 40 辆案涉工程车在被上诉人阿尔滨集团所欠债务的范围内与被上诉人阿尔滨集团承担共同还款责任的诉讼请求能否成立的问题。

关于第一个焦点,融资租赁公司将其与阿尔滨集团的融资租赁合同中享有的尚未到期的应收租赁款债权及相关权利转让给了上诉人,阿尔滨集团对此予以确认,至此上诉人享有上述尚未到期的应收租赁款债权及相关权利,只有在尚未到期的应收租赁款债权到期后,上诉人才有权向债务人即阿尔滨集团主张相应权利。本案并非是融资租赁合同的概括转让而是债权转让,上诉人并非融资租赁合同当事人,一审法院认定其不享有解除融资租赁合同的权利,并对其要求阿尔滨集团一次性偿还未到期租赁款项的主张不予支持并无不当。因本案系分期付款,现案涉 6 期未付租金均已到期,阿尔滨集团对该 6 期租金并未按约给付上诉人,上诉人作为债权人有权要求其给付。

根据融资租赁合同的约定租金由本金及利息组成,对于本金,6 期未付租金中每期的本金数额各方当事人均无异议,对一审判决判令阿尔滨集团向上诉人给付该本金,各方当事人亦无异议,本院予以确认。对于利息,因 6 期未付租金在到期时所含的利息总数为 497,895.61 元,该利息作为租金的一部分,在租金到期后被上诉人阿尔滨集团理应向作为债权人的上诉人给付。因上诉人关于利息的诉讼请求是计算至款项实际还清之日,故被上诉人阿尔滨集团除应还清上述包含在租金中的利息外,还应偿还租金到期后起至款项还清之日止因逾期产生的利息,对该部分逾期利息上诉人主张按融资租赁合同约定的利率计算并无不当,应予以支持,一审法院对上诉人诉请的利息所作的判决内容并不完整、明确,本院予以纠正。

关于第二个焦点,上诉人与被上诉人融资租赁公司之间的保理业务系无追索权保理业务,根据应收租赁款保理业务协议,无追索权保理业务是指若阿尔滨集团因资信原因在约定期限内不能足额偿付应收租赁款,上诉人无权向融资租赁公司追索未偿融资款。由于应收租赁款保理业务协议的履行过程中,被上诉人融资租赁公司不存在违约行为,被上诉人融资租赁公司并不对上诉人负有给付案涉款项的义务。

对于上诉人主张依据被上诉人融资租赁公司向其出具的函件,被上诉人融资租赁公司应承担共同还款责任一节,法院认为:首先,该函件的内容并不存在被上诉人融资租赁公司表示以案涉租赁物承担共同还款责任的内容;其次,根据融资租赁合同,被上诉人融资租赁公司系案涉租赁物的所有权人,庭审中被上诉人阿尔滨集团对此亦予以认可。

根据2015年7月1日被上诉人融资租赁公司向上诉人发函的内容,可以说明被上诉人融资租赁公司已向上诉人表达了将案涉租赁物的处分权转让给上诉人的意思表示,上诉人亦接受了该函件,庭审中融资租赁公司又明确其已经将案涉租赁物转让给了上诉人,该转让行为在本案的审理过程中阿尔滨集团也已经获知,因案涉租赁物实际由被上诉人阿尔滨集团占有,在此情况下,根据《物权法》第26条的规定"动产物权设立和转让前,第三人依法占有该动产的,负有交付义务的人可以通过转让请求第三人返还原物的权利代替交付",故案涉租赁物已经通过上述法律规定的形式完成向上诉人的交付,上诉人在此情况下要求被上诉人融资租赁公司就案涉租赁物对本案债务承担共同还款责任既无实际意义,也缺乏事实及法律依据,一审法院对上诉人此项诉讼请求不予支持,并无不当。

(编写人:李艳秋)

法律条文

第七百六十八条　应收账款债权人就同一应收账款订立多个保理合同,致使多个保理人主张权利的,已经登记的先于未登记的取得应收账款;均已经登记的,按照登记时间的先后顺序取得应收账款;均未登记的,由最先到达应收账款债务人的转让通知中载明的保理人取得应收账款;既未登记也未通知的,按照保理融资款或者服务报酬的比例取得应收账款。

条文主旨

本条是关于采取登记优先主义的规定。已登记的优先于未登记的;均登记的,按照时间先后确定权利顺位;都未登记的,则以债权转让通知到达应收账款债务人的时间先后为准;既未登记也未通知的,按保理融资款或者服务报酬的比例受偿。

新旧法对比

无	《民法典》
无	第七百六十八条　**应收账款债权人就同一应收账款订立多个保理合同,致使多个保理人主张权利的,已经登记的先于未登记的取得应收账款;均已经登记的,按照登记时间的先后顺序取得应收账款;均未登记的,由最先到达应收账款债务人的转让通知中载明的保理人取得应收账款;既未登记也未通知的,按照保理融资款或者服务报酬的比例取得应收账款。**

理解与适用

1. 应收账款债权人就同一应收账款续作保理业务时,首先以登记对抗主义作为保理人权利顺位的认定标准,均登记的,则以登记的时间先后为准。

本条规定的登记是指保理人在签订保理合同的同时可以向中国人民银行征信中心进行登记,该登记并不影响保理合同的效力,仅具有登记对抗的效力。

天津市高级人民法院在《关于审理保理合同纠纷案件若干问题的审判委员会纪要(一)》中第9条规定:天津市金融工作局、中国人民银行天津分行、天津市商务委员会联合发布的《关于做好应收账款质押及转让业务登记查询工作的通知》中所列主体受让应收账款时,应当登录中国人民银行征信中心动产融资统一登记平台,对应收账款的权属状况进行查询,未经查询的,不构成善意。《关于做好应收账款质押及转让业务登记查询工作的通知》中所列主体办理应收账款质押、转让业务时,应当对应收账款的权属状况在中国人民银行征信中心动产融资统一登记平台予以登记公示,未经登记的,不能对抗善意保理商。天津市高级人民法院基于审判实践,对应收账款质押未经查询程序,不得对抗善意保理商。

2019年11月22日,中国人民银行修订的《应收账款质押登记办法》第34条规定:“权利人在登记公示系统办理以融资为目的的应收账款转让登记,参照本办法的规定。”,此后,应收账款转让登记具备了制度依据。相应地,中国人民银行征信中心也将应收账款转让登记纳入登记业务类型。但在《民法典》颁布之前,保理业务中的应收账款转让登记没有法律、行政法规的依据,《民法典》在本条中解决了这一问题。

应收账款债权转让均已登记的，按照“时间在先、权利在先”的基本法理确定优先顺序。

2. 应收账款债权转让均未登记的，按照债权转让通知到达债务人的先后顺序受偿，以债务人知悉应收账款的转让时点作为判断标准。

登记对抗主义具有绝对的优势，即只要应收账款的转让进行了登记，就不考虑其他判断标准，登记具有绝对优先权。而在均未登记的情况下，债务人作为履行合同义务的一方，其知道债权转让这一因素作为确定保理人受偿顺位标准有其合理性，但在暗保理业务中，采用通知的时间先后这一标准，保理人基于通知时间这一标准获得优先受偿权几乎不可能。因此，在保理业务选择上，保理人仍需慎重考虑，如确为暗保理，在此情形下，可以借助《联合国国际贸易应收款转让公约》第9条的规定，论证暗保保理人主观上并不知道是否有在先保理业务发生，对通知在先的保理人享有抗辩权。

3. 应收账款债权重复转让，多重续作保理的，受偿顺序在先的保理人如为有追索权的保理人，则其受偿之后，应收账款仍有剩余的，由后一顺位的保理人继续受偿。

有追索权的保理业务中，保理人获得清偿的范围以保理融资款本息和费用为限，如取得优先级别的保理人为有追索权的保理人，则其获得清偿后，应收账款仍有剩余的，应当返还给应收账款债权人，此时，受偿顺序在后的保理人仍可以就剩余的应收账款债权请求清偿。

实务问题

应收账款转让合同的效力从三方面理解，即债权转让在转让人和受让人之间的效力、应收账款转让对债务人的效力以及应收账款债权人的其他债权人等第三人的效力；本条是对同一应收账款多重续作保理业务时保理人的权利顺位问题的特别规定。

司法实践中，应收账款债权转让登记不能免除对应收账款债务人的通知义务。

（编写人：李艳秋）

法律条文

第七百六十九条　本章没有规定的，适用本编第六章债权转让的有关规定。

条文主旨

本条是关于保理合同准用债权转让的规定。债权转让时保理合同法律关系建立的前提,因此,当本章没有具体明确的规定时,适用债权转让的规定。

新旧法对比

无	《民法典》
无	第七百六十九条　**本章没有规定的,适用本编第六章债权转让的有关规定。**

理解与适用

基础交易合同与保理合同是两个独立的合同,保理合同以基础交易合同关系为前提,基础交易合同所涉的应收账款债权的转让构成了保理合同关系的事实基础。基于此,本条规定当保理合同编对某些问题没有规定时,适用合同编第六章债权转让。

保理合同涉及的法律关系较多,发生争议时较为复杂,本条从法律层面上确定了法律适用的标准。

实务问题

除了本章和本编第六章之外,对于保理合同成立与生效、履行、违约责任等基本问题还应适用《民法典》第一分编的规定。

保理合同所涉及的法律关系较为复杂,在发生纠纷时应按照所涉法律关系对应的法律规定处理。在债权转让方面发生纠纷的,按照债权转让规则去处理;在合同的成立生效方面发生纠纷的,按照合同的成立生效规则去处理;涉及融资的,按照借款合同的规则去处理;涉及账户管理、委托收款等问题的,按照委托合同去处理①。

(编写人:李艳秋)

① 梁慧星:《民法典解释与适用中的十大问题》,载《温州大学学报(社会科学版)》2021年第1期。

第十七章　承揽合同

法律条文

第七百七十条　承揽合同是承揽人按照定作人的要求完成工作，交付工作成果，定作人支付报酬的合同。

承揽包括加工、定作、修理、复制、测试、检验等工作。

条文主旨

本条是关于界定承揽合同定义和承揽主要类型的基础性规定。

新旧法对比

《合同法》	《民法典》
第二百五十一条　承揽合同是承揽人按照定作人的要求完成工作，交付工作成果，定作人给付报酬的合同。 承揽包括加工、定作、修理、复制、测试、检验等工作。	第七百七十条　承揽合同是承揽人按照定作人的要求完成工作，交付工作成果，定作人支付报酬的合同。 承揽包括加工、定作、修理、复制、测试、检验等工作。

理解与适用

承揽合同的特征①

（1）承揽合同以完成一定工作为目的。承揽人应按照定作人的要求完成工作并交付工作成果。

（2）承揽合同是诺成合同、双务合同、有偿合同。承揽合同双方当事人达成

① 参见郑云瑞主编：《合同法学》，北京大学出版社 2018 年版，第 389~390 页。

合意即可生效,不需要额外的实际交付,因而是一种诺成合同,此时双方都有相应的权利义务需要承担和享有。

(3)承揽人独立完成主要工作内容。定作人是出于对承揽人的信任而要求承揽人完成一定的工作,看重的是承揽人的素质、技能、资质等。承揽人应自行完成工作,在一般情况下,不应将工作交予他人完成。

实务问题

承揽合同和雇佣合同是常见的两种法律合同类型,仅从法律定义来看存在诸多相似性。因此,在实务中需要格外注意区分两种合同的不同。

1. 合同性质不同

承揽合同是民事合同,属于有名合同,遵循《民法典》第十七章的规定。

雇佣合同是劳动性质的合同,并没有非常明确的界定和具体条文的规定,只有相关的司法解释。

2. 合同目的不同

承揽合同是以交付劳动成果为目的。承揽合同是承揽人按照定作人的要求完成工作,交付工作成果。

雇佣合同是以提供劳务为目的。雇员通过提供劳务来获取报酬。

3. 合同主体法律地位不同

承揽合同中,合同双方处于平等的法律地位,不存在隶属关系,具有一定的独立性。

雇佣合同中,合同双方法律关系并不平等,受雇者提供劳务原则上须接受雇主的指挥监督,不具有独立性。

4. 承担的法律责任不同

承揽合同中,由于承揽人一般都是独立完成主要工作内容。因此,一般情况下,由承揽人自己负责,定作人无须承担责任。

雇佣合同中,由于雇员一般都是接受安排和指示进行工作,雇主对工作工程中出现的问题需要承担相应的法律责任。

(编写人:李高来)

法律条文

第七百七十一条　承揽合同的内容一般包括承揽的标的、数量、质量、报酬,承揽方式,材料的提供,履行期限,验收标准和方法等条款。

条文主旨

本条是关于承揽合同的主要条款的规定。对承揽合同的内容一般包含的内容进行了说明。

同时,本条规定的是承揽合同中"一般条款",当事人可以根据合同性质和双方的需要对上述规定的条款进行增减。

新旧法对比

《合同法》	《民法典》
第二百五十二条　承揽合同的内容包括承揽的标的、数量、质量、报酬、承揽方式、材料的提供、履行期限、验收标准和方法等条款。	第七百七十一条　承揽合同的内容一般包括承揽的标的、数量、质量、报酬,承揽方式,材料的提供,履行期限,验收标准和方法等条款。

理解与适用

在日常生活中,承揽合同主要包括加工合同、定作合同、修理合同、复制合同和测试合同。

加工合同,是指承揽人以自己的力量,按照定作人的要求,用定作人提供的原材料,为定作人加工成成品,定作人接受该成品并支付报酬的合同。在加工合同中,原材料只能由定作人提供,而不能由承揽人提供。

定作合同,是指承揽人用自己的原材料和技术,按照定作人的要求为定作人制作成品,定作人接受该成品并支付报酬的合同。定作合同与加工合同的区别在于,定作合同的原材料提供人是承揽人,而加工合同的原材料提供人是定作人。

修理合同,是指承揽人以自己的技术、工作为定作人修复损坏的物品,定作人接受该工作成果并向承揽人支付报酬的合同。例如,修理汽车、电视机、手表、自行车等,都成立修理合同。

复制合同,是指承揽人按照定作人的要求,根据定作人提供的样品,为定作人重新依样制作若干份复制品,定作人接受复制品并支付报酬的合同。承揽人按照定作人的要求,可以采取不同的方式进行复制,如对文稿的复印、对画稿的临摹等。

测试合同,是指承揽人按照定作人的要求以自己的仪器、设备和技术为定作人完成某一特定项目的测试任务，定作人接受测试成果并支付报酬的合同。

检验合同，是指承揽人依定作人的要求，以自己的技术和仪器、设备等为定作人提出的特定事物的性能、问题等进行检验，定作人接受检验成果并支付报酬的合同。

实务问题

依本条的规定，承揽合同的内容包括承揽的标的、数量和质量、报酬、材料的提供、履行期限、验收标准和方法以及承揽方式。

承揽的标的是指承揽人按照定作人的要求应进行的工作，是承揽合同的必备条款；数量和质量条款是承揽人应完成的承揽标的物的具体标准；报酬条款一般为货币，也可以是实物；关于材料的提供条款应在合同明确材料的提供方和提供材料的方式、数量、质量以及提供的时间、地点、运费承担、保管责任；履行期限条款指完成工作并交付工作成果的时间和对定作人支付报酬的时间；明确验收标准和方法的条款更有利于确定承揽人完成的工作成果是否符合合同约定；而承揽方式条款即承揽人完成工作的方式，不是合同的必备条款。

（编写人：李高来）

法律条文

第七百七十二条　承揽人应当以自己的设备、技术和劳力，完成主要工作，但是当事人另有约定的除外。

承揽人将其承揽的主要工作交由第三人完成的，应当就该第三人完成的工作成果向定作人负责；未经定作人同意的，定作人也可以解除合同。

条文主旨

本条是关于承揽人独立完成主要工作的规定。承揽工作具有一定的特殊性，只能由承揽人为满足定作人特殊需求通过自己与众不同的劳动技能而完成。因此，承揽合同的本质特点要求了该合同是建立在对承揽人的工作能力信任的基础上，承揽人应当以自己的设备、技术和劳力完成承揽的主要工作。

新旧法对比

《合同法》	《民法典》
第二百五十三条　承揽人应当以自己的设备、技术和劳力,完成主要工作,但当事人另有约定的除外。 承揽人将其承揽的主要工作交由第三人完成的,应当就该第三人完成的工作成果向定作人负责;未经定作人同意的,定作人也可以解除合同。	第七百七十二条　承揽人应当以自己的设备、技术和劳力,完成主要工作,但是当事人另有约定的除外。 承揽人将其承揽的主要工作交由第三人完成的,应当就该第三人完成的工作成果向定作人负责;未经定作人同意的,定作人也可以解除合同。

理解与适用

本条对承揽人独立完成主要工作作出了规定。对"主要工作"的含义,应该具体问题具体分析。

"主要工作",是指工作的主要部分。就一般工作来言,首先,如果存在对定作物的质量起决定性作用的部分,主要工作就是指完成该部分内容的工作;其次,如果不存在起决定性作用的部分,则可以认定为为数量上的占大部分内容的工作。

实务问题

如何认定事实承揽关系?在承揽合同中,承揽人一般必须以自己的设备、技能和劳动等完成工作,并对工作成果的完成承担风险责任。《民法典》第772条规定:"承揽人应当以自己的设备、技术和劳力,完成主要工作,但当事人另有约定的除外。承揽人将其承揽的主要工作交由第三人完成的,应当就该第三人完成的工作成果向定作人负责;未经定作人同意的,定作人也可以解除合同。"

由此,如果由第三人完成承揽工作,法律上已经赋予了定作人解除合同的权利。同时,定作人也可以选择接受该第三人完成的定作成果。那么,当定作人接受了第三人完成的定作成果时,是否可以直接确认定作人与第三人之间形成了事实承揽关系?答案是在一定条件下才可以认可双方形成了事实承揽关系。当第三人与定作人之间通过一系列的事实行为,如加工、交货等行为,实际完成了承揽业务,产生了与传统承揽加工合同相同的效果,赋予双方行为事实承揽合同效果，符合双方当事人意思，亦不损害他人之利益时，可以认定事实承揽关系，[①] 但是第三人完成工作的，仍然由承揽人对第三人的工作向定作人负责。

（编写人：李高来）

法律条文

第七百七十三条　承揽人可以将其承揽的辅助工作交由第三人完成。承揽人将其承揽的辅助工作交由第三人完成的，应当就该第三人完成的工作成果向定作人负责。

条文主旨

根据上条的规定，承揽合同中，承揽人应当以自己的设备、技术和劳力，完成主要工作，如果将主要工作交由第三人完成的，必须经过定作人的同意，否则，承揽人应当承担违约责任。根据本条规定，承揽人可以将其承揽的辅助工作交由第三人完成，并不必须经过定作人的同意，但是应当就该第三人完成的工作成果向定作人负责。

新旧法对比

《合同法》	《民法典》
第二百五十四条　承揽人可以将其承揽的辅助工作交由第三人完成。承揽人将其承揽的辅助工作交由第三人完成的，应当就该第三人完成的工作成果向定作人负责。	【内容不变】第七百七十三条

理解与适用

在承揽合同关系中，承揽人将其工作的次要部分转让给第三人时，被称为"次承揽"或者"再承揽"。即使承揽人将辅助工作转让给第三人，承揽人与定作人之间的关系并未改变，承揽人应当就该第三人完成的工作成果向定作人负责。在一般情况下，承揽人与接受辅助部分工作的第三人之间成立一个新的承揽关系，即"次承揽"，承揽人仍对定作人承担责任。但是，如果在承揽合同中承揽人

① 参见戈光应、罗春风：《挂靠承揽中事实承揽关系的认定》，载《人民司法》2013年第12期。

与定作人双方约定辅助工作也不能交由第三人完成，那么承揽人就不能将承揽的辅助工作交由第三人完成，否则视为违约。①

实务问题

1. 案情简介②

被告阳光公司作为发包方，第三人龙某才作为承包方，双方于2018年10月9日签订《水泥桩制作承包合同》，合同约定被告阳光公司将300,000根立架拉网水泥桩的制作发包给第三人龙某才，工程总价款为4,950,000.00元，承包方式为包工包料，不含税单价为每根16.50元，每生产35,000根为一个验收批次，验收合格后10天内付款，以实际验收的数量为准。合同签订后，第三人龙某才邀约原告李某合伙，双方于2018年11月22日签订《个人合伙协议书》，协议约定合伙项目为贵州水西阳光生态农业发展有限公司立架拉网水泥桩制作，原告李某出资为一个生产、验收及付款批次即35,000根水泥桩所需成本，管理资金收入和支出，第三人龙某才以机器设备、人力资源、技术等出资，所获利润优先用于甲方收回出资成本，发包方每次验收付款后由第三人龙某才按照每根2元无条件提取，双方按每根14.50元的单价平均分配利润，合伙人投资成本全部回收以后形成的因合伙业务所导致的债务及亏损，由双方平均负担。协议达成后，原告李某与第三人龙某才于2019年1月25日前合伙完成34,794根水泥桩制作，经被告阳光公司验收，合格数量34,701根，按单价每根16.50元计算，完成工程价款572,566.50元。因原告李某未能收回成本及获得利润，原告李某与第三人龙某才于2019年10月16日协商终止合伙，经双方清算，原告李某投资水泥桩制作资金共376,518.00元，应分得利润61,026.00元，扣除原告李某应承担的工人工资2000.00元后，原告应分得工程款435,544.00元。因第三人龙某才与被告阳光公司存在其他工程款未结算，2020年8月17日，第三人龙某才与被告阳光公司结算，被告阳光公司尚欠第三人龙某才立架拉网水泥桩制作工程款696,772.00元。因被告阳光公司未支付工程款，第三人龙某才亦未提起诉讼，原告李某为维护其合法权益，向法院起诉，要求支持其诉讼请求。

2. 法院认为

根据《合同法》第254条"承揽人可以将其承揽的辅助工作交由第三人完

① 参见放向平、单丽华、白雅君：《承揽合同、仓储保管合同、赠与合同》，北京大学出版社2002年版，第7页。
② 贵州省大方县人民法院（2020）黔0521民初4605号。

成,承揽人将其承揽的辅助工作交由第三人完成的,应当就该第三人完成的工作成果向定作人负责”的规定,已向被告交付的34,701根立架拉网水泥桩由第三人完成主要工作,原告完成辅助工作,第三人作为承揽人可以将辅助工作交由原告完成,被告已验收的原告与第三人共同完成的立架拉网水泥桩,原告与被告之间形成了新的承揽关系。根据《合同法》第60条第1款“当事人应当按照约定全面履行自己的义务”及第263条“定作人应当按照约定的期限支付报酬。对支付报酬的期限没有约定或者约定不明确,依照本法第六十一条的规定仍不能确定的,定作人应当在承揽人交付工作成果时支付;工作成果部分交付的,定作人应当相应支付”的规定,被告应当在立架拉网水泥桩交付时向第三人和原告支付报酬。原告与第三人对合作的第一批立架拉网水泥桩制作进行了结算,原告按照第三人与被告的约定在完成立架拉网水泥桩制作中应分得制作款435,544.00元,因第三人未提起诉讼,原告放弃要求被告承担违约责任支付资金占用利息和由第三人承担连带责任的诉讼请求,被告应向原告支付在立架拉网水泥桩制作中应分得的制作款435,544.00元,第三人不承担连带责任。

（编写人:李高来）

法律条文

第七百七十四条　承揽人提供材料的,应当按照约定选用材料,并接受定作人检验。

条文主旨

本条是关于承揽人提供材料时的义务,应当按照约定选用材料,并接受定作人检验的规定。

新旧法对比

《合同法》	《民法典》
第二百五十五条　承揽人提供材料的,承揽人应当按照约定选用材料,并接受定作人检验。	第七百七十四条　承揽人提供材料的,应当按照约定选用材料,并接受定作人检验。

理解与适用

承揽合同中，双方可以约定由定作人提供材料，也可以约定由承揽人提供材料，合同中可以对材料的品种、质量、数量、规格等进行约定。合同约定由承揽人提供材料的，承揽人应当按照承揽合同在约定的时间内提供符合要求的材料。

承揽人提供材料的，定作人有权对材料进行检验，检验的内容主要包括原材料的数量是否符合合同约定，原材料的质量是否达到合同约定的质量要求。但要注意的是，对于材料的检验，是定作人的权利，而非义务。如果约定承揽人选用材料，定作人未进行检验出现因材料存在瑕疵而导致工作成果出现瑕疵的，应该由承揽人承担该风险和责任。

实务问题

在实务中，为避免双方因材料选择产生后续的问题，承揽人在确定材料时，应当通知定作人在合理的期限内对材料进行检验。定作人如果在合理期限内不检验材料，承揽人已经完成了通知义务，便可以利用选择的材料开始工作。

在该过程中定作人如果发现承揽人选取的材料有问题，要第一时间向承揽人提出异议，要求承揽人进行补齐或者更换材料，并且注意保存相关邮件、函件等证据。定作人发现承揽人提供的原材料不符合约定而未通知承揽人的，视为原材料符合约定。同时，承揽人应选取质量符合要求的材料，确保工程能够验收合格。如果因为承揽人提交的材料存在瑕疵而导致工作成果出现瑕疵的，这一风险应当由承揽人承担。

（编写人：李高来）

法律条文

第七百七十五条　定作人提供材料的，应当按照约定提供材料。承揽人对定作人提供的材料应当及时检验，发现不符合约定时，应当及时通知定作人更换、补齐或者采取其他补救措施。

承揽人不得擅自更换定作人提供的材料，不得更换不需要修理的零部件。

条文主旨

本条是关于由定作人提供材料时,双方当事人的义务的规定。

新旧法对比

《合同法》	《民法典》
第二百五十六条　定作人提供材料的,定作人应当按照约定提供材料。承揽人对定作人提供的材料,应当及时检验,发现不符合约定时,应当及时通知定作人更换、补齐或者采取其他补救措施。 承揽人不得擅自更换定作人提供的材料,不得更换不需要修理的零部件。	第七百七十五条　定作人提供材料的,应当按照约定提供材料。承揽人对定作人提供的材料应当及时检验,发现不符合约定时,应当及时通知定作人更换、补齐或者采取其他补救措施。 承揽人不得擅自更换定作人提供的材料,不得更换不需要修理的零部件。

理解与适用

承揽合同中,根据承揽工作性质或者交易习惯,双方当事人可以约定由定作人提供材料,并且应当约定提供材料的时间、数量和质量。定作人应当在合同约定的时间向承揽人提供符合约定数量和质量的材料。

当定作人按约定提供原材料后,承揽人应当立即检验原材料,这是承揽人的义务之一。检验的内容主要包括原材料的数量及原材料的质量是否达到合同约定的要求。如果经承揽人检验,定作人提供的原材料符合约定,承揽人应当确认并通告定作人。如果经检验,发现定作人提供的原材料不符合合同约定的,承揽人应当通知定作人补齐或者更换。因承揽人原因,未及时通知定作人原材料不符合约定的,影响完成工作时间的,承揽人应当承担违约责任。承揽人发现定作人提供的原材料不符合约定而未通知定作人的,视为原材料符合约定,因该原材料数量、质量原因造成承揽工作不符合约定的,由承揽人承担违约责任,定作人有权要求承揽人修理、更换、减少报酬或者解除合同,造成定作人损失的,承揽人应当赔偿损失。

实务问题

定作人在接到承揽人针对原材料不符合约定的通知后,应当及时采取措施,补齐或者更换原材料。因定作人迟延补齐、更换造成工期顺延的,或者定作人未进行补齐、更换的,承揽人有权解除合同,因此造成承揽人损失的,由定作人承担损害赔偿责任。

如果经承揽人检验，定作人提供的原材料符合约定的，承揽人应当妥善保管该原材料，并以该原材料完成工作。在工作期间，承揽人不得擅自更换定作人提供的材料，不得更换不需要修理的零部件，因擅自更换材料造成工作成果不符合约定质量的，定作人有权要求承揽人修理、更换、减少报酬或者解除合同，造成定作人损失的，承揽人承担赔偿责任。承揽人使用定作人提供的原材料应当符合合同中约定或者合理的损耗量，由于承揽人的原因造成材料浪费的，承揽人应当赔偿，造成材料短缺的，由承揽人负责补齐。如果完成承揽工作后，定作人提供的材料有剩余的，承揽人应当返还给定作人。

（编写人：李高来）

法律条文

第七百七十六条　承揽人发现定作人提供的图纸或者技术要求不合理的，应当及时通知定作人。因定作人怠于答复等原因造成承揽人损失的，应当赔偿损失。

条文主旨

本条是关于定作人要求不合理时，双方当事人的义务的规定。承揽人发现问题时，应当及时通知定作人，定作人怠于处理的，应当赔偿损失。

新旧法对比

《合同法》	《民法典》
第二百五十七条　承揽人发现定作人提供的图纸或者技术要求不合理的，应当及时通知定作人。因定作人怠于答复等原因造成承揽人损失的，应当赔偿损失。	【内容不变】第七百七十六条

理解与适用

承揽工作的特殊性就是承揽人按照定作人的要求进行工作，定作人一般通过提供图纸或者技术要求的方式对承揽人的工作提出要求。一般情况下，承揽人应该严格按照定作人提供的图纸或者技术要求进行工作，但是由于公认承揽人应该比定作人更加了解定制的工作,所以更容易发现定作人提供的图纸或者技术要求的不合理之处。因此,如果承揽人在工作之前或者工作之中发现定作人提供的图纸或者技术要求不合理的,应当及时将该情况通知定作人。因承揽人未及时通知定作人的,如果造成了工期延期等情况,给定作人造成损失的,承揽人应当承担赔偿责任。如果承揽人发现不合理之处后仍然进行工作的,承揽人应当承担相应的责任,定作人有权要求承揽人修理、更换、减少价款或者解除合同。造成定作人损失的,承揽人应当赔偿损失。

实务问题

在实务中,无论是定作人还是承揽人,都应当对图纸或者技术要求不合理的情况及时处理。承揽人发现问题时,应该及时通知定作人,要求定作人修改图纸或者调整技术要求。定作人在接到通知后,应当立即采取措施修改图纸和技术要求。修改完成后,定作人应当及时答复承揽人,在承揽人发出通知至收到定作人答复期间,承揽人可以停止工作,工期顺延,定作人应当赔偿承揽人在此期间的误工以及其他损失。

如果定作人在接到通知后,未能及时答复承揽人并提出修改意见的,承揽人有权要求定作人赔偿其误工等损失。定作人怠于答复的,承揽人可以催告定作人在合理期限内予以答复并提出修改意见,在合理期限内承揽人仍未收到定作人答复的,承揽人有权解除合同,并通知定作人,因此造成的损失,由定作人赔偿。

(编写人:李高来)

法律条文

第七百七十七条　定作人中途变更承揽工作的要求,造成承揽人损失的,应当赔偿损失。

条文主旨

本条是关于定作人中途变更工作要求的法律责任的规定。根据本条规定,定作人可以中途变更承揽工作的要求,但根据公平原则,定作人中途变更对承揽工作要求,造成承揽人损失的,应当赔偿承揽人的损失。

新旧法对比

《合同法》	《民法典》
第二百五十八条　定作人中途变更承揽工作的要求,造成承揽人损失的,应当赔偿损失。	【内容不变】第七百七十七条

理解与适用

根据本条的规定,定作人拥有中途变更承揽工作的权利,这也是由承揽工作性质决定的。承揽工作的目的就是满足定作人的特殊需求,当定作人在承揽人工作期间认为按照原先的要求不再能够满足其需求,当然可以改变原先的工作要求。

与一般的合同不同,一般情况下合同的更改需要双方协商一致,任意一方不能轻易地变更合同内容。但是承揽合同中,承揽人应当按照定作人的要求进行工作。如果定作人中途变更对承揽工作要求的,如修改设计图纸,提出新的质量要求等,承揽人应当按照定作人的新要求工作。同样,此时如果承揽人认为定作人提出的新要求不合理的,应当及时通知定作人。定作人应该作出相应的修改与答复。

虽然定作人可以中途变更承揽工作要求,但根据公平原则,定作人中途变更对承揽工作要求,应该提供相应的材料与支持,对新增加的费用应该进行承担,并增加相应的报酬。在这期间如果造成承揽人损失的,应当赔偿承揽人的损失。

实务问题

1. 案情简介①

2018年3月22日,西充县人民政府授权建设局依法确认北京碧水源科技股份有限公司及联合成员北京久安建设投资集团有限公司为承包方,并签订西充县海绵城市建设(一期)PPP项目合作合同。2018年5月1日,碧水青山公司与久安公司签订《西充县海绵城市建设(一期)建设施工合同》,该合同包含莲花湖片区域改造项目,合同显示碧水青山公司为发包方,久安公司为承包方,久安公司在莲花湖升级改造施工中,将劳务分包给兰丰公司(双方未提交劳务分包合

① 四川省西充县人民法院(2020)川1325民初997号。

同)。2018年7月1日上午10时左右,施工中的一辆挖掘机在清淤时被陷,兰丰公司现场管理人员何某安排张某德所属"日立270"挖掘机驾驶员王某伟对被陷挖掘机施救。被陷挖掘机救起后,何某安排"日立270"挖掘机就地进行清淤,致"日立270"挖掘机也被陷。何某随即联系了本项目上的吊车(100吨位),其驾驶员称吊不起来。何某又联系南充吊车(200吨位),吊车到位后,张某德要求把赔偿问题解决好后,再吊挖掘机,双方处于僵持之中。当日下午3时左右下暴雨,致"日立270"挖掘机被水淹没。兰丰公司支付了吊车、拖车返工费5200元。7月5日,兰丰公司将"日立270"挖掘机拖起后,送南充维修。维修厂对"日立270"挖掘机检查后,报价维修费35万元。原告张某德无力垫付维修费,要求各被告支付维修费,各被告相互推诿,拒绝支付。张某德多次找县政府分管领导解决,分管领导责成代建中心协调。代建中心分别于2018年9月4日、2019年5月31日两次主持张某德与兰丰公司调解未果。从两次调解中可以看出张某德对挖掘机维修费认可,兰丰公司对赔偿维修费及损失拒绝签字。2019年7月19日,建设局向碧水青山公司发出《西充县住房和城市建设局关于解决张某德挖掘机被水淹事项的函》,函告内容:"碧水青山公司督促兰丰公司与张某德达成赔偿协议,并支付35万元解决张某德挖掘机水淹维修费,该笔补偿款纳入PPP项目总投资,以后与政府结算。"2019年7月24日,兰丰公司工作人员冷某明书面承诺于2019年8月25日前将350,000元修理费支付完毕。2019年9月11日,兰丰公司将该笔费用支付完毕。张某德在收条上承诺:"挖掘机租赁损失费从2019年10月30日后由本人负责"。张某德领到维修费35万元后,认为维修费增高了,没有维修价值,未对挖掘机进行修复,后原告向法院提起诉讼。

2. 法院认为

关于兰丰公司安排张某德所属挖掘机对被陷挖掘机施救,改变作业地点是否存在过错,对张某德所诉损失是否应当赔偿的问题,根据《合同法》第258条:"定作人中途变更承揽工作的要求,造成承揽人损失的,应当赔偿损失。"的规定。兰丰公司使用张某德挖掘机的主要目的是清理湖底淤泥,挖掘机应当完成的工作是清淤。兰丰公司安排其施救被陷的另一挖掘机,不属张某德挖掘机应当完成的工作,兰丰公司安排"日立270"挖掘机施救不当。被陷挖掘机虽被救起,但安排其在被陷挖掘机处就地作业,改变了挖掘机的工作地点,是导致张某德挖掘机被陷的诱因。因此兰丰公司存在过错,应承担赔偿责任。张某德所雇"日立270"挖掘机驾驶员明知被救挖掘机作业地点存在被陷风险,未进行规避,仍坚持就地作业亦是挖掘机被陷的诱因。同时,张某德在兰丰公司组织对其挖掘施救过程中，坚持处理好赔偿问题，再施救的行为拖延了施救时间，导致挖掘机长时间被水淹没。张某德存在过错，也应承担相应责任。

3. 评析

在实务中，对承揽工作的变更包括了工作的内容、时间、地点等多种因素，定作人对变更承揽人的工作应该保持谨慎。承揽人在被通知变更承揽工作时，也应该根据具体情况判断是否能继续工作，否则也要承担相应的责任。

（编写人：李高来）

法律条文

第七百七十八条　承揽工作需要定作人协助的，定作人有协助的义务。定作人不履行协助义务致使承揽工作不能完成的，承揽人可以催告定作人在合理期限内履行义务，并可以顺延履行期限；定作人逾期不履行的，承揽人可以解除合同。

条文主旨

本条是关于定作人协助义务的规定。

新旧法对比

《合同法》	《民法典》
第二百五十九条　承揽工作需要定作人协助的，定作人有协助的义务。定作人不履行协助义务致使承揽工作不能完成的，承揽人可以催告定作人在合理期限内履行义务，并可以顺延履行期限；定作人逾期不履行的，承揽人可以解除合同。	【内容不变】第七百七十八条

理解与适用

根据本条的规定，承揽工作需要定作人协助的，定作人有协助义务，定作人应当协助承揽人完成工作。

如果定作人的协助义务是完成承揽合同的前提条件，定作人不履行的，承揽人应当催告定作人在合理期限内履行，并可以顺延完成工作的期限。如果在合理期限内定作人仍未履行协助义务，定作人的逾期不履行将导致合同不能继续履行、承揽工作无法按约完成的,承揽人可以解除合同。

承揽人解除合同的,应当通知定作人,通知到达定作人时,解除生效。解除合同能恢复原状的,双方当事人应当恢复原状。解除合同并不能免除定作人不履行协助义务的责任,给承揽人造成损失的,定作人应当赔偿损失。有两点应当注意:一是定作人不履行协助义务,无论有无过错,只要是经催告仍未在合理期限内履行的,客观上致使承揽工作无法完成的,承揽人就可以解除合同。承揽人未经催告的,不能解除合同。二是如果定作人不履行协助义务并不能导致工作不能完成,则承揽人不能解除合同,而只能要求定作人赔偿损失;如果因此导致工作成果交付的期限拖延的,定作人应当承担迟延履行的责任。

实务问题

在实务中在承揽人需要定作人协助但是定作人不履行协助义务的情况下,承揽人可以采取以下措施:

(1)承揽人催告定作人在合理期限内履行,并可以顺延完成工作的期限。

(2)定作人逾期不履行协助义务的,承揽人可以解除合同。首先,承揽人未经催告的,不能解除合同。其次,承揽人解除合同的,应当通知定作人,通知到达定作人时,解除才生效。同时,解除合同并不能免除定作人不履行协助义务的责任,给承揽人造成损失的,定作人应当赔偿损失。

需要强调的是,承揽人解除合同的前提是定作人不履行协助义务必然导致工作不能完成,如果可以完成的,则承揽人不能解除合同,而只能要求定作人赔偿损失;如果因此导致工作成果交付的期限拖延的,定作人应当承担迟延履行的责任。

(编写人:李高来)

法律条文

第七百七十九条　承揽人在工作期间,应当接受定作人必要的监督检验。定作人不得因监督检验妨碍承揽人的正常工作。

条文主旨

本条是关于定作人监督检查承揽工作的规定。定作人有权在工作期间对承揽的工作进行必要的监督检验,但是定作人的监督检验行为不得妨碍承揽人的正常工作。

新旧法对比

《合同法》	《民法典》
第二百六十条　承揽人在工作期间，应当接受定作人必要的监督检验。定作人不得因监督检验妨碍承揽人的正常工作。	【内容不变】第七百七十九条

理解与适用

根据本条的规定，定作人有权在工作期间对承揽的工作进行必要的监督检验，但是定作人行使监督权也需要满足以下两个条件。

（1）定作人的监督检验必须是必要的。这里“必要”是指，如果合同中已经约定定作人监督检验的范围的，定作人应当按照约定的内容按时进行检验。如果合同中未约定检验范围的，定作人应当根据承揽工作的性质，对承揽工作质量进行检验，如承揽人是否使用符合约定的材料、承揽人是否按照定作人提供的图纸或者技术要求工作。如果定作人发现承揽人的工作不符合约定，可以要求承揽人返工、修理或者更换。[①]

（2）定作人的监督检验行为不得妨碍承揽人的正常工作。定作人的监督检验行为给承揽人造成损失的，应当承担损害赔偿责任。

实务问题

在杭州润炬建筑机械有限公司与湖州天蓝进出口有限公司定作合同纠纷[②]一审案中，法院认为：双方定作合同对在支付进度款前定作人是否有权先行验货没有明确约定，仅约定了收货后的调试及质量异议期等。《合同法》第260条规定，承揽人在工作期间，应当接受定作人必要的监督检验。定作人不得因监督检验妨碍承揽人的正常工作。参照该条规定，法院认为，天蓝公司在定作物生产期间包括生产完成后、支付进度款前有权要求初步检验货物。但法律并未规定定作人的监督检验权行使系其支付对价款的前提要件，即定作人的该项权利并非支付对价款的法定前置条件。关于双方的履行顺序，应当遵循意思自治，仍以双方约定为主；在双方没有明确约定的情形下，不应以检验监督权利影响双方关于合同履行顺序的约定。就本案而言，天蓝公司提交的证据，尚不足以证明其在润

① 参见最高人民法院民法典贯彻实施工作领导小组编：《中华人民共和国民法典合同编理解与适用》，法律出版社2009年版，第1851~1852页。

② 浙江省湖州市吴兴区人民法院（2019）浙0502民初5117号。

炬公司发函要求其付款提货前后主张过验货，或主张验货而被润炬公司拒绝。天蓝公司未适时行使其监督检验的权利，系其对自身权利的处分，不能对抗润炬公司按照合同约定的履行顺序而主张付款请求权。

（编写人：李高来）

法律条文

第七百八十条　承揽人完成工作的，应当向定作人交付工作成果，并提交必要的技术资料和有关质量证明。定作人应当验收该工作成果。

条文主旨

本条是承揽人向定作人交付工作成果的规定。完成承揽工作并交付工作成果，是承揽人的一项义务；定作人在交付时，应当验收该工作成果，这是定作人的权利也是定作人的义务。

新旧法对比

《合同法》	《民法典》
第二百六十一条　承揽人完成工作的，应当向定作人交付工作成果，并提交必要的技术资料和有关质量证明。定作人应当验收该工作成果。	【内容不变】第七百八十条

理解与适用

在承揽合同中，承揽人需要在约定的时间内完成承揽工作，并且交付工作成果。在承揽人完成工作的期间，虽然工作成果的所有权一直属于定做人，但是该工作成果在此期间一直为承揽人所占有，因此本条才规定，承揽人完成工作后应当向定作人交付工作成果，定作人应当验收该工作成果。验收一般包括三个步骤：第一，确认交付时间和地点；第二，查点工作成果的数量；第三，查验工作成果的质量以及有关技术资料和质量证明。

本条还规定，承揽人交交付工作成果时，应该提交必要的技术资料和有关的质量证明，这样才能便于定作人的验收和检验。技术资料主要包括使用说明书，结构图纸、有关技术数据。质量证明包括有关部门出具的质量合格证书以及其他能够证明工作成果质量的数据、鉴定证明等。另外，除了交付工作成果、必要的技术资料和质量证明外，依据公平原则，承揽人还应当交付工作成果的附从物，如工作成果必备的备件、配件、特殊的维护工具等。如果定作人提供的材料尚有剩余，承揽人也应当退还定作人。

实务问题

在承揽人完成工作之后，双方应该对工作成果的提取进行约定。

首先，如果合同约定定作人自己提货的，承揽人应该通知定作人提货，并按照双方约定或者协商提货的地点与时间提货，承揽人和定作人应该准时前往提货地点进行交接。一般情况下，承揽人完成工作的地点或者定作人指定的地点为交付地点，承揽人通知定作人提货的日期为交付日期。但是，承揽人在通知中，应该给定作人留下必要的准备时间和在途时间。

其次，如果是合同约定由承揽人送交的，承揽人在工作完成后，应自备运输工具，将工作成果送到定作人指定的地点并通知定作人验收。定作人指定的地点为交付地点，定作人实际接受的日期为交付日期。约定由运输部门或者邮政部门代为运送的，承揽人应当在工作完成后，将工作成果交到运输部门或者邮政部门，办理运输手续。运输部门或者邮政部门收货的地点为交付地点，运输部门或者邮政部门接受工作成果的日期为交付日期。

最后，如果合同中未约定交付的时间、地点和方式的，承揽人可以与定作人协议补充；不能达成补充协议的，承揽人按照合同有关条款或者交易习惯交付。按照合同有关条款或者交易习惯仍不能确定交付时间、地点、方式的，承揽人应当在工作完成时，通知定作人取货。承揽人通知取货的地点为交付地点，承揽人确定的合理取货时间为交付时间。根据承揽合同性质，承揽工作无须特别交付的，承揽人完成工作即为交付，完成工作的时间为交付时间。如果承揽人履行交付义务时，若出现定作人迟延验收、定作人下落不明或者定作人死亡或者丧失行为能力而未确定继承人或者监护人等情况，承揽人可以依法将工作成果提存，若定作人未支付报酬、材料费等费用的，承揽人可以留置该工作成果。

（编写人：李高来）

法律条文

第七百八十一条　承揽人交付的工作成果不符合质量要求的，定作人可以合理选择请求承揽人承担修理、重作、减少报酬、赔偿损失等违约责任。

条文主旨

本条是关于承揽人因工作成果质量不符合约定所承担违约责任的规定。

新旧法对比

《合同法》	《民法典》
第二百六十二条　承揽人交付的工作成果不符合质量要求的,定作人可以要求承揽人承担修理、重作、减少报酬、赔偿损失等违约责任。	第七百八十一条　承揽人交付的工作成果不符合质量要求的,定作人可以**合理选择请求**承揽人承担修理、重作、减少报酬、赔偿损失等违约责任。

理解与适用

根据本条规定以及本章的有关规定,承揽人承担瑕疵担保责任,应具备两个条件:

(1)承揽人交付的工作成果不符合质量要求。工作成果不符合质量要求具体分为以下几种情况:第一,承揽合同中当事人约定了质量标准和要求的,承揽人交付的工作成果质量不符合该约定的;第二,当事人未约定质量标准或者约定不明确的,则工作成果应当符合根据合同条款或者交易习惯所确定的质量标准,否则可认定工作成果不符合质量要求;第三,合同条款或者交易习惯难以确定质量标准的,工作成果应当具备其通常使用效用,否则可认定工作成果不符合质量要求。

(2)定作人在合理的期限内提出质量异议。承揽人交付工作成果后,定作人应当及时进行验收,经验收发现工作成果不符合约定的,定作人应当合理的期限内通知承揽人。定作人未及时检验,或者在检验发现问题后怠于通知,或者在收到工作成果之日起两年内未通知承揽人的,视为工作成果的数量或者质量符合要求,即使事实上工作成果不符合质量要求,承揽人也不承担违约责任。

实务问题

1. 案情简介①

2016年4月8日,百诚暖通公司(乙方)与伊州金马饭店(甲方)签订了一份《美的家庭中央空调销售、安装合同》,合同签订后,经双方协商百诚暖通公司在

① 新疆维吾尔自治区哈密地区中级人民法院(2020)新22民终432号。

西域金马饭店安装了 21 套中央空调、合同总价调整为 116,000 元,被告向原告支付 19,000 元空调款,尚欠 97,000 元空调款未付,引起诉讼。

2. 法院认为

根据《合同法》第 262 条规定:承揽人交付的工作成果不符合质量要求的,定作人可以要求承揽人承担修理、重作、减少报酬、赔偿损失等违约责任。百诚暖通公司安装的空调未完全达到使用要求,对此百诚暖通公司存在过错,应承担相应的责任。因空调安装后是否能达到使用要求,需要在使用过程中进行调试,并查找原因、解决问题。西域金马饭店、伊州金马饭店未采纳百诚暖通公司的建议,直接购买了柜式空调代替中央空调,导致百诚暖通公司安装的空调未能全部使用,亦存在一定的过错。综合该案的实际情况,应由承揽方百诚暖通公司承担减少报酬的违约责任。百诚暖通公司作为专业安装制冷设备的主体,对提供与房间大小匹配的空调设备或相适应的通风口有更高的注意义务,故本院酌定减少百诚暖通公司 60%的报酬,即 116,000×60%=69,600 元,西域金马饭店、伊州金马饭店已支付 19,000 元,还应支付 27,400 元(116,000 元-69,600 元-19,000 元)。

法院判决:(1)撤销新疆维吾尔自治区哈密市伊州区人民法院(2019)新 2201 民初 3189 号民事判决;(2)哈密市北郊路西域金马饭店、哈密市前进西路伊州金马饭店于本判决生效之日起 10 日内向哈密百城暖通机电设备有限公司支付 27,400 元;(3)驳回哈密百城暖通机电设备有限公司的其他诉讼请求;(4)驳回哈密市北郊路西域金马饭店、哈密市前进西路伊州金马饭店的其他反诉请求。

3. 评析

在司法实例中,根据规定,承揽人完成的工作成果不符合质量要求的,需要承担违约责任,但是定作人如果存在一定的过错的,也需要承担一定的后果。

(编写人:李高来)

法律条文

第七百八十二条　定作人应当按照约定的期限支付报酬。对支付报酬的期限没有约定或者约定不明确,依据本法第五百一十条的规定仍不能确定的,定作人应当在承揽人交付工作成果时支付;工作成果部分交付的,定作人应当相应支付。

条文主旨

本条是关于定作人支付报酬期限的规定。

新旧法对比

《合同法》	《民法典》
第二百六十三条　定作人应当按照约定的期限支付报酬。对支付报酬的期限没有约定或者约定不明确,依照本法第六十一条的规定仍不能确定的,定作人应当在承揽人交付工作成果时支付;工作成果部分交付的,定作人应当相应支付。	第七百八十二条　定作人应当按照约定的期限支付报酬。对支付报酬的期限没有约定或者约定不明确,依**据**本法**第五百一十条**的规定仍不能确定的,定作人应当在承揽人交付工作成果时支付;工作成果部分交付的,定作人应当相应支付。

理解与适用

根据本条的约定,向承揽人支付报酬是定作人最基本的义务。定作人应当按照合同约定的期限,以合同约定的币种、数额,向承揽人支付报酬。

如果承揽合同对支付报酬的期限没有约定或者约定不明确的,可以协议补充约定报酬支付期限,定作人按照补充约定的期限向承揽人支付报酬。当事人不能达成补充协议的,定作人按照合同有关条款或者交易习惯确定的支付期限,向承揽人支付报酬。

实务问题

1. 案情简介[①]

君盛公司与经纬公司之间签订协议,由经纬公司向君盛公司定作 30Z-A04 号专用支架一批。协议签订后,君盛公司按协议于 2012 年 10 月 23 日至 2013 年 5 月 24 日分 6 次向经纬公司送货共计 6450 只。君盛公司提供了订单(传真件)、送货单各 6 份等证据,该 6 份送货单显示君盛公司分别于 2012 年 10 月 24 日至 2013 年 5 月 27 日向经纬公司开具了 6 张金额合计 22.225 万元的增值税专用发票。经纬公司分别于 2013 年 1 月 5 日至 3 月 12 日向君盛公司付款 3.5 万元、1.925 万元、3.5 万元,合计 8.925 万元,尚有 13.3 万元未付。2018 年 1 月 3 日,君盛公司以经纬公司未支付 13.3 万元为由诉至浙江省宁波市北仑区人民法院。

① 浙江省高级人民法院(2019)浙民申 969 号。

2. 法院认为

该案并未超过诉讼时效。君盛公司于2012年10月至2013年5月分6次向世纪经纬公司运送定作物,并开具6张合计金额为22.225万元的增值税专用发票。世纪经纬公司分别于2013年1月至3月向君盛公司分别付款3.5万元、1.925万元、3.5万元,合计款8.925万元。因双方未约定剩余定作款的支付时间,且世纪经纬公司也未提供其在收到君盛公司开具的增值税专用发票并进行抵扣后,明确表示不愿意再支付剩余定作款的相关证据。依照2008年《最高人民法院关于审理民事案件适用诉讼时效制度若干问题的规定》第6条的规定:"未约定履行期限的合同,依照合同法第六十一条、第六十二条的规定,可以确定履行期限的,诉讼时效期间从履行期限届满之日起计算;不能确定履行期限的,诉讼时效期间从债权人要求债务人履行义务的宽限期届满之日起计算,但债务人在债权人第一次向其主张权利之时明确表示不履行义务的,诉讼时效期间从债务人明确表示不履行义务之日起计算。"据此,二审法院认定君盛公司于2018年1月3日诉至法院,要求世纪经纬公司支付定作款并未超过诉讼时效期间,有相应的事实和法律依据。

3. 评析

如果未约定付款期限的付款时间如何确定?

关于未约定付款期限的付款时间如何确定,我国《合同法》总则和分则均有规定。《民法典》第511条明确规定:"当事人就有关合同内容约定不明确,依据前条规定仍不能确定的,适用下列规定:……(四)履行期限不明确的,债务人可以随时履行,债权人也可以随时请求履行,但是应当给对方必要的准备时间……"而《民法典》第782条对承揽合同中的支付报酬期限也进行了规定:定作人应当按照约定的期限支付报酬。对支付报酬的期限没有约定或者约定不明确,依据《民法典》第510条的规定仍不能确定的,定作人应当在承揽人交付工作成果时支付;工作成果部分交付的,定作人应当相应支付。

一审法院认为认定支付加工款项应当在交付工作成果时支付,从而认定已经超过了3年的诉讼时效;而二审法院则认为根据现有证据不能确定付款期限的,诉讼时效期间从债权人要求债务人履行义务的宽限期届满之日起计算,君盛公司并未超过法定的3年诉讼时效期间。

在有冲突的情况下如何适用,现存在较大争议。《民法典》第782条是对当事人没有约定付款的情况下所作的规定,也是一方请求另一方支付款项的依据,另一方不能以未约定付款期限或未到付款期限为由行使抗辩权。因此,法律明文规定了付款期限,诉讼时效则应按有履行期限的规定来处理,即一方当事人交货后即可请求另一方当事人支付货款,交货时另一方没有付款的,一方当事人就应当知道自己权利受到了侵害,在没有其他情节的情况下,诉讼时效应从交付成果之日起计算。①

(编写人:李高来)

法律条文

第七百八十三条　定作人未向承揽人支付报酬或者材料费等价款的,承揽人对完成的工作成果享有留置权或者有权拒绝交付,但是当事人另有约定的除外。

条文主旨

本条是关于承揽人留置权的规定。定作人应当按照约定支付报酬或者材料费是定作人的基本义务。如果定作人无正当理由不履行支付报酬等价款等义务的,承揽人有权对完成的工作成果享有留置权或者有权拒绝交付。

新旧法对比

《合同法》	《民法典》
第二百六十四条　定作人未向承揽人支付报酬或者材料费等价款的,承揽人对完成的工作成果享有留置权,但当事人另有约定的除外。	第七百八十三条　定作人未向承揽人支付报酬或者材料费等价款的,承揽人对完成的工作成果享有留置权**或者有权拒绝交付**,但是当事人另有约定的除外。

理解与适用

根据本法以及我国其他法律的有关规定,承揽人行使留置权应当符合以下三个前提条件:

(1)定作人无正当理由不履行支付报酬、材料费等费用。虽然承揽人享有工作成果的留置权,但并不是随意使用的,只有在支付期限届满时,定作人未向承揽人支付报酬或者材料费等价款的,承揽人才能留置工作成果。

(2)承揽人合法占有本承揽合同的工作成果。当承揽人已经将工作成果交

① 参见杨治:《浙江高院裁定君盛公司诉经纬公司定作合同纠纷案》,载北大法宝网,https://www.pkulaw.com/pfnl/a6bdb3332ec0adc4d039cc3225af5fd4e35bf17a5d0830b1bdfb.html。

付给定作人,该工作成果已由定作人占有时,承揽人就无法实现留置权。如果工作成果是在动产上进行的,承揽人也无法实现留置权。如果定作人同承揽人订有数个承揽合同,承揽人只能留置定作人未付报酬的某个或某些合同的工作成果,并且留置的财产仅限于工作成果之上,即使承揽人占有定作人的其他财产,承揽人也不能留置该其他财产。

(3)双方当事人并没有约定承揽人不能留置工作成果。如果双方已在合同中约定,承揽人不得留置工作成果,在工作完成时,承揽人应当按照约定向定作人交付工作成果未支付报酬或者材料费的,承揽人只能要求定作人支付报酬或者材料费以及承担约定的违约责任。

实务问题

1. 案情简介①

京中公司与世纪公司于 2011 年 12 月 12 日签订协议,约定世纪公司从京中公司处购买橱柜,用于天津兰苑项目。合同对货品名称、规格、总价(495 万元)、技术标准、质量要求、付款、结算、交货方式、地点及日期等进行了约定。协议第 7 条第 7 款约定在交货前世纪公司提出整改要求后 10 日内京中公司未提出整改方案并加以施做的,世纪公司有权选择单方解除本协议,另行委托第三方施做,由此产生的损失由京中公司承担。2013 年 10 月 22 日双方签订补充协议,约定原协议十三栋楼 934 户橱柜安装更改为:七栋楼 502 户仍依原协议进行(502 户橱柜金额为 2,660,600 元);其他六栋楼(1 号楼、2 号楼、3 号楼、8 号楼、11 号楼、13 号楼)432 户变更为毛坯房标准(金额为 2,289,400 元),由京中公司负责供货及初步组装并做成品保护后摆放到位。世纪公司依原协议已支付的预付款 198 万元,用作精装楼栋和毛坯楼栋的橱柜预付款。补充协议对两类橱柜的付款方式进行了明确约定。

法院调取的验收材料显示 2014 年 6 月 30 日已安装的 502 套橱柜所涉楼栋的整体工程竣工质量已验收,业主于 2014 年 7 月初开始陆续入住。

世纪公司称 502 套橱柜存在质量问题,且未经验收,故其可向京中公司拒付已安装的 502 套橱柜的剩余款项。京中公司称世纪公司未依约于 2014 年 7 月 31 日前订货完成,故世纪公司应于 2014 年 7 月 31 日前支付至全部货物总额的 95%,即 4,843,980.46 元,而世纪公司实际只付款 304 万元,因此在世纪公司于

① 北京市第二中级人民法院(2016)京 02 民终 5411 号。

2014年8月要求京中公司交付剩余未安装的432套橱柜时,京中公司可就此432套橱柜行使留置权,故其在收到世纪公司要求安装剩余橱柜的通知后,并未进行交付。京中公司于2012年8月已将剩余未安装的432套橱柜加工完毕,现此部分橱柜留存于京中公司。

2014年8月20日,世纪公司向京中公司发函,指出已安装的502套橱柜存在质量问题,多次催告京中公司整改,但京中公司仍未整改。世纪公司要求京中公司必须在2014年8月24日前将剩余货物全部送货并安装完毕,并对出现的质量问题予以维修或更换。如京中公司未在上述期限内送货并整改完毕,世纪公司将依法解除与京中公司的合同,并追究违约责任。京中公司认可收到前述函件。

世纪公司在2014年6月27日之后未再向京中公司付款。京中公司亦未在世纪公司通知的2014年8月24日前将剩余432套橱柜全部送货并安装完毕。后,京中公司提起本案诉讼,要求世纪公司:(1)给付未付橱柜定作费1,803,980.46元;(2)提走留存在京中公司的432套未安装橱柜。世纪公司不同意前述诉讼请求,同时提出反诉:(1)确认双方于2011年12月12日签订的协议、2013年10月22日签订的补充协议于2014年9月19日解除;(2)判令京中公司返还货款496,533.20元。

2. 法院认为

京中公司未向世纪公司交付剩余432套橱柜,属于不当行使留置权。依补充协议第4条之约定及法院调取的验收材料可知,双方虽就已安装的502套橱柜未进行书面验收,但由于2014年7月业主已投入使用,应视为已安装的502套橱柜验收合格。故,截至2014年7月世纪公司就502套橱柜应支付至此部分货款数额的95%,即2,669,050.46元。而依补充协议对毛坯楼栋橱柜剩余款项付款方式的约定,世纪公司在2014年8月20日通知京中公司安装剩余的432套橱柜时,应支付至此432套橱柜款项的50%(含已付的40%预付款),即1,144,700元。综上,截至2014年8月20日,世纪公司就已交付的502套橱柜及尚未交付的432套橱柜,应付款项需达到3,813,750.46元,而此时世纪公司已付款数额为304万元,与其应付款差额为773,750.46元。《合同法》第264条规定,定作人未向承揽人支付报酬或者材料费等价款的,承揽人对完成的工作成果享有留置权,但当事人另有约定的除外。而《物权法》第233条规定,留置财产为可分物的,留置财产的价值应当相当于债务的金额。截至2014年8月20

日,世纪公司已付款项与其应向京中公司支付的款项之间差额为773,750.46元,如京中公司行使留置权,也应在世纪公司应付的债务限额内行使,即京中公司应留置价值相当于773,750.46元的橱柜,而实际情况是,在世纪公司要求京中公司于2014年8月24日前交付剩余的432套橱柜时,京中公司未予交付,而是将价值2,289,400元的剩余432套橱柜全部留存于京中公司。京中公司在向世纪公司所发的律师函中并未提到其行使留置权,故京中公司以其实际行为表示其不履行交付剩余432套橱柜的义务,且至2014年9月19日京中公司收到世纪公司发出的解除合同通知时,仍未履行交付剩余432套橱柜的义务,京中公司的行为属于不当行使留置权,已构成根本违约,其行为致使双方有关432套橱柜的合同条款已于2014年9月19日解除,故此432套橱柜所导致的损失应由京中公司自行承担。京中公司要求世纪公司支付此432套橱柜的承揽款并要求其提走此部分橱柜的诉讼请求,无事实依据,法院不予支持。截至2014年6月27日,世纪公司已向京中公司付款304万元,减去其目前应向京中公司支付的502套橱柜承揽款2,669,050.46元,差额部分为370,949.54元,京中公司应将此部分差额返还世纪公司。故对世纪公司要求京中公司返还款项370,949.54元的诉讼请求,予以支持,超出部分,不予支持。

3. 评析

在实践中,承揽人要格外注意留置权的范围,承揽人仅就定作人未向承揽人支付报酬或者材料费等价款的部分享有留置权,对合同的其余部分依旧需要按照约定履行,否则会构成不当行使留置权,有可能导致承揽人根本违约。

(编写人:李高来)

法律条文

第七百八十四条　承揽人应当妥善保管定作人提供的材料以及完成的工作成果,因保管不善造成毁损、灭失的,应当承担赔偿责任。

条文主旨

本条是关于承揽人对材料和工作成果的保管责任的规定。

新旧法对比

《合同法》	《民法典》
第二百六十五条　承揽人应当妥善保管定作人提供的材料以及完成的工作成果，因保管不善造成毁损、灭失的，应当承担损害赔偿责任。	第七百八十四条　承揽人应当妥善保管定作人提供的材料以及完成的工作成果，因保管不善造成毁损、灭失的，应当**承担赔偿责任**。

理解与适用

承揽人在交付工作成果之前，工作成果是在承揽人占有之下的，承揽人应当妥善保管工作成果，保证能够如期交付。如果承揽人未尽妥善保管义务，造成工作成果毁损、灭失的，承揽人应当承担赔偿责任。因工作成果毁损、灭失而迟延交付的，承揽人应当承担迟延履行的违约责任并赔偿因此给定作人造成的损失。

实务问题

1. 案情简介①

2011年5月，顺达公司与凯跃公司签订了改性沥青加工合同，约定顺达公司提供基质沥青暂定2000吨，凯跃公司加工成改性沥青，加工单价1250元/吨。交货地点：辽河石化，运输方式：汽车运输(自提)。同年6月19日至7月17日，凯跃公司收到顺达公司基质沥青1930.2吨，凯跃公司为顺达公司加工改性沥青1489.84吨。2011年12月6日经凯跃公司确认，凯跃公司尚存有顺达公司基质沥青440.36吨。2011年基质沥青单价4756元/吨。顺达公司向辽宁省盘锦市中级人民法院提起诉讼，请求：凯跃公司归还基质沥青440.36吨及差价款773,272.16元或支付沥青款2,094,352.16元，及自欠款之日起至本判决确定给付之日止按中国人民银行同期贷款利率计算的利息。

2. 法院认为

顺达公司与凯跃公司签订的改性沥青加工合同系承揽合同，即顺达公司作为定作方向承揽方凯跃公司提供沥青原材料并支付加工费用，凯跃公司依约交付工作成果。顺达公司是案涉基质沥青原材料的所有权人，其请求凯跃公司返还该440.36吨基质沥青，是对物的请求权。经查，基质沥青如果在仓库中存放，

① 最高人民法院(2017)最高法民再332号。

避免日照和雨淋,可以存放2年至3年。2011年12月6日至2014年11月20日,顺达公司一直未向凯跃公司主张返还440.36吨基质沥青,凯跃公司亦未通知顺达公司基质沥青已经灭失的情况。2014年11月20日,顺达公司发律师函催要时,才知道剩余基质沥青已经灭失,至提起本案诉讼向凯跃公司主张赔偿其损失,并未超过2年的诉讼时效。双方当事人均认可目前基质沥青市场价格为2700元/吨。在案涉基质沥青已经灭失的情况下,顺达公司请求凯跃公司对其损失进行赔偿,有事实和法律依据。依照原《合同法》第251条、第265条,原《物权法》第241条、第244条,《民事诉讼法》第207条第1款、第170条第1款第2项之规定,判决:(1)撤销辽宁省高级人民法院(2016)辽民终896号民事判决和辽宁省盘锦市中级人民法院(2016)辽11民初1号民事判决;(2)盘锦凯跃经贸有限公司于本判决发生法律效力之日起10日内向辽宁顺达交通工程养护有限公司支付沥青款1,188,972元;(3)驳回辽宁顺达交通工程养护有限公司其他诉讼请求。

3.评析

请求返还原物应以物的客观存在为前提,基于基质沥青保存时间仅为2年至3年的特殊属性,顺达公司提起本案诉讼时,基质沥青作为原物已经灭失。凯跃公司并未提供证据证明基质沥青属于自然灭失。当物权受到严重侵害,已无法返还原物时,为周延保护物权人的利益,可以采取债权保护方法,即通过赔偿损失使物权人得到价值上的补偿。因此,《合同法》第265条规定:"承揽人应当妥善保管定作人提供的材料以及完成的工作成果,因保管不善造成毁损、灭失的,应当承担损害赔偿责任。"《物权法》第244条规定:"占有的不动产或者动产毁损、灭失,该不动产或者动产的权利人请求赔偿的,占有人应当将因毁损、灭失取得的保险金、赔偿金或者补偿金等返还给权利人;权利人的损害未得到足够弥补的,恶意占有人还应当赔偿损失。"该案中,虽然承揽人凯跃公司占有基质沥青为合法占有,但其并未取得基质沥青的所有权。当占有物毁损、灭失时,占有人仍应当对物的权利人即定作人承担赔偿责任。此时,所有权人的物权请求权已转化为物权赔偿请求权,权利的相关属性从物权属性转化为债权属性。物权损害赔偿请求权的救济是以对物的损失的填补为原则,基质沥青是种类物,在市场上可以购得,因此,在承揽人不能返还原物的前提下,可按照双方当事人认可的价格计算赔偿数额。

(编写人:李高来)

法律条文

第七百八十五条　承揽人应当按照定作人的要求保守秘密，未经定作人许可，不得留存复制品或者技术资料。

条文主旨

本条是关于承揽人保密的规定。定作人要求保密的，承揽人应当保密。

新旧法对比

《合同法》	《民法典》
第二百六十六条　承揽人应当按照定作人的要求保守秘密，未经定作人许可，不得留存复制品或者技术资料。	【内容不变】第七百八十五条

理解与适用

根据本条的规定，承揽人有保密的义务。定作人保密的要求可以通过合同约定，也可以在合同履行期间，要求承揽人保守秘密。在要求保密时，定作人应当明确承揽人保密的内容、期限。保密的内容包括技术秘密也包括商业秘密，如具有创造性的图纸、技术数据，或者是专利技术的工作成果，也包括其他定作人不愿他人知晓的信息，如定作人的名称、工作成果的名称。保密的期限不限于承揽合同履行期间，在承揽合同终止后的一段期间内，承揽人仍应当保守有关秘密。

实务问题

定作人要求承揽人保密的，承揽人应当保密。

(1)承揽人在工作中，应当妥善保管有关图纸和技术资料及其他应保密的信息，不得将秘密泄露给他人。

(2)不能不正当地利用保密信息从而为自己获利。

(3)定作人提供图纸、技术资料、样品的情况下，承揽人未经定作人许可不得擅自复制工作成果。非经定作人许可不得保留技术资料和复制品。承揽工作完成后，承揽人在交付工作成果的同时，也应当把定作人提供的图纸、技术资料返还定作人。

(4)承揽人在工作中自己制作出的图纸、技术资料、模具等，是否可以留存，有约定的按照约定，无约定则视情况而定。承揽人如果是依据公开的信息设计出的图纸等，则无须承担保密义务，如果承揽人是依据定作人的信息制作出的图纸等，则需要将制作出的图纸或相关技术材料等返还给定作人。

如果承揽人未尽保密义务，泄露秘密，给定作人造成损失的，承揽人应承担损害赔偿责任。如果定作人已经公开秘密，承揽人可以不再承担保密义务，但不能不正当地利用已公开的秘密。

（编写人：李高来）

法律条文

第七百八十六条　共同承揽人对定作人承担连带责任，但是当事人另有约定的除外。

条文主旨

本条是关于共同承揽人责任的规定。共同承揽是指由两个或者两个以上的人共同完成承揽工作的合同，共同承揽人对定作人承担连带责任，但是当事人另有约定的除外。

新旧法对比

《合同法》	《民法典》
第二百六十七条　共同承揽人对定作人承担连带责任，但当事人另有约定的除外。	第七百八十六条　共同承揽人对定作人承担连带责任，**但是**当事人另有约定的除外。

理解与适用

根据共同承揽的性质，本条规定共同承揽人对定作人承担连带责任。每一个共同承揽人都应当对承揽的全部工作向定作人负责。如果交付的工作成果不符合要求，定作人可以要求共同承揽中的任何一个承揽人承担违约责任，任何一个共同承揽人都应当无条件承担违约责任。承担责任的共同承揽人，可以向其他共同承揽人追偿超出其实际应承担的责任份额。同时，共同承揽人对定作人承担连带责任，也享有连带权利，任何一个共同承揽人都可以根据法律规定或者合同约定向定作人主张权利，再根据约定或者工作比例分成。

实务问题

在实务中,要分清共同承揽与转承揽不同。

转承揽是承揽人将自己承揽的部分工作交由第三人完成。虽然共同承揽与转承揽都是由多个人完成的工作,但共同承揽人都是承揽合同的当事人,就是说参与工作的都是承揽人,都是合同当事人,而转承揽中的第三人虽然参与完成工作,但不是承揽合同的当事人,只是转承揽合同中的当事人。共同承揽人对定作人承担连带责任,即每一个共同承揽人都对全部工作向定作人负责,转承揽中,第三人只向承揽人负责,再由承揽人向定作人承担全部责任。

(编写人:李高来)

法律条文

第七百八十七条　定作人在承揽人完成工作前可以随时解除合同,造成承揽人损失的,应当赔偿损失。

条文主旨

本条是关于定作人解除权的规定。承揽合同的一大特点在于,承揽合同是定作人为了满足其特殊需求而订立的,承揽人根据定作人的指示进行工作,如果定作人于合同成立后由于各种原因不再需要承揽人完成工作,则应当允许定作人解除合同。定作人解除合同的前提是承揽人未完成工作,若造成承揽人损失的赔偿承揽人的损失。

新旧法对比

《合同法》	《民法典》
第二百六十八条　定作人可以随时解除承揽合同,造成承揽人损失的,应当赔偿损失。	第七百八十七条　定作人**在承揽人完成工作前**可以随时解除合同,造成承揽人损失的,应当赔偿损失。

理解与适用

在《民法典》修改之前,按照《合同法》相关规定,定作人可以随时解除承揽合同,但随时解除权的行使给予了定作人过多的权利,让承揽人承揽了较多的风险,有违诚信原则,因此《民法典》对任意解除权作出了限制,定作人在承揽人完成工作前可以随时解除合同,在一定程度上保护了承揽人的利益。

实务问题

我国法律虽然规定了定作人解除合同造成承揽人损失的,应当赔偿损失,但对赔偿损失的范围没有进一步的规定。因此,实践中存有较大争议。

应当明确,承揽合同因定作人解除合同而要求定作人承担损害赔偿责任的,应当以定作人对合同解除存在过错且给承揽人造成了损失为前提,定作人有正当理由行使合同任意解除权的,不承担损害赔偿责任。同时,如果承揽人未采取措施避免损失扩大的,不得就扩大的损失要求赔偿。

(编写人:李高来)

第十八章　建设工程合同

法律条文

第七百八十八条　建设工程合同是承包人进行工程建设，发包人支付价款的合同。

建设工程合同包括工程勘察、设计、施工合同。

条文主旨

本条是关于建设工程合同定义和基本内容的规定。

新旧法对比

《合同法》	《民法典》
第二百六十九条　建设工程合同是承包人进行工程建设，发包人支付价款的合同。 建设工程合同包括工程勘察、设计、施工合同。	【内容不变】第七百八十八条

理解与适用

本条第1款规定了建设工程合同的定义，规定了发包人和承包人的基本义务，承包人进行工程建设，发包人支付价款。

本条第2款规定了建设工程合同的主要内容，通常包括工程勘察、设计、施工合同。

实务问题

在实务中，建设工程合同具体包含了哪些合同需要明确。在一般情况下，建设工程合同的客体是工程，这里的"工程"是指土木建筑工程和建筑业范围内的线路、管道、设备安装工程的新建、扩建、改建及大型的建筑装修装饰活动，主要包括房屋、铁路、公路、机场、港口、桥梁、矿井、水库、电站、通信线路等。同时，《广东省高级人民法院关于在审判工作中如何适用〈合同法〉第286条的指导意见》(已失效)第3条规定，“《合同法》第二百八十六条所规定的建设工程价款优先受偿权适用于建设工程施工合同。建设工程幕墙装修、装饰合同属于建设工程施工合同。”

(编写人：李高来)

法律条文

第七百八十九条　建设工程合同应当采用书面形式。

条文主旨

本条是关于建设工程合同形式的规定。根据本条的规定，建设工程合同应当采用书面形式明确双方的权利义务。

新旧法对比

《合同法》	《民法典》
第二百七十条　建设工程合同应当采用书面形式。	【内容不变】第七百八十九条

理解与适用

合同的订立形式可以分为口头合同和书面合同。由于建设工程合同一般具有合同标的额大、合同内容复杂、履行期较长等特点，为慎重起见，应当采用书面形式。为此无论是之前的《合同法》还是现在的《民法典》都明文规定必须采用书面合同的形式。

实务问题

在实践中，现在建筑工程合同都较为规范，采取了书面合同的形式。大部分的纠纷都是围绕着建设工程合同的内容及后续的施工、结算等产生的。采取书面基本合同形式能够有效保护当事人的合法权益，符合当事人的合理预期，能够减少不必要的纠纷。

(编写人：李高来)

法律条文

第七百九十条　建设工程的招标投标活动，应当依照有关法律的规定公开、公平、公正进行。

条文主旨

本条是关于工程招标投标的要求的规定，建设工程的招标投标应当按照公开、公平和公正的原则进行。

新旧法对比

《合同法》	《民法典》
第二百七十一条　建设工程的招标投标活动，应当依照有关法律的规定公开、公平、公正进行。	【内容不变】第七百九十条

理解与适用

《招标投标法》第3条规定："在中华人民共和国境内进行下列工程建设项目包括项目的勘察、设计、施工、监理以及与工程建设有关的重要设备、材料等的采购，必须进行招标：(一)大型基础设施、公用事业等关系社会公共利益、公众安全的项目；(二)全部或者部分使用国有资金投资或者国家融资的项目；(三)使用国际组织或者外国政府贷款、援助资金的项目。前款所列项目的具体范围和规模标准，由国务院发展计划部门会同国务院有关部门制订，报国务院批准。法律或者国务院对必须进行招标的其他项目的范围有规定的，依照其规定。"进行招标活动的，应当依照有关法律的规定公开、公平、公正进行。

实务问题

根据本条的规定，建设工程的招标投标应当按照公开、公平和公正的原则进行。

首先，进行招标投标活动的有关信息要公开，并且应该采用公开的信息公示平台。招标方应当通过官方网站、新闻媒体等多种方式，发布建设工程招标信息。

其次，在公开提供的招标文件中，应该载明招标工程的主要技术要求以及投标人的资格要求、投标的渠道和方式等内容,应该保证所有符合条件的承包商都能有机会参与投标竞争。

最后,招标投标的程序要公开,包括领取招标文件的时间、地点,投标的截止日期,开标的时间、地点以及评标与定标的标准、方法等,都应当公开透明,同时对开标的过程也应该有所监督,这样才能做到公平公正。

(编写人:李高来)

法律条文

第七百九十一条　发包人可以与总承包人订立建设工程合同,也可以分别与勘察人、设计人、施工人订立勘察、设计、施工承包合同。发包人不得将应当由一个承包人完成的建设工程支解成若干部分发包给数个承包人。

总承包人或者勘察、设计、施工承包人经发包人同意,可以将自己承包的部分工作交由第三人完成。第三人就其完成的工作成果与总承包人或者勘察、设计、施工承包人向发包人承担连带责任。承包人不得将其承包的全部建设工程转包给第三人或者将其承包的全部建设工程支解以后以分包的名义分别转包给第三人。

禁止承包人将工程分包给不具备相应资质条件的单位。禁止分包单位将其承包的工程再分包。建设工程主体结构的施工必须由承包人自行完成。

条文主旨

本条是关于建设工程合同发包、承包和分包的规定。

新旧法对比

《合同法》	《民法典》
第二百七十二条　发包人可以与总承包人订立建设工程合同,也可以分别与勘察人、设计人、施工人订立勘察、设计、施工承包合同。发包人不得将应当由一个承包人完成的建设工程肢解成若干部分发包给几个承包人。	第七百九十一条　发包人可以与总承包人订立建设工程合同,也可以分别与勘察人、设计人、施工人订立勘察、设计、施工承包合同。发包人不得将应当由一个承包人完成的建设工程**支**解成若干部分发包给**数**个承包人。

续表

《合同法》	《民法典》
总承包人或者勘察、设计、施工承包人经发包人同意,可以将自己承包的部分工作交由第三人完成。第三人就其完成的工作成果与总承包人或者勘察、设计、施工承包人向发包人承担连带责任。承包人不得将其承包的全部建设工程转包给第三人或者将其承包的全部建设工程肢解以后以分包的名义分别转包给第三人。 禁止承包人将工程分包给不具备相应资质条件的单位。禁止分包单位将其承包的工程再分包。建设工程主体结构的施工必须由承包人自行完成。	总承包人或者勘察、设计、施工承包人经发包人同意,可以将自己承包的部分工作交由第三人完成。第三人就其完成的工作成果与总承包人或者勘察、设计、施工承包人向发包人承担连带责任。承包人不得将其承包的全部建设工程转包给第三人或者将其承包的全部建设工程**支**解以后以分包的名义分别转包给第三人。 禁止承包人将工程分包给不具备相应资质条件的单位。禁止分包单位将其承包的工程再分包。建设工程主体结构的施工必须由承包人自行完成。

理解与适用

建设工程合同可以根据承包人承包的工作内容,可以分为直接承包和分包两大类。直接承包是指发包人直接将工程承包给承包人,包括工程总承包和单项工程承包两种方式。分包是指总承包人与勘察、设计、施工承包人经发包人同意,可以将自己承包的部分工作交由第三人完成。

建设工程合同中还有一种行为称为"转包"。所谓转包,是指建设工程的承包人将其承包的建设工程再转让给第三人,使该第三人实际上成为该建设工程新的承包人的行为。转包与分包的根本区别在于:转包行为中,原承包人将其工程全部转给他人,自己并不实际履行合同约定的义务;而在分包行为中,承包人只是将其承包工程的某一部分或几部分再分包给其他承包人,承包人仍然要就承包合同约定的全部义务的履行向发包人负责。

根据本法和其他法律规定,总承包人或者勘察、设计、施工承包人经发包人同意,可以将自己承包的部分工作交由第三人完成,但承包人的转包行为是被法律所禁止的。本条明确规定承包人不得将其承包的全部建设工程转包给第三人或者将其承包的全部建设工程支解以后以分包的名义分别转包给第三人。这也是为了保证工程的质量,防止某些承包单位在拿到工程项目后以分包的名义进行转包,损害发包人的利益,破坏建设市场秩序。

实务问题

在何某与靖边县鑫顺油气钻采服务有限公司、靖边隆坛商贸有限公司、榆林市源源盛石油钻采服务有限公司、张某买卖合同、追偿权纠纷案[①]中,法院认为:鑫顺公司在与油田公司签订了钻井工程施工合同,该合同中明确约定,"对未经甲方审查认可,乙方私自引进或假借名义的外包队伍,甲方有权要求乙方予以清退,并依照有关规定处以不同程度的罚款,甚至中断与乙方的钻井服务合同"。后鑫顺公司未经油田单位同意,私自将其承包的位于镇原、崆峒境内的两处钻井工程全部转包给隆坛公司,隆坛公司又转包给没有钻井资质的源源盛公司和张某以鑫顺公司的资质实施,违反了《合同法》第272条第3款"禁止承包人将工程分包给不具备相应资质条件的单位。禁止分包人将其承包的工程再分包。建设工程主体结构的施工必须由承包人自行完成"的强制性规定,因此上述转包行为无效。

根据《合同法》第56条规定,无效的合同自始没有约束力。鑫顺公司作为镇原、崆峒两地境内钻井工程和合法承包人,是对外承担民事责任的主体,应当履行与建设单位油田公司所签合同项下的义务,鑫顺公司是对建设单位油田公司承担责任的独立主体,何某所提供的柴油已作为钻井最基本的动力要素和其他生产要素一起用于该钻井工程建设,已转化为发包方油田公司的"合格"成果。正是由于鑫顺公司的非法转包,才使源源盛公司和张某能对外以鑫顺公司的资质施工,从而导致何某误认并造成财产损失。鑫顺公司转包后从中获利,隆坛公司作为转包关系中间一环,上和鑫顺公司进行结算,下与源源盛公司和张某扣抵钻机款,部分实现了其井架变卖的目的,上述行为其实质上是鑫顺公司、隆坛公司利用源源盛公司和张某的实际施工、实际投入实现或部分实现了自己合同的目的。

根据权利义务相一致原则,鑫顺公司、隆坛公司理应对该工程所发生的债务承担责任。且鑫顺公司将该工程非法转包后,对转承包人隆坛公司、源源盛公司和张某应严格监督管理,督促其积极履行义务,但鑫顺公司未尽到上述职责,应承担相应的法律责任。故鑫顺公司、隆坛公司、源源盛公司及张某在转包过程中存在共同过错,进而在客观上形成权利错位、义务失衡,转包链条首端、中端合同目的的实现或部分实现,而转包末端欠债生产,举债经营的后果。

在建设工程合同中,承包人应该严格遵守"不得将其承包的全部建设工程转

① 甘肃省庆阳市中级人民法院(2014)庆中民终字第414号。

包给第三人或者将其承包的全部建设工程支解以后以分包的名义分别转包给第三人的"的法律规定。如果承包人违法分包或者转包,则转包或分包的合同无效,承包人就应当在错过范围内承担相应的责任。

(编写人:李高来)

法律条文

第七百九十二条　国家重大建设工程合同,应当按照国家规定的程序和国家批准的投资计划、可行性研究报告等文件订立。

条文主旨

本条是关于国家重大建设工程合同订立程序的规定。

新旧法对比

《合同法》	《民法典》
第二百七十三条　国家重大建设工程合同,应当按照国家规定的程序和国家批准的投资计划、可行性研究报告等文件订立。	【内容不变】第七百九十二条

理解与适用

国家重大项目的建设工程合同,应当受国家计划和管理和约束。本条对国家重大建设工程合同订立提出更严格的依据,即国家重大建设工程合同,应当按照国家规定的程序和国家批准的投资计划、可行性研究报告等文件订立。

实务问题

国家重大建设工程具体包含哪些,法律并没有具体规定。在实践中,一般列入国家重点投资计划而且投资额巨大,建设周期特别长,由中央政府全部投资或者参与投资的工程,属于国家重大建设项目。有些虽然未列入国家重点投资计划,投资额也不算巨大,但影响很大的工程项目,也属于国家重大建设工程项目。也有些工程,虽然属于地方政府投资,但因是投资巨大、影响广泛的工程项目,也属于国家重大建设工程项目。

(编写人:李高来)

法律条文

第七百九十三条　建设工程施工合同无效，但是建设工程经验收合格的，可以参照合同关于工程价款的约定折价补偿承包人。

建设工程施工合同无效，且建设工程经验收不合格的，按照以下情形处理：

（一）修复后的建设工程经验收合格的，发包人可以请求承包人承担修复费用；

（二）修复后的建设工程经验收不合格的，承包人无权请求参照合同关于工程价款的约定折价补偿。

发包人对因建设工程不合格造成的损失有过错的，应当承担相应的责任。

条文主旨

本条是关于建设工程施工合同无效的情况下，应按照实际不同的情形进行处理。

新旧法对比

《最高人民法院关于审理建设工程施工合同纠纷案件适用法律问题的解释》	《民法典》
第二条　建设工程施工合同无效，但建设工程经竣工验收合格，承包人请求参照合同约定支付工程价款的，应予支持。 第三条　建设工程施工合同无效，且建设工程经竣工验收不合格的，按照以下情形分别处理： （一）修复后的建设工程经竣工验收合格，发包人请求承包人承担修复费用的，应予支持； （二）修复后的建设工程经竣工验收不合格，承包人请求支付工程价款的，不予支持。 因建设工程不合格造成的损失，发包人有过错的，也应承担相应的民事责任。	第七百九十三条　建设工程施工合同无效，但是建设工程经验收合格的，**可以参照合同关于工程价款的约定折价补偿承包人**。 建设工程施工合同无效，且建设工程经验收不合格的，按照以下情形处理： （一）修复后的建设工程经验收合格的，发包人**可以**请求承包人承担修复费用； （二）修复后的建设工程经验收不合格的，**承包人无权请求参照合同关于工程价款的约定折价补偿**。 **发包人**对因建设工程不合格造成的损失有过错的，应当承担相应的责任。

理解与适用

《民法典》在原司法解释的基础上进行了修改，使工程验收不合格处理方式变得更加灵活。

同时，《最高人民法院关于审理建设工程施工合同纠纷案件适用法律问题的解释(一)》第19条第3款规定的“建设工程施工合同有效，但建设工程经竣工验收不合格的，依照民法典第五百七十七条规定处理。”对在建设工程施工合同有效，但是建设工程验收不合格的情况下的处理方式进行了补充，让条文规定更加完整。

实务问题

《民法典》修改之后的规定为“建设工程施工合同无效，但是建设工程经验收合格的，可以参照合同关于工程价款的约定折价补偿承包人”，与2004年《最高人民法院关于审理建设工程施工合同纠纷案件适用法律问题的解释》第2条关于“建设工程施工合同无效，但建设工程经竣工验收合格，承包人请求参照合同约定支付工程价款的，应予支持”的规定，前者是“可以”，后者是“应予”，这两个词的含义是完全不同的。虽然按照现在的法条解读，无论是发包人还是承包人都可以请求参照合同关于工程价款的约定折价补偿承包人，但是否能最终得到法院的支持，还需要看司法实践中的具体情况。

（编写人：李高来）

法律条文

第七百九十四条　勘察、设计合同的内容一般包括提交有关基础资料和概预算等文件的期限、质量要求、费用以及其他协作条件等条款。

条文主旨

本条是关于勘察、设计合同主要内容的规定。

新旧法对比

《合同法》	《民法典》
第二百七十四条　勘察、设计合同的内容包括提交有关基础资料和<u>文件(包括概预算)</u>的期限、质量要求、费用以及其他协作条件等条款。	第七百九十四条　勘察、设计合同的内容**<u>一般</u>**包括提交有关基础资料和概预算**<u>等文件</u>**的期限、质量要求、费用以及其他协作条件等条款。

理解与适用

本条中的“勘察”是指勘察人对工程的地理状况进行调查研究，包括对工程进行测量，对工程建设地址的地质、水文地质进行调查等工作。本条中的“设计”是指设计人对工程结构进行设计、工程价款的进行概预算。勘察、设计合同是指勘察人、设计人完成工程勘察设计任务，发包人支付勘察设计费的协议。为了规范勘察设计合同，本条规定了勘察设计合同的主要内容。

实务问题

本条仅对勘察、设计合同的内容作出了一般性的规定，其中规定的内容都是建议性质的。在实践中，根据合同的性质和具体情况，当事人还可以协商确定其他必要的条款。

（编写人：李高来）

法律条文

第七百九十五条　施工合同的内容一般包括工程范围、建设工期、中间交工工程的开工和竣工时间、工程质量、工程造价、技术资料交付时间、材料和设备供应责任、拨款和结算、竣工验收、质量保修范围和质量保证期、相互协作等条款。

条文主旨

本条是关于施工合同主要内容的规定。

新旧法对比

《合同法》	《民法典》
第二百七十五条　施工合同的内容包括工程范围、建设工期、中间交工工程的开工和竣工时间、工程质量、工程造价、技术资料交付时间、材料和设备供应责任、拨款和结算、竣工验收、质量保修范围和质量保证期、双方相互协作等条款。	第七百九十五条　施工合同的内容一般包括工程范围、建设工期、中间交工工程的开工和竣工时间、工程质量、工程造价、技术资料交付时间、材料和设备供应责任、拨款和结算、竣工验收、质量保修范围和质量保证期、相互协作等条款。

理解与适用

施工主要是指工程的建筑与安装。施工合同是指施工人完成工程的建筑安装工作,发包人验收后,接受该工程并支付价款的合同。本条为了规范施工合同,规定了施工合同中一些主要内容,即工程范围、建设工期、中间交工工程的开工和竣工时间、工程质量、工程造价、技术资料交付时间、材料和设备供应责任、拨款和结算、竣工验收、质量保证期、双方互相协作等条款。

实务问题

1. 案情简介[①]

2015 年 6 月 1 日,原告作为乙方与作为甲方的被告签订《劳务分包合同》,合同约定甲方将天力机电市场 B 区 10 楼砌墙、内墙和外墙的劳务工程分包给乙方,承包内容为包工不包料(包括场内材料转运、垂直运输、楼层清理、砌筑及拉墙筋设置),合同对工程进度要求、结算及付款、工程质量、材料管理、安全生产等进行了约定。原告在合同乙方处签字捺手印,被告在甲方处加盖公章。2018 年 3 月 20 日,原被告双方进行结算,被告向原告出具决算单载明期末应支付款为 110,474 元,另注明有 2018 年 6 月 30 日前支付余款一半,剩余工程款年底结清。被告分别于 2019 年 9 月 5 日、2020 年 1 月 24 日分别向原告支付 10,000 元、20,000 元。尚欠 80,474 元未支付,原告因向被告催款未果,故诉至一审法院。

2. 法院认为

该案原审原告张某潘向原审法院起诉请求被告按照双方签订的决算单支付相关款项以及利息,并且提交了《劳务分包合同》及决算单等相关证据,根据《劳务分包合同》约定的内容,案涉工程范围为“天利机电市场 B 区 10 楼砌筑、内墙和外墙”,属于建筑物建设工程的施工范畴。故本案符合《合同法》第 275 条规定的建设工程施工合同法律关系的特征,故本案案由应当确定为建设工程施工合同纠纷。

(编写人:李高来)

法律条文

第七百九十六条　建设工程实行监理的,发包人应当与监理人采用书面形式订立委托监理合同。发包人与监理人的权利和义务以及法律责任,应当依照本编委托合同以及其他有关法律、行政法规的规定。

① 贵州省贵阳市中级人民法院(2020)黔 01 民终 8574 号。

条文主旨

本条是关于建设工程监理的规定。

新旧法对比

《合同法》	《民法典》
第二百七十六条　建设工程实行监理的，发包人应当与监理人采用书面形式订立委托监理合同。发包人与监理人的权利和义务以及法律责任，应当依照本法委托合同以及其他有关法律、行政法规的规定。	第七百九十六条　建设工程实行监理的，发包人应当与监理人采用书面形式订立委托监理合同。发包人与监理人的权利和义务以及法律责任，应当依照**本编**委托合同以及其他有关法律、行政法规的规定。

理解与适用

本条所称的建设工程监理，是指由具有法定资质条件的工程监理单位，根据发包人的委托，依照法律、行政法规及有关的建设工程技术标准、设计文件和建设工程合同，对承包人在施工质量、建设工期和建设资金使用等方面，代表发包人对工程建设过程实施监督的专门活动。根据本条的规定，发包人应当与监理人采用书面形式订立委托监理合同。

实务问题

1. 案情简介①

2016年12月8日，原告（甲方）与被告川江公司（乙方）签订“七星关区千溪乡千朗沟村饮水安全巩固提升供水工程”施工监理合同，由被告建安监理公司对该工程进行监理。监理服务期限自2016年12月15日起至2017年12月14日止。2016年12月22日，原告（甲方）与被告川江公司（乙方）签订“毕节市七星关区千溪乡千朗沟村农村饮水安全巩固提升工程”施工合同书，将该工程发包给川江公司进行施工。受当地水利部门的委托，贵州天保生态股份有限公司2016年12月下旬完成本工程实施方案。该方案表明，泵房、水池部位无破坏性构造通过，稳定性较好；其工程地质条件可以满足工程建设要求。2017年9月1日20点左右，毕节市七星关区普降大雨，其中千溪乡降雨量达112.5mm，23时左右，七星关区千溪乡千朗沟村四组突发山洪灾害，洪灾导致该组村民赵某、陈某

① 贵州省毕节市中级人民法院（2020）黔05民再11号。

琼两人死亡以及陈某明、罗某忠的房屋受损。后由七星关区地灾办等单位组建调查组，协调贵州省地矿局第二工程勘察院开展调查，作出了《七星关区千溪乡千朗沟村四组山洪灾害调查报告》，调查结论为：(1)此次山洪是由于短时强降雨激发形成的，属突发性山洪；山洪灾害导致一栋房屋、两栋圈舍倒塌，造成二人死亡。(2)人工弃土在一定程度上增大了洪水的重度，加剧了洪水的破坏力。事故发生后，原告与死者赵某、陈某琼的近亲属达成了赔偿协议，由原告先行赔偿赵某、陈某琼的近亲属各项费用100万元人民币，原告于2018年1月31日已经将上述款项支付完毕。

2. 法院认为

二审上诉人川江公司系有资质的施工单位，应严格按照施工方案进行施工，对人工弃土应用防雨布进行遮盖，二审上诉人川江公司系人工弃土的直接实施人及管理人，未尽到管理义务，应承担主要责任。二审上诉人建安监理公司接受委托后，虽然进行监理巡查，但对川江公司未按施工方案对弃土履行管护责任，存在安全事故隐患，未按照监理合同约定履行监理义务，没有及时报告或提出监理意见，存在过错，但该过错并不一定必然导致事故的发生，故应承担次要责任。

3. 评析

工程监理人不按照委托监理合同的约定履行监理义务，对应当监督检查的项目不检查或者不按照法律、行政法规和有关技术标准、设计文件和建设工程合同规定的要求和检查方法规定进行检查，给发包人造成损失的，应当承担相应的赔偿责任。

（编写人：李高来）

法律条文

第七百九十七条　发包人在不妨碍承包人正常作业的情况下，可以随时对作业进度、质量进行检查。

条文主旨

本条是关于发包人检查权的规定。

新旧法对比

《合同法》	《民法典》
第二百七十七条　发包人在不妨碍承包人正常作业的情况下，可以随时对作业进度、质量进行检查。	【内容不变】第七百九十七条

理解与适用

根据本条的规定，发包人可以随时对作业进度、质量进行检查，但是前提是不能妨碍承包人的正常作业。

发包人对工程作业的检查一般通过两种方式：一种是委派具体管理人员作为工地代表对作业进度、质量进行检查。发包人委派工地代表后，应当及时通知承包人，承包人应该配合工地代表的检查。另一种是发包人委托监理人实施对工程建设过程中的检查。国家规定强制监理的工程，发包人应当委托监理人对工程实施监理。除此之外，发包人也可以自愿委托监理人对工程进行监理。

实务问题

在刘某行、田某林建设工程施工合同纠纷二审案①中，法院判决：原告是涉案工程的转包单位，是本案施工协议的相对方，《合同法》第277条规定："发包人在不妨碍承包人正常作业的情况下，可以随时对作业进度、质量进行检查"，这是法律赋予发包人的检查权。被告在施工过程中，原告未到现场查看施工情况以促使被告按约施工或随时整改，避免损失进一步扩大，亦未有相关监理人员；相反，在被告完工后，原告在未组织相关部门验收的情况下，又向被告转付两次工程款计10万元，根据2004年《建设工程解释》第3条第2款"因建设工程不合格造成的损失，发包人有过错的，也应承担相应的民事责任"之规定，原告应承担次要民事责任，即自担30%，197,000×30%＝59,100元；对原告要求被告承担利息2425元的诉讼请求，因证据不足，不予支持；现场清理费7975元未实际发生，本院不予确认。

无论是发包人采取哪种方式对工程作业进行检查，都应该积极行使权利。如果因为发包人未进行检查，对因建设工程不合格造成的损失有过错的，应依据《民法典》第793条第3款规定的"发包人对因建设工程不合格造成的损失有过

① 河北省衡水市中级人民法院(2020)冀11民终1386号。

错的,应当承担相应的责任。”承担相应的责任。

(编写人:李高来)

法律条文

第七百九十八条　隐蔽工程在隐蔽以前,承包人应当通知发包人检查。发包人没有及时检查的,承包人可以顺延工程日期,并有权请求赔偿停工、窝工等损失。

条文主旨

本条是关于隐蔽工程的规定。隐蔽工程是指地基、电气管线、供水供热管线等需要覆盖、掩盖的工程。

新旧法对比

《合同法》	《民法典》
第二百七十八条　隐蔽工程在隐蔽以前,承包人应当通知发包人检查。发包人没有及时检查的,承包人可以顺延工程日期,并有权要求赔偿停工、窝工等损失。	第七百九十八条　隐蔽工程在隐蔽以前,承包人应当通知发包人检查。发包人没有及时检查的,承包人可以顺延工程日期,并有权请求赔偿停工、窝工等损失。

理解与适用

本条规定了承包人在隐蔽工程隐蔽以前,应当通知发包人检查。在发包人检查合格之后,才可以进行隐蔽工程。

在实践中,一般工程具备覆盖、掩盖条件之后,承包人会先进行自检,自检合格后,再及时通知发包人或发包人派驻的工地代表对隐蔽工程的条件进行检查,在检查合格后,开始进行隐蔽工程。

通知包括承包人的自检记录、隐蔽的内容、检查时间和地点。发包人或其派驻的工地代表接到通知后,应当在要求的时间内到达隐蔽现场,对隐蔽工程的条件进行检查,检查合格的,在发包人或者其派驻的工地代表在检查记录上签字,承包人检查合格后方可进行隐蔽施工。发包人检查发现隐蔽工程条件不合格的,有权要求承包人在一定期限内完善工程条件。

发包人没有及时进行检查的,承包人应当催告发包人在合理期限内进行检查。因为发包人检查不及时的,承包人可以顺延工程日期,并有权请求赔偿停工、窝工等损失。

实务问题

实践中，如果承包人未通知发包人进行检查就自行进行隐蔽工程的，事后发包人有权要求对已隐蔽的工程进行检查，承包人应当接受，并且按照要求对工程进行剥露，并在检查后重新隐蔽或者在修复后隐蔽。

如果经过发包人的检查隐蔽工程不合格的，承包人应当返工，重新进行隐蔽。在这种情况下检查隐蔽工程所发生的费用应该由承包人负担，承包人还应承担工期延误的违约责任。

（编写人：李高来）

法律条文

第七百九十九条　建设工程竣工后，发包人应当根据施工图纸及说明书、国家颁发的施工验收规范和质量检验标准及时进行验收。验收合格的，发包人应当按照约定支付价款，并接收该建设工程。

建设工程竣工经验收合格后，方可交付使用；未经验收或者验收不合格的，不得交付使用。

条文主旨

本条是关于竣工验收的规定。

新旧法对比

《合同法》	《民法典》
第二百七十九条　建设工程竣工后，发包人应当根据施工图纸及说明书、国家颁发的施工验收规范和质量检验标准及时进行验收。验收合格的，发包人应当按照约定支付价款，并接收该建设工程。建设工程竣工经验收合格后，方可交付使用；未经验收或者验收不合格的，不得交付使用。	【内容不变】第七百九十九条

理解与适用

实践中，建设工程竣工后，承包人应当按照国家工程竣工验收有关规定，向发包人提供完整的竣工资料和竣工验收报告，并按照合同约定的日期和份数向发包人提交竣工图。竣工日期为承包人送交竣工验收报告的日期，需要修改后才能达到竣工要求的，应为承包人修理、改建后提请发包人验收的日期。

发包人接到竣工验收报告后，应当根据施工图纸及说明书、国家颁发的施工验收规范和质量检验标准及时组织有关部门对工程进行验收。同时，《建设工程质量管理条例》第16条规定："建设单位收到建设工程竣工报告后，应当组织设计、施工、工程监理等有关单位进行竣工验收。……建设工程经验收合格的，方可交付使用。"建设工程竣工验收应当具备下列条件：第一，完成建设工程设计和合同约定的各项内容；第二，有完整的技术档案和施工管理资料；第三，有工程使用的主要建筑材料、建筑构配件和设备的进场试验报告；第四，有勘察、设计、施工、工程监理等单位分别签署的质量合格文件；第五，有施工单位签署的工程保修书。

竣工验收合格后，发包人应当按照约定支付价款。承包人在收到工程款后将竣工的工程交付发包人，发包人应当接收该工程。现实中有的发包人为了拖延支付工程款，在验收后迟迟不进行工程结算。在实践中，发包人无正当理由在收到竣工报告后迟延办理结算的，应当按施工企业向银行同期贷款的最高利率，向承包人支付工程款的利息，并承担其他违约责任。

实务问题

在威海市鲸园建筑有限公司（以下简称鲸园公司）与威海市福利企业服务公司（以下简称福利公司）、威海市盛发贸易有限公司拖欠建筑工程款纠纷案①中，最高人民法院明确指出：《合同法》第269条规定："建设工程合同是承包人进行工程建设，发包人支付价款的合同。"第279条规定："建设工程竣工后，发包人应当根据施工图纸及说明书、国家颁发的施工验收规范和质量检验标准及时进行验收。验收合格的，发包人应当按照约定支付价款，并接收该建设工程。……"《建设工程质量管理条例》第16条规定："建设单位收到建设工程竣工报告后，应当组织设计、施工、工程监理等有关单位进行竣工验收。……"上述法律、法规规定表明，竣工验收既是发包人的权利，也是发包人的义务。发包人对建设工程

---

① 最高人民法院（2010）民提字第210号。

组织验收,是建设工程通过竣工验收的必经程序。本案查明事实表明,旅游基地因不具有相关的开发建设资格,故将涉案工程的建设单位登记为鲸园公司。鲸园公司应本着诚实信用原则,维护旅游基地作为发包人权利义务的行使。双方签订的《建设工程施工合同》约定了鲸园公司提供竣工资料和验收报告的时间,表明旅游基地并未将其对工程组织验收的权利委托鲸园公司。鲸园公司在未经旅游基地同意情形下,单方向质监站办理竣工验收手续,申报质量评定等级,侵害了福利公司作为工程发包人的权利,导致质监站对该工程验收出具的工程竣工验收报告及工程优良评定证书,不符合法定程序,不能产生相应的法律效力。鲸园公司依照质监站出具的工程竣工验收报告及工程优良评定证书主张工程已经竣工验收,且质量优良,福利公司应当支付工程优良奖的理由不成立,法院不予支持。

在实践中,如果承包人未经发包人同意对工程组织验收,单方向质量监督部门办理竣工验收手续,侵害了发包人工程验收权利,在此情况下,质检部门对该工程出具的验收报告及工程优良证书因不符合法定验收程序,不能产生相应的法律效力。

(编写人:李高来)

法律条文

第八百条　勘察、设计的质量不符合要求或者未按照期限提交勘察、设计文件拖延工期,造成发包人损失的,勘察人、设计人应当继续完善勘察、设计,减收或者免收勘察、设计费并赔偿损失。

条文主旨

本条是关于勘察、设计人对勘察、设计质量责任的规定。

新旧法对比

《合同法》	《民法典》
第二百八十条　勘察、设计的质量不符合要求或者未按照期限提交勘察、设计文件拖延工期,造成发包人损失的,勘察人、设计人应当继续完善勘察、设计,减收或者免收勘察、设计费并赔偿损失。	【内容不变】第八百条

理解与适用

根据本法及其他有关法律的规定，建设工程的勘察人、设计人必须对其勘察、设计的质量负责，其所提交的建设工程的勘察、设计文件应当符合有关法律、行政法规的规定；符合建设工程质量、安全标准；符合建设工程勘察、设计的技术规范以及符合勘察、设计合同约定的特殊质量要求。

勘察人、设计人提交的勘察、设计文件不符合上述要求的，根据本条的规定，发包人可以请求勘察人、设计人继续完善勘察、设计，减收或者免收勘察、设计费并赔偿损失。

实务问题

在实务中，如果勘察人、设计人未按照合同约定的期限提交勘察、设计文件，发包人可以催告勘察人、设计人尽快提交勘察、设计文件；如果勘察人、设计人提交的勘察、设计文件不符合要求的，发包人可以请求勘察人、设计人继续完善勘察、设计，或者减收或者免收勘察、设计费；如果勘察、设计文件的迟延致使工期拖延给发包人造成损失的，发包人可以请求勘察人、设计人赔偿损失。如果勘察人、设计人在催告后合理期限内仍未能提交勘察、设计文件，严重影响工程进度的，发包人可以解除合同，委托其他勘察人、设计人完成勘察、设计工作。

（编写人：李高来）

法律条文

第八百零一条　因施工人的原因致使建设工程质量不符合约定的，发包人有权请求施工人在合理期限内无偿修理或者返工、改建。经过修理或者返工、改建后，造成逾期交付的，施工人应当承担违约责任。

条文主旨

本条是关于施工人对建设工程质量责任的规定。

新旧法对比

《合同法》	《民法典》
第二百八十一条　因施工人的原因致使建设工程质量不符合约定的，发包人有权要求施工人在合理期限内无偿修理或者返工、改建。经过修理或者返工、改建后，造成逾期交付的，施工人应当承担违约责任。	第八百零一条　因施工人的原因致使建设工程质量不符合约定的，发包人有权请求施工人在合理期限内无偿修理或者返工、改建。经过修理或者返工、改建后，造成逾期交付的，施工人应当承担违约责任。

理解与适用

根据本条的规定，承包人承担违约责任应当具备以下条件：

(1)因承包人的原因引起的建设工程质量不符合约定。

(2)危及使用安全的质量问题是发生在建设工程合理使用期限内。

当承包人符合以上两个条件之后，发包人有权请求施工人进行无偿修理或者返工、改建。

实务问题

1. 案情简介[①]

2004年10月15日，南通二建与恒森公司依法签订建设工程施工合同，其中约定由南通二建承建恒森公司发包的吴江恒森国际广场全部土建工程。同日，双方签订补充协议约定：开工日期计划2004年10月2日(以开工令为准)，竣工日期2005年3月11日，工期141日(春节前后15日不计算在内)。每迟后1天，南通二建支付违约金10万元。土建工程造价按标底暂定为3523万元，竣工结算经吴江市有资质的审计部门审计核实后，按审计决算总价下浮9.5%为本工程决算总价。补充协议还对付款方式进行了约定，并约定留总价5%款项作为保修保证金，两年后返还。

2004年10月30日，南通二建致函恒森公司，认为因设计变更造成其钢筋成型损失约6万元，要求恒森公司承担该损失。2004年11月10日，恒森公司致函南通二建，认为应对成型钢筋尽量利用，对确实无法利用的，由南通二建上报明细，经双方核对后，由恒森公司给予补偿。嗣后，南通二建未报损失明细。2005

① 江苏南通二建集团有限公司与吴江恒林房地产开发有限公司建设工程施工合同纠纷案，载《最高人民法院公报》2014年第8期。

年1月6日,南通二建与恒森公司签订会议纪要,双方确认南通二建为总包单位,由南通二建收取恒森公司分包合同总价1%总包管理费。该会议纪要同时明确,由于工期延误引发的争议已经双方协商解决,因地下室等各种因素的制约导致工期延误,双方不追究原合同工期,双方同意既不奖也不罚,但恒森公司法定代表人强调必须在2005年4月中旬全部竣工通验。

2005年4月20日,南通二建与恒森公司签订补充合同,约定恒森公司将恒森国际广场室外铺装总体工程发包给南通二建施工,工程总价暂按270万元计,最终结算价按江苏省建安2004年定额审计下浮12%确认,室外工程工期为2005年4月20日至6月20日。2005年6月27日,南通二建与恒森公司就工程现场签证单确认问题等事项订立会议纪要,双方经协商确认工程于6月底前全部竣工,如不能如期竣工,根据原因由责任方承担责任。

施工期间,恒森公司陆续将水电、消防、暖通通风、二次装修、幕墙工程分别分包给第三方施工。其中幕墙分包工程固定总价205万元,另4份协议均约定由南通二建按分包合同总价2.5%向分包单位收取配合管理费。经确认,南通二建已收取配合管理费323,750元。

涉案工程于2005年7月20日竣工验收。工程竣工后,恒森公司将其中建筑面积22,275平方米的房屋出租。原一审中经现场勘察,承租人在屋顶场地中央打螺丝孔安装照明灯4盏。之后,南通二建因恒森公司拖欠工程款将其诉至法院,恒森公司反诉赔偿屋面渗漏重作损失。

2. 法院认为

关于本案屋面渗漏应按何种方案修复的问题,二审法院认为,根据《合同法》第107条、第281条之规定,因施工方原因致使工程质量不符合约定的,施工方理应承担无偿修理、返工、改建或赔偿损失等违约责任。本案中,双方当事人对涉案屋面所做的工序进行了明确约定,然南通二建在施工过程中,擅自减少多道工序,尤其是缺少对防水起重要作用的2.0厚聚合物水泥基弹性防水涂料层,其交付的屋面不符合约定要求,导致屋面渗漏,其理应对此承担违约责任。鉴于恒森公司几经局部维修仍不能彻底解决屋面渗漏,双方当事人亦失去信任的合作基础,为彻底解决双方矛盾,原审法院按照司法鉴定意见认定按全面设计方案修复,并判决由恒森公司自行委托第三方参照全面设计方案对屋面渗漏予以整改,南通二建承担与改建相应责任有事实和法律依据,亦属必要。

3. 评析

根据本条规定，发包人请求施工人在合理期限内无偿修理或者返工、改建，这是发包人的权利。在实践中，如果出现了因施工方擅自减少多道工序或者其他严重问题致工程存在明显问题，而在双方当事人失去信任的合作基础的情况下，人民法院可能不再判决由施工方继续履行或实施补救。此时，发包人可以自行委托第三方参照原方案对工程质量予以整改，所需费用由施工方承担。

（编写人：李高来）

法律条文

第八百零二条　因承包人的原因致使建设工程在合理使用期限内造成人身损害和财产损失的，承包人应当承担赔偿责任。

条文主旨

本条是关于人身损害和财产损失赔偿的规定。

新旧法对比

《合同法》	《民法典》
第二百八十二条　因承包人的原因致使建设工程在合理使用期限内造成人身和财产损害的，承包人应当承担损害赔偿责任。	第八百零二条　因承包人的原因致使建设工程在合理使用期限内造成人身**损害**和财产**损失**的，承包人应当承担赔偿责任。

理解与适用

根据本条的规定，承包人承担损害赔偿责任应当具备以下条件：

（1）因承包人的原因致使建设工程造成的人身损害和财产损失。

（2）人身损害和财产损失是发生在建设工程合理使用期限内。

（3）造成了人身损害和财产损失。

实务问题

1. 案情简介①

2012年10月1日，原被告双方签订了华恒公司选煤厂煤泥水处理系统扩能

① 山东省泰安市中级人民法院（2020）鲁09民终2123号。

改造土建工程施工合同。合同约定，原告将位于华恒公司工业广场北空地压滤车间工程及零星附属设施交给被告承建，包括土方开挖、回填、预埋件(管)的制作预埋及施工过程中的所有障碍物清理等，包工包料，被告采购建筑材料必须按以下规定执行，所有材料由被告方采购、运输、验收和保管，其质量必须经原告方施工管理人员验收认可，需做试验或化验的材料，要经原告方施工员见证取样。双方根据《建设工程质量管理条例》对工程保修的规定为：基础设施工程、房屋的地基基础工程和主体结构工程，为设计文件规定的该工程的合理使用年限，该工程结构设计使用年限为50年。合同签订后，被告开始履行合同。2013年春该工程竣工后交付原告实际使用。2019年4月3日晚，该压滤车间钢结构屋面发生整体坍塌，次日原告委托山东建大建筑工程鉴定检测中心对压滤车间屋面坍塌事故进行鉴定。2019年7月8日，原告向本院提起诉讼，提出上述诉讼请求。诉讼中，原告申请对被告未按设计施工、提供的施工材料不符合设计要求与涉案工程坍塌结果之间是否存在因果关系及参与度进行鉴定；对涉案工程屋顶坍塌重构及其坍塌造成建筑物损害修复费用进行鉴定，由于原告未提交所鉴定所需资料，无法进行鉴定，青岛诚祥建筑工程司法鉴定所退案；由于原告未提供涉案工程的相关资料及司法鉴定费用，司法鉴定无法进行，山东立信工程造价咨询事务所有限公司退案。对以上事实，由原告提交的原被告的企业信息、原被告签订的施工合同、山东立信工程造价咨询事务所有限公司材料申请书及退卷函、青岛诚祥建筑工程司法鉴定所退卷说明以及双方当事人陈述予以证实，一审法院予以认定并在卷佐证。

2. 法院认为

根据《合同法》第282条规定，"因承包人的原因致使建设工程在合理使用期限内造成人身和财产损害的，承包人应当承担损害赔偿责任。"该案中，压滤车间坍塌在该工程的合理使用年限内，压滤车间坍塌后，华恒公司应通知沈建公司在一定期限内修复，修复费用应当由造成质量缺陷的责任方负担；如果压滤车间坍塌是由沈建公司施工的工程质量造成的，沈建公司应承担修复责任及损害赔偿责任。依据华恒公司提交的屋面坠落事故鉴定报告，坍塌的原因主要是华恒公司提供的设计文件存在缺陷，而设计文件缺陷则是华恒公司应承担的工程质量责任。华恒公司提交的鉴定报告中沈建公司安装使用的材料只是降低了屋面结构的安全度。依据合同的约定，沈建公司使用的材料须经华恒公司验收，双方均认可施工过程中是按照合同履行的，故沈建公司安装使用的材料强度等级低于设计文件的要求，双方均有责任。

3. 评析

在实践中,判断工程出现问题的原因往往较为复杂,如果双方均存在过错,则需要承当相应的责任。

(编写人:李高来)

法律条文

第八百零三条　发包人未按照约定的时间和要求提供原材料、设备、场地、资金、技术资料的,承包人可以顺延工程日期,并有权请求赔偿停工、窝工等损失。

条文主旨

本条是关于发包人未按约定的时间和要求提供原材料、设备、场地、资金、技术资料的违约责任的规定。

新旧法对比

《合同法》	《民法典》
第二百八十三条　发包人未按照约定的时间和要求提供原材料、设备、场地、资金、技术资料的,承包人可以顺延工程日期,并有权要求赔偿停工、窝工等损失。	第八百零三条　发包人未按照约定的时间和要求提供原材料、设备、场地、资金、技术资料的,承包人可以顺延工程日期,并有权**请求**赔偿停工、窝工等损失。

理解与适用

根据本条规定,发包人有义务按照约定的时间和要求提供原材料、设备、场地、资金、技术资料。如果由于发包人的原因,导致建筑工程项目未能如期开工或有所延误,相关承包人可以顺延工程日期,并有权请求赔偿停工、窝工等损失。

实务问题

1. 案情简介[①]

原告电力公司作为发包人,将其公司的复合绝缘子项目扩建工程——机械配件生产厂房、套管生产厂房(高压试验大厅)钢结构分部工程发包给被告钢结

① 江苏省如皋市人民法院(2016)苏 0682 民初 9757 号。

构公司进行施工,双方签订《建设工程施工合同》,约定计划开工日期 2009 年 5 月 18 日,竣工时间 2009 年 10 月 25 日。合同签订后被告钢结构公司即于 2009 年 5 月 20 日开始施工,施工完毕后,双方于 2009 年 12 月 15 日对案涉工程进行竣工验收,超过合同约定工期 49 日。原告电力公司遂诉至法院,要求被告钢结构公司承担工期延长的违约责任。审理中,被告钢结构公司提供:(1)《工作联系单》,证明发包人在履行合同过程中变更设计,造成承包人返工、改建;(2)《付款对比表》,证明原告未按照合同约定的时间节点付款;(3)市气象局出具的 2009 年 6 月至 12 月的气象资料,证明在合同履行过程中存在不可抗力因素,导致不能施工的事实。

2. 法院认为

原告方在合同履行过程中存在违约的情形。双方在合同中对具体的付款时间节点进行了约定,但根据被告提供的《付款对比表》,原告方在合同约定的时间节点付款过程中存在延期付款之违约情形。根据《合同法》第 283 条规定,发包人未按照约定的时间和要求提供原材料、设备、场地、资金、技术资料的,承包人可以顺延工程日期,并有权要求赔偿停工、窝工等损失。故原告方在合同约定的时间节点付款过程中存在延期付款的违约情形,属于工期实际顺延考虑的因素之一。

(编写人:李高来)

法律条文

第八百零四条　因发包人的原因致使工程中途停建、缓建的,发包人应当采取措施弥补或者减少损失,赔偿承包人因此造成的停工、窝工、倒运、机械设备调迁、材料和构件积压等损失和实际费用。

条文主旨

本条是关于因发包人原因造成工程停建、缓建所应承担责任的规定。

新旧法对比

《合同法》	《民法典》
第二百八十四条　因发包人的原因致使工程中途停建、缓建的,发包人应当采取措施弥补或者减少损失,赔偿承包人因此造成的停工、窝工、倒运、机械设备调迁、材料和构件积压等损失和实际费用。	【内容不变】第八百零四条

理解与适用

本条所指的“因发包人的原因”可以理解为发包人未按约定的时间和要求提供原材料、设备、场地、资金、技术资料，未向承包人提供符合质量的材料、设备，或因提供的材料质量存在瑕疵、提供的设备不符合要求，以及发包人未及时组织验收，支付价款，接收工程等。

在发生上述原因，致使工程中途停建、缓建的，发包人应当采取措施弥补或者减少损失。承包人可以停建、缓建、顺延工期，并及时通知发包人。发包人应该赔偿承包人因此造成的停工、窝工、倒运、机械设备调迁、材料和构件积压等损失和实际费用。

实务问题

在实务中，发包人违反《合同法》第 278 条、第 283 条和第 284 条规定，承包人应当书面催告发包人在合理期限内履行义务。发包人在合理期限内没有履行义务的，承包人有权要求发包人赔偿因此造成的停工、窝工等损失，并相应顺延工期。律师可合理提示承包人在发生工程顺延时，应当及时书面告知发包人或指定代表。

（编写人：李高来）

法律条文

第八百零五条　因发包人变更计划，提供的资料不准确，或者未按照期限提供必需的勘察、设计工作条件而造成勘察、设计的返工、停工或者修改设计，发包人应当按照勘察人、设计人实际消耗的工作量增付费用。

条文主旨

本条是关于因发包人原因造成勘察、设计的返工、停工或者修改设计所应承担责任的规定。

新旧法对比

《合同法》	《民法典》
第二百八十五条　因发包人变更计划，提供的资料不准确，或者未按照期限提供必需的勘察、设计工作条件而造成勘察、设计的返工、停工或者修改设计，发包人应当按照勘察人、设计人实际消耗的工作量增付费用。	【内容不变】第八百零五条

理解与适用

本条规定了发包人按照勘察人、设计人实际消耗的工作量增付费用的责任。如果发包人变更计划，提供的资料不准确，或者未按照期限提供必需的勘察、设计工作条件的违约行为造成勘察、设计的返工、停工或者修改设计，发包人应当赔偿损失。发包人的行为影响工期的，勘察人、设计人有权请求发包人延长工期。

实务问题

1. 案情简介[①]

2018年9月被告国电优能玉林风电有限公司在国电集团电子询比价采购平台通过公开询价方式采购大容山风电场风机箱变加装远程监控系统项目招标，原告南京朗熙环保科技有限公司中标该项目后与被告国电优能玉林风电有限公司签订了《大容山风电场风机箱变加装远程监控系统合同》。合同约定项目总价款为224,900元。工期为20日，计划2018年11月20日至12月10日，具体施工时间以被告书面通知为准。合同另约定款项支付条件、验收条款等。项目结算以总价包干的方式，由乙方包工包料包安装（系统备件和辅助材料购买、保管、运输、安装、调试，达到合格验收标准）。不能满足施工所需的，由乙方自行负责，费用乙方承担。总价包含为完成本项目所发生的一切费用，甲方不再支付其他任何费用。合同签订后，因2018年11月底施工现场天气和自然原因，现场不满足施工条件，因此原告推迟进场施工时间，并向被告的工作人员说明沟通协商实际施工时间，至2019年4月12日原告收到被告通知后才进场施工。

① 广西壮族自治区玉林市玉州区人民法院(2020)桂0902民初5004号。

原告在进场施工前,未对施工现场环境进行勘察,而在项目前期被告提供的大容山风电场风机箱变加装远程监控系统询价文件(技术文件,询价单编号:xxx-XMXJ-2018090100)第3.3条中又明确说明有可用光缆连接,有预留铺设管道,后经原告进场施工后才发现,现场施工条件与询价文件中所述相差较大,不满足预定的施工条件和施工方式。风塔与箱变之间的线路管道已经被混凝土封死,无法进行任何穿线。原告提出让被告核实施工现场实际情况并提供具体实施方案,被告未进行回应。后经原告努力尝试利用直径为20mm的PVC管道走线,但最终只能勉强穿入一根0.5平方的屏蔽线缆,仍然无法实现合同约定的技术要求和施工效果。且还是有10个站箱变与风塔之间的线路管道完全被混凝土封死,无法再接穿任何线路。原告为保证监控系统项目的顺利完成,采取补救措施修改合同项目施工方案,尝试无线方案并通过被告同意后进行安装调试,但因风机塔筒的特殊性(信号屏蔽)和箱变的铁皮信号屏蔽,无线方案的传输效果会因为现场的自然条件影响很大,效果不佳。原告在项目完成后,被告以原告未按合同技术方案实施拒绝验收。到此,原被告双方约定的合同条款已无法履行。

2. 法院认为

根据《合同法》第283条的规定:"发包人未按照约定的时间和要求提供原材料、设备、场地、资金、技术资料的,承包人可以顺延工程日期,并有权要求赔偿停工、窝工等损失。"《合同法》第285条规定:"因发包人变更计划、提供的资料不准确,或者未按照期限提供必需的勘察、设计工作条件而造成勘察、设计的返工、停工或者修改设计,发包人应当按照勘察人、设计人实际消耗的工作量增付费用。"原告作为涉案项目投标人,在施工前无法掌握施工现场的实际情况,需要招标人配合提供技术资料才能顺利完成施工项目。而在原告进场施工后,得到的技术不准确导致原施工方案无法实施后,原告又尝试通过多种方式,包括修改合同施工方案来继续实现合同目的,但最终仍无法达到合同约定的验收条件。合同条款中没有对修改方案、解除合同等作详细约定,所以原告在施工条件较难或超成本施工的情况下,原告与被告协商采取超出合同范围的施工方案继续履行合同目的,没有违反合同的规定。符合《合同法》第61条规定的对合同约定不明的补救措施。

3. 评析

在实务中,遇到发包人变更计划,提供的资料不准确,或者未按照期限提供必需的勘察、设计工作条件的情况时，应该积极采取措施，防止损失的进一步扩大。

（编写人：李高来）

法律条文

第八百零六条　承包人将建设工程转包、违法分包的，发包人可以解除合同。

发包人提供的主要建筑材料、建筑构配件和设备不符合强制性标准或者不履行协助义务，致使承包人无法施工，经催告后在合理期限内仍未履行相应义务的，承包人可以解除合同。

合同解除后，已经完成的建设工程质量合格的，发包人应当按照约定支付相应的工程价款；已经完成的建设工程质量不合格的，参照本法第七百九十三条的规定处理。

条文主旨

本条是关于发包人、承包人可以解除合同相关情况的规定。

新旧法对比

无	《民法典》
无	第八百零六条　承包人将建设工程转包、违法分包的，发包人可以解除合同。 发包人提供的主要建筑材料、建筑构配件和设备不符合强制性标准或者不履行协助义务，致使承包人无法施工，经催告后在合理期限内仍未履行相应义务的，承包人可以解除合同。 合同解除后，已经完成的建设工程质量合格的，发包人应当按照约定支付相应的工程价款；已经完成的建设工程质量不合格的，参照本法第七百九十三条的规定处理。

理解与适用

《民法典》第806条为新增条文，是对《建设工程解释》第8条第4项，第9条第2、3项，以及第10条第1款的合并整理。本条对特定情况下建设工程合同的法定解除进行了细化规定，以期在给予建设工程合同守约方必要救济，赋予当事人必要的合同解除权的同时，尽力维护建设工程合同法律关系的稳定性。

实务问题

在实务中，需要准确把握建设工程施工合同当事人在何种情况下享有解除合同的权利。

关于发包人的解除权，《建设工程解释》第8条规定："承包人具有下列情形之一，发包人请求解除建设工程施工合同的，应予支持：(一)明确表示或者以行为表明不履行合同主要义务的；(二)合同约定的期限内没有完工，且在发包人催告的合理期限内仍未完工的；(三)已经完成的建设工程质量不合格，并拒绝修复的；(四)将承包的建设工程非法转包、违法分包的。"

《建设工程解释》第8条第1项规定的是承包人拒绝履行的情况。第2项规定的是承包人迟延履行，且经发包人催告后在合理期限内仍未履行的情况。需要注意的是，承包人在建设工程施工合同项下负有多种义务，本项规定的是承包人迟延履行其主要义务，即完成工程施工的任务。承包人迟延履行其他义务，尤其是从义务或者附随义务的，并不当然导致发包人享有合同解除权。第3项规定的是不完全履行，包括瑕疵给付和加害给付两种情形。向发包人移交工程质量合格的建设工程是承包人的主要义务。如果承包人施工的建设工程质量不合格，承包人应当承担修复义务。如果承包人拒绝修复，将导致发包人在建设工程施工合同项下的目的不能实现，故发包人享有解除建设工程施工合同的权利。第4项规定的是承包人将建设工程非法转包、违法分包的情形。关于承包人的解除权，除《民法典》本条第2款规定的两种情形外，《建设工程解释》第9条还规定了一种情形，即发包人未按约定支付工程价款，致使承包人无法施工，经催告后在合理期限内仍未履行相应义务，承包人有权请求解除建设工程施工合同。①

（编写人：李高来）

① 《〈民法典〉关于建设工程领域之合同解除规定》，载微信公众号"建设工程风险防范"2020年11月11日，https://mp.weixin.qq.com/s/mT1bb5K4x01Wgg4aUa7sNg。

法律条文

第八百零七条　发包人未按照约定支付价款的，承包人可以催告发包人在合理期限内支付价款。发包人逾期不支付的，除根据建设工程的性质不宜折价、拍卖外，承包人可以与发包人协议将该工程折价，也可以请求人民法院将该工程依法拍卖。建设工程的价款就该工程折价或者拍卖的价款优先受偿。

条文主旨

本条是关于发包人未支付工程价款的责任的规定。

新旧法对比

《合同法》	《民法典》
第二百八十六条　发包人未按照约定支付价款的，承包人可以催告发包人在合理期限内支付价款。发包人逾期不支付的，除按照建设工程的性质不宜折价、拍卖的以外，承包人可以与发包人协议将该工程折价，也可以申请人民法院将该工程依法拍卖。建设工程的价款就该工程折价或者拍卖的价款优先受偿。	第八百零七条　发包人未按照约定支付价款的，承包人可以催告发包人在合理期限内支付价款。发包人逾期不支付的，除**根据**建设工程的性质不宜折价、拍卖**外**，承包人可以与发包人协议将该工程折价，也可以**请求**人民法院将该工程依法拍卖。建设工程的价款就该工程折价或者拍卖的价款优先受偿。

理解与适用

依据本条的规定，发包人未按约定支付价款，承包人首先应该催告发包人在合理期限内支付价款。经承包人催告后仍不支付的，承包人可以与发包人协议将该工程折价，也可以请求人民法院将该工程依法拍卖。建设工程的价款就该工程折价或者拍卖的价款优先受偿。就建设工程价款优先受偿问题，最新颁布的《建设工程解释（一）》作出了详细的规定，具体体现在以下几条：第35条规定："与发包人订立建设工程施工合同的承包人，依据民法典第八百零七条的规定请求其承建工程的价款就工程折价或者拍卖的价款优先受偿的，人民法院应予支持。"第36条规定："承包人根据民法典第八百零七条规定享有的建设工程价款优先受偿权优于抵押权和其他债权。"第37条规定："装饰装修工程具备折价或者拍卖条件，装饰装修工程的承包人请求工程价款就该装饰装修工程折价或者拍卖的价款优先受偿的，人民法院应予支持。”第 38 条规定：“建设工程质量合格，承包人请求其承建工程的价款就工程折价或者拍卖的价款优先受偿的，人民法院应予支持。”第 39 条规定：“未竣工的建设工程质量合格，承包人请求其承建工程的价款就其承建工程部分折价或者拍卖的价款优先受偿的，人民法院应予支持。”第 40 条规定：“承包人建设工程价款优先受偿的范围依照国务院有关行政主管部门关于建设工程价款范围的规定确定。承包人就逾期支付建设工程价款的利息、违约金、损害赔偿金等主张优先受偿的，人民法院不予支持。”第 41 条规定：“承包人应当在合理期限内行使建设工程价款优先受偿权，但最长不得超过十八个月，自发包人应当给付建设工程价款之日起算。”第 42 条规定：“发包人与承包人约定放弃或者限制建设工程价款优先受偿权，损害建筑工人利益，发包人根据该约定主张承包人不享有建设工程价款优先受偿权的，人民法院不予支持。”

实务问题

1. 建设工程价款优先权的范围如何界定

建设工程价款优先受偿的范围应当包含直接成本、间接成本、利润及税金，但不包括因履行建设工程施工合同所产生的违约金、损害赔偿金、利息等其他债权。具体相关规定如下：

《民法典》第 807 条规定，建设工程施工合同所约定的价款，均可就建设工程折价或者拍卖的价款优先受偿。

《建设工程解释(一)》第 40 条规定，建设工程价款范围要根据国务院有关行政主管部门的规定来确定。承包人就逾期支付建设工程价款的利息、违约金、损害赔偿金等主张优先受偿的，人民法院不予支持。

2. 关于建设工程价款优先权的顺位问题

商品房买受人的物权期待权>建设工程价款优先受偿权>抵押权>其他债权。

关于建设工程价款优先权的受偿顺位，《建设工程解释(一)》第 36 条明确了承包人的建设工程价款优先受偿于抵押权和其他债权。

3. 建设工程价款优先权的行使期限有多长？何时起算？

《建设工程解释》第 41 条将承包人建设工程款优先受偿权的行使期限由“六个月”延长至“不得超过十八个月”，在起算时间上，沿用了《建设工程解释

(二)》的规定,即自发包人应当给付建设工程价款之日起算。①

(编写人:李高来)

法律条文

第八百零八条　本章没有规定的,适用承揽合同的有关规定。

条文主旨

本条是关于适用承揽合同的规定。

新旧法对比

《合同法》	《民法典》
第二百八十七条　本章没有规定的,适用承揽合同的有关规定。	【内容不变】第八百零八条

理解与适用

建设工程合同在性质上属于完成工作的合同,本章没有规定的,适用承揽合同的有关规定。

实务问题

建设工程合同属于特殊类型的承揽合同,其合同权利义务及违约责任的处理,在建设工程合同中有规定的从其规定,没有规定的,可以适用承揽合同的规定。

(编写人:李高来)

① 参见王译萱、张一帆:《建设工程价款优先受偿权的"变与不变"》,载北大法宝 2021 年 2 月 4 日,https://www.pkulaw.com/lawfirmarticles/dac4b2b2e03c783a73d3f676ca6e424bbdfb.html。

第十九章　运输合同

第一节　一般规定

法律条文

第八百零九条　运输合同是承运人将旅客或者货物从起运地点运输到约定地点，旅客、托运人或者收货人支付票款或者运输费用的合同。

条文主旨

本条是定义性条款，对运输合同的主体、客体以及主要的权利与义务作出规定。根据本条规定，运输合同有两方主体，一方为承运人，另一方为旅客或托运人。收货人不是运输合同的主体，但与运输合同存在利害关系。运输合同的客体是承运人的运送行为，标的物是货物或旅客。运输合同包含两项主要义务：第一项是承运人的义务，内容是将旅客或货物从起运地点运送到约定地点；第二项是旅客、托运人或者收货人的义务，内容是支付票款或运输费用。

新旧法对比

《合同法》	《民法典》
第二百八十八条　运输合同是承运人将旅客或者货物从起运地点运输到约定地点，旅客、托运人或者收货人支付票款或者运输费用的合同。	【内容不变】第八百零九条

理解与适用

1. 在运输实务中，运输合同的种类很多。按照不同的标准，可对运输合同进行多种方式的划分。因此，有必要将运输合同作为典型合同，通过编纂《民法典》对运输合同作出专章规定，以便对运输合同的订立与履行提供基本行为规范，对运输合同纠纷的处理提供基本裁判规则。①

2. 由于交通运输与社会的正常运行和公共安全直接相关，我国已制定包括《铁路法》、《民用航空法》和《海商法》（以下简称三大运输特别法律）在内的一系列与运输有关的法律、行政法规和部门规章，并且参加或缔结了一系列与运输有关的国际条例和规则，对道路、铁路、水路、航空等不同运输方式的运输资质、运输安全技术等进行强制性的规范和要求。这些规范与要求对不同类型的运输合同的订立、效力、履行、义务及责任等具有不同程度的影响。

3.《民法典》关于运输合同的规定，对我国的三大运输特别法律发挥补充适用的作用，对我国尚未制定单行法律进行调整的运输合同，例如公路运输合同、国内水路货物运输合同以及不含海运的多式联运合同等，提供基本规范的作用。需要注意的是，我国现有的三大运输特别法律，以及与运输合同有关的行政法规、规章，对运输合同的定义及规定详略不一，并且不太一致。《民法典》与各单选法律、行政法规、规章之间关于运输合同的规定出现不一致时，应当根据《立法法》的有关规定，按照上位法优于下位法、特别法优于一般法、新法优于旧法以及国际条约在涉外纠纷中优先适用等规则，按照有关程序正确适用和处理。②

实务问题

在运输实务中，可能会涉及运输合同纠纷案件和运输合同相关纠纷案件。这两类案件具有不同的特点，在处理时需要适当加以区分：对于运输合同纠纷案件，需要注意运输合同的独立性，严守合同相对性。与货物的所有权状况相比，此类案件更需关注货物的占有状况。发生货损时，承运人的赔偿对象原则上是托运人，一般情况下不问货物的所有权归属。这也是国际和国内运输法的一项普遍规则。对于运输相关的纠纷案件则不同，例如与运输合同相关的物权纠纷，需要根据纠纷的性质对案件进行全面审视和准确定性，而不应一味片面地强调运输合同的独立性。③

（编写人：杨晓辉）

---

① 参见最高人民法院民法典贯彻实施工作领导小组主编：《中华人民共和国民法典合同编理解与适用》（四），人民法院出版社 2020 年版，第 2048 页。

② 参见最高人民法院民法典贯彻实施工作领导小组主编：《中华人民共和国民法典合同编理解与适用》（四），人民法院出版社 2020 年版，第 2048、2051 页。

③ 参见最高人民法院民法典贯彻实施工作领导小组主编：《中华人民共和国民法典合同编理解与适用》（四），人民法院出版社 2020 年版，第 2051、2052 页。

法律条文

第八百一十条 从事公共运输的承运人不得拒绝旅客、托运人通常、合理的运输要求。

条文主旨

本条是关于从事公共运输活动的承运人的强制缔约义务的规定。本条是一项强制性规定，对公共运输承运人提出高于一般承运人的强制要求。根据本条规定，公共运输承运人有义务与旅客、托运人缔结运输合同，满足后者通常、合理的运输要求。本规定不仅适用于签约阶段，还可延伸适用于履约阶段。对于旅客、托运人在运输过程中的通常、合理的运输要求，公共运输承运人也应予以满足。①

新旧法对比

《合同法》	《民法典》
第二百八十九条 从事公共运输的承运人不得拒绝旅客、托运人通常、合理的运输要求。	【内容不变】第八百一十条

理解与适用

1. 公共运输具有以下两方面的特征：

(1)公共运输具有公益性，即公用事业性，其营业必须向社会公众开放，以保障社会正常运转。政府通常对公共运输实施比较严格的价格管制措施，在特定时期还有可能对公共运输提供适当的财政补贴，以保障其运营维持。②

(2)公共运输通常具有一定的垄断性，即非竞争性。公共运输承运人通常受限于较为严格的法定资质要求和营运准入条件等，未经许可不得营运，因此在相关领域内拥有一定程度的垄断性。运输交易的定型化、运输价格的固定化、运输合同的格式化等，均是公共运输垄断性的具体外在表现。③

在当今的运输体系中，城市客运服务出租车运输、道路公共汽车运输、城市

① 参见最高人民法院民法典贯彻实施工作领导小组主编：《中华人民共和国民法典合同编理解与适用》(四)，人民法院出版社2020年版，第2063、2065页。

② 参见最高人民法院民法典贯彻实施工作领导小组主编：《中华人民共和国民法典合同编理解与适用》(四)，人民法院出版社2020年版，第2060页。

③ 参见最高人民法院民法典贯彻实施工作领导小组主编：《中华人民共和国民法典合同编理解与适用》(四)，人民法院出版社2020年版，第2060页。

地铁运输、公共航空运输、铁路公共旅客与货物运输等,均满足上述两项条件,均属于公共运输。

2. 为克服公共运输的垄断性问题,保护社会公众利益,维护社会正常秩序,我国通过立法对从事公共运输业务的承运人提出高于一般承运人的要求,除了对公共运输活动从价格等方面进行适当的管制、约束和要求外,还通过本条规定赋予公共运输承运人强制签约的义务,要求公共运输承运人必须遵守,以满足旅客和托运人通常、合理的运输要求。不仅如此,本规定可以延伸适用于运输合同的履行阶段,即对于旅客、托运人在运输过程中提出的通常、合理的运输要求,公共运输承运人也应当满足,不得不合理地拒绝接受。[①]

3. 对于旅客、托运人提出的具体运输要求,公共运输承运人并非一概不得拒绝。对于超出通常、合理范围的运输需求,公共运输承运人有权拒绝接受。旅客、托运人提出的运输要求"通常、合理"与否,主要的判断标准和考虑因素如下:

(1)在判断旅客或托运人的运输要求是否"通常、合理"时,不应当以单个旅客或者托运人的理解或认知为标准进行判断,而应当依据一般的、普通的旅客或者托运人的正常理解或认识作为判断的标准和依据。

(2)满足旅客、托运人提出的"通常、合理"的运输要求,意味着公共运输承运人对不同的旅客或托运人应当适用相同的待遇标准,不得采用或实施不合理的差别待遇。

(3)在判断旅客或托运人的运输要求是否"通常、合理"时,不仅需要考虑旅客、托运人一方的意愿和要求,还应当考虑公共运输承运人一方的可接受性,包括在运输资格、运输能力等方面的限制因素,以及法定的阻却因素和不可抗力的影响等。例如,广东省高级人民法院在南澳县澄瀛石油汽供应公司诉汕头市公路局莱长渡口所海上货物运输合同案[②]二审判决中认定:通常合理的运输要求,"应当是承运人确实能够实施的行为,即该运输要求符合承运人的民事权利能力和民事行为能力范围,包括但不限于合法运输资格、运输范围、运输能力及运输线路等"。超出该范围的,不属于通常合理的运输要求。

4. 旅客或托运人的运输要求是否"通常、合理",其判断标准并非一成不变,可能随着社会经济发展和科学技术进步而发生改变。[③]

---

① 参见最高人民法院民法典贯彻实施工作领导小组主编:《中华人民共和国民法典合同编理解与适用》(四),人民法院出版社2020年版,第2065页。

② 广东省高级人民法院(2003)粤高法民四终字第55号。

③ 参见最高人民法院民法典贯彻实施工作领导小组主编:《中华人民共和国民法典合同编理解与适用》(四),人民法院出版社2020年版,第2061、2062页。

实务问题

本条未规定公共运输承运人违反本规定的法律责任,也未规定受损害一方可以采取的救济途径、方式与措施。根据最高人民法院的有关阐释,公共承运人如果违反本规定,在缔约阶段有可能承担强制缔约责任、缔约过失赔偿责任或者侵权责任,在履约阶段则有可能承担违约责任,也可能承担侵权责任(在两种责任竞合时)。①

(编写人:杨晓辉)

法律条文

第八百一十一条　承运人应当在约定期限或者合理期限内将旅客、货物安全运输到约定地点。

条文主旨

本条是关于承运人在约定或合理期限内安全完成运输的义务的规定。这是承运人在运输合同中的最基本义务。根据本条规定,对承运人的运输活动提出三个方面的要求:第一,时间要求,即承运人应当在约定期限或合同期限内完成运输;第二,安全要求,即承运人应当确保旅客、货物的运输安全;第三,目的地要求,即承运人应当将旅客、货物运到约定目的地。②

《民法典》对原《合同法》条文仅作细微修改,将"约定期间"改为"约定期限",将"合理期间"改为"合理期限",条文意思并未发生实质性变化。

新旧法对比

《合同法》	《民法典》
第二百九十条　承运人应当在约定期间或者合理期间内将旅客、货物安全运输到约定地点。	第八百一十一条　承运人应当在约定**期限**或者合理**期限**内将旅客、货物安全运输到约定地点。

① 参见最高人民法院民法典贯彻实施工作领导小组主编:《中华人民共和国民法典合同编理解与适用》(四),人民法院出版社2020年版,第2063、2064页。

② 参见最高人民法院民法典贯彻实施工作领导小组主编:《中华人民共和国民法典合同编理解与适用》(四),人民法院出版社2020年版,第2063、2066页。

理解与适用

(1)运输合同有两大缔约目的:一是承运人将旅客、货物及时安全运达目的地;二是承运人收取相应的运费。[①] 本条对运输合同的第一项缔约目的作出规定,从运输时间、运输安全以及运达地点三个方面对承运人的运输活动作出要求。这也是承运人在运输合同项下最主要的义务。

(2)在运输合同项下,承运人承担着速遣义务,即承运人有义务以适当速度、选择适当路线、运用良好技能在尽可能短时间内完成运输任务。运输合同通常会对运输期限作出约定。该约定对运输双方均具有约束力。在运输合同未对运输期限作出约定时,承运人应当履行速遣义务,在合理期限内完成运输。在判断"合理期限"时,通常以同类运输方式和运输工具运送的一般运达期限为标准。[②]

(3)强调运输的安全性,既是运输行业的操作准则和基本要求,又是运输合同立法的基本原则。无论是从事客运经营业务,还是从事货运经营业务,承运人均应承担安全运输的义务,在运输过程中确保被运送的旅客、货物以及用于开展运输经营业务的设备与工具等完好无损。然而,运输活动自身的特性决定了安全只能是相对的,没有绝对安全的运输。不仅如此,从事运输业务的承运人及其相关人员和运输工具始终与运输风险相伴,也需要法律给予适当保护以平衡各方利益。因此,《民法典》第 823 条、第 832 条以及三大运输特别法律对承运人从免责理由、赔偿范围、赔偿限额等三个不同的层面提供适当保护。同样,三大运输特别法律对承运人的免责理由、赔偿范围、赔偿限额等作出特别规定的,应优先适用。[③]

(4)除非法律另有规定或者运输合同当事人另有专门约定,否则承运人不得将旅客、货物运送到其他地点。承运人未按约定地点进行运输的,将导致运输任务无法完成。对此,承运人应当承担违约责任。

实务问题

本条对承运人违反义务的法律责任未作规定。承运人违反本条规定的,应

---

① 参见最高人民法院民法典贯彻实施工作领导小组主编:《中华人民共和国民法典合同编理解与适用》(四),人民法院出版社 2020 年版,第 2063、2070 页。

② 参见最高人民法院民法典贯彻实施工作领导小组主编:《中华人民共和国民法典合同编理解与适用》(四),人民法院出版社 2020 年版,第 2067 页。

③ 参见最高人民法院民法典贯彻实施工作领导小组主编:《中华人民共和国民法典合同编理解与适用》(四),人民法院出版社 2020 年版,第 2069 页。

当适用《民法典》合同编第19章(运输合同)关于损害赔偿的规定以及《民法典》合同编第8章(违约责任)的有关规定。另需注意:三大运输特别法律对承运人违反本条规定的运输义务时应当承担的责任作出特别规定的,根据特别法优先适用原则,应当优先适用这些特别规定。①

自2020年以来,新冠肺炎疫情(以下简称疫情)以及各国政府及有关组织、部门等采取的一系列防控措施,对承运人履行运输义务构成较大的影响,相关纠纷时有发生。为此,最高人民法院于2020年6月8日印发《关于依法妥善审理涉新冠肺炎疫情民事案件若干问题的指导意见(三)》(以下简称《最高人民法院指导意见(三)》),对受疫情影响较大的运输合同、涉外商事海事案件的适用法律问题提出指导意见。根据《最高人民法院指导意见(三)》第10条的有关规定,结合最高人民法院在相关记者发布会上的解答与说明,在处理疫情相关运输合同纠纷时需要注意:

1. 承运人提供证据证明因疫情或者疫情防控,起运地或者到达地采取禁行、限行防控措施等而发生运输路线变更、装卸作业受限等导致迟延交付,并已及时通知托运人,承运人主张免除相应责任的,人民法院依法予以支持。据此,迟延交付可能是由于运输线路变更导致的,也可能是由于装卸作业受限导致的,还可能是其他原因导致。迟延交付的承运人主张免责的,应当举证证明:(1)起运地或到达地因疫情或者疫情防控而采取禁行、限行防控措施等;(2)由于实施该等措施而发生运输路线变更、装卸作业受限等情形;(3)由此导致迟延交付;(4)承运人已及时通知托运人。

2. 在疫情期间海上货物运输的承运人可能遇到这些情况:

(1)船舶开航前,有的船舶可能因疫情或者疫情防控措施,无法在合理期间内配备必要的船员、物料;有的船舶可能无法到达装货港、目的港;还有的船舶可能一旦进入某受疫情影响港口,就无法再继续正常航行、靠岸……那么,在这些"因不可抗力或者其他不能归责于承运人和托运人的原因致使合同不能履行的"情形下,承运人可以依据《海商法》第90条规定解除合同并不负赔偿责任。

(2)船舶开航后,一般而言,承运人应当在合同约定的卸货港交付货物。如果因为疫情或疫情防控措施,承运人无法在原定的目的港卸货,承运人应当和货方进行协商。协商不成的情况下,除合同有明确约定外,承运人在充分考虑托运人或收货人利益,就货物保管作出妥善安排并履行通知义务后,有权选择在目的

---

① 参见最高人民法院民法典贯彻实施工作领导小组主编:《中华人民共和国民法典合同编理解与适用》(四),人民法院出版社2020年版,第2070~2071页。

港邻近的安全港口或者地点卸货。

(3)船舶到港后,在港口管理部门没有明确要求的情况下,港口经营企业应当快速消毒,正常装卸货。如果遇到港口经营企业擅自以检疫隔离为由限制船舶停泊期限,船舶所有人或者经营人可以请求港口经营企业承担赔偿责任,人民法院对此依法予以支持。

3. 托运人在疫情期间可能会遇到以下问题:

(1)托运人可能会遇到货物被装货港或者目的港所在国家或者地区列入暂时禁止进出口的范围;或者因陆路运输受阻,在合理期间内无法将货物运至装货港码头;或者因其他不能归责于托运人的原因致使运输合同不能履行。在这些情况下,托运人可以根据《海商法》第 90 条规定解除海上货物运输合同并不负赔偿责任。

(2)现在集装箱运输所占比例越来越大,陆路运输受阻可能导致货方超期占用集装箱需要支付滞箱费的问题。由于滞箱费具有累进叠加的性质,经过较长一段时间之后,累计的费用往往会超过数个集装箱的价值。货方此时可以与承运人协商请求调低滞箱费。如果协商不成,可以请求法院调低。考虑到在疫情背景下,货方超期占用集装箱具有正当理由,此时若按照合同约定支持全部滞箱费可能有失公平,也不符合《合同法》关于损失赔偿可预见性标准的规定。人民法院可以结合案件实际情况酌情予以调减,一般以当时当地一个新的集装箱价值为上限。

(3)货方还经常遇到的情况是订好的航次被取消或者航期发生变更。在这种情况下,如果货运代理企业未尽到勤勉和谨慎义务,未及时就航次取消、航期变更通知托运人,或者在配合托运人处理相关后续事宜中存在过错,托运人请求货运代理企业承担相应责任的,人民法院依法予以支持。

(编写人:杨晓辉)

法律条文

第八百一十二条　承运人应当按照约定的或者通常的运输路线将旅客、货物运输到约定地点。

条文主旨

本条是关于承运人实施运输的路线的规定。根据本条规定,运输合同对运输路线有约定的,承运人有义务按照约定的路线实施运输;运输合同对运输路线未作约定的,承运人有义务按照通常的运输路线实施运输。承运人最终需要将旅客、货物运达约定地点,以完成运输任务。

新旧法对比

《合同法》	《民法典》
第二百九十一条　承运人应当按照约定的或者通常的运输路线将旅客、货物运输到约定地点。	【内容不变】第八百一十二条

理解与适用

1. 运输路线在运输合同履行中具有重要的作用与影响,主要表现为:运输路线与运输风险直接相关,不同的运输路线伴随不同的风险因素;运输路线还会对运输价格和运输保险费率产生直接的影响作用。不仅如此,在有些情况下,运输路线有可能对运输工具和货运保险合同的效力等产生影响。例如在运输实务中,根据一些运输工具及货运保险合同的有关约定,在运输工具超出约定的运输路线或者保险区域时,保险人有权解约并拒绝承担赔偿责任。①

2. 运输合同对运输路线作出约定的,承运人有义务按照约定的路线实施运输,否则应当承担违约责任。在运输合同对运输路线未作出约定的情况下,承运人有义务按照通常的运输路线实施运输,不得无故绕行,主要原因在于选取通常路线进行运输相对安全,有利于规避运输过程中对货物、旅客可能形成或者出现的危险或者危害等,也有利于避免发生运输迟延。在此,"通常的运输路线"是指根据行业习惯约定俗成的运输路线,或者较为安全、便捷、经济的合理运输路线。②

3. 在一些特定情况下,承运人可以不按通常路线实施运输,而是进行合理的绕行,并且无须承担违约责任。这些特定情况可以包括:

(1)运输合同中约定的绕行事由。例如在航空运输合同中约定:出现风暴时,航空承运人可以绕行。

(2)法律规定的绕行事由。例如根据《海商法》第49条第2款规定,船舶在

---

① 参见最高人民法院民法典贯彻实施工作领导小组主编:《中华人民共和国民法典合同编理解与适用》(四),人民法院出版社2020年版,第2072、2073页。

② 参见最高人民法院民法典贯彻实施工作领导小组主编:《中华人民共和国民法典合同编理解与适用》(四),人民法院出版社2020年版,第2073页。

海上为救助或者企图救助人命或财产而发生的绕航等属于合理绕航。

(3)在运输过程中遇到危险时,承运人可以合理绕行,以确保运输工具、旅客或货物的安全。

(4)不可抗力情形之下的合理绕行。①

4. 关于承运人违反本规定应当承担的违约责任,本条未作出专门规定。该违约责任与运输合同下的其他违约责任并无本质不同。然而,违反本条规定构成违约时,违约行为的严重程度在不同案情下可能未必相同,对此,需要在具体案件中根据相关案情进行具体分析。②

实务问题

在新冠肺炎疫情及相关防控措施对运输路线构成影响从而引起纠纷时,《最高人民法院指导意见(三)》)第10条第1款提出了具体的审判指导意见:"根据《中华人民共和国合同法》第二百九十一条的规定,承运人应当按照约定的或者通常的运输路线将货物运输到约定地点。承运人提供证据证明因运输途中运输工具上发生疫情需要及时确诊、采取隔离等措施而变更运输路线,承运人已及时通知托运人,托运人主张承运人违反该条规定的义务的,人民法院不予支持。"

综上所述,但《合同法》第291条已编纂作为《民法典》第812条,内容未作修改。因此,《最高人民法院指导意见(三)》第10条第1款仍应可以在人民法院审判实务中直接予以适用。根据该指导意见,承运人对变更运输路线主张免责的,应当举证证明:(1)运输工具在运输途中发生疫情;(2)需要及时确诊、采取隔离等疫情防控措施;(3)上述措施导致运输路线变更;(4)承运人已及时通知托运人。

(编写人:杨晓辉)

法律条文

第八百一十三条　旅客、托运人或者收货人应当支付票款或者运输费用。承运人未按照约定路线或者通常路线运输增加票款或者运输费用的,旅客、托运人或者收货人可以拒绝支付增加部分的票款或者运输费用。

---

① 参见《中华人民共和国合同法释义》第291条,载中国人大网,www.npc.gov.cn。

② 参见最高人民法院民法典贯彻实施工作领导小组主编:《中华人民共和国民法典合同编理解与适用》(四),人民法院出版社2020年版,第2075页。

条文主旨

本条具有两层意思:第一,旅客、托运人或收货人应当承担支付票款或运输费用的义务。这是旅客、托运人或收货人一方在运输合同中最主要的义务。根据本条规定,旅客有义务向承运人支付票款;托运人或发货人有义务向承运人支付运输费用。第二,在承运人未按约定的路线或通常的路线实施运输时,除非承运人有正当、合理的理由,否则属于承运人的过错行为,并构成违约。对于由此增加的票款或者运输费用,旅客、托运人或者收货人有权拒绝支付或者承担。

新旧法对比

《合同法》	《民法典》
第二百九十二条　旅客、托运人或者收货人应当支付票款或者运输费用。承运人未按照约定路线或者通常路线运输增加票款或者运输费用的,旅客、托运人或者收货人可以拒绝支付增加部分的票款或者运输费用。	【内容不变】第八百一十三条

理解与适用

(1)向承运人支付票款或者运输费用,是运输合同的两大事项之一,也是旅客、托运人或收货人一方在运输合同中最主要的合同义务。[①] 旅客、托运人或收货人违反该义务的,应当承担相应的违约赔偿责任。在客运合同项下,运输费用通常就是票款。在货运合同项下,运输费用可以包括运费、保管费和其他运输费用。其中,运费通常由当事人约定;保管费和其他运输费用属于法定费用,但也可由当事人进行相应的约定。[②]

(2)关于票款和运输费用的支付时间,本条以及《民法典》的其他条文未作规定,可由当事人自行约定。在客运合同中,一般由旅客一方在购买运输票证(如车票、船票、机票等)时支付票款;当事人之间另有约定或者另有交易习惯的,可以按照相关约定或者交易习惯确定。例如,在出租车客运业务中,乘客通

---

① 参见最高人民法院民法典贯彻实施工作领导小组主编:《中华人民共和国民法典合同编理解与适用》(四),人民法院出版社2020年版,第2063、2070页。

② 参见最高人民法院民法典贯彻实施工作领导小组主编:《中华人民共和国民法典合同编理解与适用》(四),人民法院出版社2020年版,第2083页。

常在运输行为基本完成并且即将离开出租车时完成运费的支付义务。在货运合同中,以托运人支付运费为基本原则,以收货人支付运费为例外。如果约定由收货人支付运费,应当在相应的运输单证上明确记载。如果运输单证未载明由收货人支付运费,收货人一般情况下可以拒付运费。

另外,在货物运输实务中,根据运费的支付时间,可分为"运费预付"和"运费到付"两种付费方式。其中,"运费预付"是指承运人在签发运单之前就收取运费;"运费到付"是指承运人将货物送达目的地后才收取运费。对承运人而言,采取"运费到付"的风险相对较大。此外需要注意,"运费预付"与"运费到付"只是对运费的支付时间作出约定,并未对运费的支付主体作出约定,不能据此直接推定应由哪一方承担运费的支付义务。①

(3)承运人未按约定路线或通常路线运输的,除非具有正当、合理的理由,否则就违反了《民法典》第812条的有关规定,并构成对运输合同的违约。在此种情况下,旅客有权拒绝承担增加的票款,托运人或者收货人也有权拒绝承担增加的运输费用。

实务问题

关于运输费用的支付,三大运输特别法律等运输专门法律有特别规定的,根据特别法优先适用原则,应当优先适用这些特别规定。②

(编写人:杨晓辉)

第二节 客 运 合 同

法律条文

第八百一十四条　客运合同自承运人向旅客出具客票时成立,但是当事人另有约定或者另有交易习惯的除外。

条文主旨

本条是关于客运合同的成立时间的原则性规定。客运合同是一种特殊的运

① 参见最高人民法院民法典贯彻实施工作领导小组主编:《中华人民共和国民法典合同编理解与适用》(四),人民法院出版社2020年版,第2081页。

② 参见最高人民法院民法典贯彻实施工作领导小组主编:《中华人民共和国民法典合同编理解与适用》(四),人民法院出版社2020年版,第2085页。

输合同，合同主体包括两方：一方是承运人，另一方是旅客。根据本条规定，在通常情况下，客运合同在承运人向旅客出具客票时成立，客票是客运合同的成立凭证。在双方当事人另有约定或者另有交易习惯的情况下，客运合同也可以在其他时间成立；法律对此未作强制性的要求。

《民法典》之所以将“交付客票”改为“出具客票”，主要原因是电子商务发展迅速，承运人现今往往通过互联网向旅客显示客票订购成功，一般不再通过窗口购票等传统方式交付客票。①

新旧法对比

《合同法》	《民法典》
第二百九十三条　客运合同自承运人向旅客交付客票时成立，但当事人另有约定或者另有交易习惯的除外。	第八百一十四条　客运合同自承运人向旅客**出具**客票时成立，但**是**当事人另有约定或者另有交易习惯的除外。

理解与适用

作为一种特殊的运输合同，客运合同具有以下主要特征。

1. 客运合同在主体方面具有一定的特殊性，主要表现为：

（1）就承运人而言，政府及有关部门通常会对从事客运业务设置一定的准入条件及要求，造成从事客运活动的承运人具有不同程度的独占性甚至垄断性。与客运业务有关的标准合同以及相关运输价格、条件与要求等，通常由承运人单方制作和发布。②

（2）客运合同的另一方主体是旅客，是不特定的大众。需要注意的是，旅客一方不仅是合同主体，同时还是运输标的物，两者具有同一性。这是客运合同的根本特征之一。

2. 客运合同在内容方面具有一定的特殊性，主要表现为：

（1）从事客运业务的承运人需要根据有关规定对其法定资格、经营范围、经营行为能力等进行公示，并且需要按有关规定制作并及时公布客票、价目表和班次时刻表等。这些事项与内容一般由承运人单方完成制作和发布，不需要征得旅客的事先同意。

---

① 参见最高人民法院民法典贯彻实施工作领导小组主编：《中华人民共和国民法典合同编理解与适用》（四），人民法院出版社 2020 年版，第 2088 页。

② 参见最高人民法院民法典贯彻实施工作领导小组主编：《中华人民共和国民法典合同编理解与适用》（四），人民法院出版社 2020 年版，第 2087 页。

(2)承运人公示或公布的上述客运相关事项与内容,在旅客购票前并不构成客运合同的组成部分,而是对承运人的运力、运输安排、运价等情况的说明。在承运人向旅客出具客票后,客运合同成立,这些事项与内容也随即成为客运合同的组成内容,从而对客运双方产生合同约束力。①

3. 客运合同在成立方面具有一定的特殊性。根据本条规定,在通常情况下,客运合同在承运人向旅客出具客票时成立。客票是客运合同成立的凭据。按照旅客运输的惯例,在客运合同成立时,旅客在通常情况下已经履行票款的支付义务。

当然,根据客运业务的实际需要以及客运方式的不同,在当事人另有约定或者另有交易习惯的情况下,客运合同也可以在其他时间成立。例如,在航空旅客运输中,旅客与承运人可以约定航空运输合同从旅客登上飞机时成立。②

实务问题

1. 关于水路运输合同的法律适用

我国《海商法》属于海上运输单行法律,该法第 5 章关于海上旅客运输合同的规定,既适用于国内沿海客运合同,又适用于国际海上客运合同。我国交通运输部制定的《水路旅客运输规则》属于部颁规章,该规则调整的水路客运合同,是指在我国境内沿海、江河、湖泊以及其他通航水域发生的旅客运输合同。根据特别法优先适用原则,关于海上客运合同(包括国内沿海客运合同),《海商法》优先于《民法典》适用;关于水路客运合同(除国内沿海客运合同外),应当适用《民法典》第 3 编第 19 章第 1 节的有关规定;《水路旅客运输规则》作为一项部颁规章,在不与《海商法》《民法典》等上位法相冲突的情况下,在其适用范围内予以适用。③

2. 关于电子客票

随着电子商务的不断发展和客票实名制管理的全面实施,电子客票在铁路、水路、航空等多个客运领域得到全面应用和推广。与传统客票只能简单记载运输工具的始发地、目的地、班次、始发时间、座位号等客运基本信息不同,在电子客票订购过程中,承运人往往要求旅客通过互联网进行身份核实,并且要求旅客在购票之前阅读和确认同意接受“购票须知”“服务条款”“退改票说明”等客运

---

① 参见《中华人民共和国合同法释义》第 293 条,载中国人大网,www. npc. gov. cn。

② 参见《中华人民共和国合同法释义》第 293 条,载中国人大网,www. npc. gov. cn。

③ 参见最高人民法院民法典贯彻实施工作领导小组主编:《中华人民共和国民法典合同编理解与适用》(四),人民法院出版社 2020 年版,第 2089 页。

格式条款。因此，电子客票包含的信息内容比传统客票要全面详细许多。通过电子客票方式订票的，客运合同的成立时间通常以承运人发出客票信息为准。①

（编写人：杨晓辉）

法律条文

第八百一十五条　旅客应当按照有效客票记载的时间、班次和座位号乘坐。旅客无票乘坐、超程乘坐、越级乘坐或者持不符合减价条件的优惠客票乘坐的，应当补交票款，承运人可以按照规定加收票款；旅客不支付票款的，承运人可以拒绝运输。

实名制客运合同的旅客丢失客票的，可以请求承运人挂失补办，承运人不得再次收取票款和其他不合理费用。

条文主旨

本条第1款是关于旅客义务的规定，包含两方面的含义：首先，旅客有义务按照有效客票记载的时间、班次和座位号乘坐运输工具；旅客违反该义务的，应当承担相应的违约责任。其次，旅客无票乘坐、超程乘坐、越级乘坐或者持不符合减价条件的优惠客票乘坐时，应当承担补交票款的义务。在该等情况下，由承运人决定是否向旅客加收票款；承运人决定向旅客加收票款的，应按相关法律法规等规定进行。如果旅客不支付票款，承运人有权拒绝承担运输义务。

本条第2款是关于承运人承担挂失补办客票义务的规定，是一项强制性规定，包含两个方面的含义：其一，实名制客运合同的旅客丢失客票后，享有挂失、补办客票的权利，有权请求承运人予以办理。对此，承运人不得拒绝。其二，实名制旅客请求挂失、补办客票时，法律禁止承运人再次收取票款以及其他不合理的费用。

《民法典》对近年来在国内客运领域不时发生的“旅客霸座”、承运人对旅客挂失补办客票时收费过高等社会现象给予必要的回应和作出适当的规范。②

---

① 参见最高人民法院民法典贯彻实施工作领导小组主编：《中华人民共和国民法典合同编理解与适用》（四），人民法院出版社2020年版，第2090页。

② 参见朱宁宁：《调整体例结构设分编回应“霸座”等社会关切》，载中国人大网2018年12月25日，www.npc.gov.cn。

新旧法对比

《合同法》	《民法典》
第二百九十四条　旅客应当持有效客票乘运。旅客无票乘运、超程乘运、越级乘运或者持失效客票乘运的，应当补交票款，承运人可以按照规定加收票款。旅客不交付票款的，承运人可以拒绝运输。	第八百一十五条　旅客应当**按照**有效客票**记载的时间、班次和座位号乘坐**。旅客无票**乘坐**、超程**乘坐**、越级**乘坐**或者持不符合减价条件的优惠客票**乘坐**的，应当补交票款，承运人可以按照规定加收票款；旅客不支付票款的，承运人可以拒绝运输。 **实名制客运合同的旅客丢失客票的，可以请求承运人挂失补办，承运人不得再次收取票款和其他不合理费用。**

理解与适用

（1）有效客票是客运合同的凭证或证明，承运人仅在客票有效时接受其约束。因此，旅客要求承运人提供服务时，只能在有效客票约定的服务事项与服务范围之内提出要求。然而，作为接受运输服务的一方，旅客有义务接受有效客票的约束，只能按客票记载的时间、班次和座位号乘坐相应的运输工具，而不得任意选坐，随意占座，更不应当“霸座”，否则构成违约。

（2）旅客存在无票乘坐、越级乘坐、超程乘坐或者持不符合减价条件的优惠客票乘坐等行为时，依法承担补交票款的义务。在此种情况下，承运人也有权向旅客加收票款，但不得任意地、不合理地确定加收票款的数额，而是应当按照运输法律等有关规定合理收费。①

（3）旅客负有补交票款的义务，但却拒绝承担支付义务时，承运人有权决定拒绝承担运输义务。在此种情况下，承运人有权在适当地点要求旅客离开运输工具，并且有权向旅客追偿损失。②

（4）本条第2款只适用于“实名制客运合同”。根据本条款，实名制旅客依法享有挂失或补办客票的权利，有权在客票丢失后请求承运人办理挂失和补办手续。对于实名制旅客，承运人无权以客票丢失为由拒绝受理客户的挂失及补票请求。不仅如此，在实名制旅客挂失或补办客票时，法律不允许承运人再次收

① 参见最高人民法院民法典贯彻实施工作领导小组主编：《中华人民共和国民法典合同编理解与适用》（四），人民法院出版社2020年版，第2091页、第2092页。

② 参见最高人民法院民法典贯彻实施工作领导小组主编：《中华人民共和国民法典合同编理解与适用》（四），人民法院出版社2020年版，第2093页。

取票款以及其他不合理的费用。

实务问题

(1)旅客存在无票乘坐、越级乘坐、超程乘坐或者持不符合减价条件的优惠客票乘坐等行为时,根据本条规定应当承担补交票款的义务。一些有关运输的专门法律法规还作出进一步的规定,要求旅客在此种情况下主动补票,并且承担一定数额的手续费。然而,就承运人而言,只有在其向旅客要求加收合理票款却遭到拒绝时,才有权按本条规定拒绝运输,才有权在适当地点令旅客离开运输工具。

(2)在选择要求旅客离开运输工具的地点时,承运人需要适当谨慎注意,避免因地点选择不当给旅客或他人造成损害并引起争议。

(编写人:杨晓辉)

法律条文

第八百一十六条　旅客因自己的原因不能按照客票记载的时间乘坐的,应当在约定的期限内办理退票或者变更手续;逾期办理的,承运人可以不退票款,并不再承担运输义务。

条文主旨

根据本条规定,由于自己原因不能按客票记载的时间乘坐时:第一,旅客一方享有单方变更或者解除客运合同的法定权利,有权向承运人提出退票或者办理变更客票手续(俗称"改签")的请求。对此,承运人不得不合理地予以拒绝。第二,旅客的单方退票或改签权利受到一定的限制,旅客只能在约定的期限内行使退票或改签的权利。第三,如果旅客逾期办理退票或改签,承运人有权不退票款,并且不再继续承担运输义务。

新旧法对比

《合同法》	《民法典》
第二百九十五条　旅客因自己的原因不能按照客票记载的时间乘坐的,应当在约定的时间内办理退票或者变更手续。逾期办理的,承运人可以不退票款,并不再承担运输义务。	第八百一十六条　旅客因自己的原因不能按照客票记载的时间乘坐的,应当在约定的**期限**内办理退票或者变更手续;逾期办理的,承运人可以不退票款,并不再承担运输义务。

理解与适用

（1）客票作为客运合同的成立凭证，通常载明了运输旅客的车次或航班、运输开始时间、客位等级、票价等内容。这些内容在客运合同成立后构成合同的组成内容，对承运人和旅客均具有约束力。因此，旅客应当接受客票的约束，按照客票载明的时间乘坐运输工具。

（2）在旅客由于自身的原因未能按照客票记载的时间乘坐时，为保护旅客的运输利益，法律赋予旅客单方面解除或者变更客运合同的权利，允许旅客在约定的期限内向承运人申请变更客票（俗称“改签”）或者办理退票。

（3）旅客虽然根据本条规定有权单方退票或改签，但法律也需要对平衡承运人一方的利益进行适当的考虑，降低承运人因此而承担的风险。一方面，法律允许承运人与旅客通过约定的方式对办理退票或改签的时间作出适当限制；另一方面，法律对旅客一方未在约定时间内办理退票或改签的法律后果与责任作出明确规定，即承运人有权不退还票款，并且不再承担运输义务。

实务问题

（1）尽管旅客根据本条规定有权单方面退票或改签，但一些运输专门法律及有关规定允许承运人在一定条件下向旅客适当收取退票或改签的手续费，运输合同通常也会对承运人收取退票或改签的手续费作出相应的约定。[①] 在承运人的收费行为符合有关规定，并且事先向旅客作出适当的告知与说明，由旅客确认同意接受的情况下，旅客应当接受相应的约束，在办理退票或改签时承担或支付合理的改签或退票费用。

（2）本条规定只适用于旅客由于自身原因不能按照客票时间乘坐运输工具的情形。由于承运人的原因造成旅客不能按照客票时间乘坐的，应当适用《民法典》第820条的规定，即承运人应当及时告知和提醒旅客，采取必要的安置措施，并根据旅客的要求安排改乘其他班次或者退票；由此造成旅客损失的，承运人应当承担赔偿责任，但是不可归责于承运人的除外。[②]

（编写人：杨晓辉）

① 参见最高人民法院民法典贯彻实施工作领导小组主编：《中华人民共和国民法典合同编理解与适用》（四），人民法院出版社2020年版，第2095页。

② 参见最高人民法院民法典贯彻实施工作领导小组主编：《中华人民共和国民法典合同编理解与适用》（四），人民法院出版社2020年版，第2096页。

法律条文

第八百一十七条　旅客随身携带行李应当符合约定的限量和品类要求；超过限量或者违反品类要求携带行李的，应当办理托运手续。

条文主旨

本条规定了旅客随身携带行李和办理行李托运手续涉及的有关事项。首先，旅客有权在客运过程中随身携带行李，这既是旅客的实际需求，也是客运行业的惯例。其次，承运人有权通过约定的方式对旅客随身携带的行李在数量、重量、体积等方面进行适当限制，在品种、类别等方面提出合理的要求。对此，旅客应当遵守和履行。最后，旅客携带行李超出客运合同约定的限量或者品类要求时，对超出限量或者超出品类要求的行李，承运人有权要求旅客办理托运手续。

新旧法对比

《合同法》	《民法典》
第二百九十六条　旅客在运输中应当按照约定的限量携带行李。超过限量携带行李的，应当办理托运手续。	第八百一十七条　旅客**随身携带行李应当符合约定的限量和品类要求；**超过限量**或者违反品类要求**携带行李的，应当办理托运手续。

理解与适用

（1）在客运合同中，旅客是运输的主要标的物。承运人的主要义务不是运输行李，而是运送旅客。[①] 然而，本着便利旅客乘坐之目的，按照旅客的实际需求和客运行业的惯例，承运人及相关部门通常都允许旅客随身携带一定数量的行李。对这些由旅客随身携带的行李物品，承运人通常不在票款之外另行加收费用，但仍然需要承担及时、安全运输的义务与责任。

（2）法律允许承运人通过在运输合同作出约定等适当的方式，对旅客随身携带的行李在数量、重量、体积等方面进行适当和必要的限制，在品种类别等方面提出相应的要求。这些合理的限制与要求对旅客具有合同约束力，旅客应当予以遵守。

---

① 参见最高人民法院民法典贯彻实施工作领导小组主编：《中华人民共和国民法典合同编理解与适用》（四），人民法院出版社2020年版，第2097页。

(3)旅客随身携带的行李超出约定的限量或者违反品类要求时,承运人有权要求旅客将超出限量的行李或违反品类要求的行李办理托运手续。在此种情况下,承运人有权对托运行李收取适当的费用。如果旅客拒绝办理托运,承运人对有关行李也不承担运输责任。①

(编写人:杨晓辉)

法律条文

第八百一十八条　旅客不得随身携带或者在行李中夹带易燃、易爆、有毒、有腐蚀性、有放射性以及可能危及运输工具上人身和财产安全的危险物品或者违禁物品。

旅客违反前款规定的,承运人可以将危险物品或者违禁物品卸下、销毁或者送交有关部门。旅客坚持携带或者夹带危险物品或者违禁物品的,承运人应当拒绝运输。

条文主旨

本条第1款属于禁止性规定。根据该规定,旅客负有不得随身携带或者在行李中夹带危险物品或违禁物品的法定强制性义务。其中,“危险物品”包括易燃、易爆、有毒、有腐蚀性、有放射性以及其他可能危及运输工具上人身和财产安全的物品;“违禁物品”是指可能对国家利益和社会公共利益造成影响的禁止携带物品,如枪支、毒品等。

根据本条第2款的规定,承运人发现旅客违反本条第1款规定时,有权对危险物品或违禁物品采取适当的方式进行处理,处理方式包括从运输工具中卸下危险物品或违禁物品、进行销毁或送交有关部门。如果旅客坚持携带或者在其托运的行李中夹带危险物品或违禁物品,承运人不仅有权拒绝运输,而且必须拒绝运输。这是承运人的一项法定强制性义务。②

---

① 参见最高人民法院民法典贯彻实施工作领导小组主编:《中华人民共和国民法典合同编理解与适用》(四),人民法院出版社2020年版,第2098页。

② 参见最高人民法院民法典贯彻实施工作领导小组主编:《中华人民共和国民法典合同编理解与适用》(四),人民法院出版社2020年版,第2100页。

新旧法对比

《合同法》	《民法典》
第二百九十七条　旅客不得随身携带或者在行李中夹带易燃、易爆、有毒、有腐蚀性、有放射性以及有可能危及运输工具上人身和财产安全的危险物品或者其他违禁物品。 旅客违反前款规定的，承运人可以将违禁物品卸下、销毁或者送交有关部门。旅客坚持携带或者夹带违禁物品的，承运人应当拒绝运输。	第八百一十八条　旅客不得随身携带或者在行李中夹带易燃、易爆、有毒、有腐蚀性、有放射性以及可能危及运输工具上人身和财产安全的危险物品或者违禁物品。 旅客违反前款规定的，承运人可以将**危险物品或者**违禁物品卸下、销毁或者送交有关部门。旅客坚持携带或者夹带**危险物品或者**违禁物品的，承运人应当拒绝运输。

理解与适用

（1）经过《民法典》编纂修改，将“危险物品”从“违禁物品”中分离出来，[①]作为两种不同的物品并列表述，有助于在运输实务中进行适当区分，以便精准施策，确保客运安全，维护国家利益和社会公共利益，保护旅客生命财产安全。

（2）确保安全运输，是运输第一要务。旅客运输活动直接涉及旅客的人身财产安全，更加需要重视和确保运输全过程的安全。危险物品会直接危及运输工具上的人身与财产安全，违禁物品则由于对国家利益和社会公共利益构成影响而禁止携带，因此，本条第 1 款明文禁止旅客在运输中携带这两类物品，无论是采取随身携带的方式，还是采取在行李中夹带的方式。对于这一项强制性规定，旅客必须遵守。由于旅客随身携带或在行李中夹带的危险物品或违禁物品给承运人以及其他旅客或人员的人身和财产造成损害的，旅客应当承担赔偿责任。[②]

（3）承运人发现旅客违反本条第 1 款规定的，有权将危险物品或违禁物品卸下、销毁或送交有关部门。在此种情况下，承运人不向旅客承担赔偿责任。旅客坚持随身携带或者在托运行李中夹带危险物品或违禁物品的，承运人不仅有

① 参见最高人民法院民法典贯彻实施工作领导小组主编：《中华人民共和国民法典合同编理解与适用》（四），人民法院出版社 2020 年版，第 2099 页。

② 参见最高人民法院民法典贯彻实施工作领导小组主编：《中华人民共和国民法典合同编理解与适用》（四），人民法院出版社 2020 年版，第 2099、2100 页。

权拒绝运输,而且必须拒绝运输。这是承运人必须遵守的一项强制性义务。[①]对此,承运人不得违反,否则应依法承担相应责任。

实务问题

在运输实务中,为确保客运安全,承运人既有权利,也有义务采取适当的安全检查和防范措施,防止旅客将危险物品或违禁物品通过随身携带或者在行李中夹带等方式带上运输工具。为此,在旅客登上运输工具之前以及向承运人提交托运物品时,承运人通常要对旅客及其行李进行安全检查。对此,旅客有义务提供相应的协助与配合。旅客拒绝接受承运人的合理检查的,承运人根据有关的运输管理规定以及运输合同的相关约定,有权拒绝运输。

(编写人:杨晓辉)

法律条文

第八百一十九条　承运人应当严格履行安全运输义务,及时告知旅客安全运输应当注意的事项。旅客对承运人为安全运输所作的合理安排应当积极协助和配合。

条文主旨

本条具有两个方面的含义。首先,承运人依法负有严格履行安全运输的义务。在此基础上,承运人还依法对旅客负有告知义务,即通过适当的方式,及时告知旅客与安全运输有关的注意事项,促使旅客适当知晓安全注意事项并且正确行事,以确保客运活动的安全。其次,承运人确保安全运输,往往需要对客运活动作出适当的、合理的安排。对此,旅客负有积极协助和配合的法定义务。

本条更加突出强调运输安全性;在要求承运人应当严格履行安全运输义务的同时,也要求旅客承担对承运人积极协助配合的义务,由客运合同双方当事人共同努力来确保旅客运输安全。

① 参见最高人民法院民法典贯彻实施工作领导小组主编:《中华人民共和国民法典合同编理解与适用》(四),人民法院出版社 2020 年版,第 2100 页。

新旧法对比

《合同法》	《民法典》
第二百九十八条　承运人应当向旅客及时告知有关不能正常运输的重要事由和安全运输应当注意的事项。	第八百一十九条　承运人**应当严格履行安全运输义务**，及时告知**旅客**安全运输应当注意的事项。**旅客对承运人为安全运输所作的合理安排应当积极协助和配合**。

理解与适用

(1)运输活动追求运输速度与运载效率的特点，决定了从事该运输活动必然产生和伴随一定程度的危险性。这种危险性一旦转化为现实，就会对包括旅客在内的运输标的物、运输工具等形成不同程度的损害。因此，确保运输安全，始终是承运人最主要的义务。

(2)客运业务有其自身的特殊性，运输标的物主要是旅客，因而更加需要承运人采取严格措施确保运输安全，保障旅客的人身及财产安全，避免旅客受到伤害。因此，本条明确要求从事客运业务的承运人承担起严格的安全运输义务。

(3)承运人有义务及时向旅客告知安全运输的注意事项，主要原因在于：旅客在安全乘运等方面的知识与经验相对有限，承运人作为专业从事旅客运输经营活动的经营者，应当具有这方面的专业知识、经验和能力。作为客运活动的经营者，承运人有义务以适当方式及时向全体旅客告知安全运输的注意事项，以免旅客因疏于注意或行为失当等原因引发运输安全事故。①

(4)承运人为确保客运过程的安全，通常需要进行适当的安排。对于承运人作出的合理安排，法律明确要求旅客积极予以协助和配合。这是旅客的一项法定强制性义务，旅客有义务予以遵守。通过对旅客设定该义务，划定了旅客乘坐交通工具的法律底线和责任底线，增强了交通工具乘坐规则的权威性、严肃性和制约性。旅客违反该义务的，承运人有权要求其承担相应的责任。②

实务问题

(1)根据本条规定，承运人应当"及时"告知旅客安全运输应当注意的事项。

---

① 参见最高人民法院民法典贯彻实施工作领导小组主编：《中华人民共和国民法典合同编理解与适用》(四)，人民法院出版社2020年版，第2102页。

② 参见最高人民法院民法典贯彻实施工作领导小组主编：《中华人民共和国民法典合同编理解与适用》(四)，人民法院出版社2020年版，第2103页。

在此,"及时"是一项弹性的要求,需要根据客运活动的具体情况和相应需求确定。[1] 承运人未及时履行告知义务,由此造成旅客人身伤害或财产损害的,应当承担赔偿责任。

(2)旅客违反本条规定未积极履行对承运人的协助配合义务的,承运人根据具体情形可以变更或解除客运合同,或者要求旅客承担赔礼道歉、赔偿损失、消除影响等民事责任。

(编写人:杨晓辉)

法律条文

第八百二十条　承运人应当按照有效客票记载的时间、班次和座位号运输旅客。承运人迟延运输或者有其他不能正常运输情形的,应当及时告知和提醒旅客,采取必要的安置措施,并根据旅客的要求安排改乘其他班次或者退票;由此造成旅客损失的,承运人应当承担赔偿责任,但是不可归责于承运人的除外。

条文主旨

本条规定了两方面的事项。首先,本条对客运承运人应当履行的基本运输义务作出规定,即承运人有义务按照有效客票记载的内容(运输时间、运输班次和座位号)运输旅客。这是承运人在运输合同中的主要义务。其次,本条对承运人在迟延运输或者其他不能正常运输的情形发生时负担的义务与责任作出规定,主要包括四项内容:其一,承运人有义务对旅客进行及时的告知和提醒;其二,承运人有义务对旅客采取必要的安置措施;其三,根据旅客的要求,承运人有义务安排旅客改乘其他的运输班次,或者办理退票;其四,承运人有义务对旅客损失承担赔偿责任,除非该迟延运输或者不正常运输不可归责于承运人。

本条突出强调有效客票对承运人的约束性,并且将承运人承担责任的情形拓宽至"不能正常运输的情形",对承运人增加两项义务(对旅客及时告知与提醒,采取必要的安置措施),对承运人向旅客承担赔偿责任及免责事由作出明确规定,更有利于维护旅客的运输权益。

① 参见《中华人民共和国合同法释义》第 298 条,载中国人大网,www. npc. gov. cn。

新旧法对比

《合同法》	《民法典》
第二百九十九条　承运人应当按照客票载明的时间和班次运输旅客。承运人迟延运输的，应当根据旅客的要求安排改乘其他班次或者退票。	第八百二十条　承运人应当按照**有效**客票记载的时间、班次**和座位号**运输旅客。承运人迟延运输**或者有其他不能正常运输情形**的，应当**及时告知和提醒旅客，采取必要的安置措施，并**根据旅客的要求安排改乘其他班次或者退票**；由此造成旅客损失的，承运人应当承担赔偿责任，但是不可归责于承运人的除外**。

理解与适用

（1）客票是承运人与旅客之间订立运输合同的凭证。有效客票记载的运输时间、班次、座位号等，属于客运合同的重要内容，对承运人和旅客双方均具有合同约束力。根据"合约必须信守"的原则，承运人有义务按照有效客票载明的时间、班次和座位号运输旅客，履行其在客运合同项下的基本义务，否则构成违约。[①] 通过《民法典》编纂在本条第一句中增加"座位号"，对客运承运人出于盈利目的售卖没有座位号的客票具有一定的规制作用，有利于保护旅客的运输权益。

（2）不能正常运输的情形包括迟延运输，但也可能表现为其他的形式。在客运活动中，可能造成不能正常运输的因素有很多。然而，无论什么原因造成不能正常运输，也无论承运人是否存在过错以及过错程度的大小，承运人均有义务及时对乘客进行告知和提醒，以便旅客作出相应的安排。不仅如此，承运人根据本规定还有义务对旅客采取必要的安置措施，并且应当根据旅客的要求，安排旅客改乘其他的班次或退票。[②]

（3）发生迟延运输或者其他不能正常运输的情况时，在可归责于承运人的情况下，承运人对旅客的损失应当承担赔偿责任。关于承运人的赔偿方式、赔偿金额等事项，相关运输特别法律有专门规定的，应根据特别法优先适用的原则并

---

① 参见最高人民法院民法典贯彻实施工作领导小组主编：《中华人民共和国民法典合同编理解与适用》（四），人民法院出版社 2020 年版，第 2104 页。

② 参见最高人民法院民法典贯彻实施工作领导小组主编：《中华人民共和国民法典合同编理解与适用》（四），人民法院出版社 2020 年版，第 2106 页。

结合具体案情予以处理。①

(4)在迟延运输或者其他不能正常运输的情形不可归责于承运人时，承运人可以不向旅客承担赔偿责任。然而，如以上第2句所述，在此种情况下，承运人仍有义务对旅客进行及时的告知与提醒，采取必要的安置措施，以及根据旅客要求安排旅客改乘其他的班次或办理退票。

（编写人：杨晓辉）

法律条文

第八百二十一条　承运人擅自降低服务标准的，应当根据旅客的请求退票或者减收票款；提高服务标准的，不得加收票款。

条文主旨

本条是关于承运人在自行改变服务标准后负担的义务的规定。根据本条规定，承运人擅自降低客运服务标准的，旅客既可以请求退票，也可以请求减收票款。对于这两类不同的请求和主张，旅客有权择其一而行之，承运人不得拒绝接受。承运人单方面决定提高客运服务标准的，不得以此为理由向旅客加收票款。

《民法典》在认定承运人改变服务标准时不再受限于运输工具是否变更，从而扩大了承运人改变服务标准的范围，更有利于维护旅客的运输权益。

新旧法对比

《合同法》	《民法典》
第三百条　承运人擅自<u>变更运输工具而</u>降低服务标准的，应当根据旅客的<u>要求</u>退票或者减收票款；提高服务标准的，<u>不应当</u>加收票款。	第八百二十一条　承运人擅自降低服务标准的，应当根据旅客的**<u>请求</u>**退票或者减收票款；提高服务标准的，**<u>不得</u>**加收票款。

理解与适用

(1)在旅客运输中，承运人应当按照“合约必须信守”原则，②根据客运合同

① 参见最高人民法院民法典贯彻实施工作领导小组主编：《中华人民共和国民法典合同编理解与适用》（四），人民法院出版社2020年版，第2107页。

② 参见最高人民法院民法典贯彻实施工作领导小组主编：《中华人民共和国民法典合同编理解与适用》（四），人民法院出版社2020年版，第2110页。

约定的服务标准向旅客提供运输服务,不得擅自改变服务标准。承运人未经旅客同意擅自降低服务标准的,既是对旅客意志的违背,又是对运输合同的违反,对旅客在客运合同项下的服务权利及利益构成直接侵害。在此情况下,承运人应当向旅客承担违约责任。

(2)在承运人未经旅客同意擅自降低服务标准时,法律赋予旅客相应的选择权。旅客要求退票的,承运人应当向旅客退还全部票款;旅客要求继续乘坐但减收票款的,承运人应当减收票款。

(3)法律不禁止承运人单方面提高对旅客的服务标准,仍不允许承运人利用该机会损害旅客权益获取不当利益。然而,如果承运人未经旅客同意擅自提高服务标准,例如提高旅客的座位等级或舱位等级,根据本条规定,均属于承运人对旅客的单向施惠和自愿承担相应义务的行为。旅客在此种情况下不承担向承运人表示同意的义务,也不必向承运人承担支付额外票款的义务。① 因此,本条规定充分体现了尊重旅客意志,维护旅客权益的立法精神。

实务问题

在运输实务中,承运人降低服务标准未必发生在客运合同的缔约阶段,而是较多地发生在旅客运输过程中,旅客在此种情况下通常会选择请求承运人减收票款。关于票款的减价幅度,本条未作规定。在承运人与旅客发生相关纠纷时,根据最高人民法院的有关阐释,应当根据比例原则和公平原则,参考运输行业内相同情况下的合理标准,合理地确定票款的减价幅度。②

(编写人:杨晓辉)

法律条文

第八百二十二条　承运人在运输过程中,应当尽力救助患有急病、分娩、遇险的旅客。

条文主旨

本条是关于承运人在运输过程中对急病、分娩、遇险的旅客应当承担尽力救

① 参见最高人民法院民法典贯彻实施工作领导小组主编:《中华人民共和国民法典合同编理解与适用》(四),人民法院出版社 2020 年版,第 2113 页。

② 参见最高人民法院民法典贯彻实施工作领导小组主编:《中华人民共和国民法典合同编理解与适用》(四),人民法院出版社 2020 年版,第 2112、2113 页。

助的义务的规定。这是承运人的一项法定强制性义务。旅客在出现急病、分娩或遇险时,人身安全面临很大的危险,需要给予适当的紧急救助措施。根据本条规定,承运人必须遵守该义务,否则应承担相应的赔偿责任。①

新旧法对比

《合同法》	《民法典》
第三百零一条　承运人在运输过程中,应当尽力救助患有急病、分娩、遇险的旅客。	【内容不变】第八百二十二条

理解与适用

(1)在客运过程中,旅客有可能出现急病、分娩、遇险等紧急情形。在此种情况下,法律明确要求承运人承担尽力救助的义务。这是客运承运人的重要法定义务。如果允许承运人对旅客的人身安危不闻不问,势必有悖于善良道德风俗,而且与诚实信用这一合同基本原则相违背。② 尽管旅客出现的这些情况未必都能归责于承运人,但作为从事客运业务的经营者,承运人应当对旅客可能发生或者出现急病、分娩、遇险等严重影响人身安全的紧急情况采取适当的防范和准备措施,并应在旅客遇到该等紧急情况时尽力救助,否则应承担相应的赔偿责任。

(2)客运承运人并非专门的医疗机构,而是从事旅客运输活动的经营者,通常情况下不具有专业医疗的人员、工具、手段、措施等,因此,承运人在旅客运输过程中对遇到法定紧急情况的情形实施救助,必然受到场地、设备、人员、手段等多方面客观条件的限制。与之相对应的是,不同旅客发生的急病、分娩、遇险等紧急情况存在不同程度的差异,因此,承运人承担本条规定的救助义务应当存在一定的边界。当旅客出现本条规定的紧急情况时,承运人仅在力所能及的范围内进行协助工作,但并不对旅客承担绝对的救助义务。也正因如此,根据本条规定,客运承运人对旅客承担的是"尽力救助义务"。③

---

① 参见最高人民法院民法典贯彻实施工作领导小组主编:《中华人民共和国民法典合同编理解与适用》(四),人民法院出版社2020年版,第2114页。

② 参见《中华人民共和国合同法释义》第301条,载中国人大网,www.npc.gov.cn。

③ 参见最高人民法院民法典贯彻实施工作领导小组主编:《中华人民共和国民法典合同编理解与适用》(四),人民法院出版社2020年版,第2115页。

实务问题

承运人根据本条规定对旅客承担的尽力救助义务存在责任期间，即承运人仅对旅客在运输过程中发生的法定紧急情况承担尽力救助义务。如果旅客已经到达始发站但尚未登上运输工具，或者旅客在运输工具到达终点站后已离开运输工具，对于旅客在此时出现的紧急情况，承运人就不应当向旅客承担尽力救助的义务。此时由机场、车站、港口等单位对旅客及时实施相应的救助，更有利于保护旅客人身安全。如果机场、车站、港口等单位违反有关法律规定存在工作失误并导致相关旅客遭受人身伤害，应由这些单位依法向旅客承担相应的赔偿责任。①

（编写人：杨晓辉）

法律条文

第八百二十三条　承运人应当对运输过程中旅客的伤亡承担赔偿责任；但是，伤亡是旅客自身健康原因造成的或者承运人证明伤亡是旅客故意、重大过失造成的除外。

前款规定适用于按照规定免票、持优待票或者经承运人许可搭乘的无票旅客。

条文主旨

本条是关于承运人对运输过程中的旅客伤亡承担赔偿责任及免责事由作出规定。

根据本条第1款的规定，只要旅客在运输过程中发生伤亡，承运人就应当承担赔偿责任，除非存在法定的免责事由。承运人的法定免责事由有两大类：第一类是旅客自身健康原因造成的伤亡；第二类是承运人举证证明由于旅客的故意或重大过失行为造成的伤亡。

本条第2款进一步规定，无票乘坐运输工具的旅客在运输过程中发生伤亡的，如果属于按照有关规定免票、持优待票或者经承运人许可搭乘这三种情形之中的任何一种，应当视同有票乘客，由承运人按照本条第1款的规定承担赔偿

① 参见最高人民法院民法典贯彻实施工作领导小组主编：《中华人民共和国民法典合同编理解与适用》（四），人民法院出版社2020年版，第2116页。

责任。

《民法典》对原《合同法》条文仅作细微修改，将“损害赔偿责任”改为“赔偿责任”，将“，但”改为“；但是，”，条文意思未发生实质性变化。

新旧法对比

《合同法》	《民法典》
第三百零二条　承运人应当对运输过程中旅客的伤亡承担损害赔偿责任，但伤亡是旅客自身健康原因造成的或者承运人证明伤亡是旅客故意、重大过失造成的除外。 前款规定适用于按照规定免票、持优待票或者经承运人许可搭乘的无票旅客。	第八百二十三条　承运人应当对运输过程中旅客的伤亡承担赔偿责任；**但是，**伤亡是旅客自身健康原因造成的或者承运人证明伤亡是旅客故意、重大过失造成的除外。 前款规定适用于按照规定免票、持优待票或者经承运人许可搭乘的无票旅客。

理解与适用

（1）我国立法十分强调对旅客人身安全的保护，对从事旅客运输业务的承运人采取的归责原则是严格责任。根据本条规定，旅客在运输过程中发生人身伤亡的，无论承运人一方是否存在过错，承运人均应向旅客承担人身损害赔偿责任。[①]

（2）在强调对旅客人身安全进行保护的同时，《民法典》也规定例外情形免除承运人的赔偿责任，从而适当地兼顾承运人一方的合理权益。根据本条规定，承运人仅在法律明确规定的两种情形下可以免予承担赔偿责任：一是由于旅客自身的健康原因造成的伤亡；二是旅客的故意或者重大过失造成的伤亡。[②]

需要注意的是以下两点：一是，对以上第一项免责事由，即旅客自身健康原因造成的伤亡，本条未明确规定由哪一方承担举证责任。根据最高人民法院的有关阐释，此时应当首先由承运人承担初步举证责任，适当地证明旅客伤亡是由于自身健康问题造成的。在承运人举证证明旅客一方持有旅客自身健康问题导致伤亡的有关证据但拒不提交时，应当由旅客一方承担举证责任。二是，对以上第二项免责事由，本条明确规定应当由承运人承担举证责任，以证明旅客的故意

① 参见最高人民法院民法典贯彻实施工作领导小组主编：《中华人民共和国民法典合同编理解与适用》（四），人民法院出版社2020年版，第2119页。

② 参见最高人民法院民法典贯彻实施工作领导小组主编：《中华人民共和国民法典合同编理解与适用》（四），人民法院出版社2020年版，第2118页。

或者重大过失造成伤亡。在此需要注意：根据本条规定，旅客存在重大过失行为导致伤亡属于免责事由，然而，在旅客虽然存在一定的过失，但并不构成重大过失时，承运人不能免责。

（3）根据本条第2款的规定，承运人就旅客的人身伤亡承担赔偿责任，是不以票款的给付作为对价或者条件的。因此，按照规定免票、持优待票或者经承运人许可搭乘的这三类无票旅客在运输过程中遭受伤亡的，同样应当适用本条第1款的规定，由承运人承担赔偿责任。①

实务问题

1. 客运承运人的免责事由与赔偿限额问题

各运输特别法律对客运承运人的免责事由有不一样的规定，对承运人在旅客发生人身伤害时的赔偿数额一般也有限制性规定。例如，根据《民用航空法》第124条的规定，承运人的免责事由只有旅客的健康原因。我国缔结的《蒙特利尔公约》第17条第1款也有类似规定。又例如根据《铁路法》第58条的规定，承运人的免责事由是因不可抗力或受害人自身的原因造成的人身伤亡。参考《中华人民共和国合同法释义》中的有关解释，根据特别法优于普通法的原则，应当优先适用这些特别规定。

2. 旅客遭受人身伤害索赔的违约责任与侵权责任竞合问题

旅客在运输过程中遭受人身损害这一事实，往往同时构成违反客运合同、违反消费服务合同和人身侵权损害三个法律关系，由此产生违约损害赔偿、侵权损害赔偿和基于消费者权益保护法律的赔偿请求权。②《民法典》第186条规定："因当事人一方的违约行为，损害对方人身权益、财产权益的，受损害方有权选择请求其承担违约责任或者侵权责任。"据此，旅客一方作为受害人一方，享有选择其一的权利，以便最大限度地维护自身权益，但应注意一旦作出选择就不能回转，而且需要注意当事人的不同选择，往往会面临不同的诉讼风险，包括（不限于）：

（1）索赔主体不同：选择违约之诉时，旅客一方通常只能向承运人索赔，一般不得突破合同相对性原则就客运合同向承运人以外的其他主体主张违约责任。

① 参见最高人民法院民法典贯彻实施工作领导小组主编：《中华人民共和国民法典合同编理解与适用》（四），人民法院出版社2020年版，第2118页。

② 参见《城市公交运输致乘客人身损害，违约损害赔偿请求权、侵权损害赔偿请求权和基于消费者权益保护法的损害赔偿请求权竞合时受损方可以择一请求赔偿——王荷美诉宁波市永安公共交通有限公司城市公交运输合同纠纷案》，载《人民司法·案例》2011年第14期。

（2）归责原则与举证责任不同：旅客一方选择主张违约责任时，对承运人依法按照严格责任进行归责，旅客一方不需要证明承运人存在过错。旅客一方选择主张侵权责任时，作为受害人一方需要举证证明承运人等侵权主体存在过错、造成旅客人身伤亡等损害结果，以及承运人等侵权主体的过错行为与旅客人身伤亡的损害结果之间存在因果关系。

（3）责任范围不同：违约责任一般不包括精神损害赔偿；侵权责任可包括精神损害赔偿，赔偿范围以实际损失为计算标准。①

（编写人：杨晓辉）

法律条文

第八百二十四条　在运输过程中旅客随身携带物品毁损、灭失，承运人有过错的，应当承担赔偿责任。

旅客托运的行李毁损、灭失的，适用货物运输的有关规定。

条文主旨

本条第 1 款规定了承运人对旅客随身携带物品负担的责任。根据该规定，如果旅客随身携带物品在运输过程中发生毁损或者灭失，应当按照过错责任原则对承运人进行归责，即承运人存在过错的，应当向旅客承担赔偿责任；承运人不存在过错的，不必承担赔偿责任。

本条第 2 款规定了承运人对旅客托运行李负担的责任。根据该规定，旅客托运的行李和旅客随身携带物品在运输性质上存在较大区别。当旅客托运的行李发生毁损或者灭失时，不应当按照本条第 1 款的规定按过错责任原则对承运人进行归责，而应当适用货物运输的有关规定（按严格责任原则对承运人进行归责）。②

① 参见晏耀如、马桂芳：《侵权和违约责任竞合情形下的权利主张和责任承担》，载常德市中级人民法院官网，https://cdzy.chinacourt.gov.cn/article/detai1/2016/08/id/2136713.shtml。

② 参见最高人民法院民法典贯彻实施工作领导小组主编：《中华人民共和国民法典合同编理解与适用》（四），人民法院出版社 2020 年版，第 2125 页。

新旧法对比

《合同法》	《民法典》
第三百零三条 在运输过程中旅客自带物品毁损、灭失，承运人有过错的，应当承担损害赔偿责任。 旅客托运的行李毁损、灭失的，适用货物运输的有关规定。	第八百二十四条 在运输过程中旅客**随身携带**物品毁损、灭失，承运人有过错的，应当承担赔偿责任。 旅客托运的行李毁损、灭失的，适用货物运输的有关规定。

理解与适用

（1）根据本条规定，在旅客随身携带物品发生毁损或灭失时，对承运人应当按照过错责任原则进行归责，主要原因在于：承运人作为客运活动的实施者，在运输过程中对旅客自身携带的物品应当承担适当的管护义务。[①] 然而，旅客对自身携带的物品更应当给予足够的注意和充分的保护。这些物品出现毁损、灭失时，一般情况下应当由旅客自行负责。承运人仅在其存在过错的情况下，按照其过错责任的大小向旅客承担相应的赔偿责任。承运人不存在过错的，无须向旅客赔偿损失。

（2）对于托运的行李，旅客无法像对自身携带的物品那样自行进行照看和管护，而是需要将行李委托并提交承运人，由承运人承担验货、收货、运输、交付等货物运送的义务。旅客托运行李的行为本质，属于一种货物运输行为，其主要特点是该托运行李的运输行为与旅客运输行为一般情况下是在同一运输工具同步进行。因此，根据本条第 2 款的规定，旅客托运的行李发生毁损、灭失的，适用货物运输的有关规定，按照严格责任原则对承运人进行归责，应当按照本章第 3 节货运合同的有关规定进行处理。

实务问题

（1）就旅客随身携带的物品而言，客运合同的双方当事人相互负有相应的告知义务。其中：

承运人有义务根据运输的特点及要求等，就旅客随身携带物品涉及的安全注意事项等，对旅客及时进行适当的告知与提醒，以便旅客在管护自身携带的物品时充分注意并相应行事。承运人疏于告知或提醒导致旅客随身携带物品毁损

① 参见最高人民法院民法典贯彻实施工作领导小组主编：《中华人民共和国民法典合同编理解与适用》（四），人民法院出版社 2020 年版，第 2122 页。

灭失的,应承担相应的过错责任。

旅客在托运行李时,也需要按照有关规定及合同约定就行李物品的特性、价值等向承运人履行告知义务,以便承运人决定是否托运、采取何种妥善的运输方式,以及是否需要加收费用等。旅客违反有关规定或约定未履行告知义务造成损害的,应当按货物运输的有关规定承担责任。①

(2)《海商法》《民用航空法》等运输单行法律对承运人在旅客托运行李的赔偿设有一定的限额。根据特别法优于普通法的原则,运输单行法律的这些特殊规定应当优先适用。②

(编写人:杨晓辉)

第三节　货运合同

法律条文

第八百二十五条　托运人办理货物运输,应当向承运人准确表明收货人的姓名、名称或者凭指示的收货人,货物的名称、性质、重量、数量,收货地点等有关货物运输的必要情况。

因托运人申报不实或者遗漏重要情况,造成承运人损失的,托运人应当承担赔偿责任。

条文主旨

本条第 1 款规定了托运人在办理货运时负有如实申报的法定义务。根据该规定,托运人在办理货物运输时,有义务向承运人准确地表明有关货物运输的必要情况,具体包括四项内容:一是收货人的姓名、名称,或者凭指示的收货人;二是货物的名称、性质、重量、数量;三是收货地点;四是其他有关货物运输的必要情况。

本条第 2 款进一步规定,如果托运人在办理货运时存在申报不实的行为或者在申报中遗漏有关货物运输的重要情况,由此造成承运人损失的,托运人应当向承运人承担赔偿责任。

---

① 参见最高人民法院民法典贯彻实施工作领导小组主编:《中华人民共和国民法典合同编理解与适用》(四),人民法院出版社 2020 年版,第 2124、2125 页。

② 参见最高人民法院民法典贯彻实施工作领导小组主编:《中华人民共和国民法典合同编理解与适用》(四),人民法院出版社 2020 年版,第 2126 页。

新旧法对比

《合同法》	《民法典》
第三百零四条　托运人办理货物运输，应当向承运人准确表明收货人的名称或者姓名或者凭指示的收货人，货物的名称、性质、重量、数量，收货地点等有关货物运输的必要情况。 因托运人申报不实或者遗漏重要情况，造成承运人损失的，托运人应当承担损害赔偿责任。	第八百二十五条　托运人办理货物运输，应当向承运人准确表明收货人的**姓名、名称**或者凭指示的收货人，货物的名称、性质、重量、数量，收货地点等有关货物运输的必要情况。 因托运人申报不实或者遗漏重要情况，造成承运人损失的，托运人应当承担赔偿责任。

理解与适用

1. 托运人办理货物运输时，负有向承运人如实申报与货物运输有关情况的法定义务，以便承运人了解有关货物的必要情况，并及时采取相应的运输管护措施。托运人依法需要向承运人准确地表明与货物运输有关的以下内容：[①]

（1）收货人的姓名、名称，或者凭指示的收货人，以便承运人及时、准确地向交货对象履行交货义务。对货运合同而言，该内容十分重要，因为在很多情况下，托运人与收货人不是相同的主体，而且收货人与承运人可能素不相识。在此，“凭指示的收货人”，主要是指在海上货运业务中，托运人在向承运人办理货物交运手续时尚未确定具体的收货人，于是在提单上注明“凭指示交付”字样，据此委托承运人按托运人的指示或者提单持有人的指示交付货物。[②]

（2）收货地点。将货物运达目的地交付收货人，是货运合同的主要缔约目的之一。由托运人在办理货物运输时明确收货地点，对承运人正确安排并及时完成运输任务具有重要作用。

（3）货物的名称、性质、重量、数量等内容。这四项内容均属于有关货物运输的必要事项，需要托运人在办理货物运输时准确表明。其中，货物“性质”是指货物的属性，包括货物的物理属性和化学属性等。

（4）除以上三项内容外，托运人还需要向承运人准确地提供进行货运所需的其他情况与信息，例如货物的表面情况、包装情况等。

---

① 参见《中华人民共和国合同法释义》第 304 条，载中国人大网，www. npc. gov. cn。

② 参见最高人民法院民法典贯彻实施工作领导小组主编：《中华人民共和国民法典合同编理解与适用》（四），人民法院出版社 2020 年版，第 2128 页。

2. 在本条第 2 款中，托运人的履约过失行为包括两种类型：一为托运人“申报不实”，是指托运人向承运人提供的情况与实际情况不符；二为托运人“遗漏重要情况”，是指托运人本应向承运人提供有关货物运输的重要情况却未提供。根据本条第 2 款的规定，并结合《民法典》第 832 条的有关规定，托运人办理货物运输时违反如实申报义务的，可能造成承运人无法正确运输，可能影响货运安全，并且有可能对承运人以及第三方造成损害和损失。对此，均应当由托运人承担赔偿责任。由于托运人违反本规定给托运人自身造成损失的，应由托运人自行负担，承运人免于承担赔偿责任。①

实务问题

(1) 根据本条规定，托运人并不需要向承运人申报与货物有关的全部情况，而是需要如实申报与有关货物运输的“必要情况”。在判定哪些信息或内容属于货运必要情况时，法律未作明确规定，需要根据每次运输的实际情况具体确定。根据最高人民法院的有关阐释，直接关系到货物运输安全、顺利、快捷的信息与内容，均属于有关货物运输的必要情况。②

(2) 托运人在货物运输时存在申报过错行为的，并不必然承担赔偿责任。只有在出现损害后果，并且托运人的申报过错行为与损害后果之间存在因果关系时，才应当由托运人根据本条规定承担相应的赔偿责任。③

（编写人：杨晓辉）

法律条文

第八百二十六条　货物运输需要办理审批、检验等手续的，托运人应当将办理完有关手续的文件提交承运人。

条文主旨

本条具有两方面的含义。首先，对于货物运输需要办理的审批、检验等手续，托运人负有办理手续的义务。其次，托运人在办理完货物运输的有关手续

① 参见最高人民法院民法典贯彻实施工作领导小组主编：《中华人民共和国民法典合同编理解与适用》（四），人民法院出版社 2020 年版，第 2129 页。

② 参见最高人民法院民法典贯彻实施工作领导小组主编：《中华人民共和国民法典合同编理解与适用》（四），人民法院出版社 2020 年版，第 2129、2130 页。

③ 参见最高人民法院民法典贯彻实施工作领导小组主编：《中华人民共和国民法典合同编理解与适用》（四），人民法院出版社 2020 年版，第 2130 页。

后，负有向承运人提交有关文件的义务。

新旧法对比

《合同法》	《民法典》
第三百零五条　货物运输需要办理审批、检验等手续的，托运人应当将办理完有关手续的文件提交承运人。	【内容不变】第八百二十六条

理解与适用

（1）货物运输，尤其是国际货物运输，经常需要办理许多手续。例如运输出口货物需要向海关办理出口货物的报关以及检疫、检验等手续。有些货物的运输可能还需要获得政府有关部门的批准。这些手续是运输货物所必需的。如果手续欠缺，可能会导致承运人无法正常运输货物，造成整个运输活动受到影响甚至根本无法进行。因此，有必要通过立法对货运手续的办理主体作出明确的规定。根据本条规定，运输货物涉及的审批检验等手续，均应由托运人负责办理。

（2）托运人在办妥上述手续后，还有义务将有关文件提交给承运人，以便承运人据此开展货物运输活动。如果由于货运所需的审批检验等手续办理得不及时、不完备或不正确，或者由于未及时将有关文件提交承运人，影响到货运正常进行，使承运人受到损害的，托运人应向承运人承担赔偿责任。①

（3）在本条中，仅列举了托运人应当办理的审批、检验两种手续。在货运实务中，托运人在货运之前需要办理完毕的手续不限于此，还可包括检疫、港口准入等手续。涉及危险物品运输时，还需根据有关规定办理危险物品运输的许可手续等。②

（编写人：杨晓辉）

法律条文

第八百二十七条　托运人应当按照约定的方式包装货物。对包装方式没有约定或者约定不明确的，适用本法第六百一十九条的规定。

托运人违反前款规定的，承运人可以拒绝运输。

---

①　参见最高人民法院民法典贯彻实施工作领导小组主编：《中华人民共和国民法典合同编理解与适用》（四），人民法院出版社2020年版，第2133页。

②　参见最高人民法院民法典贯彻实施工作领导小组主编：《中华人民共和国民法典合同编理解与适用》（四），人民法院出版社2020年版，第2132、2133页。

条文主旨

本条规定了托运人妥善包装货物的义务。根据本条规定,运输合同对货物包装方式作出约定的,托运人有义务按照约定的方式对货物进行包装。如果承托双方对货物的包装方式未作出约定,或者虽有约定但约定不明确,应当适用《民法典》第619条的规定。而根据《民法典》第619条的规定,应按以下规则确定托运人对货物的包装方式:

1. 首先依据《民法典》第510条的规定进行确定,即双方当事人可以对货物包装方式进行协议补充;不能达成补充协议的,按照运输合同相关条款或交易习惯确定。

2. 如果依据《民法典》第510条的规定仍不能确定货物包装方式,应当按照通用的方式对货物进行包装。

3. 没有通用的包装方式的,应当采取足以保护标的物,并且有利于节约资源、保护生态环境的包装方式。

新旧法对比

《合同法》	《民法典》
第三百零六条　托运人应当按照约定的方式包装货物。对包装方式没有约定或者约定不明确的,适用本法第一百五十六条的规定。 托运人违反前款规定的,承运人可以拒绝运输。	第八百二十七条　托运人应当按照约定的方式包装货物。对包装方式没有约定或者约定不明确的,适用本法**第六百一十九条**的规定。 托运人违反前款规定的,承运人可以拒绝运输。

理解与适用

1. 运输货物,实际上是通过利用运输工具装载货物,在两个不同的地点之间对货物进行位移,涉及货物的搬运装卸等多个环节,需要经过一定的时间,还可能受到地形、气候、运输路线、运输方式、装运工具以及货物自身特性等多方面因素的影响。因此,通常需要对货物进行适当妥善的包装,确保货物的品质不因运输而发生变化,以保证货物的运输安全。[1] 根据本条规定,由托运人对货物承担妥善包装的法定义务。

---

① 参见《中华人民共和国合同法释义》第306条,载中国人大网,www.npc.gov.cn。

2. 在运输实务中，是否需要对货物进行包装，需要如何对货物进行包装，应当根据货物自身特性、运输路程以及运输工具等情况科学合理地确定方式并予以实施。关于货物的包装方式，承托双方在运输合同中通常会作出约定。如果承托双方对货物包装方式未作出约定，或者虽有约定但约定不明确，应当根据《民法典》第 619 条的有关规定予以处理，具体请参见上述条文释义。需要注意：

（1）按照“通用的方式”包装货物，是指采用该类运输工具运输同种货物通常采用的包装方式。①

（2）采取“足以保护标的物”的包装方式，是指托运人根据货物的性质、重量、运输方式、运输距离、气候条件及运输工具的装载条件，使用符合运输要求，便于装卸和保证货物安全的包装方式。采取此种包装方式时，还需要同时满足法律规定的“有利于节约资源、保护生态环境”的要求。②

3. 托运人违反本条第 1 款规定的货物包装义务的，承运人有权拒绝运输。如果在运输途中发现货物包装不良，承运人可以中止运输。由于货物包装不良给托运人自身造成损失的，承运人不负赔偿责任；由此给承运人造成损失的，托运人应承担赔偿责任。③

实务问题

（1）承运人对货物运输负有合理谨慎的义务，其通常需要在运输之前对货物外部包装进行基本了解和适当查看。然而，对于货物内部包装，尤其是在采取集装箱运输方式时，承运人未必有相应的检查条件和机会。因此，对于货物内部包装不良造成的货损，承运人一般不承担责任。④

（2）如果承运人根据运输合同的有关约定负责对运输货物进行包装，或者参与包装货物，事后由于包装不当造成货损的，承运人需要根据实际情况承担相应责任。⑤

（编写人：杨晓辉）

---

① 参见最高人民法院民法典贯彻实施工作领导小组主编：《中华人民共和国民法典合同编理解与适用》（四），人民法院出版社 2020 年版，第 2136 页。

② 参见《中华人民共和国合同法释义》第 306 条，载中国人大网，www. npc. gov. cn。

③ 参见最高人民法院民法典贯彻实施工作领导小组主编：《中华人民共和国民法典合同编理解与适用》（四），人民法院出版社 2020 年版，第 2136 页。

④ 参见最高人民法院民法典贯彻实施工作领导小组主编：《中华人民共和国民法典合同编理解与适用》（四），人民法院出版社 2020 年版，第 2136、2137 页。

⑤ 参见最高人民法院民法典贯彻实施工作领导小组主编：《中华人民共和国民法典合同编理解与适用》（四），人民法院出版社 2020 年版，第 2137 页。

法律条文

第八百二十八条　托运人托运易燃、易爆、有毒、有腐蚀性、有放射性等危险物品的，应当按照国家有关危险物品运输的规定对危险物品妥善包装，做出危险物品标志和标签，并将有关危险物品的名称、性质和防范措施的书面材料提交承运人。

托运人违反前款规定的，承运人可以拒绝运输，也可以采取相应措施以避免损失的发生，因此产生的费用由托运人负担。

条文主旨

本条第1款规定了托运人托运危险物品时应当承担的法定义务，主要包括三方面事项：

(1)托运人有义务按照国家有关危险物品运输的规定对危险物品妥善包装；

(2)托运人有义务对危险物品做出危险物品标志和标签；

(3)托运人有义务将有关危险物品的名称、性质和防范措施的书面材料提交承运人。

在本条第1款中，危险物品是指易燃、易爆、有毒、有腐蚀性、有放射性等具有危险性的物品。

本条第2款进一步规定，在托运人违反上述法定义务时，承运人不仅有权拒绝运输，还有权采取相应措施避免损失的发生。对于承运人由于采取该等措施产生的费用，均由托运人负责承担。

新旧法对比

《合同法》	《民法典》
第三百零七条　托运人托运易燃、易爆、有毒、有腐蚀性、有放射性等危险物品的，应当按照国家有关危险物品运输的规定对危险物品妥善包装，作出危险物标志和标签，并将有关危险物品的名称、性质和防范措施的书面材料提交承运人。 托运人违反前款规定的，承运人可以拒绝运输，也可以采取相应措施以避免损失的发生，因此产生的费用由托运人承担。	第八百二十八条　托运人托运易燃、易爆、有毒、有腐蚀性、有放射性等危险物品的，应当按照国家有关危险物品运输的规定对危险物品妥善包装，**做出**危险物**品**标志和标签，并将有关危险物品的名称、性质和防范措施的书面材料提交承运人。 托运人违反前款规定的，承运人可以拒绝运输，也可以采取相应措施以避免损失的发生，因此产生的费用由托运人**负担**。

理解与适用

1. 根据本条第1款规定,托运人在运输危险物品时应当承担三项法定强制性义务:

(1)托运人应当按照国家有关危险物品运输的规定对危险物品进行妥善包装。本条在此突出强调国家有危险物品运输的规定,包括三大运输单行法律、行政法规、规章;在涉及国际运输时,还应当包括我国缔结或参加的有关危险物品运输的国际公约及运输规则等。① 托运人作为法律规定的义务主体,有义务在托运危险物品时不仅需要全面知晓这些规定,并应当按照这些规定妥善包装危险物品。②

(2)托运人应当在危险物品上做出标志和标签,帮助承运人以及其他可能接触到危险物品者能够正确识别这些危险物品,提示他们给予注意,从而降低运输危险物品的安全风险。

(3)托运人还应当将有关危险物品的名称、性质和防范措施的书面材料提交承运人,以便承运人了解危险物品,决定是否承运,以及在承运后采取适当措施保证安全运输。托运人在托运时瞒报危险物品的,应当承担相应的法律后果与责任。

需要注意:本条第1款属于强制性法律规定,不允许承托双方通过约定的方式予以排除。③

2. 根据本条第2款的规定,如果托运人违反上述任何一项强制性义务,承运人在承运前发现的,有权拒绝运输;承运人在承运后发现的,有权采取各种适当的措施避免发生损失。根据具体情形,这些适当的措施可以包括:承运人可在任何地点、任何时间根据情况将危险物品卸下、销毁或者使之不能为害。由此给托运人造成损失的,承运人不负赔偿责任;由此给承运人造成损失的,托运人应当负赔偿责任,并且承运人采取措施而产生的各种费用也应由托运人承担。④

---

① 参见最高人民法院民法典贯彻实施工作领导小组主编:《中华人民共和国民法典合同编理解与适用》(四),人民法院出版社2020年版,第2139、2140页。

② 参见最高人民法院民法典贯彻实施工作领导小组主编:《中华人民共和国民法典合同编理解与适用》(四),人民法院出版社2020年版,第2141页。

③ 参见最高人民法院民法典贯彻实施工作领导小组主编:《中华人民共和国民法典合同编理解与适用》(四),人民法院出版社2020年版,第2138页。

④ 参见最高人民法院民法典贯彻实施工作领导小组主编:《中华人民共和国民法典合同编理解与适用》(四),人民法院出版社2020年版,第2141页。

实务问题

（1）在运输领域，危险物品运输往往涉及较大的安全问题。在运输中对这些物品处理不当，对货物自身、一同运输的其他物品、运输工具等财产、沿途的环境以及人身安全等，可能造成极大的威胁甚至是直接的损害。因此，我国对危险物品运输作出了一系列专门的规定。这些规定对承运人、运输车辆以及驾驶人员等提出一系列的资格、条件、要求等。对此，承托双方均应注意予以遵守和执行。

（2）托运人作为本条规定的义务主体，有义务对危险物品的有关情况进行全面、详细的了解。最高人民法院指出，托运人在违反本条规定时，不能仅以其对货物属于危险物品等不知情为由主张免责；对危险物品缺乏了解带来的风险及有关责任，在承托双方之间一般由托运人一方承担。[①]

（编写人：杨晓辉）

法律条文

第八百二十九条　在承运人将货物交付收货人之前，托运人可以要求承运人中止运输、返还货物、变更到达地或者将货物交给其他收货人，但是应当赔偿承运人因此受到的损失。

条文主旨

本条是关于托运人单方变更或解除运输合同的权利的规定。根据本条规定，在运输开始后，在货物还未交付收货人之前，托运人有权变更或者解除货运合同，要求承运人不再将货物交付收货人，而是中止运输货物、向托运人返还货物、变更运输到达地点或者将货物交给托运人另行指定的其他收货人。承运人不应拒绝，而应接受托运人的要求；托运人同时也有义务对承运人由此受到的损失作出赔偿。

---

① 参见最高人民法院民法典贯彻实施工作领导小组主编：《中华人民共和国民法典合同编理解与适用》（四），人民法院出版社 2020 年版，第 2141 页。

新旧法对比

《合同法》	《民法典》
第三百零八条　在承运人将货物交付收货人之前，托运人可以要求承运人中止运输、返还货物、变更到达地或者将货物交给其他收货人，但应当赔偿承运人因此受到的损失。	第八百二十九条　在承运人将货物交付收货人之前，托运人可以要求承运人中止运输、返还货物、变更到达地或者将货物交给其他收货人，**但是**应当赔偿承运人因此受到的损失。

理解与适用

（1）本条规定赋予货运合同的托运人单方变更或解除货运合同的权利。该权利属于托运人的单方权利，只能由托运人单方行使，承运人则不享有该权利。承运人在货运合同成立后，一般无权擅自变更或者解除合同，除非合同对方严重违约或者发生不可抗力。

（2）托运人根据本规定享有的权利属于形成权，行使该权利只需托运人单方的意思表示即可，无须征得承运人的同意，承运人也无权向托运人过问托运人变更或者解除货运合同的相关原因，无权干预或者限制托运人行使该权利。因此，只要托运人提出要求，货运合同就应当进行相应的变更或解除。①

（3）本条规定的托运人单方变更或者解除货运合同的权利，只能在货物交付收货人之前行使。倘若货物已经交付收货人，托运人的此项权利即告丧失，承运人不再负担本条规定的义务。

（4）尽管托运人根据本条规定享有单方变更或解除货运合同的权利，但法律也需要适当地保护承运人一方的权益。根据本条规定，由于托运人行使该权利给承运人造成损失的，托运人应当承担赔偿责任。

实务问题

1. 我国运输单行法律对托运人的变更或解除合同的权利有不同的规定，就此特别规定通常应当优先适用。例如，根据《海商法》第 89 条的规定，托运人可以在开航前要求解除合同，但应向承运人支付约定运费的一半，除非另有约定；

---

① 参见最高人民法院民法典贯彻实施工作领导小组主编：《中华人民共和国民法典合同编理解与适用》（四），人民法院出版社 2020 年版，第 2144 页。

倘若货已装船，托运人还应负担装卸货等有关费用。①

2. 在国际海上货运中，承运人签发可转让运输单据的，托运人可以将其在运输单据项下的权利义务一并转移给提单持有人。在货物起运后，如果托运人已转让运输单据，就不再继续享有单方变更或解除货运合同的权利。提单持有人则有权依据运输单据向承运人行使类似于托运人在本条中的权利。②

3. 托运人的变更运输合同的权利并非无限制的绝对权利，主要表现在：

（1）托运人通常不得滥用合同变更权。例如在铁路运输中，不允许托运人两次或两次以上变更到达站，不允许仅对部分货物进行变更等。

（2）在客观上不可能、经济上不合理、运输实践中不可行等情况下，承运人及时拒绝托运人变更运输合同的要求，由此引起纠纷时是有可能获得人民法院判决支持的。

承运人则注意：如果托运人的指示不能执行，承运人应当立即通知托运人。③

（编写人：杨晓辉）

法律条文

第八百三十条　货物运输到达后，承运人知道收货人的，应当及时通知收货人，收货人应当及时提货。收货人逾期提货的，应当向承运人支付保管费等费用。

条文主旨

本条规定了承运人的通知义务和收货人的提货义务，主要包括三层意思。首先，在货物运达目的地后，承运人的运输义务尚未完成，承运人还需要向收货人交付货物。如果承运人知道收货人，承运人负有义务及时通知收货人进行提货。其次，在收到承运人的通知后，收货人负有及时提货的义务。最后，如果收货人无正当理由逾期提货，应当向承运人支付保管费等费用。

① 参见最高人民法院民法典贯彻实施工作领导小组主编：《中华人民共和国民法典合同编理解与适用》（四），人民法院出版社 2020 年版，第 2143 页。

② 参见最高人民法院民法典贯彻实施工作领导小组主编：《中华人民共和国民法典合同编理解与适用》（四），人民法院出版社 2020 年版，第 2145 页。

③ 参见最高人民法院民法典贯彻实施工作领导小组主编：《中华人民共和国民法典合同编理解与适用》（四），人民法院出版社 2020 年版，第 2144、2145 页。

新旧法对比

《合同法》	《民法典》
第三百零九条　货物运输到达后，承运人知道收货人的，应当及时通知收货人，收货人应当及时提货。收货人逾期提货的，应当向承运人支付保管费等费用。	【内容不变】第八百三十条

理解与适用

（1）货物运达目的地后，承运人的运输义务并未完成，还需将货物交付收货人。在承运人知道收货人的情况下，根据本条规定，承运人负有通知义务，应当及时通知收货人货物已经运达，以便收货人及时提货。在承运人不知道收货人的情况下，承运人应当及时联系托运人，请求其在合理期限内对货物交付或处分作出指示。如果托运人未作相应的指示，则承运人免予承担通知收货人的义务。①

（2）收货人在接到承运人通知后，既享有提取货物的权利，同时也负有及时提货的义务，②应当及时向承运人提取已经运达的货物。收货人收到提货通知后未在合理时间内提货构成逾期的，应向承运人支付保管费等费用，以赔偿承运人的经济损失。

（3）在收货人逾期提货期间，承运人负有妥善保管货物的义务。倘若货物在收货人逾期提货期间由于承运人保管不善造成货损的，承运人应承担赔偿责任。③

（4）收货人提货时，应向承运人提交提货凭证。在收货人提交提货凭证后，承运人应当向收货人交付货物。运输合同或提货凭证中规定由收货人支付运费，收货人还应在提货前向承运人履行运费的支付义务。④

（编写人：杨晓辉）

---

① 参见最高人民法院民法典贯彻实施工作领导小组主编：《中华人民共和国民法典合同编理解与适用》（四），人民法院出版社2020年版，第2148页。

② 参见最高人民法院民法典贯彻实施工作领导小组主编：《中华人民共和国民法典合同编理解与适用》（四），人民法院出版社2020年版，第2148页。

③ 参见最高人民法院民法典贯彻实施工作领导小组主编：《中华人民共和国民法典合同编理解与适用》（四），人民法院出版社2020年版，第2149页。

④ 参见《中华人民共和国合同法释义》第309条，载中国人大网，www.npc.gov.cn。

法律条文

第八百三十一条　收货人提货时应当按照约定的期限检验货物。对检验货物的期限没有约定或者约定不明确，依据本法第五百一十条的规定仍不能确定的，应当在合理期限内检验货物。收货人在约定的期限或者合理期限内对货物的数量、毁损等未提出异议的，视为承运人已经按照运输单证的记载交付的初步证据。

条文主旨

本条对收货人提货时检验货物涉及的事项作出规定，主要包括三项内容：

(1)如果货运合同对货物的检验期限有约定，该约定对收货人具有约束力。收货人在提货时应当按照约定期限对货物进行检验。

(2)如果货运合同对货物的检验期限未作约定或者约定不明，首先应当适用《民法典》第510条规定：货运合同当事人可以进行协议补充；货运合同当事人不能达成补充协议的，按照货运合同相关条款或交易习惯确定。如果依据《民法典》第510条的规定仍不能确定，则收货人应当在合理期限内检验货物。

(3)如果收货人在约定期限或者合理期限内没有就货物的数量、毁损等提出异议，收货人的这一行为就构成下述事项的初步证据：①承运人已向收货人完好交付货物；②承运人交付的货物与运输单证记载的内容相符。

新旧法对比

《合同法》	《民法典》
第三百一十条　收货人提货时应当按照约定的期限检验货物。对检验货物的期限没有约定或者约定不明确，依照本法第六十一条的规定仍不能确定的，应当在合理期限内检验货物。收货人在约定的期限或者合理期限内对货物的数量、毁损等未提出异议的，视为承运人已经按照运输单证的记载交付的初步证据。	第八百三十一条　收货人提货时应当按照约定的期限检验货物。对检验货物的期限没有约定或者约定不明确，**依据**本法**第五百一十条**的规定仍不能确定的，应当在合理期限内检验货物。收货人在约定的期限或者合理期限内对货物的数量、毁损等未提出异议的，视为承运人已经按照运输单证的记载交付的初步证据。

理解与适用

1. 在提货时，收货人不仅有权利，而且应当对货物进行检验。对货物进行检验，既是收货人的重要权利，又是收货人的一项重要义务，与收货人的利益密切相关。通过在提货时检验货物，可以尽快的确认承运人交付的货物状况是否完好，数量是否缺失，是否符合货运合同的有关约定等，并可在出现货物数量缺失、毁损等情况时及时明确责任以解决纠纷。因此，本条规定明确要求收货人在提货时检验货物。①

2. 关于收货人检验货物的期限，首先应当按照约定优先的原则处理，即货运合同有约定的，收货人应当按照约定期限检验货物。在货运合同没有约定或者约定不明确的情况下，根据本条规定，应当按照以下规则确定货物的检验期限：

(1)可以由货运合同当事人，也就是托运人与承运人进行协议补充。在收货人与托运人不是同一主体时，收货人不是货运合同的当事人，通常需要经由托运人与承运人对货物的检验期限进行协议补充，而不得直接与承运人进行约定。

(2)在货运合同当事人不能达成补充协议时，应当按照运输合同相关条款或交易习惯确定。

(3)根据以上第一项、第二项仍不能确定检验期限时，收货人应当在合理期限内检验货物。在此，"合理期限"不是固定期限，而是具有一定的弹性，应当视实际情况予以确定。对于货物数量和比较容易发现的货损，收货人应当在较短时间内检验；对于不能立即发现的货损，收货人对货物进行检验的时间相对略长。②

3. 收货人不仅需要检验货物，还需要将其通过检验货物发现的货物数量短缺、货物毁损等问题提出异议。如果收货人未在约定的期限或者合理的期限内对货物数量、毁损等提出异议，应当承担对其不利的法律后果。根据本条规定，收货人未提出异议这一行为本身，构成承运人已按运输单证的记载交付货物的"初步证据"。然而需要注意：既然是"初步证据"，就意味着该证据不具有决定性和最终性，收货人将来仍有可能提出异议和进行索赔，但需提供相反的证据以证明货物数量、货物毁损等问题发生在运输期间，并且该"相反的证据"应当足以推翻"初步证据"。收货人未能提供相反的证据，或者提供的相反证据不足以推翻"初步证据"的，应当认定承运人已按运输单证的记载内容完成货物的交付义务。③

---

① 参见最高人民法院民法典贯彻实施工作领导小组主编：《中华人民共和国民法典合同编理解与适用》(四)，人民法院出版社 2020 年版，第 2150、2151 页。

② 参见《中华人民共和国合同法释义》第 310 条，载中国人大网，www. npc. gov. cn。

③ 参见最高人民法院民法典贯彻实施工作领导小组主编：《中华人民共和国民法典合同编理解与适用》(四)，人民法院出版社 2020 年版，第 2153、2154 页。

实务问题

在收货人与托运人不是同一主体时,收货人不是货运合同的当事人,而是货运合同的利害关系人。在此种情况下,收货人需要注意区分以下两类异议之间的区别与联系:

第一类异议:收货人依据货运合同和相关运输单证,根据本条规定以及有关运输特别法律的规定,就提货时发现的货物数量、毁损等问题向承运人提出异议。

第二类异议:收货人依据收货人与托运人(或者其他适当的主体)之间的有关协议(注:可能是买卖合同,也可能是其他性质和类型的交易合同),在约定期限或合理期限内就货物数量和质量等问题向该等协议的相对方提出异议。

以上两类异议在法律依据、合同依据、合同主体、检验期限、异议对象、未及时检验和提出异议的法律后果与责任等方面均存在较大的区别,但两类异议之间又存在一定的牵连关系和证明作用。对收货人而言,不仅需要注意区分上述两类异议,而且需要及时提出上述两类异议,以维护自身在运输合同项下以及其他有关的合同中的权益。

(编写人:杨晓辉)

法律条文

第八百三十二条　承运人对运输过程中货物的毁损、灭失承担赔偿责任。但是,承运人证明货物的毁损、灭失是因不可抗力、货物本身的自然性质或者合理损耗以及托运人、收货人的过错造成的,不承担赔偿责任。

条文主旨

本条规定了承运人对货物毁损灭失的赔偿责任,并且规定了相应的免责事项。根据本条规定,货物在运输过程中发生毁损或灭失的,承运人应当承担赔偿责任。这是一项严格责任,不问承运人是否存在过错。[①] 承运人的法定免责事由包括三项:第一,不可抗力造成货物的毁损或灭失;第二,货物本身的自然性质或者合理损耗造成货物的毁损或灭失;第三,托运人、收货人的过错造成货物的

① 参见最高人民法院民法典贯彻实施工作领导小组主编:《中华人民共和国民法典合同编理解与适用》(四),人民法院出版社2020年版,第2157页。

毁损或灭失。这三项免责事由全部由承运人承担举证责任。

新旧法对比

《合同法》	《民法典》
第三百一十一条　承运人对运输过程中货物的毁损、灭失承担损害赔偿责任，但承运人证明货物的毁损、灭失是因不可抗力、货物本身的自然性质或者合理损耗以及托运人、收货人的过错造成的，不承担损害赔偿责任。	第八百三十二条　承运人对运输过程中货物的毁损、灭失承担赔偿责任。**但是，**承运人证明货物的毁损、灭失是因不可抗力、货物本身的自然性质或者合理损耗以及托运人、收货人的过错造成的，不承担**赔偿责任**。

理解与适用

承运人承担安全运输的义务，有义务将货物安全运达目的地，并应对运输过程中货物的毁损、灭失承担赔偿责任。根据本条规定，对承运人按照严格责任进行归责，即只要在运输中发生货物毁损或灭失，承运人无论是否存在过错，均应承担赔偿责任，除非存在法定的或者约定的免责事由。①

按照本规定，承运人仅对发生在“运输过程”之中的货物毁损或者灭失承担责任。其中：“运输过程”是指自承运人接受货物时起至交付货物时止的全部过程；②“毁损”是指承运货物因损坏而价值减少，甚至丧失全部价值；“灭失”是指承运人无法向收货人交付货物，包括货物的物质灭失、丧失货物占有权等情形。③

货物运输行为是一种风险作业，运输过程中可能发生的损害因素很多，损害原因也可能极其复杂。承运人从事运输活动不可避免地要面对各种风险因素，并且时时可能因风险发生而遭受损失。为此，法律在保护货主利益的同时，也适当地兼顾对承运人利益的保护，以体现公平原则。因此，本条规定了三种承运人可以免责的情形，包括：

（1）因不可抗力造成的货物毁损灭失。根据《民法典》第180条第2款的规定，“不可抗力”是指不能预见、不能避免且不能克服的客观情况。

① 参见最高人民法院民法典贯彻实施工作领导小组主编：《中华人民共和国民法典合同编理解与适用》（四），人民法院出版社2020年版，第2157页。

② 参见最高人民法院民法典贯彻实施工作领导小组主编：《中华人民共和国民法典合同编理解与适用》（四），人民法院出版社2020年版，第2157页。

③ 参见最高人民法院民法典贯彻实施工作领导小组主编：《中华人民共和国民法典合同编理解与适用》（四），人民法院出版社2020年版，第2159页。

（2）因货物本身的自然性质或合理损耗造成的货物毁损灭失。其中，货物“本身的自然性质”，是指货物的物理属性和化学属性；货物的“合理损耗”，是指某些类型的货物在较长时间的运输中必然出现部分损失或消耗。[①]

（3）因托运人、收货人的过错，即托运人或收货人的自身原因，导致货物发生毁损或灭失。对于以上三项免责事由，均由承运人承担举证责任。承运人举证不能的，应承担赔偿责任。

实务问题

（1）在货运实务中，承托双方可以在法定免责事由之外，对承运人的免责事由作出进一步的补充性约定，该等约定构成运输合同的组成内容。这些补充性约定以格式条款的方式形成的，应当适用《民法典》第496条、第498条等规定分析和判断该等条款的效力与解释。[②]

（2）包括《海商法》在内的运输单行法律对承运人的免责事由可能有不同的规定。在运输货物发生毁损、灭失对承运人进行归责时，这些特别规定应当优先适用。[③]

（3）托运人在托运货物时可以投保货物运输保险。发生保险事故后，保险公司应按保险合同的有关约定作出保险赔偿，进而取得代位追偿权，有权向承运人追偿。托运人（或者被保险人）也可直接向承运人求偿，或者在保险赔偿不足以弥补损失时，就不足部分继续向承运人求偿。[④] 承运人在承运货物时根据有关规定也会办理运输责任保险。该保险属于财产保险之中的责任保险，与托运人投保的货运险在投保人、保险性质、保险范围、免责事由等方面均存在本质区别。发生保险事故后，承运人应当承担保险责任的，可以就其应承担的赔偿责任向保险公司求偿，从而达到分散承运风险责任之目的。

（编写人：杨晓辉）

---

① 参见最高人民法院民法典贯彻实施工作领导小组主编：《中华人民共和国民法典合同编理解与适用》（四），人民法院出版社2020年版，第2158页。

② 参见最高人民法院民法典贯彻实施工作领导小组主编：《中华人民共和国民法典合同编理解与适用》（四），人民法院出版社2020年版，第2159页。

③ 参见最高人民法院民法典贯彻实施工作领导小组主编：《中华人民共和国民法典合同编理解与适用》（四），人民法院出版社2020年版，第2160页。

④ 参见最高人民法院民法典贯彻实施工作领导小组主编：《中华人民共和国民法典合同编理解与适用》（四），人民法院出版社2020年版，第2160页。

法律条文

第八百三十三条　货物的毁损、灭失的赔偿额，当事人有约定的，按照其约定；没有约定或者约定不明确，依据本法第五百一十条的规定仍不能确定的，按照交付或者应当交付时货物到达地的市场价格计算。法律、行政法规对赔偿额的计算方法和赔偿限额另有规定的，依照其规定。

条文主旨

本条是关于货物毁损灭失赔偿额的确定规则的规定，主要包括以下三项规则：

(1)如果货运合同当事人有相关约定，首先应当按照该约定确定赔偿额。

(2)如果货运合同未作约定或者约定不明，应当适用《民法典》第510条规定，即货运合同当事人可以进行协议补充；货运合同当事人不能达成补充协议的，按照货运合同相关条款或交易习惯确定赔偿额。如果依据《民法典》第510条的规定仍不能确定，应当按照在货物交付时或者货物应当交付时货物到达地的市场价格计算赔偿额。

(3)关于货物毁损、灭失的赔偿额的计算方法和赔偿限额，我国法律、行政法规另有特别规定的，应当优先适用这些特别规定。

新旧法对比

《合同法》	《民法典》
第三百一十二条　货物的毁损、灭失的赔偿额，当事人有约定的，按照其约定；没有约定或者约定不明确，依照本法第六十一条的规定仍不能确定的，按照交付或者应当交付时货物到达地的市场价格计算。法律、行政法规对赔偿额的计算方法和赔偿限额另有规定的，依照其规定。	第八百三十三条　货物的毁损、灭失的赔偿额，当事人有约定的，按照其约定；没有约定或者约定不明确，**依据**本法**第五百一十条**的规定仍不能确定的，按照交付或者应当交付时货物到达地的市场价格计算。法律、行政法规对赔偿额的计算方法和赔偿限额另有规定的，依照其规定。

理解与适用

(1)根据本条规定，对货物毁损、灭失的赔偿额，在当事人有约定的，按照约定优先的原则，应当适用当事人的相关约定确定赔偿金额。在此，当事人是指货运合同的双方当事人，即托运人与承运人。承托双方既可以在货运合同中对赔偿额的具体数额作出约定，也可约定关于赔偿额的具体计算方法。

在有些情况下，承托双方还可办理保价运输，即托运人在办理托运手续时或者与承运人签约时，向承运人声明货物价格，要求进行保价运输，并且向承运人支付保价费。保价运输实际上是当事人之间关于货损赔偿额的约定；保价额通常相当于货物价值。保价运输的货物发生毁损、灭失的，由承运人按实际损失向托运人作出赔偿，但最高不超过保价额。①

(2)当事人对货物毁损、灭失的赔偿额未作约定或约定不明的，应当按照《民法典》第510条的有关规定确定赔偿额：首先，由承托双方通过协商达成补充协议。其次，在承托双方不能达成补充协议的情况下，应当按照货运合同的相关条款或交易习惯确定。

关于"交易习惯"，《合同法解释(二)》第7条规定："下列情形，不违反法律、行政法规强制性规定的，人民法院可以认定为合同法所称'交易习惯'：(一)在交易行为当地或者某一领域、某一行业通常采用并为交易对方订立合同时所知道或者应当知道的做法；(二)当事人双方经常使用的习惯做法。对于交易习惯，由提出主张的一方当事人承担举证责任。"

尽管《合同法解释(二)》已于2021年1月1日废止，但在新的规定或司法解释作出之前，以上有关"交易习惯"的解释在实务中仍有适当参考作用。

(3)依据《民法典》第510条的规定仍不能确定货物毁损、灭失赔偿额时，依照本条规定，应当按照交付货物或应当交付货物时货物到达地的市场价格计算。在此，"交付时"是指货物按时到达目的地，但存在货物毁损的情况下，计算货物市场价格的起算时间；"应当交付时"是指货物未按时到达目的地，而货物毁损或者已经灭失的情况下，计算货物市场价格的起算时间；货物的"市场价格"可以理解为该种货物在相关贸易的类似情况下的通常销售价格。②

(4)《海商法》《铁路法》等有关运输的专门法律、行政法规对货物毁损、灭失的赔偿额的计算方法和赔偿限额有特别规定的，应当优先适用这些特别规定。

实务问题

(1)在计算赔偿额时，根据违约赔偿的损失填补原则，除了应当计算货物价值的损失外，相关货物投保的保险费用、由于货物受损而产生的有关检验费用、

① 参见最高人民法院民法典贯彻实施工作领导小组主编：《中华人民共和国民法典合同编理解与适用》(四)，人民法院出版社2020年版，第2162、2163页。

② 参见《中华人民共和国合同法释义》第312条，载中国人大网，www.npc.gov.cn。

分拣费用、处置费用等，一般也应当作为损失加以计算。①

（2）在计算货物毁损、灭失造成的损失金额时，通常应当相应扣减由于货物损坏或灭失而减少支付的费用以及免于承担的费用。②

（编写人：杨晓辉）

法律条文

第八百三十四条　两个以上承运人以同一运输方式联运的，与托运人订立合同的承运人应当对全程运输承担责任；损失发生在某一运输区段的，与托运人订立合同的承运人和该区段的承运人承担连带责任。

条文主旨

本条是关于相继运输（单式联运）中承运人的责任的规定。根据本条规定，相继运输是由两个或者两个以上的承运人以同一种运输方式联合完成运输。③其中，与托运人订立合同的承运人，又称“缔约承运人”或者“全程承运人”，应当对整个运输过程承担责任。当货物损失发生在运输过程中的某一个区段时，全程承运人和事故发生区段的承运人应当承担连带责任。

新旧法对比

《合同法》	《民法典》
第三百一十三条　两个以上承运人以同一运输方式联运的，与托运人订立合同的承运人应当对全程运输承担责任。损失发生在某一运输区段的，与托运人订立合同的承运人和该区段的承运人承担连带责任。	第八百三十四条　两个以上承运人以同一运输方式联运的，与托运人订立合同的承运人应当对全程运输承担责任；损失发生在某一运输区段的，与托运人订立合同的承运人和该区段的承运人承担连带责任。

理解与适用

（1）“相继运输”，是由两个以上的承运人以同一运输方式联合完成货物运

① 参见最高人民法院民法典贯彻实施工作领导小组主编：《中华人民共和国民法典合同编理解与适用》（四），人民法院出版社2020年版，第2165页。

② 参见最高人民法院民法典贯彻实施工作领导小组主编：《中华人民共和国民法典合同编理解与适用》（四），人民法院出版社2020年版，第2165页。

③ 参见《中华人民共和国合同法释义》第313条，载中国人大网，www. npc. gov. cn。

输。在运输实务中,相继运输经常发生。转车、转船、转机等均属于相继运输。也有观点认为,以"单式联运"对本条规定的运输方式进行定义和表述,从法理角度可能更准确,并且更强调各个运输区段均采用相同的运输方式。[①]

(2)相继运输的主要特征是"一票到底",即托运人只需与整个运输过程中的多个承运人之中的任何一位(通常为第一承运人)签订运输合同,即可享受全程所有区段的运输;第一承运人负责与其他区段的承运人另行签订货运合同。相继运输有其存在的必要性,主要原因在于:一方面,运输关系要求将货物从起点运达终点具有连续性,不能中断并且不可分割;另一方面,尽管运输全程均采用同一种运输方式,但运输路线分为不同的区段,完成全程运输需要经过多个不同区段,由不同区段的承运人合作完成。[②]

(3)在相继运输中,由缔约承运人,即与托运人签订合同的承运人对全程运输负责,因而也称之为"全程承运人"。根据本条规定,其他各运输区段的承运人尽管未与托运人签订运输合同,但仍应对发生在其运输区段内的货物损失与全程承运人承担连带责任。本条规定突破了合同相对性原则,更有利于保护货方利益。[③]

(4)全程承运人对货物毁损、灭失承担赔偿责任后,可以向负有责任的区段承运人进行追偿。[④]

实务问题

(1)托运人要求区段承运人承担连带责任时,需要举证证明货物的毁损、灭失发生在该承运人负责的运输区段。在托运人完成举证后,举证责任转移到该区段承运人。该区段承运人主张货物毁损、灭失未发生在该区段的,应提交相应证据进行证明。在货损事件发生后,全程承运人也需要对发生货损的具体运输区段积极举证,以便向负有责任的区段承运人实施追偿。全程承运人举证不力的,只能自行承担赔偿责任。[⑤]

---

① 参见最高人民法院民法典贯彻实施工作领导小组主编:《中华人民共和国民法典合同编理解与适用》(四),人民法院出版社 2020 年版,第 2166 页。

② 参见最高人民法院民法典贯彻实施工作领导小组主编:《中华人民共和国民法典合同编理解与适用》(四),人民法院出版社 2020 年版,第 2167 页。

③ 参见最高人民法院民法典贯彻实施工作领导小组主编:《中华人民共和国民法典合同编理解与适用》(四),人民法院出版社 2020 年版,第 2169 页。

④ 参见最高人民法院民法典贯彻实施工作领导小组主编:《中华人民共和国民法典合同编理解与适用》(四),人民法院出版社 2020 年版,第 2169 页。

⑤ 参见最高人民法院民法典贯彻实施工作领导小组主编:《中华人民共和国民法典合同编理解与适用》(四),人民法院出版社 2020 年版,第 2170 页。

（2）根据特别法优先适用原则，运输单行法律对相继运输的货损责任负担有特别规定的，应当优先适用特别规定。例如《民用航空法》第136条与《蒙特利尔公约》均规定：除合同明文规定第一承运人应当对全程运输承担责任外，旅客或者其继承人只能对发生事故或者延误的运输区段的承运人提起诉讼。也就是说，第一承运人对全程运输并不承担责任，而仅对其承运的第一区段负责。①

（3）本条规定中的“区段承运人”与《海商法》第42条第2项中规定的“实际承运人”不完全相同，需要注意区分。在本条中，包括缔约承运人在内，全部的承运人均实际参与运输，均为实际承运人。而根据《海商法》第42条第2项的规定，“实际承运人”是一个与“名义承运人”对应的概念，是指接受承运人的委托或转委托，实际从事部分或者全部货物运输的承运主体，包括承接意外转船安排的转船承运人。仅在海上联运的情况下，本条规定中的区段承运人与《海商法》中的实际承运人相同。②

（编写人：杨晓辉）

法律条文

第八百三十五条　货物在运输过程中因不可抗力灭失，未收取运费的，承运人不得请求支付运费；已经收取运费的，托运人可以请求返还。法律另有规定的，依照其规定。

条文主旨

本条是关于承运人在不可抗力造成运输货物灭失时丧失对运费的请求权的规定。根据本条规定，货物在运输过程中由于不可抗力灭失后，承运人不得向托运人、收货人收取运费；已经收取的，托运人有权请求承运人全部返还。有关运输的特别法律另有规定的，应当适用特别规定。

① 参见最高人民法院民法典贯彻实施工作领导小组主编：《中华人民共和国民法典合同编理解与适用》（四），人民法院出版社2020年版，第2170页。

② 参见最高人民法院民法典贯彻实施工作领导小组主编：《中华人民共和国民法典合同编理解与适用》（四），人民法院出版社2020年版，第2170、2171页。

新旧法对比

《合同法》	《民法典》
第三百一十四条　货物在运输过程中因不可抗力灭失，未收取运费的，承运人不得要求支付运费；已收取运费的，托运人可以要求返还。	第八百三十五条　货物在运输过程中因不可抗力灭失，未收取运费的，承运人不得**请求**支付运费；**已经**收取运费的，托运人可以**请求**返还。**法律另有规定的，依照其规定。**

理解与适用

（1）在运输过程中，货物因不可抗力灭失的情况时有发生。对此，承运人不存在过错，托运人、收货人同样无过错。根据《民法典》第832条的有关规定，承运人证明货物灭失是由不可抗力造成的情况下，承运人对货物灭失造成的损失不承担赔偿责任。

（2）关于运费负担问题，《中华人民共和国合同法释义》中阐述：托运人因货物灭失已遭受极大损失，“如果还要负担运费，就意味着要承担双重损失，从公平和诚实信用的角度来讲，法律应当允许托运人请求承运人返还已支付的运费，使风险得以合理分担”。因此，《合同法》第314条规定在运输货物由于不可抗力灭失的情况下，承运人不得收取运费；已收取运费的，托运人可要求返还。①《民法典》对该规定原则上予以保留。

（3）《合同法》第314条的规定显得较为刚性，在实际运输中却可能存在各种不同的具体情形，完全剥夺承运人的运费请求权，规定承运人在此种情形之下一概不得收取运费未必公平合理。《民法典》的立法过程中，对继续保留本条规定提出了不同的观点和意见。例如有人大代表提出，运费概不退还属于国际惯例，本条应当相应修改等。国际惯例究竟如何，同样存在不同的认识与看法。基于综合考虑，本条在《合同法》条文的基础上补充规定：“法律另有规定的，依照其规定。”由此在《民法典》中为进一步的特别立法提供了法律基础。②

实务问题

（1）在本条中，货物灭失不仅包括全部灭失，还包括部分灭失。在部分货物

① 参见《中华人民共和国合同法释义》第314条，载中国人大网，www. npc. gov. cn。

② 参见最高人民法院民法典贯彻实施工作领导小组主编：《中华人民共和国民法典合同编理解与适用》（四），人民法院出版社2020年版，第2174页。

灭失的情况下,托运人可以请求返还与灭失部分的货物相对应的运费。①

(2)虽然有本条规定,但法律并不禁止承托双方可以对运费风险负担及相关事项进行自由约定。对于一些运输合同中的“折减退还运费条款”,例如“无论运输工具与货物灭失与否,已付运费概不退还”等,首先需要识别其是否属于格式条款。倘若由承托双方自行协商约定,则该条款不属于格式条款,原则上应当有效。倘若该条款属于单方制定的格式条款,则应根据《民法典》第497条及相关规定,并结合其他涉案有关事实,分析研判该条款的效力。②

(编写人:杨晓辉)

法律条文

第八百三十六条　托运人或者收货人不支付运费、保管费或者其他费用的,承运人对相应的运输货物享有留置权,但是当事人另有约定的除外。

条文主旨

本条是关于承运人留置权的规定。主要包括两层意思:首先,在托运人或者收货人不支付运费、保管费或者与运输有关的其他费用的情况下,承运人有权对其运输的相应货物行使留置权,有权就该等货物优先受偿。其次,如果运输合同的当事人对运费、保管费或者与运输有关的其他费用另有约定,应当适用该等约定。

新旧法对比

《合同法》	《民法典》
第三百一十五条　托运人或者收货人不支付运费、保管费以及其他运输费用的,承运人对相应的运输货物享有留置权,但当事人另有约定的除外。	第八百三十六条　托运人或者收货人不支付运费、保管费**或者**其他费用的,承运人对相应的运输货物享有留置权,**但是**当事人另有约定的除外。

理解与适用

1. 留置权是一项法定担保物权,主要通过合法占有和扣留他人动产的方式

① 参见最高人民法院民法典贯彻实施工作领导小组主编:《中华人民共和国民法典合同编理解与适用》(四),人民法院出版社2020年版,第2174页。

② 参见最高人民法院民法典贯彻实施工作领导小组主编:《中华人民共和国民法典合同编理解与适用》(四),人民法院出版社2020年版,第2082页。

对债权进行担保，从而对债务人造成心理压力，促使债务人向留置权人（债权人）偿还债务。[①]《民法典》第 2 编第 19 章对留置权的产生条件、内容、优先顺序、行使方式等作出一般规定。这些规定适用于承运人留置权。关于这些规定的具体阐述，可参阅本书有关篇章，在此不予详述。

2. 本条规定的承运人留置权，是一种特殊的留置权，具有以下主要特点：[②]

（1）只要运输费用未付，不论是由托运人承担支付义务，还是由收货人承担支付义务，承运人均可对其合法占有的运输货物行使留置权。

（2）根据《民法典》第 2 编第 19 章第 447 条的规定，留置物限定为债务人的动产。本条规定却有其特殊性。根据本条规定，承运人有权留置欠付的运输费用对应的货物，而不问这些运输货物的所有权主体。换言之，托运人或收货人是否为运输货物的实际所有权人，对承运人行使留置权不构成影响。

（3）承运人留置权担保的债权包括三项，即运费、保管费和其他费用，并且仅限于"本次运输"产生的这三项费用，并且这些费用与留置货物属于同一合同关系，因同一合同关系而产生。在此，"其他费用"可以理解为承运人为履行运输合同就本次运输约定的义务及相关附随义务而发生的合理费用。

需要注意：最高人民法院近期印发的《关于适用〈中华人民共和国民法典〉有关担保制度的解释》第 62 条第 3 款进一步明确指出，企业之间留置的动产与债权并非同一法律关系，债权人留置第三人的财产，第三人请求债权人返还留置财产的，人民法院应予支持。

3. 在本条中，对"当事人另有约定的除外"可作以下理解：[③]

（1）当事人可以约定：即使运费、保管费或其他费用未付清，承运人也不能留置货物。该约定对承运人具有约束力。

（2）在托运人或收货人向承运人提供适当担保的情况下，承运人不能留置货物。

实务问题

承运人在行使留置权时需要注意下列事项：[④]

---

① 参见最高人民法院民法典贯彻实施工作领导小组主编：《中华人民共和国民法典合同编理解与适用》（四），人民法院出版社 2020 年版，第 2175 页。

② 参见最高人民法院民法典贯彻实施工作领导小组主编：《中华人民共和国民法典合同编理解与适用》（四），人民法院出版社 2020 年版，第 2176、2177 页。

③ 参见《中华人民共和国合同法释义》第 315 条，载中国人大网，www.npc.gov.cn。

④ 参见最高人民法院民法典贯彻实施工作领导小组主编：《中华人民共和国民法典合同编理解与适用》（四），人民法院出版社 2020 年版，第 2178、2179 页。

（1）法律明确规定以及货运合同明确约定不得留置的动产，承运人不得留置，否则应承担相应责任。

（2）在确定运输货物作为留置物时，承运人需要注意：首先，对于可分的货物，承运人留置的货物应当合理和适当，不能留置过多货物。留置货物的价值应当相当于欠付的运费、保管费或其他与运输相关的费用。其次，对于不可分的货物，承运人可以留置全部货物。最后，承运人留置货物时负有妥善保管留置财产的义务。因保管不善致使留置财产毁损、灭失的，应当承担赔偿责任。

（编写人：杨晓辉）

法律条文

第八百三十七条　收货人不明或者收货人无正当理由拒绝受领货物的，承运人依法可以提存货物。

条文主旨

本条是关于承运人提存权的规定。具有两层意思：首先，在货物运到目的地后，承运人在两种情况下对货物享有提存权，一是收货人不明时；二是收货人没有正当理由，却拒绝接受或者领取货物时。其次，承运人提存货物应当依照有关法律的规定进行。

新旧法对比

《合同法》	《民法典》
第三百一十六条　收货人不明或者收货人无正当理由拒绝受领货物的，依照本法第一百零一条的规定，承运人可以提存货物。	第八百三十七条　收货人不明或者收货人无正当理由拒绝受领货物的，承运人**依法**可以提存货物。

理解与适用

1. 根据《民法典》第830条的规定，货物到目的地后，承运人负有及时通知收货人的义务，收货人收到通知后有义务及时提取货物。在此基础上，本条进一步规定承运人在符合法律规定的两种情况下有权提存货物。

（1）收货人不明，具体情形可以包括：①收货人下落不明。②在货物运至目的地时，托运人未指明收货人；虽经承运人通知，但托运人逾期未向承运人指示具体的收货人。③因货物权属发生争议导致交货对象无法确定,无法明确哪一方是收货人,承运人应当向哪一方交货。[①]

(2)收货人拒绝受领货物,并且没有正当合理的理由。

2. 关于提存的适用范围、方式和法律后果等,《民法典》第 570 条至第 574 条作出了一般性的规定。这些规定同样适用于承运人提存货物的情形。关于提存一般性规定的具体阐述,可参阅本书有关篇章,在此不予详述。

3. 本条是关于货物运输活动中涉及的提存运输货物的专门规定,旨在帮助正常交货时不当受阻的承运人能够及时、妥善地完成交货义务,避免承运人长期不合理地受困于无法完成运输交易、运输工具被长期占用,并且持续承担货物保管责任及相应的风险等不利境地。这是商事法律效力原则在货运领域的具体体现。[②] 承运人根据本条规定对货物行使提存权时,需要注意以下主要问题:[③]

(1)只有在运输货物不适合提存或者提存费用过高的情况下,承运人才可拍卖或变卖货物并且提存由此所得的价款。承运人须谨慎实施该行为,并且务必严格按照法律的有关规定进行,否则可能因不当提存而承担不利的法律后果与责任。

(2)在将货物提存后,承运人有义务及时通知托运人。在收货人明确的情况下,承运人还应及时通知收货人。

(3)在承运人依法将货物提存后,承运人不再承担货物毁损、灭失的责任。

实务问题

(1)关于目的地无人提货时对运输货物的处理规则,《铁路法》《海商法》等运输单行法律有相应的规定,这些特别规定应当优先于《民法典》有一般性规定而适用。[④] 因此,承运人、托运人、收货人均需谨慎注意这些特别规定的具体适用情形,以免处理不当导致承担不利的法律后果与责任。

(2)按照本条规定,只有在收货人拒绝受领货物并且无正当理由时,承运人才可以提存货物。在收货人拒绝受领货物但具有正当理由时,承运人依法不得

① 参见最高人民法院民法典贯彻实施工作领导小组主编:《中华人民共和国民法典合同编理解与适用》(四),人民法院出版社 2020 年版,第 2183 页。

② 参见最高人民法院民法典贯彻实施工作领导小组主编:《中华人民共和国民法典合同编理解与适用》(四),人民法院出版社 2020 年版,第 2181、2182 页。

③ 参见最高人民法院民法典贯彻实施工作领导小组主编:《中华人民共和国民法典合同编理解与适用》(四),人民法院出版社 2020 年版,第 2185 页。

④ 参见最高人民法院民法典贯彻实施工作领导小组主编:《中华人民共和国民法典合同编理解与适用》(四),人民法院出版社 2020 年版,第 2186 页。

提存货物。然而,关于收货人是否有正当理由,在运输实务中比较容易引发不同的认识甚至争议。[①] 对此,承运人、托运人、收货人均需根据实际情况谨慎对待,避免由于处理不当而引发纠纷并导致自身承担不利的后果与责任。

（编写人:杨晓辉）

第四节　多式联运合同

法律条文

第八百三十八条　多式联运经营人负责履行或者组织履行多式联运合同,对全程运输享有承运人的权利,承担承运人的义务。

条文主旨

本条规定了多式联运合同中多式联运经营人的权利与义务,具有两层意思:首先,多式联运经营人通过两种方式履行多式联运合同,第一种方式是由多式联运经营人负责履行多式联运合同,第二种方式是由多式联运经营人组织履行多式联运合同;其次,无论采取哪一种方式履行多式联运合同,均由多式联运经营人对整个运输的全过程享有承运人的权利,同时承担人的义务。

新旧法对比

《合同法》	《民法典》
第三百一十七条　多式联运经营人负责履行或者组织履行多式联运合同,对全程运输享有承运人的权利,承担承运人的义务。	【内容不变】第八百三十八条

理解与适用

(1)"多式联运合同"是指由多式联运经营人以两种以上的不同运输方式,负责将货物从接收地运至目的地交付收货人,并收取全程运费的运输合同。[②]

① 参见最高人民法院民法典贯彻实施工作领导小组主编:《中华人民共和国民法典合同编理解与适用》(四),人民法院出版社 2020 年版,第 2183 页。

② 参见最高人民法院民法典贯彻实施工作领导小组主编:《中华人民共和国民法典合同编理解与适用》(四),人民法院出版社 2020 年版,第 2190 页。

采取两种以上的不同运输方式进行运输是多式联运合同的最主要特征。[①] 在界定多式联运的不同运输方式时，既要考虑到运输工具的区别，又要考虑到不同运输方式在适用法律上存在的差异。根据我国现行立法，运输方式可以分为五大类，包括：航空运输、铁路运输、公路运输、国际海上运输、国内水路运输。需要注意的是，虽然国际海上货物运输与沿海货物运输均属于海上货运，但我国《海商法》第 4 章仅调整国际海上货运，不适用于我国沿海货运。因此，长期以来，我国沿海货运与内河货运被界定为相同的运输方式，适用相同的法律规则，这两种运输方式合称为国内水路货运。[②]

（2）多式联运合同的当事人包括多式联运经营人和托运人。收货人一般不是多式联运合同的当事人，但与多式联运合同存在利害关系。多式联运经营人是指本人亲自或者委托他人以本人名义与托运人订立多式联运合同的经营者。按照本条规定可分为两大类：第一类多式联运经营人在与托运人签约后直接负责履行运输合同；第二类多式联运经营人在与托运人签约后，再与多式联运中各种运输方式的承运人单独签订有关区段的运输合同，负责组织各个区段的承运人实施运输。无论属于哪一种类型，均由多式联运经营人作为承运人向托运人或收货人行使全程运输的权利，收取全程运费，并且承担全程运输中承运人的相关义务、责任与风险。[③]

（3）《海商法》第 4 章第 8 节对多式联运合同有特别的规定，适用于包含国际海上货运方式的多式联运合同。因此，在多式联运合同中包含国际海上货运这种运输方式时，应当根据特别法优先适用的原则，优先适用《海商法》的特别规定。[④]

实务问题

在运输实务中，货运代理企业（以下简称货代企业）时常参与多式联运经营业务。然而，有些货代企业与托运人签订的货运代理合同，有时名为货运代理合同，实际上却在合同中约定由货代企业负责组织全程货物运输，向托运人收取全程运费，并由货代企业负责委托区段承运人实施运输，以及由货代企业向托运人承担全程货运责任等。在此种情况下，应当将货运代理合同定性为多式联运合

① 参见《中华人民共和国合同法释义》第 317 条，载中国人大网，www. npc. gov. cn。

② 参见最高人民法院民法典贯彻实施工作领导小组主编：《中华人民共和国民法典合同编理解与适用》（四），人民法院出版社 2020 年版，第 2190 页。

③ 参见《中华人民共和国合同法释义》第 317 条，载中国人大网，www. npc. gov. cn。

④ 参见最高人民法院民法典贯彻实施工作领导小组主编：《中华人民共和国民法典合同编理解与适用》（四），人民法院出版社 2020 年版，第 2191 页。

同，将货代企业认定为多式联运经营人，并且应当适用有关多式联运的法律规定。①

（编写人：杨晓辉）

法律条文

第八百三十九条　多式联运经营人可以与参加多式联运的各区段承运人就多式联运合同的各区段运输约定相互之间的责任；但是，该约定不影响多式联运经营人对全程运输承担的义务。

条文主旨

本条是关于多式联运的责任制度的规定，具有两方面的意思：

（1）多式联运是由各个不同的运输区段组成。在各个运输区段，承运人及其采用的运输方式可能均不同。为此，多式联运经营人可以与各区段的承运人分别签区段运输合同，约定各自在相应运输区段的权利、义务与责任。

（2）无论多式联运经营人与各区段的承运人如何约定，均由多式联运经营人对全程运输负责。

新旧法对比

《合同法》	《民法典》
第三百一十八条　多式联运经营人可以与参加多式联运的各区段承运人就多式联运合同的各区段运输约定相互之间的责任，但该约定不影响多式联运经营人对全程运输承担的义务。	第八百三十九条　多式联运经营人可以与参加多式联运的各区段承运人就多式联运合同的各区段运输约定相互之间的责任**；但是，**该约定不影响多式联运经营人对全程运输承担的义务。

理解与适用

（1）在运输实务中，多式联运经营人往往需要与不同运输区段的实际承运人签订合同，约定各自的权利与义务以及相互之间对运输责任的划分与承担等。该类区段运输合同依法成立后，对多式联运经营人和与之签约的区段承运人具

① 参见最高人民法院民法典贯彻实施工作领导小组主编：《中华人民共和国民法典合同编理解与适用》（四），人民法院出版社2020年版，第2193页。

有约束力。在此,运输责任不仅包括货物毁损、灭失的责任,还包括延迟交付货物以及其他的运输责任。

(2)根据本条规定,无论多式联运经营人与各个区段的承运人之间如何作出约定,均不影响多式联运经营人作为责任主体,就全程运输向托运人承担责任。这是多式联运经营人的一项法定强制性责任,不允许通过合同约定等方式对该责任进行限制或者予以排除。①

(3)多式联运中出现货物毁损或灭失的,多式联运经营人在对托运人或收货人承担运输责任后,可以依据其与相应区段的承运人之间的区段运输合同的约定,向区段承运人追偿损失。②

实务问题

1. 关于举证责任问题

在多式联运中,发生货物毁损、灭失或者货物延迟交付后,托运人或收货人请求多式联运经营人承担运输责任的,只需举证证明该等赔偿事由发生于多式联运期间即可,无须证明该等事由发生于多式联运中的某一个或某几个具体运输区段。多式联运经营人向相应的区段承运人实施追偿时,则应当举证证明相关损失发生于该承运人负责的运输区段内。③

2. 关于法律适用问题

在多式联运中,由于各运输区段的运输方式不同,适用的运输单行法律及相关规定存在相应的区别,尤其是有关承运人的赔偿责任与责任限额等特别规定可能存在较大的区别。在涉案证据能够证明导致货损发生的具体运输区段的情况下,应当适用该运输区段对应的运输特别法律规定。在无法证明导致货损发生的具体运输区段时,则只能适用《民法典》第3编第19章运输合同的一般性规定。④

3. 关于连带责任问题

与《民法典》第834条的规定不同,本条并未规定多式联运中的区段承运人

---

① 参见最高人民法院民法典贯彻实施工作领导小组主编:《中华人民共和国民法典合同编理解与适用》(四),人民法院出版社2020年版,第2198页。

② 参见最高人民法院民法典贯彻实施工作领导小组主编:《中华人民共和国民法典合同编理解与适用》(四),人民法院出版社2020年版,第2198、2199页。

③ 参见最高人民法院民法典贯彻实施工作领导小组主编:《中华人民共和国民法典合同编理解与适用》(四),人民法院出版社2020年版,第2199页。

④ 参见最高人民法院民法典贯彻实施工作领导小组主编:《中华人民共和国民法典合同编理解与适用》(四),人民法院出版社2020年版,第2199、2219页。

应当与多式联运经营人向托运人、收货人承担连带责任。根据合同相对性原则，托运人或收货人就区段货损引起的损失只能向多式联运经营人主张合同赔偿责任。托运人或收货人以运输中发生货损为由对多式联运经营人提起违约之诉，并要求货损运输区段的承运人承担连带责任的，通常不应获得支持，除非托运人与区段承运人之间另有专门的约定。①

在能够证明货损发生的具体运输区段的情况下，托运人、收货人可以选择提起侵权之诉，向相应区段的承运人等侵权主体主张侵权损害赔偿。② 在此种情况下，多式联运经营人是否属于共同侵权人，是否应当与区段承运人承担共同侵权责任，应当适用《民法典》侵权责任的有关规定予以确定。

（编写人：杨晓辉）

法律条文

第八百四十条　多式联运经营人收到托运人交付的货物时，应当签发多式联运单据。按照托运人的要求，多式联运单据可以是可转让单据，也可以是不可转让单据。

条文主旨

本条规定了多式联运经营人签发多式联运单据的义务。根据本条规定，多式联运经营人在收到托运人交付的货物时，有义务向托运人签发相应的多式联运单据。多式联运单据包括两大类：一类是可转让单据，另一类是不可转让单据。多式联运经营人具体签发哪一种类型的单据，应当由托运人选择决定。

新旧法对比

《合同法》	《民法典》
第三百一十九条　多式联运经营人收到托运人交付的货物时，应当签发多式联运单据。按照托运人的要求，多式联运单据可以是可转让单据，也可以是不可转让单据。	【内容不变】第八百四十条

① 参见最高人民法院民法典贯彻实施工作领导小组主编：《中华人民共和国民法典合同编理解与适用》（四），人民法院出版社2020年版，第2200页。

② 参见最高人民法院民法典贯彻实施工作领导小组主编：《中华人民共和国民法典合同编理解与适用》（四），人民法院出版社2020年版，第2199页。

理解与适用

1. 本条并未对多式联运单据作出定义。全国人大在《中华人民共和国合同法释义》中从证据作用的角度将多式联运单据阐释为:多式联运单据是证明多式联运合同存在及多式联运经营人接管货物并按合同条款提交货物的证据。据此,多式联运单据的主要功能和作用包括:(1)签发多式联运单据,具有证明多式联运承运人与托运人之间存在多式联运合同关系的作用;(2)签发多式联运单据,具有证明多式联运承运人已经接管运输货物的作用;(3)多式联运单据是多式联运承运人交付货物的依据,多式联运承运人需要根据单据类型确定交付方式并最终完成运输义务。①

2. 多式联运单据在形式上通常为格式文本,由多式联运承运人单方拟定和制作,一般包括以下十五项内容:(1)货物品类、标志、危险特征的声明、包数或者件数、重量;(2)货物的外表状况;(3)多式联运经营人的名称与主要营业地;(4)托运人名称;(5)收货人的名称;(6)多式联运经营人接管货物的时间、地点;(7)交货地点;(8)交货日期或者期间;(9)多式联运单据可转让或者不可转让的声明;(10)多式联运单据签发的时间、地点;(11)多式联运经营人或其授权人的签字;(12)每种运输方式的运费、用于支付的货币、运费由收货人支付的声明等;(13)航线、运输方式和转运地点;(14)关于多式联运遵守有关公约规定的声明;(15)双方商定的其他事项。以上一项或者多项内容的缺乏,以及适当增加其他内容,不影响单据作为多式联运单据的性质。②

多式联运单据应当由多式联运经营人或者经他授权的人签字,这种签字可以是手签、盖章,符号或者用任何其他机械或者电子仪器打出。随着电子商务的发展和应用,多式联运经营人与托运人之间已广泛采用电子数据交换信息取代传统纸质单据。③

3. 不同类型的多式联运单据,适用不同的规则,包括单据转让规则和货物交付规则等。《民法典》以及《海商法》均未对多式联运单据的使用规则作出规定。在运输实务中,通常需要根据多式联运单据的背面条款确定其

---

① 参见《中华人民共和国合同法释义》第 319 条,载中国人大网,www. npc. gov. cn。

② 参见《中华人民共和国合同法释义》第 319 条,载中国人大网,www. npc. gov. cn。

③ 参见最高人民法院民法典贯彻实施工作领导小组主编:《中华人民共和国民法典合同编理解与适用》(四),人民法院出版社 2020 年版,第 2203 页。

使用规则。①

实务问题

（1）多式联运单据的可转让性是基于货运合同的约定而产生的，将其作为物权凭证的依据现阶段仍然不足，并且在理论界和司法实务界均存在不同认识，②对此需要加以注意。

（2）在多式联运单据转让的情况下，需要注意双重法律关系并存的问题：首先是单据持有人由于受让取得单据而与多式联运经营人之间形成运输关系；其次是托运人与多式联运经营人之间在单据之外的有关约定，并不当然地随着单据转让而转让。换言之，单据虽已经转让，但托运人在多式联运合同中应当承担的责任并不当然地解除。③

（编写人：杨晓辉）

法律条文

第八百四十一条　因托运人托运货物时的过错造成多式联运经营人损失的，即使托运人已经转让多式联运单据，托运人仍然应当承担赔偿责任。

条文主旨

本条是关于托运人在多式联运中赔偿责任的规定。根据本条规定，托运人在多式联运中承担赔偿责任的构成要件有三项：第一，托运人在托运货时存在过错行为；第二，多式联运经营人遭受损失；第三，托运人的过错行为与多式联运经营人的损失之间存在因果关系。本条还突出强调在这三项要件满足的情况下，即使多式联运单据已由托运人转让给他人，仍然由托运人负责向多式联运承运人承担赔偿责任。

① 参见最高人民法院民法典贯彻实施工作领导小组主编：《中华人民共和国民法典合同编理解与适用》（四），人民法院出版社2020年版，第2209页。

② 参见最高人民法院民法典贯彻实施工作领导小组主编：《中华人民共和国民法典合同编理解与适用》（四），人民法院出版社2020年版，第2208页。

③ 参见最高人民法院民法典贯彻实施工作领导小组主编：《中华人民共和国民法典合同编理解与适用》（四），人民法院出版社2020年版，第2206、2207页。

新旧法对比

《合同法》	《民法典》
第三百二十条　因托运人托运货物时的过错造成多式联运经营人损失的，即使托运人已经转让多式联运单据，托运人仍然应当承担损害赔偿责任。	第八百四十一条　因托运人托运货物时的过错造成多式联运经营人损失的，即使托运人已经转让多式联运单据，托运人仍然应当承担**赔偿责任**。

理解与适用

1. 根据本条规定，对托运人按照过错责任原则进行归责。[①] 关于托运人在多式联运中承担的义务，本条未作规定，可以适用《民法典》第 3 编第 19 章第 3 节货运合同中关于托运人义务的规定来认定托运人在多式联运中的过错行为。[②] 这些规定主要包括：(1)根据本法第 825 条的规定，托运人办理货物运输，应当向多式联运经营人准确表明收货人的姓名、名称或者凭指示的收货人，货物的名称、性质、重量、数量，收货地点等有关货物运输的必要情况。(2)根据本法第 826 条的规定，货物运输需要办理审批、检验等手续的，托运人应当将办理完有关手续的文件提交多式联运经营人。(3)根据本法第 827 条的规定，托运人应当按照约定的方式或者适当的方式包装货物。(4)根据本法第 828 条的规定，托运人托运易燃、易爆、有毒、有腐蚀性、有放射性等危险物品的，应当按照国家有关危险物品运输的规定对危险物品妥善包装，作出危险物品标志和标签，并将有关危险物品的名称、性质和防范措施的书面材料提交多式联运经营人。此外，根据本法第 813 条的规定，托运人或者收货人承担向多式联运经营人支付运输费用的义务。

2. 对于可转让的多式联运单据，在多式联运经营人遭受损失之前，存在过错的托运人有可能已将单据转让给他人。然而，单据虽已转让，但托运人的过错赔偿责任并不因此而转移。根据本条规定，仍应由托运人向多式联运经营人承担赔偿责任，以体现公平原则的精神。正因如此，在托运人转让多式联运单据后，无论由谁持有多式联运单据，因托运人的过错行为遭受损失的多式联运经营人

---

① 参见最高人民法院民法典贯彻实施工作领导小组主编：《中华人民共和国民法典合同编理解与适用》（四），人民法院出版社 2020 年版，第 2212 页。

② 参见最高人民法院民法典贯彻实施工作领导小组主编：《中华人民共和国民法典合同编理解与适用》（四），人民法院出版社 2020 年版，第 2211 页。

应当向托运人要求赔偿,而不能直接向单据持有人或收货人索赔。①

实务问题

(1)托运人在托运货物存在过错,由此导致多式联运经营人受到损失的,无论损失发生在多式联运的具体哪个运输区段,多式联运经营人均有权依据本条规定要求托运人承担赔偿责任。这与《民法典》第842条规定的对承运人适用"网状责任制"完全不同。②

(2)根据本法第188条关于诉讼时效的规定,多式联运经营人根据本条规定向托运人请求赔偿的诉讼时效为3年,自其知道或应当知道权利受到侵害之日起计算。在司法实践中,有生效判决书或者仲裁裁决书认定多式联运经营人应向区段承运人承担赔偿责任,多式联运经营人为此而向托运人追偿的,可以从判决或仲裁裁决生效之日起计算诉讼时效。③

(3)区段承运人由于托运人的过错行为而遭受损失时,可以选择向多式联运经营人提起违约之诉,也可选择直接以托运人为被告提起侵权之诉,按照侵权法律的有关规定向托运人求偿。④

(编写人:杨晓辉)

法律条文

第八百四十二条　货物的毁损、灭失发生于多式联运的某一运输区段的,多式联运经营人的赔偿责任和责任限额,适用调整该区段运输方式的有关法律规定;货物毁损、灭失发生的运输区段不能确定的,依照本章规定承担赔偿责任。

条文主旨

本条是关于多式联运经营人责任制度的规定。根据本条规定,在多式联运

---

① 参见最高人民法院民法典贯彻实施工作领导小组主编:《中华人民共和国民法典合同编理解与适用》(四),人民法院出版社2020年版,第2212、2213页。

② 参见最高人民法院民法典贯彻实施工作领导小组主编:《中华人民共和国民法典合同编理解与适用》(四),人民法院出版社2020年版,第2213页。

③ 参见最高人民法院民法典贯彻实施工作领导小组主编:《中华人民共和国民法典合同编理解与适用》(四),人民法院出版社2020年版,第2213页。

④ 参见最高人民法院民法典贯彻实施工作领导小组主编:《中华人民共和国民法典合同编理解与适用》(四),人民法院出版社2020年版,第2214页。

过程中发生货物毁损、灭失时,多式联运经营人的赔偿责任按以下规则确定:

首先,如果能够确定货损发生的运输区段,应当适用调整该区段运输方式的有关法律规定确定多式联运经营人的赔偿责任和责任限额。

其次,如果不能确定货损发生的运输区段,则应当适用《民法典》第3编第19章运输合同的有关规定确定多式联运经营人承担的赔偿责任。由于《民法典》第3编第19章未规定承运人的责任限额,故多式联运经营人应当承担完全赔偿责任。①

新旧法对比

《合同法》	《民法典》
第三百二十一条　货物的毁损、灭失发生于多式联运的某一运输区段的,多式联运经营人的赔偿责任和责任限额,适用调整该区段运输方式的有关法律规定。货物毁损、灭失发生的运输区段不能确定的,依照本章规定承担损害赔偿责任。	第八百四十二条　货物的毁损、灭失发生于多式联运的某一运输区段的,多式联运经营人的赔偿责任和责任限额,适用调整该区段运输方式的有关法律规定;货物毁损、灭失发生的运输区段不能确定的,依照本章规定承担赔偿责任。

理解与适用

关于国际货物多式联运,至今尚未形成最终的国际公约。② 联合国贸易和发展会议代表大会于1980年5月24日表决通过的《联合国国际货物多式联运公约》(United Nations Convention on International Multimodal Transport of Goods)目前在发挥立法示范作用。联合国贸易和发展会议与国际商会于1991年起草的《联合国贸易和发展会议/国际商会多式联运单证规则》(UNCTAD/ICC Rules for Multimodal Transport Documents)属于民间规则,由当事人自愿选择适用,在不违反国际公约和国家强制性法律规定的范围内有效。③

关于多式联运经营人的责任制度,目前主要有两种立法模式:第一种模式被称为"网状责任制",对多式联运经营人的赔偿责任和责任限额适用货损发生的运输区段所适用的法律;第二种模式被称为"统一责任制",对多式联运经营人

① 参见最高人民法院民法典贯彻实施工作领导小组主编:《中华人民共和国民法典合同编理解与适用》(四),人民法院出版社2020年版,第2219页。

② 参见最高人民法院民法典贯彻实施工作领导小组主编:《中华人民共和国民法典合同编理解与适用》(四),人民法院出版社2020年版,第2215页。

③ 参见最高人民法院民法典贯彻实施工作领导小组主编:《中华人民共和国民法典合同编理解与适用》(四),人民法院出版社2020年版,第2188、2189页。

适用统一的赔偿责任和责任限额,不考虑货损发生在哪个具体运输区段。[1]

我国采用的立法模式,是"经修正的网状责任制"。[2]

1. 在能够确定货损发生的运输区段时,适用该运输区段适用的法律确定多式联运经营人的赔偿责任和责任限额。

2. 在不能确定货损发生的运输区段时:

(1)如果多式联运中包含国际海上货运,适用《海商法》第 4 章的有关规定确定多式联运经营人的赔偿责任和责任限额。

(2)如果多式联运中不含国际海上货运,适用《民法典》第 3 编第 19 章的有关规定对多式联运经营人按照严格责任进行归责。在此情况下,根据《民法典》第 832 条的规定,多式联运经营人只能依据以下事由进行免责抗辩并承担相应举证责任:其一,货物的毁损、灭失是因不可抗力造成的;其二,货物的毁损、灭失是货物本身的自然性质或者合理损耗造成的;其三,货物的毁损、灭失是托运人、收货人的过错造成的。另外,根据《民法典》第 3 编第 19 章的有关规定,多式联运承运人应当承担完全赔偿责任,没有责任限额。

实务问题

对于具有涉外因素的多式联运合同,根据意思自治原则,当事人可以通过协议的方式对多式联运合同达用的法律作出选择。当事人未选择适用法律的,适用最密切联系原则确定相关准据法。[3]

(编写人:杨晓辉)

---

① 参见最高人民法院民法典贯彻实施工作领导小组主编:《中华人民共和国民法典合同编理解与适用》(四),人民法院出版社 2020 年版,第 2216 页。

② 参见最高人民法院民法典贯彻实施工作领导小组主编:《中华人民共和国民法典合同编理解与适用》(四),人民法院出版社 2020 年版,第 2219 页。

③ 参见最高人民法院民法典贯彻实施工作领导小组主编:《中华人民共和国民法典合同编理解与适用》(四),人民法院出版社 2020 年版,第 2223、2224 页。

第二十章　技术合同

第一节　一般规定

法律条文

第八百四十三条　技术合同是当事人就技术开发、转让、许可、咨询或者服务订立的确立相互之间权利和义务的合同。

条文主旨

本条是关于技术合同定义的规定。技术合同是当事人就技术开发、转让、许可、咨询或者服务订立的确立相互之间权利和义务的合同。

由此可见,技术合同的合同标的是技术,技术合同规定的是就技术开发、转让、许可、咨询或者服务所确定的当事人之间的权利和义务。因此,当事人之间所订立的技术合同的类型包括技术开发合同、技术转让合同、技术许可合同、技术咨询合同和技术服务合同。

新旧法对比

《合同法》	《民法典》
第三百二十二条　技术合同是当事人就技术开发、转让、咨询或者服务订立的确立相互之间权利和义务的合同。	第八百四十三条　技术合同是当事人就技术开发、转让、**许可、**咨询或者服务订立的确立相互之间权利和义务的合同。

理解与适用

《合同法》中关于技术许可合同的规定是以并入技术转让合同相关规定的方式进行规制的,但是,因为技术许可与技术转让有实质性区别,当仅涉及技术的使用权时,为技术许可;当转让技术的所有权时,为技术转让。实践中技术所有权和使用权分离的现象普遍存在。因此,《民法典》将技术许可合同与技术转让合同列为并列的地位,并将技术许可合同列为与技术开发合同、技术转让合同、技术咨询合同相独立的一种技术合同类型,使法律规定更为规范。

但是,由于技术转让和技术许可规则有相似部分,《民法典》将两者放在同一节内容中进行规范,具体在本章第3节"技术转让合同和技术许可合同"中对技术转让合同、技术许可合同作出了详细规定;《最高人民法院关于审理技术合同纠纷案件适用法律若干问题的解释》也将两者放在同一部分中规范,具体规定在"三、技术转让合同和技术许可合同"部分,使法律适用在实践中更为明确、具体。

值得注意的是,随着技术的法律状态不同,对于同一技术的技术合同的类型会发生变化,例如,《技术合同解释》第29条第1款规定"当事人之间就申请专利的技术成果所订立的许可使用合同,专利申请公开以前,适用技术秘密许可合同的有关规定;发明专利申请公开以后、授权以前,参照适用专利实施许可合同的有关规定;授权以后,原合同即为专利实施许可合同,适用专利实施许可合同的有关规定。"

关于本条修改对司法实践的影响,《民法典》本次修改根据技术合同的标的不同,将技术合同分为技术开发合同、技术转让合同、技术许可合同、技术咨询和技术服务合同,明确了技术许可合同为一种独立的技术合同类型,规定了"技术许可合同包括专利实施许可、技术秘密使用许可等合同",因此,法院今后在审理此类技术合同纠纷时,如果涉案合同属于以上技术许可合同,法院就不必再参照技术转让合同的规定,可以直接适用技术许可合同的具体规定。

实务问题

实践中,与本条相关的纠纷主要体现在对技术合同类型的认定及法律适用问题方面。

例如,在长沙湘鸿绿色技术开发有限公司诉株洲化工集团诚信有限公司技术秘密许可使用合同纠纷案①中,法院认为,该案双方签订的技术合同名称虽系"技术开发合作合同",但从合同约定的权利义务内容分析,既不存在分工参与技术研究开发,也不存在技术成果的后续试验、开发应用等内容,而是对一项现有特定的,已经申请专利的技术成果许可使用所订立的合同。

① 湖南省株洲市中级人民法院(2010)株中法民三初字第37号。

因此，建议此类案件当事人在签订技术合同时，参照《民法典》有关规定并结合技术合同当事人之间的权利义务等条款，理清技术合同的类型，以免承担不必要的法律义务。

（编写人：权鲜枝　郭　晶）

法律条文

第八百四十四条　订立技术合同，应当有利于知识产权的保护和科学技术的进步，促进科学技术成果的研发、转化、应用和推广。

条文主旨

本条是关于当事人在订立技术合同时应当遵循的原则性规定，即订立技术合同，应当有利于知识产权的保护和科学技术的进步，促进科学技术成果的研发、转化、应用和推广。当事人应当本着有利于知识产权的保护和科学技术的进步以及促进科技成果的研发、转化、应用和推广的原则来订立技术合同。

新旧法对比

《合同法》	《民法典》
第三百二十三条　订立技术合同，应当有利于科学技术的进步，加速科学技术成果的转化、应用和推广。	第八百四十四条　订立技术合同，应当有利于**知识产权的保护**和科学技术的进步，**促进**科学技术成果的**研发**、转化、应用和推广。

理解与适用

《民法典》此条增加了“有利于知识产权的保护”以及“促进科学技术成果的研发”目的，在是否会因不符合技术合同目的从而行使法定解除权方面，实践中增加了新的考量因素。例如，在技术秘密许可合同中，若被许可人违反合同的约定，造成技术秘密泄露或引起泄露风险的，此违约行为与技术合同保护知识产权的合同目的相悖，可能会使合同当事人之间的合同目的无法实现，此种情况下许可人可尝试主张行使合同的法定解除权，并要求被许可人承担违约或赔偿责任等。

本条规定体现了技术合同的目的有一定的变化，与一般合同有明显区别，在技术合同的实践中具有重要意义。

当事人订立技术合同时,除了应当遵循订立一般合同所应遵循的平等、自愿、公平、诚信原则外,还应当遵循本条中有利于知识产权保护、有利于科技进步的原则,促进知识产权的保护、促进科技成果的研发、转化、应用等。

本条规定通过鼓励、引导技术合同以利于保护知识产权、科学技术的进步,促进科学技术成果的研发、转化、应用和推广为目标,注重新技术的研发、促使技术成果尽快向生产领域转化、推广和应用,从而使科技成果转化为新的生产力,更好地为推动社会的进步与发展服务。

值得一提的是,在《民法典》中的一些条款里已经体现了这个原则。例如,《民法典》第850条规定,非法垄断技术或者侵害他人技术成果的技术合同无效。非法垄断技术不利于科学技术的进步,侵害他人技术成果的技术合同不利于保护知识产权,因此,违反本条规定的原则,应该无效。

实务问题

实践中,也出现过通过判断是否符合促进技术进步和技术成果的原则而决定是否解除技术合同的案子。

例如,在安徽快易修网络科技有限公司与合肥铄铄乐信息科技有限公司、李某燕技术委托开发合同纠纷案[①]中,法院认为,在涉案合同的验收及上传过程中,原告与被告均未严格按照合同的约定履行,但能够确定被告客观上围绕涉案软件进行了开发,并部署到原告服务器中。原告虽称被告交付的软件缺点太多不符合要求,但未提交证据证明被告的行为是否构成根本违约以致其不能实现合同目的;且原告未提交证据证明其曾将上述缺点明确告知被告,并给予一定的合理期限予以改进,完善涉案软件的开发。如届时被告按照确定的标准仍无法在约定的时间内完成的,原告则可提出解除合同。但此时原告要求解除合同有违促进技术进步和技术成果的技术合同立法本意,亦不符合经济和效率原则,故对原告主张解除合同以及返还费用的诉请,法院不予支持。

因此,建议当事人在订立技术合同时,要确保该技术合同的签订应当有利于知识产权保护、科学技术进步,以及促进科学技术成果的研发、转化、应用和推广,否则,如果签订技术合同的目的违反上述规定,则该合同可能被认定为无效而造成不必要的损失。

(编写人:权鲜枝　郭　晶)

① 安徽省合肥高新技术产业开发区人民法院(2018)皖0191民初158号。

法律条文

第八百四十五条　技术合同的内容一般包括项目的名称，标的的内容、范围和要求，履行的计划、地点和方式，技术信息和资料的保密，技术成果的归属和收益的分配办法，验收标准和方法，名词和术语的解释等条款。

与履行合同有关的技术背景资料、可行性论证和技术评价报告、项目任务书和计划书、技术标准、技术规范、原始设计和工艺文件，以及其他技术文档，按照当事人的约定可以作为合同的组成部分。

技术合同涉及专利的，应当注明发明创造的名称、专利申请人和专利权人、申请日期、申请号、专利号以及专利权的有效期限。

条文主旨

本条是关于技术合同的主要条款的指导性规定。

技术合同的内容一般包括：项目的名称，标的的内容、范围和要求，履行的计划、地点和方式，技术信息和资料的保密，技术成果的归属和收益的分配办法，验收标准和方法，名词和术语的解释等条款。

按照当事人的约定可以作为合同的组成部分：与履行合同有关的技术背景资料、可行性论证和技术评价报告、项目任务书和计划书、技术标准、技术规范、原始设计和工艺文件，以及其他技术文档。

涉及专利的技术合同还应当注明发明创造的名称、专利申请人和专利权人、申请日期、申请号、专利号以及专利权的有效期限。

由此可见，在技术合同中，当事人可以约定本条所规定的一般条款及当事人可以根据意思自治约定的其他条款内容。其中，技术合同中一般性指导条款包括项目的名称，标的的内容、范围和要求，履行的计划、地点和方式，技术信息和资料的保密，技术成果的归属和收益的分配办法，验收标准和方法，名词和术语的解释等；其他当事人可约定条款包括技术背景资料、可行性论证和技术评价报告、项目任务书和计划书、技术标准、技术规范、原始设计和工艺文件、其他技术文档等。

此外，技术合同涉及专利的情况下，还具有特殊要求，即应当在合同中注明发明创造的名称、专利申请人和专利权人、申请日期、申请号、专利号以及专利权的有效期限。

新旧法对比

《合同法》	《民法典》
第三百二十四条　技术合同的内容由当事人约定，一般包括以下条款： （一）项目名称； （二）标的的内容、范围和要求； （三）履行的计划、进度、期限、地点、地域和方式； （四）技术情报和资料的保密； （五）风险责任的承担； （六）技术成果的归属和收益的分成办法； （七）验收标准和方法； （八）价款、报酬或者使用费及其支付方式； （九）违约金或者损失赔偿的计算方法； （十）解决争议的方法； （十一）名词和术语的解释。 与履行合同有关的技术背景资料、可行性论证和技术评价报告、项目任务书和计划书、技术标准、技术规范、原始设计和工艺文件，以及其他技术文档，按照当事人的约定可以作为合同的组成部分。 技术合同涉及专利的，应当注明发明创造的名称、专利申请人和专利权人、申请日期、申请号、专利号以及专利权的有效期限。	第八百四十五条　技术合同**的内容一般包括项目的名称，标的的内容、范围和要求，履行的计划、地点和方式，技术信息和资料的保密，技术成果的归属和收益的分配办法，验收标准和方法，名词和术语的解释等条款。** **与履行合同有关的技术背景资料、可行性论证和技术评价报告、项目任务书和计划书、技术标准、技术规范、原始设计和工艺文件，以及其他技术文档，按照当事人的约定可以作为合同的组成部分。** **技术合同涉及专利的，应当注明发明创造的名称、专利申请人和专利权人、申请日期、申请号、专利号以及专利权的有效期限。**

理解与适用

合同条款是当事人权利和义务的体现，也是当事人在后续明确各方权利、履行合同义务、承担违约责任等的主要依据。技术合同的当事人应基于平等、自愿、公平、诚信等原则共同协商以确定技术合同所包含内容。

根据本条规定，技术合同一般包括以下条款：（1）项目的名称，即技术合同标的涉及的具体的项目名称；（2）标的的内容、范围和要求，即明确技术合同标的、该标的的技术范围和技术指标要求；（3）履行的计划、地点和方式，即当事人对合同履行的具体时间、进度等的具体安排，具体的合同履行地，履行方式等；(4)技术信息和资料的保密，即对保密事项、保密范围、保密措施、保密期限以及违反保密义务应承担的责任等的约定；(5)技术成果的归属和收益的分配办法，即约定技术成果的所有权和使用权的归属、分享以及所获利益的分成办法；(6)验收标准和方法，明确约定验收的方法、指标、程序等，并尽量详细、易操作；(7)名词和术语的解释，等等。

当事人也可以根据意思自治的原则，将与履行合同有关的技术背景资料、可行性论证和技术评价报告、项目任务书和计划书、技术标准、技术规范、原始设计和工艺文件以及其他技术文档约定作为技术合同的组成部分。

若技术合同涉及专利的，还应当在合同中注明发明创造的名称、专利申请人和专利权人、申请日期、申请号、专利号以及专利权的有效期限。

需要注意的是，如果涉及专利的技术合同是专利实施许可合同，那么根据《民法典》第865条中的规定，专利实施许可合同仅在该专利权的存续期限内有效。专利权有效期限届满或者专利权被宣告无效的，专利权人不得就该专利与他人订立专利实施许可合同。

另外，需要强调的是，本条规定的技术合同应当具备的条款是指导性条款，不要求订立技术合同的当事人必须采用，也不限制当事人在合同中约定其他权利义务。

但在实践中，如果技术合同中没有约定相关的条款，极易引发纠纷。例如，验收标准在技术合同中属于非常重要的条款之一，因为它涉及技术成果交付是否合格、各方的权利义务是否得到落实。如果合同没有约定验收标准或者验收标准约定不明，极易导致合同双方对技术成果的验收失去基本依据，从而引发法律纠纷。

实务问题

实践中，因没有约定某些条款或约定不明而产生的纠纷时有发生。

例如，在广州怡韬信息科技有限公司与广州经济技术开发区科技园建材有限公司技术合作开发合同纠纷案[①]中，法院认为，双方当事人签订的《〈远程控制配料站项目〉合作合同书》没有对样机的检验标准进行约定，且该样机为非标产品，无法按照国家质量标准或行业标准对样机是否合格进行检验。在此情况下，仅能依据《〈远程控制配料站项目〉合作合同书》的约定及双方当事人对样机的

① 广东省广州市中级人民法院(2014)穗中法民二终字第332号。

解释，通过观察涉案机器是否能正常运转来进行初步判断。但双方当事人均不能举证证实涉案机器设备处于何种状态，是否能够按照《〈远程控制配料站项目〉合作合同书》约定的内容进行正常的运转，因此，双方当事人关于样机状况的主张均不能成立，法院均不予采纳。

综上，尽管《民法典》本条所列举的合同条款不属于强制性的条款，还是建议合同当事人根据意思自治原则并结合本条规定的指导性条款，就技术合同的内容、各方之间的权利义务、违约责任等作出详细的约定，以免后续发生纠纷时无据可循。

（编写人：权鲜枝　郭　晶）

法律条文

第八百四十六条　技术合同价款、报酬或者使用费的支付方式由当事人约定，可以采取一次总算、一次总付或者一次总算、分期支付，也可以采取提成支付或者提成支付附加预付入门费的方式。

约定提成支付的，可以按照产品价格、实施专利和使用技术秘密后新增的产值、利润或者产品销售额的一定比例提成，也可以按照约定的其他方式计算。提成支付的比例可以采取固定比例、逐年递增比例或者逐年递减比例。

约定提成支付的，当事人可以约定查阅有关会计账目的办法。

条文主旨

本条是关于技术合同价款、报酬和使用费支付方式的规定。

当事人可以自行约定合同价款、报酬或使用费等的支付方式，例如一次总算、一次总付或者一次总算、分期支付，提成支付，提成支付附加预付入门费等。

其中，约定提成支付的，可参照以下因素的一定比例进行提成，如：产品价格、实施专利和使用技术秘密后新增的产值、利润或者产品销售额，当然也可以约定其他提成方式。该比例可以采取固定比例、逐年递增比例或者逐年递减比例，具体可由当事人自行约定。

对于提成支付时查阅会计账目的办法，可以由当事人自行约定。

新旧法对比

《合同法》	《民法典》
第三百二十五条　技术合同价款、报酬或者使用费的支付方式由当事人约定,可以采取一次总算、一次总付或者一次总算、分期支付,也可以采取提成支付或者提成支付附加预付入门费的方式。 约定提成支付的,可以按照产品价格、实施专利和使用技术秘密后新增的产值、利润或者产品销售额的一定比例提成,也可以按照约定的其他方式计算。提成支付的比例可以采取固定比例、逐年递增比例或者逐年递减比例。 约定提成支付的,当事人应当在合同中约定查阅有关会计账目的办法。	第八百四十六条　技术合同价款、报酬或者使用费的支付方式由当事人约定,可以采取一次总算、一次总付或者一次总算、分期支付,也可以采取提成支付或者提成支付附加预付入门费的方式。 约定提成支付的,可以按照产品价格、实施专利和使用技术秘密后新增的产值、利润或者产品销售额的一定比例提成,也可以按照约定的其他方式计算。提成支付的比例可以采取固定比例、逐年递增比例或者逐年递减比例。 约定提成支付的,当事人**可以**约定查阅有关会计账目的办法。

理解与适用

价款、报酬和使用费是当事人获取、使用技术所应支付的对价。当事人可以在技术合同中约定采取如下方式支付价款、报酬和使用费:

(1)一次总算、一次总付,即技术合同的当事人将技术合同的价款、报酬或者使用费在合同中一次算清,在合同成立后,一方当事人将有关费用向另一方当事人一次性支付完毕。

(2)一次总算、分期支付,即技术合同的当事人将技术合同的价款、报酬或者使用费在合同中一次算清,在合同成立后,一方当事人将有关费用分多次支付给另一方。

(3)提成支付,关于提成依据,当事人可以参照产品价格、实施专利和使用技术秘密后新增的产值、利润或者产品销售额的一定比例提成,也可以约定其他方式。提成支付的比例可以约定采取固定比例、逐年递增比例或者逐年递减比例等。另外,提成支付在实践中存在诸多计算、监督、核查等复杂性事项,为克服信息不对称带来的影响以及后续计算提成的方便,当事人可以约定查阅有关会计账目的具体办法。

(4)提成支付附加预付入门费,即接受技术的一方当事人在合同成立后或者在取得技术成果后先向另一方当事人支付部分价款(入门费或初付费),其余部分双方约定按一定比例提成。

此外,本条第3款的修改将有关查阅会计账目的办法的自主权交由当事人约定,不仅给予了当事人更多意思自治的空间,而且一定程度上避免了对未约定查阅有关会计账目事项的合同的有效性的争论。

需要注意的是,若技术合同的当事人对技术合同价款、报酬、使用费等支付方式没有约定或约定不明的,可以依据《技术合同解释》第14条的规定来确定,即对技术合同的价款、报酬和使用费,当事人没有约定或者约定不明确的,人民法院可以按照以下原则处理:

(1)对于技术开发合同和技术转让合同、技术许可合同,根据有关技术成果的研究开发成本、先进性、实施转化和应用的程度,当事人享有的权益和承担的责任,以及技术成果的经济效益等合理确定;

(2)对于技术咨询合同和技术服务合同,根据有关咨询服务工作的技术含量、质量和数量,以及已经产生和预期产生的经济效益等合理确定。技术合同价款、报酬、使用费中包含非技术性款项的,应当分项计算。

实务问题

实践中,关于技术合同的价款、报酬、使用费的纠纷相对比较多。

例如,在陈某、郑州豫兴耐火材料有限公司技术合同纠纷案①中,双方合同约定陈某的奖励薪酬一般为项目利润的8%,陈某主张以公司的年度利润总额作为项目利润,与协议中奖励薪酬与工作绩效挂钩并应包括项目提成的约定不符,且陈某没有提供证据证明所参与的项目及项目利润情况,其提交审计报告中的年度利润也无法反映其参与该项目情况,法院最终驳回其上诉请求。

综上,建议合同当事人在签署技术合同时,对技术合同价款、报酬、使用费等的支付方式、支付标准、提成标准以及查阅有关会计账目的办法等予以明确约定,这样不仅能促进技术合同的顺利履行,也能减少后续纠纷的产生。

(编写人:权鲜枝 郭 晶)

法律条文

第八百四十七条 职务技术成果的使用权、转让权属于法人或者非法人组织的,法人或者非法人组织可以就该项职务技术成果订立技术合同。法人

① 河南省高级人民法院(2015)豫法知民终字第225号。

或者非法人组织订立技术合同转让职务技术成果时，职务技术成果的完成人享有以同等条件优先受让的权利。

职务技术成果是执行法人或者非法人组织的工作任务，或者主要是利用法人或者非法人组织的物质技术条件所完成的技术成果。

条文主旨

本条是关于职务技术成果的定义及财产权利归属、职务技术成果的完成人的优先受让权的规定。

1. 根据《技术合同解释》第1条第1款的规定，技术成果是指利用科学技术知识、信息和经验作出的涉及产品、工艺、材料及其改进等的技术方案，包括专利、专利申请、技术秘密、计算机软件、集成电路布图设计、植物新品种等。

2. 职务技术成果是执行法人或者非法人组织的工作任务，或者主要是利用法人或者非法人组织的物质技术条件所完成的技术成果。

根据《技术合同解释》第2条第1款的规定，执行法人或者非法人组织的工作任务，包括：(1)履行法人或者非法人组织的岗位职责或者承担其交付的其他技术开发任务；(2)离职后1年内继续从事与其原所在法人或者非法人组织的岗位职责或者交付的任务有关的技术开发工作，但法律、行政法规另有规定的除外。

根据《技术合同解释》第3条的规定，《民法典》第847条第2款所称"物质技术条件"，包括资金、设备、器材、原材料、未公开的技术信息和资料等。

根据《技术合同解释》第4条的规定，《民法典》第847条第2款所称"主要是利用法人或者非法人组织的物质技术条件"，包括职工在技术成果的研究开发过程中，全部或者大部分利用了法人或者非法人组织的资金、设备、器材或者原材料等物质条件，并且这些物质条件对形成该技术成果具有实质性的影响；还包括该技术成果实质性内容是在法人或者非法人组织尚未公开的技术成果、阶段性技术成果基础上完成的情形。但下列情况除外：(1)对利用法人或者非法人组织提供的物质技术条件，约定返还资金或者交纳使用费的；(2)在技术成果完成后利用法人或者非法人组织的物质技术条件对技术方案进行验证、测试的。

3. 职务技术成果的使用权、转让权属于法人或者非法人组织的，法人或者非法人组织可以就该项职务技术成果订立技术合同。

根据《民法典》第843条的规定，技术合同是当事人就技术开发、转让、许可、咨询或者服务订立的确立相互之间权利和义务的合同。

4. 法人或者非法人组织订立技术合同转让职务技术成果时，职务技术成果的完成人享有以同等条件优先受让的权利。

根据《最高人民法院关于审理技术合同纠纷案件适用法律若干问题的解释》第6条的规定，《民法典》第847条所称“职务技术成果的完成人”、第848条所称“完成技术成果的个人”，包括对技术成果单独或者共同作出创造性贡献的人，也即技术成果的发明人或者设计人。人民法院在对创造性贡献进行认定时，应当分解所涉及技术成果的实质性技术构成。提出实质性技术构成并由此实现技术方案的人，是作出创造性贡献的人。提供资金、设备、材料、试验条件，进行组织管理，协助绘制图纸、整理资料、翻译文献等人员，不属于职务技术成果的完成人、完成技术成果的个人。

新旧法对比

《合同法》	《民法典》
第三百二十六条　职务技术成果的使用权、转让权属于法人或者其他组织的，法人或者其他组织可以就该项职务技术成果订立技术合同。法人或者其他组织应当从使用和转让该项职务技术成果所取得的收益中提取一定比例，对完成该项职务技术成果的个人给予奖励或者报酬。法人或者其他组织订立技术合同转让职务技术成果时，职务技术成果的完成人享有以同等条件优先受让的权利。职务技术成果是执行法人或者其他组织的工作任务，或者主要是利用法人或者其他组织的物质技术条件所完成的技术成果。	第八百四十七条　职务技术成果的使用权、转让权属于法人或者**非法人**组织的，法人或者**非法人**组织可以就该项职务技术成果订立技术合同。法人或者**非法人**组织订立技术合同转让职务技术成果时，职务技术成果的完成人享有以同等条件优先受让的权利。职务技术成果是执行法人或者**非法人**组织的工作任务，或者主要是利用法人或者**非法人**组织的物质技术条件所完成的技术成果。

理解与适用

（1）《技术合同解释》第2条第2款规定，法人或者非法人组织与其职工就职工在职期间或者离职以后所完成的技术成果的权益有约定的，人民法院应当依约定确认。

因此，是否为职务技术成果的认定，有约定的情况下以约定优先。

（2）与《合同法》第326条相比，《民法典》第847条删除了对完成职务技术成果的个人给予奖励或者报酬的条款。因此,完成职务技术成果的个人请求奖励或者报酬的权利,不能再引用本条规定。

但是,完成职务技术成果的个人可以依据其他的法律条款请求奖励或者报酬。

《民法典》第849条规定,完成技术成果的个人享有在有关技术成果文件上写明自己是技术成果完成者的权利和取得荣誉证书、奖励的权利。

《专利法》第15条规定,被授予专利权的单位应当对职务发明创造的发明人或者设计人给予奖励;发明创造专利实施后,根据其推广应用的范围和取得的经济效益,对发明人或者设计人给予合理的报酬。

《促进科技成果转化法》第44条规定,职务科技成果转化后,由科技成果完成单位对完成、转化该项科技成果做出重要贡献的人员给予奖励和报酬。科技成果完成单位可以规定或者与科技人员约定奖励和报酬的方式、数额和时限。单位制定相关规定,应当充分听取本单位科技人员的意见,并在本单位公开相关规定。

(3)针对职务发明,根据《最高人民法院知识产权法庭裁判要旨(2020)》发布的46条裁判规则之第3条,发明人与单位之间存在劳动关系或者与《专利法实施细则》第12条第2款所称临时工作单位之间存在工作关系,是认定职务发明的前提,其判断标准在于单位是否取得了对发明人包括完成涉案发明创造的创造性劳动在内的劳动支配权。单位与发明人之间仅存在一般的合作关系,单位并不掌握对发明人的劳动支配权的,该发明人的有关发明创造不属于职务发明创造。

实务问题

本条相关的实务纠纷中,大量案件首先需要判断个人完成的技术成果是否属于职务技术成果。此时,根据个人完成的技术成果是否属于"执行法人或者非法人组织的工作任务"或者"主要利用法人或者非法人组织的物质技术条件"进行判断,即本条第2款对于职务技术成果的定义和《技术合同解释》的相关规定是职务技术成果的重要判断依据。

1. 履行法人或者非法人组织的岗位职责,属于"执行法人或者非法人组织的工作任务"的一种情形。

属于履行岗位职责的,完成人的研发活动应在其职责范围之内。例如在吴某某诉南京龙蟠医院等其他科技成果权纠纷案[1]中,原告与被告单位签订了聘用合同,担任被告下辖医院的技术顾问兼专科门诊主任。聘用期间,原告以自己的验方为基础先后完成了两种新药的研发。法院认为,被告与原告之间存在聘用关系,原告作为技术顾问,开辟专业领域的新治疗途径系其工作内容之一,其研发出的技术成果属职务范畴,系职务技术成果。

2. 承担法人或者非法人组织交付的其他技术开发任务,属于“执行法人或者非法人组织的工作任务”的另一种情形。

交付其他技术开发任务的,一般就具体任务的交付作出明确意思表示。例如在孔某所与上海金盾消防安全设备有限公司专利申请权权属纠纷上诉案[2]中,由于存在双方当事人均认可的《工作小结与工作计划》等证据,法院认定申请专利的涉案技术是上诉人在被上诉人处工作期间接受被上诉人的委派而开发完成的技术,该技术属于职务发明创造。

3. 离职后 1 年内继续从事与其原所在法人或者非法人组织的岗位职责或者交付的任务有关的技术开发工作,也属于“执行法人或者非法人组织的工作任务”的情形。

以广州万孚生物技术股份有限公司等与深圳市理邦精密仪器股份有限公司等专利申请权权属纠纷上诉案[3]作为典型案例,员工离开原单位 1 年内作出的、与原单位本职工作或者分配任务有关的发明创造,是原单位的职务发明创造,专利申请权、专利权属于原单位。即便该发明创造也与该员工在新单位的本职工作或者分配任务有关,新单位亦不能当然因此对该发明创造享有权利。

4. “主要是利用法人或者非法人组织的物质技术条件所完成”的技术成果也属于职务技术成果。但要求物质技术条件的利用对发明创造的完成起到实质作用。

例如在蒂龙科技发展(北京)有限公司与泰斯福德(北京)科技发展有限公司专利权权属纠纷案[4]中,原告主张其对前员工齐某进行了诸多技术培训,为齐某提供了优厚的福利待遇,齐某掌握着原告经销产品的诸多技术秘密,故涉案专利属于齐某主要利用原告的物质技术条件所完成的职务发明创造。法院认为,原告的技术培训仅是对原告产品优势的介绍,不涉及产品的改进;在案证据不足以证明原告提供的福利待遇是对产品改进所付出的资金;原告所称技术秘密仅

---

① 江苏省南京市鼓楼区人民法院(2012)鼓知民初字第 184 号。
② 上海市高级人民法院(2009)沪高民三(知)终字第 95 号。
③ 最高人民法院(2019)最高法知民终 799 号。
④ 北京知识产权法院(2015)京知民初字第 814 号。

是客户对原告产品的技术要求,与涉案专利的技术方案无关。因此,涉案专利不属于主要利用了原告的物质技术条件所完成的职务发明创造。

综上,在实务中,建议根据本条第2款对于职务技术成果的定义和《技术合同解释》的相关规定,首先准确判断个人完成的技术成果是否属于职务技术成果。在此基础上,再考察该技术成果的使用权、转让权的归属。

(编写人:权鲜枝　朴　渊)

法律条文

第八百四十八条　非职务技术成果的使用权、转让权属于完成技术成果的个人,完成技术成果的个人可以就该项非职务技术成果订立技术合同。

条文主旨

本条涉及非职务技术成果的财产权利归属及权利人的权利。

1. 非职务技术成果的使用权、转让权属于完成技术成果的个人

根据《技术合同解释》第6条的规定,《民法典》第847条所称"职务技术成果的完成人"、第848条所称"完成技术成果的个人",包括对技术成果单独或者共同作出创造性贡献的人,也即技术成果的发明人或者设计人。人民法院在对创造性贡献进行认定时,应当分解所涉及技术成果的实质性技术构成。提出实质性技术构成并由此实现技术方案的人,是作出创造性贡献的人。提供资金、设备、材料、试验条件,进行组织管理,协助绘制图纸、整理资料、翻译文献等人员,不属于职务技术成果的完成人、完成技术成果的个人。

2. 完成非职务技术成果的个人,可以就该项非职务技术成果订立技术合同

根据《民法典》第843条的规定,技术合同是当事人就技术开发、转让、许可、咨询或者服务订立的确立相互之间权利和义务的合同。

新旧法对比

《合同法》	《民法典》
第三百二十七条　非职务技术成果的使用权、转让权属于完成技术成果的个人,完成技术成果的个人可以就该项非职务技术成果订立技术合同。	【内容不变】第八百四十八条

理解与适用

非职务技术成果由完成技术成果的个人自行研究开发。

非职务技术成果不属于执行法人或者非法人组织的工作任务，即技术成果的研究开发不属于完成人的岗位职责，也不是完成法人或者非法人组织交付的其他技术开发任务。

非职务技术成果也不是主要利用法人或者非法人组织的物质技术条件所完成的技术成果，即研究开发没有利用或者没有达到“主要”利用法人或者非法人组织的物质技术条件的程度。或者，根据《技术合同解释》第4条的规定，属于以下情况：

(1)对利用法人或者非法人组织提供的物质技术条件，约定返还资金或者交纳使用费的；

(2)在技术成果完成后利用法人或者非法人组织的物质技术条件对技术方案进行验证、测试的。

实务问题

个人对技术成果主张财产权利的，在实务中是否属于非职务技术成果的判断和非职务技术成果的权利归属经常出现在同一个案件中。先根据《民法典》第847条第2款对职务技术成果的定义和《最高人民法院关于审理技术合同纠纷案件适用法律若干问题的解释》的有关规定进行判断，不属于职务技术成果的，即非职务技术成果。判断为非职务技术成果的，非职务技术成果的使用权、转让权属于完成技术成果的个人。

在辽源市市政建设集团有限公司与磐石市鑫磊矿产品经销处买卖合同案①中，上诉人以非职务科研人员身份参与开发合成炭黑的研究工作，并取得了技术成果。经上诉人同意，“合成炭黑”成果以乡企业办为完成单位报请市政府审核备案，当事人之间没有签订合成炭黑权益归属问题书面合同。市政府为该技术成果颁发了市科技进步三等奖，奖励证书上的完成单位是乡企业办。后上诉人将被上诉人乡政府诉至法院，请求判令乡政府支付技术成果转让报酬。

法院认为，非职务技术成果的使用权、转让权属于完成技术成果的个人，完成技术成果的个人可以就该项非职务技术成果订立技术合同。虽然市政府在给

① 吉林省辽源市中级人民法院(2015)辽民三终字第46号。

“合成炭黑”技术成果颁发的奖励证书上标明完成单位是乡企业办,但该非职务技术成果的主要完成人是上诉人,上诉人是该科技成果的权利人。上诉人虽然未与乡政府签订技术成果转让合同,但事实上已经履行转让行为,乡政府应当支付上诉人相应对价。只是上诉人起诉时已过诉讼时效,对其请求支付技术成果转让报酬的权利,未予保护。

在该案中,首先法院认为“合成炭黑”技术成果为非职务技术成果。在此基础上,因上诉人是完成该技术成果的个人,法院认定上诉人是该技术成果的权利人。

因此,在实务中,如果个人主张对技术成果享有使用权、转让权等财产权利,建议首先证明技术成果是非职务技术成果,并且自己是完成该技术成果的个人,然后根据本条规定主张技术成果的使用权和转让权等财产权利。

(编写人:权鲜枝　朴　渊)

法律条文

第八百四十九条　完成技术成果的个人享有在有关技术成果文件上写明自己是技术成果完成者的权利和取得荣誉证书、奖励的权利。

条文主旨

本条是关于完成技术成果的个人享有的人身权利的规定,即享有在有关技术成果文件上写明自己是技术成果完成者的权利和取得荣誉证书、奖励的权利。

根据《技术合同解释》第 6 条的规定,《民法典》第 847 条所称“职务技术成果的完成人”、第 848 条所称“完成技术成果的个人”,包括对技术成果单独或者共同作出创造性贡献的人,也即技术成果的发明人或者设计人。人民法院在对创造性贡献进行认定时,应当分解所涉及技术成果的实质性技术构成。提出实质性技术构成并由此实现技术方案的人,是作出创造性贡献的人。提供资金、设备、材料、试验条件,进行组织管理,协助绘制图纸、整理资料、翻译文献等人员,不属于职务技术成果的完成人、完成技术成果的个人。

新旧法对比

《合同法》	《民法典》
第三百二十八条　完成技术成果的个人有在有关技术成果文件上写明自己是技术成果完成者的权利和取得荣誉证书、奖励的权利。	第八百四十九条　完成技术成果的个人**享有在**有关技术成果文件上写明自己是技术成果完成者的权利和取得荣誉证书、奖励的权利。

理解与适用

本条规定对技术成果没有限定是职务技术成果或者非职务技术成果，即无论是职务技术成果，还是非职务技术成果，完成技术成果的个人都享有在有关技术成果文件上写明自己是技术成果完成者的权利和取得荣誉证书、奖励的权利。该权利属于对完成该项技术成果作出了创造性贡献的个人，属于完成技术成果的个人的人身权，不可转让，不可剥夺。

实务问题

实务中，个人对技术成果主张写明自己是技术成果完成者的权利和取得荣誉证书、奖励的权利的，需要证明自己对完成该项技术成果作出了创造性贡献。

在西安近代化学研究所与吴某技术成果完成人署名权、荣誉权纠纷上诉案①中，吴某退休前在某研究所长期从事某型弹药的研究工作。后研究所在讨论申报该弹药相关科技成果奖时，以吴某已退休为由，在未通知吴某本人的情况下确定吴某排名，吴某因排名靠后丧失了获奖机会。吴某诉至法院，请求确认其为该科研项目完成人，给其补发获奖荣誉证书。法院根据在案证据查明，吴某自1980年至1989年在研究所与他人主要负责相关课题的技术研究，并参与了配方设计、工艺研究各种性能测试、定型文件的编写全部研制过程，研究开发出的弹药的工厂鉴定试验和设计定型试验结果满足有关战术技术指标要求。法院据此认定，吴某为解决关键技术作出了创造性贡献，吴某请求确认其具有该型弹药科研项目完成人的资格和署名权，给其补发获奖荣誉证书，事实和法律依据充分，应予支持。

在该案中，在案证据证明了吴某对完成涉案技术成果作出了创造性贡献，是完成技术成果的个人，因此吴某的诉讼请求得到了法院的支持。

---

① 陕西省高级人民法院(2009)陕民三终字第33号。

因此,对技术成果主张写明自己是技术成果完成者的权利和取得荣誉证书、奖励的权利的,建议着重收集自己对完成该项技术成果作出了创造性贡献的证据。

(编写人:权鲜枝　朴　渊)

法律条文

第八百五十条　非法垄断技术或者侵害他人技术成果的技术合同无效。

条文主旨

本条涉及技术合同无效的两种情形:一种是非法垄断技术,另一种是侵害他人技术成果。

1. 关于"非法垄断技术"的情形,根据《技术合同解释》第10条的规定,下列情形,属于《民法典》第850条所称的"非法垄断技术":

(1)限制当事人一方在合同标的技术基础上进行新的研究开发或者限制其使用所改进的技术,或者双方交换改进技术的条件不对等,包括要求一方将其自行改进的技术无偿提供给对方、非互惠性转让给对方、无偿独占或者共享该改进技术的知识产权;

(2)限制当事人一方从其他来源获得与技术提供方类似技术或者与其竞争的技术;

(3)阻碍当事人一方根据市场需求,按照合理方式充分实施合同标的技术,包括明显不合理地限制技术接受方实施合同标的技术生产产品或者提供服务的数量、品种、价格、销售渠道和出口市场;

(4)要求技术接受方接受并非实施技术必不可少的附带条件,包括购买非必需的技术、原材料、产品、设备、服务以及接收非必需的人员等;

(5)不合理地限制技术接受方购买原材料、零部件、产品或者设备等的渠道或者来源;

(6)禁止技术接受方对合同标的技术知识产权的有效性提出异议或者对提出异议附加条件。

2. 关于"侵害他人技术成果"的情形,侵害他人技术成果,指侵害另一方或者第三方的专利权、专利申请权、专利实施权、技术秘密使用权和转让权或者发明权、发现权以及其他科技成果权的行为。①

3. 属于上述定义的非法垄断技术或者侵害他人技术成果的技术合同无效。

新旧法对比

《合同法》	《民法典》
第三百二十九条　非法垄断技术、妨碍技术进步或者侵害他人技术成果的技术合同无效。	第八百五十条　非法垄断技术或者侵害他人技术成果的技术合同无效。

理解与适用

1. 合同的无效,指合同虽然已经成立,但因其违反法律、行政法规或社会公共利益而被确认为不具有法律效力。本条具体结合技术合同的特点规定非法垄断技术或者侵害他人技术成果的情形下技术合同无效。除此之外,《民法典》合同编第3章关于合同的效力部分规定的合同无效的情形,也同样适用于技术合同。

2. 无效的技术合同,从订立时起就没有法律约束力。但是,技术合同的部分无效,不影响其余部分的效力,其余部分仍然有效。技术合同被确认为无效后,对合同无效负有责任的一方应当赔偿因合同无效给另一方造成的损失,当事人双方对合同无效均负有责任的,各自承担相应的责任。②

3. 根据《技术合同解释》第12条第1款的规定,侵害他人技术秘密的技术合同被确认无效后,除法律、行政法规另有规定的以外,善意取得该技术秘密的一方当事人可以在其取得时的范围内继续使用该技术秘密,但应当向权利人支付合理的使用费并承担保密义务。

4.《民法典》在本条中删除《合同法》第329条中"妨碍技术进步"的情形,是因为"非法垄断技术"和"妨碍技术进步"的界定在实务中会发生重叠,无法明确区分彼此。

实务问题

1. 实务中,在签订技术合同的双方当事人地位不对等的情况下,知识产权或者交易地位占据优势的一方可能会通过合同条款限制另一方当事人在合同标的

① 参见最高人民法院民法典贯彻实施工作领导小组主编:《中华人民共和国民法典合同编理解与适用》(四),人民法院出版社2020年版,第2248页。

② 参见最高人民法院民法典贯彻实施工作领导小组主编:《中华人民共和国民法典合同编理解与适用》(四),人民法院出版社2020年版,第2248页。

技术的基础上进行新的研究开发，限制另一方当事人从其他渠道吸收技术，或者阻碍另一方根据市场的需求，按照合理的方式充分实施专利和使用技术秘密等。这种情形往往构成“非法垄断技术”的情形。

在吴某与北京思路高高科技发展有限公司技术合同纠纷案①中，甲与乙就某系列靶浓度输注麻醉泵的开发签订合作协议，约定乙负责提供产品生产、改进、提高所需的核心技术，提供产品市场推广和售后服务的技术支持。但双方还约定，甲不得通过其他方法获得具有靶浓度输注功能的单片机芯片，否则视为违约，须支付乙方损失的双倍给乙。后来，甲乙双方就涉案协议发生技术合同纠纷，涉案协议中禁止通过其他方法获得具有靶浓度输注功能的单片机芯片的约定是否有效成为诉争焦点之一。对此，法院认为，限制当事人一方从其他来源获得与技术提供方类似技术或者与其竞争的技术属于非法垄断技术的情形，非法垄断技术的技术合同无效。

因此，建议在实务中关注对方是否在技术合同中滥用知识产权和交易优势地位而形成“非法垄断技术”的条款，依法维护自身正当权益。

2. 在实务中，双方当事人签订技术合同时，侵害他人技术成果的情形往往表现为提供技术的一方当事人履行合同的行为侵害了第三方的技术成果。例如，其所提供的技术侵犯了第三方的专利权、专利申请权、专利实施权、技术秘密使用权和转让权，致使技术合同无效。

在建科公司诉舒开泰技术合同纠纷案②中，甲、乙双方就某项钢筋矫切机技术签订了一份技术秘密转让合同，约定乙将其拥有的矫切机项目的技术秘密使用权转让给甲。后双方发生技术合同纠纷，法院查明，原审被告乙曾参加过第三人丙的相关技术研发工作，涉案技术秘密来源于其在丙方工作期间的研发工作，利用的是丙方提供的机器设备、相关说明书，并领取了丙方发放的报酬。法院认为，侵害他人技术成果的技术合同无效，乙向甲转让的技术秘密侵犯了丙的技术成果，故而，甲、乙双方签订的技术秘密转让合同无效。

因此，建议接收技术的一方当事人在技术合同中约定提供技术的一方保证其提供的技术不侵害他人的技术成果，若因侵害其他人的技术成果而致使技术合同无效，应当赔偿接收技术的一方造成的损失。对于提供技术的一方当事人，在签订技术合同提供技术之前，可先进行是否侵犯他人技术成果的调查，例如自由实施调查（FTO）。

（编写人：权鲜枝　朴　渊）

---

① 北京市高级人民法院（2007）高民终字第592号。

② 天津市高级人民法院（2017）津民终396号。

第二节 技术开发合同

法律条文

第八百五十一条 技术开发合同是当事人之间就新技术、新产品、新工艺、新品种或者新材料及其系统的研究开发所订立的合同。

技术开发合同包括委托开发合同和合作开发合同。

技术开发合同应当采用书面形式。

当事人之间就具有实用价值的科技成果实施转化订立的合同,参照适用技术开发合同的有关规定。

条文主旨

本条是关于技术开发合同的概念、种类、签订形式及科技成果实施转让合同参照适用的规定。

(1)技术开发合同是当事人之间就新技术、新产品、新工艺、新品种或者新材料及其系统的研究开发所订立的合同。根据《技术合同解释》第17条的规定,本条所称"新技术、新产品、新工艺、新品种或者新材料及其系统",包括当事人在订立技术合同时尚未掌握的产品、工艺、材料及其系统等技术方案,但对技术上没有创新的现有产品的改型、工艺变更、材料配方调整以及对技术成果的验证、测试和使用除外。

(2)技术开发合同的种类包括委托开发合同和合作开发合同。委托开发合同,是指当事人一方委托另一方进行研究开发所订立的合同。合作开发合同,是指当事人各方就共同进行研究开发所订立的合同。

(3)技术开发合同的签订形式必须是采用书面形式。

(4)当事人之间就具有实用价值的科技成果实施转化订立的合同,参照适用技术开发合同的有关规定。根据《技术合同解释》第18条的规定,本条规定的"当事人之间就具有实用价值的科技成果实施转化订立的"技术转化合同,是指当事人之间就具有实用价值但尚未实现工业化应用的科技成果包括阶段性技术成果,以实现该科技成果工业化应用为目标,约定后续试验、开发和应用等内容的合同。

新旧法对比

《合同法》	《民法典》
第三百三十条　技术开发合同是当事人之间就新技术、新产品、新工艺或者新材料及其系统的研究开发所订立的合同。 技术开发合同包括委托开发合同和合作开发合同。 技术开发合同应当采用书面形式。 当事人之间就具有产业应用价值的科技成果实施转化订立的合同，参照技术开发合同的规定。	第八百五十一条　技术开发合同是当事人之间就新技术、新产品、新工艺、**新品种**或者新材料及其系统的研究开发所订立的合同。 技术开发合同包括委托开发合同和合作开发合同。 技术开发合同应当采用书面形式。 当事人之间就具有**实用**价值的科技成果实施转化订立的合同，参照**适用**技术开发合同的**有关**规定。

理解与适用

技术开发合同的种类包括委托开发合同和合作开发合同。委托开发合同中，委托人向研究开发人提供研究开发经费和报酬，研究开发人完成研究开发工作并向委托人交付研究成果。合作开发合同中，当事人各方共同投资、共同参与研究开发活动、共同承担研究开发风险、共享研究开发成果。

关于合作开发合同和委托开发合同的区分，合作开发合同的各方以共同参加研究开发中的工作为前提，可以共同进行全部研究开发工作，也可以约定分工，分别承担相应的部分。当事人一方仅提供资金、设备、材料等物质条件或者承担辅助协作事项，由另一方进行研究开发合作的合同，是委托开发合同。

技术开发合同与其他合同相比，技术开发合同所涉内容多且复杂，并且技术开发是一项研究性、探索性活动，履行周期长，风险责任大，涉及研究开发行为及研究开发行为的对象。基于上述原因，本条规定当事人订立技术开发合同应当采用书面形式。

当事人之间就具有实用价值的科技成果实施转化订立的合同，参照适用技术开发合同的有关规定。这是因为，当事人就科技成果转化订立的合同，是为适应技术创新和科技产业化的需要，具有与技术开发合同相似的特点，因此准用技术开发合同的规定。

《民法典》关于技术开发合同的规定体现在第 851 条至第 861 条。第 851 条为《民法典》关于技术开发合同的定义性条款；第 852 条至第 854 条和第 855 条至第856条分别规定了委托开发合同和合作开发合同当事人的主要义务和违约责任;第857条和第858条规定了技术开发合同的解除条件和风险责任的承担;第859条和第860条分别规定了委托开发和合作开发中完成的发明创造的申请专利的权利归属;第861条规定了技术秘密成果的权利分配办法。

实务问题

实践中,在解决合同纠纷时,首先要确定合同的性质。技术合同的当事人如果在签订合同时未明确合同的性质,后续发生纠纷时需要根据合同内容确定合同是否为技术开发合同。

例如,在钱某、青岛赛瑞达电子装备股份有限公司技术合同纠纷案①中,青岛赛瑞达电子装备股份有限公司与钱某于2012年1月28日签订了协议,青岛赛瑞达电子装备股份有限公司主张该协议为技术开发合同,钱某主张其为劳动合同。法院认为,涉案合同的主要内容“青岛赛瑞达电子装备股份有限公司需提供资金、人力资源,依约支付钱某顾问费、安家费以及工资、‘三险一金’等;钱某则需帮助青岛赛瑞达电子装备股份有限公司设计一款太阳能离子注入机,依约完成该机器安装调试工作,保证达到合同约定的性能指标”涵盖了技术开发合同所应具备的主要权利义务内容,由此产生的纠纷应当认定为技术开发合同纠纷。

实践中,建议当事人依法签订书面的技术开发合同,在签订合同时明确当事人权利义务,明确合同性质是委托开发合同还是合作开发合同,避免产生争议。

(编写人:权鲜枝　曹　杰)

法律条文

第八百五十二条　委托开发合同的委托人应当按照约定支付研究开发经费和报酬,提供技术资料,提出研究开发要求,完成协作事项,接受研究开发成果。

条文主旨

本条是关于委托开发合同的委托人主要义务的规定。

委托开发合同委托人的主要义务包括以下三个方面:

(1)按照合同的约定,支付研究开发经费和报酬。

① 山东省高级人民法院(2018)鲁民终872号。

(2)按照合同的约定,提供技术资料、提出研究开发要求,完成协作事项。

(3)按期接受研究开发成果。

新旧法对比

《合同法》	《民法典》
第三百三十一条　委托开发合同的委托人应当按照约定支付研究开发经费和报酬;提供技术资料、原始数据;完成协作事项;接受研究开发成果。	第八百五十二条　委托开发合同的委托人应当按照约定支付研究开发经费和报酬,提供技术资料,**提出研究开发要求**,完成协作事项,接受研究开发成果。

理解与适用

委托开发合同委托人的主要义务包括以下三个方面:

(1)按照合同的约定,支付研究开发经费和报酬。为避免争议,当事人应当在合同中约定研究开发经费和报酬的支付方式、支付期限等。

(2)按照合同的约定,提供技术资料、提出研究开发要求,完成协作事项。参照《中华人民共和国合同法释义》,委托开发工作是研究开发人根据委托人的要求进行的,为保证研究开发成果符合委托人的要求、更好地实现合同目的,委托人应就研发活动提供技术资料、提出具体的研究开发要求,并作好必要的协助工作。

(3)按期接受研究开发成果。这不仅是委托人的权利,亦是其应尽的义务。为便于合同及时履行,当事人可以在合同中约定委托人接受研究开发成果的方式、期限等。

《民法典》第577条规定了违约责任,"当事人一方不履行合同义务或者履行合同义务不符合约定的,应当承担继续履行、采取补救措施或者赔偿损失等违约责任"。《民法典》第854条进一步针对委托开发合同规定了违约责任,"委托开发合同的当事人违反约定造成研究开发工作停滞、延误或者失败的,应当承担违约责任"。因此,若委托开发合同的委托人没有按照合同约定履行支付研究开发经费和报酬、提供技术资料、提出研究开发要求、接收研究开发成果等义务,应当承担继续履行、采取补救措施或赔偿损失等违约责任。

实务问题

实践中,本条涉及的纠纷主要是委托人未按照约定支付研究开发经费和报酬,受托人要求委托人支付研究开发经费和报酬并承担违约责任。

例如,在吉林大仝数码科技股份有限公司诉吉林世纪北斗信息技术发展有限公司技术委托开发合同纠纷案①中，研究开发人按约定完成了合同规范的全部开发义务，而委托人没有给付受托人开发费。法院认为，研究开发人按约定完成了合同规范的全部义务，而委托人至今没有给付开发费，显属违约，应承担继续支付开发费和支付违约金的违约责任。

因此，对于委托人来说，为避免承担违约责任，建议及时按照约定支付研究开发经费和报酬；对于研究开发人来说，建议在合同中明确约定委托人逾期支付的违约责任，并保存好向委托人交付研究开发成果的证据，以督促委托人按照约定支付费用。

（编写人：权鲜枝　曹　杰）

法律条文

第八百五十三条　委托开发合同的研究开发人应当按照约定制定和实施研究开发计划，合理使用研究开发经费，按期完成研究开发工作，交付研究开发成果，提供有关的技术资料和必要的技术指导，帮助委托人掌握研究开发成果。

条文主旨

本条是关于委托开发合同的研究开发人主要义务的规定。

根据本条规定，委托开发合同研究开发人的主要义务包括以下三点：

(1)按照约定制订和实施研究开发计划；

(2)合理使用研究开发经费；

(3)按期完成研究开发工作，交付研究开发成果，提供有关的技术资料和必要的技术指导，帮助委托人掌握研究开发成果。

新旧法对比

《合同法》	《民法典》
第三百三十二条　委托开发合同的研究开发人应当按照约定制定和实施研究开发计划；合理使用研究开发经费；按期完成研究开发工作，交付研究开发成果，提供有关的技术资料和必要的技术指导，帮助委托人掌握研究开发成果。	第八百五十三条　委托开发合同的研究开发人应当按照约定制定和实施研究开发计划，合理使用研究开发经费，按期完成研究开发工作，交付研究开发成果，提供有关的技术资料和必要的技术指导，帮助委托人掌握研究开发成果。

① 吉林省吉林市中级人民法院(2017)吉02民初305号。

理解与适用

委托开发合同研究开发人的主要义务包括以下三点：

1. 为保证研究开发成果符合委托人的要求，应当按照约定制订和实施研究开发计划。

2. 研究开发经费是专为研究开发工作使用的，应当合理使用研究开发经费。研究开发人应当按照合同的约定，本着专款专用的原则，根据开发项目的实际需要，合理有效地使用委托人支付的研究开发经费，不得擅自挪作他用。

3. 按期完成研究开发工作，以合适的方式交付研究开发成果；为帮助委托人掌握技术成果，还应当提供有关的技术资料和必要的技术指导。参照《中华人民共和国合同法释义》，研究开发人提交研究开发成果的方式包括：(1)产品设计、工艺规程、材料配方和其他图纸、论文、报告等技术文件；(2)磁带、磁盘、计算机软件；(3)动物或者植物的新品种、微生物菌种；(4)样品、样机；(5)成套技术设备。

《民法典》第577条规定了违约责任，“当事人一方不履行合同义务或者履行合同义务不符合约定的，应当承担继续履行、采取补救措施或者赔偿损失等违约责任”。《民法典》第854条进一步针对委托开发合同规定了违约责任，“委托开发合同的当事人违反约定造成研究开发工作停滞、延误或者失败的，应当承担违约责任”。因此，若委托开发合同的研究开发人没有按照合同约定履行制定和实施研究开发计划、合理使用研究开发经费、按期交付研究开发成果等义务，应当承担继续履行、采取补救措施或赔偿损失等违约责任。

《民法典》第563条规定，若存在当事人一方迟延履行主要债务，经催告后在合理期限内仍未履行或当事人一方迟延履行债务致使不能实现合同目的，另一方可以要求解除合同。因此，若研究开发人迟延交付研究开发成果，经催告后在合理期限内仍未履行或者致使合同目的无法实现，委托人可以要求解除合同。

实务问题

实践中，本条涉及的纠纷主要是研究开发人未按照约定完成研究开发工作、交付研究开发成果，委托人以合同目的无法实现要求解除合同并要求研究开发人承担违约责任。

例如，在北京天下购贸易有限公司与山东盈融电子商务有限公司计算机软件开发合同纠纷案[①]中，委托人多次要求研究开发人履行合同并交付开发成果，

① 北京知识产权法院(2017)京73民初1876号。

但研究开发人没有交付任何产品。委托人认为研究开发人的严重违约行为已经导致合同目的无法实现,要求解除合同并要求研究开发人承担违约责任。法院认为,研究开发人未如期完成全部开发工作已构成违约,依法应当承担违约责任;因研究开发人未及时履行合同义务,致使本案合同目的不能实现,判决解除合同,研究开发人向委托人返还部分开发费用并支付违约金。

再如,在上海寸草网络科技有限公司与薄某某等计算机软件开发合同纠纷案①中,在技术开发合同约定开发周期到期之后,经委托人多次督促,研究开发人仍未能向委托方交付合格的技术开发成果。委托人认为研究开发人的严重违约行为已经导致合同目的无法实现,要求解除合同并要求研究开发人承担违约责任。法院认为,研究开发人没有按照约定及时全面完成项目软件开发任务,应当承担违约责任,研究开发人的违约行为导致合同目的无法实现,判决解除合同,研究开发人向委托人返还部分开发费用。该案由于委托人存在未按期支付开发费用等行为,对研究开发人未按时完成开发成果亦负有过错,因而法院并没有支持委托人主张违约金的诉讼请求。

因此,对于研究开发人来说,为避免承担违约责任,建议及时按照约定完成研究开发工作、交付研究开发成果,并保存好向委托人交付研究开发成果的证据;对于委托人来说,建议在合同中明确约定研究开发人逾期交付研究开发成果的违约责任。另外,委托人也要按合同约定履行各项义务,否则由于自身的过错,在发生纠纷诉至法院时,委托人的诉讼请求可能无法获得全部支持。

（编写人:权鲜枝　曹　杰）

法律条文

第八百五十四条　委托开发合同的当事人违反约定造成研究开发工作停滞、延误或者失败的,应当承担违约责任。

条文主旨

本条是关于委托开发合同当事人违约责任的规定。

根据本条规定,委托开发合同的当事人在违反约定并且造成研究开发工作停滞、延误或者失败的情况下,应当承担违约责任。

根据《民法典》第577条的规定,当事人一方不履行合同义务或者履行合同

① 上海市第二中级人民法院(2013)沪二中民五(知)终字第100号。

义务不符合规定时，应当承担的违约责任主要有三种，即继续履行、采取补救措施或者赔偿损失。

新旧法对比

《合同法》	《民法典》
第三百三十三条　委托人违反约定造成研究开发工作停滞、延误或者失败的，应当承担违约责任。 第三百三十四条　研究开发人违反约定造成研究开发工作停滞、延误或者失败的，应当承担违约责任。	第八百五十四条　**委托开发合同的当事人**违反约定造成研究开发工作停滞、延误或者失败的，应当承担违约责任。

理解与适用

委托开发合同的当事人在违反约定并且造成研究开发工作停滞、延误或者失败的情况下，应当承担继续履行、采取补救措施或者赔偿损失的违约责任。

《民法典》第 852 条和第 853 条分别规定了委托人和研究开发人的义务。

《民法典》第 852 条规定，“委托开发合同的委托人应当按照约定支付研究开发经费和报酬，提供技术资料，提出研究开发要求，完成协作事项，接受研究开发成果”。

《民法典》第 853 条规定，“委托开发合同的研究开发人应当按照约定制定和实施研究开发计划，合理使用研究开发经费，按期完成研究开发工作，交付研究开发成果，提供有关的技术资料和必要的技术指导，帮助委托人掌握研究开发成果”。

当事人违反委托开发合同约定的行为，包括违反《民法典》第 852 条和第 853 条规定的委托人义务和研究开发人义务的行为。

如果委托人违约并且造成研究开发工作停滞、延误或者失败，则研究开发人有权要求委托人支付已经产生的开发费用和报酬，并有权要求委托人支付违约金或赔偿损失。

如果研究开发人违约并且造成研究开发工作停滞、延误或者失败，则委托人有权要求研究开发人实施研究开发计划并采取补救措施，有权要求研究开发人返还开发费用，有权要求研究开发人支付违约金或赔偿损失。

实务问题

如前所述,实践中涉及的纠纷主要是委托人未按照约定支付研究开发经费和报酬,受托人要求委托人支付研究开发经费和报酬并承担违约责任;研究开发人未按照约定完成研究开发工作、交付研究开发成果,委托人要求研究开发人承担违约责任。

实践中还存在委托人未及时提供技术资料导致开发工作停滞的案例。例如,在昆明市保安护卫有限公司与昆明贝思特软件有限公司技术合同纠纷案①中,委托人委托研究开发人开发昆明市保安护卫有限公司管理信息系统软件,委托人以研究开发人未交付开发技术成果为由,要求解除双方所签订的技术开发合同,并退还其支付的开发费用。法院经审理查明,在软件调试过程中,因委托人未提供统计数据,致使约定开发的技术成果未进行调试和验收。法院认为,委托人因未履行其应负的义务(提供与进行调试相关的数据资料)而导致研究开发工作被阻断,其应自行承担相应的违约责任,研究开发人不承担违约责任,因此对委托人的诉讼请求不予支持。

因此,建议委托人和研究开发人均按照约定履行各自的义务,避免造成研究开发工作停滞、延误或者失败,以避免承担违约责任。

(编写人:权鲜枝　曹　杰)

法律条文

第八百五十五条　合作开发合同的当事人应当按照约定进行投资,包括以技术进行投资,分工参与研究开发工作,协作配合研究开发工作。

条文主旨

本条是关于合作开发合同各方当事人主要义务的规定。

根据本条规定,合作开发合同的当事人各方的主要义务有三项:

(1)按照合同的约定进行投资,包括以技术进行投资。

(2)按照合同约定的分工参与研究开发工作。

(3)协作配合研究开发工作。

本条所称"分工参与研究开发工作",根据《最高人民法院关于审理技术合

① 云南省昆明市中级人民法院(2005)昆民六终字第1号。

同纠纷案件适用法律若干问题的解释》第19条的规定，包括当事人按照约定的计划和分工，共同或者分别承担设计、工艺、试验、试制等工作。

新旧法对比

《合同法》	《民法典》
第三百三十五条　合作开发合同的当事人应当按照约定进行投资，包括以技术进行投资；分工参与研究开发工作；协作配合研究开发工作。	第八百五十五条　合作开发合同的当事人应当按照约定进行投资，包括以技术进行投资，分工参与研究开发工作，协作配合研究开发工作。

理解与适用

委托开发与合作开发的最主要的区别就是委托开发合同的受托人独自承担研发工作，合作开发合同的各方当事人均要共同承担研发工作。合作开发合同由各方当事人共同投资且各方当事人共同参与研发工作。

合作开发合同的各方当事人均要以自己的技术力量和技术人员参与研发工作，均要对技术成果作出实质性贡献。

如果当事人一方仅提供资金、设备、材料等物质条件或者承担辅助协作事项，另一方当事人以自己的技术能力、技术人员进行和完成研发工作，则仅提供资金、设备、材料等物质条件或者承担辅助协作事项的当事人并未对技术成果作出实质性贡献，这种情况下，上述当事人签订的合同为委托开发合同。

实务问题

实践中，本条涉及的纠纷主要是合作开发合同的一方当事人未完成主要义务而被另一方当事人追究法律责任。

例如，在福建承顺德峰有限公司与泉州运丰机械有限公司、魏天福技术合作开发合同纠纷案[①]中，原告与被告签订《挖掘机项目开发合作协议书》，约定被告提供挖掘机生产技术和人才协助，原告提供资金，双方合作开发挖掘机项目。法院认为，原告与被告均按照约定履行了投资义务、参与研究开发工作的义务及协作配合研究开发工作的义务，被告因而无须返还原告挖掘机项目前期研发费用并赔偿损失。

因此，对于合作开发合同的当事人来说，建议按照约定进行投资，包括以技

① 福建省南平市中级人民法院(2016)闽07民初58号。

术进行投资，分工参与研究开发工作，协作配合研究开发工作，避免发生纠纷。

（编写人：权鲜枝　曹　杰）

法律条文

第八百五十六条　合作开发合同的当事人违反约定造成研究开发工作停滞、延误或者失败的，应当承担违约责任。

条文主旨

本条是关于合作开发合同当事人违约责任的规定。

根据本条规定，合作开发合同的当事人在违反约定并造成研究开发工作停滞、延误或者失败的情况下，应当承担违约责任。

合作开发合同的当事人违反约定承担违约责任的条件有三个：（1）合作开发合同的当事人存在违反约定的违约行为；（2）由于违约行为造成研究开发工作停滞、延误或者失败；（3）违约行为与研究开发工作停滞、延误或者失败之间有直接的因果关系。

新旧法对比

《合同法》	《民法典》
第三百三十六条　合作开发合同的当事人违反约定造成研究开发工作停滞、延误或者失败的，应当承担违约责任。	【内容不变】第八百五十六条

理解与适用

在实践中要注意，合作开发合同的当事人违反约定承担违约责任的三个条件缺一不可。例如当事人一方虽有违约行为，但未对研究开发工作造成停滞、延误或失败的影响，仅是情节轻微的违约或者及时纠正了违约行为，则不适用该条款的违约责任。

根据《民法典》第855的规定，合作开发的当事人应当按照约定进行投资，包括以技术进行投资，分工参与研究开发工作，协作配合研究开发工作。如果合作开发各方违反约定不履行这些义务，并因此造成研究开发工作停滞、延误或者失败的，应当承担违约责任。

《民法典》第577条规定了违约责任,“当事人一方不履行合同义务或者履行合同义务不符合约定的,应当承担继续履行、采取补救措施或者赔偿损失等违约责任”。《民法典》第563条规定,若存在当事人一方延迟履行主要债务,经催告后在合理期限内仍未履行或当事人一方迟延履行债务致使不能实现合同目的,另一方可以要求解除合同。

因此,如果合作开发一方违反约定不以技术进行投资,不参与研究开发工作,或者不协作配合研究开发工作,那么其守约方可以要求违约方采取补救措施继续履行合同;仍不履行的,可以解除合同,拒绝其继续参加研发工作;并要求其赔偿因此给其他当事人造成的损失。

实务问题

在实务中,在使用本条规定前需要认定是否是合作开发合同,在确定是合作开发合同之后根据本条规定判断是否违约。

关于确认合同性质问题,在北京智加问道科技有限公司上诉芬联科技(北京)有限公司技术委托开发合同纠纷案①中,双方最初签订了《委托研发设计合同书》,被上诉人只是提出项目需求,上诉人根据被上诉提出的技术需求进行产品核心功能的研发和设计,被上诉人并不参与技术研发工作,该项工作由上诉人单方完成。但是,根据双方之后签订的《补充协议》,被上诉人承担《委托研发设计合同书》中本应由上诉人完成的部分技术开发工作,即负责电动滑板车折叠部分技术方案、电子部分设计、选型与采购、外观设计等,从而技术开发的标的变为由双方共同完成,故法院最后判定涉案合同性质已变更为合作开发技术合同。

关于确认是否违约和违约责任的问题,在该案中,双方对后续合作技术开发的实际履行期限等均未以书面形式作出明确约定,法院根据双方实际履行合同中的现有证据,认定双方均存在未能依约完成各自义务的行为,分别构成违约,应各自承担相应的违约责任,并认定涉案合同已不存在继续履行的可能,判决根据当事人的请求解除合同及补充协议。鉴于合作开发合同约定,除有特殊约定外对于可能出现的履行风险责任,双方应共同、合理分担。综合考虑合同约定、双方对研发项目的实际投入等因素,判决双方分摊研发成本。

因此,建议合作开发合同的当事人在合同中明确双方应履行的权利义务,以此预防发生因研究开发工作停滞、延误或者失败时导致的责任分配争议。

(编写人:权鲜枝　孙钦举)

---

① 北京知识产权法院(2015)京知民终字第2201号。

法律条文

第八百五十七条　作为技术开发合同标的的技术已经由他人公开，致使技术开发合同的履行没有意义的，当事人可以解除合同。

条文主旨

本条是关于技术开发合同可以解除的特殊情形的规定。

技术开发合同的当事人根据本条解除合同必须同时满足以下两个条件：

(1)作为技术开发合同标的的技术已经由他人公开；

(2)技术由他人公开致使技术开发合同的履行没有意义。

本条规定了技术开发合同当事人可以解除合同的一种特殊情形。因此，技术开发合同的当事人，除了根据全国人民代表大会发布的《中华人民共和国合同法释义》第七章“合同的权利义务终止”中解除合同外，还可以依据本条在作为技术开发合同标的的技术已经由他人公开，并致使履行技术开发合同没有意义的情况下，依法解除合同。

新旧法对比

《合同法》	《民法典》
第三百三十七条　因作为技术开发合同标的的技术已经由他人公开，致使技术开发合同的履行没有意义的，当事人可以解除合同。	第八百五十七条　作为技术开发合同标的的技术已经由他人公开，致使技术开发合同的履行没有意义的，当事人可以解除合同。

理解与适用

合同的解除，是指合同有效成立后，当具备合同解除条件时，因当事人一方或者双方的意思表示而使合同关系消灭的一种行为。

在技术开发合同履行过程中，可能会出现所开发的技术已经被他人公开的情形。比如，技术开发合同的开发技术在被他人申请了专利，或者包含该技术的商品被销售，或者该技术在公开发行的技术文献上被披露了时，该技术就被他人公开了。在技术已被公开的情形下，如果技术开发合同的任务就是开发该技术，没有其他需要履行的权利义务，即公开致使履行技术开发合同没有意义的，当事人可以解除合同。反之，如果技术虽然公开，但是技术开发合同还规定了一些其他权利义务。也就是说，履行技术开发合同还有其他意义，那么当事人不可以解除合同。

需要注意的是，关于技术开发合同的解除，除了本条规定外，还可以根据《民法典》第 562 条的规定来约定解除，或者属于《民法典》第 563 条规定的情形下进行法定解除。法定解除的情形包括：(1)因不可抗力致使不能实现合同目的；(2)在履行期限届满前，当事人一方明确表示或者以自己的行为表明不履行主要债务；(3)当事人一方迟延履行主要债务，经催告后在合理期限内仍未履行；(4)当事人一方迟延履行债务或者有其他违约行为致使不能实现合同目的；(5)法律规定的其他情形。以持续履行的债务为内容的不定期合同，当事人可以随时解除合同，但是应当在合理期限之前通知对方。

实务问题

在实务中，也出现过技术开发合同当事人因为合同标的的技术已被他人公开而要求解除合同的纠纷。

例如，在太原市尖草坪区小裴开发汽车修理厂诉山西前海企业管理咨询有限公司技术委托开发合同纠纷案[①]中，原告以涉案开发合同标的的技术已经由第三方公开，致使涉案合同的履行没有意义为由，要求根据本条规定解除合同。法院经审认为原告并未提供充分证据证明作为合同标的的技术已经被他人公开，其据以请求解除合同的事实依据不能成立，故不予支持其解除合同的诉讼请求。

因此，在适用本条款来解除合同时，要注意针对合同标的已被他人公开和致使合同履行没有意义两个条件，来分别准备相应的证据，否则既难以说服对方当事人也难以获得法院的支持。

(编写人：权鲜枝　孙钦举)

法律条文

第八百五十八条　技术开发合同履行过程中，因出现无法克服的技术困难，致使研究开发失败或者部分失败的，该风险由当事人约定；没有约定或者约定不明确，依据本法第五百一十条的规定仍不能确定的，风险由当事人合理分担。

当事人一方发现前款规定的可能致使研究开发失败或者部分失败的情形时，应当及时通知另一方并采取适当措施减少损失；没有及时通知并采取适当措施，致使损失扩大的，应当就扩大的损失承担责任。

---

① 山西省太原市中级人民法院(2017)晋 01 民初 643 号。

条文主旨

本条是关于技术开发的风险负担与通知义务的规定。

根据本条第1款规定，技术开发合同履行过程中，因出现无法克服的技术困难，致使研究开发失败或者部分失败的，确认该风险负担方的顺序是：(1)由当事人约定。(2)没有约定或者约定不明确，依据本法第510条的规定确定。本法第510条规定，“合同生效后，当事人就质量、价款或者报酬、履行地点等内容没有约定或者约定不明确的，可以协议补充；不能达成补充协议的，按照合同相关条款或者交易习惯确定”。因此，在没有约定或者约定不明确的情况下，可以协议补充，不能达成补充协议的，按照合同相关条款或者交易习惯确定。(3)仍不能确定的，由当事人合理分担。

根据本条第2款规定，当事人一方发现前款规定的可能致使研究开发失败或者部分失败的情况时，应当及时通知另一方并采取适当措施减少损失；没有及时通知并采取适当措施，致使损失扩大的，应当就扩大的损失承担责任。

新旧法对比

《合同法》	《民法典》
第三百三十八条　在技术开发合同履行过程中，因出现无法克服的技术困难，致使研究开发失败或者部分失败的，该风险责任由当事人约定；没有约定或者约定不明确，依照本法第六十一条的规定仍不能确定的，风险责任由当事人合理分担。 当事人一方发现前款规定的可能致使研究开发失败或者部分失败的情形时，应当及时通知另一方并采取适当措施减少损失；没有及时通知并采取适当措施，致使损失扩大的，应当就扩大的损失承担责任。	第八百五十八条　技术开发合同履行过程中，因出现无法克服的技术困难，致使研究开发失败或者部分失败的，该**风险**由当事人约定；没有约定或者约定不明确，依据本法第五百一十条的规定仍不能确定的，**风险**由当事人合理分担。 当事人一方发现前款规定的可能致使研究开发失败或者部分失败的情形时，应当及时通知另一方并采取适当措施减少损失；没有及时通知并采取适当措施，致使损失扩大的，应当就扩大的损失承担责任。

理解与适用

技术开发是一项探索性活动，不是所有想开发的技术都能按时开发出来。在履行技术开发合同过程中，即使当事人已尽最大努力，但仍因科技认识水平或试验条件等客观因素限制，会出现因无法克服的技术困难而致使研究开发全部或部分失败的情况。而一旦出现这种情况时，将使技术开发合同无法履行，给当事人造成损失。因此，关于开发风险导致的损失承担，当事人可以在订立合同时明确约定。如果当事人没有约定或者约定不明确，风险发生后，当事人可以协议补充风险责任。不能达成补充协议的，可以按照合同的有关条款或者交易习惯确定，仍不能确定的，风险责任由当事人合理分担。

为了减少不必要的损失，本条明确规定，当事人一方发现可能导致研究开发失败或者部分失败的情况时，应当及时通知另一方并采取适当措施减少损失。如果当事人未能及时通知对方当事人，也未能及时采取措施，制止损失的扩大，应当就扩大的损失承担责任。

实践中，建议技术开发合同当事人在签订合同时，预先设想技术开发不出来的预案。根据可能面临的商业或者法律责任，结合技术开发的难度和成本、报酬等，明确规定开发技术失败情况下的处理，包括风险承担方、承担方式等，避免造成不必要的损失。

实务问题

在实务中，与本条相关的技术开发合同纠纷主要包括技术困难认定和风险承担方认定两个方面。

关于技术困难认定的案例，例如，在北钢联（北京）重工科技有限公司与孙某军技术合同纠纷案①中，上诉人主张其已完成技术开发任务的90%，未完成部分系技术原因造成，不存在违约行为。法院认为，判断上诉人合同义务是否已履行完毕的关键，即在于判断未完成的部分是否系源于无法克服的技术困难，经审查，未完成技术均为常见技术，上诉人关于技术不可能实现的主张缺乏事实依据，故不存在无法克服的技术困难，因此上诉人应依法承担违约责任，返还被上诉人研究开发费88,000元并支付违约金4400元。

关于风险承担方认定的案例，例如，在柴某生与李某辉股权转让纠纷案②中，双方在技术开发合同中约定合理分担风险，后研发失败，双方另行签订《投资协议书》，协议中约定排除技术开发合同风险分担条款，但最高人民法院对此的态度是，“排除技术开发合同中风险分担原则的适用，将原本应由合同双方共同承担的技术开发风险变相转嫁为委托方的单方责任……尽管依据契约自由原则，应尊重当事人对自身权利义务的处分，但在权利义务明显失衡的情形下，法

① 北京知识产权法院（2016）京73民终134号。

② 最高人民法院（2009）民二终字第43号。

院为实现契约正义得适度干预双方当事人之间的契约自由……基于双方在技术开发合同风险责任承担中权利义务的失衡，法院认为有必要对一方规避其自身风险、加重另一方责任的约定条款进行适当干预，即对《投资协议书》中排除风险的条款予以撤销，但这不影响《投资协议书》中有关投资与借款的其他条款效力”。

因此，技术开发合同中，对于判断是否属于无法克服的技术困难要求比较严格，不能轻易以此为由主张免责，除非有充足的证据予以证明。另外，即便当事人对技术开发风险作出排除约定，法院最终仍会根据各方权利义务是否平衡予以综合考量，坚持技术开发合同中的风险分担原则。建议各方在起草合同风险分担条件时就责任比例提前达成一致，技术风险出现时就能平稳应对，高效解决争议。

（编写人：权鲜枝　孙钦举）

法律条文

第八百五十九条　委托开发完成的发明创造，除法律另有规定或者当事人另有约定外，申请专利的权利属于研究开发人。研究开发人取得专利权的，委托人可以依法实施该专利。

研究开发人转让专利申请权的，委托人享有以同等条件优先受让的权利。

条文主旨

本条是关于委托开发完成的技术成果的归属的规定。

根据本条规定，委托开发合同的技术成果的归属按如下顺序确定：(1)法律有明确规定的，按照法律规定确定；(2)当事人有约定的，按照约定确定；(3)如果法律无相关规定且当事人在合同中没有约定，则委托开发完成的发明创造的申请专利的权利属于研究开发人。

在研究开发人取得专利权的情况下，委托人可以依法实施该专利。研究开发人转让专利申请权的，委托人可以优先受让该专利申请权。

新旧法对比

《合同法》	《民法典》
第三百三十九条　委托开发完成的发明创造,除当事人另有约定的以外,申请专利的权利属于研究开发人。研究开发人取得专利权的,委托人可以免费实施该专利。研究开发人转让专利申请权的,委托人享有以同等条件优先受让的权利。	第八百五十九条　委托开发完成的发明创造,除**法律另有规定或者当事人另有约定外**,申请专利的权利属于研究开发人。研究开发人取得专利权的,委托人可以**依法**实施该专利。研究开发人转让专利申请权的,委托人享有以同等条件优先受让的权利。

理解与适用

关于委托开发合同中完成的发明创造的归属,《专利法》第 8 条规定,“两个以上单位或者个人合作完成的发明创造、一个单位或者个人接受其他单位或者个人委托所完成的发明创造,除另有协议的以外,申请专利的权利属于完成或者共同完成的单位或者个人;申请被批准后,申请的单位或者个人为专利权人”。

可见,《民法典》与《专利法》对委托开发合同完成的发明创造的申请专利的权利归属问题的规定相一致,即委托开发合同的当事人可以在合同中对发明创造的申请专利的权利归属进行约定,申请专利的权利归属根据当事人的约定进行确定。如果当事人没有约定,委托开发完成的发明创造,申请专利的权利属于研究开发人。

并且,与《专利法》相比,《民法典》还针对专利实施和转让做了进一步规定,即研究开发人取得专利权的,委托人可以依法实施该专利。研究开发人转让专利申请权的,委托人享有以同等条件优先受让的权利。

关于本条中的依法实施专利,根据《专利法》第 11 条规定,专利权被授予后,除该法另有规定的以外,任何单位或者个人未经专利权人许可,都不得实施其专利。因此,在研究开发人取得专利权的情况下,委托人必须经过专利权人的许可才能实施该专利。

由于《民法典》本条把《合同法》中规定的“研究开发人取得专利权的,委托人可以免费实施该专利”修改为“研究开发人取得专利权的,委托人可以依法实施该专利”,因此《民法典》实施之后,委托人已不能法定免费实施,而必须依照《专利法》的规定获得研究开发人的许可后方可实施。本次修改对委托人的权利影响非常大,委托人务必要注意这一点。

因此,在实务中,在签署委托开发合同时,建议委托人明确约定委托开发合同完成的发明创造的技术成果归自己或与研究开发人共同共有。如果没有约定归研究开发人所有或者没有相关归属约定，则建议在委托开发合同中明确约定委托方可以免费实施该专利的方式、期限等，以此来保障自己免费实施专利的权利。

实务问题

实践中，常发生因没有约定而导致申请专利的权利属于研究开发人，而委托人误以为应属于自己的情况，以及双方约定归属某一方，但另一方不按约定，导致其承担违约或侵权责任的后果。

在高某喜诉广州美吉第六感卫生用品有限公司等专利权权属纠纷案①中，双方当事人签订《委托设计合同》，并对涉案设计的知识产权进行了约定，明确委托方在付清合同款项后，设计方所设计的作品所有权以及包括版权在内的全部知识产权应归委托方所有，后设计方却以涉案设计申请了外观设计专利为由，拒绝全部知识产权归委托方所有，最后法院依法认定委托方享有涉案专利的知识产权，设计方的行为侵犯了委托方申请专利的权利。

在实务中，委托开发协议中双方约定申请专利的权利属于委托人，但常发生委托人未依约支付研发费用的情况，此时，研究开发人是否可以据此主张合同未履行，从而委托人不享有申请专利的权利？

在无锡市蓝虹电子有限公司诉于某平等专利权权属纠纷案②中，双方当事人签订了技术委托开发合同，约定申请专利的权利属于委托人，研究开发人按照约定制造了模具，在成功开发出涉案产品后，委托人依照约定与研究开发人保持着涉案产品的买卖关系。但委托人未能按约支付模具费用，研究开发人据此主张合同未履行，从而申请专利的权利不属于委托人。法院经审理认为，研究开发人有权要求其履行合同义务，承担相应的违约责任，但不能据此主张合同约定的技术开发事项未予履行，从而否定委托人享有合同约定的申请专利的权利。

因此，建议双方在签订委托开发合同时，须明确约定申请专利权利的权属，避免因未约定而导致申请专利的权利属于研究开发人；当然如果是代表研究开发人的立场，若该权利属于委托人，建议明确约定若其不能依约支付费用，需承担失去申请专利权的违约责任。

（编写人：权鲜枝　孙钦举）

① 广东省高级人民法院(2016)粤民终838号。

② 江苏省无锡市中级人民法院(2007)锡民三初字第195号。

法律条文

第八百六十条　合作开发完成的发明创造，申请专利的权利属于合作开发的当事人共有；当事人一方转让其共有的专利申请权的，其他各方享有以同等条件优先受让的权利。但是，当事人另有约定的除外。

合作开发的当事人一方声明放弃其共有的专利申请权的，除当事人另有约定外，可以由另一方单独申请或者由其他各方共同申请。申请人取得专利权的，放弃专利申请权的一方可以免费实施该专利。

合作开发的当事人一方不同意申请专利的，另一方或者其他各方不得申请专利。

条文主旨

本条是关于履行合作开发合同完成的技术成果的归属和申请专利权的规定。

根据本条规定，合作开发合同的技术成果的归属按如下顺序确定：

(1)当事人有约定的，按照约定确定；

(2)如果当事人在合同中没有约定或者约定不明确，则合作开发完成的发明创造，申请专利的权利属于合作开发的当事人共有。当事人一方转让其共有的专利申请权的，其他各方可以优先受让其共有的专利申请权。

当事人一方声明放弃其共有的专利申请权，申请专利的权利按照如下顺序确定：

(1)当事人有约定的，按照约定确定；

(2)如果当事人在合同中没有约定或者约定不明确，可以由另一方单独申请或者由其他各方共同申请。申请人取得专利的，放弃专利申请权的一方可以免费实施该专利。当事人一方不同意申请专利的，另一方或者其他各方不得申请专利。

新旧法对比

《合同法》	《民法典》
第三百四十条　合作开发完成的发明创造，除当事人另有约定的以外，申请专利的权利属于合作开发的当事人共有。当事人一方转让其共有的专利申请权的，其他各方享有以同等条件优先受让的权利。	第八百六十条　合作开发完成的发明创造，申请专利的权利属于合作开发的当事人共有；当事人一方转让其共有的专利申请权的，其他各方享有以同等条件优先受让的权利。**但是，当事人另有约定的除外。**

续表

《合同法》	《民法典》
合作开发的当事人一方声明放弃其共有的专利申请权的,可以由另一方单独申请或者由其他各方共同申请。申请人取得专利权的,放弃专利申请权的一方可以免费实施该专利。 合作开发的当事人一方不同意申请专利的,另一方或者其他各方不得申请专利。	合作开发的当事人一方声明放弃其共有的专利申请权的,**除当事人另有约定外,**可以由另一方单独申请或者由其他各方共同申请。申请人取得专利权的,放弃专利申请权的一方可以免费实施该专利。 合作开发的当事人一方不同意申请专利的,另一方或者其他各方不得申请专利。

理解与适用

关于合作开发完成的发明创造的归属,《专利法》第 8 条规定,"两个以上单位或者个人合作完成的发明创造、一个单位或者个人接受其他单位或者个人委托所完成的发明创造,除另有协议的以外,申请专利的权利属于完成或者共同完成的单位或者个人;申请被批准后,申请的单位或者个人为专利权人"。

可见,《民法典》与《专利法》对涉及合作开发完成的发明创造的申请专利的权利归属问题进行了一致的规定,即合作开发合同的当事人可以在合同中对申请专利的权利归属进行约定,申请专利的权利归属根据当事人的约定进行确定。如果当事人没有约定,合作开发完成的发明创造,申请专利的权利属于合作开发的当事人共有。

关于共有专利申请权或者专利权的权利行使,《专利法》第 14 条第 1 款对此进行了规定,"专利申请权或者专利权的共有人对权利的行使有约定的,从其约定。没有约定的,共有人可以单独实施或者以普通许可方式许可他人实施该专利;许可他人实施该专利的,收取的使用费应当在共有人之间分配"。

另外,与《专利法》相比,《民法典》还针对权利共有情况下的专利转让、当事人一方声明放弃其共有的专利申请权情况下的权利归属以及专利申请的同意权做了进一步规定。

具体而言,关于权利共有情况下的转让,根据本条规定,当事人一方转让其共有的专利申请权的,其他各方享有以同等条件优先受让的权利。

关于合作开发的当事人一方声明放弃其共有专利申请权的情况下的权利归属,《民法典》在原《合同法》基础上增加了"除当事人另有约定外"的情况,即如果当事人有约定的,申请专利的权利归属按照约定确定,没有约定或者约定不明确的,可以由另一方单独申请或者由其他各方共同申请。申请人取得专利的,放弃专利申请权的一方可以免费实施该专利。

关于各方专利申请的同意权,根据本条规定,如果当事人一方不同意申请专利的,另一方或者其他各方不得申请专利。因此,在实务中,签署合作开发合同时,如果不想由合作开发的当事人共有合作开发完成的发明创造的技术成果,建议明确约定。如果没有约定,则落入共有的范围。

实务问题

在实务中,关于技术合作开发合同纠纷中就有一些关于合同履行中完成的发明创造归属的纠纷。

例如,在陈某、魏某专利权权属纠纷案①中,双方签订《合作开发协议》,约定双方均进行投资,并各自负担产品开发及生产销售的义务,并共同拥有合作开发成果,任何一方不得单独申请。后被告一方提出了专利申请,原告主张涉案专利应当属于双方共有,被告以原告未完成合同约定的生产销售的义务为由进行抗辩。法院经审理认为,涉案专利应当根据合同约定属于双方共有。至于原告是否未按照协议约定履行其应当承担的合同义务,被告可以另案诉请解决。

因此,在合作开发协议中,建议对合同履行过程中产生的发明创造的归属作出明确约定,如果没有明确约定,则该发明创造属于合作方各方共有,该共有权利的行使应当符合专利法和本条的规定。

(编写人:权鲜枝　孙钦举)

法律条文

第八百六十一条　委托开发或者合作开发完成的技术秘密成果的使用权、转让权以及收益的分配办法,由当事人约定;没有约定或者约定不明确,依据本法第五百一十条的规定仍不能确定的,在没有相同技术方案被授予专利权前,当事人均有使用和转让的权利。但是,委托开发的研究开发人不得在向委托人交付研究开发成果之前,将研究开发成果转让给第三人。

条文主旨

本条是关于技术秘密成果的使用权、转让权以及收益分配方法的规定。

根据本条规定,关于委托开发或者合作开发完成的技术秘密成果的使用权、

① 最高人民法院(2019)最高法知民终58号。

转让权以及收益的分配方法，按照以下顺序确定：

(1)当事人有约定的，按照约定确定。

(2)没有约定或者约定不明确的，依据本法第510条的规定确定，即当事人可以协议补充；不能达成补充协议的，按照合同相关条款或者交易习惯确定。

(3)仍不能确定的，在没有相同技术方案被授予专利前，当事人均有使用和转让技术秘密成果的权利。但是，委托开发的研究开发人不得在向委托人交付研究开发成果之前，将研究开发成果转让给第三人。

其中，关于本条所称"当事人均有使用和转让的权利"，根据《技术合同解释》第20条的规定，本条所称"当事人均有使用和转让的权利"，包括当事人均有不经对方同意而自己使用或者以普通许可的方式许可他人使用技术秘密，并独占由此所获益的权利。当事人一方将技术秘密成果的转让权让与他人，或者以独占或者排他使用许可的方式许可他人使用技术秘密，未经双方当事人同意或者追认的，应当认定该让与或者许可行为无效。

新旧法对比

《合同法》	《民法典》
第三百四十一条　委托开发或者合作开发完成的技术秘密成果的使用权、转让权以及收益的分配办法，由当事人约定；没有约定或者约定不明确，依照本法第六十一条的规定仍不能确定的，当事人均有使用和转让的权利。但是，委托开发的研究开发人不得在向委托人交付研究开发成果之前，将研究开发成果转让给第三人。	第八百六十一条　委托开发或者合作开发完成的技术秘密成果的使用权、转让权以及收益的分配办法，由当事人约定；没有约定或者约定不明确，依据本法第五百一十条的规定仍不能确定的，**在没有相同技术方案被授予专利权前，**当事人均有使用和转让的权利。但是，委托开发的研究开发人不得在向委托人交付研究开发成果之前，将研究开发成果转让给第三人。

理解与适用

关于技术秘密的定义，根据《技术合同解释》第1条第2款的规定，技术秘密，是指不为公众知悉、具有商业价值并经权利人采取保密措施的技术信息。

本条所称的技术秘密成果的使用权、转让权和收益的分配中，使用权是指以生产经营为目的自己使用或者许可他人使用技术秘密成果的权利；转让权是指向他人让与技术秘密成果的权利；收益的分配是指获取收益的权利。

根据本条规定,关于因履行技术开发合同产生的技术秘密的使用权、转让权的归属以及收益的分配办法,委托开发或者合作开发合同的当事人在合同中有约定的,从其约定。没有约定或者约定不明确的,可以按照如下步骤确定:协议补充;不能达成补充协议的,按照合同的有关条款或者交易习惯确定;仍不能确定的,在没有相同技术方案被授予专利前,当事人各方对技术秘密都有使用和转让的权利,即当事人均有不经对方同意而自己使用或者以普通许可的方式许可他人使用技术秘密,并独占由此所获益的权利。但当事人一方将技术秘密成果的转让权让与他人,或者以独占或者排他使用许可的方式许可他人使用技术秘密,未经双方当事人同意或者追认的,应当认定该让与或者许可行为无效。但是,委托开发的研究开发人在向委托人交付研究开发成果前,不得擅自将研究开发成果转让给第三人。

需要注意的是,本条规定适用的前提是"在没有相同技术方案被授予专利权前"。如果与技术秘密相同技术方案被他人申请专利并被授权,他人将享有专利的排他权,此时无论在合同中是否有关于该技术秘密归属的约定,委托开发或合作开发当事人对完成的技术秘密将无法再使用或转让。

实务问题

在实务中,双方签订委托开发或者合作开发合同时,双方一般会就技术秘密成果的使用权、转让权以及收益的分配办法进行约定,但在研发成果完成之后,受市场利益的影响,经常出现一方违反约定擅自转让技术或者转而与第三方合作的情形,从而损害了另一方的合法利益。

例如,在西安飞机工业(集团)有限责任公司与周某臻技术合同纠纷上诉案[①]中,双方当事人签订《合作协议》,研究开发人依照合同约定进行了研制测制工作,并交付了研发成果。根据《合作协议》的约定,委托人以后自行生产胶膜时,研究开发人的配方可以按技术股方式参加投资和年终分红。后因委托人厂长私自将该技术交由第三方实施并与第三方签订了胶膜采购合同,致使《合作协议》约定的研究开发人获取收益的条件已不存在。法院认为基于研究开发人已向委托人提交了已基本成型的涉案技术,付出了相当的劳动,委托人应当依约支付研究开发人开发技术收益。

为了避免因为对法律的不了解而产生对商业秘密归属的误解和纠纷,建议委托开发合同双方在合同中明确约定技术秘密成果的使用权、转让权和收益分

① 陕西省高级人民法院(2008)陕民三终字第2号。

配方法，并严格遵守合同约定。

（编写人：权鲜枝　孙钦举）

第三节　技术转让合同和技术许可合同

法律条文

第八百六十二条　技术转让合同是合法拥有技术的权利人，将现有特定的专利、专利申请、技术秘密的相关权利让与他人所订立的合同。

技术许可合同是合法拥有技术的权利人，将现有特定的专利、技术秘密的相关权利许可他人实施、使用所订立的合同。

技术转让合同和技术许可合同中关于提供实施技术的专用设备、原材料或者提供有关的技术咨询、技术服务的约定，属于合同的组成部分。

条文主旨

本条是关于技术合同中技术转让合同和技术许可合同的定义的规定。

技术转让合同是合法拥有技术的权利人，将现有特定的专利（已经授权的专利）、专利申请（申请过程中的专利）、技术秘密的相关权利让与他人所订立的合同。

技术许可合同是合法拥有技术的权利人，将现有特定的专利（已经授权的专利，没有专利申请）、技术秘密的相关权利许可他人实施、使用所订立的合同。

根据《技术合同解释》第22条第1款规定，就尚待研究开发的技术成果或者不涉及专利、专利申请或者技术秘密的知识、技术、经验和信息所订立的合同，不属于《民法典》第862条规定的技术转让合同或者技术许可合同。

本条还规定，技术转让合同和技术许可合同中关于提供实施技术的专用设备、原材料或者提供有关的技术咨询、技术服务的约定，属于合同的组成部分，即关于上述事项的约定，属于技术转让合同和技术许可合同的一部分，而无须再订立技术咨询合同或者技术服务合同。

新旧法对比

无	《民法典》
无	第八百六十二条　**技术转让合同是合法拥有技术的权利人，将现有特定的专利、专利申请、技术秘密的相关权利让与他人所订立的合同。** **技术许可合同是合法拥有技术的权利人，将现有特定的专利、技术秘密的相关权利许可他人实施、使用所订立的合同。** **技术转让合同和技术许可合同中关于提供实施技术的专用设备、原材料或者提供有关的技术咨询、技术服务的约定，属于合同的组成部分。**

理解与适用

根据本条第 1 款和第 2 款的规定，技术转让合同是合法拥有技术的权利人，将现有特定的专利、专利申请、技术秘密的相关权利让与他人所订立的合同。技术许可合同是合法拥有技术的权利人，将现有特定的专利、技术秘密的相关权利许可他人实施、使用所订立的合同。

技术转让合同和技术许可合同有如下相同点：首先，均明确要求合同标的为权利人合法拥有的特定技术，即应当为技术信息的转让与许可，而非经营信息等非技术信息的转让与许可；其次，合同标的应当为已经拥有的特定技术，不能为不确定的，待开发的技术；最后，合同标的也应当为合法拥有的，不能为非法的、侵害他人权利的技术。

技术转让合同和技术许可合同有如下不同点：第一，技术转让合同比技术许可合同的合同标的范围大，其中，特定的专利申请的相关权利可以通过技术转让合同进行转让，但不能通过技术许可合同进行许可。第二，技术转让合同和技术许可合同的最大的区别在于技术的权利归属是否发生变化，即最本质的区别体现在“让与”与“许可”上，技术转让合同使技术的权利归属发生变化，转让后，技术的权利人由让与人转变为受让人；而技术许可合同并不发生技术权利归属的变化，只是将该技术的使用权提供给对方，被许可人有权使用相关技术。

根据本条第 3 款的规定，技术转让合同和技术许可合同中关于提供实施技术的专用设备、原材料或者提供有关的技术咨询、技术服务的约定,属于合同的组成部分。《技术合同解释》第22条第2款规定,技术转让合同中关于让与人向受让人提供实施技术的专用设备、原材料或者提供有关的技术咨询、技术服务的约定,属于技术转让合同的组成部分。因此发生的纠纷,按照技术转让合同处理,也即因此发生的纠纷,不再单独适用技术咨询合同或者技术服务合同的相关规定。

虽然上述《技术合同解释》没有对技术许可合同作出规定,但是依据本条第3款的规定,技术许可合同对专用设备、原材料或者提供有关的技术咨询、技术服务约定等事项发生纠纷时,也应当按照技术许可合同处理。

另外,《技术合同解释》第22条第3款规定,当事人以技术入股方式订立联营合同,但技术入股人不参与联营体的经营管理,并且以保底条款形式约定联营体或者联营对方支付其技术价款或者使用费的,视为技术转让合同或者技术许可合同。该条类似于民间借贷中"明股实债"的相关规定,对股权联营合同与技术转让合同或者技术许可合同做出区分,即如果不参与经营,并通过保底条款(不承担风险)约定技术价款或者使用费,应当视为技术转让合同或者技术许可合同。

需要注意的是,由于专利申请是否能被授予专利权存在不确定性,因此在《技术合同解释》中有如下针对专利申请转让合同的特殊规定,即《技术合同解释》第23条规定,专利申请权转让合同当事人以专利申请被驳回或者被视为撤回为由请求解除合同,该事实发生在依照《专利法》第10条第3款的规定办理专利申请权转让登记之前的,人民法院应当予以支持;发生在转让登记之后的,不予支持,但当事人另有约定的除外。专利申请因专利申请权转让合同成立时即存在尚未公开的同样发明创造的在先专利申请被驳回,当事人依据《民法典》第563条第1款第4项的规定请求解除合同的,人民法院应当予以支持。

依据上述第1款规定,专利申请权转让合同可以对因专利申请被驳回或者视为撤回而是否解除合同作出约定,并且有约定的情况下以约定优先。如果没有约定,依照《专利法》第10条第3款规定,专利申请权或者专利权的转让自登记之日起生效,也即专利权或者专利申请权转让生效之前专利已经被驳回或者视为撤回的,请求解除合同的,人民法院应当支持;专利权或者专利申请权转让生效之后,专利才被驳回或者视为撤回的,不予支持。但是,依据上述第2款规定,专利申请因专利申请权转让合同成立时即存在尚未公开的同样发明创造的在先专利申请被驳回(被抵触申请以新颖性理由驳回),可以依据合同目的无法实现而解除合同。

关于专利权或者专利申请权转让后其他方是否有权继续实施的问题,《技术合同解释》第24条规定,订立专利权转让合同或者专利申请权转让合同前,让与人自己已经实施发明创造,在合同生效后,受让人要求让与人停止实施的,人民法院应当予以支持,但当事人另有约定的除外。让与人与受让人订立的专利权、专利申请权转让合同,不影响在合同成立前让与人与他人订立的相关专利实施许可合同或者技术秘密转让合同的效力。因此,依据上述第1款规定,专利权转让合同或者专利申请权转让可以对让与人实施或者继续实施相应技术作出约定,并且有约定的情况下以约定优先,如果没有约定,让与人不得实施或者继续实施。依据上述第2款规定,如果转让前,已经许可第三人实施的,第三人可以继续实施。

实务问题

本条相关的实务纠纷相对较少,部分案件体现在签订技术转让合同和技术许可合同后,在实施过程中,又签订相应的关于专用设备、原材料或者提供有关的技术咨询、技术服务的补充协议的性质认定。

例如,在刘某圣与高某军等买卖合同纠纷案[①]中,原被告签订专利实施许可合同后,又签订了一份专利实施许可合同补充协议,用于购买的相应的设备,后被告没有及时支付货款,原告起诉至法院要求被告支付货款及利息等。起诉时,原告主张该补充协议的性质为买卖合同并据此认为起诉法院为管辖法院。法院经过审理后认定涉案专利实施许可合同补充协议为相关专利实施许可合同的部分补充或变更内容,案件应当属于专利实施许可合同纠纷,并据此确定管辖法院。最终,法院以没有管辖权,原告起诉不符合受理条件,而作出驳回起诉裁定。

需要说明的是,我国自2014年年底开始,先后建立北京知识产权法院、上海知识产权法院、广州知识产权法院,并陆续在其他省份建立了知识产权法庭对知识产权相关的技术类案件一审进行专属管辖,集中管辖。技术转让合同和技术许可合同相关的设备买卖、原材料提供相关的协议性质的确定,直接关系到管辖法院。

(编写人:权鲜枝　郑孝军)

① 山东省济南市槐荫区人民法院(2020)鲁0104民初6084号。

法律条文

第八百六十三条　技术转让合同包括专利权转让、专利申请权转让、技术秘密转让等合同。

技术许可合同包括专利实施许可、技术秘密使用许可等合同。

技术转让合同和技术许可合同应当采用书面形式。

条文主旨

本条第1款和第2款中规定技术转让合同与技术许可合同的范围与类型，技术转让合同包括专利权转让、专利申请权转让、技术秘密转让等合同。技术许可合同包括专利实施许可、技术秘密使用许可等合同。

本条第3款规定了技术转让合同和技术许可合同应当采用书面形式。

新旧法对比

《合同法》	《民法典》
第三百四十二条　技术转让合同包括专利权转让、专利申请权转让、技术秘密转让、专利实施许可合同。 技术转让合同应当采用书面形式。	第八百六十三条　技术转让合同包括专利权转让、专利申请权转让、技术秘密转让等合同。 **技术许可合同包括专利实施许可、技术秘密使用许可等合同。** 技术转让合同**和技术许可合同**应当采用书面形式。

理解与适用

本条第1款和第2款规定了技术转让合同包括专利权转让、专利申请权转让、技术秘密转让等合同。技术许可合同包括专利实施许可、技术秘密使用许可等合同。

依据《技术合同纪要》第52条规定，专利权转让合同，是指专利权人将其专利权让与受让人，受让人支付价款所订立的合同。专利申请权转让合同，是指让与人将其特定的技术成果申请专利的权利让与受让人，受让人支付价款订立的合同。技术秘密转让或许可合同，是指技术秘密成果的权利人或者其授权的人作为让与人将技术秘密提供给受让人，明确相互之间技术秘密成果使用权、转让权，受让人支付价款或者使用费所订立的合同。专利实施许可合同，是指专利权人或者其授权的人作为许可人许可被许可人在约定的范围内实施专利,受让人支付使用费所订立的合同。对比可知,申请中的专利可以转让,但是不能许可。

该条第3款规定了技术转让合同和技术许可合同应当采用书面形式,因此,口头约定或者书面合同未正式签订时,相关合同不成立。

实务问题

本条相关的实务纠纷相对较少,主要体现在部分案件没有正式签订书面合同,导致技术转让合同和技术许可合同不成立。例如,广东高航知识产权运营有限公司与淄博秦汉新技术开发有限公司等专利权转让合同纠纷案[①]中,原告请求支付转让费的诉求因无法提供双方签订的合同,被告也表示只是口头约定相关价款问题,合同没有最终签订,最终法院判决原告败诉。

因此,建议大家在专利权转让、专利申请权转让、技术秘密转让、专利实施许可、技术秘密使用许可时,务必采用书面形式的合同来确定双方的权利义务,这些合同的约定内容应当遵守本章中关于技术转让合同和技术许可合同的规定。

(编写人:权鲜枝　郑孝军)

法律条文

第八百六十四条　技术转让合同和技术许可合同可以约定实施专利或者使用技术秘密的范围,但是不得限制技术竞争和技术发展。

条文主旨

本条是关于技术转让合同和技术许可合同约定内容的限制性规定,技术转让合同和技术许可合同可以约定实施专利或者使用技术秘密的范围,但是不得限制技术竞争和技术发展。

按照《技术合同解释》第28条第1款规定,本条所称"实施专利或者使用技术秘密的范围",包括实施专利或者使用技术秘密的期限、地域、方式以及接触技术秘密的人员等。因此,技术转让合同和技术许可合同中,权利人可以对期限、范围、方式、人员等作出限制性约定,但是不得限制技术竞争和技术发展。

---

① 山东省济南市中级人民法院(2017)鲁01民初1760号。

新旧法对比

《合同法》	《民法典》
第三百四十三条　技术转让合同可以约定让与人和受让人实施专利或者使用技术秘密的范围,但不得限制技术竞争和技术发展。	第八百六十四条　技术转让合同**和技术许可合同**可以约定实施专利或者使用技术秘密的范围,但**是**不得限制技术竞争和技术发展。

理解与适用

本条仅是针对《民法典》第 862 条和第 863 条中将技术转让合同和技术许可合同区分做出的适应性修改,实质内容没有变化,也即技术转让合同和技术许可合同可以对实施专利或者使用技术秘密的期限、地域、方式以及接触技术秘密的人员作出一定限制性约定。

关于约定实施专利或者使用技术秘密的范围,《民法典》第 871 条、第 872 条以及第 873 条分别规定了技术转让合同和技术许可合同当事人的义务和违约责任。其中,《民法典》笃 871 条规定,技术转让合同的受让人和技术许可合同的被许可人应当按照约定的范围和期限,对让与人、许可人提供的技术中尚未公开的秘密部分,承担保密义务。《民法典》第 872 条规定,许可人未按照约定许可技术的,应当返还部分或者全部使用费,并应当承担违约责任;实施专利或者使用技术秘密超越约定的范围的,违反约定擅自许可第三人实施该项专利或者使用该项技术秘密的,应当停止违约行为,承担违约责任;违反约定的保密义务的,应当承担违约责任。让与人承担违约责任,参照适用前款规定。《民法典》第 873 条第 1 款规定,被许可人未按照约定支付使用费的,应当补交使用费并按照约定支付违约金;不补交使用费或者支付违约金的,应当停止实施专利或者使用技术秘密,交还技术资料,承担违约责任;实施专利或者使用技术秘密超越约定的范围的,未经许可人同意擅自许可第三人实施该专利或者使用该技术秘密的,应当停止违约行为,承担违约责任;违反约定的保密义务的,应当承担违约责任。

当然,上述这些约定也不是无限制的,本条规定,限制性的约定不得限制技术竞争和技术发展。另外,按照《民法典》第 850 条规定,非法垄断技术或者侵害他人技术成果的技术合同无效。虽然《民法典》第 850 条相比《合同法》第 329 条:“非法垄断技术、妨碍技术进步或者侵害他人技术成果的技术合同无效”删除了“妨碍技术进步”,但是结合《民法典》第 850 条及第 864 条可知,其实质内涵没有变化。可见,非法垄断技术或者侵害他人技术成果的技术合同无效就是本条规定的一个具体体现。

实务问题

本条相关的实务纠纷相对较少，主要体现在限制性约定是否限制技术竞争和技术发展。

例如在福州豪亨世家餐饮管理有限公司、四川佳香餐饮管理有限公司特许经营合同纠纷案[①]中，原、被告于2014年签订的《四川省区域代理合同》第53条第2项约定了竞业限制。乙方在本合同有效期内以及合同期满或终止后3年内（包括乙方中途自行停业或中途转让），未经甲方书面许可，不得自己经营或与他人合作经营与甲方特许经营体系内容相同或者类似的业务，否则乙方应向甲方支付100万元违约金。由于该特许经营权合同具有一定的牛排制作技术转让的性质特征，最终被法院根据《合同法》第343条“技术转让合同可以约定让与人和受让人实施专利或者使用技术秘密的范围，但不得限制技术竞争和技术发展”认定涉案合同第53条竞业禁止违反了法律的强制性规定，是无效条款。

因此，技术转让合同和技术许可合同可以对实施专利或者使用技术秘密的期限、地域、方式以及接触技术秘密的人员作出一定的限定，但是不得限制技术竞争和技术发展，从而避免相关合同条款无效。

（编写人：权鲜枝　郑孝军）

法律条文

第八百六十五条　专利实施许可合同仅在该专利权的存续期限内有效。专利权有效期限届满或者专利权被宣告无效的，专利权人不得就该专利与他人订立专利实施许可合同。

条文主旨

本条规定了专利实施许可合同效力的限制：一是，专利实施许可合同仅在该专利权的存续期限内有效。二是，专利权有效期限届满或者专利权被宣告无效的，专利权人不得就该专利与他人订立专利实施许可合同。

因为专利具有有效期限，而且在有效期限内，也可能因为未缴年费而提前终止，或者被宣告无效而导致权利自始不存在，针对权利终止或者被宣告无效的专

① 福建省高级人民法院(2020)闽民终412号。

利，因已经不存在有效的权利，因而不得订立专利实施许可合同，已经订立的，可以解除或者终止合同。

新旧法对比

《合同法》	《民法典》
第三百四十四条　专利实施许可合同只在该专利权的存续期间内有效。专利权有效期限届满或者专利权被宣布无效的，专利权人不得就该专利与他人订立专利实施许可合同。	第八百六十五条　专利实施许可合同**仅**在该专利权的存续期限内有效。专利权有效**期限**届满或者专利权被**宣告**无效的，专利权人不得就该专利与他人订立专利实施许可合同。

理解与适用

本条是关于专利实施许可合同仅在该专利权的存续期限内有效的规定。专利权有效期限届满或者专利权被宣告无效的，专利权人不得就该专利与他人订立专利实施许可合同。其中，“专利实施许可合同仅在该专利权的存续期限内有效”应当理解为只有在专利权有效期限内或者专利权被宣布无效之前所签订的专利实施许可合同才能被认定为有效，专利权利终止或者被无效后签订的合同无效。

由于授权的专利每年均需缴纳年费。因此，本条规定的“专利权有效期届满”既包括专利法所规定的发明专利权 20 年期限，实用新型专利权 10 年期限，外观设计专利权 10 年期限（2021 年 6 月 1 日起《专利法》修改为 15 年）届满的情形，也包括专利权因没有按照规定缴纳年费而被国务院专利行政部门公告专利权终止的情形。

关于因未缴纳年费而导致专利权终止的时间的认定，何某斌等诉广东万和新电气股份有限公司实用新型专利实施许可合同纠纷案①中，认定为国家知识产权局网站登载的“法律状态公告日”，也即在专利年费滞纳期限和专利权利恢复期内，专利权人仍然享有专利权。在权利恢复期结束后，国务院专利行政部门在专利公报上正式公告专利权终止的，即国家知识产权局网站登载的“法律状态公告日”，才属于专利的不可恢复的终止日。也即在不可恢复终止日前签订专利实施许可合同，均不属于本条所规定的“专利权有效期届满”情形。

《专利法》第 45 条规定，自国务院专利行政部门公告授予专利权之日起，任何单位或者个人认为该专利权的授予不符合该法有关规定的，可以请求国务院

① 广东省高级人民法院（2013）粤高法民三终字第 252 号。

专利行政部门宣告该专利权无效。

针对专利被宣告无效而引起的专利实施许可合同的效力问题,《专利法》第47条第1、2款规定:“宣告无效的专利权视为自始即不存在。宣告专利权无效的决定,对在宣告专利权无效前……已经履行的专利实施许可合同和专利权转让合同,不具有追溯力。但是因专利权人的恶意给他人造成的损失,应当给予赔偿。”因此,虽然宣告无效的专利权视为自始即不存在,但是在专利权被宣告无效之前签订的专利实施许可合同仍然有效。只有在专利权人明知其专利权有效期限届满或者专利权已经被宣布无效之后,仍然与他人订立专利实施许可合同的,才属于违反本条中“专利权人不得就该专利与他人订立专利实施许可合同”的行为。

由于上述终止或者被无效的可能性,《技术合同解释》第26条规定:“专利实施许可合同许可人负有在合同有效期内维持专利权有效的义务,包括依法缴纳专利年费和积极应对他人提出宣告专利权无效的请求,但当事人另有约定的除外。”专利权人在专利实施许可合同内未按时缴纳年费导致专利无效的,属于违约。

针对专利权终止或者被无效后的专利实施许可合同,许可人可以依据《技术合同纪要》第61条规定“专利实施许可合同让与人应当在合同有效期内维持专利权有效,但当事人另有约定的除外。在合同有效期内,由于让与人的原因导致专利权被终止的,受让人可以依据合同法第九十四条第(四)项的规定解除合同,让与人应当承担违约责任;专利权被宣告无效的,合同终止履行,并依据专利法的有关规定处理”。因此,专利权终止或者被无效的,可以解除或者终止合同,不再支付相应的许可费用。

实务问题

本条相关的实务纠纷相对较多,绝大部分集中在未缴年费及专利被无效后合同解除和费用返还纠纷。

例如,在青海民和朝明印务有限公司与青海育恒教育用品有限公司专利合同纠纷案[①]中,被告将其于2003年12月23日从第三人(发明人)处获得的“一种防近视书薄”发明专利独占实施许可权分许可给原告,期限为2006年11月1日至2015年10月31日,范围为海东市,专利使用费按授权学校学生计算,为每年42,000元,按年支付。后涉案专利于2009年3月18日被国家知识产权局宣

① 青海省西宁市中级人民法院(2017)青01民初246号。

布全部无效,原告请求依法判令解除原告与被告签订的《发明专利实施许可合同》及返还专利使用费420,000元,最终法院判决解除合同并返还2009年10月至2010年10月的专利费60,000元。

因此,许可人一定要注意专利年费的缴纳,并积极应对专利无效宣告,防止专利终止或者被无效,避免纠纷。

(编写人:权鲜枝　郑孝军)

法律条文

第八百六十六条　专利实施许可合同的许可人应当按照约定许可被许可人实施专利,交付实施专利有关的技术资料,提供必要的技术指导。

条文主旨

本条是关于专利实施许可合同中许可人的主要义务的规定,即专利实施许可合同的许可人:(1)应当按照约定许可被许可人实施专利;(2)交付实施专利有关的技术资料;(3)提供必要的技术指导。

新旧法对比

《合同法》	《民法典》
第三百四十五条　专利实施许可合同的让与人应当按照约定许可受让人实施专利,交付实施专利有关的技术资料,提供必要的技术指导。	第八百六十六条　专利实施许可合同的**许可人**应当按照约定许可**被许可人**实施专利,交付实施专利有关的技术资料,提供必要的技术指导。

理解与适用

被许可人与许可人订立合同的目的在于使用许可人的专利技术,因此为实现这一目的,许可人负有积极配合的义务。依本条规定,许可人负有的主要义务如下:

(1)应当按照约定许可被许可人实施专利。根据不同性质的许可合同,许可人所负义务不同。例如排他性专利实施许可合同,许可人不得在约定范围内再许可第三人;如果是独占性专利实施许可合同,许可人在合同约定范围内实施专利权,也不得许可第三人。当然若是普通专利实施合同,许可人既可自己使用,又可再许可第三人使用其专利技术。另外,《民法典》第870条还规定技术许可合同的许可人应当保证自己是所提供的技术的合法拥有者,并保证所提供的技术完整、无误、有效,能够达到约定的目标。否则,可视为违约,按照《民法典》第 872 条第 1 款的规定,许可人未按照约定许可技术的,应当返还部分或者全部使用费,并应当承担违约责任,实施专利或者使用技术秘密超越约定的范围的,违反约定擅自许可第三人实施该项专利或者使用该项技术秘密的,应当停止违约行为,承担违约责任;违反约定的保密义务的,应当承担违约责任。

(2)向被许可人交付实施专利有关的技术资料。包括但不限于设计图纸、工艺文件、配方等资料。

(3)依合同约定提供必要的技术指导。包括培训相关技术人员,协助安装调试设备,排除故障等,确保被许可人能够可靠实施相应技术,达到相应的技术性能和效果。在《技术合同纪要》第 53 条也有相应的规定:"技术转让合同让与人应当保证受让人按约定的方式实施技术达到约定的技术指标……"

实务问题

本条相关的实务纠纷相对较多,绝大部分集中在许可人没有按照约定交付资料,提供指导而导致的与许可费支付有关的纠纷。

例如,在江某氾与上海百川制笔文具有限公司专利实施许可合同纠纷案[①]中,许可人认为被许可人拖欠顾问费用,诉至法院要求支付解除合同并支付赔偿损失 5 万元,被许可人则认为许可人没有提供技术资料及指导,导致产品生产失败,反诉要求许可人继续履行合同并赔偿损失 15 万余元。最终法院认定双方于 2001 年 6 月 14 日签订的合同中明确规定:许可人负责提供有关新技术的相关资料并指导应用。双方于 2003 年 10 月 7 日签订的补充合同中也规定了许可人帮助设计"笔芯"并给予技术方面指导的内容。但在实际生产中,被许可人的中试产品中产生了笔芯的回气孔、球珠等处出现漏液问题,致使被许可人无法进一步进行生产。许可人也未充分举证证明其对上述中试产品中问题的解决进行了具体、有效的技术指导。最终被法院判决双方合同继续履行,被许可人支付许可费用,许可人交付实施许可技术有关的技术资料,并提供必要的技术指导。

因此,专利实施许可合同的许可人应当积极的提供技术资料及技术指导,确保被许可人能够实施相应的技术,并达到相应的性能,从而避免产生纠纷。

(编写人:权鲜枝　郑孝军)

① 上海市高级人民法院(2005)沪高民三(知)终字第 51 号。

法律条文

第八百六十七条　专利实施许可合同的被许可人应当按照约定实施专利，不得许可约定以外的第三人实施该专利，并按照约定支付使用费。

条文主旨

本条是关于专利实施许可合同被许可人的主要义务的规定。

专利实施许可合同被许可人的主要义务是：(1)按照约定实施专利；(2)不得许可约定以外的第三人实施专利；(3)按照约定支付使用费。

新旧法对比

《合同法》	《民法典》
第三百四十六条　专利实施许可合同的受让人应当按照约定实施专利，不得许可约定以外的第三人实施该专利；并按照约定支付使用费。	第八百六十七条　专利实施许可合同的**被许可人**应当按照约定实施专利，不得许可约定以外的第三人实施该专利，并按照约定支付使用费。

理解与适用

本条规定的专利实施许可合同被许可人的第一个主要义务是按照约定实施专利，其中专利实施一般约定的内容包括合同约定的专利实施许可的范围、期限、方式等。

专利实施许可的范围，通常可以分为制造许可、使用许可、销售许可及制造、使用、销售全部许可。

关于专利实施许可的期限，根据《民法典》第865条的规定，专利实施许可合同仅在该专利权的存续期限内有效。专利权有效期限届满或者专利权被宣告无效的，专利权人不得就该专利与他人订立专利实施许可合同。因此，专利实施许可的期限分为在专利整个有效期间实施许可和在专利有效期间的某一时间段实施许可。

关于合同约定的专利实施许可方式，根据《技术合同解释》第25条的规定，专利实施许可包括以下方式：

(1)独占实施许可，是指许可人在约定许可实施专利的范围内，将该专利仅许可一个被许可人实施，许可人依约定不得实施该专利；

(2)排他实施许可，是指许可人在约定许可实施专利的范围内，将该专利仅

许可一个被许可人实施,但许可人依约定可以自行实施该专利;

(3)普通实施许可,是指许可人在约定许可实施专利的范围内许可他人实施该专利,并且可以自行实施该专利。

当事人对专利实施许可方式没有约定或者约定不明确的,认定为普通实施许可。

本条规定的专利实施许可合同被许可人的第二个主要义务是不得许可约定以外的第三人实施专利。专利实施许可合同中可以约定被许可人是否可以许可第三人实施专利。如果约定不可以,则被许可人不可以许可任何第三人实施专利;如果约定了可以许可哪些第三人实施专利,那么不得许可约定范围以外的第三人实施专利。

本条规定的专利实施许可合同被许可人的第三个主要义务是按照约定支付使用费,即被许可人应当按照约定的支付时间、支付方式、支付金额支付使用费。

如果被许可人不履行上述义务,根据《民法典》第873条第1款的规定,被许可人未按照约定支付使用费的,应当补交使用费并按照约定支付违约金;不补交使用费或者支付违约金的,应当停止实施专利,交还技术资料,承担违约责任;实施专利超越约定的范围的,未经许可人同意擅自许可第三人实施该专利的,应当停止违约行为,承担违约责任;违反约定的保密义务的,应当承担违约责任。

实务问题

在实践中,涉及本条的纠纷包括超范围实施、擅自许可第三人实施,不支付或不足额支付使用的诉讼纠纷,其中较为常见的是关于使用费的纠纷。

例如,在吕某航与黄某实用新型专利实施许可合同纠纷案①中,专利权人要求被许可人支付剩余专利授权费,被许可人辩称双方所签授权协议已解除。法院认为,被许可人未提供相应证据证明授权协议已解除,故判令被许可人支付剩余专利授权费及其逾期付款利息。

因此,建议被许可人在签订许可合同和履行合同时,尤其要注意关于实施、支付费用、许可第三人实施的合同约定。在合同签订阶段,根据实际情况来确定实施范围、是否许可第三人实施、使用费等。例如,如果授权专利产品需要委托第三人来制造,那么应该在合同里约定许可第三人实施的条件等。在合同履行阶段严格按照约定执行,必要时建议与权利人及时沟通协商修改相应约定,尽量

① 浙江省高级人民法院(2017)浙民终163号。

避免构成违约,导致得不偿失。

(编写人:权鲜枝 侯岳岩)

法律条文

第八百六十八条　技术秘密转让合同的让与人和技术秘密使用许可合同的许可人应当按照约定提供技术资料,进行技术指导,保证技术的实用性、可靠性,承担保密义务。

前款规定的保密义务,不限制许可人申请专利,但是当事人另有约定的除外。

条文主旨

本条是关于技术秘密让与人与技术秘密许可人的主要义务的规定,包括:(1)按照约定提供技术资料;(2)按照约定进行技术指导;(3)保证技术的实用性、可靠性;(4)承担保密义务。

即使许可人承担保密义务,许可人也可以申请专利,除非当事人在合同中另有约定。

根据《最高人民法院关于审理技术合同纠纷案件适用法律若干问题的解释》第29条的规定,当事人之间就申请专利的技术成果所订立的许可使用合同,专利申请公开以前,适用技术秘密许可合同的有关规定;发明专利申请公开以后、授权以前,参照适用专利实施许可合同的有关规定;授权以后,原合同即为专利实施许可合同,适用专利实施许可合同的有关规定。人民法院不以当事人就已经申请专利但尚未授权的技术订立专利实施许可合同为由,认定合同无效。

新旧法对比

《合同法》	《民法典》
第三百四十七条　技术秘密转让合同的让与人应当按照约定提供技术资料,进行技术指导,保证技术的实用性、可靠性,承担保密义务。	第八百六十八条　技术秘密转让合同的让与人**和技术秘密使用许可合同的许可人**应当按照约定提供技术资料,进行技术指导,保证技术的实用性、可靠性,承担保密义务。 **前款规定的保密义务,不限制许可人申请专利,但是当事人另有约定的除外。**

理解与适用

本法规定,技术秘密转让合同的让与人和技术秘密使用许可合同的许可人应当按照约定提供技术资料,进行技术指导,保证技术的实用性、可靠性,承担保密义务。

其中,关于技术资料,包括不限于设计图纸、工艺文件、配方等资料。关于技术指导,包括培训相关技术人员,协助安装调试设备,排除故障等。关于保证技术的实用性、可靠性,需要确保被许可人能够可靠实施相应技术,达到相应的技术性能和效果。在最高人民法院《技术合同纪要》第 53 条中也有相应的规定:"技术转让合同让与人应当保证受让人按约定的方式实施技术达到约定的技术指标……"此外,技术秘密转让合同让与人与技术秘密使用许可合同许可人还应当承担保密义务。

如果技术秘密转让合同让与人与技术秘密使用许可合同许可人不履行本条规定的主要义务,则根据《民法典》第 872 条规定的违约责任,"许可人未按照约定许可技术的,应当返还部分或者全部使用费,并应当承担违约责任;实施专利或者使用技术秘密超越约定的范围的,违反约定擅自许可第三人实施该项专利或者使用该项技术秘密的,应当停止违约行为,承担违约责任;违反约定的保密义务的,应当承担违约责任。让与人承担违约责任,参照适用前款规定"。

关于违约责任的具体形式,根据《民法典》第 577 条规定,"当事人一方不履行合同义务或者履行合同义务不符合约定的,应当承担继续履行、采取补救措施或者赔偿损失等违约责任"。

需要注意的是,相对于《合同法》,《民法典》增加了以下规定:技术秘密使用许可合同中规定的保密义务,不限制许可人申请专利,但是当事人另有约定的除外。也就是说,关于在使用许可合同履行过程中许可人是否可以申请专利,当事人之间可以约定,如果有约定则从约定;如果没有约定,则许可人有权申请专利。因为技术秘密使用许可合同的许可人许可的仅为技术秘密的使用权,许可人仍是技术秘密所有权人,所以许可人有权决定处分该技术的知识产权类型,从该技术秘密保护改为专利保护。

实务问题

在实践中,涉及本条的纠纷中关于未提供技术资料的诉讼纠纷较多。

例如,在郑州宏基研磨科技有限公司诉范某海技术转让合同纠纷案[①]中,技

① 河南省郑州市中级人民法院(2014)郑知民初字第 304 号。

术秘密转让合同的让与人提交的交付受让人技术资料目录因为没有提供具体技术资料，而且受让人也不认可曾经收到这些技术资料，所以法院认定证据无法证明让与人已经向受让人提供过这些技术材料。让与人的行为致使合同目的不能实现，因而构成根本违约，应当承担返还受让人支付的技术转让费 30 万元、服务费 17.5 万元并支付违约金 1.5 万元的违约责任。

在实践中也存在被许可人认为技术秘密公开将影响其商业利益的情况，此时被许可人可以选择通过合同约束许可人在许可期限内申请专利的权利，或是约定许可人将技术秘密申请专利后转为专利独占或排他许可。而在技术秘密转让合同中，是将技术秘密完全转让给受让人，由受让人享有完整的权益，所以应由受让人决定是否通过申请专利进行保护，而不需要获得转让人的同意。

因此，技术秘密转让合同的让与人和技术秘密使用许可合同的许可人应当积极的提供技术资料及技术指导，保证技术的实用性、可靠性，承担保密义务，从而避免产生纠纷。

（编写人：权鲜枝　侯岳岩）

法律条文

第八百六十九条　技术秘密转让合同的受让人和技术秘密使用许可合同的被许可人应当按照约定使用技术，支付转让费、使用费，承担保密义务。

条文主旨

本条是关于技术秘密受让人和技术秘密被许可人应当承担的主要义务的规定，包括：(1)按照约定使用技术；(2)支付转让费、使用费；(3)承担保密义务。

违反上述义务，构成违约行为，应当承担违约责任。

新旧法对比

《合同法》	《民法典》
第三百四十八条　技术秘密转让合同的受让人应当按照约定使用技术，支付使用费，承担保密义务。	第八百六十九条　技术秘密转让合同的受让人**和技术秘密使用许可合同的被许可人**应当按照约定使用技术，支付**转让费**、使用费，承担保密义务。

理解与适用

根据本条规定,技术秘密转让合同的受让人和技术秘密使用许可合同的被许可人应当按照约定使用技术,支付转让费、使用费,承担保密义务。

其中,关于约定使用技术,根据《民法典》第864条的规定,技术转让合同和技术许可合同可以约定实施专利或者使用技术秘密的范围,但是不得限制技术竞争和技术发展。

如果技术秘密受让人和技术秘密被许可人不履行本条规定的这些主要义务,根据《民法典》第873条的规定,被许可人未按照约定支付使用费的,应当补交使用费并按照约定支付违约金;不补交使用费或者支付违约金的,应当停止实施专利或者使用技术秘密,交还技术资料,承担违约责任;实施专利或者使用技术秘密超越约定的范围的,未经许可人同意擅自许可第三人实施该专利或者使用该技术秘密的,应当停止违约行为,承担违约责任;违反约定的保密义务的,应当承担违约责任。受让人承担违约责任,参照适用前款规定。

关于违约责任的具体形式,根据《民法典》第577条的规定,"当事人一方不履行合同义务或者履行合同义务不符合约定的,应当承担继续履行、采取补救措施或者赔偿损失等违约责任"。

实务问题

在实践中,涉及本条的诉讼纠纷包括:未按约定使用技术秘密、未支付转让费或使用费、违反保密义务,其中较为常见的是未支付转让费或使用费的纠纷。

例如,在重庆益民卫生科技开发有限责任公司与重庆伟伟医疗器械发展有限公司技术转让合同纠纷案①中,受让人拒不足额支付合同规定的技术转让费,法院判令不仅应当补交转让费,还应按照约定支付违约金以承担违约责任。

因此,技术秘密转让合同的受让人和技术秘密使用许可合同的被许可人应当按照约定使用技术,支付转让费、使用费,承担保密义务,从而避免产生纠纷。

(编写人:权鲜枝　侯岳岩)

法律条文

第八百七十条　技术转让合同的让与人和技术许可合同的许可人应当保证自己是所提供的技术的合法拥有者,并保证所提供的技术完整、无误、有效,能够达到约定的目标。

---

① 重庆市高级人民法院(2005)渝高法民终字第3号。

条文主旨

本条规定了技术转让合同的让与人或者技术许可合同的许可人负有两项保证义务,包括:

(1)保证自己是所提供技术的合法拥有者,而不是剽窃、冒充、仿造的技术,自己有权转让或者有权许可他人使用、实施该技术。

(2)保证所提供的技术是完整的、无误的、有效的,通过受让人对受让技术的使用,能够达到约定的目标,实现技术转让合同和技术许可合同的预期利益。

新旧法对比

《合同法》	《民法典》
第三百四十九条　技术转让合同的让与人应当保证自己是所提供的技术的合法拥有者,并保证所提供的技术完整、无误、有效,能够达到约定的目标。	第八百七十条　技术转让合同的让与人**和技术许可合同的许可人**应当保证自己是所提供的技术的合法拥有者,并保证所提供的技术完整、无误、有效,能够达到约定的目标。

理解与适用

本条规定,技术转让合同的让与人和技术许可合同的许可人应当保证自己是所提供的技术的合法拥有者,并保证所提供的技术完整、无误、有效,能够达到约定的目标。

其中,关于“合法拥有者”,对技术转让合同来说,“合法拥有者”是指对所转让的技术具有所有权的人,因此,如果让与人是该技术的所有人,则其为“合法拥有者”;对技术许可合同来说,“合法拥有者”是指对所许可的技术具有许可权的人,“合法拥有者”不仅包括该技术的所有人,也包括具有再许可权的被许可人。

如果技术让与人和技术许可人没有权利转让技术或者许可技术,则违反了本条的规定,根据《民法典》第872条规定,许可人未按照约定许可技术的,应当返还部分或者全部使用费,并应当承担违约责任。

此外,技术转让合同的让与人和技术许可合同的许可人还应当保证所提供的技术完整、无误、有效,能够达到约定的目标。技术转让合同的受让人和技术许可合同的被许可人之所以签订合同是因为想通过该技术去实现一定的预期利益。如果技术让与人或许可方并未提供或未完全提供完整、无误、有效的技术,不能够达到约定的目标,必然会导致技术受让人或被许可人的合同目的无法实现。在此情况下,技术让与人或者技术许可人应该承担相应的违约责任。

关于违约责任的具体形式,根据《民法典》第577条的规定,"当事人一方不履行合同义务或者履行合同义务不符合约定的,应当承担继续履行、采取补救措施或者赔偿损失等违约责任"。

实务问题

在实践中,在涉及本条的技术让与人或许可人保证义务的纠纷中,涉及所提供的技术是否完整、无误、有效,能否达到约定的目标的诉讼纠纷较多。

例如,在济川药业集团股份有限公司与北京福瑞康正医药技术研究所技术转让合同纠纷案[①]中,最高人民法院认为,作为新药的让与人,应当知晓其向受让人所提供相关技术资料的用途,并应当负有保证该转让品种的技术内容与有关数据的真实性与可靠性的义务。此外,作为药品注册申请人,应当对申报资料内容的真实性负责。由于负有法定和约定义务的让与人所提供的药学试验资料存在真实性的问题,致使该新药的有效期、安全性和临床药效无法确定,从而无法确定该新药的技术是否稳定可靠,直接导致受让人签订的技术转让合同目的落空,让与人理应承担违约责任。

通常情况下,技术转让合同会约定技术转让方帮助受让方建立技术或产品生产线,在转让方未履行或未完全履行相关帮助义务时即可能构成违约。

因此,技术转让合同的让与人和技术许可合同的许可人应当保证自己是所提供的技术的合法拥有者,并保证所提供的技术完整、无误、有效,能够达到约定的目标,否则需要承担解除合同、采取补救措施或者赔偿损失的相应违约责任。

(编写人:权鲜枝　侯岳岩)

法律条文

第八百七十一条　技术转让合同的受让人和技术许可合同的被许可人应当按照约定的范围和期限,对让与人、许可人提供的技术中尚未公开的秘密部分,承担保密义务。

条文主旨

本条是关于技术转让合同受让人和技术许可合同的被许可人应当履行的保

① 最高人民法院(2013)民申字第718号。

密义务的规定，即对让与人和许可人提供的技术中尚未公开的秘密部分，按照约定的范围和期限，承担保密义务，不得泄露。

新旧法对比

《合同法》	《民法典》
第三百五十条　技术转让合同的受让人应当按照约定的范围和期限，对让与人提供的技术中尚未公开的秘密部分，承担保密义务。	第八百七十一条　技术转让合同的受让人**和技术许可合同的被许可人**应当按照约定的范围和期限，对让与人、**许可人**提供的技术中尚未公开的秘密部分，承担保密义务。

理解与适用

根据本条规定，技术转让合同的受让人和技术许可合同的被许可人应当按照约定的范围和期限，对让与人、许可人提供的技术中尚未公开的秘密部分，承担保密义务。

技术转让合同和技术许可合同中让与人或许可人提供的技术中，有的是处于保密状态的技术；有的技术虽已公开，但是相关的背景材料、技术参数等未曾公开，这些技术及相关材料有可能涉及国家利益或者让与人的重大经济利益。这些技术秘密一旦公开，就成为公知信息，任何人都可以使用，这会给掌握该技术秘密的权利人造成巨大的损害。因此，技术转让合同的受让人和技术许可合同的被许可人对技术中尚未公开的秘密部分，应当承担保密义务。

对于技术转让合同的受让人和技术许可合同的被许可人需要承担保密义务的范围和期限，由于不同的技术秘密具有不同的特点，需要承担保密义务的范围和期限也有不同的要求，因此，现行法律法规和司法解释并没有统一的规定，而是由技术转让合同和技术许可合同的当事人约定即可。

关于技术转让合同的受让人和技术许可合同的被许可人违反保密义务的违约责任。《民法典》第873条规定，被许可人违反约定的保密义务的，应当承担违约责任。受让人承担违约责任，参照适用前款规定。

关于《民法典》第873条中的“承担违约责任”的具体方式，根据《民法典》第577条的规定，当事人一方不履行合同义务或者履行合同义务不符合规定时，应当承担的违约责任主要有三种，即继续履行、采取补救措施或者赔偿损失。

实务问题

在实践中，涉及本条的违反让与人提供的技术中尚未公开的秘密部分的保密义务的诉讼纠纷较少。

在北京纺星助剂有限公司与北京纺星佳润科贸有限公司等侵犯商业秘密纠纷案[①]中，根据让与人和受让人双方签订的技术转让合同（实际为技术秘密许可合同）的约定，技术秘密的范围和保密期限是“该技术为独家转让，保密期限五年”，即到达合同有效期 1996 年 4 月 24 日时，受让人不应再享有独家使用权，在保密期限内受让人应承担保密义务。但是根据法院查明的事实，受让人在此之后仍以独家形式使用该受让技术。从 2003 年 5 月 22 日受让人股东大会决议第 3 条中“一致确认新的合资公司将对原有的全部转让技术仍具独家使用权”的决议内容上看，让与人作为受让人的股东和技术转让方，它虽然没有与受让人签订再次转让或续展原合同的协议，却通过受让人股东大会决议的形式，明确表达出再次授予受让人对原受让技术具有独家使用权的意思表示，该授权形式合法有效。由此可见，对于本案中超期限的技术转让合同（实际为技术秘密许可合同），若让与人和受让人通过其他法律行为对技术秘密的使用作出了新的约定，受让人则可就先前的约定范围继续享有对技术秘密的权利。

因此，技术转让合同的受让人和技术许可合同的被许可人应当按照约定的范围和期限，对让与人、许可人提供的技术中尚未公开的秘密部分，承担保密义务，从而避免产生纠纷。

（编写人：权鲜枝　侯岳岩）

法律条文

第八百七十二条　许可人未按照约定许可技术的，应当返还部分或者全部使用费，并应当承担违约责任；实施专利或者使用技术秘密超越约定的范围的，违反约定擅自许可第三人实施该项专利或者使用该项技术秘密的，应当停止违约行为，承担违约责任；违反约定的保密义务的，应当承担违约责任。

让与人承担违约责任，参照适用前款规定。

① 北京市第二中级人民法院（2008）二中民终字第 11174 号。

条文主旨

本条是关于技术许可合同许可人和技术转让合同让与人的违约责任的规定，包括：

（1）未按照约定许可技术的，应当返还部分或者全部使用费，并应当承担违约责任；

（2）实施专利或者使用技术秘密超越约定的范围的，违反约定擅自许可第三人实施该项专利或者使用该项技术秘密的，应当停止违约行为，承担违约责任；

（3）违反约定的保密义务的，应当承担违约责任。

关于本条中的"承担违约责任"的具体方式，根据《民法典》第577条的规定，当事人一方不履行合同义务或者履行合同义务不符合规定时，应当承担的违约责任主要有三种，即继续履行、采取补救措施或者赔偿损失。

新旧法对比

《合同法》	《民法典》
第三百五十一条　让与人未按照约定转让技术的，应当返还部分或者全部使用费，并应当承担违约责任；实施专利或者使用技术秘密超越约定的范围的，违反约定擅自许可第三人实施该项专利或者使用该项技术秘密的，应当停止违约行为，承担违约责任；违反约定的保密义务的，应当承担违约责任。	第八百七十二条　**许可**人未按照约定**许可**技术的，应当返还部分或者全部使用费，并应当承担违约责任；实施专利或者使用技术秘密超越约定的范围的，违反约定擅自许可第三人实施该项专利或者使用该项技术秘密的，应当停止违约行为，承担违约责任；违反约定的保密义务的，应当承担违约责任。 **让与人承担违约责任，参照适用前款规定。**

理解与适用

关于本条涉及的技术转让合同和技术许可合同的具体类型，根据《民法典》第863条的规定，技术转让合同包括专利权转让、专利申请权转让、技术秘密转让等合同；技术许可合同包括专利实施许可、技术秘密使用许可等合同。因此，本条适用于专利权利转让合同、专利申请权转让合同、专利实施许可合同、技术秘密转让合同等的许可人和让与人。

关于本条规定的技术转让合同让与人和技术许可合同许可人的义务等，在《民法典》第866条、第868条和第864条中有一些具体的规定。具体而言，《民法典》第866条规定，专利实施许可合同的许可人应当按照约定许可被许可人实施专利，交付实施专利有关的技术资料，提供必要的技术指导。第868条第1款规定，技术秘密转让合同的让与人和技术秘密使用许可合同的许可人应当按照约定提供技术资料，进行技术指导，保证技术的实用性、可靠性，承担保密义务。因此，如果让与人或者许可人不履行这些条款规定的合同义务，那么根据本条规定，让与人或者许可人未按照约定让与或者许可技术的，应当返还部分或者全部使用费，并应当承担违约责任。

《民法典》第864条规定，技术转让合同和技术许可合同可以约定实施专利或者使用技术秘密的范围，但是不得限制技术竞争和技术发展。根据本条规定，如果让与人或者许可人不按照约定实施专利或者使用技术秘密超越约定的范围的，违反约定擅自许可第三人实施该项专利或者使用该项技术秘密的，应当停止违约行为，承担违约责任。违反约定的保密义务的，应当承担违约责任。

在要求违约方承担违约责任的时间点上，除对方逾期不履行外，《民法典》第578条还规定，当事人一方明确表示或者以自己的行为表明不履行合同义务的，对方可以在履行期限届满前请求其承担违约责任。

需要注意的是，因为《民法典》第591条规定，当事人一方违约后，对方应当采取适当措施防止损失的扩大；没有采取适当措施致使损失扩大的，不得就扩大的损失请求赔偿。当事人因防止损失扩大而支出的合理费用，由违约方负担。因此，让与人或者许可人违约给受让人和被许可人造成损失的，受让人和被许可人也有防止损失扩大的法定义务，当然相关费用是因违约方的违约行为产生的，因此应当由违约方承担。

实务问题

在实践中，经常发生争议的是许可人和让与人是否按照约定许可技术或者转让技术。

例如，在济川药业集团股份有限公司与北京福瑞康正医药技术研究所技术转让合同纠纷案[①]中，法院认为由于负有法定和约定义务的被告所提供的药学试验资料存在真实性的问题，致使该新药的有效期、安全性和临床药效无法确定，因而无法确定该新药的技术是否稳定可靠，直接导致原告签订的技术转让合同目的落空，被告理应承担违约责任。在华夏星通(北京)科技发展有限公司诉

① 最高人民法院(2013)民申字第718号。

山东箭波通信设备有限公司技术转让合同纠纷案[①]中，原、被告双方签订合同约定被告在合同签订后5个工作日内送样品及相关资料，对原告员工进行技术培训和指导，法院认定被告未履行该义务，构成违约，支持了原告解除合同的主张。

由于许可人和让与人的违约责任容易导致不利的法律后果，建议许可人和让与人都在合同签订时明确自己的合同义务，并按照约定履行合同，以免造成不必要的损失。

（编写人：权鲜枝　解加芬）

法律条文

第八百七十三条　被许可人未按照约定支付使用费的，应当补交使用费并按照约定支付违约金；不补交使用费或者支付违约金的，应当停止实施专利或者使用技术秘密，交还技术资料，承担违约责任；实施专利或者使用技术秘密超越约定的范围的，未经许可人同意擅自许可第三人实施该专利或者使用该技术秘密的，应当停止违约行为，承担违约责任；违反约定的保密义务的，应当承担违约责任。

受让人承担违约责任，参照适用前款规定。

条文主旨

本条是关于技术许可合同的被许可人和技术转让合同的受让人的违约责任的规定，包括：

（1）按照约定支付使用费，不按照约定支付使用费的应当补交使用费并支付违约金，否则应当停止实施专利或者使用技术秘密，交还技术资料，承担违约责任；

（2）超过约定的范围实施专利或者技术秘密，未经许可人同意擅自许可第三人实施该专利或者使用该技术秘密的，应当停止违约行为，承担违约责任，比如支付违约金等；

（3）保守秘密，违反约定的保密义务的，应当承担违约责任，比如赔偿损失、支付违约金等。

关于本条中的“承担违约责任”的具体方式，根据《民法典》第577条的规

① 最高人民法院(2015)民申字第2870号。

定，当事人一方不履行合同义务或者履行合同义务不符合规定时，应当承担的违约责任主要有三种，即继续履行、采取补救措施或者赔偿损失。

新旧法对比

《合同法》	《民法典》
第三百五十二条　受让人未按照约定支付使用费的，应当补交使用费并按照约定支付违约金；不补交使用费或者支付违约金的，应当停止实施专利或者使用技术秘密，交还技术资料，承担违约责任；实施专利或者使用技术秘密超越约定的范围的，未经让与人同意擅自许可第三人实施该专利或者使用该技术秘密的，应当停止违约行为，承担违约责任；违反约定的保密义务的，应当承担违约责任。	第八百七十三条　**被许可**人未按照约定支付使用费的，应当补交使用费并按照约定支付违约金；不补交使用费或者支付违约金的，应当停止实施专利或者使用技术秘密，交还技术资料，承担违约责任；实施专利或者使用技术秘密超越约定的范围的，未经**许可**人同意擅自许可第三人实施该专利或者使用该技术秘密的，应当停止违约行为，承担违约责任；违反约定的保密义务的，应当承担违约责任。 **受让人承担违约责任，参照适用前款规定。**

理解与适用

关于本条涉及的技术转让合同和技术许可合同的具体类型，根据《民法典》第863条的规定，技术转让合同包括专利权转让、专利申请权转让、技术秘密转让等合同；技术许可合同包括专利实施许可、技术秘密使用许可等合同。因此，本条适用于专利权转让合同、专利申请权转让合同、专利实施许可合同、技术秘密转让合同等的被许可人和受让人。

关于本条规定的技术转让合同受让人和技术许可合同被许可人的义务等，在《民法典》第867条、第869条和第871条中有一些具体的规定。具体而言，《民法典》第867条规定，专利实施许可合同的被许可人应当按照约定实施专利，不得许可约定以外的第三人实施该专利，并按照约定支付使用费。第869条规定，技术秘密转让合同的受让人和技术秘密使用许可合同的被许可人应当按照约定使用技术，支付转让费、使用费，承担保密义务。根据本条的规定，受让人或者被许可人不支付费用的，应当补交使用费并按照约定支付违约金；不补交使用费或者支付违约金的，应当停止实施专利或者使用技术秘密，交还技术资料，承担违约责任；擅自许可第三人实施该专利或者使用该技术秘密的，应当停止违约行为，承担违约责任。

《民法典》第871条规定，技术转让合同的受让人和技术许可合同的被许可人应当按照约定的范围和期限，对让与人、许可人提供的技术中尚未公开的秘密部分，承担保密义务。根据本条的规定，如果受让人或者被许可人违反保密义务，应当承担违约责任。

实务问题

在实务中，关于被许可人和受让人违约的纠纷比较常见。

例如，在林某某诉蔡某某实用新型专利实施许可合同纠纷案①中，双方约定林某某以排他实施许可的方式将案涉专利授权和风厂使用，许可使用期为两年；合同约定的许可使用费总额为200,000元，采用分期付款方式支付。蔡某某在支付前四期共计120,000元使用费后，超过付款期限30日仍没有向林某某支付剩余两期款项。法院认定蔡某某违反了合同约定，支持了林某某根据合同约定请求蔡某某支付违约金及合同持续期间未支付的专利许可使用费的诉讼请求。

对于许可人和让与人来说，其最主要义务就是支付价款，为了防止被许可人和受让人不能支付价款，在签订合约前事先了解一下其支付能力，在签订合同时约定明确的支付时点、违约责任等，以尽量避免收不到价款；并确保即使不能收到价款，也能很好地保护自身的合法权益。

（编写人：权鲜枝　解加芬）

法律条文

第八百七十四条　受让人或者被许可人按照约定实施专利、使用技术秘密侵害他人合法权益的，由让与人或者许可人承担责任，但是当事人另有约定的除外。

条文主旨

本条是关于让与人或者许可人的侵权责任的规定，即受让人或者被许可人按照约定实施专利、技术秘密时，侵害了其他人的合法权益的，如果当事人对于侵权责任的承担有约定，则按照约定确定侵权责任的承担方，否则由让与人或者许可人承担侵权责任。

---

① 广东省东莞市中级人民法院(2014)东中法知民初字第105号。

新旧法对比

《合同法》	《民法典》
第三百五十三条　受让人按照约定实施专利、使用技术秘密侵害他人合法权益的，由让与人承担责任，但当事人另有约定的除外。	第八百七十四条　受让人**或者被许可人**按照约定实施专利、使用技术秘密侵害他人合法权益的，由让与人**或者许可人**承担责任，但**是**当事人另有约定的除外。

理解与适用

本条所指的"他人的合法权益"，一般是指他人的专利或者技术秘密等知识产权。

让与人或者许可人是专利或者技术秘密的提供者，其有义务确保其提供的专利或者技术秘密不会侵害其他人的合法权益，因此，如果作为被提供者的让与人或者被许可人按照约定实施专利、使用技术秘密侵害他人合法权益的，该侵权责任理应由让与人或者许可人承担。当然，如果在签订合同过程中让与人或者被许可人有足够的优势地位或者双方有其他方面的考虑，双方也可以约定其他的责任承担方式。

另外，根据《专利法》《商标法》《著作权法》等法律的规定，侵犯他人知识产权的民事侵权责任，主要包括停止侵权、赔偿损失等；侵犯商标权和著作权法，满足一定条件的，还可能需要负刑事责任。值得注意是，《民法典》第 1185 条明确规定，故意侵害他人知识产权，情节严重的，被侵权人有权请求相应的惩罚性赔偿。

实务问题

在实践中，关于技术转让合同和技术许可合同中的技术秘密侵犯他人权利的纠纷时有发生。

在江苏明宇光电科技有限公司与扬州荣光照明电器有限公司外观设计专利实施许可合同纠纷案①中，被告许可原告使用其专利技术生产花灯，但原告实施该专利生产花灯后，被诉侵犯第三方的专利权。原告要求被告赔偿，但被告主张其不知会侵犯第三方的专利，要求双方共同承担损失。最后法院认为，双方合同约定涉案专利实施中的全部知识产权问题均由被告负责，被告应当按约定向原告赔偿损失。双方并未约定按部件比例承担责任，因此，不支持被告关于按部件

① 江苏省扬州市中级人民法院(2017)苏 10 民终 1938 号。

比例承担责任的主张。

由于法律规定，当事人约定优于法律规定，建议双方在合同中明确约定可能出现的侵权类型以及产生侵权时的责任承担，比如由谁承担、责任的范围、承担的具体方式等，以保护各自的合法权益。

（编写人：权鲜枝　解加芬）

法律条文

第八百七十五条　当事人可以按照互利的原则，在合同中约定实施专利、使用技术秘密后续改进的技术成果的分享办法；没有约定或者约定不明确，依据本法第五百一十条的规定仍不能确定的，一方后续改进的技术成果，其他各方无权分享。

条文主旨

本条是关于后续改进技术成果的归属与分享的规定。

根据本条规定，后续改进成果的归属按照以下顺序确定：

（1）如果当事人有约定，按照约定来确定后续改进技术成果的归属方。

（2）如果当事人没有约定或者约定不明确的，依据本法第 510 条的规定，可以协议补充或者按照合同条款或者交易习惯确定后续改进技术成果的归属方。

（3）如果以上方式都不能确定的，后续改进的技术成果归改进方所有，其他各方无权分享。

最高人民法院《技术合同纪要》指出，本条的后续改进，是指在技术转让合同有效期内，当事人一方或各方对合同标的技术所作的革新或者改良。

新旧法对比

《合同法》	《民法典》
第三百五十四条　当事人可以按照互利的原则，在技术转让合同中约定实施专利、使用技术秘密后续改进的技术成果的分享办法。没有约定或者约定不明确，依照本法第六十一条的规定仍不能确定的，一方后续改进的技术成果，其他各方无权分享。	第八百七十五条　当事人可以按照互利的原则，在合同中约定实施专利、使用技术秘密后续改进的技术成果的分享办法；没有约定或者约定不明确，依**据**本法第**五百一十条**的规定仍不能确定的，一方后续改进的技术成果，其他各方无权分享。

理解与适用

当今社会科学技术发展迅速，由于专利、技术秘密的特殊性，在实施专利或使用技术秘密的过程中很容易出现技术改进。如果合同双方不对后续技术改进的归属和使用方式进行约定，则极其容易出现纠纷。

本条尊重了意思自治原则，允许当事人之间自行约定，并明确规定，在没有约定的情况下，改进技术成果归改进方所有。根据本条的规定，当事人可以对后续改进技术的专利申请权、改进技术的使用、后续改进程度、实质性改进和非实质性改进的界限或标准等问题进行明确约定。如果当事人未明确约定，则一方后续改进的技术成果归改进方所有，其他各方无权分享。

另外，根据《民法典》第844条规定，订立技术合同，应当有利于知识产权的保护和科学技术的进步，促进科学技术成果的研发、转化、应用和推广。在后续改进的技术成果的约定上也应该遵守该规定。

实务问题

实践中，涉及后续改进技术成果归属的纠纷也不少。

例如，在东莞市骥发自动化设备有限公司、周口市三禾自控工程技术有限公司专利权权属纠纷案①中，原告主张涉案专利是其自行研发的专利，而被告主张涉案专利是原告在履行双方的协议过程中改进产生的技术。原告请求法院确认涉案专利归其所有。法院审理后认为被告在签订协议前已经初步掌握涉案专利技术的基本框架并告知原告。协议也约定在基础技术上的改进和完善的技术方案归被告所有，涉案专利属于协议的合同标的技术，应当归属于被告所有。

由于技术成果的归属涉及该技术成果的占有权、使用权以及获得利益权，因此技术成果的归属是非常重要的问题，建议技术合同的当事人在合同中明确约定后续改进成果的归属，以避免出现不必要的纠纷。

（编写人：权鲜枝　解加芬）

法律条文

第八百七十六条　集成电路布图设计专有权、植物新品种权、计算机软件著作权等其他知识产权的转让和许可，参照适用本节的有关规定。

① 广东省高级人民法院(2018)粤民终1270号。

条文主旨

本条是关于其他知识产权转让和许可的参照适用的规定。集成电路布图设计专有权、植物新品种权、计算机软件著作权等其他知识产权的转让和许可参照适用本节的有关规定。

新旧法对比

无	《民法典》
无	第八百七十六条 **集成电路布图设计专有权、植物新品种权、计算机软件著作权等其他知识产权的转让和许可,参照适用本节的有关规定。**

理解与适用

关于集成电路布图设计专有权,根据《集成电路布图设计保护条例》第2条的规定,集成电路布图设计是指集成电路中至少有一个是有源元件的两个以上元件和部分或者全部互连线路的三维配置,或者为制造集成电路而准备的上述三维配置。关于集成电路布图设计专有权的获权和保护等,详见《集成电路布图设计保护条例》的规定。

关于植物新品种权,根据《植物新品种保护条例》第2条的规定,植物新品种,是指经过人工培育的或者对发现的野生植物加以开发,具备新颖性、特异性、一致性和稳定性并有适当命名的植物品种。关于植物新品种权的获权和保护等,详见《植物新品种保护条例》的规定。

关于计算机软件著作权,根据《计算机软件保护条例》第4条的规定,该条例所称对软件的保护,是指软件的著作权人或者其受让者享有本条例规定的软件著作权的各项权利。第8条规定,软件著作权人享有发表权、署名权、修改权、复制权、发行权、出租权、信息网络传播权、翻译权等应当由软件著作权人享有的其他权利。软件著作权人可以许可他人行使其软件著作权,并有权获得报酬。软件著作权人可以全部或者部分转让其软件著作权,并有权获得报酬。关于计算机软件著作权的获权和保护等,详见《计算机软件保护条例》的规定。

集成电路布图设计专有权、植物新品种权、计算机软件著作权等知识产权都涉及技术问题,其转让和许可所面临的法律问题与技术许可和转让类似,因此,明确规定这些知识产权的转让和许可参照适用的法律规定能够统一标准,能更好地促进科学技术成果的研发、转化、应用和推广。

实务问题

本条规定虽然为《民法典》新设条文,但事实上在本条实施之前,已经有法院参照技术合同的相关规定对以上其他知识产权相关的合同进行审理。

例如,在岑溪市聚吧科技有限公司诉广西南宁市同志广告制作有限公司等软件许可使用合同纠纷案①中,原告与被告签订了一份《软件销售合同》,合同签订后,被告向原告支付定金,原告亦向被告提供了合同约定的设备和软件,但被告一直未向原告支付余款。法院审理认为,原告已按合同约定将游戏软件及设备交给被告,已依合同约定履行了义务。而被告作为计算机软件著作权的被许可人,未按合同约定支付原告剩余货款,已构成违约,应参照适用技术许可合同被许可人违约责任的相关规定承担违约责任。

因此,在实务中遇到涉及集成电路布图设计专有权、植物新品种权、计算机软件著作权等知识产权的转让和许可时,可以参照本节规定进行合同起草、纠纷解决。

(编写人:权鲜枝　解加芬)

法律条文

第八百七十七条　法律、行政法规对技术进出口合同或者专利、专利申请合同另有规定的,依照其规定。

条文主旨

本条是关于技术进出口合同或者专利、专利申请合同的法律适用的规定。

法律、行政法规对技术进出口合同或者专利、专利申请合同另有规定的,依照其规定。

其中,关于技术进出口合同,适用《技术进出口管理条例》的规定。

关于专利、专利申请合同,适用《专利法》和《专利法实施细则》的相关规定。

① 广西壮族自治区南宁市中级人民法院(2007)南市民三初字第90号。

新旧法对比

《合同法》	《民法典》
第三百五十五条　法律、行政法规对技术进出口合同或者专利、专利申请合同另有规定的，依照其规定。	【内容不变】第八百七十七条

理解与适用

关于技术进出口合同，根据《技术进出口管理条例》规定，我国境内的自然人、法人或者非法人组织从中华人民共和国境外向中华人民共和国境内，或者从中华人民共和国境内向中华人民共和国境外，通过贸易、投资或者经济技术合作的方式转移技术而与对方当事人订立的合同，称为技术进出口合同。

根据《技术进出口管理条例》规定，中国的技术出口分为三个大类：自由出口技术、限制出口技术和禁止出口技术。

（1）自由出口的技术实行合同登记管理，但该登记不是合同生效的条件。

（2）限制出口的技术实行许可证管理，技术出口合同自技术出口许可证颁发之日起生效。凡出口中国限制出口的技术的，在与外方就技术出口交易进行实质性谈判前，技术出口经营者必须获得省级商务主管部门颁发的中华人民共和国技术出口许可意向书。在技术出口合同签署以后，需要获得省级商务主管部门颁发的技术出口许可证。

（3）禁止出口技术不得以任何方式出口，因此无须办理审批手续。

关于专利、专利申请的转让和许可，在《专利法》第 10 条和《专利法实施细则》第 14 条中有详细规定。具体而言，根据《专利法》第 10 条的规定，专利申请权和专利权可以转让。中国单位或者个人向外国人、外国企业或者外国其他组织转让专利申请权或者专利权的，应当依照有关法律、行政法规的规定办理手续。转让专利申请权或者专利权的，当事人应当订立书面合同，并向国务院专利行政部门登记，由国务院专利行政部门予以公告。专利申请权或者专利权的转让自登记之日起生效。

根据《专利法实施细则》第 14 条的规定，除转让专利权外，专利权因其他事由发生转移的，当事人应当凭有关证明文件或者法律文书向国务院专利行政部门办理专利权转移手续。专利权人与他人订立的专利实施许可合同，应当自合同生效之日起 3 个月内向国务院专利行政部门备案。

由此可见，根据《专利法》等相关法律法规的规定，专利申请权或者专利权的转让应当订立书面合同，并向国务院专利行政部门进行登记，合同自登记之日起生效。登记是专利申请权或者专利权的转让合同的生效要件。专利实施许可合同应当向国务院专利行政部门备案，但是否备案并不影响合同效力。

实务问题

在实务中，法院在审理技术进出口合同中，会首先审查合同的效力问题。

例如，在奥斯纳布吕克储蓄银行、安徽中辰投资控股有限公司合同、无因管理、不当得利纠纷案[①]中，法院认为，美安达公司向艾尔巴古公司购买测量仪专利申请权的行为属于技术进出口，应依法取得国务院对外贸易主管部门的许可。美安达公司未经许可，与艾尔巴古公司签订《购买合同》和《专利权购买协议》，违反了我国法律的强制性规定，根据《合同法》第 52 条的规定，所签《购买合同》和《专利权购买协议》均无效。

在北京锅炉厂诉潘某明专利权属纠纷上诉案[②]中，法院认为，《专利法》第 10 条第 3 款规定，转让专利申请权或专利权的，当事人必须订立书面合同，经专利行政部门登记和公告后生效。而原审原告与原审被告之间从未订立过专利申请权转让合同，不能认定为是转让专利申请权的行为。

综上可见，根据专利法及其相关法律法规的规定，专利申请或专利许可合同和专利转让合同均需采用书面形式，专利转让合同还必须在国家知识产权局登记后才产生效力。对于涉及技术进出口的合同，还需要根据技术是属于自由进出口技术还是限制进出口技术而分别在商务部门进行登记或许可加登记，否则这些技术进出口合同会因未履行相应的手续而导致此类合同无效，致使合同目的落空。

（编写人：权鲜枝　解加芬）

第四节　技术咨询合同和技术服务合同

法律条文

第八百七十八条　技术咨询合同是当事人一方以技术知识为对方就特定技术项目提供可行性论证、技术预测、专题技术调查、分析评价报告等所订立的合同。

① 安徽省高级人民法院（2017）皖民终 49 号。
② 参见北京锅炉厂诉潘某明专利权属纠纷上诉案，载《最高人民法院公报》1995 年第 3 期。

技术服务合同是当事人一方以技术知识为对方解决特定技术问题所订立的合同，不包括承揽合同和建设工程合同。

条文主旨

本条是关于技术咨询合同和技术服务合同定义的规定。

技术咨询合同是指当事人一方运用技术知识为对方就特定技术项目提供可行性论证、技术预测、专题技术调查、分析评价报告等所订立的合同。根据《技术合同解释》第30条的规定，其中“特定技术项目”包括有关科学技术与经济社会协调发展的软科学研究项目，促进科技进步和管理现代化、提高经济效益和社会效益等运用科学知识和技术手段进行调查、分析、论证、评价、预测的专业性技术项目。

技术服务合同是指当事人一方运用其掌握的专业技术知识、经验和信息为另一方解决特定技术问题所订立的合同。根据《技术合同解释》第33条的规定，这里的“特定技术问题”是指需要运用科学技术知识解决专业技术工作中有关改进产品结构、改良工艺流程、提高产品质量、降低产品成本、节约资源能耗、保护资源环境、实现安全操作、提高经济效益和社会效益等问题。

新旧法对比

《合同法》	《民法典》
第三百五十六条　技术咨询合同包括就特定技术项目提供可行性论证、技术预测、专题技术调查、分析评价报告等合同。 技术服务合同是指当事人一方以技术知识为另一方解决特定技术问题所订立的合同，不包括建设工程合同和承揽合同。	第八百七十八条　技术咨询合同**是当事人一方以技术知识为对方**就特定技术项目提供可行性论证、技术预测、专题技术调查、分析评价报告等**所订立的**合同。 技术服务合同是当事人一方以技术知识为对方解决特定技术问题所订立的合同，不包括**承揽合同和建设工程合同**。

理解与适用

本条第1款在《合同法》第356条第1款基础上进行了修改，在技术咨询合同概念中增加了“当事人一方以技术知识为对方”的表述，强调了技术咨询合同的技术性特点，同时与技术服务合同的相关表述相一致。

本条第2款，参考《中华人民共和国民法典合同编理解与适用》(四)，符合

下列条件的,可以认定是技术服务合同:

(1)合同的标的是运用专业技术知识、经济和信息解决特定技术问题的项目;

(2)服务内容是改进产品结构、改良工艺流程、提高产品质量、降低产品成本、节约资源能耗、保护资源环境、实现安全操作、提高经济效益和社会效益等专业技术工作;

(3)工作成果有具体质量和数量指标;

(4)技术知识的传递不涉及专利和技术秘密成果的权属。

《最高人民法院关于审理技术合同纠纷案件适用法律若干问题的解释》第34条规定,当事人一方以技术转让或者技术许可的名义提供已进入公有领域的技术,或者在技术转让合同、技术许可合同履行过程中合同标的技术进入公有领域,但是技术提供方进行技术指导、传授技术知识,为对方解决特定技术问题符合约定条件的,按照技术服务合同处理。

实务问题

不同类型的技术合同,其权利义务关系有着较大区别。特别是,在合同缺乏明确规定的情况下,不同类型的技术合同将适用不同的法律规定,对当事人的利益有着重要影响。因此,实践中区别不同类型的技术合同非常重要。

在四川省鲲鹏水利水电工程有限公司诉北京达飞安评管理顾问有限公司公司合同纠纷案①中,涉案合同虽然名为“技术服务合同”,但合同内容并无技术问题和技术难度。法院认为,涉案合同约定受托人负责对委托人进行水利水电施工企业安全生产标准化二级达标咨询服务,并无技术问题和解决难度;受托人提供的具体服务内容既未解决改进产品结构、改良工艺流程、提高产品质量、降低产品成本、节约资源能耗、保护资源环境、实现安全操作、提高经济效益和社会效益的特定技术问题,工作成果也未有具体的质量和数量指标,故并非技术服务合同,不适用关于技术合同集中管辖相关规定,遂移送给基层法院审理。

在合同审查实务中,对合同性质的判定也需要根据合同的具体条款结合本条规定进行。只有正确判断了合同性质,才能根据合同的主要条款从有利于当事人的角度进行法律审查和修订。

(编写人:权鲜枝　姜梦军)

① 四川省成都市中级人民法院(2018)川01民初157号。

法律条文

第八百七十九条　技术咨询合同的委托人应当按照约定阐明咨询的问题，提供技术背景材料及有关技术资料，接受受托人的工作成果，支付报酬。

条文主旨

本条是关于技术咨询合同委托人主要义务的规定。

在技术咨询合同中，委托人应当负担的义务是：

(1)阐明咨询的问题，并按照合同的约定向受托人提供有关技术背景材料及有关技术资料；

(2)按时接受受托人的工作成果并按约定支付报酬。

新旧法对比

《合同法》	《民法典》
第三百五十七条　技术咨询合同的委托人应当按照约定阐明咨询的问题，提供技术背景材料及有关技术资料、数据；接受受托人的工作成果，支付报酬。	第八百七十九条　技术咨询合同的委托人应当按照约定阐明咨询的问题，提供技术背景材料及有关**技术资料**，接受受托人的工作成果，支付报酬。

理解与适用

《民法典》第878条第1款规定，技术咨询合同是指当事人一方运用技术知识为对方就特定技术项目提供可行性论证、技术预测、专题技术调查、分析评价报告等所订立的合同。委托人需要先阐明咨询的问题，受托人才能运用技术知识完成咨询报告或者解答问题，其中阐明咨询的问题指的是委托人按照合同的约定向受托人讲清所要咨询的技术问题的基本要求、基本要点等。

提供的技术背景材料及有关技术资料，是指受托人完成咨询任务所需要的合同中约定的有关技术背景、技术材料、技术资料等，还包括应受托人的要求在咨询过程中及时补充的有关材料、资料等。因技术资料包括数据，因此，本条在《合同法》第357条基础上修改时，删除了委托人应提供的“数据”。根据《民法典》第881条的规定，技术咨询合同的委托人未按照约定提供必要的资料，影响工作进度和质量，支付的报酬不得追回，未支付的报酬应当支付。

受托人完成工作成果后，委托人应当接受受托人的工作成果，否则技术咨询合同将处于不能履行完毕的状态，因此接受工作成果是委托人的义务。

委托人支付报酬是受托人完成工作成果的对价，是委托人必须履行的最基本义务，也是主要义务。委托人不支付报酬的，应当按照《民法典》第577条承担违约责任。

实务问题

关于本条，实务中主要涉及技术咨询合同的委托人不依照本条及合同约定履行合同约定的各项义务导致承担违约责任的情形，其中委托人未依约支付报酬的纠纷最多。

例如，在湖北永业行评估咨询有限公司诉攸县湘东义乌国际商贸城开发有限公司技术咨询服务合同纠纷案[①]中，被告作为技术咨询服务合同的委托人仅于2014年9月9日支付原告3万元，余款7万元一直未付，法院经审理认为，根据该条的规定，受托人已依约履行义务，委托人未完全履行支付报酬的义务，应当承担支付余款7万元及逾期利息的违约责任。

因此，建议技术咨询合同应明确约定委托人需要阐明哪些具体问题，需要提供哪些技术背景材料及有关技术资料，对于支付报酬，应明确具体支付时间和支付方式。同时，委托人应当按照本法规定以及合同约定履行委托人的各项义务，否则可能需要依法承担相应的违约责任。

（编写人：权鲜枝　姜梦军）

法律条文

第八百八十条　技术咨询合同的受托人应当按照约定的期限完成咨询报告或者解答问题，提出的咨询报告应当达到约定的要求。

条文主旨

本条是关于技术咨询合同受托人主要义务的规定。

在技术咨询合同中，受托人应当负担的主要义务是：(1)应当依照合同约定的期限，完成咨询报告或者解答问题；(2)提出的咨询报告应当达到约定的要求。

① 湖南省株洲市中级人民法院(2017)湘02民初6号。

新旧法对比

《合同法》	《民法典》
第三百五十八条　技术咨询合同的受托人应当按照约定的期限完成咨询报告或者解答问题;提出的咨询报告应当达到约定的要求。	第八百八十条　技术咨询合同的受托人应当按照约定的期限完成咨询报告或者解答问题,提出的咨询报告应当达到约定的要求。

理解与适用

本条是关于技术咨询合同的受托人的主要义务的规定。

《民法典》第878条规定,技术咨询合同是指当事人一方运用技术知识为对方就特定技术项目提供可行性论证、技术预测、专题技术调查、分析评价报告等所订立的合同。为了实现委托人的合同目的,受托人应当按照合同约定的期限,完成咨询报告或者解答问题。《民法典》第881条规定,技术咨询合同的受托人未按期提出咨询报告,应当承担减收或者免收报酬等违约责任。

根据《中华人民共和国民法典合同编理解与适用》(四)中关于技术咨询合同的解释,技术咨询合同的受托人提出的咨询报告应当达到约定的要求,这里所讲的要求,至少包括质量要求。该质量要求应当是属于合同所约定的、并被受托人所接受的、先进的、具有可操作性、具有极大的参考价值的咨询报告或者对问题的解答。《民法典》第881条规定,技术咨询合同的受托人提出的咨询报告不符合约定的,应当承担减收或者免收报酬等违约责任。

实务问题

关于本条,实务中主要涉及技术咨询合同的受托人不依照本条及合同约定履行合同约定的义务导致承担违约责任的情形,其中受托人提出的咨询报告未能达到委托人要求的纠纷发生率最高。

例如,在山西地学环境科技有限公司诉甘肃七个井矿业有限公司等技术咨询合同纠纷案①中,法院认为,原告作为技术咨询合同的受托人提交的资料存在工程的项目资料凌乱且互相不吻合的情形,项目实际施工资料与收集资料未进行分割,提供的资料未能证明得到委托人的认可。由此,受托人提出的咨询报告并未达到约定的要求,受托人并未依约履行义务,依法驳回了受托人的要求委托

① 甘肃省酒泉地区(市)中级人民法院(2014)酒民二初字第73号。

人支付工程款及违约金的诉讼请求。

因此,建议技术咨询合同应明确约定受托人完成咨询报告的具体期限及咨询报告的验收标准,受托人应当按照本条规定以及合同约定履行受托人的各项义务,否则可能需要依法承担违约责任。

(编写人:权鲜枝　姜梦军)

法律条文

第八百八十一条　技术咨询合同的委托人未按照约定提供必要的资料,影响工作进度和质量,不接受或者逾期接受工作成果的,支付的报酬不得追回,未支付的报酬应当支付。

技术咨询合同的受托人未按期提出咨询报告或者提出的咨询报告不符合约定的,应当承担减收或者免收报酬等违约责任。

技术咨询合同的委托人按照受托人符合约定要求的咨询报告和意见作出决策所造成的损失,由委托人承担,但是当事人另有约定的除外。

条文主旨

本条是关于技术咨询合同的委托人、受托人的主要义务以及关于违约责任、风险负担进行了规定。

技术咨询合同委托人的违约行为是:(1)未按照约定提供必要的资料,影响工作进度和质量,主要表现是迟延提供、提供的资料和数据有严重缺陷、不提供三种情形。(2)不接受或者逾期接受工作成果。委托人承担的违约责任是:支付的报酬不得追回;未支付的报酬应当支付。

技术咨询合同受托人的违约行为是:(1)未按期提出咨询报告;(2)提出的咨询报告不符合约定。受托人承担的违约责任是,应当承担减收或者免收报酬等责任。

技术咨询合同的委托方采纳和实施受托方作出的符合合同约定的咨询报告和意见后出现风险责任的承担原则是:除合同另有规定外,委托方按照受托方符合约定要求的咨询报告和意见作出决策所造成的损失,应当由委托方承担,受托方不承担责任。

新旧法对比

《合同法》	《民法典》
第三百五十九条　技术咨询合同的委托人未按照约定提供<u>必要的资料和数据</u>，影响工作进度和质量，不接受或者逾期接受工作成果的，支付的报酬不得追回，未支付的报酬应当支付。 技术咨询合同的受托人未按期提出咨询报告或者提出的咨询报告不符合约定的，应当承担减收或者免收报酬等违约责任。 技术咨询合同的委托人按照受托人符合约定要求的咨询报告和意见作出决策所造成的损失，由委托人承担，但当事人另有约定的除外。	第八百八十一条　技术咨询合同的委托人未按照约定提供<u>**必要的资料**</u>，影响工作进度和质量，不接受或者逾期接受工作成果的，支付的报酬不得追回，未支付的报酬应当支付。 技术咨询合同的受托人未按期提出咨询报告或者提出的咨询报告不符合约定的，应当承担减收或者免收报酬等违约责任。 技术咨询合同的委托人按照受托人符合约定要求的咨询报告和意见作出决策所造成的损失，由委托人承担，但是当事人另有约定的除外。

理解与适用

《民法典》第 879 条规定，技术咨询合同的委托人应当按照约定阐明咨询的问题，提供技术背景材料及有关技术资料，接受受托人的工作成果，支付报酬。参考《中华人民共和国民法典合同编理解与适用》(四)，委托人未按照约定提供必要的资料，或者所提供的资料有严重缺陷，影响工作进度和质量的，将会影响受托人的工作进度和咨询报告的质量；受托人完成工作成果后，委托人有义务按时接受工作成果，如果委托人不接受或者逾期接受工作成果，将导致合同不能履行完毕，势必给受托人造成损失，因此上述情形委托人支付的报酬不得追回，未支付的报酬应当支付。

委托人提供相关材料后，受托人应检查材料是否有明显错误或者缺陷，委托人应根据受托人的检查意见在合理期限内答复。根据《技术合同解释》第 32 条的规定，技术咨询合同受托人发现委托人提供的资料、数据等有明显错误或者缺陷，未在合理期限内通知委托人的，视为其对委托人提供的技术资料、数据等予以认可。委托人在接到受托人的补正通知后未在合理期限内答复并予补正的，发生的损失由委托人承担。

《民法典》第 880 条规定，技术咨询合同的受托人应当按照约定的期限完成咨询报告或者解答问题，提出的咨询报告应当达到约定的要求。参考《中华人民共和国民法典合同编理解与适用》(四)，受托人提交报告的期限对于委托人至关重要,任何项目的实施均是严格限定期限的,项目的延期势必增加委托人的项目实施成本。因此,受托人未按期提出咨询报告或者意见,不仅违反了合同约定,也给委托人造成一定的损失。受托人提交的咨询报告和意见不符合合同约定条件,意味着提供的服务质量不达标,无法满足委托人的服务需求,合同的目的无法实现。此种情况也势必会给委托人造成时间或者金钱上的损失。此两种情况下,受托人应当根据情况减收或者免收报酬。

参考《中华人民共和国民法典合同编理解与适用》(四),关于技术咨询合同涉及的决策责任的规定,目的是鼓励受托人积极向委托人提供咨询意见,但是受托人不能因此对委托人委托的技术项目不作调查研究,对咨询报告和意见不负责。如果受托人提供的咨询报告和意见没有科学依据,或者有明显的缺陷甚至错误的,应当承担违反合同的违约责任。

实务问题

1. 委托人的违约责任

在实践中,关于技术咨询合同中委托人未按照约定提供必要的资料,影响工作进度和质量,不接受或者逾期接受工作成果导致的纠纷案件很多。

例如,在徐州华朔机电科技有限公司诉徐州际标中大管理咨询有限公司咨询合同纠纷案①中,委托人与受托人签订一份《管理咨询合同》,受托人收到首期咨询服务费后即按照合同约定开展工作,后委托人没有按照双方约定的要求完成自己应该提交的企业技术资料,导致合同无法如期进行。法院认为,因委托人违约致使双方签订的《管理咨询合同》无法履行,依照法律规定,委托人支付的报酬不得追回。

例如,在赛迪顾问股份有限公司与茂名市茂南区电子商务协会技术咨询合同纠纷案②中,受托人已履行义务向委托人提交了项目成果报告,委托人也支付了第一期项目报酬,但委托人未按照合同约定对项目成果报告进行验收。法院认为,因委托人未在合同约定的 10 个工作日内对项目成果报告验收,依合同已构成违约,依照法律规定,委托人应当支付第二期项目报酬并承担违约金。

实务中,委托人还存在本条规定之外的其他违约行为的,也应承担相应的违约责任。例如:委托人未能按照合同约定期限向受托人支付报酬的,应当如数支付,并向受托人支付延迟付款的违约金;委托人未能按照合同约定期限接受工作

① 江苏省徐州市泉山区人民法院(2015)泉商初字第 167 号。

② 广东省茂名市中级人民法院(2017)粤 09 民初 180 号。

成果的，应向受托人赔偿由此给受托人造成的一切损失；未经受托人同意，超出合同约定范围使用受托人咨询报告和意见或者擅自向第三方披露的，应向受托人支付违约金或赔偿损失；未按照合同约定履行保密义务的，应支付违约金或者赔偿损失。

2. 受托人的违约责任

在实践中，关于技术咨询合同中受托人未按期提出咨询报告或者提出的咨询报告不符合约定导致的纠纷案件也有很多，其中因咨询报告不符合约定导致纠纷的占比较多。

例如，在陈某芳与贵州天辰地矿技术咨询有限公司技术咨询合同纠纷案[①]中，受托人作为专业的技术咨询公司，在签订合同时未将法律法规、技术规范规定中对申请探矿权保留需要达到的勘查程度的基本事实告知委托人，导致合同目的不能实现。法院认为，受托人虽已经向委托人移交了工作成果，完成本合同约定的主要内容，但由于合同目的未能实现受托人应负主要责任，故受托人不能按照双方约定享受合同的包干价款 218 万元，而应承担减收报酬的责任。

实务中，受托人还存在本条规定之外的其他违约行为，也应承担相应的违约责任。例如，受托人违反合同约定的保密义务，未经委托人同意擅自向第三方披露委托人保密信息的，应向委托人支付违约金或者赔偿损失。

（编写人：权鲜枝　姜梦军）

法律条文

第八百八十二条　技术服务合同的委托人应当按照约定提供工作条件，完成配合事项，接受工作成果并支付报酬。

条文主旨

本条是关于技术服务合同委托人主要义务的规定。

在技术服务合同中，委托人负担的主要义务是：(1)按照约定提供工作条件，完成配合事项；(2)按照合同的约定按期接受受托方的工作成果，在验收工作成果时，发现工作成果不符合合同规定的技术指标和要求，应当在约定的期限内及时通知对方返工或改进；(3)应当按照约定对受托人给付报酬。

① 贵州省高级人民法院(2015)黔高民三终字第 38 号。

新旧法对比

《合同法》	《民法典》
第三百六十条　技术服务合同的委托人应当按照约定提供工作条件,完成配合事项,接受工作成果并支付报酬。	【内容不变】第八百八十二条

理解与适用

本条是关于技术服务合同的委托人的主要义务的规定。

《民法典》第 878 条规定,技术服务合同是当事人一方以技术知识为对方解决特定技术问题所订立的合同,不包括承揽合同和建设工程合同。由于受托人是为委托人解决特定技术问题的,委托人本身对自身情况更了解,因此与《民法典》第 879 条规定的"技术咨询合同的委托人应当提供技术背景材料及有关技术资料"类似,技术服务合同的委托人也应当按照约定提供工作条件,完成配合事项。

与《民法典》第 879 条规定的技术咨询合同的委托人应当接受受托人的工作成果类似,技术服务合同的受托人完成工作成果后,委托人也应当接受受托人的工作成果,否则技术服务合同将处于不能履行完毕的状态,因此接受工作成果也是技术服务合同委托人的义务。

委托人支付报酬是受托人完成工作成果的对价,是委托人必须履行的最基本义务,也是主要义务。委托人不支付报酬的,应当按照《民法典》第 577 条承担违约责任。

实务问题

关于本条,实务中主要涉及技术服务合同的委托人不依照本条及合同约定履行合同约定的义务导致承担违约责任的情形,其中委托人未按约向受托人支付报酬的纠纷较多。

例如,在天津龙驰神州网络科技有限公司诉天津海泰数码科技有限公司技术服务合同纠纷案①中,原告作为受托人依约履行了合同,被告作为委托人却未能按合同约定支付受托人网络使用费用,人民法院根据本条规定判令委托人依约向受托人支付报酬。

---

① 天津市和平区人民法院(2014)和知民初字第 0510 号。

因此，建议技术服务合同应明确约定委托人的配合义务，包括需要提供的具体工作条件和其它协助事项，应明确约定委托人的接受工作成果义务，对于支付报酬，应明确约定委托人支付报酬的具体时间和方式，委托人应按照本条规定以及合同约定履行委托人的义务，否则可能需要依法承担违约责任。

（编写人：权鲜枝　姜梦军）

法律条文

第八百八十三条　技术服务合同的受托人应当按照约定完成服务项目，解决技术问题，保证工作质量，并传授解决技术问题的知识。

条文主旨

本条是关于技术服务合同受托人的合同义务的规定。主要包括：

（1）按照约定完成服务项目，解决技术问题，保证工作质量；

（2）传授解决技术问题的知识。

新旧法对比

《合同法》	《民法典》
第三百六十一条　技术服务合同的受托人应当按照约定完成服务项目，解决技术问题，保证工作质量，并传授解决技术问题的知识。	【内容不变】第八百八十三条

理解与适用

首先，关于按照约定完成服务项目的规定，根据《民法典》第 845 条规定的“技术合同的内容一般包括项目的名称、标的的内容、范围和要求，履行的计划、地点和方式……验收标准和方法……”，完成约定的服务项目可以理解为按照约定的要求和范围，以约定的服务计划、地点和方式完成服务的内容，并达到验收标准等合同约定的所有事项。

其次，关于解决技术问题的规定，根据《民法典》第 878 条的规定，技术服务合同是当事人一方以技术知识为对方解决特定技术问题所订立的合同。因此，技术服务合同中受托人义务包括以技术知识为委托人解决特定技术问题。其中，根据《技术合同解释》第 33 条的规定，“特定技术问题”是指需要运用科学技术知识解决专业技术工作中的有关改进产品结构、改良工艺流程、提高产品质量、降低产品成本、节约资源能耗、保护资源环境、实现安全操作、提高经济效益和社会效益等问题。

再次,关于工作质量是否符合要求,根据有关规定,合同如未明确约定验收标准,则可适用国家标准、行业标准或者专业技术标准。

因此,技术服务合同的受托人如果按照合同约定的验收标准(没有验收标准的,适用国家标准、行业标准或者专业技术标准)解决了合同约定的特定技术问题,则就履行了本条规定的"按照约定完成服务项目,解决技术问题,保证工作质量"的义务。

最后,委托人还按照约定"传授解决技术问题知识",受托人就履行了本条规定的所有义务。

实务问题

实务中,涉及技术服务合同的纠纷中很多都涉及受托人未按照合同约定尽到相应义务的情况。

在上诉人袁某军与被上诉人史某波及原审被告袁某刚技术服务合同纠纷案①中,委托人与受托人签订"编制工程决算书并负责核对工程造价"技术服务项目,受托人工作内容包括负责核对工程造价和预决算对账,而在合同履行过程中,受托人仅完成了核对工程造价,因受托人并不具有工程预决算对账的资质,没有完成约定预决算对账的服务项目。故法院审理认定:作为从事编制工程预决算的专业人员,应当知道编制工程预决算需要相应的资质,并协助委托人核对工程造价,且委托人出具的证据中明确载明受托人的工作内容包括负责法庭的预决算对账。但受托人却没有按照合同约定提供相应的对账材料。受托人在完成技术服务合同中存在过错,没有完成约定的服务项目,委托人有权依据合同减少报酬。

因此,建议在合同订立时,技术服务合同的受托人应全面了解和掌握对合同约定的项目内容和合同要求的标准,审核是否具有项目必需的资质以及是否具有相关专业知识和技能,这样才能在合同履行过程中更好地解决技术问题,达到合同要求或者符合一定标准的工作质量并能传授好解决技术问题的知识,确保项目属于其可以完成的任务。

(编写人:权鲜枝　张　丽)

① 宁夏回族自治区吴忠市中级人民法院(2019)宁03民终690号。

法律条文

第八百八十四条　技术服务合同的委托人不履行合同义务或者履行合同义务不符合约定，影响工作进度和质量，不接受或者逾期接受工作成果的，支付的报酬不得追回，未支付的报酬应当支付。

技术服务合同的受托人未按照约定完成服务工作的，应当承担免收报酬等违约责任。

条文主旨

本条是关于技术服务合同的当事人的违约责任的规定。

(1)技术服务合同的委托人违约行为是：不履行合同义务或者履行合同不符合约定，影响工作进度和质量，不接受或者逾期接受工作成果。应当承担的违约责任是：已经支付的报酬不得追回，未支付的报酬应当继续支付。

(2)技术服务合同的受托人的违约行为是未按照约定完成服务工作。应当承担免收报酬等违约责任。

新旧法对比

《合同法》	《民法典》
第三百六十二条　技术服务合同的委托人不履行合同义务或者履行合同义务不符合约定，影响工作进度和质量，不接受或者逾期接受工作成果的，支付的报酬不得追回，未支付的报酬应当支付。 技术服务合同的受托人未按照合同约定完成服务工作的，应当承担免收报酬等违约责任。	第八百八十四条　技术服务合同的委托人不履行合同义务或者履行合同义务不符合约定，影响工作进度和质量，不接受或者逾期接受工作成果的，支付的报酬不得追回，未支付的报酬应当支付。 技术服务合同的受托人**未按照约定**完成服务工作的，应当承担免收报酬等违约责任。

理解与适用

关于技术服务合同的委托人的义务，根据《民法典》第882条的规定，技术服务合同的委托人的义务有：(1)按照约定提供工作条件，完成配合事项；(2)接受工作成果；(3)支付报酬。

如果委托人未按照上述合同约定提供工作条件，完成配合事项，影响工作质量和进度的；或者受托人完成工作成果后，委托人不接受或者逾期接受工作成果，都将导致合同不能履行完毕，受托人会因此受到损失。因此，根据本条规定，在上述两种情形下，委托人支付的报酬不得追回，未支付的报酬应当支付。

关于技术服务合同的受托人的义务，根据《民法典》第 883 条的规定，技术服务合同的受托人的义务为：(1)应当按照约定完成服务项目，解决技术问题，保证工作质量；(2)传授解决技术问题的知识。

如果受托人未按照合同约定完成上述的服务工作等义务的，根据本条规定，应当承担免收报酬等违约责任。例如，受托人未能交付工作成果、服务内容和质量存在严重缺陷不能达到履行合同目的、没有传授解决技术问题的知识等情形下，受托人应当免收报酬，并依照约定承担其他违约责任。

实务中，委托人和受托人还存在本条规定之外的其他违约行为的，也应承担相应的违约责任。如根据《民法典》第 501 条的规定，委托人和受托人在订立合同时，知晓对方的商业秘密或者其他应当保密的信息，未按照约定履行保密义务的，应承担赔偿责任。委托人未能按照合同约定期限向受托人支付报酬的，应当如数支付，并且根据《民事诉讼法》第 253 条的规定，加倍支付迟延履行期间的债务利息等。

实务问题

在实践中，关于技术服务合同委托人和受托人违约的纠纷案件都比较多。

例如，在江门市蓬江区优联科技有限公司诉宁国市恒瑞暖通设备销售责任有限公司技术服务合同纠纷案[①]中，委托人与受托人签订《业务合同》，约定受托人为委托人建设网站，并为该网站提供一年的免费技术支持和维护。受托人合同履行完毕后，双方没有签订书面验收合格通知，委托人拒绝支付第二笔合同款。法院认定，项目所涉的网站项目已在正常运行一年有余，由双方进行验收的陈述可信性更高，故推定网站项目已经验收合格，并已交付使用，法院判决委托人应依据合同约定向受托人支付第二笔合同款项。

在厦门唐人科技股份有限公司、深圳市美好生活网络技术有限公司技术服务合同纠纷案[②]中，在委托人与受托人签订《技术服务合同》中约定，受托人为委托人的 App 软件进行功能模块开发。委托人认为受托人未履行合同约定的义务，要求解除合同、返还报酬并支付相应的损失、支付违约金。在该案中，双方约定了验收过程，但是受托人未能提供充分证据证明其履行了开发、交付、验收的

---

① 广东省江门市蓬江区人民法院(2015)江蓬法知民初字第 46 号。

② 最高人民法院(2020)最高法知民终 1231 号。

事实等合同义务，因此，法院认定受托人未按照合同约定履行 App 软件功能模块开发等该技术服务合同项下的所有义务，无权获得报酬。

为了避免不必要的诉累，建议技术服务合同的双方当事人在签订合同后，双方都遵照合同履行相应义务。

（编写人：权鲜枝　张　丽）

法律条文

第八百八十五条　技术咨询合同、技术服务合同履行过程中，受托人利用委托人提供的技术资料和工作条件完成的新的技术成果，属于受托人。委托人利用受托人的工作成果完成的新的技术成果，属于委托人。当事人另有约定的，按照其约定。

条文主旨

本条是关于技术咨询合同、技术服务合同履行过程中完成的新的技术成果的归属的规定。

在技术咨询合同、技术服务合同履行过程中，如果产生了新的技术成果，该成果的归属的确定规则是：(1)受托人利用委托人提供的技术资料和工作条件完成的新的技术成果，属于受托人。(2)委托人利用受托人的工作成果完成的新的技术成果，属于委托人。(3)当事人另有约定的，约定优先，不适用上述规则。

新旧法对比

《合同法》	《民法典》
第三百六十三条　在技术咨询合同、技术服务合同履行过程中，受托人利用委托人提供的技术资料和工作条件完成的新的技术成果，属于受托人。委托人利用受托人的工作成果完成的新的技术成果，属于委托人。当事人另有约定的，按照其约定。	第八百八十五条　**技术咨询合同**、技术服务合同履行过程中，受托人利用委托人提供的技术资料和工作条件完成的新的技术成果，属于受托人。委托人利用受托人的工作成果完成的新的技术成果，属于委托人。当事人另有约定的，按照其约定。

理解与适用

在技术咨询、技术服务合同履行过程中往往会产生新的技术成果。本条规定了这种新技术成果的归属和分享。

根据本条规定,新技术成果技术咨询合同、技术服务合同履行过程中产生新的技术成果的归属由以下几个规则确定:

1. 如果双方在合同中明确约定的,按照该约定确定;

2. 如果没有约定的,则按照以下原则确定:(1)受托人利用委托人提供的技术资料和工作条件完成的新的技术成果,属于受托人。(2)委托人利用受托人的工作成果完成的新的技术成果,属于委托人。

适用本条款还需注意,职务技术成果应排除在本条款之外。根据《民法典》第847条规定的"职务技术成果的使用权、转让权属于法人或者非法人组织的",那么,若受托人与委托人存在雇佣关系,双方没有约定情况下,受托人利用委托人提供的技术资料和工作条件完成的新的技术成果应为职务技术成果,该技术成果应归属于委托人。因此,正确区分职务技术成果和非职务技术成果,直接影响相关技术成果权属的认定。

关于非职务技术成果的归属,如果双方当事人有约定应从其约定,如果没有约定或者约定不明确,且与《民法典》第848条规定的"非职务技术成果的使用权、转让权属于完成技术成果的个人"的归属情况类似,那么根据本条规定,受托人利用委托人提供的技术资料和工作条件完成的新的技术成果属于受托人;委托人利用受托人的工作成果完成的新的技术成果属于委托人。

实务问题

实践中,也有不少涉及本条规定的技术咨询合同、技术服务合同履行过程中产生的技术成果归属的纠纷。

例如,在乌苏市奔成植保机械有限公司与米某技术服务合同纠纷案[①]中,委托人与受托人签订技术服务合同,约定受托人为委托人提供打药机生产的技术服务。后受托人就该项技术申请专利,委托人为受托人支付申请专利费用。申请专利后,委托人主张受托人承诺以双方的名义共同申请专利,故此为其支付专利费,但未能提供受托人承诺双方共同申请专利的证据。法院认为,在技术服务合同履行过程中,受托人利用委托人提供的技术资料和工作条件完成的新的技

① 新疆维吾尔自治区乌苏市人民法院(2016)新4202民初368号。

术成果，属于受托人。本案中，受托人为委托人提供技术服务，并就提供的技术申请专利，成果应归受托人，受托人不能举证委托人自愿支付专利申请费的证据情况下，申请专利的相关费用应由受托人自行承担。

因此，为了避免纠纷，建议在签订技术咨询合同和技术服务合同时，明确约定履行该合同过程中产生的新技术成果的归属，否则，根据本条规定，新技术成果属于技术成果完成方，但是职务发明的技术成果归属应除外。

（编写人：权鲜枝　张　丽）

法律条文

第八百八十六条　技术咨询合同和技术服务合同对受托人正常开展工作所需费用的负担没有约定或者约定不明确的，由受托人负担。

条文主旨

本条是关于技术咨询合同和技术服务合同受托人开展工作所支出费用如何负担的规定。

受托人正常开展工作所需费用的负担规则是：

（1）合同中约定由委托人或受托人负担相关费用的，遵照约定。

（2）合同中没有约定或者约定不明确的，由受托人负担。

新旧法对比

无	《民法典》
无	第八百八十六条　**技术咨询合同和技术服务合同对受托人正常开展工作所需费用的负担没有约定或者约定不明确的，由受托人负担。**

理解与适用

在技术咨询合同和技术服务合同履行过程中，对受托人正常开展工作往往需要一些费用，比如调查研究、分析论证、试验测定、差旅费等。根据本条规定，如果在合同中明确约定了这些费用的负担方，那么这些费用将由约定的负担方承担，如果没有约定或者约定不明确时，则由受托人负担。

根据《民法典》第 879 条规定的技术咨询合同的委托人应当支付报酬与《民

法典》第884条关于技术服务合同中委托人支付报酬的规定,技术咨询合同和技术服务合同都是有偿合同,在规定委托人的义务中,都有支付报酬的规定。如果受托人正常履行技术咨询合同和技术服务合同,完成合同约定的技术咨询或技术服务,委托人应当向受托人支付报酬。如果没有特别约定,那么委托人支付的报酬可以认为合同总价已经包含了受托人开展技术咨询、技术服务所需要支付的相关费用。因此,没有特别约定委托人在报酬之外需要另行支付受托人开展工作所需的费用的,该费用由受托人负担。

实务问题

实践中,关于技术咨询合同和技术服务合同受托人正常开展工作所需费用的负担的纠纷偶有发生。

例如,在广东新信通信息系统服务有限公司诉云浮信微科技有限公司技术服务合同纠纷案[①]中,委托人与受托人签署了《云浮智慧医疗项目技术服务合同》。合同签订后,委托人向受托人支付合同所列产品金额60%的款项,剩余部分由委托人收到第三方付款后一个月内支付受托人。受托人以其技术专业经验就云浮智慧医疗项目向委托人提供协助合同义务是转让约定软硬件系统产品的前提及辅助条件,但是双方对履行该部分合同义务并没有约定相应的对价。法院认定,当事人对技术服务合同受托人提供服务所需费用的负担没有约定或者约定不明确的,由受托人承担。

因此,本条约定对技术咨询合同和技术服务合同受托人的影响很大,因此在签订合同时,建议受托人特别注意合同金额是否包含了可能涉及的所有费用,尤其是对于咨询和服务合同履行中涉及的第三方收费项目等费用,一定要明确约定由哪方负担,否则可能会出现得不偿失的后果。

(编写人:权鲜枝　张　丽)

法律条文

第八百八十七条　法律、行政法规对技术中介合同、技术培训合同另有规定的,依照其规定。

① 广州知识产权法院(2015)粤知法著民初字第91号。

条文主旨

本条是对技术中介合同和技术培训合同的法律适用的规定。

根据《技术合同解释》第36条的规定，技术培训合同是指当事人一方委托另一方对指定的学员进行特定项目的专业技术训练和技术指导所订立的合同，不包括职业培训、文化学习和按照行业、法人或者其他组织的计划进行的职工业余教育。

根据《技术合同解释》第38条的规定，技术中介合同是指当事人一方以知识、技术、经验和信息为另一方与第三人订立技术合同进行联系、介绍，组织商品化、产业化开发并对履行合同提供服务所订立的合同，但不含有技术中介服务内容订立的各种居间合同除外。

根据本条规定，对于技术中介合同和技术培训合同，法律、行政法规另有规定的，依照其规定。

新旧法对比

《合同法》	《民法典》
第三百六十四条　法律、行政法规对技术中介合同、技术培训合同另有规定的，依照其规定。	【内容不变】第八百八十七条

理解与适用

虽然在《民法典》中没有关于技术中介合同和技术培训合同的专门规定，但是鉴于技术中介合同和技术培训合同具有与其他技术合同不同的特点，因此，在其他法律、行政法规中另有规定。

例如，根据《技术合同解释》第37条的规定，技术培训合同委托人的主要义务包括：按照约定派出符合条件的学员；保证学员遵守培训纪律，接受专业技术训练和技术指导；按照约定支付报酬。技术培训合同受托人的主要义务包括：按照约定配备符合条件的教员；制定和实施培训计划，按期完成培训；实现约定的培训目标。

另外，根据《技术合同解释》第39条的规定，技术中介合同委托人的主要义务包括：提出明确的订约要求，提供有关背景材料；按照约定承担中介人从事中介活动的费用；按照约定支付报酬。技术中介合同中介人的主要义务：如实反映委托人和第三人的技术成果、资信状况和履约能力；保守委托人和第三人的商业秘密；按照约定为委托人和第三人订立、履行合同提供服务。

在这种情况下，根据本条规定，技术中介合同和技术培训合同优先适用上述《技术合同解释》的特殊规定。

另外，在其他法律法规中没有特殊规定的，适用关于相关合同的一般规定。例如，技术中介合同属于中介合同的一种，对于上述特殊规定中没有涉及的技术中介合同的其他事项的签订、违约责任等，都应该符合《民法典》合同编中关于中介合同的规定。

实践中，对技术培训合同与技术中介合同的特殊性问题还需进一步研究，故本条规定，法律、行政法规对技术中介合同、技术培训合同另有规定的，依照其规定。

实务问题

实践中，关于技术中介合同、技术培训合同的纠纷多为合同报酬和相关费用的纠纷。

1. 关于技术培训合同，最常见的是关于受托人是否按照约定完成培训和委托人是否按照约定付款的纠纷。例如，在李某与上海东方通用航空公司技术培训合同纠纷案①中，被告与原告签订了《飞行员驾驶执照培训合同》，且被告已收到原告支付的培训费用，但被告不履行合同，法院判决按照合同约定解除条款，并要求被告应退还原告已支付的培训费，且支付延期退费的利息。

除上述合同报酬纠纷，技术培训合同中委托人是否达到了符合标准要求的培训服务也是这类案件的争议焦点之一，例如，驾驶员培训课程和内容是否符合标准，可参照我国《道路交通安全法》和《机动车驾驶员培训管理规定》等相关的法律、行政法规的规定。

2. 关于技术中介合同，在未能达成合同目的情形下居间人要求报酬的纠纷较多。例如，在上海泰安音响有限公司与上海航天晶源环境工程有限公司技术中介合同纠纷案②中，双方当事人未在合同中明确约定合同目的未达成时20万元如何处理，法院认为，居间人未促成合同成立的，不得要求支付报酬，但可以要求委托人支付从事居间活动支出的必要费用。因此，对本案系争的20万元是否属于从事居间活动支出的必要费用，居间人负有举证责任。由于居间人没有提供相应的证据，法院要求居间人向委托人退回20万元。

① 河南省舞阳县人民法院(2019)豫1121民初2595号。

② 上海市第二中级人民法院(2003)沪二中民五(知)终字第7号。

鉴于本条规定,技术培训合同与技术中介合同的当事人,在签订和履行合同时,相较于参考《民法典》中关于技术合同章的规定,更应该核查是否符合《技术合同解释》等与技术培训合同和技术中介合同相关的专门规定以及《民法典》合同编中关于中介合同的一般规定。

(编写人:权鲜枝 张 丽)

第二十一章　保管合同

法律条文

第八百八十八条　保管合同是保管人保管寄存人交付的保管物，并返还该物的合同。

寄存人到保管人处从事购物、就餐、住宿等活动，将物品存放在指定场所的，视为保管，但是当事人另有约定或者另有交易习惯的除外。

条文主旨

本条是关于保管行为和保管合同定义的规定。

新旧法对比

《合同法》	《民法典》
第三百六十五条　保管合同是保管人保管寄存人交付的保管物，并返还该物的合同。	第八百八十八条　保管合同是保管人保管寄存人交付的保管物，并返还该物的合同。 **寄存人到保管人处从事购物、就餐、住宿等活动，将物品存放在指定场所的，视为保管，但是当事人另有约定或者另有交易习惯的除外。**

理解与适用

本条第1款与《合同法》规定没有区别，但第2款增加了法定保管的规定。

保管合同又称寄托合同、寄存合同，是指双方当事人约定一方将物交付他方保管的合同。保管合同是保管人有偿地或无偿地为寄存人保管物品，并在约定期限内或应寄存人的请求，返还保管物品的合同。保管合同中交付物品保管一方为寄存人，保管物品一方为保管人，其保管的标的物为保管物。

本条第2款为法定保管,是指直接依据法律的规定,而非基于当事人的约定而成立的保管。

实务问题

1.保管合同的特征

(1)保管合同可以是有偿合同也可以是无偿合同;

(2)保管合同为双务合同,保管人和寄存人均在合同中负有义务;

(3)保管合同为要物合同;

(4)保管合同为不要式合同,可以是书面形式也可以是口头形式;

(5)保管物可以是动产也可以是不动产,我国并未对保管物必须是动产作出规定,事实上也有很多不动产在被保管;

(6)保管合同是继续型合同,保管人需要持续性履行合同。

2.推定保管合同中的另有约定或另有交易习惯

《民法典》第888条第2款新增了推定视为保管的情况,但又规定了“当事人另有约定或者另有交易习惯的除外”。我国的服务部门或公共场所中,如商场、饭店、购物中心、宾馆等地区,已经普遍设置有物品寄存的特定场所,因此《民法典》对此进行了特别情况的推定,只要无另外约定或交易习惯则认定为成立保管合同。

那么,交易习惯应当如何理解?实务中应当认为需满足两个条件:第一,到购物中心、餐馆、宾馆等场所从事购物、就餐、住宿等活动;第二,物品存放至指定场所,如购物中心或餐馆的指定停车场,或者购物中心的指定寄存柜等。

如果某餐馆提供停车场,但某顾客在附近办事却欺诈停车场工作人员假称前来就餐而在停车场停车,若发生车辆毁损,则不应认定为保管合同成立,餐馆或停车场不应以保管合同承担责任。但相反,若餐馆本身停车场不足,有证据证明餐馆工作人员要求顾客停放车辆至某并非常设用于餐馆就餐人员停车的停车场,虽为临时增设停车点,但仍为指定场所,因此应当认为保管合同成立。

(编写人:李玥斌)

法律条文

第八百八十九条　寄存人应当按照约定向保管人支付保管费。

当事人对保管费没有约定或者约定不明确,依据本法第五百一十条的规定仍不能确定的,视为无偿保管。

条文主旨

本条是关于保管合同的报酬的规定。

新旧法对比

《合同法》	《民法典》
第三百六十六条　寄存人应当按照约定向保管人支付保管费。 当事人对保管费没有约定或者约定不明确，依照本法第六十一条的规定仍不能确定的，保管是无偿的。	第八百八十九条　寄存人应当按照约定向保管人支付保管费。 当事人对保管费没有约定或者约定不明确，依**据**本法第**五百一十条**的规定仍不能确定的，**视为无偿保管**。

理解与适用

保管合同是否是有偿的，当事人可以自由约定。但在当事人约定不明的情况下，依据《民法典》第510条（依据补充协议、合同相关条款、交易习惯）仍不能确定的，视为无偿保管。

保管是否有偿，直接影响保管人承担责任的程度。若为有偿保管，保管人履行的是职务行为，应当负一般过失责任，只要在作为一个职务人员时缺乏注意义务就应承担责任；而若为无偿保管，保管人履行的是一般人注意义务，应当负重大过失责任，除非发生显而易见的注意疏漏，否则保管人不应负责。

实务问题

《民法典》第888条中规定的推定保管合同中的保管合同中属于有偿还是无偿？

如前所述，保管合同是否有偿，直接影响责任承担。而到购物中心、餐馆、宾馆等场所从事购物、就餐、住宿等活动进行寄存物品时，往往是不需付费的，这里是否是有偿保管？

笔者认为，应当区分认定。若事实进行了保管付费，理应是有偿保管，但若未付费的，则分以下情况讨论：

（1）本应付费，但基于某种优惠条件，免于付费的。其实际上是购物中心、餐馆、宾馆等场所基于寄存人的购物、就餐、住宿等活动进行的优惠措施或打包服务内容。从其法律关系内涵看，仍然是应当付费的。例如商场积分抵扣、餐馆或宾馆基于其他主要的法律关系免予付费。

(2)购物中心、餐馆、宾馆等场所通过出具某种凭条为前来进行购物、就餐、住宿等活动提供方便的附属义务,因其本身就并未要求付费,其法律关系内涵应当属于是无偿的附属服务,如购物中心的寄存柜。

(编写人:李玥斌)

法律条文

第八百九十条　保管合同自保管物交付时成立,但是当事人另有约定的除外。

条文主旨

本条是关于保管合同成立时间的规定。

新旧法对比

《合同法》	《民法典》
第三百六十七条　保管合同自保管物交付时成立,但当事人另有约定的除外。	第八百九十条　保管合同自保管物交付时成立,但是当事人另有约定的除外。

理解与适用

保管合同是要物合同或实践性合同。其特点在于,即使合同双方达成一致甚至签订书面合同,合同仍然要自一方交付标的物给另一方才生效。

实务问题

签订的有书面保管合同时,各阶段时合同效力及处置情况如何?

(1)合同双方保管合同签订时,应当视为合同成立,此时仍属于缔约阶段。合同尚未生效,若一方反悔的,仅需对另一方承担缔约过失责任,而非违约责任,主张赔偿一方则需承担更多的举证责任,其责任大小也与违约责任和损害赔偿有所不同;

(2)寄存人将保管物交付保管人,并由保管人占有时,保管合同已经生效,若发生违约情况的(如标的物毁损、不支付保管费、超期保管的),各自就合同承担违约责任;

(3)根据本条规定的"当事人另有约定的除外"情况,实务中经常在合同文本中出现的"甲、乙双方在合同上签章后合同生效"等类似语句,可以视为本条规定的除外情况。因此在保管合同起草和审查中应当特别注意,若合同文本对生效条件做了前述类似约定的,保管合同则由要物合同变为诺成合同,即签订合同后即时生效。合同生效后,寄存人不交付保管物的,保管人有权要求寄存人履行合同,交付保管物。

(编写人:李玥斌)

法律条文

第八百九十一条　寄存人向保管人交付保管物的,保管人应当出具保管凭证,但是另有交易习惯的除外。

条文主旨

本条是关于保管人向寄存人出具保管凭证义务的规定。

新旧法对比

《合同法》	《民法典》
第三百六十八条　寄存人向保管人交付保管物的,保管人应当给付保管凭证,但另有交易习惯的除外。	第八百九十一条　寄存人向保管人交付保管物的,保管人应当**出具**保管凭证,但**是**另有交易习惯的除外。

理解与适用

如前所述,保管合同是非要式合同,实务中往往存在大量的口头合同,因此《民法典》以明文规定,保管人应当出具保管凭证,用以证明保管合同法律关系存在。保管凭证也更证明了保管物本身物理特征以及保管物已经交付的事实。

实务问题

1. 保管凭证的作用

因保管合同存在大量的口头合同,因此实务中,大量保管合同纠纷寄存人胜诉的关键,就在于用保管凭证证明保管关系、保管期限、是否是有偿保管、保管物及其价值等,这里保管凭证往往是唯一依据,应当妥善保存。而持有保管凭证也可以起到证明寄存人身份的作用。

2. 另有交易习惯的情况

随着技术的进步,保管合同中也开始出现大量不需要保管凭证的情况。典型如通过电子扫描车牌进入停车场,车主与停车场之间成立事实保管合同的情况。这类合同的特点是往往未出具保管凭证,仅由车主在规定车位上停车,出场时支付停车费即可。

如前所述,保管凭证也在起到证明寄存人身份的作用。在这类合同中,若出现第三人偷盗车主车辆,正常缴纳停车费后出场。那么车主除通过刑事手段维护合法权益外,能否向停车场主张民事赔偿责任?

笔者认为,若车辆出场时无人值守或通过外观无法辨识出现盗抢情况的,停车场不应承担保管合同的民事赔偿责任。因为根据前述交易习惯可知,双方是通过扫描车票自动确认车辆进出场,盗抢人在出场时也符合交易习惯主动支付了停车费。停车场管理人员不可能做到对应每个车辆和车主的身份,因此在这种情况下,停车场已经尽到了保管人的注意义务,只需配合刑事案件调查,不需承担民事赔偿责任。

(编写人:李玥斌)

法律条文

第八百九十二条　保管人应当妥善保管保管物。

当事人可以约定保管场所或者方法。除紧急情况或者为维护寄存人利益外,不得擅自改变保管场所或者方法。

条文主旨

本条是关于保管人对保管物应尽妥善保管义务的规定。

新旧法对比

《合同法》	《民法典》
第三百六十九条　保管人应当妥善保管保管物。 当事人可以约定保管场所或者方法。除紧急情况或者为了维护寄存人利益的以外,不得擅自改变保管场所或者方法。	第八百九十二条　保管人应当妥善保管保管物。 当事人可以约定保管场所或者方法。除紧急情况或者为维护寄存人利益外,不得擅自改变保管场所或者方法。

理解与适用

妥善保管保管物是保管人的基本义务。本条新旧法基本无变化,说明立法精神的一脉相承。

从法律规定来看,妥善保管义务包含以下三个内涵。

1. 提供适当的保管场所

保管人提供的保管场所,如果当事人有约定,应当符合约定。如果没有约定,应当根据保管物的特殊性质提供符合保管条件的保管场所。如冰冻的海鲜制品,就应当提供有冻库的保管场所予以保管,没有适合的保管场所的,不应予以保管。

2. 提供适当的保管方法

在保管过程中,保管人应当根据保管物本身的性质,选择适合的保管方法,妥善保管。如活的海鲜,就应当根据其生存条件,提供适当温度盐度的海水予以保管,而不应用淡水保管海鲜。

3. 除紧急情况或者为维护寄存人利益外,不得擅自改变保管场所或者方法

保管合同中,虽然当事人对保管场所或方法有约定,但紧急情况下,保管人为维护寄存人利益,应当提前预见,必要时可以改变保管场所或者方法。

如出现洪水时,地下停车场的管理人,应当提前做好防水措施,避免洪水渗漏至停车场。但常规措施无法控制洪水时,为了保护寄存人停的车辆,维护寄存人利益,保管人可以将车辆移动,避免受损。

实务问题

实务中主要是需要区分无偿保管和有偿保管,两者的妥善保管注意程度有所不同。具体已在前述《民法典》解析的第 889 条详述。

(编写人:李玥斌)

法律条文

第八百九十三条　寄存人交付的保管物有瑕疵或者根据保管物的性质需要采取特殊保管措施的,寄存人应当将有关情况告知保管人。寄存人未告知,致使保管物受损失的,保管人不承担赔偿责任;保管人因此受损失的,除保管人知道或者应当知道且未采取补救措施外,寄存人应当承担赔偿责任。

条文主旨

本条是关于寄存人告知义务的规定。

新旧法对比

《合同法》	《民法典》
第三百七十条　寄存人交付的保管物有瑕疵或者按照保管物的性质需要采取特殊保管措施的,寄存人应当将有关情况告知保管人。寄存人未告知,致使保管物受损失的,保管人不承担损害赔偿责任;保管人因此受损失的,除保管人知道或者应当知道并且未采取补救措施的以外,寄存人应当承担损害赔偿责任。	第八百九十三条　寄存人交付的保管物有瑕疵或者**根据**保管物的性质需要采取特殊保管措施的,寄存人应当将有关情况告知保管人。寄存人未告知,致使保管物受损失的,保管人不承担赔偿责任;保管人因此受损失的,除保管人知道或者应当知道且未采取补救措施外,寄存人应当承担赔偿责任。

理解与适用

本条规定的寄存人告知义务实际上包括两项:

(1)保管物有瑕疵的告知,这里的瑕疵应当是指保管物本身特性或附属物品本身特性可能导致保管物本身损害或灭失的,如保管物包装存在问题,需要重新包装等。

(2)保管物的性质需要采取特殊保管措施的告知,这里主要是针对保管物本身的特性。如保管物是易爆炸物、易挥发物、易碎品的情况,需特别告知保管人。

若寄存人未告知前述两项情况的,保管物本身损失或灭失的,由寄存人自行承担损失,而保管物导致保管人受损的,如易爆物发生爆炸导致保管场所损害的,寄存人应当赔偿保管人。

实务问题

1. 如何认定寄存人虽未告知,但保管人知道或应当知道的情况

这里一般根据双方约定、行业惯例、交易习惯来判定。这里应当注意保管行业的特别情况,不应以一般情况予以认定。

例如:寄存人提交一箱玻璃制品,虽未告知保管人内为何物,但交付保管人的外包装箱上有杯子状的易碎标志。虽然有的人员不知该标志为易碎品标志,但作为保管行业从业人员,保管人应当知道其为易碎品,又因为保管人有妥善保管义务,因此应当仔细检查保管物外包装。若因未注意其为易碎品导致保管物损害或致害的,保管人不应引用本条抗辩而免除赔偿责任。

2. 寄存人未履行告知义务导致不当保管从而第三方受害的如何处理

《民法典》合同编第 21 章保管合同主要规定的是保管合同各方权利义务关系。而本条规定的情况中,若寄存人未告知保管物情况,导致保管人不善保管,导致第三人致害的,典型如易爆炸物在保管场所发生爆炸导致第三人受害的,则应当适用《民法典》第 7 编,侵权责任编中涉及物品致害相关条款。

(编写人:李玥斌)

法律条文

第八百九十四条　保管人不得将保管物转交第三人保管,但是当事人另有约定的除外。

保管人违反前款规定,将保管物转交第三人保管,造成保管物损失的,应当承担赔偿责任。

条文主旨

本条是关于保管人应当亲自保管保管物的规定。

新旧法对比

《合同法》	《民法典》
第三百七十一条　保管人不得将保管物转交第三人保管,但当事人另有约定的除外。 保管人违反前款规定,将保管物转交第三人保管,对保管物造成损失的,应当承担损害赔偿责任。	第八百九十四条　保管人不得将保管物转交第三人保管,但**是**当事人另有约定的除外。 保管人违反前款规定,将保管物转交第三人保管,**造成保管物损失的**,应当承担赔偿责任。

理解与适用

本条规定保管人负有亲自保管保管物的义务,究其原因主要是实务中大量保管合同是自然人之间基于信任关系而发生的保管。若保管人擅自将保管物交付给第三方,显然会破坏这种信任关系,不利于保管关系稳定,同时,因转交本身也会存在告知不充分,新的保管人不能做到充分妥善保管的问题。因此,本条规定保管人应当亲自保管。

实务问题

保管人违反规定,将保管物转交第三人保管,但保管物没发生损失的,是否承担赔偿责任,是否承担违约责任?

如前述第 2 款规定,若发生保管物损失,保管人需承担赔偿责任。但若保管物并未损失,则根据《民法典》民事责任的相关规定自然不发生损害赔偿责任。

但如果寄存人与保管人有特别约定不得将保管物交予第三方保管,并约定了违约责任。而保管人将保管物交予第三方保管的,显然根据双方合同约定以及《民法典》第 465 条和《民法典》合同编第 8 章的规定,保管人应当承担违约责任,其违约责任认定和范围适用双方约定和《民法典》合同编第 8 章的规定。

(编写人:李玥斌)

法律条文

第八百九十五条　保管人不得使用或者许可第三人使用保管物,但是当事人另有约定的除外。

条文主旨

本条是关于保管人不得使用或者许可第三人使用保管物义务的规定。

新旧法对比

《合同法》	《民法典》
第三百七十二条　保管人不得使用或者许可第三人使用保管物,但当事人另有约定的除外。	第八百九十五条　保管人不得使用或者许可第三人使用保管物,但是当事人另有约定的除外。

理解与适用

基于保管合同的基本主旨,保管人当然不能使用保管物或擅自允许第三人使用保管物,否则其与借用合同无异。寄存人仅仅是转移占有给保管人,并未转移使用权,保管人仅能妥善保管保管物。本条规定其实与《民法典》第 892 条中"保管人应当妥善保管保管物"的规定是相辅相成的。

实务问题

结合前述《民法典》第 892 条关于妥善保管的规定，在特定情况下，若当事人并无其他约定，但保管人发现必要的使用有利于保管物活力的，可以依据该条第 2 款规定使用。如寄存人将汽车长期交由保管人保管后出国，但保管人发现汽车长期闲置会导致机件受损，又无法联系寄存人。基于妥善保管保管物的原则，保管人将保管物进行必要偶尔使用，应当是符合妥善保管规定的，其目的是妥善保管，而不是对保管物的使用，因此还是符合保管合同相关法律规定的。

（编写人：李玥斌）

法律条文

第八百九十六条　第三人对保管物主张权利的，除依法对保管物采取保全或者执行措施外，保管人应当履行向寄存人返还保管物的义务。

第三人对保管人提起诉讼或者对保管物申请扣押的，保管人应当及时通知寄存人。

条文主旨

本条是关于第三人对寄存物提出权利主张时保管人义务的规定。

新旧法对比

《合同法》	《民法典》
第三百七十三条　第三人对保管物主张权利的，除依法对保管物采取保全或者执行的以外，保管人应当履行向寄存人返还保管物的义务。 第三人对保管人提起诉讼或者对保管物申请扣押的，保管人应当及时通知寄存人。	第八百九十六条　第三人对保管物主张权利的，除依法对保管物采取保全或者执行**措施**外，保管人应当履行向寄存人返还保管物的义务。 第三人对保管人提起诉讼或者对保管物申请扣押的，保管人应当及时通知寄存人。

理解与适用

本条规定的是第三人对保管物提出权利的特殊情况下，保管人负有危险通知义务。这里的第三人对保管物主张权利，显然应当是指物权法上的排他性权利。而保管人主要应当履行的义务应当是：

（1）若是由人民法院已经开始对保管物采取保全或执行措施的，保证人应当服从司法行为，但必须尽到告知寄存人前述事件的义务；

（2）若是并没有保全或执行措施的，但有第三方主张权利的，仍然应当履行的是向寄存人返还保管物的义务，而并非第三方；

（3）第三人对保管人提起诉讼或对保管物申请扣押的，保管人应当通知寄存人。

实务问题

1. 案情简介[①]

2016年4月19日，陈某强驾驶登记在龙祥公司名下的拖挂车刷卡后停放在海源公司的停车场内。龙祥公司雇用他人以车辆所有人的身份，以停车卡丢失为由，将以上陈某强停放的挂车从海源公司停车场开走。此后，陈某强将海源公司起诉，要求返还车辆并承担损失120,000元。法院判决海源公司于判决发生法律效力后一个月内向陈某强返还寄存车辆，赔偿陈某强各项损失108,960元，海源公司不服上诉后，定西市中级人民法院判决驳回上诉，维持原判。

2. 法院认为

虽然龙祥公司系涉案车辆所有人，其与陈某强之间因该车辆有经济纠纷，但其以停车卡丢失为借口，将陈某强寄存车辆从保管人海源公司停车场开走无正当理由。对于龙祥公司辩称其系车辆所有人，其从海源公司停车场开走车辆的行为不存在过错的行为不予采纳，因海源公司请求的损失，是龙祥公司开走车辆的行为造成的，故依据已生效的（2017）甘1124民初1465号民事判决书中确定的损失108,960元，应由龙祥公司承担更为合理。至于龙祥公司与陈某强之间的纠纷，双方应另行解决。对于海源公司主张的其他损失，因其未尽到严格的保管义务，致使保管车辆被停放人之外的第三方开走，给停车人陈某强造成损失，有一定过错，故对其主张的其他损失不予支持，此部分损失应由海源公司自行承担。

3. 评析

该案是典型的保管人遇到第三人主张权利时不履行自己告知义务的情况。海源公司在保管时遇到保管凭证持有人陈某强以外的人开车，仅仅要求支付停车费就予以放行，既没有履行其告知义务，也没有履行其返还保管物的义务，依

---

① 甘肃省定西市中级人民法院（2019）甘11民终914号。

法应当承担赔偿责任。

（编写人：李玥斌）

法律条文

第八百九十七条　保管期内，因保管人保管不善造成保管物毁损、灭失的，保管人应当承担赔偿责任。但是，无偿保管人证明自己没有故意或者重大过失的，不承担赔偿责任。

条文主旨

本条是关于保管物在毁损、灭失的情况下，保管人责任的规定。

新旧法对比

《合同法》	《民法典》
第三百七十四条　保管期间，因保管人保管不善造成保管物毁损、灭失的，保管人应当承担损害赔偿责任，但保管是无偿的，保管人证明自己没有重大过失的，不承担损害赔偿责任。	第八百九十七条　保管期内，因保管人保管不善造成保管物毁损、灭失的，保管人应当承担赔偿责任。**但是，无偿**保管人证明自己没有**故意或者**重大过失的，不承担赔偿责任。

理解与适用

结合《民法典》第888条关于保管合同基本特征解析可知，保管合同是否有偿直接影响损害赔偿责任的程度。（详见前述《民法典》第888条、第889条解析）

实务问题

在诉讼实务中，关于故意和重大过失的证明责任适用举证倒置，即应当由无偿保管人来证明自己没有故意和重大过失。这一证明责任比较重，从立法角度上，主要还是保管事实由保管人全程参与，保管物也由保管人事实控制。因此，即使是无偿保管人也有能力证明是否存在因保管不善导致保管物毁损、灭失的，无偿保管人是否存在故意或重大过失。

（编写人：李玥斌）

法律条文

第八百九十八条　寄存人寄存货币、有价证券或者其他贵重物品的，应当向保管人声明，由保管人验收或者封存；寄存人未声明的，该物品毁损、灭失后，保管人可以按照一般物品予以赔偿。

条文主旨

本条是关于寄存人寄存贵重物品声明义务的规定。

新旧法对比

《合同法》	《民法典》
第三百七十五条　寄存人寄存货币、有价证券或者其他贵重物品的，应当向保管人声明，由保管人验收或者封存。寄存人未声明的，该物品毁损、灭失后，保管人可以按照一般物品予以赔偿。	【内容不变】第八百九十八条

理解与适用

本条规定声明义务其实有三个原因：

(1)针对货币、有价证券或者其他贵重物品要进行妥善保管，需要改变保管方式，可能与一般保管物保管方式不同。如这里的货币保管并非一般等价物的货币，而为原物封存保管，否则就是保证金等法律形式。那么若针对占地较小但价值较高的现金就需要提高保管等级或改变保管方式。

(2)针对贵重物品保管，可能会涉及保管费是否存在或保管费数量的问题，因此会影响保管合同本身的性质。

(3)保管物为贵重物品的申明，是要让保管人在保管前需要对保管可能存在的风险和责任承担有合理预期，否则让保管人片面承担过高责任，也是不公平的。

实务问题

针对货币的保管，因货币为一般等价物，纸币为货币符号，因此若出现货币转移行为，若未签订正式书面的保管合同，一般不应认定为保管合同法律关系，而应以其他法律关系处理，资金付出方要求以保管合同纠纷为案由主张返还货币的，一般不能得到支持。如刘某诉金某保管合同纠纷一案[①]，刘某仅以货币支付和金某占有货币为由提起保管合同纠纷之诉，最终人民法院未确定成立保管合同关系，驳回了刘某的诉讼请求。

（编写人：李玥斌）

法律条文

第八百九十九条　寄存人可以随时领取保管物。

当事人对保管期限没有约定或者约定不明确的，保管人可以随时请求寄存人领取保管物；约定保管期限的，保管人无特别事由，不得请求寄存人提前领取保管物。

条文主旨

本条是关于保管期限的规定。

新旧法对比

《合同法》	《民法典》
第三百七十六条　寄存人可以随时领取保管物。 当事人对保管期间没有约定或者约定不明确的，保管人可以随时要求寄存人领取保管物；约定保管期间的，保管人无特别事由，不得要求寄存人提前领取保管物。	第八百九十九条　寄存人可以随时领取保管物。 当事人对保管期**限**没有约定或者约定不明确的，保管人可以随时**请**求寄存人领取保管物；约定保管期**限**的，保管人无特别事由，不得**请**求寄存人提前领取保管物。

理解与适用

本条规定说明，保管期限仅对保管人有限制，对寄存人无限制。

无论是否有保管期，无论保管是否到期，寄存人可以随时要求领取保管物。

保管人仅在无约定保管期或约定不明的情况下，才可以要求寄存人领取保管物。

① 浙江省高级人民法院（2020）浙民终381号。

实务问题

本条规定说明，保管合同在保管期限上的规定有利于寄存人，这一点与仓储合同不同，笔者将在仓储合同中对应条款进一步详述。

（编写人：李玥斌）

法律条文

第九百条　保管期限届满或者寄存人提前领取保管物的，保管人应当将原物及其孳息归还寄存人。

条文主旨

本条是关于保管人返还保管物及其孳息的规定。

新旧法对比

《合同法》	《民法典》
第三百七十七条　保管期间届满或者寄存人提前领取保管物的，保管人应当将原物及其孳息归还寄存人。	第九百条　保管期限届满或者寄存人提前领取保管物的，保管人应当将原物及其孳息归还寄存人。

理解与适用

根据保管合同基本原理，保管合同中仅仅是转移占有，而保管物所有权人仍是寄存人。那么根据《民法典》物权编第 321 条规定，天然孳息，由所有权人取得；既有所有权人又有用益物权人的，由用益物权人取得；当事人另有约定的，按照其约定。法定孳息，当事人有约定的，按照约定取得；没有约定或者约定不明确的，按照交易习惯取得。

实务问题

实务中，若保管合同约定，孳息作为保管报酬的，按照前述《民法典》第 321 条规定，可以归保管人所有，若未约定其他保管费，但约定孳息作为保管报酬的，应当视为有偿保管。

（编写人：李玥斌）

法律条文

第九百零一条　保管人保管货币的，可以返还相同种类、数量的货币；保管其他可替代物的，可以按照约定返还相同种类、品质、数量的物品。

条文主旨

本条是关于消费保管的规定。

新旧法对比

《合同法》	《民法典》
第三百七十八条　保管人保管货币的，可以返还相同种类、数量的货币。保管其他可替代物的，可以按照约定返还相同种类、品质、数量的物品。	第九百零一条　保管人保管货币的，可以返还相同种类、数量的货币；保管其他可替代物的，可以按照约定返还相同种类、品质、数量的物品。

理解与适用

消费保管合同又称为不规则保管合同、可替代物保管合同，是指保管物为种类物，双方约定保管人得取得保管物所有权，而仅以相同种类、品质、数量的物品返还给寄存人的保管合同。

消费保管合同有以下几个特点：

(1)消费保管合同的保管物必须为可替代物，即种类物。

(2)并不是所有种类物的寄存都属于消费保管合同。例如前述《民法典》第898条规定的寄存货币的情形，就属于是返还原货币的保管合同，而不属于消费保管合同。

(3)既然保管物的所有权移转保管人，那么从寄存人交付时起，保管人就享有该物的利益，并承担该物的风险。

(4)保管人仅须以同种类、品质、数量的物返还即可。

实务问题

消费保管合同中涉及寄存货币的情况，与民间借贷非常相似，但实际应用和法律关系完全不同。寄存货币的消费保管合同，保管人仅用返还相同种类和数量的货币即可，不用返还孳息或支付利息，如有保管费，另行约定，不受国家相关规定的限制。而寄存人关于各项权利义务，也适用于保管合同的规定，如可以不受保管期限限制随时要求返还保管物等。

而民间借贷合同，借款人应当按照借款期限归还借款，只有在没有约定借款期限时，出借人才可以随时要求归还借款。双方对孳息和利息的约定也适用于关于民间借贷等相关法律法规和司法解释规定。

（编写人：李玥斌）

法律条文

第九百零二条　有偿的保管合同，寄存人应当按照约定的期限向保管人支付保管费。

当事人对支付期限没有约定或者约定不明确，依据本法第五百一十条的规定仍不能确定的，应当在领取保管物的同时支付。

条文主旨

本条是关于保管费支付期限的规定。

新旧法对比

《合同法》	《民法典》
第三百七十九条　有偿的保管合同，寄存人应当按照约定的期限向保管人支付保管费。 当事人对支付期限没有约定或者约定不明确，依照本法第六十一条的规定仍不能确定的，应当在领取保管物的同时支付。	第九百零二条　有偿的保管合同，寄存人应当按照约定的期限向保管人支付保管费。 当事人对支付期限没有约定或者约定不明确，依**据**本法第**五百一十**条的规定仍不能确定的，应当在领取保管物的同时支付。

理解与适用

有偿的保管合同中，支付保管费是寄存人的基本义务，因寄存人领取保管物后，保管人缺乏必要的维护合法权益的手段，因此本条规定在约定不明的情况下，保管费应当在领取保管物的同时支付。此规定与其后第903条的立法精神是一致的。

（编写人：李玥斌）

法律条文

第九百零三条　寄存人未按照约定支付保管费或者其他费用的，保管人对保管物享有留置权，但是当事人另有约定的除外。

条文主旨

本条是关于保管人留置权的规定。

新旧法对比

《合同法》	《民法典》
第三百八十条　寄存人未按照约定支付保管费以及其他费用的，保管人对保管物享有留置权，但当事人另有约定的除外。	第九百零三条　寄存人未按照约定支付保管费**或者**其他费用的，保管人对保管物享有留置权，但**是**当事人另有约定的除外。

理解与适用

本条规定与前述《民法典》第902条的立法精神是一致的，实际上是为保管人维护合法权益提供必要条件。

实务问题

本条规定的其他费用应当作何理解？根据立法原意可知，其他费用应当是保管人为妥善保管，所支付的必要费用。此处的其他费用与保管费并列存在，且并未区分有偿保管合同和无偿保管合同，因此无偿保管时必要支出也可以作为其他费用存在。

在宁夏回族自治区高级人民法院审理的银川市公安局交通警察分局、银川市公安局交通警察支队兴庆区二大队、银川市公安局与银川满春大酒店有限公司保管合同纠纷案①中，对部分保管的违法暂扣车辆并未签订书面保管合同，根据已有的保管合同又无法确定具体保管费用，但银川满春大酒店有限公司进行了必要的妥善保管，人民法院认为银川满春大酒店有限公司未同意腾挪部分车辆不构成违约，并支持了其要求被告支付部分停车费的请求。

（编写人：李玥斌）

① 宁夏回族自治区高级人民法院（2016）宁民终158号。

第二十二章　仓储合同

法律条文

第九百零四条　仓储合同是保管人储存存货人交付的仓储物，存货人支付仓储费的合同。

条文主旨

本条是关于仓储合同定义的规定。

新旧法对比

《合同法》	《民法典》
第三百八十一条　仓储合同是保管人储存存货人交付的仓储物，存货人支付仓储费的合同。	【内容不变】第九百零四条

理解与适用

仓储合同的特征以及与保管合同的比较：

（1）保管人必须是有仓储营业资质的人，为特殊主体。这一点与保管合同中任何一般民事主体都可以作为保管人不同。

（2）仓储合同的对象只能是动产，不能是不动产。这里与保管合同可以保管动产和不动产不同。

（3）仓储合同为诺成合同，仓储合同自保管人和存货人意思表示一致时成立。保管合同除达成合意外还需要寄存人交付保管物合同才成立。

（4）仓储合同为不要式合同，可以成立书面合同，但也可以口头合同，不过仓单是重要组成部分。这点与保管合同相同。

（5）仓储合同是双务合同、有偿合同。保管合同可以是双务合同、有偿合同，也可以是单务合同、无偿合同。

实务问题

仓储合同前述特征以及与保管合同的重要区别将直接影响实务应用，笔者将在后续条文详述。

（编写人：李玥斌）

法律条文

第九百零五条　仓储合同自保管人和存货人意思表示一致时成立。

条文主旨

本条是关于仓储合同何时成立的规定。

新旧法对比

《合同法》	《民法典》
第三百八十二条　仓储合同自成立时生效。	第九百零五条　仓储合同自**保管人和存货人意思表示一致时成立**。

理解与适用

本条确认了仓储合同是诺成合同，即保管人和存货人意思表示一致时成立。这一点是仓储合同的重要特征，也是《民法典》的重大改革。《合同法》的表述并不准确，不能明确是诺成合同还是要物合同。

实务问题

仓储合同作为诺成合同直接决定了签订合同后发生纠纷，双方责任承担和举证分担的问题。

在保管合同中，因保管合同作为要物合同，即使签订了书面合同，也需要交付保管物后合同才成立生效。因此若签订合同后，保管人或寄存人反悔的，因合同并未成立，因此双方不能向对方主张违约责任，仅能主张缔约过失责任，对于责任范围规定也要根据实际的直接损失来判定，损失大小也应当由受损方举证。

而在仓储合同中，往往仓储对象都是大宗货物，因此无论是保管人还是存货人都需要对货物或者仓库提前做出安排和准备，若规定为要物合同，则对守约方不利。

相反，将仓储合同规定为诺成合同，则可以解决前述的签订合同后的几个问题：

（1）守约方可以违约责任来主张违约方责任，避免了缔约过失责任需要举证证明对方过失的举证义务；

（2）责任范围可以不需举证，而直接由合同约定；

（3）责任范围除直接损失外，可以直接在合同中约定间接损失和额外违约金。

（编写人：李玥斌）

法律条文

第九百零六条　储存易燃、易爆、有毒、有腐蚀性、有放射性等危险物品或者易变质物品的，存货人应当说明该物品的性质，提供有关资料。

存货人违反前款规定的，保管人可以拒收仓储物，也可以采取相应措施以避免损失的发生，因此产生的费用由存货人负担。

保管人储存易燃、易爆、有毒、有腐蚀性、有放射性等危险物品的，应当具备相应的保管条件。

条文主旨

本条是关于储存危险物品和易变质物品的规定。

新旧法对比

《合同法》	《民法典》
第三百八十三条　储存易燃、易爆、有毒、有腐蚀性、有放射性等危险物品或者易变质物品，存货人应当说明该物品的性质，提供有关资料。 存货人违反前款规定的，保管人可以拒收仓储物，也可以采取相应措施以避免损失的发生，因此产生的费用由存货人承担。	第九百零六条　储存易燃、易爆、有毒、有腐蚀性、有放射性等危险物品或者易变质物品的，存货人应当说明该物品的性质，提供有关资料。 存货人违反前款规定的，保管人可以拒收仓储物，也可以采取相应措施以避免损失的发生，因此产生的费用由存货人负担。

续表

《合同法》	《民法典》
保管人储存易燃、易爆、有毒、有腐蚀性、有放射性等危险物品的，应当具备相应的保管条件。	保管人储存易燃、易爆、有毒、有腐蚀性、有放射性等危险物品的，应当具备相应的保管条件。

理解与适用

本条与《民法典》保管合同一章中第893条规定有所不同。保管合同中类似规定主要是说明保管物属于特殊性质的，寄存人应当告知保管人。而本条规定中，直接明确了寄存物品是易燃、易爆、有毒、有腐蚀性、有放射性等危险物品的。这是因为仓储合同的保管方相对于保管合同的保管方，实际上是更专业的仓储商，因此仅在特殊情况下，需要特殊保管条件时才做特殊规定。又因为前述《民法典》第904条的"【理解与适用】"中笔者陈述了仓储合同中保管人的必要资质的特点，因此本条对保管人具备特殊保管条件提出了要求。

同样因为仓储合同是诺成合同，因此在签订合同的合同文本或仓单中，就应当注明特殊危险品性质，而此时合同已经成立生效，因此保管人有区别于保管合同的拒收货物的权利。

实务问题

在徐某和绍兴市某冷冻食品有限公司仓储合同纠纷案①中，关于徐某是否存在过错的问题，法院认为，储藏易变质物品，存货人应当说明该物品的性质，提供相关资料。徐某在庭审中虽陈述其已口头告知冷冻公司储藏要求，但冷冻公司并未认可，且双方对保管时间的陈述均不一致，徐某也未提交其他证据，因此不能证明徐某在交付洋葱之时已将涉案洋葱的具体品种和适宜的储藏温度明确告知越州冷冻公司，其自身存在一定过错，考虑到损失扩大主要责任在于冷冻公司处置不善，因此存货人承担30%的责任。

从该案可知，存货人未告知保管人特殊情况，是要承担一定责任的。

（编写人：李玥斌）

① 浙江省绍兴市中级人民法院（2017）浙06民终4361号。

法律条文

第九百零七条　保管人应当按照约定对入库仓储物进行验收。保管人验收时发现入库仓储物与约定不符合的，应当及时通知存货人。保管人验收后，发生仓储物的品种、数量、质量不符合约定的，保管人应当承担赔偿责任。

条文主旨

本条是关于仓储物验收的规定。

新旧法对比

《合同法》	《民法典》
第三百八十四条　保管人应当按照约定对入库仓储物进行验收。保管人验收时发现入库仓储物与约定不符合的，应当及时通知存货人。保管人验收后，发生仓储物的品种、数量、质量不符合约定的，保管人应当承担损害赔偿责任。	第九百零七条　保管人应当按照约定对入库仓储物进行验收。保管人验收时发现入库仓储物与约定不符合的，应当及时通知存货人。保管人验收后，发生仓储物的品种、数量、质量不符合约定的，保管人应当承担赔偿责任。

理解与适用

本条规定，保管人对仓储物的入库应当验收，即对仓储物的品种、数量、质量进行检验。

实务问题

验收除了是保管人的基本义务以外，其实也是保存主要证据的重要环节，因此保管人和存货人都应当重视验收。也应当在合同中对验收详细约定，主要有以下方面：

(1)验收范围和项目：货物品名、规格、数量、包装状况、包装规格，以及无须拆包的外观情况。这里应当特别注意外包装上的重要标记和散装货品的计算方式和标准约定。

(2)验收的方法：分批次验收、全部验收或按比例验收。若非一次性全部验收，则应当注意几次验收的衔接问题。

(3)验收期限：验收期限应当自货物和验收资料全部送达保管人处起，至验收报告送达之日为止。验收期限中还应当包括异议期限和二次验收期限。

实务中,前述合同中的约定、入库出库单、验收报告等都是发生纠纷时主要证据,应当详细记载和妥善保管。

(编写人:李玥斌)

法律条文

第九百零八条　存货人交付仓储物的,保管人应当出具仓单、入库单等凭证。

条文主旨

本条是关于保管人给付仓单义务的规定。

新旧法对比

《合同法》	《民法典》
第三百八十五条　存货人交付仓储物的,保管人应当给付仓单。	第九百零八条　存货人交付仓储物的,保管人应当**出具**仓单**、入库单等凭证**。

理解与适用

仓单是保管人收到仓储物后给存货人开付的提取仓储物的凭证。仓单除作为已收取仓储物的凭证和提取仓储物的凭证外,还可以通过背书,转让仓单项下货物的所有权,或者用于出质。

实务问题

《民法典》规定与《合同法》规定不同,增加了入库单,这里的入库单不是有价证券,因此入库单不能像仓单一样背书和用于出质,仅作为入库凭证使用。增加入库单应当是考虑法律规定对仓单要求较高,实务中存在部分仓储合同不需要出具仓单的情况。

(编写人:李玥斌)

法律条文

第九百零九条　保管人应当在仓单上签名或者盖章。仓单包括下列事项:

(一)存货人的姓名或者名称和住所;

（二）仓储物的品种、数量、质量、包装及其件数和标记；
（三）仓储物的损耗标准；
（四）储存场所；
（五）储存期限；
（六）仓储费；
（七）仓储物已经办理保险的，其保险金额、期间以及保险人的名称；
（八）填发人、填发地和填发日期。

条文主旨

本条是关于仓单应记载事项的规定。

新旧法对比

《合同法》	《民法典》
第三百八十六条　保管人应当在仓单上签字或者盖章。仓单包括下列事项： （一）存货人的名称或者姓名和住所； （二）仓储物的品种、数量、质量、包装、件数和标记； （三）仓储物的损耗标准； （四）储存场所； （五）储存期间； （六）仓储费； （七）仓储物已经办理保险的，其保险金额、期间以及保险人的名称； （八）填发人、填发地和填发日期。	第九百零九条　保管人应当在仓单上签**名**或者盖章。仓单包括下列事项： （一）存货人的**姓名或者名称**和住所； （二）仓储物的品种、数量、质量、包装**及其**件数和标记； （三）仓储物的损耗标准； （四）储存场所； （五）储存期**限**； （六）仓储费； （七）仓储物已经办理保险的，其保险金额、期间以及保险人的名称； （八）填发人、填发地和填发日期。

理解与适用

仓单是一种特殊的有价证券，因此法律要求仓单应当明确详细记载清楚必要事项。

实务问题

本条规定了仓单的必备内容，但实践中也有未使用仓单的书面仓储合同，这类仓储合同为规避法律风险，至少应当包含以下内容：

（1）仓储合同双方当事人名称、住所、联系方式、授权人员。

（2）仓储物的品名和类型。

（3）仓储物的数量、质量、包装情况。货物数量应当注明计算标准、计量单位、存储单位计算方法。包装应当约定清楚执行何种标准，国家标准还是行业标准，若没有相关标准的，当事人应当协商一致后注明具体标准。

（4）仓储物验收的内容、标准、方法、验收人、验收时间。

（5）仓储物保管的场所、条件和要求。

（6）仓储物入库出库的时间、地点、手续、运输方式。

（7）仓储物自然损耗标准和对自然损耗的处理方式。

（8）仓储物的计费项目、标准、结算方式。

（9）发生对外损害的处理办法，责任的划分。

（10）合同的变更、解除和违约责任。

（11）争议解决办法和送达方式。

（12）合同有效期及其他条款。

（编写人：李玥斌）

法律条文

第九百一十条　仓单是提取仓储物的凭证。存货人或者仓单持有人在仓单上背书并经保管人签名或者盖章的，可以转让提取仓储物的权利。

条文主旨

本条是关于仓单性质及仓单转让的规定。

新旧法对比

《合同法》	《民法典》
第三百八十七条　仓单是提取仓储物的凭证。存货人或者仓单持有人在仓单上背书并经保管人签字或者盖章的，可以转让提取仓储物的权利。	第九百一十条　仓单是提取仓储物的凭证。存货人或者仓单持有人在仓单上背书并经保管人签**名**或者盖章的，可以转让提取仓储物的权利。

理解与适用

本条规定通过仓单背书可以转让提取仓储物的权利，又因为仓单作为一种有价证券,因此这里的背书是包括转让和出质的。这也符合《民法典》物权编第440条至第442条的规定。

实务问题

本条对仓单的规定与其他有价证券不同,仓单的转让和出质必须由保管人签名或盖章才可生效。这是因为仓单是基于特定的仓储合同法律关系存在的,其必然有客观真实存在的货物,而保管人是货物的占有人。若不让保管人知晓并同意转让或者出质行为,则可能出现他人用不法手段获取仓单后,损害存货人的合法权益的情况,也会使保管人在货物损害后被真实存货人或真实持单人追责。因此仓单的背书除存货人或持单人背书,还需要保管人签名或盖章。

(编写人:李玥斌)

法律条文

第九百一十一条　保管人根据存货人或者仓单持有人的要求,应当同意其检查仓储物或者提取样品。

条文主旨

本条是关于仓单持有人有权检查仓储物或者提取样品的规定。

新旧法对比

《合同法》	《民法典》
第三百八十八条　保管人根据存货人或者仓单持有人的要求,应当同意其检查仓储物或者提取样品。	【内容不变】第九百一十一条

理解与适用

存货人作为仓储物的所有权人,当然有权检查物品情况,因此保管人应当予以配合。

实务问题

因为仓单是一种有价证券,存货人可以转让仓单项下仓储物的所有权,也可以对仓储物设立担保物权，那么持单人作为受让人或担保物权人，自然也有权检查物品情况。

（编写人：李玥斌）

法律条文

第九百一十二条　保管人发现入库仓储物有变质或者其他损坏的，应当及时通知存货人或者仓单持有人。

条文主旨

本条是关于保管人的异状通知义务规定。

新旧法对比

《合同法》	《民法典》
第三百八十九条　保管人对入库仓储物发现有变质或者其他损坏的，应当及时通知存货人或者仓单持有人。	第九百一十二条　保管人**发现入库仓储物**有变质或者其他损坏的，应当及时通知存货人或者仓单持有人。

理解与适用

仓储合同中的保管人同样有妥善保管的义务，当发现仓储物有损坏或变质等异状发生，应当及时履行告知义务。

实务问题

例如在前述分析《民法典》第906条"【实务问题】"中所引用过的徐某和绍兴市某冷冻食品有限公司仓储合同纠纷案①中，法院认为：关于双方发现洋葱出现冰冻情况后损失进一步扩大的责任问题，徐某已及时与某冷冻公司进行协商并起诉，越州冷冻公司负责人在与徐某通话中还曾提到帮助询问市场情况，越州冷冻公司上诉称在超出洋葱合理冷藏时间前已多次要求徐某及时提货和处理洋葱，但其并未提供相应证据，可以推断某冷冻公司存在主要过错。又加上冷藏措施不当等问题，该案才最终判决冷冻公司承担70%的责任。

本案中，冷冻公司对损失扩大承担主要责任的原因就是，没有证据证明其尽

① 浙江省绍兴市中级人民法院（2017）浙06民终4361号。

到了本条规定的合理告知义务。

（编写人：李玥斌）

法律条文

第九百一十三条　保管人发现入库仓储物有变质或者其他损坏，危及其他仓储物的安全和正常保管的，应当催告存货人或者仓单持有人作出必要的处置。因情况紧急，保管人可以作出必要的处置；但是，事后应当将该情况及时通知存货人或者仓单持有人。

条文主旨

本条是关于保管人对有变质或者其他损坏的仓储物如何处理的规定。

新旧法对比

《合同法》	《民法典》
第三百九十条　保管人对入库仓储物发现有变质或者其他损坏，危及其他仓储物的安全和正常保管的，应当催告存货人或者仓单持有人作出必要的处置。因情况紧急，保管人可以作出必要的处置，但事后应当将该情况及时通知存货人或者仓单持有人。	第九百一十三条　保管人**发现入库仓储物**有变质或者其他损坏，危及其他仓储物的安全和正常保管的，应当催告存货人或者仓单持有人作出必要的处置。因情况紧急，保管人可以作出必要的处置；但**是，**事后应当将该情况及时通知存货人或者仓单持有人。

理解与适用

保管人发现入库仓储物有变质或者其他损坏的，已经危及了其他仓储物的安全和正常保管的，无论是否应归责于保管人，都应当及时通知存货人，要求其作出必要处置。如果情况紧急，来不及告知存货人，保管人也可以立即作出处置，但事后应当履行告知义务。

实务问题

徐某和绍兴市某冷冻食品有限公司仓储合同纠纷案①中，冷冻公司对损失

① 浙江省绍兴市中级人民法院（2017）浙06民终4361号。

的扩大,存在主要过错,并最终承担了70%的责任。在该案中,对冷冻公司的过错认定,人民法院认为是仓储物开始变质时,没有证据证明保管人及时通知了存货人。

若我们假设有证据证明保管人及时通知了存货人,但通知未送达或存货人未处理的,因保管人系专业的仓储商,就应当先行进行必要处置,否则同样不能免除损失扩大的责任。

(编写人:李玥斌)

法律条文

第九百一十四条　当事人对储存期限没有约定或者约定不明确的,存货人或者仓单持有人可以随时提取仓储物,保管人也可以随时请求存货人或者仓单持有人提取仓储物,但是应当给予必要的准备时间。

条文主旨

本条是关于储存期间不明确时如何提取仓储物的规定。

新旧法对比

《合同法》	《民法典》
第三百九十一条　当事人对储存期间没有约定或者约定不明确的,存货人或者仓单持有人可以随时提取仓储物,保管人也可以随时要求存货人或者仓单持有人提取仓储物,但应当给予必要的准备时间。	第九百一十四条　当事人对储存期限没有约定或者约定不明确的,存货人或者仓单持有人可以随时提取仓储物,保管人也可以随时**请**求存货人或者仓单持有人提取仓储物,但**是**应当给予必要的准备时间。

理解与适用

这一条与保管合同不同,保管合同有一定的信任度,因此寄存人可以随时提取保管物。而仓储合同更多是商事行为。

实务问题

在实务中,存货人只有在储存期限约定不明的情况下,才可以随时提取仓储物,而且因为一般仓储物都是大宗货物,所以应当给予必要的准备时间。

(编写人:李玥斌)

法律条文

第九百一十五条　储存期限届满，存货人或者仓单持有人应当凭仓单、入库单等提取仓储物。存货人或者仓单持有人逾期提取的，应当加收仓储费；提前提取的，不减收仓储费。

条文主旨

本条是关于储存期间有明确约定时如何提取仓储物的规定。

新旧法对比

《合同法》	《民法典》
第三百九十二条　储存期间届满，存货人或者仓单持有人应当凭仓单提取仓储物。存货人或者仓单持有人逾期提取的，应当加收仓储费；提前提取的，不减收仓储费。	第九百一十五条　储存期**限**届满，存货人或者仓单持有人应当凭仓单、**入库单等**提取仓储物。存货人或者仓单持有人逾期提取的，应当加收仓储费；提前提取的，不减收仓储费。

理解与适用

本条规定的是如何提取仓储物和逾期或提前提取的情况，仓储费如何处理的问题。如前所述，仓单、入库单等的重要职能就是作为提取仓储物的凭证，因此其应当是提取仓储物的必要条件。

实务问题

逾期提取，显然会造成保管人的仓库或仓储设施被占用，而导致经济损失，显然应当加收仓储费。而如前所述仓储物往往是大宗货物，约定有仓储期间的情况下，保管人往往对大量的仓库或仓储设施有经营计划，因此提前不但不符合双方约定，也会打乱其经营计划，同样未必会增加保管人的收入，因此不减收仓储费。

（编写人：李玥斌）

法律条文

第九百一十六条　储存期限届满，存货人或者仓单持有人不提取仓储物的，保管人可以催告其在合理期限内提取；逾期不提取的，保管人可以提存仓储物。

条文主旨

本条是关于仓单持有人不提取仓储物时如何处理的规定。

新旧法对比

《合同法》	《民法典》
第三百九十三条　储存期间届满，存货人或者仓单持有人不提取仓储物的，保管人可以催告其在合理期限内提取，逾期不提取的，保管人可以提存仓储物。	第九百一十六条　储存期**限**届满，存货人或者仓单持有人不提取仓储物的，保管人可以催告其在合理期限内提取；逾期不提取的，保管人可以提存仓储物。

理解与适用

当事人应当在仓储合同中对储存期限做出约定，储存期限届满之后，存货人或仓单持有人提取货物，既是存货人或仓单持有人的权利，也是存货人或仓单持有人的义务。但是，如果经过保管人的催告期存货人或仓单持有人仍不提取货物，为保护保管人合法权益，规定了保管人可将货物提存的权利。

实务问题

在衡阳市湘水物流投资有限公司与深圳市嘉鑫运通国际货运代理有限公司仓储合同纠纷案①中，上诉人湘水公司上诉主张"根据《中华人民共和国合同法》第三百九十三条，储存期间届满，存货人或者仓单持有人不提取仓储物的，保管人可以催告其在合理期限内提取，逾期不提取的，保管人可以提存仓储物的规定，嘉鑫公司未提存货物不当"。

但广东省高级人民法院认为，"但该规定适用于合同当事人约定储存期间的情形，涉案仓储合同中并未约定仓储期限，在涉案货物仓储期间，嘉鑫公司多次向湘水公司发送邮件，要求其支付费用、处理货物，但湘水公司一直未予理会，导致涉案货物长期堆存，产生高额仓储费用，其过错在于湘水公司"。

结合该案可知，仓储合同中，保管人提存的权利和义务，仅在有明确储存期限约定，且储存期限届满后出现。

（编写人：李玥斌）

---

① 广东省高级人民法院（2018）粤民终2209号。

法律条文

第九百一十七条 储存期内，因保管不善造成仓储物毁损、灭失的，保管人应当承担赔偿责任。因仓储物本身的自然性质、包装不符合约定或者超过有效储存期造成仓储物变质、损坏的，保管人不承担赔偿责任。

条文主旨

本条是关于保管人因保管不善造成保管物毁损、灭失时责任的规定。

新旧法对比

《合同法》	《民法典》
第三百九十四条 储存期间，因保管人保管不善造成仓储物毁损、灭失的，保管人应当承担损害赔偿责任。因仓储物的性质、包装不符合约定或者超过有效储存期造成仓储物变质、损坏的，保管人不承担损害赔偿责任。	第九百一十七条 储存期**内**，因保管不善造成仓储物毁损、灭失的，保管人应当承担赔偿责任。因仓储物**本身**的**自然**性质、包装不符合约定或者超过有效储存期造成仓储物变质、损坏的，保管人不承担赔偿责任。

理解与适用

仓储合同中保管人的妥善保管义务，主要是按照有关规定和仓储合同中约定的保管条件和保管要求进行妥善保管。而仓储合同中的保管条件和保管要求大多是存货人根据货物性质对保管人告知的，当然保管人也应当根据特殊物品性质和相关规定要求进行保管。

实务问题

在中国太平洋财产保险股份有限公司厦门分公司与中外运普菲斯冷冻仓储(天津)有限公司仓储合同纠纷案[①]中，天津海事法院认为，“关于普菲斯公司的责任承担问题。《中华人民共和国合同法》第三百九十四条规定，储存期间，因保管人保管不善造成仓储物毁损、灭失的，保管人应当承担损害赔偿责任。因仓储物的性质、包装不符合约定或者超过有效储存期造成仓储物变质、损坏的，保管人不承担损害赔偿责任”，故本案需要考察的重点是涉案货物毁损过程中，普

① 天津海事法院(2017)津72民初885号。

菲斯公司是否存在过错。

而法院进一步分析认为,涉案货损是由于“8·12”爆炸事故引发的,事故造成仓库制冷设备受损符合双方就免责事由的约定,普菲斯公司可以援引该条款进行免责。而涉案货物存储的仓库位于爆炸中心北面约2.8公里,爆炸事故虽然未造成涉案仓储货物当即灭失,但是仓库主体结构已经不满足安全使用条件,对货物的施救造成了障碍,该障碍超出了仓储合同双方订立合同时能够预见到的情形。最后,普菲斯公司对涉案货物采取了相应的施救措施。因此普菲斯公司采取的施救措施在当时情况下属于合理安排,不存在过错。

由此可见,仓储合同中保管人承担的是过错责任。如果没有保管不善的过错,保管人不承担赔偿责任。

(编写人:李玥斌)

法律条文

第九百一十八条　本章没有规定的,适用保管合同的有关规定。

条文主旨

本条是关于仓储合同部分适用保管合同的规定。

新旧法对比

《合同法》	《民法典》
第三百九十五条　本章没有规定的,适用保管合同的有关规定。	【内容不变】第九百一十八条

理解与适用

仓储合同虽然与保管合同有诸多不同,但其本质都是为他人保管财物,因此其实仓储合同就是一种特殊的保管合同。

实务问题

以下内容属于本条规定的仓储合同没有规定的适用保管合同的有关规定的情况:

(1)保管人应当妥善保管保管物。当事人可以约定保管场所或者方法。除紧急情况或者为维护寄存人利益外,不得擅自改变保管场所或者方法。

(2)保管人不得将保管物转交第三人保管,但是当事人另有约定的除外。保管人违反前款规定,将保管物转交第三人保管,造成保管物损失的,应当承担赔偿责任。

(3)保管人不得使用或者许可第三人使用保管物,但是当事人另有约定的除外。

(4)第三人对保管物主张权利的,除依法对保管物采取保全或者执行措施外,保管人应当履行向寄存人返还保管物的义务。第三人对保管人提起诉讼或者对保管物申请扣押的,保管人应当及时通知寄存人。(在仓储合同中,需区别对待第三人持仓单对仓储物主张权利的情况)

(5)寄存人未按照约定支付保管费或者其他费用的,保管人对保管物享有留置权,但是当事人另有约定的除外。

(编写人:李玥斌)

第二十三章　委托合同

法律条文

第九百一十九条　委托合同是委托人和受托人约定，由受托人处理委托人事务的合同。

条文主旨

本条是关于委托合同概念的规定。

新旧法对比

《合同法》	《民法典》
第三百九十六条　委托合同是委托人和受托人约定，由受托人处理委托人事务的合同。	【内容不变】第九百一十九条

理解与适用

委托合同，是指双方当事人约定一方委托另一方处理事务，另一方同意为其处理事务的协议，系不要式、诺成、双务合同。委托合同的成立可以通过口头约定，不需要双方履行特定行为。其中，需要注意的是预付处理委托事务费用并不会影响委托合同是否有偿或无偿，影响合同有偿或无偿性质的是报酬，而费用与报酬不同。费用系受托人处理委托事务所要正常支出的内容，与事务的处理并非对价关系，报酬则与事务的处理具有对价关系。

此外，委托合同的标的是劳务，受托人只需按照委托人的指示，处理委托人的实务，提供劳务即可，除当事人有明确约定外，受托人并不负有必须完成某种工作成果或者将委托事务办理成功的义务。这点与承揽合同不同，承揽合同是以完成一定工作并交付工作成果为目的，定作人并不仅仅是要求提供劳务。

实务问题

1. 裁判要旨[①]

在云南浩鑫信息产业有限公司、云南电信公众信息产业有限公司委托合同纠纷二审案中，关于三份《合作协议》的性质问题，主要有如下认定。浩鑫公司（甲方）与信产公司（乙方）签订的三份《合作协议》前言部分记载："甲方委托乙方作为其代理人向第三方（中投租赁公司）租赁甲方指定型号的药品电子监管查询终端，并由乙方作为甲方的代理人直接与第三方（中投租赁公司）签订租赁合同。甲方完全同意完整地履行该租赁合同，并自愿承担该合同项下作为承租方应承担的全部责任。"该内容约定浩鑫公司委托信产公司作为其代理人与中建投公司签订租赁合同，并由浩鑫公司承担全部责任，约定的权利义务符合委托法律关系的特征。一审将三份《合作协议》定性为委托合同正确，法院予以确认。

2. 实务总结

委托合同广泛应用于实际生活中，包括实体方面和程序方面，但委托有两个例外，一是委托人所委托的事务不得违反法律的有关规定，如委托他人代为销售、运输毒品，贩卖淫秽物品等；二是具有人身属性的行为，如收养关系的建立或终止、婚姻关系的产生和消灭、立遗嘱、结婚、收养子女等。

（编写人：张晓菁）

法律条文

第九百二十条　委托人可以特别委托受托人处理一项或者数项事务，也可以概括委托受托人处理一切事务。

条文主旨

本条是关于委托权限的规定。

① 最高人民法院（2019）最高法民终1836号。

新旧法对比

《合同法》	《民法典》
第三百九十七条　委托人可以特别委托受托人处理一项或者数项事务，也可以概括委托受托人处理一切事务。	【内容不变】第九百二十条

理解与适用

受托人在处理委托事务时，应以委托人指示的权限为准。以委托事务的范围划分，可以分为特别委托和概括委托。特别委托，是指双方当事人约定受托人为委托人处理一项或者数项事务的委托；概括委托，是指双方当事人约定受托人为委托人处理一切事务的协议。特别委托和概括委托的区别在于委托的具体化程度。

实务问题

1. 裁判要旨①

在尤某军、定远县明军种养殖有限公司不当得利纠纷再审案中，经审查认为，尤某军参与投标并非系以明军公司名义进行，双方之间未建立代理关系。尤某军主张的概括委托合同关系也是合同关系的一种，原判决认定双方存在合同关系并非缺乏依据。尤某军并未举证证明明军公司对委托事项的一切后果包括保证金不能按期足额收回的风险均由该公司概括承担，尤某军作为受托人在受托事项未完成时，不能全部取回投标保证金，存在重大过失导致委托人损失，明军公司作为委托人可以要求赔偿，原判决结果并无不当，尤某军的申请理由不成立，本院不予支持。

2. 实务总结

委托合同要特别注意委托范围。对律师而言，诉讼中如果有代为增加变更诉讼请求或代为上诉等情形的，需要在授权书中一一明确特别授权的范围。如果没有授权而作出超越授权范围的行为，则属于无权代理，除非委托人追认或符合表见代理行为，否则该无权代理行为效果归属于受托人自己。

（编写人：张晓菁）

① 安徽省高级人民法院(2020)皖民申 2113 号。

法律条文

第九百二十一条　委托人应当预付处理委托事务的费用。受托人为处理委托事务垫付的必要费用，委托人应当偿还该费用并支付利息。

条文主旨

本条是关于委托人应当预付费用及偿还费用的规定。

新旧法对比

《合同法》	《民法典》
第三百九十八条　委托人应当预付处理委托事务的费用。受托人为处理委托事务垫付的必要费用，委托人应当偿还该费用及其利息。	【内容不变】第九百二十一条

理解与适用

委托人预付处理委托事务的费用和偿还受托人垫付的必要的费用这两项义务，与委托合同有偿或无偿无关。对于未用完的预付款，受托人应当归还给委托人，对于受托人垫付的费用，委托人应当偿还并支付利息。委托合同中有关于利息的合法约定的，按照约定计算，如果没有约定或约定不明的，参照法定利率计算。

实务问题

1. 裁判要旨①

在长沙市新兴建筑安装公司、长沙市天心区人民政府委托合同纠纷二审案中，法院认为，案涉《委托协议书》第1条约定，劳西指挥部将劳动西路部分拆迁委托新兴公司承担，双方同意以中心线为界，将劳动西路南侧的一半路幅委托新兴公司代拆，在一半路幅内所有建筑物、构筑物都归新兴公司负责拆迁；第2条约定，劳西指挥部将劳动西路南侧42.3亩土地（光裕里和左东园范围）一同委托新兴公司按劳动西路统一规划进行开发建设。根据《合同法》第396条关于“委托合同是委托人和受托人约定，由受托人处理委托人事务的合同”的规定，

① 最高人民法院（2019）最高法民终900号。

案涉《委托协议书》属于委托合同。根据《合同法》第 398 条规定,委托人应当预付处理委托事务的费用。法律另有规定的,依照其规定。委托事务垫付的必要费用,委托人应当偿还该费用及其利息。因此,就新兴公司从事案涉委托事务,即劳动西路南侧一半路幅拆迁安置工作所发生的费用应由天心区政府承担。

2. 实务总结

委托合同的费用不同于报酬,对于委托合同的预付费,受托人应当用来完成委托事务,并将剩余部分返还给委托人。但受托人未将预付费全部用来完成委托事务的,委托人不得以受托人未适当履行委托合同为由要求解除合同,除非合同中明确约定费用必须用于某一用途,或者受托人该种行为将对委托事务的完成产生实质性影响。

(编写人:张晓菁)

法律条文

第九百二十二条　受托人应当按照委托人的指示处理委托事务。需要变更委托人指示的,应当经委托人同意;因情况紧急,难以和委托人取得联系的,受托人应当妥善处理委托事务,但是事后应当将该情况及时报告委托人。

条文主旨

本条是关于受托人应当按照委托人的指示处理委托事务的规定。

新旧法对比

《合同法》	《民法典》
第三百九十九条　受托人应当按照委托人的指示处理委托事务。需要变更委托人指示的,应当经委托人同意;因情况紧急,难以和委托人取得联系的,受托人应当妥善处理委托事务,但事后应当将该情况及时报告委托人。	【内容不变】第九百二十二条

理解与适用

受托人需要按照委托人的指示处理委托事务,原则上不得变更委托人的指示,如果受托人在处理委托事务的过程中,因客观情况发生变化,为了维护委托人的利益而需要变更委托人的指示时，应当经委托人同意。

实务问题

1. 裁判要旨①

在许某青、王某花与张某枝、田某亮合同纠纷二审案中，根据一、二审查明事实，2014 年 5 月 27 日，被上诉人许某青、王某花先后向上诉人张某枝银行转账 7 万元，委托上诉人张某枝代交房款，张某枝向许某青出具了 7 万元收条。2017 年 6 月 23 日，张某枝向王某花出具保证书，保证 6 月 30 日前给王某花一张 7 万元收据或 7 万元现金。2019 年 4 月 5 日，上诉人田某亮、张某枝向许某青出具保证书，保证所欠许某青 7 万元房款于 6 月内付清，以上事实能够证明双方当事人身份适格，委托法律关系成立。根据相关法律规定，受托人应当按照委托人的指示处理委托事务，委托人或者受托人可以随时解除委托合同，因上诉人至今未向房产公司交款，同时因二上诉人共同向被上诉人出具了保证书，一审认定张某枝、田某亮向二被上诉人返还房款并无不当。

2. 实务总结

受托人只有在具备以下条件时才可不按指示办事，第一，因情况紧急，需要立即作出新的措施，否则可能会损害委托人的利益；第二，由于客观上的原因，难以和委托人取得联系；第三，为了委托人的利益所必需，且委托人若知道该种情况，也会同意变更。如果不满足以上条件，给委托人造成损害的，受托人应当负损害赔偿责任。

（编写人：张晓菁）

法律条文

第九百二十三条　受托人应当亲自处理委托事务。经委托人同意，受托人可以转委托。转委托经同意或者追认的，委托人可以就委托事务直接指示转委托的第三人，受托人仅就第三人的选任及其对第三人的指示承担责任。转委托未经同意或者追认的，受托人应当对转委托的第三人的行为承担责任；但是，在紧急情况下受托人为了维护委托人的利益需要转委托第三人的除外。

① 山西省运城市中级人民法院(2020)晋 08 民终 738 号。

条文主旨

本条是关于受托人亲自处理委托事务的规定。

新旧法对比

《合同法》	《民法典》
第四百条　受托人应当亲自处理委托事务。经委托人同意,受托人可以转委托。转委托经同意的,委托人可以就委托事务直接指示转委托的第三人,受托人仅就第三人的选任及其对第三人的指示承担责任。转委托未经同意的,受托人应当对转委托的第三人的行为承担责任,但在紧急情况下受托人为维护委托人的利益需要转委托的除外。	第九百二十三条　受托人应当亲自处理委托事务。经委托人同意,受托人可以转委托。**转委托经同意或者追认的**,委托人可以就委托事务直接指示转委托的第三人,受托人仅就第三人的选任及其对第三人的指示承担责任。**转委托未经同意或者追认的**,受托人应当对转委托的第三人的行为承担责任;但是,在紧急情况下受托人为了维护委托人的利益需要**转委托第三人**的除外。

理解与适用

转委托是受托人与次受托人之间订立的委托合同,但委托效果归属于委托人。委托人追认转委托,并不是对受托人与次受托人之间的转委托合同效力进行追认,而是对转委托效力归属于委托人自身进行的追认,未经委托人追认的转委托合同,如无其他合同效力瑕疵,仍为有效合同。受托人在紧急情况下为了维护委托人的利益进行的转委托,即使未经委托人追认或同意的,仍为有效转委托,效力归属于委托人。

实务问题

1. 裁判要旨①

在赵某强与北京易鸿悦房地产经纪有限公司等房屋租赁合同纠纷二审案中,委托合同是受托人以委托人的名义和费用为委托人办理委托事务,而委托人按约定支付报酬的协议。赵某强明确授权给美丽屋公司,并同意美丽屋公司在房屋出租时授权易鸿悦公司与房屋使用人签署与该房屋使用相关的法律文件,同时详细约定了美丽屋公司授权易鸿悦公司委托服务权限的范围。据此授权,易鸿悦公司于2018年1月14日,以赵某强的名义将涉案房屋出租给高某1。赵

① 北京市第一中级人民法院(2020)京01民终2212号。

某强虽称其对与高某1之间的合同关系不知情,但上述缔约行为并未超出赵某强的授权范围,故赵某强与美丽屋公司之间是委托关系,美丽屋公司与易鸿悦公司系转委托关系。转委托经同意的,委托人可以就委托事务直接指示转委托的第三人,受托人仅就第三人的选人及其对第三人的指示承担责任。本案中,作为受托人的美丽屋公司将涉案房屋转委托给有资质的易鸿悦公司管理,系经赵某强书面授权,故美丽屋公司在转委托过程中无过错,赵某强要求其承担赔偿责任,无事实和法律依据。易鸿悦公司承担赔偿责任后,可另行向实际侵权人主张权利。

2. 实务总结

委托不同于代理,但委托与代理却紧密联系,同理,转委托与复代理也紧密结合。转委托中,受托人是以自己的名义与次受托人订立委托合同,次受托人并非受托人与委托人之间的委托合同的受托人,因此次受托人的权限范围不得超过受托人的权限范围。在委托人对转委托代理进行同意或追认时,属于复代理,此时次受托人以委托人的名义对外作出的法律行为,构成有权代理。在委托人拒绝对转委托代理进行同意或追认时,不构成复代理,但转委托合同仍在受托人和次受托人之间发生效力,只是效果不归属于委托人,此时受托人应当就次受托人的行为承担责任。

(编写人:张晓菁)

法律条文

第九百二十四条　受托人应当按照委托人的要求,报告委托事务的处理情况。委托合同终止时,受托人应当报告委托事务的结果。

条文主旨

本条是关于受托人的报告义务的规定。

新旧法对比

《合同法》	《民法典》
第四百零一条　受托人应当按照委托人的要求,报告委托事务的处理情况。委托合同终止时,受托人应当报告委托事务的结果。	【内容不变】第九百二十四条

理解与适用

受托人在办理委托事务的过程中,应当根据委托人的要求,向委托人进行报告。如果委托合同约定了报告的时间,受托人应按时进行报告。如果委托合同未约定报告时间,在确有必要进行报告时,受托人应当进行报告。委托合同终止时,受托人应就办理委托事务的情况,向委托人全面报告办理经过和结果。

实务问题

1. 裁判要旨①

在罗某明、四川鸿光防腐保温工程有限公司、喻某良建设工程合同纠纷二审案中,鸿光公司委托罗某明代为收取工程款,罗某明应当按照委托指示将收取的工程款转交鸿光公司,因罗某明未予转交,现鸿光公司诉至一审法院要求鸿光公司立即返还已收取的工程款 577,042.4 元,符合合同约定以及法律规定,一审法院予以支持。

2. 实务总结

受托人的报告是委托人掌握委托事项进程的主要途径,属于受托人的法定义务,因此违反报告义务的,委托人有权要求受托人承担违约责任或要求解除合同。

(编写人:张晓菁)

法律条文

第九百二十五条　受托人以自己的名义,在委托人的授权范围内与第三人订立的合同,第三人在订立合同时知道受托人与委托人之间的代理关系的,该合同直接约束委托人和第三人;但是,有确切证据证明该合同只约束受托人和第三人的除外。

条文主旨

本条是关于隐名代理的规定。

① 四川省宜宾市中级人民法院(2020)川 15 民终 463 号。

新旧法对比

《合同法》	《民法典》
第四百零二条　受托人以自己的名义，在委托人的授权范围内与第三人订立的合同，第三人在订立合同时知道受托人与委托人之间的代理关系的，该合同直接约束委托人和第三人，但有确切证据证明该合同只约束受托人和第三人的除外。	第九百二十五条　受托人以自己的名义，在委托人的授权范围内与第三人订立的合同，第三人在订立合同时知道受托人与委托人之间的代理关系的，该合同直接约束委托人和第三人；**但是，**有确切证据证明该合同只约束受托人和第三人的除外。

理解与适用

本条规定的是隐名代理制度。隐名代理和显名代理都属于直接代理范围，而直接代理和间接代理共同构成代理制度。隐名代理与显名代理的区别是隐名代理中代理人是以自己的名义作出的法律行为，共同点是相对人都知道代理人和被代理人之间的代理关系，这也是直接代理的特征。与直接代理相对的间接代理，则是代理人以自己的名义作出法律行为，相对人并不知道代理人和被代理人之间的代理关系，因此法律关系仅在代理人和相对人之间成立。

实务问题

1. 裁判要旨①

在珠海珠澳跨境工业区成利威工业有限公司、何某钜房屋买卖合同纠纷再审案中，依据《合同法》第402条规定，受托人以自己的名义，在委托人的授权范围内与第三人订立的合同，第三人在订立合同时知道受托人与委托人之间的代理关系的，该合同直接约束委托人和第三人。一般情况下，根据合同相对性原则，合同通常只在签订合同的相对人(受托人与第三人)之间发生法律效力。但根据前述法律规定，在某些特殊情况下，为保护委托人的合法权益，降低交易成本与风险，合同可以突破相对性，直接约束委托人与第三人。委托合同关系中，受托人在与第三人协商、交易时，其系作为委托人的延伸并为委托人谋取利益；正因如此，如果第三人在订立合同时知道合同相对人是受人所托，则合同可直接约束委托人与第三人。案涉争议除涉及委托合同外，还涉及买卖合同等其他法律关系，即委托内容非简单事项，交易过程复杂且持续时间长。此时，如认为仅

① 最高人民法院(2020)最高法民申4492号。

可依《合同法》的前述规定,方可突破合同相对性,而不综合考虑全部案情、交易履行的实际情况,谨慎衡量当事人的利益,显然对委托人是不公平的。原审法院亦认为,本案"不存在何某钜再向成利威公司披露委托人身份、介入成利威公司与黄某榕之间的买卖合同"的情形,因此,成利威公司关于原审法院援引《合同法》第402条属适用法律错误的主张,理据不足,法院不予支持。

2. 实务总结

司法实践中,代理人以自己的名义与第三人订立的合同,该合同约束被代理人和第三人,需要满足以下条件,第一,第三人知道代理人与被代理人之间的代理关系;第二,第三人是在订立合同时就知道存在代理关系;第三,没有确切证据证明该合同只约束代理人与第三人。这里的"知道"指明知,不包括应当知道,知道存在代理关系,不要求知道存在委托关系,因为即使存在委托关系也不必然产生代理关系,也不要求知道代理的权限和范围,否则对第三人的审查义务过重。

(编写人:张晓菁)

法律条文

第九百二十六条　受托人以自己的名义与第三人订立合同时,第三人不知道受托人与委托人之间的代理关系的,受托人因第三人的原因对委托人不履行义务,受托人应当向委托人披露第三人,委托人因此可以行使受托人对第三人的权利。但是,第三人与受托人订立合同时如果知道该委托人就不会订立合同的除外。

受托人因委托人的原因对第三人不履行义务,受托人应当向第三人披露委托人,第三人因此可以选择受托人或者委托人作为相对人主张其权利,但是第三人不得变更选定的相对人。

委托人行使受托人对第三人的权利的,第三人可以向委托人主张其对受托人的抗辩。第三人选定委托人作为其相对人的,委托人可以向第三人主张其对受托人的抗辩以及受托人对第三人的抗辩。

条文主旨

本条是关于间接代理的规定。

新旧法对比

《合同法》	《民法典》
第四百零三条　受托人以自己的名义与第三人订立合同时,第三人不知道受托人与委托人之间的代理关系的,受托人因第三人的原因对委托人不履行义务,受托人应当向委托人披露第三人,委托人因此可以行使受托人对第三人的权利,但第三人与受托人订立合同时如果知道该委托人就不会订立合同的除外。 受托人因委托人的原因对第三人不履行义务,受托人应当向第三人披露委托人,第三人因此可以选择受托人或者委托人作为相对人主张其权利,但第三人不得变更选定的相对人。 委托人行使受托人对第三人的权利的,第三人可以向委托人主张其对受托人的抗辩。第三人选定委托人作为其相对人的,委托人可以向第三人主张其对受托人的抗辩以及受托人对第三人的抗辩。	第九百二十六条　受托人以自己的名义与第三人订立合同时,第三人不知道受托人与委托人之间的代理关系的,受托人因第三人的原因对委托人不履行义务,受托人应当向委托人披露第三人,委托人因此可以行使受托人对第三人的权利。**但是,**第三人与受托人订立合同时如果知道该委托人就不会订立合同的除外。 受托人因委托人的原因对第三人不履行义务,受托人应当向第三人披露委托人,第三人因此可以选择受托人或者委托人作为相对人主张其权利,但**是**第三人不得变更选定的相对人。 委托人行使受托人对第三人的权利的,第三人可以向委托人主张其对受托人的抗辩。第三人选定委托人作为其相对人的,委托人可以向第三人主张其对受托人的抗辩以及受托人对第三人的抗辩。

理解与适用

间接代理中,受托人以自己的名义与第三人形成法律关系,第三人也不知道受托人与委托人之间的委托代理关系。但在特定情形下,委托人可以行使介入权,第三人可以行使选择权,进入合同当事人的位置,取代受托人在合同中的地位,自己行使权利义务,将法律效果归属自己。委托人的介入权,是指在受托人与第三人的合同关系中,委托人取代受托人的地位,介入到原本是受托人与第三人的合同关系中。第三人的选择权,是指在受托人与第三人的合同关系中,因委托人的原因造成受托人不履行义务,受托人应当向第三人披露委托人,第三人因此可以选择受托人或者委托人作为相对人主张其权利。委托人的介入权和第三人的选择权,都属于形成权,一经选定即发生法律效力。

实务问题

1. 裁判要旨[①]

在云南兴呈商贸有限公司、王某金融借款合同纠纷再审案中，法院认为，兴呈公司、王某、徐某芳、大成公司主张与大成置业公司构成隐名代理关系的申请再审事由不能成立。《合同法》第396条规定："委托合同是委托人和受托人约定，由受托人处理委托人事务的合同。"《合同法》第402条规定："受托人以自己的名义，在委托人的授权范围内与第三人订立的合同，第三人在订立合同时知道受托人与委托人之间的代理关系的，该合同直接约束委托人和第三人，但有确切证据证明该合同只约束受托人和第三人的除外。"《合同法》第403条第1款规定："受托人以自己的名义与第三人订立合同时，第三人不知道受托人与委托人之间的代理关系的，受托人因第三人的原因对委托人不履行义务，受托人应当向委托人披露第三人，委托人因此可以行使受托人对第三人的权利，但第三人与受托人订立合同时如果知道该委托人就不会订立合同的除外。"2011年2月25日大成置业公司与大成公司签订的《贷款合作协议》、2011年4月22日兴呈公司与大成置业公司签订的《贷款合作协议》，明确大成置业公司与大成公司、兴呈公司是合作贷款关系，大成置业公司并未将其权利授权委托给大成公司、兴呈公司，仅就合作贷款与责任承担事项作出约定，而非委托代理关系。王某、徐某芳以个人名义加入《流动资金借款合同》，与大成置业公司并无直接法律关系。退一步讲，即使按大成公司、兴呈公司所言系隐名代理，但并无证据表明普吉信用社在与兴呈公司、王某、徐某芳、大成公司订立《流动资金借款合同》时对此知情，普吉信用社亦可按照前述法律规定向大成公司、兴呈公司主张权利。

2. 实务总结

无论是委托人行使介入权还是第三人行使选择权，都需要受托人向自己进行披露。但受托人的披露并不是法定义务，受托人不履行披露义务，委托人或第三人可依据与受托人之间成立的合同要求受托人承担相关责任。此外，委托人行使介入权或第三人选择委托人作为相对人后，委托人和第三人都有权进行抗辩，该抗辩的范围不仅包括狭义的抗辩，也包括抗辩权。委托人行使介入权后，取代受托人位置，与第三人形成权利义务关系，但委托人自身与受托人之间存在委托合同关系，因此委托人有权行使对受托人的抗辩以及受托人对第三人的抗辩。同理，第三人选择委托人作为相对人后，第三人有权基于与受托人之间的合

① 最高人民法院(2019)最高法民申6751号。

同关系对委托人行使其对受托人的抗辩。

（编写人：张晓菁）

法律条文

第九百二十七条　受托人处理委托事务取得的财产，应当转交给委托人。

条文主旨

本条是关于受托人转交财产的规定。

新旧法对比

《合同法》	《民法典》
第四百零四条　受托人处理委托事务取得的财产，应当转交给委托人。	【内容不变】第九百二十七条

理解与适用

受托人应当将自己因处理委托事务而取得的各种财产及时转交给委托人，受托人不履行的，委托人可以追究受托人的违约责任。

实务问题

1. 裁判要旨①

在徐某平、沈阳市洁净煤炭配送销售有限公司合同纠纷再审案中，根据《合同法》第404条的规定，“受托人处理委托事务取得的财产，应当转交给委托人”。本案中，徐某平作为洁净公司的受托人，应将供销给和平供暖公司煤炭款749,947.8元转交给委托人洁净公司。原二审法院判决正确，应予维持。

2. 实务总结

本条所述“取得的财产”包括取得的金钱、实物及孳息，不仅包括有形财产，也包括无形财产。

（编写人：张晓菁）

① 辽宁省阜新市中级人民法院(2019)辽09民再14号。

法律条文

第九百二十八条　受托人完成委托事务的，委托人应当按照约定向其支付报酬。

因不可归责于受托人的事由，委托合同解除或者委托事务不能完成的，委托人应当向受托人支付相应的报酬。当事人另有约定的，按照其约定。

条文主旨

本条是关于委托人支付报酬的规定。

新旧法对比

《合同法》	《民法典》
第四百零五条　受托人完成委托事务的，委托人应当向其支付报酬。因不可归责于受托人的事由，委托合同解除或者委托事务不能完成的，委托人应当向受托人支付相应的报酬。当事人另有约定的，按照其约定。	第九百二十八条　受托人完成委托事务的，委托人应当**按照约定**向其支付报酬。 因不可归责于受托人的事由，委托合同解除或者委托事务不能完成的，委托人应当向受托人支付相应的报酬。当事人另有约定的，按照其约定。

理解与适用

有无报酬是区分委托合同是否有偿的因素。但若合同中未约定报酬，根据交易习惯应当支付报酬的，应当认为该合同属于有偿合同。对于有偿合同，受托人完成委托事务的，委托人应当支付报酬。除另有约定外，因不可归责于受托人的事由，委托合同解除或者委托事务不能完成的，委托人应当向受托人支付相应的报酬。对于无偿合同，受托人仅享有费用支付请求权，不享有报酬支付请求权。

实务问题

1. 裁判要旨①

在徐某平、沈阳市洁净煤炭配送销售有限公司合同纠纷再审案中，依照原《合同法》第 405 条“受托人完成委托事务的，委托人应当向其支付报酬。因不可归责于受托人的事由，委托合同解除或者委托事务不能完成的，委托人应当向

① 辽宁省鞍山市中级人民法院(2020)辽 03 民终 1065 号。

受托人支付相应的报酬。当事人另有约定的，按照其约定”的规定。本案中，永昕会计师事务所根据镁矿公司提供的资料及要求事实上已经完成了一定的财务审计工作，最终导致未全部完成委托事务的责任在于双方，因此镁矿公司应当根据委托事务的难易程度及耗费工时向永昕会计师事务所支付相应的报酬。首先，从永昕会计师事务所的陈述及提供的其与张某天的对话录音证据看，张某天对永昕会计师事务所按照33万元收取审计费用并未认可。其次，根据发改价格〔2010〕196号《会计师事务所服务收费管理办法》及辽价发〔2011〕113号文件内容，会计师事务所服务收费实行政府指导价和市场调节价。会计师事务所按照自愿有偿原则提供会计咨询、会计服务等其他服务的收费实行市场调节价。对实行政府指导价的审计业务服务收费，应由各会计师事务所与委托人根据具体业务的难易程度，协商确定计费方式。现永昕会计师事务所不能提供充分有效的证据证明其向镁矿公司收取的33万元审计费为双方协商一致的费用。最后，双方对本案纠纷的产生均存在过错，永昕会计师事务所为镁矿公司的财务审计已经进行了大量工作，且已经完成初稿并交由镁矿公司审阅，因此镁矿公司应当根据委托事务的难易程度及耗费工时向永昕会计师事务所支付相应报酬。因会计师事务所的服务收费可由委托人与受托人协商定价，在双方对具体服务收费不能达成一致时，依据公平原则，本案中参照镁矿公司对完成同一财务审计事务的利安达会计师事务所（特殊普通合伙）辽宁分所支付的审计费用10万元，酌情确定镁矿公司应向永昕会计师事务所支付审计费为10万元。一审认定审计费用10万元不当，法院予以调整。

2. 实务总结

关于“因不可归责于受托人的事由”，指的是非受托人过错的事由，主要有以下几种，第一，委托人原因，如委托人过错导致合同解除或委托事务不能完成；第二，客观原因，如发生不可抗力，或者委托人死亡、破产，委托合同终止的，或者受托人死亡、丧失行为能力致使委托事务无法完成的等。

（编写人：张晓菁）

法律条文

第九百二十九条　有偿的委托合同，因受托人的过错造成委托人损失的，委托人可以请求赔偿损失。无偿的委托合同，因受托人的故意或者重大过失造成委托人损失的，委托人可以请求赔偿损失。

受托人超越权限造成委托人损失的，应当赔偿损失。

条文主旨

本条是关于受托人致委托人损失的赔偿责任的规定。

新旧法对比

《合同法》	《民法典》
第四百零六条　有偿的委托合同，因受托人的过错给委托人造成损失的，委托人可以要求赔偿损失。无偿的委托合同，因受托人的故意或者重大过失给委托人造成损失的，委托人可以要求赔偿损失。 受托人超越权限给委托人造成损失的，应当赔偿损失。	【内容不变】第九百二十九条

理解与适用

在有偿的委托合同中，受托人在处理委托事务时只要存在过错，并给委托人造成损失，就要承担赔偿责任。在无偿的委托合同中，受托人只有在故意和重大过失的情况下，才对损害承担赔偿责任。对于受托人超越权限给委托人造成损失的，无论委托合同是否有偿，无论受托人主观是否有过错，都应当赔偿损失。

实务问题

1. 裁判要旨①

在大连银行股份有限公司、库伦旗佐源糖业有限公司金融借款合同纠纷二审案中，根据《合同法》第406条规定："有偿的委托合同，因受托人的过错给委托人造成损失的，委托人可以要求赔偿损失……"同时案涉《动产监管协议》第12条第4项约定："在动态核定库存监管模式下，如因丙方过错使处于丙方监管下的货物的最低数量/最低价值不符合《监管物监管通知书》或最新的《监管物最低要求通知书》中规定的最低数量/最低价值的，丙方就因其违反本协议约定而造成错提的部分或者就监管物的最低数量/最低价值不足的部分承担相应的补充赔偿责任。"因此，根据法律规定及双方合同约定，中铁物流大连分公司在对案涉货物监管的过程中负有的应是过错责任。本案中，中铁物流大连分公司在监管过程中，发现监管货物存在被转移、强行出库及锦州佐源公司不配合监管、

① 最高人民法院(2019)最高法民终330号。

不允许盘库、驱赶监管员等情况时,采取打电话和连续下达风险告知函、妨碍监管工作情形告知函的形式,及时通知了大连银行;中铁物流大连分公司并多次向锦州佐源公司下达停止危险行为通知函、消除妨碍监管通知函,先后两次作出将锦州佐源公司的强行出库行为向公安机关报警等应急措施。以上行为可见,中铁物流大连分公司在并未实际控制占有案涉质物及存放仓库的情况下,已尽事实上最大可能积极履行监管义务。大连银行虽提出中铁物流大连分公司除采取上述监管行为外,应加派人手,加强措施阻止转移质物行为、重新安装仓库钥匙等,但案涉质物一直处于锦州佐源公司实际控制和占有下,中铁物流大连分公司在不违反法律的情况下,已经履行通知、函告、报警等义务,穷尽监管能力和行为,且大连银行主张的相应措施,并不在其与中铁物流大连分公司之间签订的《动产监管协议》约定的监管事项及监管义务之内。综合以上两点,大连银行关于中铁物流大连分公司在履行监管义务的过程中存在过错的主张,并无事实及法律依据,大连银行提出的中铁物流大连分公司承担补充赔偿责任的请求,一审法院未予支持,并无不当,法院予以维持。

2. 实务总结

无偿合同中受托人的注意义务低于有偿合同。无偿合同中受托人负赔偿责任需要主观上满足故意或重大过失要件。与刑法上的故意相同,包括直接故意和间接故意。直接故意是指明知或应知自己的行为可能发生危害社会的结果,并且希望这种结果发生。间接故意是指明知自己的行为可能发生危害社会的结果,并且放任这种结果发生。对于重大过失,是指行为人不仅未尽到特定身份人的注意义务,也未尽到一般人的普通注意义务。

(编写人:张晓菁)

法律条文

第九百三十条　受托人处理委托事务时,因不可归责于自己的事由受到损失的,可以向委托人请求赔偿损失。

条文主旨

本条是关于委托人对受托人损失承担责任的规定。

新旧法对比

《合同法》	《民法典》
第四百零七条　受托人处理委托事务时,因不可归责于自己的事由受到损失的,可以向委托人要求赔偿损失。	【内容不变】第九百三十条

理解与适用

受托人在委托权限范围内认真处理委托事务,在不可归责于自己的情况下,使自己的财产或者人身造成损害的,有向委托人请求赔偿的权利。

实务问题

1. 裁判要旨①

曹某群与唐某委托合同纠纷二审案中,比较分析双方各自提交的证据,受托人唐某不具有违约事由,而综合分析双方手机短信沟通内容以及曹某群配偶与案外人张某军之间微信中关于房屋买卖的沟通内容,足以确认是委托人曹某群的原因导致唐某与许某国之间的房屋买卖合同不能履行,根据《合同法》第 407 条规定,受托人处理委托事务时,因不可归责于自己的事由受到损失的,可以向委托人要求赔偿损失,因此曹某群应对唐某的损失给予赔偿。关于唐某主张的定金损失,是基于房屋买卖合同的定金条款和因委托人曹某群违约导致的,该定金条款本质上是为完成委托事项进行的约定,并不损害委托人曹某群的利益,如委托人曹某群恪守委托合同约定,该损失即不会发生,因此,唐某作为受托人返还许某国的定金损失,应由委托人曹某群承担。

2. 实务总结

只要受托人因不可归责于自己的事由受损,包括财产利益和人身利益,受托人都有权要求委托人进行赔偿。实践中,受托人遭受损害损失的原因有多方面,包括委托人的原因,第三人的原因以及不可抗力等原因。

(编写人:张晓菁)

① 江苏省南通市中级人民法院(2019)苏 06 民终 2716 号。

法律条文

第九百三十一条　委托人经受托人同意，可以在受托人之外委托第三人处理委托事务。因此造成受托人损失的，受托人可以向委托人请求赔偿损失。

条文主旨

本条是关于委托人另行委托他人处理事务的规定。

新旧法对比

《合同法》	《民法典》
第四百零八条　委托人经受托人同意，可以在受托人之外委托第三人处理委托事务。因此给受托人造成损失的，受托人可以向委托人要求赔偿损失。	第九百三十一条　委托人经受托人同意，可以在受托人之外委托第三人处理委托事务。因此**造成受托人**损失的，受托人可以向委托人**请求**赔偿损失。

理解与适用

虽然本条规定另行委托给受托人造成损失的，委托人应当赔偿损失。但本条并非效力性强制性规定，不能认为禁止委托人另行规定。

实务问题

1. 裁判要旨①

在杨某宗等与田某莲委托合同纠纷二审案中，根据《合同法》第408条关于另行委托的规定，委托人经受托人同意，可以在受托人之外委托第三人处理委托事务。具体到本案中，朱某峰以杨某宗、陶某玲的名义于2015年12月28日向田某莲出具授权委托书，朱某峰作为受托人，其向田某莲出具委托书的行为表明其同意在其之外委托田某莲处理杨某宗、陶某玲的委托事务，作为委托人的杨某宗、陶某玲在当时并未提出异议，且朱某峰于2019年3月18日向济南市中级人民法院提交解除授权委托告知书，告知执行法院解除与田某莲的授权委托，杨某宗、陶某玲对朱某峰向执行法院作出的该行为并无异议，该告知书系杨某宗、陶某玲对涉案执行案件中授权委托田某莲的代理事宜全部解除，即对原授权委托

① 山东省济南市中级人民法院(2020)鲁01民终425号。

书全部解除，而解除授权委托的前提应系建立在双方存在委托代理关系的基础之上，据此可以认定杨某宗、陶某玲对朱某峰以杨某宗、陶某玲名义向田某莲出具的授权委托书是认可的。综上，杨某宗、陶某玲与田某莲自 2015 年 12 月 28 日起成立委托代理关系。现杨某宗、陶某玲对朱某峰的代理行为有选择的认可或追认，对授权本案田某莲所代理的事宜，以事前未告知、事后不认可为由予以否认，杨某宗、陶某玲的该主张与其认可的朱某峰的代理权限不符，一审法院不予采纳。杨某宗、陶某玲主张 2015 年 12 月 28 日的授权委托书中“杨某宗”的出生日期不明，但根据该委托书中约定的具体案件当事人情况可以确定系杨某宗，杨某宗、陶某玲主张的该情形不足以否定其与田某莲之间的委托代理关系。

2. 实务总结

本条规定的另行委托，是委托人在征得受托人同意的情形下另行委托第三人处理委托事务。而前述条文中的转委托，是受托人在征得委托人同意或追认下与第三人订立委托合同，委托效果归属于委托人。共同委托是委托人委托两个及以上的受托人共同处理委托事务。

（编写人：张晓菁）

法律条文

第九百三十二条　两个以上的受托人共同处理委托事务的，对委托人承担连带责任。

条文主旨

本条是关于共同委托的规定。

新旧法对比

《合同法》	《民法典》
第四百零九条　两个以上的受托人共同处理委托事务的，对委托人承担连带责任。	【内容不变】第九百三十二条

理解与适用

共同委托，是指委托人委托两个及以上的受托人共同处理委托事务。对于受托人的责任承担,除非当事人事先约定了按份责任的,否则共同受托人应对委托人承担连带责任。

实务问题

1. 裁判要旨[①]

在石某清、郭某钢与郭某官、呼和浩特市昌盛房地产开发有限公司建设工程合同纠纷二审案中,郭某钢主张其并未受到昌盛公司的委托,仅是在石某清与昌盛公司中间起到牵线搭桥的作用,中间收取款项也是因为石某清不认识郭某官而代为收款,对于该主张并无其他证据支持,法院不予采信。本案中,郭某官在收取履约保证金后并无证据证明其将该笔款项交回昌盛公司,依照《合同法》第409条"两个以上的受托人共同处理委托事务的,对委托人承担连带责任"的规定,郭某钢作为共同受托人,其接收保证金并交与郭某官,对于返还保证金应承担连带责任。

2. 实务总结

共同委托要求各受托人共同处理委托事务,即各受托人对委托事务的处理享有共同的权利与义务,因此共同受托人应对委托人承担连带责任。对于承担连带责任后各受托人内部责任分担问题,有约定的依照约定,没有约定或约定不明的,先进行协商,协商无法一致的,根据各自的过错承担责任。

(编写人:张晓菁)

法律条文

第九百三十三条　委托人或者受托人可以随时解除委托合同。因解除合同造成对方损失的,除不可归责于该当事人的事由外,无偿委托合同的解除方应当赔偿因解除时间不当造成的直接损失,有偿委托合同的解除方应当赔偿对方的直接损失和合同履行后可以获得的利益。

条文主旨

本条是关于委托合同解除的规定。

① 内蒙古自治区呼和浩特市中级人民法院(2020)内01民终803号。

新旧法对比

《合同法》	《民法典》
第四百一十条　委托人或者受托人可以随时解除委托合同。因解除合同给对方造成损失的,除不可归责于该当事人的事由以外,应当赔偿损失。	第九百三十三条　委托人或者受托人可以随时解除委托合同。因解除合同造成对方损失的,除不可归责于该当事人的事由外,**无偿委托合同的解除方应当赔偿因解除时间不当造成的直接损失,有偿委托合同的解除方应当赔偿对方的直接损失和合同履行后可以获得的利益。**

理解与适用

委托合同以双方信任为存在的条件,双方均享有任意解除权,但解除合同给对方造成损失的,解除合同方应赔偿给对方造成的损失。有观点认为,委托人任意解除时,若为无偿委托,受托人就事务处理所支出的费用已由《合同法》第 398 条的费用返还请求权所涵盖,原则上并无损失可言,不存在《合同法》第 410 条意义上的损害赔偿请求权。但是,受托人就事务处理本身也存有自身利益时,可依侵权构成要求承担损害赔偿责任,《合同法》第 410 条构成了此等请求权的规范基础,并不要求一般侵权构成的加重要件。若受托人任意解除无偿委托,可参照赠与人任意撤销赠与时的损害赔偿处理,受托人承担委托人的信赖利益损失;但涉及所介入的委托人权益之固有利益受损时,则不在此限。①

对于无偿委托合同,因受托人并不享有报酬支付请求权,因此解除合同的,只需赔偿给对方造成的实际损失。而对于有偿合同,因受托人还享有报酬支付请求权,因此解除合同的,除赔偿对方的实际损失外,还应当赔偿对方的履行利益损失。

实务问题

1. 裁判要旨②

在青海亿民房地产开发有限公司(以下简称亿民公司)、北京鑫恒铝业有限公司(以下简称北京鑫恒公司)商品房委托代理销售合同纠纷再审案中,关于亿民公司主张的案涉《委托代理销售协议》实际上已于 2015 年 8 月 24 日解除的问

---

① 参见周江洪:《委托合同任意解除的损害赔偿》,载《法学研究》2017 年第 3 期。

② 最高人民法院(2020)最高法民申 4082 号。

题。法院认为,即便《委托代理销售协议》系委托合同,亿民公司拥有单方解除权,《委托代理销售协议》解除亦应当以履行通知义务为其解除生效之条件。亿民公司并未通知瀚涛公司解除委托关系,仅凭其与博泽公司恢复租赁关系,并不能达到解除《委托代理销售协议》之效果。因此,亿民公司关于《委托代理销售协议》解除时间的主张不能成立,进而北京鑫恒公司、青海华鑫公司有关保证责任超过法定期间的主张也不能成立。

2. 实务总结

委托合同具有特殊性,因为双方均享有任意解除权,该种权利是法律赋予的,但又不同于一般的法定解除权,它是一种特殊的法定解除权,因为可以随时行使而不需要满足特定条件。这种任意解除权属于形成权,解除的通知一经送达即生效,被送达人可以针对解除效力提出异议。此外,行使该种任意解除权并不会构成违约,但如果行使不当给对方造成损失的,需要承担赔偿责任。行使不当,即解除时间不当,是指在不利于对方当事人的时间解除合同。

(编写人:张晓菁)

法律条文

第九百三十四条　委托人死亡、终止或者受托人死亡、丧失民事行为能力、终止的,委托合同终止;但是,当事人另有约定或者根据委托事务的性质不宜终止的除外。

条文主旨

本条是关于委托合同终止的规定。

新旧法对比

《合同法》	《民法典》
第四百一十一条　委托人或者受托人死亡、丧失民事行为能力或者破产的,委托合同终止,但当事人另有约定或者根据委托事务的性质不宜终止的除外。	第九百三十四条　委托人**死亡、终止**或者受托人死亡、丧失民事行为能力、**终止**的,委托合同终止;但是,当事人另有约定或者根据委托事务的性质不宜终止的除外。

理解与适用

委托合同以双方信任为基础,当一方死亡或终止时,信赖基础已经丧失,委托合同终止。本条规定的受托人丧失民事行为能力,是指完全丧失民事行为能力,即受托人变成无民事行为能力人,此时受托人无法完成委托事务,委托合同终止。但如果合同另有约定或根据委托事务性质不宜终止的,发生以上情形,委托合同不终止。

实务问题

1. 裁判要旨①

在李某锐、林某明民间借贷纠纷再审案中,法院认为,该债务处理委任书系委托合同。《合同法》第 411 条规定:“委托人或者受托人死亡、丧失民事行为能力或者破产的,委托合同终止,但当事人另有约定或者根据委托事务的性质不宜终止的除外。”根据上述法律规定,即便如李某锐所述,林某丽系林某之女,受林某委托处理中国大陆及中国台湾地区一切债务及债权事项,该委托合同亦因林某死亡而终止。因此,李某锐申请再审提交的上述证据材料不能够证明原判决认定的基本事实或者裁判结果错误,并不符合《民事诉讼法》第 200 条第 1 项规定的新的证据的要求。

2. 实务总结

本条规定的委托人或受托人死亡,委托合同终止,死亡应当包括一方被法院宣告死亡的情形。一方被宣告死亡,在法律上的产生消灭已有财产关系和人身关系的效力,因此委托合同的信赖基础和人格基础已丧失,合同应当终止。若委托人被宣告死亡的,委托合同应当终止,但在被宣告死亡期间,委托人指示受托人继续履行委托事务的,应当认为,原合同已经终止,受托人不再受原合同约束,委托人此时的指示继续履行,实质上属于要约,受托人可以选择是否承诺,若承诺,成立新委托合同,若不承诺,则该委托人的指示不发生法律效力。

(编写人:张晓菁)

法律条文

第九百三十五条　因委托人死亡或者被宣告破产、解散,致使委托合同终止将损害委托人利益的,在委托人的继承人、遗产管理人或者清算人承受委托事务之前,受托人应当继续处理委托事务。

① 最高人民法院(2020)最高法民申 44 号。

条文主旨

本条是关于受托人应继续处理委托事务的规定。

新旧法对比

《合同法》	《民法典》
第四百一十二条　因委托人死亡、丧失民事行为能力或者破产,致使委托合同终止将损害委托人利益的,在委托人的继承人、法定代理人或者清算组织承受委托事务之前,受托人应当继续处理委托事务。	第九百三十五条　**因委托人死亡或者被宣告破产、解散**,致使委托合同终止将损害委托人利益的,在委托人的继承人、遗产管理人或者清算人承受委托事务之前,受托人应当继续处理委托事务。

理解与适用

委托人死亡或终止时,委托合同终止。但是,如果合同终止将损害委托人利益的,基于诚实信用原则,受托人应当继续处理委托事务,直至委托人的继承人、遗产管理人或者清算人承受委托事务,届时委托合同终止。

实务问题

1. 裁判要旨①

湖南精诚实业有限公司(以下简称精诚实业公司)与宁乡县金鸣金属有限公司(以下简称金鸣金属公司)房屋买卖合同、建设用地使用权转让合同纠纷二审案中,关于邬某五的代理行为是否有效的问题,主要有以下认定。本案中,精诚实业公司于2009年2月14日向邬某五出具的委托书明确载明了邬某五有权处理涉案房产与地产,也于2009年8月15日与金鸣金属公司签订了土地使用权转让意向书与《房产转让协议》,并加盖了精诚实业公司公章。在李某甫去世且精诚实业公司被吊销营业执照后,精诚实业公司没有证据证明李某甫的继承人已及时通知受托人邬某五终止委托合同,也无证据证明精诚实业公司已成立清算组织承受委托事务,故邬某五继续处理委托事务对精诚实业公司法律效力。同时,金鸣金属公司根据书面委托书有理由相信邬某五有代理权,精诚实业公司内部事项的变动不能对抗金鸣金属公司。综上,原审法院依据《合同法》第412条规定认定邬某五的代理行为有效并无不当,精诚实业公司认为原审认定邬某

① 湖南省长沙市中级人民法院(2016)湘01民终217号。

五代理行为有效没有事实依据与法律依据的上诉理由不能成立,法院不予支持。

2. 实务总结

当委托合同为有偿时,委托人的报酬支付义务由委托人的继承人、遗产管理人及清算人承受,当委托合同为无偿时,受托人处理委托事务的费用有权要求委托人的继承人、遗产管理人及清算人垫付,已经支出的费用有权要求上述主体进行补偿。

(编写人:张晓菁)

法律条文

第九百三十六条　因受托人死亡、丧失民事行为能力或者被宣告破产、解散,致使委托合同终止的,受托人的继承人、遗产管理人、法定代理人或者清算人应当及时通知委托人。因委托合同终止将损害委托人利益的,在委托人作出善后处理之前,受托人的继承人、遗产管理人、法定代理人或者清算人应当采取必要措施。

条文主旨

本条是关于受托人的继承人、遗产管理人、法定代理人或者清算人的义务的规定。

新旧法对比

《合同法》	《民法典》
第四百一十三条　因受托人死亡、丧失民事行为能力或者破产,致使委托合同终止的,受托人的继承人、法定代理人或者清算组织应当及时通知委托人。因委托合同终止将损害委托人利益的,在委托人作出善后处理之前,受托人的继承人、法定代理人或者清算组织应当采取必要措施。	第九百三十六条　因受托人死亡、丧失民事行为能力或者**被宣告破产、解散**,致使委托合同终止的,**受托人的继承人、遗产管理人、法定代理人或者清算人**应当及时通知委托人。因委托合同终止将损害委托人利益的,在委托人作出善后处理之前,受托人的继承人、遗产管理人、法定代理人或者清算人应当采取必要措施。

理解与适用

本条规定了受托人在死亡、丧失民事行为能力或者被宣告破产、解散情况下,其继承人、遗产管理人、法定代理人或者清算人的义务:第一,及时通知委托人的义务;第二,若委托合同终止将损害委托人利益的,还应采取必要措施保护委托人的利益。

实务问题

1. 裁判要旨①

在精诚实业公司与金鸣金属公司房屋买卖合同、建设用地使用权转让合同纠纷二审案中,依据《合同法》第412条"因委托人死亡、丧失民事行为能力或者破产,致使委托合同终止将损害委托人利益的,在委托人的继承人、法定代理人或者清算组织承受委托事务之前,受托人应当继续处理委托事务"的规定,第413条"因受托人死亡、丧失民事行为能力或者破产,致使委托合同终止的,受托人的继承人、法定代理人或者清算组织应当及时通知委托人……"的规定。在李某甫去世且精诚实业公司被吊销营业执照后,既无证据证明李某甫的继承人已及时通知受托人邬某五终止委托合同,也无证据证明精诚实业公司已成立清算组织承受委托事务,故受托人邬某五继续处理委托事务与金鸣金属公司签订合同并无不妥;且根据书面委托书,金鸣金属公司有理由相信受托人邬某五有代理权,其代理行为应为有效。

2. 实务总结

受托人的继承人、遗产管理人、法定代理人或者清算人的通知义务,只需通知受托人发生死亡、丧失民事行为能力或者被宣告破产、解散情形即可,合同因一方存在履行不能而终止。但若合同终止将损害委托人利益的,受托人的继承人、遗产管理人、法定代理人或者清算人应当采取必要措施,比如及时止损。采取必要措施后,受托人的继承人、遗产管理人、法定代理人或者清算人有权要求委托人支付报酬或补偿费用。

(编写人:张晓菁)

① 湖南省长沙市中级人民法院(2016)湘01民终217号。

第二十四章　物业服务合同

法律条文

第九百三十七条　物业服务合同是物业服务人在物业服务区域内，为业主提供建筑物及其附属设施的维修养护、环境卫生和相关秩序的管理维护等物业服务，业主支付物业费的合同。

物业服务人包括物业服务企业和其他管理人。

条文主旨

本条是关于物业服务合同的定义的规定。确定了物业服务合同的双务合同特征，物业服务人是提供服务的一方，业主则需要支付物业费作为对价。法条也提示了物业服务的最基本内容，包括为业主提供建筑物及其附属设施的维修养护、环境卫生和相关秩序的管理维护等物业服务。

物业服务企业和其他管理人都可以作为合同的承接物业服务的一方，不再具有资质要求。

新旧法对比

《物业管理条例》	《民法典》
第二条　本条例所称物业管理，是指业主通过选聘物业服务企业，由业主和物业服务企业按照物业服务合同约定，对房屋及配套的设施设备和相关场地进行维修、养护、管理，维护物业管理区域内的环境卫生和相关秩序的活动。	第九百三十七条　物业服务合同是**物业服务人**在物业服务区域内，为业主提供建筑物及其附属设施的维修养护、环境卫生和相关秩序的管理维护等物业服务，业主支付物业费的合同。 **物业服务人包括物业服务企业和其他管理人。**

理解与适用

物业服务早先更多的称为物业管理，在《民法典》颁布实施前主要适用的法律规范就是《物业管理条例》，这是由于物业服务关系的特殊性造成的，物业服务关系中还杂糅、关联了多种其他关系。究其原因是物业服务人通常还需要接受物业服务区域当地的物业管理部门、公安部门、市场监督管理部门和社区居委会的指导，并配合相关部门完成工作，比如疫情防控、人口普查、案件调查、供水供电等。而参与这些公共管理相关的事务就是“物业管理”这一层内涵的主要来源。

在《民法典》颁布实施后，物业将更多地体现和聚焦到提供服务的层面。所以《民法典》把物业服务合同独立成章，并在第1条定义中就加入了物业服务主要内容的表述，就是要扭转之前“物业管理”观念的固有影响，更多地保障业主的权利，通读本章可以感受到这种明显的变化。

在2018年废止了《物业服务企业资质管理办法》后，对物业服务人的资格要求实际上已经完全放开，《民法典》则进一步明确了除了不需要资质要求，更将能够提供物业服务的主体放宽到了“其他管理人”，实际上就是没有任何限制了。

但是，实践中聘用口碑较好的物业服务企业仍然是更好的选择。比如，上海在维修基金的申请领用环节，就需要由物业公司或者有特定资质能力的企业参与申领，否则可能不予发放，主要是特定的维修基金发放给没有资质能力的企业或个人很难保证使用的效果，如电梯维修等。

实务问题

1. 案情简介①

该案经过一审、二审和审判监督程序。审判监督审理法院确认，因本案被申请人物业服务人麦购物业公司，同时作为红号站变电室产权人是有权利对供电线路铺设进行改动的。而申请人在原审中请求被申请人仍按照原线路通过申请人店铺内电表终端供电以及申请人提出的原电表、购电卡由此作废等产生的问题，与本案物业服务合同纠纷不属同一法律关系，故不属于本案审查范围，申请人可另行主张权利。

该案麦购物业公司作为物业服务的提供者，因为怀疑有业主偷电而自主决

① 天津市高级人民法院(2017)津民申183号。

定对电线线路进行改造,并对于新铺设的线路的一层商铺电表采取由其统一管理门钥匙等集中管理方式,申请人主张该集中管理行为造成申请人查电不便,原审法院在判决中亦阐明本案麦购物业公司未能充分举证证实其对一层商铺电表的集中管理的必要性,以及麦购物业公司在完成电表集中管理的行为后未能及时通知申请人换领新卡购电等物业服务不到位的情况,兼考虑因物业管理服务具有综合性,当事人未约定物业管理服务质量标准的量化指标等,故原审法院判定麦购物业公司因此应承担相应责任,是正确无误的。原审法院以适当减免麦购物业公司应当向申请人收取的物业费作为责任的承担方式而判令对应付的物业费予以20%的减免,综合考量了本案事实和法律规定,此判决结果是正确适当的。

2. 评析

该案例体现了物业服务的多重性特点。该案中,物业服务人恰好也是物业管理区域配电室的产权人,物业服务人还负责电力使用的管理。这使我们需要考虑,物业服务人有没有权利在认为业主具有偷电行为时就自主进行输电线路的改动?物业服务人因在物业服务区域内属于拥有变电室,可以说其本身也是业主,那么业主在行使物权或用益物权权利时就应当以不影响其他业主的权利为限;同时,如果说作为物业服务人,发现业主有偷电行为的应当进行规劝或上报,可以由电力部门或供电公司来处理。所以说,物业服务人擅自更改输电线路的行为是没有权利基础的,哪怕业主确实具有偷电行为。

另外,对于该案先认定物业服务人擅自更改输电线路的行为不属于物业服务合同纠纷不属同一法律关系,后又认为物业服务人的该种行为是无权处分。笔者有不同观点,认为应当作为同一个案件在物业服务合同纠纷中进行处理。同时,法院判定物业费予以20%的减免,这显然又给业主与物业服务人之间留下了纠纷的隐患,如是不是以后物业费一直打8折了?这些问题都值得进一步探讨。

(编写人:曾　丽　陆少华)

法律条文

第九百三十八条　物业服务合同的内容一般包括服务事项、服务质量、服务费用的标准和收取办法、维修资金的使用、服务用房的管理和使用、服务期限、服务交接等条款。

物业服务人公开作出的有利于业主的服务承诺，为物业服务合同的组成部分。

物业服务合同应当采用书面形式。

条文主旨

本条以列举的形式指出了物业服务合同的主要内容，并要求物业服务合同应当以书面形式签署。

明确了在正式签署的书面物业服务合同以外，“物业服务人公开作出的有利于业主的服务承诺，为物业服务合同的组成部分”，对此不必须以补充协议方式进行确认。

新旧法对比

《物业管理条例》	《民法典》
第三十四条　业主委员会应当与业主大会选聘的物业服务企业订立书面的物业服务合同。 物业服务合同应当对物业管理事项、服务质量、服务费用、双方的权利义务、专项维修资金的管理与使用、物业管理用房、合同期限、违约责任等内容进行约定。	第九百三十八条　**物业服务合同的内容一般包括服务事项、服务质量、服务费用的标准和收取办法、维修资金的使用、服务用房的管理和使用、服务期限、服务交接等条款。** **物业服务人公开作出的有利于业主的服务承诺，为物业服务合同的组成部分。** **物业服务合同应当采用书面形式。**

理解与适用

本条列举了物业服务合同的主要内容，一方面，这样列举便于物业服务合同双方在磋商合同条款和实际签署合同时逐项进行磋商和约定，避免遗漏重要服务内容；另一方面，除前期物业服务合同外，如果业主方是小区居民的，则其实际签署人通常为业主委员会。根据建筑物区分所有权的相关规定，业主委员会应当将选聘物业服务人的过程向业主进行公示，拟签署的物业服务合同也应当先公示，然后召开业主大会由全体业主作出决定，所以这种法条对合同内容的列举，也是指导业主大会、业主委员会依法选聘物业服务人和签署合同的最佳途径。

物业服务合同中，由于业主一方通常是一个大的群体，再加上合同签订需要遵守严格的程序，所以合同必然是按照全体业主表决同意的文本签署，法律规定强调合同应当采取书面形式，也是在进一步维护业主的权利。

相较于业主方,物业服务人往往是专业的物业公司,对物业服务的内容、要点和可能出现的问题必然是具有更高认知和预判能力,这种认知水平的不对等有可能造成合同更有利于物业服务人一方,造成不公平。再有,物业服务合同属于继续性合同,在较长时间的履行过程中,很可能出现合同未约定的新问题,在不公平状况暴露出来以及新问题出现后,业主与物业服务人必然会进行协商,协商结果可能记载于会议纪要、物业服务人的报告、汇报等文件上。如果相关协商结果需要补充到合同中才有效,又会涉及业主方需要组织召开业主大会等问题,既麻烦又效率低下。故参照纯获益行为的规定,将业主作为受益方,那么在协商中只要物业服务人作出的有利于业主的服务承诺能够被证明,比如记载于会议纪要、物业服务人的报告、汇报等文件上,就可以直接成为物业服务合同的组成部分。

由于物业服务合同是专业性很强的合同,建议使用地方政府的示范文本,并在约定服务内容和收费标准时将地方标准作为合同附件。

实务问题

1. 案情简介[①]

汤某系厦门市湖里区和旭里某室所有权人。源恩物业公司为案涉住宅提供物业服务。某日晚上,汤某所有的房屋内阳台植物花盆因绳子断裂恰好砸到水龙头,致使水龙头损坏,水流蔓延。当晚 11 点半左右,邻居给物业打电话,称阳台漏水。保安随即前往并请求进入室内查看,但该邻居未同意保安进入。第二天早上汤某接到隔壁邻居电话,得知漏水事宜,并造成损失。另外,源恩物业公司与小区业主委员会签订《物业服务合同》,同时源恩物业公司自行公示了岗位职责内容。

2. 法院认为

一审法院认为,本案系财产损害赔偿责任纠纷。源恩物业公司主要负责对其管理区域内物业共用部位和共用设施设备的使用维护及公共秩序和环境卫生的维护。而该案漏水发生在业主室内,且漏水的原因是由于室内阳台植物花盆绳子断裂砸到水龙头致使水龙头开关打开导致水流蔓延,业主对属建筑物专有部分的案涉房产及房产内物品负有管理职责。在此过程中,源恩物业公司并不存在过错,汤某主张源恩物业公司承担责任依据不足,一审法院不予支持。判决驳回汤某的诉讼请求。

二审认为,案件争议焦点为:第一,岗位工作职责是否属于源恩物业公司的

① 福建省厦门市中级人民法院(2020)闽 02 民终 2901 号。

物业服务承诺;第二,源恩物业公司是否存在过错,是否应对汤某的财产损失扩大部分承担赔偿责任。关于岗位工作职责是否属于源恩物业公司的物业服务承诺。二审法院认为,《物业服务解释》第3条第2款规定:物业服务企业公开作出的服务承诺及制定的服务细则,应当认定为物业服务合同的组成部分。该案最终因汤某不能证明物业公司存在过错,二审维持了一审判决。

3. 评析

该案汤某的诉讼请求,虽然由于其不能证明物业公司存在过错而未能得到两审法院的支持,但是二审法院适用《物业服务解释》第3条第2款规定,明确了物业服务合同以外的岗位工作职责中物业公司的服务承诺,应当作为物业服务合同的组成部分。《民法典》的规定继承了这一观点。

（编写人:曾　丽　陆少华）

法律条文

第九百三十九条　建设单位依法与物业服务人订立的前期物业服务合同,以及业主委员会与业主大会依法选聘的物业服务人订立的物业服务合同,对业主具有法律约束力。

条文主旨

前期物业服务合同以及业主入住后由业主大会或业主委员会签订的物业服务合同都是效力及于整个物业管理区域的,故对区域内的业主均具有法律约束力。

新旧法对比

《最高人民法院关于审理物业服务纠纷案件具体应用法律若干问题的解释》(2009年)	《民法典》
第一条　建设单位依法与物业服务企业签订的前期物业服务合同,以及业主委员会与业主大会依法选聘的物业服务企业签订的物业服务合同,对业主具有约束力。<u>业主以其并非合同当事人为由提出抗辩的,人民法院不予支持。</u>	第九百三十九条　建设单位依法与物业服务人订立的前期物业服务合同,以及业主委员会与业主大会依法选聘的物业服务人订立的物业服务合同,对业主具有法律约束力。

理解与适用

前期物业服务合同签订时物业尚未出售或尚未达到入住条件,但是物业同样需要有人维护,此时只能由当时的产权人或建设单位来选聘物业服务人并签署合同。而作为小业主,在购买房产等物业时就知道或应当知道前期物业服务合同的存在,以及具体是由谁作为物业服务人在提供物业服务。也就是说,在此时业主如果对物业服务人、服务内容以及收费标准是很看重的话,那么物业服务因素可作为是否购买特定房产的评价标准之一,一旦决定购买或者实际取得房产那么也就同意接受既有物业服务人的服务,同时也就受前期物业服务合同的约束。就得依照合同约定和等价有偿的原则支付物业服务费。对于购买二手房的业主也是同理。

业主有权自主选择物业服务人,也就是选聘或更换物业服务人。在现有的选聘规则下,应当根据《民法典》第 278 条之规定"由专有部分面积占三分之二以上的业主且人数占比三分之二以上的业主"参与表决,并满足"应当经参与表决专有部分面积过半数的业主且参与表决人数过半数的业主同意"的条件后选定物业服务人。这里采取的是少数服从多数的决定机制,也就是允许有少部分业主未参与表决或选择了弃权或选择了另外的物业服务人。但根据本条规定,一旦依照法定程序选定了物业服务人也签订了合同,那么少数人也就同样要受合同约束,无权因此而拒绝接受服务和拒付物业费。当然,少数人依然平等的享有业主权利。

实务问题

1. 案情简介①

法院认定事实主要有以下几点,第一,该案房屋是拆迁还建房。还建房建成后,由南湖实业公司承担物业服务。之后,小区物业管理服务由南湖村委会委托武汉天宇弘物业管理有限公司提供,后该物业服务企业从该小区退出,南湖村委会委托张某民负责小区物业管理。后来,重远物业公司与南湖村委会以及南湖新城社区居民委员会先后签署两份衔接的物业服务合同。在武汉南湖新城家园小区业主委员会成立后,业主委员会又与重远物业公司签订物业服务合同,约定由重远物业公司在该小区提供物业服务。重远物业公司从 2014 年 5 月 20 日开始在该小区提供物业服务,邓某一直未向重远物业公司支付物业费,经重远物业

① 湖北省武汉市中级人民法院(2020)鄂 01 民终 729 号。

公司多次书面催缴后仍未缴纳。第二，业主委员会与重远物业公司签订物业服务合同，没有召开业主大会，经过业主的表决。2019 年，业主委员会又没有经过业主表决，与物业公司签订了合同，按照《物业管理条例》第 2 条规定，物业服务合同由业主委员会与业主大会选聘物业服务企业签订，鉴于此，业主委员会签订的合同违反了《物业管理条例》的规定。第三，重远物业公司在南湖新城家园小区提供物业服务期间存在停车管理不规范、公共设施和公共部位维修养护不到位等服务质量问题，导致业主满意度不高。

2. 法院认为

该案中，物业服务的签署违反《物业管理条例》的程序规定，但是尚不属于合同法规定的合同无效情形，没有认定合同无效，业主依然要受物业服务合同的约束。但是物业公司服务不到位，按照等价有偿原则，无权收取全额物业费，只能折价收取。

3. 评析

该案的指导意义在于，哪怕物业服务合同的签订存在瑕疵，只要合同是未被认定无效，业主无论是否满意都必须支付物业费，以及依照等价有偿原则，在有证据证明物业服务达不到物业服务合同规定要求时，业主有权要求降低收费标准。

值得注意的是，虽然事实上业主委员会签署物业服务合同违反程序性规定，但是法院依然认定合同有效，是法院从严把握了合同无效的适用。但依照《民法典》的规定，该案中的合同是有可能被认定为无效的。

（编写人：曾　丽　陆少华）

法律条文

第九百四十条　建设单位依法与物业服务人订立的前期物业服务合同约定的服务期限届满前，业主委员会或者业主与新物业服务人订立的物业服务合同生效的，前期物业服务合同终止。

条文主旨

前期物业服务合同是合法有效的合同，但是在合同期满前业主委员会或业主可以依照自身对物业服务的需求进行新的物业服务人选聘，一旦与新的物业服务人签署合同并合同实际生效的，则前期物业合同同时终止。

新旧法对比

《物业管理条例》	《民法典》
第二十六条　前期物业服务合同可以约定期限；但是，期限未满、业主委员会与物业服务企业签订的物业服务合同生效的，前期物业服务合同终止。	第九百四十条　建设单位依法与物业服务人订立的前期物业服务合同约定的服务期限届满前，业主委员会或者业主与新物业服务人订立的物业服务合同生效的，前期物业服务合同终止。

理解与适用

本条赋予业主方对于前期物业服务合同提前终止的权利。由于前期物业服务合同在签署当时没有业主方的参与，这与一般民事合同需要先经由合同当事人相互了解、平等磋商、双向选择后再订立合同存在明显差异；而前期物业服务合同约定内容对于业主来说是否合适、是否约定公平，都存在较大疑问。所以在业主能够自主选择物业服务人的时候，及时保障其独立自主行使选择权，就是回归到民事法律关系的正轨。

实务问题

本条的业主是指全体业主的集合，并非单个业主，那么选聘新的物业服务人就需要遵守一定的程序，否则新的物业服务合同效力会有问题，如果再以此作为解除前期物业服务合同的依据就会产生争议或纠纷。

另外，本条与《民法典》第946条的业主方解除权规定不同，没有要求业主方在决定重新选聘时应当通知原物业服务人，也没有规定业主方应就提前终止合同的行为，如果给原物业服务人造成损失的如何处理，以及是否应当给予补偿或赔偿。所以，在适用本条的时候，建议提前通知原物业服务人，并提醒其做好撤场的预案。

（编写人：曾　丽　陆少华）

法律条文

第九百四十一条　物业服务人将物业服务区域内的部分专项服务事项委托给专业性服务组织或者其他第三人的，应当就该部分专项服务事项向业主负责。

物业服务人不得将其应当提供的全部物业服务转委托给第三人,或者将全部物业服务支解后分别转委托给第三人。

条文主旨

本条规定允许物业服务人对外委托部分服务内容,且接受委托的一方应当是具备专业能力的主体,以确保委托服务内容会得到适当完成。当然,对于委托出去的服务内容,物业服务人依然要承担对业主负责的合同义务。同时,本条禁止将全部物业服务一并转委托给第三人,也禁止以支解方式将全部物业服务转委托给多个第三人。

新旧法对比

《物业管理条例》	《民法典》
第三十九条　物业服务企业可以将物业管理区域内的专项服务业务委托给专业性服务企业,但不得将该区域内的全部物业管理一并委托给他人。	第九百四十一条　物业服务人将物业服务区域内的部分专项服务事项委托给专业性服务组织或者其他第三人的,**应当就该部分专项服务事项向业主负责。** **物业服务人不得将其应当提供的全部物业服务转委托给第三人,或者将全部物业服务支解后分别转委托给第三人。**

理解与适用

本条规定,一方面是对降低、取消物业服务人资格要求的必要衔接,另一方面也是为了物业服务中特殊的服务要求能适当履行。在《民法典》降低和取消物业服务人资格要求后,使得更多的主体可以从事物业服务,但实践中对物业服务的需求、要求反而在日益提高。比如,电梯维修、水电安装与维修、高大乔木的修剪、建筑垃圾的清运等,都需要行为人具备特定资质或专业技能;如果是非专业性物业服务企业必然无法完成全部的物业服务内容,这时候就需要转委托给有能力的第三人。

法律规定只允许将部分服务内容转委托给第三人,但基于合同关系,物业服务人仍然是向业主方承担合同义务和责任的主体,以免这种转委托行为危及甚至损害业主利益。根据合同的基本原理,合同一方应当自行履行合同义务,部分转委托也只是特例,那当然就不允许将全部的服务内容对外转委托,否则物业服务合同将名存实亡，会给业主造成极大的隐患。而将全部物业服务内容支解转委托出去，对于业主来说结果和风险与全部转委托给一个第三人并无二致，自然也是不允许的。本条款的转委托规定，与建设工程施工合同中的分包、转包具有相似性，相关认定与处理也可以作为参考。

实务问题

1. 案情简介[①]

法院查明，王某刚于2009年12月30日与贵州久联企业集团有限责任公司签订《商品房买卖合同》，此后居住在此。由于王某刚对物管工作人员服务质量持异议，拒绝缴纳物管费。审理中，经走访调查发现，小区呈开放式状态，小区地界上有医院、幼儿园、餐馆，少有绿化，保安在利用小区公共地带对停放车辆收取费用，小区卫生由物管人员负责处理，但没有工作人员对来往人员进行询问登记，被盗现象亦有发生。遵义新联物业服务有限责任公司、保利久联控股集团有限责任公司向原审法院提起诉讼，请求：判令王某刚支付拖欠的自2011年5月1日至2015年6月止50个月的物业管理费共计8977.80元。

庭审中遵义新联物业服务有限责任公司、保利久联控股集团有限责任公司提供2010年10月25日，贵州久联企业集团有限责任公司遵义分公司与遵义新联物业服务有限责任公司签订的《南岭山水前期物业服务合同》。针对遵义新联物业服务有限责任公司是否对南岭山水小区从事管理的问题，王某刚要求一审法院出示了遵义新联物业服务有限责任公司在前期诉讼中出示的2013年12月31日由贵州久联企业集团有限责任公司物管部遵义分部与遵义新联物业服务有限责任公司签订的《物业管理合同》，以此证明该小区一直由贵州久联企业集团有限责任公司的内设机构物管部进行管理，直至2013年才与遵义新联物业服务有限责任公司签订一年的合同，且该合同载明遵义新联物业服务有限责任公司又将小区管理业务全部反包给贵州久联企业集团有限责任公司物管部遵义分部，小区管理人员未经培训上岗，管理不到位。

2. 法院认为

一审法院认为，关于遵义新联物业服务有限责任公司是否在从事南岭山水小区物业管理的问题，虽然遵义新联物业服务有限责任公司、保利久联控股集团有限责任公司提供了其于2010年签订的前期物业服务合同，但该合同与其前期诉讼中提供的于2013年12月31日签订的《物业服务合同》相矛盾，因此对该证

① 贵州省遵义市中级人民法院(2016)黔03民终1763号。

据不予采信。酌情予以扣减,考虑由王某刚交纳3000元为宜。

一审宣判后,遵义新联物业服务有限责任公司、保利久联控股集团有限责任公司不服,提起上诉,二审查明的事实与一审查明的事实相一致。

二审法院认为,该案争议的焦点是:第一,贵州久联物业集团有限责任公司遵义分公司与遵义新联物业服务有限责任公司于2010年10月25日签订的《南岭山水前期物业服务合同》对王某刚是否具有约束力;第二,本案王某刚应付的物业管理费如何确定。

针对争议焦点一,建设单位依法与物业服务企业签订的前期物业服务合同对业主具有约束力,但贵州久联物业集团有限责任公司遵义分公司与新联物业公司于2010年10月25日签订的《南岭山水前期物业服务合同》与王某刚在一审庭审中申请法院出示的贵州久联企业集团有限责任公司物管部遵义分部与遵义新联物业有限责任公司于2013年12月31日签订的《物业管理合同》相互矛盾,该《物业管理合同》能够证明南岭山水小区系由贵州久联企业集团有限责任公司的内设机构物管部进行管理,且遵义新联物业有限责任公司于2013年与贵州久联企业集团有限责任公司签订物业管理合同后将南岭山水小区管理业务全部反包给贵州久联企业集团有限责任公司物管部遵义分部,故《南岭山水前期物业服务合同》对业主王某刚不具备约束力。

针对争议焦点二,物业服务人未提供过适当的物业服务,故无权主张全额物业费。

3.评析

该案中一大特殊之处是出现了多份物业服务合同。两审法院都认为遵义新联物业有限责任公司于2013年与贵州久联企业集团有限责任公司签订物业管理合同后将南岭山水小区管理业务全部反包给贵州久联企业集团有限责任公司物管部遵义分部,这属于无效合同。该观点与《民法典》第941条的规定契合。

(编写人:曾　丽　陆少华)

法律条文

第九百四十二条　物业服务人应当按照约定和物业的使用性质,妥善维修、养护、清洁、绿化和经营管理物业服务区域内的业主共有部分,维护物业服务区域内的基本秩序,采取合理措施保护业主的人身、财产安全。

对物业服务区域内违反有关治安、环保、消防等法律法规的行为,物业服务人应当及时采取合理措施制止、向有关行政主管部门报告并协助处理。

条文主旨

对于物业服务人最主要服务内容即维护、养护、清洁、绿化和经营管理物业服务区域内的业主共有部分，维护物业服务区域内的基本秩序进行再次强调，避免物业服务人不作为。突出了服务应当符合“妥善”“采取合理措施”的要求，避免乱作为。明确规定了物业服务人在服务中负有与治安、环保、消防管理部门配合的义务。

新旧法对比

《物业管理条例》	《民法典》
第四十五条　对物业管理区域内违反有关治安、环保、物业装饰装修和使用等方面法律、法规规定的行为，物业服务企业应当制止，并及时向有关行政管理部门报告。 有关行政管理部门在接到物业服务企业的报告后，应当依法对违法行为予以制止或者依法处理。 第四十六条　物业服务企业应当协助做好物业管理区域内的安全防范工作。发生安全事故时，物业服务企业在采取应急措施的同时，应当及时向有关行政管理部门报告，协助做好救助工作。物业服务企业雇请保安人员的，应当遵守国家有关规定。保安人员在维护物业管理区域内的公共秩序时，应当履行职责，不得侵害公民的合法权益。	第九百四十二条　**物业服务人应当按照约定和物业的使用性质，妥善维修、养护、清洁、绿化和经营管理物业服务区域内的业主共有部分，维护物业服务区域内的基本秩序，采取合理措施保护业主的人身、财产安全。** **对物业服务区域内违反有关治安、环保、消防等法律法规的行为，物业服务人应当及时采取合理措施制止、向有关行政主管部门报告并协助处理。**

理解与适用

本条第1款规定就是物业服务中的核心要求，也是最容易出现问题和引起纠纷的。基于法律规定和合同约定，物业服务人一般不会缩减服务项目，但是对于服务质量和效果则由于不太好量化，往往成为物业服务人为了追求高利润而偷工减料的手段，也是业主维权的重点与难点。由于物业服务合同是继续性合同，从实践看笔者认为，为了督促物业服务人保质保量的持续做好服务工作，就需要在以下几个方面进行完善：第一，业主方必须及时成立业主委员会，并确保其有必要的运转资金，使业主委员会成员在付出劳动的同时能够得到一定的经济补偿。业主委员会的工作无论从专业性、难易程度、涉及问题的多样性来说都是日趋复杂，没有适当的经济补贴业主委员会成员是很难长期纯义务工作的。第二，在物业服务合同签署时，在合同中尽可能对服务内容和所需要达到的标准进行量化、细化以及可评价化。当然，这个工作一般就是由业主委员会主持完成的。第三，虽然在物业服务合同中，大多数服务项目是以结果来评价的，但在持续性的服务过程中如果没有过程性的监督与督促结果肯定不会太好，一旦出现了不符合要求的服务结果，就会涉及整改问题，部分业主就会以此为由要求缓交、少交、不交物业费，由此还可能造成业主与物业服务人之间的对抗，最终进入恶性循环的状态。所以，针对物业合同的履行不能只看结果，而是要持续性的进行监督与督促，这个工作除了业主零星的、随机的进行以外，更多的还是要依靠业主委员会专门性的统一安排与实施。第四，针对物业服务中出现的难点问题，也不是物业服务人一方可以解决的，很多时候是要借助业主委员会、社区居委会、物业管理主管部门以及公安、消防、城管部门的力量与职权来共同处理的。

而本条的第2款，则是物业协助有关部门进行管理的职责，这是通常理解的"物业管理"的范畴。由此可见，物业工作实际上存在服务为主，协助管理为辅的综合性特点。协助管理职责，也是物业服务人可能滥用的权利之一，将协助管理职能限定在较小范围内则正是让物业管理向物业服务根本转变的有效制度设计。

实务问题

1. 案情简介①

原告代某骅的房屋因隔壁小区漏水造成墙体与墙基被长时间浸泡而成为危房，经鉴定与协商确定造成损失价值10万元(含3万元鉴定费)。法院审理查明，房地产开发公司在建设时没有预留管道法兰检查空间，物业公司存在履行物业服务不够细致严格的情况，业主方是物业的实际产权人和使用人，业主委员会代表业主承担权利义务。最终判决三被告按照责任大小分别承担赔偿责任。

2. 评析

该案对于开发商、物业服务人和业主的责任承担都有论述。对于物业服务

① 山西省稷山县人民法院(2019)晋0824民初101号。

人，则主要基于其存在对于管道疏忽管理维修的情况，进而需要承担赔偿责任。

（编写人：曾　丽　陆少华）

法律条文

第九百四十三条　物业服务人应当定期将服务的事项、负责人员、质量要求、收费项目、收费标准、履行情况，以及维修资金使用情况、业主共有部分的经营与收益情况等以合理方式向业主公开并向业主大会、业主委员会报告。

条文主旨

本条保障了业主的知情权，列举了物业服务人需要定期向业主公示和向业主委员会报告的事项，包括服务的事项、负责人员、质量要求、收费项目、收费标准、履行情况，以及维修资金使用情况、业主共有部分的经营与收益情况等。并要求物业服务人应当以合理的方式进行公开和报告。

新旧法对比

《物业管理条例》	《民法典》
物业服务收费应当遵循合理、公开以及费用与服务水平相适应的原则，区别不同物业的性质和特点，由业主和物业服务企业按照国务院价格主管部门会同国务院建设行政主管部门制定的物业服务收费办法，在物业服务合同中约定。	第九百四十三条　**物业服务人应当定期将服务的事项、负责人员、质量要求、收费项目、收费标准、履行情况，以及维修资金使用情况、业主共有部分的经营与收益情况等以合理方式向业主公开并向业主大会、业主委员会报告。**

理解与适用

本条是为保障业主的知情权而规定了物业服务人的主动公示与报告制度。由于业主方往往是一个群体，包含的单户业主可能数量较大，物业服务人不方便每家每户单独告知，所以以公示制度解决知情权问题是一个很好的解决思路。一般公示都会在物业管理区域的出入门口或专设的公示栏进行公示，确保业主方便查看。当然，随着科技的发展，现在的小区一般都有业主 QQ 群或微信群，在聊天群中发布公示信息也是一种便捷有效的方式。

另外，区别于对全体业主的简单公示，对于公示事项物业服务人还需要向业主委员会进行报告，笔者认为，这种报告是更加详尽的告知并且应该接受业主委员会的质询，解答其疑问，且报告应当是书面的。而业主委员会也应当将物业服务人报告中的问题向业主进行说明，以便业主更好地理解相关内容、维护自身权益和参与小区管理。如果物业服务人不主动进行公示和报告或者公示、报告不符合要求，业主委员会可以要求、责令其公示或报告。

实务问题

1. 案情简介①

1999年，某物业公司接管了北京市昌平区某小区的物业服务工作。2004年小区业主委员会与物业公司签订《物业管理服务合同》。合同第10条约定物业公司负责物业档案的管理，包括小区的工程图纸、住房档案资料及竣工验收资料（以交接资料为准）；合同第12条第3款规定，业主委员会每半年审核乙方的物业管理费收支经营情况，并会同物业公司以公告形式告知全体业主；第13条第7款、第8款规定，物业公司每半年向业主公布其物业管理费收支经营情况，每个供暖季结束后，向业主公布其供暖收支情况。后物业公司在小区提供物业服务至起诉时（2013年）。

另外，2012年小区成立了新一届业委会。业主委员会成立后，物业公司就小区内中修费收支情况、供暖服务收费及供暖维修情况时行了说明，并按照相关规定对2010年、2011年、2012年的物业服务项目收支情况进行了公示。

2013年业主委员会认为物业公司的公示不够全面和完整，故其作为原告起诉物业公司，要求物业公司对小区的相关管理情况予以公示，包括要对支出附财务凭证。

2. 法院认为

一审法院认为物业公司的公示义务仅需按照国家行业主管部门要求进行公示即视为其履行了公示义务，而业主委员会在庭审中所主张的要求附有财务凭证的公示。在物业公司提交给业主委员会的复函中，已经就中修费、对外供暖情况及供暖维修情况进行了说明，业主委员会主张的小修费及车位费的收支情况，均在提交住房和城乡建设委员会的公示材料中予以公示，故此业委会再次要求被告公示相关材料，没有事实依据，法院不予支持。另外，业主委员会未提交小区供暖设施设备的购买方为物业公司或物业公司现持有供暖设施设备的原始单据的证据，且物业公司否认其持有上述单据，故此原告要求物业公司提供供暖设

① 北京市第一中级人民法院（2013）一中民终字第14415号。

施设备的原始单据及折旧情况的诉讼请求,没有事实依据,法院不予支持。关于业主委员会主张的文件,物业公司称未收取相关资料,业主委员会亦未提供证据证明上述资料在物业公司处,故此对该项诉讼请求,法院不予支持。关于业主委员会主张的对外广告合同,物业公司否认签订过对外广告合同,原告亦未提供证据证明物业公司签订过该合同,故此对该项诉讼请求,法院不予支持。在一审判决后,业主委员会上诉,上诉法院认同一审法院观点,维持了一审判决。

3. 评析

该案中,一方面认可和支持业主委员会代表业主行使知情权,认为物业公司应当向业主告知相关事宜。但是,对于业主委员会要求物业公司提供超出法律和司法解释规定的公示范围材料的,法院不予支持。同时,对于虽然在法定公示范围内的材料,由于业主委员会无法举证证明相关材料由物业公司保管,法院也无法支持业主委员会的请求。

(编写人:曾　丽　陆少华)

法律条文

第九百四十四条　业主应当按照约定向物业服务人支付物业费。物业服务人已经按照约定和有关规定提供服务的,业主不得以未接受或者无需接受相关物业服务为由拒绝支付物业费。

业主违反约定逾期不支付物业费的,物业服务人可以催告其在合理期限内支付;合理期限届满仍不支付的,物业服务人可以提起诉讼或者申请仲裁。

物业服务人不得采取停止供电、供水、供热、供燃气等方式催交物业费。

条文主旨

本条明确了业主应该支付物业费,不得以未接受或者无需相关物业服务为由拒付;但是,物业服务人未能按照约定提供服务,则业主可以此抗辩。物业服务人有权向未按时足额支付物业费的业主先行催讨,催告不成的可以通过起诉、仲裁主张权利,但是不得采取停止供电、供水、供热、供燃气等方式催交。

新旧法对比

《物业管理条例》	《民法典》
第七条　业主在物业管理活动中，履行下列义务： …… （五）按时交纳物业服务费用； …… 第六十四条　违反物业服务合同约定，业主逾期不交纳物业服务费用的，业主委员会应当督促其限期交纳；逾期仍不交纳的，物业服务企业可以向人民法院起诉。	第九百四十四条　业主应当按照约定向物业服务人支付物业费。物业服务人已经按照约定和有关规定提供服务的，业主不得以未接受或者无需接受相关物业服务为由拒绝支付物业费。 业主违反约定逾期不支付物业费的，物业服务人可以催告其在合理期限内支付；合理期限届满仍不支付的，物业服务人可以提起诉讼或者申请仲裁。 **物业服务人不得采取停止供电、供水、供热、供燃气等方式催交物业费。**

理解与适用

作为双务合同的一方，业主按时缴纳物业费是最基本的合同义务。物业服务本质上就是商事合同，物业服务人提供物业服务的主要目的就是获取物业费，否则物业服务也将无法持续。业主未能按时缴纳物业费原因可能多种多样，可能是无故不交也可能有正当的理由，如物业服务人没有提供服务或者提供的服务与合同约定不符。如果是业主无故不交，则物业服务人有权催讨，甚至通过起诉、仲裁来主张权利，部分业主无故不交物业费实际上损害了全体业主的权利，对按时缴纳的业主是不公平的，业主委员会也可以协助进行催讨。物业服务人因讨要物业费而对业主提起起诉或仲裁的，必须是已经进行了合理的催告，一般需要书面催告。如果是物业服务人未能适当履行合同的，导致适用法定或合同约定出现允许缓交、少交、不交物业费情形的，则业主有权缓交、少交、不交物业费。但业主自认为没有接受物业服务人的服务或不同意或无须物业服务人服务的，不能作为不交物业费的抗辩理由，因为物业服务合同的效力是及于全体业主的。

物业服务人不能采取停止供电、供水、供热、供燃气等方式催缴物业费，另外如阻挠业主进出小区和使用自己的物业也是不允许的。也就是说，催缴物业费应当以不影响业主自主合理使用其物业以及不影响业主正常的出行和作息为限，否则物业服务人的行为就是不合法的，不受法律保护，严重的可能构成违法甚至犯罪。

实务问题

1. 案情简介①

2018 年原告与业主委员会签订了《物业服务合同》,约定由原告对该小区提供物业服务。二被告于 2018 年 6 月 1 日签订了《门市租赁合同》,租赁期限从 2018 年 6 月 1 日至 2021 年 5 月 31 日,并约定由被告梁某容承担租用门市期间的一切费用,且应当按时、足额缴纳。原告经电话催收、上门催收,张贴、送达催费通知单等方式进行了催收。被告王某华、梁某容逾期未按时缴纳物业服务费,被告认为原告提交的物业服务不到位,收费标准过高,因此拒交物业费。

2. 法院认为

物业服务合同,对业主具有约束力,业主无权以其并非合同当事人为由提出抗辩。物业服务企业已经按照合同约定以及相关规定提供服务,业主无权以未享受或者无须接受相关物业服务为抗辩理由。关于原告提供服务不到位的主张,由于被告在本案中未提交相关证据予以证明,法院不支持。原告请求被告王某华承担连带清偿责任,法院支持。被告未按时缴纳物业服务费,已构成违约,应承担相应违约责任,若违约金过高于实际损失,法院根据公平原则衡量确定。

3. 评析

该案是最典型的拖欠物业费纠纷案件。物业服务合同是业主集体对物业服务人的,单个业主不能以未参与合同签约,不同意合同内容或者没接受物业服务为由不交物业费。但是业主对于物业服务人未适当履行合同的,可以主张少交物业费,但必须能够举证证明,否则主张可能不会被支持。

(编写人:曾　丽　陆少华)

法律条文

第九百四十五条　业主装饰装修房屋的,应当事先告知物业服务人,遵守物业服务人提示的合理注意事项,并配合其进行必要的现场检查。

业主转让、出租物业专有部分、设立居住权或者依法改变共有部分用途的,应当及时将相关情况告知物业服务人。

① 四川省峨眉山市中级人民法院(2020)川 1181 民初 1318 号。

条文主旨

业主装修房屋是自身权利但也要遵守规范和注意事项，以便协调邻里关系和消除安全隐患等，物业服务人一般具有相关经验和协调能力，故需要业主在装修前告知物业服务人。业主转让、出租物业专有部分、设立居住权或者依法改变共有部分用途等行为，同样也要求告知物业管理人，便于其跟进服务。

新旧法对比

《物业管理条例》	《民法典》
第五十二条　业主需要装饰装修房屋的，应当事先告知物业服务企业。 物业服务企业应当将房屋装饰装修中的禁止行为和注意事项告知业主。	第九百四十五条　**业主装饰装修房屋的，应当事先告知物业服务人，遵守物业服务人提示的合理注意事项，并配合其进行必要的现场检查。** **业主转让、出租物业专有部分、设立居住权或者依法改变共有部分用途的，应当及时将相关情况告知物业服务人。**

理解与适用

本条所列举的对房屋装修、转让、出租、设定居住区和改变用途这些事项，都是业主的基本权利，只要不违法都可以自由行使。但在建筑物区分所有权的情况下，即便是对专有部分进行权利处分，也可能影响到邻居或物业管理区域内的其他业主，所以《民法典》第272条规定“业主对其建筑物专有部分享有占有、使用、收益和处分的权利。业主行使权利不得危及建筑物的安全，不得损害其他业主的合法权益”。在城市住宅小区业主之间往往并不熟悉，相互之间可能无法有效沟通，且沟通也是一门艺术，沟通不当会适得其反，这时候物业服务人就是业主之间沟通的桥梁。另外，物业服务人一般都熟悉装修房屋的要点、注意事项和禁忌，能够进行合理指导从而避免不当装修造成损失或引起邻里纠纷。

除装修外，业主对房屋行使转让、出租、设定居住区和改变用途这些权利同样可能影响到其他业主的权利，也可能涉及不当行使对建筑物共有部分权利行为。特别是改变房屋的用途，通常都需要先进行审批，取得相应的权利，并做好与变更后房屋用途对应的配套服务，否则还可能构成违法。

另外，物业服务人是全体业主聘用的，也应当在物业服务区域内自主做好巡查和登记等，一旦发现有业主在进行装修等行为的，必须进行了解、指导、规劝和向业主委员会及相关主管部门报告;由于装修是“大动干戈”的工程,如果物业服务人长时间未发现业主装修等行为的,那么物业服务人本身就是未尽到提供定时巡查等服务义务,若造成严重后果或业主损失的,物业服务人也应当承担相应的责任。

实务问题

1. 案情简介①

2013年原告物业服务公司与小区业主委员会签订了《物业管理合同书》,由原告向该小区业主提供物业服务。被告刘某国居住在唐徕水岸小区,住房面积为96平方米。2014年4月16日至2016年8月31日,被告共拖欠物业费1146元未缴纳,为此引起原告诉讼。

2. 法院认为

该案中,原告与平罗县唐徕水岸小区业主委员会签订的《物业管理委托合同》是双方当事人真实意思的表示,合同合法、有效,应依法予以确认。被告主张2015年10月26日已将房屋卖给他人,物业公司不应当再向其收费,抗辩理由不能成立。即使被告将房屋卖给他人,也应当告知小区内的业主委员会或物业公司,便于物业公司对变更后的业主管理,但是被告并没有行使告知的义务。况且被告也承认2014年4月16日至2015年10月26日的物业费没有缴纳。业主只有交了物业费,物业公司才有可能更好地服务,不交物业费而要求物业公司提供优质的服务,显然于情于理于法相悖。

3. 评析

该案中判令被告需要承担其出售房屋后的物业费,理由就是被告没有履行房屋产权人变更后的告知义务。由此可见,一旦出售房产或者对房屋等设定其他权利,一定要及时告知业主委员会和物业服务人,否则可能承担不利的法律后果。

(编写人:曾　丽　陆少华)

法律条文

第九百四十六条　业主依照法定程序共同决定解聘物业服务人的,可以解除物业服务合同。决定解聘的,应当提前六十日书面通知物业服务人,但是合同对通知期限另有约定的除外。

① 宁夏回族自治区平罗县人民法院(2016)宁0221民初3490号。

依据前款规定解除合同造成物业服务人损失的，除不可归责于业主的事由外，业主应当赔偿损失。

条文主旨

业主有权单方以解除物业服务合同的方式解聘物业服务人，这是一种任意解除权，但物业服务人不具有该项权利。由于是在合同期限内提前解除，有可能造成物业服务人的额外损失，那么业主一方要对造成物业服务人的损失承担赔偿责任，但损失是由不可归责于业主的事由造成的除外。另外，决定解聘后需要提前60日书面通知物业服务人。

新旧法对比

《物业管理条例》	《民法典》
第十一条　下列事项由业主共同决定： …… （四）选聘和解聘物业服务企业； ……	第九百四十六条　**业主依照法定程序共同决定解聘物业服务人的，可以解除物业服务合同。决定解聘的，应当提前六十日书面通知物业服务人，但是合同对通知期限另有约定的除外。** **依据前款规定解除合同造成物业服务人损失的，除不可归责于业主的事由外，业主应当赔偿损失。**

理解与适用

本条是关于进一步保障业主权利的规定。单独给予了业主方提前解除物业服务合同并解聘物业服务人的权利，而物业服务人没有对应的解除权。但是如果因提前解除给物业服务人造成损失的需要承担赔偿损失的责任。

实务问题

实践中，业主虽然人数众多，但是每家每户遇到物业服务中的问题时通常都是单独与物业服务人进行交涉，实际很难以全体业主整体来交涉，物业服务人一般为物业公司，相较于单个业主来说还是具备更多的优势，所以容易造成“各个击破”的状况。另外，物业管理区域往往具有大量的业主共有产权部分，如果没有强有力的业主委员会，单个业主是很难就共有部分的权利与物业服务人进行交涉的。而作为单个业主对于物业服务人的不满和对抗又经常会以不交物业费的方式来对抗,但是对抗效果如何很难说。一旦业主对物业服务人不满,以不交物业费对抗,则相互之间的信任将被迅速消耗殆尽,一个得不到业主信任的物业服务人自然是不适合继续服务于业主。

当然,业主想要解聘物业服务人实际上并非易事,通常需要在业主委员会的牵头下召开业主大会,并且得到大多数业主的同意才可能解除合同并解聘物业服务人。并且,一旦给物业服务人造成损失还需要赔偿,这个赔偿数额达不成一致意见就可能引起纠纷甚至诉讼,即使赔偿数额确定后各个业主之间如何分担也是问题,特别是不同意解聘物业服务人的业主往往也不同意承担赔偿金。最后,在解聘原物业服务人后新的物业服务人人选如何确定,能否找到合适人选。这些问题在实践中是环环相扣的,并且每一项都不容易解决。笔者建议,在由业主委员会或业主代表牵头的情况下,应当将是否解聘现有物业服务人、向物业服务人承担损失赔偿以及如何遴选新的物业服务人这三个问题一并进行宣传告知和进行业主意愿摸底,形成“一揽子”解决的方案,争取通过召开一次业主大会表决多项议题。提前更换物业服务人,往往涉及众多关联方的利益,最好是在启动前争取到当地街道、物业主管部门和社区居委会的理解与支持,并在程序上予以指导。

(编写人:曾　丽　陆少华)

法律条文

第九百四十七条　物业服务期限届满前,业主依法共同决定续聘的,应当与原物业服务人在合同期限届满前续订物业服务合同。

物业服务期限届满前,物业服务人不同意续聘的,应当在合同期限届满前九十日书面通知业主或者业主委员会,但是合同对通知期限另有约定的除外。

条文主旨

物业服务合同一般都会约定期限,在临近期限届满前,合同双方都需考虑是否续聘。业主决定续聘的,需要及时续订物业服务合同。物业服务人也有权决定不再续聘,但需要提前通知业主委员会或业主以便业主方及时选聘新的物业服务人。

新旧法对比

无	《民法典》
无	第九百四十七条　**物业服务期限届满前，业主依法共同决定续聘的，应当与原物业服务人在合同期限届满前续订物业服务合同。** **物业服务期限届满前，物业服务人不同意续聘的，应当在合同期限届满前九十日书面通知业主或者业主委员会，但是合同对通知期限另有约定的除外。**

理解与适用

有服务期限的继续性合同到期前都会遇到是否续约、展期的问题，物业服务合同也是一样。作为平等民事主体之间的双务合同，自然是合同双方都有权利选择是否续聘。除了合同双方都需要履行告知义务，特别规定了物业服务人需要在合同期限届满前90日通知业主方，以便留足时间供业主方召开业主大会。

实务问题

业主的续聘稍微复杂一点，一般还是要召开业主大会，由全体业主决定是否续聘，凡是需要召开业主大会的则都需要注意召开的程序和提前公示需要表决的事项。在召开业主大会前肯定是先要确认好现在的物业服务人是否同意续聘。一旦双方都同意续聘的，则需要通知物业服务人续订合同。

相较于续聘，更复杂就是不续聘并重新选聘，所以一旦物业服务人决定不再续聘的，就需要在合同期限届满前90日通知业主方，以便留足时间供业主方召开业主大会，重新选聘物业服务人，避免出现物业服务合同的空档期。笔者再次强调，业主委员会在小区治理中是非常重要的，业主的大小事务要么需要由业主委员会协调，要么需要由业主委员会牵头，可以说没有一个运转良好的业主委员会就不会有一个良性运转的祥和小区。

（编写人：曾　丽　陆少华）

法律条文

第九百四十八条　物业服务期限届满后，业主没有依法作出续聘或者另聘物业服务人的决定，物业服务人继续提供物业服务的，原物业服务合同继续有效，但是服务期限为不定期。

当事人可以随时解除不定期物业服务合同，但是应当提前六十日书面通知对方。

条文主旨

物业服务合同到期后，业主未依法作出续聘、解聘或另聘物业服务人决定的，原合同转为不定期物业服务合同，应当继续按照合同约定履行各自义务。在此期间，双方都有权随时提出解除合同，并提前60日书面通知对方。

新旧法对比

无	《民法典》
无	第九百四十八条　**物业服务期限届满后，业主没有依法作出续聘或者另聘物业服务人的决定，物业服务人继续提供物业服务的，原物业服务合同继续有效，但是服务期限为不定期。** **当事人可以随时解除不定期物业服务合同，但是应当提前六十日书面通知对方。**

理解与适用

由于物业服务的特殊性，不宜在原物业服务合同到期后宣告合同到期终止，也不宜认定双方不再具有合同关系和相应的权利义务，而是明文规定了合同继续有效。这主要还是考虑到实践中，有相当数量的业主一方在原物业服务合同约定的服务期限届满前，是无法通过及时召开业主大会决定续聘或重新选聘的，而让一份物业合同“超期服役”的情况也就司空见惯了。

为了督促业主方尽快结束不定期物业服务合同的状态，同时也为平衡物业服务人的选择权，本条又规定了第2款。但是对物业服务人来说，其还受到本法第950条的约束，即使允许合同解除，但是依然不能随意撤场，物业服务可能还要继续。

实务问题

1. 案情简介[①]

某小区业委会与某物业公司签订物业服务合同，在合同到期后物业公司依然在提供服务，至新的业主委员会成立并完成备案后，业主委员会向物业公司发函解除物业合同，并要求物业公司退出物业服务区域，将物业服务用房、相关设施、物业服务所必需的相关资料等交还给业主委员会。最终法院支持了业主的诉请。

2. 评析

该案不是一个简单的单一案件，首先双方的合同已经到期很久，按照现行《民法典》属于是不定期物业服务合同。对于这一类合同，双方都有权随时提出解除，该案中是业主委员会代表业主提出解除，同时向物业公司进行了书面告知。但是，物业公司提出，业主委员会成立不合法，质疑业主委员会的主体资格与行为能力，从该案法院查明事实来看，业主委员会成立的程序很可能是存在问题的，但是委员会最终通过了主管部门的备案，取得了形式上的合法性，从该案来看法院认为物业公司无权对业委会的实质合法性提出质疑。试想一下，如果是业主提出对业主委员会合法性的疑问，可能就需要进行实质性审查了。该案还涉及合同物业服务被解除或终止后，物业服务人应当退出物业管理区域以及及时交还物业服务用房、相关设施、物业服务所必需的相关资料。

（编写人：曾　丽　陆少华）

法律条文

第九百四十九条　物业服务合同终止的，原物业服务人应当在约定期限或者合理期限内退出物业服务区域，将物业服务用房、相关设施、物业服务所必需的相关资料等交还给业主委员会、决定自行管理的业主或者其指定的人，配合新物业服务人做好交接工作，并如实告知物业的使用和管理状况。

原物业服务人违反前款规定的，不得请求业主支付物业服务合同终止后的物业费；造成业主损失的，应当赔偿损失。

① 山东省烟台市中级人民法院(2020)鲁06民终4419号。

条文主旨

物业服务合同终止后,原物业服务人就不再具有继续提供物业服务和保管、占有业主财物的正当性,应当限期退出并做好各项移交和交接工作,为后续物业服务人的接替做好准备。为避免原物业服务人迟迟不退出,特别规定了其在物业服务合同终止后无权再收取物业费,并要承担由于迟延退出对业主造成的损失。

新旧法对比

《物业管理条例》	《民法典》
第三十八条　物业服务合同终止时,物业服务企业应当将物业管理用房和本条例第二十九条第一款规定的资料交还给业主委员会。 物业服务合同终止时,业主大会选聘了新的物业服务企业的,物业服务企业之间应当做好交接工作。	第九百四十九条　**物业服务合同终止的,原物业服务人应当在约定期限或者合理期限内退出物业服务区域,将物业服务用房、相关设施、物业服务所必需的相关资料等交还给业主委员会、决定自行管理的业主或者其指定的人,配合新物业服务人做好交接工作,并如实告知物业的使用和管理状况。** **原物业服务人违反前款规定的,不得请求业主支付物业服务合同终止后的物业费;造成业主损失的,应当赔偿损失。**

理解与适用

本条主要规定了在物业服务合同终止后,物业服务人应当积极全面的履行退出服务和移交财物的义务。此环节也是实践中发生争议较多的阶段。主要是体现在原物业服务人不主动退出,不主动移交材料或者移交材料不全面,究其原因主要是:

(1)物业费未收齐,想在移交阶段尽量收齐并以此作为不退场不移交的理由。

(2)材料移交没有清单,是否需要移交和是否已经移交完毕双方各执一词。

(3)物业服务人需要转岗安排项目工作员工,时间越长安置选择越多,安置成本越低。

(4)拟退出的项目有利可图,尽量延长实际服务的时间,获取更多收益。

(5)与业主方尚有其他未了结事项,担心退场后难以顺利解决。

但是，对于物业服务人必需的履行后合同义务，不能因物业服务人的期望或担心而讨价还价甚至拒不履行，故对于原物业服务人不肯主动退出的情况，本法已经明确了其在合同终止后将无权收取物业费。也就是说，拖延时间越久对原物业服务人越是不利。如原物业服务人固执己见，执意不肯配合退场和移交的，一旦由此造成业主损失的，那么还需要向业主承担赔偿责任。

另外，对于不配合退场的原物业服务人，业主或业委会有权向物业主管部门、物业服务行业协会、社区居委会进行反映或投诉。

不过，服务期限内已经产生且尚未收取的物业费，原物业服务人仍然有权向业主主张、催讨。

实务问题

1. 案情简介①

法院认定查明华丰大厦是由商业公司与原广州市工商银行合资兴建的，大厦原由实华公司提供物业管理服务。实华公司于 2014 年退出华丰大厦的管理。2015 年华丰大厦业主委员会决定延续华丰大厦原自管方案，由华丰大厦业委会接收华丰大厦自治管理事务，同时决定由业主委员会按法定程序接收大厦全部管理事务。2017 年商业公司与实业公司签订《物业管理委托书》，委托该司继续对商业公司所有物业进行物业管理等。

2018 年 12 月 24 日实华公司注销工商登记。华丰大厦业主委员会表示不要求追加实华公司的上级主管部门实业公司参加本案诉讼。

关于业主委员会第一项诉讼请求所主张的相关平面图、测绘报告及资金清册现由谁实际控制的问题。业主委员会表示不清楚。商业公司则表示：文件资料在广州市城市建设管理局关于华丰大厦的房屋档案内；关于物业管理用房的测绘报告，因华丰大厦为单体楼，在房改时已全部按房改政策向原住户出售，属于单位自建房，当时不具有商品房性质，无建设专门的物业用房，也没有设立专项物业维修资金。

关于业主委员会第二项诉讼请求的公共部分物业及物业管理权现由谁实际控制的问题。业主委员会表示，由于商业公司是该大厦的建设单位，故公共用房和设备用房应由商业公司控制。商业公司则表示由实业公司实际控制。

① 广东省广州市中级人民法院(2020)粤 01 民终 9578 号。

2. 法院认为

业主委员会要求商业公司向其提交修建性详细规划、建设工程实际方案总平面图；物业管理区域内配置的物业管理用房测绘报告；已筹建的物业专项维修资金清册等资料，却表示上述资料现由谁实际控制都不清楚。在商业公司明确表示其并未拥有上述资料的情况下，业主委员会应承担举证不能的责任。因此，华丰大厦业委会该项诉讼请求，法院不予支持。

关于业主委员会要求商业公司移交全部公共部分物业及全大厦建筑物业管理权的诉讼请求。商业公司已经明确表示该部分由实业公司实际控制，且已查明商业公司的物业现由实业公司进行管理，而业主委员会明确表示不需要追加实业公司为本案当事人参加诉讼。在此情况下，华丰大厦业主委员会该项诉讼请求，一审法院亦不予支持。本案二审维持原判。

3. 评析

两审法院都是认可业主委员会有权要求原物业服务人将物业服务用房、相关设施、物业服务所必需的相关资料等交还给业主委员会的。但是，由于种种原因业委会无法提供被告实际持有相关材料或者原告主张的对象实际发生了错误，致使其诉讼请求未能得到法院的支持。

（编写人：曾　丽　陆少华）

法律条文

第九百五十条　物业服务合同终止后，在业主或者业主大会选聘的新物业服务人或者决定自行管理的业主接管之前，原物业服务人应当继续处理物业服务事项，并可以请求业主支付该期间的物业费。

条文主旨

物业服务合同终止后，为了保障业主的利益，在选定新的物业服务人或决定自行管理前，在原物业完成与继任者交接前，原物业服务人不能任意退场或停止处理物业服务事项。原物业服务人可以收取物业服务费。

新旧法对比

无	《民法典》
无	第九百五十条 **物业服务合同终止后，在业主或者业主大会选聘的新物业服务人或者决定自行管理的业主接管之前，原物业服务人应当继续处理物业服务事项，并可以请求业主支付该期间的物业费。**

理解与适用

本条是针对实践中发生的，在业主无法及时选定新的物业服务人期间，物业服务如何持续而新增的。无论因何种原因造成原物业服务合同终止后，依照合同关系原物业服务人理应完成各项移交，并退出物业服务区域；但业主此时可能还未选定新的物业服务人，如果原物业服务人此时退场，会造成物业服务区域混乱。另外，如果物业服务的相关材料未能妥善移交的话，还会造成与日后新物业服务人的衔接困难。

该条款对物业服务人增加了义务，但是对业主也未必全是有益，强扭的瓜不甜，这种非正常状态下的物业服务效果不可能很好，物业服务双方也会发生不和谐。所以，要解决问题还是得促使业主方尽快地依法选聘出新的物业服务人。

实务问题

1. 案情简介①

因有被告业主拒付物业费，原告物业公司认为其提供了物业服务且没有降低服务标准，有权收取物业费。被告业主认为在《前期物业合同》到期后业主与物业公司未续签新的合同，合同已经到期解除，可以不付物业费，业主还有权以合同过期、物业服务质量低于收费标准以及物业服务中存在诸多问题而拒付物业费。法院认为原、被告双方在《前期物业服务合同》期限届满后未重新续签，该合同约定的违约条款对原、被告双方均不具法律约束力。因此，对原、被告双方要求对方承担违约责任的请求及意见，法院均不予支持。此后，原告继续提供了物业服务，而被告不能证明已明确拒绝接受服务，仅以原告服务不到位，存在较大瑕疵作抗辩，因此法院认定原、被告双方形成事实物业服务关系，被告应参

---

① 云南省宜良县人民法院(2020)云0125民初1270号。

照原物业服务合同标准向原告支付相关物管费用。

2. 评析

该案法院认为合同已经到期解除,这个观点已经不符合《民法典》第 948 条的规定,这种情况根据《民法典》应当是合同继续有效,只是合同期限变更为不定期。但在假定合同终止的前提下,依照《民法典》第 950 条的规定物业服务人还在提供物业服务的,业主也仍然需要支付物业费。

(编写人:曾　丽　陆少华)

第二十五章　行纪合同

法律条文

第九百五十一条　行纪合同是行纪人以自己的名义为委托人从事贸易活动，委托人支付报酬的合同。

条文主旨

本条是关于行纪合同的定义。行纪合同是行纪人根据委托人的指示，为了委托人利益，以行纪人自己的名义从事贸易活动，委托人支付报酬的合同。

新旧法对比

《合同法》	《民法典》
第四百一十四条　行纪合同是行纪人以自己的名义为委托人从事贸易活动，委托人支付报酬的合同。	【内容不变】第九百五十一条

理解与适用

从历史渊源上来讲，行纪合同衍生于委托合同，是商事领域为适应委托买卖的交易需求逐渐产生的合同关系。我国商务部于2013年9月1日发布的《寄卖店服务规范》，就是一个典型的行纪合同示范性文本，其主要交易流程为：委托人将委托物及委托物相关材料，到寄卖店委托出卖，寄卖店验收委托物后与委托人估价确定委托物出售价格（范围），并约定报酬金额（或报酬计取方式）；双方就此签订合同，之后由寄卖店以自己的名义为委托人出卖委托物；销售完成后，寄卖店代销的价款归委托人，委托人向寄卖店支付报酬。在该合同关系中，寄卖店即为行纪人。另外，一般认为，在演艺经纪合同中，艺人授权经纪公司就艺人开展的娱乐活动签署相关聘用协议、运用各种媒体进行广告宣传、允许其他人使用艺人的作品进行广告宣传、行使艺人因表演而产生的知识产权等的约定，具有行纪性质。

在行纪合同中，行纪人一般具有一定商业资源和知识经验。委托人通过行纪合同无须暴露自己的姓名，无须费心介入行纪人与第三人的定约及履约过程，却可以利用行纪人的商业资源和知识经验享受行纪人订约的利益；行纪人在营业中也无须时时处处征求委托人意见以获取委托人的特别授权，对行纪人来说，这种经营方式也更为方便灵活。

行纪合同是双务、有偿、诺成和不要式合同。行纪人接受委托人委托从事贸易活动，委托人向行纪人支付约定的报酬，所以行纪合同属于双务合同；行纪人作为营业主体接受委托人委托从事贸易活动，属于营利活动，在完成委托事项后收取报酬，故行纪合同是有偿合同；行纪合同中，只要委托人与行纪人意思表示达成一致，行纪合同即可成立，因此，行纪合同是诺成合同；行纪合同可以采用书面形式订立，也可以口头或其他形式订立，因此，行纪合同是不要式合同。

实务问题

实践中，需要重点关注行纪合同与委托合同的异同。

1. 行纪合同与委托合同的相同点

委托合同是委托人和受托人约定，由受托人处理委托人事务的合同。行纪合同与委托合同的相同点包括：（1）行纪人（受托人）均应当按照委托人的指示处理委托事务；（2）两类合同中，行纪人（受托人）提供的都是劳务服务，委托人在两类合同中均可利用行纪人（受托人）的商业关系和知识经验；（3）两类合同中，委托人、行纪人（受托人）原则上均有任意解除权；（4）行纪人（受托人）均负有向委托人报告委托事务处理情况的义务。

2. 行纪合同与委托合同的不同点

尽管行纪合同衍生于委托合同，且本法第960条规定："本章没有规定的，参照适用委托合同的有关规定。"但行纪合同与委托合同也存在着本质区别，否则行纪合同也不会单独成为一类有名合同。二者的主要区别包括：

（1）行纪合同是商事合同，一般适用于贸易活动中；而委托合同是民事合同，在民商事领域广泛适用。

（2）行纪合同主体具有限定性，行纪人一般是经有关国家机关批准经营行纪业务的商事主体；而委托合同中的受托人则比较宽泛，并无特殊限制。

（3）行纪人以自己的名义为委托人办理业务；委托合同则并无此限制，受托人可以以委托人名义为委托人办理业务，也可以以自己的名义为委托人办理业务（“间接代理”，又称“隐名代理”）。

（4）行纪人自行负担办理委托事务的费用支出；受委托人办理委托事务支付的费用由委托人承担。

（5）行纪人有介入权，即行纪人卖出或者买入具有市场定价的商品，除委托人有相反的意思表示外，行纪人自己可以作为买受人或者出卖人；受委托人禁止自买自卖（禁止“自己代理”）。

（6）在行纪合同中，行纪人以自己的名义从事委托事项，行纪人与第三人之间为独立合同关系，合同的权利义务均只在行纪人和第三人之间产生，不能直接约束委托人，委托人不得直接依据行纪人和第三人之间的合同主张权利，第三人也不得直接依据行纪人和第三人之间的合同向委托人主张权利；而在委托合同中，受托人在与第三方订立或履行合同时，受托人可以向委托人或者第三人披露对方身份，让合同权利义务直接在委托人和第三人之间产生。

（7）行纪合同是有偿合同；委托合同可以是有偿也可以是无偿的。

3. 行纪制度与间接代理制度的区别

在民事合同中，与行纪制度最为接近的是我国《民法典》“委托合同”部分第925条规定的间接代理制度（又称“隐名代理”）。在间接代理制度中，受托人也是以自己的名义与第三人订立合同的，但两者的不同也十分明显。

根据《民法典》第926条的规定，在间接代理制度中，“受托人以自己的名义与第三人订立合同时，第三人不知道受托人与委托人之间的代理关系的，受托人因第三人的原因对委托人不履行义务，受托人应当向委托人披露第三人，委托人因此可以行使受托人对第三人的权利。但是，第三人与受托人订立合同时如果知道该委托人就不会订立合同的除外。受托人因委托人的原因对第三人不履行义务，受托人应当向第三人披露委托人，第三人因此可以选择受托人或者委托人作为相对人主张其权利，但是第三人不得变更选定的相对人。委托人行使受托人对第三人的权利的，第三人可以向委托人主张其对受托人的抗辩。第三人选定委托人作为其相对人的，委托人可以向第三人主张其对受托人的抗辩以及受托人对第三人的抗辩”。

间接代理制度中各方的权利义务关系相对复杂。如果委托买卖时采用间接代理制度，那么，对于委托人和第三人来说，当他们的合同权利遭受侵害时，他们均会面临向谁主张权利的问题，而且因为委托人并未参与受托人与第三人的缔约过程，委托人与第三人相互之间并不清楚对方的信用及履约能力，因此，必然产生一系列的问题。而在行纪合同中，因为权利义务直接在行纪人与第三人之间产生，则对于第三人来说，第三人无须另费时间、精力了解委托人的信誉及履约能力，仅需了解经常打交道的行纪人之信誉及履约能力即可放心交易。与此同时，对于委托人来说，行纪人从事贸易活动是根据自己的指示、为了自己的利益而进行，自己仅受领相应交易成果（并支付报酬）即可，即使产生纠纷，直接向行纪人追究违约责任即可。因此，在行纪制度中，行纪合同实际上是在委托人与第三人之间起到了“隔断墙”的作用，使委托人和行纪人的合同关系（行纪合同）与行纪人与第三人之间的合同关系（买卖合同）相互独立，从而明确各方权利义务关系、简化交易及救济流程。

（编写人：朱中锋）

法律条文

第九百五十二条　行纪人处理委托事务支出的费用，由行纪人负担，但是当事人另有约定的除外。

条文主旨

本条是关于行纪费用承担主体的规定。根据本条的规定，行纪费用由行纪人承担，但是当事人另有约定的，从其约定。

新旧法对比

《合同法》	《民法典》
第四百一十五条　行纪人处理委托事务支出的费用，由行纪人负担，但当事人另有约定的除外。	第九百五十二条　行纪人处理委托事务支出的费用，由行纪人负担，但是当事人另有约定的除外。

理解与适用

行纪人处理委托事务支出的费用，如交通费、差旅费等，理论上称为行纪费用。世界上不同国家的民事立法中，有规定行纪费用由行纪人承担的，也有规定行纪费用由委托人承担的。一般认为，行纪费用由委托人承担（类似于实报实销），可以免除行纪人支出费用后报销的后顾之忧，但也有不利于调动行纪人节约费用的积极性的问题。因此，这本质上是立法模式的选择问题。实际上，规定行纪费用由行纪人承担,也不会侵害行纪人的利益,因为行纪人是拥有交易经验的营业主体,其对行纪费用的大致数额是清楚的,行纪人在商定报酬的事后已经包括了可能发生的行纪费用(类似于“包干”)。而且,由于报酬一经商定就不会改变,委托人对行纪费用也不会过问,反而有利于促使行纪人精打细算、节约费用。当然,当事人明确约定行纪费用由行纪人承担的,该约定优先。

实务问题

本条规定内容明确,实践中争议较少。唯需注意的是有观点将“行纪费用”区分为“必要费用”和“有益费用”。所谓“有益费用”,系指虽非必要,但也是为了委托人利益而支出的费用。实务中,有观点认为在当事人没有约定的情况下,“有益费用”应由委托人承担。但这种观点并不符合本条立法用意,原因是:首先,行纪人处理委托事务支出的费用种类多样、原因不同,难以界定何为必要费用、何为有益费用;其次,行纪人是本领域专业机构,其对所有费用均有预见,其报酬中一般已经包括可预见的所有费用,另行主张不仅不利于引导行纪人勤勉尽责,也有损于委托人的利益。

(编写人:朱中锋)

法律条文

第九百五十三条　行纪人占有委托物的,应当妥善保管委托物。

条文主旨

本条是关于行纪人对委托物的保管义务的规定,且其采用的是“妥善保管”的标准。

新旧法对比

《合同法》	《民法典》
第四百一十六条　行纪人占有委托物的,应当妥善保管委托物。	【内容不变】第九百五十三条

理解与适用

行纪合同是有偿合同,行纪人妥善保管委托物属应有之义。而此处的“妥善保管”是指,行纪人应当承担善良管理人的注意义务,选择最有利于委托人的条件,采取最有利于委托物的保管措施。行纪人占有委托物时的保管义务适用本法第 897 条的规定,该条规定:“保管期内,因保管人保管不善造成保管物毁损、灭失的,保管人应当承担赔偿责任。但是,无偿保管人证明自己没有故意或者重大过失的,不承担赔偿责任。”因此,如果行纪人未尽到本条约定之义务,应承担赔偿责任。另外,实践中,如果委托人特别指示需对委托物投保的,行纪人应对委托物进行投保。

实务问题

实务中,需重点关注的是“行纪人占有委托物期间的意外风险负担”及“行纪人破产时委托人对委托物是否享有取回权”两个问题。

对此问题,需区分卖出行纪和买入行纪两种情况讨论。

1. 卖出行纪中相关问题分析

所谓“卖出行纪”,即一般所谓的委托人将委托物交由行纪人占有,由行纪人代为卖出。此时,委托物系由委托人交给行纪人占有,在法律上类似于保管,委托人并没有将委托物的所有权转移给行纪人的意思表示。同时,结合本法第 957 条第 2 款“委托物不能卖出或者委托人撤回出卖,经行纪人催告,委托人不取回或者不处分该物的,行纪人依法可以提存委托物”之规定,应当认定,在卖出行纪中,委托物的所有权仍在委托人手中,行纪人仅负有保管义务。在行纪人依行纪合同卖出委托物之前,因不可抗力或物品本身的自然损耗等不可归责于行纪人的事由损毁、灭失的,其风险由委托人承担。

对于行纪人破产时,委托人的取回权问题,《企业破产法》第 38 条规定:“人民法院受理破产申请后,债务人占有的不属于债务人的财产,该财产的权利人可以通过管理人取回。但是,本法另有规定的除外。”据此可知,既然在卖出行纪中,委托物的所有权归委托人,那么,委托人就有权取回委托物。

2. 买入行纪中相关问题分析

所谓“买入行纪”,即行纪人按照委托人指示代委托人买入委托物的行纪合同。本法第 958 条第 1 款规定:“行纪人与第三人订立合同的,行纪人对该合同直接享有权利、承担义务。”因此,行纪人对于买入的委托物享有直接的权利义务,在将买入的委托物交付给委托人之前,委托物所有权归行纪人,此时因不可抗力或物品本身的自然损耗等不可归责于行纪人的事由损毁、灭失的,其风险由委托人承担。这一分析从本法第 957 条第 1 款之规定亦能得到印证,该款规定:“行纪人按照约定买入委托物,委托人应当及时受领。经行纪人催告,委托人无正当理由拒绝受领的,行纪人依法可以提存委托物。”

在买入行纪中,当行纪人破产时,委托人是否有取回权?本法第224条规定:“动产物权的设立和转让,自交付时发生效力,但是法律另有规定的除外。”因此,在行纪人将买入的委托物交付给委托人之前,委托物所有权应认定为尚未转移给委托人;如此时行纪人破产,出卖人无权对委托物行使取回权。当然,此时作为救济措施,委托人可以行纪合同为依据向行纪人的管理人申报债权。

(编写人:朱中锋)

法律条文

第九百五十四条　委托物交付给行纪人时有瑕疵或者容易腐烂、变质的,经委托人同意,行纪人可以处分该物;不能与委托人及时取得联系的,行纪人可以合理处分。

条文主旨

本条是关于委托物有瑕疵或者容易腐烂、变质时,行纪人如何处理的问题的规定。根据本条规定,委托物交付给行纪人时有瑕疵或者容易腐烂、变质的,经委托人同意,行纪人可以处分该物;不能与委托人及时取得联系的,行纪人可以合理处分。

新旧法对比

《合同法》	《民法典》
第四百一十七条　委托物交付给行纪人时有瑕疵或者容易腐烂、变质的,经委托人同意,行纪人可以处分该物;和委托人不能及时取得联系的,行纪人可以合理处分。	第九百五十四条　委托物交付给行纪人时有瑕疵或者容易腐烂、变质的,经委托人同意,行纪人可以处分该物;**不能与**委托人及时取得联系的,行纪人可以合理处分。

理解与适用

行纪合同衍生于委托合同,行纪人应根据委托人的指示进行贸易活动。具体到委托物,委托人对处分委托物有具体指示的,行纪人应当按照委托人的指示进行处分;委托人没有指示的,行纪人也应该及时取得委托人的指示,否则不得擅自处分;擅自处分给委托人造成损失的,应予赔偿。这是行纪合同的基本原则。因此,即使委托物交付给行纪人时有瑕疵或者容易腐烂、变质的,行纪人也要先经委托人同意,才可以处分该物。然而,本法第509条第3款规定:“当事人在履行合同过程中,应当避免浪费资源、污染环境和破坏生态。"因此,在行纪人及时与委托人联系却无法取得联系时,为避免资源浪费,行纪人可以合理处分。

为正确适用该条文,行纪人未经委托人同意处理委托物的,须符合如下三个条件:第一,交付给行纪人的委托物在交付时就存在瑕疵或者有容易腐烂、变质等情形;第二,行纪人无法及时与委托人取得联系;第三,行纪人采取的是"合理处分",不能是随意处分。这里所谓的"合理处分",应以善良管理人的标准衡量,最大限度减少委托人损失、尽量维护委托人的利益。

实务问题

实务中,值得探讨的问题是"需要紧急处分的委托物是否可以适用于买入行纪中的买入物"。我们认为,除本法第 957 条第 1 款所列情形外,不可以适用。理由是,行纪人是拥有相关贸易领域知识经验的营业主体,其对第三人交付的委托物应负有验收义务,如第三人交付的委托物存在瑕疵或者有容易腐烂、变质等情形,行纪人应拒绝受领,而非受领后依本条规定再代为处理。同时,本法第 958 条规定:"行纪人与第三人订立合同的,行纪人对该合同直接享有权利、承担义务。第三人不履行义务致使委托人受到损害的,行纪人应当承担赔偿责任,但是行纪人与委托人另有约定的除外。"本条中的"第三人不履行义务"应包括"不完全履行义务",亦即如第三人存在交付的委托物有瑕疵或者容易腐烂、变质等的不完全履行情形,行纪人应当向委托人承担赔偿责任。

(编写人:朱中锋)

法律条文

第九百五十五条　行纪人低于委托人指定的价格卖出或者高于委托人指定的价格买入的,应当经委托人同意;未经委托人同意,行纪人补偿其差额的,该买卖对委托人发生效力。

行纪人高于委托人指定的价格卖出或者低于委托人指定的价格买入的,可以按照约定增加报酬;没有约定或者约定不明确,依据本法第五百一十条的规定仍不能确定的,该利益属于委托人。

委托人对价格有特别指示的,行纪人不得违背该指示卖出或者买入。

条文主旨

本条是关于行纪人应当按照委托人指示的价格买卖以及行纪人未按照委托

人指示价格买卖时如何处理的规定。

新旧法对比

《合同法》	《民法典》
第四百一十八条　行纪人低于委托人指定的价格卖出或者高于委托人指定的价格买入的,应当经委托人同意。未经委托人同意,行纪人补偿其差额的,该买卖对委托人发生效力。 行纪人高于委托人指定的价格卖出或者低于委托人指定的价格买入的,可以按照约定增加报酬。没有约定或者约定不明确,依照本法第六十一条的规定仍不能确定的,该利益属于委托人。 委托人对价格有特别指示的,行纪人不得违背该指示卖出或者买入。	第九百五十五条　行纪人低于委托人指定的价格卖出或者高于委托人指定的价格买入的,应当经委托人同意;未经委托人同意,行纪人补偿其差额的,该买卖对委托人发生效力。 行纪人高于委托人指定的价格卖出或者低于委托人指定的价格买入的,可以按照约定增加报酬;没有约定或者约定不明确,**依据**本法**第五百一十条**的规定仍不能确定的,该利益属于委托人。 委托人对价格有特别指示的,行纪人不得违背该指示卖出或者买入。

理解与适用

如前所述,行纪合同衍生于委托合同,行纪人应根据委托人的指示进行贸易活动。具体到委托人指示的价格,行纪人应严格依委托人的指示买卖,行纪人低于委托人指定的价格卖出或者高于委托人指定的价格买入的,应当经委托人同意。但是,作为例外情况,虽然未经委托人同意,但在委托人没有特别指示的情况下,行纪人补偿其差额的,该买卖可以对委托人发生效力。

同时,该条规定了行纪人按照高于委托人指定的价格卖出或者低于委托人指定的价格买入委托物时(为委托人获得额外利益时),行纪人能否请求增加报酬的问题。根据该条规定,如果委托人与行纪人对此有约定的,可以按照约定增加报酬;但如果没有约定或者约定不明确,依据本法第510条"合同生效后,当事人就质量、价款或者报酬、履行地点等内容没有约定或者约定不明确的,可以协议补充;不能达成补充协议的,按照合同相关条款或者交易习惯确定"的规定仍不能确定的,该利益属于委托人。

最后需要注意的是,委托人对价格有特别指示的,行纪人需严格按照该特别指示进行,不得违背该指示卖出或者买入。例如,委托人特别指示委托物售价为1800元,即使市场上可以卖出2000元,行纪人也必须按照委托人的特别指示1800元出卖。这是因为民事法律行为意思自治,行纪人根据委托人指示从事贸易活动,委托人特别设定价格,自有其考虑(如去库存或占有市场等营销经营策略),即便行纪人卖出价格高于委托人指示价格,实际上也会损害委托人的权利。

实务问题

实务中,需注意本条第 3 款与本法第 954 条之间的冲突及适用。根据本法第 954 条的规定,委托物交付给行纪人时有瑕疵或者容易腐烂、变质的,不能与委托人及时取得联系的,行纪人可以合理处分。但是本条第 3 款又明确规定,委托人对价格有特别指示的,行纪人不得违背该指示卖出或者买入。那么,在这种情况下,如果行纪人对有瑕疵或者容易腐烂、变质的委托物作适当降价处理,是否对委托人发生法律效力。实践中有不同的观点,我们认为,应区别处理:第一,如果委托人在行纪合同中明确约定,即使委托物出现有瑕疵或者容易腐烂、变质的情况,行纪人也不得降价处理,则应当依照委托人的该特别指示处理;第二,如无上述针对"有瑕疵或者容易腐烂、变质"情形的特别约定,则行纪人适当降价处理,则对委托人发生法律效力。原因是,行纪人的处理符合本法第 9 条"民事主体从事民事活动,应当有利于节约资源、保护生态环境"的原则,也符合委托人利益最大化的原则。

(编写人:朱中锋)

法律条文

第九百五十六条　行纪人卖出或者买入具有市场定价的商品,除委托人有相反的意思表示外,行纪人自己可以作为买受人或者出卖人。

行纪人有前款规定情形的,仍然可以请求委托人支付报酬。

条文主旨

本条是关于行纪人介入权的规定。

新旧法对比

《合同法》	《民法典》
第四百一十九条　行纪人卖出或者买入具有市场定价的商品,除委托人有相反的意思表示的以外,行纪人自己可以作为买受人或者出卖人。	第九百五十六条　行纪人卖出或者买入具有市场定价的商品,除委托人有相反的意思表示外,行纪人自己可以作为买受人或者出卖人。

续表

《合同法》	《民法典》
行纪人有前款规定情形的，仍然可以要求委托人支付报酬。	行纪人有前款规定情形的，仍然可以请求委托人支付报酬。

理解与适用

一般来讲，行纪人接受委托人委托从事贸易活动，应与第三人之间进行，否则，首先违背委托人签订行纪合同的初衷，尤其是在买入行纪中缩小了委托人商品的可选择范围。换言之，委托人直接与行纪人签订买卖合同即可，又何必签订行纪合同额外支付报酬；其次，在行纪人"自买自卖"的情况下，始终存在一定的道德风险。

因此，本条对"行纪人自己可以作为买受人或者出卖人"的前提作了限制，即必须是"具有市场定价的商品"，且如果委托人有"行纪人不得作为买受人或者出卖人"的意思表示，则行纪人不得行使本条之介入权。

需要注意的是，本法第 8 条规定："民事主体从事民事活动，不得违反法律，不得违背公序良俗。"在法律规定行纪人不得介入的情况下，行纪人亦不得自己作为买受人或者出卖人。

在行纪人满足上述条件，即"行纪人卖出或者买入的商品具有市场定价""委托人没有约定排除行纪人的介入权""法律亦没有禁止行纪人的介入权"的条件下，行纪人自己作为买受人或者出卖人的，仍然可以请求委托人支付报酬。

实务问题

本条实务中需重点考虑的是，委托人与行纪人就委托物价格产生纠纷时，如何认定委托物价格。我们认为可以采取如下原则处理：第一，委托人与行纪人重新达成的价格。本法第 510 条规定："合同生效后，当事人就质量、价款或者报酬、履行地点等内容没有约定或者约定不明确的，可以协议补充；不能达成补充协议的，按照合同相关条款或者交易习惯确定。"此时，委托人与行纪人重新达成价格共识，可以作为成交价格。第二，双方不能达成一致意见的，应结合委托人指定的交易时间段、价格范围，选择最有利于委托人的价格，亦即行纪人行使介入权买入或卖出时，市场价格有波动的，应采用委托人指示的交易时间的最优市场价格，而不能采用行纪人选择的对自己有利的交易时间的市场价格。第三，前两种方式均无法实现时，依照交易习惯确定。此处交易习惯应指委托物有交易所价格时的交易所报价。

（编写人：朱中锋）

法律条文

第九百五十七条　行纪人按照约定买入委托物，委托人应当及时受领。经行纪人催告，委托人无正当理由拒绝受领的，行纪人依法可以提存委托物。

委托物不能卖出或者委托人撤回出卖，经行纪人催告，委托人不取回或者不处分该物的，行纪人依法可以提存委托物。

条文主旨

本条是关于行纪人行使提存权的规定。本法第570条规定，债权人无正当理由拒绝受领，债务人难以履行债务的，债务人可以将标的物提存。本条即该条款在行纪合同制度中的体现。

新旧法对比

《合同法》	《民法典》
第四百二十条　行纪人按照约定买入委托物，委托人应当及时受领。经行纪人催告，委托人无正当理由拒绝受领的，行纪人<u>依照本法第一百零一条的规定</u>可以提存委托物。 委托物不能卖出或者委托人撤回出卖，经行纪人催告，委托人不取回或者不处分该物的，行纪人<u>依照本法第一百零一条的规定</u>可以提存委托物。	第九百五十七条　行纪人按照约定买入委托物，委托人应当及时受领。经行纪人催告，委托人无正当理由拒绝受领的，行纪人**<u>依法</u>**可以提存委托物。 委托物不能卖出或者委托人撤回出卖，经行纪人催告，委托人不取回或者不处分该物的，行纪人**<u>依法</u>**可以提存委托物。

理解与适用

根据本条的规定，行纪人按照约定买入委托物，委托人应当及时受领。经行纪人催告，委托人无正当理由拒绝受领的，行纪人依法即可提存委托物。委托物不能卖出或者委托人撤回出卖，经行纪人催告，委托人不取回或者不处分该物的，行纪人依法可以提存委托物。

需要补充说明的是，出现本条所列情形时，行纪人是否行使提存权是其自由，可行使也可不行使。而且，根据诚实守信原则，为尽可能地避免增加双方履约成本,行纪人应依本条之规定履行催告程序,催告委托人,当委托人在催告设定的合理期限内仍不取回时,实施提存。

实务问题

实务中,需关注本条与本法第570条第2款规定的适用。本法第570条第2款规定:“标的物不适于提存或者提存费用过高的,债务人依法可以拍卖或者变卖标的物,提存所得的价款。”

本法第954条规定:“委托物交付给行纪人时有瑕疵或者容易腐烂、变质的,经委托人同意,行纪人可以处分该物;不能与委托人及时取得联系的,行纪人可以合理处分。”如前所述,买入行纪一般并不适用本法第954条的规定。但在行纪人按照约定买入委托物,经行纪人催告,委托人无正当理由拒绝受领,行纪人依法提存委托物时,委托物不适于提存或者提存费用过高的,行纪人依法可以拍卖或者变卖标的物,然后提存所得的价款。此处的“不适于提存或者提存费用过高”,一般是指委托物存在容易腐烂、变质的情形,或者委托物具有特殊性质需要采取特殊保管措施,或者委托物体积庞大无法保管且提存费用过高的情形,除上述情形外,行纪人原则上无权采取拍卖或变卖措施。

(编写人:朱中锋)

法律条文

第九百五十八条　行纪人与第三人订立合同的,行纪人对该合同直接享有权利、承担义务。

第三人不履行义务致使委托人受到损害的,行纪人应当承担赔偿责任,但是行纪人与委托人另有约定的除外。

条文主旨

本条是关于行纪人与第三人订立合同的独立性的规定。

新旧法对比

《合同法》	《民法典》
第四百二十一条　行纪人与第三人订立合同的,行纪人对该合同直接享有权利、承担义务。	【内容不变】第九百五十八条

续表

《合同法》	《民法典》
第三人不履行义务致使委托人受到损害的,行纪人应当承担损害赔偿责任,但行纪人与委托人另有约定的除外。	

理解与适用

如前所述,在行纪合同中,行纪人以自己的名义从事委托事项,行纪人与第三人之间为独立合同关系,根据合同相对性原则,合同的权利义务均只在行纪人和第三人之间产生,不能直接约束委托人,委托人不得直接依据行纪人和第三人之间的合同主张权利,第三人也不得直接依据行纪人和第三人之间的合同向委托人主张权利。

实务问题

该条实务中需注意区别行纪合同与委托合同的区别。在委托合同中,受托人在与第三方订立或履行合同时,受托人可以向委托人或者第三人披露对方身份,让合同权利义务直接在委托人和第三人之间产生。但在行纪合同中,委托人和行纪人的合同关系(行纪合同)与行纪人和第三人之间的合同关系(买卖合同)相互独立,第三人不履行义务致使委托人受到损害的,行纪人应当直接向委托人承担赔偿责任,当然行纪人则可以依据其与第三人之间的合同追究该第三人的违约责任。

(编写人:朱中锋)

法律条文

第九百五十九条　行纪人完成或者部分完成委托事务的,委托人应当向其支付相应的报酬。委托人逾期不支付报酬的,行纪人对委托物享有留置权,但是当事人另有约定的除外。

条文主旨

本条是关于委托人向行纪人履行支付报酬义务的规定。

新旧法对比

《合同法》	《民法典》
第四百二十二条　行纪人完成或者部分完成委托事务的，委托人应当向其支付相应的报酬。委托人逾斯不支付报酬的，行纪人对委托物享有留置权，但当事人另有约定的除外。	第九百五十九条　行纪人完成或者部分完成委托事务的，委托人应当向其支付相应的报酬。委托人逾期不支付报酬的，行纪人对委托物享有留置权，但是当事人另有约定的除外。

理解与适用

本条采用了“完成”或“部分完成”委托事务后支付相应报酬的立法。与本法第 921 条“委托人应当预付处理委托事务的费用……”的规定明显不同。先完成工作后付报酬的规定存在无法充分保护行纪人利益的问题。但本条同时规定了行纪人的救济措施，即委托人逾期不支付报酬的，行纪人对委托物享有留置权。行纪人行使留置权时，应遵守本法相关规定。例如，本法第 450 条规定：“留置财产为可分物的，留置财产的价值应当相当于债务的金额。”本法第 451 条规定：“留置权人负有妥善保管留置财产的义务；因保管不善致使留置财产毁损、灭失的，应当承担赔偿责任。”本法第 453 条规定：“留置权人与债务人应当约定留置财产后的债务履行期限；没有约定或者约定不明确的，留置权人应当给债务人六十日以上履行债务的期限，但是鲜活易腐等不易保管的动产除外。债务人逾期未履行的，留置权人可以与债务人协议以留置财产折价，也可以就拍卖、变卖留置财产所得的价款优先受偿。留置财产折价或者变卖的，应当参照市场价格。”

实务问题

实务中，鉴于本条的存在，行纪人可以与委托人约定明确委托事务的步骤，然后约定完成每个步骤后，委托人应当向其支付的报酬。以此，尽可能地保证行纪人的权利。

委托物由于客观原因或委托人撤回出卖而未卖出，委托人有权请求支付部分报酬。理由如下：(1)委托物由于客观原因或委托人撤回出卖而未卖出，并非行纪人过错，且行纪人为了完成贸易活动已经履行部分义务，根据公平原则，应获得部分报酬；(2)本法第 960 条规定：“本章没有规定的，参照适用委托合同的有关规定。”本法第 928 条第 2 款规定：“因不可归责于受托人的事由，委托合同解除或者委托事务不能完成的，委托人应当向受托人支付相应的报酬。当事人另有约定的，按照其约定。”据此，委托人亦应向受托人支付相应的报酬。

（编写人：朱中锋）

法律条文

第九百六十条　本章没有规定的，参照适用委托合同的有关规定。

条文主旨

本条是关于行纪合同可以参照适用委托合同有关规定的规定。

新旧法对比

《合同法》	《民法典》
第四百二十三条　本章没有规定的，适用委托合同的有关规定。	第九百六十条　本章没有规定的，**参照**适用委托合同的有关规定。

理解与适用

本次《民法典》编纂，“行纪合同”部分，整体与《合同法》的原有规定保持一致，唯一的较大修改就是本条增加了“参照”二字。此处的“参照适用”的内涵包括，委托合同的有关规定不一定都可以适用于行纪合同，同时，即使适用，也不能直接适用，而应根据相关法理在充分阐述论证后再予适用。

对于本条的“参照适用”，主要有如下四个方面：第一，行纪人（受托人）应当按照委托人的指示处理委托事务。需要变更委托人指示的，应当经委托人同意；因情况紧急，难以和委托人取得联系的，受托人应当妥善处理委托事务，但是事后应当将该情况及时报告委托人（本法第922条之规定）。第二，委托人或者行纪人可以随时解除行纪合同。因解除合同造成对方损失的，除不可归责于该当事人的事由外，解除方应当赔偿对方的直接损失和合同履行后可以获得的利益（本法第933条之规定）。第三，行纪人应当按照委托人的要求，报告委托事务的处理情况。行纪合同终止时，受托人应当报告委托事务的结果（本法第924条之规定）。第四，行纪人处理委托事务取得的财产，应当转交给委托人（本法第927条之规定）。

实务问题

本法第 933 条规定:“委托人或者受托人可以随时解除委托合同。因解除合同造成对方损失的,除不可归责于该当事人的事由外,无偿委托合同的解除方应当赔偿因解除时间不当造成的直接损失,有偿委托合同的解除方应当赔偿对方的直接损失和合同履行后可以获得的利益。”委托合同以委托人和受托人的相互信任为基础,如果一方对对方失去信任,委托合同继续履行已无必要,因此,法律赋予双方当事人任意解除权。结合行纪合同的性质,行纪合同也是以委托人和行纪人相互之间的信任为前提,如果一方对另一方失去信任,原则上也应允许双方解除合同。如果行纪人尚未按照约定卖出或买入委托物,委托人或行纪人可以行使任意解除权,实践中尚无争议。但实务中需关注的问题是,在行纪人已经按照约定卖出或买入委托物后,委托人或行纪人还能否行使任意解除权。

我们认为,在行纪人已经按照约定卖出或买入委托物后,不应赋予委托人或行纪人任意解除权。原因是:第一,本法第 960 条规定的是“参照适用”,因此,不一定也不能完全按照委托合同的章节的规定对待行纪合同;第二,在行纪人已经按照行纪合同的约定卖出或买入后,行纪合同的主要内容已经履行完毕,更重要的是因涉及第三人利益,法律上已无法恢复到委托物买入或卖出前,强行恢复不符合本法规定的诚信原则和节约资源原则。综合上述分析,在行纪人已经按照约定卖出或买入委托物的情况下,不应赋予当事人任意解除权,而应当维持行纪合同的效力。

（编写人:朱中锋）

第二十六章　中 介 合 同

法律条文

第九百六十一条　中介合同是中介人向委托人报告订立合同的机会或者提供订立合同的媒介服务，委托人支付报酬的合同。

条文主旨

1.“中介合同”和“居间合同”

本条规定的“中介合同”的定义与《合同法》第424条规定的“居间合同”的定义一致，仅将“居间”替换为“中介”。可以说，《民法典》规定的“中介合同”即是《合同法》规定的“居间合同”。

2.“中介合同”的定义

本条内容是关于“中介合同”定义的规定，即中介合同是经中介人与委托人约定，中介人接受委托人的委托并向委托人报告订立合同的机会或者提供订立合同的媒介服务，委托人支付报酬的合同。在中介合同中，中介人的主要义务在于促成委托人与第三人订立合同，包括报告订立合同的机会或者提供订立合同的媒介服务，中介人虽可从中斡旋、协调，但中介人不是委托人与第三人之间的合同的当事人。委托人的主要义务在于，委托人与第三人因中介人提供的中介服务订立合同后，向中介人支付报酬。

新旧法对比

《合同法》	《民法典》
第四百二十四条　居间合同是居间人向委托人报告订立合同的机会或者提供订立合同的媒介服务，委托人支付报酬的合同。	第九百六十一条　**中介**合同是**中介**人向委托人报告订立合同的机会或者提供订立合同的媒介服务，委托人支付报酬的合同。

理解与适用

1. 中介服务的分类

根据本条规定，中介服务分为中介人向委托人报告订立合同的机会即报告服务，以及提供订立合同的媒介服务。

2. "中介合同"与"委托合同""行纪合同"的区别

（1）中介人的法律地位、提供的服务和行为的法律后果不同。中介人仅报告订约机会或提供媒介服务，并不参与委托人与第三人的合同，不以委托人的名义进行活动；委托合同中，受托人可以以委托人的名义或受托人自己的名义进行活动，向第三人作出意思表示，法律后果直接归于委托人；行纪合同中，行纪人以自己的名义为委托人从事贸易活动，行纪人与第三人订立合同的，行纪人对该合同直接享有权利、承担义务。

（2）提供服务或受托事项有所不同。中介人仅报告订约机会或提供媒介服务，委托合同中的受托人则是按照委托人要求处理受托事物，而行纪人则是按照委托人的要求从事特定民事法律行为。

（3）是否有偿、报酬来源及支付条件不同。中介合同是有偿合同，中介人在促成委托人及第三人订立合同后，才享有报酬请求权，因中介人提供订立合同的媒介服务而促成合同成立的，中介人可主张由委托人和第三人平均负担中介人的报酬；委托合同可以是有偿的，也可以是无偿的，有偿的委托合同，由委托人支付报酬；行纪合同是有偿合同，委托人支付行纪人的报酬。

（4）费用负担不同。为中介活动支出的必要费用，原则上应由中介人负担。但中介人未促成合同成立的，可以按照约定请求委托人支付必要费用；委托合同中，委托人应当预付处理委托事务的费用；而行纪合同中，行纪人自行承担费用。

3. "中介合同"的特征

（1）中介合同的目的是促成委托人与第三人订立合同，中介人不是委托人与第三人之间合同的当事人。需要注意的是，由于婚姻关系不是合同关系，结婚并非男女双方订立合同，因此，市场上的"婚姻中介"不是本条规定的中介。

（2）中介合同是诺成合同、双务合同、不要式合同和有偿合同。中介合同一诺即成，无须特定的合同形式。合同双方当事人均负有对待给付义务，中介人提供中介服务，委托人则应支付相应的报酬。

实务问题

1. 中介人是否必须是经批准从事中介业务的法人？自然人是否可以是中介人？

《民法典》没有对中介人资格进行限制，自然人可以作为中介人提供中介服务并收取报酬。实务中,自然人作为中介人,可以根据合同约定或《民法典》的相关规定,主张报酬或中介工作费用。

2. 招投标过程中,投标人是否可以与第三人签订中介合同,由第三人保证投标人中标,投标人中标后,向第三人支付报酬?

有观点认为,人民法院可能认定中介合同无效。招投标的原则包括公平、公正、公开以及诚实信用。正常情况下,投标人能否中标,关键在于投标人的商务条款、技术条款等是否符合招标要求。在正常的招投标过程中,无须其他人提供"特殊服务"。如投标人与其他人以中标为目的签订合同,其他人极有可能开展违法违规行为。虽然没有具体的禁止性规定,但此类合同违反了《招标投标法》及《关于深入推进社会主义核心价值观融入裁判文书释法说理的指导意见》的基本精神,极有可能被人民法院认定无效。

但也有判决认可了此类中介合同的效力。在中铁七局集团第三工程有限公司(以下简称中铁七局三公司)与贵阳市云岩区建筑安装工程公司第五分公司(以下简称云岩建筑五公司)合同纠纷案[①]中,云岩建筑五公司、中铁七局三公司因合作参与贵阳市贵金线(金阳段)道路工程施工B标的投标活动签订《合作协议书》,约定以中铁七局三公司名义参加资格预审及投标活动。云岩建筑五公司负责协调业主及招标单位等外部关系……负责资审及投标期间所有的公关协调,力争中铁七局三公司顺利通过资格预审并最终中标。陕西省高级人民法院认为,云岩建筑五公司与中铁七局三公司签订的涉案《合作协议书》及《补充协议书》均系双方当事人真实意思表示,且不违反法律禁止性规定,符合法律规定的居间法律关系特征,应属有效合同,对双方当事人有约束力。

(编写人:白玉君)

法律条文

第九百六十二条　中介人应当就有关订立合同的事项向委托人如实报告。

中介人故意隐瞒与订立合同有关的重要事实或者提供虚假情况,损害委托人利益的,不得请求支付报酬并应当承担赔偿责任。

① 陕西省高级人民法院(2017)陕民终205号。

条文主旨

本条是关于中介人报告义务的规定，中介人应当依法积极向委托人履行报告义务。

本条第2款规定了中介人违反报告义务的法律后果，即报酬请求权的丧失加之承担违约责任。

新旧法对比

《合同法》	《民法典》
第四百二十五条 居间人应当就有关订立合同的事项向委托人如实报告。 居间人故意隐瞒与订立合同有关的重要事实或者提供虚假情况，损害委托人利益的，不得要求支付报酬并应当承担损害赔偿责任。	第九百六十二条 **中介**人应当就有关订立合同的事项向委托人如实报告。 **中介**人故意隐瞒与订立合同有关的重要事实或者提供虚假情况，损害委托人利益的，不得**请求**支付报酬并应当**承担赔偿责任**。

理解与适用

适用本条第2款必须符合以下条件：

(1)中介人主观上必须是故意的。中介人因过失违反报告义务，导致损害委托人利益的，不应适用本款。

(2)中介人隐瞒的事实或提供的虚假情况，必须是重要的、能够影响委托人是否与第三人签订合同的事实或情况。对于中介人故意隐瞒的事实或提供的虚假情况，如果仅是与订立合同与否无关的细枝末节，即便中介人故意隐瞒或提供了虚假的情况，也不应适用本款。

(3)中介人必须损害委托人的利益。如中介人没有损害委托人的利益，则不应丧失报酬请求权，更不应承担违约责任。

实务问题

1. 第三人对解除合同或违约的主观意图，是否属于中介人的报告义务

第三人对合同的订立、履行及解除等主观意思表示，属于中介人应当及时报告的内容。在过往案件中，S先生通过北京某房地产经纪公司向第三人(卖方)购买房屋。但恰逢北京房价上涨，签约后，卖方意图解除合同将房屋以高价卖给

S 先生以外的其他人。中介人得知消息后，为维持交易，没有及时将情况告知 S 先生，而是试图自行说服卖方。中介人拖延一段时间后，发现卖方坚持解除合同，无法说服卖方继续将房屋卖给 S 先生，中介人不得不将卖方的意图告知 S 先生。

法院在判决中认为，中介人的行为违反了《合同法》第 425 条的规定，亦即第三人对合同的订立、履行及解除等主观意思表示，应属于中介人应当及时报告的内容。

2. 房价上涨期间，房屋中介未尽报告义务，导致买房人另行高价购买其他房屋，前后两个房屋的差价，是否属于本条第 2 款规定的赔偿范围

上述案例中，从签订房屋买卖合同到 S 先生得知卖方拒绝依据双方协商一致的内容签订补充协议并坚持解除合同，历时约一个月。其间，恰逢北京房价上涨，S 先生与卖方解除合同后，只得另行购买房屋，两处房屋直线距离 1 公里左右，但第二处房屋价格与第一处相比，存在明显增值。人民法院认为，增值部分属于中介人的赔偿范围，根据责任比例和责任总和，判决中介人向 S 先生赔偿损失。

（编写人：白玉君）

法律条文

第九百六十三条　中介人促成合同成立的，委托人应当按照约定支付报酬。对中介人的报酬没有约定或者约定不明确，依据本法第五百一十条的规定仍不能确定的，根据中介人的劳务合理确定。因中介人提供订立合同的媒介服务而促成合同成立的，由该合同的当事人平均负担中介人的报酬。

中介人促成合同成立的，中介活动的费用，由中介人负担。

条文主旨

本条是关于中介人报酬和工作费用的规定。

新旧法对比

《合同法》	《民法典》
第四百二十六条 居间人促成合同成立后，委托人应当按照约定支付报酬。对居间人的报酬没有约定或者约定不明确，依照本法第六十一条的规定仍不能确定的，根据居间人的劳务合理确定。因居间人提供订立合同的媒介服务而促成合同成立的，由该合同的当事人平均负担居间人的报酬。 居间人促成合同成立的，居间活动的费用，由居间人负担。	第九百六十三条 **中介**人促成合同成立的，委托人应当按照约定支付报酬。对**中介**人的报酬没有约定或者约定不明确，依据**本法第五百一十条**的规定仍不能确定的，根据**中介**人的劳务合理确定。因**中介**人提供订立合同的媒介服务而促成合同成立的，由该合同的当事人平均负担**中介**人的报酬。 **中介**人促成合同成立的，**中介**活动的费用，由**中介**人负担。

理解与适用

根据本条第1款规定，中介人报酬请求权的基础是“劳务成果”而非“劳务给付”，也就是说，只有中介人促成委托人与第三人合同成立的，委托人才应支付报酬，但对于合同成立后是否还要求“合同有效”，目前尚有争议。有观点认为，“合同成立”仅指委托人与第三人订立合同，与合同效力无关，如果将中介人的报酬请求权建立在合同有效的基础上，对中介人来说过于苛刻，有失公平。① 此外应当注意，委托人与第三人订立的合同，应当与中介人提供的中介服务具有因果关系。如委托人与第三人因其他因素订立合同的，中介人没有报酬请求权。

第1款第2句规定，在没有约定或没有明确约定的情况下，中介人报酬的确定方法，即首先根据《民法典》第510条的规定确定，如仍不能确定中介人报酬的，则根据中介人的劳务合理确定。

第1款第1句、第2句虽没有提及，但第3句明确规定，只有中介人因提供媒介服务而促成委托人与第三人合同成立时，可由该合同的当事人平均负担中介人报酬。在此，应认为本句是任意性规范，中介人与委托人亦可自由约定，如中介人提供媒介服务而促成合同成立，由委托人自行支付中介人报酬。任意性规范的特征之一，在于如当事人作了其他约定，不会带来负面法律效果或法律责任。因此，本句应理解为任意性规定。

根据本条第2款规定，如居间人促成合同成立，居间活动的费用，由居间人

① 参见黄薇主编:《中华人民共和国民法典合同编释义》,法律出版社2020年版,第983页。

负担。

实务问题

1. 如中介人仅履行了部分合同义务，促成了部分合同的订立，是否有权主张报酬

在新疆天瑞房地产开发有限公司、张某华居间合同纠纷一案①中，最高人民法院认为，张某华履行了《居间协议》所约定的部分义务，也促成了合同目的部分实现，双方对此种情况如何支付报酬虽未约定，但《合同法》第426条第1款规定："居间人促成合同成立的，委托人应当按照约定支付报酬。对居间人的报酬没有约定或者约定不明确，依照本法第六十一条的规定仍不能确定的，根据居间人的劳务合理确定。因居间人提供订立合同的媒介服务而促成合同成立的，由该合同的当事人平均负担居间人的报酬。"二审法院结合张某华在推动项目规划完成，促成部分合同目的的实现等方面的基本事实，酌情由新疆天瑞房地产开发有限公司支付张某华75万元居间报酬，并无不当。新疆天瑞房地产开发有限公司称该项目的规划等并不是在张某华的居间服务下完成，张某华并未完成居间协议约定委托事项的理由不成立。

2. 非因中介人原因导致委托人与第三人解除合同的，中介人是否有权主张报酬

原告南京好邻居房地产代理销售有限公司（以下简称好邻居公司）与被告陈某居间合同纠纷一案②中，2020年4月3日，冯某友以陶某伟代理人身份作为出售人（甲方）与陈某作为买受人（乙方）签订好邻居公司提供格式文本的《房屋买卖合同》。该《房屋买卖合同》是好邻居公司提供的《存量房交易合同》的第一部分，第二部分系《居间服务合同》，由陶某伟作为甲方、陈某作为乙方、好邻居公司作为丙方签订。主要内容是：好邻居公司为陈某、陶某伟之间的房屋买卖提供居间服务；居间代理费的计算方式；甲方委托丙方代为办理交易房屋"过户手续"及相关事宜，具体事项包括但不限于收集材料、申办过户及协助办理过户手续等相关事项。《居间服务合同》第5条违约责任条款以黑体字特别约定：甲方或乙方违反合同约定，导致丙方不能继续履行义务的，丙方不承担责任并有权收取本合同约定的居间代理费，已收取的，无须退还。

2020年4月14日，冯某友作为陶某伟委托代理人与陈某签订《居间合同解

① 最高人民法院(2018)最高法民申678号。

② 江苏省南京市鼓楼区人民法院(2020)苏0106民初5321号。

除协议》,解除了双方于2020年4月3日签订的《房屋买卖合同》。

南京市鼓楼区人民法院认为,好邻居公司是居间合同的居间方,陈某系委托方。根据约定,好邻居公司作为居间方,其主要合同义务是向陈某提供订立合同的机会和媒介服务。根据查明的事实,好邻居公司已促成陈某与卖方订立《房屋买卖合同》,并为履行合同收集基础资料,可以认定好邻居公司基本完成居间事项,陈某作为委托人,应按约定支付报酬即居间代理费。陈某与卖方之间的买卖合同已经解除,合同解除是因陈某个人原因所致,不能归责于居间方。鉴于《房屋买卖合同》已履行解除,人民法院酌定了好邻居公司应当收取的居间代理费用。

(编写人:白玉君)

法律条文

第九百六十四条　中介人未促成合同成立的,不得请求支付报酬;但是,可以按照约定请求委托人支付从事中介活动支出的必要费用。

条文主旨

本条是关于中介人从事中介活动支出的必要费用请求权的规定。

新旧法对比

《合同法》	《民法典》
第四百二十七条　居间人未促成合同成立的,不得要求支付报酬,但可以要求委托人支付从事居间活动支出的必要费用。	第九百六十四条　**中介**人未促成合同成立的,不得**请求**支付报酬;但是,可以**按照约定请求**委托人支付从事**中介**活动支出的必要费用。

理解与适用

在中介人未能成功促成委托人和第三人订立合同,却又付出了交通、食宿等必要费用时,中介人可以按照约定请求委托人负担。

需要注意的是,与《合同法》第427条相比,本条后半句增加了中介人主张委托人支付必要费用的前提,即必须"按照约定"主张。中介合同如有约定,在委托人与第三人没有成功订立合同时由委托人支付必要费用,则中介人有权依据中介合同约定及本条规定主张由委托人负担必要费用。但如果中介合同没有此约定,则中介人不得依本条规定向委托人主张必要费用。

实务问题

结合《民法典》第 963 条第 2 款的规定,可以看出,中介合同下,中介人为从事中介活动支出的必要费用,原则上由中介人自行负担。只有在委托人与第三人没有订立合同且委托人与中介人有约定的情况下,为从事中介合同支出的必要费用才由委托人负担。

基于此,中介人如为维护自己的利益,则应当在中介合同中对必要费用的承担予以明确约定。

(编写人:白玉君)

法律条文

第九百六十五条　委托人在接受中介人的服务后,利用中介人提供的交易机会或者媒介服务,绕开中介人直接订立合同的,应当向中介人支付报酬。

条文主旨

本条是关于委托人接受中介人提供的服务后,利用了中介人提供的服务,却绕开中介人直接与第三人订立合同时,中介报酬仍由委托人承担的规定。

新旧法对比

无	《民法典》
无	第九百六十五条　委托人在接受中介人的服务后,利用中介人提供的交易机会或者媒介服务,绕开中介人直接订立合同的,应当向中介人支付报酬。

理解与适用

本条规定的情形,在现实中称为“跳单”,即委托人接受中介人提供的订立合同的机会或媒介服务后,绕开中介人直接与第三人订立合同的行为。委托人“跳单”的目的就在于规避向中介人支付报酬的义务。

适用本条须符合以下条件:

(1)委托人实际上已接受了中介人提供的服务,包括中介人提供的交易机会和媒介服务。中介合同是双务、有偿合同，虽然中介报酬请求权的基础是中介人的“劳务成果”，即促成委托人与第三人订立合同。但在委托人与第三人成功订立合同的情况下，中介人提供的中介服务就是中介报酬的对价。

（2）委托人绕开中介人直接与第三人订立了合同。

（3）委托人能够与第三人成功订立合同，是基于中介人已经提供的中服务，即订立合同与接受中介服务具有因果关系并具有同一性。如中介人提供的中介服务在于报告买卖水果的机会，但委托人与第三人订立的是电脑买卖合同，则不应适用本条规定。

实务问题

1. 禁止“跳单”条款是否有效？如何判断委托人是否“跳单”？

在此，通过上海中原物业顾问有限公司（以下简称中原公司）诉陶某华居间合同纠纷案①对如何判断委托人是否“跳单”作出分析。根据该案裁判要点，房屋买卖居间合同中关于禁止买方利用中介公司提供的房源信息却绕开该中介公司与卖方签订房屋买卖合同的约定合法有效。但是，当卖方将同一房屋通过多个中介公司挂牌出售时，买方通过其他公众可以获知的正当途径获得相同房源信息的，买方有权选择报价低、服务好的中介公司促成房屋买卖合同成立，其行为并没有利用先前与之签约中介公司的房源信息，故不构成违约。

此外，最高人民法院认为，中原公司与陶某华签订的房地产求购确认书属于居间合同性质，其中第2.4条的约定，属于房屋买卖居间合同中常有的禁止“跳单”格式条款，其本意是为防止买方利用中介公司提供的房源信息却“跳”过中介公司购买房屋，从而使中介公司无法得到应得的佣金，该约定并不存在免除一方责任、加重对方责任、排除对方主要权利的情形，应认定有效。

根据《民法典》本条规定及上述案例，禁止“跳单”的条款在于防止委托人规避支付中介人报酬，应为有效。衡量委托人是否“跳单”违约的关键，是看委托人是否利用中介人提供的中介服务后，直接与第三人签订合同，却没有向中介人支付报酬。如果委托人并未利用中介人提供的信息、机会等条件，而是通过其他公众可以获知的正当途径获得交易信息，则委托人有权选择报价低、服务好的其他中介人并与第三人订立合同，而不构成“跳单”违约。

2. “独家委托”条款是否有效？

实践中，为防止委托人“跳单”，中介人往往在居间合同中设置“独家委托”

① 最高人民法院指导案例1号（2011年）。

条款,即委托人不得就同一事项另行与其他中介人签订中介合同。“独家委托”条款是否有效,目前有不同观点。有的观点认为,只要合同条款是当事人真实意思表示,即为有效。有的观点认为,该条款属于加重委托人义务的条款,应属无效。也有观点认为,该类条款是否有效取决于其设置是否合理、提供合同的一方是否尽到提示说明义务。

为保障“独家委托”条款有效,中介人提供该条款时,可以考虑提供不同条款并加粗加黑显示,由委托人自行决定是否“独家委托”。在北京链家房地产经纪有限公司与尚某雨居间合同纠纷一案①中,北京市西城区人民法院认为,该案中,双方签订的房屋出售委托登记表第 2 条关于委托期限(1 个月、2 个月、3 个月、6 个月或委托服务事项办理完毕时)、委托方式(独家或非独家)及违约责任的内容,原告(中介人)用黑体字进行了加粗,可以证明原告(中介人)已用合理的方式提请被告(委托人)注意该条款的内容。而且,被告(委托人)对于委托期限和委托方式具有一定的选择权,该条款并未加重其责任,排除其主要权利。故被告(委托人)认为该格式条款无效的答辩意见,缺乏依据,法院不予采纳。

(编写人:白玉君)

法律条文

第九百六十六条　本章没有规定的,参照适用委托合同的有关规定。

条文主旨

本条是关于参照适用“委托合同”章的规定。

新旧法对比

无	《民法典》
无	第九百六十六条　本章没有规定的,参照适用委托合同的有关规定。

理解与适用

根据本条规定,中介合同应属于特殊的委托合同,在“中介合同”章没有特

① 北京市西城区人民法院(2014)西民初字第 7148 号。

殊规定的情况下,应参照适用“委托合同”章的规定。

实务问题

需要注意的是,只有本章没有规定的情况下,才可适用“委托合同”章的规定。例如“委托合同”章规定,因受托人的过错造成委托人损失的,委托人可以请求赔偿损失,中介人如因自身过错造成委托人损失的,委托人也可要求中介人赔偿损失。

但对于本章已有规定的,则不应适用“委托合同”的规定。如根据本章规定,为中介活动支出的必要费用,原则上应由中介人负担。但中介人未促成合同成立的,可以按照约定请求委托人支付必要费用。而《民法典》第 921 条第 1 句规定:“委托人应当预付处理委托事务的费用。”在规定不一时,还应适用本章规定,委托人不必向中介人预付必要费用。

(编写人:白玉君)

第二十七章　合 伙 合 同

法律条文

第九百六十七条　合伙合同是两个以上合伙人为了共同的事业目的，订立的共享利益、共担风险的协议。

条文主旨

本条是关于合伙合同定义的规定。

新旧法对比

《民法通则》	《民法典》
第三十一条　合伙人应当对出资数额、盈余分配、债务承担、入伙、退伙、合伙终止等事项，订立书面协议。	第九百六十七条　**合伙合同是两个以上合伙人为了共同的事业目的，订立的共享利益、共担风险的协议。**

理解与适用

合伙合同是两个以上合伙人为了共同的事业目的，订立的共享利益、共担风险的协议。合伙人订立合伙合同除应遵守本章规定之外，还应遵守本编所规定的一些原则。例如，合同当事人的法律地位平等，一方不得将自己的意志强加给另一方；当事人依法享有自愿订立合同的权利，任何单位和个人不得非法干预；当事人应当遵循公平原则确定各方的权利和义务；当事人行使权利、履行义务应当遵循诚实信用原则；当事人订立、履行合同，应当遵守法律、行政法规，尊重社会公德，不得扰乱社会经济秩序，损害社会公共利益；依法成立的合同，对当事人具有法律约束力；当事人应当按照约定履行自己的义务，不得擅自变更或者解除合同；依法成立的合同，受法律保护。

合伙合同不同于其他合同,有自己的特定内容和事项。一般情况下,合伙合同应载明下列事项:合伙目的和合伙经营范围;合伙人的姓名、名称和住所;合伙人的出资方式、数额和缴付出资期限;利润分配、亏损分担办法;合伙事务的执行;入伙与退伙;争议解决办法;合伙的解散与清算;违约责任等。依照本条规定,合伙合同无须以书面形式为之,可以以口头合伙合同方式设立合伙关系。合伙合同本质特征是共享利益、共担风险。

合伙合同和借款合同之间存在明显的区别,主要表现在:第一,目的不同。合伙协议是由全体合伙人协商一致、依法达成的有关共同出资、共同经营、共担风险的协议。合伙协议是一种共同行为,而借款合同是利益相对的双方之间的双方法律行为。借款合同贷款人的目的是收回本金并收取必要的利息,而借款人则是为了使用有关借款以实现必要的资金融通。第二,是否共同出资、共担风险不同。在合伙经营中,各合伙人负有共同出资、共同经营、共担风险的义务。借款合同只是一方向另一方提供金钱借贷、另一方到期应还本付息的合同。第三,法律责任不同。在合伙关系中,合伙人除应承担投资无法收回的风险外,还应承担因合伙财产不能清偿债务而负连带责任的风险。在借款合同关系中,贷款人最多只承担借款人到期不能清偿的风险,而不承担其他责任。

在实践中,有的合伙合同明确规定"保底条款",即合同明确约定某一合伙人只提供资金,并不参与共同经营,分享合伙的盈利,也不承担合伙的亏损责任,只是到期向其支付一定的利润。即便合伙出现亏损时,其仍要收回其出资和收取固定利润。这实际上就是企业之间的变相借款。出现上述情形后,就需要严格区分合伙合同和借款合同。

实务问题

在张某彬、林某盛诉许某锋合伙纠纷抗诉案①中,当事人之间签订的协议常常有瑕疵,在协议的履行过程中又会出现各种各样的不规范行为,应通过协议约定的内容与实际的履行行为来确定当事之间是否能够成立合伙关系。

三人之间成立合伙经营矿山的合伙关系。《合同书》中约定的内容表明各方当事人之间有共同经营涉案矿山、共同出资和共享收益的意思表示,具备了确定合伙人、出资数额及合伙的意思表示这三个必要条款,成立合伙关系。合伙合同中欠缺合伙体亏损负担及退伙、解散等条款并不影响合伙合同的成立。《合同书》的约定表明其性质为合伙经营矿山合同。该案中,在三人共同拥有矿山开采

① 最高人民法院(2012)民抗字第1号。

权的前提下,合同另约定了三人各自的开采矿段和开采时间,在各自的开采矿段和开采时间范围内,合同约定了各自的风险自负,合同书的这种约定,是合伙体内部经营方式的体现,并不能因此影响三人之间合伙关系的成立。营业执照和采矿许可证虽然将字号为连平县油溪镇某采矿场的合伙体登记为许某锋的私营独资企业,但无论从《合同书》的内容,还是三人之间办理以许某锋个人名义的营业执照和采矿许可证的约定,还是从办理证照的过程、办证费用的缴纳以及证照的保管和使用情况来看,均应认定涉案矿山名义上虽然登记为许某锋个人的私营企业,但实质上是三人的合伙企业。

(编写人:刘丰德)

法律条文

第九百六十八条　合伙人应当按照约定的出资方式、数额和缴付期限,履行出资义务。

条文主旨

本条是关于合伙人履行出资义务的规定。

新旧法对比

《合伙企业法》	《民法典》
第十七条　合伙人应当按照合伙协议约定的出资方式、数额和缴付期限,履行出资义务。 ……	第九百六十八条　合伙人应当按照**约定的**出资方式、数额和缴付期限,履行出资义务。

理解与适用

依照本条规定,合伙人应按照合伙合同约定的出资方式、数额和缴付期限履行出资义务。按约定履行出资义务是指投资人按照合伙合同约定的出资方式、数额与缴付期限向合伙体投入资产的行为,是投资设立合伙体的前提。在合伙体设立之前,或协商合伙协议过程中,各合伙人都要按上述出资财产类别进行出资方式的选择;出资数额,即用以出资的价值额,对于非货币资产出资的要按商定的评估价值计算并约定数额;出资期限,即对用于出资的资产缴付于企业的期限,法律允许出资人对其出资实行承诺制,分批到位,通过协议明确各类出资的期限。如合伙合同根据本合伙情况还有其他具体的约定,合伙人还应依照合同的其他约定履行自己的出资义务。

《关于民事执行中变更、追加当事人若干问题的规定》第14条规定,作为被执行人的合伙企业,不能清偿生效法律文书确定的债务,申请执行人申请变更、追加普通合伙人为被执行人的,人民法院应予支持。作为被执行人的有限合伙企业,财产不足以清偿生效法律文书确定的债务,申请执行人申请变更、追加未按期足额缴纳出资的有限合伙人为被执行人,在未足额缴纳出资的范围内承担责任的,人民法院应予支持。

实务问题

在杨某礼诉段某法合伙纠纷案①中,合伙人违反合伙协议约定,不足额出资,视为自动放弃承包经营权,由其他合伙人承担承包合同的权利义务。原、被告系合伙承包关系。原、被告签订的合作经营砖厂协议是双方真实意思表示,该协议合法有效。段某法不按照合作经营砖厂协议第2条的约定办事,应视为对砖厂承包经营权的放弃。砖厂应由杨某礼按原承包合同的有关规定独立地组织生产和经营。杨某礼享有合同规定的权利,履行合同规定的义务,并负责偿还欠村委会的2.5万块红砖。杨某礼同意接收段某法留在砖厂的财产,即砖木石棉瓦房6间、砖18,500块、土4389方、水井1眼。应支付估价双方约定的价款19,694元,支付段某法支出的费用6737元,两项共计26,431元并支付该款利息。

(编写人:刘丰德)

法律条文

第九百六十九条　合伙人的出资、因合伙事务依法取得的收益和其他财产,属于合伙财产。

合伙合同终止前,合伙人不得请求分割合伙财产。

条文主旨

本条是关于合伙财产的规定。

① 河南省新乡市中级人民法院(1996)新民终字第876号。

新旧法对比

《合伙企业法》	《民法典》
第二十条　合伙人的出资、以合伙企业名义取得的收益和依法取得的其他财产，均为合伙企业的财产。 第二十一条　合伙人在合伙企业清算前，不得请求分割合伙企业的财产；但是，本法另有规定的除外。 合伙人在合伙企业清算前私自转移或者处分合伙企业财产的，合伙企业不得以此对抗善意第三人。	第九百六十九条　合伙人的出资**、因合伙事务依法取得的收益和其他财产，属于合伙财产。** **合伙合同终止前，合伙人不得请求分割合伙财产。**

理解与适用

合伙体是合伙人之间共同投资设立的经营组织，设立合伙体的目的是从事生产经营活动，合伙人从中取得投资回报。合伙体设立后，合伙人按协议投入合伙体的财产便与合伙人相分离，成为合伙体的独立财产，这些财产是合伙体开展正常经营的物质保证。

对合伙财产性质的看法，在国外经历了一个发展变化的过程。罗马法认为，合伙是二人以上共同出资、共同经营并共担损益的双务契约，从而将合伙作为债法的一部分来处理。随着公司法人制度的成功，一些国家的法律除确认合伙是一种契约关系外，还将合伙作为一种具有相对独立的法律地位的经营性组织来对待。合伙相对独立法律地位的确立和合伙作为一种组织体的确认，使合伙财产的集合所有权得以确定。目前，世界上多数国家和地区普遍改变了罗马法将合伙财产规定为按份共有的做法，而将其作为共同共有的财产，归由全体合伙人统一管理与经营，排除了出资人任意处置的可能性。本条规定顺应世界发展的潮流，确认合伙体拥有相对独立的财产，并先以其财产对外承担责任。

合伙财产是合伙体开展正常经营的物质保证。合伙人抽走或分割其财产份额，都会直接导致合伙体财产数量的减少，给正常进行的生产经营活动造成消极影响；以合伙体名义取得的收益和依法取得的其他财产，也具有同样的性质。合伙人在合伙合同终止前分割合伙财产，往往会影响合伙体的正常经营，以致合伙体的散伙。为避免这种现象的发生，维护合伙体的正常经营和全体合伙人的利益，本条第 2 款规定，合伙合同终止前，合伙人不得请求分割合伙财产。

根据本条第1款的规定,合伙财产由原始财产和积累财产两种情况构成。

原始财产即本条所称的全体合伙人的"出资"。关于合伙的原始财产问题,主要涉及以下几个方面:第一,合伙人的出资并非均能构成合伙的财产。合伙人对合伙的出资,不限于财产,还包括财产权利、劳务。其中,劳务因其内在的"行为性"特征使其不能成为合伙企业的财产。第二,合伙人转让财产所有权进行出资而构成合伙财产是合伙原始财产取得的一般方式,但这并不等于合伙人只能通过转让所有权的方式来形成合伙财产。合伙人也可以通过转让占有权、使用权的方式形成合伙的原始财产。例如,合伙人可以自己房屋一定时期的占有权和使用权折价作为出资,也可以自己所有的注册商标专用权、专利权出资,此时合伙人仍保留自己对注册商标、专利的权利。第三,合伙的原始财产是全体合伙人"认缴"的财产,而非各合伙人"实际缴纳"的财产。

积累财产,即合伙成立以后以合伙的名义依法取得的全部收益。其主要包括两个方面:第一,以合伙名义取得的收益,即营业性的收入。包括合伙的公共积累资金、未分配的盈余、合伙债权、合伙取得的工业产权和非专利技术以及合伙的名称(商号)、商誉等财产权利。第二,依法取得的其他财产,即根据法律、行政法规等规定合法取得的其他财产,如合法接受的赠与财产等。

实务问题

在褚某立等诉合伙事务执行人陈某财产分割案①中,合伙企业财产为全体合伙人共有。在合伙关系存续期间,任何合伙人不得先于其他合伙人请求分割合伙财产,即使是与自己出资额或应得财产相当的那部分财产也不得提前分割。相应地,任何合伙人,即使是合伙事务执行人,在未经全体合伙人同意或授权的情况下,也无权处分合伙财产。

该案中,甲板厂合伙人在1997年2月2日和5月3日依照少数服从多数,且不损害少数合伙人利益的议事规则产生的决议,其效力及于全体合伙人,即该合伙人会议决议对未参加会议的褚某立、李某英亦具有法律约束力。上述两次合伙人会议决议证明,合伙人会议并未授权陈某分割合伙财产。褚某立、李某英的陈述证明,在1997年3月11日之前,合伙财产已经变卖,但尚未清算分割。因此,陈某于1997年3月11日写给褚某立、李某英的"红利欠条",即使是陈某自愿作出的意思表示,也不能产生褚某立、李某英可以从尚未分割的合伙财产中分取财产的法律效力。合伙人会议决议证明,陈某自1997年2月2日主持变

① 载《人民法院案例选》2002年第1辑。

卖、管理合伙财产的行为，是合伙人会议委托其执行合伙事务的行为，并非陈某个人侵占合伙财产的行为。综上所述，褚某立、李某英依据“红利欠条”向陈某主张权利的诉讼请求，不应予以支持。

（编写人：刘丰德）

法律条文

第九百七十条　合伙人就合伙事务作出决定的，除合伙合同另有约定外，应当经全体合伙人一致同意。

合伙事务由全体合伙人共同执行。按照合伙合同的约定或者全体合伙人的决定，可以委托一个或者数个合伙人执行合伙事务；其他合伙人不再执行合伙事务，但是有权监督执行情况。

合伙人分别执行合伙事务的，执行事务合伙人可以对其他合伙人执行的事务提出异议；提出异议后，其他合伙人应当暂停该项事务的执行。

条文主旨

本条是关于合伙事务的执行权及其具体的事务执行人、合伙人的异议权的规定。

新旧法对比

《合伙企业法》	《民法典》
第十九条　合伙协议经全体合伙人签名、盖章后生效。合伙人按照合伙协议享有权利，履行义务。 修改或者补充合伙协议，应当经全体合伙人一致同意；但是，合伙协议另有约定的除外。 …… 第二十七条　依照本法第二十六条第二款规定委托一个或者数个合伙人执行合伙事务的，其他合伙人不再执行合伙事务。 不执行合伙事务的合伙人有权监督执行事务合伙人执行合伙事务的情况。	第九百七十条　**合伙人就合伙事务作出决定的，除合伙合同另有约定外，应当经全体合伙人一致同意。** 合伙事务由全体合伙人共同执行。按照合伙合同的约定或者全体合伙人的决定，可以委托一个或者数个合伙人执行合伙事务；其他合伙人不再执行合伙事务，但是有权监督执行情况。 合伙人分别执行合伙事务的，执行事务合伙人可以对其他合伙人执行的事务提出异议；提出异议后，其他合伙人应当暂停该项事务的执行。

续表

《合伙企业法》	《民法典》
第二十九条　合伙人分别执行合伙事务的，执行事务合伙人可以对其他合伙人执行的事务提出异议。提出异议时，应当暂停该项事务的执行。如果发生争议，依照本法第三十条规定作出决定。 受委托执行合伙事务的合伙人不按照合伙协议或者全体合伙人的决定执行事务的，其他合伙人可以决定撤销该委托。	

理解与适用

合伙是一种人和财产的组合，其权利能力和行为能力都没有与合伙成员完全分离。因此，合伙不像法人那样设立专门的意思表示机关，而是以合伙人的行为为其行为，每一个合伙人都有权利参与合伙事务的决策、执行和监督、检查，即合伙人对执行合伙事务享有同等的权利，合伙事务由全体合伙人共同执行。合伙事务既包括合伙内部入伙与退伙、转让与继承、解散与清算、处分合伙财产、改变合伙名称、延长合伙经营期限等行为，也包括合伙日常例行的业务经营活动，如与第三人签订合同、制订经营计划、选择进货渠道、规定商品和服务价格等。按照本条规定，无论属于何种性质的合伙事务，合伙人对执行都享有同等的权利。共同执行在实际操作上有诸多不便，代表合伙对外开展经营活动并非每个合伙人都能胜任，尤其是规模较大，人数较多，专业分工又比较精细的合伙。因此，为使合伙事务顺利执行，合伙合同通常另外约定或者经全体合伙人决定，将执行合伙事务、对外代表合伙的权利交由合伙人中的一个或者数个人专门执行。因此，本条第 2 款规定合伙事务由全体合伙人共同执行的同时，又规定按照合伙合同的约定或者经全体合伙人决定，可以委托一个或者数个合伙人对外代表合伙，执行合伙事务。执行事务的合伙人为代理行为，仅以合伙的名义表示即可，无须表示全体合伙人的同意。其他合伙人不再执行合伙事务，不可以对外代表合伙。如不具有事务执行权的合伙人擅自执行合伙事务，给合伙或者其他合伙人造成损失的，依法承担赔偿责任。

同时，合伙事务是合伙的公共事务，事务的执行情况涉及每个合伙人的个人利益，每个合伙人都有权去关心合伙的利益。因此，不执行合伙事务的合伙人有权监督执行事务的合伙人执行合伙事务的情况。在实践中，合伙事务分别执行的，可能存在个别合伙人未尽诚实信用以及谨慎态度对待其所执行的合伙事务。针对这种情况，本条第3款规定执行事务合伙人可以对其他合伙人执行的事务提出异议。异议权不仅是执行事务合伙人的法定权利，而且也是对其他合伙人权利的一种限制，体现了合伙人对合伙事务执行的监督权，是维护合伙也即全体合伙人共同利益的根本保证。同时为了防止其他合伙人对提出的异议置之不理，避免可能给合伙体造成的损害扩大，执行事务合伙人提出异议后，其他合伙人应暂停该项事务的执行。执行事务合伙人是受全体合伙人委托执行合伙事务，根据代理法律关系，执行事务合伙人必须按照合伙协议或全体合伙人的决定执行合伙事务，不得超越规定的权限执行合伙事务，不得利用执行合伙事务的便利损害合伙或其他合伙人的利益，否则属于不按合同协议或者全体合伙人的决定执行事务的行为，其他合伙可以决定撤销该委托。如果因此造成合伙损失的，该执行事务合伙人还应当进行赔偿。当执行事务合伙人对合伙事务的执行提出异议时，合伙事务暂停执行。不执行事务合伙人提出异议，合伙事务可以不停止执行，但应尽快召开合伙人会议，讨论决定有关异议事项。

实务问题

甲投资管理股份有限公司（以下简称甲公司）诉乙国际信托股份有限公司（以下简称乙信托）等信托合同纠纷案[①]中，在有限合伙企业中，如果执行事务合伙人怠于行使诉讼权利时，不执行合伙事务的有限合伙人可以为了合伙企业的利益以自己的名义提起诉讼。

甲公司有权提起诉讼。根据《合伙企业法》第68条之规定，执行事务合伙人怠于行使权利时，有限合伙人可以督促其行使权利或者为了本企业的利益以自己的名义提起诉讼。甲公司在认为合伙企业东方某圣的权利被侵犯时，已经就相关问题向东方某圣及执行事务合伙人发函催告，要求东方某圣向人民法院提起民事诉讼，维护东方某圣的民事权利，东方某圣虽予以响应，但未依法提起民事诉讼，甲公司遂选择以自己的名义提起诉讼并无不妥，符合法律规定。乙信托关于东方某圣未怠于行使权利，甲公司以自己的名义提起诉讼的条件并未成就的抗辩理由不符合法律规定，法院不予采纳。

（编写人：刘丰德）

---

① 最高人民法院（2016）最高法民终19号。

法律条文

第九百七十一条　合伙人不得因执行合伙事务而请求支付报酬，但是合伙合同另有约定的除外。

条文主旨

本条是关于执行合伙事务报酬的规定。

新旧法对比

无	《民法典》
无	第九百七十一条　**合伙人不得因执行合伙事务而请求支付报酬，但是合伙合同另有约定的除外。**

理解与适用

相比于不执行事务合伙人，虽然执行事务合伙人对有限合伙多付出劳动，甚至更多的费用支出，但对于执行事务合伙人的相关劳动是否有权要求合伙支付报酬则存在不同的意见，各国的做法也不尽一致。多数国家规定，执行事务合伙人因执行事务而支出的个人费用可以要求企业予以补偿或报销，而执行事务所付出的劳动，是否支付报酬则由合伙合同加以规定，合同规定支付报酬的应予支付，合同未作规定的则不付报酬。合伙人之间，包括执行事务合伙人与其他合伙人之间是合伙关系，并非雇佣关系或劳动关系，故请求受雇期间的各种报酬或劳动报酬，缺乏法律依据，不应予以支持。当然，依照合伙事务由合伙合同决定这一重要原则，如合伙合同事先对执行合伙事务的报酬另有规定，则依照合同规定处理。

实务问题

在王某平诉王某凤、陈某端海上、通海水域人身损害责任纠纷案①中，合伙人之间并非雇佣或劳动关系，在合伙经营活动中意外死亡，合伙人不承担赔偿责任。

该案为个人合伙成员在从事海上合伙经营活动中因意外死亡引起的人身损

① 厦门海事法院(2019)闽72再2号。

害赔偿责任纠纷。合伙人之间是合伙关系，并非雇佣关系。合伙各方也意识到海上经营作业风险，并在合伙协议中约定“如发生意外，股东不承担责任，可人道主义予以补偿”。因此，原告请求被告赔偿其各项损失缺乏依据，但出于人道主义考虑，可酌情给予一定补偿。

（编写人：刘丰德）

法律条文

第九百七十二条　合伙的利润分配和亏损分担，按照合伙合同的约定办理；合伙合同没有约定或者约定不明确的，由合伙人协商决定；协商不成的，由合伙人按照实缴出资比例分配、分担；无法确定出资比例的，由合伙人平均分配、分担。

条文主旨

本条是关于合伙利润分配与亏损分担的规定。

新旧法对比

《合伙企业法》	《民法典》
第三十三条　合伙企业的利润分配、亏损分担，按照合伙协议的约定办理；合伙协议未约定或者约定不明确的，由合伙人协商决定；协商不成的，由合伙人按照实缴出资比例分配、分担；无法确定出资比例的，由合伙人平均分配、分担。 合伙协议不得约定将全部利润分配给部分合伙人或者由部分合伙人承担全部亏损。	第九百七十二条　合伙的利润分配**和**亏损分担，按照合伙**合同**的约定办理；合伙**合同没有**约定或者约定不明确的，由合伙人协商决定；协商不成的，由合伙人按照实缴出资比例分配、分担；无法确定出资比例的，由合伙人平均分配、分担。

理解与适用

设立合伙，既可能给合伙人带来收益，也可能因各种原因产生亏损。合伙的利润分配，是指合伙的生产经营收入在进行必要的扣除后所获利润在各合伙人之间进行的分配。合伙的亏损分担，是指合伙经营过程中发生的在一定时期内各种收入减去各项费用后出现负差额（亏损）时，就亏损在各合伙人之间进行的分别承担。

依照本条规定,合伙利润分配和亏损分担的原则是:

(1)合伙的利润分配、亏损分担,依照合伙合同约定办理。合伙合同是合伙人从事经营活动的准则和合伙人据以享受权利承担义务的重要依据。合伙事务由合伙合同决定是合伙的基本制度。而合伙利润分配和亏损分担是合伙人重要的权利义务,理应由合伙合同作出约定,因此,合伙合同优先适用。

(2)如果合伙合同未约定利润分配和亏损分担办法或者约定不明确的,则由合伙人协商决定,这一规定是对合伙人协议优先原则的贯彻和落实。

(3)合伙人经过协商仍未能作出决定的,则由各合伙人按照实缴的出资比例进行分配、分担;无法确定出资比例的,由各合伙人平均分配和分担。

本条规定的按照实缴出资比例分配利润和分担亏损的方法,在实践中还需要研究如下两个问题:

(1)劳务出资合伙人的亏损分担问题。由于劳务出资者未拿出实际的财产投入到合伙中,一旦合伙经营亏损,是否应与其他合伙人一样分担以及如何分担?对此,各法域的做法有所不同。第一,要求劳务出资者与其他合伙人平均分担,如德国;第二,按企业最低分担比例执行,即将其分配利润和分担损失相挂钩,执行与出资额最少的出资人相同的比例,如法国;第三,负盈不负亏,即合伙协议事前规定劳务出资人需分担亏损的,依规定执行,未规定的劳务出资人将不承担亏损,如我国台湾地区即如此规定。本条对此未作明确的规定,在司法实践中,可结合具体案情并适当参考上述做法。

(2)合伙合同有关利润分配和亏损分担应遵循公平原则。合伙的重要特征是合伙人共享收益,共担风险。虽然合伙合同可以自行约定利润分配和亏损分担的办法,但行使这一权利必须遵循公平的原则,不得显失公平。因此,合伙合同约定合伙的利润分配、亏损分担应有一个基本界限,即不得约定将全部利润分配给部分合伙人或者由部分合伙人承担全部亏损。

实务问题

在张某山诉闫某平合伙纠纷案①中,合伙的利润分配、亏损分担,依照合伙合同约定办理。但在实际履行中,全体合伙人以一致行为加以变更的,应按变更后方法处理。

合伙双方约定合伙经营期间按 5∶5 的比例分割利润和承担风险,在实际履

① 最高人民法院(2000)民终字第 8 号。

行中双方将利润在账面上按5:5比例分割转为资本金,并据此制作了年度财务报表,对此合伙人一方并未提出过异议。因此,合伙人一方主张按出资比例分割利润,缺乏依据,不予支持。

(编写人:刘丰德)

法律条文

第九百七十三条　合伙人对合伙债务承担连带责任。清偿合伙债务超过自己应当承担份额的合伙人,有权向其他合伙人追偿。

条文主旨

本条是关于合伙人的连带责任以及追偿权的规定。

新旧法对比

《合伙企业法》	《民法典》
第三十八条　合伙企业对其债务,应先以其全部财产进行清偿。 第三十九条　合伙企业不能清偿到期债务的,合伙人承担无限连带责任。 第四十条　合伙人由于承担无限连带责任,清偿数额超过本法第三十三条第一款规定的其亏损分担比例的,有权向其他合伙人追偿。	第九百七十三条　合伙人对合伙债务承担连带责任。**清偿合伙债务超过自己应当承担份额的合伙人,有权向其他合伙人追偿。**

理解与适用

合伙人对合伙债务承担无限连带责任,是合伙最基本的法律特征,也是合伙与有限责任公司的根本区别。由合伙人共同经营管理合伙是合伙的一般原则,合伙人对合伙拥有较大的共同控制权。因此,合伙人对合伙承担责任的方式上也不像公司股东仅以其出资额为限承担责任,而是需要承担连带责任。合伙人对合伙债务承担连带责任,是指当合伙全部财产不足以清偿所欠债务时,可以追究合伙人的连带责任。

如果合伙合同规定按出资比例分担债务的,应将其所剩债务按出资比例分成若干份额,各合伙人按其比例所分担的份额以自己在合伙以外的其他财产偿付债务;如果合伙合同规定其他亏损分担办法的,可按规定的办法执行;合同未规定亏损分担办法的,应将所剩债务按合伙人人数平均分为若干份额,每个合伙人分别承担自己的债务份额。

在实践中,可能出现有的合伙人因财务困难,一时难以承担债务偿付份额的情况。对此,任一合伙人都有责任对债权人承担连带责任,即除对自己分担的债务份额承担责任外,还应对其他合伙人应承担而无力承担的部分承担连带责任。但依照本法第972条的规定,在合伙人内部,该合伙人所应承担的只是全部债务的一部分,因而当其承担的偿付义务超过本人应承担份额时,本条规定其有权向其他合伙人追偿。

本条规定的连带责任,实际是无限责任与连带责任的结合。无限责任即在合伙财产不足以清偿债务时,合伙人要以自己的其他财产偿付自己承担的债务份额,直到清偿完毕为止;连带责任即指当债权人追究各合伙人的无限责任,某一合伙人无力承担这种责任时,其他合伙人有连带承担其偿付债务的义务。因此,当合伙财产不足以清偿债务时,其债权人即可向其任何一个普通合伙人主张权利,要求其偿付债务。该合伙人负有代合伙偿付债务的责任,既包括他自己应承担的债务份额,也包括其他合伙人应承担部分。

实务问题

在南通甲贸易有限公司诉镇江市丹徒区乙机械厂、魏某聂等六人买卖合同纠纷案[①]中,当事人约定合伙经营企业仍使用合资前个人独资企业营业执照,且实际以合伙方式经营企业的情况下,应据实认定企业的性质。

上诉人卞某等人有合伙经营华青彩印厂的确定意思表示。原审被告魏某聂、蒋某伟、祝某兵和卞某四人于2005年12月18日签订的合伙合同,明确约定由该四人共同出资、合伙经营,将原由魏某聂独资经营的原审被告华青彩印厂变更为合伙企业。该合同还对合伙经营范围、合伙期限、出资方式、利润分配、合伙事务的执行、入伙与退伙等合伙企业设立中的主要内容作了明确约定。该合伙合同表明魏某聂、蒋某伟、卞某、祝某兵合伙经营华青彩印厂的意思表示是非常明确的。

(编写人:刘丰德)

---

① 南通双盈贸易有限公司诉镇江市丹徒区联达机械厂、魏某聂等六人买卖合同纠纷案,载《最高人民法院公报》2011年第7期。

法律条文

第九百七十四条　除合伙合同另有约定外，合伙人向合伙人以外的人转让其全部或者部分财产份额的，须经其他合伙人一致同意。

条文主旨

本条是关于合伙人转让其财产份额的规定。

新旧法对比

《合伙企业法》	《民法典》
第四十三条　新合伙人入伙，除合伙协议另有约定外，应当经全体合伙人一致同意，并依法订立书面入伙协议。 ……	第九百七十四条　**除合伙合同另有约定外，合伙人向合伙人以外的人转让其全部或者部分财产份额的，须经其他合伙人一致同意。**

理解与适用

在实践中，合伙人可能需要将其投在合伙中的财产份额转让出去。转让包括向合伙内部的其他合伙人转让和向合伙人以外的人转让。合伙是资本的聚合，也是人的组合。合伙人的数量一般不多，而且彼此间互相信任和了解，这种合伙的人合性决定了合伙人的出资向合伙人以外的人转让受到限制。因此，本条规定合伙人虽有权将其持有的合伙财产份额进行转让，但如果是向合伙人以外的人转让其全部或者部分财产份额的，须经其他合伙人一致同意。当然，依照合伙事务由合伙合同决定这一重要原则，合伙合同也可以事先对此另作规定。合伙人转让其财产份额包括向合伙内部的其他合伙人转让和向合伙人以外的人转让。向其他合伙人转让财产份额，属内部关系，只关系到各合伙人财产份额的变化，不影响合伙财产总额的变化，因此，不需要征得其他合伙人的同意，也没有其他事前程序，只需通知即可。

实务问题

在李某堂诉白某祥企业出资人权益确认纠纷案[①]中，合伙人事前同意其他合伙人对外转让投资份额，事后又收取了转让价款的，转让行为有效。

---

① 最高人民法院(2013)民提字第23号。

白某祥明知所收取的款项是股金份额转让款而非分红款。在此前提下，其仍然通过郑某勤收取并同意造表分配给其他实际投资人的行为系对李某堂转让股金份额行为的认可。因白某祥事前同意李某堂对外转让投资份额，事后又收取了转让价款，故本院依法确认李某堂将某煤矿 160 万元股金中白某祥享有的财产份额转让给王某宝的行为有效。

（编写人：刘丰德）

法律条文

第九百七十五条　合伙人的债权人不得代位行使合伙人依照本章规定和合伙合同享有的权利，但是合伙人享有的利益分配请求权除外。

条文主旨

本条是关于合伙人权利代位的规定。

新旧法对比

《合伙企业法》	《民法典》
第四十一条　合伙人发生与合伙企业无关的债务，相关债权人不得以其债权抵销其对合伙企业的债务；也不得代位行使合伙人在合伙企业中的权利。	第九百七十五条　**合伙人的债权人不得代位行使合伙人依照本章规定和合伙合同享有的权利，但是合伙人享有的利益分配请求权除外。**

理解与适用

依照本法第 535 条的规定，债权人享有代位权，因债务人怠于行使其债权以及与该债权有关的从权利，影响债权人的到期债权实现的，债权人可以向人民法院请求以自己的名义代位行使债务人对相对人的权利，但是该权利专属于债务人自身的除外。合伙不仅是财产的组合，也是人的组合，具有很强的人合性。合伙人之间往往数量不多，且彼此之间存在很强的人身信任关系。因此，合伙人依照本章规定和合伙合同享有的权利也具有一定的专属性，不适合由债权人代位行使，但合伙人享有的利益分配请求权则具有财产性，可由债权人代位行使。

实务问题

合伙是由合伙人投资形成的经营性组织，合伙人在合伙中不仅享有财产性质的收益权，还包括其在合伙中的表决权等身份权及法定管理权、监督权等其他权利。合伙人的债权人要求合伙人偿还债务，只能通过与合伙人签订合同或通过诉讼，获得对合伙人在合伙中收益分配的请求权或者分割其在合伙中的财产份额以实现债权，而对合伙人的其他权利如合伙事务执行权、重大事务表决权、对企业的监督权等均没有请求权，对合伙人在合伙中的权利不得行使代位权。

（编写人：刘丰德）

法律条文

第九百七十六条　合伙人对合伙期限没有约定或者约定不明确，依据本法第五百一十条的规定仍不能确定的，视为不定期合伙。

合伙期限届满，合伙人继续执行合伙事务，其他合伙人没有提出异议的，原合伙合同继续有效，但是合伙期限为不定期。

合伙人可以随时解除不定期合伙合同，但是应当在合理期限之前通知其他合伙人。

条文主旨

本条是关于不定期合伙的规定。

新旧法对比

《合伙企业法》	《民法典》
第四十六条　合伙协议未约定合伙期限的，合伙人在不给合伙企业事务执行造成不利影响的情况下，可以退伙，但应当提前三十日通知其他合伙人。	第九百七十六条　**合伙人对合伙期限没有约定或者约定不明确，依据本法第五百一十条的规定仍不能确定的，视为不定期合伙。** **合伙期限届满，合伙人继续执行合伙事务，其他合伙人没有提出异议的，原合伙合同继续有效，但是合伙期限为不定期。** 合伙人可以随时解除不定期合伙合同，但是应当在合理期限之前通知其他合伙人。

理解与适用

合伙合同经全体合伙人协商一致，代表合伙人的真实意思表示。合伙合同约定了合伙期限,就表示每一个合伙人承诺将与其他合伙人合作到该期限届满。合伙期限届满前,合伙人提出退伙意味着对自己承诺的违反,同时影响了其他合伙人的合理预期,可能给合伙本身或者其他合伙人造成损失。因此,如果合同约定了合伙期限,合伙人的自愿退伙应当受到一定的限制。自愿退伙即是由合伙人按照自己的意愿主动提出退伙而退出合伙,丧失合伙人资格。

如果合伙人对合伙期限没有约定或者约定不明确,依照本法第510条的规定,当事人可以协议补充;不能达成补充协议的,按照合同有关条款、合同性质、合同目的或者交易习惯确定。根据上述规定仍不能确定合伙期限的,则视为不定期合伙。对于合伙合同约定了合伙期限,期限已届满而合伙人继续执行合伙事务,如果其他合伙人没有提出异议的,依照本条规定,原合伙合同继续有效,但是合伙期限为不定期。

不定期合伙,在合伙存续期间,合伙人在任何时候提出退伙,都不违反合伙合同的约定,这也是合伙人的权利。但是,合伙是全体合伙人共同建立的,由全体合伙人共同经营管理,任何一个合伙人的退出,都会对合伙和其他合伙人产生影响,因此,合伙人在行使退伙权利时,应在合理期限之前通知其他合伙人,以便其他合伙人可以对其退伙后的有关事项进行安排、处理。

实务问题

在王某飞诉张某、李某退伙纠纷案①中,当合伙协议约定了合伙期限时,合伙人应在符合法定情形时,才可以退伙;当合伙协议没有约定合伙期限时,原则上合伙人都可以在就退伙事项提前30日通知其他合伙人后退伙,并有权要求进行退伙结算。普通合伙企业的合伙人之间具有高度的人合性。在合伙协议未就合伙人对外转让合伙财产份额作出特别约定时,该转让行为需要经其他合伙人一致同意。

故该案中,甲饭店作为普通合伙企业,其合伙人王某飞未经其余合伙人张某、李某的同意,不得擅自将其合伙财产份额转让给刘某。在对外转让不能的情形下,王某飞只能通过退伙取回财产份额从而实现其财产权益。虽然合伙协议有合伙人不得中途退伙的约定,但该约定通过禁止王某飞的退伙,变相限制了王某飞财产权益的实现。这也与《合伙企业法》第46条的立法意旨不符。该案中,虽然张某、李某曾约定了合伙期限,但该期限并未得到王某飞的认可,故甲饭店仍属于未约定合伙期限的合伙企业。因此,王某飞有权在提前30日通知张

① 《民事审判指导与参考》2009年第3集(总第39集)。

某、李某退伙事项的情形下退伙。

(编写人:刘丰德)

法律条文

第九百七十七条　合伙人死亡、丧失民事行为能力或者终止的,合伙合同终止;但是,合伙合同另有约定或者根据合伙事务的性质不宜终止的除外。

条文主旨

本条是关于合伙合同终止的规定。

新旧法对比

《合伙企业法》	《民法典》
第四十八条　合伙人有下列情形之一的,当然退伙: (一)作为合伙人的自然人死亡或者被依法宣告死亡; (二)个人丧失偿债能力; (三)作为合伙人的法人或者其他组织依法被吊销营业执照、责令关闭、撤销,或者被宣告破产; (四)法律规定或者合伙协议约定合伙人必须具有相关资格而丧失该资格; (五)合伙人在合伙企业中的全部财产份额被人民法院强制执行。 合伙人被依法认定为无民事行为能力人或者限制民事行为能力人的,经其他合伙人一致同意,可以依法转为有限合伙人,普通合伙企业依法转为有限合伙企业。其他合伙人未能一致同意的,该无民事行为能力或者限制民事行为能力的合伙人退伙。 退伙事由实际发生之日为退伙生效日。	第九百七十七条　**合伙人死亡、丧失民事行为能力或者终止的,合伙合同终止;但是,合伙合同另有约定或者根据合伙事务的性质不宜终止的除外。**

理解与适用

由于法律规定的原因或者当事人约定的原因,合伙合同终止。合伙合同的终止意味着合伙事业终结，全体合伙人的合伙关系归于消灭。依照本条规定，合伙人死亡、丧失民事行为能力或者终止也是合伙合同终止的原因。之所以如此，是因为合伙合同的订立是建立在当事人信任基础上，正是由于存在当事人之间的相互信赖，当事人之间才订立合同。一方当事人缺位，虽可能有其权利义务的继受者，但人身信赖关系是不可能移转的，随着当事人的缺位，合同基础丧失，合同当然随之消灭。合伙人死亡或破产，主体地位不复存在，其权利义务由于合伙合同的人身属性不能移转，所以导致合伙合同终止。合伙人原有民事行为能力，而后丧失，也无法履行合伙人的各项义务，合伙合同也随之终止。

本条规定存在除外情形，即"合伙合同另有约定或者根据合伙事务的性质不宜终止的除外"。如果当事人在订立合伙合同时约定了一定期限，或约定以一定事务处理完毕为限，或约定不因死亡、丧失民事行为能力、破产为终止事由，则在此情形下，合伙合同不随之终止。另外，若依合伙事务的性质不宜终止的，合伙合同也不终止。如合伙事务为日常零售业，或为流水生产线中一部分，这些事务一旦停止，后果将无法挽回，所以依性质不能终止。

实务问题

在渠某姗诉甲事务所等合伙企业解散纠纷案①中，合伙企业仍在经营，合伙人之一认为出现矛盾导致人合性丧失的，应首先选择退伙，而无须合伙企业解散。

甲事务所作为合伙企业，其合伙目的不存在不能实现的情形，亦不存在必须解散的事由。原告渠某姗不愿合伙，可以依法选择退伙，退伙并不当然损害渠某姗利益。遂判决驳回原告渠某姗要求解散甲事务所的诉讼请求。

（编写人：刘丰德）

法律条文

第九百七十八条　合伙合同终止后，合伙财产在支付因终止而产生的费用以及清偿合伙债务后有剩余的，依据本法第九百七十二条的规定进行分配。

条文主旨

本条是关于合伙剩余财产分配顺序的规定。

---

① 江苏省徐州市中级人民法院(2015)徐商终字第0807号。

新旧法对比

《合伙企业法》	《民法典》
第八十一条　有限合伙人退伙后，对基于其退伙前的原因发生的有限合伙企业债务，以其退伙时从有限合伙企业中取回的财产承担责任。	第九百七十八条　**合伙合同终止后，合伙财产在支付因终止而产生的费用以及清偿合伙债务后有剩余的，依据本法第九百七十二条的规定进行分配。**

理解与适用

本条规范的是合伙总资产大于合伙所欠的债务时的清偿顺序。在此种情形，各项费用和所欠债务都能得到完全、有效的清偿。因此，本条强调的是合伙所欠费用及债务与合伙人分配合伙财产的顺序问题，即合伙的一切债权都应当优先于合伙人的分配财产请求权，只有上述所有债权都得到清偿后，才可以分配合伙的财产，即“先偿债，后分配”。

合伙合同终止后，通过清理合伙财产、编制资产负债表和财产清单后，确认合伙现有的财产大于合伙所欠的债务，并能够清偿全部债务的时候，应当按照本条规定的清偿顺序进行清偿：(1)支付相关费用。相关费用包括合伙财产的评估、保管、变卖和分配等所需要的费用，发布合伙解散公告所需费用，清算人的报酬，委托注册会计师、律师的费用以及诉讼费用、仲裁费用等。(2)偿还合伙的其他债务。合伙的其他债务，包括有担保债务和无担保债务。对于有担保债权，债权人对担保物享有优先受偿权；对于无担保债权，只能在合伙财产清偿了前述所有的债务后，才能得到清偿。(3)将合伙的剩余财产分配给合伙人。剩余财产是指合伙财产在清偿前述各项债务后所剩余的财产。对此剩余财产，应按照本法第972条的规定进行分配，即首先按照合伙合同的约定办理；合伙合同未约定或者约定不明确的，由合伙人协商解决；协商不成的，由合伙人按照实缴的出资比例分配；无法确定出资比例的，由合伙人平均分配。

实务问题

在金某甲诉金某乙、陈某国合伙协议纠纷案①中，合伙终止时，对合伙财产的处理，有书面协议的，按协议处理。

根据原、被告签订的《岱山县江南中基船业砂石场合作经营协议》中的约

① 浙江省舟山市中级人民法院(2010)浙舟商终字第35号。

定,“三方股权分配比例为被告金某乙 50%,被告陈某国 25%,原告金某甲 25%,三方的经营利润按上述比例分配,经营风险也按上述比例承担”,故原、被告对合伙利润分配应按此约定进行,该案中原告金某甲利润分配比例为 25%,被告金某乙利润分配比例为 50%,被告陈某国利润分配比例为 25%。由于原、被告对合伙账目现未进行清算,且原、被告均未能提供证据证明合伙体此外现尚有其他盈利或亏损,因此应按现时所能查明的合伙利润对此进行分配,如原、被告今后有证据能证明合伙体还有其他盈利或亏损的,可另行主张。

(编写人:刘丰德)

第三分编　准　合　同

第二十八章　无因管理

法律条文

第九百七十九条　管理人没有法定的或者约定的义务,为避免他人利益受损失而管理他人事务的,可以请求受益人偿还因管理事务而支出的必要费用;管理人因管理事务受到损失的,可以请求受益人给予适当补偿。

管理事务不符合受益人真实意思的,管理人不享有前款规定的权利;但是,受益人的真实意思违反法律或者违背公序良俗的除外。

条文主旨

无因管理属于民事法律制度中债法体系的组成部分,当管理人对于所管理的事项没有法定或者约定的义务时,从他人利益免受损失的角度出发管理相关事务,再通过请求权的方式要求受益人支付必要费用及因管理遭受损失的适当补偿。

但管理人如违背受益人真实意思进行无因管理,一般不享有前述权利,除非受益人的真实意思违反法律或者违背公序良俗。

例如,路人 A 抢救因感情受挫而自杀的 B;邻居 C 替沉迷赌博的 D 抚养其未成年的子女 E。此时无因管理行为虽然违背受益人的真实意思,但因真实意思违反法律或者公序良俗,从而无因管理者仍享有因管理事务而支出的必要费用及受损时要求适当补偿的权利。

新旧法对比

《中华人民共和国民法通则》、《中华人民共和国民法总则》	《民法典》
《民法通则》第九十三条　没有法定的或者约定的义务,为避免他人利益受损失进行管理或者服务的,有权要求受益人偿付由此而支付的必要费用。 《民法总则》第一百二十一条　没有法定的或者约定的义务,为避免他人利益受损失而进行管理的人,有权请求受益人偿还由此支出的必要费用。	**第九百七十九条**　**管理人**没有法定的或者约定的义务,为避免他人利益受损失而管理**他人事务**的,**可以**请求受益人偿还**因管理事务而**支出的必要费用;**管理人因管理事务受到损失的,可以请求受益人给予适当补偿。** **管理事务不符合受益人真实意思的,管理人不享有前款规定的权利;但是,受益人的真实意思违反法律或者违背公序良俗的除外。**

理解与适用

1. 无法定义务或者约定的义务如何理解

(1)管理者客观上无义务,但其主观误以为有义务从而实施的管理行为,属于无因管理。

(2)管理者客观上有义务,但其主观误以为无义务从而实施的管理行为,不属于无因管理。

2. 避免他人利益受损如何理解

(1)管理人的主观动机必须是出于避免他人利益受损的考虑(自身与他人利益兼具亦符合该动机)。

(2)无因管理行为的受益结果归受益人所有。

3. 管理他人事务如何理解

(1)管理行为应该是积极的行为(纯粹的不作为不属于无因管理)。

(2)只要有管理事务的行为,是否成功,是否实际获利不影响无因管理的成立。

(3)管理人是否具有行为能力不影响管理事实的发生(管理行为属于事实行为)。

(4)无因管理的出发点是避免他人损失,不包括一切受益行为(强迫受益不属于无因管理)。

实务问题

1. 无因管理者的管理行为避免他人损失的同时有利于自己，仍具有无因管理的法律效果。

例如，王某看到邻居张某家失火，为避免因张某失火殃及自己从而灭火的行为属于无因管理。

2. 在无因管理过程中因故意或者重大过失导致的自身损失不得请求补偿。

3. 连带债务人超出自己份额偿还的债务不构成无因管理。

4. 强迫受益行为不属于无因管理。

例如，王某驾驶的奔驰汽车在路口等红灯时，张某用抹布擦拭车身灰尘。此时，张某主张无因管理必要支出三元的请求就不能实现（无因管理仅限于避免他人损失，不包括强迫受益行为）。

（编写人：韩燕鲁）

法律条文

第九百八十条　管理人管理事务不属于前条规定的情形，但是受益人享有管理利益的，受益人应当在其获得的利益范围内向管理人承担前条第一款规定的义务。

条文主旨

管理人管理的事务不属于无因管理的情形，但受益人却因此享有该利益时，应在其受益范围内承担因管理产生的必要费用及损失的补偿。

新旧法对比

无	《民法典》
无	第九百八十条　**管理人管理事务不属于前条规定的情形，但是受益人享有管理利益的，受益人应当在其获得的利益范围内向管理人承担前条第一款规定的义务。**

理解与适用

该条款作为无因管理制度的特殊补充，强调管理人的管理行为虽然违反受益人的意思,但对受益人产生利益,故受益人应当在受益范围内承担对应义务。

无因管理制度的根本在于“避免他人利益受损”,此条款虽然将“避免他人利益受损”扩大到获取利益的范畴,但不可与基本原则相违背。

实务问题

1. 案情简介①

法院经审理查明,被告C与B系夫妻,双方共生育被告D、E、F三个子女。B于××年×月×日报死亡,B的父母均早于其死亡,B生前未留有遗嘱或遗赠抚养协议。原告A与B、被告C系邻居。××年×月×日晚×时,原告A因故从家中天井翻墙进入B家过程中,不慎摔倒,致左脚受伤。受伤后,原告A被送往医院进行救治,治疗期间共花费医疗费95,485元。因原、被告双方就赔偿事宜经多次协商不成,原告A诉至法院。案件审理中,经原告A申请,法院委托司法鉴定科学技术研究所司法鉴定中心对原告A伤残等级及休息、护理、营养期限进行鉴定,鉴定意见为原告A左足部等处因故受伤,致左足足弓结构破坏1/3以上,相当于道路交通事故十级伤残,伤后一期治疗休息240天,护理90天,营养90天,若行二期治疗,给予休息30天,护理15天,营养15天。原告垫付鉴定费2210元。一审判决如下,(1)被告C、D、E、F应于判决生效之日起10日内在继承B遗产范围内补偿原告A医疗费、住院伙食补助费、营养费(一期)、护理费(一期)、残疾赔偿金、鉴定费、律师费共计人民币108,679.65元;(2)原告A应于判决生效之日起10日内返还被告D人民币5000元。一审判决后,当事人均未提起上诉,一审判决已经发生法律效力。

2. 法院认为

原告A提供的居委会出具的表扬信、民警的接报记录内容均能与原告A陈述相对应,被告D等认为原告A于晚上8时左右翻墙进入B家,系因将B的喘息声误听为呼救声,与常理不符,且未提供证据予以证明,对该意见难以采信。故法院认定,原告A系在救助B过程中受伤。邻里之间守望相助,是中华民族的传统美德,原告A在救助B的过程中受伤,B作为受益人,应当对原告A的损失进行适当补偿,现B已去世,四被告作为B的法定继承人,应在继承B的遗产范围内对原告A损失进行补偿。原告A主张补偿的比例为50%,并无不当,法院予以确认。

① 上海市杨浦区人民法院(2016)沪0110民初9033号。

3. 评析

该案是受益人享有管理利益时，应当从自身获得利益中对管理者（见义勇为）的损失进行适当补偿，补偿金额参照主客观过错情节，从而使道德与法治相结合维护社会的公平正义。

（编写人：韩燕鲁）

法律条文

第九百八十一条　管理人管理他人事务，应当采取有利于受益人的方法。中断管理对受益人不利的，无正当理由不得中断。

条文主旨

基于对受益人的保护，管理他人事务应采取有利于受益人的方法。如中断对受益人无利，则管理人不得随意中断管理行为。

新旧法对比

无	《民法典》
无	第九百八十一条　**管理人管理他人事务，应当采取有利于受益人的方法。中断管理对受益人不利的，无正当理由不得中断。**

理解与适用

1. 如何理解有利于受益人的适当管理

无因管理制度是从鼓励平等民事主体之间相互帮助为出发点，所以判断管理行为是否有利于受益人需要从多个维度去判断，不能过于严苛地要求管理者的管理行为。将管理他人事务的行为转换为普通人处理自己事务的标准要求即可，同时管理结果满足无因管理的基本构成要件。

2. 如何理解如对受益人不利，则不得无理由中断

无因管理的基本核心为“避免他人利益受损”，所以管理行为的最终结果是价值判断的依据。如管理行为可随意终止，则将与无因管理制度的初衷背道而驰。

实务问题

当过分加重管理义务时,应当允许管理者有正当理由的情况下,放弃管理行为。但基于对受益人合理利益的保护,已经开始的管理行为不得随意中断。

随意中断有可能加重受益人损失。例如,A为避免B的房屋因台风过境遭受损失,决定在台风到来前为B的房屋(家中长期无人)进行加固,但在拆除门窗后因感觉工作量过大决定终止加固行为,此时无因管理者A的中断势必加重B的损失。所以《民法典》第981条明确规定如中断对受益人无利,则管理人不得随意中断管理行为。

(编写人:韩燕鲁)

法律条文

第九百八十二条　管理人管理他人事务,能够通知受益人的,应当及时通知受益人。管理的事务不需要紧急处理的,应当等待受益人的指示。

条文主旨

本条是关于无因管理制度对于管理人通知义务的规定。

(1)管理人除无法告知的情况外都应及时通知受益人。

(2)除紧急情况外,都应等待受益人指示。

新旧法对比

无	《民法典》
无	第九百八十二条　**管理人管理他人事务,能够通知受益人的,应当及时通知受益人。管理的事务不需要紧急处理的,应当等待受益人的指示。**

理解与适用

此条款的设计主要是为了避免他人以无因管理为借口影响他人事务。及时告知有利于管理者与受益者之间的权利义务关系。无因管理的价值核心在于避免他人损失,及时通知并等待受益人指示可以在避免损失的基础上最大限度地维护民事主体意思自治的原则。

实务问题

无因管理行为开始后,管理者应及时履行告知义务。如受益者选择由管理者继续管理该事项,则双方由无因管理变成委托关系,由准合同关系变为合同关系。

(编写人:韩燕鲁)

法律条文

第九百八十三条　管理结束后,管理人应当向受益人报告管理事务的情况。管理人管理事务取得的财产,应当及时转交给受益人。

条文主旨

本条是关于管理人管理结束时承担及时结算交付义务的规定。

(1)"应当"报告管理事务的情况。

(2)"应当"及时转移财产利益。

新旧法对比

无	《民法典》
无	第九百八十三条　**管理结束后,管理人应当向受益人报告管理事务的情况。管理人管理事务取得的财产,应当及时转交给受益人。**

理解与适用

无因管理者管理他人事务,应以善意方式履行。要及时向受益人报告事务管理情况,如取得财产应及时转交。如管理者利用受益人金钱财产的,应当支付对应利息。管理人拒绝交付管理利益时,受益人可通过不当得利主张管理人返还。

实务问题

管理人拒绝交付管理利益时,受益人可通过不当得利主张管理人返还。此条款与管理人请求受益人偿还因管理事务而支出的必要费用及补偿相对应。

(编写人:韩燕鲁)

法律条文

第九百八十四条　管理人管理事务经受益人事后追认的，从管理事务开始时起，适用委托合同的有关规定，但是管理人另有意思表示的除外。

条文主旨

本条是关于无因管理与委托合同衔接的规定，使受益人享有选择权。

(1)受益人可追认委托关系(委托合同关系)。

(2)受益人可选择无因管理关系(准合同关系)。

新旧法对比

无	《民法典》
无	第九百八十四条　**管理人管理事务经受益人事后追认的，从管理事务开始时起，适用委托合同的有关规定，但是管理人另有意思表示的除外。**

理解与适用

无因管理与委托合同的区别主要有以下几点：

(1)委托合同是双方意思的表示。无因管理为事实行为，无须双方合意。

(2)委托合同属于意定之债。无因管理属于法定之债。

(3)委托合同需按照合同约定执行。无因管理以避免受益人损失为原则。

(4)委托合同的委托人具有主动选择性。无因管理的受益人属于被动接受。

实务问题

(1)将无因管理变为委托合同关系，需要受益人的明确追认，在实践中管理人需要留存被追认证明。

(2)受益人追认后，双方应明确委托合同内容，避免事后纠纷。

(编写人：韩燕鲁)

第二十九章　不当得利

法律条文

第九百八十五条　得利人没有法律根据取得不当利益的，受损失的人可以请求得利人返还取得的利益，但是有下列情形之一的除外：

（一）为履行道德义务进行的给付；

（二）债务到期之前的清偿；

（三）明知无给付义务而进行的债务清偿。

条文主旨

本条是关于不当得利构成要件、法律效果、特殊情况的规定。

当一方没有法律根据取得不当利益时，除三种情形外，受损人可以请求得利人返还利益。

新旧法对比

《中华人民共和国民法通则》、 《中华人民共和国民法总则》	《民法典》
《民法通则》第九十二条　没有合法根据，取得不当利益，造成他人损失的，应当将取得的不当利益返还受损失的人。 《民法总则》第一百二十二条　因他人没有法律根据，取得不当利益，受损失的人有权请求其返还不当利益。	**第九百八十五条**　**得利人**没有**法律**根据取得不当利益的，**受损失的人可以**请求**得利人**返还取得的利益，**但是有下列情形之一的除外：** **（一）为履行道德义务进行的给付；** **（二）债务到期之前的清偿；** **（三）明知无给付义务而进行的债务清偿。**

理解与适用

不当得利的构成要件主要有以下内容：

（1）一方取得利益。此处所指"利益"仅限于财产性利益。

（2）另一方受到损失。此处"损失"仅限于财产损失；此处"损失"包含间接损失。

（3）得利与损失之间存在因果关系。

（4）没有法律根据。

实务问题

1. 案情简介①

因原被告双方存在借用资质、挂靠经营的情况。导致该案原告被某法院判令向另案原告支付×××万元，该案被告承担补充责任。该案原告认为另案判决存在错误，其支付的判决金额应由该案被告支付，故以不当得利为由起诉该案被告。法院驳回原告××城建集团有限公司的起诉。

2. 评析

不当得利，是指在没有合法根据的情况下，在他人利益受损的基础上取得利益。其构成要件有四项：第一，一方获得利益；第二，他方受到损失；第三，获利与受损之间具有因果关系；第四，获利没有合法根据。该案中，××城建集团有限公司以不当得利为由起诉，其应当就请求权发生的法律构成要件的事实承担举证责任，包括应举证证明其给付行为不具有合法根据。原告××城建集团有限公司依据法院生效的（2015）××民初字第×××号民事调解书、（2015）××民初字第×××号民事调解书、（2016）×××民初××号民事判决书等三份法律文书，向案外人王某、赵某、××铝塑门窗幕墙有限公司分别支付了执行款项，原告支付涉案款项并非欠缺合法根据，不符合不当得利"没有合法根据"的法律特征。

原告所述的"损失"并非被告的"利益"，实则是原告为履行另案判决所承担的法定责任。

（编写人：韩燕鲁）

① 内蒙古自治区巴林左旗人民法院（2019）内0422民初1395号。

法律条文

第九百八十六条　得利人不知道且不应当知道取得的利益没有法律根据，取得的利益已经不存在的，不承担返还该利益的义务。

条文主旨

本条是关于“善意”得利人的规定。其在利益不存在时，不承担返还义务。

新旧法对比

无	《民法典》
无	第九百八十六条　**得利人不知道且不应当知道取得的利益没有法律根据，取得的利益已经不存在的，不承担返还该利益的义务。**

理解与适用

不当得利设立的目的不在于“损失填平”而是“返还无法律根据的利益”。所以需要区分得利人的“善恶程度”，“善意得利人”返还范围以现存利益为限。

1. 对善意的给付型不当得利返还的分析：

（1）有原物时返还原物。

（2）无原物且因意外损毁的不承担返还义务。

（3）有偿转让原物时，转让价格高于受损人客观损失的，以客观损失为限度。

（4）有偿转让原物时，转让价格低于受损人客观损失的，以实际获利额度为限。

2. 是否存在利益的时间节点以受损人提出返还请求之时为准。如诉讼前已催告的，以催告时为准。

3. 得利人对利益不存在的主张承担举证责任。

实务问题

1. 案情简介①

法院经审理查明，2019 年 2 月至 2019 年 8 月，被告安某曾在生物科技公司

① 陕西省澄城县人民法院（2021）陕 0525 民初 196 号。

工作,主要负责牡丹种植与日常管护工作。2019 年 7 月生物科技公司原经理刘某某以公司打钱为由将被告安某建设银行卡号(账户最后四位 6020)要去,7 月 18 日被告安某上述账户收到生物科技公司转入 83,100 元,生物科技公司财务人员备注用途为“除草费”,收到该笔钱后被告在扣除公司拖欠其 2 个月工资 8500 元后,于当日 14 时 08 分通过手机银行给雷某某转账 74,600 元。

在该案诉前调解阶段即 2021 年 1 月 6 日本院与证人雷某某的调查笔录中,雷某某表示:其从 2018 年 9 月至今在生物科技公司上班,担任外勤职务,主要负责落实领导安排的各项工作;刘某龙、安某、王某斌、雷某、张某涛等人都在生物科技公司工作过;生物科技公司确实给这 5 个人汇过款;当时的公司经理刘某某安排雷某某,让这些人提供建设银行卡号,然后生物科技公司以除草费、浇水费的名义向这些账户内汇款,钱到账后让这些人扣除他们的工资,剩余的钱交给雷某某,由其发放其他工人工资和其他杂费。

上述事实,有原告提供 2019 年 7 月 18 日中国建设银行单位客户专用回单、法院与证人雷某某调查笔录一份、庭审中当事人陈述等证据在卷佐证,足以认定。

2. 法院认为

该案争议焦点是被告安某是否构成不当得利。《民法典》第 985 条规定,得利人没有法律根据取得不当利益的,受损失的人可以请求得利人返还取得的利益,但是有下列情形之一的除外:(1)为履行道德义务进行的给付;(2)债务到期之前的清偿;(3)明知无给付义务而进行的债务清偿。第 986 条规定:得利人不知道且不应当知道取得的利益没有法律根据,取得的利益已经不存在的,不承担返还该利益的义务。第 988 条规定:得利人已经将取得的利益无偿转让给第三人的,受损失的人可以请求第三人在相应范围内承担返还义务。该案中,生物科技公司原负责人刘某某指示雷某某收集包括安某在内的员工银行账号,用于收取公司报销费用;安某作为原生物科技公司的员工,当时并不知道也不应当知道生物科技公司汇款的真实意图;安某在扣除公司拖欠其工资后,将余款 74,600 元立即转付给生物科技公司员工雷某某,安某已经将大部分利益转给第三人,故安某实际取得的金额为 8500 元,该款项也是经生物科技公司原负责人同意作为拖欠的工资予以发放,诉讼中亦得到生物科技公司现员工雷某某的确认,安某取得该款有充分的法律依据,其主观上也并无侵占生物科技公司财产之恶意。综合以上情况,法院认为安某的行为不构成不当得利。依照《民法典》第 985 条、第 986 条、第 988 条,《民事诉讼法》第 64 条,最高人民法院《关于适用〈中华人民共和国民事诉讼法〉的解释》第90条、第91条之规定,驳回原告××城生物科技公司的诉讼请求。案件受理费1878元减半收取939元,由原告××城生物科技公司负担。

3. 评析

该案被告符合不知道且不应当知道取得的利益没有法律根据的情况。被告取得的利益在扣除公司拖欠其工资后,将余款74,600元立即转付给生物科技公司员工雷某某(取得的利益已经不存在),其主观上无侵占生物科技公司财产之恶意,所以该案被告不承担返还该利益的义务。

(编写人:韩燕鲁)

法律条文

第九百八十七条　得利人知道或者应当知道取得的利益没有法律根据的,受损失的人可以请求得利人返还其取得的利益并依法赔偿损失。

条文主旨

本条是关于"恶意"得利人的规定,受损者可以请求得利人返还取得利益并依法赔偿损失。

新旧法对比

无	《民法典》
无	第九百八十七条　**得利人知道或者应当知道取得的利益没有法律根据的,受损失的人可以请求得利人返还其取得的利益并依法赔偿损失。**

理解与适用

以"恶意"的产生时间不同分为原始恶意与嗣后恶意。原始恶意的返还范围是对其全部利益及孳息,不区分该利益是否还存在。嗣后恶意,知情前的利益返还范围参照善意得利人,知情后的返还范围参照原始恶意。

对恶意的给付型不当得利返还的分析如下:

(1)有原物时返还原物。

(2)无原物且因意外损毁的,将原物价值折价返还。

(3)有偿转让原物时,转让价格高于受损人客观损失的,以实际获利金额为准。

(4)有偿转让原物时,转让价格低于受损人客观损失的,以客观损失额度为准。

实务问题

1. 案情简介①

法院经审理查明,2019年8月2日,被告袁某以领款人的身份填写领款单一份,载明:“今领到×建设公司人民币伍仟元整,此据,5000元。领款用途说明支付临潭烟筒劳务费,李某。领款人签章,袁某,158××××3377。”原告某建设公司在领款单上加盖公章。庭审中,原告表示案外人李某挂靠其公司建设临潭烟筒项目,被告向李某提供劳务,完工后下欠被告劳务费5000元,其公司同意向被告支付劳务费5000元,遂由被告填写了该领款单。被告认可下欠的劳务费为5000元。

2019年8月5日,原告向被告通过工商银行转账50,000元,银行转账电子回单显示:备注临潭烟筒项目,客户附言临潭烟筒项目,用途为劳务费。原告表示本应向被告转账5000元,但因其公司工作人员失误而向被告转账50,000元。

庭审中,原告提交的短信聊天记录显示,2019年8月15日158××××3377发送彩信照片一张,照片内容为:“欠条,欠到恒生建筑公司人民币肆万伍仟元(45,000元),还款时间在春节前。欠款人袁某,2019年8月15日。”庭审中,被告认可该彩信所载欠条由其书写,并表示原告转账50,000元中除劳务费5000元外应当扣减其追索劳务费而产生的车旅费、生活费等近41,000元。

2. 法院认为

得利人没有法律根据取得不当利益的,受损失的人可以请求得利人返还取得的利益。该案中,被告袁某填写领款单在原告某建设公司处领取下欠的劳务费5000元,而后原告在向被告银行转账支付劳务费5000元中因操作失误而向被告转账50,000元,该50,000元中除应支付给被告的劳务费5000元外,被告没有法律根据取得剩余45,000元系不当得利。被告于2019年8月15日向原告出具欠条的行为表明被告认可没有法律根据取得45,000元并应返还45,000元的事实。现原告请求被告返还45,000元,于法有据,法院予以支持。被告未及时返还不当利益,应当支付资金占用期间的利息,原、被告在欠条中未对逾期

① 四川省巴州区人民法院(2021)川1902民初117号。

利息进行约定,结合原告的主张,法院酌定自原告起诉之日即 2021 年 1 月 6 日起按 2021 年 1 月全国银行间同业拆借中心公布的一年期贷款市场报价利率支付利息至款项付清之日止。

依照《民法典》第 985 条、第 987 条之规定,判决被告袁某在本判决生效后 10 日内返还原告某建设集团有限责任公司 45,000 元及利息。利息的计算方式为:以本金 45,000 元为基数,自 2021 年 1 月 6 日起按 2021 年 1 月全国银行间同业拆借中心公布的一年期贷款市场报价利率支付至款项付清之日止。案件受理费 925 元,减半收取 462.5 元,由被告袁某负担。

3. 评析

该案被告知道或者应当知道取得的利益没有法律根据的,原告可以请求被告返还其取得的利益并依法赔偿损失(利息),被告在收到 50,000 元时就产生了原始占用的恶意,该案被告应当承担返还其取得利益并依法赔偿损失的责任。

(编写人:韩燕鲁)

法律条文

第九百八十八条　得利人已经将取得的利益无偿转让给第三人的,受损失的人可以请求第三人在相应范围内承担返还义务。

条文主旨

本条是关于不当得利中第三人返还义务的规定,无偿转让后第三人应在相应范围承担返还义务。

新旧法对比

无	《民法典》
无	第九百八十八条　**得利人已经将取得的利益无偿转让给第三人的,受损失的人可以请求第三人在相应范围内承担返还义务。**

理解与适用

本条会涉及第三人善意取得的问题,所以请求返还原物的范围需要进行如下考虑:

(1)第三人主观动机是否恶意。

(2)如果排除第三人恶意的情况后,需要进一步确认其是否支付了合理对价。

实务问题

实际诉讼中如第三人取得原物时为善意且支付合理对价,从维护交易安全角度出发,受损人无权请求第三人返还原物,只能请求得利人返还合理对价。

但笔者认为,当原物涉及人格属性或具有特殊纪念意义时,受损人可向第三人主张原物返还,其权利基础应优于交易安全,但其应承担该物存在人身属性或具有特殊纪念意义的举证责任。例如,A 将其父临终留下的戒指不慎丢失,B 拾得后出售给不知情的 C 且支付了合理对价。此时 A 向 C 请求返还原物,需要承担该戒指具有人格纪念意义的举证责任并支付合理对价。

(编写人:韩燕鲁)

隆安律师
解读民法典

人格权编・婚姻家庭编
继承编・侵权责任编・附则

隆安律师事务所／编著

法律出版社 LAW PRESS · CHINA
北京

编 委 会

隆安律师
解读民法典

本册编写人员名单

按照姓名笔画排列依次为：

北京总部： 马玉珍　王一静　王　薇　冯　涛　刘　宇　李长青
李　辉　宋　娜　张华东　陈　雯　郑　磊　单文敬
夏　青　徐　阳　望永鼎　韩燕鲁　景　娜

深圳办公室： 陈　洁

天津办公室： 朱晓龙　庄　众

扬州办公室： 李秀华　韩　芳

隆安律师
解读民法典

司法解释及文件缩略语表

简称	全称
《民通意见》	《最高人民法院关于贯彻执行〈中华人民共和国民法通则〉若干问题的意见(试行)》(已被法释〔2020〕16号废止)
《民事案件诉讼时效制度规定》	《最高人民法院关于审理民事案件适用诉讼时效制度若干问题的规定》(根据法释〔2020〕17号修正)
《民法典物权编解释(一)》	《最高人民法院关于适用〈中华人民共和国民法典〉物权编的解释(一)》(法释〔2020〕24号)
《物权法解释(一)》	《最高人民法院关于适用〈中华人民共和国物权法〉若干问题的解释(一)》(已被法释〔2020〕16号废止)
《物业服务解释》	《最高人民法院关于审理物业服务纠纷案件适用法律若干问题的解释》(根据法释〔2020〕17号修正)
《合同法解释(一)》	《最高人民法院关于适用〈中华人民共和国合同法〉若干问题的解释(一)》(已被法释〔2020〕16号废止)
《合同法解释(二)》	《最高人民法院关于适用〈中华人民共和国合同法〉若干问题的解释(二)》(已被法释〔2020〕16号废止)、
《民法典担保制度解释》	《最高人民法院关于适用〈中华人民共和国民法典〉有关担保制度的解释》(法释〔2020〕28号)
《担保法解释》	《最高人民法院关于适用〈中华人民共和国担保法〉若干问题的解释》(已被法释〔2020〕16号废止)
《建筑物区分所有权解释》	《最高人民法院关于审理建筑物区分所有权纠纷案件适用法律若干问题的解释》(根据法释〔2020〕17号修正)
《技术合同解释》	《最高人民法院关于审理技术合同纠纷案件适用法律若干问题的解释》(根据法释〔2020〕20号修正)

续表

简称	全称
《技术合同纪要》	《最高人民法院关于印发全国法院知识产权审判工作会议关于审理技术合同纠纷案件若干问题的纪要的通知》(法〔2001〕84号)
《民间借贷规定》	《最高人民法院关于审理民间借贷案件适用法律若干问题的规定》(根据法释〔2020〕17号修正)
《建设工程解释(一)》	《最高人民法院关于审理建设工程施工合同纠纷案件适用法律问题的解释(一)》(法释〔2020〕25号)
《建设工程解释》	《最高人民法院关于审理建设工程施工合同纠纷案件适用法律问题的解释》(已被法释〔2020〕16号废止)
《建设工程解释(二)》	《最高人民法院关于审理建设工程施工合同纠纷案件适用法律问题的解释(二)》(已被法释〔2020〕16号废止)
《民法典婚姻家庭编解释(一)》	《最高人民法院关于适用〈中华人民共和国民法典〉婚姻家庭编的解释(一)》(法释〔2020〕22号)
《婚姻法解释(一)》	《最高人民法院关于适用〈中华人民共和国婚姻法〉若干问题的解释(一)》(已被法释〔2020〕16号废止)
《婚姻法解释(二)》	《最高人民法院关于适用〈中华人民共和国婚姻法〉若干问题的解释(二)》(已被法释〔2020〕16号废止)
《婚姻法解释(三)》	《最高人民法院关于适用〈中华人民共和国婚姻法〉若干问题的解释(三)》(已被法释〔2020〕16号废止)
《民法典继承编解释(一)》	《最高人民法院关于适用〈中华人民共和国民法典〉继承编的解释(一)》(法释〔2020〕23号)
《买卖合同解释》	《最高人民法院关于审理买卖合同纠纷案件适用法律问题的解释》(根据法释〔2020〕17号修正)
《商品房买卖合同解释》	《最高人民法院关于审理商品房买卖合同纠纷案件适用法律若干问题的解释》(根据法释〔2020〕17号修正)
《融资租赁解释》	《最高人民法院关于审理融资租赁合同纠纷案件适用法律问题的解释》(根据法释〔2020〕17号修正)
《城镇房屋租赁合同解释》	《最高人民法院关于审理城镇房屋租赁合同纠纷案件具体应用法律若干问题的解释》(根据法释〔2020〕17号修正)
《企业破产法规定(二)》	《最高人民法院关于适用〈中华人民共和国企业破产法〉若干问题的规定(二)》(根据法释〔2020〕18号修正)

续表

简称	全称
《农村土地承包纠纷司法解释》	《最高人民法院关于审理涉及农村土地承包纠纷案件适用法律问题的解释》(根据法释〔2020〕17号修正)
《人身损害赔偿案件解释》	《最高人民法院关于审理人身损害赔偿案件适用法律若干问题的解释》(根据法释〔2020〕17号修正)
《精神损害赔偿解释》	《最高人民法院关于确定民事侵权精神损害赔偿责任若干问题的解释》(根据法释〔2020〕17号修正)
《信息网络规定》	《最高人民法院关于审理利用信息网络侵害人身权益民事纠纷案件适用法律若干问题的规定》(根据法释〔2020〕17号修正)
《道路交通损害赔偿司法解释》	《最高人民法院关于审理道路交通事故损害赔偿案件适用法律若干问题的解释》(根据法释〔2020〕17号修正)
《医疗损害责任纠纷司法解释》	《最高人民法院关于审理医疗损害责任纠纷案件适用法律若干问题的解释》(根据法释〔2020〕17号修正)
《民事诉讼法解释》	《最高人民法院关于适用〈中华人民共和国民事诉讼法〉的解释》(根据法释〔2020〕20号修正)
《仲裁法解释》	《最高人民法院关于适用〈中华人民共和国仲裁法〉若干问题的解释》(法释〔2006〕7号)
《九民纪要》	《全国法院民商事审判工作会议纪要》(法〔2019〕254号)

分 目 录

第四编 人 格 权

① 条文主旨为编者所加，仅供参考，下同。

第五编 婚姻家庭

第六编　继　承

第七编 侵权责任

附　　则

第四编　人 格 权

第一章　一般规定

法律条文

第九百八十九条　本编调整因人格权的享有和保护产生的民事关系。

条文主旨

本条是关于人格权编的调整范围的定义性规定。人格权，是指基于人身自由、人格尊严而产生的权益，本编对生命权、身体权、健康权、姓名权、名称权、肖像权、名誉权、荣誉权、隐私权等人格权进行明确的、具体的规定予以保护，并且通过一般规定对其他人格权益提供通用性、适用性的保护规定。

新旧法对比

无	《民法典》
无	第九百八十九条　**本编调整因人格权的享有和保护产生的民事关系。**

理解与适用

本条旨在说明本编内容系对民事主体人格权保护的相关规定，调整权利人因人格权的权利享有与行使相关权利过程中的法律保护以及由此产生的民事法律关系。人格权的享有和保护涉及多部门法律的规定，如宪法、民法、行政法、刑法等部门的法律，但本编仅涉及其中关于民事法律关系的规定。

人格权具有概括性、普遍性、专属性、法定性等特征。

（编写人：庄　众）

法律条文

第九百九十条　人格权是民事主体享有的生命权、身体权、健康权、姓名权、名称权、肖像权、名誉权、荣誉权、隐私权等权利。

除前款规定的人格权外，自然人享有基于人身自由、人格尊严产生的其他人格权益。

条文主旨

本条是关于人格权的具体定义的规定，采取概括性列举的方式规定了民事主体可享有的人格权有生命权、身体权、健康权、姓名权、名称权、肖像权、名誉权、荣誉权、隐私权等权利，并且对自然人可享有的其他人格权益作了前提限定。

新旧法对比

无	《民法典》
无	第九百九十条　**人格权是民事主体享有的生命权、身体权、健康权、姓名权、名称权、肖像权、名誉权、荣誉权、隐私权等权利。** **除前款规定的人格权外，自然人享有基于人身自由、人格尊严产生的其他人格权益。**

理解与适用

本条第 1 款的内容系民事主体可享有的具体人格权利的内容，本条款采取了不全面列举的方式对人格权进行了概括与定义，意味着民事主体可享有的人格权并不仅限于本条第 1 款的 9 项权利。例如，除前述的人格权外，《民法典》第 110 条第 1 款中还规定了自然人享有婚姻自主权，其也为一项人格权。不过由于在本法典的婚姻家庭编中对婚姻自主权的保护与确认作出了专门的规定和集体的体现，因此在本条中并未另行提及，但也应包含在本条第 1 款最后的“等权利”中。

本条第 1 款规定的各项权利中，根据本法典第 110 条的规定，本条第 1 款中属于自然人享有的人格权包括生命权、身体权、健康权、姓名权、肖像权、名誉权、荣誉权、隐私权等权利，而法人、非法人组织享有名称权、名誉权和荣誉权。

本条第 2 款系对自然人享有的其他人格权益的前提条件作出了限定：第一，

此部分的人格权益的权利主体系自然人而非法人、非法人组织；第二，此部分的人格权并没有在本条第1款、本法典以及其他法律中予以明确规定，属于不具名的人格权内容；第三，需要受到保护的人格权内容是基于人格自由、人格尊严而产生的。符合前述3个条件的其他人格权内容，也可以基于本条第2款的规定受到法律的保护。

实务问题

婚姻自主权属于人格权的一种，如受到侵害可以诉讼并要求精神损害赔偿。

依据《民法典》第110条第1款的规定，婚姻自主权也属于人格权的一项。但是由于《民法典》婚姻家庭编中对于婚姻自主权已经作出了专门的特殊保护，故在本编中没有再次提及。但是婚姻自主权也属于享有基于人身自由、人格尊严产生的其他人格权益，同样也适用本编关于人格权保护的一般性规定。同时，也适用《精神损害赔偿解释》第1条“因人身权益或者具有人身意义的特定物受到侵害，自然人或者其近亲属向人民法院提起诉讼请求精神损害赔偿的，人民法院应当依法予以受理”的规定，当婚姻自主权受到侵害时，可以主张精神损害赔偿。

女方吴某向北京市海淀区人民法院提起侵害婚姻自主权纠纷的诉讼①，吴某认为吴某某故意向法院隐瞒其在香港特别行政区工作和居住的事实，致使法院未能向其送达诉讼文书，导致其未能依法参加离婚诉讼从而“被离婚”侵害了其婚姻自主权，婚姻自主权包括结婚的自主决定权，也包括离婚的自主决定权。而吴某某则辩称其不知吴某在香港特别行政区的通信地址。双方对各自的主张进行了举证，一审法院经过审理认定吴某某明知吴某在香港的通信地址而没有向法院提供，有违民事诉讼中诚实信用原则，对吴某的诉讼权利构成了一定的妨害。但是一审法院不认为存在侵犯其婚姻自主权的事实，理由是未对吴某自由表达离婚与否意愿的权利加以限制和剥夺。因此，一审法院作出民事判决书，驳回吴某的诉讼请求。

吴某不服上述一审判决书的判决，遂向北京市第一中级人民法院上诉，二审法院审理认为，吴某某在离婚诉讼中违反诚实信用原则的行为，不仅对吴某在离婚诉讼中诉讼权利的行使构成妨害，同时客观上使吴某未能在诉讼中自主表达离婚与否的意愿。因此，吴某某应当承担相应民事责任。最终北京市第一中级人民法院于2018年12月21日作出终审判决，撤销一审判决并判令吴某某赔偿

① 北京市海淀区人民法院(2016)京0108民初34757号；北京市第一中级人民法院(2018)京01民终2388号。

吴某精神损害抚慰金5万元。

（编写人：庄　众）

法律条文

第九百九十一条　民事主体的人格权受法律保护，任何组织或者个人不得侵害。

条文主旨

本条是关于法律保护民事主体的人格权不受侵害的规定。

新旧法对比

无	《民法典》
无	第九百九十一条　**民事主体的人格权受法律保护，任何组织或者个人不得侵害。**

理解与适用

法律依法保护民事主体的人格权，要求任何组织或者个人不得以任何方式予以侵害。民事主体可以依照法律的规定和个人意愿行使人格权，不受任何组织或者个人的干涉。当人格权受到侵害时，民事主体可以通过依法要求其人格权受到保护。同时，民事主体在行使人格权时应当遵守法律的规定，不得滥用民事权利损害国家利益、社会公共利益或者他人的合法权益。

（编写人：庄　众）

法律条文

第九百九十二条　人格权不得放弃、转让或者继承。

条文主旨

本条是关于人格权的禁止性规定，禁止民事主体对其享有的人格权作出三种方式的处分：放弃、转让、继承。也就是说，如果民事主体之间就其享有的人格权进行放弃、转让或者继承的行为属于无效的民事法律行为。

新旧法对比

无	《民法典》
无	第九百九十二条 **人格权不得放弃、转让或者继承。**

理解与适用

本条对民事主体行使人格权的行为作出了三项禁止性的规定:第一,人格权不得被放弃。人格权始终由民事主体依法享有,民事主体不得通过明示或者暗示等方式放弃自己的人格权。第二,人格不得被转让。人格权系民事主体享有的基本法律权利,不能转让给他人享有或者行使。但是人格标识的权利可以依照本法典第 994 条的规定许可他人使用。第三,人格权无法继承。具有财产属性的权利可以被继承人依法继承,人格权不具有财产属性不能被继承。如死者的人格权受到侵害时,符合法律规定的人可以依照本法典第 995 条的规定提出保护的请求。

(编写人:庄　众)

法律条文

第九百九十三条　民事主体可以将自己的姓名、名称、肖像等许可他人使用,但是依照法律规定或者根据其性质不得许可的除外。

条文主旨

本条是关于民事主体将自己的人格标识的权利许可给他人使用的规定。

新旧法对比

无	《民法典》
无	第九百九十三条 **民事主体可以将自己的姓名、名称、肖像等许可他人使用,但是依照法律规定或者根据其性质不得许可的除外。**

理解与适用

关于将人格标识许可他人使用的规定,有以下几点内容:第一,可以许可他人使用的权利归属为自己的人格标识,不可将他人的人格标识进行许可使用。第二,可以许可他人使用的人格权内容为姓名、名称、肖像等与人格标识相关的权利,依法或者依据权利的性质不得许可的人格权不能许可他人使用。第三,此处的许可使用包括以营利为目的的许可使用,也包括不以营利为目的的使用。第四,许可使用的行为也是一种民事法律行为,因此在许可使用的过程中也应遵守本法典关于民事法律行为的一般性规定,许可使用行为不得违反法律规定和违背公序良俗,否则将可能导致许可使用的民事法律行为无效。

实务问题

(1)民事主体对于姓名、名称、肖像等许可他人使用需要遵守本法典第 1 编第 6 章的法律规定。

权利人将自己的姓名、名称、肖像等人身权益许可给他人使用,也属于民事法律行为,因此需要遵守《民法典》关于民事法律行为的一般性规定。《民法典》第 1 编总则部分的第 6 章对民事法律行为进行了一般规定,此处行使权利,授权他人使用人格权时,也是需要遵守相应的法律规定的。

(2)民事主体对于姓名、名称的许可使用需遵守本编第 3 章的法律规定。

本编第 3 章为“姓名权和名称权”的具体法律规定,民事主体将其姓名、名称许可他人使用需要遵守该章的法律规定,尤其是第 1012 条关于姓名权的规定和第 1013 条关于名称权的规定。

此外还有关于具有一定知名度的笔名、艺名、网名、字号、名称的简称等许可他人使用的情况,其保护也参照第 3 章关于姓名权、名称权的规定。

(3)民事主体对于肖像的许可使用需遵守本编第 4 章的法律规定。

本编第 4 章为对“肖像权”的具体法律规定,民事主体将其肖像许可他人适用需要遵守该章的法律规定,尤其是第 1021 条、第 1022 条关于肖像许可适用合同解释规则及解除权的特殊规定。

(编写人:庄　众)

法律条文

第九百九十四条　死者的姓名、肖像、名誉、荣誉、隐私、遗体等受到侵害的，其配偶、子女、父母有权依法请求行为人承担民事责任；死者没有配偶、子女且父母已经死亡的，其他近亲属有权依法请求行为人承担民事责任。

条文主旨

本条是关于保护死者人格权益的规定。如果死者的人格权益受到非法侵害时，可以由法律规定的人依法提出保护请求。

新旧法对比

《最高人民法院关于确定民事侵权精神损害赔偿责任若干问题的解释》(2001年)	《民法典》
第三条　自然人死亡后，其近亲属因下列侵权行为遭受精神痛苦，向人民法院起诉请求赔偿精神损害的，人民法院应当依法予以受理： （一）以侮辱、诽谤、贬损、丑化或者违反社会公共利益、社会公德的其他方式，侵害死者姓名、肖像、名誉、荣誉； （二）非法披露、利用死者隐私，或者以违反社会公共利益、社会公德的其他方式侵害死者隐私； （三）非法利用、损害遗体、遗骨，或者以违反社会公共利益、社会公德的其他方式侵害遗体、遗骨。 第七条　自然人因侵权行为致死，或者自然人死亡后其人格或者遗体遭受侵害，死者的配偶、父母和子女向人民法院起诉请求赔偿精神损害的，列其配偶、父母和子女为原告；没有配偶、父母和子女的，可以由其他近亲属提起诉讼，列其他近亲属为原告。	第九百九十四条　死者的姓名、肖像、名誉、荣誉、隐私、遗体等受到侵害的，其**配偶、子女、父母有权依法请求行为人承担民事责任；死者没有配偶、子女且父母已经死亡的，其他近亲属有权依法请求行为人承担民事责任**。

理解与适用

本条规定的适用前提是，享有人格权的当事人已经死亡，而死者的姓名、肖像、名誉、荣誉、隐私、遗体等人格权受到了侵害。如果当事人并未死亡，仅失去了民事行为能力，则不能适用本条的规定，而应由其监护人依照本法典的规定代理保护其合法权益。

而死者的前述人格权受到侵害，在实践中存在以下常见的情况：一是未经许可擅自使用死者的姓名、肖像等人格标识；二是以侮辱、诽谤、捏造、贬损、丑化等方式侵害死者的姓名、肖像、名誉、荣誉；三是以非法披露、泄露等方式侵害死者的隐私；四是非法使用死者的遗体或器官，损害死者的遗体等行为。

如果死者系英雄烈士等特殊主体，其姓名、肖像、名誉、荣誉的保护还应遵守本法典第 185 条的规定。

实务问题

祖坟被挖，须子女或者其他近亲属主张权利，亲缘关系较远的后代无权主张①。

2011 年 8 月浙江省兰溪经济开发区对登胜路北侧 6-1 号、6-2 号地块（包含涉案坟墓范围）的土地进行征用。2011 年 8 月，该地块土石方平整工程经公开招标签订施工合同。2012 年 8 月 16 日，开发区管理委员会、兰溪市人民政府兰江街道办事处联合在兰江导报发布了迁坟通告，凡在地块征用范围内的坟墓，必须在 2012 年 8 月 31 日前迁移完毕，请坟主及相关亲属及早到相关行政村联系，办理相关手续，逾期视作无主坟处置。但因补偿等问题未处理好，包括鲍某父母坟墓、姚某祖父母坟墓在内的姚氏祖坟共计七墓十一穴并未迁走。

2016 年 12 月 4 日，杨某雇用挖土机及驾驶员在该地块取土出售时，不慎将姚家祖坟的五墓九穴毁坏，其中就包括鲍某父母坟墓、姚某祖父母坟墓的二墓四穴。事发后双方经过当地村委会、派出所的调解未果，鲍某、姚某等人将杨某及挖土机驾驶员等 4 人诉诸法院。

兰溪市人民法院经审理后认为，祖坟葬于农村土地与当地丧葬习俗有关，作为具有纪念意义的特殊物的坟墓被损坏，原告需进行一定的修复，理应产生相应的费用。但同时，因场地经过平整坟墓不易被察觉，三原告未修整也未迁坟，对坟墓被损坏具有一定的过错，可酌减被告的赔偿责任。

① 浙江省兰溪市人民法院（2018）浙 0781 民初 5925 号。

但是法院判决中也认定，侵害他人遗骨的，死者近亲属可以要求其承担损害赔偿责任。该近亲属范围包括配偶、父母、子女、兄弟姐妹、祖父母、外祖父母、孙子女，外孙子女。该案鲍某有权对其父母的坟墓，姚某有权对其祖父母的坟墓因被损坏而提起诉讼。该案所涉的其余坟墓墓主非原告的近亲属，故对其他坟墓被损坏无权主张权利。

最终兰溪市人民法院判决被告杨某赔偿损坏鲍某父母坟墓的修复费用和精神损害抚慰金，赔偿损坏姚某祖父母坟墓的修复费用和精神损害抚慰金，但是驳回了原告对其他姚氏祖坟的诉讼请求。

（编写人：庄　众）

法律条文

第九百九十五条　人格权受到侵害的，受害人有权依照本法和其他法律的规定请求行为人承担民事责任。受害人的停止侵害、排除妨碍、消除危险、消除影响、恢复名誉、赔礼道歉请求权，不适用诉讼时效的规定。

条文主旨

本条是关于人格权受到侵害时，受害人要求停止侵害、排除妨碍、消除危险、消除影响、恢复名誉、赔礼道歉的请求权不适用一般诉讼时效的规定。

新旧法对比

无	《民法典》
无	第九百九十五条　**人格权受到侵害的，受害人有权依照本法和其他法律的规定请求行为人承担民事责任。受害人的停止侵害、排除妨碍、消除危险、消除影响、恢复名誉、赔礼道歉请求权，不适用诉讼时效的规定。**

理解与适用

本条的第1句为权利人的人格权受到侵害时，权利人可以依照本法典和其他法律规定，请求侵权人承担相应的民事责任的规定。本法典在不同的分编中，针对不同性质的民事责任和相应的承担方式，均有不同的构成要件和责任后果的规定。同时,其他法律中也存在针对侵犯人格权的具体责任构成要件和责任后果、承担方式的具体规定。

本条的第2句的规定,先是明确了当人格权受到侵害时,如受害人提出的诉讼请求的内容为停止侵害、排除妨碍、消除危险、消除影响、恢复名誉、赔礼道歉这6项中的一项或者几项时,有关这几项的请求权,不适用本法典第1编总则的第9章中关于诉讼时效的规定。但是,除前述6项诉讼请求外,受害人如果提出损害赔偿的请求时,则应当遵守本法典第188条的普通诉讼时效的规定。

(编写人:庄　众)

法律条文

第九百九十六条　因当事人一方的违约行为,损害对方人格权并造成严重精神损害,受损害方选择请求其承担违约责任的,不影响受损害方请求精神损害赔偿。

条文主旨

本条为如果当事人一方的人格权因为另一方当事人的违约行为而受到侵害并造成精神损害时,在可以主张合同违约责任也可以主张精神损害赔偿的责任竞合的情形下,受害人选择主张违约责任的同时,也可以继续要求精神损害赔偿。

新旧法对比

无	《民法典》
无	第九百九十六条　**因当事人一方的违约行为,损害对方人格权并造成严重精神损害,受损害方选择请求其承担违约责任的,不影响受损害方请求精神损害赔偿。**

理解与适用

本条系在责任竞合的情形下,精神损害赔偿适用的规定。本条规定存在以下几点前提条件:第一,当事人之间存在合同约定或者合同关系,一方当事人违反合同约定,依照合同约定或者本法典第3编第8章的约定应当承担违约责任;第二,一方当事人给受害人造成了严重的精神损害,受害人可以依照本法典第

1183 条的规定主张精神损害赔偿;第三,受害人遭受严重精神损害的事实是由于加害人的违约行为导致的,违约行为与精神损害事实之间存在因果关系。在此种情况下,合同的守约方也就是精神损害的受害人可以依据本条规定,即要求违约方(加害人)承担违约责任,另外也可以继续要求精神损害赔偿。

(编写人:庄　众)

法律条文

第九百九十七条　民事主体有证据证明行为人正在实施或者即将实施侵害其人格权的违法行为,不及时制止将使其合法权益受到难以弥补的损害的,有权依法向人民法院申请采取责令行为人停止有关行为的措施。

条文主旨

本条是关于人格权行为禁令的规定,当存在正在实施或者即将实施的违法行为将要或者正在侵害人格权时,如果放任此种行为继续实施将会造成难以弥补的损害时,民事主体可以举证并要求人民法院出具行为禁令,依法制止此行为的实施。

新旧法对比

无	《民法典》
无	第九百九十七条　**民事主体有证据证明行为人正在实施或者即将实施侵害其人格权的违法行为,不及时制止将使其合法权益受到难以弥补的损害的,有权依法向人民法院申请采取责令行为人停止有关行为的措施。**

理解与适用

本条的实施前提为:第一,行为人正在或者即将实施某种违法行为,且该违法行为将会对权利人的人格权造成侵害;第二,如果继续放任此行为将会对人格权产生难以弥补的损害后果;第三,权利人或者利害关系人要有证据证明上述侵权事实正在或者将要发生、可能产生的损害后果属于难以弥补的程度,以及侵权事实与后果之间的因果关系的存在。

而本条实施的程序则是权利人或者利害关系人依照《民事诉讼法》第 101

条、第 103 条的规定，通过向人民法院申请保全措施来行使权利。而相应的实施后果是：法院依法裁定采取保全措施，要求行为人停止侵权行为。

（编写人：庄　众）

法律条文

第九百九十八条　认定行为人承担侵害除生命权、身体权和健康权外的人格权的民事责任，应当考虑行为人和受害人的职业、影响范围、过错程度，以及行为的目的、方式、后果等因素。

条文主旨

本条规定了认定人格权侵权责任时应当考虑的主要因素，既要考虑人格权的类型，也要考虑行为主体和受害人客观因素，同时还要综合主观过错程度以及行为方式、后果等因素。

新旧法对比

无	《民法典》
无	第九百九十八条　**认定行为人承担侵害除生命权、身体权和健康权外的人格权的民事责任，应当考虑行为人和受害人的职业、影响范围、过错程度，以及行为的目的、方式、后果等因素。**

理解与适用

本条为平衡不同人格权以及其他权利之间的关系，提供了保护人格权应当综合考虑的因素。首先，侵害生命权、身体权和健康权的人格权属于最为严重的侵权行为，并不需要根据本条规定综合考虑多重因素。其次，在除前述 3 项人格权之外的其他人格权侵权时，应当综合考虑以下因素从而确定民事责任：(1)行为人与受害人的职业、影响范围等客观因素；(2)行为人与受害人的过错程度，是否存在故意或者重大过失；(3)侵权行为的目的、方式、后果等行为因素。通过以上因素综合判断，确定是否存在人格权侵权的事实，是否需要承担民事责任，以及责任的程度。

（编写人：庄　众）

法律条文

第九百九十九条　为公共利益实施新闻报道、舆论监督等行为的,可以合理使用民事主体的姓名、名称、肖像、个人信息等;使用不合理侵害民事主体人格权的,应当依法承担民事责任。

条文主旨

本条是关于人格权的合理使用,以及因不合理使用侵权时应当承担民事责任的规定。

新旧法对比

无	《民法典》
无	第九百九十九条　**为公共利益实施新闻报道、舆论监督等行为的,可以合理使用民事主体的姓名、名称、肖像、个人信息等;使用不合理侵害民事主体人格权的,应当依法承担民事责任。**

理解与适用

本条对人格权的保护进行了一定的限制,系对公共利益的适当让步。适用本条的人格权合理使用存在以下几个前提条件:首先,使用系为公共利益实施的新闻报道、舆论监督等行为,也就是说使用人格权的行为应当是客观的新闻报道或者舆论监督,其目的是公共利益,如果两者有其一不符合时,则不能适用。其次,可以不经权利人授权或者同意就使用的人格权为姓名、名称、肖像、个人信息等,除此之外的人格权如健康权、隐私权等不得随意使用。

本条还规定了不合理使用人格权对权利人造成侵害时的法律后果,即滥用合理使用人格权的权利,依然要承担民事责任。

这是民事主体的人格权与国家、社会公共利益之间的平衡。如果过度保护人格权,则国家、人民将失去必要的舆论监督、新闻报道的知情权,因此本法典规定了在为了公共利益的情况下可以在报道和监督中合理使用部分人格权。但同时,如果放任对人格权的合理使用的情形,势必又会造成对民事主体人格权的过度限制和滥用侵权,因此本法典不仅明确限制可以使用的人格权内容,同时也规定了滥用合理使用时需要承担民事责任的法律后果。

(编写人:庄　众)

法律条文

第一千条　行为人因侵害人格权承担消除影响、恢复名誉、赔礼道歉等民事责任的，应当与行为的具体方式和造成的影响范围相当。

行为人拒不承担前款规定的民事责任的，人民法院可以采取在报刊、网络等媒体上发布公告或者公布生效裁判文书等方式执行，产生的费用由行为人负担。

条文主旨

本条是关于侵害人格权时，承担消除影响、恢复名誉、赔礼道歉等民事责任的承担方式的规定。

新旧法对比

无	《民法典》
无	第一千条　行为人因侵害人格权承担消除影响、恢复名誉、赔礼道歉等民事责任的，应当与行为的具体方式和造成的影响范围相当。 行为人拒不承担前款规定的民事责任的，人民法院可以采取在报刊、网络等媒体上发布公告或者公布生效裁判文书等方式执行，产生的费用由行为人负担。

理解与适用

本条第1款为侵害人格权承担消除影响、恢复名誉、赔礼道歉等民事责任的方式的规定，应当与侵权行为的具体方式、造成的影响范围相当。

本条第2款规定了如果行为人拒不承担人民法院在生效判决、裁定中确定的消除影响、恢复名誉、赔礼道歉等民事责任时，即行为人拒不履行生效判决、裁定时，法院“可以”而非“应当”通过报刊、网络等媒体发布公告或者公布生效裁判文书的方式来执行前述判决、裁定的内容。具体是否应当由人民法院采取公告、公布的方式来执行，还应当由人民法院依据侵权行为的内容、程度、影响范围等因素综合考虑，采取适当、对等的方式执行。

（编写人：庄　众）

法律条文

第一千零一条　对自然人因婚姻家庭关系等产生的身份权利的保护，适用本法第一编、第五编和其他法律的相关规定；没有规定的，可以根据其性质参照适用本编人格权保护的有关规定。

条文主旨

本条是关于对因婚姻家庭等关系产生的身份权的保护的法律适用的规定。

新旧法对比

无	《民法典》
无	第一千零一条　**对自然人因婚姻家庭关系等产生的身份权利的保护，适用本法第一编、第五编和其他法律的相关规定；没有规定的，可以根据其性质参照适用本编人格权保护的有关规定。**

理解与适用

因婚姻家庭等关系而产生的身份权，也属于人身权的一种。但是由于其性质的特殊性，以及本法典已经在第5编专门设立了婚姻家庭编的内容，因此应当优先适用本法典第1编总则和第5编婚姻家庭编的法律规定。当没有特殊规定时，可以参照适用本编人格权保护的法律规定。

（编写人：庄　众）

第二章　生命权、身体权和健康权

法律条文

第一千零二条　自然人享有生命权。自然人的生命安全和生命尊严受法律保护。任何组织或者个人不得侵害他人的生命权。

条文主旨

本条是关于生命权保护的规定，增加强调自然人的生命安全和生命尊严受到法律保护，任何组织或者个人不得侵害他人的生命权。

新旧法对比

《民法通则》	《民法典》
第九十八条　公民享有生命健康权。	第一千零二条　自然人享有生命权。**自然人的生命安全和生命尊严受法律保护。任何组织或者个人不得侵害他人的生命权。**

理解与适用

生命权，是指自然人作为人而自然享有的以维持生命安全、生命尊严为内容的权利。生命权是最重要的人格权，也是最基本的人格权之一，它是一切其他人格权和其他权利的前提，是自然人从事民事活动和一切其他活动的基本要求。

《民法典》保护自然人的安全，维护自然人的尊严，并将之明确于法律规定之中，并强调任何组织或者个人不得侵害自然人的生命安全和生命尊严。

实务问题

（1）受害人生命权受到侵害的原因之一是由于受害人自己未尽到足够的注

意义务，负有过错的，可适当减轻侵权人的赔偿责任。

赵某某、田某某等诉上海筷来蔬菜专业合作社、国网上海市电力公司青浦供电公司等、第三人上海青浦东方有线网络有限公司生命权纠纷案①中，属于非高压电线触电死亡的事故。该事故的原因是电力用户从电表后私接电线并搭绕道有线电视数据传输光缆上，导致原本不带电的有线电视数据传输光缆线漏电，而受害人田某作为驾驶员在倒车时未尽到注意义务，将电线拉断致使电线杆倒下，在这种情况下，受害人田某未向专员机构报修，亦未采取安全措施的情况下就自行触碰电线，导致死亡。

受害人田某的亲属赵某某、田某某等五人将电力用户上海筷来蔬菜专业合作社、供电方国网上海市电力公司青浦供电公司等公司告上法庭，要求被告承担侵害生命权的赔偿责任。在法院审理过程中认为，该案系由于电力用户私自接电导致的事故。电力公司、有线电视公司的线路架设安全合规，且私接用电的行为发生于电表之后，因此不需要对本侵权事件承担责任。光缆所在的停车场、指示停车地点的收货人（案外人）均不存在安全保障义务，因此也不需要对受害人的死亡后果承担民事责任。而电力用户上海筷来蔬菜专业合作社作为电表后线路的所有者和使用者，应当承担管理责任，因此需要对受害人死亡的后果承担侵权行为的主要责任。而死者本人由于未尽到一般人的安全义务，应对侵权后果承担次要责任。据此，判决电力用户承担80%的侵权赔偿责任，受害人自身承担20%的责任。

（2）损害后果主要系受害人自身原因所致且受害人对涉案纠纷的发生负有一定过错，应当承担主要责任。侵权人不能冷静处理与受害人之间的争执，与受害人争吵并厮打，诱发受害人心脏病发作死亡的，应承担次要责任。

据江苏省淮安市中级人民法院法律文书②记载，2010年6月12日上午8时许，许某在复兴镇大李村小学李某祥家经营的商店送冷饮时和同来送冷饮的被告万某父子相遇，许某先是以“老东西”等言语辱骂被告父亲，在被告万某责问许某来凭什么骂人时，许某又与被告万某发生吵骂，并先动手拳击万某，继而万某与许某之间发生厮打。在厮打的过程中，许某突然仰面倒地，手脚抽搐。万某随即又打电话通知村卫生室医生到现场，村医生和“110”干警到场后，发现许某已死亡。

---

① 上海市青浦区人民法院（2016）沪0118民初13146号。

② 江苏省淮安市楚州区人民法院（2010）楚民初字第0825号；江苏省淮安市中级人民法院（2011）淮中民终字第487号。

事发当日，被告万某因涉嫌过失致人死亡被公安机关刑事拘留，后淮安市公安局楚州分局公（楚）鉴（法）字〔2010〕206号法医学尸体检验鉴定书鉴定意见为：许某符合情绪激动等因素诱发冠状动脉粥样硬化性心脏病死亡，认定万某涉嫌过失致人死亡证据不足，被告万某在公安机关办理取保候审后被释放。

随后，许某的父亲、配偶及两子女四人作为原告，将万某诉至淮安市楚州区人民法院。一审法院在审理后作出判决，认定被告万某存在一定的过错，应当承担许某死亡后果的10%的责任，并判令赔偿。四原告不服上诉至淮安市中级人民法院，后经法院调解作出民事调解书结案。

该案的焦点在于死者的直接死亡原因系自身疾病造成的，但是被告与死者之间的厮打诱发了死者的疾病病发，最终导致死亡结果的发生。因此在该案中，受害人在明知自身身体状况时仍发生纠纷对于死亡结果存在过错，应当承担主要责任。但同时，由于侵权人对于案涉纠纷过程中不能冷静处理，导致诱发受害人病发死亡，应当承担次要责任。该案中法官自由裁量10%的责任比例并无不当，属于正确裁量。

（编写人：庄　众）

法律条文

第一千零三条　自然人享有身体权。自然人的身体完整和行动自由受法律保护。任何组织或者个人不得侵害他人的身体权。

条文主旨

本条是关于身体权保护的规定，增加强调自然人的身体完整和行动自由等权利受到法律保护，任何组织或者个人不得侵害他人的身体权。

新旧法对比

无	《民法典》
无	第一千零三条　**自然人享有身体权。自然人的身体完整和行动自由受法律保护。任何组织或者个人不得侵害他人的身体权。**

理解与适用

身体权包括保护身体完整的权利和行动自由不受拘禁的权利，系重要的人格权之一。需要注意的是，自然人的身体权仅在生前享有，死亡之后就不再继续享有身体权。但是死者的遗体、骨灰也应当受到尊重，对于遗体的解剖、合理使用等行为也应当遵守法律的规定，并尊重死者的遗愿，顾及死者近亲属的感受。因此，在本法典的第 994 条规定了如果死者的遗体等受到侵害时，配偶、子女、父母有权依法请求行为人承担民事责任。

实务问题

对于自甘风险行为，导致自身的身体权遭受侵害的，其后果应当由当事人自己承担。

例如，因在自发组织的羽毛球比赛中被对方打出的羽毛球击中右眼并受伤，宋某依照本法典第 1003 条的规定将球友周某诉上法庭，要求其赔偿因侵害身体权而遭受的医疗费、护理费等损失。但是法院在审理过程中认为，宋某作为多年参与对抗性运动的爱好者，对于自身和其他参赛者的能力以及运动的危险，应当有所认知和预见，但其仍然自愿参加比赛，属于自甘冒险行为。而周某在比赛过程的加害行为并非故意或者重大过失的侵害，因此依照本法典第 1176 条的规定，驳回了宋某的全部诉讼请求①。

（编写人：庄　众）

法律条文

第一千零四条　自然人享有健康权。自然人的身心健康受法律保护。任何组织或者个人不得侵害他人的健康权。

条文主旨

本条是关于健康权保护的规定，增加强调自然人的身心健康都受到法律保护，任何组织或者个人不得侵害他人的健康权。

① 《北京朝阳：适用“自甘冒险”条款驳回原告诉求》，载《人民法院报》2021 年 1 月 5 日，第 1 版。

新旧法对比

《民法通则》(2009 年修正)	《民法典》
第九十八条　公民享有生命健康权。	第一千零四条　**自然人**享有健康权。**自然人的身心健康受法律保护。任何组织或者个人不得侵害他人的健康权。**

理解与适用

本法条的规定不仅明确保护自然人的身体健康,还保护自然人的心理健康,如导致受害人精神分裂、焦虑、抑郁等精神或者心理疾病的加害行为,也是被本法典严格禁止的。

实务问题

刑事案件受害人因犯罪行为造成残疾,导致生活和工作必然受到影响,劳动能力下降,生活成本增加,进而变相的减少物质收入,故残疾赔偿金应属于物质损失的范畴。

原告尹某受到被告颜某的持刀伤害,导致其残疾,后颜某受到了刑事处罚,因故意伤害罪被判处有期徒刑 1 年 3 个月。尹某另行提起民事诉讼①,申请伤残等级鉴定,并要求颜某赔偿其误工费、后续医疗费、残疾赔偿金等损失。法院委托鉴定机构作出鉴定意见认为,尹某的伤情相当于道路交通事故十级残疾,误工期限 180 天,护理期限 150 天,营养期限 111 天。一审法院判决,要求被告颜某于判决生效后一次性赔偿原告尹某医疗费、护理费等共计 27,340. 64 元。

后该案经过淮南市中级人民法院二审认为,侵权人因同一行为应当承担行政责任或者刑事责任的,不影响依法承担侵权责任,且侵权行为导致受害人残疾,必然会对受害人今后的生活和工作造成影响,造成受害人的生活成本增加或者劳动能力下降,进而变相地减少了受害人的物质收入,残疾赔偿金应属于物质损失的范畴,应当予以支持。据此,二审撤销一审判决,改判支持医疗费、补助费、护理费、交通费共计 74,678. 64 元。

(编写人:庄　众)

① 安徽省淮南市田家庵区人民法院(2014)田民一初字第 01805 号;淮南市中级人民法院(2015)淮民一终字第 00929 号。

法律条文

第一千零五条　自然人的生命权、身体权、健康权受到侵害或者处于其他危难情形的,负有法定救助义务的组织或者个人应当及时施救。

条文主旨

本条是关于法定救助义务的规定,负有法定救助义务的组织或者个人在自然人的三项基本人格权受到侵害或者威胁时,具有及时施救的义务。

新旧法对比

无	《民法典》
无	第一千零五条　**自然人的生命权、身体权、健康权受到侵害或者处于其他危难情形的,负有法定救助义务的组织或者个人应当及时施救。**

理解与适用

本条适用的前提为:第一,自然人的生命权、身体权或者健康权这三项基本的人格权之一或者几项受到侵害,或者处于危难的情形之中;第二,具有施救义务的主体应当是负有法定救助义务的组织或者个人。此处的施救应当包括自己施救,也可以通过国家机关、急救机构进行救助的方式进行施救。

(编写人:庄　众)

法律条文

第一千零六条　完全民事行为能力人有权依法自主决定无偿捐献其人体细胞、人体组织、人体器官、遗体。任何组织或者个人不得强迫、欺骗、利诱其捐献。

完全民事行为能力人依据前款规定同意捐献的,应当采用书面形式,也可以订立遗嘱。

自然人生前未表示不同意捐献的,该自然人死亡后,其配偶、成年子女、父母可以共同决定捐献,决定捐献应当采用书面形式。

条文主旨

本条是关于人体器官捐献的规定。对于捐献人体细胞、组织、器官、遗体不得通过强迫、欺骗、利诱的方式进行。捐献人为完全民事行为能力人,自愿无偿捐献的应当通过书面形式或者订立遗嘱的方式明确捐献遗愿,确定捐献内容。自然人生前没有表示不同意捐献的,死亡后其配偶、成年子女、父母可以共同以书面的形式决定捐献死者的人体细胞、组织、器官、遗体。

新旧法对比

《人体器官移植条例》	《民法典》
第七条　人体器官捐献应当遵循自愿、无偿的原则。 公民享有捐献或者不捐献其人体器官的权利;任何组织或者个人不得强迫、欺骗或者利诱他人捐献人体器官。 第八条　捐献人体器官的公民应当具有完全民事行为能力。公民捐献其人体器官应当有书面形式的捐献意愿,对已经表示捐献其人体器官的意愿,有权予以撤销。 公民生前表示不同意捐献其人体器官的,任何组织或者个人不得捐献、摘取该公民的人体器官;公民生前未表示不同意捐献其人体器官的,该公民死亡后,其配偶、成年子女、父母可以以书面形式共同表示同意捐献该公民人体器官的意愿。	第一千零六条　**完全民事行为能力人有权依法自主决定无偿捐献其人体细胞、人体组织、人体器官、遗体。任何组织或者个人不得强迫、欺骗、利诱其捐献。** **完全民事行为能力人依据前款规定同意捐献的,应当采用书面形式,也可以订立遗嘱。** **自然人生前未表示不同意捐献的,该自然人死亡后,其配偶、成年子女、父母可以共同决定捐献,决定捐献应当采用书面形式。**

理解与适用

本条规定具有以下几层含义:

(1)完全民事行为能力人才能自愿决定无偿捐献其人体细胞、人体组织、人体器官、遗体,并采用书面形式或者订立遗嘱的方式确定自己的捐助遗愿、捐献对象、内容等。限制民事行为能力人和无民事行为能力人不能自愿决定捐献。

(2)捐献行为须是无偿捐献的行为,不得以谋取利益为捐献的条件,更不得有变相或者直接的买卖人体组织、器官等行为。

(3)捐献的内容可以是人体细胞、人体组织、人体器官或者遗体中的一项或者几项,捐献人可以根据自己的遗愿选择捐赠部分或者全部人体。

(4)捐献行为必须是真实意思的表示,遭受强迫、欺骗、利诱的捐献行为无效,作为民事行为不得违反本法典的第1编中关于民事法律行为效力相关规定和公序良俗。

(5)对于自然人生前没有明确表示不同意捐献的,在其死亡之后,其配偶、成年子女、父母经过协商,可以一致同意,并通过书面形式确定捐献,从而在不违反死者意志的情况下,实现人体组织、器官的最大限度的利用,帮助到更多有需求的自然人或为国家医疗科技的发展做出贡献。

实务问题

死者近亲属同意捐献死者人体器官的,可以委托他人行使权利。委托事项没有明确不同意捐献死者人体器官的,可视为同意捐献。

据佛山市禅城区人民法院民事判决书[①]记载,死者曾某华在2014年10月因交通事故入院抢救,经过抢救后去世。在入院救治期间,其妻谢某向死者弟弟曾某财出具授权委托书,委托其弟代为处理死者的一切事宜。在曾某华去世时,其父母及弟弟曾某财代表其妻谢某向医院提交了签字和加盖指模的中国人体器官捐献登记表。随后佛山市第一人民医院将死者曾某华的肾脏和肝脏摘除,用于器官捐献。

死者妻子谢某在事后得知曾某华在死亡时肾脏和肝脏被捐献,表示不能接受,遂向佛山市禅城区人民法院起诉佛山市第一人民医院和广东省红十字会,以中国人体器官捐献登记表上的签字和指模非本人,医院非法摘除死者的肾脏和肝脏,侵害死者一般人格权为由,要求赔偿经济损失和精神损害赔偿金。

该案的焦点是中国人体器官捐献登记表上的签字及指模非原告本人所为,即死者的妻子,医院和红十字会是否有审核不实的责任。

法院经过审理后认为,首先,原告将处理死者一切事宜内容授权委托给死者其弟曾某财,并出具书面授权委托书,在该委托书中并没有明确表示不同意捐赠死者的人体器官,因此推定其有权代为作出人体器官捐献的决定。其次,医院在审核中国人体器官捐献登记表时审核了死者在生前没有不同意捐献人体器官的意思表示,同时也审核了代理人的授权手续,已经充分尽到了审核义务,不存在主观过错。最后,人体器官捐献不违背公序良俗和法律规定,是对社会有利的公益

① 广东省佛山市禅城区人民法院(2016)粤0604民初5410号。

善举,是对死者生命的升华,应当鼓励。最终驳回了死者之妻谢某的诉讼请求。

(编写人:庄　众)

法律条文

第一千零七条　禁止以任何形式买卖人体细胞、人体组织、人体器官、遗体。

违反前款规定的买卖行为无效。

条文主旨

本条是关于禁止人体买卖的规定。人体的捐献只能是无偿的,需要依照本法典第1006条的规定进行。买卖人体的行为属于无效法律行为。

新旧法对比

《人体器官移植条例》	《民法典》
第三条　任何组织或者个人不得以任何形式买卖人体器官,不得从事与买卖人体器官有关的活动。	第一千零七条　禁止以任何形式买卖人体细胞、人体组织、人体器官、遗体。 违反前款规定的买卖行为无效。

理解与适用

人体细胞、人体组织、人体器官、遗体必须是符合本法典第1006条无偿捐献的行为,不得买卖或者采取其他有偿行为变相买卖人体。在实践中,无论是正规的医疗机构或者是非法医疗机构,只要存在利益交换的行为,都有可能被认定为实质上的买卖行为,因而无效并应当被予以禁止,而参与买卖人体器官的行为人还将可能受到刑事处罚。

本条第2款更是明确为强制性规定,规定买卖人体的行为属于无效法律行为。

实务问题

参与买卖人体器官的供体招募人、手术实施者除违反本条规定应当承担民事责任外,还将面临刑事处罚。

在郑某等组织出卖人体器官案[①]中,该案当中的被告人分工明确,部分人员

① 北京市第一中级人民法院(2014)一中刑终字第2489号。

承担肾脏招募供体人员的工作,部分人员承担摘除肾脏销路的工作,部分人员承担向供体支付报酬、安置供体人员的工作,另有主刀医师、麻醉师、护士参与实施供体的肾脏摘除手术。在2009年至2010年,该团伙共计联系供体,非法实施肾脏摘除手术51例,并将肾脏全部买卖,情节极其严重。海淀区人民法院一审将所有被告人均以组织出卖人体器官罪判处有期徒刑12年到3年6个月不等,二审法院维持原判决。

在其他类似案件的判决书中也出现过故意伤害罪或者其他罪名。

(编写人:庄　众)

法律条文

第一千零八条　为研制新药、医疗器械或者发展新的预防和治疗方法,需要进行临床试验的,应当依法经相关主管部门批准并经伦理委员会审查同意,向受试者或者受试者的监护人告知试验目的、用途和可能产生的风险等详细情况,并经其书面同意。

进行临床试验的,不得向受试者收取试验费用。

条文主旨

本条是关于人体临床试验的规定。人体临床试验需经过有关部门及程序的批准,并经过受试者的自愿及书面同意后才能进行,且不得向受试者收取费用。

新旧法对比

《药品管理法实施条例》 (2019年修订)	《民法典》
第三十条　研制新药,需要进行临床试验的,应当依照《药品管理法》第二十九条的规定,经国务院药品监督管理部门批准。 药物临床试验申请经国务院药品监督管理部门批准后,申报人应当在经依法认定的具有药物临床试验资格的机构中选择承担药物临床试验的机构,并将该临床试验机构报国务院药品监督管理部门和国务院卫生行政部门备案。	第一千零八条　**为研制新药、医疗器械或者发展新的预防和治疗方法,需要进行临床试验的,应当依法经相关主管部门批准并经伦理委员会审查同意,向受试者或者受试者的监护人告知试验目的、用途和可能产生的风险等详细情况,并经其书面同意。** **进行临床试验的,不得向受试者收取试验费用。**

续表

《药品管理法实施条例》（2019 年修订）	《民法典》
药物临床试验机构进行药物临床试验，应当事先告知受试者或者其监护人真实情况，并取得其书面同意。	

理解与适用

人体临床试验是医学理论与技术发展、医药研发过程中的重要环节，目前我国的《基本医疗卫生与健康促进法》《疫苗管理法》《药品管理法》等法律都分别对所在领域的人体临床试验进行了相应的规定与规范。为了更好地规范临床试验，本法典首次明确了与人体临床试验有关的规定，主要有以下几点：

（1）人体临床试验的目的只能是为了研制新药、医疗器械或者发展新的预防、治疗方法，也就是说试验必须有合法、合理的目的，不得滥用临床试验。

（2）试验必须经过相关主管部门的批准，并经过伦理委员会审查同意，履行严格的审查、审批程序之后才能开展试验。

（3）试验的组织方必须向受试者或者其监护人告知试验的目的、用途和可能产生的风险等详细情况，要严格保障受试者的知情权。

（4）试验对象即受试者必须是自愿参与试验的，由其本人或者监护人书面同意。

（5）试验不得向受试者收取试验费用，该费用应当由试验的组织者来承担。

（编写人：庄　众）

法律条文

第一千零九条　从事与人体基因、人体胚胎等有关的医学和科研活动，应当遵守法律、行政法规和国家有关规定，不得危害人体健康，不得违背伦理道德，不得损害公共利益。

条文主旨

本条是关于与人体基因、人体胚胎等有关的医学和科研活动的原则性规定，要求相关活动遵守相应的法律法规，不得危害人体健康，不得违背伦理道德，不得损害公共利益。

新旧法对比

无	《民法典》
无	第一千零九条　从事与人体基因、人体胚胎等有关的医学和科研活动，应当遵守法律、行政法规和国家有关规定，不得危害人体健康，不得违背伦理道德，不得损害公共利益。

理解与适用

本条是关于原则性的规定，要求组织或者个人在从事与人体基因、人体胚胎等有关的医学和科研活动时，不得危害人体健康，不得违背伦理道德，不得损害公共利益，同时还应当遵守相应的特殊规定。

就目前而言，在与人体基因、人体胚胎等有关的医学和科研活动可能包括基因鉴定、基因制药、基因治疗、克隆、基因编辑、人体胚胎干细胞治疗、试管婴儿等医疗或者科学研究活动。

（编写人：庄　众）

法律条文

第一千零一十条　违背他人意愿，以言语、文字、图像、肢体行为等方式对他人实施性骚扰的，受害人有权依法请求行为人承担民事责任。

机关、企业、学校等单位应当采取合理的预防、受理投诉、调查处置等措施，防止和制止利用职权、从属关系等实施性骚扰。

条文主旨

本条是关于禁止性骚扰的规定，规定了禁止以各种形式进行性骚扰，实施性骚扰行为要承担民事责任，并且规定了机关、企业、学校等单位具有预防、受理和处置性骚扰的职权。

新旧法对比

无	《民法典》
无	第一千零一十条　**违背他人意愿，以言语、文字、图像、肢体行为等方式对他人实施性骚扰的，受害人有权依法请求行为人承担民事责任。** **机关、企业、学校等单位应当采取合理的预防、受理投诉、调查处置等措施，防止和制止利用职权、从属关系等实施性骚扰。**

理解与适用

本条第 1 款规定了性骚扰的基本构成要件：第一，性骚扰的对象是他人，即所有自然人，包括男性、女性，也包括未成年人，都可以构成被性骚扰的对象。第二，性骚扰的构成核心是违背他人意志的行为。第三，性骚扰的方式既可以是言语、文字，也可以是图像、肢体行为等多种方式，不拘泥于具体的行为方式。第四，性骚扰的行为人的主观一般是故意，知道或者应当知道违背了他人的意愿。进行性骚扰行为的后果是受害人可以依法请求行为人承担民事责任。

本条的第 2 款则赋予了机关、企业、学校等单位职权，用于管理发生在其单位内的，利用职权、从属关系实施的性骚扰，管理的方式既可以是预防，也可以是受理投诉、调查处置，从事前、事后等不同层面进行防治和制止。

（编写人：庄　众）

法律条文

第一千零一十一条　以非法拘禁等方式剥夺、限制他人的行动自由，或者非法搜查他人身体的，受害人有权依法请求行为人承担民事责任。

条文主旨

本条是关于侵害行动自由和非法搜查身体应当承担的民事责任的规定。

新旧法对比

无	《民法典》
无	第一千零一十一条　**以非法拘禁等方式剥夺、限制他人的行动自由，或者非法搜查他人身体的，受害人有权依法请求行为人承担民事责任。**

理解与适用

本条规定了受害人可以请求承担民事责任的行为有两种：一种是非法侵害身体的行动自由的行为，实践中包括非法拘禁、非法逮捕、非法居留、非法关押、非法绑架、非法强制住院治疗等形式；另一种是非法搜查他人身体的行为。

（编写人：庄　众）

第三章　姓名权和名称权

法律条文

第一千零一十二条　自然人享有姓名权，有权依法决定、使用、变更或者许可他人使用自己的姓名，但是不得违背公序良俗。

条文主旨

本条是关于自然人享有姓名权的规定，明确姓名权的决定、使用、变更、许可使用都由权利人自行决定，但是要遵守法律规定，不得违背公序良俗。

新旧法对比

《民法通则》	《民法典》
第九十九条　公民享有姓名权，有权决定、使用和依照规定改变自己的姓名，禁止他人干涉、盗用、假冒。 法人、个体工商户、个人合伙享有名称权。企业法人、个体工商户、个人合伙有权使用、依法转让自己的名称。	第一千零一十二条　**自然人**享有姓名权，有权依法决定、使用、**变更或者许可他人使用**自己的姓名，**但是不得违背公序良俗。**

理解与适用

本条的修改，将《民法通则》第99条的规定中关于姓名权的基本规定单独列出，并进行了细化，明确了姓名权包括以下几项权利内容：

(1)决定、变更姓名的权利。通常自然人的姓名在出生时由父母或者其他近亲属决定，但是本条法律明确规定，自然人的姓名决定权由权利人自己行使，即如果权利人对自己的姓名不满意，需要修改的，应当依照本法典第1016条的规定，自行决定修改姓或者名并办理登记手续。

（2）使用姓名的权利。自然人可以根据自己的意志决定自己的姓名在何处使用以及如何使用。

（3）许可他人使用自己姓名的权利。此处为许可他人使用而非转让自己的姓名，姓名权作为人格权的一种重要权利，依照本法典第992条的规定不得转让，但是可以依法许可他人使用。此处的许可他人使用系指根据本法典第993条的规定许可他人在商业活动、市场经营活动中以营利或者非营利的方式使用，但并不包括本法典第999条规定的合理使用。

实务问题

姓名权可以构成《商标法》保护的“在先权利”。

美国著名篮球明星迈克尔·杰弗里·乔丹与乔丹体育股份有限公司之间，关于第6020569号“乔丹”商标在第28类国际分类中的撤销争议一案，就是典型的注册商标侵害姓名权的案件，该案最终经过最高人民法院再审，作出行政判决书认定，乔丹体育股份有限公司的第6020569号“乔丹”商标在第28类国际分类中的注册行为，违反了《商标法》第9条第1款关于“申请注册的商标，应当有显著特征，便于识别，并不得与他人在先取得的合法权利相冲突”的规定，侵害了原告乔丹先生的姓名权。因此，最高人民法院经审理后，作出（2016）最高法行再27号判决，撤销该案在先程序中的北京市第一中级人民法院（2014）一中行（知）初字第9163号行政判决与原国家工商行政管理总局商标评审委员会的商评字〔2014〕第052058号关于第6020569号“乔丹”商标争议裁定，并判令原国家工商行政管理总局商标评审委员会对案涉商标重新作出裁定。

（编写人：庄　众）

法律条文

第一千零一十三条　法人、非法人组织享有名称权，有权依法决定、使用、变更、转让或者许可他人使用自己的名称。

条文主旨

本条是关于法人、非法人组织享有名称权的规定，明确名称权的决定、使用、变更、转让或者许可使用都由权利人自行决定。

新旧法对比

《民法通则》	《民法典》
第九十九条　公民享有姓名权,有权决定、使用和依照规定改变自己的姓名,禁止他人干涉、盗用、假冒。 法人、个体工商户、个人合伙享有名称权。企业法人、个体工商户、个人合伙有权使用、依法转让自己的名称。	第一千零一十三条　法人、**非法人组织**享有名称权,有权依法**决定**、使用、**变更**、转让**或者许可他人使用**自己的名称。

理解与适用

本条的修改,将《民法通则》第99条的规定中关于名称权的基本规定单独列出,并进行了细化,法人、非法人组织的名称权除具有自然人姓名权的几项权能外,还额外地增加了转让名称的权利内容。这是姓名权与名称权的重要区别。自然人不能转让自己的姓名,但是法人、非法人组织可以将其享有的名称以及名称权的全部权利转让给其他法人或者非法人组织,其他法人或者非法人获得该名称以及与名称权相关的全部权利内容,原名称权人失去该名称及名称权相关的全部权利。

实务问题

企业名称先于注册商标取得并经长期使用形成知名度的不构成侵权。

浙江大光明眼镜有限公司与合肥市大光明眼镜有限公司关于侵害商标权纠纷一案①,经过上诉法院安徽省高级人民法院审理后认为,虽然浙江大光明眼镜有限公司于2001年至2009年先后在第9类、第42类和第44类商品上注册了"大光明""大光明眼镜"等注册商标,并依法取得了前述商标的商标专用权,但是合肥市大光明眼镜有限公司系1989年设立,并经过企业改制,于2000年年初便取得并开始使用"大光明眼镜"的企业名称,早于浙江大光明眼镜有限公司的商标注册时间。法院认为,该案实质上系在先的企业名称在使用过程中与商标权发生的权利冲突,应当按照保护在先权利、诚实信用、维护公平竞争等原则,公平合理地处理权利冲突,该案最终经安徽省高级人民法院审理后认定,合肥市大光明眼镜有限公司的企业名称不侵犯浙江大光明眼镜有限公司的涉案商标权,

① 安徽省合肥市中级人民法院(2014)合民三初字第00132号;安徽省高级人民法院(2015)皖民三终字第00054号。

维持原判，驳回了后者的全部诉讼请求。

（编写人：庄　众）

法律条文

第一千零一十四条　任何组织或者个人不得以干涉、盗用、假冒等方式侵害他人的姓名权或者名称权。

条文主旨

本条是关于姓名权、名称权不得被非法侵害的规定，包括但不限于采用干涉、盗用、假冒等方式的侵害。

新旧法对比

《民法通则》	《民法典》
第九十九条　公民享有姓名权，有权决定、使用和依照规定改变自己的姓名，禁止他人干涉、盗用、假冒。 法人、个体工商户、个人合伙享有名称权。企业法人、个体工商户、个人合伙有权使用、依法转让自己的名称。	第一千零一十四条　**任何组织或者个人不得以**干涉、盗用、假冒**等方式侵害他人的姓名权或者名称权**。

理解与适用

本条的修改，将《民法通则》第99条的规定中关于姓名权“禁止他人干涉、盗用、冒用”进行了细化，并明确法人、非法人组织的名称权也不受他人的侵害。

实务问题

伪造股东签名作出的股东会决议无效。

2016年浙江省温州市龙湾区人民法院依法审理了章某诉浙江建昊建筑工程有限公司公司决议纠纷一案[1]。该案的焦点为该公司2014年的数次股东会议，原告章某均未被告知参加，但形成的3份股东会决议上却有章某的签名。章某发现3份股东会决议上的签名系伪造，遂起诉至法院要求确认案涉股东会决

[1] 浙江省温州市中级人民法院（2016）浙03民终4223号。

议的无效，并确定相应的公司章程不成立。在司法程序中，经过鉴定确认了案涉的股东会决议上的签名并非章某本人签字，最终经过一审法院和二审法院的审理，依法维护了章某的合法权益，判定案涉股东会决议无效，章程的修改不成立。

（编写人：庄　众）

法律条文

第一千零一十五条　自然人应当随父姓或者母姓，但是有下列情形之一的，可以在父姓和母姓之外选取姓氏：

（一）选取其他直系长辈血亲的姓氏；

（二）因由法定扶养人以外的人扶养而选取扶养人姓氏；

（三）有不违背公序良俗的其他正当理由。

少数民族自然人的姓氏可以遵从本民族的文化传统和风俗习惯。

条文主旨

本条是关于自然人的姓氏一般情况下可以跟随父母之一的姓氏的规定。但是存在特殊情况时也可以选择其他可选姓氏。姓氏尊重少数民族文化传统和风俗习惯。

新旧法对比

《婚姻法》	《民法典》
第二十二条　子女可以随父姓，可以随母姓。	第一千零一十五条　**自然人应当**随父姓或者母姓，**但是有下列情形之一的，可以在父姓和母姓之外选取姓氏：** **（一）选取其他直系长辈血亲的姓氏；** **（二）因由法定扶养人以外的人扶养而选取扶养人姓氏；** **（三）有不违背公序良俗的其他正当理由。** **少数民族自然人的姓氏可以遵从本民族的文化传统和风俗习惯。**

理解与适用

关于自然人的姓氏，首先肯定了男女平等、夫妻平等的基本原则，姓氏可以跟随父姓也可以跟随母姓，可由当事人自行选择。

存在一些特殊情况时，自然人还可以选择其他直系长辈血亲的姓氏，或者扶养人的姓氏，但是不得违背公序良俗。给予了自然人更宽广的姓氏选择权，并且也最大限度地尊重了公序良俗，避免社会秩序和道德观念的混乱。

对于少数民族的姓氏选择，尊重文化传统和风俗习惯。

实务问题

公民不能仅凭个人喜好和愿望在父姓、母姓之外选取其他姓氏或者创设新的姓氏。

根据最高人民法院2017年公布的指导案例89号①，父亲吕某与母亲章某在医院产下一女，并为其取名为“北雁云依”，但是在办理户口登记时，济南市公安局历下区分局燕山派出所不予上户口。父母二人不服，父亲吕某以“北雁云依”法定代理人的身份，代理起诉了派出所，要求法院判令确认被告拒绝以“北雁云依”为姓名办理户口登记的行为违法。

人民法院经过审理认为，子女既可以随父姓，也可以随母姓。公民行使姓名权还应当尊重社会公德，不得损害社会公共利益。子女承袭父母姓氏有利于提高社会管理效率，便于管理机关和其他社会成员对姓氏使用人的主要社会关系进行初步判断。反之，如果任由公民仅凭个人意愿喜好，随意选取姓氏甚至自创姓氏，会增加社会管理成本，不利于社会和他人，容易使社会管理出现混乱，增加社会管理的风险性和不确定性，同时会造成对文化传统和伦理观念的冲击，违背社会善良风俗和一般社会的要求。因此，济南市历下区人民法院于2015年4月25日作出行政判决：驳回原告要求确认被告燕山派出所拒绝以“北雁云依”为姓名办理户口登记行为违法的诉讼请求，不予支持以“北雁云依”为姓名办理户口登记。

（编写人：庄　众）

① 山东省济南市历下区人民政府(2010)历行初字第4号。

法律条文

第一千零一十六条　自然人决定、变更姓名，或者法人、非法人组织决定、变更、转让名称的，应当依法向有关机关办理登记手续，但是法律另有规定的除外。

民事主体变更姓名、名称的，变更前实施的民事法律行为对其具有法律约束力。

条文主旨

本条是关于决定、变更姓名、名称或者转让名称需要履行法定程序，以及变更的法律后果的规定。

新旧法对比

无	《民法典》
无	第一千零一十六条　**自然人决定、变更姓名，或者法人、非法人组织决定、变更、转让名称的，应当依法向有关机关办理登记手续，但是法律另有规定的除外。** **民事主体变更姓名、名称的，变更前实施的民事法律行为对其具有法律约束力。**

理解与适用

自然人的姓名关系到该自然人参加社会经济活动，特别是涉及其从事各项民事法律行为等相关问题，因此自然人决定或者变更姓名时，除了需要具备完全民事行为能力，还需要遵循法定程序，办理登记手续。自然人的姓名不得自行随意变更，以免增加社会管理成本和引起混乱。但是本法第 1017 条规定的笔名、艺名的决定或者变更，不属于本条法律规范的内容。

法人、非法人组织的名称决定、变更、转让，在我国的法律中均有相应的特殊规定，需要履行必要的内部决策程序和登记机关登记程序。

（编写人：庄　众）

法律条文

第一千零一十七条　具有一定社会知名度，被他人使用足以造成公众混淆的笔名、艺名、网名、译名、字号、姓名和名称的简称等，参照适用姓名权和名称权保护的有关规定。

条文主旨

本条是关于具有一定知名度的笔名、艺名、网名、译名、字号、姓名和名称的简称的规定，参照姓名权和名称权保护的规定。

新旧法对比

无	《民法典》
无	第一千零一十七条　**具有一定社会知名度，被他人使用足以造成公众混淆的笔名、艺名、网名、译名、字号、姓名和名称的简称等，参照适用姓名权和名称权保护的有关规定。**

理解与适用

并非所有的笔名、艺名、网名、译名、字号、姓名和名称的简称都需要受到保护，而是需要经过广泛使用，具有一定社会知名度，并且被冒用等侵权时会使公众造成混淆的前述非正式名称，也可以使用本法典关于姓名权、名称权的保护相关规定，给予保护。这也是维持社会秩序、维护公共道德的需要。

（编写人：庄　众）

第四章　肖　像　权

法律条文

第一千零一十八条　自然人享有肖像权，有权依法制作、使用、公开或者许可他人使用自己的肖像。

肖像是通过影像、雕塑、绘画等方式在一定载体上所反映的特定自然人可以被识别的外部形象。

条文主旨

本条是关于自然人肖像权的规定，自然人享有肖像权，以及肖像权依法可以制作、使用、公开、许可他人使用的四项权能，并通过不全面列举的方式说明了肖像是在载体上反映自然人的外部形象。

新旧法对比

《民法通则》	《民法典》
第一百条　公民享有肖像权，未经本人同意，不得以营利为目的使用公民的肖像。	第一千零一十八条　自然人享有肖像权**，有权依法制作、使用、公开或者许可他人使用自己的肖像。** **肖像是通过影像、雕塑、绘画等方式在一定载体上所反映的特定自然人可以被识别的外部形象。**

理解与适用

自然人才具有肖像权，而法人、非法人组织不享有肖像权。自然人的肖像权的权能内容包括四个方面：

（1）依法制作自己的肖像。制作包括影像、雕塑、绘画等方式，自然人可以自行制作,也可以许可、委托他人制作。制作肖像是行使肖像权其他权能的基础和前提。

(2)依法使用自己的肖像。自然人可以使用自己的肖像用于任何合法目的,不仅是营利性质的使用,也可以是非营利性质的使用。

(3)依法公开自己的肖像。自然人可以利用媒体、网络等各种渠道,合法地自己公开或者许可他人公开自己的肖像,也可以禁止他人公开自己的肖像,这都是公开肖像的自由。

(4)依法许可他人使用自己的肖像。在合法目的、法律所允许的范围内,自然人可以许可他人使用自己的肖像,用于营利或者非营利之目的,这种许可既可以是有偿的,也可以是无偿的。同时,对于未经许可的使用他人肖像的行为,肖像权人也有权制止。

实务问题

未经肖像权人许可使用他人肖像的行为构成肖像权侵权。

最高人民法院公布2012年中国十大知识产权司法保护案例,姚明诉武汉云鹤大鳖鱼体育用品有限公司侵犯人格权与不正当竞争纠纷案[①]中,被告武汉云鹤大鳖鱼体育用品有限公司未经国内知名职业篮球运动员姚明的许可,在其店铺宣传、招商网页、宣传资料中,使用姚明的肖像、签名及其他与姚明相关的描述和资料。在姚明起诉后,经人民法院审理,认为此行为构成了对姚明肖像权等人格权的侵害。

案件审理过程中,被告武汉云鹤大鳖鱼体育用品有限公司主张使用的"姚明"姓名与原告,知名职业篮球运动员姚明并非同一人,同时其注册有"姚明一代 yaoming era"商标。但是湖北省武汉市中级人民法院审理查明,第2007209号"姚明一代 yaoming era"已经经过商标异议被不予核准注册,该商标异议案件在审理时正在北京市高级人民法院的二审审理中。且被告武汉云鹤大鳖鱼体育用品有限公司多次使用该案姚明的肖像及姓名,将其生产和销售的运动型产品与姚明相联系,借鉴姚明良好的社会形象及在消费者中具有的影响力,对其生产和销售的产品进行引人误解的宣传,使消费者对商品的来源产生混淆,最终认定被告武汉云鹤大鳖鱼体育用品有限公司侵害了原告姚明的姓名权、肖像权等人格权。湖北省武汉市中级人民法院遂作出一审判决,判令被告武汉云鹤大鳖鱼体育用品有限公司停止侵权,在多家媒体上赔礼道歉,并赔偿经济损失1000万元。

---

① 湖北省高级人民法院(2012)鄂民三终字第137号。

后被告武汉云鹤大鳖鱼体育用品有限公司不服，上诉至湖北省高级人民法院，二审法院经审理后作出二审判决，维持了一审法院的多数判决内容，但将经济损失改判为100万元。

（编写人：庄　众）

法律条文

第一千零一十九条　任何组织或者个人不得以丑化、污损，或者利用信息技术手段伪造等方式侵害他人的肖像权。未经肖像权人同意，不得制作、使用、公开肖像权人的肖像，但是法律另有规定的除外。

未经肖像权人同意，肖像作品权利人不得以发表、复制、发行、出租、展览等方式使用或者公开肖像权人的肖像。

条文主旨

本条是关于保护自然人的肖像权的规定。对肖像权不得进行丑化、污损、伪造等方式的侵害。肖像的使用需要肖像权人的同意，未经同意不得发表、复制、发行、出租、展览。

新旧法对比

《关于贯彻执行〈中华人民共和国民法通则〉若干问题的意见（试行）》	《民法典》
第一百三十九条　以营利为目的，未经公民同意利用其肖像做广告、商标、装饰橱窗等，应当认定为侵犯公民肖像权的行为。	第一千零一十九条　**任何组织或者个人不得以丑化、污损，或者利用信息技术手段伪造等方式侵害他人的肖像权。未经肖像权人同意，不得制作、使用、公开肖像权人的肖像，但是法律另有规定的除外。** **未经肖像权人同意，肖像作品权利人不得以发表、复制、发行、出租、展览等方式使用或者公开肖像权人的肖像。**

理解与适用

本条从三个方面对禁止任何组织或者个人侵犯他人肖像权作出了规定：

（1）以不完整列举的方式，禁止以丑化、污损、利用信息技术手段伪造等方式侵害他人肖像权。因现实中可以侵害肖像权的手段和方式有很多,此处仅为部分列举。

(2)制作、使用、公开肖像权人的肖像,需要经过肖像权人的同意才能进行。但是法律另有规定的除外,此处的另有规定是指本法典第 1020 条合理使用的几种情形。

(3)区分肖像权人和其他权利人的权利关系,明确未经肖像权人同意,肖像作品权利人不得以发表、复制、发行、出租、展览等方式使用或者公开肖像权人的肖像。现实中,肖像权人和其他权利人,如视听、摄影、绘画作品的著作权人,与作品中所呈现的肖像的肖像权人往往并不是同一人,此处明确了肖像权与其他权利的关系,规定了其他权利人发表等使用作品时,必须先经过作品中所包含的肖像权人的同意后才能使用。

实务问题

不以营利为目的制作、使用表情包侵犯肖像权人的肖像权。

2020 年,因网络上“葛优躺”的表情包广泛流传,著名影视剧演员葛优将表情包使用者的其中之一——上海创赛科技有限公司诉至法院[①]。尽管上海创赛科技有限公司辩称“葛优躺”的表情包并非该公司制作,仅为网络上下载使用,且在微信公众号文章中的使用并未营利,使用出于善意并没有丑化、贬损的含义等,但是法院经审理后依然认定,未经肖像权人葛优的同意,制作、使用具有权利人肖像表情包的行为构成侵权,应当承担侵权责任,判令被告在公共媒体上道歉并赔偿原告葛优各项经济损失一共 18,000 元。

但是,被告上海创赛科技有限公司不服北京互联网法院一审民事判决,上诉至北京市第四中级人民法院。上诉人上海创赛科技有限公司主张案涉包含“葛优躺”表情包的文章仅被浏览了 184 次,一审判决赔偿额度过高。二审法院经审理后认为并无不当,北京市第四中级人民法院于 2021 年 2 月 9 日作出终审判决,驳回上诉,维持原判。

其实在日常生活中不止是葛优,另外姚明、刘翔等知名人物也都受到过表情包的困惑,尽管广大网友使用表情包并非出于恶意使用,但是由于未经肖像权人的同意,依然会构成侵权的法律风险。

(编写人:庄　众)

---

① 北京互联网法院(2020)京 0491 民初 28576 号;北京市第四中级人民法院(2021)京 04 民终 21 号。

法律条文

第一千零二十条　合理实施下列行为的，可以不经肖像权人同意：

（一）为个人学习、艺术欣赏、课堂教学或者科学研究，在必要范围内使用肖像权人已经公开的肖像；

（二）为实施新闻报道，不可避免地制作、使用、公开肖像权人的肖像；

（三）为依法履行职责，国家机关在必要范围内制作、使用、公开肖像权人的肖像；

（四）为展示特定公共环境，不可避免地制作、使用、公开肖像权人的肖像；

（五）为维护公共利益或者肖像权人合法权益，制作、使用、公开肖像权人的肖像的其他行为。

条文主旨

本条是关于对肖像权的合理限制的规定，即肖像权合理使用情况的规定，在符合本条法律规定的情况下，使用人可以不经过肖像权人的同意使用肖像。

新旧法对比

无	《民法典》
无	第一千零二十条　合理实施下列行为的，可以不经肖像权人同意： （一）为个人学习、艺术欣赏、课堂教学或者科学研究，在必要范围内使用肖像权人已经公开的肖像； （二）为实施新闻报道，不可避免地制作、使用、公开肖像权人的肖像； （三）为依法履行职责，国家机关在必要范围内制作、使用、公开肖像权人的肖像； （四）为展示特定公共环境，不可避免地制作、使用、公开肖像权人的肖像； （五）为维护公共利益或者肖像权人合法权益，制作、使用、公开肖像权人的肖像的其他行为。

理解与适用

本条规定的5种情况属于肖像权合理使用的法定情况。通过本条法律规定可以看出,此条规定旨在平衡自然人的个人权利与社会、公共利益之间的关系,规定中可以合理使用的情形,基本是处于教学、新闻报道、国家机关履行公职和特定公共环境不可避免的使用,系在保护社会公共秩序必要的情况下,使肖像权人最小限度地让渡自己的权利。当然,即便是在合理使用的范围内,使用者也应当遵守本法典关于肖像权保护的其他规定。

实务问题

发帖人在微博中发表的未成年人受伤害信息与客观事实基本一致的网络举报行为不构成侵权。

原告施某某等人诉被告徐某某肖像权、名誉权、隐私权纠纷一案[①]中,原告等人认为被告徐某某未经同意,在其微博上发表文字及图片,发布施某某受到其养父母虐待的信息,并收到了广大网民的关注,侵犯了其肖像权和其他人格权。南京市江宁区人民法院受理此案后查明,徐某某发布施某某的目的在于揭露可能存在的犯罪行为,保护未成年人的合法权益,虽然未经过肖像权人的同意,但是使用目的是维护社会公共利益和未成年人本人的利益,并未营利,且使用时对其照片脸部进行了模糊处理。且经公安部门调查,徐某某发布的信息与客观事实基本一致,既没有夸大或隐瞒事实,也没有虚构、造谣和污蔑,属于网络举报行为。据此认定,徐某某在微博发布文字、图片的行为不侵害施某某等人的肖像权、名誉权和隐私权。

(编写人:庄 众)

法律条文

第一千零二十一条 当事人对肖像许可使用合同中关于肖像使用条款的理解有争议的,应当作出有利于肖像权人的解释。

条文主旨

本条是关于当肖像使用存在争议时,应当作出有利于肖像权人的解释的规定。

① 参见施某某、张某某、桂某某诉徐某某肖像权、名誉权、隐私权纠纷案,载《最高人民法院公报》2016年第4期。

新旧法对比

无	《民法典》
无	第一千零二十一条　当事人对肖像许可使用合同中关于肖像使用条款的理解有争议的，应当作出有利于肖像权人的解释。

理解与适用

肖像权是自然人的重要人格权之一，具有极强的人身属性，且不易变更、更改。肖像权人签订肖像许可使用合同授权他人使用自己的肖像，当发生争议时，为最大限度地保护肖像权人的合法权益，法律规定了应当作出有利于权利人的解释。此与一般的合同条款解释规则有所不同，属于特殊规定。

（编写人：庄　众）

法律条文

第一千零二十二条　当事人对肖像许可使用期限没有约定或者约定不明确的，任何一方当事人可以随时解除肖像许可使用合同，但是应当在合理期限之前通知对方。

当事人对肖像许可使用期限有明确约定，肖像权人有正当理由的，可以解除肖像许可使用合同，但是应当在合理期限之前通知对方。因解除合同造成对方损失的，除不可归责于肖像权人的事由外，应当赔偿损失。

条文主旨

本条是关于肖像使用许可合同解除权的特殊规定，规定了没有约定期限或者约定不明确的合同，任何一方可以随时解除，但应在合理期限之前通知对方。有明确约定期限的合同，肖像权人有正当理由时，也可以提前通知解除合同，但应当赔偿损失。

新旧法对比

无	《民法典》
无	第一千零二十二条 **当事人对肖像许可使用期限没有约定或者约定不明确的，任何一方当事人可以随时解除肖像许可使用合同，但是应当在合理期限之前通知对方。** **当事人对肖像许可使用期限有明确约定，肖像权人有正当理由的，可以解除肖像许可使用合同，但是应当在合理期限之前通知对方。因解除合同造成对方损失的，除不可归责于肖像权人的事由外，应当赔偿损失。**

理解与适用

不同于一般合同的规定，对于肖像许可使用合同的许可期限，法律作出特殊规定。

本条第 1 款内容，规定期限不明确或者未约定的肖像许可使用合同，任何一方当事人都具有任意解除权。但是在行使解除权之前应当在合理期限之前通知对方，此处的合理期限还需要根据个案灵活处理。

本条第 2 款规定了有明确期限约定的肖像许可使用合同，肖像权人的解除权。该解除权的行使前提有二：第一，存在正当理由；第二，合理期限之前通知对方。此规定是对肖像权人提供了更好的人格利益保护。当然，为了维持社会的公平正义，避免肖像权人滥用解除权，本条法律还规定了由于不可归责于肖像权人的事由之外的情况，解除合同给对方造成损失的，还应当赔偿损失。

（编写人：庄　众）

法律条文

第一千零二十三条　对姓名等的许可使用，参照适用肖像许可使用的有关规定。

对自然人声音的保护，参照适用肖像权保护的有关规定。

条文主旨

本条是关于姓名权许可使用、声音权利的保护的规定,可以参照肖像权保护的有关规定。

新旧法对比

无	《民法典》
无	第一千零二十三条 **对姓名等的许可使用,参照适用肖像许可使用的有关规定。** **对自然人声音的保护,参照适用肖像权保护的有关规定。**

理解与适用

本条第 1 款是对姓名权的特殊保护的规定,规定了姓名权许可使用的保护,可以参照肖像权保护的有关规定。此处的有关规定主要是本法典第 1021 条、第 1022 条关于肖像权许可使用的法律规定。

本条第 2 款是对自然人声音权利的保护,考虑到声音也具有非常高的人身属性,自然人的声音一旦固定后难以变化、更改,在特定条件下具有辨识自然人身份,甚至作为证据使用的作用。因此,对于声音的保护,也规定了可以参照肖像权的有关规定。

(编写人:庄　众)

第五章　名誉权和荣誉权

法律条文

第一千零二十四条　民事主体享有名誉权。任何组织或者个人不得以侮辱、诽谤等方式侵害他人的名誉权。

名誉是对民事主体的品德、声望、才能、信用等的社会评价。

条文主旨

本条是关于名誉权的基本规定。自然人、法人、非法人组织等民事主体享有名誉权。法律保护名誉权不受任何组织或者个人的侵害。并且明确名誉是以品德、声望、才能、信用等社会评价为内容的民事权利。

新旧法对比

《民法通则》	《民法典》
第一百零一条　公民、法人享有名誉权，公民的人格尊严受法律保护，禁止用侮辱、诽谤等方式损害公民、法人的名誉。	第一千零二十四条　**民事主体**享有名誉权。**任何组织或者个人不得以**侮辱、诽谤等方式**侵害他人**的名誉权。 **名誉是对民事主体的品德、声望、才能、信用等的社会评价。**

理解与适用

本条的第 1 款第 1 句明确自然人、法人、非法人组织等民事主体享有名誉权。第 2 款明确名誉是民事主体之外的其他社会参与者对民事主体的品德、声望、才能、信用等的社会评价。由此可以看出，名誉系民事主体参与社会生活活动而产生的一种重要人格权利，依赖于民事主体之外主体而产生，但又是影响民事主体参与社会活动的重要评价。

本条第 1 款第 2 句规定任何组织或者个人不得以侮辱、诽谤等方式侵害他人的名誉权。此规定包含以下几点内容:第一,侵害名誉权的行为方式是侮辱、诽谤,即通过夸大、隐瞒、虚构、造谣或者污蔑事实的方式进行,如果其他人只是客观描述事实并不存在侵害名誉权的行为。第二,侵害名誉权的行为人本身存在过错,这种过错可以是故意,也可以是过失。第三,侵害名誉权的行为应当具有一定的影响范围,如果没有造成社会影响则不存在侵害名誉权事实。第四,侵害名誉权的后果应当是使权利人社会评价降低,如果没有造成相应的后果也不存在侵害名誉权的事实。

另外,关于英雄烈士等特殊主体的名誉权保护,还应遵守本法典第 185 条以及其他相关规定的特殊要求。

实务问题

在不特定关系人组成的微信群中发布侮辱、诽谤、污蔑或者贬损他人的言论构成名誉权侵权。

北京兰世达光电科技有限公司、黄某某诉赵某名誉权纠纷一案[①]中,因在美容店享受服务的过程中发生口角,赵某在小区业主组成的微信群中对北京兰世达光电科技有限公司、黄某某二原告进行了造谣、诽谤、污蔑、谩骂,使二原告的社会评价降低,并使其生意严重受损。该案的焦点为业主组成的微信群属于不特定关系如组成的群体,在其中发布不实信息是否会降低对当事人的社会评价。经法院审理后认为,业主群确系不特定管理人组成的公共空间,具有公共属性,侵权人在此类微信群中发布侮辱、诽谤、污蔑或者贬损他人的言论构成名誉权侵权,因此应当依法承担法律责任。

(编写人:庄　众)

法律条文

第一千零二十五条　行为人为公共利益实施新闻报道、舆论监督等行为,影响他人名誉的,不承担民事责任,但是有下列情形之一的除外:

(一)捏造、歪曲事实;

① 2020 年最高人民法院发布的指导案例 143 号。

(二)对他人提供的严重失实内容未尽到合理核实义务;
(三)使用侮辱性言辞等贬损他人名誉。

条文主旨

本条是对名誉权的限制,在实施新闻报道、舆论监督的过程中,影响他人名誉不承担民事责任,但是也要求报道人、监督人应当对事实负有客观描述、合理核实,不使用侮辱性言辞等义务。

新旧法对比

无	《民法典》
无	第一千零二十五条 <u>行为人为公共利益实施新闻报道、舆论监督等行为,影响他人名誉的,不承担民事责任,但是有下列情形之一的除外:</u> <u>(一)捏造、歪曲事实;</u> <u>(二)对他人提供的严重失实内容未尽到合理核实义务;</u> <u>(三)使用侮辱性言辞等贬损他人名誉。</u>

理解与适用

本条规定了可以不承担因影响他人名誉而承担民事责任的情形存在两个前提条件:一是为了公共利益;二是在新闻报道、舆论监督中。

同时,也规定了存在以下 3 种情况时,新闻报道的报道人、舆论监督的监督人依然要承担侵害他人名誉权的民事责任:

(1)捏造、歪曲事实。这就要求了新闻媒体、舆论监督人在行使职权的过程中,应当公正、客观地描述事实真相,不得借报道、监督之便,违反基本职业道德和法律要求,行夸大、捏造、诬告、污蔑、陷害之实。

(2)对他人提供的严重失实内容未尽到合理核实义务。本项的合理核实义务应当遵守本法典第 1026 条规定的需要考虑的因素。

(3)使用侮辱性言辞等贬损他人名誉。本项依然要求新闻媒体、舆论监督人在行使职权的过程中应当遵守基本的职业道德和法律要求,客观公正地描述事实真相,不得采用修饰言辞借机侮辱报道、监督对象,影响他人名誉。

实务问题

公安机关在向新闻媒体提供用于新闻报道案件资料时，应尽到谨慎注意义务以保护他人的合法权益。未尽到前述注意义务的公安机关、新闻媒体应当承担侵犯他人名誉权的民事法律责任。

2005年为配合侦破一起强奸（未遂）案件的侦破工作，六安市公安局叶集公安分局联系当地中学安排6名学生，手持编号参与被害人指认工作并被录像。6名学生事前并不知录像的真实情况和用意，事后提出不得公开，但是该公安分局在事后却将录像资料提供给安徽电视台的法律节目，用于法制宣传使用。由于叶集公安分局并未说明事实情况，安徽电视台亦未对6名学生的影像作任何技术处理，导致社会公众不明真相，以为该6名学生犯下严重犯罪行为，给当事人的社会评价造成了恶劣影响，学业、家庭均受到负面影响，给6名学生及其家庭带来了巨大的精神压力。

后6名学生向人民法院起诉了叶集公安分局安徽电视台，二被告均以刑事侦查、普法宣传等合理使用为由，认为不需承担民事责任。但法院经审理认为，二被告均未履行应尽的保护义务，客观上确实对6名原告的名誉权、肖像权等人格权造成了侵害，判决应当承担相应的民事责任。①

（编写人：庄　众）

法律条文

第一千零二十六条　认定行为人是否尽到前条第二项规定的合理核实义务，应当考虑下列因素：

（一）内容来源的可信度；

（二）对明显可能引发争议的内容是否进行了必要的调查；

（三）内容的时限性；

（四）内容与公序良俗的关联性；

（五）受害人名誉受贬损的可能性；

（六）核实能力和核实成本。

① 李海峰等诉叶集公安分局、安徽电视台等侵犯名誉权、肖像权纠纷案，载《最高人民法院公报》2007年第2期。

条文主旨

本条是关于本法第 1035 条第 2 项中规定的合理核实义务应当考虑的 6 项因素的规定。

新旧法对比

无	《民法典》
无	第一千零二十六条　认定行为人是否尽到前条第二项规定的合理核实义务，应当考虑下列因素： （一）内容来源的可信度； （二）对明显可能引发争议的内容是否进行了必要的调查； （三）内容的时限性； （四）内容与公序良俗的关联性； （五）受害人名誉受贬损的可能性； （六）核实能力和核实成本。

理解与适用

判断在实施新闻报道、舆论监督的过程中，影响他人名誉权的合理使用人是否尽到了合理核实义务，应当综合考虑本条规定的 6 项因素，其为法律实践和司法判例提供了原则性的法律依据。

（编写人：庄　众）

法律条文

第一千零二十七条　行为人发表的文学、艺术作品以真人真事或者特定人为描述对象，含有侮辱、诽谤内容，侵害他人名誉权的，受害人有权依法请求该行为人承担民事责任。

行为人发表的文学、艺术作品不以特定人为描述对象，仅其中的情节与该特定人的情况相似的，不承担民事责任。

条文主旨

本条是关于作品侵害名誉权的规定，分两种情况，一种是以真人真事或者特定人为描述对象,侵害名誉权的需要承担民事责任;另一种是以不特定人为描述对象,仅情节相似不需要承担民事责任。

新旧法对比

无	《民法典》
无	第一千零二十七条　行为人发表的文学、艺术作品以真人真事或者特定人为描述对象,含有侮辱、诽谤内容,侵害他人名誉权的,受害人有权依法请求该行为人承担民事责任。 行为人发表的文学、艺术作品不以特定人为描述对象,仅其中的情节与该特定人的情况相似的,不承担民事责任。

理解与适用

本条区分两种情况对文学、艺术作品进行了规定。

第一种情况是作品以真人真事或者特定人为描述对象的情形。这种具有纪实色彩的作品,由于是针对真人真事或者特定描述对象,以真实的人、事作为基础的创作,会使阅读者、观众认为作品中的情节就是事实记录或者大部分是客观事实,并可能根据故事情节对作品中所指的特定人物进行价值评价,因此就要求创作者更应当谨慎处理情节内容。尽管艺术创作源于生活而又高于生活,但是创作者在创作作品的过程中"夹带私货",利用创作虚构、夸大一些细节,从而侮辱、诽谤了所描写的对象,势必会降低社会公众对特定人的社会评价,侵犯到其名誉权。

第二种情况则是作品不以特定人为描写对象,仅情节存在近似。这种作品的创作以作者的想象或者架空设定为基础,虚构而产生的作品,很难会使观众、读者将其中的情节与特定的人、事进行结合联系,即便作品中的情节取材自真实事件或者与特定人的情况相似,但是由于作品经过艺术加工创作,不使用真实姓名或者特定的特征描述,且在作品中的其他环境与现实并不完全一致,也很难造成一对一的"对号入座"的情形,因此并不会侵犯到特定人的名誉权。在法律所允许的范围内,这也是对创作者创作自由的一种保护。

实务问题

编辑出版单位出版以特定人或者事实为描述对象的侮辱诽谤作品构成名誉

权侵权。

1985 年,作者刘某以王某为原型撰写了“及时纪实文学作品”《特号产品王某》,文章指名道姓地声称“要展览一下王某”,在文章中刘某使用“小妖精”“大妖怪”“疯狗”“政治骗子”“南方怪味鸡”等侮辱性词语描述王某,并一稿多投被多家杂志社选用刊登。后王某起诉刘某及杂志社,认为其侵犯了自己的名誉权。后该案件经过审理,一审和二审法院均认定刘某侵害了王某的名誉权,对王某及其家属在精神、工作和生活上造成了严重影响,同时被诉的杂志社中,有的杂志社不仅未删除侮辱性情节反而增配贬损原告名誉的标题和插图,进而扩大了不良影响,有的杂志社原文刊登了刘某的作品,且发行量大影响面广等,均构成了对王某的名誉权侵权。①

(编写人:庄　众)

法律条文

第一千零二十八条　民事主体有证据证明报刊、网络等媒体报道的内容失实,侵害其名誉权的,有权请求该媒体及时采取更正或者删除等必要措施。

条文主旨

本条是关于媒体报道内容失实侵害名誉权的补救措施的规定。

新旧法对比

无	《民法典》
无	第一千零二十八条　**民事主体有证据证明报刊、网络等媒体报道的内容失实,侵害其名誉权的,有权请求该媒体及时采取更正或者删除等必要措施。**

理解与适用

媒体进行新闻报道、舆论监督对于社会发展具有积极意义,如果过度限制将

① 摘自微信程序中《法信民法典》。

会影响对社会丑恶现象的披露和公众的知情权。但是如果媒体滥用监督权利，对于已经明确为失实内容的报道继续刊登并不加以更正或者删除，也势必会对当事人的名誉权造成损失。本条法律规定就明确了在有证据证明报道失实的情况下，报刊、网络等媒体有义务及时更正、删除或者采取其他必要措施，减少并更正对权利人的名誉的不良影响，保护当事人的合法权益。

实务问题

转载媒体未及时更正失实报道，应当承担影响当事人名誉的民事责任。

2003年11月14日某报社发表《持伪证、民告官、骗局被揭穿》一文将徐某的行为指责为骗局。同日，北京新浪互联信息服务有限公司即新浪网站的经营者在其经营的网站中转载了上述文章。之后另案生效判决认定该报社侵犯了徐某的名誉权应赔偿精神抚慰金2万元。2006年6月9日该报社在当日报刊尾版夹缝中刊登了对徐某的致歉声明。但新浪网站和公司却一直未删除上述转载文章。后徐某将新浪公司起诉至北京市海淀区人民法院，法院经审理认为，在已经有其他生效判决确认原文章失实并侵犯了徐某的名誉权，且在涉案报社已经刊登致歉声明的情况下，新浪网站继续转载刊登原文章并长达8年之久，确系侵犯了徐某的名誉权。尽管新浪公司不存在主观故意，但却具有过失行为，因此判决侵权行为成立。①

（编写人：庄　众）

法律条文

第一千零二十九条　民事主体可以依法查询自己的信用评价；发现信用评价不当的，有权提出异议并请求采取更正、删除等必要措施。信用评价人应当及时核查，经核查属实的，应当及时采取必要措施。

条文主旨

本条规定了民事主体可以查询自己的信用评价，发现信用评价不当时可以提出的救济措施，以及在收到查询人要求更正、删除的请求后，信用评价人应当履行的核查义务。

---

① 北京市朝阳区人民法院(2018)京0105民初1961号；北京市第三中级人民法院(2018)京03民终15411号。

新旧法对比

无	《民法典》
无	第一千零二十九条　**民事主体可以依法查询自己的信用评价；发现信用评价不当的，有权提出异议并请求采取更正、删除等必要措施。信用评价人应当及时核查，经核查属实的，应当及时采取必要措施。**

理解与适用

在现在的社会市场经济活动中，民事主体的诚信问题越发突出，而信用评价就成为其他社会活动的参与者评判民事主体的诚信、名誉的一项重要的参考。对此，本法典专门规定了民事主体有权利依法查询自己的信用评价，并且对于信用评价中存在的与实施情况不符、评价明显不当等问题有提出异议和救济措施的权利。同时也规定了，信用评价人在收到民事主体的请求后，有对民事主体所反映的情况及时核查的义务，对于核查属实的问题，应当及时更正、删除或者采取其他必要的措施，以保护民事主体的信用评价。相应地，对于未及时核查，或者核查属实但未实际采取必要措施保护民事主体信用评价的信用评价人，也应当依法承担相应的民事责任。

（编写人：庄　众）

法律条文

第一千零三十条　民事主体与征信机构等信用信息处理者之间的关系，适用本编有关个人信息保护的规定和其他法律、行政法规的有关规定。

条文主旨

本条是关于民事主体与信用信息处理者之间的关系，以及信用信息处理应当遵循的规则的规定。

新旧法对比

无	《民法典》
无	第一千零三十条 **民事主体与征信机构等信用信息处理者之间的关系,适用本编有关个人信息保护的规定和其他法律、行政法规的有关规定。**

理解与适用

民事主体与信用信息处理者之间的关系以及信用信息处理应当遵循的规则,所适用的本编个人信息保护的规定,主要是本编第6章隐私权和个人信息保护章节中的规定,主要有:第一,处理个人信息应当遵循合法、正当、必要的原则,不得过度处理。第二,自然人可以依法查阅或者复制个人信息,对于存在错误的信息有权提出异议并要求及时采取必要措施予以更正,对于违法或者违约处理的个人信息有权要求及时删除。第三,信息处理者不得泄露或者篡改其收集、储存的个人信息,未经同意不得向他人非法提供个人信息,并有妥善保管个人信息,防止泄露、丢失的义务。同时《征信业管理条例》对此也有详细的规定。

实务问题

商业银行在发现个人信用信息不准确时,具有及时报告征信服务中心的义务。

张某在从淄博淄川农村商业银行股份有限公司借款后逾期未还,后该借款案件经淄博淄川农村商业银行起诉,法院强制执行后,双方在执行阶段达成和解,执行法院亦于2018年9月10日作出执行裁定书[①],以被执行人主动履行了生效法律文书确定的义务,申请执行人的申请执行事项已经全部执行完毕为由,裁定原民事判决书确定的内容全部执行完毕。但淄博淄川农村商业银行却并未及时将张某的信用记录进行调整恢复,而是未经张某同意将其担保贷款五级分类记载为"损失""可疑",客观上确实为张某的生活和工作造成了相应的阻碍。

张某以信用记录有错误,要求淄博淄川农村商业银行予以改正但遭到拒绝

① 山东省淄博市淄川区人民法院(2018)鲁0302执恢665号。

后，张某将淄博淄川农村商业银行起诉至淄川区人民法院。法院经审理认为，民事主体的个人信用记录是全面记录个人信用活动，反映个人信用状况的凭证，体现了社会经济主体在社会活动中的信用程度，属于公民人格利益的一部分，依法应受到法律保护。商业银行发现其所报送的个人信用信息不准确时，应当及时报告征信服务中心，征信服务中心收到纠错报告应当立即进行更正。该案中，淄博淄川农村商业银行在明知原判决已经履行完毕的情况下，应当将借款全部执行完毕（结清）的信息及时报告征信机构而未报告。因此判决，淄博淄川农村商业银行提请中国人民银行征信中心消除张某的不良信用记录，为张某向中国人民银行征信中心报送不良信用记录的纠错报告。

（编写人：庄　众）

法律条文

第一千零三十一条　民事主体享有荣誉权。任何组织或者个人不得非法剥夺他人的荣誉称号，不得诋毁、贬损他人的荣誉。

获得的荣誉称号应当记载而没有记载的，民事主体可以请求记载；获得的荣誉称号记载错误的，民事主体可以请求更正。

条文主旨

本条规定民事主体享有荣誉权，荣誉权不被非法剥夺，不被诋毁、贬损。对于荣誉没有记载或者记载错误的，可以要求补记载或者更正记载。

新旧法对比

《民法通则》	《民法典》
第一百零二条　公民、法人享有荣誉权，禁止非法剥夺公民、法人的荣誉称号。	第一千零三十一条　**民事主体**享有荣誉权。**任何组织或者个人不得**非法剥夺**他人**的荣誉称号**，不得诋毁、贬损他人的荣誉。** **获得的荣誉称号应当记载而没有记载的，民事主体可以请求记载；获得的荣誉称号记载错误的，民事主体可以请求更正。**

理解与适用

荣誉权是民事主体对自己所获得的荣誉及其利益所享有的保持、支配的权利。

本条法律第1款第2句规定了荣誉称号不得被非法剥夺，不得被诋毁、贬损。要求社会生活中，对民事主体的荣誉称号的作出或者撤销，都应当经过合法的程序进行。其他组织或者个人对民事主体的荣誉称号存有异议的，也应当经过合法程序向授予荣誉称号的部门或者机构提出，并由该部门或者机构经过合法程序决定是否撤销、更正、增补民事主体的荣誉称号。任何组织或者个人不得诋毁、贬损他人的荣誉，否则将应当承担民事责任。

本条第2款对于漏记、错记民事主体的荣誉称号规定了救济措施，规定民事主体有提出请求记载或者更正的权利，而负责记载荣誉称号的主体也具有及时核查与补正的义务。

实务问题

单位职工以其个人名义取得的相关证书及奖牌，获奖个人应成为荣誉权的主体，奖牌应归个人所有。

2001年8月，曹某以个人身份投稿参加了第二届中国国际民间艺术博览会，其作品荣获"山花奖·民间工艺金奖"，并取得相关证书及奖牌。后曹某与其工作单位无锡市惠山泥人厂有限责任公司解除劳动关系时，该公司以参会费用由公司支出，获奖作品系职务创作为由，扣留了获奖奖牌，仅将证书归还曹某。双方协商不成，曹某于2002年12月将该公司诉至无锡市北塘区人民法院。

法院在审理后认为，虽然公司主张作品系曹某的职务作品，但该案审理的争议焦点为奖牌作为荣誉权载体的归属问题，即荣誉权纠纷，并不涉及著作权归属问题。曹某以个人名义参加博览会并取得奖牌，荣誉权归个人所有，奖牌作为荣誉权的载体也应归个人所有，公司的占有行为缺乏事实和法律依据。①

（编写人：庄　众）

① 选自《无锡法院裁判案例精选》。

第六章　隐私权和个人信息保护

法律条文

第一千零三十二条　自然人享有隐私权。任何组织或者个人不得以刺探、侵扰、泄露、公开等方式侵害他人的隐私权。

隐私是自然人的私人生活安宁和不愿为他人知晓的私密空间、私密活动、私密信息。

条文主旨

本条是关于自然人享有隐私权的规定，并对隐私权的内容作出了相应的规定。保护自然人的隐私权不受各种方式的非法侵害。

新旧法对比

无	《民法典》
无	第一千零三十二条　**自然人享有隐私权。任何组织或者个人不得以刺探、侵扰、泄露、公开等方式侵害他人的隐私权。** **隐私是自然人的私人生活安宁和不愿为他人知晓的私密空间、私密活动、私密信息。**

理解与适用

隐私是自然人享有的权利，法人、非法人组织不享有隐私权。法律保护自然人的隐私享有权，即不被他人通过刺探、侵扰等方式知晓的权利和不被泄露、公开从而被公众知晓的权利。

本条第 2 款规定了隐私权所包括的四项内容：

(1)私人生活安宁。此处的生活安宁不仅包括住宅、宾馆等私人场所不受任何组织或者个人的非法侵犯、进入、拍摄、偷窥、袭扰,还包括不受他人以电话、短信、即时通信工具、电子邮件、传单等方式侵扰的私人生活安宁的权利。

(2)不愿为他人知晓的私密空间。这里的空间不仅指宏观上的住宅、宾馆等居所空间,也指微观上的衣服、背包、个人日记等随身物品、信息空间,还包括电子邮箱、通信设施等虚拟的个人空间。

(3)不愿为他人知晓的私密活动。这里的私密活动指的是自然人的日常生活、旅游外出、家庭生活、男女之间的私密活动等内容。

(4)不愿为他人知晓的私密信息。这里的私密信息包括个人方方面面的信息,既可以是个人合法所得的财产信息,也可以是个人的病历、身体残疾或者缺陷信息,还可以是密码、生物识别信息;既可以是通信录、好友信息,也可以是行程安排、工作记录信息等内容。

实务问题

姓名、电话号码及行程安排等个人信息作为整体信息组合呈现的,应认定为个人隐私。

2014年10月,庞某在"去哪儿网"平台上订购了中国东方航空公司的机票一张,后收到一条以机械故障为由取消航班的短讯信息,但经过中国东方航空公司确认,该短信系诈骗短信。庞某认为"去哪儿网"平台的经营者北京趣拿信息技术有限公司和中国东方航空公司泄露了其个人信息,遂向北京市海淀区人民法院提起隐私权纠纷之诉,但海淀区人民法院以原告庞某无法证明北京趣拿信息技术有限公司和中国东方航空公司泄露其个人信息为由驳回了诉讼请求。后该案件上诉至北京市第一中级人民法院,中院则认为,庞某的订单信息证据已经证明北京趣拿信息技术有限公司和中国东方航空公司掌握了其个人信息和行程信息,属于个人隐私,而收到诈骗短信的证据则表明其个人信息遭到了泄露。庞某的证据已经具备了民事诉讼高度盖然性的证明标准。庞某作为旅客,在信息及证据的掌握方面相对于北京趣拿信息技术有限公司和中国东方航空公司处于极不对等的劣势地位,二公司缺乏反驳庞某诉讼请求的有利相反证据,因此应当承担举证不能的不利后果。最终认定,二公司存在泄露庞某隐私信息的高度可能,改判二公司侵犯庞某隐私权,应当赔礼道歉。[①]

(编写人:庄　众)

① 北京市第一中级人民法院(2017)京01民终509号。

法律条文

第一千零三十三条　除法律另有规定或者权利人明确同意外，任何组织或者个人不得实施下列行为：

（一）以电话、短信、即时通讯工具、电子邮件、传单等方式侵扰他人的私人生活安宁；

（二）进入、拍摄、窥视他人的住宅、宾馆房间等私密空间；

（三）拍摄、窥视、窃听、公开他人的私密活动；

（四）拍摄、窥视他人身体的私密部位；

（五）处理他人的私密信息；

（六）以其他方式侵害他人的隐私权。

条文主旨

本条在第1032条的基础之上，进一步规定了未经权利人的同意，不得实施的侵犯隐私权的行为。

新旧法对比

无	《民法典》
无	第一千零三十三条　除法律另有规定或者权利人明确同意外，任何组织或者个人不得实施下列行为： （一）以电话、短信、即时通讯工具、电子邮件、传单等方式侵扰他人的私人生活安宁； （二）进入、拍摄、窥视他人的住宅、宾馆房间等私密空间； （三）拍摄、窥视、窃听、公开他人的私密活动； （四）拍摄、窥视他人身体的私密部位； （五）处理他人的私密信息； （六）以其他方式侵害他人的隐私权。

理解与适用

本条法规明确了六种未经权利人明确同意不得实施的侵犯隐私权行为内

容,包括:

(1)以电话、短信、即时通信工具、电子邮件、传单等方式侵扰他人的私人生活安宁。在目前手机和网络日益普及的今天,人们工作和生活中受到垃圾信息侵扰的事情也越发常见。本法典将信息和网络安宁列入隐私权,为有效治理垃圾信息、维护权利人权益提供了法律基础。

(2)进入、拍摄、窥视他人的住宅、宾馆房间等私密空间。此处的居所不仅包括住宅这种长久居所也包括宾馆这种临时居所;强调了居所等私密空间不受进入、拍摄、偷窥的侵扰,保障权利人的空间隐私安全。

(3)拍摄、窥视、窃听、公开他人的私密活动。随着技术的不断发展,各种电子设备拍摄、录音功能在方便人们生活、工作的同时,也带来了巨大的安全隐患,使得个别人动起了歪心思,企图利用科技工具拍摄、窥视、窃听他人的活动,以满足自己的变态心理或者威胁公布以达到自己不可告人的目的。对于此种情况必须予以禁止,并通过明确的法律规定,使侵权人承担相应的民事责任和法律后果。

(4)拍摄、窥视他人身体的私密部位。自然人身体的私密部位是一项传统的隐私权内容,在以往的防范中主要是防止他人偷窥,但是随着技术的发展,现在也要禁止他人未经允许的拍摄、偷拍行为。

(5)处理他人的私密信息。私密信息关系到自然人的方方面面,包括财产信息、通信交友、身体健康状况、家庭组成、出行计划等。这些信息只能由有权获取或者经过权利人授权的组织或者个人获得并妥善处理、保存,未经许可不得私自收集、储存、公开等。

(6)这是一条兜底性条款,防止个别人利用技术手段钻法律的空子,使用其他法律没有明确的方式侵犯他人隐私。

实务问题

婚外男女关系亦属于隐私权的范畴,未经权利人许可不得公开。

王某与死者姜某系夫妻关系,双方于 2006 年 2 月 22 日登记结婚。2007 年 12 月 29 日,姜某从自己居住楼房的 24 层跳楼自杀身亡。

姜某生前在网络上注册名为“北飞的候鸟”的个人博客,并在自杀前两个月内记录自己的心路历程,其中将王某与另一女性东某的合照贴在博客中,认为二人存在不正当男女关系,并认为自己的婚姻很失败,并在微博中公开了王某的姓名、工作地址等个人信息。

姜某自杀后,其大学同学张某某注册非经营性网站,转载姜某生前的博客日记，并将该网站定义为“祭奠姜某和为姜某讨回公道的地方”，还将该网站与天涯网、新浪网等大型网站进行了链接。后姜某生前的博客日记被转载至天涯网、大旗网等网站，受到不明真相网友的激烈讨论，导致王某被“人肉搜索”，遭受谩骂、威胁、人身攻击，还有部分网民到王某家庭住址处进行骚扰，刷写、张贴标语等。

王某遂起诉张某某、大旗网的经营者北京凌云互动信息技术有限公司、天涯网的经营者海南天涯在线网络科技有限公司侵犯其隐私权并导致名誉权受损。北京市朝阳区人民法院经过审理认定侵权事实成立。该案中王某的婚外情虽然违反道德价值，但依然属于个人隐私，并非他人干预、侵扰其隐私和生活的合法理由。①

（编写人：庄　众）

法律条文

第一千零三十四条　自然人的个人信息受法律保护。

个人信息是以电子或者其他方式记录的能够单独或者与其他信息结合识别特定自然人的各种信息，包括自然人的姓名、出生日期、身份证件号码、生物识别信息、住址、电话号码、电子邮箱、健康信息、行踪信息等。

个人信息中的私密信息，适用有关隐私权的规定；没有规定的，适用有关个人信息保护的规定。

条文主旨

本条是关于个人信息的定义的规定，通过定义的方式明确了个人信息的含义，并通过不完整列举的方式进行了举例说明。同时规定个人信息受法律保护，适用隐私权、个人信息保护的规定。

新旧法对比

无	《民法典》
无	第一千零三十四条　**自然人的个人信息受法律保护。**

① 北京市朝阳区人民法院（2008）朝民初字第29276号。

续表

无	《民法典》
	个人信息是以电子或者其他方式记录的能够单独或者与其他信息结合识别特定自然人的各种信息，包括自然人的姓名、出生日期、身份证件号码、生物识别信息、住址、电话号码、电子邮箱、健康信息、行踪信息等。 个人信息中的私密信息，适用有关隐私权的规定；没有规定的，适用有关个人信息保护的规定。

理解与适用

1. 构成个人信息的信息需要满足的条件

第一，必须是自然人的信息，也就是说法人、非法人组织的信息不属于个人信息，相应的符合条件的则属于商业秘密。第二，通过这些信息能够识别特定的自然人，即具有可识别性，并且指向特定的自然人。第三，信息既可以是单独识别，也可以是组合识别。例如，身份证号就属于每个自然人独一无二的可单独识别的信息，每一条身份证号即指向某一个特定的自然人。由于重名的可能性，姓名、出生日期这种信息单独可能没有识别性，但将其组合在一起也可以指向特定的自然人。第四，信息的载体既可以是电子记录，也可以是其他方式记录，但都应存在一定的载体。

2.《民法典》规定对个人信息的保护，具有重要意义

虽然对于个人信息的保护主要依赖行政法和刑法的相关规定和处罚措施，但是如果民法不通过立法对自然人的个人信息进行保护，则缺乏民事权益上的正当性基础与民事基本法的依据。《民法典》此次增加对个人信息保护的相关规定，是对《宪法》规定的公民人身自由和人格尊严不受侵犯的体现，为民事法律行为和社会活动中保护自然人的个人信息，提供了法律支持。

此外，《民法典》中规定个人信息保护，有利于构建一个科学合理的个人信息保护的法律体系。《民法典》对个人信息保护的基本原则与规则（如自然人就个人信息享有的各项权利，收集和使用个人信息应遵循的基本原则，侵害个人信息的侵权责任构成要件、归责原则、免责事由及侵权责任的承担方式等）作出相应的规定，既为《个人信息保护法》《数据安全法》等法律的制定提供了基本的依

据,也可以为《电子商务法》《消费者权益保护法》等法律以及《征信业管理条例》等行政法规和部门规章随着网络信息科技的发展而修订完善提供规范基础。①

实务问题

员工兼职信息可属于个人信息,快递公司泄露收件人兼职信息应当承担民事责任。

2019年,在北京市大兴区嘉永会通公司工作的邓某收到一份快件,内容为其在兼职单位晋鼎能源公司的员工社保卡。由于邓某当时不在收件地址处,顺丰公司的系统自动确认收件,在未经过与收件人联系的情况下,就将该快递转址至嘉永会通公司,并且顺丰公司派送员将该邮件送至嘉永会通公司前台,在邓某未在场的情况下派送员拆开快件,并将快件内容交至嘉永会通公司其他工作人员手中。此举致使快递中的信息,即邓某在晋鼎能源公司兼职的信息被嘉永会通公司的同事及领导知晓,随后嘉永会通公司以邓某兼职为由解除了与其的劳动合同关系。

邓某认为其兼职的快递内容属于个人信息,顺丰公司未经其许可转换送件地址并私自拆开信件,致使其个人信息泄露,并丢失工作遭受了损失,因此向北京市通州区人民法院起诉,要求其赔偿经济损失和精神损害抚慰金。一审法院审理后驳回了原告邓某的诉讼请求,邓某不服遂上诉至北京市第三中级人民法院。②

二审法院认为:第一,邓某的兼职信息和收件地址信息结合起来时,其便共同构成了邓某不愿意为外界所知晓的隐私信息。邓某的行为并未涉及严重违法犯罪的范畴,仅属于其与单位是否发生违约事实的审查范围,故此并不影响上述信息的隐私性认定。第二,顺丰公司的投递行为中存在两个严重的错误:修改收件地址、拆开邮件,且均未征得收件人的同意,属于明显不当。据此,二审法院撤销原一审判决,作出终审判决,支持了顺丰公司赔偿邓某损失的请求。

(编写人:庄　众)

法律条文

第一千零三十五条　处理个人信息的,应当遵循合法、正当、必要原则,不得过度处理,并符合下列条件:

---

① 参见程啸:《民法典编纂视野下的个人信息保护》,载《中国法学》2019年第4期。

② 北京市第三中级人民法院(2020)京03民终2049号。

（一）征得该自然人或者其监护人同意，但是法律、行政法规另有规定的除外；

（二）公开处理信息的规则；

（三）明示处理信息的目的、方式和范围；

（四）不违反法律、行政法规的规定和双方的约定。

个人信息的处理包括个人信息的收集、存储、使用、加工、传输、提供、公开等。

条文主旨

本条是关于个人信息处理的原则和条件的规定，规范了个人信息的收集方、处理方、加工方等在处理个人信息时应当合法、正当、必要，不得过度处理，在处理时应当符合法定条件。

新旧法对比

无	《民法典》
无	第一千零三十五条　处理个人信息的，应当遵循合法、正当、必要原则，不得过度处理，并符合下列条件： （一）征得该自然人或者其监护人同意，但是法律、行政法规另有规定的除外； （二）公开处理信息的规则； （三）明示处理信息的目的、方式和范围； （四）不违反法律、行政法规的规定和双方的约定。 个人信息的处理包括个人信息的收集、存储、使用、加工、传输、提供、公开等。

理解与适用

本条明确规定了三项内容：个人信息处理的含义、处理的前提条件和处理的原则。

（1）明确了个人信息处理的含义。收集、存储、使用、加工、传输、提供、公开个人信息等程序、阶段都属于个人信息处理，相关处理者均应当遵守本法典关于个人信息保护的相关规定。

（2）规定了处理个人信息要满足四个条件：第一，征得被处理个人信息的对象的同意;第二,有明确处理信息的规则并公开让当事人知晓;第三,明示目的、方式和范围,不得随意处理,不得超过许可范围处理,不得私自处理个人信息;第四,符合法律规定和双方约定。

(3)本条的第1款,要求个人信息的处理者必须遵循合法、正当、必要且适度的处理原则。

(编写人:庄　众)

法律条文

第一千零三十六条　处理个人信息,有下列情形之一的,行为人不承担民事责任:

(一)在该自然人或者其监护人同意的范围内合理实施的行为;

(二)合理处理该自然人自行公开的或者其他已经合法公开的信息,但是该自然人明确拒绝或者处理该信息侵害其重大利益的除外;

(三)为维护公共利益或者该自然人合法权益,合理实施的其他行为。

条文主旨

本条是关于处理个人信息的法定免责适用的规定。

新旧法对比

无	《民法典》
无	第一千零三十六条　**处理个人信息,有下列情形之一的,行为人不承担民事责任:** **(一)在该自然人或者其监护人同意的范围内合理实施的行为;** **(二)合理处理该自然人自行公开的或者其他已经合法公开的信息,但是该自然人明确拒绝或者处理该信息侵害其重大利益的除外;** **(三)为维护公共利益或者该自然人合法权益,合理实施的其他行为。**

理解与适用

本条规定了三种情况下,个人信息的处理者可以免除民事责任的事由:一是在当事人同意的范围内合理实施;二是已经自行公开或者合法公开的信息,但是有两个例外,分别是当事人拒绝或者处理该信息侵害当事人的重大利益;三是以公共利益或者当事人的合法权益为前提的合理实施。

(编写人:庄　众)

法律条文

第一千零三十七条　自然人可以依法向信息处理者查阅或者复制其个人信息;发现信息有错误的,有权提出异议并请求及时采取更正等必要措施。

自然人发现信息处理者违反法律、行政法规的规定或者双方的约定处理其个人信息的,有权请求信息处理者及时删除。

条文主旨

本条是关于个人信息主体的权利的规定,包括查阅复制的权利、对错误提出更正的权利、对违法行为要求删除的权利。

新旧法对比

无	《民法典》
无	第一千零三十七条　**自然人可以依法向信息处理者查阅或者复制其个人信息;发现信息有错误的,有权提出异议并请求及时采取更正等必要措施。** **自然人发现信息处理者违反法律、行政法规的规定或者双方的约定处理其个人信息的,有权请求信息处理者及时删除。**

理解与适用

依照本法的规定,自然人的个人信息以及民事主体的信用评价均适用本条的规定。个人信息的当事人具有三项法律规定的权利:

(1)查阅、复制自己的个人信息的权利。这里的查阅、复制需要向信息处理者进行，而不能通过第三方进行，同时也只能查阅、复制自己的个人信息。

(2)对于存在错误记载的个人信息，有提出异议并请求及时更正的权利。相应地，个人信息的处理者在收到异议和请求后，也有义务及时核查并更正、更改错误的个人信息内容。

(3)对于违法违约处理的个人信息，有权请求信息处理者及时删除。同样地，处理者在收到删除的请求后也有义务及时核查并删除相应的个人信息内容。

（编写人：庄　众）

法律条文

第一千零三十八条　信息处理者不得泄露或者篡改其收集、存储的个人信息；未经自然人同意，不得向他人非法提供其个人信息，但是经过加工无法识别特定个人且不能复原的除外。

信息处理者应当采取技术措施和其他必要措施，确保其收集、存储的个人信息安全，防止信息泄露、篡改、丢失；发生或者可能发生个人信息泄露、篡改、丢失的，应当及时采取补救措施，按照规定告知自然人并向有关主管部门报告。

条文主旨

本条是关于个人信息主体的处理者对个人信息的安全保护义务的规定，保护个人信息不被处理者自己泄露、篡改、非法提供，也保护个人信息不被他人泄露、篡改、丢失，如果发生或者可能发生前述行为要及时告知和报告。

新旧法对比

无	《民法典》
无	第一千零三十八条　**信息处理者不得泄露或者篡改其收集、存储的个人信息；未经自然人同意，不得向他人非法提供其个人信息，但是经过加工无法识别特定个人且不能复原的除外。**

续表

无	《民法典》
	信息处理者应当采取技术措施和其他必要措施，确保其收集、存储的个人信息安全，防止信息泄露、篡改、丢失；发生或者可能发生个人信息泄露、篡改、丢失的，应当及时采取补救措施，按照规定告知自然人并向有关主管部门报告。

理解与适用

依照本条法律规定，处理个人信息的处理者具有三项主要的安全保护义务：

(1)处理者自己不得泄露、篡改、非法提供其收集的个人信息。提供个人信息需要满足两项条件之一，即当事人同意，或者个人信息经过加工抽象至无法识别某个特定个人且不能被复原。

(2)处理者有义务采取必要的措施保护个人信息，确保信息不被他人泄露、篡改、丢失。

(3)如果发生或者可能发生前述行为时，要及时告知当事人，并向有关主管部门报告。

实务问题

1. 信息处理者对经过加工后无法识别的信息具有所有权，未经许可其他人不得擅自使用

2017年，淘宝(中国)软件有限公司(以下简称淘宝公司)与安徽美景信息科技有限公司(以下简称美景公司)因经过加工后的信息使用问题，引发了一起不正当竞争纠纷案①。

淘宝公司自行研发了市场运营的生意参谋的大数据产品，该案涉产品面向淘宝、天猫店铺商家提供大数据分析参考，帮助商家实时掌握相关类目商品的市场行情变化，改善经营水平。而美景公司系咕咕互助平台的运营商，其以提供远程登录已订购涉案数据产品用户电脑技术服务的方式，招揽、组织、帮助他人低价获取淘宝公司涉案数据产品中的数据内容，从中牟利。

淘宝公司认为，涉案数据产品是原告合法取得的劳动成果，涉案数据产品中

① 杭州铁路运输法院(2017)浙8601民初4034号。

的原始数据与衍生数据均系其无形资产，淘宝公司享有财产所有权；涉案数据产品系淘宝公司核心竞争利益所在，美景公司的被诉行为对涉案数据产品已构成实质性替代，恶意破坏了淘宝公司的商业模式，构成不正当竞争。

美景公司辩称，淘宝公司的涉案数据产品私自抓取、公开使用淘宝网络用户的相关信息，侵犯了网络用户的个人隐私以及商户的经营秘密，具有违法性；涉案数据产品的数据内容系网络用户提供的用户信息，网络用户对于其提供的信息享有财产权，原告无权主张权利。

杭州铁路运输法院审理后认为，网络数据产品不同于原始网络数据，其提供的数据内容虽然同样源于网络用户信息，但经过网络运营者大量的智力劳动成果投入，通过深度开发与系统整合，最终呈现给消费者的数据内容，是与网络用户信息、原始网络数据无直接对应关系的独立的衍生数据。网络运营者对于其开发的数据产品，应当享有自己独立的财产性权益。美景公司未经授权，亦未付出新的劳动创造，直接将涉案数据产品作为自己获取商业利益的工具，明显有悖公认的商业道德，如不加禁止，将挫伤数据产品开发者的创造积极性，阻碍数据产业的发展，进而会影响广大消费者的福祉。美景公司的被诉行为实质性替代了涉案数据产品，恶意破坏了淘宝公司的商业模式与竞争优势，已构成不正当竞争行为。根据美景公司自行公布的相关数据估算，美景公司在本案中的侵权获利已超过 200 万元。据此作出一审判决，美景公司停止不正当竞争行为，并赔偿淘宝公司经济损失 200 万元。美景公司不服提出上诉，杭州市中级人民法院二审后维持原判。

2. 网络购物公司疏于防范，致使客户信息泄露遭受电信诈骗，应当承担部分民事责任

2017 年 11 月 24 日，周某在“KK 馆”App 上购买了迪奥女士 Q 版香水四件套商品一份。2017 年 11 月 29 日，周某收到上述商品，因怀疑是假货，周某在“KK 馆”App 上向在线客服申请退货，在线客服答复称保税直邮商品暂不提供无理由退换货服务。2017 年 11 月 30 日 21 时 6 分，周某收到号码为 136××××5370 打入的电话——自称为“KK 馆”“售后楚楚”的客服人员联系周某，并提出与周某互加微信。21 时 8 分，周某在微信中添加了“售后楚楚”，“售后楚楚”将周某在“KK 馆”App 上的购物详情（包括快递单号、收货人手机号、收货地址、订单创建时间、订单付款时间、订单发货时间、订单完成时间、订单支付方式、订单支付号、用户账号、商品名称、金额）截图发送给周某，并发送了“退款链接”，周某点击进入“售后楚楚”发送的“退款链接”，并将姓名、卡号、动态密码发送给了“售后楚楚”。21 时 29 分，周某的银行账户中被转走 49,990.96 元。

周某认为“KK 馆”App 的运营公司广东快客电子商务有限公司（以下简称

快客公司)和制作方东莞市易得网络科技有限公司(以下简称易得公司),应当有妥善保管用户信息的义务,自己遭遇电信诈骗属于快客公司对个人信息保管不当,易得公司的软件存在漏洞,二公司应当承担自己的损失,遂向深圳市宝安区人民法院起诉"KK馆"App的运营方和制作方。①

一审法院审理后认为,快客公司认为的用户信息泄露责任可能在货物供应商或者快递方的说辞,缺乏有效证据,且作为App的运营方其掌握了大量的用户信息和消费者的个人信息,应当具有相应能力确保消费者的个人信息免受泄露,这既是其社会责任,也是其应尽的法律义务。该案信息泄露事件的发生,在排除其他泄露隐私信息可能性的前提下,可以认定是由于快客公司疏于防范导致的结果,因而可以认定其具有过错,应承担侵权责任。同时,周某作为消费者也应当具有小心谨慎的注意义务,对于自己被骗其负有一定的责任。而App的开发者易得公司不承担责任。最终法院认定,被告快客公司承担60%的责任,原告周某承担40%的责任。

(编写人:庄　众)

法律条文

第一千零三十九条　国家机关、承担行政职能的法定机构及其工作人员对于履行职责过程中知悉的自然人的隐私和个人信息,应当予以保密,不得泄露或者向他人非法提供。

条文主旨

本条是关于国家机关、承担行政职能的法定机构及其工作人员的法定保密义务的规定。

新旧法对比

无	《民法典》
无	第一千零三十九条　**国家机关、承担行政职能的法定机构及其工作人员对于履行职责过程中知悉的自然人的隐私和个人信息,应当予以保密,不得泄露或者向他人非法提供。**

① 广东省深圳市宝安区人民法院(2018)粤0306民初10921号。

理解与适用

严格意义上来说,国家机关、承担行政职能的法定机构及其工作人员履行职责的行为不属于民法调整的法律关系,但是由于自然人的隐私和个人信息受保护的权利属于人格权的重要组成部分,因此在本法典中专门强调了前述具有职能部门和人员应该对获悉的隐私和个人信息保密。

(编写人:庄 众)

第五编　婚姻家庭

第一章　一般规定

法律条文

第一千零四十条　本编调整因婚姻家庭产生的民事关系。

条文主旨

本条是关于婚姻家庭编调整的范围和调整的对象的规定。

新旧法对比

《婚姻法》	《民法典》
第一条　本法是婚姻家庭关系的基本准则。	第一千零四十条　**本编调整因婚姻家庭产生的民事关系。**

理解与适用

本条可以理解为两个要点：一是《民法典》婚姻家庭编调整的是民事关系。二是该民事关系是因婚姻家庭所产生的。在这里婚姻是指男女双方依法缔结的婚姻关系，家庭是指配偶、子女、父母及其他共同生活的近亲属构成的亲属关系。据此本编即调整由婚姻家庭产生的亲属之间的身份关系和财产关系。亲属之间的身份关系是基于婚姻、血缘、收养而产生的社会关系。亲属之间的财产关系是指上述特定身份的亲属之间因共同生产生活产生的财产关系，其与身份属性具有不可分割性，因此该财产关系由身份法所调整而不由财产法调整。

实务问题

在实务中因婚姻、收养等有关身份关系的协议所产生的纠纷一般情况下应适用本编或者总则编的规定。

（编写人：宋　娜）

法律条文

第一千零四十一条　婚姻家庭受国家保护。

实行婚姻自由、一夫一妻、男女平等的婚姻制度。

保护妇女、未成年人、老年人、残疾人的合法权益。

条文主旨

本条是关于本编的立法目的和基本原则的规定。

新旧法对比

《婚姻法》	《民法典》
第二条　实行婚姻自由、一夫一妻、男女平等的婚姻制度。 保护妇女、儿童和老人的合法权益。 实行计划生育。	第一千零四十一条　**婚姻家庭受国家保护。** 实行婚姻自由、一夫一妻、男女平等的婚姻制度。 保护妇女、未成年人、老年人、**残疾人的合法权益。**

理解与适用

本条规定体现了《民法典》婚姻家庭编的几大原则：

(1)婚姻家庭受国家保护原则。婚姻家庭是社会的重要组成部分，是社会和谐与稳定的基础。本条体现了国家对婚姻、家庭的重视。

(2)婚姻自由原则。婚姻自由是指婚姻当事人按照法律的规定在婚姻问题上所享有的充分自主的权利，任何人不得强制或干涉。婚姻自由的内容包括两方面：一是结婚自由，是指婚姻当事人有依法缔结婚姻关系的自由。民事主体是否结婚、与谁结婚，是其本人的权利，任何人无权干涉。自愿是实现婚姻自由的前提，双方意思表示一致是婚姻以互爱为基础的必要条件。但结婚自由不等于可以在婚姻问题上为所欲为，结婚自由必须不违背法律依据的条件和程序进行。二是离婚自由，是指夫妻有依法解除婚姻关系的自由。我国《宪法》第 49 条规定“……禁止破坏婚姻自由……”本编中本条的规定体现了依宪原则和权利法定原则。

(3)一夫一妻制原则。一夫一妻，是指一男一女结为夫妻的婚姻制度，任何人都不能同时有两个或两个以上的配偶。已婚者在配偶死亡或离婚之前不得再行结婚。任何违反一夫一妻制度的行为均为违法行为，应当受到法律的制裁。一夫一妻制度是当下世界大部分国家普遍实行的制度，将违反夫妻间忠诚义务作为判定离婚的标准之一，我国立法遵循该原则亦是对婚姻当事人的保护。

(4)男女平等原则。男女平等原则是我国的基本国策，也是《民法典》婚姻家庭编遵循的基本原则，我国《宪法》第48条规定："中华人民共和国妇女在政治的、经济的、文化的、社会的和家庭的生活等各方面享有同男子平等的权利。国家保护妇女的权利和利益，实行男女同工同酬，培养和选拔妇女干部。"

《民法典》婚姻家庭编将男女平等作为一项基本原则加以规定，其内容包括：夫妻的家庭地位和在婚姻家庭里的权利义务平等；男女在结婚问题上权利义务平等；夫妻在人身关系、财产关系以及父母在抚养教育子女问题上的权利和义务平等；父母对子女均有抚养教育的义务；子女可以随父姓，也可以随母姓；男女在离婚问题上的权利义务平等；禁止在婚姻家庭关系中歧视、压迫、虐待女性。

虽然在立法中体现了对女性的保护，但在现实中女性遭受家庭暴力事件频发。虽然我国在禁止家庭暴力保护妇女的立法上取得了重大进步，如制定《反家庭暴力法》、下发"人身保护令"等，但在司法实践中仍存在一定困难，实现实质上男女平等的任务任重道远。

(5)保护妇女、未成年人、老年人、残疾人合法权益的原则。该原则是指国家对于妇女、未成年人、老年人、残疾人在婚姻家庭中的合法权益给予特殊的保护。妇女、未成年人、老年人、残疾人在家庭中属于弱势群体，该群体因年龄、生理上的特殊性使其与其他家庭成员之间产生自然差异。妇女在家庭中往往是照顾家庭的主要力量，可能因照顾家庭没有收入，更无法掌握配偶的经济情况，在离婚中对于财产分割方面处于弱势，因此对于妇女的保护是司法进步的体现，也是维护社会稳定的重要因素。未成年人和老年人缺乏自我保护的能力，因此法律赋予未成年人和老年人特殊的保护，体现了我国尊老爱幼的优良传统。在此需要说明，给予妇女、未成年人、老年人、残疾人的特殊保护与男女平等原则并不矛盾，反而是我国司法进步的体现。我国颁布了《未成年人保护法》《妇女权益保障法》《反家庭暴力法》《残疾人保障法》《老年人权益保障法》，这些法律都是考虑到妇女、未成年人、老年人、残疾人在家庭成员中属于弱势群体而赋予他们的特殊保护，从而实现人权平等的基本原则。

实务问题

在实务及司法实践中，人民法院在审理婚姻家庭纠纷案件中涉及婚姻、收养、监护等身份关系或者婚姻家庭成员间产生的财产关系纠纷，应优先适用本编的规定，本编没有规定的可以适用“继承编”“物权编”“合同编”的相关规定。根据特别法优先原则，涉及家庭暴力的案件应首先适用《反家庭暴力法》，同时根据案件情况适用“侵权责任编”。

北京市房山区人民法院适用《民法典》首次支持女性要求离婚家务补偿的案件，该判决是对女性在家庭中特殊职责的肯定，是《民法典》婚姻家庭编保护妇女儿童基本原则的贯彻，同时体现着我国司法的进步，开启了支持女性要求离婚家务补偿的先河。（目前本案在上诉期内）

（编写人：宋　娜）

法律条文

第一千零四十二条　禁止包办、买卖婚姻和其他干涉婚姻自由的行为。禁止借婚姻索取财物。

禁止重婚。禁止有配偶者与他人同居。

禁止家庭暴力。禁止家庭成员间的虐待和遗弃。

条文主旨

本条是关于违反婚姻家庭基本原则行为的禁止规定。

新旧法对比

《婚姻法》	《民法典》
第三条　禁止包办、买卖婚姻和其他干涉婚姻自由的行为。禁止借婚姻索取财物。 禁止重婚。禁止有配偶者与他人同居。禁止家庭暴力。禁止家庭成员间的虐待和遗弃。	【内容不变】第一千零四十二条

理解与适用

本条中“禁止包办、买卖婚姻和其他干涉婚姻自由的行为”是对干涉婚姻自由行为的具体说明。包办婚姻是婚姻关系以外的第三人（包括当事人的父母）违反婚姻自由原则，违背婚姻当事人意愿，强迫其缔结的婚姻。买卖婚姻是指婚姻关系以外的第三者（包括父母）以索取大量财物为目的，包办强迫他人缔结的婚姻。二者均构成干涉婚姻自由的违法行为。包办、买卖或者他人干涉而缔结的婚姻不属于无效婚姻,而是可撤销婚姻。受胁迫的一方可依据《民法典》婚姻家庭编第1052条的规定向人民法院请求撤销该婚姻。该请求权应当自胁迫行为终止之日起1年内提出,被非法限制人身自由的当事人应当自恢复人身自由之日起1年内提出。该1年时间属于除斥期间,不能中止、中断、延长。被依法撤销的婚姻自始没有法律约束力,当事人不具有夫妻的权利和义务。同居期间所得的财产,由当事人协议处理;协议不成时,由人民法院根据照顾无过错方的原则判决。

本条第2款规定:"禁止重婚。禁止有配偶者与他人同居。"重婚是指有配偶而又与他人结婚,或者明知他人有配偶而与之结婚。《婚姻登记管理条例》(已失效)发布施行后,即1994年2月1日后,有配偶的人与他人以夫妻名义同居生活的,或者明知他人有配偶而与之以夫妻名义同居生活的,应按重婚罪定罪处罚。

认定重婚的法律后果一般有三个:一是重婚的婚姻为无效婚姻,不被法律认可,不具备法律效力。二是重婚应作为判决离婚的法定情形之一。三是根据《刑法》第258条规定构成重婚罪的,应依法追究刑事责任。

在离婚诉讼过程中,一方当事人如发生重婚罪诉讼,离婚判决要依赖于该诉讼结果作为依据的,对方当事人可向人民法院申请离婚案的中止审理,待有关诉讼终结后再申请恢复审理。这里要说明的是在我国重婚属于刑事自诉案件。

有配偶者与他人同居,是指有配偶者与婚外异性,不以夫妻名义,持续、稳定地共同居住。2020年颁布的《民法典婚姻家庭编解释(一)》对有配偶者与他人同居也作了详尽的解释。其中第2条规定:"民法典第一千零四十二条、第一千零七十九条、第一千零九十一条规定的'与他人同居'的情形,是指有配偶者与婚外异性,不以夫妻名义,持续、稳定地共同居住。"有配偶者与他人同居与重婚的区别在于其"不以夫妻名义"属于重婚以外的情形,该行为违反了夫妻间的忠实义务,败坏社会风气,违反公序良俗,是法律禁止的行为。

本条第2款规定的家庭暴力和虐待,是指发生在家庭成员之间,以殴打、捆绑、残害身体、禁闭、冻饿、凌辱人格、精神恐吓、性暴虐等手段,对家庭成员从肉体上、精神上进行伤害、摧残、折磨的行为。遗弃是指对于需要扶养的家庭成员,负有扶养义务而拒绝扶养的行为。表现为经济上不供养,生活上不照顾,使被扶养人的正常生活不能维持,甚至生命和健康得不到保障。关于禁止遗弃和虐待家庭成员,我国《刑法》也对遗弃罪和虐待罪作了相关规定。《民法典婚姻家庭编解释(一)》第1条规定,持续性、经常性的家庭暴力,可以认定为《民法典》第1042条、第1079条、第1091条所称的"虐待"。

实务问题

在司法实践中,同居的证据是较难收集的,因为其隐蔽性较强,收集证据可能需要大量的人力和时间,涉及个人隐私的问题,因此在受害人证明其配偶与他人同居上举证困难,如收集证据手段不当或者途径违法很可能还涉及刑事责任,甚至可能会危及自身的安全。曾经有一个案例就是当事人在自己的妹妹的陪同下到老公与同居者的住处试图寻找证据,结果当事人老公主动开门让其进入,进入后抢夺当事人和其妹妹的手机,然后胁迫其二人自己抽自己嘴巴,后二人照做受伤求饶后才得以逃脱。一般来说,我们所说的"捉奸在床"是基本不可能的,除非当事人是在自己家里当场捉住并报警。我们建议受害人可以在跟对方谈判的时候完整地陈述并录音,尽可能得到对方认可其与他人同居的录音证据。或者让对方手写"认错书"等类似的书证,以便在诉讼中提供对自己有利的证据。

最后再说一下关于"禁止借婚姻索取财物"。此项规定的目的主要在于防止借婚姻收取"天价"彩礼的行为,但关于我国传统的彩礼习俗并不禁止。近日有个热点案例引发我们思考。[①] 一个"富二代"通过网络认识了一个"网红女神",二人短暂相处后"闪婚",男方还给了女方20万元彩礼。蜜月期间"富二代"小伙发现女方卸妆后与自己认识的"女神"判若两人,两人共同生活一段时间后,小伙实在不能接受女方化妆与卸妆判若两人的事实,随后起诉离婚,并以《民法典》第1042条规定的禁止要彩礼为由,要求女方返还20万元彩礼。法院经审理认为,二人结婚均为自愿,支付20万元彩礼也是男方主动提出并自愿支付给女方的,二人进行了结婚登记并共同生活,因此男方以法律禁止索要彩礼和自己受骗为由要回20万元彩礼的主张于法无据,最终法院作出了不用退还彩礼的判决。

从上述案例中可以看出,《民法典》第1042条并非对彩礼的禁止规定,而是旨在防止利用婚姻索取"天价"彩礼的行为。本案中20万元彩礼虽然不是一笔小数目,但根据当今的经济发展水平也不应认定为"天价",并且根据男方的经济能力,根据给付彩礼是男方主动提出并且主动给付,二人也已结婚并共同生活

---

① 《江西鄱阳订婚仪式现巨额彩礼事件　登上移风易俗黑榜》,载百家号网2021年3月26日,https://baijiahao.baidu.com/s?id=1692711365772217192&wfr=spider&for=pc。

等，法院判决女方不用退还彩礼符合法律立法宗旨和立法目的。

（编写人：宋　娜）

法律条文

第一千零四十三条　家庭应当树立优良家风，弘扬家庭美德，重视家庭文明建设。

夫妻应当互相忠实，互相尊重，互相关爱；家庭成员应当敬老爱幼，互相帮助，维护平等、和睦、文明的婚姻家庭关系。

条文主旨

本条是关于婚姻家庭中道德和义务的规定，调整家庭成员关系的倡导性规则。

新旧法对比

《婚姻法》	《民法典》
第四条　夫妻应当互相忠实，互相尊重；家庭成员间应当敬老爱幼，互相帮助，维护平等、和睦、文明的婚姻家庭关系。	第一千零四十三条　**家庭应当树立优良家风，弘扬家庭美德，重视家庭文明建设。** 夫妻应当互相忠实，互相尊重，互相关爱；家庭成员应当敬老爱幼，互相帮助，维护平等、和睦、文明的婚姻家庭关系。

理解与适用

《民法典》赋予了“优良家风”法律地位，体现了婚姻家庭的核心价值观。树立了婚姻家庭中道德准则，有利于社会优良风气的提升。

本条还是对男女平等，保护妇女、未成年人、老年人、残疾人规定的补充；弘扬社会主义人文关怀的精神；倡导公民以树立优良家风，弘扬家庭美德为道德标准；将夫妻间的忠实、尊重、关爱作为家庭准则；强调家庭文明建设，传承优良家风，倡导尊老爱幼是我国婚姻家庭立法的初衷和目的。

既然法律规定了夫妻间忠实义务，那么夫妻间的“忠诚协议”是否有效呢？《婚姻法解释（一）》第3条规定：“当事人仅以婚姻法第四条为依据提起诉讼的，人民法院不予受理；已经受理的，裁定驳回起诉”。《民法典婚姻家庭编解释

(一)》第 4 条规定:“当事人仅以民法典第一千零四十三条为依据提起诉讼的,人民法院不予受理;已经受理的,裁定驳回起诉。”

实务问题

在 W 与 M 离婚纠纷案中,双方于 2016 年 3 月 26 日登记结婚,但结婚后 M 多次离家出走,双方遂签订协议书,约定双方互敬互爱,白头到老。如果 M 再变心,私自出走或离婚,自愿赔偿 W20 万元。W 起诉 M 要求离婚后支付赔偿金 20 万元。那么 M 是否要赔偿 W20 万元?因 W 与 M 签订的协议书中的赔偿内容违反了婚姻法的基本原则、违反了婚姻当事人婚姻自主的权利,没有法律效力。故 W 要求 M 赔偿其 20 万元的行为,于法无据。

夫妻间所谓的“忠诚协议”应当怎样写才有效呢?

(1)“忠诚协议”不得剥夺和限制一方的人身权利,如限制离婚、限制人身自由,或放弃对孩子的抚养权、不得探视孩子等,这样的约定即使成立也属无效约定。

(2)避免在“忠诚协议”中出现离婚协议条款的约定,因为离婚协议在未办理离婚登记时是不产生法律效力的,一旦被认定为离婚协议条款,则对方就可以在未办理离婚登记前反悔,而对此法院也有可能支持。

(3)不要在“忠诚协议”中约定违反忠实义务的一方如“净身出户”等条款,在审判实践中,法院较少对出轨一方给予过重的财产责任。

综上所述,建议通过《夫妻间婚内财产协议》的约定保护自身的合法权益。

(编写人:宋　娜)

法律条文

第一千零四十四条　收养应当遵循最有利于被收养人的原则,保障被收养人和收养人的合法权益。

禁止借收养名义买卖未成年人。

条文主旨

本条是关于收养制度的基本原则的规定。

新旧法对比

《收养法》	《民法典》
第二条 收养应当有利于被收养的未成年人的抚养、成长，保障被收养人和收养人的合法权益，遵循平等自愿的原则，并不得违背社会公德。 第二十条 严禁买卖儿童或者借收养名义买卖儿童。	第一千零四十四条 收养应当**遵循最有利于被收养人的原则**，保障被收养人和收养人的合法权益。 禁止借收养名义买卖**未成年人**。

理解与适用

本条第1款来自《收养法》第2条前半部分“收养应当有利于被收养的未成年人的抚养、成长，保障被收养人和收养人的合法权益”，进一步明确了“最有利于被收养人”原则。第2款来自《收养法》第20条：“严禁买卖儿童或者借收养名义买卖儿童。”收养关系既是民事法律关系又是社会关系，将收养关系纳入婚姻家庭编中，既保障收养人的权益又保障被收养人的权益。

收养，是指收养人依照法律规定领养他人子女，在收养人与被收养人之间形成法律拟制父母子女关系。收养人为养父母，被收养人为养子女，该拟制父母子女关系在法律上视同为生父母与生子女之间的父母子女关系。《民法典》第1113条规定：“有本法第一编关于民事法律行为无效规定情形或者违反本编规定的收养行为无效。无效的收养行为自始没有法律约束力。”结合上述法律规定，可以看出在我国合法有效的收养关系才能成立，才可依法受到保护。

《民法典》第1093条规定：“下列未成年人，可以被收养：（一）丧失父母的孤儿；（二）查找不到生父母的未成年人；（三）生父母有特殊困难无力抚养的子女。”根据上述法律规定可以总结出收养制度在法律意义上的特定要求和特殊性，其特殊性在于只有未成年人才能被收养，这是收养基本原则。

除此之外，本条规定的收养制度还可以总结为以下几个原则。

1. 遵循最有利于被收养人的原则

因未成年人在生活上、能力上、行为上、智力上均不能独立，所以未成年人应得到更多的保护。建立收养制度的目的就是有效贯彻与落实保护儿童合法权益的原则，保护未成年人的健康成长。该原则与国际人权法的基本原则“儿童利益最大化”一致，这不仅是我国收养制度立法宗旨的体现，也是对《未成年人保护法》的呼应。

2. 保障被收养人和收养人合法权益的原则

保障被收养人和收养人合法权益的基本原则是我国收养制度的另一基本原则。收养关系是一种相对的法律关系，其涉及收养人和被收养人的法律权利，如果只强调保护被收养人的利益，很容易导致收养关系中收养人利益失衡。收养关系一经建立，收养人和被收养人之间就形成了拟制父母子女关系，具有法律上的权利和义务。因此，收养人利益应受到关注，只有兼顾了收养人和被收养人的利益才有利于收养关系的健康发展。

3. 严禁买卖未成年人的原则

严禁买卖未成年人的原则，是对保证被收养人利益进一步的体现，该立法有助于防止收养制度中的违法犯罪行为，是保障被收养人原则的有效措施。《民法典》对此进一步更加清晰地明确规定，肯定并坚持这一基本原则，目的是打击不法人员借收养名义买卖儿童，其中包括出卖亲生子女的都应依法追究其民事责任，构成犯罪的，应依法追究刑事责任。

实务问题

举例说明，1998 年，王某夫妻发现意外怀孕，因国家计划生育政策，辗转外地 8 个月后，临近生产时回到老家。孩子出生后未满 1 周岁，李某夫妻找到王某夫妻，称因王某夫妻生活困难，李某可以把孩子抱走帮忙养着，等李某自己有了孩子再把孩子抱回来给王某夫妻。王某夫妻同意后，李某夫妻将孩子抱走抚养，取名李某 1。其间李某 1 未见过王某夫妻。李某 1 初二时，王某夫妻起诉李某夫妻，要求确认李某夫妻与李某 1 的收养关系不成立，并要求将李某 1 交还。

根据《收养法》第 2 条之规定，李某 1 是王某夫妻计划外生育。李某夫妻抱养李某 1 时是经过王某夫妻同意的。李某夫妻抱养李某 1 时符合《收养法》对收养人条件的规定，其收养李某 1 并不违反法律规定和社会公德。李某 1 的送养和收养双方均为自愿。被收养人已经被收养至初二，与收养人形成了事实上的收养关系。且多年来被告夫妻对李某 1 精心照顾，建立了深厚的感情。根据对被收养人最有利原则，不应支持王某夫妻的诉讼请求。

根据上述案例可以看出，法院是从遵循被收养人最有利原则出发，不改变被收养人的生活状态，同时保护收养人的合法权利作出的判决。收养关系案件因系关系到身份属性的案件，因此案件种类繁多，有时错综复杂。但司法实践中法院一般都会根据上述原则进行处理。

（编写人：宋　娜）

法律条文

第一千零四十五条 亲属包括配偶、血亲和姻亲。

配偶、父母、子女、兄弟姐妹、祖父母、外祖父母、孙子女、外孙子女为近亲属。

配偶、父母、子女和其他共同生活的近亲属为家庭成员。

条文主旨

本条是关于亲属、近亲属、家庭成员范围的规定。

新旧法对比

无	《民法典》
无	第一千零四十五条 **亲属包括配偶、血亲和姻亲。** **配偶、父母、子女、兄弟姐妹、祖父母、外祖父母、孙子女、外孙子女为近亲属。** **配偶、父母、子女和其他共同生活的近亲属为家庭成员。**

理解与适用

本条是《民法典》婚姻家庭编的新增条文,该条文内容结合了《继承法》[①]第10条,《民法通则》第16条、第17条的规定。本条在结合《继承法》《民法通则》的既有规则后明确规定了亲属、近亲属的范围,并首次提出家庭成员的范围。本条规定的"家庭成员"包括配偶、父母、子女和其他共同生活的近亲属。

亲属指基于婚姻、血缘或收养而产生的社会关系。亲属产生的三个根据中,婚姻和收养都是法律行为,是亲属产生的人为因素,可以依法解除;血缘关系是自然因素,不能人为解除。配偶是指男女结婚后互为配偶。血亲包括自然血亲和拟制血亲。姻亲是依附于婚姻关系产生的亲属,分为血亲的配偶,配偶的血亲,配偶的血亲的配偶,但不包括配偶。

本条中对于近亲属的范围作了明确的界定,近亲属包括配偶、父母、子女、兄弟姐妹、祖父母、外祖父母、孙子女、外孙子女。此次明确近亲属的范围为司法实

① 《继承法》已失效,下同。

践提供了明确的依据,改变了以前实践中存在争议的情况。

本条第3款对于家庭成员的界定,应理解为无论配偶、父母、子女是否共同生活,均应为家庭成员。本条第2款规定的近亲属,只有共同生活在一起的近亲属,才能认定为家庭成员。家庭成员以共同生活为核心特征,有亲属关系的人不一定是家庭成员,但家庭成员一定是近亲属。判定近亲属是否为家庭成员,以是否"共同生活"为条件。

实务问题

儿媳与公婆,女婿与岳父岳母属于家庭成员还是近亲属呢?根据现行法律规定,公婆与儿媳,女婿与岳父岳母之间既不属于近亲属也不属于家庭成员。笔者认为,根据我国国情,独生子女一代有一些失独家庭的老人是需要儿媳或者女婿来赡养照顾的,如果将儿媳和女婿排除在近亲属之外,自然其也不属于家庭成员,这就会给司法实践带来困难。在司法实务中,家庭成员的界定宜作扩大解释,除了《民法典》婚姻家庭编的四类家庭关系的主体外,具有恋爱、同居、抚养、扶养等关系的主体也视为家庭成员。当亲属关系并存时,也就是我们所说的亲属关系重叠时,通常按照从近原则、从新原则认定当事人之间的一种权利义务关系。本编首次明确了家庭成员的范围,为很多案件如保险合同等纠纷作出了明确的司法指引。

(编写人:宋　娜)

第二章 结　　婚

法律条文

第一千零四十六条　结婚应当男女双方完全自愿,禁止任何一方对另一方加以强迫,禁止任何组织或者个人加以干涉。

条文主旨

本条是关于结婚必备要件的规定。结婚必备要件也称结婚积极要件。第一,主体要件,应当是男女双方。第二,意思要件,必须双方完全自愿。

新旧法对比

《婚姻法》	《民法典》
第五条　结婚必须男女双方完全自愿,不许任何一方对他方加以强迫或任何第三者加以干涉。	第一千零四十六条　结婚**应当**男女双方完全自愿,**禁止**任何一方对**另一方**加以强迫,**禁止任何组织或者个人加以干涉。**

理解与适用

婚姻法律关系是民法调整的最主要的人身关系,主要包括结婚和离婚。结婚是指男女双方达成缔结婚姻的真实意愿,共同向婚姻登记机关申请办理结婚登记、取得结婚法律效果的法律行为,应当具备主体要件和意思要件。

1. 结婚的主体要件,应为男女双方

(1)结婚限于男女两性之间。

在《民法典》编纂中,也有观点认为应当在婚姻家庭的立法中承认同性婚姻或者同性伴侣关系。虽然当今社会对同性之间成立家庭的态度已较之前有所改观,[①]但源于我国传统的家庭伦理观念,现阶段大多数人认可的仍是异性婚姻,将同性婚姻规定在《民法典》或相关法律法规中,必将对传统的婚姻观念和人们婚姻家庭生活产生重大影响,故本次《民法典》规定的仍是异性婚姻,婚姻只能在男女异性之间缔结,这是结婚的最基本条件。

(2)结婚的双方仅为一男一女。

我国古代实行一夫一妻多妾的婚姻制度,这是当时男权社会和男尊女卑的体现。随着社会的发展,中华人民共和国成立后规定了一夫一妻、男女平等的婚姻制度。婚姻只能是一男一女的自愿结合,一夫多妻或一妻多夫都是非法婚姻。

2. 结婚意思要件,必须男女双方完全自愿

《宪法》第49条第4款规定,禁止破坏婚姻自由;《民法典》第1041条规定,实行婚姻自由。婚姻自由作为我国一项婚姻制度,包括结婚自由和离婚自由。结婚自由的要求是男女双方完全自愿,既不允许婚姻一方强迫另一方结婚,又不允许婚姻双方之外的任何第三人加以干涉。禁止包办、买卖婚姻,父母不得干预子女婚姻,子女也不得干预父母婚姻。

实务问题

1. 案情简介

在苏某1与某区民政局、许某婚姻行政登记纠纷案[②]中,2001年8月21日,第三人许某的丈夫苏某2,因未达到法定婚龄,其持原告苏某1的身份证与户籍材料,与第三人许某以原告苏某1的名义,在被告某区民政局处申请婚姻登记,民政局经审查认为第三人提交的材料符合法律规定,且双方自愿,为许某和苏某2颁发了持证人为苏某、苏某1的结婚登记证书。原告苏某1认为被告在登记时没有尽到认真审核的核对审查责任义务,这个登记行为违背了客观事实,致原告被结婚,严重侵犯了原告的婚姻自由权,为维护原告名誉和婚姻自由,依法诉至法院,请求撤销被告对原告与第三人的婚姻登记行为,恢复原告未婚身份。法院判决:撤销被告某区民政局为原告苏某1及第三人许某办理的结婚登记。

2. 评析

根据《民法典》第1046条及第1049条规定,"结婚应当男女双方完全自愿","要求结婚的男女双方应当亲自到婚姻登记机关申请结婚登记"。本案原

① 参见夏吟兰:《民法分则婚姻家庭编立法研究》,载《中国法学》2017年第3期。

② 安徽省淮南市田家庵区人民法院(2017)皖0403行初13号。

告苏某1被冒用身份,于2001年与许某登记结婚,致使苏某1与许某形成了法律上的婚姻关系,但根据庭审查明的事实,许某的丈夫系苏某2,苏某1与许某不是自愿结婚,苏某1本人也没有亲自到婚姻登记机关进行结婚登记,苏某1与许某的婚姻关系不符合婚姻成立的实质要件和程序要件,应予撤销。

(编写人:韩 芳)

法律条文

第一千零四十七条 结婚年龄,男不得早于二十二周岁,女不得早于二十周岁。

条文主旨

本条是关于法定婚龄的规定。法定婚龄是法律规定的准许男女双方结婚的最低年龄。根据本条规定,男性最低结婚年龄为22周岁,女性最低结婚年龄为20周岁。

新旧法对比

《婚姻法》	《民法典》
第六条 结婚年龄,男不得早于二十二周岁,女不得早于二十周岁。晚婚晚育应予鼓励。	第一千零四十七条 结婚年龄,男不得早于二十二周岁,女不得早于二十周岁。

理解与适用

(1)公民法定婚龄的确定基于自然因素和社会因素。据此,各个国家关于法定婚龄的规定各不相同。根据部分学者所称,法定婚龄不仅是结婚的要件和婚龄的限制,更是关于结婚行为能力的规定,是关于自然人结婚的资格规定。尽管《民法典》规定,18周岁即为完全民事行为能力人。① 但具有完全民事行为能力的人不一定具备结婚的能力,必须是达到法定结婚年龄的公民,才具备结婚的行为能力,即婚姻能力。

(2)法定婚龄不是必须结婚的年龄和结婚的最佳年龄,而是能够结婚的最低年龄,只有达到了法定婚龄才能结婚,否则为无效婚姻。但因我国为多民族国

① 参见孟令志:《无效婚姻论》,中国社会科学出版社1996年版,第11页。

家，部分少数民族地方有其特殊的风俗习惯，故我国一些民族自治地方的立法机关作了相关变通规定。但值得注意的是，这些变通规定仅适用于该地区的少数民族，不适用于生活在该地区的汉族。

(3)关于法定婚龄的判断标准，我国采用的是以周岁计算，即以出生时为零岁基数，按照公历的年月日计算方法，但周岁是从生日的当天起算还是从生日的第二天起算，在刑事领域，基于对未成年人的保护，都是从生日的第二天起算，但因结婚登记不涉及此事宜，故当事人在生日当天满法定结婚年龄的，可以办理结婚登记。

实务问题

1. 案情简介

在周某与王某婚姻无效纠纷案[①]中，王某(男)生于1990年1月1日。2009年2月，周某(女)与王某经人介绍认识并建立恋爱关系。2009年5月6日，在王某未达22周岁法定婚龄情形下，通过隐瞒王某真实年龄，周某与王某在民政局办理了结婚登记。婚后，双方感情不和，常因琐事吵闹，无法继续共同生活。2011年2月23日，周某向法院申请宣告婚姻无效，法院于2011年3月30日公开开庭审理。

2. 评析

本案中，周某与王某虽然在民政部门办理结婚登记，但登记时王某未达22周岁法定婚龄，违反了结婚年龄的法律规定。周某向法院申请宣告婚姻无效时，王某仍未达法定婚龄，法定婚姻无效情形依然存在，依照法律有关婚姻无效的规定，周某与王某的婚姻关系应宣告无效。

(编写人：韩　芳)

法律条文

第一千零四十八条　直系血亲或者三代以内的旁系血亲禁止结婚。

条文主旨

本条是关于禁止结婚的亲属关系的规定。具有直系血亲关系和三代以内的旁系血亲关系的人禁止结婚。

---

① 湖南省汝城县人民法院(2010)汝民初字第722号。

新旧法对比

《婚姻法》	《民法典》
第七条 有下列情形之一的,禁止结婚: (一)直系血亲和三代以内的旁系血亲; (二)患有医学上认为不应当结婚的疾病。	第一千零四十八条 直系血亲或者三代以内的旁系血亲禁止结婚。

理解与适用

本条中规定,禁止结婚的血亲有两类:一是直系血亲,即指有直接血缘关系的亲属,从己身开始计算,包括父母、祖父母、外祖父母、子女、孙子女、外孙子女等。二是三代以内的旁系血亲,即指有间接血缘关系的亲属,具体来说有兄弟姐妹、伯、叔、姑、侄子、侄女、舅、姨、外甥、外甥女、堂兄弟姐妹和表兄弟姐妹等,这些亲属同辈之间及上下辈份之间均禁止结婚。

血亲不仅包括自然血亲,还包括拟制血亲,拟制血亲是否属于禁止结婚的情形,各国规定不同,我国对此没有明文规定。我国拟制血亲有两类:一是养父母与养子女以及养子女与养父母的其他近亲属;二是在事实上形成了抚养关系的继父母与继子女、继兄弟姐妹。没有抚养关系的继父母与继子女、继兄弟姐妹之间属于姻亲,不属于拟制血亲。我国《民法典》规定养父母与养子女之间、具有抚养关系的继父母与继子女之间的权利义务关系,适用本法关于父母子女关系的规定。故对拟制直系血亲关系,未经解除的,禁止结婚;已经解除的,不在禁止结婚之列。对拟制旁系血亲,亦不在禁止结婚之列。

实务问题

1. 案情简介

在覃某与向某婚姻无效纠纷案①中,覃某与向某系三代以内旁系血亲关系(覃某父亲覃某乙与向某母亲覃某丙系同胞兄妹),双方于 1997 年 7 月 16 日在镇民政所登记结婚,婚后双方没有生育小孩,但婚前覃某与其前夫生有一子,向某与其前妻生有一子一女。婚后双方夫妻感情一般,两人自 2000 年开始分居生活,婚后无共同财产,亦无共同债权债务。

① 湖南省桑植县人民法院(2015)桑民一初字第 115 号。

2. 评析

本案中，覃某与向某系三代以内旁系血亲，属于我国禁止结婚的亲属关系，覃某与向某的婚姻应属无效婚姻。

（编写人：韩　芳）

法律条文

第一千零四十九条　要求结婚的男女双方应当亲自到婚姻登记机关申请结婚登记。符合本法规定的，予以登记，发给结婚证。完成结婚登记，即确立婚姻关系。未办理结婚登记的，应当补办登记。

条文主旨

本条是关于结婚程序的规定。我国实行结婚登记制度，男女双方只有到婚姻登记机关办理结婚登记手续，对符合条件的，予以登记并发给结婚证，如此才是具有法律效力的婚姻。若男女双方只是举办了结婚的各项仪式，但未办理结婚登记的，不成立法律上的婚姻关系，应当到婚姻登记机关补办登记，完成婚姻登记的才能确立合法的婚姻关系。

新旧法对比

《婚姻法》	《民法典》
第八条　要求结婚的男女双方必须亲自到婚姻登记机关进行结婚登记。符合本法规定的，予以登记，发给结婚证。取得结婚证，即确立夫妻关系。未办理结婚登记的，应当补办登记。	第一千零四十九条　要求结婚的男女双方**应当**亲自到婚姻登记机关申请结婚登记。符合本法规定的，予以登记，发给结婚证。**完成结婚登记，即确立婚姻关系。**未办理结婚登记的，应当补办登记。

理解与适用

结婚的程序是结婚成立的形式要件，目前各国对结婚程序的规定，主要有三种：仪式制、登记制、登记与仪式制。我国目前采用的就是登记制，要求结婚的男女双方应当亲自到婚姻登记机关进行结婚登记。符合条件的，予以登记，发给结婚证。据此，婚姻才具有法律上的效力，具有公示的效果。

我国办理结婚登记程序包括申请、审查和登记三个环节。只有办理了结婚登记手续的婚姻才是受法律保护的婚姻，《民法典》规定"完成结婚登记，即确立婚姻关系”。据此,婚姻关系的成立取决于是否完成结婚登记,并不是取得或持有结婚证,故若当事人结婚证遗失或损毁的,其婚姻效力不受影响。

对于未办理结婚登记的男女,而以夫妻名义共同生活的,应当补办结婚登记;未补办结婚登记的,对 1994 年 2 月 1 日以前,男女双方已经符合结婚实质要件的,按事实婚姻处理。事实婚姻指双方符合结婚的实质要件,但缺乏形式要件,即没有到婚姻登记机关办理结婚登记手续。《民法典婚姻家庭编解释(一)》第 7 条明确规定:“未依据民法典第一千零四十九条规定办理结婚登记而以夫妻名义共同生活的男女,提起诉讼要求离婚的,应当区别对待:(一)1994 年 2 月 1 日民政部《婚姻登记管理条例》公布实施以前,男女双方已经符合结婚实质要件的,按事实婚姻处理。(二)1994 年 2 月 1 日民政部《婚姻登记管理条例》公布实施以后,男女双方符合结婚实质要件的,人民法院应当告知其补办结婚登记。未补办结婚登记的,依据本解释第三条规定处理。”男女双方补办婚姻登记的,根据司法解释规定,婚姻关系的效力从双方均符合《民法典》规定的结婚的实质要件时起算。

实务问题

1. 案情简介

在孙某与王某同居关系纠纷案[①]中,孙某、王某于 2009 年 1 月经人介绍认识,××××年××月××日举行结婚仪式,××××年××月××日生育女儿孙某乙。孙某、王某由于相互缺乏了解,同居后两人没有共同语言,常为生活琐事发生纠纷,2013 年 3 月,王某携带女儿出走,至今未归。另查明:王某与孙某同居前,曾接收孙某彩礼款计 37,200 元(见面礼 6600 元、过大礼 28,000 元、上轿礼 2600 元)。2013 年 4 月 2 日,孙某诉至法院,要求抚养非婚生女儿,由王某负担抚养费,依法分割共同财产,由王某返还彩礼款 37,200 元,并负担诉讼费。

2. 评析

本案中,孙某与王某在未办理结婚登记的情况下,即以夫妻名义同居生活,违反了我国《民法典》规定,其同居关系不受法律保护。因双方的非婚生女儿孙某乙现随王某生活,从有利于孩子健康成长和生活的角度,由王某抚养为宜,故对对孙某要求直接抚养非婚生女儿的诉讼要求不予支持。

(编写人:韩 芳)

---

① 安徽省太和县人民法院(2013)太民一初字第 01207 号。

法律条文

第一千零五十条　登记结婚后,按照男女双方约定,女方可以成为男方家庭的成员,男方可以成为女方家庭的成员。

条文主旨

本条是关于男女双方互为家庭成员的规定。根据男女平等的婚姻家庭原则,男女双方登记结婚后,可以根据双方的约定,自由安排婚后的居所等事宜。女方可以成为男方家庭的成员,男方也可以成为女方家庭的成员。

新旧法对比

《婚姻法》	《民法典》
第九条　登记结婚后,根据男女双方约定,女方可以成为男方家庭的成员,男方可以成为女方家庭的成员。	【内容不变】第一千零五十条

实务问题

1. 案情简介

在杨某与某村组承包地征收补偿费用分配纠纷案①中,原告杨某父母是被告某村民小组人,原告杨某自出生起户口就随父母登记在被告村组,与父母一起分得了承包耕地。1999 年 5 月 10 日登记结婚。但户口仍留在被告村组。苏某1、苏某 2 出生后就随母亲杨某落户在被告村组。2009 年被告所在村组 87 亩土地被政府征收,获得征地补偿、安置费 470 余万元。2009 年 8 月被告对此征地补偿款按人均分配每个村民 16,901 元,2010 年 2 月分给每个村民 1400 元,而对原告却以《组规民约》为由不予分配,为此原告杨某找被告协商,一直未有结果,故诉至法院,请求法院判决被告给付原告土地征收补偿款 54,903 元并承担本案诉讼费用。

2. 评析

本案中,原告杨某是被告村民小组人,自出生起户口就随父母登记在被告村组,与父母一起分得了承包耕地,并在被告村组居住长大、结婚;婚后未在其他地方获得土地。苏某 1、苏某 2 自出生起户口就随母亲登记在被告村组。根据我

① (2010)郴北民一初字第 243-1 号。

国《民法典》男女平等的婚姻制度，及婚后双方可以自由安排随男方或女方落户、居住的规定，原告均具备被告集体经济组织成员的资格，应与其他村民一样享有土地征收补偿费用分配权和其他收益分配权。被告《村规民约》制定的部分内容与国家相关法律规定相抵触，其拒绝分配给原告土地补偿费辩称理由与法不符，故原告要求被告方支付征地补偿费请求应予支持。

（编写人：韩　芳）

法律条文

第一千零五十一条　有下列情形之一的，婚姻无效：

（一）重婚；

（二）有禁止结婚的亲属关系；

（三）未到法定婚龄。

条文主旨

本条是关于无效婚姻的规定。婚姻无效的法定事由：一是重婚，我国基本婚姻制度是一夫一妻制，重婚违反了我国基本的婚姻制度，属于无效婚姻；二是有禁止结婚的亲属关系，直系血亲和三代以内的旁系血亲禁止结婚；三是未达法定婚龄，我国法律规定的婚龄为男22周岁、女20周岁。具备上述三项情形之一的婚姻无效，除此之外有瑕疵的婚姻关系，不属于无效婚姻。

新旧法对比

《婚姻法》	《民法典》
第十条　有下列情形之一的，婚姻无效： （一）重婚的； （二）有禁止结婚的亲属关系的； <u>（三）婚前患有医学上认为不应当结婚的疾病，婚后尚未治愈的；</u> （四）未到法定婚龄的。	第一千零五十一条　有下列情形之一的，婚姻无效： （一）重婚； （二）有禁止结婚的亲属关系； （三）未到法定婚龄。

理解与适用

1. 构成婚姻无效的情形

（1）重婚。

重婚，是指有配偶的人又与他人登记结婚，或者明知他人有配偶而与之登记结婚的违法行为。重婚是被法律严格禁止的违法行为,对于重婚的,不仅要承担民事责任,也可能构成刑事上的重婚罪。根据《刑法》及相关司法解释的规定,构成重婚罪的法律要件是:有配偶者又与他人登记结婚的或者有配偶者与他人没有结婚登记但以夫妻名义共同生活的。

(2)有禁止结婚的亲属关系。

有禁止结婚的亲属关系是指《民法典》第1048条规定的禁止结婚的情形,即结婚的男女双方是直系血亲或者三代以内的旁系血亲。

(3)未达到法定婚龄。

未达到法定婚龄是指不符合《民法典》第1047条规定的法定婚龄即男年满22周岁、女年满20周岁。值得注意的是,有关部门在确认此婚姻是否有效时,是对确认时男女双方是否达到法定婚龄进行判断,若男女双方此时已达到法定婚龄的,不能再以此为由确认其婚姻无效。

2. 请求确认婚姻无效的主体

包括婚姻当事人及利害关系人。利害关系人包括:以重婚为由的,为当事人的近亲属及基层组织;以未到法定婚龄为由的,为未到法定婚龄者的近亲属;以有禁止结婚的亲属关系为由的,为当事人的近亲属。

3. 婚姻宣告无效后的法律后果

(1)当事人之间的婚姻关系自始无效,溯及既往。(2)双方当事人在同居期间取得的财产,按照共同共有处理,能够证明是当事人一方所有的,为一方所有。(3)当事人所生子女享有与婚生子女同等的权利,与其父母之间是父母子女的权利义务关系。

4. 对于这一规定还需注意一些问题。(参见《民法典婚姻家庭编解释(一)》第9~17条规定)

(1)人民法院受理申请宣告婚姻无效案件后,经审查确属于无效婚姻的,应当依法作出宣告婚姻无效的判决,原告申请撤诉的,不予准许。

(2)在夫妻一方或者双方死亡的情况下,生存一方或者利害关系人仍可申请宣告婚姻无效,若被宣告死亡的人重新出现,其与另一方当事人的婚姻因存在法定无效事由,宣告婚姻无效的判决将继续有效。

(3)人民法院就同一婚姻关系分别受理了离婚和申请宣告婚姻无效案件的,对于离婚案件的审理,应当待申请宣告婚姻无效案件作出判决后进行,若婚姻关系被宣告无效后,涉及财产分割和子女抚养的,应当继续审理。

(4)人民法院在审理案件过程中,若发现当事人的婚姻属于无效婚姻的,有权依法作出宣告婚姻无效的判决。

实务问题

1. 案情简介

在金某与张某甲婚姻无效纠纷案①中,1998 年 12 月 22 日,金某与案外人崔某在民政局登记结婚。2000 年 11 月 15 日,金某在未与案外人崔某办理离婚登记手续的情况下,与张某甲在民政局登记结婚。2001 年 11 月 13 日,金某与张某甲生育一子张某乙。2010 年 7 月 19 日,金某与案外人崔某在婚姻登记处办理离婚手续。现金某主张因其与张某甲婚后感情一直不好,经常吵架,致夫妻感情破裂,无法继续维系正常的夫妻关系,诉讼要求离婚。

2. 评析

(1)本案中,关于金某重婚是否对金某与张某甲的婚姻效力构成影响的问题:金某在未与案外人崔某解除婚姻关系的情况下,在 2000 年 11 月 15 日与张某甲登记结婚,已构成重婚。重婚行为违反一夫一妻制度,有悖于社会公序良俗,是我国法律明令禁止的严重婚姻违法行为,是婚姻无效的法定情形之一。虽然金某与案外人崔某在 2010 年 7 月 19 日办理了离婚手续,起诉时金某重婚的情形已经消失,但重婚作为严重的婚姻违法行为从性质上不应存在阻却事由,产生从违法到合法转化的问题。只要当事人具有重婚行为,无论现存两个婚姻关系还是一个婚姻关系,无论前婚是否已经终止,都应确认构成重婚的后婚无效。故金某与张某甲的婚姻为无效婚姻。

(2)虽然金某诉请离婚,但法院受理后经审查发现金某与张某甲的婚姻构成重婚,属无效婚姬,应将婚姻无效的情形告知双方当事人,并作出宣告婚姻无效的判决,该判决一经作出即发生法律效力。对于该案涉及子女抚养和财产分割的,法院应当继续审理,可进行调解或判决,另行制作调解书或判决书。

(编写人:韩 芳)

法律条文

第一千零五十二条 因胁迫结婚的,受胁迫的一方可以向人民法院请求撤销婚姻。

① 吉林省长春汽车经济技术开发区人民法院(2016)吉 0192 民初 121 号。

请求撤销婚姻的，应当自胁迫行为终止之日起一年内提出。

被非法限制人身自由的当事人请求撤销婚姻的，应当自恢复人身自由之日起一年内提出。

条文主旨

本条是关于受胁迫的婚姻可撤销的规定。提出撤销婚姻效力的主体为受胁迫的一方当事人，撤销婚姻的请求应向人民法院提出。提出撤销婚姻效力申请的时间为1年，自胁迫行为终止之日起1年内提出，若当事人被非法限制人身自由的，自恢复人身自由之日起计算。1年期间为除斥期间，不适用诉讼时效中止、中断或延长的规定。

新旧法对比

《婚姻法》	《民法典》
第十一条　因胁迫结婚的，受胁迫的一方可以向婚姻登记机关或人民法院请求撤销该婚姻。受胁迫的一方撤销婚姻的请求，应当自结婚登记之日起一年内提出。 被非法限制人身自由的当事人请求撤销婚姻的，应当自恢复人身自由之日起一年内提出。	第一千零五十二条　因胁迫结婚的，受胁迫的一方可以向人民法院请求撤销婚姻。 **请求撤销婚姻的，**应当自**胁迫行为终止之日**起一年内提出。 被非法限制人身自由的当事人请求撤销婚姻的，应当自恢复人身自由之日起一年内提出。

理解与适用

可撤销婚姻，是指虽未违反法律强制性规定，但因违背当事人的真实意思而成立的婚姻，或者已成立的婚姻缺乏结婚的某个要件，有撤销权的当事人可向人民法院申请撤销，使已经发生法律效力的婚姻归于无效。胁迫是可撤销婚姻的法定事由，构成婚姻关系中的胁迫是指行为人以给一方当事人或者其近亲属的生命、健康、名誉、财产等方面造成损害为要挟，迫使另一方当事人违背自己的真实意愿而结婚的行为。

1. 可撤销婚姻以当事人申请撤销为前提

人民法院在审理案件过程中应当严格遵循“不告不理”原则，尊重当事人的婚姻自由，不得依职权撤销婚姻。

2. 申请撤销婚姻的当事人为受胁迫一方

《民法典婚姻家庭编解释(一)》第18条第2款规定:“因受胁迫而请求撤销婚姻的,只能是受胁迫一方的婚姻关系当事人本人。”申请撤销婚姻的主体只能是受胁迫一方的婚姻当事人本人,不能是当事人的近亲属或相关其他人员,这也体现了婚姻自由原则。

3. 撤销权行使的期间是1年,为除斥期间

申请撤销婚姻应当自胁迫行为终止之日起1年内提出,若当事人被非法限制人身自由的,则应当自恢复人身自由之日起1年内提出。该期限为除斥期间,不适用诉讼时效中止、中断或者延长的规定。超过这个期限不行使撤销权的,受胁迫一方当事人不得以受胁迫为由,请求撤销其婚姻。

4. 请求撤销婚姻只能向人民法院提出

《民法典》施行前,根据《婚姻法》第11条规定,撤销婚姻由当事人选择向婚姻登记机关或人民法院申请。

《民法典》施行后,撤销婚姻只能由当事人向人民法院申请,不能再向婚姻登记机关申请。民政部《关于贯彻落实〈中华人民共和国民法典〉中有关婚姻登记规定的通知》第1条规定,婚姻登记机关不再受理因胁迫结婚请求撤销业务。

5. 可撤销婚姻和无效婚姻的区别

(1)请求权主体不同。主张婚姻无效的请求权人可以是婚姻当事人,也可以是利害关系人,具体包括当事人的近亲属及基层组织。可撤销婚姻的请求权人只能是受胁迫一方的婚姻关系当事人,其他人不享有这种权利。

(2)损害的利益范围不同。无效婚姻违反法律的强制性规定,违背社会公德,其不仅侵害了婚姻当事人自身的利益,还侵害了社会公共利益;可撤销婚姻虽然也违反法律,但侵害的主要是婚姻一方当事人的自由意志。

(3)请求权行使的时限不同。无效婚姻因违反法律的强制性规定,自始不发生法律效力,主张婚姻无效没有时间上的限制,当事人在任何时候都可以请求宣告婚姻无效。而可撤销婚姻,撤销权人应当自胁迫行为终止之日起1年内提出,若被非法限制人身自由的,则自恢复人身自由之日起1年提出。故撤销权人请求撤销违法婚姻须在一定时限内行使,超过时限,则不能行使撤销权。

(4)法律后果不同。无效婚姻的法律后果是婚姻自始无效,绝对无效。而可撤销婚姻由于仅违背了当事人的真实意志,因此不发生当然无效。如果受胁

迫一方的当事人申请撤销,法院依照法律予以撤销,发生婚姻自始无效的后果;若当事人不申请撤销,则婚姻仍继续存在,具有婚姻的法律效力。

实务问题

1. 案情简介

在胡某与夏某撤销婚姻纠纷案[1]中,××××年××月,胡某与夏某经他人介绍相识恋爱。其间,双方多次发生争吵打闹,胡某随即向夏某提出分手,夏某予以拒绝,并对胡某进行殴打。同时,对胡某扬言道“如不与我结婚,将打断你的腿”,还以言语威胁胡某父母的生命、身体健康等方式,强行要求胡某与其结婚。胡某在夏某的胁迫下,双方于××××年××月××日在民政局婚姻登记机关领取结婚证。后胡某与夏某继续多次争吵打闹,胡某父母遂发现异常,在多次追问下,胡某方如实告知与夏某办理登记结婚并非自愿,而系夏某胁迫而为。在胡某家人的支持下,胡某于2015年10月30日诉至法院,请求撤销婚姻。

2. 评析

本案中,夏某在恋爱遭拒绝后,以殴打、言语威胁胡某及家人等要挟方式,胁迫胡某与其领取结婚证,违背了胡某的真实意愿结婚,故胡某请求撤销该婚姻,依法应予支持。虽然胡某家人支持胡某申请撤销婚姻,但不能以自己的名义直接向法院提出,只能由胡某向法院起诉。

(编写人:韩　芳)

法律条文

第一千零五十三条　一方患有重大疾病的,应当在结婚登记前如实告知另一方;不如实告知的,另一方可以向人民法院请求撤销婚姻。

请求撤销婚姻的,应当自知道或者应当知道撤销事由之日起一年内提出。

条文主旨

本条是关于当事人患有重大疾病未履行婚前告知义务,可撤销婚姻的规定。在结婚登记前,如果一方患有重大疾病,虽不属于禁止结婚的情形,但应当在结婚登记前如实告知另一方,若不如实告知的,另一方当事人享有撤销婚姻关系的

① 湖北省随州市曾都区人民法院(2015)鄂曾都民初字第02421号。

权利。撤销权的行使期间为自知道或应当知道撤销事由之日起 1 年内，该期间为除斥期间，不适用诉讼时效中止、中断和延长的规定。

新旧法对比

《婚姻法》	《民法典》
第七条　有下列情形之一的，禁止结婚：……（二）患有医学上认为不应当结婚的疾病。 第十条　有下列情形之一的，婚姻无效：……（三）婚前患有医学上认为不应当结婚的疾病，婚后尚未治愈的。……	第一千零五十三条　**一方患有重大疾病的，应当在结婚登记前如实告知另一方；不如实告知的，另一方可以向人民法院请求撤销婚姻。** **请求撤销婚姻的，应当自知道或者应当知道撤销事由之日起一年内提出。**

理解与适用

1. 患有重大疾病相对方依据本条请求撤销婚姻的条件

（1）一方患有重大疾病。对于重大疾病认定，《民法典》及相关司法解释未作出明确规定，一般认为包括精神性疾病，以及传染性或遗传性疾病，应具体案件具体分析。

（2）一方婚前患有重大疾病。一方重大疾病的患病时间应限于结婚登记前，若一方在婚后才患有重大疾病且未如实告知另一方，因这种情形下结婚登记时一方未患有重大疾病，不影响另一方是否缔结婚姻的自由意思，不符合本条规定情形，另一方不享有撤销权。

（3）一方婚前未如实告知。如果一方虽患有重大疾病，但在结婚登记前已经如实告知另一方，另一方仍自愿与其结婚的，则另一方不享有撤销权。但若患病一方虽告知另一方其患病事实，但没有如实告知患有重大疾病相关情况，足以影响另一方作出是否与其结婚的决定的，则仍视为未履行婚前告知义务，另一方有权行使撤销权。

2. 患有重大疾病相对方请求撤销婚姻的程序

根据本条规定，行使撤销权同样以当事人申请为前提，应当向人民法院提出申请，行使撤销权的主体为患有重大疾病相对方，撤销权行使的期间是 1 年，此为除斥期间，不适用诉讼时效中止、中断和延长的规定，自另一方知道或者应当知道撤销事由之日起 1 年内起算。

实务问题

1. 案情简介

在曹某与陶某撤销婚姻纠纷案[1]中，曹某诉称：其与陶某于××××年××月××日登记结婚。登记当日，双方接受了婚前体检，在检查结果尚未出来前，双方于当日即领取了结婚证。因陶某婚检结果异常，婚检中心通知双方至区疾控中心复查是否确诊 HIV。后市疾病预防控制中心出具了 HIV 抗体确证检测报告单，结论为陶某 HIV-1 抗体阳性。后陶某一直在进行治疗。曹某在得知陶某的患病情况后一直未与陶某一起共同生活。双方婚后无共同财产，也无生育子女。曹某诉至法院请求撤销婚姻。

2. 律师点评

《民法典》施行前，HIV 属于医学上认为不应当结婚的疾病，婚后尚未治愈的，婚姻应为无效。《民法典》施行后，虽然在禁止结婚和无效婚姻的情形中删除了不应当结婚的疾病，但增加规定一方患有重大疾病在结婚登记前未如实告知另一方的，另一方享有婚姻撤销权。HIV 属于传染性疾病，对婚姻当事人及家庭成员的身体健康具有较大的危害，属于重大疾病，双方在结婚登记当日虽进行体检，在检查结果出来前即进行登记，陶某亦未如实告知曹某其患有重大疾病的事实，现曹某诉至法院请求撤销婚姻，于法有据，应予支持。

（编写人：韩　芳）

法律条文

第一千零五十四条　无效的或者被撤销的婚姻自始没有法律约束力，当事人不具有夫妻的权利和义务。同居期间所得的财产，由当事人协议处理；协议不成的，由人民法院根据照顾无过错方的原则判决。对重婚导致的无效婚姻的财产处理，不得侵害合法婚姻当事人的财产权益。当事人所生的子女，适用本法关于父母子女的规定。

婚姻无效或者被撤销的，无过错方有权请求损害赔偿。

条文主旨

本条是关于婚姻无效或者被撤销法律后果的规定。婚姻无效或者被撤销具

① 江苏省苏州市吴江区人民法院（2020）苏 0509 民初 13019 号。

有溯及力，自婚姻关系成立时即没有法律约束力，当事人共同生活期间非婚姻关系而是同居关系，互不具有夫妻的权利和义务。同居期间所得的财产，由当事人协议处理；协议不成的，由人民法院根据照顾无过错方的原则判决。对重婚导致婚姻无效时的财产处理，不得侵害前一个合法婚姻当事人的财产权益。婚姻无效或者被撤销，虽然婚姻当事人之间不能建立夫妻关系，但不影响其所生的子女与当事人的父母子女关系，他们之间的权利义务仍适用本法关于父母子女的规定。

本条第 2 款增加了婚姻无效或者被撤销，无过错一方有权请求损害赔偿的规定。

新旧法对比

《婚姻法》	《民法典》
第十二条　无效或被撤销的婚姻，自始无效。当事人不具有夫妻的权利和义务。同居期间所得的财产，由当事人协议处理；协议不成时，由人民法院根据照顾无过错方的原则判决。对重婚导致的婚姻无效的财产处理，不得侵害合法婚姻当事人的财产权益。当事人所生的子女，适用本法有关父母子女的规定。	第一千零五十四条　无效的或者被撤销的婚姻**自始没有法律约束力**，当事人不具有夫妻的权利和义务。同居期间所得的财产，由当事人协议处理；协议不成的，由人民法院根据照顾无过错方的原则判决。对重婚导致的无效婚姻的财产处理，不得侵害合法婚姻当事人的财产权益。当事人所生的子女，适用本法关于父母子女的规定。 **婚姻无效或者被撤销的，无过错方有权请求损害赔偿。**

理解与适用

1. 婚姻被宣告无效或者被撤销后的法律后果

（1）对"婚姻"当事人的法律后果。婚姻被宣告无效或撤销后，当事人之间的婚姻关系自始没有法律约束力。当事人之间不具有夫妻的权利义务，相互之间不享有配偶权、扶养权、继承权等，并且自始不存在相关权利义务。

（2）对此期间财产的法律后果。婚姻被宣告无效和撤销后，双方当事人之间的财产关系不适用夫妻财产制的相关规定。对于同居期间的所得财产，首先应尊重当事人的意愿，由当事人协商处理，协商不成的，由人民法院根据照顾无过错方的原则判决。《民法典婚姻家庭编解释（一）》第 22 条规定："被确认无效或者被撤销的婚姻，当事人同居期间所得的财产，除有证据证明为当事人一方所有的以外,按共同共有处理。”对当事人同居期间所得的财产,原则按共同共有处理,但若一方当事人有证据证明财产为其个人所有的除外。

对于因重婚导致婚姻无效的,可以给重婚导致无效婚姻中无过错的一方当事人多分同居期间所得财产,但不得侵害重婚一方第一个合法婚姻的配偶一方当事人的财产权益。

(3)对子女的法律后果。对于无效婚姻关系或者可撤销婚姻关系中父母所生育的子女,不认为是非婚生子女,根据本条规定,当事人所生的子女与父母之间的关系不因婚姻无效或被撤销而消灭,仍适用本法关于父母子女的规定,相互之间仍有抚养、教育、赡养、探望和继承等权利和义务。

(4)无过错一方享有损害赔偿请求权。《婚姻法》第 46 条只规定了离婚时无过错一方要求离婚损害赔偿的权利,并未规定婚姻被宣告无效或者被撤销后无过错一方的损害赔偿请求权。本条规定的请求权仅限于无过错一方享有,对婚姻无效或者被撤销有过错的一方或者双方都有过错的,均不享有该请求权。损害赔偿的范围包括物质损害赔偿和精神损害赔偿。

2. 婚姻无效或者被撤销均应由当事人向人民法院申请

(1)婚姻无效或者被撤销,应履行法定程序。我国立法对婚姻无效采取的是宣告无效主义,须经人民法院宣告确认婚姻无效,该无效婚姻才正式不受法律保护。《民法典婚姻家庭编解释(一)》第 20 条规定:“民法典第一千零五十四条所规定的‘自始没有法律约束力’,是指无效婚姻或者可撤销婚姻在依法被确认无效或者被撤销时,才确定该婚姻自始不受法律保护。”

(2)《民法典》施行前,无效婚姻应由当事人申请人民法院宣告,可撤销婚姻则由当事人选择向婚姻登记机关或人民法院申请。《婚姻法》第 11 条规定:“因胁迫结婚的,受胁迫的一方可以向婚姻登记机关或人民法院请求撤销该婚姻。……”

(3)《民法典》施行后,无效或者可撤销婚姻均由当事人向人民法院申请。《民法典》第 1052 条第 1 款规定:“因胁迫结婚的,受胁迫的一方可以向人民法院请求撤销婚姻。”

实务问题

1. 案情简介

在邵某与刘某的婚姻无效纠纷案[①]中,2007 年 9 月 29 日,邵某与徐某登记

① 北京市西城区人民法院(2021)京 0102 民初 1 号。

结婚。后邵某与徐某感情破裂,但由于其他原因一直未办理离婚。2020年5月6日,邵某与刘某办理了结婚登记。刘某发现重婚事实后诉至法院,请求判令其与邵某婚姻无效。法院认为,根据《民法典》第1051条规定,有重婚情形的,婚姻无效。邵某在与徐某婚姻关系存续期间,再次与刘某结婚的行为构成重婚,该婚姻应属无效。判决:邵某与刘某的婚姻无效。

2. 评析

邵某前后两次登记结婚,属于典型的重婚,其与刘某的婚姻违反法律规定,应为无效。但需经当事人申请法院宣告无效。

(编写人:韩　芳)

第三章　家庭关系

第一节　夫妻关系

法律条文

第一千零五十五条　夫妻在婚姻家庭中地位平等。

条文主旨

夫妻作为婚姻家庭关系的核心，在婚姻家庭中地位平等，是男女平等婚姻制度的必然要求，也正是《宪法》及有关法律所规定的男女平等原则的具体体现。男女两性在婚姻关系和家庭生活各个方面处于平等的地位，包括以下三层含义：(1)男女双方在婚姻家庭中不得有任何性别歧视；(2)男女双方权利义务平等；(3)男女双方人格平等。

新旧法对比

《婚姻法》	《民法典》
第十三条　夫妻在家庭中地位平等。	第一千零五十五条　夫妻在婚姻家庭中地位平等。

理解与适用

法律上的男女平等原则，是针对历史上长期存在的男尊女卑和性别歧视而言的，是近代民主法治的一项基本法律原则。当今社会，仍存在性别歧视现象，男女两性相互尊重、人格独立、平等参与、公平竞争尚未完全实现。本条规定正是以贯彻男女平等为目标。

本条是处理夫妻关系的基本规范，是确定夫妻权利义务的基础，在夫妻关系中具有统帅地位。在家庭中涉及夫妻关系的问题较多、较为复杂，一旦出现法律没有规定的问题而又需要解决时，则必须以此为依据来处理问题。

实务问题

1. 夫妻在婚姻家庭中地位平等的基本含义包括以下三个方面：

（1）男女双方在婚姻家庭中不得有任何性别歧视。在现实社会中，与男性相比，女性在政治利益和经济利益方面处于弱势地位，而在处理婚姻家庭事务方面，女性处于有利地位。但是家庭劳动和养育责任并非女性的天职，而纵横职场、买车买房也并非男性的职责。在婚姻家庭中可依强弱分人，而不是以性别分人。

（2）权利义务平等。夫妻在家庭中的权利义务是相等的。在享受权利的同时，也应承担相应的义务。在家庭关系中，不能存在一方只享受家庭上的权利而不承担家庭上的义务，也不能只履行家庭上的义务，而不享有家庭上的权利。夫妻应当互相尊重，做到互相帮助、互敬互爱，共同促进家庭幸福与和睦，维护作为社会细胞而存在的家庭的健康。

（3）人格平等。相对夫妻双方而言，每个人的法律地位都是平等的，都有自己的人格尊严。根据《宪法》规定："中华人民共和国公民的人格尊严不受侵犯。禁止用任何方法对公民进行侮辱、诽谤和诬告陷害。"《宪法》这一规定也要求，在家庭关系中，夫妻人格平等。另外，需要指出的是，夫妻在家庭中地位平等并不是说夫妻在家庭事务上必须平均承担，家庭事务是不是平均承担，怎样承担，则由具有平等人格的夫妻相互协商，自愿商定。

2. 夫妻在家庭中地位平等的具体表现为：

（1）在人身权方面：①夫妻双方都有各用自己姓名的权利；②夫妻双方都有参加生产、工作、学习和社会活动的自由，一方不得对另一方加以限制或干涉。

（2）在财产权方面：①夫妻在婚姻关系存续期间所得的《民法典》第 1062 条所规定的财产，归夫妻共同所有。②夫妻对共同所有的财产，有平等的处理权。③夫妻可以约定婚姻关系存续期间所得的财产归各自所有或部分所有、部分各自所有，也可以约定婚前财产归共同所有。约定应当采用书面形式，没有约定或者约定不明确的，适用《民法典》关于共同财产、个人财产的规定。④夫妻对婚前财产以及婚姻关系存续期间所得的财产的约定，对双方具有约束力。⑤夫妻有互相扶养的义务，一方不履行扶养义务时，需要扶养的一方，有要求对方付给扶养费的权利。

（编写人：马玉珍）

法律条文

第一千零五十六条　夫妻双方都有各自使用自己姓名的权利。

条文主旨

夫妻享有平等姓名权，夫妻双方都有各自使用自己姓名的权利，不因婚姻关系而改变姓名。本条也是男女平等原则的具体化体现。

新旧法对比

《婚姻法》	《民法典》
第十四条　夫妻双方都有各用自己姓名的权利。	第一千零五十六条　夫妻双方都有各**自使**用自己姓名的权利。

理解与适用

中国古代，对已嫁女子以夫家姓氏相称的习俗，大致在汉魏之际构成雏形，到南朝末期蔚成风气。究其原因，是为增进家族成员之间的凝聚力。然而其副作用是妻子对夫家人身依附关系的进一步加强。

在古代，妇从夫姓是男权社会的产物，而在近现代，社会给予妇女极大的选择权，可选择随夫姓，也可选择不改变现有姓氏。夫妻之间不存在任何人身依附关系，各自使用自己的姓名正是摆脱人身依附关系的体现。本条规定夫妻双方都有各自使用自己姓名的权利，对于巩固夫妻在婚姻家庭中的平等地位，具有重要意义。

实务问题

姓名权是自然人依法享有的决定、使用和变更自己姓名，并排除他人干涉和非法使用的权利。姓名权是人格权的重要内容，主要包括姓名决定权、使用权和变更权。自主决定、使用、变更自己姓名是人格尊严和人格平等的重要体现。本条也是《民法典》总则编和人格权编关于姓名权问题在婚姻家庭领域的具体化，是婚姻家庭这一特殊领域中对自然人姓名权的特别规定。

目前，在我国婚姻家庭关系中，已经基本实现了夫妻各自使用自己姓名的立法目的。《民法典》继续巩固原有立法成果，沿用《婚姻法》的规定。在实践中，有关夫妻姓名权的问题已演变成一个文化习俗问题，并非对配偶性别和人格的歧视。有关夫妻姓名权的纠纷几乎已经不存在。

（编写人：马玉珍）

法律条文

第一千零五十七条 夫妻双方都有参加生产、工作、学习和社会活动的自由,一方不得对另一方加以限制或者干涉。

条文主旨

夫妻双方享有人身自由权,双方均有选择职业、接受教育和参加社会活动的自由,一方不得对另一方进行限制或干涉。

新旧法对比

《婚姻法》	《民法典》
第十五条 夫妻双方都有参加生产、工作、学习和社会活动的自由,一方不得对他方加以限制或干涉。	第一千零五十七条 夫妻双方都有参加生产、工作、学习和社会活动的自由,一方不得对**另一**方加以限制或干涉。

理解与适用

人身自由权是每个公民的权利,是最重要的人权,也是《宪法》所规定的人身自由权在婚姻家庭领域的具体体现。本条规定,夫妻双方具有自主决定选择职业、接受教育和参加社会活动的自由,但本条的目的实际上是强调女性有参加社会活动、进行社会交往、从事社会职业的权利,并且禁止丈夫的限制和干涉。这一规定的目的在于限制丈夫对妻子人身自由权利的干涉,是当今社会女性参与社会活动权利的重要体现。

在古代中国,女性在家庭中处于从属地位,作为妻子更是受到各种约束。女性凡事"皆从男子","女不言外","在家从父、出嫁从夫、夫死从子",女性被囚禁在家庭的牢笼之中,从事家务劳动,无权过问和参与社会公共管理事务。由于女性在家庭中的从属地位,使女性无法享有与男性平等的地位。另外,由于其不能从事社会活动,在社会上更没有地位。

要真正贯彻男女平等原则,根本上应当增强女性自立自强的本领。女性只有积极参加学习、不断提高自身的政治觉悟和文化素质,参加公共劳动和社会活动,才能使女性的家庭和社会地位真正得到提高,也才能实现真正的男女平等。因此,法律规定,妇女有参加生产、工作、学习和社会活动的自由。

对本条夫妻人身自由权的理解,不应过于绝对和片面。不能过于强调夫妻个人的自由而无视夫妻的家庭生活利益。夫妻行使人身自由的权利,必须符合法律与社会主义道德的要求,必须做到与其他权利义务的一致。为了家庭的共同利益,夫妻双方必然存在适当的分工,同时,男女生理的差异也导致各自在家庭中的分工存在不同。如果一方一味地强调个人自由,而忽视家庭整体利益,势必会严重影响家庭的和谐稳定。只有在有利于夫妻共同生活利益范围内,夫妻之间互相尊重、互谅互让、互相协商,将参加工作、劳动和社会活动与尽到对家庭的责任协调一致,才能增进夫妻婚姻生活的和谐幸福。

(编写人:马玉珍)

法律条文

第一千零五十八条　夫妻双方平等享有对未成年子女抚养、教育和保护的权利,共同承担对未成年子女抚养、教育和保护的义务。

条文主旨

本条是从夫妻关系的角度,着重规定对未成年子女的抚养、教育和保护的权利义务,由夫妻双方平等享有和承担,是夫妻平等享有和承担对未成年子女抚养、教育和保护的权利与义务的原则性规定。

新旧法对比

《婚姻法》	《民法典》
第二十一条　父母对子女有抚养教育的义务;子女对父母有赡养扶助的义务。 父母不履行抚养义务时,未成年的或不能独立生活的子女,有要求父母付给抚养费的权利。 子女不履行赡养义务时,无劳动能力的或生活困难的父母,有要求子女付给赡养费的权利。 禁止溺婴、弃婴和其他残害婴儿的行为。	第一千零五十八条　**夫妻双方平等享有对未成年子女抚养、教育和保护的权利,共同承担对未成年子女抚养、教育和保护的义务。**

理解与适用

本条是在综合父母权利义务内容的基础上,从夫妻关系角度进行的规定,强调夫妻对未成年子女的抚养、教育和保护的权利义务是平等的。夫妻任何一方不得擅自剥夺对方的该项权利,一方不履行该项权利所包含的义务时,另一方可以作为未成年子女的法定代理人要求其履行。

1. 关于抚养权利和义务

夫妻双方对未成年子女的抚养,是指父母从物质上、精神上养育和照顾子女,负担子女的生活费、教育费,在生活上、精神上照管子女。父母对未成年子女的扶养义务产生于子女出生的法律事实,成年子女有独立生活能力时,父母对子女的抚养义务即告终止。父母在抚养未成年子女上的权利义务是平等的。

夫妻在婚姻关系存续期间,虽然可能在形式上一方经济收入高,另一方经济收入低或主要从事家务劳动无经济收入,但婚姻关系存续期间,一方的经济收入在所有权归属上应为夫妻共同财产。因此,一般认为是夫妻共同承担了子女抚养费用,而不是简单地以经济收入的多少来确定父母是否平等地履行了抚养义务。

婚姻关系存续期间,如果夫妻为分居状态,一方不支付子女抚养费,另一方单独承担抚养费,在经济上产生困难,影响子女健康成长的。此时,子女抚养费请求权的行使,是夫妻共同承担子女抚养义务的一种方式。对于离婚后,夫妻双方仍平等地享有抚养的权利和义务。子女由一方直接抚养的,另一方应当负担部分或者全部抚养费。

2. 关于教育权利和义务

夫妻双方对未成年子女的教育,是指父母应当按照法律和道德要求,采取正确的方法,对其未成年子女进行教导和必要的约束,其目的是保障未成年子女的身心健康。对未成年子女的管教应当尊重其人格尊严,适应未成年人身心发展的特点,通过多种形式进行教育和管束。另外,父母应当配合国家的义务教育政策,不得使未成年子女辍学。

夫妻双方对未成年子女的教育享有平等的权利,若双方在教育未成年子女的理念上存在矛盾,双方应当从保护未成年人的角度出发,通过协商方式统一教育理念。如果配偶一方使用的教育方式明显有害于未成年子女身心健康,另一方有权作为未成年子女的法定代理人提出异议。

3. 关于保护权利和义务

夫妻双方对未成年子女的保护,是指父母作为未成年人的法定监护人,在其未成年子女遭到或即将遭到来自外界的各种危险或侵害时,采用必要的措施和手段防止或排除的权利和义务。父母对未成年子女保护的权利和义务主要包括人身保护和财产保护。人身保护包括居所决定权、法定代理权、交往权等;财产保护主要针对子女财产及收益管理。

当未成年子女的民事权益受到侵害时,其父母或者父母一方作为其法定代理人,有向侵权者请求民事损害赔偿的权力。当未成年子女对国家、集体或他人造成损害时,父母有承担民事责任的义务。如果未成年子女有自己的财产,造成他人损害时,从其本人财产中支付赔偿费用。不足部分,由其父母赔偿。

实务问题

夫妻双方因为感情问题分居或离婚诉讼阶段,各自财产独立,一方不向另一方支付孩子的生活费、教育费等费用支出,另外一方是否可以主张在此期间的抚养费?

答案是可以的。《民法典婚姻家庭编解释(一)》第43条规定"婚姻关系存续期间,父母双方或者一方拒不履行抚养子女义务,未成年子女或者不能独立生活的成年子女请求支付抚养费的,人民法院应予支持。"

笔者曾经代理的多起离婚案件中,关于孩子抚养费,均从分居后另外一方不支付相关费用的时点开始计算抚养费,法院也均予以支持。当然,在实务中,代理抚养孩子一方,往往忽略该部分费用的主张请求权,如果认为只有离婚后才能单独向对方主张孩子的抚养费,势必会造成当事人的利益损失。处理此类案件,一定要注意这个问题。

(编写人:马玉珍)

法律条文

第一千零五十九条　夫妻有相互扶养的义务。

需要扶养的一方,在另一方不履行扶养义务时,有要求其给付扶养费的权利。

条文主旨

夫妻基于配偶身份应当相互帮助、相互供养,包括经济上的供养、生活上的照顾以及精神上的慰藉。夫妻相互扶养的义务是法定义务,在另一方不履行扶养义务时,需要扶养的一方有要求其给付扶养费的权利。

新旧法对比

《婚姻法》	《民法典》
第二十条　夫妻有互相扶养的义务。 一方不履行抚养义务时，需要扶养的一方，有要求对方付给扶养费的权利。	第一千零五十九条　夫妻有**相互**扶养的义务。 **需要扶养的一方**，在另一方不履行扶养义务时，有要求其**给付**扶养费的权利。

理解与适用

夫妻间的扶养义务是基于婚姻的法律效力而产生的，既是双方当事人从缔结婚姻开始就共生的义务，也是婚姻或家庭共同体得以维系和存在的基本保障，同时也是婚姻所负载的基本功能。所谓夫妻间的扶养义务，就是指夫妻双方在生活上相互供养、扶助的责任，包括经济上的供养、生活上的照顾以及精神上的慰藉，如丈夫有住房的，应当向妻子提供该住房供其居住。夫妻共同负担日常生活费用也是扶养义务的体现。夫妻间的扶养义务是无条件的、必须履行的，无论义务人生活是否富裕，都必须尽其所能甚至降低自己的生活水平，以履行扶养对方的义务，使受扶养人的生活水平达到与扶养人相当或接近的标准。

实务问题

我国法律规定的夫妻间的扶养义务有以下特点：第一，夫妻间的扶养义务是基于夫妻双方婚姻的效力而产生的，其目的在于保障夫妻间共同生活的维持，是婚姻关系的必然要求；第二，夫妻间的相互扶养既是义务又是权利，即夫妻都有扶养对方的义务，也都有接受和要求对方扶养的权利；第三，夫妻相互扶养的义务是法定义务，具有法律的强制性。

根据本条的规定，有扶养能力的一方，对于有残疾、患有重病、经济困难的配偶，必须主动承担扶助、供养责任。夫或妻一方不履行扶养义务时，需要扶养的一方可以根据本条第2款的规定，要求对方给付扶养费。应当给付扶养费的一方拒绝给付的，需要扶养的一方可以通过诉讼手段获得扶养费。一般情况下，人民法院根据扶养权利人一方的实际需要、支付扶养费一方的经济能力以及当地居民的平均生活水平确定夫妻间扶养费的给付标准。如果夫或妻一方患病或者没有独立生活能力，有扶养义务的配偶拒绝扶养，情节恶劣，构成遗弃罪的，应当承担刑事责任。

夫妻互相扶养是在婚姻关系存续期间的法定义务，当离婚时，原夫妻双方便不再负担互相扶养的义务。如果一方在离婚后生活困难的,另一方可以给予其适当的经济帮助。

(编写人:马玉珍)

法律条文

第一千零六十条　夫妻一方因家庭日常生活需要而实施的民事法律行为,对夫妻双方发生效力,但是夫妻一方与相对人另有约定的除外。

夫妻之间对一方可以实施的民事法律行为范围的限制,不得对抗善意相对人。

条文主旨

本条是关于夫妻日常家事代理权的规定。夫妻一方因家庭日常生活需要而实施的民事法律行为,除非实施法律行为一方与相对人另有约定,否则对夫妻双方发生法律效力。夫妻双方可以约定一方实施的涉及家庭日常生活民事法律行为的范围,该约定对夫妻双方具有法律约束力,如果该民事法律行为的相对人不知道或不应当知道该约定的,不受其约束。

新旧法对比

无	《民法典》
无	第一千零六十条　**夫妻一方因家庭日常生活需要而实施的民事法律行为,对夫妻双方发生效力,但是夫妻一方与相对人另有约定的除外。** **夫妻之间对一方可以实施的民事法律行为范围的限制,不得对抗善意相对人。**

理解与适用

本条是关于日常家事代理的范围、限制和法律效果的规定。明确夫妻日常家事代理权,不仅平衡了夫妻内部的利益,充分保障了夫妻之间的平等权利,保护了夫妻间的合法财产,同时也对保护交易相对人,维护交易稳定和安全起到了积极作用。

夫妻一方因家庭日常生活需要而实施的民事法律行为,对夫妻双方发生法律效力,即因家庭生活所需,夫妻一方有权自主决定实施民事法律行为,例如到超市购买生活用品等,夫妻双方对其中一方所实施的民事法律行为负有责任。

夫妻日常家事代理权的基本内涵是:夫妻在日常家事范围内,与第三人发生民事法律关系时,依法享有相互代理的权利,无须对方授权,该民事法律行为的后果及于夫妻双方,所产生的债务为夫妻双方共同债务。本条从立法角度明确了所有因家庭日常生活需要实施的行为对夫妻双方发生效力。

日常家事代理权对于保护与夫妻一方交易的第三人的合理信赖利益具有重要作用,即只要是在家庭日常生活范围内的民事法律行为,不需要第三人举证证明夫妻中的一方已经过另一方的授权。但法律亦遵循意思自治原则,如果该第三人与夫妻一方约定仅为双方个人行为,对夫妻另一方不发生法律效力,该约定对第三人具有法律约束力。

日常家事代理权确定了在日常家事范围内夫妻的法定代理权和连带责任,也为交易中第三方利益的保护提供了切实的法律依据。由于夫妻之间代理权的限制很难为外人知晓,故本条第 2 款规定,双方之间内部关于限制代理权的约定,不得对抗善意第三人,以保护善意第三人的利益。这是在认可日常家事法定代理的情况下,区分内外部关系,在夫妻内部关系中尊重双方之间的约定,但对外要保护善意第三人的利益。

实务问题

1. 夫妻一方处分共有房屋后,另一方以不知晓为由要求确认交易行为无效,如何处理

夫妻之间对民事法律行为范围的协议不能对抗善意第三人。夫妻双方可对实施民事法律行为进行约定,双方在不违反法律规定的情况下自愿协商即可。但是,这个约定仅在夫妻双方之间有效,这是对善意第三人的保护,也是对交易安全的保障,避免夫妻一方以夫妻行为限制约定为由破坏社会秩序。

2. 案例①

(1)案情简介。

2008 年 6 月,张某在一期拍卖会上,以 8.06 万元的价格竞买了岳池县顾县镇顾兴大街一处房屋。2008 年 7 月,李某与张某签订了《房屋买卖协议》,约定甲方即张某自愿将其私有的岳池县顾县镇顾兴大街的房屋以 12 万元的价格卖

① 四川省岳池县人民法院(2014)岳池民初字第 453 号。

给乙方即李某，同时约定：所购房屋乙方要求在1年内办理产权过户手续的营业税由乙方承担；5年后办理产权过户的，按当时国家有关部门规定由甲方负责税费，买卖双方必须到场。当年8月8日，李某向张某支付了12万元的购房款，两人完成交付，李某对该房进行整修后一直居住至2014年。后李某要求张某履行协议办理该房的产权证，但张某的妻子邹某认为，该房产应属于夫妻共同财产，自己对两人签订的《房屋买卖协议》之事不知情，张某无权私自处分该房，请求法院确认李某与张某签订的《房屋买卖协议》无效。

法院经审理认为，讼争之房产权虽登记为张某所有，但因张某取得该房时与被告邹某是合法夫妻，依照法律的规定，该房应归夫妻共同所有，夫妻均有平等的处理权。但邹某虽主张买卖无效，但未能证明受让人为恶意，则应推定受让人李某为善意，李某应有理由相信该行为是夫妻双方的共同意思表示。张某在讼争之房买和卖中，仅仅1个多月的时间，房屋就溢价近4万元，张某没有隐瞒邹某的必要，且李某在该房屋内居住长达5年之久，邹某一直都在本城居住，却从未对该房的使用情况过问，也未对该房收取租金，因此，可以推定张某出卖讼争房屋时邹某应当知情。故张某一方所为之后果，对善意第三人李某构成表见代理，该处分行为仍为有效。现邹某以不知道或未经同意为由，对抗房屋买卖合同的效力，是没有理由的。故法院确认李某与张某签订的《房屋买卖协议》有效。

(2)评析。

依照民法上严格意义的有权代理，代理人需具有委托人书面或口头的委托授权，代理人在授权范围内从事的行为才能对委托人发生效力。《民法典》第1060条在民法一般代理制度的基础上，基于夫妻关系的特殊性就夫妻间代理行为的效力作了特别的规定，从而确立了我国的家事代理权制度。依据这一规定，处分事项不同，家事代理权的适用范围与条件也就不同。

在处理日常家庭事务上，夫妻间的家事代理权具有相对无条件的适用性。也就是说，家事代理权的行使范围一般限于日常家庭事务。在这一范围内从事事务，只要识别双方具有夫妻关系，即可认定其具有家事代理权，无须附加其他限制性条件。在非因日常生活需要对夫妻共同财产作重要处理决定的事务方面，不能绝对适用家事代理权，应强调夫妻双方意思表示的一致性。除非与之进行民事法律行为的相对人善意地有理由相信一方的处分行为是夫妻双方的共同意思表示，否则不能认定为家事代理。

本案中邹某在法庭上辩称，李某与张某签订的《房屋买卖协议》的行为系无权代理,涉及买卖涉讼房屋的协议对其不产生效力。但本案的特殊之处在于,张某与邹某系夫妻关系。张某代其妻子订立的协议是否对其妻子产生拘束力,关键在于相对人是否有理由相信这一处分家庭不动产的行为属于夫妻双方共同意思的表示,同时相对人是否属于善意,即相对人当时是否明确知道订约人的行为属于无权代理的行为。综观本案事实,我们认为张某的订约行为构成家事代理,其责任邹某应当承担。

北京市高级人民法院《关于审理房屋买卖合同纠纷案件若干疑难问题的会议纪要》(京高法发〔2014〕489号)中规定"夫妻一方未经另一方同意,以自己名义转让登记在自己名下的法定共有房屋,当事人以出卖人在缔约时对房屋没有所有权或者处分权为由主张房屋买卖合同无效的,不予支持。"

前款房屋已经交付但尚未办理过户登记,不符合《物权法》第106条第1款规定的善意取得构成要件,买卖合同构成法律上的履行不能,买受人要求继续履行买卖合同办理房屋过户登记的,法院应当释明买受人可以主张解除合同,经释明买受人坚持不变更诉讼请求的,应当判决驳回其诉讼请求。房屋买卖合同解除的,善意买受人有权要求出卖人承担包括赔偿房屋差价损失在内的违约责任。

前款房屋已经过户登记到买受人名下,但不符合《物权法》第106条第1款规定的善意取得其他构成要件,夫妻另一方依据该规定要求追回房屋的,应予支持。

该会议纪要的精神,恰恰和夫妻之间的家事代理权的相关规定不谋而合。夫妻一方处分房屋也属于行使家事代理权。即使夫妻之间对一方可以实施的民事法律行为范围有约定和限制,但不得对抗善意相对人,即买受人。此时未签字一方主张该买卖合同无效的,法院不予支持。即使房屋买卖合同无法履行,此时买受人仍可基于善意,要求夫妻双方承担违约责任、赔偿差价损失等。

《民法典婚姻家庭编解释(一)》第28条对此也作出了明确规定,即"一方未经另一方同意出售夫妻共同所有的房屋,第三人善意购买、支付合理对价并已办理不动产登记,另一方主张追回该房屋的,人民法院不予支持。夫妻一方擅自处分共同所有的房屋造成另一方损失,离婚时另一方请求赔偿损失的,人民法院应予支持。"

该条款是对夫妻家事代理权的细化,特别是涉及家庭重大财产事项的处分问题,既考虑了善意第三人的善意取得,又细化了一方滥用家事代理权所造成财产损失情况下,另外一方可以据此主张损害赔偿。

(编写人:马玉珍)

法律条文

第一千零六十一条　夫妻有相互继承遗产的权利。

条文主旨

本条是关于夫妻相互之间享有遗产继承权的规定。配偶基于其特殊的身份关系,可以相互继承对方的遗产。夫妻间的继承权因结婚而发生,因离婚而终止。

新旧法对比

《婚姻法》	《民法典》
第二十四条　夫妻有相互继承遗产的权利。 父母和子女有相互继承遗产的权利。	【内容不变】第一千零六十一条

理解与适用

本条是关于夫妻之间继承权的规定。夫妻之间相互享有继承遗产的权利,配偶基于其特殊的身份关系,与基于血亲的父母、子女同作为第一顺位的法定继承人,可以相互继承对方的遗产。夫妻一方继承对方遗产的权利,是夫妻之间基于配偶身份关系享有的财产利益,是婚姻效力即夫妻权利义务中不可缺少的内容。

夫妻相互继承遗产的权利是继承制度的重要组成部分,本条也是《民法典》第1127条关于配偶为第一顺序法定继承人的依据。之所以将夫妻相互享有继承权规定在婚姻效力中,而不是明确规定在继承法律规范中,究其原因是考虑到夫妻相互遗产继承权,是配偶身份关系在民事财产法效力中仅次于夫妻共同财产权的重要内容。因此,虽将《婚姻法》和《继承法》统一编入《民法典》,但从各自制度体系相对独立完整的角度考虑,沿用该条仍有其必要。

关于夫妻之间相互继承权应注意以下问题。

1. 夫妻继承权的产生

婚姻关系的合法存在,即夫妻身份的现实存续,是夫妻间相互享有继承权的先决条件。只有在婚姻关系依法有效缔结之后,合法有效终止之前,配偶一方死亡,另一方才享有继承权。即使当配偶一方死亡时,双方正处于长期分居状态或者处于离婚诉讼过程中,生存配偶方仍对死者遗产享有继承权。

2. 夫妻继承权不受侵犯

夫妻互为第一顺序继承人,享有同等的继承权。配偶与子女、父母共同作为第一顺序继承人参与对死者遗产的继承,他们的遗产继承份额一般应当均等。任何人均不得以任何借口剥夺、干涉或妨碍生存配偶对继承权的享有和行使。

夫妻继承权不受婚姻存续时间长短的影响,也不受生存一方是否再婚的妨碍。根据本条规定,夫妻一方死亡后,生存的另一方依法继承死者遗产后,就取得了该财产的所有权,有权根据自己的意愿和利益在法律允许的范围内占有、使用和处理该财产,如果再婚,有权带走或处分其继承的财产。在实践中要注意防范和杜绝干涉"寡妇带产再嫁"或干涉"上门女婿带产再婚"等侵犯夫妻继承权的现象。

3. 分家析产与继承不可混淆

夫妻继承权与夫妻共同财产的分割不能相混淆。我国以夫妻共同财产制为法定财产制,凡婚姻关系存续期间所得财产均为共同财产,因而当夫妻一方死亡,其现有财产状态多为夫妻生前共有,并非全部是个人遗产。为此,必须进行夫妻共有财产的认定和分割,保障生存一方的共有财产权,同时确定死者个人遗产的价值和范围,认定和保护生存配偶及其他同一顺序继承人的继承权。防止将夫妻共同财产作为遗产继承,侵犯生存一方的合法权益。

4. 夫妻继承权的限制

只有具有合法婚姻关系的男女才能以夫妻身份参与继承。这里所指的继承权是继承期待权,是指夫妻一方死亡时,另一方享有继承死者遗产的法定可能性。至于真正实现继承对方遗产的可能,还须具备三个条件:(1)死者实际留有遗产;(2)死者生前没有用遗嘱将全部遗产处分给自己配偶以外的其他继承人;(3)生存配偶没有依法丧失继承权。

实务问题

1. 夫妻"假离婚"后遗产继承问题

夫妻相互遗产继承权应当源于合法的婚姻关系,基于配偶身份关系,因此,该权利的主体只能是合法婚姻关系的配偶。只有婚约的男女之间、姘居的以及非婚同居的男女之间、已经离婚的男女之间不享有该项权利。

2. 案例[①]

（1）案情简介。

1982年12月21日，杜某与时某结婚。双方均系再婚，婚前各自有子女，婚后未生育子女，且两人名下已有2套房屋。杜某婚前承租了石景山区一套公房，1995年房改时，因分房面积超标，无法参加房改购房。于是，杜某和时某决定“假离婚”。杜某为时某出具字条，内容为：“为了购买房子我和时某离婚，离婚后时某仍继续住在这里，并给时某3000元抵押。”后杜某以夫妻感情已经破裂为由起诉时某要求离婚。1995年12月13日，法院作出调解书确认双方离婚。此后，杜某与时某仍一直居住在一起。1996年8月6日，杜某以20,564元标准价购买该房屋，同日交纳了上述全部购房款及相关费用合计21,778.7元。1999年6月11日，该房屋登记于杜某名下。2002年12月27日，杜某与时某复婚。

2002年9月24日，杜某在公证处订立公证遗嘱，指定位于石景山区鲁谷村房屋由自己的大儿子一人继承。2017年1月25日杜某死亡后，时某主张该房产系夫妻共同财产应当分出自己的一半份额。庭审中，时某主张其与杜某系为参加房改办理离婚手续，离婚后2人仍共同居住生活，诉争房屋的购房款系2人共同支付。并提供了字据，以证明两人是假离婚。

法院经审查认定，诉争房屋系杜某在与时某结婚前承租，且在与时某离婚后签订购房合同并交纳房款购买，即便杜某与时某在离婚后仍共同居住，2人在离婚后取得的财产应当系各自的个人财产，因时某所提交的证据不能证明时某与杜某在离婚后财产混同且时某对房屋有出资。因此，法院认为对于房屋出资应当认定为杜某的个人财产支付，诉争房屋应当认定为杜某的个人财产；杜某所立的公证遗嘱，系杜某对其个人财产的合法处分，对该遗嘱的效力予以确认，涉诉房屋应该按照公证遗嘱办理，由杜某的大儿子继承。

（2）评析。

其实没有所谓的“假离婚”，法律上都是真离婚。在夫妻双方看来是“假离婚”，但从法律上看，在夫妻双方办理了离婚登记手续或者离婚裁判文书生效后，原夫妻双方不再是一个家庭，而是变为两个独立的家庭。因为夫妻双方只要履行了离婚的法律程序，离婚便具有法律效力。用于买房的钱等财产在离婚前是夫妻的共同财产，“假离婚”之后将变成一方的个人财产，另外一方当事人便难以控制该部分财产。一旦有一方不愿意复婚或者因意外去世，因离婚而带来的财产损失将无法挽回。

---

① 北京市石景山区人民法院（2017）京0107民初15148号。

《民法典》规定配偶作为第一继承人来继承遗产,此规定的"配偶"必须源于合法的婚姻关系。如果是办理了离婚手续,无论出于何种目的,作为原来的配偶一方便丧失了继承权。对于"假离婚"家庭,要慎重,建议对继承进行安排,可以立遗嘱以免人财两空。

无论是"假离婚"获取购房资质,还是"假离婚"买房避税,或者为了获得拆迁利益、政策性住房等利益,都是有极大的道德风险或者意外风险的。为了避免"假戏真唱"或飞来横祸等无法把控的局面,千万不要以身试法。当然,如果"情非得已",也要通过"协议+遗嘱"的方式来做好万全的防备。那么除了民政局备案的《离婚协议》外,还要签署一份表达真实意思的"协议",说明"假离婚"的真实意思是为了某种目的,也就是"假离婚"的意思,并写明离婚财产分割并非真实意思表示,如果发生纠纷,则仍按照共同财产予以分割。即使一方不同意复婚,仍然可以依据该协议重新分割财产,不至于自己人财两空。

同时,为了防止本案例的意外发生,要由归属财产一方签署一份遗嘱,明确:如果在"假离婚"期间发生意外,那么归属到死亡一方名下的财产如何继承。此时,尽管双方在法律上已经不是夫妻了,但是基于该遗嘱,确切地讲是遗赠,另一方仍然可以最大限度保护自己的权益。当然,此时的遗赠也要注意两个月的诉讼时效问题,不要再错误地理解为仍然是夫妻,而忽略诉讼时效的问题,一旦超出诉讼时效,再主张受遗赠的权利,有可能丧失胜诉权。

(编写人:马玉珍)

法律条文

第一千零六十二条　夫妻在婚姻关系存续期间所得的下列财产,为夫妻的共同财产,归夫妻共同所有:

(一)工资、奖金、劳务报酬;

(二)生产、经营、投资的收益;

(三)知识产权的收益;

(四)继承或者受赠的财产,但是本法第一千零六十三条第三项规定的除外;

(五)其他应当归共同所有的财产。

夫妻对共同财产,有平等的处理权。

条文主旨

本条是关于夫妻共同财产范围以及夫妻对共同财产平等处理权的规定。

新旧法对比

《婚姻法》	《民法典》
第十七条　夫妻在婚姻关系存续期间所得的下列财产，归夫妻共同所有： （一）工资、奖金； （二）生产、经营的收益； 知识产权的收益； （四）继承或赠与所得的财产，但是本法第十八条第三项规定的除外； （五）其他应当归共同所有的财产。 夫妻对共同所有的财产，有平等的处理权。	第一千零六十二条　夫妻在婚姻关系存续期间所得的下列财产，为夫妻的共同财产，归夫妻共同所有： （一）工资、奖金、**劳务报酬**； （二）生产、经营、**投资的收益**； （三）知识产权的收益； （四）继承或者受赠的财产，但是本法**第一千零六十三条**第三项规定的除外； （五）其他应当归共同所有的财产。 夫妻对共同财产，有平等的处理权。

理解与适用

我国的夫妻共同财产制采用的是婚后所得共同制，即在婚姻关系存续期间，除个人特有财产和夫妻另有约定外，夫妻双方或一方所得的财产，均归夫妻共同所有，夫妻双方享有平等的财产所有权的制度。

夫妻共同财产的来源为夫妻双方或一方所得的财产，既包括夫妻通过劳动所得的财产，也包括其他非劳动所得的合法财产。当然，法律直接规定为个人特有财产的和夫妻约定为个人财产的除外。这里讲的“所得”，是指对财产权利的取得，而不要求对财产实际占有，离婚时可能权利人并未实际占有，但这些未实际控制、占有的财产仍应认定为婚姻关系存续期间所得。

关于夫妻在婚姻关系存续期间所得的“工资、奖金、劳务报酬”。这里的“工资”应作广义的理解，泛指工资性收入。“奖金”是指除基本工资之外的各种形式的补贴、奖金、福利等。实践中，除了工资、奖金之外，还有很多人通过非固定工作获得报酬，此类财产属劳务报酬范围，不能被工资、奖金所涵盖，在双方无特别约定的情况下，均应为夫妻共同财产。

关于夫妻在婚姻关系存续期间所得的“生产、经营、投资的收益”。这里所讲的生产、经营、投资的收益，不仅是婚后所得收入在婚后的生产、经营、投资收益，也包括个人婚前财产在婚后生产、经营、投资的收益。另外，由于家庭财产投资形式日趋多元化，股票、证券、期货等投资产生的收益不能完全概括在“生产、经营的收益”范围内，因此，《民法典》增加规定“投资的收益”，能够更有针对性地回应现实社会生活。

关于夫妻在婚姻关系存续期间所得的“知识产权的收益”。《民法典婚姻家庭编解释(一)》第24条对此作出了解释，“知识产权的收益”，是指婚姻关系存续期间，实际取得或者已经明确可以取得的财产性收益。

关于夫妻在婚姻关系存续期间所得的“继承或者受赠的财产”。对于继承的财产，结合《民法典》继承编的有关规定，一方通过法定继承所取得的财产应当为夫妻共同财产；基于遗嘱继承或受遗赠的财产，只有在遗嘱或遗赠中未明确归夫妻一方所有的，才属于夫妻共同财产。此外，还要特别强调两点：(1)只要继承的事实发生在婚姻关系存续期间，即使当时没有对遗产进行分割，在离婚后遗产分割的，配偶一方仍可以主张相关权益；(2)配偶一方基于特定身份关系享有的继承权，对方不能共有，双方分享的只是继承得来的财产，因此，如果作为继承人的配偶一方放弃继承，另一方以损害其权益为由提起诉讼的，原则上不应予以支持。

关于夫妻在婚姻关系存续期间所得的“其他应当归共同所有的财产”。此项采用兜底条款，以最大限度适应社会生活的变化和发展。对此，《民法典婚姻家庭编解释(一)》第25条总结归纳出了几种归夫妻共同财产的类型：(1)一方以个人财产投资取得的收益；(2)男女双方实际取得或者应当取得的住房补贴、住房公积金；(3)男女双方实际取得或者应当取得的基本养老金、破产安置补偿费。

夫妻对共同财产享有平等的所有权，双方享有同等的权利、承担同等的义务。夫妻对共同所有的财产，有平等的处理权。特别是夫妻一方对共同财产的处分，除另有约定外，应当取得对方的同意。

实务问题

1. 关于一方以个人财产投资取得的收益为夫妻共同财产，如何理解？

根据《民法典婚姻家庭编解释(一)》第26条的规定，夫妻一方个人财产在婚后产生的收益，除孳息和自然增值外，应认定为夫妻共同财产。换言之，如果是孳息和自然增值，那就属于个人财产，反之则属于夫妻共同财产。

例如，男方婚前购买100万元股票，婚后没有进行任何交易操作，故离婚时，即使股票市值翻倍，该增值部分属于自然增值，应为个人财产而非夫妻共同财产。

如果男方在婚后频繁对股票账户操作交易,并产生了大量增值,此情形下,因一方投入了时间、金钱、智力、劳务等而产生增值,故出于公平,可将其作为夫妻共同财产予以分割。

又如,男方婚前有多套个人房产,婚后对其装修用于出租并获取收益,因为存在管理行为,该部分租金收益也应当认定为夫妻共同财产。或者其将婚前个人房产出售又购置新的房屋,频繁交易赚取房屋增值部分,也属于主动增值,应当认定为夫妻共同财产。

2. 其他应当归共同共有的财产有哪些?

(1)期权。

期权,一般是指上市公司股权激励计划中的股票期权,即股票期权的被授予方拥有在规定的未来某一时间或期间内以约定的价格买进本公司股票的权利。中国证监会颁布的《上市公司股权激励管理办法(试行)》第19条对上市公司的股票期权有明确的定义:"本办法所称股票期权是指上市公司授予激励对象在未来一定期限内以预先确定的价格和条件购买本公司一定数量股份的权利。"

婚内产生的期权一般属于夫妻共同财产,在离婚时要针对期权是否行权、行权预估价值进行评判,可以双方协商一致后支付一方补偿款,双方无法达成一致,可以由法院对期权价值进行评判后分割,或者先行离婚,待期权实际行权时再起诉分割夫妻共同财产。

(2)一方的虚拟财产。

虚拟财产,是指狭义的数字化、非物化的财产形式。它包括网络游戏、电子邮件、网络寻呼等一系列信息类产品。目前网络游戏盛行,虚拟财产在很大程度上就是指网络游戏空间存在的财物,包括游戏账号的等级,游戏货币、游戏人物拥有的各种装备等,这些虚拟财产在一定条件下可以转换成现实中的财产。

比如,一方的高级别的游戏账号,因为花费大量货币购买高级装备或长期打怪升级,在游戏虚拟世界里具有较高价值,也是可以通过转让账号或装备等形式实现货币变现,此时该账号是有极大的财产价值的。离婚时是可以对该账号的价值进行分割的。

3. 婚后子女购房,父母出资性质认定为赠与还是借款?

随着经济社会的发展,人们生活理念和方式也发生了巨大变化,夫妻之间经济也更加独立。现实中因房价高涨,父母往往倾其所有为子女结婚买房,甚至透支了养老积蓄,但目前离婚率日益增长也是不争的事实。为了避免自己用血汗钱购买的房屋被子女的配偶在离婚时分走一半,审判实践中出现了很多出资买房一方父母起诉子女还款的纠纷。

4. 案例①

(1)案情简介。

季某生、徐某华系夫妻关系,生育一子即季某梁。石某、季某梁为夫妻关系,于2016年12月9日登记结婚,婚后生育一女。2016年12月11日,石某、季某梁与案外人张某某签订网签版本的房屋买卖合同,约定石某、季某梁以总价3,000,000元购买上海市徐汇区平江路的房屋,房屋登记在石某、季某梁名下,为夫妻共同共有。2016年12月,季某生向季某梁账户汇款83万元,2017年3月向案外人张某某转账100万元。2017年4月7日,向石某转账67万元。

2018年12月4日,因季某梁出轨,石某提起离婚诉讼。在诉讼中,季某梁夫妻共同房屋的首付250万元,是向父母借的,有借条。庭审中,季某生、徐某华出具借条一张,载明,"本人季某梁因需购房向父母借购房款人民币贰佰伍拾万元整。2016.12.2 季某梁"。但石某认为这不是借贷,而是父母对双方的赠与。于是季某生、徐某华诉至法院,要求两人还款。

(2)法院判决。

法院经审理认为,合法的借贷关系受法律保护。季某生、徐某华借款给季某梁的事实,有季某生、徐某华提供的借条、银行凭证等予以证实,双方的借贷关系成立。且涉案款项均用于石某、季某梁婚后共同买房,故为夫妻共同债务。而石某主张本案所涉款项系赠与,但未提供证据予以证明,故法院依法不予采信。最终法院判决,石某、季某梁归还季某生、徐某华借款人民币250万元。

(3)评析。

本案的特殊性在于季某生、徐某华并非普通债权人,债权人与季某梁存在血缘关系。且涉及的款项是直接用于购置季某梁与石某的婚房,季某梁与石某又处于离婚纠纷诉讼期间,季某梁在诉讼中的表述明显倾向其父母而背离石某。现实社会中,父母基于亲情考虑,出资为子女购置房屋的情况并不罕见。债权人主张夫妻共同债务,如果该债权人与夫妻一方存在血缘关系,如父母与子女之间出具借条,对于该笔债务是否可纳入夫妻共同债务,对债权人应该有更高的证明要求,不能简单以子女出具的借条认定借贷关系,进而主张夫妻共同债务。若如此,那么在父母为子女购房出资的婚姻体中,将始终存在债务隐患。因为在婚姻遭遇解体危机时,出资的父母与自己子女补签借据,或者是子女确认借贷关系,均非难事。由于在婚姻关系缔结之际,出资一方父母及子女并未披露相应出资

① 上海市第二中级人民法院(2019)沪02民终10891号。

为借款,相对方的配偶从社会风俗及自身阅历考量,会产生所获利益源于对方父母赠与的认识,无从知晓相应债务的存在,更不能从源头上防范该类债务风险。一旦遭遇婚姻解体危机,自身认识中的对方父母赠与可能演变为债务。

本案争议焦点为案涉款项的性质是赠与还是借款。对于一方父母为子女购房出资,没有赠与意思表示,且房屋登记在夫妻双方名下,是否可以视为父母对夫妻双方的赠与,这在司法实践中存在两种截然不同的观点:

一种观点认为,应当认定为赠与,此种赠与是建立在血缘、姻亲关系上而成立的,往往带有很强的身份色彩,出于为了让自己子女生活更好的目的,将自己的部分财产赠与子女作为对子女买房的资助,是赠与合同关系。根据《民法典婚姻家庭编解释(一)》第 29 条第 2 款:"当事人结婚后,父母为双方购置房屋出资的,依照约定处理;没有约定或者约定不明确的,按照民法典第一千零六十二条第一款第四项规定的原则处理。"

另一种观点认为,应当认定为借款。子女婚后买房时父母出资,除书面明确表示赠与外,应视为以帮助为目的的临时性资金出借,子女负有偿还义务。随着社会的发展,目前审判实务中出现了新趋势,最高人民法院的诸多相关判决也被认为是实务界形成的主流观点,即父母为子女购房出资的,并不当然属于赠与,如果没有明确表明属于赠与的,一般认定为借款。但《民法典婚姻家庭编解释(一)》第 29 条直接引用 2016 年前出台的《婚姻法解释(二)》,没有将实务中出现的新形势纳入考虑,没有回应社会关切,容易催生《婚姻法解释(三)》第 7 条出台之前社会上频发的问题。因为生活中父母为双方购房出资,很少有对出资款作出约定的情形。而且本司法解释未将《婚姻法解释(三)》第 7 条纳入,本条亦未区分购房出资款与房产产权本身。至于最高人民法院出台本条规定的立法本意如何,只能待后续官方教辅出来后才能知晓。

另外,从公序良俗角度,一般不宜将父母出资认定为理所应当的赠与。子女一旦成年,应自立生活,父母需以关心关爱,子女受之应感念之,但此时并非父母所应当负担的法律义务。因此,在父母出资时未明确表示出资系赠与的情况下,应认定购房出资款为对子女的临时性资金出借,目的在于帮助子女渡过经济困窘期,子女理应负有偿还义务,如此可保障父母自身权益,也可避免子女成家反而使父母陷入经济困窘之境地。至于事后父母是否要求子女偿还,系父母行使自己债权或放弃债权的范畴,与债权本身的客观存在无关。

(编写人:马玉珍)

法律条文

第一千零六十三条　下列财产为夫妻一方的个人财产：
（一）一方的婚前财产；
（二）一方因受到人身损害获得的赔偿或者补偿；
（三）遗嘱或者赠与合同中确定只归一方的财产；
（四）一方专用的生活用品；
（五）其他应当归一方的财产。

条文主旨

本条是关于夫妻个人财产范围的规定。通过明确列举式规定夫妻个人财产的范围，以与夫妻共同财产相区分。

新旧法对比

《婚姻法》	《民法典》
第十八条　有下列情形之一的，为夫妻一方的财产： （一）一方的婚前财产； （二）一方因身体受到伤害获得的医疗费、残疾人生活补助费等费用； （三）遗嘱或赠与合同中确定只归夫或妻一方的财产； （四）一方专用的生活用品； （五）其他应当归一方的财产。	第一千零六十三条　下列**财产**为夫妻一方的**个人**财产： （一）一方的婚前财产； （二）一方因受到**人身损害获得的赔偿或者补偿**； （三）遗嘱或**者**赠与合同中确定只归一方的财产； （四）一方专用的生活用品； （五）其他应当归一方的财产。

理解与适用

本条规定了夫妻个人特有财产。在婚姻关系存续期间，夫妻对特有财产享有占有、使用、管理和处分的权利。在婚姻关系终止需要分割夫妻财产时，首先应将夫妻的特有财产分开，然后再分割夫妻财产中属于双方共有的部分。由于个人特有财产往往与公民个人的身份有密切联系，因此法律设立夫妻个人特有财产制度以确保当事人的个人财产不因结婚而改变或失去，充分尊重公民个人的财产权利，同时又授权当事人可以通过约定排除对夫妻个人特有财产制的适用，从另一个角度表明了我国法律对公民行使权利的尊重。

1. 一方的婚前财产

由于我国实行的是结婚登记制度，因此，结婚登记之日是划分婚前和婚后的分界点，结婚登记前双方分别所有的财产，除双方约定外归一方所有；结婚登记之日后一方单独获得或双方共同取得的财产，除法律规定或双方约定外，作为婚后共同财产。夫妻一方所有的财产，不因婚姻关系的延续而转化为夫妻共同财产，即确定为夫妻一方所有的财产的，不管婚姻关系持续多久，该财产仍为夫妻一方所有的财产，不能自动转化为夫妻共同财产。当然，如果该财产在婚姻关系存续期间已经由夫妻双方或一方消费或自然损耗的，所有权人亦不得要求对方给予补偿。

2. 一方因受到人身损害获得的赔偿或者补偿

一方因受到人身损害获得的赔偿或者补偿是与个人人身密切相关的财产，是以身体健康为代价而获得的，是用于保障受害人生活或康复的基本费用，必须归个人所有，不能作为夫妻共同财产。《民法典婚姻家庭编解释（一）》第30条明确规定："军人的伤亡保险金、伤残补助金、医药生活补助费属于个人财产。"

3. 遗嘱或者赠与合同中确定只归一方的财产

这一规定与我国《继承法》精神相一致。根据《继承法》的规定，公民可以依法立遗嘱处分个人财产，将个人财产指定由法定继承人的一人或者数人继承，也可以将个人财产赠给国家、集体或者法定继承人以外的人。在被继承人未以遗嘱处分生前财产的情况下，夫或妻一方在婚姻关系存续期间继承的财产，属于夫妻共同财产。但当被继承人采用遗嘱的方式处分自己的财产，并且在遗嘱中指明继承人时，作为继承人的配偶，就不能与继承人一同享有对遗产的继承权，这部分财产只能按照被继承人的意愿作为继承人的个人财产。当赠与人指明只将财产赠与夫妻中的一方时，此种财产也只能是属于受赠夫或妻一方的个人特有财产，而不能作为夫妻共同财产。

4. 一方专用的生活用品

衣物等个人生活用品和从事职业必需的书籍资料等专用财产，为夫妻一方个人财产，但贵重物品或奢侈品等价值较大的生活用品，作为生产设备和经营场所附属物的工具应当排除在外。

5. 其他应当归一方的财产

此条为兜底性条款，是指除上述四类财产以外的，从性质上讲应当或只能由获得者一方所有的财产。由于我国是法定的婚后财产共同制，因此，对于本条第

5项的解释要坚持从严原则,只有在前四项之外的明确具有人身专属性的财产,才能认定为一方的个人财产。而在无法确定是共同财产还是个人财产时,应以确定共同财产为原则。

实务问题

婚前按揭房的处理。

这里我们要讨论的“婚前按揭房产”,指夫妻一方在婚前以银行按揭方式购买,婚后由夫妻共同偿还贷款,房屋产权证在夫妻关系存续期间取得的房产。这实际上是如何界定婚前一方购买的按揭房产的权利归属问题,进而确定如何分割婚前按揭房产。

房产权属认定为个人财产还是夫妻共同财产的一个关键要件是,是否用共同财产支付了全部或部分房产的价款。婚前按揭房产的购买中,有四个关键时间点:一是签订房屋买卖合同的时间点;二是交付首付款的时间点;三是取得房屋所有权证的时间点;四是结婚登记的时间点。因此,我们要按照结婚登记的时间与其他三个时间点的前后关系的不同作具体问题的具体分析。

(1)婚前一方已交清全部房款,但是在婚后才取得产权证书的。在此情况中,购买房产的全部款项都是夫妻一方在婚前以个人财产支付,那么以该个人财产的对价存在的房产所有权应归夫妻一方个人所有,即应认定为夫妻一方个人财产。

(2)婚前一方签订房屋买卖合同,但是首付款以及贷款、还款都是结婚后由夫妻共同财产支付的,在此情况下房屋属于夫妻共有财产。

(3)婚前一方已支付购房的部分款项,婚后仍以一方的个人财产支付完剩余贷款的并取得房屋权属证书,这种情况应认定为个人财产。

(4)婚前一方已支付部分款项,婚后又以夫妻共同财产支付完剩余贷款的,并取得房屋权属证书的。这种情况下因为购买房屋花费了夫妻共同财产,房屋应属夫妻共同财产,但是分割房产时应当考虑双方对房屋贡献的大小,对房产增值部分,最佳选择是应当按照购买房屋而花费共有财产和个人财产的比例予以分割。

(5)婚前一方已支付部分款项,婚后又以夫妻共同财产支付完剩余贷款的,但是结婚前已经取得房屋权属证书的。这种情况下,不动产物权的取得在婚前就完成了,故属于夫妻一方的婚前个人财产。

(6)婚前一方已支付部分款项,婚后又以夫妻共同财产支付完剩余贷款的,但是离婚后才取得房屋权属证书的。这种情况下,根据《婚姻法解释(二)》第21

条，离婚时双方对尚未取得所有权或者尚未取得完全所有权的房屋有争议且协商不成的，人民法院不宜判决房屋所有权的归属，应当根据实际情况判决由当事人使用。当事人就前款规定的房屋取得完全所有权后，有争议的，可以另行向人民法院提起诉讼，房屋获得所有权应当视为双方共有的所有权。

（编写人：马玉珍）

法律条文

第一千零六十四条　夫妻双方共同签名或者夫妻一方事后追认等共同意思表示所负的债务，以及夫妻一方在婚姻关系存续期间以个人名义为家庭日常生活需要所负的债务，属于夫妻共同债务。

夫妻一方在婚姻关系存续期间以个人名义超出家庭日常生活需要所负的债务，不属于夫妻共同债务；但是，债权人能够证明该债务用于夫妻共同生活、共同生产经营或者基于夫妻双方共同意思表示的除外。

条文主旨

本条是关于夫妻共同债务的规定。明确了“共债共签”的基本原则。对于婚姻关系存续期间夫妻一方以个人名义所负其他债务，除非债权人能够证明已经用于夫妻共同生活、共同生产经营或者基于双方共同的意思表示，否则不属于夫妻共同债务。

新旧法对比

无	《民法典》
无	第一千零六十四条　**夫妻双方共同签名或者夫妻一方事后追认等共同意思表示所负的债务，以及夫妻一方在婚姻关系存续期间以个人名义为家庭日常生活需要所负的债务，属于夫妻共同债务。** **夫妻一方在婚姻关系存续期间以个人名义超出家庭日常生活需要所负的债务，不属于夫妻共同债务；但是，债权人能够证明该债务用于夫妻共同生活、共同生产经营或者基于夫妻双方共同意思表示的除外。**

理解与适用

此前《婚姻法》并未对夫妻共同债务的认定标准作出细化规定，此次《民法典》婚姻家庭编吸纳了相关司法解释的意见，明确了夫妻共同债务的认定标准，为解决实践中争议较大的夫妻债务问题提供了明确的法律依据。不仅引导债权人在形成债务尤其是大额债务时，加强事前风险防范，也有利于保障夫妻另一方的知情权和同意权，从债务形成的源头上尽可能杜绝“被负债”的现象，同时有效避免债权人因事后无法举证证明债务属于夫妻共同债务而遭受损失，对于保障交易安全和夫妻一方合法权益均有着积极意义。

在夫妻双方采法定财产制的情况下，通常以为家庭利益作为区分夫妻共同债务与个人债务的重要标准，具体而言包括以下四种情形：(1)对于约定之债，原则上夫妻一方所负之债应当是有偿的。对外担保之债不属于夫妻共同债务。(2)对于法定之债，若是为家庭利益而负担，可能被认定为夫妻共同债务，如为家庭生计的出租车司机因交通肇事所生债务。(3)为家庭利益所负债务应当具有正当性。因夫妻一方盗窃、抢劫、赌博、非法集资、非法吸收公众存款等违法犯罪行为等所生债务即使是为家庭利益，也不构成夫妻共同债务。(4)为家庭利益所负债务应当是有偿的。夫妻一方以个人名义对外提供担保、对外作较大数额赠与的债务不在此限。

夫妻债务性质的认定是夫妻债务制度的核心内容。明确夫妻共同债务的认定标准，主要分为三个方面：

(1)以共同意思表示所缔结的债务，属于共同债务。

共同意思表示主要是夫妻双方共同签字或者夫妻一方事后追认等，此即所谓“共债共签”制度。从债的相对性原理来说，这样的规定更为合理。合同原则上仅能约束缔约的当事人，不能约束到合同之外的第三方。如果夫妻双方均在协议上签字，协议对夫妻发生共同的约束效力，是应有之义。除了共同签字之外，一方事先签字、另一方在事后追认，可以被视为是一项并存的债务承担行为，后者对债务的履行负连带清偿责任。此点规定在法理上显然具有正当性。

(2)为日常家庭生活需要所负的债务，属于共同债务。

日常家事代理是认定夫妻因日常家庭生活所生债务性质的根据。考虑到夫妻均为家庭这一共同体组织的成员，双方以共同生活为目的而共同生活和养育子女，在此过程中，双方均对家庭共同体的维系和发展负有同等重要的义务。以此为基础产生的债务是最典型的夫妻共同债务，夫妻双方应当共同承担连带责任。

(3)超出家庭日常生活需要所负的债务且债权人不能证明该债务用于夫妻共同生活、共同生产经营或者基于夫妻双方共同意思表示。

婚姻关系存续期间,夫妻除因行使日常家事代理权形成日常家事债务外,还会与第三人形成其他债权债务关系,如大额借贷、赠与、不动产买卖等。为保护未举债的配偶一方合法权益,法律明确规定此种情况下所负债务原则上不属于夫妻共同债务。另外,《民法典婚姻家庭编解释(一)》第34条还规定,夫妻一方与第三人串通,虚构债务,第三人主张该债务为夫妻共同债务的,人民法院不予支持。夫妻一方在从事赌博、吸毒等违法犯罪活动中所负债务,第三人主张该债务为夫妻共同债务的,人民法院不予支持。

法律将举证责任科以债权人,以倒逼债权人在建立债权债务关系时尽到审慎的注意义务,按照本条第1款规定要求举债人的配偶一方签字同意,确保债务形成为夫妻双方的共同意思表示,也能够最大限度避免夫妻一方与债权人恶意串通损害另一方合法权益的情况。《民法典》严格限制夫妻共同债务范围的精神,应当说对于维护婚姻家庭的和谐稳定,具有重要意义。

从举证证明责任分配的角度看,可以将夫妻共同债务分为两类:一是家庭日常生活所负的共同债务;二是超出家庭日常生活所负的共同债务。对于前者,原则上推定为夫妻共同债务,债权人无须举证证明;如果举债人的配偶一方反驳认为不属于夫妻共同债务的,则由其举证证明所负债务并非用于家庭日常生活。对于后者,虽然债务形成于婚姻关系存续期间和夫妻共同财产制下,但一般情况下并不当然认定为夫妻共同债务;债权人主张属于夫妻共同债务的,应当由其根据《民事诉讼法》第67条"当事人对自己提出的主张,有责任提供证据"等规定,举证证明该债务属于夫妻共同生活、共同生产经营所负债务,或者所负债务基于夫妻双方共同的意思表示。如果债权人不能证明的,则不能认定为夫妻共同债务。

实务问题

1. 如何确定夫妻以个人名义所借债务的性质

在审判实践中,存在大量关于夫妻共同债务认定问题的案件,目前基本的共识是"共债共签",但是实践中的案件情况往往更为复杂,更多的是仅有一方签字,另一方抗辩不知情,否认对方举债用于夫妻共同生活。在离婚案件中人民法院要解决相关债务是否属于夫妻共同债务问题,还直接关系到夫妻共同财产的分割,如果债务被认定为夫妻共同债务,则需要以夫妻共同财产清偿。在此情形下,应结合案件的实际情况,首先判断债务是否属于为家庭日常生活需要所负的债务，主要包括日常生活消费、赡养老人、教育抚养孩子等合理花费，金额一般较小；如果超出家庭日常生活需要，但又确实是用于夫妻共同生活、共同生产经营所负的债务，则需要债权人对于款项用途承担相应举证责任，因此需要合理分配举证责任，综合分析案情，对于夫妻共同债务作出准确认定。

2. 案例①

自2014年11月4日起至2015年1月5日止，冯某分4次向王某保借款53万元，除上述直接的借款外，冯某还在2015年12月7日和2014年9月16日，分别为陈某借王某保的11万元借款和赵某借王某保的145，500元借款（已还清）提供连带还款责任担保。经王某保数次催要，冯某仍未如约履行全部偿还借款和担保还款义务。王某保认为，因为冯某与李某娟系夫妻关系，而且冯某向王某保借款的时间均在二被告的婚姻关系存续期间，因此，冯某的全部借款依法属于冯某和李某娟的夫妻共同债务。

但李某娟认为，这属于个人债务，与自己无关。并提出了以下几点理由：第一，夫妻双方共同签字或者夫妻一方事后追认等共同意思表示所负的债务，应当认定为夫妻共同债务。本案中，王某保所出具的借据上，没有李某娟的签字或事后认可。第二，夫妻一方在婚姻关系存续期间以个人名义为家庭日常生活需要所负的债务，债权人以属于夫妻共同债务为由主张权利的，人民法院应予支持。本案中，冯某借款时并没有写明借款用途是用于家庭生产经营或家庭生活，实际上冯某的借款问题，李某娟并不知情，而且有理由断定，冯某的借款用于赌博了。第三，夫妻一方在婚姻关系存续期间以个人名义超出家庭日常生活需要所负的债务，债权人以属于夫妻共同债务为由主张权利的，人民法院不予支持，但债权人能够证明该债务用于夫妻共同生活、共同生产经营或者基于夫妻双方共同意思表示的除外。无论是冯某所谓的借款还是所谓的为他人提供借款担保的问题，已经超出当时冯某、李某娟夫妻家庭生活需要，或者明显没有用于家庭生活，王某保也没有证据证实冯某的借款用于家庭生产经营或家庭生活。按照理解，赌毒债务，个人偿还，即结婚后夫妻一方以个人名义对外负债，该负债用于赌博、吸毒等违法犯罪活动的，由负债一方偿还，不属于夫妻共同债务。超出了日常生活需要，该负债不属于夫妻共同债务，仅由负债一方个人偿还。法院认为，李某娟之前作为冯某的配偶，对冯某担保不知情，更无一致的意思表示或合意，即使有冯某擅自对外担保的行为，那也不是与李某娟的共同债务。担保之债不同于夫妻共同债务，无论冯某向王某保借贷数额多少，都不应被认定为夫妻共同债

① 河北省高碑店市人民法院（2018）冀0684民初97号。

务。况且，本案中举债人冯某并没有主张是夫妻共同债务，也认可是个人债务，借款多用于赌博。法院最终结合本案的实际情况，驳回了王某保对李某娟的诉讼请求。

（编写人：马玉珍）

法律条文

第一千零六十五条　男女双方可以约定婚姻关系存续期间所得的财产以及婚前财产归各自所有、共同所有或者部分各自所有、部分共同所有。约定应当采用书面形式。没有约定或者约定不明确的，适用本法第一千零六十二条、第一千零六十三条的规定。

夫妻对婚姻关系存续期间所得的财产以及婚前财产的约定，对双方具有法律约束力。

夫妻对婚姻关系存续期间所得的财产约定归各自所有，夫或者妻一方对外所负的债务，相对人知道该约定的，以夫或者妻一方的个人财产清偿。

条文主旨

本条是关于夫妻约定财产制的规定。夫妻约定财产制是指夫妻以合同形式依法选择或创设的婚姻财产制。其在适用上具有优先于夫妻法定财产制的效力，只有在夫妻对婚姻财产无约定或约定无效时才当然适用夫妻法定财产制。与法定财产制相比，约定财产制灵活性更强，更能适应复杂多样的社会生活，也更能体现当事人的个性化需要。

新旧法对比

《婚姻法》	《民法典》
第十九条　夫妻可以约定婚姻关系存续期间所得的财产以及婚前财产归各自所有、共同所有或部分各自所有、部分共同所有。约定应当采用书面形式。没有约定或约定不明确的，适用本法第十七条、第十八条的规定。	第一千零六十五条　**男女双方**可以约定婚姻关系存续期间所得的财产以及婚前财产归各自所有、共同所有或者部分各自所有、部分共同所有。约定应当采用书面形式。没有约定或者约定不明确的，适用本法第**一千零六十二**条、第**一千零六十三**条的规定。

续表

《婚姻法》	《民法典》
夫妻对婚姻关系存续期间所得的财产以及婚前财产的约定,对双方具有约束力。 夫妻对婚姻关系存续期间所得的财产约定归各自所有的,夫或妻一方对外所负的债务,第三人知道该约定的,以夫或妻一方所有的财产清偿。	夫妻对婚姻关系存续期间所得的财产以及婚前财产的约定,对双方具有法律约束力。 夫妻对婚姻关系存续期间所得的财产约定归各自所有,夫或者妻一方对外所负的债务,相对人知道该约定的,以夫或者妻一方的个人财产清偿。

理解与适用

所谓约定财产制,是指夫妻或者即将成为夫妻的人,以契约的形式,约定相互间的财产关系,从而排除法定财产制适用的制度。约定财产制是相对于法定财产制而言的,法定财产制是依照法律规定直接适用的财产制,约定财产制是夫妻以契约的形式依法选择适用的财产制。约定财产制优先于法定财产制适用,只有在没有约定或者约定不明的情形下,才适用法定财产制。

根据本条,我国的约定财产制包括以下几个方面的内容。

1.约定财产的范围、内容和约定的形式要件

具体来说,男女双方可以约定个人的婚前财产归双方共同所有;可以约定婚姻关系存续期间所得的财产归本人各自所有或者约定婚姻关系存续期间所得的财产依其来源或性质确定所有权的归属,部分归双方共同所有,部分归一方本人所有;也可以约定有关婚姻财产的管理事宜等。总而言之,约定的内容可由男女双方在合意的前提下依法创设。在约定的时间问题上,没有限制性的规定,则可以理解为既可以在结婚前约定,也可以在结婚后约定。

但《民法典》对约定的形式作出了规定,即约定必须采用书面形式,也即书面形式是约定有效成立的必要条件。为了使约定产生预期的法律后果,当事人双方也可以公证程序订立约定或者就约定向公证机关申请办理公证。

2.约定的对内效力

夫妻就婚后所得财产或婚前财产的约定一经依法成立,便在夫妻间产生法律拘束力。双方应当依照约定行使对财产的占有、使用、收益、处分的权利,任何一方不得擅自变更或解除约定,违约方应当承担违约责任。这是约定的对内效力。

婚姻当事人之间就夫妻财产作出的约定并不一定必然产生预期的后果,只有那些符合法定成立要件的约定才是有效的约定。财产约定有效成立的条件包括:(1)约定的主体必须是夫妻或者即将成为夫妻的人,且双方均具有完全民事

行为能力。(2)约定必须双方完全自愿,意思表示真实。一方以胁迫、欺诈等手段迫使对方在违背真实意愿的情况下所订立的约定,或乘人之危,在违反公平原则或男女平等原则情形下形成的显失公平的约定不具有法律效力。(3)约定的内容必须合法。首先,约定财产的客体必须是合法财产;其次,不得利用约定损害他方或家庭成员的权益。

3. 约定的对外效力

约定的对外效力是指约定对夫妻以外的相对人的效力。根据本条的规定,约定的对外效力受到一定限制,即只有当相对人知道夫妻财产的约定内容时,即知道夫妻一方是以自己的财产而不是其配偶的财产对外进行交易活动时,该约定才有对抗相对人的效力。这一法律规定的目的在于保护善意当事人的利益,维护交易的秩序。

实务问题

1. 夫妻间经过公证的房产赠与,但未办理过户手续,离婚时如何处理

对于夫妻一方所有的财产,其个人享有所有权,可以自行处分,可以赠与另一方。但实践中一方婚前或婚姻存续期间将自己个人房产赠与另一方,但未办理过户登记,离婚时,赠与房产的一方主张撤销赠与,另一方主张继续履行合同的情况,是按照物权法和合同法的规则处理,还是基于婚姻家庭关系的特殊性处理,实践中存在很大争议。

2. 案例①

(1)案情简介。

陈某、程某于2005年下半年经人介绍相识,于2010年5月8日登记结婚。因程某与陈某的母亲一起生活时相处不快,致陈某、程某产生矛盾。2012年4月,陈某诉诸法院,要求与程某离婚。2010年8月20日,陈某、程某签订赠与合同一份,陈某将个人婚前财产即系争房屋中1/2一产权份额无偿赠与给程某,并约定合同签订后需向房地产管理部门办理房屋产权转移登记手续。该合同公证后双方一直未办理房屋产权变更登记手续。后二人因感情不和离婚,对该房产的份额发生争议。

程某主张:系争房屋由陈某父母出资购买并赠与陈某,原系陈某的婚前个人财产。婚后,陈某将房屋一半份额无偿赠与程某且不附任何条件,赠与合同经过公证,依法成立并生效,未办理物权登记不影响合同效力。另根据合同法相关规

① 上海市青浦区人民法院(2012)青民一(民)初字第1833号。

定，陈某对公证赠与合同不享有撤销权。故程某可享有上述房产一半份额，分割时由程某享有房屋所有权，程某以评估价值为标准给付陈某折价款 75 万元，并由双方各半负担过户费用。

陈某认为，房屋由自己的父母在婚前出资购买后赠与自己，但仍属自己与父母的共有财产。陈某、程某签订赠与合同后，虽经公证，但双方未按约定办理房地产变更登记手续，故赠与合同不成立，另根据司法部发布的《赠与公证细则》规定，公证行为无效。即使合同成立，赠与目的是夫妻关系存续，现夫妻结婚才 1 年即离婚，陈某有权撤销赠与。

法院经审理认为，对于财产的处理，应根据财产的性质、来源、使用状况及有利于双方生活，并照顾妇女权益、无过错方的原则予以分割。程某主张的房屋在陈某婚前即经房地产登记部门登记确认在陈某名下，依法具有公示力，经法院告知后陈某及其父母也未另行主张房屋权利，故法院确认在陈某、程某登记结婚前，该房屋系陈某个人财产。陈某主张系争房屋系陈某及父母的家庭共同财产，法院不予采信。考虑到房屋的来源、使用、登记情况，系争房屋归陈某所有；陈某应于本判决生效之日起 30 日内支付程某财产折价款 49 万元。

（2）评析。

赠与合同是赠与人将自己的财产无偿给予受赠人，受赠人表示接受赠与的合同。赠与人的任意撤销权，是赠与合同成立后，赠与物交付之前，赠与人基于自己的意思表示撤销赠与的权利。同时《物权法》规定，不动产物权的设立、变更、转让和消灭，依照法律规定应当登记的，自记载于不动产登记簿时发生效力。目的就是赋予赠与人与受赠人达成合意后法定要件实现前以悔约权，使赠与人不致因一时的冲动，贸然应允将不动产等价值贵重物品无偿给予他人，而遭受财产上的损失。

夫妻间签订的赠与协议且该协议涉及的房产是婚后取得的，很难区分夫妻之间关于房屋归属的约定到底是夫妻财产约定还是赠与合同。《最高人民法院婚姻法司法解释（三）理解与适用》中说，我国婚姻法规定了三种夫妻财产约定的模式，即分别所有、共同共有和部分共同共有，并不包括将一方所有的财产约定为另一方所有的情形。将一方所有的财产约定为另一方所有，也就是夫妻之间的赠与行为，虽然双方达成了有效的协议，但因未办理房屋变更登记手续，依据《物权法》的规定，房屋所有权尚未转移，而依据《合同法》关于赠与一节的规定，赠与房产的一方可以撤销赠与。

那么经过公证的赠与，当事人离婚时反悔欲撤销的又该如何处理呢？依据我国《合同法》第 186 条第 2 款的规定，具有救灾、扶贫等社会公益、道德义务性质的赠与合同或者经过公证的赠与合同不适用前款规定。可知经过公证的赠与合同不得撤销，除非有证据证实赠与人在赠与之后生活或经济上发生了重大变化，导致生活困难，经济拮据等；或者出现了其他法定可撤销事由。《合同法》第 192 条规定，受赠人有下列情形之一的，赠与人可以撤销赠与：①严重侵害赠与人或者赠与人的近亲属；②对赠与人有扶养义务而不履行；③不履行赠与合同约定的义务。当出现以上法定可撤销事由时，无论赠与合同是以何种形式成立、是否经过公证、是否完成交付，赠与人都可以提出撤销赠与。而本案经公证的赠与协议并没有出现上述情况，故不能撤销。

另外，需要注意的是，虽然《合同法》规定，婚姻、收养、监护等有关身份关系的协议适用其他法律的规定，但并没有绝对排除合同法的适用。而且，婚姻家庭虽以身份关系为前提和基础，但其亦涉及财产关系内容，应有合同法的适用余地。《民法典》实行后，婚姻法回归民法体系，更应注重婚姻家庭编与物权编、合同编的协调统一，仅以身份关系为由，完全排斥物权法和合同法对婚姻家庭领域财产关系的调整，需要特别慎重。而且，为贯彻不动产物权登记的公示公信原则，要求夫妻双方对于房产的权属明确地通过登记体现出来，也能够最大限度保护不特定的第三人利益，维护交易安全。

（编写人：马玉珍）

法律条文

第一千零六十六条　婚姻关系存续期间，有下列情形之一的，夫妻一方可以向人民法院请求分割共同财产：

（一）一方有隐藏、转移、变卖、毁损、挥霍夫妻共同财产或者伪造夫妻共同债务等严重损害夫妻共同财产利益的行为；

（二）一方负有法定扶养义务的人患重大疾病需要医治，另一方不同意支付相关医疗费用。

条文主旨

本条是关于婚姻关系存续期间分割夫妻共同财产的规定。当夫或妻一方发生侵权行为时，受损害一方可以借助这一制度在不解除婚姻关系的前提下维护自身的合法权益，弥补了过去只能通过解除婚姻关系才能分割财产的不足。

新旧法对比

无	《民法典》
无	第一千零六十六条 **婚姻关系存续期间，有下列情形之一的，夫妻一方可以向人民法院请求分割共同财产：** **(一)一方有隐藏、转移、变卖、毁损、挥霍夫妻共同财产或者伪造夫妻共同债务等严重损害夫妻共同财产利益的行为；** **(二)一方负有法定扶养义务的人患重大疾病需要医治，另一方不同意支付相关医疗费用。**

本条吸纳了《婚姻法解释(三)》第4条的规定，对夫妻婚内财产分割的情况作出规定。

理解与适用

婚内财产分割，是指在婚姻关系存续期间，因发生法定的事由，夫或妻一方为维护其合法权益而向法院请求分割夫妻共同财产，法院依法作出裁判的夫妻财产制度。《婚姻法解释(三)》在第4条规定："婚姻关系存续期间，夫妻一方请求分割共同财产的，人民法院不予支持，但有下列重大理由且不损害债权人利益的除外：(一)一方有隐藏、转移、变卖、毁损、挥霍夫妻共同财产或者伪造夫妻共同债务等严重损害夫妻共同财产利益行为的；(二)一方负有法定扶养义务的人患重大疾病需要医治，另一方不同意支付相关医疗费用的。"该条规定明确了可婚内诉请分割夫妻共同财产的具体情形，为解决婚姻关系存续期间分割共同财产提供了依据。本条规定吸收了该条规定的精神和主要内容，在文字表述上作了些许修改。

1. 婚内财产分割的特点

(1)主体要求：具有婚姻关系夫或妻一方。这里的"婚姻关系"包括依法登记的婚姻关系和事实上的婚姻关系，不包括不具有婚姻关系的男女两性同居关系，如未婚同居、婚外同居等。

(2)时间维度：婚姻关系存续期间。"婚姻关系存续期间"是指从婚姻缔结之时，即合法办理结婚手续、取得结婚证件或者形成事实婚姻关系时起，直至夫妻一方或双方死亡婚姻自然终止，或者协议离婚，或者法院离婚判决生效，婚姻关系依法解除之时结束。特别要强调的是，在共同财产分割之后，当事人双方仍然维持夫妻关系。

(3)法定特征:婚内财产分割不是由夫妻双方约定产生,它具有法定性,只有在符合法律规定的特定情形时才能依法提出申请,即必须具有《民法典》第1066条规定的重大事由。

(4)司法适用的被动性:虽然婚内财产分割与否因法律规定而直接产生分割财产的权力,但法院受理后也必须由法官查明事实、适用法律,最后通过判决确定是否具备法定理由,从而决定是否准许分割财产以及如何分割。

2. 婚内财产分割原则

在婚姻关系存续期间,夫妻共同财产,应以不允许分割为原则,允许分割为例外。夫妻财产共同共有产生的根据,是由于夫妻共同生活,共同承受家庭负担,负责家庭的生产和消费;共同共有发生的前提条件是婚姻关系的确立。男女双方从确立夫妻关系这一时刻开始,共同生活,组织家庭的收入和开支,因此,在共同共有关系消灭之前,对共有的财产原则上不能进行分割,以保持共有关系的稳定性和基础,保护共有人的合法权益。在审判实践中,要严格把握这一原则,将允许分割的情形仅限定在本条规定的两种情形内,不能类推适用,亦不能扩大解释,避免婚姻关系存续期间随意分割夫妻共同财产,损害家庭稳定,影响夫妻共同财产的保障功能。

3. 婚内财产分割的法定事由

(1)夫或妻一方的行为严重损害夫妻共同的财产利益。这些具体的行为包括隐藏、转移、变卖、毁损、挥霍夫妻共同财产或者伪造共同债务等。在夫妻中无过错的一方有证据证明存在上述法定事由的情况下,法律允许在不解除婚姻关系的前提下直接分割夫妻共同财产。

(2)夫或妻一方拒绝支付另一方法定扶养权利人的医疗费用。首先,一方负有的法定扶养义务是指广义上的扶养,不限于同辈之间的扶养,还包括晚辈对长辈的赡养以及父母对未成年或不能独立生活的子女的抚养。其次,夫或妻一方负有法定扶养义务的人患有重大疾病需要医治。这里所说的重大疾病通常认为,是需要长期治疗、医疗费用开支比较大或者对生命健康构成威胁的疾病。相关医疗费用是指治疗疾病所需要的合理费用。最后,必须是夫或妻一方主观上不想支付,而不是客观上没有能力支付。

4. 婚内财产分割的法律效力

对内效力,即对夫妻双方所产生的约束力。一旦法院判决分割夫妻共同财产,管理共同财产的一方应当向另一方支付判决确定的金额。同时,夫妻之间从此开始适用分别财产制,原先的约定财产制或者法定财产制不再适用。分割财产之后,夫妻对各自的财产自行行使权力。夫或妻一方所负担的债务,另一方不负偿还义务。不过,夫妻之间仍然负有互相扶养的义务,这一义务不因婚内财产分割而终止。

对外的效力,即财产分割对夫妻双方之外的第三人所产生的约束力。在分割婚内财产之后,夫或妻一方向第三人欠下债务,如果该第三人明知婚内财产分割的,则对其产生约束力。债权人只能要求债务人偿还债务,而不能要求债务人的配偶承担连带责任。如果债权人是善意第三人,不知道债务人与其配偶之间分割了财产的,债权人可以要求夫妻双方承担连带责任。我国目前尚未建立夫妻财产公示制度,夫妻之间的财产是归共同所有还是分别所有,第三人很难知晓。因此,在第三人是否明知夫妻之间分割婚内财产这一点上,应当由夫妻双方举证证明。如果夫妻双方无法证明债权人明知,则对该债务承担连带责任,如此有利于维护交易安全。

实务问题

《民法典》有关婚内分割夫妻共同财产的规定,及时适应了社会的发展,保护了婚姻关系中的弱势一方,这是其积极意义所在。但是在立法上仍有不足和待完善之处。

1. 婚内夫妻共同财产分割制度的不足之处

(1)举证责任界定困难。按照此规定,对"一方有隐藏、转移、变卖、毁损、挥霍夫妻共同财产或者伪造夫妻共同债务"中的举证责任没有进行明确规定。在司法实践中,一般按照"谁主张,谁举证"原则,由主张分割财产的一方承担举证责任。但是隐藏、转移、变卖、毁损、挥霍夫妻共同财产等行为一般秘密进行,要申请方举证,难度较大,对弱势一方不公平,权利的救济受到阻碍。

(2)对"挥霍""重大疾病""相关医疗费用"等相关用语界定不明确。《民法典》未对这些词语的内涵予以明确,不同的家庭对"挥霍"一词的理解不一,这取决于个人的家庭经济和实际情况。司法实践中,争议双方对"挥霍"一词的确定,是"公说公有理,婆说婆有理"。而什么是"重大疾病",司法实践中更难以把握,没有确定的标准。有的学者认为按照治疗费用来确定,有的学者认为按照病情严重程度来确定,还有的学者认为按照家庭经济对医疗费用的承担情况确定。这些词语的准确含义在法律条文中都未予以明示,需要法官按照其自由裁量确定,此时对法官的内心公正是一种考验。

2. 婚内分割夫妻共同财产制度的完善

(1)明确双方的举证责任。夫妻一方挥霍、转移、毁损、变卖夫妻共同财产,另一方据此请求分割夫妻共同财产。"谁主张,谁举证"民法原则在司法实践中的应用不是很恰当,使分割难度加大。如果采用"举证责任倒置"原则,将举证责任转移到被申请方,若被申请方无法提出相关证据,否定上述发生的事由,则可推动重大理由成立。此条的目的在于对弱势一方的保护,如果适用"谁主张,谁举证"的民法原则,则无法切实保护弱势一方。若按照"举证责任倒置"原则则能切实保护弱势一方的权利。

(2)界定相关法律用语的含义。在司法实践中,法官要正确把握存在难度,为保证法律适用的公正性,法律应当出台相关的司法解释,对这些规定的用语予以明确,而不仅仅依赖于法官的自由裁量权。目前,我国法治建设还处于起步阶段,法官素质有待加强,有些法官无法正确运用自由裁量权,通过对该类模糊词汇的法定化,则可以缓解该问题,使司法更加公正。

(编写人:马玉珍)

第二节 父母子女关系和其他近亲属关系

法律条文

第一千零六十七条 父母不履行抚养义务的,未成年子女或者不能独立生活的成年子女,有要求父母给付抚养费的权利。

成年子女不履行赡养义务的,缺乏劳动能力或者生活困难的父母,有要求成年子女给付赡养费的权利。

条文主旨

我国《民法典》规定了父母子女间权利义务关系,即父母对子女有抚养、教育与监护义务,子女对父母有赡养扶助的义务。根据本条规定,如果一方不履行义务,另一方可能通过协议或诉讼方式追索抚养费或赡养费。同时,我国《民法典》的其他条文对保障该条款实施奠定了坚实的法律基础。① 根据我国《民法

① 《民法典》关于父母对子女的抚养、教育与保护方面作出了体系化的规定。第1058条规定,夫妻双方平等享有对未成年子女抚养、教育和保护的权利,共同承担对未成年子女抚养、教育和保护的义务。第1071条规定,非婚生子女享有与婚生子女同等的权利,任何组织或者个人不得加以危害和歧视。不直接抚养非婚生子女的生父或者生母,应当负担未成年子女或者不能独立生活的成年子女的抚养费。第1072条第2款规定,继父或者继母和受其抚养教育的继子女间的权利义务关系,适用本法关于父母子女关系的规定。第1085条规定,离婚后,子女由一方直接抚养的,另一方应当负担部分或者全部抚养费。负担费用的多少和期限的长短,由双方协议;协议不成的,由人民法院判决。前款规定的协议或者判决,不妨碍子女在必要时向父母任何一方提出超过协议或者判决原定数额的合理要求。

典》第1058条、第1067条、第1071条、第1072条、第1111条的规定,一方不履行法定抚养与赡养责任时,另一方在符合法定条件下有权追索抚养费或赡养费。正确理解这一条款,要明晰父母子女之间的权利义务关系内容。父母子女关系包括以下几方面的内容。

1. 父母对子女有抚养、教育和保护的义务

(1)抚养义务。

所谓抚养,是指父母从物质上供养子女和在生活中关心与照料子女。抚养义务是父母对子女所负的最基本与最重要的责任与义务,旨在保障子女的生活与生存,使子女能够健康成长。除法律另有规定外,任何情况下父母都必须履行对未成年子女抚养义务,即父母对未成年子女抚养是无条件的,但父母对成年子女抚养则是有条件的。通常子女成年仍不能独立生活的,父母仍须承担抚养责任。一般情况下,父母对子女的抚养义务到子女成年为止。但不能独立生活的成年子女在父母不履行抚养义务时,他们有权向父母追索抚养费。根据最高人民法院《民法典婚姻家庭编解释(一)》第41条的规定,尚在校接受高中及其以下学历教育,或者丧失、部分丧失劳动能力等非因主观原因而无法维持正常生活的成年子女,可以认定为《民法典》第1067条规定的“不能独立生活的成年子女”。

(2)教育与保护义务。

第一,教育义务。教育是指父母在思想品德等方面对子女的培养与教育。首先,父母应当以正确的价值观,健康的思想、品行和科学适当的方法教育子女,预防和制止子女实施不良行为,使子女的身心健康地成长。其次,父母有责任保证未成年子女上学接受义务教育与多维度教育。

第二,保护义务。保护是指父母有责任保护未成年子女的人身安全和合法权益,防止和排除来自社会、自然界的损害和他人的侵害。未成年人是无民事行为能力人或限制民事行为能力人,他们缺乏对一些行为与事物的正确理解和处理事务能力,因此父母有责任保护子女身心健康和人身安全,使子女健康成长。同时,父母也有义务防止未成年人损害他人和社会利益。在未成年子女对国家、集体或他人造成损害时,父母有承担民事责任的义务。

2. 子女对父母有赡养扶助的义务

《民法典》第1067条第2款规定:成年子女不履行赡养义务的,缺乏劳动能力或者生活困难的父母,有要求成年子女给付赡养费的权利。

(1)赡养义务。

所谓赡养,是指子女应在经济上为父母提供必要的生活条件。赡养费数额

的确定，应根据父母的实际需要和子女的负担能力，一般不低于子女本人或当地平均生活水平。赡养费支付方式，可以根据不同情况，有固定收入的，可采取按年、季度或按月给付，有条件的可以一次性支付；无固定收入的，可以按收益季节给付。根据《民法典》的有关规定，子女不履行赡养义务时，缺乏劳动能力或者生活困难的父母，有要求子女付给赡养费的权利。子女对父母的赡养义务，不因父母婚姻关系变化而终止。子女不能以放弃继承权为由，或以"先分家析产，后赡养老人"或"分家析产不公"为借口而拒绝履行赡养父母义务。

(2)扶助义务。

所谓扶助，是指子女在生活上关心和照顾父母，在精神上尊重与关爱父母。子女对父母的赡养扶助是无期限的，直到父母死亡为止。

新旧法对比

《婚姻法》	《民法典》
第二十一条　父母对子女有抚养教育的义务；子女对父母有赡养扶助的义务。 父母不履行抚养义务时，未成年的或不能独立生活的子女，有要求父母付给抚养费的权利。 子女不履行赡养义务时，无劳动能力的或生活困难的父母，有要求子女付给赡养费的权利。	第一千零六十七条　父母不履行抚养义务**的**，未成年**子女**或**者**不能独立生活的**成年**子女，有要求父母**给付**抚养费的权利。 **成年**子女不履行赡养义务的，**缺乏**劳动能力或者生活困难的父母，有要求**成年**子女**给付**赡养费的权利。

2021年《民法典婚姻家庭编解释(一)》关于父母子女间权利义务内容说明除了个别词调整外，没有变化。[①]

理解与适用

现实生活中，父母如果未履行对未成年子女或虽已成年但不具有独立生活能力的子女的抚养义务，即父母未支付子女生活费、教育费、医疗费等费用，需要抚养的子女可以主张父母给付抚养费。成年子女对缺乏劳动能力或者生活困难的父母未履行赡养义务，需要赡养的父母可以主张子女给付赡养费用。

① 《婚姻法解释(一)》第21条规定，《婚姻法》第21条所称"抚养费"，包括子女生活费、教育费、医疗费等费用；2011年《婚姻法解释(三)》第3条规定，婚姻关系存续期间，父母双方或者一方拒不履行抚养子女义务，未成年或者不能独立生活的子女请求支付抚养费的，人民法院应予支持；《民法典婚姻家庭编解释(一)》第42条规定，《民法典》第1067条所称"抚养费"，包括子女生活费、教育费、医疗费等费用。第43条规定，婚姻关系存续期间，父母双方或者一方拒不履行抚养子女义务，未成年子女或者不能独立生活的成年子女请求支付抚养费的，人民法院应予支持。

1. 向父母追索抚养费主体必是未成年人或没有独立生活能力的成年子女

在司法实践中,未成年子女向父母追索抚养费是无条件的,但成年子女向父母追索抚养费不是无条件的,而是有条件的,即只有未成年子女或虽已成年但不具有完全独立生活能力的子女才有权主张抚养费。根据《民法典》第 17 条的规定,18 周岁以上的自然人为成年人。不满 18 周岁的自然人为未成年人。因未成年人心智不高,很难依靠自己能力独立生活,特别需要父母从物质、生活、学习等方面进行特别的关心与照料。《民法典婚姻家庭编解释(一)》规定,抚育费的给付期限,一般至子女 18 周岁为止。16 周岁以上不满 18 周岁,以其劳动收入为主要生活来源,并能维持当地一般生活水平的,父母可停止给付抚育费。所谓"不能独立生活的成年子女",是指尚在校接受高中及其以下学历教育、丧失或未完全丧失劳动能力等非因主观原因而无法维持正常生活的成年子女。在该情况下,当父母不履行抚养义务时,不能独立生活的成年子女可以请求父母支付抚养费。抚养费包括:生活费、教育费与医疗费等。

2. 需要赡养的父母缺乏劳动能力或者生活困难

向成年子女追索赡养费的父母须缺乏劳动能力或者生活困难,依靠自己能力或工作或资源不能够独立生活。或因年老体弱,缺少劳动能力或难以维持基本生活时,成年子女需要承担赡养父母的职责。

3. 特定情况下父母与子女则不承担法定责任

如果父母失业、长期患病在床、丧失劳动能力或者犯罪服刑,使父母客观上没能力履行抚养子女的义务,可以依法由祖父母或外祖父母等承担抚养责任。子女成年后,不能因父母尽抚养义务有限,就拒绝赡养父母。如果父母有负担能力,但有对子女虐待、遗弃或者性侵等行为,子女成年后可以不赡养父母。因为父母这些行为给子女带来极大伤害,严重侵犯了子女的合法权益。法律不干预这些子女成年后是否对父母履行赡养义务。

实务问题

根据我国《民法典》规定,父母对子女有抚养教育的义务;父母不履行抚养义务时,未成年的子女或不能独立生活的成年子女,有要求父母付给抚养费的权利。父母与子女间的关系,不因父母离婚而消除。离婚后,子女无论由父或母直接抚养,仍是父母双方的子女。离婚后,父母对于子女仍有抚养及教育的权利和义务。离婚后,一方抚养子女,另一方应负担必要的生活费和教育费的一部分或全部,负担费用的多少和期限的长短,由双方协议;协议不成时,由人民法院判决。关于子女生活费和教育费的协议或判决,不妨碍子女在必要时向父母任何一方提出超过协议或判决原定数额的合理要求。《民法典婚姻家庭编解释(一)》所谓不能独立生活的成年子女,是指尚在校接受高中及其以下学历教育,或者丧失、未完全丧失劳动能力等非因主观原因而无法维持正常生活的成年子女。《民法典》所称的"抚养费",包括子女的生活费、教育费、医疗费等费用。

1. 案例①

(1)案情简介。

原告赵某文与被告赵某峰抚养费纠纷一案,山东省威海火炬高技术产业开发区人民法院于2021年2月2日立案后,依法适用简易程序,公开开庭进行了审理。被告赵某峰经本院合法传唤无正当理由未到庭应诉。赵某文向本院提出诉讼请求:①被告支付拖欠的抚养费2.4万元(自2020年9月1日起至2021年2月28日止);②被告自2021年3月1日起每月支付抚养费4000元,至原告年满18周岁止,于每月20日前按月给付。事实和理由:被告系原告之父。2019年6月10日,被告与原告之母吴某协议离婚,根据离婚协议书约定,赵某文由吴某抚养,被告每月支付抚养费4000元,直至原告年满18周岁为止。后被告支付了部分抚养费,自2020年9月1日后拖欠不付,故提起诉讼。赵某峰未作答辩。法院经审理认定事实如下:被告系原告之父。2019年6月10日,被告与原告之母吴某协议离婚,根据离婚协议书约定,赵某文归吴某抚养,被告每月至少支付抚养费4000元,直至原告年满18周岁为止。

(2)法律分析。

在抚养纠纷中,当一方不履行抚养义务时,权利人可以及时主张追索抚养费。本案法官认为,被告经法院合法传唤无正当理由未到庭应诉,视为放弃答辩和质证的权利。《民法典》第1085条第1款规定,离婚后,子女由一方直接抚养的,另一方应当负担部分或者全部抚养费。负担费用的多少和期限的长短,由双方协议;协议不成的,由人民法院判决。本案中,被告与原告之母离婚时就原告抚养及抚养费进行了明确约定,被告应依约履行。原告主张被告拖欠抚养费,被告未予答辩亦未提交相应证据证实,故对原告所主张的事实,法院予以认定。原告诉讼请求有事实和法律依据,法院予以支持。

2. 实践难点问题

(1)父母对子女抚养期限至子女独立生活为止。

所谓子女独立生活为止,即抚养期限通常到子女18周岁为止,而且法律规

① 山东省威海火炬高技术产业开发区人民法院(2021)鲁1091民初319号。

定的“不能独立生活的子女”，是指尚在校接受高中及其以下学历教育的成年子女。有些孩子读大学只是一种可能，并不是必然发生的事实。一般来说，成年就读大学的子女，在身体健康情况下，父母没有给付其抚养费的义务。因此，有些要求父亲分担其上大学的费用，没有事实和法律依据，法院应不予支持。

（2）子女户口在农村实际生活在城镇给付抚养费标准。

对未成年子女抚养费父母协议不成时，由人民法院以子女利益最大化原则，从有利于子女健康成长原则出发，根据当地生活水平及子女的实际需要、父母负担能力和当地实际生活水平，综合各种因素，依法作出判决。如果子女户口与实际居住地并不一致，如子女户口在农村实际生活在城镇，应按照城镇居民人均纯收入标准给付抚养费。

（编写人：李秀华）

法律条文

第一千零六十八条　父母有教育、保护未成年子女的权利和义务。未成年子女造成他人损害的，父母应当依法承担民事责任。

条文主旨

1. 父母有教育未成年子女的权利与义务

所谓教育，是指父母在思想品德等方面对子女的培养与教育。首先，父母应当以健康思想、品行和适当科学、可行方法教育子女，预防和制止子女实施不良行为，使子女身心健康成长。父母要采取科学与正确的方法对未成年子女进行教导，并对其行为进行必要约束，以保障未成年子女的身心健康。其次，父母有义务保证未成年子女上学接受义务教育，使子女成为对国家、对社会有用的人才。

2. 父母有保护未成年子女的义务

所谓保护，是指父母应保护未成年子女的人身安全和合法权益，防止和排除来自自然界、社会和他人的侵害。由于未成年人是无民事行为能力人和限制民事行为能力人，缺乏对事物正确的理解和处理能力。因此，父母有义务保护子女的健康和安全，使子女健康成长。同时，父母有义务防止未成年人损害他人和社会利益。在未成年子女对国家、集体或他人造成损害时，父母有承担民事责任的义务。

3. 未成年子女对他人造成损害时,父母应当承担民事赔偿责任

《民法典》第 1188 条第 1 款规定:“无民事行为能力人、限制民事行为能力人造成他人损害的,由监护人承担侵权责任。监护人尽到监护职责的,可以减轻其侵权责任。”第 1173 条规定:“被侵权人对同一损害的发生或者扩大有过错的,可以减轻侵权人的责任。”根据上述法律规定,父母除有教育、保护未成年子女的权利和义务外,未成年子女造成他人损害的,父母应当依法承担民事责任。

新旧法对比

《婚姻法》	《民法典》
第二十三条　父母有保护和教育未成年子女的权利和义务。在未成年子女对国家、集体或他人造成损害时,父母有承担民事责任的义务。	第一千零六十八条　父母有教育、保护**未成年**子女的权利和义务。未成年子女**造成他人**损害**的**,父母**应当依法**承担民事责任。

理解与适用

1. 父母对未成年子女人身权益与财产保护

父母关心与照料未成年子女生活,保护其身体与心理健康,为未成年子女提供必要的住所等;对未成年子女财产利益管理和保护,不得擅自处分属未成年子女的财产。如果父母未履行监护职责或者侵害未成年子女合法权益,造成未成年子女损失的,应当赔偿损失。父母对未成年子女的保护还体现在,父母代理其未成年子女进行民事活动。特别注意已满 8 周岁以上的未成年子女可以进行与他的年龄、智力相适应的民事活动,其他活动应当由其父母进行代理,或者经父母同意后进行;不满 8 周岁的未成年人为无民事行为能力人,由其法定代理人代理实施民事法律行为。当未成年子女的权益受到侵害时,其父母有权以法定代理人身份提起诉讼,维护未成年子女的合法权益。

2. 在未成年子女给他人造成损害时,监护人如何承担民事责任

《民法典》第 1188 条第 1 款规定,无民事行为能力人、限制民事行为能力人造成他人损害的,由监护人承担侵权责任。监护人尽到监护责任的,可以减轻其侵权责任。根据《民法典》第 1084 条的规定,父母子女关系不会因为父母离婚而消除。离婚后,子女无论由父或母抚养,仍是父母双方子女,父母对子女仍有抚养、教育、保护的权利和义务。因此,父母离婚后未直接抚养子女的一方不能免除监护责任。父母离婚只是子女接受抚养与教育的方式具有一定改变,如强行要求不直接抚养子女父母一方对子女致损他人的行为承担责任,有悖公平合

理。因此，父母离婚后，无须承担未成年子女对他人造成损害的责任，但如果直接抚养的父母一方独自承担责任确有困难，未直接抚养子女的一方依然要共同承担赔偿责任。

3. 未成年人父母已经死亡或者没有监护能力，哪些人可以担任监护人

父母对未成年子女监护权是以血缘为基础的亲权，旨在从人身、财产等方面保护心智尚未成熟，缺乏民事行为能力，不能独立作出意思表示的未成年子女的合法权益。当未成年子女的父母均死亡或者均没有监护能力时，可以由其他人依法定顺序担任监护人。根据我国《民法典》第 27 条规定，父母是未成年子女的监护人。未成年人的父母已经死亡或者没有监护能力的，由下列有监护能力的人按顺序担任监护人：(1)祖父母、外祖父母；(2)兄、姐；(3)其他愿意担任监护人的个人或者组织，但是须经未成年人住所地的居民委员会、村民委员会或者民政部门同意。

实务问题

父母离婚后未成年子女致人损害的责任谁来承担？

11 岁的吴小某父母在其 5 岁时离婚，当时吴小某一直跟随母亲生活。后来，吴小某在与同学玩耍过程中将同学眼睛打伤，花去医疗费近 5 万元。同学的父母要求吴小某的母亲承担医疗费。吴小某母亲没有支付能力，找到吴小某的父亲，但吴小某的父亲认为自己不和吴小某共同生活，所以不应当承担此费用。

我国《民法典》规定，父母与子女间的关系，不因父母离婚而消除。离婚后，子女无论由父或母直接抚养，仍是父母双方子女。离婚后，子女无论由哪一方直接抚养，父母双方都是未成年子女的监护人，对子女仍有抚养和教育的权利和义务。在未成年子女对国家、集体或他人造成损害时，父母双方都有承担民事责任的义务。所以本案中，吴小某的父亲应该承担医疗费用。

（编写人：李秀华）

法律条文

第一千零六十九条　子女应当尊重父母的婚姻权利，不得干涉父母离婚、再婚以及婚后的生活。子女对父母的赡养义务，不因父母的婚姻关系变化而终止。

条文主旨

从立法上保障老年人婚姻自由的权利很重要。老年人的婚姻自由主要体现在离婚与再婚的自由权利。现实生活中，干涉老年人婚姻自由的现象时有发生。为了更有效地保障老年人的婚姻自由，本条特别提出子女应尊重父母的婚姻权利。本条文在2001年《婚姻法》第30条的基础上增加“离婚”二字，更有针对性地解决司法实践中子女通过不同方法与手段阻止父母离婚、再婚问题。《民法典》所强调的婚姻自由是指自然人享有依据自己意志决定是否结婚、与谁结婚、选择什么方式结婚、婚后如何生活等不受他人支配与干涉的自主权利，包括结婚自由、离婚自由以及婚后生活自由。具体到老年人来说，即包含离婚自由、独自生活自由、再婚自由以及自主决定再婚后生活方式的自由。从《民法典》第110条、第1041条、第1042条规定来看，自然人享有婚姻自主权，我国法律尊重与保护自然人的婚姻自由，并禁止任何人干涉他人婚姻自由的行为。

新旧法对比

《婚姻法》	《民法典》
第三十条　子女应当尊重父母的婚姻权利，不得干涉父母再婚以及婚后的生活。子女对父母的赡养义务，不因父母的婚姻关系变化而终止。	第一千零六十九条　子女应当尊重父母的婚姻权利，不得干涉父母**离婚、**再婚以及婚后的生活。子女对父母的赡养义务，不因父母的婚姻关系变化而终止。

理解与适用

1. 如何理解干涉父母婚姻自主权利

具体到老年人而言，即包含离婚自由、再婚自由，以及自主决定是否再婚及选择婚后生活方式的自由。因此，成年子女有尊重父母婚姻的法定义务，不得干涉父母是否离婚、再婚，以及父母婚后生活如何安排，不得因一己私利，如担心父母再婚后将来财产外流和世俗偏见等阻挠干涉父母再婚。父母是否再婚、与谁再婚及自主生活等应由其父母自己决定；父母再婚后，成年子女亦不得干涉父母婚后生活，如父母选择居所或者依法处分个人财产等。

2. 成年子女承担对父母的赡养义务，不因父母婚姻关系发生变化而终止

成年子女不得以不再赡养父母为要挟，变相阻挠父母离婚、再婚以及婚后生活的安排。依据《民法典》第26条第2款、第1067条第2款的规定，成年子女对父母负有赡养、扶助和保护的义务，成年子女不履行赡养义务的，缺乏劳动能力

或者生活困难的父母,有要求成年子女给付赡养费的权利。子女对父母的赡养包括经济供养、生活照料及精神扶助等。父母婚姻关系变化并不导致赡养义务终止。子女对父母的赡养是无期限的,只要父母需要赡养,子女就应当履行这一法定义务。如果有负担能力的成年子女不履行对父母的赡养义务,缺乏劳动能力或生活困难的父母,有要求子女给付赡养费的权利,即使因客观原因未尽抚养义务的父母,在缺乏劳动能力或生活困难时,仍有权请求子女给付赡养费。因此,成年子女不得违反法律规定以不履行赡养义务为筹码,迫使父母放弃婚姻生活自主决定权。

3. 暴力干涉老人婚姻自由,不仅违反民事法律规定,可能受刑事法律规范制约

根据我国《刑法》第257条规定,以暴力干涉他人婚姻自由的,处2年以下有期徒刑或拘役。犯前款罪,致使被害人死亡的,处2年以上7年以下有期徒刑。《刑法》第261条规定,对于年老、年幼、患病或者其他没有独立生活能力的人,负有扶养义务而拒绝扶养,情节恶劣的,处5年以下有期徒刑、拘役或者管制。据此,成年子女干涉父母婚姻自由含有暴力,或者负有扶养义务拒绝扶养,情节恶劣构成犯罪的,应当依法追究刑事责任,对涉案子女处以徒刑或拘役,以保障有赡养需要的老年人的婚姻自由和婚后的正常生活。

实务问题

1. 对老年夫妻婚姻关系子女拒绝赡养案件,律师应如何掌握处理原则

最近老年离婚、再婚引发子女赡养纠纷案件时有发生。本人多年来处理过涉及老人离婚、再婚引起赡养,或因老人再婚,子女干涉引起再离婚等案件。例如3个儿子拒绝赡养赵某。赵某已年过八旬,共生育了被告赵小某等3个儿子。赵某老伴在赵某70多岁时得病去世后,经人介绍认识了王大妈,两位老人一见钟情。王大妈的两个女儿十分支持母亲要再婚的选择。但赵某的儿子却在两位老人约会时,打伤王大妈,赵某与王大妈悄悄领了结婚证。但是赵某的儿子多次打王大妈,导致王大妈不得已向法院起诉要与赵某离婚。赵某最终不得已与王大妈离婚。离婚后,赵某被气到一病不起,用自己的养老金请了护工照料,但不足以保障其生活。赵某3个儿子因赵某曾再婚问题,在赡养问题上相互推诿,不能达成一致意见,致使赵某老无所依,经亲朋好友、赵某3个儿子所在单位等调解均无法解决矛盾。赵某无奈之下,将3个儿子告上法庭,要求3个儿子承担赡养义务。法院最终调解3个儿子每人每月给付赵某赡养费,赵某医疗费、护理费、营养费等按实际支出由3个儿子均等负担,同时3个儿子轮流照料赵某的生

活起居。本案有诸多启示，赵某历尽辛苦将3个儿子抚养成人，却不料晚年落到无人赡养与关照境地。我国《民法典》规定，子女应尊重父母的婚姻自主权，并且不能因为父母婚姻的变化拒绝承担赡养义务。本案3名被告作为原告的儿子，不仅不尊重父母的婚姻自主权且拒绝履行赡养义务，违背了法律规定。赵某年迈多病，丧失劳动能力，身体状况与经济状况均无法维持其基本生活需要，子女应当承担相应的赡养义务。笔者认为，如果老年夫妻感情确已破裂且符合《民法典》相关规定，可调解或判决离婚。但律师在处理此类案件时，应关注到老年婚姻关系解除不能简单等同于一般离婚案件，其产生影响涉及养老及子女，甚至于孙辈子女在内的多个家庭，律师有效地把握老年夫妻感情是否确已破裂并指导其离婚或维持婚姻，甚至在离婚后做其子女对父母离婚及离婚后婚姻自由权的尊重工作，具有十分积极的导向与现实意义。律师在处理老年涉及离婚、再婚引发的家庭纠纷时，如子女拒绝赡养老人，对老人进行精神忽视、物质不关心的案件时，应认识到老年夫妻间已经过数十年的磨合，实属不易，双方如能念及多年夫妻情分，念及对自身对家庭应有的责任，共同努力，双方还是具有重归于好的可能的，慎重处理老年夫妻离婚案件。如果丧偶再婚或离婚后再婚，律师也应全面分析与观察到离婚或再婚的一些问题，协助老人及子女处理好相关问题。如果这个过程处理得好，即使老人离婚或再婚，子女在此过程中会增强对老年父母晚年生活与情感需求的理解，从而做到不因父母婚姻关系变化而拒绝赡养老人。如此才能更人性化处理老人离婚、再婚或赡养案件，从而实现律师助力维护当事人家庭与社会稳定的目的。

2. 如何在实践中正确理解赡养义务的内涵

笔者认为赡养具有多层面的内涵。①《老年人权益保障法》第13条规定，老年人养老以居家为基础，家庭成员应当尊重、关心和照料老年人。第14条规定，赡养人应当履行对老年人经济上供养、生活上照料和精神上慰藉的义务，照顾老年人的特殊需要。赡养人是指老年人的子女以及其他依法负有赡养义务的人。赡养人的配偶应当协助赡养人履行赡养义务。第15条规定，赡养人应当使患病

① 与老年人分开居住的家庭成员，应当经常看望或者问候老年人。《老年人权益保障法》第19条规定，赡养人不得以放弃继承权或者其他理由，拒绝履行赡养义务。赡养人不履行赡养义务，老年人有要求赡养人付给赡养费等权利。赡养人不得要求老年人承担力不能及的劳动。第20条规定，经老年人同意，赡养人之间可以就履行赡养义务签订协议。赡养协议的内容不得违反法律的规定和老年人的意愿。基层群众性自治组织、老年人组织或者赡养人所在单位监督协议的履行。第24条规定："赡养人、扶养人不履行赡养、扶养义务的，基层群众性自治组织、老年人组织或者赡养人、扶养人所在单位应当督促其履行。"笔者认为赡养内容十分丰富，赡养人不能因为老年人婚姻关系变化拒绝履行赡养老年人的义务，即赡养人对老年人赡养扶助的义务不因老年人离婚、再婚而消除。笔者认为赡养不应局限于物质层面，还包括精神上的关怀，即经常问候老人与常回家看望老人等精神层面的内容。

的老年人及时得到治疗和护理;对经济困难的老年人,应当提供医疗费用。对生活不能自理的老年人,赡养人应当承担照料责任;不能亲自照料的,可以按照老年人的意愿委托他人或者养老机构等照料。第16条规定,赡养人应当妥善安排老年人的住房,不得强迫老年人居住或者迁居条件低劣的房屋。老年人自有的或者承租的住房,子女或者其他亲属不得侵占,不得擅自改变产权关系或者租赁关系。老年人自有的住房,赡养人有维修的义务。第17条规定,赡养人有义务耕种或者委托他人耕种老年人承包的田地,照管或者委托他人照管老年人的林木和牲畜等,收益归老年人所有。第18条第1款规定,家庭成员应当关心老年人的精神需求,不得忽视、冷落老年人。

3. 赡养父母义务是子女法定义务,不因婚姻关系变化导致赡养义务解除

只要父母有赡养的需要,子女就应当履行。赡养义务包括对老年人经济上的供养、生活上的照料和精神上的慰藉,以及照顾老年人的特殊需要,如提供生活费或实物,体力上给予帮助,精神上予以尊敬、关怀,对患病的老年人还应当提供医疗费用、进行护理等。子女不能因父母再婚而对父母不闻不问,相互推诿,不尽赡养义务。随着婚姻自由观念深入人心,父母干涉子女婚姻自由现象越来越少,而子女干涉父母婚姻自由的现象却有增无减。许多子女只要求自己婚姻自由,却无视父母对婚姻自由的需要,在父母再婚时,设置重重障碍,无情干涉,迫使许多父母牺牲了自己向往的婚姻与生活;少数父母再婚的,其子女还可能以父母再婚,违背成年子女意愿为由,拒绝履行赡养义务。对此,《民法典》第1069条以及《老年人权益保障法》第21条规定,老年人的婚姻自由受法律保护,子女或者其他亲属不得干涉老年人离婚、再婚及婚后的生活。父母婚姻关系的变化不导致子女赡养义务的消除,子女亦不能以父母再婚为由拒不履行赡养义务。因此,在有赡养能力的成年子女不履行赡养义务时,没有劳动能力或生活困难的父母,有权利要求成年子女依法给付赡养费。

(编写人:李秀华)

法律条文

第一千零七十条　父母和子女有相互继承遗产的权利。

条文主旨

本条是关于父母子女间有相互继承遗产的规定。父母和子女平等地享有继

承权，并且都是第一顺位继承人。这种权利的获得以双方之间的身份为依据。这里所说的父母子女包括：具有婚姻关系的父母与婚生子女、无婚姻关系的生父母与非婚生子女、养父母与养子女，形成抚养教育关系的继父母与继子女。无论父母与子女关系的类型如何，父母子女间平等地享有继承权。只有在特殊情形下，父母和子女继承份额突破绝对均等的局限。如《民法典》第1130条规定，对被继承人尽了主要扶养义务或者与被继承人共同生活的继承人，分配遗产时，可以多分。同时规定，有扶养能力和扶养条件的继承人，不尽扶养义务的，分配遗产时，应当不分或者少分。这些规定体现了在继承问题上权利义务相一致的原则。

新旧法对比

《婚姻法》	《民法典》
第二十四条　夫妻有相互继承遗产的权利。父母和子女有相互继承遗产的权利。	第一千零七十条　父母和子女有相互继承遗产的权利。

理解与适用

要理解本条规定，需重点把握以下几个方面。

1. 正确理解有关遗产继承的内涵

《民法典》第1121条第1款规定，继承从被继承人死亡时开始。因此律师要特别注意，根据《民法典》第1122条第1款规定，遗产是自然人死亡时遗留的个人合法财产。在继承开始后，如被继承人生前有配偶或者与家庭成员共有财产，还应先分割被继承人与其生前配偶的夫妻共同财产，或从家庭共有财产中析出被继承人财产，以确定被继承人具体财产范围。本条所规定的父母子女间的相互继承权，适用法定继承。根据遗嘱优先原则，如被继承人生前立有合法有效遗嘱，应尊重被继承人处分个人财产的意愿，按照被继承人所立遗嘱对其个人合法财产进行处理。未形成抚养教育关系的继父母与继子女、已经解除收养关系的养父母子女相互间不享有继承权。

2. 全面理解本条文的立法精神

律师在处理涉及遗产继承纠纷案件中，要注意证据的收集与固定。通常继承人要举证证明被继承人死亡事实、继承人与被继承人的身份关系、被继承人遗留的个人财产种类及范畴等。涉及父母子女关系的证明，可以提供身份证明、出生证明、父母身份证明、婚姻关系证明及与子女关系证明等；涉及养父母子女关系的，继承人应提供继承人与被继承人的收养登记或事实收养关系证明；涉及继父母子女关系的，应证明继承人与被继承人之间形成抚养、赡养关系。例如，生父母与继父母结婚证明、继父母抚养教育子女的具体证明等。《民法典》第1127条规定，遗产按照下列顺序继承，(1)第一顺序：配偶、子女、父母；(2)第二顺序：兄弟姐妹、祖父母、外祖父母。继承开始后，由第一顺序继承人继承，第二顺序继承人不继承；没有第一顺序继承人继承的，由第二顺序继承人继承。本编所称子女，包括婚生子女、非婚生子女、养子女和有扶养关系的继子女。本编所称父母，包括生父母、养父母和有扶养关系的继父母。本编所称兄弟姐妹，包括同父母的兄弟姐妹、同父异母或者同母异父的兄弟姐妹、养兄弟姐妹、有扶养关系的继兄弟姐妹。第1128条规定，被继承人的子女先于被继承人死亡的，由被继承人的子女的直系晚辈血亲代位继承。根据《民法典》第1127条的规定，本条所谓父母子女关系分别包含婚生父母与婚生子女、非婚生父母与非婚生子女、养父母与养子女，以及形成抚养关系的继父母与继子女。

实务问题

1.办理此类继承案件诉讼程序

根据《民事诉讼法解释》第70条的规定，在继承遗产的诉讼中，部分继承人起诉的，人民法院应通知其他继承人作为共同原告参加诉讼；被通知的继承人不愿意参加诉讼又未明确表示放弃实体权利的，人民法院仍应将其列为共同原告。如共同继承人被遗漏，其作为案件中的共同原告可依据《民事诉讼法》第207条第8项的规定申请再审，即无诉讼行为能力人未经法定代理人代为诉讼或者应当参加诉讼的当事人，因不能归责于本人或者其诉讼代理人的事由，未参加诉讼的可以申请再审。

2.法院管辖权选择与确定

律师在处理此类案件时，应注意管辖权的选择与确定。根据《民事诉讼法》规定，因继承遗产纠纷提起的诉讼，由被继承人死亡时住所地或者主要遗产所在地人民法院管辖。主要遗产所在地应根据遗产具体情况判断，通常以价值相对高的遗产所在地为主要遗产所在地。如果遗产中既有动产又有不动产，通常以不动产所在地作为主要遗产所在地。律师还要注意：在主要遗产所在地与被继承人死亡时住所地不同时，当事人可从中选择一个法院起诉。当事人向两个法院都提起诉讼时，由最先立案的法院管辖。在层级管辖方面，继承案件一般由基层人民法院管辖，但对重大疑难、新类型和在适用法律上有普遍意义的案件，依照《民事诉讼法》规定，上级人民法院有权自行决定由其审理或者根据下级人民法院报请决定由其审理。

3. 案例[①]

(1)案情简介。

上诉人唐某某因与被上诉人石某某离婚纠纷一案,不服一审法院判决提起上诉。二审法院于2020年7月27日立案后,依法组成合议庭,于2020年8月25日公开开庭进行了审理。唐某某上诉请求:①请求撤销原判第2项,改判唐某强(化名)由唐某某抚养,石某某从2020年4月起于每月28日前按每月500元支付唐某强抚养费至其年满18周岁止;②二审诉讼费由被上诉人承担。事实及理由:一审判决对唐某强的成长不利,并有可能改变唐某强的正常人生轨迹,不符合最有利于保护未成年人的原则。第一,上诉人虽然与唐某强没有血缘关系,但已形成事实收养关系,双方存在父子感情。第二,被上诉人于2018年外出打工,直到2020年1月才回家,没有尽到作为母亲的职责,没有履行抚养子女的义务。第三,被上诉人有吸毒史,唐某强由被上诉人抚养不利于其健康成长。综上,一审法院避重就轻,将唐某强置于特定风险(吸毒环境)当中,没有考虑到会对唐某强的人生轨迹造成不可逆转的影响,不符合最有利于保护未成年人的原则。据此,上诉人特提起上诉,请求二审法院予以改判。被上诉人石某某二审答辩称:上诉人没有办理收养手续,不享有抚养权,被上诉人作为唐某强的母亲,享有法定抚养权。被上诉人虽然曾经吸毒,但每年都在公安机关做检查,早已戒掉毒瘾。石某某向一审法院起诉请求:①判决石某某与唐某某离婚;②判决儿子唐某强由石某某抚养,小女儿唐飞燕(化名)由唐某某抚养,各自承担抚养费;③本案诉讼费由唐某某承担。一审法院认定事实:石某某与唐某某于2014年年底经人介绍认识,并于2015年2月3日办理结婚登记。2015年5月9日,石某某生育儿子唐某强。2017年10月4日,双方共同生育女儿唐飞燕。婚后双方经常为家庭琐事发生争吵,2018年石某某外出务工,唐某强和唐飞燕均跟随唐某某一起生活。2020年1月22日,石某某回到家中,并与唐某某发生争吵,致使家中电视、冰箱、饮水机等物品被砸坏并造成石某某受伤。后经松桃苗族自治县公安局黄板派出所调解,双方自愿达成如下协议:①石某某要求离婚;②唐某某对家中家具被砸坏一事不再追究。婚姻关系存续期间,双方无共同财产及债权债务。同时查明,唐某强与唐某某无血缘关系。一审法院根据《婚姻法》第32条第2款,第36条第1款、第2款,第37条,《婚姻法解释(一)》第21条之规定判决:

① 贵州省松桃苗族自治县人民法院(2020)黔0628民初1079号;贵州省铜仁市中级人民法院(2020)黔06民终1496号。

①准予石某某与唐某某离婚；②婚生女儿唐飞燕由唐某某抚养，石某某从2020年4月起于每月28日前按每月500元支付唐飞燕的抚养费至其年满18周岁止，唐某强由石某某抚养，并自行承担抚养费；③驳回石某某的其他诉讼请求。案件受理费100元（已减半收取），由石某某负担。

（2）法律分析。

在二审中，石某某未提交新的证据。唐某某提交的新证据为报纸一份，用于证明一旦沾染毒品很难戒掉，石某某不具备抚养能力。经审查，该证据与本案无关，本院不予采信。对一审认定的事实，二审予以确认。根据《民事诉讼法》第168条（现为第175条）规定："第二审人民法院应当对上诉请求的有关事实和适用法律进行审查。"结合双方诉辩主张及理由，本院归纳本案二审争议焦点为：唐某强应由谁抚养。二审法院认为：唐某某对双方离婚及婚生女唐飞燕的抚养问题不持异议，仅对唐某强抚养问题有异议。唐某强并非唐某某亲生儿子，虽然双方一起共同生活了5年，但双方间没有血缘关系，唐某某不享有抚养唐某强的法定权利，而作为生母的石某某，抚养唐某强既是法律规定的义务，也是法律赋予的权利，石某某享有法定抚养权。石某某虽有过吸毒史，但并不代表目前还存在吸毒行为，更不能说明其不具备抚养能力，故唐某强由石某某抚养较为妥当。一审法院作出"唐某强由石某某抚养，并自行承担抚养费"的处理并无不当。唐某某所持"唐某强由石某某抚养不符合有利于保护未成年人原则"的上诉理由，不能成立，本院不予采纳。综上所述，上诉人唐某某的上诉请求不能成立，应予驳回；一审法院认定事实清楚，适用法律正确，应予维持。依照《民事诉讼法》第170条（现为第177条）第1款第1项规定，判决如下：驳回上诉，维持原判。

（3）如何判断实践中继父母与继子女之间是否存在抚养关系。

虽然唐某某未争取到无血缘关系的唐某强的抚养权，但我们仍为本案上诉人唐某某对没有血缘关系的继子的付出与强烈的责任感而感动。本案启示我们：如何精准判断继父母与继子女之间是否存在抚养关系。上述案件法官以母子血缘关系为基础，强调继父母子女5年内难以形成抚养教育关系。随着我国离婚率日趋上升，现实生活中存在大量继父母与继子女组成的家庭。在司法实践中，继父母子女之间是否形成法律意义上的抚养教育关系，缺少相对客观科学的标准。

笔者认为可以从以下几点分析与判断：

（1）司法实践中处理此类案件时有法官认为，从父母再婚时继子女是否成年，推断父母是否抚养教育继子女。如果父母再婚时，继子女已经成年，则与继父母未形成抚养关系。但笔者认为,仅从继子女是否成年判断显然缺少坚实的判断基础。如有法官认为,虽然父母再婚时,继子女未成年,但是与继父母共同生活时间很短,例如不足5年,如上述案件,亦不能认定继父母与继子女形成抚养关系。

(2)继子女未与继父母长期共同生活,同时继父母对继子女承担了主要生活费、教育费,又或者成年继子女长期赡养扶助继父母,可以形成具有抚养关系的继父母和继子女关系。

(3)继父母只承担教育责任并未实际投入生活费、教育费等是否视为形成抚养教育关系。笔者认为,对形成抚养教育关系的认定,除共同生活外,承担一定生活费与教育费、实施实际的抚养教育行为才能形成法律上所强调的抚养教育关系,才具有父母与子女间的权利义务,才能够享受相应的权利。

(编写人:李秀华)

法律条文

第一千零七十一条　非婚生子女享有与婚生子女同等的权利,任何组织或者个人不得加以危害和歧视。

不直接抚养非婚生子女的生父或者生母,应当负担未成年子女或者不能独立生活的成年子女的抚养费。

条文主旨

婚生子女,是指具有合法婚姻关系的父母所生的子女。婚生子女须具备以下条件:第一,父母有合法的夫妻关系;第二,子女由生父之妻分娩;第三,子女与生母之夫有着血缘关系。非婚生子女是婚生子女的对称,指没有婚姻关系的男女所生的子女。非婚生子女产生的原因比较复杂,未婚男女所生的子女、有配偶者与他人通奸所生的子女、无效婚姻当事人所生的子女、妇女被强奸后所生的子女,以及同性代孕所生子女、单身者通过人工生殖技术所生育子女等均属于非婚生子女。在特殊情况下,如在婚姻关系前受孕,结婚后出生的,或在婚姻关系期间受孕,在婚姻关系消灭后出生的子女,仍为婚生子女。我国《民法典》虽然使用了婚生子女概念,但未对婚生子女概念作出明确规定。现代各国法律规定婚生子女的推定及有关制度,目的在于尊重婚姻制度、保护未成年人利益。但是父母过错或其他原因导致子女出生,不能将这种后果由非婚生子女承担。这也是在立法上强调非婚生子女与婚生子女地位完全平等的重要依据。

新旧法对比

《婚姻法》	《民法典》
第二十五条 非婚生子女享有与婚生子女同等的权利，任何人不得加以危害和歧视。 不直接抚养非婚生子女的生父或生母，应当负担子女的生活费和教育费，直至子女能独立生活为止。	第一千零七十一条 非婚生子女享有与婚生子女同等的权利，任何**组织或者个人**不得加以危害和歧视。 不直接抚养非婚生子女的生父或者生母，应当负担**未成年**子女**或者不能独立生活的成年子女的抚养费**。

理解与适用

1. 婚生子女的推定和否认

近年来，要求做亲子鉴定的人越来越多。由于婚生子女推定或否认涉及婚姻家庭、子女人身权利和财产权益。从目前法律规定看，婚姻关系存续期间发生受胎的事实，应推定为婚生子女。婚生子女的推定是指在婚姻关系存续期间，妻子受胎所生的子女，推定为婚生子女。婚生子女的父母必须有婚姻关系的存在，子女由母亲所生。但是否为父亲的血统，仍较难准确认定。为保护子女利益不受侵犯，各国法律普遍规定推定婚生子女制度。通常采用以下原则：妻子在婚姻关系存续期间怀孕所生的子女推定为婚生子女。婚姻关系成立以后，夫妻有同居的义务。因此，婚姻关系存续期间受胎所生的子女，应为夫妻所生。在婚姻关系存续期间怀孕而于婚姻解除后出生的子女推定为婚生子女。根据《民法典婚姻家庭编解释（一）》第39条规定，父或者母向人民法院起诉请求否认亲子关系，并已提供必要证据予以证明，另一方没有相反证据又拒绝做亲子鉴定的，人民法院可以认定否认亲子关系一方的主张成立。父或母以及成年子女起诉请求确认亲子关系，并提供必要证据予以证明，另一方没有相反证据又拒绝做亲子鉴定的，人民法院可以认定确认亲子关系一方的主张成立；第40条规定，婚姻关系存续期间，夫妻双方一致同意进行人工授精，所生子女应视为婚生子女，父母子女间的权利义务关系适用《民法典》的有关规定。

2. 非婚生子女的法律地位

在我国非婚生子女处于与婚生子女平等的法律地位。《婚姻法》第25条规定："非婚生子女享有与婚生子女同等的权利，任何人不得加以危害和歧视。不直接抚养非婚生子女的生父或生母，应当负担子女的生活费和教育费，直至子女能独立生活为止。”我国《继承法》第10条规定：“遗产按照下列顺序继承：第一顺序：配偶、子女、父母。……本法所说的子女，包括婚生子女、非婚生子女……”《民法典》第1071条规定，非婚生子女享有与婚生子女同等的权利，任何组织或者个人不得加以危害和歧视。

不直接抚养非婚生子女的生父或者生母，应当负担未成年子女或者不能独立生活的成年子女的抚养费。《民法典》婚姻家庭编强调，非婚生子女享有与婚生子女同等的权利，任何组织或者个人不得加以危害和歧视。不直接抚养非婚生子女的生父或者生母，应当负担未成年子女或者不能独立生活的成年子女的抚养费。法律对父母子女关系的规定适用于生父母与非婚生子女，生父母对非婚生子女同样有抚养、教育、保护的权利和义务。未成年非婚生子女与不能独立生活的非婚生子女有权主张不履行抚养义务的父母给付抚养费，有权要求父母对其予以教育和保护，非婚生子女亦有义务赡养生活困难或者缺乏劳动能力的生父母，父母与非婚生子女之间、非婚生子女与婚生子女之间依法享有平等的继承权。

实务问题

1. 案例①

(1)案情简介。

上海市徐汇区人民法院一审查明：原告刘某先与被告徐某系夫妻，于2008年4月15日登记结婚。据法院已生效的(2014)徐少民初字第60号判决书查明：尹某芳于2007年9月25日生育被告尹某怡。2008年4月28日经司法鉴定科学技术研究所司法鉴定中心鉴定被告徐某与尹某怡之间存在亲生血缘关系。原告与徐某的女儿于2008年11月1日出生。2008年5月16日，尹某芳与被告徐某签订书面《子女抚养及财产处理协议书》，约定：尹某怡由尹某芳抚养，徐某每月支付抚养费2万元，至尹某怡20周岁时止。2008年8月尹某怡起诉来院(2014)徐少民初字第60号判决，主张徐某在协议签订后仅支付了两个月的抚养费，要求徐某自2007年12月起每月支付抚养费2万元至尹某怡20周岁。法院经审理于2008年11月20日作出判决：徐某自2007年12月每月支付尹某怡抚养费1万元，至尹某怡20周岁。当事人均未上诉。2014年6月5日被告尹某怡又起诉来院(2014)徐少民初字第60号，称2010年4月徐某承诺将尹某怡的抚养费增加至每月1.2万元；2011年10月徐某再次将尹某怡的抚养费增加至每月

① 参见《最高人民法院公报案例》2016年第7期。

2万元,并履行至2014年1月,但此后徐某未付抚养费,要求徐某自2014年2月起每月给付尹某怡抚养费2万元至其20周岁止。法院于2014年7月24日判决:①徐某于本判决生效之日起10日内按每月2万元给付尹某怡2014年2月至2014年6月的抚养费共计10万元;②徐某自2014年7月起每月给付尹某怡抚养费2万元,至尹某怡20周岁止。判决后当事人均未上诉。①

(2)法院判决。

上海市徐汇区人民法院一审认为:法院在审理(2014)徐少民初字第60号案件的过程中,首先,因不能归责于原告刘某先本人的原因,导致其未成为该案件的第三人参与诉讼;其次,(2014)徐少民初字第60号判决徐某应自2014年2月起至尹某怡年满20周岁,每月给付尹某怡抚养费2万元,而徐某在2008年4月15日已经与原告登记结婚;再次因现无证据表明原告与徐某婚后实行夫妻分别财产制,故该判决应给付的抚养费实际是原告与徐某的夫妻共同财产,夫妻双方对共同财产享有平等的处分权;最后,同样无证据表明原告准允徐某与尹某芳关于尹某怡抚养费的承诺。综上,该判决显然涉及原告的经济利益,现原告认为该判决损害其民事权益,其诉讼尚未超过法定期限,请求成立,原告的撤销之诉予以准许。至于尹某怡目前恰当的抚养费金额和给付年限,相关方可另行通过协商或诉讼解决争议,本案不涉。徐某无正当理由未到庭参加诉讼,视为其放弃答辩权利。尹某怡不服一审判决,向上海市第一中级人民法院上诉称:一审法院适用法律错误,(2014)徐少民初字第60号判决内容没有错误,不符合撤销条件。被上诉人刘某先答辩称:一审判决正确。原审被告徐某与尹某芳就上诉人尹某怡的抚养费达成的协议侵犯了刘某先的合法权益,故该协议属于无效。支付尹某怡18周岁至20周岁的抚养费非徐某的法定义务。徐某每月支付尹某怡抚养费2万元至尹某怡成年的约定严重侵犯了刘某先的合法权益。要求驳回上诉,维持原判。本案所涉及的是被告徐某婚前所生小孩的抚养问题,不同于一般夫妻共同财产处分。况且原告刘某先在庭审中称,其与徐某分别管理各自财产,互不干涉,尹某怡有理由认为他们之间存在一定程度的"AA制",在徐某也有能力负担的范围内,刘某先无权干预。故上诉要求撤销原判,改判驳回刘某先原审的

① 庭审中,原告刘某先强调(2014)徐少民初字第60号判决原告于2014年9月9日刚知晓,法院该份判决的徐某给付尹某怡的抚养费金额和给付的年限没有法律的依据,徐某每月的税后薪资并非12.4万元,原告夫妻婚后也生育一女,且原告夫妻婚后并未实行夫妻财产分别制,徐某也是在被逼迫的情况下作出的承诺,故该判决侵犯了原告的合法权益,原告还提供了其目前无业的证明,故要求予以撤销并改判;尹某怡提供了徐某目前薪资税前12.4万元的证明,强调(2014)徐少民初字第60号判决系对徐某与尹某芳就尹某怡的抚养达成的协议进行判决的,并非抚养费纠纷,徐某对协议的内容并无异议,且尹某怡系在徐某与原告婚前生育的,法院的判决未影响原告婚后的家庭生活。

诉讼请求。综上,上海市徐汇区人民法院依照《民事诉讼法》第 56 条(现为第 59 条)第 3 款、第 144 条(现为第 147 条)的规定,于 2014 年 12 月 24 日判决如下:撤销上海市徐汇区人民法院(2014)徐少民初字第 60 号判决。上海市第一中级人民法院经二审,确认了一审查明的事实。本案中被上诉人刘某先要求撤销(2014)徐少民初字第 60 号判决的请求权能否成立,需从以下方面分析:第一,从(2014)徐少民初字第 60 号判决内容来看,在 2008 年已有生效判决确认原审被告徐某按每月 1 万元的标准支付抚养费后,徐某又分别于 2010 年 4 月 12 日和 2011 年 10 月 13 日出具承诺,将抚养费调整到每月 1.2 万元和每月 2 万元至上诉人尹某怡 20 周岁,并且其在两份承诺中都明确"如果以后有任何原因(如家人的压力上法庭)等产生关于此事的法律纠纷,本人请求法院按照本人此意愿判决。"之后,徐某亦按承诺履行至 2014 年 1 月。抚养费费用的多少和期限的长短,系先由父母双方协议,协议不成时再由法院判决。本案中徐某对于支付尹某怡抚养费的费用和期限都已经明确作出承诺,原审法院在审查双方当事人的陈述、提供的证据、徐某的收入等材料后,确认徐某应按其承诺内容履行,据此判决徐某按每月 2 万元的标准支付抚养费,并支付到尹某怡 20 周岁时止。法院认为,(2014)徐少民初字第 60 号判决内容并无不当。第二,原审被告徐某就支付上诉人尹某怡抚养费费用和期限作出的承诺,是否侵犯了被上诉人刘某先的夫妻共同财产权。要解决这个问题,首先需要明确父母基于对子女的抚养义务支付抚养费是否会侵犯父或母再婚后的夫妻共同财产权。父母对未成年子女有法定的抚养义务,非婚生子女享有与婚生子女同等的权利,不直接抚养非婚生子女的生父或生母,应负担子女的生活费和教育费,直至子女能独立生活为止。虽然夫妻对共同所有的财产,有平等的处理权,但夫或妻也有合理处分个人收入的权利,不能因未与现任配偶达成一致意见即认定支付的抚养费属于侵犯夫妻共同财产权,除非一方支付的抚养费明显超过其负担能力或者有转移夫妻共同财产的行为。本案中,虽然徐某承诺支付的抚养费数额确实高于一般标准,但在父母经济状况均许可的情况下,都应尽责为子女提供较好的生活、学习条件。徐某承诺支付的抚养费数额一直在其个人收入可承担的范围内,且徐某这几年的收入情况稳中有升,支付尹某怡的抚养费在其收入中的比例反而下降,故亦不存有转移夫妻共同财产的行为。因此法院认为,徐某就支付尹某怡抚养费费用和期限作出的承诺,并未侵犯刘某先的夫妻共同财产权。综上,上海市第一中级人民法院依照《民事诉讼法》第 170 条(现为第 177 条)第 1 款第 3 项、《婚姻法》第 25 条之规定,于 2015 年 4 月 23 日判决如下:(1)撤销上海市徐汇区人民法院

(2014)徐民一(民)撤字第3号民事判决。(2)驳回刘某先要求撤销上海市徐汇区人民法院(2014)徐少民初字第60号民事判决的诉讼请求。

(3)评析。

抚养费案件中第三人撤销权的认定,需明确父母基于对子女抚养义务支付抚养费是否会侵犯父母再婚后的夫妻共同财产权。笔者认为,虽然夫妻对夫妻共同财产享有平等处理权利,任何一方未经对方同意不能擅自处分。但夫妻有根据共同财产情况、孩子实际对抚养费的需要、家庭具体的经济状况合理处分个人财产的权利。除非一方支付抚养费明显超过其负担能力或者一方有转移夫妻共同财产的行为,否则不能仅仅因未与现任配偶达成一致意见即认定侵犯夫妻共同财产权利。

2. 处理非婚生子女追索抚养费案件应注意的问题

根据《民事诉讼法》第22条规定,涉及非婚生子女抚养费纠纷案件管辖通常采"原告就被告"原则,即应由被告住所地人民法院管辖;被告住所地与经常居住地不一致的,由经常居住地人民法院管辖。此类案件在启动诉讼程序时会面临主体资格证明的难题。权利人起诉时,需提供一定的证据证明其具备主体资格,即权利人与被告具有父母子女身份关系。权利人可提供的证据有以下几种:出生医学证明、生父母身份信息、生父母同居或其他亲密关系、有关微信、短信、录音、录像、邮件、照片、相关视频、保证书、资金往来、证人证言等。因非婚生子女抚养教育或成年但不能独立生活的非婚生子女发生抚养纠纷时承担义务一方通常不配合进行亲子鉴定,权利人举证任务难以完成。根据《民法典婚姻家庭编解释(一)》第39条规定,父或者母向人民法院起诉请求否认亲子关系,并已提供必要证据予以证明,另一方没有相反证据又拒绝做亲子鉴定的,人民法院可以认定否认亲子关系一方的主张成立。父或者母以及成年子女起诉请求确认亲子关系,并提供必要证据予以证明,另一方没有相反证据又拒绝做亲子鉴定的,人民法院可以认定确认亲子关系一方的主张成立。第40条规定,婚姻关系存续期间,夫妻双方一致同意进行人工授精,所生子女应视为婚生子女,父母子女间的权利义务关系适用《民法典》的有关规定。因此,当事人一方只要提供了必要证据即完成了举证责任,法律未强制性规定提供亲子鉴定是亲子关系的必然证据。如果对方拒绝做亲子鉴定又没有相反证据,法院即可推定亲子关系成立。

(编写人:李秀华)

法律条文

第一千零七十二条　继父母与继子女间,不得虐待或者歧视。

继父或者继母和受其抚养教育的继子女间的权利义务关系,适用本法关于父母子女关系的规定。

条文主旨

本条是关于继父母与继子女间权利义务关系的规定。继子女是指妻与前夫或夫与前妻所生的子女。继父母是指子女对母之后夫或父之后妻的称呼。继父母与继子女的关系是因父母一方死亡,另一方带子女再婚,或由于父母离婚,抚养子女的一方或双方再婚而形成的。继父母与继子女的关系是一种姻亲关系。在现代社会,家庭成员关系日趋平等,为保护继父母与继子女的合法权益,《民法典》第1072条规定,继父母与继子女间,不得虐待或者歧视。

新旧法对比

《婚姻法》	《民法典》
第二十七条　继父母与继子女间,不得虐待或歧视。 继父或继母和受其抚养教育的继子女间的权利和义务,适用本法对父母子女关系的有关规定。	第一千零七十二条　继父母与继子女间,不得虐待或者歧视。 继父或者继母和受其抚养教育的继子女间的权利义务**关系**,适用本法**关于**父母子女关系的规定。

理解与适用

本条对继父母与继子女间权利义务关系进行了规定。正确认识与理解该条文内涵,应注意以下几个方面。

1. 继父母与继子女间是否产生父母子女之间权利义务关系,应视情况而定

继父母与继子女关系是由婚姻关系派生出来的姻亲关系,继父母与继子女间是否产生父母子女之间权利义务关系,应视继父母与继子女的实际生活情况而定。《民法典》第1072条第2款规定:“继父或者继母和受其抚养教育的继子女间的权利义务关系,适用本法关于父母子女关系的规定。”

2. 继父母与继子女关系主要有三种情况

在现实生活中,继父母与继子女的关系主要有以下三种情况。

(1)继父母与继子女关系属姻亲关系。

生父或生母与继母或继父再婚时,继子女已成年并且独立生活;或者继子女虽未成年,但与继子女其他近亲属共同生活如与祖父母或外祖父母共同生活,但是抚养费由生父母提供,继子女未受到继父或继母的抚养教育。这类继父母与继子女关系仅属姻亲关系。

(2)继子女与继父母形成法律上的父母子女关系。

继子女与继父或继母长期共同生活,继父或继母负担继子女的抚养费的一部或全部;或继子女生活费由生父或生母供给,但继子女与继父或继母共同生活,受到继父或继母的教育和照顾。

(3)双重权利与义务。

继子女既受生父或生母抚养教育,也受到继父或继母抚养与教育形成了双重的权利与义务关系。

上述第一种情况中的继父母与继子女间不产生父母子女之间的权利义务关系。第二种情况,继子女与继父母形成法律意义上的父母子女关系。第三种情况,如果继子女与继父母共同生活时间较长,则产生拟制血亲关系,双方产生父母子女间权利义务关系。

实务问题

如何理解形成抚养关系的继父母和继子女法律内涵?

1. 形成抚养教育关系继父母继子女间形成法律上的权利义务关系

继父母应当尊重继子女受教育的权利,使继子女依法入学接受并完成义务教育,不得使接受义务教育的继子女辍学。继父母应关注继子女生理、心理健康和行为习惯,以科学与适当的方法教育和影响继子女,引导继子女进行有益身心健康的活动,保障继子女身心健康。

2. 继子女有赡养扶助继父母的义务

继子女应当履行对老年继父母经济供养、生活照料和精神慰藉的义务。继子女应使患病继父母及时得到治疗和护理;对生活不能自理的继父母,应承担照料生活与精神慰藉责任;不能亲自照料的,可以按照继父母的意愿委托他人或者养老机构等照料。继子女应当妥善安排继父母的住房,不得强迫继父母居住或者迁居条件低劣的房屋。

3. 继子女与生父母、继父母形成双重权利义务关系

例如,张某两岁时父亲因犯罪入狱,母亲带着张某与刘某再婚,刘某将张某视同己出。刘某为了好好照顾张某未生子女。后张某大学毕业在一家公司工作,收入丰厚。后张某母亲病逝,张某父亲出狱,身体不好。张某父亲请求儿子

照料自己，被张某拒绝。根据法律规定，张某父亲非因主观原因导致的不能正常履行抚养责任，因此有权主张儿子张某赡养。继父因中风住进医院，张某认为刘某与自己无血缘关系，因此拒绝赡养继父。根据我国《民法典》规定，形成抚养关系的继子女即受继父母抚养教育的继子女，成年以后有赡养扶助生父母与继父母的双重义务，同时继子女有继承生父母遗产与继父母遗产的双重权利。本案张某既有责任赡养生父，也有责任赡养继父。继子女与继父母形成抚养关系后，其与生父母以及其他近亲属之间的权利义务关系并不会自然消除，因此，继子女与生父母及其相关近亲属、继子女与继父母及其相关近亲属之间均相互享有法定的权利义务。

（编写人：李秀华）

法律条文

第一千零七十三条　对亲子关系有异议且有正当理由的，父或者母可以向人民法院提起诉讼，请求确认或者否认亲子关系。

对亲子关系有异议且有正当理由的，成年子女可以向人民法院提起诉讼，请求确认亲子关系。

条文主旨

本条是关于亲子关系的确认与否认之诉的规定，系我国首次对亲子关系确认与否认制度进行明确规定。本条所调整的父母子女之间的亲子关系，亲为父母，子为子女。亲子关系在法律上是指父母子女之间的权利义务关系。父母子女关系根据其产生的根据不同可分为自然血亲的父母子女关系和法律拟制血亲的父母子女关系。前者是基于子女出生的事实而发生的，包括婚生的父母子女关系和非婚生的父母子女关系；后者是基于法律的认可而人为地设定的，包括养父母养子女关系、继父母与受其抚养教育的继子女关系，无抚养关系的继父母继子女之间不产生父母子女关系，而仅为姻亲关系。[①] 亲子关系在家庭生活中占据着重要的地位，亲子关系的问题涉及遗产继承、抚养赡养等重大问题以及其他诸多家庭内部成员之间的权利义务关系。因此，亲子关系不仅是维系家庭成员之间情感的关键因素，而且对家庭内部财产性利益的分配以及家庭成员之间法律义务的履行都有重大的影响。在婚姻法的发展历程中，《民法典》首次将亲子

① 参见余延满：《亲属法原论》，法律出版社2007年版，第380页。

关系确认与否认明确规定在婚姻家庭编的相关条文中，这将推动我国婚姻家庭关系中亲子关系领域法律制度的完善与发展。

新旧法对比

无	《民法典》
无	第一千零七十三条　对亲子关系有异议且有正当理由的，父或者母可以向人民法院提起诉讼，请求确认或者否认亲子关系。 对亲子关系有异议且有正当理由的，成年子女可以向人民法院提起诉讼，请求确认亲子关系。

理解与适用

要正确理解本法条，应注意以下几个问题。

1. 亲子关系确认之诉

综观整个条文，提起亲子关系确认之诉的主体有三个：父亲；母亲；成年子女。父或母请求法院确认或否定亲子关系的诉讼请求；或成年子女请求法院确认亲子关系的诉讼请求，必须满足对亲子关系有异议且有正当理由。父母子女关系包括有血缘关系的婚生父母子女、非婚生父母子女；没有血缘关系的法律拟制血亲：养父母子女、形成抚养教育关系的继父母子女。亲子关系的确认之诉常发生于非婚生父母子女关系之中，少数可以发生在婚生父母子女之间：如生父母与子女离散，子女被拐卖、子女被遗弃、因为各种原因抱错等，父、母或成年子女要求进行亲子确认。同时还会涉及有关部门或个人侵权问题。例如，2021 年 2 月 8 日下午，“错换人生 28 年”案于开封市中级人民法院二审宣判，医院共赔偿 100 余万元，其中赔偿姚某及亲生父母精神损害赔偿 40 万元，赔偿姚某治疗费等 60 余万元。[①]

2. 父或者母可提起亲子关系否认之诉

所谓亲子关系否认之诉，是指父或者母请求法院确认其与婚生子女不存在亲子关系。法律拟制的父母子女关系不存在血缘关系，自然不涉及亲子关系确认之诉，而非婚生子女需其父或母主动认领或者经确认才能明确亲子关系。我国虽未规定婚生子女与父母推定具有亲子关系，但在司法实践中，一般认定婚生

① 参见赵晓昕编辑：《“错换人生 28 年”二审宣判：医院共赔 100 余万》（原标题：《“错换人生 28 年”二审宣判：医院共赔 100 余万，姚某目前病危》），载综合新华社、中国新闻网、小时新闻、澎湃新闻、红星新闻等。

子女与父母具有亲子关系。但基于婚外情等因素,现实生活中,此类推定可能出现错误,故法律允许利害关系人对此类推定通过诉讼予以否认,即亲子关系否认之诉。应当注意到根据《民法典》对亲子关系有异议且有正当理由的,成年子女可以向人民法院提起诉讼,请求确认亲子关系。对亲子关系有异议且有正当理由的,父或者母可以向人民法院提起诉讼,请求确认或者否认亲子关系。亲子关系否认之诉的提起主体仅包含父和母,而排除了可以提起亲子关系确认之诉的成年子女,理由如下:第一,本条赋权父或者母提起否认亲子关系之诉,是为了保护父母对其与婚生子女是否存在血缘关系的追问与诉请,从而保障父母追求真实血缘关系的权利;第二,将提起否认亲子关系诉讼的主体仅限定于父与母,是为了保护已经建立并持续多年的婚姻家庭的和睦与安定,避免家庭关系剧烈动荡;第三,将成年子女排除于提起否认亲子关系诉讼的主体之外,是避免成年子女通过否认亲子关系,回避成年子女对父母的赡养义务,进而保障父母晚年的生活。

3. 提起亲子关系确认之诉要求有正当理由

目前,我国立法并未对正当理由进行具体规定。在司法实践中,一般理解为使法官有理由相信亲子关系有可能存在或者不存在。如在亲子关系确认之诉中,提起诉讼的父或者母、成年子女应当提供出生证明所记载的相关信息、证人证言、亲子鉴定报告等证据证明其与被告可能存在亲子关系;在亲子关系否认之诉中,父或者母应当提供子女与他人具有血缘关系、父在其妻怀孕期间并无同居可能等证据证明其与被告可能不存在亲子关系。

实务问题

1. 案例:"割肝救子"发现儿子非亲生:"错换人生 28 年"

(1)案情简介。[①]

2020 年 2 月,28 岁的姚某在确诊肝癌后,其母许女士决定"割肝救子"。不料多次检查后许家发现姚某并非其亲生子,这才发现 28 年前(1992 年)在姚某出生的医院——开封医专第二附属医院(现为河南大学淮河医院)错抱了孩子,亲生儿子郭某一直与姚某的生父母生活在河南。2020 年 7 月,河南省开封市鼓楼区人民法院受理了姚某和生父母郭某宽、杜某枝起诉河南大学淮河医院"错抱孩子 28 年"侵权责任纠纷案,姚某同时起诉河南大学淮河医院"患癌"侵权责任

① 笔者对案件梳理与编辑源于赵晓昕编辑:《"错换人生 28 年"二审宣判:医院共赔 100 余万》(原标题:《"错换人生 28 年"二审宣判:医院共赔 100 余万,姚某目前病危》)载综合新华社、中国新闻网、小时新闻、澎湃新闻、红星新闻等。

纠纷案。此后，当事人及其父母又起诉开封市卫生健康委，要求公开相关资料和信息。2020 年 9 月，开封市鼓楼区人民法院开庭审理了"错换人生 28 年"案。当事人姚某起诉河南大学淮河医院索赔医疗费、误工费、营养费等共计 270 余万元。2020 年 12 月 7 日，一审公开宣判。法院依法判决河南大学淮河医院赔偿郭某宽、杜某枝精神损害抚慰金 20 万元，赔偿姚某精神损害抚慰金 20 万元，赔偿杜某枝因寻亲支付的交通费用 1193.5 元，赔偿郭某宽误工费 6400 元；同时，赔偿姚某医疗费、营养费、误工费、交通费等各项费用共计 361,312.94 元（已给付 10 万元，尚需给付 261,312.94 元）。法院认为，姚某诉河南大学淮河医院侵权责任纠纷一案，因淮河医院诊疗行为不规范、管理不善，导致病历资料缺失，未按照原开封市卫生局有关规定为姚某及时接种乙肝疫苗，以及"错抱"事件的发生，应认定河南大学淮河医院存在重大过错。但是，肝癌的发生除了与防疫有关外，也与个体差异、生活经历等多种因素有关。因此，法院判决河南大学淮河医院对姚某目前因患肝癌而产生的合理损失承担 60%的民事赔偿责任。2020 年 12 月 4 日，"错换人生 28 年"当事人姚某生母杜某枝起诉开封市卫生健康委一案在河南省开封市金明区人民法院开庭审理。两天后，这起"民告官"案原、被告双方达成庭外和解。姚某认为虽然判决的赔偿金额远低于心理预期，但他尊重法律，也充分相信法律的公正。姚某认为欣慰的是在责任认定上，医院承担了抱错孩子事件的全部责任及姚某罹患肝癌 60%的责任。姚某的代理律师认为尽管法院支持金额与起诉金额存在差距，但已基本支持原告方的诉求。由于此次判决认定了河南大学淮河医院在姚某患病上存在一定比例的过错，因此，后期如果姚某在治疗上产生新的费用，河南大学淮河医院依然要承担 60%的赔偿责任，从而免除了命悬一线姚某的后顾之忧。

（2）争议焦点与处理结果。

2021 年 1 月 26 日，在河南开封中院，"错换人生 28 年"案二审开庭。庭审争议焦点：河南大学淮河医院方面就精神损害赔偿的标准和医院对患癌承担赔偿责任比例展开争论。具体而言，庭审争议焦点在于一审法院认定精神损害赔偿数额是否偏低，具体体现为 28 年错换孩子事件给姚某以及父母造成的精神损害，赔偿是否能够弥补其精神创伤，此外，河南大学淮河医院对姚某患癌是否应该承担更大的赔偿责任比例。该案难点在于侵权诉讼伴随名誉权纠纷。侵权诉讼背后，由于案件发生在 28 年前，涉事医院（河南大学淮河医院）相关人员缺失，事实难以查清，最后造成谣言及网络暴力，给姚某的名誉权也造成了极大伤害。2021 年 2 月 8 日，"错换人生 28 年案"二审宣判。法院对于郭某宽、杜某枝、姚某的上诉不予支持，维持开封市鼓楼区人民法院一审原判，赔偿郭某宽、杜某枝精神损害抚慰金20万元，赔偿姚某精神损害抚慰金20万元。二审对姚某上诉请求予以支持，河南大学淮河医院赔偿姚某医疗费、营养费、误工费、交通费等各项费用共计60万余元，驳回姚某其他上诉请求。

(3)评析。

笔者认为，亲子关系确认后常会伴随着侵权纠纷、名誉纠纷、人格权纠纷、隐私权纠纷等。此类案件往往会影响当事人的人生走向，造成精神损害，所以涉及的更多的是精神赔偿。家庭稳定与幸福、父母子女关系和谐是百姓的共同追求与目标。本案有几点值得关注：第一，河南大学淮河医院存在重大过错。1992年，河南大学淮河医院存在对杜某枝、姚某母婴登记混乱和相关化验单缺失等管理重大过错，造成"错抱"孩子事件发生。第二，本案"错抱"孩子事件造成了严重后果。姚某生母杜某枝称其是肝病患者，而"错抱"又导致姚某自幼不能跟随其生父母生活，难以准确判断姚某的肝病原因，错失姚某加强预防和治疗自身肝病的最佳机会。在姚某找到亲生父母时，其病情已恶化，影响其对肝脏移植手术最佳时机的选择。从姚某病情看，仍在不断恶化，生命垂危，给姚某造成很大痛苦。"错抱"孩子事件影响了姚某一生的命运与两个家庭命运。第三，本案属亲子确认后的侵权诉讼案件。在此类案件中对精神损害予以金钱赔偿，尽管这种赔偿与财产损害不同，无法像财产损失一样予以准确量化准确计算，不能完全弥补被侵权人精神伤痛与损害，但可以对被侵权人身心痛苦予以一定抚慰，进而实现对被侵权人合法民事权益的有效保护。根据《精神损害赔偿解释》第5条规定，确定民事侵权中的精神损害赔偿数额，主要根据侵权人过错程度、侵害具体情节、损害后果、受理诉讼法院所在地平均生活水平等因素予以综合考虑。本案中，"错抱"孩子事件造成郭某宽、杜某枝和姚某一家骨肉分离，无法正常享受亲情。而且，姚某病情与错抱孩子事件有一定的关系。郭某宽、杜某枝和姚某分离达28年之久，重逢后便要承受亲生儿子身患重病的痛苦。河南大学淮河医院对"错抱"事件的发生存在重大过错，也有承担责任的经济能力。一审经过综合考量本案的案件事实及损害后果、受理诉讼法院所在地的平均生活水平，酌定河南大学淮河医院赔偿郭某宽、杜某枝精神损害抚慰金20万元，赔偿姚某精神损害抚慰金20万元，既有所突破，也较为合适。因此，二审予以维持。二审法院支持姚某的上诉请求，予以改判，具体理由是什么？经审查，姚某请求的赔偿费用属于正常治疗产生，治疗费用及营养费、误工费、交通费等相关费用均在合理范围。河南大学淮河医院应为其过去未尽谨慎职责造成的后果承担责任。二审法院强调就医院管理而言，本案二审改判河南大学淮河医院承担全部责任，还旨在警示医疗机构，在从事医疗活动中，应严格遵守医疗技术规范，实施完善的医疗管理制度，以防病治病，保障公民健康与家庭幸福。综合以上几点考虑，二审予以改判，支持姚某的上诉请求。笔者认为，本案中医院在接生后母婴管理存在管理过错，造成百姓终生无法挽回损失的严重后果。医院在接生及母婴管理中须特别严谨，特别负责，能够让母子一起平安出院。面对人民群众的期望，医院必须健全管理制度、强化落实责任，避免"错抱孩子"、母子分离的悲剧再次重演。

2. 有关部门如何处理此类纠纷

关于夫妻离婚后人工授精所生子女的法律地位如何确定的问题参照《最高人民法院关于夫妻离婚后人工授精所生子女的法律地位如何确定的复函》(已失效)。复函内容如下：

河北省高级人民法院：

你院冀法(民)(1991)43号《关于夫妻离婚后人工授精所生子女的法律地位如何确定的请示报告》收悉。经研究，我们认为，在夫妻关系存续期间，双方一致同意进行人工授精，所生子女应视为夫妻双方的婚生子女，父母子女之间权利义务关系适用《婚姻法》的有关规定。

此复

附：《河北省高级人民法院关于夫妻离婚后人工受精所生子女的法律地位如何确定的请示》[冀法(民)〔1991〕43号](略)

3. 否认婚生子女之诉与非婚生子女的认领之诉

(1)否认婚生子女之诉。

我国法律虽然没有规定婚生子女的推定制度，但凡是在婚姻关系存续期间受胎所生子女，或者是出生在婚姻关系存续期间的子女，首先推定为婚生子女。即便是妻子被强奸后生育的子女，在有确切证据证明该子女不是妻子与丈夫受胎所生之前，仍推定该子女为夫妻间的婚生子女。否认婚生子女之诉，主要是对出生在婚姻关系存续期间的子女，提出证据证明该子女并非妻子与丈夫受胎所生，从而否认对该子女是婚生子女的推定。

(2)非婚生子女的认领。

非婚生子女的认领，是指通过一定法定程序确认非婚生子女与生父母之间的关系，使非婚生子女实现法律赋予的与婚生子女同等的权利。生母与非婚生子女之间的关系因分娩而产生，一般是不需要认领的，我国法律并未规定非婚生子女的认领制度。非婚生子女的生父与生母结婚，狭义上称为非婚生子女的准正。生父母自愿认领非婚生子女，称自愿认领。自愿认领及强制认领非婚生子女，都属于非婚生子女的认领。通过诉讼手段实现的认领，包括自愿认领和强制认领，一般是由审理案件的法院委托相关部门进行亲子鉴定，通过确定亲生血缘关系来解决；通过公证手段实现的认领，只限于自愿认领。

4. 欺诈性抚养纠纷的处理

欺诈性抚养，是指妻子对丈夫隐瞒所生子女是非婚生子女的事实，使丈夫在被蒙骗中将妻子与他人所生子女当作自己的亲生子女抚养。但关于此类纠纷中抚养费返还问题有不同主张。有学者认为，丈夫因受欺诈，违背真实意思而为抚养行为，根据无效返还的法律规定，已支出的抚养费应予返还；有学者根据无因管理原理，认为没有法定义务而为他人抚养子女，构成无因管理，受益人应返还已支出的抚养费；有学者认为，对非婚生子女生父和生母而言，无抚养义务人为其支付抚养费，属不当得利，其所得利益应予返还；有学者认为这是一种侵权行为，侵权人即非婚生子女生父母，并非生母一人。这种侵权行为是逃避法定抚养子女义务，采取欺骗手段，让非婚生子女生母之配偶相信该子女为其婚生子女，并为之提供抚育费用。该行为后果，是使受欺诈的原抚养义务人支付财产，为该子女的生父母“履行”抚养义务，使受害人的财产遭受了直接损失。违法行为与损害后果有因果关系，侵权行为主体主观上为共同故意。在现实生活中，受害人如果发现欺诈性抚养非婚生子女的真相，常常会引起有关返还抚养费、物质与精神损害赔偿等纠纷。通常欺诈性抚养纠纷是与否认婚生子女之诉一并提起，这样欺诈性抚养纠纷显得很复杂。在欺诈性抚养关系中，如受欺诈人要求返还抚养费，欺诈人应当返还。目前实践中，一些法院处理此类案件，如果认定欺诈性抚养关系，受害人有权主张返还抚养费、物质与精神损害赔偿费等。

（编写人：李秀华）

法律条文

第一千零七十四条　**有负担能力的祖父母、外祖父母，对于父母已经死亡或者父母无力抚养的未成年孙子女、外孙子女，有抚养的义务。**

有负担能力的孙子女、外孙子女，对于子女已经死亡或者子女无力赡养的祖父母、外祖父母，有赡养的义务。

条文主旨

本法条是关于一定情形下祖父母、外祖父母与孙子女、外孙子女之间具有权利义务关系的规定。一般而言，祖父母、外祖父母与孙子女、外孙子女属隔代直系血亲，通常并不产生法律权利义务关系。只有在家庭结构发生变化，出现缺损的特定情况下祖父母、外祖父母与孙子女、外孙子女间才产生权利义务关系。根据《民法典》第1074条规定，家庭应当树立优良家风，弘扬家庭美德，重视家庭文明建设……家庭成员应当敬老爱幼，互相帮助，维护平等、和睦、文明的婚姻家庭关系。本条法律规定是基于婚姻家庭编所倡导的和谐文明的家风建设及倡导的保护老年人、未成年人、残疾人等原则，规范并在一定程度上解决了“缺损家庭”中失去父母或父母无力抚养的未成年孙子女、外孙子女抚养与失去子女或子女无力赡养的缺乏劳动能力以及缺少生活来源、生活困难的老年人赡养难题，也从法律制度层面为未成年人与老年人提供了稳定生活保障，从而实现国家所追求的“养老育幼”、家庭和谐、社会稳定的目标。

新旧法对比

《婚姻法》	《民法典》
第二十八条　有负担能力的祖父母、外祖父母，对于父母已经死亡或父母无力抚养的未成年的孙子女、外孙子女，有抚养的义务。有负担能力的孙子女、外孙子女，对于子女已经死亡或子女无力赡养的祖父母、外祖父母，有赡养的义务。	【内容不变】第一千零七十四条

理解与适用

本条肯定了《婚姻法》第28条规定的精神。要正确认识与理解本法条的精神，在具体应用本法条时，应注意以下问题：祖父母、外祖父母与孙子女、外孙子女间承担抚养与赡养义务须具备一定条件。第一，孙子女、外孙子女是需要抚养的未成年人或不能独立生活的成年人；祖父母、外祖父母是需要赡养的老年人。第二，需要抚养与赡养强调应具备一定的要件。所谓需要抚养是指孙子女、外孙子女的父母已死亡或无力抚养。所谓需要赡养是指祖父母、外祖父母的子女已经死亡或者子女无力赡养。对祖父母、外祖父母的赡养义务以祖父母、外祖父母有赡养需要，具体而言即缺乏劳动能力或者生活困难为前提条件。如祖父母、外祖父母有子女，且有承担赡养义务能力或祖父母与外祖父母的收入或资源足以满足养老，则无须孙子女、外孙子女承担赡养义务。第三，承担抚养义务的祖父母、外祖父母或承担赡养义务的孙子女、外孙子女应有负担能力。由于祖父母、外祖父母或孙子女、外孙子女是第二顺位产生权利义务关系的特定主体不同于第一顺位父母子女关系，本条强调义务主体必须具有承担抚养、赡养义务的能力，即以其工资收入或者其他财产除满足自己及第一顺位扶养人生存生活需求后仍有剩余，可以抚养孙子女、外孙子女或赡养祖父母、外祖父母。

实务问题

1. 案情简介[①]

刘某与妻子易某生育一子刘甲、一女刘乙，刘甲因病于 1986 年 7 月死亡，刘乙因交通事故于 2011 年 6 月死亡。被告刘丙、刘丁是刘甲的儿子；被告刘戊、姚某是刘乙的子女。原告刘某现双目失明、两耳失聪，生活无法自理，由女婿姚某先照顾。原告起诉时每月收入有新农保 118 元、高龄补贴 60 元、粮食补贴 31.50 元、失地农民补贴 400 元，上述收入共计每月 609.50 元。后刘某向人民法院提起诉讼，请求判令四被告共同承担原告的赡养费每月 2500 元。法院经审理认为，四被告对原告依法负有赡养义务，遂判决四被告对原告依法承担赡养义务。

2. 法律分析

赡养与尊敬是中华民族的传统美德。根据《老年人权益保障法》第 15 条第 2 款“对生活不能自理的老年人，赡养人应当承担照料责任；不能亲自照料的，可以按照老年人的意愿委托他人或者养老机构等照料”。根据《婚姻法》第 28 条“……有负担能力的孙子女、外孙子女，对于子女已经死亡或子女无力赡养的祖父母、外祖父母，有赡养的义务”。《老年人权益保障法》第 19 条第 2 款规定，赡养人不履行赡养义务，老年人有要求赡养人付给赡养费等权利。最高人民法院《第八次全国法院民事商事审判工作会议纪要（民事部分）》关于婚姻家庭纠纷案件的审理中关于未成年人保护问题第 3 条规定：祖父母、外祖父母对父母已经死亡或父母无力抚养的未成年孙子女、外孙子女尽了抚养义务，其定期探望孙子女、外孙子女的权利应当得到尊重，并有权通过诉讼方式获得司法保护。原告刘某年老体弱，收入不能维持正常生活水平，作为孙子女和外孙子女的四被告，在原告刘某失去子女后，在有负担能力的前提下，符合承担赡养义务的条件，应承担赡养义务。参照当地福利院的收费标准，原告刘某主张每月 2500 元赡养费显得略高，法官最终根据孙子女和外孙子女的负担能力、原告的实际需要、当地的

---

① 湖北省宜都市人民法院（2019）鄂 0581 民申 2 号。

生活水平，确定孙子女和外孙子女四人每月1900元的生活费和护理费，结合四被告的收入情况、被告刘丙之子患病的事实，酌情认定被告刘丙（其有病）每月支付原告刘某生活费和护理费400元，被告刘丁、刘戊、姚某每月支付原告刘某生活费和护理费500元，原告医疗费由四被告平均分担，合法合理。四被告作为孙子女和外孙子女，应感念与原告刘某的血脉亲情，发扬中华民族尊老敬老的传统美德，让刘某能够安享晚年。

（编写人：李秀华）

法律条文

第一千零七十五条　有负担能力的兄、姐，对于父母已经死亡或者父母无力抚养的未成年弟、妹，有扶养的义务。

由兄、姐扶养长大的有负担能力的弟、妹，对于缺乏劳动能力又缺乏生活来源的兄、姐，有扶养的义务。

条文主旨

兄弟姐妹系源于父母的最亲近的旁系血亲。本条强调特定情况下兄、姐与弟、妹间的扶养义务，在一定程度上强化了养老育幼的家庭功能。这里所说的兄弟姐妹既包括同父同母、同父异母、同母异父三类有血缘关系的兄弟姐妹关系，也包括形成抚养关系的继兄弟姐妹关系及因收养行为形成的养兄弟姐妹关系。一方面，规范了兄姐对父母死亡或父母无力抚养的未成年弟、妹有扶养责任；另一方面指出，由兄、姐扶养长大的有负担能力的弟、妹，对于缺乏劳动能力又缺乏生活来源的兄、姐，有扶养的义务。在一定程度上缓解了对缺乏劳动能力以及生活来源的老年人扶养的法律与现实问题。同时，在法律上为未成年人与老年人提供了基本经济与生活保障，这一规定有助于弘扬家庭美德，建立敬老爱幼，互帮互助，平等、和睦、和谐的家庭关系，有助于家庭与社会稳定与和谐。

新旧法对比

《婚姻法》	《民法典》
第二十九条　有负担能力的兄、姐，对于父母已经死亡或父母无力抚养的未成年的弟、妹，有扶养的义务。由兄、姐扶养长大的有负担能力的弟、妹，对于缺乏劳动能力又缺乏生活来源的兄、姐，有扶养的义务。	【内容不变】第一千零七十五条

理解与适用

根据《民法典》规定精神，兄弟姐妹间承担扶养义务须具备以下法定条件。

1. 兄、姐对弟、妹承担抚养义务需具备以下条件：

（1）兄、姐应有负担能力。

本条强调兄、姐对弟、妹承担法定抚养义务的前提是兄、姐有负担能力，即兄、姐有相对稳定的劳动收入或者物质条件。

（2）弟、妹应系未成年人且不能独立生活。

兄、姐对弟、妹的抚养义务系区别于父母对子女的抚养义务，根据《民法典》第1067条规定，父母对未成年子女以及不能独立生活的成年子女有抚养义务，而兄、姐对弟、妹抚养义务排除了不能独立生活的成年弟、妹，以及已满16周岁未满18周岁，以自己的劳动收入作为主要生活来源的未成年弟、妹，仅限于未成年不能独立生活的弟、妹。

（3）父母已经死亡或者无力抚养。

如父母双方已死亡，或父母一方死亡，一方或双方因疾病、下岗、服刑等客观原因无力抚养弟、妹。父母死亡既包含自然死亡，亦包含宣告死亡；父母无力抚养是指父母通过自己的物质条件或工作能力等均无法满足未成年弟、妹的基本生存、生活需要。兄、姐对弟、妹提供的抚养具有替补性，也即兄、姐提供的抚养不是无条件的，只有当父母已经死亡或父母无力抚养时，兄、姐才对弟、妹承担法定抚养义务。

2. 弟、妹对兄、姐承担扶养义务需具备以下条件：

（1）弟、妹应有负担能力。

本条强调弟、妹对兄、姐承担扶养义务的前提是弟、妹有负担能力，即弟、妹有相对稳定的劳动收入或者物质条件。

（2）兄、姐需要扶养，即兄、姐缺乏劳动能力又缺乏生活来源。

根据《民法典》规定，弟、妹对兄、姐的扶养义务的前提则要求兄、姐既缺乏劳动能力，又缺乏生活来源，兄、姐有被扶养的现实需求，否则不符合有扶养的需要。

（3）弟、妹由兄、姐抚养长大。

在现实生活中，如父母有抚养能力，则兄、姐无须承担抚养弟、妹的责任；当父母死亡或者无力抚养时，有负担能力的兄、姐负有法定义务抚养未成年弟、妹长大成人。根据权利与义务相一致的原则，有扶养能力的弟、妹在兄、姐有扶养需要时,应承担对兄、姐的扶养义务。

实务问题

权利人要满足哪些要件才可以要求义务人履行扶养责任?

最高人民法院早在1984年《关于贯彻执行民事政策法律若干问题的意见》第26条中规定,“由兄、姐抚养长大的有负担能力的弟、妹,对丧失劳动能力、孤独无依的兄、姐,有扶养的义务。”2001年《婚姻法》吸收了这一司法解释的立法精神,将该条款表述从“丧失劳动能力、孤独无依”改为“缺乏劳动能力又缺乏生活来源”。《民法典》第1075条第2款肯定了2001年《婚姻法》第29条这一规定。《老年人权益保障法》第23条第2款强调“由兄、姐扶养的弟、妹成年后,有负担能力的,对年老无赡养人的兄、姐有扶养的义务”,明确规定,兄、姐在无赡养人的情况下,才可以要求弟、妹对其履行扶养义务。如兄、姐的配偶或者子女有扶养、赡养能力,则不符合“年老无人赡养”条件,不能要求弟、妹对其履行扶养义务。由于无扶养人与有扶养人但扶养人死亡或扶养人无力扶养的内涵不同,这加大了老年人主张扶养权利的难度。笔者建议这一规定应与《民法典》这一条款规定精神一致,同时建议取消弟妹必须受过兄姐抚养的前提条件。兄弟姐妹间的扶养义务属第二顺位,只有在一定的情形下才会产生。兄弟姐妹间的扶养义务不同于夫妻、父母子女之间的扶养责任。

如果本条款中的义务人没有履行扶养义务,权利人可以与义务人协商扶养问题。如果协议不成,权利人可以向人民法院提起民事诉讼,请求义务人履行扶养义务。但是如果权利人为无民事行为能力人或限制民事行为能力人,其监护人可以作为法定代理人代为提起民事诉讼。如兄姐要作为义务人须有负担能力、弟妹系需要抚养的未成年人、父母已经死亡或无力扶养。如果弟妹扶养兄姐有一个很重要的前提,是被兄姐抚养长大。同时要求弟、妹对兄、姐的扶养义务的重要前提即兄、姐既缺乏劳动能力,又缺乏生活来源,且兄、姐有被扶养的现实需求,弟妹还须有负担能力,否则不符合扶养的条件。笔者认为,兄弟姐妹之间的扶养责任在兄姐主张扶养权利时,法律规定更严苛一些,导致兄姐主张扶养的权利较难实现,笔者认为可以取消弟妹须由兄姐抚养长大的前置条件,这样更有助于养老、助老与敬老美德的彰显。

律师协助当事人启动维权的程序应注意:在兄弟姐妹间扶养纠纷中,通常会出现基于本条款权利人可能要向多个扶养义务人主张权利。由于兄弟姐妹是最亲近的旁系血亲关系,容易沟通与协调,可以协商处理相关问题,如果协商不成,权利人可以提起民事诉讼。这样有时诉讼时会涉及多个被告住所地、经常居住地等，甚至会出现有两个以上人民法院具有管辖权的情况。例如，未成年弟、妹起诉兄、姐要求其支付抚养费用的，在举证方面会有很多难题。如提供证据证明原被告身份关系，证明其父母死亡或父母无力抚养，还要举证兄、姐有负担能力。兄、姐起诉弟、妹要求其承担扶养责任，除了提供证据证明原被告身份关系外还要主张弟、妹由其抚养长大，以及自己缺乏劳动能力又缺乏生活来源具有扶养的需要，还要举证弟、妹有负担能力等。

（1）案情简介。[①]

在一起交通事故中，吴某去世，其弟吴某余年过50岁是否可以获得必要的扶养费？

上诉请求：上诉人中国平安财产保险股份有限公司浙江分公司（以下简称浙江平安保险）因与被上诉人汪某珍、吴1、吴2、高某立，原审被告中国人民财产保险股份有限公司石家庄市藁城支公司（以下简称人保藁城公司）、朱某华、杭州杲昊物流有限公司（以下简称杲昊公司）、吴某华机动车交通事故责任纠纷一案，不服江西省南丰县人民法院（2018）赣1023民初499号民事判决，向江西省抚州市中级人民法院提起上诉。上诉人浙江平安保险上诉请求，减少赔偿精神抚慰金15,000元、被抚养生活费24,888元，合计39,888元。

事实与理由：《婚姻法》第29条对兄姐扶养弟妹作出了限制性规定，被扶养的弟妹必须是未成年人。吴某余已经50岁，对父母死亡且已经成年的××患者，应列入五保对象和政府精准扶贫对象，其扶养义务人是政府。吴某余不是本案适格被扶养人。浙江平安保险辩称：原告索赔吴某余的被扶养人生活费不具有合法性，不符合法定条件，吴某余的扶养义务人是政府，不是死者。另答辩人不承担案件受理费。

（2）法院肯定已50余岁的弟弟是适格被扶养人。

一审法院审理案件查明：受害人吴某父母均已经去世，兄弟姐妹共有6人，其中弟弟吴某余系精神残疾，未婚且无子女。2009年10月27日，其领取了残疾证，残疾等级为二级残疾，铜陵市第三人民医院病情诊断书显示吴某余精神异常28年，从2014年6月10日至今，一直在医院住院治疗。吴某余无经济来源，主要依靠包括吴某在内的兄弟姐妹扶养。一审法院确定本案争议的焦点之一：吴某余是否是适格的被扶养人。对此，原告方主张计算吴某余被扶养人生活费，其他当事人或认为由法院依法认定，或认为吴某对吴某余无扶养义务。法院最终认定吴某余是适格的被扶养人。二审法院肯定了弟弟是适格的被扶养人。

① 江西省抚州市中级人民法院（2018）赣10民终885号。

(3)法律分析。

本案处理对律师正确应用法条、精准释义法条、有效处理相关案件具有一定启示。如果严格按照法律规定的精神,弟弟已过50岁,突破了兄姐对弟妹的扶养限于未成年人。但法官对法律条文具有深刻的理解,准确地把握了相关规定的内涵与精神,作出了利于当事人、利于家庭与社会稳定的判决。2001年《婚姻法》第29条规定,“有负担能力的兄、姐,对于父母已经死亡或父母无力抚养的未成年的弟、妹,有扶养的义务。由兄、姐扶养长大的有负担能力的弟、妹,对于缺乏劳动能力又缺乏生活来源的兄、姐,有扶养的义务。”该条法律规范规定了兄弟姐妹之间的扶助义务,吴某余长期患××,无配偶和子女,在父母死亡后,只能依赖包括吴某在内的兄弟姐妹扶养,铜陵市郊区大通镇民福社区居民委员会和铜陵市公安局大通派出所对此情况出具证明予以证实。法官认为,为维持吴某余生活所需费用,应将其列为被扶养人范围。有些当事人提出吴某余不是适格被扶养人的辩解意见与事实和法律不符,不予采信。(其他事实认定略。)根据最高人民法院《关于审理人身损害赔偿案件适用法律若干问题的解释》及江西省、安徽省统计局公布的相关统计数据,结合三原告的诉讼请求,三原告因交通事故造成的各项经济损失共计801,730元,其中吴某余的被扶养人生活费82,960元。二审中,各方当事人均未提供新的证据,对一审判决认定的事实均无异议,二审予以确认。二审其中焦点之一:关于吴某余的被扶养人生活费是否应当支持的问题。二审法院认为,本案受害人吴某与吴某余系兄弟关系,吴某余长期患××,丧失劳动能力,未婚无子女,无经济来源,在父母死亡后,吴某余实际由包括吴某在内的兄弟姐妹扶养。根据《婚姻法》《民法总则》的立法精神,以及弘扬社会主义核心价值观,一审判决支持吴某余的被扶养人生活费,并无不当。法院的判断未停留在简单的条文理论层面,而是基于现实,基于法律规定的精神与目标,甚至强调弘扬社会主义核心价值观,认为被告需对原告履行一定扶养义务。

(编写人:李秀华)

第四章 离　　婚

法律条文

第一千零七十六条　夫妻双方自愿离婚的，应当签订书面离婚协议，并亲自到婚姻登记机关申请离婚登记。

离婚协议应当载明双方自愿离婚的意思表示和对子女抚养、财产以及债务处理等事项协商一致的意见。

条文主旨

本条是关于协议离婚的规定。

新旧法对比

《婚姻法》	《民法典》
第三十一条　男女双方自愿离婚的，准予离婚。双方必须到婚姻登记机关申请离婚。婚姻登记机关查明双方确实是自愿并对子女和财产问题已有适当处理时，发给离婚证。	第一千零七十六条　**夫妻**双方自愿离婚的，**应当签订书面**离婚**协议**，**并亲自**到婚姻登记机关申请离婚登记。 **离**婚**协议应当载**明双方自愿**离婚的意思表示和**对子女**抚养**、财产**以及债务**处理**等事项协商一致的意见**。

理解与适用

1. 协议离婚的概念

协议离婚也称“两愿离婚”“登记离婚”，是指夫妻双方在达成离婚合意以后通过登记程序解除婚姻关系。

2. 协议离婚的条件

(1)双方必须是依法办理过结婚登记的夫妻：双方如果是同居关系，或者是

"事实婚姻"关系,是不能协议离婚的。

(2)双方必须是完全民事行为能力人:如果一方或双方是限制民事行为能力或者无民事行为能力人,是不能协议离婚的。

(3)双方必须达成了离婚的合意:必须是自愿且真实的,不能存在欺诈、胁迫等情形。《民法典婚姻家庭编解释(一)》第70条规定,夫妻双方协议离婚后就财产分割问题反悔,请求撤销财产分割协议的,人民法院应当受理。人民法院审理后,未发现订立财产分割协议时存在欺诈、胁迫等情形的,应当依法驳回当事人的诉讼请求。

(4)双方要签订书面离婚协议。

①在协议中必须明确写明:双方自愿离婚。

②如果双方有子女,必须写明如何对子女进行抚养:包括子女由哪一方直接抚养,子女的抚养费、教育费、医疗费等如何分担、如何支付,不直接抚养子女的一方如何探望子女等。

③要写明财产及债务处理等事项:要对夫妻共同财产进行合理的分割,对夫妻共同债务的数额、如何负担等作出明确约定。

(5)双方必须亲自到婚姻登记机关申请离婚。

实务问题

1. 案情简介①

游某与李某2020年4月4日签署了离婚协议,约定子女由男方李某抚养,婚内购买的房屋归李某,婚内购买的车辆归女方游某。游某于2021年1月,以离婚协议书系李某胁迫其签订为由起诉至法院要求撤销离婚协议书中关于财产分配部分的条款。一审法院认为,原告、被告签订的离婚协议系双方真实意思表示,对双方均有约束力。原告在本案中并没有任何证据证明其在签订离婚协议时受到欺诈或者胁迫以及离婚协议书存在显失公平的情形,而且从离婚协议的财产分割内容来看,双方是根据实际情况比较公平地分割财产,故双方签订的离婚协议书内容真实、合法有效。法院驳回了原告游某的诉讼请求。

2. 评析

双方在签订离婚协议时必须秉承自愿协商一致的原则,任何一方在离婚后对财产分割部分反悔的,可以向法院申请撤销离婚协议中的财产分割部分。但只有在有充分的证据证明签订离婚协议时存在一方受到欺诈或者被胁迫等情形

---

① 江西省高安市人民法院(2021)赣0983民初60号。

时,法院才会支持。

（编写人:王　薇）

法律条文

第一千零七十七条　自婚姻登记机关收到离婚登记申请之日起三十日内,任何一方不愿意离婚的,可以向婚姻登记机关撤回离婚登记申请。

前款规定期限届满后三十日内,双方应当亲自到婚姻登记机关申请发给离婚证;未申请的,视为撤回离婚登记申请。

条文主旨

本条是关于离婚冷静期的规定。

新旧法对比

无	《民法典》
无	第一千零七十七条　**自婚姻登记机关收到离婚登记申请之日起三十日内,任何一方不愿意离婚的,可以向婚姻登记机关撤回离婚登记申请。** **前款规定期限届满后三十日内,双方应当亲自到婚姻登记机关申请发给离婚证;未申请的,视为撤回离婚登记申请。**

理解与适用

我国离婚率逐年增高,“闪婚”“闪离”现象越发严重,设置离婚冷静期,希望离婚时双方能够慎重决定,避免冲动型、草率型离婚。夫妻双方到婚姻登记机关申请离婚后,即使符合离婚条件,也暂时不发给离婚证,需要经历30日的离婚冷静期。如果在离婚冷静期内,任何一方不愿意离婚的,可以向婚姻登记机关撤回离婚登记申请。如果经历了离婚冷静期后,双方仍决定离婚,需在离婚冷静期满后30日内,亲自到婚姻登记机关申请发给离婚证。如果双方在离婚冷静期满后30日内未申请发给离婚证,视为撤回离婚登记申请。

（编写人:王　薇）

法律条文

第一千零七十八条 婚姻登记机关查明双方确实是自愿离婚,并已经对子女抚养、财产以及债务处理等事项协商一致的,予以登记,发给离婚证。

条文主旨

本条是关于登记离婚程序的规定。

新旧法对比

《婚姻法》	《民法典》
第三十一条 男女双方自愿离婚的,准予离婚。双方必须到婚姻登记机关申请离婚。婚姻登记机关查明双方确实是自愿并对子女和财产问题已有适当处理时,发给离婚证。	第一千零七十八条 婚姻登记机关查明双方确实是自愿**离婚**,并**已经**对子女**抚养**、财产**以及债务**处理**等事项协商一致的,予以登记**,发给离婚证。

理解与适用

婚姻登记机关在发给离婚证前,需要查明:

(1)双方是不是自愿离婚。

(2)双方是否对子女抚养问题已协商一致,包括子女由哪一方直接抚养,子女的抚养费、教育费、医疗费等如何分担、如何支付,不直接抚养子女的一方如何探望子女等。

(3)双方对财产及债务处理的事项是否已协商一致,对夫妻共同财产是否进行了合理的分割,对夫妻共同债务的数额、如何负担等是否作出了明确约定。

实务问题

1. 案情①简介。

原告彭某诉称,彭某在2020年6月发现被他人冒用身份信息与第三人李某于2003年至被告处办理结婚登记手续,后2020年4月又在被告处办理了离婚登记手续。故诉至法院,撤销被告颁发的离婚证。法院认为:对于婚姻登记,申请婚姻登记的当事人应当负有客观、如实提交相关材料的义务,且对其提供材料

① 河北省邢台经济开发区人民法院(2020)冀0591行初126号。

的真实性负责,本案中,被告虽然依法履行了审慎合理审查职责,但依据《婚姻法》第31条之规定,要求离婚的男女双方必须亲自到婚姻登记机关申请离婚。原告及第三人陈述及现有证据足以证明原告并未亲自到婚姻登记机关申请离婚,原告与第三人进行的离婚登记不符合法定登记要件。因此被告颁发的离婚证应当依法予以撤销。

2. 评析

2017年,某县法院曾审理一起要求撤销离婚登记的案件。男方唐某与女方王某在离婚登记当天,王某因怀孕生产未到离婚现场,但找了一个相貌非常相似的人代替王某去办理了离婚登记。法院认为民政局在收集材料方面符合规定,不构成行政违法,再加上已超过最长诉讼时效,驳回了唐某的诉讼请求。两个案件,有相似的地方,就是双方均有一人没有亲自到婚姻登记机关办理离婚手续,但判决结果却完全不同。彭某是在完全不知情的情况下被结婚又被离婚了,王某是在无法亲自到场的情况下主动找人代替自己办理离婚手续,这可能是两个案件判决结果截然不同的主要原因。

(编写人:王　薇)

法律条文

第一千零七十九条　夫妻一方要求离婚的,可以由有关组织进行调解或者直接向人民法院提起离婚诉讼。

人民法院审理离婚案件,应当进行调解;如果感情确已破裂,调解无效的,应当准予离婚。

有下列情形之一,调解无效的,应当准予离婚:

(一)重婚或者与他人同居;

(二)实施家庭暴力或者虐待、遗弃家庭成员;

(三)有赌博、吸毒等恶习屡教不改;

(四)因感情不和分居满二年;

(五)其他导致夫妻感情破裂的情形。

一方被宣告失踪,另一方提起离婚诉讼的,应当准予离婚。

经人民法院判决不准离婚后,双方又分居满一年,一方再次提起离婚诉讼的,应当准予离婚。

条文主旨

本条是关于诉讼离婚的规定。

新旧法对比

《婚姻法》	《民法典》
第三十二条 男女一方要求离婚的,可由有关部门进行调解或直接向人民法院提出离婚诉讼。 人民法院审理离婚案件,应当进行调解;如感情确已破裂,调解无效,应准予离婚。 有下列情形之一,调解无效的,应准予离婚: (一)重婚或有配偶者与他人同居的; (二)实施家庭暴力或虐待、遗弃家庭成员的; (三)有赌博、吸毒等恶习屡教不改的; (四)因感情不和分居满二年的; (五)其他导致夫妻感情破裂的情形。 一方被宣告失踪,另一方提出离婚诉讼的,应准予离婚。	第一千零七十九条 夫妻一方要求离婚的,可以由有关组织进行调解或者直接向人民法院提起离婚诉讼。 人民法院审理离婚案件,应当进行调解;如果感情确已破裂,调解无效的,应当准予离婚。 有下列情形之一,调解无效的,应当准予离婚: (一)重婚或者与他人同居; (二)实施家庭暴力或者虐待、遗弃家庭成员; (三)有赌博、吸毒等恶习屡教不改; (四)因感情不和分居满二年; (五)其他导致夫妻感情破裂的情形。 一方被宣告失踪,另一方提起离婚诉讼的,应当准予离婚。 **经人民法院判决不准离婚后,双方又分居满一年,一方再次提起离婚诉讼的,应当准予离婚。**

理解与适用

如果双方对于离婚无法协商一致,无法进行登记离婚,那么可以选择由有关部门进行调解,也可以直接向人民法院提起离婚诉讼。

诉讼离婚实行调解前置程序,法官依职权对于离婚案件先进行调解,有助于更好地化解离婚矛盾,如果达成协议,法院将出具调解书。如果不能达成协议,法官将依职权对案件进行审理,法院将出具判决书,判决准予双方离婚或不准双方离婚。法院判决是否准予离婚的界限是"感情确已破裂",只有达到感情确已破裂的程度,法院才会判决离婚。

法院在调解无效的情况下,判决准予离婚的主要情形是:

(1)重婚或有配偶者与他人同居的。重婚是指有配偶者又与他人结婚或者与他人以夫妻名义共同生活的行为。有配偶者与他人同居,是指有配偶者与他人不以夫妻名义,持续共同居住的行为。

(2)实施家庭暴力或虐待、遗弃家庭成员的。家庭暴力,是指家庭成员之间以殴打、捆绑、残害、限制人身自由以及经常性谩骂、恐吓等方式实施的身体、精神等侵害行为;虐待,是指经常以打骂、禁闭、捆绑、冻饿、有病不给治疗、强迫过度体力劳动等方式,对共同生活的家庭成员进行肉体上、精神上的摧残、折磨的行为;遗弃,是指家庭成员中负有赡养、扶养、抚养义务的一方,对需要赡养、扶养和抚养的另一方,不履行其应尽的义务的行为。

(3)有赌博、吸毒等恶习屡教不改的。

(4)因感情不和分居满2年的。“分居”是指夫妻不再共同生活,不再互相履行夫妻义务。

(5)其他导致夫妻感情破裂的情形。因现实生活中导致夫妻感情破裂的情形非常复杂,难以用列举的方式完全涵盖,故规定了此条款。值得注意的是,《〈民法典〉婚姻家庭编司法解释(一)》第23条规定:“……夫妻双方因是否生育发生纠纷,致使感情确已破裂,一方请求离婚的,人民法院经调解无效,应依照民法典第一千零七十九条第三款第五项的规定处理。”最高人民法院通过司法解释的方式已经对这一条款进行了完善和补充。另外,还有两种应当准予离婚的情形:第一,一方被宣告失踪,另一方提起离婚诉讼的,应当准予离婚。第二,经人民法院判决不准离婚后,双方又分居满1年,一方再次提起离婚诉讼的,应当准予离婚。

实务问题

1. 案情[①]简介

原告刘某与被告阿某经自由恋爱,于2018年登记结婚。双方无子女、无共同财产亦无共同债务。原告主张,被告婚后有对感情不忠的行为,导致双方感情破裂已无复合可能。被告同意原告的诉讼请求,表示被告曾努力尝试挽回双方感情,但仍未取得原告谅解,故现同意与原告离婚。法院认为,原、被告经自由恋爱后,自主结婚,具有一定感情基础。但婚后被告存在出轨与他人同居等导致夫妻感情破裂的行为,现双方均认为夫妻感情已无复合可能,均同意离婚,故本院不持异议。判决准予双方离婚。

① 北京市西城区人民法院(2020)京0102民初10074号。

2. 评析

被告阿某与他人同居的行为导致双方感情破裂，法院虽经调解程序，但已无和好的可能性，故判决准予离婚。

（编写人：王 薇）

法律条文

第一千零八十条　完成离婚登记，或者离婚判决书、调解书生效，即解除婚姻关系。

条文主旨

本条是关于婚姻关系解除时间的规定。

新旧法对比

无	《民法典》
无	第一千零八十条　**完成离婚登记，或者离婚判决书、调解书生效，即解除婚姻关系。**

理解与适用

确定婚姻关系解除的时间是：

（1）完成离婚登记时。双方完成离婚登记，自领取离婚证之日，双方的婚姻关系解除。

（2）离婚调解书、判决书生效时。对于双方在法院的主持下调解离婚的，人民法院应当制作调解书。调解书经双方当事人签收后，即具有法律效力，双方的婚姻关系解除。对于无法调解的，人民法院应当依法作出判决。一审判决准予离婚的，当事人如果不服，应当在收到一审判决书之日起15日内提出上诉。如果双方均未上诉，则判决书在上诉期满后发生法律效力，双方的婚姻关系解除。当事人在一审判决发生法律效力前不得另行结婚。二审判决是终审判决，自双方收到二审判决书之日，双方的婚姻关系解除。

实务问题

1. 案情[①]简介

原告裴某和被告庞某于 1990 年登记结婚，于 2000 年购买房屋一套。原、被告双方于 2006 年 8 月 24 日签订了一份离婚协议书，约定房屋价格为 9 万元。一审法院认为：该离婚协议系附离婚条件的财产分割协议，因双方当时未登记离婚或到人民法院诉讼离婚，协议所附条件未成立，故协议未生效，本院不予确认。判决准予双方离婚，房屋按份共有。

2. 评析

双方在完成离婚登记之前签订的离婚协议尚未生效，不能直接履行，也不能据此要求法院按照离婚协议进行判决。

（编写人：王　薇）

法律条文

第一千零八十一条　现役军人的配偶要求离婚，应当征得军人同意，但是军人一方有重大过错的除外。

条文主旨

本条是关于现役军人配偶提出离婚的特别规定。

新旧法对比

《婚姻法》	《民法典》
第三十三条　现役军人的配偶要求离婚，须得军人同意，但军人一方有重大过错的除外。	第一千零八十一条　现役军人的配偶要求离婚，**应当征**得军人同意，但**是**军人一方有重大过错的除外。

理解与适用

本条仅适用于军人配偶是非军人的情况，即只有非军人的军人配偶向军人提出离婚时才适用，如果双方均是军人，或者军人向非军人配偶提出离婚，不受此条款限制。

① 河北省唐山市古冶区人民法院(2012)古民初字第 567 号。

(1)非军人配偶提出离婚时,必须征得军人一方同意,法院才可以判决离婚。

(2)如果因为军人一方有重大过错导致夫妻感情破裂的,不需要征得军人同意,法院依法审理后作出判决。

如何认定军人一方"有重大过错"呢?《民法典婚姻家庭编解释(一)》第64条规定:"民法典第一千零八十一条所称的'军人一方有重大过错',可以依据民法典第一千零七十九条第三款前三项规定及军人有其他重大过错导致夫妻感情破裂的情形予以判断。"

所以军人一方"有重大过错",是指:①重婚或有配偶者与他人同居的;②实施家庭暴力或虐待、遗弃家庭成员的;③有赌博、吸毒等恶习屡教不改的;④有其他重大过错导致夫妻感情破裂的情形。

实务问题

1. 案情[①]简介

方某甲与方某乙(系军人)2009年经人介绍订婚,2010年登记结婚。婚初感情尚可,2012年方某甲生育一女,现实际随方某乙父母共同生活。夫妻关系存续期间,方某甲也曾到方某乙所在部队共同生活。2014年,因为家庭生活琐事,方某甲与方某乙母亲发生争吵,进而酿成纠纷,后经公安机关调解,纠纷平息。2018年,方某甲诉至法院,要求离婚,经调解无效。法院认为:夫妻之间理应互谅互让,妥善处理好夫妻及家庭成员之间的关系。方某甲与方某乙婚姻关系存续期间并未发生导致夫妻关系恶化的重大过错,且方某甲未能提供足以证明夫妻感情确已破裂的证据,只要双方树立正确的婚姻家庭观,珍惜已有的夫妻感情,增强互信,增进交流与沟通,妥善处理好与家庭成员之间的关系,双方和好是有可能的。故驳回了方某甲的诉讼请求。

2. 评析

方某甲与方某乙母亲的冲突并不严重,且不符合"军人一方有重大过错"的情形,方某乙本人亦不同意离婚,故法院没有支持方某甲的诉讼请求。

(编写人:王 薇)

---

① 安徽省枞阳县人民法院(2015)枞民一初字第00807号。

法律条文

第一千零八十二条　女方在怀孕期间、分娩后一年内或者终止妊娠后六个月内，男方不得提出离婚；但是，女方提出离婚或者人民法院认为确有必要受理男方离婚请求的除外。

条文主旨

本条是关于男方要求离婚的限制性规定。

新旧法对比

《婚姻法》	《民法典》
第三十四条　女方在怀孕期间、分娩后一年内或中止妊娠后六个月内，男方不得提出离婚。女方提出离婚的，或人民法院认为确有必要受理男方离婚请求的，不在此限。	第一千零八十二条　女方在怀孕期间、分娩后一年内或**者终**止妊娠后六个月内，男方不得提出离婚；**但是**，女方提出离婚或**者**人民法院认为确有必要受理男方离婚请求的**除外**。

理解与适用

在法定期间，男方是不得提出离婚的，如果提出了，法院应直接判决驳回男方的诉讼请求，这个法定期间是不变的期间，不适用诉讼时效的中止、中断或延长：

(1)女方怀孕期间：即使在起诉时没有发现怀孕，审判过程中发现怀孕的，也适用；

(2)女方在分娩后1年内；

(3)女方在终止妊娠后6个月内：不管女方出于任何原因终止妊娠，均适用此条款。

但是，本条款也存在例外情况：①女方主动提出离婚的，不受上述期间的限制；②法院认为确有必要受理男方离婚请求的，不受上述期间的限制：具体哪些情形属于“确有必要”，由人民法院认定。

实务问题

1. 案情[①]简介

原告张某与被告毛某2016年结婚，被告毛某于2019年11月26日生下一

① 辽宁省葫芦岛市连山区人民法院(2020)辽1402民初3956号。

个女儿,原告张某因家庭琐事于 2020 年 11 月 18 日到法院起诉离婚。法院认为,毛某分娩不满 1 年,男方不得提出离婚。故驳回了原告的诉讼请求。

2. 评析

原告起诉之时被告分娩不足 1 年,所以被驳回了诉讼请求,但不表示原告没有权利再次起诉。

(编写人:王　薇)

法律条文

第一千零八十三条　离婚后,男女双方自愿恢复婚姻关系的,应当到婚姻登记机关重新进行结婚登记。

条文主旨

本条是关于复婚登记的规定。

新旧法对比

《婚姻法》	《民法典》
第三十五条　离婚后,男女双方自愿恢复夫妻关系的,必须到婚姻登记机关进行复婚登记。	第一千零八十三条　离婚后,男女双方自愿恢复婚姻关系的,**应当**到婚姻登记机关**重新进行结**婚登记。

理解与适用

离婚后的男女双方,自愿恢复夫妻关系的,需要到婚姻登记机关重新办理结婚登记,并提交离婚证。

实务问题

1. 案情简介

原告赵某与李某甲于 2006 年结婚,2016 年办理了离婚手续,离婚 1 年后,双方又一起共同生活。2019 年,李某甲出资 50 万元购买了一处房屋,双方一起在该房屋居住。2020 年,李某甲突然离世,李某乙作为李某甲的弟弟,不同意赵某继承李某甲的遗产,于是赵某起诉到法院,要求继承分割房屋、继承遗产。

2. 评析

赵某与李某甲离婚后又在一起以夫妻名义生活,但没有经过登记,不具备法律上的夫妻关系，只能认定双方是同居关系，赵某不能作为继承人继承李某甲的遗产。1994 年以后，我国法律不再承认事实婚姻，双方离婚后如果想复婚，必须重新办理结婚登记。

（编写人：王　薇）

法律条文

第一千零八十四条　父母与子女间的关系，不因父母离婚而消除。离婚后，子女无论由父或者母直接抚养，仍是父母双方的子女。

离婚后，父母对于子女仍有抚养、教育、保护的权利和义务。

离婚后，不满两周岁的子女，以由母亲直接抚养为原则。已满两周岁的子女，父母双方对抚养问题协议不成的，由人民法院根据双方的具体情况，按照最有利于未成年子女的原则判决。子女已满八周岁的，应当尊重其真实意愿。

条文主旨

本条是关于父母离婚后关于子女抚养的规定。

新旧法对比

《婚姻法》	《民法典》
第三十六条　父母与子女间的关系，不因父母离婚而消除。离婚后，子女无论由父或母直接抚养，仍是父母双方的子女。 离婚后，父母对于子女仍有抚养和教育的权利和义务。 离婚后，哺乳期内的子女，以随哺乳的母亲抚养为原则。哺乳期后的子女，如双方因抚养问题发生争执不能达成协议时，由人民法院根据子女的权益和双方的具体情况判决。	第一千零八十四条　父母与子女间的关系，不因父母离婚而消除。离婚后，子女无论由父或者母直接抚养，仍是父母双方的子女。 离婚后，父母对于子女仍有抚养、教育、**保护**的权利和义务。 离婚后，**不满两周岁**的子女，以**由**母亲**直接**抚养为原则。**已满两周岁**的子女，**父母**双方**对**抚养问题协议**不成的**，由人民法院根据双方的具体情况，**按照最有利于未成年子女的原则**判决。**子女已满八周岁的，应当尊重其真实意愿**。

理解与适用

1. 父母与子女的关系

不会因为离婚而被消灭，子女仍然是父母双方的子女。

2. 父母对子女的权利和义务

离婚后，父母对子女仍有抚养、教育、保护的权利和义务，这种权利和义务不会因为离婚而消失。

3. 离婚后如何确定抚养权

(1)不满两周岁的子女，以由母亲直接抚养为原则。但是母亲有下列情形之一，父亲请求直接抚养的，人民法院应予支持：①患有久治不愈的传染性疾病或者其他严重疾病，子女不宜与其共同生活；②有抚养条件不尽抚养义务，而父亲要求子女随其生活；③因其他原因，子女确不宜随母亲生活。

(2)父母双方协议不满两周岁子女由父亲直接抚养，并对子女健康成长无不利影响的，人民法院应予支持。

(3)已满两周岁的子女，父母双方对抚养问题协议不成的，由人民法院根据双方的具体情况，按照最有利于未成年子女的原则判决，一方有下列情形之一的，可予优先考虑：①已做绝育手术或者因其他原因丧失生育能力；②子女随其生活时间较长，改变生活环境对子女健康成长明显不利；③无其他子女，而另一方有其他子女；④子女随其生活，对子女成长有利，而另一方患有久治不愈的传染性疾病或者其他严重疾病，或者有其他不利于子女身心健康的情形，不宜与子女共同生活。

(4)父母抚养子女的条件基本相同，双方均要求直接抚养子女，但子女单独随祖父母或者外祖父母共同生活多年，且祖父母或者外祖父母要求并且有能力帮助子女照顾孙子女或者外孙子女的，可以作为父或者母直接抚养子女的优先条件予以考虑。

(5)在有利于保护子女利益的前提下，父母双方协议轮流直接抚养子女的，人民法院应予支持。

(6)子女已满 8 周岁的，应当尊重其真实意愿。

(7)生父与继母离婚或者生母与继父离婚时，对曾受其抚养教育的继子女，继父或者继母不同意继续抚养的，仍应由生父或者生母抚养。

(8)在离婚诉讼期间，双方均拒绝抚养子女的，可以先行裁定暂由一方抚养。

4. 抚养权的变更

(1)离婚后，父母一方要求变更子女抚养关系的，或者子女要求增加抚养费的，应当另行提起诉讼。

(2)父母双方协议变更子女抚养关系的，人民法院应予支持。

(3)具有下列情形之一，父母一方要求变更子女抚养关系的，人民法院应予支持：①与子女共同生活的一方因患严重疾病或者因伤残无力继续抚养子女；②与子女共同生活的一方不尽抚养义务或有虐待子女行为，或者其与子女共同生活对子女身心健康确有不利影响；③已满8周岁的子女，愿随另一方生活，该方又有抚养能力；④有其他正当理由需要变更。

(以上部分内容见《民法典婚姻家庭编解释(一)》中相关条款。)

实务问题

1. 案情[①]简介

原告徐某与被告袁某于2010年经人介绍相识，于2012年办理结婚登记手续，2015年生育女儿。原告认为双方婚后感情一般，经常因琐事发生争吵，逐渐无法共同生活，双方感情破裂，原告曾于2018年11月23日起诉离婚。法院于2018年12月26日驳回原告徐某离婚之诉讼请求。之后，原、被告仍然未能和好，原告又于2020年8月3日起诉离婚，并要求女儿由原告抚养。法院认为：女儿从小跟随爷爷奶奶生活，且学校距离奶奶家很近，应当从有利于子女健康成长考虑，现女儿跟随被告在一起生活，故此，由被告袁某抚养为宜。判决女儿由被告抚养。

2. 评析

现实情况中，很多家庭在离婚时为了子女的抚养权打得不可开交，为了更好地化解纠纷，更有利于子女的健康成长，《民法典》及相关司法解释进行了非常详尽的规定。

《民法典》及相关司法解释均遵循了最有利于未成年子女的原则，这一原则源于1990年9月2日生效的联合国《儿童权利公约》第3条第1款："关于儿童的一切行动，不论是由公私社会福利机构、法院、行政当局或立法机构执行，均应以儿童的最大利益为一种首要考虑。"

(编写人：王　薇)

① 江西省乐平市人民法院(2020)赣0281民初2427号。

法律条文

第一千零八十五条　离婚后，子女由一方直接抚养的，另一方应当负担部分或者全部抚养费。负担费用的多少和期限的长短，由双方协议；协议不成的，由人民法院判决。

前款规定的协议或者判决，不妨碍子女在必要时向父母任何一方提出超过协议或者判决原定数额的合理要求。

条文主旨

本条是关于离婚后父母对未成年子女抚养费如何承担的规定。

新旧法对比

《婚姻法》	《民法典》
第三十七条　离婚后，一方抚养的子女，另一方应负担必要的生活费和教育费的一部或全部，负担费用的多少和期限的长短，由双方协议；协议不成时，由人民法院判决。 关于子女生活费和教育费的协议或判决，不妨碍子女在必要时向父母任何一方提出超过协议或判决原定数额的合理要求。	第一千零八十五条　离婚后，**子女由**一方**直接**抚养的，另一方应**当**负担部**分**或**者**全部**抚养费**。负担费用的多少和期限的长短，由双方协议；协议不成**的**，由人民法院判决。 **前款规定**的协议或**者**判决，不妨碍子女在必要时向父母任何一方提出超过协议或**者**判决原定数额的合理要求。

理解与适用

根据《民法典婚姻家庭编解释（一）》中的相关规定：

1. 抚养费的范围

抚养费包括子女生活费、教育费、医疗费等费用。

2. 抚养费的承担

一般由不直接抚养子女的一方来负担部分或者全部抚养费。

父母双方可以协议由一方直接抚养子女并由直接抚养方负担子女全部抚养费。但是，直接抚养方的抚养能力明显不能保障子女所需费用，影响子女健康成长的，人民法院不予支持。

3. 抚养费的数额

可以根据子女的实际需要、父母双方的负担能力和当地的实际生活水平确定。有固定收入的，抚养费一般可以按其月总收入的20%至30%的比例给付。负担两个以上子女抚养费的，比例可以适当提高，但一般不得超过月总收入的50%。无固定收入的，抚养费的数额可以依据当年总收入或者同行业平均收入，参照上述比例确定。有特殊情况的，可以适当提高或者降低上述比例。

4. 抚养费的支付方式

抚养费应当定期给付，有条件的可以一次性给付。父母一方无经济收入或者下落不明的，可以用其财物折抵抚养费。

5. 抚养费的给付期限

一般至子女18周岁为止。16周岁以上不满18周岁，以其劳动收入为主要生活来源，并能维持当地一般生活水平的，父母可以停止给付抚养费。

6. 如何增加抚养费

(1)离婚后，父母一方要求变更子女抚养关系的，或者子女要求增加抚养费的，应当另行提起诉讼。

(2)具有下列情形之一，子女要求有负担能力的父或者母增加抚养费的，人民法院应予支持：①原定抚养费数额不足以维持当地实际生活水平；②因子女患病、上学，实际需要已超过原定数额；③有其他正当理由应当增加。

7. 其他规定

(1)父母不得因子女变更姓氏而拒付子女抚养费。父或者母擅自将子女姓氏改为继母或继父姓氏而引起纠纷的，应当责令恢复原姓氏。

(2)对拒不履行或者妨害他人履行生效判决、裁定、调解书中有关子女抚养义务的当事人或者其他人，人民法院可依照《民事诉讼法》第111条的规定采取强制措施。

实务问题

1. 案情①简介

原告系被告陶某乙的婚生子，原告母亲钟某某与被告陶某乙于2012年5月9日协议离婚，协议约定婚生长子陶某丙随被告陶某乙生活，婚生次子陶某甲随钟某某生活，双方互不支付抚养费。2015年2月6日梁平县人民法院判决变更婚生长子陶某丙随钟某某生活，并由被告陶某乙每月支付陶某丙抚养费500元。现原告陶某甲以被告不支付抚养费的行为损害其合法权益为由诉讼来院，请求法院判令被告陶某乙从2015年8月起每月给付原告抚养费803.30元至其独立

① 重庆市梁平县人民法院(2015)梁法民初字第02789号。

生活时止。法院认为,离婚后,父母对于子女仍有抚养和教育的权利和义务。关于子女生活费和教育费的协议或判决,不妨碍子女在必要时向父母任何一方提出超过协议或判决原定数额的合理要求。被告在与原告母亲离婚时约定不支付原告陶某甲抚养费的协议严重损害了原告的合法权益,故原告要求被告支付抚养费的诉讼请求,本院予以支持。

2. 评析

即使在离婚协议或生效的离婚判决中已经明确了抚养费数额,如果增加抚养费的请求合理,法院亦会依法支持。

（编写人:王　薇）

法律条文

第一千零八十六条　离婚后,不直接抚养子女的父或者母,有探望子女的权利,另一方有协助的义务。

行使探望权利的方式、时间由当事人协议;协议不成的,由人民法院判决。

父或者母探望子女,不利于子女身心健康的,由人民法院依法中止探望;中止的事由消失后,应当恢复探望。

条文主旨

本条是关于离婚后父母对子女探视权的规定。

新旧法对比

《婚姻法》	《民法典》
第三十八条　离婚后,不直接抚养子女的父或母,有探望子女的权利,另一方有协助的义务。 行使探望权利的方式、时间由当事人协议;协议不成时,由人民法院判决。 父或母探望子女,不利于子女身心健康的,由人民法院依法中止探望的权利;中止的事由消失后,应当恢复探望的权利。	第一千零八十六条　离婚后,不直接抚养子女的父或者母,有探望子女的权利,另一方有协助的义务。 行使探望权利的方式、时间由当事人协议;协议不成的,由人民法院判决。 父或者母探望子女,不利于子女身心健康的,由人民法院依法中止探望;中止的事由消失后,应当恢复探望。

理解与适用

根据《民法典婚姻家庭编解释(一)》中的相关规定:

探望权,因关系到子女的情感需要,有利于子女的健康成长,所以由父母双方采取协商的方式确定探望权如何行使,如果无法协商一致,由人民法院判决确定。

如果在履行生效判决、裁定或者调解书的过程中,发生需要中止一方行使探视权的情况,比如一方赌博、完全不照顾子女,继续行使探视权将不利于子女身心健康的,一方可以请求中止探望,人民法院在征询双方当事人意见后,认为需要中止探望的,依法作出裁定;中止探望的情形消失后,人民法院应当根据当事人的请求书面通知其恢复探望。

未成年子女、直接抚养子女的父或者母以及其他对未成年子女负担抚养、教育、保护义务的法定监护人,有权向人民法院提出中止探望的请求。

现实生活中,也多有发生拒不协助另一方行使探望权的情况,人民法院可以依法采取拘留、罚款等强制措施,但是不能对子女的人身、探望行为进行强制执行。

实务问题

1. 案情①简介

邱某与钮某原系夫妻关系。两人于 2016 年 12 月 15 日婚生一子邱某甲,2019 年 12 月 14 日,某区人民法院判决二人离婚,邱某甲随母亲钮某生活。由于该判决对于探望时间、地点、方式未进行明确约定,在邱某实际行使探望权时,双方亦未能对探望时间、地点、方式等达成一致意见,并产生矛盾分歧,故邱某提起本案诉讼。经一审开庭庭审、庭后调解,双方就探望时间、地点、方式未能达成一致意见。法院认为,离婚后,不直接抚养子女的父或母,有探望子女的权利,另一方有协助的义务。本案中,邱某作为邱某甲的父亲,血缘亲情不能因此割断,其有权依法行使探望权,且未成年的子女对父亲的感情亦无可替代,行使探望权既是原告的法定权利,又有利于未成年子女正常生活,钮某理应积极配合,故对邱某要求每月探望邱某甲一次的诉请,予以支持。因邱某甲年龄尚小,与邱某有较长时间分离,如开始探望孩子就将邱某甲带走过夜,可能会让邱某甲产生不适,故对邱某要求将孩子带走过夜的诉请,不予支持。邱某诉请的接送地点不方便

① 安徽省淮南市中级人民法院(2021)皖 04 民终 222 号。

孩子生活，依法调整为钮某居住的小区大门口，具体探望时间、方式为每月第二周周六上午9时在小区大门口接，星期六（当日）下午4时在小区大门口送。但仍需指出的是，虽以判决的方式支持邱某探望权的诉请，但双方当事人在日常生活中更应以未成年子女的身心健康发展为首要原则，双方应相互配合，尽量保障各方的合法权利，避免将双方的矛盾和情绪带入探望过程中，使子女能够尽情享受父母的亲情，给未成年子女一个优越的成长环境。

2. 评析

探望权的行使，应以有利于未成年子女为基本原则，充分考虑子女的利益。父母应尽量协商，根据子女的生活规律制定合理的探望时间。

（编写人：王　薇）

法律条文

第一千零八十七条　离婚时，夫妻的共同财产由双方协议处理；协议不成的，由人民法院根据财产的具体情况，按照照顾子女、女方和无过错方权益的原则判决。

对夫或者妻在家庭土地承包经营中享有的权益等，应当依法予以保护。

条文主旨

本条是关于离婚时对夫妻共同财产如何分割的规定。

新旧法对比

《婚姻法》	《民法典》
第三十九条　离婚时，夫妻的共同财产由双方协议处理；协议不成时，由人民法院根据财产的具体情况，照顾子女和女方权益的原则判决。 夫或妻在家庭土地承包经营中享有的权益等，应当依法予以保护。	第一千零八十七条　离婚时，夫妻的共同财产由双方协议处理；协议不成**的**，由人民法院根据财产的具体情况，**按照**照顾子女、**女方**和**无过错**方权益的原则判决。 **对**夫或**者**妻在家庭土地承包经营中享有的权益等，应当依法予以保护。

理解与适用

离婚时，夫妻双方要对共同财产进行处理，如果不能达成协议，人民法院会依据照顾子女、女方和无过错方权益的原则判决。

对于共同财产如何认定和如何分配是离婚案件中的难题,《民法典婚姻家庭编解释(一)》中对此进行了比较详尽的规定。

第71条规定:"人民法院审理离婚案件,涉及分割发放到军人名下的复员费、自主择业费等一次性费用的,以夫妻婚姻关系存续年限乘以年平均值,所得数额为夫妻共同财产。前款所称年平均值,是指将发放到军人名下的上述费用总额按具体年限均分得出的数额。其具体年限为人均寿命七十岁与军人入伍时实际年龄的差额。"

第72条规定:"夫妻双方分割共同财产中的股票、债券、投资基金份额等有价证券以及未上市股份有限公司股份时,协商不成或者按市价分配有困难的,人民法院可以根据数量按比例分配。"

第73条规定:"人民法院审理离婚案件,涉及分割夫妻共同财产中以一方名义在有限责任公司的出资额,另一方不是该公司股东的,按以下情形分别处理:(一)夫妻双方协商一致将出资额部分或者全部转让给该股东的配偶,其他股东过半数同意,并且其他股东均明确表示放弃优先购买权的,该股东的配偶可以成为该公司股东;(二)夫妻双方就出资额转让份额和转让价格等事项协商一致后,其他股东半数以上不同意转让,但愿意以同等条件购买该出资额的,人民法院可以对转让出资所得财产进行分割。其他股东半数以上不同意转让,也不愿意以同等条件购买该出资额的,视为其同意转让,该股东的配偶可以成为该公司股东。用于证明前款规定的股东同意的证据,可以是股东会议材料,也可以是当事人通过其他合法途径取得的股东的书面声明材料。"

第74条规定:"人民法院审理离婚案件,涉及分割夫妻共同财产中以一方名义在合伙企业中的出资,另一方不是该企业合伙人的,当夫妻双方协商一致,将其合伙企业中的财产份额全部或者部分转让给对方时,按以下情形分别处理:(一)其他合伙人一致同意的,该配偶依法取得合伙人地位;(二)其他合伙人不同意转让,在同等条件下行使优先购买权的,可以对转让所得的财产进行分割;(三)其他合伙人不同意转让,也不行使优先购买权,但同意该合伙人退伙或者削减部分财产份额的,可以对结算后的财产进行分割;(四)其他合伙人既不同意转让,也不行使优先购买权,又不同意该合伙人退伙或者削减部分财产份额的,视为全体合伙人同意转让,该配偶依法取得合伙人地位。"

第75条规定:"夫妻以一方名义投资设立个人独资企业的,人民法院分割夫妻在该个人独资企业中的共同财产时,应当按照以下情形分别处理:(一)一方主张经营该企业的,对企业资产进行评估后,由取得企业资产所有权一方给予另一方相应的补偿;(二)双方均主张经营该企业的,在双方竞价基础上,由取得企业资产所有权的一方给予另一方相应的补偿;(三)双方均不愿意经营该企业的,按照《中华人民共和国个人独资企业法》等有关规定办理。"

第76条规定:"双方对夫妻共同财产中的房屋价值及归属无法达成协议时,人民法院按以下情形分别处理:(一)双方均主张房屋所有权并且同意竞价取得的,应当准许;(二)一方主张房屋所有权的,由评估机构按市场价格对房屋作出评估,取得房屋所有权的一方应当给予另一方相应的补偿;(三)双方均不主张房屋所有权的,根据当事人的申请拍卖、变卖房屋,就所得价款进行分割。"

第78条规定:"夫妻一方婚前签订不动产买卖合同,以个人财产支付首付款并在银行贷款,婚后用夫妻共同财产还贷,不动产登记于首付款支付方名下的,离婚时该不动产由双方协议处理。依前款规定不能达成协议的,人民法院可以判决该不动产归登记一方,尚未归还的贷款为不动产登记一方的个人债务。双方婚后共同还贷支付的款项及其相对应财产增值部分,离婚时应根据民法典第一千零八十七条第一款规定的原则,由不动产登记一方对另一方进行补偿。"

第79条规定:"婚姻关系存续期间,双方用夫妻共同财产出资购买以一方父母名义参加房改的房屋,登记在一方父母名下,离婚时另一方主张按照夫妻共同财产对该房屋进行分割的,人民法院不予支持。购买该房屋时的出资,可以作为债权处理。"

第80条规定:"离婚时夫妻一方尚未退休、不符合领取基本养老金条件,另一方请求按照夫妻共同财产分割基本养老金的,人民法院不予支持;婚后以夫妻共同财产缴纳基本养老保险费,离婚时一方主张将养老金账户中婚姻关系存续期间个人实际缴纳部分及利息作为夫妻共同财产分割的,人民法院应予支持。"

第82条规定:"夫妻之间订立借款协议,以夫妻共同财产出借给一方从事个人经营活动或者用于其他个人事务的,应视为双方约定处分夫妻共同财产的行为,离婚时可以按照借款协议的约定处理。"

在离婚时,有些财产在没有达到条件时还不能进行分配:

第77条规定:"离婚时双方对尚未取得所有权或者尚未取得完全所有权的房屋有争议且协商不成的,人民法院不宜判决房屋所有权的归属,应当根据实际情况判决由当事人使用。当事人就前款规定的房屋取得完全所有权后,有争议的,可以另行向人民法院提起诉讼。"

第81条规定:"婚姻关系存续期间,夫妻一方作为继承人依法可以继承的遗产,在继承人之间尚未实际分割,起诉离婚时另一方请求分割的,人民法院应当告知当事人在继承人之间实际分割遗产后另行起诉。”

实务问题

1. 案情[①]简介

原告金某和被告彭某1是初中同学，自初中时就开始恋爱，于2006年登记结婚，于2010年生育儿子彭某2，于2017年离婚，2018年复婚。但因矛盾不断，原告金某再次向法院起诉离婚，要求儿子归原告抚养并分割共同财产。法院认为，(1)关于子女抚养权的确定，应当以有利于子女身心健康、保障未成年子女的合法权益角度出发，综合考虑直接抚养人的抚养能力、双方抚养子女的意愿和态度及子女的年龄等因素。本案中，婚生子彭某2已9周岁，其明确表明了希望与父亲共同生活的意见。且彭某1作为父亲，没有不适合抚养孩子的情况存在，故本院认定由彭某1抚养儿子彭某2更为适宜。根据双方的经济情况，结合孩子的成长需要、社会经济水平综合考虑，本院确认金某每月支付抚养费1600元至彭某2独立生活时止。(2)关于财产分割，①黑AP××牌轿车的分割方案双方意见一致，不违反法律规定，故本院予以确认。②金禧家园房屋涉及案外人彭某1父母的权益，故本院在本案中不予处理，权利人均可通过确权之诉主张权益。③龙岗区房屋的出售款，因该财产属于双方第一次婚姻关系存续期间的财产部分，如彭某1认为在双方结束第一次婚姻关系时未处理该部分夫妻共同财产，可依法主张离婚后财产纠纷，并无证据证明该部分财产延续到了双方案涉的该段婚姻关系内，故本院在本案中不予处理。

2. 评析

在父母离婚时，对于满8周岁的子女由哪一方直接抚养，应当征求并尊重其本人的真实意愿。对于可以协商处理的共同财产，在不违反法律规定的前提下，法院予以认可。对于涉及案外第三人权益的财产，应在确认权属后另行起诉。

(编写人：王　薇)

法律条文

第一千零八十八条　夫妻一方因抚育子女、照料老年人、协助另一方工作等负担较多义务的，离婚时有权向另一方请求补偿，另一方应当给予补偿。具体办法由双方协议；协议不成的，由人民法院判决。

① 江苏省无锡市新吴区人民法院(2020)苏0214民初4253号。

条文主旨

本条是关于离婚时对承担较多家务劳动的一方给予经济补偿的规定。

新旧法对比

《婚姻法》	《民法典》
第四十条　夫妻书面约定婚姻关系存续期间所得的财产归各自所有，一方因抚育子女、照料老人、协助另一方工作等付出较多义务的，离婚时有权向另一方请求补偿，另一方应当予以补偿。	第一千零八十八条　夫妻一方因抚育子女、照料老年人、协助另一方工作等负担较多义务的，离婚时有权向另一方请求补偿，另一方应当给予补偿。**具体办法由双方协议；协议不成的，由人民法院判决**。

理解与适用

本条在适用时需全面审查离婚当事人以往履行赡养、抚养义务，协助另一方工作等情况，夫妻任何一方故意逃避履行义务，都必须承担相应的法律责任，并承担不利后果。

根据《婚姻法》第40条的规定，一方因抚育子女、照料老人、协助另一方工作等付出较多义务而要求另一方补偿的前提是夫妻双方进行过书面约定，约定在婚姻期间所得的财产归各自所有。《民法典》第1088条对《婚姻法》第40条进行了实质性的修改，取消了双方需要书面约定婚姻期间所得的财产归各自所有的前提条件。离婚时，夫妻一方对负担较多家务劳动的另一方给予经济补偿，首先应当由夫妻双方自行协商，可以是在协议离婚时协商，也可以是在诉讼离婚时协商。这样的修改是对家务劳动价值的认可，更有利于保护负担家务劳动较多但经济地位较弱一方的利益。

实务问题

1. 案情[①]简介

原告彭某、被告田某由父母包办自幼订婚，双方于1984年登记结婚，后生育两个女儿，现均已成年成家。彭某自1996年离家外出后，与田某一直分居至今。在彭某离家出走后，田某独自在家抚养两女，照顾赡养老人。彭某提出离婚，要求分割共同财产。法院认为，双方当事人分居达20年之久，夫妻关系已名存实

① 湖南省湘西土家族苗族自治州中级人民法院(2017)湘31民终877号。

亡，感情完全破裂，现原告再次请求离婚，经调解无果，应当准予双方离婚。婚姻关系存续期间，双方在原告父母所修建的砖房上加修了房屋 3 间，增配灶房 1 间，属夫妻共同财产。因原告外出后，被告在抚养女儿、照顾老人方面付出较多，分割财产时，应当从照顾女方权益的原则进行分配。现原告与自己父亲居住在一楼老房屋内。根据实际情况，判决该夫妻共同财产归被告所有较妥当。

2. 评析

原告离家出走 20 多年，对自己的父母、妻子和两个女儿不闻不问，全部靠田某照顾，田某在抚育子女、照料老年人方面付出了较多的义务，田某提出要求获得补偿，人民法院通过对彭某不分夫妻共同财产的方式予以补偿是合理的。

（编写人：王　薇）

法律条文

第一千零八十九条　离婚时，夫妻共同债务应当共同偿还。共同财产不足清偿或者财产归各自所有的，由双方协议清偿；协议不成的，由人民法院判决。

条文主旨

本条是关于夫妻共同债务如何清偿的规定。

新旧法对比

《婚姻法》	《民法典》
第四十一条　离婚时，原为夫妻共同生活所负的债务，应当共同偿还。共同财产不足清偿的，或财产归各自所有的，由双方协议清偿；协议不成时，由人民法院判决。	第一千零八十九条　离婚时，夫妻共同债务应当共同偿还。共同财产不足清偿或者财产归各自所有的，由双方协议清偿；协议不成的，由人民法院判决。

理解与适用

离婚时，对于夫妻共同债务，应当由夫妻共同清偿，无论是先偿还完债务再分割共同财产，还是先分割共同财产再分别偿还分得的债务，双方都可以进行协商。如果共同财产不足以清偿全部共同债务，或者双方约定婚内财产归各自所有的，对于共同债务如何偿还，先由双方进行协商，无法协商的，由法院判决。

实务问题

1. 案情[①]简介

邢某与郭某于1991年4月登记结婚,后于2016年3月离婚。2017年2月14日,邢某就其在2007年3月7日始为支付承建工程的材料费和人工费等陆续借用韦某而尚未偿还的借款40万元又出具借据一张,内容为"兹有邢某借到韦某人民币现金肆拾万圆整,¥400,000.00元,定于2017年10月31日还清。此款是邢某在2007年3月7日始陆续借用,利息至今未算未付,利息利率按年利率24%计算"。邢某作为借款人在该张借据中签名并捺了手印。邢某于2020年8月20日在该张借据中再次确认,又重新签名并捺了手印。就上述涉案借款及利息的给付,邢某和郭某于2013年12月8日共同给韦某出具分别由其本人签名捺印的承诺书一份,内容为"今有邢某、郭某夫妻承诺待法院执行回来另案款项后,优先偿还韦某"。法院认为:合法的借贷关系受法律保护。邢某拖欠韦某借款50万元,其中本金40万元,约定利息10万元,有其给韦某出具的借据,以及邢某与郭某共同出具的承诺书为证,事实清楚,证据充分,应予确认。再结合邢某与郭某之间的婚姻状况,据此亦能确认涉案债务发生于二人婚姻关系存续期间,且基于双方就涉案债务的偿还而出具承诺书的认定,涉案债务应属夫妻共同债务,现邢某与郭某虽已离婚,但对发生于双方婚姻关系存续期间的涉案债务,仍应承担共同偿还责任。对于韦某的诉讼请求,本院应予支持。

2. 评析

本案的焦点有两点。(1)债权债务关系是否成立。韦某提供了邢某和郭某共同签署的承诺书、邢某书写的借条、证人证言,足以认定债权债务关系成立。(2)是否属于夫妻共同债务。结合邢某和郭某婚姻存续时间以及双方共同出具的承诺书,可以认定为夫妻共同债务。

(编写人:王 薇)

法律条文

第一千零九十条 离婚时,如果一方生活困难,有负担能力的另一方应当给予适当帮助。具体办法由双方协议;协议不成的,由人民法院判决。

① 辽宁省丹东市元宝区人民法院(2021)辽0602民初24号。

条文主旨

本条是关于离婚后，一方对生活困难的另一方给予适当帮助的规定。

新旧法对比

《婚姻法》	《民法典》
第四十二条　离婚时，如一方生活困难，另一方应从其住房等个人财产中给予适当帮助。具体办法由双方协议；协议不成时，由人民法院判决。	第一千零九十条　离婚时，如**果**一方生活困难，**有负担能力的**另一方应**当**给予适当帮助。具体办法由双方协议；协议不成**的**，由人民法院判决。

理解与适用

法院在判决时一般按照以下原则判断一方是否“生活困难”：一方离婚后分得的财产是否能维持其基本的生活需求；一方是否有劳动能力；一方是否患有严重的疾病等。法院在综合考虑双方的情况后，对于生活困难的一方，一般要求另一方以金钱或住房居住权的方式给予帮助。

实务问题

1. 案情①简介

原告赵某文与被告梅某华 1986 年 1 月经人介绍认识，1986 年 3 月 27 日依法登记结婚。自 2011 年前后，原告从家中搬出与被告分居生活。2019 年 4 月 18 日，原告起诉要求与被告离婚。原告现月退休工资 10,668.91 元。被告梅某华于 2013 年 8 月退休，现月退休工资 2314.29 元。被告梅某华因患病被渭南市第一医院多次诊断为眩晕综合症、脑梗塞、高血压病三级（很高危）、甲状腺功能亢进症、阵发性心房纤颤，颈椎病。法院认为，夫妻之间有相互扶养的义务，在离婚时，一方生活困难，另一方应当给予帮助，这不仅是一种道德义务，也是一种法律义务。被告退休金仅能维持当地基本生活水平，因其患有严重疾病，离婚后极有可能因治病导致生活困难；原告的月工资 1 万多元，且受聘于其他单位另有额外收入，其有能力负担经济帮助款。综上，法院综合考虑原、被告收入悬殊情况及被告患病急需救治的实际情况，酌定原告承担被告经济帮助款 20 万元。

① 陕西省渭南市中级人民法院(2020)陕 05 民终 32 号。

2. 评析

离婚时，一方生活困难，另一方应当给予帮助。梅某华患有多种严重疾病，需要坚持用药，其退休金每月只有 2000 多元，生活相对困难；赵某文的月工资 1 万多元，生活水平相对较好，故赵某文应给予梅某华经济帮助。

（编写人：王　薇）

法律条文

第一千零九十一条　有下列情形之一，导致离婚的，无过错方有权请求损害赔偿：

（一）重婚；

（二）与他人同居；

（三）实施家庭暴力；

（四）虐待、遗弃家庭成员；

（五）有其他重大过错。

条文主旨

本条是关于离婚时过错损害赔偿制度的规定。

新旧法对比

《婚姻法》	《民法典》
第四十六条　有下列情形之一，导致离婚的，无过错方有权请求损害赔偿： （一）重婚的； （二）有配偶者与他人同居的； （三）实施家庭暴力的； （四）虐待、遗弃家庭成员的。	第一千零九十一条　有下列情形之一，导致离婚的，无过错方有权请求损害赔偿： （一）重婚； （二）与他人同居； （三）实施家庭暴力； （四）虐待、遗弃家庭成员； **（五）有其他重大过错**。

理解与适用

根据《民法典婚姻家庭编解释（一）》中的相关规定：

损害赔偿包括物质损害赔偿和精神损害赔偿。涉及精神损害赔偿的，适用《精神损害赔偿解释》的有关规定。

适用此条款时需注意：

（1）人民法院受理离婚案件时，应当将《民法典》第1091条等规定中当事人的有关权利义务，书面告知当事人，充分保证当事人了解此条款的相关规定。

（2）无过错方作为原告基于该条规定向人民法院提起损害赔偿请求的，必须在离婚诉讼的同时提出。

（3）人民法院判决不准离婚的案件，对于当事人基于《民法典》第1091条提出的损害赔偿请求，不予支持。

（4）在婚姻关系存续期间，当事人不起诉离婚而单独依据《民法典》第1091条提起损害赔偿请求的，人民法院不予受理。

（5）符合《民法典》第1091条规定的无过错方作为被告的离婚诉讼案件，如果被告不同意离婚也不基于该条规定提起损害赔偿请求的，可以就此单独提起诉讼。

（6）无过错方作为被告的离婚诉讼案件，一审时被告未基于《民法典》第1091条规定提出损害赔偿请求，二审期间提出的，人民法院应当进行调解；调解不成的，告知当事人另行起诉。双方当事人同意由第二审人民法院一并审理的，第二审人民法院可以一并裁判。

（7）当事人在婚姻登记机关办理离婚登记手续后，以《民法典》第1091条规定为由向人民法院提出损害赔偿请求的，人民法院应当受理。但当事人在协议离婚时已经明确表示放弃该项请求的，人民法院不予支持。

（8）夫妻双方均有《民法典》第1091条规定的过错情形，一方或者双方向对方提出离婚损害赔偿请求的，人民法院不予支持。

《民法典》第1091条增加了“有其他重大过错”的条款，改变了以前无过错方只能局限于《婚姻法》第46条规定的四种情形才能提出损害赔偿的限制，更加有利于对无过错方的保护。

对于“有其他重大过错”的情形，目前还没有司法解释予以细化，但根据《民法典》生效以来依据“有其他重大过错”条款作出的生效判决来看，一方婚内出轨而致婚姻难以为继的，可以被认定为是“有其他重大过错”。

实务问题

1. 案情[①]简介

2000年12月，原告蒋某、被告赵某经人介绍相识恋爱，经民政部门登记结婚。由于被告多次与异性同居生活，导致夫妻感情已经彻底破裂，致使原告多次

① 安徽省宿州市埇桥区人民法院（2020）皖1302民初943号。

寻短见，给原告精神上、身心上造成极大伤害。根据《婚姻法》第46条，有配偶者与他人同居的，无过错方有权请求损害赔偿，原告于2018年向法院起诉要求被告给予原告精神损害赔偿。法院认为：本案原告在2017年2月9日对被告提起了离婚诉讼，同时依据《婚姻法》第46条以无过错方身份向被告提起了损害赔偿，经审理，本院已作出生效判决，准许原、被告离婚，并驳回了原告的其他诉讼请求。因原、被告之间已无婚姻关系，现原告依据《婚姻法》第46条规定就离婚后损害赔偿单独提起诉讼，不符合法律规定，本院不予支持。

2. 评析

无过错方作为原告基于《民法典》第1091条向人民法院提起损害赔偿请求的，必须在离婚诉讼的同时提出。

（编写人：王　薇）

法律条文

第一千零九十二条　夫妻一方隐藏、转移、变卖、毁损、挥霍夫妻共同财产，或者伪造夫妻共同债务企图侵占另一方财产的，在离婚分割夫妻共同财产时，对该方可以少分或者不分。离婚后，另一方发现有上述行为的，可以向人民法院提起诉讼，请求再次分割夫妻共同财产。

条文主旨

本条是关于离婚时对一方少分或不分共同财产的规定。

新旧法对比

《婚姻法》	《民法典》
第四十七条　离婚时，一方隐藏、转移、变卖、毁损夫妻共同财产，或伪造债务企图侵占另一方财产的，分割夫妻共同财产时，对隐藏、转移、变卖、毁损夫妻共同财产或伪造债务的一方，可以少分或不分。离婚后，另一方发现有上述行为的，可以向人民法院提起诉讼，请求再次分割夫妻共同财产。 人民法院对前款规定的妨害民事诉讼的行为，依照民事诉讼法的规定予以制裁。	第一千零九十二条　**夫妻**一方隐藏、转移、变卖、毁损、**挥霍**夫妻共同财产，或**者**伪造**夫妻共同**债务企图侵占另一方财产的，**在离婚**分割夫妻共同财产时，对**该**方可以少分或**者**不分。离婚后，另一方发现有上述行为的，可以向人民法院提起诉讼，请求再次分割夫妻共同财产。

理解与适用

隐藏，是指为了让另一方无法发现而将财产故意隐藏起来。转移，是指故意将财产转移到其他地方。变卖，是指将财产折价卖给其他人。毁损，是指使用一些破坏性的手段使物品失去原有的价值。挥霍，是指不符合常理地花费共同财产。伪造债务，是指与其他人制造虚假的债务，试图侵占另一方的财产。上述行为有一个共同特点，都是一方故意的行为。当一方实施了上述行为时，另一方就可以主张对该方少分或不分共同财产。

如果离婚时未发现上述行为，离婚后才发现，可以向法院请求再次分割夫妻共同财产。要注意，依据《民法典》第1092条的规定向人民法院提起诉讼，请求再次分割夫妻共同财产的诉讼时效期间为3年，从发现之日起计算。

实务问题

1. 案情[①]简介

尤某与赵某于2020年6月24日经法院调解当时仅对婚姻关系解除离婚，对双方存在的夫妻共同财产及债权债务均未处理。2017年3月25日尤某名下登记了一辆云A×××××号丰田牌轿车，该车购车价款195,800元、购置税15,600元、车船税335元、上牌费235元、保险费7754元，尤某的母亲向尤某支付了150,000元用于购买车辆，2020年4月7日，尤某将该车转移登记至其母亲名下。法院认为：对本案的双方当事人婚后购买的车辆，因原告方提交的证据不足以证明该购车款系原告父母赠与原告个人，故本院认为该车辆系夫妻共同财产。双方当事人在2019年5月后，关系开始恶化，2020年4月7日原告将该车辆转移登记至其母亲名下，2020年4月21日尤某向本院提起离婚诉讼要求与被告离婚，原告的行为属于恶意转移夫妻共同财产的行为。依据法律规定，原告方转移夫妻共同财产，使其财产的价值在离婚时无法得到全面的评估，故本院按该车辆购买时的价格确认该车辆的价值即195,800元，因原告方转移财产，故原告对该财产应当不分或少分。

2. 评析

在离婚时，双方应如实对共同财产进行梳理和分割，不应采取恶意转移等行为侵犯另一方的财产权利。

（编写人：王　薇）

① 云南省安宁市人民法院(2020)云0181民初2288号。

第五章　收　　养

第一节　收养关系的成立

法律条文

第一千零九十三条　下列未成年人,可以被收养:

(一)丧失父母的孤儿;

(二)查找不到生父母的未成年人;

(三)生父母有特殊困难无力抚养的子女。

条文主旨

本条是关于被收养人的条件的规定。

新旧法对比

《收养法》	《民法典》
第四条　下列不满十四周岁的未成年人可以被收养: (一)丧失父母的孤儿; (二)查找不到生父母的弃婴和儿童; (三)生父母有特殊困难无力抚养的子女。	第一千零九十三条　**下列未成年人,可以被收养:** (一)丧失父母的孤儿; (二)查找不到生父母的未成年人; (三)生父母有特殊困难无力抚养的子女。

理解与适用

1. 收养的定义

收养,是指自然人领养他人子女为自己的子女,依法创设拟制血亲的亲子关系的身份法律行为。这种拟制血亲的亲子关系,是基于收养行为的法律效力而发生的身份法律关系,具有与自然血亲的亲子关系同样的法律效力。在收养行为的法律关系中,存在三方当事人,即收养人、被收养人和送养人。收养人为养父或养母,被收养人为养子或养女,送养人为抚养被收养人的生父母或其他具有监护义务的个人或组织。

2. 收养的法律特征

(1)收养是身份法律行为,是要式行为;

(2)收养人和被收养人应是具有特定法律身份的自然人;

(3)收养行为是产生法律拟制血亲的行为;

(4)收养行为消灭了养子女与生父母的法律关系,但与生父母的自然血缘关系未消灭。

3. 收养的基本原则

本法第 1044 条规定了收养的基本原则,即收养应当遵循最有利于被收养人的原则,保障被收养人和收养人的合法权益,对比《收养法》第 2 条之规定,收养应当有利于被收养的未成年人的抚养、成长,保障被收养人和收养人的合法权益,《民法典》要求政府、社会组织在解决收养关系的问题时需要从被收养人的最大利益进行考量。

禁止借收养名义买卖未成年人。

收养的基本原则:(1)最大限度有利于被收养人成长的原则;(2)保证被收养人和收养人的合法权益的原则;(3)平等自愿的原则;(4)不得违背公序良俗的原则。

4. 收养的效力

(1)收养的拟制效力。首先是养父母子女关系形成,自收养关系成立起,收养人与被收养人之间形成拟制的父母子女关系,养父母与养子女之间的权利义务关系,适用法律关于父母子女关系的规定;其次是近亲属关系形成,被收养人与收养人的近亲属之间也形成相应的拟制血亲关系,养子女与养父母的近亲属间的权利义务关系,适用法律关于子女与父母的近亲属关系的规定。

(2)收养的解除效力。收养关系一经成立,被收养人与其亲生父母及其他自然血亲的亲属之间的法律上的关系就此消灭。

5. 被收养人的条件

(1)首先要明确未成年人的范围。《民法典》总则编第 17 条关于成年人与未成年人的年龄标准作了规定,18 周岁以上的自然人为成年人。不满 18 周岁的自然人为未成年人。另外,《未成年人保护法》(2020 年修订)第 2 条也规定,本法所称未成年人是指未满18周岁的公民。被收养人必须是未满18周岁的未成年人才符合收养条件。可以看出被收养人是民事法律意义上的无民事行为能力人和限制民事行为能力人,是自然人中最弱小的群体。无论是在行为能力上、智力发展上,还是生存能力上,均是不具有独立生存能力的人群。因此,我国法律在立法上对被收养人作了相应的利益倾斜。

(2)具体来看,有如下三类未成年人可以被收养:

①丧失父母的孤儿。丧失父母,包括生父母死亡和宣告死亡两种情形。对孤儿应理解为生父母已经死亡或被宣告死亡的未满18周岁的未成年人。孤儿生父母已经去世,被家庭收养既不存在生父母亲权的法律障碍,也不会产生收养人与被收养人生父母的纠纷,因此孤儿是主要的被收养群体。

②查找不到生父母的未成年人。

查找不到生父母的未成年人包括两种:第一,指被遗弃的未成年人;第二,指被拐卖的未成年人。第一种是由生父母主动遗弃的未成年人,以实际行动表明放弃监护权;第二种是由于犯罪分子的拐卖导致生父母被迫放弃了监护权。鉴于被拐卖后获救的可能性较低,故将此类未成年人纳入被收养人的范围。因此,《民法典》将《收养法》规定的“查找不到生父母的弃婴和儿童”修改为“查找不到生父母的未成年人”。一方面是明确了被收养人的年龄范围,有利于减少司法实践中的认定难度;另一方面扩大了被收养人的范围,将被遗弃或被拐卖获救的未成年人纳入了被收养人的范围,有利于更大限度地保障未成年人的利益。

根据《中国公民收养子女登记办法》第7条第2款的规定,收养前应公告查找其生父母,公告期满60日未被生父母或其他监护人认领的,可视为查找不到生父母的弃婴、儿童,符合被收养人条件。

对于被拐卖的获救的儿童,根据《民政部、公安部关于开展查找不到生父母的打拐解救儿童收养工作的通知》的要求,公安机关应当全力查找打拐解救儿童的生父母,在全国打拐DNA信息库录入、比对血样,一个月内未能查找到生父母或其他监护人的,社会福利机构或者救助保护机构在儿童寻亲公告平台上发布儿童寻亲公告,公告期30日。儿童被送交社会福利机构或者救助保护机构之日起满12个月,公安机关仍未能查找到儿童生父母或其他监护人的,可视为确实查找不到生父母,未成年人可被收养。

③生父母有特殊困难无力抚养的子女。“有特殊困难”在本法中未进行具体的定义,但《民政部婚姻司对〈收养法〉的解答》中对生父母有特殊困难的具体情况作出了说明,该解答第5条规定:“有特殊困难无力抚养的子女,是指有生父

母或生父母一方死亡，但其生父母或生父、生母有特殊困难不能抚养教育的未满14周岁的子女。如生父母重病、重残，无力抚养教育的子女或由于自然灾害等原因造成其生父母无力抚养的子女，以及非婚生子女等。”实践中可参考上述条款确定是否“有特殊困难”。

此项有例外情形：《民法典》第1099条中规定收养三代以内旁系同辈血亲子女，不受生父母有特殊困难无力抚养的限制。

实务问题

1. 案情[①]简介

姜某1与王某原系夫妻关系，1989年1月28日登记结婚，二人育有3名子女，其中长女为姜某2(原名姜某5)。2012年12月20日，二人协议离婚，约定3名子女均由王某抚养。李某与姜某3原系夫妻关系，1990年8月登记结婚，1994年5月31日育有一子姜某4，2002年4月18日，二人经一审法院调解离婚，约定姜某4由李某抚养。姜某3与姜某1系兄弟关系。2004年11月23日，北京市朝阳区民政局颁发收养登记证，记载李某申请收养朝阳区社会福利中心抚养的弃婴姜某2为养女，姜某2的出生日期为1991年3月15日。一审法院依李某申请向北京市朝阳区档案馆调取了收养登记的卷宗材料，记载2004年11月19日，李某提出收养申请，同日，北京市朝阳区社会福利中心出具送养人意见：为了被收养人能够健康成长，同意李某申请收养姜某2为养女。2004年5月2日，西安市公安局临潼分局出具《证明》，记载：“2004年4月21日，我们分局收到北京籍人李某发来传真，自称其1992年4月20日在华清池门前捡拾到一个女婴(约十个月大)，现已收为养女，请求我局为其养女作寻亲公告。4月22日，我局在华清池所在地的骊山派出所辖区及秦俑馆所在地的秦俑派出所辖区为其养女作了寻亲公告，至今未查找到该孩子的亲生父母。”另查，姜某2的北京市高中毕业生登记表记载，1996年9月至2002年7月就读于陕西咸阳郭村小学，2002年9月至2005年7月就读于陕西咸阳沣西中学，2005年9月至2007年12月就读于陕西咸阳育才中学，2008年3月至2008年6月就读于北京市中医学院附属中学，父母和抚养人一栏登记为母亲李某。2008年9月至2012年6月，姜某2在中国人民武装警察部队学院电子信息工程专业进行本科学习。姜某1主张姜某2的实际出生日期为1990年3月15日，办理收养登记时已经年满14周岁，李某与姜某2之间的收养关系无效，并就此提交以下证据予以证明：

① 北京市第三中级人民法院(2019)京03民终10262号。

(1)咸阳市公安局秦都分局签发的户口簿(农户)一份,户主姓名为姜某1,长女姜某5。

(2)中铁一局集团咸阳中心医院出具的《证明》一份,记载:“根据我院档案记录,兹证明新生儿姓名姜某5,出生时间1990年3月15日15时2分,出生孕周某某周,出生地点陕西省咸阳市秦都区(现渭城区),母亲王某,父亲姜某1。”

(3)陕西省小学阶段义务教育证书、陕西省中学生素质教育报告单,均记载姜某2出生年月为1990年3月。

2. 法院认为

《收养法》第4条规定,下列不满14周岁的未成年人可以被收养:(1)丧失父母的孤儿;(2)查找不到生父母的弃婴和儿童;(3)生父母有特殊困难无力抚养的子女。第7条第1款规定,收养三代以内同辈旁系血亲的子女,可以不受本法第4条第3项、第5条第3项、第9条和被收养人不满14周岁的限制。第25条规定,违反《民法通则》第55条和《收养法》规定的收养行为无法律效力。收养行为被人民法院确认无效的,从行为开始时起就没有法律效力。根据已查明的事实,姜某2的实际出生日期为1990年3月15日,李某办理收养登记的时间为2004年11月23日,办理收养登记时姜某2已年满14周岁,姜某2不属于李某三代以内同辈旁系血亲的子女,故李某收养姜某2的行为违反法律规定,双方之间的收养关系应被认定为无效。李某关于收养关系有效的上诉主张,没有法律依据,本院不予采信。

3. 评析

《民法典》第1093条对《收养法》第4条进行了细微的变动,由“下列不满14周岁的未成年人可以被收养”变更为“下列未成年人,可以被收养”,被收养人的范围由“不满14周岁的未成年人”扩大为“未成年人”,将14周岁以上的未成年人也囊括进了被收养人的范围。就本案而言,本案发生在2012年,应当适用当时有效的《收养法》的规定,如果根据现行《民法典》的规定,虽然姜某被收养时已经年满14周岁,但是尚未成年,符合《民法典》第1093条被收养人的年龄范围,现行《民法典》对《收养法》中被收养人的范围进行了扩充,更有利地保障了未成年人的权益,充分彰显了“最有利于被收养人原则”的精神。

(编写人:陈 洁)

法律条文

第一千零九十四条　下列个人、组织可以作送养人：

（一）孤儿的监护人；

（二）儿童福利机构；

（三）有特殊困难无力抚养子女的生父母。

条文主旨

本条是关于送养人范围的规定。

新旧法对比

《收养法》	《民法典》
第五条　下列公民、组织可以作送养人： （一）孤儿的监护人； （二）社会福利机构； （三）有特殊困难无力抚养子女的生父母。	第一千零九十四条　下列个人、组织可以作送养人： （一）孤儿的监护人； （二）儿童福利机构； （三）有特殊困难无力抚养子女的生父母。

理解与适用

本条规定了送养人的范围。有如下几种情况：

1. 孤儿的监护人

孤儿，是指生父母已经死亡或被宣告死亡的不满18周岁的未成年人。根据《民法典》第27条的规定，父母是未成年人的法定监护人。未成年人父母死亡的，其监护人按顺序为祖父母、外祖父母；兄、姐；其他愿意担任监护人的个人或者组织，但是须经未成年人住所地的居民委员会、村民委员会或者民政部门同意。上述监护人可以作为孤儿的送养主体。根据《民法典》第34条第1款的规定，监护人的职责是代理被监护人实施民事法律行为，保护被监护人的人身权利、财产权利以及其他合法权益等。正是由于孤儿作为被监护人行为能力的欠缺，使得监护人可以代理被监护人参与到民事活动中，作为送养人决定是否将孤儿送养，让其接受更好的抚养和教育，并有利于被监护人健康成长，这才是保障被监护人最重要的权益。

本条规定了孤儿的监护人可作为送养人，但是应当注意与《民法典》收养一章其他规定的衔接，监护人送养孤儿，应当征得有抚养义务的人的同意，因此如果有抚养义务的人不同意送养，监护人不能单独决定送养。

2. 儿童福利机构

根据《儿童福利机构管理办法》第2条的规定，儿童福利机构是指民政部门设立的，主要收留抚养由民政部门担任监护人的未满18周岁儿童的机构。儿童福利机构包括按照事业单位法人登记的儿童福利院、设有儿童部的社会福利院等。根据第9条的规定，儿童福利机构应当收留抚养下列儿童：(1)无法查明父母或者其他监护人的儿童；(2)父母死亡或者宣告失踪且没有其他依法具有监护资格的人的儿童；(3)父母没有监护能力且没有其他依法具有监护资格的人的儿童；(4)人民法院指定由民政部门担任监护人的儿童；(5)法律规定应当由民政部门担任监护人的其他儿童。

结合《民法典》第1093条被收养人的范围，上述五类儿童虽儿童福利机构可以抚养，但却并非均对其有权送养。对于"生父母有特殊困难无力抚养的子女"其送养人是生父母，即使生父母无力抚养而被儿童福利机构抚养，除非法律另有规定，儿童福利机构仍不能作为送养主体。因此，儿童福利机构有权送养的未成年人包括：第一，无法查明生父母或者其他监护人的儿童；第二，父母死亡或者宣告死亡或宣告失踪且没有其他监护人的儿童。

3. 有特殊困难无力抚养子女的生父母

抚育未成年子女是父母应承担的法定责任。但由于身体残疾或疾病、经济困难确实无法抚育子女的，基于有利于子女健康成长，法律允许生父母送养子女。该项的例外情形，第1103条继父母收养继子女不受该项的限制。

值得注意另一个问题，子女的养父母、继父母即使有困难无力抚养子女，也无权将子女送养。若养父母在收养后有特殊困难无力抚养，也应先与养子女解除收养关系后，由生父母继续抚养子女或再行送养。

实务问题

1. 案情[①]简介

原告欧某2、龙某系夫妻关系，婚后生育有二子。被告彭某、张某系夫妻关系，生育一女婴(后取名欧某)，因二被告想要再生育一男孩，于是通过第三人张某1欲将欧某送与他人收养，第三人张某1在征得原告龙某同意后，被告彭某、第三人张某1将出生刚3天的欧某送到原告家中，交由原告夫妇抚养照顾，后原

① 贵州省黔东南苗族侗族自治州中级人民法院(2019)黔26民终547号。

告欧某2将欧某的户口登记在其户口簿中。原告与被告没有在民政部门办理收养登记。庭审中,原告龙某、欧某2称其小孩和欧某由欧某2父母带大,其二人外出务工,务工所得收入用于家庭开支和抚养其小孩与欧某。

2015年前后,被告欧某通过其他途径得知其生父母真实情况后,不愿再回原告欧某2、龙某身边生活。为此,二原告认为,原告"收养"了被告欧某13年,帮欧某的亲生父母履行了10多年的抚养义务,被告应补偿自己所支出的生活费、教育医疗和营养费。

2. 法院认为

龙某夫妻并非委托欧某2、龙某代为抚养,而是已形成事实上的收养关系。对此,因双方的行为发生于1998年11月4日第九届全国人民代表大会常务委员会第五次会议《关于修改〈中华人民共和国收养法〉的决定》之后的2002年12月31日,根据修正后的《收养法》第15条第1款"收养应当向县级以上人民政府民政部门登记。收养关系自登记之日起成立"的规定,该收养行为并未成立。且送养人、收养人显系规避当时的计划生育政策,均不符合《收养法》第5条、第6条规定的条件。因此,根据《收养法》第25条"违反《中华人民共和国民法通则》第五十五条和本法规定的收养行为无法律效力。收养行为被人民法院确认无效的,从行为开始时起就没有法律效力"的规定,一审判决认定事实收养行为不成立于法有据。

3. 评析

根据《民法典》第1094条第3项规定,有特殊困难无力抚养子女的生父母,可以作为送养人,在实践中,往往需要相应的村委会、居委会或者所在的单位开具生父母有特殊困难的证明,证明生父母确实没有抚养子女的能力,才能够办理相关的送养手续。而本案中,因二被告想要再生育一男孩,于是通过第三人张某1欲将欧某送与他人收养,被告是为了规避当时的计划生育政策,并不存在无力抚养子女的特殊困难,不符合《民法典》第1094条中关于送养人的规定,因此该收养关系无效。

(编写人:陈　洁)

法律条文

第一千零九十五条　未成年人的父母均不具备完全民事行为能力且可能严重危害该未成年人的,该未成年人的监护人可以将其送养。

条文主旨

本条是关于监护人送养未成年人的特殊规定。

新旧法对比

《收养法》	《民法典》
第十二条 未成年人的父母均不具备完全民事行为能力的，该未成年人的监护人不得将其送养，但父母对该未成年人有严重危害可能的除外。	第一千零九十五条 **未成年人的父母均不具备完全民事行为能力且可能严重危害该未成年人的，该未成年人的监护人可以将其送养。**

理解与适用

本条规定了父母对未成年人送养须同时满足父母双方不具有完全民事行为能力和可能严重危害未成年人两个条件。

首先，“未成年人的父母均不具备完全民事行为能力”的监护人的确定。根据《民法典》第 27 条关于未成年人监护人的规定，未成年人的父母没有监护能力的，其监护人按顺序为祖父母、外祖父母；兄、姐；其他愿意担任监护人的个人或者组织，但是须经未成年人住所地的居民委员会、村民委员会或者民政部门同意。若对监护人的确定有争议时，应首先按法定程序指定监护人。只具有监护资格，但未被确定为监护人的个人或组织，无权决定送养未成年人。

不具备完全民事行为能力包括无民事行为能力和限制民事行为能力，未成年人的父母均不具备完全民事行为能力包括以下三种情形：第一，未成年人的父母双方均是无民事行为能力人；第二，未成年人的父母双方均是限制民事行为能力人；第三，未成年人的父母一方是无民事行为能力人，一方是限制民事行为能力人。因此，当未成年人的父母中仅有一方为无民事行为能力人或限制民事行为能力人的情况下，也不能送养未成年人。应注意，本条中的父母未限定为生父母，应包括养父母、继父母。

在这种情况下，法律是禁止上述未成年人的监护人将未成年人送养的。立法目的是防止监护人逃避监护责任，损害未成年人的利益。

其次，可能严重危害该未成年人，是指从父母的认知能力和行为习惯可以推测对未成年人可能造成严重的身体侵害和精神伤害，并不要求已经对未成年人造成了实际的伤害。

实务问题

1. 案情[①]简介

2013年3月18日被告龙某跃、杨某满在某某县某某镇卫生院生育一名男婴,随后被告杨某贵把男婴送给原告家抚养。2013年10月28日原告家为男婴在某某县公安局某某派出所登记入户,与原告隆某芝登记为一户,户主为原告父亲隆某福,登记监护人父亲为隆某强,监护人母亲为隆某芝。为男婴取名隆某洋。被告龙某跃1997年10月24日出生,被告杨某满1998年4月29日出生,两人生育隆某洋时,均未成年,杨某贵、龙某香为杨某满的法定监护人。另查明,隆某洋出生前,被告龙某跃家人给予杨某满两次经济扶助,一次3000元,一次9000元。被告杨某贵将隆某洋交于原告母亲抚养,未告知被告龙某跃及其家人。原告抚养隆某洋至今未依法办理收养手续。原告以无力继续代为抚养隆某洋、被告等人拒不领回隆某洋为由,于2015年11月23日向本院起诉要求四被告领回隆某洋抚养。

2. 法院认为

隆某芝与隆某洋的收养关系是否成立。《收养法》第15条第1款规定:"收养应当向县级以上人民政府民政部门登记。收养关系自登记之日起成立。"第12条规定:"未成年人的父母均不具备完全民事行为能力的,该未成年人的监护人不得将其送养,但父母对该未成年人有严重危害可能的除外。"本案中,被告龙某跃、杨某满生育隆某洋时均系未成年人,不具备完全民事行为能力,未被证实存在严重危害隆某洋的可能,其任意一方监护人均不得擅自将隆某洋送养,且送养未经县级人民政府部门登记,原告隆某芝与隆某洋的收养关系不成立。

3. 评析

根据《民法典》第1095条的规定,未成年人的父母均不具备完全民事行为能力且可能严重危害该未成年人的,该未成年人的监护人可以将其送养。本案中,虽然被告龙某跃、杨某满生育隆某洋时均系未成年人,不具备完全民事行为能力,但是同时需要满足可能严重危害未成年人的情形才可以送养。两被告虽然在生育隆某洋时尚未成年,但未被证实存在严重危害隆某洋的可能,因此两被告不符合《民法典》第1095条关于送养人的条件,因此该收养关系无效。值得注意的是,在实践中有许多争议案件就是送养人是未成年人生育后,将孩子送养的情形,虽然《民法典》中规定不具备完全民事行为能力可以作为送养人,但同

---

① 贵州省贵阳市花溪区人民法院(2015)花民初字第725号。

时必须满足可能存在严重危害被送养人的情形才可以送养，因此当送养人仅仅因为未成年但没有严重危害被送养人可能的情形下，是不满足《民法典》第1095条关于送养人的规定，该收养关系也是无效的。实务中对“可能严重危害该未成年人的”，表现为对未成年人身体的侵害和精神上的伤害，并且达到严重程度。

（编写人：陈 洁）

法律条文

第一千零九十六条 监护人送养孤儿的，应当征得有抚养义务的人同意。有抚养义务的人不同意送养、监护人不愿意继续履行监护职责的，应当依照本法第一编的规定另行确定监护人。

条文主旨

本条是关于监护人送养孤儿的特殊规定。

新旧法对比

《收养法》	《民法典》
第十三条 监护人送养未成年孤儿的，须征得有抚养义务的人同意。有抚养义务的人不同意送养、监护人不愿意继续履行监护职责的，应当依照《中华人民共和国民法通则》的规定变更监护人。	第一千零九十六条 监护人送养孤儿的，**应当征得**有抚养义务的人同意。有抚养义务的人不同意送养、监护人不愿意继续履行监护职责的，应当**依照本法第一编的规定另行确定**监护人。

理解与适用

1.对孤儿有抚养义务的人

《民法典》关于对丧失父母的孤儿有抚养义务的人，是指第1074条第1款的规定有负担能力的祖父母、外祖父母，对于父母已经死亡的未成年孙子女、外孙子女有抚养义务，此项抚养义务为法定的抚养义务，有负担能力的祖父母、外祖父母系孤儿的法定抚养义务人。而第1075条第1款中规定的有负担能力的兄、姐，对于父母已经死亡或者父母无力抚养的未成年弟、妹所承担的义务为扶养义务。抚养义务和扶养义务有着本质的区别。因此，孤儿的监护人送养孤儿时，只需征得有负担能力的祖父母、外祖父母的同意，无须征得孤儿兄、姐的同意。

2. 孤儿的监护人和抚养义务人共同行使送养同意权

本条规定了抚养义务人的收养同意权。法定抚养义务人为孤儿有直系血亲关系的祖父母、外祖父母,能够从最有利于被收养人的角度出发,决定是否同意收养。孤儿的监护人和抚养义务人共同享有对孤儿的收养同意权,应协商确定是否送养孤儿,若无法达成一致,则不得送养。这样的制度设计具有三点重要的意义:第一,可以防止监护人相互推卸责任,随意将孤儿送养,损害孤儿的合法权益;第二,抚养义务人抚养孤儿具有现实可能性,原因在于现代社会的家庭结构,很多家庭由祖父母、外祖父母帮助抚养孙子女、外孙子女,祖父母、外祖父母与孙子女、外孙子女有着天然的血缘纽带和比较深厚的感情基础,因此抚养义务人抚养孤儿具有较充分的现实背景考虑;第三,有利于保护抚养义务人的合法权益,由于孤儿送养后,孤儿原有的家庭关系都会随着收养关系的建立而消除,因此为了孤儿能够拥有更加稳定的家庭关系考量,规定抚养义务人的收养同意权有更深刻的意义。

3. 另行确定监护人

《民法典》第 30 条和第 31 条规定了另行确定监护人的两种方式:一是由有监护资格的人协议确定监护人;二是由居民委员会、村民委员会、民政部门或者人民法院指定监护人。上述两种确定监护人的方式应首先尊重有监护资格的人的意愿和被监护人的意愿,在不违背被监护人的意愿时,应按照协商意见确定监护人。只有在对监护人的确定存在争议时,才按照第二种方式指定监护人。

实务问题

(1)孤儿的生父母均已死亡时,如孤儿的祖父母、外祖父母均生存且有抚养能力的,其祖父母、外祖父母为孤儿的法定抚养义务人,各抚养义务人均同意送养,监护人才能将孤儿送养。

(2)孤儿的兄、姐不享有送养同意权。《民法典》第 1075 条第 1 款中规定的有负担能力的兄、姐,对于父母已经死亡或者父母无力抚养的未成年弟、妹所承担的义务为扶养义务。抚养义务和扶养义务的含义不尽相同,因此,本条规定的是抚养义务人具有送养同意权,并未包含扶养义务人。因此,孤儿的兄、姐不能决定孤儿是否被送养。

(编写人:陈　洁)

法律条文

第一千零九十七条　生父母送养子女，应当双方共同送养。生父母一方不明或者查找不到的，可以单方送养。

条文主旨

本条是关于生父母送养子女的特殊规定。

新旧法对比

《收养法》	《民法典》
第十条　生父母送养子女，须双方共同送养。生父母一方不明或者查找不到的可以单方送养。 有配偶者收养子女，须夫妻共同收养。	第一千零九十七条　生父母送养子女，**应当双方共同送养。生父母一方不明或者查找不到的，可以单方送养。**

理解与适用

生父母是未成年人的法定代理人和法定监护人。生父母送养子女的前提必须是有特殊困难无力抚养子女，且生父母双方都同意送养。若生父母一方不明或查找不到的，可以单方送养。

实务问题

1. 生父母解除婚姻关系后的收养同意权

首先理解“生父母”并非一定是夫妻关系。生父母虽非夫妻关系，子女为非婚生子女的，对于子女的收养仍是需要生父母共同同意，不包括养父母、继父母。法律规定除非生父母一方不明或查找不到的，否则就算是父母解除婚姻关系，也需要征得另一方生父母的同意。婚姻关系的解除也不能切断父母与子女之间的血亲关系。

2. 生父母一方已死亡，另一方在送养子女时，已死亡一方的父母（未成年子女的祖父母或外祖父母）主张抚养权，另一方是否可以送养？

不能送养。《民法典》第1108条规定，配偶一方死亡，另一方送养未成年子女的，死亡一方的父母有优先抚养的权利。此种情况构成了生父母送养的法定障碍。《民法典》第27条规定，祖父母、外祖父母是未成年人除父母以外的法定抚养义务人。因此，这种情况需要征得法定抚养义务人的同意，否则死亡一方的父母可主张优先抚养权,要求解除收养关系。

3. 案例①

(1)案情简介。

2008年农历腊月,原告与案外人李某丙(现已死亡)按农俗举行婚礼后便以夫妻名义同居生活;2009年11月2日,原告与案外人李某丙生育一子张某乙;2010年5月,原告与案外人李某丙因子女抚养纠纷发生争执诉至南部县人民法院。后经调解,南部县人民法院以(2010)南民初字第1262号民事调解书确认张某乙随案外人李某丙生活,李某丙自愿承担抚养费用。2010年11月3日,案外人李某丙与被告李某乙(系李某丙生父)因家庭生活困难缺乏抚养能力,遂将所生子张某乙送与被告李某甲、罗某甲抚养,并签订了协议书,约定将张某乙托付给被告李某甲、罗某甲收养并将张某乙更名为罗某乙。2012年农历冬月,被告李某乙与被告李某甲、罗某甲签订抱约,约定被告李某甲、罗某甲将养子罗某乙作为亲子抚养。2013年4月6日,原告发现所生子张某乙被被告李某甲、罗某甲收养并欲强行带走张某乙未遂。2013年5月22日,案外人李某丙死亡。2013年7月,原告诉至本院,要求确认三被告签订的收养协议无效,并要求抚养所生子张某乙。

(2)法院认为。

父母有抚养、教育子女的权利和义务。张某乙系原告与案外人李某丙所生子,根据《收养法》第10条的规定,"生父母送养子女,须双方共同送养……"案外人李某丙及被告李某乙在将张某乙送与被告李某甲、罗某甲收养时未征求原告意见,且依据《收养法》第15条第1款的规定"收养应当向县级以上人民政府民政部门登记。收养关系自登记之日起成立",被告李某甲、罗某甲与案外人李某丙及被告李某乙签订的送养协议及抱约未经民政部门登记,故被告李某甲、罗某甲与张某乙之间的收养关系亦不成立,其收养行为无效。

(3)评析。

根据《民法典》第1097条的规定,生父母送养子女,应当双方共同送养。生父母一方不明或者查找不到的,可以单方送养。结合本案,张某乙系原告与案外人李某丙所生子,案外人李某丙及被告李某乙在将张某乙送与被告李某甲、罗某甲收养时未征求原告意见,且不存在原告下落不明或者查找不到的情况,案外人李某丙及被告李某乙将张某乙单方面送养的行为不符合《民法典》第1097条关于生父母送养子女的规定,因此该收养关系无效。

(编写人:陈　洁)

① 四川省南部县人民法院(2013)南民初字第2405号。

法律条文

第一千零九十八条　收养人应当同时具备下列条件：
（一）无子女或者只有一名子女；
（二）有抚养、教育和保护被收养人的能力；
（三）未患有在医学上认为不应当收养子女的疾病；
（四）无不利于被收养人健康成长的违法犯罪记录；
（五）年满三十周岁。

条文主旨

本条是关于收养人的条件的规定。

新旧法对比

《收养法》	《民法典》
第六条　收养人应当同时具备下列条件： （一）无子女； （二）有抚养教育被收养人的能力； （三）未患有在医学上认为不应当收养子女的疾病； （四）年满三十周岁。	第一千零九十八条　收养人应当同时具备下列条件： **（一）无子女或者只有一名子女；** （二）有抚养、教育和保护被收养人的能力； （三）未患有在医学上认为不应当收养子女的疾病； **（四）无不利于被收养人健康成长的违法犯罪记录；** （五）年满三十周岁。

理解与适用

1. 本条较《收养法》的变化

（1）本条第1项放宽了收养人的条件，从“无子女”放宽为“无子女或者只有一名子女”，我国《人口与计划生育法》第18条第1款规定，国家倡导一对夫妻可以生育3个子女，随着我国计划生育政策的调整，收养人可以收养的子女人数也作了相应的修改。

（2）增加了本条第4项不存在不利于收养人健康成长的违法犯罪记录。《收养法》中无类似规定，这是由于在实践中，收养人行为恶劣，故意侵害被收养人人身和财产权益的恶性事件频发,引起了社会的高度关注,因此《民法典》在立法的过程中也对该诉求予以积极的回应,这也是最有利于被收养人原则的必然要求。

2. 收养人应具备的条件

(1)无子女或者只有一名子女。

无子女的收养人,包括未婚无子女者、已婚无子女者,以及无生育能力不可能有子女的情形。这里的“子女”应包括婚生子女、非婚生子女和拟制血亲的子女。

只有一名子女也可以再收养一名子女,这是国家鼓励生育,放宽了收养人子女数量的要求。

(2)有抚养、教育和保护被收养人的能力。

未成年人被收养的目的是得到更好的抚养和成长。因此,对于收养人来说,在身体、智力、经济、道德品质和教育子女等方面应具有抚养和教育被收养人的能力,能够履行父母对子女应尽的义务。这也是衡量收养人是否具有监护能力的标准。

(3)未患有在医学上认为不应当收养子女的疾病。

“未患有在医学上认为不应当收养子女的疾病”,《民法典》及其他法律规定、司法解释并未明确具体疾病种类。根据《中国公民收养子女登记办法》第5条第1款规定,收养人应当向收养登记机关提交县级以上医疗机构出具的未患有在医学上认为不应当收养子女的疾病的身体健康检查证明。笔者认为,至少应该包括精神疾病和传染病,这两种疾病可能危害未成年人的人身安全和身心健康,不利于未成年人成长。

(4)无不利于被收养人健康成长的违法犯罪记录。

这一条是新增的条款,旨在保护未成年人的人身安全。该违法犯罪记录主要是指性犯罪和暴力性犯罪,但不限于以上两种主要的类型。有犯罪记录的收养人,并非必然对养子女有事实侵害行为或不利于养子女的成长,但有违法犯罪记录表明收养人不具有良好的行为规范和道德品质,且法律意识淡薄。只要在实践中认定该违法犯罪记录存在不利于被收养人健康成长的较大可能性,则不允许其收养未成年人。近几年有大量的性侵未成年人的案例发生。如收养人曾经存在性侵、伤害、虐待或其他暴力犯罪的情形,其不得收养未成年人。因此,收养登记机关在进行收养登记时,应要求收养人提交公安机关出具的无犯罪记录的证明。若收养人存在违法犯罪记录,收养登记机关应判断该违法犯罪记录是否不利于被收养人的健康成长，并决定是否准许收养。

（5）年满30周岁。若是夫妻双方共同收养子女的，双方均应满30周岁。否则不符合收养子女的条件。

实务问题

1. 值得注意，对收养人条件的要求较为严格，上述五项条件，必须是同时满足，才能收养子女。

2. 例外情形

《民法典》第1099条、第1100条、第1103条关于华侨亲属间收养、收养孤残未成年人和查找不到生父母的未成年人、继父母收养继子女的规定，均排除了本条收养无子女或只有一名子女的限制。

3. 案例①

（1）案情简介。

杨甲和胡某诉称，杨甲和胡某原系夫妻，婚后生育有一子杨丙。2002年，杨甲的父母向杨甲提及想收养一名女童。杨甲遂至某儿童福利院处，代表其父母向某儿童福利院处工作人员表达了欲收养一名女童的意愿，某儿童福利院处工作人员顾某告知杨甲，杨甲父母不符合收养人条件，但杨甲符合收养人条件。之后，双方办理了弃婴女童陈某的试养手续。在实际试养过程中，主要由杨甲父母照顾陈某，杨甲和胡某为是否收养陈某发生争执。嗣后，杨甲考虑再三，将陈某送回某儿童福利院处。在此之后的3个月内，某儿童福利院处工作人员顾某反复做杨甲父母的思想工作，杨甲父母向杨甲表达了收养陈某的强烈意愿，甚至有强行住到某儿童福利院处看望、照顾陈某的过激行为，杨甲出于对父母的孝顺之情，同时考虑到当时经济条件较好，可以此方式回报社会，并做通胡某的思想工作，同意收养陈某作为养女。2003年4月，杨甲和胡某与某儿童福利院签订弃婴陈某的收养协议书。2003年6月，上海市民政局向杨甲和胡某颁发收养登记证，陈某姓名更改为杨乙。杨乙虽为杨甲和胡某养女，但实际上杨乙自始至终由杨甲的父母抚养、照顾。2004年，杨甲和胡某就杨乙收养事宜再起争执，导致杨甲和胡某离婚。现杨甲父亲去世，母亲年事已高，已无力再照顾杨乙。综上，杨甲和胡某请求法院确认杨甲和胡某与某儿童福利院关于杨乙的收养关系无效。理由如下：①收养杨乙并非出于杨甲和胡某的真实意思表示。因为杨甲父母不符合收养人条件，所以借用杨甲和胡某名义，依法办理了杨乙的收养手续。事实

① 上海市闵行区人民法院（2013）闵少民初字第245号。

上杨乙亦由杨甲父母抚养至今；②杨甲的父母系杨乙的事实抚养人，现杨甲父亲去世，母亲年满 80 周岁，无力抚养杨乙；③杨甲和胡某因收养杨乙导致感情不和而离婚，现杨甲身体残疾，每月领取下岗生活费补贴 700 元，无法抚养杨乙。

某儿童福利院辩称：不同意杨甲和胡某之诉请，理由如下：①杨甲和胡某系完全民事行为能力人，且符合法律规定的收养人条件，杨甲和胡某与某儿童福利院就杨乙收养事宜办理了完备的收养手续，并经民政部门登记，故杨甲和胡某对杨乙的收养行为依法有效；②杨甲和胡某提出收养杨乙非其真实意思表示，但未能提供任何证据证明其系受胁迫收养杨乙；③杨甲和胡某作为杨乙的养父母，应当以崇高的社会责任感，承担起抚养杨乙的义务，现杨甲和胡某以各种理由主张收养无效，欲退养杨乙，使杨乙从家庭生活环境变更为集体生活环境，将对孩子身心造成巨大伤害。

（2）法院认为。

本案中，从收养人资格来看，首先，杨甲和胡某具备完全民事行为能力；其次，某儿童福利院系弃儿收领养的社会福利机构，杨甲和胡某虽育有一子，但杨甲和胡某收养的是某儿童福利院作为社会福利机构抚养的查找不到生父母的弃婴陈某，可以不受收养人无子女的限制。综上，杨甲和胡某符合收养人资格；从收养的经过来看，杨甲和胡某在收养陈某的过程中，亲自经历了递交收养登记申请表、签订试养协议及试养、递交收养申请书、提供结婚证、工作及收入证明、健康检查证明、无犯罪记录证明等一系列的手续，时间跨度自 2001 年 12 月起至 2003 年 6 月 4 日止，杨甲和胡某有充足的时间考虑是否收养弃婴陈某。现杨甲和胡某称收养行为系受杨甲父母的胁迫，被迫收养陈某，非杨甲和胡某真实意思表示，但未提供充分有效的证据加以佐证，故杨甲和胡某该项诉称意见，本院实难采信。从收养关系的成立来看，2003 年 6 月 4 日，上海市民政局向杨甲和胡某颁发收养登记证，杨甲和胡某与陈某的收养关系自该日起成立。综上，杨甲和胡某与某儿童福利院间就陈某的收养行为依法成立，应属有效。杨甲和胡某诉称收养陈某非杨甲和胡某真实意思表示，要求确认收养行为无效的诉请，于法无据，不予支持。

（3）评析。

实践中存在符合收养条件的人代他人收养被收养人的情况，这种情况往往是为了规避《收养法》第 6 条中收养人条件的规定。如本案中，由于杨甲的父母年事已高，没有较为稳定的收入来源，不符合《收养法》第 6 条第 2 项“有抚养教育被收养人的能力”，当事人作为成年子女，为帮助不符合条件的父母实现“收养”的目的,而收养了被收养人并完成了相应的合法手续,这种“隔代收养”的情况在司法实务中的判定也是较为明晰的,由于我国对收养采取登记制,即1999年施行的《收养法》规定,收养应当向县级以上人民政府民政部门登记,收养关系自登记之日起成立,因此不承认事实收养关系,即不存在所谓的“名义收养人”一说。值得注意的是,《民法典》第1098条对收养人条件的规定相较于《收养法》第6条,增加了第4项“无不利于被收养人健康成长的违法犯罪记录”并且对《收养法》第6条第2项作了细微的补充,即由“有抚养教育被收养人的能力”变更为“有抚养、教育和保护被收养人的能力”,这是针对实践中存在的一些收养人虐待被收养人等不利于被收养人情况,法律对于收养人的要求进行更加严格的限制,严厉打击实践中利用收养迫害被收养人的现象。

(编写人:陈 洁)

法律条文

第一千零九十九条　收养三代以内旁系同辈血亲的子女,可以不受本法第一千零九十三条第三项、第一千零九十四条第三项和第一千一百零二条规定的限制。

华侨收养三代以内旁系同辈血亲的子女,还可以不受本法第一千零九十八条第一项规定的限制。

条文主旨

本条是关于收养三代以内旁系同辈血亲子女的特殊规定。

新旧法对比

《收养法》	《民法典》
第七条　收养三代以内同辈旁系血亲的子女,可以不受本法第四条第三项、第五条第三项、第九条和被收养人不满十四周岁的限制。 华侨收养三代以内同辈旁系血亲的子女,还可以不受收养人无子女的限制。	第一千零九十九条　收养三代以内旁系同辈血亲的子女,**可以不受本法第一千零九十三条第三项、第一千零九十四条第三项和第一千一百零二条规定的限制。** **华侨收养三代以内旁系同辈血亲的子女,还可以不受本法第一千零九十八条第一项规定的限制。**

理解与适用

（1）按照我国婚姻制度，三代以内旁系血亲包括：伯、叔、姑、舅、姨、侄子女、外甥、外甥女、堂兄弟姐妹、姑舅表兄弟姐妹、姨表兄弟姐妹等。亲兄弟姐妹也属于旁系血亲。收养三代以内旁系同辈血亲的子女，是指收养兄弟姐妹、堂兄弟姐妹和表兄弟姐妹的子女。

收养三代以内同辈旁系血亲子女，俗称“过继”，过继的原因多是家族内的近亲属照顾无子女的近亲属的一种举措，且三代以内旁系血亲之间因有血亲关系，有一定的感情基础，较容易建立稳定的收养关系。因此本法规定，可以不受第 1093 条第 3 项被收养人“生父母有特殊困难无力抚养的子女”、第 1094 条第 3 项送养人“有特殊困难无力抚养子女的生父母”，以及第 1102 条“无配偶者收养异性子女的，收养人与被收养人的年龄应当相差四十周岁以上”的限制。

（2）华侨是指在国外定居的具有中国国籍的自然人。华侨收养三代以内旁系同辈血亲子女，除不受上述限制外，还不受第 1098 条第 1 项收养人“无子女或者只有一名子女”的限制。

实务问题

1. 实务中存在近亲属之间收养子女，由于法律意识的淡薄，收养已成年的子女和不进行收养登记，这些都将导致收养行为的无效。

2.《民法典》仅规定了三代以内旁系血亲的子女可以收养。鉴于中国伦理道德，直系血亲之间、直系姻亲之间由于不符合收养人或送养人的条件，不得建立收养关系，否则有违伦理纲常。

3. 案例①

（1）案情简介。

原告苏某丽是被告任某母亲的妹妹，原告与前夫离婚后独自生活，身边无子女。1998 年被告任某、金某华的二女儿苏某出生后，被告任某、金某华便与原告苏某丽协商达成和议，将二女儿送与原告抚养；在苏某满一周岁后，原告将苏某带到广安生活，并将苏某的户口落户在苏某丽家庭户，登记为母女关系。原告苏某丽与苏某在广安生活至苏某上小学时，苏某丽来到成都打工，因此苏某一同到了成都，并在新津县花源二小读小学，其学费及生活费由原告苏某丽承担；自苏某进入中学学习至今，苏某的学费、生活费均由被告任某、金某华承担，原告苏某

① 四川省新津县人民法院（2016）川 0132 民初字第 175 号。

丽未向苏某支付过任何费用。原告苏某丽于2015年被诊断患有脑梗塞、脑萎缩等多种疾病，且没有固定收入，生活困难，也无法尽到照顾苏某的义务，因此，原告诉至人民法院，要求解除与苏某的收养关系。

(2)法院认为。

原告苏某丽与被告任某系亲属关系，原告苏某丽系被告任某的姨妈，根据《收养法》第7条关于“收养三代以内同辈旁系血亲的子女，可以不受本法第四条第三项、第五条第三项、第九条和被收养人不满十四周岁的限制”的规定，原告与被告任某、金某华系姨侄关系，因此，原告不符合《收养法》规定的收养人条件。《收养法》第15条第1款规定，收养应当向县级以上人民政府民政部门登记。收养关系自登记之日起成立。虽然苏某已落户到苏某丽家庭户，登记为母女关系，但原告苏某丽收养被告苏某未向县级以上人民政府民政部门进行登记，因此，原告苏某丽与苏某之间不具备收养生效的法律要件，并且，苏某从进入初中学习开始，其生活费、教育费均由被告任某、金某华负担，客观上已回到亲生父母身边生活。故原告苏某丽与被告苏某之间未建立收养关系。据此，依照《收养法》第7条、第15条之规定，原告苏某丽与被告苏某的收养关系不成立。

(3)评析。

《民法典》第1099条第1款规定，收养三代以内旁系同辈血亲的子女，可以不受本法第1093条第3项、第1094条第3项和第1102条规定的限制。结合本案，原告与被告任某、金某华系姨侄关系，不属于《民法典》第1099条规定的三代以内旁系同辈血亲，因此原告苏某丽收养被告苏某仍应当满足《民法典》第1093条第3项、第1094条第3项和第1102条规定。本案中，被告苏某不符合《民法典》第1093条第3项“生父母有特殊困难无力抚养的子女”被收养人的条件，同时被告任某、金某华不符合《民法典》第1094条第3项“有特殊困难无力抚养子女的生父母”送养人的条件，因此该收养关系无效。

(编写人：陈　洁)

法律条文

第一千一百条　无子女的收养人可以收养两名子女；有子女的收养人只能收养一名子女。

收养孤儿、残疾未成年人或者儿童福利机构抚养的查找不到生父母的未成年人，可以不受前款和本法第一千零九十八条第一项规定的限制。

条文主旨

本条是关于收养子女的人数的规定。

新旧法对比

《收养法》	《民法典》
第八条　收养人只能收养一名子女。 收养孤儿、残疾儿童或者社会福利机构抚养的查找不到生父母的弃婴和儿童,可以不受收养人无子女和收养一名的限制。	第一千一百条　**无子女的收养人可以收养两名子女;有子女的收养人只能收养一名子女。** 收养孤儿、残疾未成年人或者儿童福利机构抚养的**查找不到生父母的未成年人,可以不受前款和本法第一千零九十八条第一项规定的限制。**

理解与适用

本条第1款增加了收养人收养子女的人数,无子女的收养人可以收养两名子女;有子女的收养人只能收养一名子女。也就是说,收养人的收养子女与亲生子女数量之和最多不得超过两名。本条第1款增加了收养人收养子女的人数,以符合我国计划生育政策的变化,鼓励生育。但同时也限制了收养人收养子女的上限,是为了防止收养人收养子女过多而无力照顾而损害被收养人的利益,也是为了防止借收养拐卖人口的情况出现。

对收养孤儿、残疾未成年人或者儿童福利机构抚养的查找不到生父母的未成年人,可以不受收养人"无子女或只有一名子女"的限制,即收养人数可以超过两名,同时立法上也未对收养人数设定上限。本条第2款对收养孤儿、残疾未成年人或者儿童福利机构抚养的查找不到生父母的未成年人,可以不受收养人"无子女或只有一名子女"的限制。一方面是为了鼓励爱心人士的收养行为,另一方面是为残疾儿童增加被收养的机会。

实务问题

1. 实务中需要注意的问题

收养人即使已经收养了两名孤儿,其还可以收养其他的残疾未成年人,立法上并未对此规定上限,这一规定也突破了对收养人数的限制。但是收养子女不仅要为子女提供必备的生活条件,还需要父母的精心照顾、关怀,尤其收养以上三类未成年人更应付出更多的关心和照顾。因此,收养孤残未成年人和查找不到生父母的未成年人的人数也不能过多，否则无法保证每个收养人得到充分的照顾和关注。实践中有些收养人目的不单纯，打着爱心名义收养多名孤残儿童，骗取社会爱心人士的同情，谋取不法利益。民政部门应对收养上述三类未成年人进行严格审查，防止孤残儿童的利益受到损害。

2. 案例①

（1）案情简介。

原告金某甲起诉称，两被告系夫妻关系，于1989年已收养金某丙为养女，1994年2月，两被告又以农村风俗习惯收养原告金某甲为养女，但至今没有办理登记对原告金某甲的合法收养手续，没有领取收养证。两被告收养原告的行为程序上存在瑕疵，我国《收养法》第8条明确规定，收养人只能收养一个子女，收养孤儿、残疾儿童或者社会福利机构抚养的查找不到生父母的弃婴和儿童，可以不受收养人无子女和收养一名的限制。而两被告在收养原告之前，已于1989年收养金某丙为养女，原告也不属于孤儿，有亲子鉴定结论为凭。收养关系应当向县级以上人民政府民政部门登记，收养关系自登记之日起成立，而两被告至今没有办理登记对原告金某甲的合法收养手续，收养关系无效，为此，特向法院提起诉讼，请求：依法确认原告与两被告的收养关系无效。被告黄某口头答辩称：原告陈述的均是事实，同意原告的请求。

（2）法院认为。

根据《收养法》第6条规定，"收养人应当同时具备下列条件：（一）无子女……"第15条第1款规定："收养应当向县级以上人民政府民政部门登记。收养关系自登记之日起成立。"第25条规定："违反《中华人民共和国民法通则》第五十五条和本法规定的收养行为无法律效力。收养行为被人民法院确认无效的，从行为开始时起就没有法律效力。"本案中，两被告在已收养一女的情况下又收养了原告，两被告不符合收养人的条件，且其收养亦未依法向县级以上人民政府民政部门登记即不符合收养的形式要件，故原、被告间的收养关系无效。据此，依照《收养法》第6条、第15条、第25条的规定，判决如下：确认原告金某甲与被告金某乙、黄某的收养关系无效。

（3）评析。

值得注意的是，《收养法》第8条第1款规定"收养人只能收养一名子女"，随着我国计划生育政策的变化，一对夫妻可以生育两名子女，因此《民法典》第1100条第1款也对此作了相应的修改，即"无子女的收养人可以收养两名子女；

---

① 浙江省青田县人民法院（2014）丽青温民初字第100号。

有子女的收养人只能收养一名子女”。本案中,如果适用现行《民法典》的相关规定,两被告在收养一女的情况下仍可以收养原告,则原告金某甲与被告金某乙、黄某的收养关系符合《民法典》第1100条的规定,符合收养关系的实质要件,但是由于未依法向县级人民政府的民政部门进行收养登记,不符合收养的形式要件,因此原、被告之间的收养关系无效。

(编写人:陈　洁)

法律条文

第一千一百零一条　有配偶者收养子女,应当夫妻共同收养。

条文主旨

本条是关于有配偶者收养子女,夫妻应达成一致,有一方不同意收养则不能收养的规定。

新旧法对比

《收养法》	《民法典》
第十条　生父母送养子女,须双方共同送养。生父母一方不明或者查找不到的可以单方送养。有配偶者收养子女,须夫妻共同收养。	**第一千一百零一条**　有配偶者收养子女,**应当**夫妻共同收养。

理解与适用

收养行为导致收养关系形成,在法律层面夫妻双方均与被收养者建立父母子女关系,所以有配偶者需对收养达成一致意见,并分别与被收养者订立身份契约。在夫妻离婚时,收养子女不因离婚的事实而受影响。

实务问题

《民法典》仅对有配偶者共同收养作出了规定,无夫妻关系的两个人不可以共同收养子女。

(编写人:韩燕鲁)

法律条文

第一千一百零二条 无配偶者收养异性子女的，收养人与被收养人的年龄应当相差四十周岁以上。

条文主旨

本条是关于异性单方收养的规定，收养者与被收养者应具有40周岁以上的年龄差距。

新旧法对比

《收养法》	《民法典》
第九条 无配偶的男性收养女性的，收养人与被收养人的年龄应当相差四十周岁以上。	第一千一百零二条 无配偶者**收养异性子女的**，收养人与被收养人的年龄应当相差四十周岁以上。

理解与适用

本条将《收养法》第9条规定的内容进行了扩充。《收养法》第9条仅规定了无配偶的男性单方收养需要满足年龄差距。《民法典》从仅保护女性被收养者扩大到所有被收养者，这一变化可以最大限度地保护被收养者合法权益。

实务问题

本条规定的40周岁“以上”应按照《民法典》第1259条规定执行，即民法所称的“以上”“以下”“以内”“届满”均包含本数。所以，本条中无配偶者收养异性子女的年龄差正好40周岁的，也符合本条规定，可以收养。

配偶下落不明、被宣告失踪、无行为能力，均不能视为无配偶者。

《民法典》第1099条所述情况可排除本条年龄差距40周岁限制。

（编写人：韩燕鲁）

法律条文

第一千一百零三条 继父或者继母经继子女的生父母同意，可以收养继子女，并可以不受本法第一千零九十三条第三项、第一千零九十四条第三项、第一千零九十八条和第一千一百条第一款规定的限制。

条文主旨

本条是关于继父母收养继子女的规定,主要有两方面内容:一是需经生父母的同意,二是经同意后收养条件放宽,可以不受本法第 1093 条第 3 项、第 1094 条第 3 项、第 1098 条和第 1100 条第 1 款规定的限制。

新旧法对比

《收养法》	《民法典》
第十四条　继父或者继母经继子女的生父母同意,可以收养继子女,并可以不受本法第四条第三项、第五条第三项、第六条和被收养人不满十四周岁以及收养一名的限制。	第一千一百零三条　继父或者继母经继子女的生父母同意,可以收养继子女,并可以不受**本法第一千零九十三条第三项、第一千零九十四条第三项、第一千零九十八条和第一千一百条第一款规定的**限制。

理解与适用

依据《民法典》第 1084 条第 1 款的规定,生父母与子女之间的关系不会因为离婚而消除,继父母与继子女是通过再婚而形成的姻亲关系,所以将继子女变为养子女必须经过生父母的同意。

收养条件的放宽是为了继子女更好地融入新的家庭,发挥家庭对于社会稳定的作用。

实务问题

(1)实践中收养继子女的一方,通常为直接抚养子女一方的生父或生母的配偶,为更好地保护继子女的合法权益,登记机关应对继父母的人格、品行等评估。如有家庭暴力、持续性犯罪等不利于继子女健康成长的情形,登记机关将会不予办理收养登记。

(2)不直接抚养子女的生父母被宣告失踪或无民事行为能力时,为了继子女更好地融入新的婚姻家庭中,应允许直接抚养子女的生父母一方单独行使收养同意权。此特殊情况仅限于不直接抚养子女的生父母被宣告失踪或无民事行为能力。

(编写人:韩燕鲁)

法律条文

第一千一百零四条 收养人收养与送养人送养,应当双方自愿。收养八周岁以上未成年人的,应当征得被收养人的同意。

条文主旨

本条是关于收养自愿原则的规定。因《民法典》关于未成年人限制民事行为能力年龄从10周岁以上调整为8周岁以上,本条也在《收养法》第11条的基础上进行了年龄的修改。

新旧法对比

《收养法》	《民法典》
第十一条 收养人收养与送养人送养,须双方自愿。收养年满十周岁以上未成年人的,应当征得被收养人的同意。	第一千一百零四条 收养人收养与送养人送养,**应当**双方自愿。收养八周岁以上未成年人的,应当征得被收养人的同意。

理解与适用

此条是收养关系平等自愿及意思自治的体现,明确了8周岁以上被收养者的同意权。

(编写人:韩燕鲁)

法律条文

第一千一百零五条 收养应当向县级以上人民政府民政部门登记。收养关系自登记之日起成立。

收养查找不到生父母的未成年人的,办理登记的民政部门应当在登记前予以公告。

收养关系当事人愿意签订收养协议的,可以签订收养协议。

收养关系当事人各方或者一方要求办理收养公证的,应当办理收养公证。

县级以上人民政府民政部门应当依法进行收养评估。

条文主旨

本条是关于收养程序的规定。

新旧法对比

《收养法》	《民法典》
第十五条　收养应当向县级以上人民政府民政部门登记。收养关系自登记之日起成立。 收养查找不到生父母的弃婴和儿童的，办理登记的民政部门应当在登记前予以公告。 收养关系当事人愿意订立收养协议的，可以订立收养协议。 收养关系当事人各方或者一方要求办理收养公证的，应当办理收养公证。	第一千一百零五条　收养应当向县级以上人民政府民政部门登记。收养关系自登记之日起成立。 收养查找不到生父母的**未成年人**的，办理登记的民政部门应当在登记前予以公告。 收养关系当事人愿意**签订**收养协议的，可以签订收养协议。 收养关系当事人各方或者一方要求办理收养公证的，应当办理收养公证。 **县级以上人民政府民政部门应当依法进行收养评估。**

理解与适用

通过收养登记的形式将收养行为纳入国家监督管理中，可以更好地保护收养关系各方当事人，尤其是被收养人的合法权益，更大限度地发挥收养的作用。

收养程序包括当事人申请、登记机关审查、登记发证三个阶段。

必须签订收养协议的情形：(1)儿童福利机构进行的涉外送养；(2)收养被拐获救未成年人的；(3)外国人来华收养子女的。

实务问题

1. 案情[①]简介

陈某鸿向本院提出诉讼请求，依法确认陈某鸿与陈某权之间的收养关系无效。事实与理由：陈某权系福安市某镇某村五保户，至今未婚。1989年，陈某权收养了陈某鸿，并将陈某鸿户口登记至陈某权名下，登记为女儿，但未在民政部门办理相关的收养手续。陈某鸿与陈某权未以养父女关系共同生活，未形成事实上的收养关系。陈某权辩称，陈某鸿所述属实，希望能予确认双方收养关系无效。本案事实认定如下：1989年7月，陈某权收养了陈某鸿，并将陈某鸿户籍登记在以陈某权为户主的家庭户下，并在户口"户主或与户主关系"一栏中登记为女儿。2020年11月27日，经福建康泰司法鉴定所鉴定，并出具闽康泰司鉴所

① 福建省福安市人民法院(2021)闽0981民初12号。

〔2020〕物鉴字F025号鉴定意见书，认定陈某英和陈某贵是陈某鸿的生物学母亲和生物学父亲。陈某鸿与陈某权未在民政部门办理过收养手续。

2. 法院认为

收养关系应依法成立。陈某权收养陈某鸿后，虽将陈某鸿户口登记至以其为户主的户籍名下，并登记为女儿，但并未到县级以上人民政府民政部门办理登记。《民法典》明确规定，“收养应当向县级以上人民政府民政部门登记。收养关系自登记之日起成立”，陈某权与陈某鸿至今未在民政部门办理收养登记手续，不符合法律强制性规定，收养行为无效。依照《民法典》第1105第1款规定，判决如下：陈某权与陈某鸿之间的收养关系无效。

（编写人：韩燕鲁）

法律条文

第一千一百零六条　收养关系成立后，公安机关应当按照国家有关规定为被收养人办理户口登记。

条文主旨

本条是关于被收养人户口登记的规定。

新旧法对比

《收养法》	《民法典》
第十六条　收养关系成立后，公安部门应当依照国家有关规定为被收养人办理户口登记。	第一千一百零六条　收养关系成立后，公安**机关**应当**按照**国家有关规定为被收养人办理户口登记。

理解与适用

户籍制度是国家管理的重要手段，收养关系成立后为被收养人及时办理户籍登记，才能更好地维护被收养人合法权益。

实务问题

需要注意1992年4月1日后成立的收养关系应严格按照收养登记完成的时间办理户口登记，而非依据收养协议或者收养公证的时间。

（编写人：韩燕鲁）

法律条文

第一千一百零七条　孤儿或者生父母无力抚养的子女，可以由生父母的亲属、朋友抚养；抚养人与被抚养人的关系不适用本章规定。

条文主旨

本条是关于生父母及亲友抚养的规定（无法定义务的抚养），且明确了抚养人与被抚养人的关系不适用本章（收养）规定。

新旧法对比

《收养法》	《民法典》
第十七条　孤儿或者生父母无力抚养的子女，可以由生父母的亲属、朋友抚养。 抚养人与被抚养人的关系不适用收养关系。	第一千一百零七条　孤儿或者生父母无力抚养的子女，可以由生父母的亲属、朋友抚养；抚养人与被抚养人的关系不适用**本章规定**。

理解与适用

《民法典》中规定的抚养包括三类：第一，父母对子女的抚养；第二，有负担能力的祖父母、外祖父母对孤儿或者父母无力抚养的孙子女、外孙子女的抚养；第三，生父母的其他亲属、朋友对孤儿或者父母无力抚养的子女的抚养（非法定义务）。本条主要是对第三种抚养的规定。

抚养人与被抚养人的关系不适用《民法典》本章（收养）的规定，因为首先抚养不需要符合收养的条件，其次抚养不产生收养的法律效果（收养使双方产生拟制的父母子女关系）。

实务问题

《民法典》未对抚养的顺序进行规定，但结合有利被抚养人原则、血缘亲疏等情况，对孤儿或者父母无力抚养的子女，有抚养能力的祖父母、外祖父母优先于其他亲属、朋友抚养，可参照《民法典》第1108条。

（编写人：韩燕鲁）

法律条文

第一千一百零八条　配偶一方死亡，另一方送养未成年子女的，死亡一方的父母有优先抚养的权利。

条文主旨

本条是关于死亡一方父母优先抚养权问题的规定。

新旧法对比

《收养法》	《民法典》
第十八条　配偶一方死亡，另一方送养未成年子女的，死亡一方的父母有优先抚养的权利。	【内容不变】第一千一百零八条

理解与适用

本条源于《收养法》第18条，《民法典》未作任何内容的修改。

优先抚养权是一种权利而非义务，所以权利人可以放弃（明示或者默示均可）。

实务问题

为更利于发挥抚养制度，保护被抚养人的基本权益，实践中抚养人需要具备基本条件：(1)需抚养人有一定经济基础，可以承担被抚养人的日常生活开销、教育支出等费用；(2)有基本身体健康及精神健康状态；(3)被抚养人有客观需要；(4)抚养人没有明显不利于被抚养人的情况。

（编写人：韩燕鲁）

法律条文

第一千一百零九条　外国人依法可以在中华人民共和国收养子女。

外国人在中华人民共和国收养子女，应当经其所在国主管机关依照该国法律审查同意。收养人应当提供由其所在国有权机构出具的有关其年龄、婚姻、职业、财产、健康、有无受过刑事处罚等状况的证明材料，并与送养人签订书面协议，亲自向省、自治区、直辖市人民政府民政部门登记。

前款规定的证明材料应当经收养人所在国外交机关或者外交机关授权的机构认证，并经中华人民共和国驻该国使领馆认证，但是国家另有规定的除外。

条文主旨

本条是关于外国人在中国收养子女的规定，首先需要其所在国法律审查同意，其次需要所在国有权机构出具的有关其年龄、婚姻、职业、财产、健康、有无受过刑事处罚等状况的证明材料，再次与送养人签订书面协议并亲自向省、自治区、直辖市人民政府民政部门登记，最后所有证明材料应当经收养人所在国外交机关或者外交机关授权的机构认证，并经中华人民共和国驻该国使领馆认证，但是国家另有规定的除外。

新旧法对比

《收养法》	《民法典》
第二十一条　外国人依照本法可以在中华人民共和国收养子女。 外国人在中华人民共和国收养子女，应当经其所在国主管机关依照该国法律审查同意。收养人应当提供由其所在国有权机构出具的有关收养人的年龄、婚姻、职业、财产、健康、有无受过刑事处罚等状况的证明材料，该证明材料应当经其所在国外交机关或者外交机关授权的机构认证，并经中华人民共和国驻该国使领馆认证。该收养人应当与送养人订立书面协议，亲自向省级人民政府民政部门登记。 收养关系当事人各方或者一方要求办理收养公证的，应当到国务院司法行政部门认定的具有办理涉外公证资格的公证机构办理收养公证。	第一千一百零九条　外国人**依法**可以在中华人民共和国收养子女。 外国人在中华人民共和国收养子女，应当经其所在国主管机关依照该国法律审查同意。收养人应当提供由其所在国有权机构出具的有关**其**年龄、婚姻、职业、财产、健康、有无受过刑事处罚等状况的证明材料，**并与送养人签订书面协议，亲自向省、自治区、直辖市人民政府民政部门登记。** **前款规定**的证明材料应当经**收养人**所在国外交机关或者外交机关授权的机构认证，并经中华人民共和国驻该国使领馆认证，**但是国家另有规定的除外。**

理解与适用

外国人收养中国子女需要严格的程序及权威的证明，并且必须签订书面的收养协议。收养人必须亲自到国内办理相关登记，以上严格的审查措施和程序皆为保护被收养人合法权益。

（编写人：韩燕鲁）

法律条文

第一千一百一十条　收养人、送养人要求保守收养秘密的，其他人应当尊重其意愿，不得泄露。

条文主旨

本条是关于在收养人与被收养人要求保守收养秘密的情况下，其他人不得泄露的规定。

新旧法对比

《收养法》	《民法典》
第二十二条　收养人、送养人要求保守收养秘密的，其他人应当尊重其意愿，不得泄露。	【内容不变】第一千一百一十条

理解与适用

本条是《民法典》沿用了《收养法》第22条的规定，未作任何修改。从保护收养关系各方当事人的角度出发，促使收养关系在社会生活中更稳定。

实务问题

收养秘密属于个人隐私，本书仅在民法领域探讨，如果其他人泄露秘密符合侵权责任的构成要件，收养人、送养人均有权单独要求泄露者承担包括精神损害赔偿在内的侵权责任。

（编写人：韩燕鲁）

第二节　收养的效力

法律条文

第一千一百一十一条　自收养关系成立之日起，养父母与养子女间的权利义务关系，适用本法关于父母子女关系的规定；养子女与养父母的近亲属间的权利义务关系，适用本法关于子女与父母的近亲属关系的规定。

养子女与生父母以及其他近亲属间的权利义务关系，因收养关系的成立而消除。

条文主旨

本条是关于养父母和养子女之间、养子女与养父母近亲属之间权利义务的规定。

《民法典》将《收养法》中“适用法律关于”一项，变更为“适用本法关于”。

新旧法对比

《收养法》	《民法典》
第二十三条　自收养关系成立之日起，养父母与养子女间的权利义务关系，适用法律关于父母子女关系的规定；养子女与养父母的近亲属间的权利义务关系，适用法律关于子女与父母的近亲属关系的规定。 养子女与生父母及其他近亲属间的权利义务关系，因收养关系的成立而消除。 《中华人民共和国婚姻法》 第二十六条　国家保护合法的收养关系。养父母和养子女间的权利和义务，适用本法对父母子女关系的有关规定。 养子女和生父母间的权利和义务，因收养关系的成立而消除。	第一千一百一十一条　自收养关系成立之日起，养父母与养子女间的权利义务关系，适用**本**法关于父母子女关系的规定；养子女与养父母的近亲属间的权利义务关系，**适用本法关于**子女与父母的近亲属关系的规定。 养子女与生父母**以**及其他近亲属间的权利义务关系，因收养关系的成立而消除。

理解与适用

根据本条规定，收养关系成立后，养子女与养父母以及其他近亲属间的权利义务关系适用《民法典》关于父母子女关系、子女与父母的近亲属关系的规定。养子女与养父母及其他近亲属间的权利义务关系是基于收养关系的成立而产生的，收养关系是一种拟制血亲关系。收养关系成立后，养子女与生父母的权利义务关系立即消除，不再保留，由于养子女与生父母的权利义务关系已消除，因此养子女与生父母其他亲属间的权利义务关系也随之立即消除，不再保留。

实务问题

被收养的子女与生父母的权利义务关系，因收养关系的成立而消除。那么，被他人收养后，还能继承亲生父母的遗产吗？

根据最高人民法院《关于适用〈中华人民共和国民法典〉继承编的解释（一）》第10条规定，“被收养人对养父母尽了赡养义务，同时又对生父母扶养较多的，除可以依照民法典第一千一百二十七条的规定继承养父母的遗产外，还可以依照民法典第一千一百三十一条的规定分得生父母适当的遗产”。

养子女与其生父母间虽然有着血缘关系，但是从法律上讲，他们从与养父母之间确立合法收养关系时起，父母子女间就不存在抚养和赡养的义务以及继承权了。因此，一般情况下，养子女只能继承养父母的遗产，不能继承生父母的遗产。

但也有两种例外情况，养子女可以继承生父母的遗产：(1)生父母立有遗嘱，将自己个人财产的一部分或全部赠给已被别人收养的子女。(2)养子女在赡养养父母的同时也对生父母有较多赡养，养子女也可以适当分得生父母的遗产。

另外，需要注意的是，拟制血亲的父母子女之间申明断绝父母子女关系，且符合法定解除父母子女关系条件的，双方的父母子女关系不复存在，相互之间的继承权也随之消失。解除收养关系就可以作为生父母的法定继承人继承其遗产，但如果成年养子女与养父母解除收养关系，成年养子女与生父母及其他近亲属间的权利义务关系是否恢复，可以协商确定，并不当然对亲生父母的遗产拥有继承权。

（编写人：望永鼎）

法律条文

第一千一百一十二条 养子女可以随养父或者养母的姓氏，经当事人协商一致，也可以保留原姓氏。

条文主旨

本条是关于养子女姓名权的规定。

《民法典》将《收养法》中“姓”一项，变更为“姓氏”，属于表述变更。

新旧法对比

《收养法》	《民法典》
第二十四条　养子女可以随养父或者养母的姓，经当事人协商一致，也可以保留原姓。	第一千一百一十二条　养子女可以随养父或者养母的**姓氏**，经当事人协商一致，也可以保留原**姓氏**。

理解与适用

根据本条规定，收养关系成立后，可以变更养子女的姓氏，随养父或养母均可，当事人协商一致的，也可以不变更养子女的姓氏，保留其原姓氏。

（编写人：望永鼎）

法律条文

第一千一百一十三条　有本法第一编关于民事法律行为无效规定情形或者违反本编规定的收养行为无效。

无效的收养行为自始没有法律约束力。

条文主旨

本条是关于无效收养行为及法律约束力的规定。

《民法典》将《收养法》中“违反《中华人民共和国民法通则》第五十五条和本法规定的收养行为无法律效力”一项，变更为“有本法第一编关于民事法律行为无效规定情形或者违反本编规定的收养行为无效”；将《收养法》中“收养行为被人民法院确认无效的，从行为开始时起就没有法律效力”一项，变更为“无效的收养行为自始没有法律约束力”。

新旧法对比

《收养法》	《民法典》
第二十五条 违反《中华人民共和国民法通则》第五十五条和本法规定的收养行为无法律效力。 收养行为被人民法院确认无效的，从行为开始时起就没有法律效力。	第一千一百一十三条 **有本法第一编关于民事法律行为无效规定情形或者违反本编规定的收养行为无效。** **无效的收养行为自始没有法律约束力。**

理解与适用

根据本条第1款的规定，不符合《民法典》的关于有效的民事法律行为的规定或不符合本编关于收养的任一规定的行为均属于无效的收养行为。

本条第2款明确了无效收养行为被法院确认无效后的法律后果，收养行为被法院确认无效后，收养人与被收养人之间的父母子女关系溯及既往地消灭，同时被收养人的生父母与被收养人间的父母子女关系溯及既往地恢复。也就是说，这种拟制亲属关系的消灭和原血亲关系的恢复是在收养行为开始时发生效力，而不是在法院确认后发生效力。这一规定，与《民法典》关于无效民事行为的规定是一致的。

实务问题

无效的收养行为自始没有法律约束力，那么，收养行为被确认无效后，被收养人是否无须对收养人承担任何责任？

《民法典》第157条规定："民事法律行为无效、被撤销或者确定不发生效力后，行为人因该行为取得的财产，应当予以返还；不能返还或者没有必要返还的，应当折价补偿。有过错的一方应当赔偿对方由此所受到的损失；各方都有过错的，应当各自承担相应的责任。法律另有规定的，依照其规定。"

如收养行为被确认无效的，则自始没有法律约束力，但被收养人并非因此无须对收养人承担任何责任，如收养人对收养行为的无效不存在过错，且收养人已对被收养人抚养付出财力、物力的，应当向收养人给予适当补偿。

（编写人：望永鼎）

第三节　收养关系的解除

法律条文

第一千一百一十四条　收养人在被收养人成年以前，不得解除收养关系，但是收养人、送养人双方协议解除的除外。养子女八周岁以上的，应当征得本人同意。

收养人不履行抚养义务，有虐待、遗弃等侵害未成年养子女合法权益行为的，送养人有权要求解除养父母与养子女间的收养关系。送养人、收养人不能达成解除收养关系协议的，可以向人民法院提起诉讼。

条文主旨

本条是关于未成年养子女解除收养关系的解除条件及途径的规定。

《民法典》将《收养法》中“养子女年满十周岁以上的，应当征得本人同意”一项，变更为“养子女八周岁以上的，应当征得本人同意”。

新旧法对比

《收养法》	《民法典》
第二十六条　收养人在被收养人成年以前，不得解除收养关系，但收养人、送养人双方协议解除的除外，养子女年满十周岁以上的，应当征得本人同意。 收养人不履行抚养义务，有虐待、遗弃等侵害未成年养子女合法权益行为的，送养人有权要求解除养父母与养子女间的收养关系。送养人、收养人不能达成解除收养关系协议的，可以向人民法院起诉。	第一千一百一十四条　收养人在被收养人成年以前，不得解除收养关系，但是收养人、送养人双方协议解除的除外。养子女**八周岁**以上的，应当征得本人同意。 收养人不履行抚养义务，有虐待、遗弃等侵害未成年养子女合法权益行为的，送养人有权要求解除养父母与养子女间的收养关系。送养人、收养人不能达成解除收养关系协议的，可以向人民法院提起诉讼。

理解与适用

根据本条规定，在被收养人成年以前，收养关系是不可随意解除的，收养人不能单独、主动解除收养关系，送养人也不得随意解除或强行解除收养关系，但是如果收养人、送养人双方均同意并且达成协议解除的则可以解除收养关系。

如果养子女已年满8周岁的，还应该征得养子女同意，即当养子女已年满8周岁的，如果收养人、送养人、养子女三方均同意并达成协议解除收养关系的，方可解除养父母与未成年养子女的收养关系。

此处的重要修改在于征求未成年人意见的年龄由10周岁下调两岁，考虑到当今社会未成年儿童心智成熟较早、独立进行部分民事活动较为频繁的现实，降低征求未成年人意见的年龄能够更好地考虑与尊重孩子的真实意愿。此处的修改也与《民法典》关于限制民事行为能力年龄的修改保持了一致。《民法典》第19条规定“八周岁以上的未成年人为限制民事行为能力人……”

实务问题

收养人有虐待、遗弃等侵害未成年养子女合法权益行为的，除了通过诉讼解除收养关系，还有哪些途径保护未成年人权益？

1. 通过撤销监护人资格之诉，撤销收养行为

《民法典》第36条规定：“监护人有下列情形之一的，人民法院根据有关个人或者组织的申请，撤销其监护人资格，安排必要的临时监护措施，并按照最有利于被监护人的原则依法指定监护人：(一)实施严重损害被监护人身心健康的行为；(二)怠于履行监护职责，或者无法履行监护职责且拒绝将监护职责部分或者全部委托给他人，导致被监护人处于危困状态；(三)实施严重侵害被监护人合法权益的其他行为。本条规定的有关个人、组织包括：其他依法具有监护资格的人，居民委员会、村民委员会、学校、医疗机构、妇女联合会、残疾人联合会、未成年人保护组织、依法设立的老年人组织、民政部门等。前款规定的个人和民政部门以外的组织未及时向人民法院申请撤销监护人资格的，民政部门应当向人民法院申请。”最高人民法院、最高人民检察院、公安部、民政部《关于依法处理监护人侵害未成年人权益行为若干问题的意见》第30条还规定：“……对于监护侵害行为符合本意见第35条规定情形而相关单位和人员没有提起诉讼的，人民检察院应当书面建议当地民政部门或者未成年人救助保护机构向人民法院申请撤销监护人资格。”也就是说，当上述单位和人员未依法提起撤销监护人资格之诉时，检察机关可以通过检察建议的方式督促有关部门或机构向法院提起撤销监护人资格的民事诉讼，从而维护被害儿童的合法权益。

2. 通过变更监护人之诉，变更监护人

《民法典》第31条规定：“对监护人的确定有争议的，由被监护人住所地的居民委员会、村民委员会或者民政部门指定监护人，有关当事人对指定不服的，可以向人民法院申请指定监护人；有关当事人也可以直接向人民法院申请指定

监护人。居民委员会、村民委员会、民政部门或者人民法院应当尊重被监护人的真实意愿,按照最有利于被监护人的原则在依法具有监护资格的人中指定监护人。……"

(编写人:望永鼎)

法律条文

第一千一百一十五条　养父母与成年养子女关系恶化、无法共同生活的,可以协议解除收养关系。不能达成协议的,可以向人民法院提起诉讼。

条文主旨

本条是关于成年养子女解除收养关系的途径的规定。

新旧法对比

《收养法》	《民法典》
第二十七条　养父母与成年养子女关系恶化、无法共同生活的,可以协议解除收养关系。不能达成协议的,可以向人民法院起诉。	第一千一百一十五条　养父母与成年养子女关系恶化、无法共同生活的,可以协议解除收养关系。不能达成协议的,可以向人民法院**提**起诉**讼**。

理解与适用

根据本条规定,养父母与已经成年的养子女解除收养关系有两种途径:

(1)协议解除收养关系:在养父母与成年养子女均不存在任何争议的情况下,解除收养关系时养父母与成年养子女双方需依法达成协议。

(2)诉讼解除收养关系:在养父母与成年养子女存在争议无法达成协议的情况下,解除收养关系则需要向人民法院起诉,通过诉讼程序解除收养关系。

实务问题

解除收养关系后,成年养子女还能继承养父母的遗产吗?

根据《民法典》第1127条前4款规定,遗产按照下列顺序继承:(1)第一顺序:配偶、子女、父母;(2)第二顺序:兄弟姐妹、祖父母、外祖父母。继承开始后,由第一顺序继承人继承,第二顺序继承人不继承;没有第一顺序继承人继承的,由第二顺序继承人继承。本编所称子女,包括婚生子女、非婚生子女、养子女和有扶养关系的继子女。本编所称父母，包括生父母、养父母和有扶养关系的继父母。

因此养子女也是有继承权的，但如果解除了收养关系的，由于养子女与养父母解除收养关系了，在继承遗产时，要看是与养父母哪一方解除，如果与父亲解除，可继承母亲的财产，如果与母亲解除收养关系，可继承父亲那部分遗产，也就是说只能继承一方。如果与双方都解除收养关系了，就不能继承遗产了。

另外，根据《民法典》第1131条的规定：对继承人以外的依靠被继承人扶养的人，或者继承人以外的对被继承人扶养较多的人，可以分给适当的遗产。也就是说，如养子女仍对养父母扶养较多的，即使收养关系解除了，也是可以适当继承养父母的部分遗产。

（编写人：望永鼎）

法律条文

第一千一百一十六条　当事人协议解除收养关系的，应当到民政部门办理解除收养关系登记。

条文主旨

本条是关于协议解除收养关系的程序的规定。

新旧法对比

《收养法》	《民法典》
第二十八条　当事人协议解除收养关系的，应当到民政部门办理解除收养关系<u>的</u>登记。	第一千一百一十六条　当事人协议解除收养关系的，应当到民政部门办理解除收养关系登记。

理解与适用

本条是就协议解除收养关系的程序说明，即当当事人就收养关系的解除不存在任何争议并达成协议的情况下，当事人还应当去民政部门办理解除收养关系登记。解除收养关系登记的，根据民政部《关于印发〈收养登记工作规范〉的通知》第24条规定，“……收养人、送养人和被收养人共同到被收养人常住户口所在地的收养登记机关提出申请……养父母与成年养子女协议解除收养关系的，无需送养人参与”。

实务问题

根据《中国公民收养子女登记办法》第 9 条的规定,“收养关系当事人协议解除收养关系的,应当持居民户口簿、居民身份证、收养登记证和解除收养关系的书面协议,共同到被收养人常住户口所在地的收养登记机关办理解除收养关系登记”。

(编写人:望永鼎)

法律条文

第一千一百一十七条　收养关系解除后,养子女与养父母以及其他近亲属间的权利义务关系即行消除,与生父母以及其他近亲属间的权利义务关系自行恢复。但是,成年养子女与生父母以及其他近亲属间的权利义务关系是否恢复,可以协商确定。

条文主旨

本条是关于收养关系解除后养父母和养子女之间、养子女与养父母近亲属之间权利义务的规定。

《民法典》将《收养法》中“及、但”一项,变更为“以及、但是”,属于表述变更。

新旧法对比

《收养法》	《民法典》
第二十九条　收养关系解除后,养子女与养父母及其他近亲属间的权利义务关系即行消除,与生父母及其他近亲属间的权利义务关系自行恢复,但成年养子女与生父母及其他近亲属间的权利义务关系是否恢复,可以协商确定。	第一千一百一十七条　收养关系解除后,养子女与养父母**以及**其他近亲属间的权利义务关系即行消除,与生父母以及其他近亲属间的权利义务关系自行恢复。**但是,**成年养子女与生父母**以**及其他近亲属间的权利义务关系是否恢复,可以协商确定。

理解与适用

根据本条规定,收养关系解除后,养子女与养父母以及其他近亲属间的权利义务关系立即消除,不再保留。因为养子女与养父母及其他近亲属间的权利义务关系是基于收养关系的成立而产生的,收养关系是一种拟制血亲关系,收养关系解除后，这种拟制血亲关系也就不存在了。收养关系解除后，养子女与生父母及其他亲属间的权利义务关系立即恢复，但成年养子女与生父母以及其他近亲属间的权利义务关系是否恢复，可以协商确定。可见，收养关系解除时，如果养子女尚未成年，他与生父母的权利义务关系因收养关系的解除而自行恢复；如果养子女已经成年，他与生父母的权利义务关系可以恢复，也可以不恢复，这可由当事人自行选择，自愿协商确定。根据《民法典》第 17 条规定，18 周岁以上的自然人为成年人。

实务问题

与养父母解除收养关系，就能和生父母恢复相互间的继承地位吗？

依照《民法典》第 1117 条的规定，收养关系解除后，养子女与生父母以及其他近亲属间的权利义务关系自行恢复，但成年养子女与生父母及其他近亲属间的权利义务关系是否恢复，可以协商确定。该条应当理解为，已经成年的被收养人与生父母之间的关系不能自然恢复，其与生父母权利义务关系可以恢复，也可以不恢复，是否恢复取决于双方自愿协商，双方须协商一致才可恢复，协商一致可以包括书面形式或者其他行为的方式，如果没有明确的文件或行为可以证明生父母及成年子女均同意恢复关系，则成年的养子女即使已经与养父母解除了收养关系，也并不一定能恢复与其生父母的关系，并不一定能相互继承。

（编写人：望永鼎）

法律条文

第一千一百一十八条　收养关系解除后，经养父母抚养的成年养子女，对缺乏劳动能力又缺乏生活来源的养父母，应当给付生活费。因养子女成年后虐待、遗弃养父母而解除收养关系的，养父母可以要求养子女补偿收养期间支出的抚养费。

生父母要求解除收养关系的，养父母可以要求生父母适当补偿收养期间支出的抚养费；但是，因养父母虐待、遗弃养子女而解除收养关系的除外。

条文主旨

本条是关于收养关系解除后成年养子女向养父母承担后赡养义务的规定。

《民法典》将《收养法》中“补偿收养期间支出的生活费和教育费”一项，变更为“补偿收养期间支出的抚养费”。

新旧法对比

《收养法》	《民法典》
第三十条　收养关系解除后,经养父母抚养的成年养子女,对缺乏劳动能力又缺乏生活来源的养父母,应当给付生活费。因养子女成年后虐待、遗弃养父母而解除收养关系的,养父母可以要求养子女补偿收养期间支出的生活费和教育费。 生父母要求解除收养关系的,养父母可以要求生父母适当补偿收养期间支出的生活费和教育费,但因养父母虐待、遗弃养子女而解除收养关系的除外。	第一千一百一十八条　收养关系解除后,经养父母抚养的成年养子女,对缺乏劳动能力又缺乏生活来源的养父母,应当给付生活费。因养子女成年后虐待、遗弃养父母而解除收养关系的,养父母可以要求养子女补偿收养期间支出的**抚养费**。 生父母要求解除收养关系的,养父母可以要求生父母适当补偿收养期间支出的**抚养费**;**但是,**因养父母虐待、遗弃养子女而解除收养关系的除外。

理解与适用

本条规定的是收养关系解除后养子女对养父母的赡养义务,承担后赡养义务的义务人是经养父母抚养的成年子女,如实际上未与养父母共同生活或者虽经养父母抚养但尚未成年的养子女,都不是该义务的承担者。同时该后赡养义务的对象即养父母必须既缺乏劳动能力又缺乏生活来源,两者缺一不可。后赡养义务的内容是给付生活费,仅指物质赡养。对于成年后虐待、遗弃养父母而解除收养关系的,养子女还负有补偿养父母在收养期间为其支付的抚养费。

生父母要求解除收养关系的,为了补偿养父母的付出,养父母可以要求生父母向其支付经济补偿,补偿其收养养子女期间支付的抚养费,但是如果养父母存在遗弃、虐待等损害养子女合法权益的行为导致生父母要求解除收养关系的,生父母无须对养父母支付任何补偿。

实务问题

成年养子女与养父母解除收养关系后还需要赡养生父母吗?

《民法典》第 1111 条第 2 款规定:“养子女与生父母以及其他近亲属间的权利义务关系,因收养关系的成立而消除。”第 1117 条规定,收养关系解除后,成年养子女与生父母以及其他近亲属间的权利义务关系是否恢复,可以协商确定。

由此可见,养子女与亲生父母的关系已在收养关系确立后即消除,养子女成年后与养父母解除收养关系后,并不是一定就恢复与生父母的关系,如养子女和亲生父母未能达成一致恢复关系,则成年养子女是无须赡养生父母的。

(编写人:望永鼎)

第六编　继　　承

第一章 一般规定

法律条文

第一千一百一十九条　本编调整因继承产生的民事关系。

条文主旨

本条是关于本编调整范围的规定。

新旧法对比

《继承法》	《民法典》
第一条　根据《中华人民共和国宪法》规定，为保护公民的私有财产的继承权，制定本法。	第一千一百一十九条　本编调整因继承产生的民事关系。

（编写人：徐　阳）

法律条文

第一千一百二十条　国家保护自然人的继承权。

条文主旨

国家保护自然人的继承权，当继承权受到侵犯时，可以依法维护自己的合法权益。

新旧法对比

《继承法》	《民法典》
第一条　根据《中华人民共和国宪法》规定，为保护公民的私有财产的继承权，制定本法。	第一千一百二十条　国家保护**自然人**的继承权。

理解与适用

《继承法》采用“公民”的说法，《民法典》采用“自然人”的说法，这一改变有利于继承人非本国公民时适用本法。

实务问题

国家保护自然人的继承权，除非自然人主动放弃，任何人不得侵犯自然人的继承权。

在实务中，本条经常作为法院判决的兜底条款适用。

（编写人：徐　阳）

法律条文

第一千一百二十一条　继承从被继承人死亡时开始。

相互有继承关系的数人在同一事件中死亡，难以确定死亡时间的，推定没有其他继承人的人先死亡。都有其他继承人，辈份不同的，推定长辈先死亡；辈份相同的，推定同时死亡，相互不发生继承。

条文主旨

这条主要规定的是，发生意外事件没来得及立遗嘱时如何继承以及在法律层面上怎么推定死亡顺序，有三层意思。(1)推定没有其他继承人的人先死亡（他所有的继承人都在这次事件丧生）。(2)在都有其他继承人的情况下，推定长辈先于晚辈死亡。(3)在都有其他继承人的情况下，推定同辈同时死亡。

《民法典继承编解释(一)》的第1条规定，继承从被继承人生理死亡或者被宣告死亡时开始。宣告死亡的，根据《民法典》第48条规定确定的死亡日期，为继承开始的时间。第2条规定，承包人死亡时尚未取得承包收益的，可以将死者生前对承包所投入的资金和所付出的劳动及其增值和孳息，由发包单位或者接续承包合同的人合理折价、补偿。其价额作为遗产。

新旧法对比

《继承法》	《民法典》
第二条　继承从被继承人死亡时开始。	第一千一百二十一条　继承从被继承人死亡时开始。 **相互有继承关系的数人在同一事件中死亡，难以确定死亡时间的，推定没有其他继承人的人先死亡。都有其他继承人，辈份不同的，推定长辈先死亡；辈份相同的，推定同时死亡，相互不发生继承。**

理解与适用

这里的"继承人"指法定继承人。法定继承人在我国有两种：第一，第一顺位继承人，即配偶、子女、父母；第二，第二顺位继承人，即兄弟姐妹、祖父母、外祖父母。继承开始后，由第一顺位继承人继承，第二顺位继承人不继承；没有第一顺位继承人的，才由第二顺位继承人继承。

实务问题

例如：一家三口男方A、女方B，有一个儿子小C，三人各有资产100万元，A、B的父母都已经去世，男方有一个弟弟，女方有一个妹妹。也就是说，这一家三口，互为第一顺位继承人，而且没有其他的第一顺位继承人，但A和B各有一个第二顺位继承人。在驾车外出旅游的过程中，发生了交通事故，三人不幸全部遇难。事后从技术层面无法判断死亡顺序。但法律为了解决继承问题必须推定一个顺序。

按照《民法典》第1121条，首先推定C先死，因为他是没有其他继承人的，他的继承人只有他的父母A、B，但他父母在同一事件丧生。此时第一次继承发生，儿子的100万元，父亲和母亲各继承50万元，A、B的资产每人达到150万元。由于他们俩是夫妻关系属于同辈，又都还有继承人，推定他们俩同时死亡，互相不发生继承。然后开始第二次继承，男方的弟弟和女方的妹妹就可以分别继承他们的财产各150万元。

如果儿子C和女方B当场死亡，男方A经事后抢救无效身亡。这样子的话，财产就会全部集中于男方A。最后300万元的财产全部由男方的弟弟继承。

如果是儿子和男方当场死亡,女方B经抢救无效死亡。这样子的话,财产就会全部集中于女方B。最后300万元的财产全部由女方的妹妹继承。

如果是夫妻当场死亡,儿子C事后经抢救无效死亡。那么财产就会集中于儿子,但他没有第一顺位继承人,也没有第二顺位继承人,只能收归国有。

如果A、B还有个女儿D(C的妹妹),这次没有跟着去旅游,其他条件不变会是什么结果?那将是所有的300万元全由D继承。这次不能推定C先死了,因为D不光是A、B的继承人,也是C的第二顺位继承人。应该先推定A、B先死,他们是长辈,此时发生第一次继承,C、D平分A的财产100万元,平分B的财产100万元;此时C的财产共200万元,D的财产共100万元,然后推定C死亡,发生第二次继承,D再继承C的财产200万元,D的财产共300万元。

(编写人:徐　阳)

法律条文

第一千一百二十二条　遗产是自然人死亡时遗留的个人合法财产。

依照法律规定或者根据其性质不得继承的遗产,不得继承。

条文主旨

本条是关于遗产范围的规定。

新旧法对比

《继承法》	《民法典》
第三条　遗产是公民死亡时遗留的个人合法财产,包括: (一)公民的收入; (二)公民的房屋、储蓄和生活用品; (三)公民的林木、牲畜和家禽; (四)公民的文物、图书资料; (五)法律允许公民所有的生产资料; (六)公民的著作权、专利权中的财产权利; (七)公民的其他合法财产。	第一千一百二十二条　遗产是自然人死亡时遗留的个人合法财产。 **依照法律规定或者根据其性质不得继承的遗产,不得继承。**

理解与适用

《继承法》对遗产范围采用的是列举性规定,规定遗产包括公民的收入、房屋、林木、家禽等。《民法典》将其更改为概括性规定,即将遗产范围扩大为"自然人死亡时遗留的个人合法财产"。游戏装备、虚拟货币等网络财产由于能够交易、流通,本身即具备一定财产属性,属于个人合法财产。但《继承法》中对虚拟财产继承并没有明确规定,法院在审理案件时存在一定法律适用不一的问题。虚拟财产是近年才兴起的概念,一般指狭义的数字化、非物化的财产形式,包括邮件账号、网络账号、金融管理账号、社交账号、网络游戏、游戏装备、虚拟物品、网络货币、网络电子信息等,这些虚拟财产在一定条件下可以转化成现实中的财产。在虚拟财产的判断上,一般认为需具备财产的三大属性,即可支配性、价值和使用价值,以此标准衡量,很多虚拟财产具有财产的特征。《民法典》实施后即可很好解决此类问题,亦更有助于保障继承人的合法权益。

《民法典》编纂中,立法机关对遗产排除范围,从两方面予以界定,一是依照法律规定不得继承的不得作为遗产,二是根据其性质不得继承的除外。下面作一简要说明:

1. 依据法律规定不能继承的财产权利

这类权利包括自然资源利用权、地上无房屋的宅基地使用权、生前租用或借用他人的财产、指定了受益人的保险金等。

(1)自然资源利用权。该权利涉及自然人、法人等民事主体占有、使用除土地与海域以外的国有自然资源的权利,如取水权、探矿权、采矿权、捕捞权、养殖权等。这些权利所涉及的水资源、矿产资源、渔业资源等,大多是稀缺资源,是人类生存与发展不可或缺的物质财富,为避免这类资源的浪费及防止污染环境等,国家严格限制自然资源利用权人的资格,在赋予使用权时不但需要考察利用人的利用能力,还考察利用人的管理和保护能力,只有经过国家严格程序的审查,符合条件的利用人,才能通过行政许可取得自然资源利用权。基于主体资格的这种严格限制性,自然资源利用权只能由特定人享有,不得随意转让,也不能作为遗产继承。享有自然资源利用权的自然人死亡后,继承人只有经过重新申请并经主管部门批准,才能取得自然资源利用权,而不能基于继承而当然取得。

(2)地上无房屋的宅基地使用权。宅基地使用权,是指民事主体以修建住宅为目的而利用集体所有土地的权利。该权利因与特定社员身份有关,有一定的福利色彩，具有专属性，只能由特定的民事当事人享有。因此，宅基地使用权不可以转让，也不能成为继承的遗产。但因为宅基地往往与房屋不可分离，而法律并未限制房屋的转让和继承，故基于“地随房走”的原则，在房屋被转让和继承时，宅基地使用权也随之转移；但如果宅基地上尚未建有房屋，该宅基地不能作为遗产予以分配。

（3）被继承人生前承租或借用他人的财产。承租的有关机器、设备、厂房、房屋等动产或不动产，被继承人虽有使用权，但并无所有权，法律禁止将此种财产性权利作为遗产继承，已普遍为我国民众接受。借用他人的财产，其财产所有权主体也非被继承人，如果划入遗产范围，将带来不必要的权利归属混乱。

（4）指定受益人的保险金。人身保险的受益人由被保险人或者投保人（经被保险人同意）指定。明确指定了受益人，被保险人死亡后，保险公司赔付的保险金就属于受益人的个人财产，而不属于遗产。未经指定受益人的，在被保险人死亡后，保险金应当作为遗产由被保险人的继承人继承。

2. 被继承人死亡而发放的死亡赔偿金

死亡赔偿金虽源于被继承人之死亡，但该赔偿金真正的产生时间是被继承人死亡后，其本质是对死者近亲属的抚恤或赔偿，因此，不属于被继承人遗留的财产范围。

实务问题

1. 案情简介[①]

赵甲与赵乙系三代以内旁系血亲，赵乙是赵甲堂哥之子，赵甲生前未娶妻生子，独自一人生活，是村里的低保户，经常接受村委会救济。

后赵甲出车祸，死后由赵乙安葬。赵乙表示自己在年幼时已过继给赵甲做养子，对赵甲承担了生养死葬的义务，与赵甲之间存在养父子关系，希望继承赵甲的遗产并获取死亡赔偿金。

2. 法院认为

死亡赔偿金并非自然人死亡时遗留的个人合法财产，而是专属于死者近亲属享有的赔偿金，死亡赔偿金不宜认定为遗产。赵乙并非赵甲的近亲属。《民法典》第1105条第1款规定：“收养应当向县级以上人民政府民政部门登记。收养关系自登记之日起成立。”赵乙所称养父子关系未经登记不能成立。《民法典》

① 河南省平顶山市中级人民法院（2020）豫04民终4058号。

第1122条规定:“遗产是自然人死亡时遗留的个人合法财产。依照法律规定或者根据其性质不得继承的遗产,不得继承。”赵甲与赵乙系事实上的遗赠扶养关系,请求死亡赔偿金按照遗产继承没有法律依据,不予支持。

(编写人:徐　阳)

法律条文

第一千一百二十三条　继承开始后,按照法定继承办理;有遗嘱的,按照遗嘱继承或者遗赠办理;有遗赠扶养协议的,按照协议办理。

条文主旨

本条是关于继承方式及其相互关系的规定。

《民法典继承编解释(一)》的第3条规定:被继承人生前与他人订有遗赠扶养协议,同时又立有遗嘱的,继承开始后,如果遗赠扶养协议与遗嘱没有抵触,遗产分别按协议和遗嘱处理;如果有抵触,按协议处理,与协议抵触的遗嘱全部或者部分无效。第4条规定:遗嘱继承人依遗嘱取得遗产后,仍有权依照《民法典》第1130条的规定取得遗嘱未处分的遗产。

新旧法对比

《继承法》	《民法典》
第五条　继承开始后,按照法定继承办理;有遗嘱的,按照遗嘱继承或者遗赠办理;有遗赠扶养协议的,按照协议办理。	【内容不变】第一千一百二十三条

理解与适用

本条规定了四种遗产继承方式:

(1)遗嘱继承:被继承人生前订立有效的遗嘱,通过遗嘱指定继承人来继承自己的全部或者部分遗产。

(2)遗赠:被继承人生前订立有效遗嘱,通过遗嘱将自己的全部或者部分遗产赠与其指定的国家、集体,或者法定继承人以外的特定人。

(3)遗赠扶养协议:被继承人生前为了解决自己的养老问题,与扶养人订立遗赠扶养协议,当自己失去生活能力时,由该扶养人承担照顾被继承人的生养死葬的义务，被继承人的全部或部分财产在其死后转归扶养人所有。

(4)法定继承：当不存在遗嘱继承、遗赠、遗赠扶养协议时，按照法律规定，根据亲属关系的远近确定继承顺序来完成遗产继承。

以上四种遗产继承方式，遗赠扶养协议的效力最高，其次是遗嘱继承，之后是遗赠，最后才是法定继承。

实务问题

本条规定的四种遗产继承方式在实务中可能会产生冲突，有关具体问题的探讨，在下文相关法律条文中展开，此处不赘述。

(编写人：徐　阳)

法律条文

第一千一百二十四条　继承开始后，继承人放弃继承的，应当在遗产处理前，以书面形式作出放弃继承的表示；没有表示的，视为接受继承。

受遗赠人应当在知道受遗赠后六十日内，作出接受或者放弃受遗赠的表示；到期没有表示的，视为放弃受遗赠。

条文主旨

本条是关于接受、放弃继承、遗赠的规定。

同时，《民法典继承编解释(一)》的第32~38条对此作出了规定。

新旧法对比

《继承法》	《民法典》
第二十五条　继承开始后，继承人放弃继承的，应当在遗产处理前，作出放弃继承的表示。没有表示的，视为接受继承。 受遗赠人应当在知道受遗赠后两个月内，作出接受或者放弃受遗赠的表示，到期没有表示的，视为放弃受遗赠。	第一千一百二十四条　继承开始后，继承人放弃继承的，应当在遗产处理前，**以书面形式**作出放弃继承的表示；没有表示的，视为接受继承。 受遗赠人应当在知道受遗赠后**六十日内**，作出接受或者放弃受遗赠的表示；到期没有表示的，视为放弃受遗赠。

理解与适用

1. 关于接受继承的问题

所谓接受继承，即继承开始后继承人同意接受被继承人遗产分配的意思表示。接受继承是一种单方法律行为。所谓单方法律行为，是指只要一方当事人的意思表示就可以成立的民事法律行为。

理解接受继承及相关行为，需要注意以下几点：第一，从主体看，接受继承的意思表示，既可以是继承人本人，也可以是其代理人。第二，从意思表示形式看，接受继承的形式可以是明示的，也可以是默示的。明示的表示，既可以采取书面形式，也可以采取口头形式；默示接受，是遗产接受的主要形式，因为继承开始后，非纠纷或遗产状态不明的场合，继承者的继承权是清楚、明确的，一般无须声明和作出明确的意思表示，故立法表述也反映为"没有表示的，视为接受继承"。这种默示，可以理解为消极表示，如不表示自己继承或不明确表示自己是否继承或明确表示自己不放弃，也可理解为通过行为可推定，如实际分配遗产。总之，无论有无明示或默示，只要没有明确的放弃继承，即可推定其接受继承。推定其接受继承，根本目的是保护继承人应享有的法定权利，其法律根据是继承开始后，继承人享有的继承权是一种法定权利，非经明确放弃，任何人不能予以剥夺。

2. 关于放弃继承的问题

所谓放弃继承，即继承开始后继承人不接受被继承人遗产的意思表示。如接受继承一样，放弃继承也是一种单方法律行为。继承人放弃继承后，不再享有其放弃的遗产继承权。

放弃继承需要注意的问题如下：(1)放弃继承的时间为继承开始后。放弃继承的意思表示须在继承开始后遗产处理前这一期间作出。继承开始前，继承人尚无继承权或处于权利不确定状态，不存在权利的放弃问题；遗产分割后，遗产权属已经明确，再行放弃，属于自己财产之处分，已非继承法上所谓继承放弃，而属于民法上财产之抛弃。(2)放弃继承的形式应以书面形式表示。在诉讼中，继承人向人民法院以口头方式表示放弃继承的，要制作笔录，由放弃继承的人签名。(3)放弃继承的意思表示应当由具有民事行为能力的继承人亲自作出。法定代理人一般不能代理无民事行为能力人或限制民事行为能力人作出放弃继承的意思表示，除非不放弃继承对继承人有利益损害。(4)放弃继承的意思表示必须是真实的意思表示。如果因受欺骗、胁迫等，让继承人违背真实意思而作出放弃继承的意思表示，则放弃继承属无效行为。(5)放弃继承可以反悔，但时间必须在遗产处理之前。如放弃继承在遗产处理之后，即不予承认，因为遗产一旦处理，则继承已经结束，法律如果再行支持反悔，将使遗产处理问题长期处于不稳定状态，不利于遗产的利用和效益的发挥，也将使遗产分割后已经稳定的社会经济关系受到影响。

放弃继承的效力。一般认为，放弃继承产生两方面的效力：第一，不履行法定义务的效力。《民法典》第1161条第2款规定："继承人放弃继承的，对被继承人依法应当缴纳的税款和债务可以不负清偿责任。"第二，时间方面的效力。放弃继承的效力，可追溯到继承开始的时间。需要注意的是，为限制放弃继承对继承人法定义务的影响，《民法典继承编解释(一)》第32条规定"继承人因放弃继承权，致其不能履行法定义务的，放弃继承权的行为无效"，从反面规定了对放弃继承的有关限制。

3. 关于接受遗赠或放弃遗赠的问题

当自然人以遗嘱的形式将其个人的财产赠给国家、集体或者法定继承人以外的人，一旦该自然人死亡，受遗赠人知道被继承人遗赠的行为，即存在接受遗赠或放弃遗赠的问题。接受遗赠或放弃遗赠，从性质上看，均属单方民事法律行为，也即只要受遗赠人单方表示即可发生法律效力，产生接受遗产或放弃遗产的后果。

接受或放弃遗赠需要注意如下问题：(1)接受或放弃遗赠的主体。接受遗赠的主体可以是受遗赠人本人，也可以是其代理人。放弃遗赠的主体，一般应为受遗赠人本人，法定代理人对无民事行为能力或限制民事行为能力的人，不能代为放弃。(2)接受或放弃遗赠的时间限制。按本条的规定，受遗赠人应当在知道受遗赠后60日内作出接受或放弃的意思表示。该60日表示期间，自知道受遗赠事实后开始，该"知道受遗赠事实"应理解为"知道或应该知道"，但实践中，认定"应当知道"必须有充分的证据予以证明，否则容易侵害受遗赠人的合法权利。(3)接受或放弃遗赠的表示形式。接受或放弃遗赠，必须有明确的意思表示，所谓明确的意思表示，即该表示行为必须能够确认为有接受或放弃遗赠的意思表示。表示的形式，可以是书面，也可以是其他形式，但要满足能够证明接受或放弃遗赠的意思表示。(4)接受遗赠的权利可以转移给他人。继承开始后，受遗赠人明确表示接受遗赠的，其可以将该权利转让给他人，其他继承人不能予以限制，实际上这属于民法上自己财产的处分。另一种转移的方式，是继承开始后，受遗赠人已表示接受遗赠，但在遗产分割前死亡的，其接受遗赠的权利可以依法转移给其继承人。(5)附义务遗赠的处理。如果遗赠附有义务，则需履行义务才能得到遗赠,但是否先予履行义务,须视被继承人遗赠的要求。实践中,如果义务能够履行,而受遗赠人无正当理由不履行,经受益人或其他继承人请求,人民法院可以取消其接受附义务部分遗产的权利,由提出请求的继承人或受益人负责按遗嘱人的意愿履行义务,接受遗产;如果附义务遗赠人确实因客观原因等不能履行,则需视具体情况处理受遗赠遗产的权利限制问题,目前法律对此没有明确规定。

实务问题

1. 继承人是数人的,放弃继承是否应传达到全体继承人才能生效

对此,法律及司法解释并无明确规定。从法理看,放弃继承是单方法律行为,只要有证据证明其作出放弃的行为是真实意思表示,且不违反法定义务等,即应为有效,并发生法律效力。也就是说,放弃继承并不以该放弃意思表示传达给其中一个继承人或全部继承人为效力发生的要件。例如,在继承开始后,继承人留一封信表示自己放弃所有继承,即使非向全部继承人传达,也已生效力。

2. 放弃继承又反悔的,其继承权能否恢复

《民法典继承编解释(一)》第 36 条规定:遗产处理前或者在诉讼进行中,继承人对放弃继承反悔的,由人民法院根据其提出的具体理由,决定是否承认。遗产处理后,继承人对放弃继承反悔的,不予承认。

(1)遗产分割前,继承人放弃继承反悔的,如果该撤回放弃继承得到其他继承人一致认可,则可以恢复继承。这种情况无论是否进入诉讼,考虑到继承的互谅互让原则及继承人之间的特殊关系,均应予以恢复。

(2)实践中,放弃继承反悔如果仅有部分继承人认可其恢复,则不能恢复其继承,放弃继承作为单方民事法律行为,一作出即发生法律效力(如果在其他继承人知道放弃继承之前反悔,放弃继承不为其他人所知,则虽有效力,但因及时的终止,对他人不发生法律效力,即不影响其继承),能否承认恢复,需要法院予以确认。

(3)放弃继承反悔必须有可据恢复的正当理由。反悔的正当理由应为放弃并非自己的真实意思表示,如有的是被欺骗作出放弃继承;有的是为了诉讼方便在相关诉讼中表示放弃继承等。

(4)如果放弃继承有争议,需要恢复继承的继承人可提起恢复继承权之诉,请求人民法院对其继承权予以确认。

3. 关于放弃继承无效的问题

继承开始后,继承作为一项权利,一般允许放弃,但根据《民法典继承编解释

(一)》第32条的规定,如果放弃继承,致其不能履行法定义务的,放弃继承权的行为无效。也就是说,继承虽是权利,但放弃继承具有一定限制,主要从被继承人相关债务人的利益考虑而设置。实践中,对“法定义务”的理解,主要有以下几个方面:

(1)有责任有能力尽法定的扶养义务而不尽形成的债务。如被继承人因为生活所需欠下的生活费、医药费等债务,如是继承人未尽法定扶养义务所致,则其不能以放弃继承而免于承担债务清偿责任。

(2)被继承人为继承人个人事务形成的债务,如为继承人上大学找工作、结婚、买房子等形成的债务,继承人不能以放弃继承而免于偿还被继承人为此所负债务。

(3)支付被继承人的丧葬费的法定义务。支付被继承人的丧葬费是继承人的法定义务,也是公序良俗所要求,继承人不能以放弃继承而拒绝支付丧葬费。除上述情形外,认定放弃继承无效,同时要考虑当事人的主观态度是否故意。

(编写人:徐　阳)

法律条文

第一千一百二十五条　继承人有下列行为之一的,丧失继承权:

(一)故意杀害被继承人;

(二)为争夺遗产而杀害其他继承人;

(三)遗弃被继承人,或者虐待被继承人情节严重;

(四)伪造、篡改、隐匿或者销毁遗嘱,情节严重;

(五)以欺诈、胁迫手段迫使或者妨碍被继承人设立、变更或者撤回遗嘱,情节严重。

继承人有前款第三项至第五项行为,确有悔改表现,被继承人表示宽恕或者事后在遗嘱中将其列为继承人的,该继承人不丧失继承权。

受遗赠人有本条第一款规定行为的,丧失受遗赠权。

条文主旨

本条主要是关于继承权丧失的规定。

同时,《民法典继承编解释(一)》的第5~9条、第17条对继承权丧失作出规定。

新旧法对比

《继承法》	《民法典》
第七条　继承人有下列行为之一的，丧失继承权： （一）故意杀害被继承人的； （二）为争夺遗产而杀害其他继承人的； （三）遗弃被继承人的，或者虐待被继承人情节严重的； （四）伪造、篡改或者销毁遗嘱，情节严重的。	第一千一百二十五条　继承人有下列行为之一的，丧失继承权： （一）故意杀害被继承人； （二）为争夺遗产而杀害其他继承人； （三）遗弃被继承人，或者虐待被继承人情节严重； （四）伪造、篡改、隐匿或者销毁遗嘱，情节严重； **（五）以欺诈、胁迫手段迫使或者妨碍被继承人设立、变更或者撤回遗嘱，情节严重。** **继承人有前款第三项至第五项行为，确有悔改表现，被继承人表示宽恕或者事后在遗嘱中将其列为继承人的，该继承人不丧失继承权。** **受遗赠人有本条第一款规定行为的，丧失受遗赠权。**

理解与适用

1. 继承权丧失

所谓继承权的丧失，又称继承权的剥夺，是指依照法律规定在发生法定事由时，剥夺继承人继承被继承人遗产的资格，取消继承人原有的继承权。继承权丧失制度既影响享有继承权的当事人本身的利益，还关系其他继承人的切身利益。完善的继承权丧失制度有利于规范继承人的合法继承行为，维护社会的道德人伦和家庭秩序，维持良好的遗产继承秩序，维护被继承人的遗嘱自由。基于继承权丧失的重要性，近代各国民法都对继承权的丧失作出特别规定。《继承法》第7条规定了继承权丧失的事由，包括："（一）故意杀害被继承人的；（二）为争夺遗产而杀害其他继承人的；（三）遗弃被继承人的，或者虐待被继承人情节严重的；（四）伪造、篡改或者销毁遗嘱，情节严重的。"但学界、实务界普遍认为该条规定得不够完整，继承权丧失的范围规定得过窄。一种观点认为，应当增加故意伤害被继承人和以欺诈、胁迫手段迫使或者妨碍被继承人设立、变更或者撤销遗嘱情节严重的，作为丧失继承权的事由。还有观点认为，故意伤害被继承人的行为,可以概括在“虐待被继承人情节严重”的事由中,不必另行规定;而以欺诈、胁迫手段迫使或者妨碍被继承人设立、变更或者撤销遗嘱情节严重的,应当规定为丧失继承权的事由,以回应现实需要。[①]《民法典》继承编采纳了该建议,在《继承法》第7条规定的基础上,增加了以欺诈、胁迫手段迫使或者妨碍被继承人设立、变更或者撤回遗嘱的严重情形,作为继承权丧失的事由之一,并在排除1、2两项情节特别恶劣不能重新获得继承权的情况后,对3、4两项以及新增“(五)以欺诈、胁迫手段迫使或者妨碍被继承人设立、变更或者撤回遗嘱,情节严重”采用了继承人宽恕制度即被继承人知道后,“对该继承人表示宽恕或者事后在遗嘱中明确将其列为继承人的,该继承人不丧失继承权”。《民法典》特别规定了丧失继承权的宽恕制度,填补了我国继承法的空白,体现了被继承人支配自己身后遗产的自主意愿,符合民法意思自治的基本原则。

2. 丧失继承权的情形

(1)故意杀害被继承人的。继承人故意杀害被继承人,直接危害被继承人的人身安全,是一种十分严重的犯罪行为。因此,无论继承人出于何种原因,只要实施故意杀害被继承人行为的,都将丧失继承权。杀害被继承人的行为,是指继承人实施的行为须是以剥夺被继承人生命为目的。无论是既遂还是未遂,也无论是否受到刑事责任的追究,均不影响其丧失继承权。

(2)为争夺遗产而杀害其他继承人的。继承人为了争夺遗产杀害其他继承人,直接危害其他继承人的人身安全,也是一种十分严重的犯罪行为。因此,必须予以惩罚,剥夺其继承遗产的资格。需要注意的是,杀人者必须有争夺遗产的明确目的,如果出于其他的动机,其虽会受刑事责任的追究,但不能因此而丧失继承权;被杀害者必须是其他继承人;杀害行为可以发生在继承开始之前,也可以发生在继承开始之后;同样,继承人只要实施了杀害行为,无论既遂未遂,都发生丧失继承权的法律后果。

(3)遗弃被继承人或者虐待被继承人情节严重的。所谓遗弃被继承人,是指继承人对年老、病残、年幼或者没有独立生活能力的被继承人,依法负有扶养义务,但拒绝履行扶养义务的行为。如父母将年幼的子女弃置于路旁或者其他地方;子女对其年老、生活不能自理的父母置之不理。遗弃行为是一种置被继承人于危险境地而不顾的严重的不道德行为、违法行为。所谓虐待被继承人,是指继承人以各种手段对被继承人进行肉体摧残或者精神折磨的行为。因此,《民法典继承编解释(一)》第6条规定:“继承人是否符合民法典第一千一百二十五条

① 参见杨立新:《对修正〈继承法〉十个问题的意见》,载《法律适用》2012年第8期。

第一款第三项规定的'虐待被继承人情节严重',可以从实施虐待行为的时间、手段、后果和社会影响等方面认定。虐待被继承人情节严重的,不论是否追究刑事责任,均可确认其丧失继承权。"

(4)伪造、篡改、隐匿或者销毁遗嘱,情节严重的。遗嘱是被继承人在其生前作出的对自己财产进行处分并于其死亡后发生法律效力的法律行为,是被继承人按照自己的意愿处置合法财产的法律形式,任何人不能代替被继承人生前的真实意思。所谓伪造遗嘱,是指继承人以被继承人的名义制作假的遗嘱;所谓篡改遗嘱,是指继承人擅自改变被继承人所立遗嘱的内容;所谓隐匿遗嘱,是指继承人隐瞒藏匿被继承人所立的遗嘱;所谓销毁遗嘱,是指继承人破坏、毁灭被继承人所立的遗嘱。伪造、篡改、隐匿或者销毁遗嘱的行为,违背了被继承人生前的真实意愿,侵犯了被继承人生前对其财产的处分权,侵害了其他继承人的继承权,为自己谋取不正当利益,破坏正常的财产继承秩序。情节严重的,则丧失继承权。因此,《民法典继承编解释(一)》第9条规定:"继承人伪造、篡改、隐匿或者销毁遗嘱,侵害了缺乏劳动能力又无生活来源的继承人的利益,并造成其生活困难的,应当认定为民法典第一千一百二十五条第一款第四项规定的'情节严重'。"

(5)以欺诈、胁迫手段迫使或者妨碍被继承人设立、变更或者撤回遗嘱,情节严重的。遗嘱,是指遗嘱人生前在法律允许的范围内,按照法律规定的方式对其遗产或其他事务所作的个人处分,并于遗嘱人死亡时发生法律效力的法律行为。被继承人设立、变更或者撤回遗嘱是支配自己身后财产的自主意愿,符合民法意思自治的基本原则。所谓欺诈,是指继承人故意隐瞒真实情况或者故意告知虚假的情况欺骗被继承人,诱使被继承人作出设立、变更或者撤回遗嘱的错误意思表示。所谓胁迫,是指继承人以将要发生的损害或者以直接实施损害相威胁,使被继承人产生恐惧而听从继承人的指示设立、变更或者撤回遗嘱。继承人实施上述行为,损害其他继承人的合法权益,侵害遗嘱人的遗嘱自由权,破坏正常的遗产流转执行,情节严重的,应剥夺其继承权。

受遗赠人有上述规定行为的,丧失受遗赠权。遗赠,是指自然人以遗嘱的方式表示在其死后将其遗产的一部分或全部赠给国家、集体或者法定继承人以外的人的法律行为。接受遗赠的人称为受遗赠人,其与继承人一样,存在上述犯罪或其他严重违法行为时,应依法剥夺其继承遗赠人遗产的资格,使其丧失受遗赠权。

需要注意的是,继承权的丧失,应当从继承开始之日起发生法律效力。如果继承权的丧失是在继承开始后由人民法院确认的，则人民法院对继承人丧失继承权的确认，溯及至继承开始时发生法律效力。同时，继承人丧失继承权，丧失的仅是针对特定被继承人的遗产继承资格，并不影响其对其他被继承人的继承权。此外，《民法典继承编解释(一)》第17条规定："继承人丧失继承权的，其晚辈直系血亲不得代位继承。如该代位继承人缺乏劳动能力又没有生活来源，或者对被继承人尽赡养义务较多的，可以适当分给遗产。"

2. 继承权的丧失的特点

(1)继承权丧失不仅适用于法定继承也适用于遗嘱继承。无论是法定继承人还是遗嘱继承人，只要有法律规定的事由出现，即依法丧失继承权。

(2)继承权的丧失是继承人继承遗产的资格的丧失。继承人一旦丧失继承权，也就失去了其作为继承人的资格，不再具有继承人的法律地位，亦即丧失了其继承遗产的可能性。继承权的丧失是指依法剥夺继承人的继承资格。根据本条规定，只有在发生继承人对被继承人或者其他继承人有某种犯罪行为或者其他严重违法行为的法定事由时，继承人的继承权才会被依法剥夺。

(3)继承权的丧失由人民法院确认。剥夺继承人的继承资格，实际上也就是剥夺了继承人的继承权。因此，只有人民法院才能确认继承人丧失继承权，其他任何单位或者个人都无权确认继承人丧失继承权。

(4)根据继承权丧失后能否恢复，即以继承人的继承权被剥夺后能否可以重新主张为标准，将继承权的丧失分为继承权的绝对丧失和相对丧失。继承权绝对丧失，是指因发生某种使继承人丧失继承权的法定事由，该继承人对被继承人的继承权终局丧失，该继承人再不得也不能享有对被继承人已经丧失的继承权，只要是发生了继承权丧失，便不能改变其结果。继承权相对丧失，是指虽因发生某种法定事由使继承人的继承权丧失，但在具备一定条件时(通常为被继承人宽恕)，法律对此持包容态度，继承人的继承权也可最终不丧失。《民法典》继承编针对具体的界定范围作出具体且合理的规定。将故意杀害被继承人、因争夺遗产而杀害其他继承人丧失继承权的列入继承权的绝对丧失的法定情形范围。将遗弃、虐待被继承人，伪造、篡改、隐匿或者销毁遗嘱，以欺诈胁迫手段迫使或者妨碍被继承人设立、变更或者撤回遗嘱三项情节严重的违法行为，列入继承权相对丧失的法定情形范围。由于上述三种违法行为均发生在有一定亲属关系的人之间，在继承人有所悔改之后，被继承人往往表示宽恕。因此，为了维护家庭团结，鼓励不法行为的继承人改过自新，对于确有悔改表现，被继承人表示宽恕或者事后在遗嘱中将其列为继承人的，该继承人不丧失继承权。该规定使立法分类与界定能够更加科学全面。

实务问题

1. 适用本条时需要注意的问题

在此条规定的丧失事由中，对严重程度是有一定要求的。重点在于当事人所作的行为是否以争夺遗产为目的，应以此去判断当事人的主观目的。《民法典继承编解释(一)》第9条规定："继承人伪造、篡改、隐匿或者销毁遗嘱，侵害了缺乏劳动能力又无生活来源的继承人的利益，并造成其生活困难的，应当认定为民法典第一千一百二十五条第一款第四项规定的'情节严重'。"也就是说，继承人实施违法行为，目的是侵害其他继承人利益而使自己获得更多遗产，在造成其他继承人生活困难时，可以认定为情节严重。未达到情节严重的程度，不能随意剥夺其作为继承人的资格。上述司法解释，只是情节严重情形中的一种，实践中需要法官根据个案的实际情况判断继承人的行为是否构成情节严重，进而认定是否丧失继承资格。

2. 案例①

高母名下有两套房产，育有一子高某。后高母被儿子杀死。儿子入狱。高母姐姐高某1请求继承高母全部遗产。法院认为，我国法律规定，故意杀害被继承人，丧失继承权。高某故意杀害被继承人，因此丧失继承高母遗产的权利。继承开始后，由第一顺序继承人即被继承人的配偶、子女、父母继承。高母死亡时无配偶，父母已亡故，而唯一的儿子高某因故意杀害高母而丧失了继承权，故没有第一顺序继承人继承遗产。在没有第一顺序继承人继承的情况下，只能由第二顺序继承人即被继承人高母的兄弟姐妹、祖父母、外祖父母继承，高母的祖父母、外祖父母均早于高母去世，高母的兄姐周某庆、周某达、高某芬均表示放弃继承权，则高母的遗产由高母的姐姐高某1一人继承。

（编写人：徐　阳）

① 江苏省张家港市人民法院(2020)苏0582民初14216号。

第二章 法定继承

法律条文

第一千一百二十六条 继承权男女平等。

条文主旨

本条是关于继承权男女平等的原则性规定。

新旧法对比

《继承法》	《民法典》
第九条 继承权男女平等。	【内容不变】第一千一百二十六条

理解与适用

继承权男女平等具体体现在以下几个方面：

首先，同一顺序的继承人不论男女，他们的继承权都是平等的不因性别不同而权利歧视。凡为同一顺序的继承人，不分男女、长幼，也不论职业、政治状况，继承被继承人遗产的权利一律平等。儿子与女儿、父亲与母亲、兄弟与姐妹、祖父与祖母、外祖父与外祖母，只要没有被依法剥夺财产继承权，都享有平等的继承权。在同一法定继承顺序中，继承份额也应男女平等。同一顺序法定继承人分配遗产的份额一般应当均等。但经继承人协商同意也可以不均等，同时，《民法典》继承编也规定了几种可以多分或者少分的情况。

其次，在遗嘱继承中，自然人可以设立遗嘱处分个人财产，无论男女都有权按照自己的意愿设立遗嘱处分自己的财产；同时，遗嘱继承人也不因性别不同而权利不同，妇女和男子都可以平等地作为遗嘱继承人或者受遗赠人。

再次，在代位继承和转继承问题上男女平等。代位继承适用于父系血亲，也适用于母系血亲,在确定代位继承时,凡适用男性的代位继承,同样适用于女性,被继承人的子女先于被继承人死亡的,由被继承人的子女的晚辈直系血亲代位继承,凡是父系继承人有权代位继承的,母系继承人也有权代位继承。转继承的情况下也是男女平等。

最后,夫妻在继承上有平等的权利,有相互继承遗产的权利,夫妻在婚姻关系存续期间所取得的财产为夫妻共同所有。在实际生活中,往往把夫妻共同财产当成丈夫的个人遗产,没有先将属于妻子的财产析产,这实际上侵犯了妻子个人财产所有权,夫妻婚后所得的共同财产各占50%份额,丈夫处分妻子财产的部分不具有法律效力。夫妻是共同生活的伴侣,活着的时候,共财同居,互相扶养,配偶之间无论是哪一方,都享有继承权,夫妻一方死亡后,应先将共同所有的财产的一半分出归仍在世的配偶所有,其余的财产才为被继承人的遗产。另一方再婚的,属于婚姻自由的范围,其有权处分其所继承的财产,任何人不得干涉。这其中包括不得阻挠丈夫死亡后的遗孀带产再嫁。《民法典》继承编的一系列有关条款,都体现了男女平等的精神。

实务问题

夫妻一方死亡另一方再婚的,要带走分得的房屋或其他不动产实际上有困难,应采取折价变卖等办法,如果留下未成年子女不带走的,还应依《民法典》婚姻家庭编的有关规定,妥善解决子女抚养费的问题。要本着实事求是的精神,对具体问题作具体的分析和处理。

(编写人:于　青)

法律条文

第一千一百二十七条　遗产按照下列顺序继承:

(一)第一顺序:配偶、子女、父母;

(二)第二顺序:兄弟姐妹、祖父母、外祖父母。

继承开始后,由第一顺序继承人继承,第二顺序继承人不继承;没有第一顺序继承人继承的,由第二顺序继承人继承。

本编所称子女,包括婚生子女、非婚生子女、养子女和有扶养关系的继子女。

本编所称父母,包括生父母、养父母和有扶养关系的继父母。

本编所称兄弟姐妹，包括同父母的兄弟姐妹、同父异母或者同母异父的兄弟姐妹、养兄弟姐妹、有扶养关系的继兄弟姐妹。

条文主旨

本条是关于法定继承人的范围和继承顺序的规定。

同时，《民法典继承编解释(一)》的第10~13条对此作出了规定。

新旧法对比

《继承法》	《民法典》
第十条　遗产按照下列顺序继承： 第一顺序：配偶、子女、父母。 第二顺序：兄弟姐妹、祖父母、外祖父母。 继承开始后，由第一顺序继承人继承，第二顺序继承人不继承。没有第一顺序继承人继承的，由第二顺序继承人继承。 本法所说的子女，包括婚生子女、非婚生子女、养子女和有扶养关系的继子女。 本法所说的父母，包括生父母、养父母和有扶养关系的继父母。 本法所说的兄弟姐妹，包括同父母的兄弟姐妹、同父异母或者同母异父的兄弟姐妹、养兄弟姐妹、有扶养关系的继兄弟姐妹。	第一千一百二十七条　遗产按照下列顺序继承： (一)第一顺序：配偶、子女、父母； (二)第二顺序：兄弟姐妹、祖父母、外祖父母。 继承开始后，由第一顺序继承人继承，第二顺序继承人不继承；没有第一顺序继承人继承的，由第二顺序继承人继承。 **本编**所**称**子女，包括婚生子女、非婚生子女、养子女和有扶养关系的继子女。 **本编**所**称**父母，包括生父母、养父母和有扶养关系的继父母。 **本编**所**称**兄弟姐妹，包括同父母的兄弟姐妹、同父异母或者同母异父的兄弟姐妹、养兄弟姐妹、有扶养关系的继兄弟姐妹。

理解与适用

法定继承，是指由法律直接规定继承人的范围、继承的先后顺序以及遗产分配原则的一种继承方式，具有法定性和强行性。法定继承制度最能体现一个国家的伦理亲缘观念，主要包括继承人范围和继承顺序两大方面的规定。

1. 关于继承人的范围

法定继承人的范围，是指在适用法定继承方式时，哪些人能够作为被继承人的继承人。法定继承人的范围是由法律直接规定的，而不是被继承人生前作出的决定。因此，根据继承人与被继承人之间既存的婚姻关系、血缘关系及抚育、扶养和赡养关系，对法定继承人的范围规定仅限于法定的近亲属。

(1)配偶。

夫妻间互为配偶,它是处于合法婚姻关系中的夫妻相互间的称谓。法定继承人的“配偶”,专指被继承人死亡时尚生存的夫或妻而且是被继承人生前婚姻关系仍存续的夫或妻。夫妻间有相互继承的权利,即丈夫对亡妻的遗产有继承权,妻子对亡夫的遗产有继承权。合法的婚姻关系,是配偶继承权的基础,需满足以下条件:①依法登记结婚并且取得结婚证;②完成登记后,存在宣告婚姻无效的事由,但未经法定程序宣告无效;③完成登记后,存在撤销婚姻的事由,但未依法律规定撤销;④《婚姻登记管理条例》(已失效)公布实施以前,虽未进行结婚登记,但以夫妻名义同居的男女双方已具备结婚的实质要件,在没有补办结婚手续的情况下,以事实婚姻认定其婚姻的合法性;但自 1994 年 2 月 1 日起,没有配偶的男女未办理结婚登记即以夫妻名义同居生活的,按非法同居关系处理,在其符合《民法典》第 1131 条规定的情况下,可根据相互扶助的具体情况处理。此外,对已领取结婚证而尚未共同生活的,以及尚未脱离夫妻关系的分居者,夫妻双方相互也享有继承权。

(2)子女。

子女是被继承人最近的晚辈直系亲属,父母与子女之间存在最为特殊的人身关系和财产关系。这里的子女,包括婚生子女、非婚生子女、养子女和有扶养关系的继子女。

第一,婚生子女,是指在合法婚姻关系期间受孕或生育的子女。婚生子女,无论是儿子还是女儿,无论是随父姓还是随母姓,无论是已婚还是未婚,都有继承父母遗产的权利。

第二,非婚生子女,是指不具有合法婚姻关系的男女所生育的子女。在我国,一切不合法的男女两性之间的关系,是不受法律保护的。但是,非婚生子女虽然是因不正当的男女性行为所生的子女,但这种不正当的行为应当由非婚生子女的父母来负责,而不应当由非婚生子女本人来负责。《民法典》第 1071 条第 1 款的规定,非婚生子女享有与婚生子女同等的权利。因此,非婚生子女与婚生子女对于父母遗产的继承权不应有任何区别,都是独立的继承主体,享有同等的继承权。

第三,养子女,是指因收养关系成立而与养父母发生拟制血亲的父母子女关系的子女。《民法典》第 1111 条第 1 款规定了“自收养关系成立之日起,养父母与养子女间的权利义务关系,适用本法关于父母子女关系的规定”,收养关系成立后,养子女因其被收养而取得与亲生子女同等的法律地位,其二者的继承权没有区别。但是,收养关系在法律上称为拟制血亲,不同于自然血亲,拟制血亲既可以依法建立,也可以依法终止,当养父母子女之间的关系解除以后,原养子女(实际上已不是养子女)就不属继承人的范围。

《民法典》第1111条第2款规定:“养子女与生父母以及其他近亲属间的权利义务关系,因收养关系的成立而消除。”养子女同养父母的关系确立之后,就无权再继承其生父母的遗产。但在现实生活中,有的被收养人不仅对养父母尽了赡养义务,对生父母在生活上也扶养较多,根据《民法典》第1131条的规定,如果养子女在成年后与生父母保持往来,在生活上给予生父母关照,经济上给予生父母扶助,在生父母去世后还帮助安葬等,可以依照法律适当分得其生父母的遗产。

第四,继子女,是指妻与前夫或夫与前妻所生的子女。继子女与继父母的关系,是因为父母一方死亡后另一方再婚,或者父母离婚后一方或双方再婚,子女与父亲或母亲的再婚配偶共同生活而形成的。继父或继母与受其扶养的继子女间的权利和义务,与父母子女间的权利和义务等同。有扶养关系的继子女可作为其继父母遗产的第一顺序的法定继承人。而继子女对其生父母遗产的继承权,并不因继子女取得了其继父母的遗产而丧失,其仍享有对生父母遗产的继承权。

一般认为,继子女继承继父母遗产的关键就是他们之间形成了扶养关系,扶养关系可以从以下几个方面考虑:①继父母对未成年的继子女履行了抚养义务:第一,继子女受继父母经济上的供养。第二,继子女受继父母生活上的抚养、教育。②继父母对已成年但系限制行为能力或无行为能力的继子女履行了扶养义务。③继子女对继父母履行了赡养义务:第一,继子女在经济上供养继父母。第二,继子女在生活上扶助继父母。若继子女其生父或生母再婚时,继子女已经长大成人分居另过的,未成年继子女的生父、生母再婚后,继子女未与继父或继母共同生活,而由祖父母或外祖父母抚养教育成人,继子女对继父或继母也未尽过赡养扶助义务的,则不能视为继子女与继父母之间形成了扶养关系,继子女也就不能继承继父母的遗产。[①]

(3)父母。

父母是子女最近的直系尊亲属,互相扶养的关系极为密切,因而有继承子女遗产的权利。生父母对亲生子女的遗产有继承的权利,养父母对养子女的遗产有继承的权利,有扶养关系的继父母有继承继子女遗产的权利。

---

① 参见倪金龙主编:《农村婚姻家庭纠纷审理指引》,人民法院出版社2014年版,第300页。

(4)兄弟姐妹。

兄弟姐妹是最近的旁系血亲。兄弟姐妹一般都在家庭中共同生活,相互照顾。《民法典》第1075条第1款规定:“有负担能力的兄、姐,对于父母已经死亡或者父母无力抚养的未成年弟、妹,有扶养的义务。”因此,兄弟姐妹之间互有继承权是理所应当的。同父母的兄弟姐妹、同父异母或同母异父的兄弟姐妹均为亲生的兄弟姐妹,他们之间享有继承权。养兄弟姐妹和有扶养关系的继兄弟姐妹,法律赋予他们等同于亲兄弟姐妹关系的法律地位,彼此间发生等同于亲兄弟姐妹间的权利义务关系。因此,他们彼此都作为第二顺序的法定继承人。

(5)祖父母、外祖父母。

祖父母、外祖父母与孙子女、外孙子女之间是除父母子女以外最近的直系血亲。《民法典》第1074条规定:“有负担能力的祖父母、外祖父母,对于父母已经死亡或者父母无力抚养的未成年孙子女、外孙子女,有抚养的义务。有负担能力的孙子女、外孙子女,对于子女已经死亡或者子女无力赡养的祖父母、外祖父母,有赡养的义务。”因此,祖父母、外祖父母应享有对孙子女、外孙子女遗产的继承权。对丧偶儿媳和丧偶女婿的继承权问题,将在《民法典》第1129条中阐述。

2. 关于继承人顺序

法定继承人的继承顺序,是指继承开始后,各个法定继承人继承遗产的先后次序。由于法定继承是以一定的人身关系为前提的,依据继承人和被继承人之间的血缘、姻亲关系的亲疏及生活关系的依赖程度,《民法典》继承编将六类法定继承人划分为两种继承顺序,第一顺序为配偶、子女和父母,第二顺序为兄弟姐妹、祖父母、外祖父母。

规定两种继承顺序,就要求继承人严格按照继承顺序继承。同一顺序内,各继承人的继承权平等。不同顺序的继承人不能同时继承,当被继承人有第一顺序继承人时,先由第一顺序继承人继承,只有在没有第一顺序继承人或者第一顺序继承人全部放弃或丧失继承权时,第二顺序继承人方能继承。另外,《民法典》第1129条规定:“丧偶儿媳对公婆,丧偶女婿对岳父母,尽了主要赡养义务的,作为第一顺序继承人。”这是考虑实际情况,对法定继承所作的一种完善性规定。

实务问题

非婚生子女要取得生父母遗产的继承权,必须证明其与生父母之间的身份关系。一般说来,认定谁是生母较容易,根据出生的事实即可确定。但是认定谁是生父则比较难,在司法实践中,一般具有下列条件之一,就可认定:第一,生父在户口簿上或自己档案中，已经清楚地载明非婚生子女是自己的子女，或者生前已承认是自己的子女；第二，经生母以确切的证据或其他人证、物证证明非婚生子女是他所生。此外，还可以采用亲子鉴定血液检查和DNA亲子鉴定方法，不过采用这一方法的前提是当事人健在且同意。

（编写人：于　青）

法律条文

第一千一百二十八条　被继承人的子女先于被继承人死亡的，由被继承人的子女的直系晚辈血亲代位继承。

被继承人的兄弟姐妹先于被继承人死亡的，由被继承人的兄弟姐妹的子女代位继承。

代位继承人一般只能继承被代位继承人有权继承的遗产份额。

条文主旨

本条是关于代位继承的规定。

同时，《民法典继承编解释（一）》的第14~16条对代位继承作出了规定。

新旧法对比

《继承法》	《民法典》
第十一条　被继承人的子女先于被继承人死亡的，由被继承人的子女的晚辈直系血亲代位继承。代位继承人一般只能继承他的父亲或者母亲有权继承的遗产份额。	第一千一百二十八条　被继承人的子女先于被继承人死亡的，由被继承人的子女的直系晚辈血亲代位继承。 **被继承人的兄弟姐妹先于被继承人死亡的，由被继承人的兄弟姐妹的子女代位继承。** 代位继承人一般只能继承**被代位继承人**有权继承的遗产份额。

理解与适用

增加规定被继承人的兄弟姐妹的子女适用代位继承制度，扩大了法定继承人的范围。

侄甥关系在我国传统观念里属关系较为紧密亲属，社会上也经常存在侄子为无子嗣叔伯养老送终的情形。但《继承法》对法定继承人范围规定过于狭窄，侄子和外甥并不属于法定继承人或代位继承人。即便侄子照顾叔伯的养老和丧葬，其也不能继承遗产，而只能依据《继承法》第14条"继承人以外的对被继承人扶养较多的人，可以分给他们适当的遗产"酌定分得遗产，而剩余的遗产由于被继承人没有其他继承人则将被认定为无主财产，上交给国家。

《民法典》在原有的基础上，扩张了代位继承人的范围，使被继承人的兄弟姐妹的子女即被继承人的侄、甥也纳入代位继承人的范围，符合遗产流转规律的要求和我国继承传统，亦更有助于保障人民群众的合法权益。

代位继承人必须是被继承人的子女的直系晚辈血亲或被继承人的兄弟姐妹的子女。被继承人的子女的直系晚辈血亲，如子女、孙子女、外孙子女、曾孙子女、外曾孙子女都可以代位继承，不受辈数的限制。也就是说，子女可以代父或母之位，继承祖父母或者外祖父母的遗产，孙子女亦可以代祖父母或者外祖父母之位，继承曾祖父母或者外曾祖父母的遗产。同时，被继承人的养子女、已形成扶养关系的继子女所生子女可代位继承；被继承人亲生子女的养子女可代位继承；被继承人养子女的养子女可代位继承；与被继承人已形成扶养关系的继子女的养子女也可以代位继承，也即拟制的直系血亲之间也发生代位继承。被继承人的兄弟姐妹被列为被代位人后，代位继承人限于被代位人的子女而非其晚辈直系血亲，除子女、养子女、已形成扶养关系的继子女外，被继承人的兄弟姐妹的其他继承人不发生代位继承。应特别明确的是，被继承人的子女的直系晚辈血亲与被继承人的兄弟姐妹的子女不能同时代位继承。根据《民法典》第1127条第2款的规定，继承开始后，由第一顺序继承人继承，第二顺序继承人不继承。因此，当被继承人有配偶、子女、父母任意一人作为第一顺位继承人继承遗产，或被继承人的子女的直系晚辈血亲代位继承遗产时，被继承人兄弟姐妹不能继承，该兄弟姐妹的子女亦不能代位继承。当第一顺序继承人全部死亡，如存在被继承人的子女的直系晚辈血亲作为代位继承人时，只能发生该直系晚辈血亲的代位继承，不发生第二顺序继承人的本位继承，就不发生被继承人的兄弟姐妹的子女代位继承。只有在被继承人没有第一顺位继承人，且没有被继承人的子女的直系晚辈血亲代位继承的情况下，被继承人的兄弟姐妹的子女才能够代位继承被继承人的遗产。

代位继承只适用于法定继承，在遗嘱继承中不发生代位继承，在遗赠中也不发生代位受遗赠。也就是说，如果遗嘱人通过遗嘱指定了子女以外的人作为继承人，该继承人先于遗嘱人死亡的，在遗嘱人死亡后，该继承人的晚辈直系血亲不能通过代位继承继承遗产。这是因为遗嘱中指定的继承人或受遗赠人先于立遗嘱人死亡，将会导致遗嘱失效。当被继承人死亡时，只能按法定继承处理，不能根据遗嘱代位继承。

实务问题

1. 继承人丧失继承权的，其晚辈直系血亲不得代位继承

如该代位继承人生活有特殊困难又缺乏劳动能力，或对被继承人尽赡养义务较多、与被继承人共同生活，则法律上并不绝对排斥他们取得被继承人的遗产，可适当分给遗产。丧偶儿媳对公婆、丧偶女婿对岳父母，无论其是否再婚，依照《民法典》第 1129 条的规定作为第一顺序继承人时，不影响其子女代位继承。关于代位继承人随母亲改嫁后的代位继承权问题，被代位人去世后，如果代位继承人随母亲改嫁，在被继承人死亡后，代位继承人作为被继承人子女的晚辈直系血亲，仍然享有代位继承权，有权继承其父应继承的遗产份额。可以看出，代位继承是以直系血亲为基础的，不能因为代位继承人随母亲改嫁、家庭关系发生变化而否认其代位继承权。

2. 案例①

王某 2 无配偶、子女、孙子女、外孙子女，兄弟姐妹、父母、祖父母、外祖父母均已去世，第一顺序、第二顺序继承人均已丧失。法院认为王某兵作为王某 2 侄子，向王某 2 提供生前居住场所，负责其死后丧葬事宜，与王某 2 存在一定的经济牵连、情感依赖关系。依据《民法典》第 1128 条规定，“被继承人的子女先于被继承人死亡的，由被继承人的子女的直系晚辈血亲代位继承。被继承人的兄弟姐妹先于被继承人死亡的，由被继承人的兄弟姐妹的子女代位继承。代位继承人一般只能继承被代位继承人有权继承的遗产份额”，王某兵有权代位继承王某 2 相关遗产。

（编写人：于　青）

法律条文

第一千一百二十九条　丧偶儿媳对公婆，丧偶女婿对岳父母，尽了主要赡养义务的，作为第一顺序继承人。

① 江苏省盐城市中级人民法院(2020)苏 09 民终 4035 号。

条文主旨

本条是关于丧偶儿媳和丧偶女婿对公婆、岳父母继承权的特殊规定。

同时,《民法典继承编解释(一)》的第18~19条对此作出了规定。

新旧法对比

《继承法》	《民法典》
第十二条　丧偶儿媳对公、婆,丧偶女婿对岳父、岳母,尽了主要赡养义务的,作为第一顺序继承人。	【内容不变】第一千一百二十九条

理解与适用

在确认丧偶儿媳和丧偶女婿对公婆和岳父母遗产的继承权时,应明确如下几个问题:

(1)丧偶儿媳和丧偶女婿对公婆、岳父母尽了主要赡养义务,能作为第一顺序继承人,继承公婆或岳父母的遗产。

(2)丧偶儿媳和丧偶女婿对其公婆、岳父母遗产的继承权,具有独立的性质。其可以作为第一顺序法定继承人直接、独立地参加继承,既不受其子女是否代位继承的限制,也不影响其子女的代位继承权。丧偶儿媳的丈夫或丧偶女婿的妻子先于公婆或岳父母死亡时,其子女可以代位继承祖父母、外祖父母的遗产。在这种情况下,其子女是否代位继承并不影响丧偶儿媳或丧偶女婿对公婆或岳父母遗产的继承权,反之亦然。

(3)丧偶儿媳和丧偶女婿对公婆、岳父母遗产的继承权,同他们再婚与否没有关系。丧偶儿媳和丧偶女婿是否再婚,是他们自己的人身权利,对是否继承公婆、岳父母的遗产不产生影响。只要丧偶儿媳和丧偶女婿对其公婆、岳父母尽了主要赡养义务,就应依法享有继承权。实际生活中那种以丧偶儿媳和丧偶女婿再婚为理由而否认、排斥他们继承公婆、岳父母的遗产的做法是违法的。即便再婚后没有同老人在一起生活,但对公婆或岳父母尽主要赡养义务的,也作为第一顺序继承人继承遗产。

(4)丧偶儿媳和丧偶女婿依法继承了其公婆、岳父母的遗产后,仍有权继承其父母之遗产。儿媳、女婿与公婆、岳父母发生的姻亲关系,并没有终止他们与其父母间原有的亲子关系的法律效力,儿媳、女婿与其父母之间仍然保留着父母子女间的权利和义务。因此,儿媳、女婿是否取得公婆、岳父母的遗产,都不影响其对父母遗产的继承权。

实务问题

需要强调的是,扶养关系必须与姻亲关系相结合,才能成为获得继承权的根据。至于不具备姻亲关系而对被继承人扶养较多的人,只能享有遗产酌给请求权。

对于如何认定"尽了主要赡养义务",《民法典继承编解释(一)》第19条规定:"对被继承人生活提供了主要经济来源,或者在劳务等方面给予了主要扶助的,应当认定其尽了主要赡养义务或主要扶养义务。"具体表现在以下三个方面:第一,在经济上为老人提供了扶助、供养,老人主要依靠其提供的经济条件生活。对于没有生活来源或者其生活来源不足以维持其基本生活条件的老人来讲,不仅应当从生活上进行照料,而且在经济上也应给予生活费、医疗费等方面的资助。第二,为老人日常生活提供帮助,如共同生活,经常照料,为老人做饭、打扫卫生,在老人生病时送医院进行护理等。第三,对老人的帮助具有长期性、经常性。无论是生活上的照料,还是经济上的供养,必须是经常的、长期的,如果只是偶尔给几次钱、做几回饭、看望几次、提供有限的劳务帮助等,只能视为对老人有过帮助,不能视为尽了主要赡养义务,不能由此取得第一顺序继承人资格。

(编写人:于　青)

法律条文

第一千一百三十条　同一顺序继承人继承遗产的份额,一般应当均等。

对生活有特殊困难又缺乏劳动能力的继承人,分配遗产时,应当予以照顾。

对被继承人尽了主要扶养义务或者与被继承人共同生活的继承人,分配遗产时,可以多分。

有扶养能力和有扶养条件的继承人,不尽扶养义务的,分配遗产时,应当不分或者少分。

继承人协商同意的,也可以不均等。

条文主旨

本条是关于法定继承人之间对遗产的应继份额分配原则的规定。

同时,《民法典继承编解释(一)》的第19条、第22~23条对此作出了规定。

新旧法对比

《继承法》	《民法典》
第十三条 同一顺序继承人继承遗产的份额,一般应当均等。 对生活有特殊困难的缺乏劳动能力的继承人,分配遗产时,应当予以照顾。 对被继承人尽了主要扶养义务或者与被继承人共同生活的继承人,分配遗产时,可以多分。 有扶养能力和有扶养条件的继承人,不尽扶养义务的,分配遗产时,应当不分或者少分。 继承人协商同意的,也可以不均等。	第一千一百三十条 同一顺序继承人继承遗产的份额,一般应当均等。 对生活有特殊困难又缺乏劳动能力的继承人,分配遗产时,应当予以照顾。 对被继承人尽了主要扶养义务或者与被继承人共同生活的继承人,分配遗产时,可以多分。 有扶养能力和有扶养条件的继承人,不尽扶养义务的,分配遗产时,应当不分或者少分。 继承人协商同意的,也可以不均等。

理解与适用

在法定继承方式中,如果同一继承顺序中仅有一位法定继承人则被继承人的全部遗产统归继承人所有,并不发生遗产分配问题。被继承人有若干个法定继承人,又未立遗嘱时,必然发生同一继承顺序的法定继承人之间对被继承人所留遗产如何予以分配的问题。遗产分配原则,是指同一顺序的继承人有两个或两个以上时,遗产如何进行分配的原则。应继份,是指继承人从被继承人的遗产中应该分得的份额。应继份的确定与继承顺序的确定一样,直接影响到继承人的利益,是法定继承的重要问题之一。遗产分配的份额确定主要体现权利义务相一致、扶养老幼困残及协商一致的原则,主要有以下几种情况:

(1)本条第1款规定了遗产分配的一个总的原则。在一般情况下,同一顺序的各个法定继承人,在生活状况、劳动能力和对被继承人所尽的赡养义务等方面条件基本相同或相近时,所应继承的份额应当均等,即平均分配遗产,这是对同一顺序继承人继承权的平等保护。例如,被继承人有配偶、父母、子女各一人,每一个继承人的继承份额应为被继承人遗产的1/4。这里的“一般”是指法律没有特殊规定的情况。特殊情况下可以不均等地分配遗产,这时应根据不同情况作不等额的分配。

(2)本条第2款规定,对生活有特殊困难又缺乏劳动能力的继承人分配遗产时应当予以照顾。这是照顾型的不均等。属于这种特殊情况的继承人,必须要同时具备“生活有特殊困难”和“缺乏劳动能力”两个条件。继承人虽有特殊困难但有劳动能力,或者虽缺乏劳动能力但生活并无特殊困难都不在照顾之列。“生活有特殊困难”,是指继承人没有独立生活来源或其经济收入难以维持最起码的生活水平。“缺乏劳动能力”,是指继承人尚无劳动能力或因年迈、病残等原因,丧失或部分丧失劳动能力的情况。对于这种继承人,一旦具备上述两个条件,就应当予以照顾,在取得的遗产份额上应多于其他继承人。照顾的界限和具体的份额应根据其生活特殊困难和缺乏劳动能力的程度来决定。需要注意的是,继承人是否有特殊困难,是否缺乏劳动能力,应以遗产分割时的情况为判断标准。继承人中有缺乏劳动能力又没有生活来源的人,即使遗产不足以清偿债务,也应为其保留适当遗产,然后再按有关规定清偿债务。

(3)本条第3款规定,对被继承人尽了主要扶养义务或者与被继承人共同生活的继承人,分配遗产时可以多分。这是鼓励型的不均等。对尽了主要扶养义务或者与被继承人共同生活的继承人给予鼓励,主要目的是弘扬中华民族的优良传统,保护老人的合法权益。尽“主要扶养义务”,是指继承人对被继承人在生活方面承担了主要劳务,如做饭、照顾、护理等,或主要负担其生活费用,给予经济扶持。有的继承人与被继承人长期生活在一起,相互照顾体贴,对被继承人特别是老年人起到了精神慰藉的作用,理应多分遗产。本款规定的分配原则不具有强制性,对以上两种继承人,在分配遗产时可以多分,但不是应当多分。比如,在第一顺序法定继承人中,不仅包括上述两种继承人,还包括生活有特殊困难又缺乏劳动能力的人,后者属于依法应当予以照顾的,因而在分配遗产时,如果遗产数量不多,则必须先多分给生活有特殊困难又缺乏劳动能力的继承人,至于对被继承人尽了主要扶养义务或者与被继承人共同生活的继承人,则可能仅取得较少的遗产份额。有的继承人虽然尽了主要扶养义务,但其收入明显高于其他继承人,就不一定非多分遗产不可。

(4)本条第4款规定,有扶养能力和有扶养条件的继承人,不尽扶养义务的,分配遗产时,应当不分或者少分。这是惩罚性的不均等。针对的是继承人有扶养能力和扶养条件,且被继承人又需要接受继承人的扶养,而继承人却不尽扶养义务的情况。这里的“不尽扶养义务”通常指尚未达到遗弃的程度。继承人与被继承人之间是有法定的扶养权利义务的。如果被继承人生前需要继承人扶养(既包括需要经济上的扶助,也包括需要劳务上的帮助),继承人有扶养能力和有扶养条件但不尽扶养义务,在分配遗产时“应当”不分或者少分,而不是“可以”不分或者少分。当然,如果继承人有扶养能力和扶养条件,愿意尽扶养义务,但被继承人因有固定收入和劳动能力等原因,明确表示不要求其扶养的,或继承人没有扶养能力和扶养条件,其不尽扶养义务是由客观原因造成,而不是主观上拒不履行或不愿尽扶养义务的,分配遗产时,一般不应因此而影响其继承份额。

(5)本条第5款规定,允许继承人之间协商,对遗产作不均等的分配。这是协商型的不均等。这体现了继承人之间互谅互让、团结和睦的精神。同一顺序的继承人在不违背法律和道德的前提下,可以自行协商,确定各个继承人的遗产继承份额。继承人协商一致同意不均等分配遗产,应当尊重当事人的意愿,可以某些人多分,某些人少分甚至不分。协商型的不均等必须是全体继承人一致同意不均分,不应实行少数服从多数原则。如果各继承人之间无法协商一致而起诉到法院,在没有其他特别需要考虑的因素时,法院将按照同一顺序的继承人均等继承遗产份额的原则分割被继承人的遗产。

实务问题

对生活有特殊困难又缺乏劳动能力的继承人,分配遗产时,应当予以照顾,照顾的目的是保障生活有特殊困难又缺乏劳动能力的继承人的基本生活需要,如果被继承人的遗产较多,平均分配遗产也足以保障生活有特殊困难又无劳动能力的继承人的生活需要,则没有必要再予以照顾,各继承人的应继份额仍应均等;如果各个继承人生活都有特殊困难又缺乏劳动能力,则各继承人的应继份额也只好均等。少分或者不分遗产必须是继承人自愿、真实的意思表示,任何人都不得使用欺诈、胁迫的手段让继承人作出少分或者不分遗产的意思表示。继承人之间协商分配遗产,既可以是第一顺序和第二顺序的继承人共同协商,也可以仅仅是第一顺序的全部继承人之间相互协商。如果没有第一顺序的继承人或者他们已经全部丧失继承权或者放弃继承权的,则可以由第二顺序的继承人共同协商遗产份额如何确定。

(编写人:于　青)

法律条文

第一千一百三十一条　对继承人以外的依靠被继承人扶养的人,或者继承人以外的对被继承人扶养较多的人,可以分给适当的遗产。

条文主旨

本条是关于继承人以外的人酌情分得遗产的规定。

新旧法对比

《继承法》	《民法典》
第十四条　对继承人以外的依靠被继承人扶养的缺乏劳动能力又没有生活来源的人，或者继承人以外的对被继承人扶养较多的人，可以分给他们适当的遗产。	第一千一百三十一条　对继承人以外的依靠被继承人扶养的人，或者继承人以外的对被继承人扶养较多的人，可以分给适当的遗产。

理解与适用

本条指出有两种继承人以外的人，可以分得适当的遗产：

(1)依靠被继承人生前扶养的人。所谓依靠被继承人扶养是指特定亲属之间根据法律的明确规定而存在经济上的相互供养、生活上的相互扶助的权利义务关系。这种扶养关系的主体是法律明确确定的相互存在扶养权利义务的具有亲属身份的人，具有法定性，不允许凭借当事人的意志进行自由选择和变更。一般情况下，除夫妻之间的扶养和父母子女之间的扶养外，还存在直系姻亲之间、二亲等之外的旁系血亲之间的扶养。在我国，扶养关系主要存在以下几种情形：第一，夫妻之间的扶养。第二，父母子女之间的扶养。第三，祖孙之间的扶养。第四，兄弟姐妹之间的扶养。其中，配偶、子女、父母均为法定继承中第一顺位继承人，可以直接作为继承人继承遗产，因此不存在适用本条规定的条件。而祖父母、外祖父母、孙子女、外孙子女、兄弟姐妹，如果因第一顺位继承人的原因不能作为继承人或代位继承人继承被继承人的遗产，例如被继承人有晚辈直系血亲而不能继承遗产的祖父母、兄弟姐妹等继承顺序在后的人，同时依靠被继承人生前扶养的，可以分给其适当的遗产以满足其基本生活需要，这也符合被继承人的生前意愿，有利于保护弱势群体的相关权益，促进家庭及社会的和谐稳定。

(2)对被继承人生前扶养较多的人。其指在被继承人生前对其在经济上资助、生活上扶助的继承人之外的自然人。该扶养人必须是继承人以外的人，对被继承人进行了事实上的扶养，尽到的扶养义务较多，同时未受到相当的遗赠。这种扶养不是法律上必须履行的义务，而是出于道德心，自觉自愿提供的帮助。给予此类人分得遗产的权利，能够适应社会发展的需要，使那些没有继承名分，但与被继承人关系密切，对被继承人晚年生活给予关心照顾，使被继承人愉快度过晚年的人，如未履行登记手续而以夫妻名义同居生活的人，能够得到应该得到的一份遗产，这一规定充分体现了法律对赡养老人、扶残济困等传统美德的肯定和鼓励。

本条中“可以分给适当的遗产”,需要考虑多种情况确定酌情分得遗产数量。具体包括:第一,受扶养人的情况。主要是受扶养的情况,例如全部由被继承人扶养,还是与其他人共同扶养,以及是否仍需长期扶养。另外,还要考虑受扶养人与被继承人的关系,主要是亲情关系、友情关系等。与被继承人亲情较密切,为被继承人所喜爱者,可以多给;仍需长期扶养者可多给。第二,扶养人的情况。主要是扶养人对被继承人扶养的具体情况,扶养时间长短、扶养方式,以及扶养人与被继承人的亲情关系等。分给扶养人的遗产数额应以其对被继承人所尽扶养义务相一致为原则。如果继承人以外的人,对被继承人扶养时间长,付出多,应多给;对被继承人所尽的扶养义务大于被继承人的子女或其他法定继承人,可以取得遗产中的相当数额甚至可以取得大部分遗产。第三,遗产状况和继承人的情况。无论遗产酌给请求权人是受扶养人还是扶养人,在考虑酌情分得遗产的数量时,都应当考虑遗产状况和继承人的情况,主要是遗产的数量、种类以及继承人的数量、经济状况、是否尽了赡养义务、继承人与被继承人的关系,还要有利于满足生产和生活需要,不损害遗产的效用。如果遗产数量大,无论哪种情况,主要遗产仍应由继承人继承。如果继承人中有既无劳动能力又无生活来源而需要特别加以照顾的人,应首先保障此种继承人的基本生活需要,再考虑酌给请求权人的请求。

另外,若养子女对其生父母尽了主要赡养义务的,可以依据本条的规定适当分得其生父母的遗产,这种获得遗产的行为不影响其对养父母遗产的第一顺序的法定继承权。

实务问题

1. 根据《民法典继承编解释(一)》第 21 条的规定,依照《民法典》第 1131 条规定可以分给适当遗产的人,在其依法取得被继承人遗产的权利受到侵犯时,本人有权以独立的诉讼主体资格向人民法院提起诉讼。但在遗产分割时明知而未提出请求的,一般不予受理;不知其取得遗产的权利受到侵害的,应自知道或者应当知道权利受到损害之日起 3 年内起诉。对于遗产的分割方式,继承人可以遗产原物向酌分权人为给付,也可以遗产的对价为给付,选择何种形式给付由继承人决定。

2. 案例[①]

陈某宝在浙江诸暨农村商业银行股份有限公司赵家支行(以下简称农商银

① 浙江省诸暨市人民法院(2021)浙 0681 民初 660 号。

行赵家支行）存款72,466.59元，陈某宝去世后其舅母毛某雅起诉请求银行支付该存款给自己。法院查明陈某宝父母双亡，且无妻儿，无继承人。陈某宝自幼由原告毛某雅（陈某宝舅母）、赵某法（陈某宝舅舅，已故）抚养成人，后一直与原告毛某雅共同居住于原告毛某雅家中，生病期间亦由原告毛某雅一家照料。陈某宝虽未与原告毛某雅形成收养关系，但原告毛某雅与陈某宝共同生活近70载，幼时由原告毛某雅抚养长大，晚年病后亦由原告毛某雅及其家人共同照顾，故法院认为原告毛某雅可作为本案适格原告，根据《民法典》第1131条"对继承人以外的依靠被继承人扶养的人，或者继承人以外的对被继承人扶养较多的人，可以分给适当的遗产"之规定，分得陈某宝遗产。现陈某宝已死亡，原告毛某雅要求被告农商银行赵家支行支付陈某宝之存款，于法有据，予以支持。

（编写人：于　青）

法律条文

第一千一百三十二条　继承人应当本着互谅互让、和睦团结的精神，协商处理继承问题。遗产分割的时间、办法和份额，由继承人协商确定；协商不成的，可以由人民调解委员会调解或者向人民法院提起诉讼。

条文主旨

本条是关于遗产份额的确定原则和程序的规定。

新旧法对比

《继承法》	《民法典》
第十五条　继承人应当本着互谅互让、和睦团结的精神，协商处理继承问题。遗产分割的时间、办法和份额，由继承人协商确定。协商不成的，可以由人民调解委员会调解或者向人民法院提起诉讼。	第一千一百三十二条　继承人应当本着互谅互让、和睦团结的精神，协商处理继承问题。遗产分割的时间、办法和份额，由继承人协商确定；协商不成的，可以由人民调解委员会调解或者向人民法院提起诉讼。

理解与适用

在遗产的实际分割中，由各继承人对遗产分割的时间、办法和份额协商确定。如果继承人之间协商不成，即达不成一致的协议，则可由人民调解委员会进行调解或者向人民法院提起诉讼。这是两种可选择的解决方式，都不是必经的程序。经人民调解委员会调解解决的纠纷,有民事权利义务内容的或者当事人要求制作书面调解协议的,应当制作书面调解协议,当事人对调解达成的协议应当履行。如果当事人不愿调解、调解不成或者反悔的,可向人民法院提起诉讼。当事人亦可不经过调解程序直接向人民法院提起诉讼。人民法院处理继承纠纷是最终的、具有强制执行力的纠纷解决方式。

实务问题

1. 在运用本条时应注意的问题

因遗产继承纠纷提起的诉讼,由被继承人死亡时住所地或者主要遗产所在地人民法院管辖。被继承人死亡时住所地与主要遗产所在地一致的,则该地人民法院具有管辖权。二者不一致的,则这两个地方的人民法院都有管辖权,当事人可以任选其中一个人民法院提起诉讼。如果被继承人的遗产分散在几个人民法院辖区,应以遗产的数量和价值来确定主要遗产所在地,进而确定管辖法院。这样确定管辖,既有利于人民法院正确确定继承开始的时间、继承人与被继承人之间的关系以及遗产的范围和分配等问题,也有利于扩大人民法院对涉外继承诉讼的司法管辖权。如果主要遗产是不动产,应当按照遗产纠纷来确定管辖法院,即此类案件由被继承人死亡时住所地或者主要遗产所在地人民法院管辖,而不是按照不动产纠纷来确定管辖法院。在继承遗产的诉讼中,部分继承人起诉的,人民法院应通知其他继承人作为共同原告参加诉讼;被通知的继承人不愿意参加诉讼又未明确表示放弃实体权利的,人民法院仍应把其列为共同原告。继承诉讼开始后,由人民法院进行调解,对于调解不成的,则依法判决。

2. 案例①

邵妈妈、尤爸爸夫妻名下有一套房产,生育两个女儿,尤爸爸已去世。2014年5月15日,邵妈妈、大女儿、小女儿三方签订协议一份,内容为:“家里房产归邵妈妈和小女儿共同所有,邵妈妈今后生病费用由大女儿和小女儿各人一半。妈妈生前如需拆迁费用不能做投资使用(注:大女儿放弃继承房产权作为邵某的赡养费,邵某的房产权在逝世以后也归小女儿)。亲属邵某中、尤某伟、路某见证签字。”2020年11月20日小女儿向法院起诉邵妈妈、大女儿提出诉讼请求:请求继承家里房产并将该房产归并给小女儿所有。邵妈妈同意。大女儿以小女儿诉求与三方协议内容不符为由不同意。

法院认为,依法成立的合同受法律保护。该案中,邵妈妈、大女儿、小女儿所

① 江苏省常州市钟楼区人民法院(2020)苏0404民初6453号。

签"协议",不违反法律、行政法规强制性规定,合法有效,具有法律约束力。协议虽然约定"家里房产归邵妈妈和小女儿共同所有",但同时明确约定"大女儿放弃继承房产权作为邵某的赡养费,邵某的房产权在逝世以后也归小女儿"。现被告邵妈妈同意将自己的房产份额赠与原告小女儿,原告据此主张全部继承案涉房屋,但与三方协议约定不相符,案涉房产归并条件尚未成就,也损害了被告大女儿作为法定继承人对遗产处置的合法权益。被告大女儿抗辩理由成立,本院予以采信。原告主张证据不足,本院不予支持。依据《民法典》第509条,第1123条、第1132条,《民事诉讼法》第39条(现为第40条)、第142条(现为第145条)之规定,驳回原告小女儿的诉讼请求。

(编写人:于 青)

第三章　遗嘱继承和遗赠

法律条文

第一千一百三十三条　自然人可以依照本法规定立遗嘱处分个人财产，并可以指定遗嘱执行人。

自然人可以立遗嘱将个人财产指定由法定继承人中的一人或者数人继承。

自然人可以立遗嘱将个人财产赠与国家、集体或者法定继承人以外的组织、个人。

自然人可以依法设立遗嘱信托。

条文主旨

本条是关于自然人可以依法设立遗嘱以处分个人财产以及遗嘱继承和遗赠含义的规定。

新旧法对比

《继承法》	《民法典》
第十六条　公民可以依照本法规定立遗嘱处分个人财产，并可以指定遗嘱执行人。 公民可以立遗嘱将个人财产指定由法定继承人的一人或者数人继承。 公民可以立遗嘱将个人财产赠给国家、集体或者法定继承人以外的人。	第一千一百三十三条　**自然人**可以依照本法规定立遗嘱处分个人财产，并可以指定遗嘱执行人。 **自然人**可以立遗嘱将个人财产指定由法定继承人中的一人或者数人继承。 **自然人**可以立遗嘱将个人财产赠**与**国家、集体或者法定继承人以外的**组织、个人**。 **自然人可以依法设立遗嘱信托。**

理解与适用

本法沿袭了《继承法》第16条，规定了自然人可以依照本法规定立遗嘱来处分个人财产，并可以指定遗嘱执行人。首先，将《继承法》中的“公民”修改为“自然人”更加全面，自然人即生物学意义上的人，是基于出生而取得民事主体资格的人。其外延包括本国公民、外国公民和无国籍人。而公民仅指具有一国国籍的人。此修改能更好地解决实务中对于外国公民和无国籍人继承案件审理依据的问题，也体现了我国在立法上的权威与严谨。

本条第2款和第3款沿用了《继承法》根据取得遗产人的身份来区分遗嘱继承和遗赠，即取得遗产的人为法定继承人以内的某一个或者几个人，则属于遗嘱继承；如果取得遗产的人为法定继承人以外的人，则属于遗赠，也就是遗产的赠与行为。这也是将第3款中的“赠给”修改为“赠与”的原因之一，既同本法合同编第11章赠与合同保持一致性，又通过“遗”字来确定其属于单方民事法律行为和死因行为。

区别于《继承法》第16条的一个关键在于增加了“自然人可以依法设立遗嘱信托”。设立遗嘱信托是自然人生前对自己的财产进行处分的一项重要制度，其实《信托法》第13条已经对遗嘱信托作出了规定，对于遗嘱信托的相关内容主要是由《信托法》进行规范，但由于本次编纂的《民法典》是作为我们国家民事领域基本法，增加本条第4款目的是和《信托法》作出衔接性的规定。

实务问题

本条第1款和第2款在实务应用中主要特别注意其形式要件符合法律规定即可，对此后文会展开详细说明。我们主要针对第3款关于遗赠的内容讨论一下实务中应当注意的问题。

（1）遗赠执行的义务人。遗赠必须符合构成要件的要求才能发生法律效力，但是遗赠产生效力并不代表遗嘱中列明的受遗赠人将会实际取得遗产，其中涉及遗产的执行的问题。我们先来明确一个概念——遗嘱执行人，遗嘱执行人是指执行遗嘱内容，将遗嘱付诸实施的人。主要职责是将遗嘱人的遗产清理登记并造册；保管各类遗产；依遗嘱的指定对遗产进行分割；发生纠纷时可以诉讼当事人的身份参与诉讼；严格按法律规定和遗嘱的内容执行遗嘱。那么作为遗嘱执行人就要承担执行遗赠内容的义务即遗赠执行的义务人。继承人虽然为被继承人遗产的继承人，但是在遗嘱执行前，继承人并不能处分遗产，必须交由遗嘱执行人承担遗嘱执行的义务。

（2）遗赠执行的权利人。遗嘱执行人为遗赠执行义务人，那么对应的受遗赠人即为遗赠执行的权利人，在此要着重提示，受遗赠人要在知道受遗赠后60日内向遗嘱执行人作出接受遗赠的意思表示，这表明受遗赠人享有要求遗嘱执行人依照遗嘱将遗赠物交付的请求权。遗嘱执行人应当依照请求交付遗赠物。

（3）当遗赠执行的内容和遗赠人生前所欠债务及税款发生冲突时的处理。要明确的是，受遗赠人的受遗赠请求权并不是一种债权（我国现行民法理论中仅规定了合同之债、侵权之债、无因管理和不当得利四种债权形式），因此遗赠人的债权人的债权必须优先于受遗赠人的受遗赠权且受遗赠人不能与遗赠人的债权人平等分配遗产。如果在清偿了被继承人生前所有依法缴纳的税款和债务后没有剩余的财产，则遗赠无法执行，受遗赠人的权利也随之消灭；如果遗嘱内容是以特定物为遗赠物，该物毁损或者灭失而已不存在的，则遗赠失去效力。

（4）案例[①]：被继承人李某花，女，1981年1月13日出生，与朱某2于某年某月某日非婚生育女儿朱某1。李某花因病于2017年11月9日死亡，死亡时遗留位于佛山市××广场×座×××号的房屋一间（建筑面积98.13平方米），与位于佛山市××广场×××号小车位一个（建筑面积33.07平方米）。之前，李某花于2017年8月31日在广东×××律师事务所律师的见证下，立下一份遗嘱，指定上述房屋和小车位由朱某1继承。另查明，李某花之前与杨某2于某年某月某日登记结婚，于某年某月某日生育女儿杨某1。2010年6月29日，重庆市合川区人民法院作出（2010）合法民初字第2322号民事判决书，判决准予李某花与杨某2离婚，婚生女儿杨某1由杨某2抚养。该判决于2010年8月1日发生法律效力。此后，李某花没有再登记结婚。李某花的父亲为李某孝，母亲为蒋某，李某孝于2016年6月1日死亡。为继承案涉房屋和车位，朱某1于2019年2月1日向法院提起诉讼，请求判决争议房屋一间和小车位一个，由朱某1继承，被告协助办理产权过户手续。

法院认为，依据《继承法》第16条第1款、第2款规定，“公民可以依照本法规定立遗嘱处分个人财产，并可以指定遗嘱执行人。公民可以立遗嘱将个人财产指定由法定继承人的一人或者数人继承”。经审查，被继承人李某花于2017年8月31日所立的遗嘱，有两名律师在场见证签名，且由其中一名代书，再由遗嘱人李某花签名，符合《继承法》第17条第3款的要求，该遗嘱合法有效，现朱某1据此遗嘱请求继承李某花的本案房屋和车位的遗产，于法有据，人民法院予以

① 广东省佛山市顺德区人民法院（2019）粤0606民初3738号。

支持。法院判决被继承人李某花的房屋一间、小车位一个，由原告朱某1继承。被告蒋某和杨某1协助办理上述房屋和车位的所有权过户手续。

（编写人：朱晓龙）

法律条文

第一千一百三十四条　自书遗嘱由遗嘱人亲笔书写，签名，注明年、月、日。

条文主旨

本条是对自书遗嘱的规定。

新旧法对比

《继承法》	《民法典》
第十七条第二款　自书遗嘱由遗嘱人亲笔书写，签名，注明年、月、日。	【内容不变】第一千一百三十四条

理解与适用

《继承法》在第17条规定了公证遗嘱、自书遗嘱、代书遗嘱、录音遗嘱、口头遗嘱五种遗嘱的形式，现如今随着越来越多公民法律意识的健全，很多人喜欢选择通过立遗嘱的方式处理自己的财产，而随着信息技术的发展和普及，对于文字内容记录方式的改变，更多的遗嘱形式被增加，《民法典》将《继承法》第17条拆分，分别对自书遗嘱、代书遗嘱、打印遗嘱、录音录像遗嘱、口头遗嘱、公证遗嘱用不同的法条加以规范。

遗嘱人自己书写的遗嘱称之为自书遗嘱。自书遗嘱应当由遗嘱人亲笔书写，签名并注明年、月、日。自书遗嘱无须证人见证就当然地具有遗嘱的效力，这和代书遗嘱有本质上的区别。自书遗嘱应当符合以下形式要件的要求。

1. 必须是遗嘱人关于死亡后财产处分的真实意思表示

遗嘱是自然人生前按照法律规定的方式对其财产进行处分的民事法律行为，必须是遗嘱人对其死亡后财产处分的真实意思表示。遗嘱虽然是单方民事法律行为，但遗嘱的设立关系到谁可以取得遗产以及取得遗产的方式、条件、份额等问题，直接影响着遗嘱继承人、受遗赠人、法定继承人的实际利益。而遗嘱又是死因行为,当遗嘱的真实性、可靠性及内容产生争议时,无法再次探知遗嘱人的真实意思,因此立法时,规定了严格的形式要件。

2. 必须由遗嘱人亲笔书写遗嘱的全部内容

自书遗嘱必须由遗嘱人亲笔书写遗嘱的全部内容,不能由他人代写,严格地讲,必须是遗嘱人亲手用笔将其真实的意思表示记录下来,不能采用打印等其他方式,如果有部分内容由他人书写,则不构成自书遗嘱。

3. 必须由遗嘱人亲笔签名

自书遗嘱必须由遗嘱人亲笔签名,即亲笔书写其姓名。其目的是将遗嘱和遗嘱人联系起来,既可以表明遗嘱人身份又可以表示遗嘱人对遗嘱内容的确认,否则遗嘱将失去法律效力。

4. 必须注明年、月、日

自书遗嘱必须注明年、月、日,其重要性在于注明年、月、日可以确定遗嘱设立的时间,在发生纠纷时方便辨明遗嘱的真伪,而且可以辨明遗嘱人设立遗嘱时是否有设立遗嘱的行为能力。与此同时,当存在多份遗嘱时,注明年、月、日有助于辨明遗嘱的先后顺序以确定最具法律效力的遗嘱。因此,自书遗嘱必须注明设立遗嘱的时间。

实务问题

1. 自己遗嘱

自书遗嘱,是最能真实体现被继承人分配遗产意思的书面形式,因此,是遗嘱最重要的表现形式。在司法实践中,由于真实、合法的遗嘱具有分配遗产的最高效力,因此,对遗嘱形式要件的要求非常严格,一旦遗嘱的形式要件存在瑕疵,将会引发继承人之间的利益关系变动。正因如此,自书遗嘱的形式要件具有特别重要的意义。

由于自书遗嘱是被继承人自己制作的遗嘱,可能会存在不规范的问题,因而,本条规定了自书遗嘱最基本的形式要件的要求,只有符合这些形式要件要求的自书遗嘱,才具有遗嘱的效力。

在遗嘱继承中,由于继承人之间的利益冲突,当被继承人以自书遗嘱的方式处分遗产时,利益相关的继承人往往是从自书遗嘱的形式要件入手,确定自书遗嘱的真实性,进而否定自书遗嘱的效力,否定遗嘱继承效力,实行法定继承,保护自己的权益。因此,自书遗嘱的形式要件具有决定性的价值。法官在审理涉自书遗嘱的遗嘱继承纠纷案件时,必须严格按照本条的要求,确定自书遗嘱的真实性和效力,正确适用法律。

2. 实务中几个应当注意的问题

(1)印章、指纹不能替代签名。首先印章具有可复制性,并且可以被他人控制、支配。指纹虽然具有身份识别上的唯一性,但是在遗嘱人无意识乃至死亡时存在被强制拓印指纹的可能性,也可能存在因遗嘱人的样本指纹没有留存而难以鉴定的情况。因此在没有签名的遗嘱中以加盖印章或者拓印指纹来确认遗嘱的真实性并不可靠,尤其是自书遗嘱这种无须见证人的遗嘱形式,如果允许以盖章或者拓印指纹取代签名会增加伪造遗嘱的风险。至于签名后是否需要加盖印章或者拓印指纹,法律没有强制性的要求,遗嘱人可以自便。

(2)注明日期不具体,遗嘱不能生效。在遗嘱上注明日期对于认定遗嘱的真实性和有效性具有重要的作用,因此即便仅有一份遗嘱,如果未注明年、月、日,或者注明时间不具体的,例如只注明了年、月,而未具体到某日的,遗嘱都不可能生效,年、月、日三者缺一不可。

(3)遗嘱是否需要严格的文书形式。我们曾提到,遗嘱之目的是要反映立遗嘱人真实的意思表示,如果不是正式制作的遗嘱,仅在日记或者信件等其他文书形式提到准备在其死亡后对某财产如何处理的,理论上不应认定为自书遗嘱。但是,如果立遗嘱人在有关文书中对其死亡后的事务做出安排,也包括对其死亡后财产处理作出表示,又无相反证明的,则应当认定该文书为自书遗嘱。司法实践中,涉及死后个人财产处分的内容,能确定死者真实意思表示,有本人签名,并注明了年、月、日,又无相反证据的,可按自书遗嘱对待。

3. 案例[①]

(1)案情简介。谭某忠(2015 年 4 月 10 日去世)与于某敏(2017 年 1 月 9 日去世)系夫妻关系,二人共育有 5 子女,分别为长女谭某 2、次女谭某 6、长子谭某 4、次子谭某 5、三女谭某 3。原告谭某 1 系谭某 5 之子。谭某忠、于某敏于 2000 年购买位于北京市通州区某房屋一套(以下简称 y 室),并在此居住直至去世。此房屋为小产权房。谭某忠、于某敏去世后,关于 y 室之归属,原告、被告产生争议。原告谭某 1 主张 y 室由其受遗赠取得,并提供《谭氏家务料定》一份在案佐证,其中载明:兹因我们老两口已垂暮之年,想提早将家务事料理一下,以防万一。针对现时家庭情况,确定以下支配办法。(1)7 个儿孙 6 个都有房住,能安居乐业。只剩一个二十七八岁的孙子谭某 1 还与父母三口挤在一个一居室。确定将我们老两口现住的两室一厅楼房给谭某 1,待我们辞世后入住……落款处为“谭某忠”“于某敏”签字及各自手印,落款日期为 2012 年 3 月 8 日。庭审

① 北京市通州区人民法院(2017)京 0112 民初 15491 号。

中，原告谭某1称，《谭氏家务料定》系2017年4月18日由其父谭某5交给自己的，本人当日向谭某5表示接受遗赠。被告谭某5称，此《谭氏家务料定》系其父谭某忠自行书写并签字，因母亲于某敏不识字，签名系父亲谭某忠代签。谭某忠于去世前2个月，将《谭氏家务料定》交给自己。后为保险起见，其要求父母在落款处各自捺了手印。捺手印时，在场人有当时家中保姆及二姐谭某6。现保姆已无法找到。被告谭某2、谭某3、谭某4认为，被告谭某5几乎没有照管过父母，父母不可能立遗嘱把房产给侄子谭某1，因此《谭氏家务料定》系伪造。原告谭某1向法院起诉，主张确认被继承人的自书遗嘱合法有效，确认被继承人的争议房屋由原告合法使用。

在该案2019年4月9日庭审过程中，经各方当事人确认，法院通过被告谭某2手机联系谭某6核实情况。关于《谭氏家务料定》一节，谭某6称父母按手印时其在场，看见了，自己也知道其中内容，同意按照父母遗愿办理，当时也有保姆在场。父母告诉他们也将《谭氏家务料定》的内容告诉其他子女了。2019年4月22日，法院前往谭某6家中进一步核实情况，其所述内容与庭审电话陈述的一致。

（2）法院认为。公民可以立遗嘱将个人财产赠给国家、集体或者法定继承人以外的人。自书遗嘱由遗嘱人亲笔书写，签名，注明年、月、日。本案争议焦点为《谭氏家务料定》的真实性。在庭审中，被告谭某5、被告谭某6在案陈述内容能够相互印证，可以证实《谭氏家务料定》确为谭某忠书写并由谭某忠、于某敏二人按捺手印，法院对《谭氏家务料定》的真实性予以确认。《谭氏家务料定》作为自书遗嘱，形式上亦无不妥。故，谭某忠、于某敏通过《谭氏家务料定》将二人财产y室遗赠给原告谭某1，真实有效，法院对此予以确认。原告谭某1要求确认其为y室的合法使用人，理由正当，法院对此予以支持。法院故判决，确认谭某忠、于某敏2012年3月8日出具的《谭氏家务料定》有效；确认原告谭某1为争议房屋的合法使用人。

（编写人：朱晓龙）

法律条文

第一千一百三十五条　代书遗嘱应当有两个以上见证人在场见证，由其中一人代书，并由遗嘱人、代书人和其他见证人签名，注明年、月、日。

条文主旨

本条是关于代书遗嘱的规定。

新旧法对比

《继承法》	《民法典》
第十七条第三款　代书遗嘱应当有两个以上见证人在场见证，由其中一人代书，注明年、月、日，并由代书人、其他见证人和遗嘱人签名。	第一千一百三十五条　代书遗嘱应当有两个以上见证人在场见证，由其中一人代书，并由**遗嘱人**、代书人**和**其他见证人签名，**注明年、月、日。**

理解与适用

代书遗嘱，是指根据遗嘱人表达的遗嘱内容，由他人代为书写的遗嘱。代书遗嘱通常适用于遗嘱人由于一些特殊的原因，不能亲笔书写自书遗嘱，故委托他人代为书写遗嘱的情形。代书遗嘱的形式完全能够满足我国民众特别是广大偏远农村村民立遗嘱的需要，本条对《继承法》的规定作出一些文字上的修改后予以保留。

代书遗嘱应当符合以下形式要件的要求。

1. 必须由遗嘱人口授遗嘱内容并由代书人代书

根据《继承法》一般原理，遗嘱人应当亲自立遗嘱，不能适用代理制度。本条虽然允许遗嘱人在特殊情况下由他人代为书写，但从立法解释的角度去讨论，法律只是规定了代为书写而并非代为设立，遗嘱人虽然不能亲自书写，但是要亲自、独立地作出处分个人财产的意思表示，而代书人的作用仅仅是代为记录，仅是记录文字而不是遗嘱人的代理人，不能就遗嘱内容提出任何意见，不得篡改或者修正。

2. 必须由两人以上在场见证

代书遗嘱的见证人是参加代书遗嘱、能够证明代书遗嘱真实性的人，为了保证遗嘱的真实性、可靠性，通过无利害关系人作为见证人来佐证遗嘱人的意思表示，代书人记录的准确性、真实性和可靠性。

3. 必须遗嘱人、代书人和其他见证人签名

代书人在书写完成后，应当请遗嘱人和见证人核对或向不方便阅读的遗嘱人、见证人宣读遗嘱，在其他见证人和遗嘱人确认无误后，交由其签字确认，此举即表明了签字的身份，也表明了对遗嘱内容以及设立遗嘱过程的确认。

4. 必须注明年、月、日

代书遗嘱中必须明确立遗嘱的具体日期，即注明年、月、日。遗嘱上注明的日期对于认定遗嘱真实性和有效性具有极为重要的作用，若未注明或注明不具体，遗嘱不能生效。

实务问题

在实践中，代书遗嘱由于有代书人代书，有见证人见证，并且代书人通常具有相当的法律知识，因而，因代书遗嘱的效力问题而产生继承纠纷的相对少一些。尽管如此，代书遗嘱的形式要件也是十分重要的，只要不符合代书遗嘱形式要件之一，就会导致代书遗嘱无效，无法实现遗嘱人处分遗产的意愿。在以往的案例中，就有律师作为见证人见证代书遗嘱，由于律师事务所仅派了一个律师作为见证人，因而代书遗嘱无效，遗嘱继承人的继承权丧失，造成了遗嘱继承人的损失，律师事务所对此承担了赔偿责任。

1. 在代书遗嘱中，应当注意的问题如下：

（1）代书人应当懂得继承法律知识，了解代书遗嘱的形式要件要求，避免因代书人的法律知识不足而造成代书遗嘱无效。

（2）首先要符合两名见证人见证的要求，其次要在场见证，最后要在代书遗嘱上签名。

（3）至于签名和注明年、月、日的要求，都是一样重要的要求，务必符合代书遗嘱的形式要件要求，特别是签名，遗嘱人、代书人和见证人都须签名或者盖章、按指印。凡是不符合上述形式要件要求的代书遗嘱，不认可其遗嘱的法律效力。

与前文自书遗嘱不同的是，代书遗嘱立法之本意在于我国确实存在有些人不具备自书遗嘱的能力，而其中不乏很多人甚至不会书写自己的姓名，如确实不会书写自己的姓名，可以以拓印指纹或者盖章的方式替代签名，这是和自书遗嘱人签名的区别。但是，即便如此，遗嘱的见证人、能够书写姓名的遗嘱人，必须在遗嘱上签名，而不能以其他方式替代，否则代书遗嘱仍然无效。

2. 案例①

（1）案情简介。瞿某禾于 2017 年 3 月 3 日死亡，生前未婚，无子女。2017 年 2 月 28 日，瞿某禾委托上海祁某宇律师事务所订立代书遗嘱，言明：在我百年后，将我拥有的上海市广灵一路×××号×××室房屋产权，给我的弟弟瞿某华和妹妹瞿某凤两个人继承，每人各继承一半。“立遗嘱人”处有祁某宇律师代瞿某禾

---

① 上海市第二中级人民法院（2018）沪 02 民终 10369 号。

签字,注明“祁律师(代签)”,并由瞿某禾捺指印。代书人为祁某宇律师,见证人为祁某宇和李某两位律师。同日,上海祁某宇律师事务所为该份遗嘱出具律师见证书。瞿某禾支付律师见证费6000元。2017年5月,瞿某凤、瞿某华以遗嘱继承纠纷为由,起诉案外人瞿某1、瞿某2、瞿某3,要求按照遗嘱由瞿某凤、瞿某华各半继承瞿某禾名下上海市广灵一路×××号×××室房屋产权。一审审理中,证人李某出庭作证称:此次见证由祁某宇律师主要承办,据祁某宇律师说,2017年2月28日,瞿某华来事务所与祁某宇联系,称被继承人瞿某禾想订立遗嘱,并将相关人员的身份证件和房产证文本交与祁某宇律师。同日下午4点左右,李某和祁某宇还有一个助理3个人到新华医院,为瞿某禾订立遗嘱。瞿某禾见到祁律师等3人,就表示系争房屋由瞿某凤、瞿某华继承,瞿某凤、瞿某华一人一半产权。谈话过程中,祁律师等3人询问了瞿某禾的身份情况、系争房屋地址等,从祁律师等3人与瞿某禾的对话来看,瞿某禾神志清晰,只是中气不足。在谈话中,助理负责拍照,但未制作谈话笔录,也没有录音录像。了解被继承人意愿后,三人返回律所,根据之前瞿某禾的口头表述为瞿某禾制作遗嘱,房产证、瞿某华和瞿某凤的身份证复印件应该是瞿某华在委托的时候已经提交给祁某宇了,所以遗嘱中我们写了瞿某凤、瞿某华的身份证号码。之后李某和祁某宇返回新华医院,分别用上海话和普通话为瞿某禾宣读遗嘱,并要求瞿某禾签字,但瞿某禾的手无力握笔,最后祁某宇在立遗嘱人处签字,让瞿某禾捺指印,每份遗嘱有四个捺印,目的是保证有清晰的手印,印泥是李某随身携带的。被继承人按印后,李某和祁律师当场在见证书上盖了律所的公章。遗嘱一式三份,一份律所保留,一份留在瞿某禾的病床上,另一份交给瞿某华、瞿某凤保管。此次见证收取了律师费,也出具了律师费发票,但李某没有看到过委托合同,律师费发票复印件也是庭前祁某宇交给李某的。

上海市虹口区人民法院于2017年9月27日作出(2017)沪0109民初19198号民事判决书,认为系争遗嘱并非代书人在遗嘱人口述遗嘱内容时的当场记录,而是代书人根据自己的记忆在事后整理的版本,整理过程中也没有遗嘱人口述时的谈话笔录、录音录像等资料可供参考,并不符合时空一致性的要求,无法证明遗嘱系遗嘱人的真实意思表示,且遗嘱应由遗嘱人签名确认,原告(瞿某凤、瞿某华)与证人均未提供遗嘱人立遗嘱时无法握笔的证据,故遗嘱人仅在遗嘱上捺印并不符合代书遗嘱的形式要求,认定2017年2月28日瞿某禾的遗嘱无效。法院判决上海市广灵一路×××号×××室房屋产权由瞿某凤、瞿某华、瞿某2、瞿某1、瞿某3按份共有,各占20%产权份额。

一审判决后，瞿某凤、瞿某华不服，向上海市第二中级人民法院提起上诉。二审中，瞿某凤、瞿某华提供新华医院呼吸内科孙某渊医师于2017年10月16日出具的证明一份，证明瞿某禾入院时双上肢肌力严重下降，无法抬离床面，难以完成书写动作。上海市第二中级人民法院未将该证明作为新的证据予以采信，并于2017年12月25日作出(2017)沪02民终10065号民事判决书，认为瞿某禾所订立的代书遗嘱并非代书人在遗嘱人口述遗嘱内容时的当场记录，而系代书人返回律所后根据记忆整理而成，且无整个过程的录音录像等证据予以佐证，故不符合代书遗嘱时空一致性要求，也无证据证明该遗嘱系遗嘱人的真实意思表示，一审法院认定遗嘱无效且按法定继承处理，并无不当，二审法院判决驳回上诉，维持原判。

上述判决生效后，瞿某凤、瞿某华起诉上海祁某宇律师事务所，赔偿因代书遗嘱无效而造成的损失。一审审理中，依瞿某凤、瞿某华申请，法院委托上海某房地产土地估价有限公司对上海市广灵一路×××号×××室房屋2017年12月25日的市场价值进行评估，估价结果总价值为1,980,000元。上海祁某宇律师事务所对估价报告有异议，申请重新评估，因未提供证据证明估价报告存在法律规定应予重新评估之情形，故未获准许。二审审理中，2018年4月18日，法院前往新华医院调取瞿某禾2017年2月22日至3月1日住院病程记录，该记录显示上述期间瞿某禾日日神志清晰。

(2)法院认为。一审法院认为，律师是依法取得律师执业证书，接受委托或者指定，为当事人提供法律服务的执业人员。律师事务所是律师的执业机构。律师担任诉讼法律事务代理人或者非诉讼法律事务代理人的，应当在受委托的权限内，维护委托人的合法权益。瞿某凤、瞿某华之兄瞿某禾生前委托上海祁某宇律师事务所代书并见证遗嘱，目的是通过熟悉法律事务的专业人员提供法律服务，使其所立遗嘱具有法律效力。作为专门从事法律服务的机构，上海祁某宇律师事务所应当明知瞿某禾的这一签约目的，在收取对价后，有义务为瞿某禾提供完善的法律服务，以维护委托人的合法权益。但是在代书遗嘱过程中，遗嘱人口述遗嘱内容时，上海祁某宇律师事务所指派的两位律师既没有做谈话笔录，也没有录音录像，而是回到律师事务所后仅凭自己的记忆整理出遗嘱版本，致使代书遗嘱因不符合时空一致性的要求，无法证明系遗嘱人的真实意思表示，而被人民法院生效判决确认为无效，瞿某禾名下的房屋按法定继承处理。《律师法》第54条规定，律师违法执业或者因过错给当事人造成损失的，由其所在的律师事务所承担赔偿责任。律师事务所赔偿后，可以向有故意或者重大过失行为的律师追偿。瞿某禾立遗嘱行为的本意,是要将遗嘱中所指的财产交由瞿某凤、瞿某华继承。现瞿某凤、瞿某华不能按遗嘱继承瞿某禾遗产的根本原因,是上海祁某宇律师事务所没有给瞿某禾提供完善的法律服务,以致瞿某禾立下了无效遗嘱。上海祁某宇律师事务所因在履行自己职责中的过错,侵害了瞿某凤、瞿某华依遗嘱继承瞿某禾遗产的权利,由此给瞿某凤、瞿某华造成损失,应当承担赔偿责任。至于上海祁某宇律师事务所辩称遗嘱被确认为无效是瞿某凤、瞿某华在遗嘱继承纠纷一案中存在重大失误所致,事实证明,即使瞿某凤、瞿某华提供了瞿某禾因病无法正常握笔书写的证明,也无法改变代书遗嘱不符合法定生效要件的客观事实,故该抗辩意见不成立。至于赔偿范围,应以瞿某凤、瞿某华因遗嘱被生效判决确认为无效而减少的继承份额为限。故判决上海祁某宇律师事务所应于判决生效之日起 10 日内赔偿瞿某凤、瞿某华经济损失 1,188,000 元。案件受理费 15,600 元、评估费 6638 元,由上海祁某宇律师事务所负担。

上海祁某宇律师事务所不服上述一审判决,提出上诉。二审审理中,当事人没有提交新证据。一审查明事实无误,上诉审予以确认。二审法院认为,当事人对自己的主张,有责任提供证据。上诉人的有关律师,因违反代书遗嘱订立的法律程序,导致所订立的代书遗嘱被法院认定为无效遗嘱,上述情形已被生效法律文书认定为法律事实。根据上诉人的律师在被继承人瞿某禾遗嘱继承纠纷案件中的陈述以及法院查明的被继承人瞿某禾订立代书遗嘱时的身体及精神状态,被继承人瞿某禾具有遗嘱能力。依据被继承人瞿某禾所订立的"代书遗嘱"的相关内容,若该代书遗嘱符合《继承法》第 17 条所规定的代书遗嘱的法律要件,或者上诉人的律师以《继承法》规定的其他遗嘱方式完成被继承人瞿某禾委托的订立遗嘱事务,则被上诉人瞿某凤、瞿某华可以取得被继承人瞿某禾的遗产,但是上诉人的律师所订立的代书遗嘱却因严重违反法律程序而无效,进而使被上诉人实际丧失了获得相应遗产的遗嘱继承权。依据上述法律事实,上诉人的律师在执业行为中显然存有过错,且造成了被上诉人的损失,上诉人应承担的责任在《律师法》第 54 条有明确规定,一审法院也已论及,本院予以认同并不再赘述。关于上诉人应承担的损失范围,一审法院的认定有事实和法律依据,本院予以确认。上诉人主张不应承担全部的责任,缺乏相应依据,本院不予采纳。综上所述,上诉人的上诉请求不能成立,应予驳回;一审判决认定事实清楚,适用法律正确,应予维持。依照《民事诉讼法》第 170 条(现为第 177 条)第 1 款第 1 项之规定,判决驳回上诉,维持原判。

(编写人:朱晓龙)

法律条文

第一千一百三十六条　打印遗嘱应当有两个以上见证人在场见证。遗嘱人和见证人应当在遗嘱每一页签名，注明年、月、日。

条文主旨

本条是关于打印遗嘱的规定。

新旧法对比

无	《民法典》
无	第一千一百三十六条　**打印遗嘱应当有两个以上见证人在场见证。遗嘱人和见证人应当在遗嘱每一页签名，注明年、月、日。**

理解与适用

1. 打印遗嘱

《继承法》在遗嘱的形式中没有规定打印遗嘱，主要是立法初期电脑尚未普及，打印遗嘱这种遗嘱形式还不是普遍存在，现如今，打印遗嘱越来越多，究其根本是随着生活方式的改变，自然人在日常书写中，通常以电脑打印方式进行，用笔书写大篇幅文章及内容已经越来越少见了。因此，法律规定新形式的遗嘱形式确有必要。

在编纂《民法典》的过程中，专家学者反复研究讨论，如果将打印遗嘱笼统地认定为自书遗嘱并不正确，尽管打印遗嘱也是自己将文字录入从而带有自书遗嘱的性质，但是，由于电脑写作不具有亲笔书写的唯一性继而来判定写作人的身份特征，区别于自书遗嘱依照遗嘱人笔迹及签名可以认定遗嘱的真实性来判断是否为遗嘱人的真实意思表示。那么将打印遗嘱单列为一条是很有必要的，在这种情况下，确定打印遗嘱是否为遗嘱人真实的意思表示，就必须明确规定其他条件来确定真实性。

2. 打印遗嘱应当符合以下形式要件的要求

（1）遗嘱为电脑制作、打印机打印出来的文本形式，而非遗嘱人的自书遗嘱和代书遗嘱。至于打印遗嘱究竟是不是遗嘱人亲自通过电脑打印，已经无关紧要，可以通过其他要件进一步认定。

(2)打印遗嘱应当有两个以上的见证人在场见证,并在打印遗嘱文本的每一页都签名。应当注意的是,见证人要有两名,且要在场见证,并要在遗嘱的每一页上都签名。

(3)遗嘱人也必须在打印遗嘱文本的每一页都签名,以证明打印遗嘱的每一页都是经过遗嘱人认可的。

(4)在遗嘱的文本上须注明立遗嘱的年、月、日。注明年、月、日的方法,应当是遗嘱人亲笔所为,例如在打印遗嘱的年、月、日处打印为空白,由遗嘱人用笔填写具体日期;或者由遗嘱人在打印遗嘱的最后手写年、月、日。

具备以上要件的,打印遗嘱发生遗嘱效力。

实务问题

1. 对打印遗嘱的要求更严格

就目前情况看,对打印遗嘱有效条件的要求比较严格,比代书遗嘱的条件的要求还要严格。不过,这些对形式要件的要求,都是为了保证打印遗嘱的真实性,是根据打印遗嘱的特殊性提出来的,只有规定这些要件,才能够确定其是否为遗嘱人的真实意思表示。

在实践中适用关于打印遗嘱的法律规定,要特别注意审查打印遗嘱的形式要件。凡是形式要件不符合要求,其他继承人有争议的,应当否定该打印遗嘱的效力。

2. 案例①

(1)案情简介。原告乔某与何某光原是夫妻关系(1998 年 6 月 13 日结婚,双方均属再婚),原告何某 1 与何某光是继父子关系。被告何某 2 与何某光是父女关系,被告于 1989 年随生母去美国生活至今。被继承人何某光于 2010 年 11 月 30 日去世。双方均确认何某光在去世之前神志是清晰的,是能正确表达自己意愿的。原告乔某持有被继承人何某光于 2010 年 10 月 24 日立下的遗嘱一份,该遗嘱主要载明何某光立下遗嘱,明确表示把属于其所有财产全部由乔某及何某 1 共同继承,以前无论对任何人曾经有过的任何形式的承诺均以该遗嘱为准。被告何某 2 持有被继承人何某光于 2010 年 8 月 8 日立下的遗嘱一份,该遗嘱主要载明何某光去世后,属于他的财产全部由其亲生女儿何某 2 继承。上述两份遗嘱经中国人民大学物证技术鉴定中心作出的司法鉴定意见书认定,两份遗嘱的签名均是何某光本人的亲笔签名。另查明,原告乔某与何某光在夫妻关系存

---

① 广西壮族自治区北海市中级人民法院(2013)北民一终字第 54 号。

续期间共同购置有:①位于北京市石景山区××××号房产;②位于北海市H型住宅楼××号房产;③位于北海市G型住宅楼底层××号车库;④位于北海市202号房产;⑤位于北海市302号房产;⑥车牌号为京××××××的雪佛兰牌小型越野车;⑦被继承人何某光对聊城××电子有限公司享有的债权(本金926,000元及至2012年8月30日止的利息202,573元)。位于北京市石景山区××××号房产,位于北海市202号、302号房产向银行办理了按揭贷款。

原告乔某、何某1起诉,要求判令何某光的全部遗产由两原告继承;反诉原告何某2主张原告出具的打印遗嘱无效,反诉要求判令何某光的全部遗产由反诉原告继承。

(2)法院认为。关于乔某、何某1所持有的2010年10月24日的遗嘱是否有效,二审法院经审理认为,乔某、何某1所持有的2010年10月24日的遗嘱,内容为打印机打印,立遗嘱人处的何某光签名经鉴定为何某光本人亲笔所签。虽然《继承法》第17条对遗嘱的形式有严格的要求,但随着科学技术的不断发展,通过计算机打印文字、视频录像传输等形式表达行为人内心意愿,已成为现代社会通行的行为方式。该案中,证人刘某伟证实,2010年10月24日的遗嘱为何某光本人亲自打印后签署姓名,该打印行为可视为何某光亲自书写行为的延伸。根据《最高人民法院关于贯彻执行〈中华人民共和国继承法〉若干问题的意见》第40条的规定,"公民在遗书中涉及死后个人财产处分的内容,确为死者真实意思的表示,有本人签名并注明了年、月、日,又无相反证据的,可按自书遗嘱对待"。所以,2010年10月24日何某光亲自打印的遗嘱,应视为自书遗嘱,为合法有效之遗嘱。法院故判决支持原告乔某、何某1的诉讼请求,驳回上诉,维持原判。

(编写人:朱晓龙)

法律条文

第一千一百三十七条　以录音录像形式立的遗嘱,应当有两个以上见证人在场见证。遗嘱人和见证人应当在录音录像中记录其姓名或者肖像,以及年、月、日。

条文主旨

本条是关于录音录像遗嘱的规定。

新旧法对比

《继承法》	《民法典》
第十七条第四款　以录音形式立的遗嘱,应当有两个以上见证人在场见证。	第一千一百三十七条　以录音**录像**形式立的遗嘱,应当有两个以上见证人在场见证。**遗嘱人和见证人应当在录音录像中记录其姓名或者肖像,以及年、月、日。**

理解与适用

录音录像遗嘱应当分为录音遗嘱和录像遗嘱。录音遗嘱是遗嘱人口述遗嘱内容并用录音的方式来固定内容的遗嘱。录像遗嘱是遗嘱人用录像的方式来固定内容的遗嘱。

鉴于录音和录像两种载体十分容易被伪造或者篡改,因此录音录像遗嘱应当符合下列形式要件。

(1)必须有两个以上的见证人在场见证。见证人在场见证的目的,是保证录制的遗嘱确为遗嘱人的真实意思。在录制遗嘱时,见证人应当把各自的姓名、性别、年龄、籍贯、职业、所在工作单位和家庭住址等基本情况予以说明。

(2)必须由遗嘱人亲自叙述遗嘱的内容。遗嘱人必须亲自清楚地口述遗嘱的全部内容,即不能由他人代述或转述遗嘱内容,口述的内容要清楚、明白,不能含混不清。口述的内容应当具体,对有关财产的处分,应当说明财产的基本情况,说明财产归什么人承受。

(3)必须由遗嘱人、见证人在录音录像中记录其姓名或者肖像、注明日期,在遗嘱人录制完遗嘱后,见证人也应当将自己的见证证明录制在录制遗嘱的音像磁带上,并在录音录像中记录其姓名或者肖像,注明设立遗嘱的年、月、日。由于录音带、录像带等视听资料容易被他人剪辑、伪造,需要履行严格的封存,只有这样才能确保录音录像遗嘱的真实性。遗嘱人与有关见证人在封存遗嘱时,应在封缝处共同签名,并注明年、月、日。

(4)必须当众开启录音录像遗嘱。录音录像遗嘱必须在继承开始后,在参加制作遗嘱的见证人和全体继承人到场的情况下,被当众启封,从而维护录音录像遗嘱的真实性。符合以上形式要件要求的录音录像遗嘱,是有效的遗嘱。

实务问题

1. 实践中需要注意的问题

在实践中比较困难的是，录音录像的遗嘱中怎样能做到“遗嘱人和见证人应当在录音录像中记录其姓名或者肖像，以及年、月、日”。以目前技术来看，遗嘱人和见证人应当在录音录像遗嘱中说明自己的姓名，且录像遗嘱中应当留有肖像，并且述说年、月、日。如果就录音录像遗嘱的真实性产生争议，在产生争议后核对遗嘱的真实性时，应当通过声纹鉴定和肖像比对，以确认遗嘱人和见证人的身份、日期和遗嘱内容的真实性。

2. 案例①

(1)案情简介。被告王某、邵某系王某1的父母亲，原告文某系王某1的朋友。1999年2月13日，王某1与案外人褚某登记结婚，于2000年9月8日离婚，婚姻存续期间未生育子女。王某1于2012年11月28日因病死亡。另查明，坐落于上海市浦东新区×××室房屋产权人为王某1。某船务技术咨询有限公司于2001年9月27日登记成立，注册资本500,000元，股东为王某1、文某，其中王某1实缴出资300,000元。××科技(上海)有限公司于2012年3月27日登记成立，注册资本2,000,000元，股东为刘某、邵甲、王某1、文某，其中王某1实缴出资440,000元。××科技有限公司于2012年11月5日登记成立，注册资本100,000元，实收资本30,000元，股东为鲁某、王某1、文某、张某，其中王某1认缴出资35,000元，实缴出资10,500元。

审理中，原告提交录像一份，以证明王某1于2012年11月24日在上海市某医院血液科特需病房订立遗嘱。原告陈述，该录像是原告在王某1的要求下用手机拍摄的，录像中的人员为原告、被告及王某1四人；录像中，王某1陈述了遗嘱的内容。被告称，拍摄该录像时，王某1和二被告均不知道原告在拍摄录像。

原告文某向法院起诉，主张依照王某1的录像遗嘱，确认遗产房屋产权、某船务技术咨询有限公司60%股权、××科技有限公司35%股权等归原告所有，被继承人王某1名下的股票、基金等和银行存款归原告所有。

(2)法院认为。遗嘱在形式上需符合法律规定，遗嘱形式有公证遗嘱、自书遗嘱、代书遗嘱、以录音形式立的遗嘱及口头遗嘱，以录像形式立的遗嘱可以按照以录音形式立的遗嘱来认定。根据法律规定，以录音形式立的遗嘱，应当有两

① 上海市浦东新区人民法院(2013)浦民一(民)初字第4604号。

个以上见证人在场见证。原告提供的录像没有两个以上的见证人予以见证,故即使王某1以录像形式订立遗嘱,但是在缺乏见证人的情况下,该遗嘱因不具备必要的形式要件而无效。且从原告提供的录像内容可知,在录制该录像时,王某1与本案原、被告的谈话内容虽涉及房产、公司股份等财产的处理,但是其并无订立遗嘱的明确意思表示。据此,对于原告的全部诉讼请求,法院难以支持,判决驳回原告的诉讼请求。

(编写人:朱晓龙)

法律条文

第一千一百三十八条　遗嘱人在危急情况下,可以立口头遗嘱。口头遗嘱应当有两个以上见证人在场见证。危急情况消除后,遗嘱人能够以书面或者录音录像形式立遗嘱的,所立的口头遗嘱无效。

条文主旨

本条是关于口头遗嘱的规定。

新旧法对比

《继承法》	《民法典》
第十七条第五款　遗嘱人在危急情况下,可以立口头遗嘱。口头遗嘱应当有两个以上见证人在场见证。危急情况解除后,遗嘱人能够用书面或者录音形式立遗嘱的,所立的口头遗嘱无效。	第一千一百三十八条　遗嘱人在危急情况下,可以立口头遗嘱。口头遗嘱应当有两个以上见证人在场见证。危急情况**消除**后,遗嘱人能够**以**书面或者录音**录像**形式立遗嘱的,所立的口头遗嘱无效。

理解与适用

1. 必须遗嘱人处于危急情况下,不能以其他方式设立遗嘱

危急情况,是指遗嘱人生命垂危、在战争中或者发生意外灾害,随时都有生命危险,来不及或无条件设立其他形式遗嘱的情况。如果遗嘱人不处于危急情况,可以通过自书、代书、录音录像、公证等其他的方式设立遗嘱,则无适用口头遗嘱的余地,即使遗嘱人立了口头遗嘱,该口头遗嘱也无效。

2. 必须有两个以上的见证人在场见证

订立口头遗嘱必须有两个以上的与遗产继承无利害关系的见证人在场见

证。订立口头遗嘱时，如果有条件见证人应将遗嘱人口授的遗嘱记录下来，并由记录人、其他见证人签名，注明年、月、日；见证人无法当场记录的，应于事后追记、补记遗嘱人口授的遗嘱内容，并于记录上共同签名，并注明年、月、日，以保证见证内容的真实、可靠，但是否以文字形式记录口授遗嘱的内容不是本条的必要形式要件。

3. 必须不存在危急情况解除后遗嘱人能够利用其他形式立遗嘱的情形

在危急情况解除后，遗嘱人能够用书面或者录音录像形式立遗嘱的，所立的口头遗嘱无效。口头遗嘱的效力受到限制，必须不存在危急情况解除后遗嘱人可以利用其他形式订立遗嘱的情形，危急情况一旦解除，则在一定时间内遗嘱人应当另立遗嘱，否则，即使遗嘱人没有另立遗嘱，该口头遗嘱也失去法律效力。

实务问题

1. 口头遗嘱

本条规定口头遗嘱，仍然与《继承法》第 17 条规定的内容一样，没有明确在危急情况解除后，遗嘱人应于多长时间内另立遗嘱，即没有规定口头遗嘱的有效期间。由于口头遗嘱原属遗嘱的简易方式，不得已而用之，对于其正确之点不能无疑，[①]因而设立有效期间十分必要。学者建议，应当规定口头遗嘱在危急情况解除后，经过 3 个月而失其效力，以保障遗嘱的真实性。在危急情况解除后，遗嘱人应于 3 个月内用书面或者录音录像等方式设立遗嘱：如果遗嘱人于危急情况解除后不足 3 个月内未另立遗嘱而死亡，应当承认其所立的口头遗嘱；如果遗嘱人于危急情况解除后 3 个月后仍未设立其他形式遗嘱的，则对其所立的口头遗嘱不予认可。[②] 这一立法建议没有被立法所采纳。按照现在的条文要求，应当理解为，口头遗嘱效力期间，应当自危急情况发生，遗嘱人用口头方式立下遗嘱开始，至遗嘱人的危急情况消除，能够用其他方式设立遗嘱为止。遗嘱人的危急情况一经消除，遗嘱人能够用其他方式设立遗嘱，遗嘱人在危急情况发生时所立的口头遗嘱即失效。在司法实践中，因遗嘱人在危急情况下所立的口头遗嘱的效力只维持到危急情况消除之时，所以确定口头遗嘱效力的终期，就是危急情况消除之时。在通常情况下，遗嘱人的危急情况，是指身体健康状况的病危，当病危通知下达后，就存在立口头遗嘱的条件，当病危通知解除后，危急情况即消除，按照规定，在这时，口头遗嘱即失效。

---

① 参见胡长清：《中国民法继承论》，商务印书馆 1936 年版，第 201 页。

② 参见郭明瑞、房绍坤、关涛：《继承法研究》，中国人民大学出版社 2003 年版，第 119 页。

不过,这样的口头遗嘱效力期间似乎过短。其实,该期间除应当具备遗嘱人的危急情况消除这一条件外,还应当具备遗嘱人能够用其他方式设立遗嘱的条件。当遗嘱人尽管已经脱离了病危状态,但是,还不能用其他方式立遗嘱时,口头遗嘱还应当具有效力。只有在遗嘱人脱离了病危状态,并且能够用其他方式设立遗嘱时,才能认为口头遗嘱已经失效,因为其能够用其他方式立遗嘱而未立其他形式的遗嘱,说明其已经不必再立遗嘱了,所以确认口头遗嘱无效是有道理的。

2. 案例①

潘己、罗乙夫妇二人共生育四个子女:潘戊、潘丁、潘庚、罗甲。某年某月某日,潘戊与毛某登记结婚(双方均系再婚),潘甲系潘戊与前妻所生之子。潘庚、骆某夫妇二人共生育二子:潘丙、潘乙。潘己、罗乙与潘戊、潘庚已相继去世,上述四人去世前均未留遗嘱。位于武汉市汉阳区的某套房屋(建筑面积 125. 25 平方米)系潘己与罗乙夫妇生前所有财产,现该房屋产权人登记为罗乙。现原告毛某起诉潘甲、骆某等至法院,请求依法继承上述房屋 1/8 的产权份额,本案案件受理费用由被告承担。六被告则称罗乙生前留有口头遗嘱,原告无权继承上述房屋。

法院认为,位于武汉市汉阳区的某套房屋(建筑面积 125. 25 平方米)系潘己与罗乙夫妻共同财产。二人去世后,因生前均未立遗嘱,故该房屋应由其第一顺序继承人,即潘戊、潘丁、潘庚、罗甲依照法定继承平均继承,每人各继承该房屋 1/4 产权份额。依照《最高人民法院关于贯彻执行〈中华人民共和国继承法〉若干问题的意见》第 52 条关于"继承开始后,继承人没有表示放弃继承,并于遗产分割前死亡的,其继承遗产的权利转移给他的合法继承人"之规定,现潘戊、潘庚于潘己、罗乙去世后,上述房屋继承分割前去世,其二人依法应当继承的上述房屋产权份额应分别转移给该二人的合法继承人,故潘戊依法应继承的该房屋 1/4 产权份额应转移给原告毛某与被告潘甲二人,每人各继承该房屋 1/8 产权份额;潘庚依法应继承的 1/4 产权份额应转移给被告骆某、潘丙、潘乙三人,现被告骆某自愿将其应继承的上述房屋产权份额平均赠与被告潘丙、潘乙,法院予以准许,故被告潘丙、潘乙每人各继承该房屋 1/8 的产权份额。六被告主张罗乙生前以口头遗嘱形式对房屋进行了分配,依照《继承法》第 17 条第 5 款及第 18 条关于"遗嘱人在危急情况下,可以立口头遗嘱。口头遗嘱应当有两个以上见证人在场见证""下列人员不能作为遗嘱见证人:……(二)继承人、受遗赠人;(三)与

① 湖北省武汉市汉阳区人民法院(2015)鄂汉阳民一初字第 00032 号。

继承人、受遗赠人有利害关系的人”之规定，六被告未能提交证据证实罗乙系处于危急情况下作出上述意思表示，且六被告作为继承人及利害关系人不具备遗嘱见证人资格，故对六被告的上述主张，法院不予采信，否定了被告主张的口头遗嘱的效力，判决原告毛某继承被继承人 1/8 的遗产份额。

（编写人：朱晓龙）

法律条文

第一千一百三十九条　公证遗嘱由遗嘱人经公证机构办理。

条文主旨

本条是关于公证遗嘱的规定。

新旧法对比

《继承法》	《民法典》
第十七条第一款　公证遗嘱由遗嘱人经公证机关办理。	第一千一百三十九条　公证遗嘱由遗嘱人经公证机构办理。

理解与适用

根据《公证法》的相关规定，公证遗嘱必须由遗嘱人本人亲自办理，不得委托他人办理公证。遗嘱人办理遗嘱公证时，应当亲自到住所地或者遗嘱行为发生地的公证处提出申请。遗嘱人亲自到公证处有困难的，可以书面或者口头形式请求有管辖权的公证处指派公证人员到其住所或者临时处所办理。公证遗嘱应当由两名公证人员共同办理，由其中一名公证员在公证书上署名。因特殊情况由一名公证员办理时，应当有一名见证人在场，见证人应当在遗嘱和笔录上签名。遗嘱人在办理公证遗嘱时，应当向公证机构提供书面遗嘱或者向公证机构表述遗嘱内容。公证人员在办理遗嘱公证时，要依法对遗嘱人立遗嘱行为的真实性、合法性予以审查，审查的内容包括：遗嘱人是否具有完全民事行为能力，遗嘱人的意思表示是否真实，遗嘱的内容是否完备、文字表述是否准确，遗嘱内容是否违反法律规定和社会公共利益，遗嘱的签名、制作日期是否齐全以及办理公证的程序是否符合规定等。经审查认为遗嘱人立遗嘱行为符合法律规定的条件的，公证处应当出具公证书。公证遗嘱采用打印形式。遗嘱人根据遗嘱原稿核对后，应当在打印的公证遗嘱上签名、盖章或者捺手印。

实务问题

1. 实践中需要注意的问题

司法实践中比较有分歧的在于是否必须要求两个以上的公证员共同公证，其实这个要求并不现实，也表现出了对公证员的不信任。当只有一位公证员进行公证的时候，须有的一名见证人究竟应当是什么身份，也没有明确的要求。遗嘱公证并非极为特殊的公证，应当由一个公证员办理就好，因有秘书或者其他工作人员在场协助，可以实现避免作弊的目的。因此，办理公证遗嘱仍然应当是由一名公证员办理。

2. 案例[①]

(1)案情简介。林某雷和周某云夫妇共生育5个子女，分别是林某1、林某2、林某3、林某4、林某5。1995年6月28日，浙江省杭州市下城区人民法院作出(1995)下民初字第370号民事调解书，周某云与林某雷离婚。2013年9月9日，周某云立下遗嘱一份，将登记在其名下的位于太原市×××路×××号、建筑面积74.60平方米的房产，明确由林某1一人继承，该财产不作为林某1与其配偶的夫妻共同财产。同日，该遗嘱经山西省太原市城西公证处作出的(2013)并西证民字第×××号公证书，证明周某云的遗嘱行为符合《民法通则》第55条和《继承法》第17条第1款的规定。2014年5月8日周某云去世。现该房产的房屋所有权证由被告林某5保管。原告林某1诉至法院，请求确认被继承人周某云生前房产遗嘱公证有效，按遗嘱进行继承。

(2)法院认为。根据《继承法》的规定，被继承人死亡后，有遗嘱的，按照遗嘱继承办理，没有遗嘱的，按照法定继承办理。公民可以依照《继承法》的规定立遗嘱处分个人财产，公民可以立遗嘱将个人财产指定由法定继承人的一人或者数人继承。遗嘱应当对缺乏劳动能力又没有生活来源的继承人保留必要的遗产份额。遗嘱的形式有：公证遗嘱、自书遗嘱、代书遗嘱、录音遗嘱和口头遗嘱。公证遗嘱由遗嘱人经公证机关办理。本案中，遗嘱人周某云所立遗嘱经山西省太原市城西公证处办理，公证遗嘱合法有效，法院依法予以确认，故判决争议房产由原告林某1继承。

(编写人：朱晓龙)

---

① 山西省太原市万柏林区人民法院(2015)万民初字第1430号。

法律条文

第一千一百四十条　下列人员不能作为遗嘱见证人：

（一）无民事行为能力人、限制民事行为能力人以及其他不具有见证能力的人；

（二）继承人、受遗赠人；

（三）与继承人、受遗赠人有利害关系的人。

条文主旨

本条是关于遗嘱见证人资格的规定。

新旧法对比

《继承法》	《民法典》
第十八条　下列人员不能作为遗嘱见证人： （一）无行为能力人、限制行为能力人； （二）继承人、受遗赠人； （三）与继承人、受遗赠人有利害关系的人。	第一千一百四十条　下列人员不能作为遗嘱见证人： （一）无**民事**行为能力人、限制**民事**行为能力人**以及其他不具有见证能力的人**； （二）继承人、受遗赠人； （三）与继承人、受遗赠人有利害关系的人。

理解与适用

与《继承法》第18条相比，本条增加了“其他不具有见证能力的人”；将“无行为能力人、限制行为能力人”变更为“无民事行为能力人、限制民事行为能力人”是对法律规定的完善。前面我们提到的六种设立遗嘱的方式，除自书遗嘱和公证遗嘱外皆需要遗嘱见证人，所谓遗嘱见证人就是平时民众口中的“证人”“证明人”，由于遗嘱见证人证明的真伪直接关系遗嘱的效力，直接影响到遗嘱继承人的利益，因此遗嘱见证人的条件规范需十分严格，应当具备以下三个条件。

1. 具备见证的能力

遗嘱见证人要在场见证遗嘱人立遗嘱的行为，并在事后对遗嘱的内容、订立情形等作出证明，遗嘱见证人的证明对遗嘱的效力具有重要影响，因此见证人必须具有完全民事行为能力。根据本法规定，不具有完全民事行为能力的人有：不满18周岁的未成年人，但是16周岁以上以自己的劳动收入为主要生活来源的未成年人除外;不能辨认或者不能完全辨认自己行为的成年人。上述无民事行为能力人、限制民事行为能力人对事物缺乏足够的认识能力和判断能力,不能作为遗嘱见证人。在《民法典》继承编的编纂过程中,一些意见提出,在一些情况下遗嘱见证人虽然是完全民事行为能力人,但是可能不具有事实上的见证能力,例如文盲以及对遗嘱所使用的语言掌握不充分的人,因身体缺陷而不具有知晓遗嘱内容的能力的人,这些人员在遗嘱的具体内容的识别与理解上存在一定的欠缺,如果承认此类见证人的资格,对遗嘱的真实性可能会产生一定的影响。所以《民法典》继承编在《继承法》第 18 条第 1 项的基础上增加规定,“其他不具有见证能力的人”也不得担任遗嘱见证人。遗嘱见证人除了为完全民事行为能力人外,还需要具有见证能力,而见证能力的有无要根据具体事实情况进行判断。

2. 不是继承人、受遗赠人

为了确保见证人能够公正、客观地对遗嘱的真实性作出证明,法律一般要求见证人与遗嘱内容没有利害关系。受遗赠人是遗赠人在遗嘱中指定的接受其遗赠的个人财产的法定继承人以外的人,是遗嘱的直接受益人,不能作为遗嘱见证人。对于继承人而言,遗嘱人通过立遗嘱处分个人财产的行为,会使继承人的利益受益或者受损。由继承人、受遗赠人担任见证人,可能会给遗嘱人造成影响,导致其作出的遗嘱并非出于真实意愿。此外,继承人、受遗赠人在知晓遗嘱内容后还可能为了自己的利益而作出不真实的证明,制造因素使遗嘱有效或者无效。因此,允许继承人、受遗赠人担任遗嘱见证人难以确保遗嘱内容的真实性。

3. 与继承人、受遗赠人有利害关系的人

与继承人、受遗赠人有利害关系的人是指继承人、受遗赠人能否取得遗产、取得多少遗产会直接影响其利益的人,因此应当包括:继承人、受遗赠人的近亲属(如配偶、子女、父母、兄弟姐妹、祖父母、外祖父母),以及继承人、受遗赠人的债权人和债务人、共同经营的合伙人。这部分人因与遗嘱实际上有着间接的利害关系,也有可能影响对遗嘱作出客观、公正的见证。所以,与继承人、受遗赠人有利害关系的人也不能作为遗嘱见证人。不具备遗嘱见证人资格的人不能作为遗嘱的见证人,其所作的见证不具有法律效力。但是,这并不是说,不具备遗嘱见证人资格的人不能出现在设立遗嘱的现场。例如,遗嘱人设立代书遗嘱,当时有三人在场,其中有一个人不具备见证人的资格,如果该人为代书人,则该遗嘱不符合法定形式要件;但是,如果该人不为代书人,不过是作为一般见证人在遗嘱上签名,则不能因此而认定该遗嘱不符合法定形式。因为虽然该人不具备见证人的资格,其见证无效,但该遗嘱仍有两个人在场见证,其他两个具有见证人资格的人的见证应当是有效的。

实务问题

1. 遗嘱见证人见证事项包括以下几个方面：

（1）证明遗嘱人的遗嘱能力。遗嘱见证人应当证明遗嘱人在订立遗嘱时的遗嘱能力，也就是遗嘱人是否为完全民事行为能力人，是否存在不具有遗嘱能力的情形。

（2）证明立遗嘱时的情况。这主要是证明遗嘱人立遗嘱时是否出于自愿，遗嘱继承和遗赠有无不当影响。见证口头遗嘱，遗嘱见证人还应当证明遗嘱人当时所处的危急情况是否存在，是否真实。

（3）记录遗嘱内容。在代书遗嘱中，应当由其中一名见证人代书，该见证人应当记录遗嘱内容。在口头遗嘱中，也需要见证人记录遗嘱内容。

（4）在遗嘱上签名，并注明年、月、日。在代书遗嘱、录音录像遗嘱中，有关见证人应当在代书遗嘱与封存的磁带上签名，并注明年、月、日。

2. 案例①

（1）案情简介。邵某财与武某志系夫妻关系，二人育有一女一子，分别为原告邵某娟、被告邵某波。邵某财于2016年11月19日去世、武某志于2011年9月30日去世，邵某财、武某志的父母均先于其本人去世。邵某财、武某志生前共同居住在位于济南市长清区××小区×××号房屋内，该房屋属拆迁安置房，面积为80平方米，系按邵某财、武某志各享有40平方米安置分配。2016年9月26日，邵某财立遗嘱一份，载明："立遗嘱人：邵某财（手印），男，汉族，生于1952年6月18日；遗嘱受益人：邵某娟，女，汉族，生于1978年11月16日。遗嘱内容：我叫邵某财（手印），男，汉族，生于1952年6月18日，我妻子叫吴某志，我与妻子吴某志结婚后，生育一女一子，大女儿叫邵某娟，二儿子叫邵某波，2005年因大学城建设，我所在的××村集体搬迁，我分得安置房一处（手印），位于长清区××小区（手印）×××室，面积80平方米，储藏室面积5平方米，我妻子吴某志2010年患肠癌，2011年国庆节前去世，治病期间所花医疗费约30万元由我女儿邵某娟拿的。2011年我因脑出血住院，花去医疗费11万元，由我女儿负担，生病期间全是我女儿邵某娟照顾我，自我生病康复出院后，我的生活起居全部由我女儿照顾，我平时吃的保健药也是我女儿花钱（手印）给我买的。我决定在我百年后将我的位于长清区（手印）××小区×××号房产让我女儿邵某娟（手印）继承，我现在

① 山东省长清县人民法院（2017）鲁0113民初1377号。

头脑清楚，没有受任何人的威胁胁迫，是我的真实(手印)意思表示。立遗嘱人：邵某财(手印)；代书人：高某；在场人：康某；2016年9月26日。"

原告为要求确认邵某财于2016年9月26日所立遗嘱有效并由被告承担诉讼费，诉至法院。另查，涉案遗嘱中书写的"吴某志"系笔误，应为"武某志"。邵某财的第一顺序继承人为原告邵某娟、被告邵某波，此外无其他第一顺序继承人。遗嘱的见证人高某、康某系完全行为能力人，且非与原告、被告有利害关系的人。

(2)法院认为。依据《继承法》第5条、第17条第3款、第18条之规定，继承开始后，按照法定继承办理；有遗嘱的，按照遗嘱继承办理。代书遗嘱应当有两个以上见证人在场见证，由其中一人代书，注明年、月、日，并由代书人、其他见证人和遗嘱人签名。下列人员不能作为遗嘱见证人：①无行为能力人、限制行为能力人；②继承人、受遗赠人；③与继承人、受遗赠人有利害关系的人。本案遗嘱系代书遗嘱，代书人为高某，见证人为高某、康某，为此，原告邵某娟提供遗嘱原件一份、录像光盘一张，被告均予认可。该遗嘱符合上述法律规定的代书遗嘱条件。综上，邵某财于2016年9月26日所立遗嘱系邵某财真实意思表示，内容及形式均符合法律规定，属于有效遗嘱。法院故判决支持原告的诉讼请求，判决邵某财于2016年9月26日所立遗嘱为有效遗嘱。

(编写人：朱晓龙)

法律条文

第一千一百四十一条　遗嘱应当为缺乏劳动能力又没有生活来源的继承人保留必要的遗产份额。

条文主旨

本条是关于遗嘱继承应当保留必留份的规定。

新旧法对比

《继承法》	《民法典》
第十九条　遗嘱应当对缺乏劳动能力又没有生活来源的继承人保留必要的遗产份额。	第一千一百四十一条　遗嘱应当为缺乏劳动能力又没有生活来源的继承人保留必要的遗产份额。

理解与适用

1. 本条规定的是"遗嘱应当为缺乏劳动能力又没有生活来源的继承人保留必要的遗产份额"这个必要的遗产份额就是必留份。遗嘱非法处分必留份的,其法律后果是认定相应的部分遗嘱内容无效。

遗嘱人立遗嘱,可以自主决定在其身故以后如何对自己的个人财产进行分配与处置,在分配的对象、方式、份额等方面都具有较大程度的自由决定权。遗嘱自由原则是我国民法领域意思自治以及保护私有财产原则的充分体现。但是,自由不是无限制的自由,由于继承制度必须发挥其遗产的抚养功能并维系最基本的家庭伦理道德,因此必须对遗嘱自由加以限制。

2.《继承法》第19条规定了必留份制度,《民法典》也将该制度保留延续

(1)享有继承"必要的遗产份额"的继承人,必须同时具备缺乏劳动能力和没有生活来源这两个条件。有劳动能力而没有生活来源,或者缺乏劳动能力而有生活来源的继承人,都不在此列。基本生活需要是指能够维持当地群众一般生活水平的需要。

(2)法定继承人是否为缺乏劳动能力又无生活来源的人,应以继承开始时为准,不能以遗嘱人立遗嘱时的继承人的状况为准。立遗嘱时为缺乏劳动能力又没有生活来源的人,于继承开始时具有了劳动能力或有了生活来源的继承人,不在此限。立遗嘱时有劳动能力或有生活来源而于被继承人死亡时丧失劳动能力又没有生活来源的继承人,属于应为其保留必要遗产份额的继承人,遗嘱没有为其保留必要的遗产份额的,仍然无效。缺乏劳动能力又没有生活来源的法定继承人,应当是被继承人死亡之时生存之人,此为当然。

(3)遗嘱中未为缺乏劳动能力又没有生活来源的继承人保留必要的遗产份额时,遗嘱并非全部无效,而仅仅是涉及处分应保留份额遗产的遗嘱内容无效,其余内容仍可有效。遗产处理时,应当为该继承人留下必要的遗产,所剩余的部分,可以按照遗嘱确定的分配原则处理。

实务问题

1. 特留份制度

在立法过程中,很多专家学者都提出应当规定特留份制度,因为现有的必留份不能代替特留份。不过,也有人认为特留份与必留份是一样性质的规定,有了必留份就不用规定特留份,因而,立法机关没有采纳规定特留份制度的立法建议。这种意见是不对的。第一,特留份制度是限制被继承人不当处分遗产的必

要措施。特留份限制了遗嘱自由，但是特留份保证了法定继承人的继承权力。第二，必留份制度不能代替特留份制度。特留份并不要求法定继承人必须具备丧失劳动能力或者没有生活来源等条件，只要是法律规定的享有特留份的法定继承人，在被继承人处分自己遗产的时候就必须给特留份人留下必要的份额，由此可见，特留份制度有独立存在的必要，既不能不规定也不能被替代。第三，特留份权人与必留份权人规定的范围不同。各国法律对于特留份权利人的范围有完全不同的规定，他们可以是法定继承人的全部，可以是法定继承人中的某些人，还可以是那些特定关系的法定继承人，如配偶、婚生子女、非婚生子女以及直系亲属等，完全由各国法律规范。而必留份权利人只有一种，即缺乏劳动能力又没有生活来源的继承人，这个范围和条件明显小于特留份继承权人。

2. 案例①

（1）案情简介。代某香系被继承人姜某学再婚妻子，姜甲、姜乙、姜丙系被继承人姜某学子女。姜某学生前留有位于济南市历下区×××室的房产一套，该房产系其于 1999 年 5 月 6 日通过职工购房方式取得（购房表中为×区××-×-×××），2003 年 10 月 17 日，代某香、姜某学于济南市历下区民政局登记结婚。2007 年 12 月 26 日，济南市中心医院出具死亡医学证明书显示，姜某学于 2007 年 12 月 26 日死亡。2016 年 4 月 19 日，姜乙受姜甲、姜丙委托，与济南市历下区住房和城市建设局、济南市历下区房屋征收服务中心，就上述房屋签订《济南市国有上地上房屋征收补偿协议》，涉案房屋以货币补偿方式征收，货币补偿总额为 976,816.60 元。涉案房屋补偿款共计 976,816.60 元，姜甲、姜乙、姜丙对此均予以认可，称打入姜乙账户，由姜甲、姜丙两人分割。

对有争议的证据和事实，法院认定如下。姜甲提交姜某学生前的遗嘱内容为：本人姜某学是济南××集团离休干部，现住历下区××号楼×单元×××室，我去世后住房赠与姜甲、姜乙，由其兄弟二人共同继承，以我一生所获的最高荣誉奖章为证，望妻子、子女遵守此嘱。立遗嘱人为姜某学，代书人刘某航，证人刘某，时间为 2007 年 11 月 7 日。刘某航、刘某均出庭作证，证明遗嘱是姜某学的真实意思表示。对此，代某香称姜某学当时已经病重，遗嘱不是姜某学本人的真实意思表示，并申请对遗嘱的形成时间和立遗嘱人签字进行鉴定。法院就遗嘱书写时间是否是 2007 年 11 月 7 日，以及遗嘱上的签名是否是姜某学本人书写进行司法鉴定。2017 年 12 月 4 日，法院技术室回函显示，需提供与姜某学书写遗嘱时间相近的签名原件，同时告知鉴定是不是 2007 年 11 月 7 日书写形成，需提交

① 山东省济南市历下区人民法院（2017）鲁 0102 民初 489 号。

2007年11月左右的对比样本,时间前后不超过一个月。代某香对此回函不予认可,称无事实和法律依据。姜乙提交代某香提供给厂里老干部科的遗嘱复印件显示,涉案房屋在姜某学去世后由代某香居住,只有居留权无处理权,立遗嘱时间为2007年4月16日,有姜某学、代某香签名与捺印,但系复印件,姜乙称原件在代某香手中。对此,代某香称不予认可。姜甲提交的2017年2月3日济南××集团离退部二区离退科提供的证明显示:代某香系我单位已故离休干部姜某学之妻,每月享受遗属生活困难补助费552元。代某香对此证明真实性有异议,认为是460元,并提交2017年1月4日济南××集团离退部二区离退科提供的证明,显示:代某香系我单位已故离休干部姜某学遗属,每月由济南市社保办发放460元遗属补助费,特此证明。并盖有济南××集团有限公司离退休干部工人管理处西区离退科章。两份证明系同一部门出具,应以最后一份为准,故法院认定代某香遗属生活困难补助费为522元。

代某香向法院提出诉讼请求:判令代某香对济南市历下区房屋补偿款享有1/4继承权,即244,204.15元(变更为235,000元),由姜甲、姜乙、姜丙向代某香支付;诉讼费由姜甲、姜乙、姜丙承担。

(2)法院认为。该案系继承纠纷。遗产是公民死亡时遗留的个人合法财产。涉案房屋系姜某学婚前的个人财产,对此,代某香、姜甲、姜乙、姜丙均无异议。因此,涉案房屋自姜某学去世时,应当认定为其遗产。涉案房屋现已拆迁,该房屋的拆迁补偿款976,816.60元应为遗产。继承开始后,按照法定继承办理;有遗嘱的,按照遗嘱继承。遗嘱可以采取代书遗嘱的形式,代书遗嘱应当有两个以上见证人在场见证,由其中一人代书,注明年、月、日,并由代书人、其他见证人和遗嘱人签名。姜甲提交的姜某学所立的遗嘱符合法定形式,同时代书人、见证人均出庭作证,应当认定为合法的遗嘱形式,本案应当按照遗嘱继承。同时,遗嘱应当对缺乏劳动能力又没有生活来源的继承人保留必要的遗产份额。遗嘱人未保留缺乏劳动能力又没有生活来源的继承人的遗产份额的,遗产处理时,应当为该继承人留下必要的遗产。代某香作为姜某学之妻,是其合法的法定继承人,既缺乏劳动能力,也无生活来源,因此,应当为代某香留有必要的遗产。当事人均未提交被继承人姜某学尚有其他遗产的证据,故对于代某香要求继承的请求,法院酌情支持。结合济南××集团对遗嘱的生活困难补助(每月522元)、代某香的年龄(已满68周岁)以及2016年度山东省农村年人均消费性支出,法院酌情以12年计算,应为代某香保留的遗产数额为(9519-552×12)×12=34,740元,遂判决被告姜甲、姜乙于判决生效之日起10日内各自向原告代某香支付17,370元。

(编写人:朱晓龙)

法律条文

第一千一百四十二条　遗嘱人可以撤回、变更自己所立的遗嘱。

立遗嘱后，遗嘱人实施与遗嘱内容相反的民事法律行为的，视为对遗嘱相关内容的撤回。

立有数份遗嘱，内容相抵触的，以最后的遗嘱为准。

条文主旨

本条是关于遗嘱撤回、变更及内容相抵触遗嘱效力的规定。

新旧法对比

《继承法》	《民法典》
第二十条　遗嘱人可以撤销、变更自己所立的遗嘱。 立有数份遗嘱，内容相抵触的，以最后的遗嘱为准。 自书、代书、录音、口头遗嘱，不得撤销、变更公证遗嘱。	第一千一百四十二条　遗嘱人可以撤回、变更自己所立的遗嘱。 **立遗嘱后，遗嘱人实施与遗嘱内容相反的民事法律行为的，视为对遗嘱相关内容的撤回。** 立有数份遗嘱，内容相抵触的，以最后的遗嘱为准。

理解与适用

本条特别重要的新规定是，明确了数份遗嘱内容相抵触以最后的遗嘱为准的原则，删除了公证遗嘱效力优先的错误规则。对《继承法》第20条作了以下两个方面的修改完善：

1. 将遗嘱的“撤销”修改为“撤回”

根据意思表示的一般理论，民法上的“撤回”与“撤销”是不同的概念。“撤回”是对还未生效的意思表示予以撤回，使其不发生法律效力，而“撤销”是对已经生效的意思表示予以撤销，使其具有溯及力的消灭。遗嘱行为是死因民事法律行为，遗嘱在遗嘱人死亡时生效，遗嘱人只能在其死亡前即遗嘱生效前取消其意思表示，因此用“撤回”遗嘱更加准确。

2. 删除了公证遗嘱优先效力的规定

《继承法》第20条第3款规定，自书、代书、录音、口头遗嘱，不得撤销、变更公证遗嘱，突出了公证遗嘱的优先效力。在《民法典》继承编的编纂过程中，对于是否要继续赋予公证遗嘱优先效力有不同意见。有的意见认为，目前社会上还存在诚信缺失的现象,公证遗嘱能最大限度保证遗嘱的合法性和真实性,且具有法定证明力,暂不能以其他形式的遗嘱取代公证遗嘱的效力。否则,不仅会大幅提高司法成本,也增加确认遗嘱人真实意愿的难度。该规定实施多年来已被社会大众接受,目前存量公证遗嘱很多,如果取消其最高效力,如何处理也是一大难题。有的意见则认为,公证遗嘱效力优先规则极大地限制了遗嘱自由,并且增加了立遗嘱的成本,当事人立公证遗嘱后只能以公证遗嘱的形式撤回和变更前一公证遗嘱,在遗嘱人生命垂危难以办理公证遗嘱撤回或变更前一公证遗嘱时,限制了遗嘱人真实的意思表示。《继承法》赋予公证遗嘱在适用效力位阶上的优先性,不允许遗嘱人以其他形式的遗嘱撤回或者变更,存在使遗嘱人的最终意愿不能实现,不当限制遗嘱自由等弊端,有悖于遗嘱制度的宗旨。为切实保障遗嘱人的真实意愿,《民法典》继承编删除了《继承法》关于自书、代书等形式的遗嘱不得撤销、变更公证遗嘱的规定,保留了《继承法》"立有数份遗嘱,内容相抵触的,以最后的遗嘱为准"的规定,即对于遗嘱人所立的内容相抵触的数份遗嘱,以立遗嘱的时间作为认定遗嘱有效的判断标准,无论遗嘱形式如何,遗嘱人最后所立的遗嘱具有优先适用的效力。

实务问题

1. 在适用本条规定时,应当注意以下两个问题

(1)遗嘱人撤回的意思表示再次被撤回时,原先被撤回的遗嘱是否恢复其效力。对此,各国规定的立法例有三种:第一,原先被撤回的遗嘱恢复其效力;第二,原先被撤回的遗嘱不恢复其效力;第三,原先的遗嘱限制恢复效力,即只有在撤回遗嘱的行为是由于被欺诈、胁迫造成的情况下,才恢复其效力。《民法典》继承编对此没有明文规定。上述第三种立法例比较符合情理和实际。因为遗嘱人在被欺诈、胁迫的情形下撤回原先的遗嘱,这种撤回不符合遗嘱人的本意,不是遗嘱人的真实意思,在该撤回原先遗嘱的行为被撤回时,应当恢复原先遗嘱的效力。不过,在不是被欺诈、胁迫而撤回原先遗嘱的情形下,即使后来遗嘱人又撤回了撤回原先遗嘱的行为,该再次撤回也未必与原先的遗嘱意思表示相符,因此不能恢复原先遗嘱的效力。

(2)要特别注意本条对数份遗嘱内容抵触效力规则的变更。在实践中,凡是出现一个遗嘱人订立了数份遗嘱且内容相抵触的,应当适用本条第 3 款规定的规则,以最后的遗嘱为准,其具有优先效力。

2. 案例①

(1)案情简介。张某与肖某6系夫妻关系,二人共生育五子女,即肖某3、肖某4、肖某5、肖某7、肖某8。刘某与肖某8系夫妻关系,二人共生育一女即原告肖某1。被告肖某2系肖某7之女。肖某8于2005年9月21日去世,肖某7于2014年3月8日去世,张某于2014年7月10日去世,肖某6于1989年去世。

位于北京市通州区宋庄镇×号院内有正房四间(以下简称诉争房屋),系1992年建成。诉争房屋建成后,由肖某8一家与张某共同居住。2004年,肖某8与刘某对诉争房屋进行了部分翻修。2011年张某起诉刘某、肖某1等,要求继承诉争房屋。后法院判决诉争房屋归张某所有。刘某及肖某1不服提起上诉,二审维持原判。现诉争房屋由刘某及原告肖某1居住。2013年6月22日,张某立下遗嘱,明确将诉争房屋归肖某2继承,遗嘱有冯某晨及花某报作为见证人签字。2014年6月26日,张某再次立下遗嘱,将诉争房屋归原告肖某1继承,遗嘱有杨某富、舒某成作为见证人签字。原告肖某1向法院起诉,主张执行遗嘱,争议的正房四间归原告肖某1所有。被告肖某2辩称,张某已经将该房屋遗赠给肖某2,不同意肖某1继承该房屋。

(2)法院认为。继承从被继承人死亡时开始。遗嘱人可以撤销、变更自己所立的遗嘱。立有数份遗嘱,内容相抵触的,以最后的遗嘱为准。该案中,张某去世后,原告、被告作为继承人均有权继承其遗产。诉争房屋已经法院判决归张某所有,应当作为遗产进行分割。根据审理查明的事实,张某生前立有两份遗嘱,且遗嘱内容不一致,故应当以后一份遗嘱为准,即以2014年6月26日所立的遗嘱为准,故对原告以该份遗嘱要求继承诉争房屋的诉讼请求,法院予以支持,判决本案讼争的正房四间归原告肖某1所有。

(编写人:朱晓龙)

法律条文

第一千一百四十三条　无民事行为能力人或者限制民事行为能力人所立的遗嘱无效。

遗嘱必须表示遗嘱人的真实意思,受欺诈、胁迫所立的遗嘱无效。

伪造的遗嘱无效。

遗嘱被篡改的,篡改的内容无效。

① 北京市通州区人民法院(2014)通民初字第14171号。

条文主旨

本条是关于遗嘱无效的规定。

新旧法对比

《继承法》	《民法典》
第二十二条　无行为能力人或者限制行为能力人所立的遗嘱无效。 遗嘱必须表示遗嘱人的真实意思,受胁迫、欺骗所立的遗嘱无效。 伪造的遗嘱无效。 遗嘱被篡改的,篡改的内容无效。	第一千一百四十三条　无**民事**行为能力人或者限制**民事**行为能力人所立的遗嘱无效。 遗嘱必须表示遗嘱人的真实意思,受**欺诈**、胁迫所立的遗嘱无效。 伪造的遗嘱无效。 遗嘱被篡改的,篡改的内容无效。

理解与适用

遗嘱除了要符合法律规定的形式要件以外,遗嘱的有效还需要具备民事法律行为有效的条件,这里面既包含《民法典》总则编所规定的一般条件,也包括继承篇所规定的特别条件。本法第143条规定具备下列条件的民事法律行为有效:(1)行为人具有相应的民事行为能力;(2)意思表示真实;(3)不违反法律、行政法规的强制性规定,不违背公序良俗。

本条沿袭了《继承法》第22条的规定,规定了在下列情形下遗嘱无效:

1. 遗嘱人不具有遗嘱能力

遗嘱能力是指自然人依法享有的可以用遗嘱形式处分个人财产的能力或资格。大多数国家的继承法对遗嘱能力都有规定,遗嘱能力的确定主要是依据遗嘱人的年龄和精神健康状况两个因素。《继承法》以及本法没有对遗嘱人的遗嘱能力作出专门规定,主要是适用民事行为能力的规定,即只有具有完全民事行为能力的人才可以立遗嘱。没有遗嘱能力的人,即无民事行为能力人或者限制民事行为能力人所立的遗嘱无效。

2. 遗嘱并非遗嘱人真实的意思表示

为了保障遗嘱人的财产处分权以及遗嘱自由,维护合法的遗嘱继承人及受遗赠人的利益,法律要求遗嘱必须表示遗嘱人的真实意思,这就体现在两个方面:第一,遗嘱必须出于遗嘱人的自愿,是其内心自由意志的体现,遗嘱人因受欺诈、胁迫所立的遗嘱无效;第二,遗嘱的内容真实可靠,确实为遗嘱人的意思表示，伪造的遗嘱、遗嘱被篡改的部分无效。欺诈、胁迫均构成对当事人意思表示自由的干涉，对于因受欺诈、胁迫而实施的民事法律行为，本法第 148 条、第 150 条规定，一方以欺诈、胁迫手段，使对方在违背真实意思的情况下实施的民事法律行为，受欺诈方、受胁迫方有权请求人民法院或者仲裁机构予以撤销。受欺诈方、受胁迫方需要在法律规定的期限内行使撤销权，否则撤销权消灭，因受欺诈、胁迫而实施的民事法律行为自此成为完全有效的民事法律行为。法律赋予受欺诈方、受胁迫方以撤销权，可以使其对自己实施的民事法律行为的效力作出选择，最大限度地尊重其意思自治、保护其合法权益。撤销权针对的是已经生效的民事法律行为，使其具有溯及力地消灭，立遗嘱的行为虽然也是一种民事法律行为，但是遗嘱自被继承人死亡时生效，已经死亡的遗嘱人无法撤销其有瑕疵的意思表示，为此本法规定受欺诈、胁迫所立的遗嘱无效，区别于一般的因受欺诈、胁迫而实施的民事法律行为的效力。伪造的遗嘱与遗嘱被篡改的内容属于虚假的遗嘱，遗嘱人并未做出相应的意思表示，因此无效。

实务问题

1. 实践中遇到的问题

司法实践中，我们曾经遇到过很多《继承法》没有规定但依然无效的遗嘱，此次《民法典》尚未对其他遗嘱无效的情形及不生效的情形作出新的规定。

(1)其他遗嘱无效的情形。

遗嘱中处分了不属于遗嘱人自己财产的部分，这部分遗嘱内容应当认定为无效，比如处分了属于国家、集体或他人所有的财产。由于遗嘱属于死因行为，对于处分了不属于遗嘱人自己财产部分的遗嘱内容，还是应当考虑遗嘱人死亡时这部分财产是否属于遗产后再认定其是否有效。

前文提到的遗嘱必留份。如果遗嘱人处分了遗嘱必留份，那么该部分遗嘱内容应当认定为无效。

(2)本条是关于遗嘱无效的情形，但是我们应当考虑到遗嘱不生效时候的情形，也就是所谓的遗嘱失效。

首先遗嘱不生效的前提是遗嘱必须合法成立，已成立但不生效。导致遗嘱不生效的情形有很多，无论是无效还是不生效都必然导致涉案遗产应当由法定继承去调整。我们在平时处理遗嘱类案件中常见的遗嘱不生效主要体现在以下几种情况：

第一，遗嘱所指定的遗嘱继承人或者受遗赠人先于遗嘱人死亡，这不同于法定继承中的代位继承，因为遗嘱有很明显的指向性，因此如果遗嘱所指定的遗嘱继承人或者受遗赠人先于遗嘱人死亡,遗嘱失效或者部分失效(如果一份遗嘱中存在不同的遗嘱继承人或者受遗赠人)。

第二,遗嘱继承人或者受遗赠人已经丧失继承权或者受遗赠权。如果出现了丧失继承权的法定事由,遗嘱继承人就丧失了继承权,因此遗嘱不生效。

第三,遗嘱人死亡时遗嘱中处分的财产标的已不复存在。遗嘱是遗嘱人对自己财产的身后处分,如果遗嘱处分的财产标的已不复存在,则该遗嘱将事实上不能实现。对此,应当区分遗嘱处分财产标的的具体情况进行分析。如果是被继承人将遗嘱所处分的标的物毁损、转让的,应认为遗嘱人以自己的行为撤回遗嘱,不应将其归于遗嘱不生效的情况。① 但是,如果该财产系因其他原因而不复存在,比如不可抗力、意外事件等,则涉及该财产处分的遗嘱内容不发生效力。

第四,附解除条件的遗嘱在遗嘱人死亡之前或之时条件成就。遗嘱继承虽然不得附停止条件,但是,可以根据遗嘱人的意思附解除条件。在遗嘱人死亡之前或之时,遗嘱所附的解除条件成就的,则由于遗嘱尚未生效,而解除条件业已发生,因此遗嘱不生效。

第五,附停止条件的遗赠,受遗赠人于条件成就前死亡。遗赠可以附停止条件,在遗嘱人死亡后所附的停止条件成就的,受遗赠人可以获得遗赠物。在附停止条件的遗赠中,如果受遗赠人在条件成就前死亡的,则该遗嘱不生效。

2. 案例②

(1)案情简介。于某5、王某系夫妻关系,二人育有四个子女,即于某3、于某2、于某4、于某1。于某5、王某在夫妻关系存续期间,取得了位于北京市×区×里×号楼×号、北京市×区×街×号×楼×门×号、××号三套房屋(其中×号和××号房屋相连),上述房屋产权均登记在于某5名下。2011年12月12日,于某5因病去世。2012年2月1日,王某、于某2、于某4以原告的身份将于某1、于某3诉至法院,要求继承于某5 2011年12月和2012年1月的养老金及存款;后于2012年10月26日撤诉。2012年3月1日,于某1向法院申请宣告王某为限制民事行为能力人[案号为(2012)东民特字04479号]。2012年7月13日,法院委托中国法医学会司法鉴定中心对王某的民事行为能力进行鉴定,2012年7月30日,中国法医学会司法鉴定中心出具的鉴定结论为:被鉴定人王某为限制民事行为能力人。2012年8月15日,法院判决宣告王某为限制民事行为能力人。2012年2月1日至9月13日,被继承人王某自书遗嘱5份。①2012年2月1日自书

① 参见张玉敏:《继承法律制度研究》,法律出版社1999年版,第266页。

② 北京市东城区人民法院(2015)东民初字第02664号。

遗嘱内容为:我的生活由于某1、于某2负责,我与老伴共有的房户×街×号××号房屋由于某1、于某2继承。②2012年4月21日自书遗嘱内容为:于某1、于某2对我未尽养老义务,我生前让于某4照顾,去世后×街×号×门××号房屋由于某4继承。③2012年6月自书遗嘱内容为:我的生活由于某4、刘某茹照顾,我的住房×街×号×门××号由于某4、刘某茹继承,以前所有遗嘱作废。④2012年7月13日自书遗嘱内容为:于某1用哄骗的手段让我在遗嘱上签字,之后便遗弃虐待我,现在我宣布那份遗嘱作废,我的住房×街×号×门××号由于某4、刘某茹继承。⑤2012年9月13日自书遗嘱内容为:我的生活由于某4、刘某茹照顾,我去世后×街×号×门××号房屋由他们继承。于某1和于某2向法院起诉,要求各自按照于某5和王某于2011年2月遗嘱的内容分得房屋折价款。庭审时,原告于某2、于某1,被告于某3等均认可上述5份自书遗嘱中王某签名的真实性,但均认为王某系限制民事行为能力人,上述自书遗嘱系无效遗嘱,不能作为判决的依据。

(2)法院认为。关于被继承人王某2012年2月1日至9月13日5份自书遗嘱的效力问题,人民法院经审理认为,2012年2月1日,被继承人王某提起民事诉讼后,法院委托鉴定机关对其民事行为能力进行了鉴定。2012年7月30日,中国法医学会司法鉴定中心出具的鉴定结论,认定王某为限制民事行为能力人。依据《继承法》第22条关于"无行为能力人或者限制行为能力人所立的遗嘱无效"之规定,被继承人王某2012年9月13日的自书遗嘱无效。被继承人王某自2012年2月1日至9月13日多次书写遗嘱,且遗嘱内容前后不一致,法院综合考虑王某书写遗嘱的随意性、当事人申请王某为限制民事行为能力人的时间、上述遗嘱的形成与王某被确定为限制民事行为能力人时间间隔较短、限制行为能力形成需要一定的时间等因素后,认定被继承人王某在2012年2月1日至9月13日所立遗嘱无效,依照法定继承,原告于某1和于某2应当继承的份额,折成房屋新价款,由被告于某4向于某1和于某2给付。

(编写人:朱晓龙)

法律条文

第一千一百四十四条　遗嘱继承或者遗赠附有义务的,继承人或者受遗赠人应当履行义务。没有正当理由不履行义务的,经利害关系人或者有关组织请求,人民法院可以取消其接受附义务部分遗产的权利。

条文主旨

本条是关于附有义务的遗嘱继承或者遗赠的规定。

新旧法对比

《继承法》	《民法典》
第二十一条 遗嘱继承或者遗赠附有义务的,继承人或者受遗赠人应当履行义务。没有正当理由不履行义务的,经有关单位或者个人请求,人民法院可以取消他接受遗产的权利。	第一千一百四十四条 遗嘱继承或者遗赠附有义务的,继承人或者受遗赠人应当履行义务。没有正当理由不履行义务的,经**利害关系人或者有关组织**请求,人民法院可以取消**其接受附义务部分遗产**的权利。

理解与适用

附有义务的遗嘱继承或者遗赠,是指遗嘱继承人或者受遗赠人在继承遗嘱人的财产时需要履行遗嘱人对其附加的特定义务,否则其接受附义务部分遗产的权利可能会被法院取消的遗嘱继承或者遗赠。

遗嘱人用遗嘱处分个人财产,将财产指定给他人继承时,可以要求继承其财产的人履行特定的义务,这种义务既可以是作为的义务,也可以是不作为的义务。只要遗嘱人附加的义务不违反法律的强制性规定以及不违背公序良俗,遗嘱人的这种安排是法律所允许的,这不仅能充分发挥遗嘱人财产的价值,还能让遗嘱人的遗愿得以实现,充分尊重遗嘱人的意思表示。《继承法》第21条规定:“遗嘱继承或者遗赠附有义务的,继承人或者受遗赠人应当履行义务。没有正当理由不履行义务的,经有关单位或者个人请求,人民法院可以取消他接受遗产的权利。”根据继承法的规定,附有义务的遗嘱既可以适用于遗嘱继承,也可以适用于遗赠。在理解本条规定时,需要注意以下三个方面:

(1)遗嘱继承人或者受遗赠人履行遗嘱所附的义务的前提为接受继承或者遗赠。立遗嘱是单方民事法律行为,遗嘱人在遗嘱中为遗嘱继承人或者受遗赠人附加义务时,并不需要和遗嘱继承人或者受遗赠人达成合意。由于遗嘱所附的义务附随于遗嘱继承权或者受遗赠权,在遗嘱生效后,遗嘱继承人、受遗赠人可以通过接受或者放弃继承、受遗赠的方式选择是否履行遗嘱所附加的义务。遗嘱继承人或者受遗赠人如果接受继承或者受遗赠,则应当履行该义务;如果放弃继承或者受遗赠,则没有履行该义务的责任。

(2)遗嘱继承人或者受遗赠人不履行遗嘱所附义务的法律后果为由法院取

消其接受附义务部分遗产的权利。如果遗嘱人在遗嘱中为继承人或者受遗赠人接受遗产附加了义务,实际上为继承人或者受遗赠人取得遗产设置了条件,继承人或者受遗赠人只有履行了相关义务,才符合取得遗产的条件。如果继承人或者受遗赠人无正当理由不履行遗嘱所附义务的,就不符合取得遗产的条件,其取得遗产的行为违背了遗嘱人意愿,法律需要规定相应的救济措施。本法规定,对于没有正当理由不履行义务的遗嘱继承人或者受遗赠人,经相关主体申请,法院可以取消其接受附义务部分遗产的权利。《继承法》规定法院可以取消不履行义务的继承人或者受遗赠人“接受遗产的权利”,本法将其修改为“接受附义务部分遗产的权利”,将可以取消接受的遗产范围界定得更为明确。

(3)可以向法院申请取消义务人接受遗产的权利的主体为利害关系人或者有关组织。由于遗嘱生效时遗嘱人已经死亡,为了保障遗嘱中所附义务的履行和遗嘱人意愿的实现,就需要由相关主体监督义务人履行相应义务。本法规定如果遗嘱继承人或者受遗赠人不履行义务,利害关系人或者有关组织可以向法院申请取消义务人接受附义务部分遗产的权利。利害关系人或者有关组织可以为法定继承人、遗嘱执行人、因遗嘱所附义务的履行而受益的自然人和组织等。

实务问题

1.在司法实践中适用本条,应当注意两个问题

(1)附义务的遗嘱(继承或者遗赠)与遗赠的区别。两者都是遗嘱人在遗嘱中指定的内容,但两者是不同的,在以下方面存在区别。一是性质不同。遗赠是遗赠人通过遗嘱对他人赠与财产的单方民事法律行为,而附义务的遗嘱(继承或者遗赠)则是遗嘱人在遗嘱中向遗嘱继承人或受遗赠人附加提出的必须履行的某项义务的要求。由此可见,遗赠与遗托在性质上存在根本区别。二是对象的权利不同。在遗赠中,受遗赠人获得财产利益,一般并不承担义务,即使是附负担的遗赠,其所承担的负担一般也不具有对价。三是独立性与附随性。遗赠具有独立性,只要遗赠人作出了意思表示,在遗赠人死亡后即发生效力。而附义务的遗嘱(继承或者遗赠)是附随于遗嘱继承权或受遗赠权的,受遗赠人、遗嘱继承人履行遗托的义务是以接受遗赠、遗嘱继承为前提条件的。如果受遗赠人不接受遗赠,或者遗嘱继承人放弃继承权,则无履行相关义务的责任。四是附义务的遗嘱(继承或者遗赠)因必须履行而具有不可免除性。[①] 在附有的义务违反社会公德、违反社会公共利益,或者违法时,该内容无效。否则,接受了遗产的受遗

① 参见郭明瑞、房绍绅:《继承法》(第2版),法律出版社2004年版,第177页。

赠人或者遗嘱继承人就必须履行遗托的义务,不得免除。

(2)附义务的遗嘱(继承或者遗赠)与附条件的遗赠。遗赠可以附条件。对于遗嘱是否可以附条件,有不同观点。一般认可通过遗嘱进行的遗赠可以附条件。附生效条件的遗赠,于所附条件成就时生效,而于被继承人死亡时并不生效。对于遗嘱继承,一般认为不可以附条件;有的也承认可以附停止条件,附停止条件的遗嘱自条件成就时生效。一般认为,如果通过遗嘱进行遗嘱继承,则不允许附条件,因为附停止条件,无论对于遗产的及时分配还是合理利用都是不利的;而且遗嘱继承自被继承人死亡时开始,但是,附停止条件的遗嘱则仅在条件成就时方为有效,这就使两者之间存在时间差,形成继承开始了,但遗嘱尚未生效的问题。因此,遗嘱继承不得附条件,附停止条件的,所附的条件无效,应视为未附条件,遗嘱的其他内容仍应有效。通过遗嘱进行遗赠的,由于遗赠不同于遗嘱继承,对于遗赠可以附停止条件①。

2. 案例②

(1)案情简介。陈某1与胡某秀系夫妻关系,生育四子女:陈某5、陈某2、陈某3、陈某4。胡某秀于2017年2月11日死亡。位于武汉市汉阳区×××村××栋××号房屋(建筑面积62.72平方米),所有权人为陈某1,于2001年8月13日办理房屋所有权证,于2002年9月13日办理国有土地使用证。2013年3月11日,胡某秀在湖北省武汉市琴台公证处办理(2013)鄂琴台内证字第××××号公证书,内容为:申请人胡某秀,女,1936年12月23日出生。公证事项:遗嘱。故证明胡某秀于2013年3月11日来到我处,在本公证员和公证人员田某龙的面前,在前面的遗嘱上签名。胡某秀的遗嘱行为符合《民法通则》第55条和《继承法》第17条第1款的规定。遗嘱内容为:立遗嘱人:胡某秀,女,1936年12月23日出生,现住武汉市汉阳区×××村××栋××号。我与陈某1系结发夫妻,育有四个子女,即陈某5、陈某2、陈某3、陈某4,我们没有收养、送养子女。我们共同拥有下列财产:位于武汉市汉阳区×××村××栋,房号××,混合结构,6层楼的6楼,建筑面积62.72平方米的住房一套(房屋所有权证编号:武房权证阳字第××号)。为了防止他人在我去世后为上述房产发生纠纷,现我在神志清楚的情况下,特来到武汉市琴台公证处自愿在公证员面前立遗嘱如下:①我死后,上述房产中属于我的份额由儿子陈某5一人继承,属于陈某5个人财产。②我的生养死葬由陈某5负责。③我自愿请湖北省武汉市琴台公证处的余某强同志为我代书遗嘱,

① 参见郭明瑞、房绍坤、关涛:《继承法研究》,中国人民大学出版社2003年版,第126~127页。

② 湖北省武汉市汉阳区人民法院(2018)鄂0105民初156号。

他所代写的遗嘱内容我均予以认可。胡某秀去世后,诉争房屋由陈某1居住。

另查明:胡某秀于2012年开始患病,除医保报销部分以外的费用四子女均有出资,胡某秀在住院期间,大部分时间都是陈某4在照顾,另外三子女也偶尔去医院照顾。胡某秀去世后,丧葬费用均由陈某1出资。

原告陈某1、陈某2、陈某3、陈某4向法院起诉,要求依法继承分割胡某秀遗留的讼争房屋一半的产权。被告陈某5辩称原告陈述不实,主张按照遗嘱继承。

(2)法院认为。胡某秀于2013年3月11日所立的公证遗嘱为附有义务的遗嘱,但是,根据法院查明的事实,被告陈某5并未履行遗嘱约定的义务。依据《继承法》第21条"遗嘱继承或者遗赠附有义务的,继承人或者受遗赠人应当履行义务。没有正当理由不履行义务的,经有关单位或者个人请求,人民法院可以取消他接受遗产的权利",以及《最高人民法院关于贯彻执行〈中华人民共和国继承法〉若干问题的意见》第43条"附义务的遗嘱继承或遗赠,如义务能够履行,而继承人、受遗赠人无正当理由不履行,经受益人或其他继承人请求,人民法院可以取消他接受附义务那部分遗产的权利,由提出请求的继承人或受益人负责按遗嘱人的意愿履行义务,接受遗产"的规定,胡某秀去世后,其遗产不应按照胡某秀于2013年3月11日所立遗嘱内容由被告陈某5一人继承。位于武汉市汉阳区×××村××栋××号(建筑面积62.72平方米)房屋系陈某1与胡某秀的夫妻共同财产,胡某秀去世后,属于胡某秀的份额,即该房屋1/2的份额发生法定继承,由胡某秀的第一顺序继承人陈某1、陈某5、陈某2、陈某3、陈某4各继承1/5的份额,即诉争房屋由陈某1享有6/10的产权份额,陈某5、陈某2、陈某3、陈某4各享有1/10的产权份额。法院遂作出如上判决。

(编写人:朱晓龙)

第四章　遗产的处理

法律条文

第一千一百四十五条　继承开始后，遗嘱执行人为遗产管理人；没有遗嘱执行人的，继承人应当及时推选遗产管理人；继承人未推选的，由继承人共同担任遗产管理人；没有继承人或者继承人均放弃继承的，由被继承人生前住所地的民政部门或者村民委员会担任遗产管理人。

条文主旨

本条是关于确定遗产管理人的规定，明确了遗产管理人的产生顺序，即如遗嘱中指定了遗嘱执行人，则遗嘱执行人为遗产管理人；如遗嘱中未指定遗嘱执行人，则由继承人推选遗产管理人；继承人未推选的，所有继承人共同担任遗产管理人；如无继承人或继承人均放弃继承的，则由被继承人生前住所地的民政部门或村民委员会担任遗产管理人。

新旧法对比

无	《民法典》
无	第一千一百四十五条　**继承开始后，遗嘱执行人为遗产管理人；没有遗嘱执行人的，继承人应当及时推选遗产管理人；继承人未推选的，由继承人共同担任遗产管理人；没有继承人或者继承人均放弃继承的，由被继承人生前住所地的民政部门或者村民委员会担任遗产管理人。**

理解与适用

遗产管理人是对被继承人的财产进行妥善保存、管理和分配的人，旨在保障遗产的完整性和安全性，以公平、有序地分配遗产。

随着我国老年人的数量逐渐增加，遗产继承纠纷也随之增多。由于缺乏遗产管理制度，在被继承人死亡后遗产交付前，很可能使遗产处于无人管理的状态，继承人在难以知晓遗产的实际范围和价值的情况下，由于其往往不具备管理和分配遗产的能力或精力，或者缺乏专业的法律知识，很难妥善地管理遗产。此外，实践中也存在遗产分割前已经占有遗产的人转移、隐匿、私分、侵吞遗产等情形，侵害了共同继承人和遗产债权人利益。

因此，为促进公平、有序地对遗产进行分配，实现各继承人对遗产的继承权，《民法典》应实践需求，完善了遗产管理人的相关规定，本条即明确了遗产管理人的产生顺序如下：

(1)被继承人生前立有遗嘱明确指定遗嘱执行人的，该遗嘱执行人为遗产管理人。遗嘱执行人既可以指定一人，也可以指定数人；既可以指定自然人，也可以指定法人；既可以是法定继承人，也可以是法定继承人以外的人。

(2)没有遗嘱执行人的，继承人为遗产管理人，继承人为多人的，应当及时推选遗产管理人。因遗产一般为继承人实际管理和控制，其更了解遗产的状况以及遗产债务等相关情况，因此，由继承人担任遗产管理人可以更好地维护遗产的价值。同时，当继承人为多人时，由继承人协商，共同推选一名或数名遗产管理人。这里推选的遗产管理人应是有继承权的继承人，而不是继承人以外的人。

(3)继承人未推选遗产管理人的，由全体继承人共同担任遗产管理人，以保证遗产的公平、合理分割。全体继承人行使遗产管理人的职责时，应以多数原则决议遗产管理事项。

(4)没有继承人或者继承人均放弃继承的，由被继承人生前住所地的民政部门或者村民委员会担任遗产管理人。为妥善保管遗产，在没有遗嘱执行人、继承人继承遗产时，亦有必要为遗产设置管理人，负责处理无人继承的遗产。民政部门目前承担社会救济、社会福利事业、社区服务等工作，在实际工作中，往往相对比较了解辖区内公民的家庭关系、财产状况等，有能力担任遗产管理人，且权威性较高。村民委员会是最贴近本村村民的一级组织，了解本村村民的家庭情况，亦适宜担任遗产管理人。

实务问题

遗产管理人负责遗产的管理和保全,应尽到勤勉尽责义务。遗产管理人接管遗产后应进行清点、盘存、编制清册,确认遗产的范围和价值,追偿遗产债权,清偿遗产债务,并对遗产在继承人之间进行公平分配。

(编写人:冯 涛)

法律条文

第一千一百四十六条 对遗产管理人的确定有争议的,利害关系人可以向人民法院申请指定遗产管理人。

条文主旨

本条是关于遗产管理人争议解决的程序的规定,即当利害关系人对遗产管理人的确定有争议的,可以向人民法院申请其指定遗产管理人。

新旧法对比

无	《民法典》
无	第一千一百四十六条 **对遗产管理人的确定有争议的,利害关系人可以向人民法院申请指定遗产管理人。**

理解与适用

遗产管理的目的在于及时、公平、顺利地实现遗产流转,在对遗产管理人的确定有争议的情况下,如无人愿意或多人争当遗产管理人的,利害关系人可以申请人民法院指定遗产管理人,以便及时、有效、妥善地处理遗产。

对遗产管理人存在争议,一般有以下情形:不认可被继承人遗嘱中关于遗嘱执行人内容的真实性、有效性,从而不认可遗嘱执行人作为遗产管理人;对继承人的范围存在争议,导致无法推选遗产管理人;继承人不认可共同担任遗产管理人等。在无法确定遗产管理人的情况下,遗产存在毁损、灭失、侵占等风险,相关利害关系人权益可能受到损害。为避免损害的发生,利害关系人可以向人民法院申请指定遗产管理人,同时,法院的指定具有终局效力,被指定的遗产管理人应当履行管理、清算、分配遗产等职责,不得实施有损于遗产价值的行为。

实务问题

随着我国社会的快速发展,遗产的范围越来越大、种类越来越复杂,这就对遗产管理人的能力和素质提出了一定要求,而《民法典》中对于遗产管理人的民事行为能力和专业技术能力等并无规定,尚待相关司法解释进一步明确。另外,本条中仅指明向人民法院申请,但未明确向哪个人民法院提出申请,是否与继承纠纷管辖法院一致,也无定论。

(编写人:冯　涛)

法律条文

第一千一百四十七条　遗产管理人应当履行下列职责:

(一)清理遗产并制作遗产清单;

(二)向继承人报告遗产情况;

(三)采取必要措施防止遗产毁损、灭失;

(四)处理被继承人的债权债务;

(五)按照遗嘱或者依照法律规定分割遗产;

(六)实施与管理遗产有关的其他必要行为。

条文主旨

本条是关于遗产管理人职责的规定,列举了遗产管理人的职责范围,包括:清理遗产并制作遗产清单;向继承人报告遗产情况;采取必要措施防止遗产毁损、灭失;处理被继承人的债权债务;按照遗嘱或者依照法律规定分割遗产;其他必要行为。

新旧法对比

无	《民法典》
无	第一千一百四十七条　**遗产管理人应当履行下列职责:** **(一)清理遗产并制作遗产清单;** **(二)向继承人报告遗产情况;** **(三)采取必要措施防止遗产毁损、灭失;** **(四)处理被继承人的债权债务;**

续表

无	《民法典》
无	(五)按照遗嘱或者依照法律规定分割遗产; (六)实施与管理遗产有关的其他必要行为。

理解与适用

遗产管理人行使职责的目的有三个:第一,保护遗产的安全和完整;第二,保护继承人的合法权益;第三,保护债权人的合法权益。

基于上述目的,遗产管理人应当忠实、谨慎地履行遗产管理职责。依据本条规定,遗产管理人的具体职责包括以下六项内容。

1. 清理遗产并制作遗产清单

制作遗产清单是遗产完整性和安全性的重要保障,便于进行遗产管理、计算遗产价值及清算移交遗产,有效防止遗产散失,能够保障遗产债权、债务得到有效收取和清偿,保障遗产得到有效的分配,还便于继承人或利害关系人随时查阅。同时,制作遗产清单还有利于防止遗产占有人私分、转移、隐匿、损毁遗产等,是保障遗产安全的重要途径。在此提示,实践中须有两名以上的见证人在场,并在遗产清单上签名,以保证客观中立性。

2. 向继承人报告遗产情况

报告遗产情况,既包括报告遗产的范围即遗产具体包括哪些财产,也包括遗产的现状,比如遗产由谁占有、折旧程度如何、是否需要采取特别保管措施等。应注意的是,报告遗产情况,应向全体继承人为之,防止出现损害部分继承人的情形。

3. 采取必要措施防止遗产毁损、灭火

遗产管理人在管理遗产时,采取的处置措施应以必要为限,应当以不变更遗产的标的物或权利的性质为限,若超出这个范围,如将遗产随意赠予他人,则违背必要的限制,可能损害继承人或利害关系人的权益。

4. 处理被继承人的债权债务

处理被继承人的债权债务,首先要确认被继承人的债权债务,故在继承开始后,遗产管理人应当通知继承人、债权人、受遗赠人及其他利害关系人继承开始的事实以及申报遗产债权债务,在必要情况下遗产管理人可以发公告的形式告知。同时要注意,依据《民法典》第 1159 条和第 1161 条的规定,在分割遗产前,还应当清偿被继承人依法应当缴纳的税款和债务。

5. 按照遗嘱或者依照法律规定分割遗产

遗产管理人应当按照被继承人遗嘱或法律规定分割遗产。分割顺序上,有遗赠扶养协议的,应当首先按照遗赠扶养协议办理;其次按照遗嘱继承或者遗赠办理;最后按照法定继承办理。分割方式上,如果遗嘱中指定遗产分割方式的,应按照遗嘱处理;如果没有遗嘱或者遗嘱未指定的,当事人可以协商确定。遗产分割的方式主要有实物分割、变价分割、作价补偿、转为按份共有等方式。

6. 实施与管理遗产有关的其他必要行为

该点系兜底条款,以防止上述条款未全部列举。

实务问题

遗产管理人在采取必要措施防止遗产毁损时,如何把握必要措施的度,具有较大的自由衡量权,因此,对于必要措施是否有必要立法加以明确以及如何明确对我国的立法和司法提出了挑战。另外,遗产管理人在处理被继承人的债权债务过程中,是否有权直接以自己的名义参与诉讼,还是只能以继承人代理人的身份参加诉讼,还待实践的进一步探索。

(编写人:冯　涛)

法律条文

第一千一百四十八条　遗产管理人应当依法履行职责,因故意或者重大过失造成继承人、受遗赠人、债权人损害的,应当承担民事责任。

条文主旨

本条是关于遗产管理人未尽职履行责任的后果规定,即当遗产管理人因故意或重大过失给继承人、受遗赠人、债权人造成损害的,应当承担民事责任。

新旧法对比

无	《民法典》
无	第一千一百四十八条　**遗产管理人应当依法履行职责,因故意或者重大过失造成继承人、受遗赠人、债权人损害的,应当承担民事责任。**

理解与适用

如遗产管理人未依据《民法典》第 1147 条的规定,合法、合理履行其管理人的职责,并且因故意或重大过失给继承人、受遗赠人、债权人等造成损害的,需要承担民事责任。

此处的故意,是指遗产管理人对未尽法定职责是故意为之,如为了保护某个别继承人或债权人利益,故意不清偿债务即分配遗产,或者不按照法定顺序清偿债务、分配遗产。重大过失,是指遗产管理人虽不是故意为之,但是存在重大的过错,如未保留胎儿继承份额等。

遗产管理人承担的民事责任应属侵权责任,因此,其责任形式主要包括以下三种:(1)返还财产,如遗产管理人非法侵占遗产的,则应当返还财产;(2)恢复原状,如因遗产管理人原因导致遗产毁损的,遗产管理人应恢复原状;(3)赔偿损害,如因遗产管理人原因给继承人、受遗赠人或债权人等造成损害的,应当进行损害赔偿。

实务问题

因继承人与遗产管理人有时会存在重合,那么当继承人在同时担任遗产管理人时,其若存在不当行为,损害其他继承人、债权人、受遗赠人等利益的,应当根据其具体行为,判断其是应作为继承人承担责任,还是作为遗产管理人承担责任。比如,具有双重身份的继承人合谋隐匿、转移、变卖遗产,损害受遗赠人或债权人利益的,其行为既违反了继承人的义务,也违反了遗产管理人的义务,受遗赠人或债权人可选择适用请求权。

(编写人:冯 涛)

法律条文

第一千一百四十九条 遗产管理人可以依照法律规定或者按照约定获得报酬。

条文主旨

本条是关于遗产管理人报酬的规定,即遗产管理人因履行了遗产管理职责,则有权依照法律规定或约定获得一定报酬。

新旧法对比

无	《民法典》
无	第一千一百四十九条　**遗产管理人可以依照法律规定或者按照约定获得报酬。**

理解与适用

《民法典》第 1148 条规定了遗产管理人的民事责任,加之遗产管理是一项复杂的管理活动,遗产管理人往往需要付出较多的时间和精力进行处理,因此,遗产管理人应当有权获得与自己劳动相对应的报酬。这既是权责相统一原则的体现,又可以激励遗产管理人尽职履行责任。

遗产管理人的报酬约定属私法调整范围,应尊重当事人意思自治,如对于遗产管理人的报酬约定确系当事人真实意思表示,且不违反法律和行政法规的禁止性规定,一般应认定为有效。

实务问题

因目前相关法规尚不完善,因此对于遗产管理人报酬,实践中还存在诸多问题亟待解决。例如,第一,如何确定遗产管理人的报酬标准?第二,不同遗产管理人的报酬以及获得报酬的方式是否需区别对待?第三,如何确定报酬的来源和顺序?因本条并未规定遗产管理人的报酬从哪里来,那么遗产管理人的报酬是否可参照其他法规体例,由遗产涵盖,分属于被继承人的债务,并且处于优先受偿范围?第四,如遗产管理人未尽法定职责,那么其除需承担侵权责任外,是否还需承担违约责任,退还已经收取的报酬等。

(编写人:冯　涛)

法律条文

第一千一百五十条　继承开始后,知道被继承人死亡的继承人应当及时通知其他继承人和遗嘱执行人。继承人中无人知道被继承人死亡或者知道被继承人死亡而不能通知的,由被继承人生前所在单位或者住所地的居民委员会、村民委员会负责通知。

条文主旨

本条是关于继承开始后通知的规定，即当被继承人死亡后，知道被继承人死亡的继承人应该及时通知其他继承人和遗嘱执行人，如继承人中无人知道或即使知道被继承人死亡而无法通知的，由被继承人生前所在单位或住所地的居民委员会、村民委员会进行通知。

新旧法对比

《继承法》	《民法典》
第二十三条　继承开始后，知道被继承人死亡的继承人应当及时通知其他继承人和遗嘱执行人。继承人中无人知道被继承人死亡或者知道被继承人死亡而不能通知的，由被继承人生前所在单位或者住所地的居民委员会、村民委员会负责通知。	【内容不变】第一千一百五十条

理解与适用

本条规定，继承开始后，知道被继承人死亡的继承人应当及时通知其他继承人和遗嘱执行人。也就是说，法律规定必须通知的对象有两种：一种是尚不知道被继承人死亡的继承人；另一种是被继承人在遗嘱中指定的遗嘱执行人。继承开始后，知道被继承人死亡的继承人或被继承人生前所在单位、居民委员会、村民委员会须依照本条规定向该两类主体发出继承开始的通知，这是本条对其赋予的法定义务，应当主动履行。对于其他继承人或遗嘱执行人以外的主体，如受遗赠人等，《民法典》并未明确规定必须向其履行通知继承开始的义务，通知义务主体可以选择通知，未通知的，不违反本条所规定的法定通知义务。

另外，本条亦明确了负有通知义务的主体，包括：第一，知道被继承人死亡的继承人；第二，被继承人生前所在单位或者住所地的居民委员会、村民委员会。因继承人与被继承人往往存在较亲密的人身关系，对被继承人的生存状态的了解比其他主体更全面、直接、及时。由知道被继承人死亡的继承人承担通知义务，相比由其他主体进行通知，一方面，符合处理继承这类家庭事务的一般社会习惯；另一方面，能够使其他继承人及时得知自己的权利并决定是否行使权利，同时更有利于遗产得到及时妥善的管理和分配。而由被继承人生前所在单位或者住所地的居民委员会、村民委员会承担通知义务，则是考虑到现实生活中存在的“空巢老人”现象以及继承人无法通知其他继承人和遗嘱执行人的客观情况，那么由前述相对更了解被继承人基本情况的主体进行通知，更为便利和高效。

还需注意，依据《民法典继承编解释(一)》第30条规定，如果确无法通知有继承权的继承人，那么在分割遗产时，应保留其应继承的遗产，并确定该遗产的保管人或保管单位。通知义务人非因客观原因未履行通知义务，给他人造成损失的，应当承担相应的民事责任。

实务问题

本条规定应当“及时”通知，但未对何时开始通知以及完成通知的期限、通知的方式作出明确规定，人民法院在案件审理中，应当结合案件情况进行判断，继承的通知以一般社会认知判断达到合理、及时程度的，应当认为义务人已经适当履行了通知义务。通知既可以是书面形式，也可采取口头形式，如对话、电话、短信、邮件、传真等。

（编写人：冯　涛）

法律条文

第一千一百五十一条　存有遗产的人，应当妥善保管遗产，任何组织或者个人不得侵吞或者争抢。

条文主旨

本条是关于遗产应妥善保管的规定，即保存遗产的人应尽到妥善保管义务，任何组织或个人不得侵吞或争抢。

新旧法对比

《继承法》	《民法典》
第二十四条　存有遗产的人，应当妥善保管遗产，任何人不得侵吞或者争抢。	第一千一百五十一条　存有遗产的人，应当妥善保管遗产，**任何组织或者个人**不得侵吞或者争抢。

理解与适用

本条中“存有遗产的人”，是指被继承人死亡时实际控制遗产的人，如占有被继承人房屋、车辆等的人。继承开始后，原为被继承人所有的财产均划归为遗产范畴，无论遗产的占有状态为何，均不影响其应当依法或按照遗嘱内容在继承人之间进行分割。在继承开始到遗产分割结束之前，遗产是否能够得到妥善的保管，与继承人最终能够分得的遗产价值大小关系紧密。因此，从保护继承人的继承权的角度来说，存有遗产的人应当对遗产予以妥善保管，保护其价值不受损害。

"妥善保管"，要求存有遗产的人尽到善良管理人的注意义务，其在保管遗产的过程中，至少应当以处理自己事务的同等注意程度进行管理，该种注意义务应当比普通人的注意更为严格。

任何组织或者个人不得侵吞或者争抢遗产。侵吞，是指以秘密的、不易为他人所探知的手段将遗产据为己有；争抢，是指采取公开的方式争夺对遗产的所有权。因侵吞、争抢遗产不仅会影响继承程序的正常进行，还会侵害其他继承人的合法权益，因此，本条规定不得侵吞或争抢遗产，且将范围扩大到自然人之外的任何组织，即不但包括自然人还包括法人和非法人组织等。

实务问题

争抢遗产因以公开的方式进行，因此较容易发现和举证。而侵吞遗产的方式则较为隐秘，被侵害权利的继承人如需证明确有组织和个人存在侵吞遗产的行为，将较为困难。

（编写人：冯　涛）

法律条文

第一千一百五十二条　继承开始后，继承人于遗产分割前死亡，并没有放弃继承的，该继承人应当继承的遗产转给其继承人，但是遗嘱另有安排的除外。

条文主旨

本条是关于转继承的规定，即被继承人死亡后，遗产分割之前，继承人死亡且未放弃继承的，那么其应继承的遗产转给对继承人享有继承权的人，但遗嘱另有规定的除外。

新旧法对比

《最高人民法院关于贯彻执行〈中华人民共和国继承法〉若干问题的意见》	《民法典》
第五十二条　继承开始后，继承人没有表示放弃继承，并于遗产分割前死亡的，其继承遗产的权利转移给他的合法继承人。	第一千一百五十二条　继承开始后，**继承人于遗产分割前死亡，**并没有放弃继承的，该继承人应当继承的遗产转给其继承人，**但是遗嘱另有安排的除外**。

理解与适用

1. 转继承的定义

转继承，是指继承人在继承开始后、遗产分割前死亡，其所应继承的遗产份额转由其继承人承受的法律制度。故转继承又称二次继承或者再继承。在转继承法律关系中，死亡的继承人又称为被转继承人，实际接受遗产的死亡继承人的继承人称为转继承人。

2. 转继承的条件

转继承包括以下三个条件：(1)时间条件。继承人死于继承开始之后、遗产分割之前。(2)主体条件。转继承关系中涉及被转继承人和转继承人。被转继承人必须存在合法有效的继承权，即其不存在《民法典》第1125条规定的丧失继承权的行为，且被继承人未以遗嘱的方式取消被转继承人的继承权。(3)未放弃继承条件。《民法典》第1124条第1款规定："继承开始后，继承人放弃继承的，应当在遗产处理前，以书面形式作出放弃继承的表示；没有表示的，视为接受继承。"继承人必须未放弃继承，即未以书面形式作出放弃继承的意思表示，只要没有表示放弃就视为接受。

3. 转继承与代位继承的区别

转继承与代位继承有相似之处，但二者是完全不同的法律制度，其区别主要体现在以下四个方面。

(1)性质不同。转继承是一种连续发生的二次继承，具有连续继承的性质。转继承相当于是继承人继承被继承人的遗产，再由转继承人直接取得继承人即被转继承人应继承的遗产。转继承人实际上享有的是分割遗产的权利，而不是对被继承人遗产的继承权。而代位继承与本位继承相对应，具有替补的性质。继承人先于被继承人死亡，由代位继承人直接参加被继承人遗产的继承，并且是基于其代位继承权而取得被继承人遗产的权利。代位继承人继承的是被继承人的遗产而非被代位继承人的遗产。

(2)发生时间不同。转继承发生在继承开始之后、遗产分割前继承人死亡的情形;而代位继承则发生在继承人先于被继承人死亡的情形。

(3)主体不同。在转继承的情况下,被转继承人是被继承人的继承人,而转继承人并不仅仅局限于被转继承人的晚辈直系血亲,还包括被转继承人的其他法定继承人,如配偶、父母、兄弟姐妹、祖父母、外祖父母;而被代位继承人只能是被继承人的子女和兄弟姐妹,且代位继承人只能是被代位继承人的晚辈直系血亲。

(4)适用范围不同。转继承不仅适用于法定继承,也适用于遗嘱继承;而代位继承只适用于法定继承。

实务问题

转继承转移的是被转继承人应继承的遗产份额,如被转继承人有配偶存在,且无另外特别约定的情形下,被转继承人继承的遗产应作为夫妻共同财产,依据《民法典》第1153条规定,应将共同所有财产的一半分割给配偶所有,其余的作为被转继承人的遗产由转继承人继承。

(编写人:冯　涛)

法律条文

第一千一百五十三条　夫妻共同所有的财产,除有约定的外,遗产分割时,应当先将共同所有的财产的一半分出为配偶所有,其余的为被继承人的遗产。

遗产在家庭共有财产之中的,遗产分割时,应当先分出他人的财产。

条文主旨

本条是关于夫妻共同财产和家庭共有财产分割的规定,即除非另有约定,分割遗产时,应先将夫妻共有财产的一半分出给配偶,剩余一半作为遗产进行分配;遗产在家庭共有财产中的,应分出他人的财产方可进行遗产分割。

新旧法对比

《继承法》	《民法典》
第二十六条　夫妻在婚姻关系存续期间所得的共同所有的财产，除有约定的以外，如果分割遗产，应当先将共同所有的财产的一半分出为配偶所有，其余的为被继承人的遗产。 遗产在家庭共有财产之中的，遗产分割时，应当先分出他人的财产。	第一千一百五十三条　**夫妻共同所有的财产，**除有约定的外，**遗产分割时，**应当先将共同所有的财产的一半分出为配偶所有，其余的为被继承人的遗产。 遗产在家庭共有财产之中的，遗产分割时，应当先分出他人的财产。

理解与适用

《民法典》第1122条规定："遗产是自然人死亡时遗留的个人合法财产。依照法律规定或者根据其性质不得继承的遗产，不得继承。"依据前述规定，遗产是自然人的个人合法财产，那么夫妻共同财产和家庭共有财产中只有属于被继承人的合法财产方可作为遗产被分割和继承，因此，在遗产继承时，需首先确定遗产范围。

《民法典》第1062条规定了夫妻共同财产的类型和范围，并且赋予夫妻对于共同财产平等的处理权，由此，自然人死亡后，应首先将夫妻共同财产的一半分割出去归配偶所有，剩余的财产才能作为死者个人遗产进行分割，当然，夫妻双方另有约定的除外。法律对夫妻共同财产范围作出规定的同时，亦明确了夫妻一方特有财产的范围，详见《民法典》第1063条规定。

家庭共有财产是指家庭成员在家庭共同生活关系存续期间共同创造、共同所得的共有财产。对于家庭共有财产，各家庭成员都享有平等的权利。除法律另有规定或家庭成员间另有约定的以外，家庭共有财产由家庭成员共享所有权，由家庭成员共同行使占有、使用、收益和处分的权益。对于家庭共有财产的使用、处分或分割应取得全体家庭成员的同意，任何家庭成员都不得随意处分。在继承开始后，应将其他家庭成员的财产剥离出来，剩余财产才属于遗产范围，并依据法律规定或遗嘱安排进行分割。

实务问题

将配偶一方的财产进行夫妻财产分割后，配偶一方仍享有被继承人的遗产继承权。

在将遗产从家庭共有财产中分割时，应根据财产所有权取得的法律事实以及财产所有权人数量等因素的不同，严格把家庭共同财产与家庭共同生活关系存续期间，家庭成员所取得的个人财产区别开来。在确定家庭共有财产时，应当注意不能将家庭成员的个人财产当作家庭共有财产。

（编写人：冯　涛）

法律条文

第一千一百五十四条　有下列情形之一的，遗产中的有关部分按照法定继承办理：

（一）遗嘱继承人放弃继承或者受遗赠人放弃受遗赠；

（二）遗嘱继承人丧失继承权或者受遗赠人丧失受遗赠权；

（三）遗嘱继承人、受遗赠人先于遗嘱人死亡或者终止；

（四）遗嘱无效部分所涉及的遗产；

（五）遗嘱未处分的遗产。

条文主旨

本条是关于法定继承适用范围的规定，即部分情况下应按照法定继承办理，具体包括：第一，遗嘱继承人放弃继承或者受遗赠人放弃受遗赠；第二，遗嘱继承人丧失继承权或者受遗赠人丧失受遗赠权；第三，遗嘱继承人、受遗赠人先于遗嘱人死亡或者终止；第四，遗嘱无效部分所涉及的遗产；第五，遗嘱未处分的遗产。

新旧法对比

《继承法》	《民法典》
第二十七条　有下列情形之一的，遗产中的有关部分按照法定继承办理： （一）遗嘱继承人放弃继承或者受遗赠人放弃受遗赠的； （二）遗嘱继承人丧失继承权的； （三）遗嘱继承人、受遗赠人先于遗嘱人死亡的； （四）遗嘱无效部分所涉及的遗产； （五）遗嘱未处分的遗产。	第一千一百五十四条　有下列情形之一的，遗产中的有关部分按照法定继承办理： （一）遗嘱继承人放弃继承或者受遗赠人放弃受遗赠； （二）遗嘱继承人丧失继承权**或者受遗赠人丧失受遗赠权**； （三）遗嘱继承人、受遗赠人先于遗嘱人死亡**或者终止**； （四）遗嘱无效部分所涉及的遗产； （五）遗嘱未处分的遗产。

理解与适用

本条列举了需按照法定继承办理的几种情形,具体包括如下五个方面。

1. 遗嘱继承人放弃继承或者受遗赠人放弃受遗赠,应按照法定继承办理

《民法典》第 1124 条规定:"继承开始后,继承人放弃继承的,应当在遗产处理前,以书面形式作出放弃继承的表示;没有表示的,视为接受继承。受遗赠人应当在知道受遗赠后六十日内,作出接受或者放弃受遗赠的表示;到期没有表示的,视为放弃受遗赠。"如继承人放弃继承的,需以书面形式作明确放弃继承的意思表示;如受遗赠人到期未作明确的接受遗赠的意思表示,则视为放弃受遗赠。此处,继承人或受遗赠人放弃的不是继承权,而是财产的所有权,且其放弃继承的效力,追溯到继承开始的时间。

2. 遗嘱继承人丧失继承权或者受遗赠人丧失受遗赠权,应按照法定继承办理

《民法典》第 1125 条规定,"继承人有下列行为之一的,丧失继承权:(一)故意杀害被继承人;(二)为争夺遗产而杀害其他继承人;(三)遗弃被继承人,或者虐待被继承人情节严重;(四)伪造、篡改、隐匿或者销毁遗嘱,情节严重;(五)以欺诈、胁迫手段迫使或者妨碍被继承人设立、变更或者撤回遗嘱,情节严重。继承人有前款第三项至第五项行为,确有悔改表现,被继承人表示宽恕或者事后在遗嘱中将其列为继承人的,该继承人不丧失继承权。受遗赠人有本条第一款规定行为的,丧失受遗赠权"。根据前述规定,继承人如存在第一、二项行为时,绝对丧失继承权,存在第三项至第五项行为、但被宽恕的不丧失继承权。受遗赠人如存在第一项行为时,丧失受遗赠权。

3. 遗嘱继承人、受遗赠人先于遗嘱人死亡或者终止,应按照法定继承办理

遗嘱继承人、受遗赠人只有在遗嘱人死亡后才开始享有继承遗产的权利。遗嘱继承人、受遗赠人先于遗嘱人死亡的情况下,接受遗嘱继承的财产的遗嘱继承人、受遗赠人已不存在,其已不具备继承或受遗赠的能力,即遗嘱人与遗嘱继承人或受遗赠人之间的法律关系已不存在,此时,遗嘱所涉的遗产应按照法定继承的方式来处理。另需提示,在遗嘱继承中,遗嘱继承人、受遗赠人的子女不存在代位继承的问题。

4. 遗嘱无效部分所涉及的遗产,应按照法定继承办理

合法有效的遗嘱是适用遗嘱继承的前提,当遗嘱无效则自然不具备法律上的效力,无法依据遗嘱进行继承。《民法典》第 1143 条规定:"无民事行为能力人或者限制民事行为能力人所立的遗嘱无效。遗嘱必须表示遗嘱人的真实意思,受欺诈、胁迫所立的遗嘱无效。伪造的遗嘱无效。遗嘱被篡改的,篡改的内

容无效。”另外,口头遗嘱也可能存在无效的情况,在危急情况消除后,遗嘱人如未以书面或者录音录像形式立遗嘱的,口头遗嘱无效。同时,遗嘱无效分为部分无效和全部无效。如果遗嘱全部无效,遗产所涉及的全部财产,均按照法定继承来办理。如果遗嘱部分无效,只有无效部分涉及的财产按照法定继承来办理。

5. 遗嘱未处分的遗产,应按照法定继承办理

如遗嘱仅处分了部分遗产,但仍有部分遗产未作处分,对于该部分财产,遗嘱继承人无权依据遗嘱继承,应按照法定继承的方式来处理。

实务问题

《民法典》对于丧失继承权的情形作了区分,包括绝对丧失继承权和相对丧失继承权。当存在相对丧失继承权情形时,要对继承人是否获得被继承人宽恕进行研判,如果确实已丧失继承权的,则应该依据本条的规定,按照法定继承办理;如果继承人虽实施了《民法典》第1125条第1款第3项至第5项的行为,但已取得了被继承人的原谅,则其并未丧失继承权,应按照遗嘱继承办理。

(编写人:冯　涛)

法律条文

第一千一百五十五条　遗产分割时,应当保留胎儿的继承份额。胎儿娩出时是死体的,保留的份额按照法定继承办理。

条文主旨

本条是关于遗产分割应保留胎儿的继承份额的规定,即分割遗产时,应保留胎儿的继承份额,如胎儿娩出时是死体的,则为胎儿保留的份额按法定继承办理。

新旧法对比

《继承法》	《民法典》
第二十八条　遗产分割时,应当保留胎儿的继承份额。胎儿<u>出生时</u>是死体的,保留的份额按照法定继承办理。	第一千一百五十五条　遗产分割时,应当保留胎儿的继承份额。胎儿**<u>娩出时</u>**是死体的,保留的份额按照法定继承办理。

理解与适用

我国对“胎儿”尚未从法律上予以定义,对“胎儿”的理解也存在不同认识,

由此导致对于胎儿的继承能力、权利能力等仍存在诸多争议。但为了保护胎儿的合法权益,许多国家的民法均赋予胎儿一定的继承能力,对胎儿利益的保护作出规定,这也体现了人道主义和人性伦理的要求。《民法典》亦对胎儿的权利作了保护性规定,即在继承中,应为胎儿保留相应的遗产份额,如胎儿出生后死亡的,由其继承人继承;如胎儿娩出时即是死体,则其份额应按法定继承办理。

此外,《民法典继承编解释(一)》第31条还规定,应当为胎儿保留的遗产份额没有保留的,应从继承人所继承的遗产中扣回。

实务问题

实务中,应对胎儿的诉讼地位进行明确。在涉及胎儿继承的案件中,胎儿尚未出生的,宜以其法定代理人的名义进行起诉或者应诉。在胎儿出生后,出生后的婴儿可以当事人的身份出现在诉讼中,其法定代理人可以婴儿的名义代理其起诉或者应诉。

(编写人:冯　涛)

法律条文

第一千一百五十六条　遗产分割应当有利于生产和生活需要,不损害遗产的效用。

不宜分割的遗产,可以采取折价、适当补偿或者共有等方法处理。

条文主旨

本条是关于遗产分割原则和方法的规定,即遗产应按照物尽其用原则,从利于生产和生活需要出发,充分发挥遗产的实际价值,对于一些不宜分割的遗产,可采用折价、适当补偿或共有等方式处理。

新旧法对比

《继承法》	《民法典》
第二十九条　遗产分割应当有利于生产和生活需要,不损害遗产的效用。 不宜分割的遗产,可以采取折价、适当补偿或者共有等方法处理。	【内容不变】第一千一百五十六条

理解与适用

遗产分割的恰当与否,关系遗产效力的发挥,不仅涉及继承人的利益,对于社会生产和公共利益的维护同样具有一定意义,物尽其用是遗产分割必须遵循的原则。按照物尽其用原则分割遗产,有利于发挥遗产的实际效用,满足继承人的生产和生活需要,从而促进整个社会财富的增加。

所谓"不宜分割的遗产",是指如对遗产标的物本身进行实物分割,可能会改变其性质或损害其实际效用的遗产,对于此类遗产,可引导继承人秉着互谅互让的精神,对遗产分割方法达成一致,以尽量避免减损遗产价值。不宜分割的遗产的处理方式主要包括:(1)折价分割。如像电视机、电冰箱等,因必须将其作为一个整体分割,否则将导致物的破坏,对于此类遗产,可采取折价补偿方式。(2)变价分割。如继承人均不愿继承某财产,或该财产不宜进行分割,对此,可将遗产变卖,换取货币,按照各自比例进行分割。(3)补偿分割。如取得遗产所有权的人,可按照其他继承人应继承比例,补偿给其他继承人相应钱款。(4)共有方式。即保持遗产共有状态,由继承人对遗产享有共有权,可按照继承份额确定各自比例。

实务问题

实务中,对于不宜分割的遗产,继承人可具体协商遗产的分割方式,如协商不成的,可采用调解或诉讼的方式确定遗产分割方式。同时,诉讼过程中,人民法院对于此种情形下遗产分割方式具有较大的自由裁量权,通常会结合继承人的实际需要和利用遗产的能力,遵循物尽其用的原则来确定分割方式。

(编写人:冯　涛)

法律条文

第一千一百五十七条　夫妻一方死亡后另一方再婚的,有权处分所继承的财产,任何组织或者个人不得干涉。

条文主旨

本条是关于再婚后有权处分遗产的规定,即夫妻一方死亡后另一方再婚的,有权处分其所继承的财产,任何组织和个人不得干涉。

新旧法对比

《继承法》	《民法典》
第三十条　夫妻一方死亡后另一方再婚的，有权处分所继承的财产，任何人不得干涉。	第一千一百五十七条　夫妻一方死亡后另一方再婚的，有权处分所继承的财产，**任何组织或者个人**不得干涉。

理解与适用

根据《民法典》第 1127 条的规定，配偶、子女、父母是第一顺序继承人。夫妻一方死亡后，生存的另一方作为死者的配偶依法属于死者的第一顺序继承人，有权依照法律的直接规定或按照遗嘱的指定取得应由其继承的遗产份额。在遗产分割完毕后，生存配偶便享有了对所分得遗产的所有权，有权在法律允许的范围内占有、使用、收益和处分这部分财产。生存配偶如果再婚，当然有权对其取得的遗产进行处分，既可以把该项财产带到再婚家庭中使用，也可赠送他人或作其他处理。其他任何单位和个人都不得干涉或妨害，否则，生存配偶可请求人民法院强制排除侵权人的干涉或妨害，以保护生存配偶的合法权益。本条规定保护了丧偶者尤其是丧偶妇女带产改嫁这一合法行为，具有非常现实的意义和非常强的针对性。

实务问题

生存配偶再婚时有未成年子女的，应继续履行对未成年子女的抚养、教育的义务。因某种原因不能带未成年子女在再婚家庭中共同生活的，应妥善安排好未成年子女的生活和教育，并留下或按期支付子女必要的生活费和教育费。另外，如已故配偶在生前有尚未缴纳的税款或负有其他债务的，生存配偶处分其所继承的遗产时，应在其继承遗产范围内清偿税款和债务后，再进行其他处分。

（编写人：冯　涛）

法律条文

第一千一百五十八条　自然人可以与继承人以外的组织或者个人签订遗赠扶养协议。按照协议，该组织或者个人承担该自然人生养死葬的义务，享有受遗赠的权利。

条文主旨

本条是关于遗赠扶养协议的规定，自然人可以与继承人之外的组织或个人签订遗赠扶养协议，由该组织或个人负担该自然人的生养死葬，并享受受遗赠的权利。

新旧法对比

《继承法》	《民法典》
第三十一条　公民可以与扶养人签订遗赠扶养协议。按照协议，扶养人承担该公民生养死葬的义务，享有受遗赠的权利。 公民可以与集体所有制组织签订遗赠扶养协议。按照协议，集体所有制组织承担该公民生养死葬的义务，享有受遗赠的权利。	第一千一百五十八条　**自然人**可以与**继承人以外的组织或者个人**签订遗赠扶养协议。按照协议，**该组织或者个人**承担该自然人生养死葬的义务，享有受遗赠的权利。

理解与适用

1. 遗赠扶养协议属于合同，是一种双方法律行为，只有在遗赠人与扶养人意思表示一致时方可成立，区别于单方的遗赠行为。

2. 遗赠扶养协议是双务、有偿法律行为。遗赠扶养协议的双方当事人互享权利、互负义务。扶养人承担对遗赠人生养死葬的义务并享有接受遗赠财产的权利；被扶养人享有接受扶养的权利，同时负有将遗产遗赠给扶养人的义务。不过，本条中的有偿性并不需要扶养人付出的代价与取得的遗产在价值上相一致，只要是扶养人与遗赠人的真实意思表示即可。

3. 根据《民法典》第1123条的规定，继承开始后，按照法定继承办理；有遗嘱的，按照遗嘱继承或者遗赠办理；有遗赠扶养协议的，按照协议办理。因此，相较于其他遗产继承方式，遗赠扶养协议具有优先性。

4. 鉴于遗赠扶养协议的特殊性，扶养人的扶养义务应是连续性的，不得在被扶养人死亡前中断履行扶养义务。除扶养义务外，扶养人还应按照协议的约定完成被扶养人的丧葬事宜。

5. 依据《民法典继承编解释（一）》第40条之规定，继承人以外的组织或者个人与自然人签订遗赠扶养协议后，无正当理由不履行，导致协议解除的，不能享有受遗赠的权利，其支付的供养费用一般不予补偿；遗赠人无正当理由不履行，导致协议解除的，则应当偿还继承人以外的组织或者个人已支付的供养费用。

实务问题

遗赠扶养协议在本质上属于财产性质的合同，而非身份合同，因此，在法律适用上，如《民法典》继承编中没有规定的，可以适用合同编的相关规定。

（编写人：冯　涛）

法律条文

第一千一百五十九条　分割遗产，应当清偿被继承人依法应当缴纳的税款和债务；但是，应当为缺乏劳动能力又没有生活来源的继承人保留必要的遗产。

条文主旨

本条是关于债务清偿及保留必要遗产的规定，即分割遗产时，应清偿被继承人依法需缴纳的税款和债务，但需为缺乏劳动能力且无生活来源的继承人保留必要的遗产。

新旧法对比

《继承法》	《民法典》
第三十三条　继承遗产应当清偿被继承人依法应当缴纳的税款和债务，缴纳税款和清偿债务以他的遗产实际价值为限。超过遗产实际价值部分，继承人自愿偿还的不在此限。 继承人放弃继承的，对被继承人依法应当缴纳的税款和债务可以不负偿还责任。	第一千一百五十九条　**分割**遗产，应当清偿被继承人依法应当缴纳的税款和债务；**但是，应当为缺乏劳动能力又没有生活来源的继承人保留必要的遗产。**

理解与适用

遗产债务可以分为广义和狭义两类，狭义的遗产债务是指被继承人生前个人依法应当缴纳的税款和完全用于个人生活及生产需要所欠下的债务；广义的遗产债务还包括继承开始后，因遗产的管理、分割以及执行遗嘱等所支出的费用，即继承费用。本条规定应指狭义上的遗产债务，即被继承人生前个人依法应当缴纳的税款和完全用于个人生活需要所欠下的债务，主要包括：应缴纳的税款;合同之债;损害赔偿之债;不当得利之债;无因管理之债;其他债务。

遗产债务区别于继承费用。继承费用是指继承开始后,因遗产的管理、分割以及执行遗嘱所支出的费用。遗产债务是被继承人生前所负债务,而继承费用是被继承人死后因继承所产生的费用。继承费用的增加或者减少会造成遗产本身的增加或者减少,其实际属于遗产的一部分。遗产债务要在遗产实际价值减去继承费用后的价值范围内去清偿。即继承费用应用遗产支付,但其不属于遗产债务的范围。

另外,“应当为缺乏劳动能力又没有生活来源的继承人保留必要的遗产”表明,在清偿遗产债务时,即使遗产的实际价值不足以清偿债务,也应当为需要特殊照顾的缺乏劳动能力又没有生活来源的继承人保留适当的遗产,以满足其基本生活需要。

实务问题

审判实践中,在遗产不足以清偿债务时,对于缺乏劳动能力又没有生活来源的代位继承人,也应为其保留必要遗产。

(编写人:冯 涛)

法律条文

第一千一百六十条 无人继承又无人受遗赠的遗产,归国家所有,用于公益事业;死者生前是集体所有制组织成员的,归所在集体所有制组织所有。

条文主旨

本条是关于无人继受遗产的处理的规定,对于无人继承又无人受遗赠的遗产,归国家所有,并需用于公益事业;如死者生前是集体所有制组织成员的,归所在集体所有制组织所有。

新旧法对比

《继承法》	《民法典》
第三十二条 无人继承又无人受遗赠的遗产,归国家所有;死者生前是集体所有制组织成员的,归所在集体所有制组织所有。	第一千一百六十条 无人继承又无人受遗赠的遗产,归国家所有,**用于公益事业**;死者生前是集体所有制组织成员的,归所在集体所有制组织所有。

理解与适用

本条规定对于无人继受的遗产，应归国家所有，并用于公益事业。一般情况下，财产由财产所有权人占有、使用、收益、处分，但在特殊情况下，财产有可能与主体相脱离而成为无主财产。这种情形下，通过立法确定将无主财产归于国家或集体所有制组织，有助于对该财产的管理和保护，做到物尽其用，更好地发挥财产的效用。同时，明确将归国家所有的无人继受的遗产用于公益事业，有利于为困难的社会群体和个人提供帮助，为教育、科学、文化、卫生、体育事业，以及环境保护、社会公共设施建设等涉及公共利益的领域提供支持，促进社会发展和进步，维护社会生产和生活的稳定。

另外，依据《民法典继承编解释(一)》第41条的规定，遗产因无人继承又无人受遗赠归国家或者集体所有制组织所有时，按照《民法典》第1131条规定可以分给适当遗产的人提出取得遗产的诉讼请求，人民法院应当视情况适当分给遗产。如当遗产归于国家或集体所有制组织所有时，对于继承人以外的依靠被继承人扶养的人，或者继承人以外的对被继承人扶养较多的人，可以提出分得遗产的诉讼请求，人民法院应视情况分给其适当的遗产。

实务问题

审判实践中，应注意"五保户"遗产的处理。如果"五保户"的遗产无人继承又无人受赠，应当归死者生前所在的集体组织所有。

（编写人：冯　涛）

法律条文

第一千一百六十一条　继承人以所得遗产实际价值为限清偿被继承人依法应当缴纳的税款和债务。超过遗产实际价值部分，继承人自愿偿还的不在此限。

继承人放弃继承的，对被继承人依法应当缴纳的税款和债务可以不负清偿责任。

条文主旨

本条是关于限定继承原则及其例外的规定，即继承人以遗产实际价值为限清偿被继承人应缴纳的税款和债务。超过遗产实际价值部分，如继承人自愿偿还,则可选择继续偿还。另外,继承人放弃继承的,对被继承人依法应当缴纳的税款和债务可以不负清偿责任。

新旧法对比

《继承法》	《民法典》
第三十三条 继承遗产应当清偿被继承人依法应当缴纳的税款和债务,缴纳税款和清偿债务以他的遗产实际价值为限。超过遗产实际价值部分,继承人自愿偿还的不在此限。 继承人放弃继承的,对被继承人依法应当缴纳的税款和债务可以不负偿还责任。	第一千一百六十一条 继承人以**所得遗产**实际价值为限清偿被继承人依法应当缴纳的税款和债务。超过遗产实际价值部分,继承人自愿偿还的不在此限。 继承人放弃继承的,对被继承人依法应当缴纳的税款和债务可以不负清偿责任。

理解与适用

继承人对被继承人的遗产债务承担的是以继承的遗产实际价值为限的有限清偿责任,而非无限清偿责任。依据该原则,继承人接受遗产后,对于被继承人生前依法应当缴纳的税款和个人所欠债务,仅在其继受的遗产实际价值范围内承担清偿义务。对于超出遗产实际价值的债务,可以不负清偿责任。当然,对于继承人自愿偿还超过所得遗产实际价值部分的被继承人生前应缴纳的税款和个人所负的债务的,属于继承人权利自治的范畴,法律对此并不进行干预。此处需注意,本条所规定的"遗产实际价值",是指遗产在被继承人死亡时的实际价值,而非遗产分割时的实际价值。

当然,依据权责相统一的原则,如果继承人放弃继承,放弃继承的继承人可以不承担遗产债务,即不承担被继承人生前依法应缴纳的税款和所负的个人债务。

实务问题

实践中,死者生前因为有劳动能力的继承人所欠的债务和因继承人不尽扶养、抚养、赡养义务而使被继承人迫于生活需要欠下的债务,不以该继承人所继承的遗产的实际价值为限,该继承人应负无限的清偿责任,即应以自己固有的财产进行清偿。

(编写人:冯 涛)

法律条文

第一千一百六十二条　执行遗赠不得妨碍清偿遗赠人依法应当缴纳的税款和债务。

条文主旨

本条是关于遗赠和债务清偿顺序的规定，即遗赠人依法应当缴纳的税款和债务优先于执行遗赠。

新旧法对比

《继承法》	《民法典》
第三十四条　执行遗赠不得妨碍清偿遗赠人依法应当缴纳的税款和债务。	【内容不变】第一千一百六十二条

理解与适用

遗赠是遗嘱人利用遗嘱的方式将其财产于其死后赠给国家、集体或者法定继承人以外的组织、个人的法律行为。遗赠是单方民事法律行为，遗赠的内容往往只包括财产利益，而不包括财产义务。基于遗赠的上述特点，如遗赠人有依法应缴纳的税款和债务，遗赠的财产应是全部遗产权利和义务相抵后剩余的财产利益。本条规定执行遗赠不得妨碍清偿遗赠人依法应当缴纳的税款和债务，明确了清偿债务优先于执行遗赠，有利于防止遗赠人通过遗赠逃避其对债权人的债务，可以有效保护债权人的合法权益。

实务问题

执行遗赠不得妨碍清偿遗赠人依法应当缴纳的税款和债务是一项强制性规定，也是一项义务性规定，任何单位均不得违反这一规定。

（编写人：冯　涛）

法律条文

第一千一百六十三条　既有法定继承又有遗嘱继承、遗赠的，由法定继承人清偿被继承人依法应当缴纳的税款和债务；超过法定继承遗产实际价值部分，由遗嘱继承人和受遗赠人按比例以所得遗产清偿。

条文主旨

本条是关于不同继承方式与遗产债务清偿顺序的规定，即同时有法定继承、遗嘱遗产、遗赠的，由法定继承人清偿被继承人依法应当缴纳的税款和债务；超过法定继承遗产实际价值部分，由遗嘱继承人和受遗赠人按比例以所得遗产清偿。

新旧法对比

《最高人民法院关于贯彻执行〈中华人民共和国继承法〉若干问题的意见》	《民法典》
第六十二条　遗产已被分割而未清偿债务时，如有法定继承又有遗嘱继承和遗赠的，首先由法定继承人用其所得遗产清偿债务；不足清偿时，剩余的债务由遗嘱继承人和受遗赠人按比例用所得遗产偿还；如果只有遗嘱继承和遗赠的，由遗嘱继承人和受遗赠人按比例用所得遗产偿还。	第一千一百六十三条　**既**有法定继承又有遗嘱继承、遗赠的，由法定继承人清偿被继承人依法应当缴纳的税款和债务；超过法定继承遗产实际价值部分，由遗嘱继承人和受遗赠人按比例以所得遗产清偿。

理解与适用

如在同一继承关系中既有法定继承又有遗嘱继承和遗赠的，从保护债权人利益的角度出发，同时考虑到各种继承方式的法律效力，清偿被继承人的债务应当遵循以下顺序：首先由法定继承人在其实际继承遗产价值的范围内清偿被继承人依法应当缴纳的税款和债务；如其继承的遗产实际价值不足以清偿被继承人的全部债务时，剩余的债务则由遗嘱继承人和受遗赠人按比例用所得遗产清偿被继承人的债务。法律之所以作出这样的安排，是基于“限定继承”原则的规定，同时也体现了遗嘱继承和遗赠优先于法定继承的原则。

实务问题

涉及遗赠财产的交付问题时，如法定继承人继受的遗产的实际价值不足以清偿被继承人生前应缴纳的税款和债务，而要由遗嘱继承人和受遗赠人按比例以所得遗产清偿，此种情况下，在分割遗产时，应先清偿税款和债务，然后才能交付遗赠中涉及的财产，如果清偿后遗产无剩余的，遗赠也就不能执行。

（编写人：冯　涛）

第七编　侵权责任

第一章　一般规定

法律条文

第一千一百六十四条　本编调整因侵害民事权益产生的民事关系。

条文主旨

本条规定的是“侵权责任编的调整范围”，属于侵权责任的一般规定。

我国颁行的首部法典——《民法典》，分七编和附则共计八个部分，其中第7编为“侵权责任”，该编第一章为一般规定，本条为一般规定的第1条法规，意在明确侵权责任编的调整范围，即侵权责任编调整的法律关系是“因侵害民事权益产生的民事关系”。

新旧法对比

《侵权责任法》①	《民法典》
第一条　为保护民事主体的合法权益，明确侵权责任，预防并制裁侵权行为，促进社会和谐稳定，制定本法。 第二条　侵害民事权益，应当依照本法承担侵权责任。 本法所称民事权益，包括生命权、健康权、姓名权、名誉权、荣誉权、肖像权、隐私权、婚姻自主权、监护权、所有权、用益物权、担保物权、著作权、专利权、商标专用权、发现权、股权、继承权等人身、财产权益。	第一千一百六十四条　**本编调整因侵害民事权益产生的民事关系。**

① 《侵权责任法》已失效，下同。

理解与适用

在当今社会生活中，侵害民事权益的行为，不一定是侵权行为，应当包括正当防卫、紧急避险等自助行为，以及自甘风险、受害人故意等民事法律行为；民事权益的内涵与类型，随着社会生活的日益丰富，肯定会继发、产生一些新的民事权利，立法上不可能一时就实现穷尽的列举。因此，《民法典》的立法例顺应法治发展的时代趋势，取消了《侵权责任法》的立法模式，使《民法典》在侵权责任方面具有更强的生命力和灵活性，并在一定程度上保护了《民法典》的稳定性，有利于中国特色社会主义法治体系的建设与发展。

实务问题

立法的目的是规范社会生活、指导司法实践。

随着《民法典》的颁行实施，最高人民法院根据《民法典》的相关规定，及时修订了《民事案件案由规定》，与《民法典》同期颁布施行。

修改后的《民事案件案由规定》关于“侵权责任纠纷案由”的编排设置，保留了“人格权纠纷”“婚姻家庭、继承纠纷”“物权纠纷”“知识产权与竞争纠纷”等第一级案由体系项下对部分侵权责任案由的规定之外，对照侵权责任编新规定调整第一级案由“侵权责任纠纷”项下案由，从“兜底”的角度考虑，将第一级案由“侵权责任纠纷”列在其他八个民事权益纠纷类型之后，作为第九部分。

在民事诉讼中，对上述案由规定的具体适用时，涉及侵权责任纠纷的，为明确和统一法律适用问题，应当先适用第九部分“侵权责任纠纷”项下根据侵权责任编相关规定列出的具体案由；没有相应案由的，再适用“人格权纠纷”“物权纠纷”“知识产权与竞争纠纷”等其他部分项下的具体案由。

（编写人：张华东）

法律条文

第一千一百六十五条　行为人因过错侵害他人民事权益造成损害的，应当承担侵权责任。

依照法律规定推定行为人有过错，其不能证明自己没有过错的，应当承担侵权责任。

条文主旨

本条第 1 款规定的是“过错责任”原则，本条第 2 款规定的是“过错推定责任”原则。

过错责任原则，是指行为人实施侵害他人的民事权益时具有主观上的故意、过失等过错心理，该类侵权行为应当承担侵权责任。

过错推定责任原则，是指行为人实施侵害他人的民事权益时，不优先考虑行为人是否具有主观上的故意、过失等过错心理，而是依法推定其具有主观过错，其不能证明自己没有过错的，依法应当承担侵权责任；如果行为人能证明自己没有过错的，则依法可以减免承担侵权责任。

新旧法对比

《侵权责任法》	《民法典》
第六条　行为人因过错侵害他人民事权益，应当承担侵权责任。 根据法律规定推定行为人有过错，行为人不能证明自己没有过错的，应当承担侵权责任。	第一千一百六十五条　行为人因过错侵害他人民事权益**造成损害的**，应当承担侵权责任。 **依照**法律规定推定行为人有过错，**其**不能证明自己没有过错的，应当承担侵权责任。

理解与适用

本条规定明确的是追究侵权责任的“过错责任”原则和“过错推定责任”原则。其中“过错责任原则”，又称过失责任原则，以行为人的过错作为归责的根据和最终要件；过错推定责任原则，是指为了保护相对人或受害人的合法权益，法律规定行为人只有在证明自己没有过错的情况下，行为人才可以不承担责任，过错推定责任是过错责任的一种特殊形态。该两条原则是民事法律领域调整因侵害民事权益所产生民事关系的黄金法则。

上述两条归责原则，在举证责任的分配、过错程度对责任承担的影响等方面有一定不同，但都属于因过错而承担责任。过错责任的构成要件包括四个：侵权行为、损害结果、因果关系、过错（故意或者过失）。过错推定责任是指对某类特定的损害结果，法律推定行为人具有过错，应当承担责任。《侵权责任法》确定上述两条归责原则以来，现今被《民法典》原文引用，作为处理社会生活中关于侵权的基本原则，充分体现责任与义务的统一性，以及法律对某些行为责任承担的强制性。

实务问题

一般而言，过错责任是民事责任（侵权责任）最一般的表现形式，社会生活中比较常见。而过错推定责任在适用上应当由法律规定。过错推定责任原则属于过错责任原则的特殊形式，其是指依照法律规定，原则上即推定行为人有过错，行为人不能证明自己没有过错的，应当承担侵权责任。即在法律特别规定的情况下，针对特定的侵权行为，推定行为人具有过错，由行为人举证自己不存在过错，而被侵权人只需证明上述侵权责任构成要件的另外三项（违法行为、损害事实和因果关系）。若行为人不能证明其不存在过错，则应当承担侵权责任。常见的过错推定责任如：(1)教育机构对无民事行为能力人的责任承担。无民事行为能力人在幼儿园、学校或者其他教育机构学习、生活期间受到人身损害的，幼儿园、学校或者其他教育机构应当承担侵权责任；但是，能够证明尽到教育、管理职责的，不承担侵权责任。(2)动物园的动物致人损害之责任承担。动物造成他人损害的，动物园应当承担侵权责任；但是，能够证明尽到管理职责的，不承担侵权责任。(3)患者在诊疗活动中受到损害，医疗机构或其医务人员有过错的，例如隐匿或拒绝提供与纠纷有关的病例资料，则推定医疗机构有过。(4)除不动产倒塌和高空抛物两种情形以外的其他物件致人损害的责任承担。例如：一是建筑物、构筑物或者其他设施及其搁置物、悬挂物发生脱落、坠落造成他人损害，所有人、管理人或者使用人不能证明自己没有过错的，应当承担侵权责任。所有人、管理人或者使用人赔偿后，有其他责任人的，有权向其他责任人追偿；二是堆放物倒塌、滚落或者滑落造成他人损害，堆放人不能证明自己没有过错的，应当承担侵权责任；三是因林木折断、倾倒或者果实坠落等造成他人损害，林木的所有人或者管理人不能证明自己没有过错的，应当承担侵权责任。①

（编写人：张华东）

法律条文

第一千一百六十六条　行为人造成他人民事权益损害，不论行为人有无过错，法律规定应当承担侵权责任的，依照其规定。

① 民法典中的过错推定责任原则，载 https://mp. weixin. qq. com/s? src = 11&timestamp = 1636794975&ver = 3434&signature = gbGN5j - NfhkBRsvmi1zRcNd1TrvioGmcSXQppbitCutU1qsRGq9STkQTB3Bs1A8U * 2 * xhVJuWLvKn-pClWigDDX9UIp3t7mLgMhwSJFbT44qxeJ * 20hzHnAv * pZvmtsrO&new = 1。

条文主旨

本条规定的是侵权责任的又一条重要原则,即“无过错责任原则”。

无过错责任,即行为人造成他人的民事权益损害,无论行为人在主观上是否有过错,依据法律之规定均应当承担侵权责任。无过错责任原则不考虑行为人的主观过错,一旦有损害结果发生,行为人就应承担责任,并不存在免责的事由。但是,该类侵权责任的承担,必须有法律的明确规定,否则不能适用无过错责任。

新旧法对比

《民法通则》	《侵权责任法》	《民法典》
第一百零六条第三款　没有过错,但法律规定应当承担民事责任的,应当承担民事责任。 第一百三十二条　当事人对造成损害都没有过错的,可以根据实际情况,由当事人分担民事责任。	第七条　行为人损害他人民事权益,不论行为人有无过错,法律规定应当承担侵权责任的,依照其规定。	第一千一百六十六条　行为人**造成他人民事权益损害**,不论行为人有无过错,法律规定应当承担侵权责任的,依照其规定。

理解与适用

无过错责任,是指行为人对自己行为所造成的损害后果,无论是否具有故意或者过失的心理,都应当承担民事责任。无过错责任不以主观过错(故意或者过失)为构成要件。无过错责任的立法目的主要是对受害人提供补偿,不能起到预防不法行为的惩罚作用,且大部分责任损失可以借助保险制度予以分担。

《民法通则》规定了无过错的分担责任,《侵权责任法》明确了无过错责任原则,该原则被《民法典》参照引用,并进一步强化了行为后果。从司法审判实践来看,无过错责任不需要行为人与受害人就有无过错进行举证,受害人只要证明侵权行为与损害结果有因果关系的存在即可,法官对此责任的适用缺乏弹性和灵活适应性,是基于法律的明确规定而适用。

实务问题

无过错责任原则,在具体适用上须由法律明确规定,即哪些情形适用无过错责任以及具体的免责事由均由法律规定。在无过错责任原则中,行为人损害他人民事权益,无论行为人有无过错,法律规定行为人应当有错承担责任,没错同样承担责任。

常见的无过错责任主要有：未成年人致人损害，监护人的无过错责任；发生工伤时，用人单位的责任；产品缺陷致人损害的责任；机动车与非机动车发生交通事故时，机动车方的无过错责任；环境污染致人损害的责任；高度危险作业致人损害时的责任；饲养的动物致人损害，主人的无过错责任以及建筑物倒塌致人损害的责任。

（编写人：张华东）

法律条文

第一千一百六十七条　侵权行为危及他人人身、财产安全的，被侵权人有权请求侵权人承担停止侵害、排除妨碍、消除危险等侵权责任。

条文主旨

本条规定的是侵权责任类型，即“危及他人人身、财产安全的责任承担方式”。

在本条文中以举例、概括的方式，规定了当侵权行为危及他人的人身、财产安全时，被侵权人（受害人）有权请求侵权人承担侵权责任的类型，其主要责任承担方式包括停止侵害、排除妨碍、消除危险，等等。

新旧法对比

《侵权责任法》	《民法典》
第二十一条　侵权行为危及他人人身、财产安全的，被侵权人可以请求侵权人承担停止侵害、排除妨碍、消除危险等侵权责任。	第一千一百六十七条　侵权行为危及他人人身、财产安全的，被侵权人**有权请求**侵权人承担停止侵害、排除妨碍、消除危险等侵权责任。

理解与适用

关于“危及他人人身、财产安全的责任承担方式”在本法第 1167 条以概括方式，列举规定了停止侵害、排除妨碍、消除危险等主要类型的侵权责任，其中变更、强化的是被侵权人向侵权人主张侵权责任的权利是“有权”，而不再是“可以”，以法典的形式确认了被侵权人在侵权行为发生后的当然权利和绝对权利，主张侵权责任是一项由法律所赋予的权利。

在《侵权责任法》第15条规定了承担侵权责任的方式主要有:(1)停止侵害;(2)排除妨碍;(3)消除危险;(4)返还财产;(5)恢复原状;(6)赔偿损失;(7)赔礼道歉;(8)消除影响、恢复名誉。以上承担侵权责任的方式,既可以单独适用,也可以合并适用。

《民法典》并未废除《侵权责任法》规定的侵权责任的承担方式,而是将各类侵权责任形式规定于各类不同侵权行为的民事权益保护中,如人格权、知识产权、相邻权等民事权益被侵权时,被侵权人可以选择主张上述侵权责任的承担方式。

实务问题

在涉及"侵权行为危及他人人身、财产安全的,被侵权人有权请求侵权人承担停止侵害、排除妨碍、消除危险等侵权责任"的司法实务中,比如侵权责任纠纷中的环境污染责任纠纷、建筑物和物件损害责任纠纷、因申请保全损害责任纠纷,以及物权保护纠纷中的排除妨害纠纷、消除危险纠纷等纠纷类型,均可以选择主张适用停止侵害、排除妨碍、消除危险等侵权责任。

(编写人:张华东)

法律条文

第一千一百六十八条　二人以上共同实施侵权行为,造成他人损害的,应当承担连带责任。

条文主旨

本条规定的是"共同侵权"与"连带责任"。

二人以上共同实施侵权行为,即无论是共同侵权、共同危险行为或合伙致人损害,均构成"共同侵权";因前述侵权行为造成他人损害的,共同侵权人应当承担"连带责任",即共同侵权人对被侵权人均负有赔偿等法律责任。

新旧法对比

《民法通则》	《侵权责任法》	《民法典》
第一百三十条　二人以上共同侵权造成他人损害的,应当承担连带责任。	第八条　二人以上**共同实施侵权行为**,造成他人损害的,应当承担连带责任。	第一千一百六十八条　二人以上**共同实施侵权行为**,造成他人损害的,应当承担连带责任。

理解与适用

共同侵权与连带责任，由《民法通则》第130条予以确立，后被《侵权责任法》第8条予以修正确定，现被《民法典》第1168条原文引用，以法典形式确立了这一侵权责任原则。

共同侵权，表现为共同加害行为、共同致人损害，是指二人以上以共同实施侵权行为造成他人人身权利、财产权利的损害，包括典型的共同侵权行为、共同危险行为、合伙致人损害等类型。

典型的共同侵权行为，是指两个以上的侵权行为人，基于共同的故意或者过失，侵害他人人身、财产权利的行为，共同侵权行为人在主观上具有共同过错，所造成的损害是同一的、不可分割的，数个加害人的行为与侵害结果之间具有因果关系。

共同危险行为是指二人以上共同实施有可能侵害他人权利的危险行为，并实际造成他人的损害，是共同过错行为的另一种形式，但不能判明共同行为中何人的行为引发了损害结果的发生。

合伙致人损害，是合伙人在执行合伙事务过程中致人损害，全体合伙人共同承担连带责任，符合相关法律之规定。

连带责任，是指受害人有权向共同侵权人中的任何一人或者数人请求赔偿全部损失，而任何一个共同侵权人都有义务向受害人负全部的赔偿责任。《民法总则》第178条对"连带责任"的责任形式与责任性质作出明确规定，《民法典》在第178条对前述规定予以全文引用，进一步确认这一重要的民事责任规定。

《民法典》第178条规定：二人以上依法承担连带责任的，权利人有权请求部分或者全部连带责任人承担责任。连带责任人的责任份额根据各自责任大小确定；难以确定责任大小的，平均承担责任。实际承担责任超过自己责任份额的连带责任人，有权向其他连带责任人追偿。连带责任，由法律规定或者当事人约定。

基于上述立法规定，共同侵权人中的一人或数人已全部赔偿了受害人的损失，则免除其他共同侵权人向受害人应负的赔偿责任。连带责任具有如下特征：(1)连带责任是对受害人所应承担的整体责任；(2)受害人有权请求任何一个或数个共同侵权行为人负连带责任；(3)连带责任是法定责任，不因加害人内部的约定而改变其连带责任的性质；(4)行为人依其主观过错程度和行为原因力的大小对内负按份之债，侵权行为人可以相互追偿；(5)连带责任，由法律规定或者当事人约定。

实务问题

关于共同实施侵权行为，应当承担连带责任的相关实务问题，在《民法典》第七编“侵权责任”中既有对一般侵权类型的相关规定，也有对特殊侵权类型的相关规定，以下述立法为例：

《民法典》第1197条规定“网络服务提供者知道或者应当知道网络用户利用其网络服务侵害他人民事权益，未采取必要措施的，与该网络用户承担连带责任”。

《民法典》第1252条规定“建筑物、构筑物或者其他设施倒塌、塌陷造成他人损害的，由建设单位与施工单位承担连带责任，但是建设单位与施工单位能够证明不存在质量缺陷的除外。……”

（编写人：张华东）

法律条文

第一千一百六十九条　教唆、帮助他人实施侵权行为的，应当与行为人承担连带责任。

教唆、帮助无民事行为能力人、限制民事行为能力人实施侵权行为的，应当承担侵权责任；该无民事行为能力人、限制民事行为能力人的监护人未尽到监护职责的，应当承担相应的责任。

条文主旨

本条规定的是教唆侵权、帮助侵权。

教唆侵权行为，是指对他人进行开导、说服，或通过刺激、利诱、怂恿等方法使该他人从事侵权行为。帮助侵权行为，是指给予他人以帮助，如提供工具或者指导方法，以便使该他人易于实施侵权行为。

本条第1款中的“他人”指的是完全民事行为能力人。本条第2款是针对被教唆、被帮助对象是无民事行为能力人或者限制民事行为能力人所作出的特别规定，相比第1款的连带责任规定，本款规定的法律后果有所不同，应当承担侵权责任，且如果被教唆、被帮助的无民事行为能力人或者限制民事行为能力人的监护人未尽到监护职责的，应当承担相应的责任。

监护，是一项重要的民事法律制度，是为保护无民事行为能力人和限制民事行为能力人的人身和财产权利而由特定公民或组织对其予以监督、管理和保护的制度。监护人应当负起监护职责。

新旧法对比

《侵权责任法》	《民法典》
第九条　教唆、帮助他人实施侵权行为的,应当与行为人承担连带责任。 教唆、帮助无民事行为能力人、限制民事行为能力人实施侵权行为的,应当承担侵权责任;该无民事行为能力人、限制民事行为能力人的监护人未尽到监护责任的,应当承担相应的责任。	第一千一百六十九条　教唆、帮助他人实施侵权行为的,应当与行为人承担连带责任。 教唆、帮助无民事行为能力人、限制民事行为能力人实施侵权行为的,应当承担侵权责任;该无民事行为能力人、限制民事行为能力人的监护人未尽到监护**职责**的,应当承担相应的责任。

理解与适用

根据我国《民法典》第1169条第1款之规定,教唆人、帮助人实施教唆、帮助行为的法律后果,是教唆人、帮助人与行为人承担连带责任。受害人可以请求教唆人、帮助人或者行为人中的一人或者数人赔偿全部损失,此款中的行为人是指完全民事行为能力人。

《民法典》第1169条第2款,是针对教唆、帮助无民事行为能力人、限制民事行为能力人实施侵权行为的责任规定,其中教唆人、帮助人应承担侵权责任;如果无民事行为能力人或者限制民事行为能力人的监护人未尽到监护职责的,应当承担相应的责任。

《民法典》进一步丰富了监护人的主体类型和监护的法律内涵,明确监护是一种职责。

实务问题

教唆和帮助,均是出于故意。

教唆人、帮助人的侵权责任的成立,需满足教唆行为与加害行为之间存在因果关系,客观上使加害行为易于实施。受害人在举证上无须举证教唆行为、帮助行为与损害后果之间存在因果关系,只需证明存在教唆行为和帮助行为即可。

监护人是否承担责任及承担多大的责任,适用过错责任原则,由受害人或者教唆人、帮助人负举证责任,证明监护人未尽到监护职责,才可要求监护人承担相应责任。

教唆或帮助完全民事行为能力人实施侵权行为的,教唆人或帮助人与被教唆或被帮助的人为共同侵权人，被教唆或被帮助的人要承担责任，教唆或者帮助的人要承担连带责任。

教唆或帮助无民事行为能力人、限制民事行为能力人实施侵权行为的人，教唆或帮助人是侵权人，应当承担全部的民事责任；如果无民事行为能力人或者限制民事行为能力人的监护人没有尽到监护职责的，也应当承担相应的责任，此种责任与教唆或帮助人之间是按份责任。

该类型的侵权行为，多发生于限制民事行为能力人、无民事行为能力人等民事主体的社会行为中。

（编写人：张华东）

法律条文

第一千一百七十条　二人以上实施危及他人人身、财产安全的行为，其中一人或者数人的行为造成他人损害，能够确定具体侵权人的，由侵权人承担责任；不能确定具体侵权人的，行为人承担连带责任。

条文主旨

本条规定的是"共同危险行为"及其侵权责任的承担问题。

何为"危险行为"？依据上述条文规定，是指"危及他人人身、财产安全的行为"。

何为"共同危险"？在上述条文中明确表述为"二人以上实施危及他人人身、财产安全的行为"。

根据本条之规定，上述共同危险行为中，仅其中一人或数人的行为造成他人损害，并非全部行为人的行为共同造成侵害后果，如果能够确定造成侵害后果的具体侵权人的，由侵权人承担责任；不能确定造成侵害后果的具体侵权人的，全部共同危险行为的行为人承担连带责任。

新旧法对比

《侵权责任法》	《民法典》
第十条　二人以上实施危及他人人身、财产安全的行为，其中一人或者数人的行为造成他人损害，能够确定具体侵权人的，由侵权人承担责任；不能确定具体侵权人的，行为人承担连带责任。	【内容不变】第一千一百七十条

理解与适用

共同危险行为，是指二人以上实施危及他人人身、财产安全的行为，均有造成他人损害的危险性，并且造成了实际损害，但不能确定谁是真正加害人，因而依法应当承担连带赔偿责任的侵权行为。在共同危险行为中，尽管就每一个行为人而言，其主观上对实施加害行为各自存在故意或者过失，但相互之间并无共同的侵害计划，而是各自独立地实施了危险行为，对于损害后果没有共同的认识和意愿，各危险行为人的行为都有可能造成现实的损害结果，但不能确切地证明谁的行为与该损害结果有因果关系。

在共同危险行为中，如果能够确定具体侵权人的，就是单独侵权或共同加害了，由侵权人承担责任。由于损害结果的加害人不明，不能确定具体侵权人的，共同危险行为人承担连带责任。

《民法典》第 1170 条所规定的共同危险行为，是各行为人实施了性质相同的可能危及他人合法权益的行为，但仅其中一人或数人的行为造成损害结果，很难或不能确定谁是真正的致害人，法律为救济受害人的利益，将各行为人的行为视为一个整体，即共同危险行为。

在共同危险行为中，这种危险性已经转化为现实的、客观的损害结果，具有危险性的共同行为与损害事实之间具有客观的因果关系，因而应当由各共同危险行为人依法承担连带责任。

实务问题

关于《民法典》所规定的共同危险行为及其法律责任问题，举例说明：

(1)例 1:2019 年某一天，曹某(九岁)与弟弟二人在大院内玩，黄某、夏某(均为儿童)。从门口路过被二人游戏吸引，双方儿童因玩游戏发生争执，相互扔小石子。曹某被迎面飞来的石子击中左眼，遂双手捂住眼睛边哭边骂。黄某、夏某见状，立即离开。曹某家长得知孩子左眼被打伤后，便送到医院治疗，被确诊为外伤性白内障，并进行了手术。四个月后，曹某的父母索赔无果，遂向法院提起诉讼，要求黄某、夏某赔偿一切经济损失。黄某、夏某二被告的代理人均辩称，曹某受伤是几个孩子互相扔石子造成的，原告没有证据证明打伤曹某左眼的石子是自己的孩子扔的，或是曹某的弟弟扔的，故原告曹某要求他们承担责任没有理由。

本案中，原告曹某眼睛受伤是因为被告黄某、夏某二人投掷石子所为，损害结果与二被告的行为有直接关系。虽然不知道具体的侵害行为人是谁，但二被告的行为均有可能导致损害结果的发生。真正的加害人是共同危险行为人中的一个或者一部分，无论是受害人还是法院都无法确认到底是谁的行为造成了受害人的损害。在该案中，二被告投掷石子的行为，属于共同危险行为。在不能证明损害后果是何人所为时，黄某、夏某二被告作为共同危险行为人承担连带责任。

（2）例2：原告王某诉称2021年2月其乘坐孙某的出租车回家，途中孙某因车辆剐蹭与李某厮打在一起，此时李某的好友郑某也前来帮忙，原告王某便上前去劝架，在劝架过程中被打伤，花去医疗费8000元。因不知道是谁造成的伤害，遂起诉要求孙某、李某、郑某连带赔偿其损失8000元。被告郑某辩称自己是去劝架的，并未殴打王某，没有理由要其承担责任。但庭审中王某与郑某都无足够证据支持自己的诉讼主张。该案中，王某在劝架过程中受伤且不知是何人所为，而郑某、李某、孙某在主观上都没有要殴打王某的意思表示，不存在共同的故意，但是因为被告三人的行为才使王某的合法权益受到损害，此种情况符合共同危险行为的特征，宜认定为共同危险行为，王某在起诉时将郑某列为被告人，而郑某没有证据证明王某的损害与自己行为之间无因果关系，所以，郑某应该与孙某、李某连带承担赔偿王某的损失。

（编写人：张华东）

法律条文

第一千一百七十一条　二人以上分别实施侵权行为造成同一损害，每个人的侵权行为都足以造成全部损害的，行为人承担连带责任。

条文主旨

本条规定的是“分别侵权承担连带责任”，即关于二人以上分别实施侵权行为，但都能造成全部损害时，应当承担连带责任的规定。

根据本条含义，适用本条规定，须满足以下条件：（1）侵权行为主体须二人以上，每个人的行为都必须是侵权行为；（2）实施侵权行为的数个行为人之间不具有主观上的关联性，数个侵权行为之间相互独立；（3）侵权行为造成同一损害后果，损害的性质是相同的，并且损害内容具有关联性；（4）每个人的侵权行为都足以造成全部损害的发生，无须其他侵权行为的共同作用；（5）每个侵权行为人对该同一损害后果承担连带责任。

新旧法对比

《侵权责任法》	《民法典》
第十一条　二人以上分别实施侵权行为造成同一损害,每个人的侵权行为都足以造成全部损害的,行为人承担连带责任。	【内容不变】第一千一百七十一条

理解与适用

《民法典》第1171条关于“分别侵权承担连带责任”规定,具有五个特点:第一,二人以上实施侵权行为;第二,分别实施侵权行为;第三,造成同一损害;第四,每个人的侵权行为都足以造成全部损害;第五,全部侵权行为人承担连带责任。

适用《民法典》第1171条规定,需要符合以下构成要件:

(1)二人以上分别实施侵权行为,即行为主体的复数性仍然是最基本的条件,每个人的行为都必须是侵权行为,每个行为人在实施侵权行为之前以及实施侵权行为过程中,没有与其他行为人有意思联络,也没有认识到还有其他人也在实施类似的侵权行为。

(2)造成同一损害后果,即数个侵权行为所造成的损害的性质是相同的,都是身体伤害或者财产损失,并且损害内容具有关联性。

(3)每个人的侵权行为都足以造成全部损害,即本条中的“足以造成”并不是指每个侵权行为都实际上造成了全部损害,而是指即便没有其他侵权行为的共同作用,独立的单个侵权行为也能造成全部损害。

根据本条规定,一旦满足构成要件,数个侵权行为人必须对造成的损害承担连带责任。

根据《民法典》等法律规定,连带责任,由法律规定或者当事人约定。

实务问题

关于第1171条规定的“分别侵权承担连带责任”的实务问题,举例说明:

(1)分别放火行为致害责任。甲、乙两个人分别从不同方向对丙的同一房屋实施放火,并将该房屋烧毁,根据两个方向的火势判断,如果不存在另一把火,每把火都有可能将整栋房屋烧毁,但事实上两把火共同作用烧毁了该房屋。所以,每把火都“足以”烧毁整栋房屋,甲、乙对丙的房屋烧毁承担连带责任。

(2)分别碾压行为致害责任。受害人李四,先后被三辆肇事车碾压而死。

甲首先在交通肇事后逃逸现场，乙躲不及而造成对李四的第二次碾压，丙的车属第三次碾压李四并将其钩离事故现场。后交警认定，甲对事故负主要责任，乙、丙对事故负次要责任，但受害人李四的死亡因无法确定由哪一辆或多辆车碾压所致，应推定甲乙丙的三辆肇事车的任一碾压均有可能对受害人李四造成死亡后果，故在本案中应当认定由甲、乙、丙三人对受害人李四的死亡承担连带责任。

（编写人：张华东）

法律条文

第一千一百七十二条　二人以上分别实施侵权行为造成同一损害，能够确定责任大小的，各自承担相应的责任；难以确定责任大小的，平均承担责任。

条文主旨

本条规定的是“分别侵权承担按份责任”，即关于二人以上分别实施侵权行为，造成同一损害，应当承担按份责任的规定。

根据本条含义，适用本条之按份责任须满足以下构成条件：(1)侵权行为主体须二人以上，每个人的行为都必须是侵权行为。(2)实施侵权行为的数个行为人之间不具有主观上的关联性，数个侵权行为之间相互独立。(3)侵权行为造成同一损害后果，损害的性质是相同的，并且损害内容具有关联性。(4)如果对于损害后果的发生能够确认侵权行为人的责任大小的，各自承担相应的责任；如果对于损害后果的发生难以确认侵权行为人的责任大小的，各侵权行为人应平均承担责任。

根据本条规定，分别实施侵权行为的责任承担，无论是严格地按份责任，还是平均承担责任，都具有明确的责任份额比例，而不同于全部责任或连带责任。

新旧法对比

《侵权责任法》	《民法典》
第十二条　二人以上分别实施侵权行为造成同一损害，能够确定责任大小的，各自承担相应的责任；难以确定责任大小的，平均承担赔偿责任。	【内容不变】第一千一百七十二条

理解与适用

本条关于“分别侵权承担按份责任”规定，具有五个特点：第一，二人以上实施侵权行为；第二，分别实施侵权行为；第三，造成同一损害；第四，能够确定责任大小的，各自承担相应的责任；第五，难以确定责任大小的，平均承担责任。

理解本条规定，需要从以下三个方面进行分析：

(1)主体，即二人以上分别实施侵权行为，行为主体的复数性仍然是最基本的条件，每个人的行为都必须是侵权行为，每个行为人在实施侵权行为之前以及实施侵权行为过程中，没有与其他行为人有意思联络，也没有认识到还有其他人也在实施类似的侵权行为；

(2)后果，即造成同一损害后果，数个侵权行为所造成的损害的性质是相同的，都是身体伤害或者财产损失，并且损害内容具有关联性；

(3)责任，即每个人的侵权行为对于损害后果能够确定责任大小的，据此承担按份责任，难以确定责任大小的，平均承担责任。

根据本条规定，一旦满足本条规定的构成要件，数个侵权行为人将根据在同一损害中的责任大小承担按份责任，或者平均承担责任。

实务问题

关于《民法典》第1172条规定的“分别侵权承担按份责任”的实务问题，既包括具体的份额责任，也包括平均的份额责任，不同于连带责任，举例说明：

李四驾驶二轮摩托车于某日行至某段公路时，与王某驾驶的二轮摩托车相撞倒地(驾驶人王某逃逸)，此时适逢赵某驾驶的货车行驶至此，李四被货车右后轮碾压致死。经交管部门对事故责任认定，逃逸的摩托车驾驶人王某负此事故的主要责任，受害人李四和货车驾驶员赵某均负事故的次要责任。李四妻子诉至法院，要求赵某与逃逸的王某承担连带赔偿责任。

在该案中，王某与赵某二人相互没有共同的意思联络，没有法律意义上的共同故意或者共同过失，主观上均为过失而非故意，但其分别实施的前后数个交通行为间接结合而发生导致李四死亡的同一损害后果，应当根据行为人的过错大小或者数行为致损害后果发生的原因力比例分别承担相应的民事责任，即王某、赵某与李四应当对损害后果承担按份责任。因此，原告要求被告赵某与逃逸的王某承担连带责任缺乏法律依据。

(编写人：张华东)

法律条文

第一千一百七十三条　被侵权人对同一损害的发生或者扩大有过错的，可以减轻侵权人的责任。

条文主旨

本条规定的是“与有过错规则”，又称为“过错相抵规则”。

根据本条之规定，被侵权人作为受害人，如果对同一损害的发生或者扩大有过错，即受害人存在主观上的故意或者过失，应当对损害结果承担责任，并可以减轻侵权人的责任。该条规范了侵权人与被侵权人对同一损害的责任分担问题。

新旧法对比

《侵权责任法》	《民法典》
第二十六条　被侵权人对损害的发生也有过错的，可以减轻侵权人的责任。	第一千一百七十三条　被侵权人对**同一损害的发生或者扩大**有过错的，可以减轻侵权人的责任。

理解与适用

《民法典》第1173条规定的“与有过错规则”，即常说的“过失相抵规则”“过错相抵规则”，指在侵权人依法应承担损害赔偿责任的前提下，如果被侵权人对于同一损害事实的发生或扩大也有过错，则可以减轻侵权人的赔偿责任。

上述民事侵权责任规则，首见于《民法通则》之规定，后被《侵权责任法》所吸收，旨在规定在侵权赔偿中可以基于被侵权人的过错而减轻侵权人的责任，但被侵权人的过错仅限于对损害发生的过错。

《民法典》第1173条将《侵权责任法》第26条的规定增补修改为“损害的发生或者扩大”，增加了被侵权人防止损害扩大的义务，体现了责任承担上的利益平衡。这一修改主要是考虑到实践中存在被侵权人或其家属为索取较高的侵权赔偿金而放任或故意造成损害结果扩大，以期加重侵权人的责任的情形。

同时，第1173条新增的“同一损害”，以立法形式明确限定被侵权人的过错是对侵权人所造成的同一损害的加重或扩大，该规定具有积极的现实意义，主要是针对分别侵权行为而言，分别侵权如果造成同一损害，被侵权人的过错可减轻行为人各自的责任；如果造成不同损害，则根据损害部位和程度可减轻相应行为人的责任。

实务问题

《民法典》第 1173 条规定了被侵权人的过错责任,有助于规范侵权责任关系。根据《民法典》的原则精神,可将被侵权人(受害人)过错分为四种情形:

(1)在适用过错责任原则的情况下,侵权人与受害人都有过错的,可以按照各自过错程度,减轻甚至免除侵权人的赔偿责任。

(2)在适用过错责任原则的情况下,虽然侵权人与受害人都有过错,但是侵权人系出于故意或者重大过失,而受害人只有一般过失的,不减轻侵权人的赔偿责任。

(3)在适用无过错责任原则的情况下,受害人只有一般过失的,也不减轻侵权人的赔偿责任,受害人有重大过失的,才可以减轻侵权人的赔偿责任。

(4)无论适用过错责任原则还是无过错责任原则,如果损害是受害人故意造成的,行为人均不承担责任。

(编写人:张华东)

法律条文

第一千一百七十四条　损害是因受害人故意造成的,行为人不承担责任。

条文主旨

本条规定的是“受害人故意”,即受害人主动实施行为。

根据本条含义,如果损害是因为受害人的故意造成的,行为人不承担责任,由受害人自担风险与不利责任。

新旧法对比

《侵权责任法》	《民法典》
第二十七条　损害是因受害人故意造成的,行为人不承担责任。	【内容不变】第一千一百七十四条

理解与适用

本条是关于受害人故意造成损害,行为人免责的规定。

受害人故意造成损害,是指受害人明知自己的行为会发生损害自己的后果而希望或者放任此种结果的发生。受害人故意,分为直接故意和间接故意。直接故意是指受害人从主观上追求损害自己的结果发生,如受害人有意触摸高压线自杀;间接故意是指受害人已经预见到自己的行为可能发生损害自己的结果,但也不停止该行为而是放任损害结果的发生,如受害人盗割高压线导致自己伤亡。

本条规定损害是因受害人故意造成的,行为人不承担责任。本规定对行为人免责,需要满足法定条件,即损害完全是因为受害人的故意造成的,受害人的故意行为是其损害发生的唯一原因,而不是行为人造成的损害。

实务问题

1. 举例说明

(1)王某明知正常运营中的高压线路有高压电,可以伤人甚至致死,王某有意触摸高压线自杀,或者王某盗割高压线导致自己伤亡,则高压线的所有人、运营方等行为人不承担责任。

(2)饲养的动物造成他人损害的,动物饲养人或者管理人应当承担侵权责任。但是,能够证明损害是因被侵权人的故意或者重大过失造成的,动物饲养人或者管理人可以不承担责任或者减轻责任。

2. 本条规定的责任原则,在高度危险责任、饲养动物损害责任等侵权形式中常见。

(编写人:张华东)

法律条文

第一千一百七十五条　损害是因第三人造成的,第三人应当承担侵权责任。

条文主旨

本条规定的是“第三人过错”。根据本条规定之含义,损害的发生,不是行为人或管理人的过错,也不是受害人的过错,是由于第三人的过错造成的,由第三人承担侵权责任。

新旧法对比

《侵权责任法》	《民法典》
第二十八条　损害是因第三人造成的,第三人应当承担侵权责任。	【内容不变】第一千一百七十五条

理解与适用

本条规定的"损害是因第三人造成的",即损害产生于第三人过错,是指除受害人和行为人或管理人之外的第三人,对受害人的损害的发生和扩大具有主观过错,从而导致损害后果的发生,该第三人应当对损害承担侵权责任。

如何准确理解"损害是因第三人造成的",需要注意:第一,损害的致害主体是第三人;第二,第三人与行为人或管理人没有主观上的过错联系,即不构成共同侵权行为;第三,第三人过错是免除受害人和行为人或管理人的法律责任的事实依据,第三人过错是损害发生的唯一原因,其他人免责。

适用本条之规定,需要特别强调该损害的发生的唯一原因是第三人的过错。

实务问题

提供劳务期间,因第三人的行为造成提供劳务一方损害的,提供劳务一方有权请求第三人承担侵权责任,也有权请求接受劳务一方给予补偿。接受劳务一方补偿后,可以向第三人追偿。

因第三人的过错,致使动物造成他人损害的,被侵权人可以向动物饲养人或者管理人请求赔偿,也可以向第三人请求赔偿。动物饲养人或者管理人赔偿后,有权向第三人追偿。

(编写人:张华东)

法律条文

第一千一百七十六条　自愿参加具有一定风险的文体活动,因其他参加者的行为受到损害的,受害人不得请求其他参加者承担侵权责任;但是,其他参加者对损害的发生有故意或者重大过失的除外。

活动组织者的责任适用本法第一千一百九十八条至第一千二百零一条的规定。

条文主旨

本条第 1 款规定的是"自甘风险"制度,本条第 2 款规定的是"安全保障义务人责任""教育机构的过错推定责任""在教育机构内第三人侵权时的责任分担"。

"自甘风险"源于"对同意者不构成损害"的罗马法格言,又称"自承风险"

“自甘冒险”,是免除侵权责任的抗辩事由,指受害人明知某些行为将会引发某些风险,但表示可以自主承担,从而在损害发生时承担相应风险,免除其他参加者(加害人)责任的规则。

自甘风险,包含三个构成要件:一是受害人知悉危险存在,二是受害人有自愿承担危险的明确表示或者可以推知的默示,三是接受该危险不违背公共利益或者善良风俗。

关于“自甘风险”原则,自甘风险适用的条件主要有以下几个方面:

(1)行为本身具有风险性,即从事的活动具备相关风险,且该风险是自始客观存在,行为过程中有可能产生而非一定产生的损害后果。

(2)主体上的适格性,即行为人必须具有相应的民事行为能力,按照一般正常智力水平可以预见危险的存在,并可作出理性的分析和有效的选择。

(3)主观上的明知性和自愿性,即行为人应明知参与此活动存在一定的风险,仍自愿参加。自愿方式包括口头明确同意,或者签订条约、合同等书面明示方式,也包括当事人以自愿参加活动的行为而表示的默示方式。

(4)行为具有合法性和利益性,即行为人作出的行为不是为了履行道德或法律义务而承担风险,而是为了获得某种利益而选择进入到危险中,比如为了荣誉、获得满足感、挑战自我等,但不可违反公序良俗,必须符合社会善良风俗、日常习惯和行业规则。

因此,自甘风险制度,旨在规范正常的社会性活动的致害法律责任。

本条第2款规定的是“安全保障义务人责任”“教育机构的过错推定责任”“在教育机构内第三人侵权时的责任分担”等关于活动组织者的责任,在《民法典》中有相应条文的规定,可以参照适用本法第1198条至第1201条的规定,在此不做赘述。

新旧法对比

无	《民法典》
无	第一千一百七十六条　自愿参加具有一定风险的文体活动,因其他参加者的行为受到损害的,受害人不得请求其他参加者承担侵权责任;但是,其他参加者对损害的发生有故意或者重大过失的除外。 活动组织者的责任适用本法第一千一百九十八条至第一千二百零一条的规定。

理解与适用

自甘风险也称自愿承担损害、风险自担、甘冒风险。自甘风险原则，即行为人对于其所实施的行为或者其进入的环境含有特定的危险因素，仍自愿参加，则发生的损害后果自负。在中外法治体系里，“自甘风险”应是通用、普适的原则。《民法典》第七编“侵权责任”中新增的“自甘风险”原则，体现了尊重个体自由、合理分配风险责任的理念，有利于促进全民理性、积极地参加文体活动，提高活动效率和质量。

根据本条的规定，“自甘风险”的构成要件是：第一，受害人参加的文体活动有一定的风险；第二，受害人对该危险有清楚的意识，并自愿参加；第三，受害人在活动中因其他参加者的行为造成损害；第四，其他参加者没有故意或者重大过失。

“自甘风险”条款纳入《民法典》，体现了尊重个体自由、合理分配风险责任的理念，有利于促进全民理性、健康、文明、积极地参加文体活动，有利于清晰责任和权利，让体育活动参与者、组织者在更受保护的情况下开展体育运动，也让体育活动的参与者对于运动可能产生的风险更加了解，从而更加科学、理性地参与锻炼，督促活动组织方做好前期工作，降低风险。

在推进体育强国建设和全面健身的背景下，《民法典》规定的自甘风险规则对于促进全民理性积极参与体育活动有着重要意义。

实务问题

自甘风险制度的适用问题，在户外、体育、竞技等活动中比较常见，如广西“驴友”案。十余人（“驴友”）网上相约自助探险游，露营期间晚上突发山洪，致其中一人死亡，其他人对损害的发生没有故意或者重大过失，死者家属要求组织者（“驴头”）和其他参加者（“驴友”）承担赔偿责任。在《民法典》之前的立法中，没有规定“自甘风险”为免责事由，因而一审法院判决本案中的“驴头、驴友”承担主要责任。二审法院虽然改判，但仍依照公平原则判决组织者（“驴头”）和其他参加者（“驴友”）承担部分责任。如果上述判决作出之前的法律规定了“自甘风险”为免责事由，该“驴友”案件就不会出现判决组织者（“驴头”）和其他参加者（“驴友”）承担部分责任的判决结果，而会判决自愿参加自助探险游的死者因自甘风险而使其他“驴头、驴友”对其损害后果依法免责。

在户外探险中受伤，哪种情况下，可以要求同行“驴友”承担赔偿责任？

根据本条规定，当其他参加者（“驴友”）对受害人的受伤存在故意或重大过失时，可以要求其承担赔偿责任，否则其他参加者依法免责。

（编写人：张华东）

法律条文

第一千一百七十七条　合法权益受到侵害,情况紧迫且不能及时获得国家机关保护,不立即采取措施将使其合法权益受到难以弥补的损害的,受害人可以在保护自己合法权益的必要范围内采取扣留侵权人的财物等合理措施;但是,应当立即请求有关国家机关处理。

受害人采取的措施不当造成他人损害的,应当承担侵权责任。

条文主旨

本条是关于"民事自助行为"的规定。

根据本条规定,自助行为的构成要件是:第一,行为人的合法权益受到侵害;第二,情况紧迫且不能及时获得国家机关保护;第三,不立即采取措施将使其合法权益受到难以弥补的损害;第四,对侵权人实施扣留财产或者适当拘束人身自由的行为;第五,扣留财产或者限制人身自由须在保护自己合法权益的必要范围内,不得超出必要范围;第六,受害人在采取自助行为后,应当立即请求有关国家机关处理。

"自助行为人"的行为是否构成"侵权行为"须由公权力机关介入认定,各方行为的认定和处置须由公权力机关实施,以保障自助行为的合法性,这点容易被受害人忽略。

本条第 2 款明确规定,受害人采取的措施不当造成他人损害的,应当承担侵权责任,为本条第 1 款规定的自助行为的责任后果划清了边界。作为私力救济方式之一的自助行为虽能产生阻却违法的效果,但在认定标准上须严格把握,以防止该项制度被滥用而造成侵权。

新旧法对比

无	《民法典》
无	第一千一百七十七条　合法权益受到侵害,情况紧迫且不能及时获得国家机关保护,不立即采取措施将使其合法权益受到难以弥补的损害的,受害人可以在保护自己合法权益的必要范围内采取扣留侵权人的财物等合理措施;但是,应当立即请求有关国家机关处理。 受害人采取的措施不当造成他人损害的,应当承担侵权责任。

理解与适用

自助行为,是权利人为了保护自己的合法权利,在情势紧迫而又不能获得国家机关及时救助的情况下,对他人的财产或者自由在必要范围内采取扣押、拘束或者其他相应措施,是为法律或社会公德所认可的行为。自助行为的性质属于自力救济,是传统的免责事由。

自助行为是秩序与正义、个人权利与国家权力、权利保障与防止权力滥用的对立统一。该制度的确立,赋予自助人在一定条件下的自我保护的权利,使其能及时有效合理地保障自身的合法权益有了法律依据,同时在一定程度上能减少国家机关的执法压力,促进社会的发展进步。

在规定自助行为的本条中,没有明文规定可以对他人人身自由施加拘束。但是,准确理解本条之规定,在“受害人可以在保护自己合法权益的必要范围内采取扣留侵权人的财物等合理措施”中包含了相应意思,即根据本条之原则,受害人在保护自己合法权益的必要范围内可以采取限制人身自由的合理措施。

新增加的两个具体的法定免责事由,即自甘风险与自助行为加上《民法典》总则编规定的不可抗力、正当防卫、紧急避险,以及侵权责任编规定的过失相抵、受害人故意、第三人原因,综述《民法典》规定为一般适用的免责(减责)事由已有八种,极大地丰富了民事行为的依法自治和法治文明。

同时,本条规定:“本法和其他法律对不承担责任或者减轻责任的情形另有规定的,依照其规定。”根据本条之规定,法治领域完整的不承担责任或者减轻责任的情形包括《民法典》总则编和侵权责任编规定的上述八种一般免责事由,侵权责任编在特殊侵权责任中规定的免责事由,以及其他法律规定的免责、减责事由。

《民法典》和其他法律中规定的不承担责任或者减轻责任的情形,构成了一个法治责任从轻体系,在社会活动中发挥重要的法律调整作用,有效促进法治社会的建设与法治文明的发展。

实务问题

关于新增加免责事由之“自助行为”的实务问题,举例说明:

例1:客人去饭店吃饭未带钱,酒足饭饱之后欲径直离开,店主发现后不让其离开,要求其等待他人送钱来结账,结账后方可准许该客人离开。

上述这种拘束客人行动自由的行为,就是自助行为,并不构成侵害人身自由权的侵权行为。

例2：王某在新房建成后，圈占集体土地为自己建成院落围墙。其他村民向有关部门反映后，未得到解决。村民开会讨论，一致认定王某属于非法侵占集体土地、搭建违章建筑妨害村民利益，大家同意拆除王某的违建围墙。在拆除时，不仅拆除违建围墙，还拆除王某的部分房屋。

该案例中，村民开会表决后自行拆除王某的违建围墙，属于排除妨害，是自助行为，不属于侵权行为，亦无须对其赔偿。但是，村民将王某建造的部分房屋强行拆除，已构成侵权，依法应赔偿王某的损失或将其房屋恢复原状，即采取的措施不当造成他人损害的，应当承担侵权责任。

（编写人：张华东）

法律条文

第一千一百七十八条　本法和其他法律对不承担责任或者减轻责任的情形另有规定的，依照其规定。

条文主旨

本条是关于"优先适用特别规定"的规定。

特别法优先于普通法的适用，是一项基本的司法原则。根据本条之规定，在侵权责任领域，《民法典》和其他法律对不承担责任或者减轻责任的情形另有规定的，依照其规定。即通过立法授权形式丰富与补充《民法典》关于不承担责任或者减轻责任的情形。

本条规定是对不承担责任或者减轻责任的情形另有规定的优先适用。

新旧法对比

无	《民法典》
无	第一千一百七十八条　本法和其他法律对不承担责任或者减轻责任的情形另有规定的，依照其规定。

理解与适用

依据规定，《民法典》中"优先适用"规定了三种情形：

(1)第11条：其他法律对民事关系有特别规定的，依照其规定；

(2)第47条:同时申请宣告失踪和死亡的,符合宣告死亡条件时,优先适用宣告死亡;

(3)第1178条:本法和其他法律对不承担责任或者减轻责任的情形另有规定的,依照其规定。

本条的规定就包括总则编规定的"不可抗力、正当防卫、紧急避险"和侵权责任编规定的"过失相抵、受害人故意、第三人原因、自甘风险、自助行为"等八种一般免责事由,侵权责任编在特殊侵权责任中规定的免责事由,以及其他法律规定的免责事由。

《民法典》与"其他法律"中规定的减免责任事由,构成了一个立法整体,形成了民事责任减免事由的司法体系,在民事活动中发挥着重要的法律调整作用,有效促进法治社会的建设。

实务问题

特别法优于普通法之适用是基本原则,在我国《民法典》中优先适用规定有三种情形:

(1)根据第11条的规定,其他法律对民事关系有特别规定的,依照其规定。

(2)根据第47条的规定,对同一自然人,有的利害关系人申请宣告死亡,有的利害关系人申请宣告失踪,符合本法规定的宣告死亡条件的,人民法院应当宣告死亡。

(3)根据第1178条的规定,本法和其他法律对不承担责任或者减轻责任的情形另有规定的,依照其规定。

上述立法例在民事司法领域,甚至整个司法领域,具有重要意义,是一项基本的司法原则。

(编写人:张华东)

第二章 损害赔偿

法律条文

第一千一百七十九条　侵害他人造成人身损害的，应当赔偿医疗费、护理费、交通费、营养费、住院伙食补助费等为治疗和康复支出的合理费用，以及因误工减少的收入。造成残疾的，还应当赔偿辅助器具费和残疾赔偿金；造成死亡的，还应当赔偿丧葬费和死亡赔偿金。

条文主旨

本条是关于人身损害赔偿范围的规定。人身损害是对生命权、身体权、健康权造成的损害，分为一般损害、造成残疾和造成死亡三种类型。不同类型的损害所对应的赔偿范围有所不同。

新旧法对比

《侵权责任法》	《民法典》
第十六条　侵害他人造成人身损害的，应当赔偿医疗费、护理费、交通费等为治疗和康复支出的合理费用，以及因误工减少的收入。造成残疾的，还应当赔偿残疾生活辅助具费和残疾赔偿金。造成死亡的，还应当赔偿丧葬费和死亡赔偿金。	第一千一百七十九条　侵害他人造成人身损害的，应当赔偿医疗费、护理费、交通费、**营养费、住院伙食补助费**等为治疗和康复支出的合理费用，以及因误工减少的收入。造成残疾的，还应当赔偿辅助**器**具费和残疾赔偿金；造成死亡的，还应当赔偿丧葬费和死亡赔偿金。

理解与适用

人身损害赔偿中，如对他人造成人身损害，但未致残或者致亡的，侵权人应当向被侵权人赔偿本条所规定的系列费用。本条中所列举的费用名目仅仅是其中的一部分，在人身损害发生后，被侵权人为治疗、康复所支出的一切合理费用，均可以进行主张。而对于需要赔偿的各项费用如医疗费、护理费、交通费、营养费、住院伙食补助费、因误工减少的损失如何计算的问题，被侵害人在计算时可参照《人身损害赔偿案件解释》中的规定计算每一项费用。

人身损害赔偿中，如对他人造成人身损害致残的，除赔偿一般损害中的费用之外，侵权人还应当赔偿辅助器具费以及残疾赔偿金。根据《人身损害赔偿案件解释》第13条的规定，“残疾辅助器具费按照普通适用器具的合理费用标准计算。伤情有特殊需要的，可以参照辅助器具配制机构的意见确定相应的合理费用标准。辅助器具的更换周期和赔偿期限参照配制机构的意见确定”。第12条规定，“残疾赔偿金根据受害人丧失劳动能力程度或者伤残等级，按照受诉法院所在地上一年度城镇居民人均可支配收入或者农村居民人均纯收入标准，自定残之日起按二十年计算。但六十周岁以上的，年龄每增加一岁减少一年；七十五周岁以上的，按五年计算。受害人因伤致残但实际收入没有减少，或者伤残等级较轻但造成职业妨害严重影响其劳动就业的，可以对残疾赔偿金作相应调整”。

人身损害赔偿中，如对他人造成人身损害致亡的，除赔偿一般损害中的费用之外，还应当赔偿丧葬费和死亡赔偿金。丧葬费的计算标准为“丧葬费按照受诉法院所在地上一年度职工月平均工资标准，以六个月总额计算”。死亡赔偿金的计算标准为“死亡赔偿金按照受诉法院所在地上一年度城镇居民人均可支配收入或者农村居民人均纯收入标准，按二十年计算。但六十周岁以上的，年龄每增加一岁减少一年；七十五周岁以上的，按五年计算”。

在致残、致亡中的残疾赔偿金、死亡赔偿金的计算标准中，首先原则性的规定是依照“受诉法院所在地上一年度城镇居民人均可支配收入或农村居民人均纯收入”进行计算，但是为更好地保护被侵权人的利益，《人身损害赔偿案件解释》第18条规定，“赔偿权利人举证证明其住所地或者经常居住地城镇居民人均可支配收入或者农村居民人均纯收入高于受诉法院所在地标准的，残疾赔偿金或者死亡赔偿金可以按照其住所地或者经常居住地的相关标准计算。被扶养人生活费的相关计算标准，依照前款原则确定”。

实务问题

在本条内容的司法实践中，被扶养人生活费计入残疾赔偿金或死亡赔偿金中后，计算方式是按照两个项目计算还是按照一个项目计算？结合已有的司法判例以及《人身损害赔偿案件解释》的规定，虽然被扶养人生活费计入残疾赔偿金或死亡赔偿金中，但是在计算的时候需要按照两者的计算标准分别计算完成后相加。另外，在司法实践中，需要注意开展人身损害赔偿标准城乡统一试点的地区对于残疾赔偿金、死亡赔偿金的特殊规定。

（编写人：王一静）

法律条文

第一千一百八十条　因同一侵权行为造成多人死亡的，可以以相同数额确定死亡赔偿金。

条文主旨

本条是对因同一侵权行为造成多人死亡时，如何确定死亡赔偿金数额的规定。

新旧法对比

《侵权责任法》	《民法典》
第十七条　因同一侵权行为造成多人死亡的，可以以相同数额确定死亡赔偿金。	【内容不变】第一千一百八十条

理解与适用

该条的规定是为了矫正以往对于死亡赔偿金采取的“同命不同价”的一种措施。以往，在同一侵权行为造成多人死亡的案件中，农村居民和城镇居民确定赔偿标准差异较大，已经引起了社会公众的广泛关注。

从理论上讲，同一侵权行为造成多人死亡的案件中，侵权行为人的主观过错、侵权行为本身、具体的损害结果、侵权行为与损害结果之间的因果关系是完全相同的，应当采取相同的数额确定死亡赔偿金。

实务问题

该条的适用需要满足以下前提：一是，各受害人的死亡事由系同一侵权行为；二是，须造成“多人死亡”。

根据本条文义，只有造成“多人死亡”才能适用本条的规定。那么具体达到多少才算是“多人”呢？本条却并未给出明确的规定，尚需要出台相关的司法解释以进一步明确。

按照本条的规定,是"可以"以相同数额确定死亡赔偿金,而非"必须"以相同数额确定死亡赔偿金,这说明法官可以结合个案情况自由选择是否适用该条款的规定。

除此之外,本条尚存在以下问题未能解决:(1)本条仅针对造成"死亡"的后果进行了规定,但是若受害人并非死亡而是残疾,是否能够获得相同的残疾赔偿金?(2)单一侵权案件造成他人死亡的,计算死亡赔偿金时依然要区分农村居民和城镇居民的性质,并不能从根本上解决"同命不同价"的问题。

(编写人:王一静)

法律条文

第一千一百八十一条　被侵权人死亡的,其近亲属有权请求侵权人承担侵权责任。被侵权人为组织,该组织分立、合并的,承继权利的组织有权请求侵权人承担侵权责任。

被侵权人死亡的,支付被侵权人医疗费、丧葬费等合理费用的人有权请求侵权人赔偿费用,但是侵权人已经支付该费用的除外。

条文主旨

本条是关于不同的侵权责任请求权人的规定。

新旧法对比

《侵权责任法》	《民法典》
第十八条　被侵权人死亡的,其近亲属有权请求侵权人承担侵权责任。被侵权人为<u>单位</u>,该<u>单位</u>分立、合并的,承继权利的<u>单位</u>有权请求侵权人承担侵权责任。 被侵权人死亡的,支付被侵权人医疗费、丧葬费等合理费用的人有权请求侵权人赔偿费用,但侵权人已支付该费用的除外。	第一千一百八十一条　被侵权人死亡的,其近亲属有权请求侵权人承担侵权责任。被侵权人为**<u>组织</u>**,该**<u>组织</u>**分立、合并的,承继权利的**<u>组织</u>**有权请求侵权人承担侵权责任。 被侵权人死亡的,支付被侵权人医疗费、丧葬费等合理费用的人有权请求侵权人赔偿费用,**<u>但是</u>**侵权人**<u>已经</u>**支付该费用的除外。

理解与适用

被侵权人为自然人的，因其死亡，其法律主体资格消灭；被侵权人为组织的，因其合并、分立，其法律主体资格消灭。因此，以上两种情形下，被侵权人均无法请求侵权人承担侵权责任，侵权责任的请求权人只能是除被侵权人以外的其他主体来行使。主要有以下几种类型的主体：

（1）被侵权人为自然人的，其死亡后，由其近亲属作为侵权责任的请求权人。

（2）被侵权人为组织，其合并、分立的，由继承其权利的单位作为侵权责任的请求权人。

（3）已经实际支付了医疗费、丧葬费等合理费用的人，其有权请求侵权人赔偿费用。但是若侵权人已经将费用赔偿给被侵权人近亲属的，其有权要求获得赔偿的近亲属返还相关费用。

实务问题

被侵权人为组织，其合并、分立的，由继承其权利的单位作为侵权责任的请求权人。若其在合并分立过程中，并未对相关权利做出特别安排，则依据《公司法》的相关规定去确定。

此外，对于本条的适用，实践中比较容易出现争议的是无近亲属或者近亲属不明的被侵权人的请求权主体如何确认的问题。有观点主张应当由民政部门、道路交通事故社会救助基金管理机构、村民委员会或者居民委员会作为请求权主体。但是结合侵权损害赔偿的理论来看，损害赔偿的请求权主体应当为直接受害人和间接受害人，上述主体不包含在请求权主体范围内，且根据行政法的基本原则——“职权法定”，上述主体亦缺乏相应的法律依据可以代为行使请求权。

（编写人：王一静）

法律条文

第一千一百八十二条　侵害他人人身权益造成财产损失的，按照被侵权人因此受到的损失或者侵权人因此获得的利益赔偿；被侵权人因此受到的损失以及侵权人因此获得的利益难以确定，被侵权人和侵权人就赔偿数额协商不一致，向人民法院提起诉讼的，由人民法院根据实际情况确定赔偿数额。

条文主旨

本条是关于人身权益遭受侵害时如何计算财产损失的相关规定。

本法中公民的人身权利是公民最基本的权利,包括生命权、健康权、身体权、姓名权、荣誉权、肖像权、名誉权、隐私权等与公民人格及身份密不可分的权利。公民人身权利受到侵害的,侵权人应当承担相应的侵权责任,赔偿被侵权人遭受的财产损失,本条规定了损失的计算方式包括“按被侵权人受到的损失”“按侵权人因此获得的利益”“协商确定”“人民法院酌情确定”。

新旧法对比

《侵权责任法》	《民法典》
第二十条　侵害他人人身权益造成财产损失的,按照被侵权人因此受到的损失赔偿;被侵权人的损失难以确定,侵权人因此获得利益的,按照其获得的利益赔偿;侵权人因此获得的利益难以确定,被侵权人和侵权人就赔偿数额协商不一致,向人民法院提起诉讼的,由人民法院根据实际情况确定赔偿数额。	第一千一百八十二条　侵害他人人身权益造成财产损失的,按照被侵权人因此受到的损失**或者侵权人因此获得的利益**赔偿;被侵权人**因此受到**的损失**以及侵权人因此获得的利益**难以确定,被侵权人和侵权人就赔偿数额协商不一致,向人民法院提起诉讼的,由人民法院根据实际情况确定赔偿数额。

理解与适用

此条修改既为被侵权人获得救济提供了便利,同时又是对侵权人实施侵权行为的警示,起到预防侵权的作用。

相比《侵权责任法》第20条,本条虽有所修改,但立法精神基本相同。一方面,将原先“三段递进式”的赔偿方式修改为“两段递进式”。将原规定“遭受的损失”及“侵权人获得的利益”之间的递进关系调整为并列关系,不再要求按被侵权人遭受的损失计算优先于按侵权人获利计算,赋予了被侵权人选择权。另一方面,规定了在被侵权人所受损失或者侵权人所获利益无法确定以及双方当事人无法就赔偿达成一致的情形下,赋予人民法院根据实际情况酌情确定的权利。

但是,“由人民法院根据实际情况确定赔偿数额”并不意味着上述数额能够完全意定,“根据实际情况”意味着法院确定的赔偿数额需要有理有据,不能抛开既有事实随意而定。

实务问题

1. 案例简介①

北京某公司主营美容美发业务，黄某为该公司员工。赵某为个体经营户，提供美容服务。为竞争客源，赵某捏造黄某精神分裂，北京某公司仪器不正规等言论，通过微信群散发，造成北京某公司业务量减少、黄某名誉受到严重损害，北京某公司及黄某欲将赵某诉至法院。

2. 评析

首先，名誉权是民事主体依法享有的维护自己名誉并排除他人侵害的权利。本案中，北京某公司及黄某均享有名誉权，赵某的行为满足名誉权侵权的构成要件，即受害人确有名誉被损害的事实、行为人行为违法、违法行为与损害后果之间有因果关系、行为人主观上有过错。其次，假设赵某所获利益能够明确，且大于北京某公司及黄某的损失，则北京某公司及黄某可依据本条规定，要求按赵某所获利益进行赔偿。如果按《侵权责任法》第20条的规定，赵某赔偿实际损失后，可能仍有获利，无法达到惩戒和预防侵权的目的。再者，假设北京某公司及黄某的损失以及赵某所获的利益均无法计算，则需双方进行协商，无法达成一致的，最终由法院依据实际情况裁决，需综合考虑侵权行为发生前后北京某公司、黄某、赵某的营业收入变化情况。

（编写人：王一静）

法律条文

第一千一百八十三条　侵害自然人人身权益造成严重精神损害的，被侵权人有权请求精神损害赔偿。

因故意或者重大过失侵害自然人具有人身意义的特定物造成严重精神损害的，被侵权人有权请求精神损害赔偿。

条文主旨

本条是关于精神损害赔偿的规定。

本条第1款旨在规范，在被侵权人因人格利益或身份利益受到损害或者遭受精神痛苦时，被侵权人得以通过请求经济赔偿的方式保护自身利益。

① 北京市第三中级人民法院(2018)京03民终725号。

本条第 2 款是对特定物的侵权行为承担精神损害赔偿的规定。一般而言，侵权行为人的侵权行为造成被侵权人财产损失的，请求以赔偿财产损失的方式进行救济。但是，如果侵权行为人主观上存在故意或者重大过失，且侵害自然人具有人身意义的特定物造成严重精神损害的。由于该特定物的特殊性，对被侵权人精神造成严重损害，被侵权人有权请求精神损害赔偿。

新旧法对比

《侵权责任法》	《民法典》
第二十二条　侵害<u>他人</u>人身权益，造成<u>他人</u>严重精神损害的，被侵权人<u>可以</u>请求精神损害赔偿。	第一千一百八十三条　侵害**<u>自然人</u>**人身权益造成严重精神损害的，被侵权人**<u>有权</u>**请求精神损害赔偿。 **<u>因故意或者重大过失侵害自然人具有人身意义的特定物造成严重精神损害的，被侵权人有权请求精神损害赔偿。</u>**

理解与适用

司法实践中应当注意，本条将精神损害赔偿的主体限定在"自然人"范围内，"法人"或"其他组织"不在精神损害赔偿的索赔主体范围内；同时，第 1 款将精神损害赔偿的范围缩小为"人身权益"，"侵害财产权益"原则上被排除在精神损害赔偿的范围之外。但"侵害财产权益"请求精神损害赔偿存在例外情形。需满足以下条件：第一，保护对象为"自然人具有人身意义的特定物"；第二，需证明侵权行为人存在"故意或重大过失"；第三，不限于"永久性灭失或毁损"；第四，须造成严重精神损害。同时须满足侵权责任的一般构成要件。

实务问题

1. 本条第 2 款规定进一步扩大了精神损害赔偿的适用范围，司法实践中主要体现为以下几种情况

(1)与近亲属死者相关的特定纪念物品(如死者的姓名、肖像、名誉、荣誉、隐私、遗体、遗骨等)。

(2)与结婚礼仪相关的特定纪念物品(如录像、照片等)。

(3)与家族祖先相关的特定纪念物品(如祖坟、族谱、祠堂等)。

这些物品往往被认定为对被侵权人具有人身意义。

2. 案例[1]

孙某的父母身为医护人员，在疫情中不幸遇难，孙某将其仅存的一张全家福照片珍藏起来留作纪念。其后，孙某将这幅照片交给照相馆，要用电脑放像技术制作一幅大照片，结果照相馆在整理资料时未例行检查，造成该相片无法得到修复，给孙某造成精神上的巨大伤害。此时，照相馆存在重大过失，且全家福照片对孙某具有特殊的人身意义，依据本条规定照相馆应对孙某承担精神损害赔偿责任。

（编写人：王一静）

法律条文

第一千一百八十四条　侵害他人财产的，财产损失按照损失发生时的市场价格或者其他合理方式计算。

条文主旨

本条是关于财产损失计算方式的规定，即当侵权行为造成财产损失时，应当根据财产损失发生时相应财产在市场上的实际价值来计算财产损失的金额，如果没有对应的市场价格，则可以按照其他类似的合理方式对损失进行计算。

新旧法对比

《侵权责任法》	《民法典》
第十九条　侵害他人财产的，财产损失按照损失发生时的市场价格或者其他方式计算。	第一千一百八十四条　侵害他人财产的，财产损失按照损失发生时的市场价格或者其他<u>合理</u>方式计算。

理解与适用

财产权益是民事权益的重要组成部分，当侵权行为侵犯到具体财产权益时，对相应财产权益损失的计算与确定是侵权责任承担的必然前提。一般情况下，如果被侵犯的财产属于市场上正常流通的财产，则以相应财产遭到损失时该财产在市场上的价格为标准，再结合相应财产因侵权行为遭受到的损失程度来计算具体的损失金额。若相应财产已完全毁损，则财产损失为损失发生时该财产

① 河南省南阳市中级人民法院（2019）豫13民终3279号。

对应的市场价格；若相应财产仅部分毁损，尚有残余价值，则财产损失为损失发生时该财产对应的市场价格与残余价值的差值。同时需要注意，前述市场价格应为考虑相应财产使用年限、财产状况等多方面因素后的市场公允价格。如果相应财产未在市场上流通，没有对应的市场价格，则可采取其他合理的方式进行计算，比如聘请专业的评估机构进行评估等，法律并未限定该等方式的范围，因此赋予了法官根据具体案情自由裁量的权力。

实务问题

关于本条的适用，实务中较大争议的一点在于损失计算的准据时点的认定。根据本条的文义理解，损失计算的准据时点应为“损失发生时”，一般认为是侵权行为发生时，但实务中往往存在损失的发生具有持续性的情形，也即在持续性的损失发生过程中的任一时点都可认定为“损失发生时”。由于存在上述情形，在司法实践中，有的法院认为损失计算的准据时点为侵权行为发生时，有的法院认为损失计算的准据时点为法院作出判决时，还有的法院认为损失计算的准据时点应为判决生效时，甚至有的法院认为准据时点应为庭审辩论结束时。笔者认为，在认定损失计算的准据时点时需要根据案件的具体情况进行考虑，要充分考虑受害人与侵权人之间的利益平衡，并保持公平公正的原则。

（编写人：王一静）

法律条文

第一千一百八十五条　故意侵害他人知识产权，情节严重的，被侵权人有权请求相应的惩罚性赔偿。

条文主旨

本条是关于侵害知识产权的惩罚性赔偿的规定，即故意侵害他人知识产权且情节严重的，被侵权人可以要求惩罚性的赔偿。

新旧法对比

无	《民法典》
无	第一千一百八十五条　**故意侵害他人知识产权，情节严重的，被侵权人有权请求相应的惩罚性赔偿。**

理解与适用

本条对侵犯知识产权的行为规定了惩罚性赔偿,这也是我国首次在一般法的层面上确立了知识产权领域惩罚性赔偿的一般性规则,对知识产权的保护具有重要意义,也表明了我国在立法上对知识产权保护的重视。在此之前,我国仅在《商标法》中规定了知识产权侵害相关的惩罚性赔偿,在《著作权法》《专利法》等知识产权法律中均未对惩罚性赔偿作出规定,此次《民法典》中对惩罚性赔偿作出规定,这也对其他知识产权领域法律确立惩罚性赔偿原则具有一定的指导意义。

本条在适用时需要注意以下构成要件:"故意侵害""情节严重""被侵权人有权"。具体来说,首先,只有在侵权人故意侵害他人知识产权时,才能适用惩罚性赔偿的规定,如果仅是过失侵权,不能适用;其次,只有在侵权后果严重时,才能适用惩罚性赔偿,如果侵权后果比较轻微,则不能适用;最后,本条规定赋予了被害人选择的权利,也即被害人有权选择要求适用惩罚性赔偿,也可以选择不适用,在被害人未请求惩罚性赔偿的情形下,法院不能依职权适用惩罚性赔偿的规定。

实务问题

在实务中,当侵权人的故意侵权行为损害了被害人的知识产权权益时,被害人首先应当适用被侵害的知识产权所对应的特别法的相关规定,例如,当商标权遭受侵害时,被害人应当适用《商标法》的相关规定请求侵权人进行赔偿,如属于《商标法》规定的可以获得惩罚性赔偿的情形,被害人可以据此获得惩罚性赔偿。若被侵害的知识产权所对应的特别法没有关于惩罚性赔偿的规定,例如,当著作权遭受侵害时,由于《著作权法》没有关于惩罚性赔偿的规定,所以被害人无法通过《著作权法》的规定请求惩罚性赔偿,在此种情况下,被害人可以适用本条关于侵害知识产权惩罚性赔偿的一般性规定请求侵权人进行惩罚性赔偿。

(编写人:王一静)

法律条文

第一千一百八十六条　受害人和行为人对损害的发生都没有过错的,依照法律的规定由双方分担损失。

条文主旨

本条是关于公平分担损失的规定。

新旧法对比

《侵权责任法》	《民法典》
第二十四条　受害人和行为人对损害的发生都没有过错的,可以根据实际情况,由双方分担损失。	第一千一百八十六条　受害人和行为人对损害的发生都没有过错的,**依照法律的规定**由双方分担损失。

理解与适用

1. 本条不是归责原则

《民法典》第1165条和第1166条规定了过错责任和无过错责任的归责原则,本条未被放在此二条前后,而是放在了"损害赔偿"一章,并且本条未使用《民法通则》第132条中的"分担民事责任"的表述,可知立法者有意强调分担损失的概念,所以本条是分担损失,而非归责原则。

2. 本条是指引性条文

本条不能独立适用作为裁判的实体法依据,本条中的"依据法律的规定"说明只有法律明确规定的情况下才能适用本条,不再是《侵权责任法》第24条规定的"可以依据实际情况"来自由裁量。《民法典》并没有明确指向适用本条的条文,在没有更加直接指引的规定下,本条的适用将存在一定困难,有待在司法实践中进一步探索。

3. 行为人的行为与损害结果之间应有法律上的因果关系

即使本条未对因果关系作出说明,但《侵权责任法》确立了因果关系原则,在本条的适用中,承担责任的主体一定要与损害结果之间具备关联,即双方虽然都没有过错,但损害结果确由行为人的行为导致,此时双方才公平分担损失,否则在行为人的行为与损害之间毫无任何关联的情况下,强加分担损失的责任对于行为人而言是不公平的。

实务问题

1. 本条在适用过错中应注意行为人的行为与损害结果之间的法律因果关系认定

2. 案例[①]

(1)案情简介。段某(69岁)与杨某为陌生人,杨某从未知晓段某曾有心脏病史,二人同坐一电梯,段某吸烟遭到杨某劝阻,双方遂发生言语争执,双方离开后段某猝死,段某家属田某起诉杨某支付死亡赔偿金、丧葬费、精神抚慰金等共40余万元。

(2)法院认为。本案杨某劝阻吸烟行为与段某死亡结果之间没有因果关系,不应该适用《侵权责任法》第24条的规定。杨某劝阻吸烟是维护公共环境,维护社会公共利益的行为,杨某无须分担损失。

(3)评析。从司法实践的角度看,若适用《侵权责任法》第24条或《民法典》第1186条,应当在双方均未对损害结果有过错的情况下审查行为和结果之间有无法律上的因果关系,若无因果关系则无须分担损失。

(编写人:王一静)

法律条文

第一千一百八十七条　损害发生后,当事人可以协商赔偿费用的支付方式。协商不一致的,赔偿费用应当一次性支付;一次性支付确有困难的,可以分期支付,但是被侵权人有权请求提供相应的担保。

条文主旨

本条是关于侵权赔偿责任支付方法的规定,即协商支付和协商不一致时的一次性支付或分期支付。

新旧法对比

《侵权责任法》	《民法典》
第二十五条　损害发生后,当事人可以协商赔偿费用的支付方式。协商不一致的,赔偿费用应当一次性支付;一次性支付确有困难的,可以分期支付,但应当提供相应的担保。	第一千一百八十七条　损害发生后,当事人可以协商赔偿费用的支付方式。协商不一致的,赔偿费用应当一次性支付;一次性支付确有困难的,可以分期支付,但**是被侵权人有权请求**提供相应的担保。

① 河南省郑州市金水区人民法院(2017)豫0105民初14525号;河南省郑州市中级人民法院(2017)豫01民终14848号。

理解与适用

1. 协商支付的范围

在赔偿费确定后,可以协商的范围仅仅是支付时间、方式等,不突破赔偿数额、计算标准,双方不能通过协商来改变赔偿费作为法定之债的性质。

2. 协商不一致的,一次性支付或分期支付

赔偿费用确定后,双方未协商一致的,法院原则上会在协商不一致后以一次性支付为原则作出判决,只有在赔偿义务人一次性支付较为困难时,法院可以裁量支持分期支付,但需要赔偿义务人提出证据证明其在经济上的实现有一定困难。

3. 分期支付时,被侵权人有权请求提供相应的担保

当法院判定分期支付时,法院依据《民法典》并不会依职权同时要求赔偿义务人提供担保,这里的担保可以是常见的担保方式,如保证、抵押、质押等。

实务问题

1. 本条在适用过程中,协商不一致时到底适用一次性支付还是分期支付,应注意赔偿义务人一次性支付较为困难时,分期是否对被侵权人公平、合理。

2. 案例①

(1)案情简介。刘某治病时因医院存在过错,陷入植物人状态,刘某父亲遂诉请某医院等支付各种赔偿金。一审法院判决某医院一次性支付 80 余万元。某医院提起上诉,认为刘某是病危的残疾人,生命体征不稳定,其无法得知刘某的身体状况,一次性支付 80 余万元中的残疾赔偿金和辅助具费 30 万元不当,要求比照现行的养老金发放办法,按年据实支付,并据实调整数额。

(2)法院认为。已经结合本案实际情况部分调整了支付期限,一次性支付也不会加重医院的负担,应一次性支付。

(3)评析。在类似的案件当中,赔偿义务人是自然人的,应提出证据证明其个人收入和财产无法负担一次性支付,赔偿义务人是法人的,应证明一次性支付会使公司陷入营业困难或发生破产等情况,分期支付的请求才有机会被支持。另外,赔偿义务人已证明支付困难的,法院并非"应当"同意分期支付,而是"可以"同意分期支付,这意味着法院会考察分期是否对被侵权人公平,比如被侵权

---

① 湖北省十堰市茅箭区人民法院(2015)鄂茅箭民一初字第 01804 号;湖北省十堰市中级人民法院(2017)鄂 03 民终 950 号。

人获取赔偿金较为紧迫,如被侵权人因就医而借款,急需将赔偿金用于偿还短期医疗借款,此时一次性支付对被侵权人较为公平;而就被侵权人角度而言更适合分期的缘由也会被考虑,比如被侵权人已死亡,其未成年子女是赔偿费的继受人,考虑到金额较大而未成年人可能会无节制花费,采用分期则对被侵权人更加合理。

(编写人:王一静)

第三章　责任主体的特殊规定

法律条文

第一千一百八十八条　无民事行为能力人、限制民事行为能力人造成他人损害的，由监护人承担侵权责任。监护人尽到监护职责的，可以减轻其侵权责任。

有财产的无民事行为能力人、限制民事行为能力人造成他人损害的，从本人财产中支付赔偿费用；不足部分，由监护人赔偿。

条文主旨

本条是关于监护人责任的规定。

新旧法对比

《侵权责任法》	《民法典》
第三十二条　无民事行为能力人、限制民事行为能力人造成他人损害的，由监护人承担侵权责任。监护人尽到监护责任的，可以减轻其侵权责任。 有财产的无民事行为能力人、限制民事行为能力人造成他人损害的，从本人财产中支付赔偿费用。不足部分，由监护人赔偿。	第一千一百八十八条　无民事行为能力人、限制民事行为能力人造成他人损害的，由监护人承担侵权责任。监护人尽到监护**职责**的，可以减轻其侵权责任。 有财产的无民事行为能力人、限制民事行为能力人造成他人损害的，从本人财产中支付赔偿费用；不足部分，由监护人赔偿。

理解与适用

监护人责任，是指无民事行为能力人或者限制民事行为能力人造成他人损害，其监护人承担侵权责任。本条规定的规则与《民法典》婚姻家庭编第1068条关于"未成年子女造成他人损害的，父母应当依法承担民事责任"的规定部分重合,其中的"依法"就是指依照本条规定。民事行为能力是民事主体从事民事活动所具备的资格。只要达到一定的年龄,能够理智地处理自己事务的人,就具有民事行为能力。公民的民事行为能力依据其年龄和精神健康状况分为完全民事行为能力、限制民事行为能力和无民事行为能力。

无民事行为能力人和限制民事行为能力人的监护人是其法定代理人。未成年人的监护人按照以下顺序确定:第一顺序的监护人,是未成年人的父母。第二顺序的监护人,包括未成年人的祖父母、外祖父母;兄、姐;关系密切的其他亲属或者愿意承担监护责任的朋友。第三顺序的监护人,包括未成年人父亲或母亲的所在单位,未成年人住所地的居民委员会、村民委员会以及民政部门。无民事行为能力或者限制民事行为能力的成年人的监护人按照以下顺序确定:配偶、父母、子女,其他近亲属,其他愿意担任监护人的个人或组织,但是须经被监护人住所地的居民委员会、村民委员会或者民政部门同意。

设立监护制度的目的是保护被监护人的人身、财产及其他合法权益不受损害,同时监护人也要承担起管教好未成年人和无民事行为能力人、限制民事行为能力的精神病人的责任,对于被监护人给他人造成损害的,监护人应当承担责任。

《民法典》侵权责任编有关监护人责任的规定,沿袭了《侵权责任法》第 32 条的规定。

本条第 1 款主要规定责任能力和监护人承担监护责任的问题。无民事行为能力人和限制民事行为能力人造成他人损害的,由监护人承担民事责任,这是由监护人的职责所决定的。由于大多数监护人与被监护人有血缘等密切关系,监护人有责任通过教育、管理等方式来减少或者避免被监护人侵权行为的发生。无民事行为能力人或者限制民事行为能力人造成他人损害的,应当由监护人承担侵权责任。

依照本条第 2 款的规定,在具体承担赔偿责任时,如果被监护人有财产的,例如,未成年人接受了亲友赠与的财产或者拥有其他价值较大的财产等,应当首先从被监护人的财产中支付赔偿费用,不足的部分再由监护人承担赔偿责任。从被监护人的财产中支付赔偿费用的,应当保留被监护人基本的生活费用,保障其正常的生活和学习不受影响。

实务问题

司法实务中在适用本条规定时,应注意以下问题:

1. 关于诉讼主体问题

在被监护人致他人损害案件中,若受害人仅起诉被监护人或者监护人,法院应当根据《民事诉讼法》的规定依职权追加监护人或者被监护人作为共同被告。

2. 关于夫妻离婚后未成年人的监护问题

夫妻离婚后,夫妻二人仍是未成年人的法定监护人。若未成年子女造成他人损害,应当由直接抚养该子女、与该子女共同生活的一方首先承担责任。如果直接抚养子女的一方独立承担民事责任确有困难的,未与子女共同生活的一方应共同承担民事责任。

(编写人:郑　磊)

法律条文

第一千一百八十九条　无民事行为能力人、限制民事行为能力人造成他人损害,监护人将监护职责委托给他人的,监护人应当承担侵权责任;受托人有过错的,承担相应的责任。

条文主旨

本条是关于委托监护责任的规定。

新旧法对比

《最高人民法院关于贯彻执行〈中华人民共和国民法通则〉若干问题的意见(试行)》	《民法典》
二十二、监护人可以将监护职责部分或者全部委托给他人。因被监护人的侵权行为需要承担民事责任的,应当由监护人承担,但另有约定的除外;被委托人确有过错的,负连带责任。	第一千一百八十九条　**无民事行为能力人、限制民事行为能力人造成他人损害,监护人将监护职责委托给他人的,监护人应当承担侵权责任;受托人有过错的,承担相应的责任。**

理解与适用

委托监护是指监护人委托他人代行监护的职责,是一种双方的民事法律行为,是被监护人的监护人与受托人之间关于受托人为委托人履行监护职责、处理监护事务的协议,须有监护人委托与受委托人接受委托的意思表示一致才能成立。因此,很多学者将委托监护认定为一种合同关系。

委托监护当事人之间的委托协议一旦成立,受托人即负有依约定为委托人履行监护职责的义务;委托人负有依其约定支付必要费用的义务,如果合同中约定了支付报酬的内容,则还应当向受托人支付办理受托事务的报酬。委托人和受托人任何一方违反义务,都应当向对方负违约责任。但实践中,我国委托监护一般发生在亲朋好友之间,所以这种合同往往是口头的,基本上也是无偿的。

在委托监护中,委托人可以将部分监护职责委托给受托人行使,也可以将全部监护职责委托给受托人行使。《最高人民法院关于贯彻执行〈中华人民共和国民法通则〉若干问题的意见(试行)》第10条规定,监护人的职责包括:保护被监护人的身体健康,照顾被监护人的生活,管理和保护被监护人的财产,代理被监护人进行民事活动,对被监护人进行管理和教育,在被监护人合法权益受到侵害或者与人发生争议时,代理其进行诉讼。这些行为都是可以由他人来行使的,而并非须由监护人本人亲自行使。受托人行使何种职责,应由当事人之间委托监护的协议确定。

委托监护不同于意定监护。意定监护是在监护领域对自愿原则的贯彻落实,是具有完全民事行为能力的成年人对自己将来的监护事务,按照自己的意愿事先所作的安排。本法第33条规定了这一制度:具有完全民事行为能力的成年人,可以与其近亲属、其他愿意担任监护人的个人或者组织事先协商,以书面形式确定自己的监护人,在自己丧失或者部分丧失民事行为能力时,由该监护人履行监护职责。

本条规定实行监护人责任首负原则,无民事行为能力人、限制民事行为能力人造成他人损害,监护人将监护职责委托给他人的,监护人应当承担侵权责任。这也意味着除监护人外,如果受托人有过错的,也要承担相应的责任。受托人有过错,一般是指故意或重大过失。受托人故意将受托的无民事行为能力人、限制民事行为能力人的应管事项放任不管,或故意怂恿无民事行为能力人、限制民事行为能力人损害他人合法权益,此时受托人应当承担全部或大部分侵权责任。如果受托人是一般过失、轻微过失,可以不承担侵权责任或较少承担责任。如果受托人有重大过失,那么可以承担较大侵权责任。具体承担责任的范围,由司法机关结合具体案件情况依法裁量。

实务问题

基于委托而行使的监护权与未成年人父母的监护权发生冲突时,应首先保护未成年人父母的监护权。例如,因男方系现役军人,其在服役期间委托父母照顾孩子。女方曾向法院起诉离婚被驳回,男方的父母不准女方看望孩子,也不让女方接走孩子,女方遂起诉到法院,请求判令孩子由其监护。本案中,因男方在部队服役,不具备履行日常监护职责的客观条件,其有权委托第三人来履行监护职责。但女方作为孩子的母亲,是法定监护人,其具有监护能力,又有亲自监护孩子的要求,监护权应由女方来行使。

(编写人:郑　磊)

法律条文

第一千一百九十条　完全民事行为能力人对自己的行为暂时没有意识或者失去控制造成他人损害有过错的,应当承担侵权责任;没有过错的,根据行为人的经济状况对受害人适当补偿。

完全民事行为能力人因醉酒、滥用麻醉药品或者精神药品对自己的行为暂时没有意识或者失去控制造成他人损害的,应当承担侵权责任。

条文主旨

本条是关于完全民事行为能力人暂时丧失意识后侵权责任的规定。

新旧法对比

《侵权责任法》	《民法典》
第三十三条　完全民事行为能力人对自己的行为暂时没有意识或者失去控制造成他人损害有过错的,应当承担侵权责任;没有过错的,根据行为人的经济状况对受害人适当补偿。 完全民事行为能力人因醉酒、滥用麻醉药品或者精神药品对自己的行为暂时没有意识或者失去控制造成他人损害的,应当承担侵权责任。	【内容不变】第一千一百九十条

理解与适用

1. 暂时丧失意识后损害责任的构成条件

(1)侵权人是完全民事行为能力人。无民事行为能力人和限制民事行为能力人造成他人损害,由其监护人承担责任,适用监护人责任的特殊侵权责任规则调整。(2)被侵权人须造成实际损害。这种损害可以是人身损害,也可以是财产损害。(3)侵权人造成他人损害时暂时丧失意识。暂时丧失意识与间歇性精神病不同，间歇性精神病造成损害的责任应当适用《民法典》侵权责任编第1188条规定，为监护人责任，并非本条调整范围。(4)侵权人暂时丧失意识是因自己的过错所致。本条第1款中的“过错”，是指该“过错”导致其丧失意识，因为失去意识之后确实没有过错可言。丧失意识的过错，除了本条第2款规定的醉酒、滥用麻醉药品或者精神药品之外，其他故意或者过失行为都包括在内。这种特殊侵权责任的过错认定，实行过错推定原则，即被侵权人已经证明其他责任构成要件后，法官可以推定侵权人对丧失意识有过错，丧失意识的人不能证明自己没有过错的，应当承担赔偿责任。

2. 按照本条规定，暂时丧失意识损害责任的承担规则

完全民事行为能力人因自己过错导致意识丧失致人损害的，应当由侵权人承担赔偿责任。完全民事行为能力人是由于其过错导致意识丧失，那么对于丧失意识后的行为造成他人损害的，则应当根据其过错程度承担相应的侵权责任。

完全民事行为能力人对于自己的行为暂时没有意识或者失去控制没有过错，应当依照公平责任原则，由双方当事人公平负担损失。如果行为人暂时没有意识或者失去控制不是由于自己的过错造成，而是由于其他原因导致发生，行为人可以不承担侵权责任，不过需要根据公平分担的规定，适当分担被侵权人的损失。需要说明的是，这里对受害人是“补偿”而不是“赔偿”。本条第1款的规定是本编第1186条公平分担损失在具体制度中的体现。如果行为人明知自己已经患有偶发性疾病，而坚持外出或不服药外出导致突然患病失去知觉对他人造成损害，而此时在判断行为人的主观要件时，就可以断定行为人属于过失状态，而不能适用本条第1款中“适当补偿”的规定。

完全民事行为能力人因醉酒、滥用麻醉药品或者精神药品导致自己暂时没有意识或者失去控制造成他人损害的，应当由侵权人承担赔偿责任。《道路交通安全法》规定，饮酒、服用国家管制的精神药品或者麻醉药品，不得驾驶机动车。作为完全民事行为能力人，应当预见到醉酒或者滥用麻醉药品或者精神药品后会难以控制自己的行为，可能会危害公共安全和他人的生命健康，但行为人放任结果的发生，仍然驾车或者采取其他方式造成他人人身权和财产权的损害。虽然行为人在侵权行为发生时已经丧失意识，但其行为具有违法性，应当对其侵权行为承担责任。本条第2款规定“醉酒、滥用麻醉药品或者精神药品对自己的行为暂时没有意识或者失去控制造成他人损害的”，事实上也属于第1款“有过错”的一种情形。

3. 如何理解“醉酒”

醉酒在法律上分为生理性醉酒和病理性醉酒，前者是指饮酒超过一定量后导致的醉酒状态，后者是指少量饮酒即导致醉酒状态。对属于精神病态的病理性醉酒，行为人无法控制，行为人对造成他人损害没有过错，不宜让其承担侵权责任。对于本条第 2 款中的醉酒，包括生理性醉酒，对病理性醉酒需要分情况考虑。若明知自己存在病理性醉酒仍饮酒，则其对致人损害的行为存在过错，应按照第 1 款的规定承担侵权责任，亦属于第 2 款中“醉酒”范畴。若不知道自己存在病理性醉酒或初次饮酒，则对其醉酒后造成的损害不应承担侵权责任，侵权行为人按照第 1 款的规定根据自己的经济状况对受害人进行适当补偿。在机动车醉酒致人损害中，无论是生理性醉酒还是病理性醉酒都应承担侵权责任。

4. 如何理解“滥用麻醉药品或者精神药品”

根据国务院《麻醉药品和精神药品管理条例》第 3 条规定，麻醉药品和精神药品是指列入麻醉药品目录、精神药品目录的药品和其他物质。“滥用”包括不应使用而予以使用和过量使用。

实务问题

1. 行为人“暂时没有意识或者失去控制”的举证责任问题

侵权行为人主张其实施侵权行为时没有意识或失去控制，应根据“谁主张，谁举证”的举证责任分配原则，对其实施加害行为时没有意识或者失去控制进行举证证明。但在司法实务中，该类问题在举证上和法院认定时比较困难，处理不当很有可能使该条成为侵权行为人规避应当承担侵权责任的理由。故人民法院在审理此类纠纷时，遇到有关专业问题，应征询医学专家的意见，正确把握认定行为人“暂时没有意识或者失去控制”的尺度。

2. 行为人对受害人适当补偿时，法院考虑行为人的经济状况，应兼顾行为人的家庭经济状况

出于尽量填补受害人的损害，保护受害人的角度出发，“经济状况”不宜简单理解为行为人的经济状况，而应当综合考虑行为人的家庭状况。另外，如果行为人的经济状况不太好，但受害人的经济状况比行为人的经济状况更差时，行为人也应当给予适当的补偿。

（编写人：郑　磊）

法律条文

第一千一百九十一条　用人单位的工作人员因执行工作任务造成他人损害的，由用人单位承担侵权责任。用人单位承担侵权责任后，可以向有故意或者重大过失的工作人员追偿。

劳务派遣期间，被派遣的工作人员因执行工作任务造成他人损害的，由接受劳务派遣的用工单位承担侵权责任；劳务派遣单位有过错的，承担相应的责任。

条文主旨

本条是关于用人单位责任、劳务派遣单位和劳务用工单位责任的规定。

新旧法对比

《侵权责任法》	《民法典》
第三十四条　用人单位的工作人员因执行工作任务造成他人损害的，由用人单位承担侵权责任。 劳务派遣期间，被派遣的工作人员因执行工作任务造成他人损害的，由接受劳务派遣的用工单位承担侵权责任；劳务派遣单位有过错的，承担相应的补充责任。	第一千一百九十一条　用人单位的工作人员因执行工作任务造成他人损害的，由用人单位承担侵权责任。**用人单位承担侵权责任后，可以向有故意或者重大过失的工作人员追偿。** 劳务派遣期间，被派遣的工作人员因执行工作任务造成他人损害的，由接受劳务派遣的用工单位承担侵权责任；劳务派遣单位有过错的，承担相应的责任。

理解与适用

用人单位的工作人员因工作造成他人损害的，由用人单位对外承担侵权责任，这种责任在理论上被称为替代责任，即由他人对行为人的行为承担责任。由于工作人员是为用人单位工作，用人单位可以从工作人员的工作中获取一定的利益，因此，工作人员因工作所产生的风险，需要用人单位承担。

1. 对第1款的理解和适用

本条中的“用人单位”，包括企业、事业单位、国家机关、社会团体等，也包括个体经济组织等。“工作人员”既包括用人单位的正式员工，也应当包括临时在单位工作的员工。

用人单位承担侵权责任的前提是工作人员的行为与"执行工作任务"有关。工作人员应当按照用人单位的授权或者指示进行工作。与工作无关的行为,即使发生在工作时间内,用人单位也不承担侵权责任,该责任由工作人员自己承担。为了更准确地界定工作人员的行为与职务之间的关系,本条明确用人单位承担侵权责任的前提是工作人员"因执行工作任务"造成他人损害。

需要指出的是,国家机关以及工作人员因工作造成他人损害的,可分为两类:一类属于履行公职权的行为,依据《国家赔偿法》的规定,有的需要国家机关承担国家赔偿责任。另一类不属于履行公职权的行为,而是国家机关为了维持国家机关正常运转所进行的民事行为。国家机关在民事活动中侵害他人合法权益的,国家机关需要承担民事侵权责任。比如,国家机关的司机外出办理公务,发生了交通事故,应当由国家机关承担侵权责任。本法调整国家机关及工作人员在民事活动中发生的侵权行为,对于属于《国家赔偿法》调整范围的,适用《国家赔偿法》的规定。

《侵权责任法》第 34 条对用人单位责任作了规定。需要特别说明的是,是否规定用人单位的追偿权,《侵权责任法》没有规定,但是不影响用人单位依照法律规定,或者根据双方的约定来行使追偿权。本条在《侵权责任法》的基础上,在第 1 款增加了用人单位追偿权的规定。

2. 对第 2 款的理解和适用

劳务派遣是指劳动派遣机构与员工签订劳务派遣合同后,将工作人员派遣到用工单位工作。劳务派遣的主要特点就是员工的雇用和使用分离。劳动派遣机构不是职业介绍机构,是与劳动者签订劳动合同的一方当事人。派遣的员工到用工单位工作,但不与用工单位签订劳动合同,产生劳动关系。

劳务派遣的用人形式不同于一般的用人单位,劳务派遣单位虽然与被派遣的员工签订了劳动合同,但不对被派遣员工进行使用和具体的管理。在劳务派遣期间,被派遣的工作人员是为接受劳务派遣的用工单位工作,并接受用工单位的指示和管理,同时由用工单位为被派遣的工作人员提供相应的劳动条件和劳动保护,所以,被派遣的工作人员因工作造成他人损害的,其责任应当由用工单位承担。劳务派遣单位在派遣工作人员方面存在过错的,应当承担相应的责任。

《侵权责任法》第 34 条第 2 款规定,劳务派遣单位承担的是"相应的补充责任",即首先由用工单位承担赔偿责任,用工单位不能全部赔偿的,才由劳务派遣单位赔偿。《侵权责任法》第 34 条第 2 款"相应的补充责任"的表述涵盖不了劳务派遣单位存在过错,应当按照过错程度直接承担侵权责任的情形,《民法典》

将“相应的补充责任”修改为“承担相应的责任”。相应的责任应当与劳务派遣单位的过错程度和行为的原因相适应，即以过错程度和原因力的作用确定应当承担的责任。

实务问题

关于工作人员因执行工作任务遭受第三人侵害的处理。工作人员因执行工作任务遭受第三人侵害涉及第三人侵权与工伤事故竞合时的责任承担问题。该问题仅在人身损害赔偿司法解释中提及，但未明确规定如何进行法律适用，只是在《人身损害赔偿解释》第 3 条第 2 款规定：“因用人单位以外的第三人侵权造成劳动者人身损害，赔偿权利人请求第三人承担民事赔偿责任的，人民法院应予支持。”司法实务中对此适用比较混乱。目前，因第三人侵权所致的损害，原则上应由第三人承担民事赔偿责任，但劳动者的伤害是因执行工作任务而发生并构成工伤的，用人单位亦应承担工伤赔付责任。同时，应赋予保险机构和用人单位对因第三人侵权引起工伤的侵害人享有代位求偿权。用人单位和工伤保险经办机构不能要求工伤职工必须先向侵害人索赔后才能申请工伤保险待遇，也不能从工伤职工应享有的保险待遇中扣减其从侵害人处获得赔偿款项，但对于相同赔付项目是否要扣减需要进一步调研。

（编写人：郑　磊）

法律条文

第一千一百九十二条　个人之间形成劳务关系，提供劳务一方因劳务造成他人损害的，由接受劳务一方承担侵权责任。接受劳务一方承担侵权责任后，可以向有故意或者重大过失的提供劳务一方追偿。提供劳务一方因劳务受到损害的，根据双方各自的过错承担相应的责任。

提供劳务期间，因第三人的行为造成提供劳务一方损害的，提供劳务一方有权请求第三人承担侵权责任，也有权请求接受劳务一方给予补偿。接受劳务一方补偿后，可以向第三人追偿。

条文主旨

本条是关于个人之间因提供劳务造成他人损害和自己损害的责任的规定。

新旧法对比

《侵权责任法》	《民法典》
第三十五条　个人之间形成劳务关系，提供劳务一方因劳务造成他人损害的，由接受劳务一方承担侵权责任。提供劳务一方因劳务自己受到损害的，根据双方各自的过错承担相应的责任。	第一千一百九十二条　个人之间形成劳务关系，提供劳务一方因劳务造成他人损害的，由接受劳务一方承担侵权责任。**接受劳务一方承担侵权责任后，可以向有故意或者重大过失的提供劳务一方追偿。**提供劳务一方因劳务受到损害的，根据双方各自的过错承担相应的责任。 **提供劳务期间，因第三人的行为造成提供劳务一方损害的，提供劳务一方有权请求第三人承担侵权责任，也有权请求接受劳务一方给予补偿。接受劳务一方补偿后，可以向第三人追偿。**

理解与适用

劳务关系，是指提供劳务一方为接受劳务一方提供劳务服务，由接受劳务一方按照约定支付报酬而建立的一种民事权利义务关系。劳务关系的建立可以采取书面形式，也可以采取口头或者其他形式。

本条中"接受劳务一方"仅指自然人，个体工商户、合伙的雇员因工作发生的纠纷，按照本法用人单位的规定处理。接受劳务一方对提供劳务一方造成他人损害承担赔偿责任的，前提是提供劳务一方的行为是因劳务产生；如果提供劳务一方的行为纯属个人的行为，与劳务无关，那么接受劳务一方无须承担责任。

1. 对本条第 1 款的理解和适用

《侵权责任法》对接受劳务一方承担责任后，能否向提供劳务一方追偿的问题没有作出规定。个人之间形成的劳务关系，双方经济能力都较为有限，接受劳务一方对外承担责任后，原则上是可以向有过错的提供劳务一方追偿的。因此，本条第 1 款在《侵权责任法》的基础上，增加了接受劳务一方承担侵权责任后的追偿权，但仅限于可以向有故意或者重大过失的提供劳务的一方追偿。

本条除了明确提供劳务过程中，造成他人损害的责任外，还规定了提供劳务一方因劳务受到损害时双方责任的承担。根据本条规定，提供劳务一方因劳务受到损害的，根据双方各自的过错承担相应的责任。这一规定和工作人员在用人单位受到损害的规定有所不同。《工伤保险条例》规定，中华人民共和国境内的企业、事业单位、社会团体、民办非企业单位、基金会、律师事务所、会计师事务所等组织和有雇工的个体工商户应当依照本条例规定参加工伤保险，为本单位全部职工或者雇工缴纳工伤保险费。从现有的规定来看，工作人员在工作过程中受到工伤损害的，用人单位原则上承担无过错责任。只要工作人员是因工作遭受事故伤害或者患职业病的，职工就可以依照相关规定获得医疗救治和经济补偿。由于本条中“个人之间形成劳务关系”，不属于依法应当参加工伤保险统筹的情形，提供劳务一方受到损害后，不能适用《工伤保险条例》。个人之间劳务关系的损害，跟雇主情形下损害不同，对于个人之间劳务，提供劳动的一方有较大的自主权，不像雇主对雇员的控制力那么强。造成损害的，接受劳务的一方承担无过错责任太重。所以提供劳务一方因劳务受到损害的，不宜采取无过错责任的原则，要求接受劳务的一方无条件地承担赔偿责任。实践中，因劳务受到损害的情况比较复杂，应当区分情况，根据双方的过错来处理比较合理。本法规定双方根据各自的过错承担责任，比较公平，也符合现实的做法。

2. 对本条第2款的理解和适用

《侵权责任法》没有规定在个人之间形成的劳务关系中，因第三人的行为造成提供劳务一方损害的责任承担。根据本法第1175条的规定，损害是因第三人造成的，第三人应当承担侵权责任。在个人之间形成的劳务关系中，因第三人的行为造成提供劳务一方损害的责任承担，第三人应当承担侵权责任。关键是提供劳务一方是在为接受劳务一方工作过程中受伤的，能否请求接受劳务一方承担责任？本条规定，提供劳务一方受损害时，应有权请求接受劳务一方承担侵权责任，但是，只能在第三人或者接受劳务一方中择一行使请求权，第三人与接受劳务的人承担不真正连带责任。

实务问题

关于帮工关系中的侵权责任问题。侵权责任编没有规定帮工人责任，由于帮工与个人之间的劳务关系在性质上有所区别，故不能认为本条适用于帮工人责任。司法实务中遇到帮工人责任的案件，可以适用下列规定处理：《人身损害赔偿案件解释》第4条：“无偿提供劳务的帮工人，在从事帮工活动中致人损害的，被帮工人应当承担赔偿责任。被帮工人承担赔偿责任后向有故意或者重大过失的帮工人追偿的，人民法院应予支持。被帮工人明确拒绝帮工的，不承担赔偿责任。”第5条第1款：“无偿提供劳务的帮工人因帮工活动遭受人身损害的，根据帮工人和被帮工人各自的过错承担相应的责任；被帮工人明确拒绝帮工的，被帮工人不承担赔偿责任,但可以在受益范围内予以适当补偿。”

（编写人:郑　磊）

法律条文

第一千一百九十三条　承揽人在完成工作过程中造成第三人损害或者自己损害的,定作人不承担侵权责任。但是,定作人对定作、指示或者选任有过错的,应当承担相应的责任。

条文主旨

本条是关于承揽关系中的侵权责任的规定。

新旧法对比

《最高人民法院关于审理人身损害赔偿案件适用法律若干问题的解释》	《民法典》
第十条　承揽人在完成工作过程中对第三人造成损害或者造成自身损害的,定作人不承担赔偿责任。但定作人对定作、指示或者选任有过失的,应当承担相应的赔偿责任。	第一千一百九十三条　承揽人在完成工作过程中**造成第三人损害或者自己**损害的,定作人不承担**侵权**责任。**但是,**定作人对定作、指示或者选任有过错的,应当承担相应的责任。

理解与适用

本法规定的承揽合同是承揽人按照定作人的要求完成工作,交付工作成果,定作人给付报酬的合同。承揽包括加工、定作、修理、复制、测试、检验等工作。

承揽人主要依靠自己的技术和专业技能独立完成承揽工作,不受定作人的支配,承揽人对第三人造成损害或者造成自身损害时,不应要求定作人承担侵权责任。但是,定作人对定作、指示或者选任存在过错的,需要承担相应的过错责任。定作过错,是指定作人确定的定作任务本身就存在缺陷,即定作事项、事务或项目自身的性质处于法律禁止或限制生产加工的状态。这种定作有可能造成他人损害或者定作人的损害,如加工易燃、易爆物品。指示过错,是指定作人就承揽人完成工作成果提出相关的指导意见或者建议明显存在错误甚至违反了法律法规的规定。如不应该采用危险方法进行加工,却作出这样的错误指示。选任过错,是指定作人在承揽人的主体选择上存在过错,如没有培训合格证书或者施工作业操作证书等承担特种加工活动的资质而定作人予以选任。

需要指出的是，本法第1192条个人之间形成劳务关系，提供劳务一方因提供劳务造成他人损害责任的规定，不适用本条因承揽关系产生的纠纷。承揽合同是承揽人按照定作人的要求完成工作，交付工作成果，定作人给付报酬的合同。承揽合同的劳动者所交付的标的是劳动成果，而劳务合同的劳动者交付的标的是劳动，定作人与承揽人之间不存在劳务关系，一般情况下不存在劳务侵权责任问题。

实务问题

（1）承揽人在为定作人完成约定的工作时发生人身伤害后果，双方都没有过错的，可以根据实际情况，依公平原则由双方当事人分担民事责任。

（2）定作人中途变更承揽工作的要求造成承揽人损失的，应当赔偿损失。

（3）关于雇佣关系与承揽关系的区别和认定问题。

区分雇佣关系和承揽关系，可以综合下列因素，结合案件具体情况予以认定：第一，当事人之间是否存在控制、支配和从属关系；第二，是否由一方指定工作场所、提供劳动工具或设备、限定工作时间；第三，是定期给付劳动报酬还是一次性结算劳动报酬；第四，是继续性提供劳务，还是一次性提供劳动成果；第五，当事人一方所提供的劳动是其独立的业务或者经营活动，还是构成合同相对方的业务或者经营活动的组成部分。如当事人之间存在控制、支配和从属关系，由一方指定工作场所、提供劳动工具或设备，限定工作时间，定期给付劳动报酬，所提供的劳动是接受劳务一方生产经营活动的组成部分的，可以认定为雇佣。反之，则应当认定为承揽。在具体处理上，虽然雇佣关系和承揽关系均属于基于劳务合同产生的法律关系，但两者的归责原则不同，雇主责任为替代责任，且系严格责任；而承揽合同则基本上属于过错责任，定作人对承揽人致人损害，仅在定作或者选任、指示有过失时，承担赔偿责任。

（编写人：郑　磊）

法律条文

第一千一百九十四条　网络用户、网络服务提供者利用网络侵害他人民事权益的，应当承担侵权责任。法律另有规定的，依照其规定。

条文主旨

本条是关于网络用户和网络服务提供者的直接侵权行为的规定。

新旧法对比

《侵权责任法》	《民法典》
第三十六条第一款　网络用户、网络服务提供者利用网络侵害他人民事权益的，应当承担侵权责任。	第一千一百九十四条　网络用户、网络服务提供者利用网络侵害他人民事权益的，应当承担侵权责任。**法律另有规定的，依照其规定。**

理解与适用

网络侵权，是指发生在互联网上的各种侵害他人民事权益的行为，它不是指侵害某种特定权利（利益）的具体侵权行为，也不属于在构成要件方面具有某种特殊性的特殊侵权行为，而是指发生于互联网空间的侵权行为，包括网络用户侵权责任和网络服务提供者侵权责任。本条承接《侵权责任法》第36条，与《民法典》第1195条、第1196条、第1197条都是关于网络侵权的规定，是将《侵权责任法》第36条第3款规定分别独立成条，并加以修改而来，同时本条与《民法典》第127条“法律对数据、网络虚拟财产的保护有规定的，依照其规定”相对应。本条是对网络用户和网络服务提供者侵犯他人民事权益应当承担侵权责任的原则性规定，对于网络用户、网络服务提供者的行为是否构成侵权行为，是否应当承担侵权责任，还须根据《民法典》第1194条以及《著作权法》等有关规定来判断。

1. 网络用户利用网络侵害他人民事权益的情形

网络用户利用网络侵害他人民事权益，大体可以分为以下几种类型：一是侵害人格权。主要表现为：第一，盗用或者假冒他人姓名，侵害姓名权；第二，未经许可使用他人肖像，侵害肖像权；第三，发表攻击、诽谤他人的文章，侵害名誉权；第四，非法侵入他人电脑、非法截取他人传输的信息、擅自披露他人个人信息、大量发送垃圾邮件，侵害隐私权。二是侵害财产利益。基于网络活动的便捷性和商务性，通过网络侵害财产利益的情形较为常见，如窃取他人网络银行账户中的资金，而最典型的是侵害网络虚拟财产，如窃取他人网络游戏装备、虚拟货币等。三是侵害知识产权。主要表现为侵犯他人著作权与商标权：第一，侵犯著作权。如擅自将他人作品进行数字化传输，规避技术措施，侵犯数据库等。第二，侵犯商标权。如在网站上使用他人商标，故意使消费者误以为该网站为商标权人的网站，恶意抢注与他人商标相同或相类似的域名等。

2. 网络服务提供者利用网络侵害他人民事权益的情形

“网络服务提供者”一词并不是一个专业词语，更多的是一个法律上的概念。目前我国法律、行政法规和司法解释对于“网络服务提供者”并无十分明确的定义，但对有关网络主体出现多种表述，除“网络服务提供者”外，还有“提供内容服务的网络服务提供者”“内容服务提供者”“互联网接入服务提供者”“互联网信息服务提供者”“网站经营者”等。从立法者的解释来看，本条所称“网络服务提供者”内涵较广，应包括网络技术服务提供者和网络内容服务提供者。第一，技术服务提供者利用网络侵害他人民事权益。所谓技术服务提供者，主要指提供接入、缓存、信息存储空间、搜索以及链接等服务类型的网络主体。其不直接向网络用户提供信息，一般而言，除符合本条规定外，技术服务提供者无须对网络用户提供的信息侵犯他人民事权益承担责任。但技术服务提供者如果主动实施侵权行为，如破坏他人技术保护措施、利用技术手段攻击他人网络、窃取他人个人信息等，也要承担侵权责任。第二，内容服务提供者利用网络侵害他人民事权益。所谓内容服务提供者，是指主动向网络用户提供内容的网络主体。其法律地位与出版者相同，应当对所上传内容的真实性与合法性负责，如果提供了侵权信息，如捏造虚假事实诽谤他人、发布侵犯著作权的影视作品等，应当承担侵权责任。

实务问题

很多网络主体提供的服务具有多样性，既提供技术服务，又主动提供相关内容，因此不同类型网络服务提供者成立侵权责任的要件、承担责任的方式以及免责事由都是有区别的，在确认其承担侵权责任的请求权基础时，应当根据具体的情形作出必要的区分。

（编写人：郑　磊）

法律条文

第一千一百九十五条　网络用户利用网络服务实施侵权行为的，权利人有权通知网络服务提供者采取删除、屏蔽、断开链接等必要措施。通知应当包括构成侵权的初步证据及权利人的真实身份信息。

网络服务提供者接到通知后，应当及时将该通知转送相关网络用户，并根据构成侵权的初步证据和服务类型采取必要措施；未及时采取必要措施的，对损害的扩大部分与该网络用户承担连带责任。

权利人因错误通知造成网络用户或者网络服务提供者损害的，应当承担侵权责任。法律另有规定的，依照其规定。

条文主旨

本条是关于“通知与取下”程序的规定。

新旧法对比

《侵权责任法》	《民法典》
第三十六条第二款　网络用户利用网络服务实施侵权行为的，被侵权人有权通知网络服务提供者采取删除、屏蔽、断开链接等必要措施。网络服务提供者接到通知后未及时采取必要措施的，对损害的扩大部分与该网络用户承担连带责任。	第一千一百九十五条　网络用户利用网络服务实施侵权行为的，**权利人**有权通知网络服务提供者采取删除、屏蔽、断开链接等必要措施。**通知应当包括构成侵权的初步证据及权利人的真实身份信息。** 网络服务提供者接到通知后，**应当及时将该通知转送相关网络用户，并根据构成侵权的初步证据和服务类型采取必要措施；**未及时采取必要措施的，对损害的扩大部分与该网络用户承担连带责任。 **权利人因错误通知造成网络用户或者网络服务提供者损害的，应当承担侵权责任。法律另有规定的，依照其规定。**

理解与适用

本条为网络服务提供者确立了“避风港”和责任限制，并规定了网络用户错误通知的侵权责任，在沿袭《侵权责任法》第36条第2款规定的基础上，吸收了《信息网络规定》第5条、第6条、第7条、第8条以及《信息网络传播权保护条例》第14条的相关内容。

1.“避风港规则”

“避风港规则”也称为“安全港规则”，是指在发生著作权网络侵权案件时，网络服务提供者只提供空间服务，并不制作网页内容，如果网络服务提供者被告知侵权，则有删除的义务，否则就被认为侵权，如果侵权内容既不在网络服务提供者的服务器上储存，又没有被告知哪些内容应该删除，则网络服务提供者不承担侵权责任。后来“避风港规则”也被应用在搜索引擎、网络储存、在线图书馆等方面。

2. 通知的要件

根据本条规定,通知应当包括构成侵权的初步证据及权利人的真实身份信息。实践中,大多数网络服务提供者都非常重视通知书的形式和内容,很多网站提供了格式化的通知模板、专门的投诉途径,极大地简化了通知流程,提高了处理效率。一般而言,一份合格的权利通知应当包括两方面内容:第一,权利人的真实身份信息,包括但不限于权利人的姓名、名称、住址、联系方式、电话、电子邮箱等,没有真实身份信息和有效联系方式,网络服务提供者无法与其取得联系,也无法发送网络用户声明不存在侵权行为的通知。第二,构成侵权的初步证据,通知是权利人主张权利的重要依据,应当附有证明其权利的证据或者相关信息涉嫌侵权的初步证据,如著作权登记证书,专利证书,商标权证书,明显超出正常言论自由范围的诽谤、攻击等言辞。另外,通知中一般还应当附有涉嫌侵权信息的网址链接或其他可以定位侵权商品或信息的有效方法等。

3. 网络服务提供者的义务

权利人一旦发出合格通知,就触发了网络服务提供者的义务。根据本条规定,网络服务提供者接到通知后,应当及时将该通知转送相关网络用户,并根据构成侵权的初步证据和服务类型采取必要措施。第一,及时将该通知转送相关网络用户。"通知—取下"制度不是孤立的,而是与其他制度配合而生,权利人有权发出通知主张权利,要求网络服务提供者采取相应措施,这只是权利人的一面之词,是"自称",无法确定相关信息是否侵犯了权利人的权利,上传相关信息的网络用户有权提出申辩。所以,网络服务提供者应当及时将该权利人发出的通知转送相关网络用户,使其知晓,要求其作出回应。第二,根据构成侵权的初步证据和服务类型采取必要措施。根据所提供网络服务的类型不同,不同类型的网络服务提供者在接到侵权通知后所应承担的义务也应当有所区别,对此,本条没有采取"一刀切"的方法,而是由网络服务提供者根据其掌握的证据以及提供服务的类型采取必要措施,所取得的效果应当是在技术能够做到的范围内避免相关信息进一步传播。对于提供信息存储空间、搜索、链接服务的网络服务提供者,其在接到侵权通知后,应当对侵权信息采取删除、屏蔽、断开链接等必要措施。对于电子商务平台经营者,其在接到侵权通知后,应当根据电子商务法的要求,对相关商品或者服务采取删除、屏蔽、断开链接、终止交易和服务等必要措施。对于提供接入、缓存服务的网络服务提供者,其在接到侵权通知后,应当在技术可能做到的范围内采取必要措施,如果采取这些措施会使其违反普遍服务义务，在技术和经济上增加不合理的负担，该网络服务提供者可以将侵权通知转送相应网站。

4. 网络服务提供者的责任

根据本条规定，网络服务提供者未及时采取必要措施的，对损害的扩大部分与该网络用户承担连带责任。这一规定的核心在于如何认定“及时”。实践中，以淘宝、京东、百度、新浪等为代表的网络服务提供者每天收到大量的侵权通知，需要耗费大量人力物力对这些通知进行整理、甄别和审查，这就涉及对“及时”的理解。《信息网络规定》要求，根据权利人提交通知的形式，通知的准确程度，采取措施的难易程度，网络服务的性质，所涉作品、表演、录音录像制品的类型、知名度、数量等因素综合判断。《信息网络规定》要求，根据网络服务的性质、有效通知的形式和准确程度，网络信息侵害权益的类型和程度等因素综合判断。以著作权为例，实践中，有的法院认为应当考虑作品的知名度和传播范围。例如，热门的电视剧或者电影，很短的侵权时间就可能给权利人造成巨大损失，对于热门作品，其合理删除期限应当较短，对于非热门作品，期限可以适当放宽。

5. 权利人错误通知的法律后果

“通知—取下”制度在我国实施以来，对于维护权利人合法权益，打击网络侵权违法行为，净化网络空间，起到重要作用，但是权利人错误通知甚至恶意通知的事件也时常出现，甚至有人将这一制度作为打击竞争对手的重要手段，有人借用特殊销售节点，以投诉方式达到下架竞争对手的商品的方式，使其短期内丧失经营资格。为此，本条在《侵权责任法》第 36 条基础上，特别增加这一规定，即因错误通知造成网络用户、网络服务提供者损失的，权利人应当承担侵权责任，以警示权利人不得滥用“通知—取下”制度，促使权利人维权行为更为理性。增加“法律另有规定的，依照其规定”这一衔接性表述，主要是考虑到本条为一般规定，根据被侵害的权利类型的不同，其他法律可能会作出细化或者特别规定。

实务问题

在司法实践中，本条可能会遇到网络用户涉嫌侵权的情形下，权利人向网络服务提供者提供真实身份信息请求网络服务提供者删除，但网络服务提供者无法核实是否真实，因为网络服务提供者对于身份信息识别技术可能存在障碍，网络服务提供者不能识别或识别错误之后是不是需要承担责任，需要以后在司法实践中作进一步总结。

（编写人：郑　磊）

法律条文

第一千一百九十六条　网络用户接到转送的通知后，可以向网络服务提供者提交不存在侵权行为的声明。声明应当包括不存在侵权行为的初步证据及网络用户的真实身份信息。

网络服务提供者接到声明后，应当将该声明转送发出通知的权利人，并告知其可以向有关部门投诉或者向人民法院提起诉讼。网络服务提供者在转送声明到达权利人后的合理期限内，未收到权利人已经投诉或者提起诉讼通知的，应当及时终止所采取的措施。

条文主旨

本条是关于"反通知"制度的规定。

新旧法对比

《电子商务法》	《民法典》
第四十三条　平台内经营者接到转送的通知后，可以向电子商务平台经营者提交不存在侵权行为的声明。声明应当包括不存在侵权行为的初步证据。 电子商务平台经营者接到声明后，应当将该声明转送发出通知的知识产权权利人，并告知其可以向有关主管部门投诉或者向人民法院起诉。电子商务平台经营者在转送声明到达知识产权权利人后十五日内，未收到权利人已经投诉或者起诉通知的，应当及时终止所采取的措施。	第一千一百九十六条　**网络用户**接到转送的通知后，可以向**网络服务提供者**提交不存在侵权行为的声明。声明应当包括不存在侵权行为的初步证据**及网络用户的真实身份信息**。 **网络服务提供者**接到声明后，应当将该声明转送发出通知的权利人，并告知其可以向有关部门投诉或者向人民法院**提起诉讼**。**网络服务提供者**在转送声明到达权利人后**的合理期限**内，未收到权利人已经投诉或者**提起诉讼**通知的，应当及时终止所采取的措施。

理解与适用

网络用户声明，也称为"反通知"，是指网络用户接到网络服务提供者转送的权利人发出的通知后向网络服务提供者提交的不存在侵权行为的声明。网络服务提供者接到声明后应当将该声明转送发出通知的权利人，并告知其可以向有关部门投诉或者向人民法院起诉。

1.“反通知”程序

根据本条规定,网络用户提交的声明应当包括不存在侵权行为的初步证据及网络用户的真实身份信息。第一,不存在侵权行为的初步证据。有的意见对这一要件提出不同看法,认为根据民事诉讼一般举证规则,积极的构成要件由原告提出证据,被告没有义务提出消极的构成要件,有时也难以拿出证据。这一意见有一定道理,但在大部分权利类型下,初步证据是可以提出的,比如著作权、专利权、商标权等,涉嫌侵权的网络用户可以提供文章底稿、著作权登记证书、专利证书、商标权证书、原产地证明、授权法律文书等,证明其具有相应的权利;诚然,有些情形下确实难以提出,比如权利人主张某篇文章侵犯了其隐私权,这既是一个事实问题,更是一个法律问题,即使在法庭上,也不是三言两语能够判断清楚的。第二,网络用户的真实身份信息。不少网络用户对外表现为昵称、笔名,而非其真实身份,实践中,这使得很多权利人在起诉时,无法准确确定被告,维权十分困难。网络不是法外之地,每个人都需要对自己的行为负责,在网络上也是一样。在权利人表明自己真实身份,指称网络用户涉嫌侵权时,网络用户也有义务表明其真实身份,这也是当然之意。

2.网络服务提供者的义务

第一,转送义务。根据本条规定,网络服务提供者接到声明后,应当将该声明转送发出通知的权利人,并告知其可以向有关部门投诉或者向人民法院提起诉讼。纠纷主要发生在权利人与网络用户之间,网络服务提供者接到反通知后,立即产生转送义务,应当及时将反通知转送发出通知的权利人,让权利人及时知道网络用户提出了抗辩;同时履行告知义务,让权利人知晓应当及时向有关部门投诉或者向法院起诉,以解决纠纷。第二,及时终止所采取的措施。根据本条规定,网络服务提供者在转送声明到达权利人后的合理期限内,未收到权利人已经投诉或者提起诉讼通知的,应当及时终止所采取的措施。网络用户的声明到达权利人后,权利人应当作出适当反应,可以表示认可,也可以表示反对;可以明示,也可以默示。如果在合理期限内,权利人通知网络服务提供者,其已经向有关部门投诉或者向法院起诉,表明权利人以明示方式对反通知的内容表示反对,网络服务提供者应当继续维持此前采取的必要措施,直至有关部门或者法院有进一步指令;如果权利人在合理期限内没有投诉或者起诉,表明权利人默示认可反通知,网络服务提供者应当及时终止所采取的措施,恢复相关信息。这样规定,既是为了促使权利人尽快行使权利,避免相关权利纠纷长期处于不确定状态,也是为了尽量减少因错误通知给网络用户和网络服务提供者增加的负担。

实务问题

人民法院审理网络侵权案件，权利人往往将涉嫌侵权人与网络服务提供者列为共同被告。并且权利人不知道实际侵权人是谁的时候，可能就只列网络服务提供者为被告，那么人民法院审理时只有间接侵权人，如果因没有找到直接侵权人或者直接侵权人不明确，就直接驳回原告诉讼请求也不合适，那么人民法院需要对原告进行释明，告知其如果侵权构成要件不完整，法院就难以支持权利人的诉讼请求。人民法院对于那些明显的网络侵权，网络服务提供者应当审查而未审查，得到网络管控请求后也不作为的，人民法院可以判令网络服务提供者采取相应措施。

（编写人：郑　磊）

法律条文

第一千一百九十七条　网络服务提供者知道或者应当知道网络用户利用其网络服务侵害他人民事权益，未采取必要措施的，与该网络用户承担连带责任。

条文主旨

本条是关于网络服务提供者与网络用户承担连带责任的规定。

新旧法对比

《侵权责任法》	《民法典》
第三十六条第三款　网络服务提供者知道网络用户利用其网络服务侵害他人民事权益，未采取必要措施的，与该网络用户承担连带责任。	第一千一百九十七条　网络服务提供者知道**或者应当知道**网络用户利用其网络服务侵害他人民事权益，未采取必要措施的，与该网络用户承担连带责任。

理解与适用

“红旗规则”是“避风港规则”的例外规定，是指在网络服务提供者的网络系统中存在侵权信息或者被链接的侵权信息，像一面显眼的旗帜一样在网络服务提供者面前飘扬，以至于其知道或者应当知道此等侵权信息的存在。此时，网络服务提供者就应当采取必要措施如删除、屏蔽、断开链接，而不是采取“鸵鸟政策”消极不作为。

1. 本条的归责原则

根据本条规定，网络服务提供者与网络用户承担连带责任的主观构成要件为“知道或者应当知道”，采用的是过错责任。

2. “知道”的含义

“知道”即为“明知”。明知是一种主观状态，表明行为人的内心对侵权行为这一事实的发生具有明确而充分的认识，甚至放任或者积极追求损害后果的发生。证明行为人的主观状态为“明知”，一般有两种途径：第一，行为人自认。行为人明确表示其主观状态为“明知”，当然可以认定，只是这种情形实践中较少出现。第二，通过“通知—取下”制度来证明。这也是多数国家和地区司法机关判断网络服务提供者主观状态的核心标准，权利人发送的合格通知到达网络服务提供者时，即视为网络服务提供者知晓了存在通知中所指出的侵权事实，网络服务提供者有义务采取必要措施，未采取必要措施的，即属本条知道而未采取必要措施的情形，需要对损害扩大部分承担连带责任。

3. “应当知道”的含义

“推定知道”与“应当知道”并非同一概念。“应当知道”，是指一个正常、理性的人在负有某种注意义务而且具有注意能力的情况下，应该能够认识到某一事实的存在。注意义务，是指“行为人采取合理的注意而避免给他人的人身或财产造成损害的义务”。可见，“应当知道”是以行为人负有某种注意义务为前提的，而“知道”则表明行为人并不负有此种注意义务。《信息网络规定》第 9 条对网络服务提供者“知道”网络用户利用其网络服务实施侵权行为的判断标准作出了指引性规定。依据该条规定，“人民法院依据侵权责任法第三十六条第三款认定网络服务提供者是否‘知道’，应当综合考虑下列因素：（一）网络服务提供者是否以人工或者自动方式对侵权网络信息以推荐、排名、选择、编辑、整理、修改等方式作出处理；（二）网络服务提供者应当具备的管理信息的能力，以及所提供服务的性质、方式及其引发侵权的可能性大小；（三）该网络信息侵害人身权益的类型及明显程度；（四）该网络信息的社会影响程度或者一定时间内的浏览量；（五）网络服务提供者采取预防侵权措施的技术可能性及其是否采取了相应的合理措施；（六）网络服务提供者是否针对同一网络用户的重复侵权行为或者同一侵权信息采取了相应的合理措施；（七）与本案相关的其他因素”。该条归纳了认定网络服务提供者“知道”的七种判断因素，包括网络服务提供者是否对侵权网络信息作出处理，应当具备的管理信息的能力，所提供服务的性质、方式及其引发侵权的可能性大小，采取预防侵权措施的技术可能性及其是否采取了相应的合理措施,该网络信息侵害民事权益的类型及明显程度,网络信息的社会影响程度或者一定时间内的浏览量等方面的因素。

4. 责任承担形式

依据本条规定,网络服务提供者与网络用户承担连带责任。如果网络服务提供者明知网络用户利用其网络服务实施侵权行为,却不采取必要措施,可以认定为构成帮助侵权,应当对全部损害与网络用户承担连带责任。如果网络服务提供者实际上并不知道网络用户利用其网络服务实施侵权行为,而是疏于管理,没有意识到这种侵权行为的存在,则只应对应当知道而没有知道侵权行为之时起的损害与网络用户承担连带侵权责任,之前的损害应当由网络用户独立承担责任。

实务问题

本条规定的是网络服务提供者"知道或者应当知道"侵权事实而采取措施的侵权责任。《民法典》第1195条规定的"通知规则"与本条规定的"知道规则"是"并列关系"。如果被侵权人能够举证证明网络服务提供者对侵权行为"知道",可以不发出侵权通知,直接要求网络服务提供者承担本条的侵权责任;如果被侵权人认为其无法举证证明网络服务提供者具有过错,可以根据《民法典》第1195条发出侵权通知。

(编写人:郑　磊)

法律条文

第一千一百九十八条　宾馆、商场、银行、车站、机场、体育场馆、娱乐场所等经营场所、公共场所的经营者、管理者或者群众性活动的组织者,未尽到安全保障义务,造成他人损害的,应当承担侵权责任。

因第三人的行为造成他人损害的,由第三人承担侵权责任;经营者、管理者或者组织者未尽到安全保障义务的,承担相应的补充责任。经营者、管理者或者组织者承担补充责任后,可以向第三人追偿。

条文主旨

本条是关于经营场所、公共场所的经营者、管理者或者群众性活动的组织者未尽到安全保障义务的侵权责任的规定。

新旧法对比

《侵权责任法》	《民法典》
第三十七条　宾馆、商场、银行、车站、娱乐场所等公共场所的管理人或者群众性活动的组织者，未尽到安全保障义务，造成他人损害的，应当承担侵权责任。 因第三人的行为造成他人损害的，由第三人承担侵权责任；管理人或者组织者未尽到安全保障义务的，承担相应的补充责任。	第一千一百九十八条　宾馆、商场、银行、车站、**机场、体育场馆**、娱乐场所等**经营场所**、公共场所的**经营者、管理者**或者群众性活动的组织者，未尽到安全保障义务，造成他人损害的，应当承担侵权责任。 因第三人的行为造成他人损害的，由第三人承担侵权责任；**经营者、管理者**或者组织者未尽到安全保障义务的，承担相应的补充责任。**经营者、管理者或者组织者承担补充责任后，可以向第三人追偿**。

理解与适用

根据本条规定，安全保障义务，是指宾馆、商场、银行、车站、机场、体育场馆、娱乐场所等经营场所、公共场所的经营者、管理者或者群众性活动的组织者，所负有的在合理限度范围内保护他人人身和财产安全的义务。理解安全保障义务，须注意以下问题：

1. 安全保障义务人的范围

宾馆、商场、银行、车站、机场、体育场馆、娱乐场所等经营场所、公共场所的经营者、管理者。公共场所包括以公众为对象进行商业性经营的场所，也包括对公众提供服务的场所。

群众性活动的组织者。群众性活动，是指法人或者其他组织面向社会公众举办的参加人数较多的活动。

2. 保护对象的范围

安全保障义务所保护的对象与安全保障义务人之间应存在某种关系，但是否要在法律中作出明确规定有不同意见。有的建议规定为“顾客或参与活动者”或者“进入公共场所或者参与活动的人”，有的建议规定为“合法进入公共场所或者参加活动的人”，有的建议不作明确规定。考虑到司法实践中的情况较为复杂，对于仅仅进入商场上洗手间、问路或者躲雨的人能不能界定为顾客，上错了公交车又准备下车的人是否属于保护对象，特别是对于非法进入者如到宾馆里打算偷窃的人是否给予保护等，争议很大。在法律中明确哪些人属于保护对象较为困难,因此,本法对安全保障义务的保护对象规定为“他人”,没有明确具体的范围,实践中哪些人属于保护对象应根据具体情况判断。

对此可以借鉴美国和英国侵权行为法中的做法。对于进入土地利益范围里的人,可分为四种:第一种,“受邀请者”。经营者开始经营,所有进入经营领域的人都是受邀请者,即“被告经营商店,是以大众为对象,故社会大众皆为被告的受邀请者,不能因原告受伤前未向被告购买东西,即认为原告非属受邀请者”。只要经营者打开门开始经营,就是向不特定的人发出了邀请。第二种,没有经过同意的“访问者”。访问者与受邀请者的区别是,访问者是经营者没有邀请,自己进来的,土地利益占有者对于访问者的安全注意义务要低于受邀请者。第三种,“公共人”。公共人是有权进入他人占有的土地利益范围的人,如邮差、税收官、政府的调查人员、收电费的职员等。这些人有权进入他人的土地利益范围。对于公共人的注意标准相当于受邀请者。第四种,“未成年人”。对于未成年人,土地利益占有者负有最高的安全保障义务。只要土地利益中存在对儿童具有诱惑力的危险,土地利益占有者就必须确保儿童不受该危险的损害。

3. 安全保障义务来源的确定

确定违反安全保障义务的侵权责任,最重要的就是确定行为人是不是负有安全保障义务、负有什么样的安全保障义务。因此,首先要确定公共场所的管理人或者群众性活动的组织者的安全保障义务来源。安全保障义务的来源主要有以下三个方面:第一,法律直接规定。法律直接规定安全保障义务,是最直接的安全保障义务的来源。例如,《消费者权益保护法》第 7 条规定:“消费者在购买、使用商品和接受服务时享有人身、财产安全不受损害的权利。消费者有权要求经营者提供的商品和服务,符合保障人身、财产安全的要求。”第 18 条规定:“经营者应当保证其提供的商品或者服务符合保障人身、财产安全的要求……”《物业管理条例》第 35 条规定:“物业服务企业应当按照物业服务合同的约定,提供相应的服务。物业服务企业未能履行物业服务合同的约定,导致业主人身、财产安全受到损害的,应当依法承担相应的法律责任。”在其他规定保障义务的法律中,也都属于这种性质的安全保障义务。第二,合同约定的主义务。如果在当事人约定的合同义务中规定,合同的一方当事人对另一方当事人负有安全保障义务的,合同当事人应当承担安全保障义务。例如订立旅客运输合同,旅客的人身安全保障义务就是合同的主义务,当事人必须履行这种义务。第三,法定的或者约定的合同附随义务。按照诚信原则,一方当事人应该对另一方当事人履行安全保障义务,该方当事人也应该负有安全保障义务。例如,旅馆向顾客提供服务，按照诚信原则的解释，应当负有保障接受服务的客人人身安全的义务。

4. 未尽到安全保障义务的侵权责任

根据安全保障义务的内容不同，可以将安全保障义务分为以下两类：第一类，防止他人遭受义务人侵害的安全保障义务。这是指安全保障义务人负有不因自己的行为而直接使他人的人身或者财产受到侵害的义务。第二类，防止他人遭受第三人侵害的安全保障义务。这是指安全保障义务人负有不因自己的不作为而使他人的人身或者财产遭受自己之外的第三人侵害的义务。两者之间的区别主要是造成损害后果的直接侵害人不同，未尽到前一类义务造成他人损害的，其直接加害人就是安全保障义务人，没有第三人的介入；未尽到后一类义务的并不必然导致他人的损害，只有当这种未尽到义务的行为与第三人的侵权行为相互结合时才导致他人的损害。本条规定根据所未尽到的义务种类的不同，规定了安全保障义务人不同的侵权责任。第一，安全保障义务人未尽到防止他人遭受义务人侵害的安全保障义务的，应当承担侵权责任。这是本条第 1 款规定的情形。如果损害结果的发生没有第三人的介入，安全保障义务人就应当自己承担全部侵权责任。第二，安全保障义务人未尽到防止他人遭受第三人侵害的安全保障义务的，应当承担相应的补充责任。这是本条第 2 款规定的情形。在实践中，存在不少第三人的侵权行为和安全保障义务人未尽到安全保障义务两个因素结合在一起造成他人损害的情形。在这种情形下，根据本条第 2 款的规定，第三人的行为是造成损害的直接原因，应当首先由第三人承担侵权责任。理解这一规定，应当注意以下两点：第一，第三人的侵权责任和安全保障义务人的补充责任有先后顺序。首先由第三人承担侵权责任，在无法找到第三人或者第三人没有能力全部承担赔偿责任时，才由安全保障义务人承担补充责任。如果第三人已经全部承担侵权责任，则安全保障义务人不再承担责任。第二，《侵权责任法》并未规定经营者、管理者或者组织者承担补充责任后，是否可以向第三人追偿的问题，主要是考虑本条中负有安全保障义务的主体承担补充责任是因为其本身有过错，有过错一方承担补偿责任不应有追偿权。

实务问题

在第三人直接实施了侵权行为的场合，如赔偿权利人仅起诉安全保障义务主体，人民法院应当将实施侵权行为的第三人追加为共同被告，但第三人不能确定的除外。如赔偿权利人仅起诉直接侵权人的，人民法院可以根据案件具体情况决定是否追加安全保障义务主体作为第三人参加诉讼。

在司法实践中，人民法院应当平衡各方的责任承担，特别是在第三人侵权案例中，安保义务主要是间接侵权责任，不应在裁判中将大部分侵权责任分配给公共场所负责方，更不能将全部侵权责任分配给公共场所负责方。在公共场所，如果没有第三人侵权，而是因公共场所管理人未尽到注意义务，使公共场所存在安全隐患，导致受害人遭受损失，当然是按照侵权责任中的过错大小来承担责任，即依据受害人自身的过错与公共场所管理人过错的大小来确定侵权责任比例。

（编写人：郑　磊）

法律条文

第一千一百九十九条　无民事行为能力人在幼儿园、学校或者其他教育机构学习、生活期间受到人身损害的，幼儿园、学校或者其他教育机构应当承担侵权责任；但是，能够证明尽到教育、管理职责的，不承担侵权责任。

条文主旨

本条是关于无民事行为能力人受到人身损害时，幼儿园、学校或者其他教育机构的侵权责任的规定。

新旧法对比

《侵权责任法》	《民法典》
第三十八条　无民事行为能力人在幼儿园、学校或者其他教育机构学习、生活期间受到人身损害的，幼儿园、学校或者其他教育机构应当承担责任，但能够证明尽到教育、管理职责的，不承担责任。	第一千一百九十九条　无民事行为能力人在幼儿园、学校或者其他教育机构学习、生活期间受到人身损害的，幼儿园、学校或者其他教育机构应当承担**侵权**责任**；但是，**能够证明尽到教育、管理职责的，不承担**侵权**责任。

理解与适用

1. 幼儿园、学校和其他教育机构的侵权责任概述

幼儿园、学校和其他教育机构的侵权责任，是指在幼儿园、学校和其他教育机构的教育、教学活动中或者在其负有管理责任的校舍、场地、其他教育教学设施、生活设施中，由于幼儿园、学校或者其他教育机构未尽教育、管理职责，致使学习或者生活的无民事行为能力人遭受损害或者致他人损害的，学校、幼儿园或者其他教育机构应当承担的与其过错相应的侵权责任。幼儿园，通常是指对3

周岁以上学龄前幼儿实施保育和教育的机构等。学校,是指国家或者社会力量举办的全日制的中小学(含特殊教育学校)、各类中等职业学校、高等学校等。其他教育机构,是指少年宫以及电化教育机构等。

近年来学校学生人身伤害事故频频发生,一些重大恶性事故也有发生。导致在校无民事行为能力人人身损害发生的原因很多,主要有以下九种情况:第一,因幼儿园、学校和其他教育机构的教学和生活设施、设备不符合安全标准或者管理、维护不当引起的人身损害;第二,因幼儿园、学校和其他教育机构提供的食品、药品、饮用水、教学用具或者其他物品不合格引起的人身损害;第三,因幼儿园、学校和其他教育机构教师或者其他工作人员体罚、变相体罚学生或者其他侮辱学生人格尊严的行为引起的人身损害;第四,幼儿园、学校和其他教育机构组织学生进行实验教学或者劳动时发生的人身损害;第五,学生之间互相嬉戏、玩耍造成的人身损害;第六,幼儿园、学校和其他教育机构组织学生外出活动时出现的人身损害;第七,校外人员在校内造成的人身损害;第八,因学生自身原因造成的人身损害;第九,其他因幼儿园、学校和其他教育机构未尽到教育、管理职责而发生的人身损害。在校无民事行为能力人遭受的人身损害,幼儿园、学校和其他教育机构存在过错的,应当承担与其过错相应的侵权责任;幼儿园、学校和其他教育机构没有过错的,应当由第三人或者无民事行为能力人及其监护人承担责任。

2. 本条采用过错推定原则

采用这一原则的主要考虑在于,无民事行为能力人智力发育还很不成熟,对事物的认知和判断上存在较大不足,不能辨认或者不能充分理解自己行为的后果,必须加以特别保护,这就要求学校更多地履行保护孩子身心健康的义务。无民事行为能力人在幼儿园、学校或者其他教育机构学习、生活期间,超越了监护人的控制范围,如果受到人身损害,基本无法对事故发生的情形准确地加以描述,此时要让无民事行为能力人或者其监护人来证明学校的过错,几乎是不可能的。采用过错推定原则,学校也能举证反驳,可以通过证明已经尽到了相当的注意并且实施了合理的行为,以达到免责的目的。同时,学校等教育机构更有可能通过保险等方式来向社会转移风险。

3. 承担责任的范围

由幼儿园、学校和其他教育机构承担侵权责任的侵权行为的范围,应当限于发生在幼儿园、学校和其他教育机构的教育、教学活动中或者其负有管理责任的校舍、场地、其他教育教学设施、生活设施中的侵权行为。但具体范围究竟有多宽,存有不同意见,如学生自行到校或者放学后滞留学校发生的损害,幼儿园、学校和其他教育机构是否应当承担侵权责任等。由于这个问题较为复杂,与幼儿园、学校和其他教育机构所应负有的教育、管理职责密切相关,实践中个案的情况也千差万别,作出统一、具体的规定较为困难,宜由人民法院在具体案件审判过程中作出判断更为合适。

4. 如何确定责任

如何确定教育、管理职责的范围,进而判断幼儿园、学校和其他教育机构是否已尽教育、管理职责,也存在一定争议。我们认为,《教育法》《未成年人保护法》以及其他法规、规章中,对于幼儿园、学校和其他教育机构的教育、管理职责已经作了广泛、具体的规定,出现纠纷时,应当参考这些规定结合具体情况由人民法院作出最终判断,法律对此没有也很难作出具体规定。

5. 关于免责事由

在制定《侵权责任法》和编纂《民法典》的过程中,有的建议明确幼儿园、学校和其他教育机构不承担赔偿责任的具体情形,如在自行上学、放学、返校、离校途中发生损害的,学生参加体育锻炼正常对抗中造成的损害等。我们研究认为,这些情形有的根据本法规定明显不属于幼儿园、学校和其他教育机构的责任,有的则在侵权责任编"一般规定"一章中已经有所规定,没有必要再作重复规定。

实务问题

无民事行为能力人在教育机构学习、生活期间造成其他无民事行为能力人或者限制民事行为能力人人身损害的,只要教育机构未尽到教育、管理义务,致使其他未成年人身体受到伤害,即应承担民事赔偿责任,加害人的监护人也应承担相应的民事责任。如果受害人向加害人的监护人及教育机构同时提起诉讼,加害人的监护人与教育机构按份承担责任。

(编写人:郑　磊)

法律条文

第一千二百条　限制民事行为能力人在学校或者其他教育机构学习、生活期间受到人身损害,学校或者其他教育机构未尽到教育、管理职责的,应当承担侵权责任。

条文主旨

本条是关于限制民事行为能力人受到人身损害时,学校或者其他教育机构的侵权责任的规定。

新旧法对比

《侵权责任法》	《民法典》
第三十九条　限制民事行为能力人在学校或者其他教育机构学习、生活期间受到人身损害，学校或者其他教育机构未尽到教育、管理职责的，应当承担责任。	第一千二百条　限制民事行为能力人在学校或者其他教育机构学习、生活期间受到人身损害，学校或者其他教育机构未尽到教育、管理职责的，应当承担**侵权**责任。

理解与适用

1.“限制民事行为能力人”的范围

限制民事行为能力人，是指 8 周岁以上，不满 18 周岁的未成年人以及不能完全辨认自己行为的成年人。但是，16 周岁以上的未成年人，以自己的劳动收入为主要生活来源的，视为完全民事行为能力人，而非限制民事行为能力人。

2. 归责原则——过错责任

与无民事行为能力人相比，限制民事行为能力人在意思能力、辨别能力方面发展得更加成熟，对于危险事物也有一定的预防和控制能力。对于此类纠纷，如果仍然适用过错推定原则，对于教育机构而言责任太重，不利于平衡保护未成年人合法权益和维护教育机构的正常教学秩序与管理秩序。据此，本条规定教育机构承担侵权责任的归责原则为过错责任。也就是说，在适用本条时，学校和其他教育机构未尽到教育、管理职责的举证责任由受到伤害的限制民事行为能力人及其监护人承担，不实行举证责任倒置。如果限制民事行为能力人及其监护人不能举证证明学校和其他教育机构都未尽到教育、管理职责，则学校和其他教育机构不承担侵权责任。

《教育法》《未成年人保护法》以及其他法规和部门规章中，对于学校和其他教育机构的教育、管理职责作了广泛、具体的规定，只要能够证明学校或者其他教育机构违反了这些职责，使限制民事行为能力人在学习、生活期间受到人身损害的，学校或者其他教育机构就要承担责任。比如，《学生伤害事故处理办法》第 9 条明确规定：“因下列情形之一造成的学生伤害事故，学校应当依法承担相应的责任：(一)学校的校舍、场地、其他公共设施，以及学校提供给学生使用的学具、教育教学和生活设施、设备不符合国家规定的标准，或者有明显不安全因素的；(二)学校的安全保卫、消防、设施设备管理等安全管理制度有明显疏漏，或者管理混乱，存在重大安全隐患，而未及时采取措施的；（三）学校向学生提供的药品、食品、饮用水等不符合国家或者行业的有关标准、要求的；（四）学校组织学生参加教育教学活动或者校外活动，未对学生进行相应的安全教育，并未在可预见的范围内采取必要的安全措施的；（五）学校知道教师或者其他工作人员患有不适宜担任教育教学工作的疾病，但未采取必要措施的；（六）学校违反有关规定，组织或者安排未成年学生从事不宜未成年人参加的劳动、体育运动或者其他活动的；（七）学生有特异体质或者特定疾病，不宜参加某种教育教学活动，学校知道或者应当知道，但未予以必要的注意的；（八）学生在校期间突发疾病或者受到伤害，学校发现，但未根据实际情况及时采取相应措施，导致不良后果加重的；（九）学校教师或者其他工作人员体罚或者变相体罚学生，或者在履行职责过程中违反工作要求、操作规程、职业道德或者其他有关规定的；（十）学校教师或者其他工作人员在负有组织、管理未成年学生的职责期间，发现学生行为具有危险性，但未进行必要的管理、告诫或者制止的；（十一）对未成年学生擅自离校等与学生人身安全直接相关的信息，学校发现或者知道，但未及时告知未成年学生的监护人，导致未成年学生因脱离监护人的保护而发生伤害的；（十二）学校有未依法履行职责的其他情形的。”在司法实践中，只要有上述 12 项情形之一，基本可以认定学校没有尽到教育、管理职责，就要依法对限制民事行为能力人受到的人身损害承担责任。

实务问题

在学校学习生活的限制民事行为能力人或者无民事行为能力人致完全民事行为能力人人身损害，该完全民事行为能力人主张学校承担相应的责任时，无法适用《民法典》第 1199 条、第 1200 条的规定，但可以援引违反安全保障义务责任的一般规定。

在本条规定中，如果限制民事行为能力人在学校或者其他教育机构学习、生活期间受到人身损害的，由限制民事行为能力人或其监护人证明学校或其他教育机构没有尽到教育、管理职责，学校或其他教育机构就要承担民事责任。对于损害责任的证明对于限制民事行为能力人或监护人是比较简单的，但是对于学校没有尽到教育、管理责任的证明，是存在障碍的，因此，法院在审理中不能拘泥于“谁主张，谁举证”的举证原则，对于学校举证能够有利于案件审理的，应当分配学校承担举证证明责任。

（编写人：郑　磊）

法律条文

第一千二百零一条　无民事行为能力人或者限制民事行为能力人在幼儿园、学校或者其他教育机构学习、生活期间，受到幼儿园、学校或者其他教育机构以外的第三人人身损害的，由第三人承担侵权责任；幼儿园、学校或者其他教育机构未尽到管理职责的，承担相应的补充责任。幼儿园、学校或者其他教育机构承担补充责任后，可以向第三人追偿。

条文主旨

本条是关于无民事行为能力人或者限制民事行为能力人受到校外人员人身损害时的责任分担的规定。

新旧法对比

《侵权责任法》	《民法典》
第四十条　无民事行为能力人或者限制民事行为能力人在幼儿园、学校或者其他教育机构学习、生活期间，受到幼儿园、学校或者其他教育机构以外的人员人身损害的，由侵权人承担侵权责任；幼儿园、学校或者其他教育机构未尽到管理职责的，承担相应的补充责任。	第一千二百零一条　无民事行为能力人或者限制民事行为能力人在幼儿园、学校或者其他教育机构学习、生活期间，受到幼儿园、学校或者其他教育机构以外的**第三人**人身损害的，由**第三人**承担侵权责任；幼儿园、学校或者其他教育机构未尽到管理职责的，承担相应的补充责任。**幼儿园、学校或者其他教育机构承担补充责任后，可以向第三人追偿。**

理解与适用

本法第1199条和第1200条对未成年人在幼儿园、学校或者其他教育机构学习、生活期间遭受人身损害时幼儿园、学校或者其他教育机构的侵权责任，区分无民事行为能力人和限制民事行为能力人分别规定了不同的归责原则。本条则区分造成损害的主体为幼儿园、学校或者其他教育机构以外的人员的情况，规定幼儿园、学校或者其他教育机构应当承担的侵权责任。

1. 幼儿园、学校或者其他教育机构以外的人员承担的侵权责任

幼儿园、学校或者其他教育机构以外的人员是指幼儿园、学校或者其他教育机构的教师、学生和其他工作人员以外的人员。

如果未成年人在幼儿园、学校或者其他教育机构学习、生活期间遭受的人身损害，是由于幼儿园、学校或者其他教育机构本身的人员的行为造成的，幼儿园、学校或者其他教育机构未尽到教育、管理职责时，就要承担责任。例如，因学校的教学和生活设施、设备不符合安全标准或者管理、维护不当引起的学生人身损害，因学校提供的食品、药品、饮用水、教学用具或者其他物品不合格引起的学生人身损害，因学校教师或者其他工作人员体罚、变相体罚学生或者其他侮辱学生人格尊严的行为引起的学生人身损害，学生之间互相嬉戏、玩耍，教师管理不当造成学生人身损害等。但在某些情况下，幼儿园、学校或者其他教育机构以外的人员可能进入校园内或者在幼儿园、学校、其他教育机构组织学生外出活动期间直接造成学生人身伤害，如社会人员进入学校殴打学生，校外车辆在校园内撞伤学生等。在这种情况下，该幼儿园、学校或者其他教育机构以外的人员的侵权行为直接造成人身损害后果的发生，其作为侵权人就应当依法承担侵权责任。

2. 幼儿园、学校或者其他教育机构承担的相应补充责任

无民事行为能力人或者限制民事行为能力人在幼儿园、学校或者其他教育机构学习、生活期间，受到幼儿园、学校或者其他教育机构以外的人员人身损害的，该人员作为侵权人应当承担侵权责任。但由于此时受到人身损害的无民事行为能力人或者限制民事行为能力人仍在幼儿园、学校或者其他教育机构监管之下，幼儿园、学校或者其他教育机构仍负有管理职责，如果幼儿园、学校或者其他教育机构未尽到管理职责的，对损害的发生也具有过错，其未尽到管理职责的行为是造成损害发生的间接原因，应当承担补充责任。幼儿园、学校或者其他教育机构是否尽到管理职责，要根据人身损害发生时的具体情况判断，如幼儿园、学校或者其他教育机构的安全管理制度是否有明显疏漏，或者是否管理混乱，存在重大安全隐患。如果幼儿园、学校或者其他教育机构的安全保卫工作存在过失，如学校门卫管理制度欠缺或者门卫管理不善，导致校外人员随意进入学校殴打学生，或者学校为改善经济条件将学校校舍、场地租给他人使用，甚至将学校操场辟为停车场，致使校内常有车辆来往，出现车辆撞伤、撞死学生等情况的，学校就应承担补充责任。理解这一规定应当注意第三人的侵权责任和安全保障义务人的补充责任有先后顺序。先由第三人承担侵权责任，在无法找到第三人或者第三人没有能力全部承担侵权责任时，才由幼儿园、学校或者其他教育机构承担侵权责任。如果第三人已经全部承担侵权责任，则幼儿园、学校或者其他教育机构不再承担侵权责任。

3. 幼儿园、学校或者其他教育机构向第三人的追偿权

本条第二句为新增加的规则，规定了幼儿园、学校或者其他教育机构承担补充责任之后可以向作为侵权人的第三人追偿。作为侵权人的第三人被追偿具有公平正义的基础：作为侵权人的第三人的行为足以导致全部损害的发生，其最终承担全部赔偿责任是合理的。此等追偿权是单向的，即仅幼儿园、学校或者其他教育机构承担补充责任后可以作为侵权人的第三人追偿；如果被侵权人选择作为侵权人的第三人承担全部赔偿责任，第三人承担全部赔偿责任后无权向可能应当承担相应补充责任的幼儿园、学校或者其他教育机构追偿。

实务问题

1. 案例[①]

申请人丁某某女儿罗某某被人在学校接走，接走她的人从民事角度可能是丁某某男朋友张某某，罗某某同学在公安机关证实罗某某认识接走她的人，并称其为“大伯伯”，但江山学校没有对该男子的身份情况进行核查与登记，也没有与罗某某的监护人进行核实，存在管理上的疏忽，应当对其过错承担相应责任。其后罗某某下落不明后宣告死亡，申请人提起该诉讼。

2. 法院认为

一审法院依据《侵权责任法》第 40 条“幼儿园、学校或者其他教育机构未尽到管理职责的，承担相应的补充责任”的规定，由江山学校承担 30%的补充侵权责任。判决结果：江山学校承担 30%的赔偿责任。法院认为，教育机构对未成年人照管期间未尽到注意保护义务，应当承担相应责任，且责任承担比例适当，故再审法院驳回丁某某的再审申请。

（编写人：郑　磊）

① 湖北省高级人民法院（2016）鄂民申 1362 号。

第四章　产品责任

法律条文

第一千二百零二条　因产品存在缺陷造成他人损害的，生产者应当承担侵权责任。

条文主旨

本条是关于生产者承担产品责任的规定。

产品责任是指产品制造商、销售者因生产、销售缺陷产品致使他人遭受人身伤害、财产损失或有致使他人遭受人身、财产损失之虞而应当承担的赔偿损失、消除危险、停止侵害等责任。①

新旧法对比

《侵权责任法》	《民法典》
第四十一条　因产品存在缺陷造成他人损害的，生产者应当承担侵权责任。	第一千二百零二条　因产品存在缺陷造成他人损害的，生产者应当承担侵权责任。

理解与适用

1. 产品责任的规则

产品责任的规则原则为严格责任，即产品责任构成不必考察过错因素，只要产品存在缺陷，即可构成侵权责任。

2. 产品责任的构成要件

第一，产品具有缺陷，通常包括制造缺陷、设计缺陷以及跟踪观察缺陷。第

① 参见杨立新主编：《类型侵权行为法研究》，人民法院出版社2006年版，第732页。

二，缺陷产品造成受害人人身损害、财产损害或者精神损害。缺陷产品造成受害人损害的事实，是指缺陷产品的使用人或者第三人因缺陷产品造成损害的客观存在，受害人应对存在损失以及损失存在的范围进行举证证明。第三，缺陷产品与造成的损害事实之间具有因果关系。注意此时是产品缺陷与损害后果之间的因果关系，而不是其他具体行为与损害后果之间的关系，产品责任关注的是缺陷产品，仅关注产品本身，而对于生产者、销售者主观以及其他行为不再关注。

3.《产品质量法》认定的产品缺陷

《民法典》关于缺陷产品没有明确规定，而《产品质量法》第 46 条规定："本法所称缺陷，是指产品存在危及人身、他人财产安全的不合理的危险；产品有保障人体健康和人身、财产安全的国家标准、行业标准的，是指不符合该标准"。根据该条规定，判断某一产品是否存在缺陷的标准分为"不合理危险标准"和"国家标准、行业标准"。

4. 消费者合理期待标准

判断产品是否存在缺陷的另一个标准，即该产品是否满足一个理性消费者的合理期待，也即"一般消费者期待标准"。只要产品不符合消费者的合理期待，就可判断产品存在缺陷，而作为消费者，应对其主张承担举证责任。

5. 产品责任的一般抗辩事由

不可抗力、受害人自身原因或第三人过错行为等。产品责任的特殊抗辩事由有三：第一，未将产品投入流通的；第二，产品投入流通时，引起损害的缺陷尚不存在的；第三，将产品投入流通时的科学技术水平尚不能发现缺陷的存在的（《产品质量法》第 41 条第 2 款的规定）。

实务问题

1. 产品责任举证责任问题

产品责任是严格责任，即无论生产者、销售者是否有过错，只要符合产品责任的构成要件，就应当向受害人承担侵权责任。在司法实践中，通常采取举证责任倒置的方法，由生产者、销售者证明产品是否存在缺陷，如果无法举证证明产品不存在缺陷就要承担相应的责任。而受害者也应对产品销售时已经存在缺陷、缺陷产品已经被使用或者消费以及自己遭受损害承担举证责任。

根据最高人民法院公报发布的马水法诉陕西重型汽车有限公司等健康权纠纷案中，法院认为，生产者应对其法定免责事由承担举证责任，其自行出具的产品质量检验合格报告不能成为其免责之法定事由。生产者不能提供其产品符合质量标准的，应对受害者承担侵权赔偿责任。

二审法院认为:关于一审法院认定案涉车辆存在质量缺陷是否符合法律规定。根据查明的事实,被上诉人马水法在修理案涉车辆水箱的过程中,该车辆驾驶室举升缸轴座托架总成突然断裂,导致驾驶室落下将马水法砸伤。《产品质量法》第46条规定,产品缺陷是指产品存在危及人身、他人财产安全的不合理的危险;产品有保障人体健康和人身、财产安全的国家标准、行业标准的,是指不符合该标准。法院认为,国家标准和行业标准是产品应当符合的最低标准,符合"标准"的产品,也存在具有不合理危险的可能性。该案中,驾驶室举升缸轴座托架总成突然断裂,导致驾驶室落下致马水法受伤。上诉人陕西重型汽车有限公司辩称该车系合格产品,不存在产品缺陷,故其应对该零件断裂原因提供证据,以证明该零件断裂并非产品固有缺陷或由其他原因造成,但陕西重型汽车有限公司以马水法应承担零件断裂原因的举证责任为由,拒绝对零件断裂原因提供证据及申请鉴定,故陕西重型汽车有限公司应当承担举证不能的法律后果。一审法院认定该零件断裂属于产品缺陷,有事实和法律依据,法院予以支持。

2. 符合标准的产品,也可能存在不合理危险

在张某菊等诉宜昌市思达特科贸有限公司(以下简称思达特公司)等产品质量责任案[①]中,法院认为,被告思达特公司作为三角阀的销售者应承担举证责任证明其销售的案涉三角阀不存在质量缺陷。为此,思达特公司提供了自己的营业执照,证明其有销售的资格,提供了产品合格证,证明所售三角阀为合格产品,但其提供的合格证系生产者公司内部出具。虽然法院委托了国家建筑材料工业建筑五金水暖产品质量监督检验测试中心对涉案的三角阀的同批次产品进行了质量检验,该中心出具的《检验报告》(报告编号:JS2016TS0724)"检验结论"为"该样品依据GB/T26712—2011标准检验,所检项目符合标准要求",但法院要求其做"三角阀断裂原因"的司法鉴定,而非"同批次产品是否合格"的产品质量检验,故该《检验报告》的结论与本案无关,法院对该检验结论不予采用。其理由是,《产品质量法》第46条规定,产品缺陷是指产品存在危及人身、他人财产安全的不合理的危险;产品有保障人体健康和人身、财产安全的国家标准、行业标准的,是指不符合该标准。国家标准和行业标准是产品应当符合的最低标准,符合"标准"的产品,也存在具有不合理危险的可能性。

(编写人:单文敬)

---

① 湖北省宜昌市中级人民法院(2017)鄂05民终1731号。

法律条文

第一千二百零三条　因产品存在缺陷造成他人损害的，被侵权人可以向产品的生产者请求赔偿，也可以向产品的销售者请求赔偿。

产品缺陷由生产者造成的，销售者赔偿后，有权向生产者追偿。因销售者的过错使产品存在缺陷的，生产者赔偿后，有权向销售者追偿。

条文主旨

本条是关于被侵权人要求损害赔偿的途径和先行赔偿人追偿权的规定。

本条规定了被侵权人有权向生产者或者销售者主张赔偿，同时也对产品责任主体对外承担责任的规则以及内部追偿权的问题予以明确。被侵权人可以向产品生产者主张权利，也可以向销售者主张权利，无论生产者或者销售者是不是产品缺陷的造成之人，只要产品使用人使用产品存在缺陷，生产者或者销售者就应当承担相应的民事侵权责任。产品侵权赔偿责任的最终承担者，应当是产品缺陷的造成者，是谁造成的缺陷，就由谁最终承担责任。

新旧法对比

《侵权责任法》	《民法典》
第四十三条　因产品存在缺陷造成损害的，被侵权人可以向产品的生产者请求赔偿，也可以向产品的销售者请求赔偿。 产品缺陷由生产者造成的，销售者赔偿后，有权向生产者追偿。 因销售者的过错使产品存在缺陷的，生产者赔偿后，有权向销售者追偿。	第一千二百零三条　因产品存在缺陷**造成他人损害的**，被侵权人可以向产品的生产者请求赔偿，也可以向产品的销售者请求赔偿。 产品缺陷由生产者造成的，销售者赔偿后，有权向生产者追偿。因销售者的过错使产品存在缺陷的，生产者赔偿后，有权向销售者追偿。

理解与适用

1. 被侵权人主张权利的途径

被侵权人因产品缺陷造成人身、财产损害之后，存在两种请求赔偿的途径，一是可以向产品的生产者请求赔偿，二是可以向产品销售者请求赔偿。

2. 生产者与销售者外部责任的承担

在满足产品责任构成要件的前提下，受害人如果选择要求销售者承担责任，该销售者就要承担全部责任;若选择主张生产者承担责任,生产者也要承担全部责任。

3. 生产者与销售者内部责任的划分

产品侵权赔偿责任最终的承担者是产品缺陷的造成者,该判断规则也是生产者与销售者之间行使追偿权的依据。双方中的任何一方向对方追偿均需满足两个条件,第一,自己已经向被侵权人承担赔偿责任;第二,该产品缺陷之形成原因在于对方。

4. 生产者与销售者的归责原则

《民法典》侵权责任编删除《侵权责任法》第 42 条关于销售者承担责任构成要件的规定,但是根据《产品质量法》第 42 条第 2 款规定,销售者不能指明缺陷产品的生产者也不能指明缺陷产品的供货者的,应对缺陷产品导致的损害承担全部责任。在删除《侵权责任法》第 42 条的情况下,《产品质量法》也可以作为确定销售者最终责任承担的依据。确定销售者与生产者之间责任大小或生产者能否向销售者行使追偿权,要看销售者对产品缺陷的造成是否有过错和销售者的过错行为与产品缺陷有无因果关系及原因力的大小。因此,销售者的责任应该是过错责任,而生产者的责任为严格责任。

5. 生产者与销售者的抗辩事由

根据《最高人民法院关于审理食品药品纠纷案件适用法律若干问题的规定》第 4 条的规定,食品、药品生产者、销售者提供给消费者的食品或者药品的赠品发生质量安全问题,造成消费者损害,消费者主张权利,生产者、销售者以消费者未对赠品支付对价为由进行免责抗辩的,人民法院不予支持。第 3 条规定,因食品、药品质量问题发生纠纷,购买者向生产者、销售者主张权利,生产者、销售者以购买者明知食品、药品存在质量问题而仍然购买为由进行抗辩的,人民法院不予支持。通过以上规定可知,食品、药品生产者、销售者以消费者未支付合理对价以及明知食品、药品存在质量问题予以抗辩的,人民法院不予支持。

实务问题

1. 能否同时向生产者与销售者主张权利问题

本条并未明确规定被侵权人能否同时向生产者以及销售者主张权利,在司法实务中,为了充分救济被侵权人利益,使其获得足额赔偿,同时又防止其获得重复赔偿,应该认定生产者与销售者在外部关系中承担连带责任,被侵权人有权以销售者与生产者作为共同被告起诉。此外,根据《最高人民法院关于审理食品药品纠纷案件适用法律若干问题的规定》第 2 条规定,因食品、药品存在质量问题造成消费者损害,消费者可以分别起诉或者同时起诉销售者和生产者。消费者仅起诉销售者或者生产者的,必要时人民法院可以追加相关当事人参加诉讼。因此,被侵权人可以选择起诉生产者或者销售者,也可以选择同时起诉生产者和销售者。

2. 关于产品责任的因果关系问题

参考刁某奎诉云南中发石化有限公司产品销售者责任纠纷案[①],就此问题,学界多采用“两分法”,一是事实上的原因,最有影响的是必然因果关系说;二是法律上的原因,即法律所认可的用以追究责任的原因,最有说服力的是相当因果关系说。

必然因果关系说认为,只有当侵权行为与损害后果之间有内在的、本质的、必然的联系时,才具有法律上的因果关系。如果侵权行为与损害结果之间是外在的、偶然的联系,则不能认为二者有因果关系。对于受害方来说,在产品责任诉讼中,必须同时充分证明产品存在缺陷、损害事实已经发生,且产品缺陷与损害事实之间存在内在的、本质的、必然的联系,才能获得赔偿。实践中,由于造成损害的因素往往具有多样性,消费者处于相对弱势地位,一味地要求消费者证明损害事实和产品缺陷之间存在必然因果关系是非常困难的。

相当因果关系说认为,如果某项事实仅于现实情形下发生该结果,还不足以判断因果关系,必须在通常情形下,依社会一般见解亦认为有发生该结果之可能性,始得认为有因果关系。相当因果关系说不要求行为与结果之间具有内在的、本质的、必然的联系,只要求判明原因事实与损害结果之间在通常情形下存在可能性,即要求法官依社会一般见解,按照当时社会所达到的知识和经验,只要一般人认为在同样情形下有发生同样结果的可能性即可。

该案即采用了相当因果关系说,认定原告的车辆受损与被告出售的汽油油品之间具有因果关系。首先,原告提交的《检验报告》,可证实昆明市五华区市场监督管理局于 2017 年 11 月 1 日到被告处提取 2 桶(2l/桶)95 号车用汽油样品送至云南省产品质量监督检验研究院进行检验。2017 年 11 月 7 日,云南省产品质量监督检验研究院出具检验报告,认定所检样品不合格。其次,原告于 2017 年 11 月 22 日将该车辆送至云南联迪汽车服务有限公司检测,该公司出具《诊断分析》,载明“根据电脑检测结果,查看三元催化器、氧传感器、火花塞表面有不明白色物质。据此判断白色物质与发动机工作时的燃烧相关,建议用户更换三元催化器、火花塞、氧传感器、喷油嘴和清洗油箱后试车正常”。由此,可以

① 云南省昆明市中级人民法院(2018)云 01 民终 4890 号。

确认原告车辆受损部位与汽油有缺陷存在高度关联。最后,原告于2017年11月23日向消费者协会投诉被告,主张自己于2017年11月3日在被告加油站加95号汽油,致其车辆整个油路系统维修、更换、清洗,同一时段还有多名消费者针对油品问题投诉被告。综上所述,依据社会一般见解,因被告出售的汽油有缺陷造成原告车辆受损是存在很大可能性的,由此二审法院最终确认原告的车辆受损与被告出售的汽油油品之间具有因果关系,充分考虑到了处于相对弱势地位的消费者举证能力的局限性,依法维护了消费者的合法权益。

(编写人:单文敬)

法律条文

第一千二百零四条　因运输者、仓储者等第三人的过错使产品存在缺陷,造成他人损害的,产品的生产者、销售者赔偿后,有权向第三人追偿。

条文主旨

本条是关于第三人过错致使产品存在缺陷造成他人损害的侵权责任及生产者、销售者先行赔偿后追偿权的规定。

现实生活中,产品从生产到使用人手中,要经过生产、储存、运输、销售等许多环节,被侵权人往往不知道运输者、仓储者是谁,也不清楚产品缺陷究竟是谁造成的,损害发生后,找生产者或者销售者请求赔偿最简单、方便。因为产品使用人通常清楚从何处购买的产品,即使非直接购买者,也容易找到产品生产者。为了充分保护被侵权人的利益,方便被侵权人请求赔偿,根据本条的规定,即使是因运输者、仓储者等第三人的过错使产品存在缺陷造成损害,被侵权人仍然可以先找产品的生产者或者销售者请求赔偿。生产者、销售者承担赔偿责任后,可以依据本条的规定,向造成产品缺陷的有过错的运输者、仓储者等第三人行使追偿权,要求其支付赔偿费用。

新旧法对比

《侵权责任法》	《民法典》
第四十四条　因运输者、仓储者等第三人的过错使产品存在缺陷,造成他人损害的,产品的生产者、销售者赔偿后,有权向第三人追偿。	【内容不变】第一千二百零四条

理解与适用

1. 产品运输者、仓储者等第三人的行为导致的产品缺陷致使他人人身、财产受损的,该损害赔偿的责任最终应该由运输者或者仓储者自己承担

值得注意的是,本条规定的仍然是生产者、销售者、运输者及仓储者等内部责任的承担问题。或者说,产品的生产者、销售者向第三人行使追偿权的问题,这并不影响生产者、销售者向被侵权人承担侵权责任。

2. 生产者、销售者向第三人行使追偿权的条件

第一,生产者、销售者在满足产品责任构成要件的前提下,已经向被侵权人承担了赔偿责任。第二,运输者或仓储者等第三人的行为导致产品缺陷的产生。第三人的行为必须与产品缺陷之间存在因果关系,可以是因为第三人的原因导致本没有缺陷的产品产生缺陷,也可以是本来存在缺陷的产品加剧缺陷。值得注意的是,如果产品缺陷的产生虽然基于运输者、仓储者的运输、仓储过程,但并没有造成他人人身、财产损害发生的,运输者、仓储者有可能要承担运输不当或保管不善的合同责任,而不是生产者、销售者行使追偿权的赔偿责任①。第三,运输者或者仓储者等第三人具有过错。

3. 第三人的过错责任

产品在运输流通过程中,运输者、仓储者等应当按照有关规定和产品包装上标明的储藏、运输等标准进行储存、运输。如果运输者、仓储者等不按上述规定运输或者仓储,有可能造成产品缺陷。对此有过错的,行为人应当对因自己的过错产生的损害负赔偿责任,因此,因运输者、仓储者等第三人导致产品缺陷造成他人损害的,应当按照过错责任原则承担赔偿责任。

4. 生产者、销售者追偿权举证证明责任

责任构成的举证责任应当采用"谁主张,谁举证"的规则,生产者、销售者对运输者、仓储者等第三人过错以及因果关系的成立承担举证责任,如果不能举证证明,无法行使追偿权。

实务问题

1. 如何界定第三人的范畴问题

本条是关于第三人过错致使产品存在缺陷造成他人损害的侵权责任及生产者、销售者先行赔偿后追偿权的规定,那么如何界定第三人的范畴?本条规定的

① 参见最高人民法院侵权责任法研究小组编著:《〈中华人民共和国侵权责任法〉条文理解与适用》,人民法院出版社2010年版,第320页。

第三人应该包括产品从设计、制造到营销环节中与产品价值的形成具有密切联系或具有辅助作用的人，如产品的原材料或者零部件的提供者也属于此类。但是，如果是与产品价值形成具有密切联系的产品使用人以外的人，并不属于本条所规定的“第三人”，如果因为产品使用人以外的第三人导致产品使用人发生损害的，应由产品使用人以外的第三人承担赔偿责任。此外，由于使用人的损害并不是由于产品缺陷造成的，因此，生产者、销售者无须对使用人承担赔偿责任，也就不涉及生产者、销售者履行赔偿责任后，向第三人追偿的问题。

2. 被侵权人能否同时向生产者、销售者及第三人主张权利问题

通过以下案例可以判断，在生产者、销售者对第三人的替代责任的规定中，被侵权人可向生产者或者销售者主张权利，如果第三人存在过错的，生产者或销售者再另行向第三人追偿，应另案予以解除。在一个诉讼中，被侵权人不应将生产者、销售者及第三人同时列为被告。

参考上述提及的张某菊等诉宜昌市思达特科贸有限公司等产品质量责任案①，法院认为产品从设计、制造到进入生产和消费领域，至少要经过设计、生产、检验、运输、仓储、销售等环节，本条中的“第三人”即指上述诸多环节的各主体中除生产者、销售者之外的其他不同主体。按照这一规定，因第三人的过错导致产品存在缺陷的，消费者不能直接起诉第三人，而应起诉产品的生产者或销售者。生产者或销售者在赔偿后，再向有过错的第三人追偿，这种法定的规则即是学理上所称的“先付责任”。有时为了简化诉讼，消费者在起诉时为了获得更保险的救济，也会将第三人列为共同被告。无论是生产者或销售者履行先付责任后向第三人追偿，还是消费者向第三人直接求偿，对于第三人均只能适用过错责任原则，即第三人有过错时才承担责任。而且该案中，无论第三人是否有过错，都不能免除销售者的赔偿责任；第三人有过错的，销售者赔偿后可依据《侵权责任法》第44条向第三人追偿。

参考案例：秦某龙、张某勇、许某群与龚某景、方某、胡某敏、费某芳产品责任纠纷案②。法院认为，本案系产品责任纠纷，秦某龙选择依据《侵权责任法》第42条的规定要求张某勇、许某群承担销售者的侵权责任，张某勇、许某群作为涉案烟花的销售者，违反国家对烟花爆竹安全管理的规定，未经许可无证销售烟花爆竹，未能提供所售烟花的生产者及产品合格证明，并自制燃放烟花的工具提供给购买者使用，致使秦某龙在燃放烟花过程中眼睛受到伤害，应承担相应的赔偿责

① 湖北省宜昌市中级人民法院(2017)鄂05民终1731号。

② 安徽省合肥市中级人民法院(2014)合民一终字第01844号。

任;张某勇、许某群承担赔偿责任后,可向生产者追偿或向有过错的第三人追偿。故对秦某龙、张某勇、许某群认为龚某景、方某、胡某敏、费某芳在本案中应承担连带赔偿责任的主张,法院不予支持。

(编写人:单文敬)

法律条文

第一千二百零五条　因产品缺陷危及他人人身、财产安全的,被侵权人有权请求生产者、销售者承担停止侵害、排除妨碍、消除危险等侵权责任。

条文主旨

本条是关于生产者、销售者承担预防型民事责任的规定。

产品存在缺陷对他人可能产生两种影响:一是造成他人损害,这种损害是已经发生的,是现实存在的,被侵权人有权请求生产者、销售者承担停止侵害、排除妨碍等侵权责任。二是对他人人身、财产安全产生一种危险,存在不安全因素。从某种角度说,这是一种尚未发生、非现实存在的损害,如果不采取相应措施,这种潜在的损害随时都有可能发生,造成受害人的实际损害。为了避免这种潜在损害实际发生,给受害人造成真正的损害,杜绝、减少或者减轻受害人的损失,也为了便利被侵权人请求损害赔偿,因产品缺陷危及他人人身、财产安全的,被侵权人有权要求生产者、销售者承担排除妨碍、消除危险等侵权责任。

新旧法对比

《侵权责任法》	《民法典》
第四十五条　因产品缺陷危及他人人身、财产安全的,被侵权人有权请求生产者、销售者承担排除妨碍、消除危险等侵权责任。	第一千二百零五条　因产品缺陷危及他人人身、财产安全的,被侵权人有权请求生产者、销售者承担**停止侵害**、排除妨碍、消除危险等侵权责任。

理解与适用

1. 生产者、销售者承担预防型民事责任的条件

第一,产品存在缺陷;第二,产品缺陷危及他人人身、财产安全;第三,权利主体选择生产者或销售者承担预防型责任,也可以同时请求两者承担责任。

2. 产品责任中涉及损害赔偿责任类型

第一,人身损害赔偿。即对身体、健康乃至生命所致损害的赔偿,关于损害赔偿具体数额,参照《民法典》及《人身损害赔偿解释》予以适用。第二,财产损失赔偿。此种赔偿不包括对受损产品本身的赔偿。产品自身的损害属纯经济上的损失,不包括在损害赔偿范围之内。第三,精神损害赔偿。可适用《精神损害赔偿解释》与《民法典》规定不冲突的规定予以适用。

3. 预防型民事责任的类型

第一,消除危险,排除妨碍;第二,停止生产或者销售;第三,产品召回;第四,其他预防型民事责任。

实务问题

在原告王某、侯某某诉被告西安市某地产开发有限公司产品责任纠纷案①中,法院认为:原告要求被告承担产品存在缺陷的侵权责任,案由应为产品责任纠纷。因产品缺陷危及他人人身、财产安全的,被侵权人有权请求生产者、销售者承担排除妨碍、消除危险等侵权责任。根据法律规定,当事人对自己提出的诉讼请求所依据的事实或者反驳对方诉讼请求所依据的事实,应当提供证据加以证明。当事人未能提供证据或者证据不足以证明其事实主张的,由负有举证证明责任的当事人承担不利的后果。本案被告提交的证据能够证明涉案燃气采暖热水炉有产品质量检验合格证明、生产许可证号、生产日期和生产厂家,生产厂家持有有效的《全国工业产品生产许可证》,该批产品亦经陕西省城市燃气用具质量检测中心抽检合格,故原告关于涉案的燃气采暖热水炉系"三无"产品的主张并无事实基础,法院不予采信。原告虽主张被告提供的燃气采暖热水炉存在缺陷,但并未提供相关证据证明,亦未申请司法鉴定,故原告的该项主张因证据不足,法院不予支持。

通过以上案例可知,在司法实务中,关于产品责任的举证责任分配问题,被侵权人要对该产品缺陷危及其人身、财产安全承担举证责任,而对于产品是否存在缺陷则应该由生产者或销售者承担。

(编写人:单文敬)

① 陕西省西安市灞桥区人民法院(2018)陕0111民初1502号。

法律条文

第一千二百零六条　产品投入流通后发现存在缺陷的，生产者、销售者应当及时采取停止销售、警示、召回等补救措施；未及时采取补救措施或者补救措施不力造成损害扩大的，对扩大的损害也应当承担侵权责任。

依据前款规定采取召回措施的，生产者、销售者应当负担被侵权人因此支出的必要费用。

条文主旨

本条是关于生产者、销售者跟踪观察义务及费用承担的规定。

产品投入流通时，生产者、销售者可能因某种原因或者技术水平等未能发现产品有缺陷，在产品售出已经进入流通后才发现产品存在缺陷。在这种情形下，生产者、销售者应当及时以合理、有效的方式向使用人发出警示，或者采取召回缺陷产品等补救措施，以防止损害的发生或者进一步扩大。该法条是产品使用者要求生产者、销售者采取停止销售、警示、召回的请求权基础。

停止销售属于产品跟踪观察义务的重要内容，是对正在销售的产品采取下架、封存等不再出售的行为。

警示是指产品出售后发现产品存在致人损害的危险，生产者、销售者有义务以合理的方式向产品的使用者发出警示、提醒，避免发生危险。

召回是产品的生产者、销售者依法定程序，对其生产或者销售的缺陷产品以换货、退货、更换零配件等方式，及时消除或减少缺陷产品危害的行为。

新旧法对比

《侵权责任法》	《民法典》
第四十六条　产品投入流通后发现存在缺陷的，生产者、销售者应当及时采取警示、召回等补救措施。未及时采取补救措施或者补救措施不力造成损害的，应当承担侵权责任。	第一千二百零六条　产品投入流通后发现存在缺陷的，生产者、销售者应当及时采取**停止销售**、警示、召回等补救措施；未及时采取补救措施或者补救措施不力**造成损害扩大**的，**对扩大的损害**也应当承担侵权责任。 **依据前款规定采取召回措施的，生产者、销售者应当负担被侵权人因此支出的必要费用。**

理解与适用

1. 生产者、销售者对缺陷产品的跟踪观察义务

(1)产品投入流通后发现存在缺陷的，包括两种情形：第一，由于科技水平进步原来不能认为是缺陷现在构成缺陷的情形；第二，依照当时科学水平就能认定为缺陷而由于过错没有发现的情形。产品的生产者、销售者在充分救济产品使用人的同时，也应充分发挥预防功能，对缺陷产品采取停止销售、警示和召回等补救措施。

(2)生产者、销售者违反跟踪观察义务，需要承担的赔偿责任并不是产品制造缺陷或设计缺陷所导致的损害，而是没有尽到相应的售后警示和召回等义务而导致的损失。

(3)责任承担主体问题。内部关系上，跟踪观察的义务的主体是生产者，销售者对生产者负有协助的义务。但对外部而言，生产者和销售者在违反跟踪观察义务时，应当对消费者承担连带责任。

(4)跟踪观察缺陷责任的归责原则。产品跟踪缺陷责任是指责任人违反跟踪观察这一注意义务所应承担的责任，应当实行过错推定责任，先推定责任人存在过错，而且可以由其相关行为表征直接认定其有过错，然后由其反证自己没有过错。

(5)跟踪观察缺陷责任的构成要件。第一，存在违反产品跟踪观察义务的不法行为；第二，该不法行为导致对生命、健康的损害以及由此而生的财产损失和精神痛苦；第三，违反产品跟踪观察义务的不法行为与损害结果之间存在因果关系，即受害人只要证明生产者违反了产品跟踪义务、自身因使用产品受到损害即可，无须承担举证证明因果关系要件的责任；第四，生产者、销售者主观存在过错。

2. 召回制度

召回制度在我国经历了从无到有，从地方性法规上升到国家法律的进程。我国在医疗器械、食品、铁路专用设备、汽车等领域均规定召回制度。

(1)《消费者权益保护法》第19条规定，经营者发现其提供的商品或者服务存在缺陷，有危及人身、财产安全危险的，应当立即向有关行政部门报告和告知消费者，并采取停止销售、警示、召回、无害化处理、销毁、停止生产或者服务等措施。采取召回措施的，经营者应当承担消费者因商品被召回支出的必要费用。

(2)《医疗器械召回管理办法》第6条规定，医疗器械生产企业应当按照本办法的规定建立健全医疗器械召回管理制度，收集医疗器械安全相关信息，对可

能的缺陷产品进行调查、评估,及时召回缺陷产品。进口医疗器械的境外制造厂商在中国境内指定的代理人应当将仅在境外实施医疗器械召回的有关信息及时报告国家食品药品监督管理总局;凡涉及在境内实施召回的,中国境内指定的代理人应当按照本办法的规定组织实施。医疗器械经营企业、使用单位应当积极协助医疗器械生产企业对缺陷产品进行调查、评估,主动配合生产企业履行召回义务,按照召回计划及时传达、反馈医疗器械召回信息,控制和收回缺陷产品。

(3)《食品安全法》第63条规定,国家建立食品召回制度。食品生产者发现其生产的食品不符合食品安全标准或者有证据证明可能危害人体健康的,应当立即停止生产,召回已经上市销售的食品,通知相关生产经营者和消费者,并记录召回和通知情况。

食品经营者发现其经营的食品有前款规定情形的,应当立即停止经营,通知相关生产经营者和消费者,并记录停止经营和通知情况。食品生产者认为应当召回的,应当立即召回。由于食品经营者的原因造成其经营的食品有前款规定情形的,食品经营者应当召回。

食品生产经营者应当对召回的食品采取无害化处理、销毁等措施,防止其再次流入市场。但是,对因标签、标志或者说明书不符合食品安全标准而被召回的食品,食品生产者在采取补救措施且能保证食品安全的情况下可以继续销售;销售时应当向消费者明示补救措施。

食品生产经营者应当将食品召回和处理情况向所在地县级人民政府食品安全监督管理部门报告;需要对召回的食品进行无害化处理、销毁的,应当提前报告时间、地点。食品安全监督管理部门认为必要的,可以实施现场监督。食品生产经营者未依照本条规定召回或者停止经营的,县级以上人民政府食品安全监督管理部门可以责令其召回或者停止经营。

(4)《铁路专用设备缺陷产品召回管理办法》第7条规定,生产企业是缺陷产品召回的实施主体,应当建立完善的产品质量安全档案和相关管理制度,准确记录并保存相关产品设计、制造、销售、标识、检验等信息,建立用户访问和质量分析制度,分析可能存在的缺陷,履行缺陷产品召回的义务并承担相关费用。生产企业制造的铁路机车车辆经监造,符合要求后,方可投入使用。本办法所称监造是指由铁路运输企业等铁路机车车辆采购单位或者其委托的专业单位,依据有关产品质量的法律、行政法规以及国家其他有关规定,根据合同约定,按照规定的程序和范围,在机车车辆产品生产企业对生产过程和实物质量实施监督检查,并对产品的符合性作出专业判断。

(5)《缺陷汽车产品召回管理条例》第18条规定,生产者实施召回,应当以便于公众知晓的方式发布信息,告知车主汽车产品存在的缺陷、避免损害发生的应急处置方法和生产者消除缺陷的措施等事项。国务院产品质量监督部门应当及时向社会公布已经确认的缺陷汽车产品信息以及生产者实施召回的相关信息。车主应当配合生产者实施召回。

第19条规定,对实施召回的缺陷汽车产品,生产者应当及时采取修正或者补充标识、修理、更换、退货等措施消除缺陷。生产者应当承担消除缺陷的费用和必要的运送缺陷汽车产品的费用。

《消费品召回管理暂行规定》第12条规定,经缺陷调查认为消费品存在缺陷的,组织缺陷调查的市场监督管理部门应当通知生产者实施召回。生产者接到召回通知,认为消费品存在缺陷的,应当立即实施召回。

实务问题

1. 关于举证责任的问题。原告因生产者、销售者对缺陷产品未采取补救措施或者补救措施不力而要求其承担侵权赔偿责任的,作为原告应对产品责任的其他要件事实承担举证责任,除此之外,还要对生产者、销售者未采取补救措施或者补救措施不力承担举证责任。而作为生产者、销售者,为了更好地维护自身的利益,也应对其采取了补救措施承担举证责任。法官在审理案件过程中,综合双方的证据情况予以判断。

2. 违反跟踪观察义务应承担的责任范围。可以参考吴某珍与沈阳市铁西区沐康霖按摩足浴用品商行、沈阳市沈河区乾圣冠德日用杂品批发部产品销售者责任纠纷案①。法院认为,生产者应当对其生产的产品质量负责。因产品存在缺陷造成他人损害的,生产者应当承担侵权责任。产品投入流通后发现存在缺陷的,生产者、销售者应当及时采取警示、召回等补救措施。未及时采取补救措施或者补救措施不力造成损害的,应当承担侵权责任。侵害他人造成人身损害的,应当赔偿医疗费、护理费、交通费等为治疗和康复支出的合理费用。

在重庆大力医疗设备有限公司与柳凤香产品生产者责任纠纷案②中,法院认为,《侵权责任法》第46条规定:"产品投入流通后发现存在缺陷的,生产者、销售者应当及时采取警示、召回等补救措施。未及时采取补救措施或者补救措施不力造成损害的,应当承担侵权责任。"依照上述规定,上诉人应当依法召回存

① 沈阳市铁西区人民法院(2019)辽0106民初14217号。
② 吉林省通化市中级人民法院(2017)吉05民终706号。

在缺陷的 XKY 型净水机。故一审判决净水机归由上诉人、上诉人返还被上诉人净水机价款符合上述法律规定。

（编写人：单文敬）

法律条文

第一千二百零七条　明知产品存在缺陷仍然生产、销售，或者没有依据前条规定采取有效补救措施，造成他人死亡或者健康严重损害的，被侵权人有权请求相应的惩罚性赔偿。

条文主旨

本条是关于产品责任惩罚性赔偿的规定。

惩罚性赔偿是指法院作出决定的赔偿数额超出实际损害数额的赔偿[①]。其主要目的不在于弥补被侵权人的损害，而在于惩罚有主观故意的侵权行为，并遏制这种侵权行为的发生。从赔偿功能上讲，其主要作用在于威慑，其次才是补偿。虽然从个案上看，被侵权人得到了高于实际损害的赔偿数额，但从侵权人角度来看，这种赔偿能够提高其注意义务，从而避免类似情况再次发生。

新旧法对比

《侵权责任法》	《民法典》
第四十七条　明知产品存在缺陷仍然生产、销售，造成他人死亡或者健康严重损害的，被侵权人有权请求相应的惩罚性赔偿。	第一千二百零七条　明知产品存在缺陷仍然生产、销售，**或者没有依据前条规定采取有效补救措施**，造成他人死亡或者健康严重损害的，被侵权人有权请求相应的惩罚性赔偿。

理解与适用

1. 惩罚性赔偿

（1）惩罚性赔偿的适用要件：第一，产品存在缺陷，缺陷的基本特征是存在危及人身、他人财产安全的不合理的危险。第二，主观存在故意，产品责任是严格责任，不管生产者、销售者主观是否存在故意，均应承担赔偿责任，该赔偿责任

① 参见王利明：《侵权责任法研究》（下卷）（第 2 版），中国人民大学出版社 2016 年版，第 276 页。

主要是指补偿性赔偿。但是,如果要求生产者、销售者承担惩罚性赔偿责任,则需要证明生产者、销售者主观存在故意。第三,后果需造成受害人死亡、健康严重损害。根据本条规定,损害是实际发生的,而非具有危险性。该条与《食品安全法》和《消费者权益保护法》规定有所区别,《食品安全法》适用惩罚性赔偿并未要求造成健康严重损害后果,而《消费者权益保护法》规定经营者提供商品或者服务构成欺诈的,消费者可以请求惩罚性赔偿。第四,产品缺陷与损害后果具有因果关系,如果生产者、销售者虽然明知产品存在缺陷,但是产品缺陷并非受害人遭受损害的原因,被侵权人亦不能主张惩罚性赔偿。

(2)生产者、销售者的责任承担方式。《消费者权益保护法》规定产品责任的受害者可以向生产者请求赔偿,也可以向销售者请求赔偿,但是对双方是否需要承担连带责任未予明确。《食品安全法》规定生产者、销售者承担首负责制,双方承担补偿性赔偿损失,以更好保护受害人利益。本条中,赔偿性赔偿需要审查生产者、销售者的主观状态,生产者、销售者根据各自过错承担相应的责任,不存在互相追偿问题。

(3)惩罚性赔偿数额的确定。本条仅提供了有关惩罚性赔偿的一般性规则,具体适用惩罚性赔偿的规则需要依据有关具体法律或者司法解释的规定进行。

2. 惩罚性赔偿相关法律规定

(1)《最高人民法院关于审理旅游纠纷案件适用法律若干问题的规定》第 15 条规定,旅游经营者违反合同约定,有擅自改变旅游行程、遗漏旅游景点、减少旅游服务项目、降低旅游服务标准等行为,旅游者请求旅游经营者赔偿未完成约定旅游服务项目等合理费用的,人民法院应予支持。旅游经营者提供服务时有欺诈行为,旅游者依据《消费者权益保护法》第 55 条第 1 款规定请求旅游经营者承担惩罚性赔偿责任的,人民法院应予支持。

(2)《消费者权益保护法》第 55 条规定,经营者提供商品或者服务有欺诈行为的,应当按照消费者的要求增加赔偿其受到的损失,增加赔偿的金额为消费者购买商品的价款或者接受服务的费用的 3 倍;增加赔偿的金额不足 500 元的,为 500 元。法律另有规定的,依照其规定。经营者明知商品或者服务存在缺陷,仍然向消费者提供,造成消费者或者其他受害人死亡或者健康严重损害的,受害人有权要求经营者依照本法第 49 条、第 51 条等法律规定赔偿损失,并有权要求所受损失 2 倍以下的惩罚性赔偿。

(3)《最高人民法院关于审理食品药品纠纷案件适用法律若干问题的规定》

第15条规定,生产不符合安全标准的食品或者销售明知是不符合安全标准的食品,消费者除要求赔偿损失外,依据《食品安全法》等法律规定向生产者、销售者主张赔偿金的,人民法院应予支持。生产假药、劣药或者明知是假药、劣药仍然销售、使用的,受害人或者其近亲属除请求赔偿损失外。依据《药品管理法》等法律规定向生产者、销售者主张赔偿金的,人民法院应予支持。

(4)《食品安全法》第148条第2款规定,生产不符合食品安全标准的食品或者经营明知是不符合食品安全标准的食品,消费者除要求赔偿损失外,还可以向生产者或者经营者要求支付价款10倍或者损失3倍的赔偿金;增加赔偿的金额不足1000元的,为1000元。但是,食品的标签、说明书存在不影响食品安全且不会对消费者造成误导的瑕疵的除外。

(5)《医疗损害责任纠纷司法解释》第23条规定,医疗产品的生产者、销售者、药品上市许可持有人明知医疗产品存在缺陷仍然生产、销售,造成患者死亡或者健康严重损害,被侵权人请求生产者、销售者、药品上市许可持有人赔偿损失及2倍以下惩罚性赔偿的,人民法院应予支持。

实务问题

1.惩罚性赔偿并非全部要求人身伤害

最高人民法院发布的华某诉北京天超仓储超市有限责任公司第二十六分公司、北京天超仓储超市有限责任公司人身权益纠纷案[①]中,华某因购买并食用不合格食品造成人身损害,请求销售者依法支付医疗费、退货价款和购物价款10倍赔偿金,人民法院予以支持。实践中,有一种观点认为,适用《食品安全法》第96条关于惩罚性赔偿的规定应以消费者人身权益遭受损害为前提。对此,《最高人民法院关于审理食品药品纠纷案件适用法律若干问题的规定》第15条明确规定:"生产不符合安全标准的食品或者销售明知是不符合安全标准的食品,消费者除要求赔偿损失外,依据《食品安全法》等法律规定向生产者、销售者主张赔偿金的,人民法院应予支持。生产假药、劣药或者明知是假药、劣药仍然销售、使用的,受害人或者其近亲属除请求赔偿损失外。依据《药品管理法》等法律规定向生产者、销售者主张赔偿金的,人民法院应予支持。"也就是说,消费者主张食品价款10倍赔偿金不以人身权益遭受损害为前提。这对于统一裁判尺度,维护消费者合法权益,净化食品、药品环境,将产生积极影响。

2.销售者以虚假宣传方式售药造成消费者损害,构成欺诈,应当依法承担

① 载《最高人民法院公报》2014年第8期。

"退一赔一"的责任

参考毕某振诉侯某周医疗器械质量纠纷案①,受诉法院经审理认为,经营者应当向消费者提供有关商品的真实信息,不得作引人误解的虚假宣传。消费者在购买商品时,其合法权益受到损害的,可以向销售者要求赔偿。本案中,侯某周向包括毕某振在内的不特定人群发放的宣传单足以欺骗、误导消费者,属虚假商品广告。其向毕某振提供的商品属于利用虚假广告销售的商品,该行为属于欺诈行为,且因此受到过工商部门查处。据此,侯某周应当按照毕某振的要求增加赔偿其受到的损失,增加赔偿的金额为毕某振购买商品的价款的 1 倍。2010 年 12 月 31 日,受诉法院判决侯某周返还毕某振购物款 2390 元,给付毕某振加倍赔偿款 2390 元。

3. 知假买假不影响消费者主张惩罚性赔偿的权利

参照孙某山诉南京欧尚超市有限公司江宁店买卖合同纠纷案②。法院认为,消费者购买到不符合食品安全标准的食品,要求销售者或者生产者依照《食品安全法》规定支付价款 10 倍赔偿金或者依照法律规定的其他赔偿标准赔偿的,无论其购买时是否明知食品不符合安全标准,人民法院都应予支持。

(编写人:单文敬)

① 载《最高人民法院公报》2014 年第 9 期。

② 江苏省南京市江宁区人民法院(2012)江宁开民初字第 646 号。

第五章　机动车交通事故责任

法律条文

第一千二百零八条　机动车发生交通事故造成损害的，依照道路交通安全法律和本法的有关规定承担赔偿责任。

条文主旨

本条是关于本章调整范围及法律依据的规定。

新旧法对比

《侵权责任法》	《民法典》
第四十八条　机动车发生交通事故造成损害的，依照道路交通安全法的有关规定承担赔偿责任。	第一千二百零八条　机动车发生交通事故造成损害的，依照道路交通安全法**律和本法**的有关规定承担赔偿责任。

理解与适用

本章的调整范围是机动车交通事故责任，非机动车交通事故责任不属于本章调整的范围。机动车交通事故责任，是指机动车发生交通事故造成人身伤亡、财产损失，有关民事主体所应承担的侵权责任。《道路交通安全法》第119条规定，“交通事故”是指车辆在道路上因过错或意外造成的人身伤亡或者财产损失的事件。

机动车交通事故的责任主体为机动车一方。《道路交通安全法》第119条规定，“机动车”是指以动力装置驱动或牵引，上道路行驶的供人员乘用或者用于运送物品以及进行工程专项作业的轮式车辆。“非机动车”，是指以人力或者畜力驱动，上道路行驶的交通工具，以及虽有动力装置驱动但设计最高时速、空车质量、外形尺寸符合有关国家标准的残疾人机动轮椅车、电动自行车等交通工具。只要一方为机动车，即可认定为机动车道路交通事故。机动车交通事故发生的场合包括道路、非道路，非道路上行驶发生交通事故，也应参照适用道路交通安全法律和本法的有关规定承担赔偿责任。

另外，需要注意的是机动车交通事故并非仅适用本章之规定，在发生机动车交通事故涉及其他侵权类型时，应适用侵权责任编其他章的有关规定。

实务问题

本章沿袭《侵权责任法》对道路交通纠纷部分的规定。因特别法《道路交通安全法》规定了机动车交通事故责任的归责原则、构成要件及免责事由，本章仅就机动车交通事故的侵权责任主体作出了补充型规定。

1. 根据《道路交通安全法》规定承担赔偿责任

机动车发生交通事故造成人身伤亡、财产损失的，由保险公司在机动车第三者责任强制保险责任限额范围内予以赔偿；不足的部分分情况承担责任。

机动车之间发生交通事故的赔偿责任，由有过错的一方承担赔偿责任；双方都有过错的，按照各自过错的比例分担责任。这一规定表明，机动车之间发生交通事故的，适用过错责任原则。由于机动车之间没有强弱之分，发生交通事故的，应当适用侵权责任的一般归责原则，由有过错的一方承担赔偿责任；如果双方都有过错的，应当按照各自过错的比例分担责任。

在归责原则上，机动车与非机动车驾驶人、行人之间发生交通事故，主要适用过错推定原则，同时，机动车一方还要承担一部分无过错责任。过错推定源于过错责任原则，但在适用上与一般的过错责任原则有所不同。发生损害后，首先推定行为人有过错，同时给予其举证证明自己没有过错以及对方有过错的机会，如果能够证明自己没有过错的，可以免除责任；不能证明自己没有过错的，就要承担损害赔偿责任。过错推定与一般过错责任的最大不同就是采用了举证责任倒置的方法。

根据《道路交通安全法》第 76 条第 1 款规定，机动车一方没有过错的，承担不超过 10%的赔偿责任。这是机动车在没有过错的情况下，也要承担一小部分的赔偿责任的规定。就此部分而言，机动车承担的是无过错责任。

2.《民法典》侵权责任编及相关司法解释对《道路交通安全法》的补充完善

《道路交通安全法》第 76 条仅规定了机动车一方何时承担责任及相应的归责原则问题。《民法典》侵权责任编进一步规定了机动车所有人并非驾驶人等情形，对侵权赔偿责任的主体进行了细化。《道路交通赔偿司法解释》共 26 条，分五部分对责任主体、赔偿范围、赔偿顺序、诉讼程序及解释的适用范围作出了规定。

《民法典》侵权责任编在《侵权责任法》有关责任主体的基础上，吸收司法解释及司法实践中关于第三者交强险、商业保险及侵权责任主体赔偿顺序，新增和明确了好意同乘的减责和免责事由。

（编写人：夏　青）

法律条文

第一千二百零九条　因租赁、借用等情形机动车所有人、管理人与使用人不是同一人时，发生交通事故造成损害，属于该机动车一方责任的，由机动车使用人承担赔偿责任；机动车所有人、管理人对损害的发生有过错的，承担相应的赔偿责任。

条文主旨

本条是关于因租赁、借用等情形机动车所有人、管理人与使用人不是同一人时，发生交通事故如何承担责任的规定。

新旧法对比

《侵权责任法》	《民法典》
第四十九条　因租赁、借用等情形机动车所有人与使用人不是同一人时，发生交通事故后属于该机动车一方责任的，由保险公司在机动车强制保险责任限额范围内予以赔偿。不足部分，由机动车使用人承担赔偿责任；机动车所有人对损害的发生有过错的，承担相应的赔偿责任。	第一千二百零九条　因租赁、借用等情形机动车所有人、**管理人**与使用人不是同一人时，发生交通事故造成损害，属于该机动车一方责任的，由机动车使用人承担赔偿责任；机动车所有人、**管理人**对损害的发生有过错的，承担相应的赔偿责任。

理解与适用

机动车所有人、管理人与使用人分离的情况比较常见，本条确立了机动车所有人、管理人主动允许他人使用，以致机动车使用人与所有人、管理人分离时，认定机动车交通事故损害赔偿责任主体的一般原则。

1. 经同意的使用人承担责任的原则

在确定赔偿责任主体时,需要确定是否由机动车一方承担责任。机动车之间发生交通事故适用过错原则确定侵权责任。机动车与非机动车驾驶人、行人之间发生交通事故,主要适用过错推定原则,同时,机动车一方还要承担一部分无过错责任。

确定机动车一方的责任和责任比例后,先由交强险和商业三者险赔偿,再由机动车使用人直接赔偿。对于使用人来讲,对机动车造成的损害承担的是无过错责任。本条中的"使用人"不仅包括承租人、借用人,还包括机动车出质期间的质权人、维修期间的维修人、由他人保管期间的保管人等。

2. 机动车所有人、管理人的过错认定规则

机动车所有人、管理人与使用人重合时,适用无过错责任。在机动车所有人、管理人分离时,机动车所有人或管理人承担的是过错责任。基于租赁、借用等原因导致管理人与使用人分离的情形下,所有人、管理人无法控制机动车的驾驶风险,无法控制驾驶人。但作为机动车的所有人、管理人,其对交通事故的发生仍可能存在过错,主要是所有人、管理人管理方面及选任方面的过错,一般指《最高人民法院关于审理道路交通事故损害赔偿案件适用法律若干问题的解释》第1条规定的情形。

(1)关于机动车所有人、管理人管理义务方面的过错。

管理方面的义务。例如,《道路交通事故损害赔偿司法解释》第1条规定:"……(一)知道或者应当知道机动车存在缺陷,且该缺陷是交通事故发生原因之一的……"缺陷主要指机动车所有人或管理人知道机动车存在质量缺陷。"缺陷"这一概念,源于《产品质量法》第46条规定:"本法所称缺陷,是指产品存在危及人身、他人财产安全的不合理的危险;产品有保障人体健康和人身、财产安全的国家标准、行业标准的,是指不符合该标准。"对于机动车管理人、所有人如实向使用人告知披露缺陷,此种情况下推定已经为使用人知晓。机动车所有人、管理人对于机动车是否有缺陷并不具备专业知识,但负有管理义务的所有人、管理人应对确保机动车适合行驶承担责任。如未能及时维修使该缺陷造成损害,则明显具有过错,应承担相应的赔偿责任。

(2)关于机动车所有人、管理人选任方面的过错。

选任方面的义务。例如,《道路交通事故损害赔偿司法解释》第1条规定:"……(二)知道或者应当知道驾驶人无驾驶资格或者未取得相应驾驶资格的;(三)知道或者应当知道驾驶人因饮酒、服用国家管制的精神药品或者麻醉药

品，或者患有妨碍安全驾驶机动车的疾病等依法不能驾驶机动车的；（四）其他应当认定机动车所有人或者管理人有过错的。"机动车所有人、管理人如知悉使用人无证驾驶，使用人有饮酒、服药或患有妨碍驾驶疾病等依然允许该人驾驶的，应当承担过错责任。

实务问题

本条仅对租赁、借用等情形作了不完全列举性的规定，除租、借外还有其他情形，本章第1212条关于未经允许驾驶他人机动车发生交通事故，其赔偿责任主体与本条叙述结构论述基本一致。此外，关于机动车试驾，机动车管理人与实际使用人也发生分离；机动车保留所有权买卖的情形下，机动车所有人与使用人也不一致。除本章有特别规定外，在因机动车一方责任发生交通事故时均适用本条规定。

（编写人：夏　青）

法律条文

第一千二百一十条　当事人之间已经以买卖或者其他方式转让并交付机动车但是未办理登记，发生交通事故造成损害，属于该机动车一方责任的，由受让人承担赔偿责任。

条文主旨

本条是关于已经转让并交付但未办理登记的机动车发生交通事故，承担责任主体的规定。

新旧法对比

《侵权责任法》	《民法典》
第五十条　当事人之间已经以买卖等方式转让并交付机动车但未办理所有权转移登记，发生交通事故后属于该机动车一方责任的，由保险公司在机动车强制保险责任限额范围内予以赔偿。不足部分，由受让人承担赔偿责任。	第一千二百一十条　当事人之间已经以买卖**或者其他方式**转让并交付机动车但是未办理登记，发生交通事故造成损害，属于该机动车一方责任的，由受让人承担赔偿责任。

理解与适用

1. 机动车物权变动生效要件

机动车作为特殊动产，占有是所有权的公示手段，交付是动产物权转移的要件。当机动车出现多重买卖的情况时，先行受领交付的买受人优先；均未受领交付的，先行办理所有权转移登记手续的买受人优先；交付给买受人之一后，又登记过后给别的买受人，受领交付买受人优先。登记并非所有权变动的生效要件，仅是对抗善意第三人的要件。

2. 机动车转让情形下的损害赔偿主体

机动车交通事故损害赔偿责任主体采用危险责任控制原则，自机动车出借开始，就确定了机动车所有权和使用权分离时适用此原则。机动车一旦脱离控制，转让人对机动车的使用无法管理，不能仅仅因为未过户就认定由其承担责任。即便发生受让人逃逸，也并非转让人所能控制，通过施加责任，也难以防范受让人逃逸的情况发生。为充分保护被侵权人利益，在受让人逃逸时，由出让人举证证明转让交付的事实，应根据登记对抗主义推定为未转让交付，进而由其承担责任。这样既不会片面增加登记所有人责任，也便于及时保护被侵权人合法利益。

本条旨在补充未登记过户的责任主体，即满足出让人与受让人达成转让合意以及完成机动车交付时，机动车损害赔偿主体即为机动车受让人。

实务问题

机动车不同于一般动产，其不仅是交通事故风险源，同时又具有较高价值经常成为融资租赁的标的，而且具有较强的流动性。实践中对于融资法律关系、多次买卖机动车、虚假买卖问题应引起特别注意。另外，此条同样适用于限购机动车政策的情形。

关于融资法律关系中机动车转让问题。第一，机动车所有权的让与担保。将机动车名义上出让给债权人为自己的债务承担担保。根据《民间借贷司法解释》第 24 条及《九民纪要》第 71 条规定，约定将财产形式上转让至债权人名下，债务人到期没有清偿债务，债权人可以对财产拍卖、变卖、折价偿还债权。有时机动车的让与担保并不转移占有或不进行交付，根据实际控制原则，发生交通事故造成损害的仍应由实际占有的原所有权人承担赔偿责任。第二，售后回租情况，若机动车并不转移占有，实际占有使用的所有权人仍应承担赔偿责任。

关于多次买卖机动车问题。被多次转让但未办理机动车转移登记属于机动车一方责任的，当事人可请求由最后一次转让并交付的受让人承担赔偿责任。实践中，多次转让时，登记所有权人可能并非最后一次转让并交付的受让人，为充分保护被侵权人利益，应允许被侵权人对机动车所有权人提起诉讼，通过诉讼和举证责任分配准确查明多次转让的事实。

关于虚假买卖问题。实践中存在机动车交通事故发生后，为规避赔偿责任签订虚假机动车买卖合同，转移责任给无赔偿能力的虚假受让人的情形，以至于被侵权人的合法权益受到损害。此种属于恶意串通侵害第三人利益情形，人民法院应在查明案件基本事实基础上确认虚假买卖合同无效。

（编写人：夏　青）

法律条文

第一千二百一十一条　以挂靠形式从事道路运输经营活动的机动车，发生交通事故造成损害，属于该机动车一方责任的，由挂靠人和被挂靠人承担连带责任。

条文主旨

本条是关于机动车挂靠车辆经营过程中引发交通事故时，赔偿责任主体及赔偿责任形式的规定。

新旧法对比

《最高人民法院关于审理道路交通事故损害赔偿案件适用法律若干问题的解释》（2012 年）	《民法典》
第三条　以挂靠形式从事道路运输经营活动的机动车发生交通事故造成损害，属于该机动车一方责任，当事人请求由挂靠人和被挂靠人承担连带责任的，人民法院应予支持。	第一千二百一十一条　以挂靠形式从事道路运输经营活动的机动车，发生交通事故造成损害，属于该机动车一方责任的，由挂靠人和被挂靠人承担连带责任。

理解与适用

1. 本条仅适用于挂靠运营

挂靠是指挂靠方使用被挂靠企业的经营资格和凭证等进行经营活动，并向被挂靠企业缴纳挂靠费用的一种经营形式。其实质是将商号或名义使用权部分或全部让与他人的行为，由此来看，将挂靠定义为名义出借更为妥当。本条仅用于以挂靠形式从事道路运输经营的机动车挂靠行为，并不适用于个人和单位借用他人名义购买机动车。

机动车挂靠运营一般指没有运输经营权的个人或单位为了运输经营，将机动车挂靠于具有运输经营权的公司，从而以该公司名义对外进行运输经营。车主作为挂靠人，运输企业为被挂靠企业，经运输企业同意以运输企业名义从事道路运输经营活动。

2. 挂靠人和被挂靠人承担连带责任的法理依据

《民法典》第178条第3款对连带责任作出了规定，“连带责任，由法律规定或者当事人约定”。挂靠运输经营承担连带责任的理论依据有多个角度分析阐述。

(1)共同侵权责任角度。

共同侵权是指二人以上实施侵权行为导致同一损害后果，包括共同故意或共同过失的主观共同侵权，以教唆、帮助为特征的共同侵权，以及共同危险行为等。运输行业具有高度危险性，从事客运或货运经营应具备一定条件并申请取得道路运输经营许可。被挂靠人允许挂靠人挂靠运输经营，违反强制性行政法规，具有不法性。此外，被挂靠人允许挂靠人使用其名义，造成危险的扩大，放任风险的发生，主观上对风险的发生有明显的过错。挂靠人明知自己不具备资质仍借用他人名义从事经营，又作为机动车使用人，对事故的发生是当然的责任主体。挂靠人与被挂靠人作为共同侵权人，两者的过错相互结合造成事故发生，故应承担连带责任。

(2)雇主替代责任角度。

在机动车挂靠运营发生交通事故时，存在两个法律关系：一是车主与被挂靠单位之间挂靠关系，二是对外侵权关系。对机动车交通事故的被侵权人而言，被挂靠人是运营车辆的所有权人，从事道路运输经营的具体使用人只是其工作人员，因此承担责任的主体应当是被挂靠人。在非挂靠运营时，运输企业尚且要承担责任，若该运输企业因允许他人挂靠而免除责任，有悖公平原则。挂靠人挂靠的目的在于以他人名义从事道路运输经营，其并非被挂靠人的工作人员，根据机动车使用人承担责任的原则，作为风险控制和利益享有的主体，挂靠人也应对外承担责任。

(3)社会利益角度。

机动车道路运输经营不同于一般的机动车出行,其危害性较高,必须从源头上予以管控,实施严格的准入制度,保证运营人的风险管理能力,保证被侵权人的权利可以得到及时救济。

从以上角度分析,挂靠人和被挂靠人应承担连带赔偿责任。

实务问题

在实践中应注意以下问题:

(1)关于诉讼主体。基于本条规定,被侵权人可同时起诉挂靠人、被挂靠人,判决由挂靠人和被挂靠人承担连带责任。若被侵权人仅起诉被挂靠人,被挂靠人应承担相应责任。被侵权人有可能不清楚机动车使用人是否存在挂靠关系,可能仅起诉被挂靠企业,若被挂靠企业提出挂靠关系予以抗辩,请求追加挂靠人为共同被告的,原则上应征求被侵权人意见,被侵权人不同意追加为被告的,可追加挂靠人为第三人。

(2)关于内部追偿。《民法典》第 178 条第 2 款规定:“连带责任人的责任份额根据各自责任大小确定;难以确定责任大小的,平均承担责任。实际承担责任超过自己责任份额的连带责任人,有权向其他连带责任人追偿。”挂靠协议因违反法律强制性规定,当属无效。但根据上述法律规定,被挂靠人承担连带责任后,仍可向挂靠人追偿。

(编写人:夏　青)

法律条文

第一千二百一十二条　未经允许驾驶他人机动车,发生交通事故造成损害,属于该机动车一方责任的,由机动车使用人承担赔偿责任;机动车所有人、管理人对损害的发生有过错的,承担相应的赔偿责任,但是本章另有规定的除外。

条文主旨

本条是关于未经允许驾驶他人机动车,发生交通事故造成损害时责任主体的确定的规定。

新旧法对比

《最高人民法院关于审理道路交通事故损害赔偿案件适用法律若干问题的解释》(2012年)	《民法典》
第二条　未经允许驾驶他人机动车发生交通事故造成损害,当事人依照侵权责任法第四十九条的规定请求由机动车驾驶人承担赔偿责任的,人民法院应予支持。机动车所有人或者管理人有过错的,承担相应的赔偿责任,但具有侵权责任法第五十二条规定情形的除外。	第一千二百一十二条　未经允许驾驶他人机动车,发生交通事故造成损害,**属于该机动车一方责任的**,由机动车使用人承担赔偿责任;机动车所有人、管理人**对损害的发生**有过错的,承担相应的赔偿责任,但是本章另有规定的除外。

理解与适用

1. 关于本条适用范围

本条仍属于机动车所有人、管理人与使用人不一致时责任主体问题。本条针对未经允许驾驶他人机动车的行为,此处的未经允许驾驶他人机动车主观上并非以非法占有为目的,例如,机动车所有人、管理人将车送往修理厂修理,修好后还没有取回时,维修厂工人擅自驾驶车辆。

2. 关于擅自使用人的责任

根据机动车使用人承担责任的规则,擅自使用人未经所有人同意擅自驾驶的行为更应由擅自使用人承担赔偿责任。

3. 关于机动车所有人、管理人的责任

未经允许驾驶他人机动车,发生交通事故造成损害,属于该机动车一方责任的,由机动车使用人承担赔偿责任。未经允许驾驶他人车辆,车主对此不知情,因此,机动车所有人一般不应承担侵权责任,由机动车使用人承担。未经允许驾驶他人机动车,根据擅自驾驶人与机动车所有人、管理人的关系可以将擅自驾驶分为三种形态:第一,特定关系下的擅自驾驶,比如亲朋好友;第二,基于合同或授权占有但未经允许的擅自驾驶,比如维修人员;第三,缺乏直接联系的完全陌生的人的擅自驾驶。

在擅自驾驶情形下,机动车所有人、管理人的过错主要表现为对妥善管理义务的违反。若机动车处于日常使用过程中,本身就因维护保管不当而存在缺陷,事故的发生又系机动车缺陷造成,此时,机动车所有人、管理人应承担相应责任。

在擅自驾驶情形下,机动车所有人、管理人对特定关系人负有更严格的注意义务。当擅自驾驶人是机动车所有人、管理人的亲朋好友等特定关系人时,所有人、管理人随意弃置车辆和车钥匙，应认定其在保管车辆上存在过错。例如，机动车所有人将车停在路边，为图方便没有熄火即下车买东西，车上同行人在等待时闲极无聊，坐在驾驶位上操作，导致发生交通事故。这种情形下，机动车所有人是有过错的，应当在过错范围内承担相应的责任。

实务问题

实践中可能出现雇主或工作人员的擅自驾驶行为，同时涉及雇主替代责任。如果雇员擅自驾驶处理与工作无关事项，应由机动车使用人承担责任。所有人、管理人的过错需根据案件具体情况确定，其过错更多在于未能有效管理和妥善保管车辆。区分是否与工作有关的任务时，如果客观上表现为履行与工作有内在关系的任务，此时应适用替代责任。同时应考虑雇员的工作职位及性质，如果擅自驾驶人本身是单位司机，其未经许可擅自驾驶单位车辆用于私人目的，该风险属于可预见、可避免的风险，且外观上受害人也无从判断使用人是否在履行与工作有关的任务，此种情况下根据客观标准，应适用替代责任。

（编写人：夏　青）

法律条文

第一千二百一十三条　机动车发生交通事故造成损害，属于该机动车一方责任的，先由承保机动车强制保险的保险人在强制保险责任限额范围内予以赔偿；不足部分，由承保机动车商业保险的保险人按照保险合同的约定予以赔偿；仍然不足或者没有投保机动车商业保险的，由侵权人赔偿。

条文主旨

本条是关于机动车发生交通事故造成损害赔偿顺序的规定。

新旧法对比

《交通事故损害赔偿司法解释》	《民法典》
第十六条　同时投保机动车第三者责任强制保险（以下简称“交强险”）和第三者责任商业保险（以下简称“商业三者险”）的机动车发生交通事故造成损害，当事人同时起诉侵权人和保险公司的，人民法院应当按照下列规则确定赔偿责任：	第一千二百一十三条　机动车发生交通事故造成损害，属于该机动车一方责任的，先由承保机动车强制保险的保险人在强制保险责任限额范围内予以赔偿；不足部分，由承保机动车商业保险的保险人按照保险合同的约定予以赔偿；仍然不足

续表

《交通事故损害赔偿司法解释》	《民法典》
(一)先由承保交强险的保险公司在责任限额范围内予以赔偿; (二)不足部分,由承保商业三者险的保险公司根据保险合同予以赔偿; (三)仍有不足的,依照道路交通安全法和侵权责任法的相关规定由侵权人予以赔偿。 被侵权人或者其近亲属请求承保交强险的保险公司优先赔偿精神损害的,人民法院应予支持。	或者没有投保机动车商业保险的,由侵权人赔偿。

理解与适用

1. 关于交强险的优先赔付原则

按照交强险的功能定位与侵权责任的关系,可分为两种模式,第一种模式先按照当事人的过错判定责任大小,保险公司再据此对被侵权人予以赔偿。由于机动车道路交通事故的频发性及后果的严重性,机动车交通事故责任确定为无过错责任。从结果来看,保险人的保险金给付责任不再有任何前提条件,保险公司在限额内几乎承担全部责任①。第二种模式可以称为基本保障模式。理念上更加重视受害人的损失填补、强调交强险的基本社会保障功能。此种模式下交强险限额内的保险赔付责任与侵权责任相互分离,只要道路交通事故造成损害,保险人即需向被侵权人承担责任。就我国道路交通纠纷高发的情况下,我国交强险更强调其基本保障功能,更重视交强险对被侵权人的损失填补②。

《道路交通安全法》首次提出"国家实行机动车第三者责任强制保险制度,设立道路交通事故社会救助基金"。从《机动车交通事故责任强制保险条例》以及交强险保单的内容来看,我国适用上述第二种模式,即无论是否为机动车一方责任,交强险都需要先行赔付。基于交强险在我国的功能定位以及相关法律规定,交强险负有先行赔付的义务。

---

① 最高人民法院民法典贯彻实施工作领导小组主编:《中华人民共和国民法典侵权责任编理解与适用》,人民法院出版社 2020 年版,第 386 页。

② 最高人民法院民法典贯彻实施工作领导小组主编:《中华人民共和国民法典侵权责任编理解与适用》,人民法院出版社 2020 年版,第 386 页。

2. 关于商业三者险的直接赔偿请求权

商业三者险的直接赔偿请求权需要以购买商业三者险为前提。根据《保险法》第65条规定，保险人对责任保险的被保险人给第三者造成的损害，可以依照法律的规定或者合同的约定，直接向该第三者赔偿保险金。根据被保险人的请求，保险人应直接向该第三者赔偿保险金，被保险人怠于请求的，第三者有权就其应获赔偿部分直接向保险人请求赔偿保险金。

向商业三者险的承保保险公司直接请求赔偿前必须先向承保交强险的保险公司主张，未获清偿部分才能依据保险合同予以直接主张。

3. 关于诉讼主体

实践中应当追加承保交强险和商业三者险的保险公司作为共同被告。机动车交通事故纠纷并非严格意义上的必要共同诉讼，其中存在两种法律关系，即被侵权人与保险公司之间的保险金请求关系、被侵权人基于侵权责任与侵权人之间的损害赔偿关系，虽然从实体法律关系的角度看，两种法律关系可分别行使，但进入诉讼这一特定场景之下，会有诸多不便。道路交通事故造成的损害通常比较严重，往往伴有医疗救助需要得到及时救济，缺乏充分时间确定和提供被告的信息。另外，追加保险公司作为被告后，侵权责任由保险公司分担，更有利于诉讼的推进。

实务问题

本条区分三个层次对赔偿范围作了规定，实践中被侵权人应注意按下列顺序主张赔偿：

（1）先由承保机动车强制保险的保险人在强制保险责任限额范围内予以赔偿。应注意强制险有一定公共政策性质，不区分过错方进行赔付，主要目的是及时有效地救助机动车交通事故中的受害人。

（2）机动车强制保险赔偿不足部分，由承保机动车商业保险的保险人根据保险合同的约定赔付。应注意商业保险合同往往约定了很多免责条款，列明了许多保险人不承担赔偿的情形。在被保险人无责任或者无过错的情况下，保险人不承担赔偿责任。

（3）机动车商业保险赔偿仍然不足的，由侵权人赔偿。这种保险前置、侵权人托底的规定，充分体现了保险的作用和及时救济受害人，分散机动车使用人风险的目的。

另外，诉讼实践中，被侵权人可将保险公司、侵权人列为共同被告一并提起诉讼,应注意整理好受到损害赔偿的相关证据后予以主张。

（编写人:夏　青）

法律条文

第一千二百一十四条　以买卖或者其他方式转让拼装或者已经达到报废标准的机动车,发生交通事故造成损害的,由转让人和受让人承担连带责任。

条文主旨

本条是关于拼装或报废车被转让后发生交通事故的责任主体及责任承担方式的规定。

新旧法对比

《侵权责任法》	《民法典》
第五十一条　以买卖等方式转让拼装或者已达到报废标准的机动车,发生交通事故造成损害的,由转让人和受让人承担连带责任。	第一千二百一十四条　以买卖或**者其他方式**转让拼装或者已经达到报废标准的机动车,发生交通事故造成损害的,由转让人和受让人承担连带责任。

理解与适用

转让拼装车或报废车而发生交通事故,是指通过买卖、赠与、交换等方式转让拼装车或者报废车,受让人驾驶该车辆发生道路交通事故造成他人损害的情形。拼装车或报废车由于零部件损耗等因素,机动车性能大为降低,由于安全保障缺失给交通安全和人民群众人身财产安全造成严重危害,属于法律禁止转让的机动车。现实中由于报废车、拼装车成本较低,转让价格便宜,一旦发生交通事故造成损害,实际使用人往往会弃车逃逸,导致难以找寻实际使用人,以至于无法及时救济被侵权人。

1. 关于拼装车和报废车的含义

目前认为拼装车可包括三类:一是利用报废汽车零件组装的机动车;二是利用进口汽车零部件组装成的机动车;三是未经国家批准,私自组装的机动车。

报废车是指达到国家报废标准,或虽未达到报废标准,但发动机或底盘严重损坏,经检验不符合国家机动车运行安全技术条件或国家机动车污染物排放标准的机动车。符合本条规范目的、不符合国家机动车运行安全技术条件的依法禁止行驶的其他机动车也是受本条规范的机动车类型。

2. 关于连带责任主体的范围

在多次转让的法律关系中,实际控制车辆的是最后一次的受让人。根据风险控制理论承担连带责任的人应该是最后一次的转让人。根据《道路交通损害赔偿司法解释》第 4 条“拼装车、已达到报废标准的机动车或者依法禁止行驶的其他机动车被多次转让,并发生交通事故造成损害,当事人请求由所有的转让人和受让人承担连带责任的,人民法院应予支持”。该条规定确认多次转让关系中的连带责任主体只能让最后一手的转让人承担责任。若发现其他转让人的,被侵权人仍可以对其他转让人主张承担连带责任。

实务问题

由于对拼装车、报废车转让行为的违法性,依法禁止行使机动车的高度危险性和保护受害人合法权益等因素的考量,只要转让拼装车、已达到报废标准的机动车,或基于道路行驶目的转让依法禁止行驶的其他机动车,无论经过几次转让,所有转让人与受让人均应承担连带责任。关于本条免责事由,《民法典》第 1209 条作为机动车使用人与所有人分离的责任主体基本规则,已经确定了使用人承担责任的一般规则,并确立了所有人过错责任。拼装车与报废车等禁止行驶的机动车发生交通事故造成损害的,应当承担责任。“不知道或不应当知道该机动车属于拼装车或报废车”不属于免责条款。

适用本条规定时,被侵权人只要举证证明肇事车辆为拼装车或报废车即可。但如果损害并非因机动车属于拼装或报废车造成,而是因为非机动车驾驶人、行人故意或第三人的原因造成,拼装、报废缺陷与损害发生没有因果关系,则不能机械适用本条。

关于承担责任后的内部追偿问题。转让人与受让人对外承担连带责任后,在内部效力上,连带责任人根据各自责任大小确定相应赔偿数额,难以确定责任大小的,平均承担责任。支出超出自己赔偿数额的连带责任人,有权向其他连带责任人追偿。确定各自责任大小,需综合过错程度及客观行为与损害后果之间的原因力进行判断。

(编写人:夏　青)

法律条文

第一千二百一十五条　盗窃、抢劫或者抢夺的机动车发生交通事故造成损害的，由盗窃人、抢劫人或者抢夺人承担赔偿责任。盗窃人、抢劫人或者抢夺人与机动车使用人不是同一人，发生交通事故造成损害，属于该机动车一方责任的，由盗窃人、抢劫人或者抢夺人与机动车使用人承担连带责任。

保险人在机动车强制保险责任限额范围内垫付抢救费用的，有权向交通事故责任人追偿。

条文主旨

本条是关于盗抢机动车发生交通事故的责任主体的规定。

新旧法对比

《侵权责任法》	《民法典》
第五十二条　盗窃、抢劫或者抢夺的机动车发生交通事故造成损害的，由盗窃人、抢劫人或者抢夺人承担赔偿责任。保险公司在机动车强制保险责任限额范围内垫付抢救费用的，有权向交通事故责任人追偿。	第一千二百一十五条　盗窃、抢劫或者抢夺的机动车发生交通事故造成损害的，由盗窃人、抢劫人或者抢夺人承担赔偿责任。**盗窃人、抢劫人或者抢夺人与机动车使用人不是同一人，发生交通事故造成损害，属于该机动车一方责任的，由盗窃人、抢劫人或者抢夺人与机动车使用人承担连带责任。** 保险人在机动车强制保险责任限额范围内垫付抢救费用的，有权向交通事故责任人追偿。

理解与适用

本文在《侵权责任法》第52条基础上，进一步对盗窃人、抢劫人、抢夺人与使用人相分离时的责任主体和责任形式作出了补充性规定。

1. 机动车所有人、管理人责任的免除

机动车被盗窃、抢劫、抢夺并非机动车所有人、管理人意愿发生，也非自己过错脱离了对机动车的控制，此后发生交通事故也无法预见，故对交通事故的发生不存在过错，自然不应承担赔偿责任。

实际中机动车发生交通事故，机动车所有人、管理人主张盗抢免责的，应注意严格审查相关证据，确认盗抢相关事实。已进入刑事程序的，应根据先刑后民原则查明发生交通事故机动车是否属于盗窃、抢劫、抢夺而来。

2. 盗抢人与使用人的责任

本条规定了盗抢机动车造成交通事故的，由盗抢人承担赔偿责任。盗抢机动车具有即时性、紧迫性，盗抢人即为使用人的情况下，盗抢人对机动车的行驶与风险具有控制力，应该对损害后果承担责任。

然而在盗抢人与使用人不一致的情况下，应由谁承担责任，《侵权责任法》并未规定。首先，驾驶盗抢车辆的使用人必然应该承担责任。但若仅由盗抢车辆的使用人承担责任，不符合公平原则。另外，盗抢人触犯刑法非法控制他人机动车，并允许他人驾驶，是造成机动车风险和事故的直接原因。一般而言，盗抢人与驾驶人对车辆被盗抢皆为明知，驾驶盗抢车辆通常也是为了继续不法行为。故在本条中规定盗抢人与使用人对交通事故赔偿承担连带责任既符合使用人承担责任的一般原则，也能更好地惩戒盗抢行为。

3. 保险人的追偿权及赔付范围

《机动车交通事故责任强制保险条例》第 22 条规定，被保险机动车被盗抢期间肇事的，保险公司在机动车交通事故责任强制保险责任限额范围内垫付抢救费用，并有权向致害人追偿。

笔者认为，盗抢后造成交通事故的，交强险还应就受害人的人身、财产损失进行赔付。原因如下：第一，交强险目的在于公益而非盈利，应优先保障受害人权利。第二，交强险的唯一过错是受害人故意，故无论机动车有无过错，只要并非受害人故意造成损害，交强险应当赔付。第三，因盗抢而免除其赔付责任，对受害人缺乏公平性且有违交强险的目的和价值。故保险公司还应垫付交强险赔付限额内受害人的人身、财产损失。

实务问题

本条新增盗窃人、抢劫人或者抢夺人与机动车使用人不是同一人，因机动车一方发生交通事故，由盗窃人、抢劫人或者抢夺人与机动车使用人承担连带责任。那么对于机动车所有人是否完全可以免责？实践中经常出现事故发生后盗抢者逃逸的情况，当盗抢者逃逸又不能证明机动车被盗抢的，应适用机动车使用人赔偿为主，机动车所有人赔偿为辅的原则。故在盗抢人逃逸又不能证明机动车被盗抢时，应由机动车所有人先行对事故受害者进行赔偿。之后，若能够证明车辆是被盗抢时发生的车祸，再由盗抢人对机动车所有人进行车辆损伤赔偿及垫付的被侵权人的赔偿。

另外，如果因机动车所有人没有投保交强险导致受害人无法获赔，应由机动车所有人承担在交强险赔偿范围内的责任。

（编写人：夏　青）

法律条文

第一千二百一十六条　机动车驾驶人发生交通事故后逃逸，该机动车参加强制保险的，由保险人在机动车强制保险责任限额范围内予以赔偿；机动车不明、该机动车未参加强制保险或者抢救费用超过机动车强制保险责任限额，需要支付被侵权人人身伤亡的抢救、丧葬等费用的，由道路交通事故社会救助基金垫付。道路交通事故社会救助基金垫付后，其管理机构有权向交通事故责任人追偿。

条文主旨

本条是关于驾驶人逃逸后有关赔偿如何承担的规定。

新旧法对比

《侵权责任法》	《民法典》
第五十三条　机动车驾驶人发生交通事故后逃逸，该机动车参加强制保险的，由保险公司在机动车强制保险责任限额范围内予以赔偿；机动车不明或者该机动车未参加强制保险，需要支付被侵权人人身伤亡的抢救、丧葬等费用的，由道路交通事故社会救助基金垫付。道路交通事故社会救助基金垫付后，其管理机构有权向交通事故责任人追偿。	第一千二百一十六条　机动车驾驶人发生交通事故后逃逸，该机动车参加强制保险的，由保险人在机动车强制保险责任限额范围内予以赔偿；机动车不明、该机动车未参加强制保险**或者抢救费用超过机动车强制保险责任限额**，需要支付被侵权人人身伤亡的抢救、丧葬等费用的，由道路交通事故社会救助基金垫付。道路交通事故社会救助基金垫付后，其管理机构有权向交通事故责任人追偿。

理解与适用

本条规定了交通肇事后逃逸的赔偿问题，驾驶人逃逸，在能够查明有交强险的情况下，若交强险限额仍不足以支付抢救、丧葬费用，由道路交通事故社会救助基金支付。

《道路交通安全法》第 70 条第 1 款规定:“在道路上发生交通事故,车辆驾驶人应当立即停车,保护现场;造成人身伤亡的,车辆驾驶人应当立即抢救受伤人员,并迅速报告执勤的交通警察或者公安机关交通管理部门。因抢救受伤人员变动现场的,应当标明位置……”实践中,有机动车驾驶人为逃避责任出现逃逸的情况,造成短时间内难以查明肇事具体机动车,从而对被侵权人的救济陷入困境。为达到抢救伤者、保障非机动车行人人身安全的目的,本条对此种情况作出了规定。

1. 立法的变化

《道路交通安全法》第 75 条规定:“医疗机构对交通事故中的受伤人员应当及时抢救,不得因抢救费用未及时支付而拖延救治。肇事车辆参加机动车第三者责任强制保险的,由保险公司在责任限额范围内支付抢救费用;抢救费用超过责任限额的,未参加机动车第三者责任强制保险或者肇事后逃逸的,由道路交通事故社会救助基金先行垫付部分或者全部抢救费用,道路交通事故社会救助基金管理机构有权向交通事故责任人追偿。”对于未参加第三者责任强制保险的或抢救费用超过第三者责任强制险的或肇事后逃逸的,由道路交通事故社会救助基金垫付部分或全部抢救费用。抢救费用是指按照《道路交通事故受伤人员临床诊疗指南》规定,对生命体征不平稳和虽然生命体征平稳但如果不采取处理措施会产生生命危险,或者导致残疾、器官功能障碍,或者导致病程明显延长的受伤人员,采取必要的处理措施所发生的医疗费用。

肇事后逃逸的后果可大致分为三类:第一,机动车驾驶人驾车逃逸,难以查明具体肇事的机动车辆;第二,肇事机动车没有参加机动车交强险;第三,抢救费用超过机动车交强险限额。《侵权责任法》第 53 条着重对前两种情况作了规定,若出现前两种情形,需要支付被侵权人人身伤亡的抢救、丧葬等费用的,由道路交通事故社会救助基金先行垫付全部费用。并未规定超过交强险责任限额如何处理。

本条进一步规定了肇事逃逸的机动车参加了强制保险的,强制保险先行赔付后仍不足以支付被侵权人人身伤亡的抢救、丧葬费用的,由道路交通事故社会救助基金先行垫付全部费用。

2. 关于追偿的问题

道路交通事故社会救助基金垫付抢救和丧葬等费用后,其管理机构有权向交通事故责任人追偿。能够查明机动车,但因超出交强险责任限额进行垫付的,救助基金管理机构可以向机动车所有人、管理人和使用人予以追偿。

根据《道路交通安全法》第17条规定:"国家实行机动车第三者责任强制保险制度,设立道路交通事故社会救助基金。具体办法由国务院规定。"《道路交通安全法》第98条第1款规定:"机动车所有人、管理人未按照国家规定投保机动车第三者责任强制保险的,由公安机关交通管理部门扣留车辆至依照规定投保后,并处依照规定投保最低责任限额应缴纳的保险费的二倍罚款。"上述规定为机动车所有人、管理人设定了投保交强险的法定义务,未投交强险,具有不法性也侵害了他人民事权益。在我国保险制度中,工伤保险与交强险制度类似,都具有重要的社会保障属性。未依法投保交强险的机动车发生交通事故造成损害,当事人请求投保义务人在交强险责任限额内予以赔偿,人民法院应予支持。故未依法缴纳交强险的投保义务人应作为本条规定的责任人。

在未投保交强险发生垫付情形下,并非只有投保义务人系可以被追偿的责任人。侵权赔偿主体在交强险范围内是连带责任人,超出交强险部分由侵权赔偿主体作为责任人。其理由是被侵权人不能获得赔付系由投保义务人和侵权行为人共同过错造成的。

实务问题

首先,这一条明确了肇事后逃逸不是交强险拒赔的理由,更不是交强险不垫付的理由,而是应由交强险依法赔付。现实中,保险公司往往以逃逸拒绝赔付交强险,更有甚者主张法院判决后,保险公司享有追偿权。而《民法典》本条明确规定保险公司不能再拒绝赔付,依法赔付后也不享有追偿权。

其次,机动车不明、该机动车未参加强制保险或者抢救费用超过机动车强制保险责任限额(新增规定)时,抢救和丧葬等费用由道路交通事故社会救助基金垫付后由其管理机构向责任主体追偿,可追偿的责任主体包括机动车所有人、管理人、使用人、投保义务人。

(编写人:夏　青)

法律条文

第一千二百一十七条　非营运机动车发生交通事故造成无偿搭乘人损害,属于该机动车一方责任的,应当减轻其赔偿责任,但是机动车使用人有故意或者重大过失的除外。

条文主旨

本条是关于好意同乘发生交通事故时的赔偿责任的规定。

新旧法对比

无	《民法典》
无	第一千二百一十七条　非营运机动车发生交通事故造成无偿搭乘人损害，属于该机动车一方责任的，应当减轻其赔偿责任，但是机动车使用人有故意或者重大过失的除外。

理解与适用

本条是新增条款，对好意同乘的归责原则和免责事由作出了规定。《侵权责任法》中未对好意同乘的归责原则予以明确，无偿性的友情行为是否可以作为减轻损害赔偿的事由需要予以明确。本条总结司法实践经验对此作出规定。好意同乘的重要特征是无偿性、利他性、非拘束性，比如顺路捎带朋友、同事，应陌生人请求搭载乘车等。

1. 关于好意同乘的性质

对于好意同乘的性质，存在利他合同、无因管理及情谊行为三种观点。好意同乘致交通事故损害赔偿的观点可以分为债（合同之债和无因管理之债）及情谊行为两种观点。

利他合同，是指单纯为他人设定利益的合同。赠与合同、无偿保管合同即属于此类合同。具体来说，利他合同，指当事人一方享有合同规定的权益无须向对方支付一定的对价或虽作出给付但与其享有的权益相比，该给付不具有对价意义的合同。由于合同的无偿性，与一般有偿合同相比，无偿合同对合同主体的注意义务要求较低，比如无偿保管合同保管人只在故意和重大过失的情况下才对保管物的毁损灭失承担责任，否则即可免责。对无偿合同而言，限制民事行为能力人即使未取得法定代理人同意也可以订立[①]。

无因管理，是指没有法定的或约定的义务，为避免他人利益受损失而进行管

① 最高人民法院民法典贯彻实施工作领导小组主编：《中华人民共和国民法侵权责任编理解与适用》，人民法院出版社2020年版，第403页。

理的行为。无因管理是为他人利益而进行，为平衡不干涉他人事务与鼓励社会互助之间的关系，鼓励善行，提倡义举，弘扬社会道德风尚。《民法典》第121条对无因管理作出了规定，赋予管理人请求受益人偿还因管理行为而支出必要费用的权利①。

情谊行为又称好意施惠，是指为增加与他人情谊而作出的不受法律约束的利他行为。纯粹的情谊行为是一种特殊的社会行为，具有更多的社会属性和道德属性，当事人可自主决定是否进行，无法律的强制要求，不具有法律约束力。比如请他人作客，此种约束无法律上的约束力，即便爽约也不会产生损害赔偿的请求权②。

好意同乘与合同法律关系的区别是，好意同乘不受法律约束的意思表示。好意同乘与无因管理的区别是，好意同乘需双方意思表示，无报酬请求权；而无因管理需要单方意思表示，并可请求支付费用。

好意同乘是为他人无偿提供搭乘帮助的行为，无营利目的，不追求报酬，旨在互帮互助，应对其积极倡导。在法律效力上，允诺提供无偿搭乘的人出于善意不受法律约束。好意同乘作为情谊行为，更有利于互帮互助的良好风气，增进社会成员的相互信任。

2. 好意同乘的归责原则

好意同乘作为情谊行为，并非法律行为，民法不会介入，也不发生合同上的请求权。若好意同乘发生侵权行为，造成搭乘者人身或财产损害，提供搭乘的机动车使用人是否应当承担侵权责任，适用何种归责原则，何种情况可以减轻责任，理论上存在争议，各地司法实践也缺乏一致性。

第一种观点认为，提供免费搭乘的机动车使用人承担车费和交通事故的责任风险，搭乘人仅享受服务不承担任何风险。加之搭乘人对搭乘车辆面临的风险有充分认识，其选择搭乘为自甘风险。因此机动车使用人不应对搭乘人的损害承担责任③。

第二种观点认为，机动车使用人对于好意同乘者的注意义务不因有偿与无偿而加以区分。有偿与无偿只在确认双方当事人是否构成合同关系时有意义，

---

① 最高人民法院民法典贯彻实施工作领导小组主编：《中华人民共和国民法侵权责任编理解与适用》，人民法院出版社2020年版，第404页。

② 最高人民法院民法典贯彻实施工作领导小组主编：《中华人民共和国民法侵权责任编理解与适用》，人民法院出版社2020年版，第403页。

③ 最高人民法院民法典贯彻实施工作领导小组主编：《中华人民共和国民法侵权责任编理解与适用》，人民法院出版社2020年版，第405页。

对于造成他人人身损害或财产损失的侵权行为，无论是否有偿，侵权者都应承担责任。在法律没有其他规定的情况下，该侵权责任应适用《民法典》侵权责任编的过错责任。当好意施惠人有故意或重大过失时，应就同乘者的生命身体健康承担损害赔偿责任①。

第三种观点认为，好意同乘者无偿搭乘的行为并不意味着其甘愿冒一切风险。《合同法》第302条规定："承运人应当对运输过程中旅客的伤亡承担损害赔偿责任，但伤亡是旅客自身健康原因造成的或者承运人证明伤亡是旅客故意、重大过失造成的除外。前款规定适用于按照规定免票、持优待票或者经承运人许可搭乘的无票旅客。"该条对免费乘客的损害赔偿有具体的规则，类似情况应类似处理②。

第四种观点认为，好意同乘在内的情谊行为在施惠人作出施惠行为时是一种纯粹的利他行为，不受法律约束，不应适用《合同法》第302条同样的责任。好意施惠者可以作为引发注意义务或者说安保义务的行为人，在违反此种注意义务时由于其过错，构成情谊行为的侵权行为③。

我们认为，首先，好意同乘应适用过错责任的一般原则。好意同乘的双方作为机动车的驾驶人和乘车人，两者属于对等关系，理应适用一般侵权规则，即过错责任原则。

其次，关于好意同乘减轻责任的理由。从《合同法》中无偿合同的规则来看，在发生侵害时，施惠人好意搭乘的无偿性行为可在一定程度上得以免责。

最后，好意同乘是人与人之间互帮互助、建立和谐人际关系的表现，如果好意同乘中发生侵权必须全面赔偿，则不符合中国社会伦理价值观，也不利于鼓励他人助人为乐。若行为人具有侵权的故意或重大过失，则不能仅以好意同乘作为减责事由。好意施惠人作为驾驶人在违反一般安全注意义务或可能违反《道路交通安全法》的严重行为时，不能减轻责任。

实务问题

实践中应注意的问题：

(1)必须是非营运机动车且无偿搭乘，属于非营运性质的好意施惠行为，可

---

① 最高人民法院民法典贯彻实施工作领导小组主编：《中华人民共和国民法侵权责任编理解与适用》，人民法院出版社2020年版，第405页。

② 最高人民法院民法典贯彻实施工作领导小组主编：《中华人民共和国民法侵权责任编理解与适用》，人民法院出版社2020年版，第406页。

③ 最高人民法院民法典贯彻实施工作领导小组主编：《中华人民共和国民法侵权责任编理解与适用》，人民法院出版社2020年版，第406页。

以是基于亲情或友情在上下班、出游途中搭乘自己的亲朋好友、邻居同事等的车辆。我们认为可结合是否有营利目的、是否支付报酬或有支付报酬的金额和目的并结合证据来判断是否属于好意同乘范畴。若基于经营目的而提供无偿搭车的，如酒店、超市为促进经营提供免费班车以及滴滴等从事运营的机动车无偿搭乘均不属于好意同乘的范畴，基于朋友关系自愿承担部分路费油费也不属于好意同乘的范畴。

(2)即便是好意同乘行为也不应剥夺同乘人在受到侵权损害时请求赔偿的权利，更不应该对好意施惠人科以严格的义务。故在发生损害赔偿，属于机动车一方责任时，应减轻机动车使用人的赔偿责任。减轻赔偿责任的比例应在交通事故责任认定基础上并结合案情予以判定。

(3)机动车使用人存在故意或重大过失行为时，不能减轻其责任。本条的确立填补了生活中好意同乘的空白，2021 年 1 月 4 日，南京首例“好意同乘”案调解结案，《民法典》的实施为生活中民事行为增加法律依据，这是民事立法的重大进步。

（编写人：夏　青）

第六章　医疗损害责任

法律条文

第一千二百一十八条　患者在诊疗活动中受到损害，医疗机构或者其医务人员有过错的，由医疗机构承担赔偿责任。

条文主旨

本条是关于诊疗损害责任的归责原则的规定。诊疗损害责任是指患者在医疗机构就医时，由于医疗机构或者其医务人员的过错，在诊疗护理活动中受到损害的，医疗机构应当承担的损害赔偿责任。《侵权责任法》施行后，医疗损害责任适用过错责任的原则，不再适用审判实践中多采取的过错推定原则；同时，《侵权责任法》统一了有关责任构成、损害赔偿等规定。

诊疗过错责任不能局限理解为医疗技术损害责任，其还包括医疗产品损害责任。医疗产品损害责任的归责原则适用无过错责任原则。《民法典》规定的医疗损害责任是一个宽泛的侵权责任类型，不仅指医疗事故责任或者医疗过错责任的医疗技术损害责任，还包括医疗产品损害责任，因而不可能适用统一的过错责任原则，起码还包括无过错责任原则。[①]

医疗损害责任纠纷案中，常见的类型为医疗机构的医务人员因过错造成患者损害，并非由医务人员对受害人承担民事责任，而是由医疗机构承担赔偿责任，即“替代责任”。替代责任是与自己责任相对应的责任概念，其历史渊源为《法国民法典》第1384条的规定，即为他人的行为负责和为自己管领下的物件造成的损害负责的侵权责任形态，并不与过错责任原则相对应。替代责任的内涵在于，在何种情况下，行为人实施的行为造成他人损害的，应当由责任人代替

① 参见杨立新：《〈侵权责任法〉规定的医疗损害责任归责原则》，载《河北法学》2012年第12期。

行为人承担赔偿责任等。例如,司法实践中也会遇到个体诊所诊疗过错行为,个体诊所登记在册的医疗机构,在出现医疗损害纠纷时,受害者同样向个体诊所提出诉求,由其承担责任。如果个体诊所属于个体经营的性质,对于责任承担,个人经营的,以个人财产承担;家庭经营的,以家庭财产承担。(前述法律适用规则,于河北省石家庄市中级人民法院(2014)石民一终字第00127号民事判决书中有所体现。)

新旧法对比

《侵权责任法》	《民法典》
第五十四条　患者在诊疗活动中受到损害,医疗机构及其医务人员有过错的,由医疗机构承担赔偿责任。	第一千二百一十八条　患者在诊疗活动中受到损害,**医疗机构或者其医务人员有过错的**,由医疗机构承担赔偿责任。

理解与适用

1. 厘清医疗损害责任纠纷基本构成要素

医疗损害责任纠纷基本构成要素包括:其一,权利主体为受到损害的患者,如果患者死亡的,其近亲属为权利主体;其二,责任主体即医疗机构;其三,患者在诊疗活动中受到损害,如果不是在诊疗活动中受到损害,就不属于医疗损害责任纠纷。

(1)患者。

《高级汉语词典》中将"患者"定义为"接受内外科医师的治疗与照料的病人"。然而,现行的法律并未对"患者"作出定义。有些人认为患者就是前往医疗机构接受医疗救治的病人。但随着现代医学技术、医疗需求的日益发展,上述理解并不能涵盖全部。例如,医疗美容、保健、疫苗接种等。接受医疗服务的主体不仅包含病员,还包括为预防疾病或求学求职而去体检的人员、进行妇科检查的妇女及孕妇以及为保健、美容等前往医疗机构就诊的人员等。[①]

世界卫生组织在《欧洲病人权利准则》中给出患者定义,即无论是否患有疾病,凡是接受医疗机构提供医疗服务的人,都是病人。在现代社会中,医疗机构面向广大公众提供服务主要包含四方面:第一,对疾病的诊断、治疗行为;第二,疾病预防行为,如疫苗接种、健康宣教、体检;第三,以计划生育为目的的各种医

① 参见王利明等主编:《侵权责任法条文释义》,人民法院出版社2010年版,第329页。

疗措施;第四,医疗美容。①

故在医疗损害责任纠纷中,凡是接受医疗机构提供医疗服务的人都属于患者范畴。

(2)医疗机构与医务人员。

一是医疗机构。

依照《医疗机构管理条例》《医疗机构管理条例实施细则》的规定,医疗机构是指经登记取得《医疗机构执业许可证》的各类机构。

《医疗机构管理条例》第2条规定:医疗机构包括从事疾病诊断、治疗活动的医院、卫生院、疗养院、门诊部、诊所、卫生所(室)以及急救站等。

《医疗机构管理条例实施细则》第3条、第4条规定,医疗机构包括:①综合医院、中医医院、中西医结合医院、民族医医院、专科医院、康复医院;②妇幼保健院、妇幼保健计划生育服务中心;③社区卫生服务中心、社区卫生服务站;④中心卫生院、乡(镇)卫生院、街道卫生院;⑤疗养院;⑥综合门诊部、专科门诊部、中医门诊部、中西医结合门诊部、民族医门诊部;⑦诊所、中医诊所、民族医诊所、卫生所、医务室、卫生保健所、卫生站;⑧村卫生室(所);⑨急救中心、急救站;⑩临床检验中心;⑪专科疾病防治院、专科疾病防治所、专科疾病防治站;⑫护理院、护理站;⑬医学检验实验室、病理诊断中心、医学影像诊断中心、血液透析中心、安宁疗护中心;⑭其他诊疗机构。此外,卫生防疫、国境卫生检疫、医学科研和教学等机构在本机构业务范围之外开展诊疗活动以及美容服务机构开展医疗美容业务的,必须依据上述条例及细则,申请设置相应类别的医疗机构。

通常情况下,医疗机构作为独立主体的判断并无太大争议。但如卫生院、门诊部、护理站、乡村卫生室、个人诊所能否作为独立责任主体则往往不容易判断。笔者认为,应当依据《医疗机构管理条例》《医疗机构管理条例实施细则》的规定来判断上述主体能否成为独立的责任主体。

依照《医疗机构管理条例》第15条、第16条的规定,医疗机构执业,必须进行登记,领取《医疗机构执业许可证》。故具备医疗机构执业登记系独立承担民事责任的前提。比如,原卫生部《关于同意设置上海美兆门诊部的批复》中明确:批准同意上海海鸥控股(集团)有限公司,美兆生活上海资本控股股份有限公司合资举办医疗机构的立项申请,该医疗机构类别是综合门诊,经营性质是营利性医疗机构;成立后的医院应具备法人资格,正式运营后,在经济运行上独立核算,独立承担民事责任。

① 参见王利明等主编:《侵权责任法裁判要旨与审判实务》,人民法院出版社2010年版,第367页。

二是医务人员。

医务人员除了依法取得相应资格的从事医疗活动的各类人员外，还应包含医疗机构中提供相关服务的其他人员及管理者。笔者认为，判断医疗损害责任纠纷中医务人员的范围，仅应当针对患者在诊疗活动中受到的损害承担责任人员范围为限。例如，医院的驾驶员驾驶救护车将已经在该医院就诊完毕走出医院的患者撞伤，这当然不属于医疗损害责任纠纷，而属于一般的交通事故。

三是诊疗活动。

依照《医疗机构管理条例实施细则》第 88 条规定，诊疗活动是指通过各种检查，使用药物、器械及手术等方法，对疾病作出判断和消除疾病、缓解病情、减轻痛苦、改善功能、延长生命、帮助患者恢复健康的活动。一般而言，诊疗活动的基本特征有二：第一，诊疗行为是以治疗、矫正或预防人体疾病、伤害残缺或保健为直接目的的行为，直接表现为使患者尽快恢复健康，延长寿命；第二，诊疗行为是借助医学的方法和手段的行为，包括检查、药品、器械、手术等方法进行预防、判断和治疗；第三，诊疗行为是由医疗机构组织、由医务人员实施的行为。[①]

《民法典》第 1218 条中表述“患者在诊疗活动中受到损害”，从文义上看，比“患者因诊疗活动受到损害”的范围更广。换言之，患者受到损害即使非因诊疗活动本身导致，但损害发生在诊疗活动中，也属于医疗损害责任纠纷的范围。“患者在诊疗活动中受到损害”涉及医疗机构在管理、后勤等方面存在过错行为，这一过错行为能够作用于医疗机构的诊疗活动，并最终反映为医疗机构延误治疗或者错误治疗，从而导致患者损害，也应属于医疗损害责任纠纷。比如，笔者办理案件过程中，比较典型为院前急救。医疗机构急救人员一般由医生、护士、司机和担架工为急救单元组合，在院前急救诊疗过程中，担架工搬抬过程中将患者手部夹伤致骨折，后患者经多院就医，救治无效死亡，作为院前急救的医疗机构看似非诊疗行为（致患者手部开放性骨折的搬抬行为），但也应纳入医疗损害纠纷案件中一并处理。

需要明确的是，患者在医疗机构中受到的损害不能完全等同于医疗损害，还需要区别损害是否发生“在诊疗活动中”。比如，患者在接受医学影像诊疗过程中，由于医疗器械本身的缺陷或安装、维护不及时等导致患者摔伤或者砸伤等情形，应属于在诊疗过程中受到损害，故应属于医疗损害责任纠纷。如果仅为单纯发生在医院内物件致人损害，并不存在医疗机构违反诊疗规范或者诊疗活动密切相关的情形，而是一般的物件致人损害，不宜确定为医疗损害责任纠纷。再

① 参见杨立新：《医疗损害责任构成要件的具体判断》，载《法律适用》2012 年第 4 期。

如，抱错婴儿的情况，通常由医疗机构或者医务人员的护理过失引起，属于医疗损害责任纠纷案件。

2. 明确举证责任的一般规则与例外

依照《医疗损害责任纠纷司法解释》第 4 条规定："患者依据民法典第一千二百一十八条规定主张医疗机构承担赔偿责任的，应当提交到该医疗机构就诊、受到损害的证据。患者无法提交医疗机构或者其医务人员有过错、诊疗行为与损害之间具有因果关系的证据，依法提出医疗损害鉴定申请的，人民法院应予准许。医疗机构主张不承担责任的，应当就民法典第一千二百二十四条第一款规定情形等抗辩事由承担举证证明责任。"

上述规定明确了患者主张医疗机构承担诊疗过错赔偿责任的举证责任。

在规定诊疗损害责任为过错责任的同时，也规定在违反诊疗法规规范，隐匿或者拒绝提供病历资料，遗失、伪造篡改或者销毁病历资料三种情形，推定诊疗行为有过错。

实务问题

律师在接受当事人委托前提供咨询服务过程中，应审查该案是否具备以下受理条件：(1)是否存在医患关系；(2)是否发生人身或财产损害结果；(3)在医疗活动中是否存在违法、违规或违约行为；(4)医疗产品是否存在缺陷；(5)违法、违规、违约行为以及产品缺陷是否和损害后果有因果关系；(6)诉讼时效；(7)确定当事人主体资格。

重点审查患者的就诊挂号凭证、病历、医疗费发票或者就诊相关证据资料。

人身损害结果包括暂时性及永久性。如果医疗尚未终结，损害结果不能确定，可以保留诉权，待损害结果可量化时另行起诉。

律师依照医疗卫生管理法律、行政法规、部门规章、诊疗护理规范、常规，全面分析当事人是否有违反上述规定的行为；如果医患双方存在协议，律师还应当审查是否有违约行为。

《民法典》第 188 条规定，向人民法院请求保护民事权利的诉讼时效期间为 3 年。法律另有规定的，依照其规定。诉讼时效期间自权利人知道或者应当知道权利受到损害以及义务人之日起计算。法律另有规定的，依照其规定。但是，自权利受到损害之日起超过 20 年的，人民法院不予保护，有特殊情况的，人民法院可以根据权利人的申请决定延长。

依照上述规定，医疗损害责任纠纷诉讼时效一般以权利人知道或者应当知道权利受到损害之日起 3 年计算。

律师在患方当事人无法提供相关证据时,可指导其取得和保存上述相关证据资料。律师可指导或者代理当事人复印、封存相关病史资料,并熟悉复印的范围、封存的程序。如涉及案件疑似输液、输血、医疗器械、消毒药剂等引起的不良后果,可以指导或者代理当事人对现场实物进行封存。目前对病历封存时间和流程没有统一明确的规定,在实践中,患者一方提出封存病历时,医疗机构内设相关部门(一般为医务部、医务处、医患协调办公室或者病案部门)应负责及时封存病历,在双方在场的情况下,将病历放入封存袋中,在封口处粘贴封条,然后由双方代表签字。2002 年版的《医疗机构病历管理规定》规定封存的病历可以是复印件,但实践中往往封存病历原件。2013 年版的《医疗机构病历管理规定》第 24 条至第 27 条规定:依法需要封存病历时,应当在医疗机构或者其委托代理人、患者或者其代理人在场的情况下,对病历共同进行确认,签封病历复印件。医疗机构申请封存病历时,医疗机构应当告知患者或者其代理人共同实施病历封存;但患者或者其代理人拒绝或者放弃实施病历封存的,医疗机构可以在公证机构公证的情况下,对病历进行确认,由公证机构签封病历复制件。医疗机构负责封存病历复制件的保管。封存后病历原件可以继续记录和使用。按照《病历书写基本规范》和《中医病历书写基本规范》要求,病历尚未完成,需要封存病历时,可以对已完成病历先行封存,当医师按照规定完成病历后,再对新完成部分进行封存。有关病历书写基本规范中时限规定,将在后文中详述。

患者死亡,医患双方当事人不能确定死因或者对死因有异议的,应当在患者死亡后 48 小时内进行尸检;具备实体冷冻条件的,可以延长至 7 日。尸检应当经过死者近亲属同意并签字。律师可以分析尸检的必要性以及告知当事人尸检的程序。

律师确定当事人主体资格时,对于患方,核实患者或者近亲属身份证原件以及亲属关系证明;对于医方,可以核实医疗机构执业许可证以及法定代表人身份证明。

(编写人:陈 雯)

法律条文

第一千二百一十九条　医务人员在诊疗活动中应当向患者说明病情和医疗措施。需要实施手术、特殊检查、特殊治疗的,医务人员应当及时向患者具体说明医疗风险、替代医疗方案等情况,并取得其明确同意;不能或者不宜向患者说明的,应当向患者的近亲属说明,并取得其明确同意。

医务人员未尽到前款义务,造成患者损害的,医疗机构应当承担赔偿责任。

条文主旨

本条是关于医疗机构说明义务及相应法律后果的规定。本条规定适用“诊疗活动”的一般说明义务，规定“实施手术、特殊检查、特殊治疗”的特殊说明义务，特殊说明义务以“书面形式告知后同意”。

新旧法对比

《侵权责任法》	《民法典》
第五十五条　医务人员在诊疗活动中应当向患者说明病情和医疗措施。需要实施手术、特殊检查、特殊治疗的，医务人员应当及时向患者说明医疗风险、替代医疗方案等情况，并取得其书面同意；不宜向患者说明的，应当向患者的近亲属说明，并取得其书面同意。 医务人员未尽到前款义务，造成患者损害的，医疗机构应当承担赔偿责任。	第一千二百一十九条　医务人员在诊疗活动中应当向患者说明病情和医疗措施。需要实施手术、特殊检查、特殊治疗的，医务人员应当及时向患者**具体说明**医疗风险、替代医疗方案等情况，并取得其明确同意；**不能或者**不宜向患者说明的，应当向患者的近亲属说明，**并取得其明确同意**。 医务人员未尽到前款义务，造成患者损害的，医疗机构应当承担赔偿责任。

理解与适用

患者享有知情同意权，医务人员应当对患者履行说明义务。在医疗领域中，创设告知义务是因为具有侵袭性的医疗行为必须获得正当性基础，而患者的知情同意权是阻却侵袭性医疗行为违法性的法定事由。[①]

我国现行法律规定中，也存在对医务人员说明义务的诸多规定。根据《执业医师法》第 26 条规定，医师应当如实向患者或者其家属介绍病情，但应注意避免对患者产生不利后果。医师进行实验性临床医疗，应当经医院批准并征得患者本人或其家属同意。《医疗事故处理条例》第 11 条规定，在医疗活动中，医疗机构及其医务人员应当将患者的病情、医疗措施、医疗风险等如实告知患者，及时解答其咨询；但是，应当避免对患者产生不利后果。《医疗机构管理条例》第 33 条规定，医疗机构实施手术、特殊检查或者特殊治疗时，必须征得患者同意，并应当取得其家属或者关系人同意并签字；无法取得患者意见时，应当取得家属或者关系人同意并签字。《医疗机构管理条例实施细则》第 62 条规定，医疗机构应当尊重患者对自己的病情、诊断、治疗的知情权利。在实施手术、特殊检查、特殊治疗时，应当向患者作必要的解释。因实施保护性医疗措施不宜向患者说明情

① 参见杨立新、袁雪石：《论医疗机构违反告知义务的医疗侵权责任》，载《河北法学》2006 年第 12 期。

况的,应当将有关情况通知患者家属。《病历书写基本规范》(2013 年版)第 10 条规定,对需取得患者书面同意方可进行的医疗活动,应当由患者本人签署知情同意书。患者不具备完全民事行为能力时,应当由其法定代理人签字;患者因病无法签字时,应当由其授权的人员签字;为抢救患者,在法定代理人或者被授权人无法及时签字的情况下,可由医疗机构负责人或者授权的负责人签字。因实施保护性医疗措施不宜向患者说明情况的,应当将有关情况告知患者近亲属,由患者近亲属签署知情同意书,并及时记录。患者无近亲属或者近亲属无法签署知情同意书的,由患者的法定代理人或者关系人签署同意书。

通过《侵权责任法》第 55 条具体规定与《民法典》第 1219 条规定对比,笔者提请注意三点:其一,有关特殊说明义务,新增"具体说明"的要求,即对于手术、特殊检查、特殊治疗,医务人员应当及时向患者具体说明医疗风险、替代医疗方案等情况,不宜采取笼统、含糊的说明。其二,取得患者一方同意不再硬性要求均为书面形式,但应当取得"明确"同意,有关证据的证明标准应达到此要求,当然,在实务中,书面形式的证明效力较强、证明形式易固定的优势不容忽视。其三,"不宜向患者说明的"修改为"不能或者不宜向患者说明的",从医务人员说明义务的体系上更为完备。

1. 医务人员说明的内容

根据《民法典》第 1219 条的规定,医务人员的说明内容包括如下四方面:

(1)患者病情。患者病情包括疾病的名称、性质、严重程度、发展变化趋势、诊断依据、治愈的可能性等。

(2)医疗措施。医疗措施包括可供选择的医疗措施、各种医疗措施的利弊、根据患者病情拟选择的医疗措施、医疗措施的治疗效果和预后、医疗措施的预计所需的费用、可能出现的并发症和风险、不采取医疗措施的危险性等。

(3)医疗风险。医疗风险是指医疗措施可能出现的并发症、后遗症、不良反应、风险发生的概率、风险预防的可能性、医疗设备、药物毒副作用等内容。

(4)替代医疗方案等情况。一种疾病的诊疗方法不止一个,不同的诊疗方法有可能疗效不尽相同,相应的技术要求、医疗费用也不一样,医务人员需要向患者说明如上内容。替代医疗方案具体内容如:有无可替代的医疗措施;替代方案的风险和性质、危险程度等;替代医疗方案的疗效;替代医疗方案可能引发的并发症及意外;不采取替代医疗方案的理由等。

此外,本条中强调对于"手术、特殊检查、特殊治疗"需要向患者具体说明"医疗风险、替代医疗方案等情况",那么何为"特殊检查、特殊治疗"?根据《医疗机构管理条例实施细则》第88条规定,包括:第一,有一定危险性,可能产生不良后果的检查和治疗;第二,由于患者体质特殊或者病情危笃,可能对患者产生不良后果和危险的检查和治疗;第三,临床试验性检查和治疗;第四,收费可能对患者造成较大经济负担的检查和治疗。

不宜向患者说明的情况,如患者悲观、恐惧、心理负担较重,不利于治疗的,应当向患者近亲属说明,并取得其明确同意。笔者认为,判断是否适宜向患者本人履行说明义务,医务人员具有一定的自由裁量权,但需要谨慎判断,本着对患者本人履行说明义务对患者的健康无损害的原则,进行明确判断。

2. 医务人员违反说明义务的医疗损害责任构成要件

(1)医务人员违反说明义务的违法行为。医务人员的说明义务具有法定性,如果违反说明的法定义务,其行为具有违法性。如何判断医务人员是否尽到告知义务?笔者认为,首先,医务人员应当向患者说明与当前医疗水平相当的、临床实践中安全性和有效性均得到普遍认可的治疗方案。如实向患者说明其所在医院是否能够达到当前一般医疗水平,说明该医疗机构、医务人员是否具备实施能力等信息。其次,在诊疗过程中,告知患者疾病名称、可选择的治疗方案、预后效果、相关药品的使用方法、治疗费用等注意事项。最后,向患者说明当前医疗水平下,安全性、有效性尚未被完全印证或认可的其他治疗方案等信息。

(2)患者受到损害的事实。医务人员违反说明义务,侵害了患者的知情权、决定权或隐私权,给患者造成人身损害、财产损害、精神损害等。

(3)违反说明义务与患者受到损害之间具有因果关系。关于违反说明义务的违法行为与患者知情权、决定权、患者实质利益遭受损害之间引起与被引起的关系。根据《医疗损害责任纠纷司法解释》第5条规定,患者依据《民法典》第1219条规定主张医疗机构承担赔偿责任的,应当按照前条第1款规定提交证据。实施手术、特殊检查、特殊治疗的,医疗机构应当承担说明义务并取得患者或者患者近亲属明确同意,但属于《民法典》第1220条规定情形的除外。医疗机构提交患者或者患者近亲属明确同意证据的,人民法院可以认定医疗机构尽到说明义务,但患者有相反证据足以反驳的除外。

(4)存在医疗过错。如果医务人员未尽到说明义务,则可以认定医疗机构存在过错。

实务问题

1. 举证责任分配

在目前国内司法实务中,对于医疗机构或者医务人员违反说明义务并未造成患者实质性人身损害的,医疗机构是否应当承担赔偿责任的问题,各地法院对此争议较大。

医疗机构或者医务人员违反说明义务,造成患者人身实质性损害时应当承担赔偿责任。在诊疗行为过程中,说明义务的细化程度、相应标准尚未统一、全面。涉及实务中的具体案件举证责任分配问题,医疗损害责任过错责任归责原则确定由患者举证,说明义务涉及专门性问题时,通常通过鉴定来解决,即由患者申请启动鉴定来进行具体判定。如果涉及实施手术、特殊检查、特殊治疗的情形,对患者一方举证责任适当缓和,此外,医疗机构提供患者或者患者近亲属书面同意的证据,可认定医疗机构尽到说明义务。

2. 常见的告知书类型

在律师办案过程中,必然接触大量病历,其中存在诊疗过程以"告知书"形式存在的文件,其中以手术同意书、手术风险告知书等最为常见。下文将介绍几种常见的告知书类型。

(1)手术同意书。原卫生部关于印发《病历书写基本规范》第23条规定,手术同意书是指手术前,经治医师向患者告知拟施手术的相关情况,并由患者签署是否同意手术的医学文书。内容包括术前诊断、手术名称、术中或者术后可能出现的并发症、手术风险、患者签署意见并签名、经治医师和术者签名等。手术同意书需要告知的风险常见有三种:一般手术风险、具体手术风险和具体病人风险。一般手术风险包括麻醉意外、术后感染、切口不愈合、损伤相邻器官、术中术后大出血、术中并发脑血管以外、术后血液凝集障碍或高凝等一般并发症和病灶切除不完全、切除过多、疾病复发、难以切除病灶、手术效果不佳等一般性问题。在手术过程中,会出现扩大手术范围、改变手术方式等情形,这些变化情形也应当如实向患者及近亲属说明,重新签署手术同意书。

(2)知情同意书。比较常见的知情同意书包括麻醉同意书、输血治疗知情同意书、特殊检查、特殊治疗同意书等。原卫生部关于印发《病历书写基本规范》第24条规定,麻醉同意书是指麻醉前,麻醉医师向患者告知拟施麻醉的相关情况,并由患者签署是否同意麻醉意见的医学文书。内容包括患者姓名、性别、年龄、病案号、科别、术前诊断、拟行手术方式、拟行麻醉方式,患者基础疾病及可能对麻醉产生影响的特殊情况,麻醉中拟行的有创操作和监测,麻醉风险、可能发生的并发症及意外情况,患者签署意见并签名,麻醉医师签名并填写日期。第25条规定,输血治疗知情同意书是指输血前,经治医师向患者告知输血的相关情况,并由患者签署是否同意输血的医学文书。输血治疗知情同意书内容包括患者姓名、性别、年龄、科别、病案号、诊断、输血指征、拟输血成分、输血前有关检查结果、输血风险及可能产生的不良后果、患者签署意见并签名、医师签名并填写日期。第26条规定,特殊检查、特殊治疗同意书是指在实施特殊检查、特殊治疗前,经治医师向患者告知特殊检查、特殊治疗的相关情况、并由患者签署是否同意检查、治疗的医学文书。内容包括特殊检查、特殊治疗项目名称、目的、可能出现的并发症及风险、患者签名、医师签名等。

(3)另外,比较常见的是巨额检查和治疗知情同意书,如高价药品、医疗器械等,不属于公费医疗或合作医疗等范围,该部分费用对患者及家庭而言并不轻松,为了避免不必要的纷争,医疗机构应当制定"使用药品、医疗器械知情同意书",经患者或家属签字同意后方可使用。除了上述介绍的同意书以外,还有诸如捐赠器官的知情同意书、接受器官移植的知情同意书、辅助生殖技术知情同意书等。

(编写人:陈　雯)

法律条文

第一千二百二十条　因抢救生命垂危的患者等紧急情况,不能取得患者或者其近亲属意见的,经医疗机构负责人或者授权的负责人批准,可以立即实施相应的医疗措施。

条文主旨

本条是关于紧急救治的法律规定。

新旧法对比

《侵权责任法》	《民法典》
第五十六条　因抢救生命垂危的患者等紧急情况,不能取得患者或者其近亲属意见的,经医疗机构负责人或者授权的负责人批准,可以立即实施相应的医疗措施。	【内容不变】第一千二百二十条

理解与适用

1. 医疗机构采取紧急救治时"紧急情况"到底为何

医疗机构履行紧急救治义务必须符合特定条件,医疗机构实施紧急救治行为的前提条件是抢救生命垂危的患者等紧急情况。现行的医疗法规规章对于

“紧急情况”的界定为：患者因疾病发作、突然外伤受害及异物侵入体内，身体处于危险状态或者非常痛苦的状态，在临床上表现为急性外伤、脑挫伤、意识消失、大出血、心绞痛、急性严重中毒、呼吸困难、各种原因所致的休克等。

换言之，紧急情况可以分为两个方面：其一，时间上的紧急性，需要医生诊疗时间非常短，技术上不可能做出全面考虑及安排；其二，事项的紧急性，患者基本的生命体征维系需要医生做出紧急性的判断。

虽然本条中仅规定“生命垂危”这一紧急情况，然而笔者认为在日常诊疗活动中，诸如为患者身体实现最大利益也应当纳入其中，除了抢救生命垂危的患者，诸如虽没有严重生命危险，但患者不能行使决定权，如果不采取紧急救治措施，患者的健康利益将严重受损的情况也应当纳入其中。比如，患者在工地上被切断手指，工友将患者送往医院过程中，患者已丧失意识，且伤口严重感染，如果不立即切除手指将会使得整个手掌保不住，如果等待患者自主恢复意识或者等待家属表态已来不及，此时适用紧急救治的法律规定就显得尤为必要。

《民法典》第1219条规定了医疗机构说明义务和患者的知情同意权。而在紧急救治的前提下，患者多因意识障碍，不能正确表达、行使知情同意权，而此时基于紧迫性，患者的生命、身体价值应当优先于知情同意权，从患者生命、健康利益最大化角度出发，应当从法律上作出紧急救治的制度安排。如果患者或者近亲属不正当行使自主决定权，如医疗机构依法履行说明义务后，患者或者患者近亲属不同意抢救，进而不能强制实施抢救行为，由此造成的不良后果，医疗机构不构成侵权。在肖某军案件中，其妻子李某云因难产生命垂危，且身无分文，北京某医院决定让其先免费治疗，但胎儿的父亲肖某军拒绝在剖宫产手术单上签字。经医院院长、“110”民警和正在医院看病的病人及家属多方劝解，肖某军仍然置之不理，拒不签字，并在手术单上写“坚持用药治疗，坚持不做剖宫产手术，后果自负”。医院调来神经科医生，确定肖某军无精神障碍，最终在医院的药物抢救下，肖某军的妻子死亡，胎儿也死亡。在该案中，由于医院在决定实施手术前，已经将患者病情、医疗措施、不手术可能存在的风险明确告知患者家属，患者家属在手术同意书上签字表明不同意手术。因此，医疗机构已经尽到了说明义务，故产生的不利后果不应当由医疗机构负责。需要强调的是，医疗紧急救治必须要在不能取得患者或者患者近亲属意见的情况下，也就是患者一方不能行使知情同意权，医疗机构才得实施紧急救治行为。

2. 不能取得患者或者近亲属意见是指哪些情形

《医疗损害责任纠纷司法解释》第18条规定，因抢救生命垂危的患者等紧急情况且不能取得患者意见时,下列情形可以认定为《民法典》第1220条规定的不能取得患者近亲属意见:(1)近亲属不明的;(2)不能及时联系到近亲属的;(3)近亲属拒绝发表意见的;(4)近亲属达不成一致意见的;(5)法律、法规规定的其他情形。

前款情形,医务人员经医疗机构负责人或者授权的负责人批准立即实施相应医疗措施,患者因此请求医疗机构承担赔偿责任的,不予支持;医疗机构及其医务人员怠于实施相应医疗措施造成损害,患者请求医疗机构承担赔偿责任的,应予支持。

实务问题

关于医疗机构怠于紧急救治的责任问题。一般而言,怠于紧急救治也属于医疗损害责任的一种类型,同样需要由损害事实、违法行为、因果关系和主观过错四个要件构成。例如患者生命体征受到严重威胁,需要采取紧急救治措施,但该措施可能造成不良后果,但为了挽救患者的生命,对可能出现的不良后果不再考虑,医务人员只要尽到合理的注意义务,挽救患者生命,即使造成不良后果,对患者造成一定损害,也不认为构成医疗损害责任,此时医疗机构不承担赔偿责任。

(编写人:陈　雯)

法律条文

第一千二百二十一条　医务人员在诊疗活动中未尽到与当时的医疗水平相应的诊疗义务,造成患者损害的,医疗机构应当承担赔偿责任。

条文主旨

本条是关于诊疗义务标准判断的规定。

新旧法对比

《侵权责任法》	《民法典》
第五十七条　医务人员在诊疗活动中未尽到与当时的医疗水平相应的诊疗义务,造成患者损害的,医疗机构应当承担赔偿责任。	【内容不变】第一千二百二十一条

理解与适用

认定“诊疗过错”，要以“当时的医疗水平”作为判断标准，“当时的医疗水平”涉及医疗机构、医务人员资质及地区性差异等因素。

根据《医疗损害责任纠纷司法解释》第16条规定，对医疗机构或者其医务人员的过错，应当依据法律、行政法规、规章以及其他有关诊疗规范进行认定，可以综合考虑患者病情的紧急程度、患者个体差异、当地的医疗水平、医疗机构与医务人员资质等因素。

各地医疗水准并非同步，不同医疗机构及医务人员资质存在差别，承办案件过程中，经常会遇到很多偏远地区的医疗机构选择的医疗技术、医疗手段已经为城市三级甲等医院淘汰的情形，而本条规定的意义在于，适当考虑医疗机构及其医务人员资质、地区差异等客观因素，能够公平合理地确定医务人员违反诊疗义务的标准，符合我国医疗发展的实际情况。

在审判实践中，很多判决采用考虑医疗机构当地医疗水平、患者个体差异等因素判断案件。例如在王某等与郑州某医院医疗损害责任纠纷案中，郑州某医院对原告的母亲实施腰椎后路切开复位椎管减压植骨融合内固定术。术后患者被诊断为双侧骨神经损伤，系术中造成。后患者无法恢复而自杀。法院经审理后认为，作为医务人员，有义务具备同一或相似地区在相同条件下从业医务人员所应具有的学识和技术，有义务持同一或者相似地区在相同条件下从业医务人员在相同病例中注意使用相应技术，有义务在实施技术或应用学识时保持合理的理性并作出最佳判断。被告作为三级综合医院，应具备同一地区的医疗水准，但在手术中未尽审慎注意义务致患者损伤。同时对原告实施的手术并非最先进的，而是最传统的。尽管最传统的手术方式并未被废止，但在降低手术风险、治愈患者方面最先进的手术方式更有效果。因此，被告未尽到与当时医疗水平相应的诊疗义务。[①]

法院将医疗机构的具体情况，如医疗机构的级别、资质、所属地区等客观情况，作为判断是否符合医疗水平的因素。把同一地区、同等级别的医院，同类资质的医务人员作为参照对象，判断是否达到当时的医疗水平。

诊疗过错认定依据，首先以医疗卫生管理法律、行政法规、部门规章、诊疗护理规范，作为判断医疗过失的基本依据。此外，《医疗损害责任纠纷司法解释》第16条也规定了认定医疗机构诊疗过错应当参考的因素，如医疗机构的资质等级及所处地区、医务人员的资质等级（比如全科医师、专科医师，临床执业证资格

---

① 河南省郑州市管城回族区人民法院（2011）管民初字第1357号。

等级制度，如住院医师、主治医师、副主任医师、主任医师等技术职称）、患者的个体差异（如高龄基础病的老年患者，较之其他患者在诊疗护理方面，需要医疗机构尽到更多的注意义务等）。

实务问题

在实践中，对诊疗过错的认定通常通过司法鉴定解决。医疗过错鉴定人员主要为法医类医师，当然也会聘请具备临床经验的医师作为辅助专家参与其中。但需要提示，鉴定人对诊疗过错的鉴定意见，多会被法院直接采纳，作为律师，可结合本条规定，从当地医疗水平、医疗机构与医务人员资质、患者个体差异等方面提请法院对案件中诊疗过错行为进行综合的判定。

（编写人：陈　雯）

法律条文

第一千二百二十二条　患者在诊疗活动中受到损害，有下列情形之一的，推定医疗机构有过错：

（一）违反法律、行政法规、规章以及其他有关诊疗规范的规定；

（二）隐匿或者拒绝提供与纠纷有关的病历资料；

（三）遗失、伪造、篡改或者违法销毁病历资料。

条文主旨

本条是关于推定医疗机构过错的规定。

新旧法对比

《侵权责任法》	《民法典》
第五十八条　患者有损害，因下列情形之一的，推定医疗机构有过错： （一）违反法律、行政法规、规章以及其他有关诊疗规范的规定； （二）隐匿或者拒绝提供与纠纷有关的病历资料； （三）伪造、篡改或者销毁病历资料。	第一千二百二十二条　患者**在诊疗活动中受到**损害，**有下列情形之一的**，推定医疗机构有过错： （一）违反法律、行政法规、规章以及其他有关诊疗规范的规定； （二）隐匿或者拒绝提供与纠纷有关的病历资料； （三）**遗失、伪造、篡改或者违法销毁**病历资料。

理解与适用

1.“违反法律、行政法规、规章以及其他有关诊疗规范的规定”具体情形

违反法律、行政法规、规章以及其他有关诊疗护理规范，是判断医疗机构及其医务人员诊疗过错的直接标准。目前，我国已颁布的医疗卫生管理方面的法律、行政法规主要为：《执业医师法》《传染病防治法》《传染病防治法实施办法》《母婴保健法》《母婴保健法实施办法》《献血法》《职业病防治法》《药品管理法》《血液制品管理条例》《医疗机构管理条例》等。

医学作为一门专业性极强的自然科学，高度的专业性和复杂的技术性是医疗行为突出的特点。通常情况下，法官对医疗机构的诊疗过程和细节不熟悉，难以判断医疗行为的科学性以及是否符合诊疗护理规范、常规，诉讼中涉及本环节时往往需要通过专门鉴定机构进行判定。

《侵权责任法》实施之前存在医疗损害鉴定二元化问题，即医疗损害赔偿案件医学鉴定方式有两种：一是医学专家鉴定组进行医疗事故技术鉴定；二是法院委托司法鉴定部门进行医疗过错司法鉴定。最高人民法院于 2003 年 1 月 6 日印发的《最高人民法院关于参照〈医疗事故处理条例〉审理医疗纠纷民事案件的通知》（已失效）规定，人民法院在民事审判中，根据当事人的申请或者依职权决定进行医疗事故司法鉴定的，交由条例所规定的医学会组织鉴定。因医疗事故以外的原因引起的其他医疗赔偿纠纷需要进行司法鉴定的，按照《人民法院对外委托司法鉴定管理规定》组织鉴定。

目前，医疗事故鉴定逐渐被医疗过错司法鉴定取代，但在医疗损害责任纠纷案件中，确实存在案由为医疗损害责任纠纷，但原告提出医疗事故鉴定申请，法院确定由受诉法院所在地的医学会进行医疗事故鉴定的情况。至于医疗事故鉴定意见出具后，原告不认可是否有权再申请医疗过错司法鉴定，各地法院对此处理方式并不统一，但考虑到医疗事故鉴定意见中，仅显示是否构成医疗事故的鉴定结论，对医疗行为是否存在过错仅作简单说明甚至根本没有提及，医疗过错司法鉴定则侧重于分析、论证医疗行为是否存在过错及过错与损害后果之间是否存在因果关系，而且还可以对伤残等级、损伤程度等进行鉴定，故有些法院会同意原告提出的医疗过错司法鉴定申请。

2.“隐匿或者拒绝提供与纠纷有关的病历资料”及“遗失、伪造、篡改或者违法销毁病历资料”

根据《医疗损害责任纠纷司法解释》第 6 条第 2 款规定，患者依法向人民法院申请医疗机构提交由其保管的与纠纷有关的病历资料等，医疗机构未在人民

法院指定期限内提交的，人民法院可以依照《民法典》第1222条第2项规定推定医疗机构有过错，但是因不可抗力等客观原因无法提交的除外。

在诉讼中，医疗机构在人民法院指定的期限内隐匿或者拒绝提交病历资料，除非医疗机构存在没有过错的客观事由(如不可抗力)，否则就应当推定医疗机构有过错。

《第八次全国法院民事商事审判工作会议(民事部分)纪要》第12条规定："对当事人所举证据材料，应根据法律、法规及司法解释的相关规定进行综合审查。因当事人采取伪造、篡改、涂改等方式改变病历资料内容，或者遗失、销毁、抢夺病历，致使医疗行为与损害后果之间的因果关系或医疗机构及其医务人员的过错无法认定的，改变或者遗失、销毁、抢夺病历资料一方当事人应承担相应的不利后果；制作方对病历资料内容存在的明显矛盾或错误不能作出合理解释的，应承担相应的不利后果；病历仅存在错别字、未按病历规范格式书写等形式瑕疵的，不影响对病历资料真实性的认定。"

实务问题

在司法实践中，法律、司法解释明确规定患者应当承担的侵权责任构成要件的举证责任，往往通过医疗损害鉴定解决。但基于本条规定，如果医疗机构的诊疗行为违反了法律、行政法规、规章以及其他有关诊疗规范，患者仅需要举证医疗机构的诊疗行为违反相关规范即可。如果涉及病历伪造、篡改等问题，则仍需要专门性判断，可以依法向人民法院提出相应的鉴定申请。

(编写人：陈　雯)

法律条文

第一千二百二十三条　因药品、消毒产品、医疗器械的缺陷，或者输入不合格的血液造成患者损害的，患者可以向药品上市许可持有人、生产者、血液提供机构请求赔偿，也可以向医疗机构请求赔偿。患者向医疗机构请求赔偿的，医疗机构赔偿后，有权向负有责任的药品上市许可持有人、生产者、血液提供机构追偿。

条文主旨

本条是关于医疗产品责任的相关规定。

新旧法对比

《侵权责任法》	《民法典》
第五十九条　因药品、消毒药剂、医疗器械的缺陷，或者输入不合格的血液造成患者损害的，患者可以向生产者或者血液提供机构请求赔偿，也可以向医疗机构请求赔偿。患者向医疗机构请求赔偿的，医疗机构赔偿后，有权向负有责任的生产者或者血液提供机构追偿。	第一千二百二十三条　因药品、**消毒产品**、医疗器械的缺陷，或者输入不合格的血液造成患者损害的，患者可以向**药品上市许可持有人**、生产者、血液提供机构请求赔偿，也可以向医疗机构请求赔偿。患者向医疗机构请求赔偿的，医疗机构赔偿后，有权向负有责任的药品上市许可持有人、生产者、血液提供机构追偿。

理解与适用

1. 何为“药品上市许可持有人”

药品上市许可持有人制度，是指拥有药品技术的药品研究机构、科研人员、药品生产企业等主体，通过提出药品上市许可申请并获得药品上市许可批件，并对药品质量在其整个生命周期内承担主要责任的制度。有时，上市许可持有人和生产许可持有人为同一主体，有时可能分别为两个独立的主体。上市许可持有人可以自行生产，也可以委托其他企业生产，但需要对药品的安全性、质量承担责任。

2019 年修订《药品管理法》，该法第 30 条规定：“药品上市许可持有人是指取得药品注册证书的企业或者药品研制机构等，药品上市许可持有人应当依照本法规定，对药品的非临床研究、临床试验、生产经营、上市后研究、不良反应监测及报告与处理等承担责任。其他从事药品研制、生产、经营、储存、运输、使用等活动的单位和个人依法承担相应责任。药品上市许可持有人的法定代表人、主要负责人对药品质量全面负责。”该法第三章详细规定了药品上市许可持有人相关制度。

2. 医疗产品责任系不真正连带责任，责任主体对外承担责任形态多为“共同责任”或“连带责任”

不真正连带责任，是指多数行为人违反法定义务，对一个受害人实施加害行为，或者不同的行为人基于不同的行为致使受害人的权利受到损害，各个行为人引起同一内容的侵权责任，各负全部赔偿责任，并因行为人之一的履行而使全体责任人的责任归于消灭的侵权责任形态。医疗产品责任属于特殊的产品责任，除了适用本条规定外，还应当适用《民法典》侵权责任编第四章关于产品责任的规定。

医疗产品责任中，患者可以选择不同的责任主体作为被告，也可以选择他们作为共同被告，法院在查明案件事实、方便解决诉争纠纷的原则下，追加其他责任主体作为共同被告，但不管何种情况，都是由最终责任主体承担责任。实践中，对患者比较稳妥、常见的诉讼策略系将医疗机构、生产者等责任主体同时起诉，将责任主体作为共同被告。如何确定各主体之间责任大小及承担方式？审判实践中通常判项表述为“共同承担责任”，有的直接表述为“承担连带责任”，再确定他们之间具备追偿权。

结合《最高人民法院关于审理食品药品纠纷案件适用法律若干问题的规定》第9条第1款“消费者通过网络交易第三方平台购买食品、药品遭受损害，网络交易第三方平台提供者不能提供食品、药品的生产者或者销售者的真实名称、地址与有效联系方式，消费者请求网络交易第三方平台提供者承担责任的，人民法院应予支持”。第2款“网络交易第三方平台提供者承担赔偿责任后，向生产者或者销售者行使追偿权的，人民法院应予支持”。第3款“网络交易第三方平台提供者知道或者应当知道食品、药品的生产者、销售者利用其平台侵害消费者合法权益，未采取必要措施，给消费者造成损害，消费者要求其与生产者、销售者承担连带责任的，人民法院应予支持”。上述规定中，网络交易平台与生产者、销售者之间对外承担的也是连带责任，并非择一承担责任。

实务问题

1. 医疗产品销售者的责任

在实践中，我们常遇到如下情况：患者按照医疗机构医务人员开具的处方，于医疗机构缴费后，于医疗机构药房获取药品。基于医疗的公益性考虑，《民法典》并没有认定医疗机构是医疗产品的销售者。但基于当前“以药养医”等情况的考虑，医疗机构实际上处于销售者的地位。[①] 实践中还会出现另一种情况：患者自医疗机构取得诊断处方后，并没有从医院缴费获取药品，而是前往药品经营者处购买药品。如果药品缺陷导致患者损害，这时由于医疗机构不具备医疗产品责任主体地位，且没有从药品中获取利益，故不应承担缺陷医疗产品的责任，而应当在药品的生产者和销售者之间确定责任。如果医疗机构在此过程中存在诊疗

① 参见最高人民法院侵权责任法研究小组编著：《〈中华人民共和国侵权责任法〉条文理解与适用》，人民法院出版社2010年版，第419页。

过错,那么则应该按照多因一果的侵权行为综合原因来确定医疗机构的责任。

2. 医疗产品责任追偿

追偿问题涉及医疗产品生产者、销售者之间内部责任关系问题,本条仅仅规定了医疗机构对医疗产品的生产者、药品上市许可持有人的追偿权,并没有规定对医疗产品销售者的追偿权,同时也没有规定医疗产品的生产者、药品上市许可持有人、销售者以及血液提供机构对有过错的医疗机构的追偿权。根据《医疗损害责任纠纷司法解释》第21条第2款、第3款,明确了医疗机构承担责任后,向缺陷医疗产品的生产者、销售者追偿,以及医疗产品的生产者、销售者及血液提供机构向有过错的医疗机构追偿的规定。医疗产品生产者、销售者之间追偿权问题,则可引用《民法典》第1203条规定。

主张追偿权的举证责任,应根据《民事诉讼法解释》第91条规定确定,通常适用"谁主张,谁举证"的规则,可依照患者主张医疗产品责任案件中已经查明的事实完成相应的举证责任。

3. 输入不合格血液的责任

血液制品系与健康密切相关的医疗资源。近年来,因为输血导致患者受到损害的案例时有发生,其中输血感染的案例容易引发社会的广泛关注。输血感染的案件中,受害人与血液提供机构相比处于被动的弱势地位,司法实践中多将血液视为"产品",血液提供者与血液制品的生产者承担相同责任。对于输入不合格血液时医疗机构与血液提供机构之间的责任,本条明确应当适用关于医疗产品责任规定。对于两者之间的追偿权,医疗机构与血液提供机构可就最终责任主体进行追偿。

(编写人:陈 雯)

法律条文

第一千二百二十四条　患者在诊疗活动中受到损害,有下列情形之一的,医疗机构不承担赔偿责任:

(一)患者或者其近亲属不配合医疗机构进行符合诊疗规范的诊疗;

(二)医务人员在抢救生命垂危的患者等紧急情况下已经尽到合理诊疗义务;

(三)限于当时的医疗水平难以诊疗。

前款第一项情形中,医疗机构或者其医务人员也有过错的,应当承担相应的赔偿责任。

条文主旨

本条是关于医疗机构免责的规定。

新旧法对比

《侵权责任法》	《民法典》
第六十条　患者有损害,因下列情形之一的,医疗机构不承担赔偿责任: (一)患者或者其近亲属不配合医疗机构进行符合诊疗规范的诊疗; (二)医务人员在抢救生命垂危的患者等紧急情况下已经尽到合理诊疗义务; (三)限于当时的医疗水平难以诊疗。 前款第一项情形中,医疗机构及其医务人员也有过错的,应当承担相应的赔偿责任。	第一千二百二十四条　患者**在诊疗活动中受到**损害,有下列情形之一的,医疗机构不承担赔偿责任: (一)患者或者其近亲属不配合医疗机构进行符合诊疗规范的诊疗; (二)医务人员在抢救生命垂危的患者等紧急情况下已经尽到合理诊疗义务; (三)限于当时的医疗水平难以诊疗。 前款第一项情形中,医疗机构**或者**其医务人员也有过错的,应当承担相应的赔偿责任。

理解与适用

1. 如何理解"患者及其家属不配合"

在实践中,故意不配合的情形比较少见,但也存在。另外,基于患者及其家属并非专业人士,医疗认知水平有限对医疗机构采取的诊疗措施难以正确透彻理解,导致存在未遵医嘱等不配合现象也存在。但这种情况下,法院将首先审查医疗机构是否已尽到说明义务,如果医疗机构、医务人员已尽到说明义务,因患者或家属不配合导致损害发生,则医疗机构不需要承担赔偿责任。对于医疗机构说明义务尽到与否的判断,通过司法鉴定的方式予以证明。

2. 如何理解抢救生命垂危患者时"合理的诊疗义务"

根据现行的诊疗规范,抢救垂危患者时,患者生命体征受到严重威胁,抢救时间有限,医务人员对患者的病情和症状无法进行特别详尽的检查、了解、诊断,此时不能强求医务人员必须有与日常诊疗一样的思考时间、判断能力,法律对医务人员在抢救垂危患者的注意义务要求低于日常诊疗活动,但因涉及患者的生命健康,故医务人员仍应当尽到合理的诊疗义务。

合理的诊疗义务包括四个方面:第一,要对患者病情进行准确判断,这是医务人员对患者实施准确医疗措施的前提。第二,治疗措施应当合理、恰当。第三,履行适当的说明义务。如果紧急情况下不允许事前说明,那么采取救助措施后应当履行说明义务。第四,紧急救治措施如果对患者存在一定损害,也应当控制在合理范围内。

3. 过失相抵规则的理解

本条第 2 款规定,医疗机构或者医务人员有过错的,应当承担相应赔偿责任。医疗机构承担赔偿责任以符合诊疗过错构成要件为前提,否则不承担赔偿责任。

过失相抵是指受害人的过失对损害的发生或者扩大具有因果关系时,可以考虑对加害人的赔偿责任进行相应的减免。通常认为,过失相抵构成要件包括:受害人必须具有过错、受害人的行为必须是不当的行为、受害人的过错行为与损害后果之间具有因果关系。

实务问题

律师在代理案件过程中,如果代理医疗机构,可以从如下几个方面为医方组织有力证据:

(1)患者及其亲属是否存在不配合诊断、治疗、护理等行为,例如:①拒绝接受治疗或抢救,自动出院的;②拒绝进行必要检查的;③拒绝在知情同意书上签字的;④拒绝医生留院观察建议的;⑤拒绝医生转院检查或治疗建议的;⑥拒绝支付医疗有关费用的;⑦对猝死或其他死亡诊断有异议又拒绝进行尸体解剖的;⑧拒绝提供或不如实提供既往病史、家族史、药物过敏情况的。

(2)案件是否具有特殊性,即虽患者有损害后果,但医方并无过错的,例如:①患者或者其近亲属不配合医疗机构进行符合诊疗规范的诊疗;②医务人员在抢救生命垂危的患者等紧急情况下已经尽到合理诊疗义务;③限于当时的医疗水平难以诊疗。

(3)按照患方审查项目对医方在诊疗中的过错作出评估。

(编写人:陈 雯)

法律条文

第一千二百二十五条　医疗机构及其医务人员应当按照规定填写并妥善保管住院志、医嘱单、检验报告、手术及麻醉记录、病理资料、护理记录等病历资料。

患者要求查阅、复制前款规定的病历资料的,医疗机构应当及时提供。

条文主旨

本条是关于医疗机构病历保管义务、患者查阅复制病历资料等的相关规定。

新旧法对比

《侵权责任法》	《民法典》
第六十一条　医疗机构及其医务人员应当按照规定填写并妥善保管住院志、医嘱单、检验报告、手术及麻醉记录、病理资料、护理记录、医疗费用等病历资料。 患者要求查阅、复制前款规定的病历资料的，医疗机构<u>应当提供</u>。	第一千二百二十五条　医疗机构及其医务人员应当按照规定填写并妥善保管住院志、医嘱单、检验报告、手术及麻醉记录、病理资料、护理记录等病历资料。 患者要求查阅、复制前款规定的病历资料的，医疗机构<u>**应当及时提供**</u>。

理解与适用

1. 病历资料

根据《医疗机构病历管理规定》(2013 年版)第 2 条规定，病历是指医务人员在医疗活动过程中形成的文字、符号、图表、影像、切片等资料的总和，包括门(急)诊病历和住院病历。病历归档以后形成病案。按照一般分类原则，病历可分为门(急)诊病历和住院病历两种。

病历资料按照记载内容不同，分为客观性病历和主观性病历。

客观性病历是指记录患者症状、生命体征、病史的病理资料。根据《医疗事故处理条例》第 10 条规定，门诊病历、住院志、体温单、医嘱单、化验单(检查报告)、医学影像检查资料、特殊检查同意书、手术同意书、手术及麻醉记录单、病理资料、护理记录等，均属于客观性病历。

主观性病历是指医疗机构的医务人员对病情观察、对病史的了解和掌握进行的综合分析所做的诊断和治疗方案的记录，一般包括死亡讨论记录、疑难病例讨论记录、上级医师查房记录、会诊意见、病程记录等。

发生医患纠纷时，病历成为医疗侵权诉讼中关键证据，关系医疗损害责任纠纷案件的胜败。在司法实践中，关于患者查阅、复制的病历资料是否包含主观性病历的问题。在医患双方未发生纠纷时，诸如病程记录、会诊记录、对于疾病诊治讨论等类似于法院内部合议庭笔录、审委会笔录，属于不可复制查阅的范围。但一旦发生医患纠纷甚至形成诉讼时，在不影响医疗机构制作和保管病历的情况下，为保障患者的知情权，也为了在诉讼中避免承担较重的证明病历真实、完整的举证责任，建议医疗机构允许患者查阅、复印主观性病历，进行封存，以备作为客观证据使用。

随着医疗信息化建设，2010 年原卫生部先后发布了《电子病历基本规范（试行）》和《电子病历系统功能规范（试行）》，国家中医药管理局发布了《中医电子病历基本规范（试行）》，对医院电子病历的信息录入与修改、身份识别、电子签名、复印申请、保管备份等方面提出基本要求。《电子病历基本规范（试行）》第 3 条明确电子病历概念，即“电子病历是指医务人员在医疗活动过程中，使用医疗机构信息系统生成的文字、符号、图表、图形、数据、影像等数字化信息，并能实现存储、管理、传输和重现医疗记录，是病历的一种记录形式。使用文字处理软件编辑、打印的病历文档，不属于本规范所称的电子病历”。电子病历在病历真实性方面较纸质病历更具优势，电子病历各项修改均留痕，尤其是双方如果对病历修改过程存疑，能够通过第三方调取后台操作记录，如果盲目否定电子病历的真实性，动辄数十万元的电子病历鉴定费用对医患任何一方均造成巨大的诉讼费用负担，故电子病历的真实性在发生医患纠纷过程中不再是关键问题，律师代理案件过程中可作为病历审查的一个因素予以考虑即可。

2. 病历的查阅、复制、封存

（1）查阅、复制病历。

根据《医疗纠纷预防和处理条例》第 16 条第 1 款规定，患者可以查阅、复制“国务院卫生主管部门规定的其他属于病历的全部资料”，第 2、3 款规定查阅复制的具体规则以及医疗机构的协助义务，即“患者要求复制病历资料的，医疗机构应当提供复制服务，并在复制的病历资料上加盖证明印记。复制病历资料时，应当有患者或者其近亲属在场。医疗机构应患者的要求为其复制病历资料，可以收取工本费，收费标准应当公开。患者死亡的，其近亲属可以依照本条例的规定，查阅、复制病历资料。”此处注意，患者查阅、复制病历的范围一般不包括主观性病历，如果涉及医患纠纷，可将主观性病历资料作为查封范围，以备后续查明案情使用。

（2）封存病历。

目前对封存病历的时间和流程没有统一且确定的规定，实践中一般当患者提出病历封存时，医疗机构内设部门负责及时封存病历，在双方在场情况下，将病历放入封存袋中，在封口处粘贴封条，然后由双方代表签字，封存病历在实际工作中往往为病历原件，2013 年版《医疗机构病历管理规定》规定了签封病历复印件，并规定未完成的病历在封存后，病历原件可以继续记录和使用，既保证病历资料封存,又能维护正常诊疗秩序。提示无论医疗机构还是患方,封存病历时,应当确定病历在双方在场情况下清点封存时页数,如果情况允许,建议将主观性病历和客观性病历分别计数,并将封存时的病历情况如实记录,以免对病历封存启封的真实性发生不必要的争议。

实务问题

1. 患者提供病历的义务

实践中,患者也会掌握一些病历资料。根据《医疗机构病历管理规定》(2013年版)第10条规定,门(急)诊病历原则上由患者负责保管。第11条规定,门(急)诊病历由患者保管的,医疗机构应当将检查检验结果及时交由患者保管。对于目前的门诊病历,很多三级甲等医院的做法为在电脑系统中将门诊病历完善,打印后粘贴在患者就诊病历本上以备查。而对于急诊病历,多数三级甲等医院采用一式多联的复写纸,由医务人员手写相关内容,并粘贴检查结果记录,就诊结束后,患者持急诊病历离院。随着医疗机构电子病历、电子系统的发展,门(急)诊病历已经逐渐从患者单方不可复制持有状态向可双向调取的趋势发展,以便平衡医疗机构与患者的举证责任。

2. 律师从哪些角度对病历进行初步判断

司法实践中,律师多没有医学背景,执业过程中,在代理医疗损害责任纠纷时,不可回避的就是审查病历中是否存在相关问题,现笔者结合日常经验,为律师提供如下审查角度供各位在办理案件过程中引用:(1)病历不完整,存在隐匿或销毁可能的;(2)修改病历是否严格遵守规范,病历存在伪造、篡改可能的;(3)重要病历记载与事实不符,或记载内容相互矛盾的;(4)告知内容没有书面记录的;(5)非经医生、护士书写或无签名的;(6)影像资料记载的姓名、摄像时间与患者实际情况不一致的;(7)病理送检申请单、病理切片、检验报告互相矛盾的。

再次提示,在诉讼阶段,医疗机构应当允许患方复印主观性病历,在实际纠纷当中,经常出现医院只给患者复印部分病历(客观性病历),没有复印主观性病历,且给患方病历后又在原始病历上涂改、添加或者重新制作部分病历,导致在诉讼中,患者不认可医疗机构提供的其他病历。医疗机构的上述行为容易引发法官的合理怀疑,导致诉讼过程复杂,增加了诉讼风险。

(编写人:陈　雯)

法律条文

第一千二百二十六条　医疗机构及其医务人员应当对患者的隐私和个人信息保密。泄露患者的隐私和个人信息,或者未经患者同意公开其病历资料的,应当承担侵权责任。

条文主旨

本条是关于保护患者隐私及个人信息的规定。

新旧法对比

《侵权责任法》	《民法典》
第六十二条　医疗机构及其医务人员应当对患者的隐私保密。泄露患者隐私或者未经患者同意公开其病历资料,造成患者损害的,应当承担侵权责任。	第一千二百二十六条　医疗机构及其医务人员应当对患者的隐私**和个人信息**保密。泄露患者的隐私**和个人信息**,或者未经患者同意公开其病历资料的,应当承担侵权责任。

理解与适用

本条第一句确定,医疗机构及其医务人员对患者隐私和个人信息的保密义务。第二句则规定了“泄露患者的隐私和个人信息,或者未经患者同意公开其病历资料的,应当承担侵权责任”,从侵权责任的构成要件而言,必须要遵循主观过错、违法行为、损害后果、因果关系的构成要件。

侵犯患者隐私和个人信息的民事责任包括:停止侵害、赔礼道歉、赔偿损失。赔偿损失可按照《精神损害赔偿司法解释》的规定进行赔偿。

实务问题

司法实践中,对于医疗机构侵犯隐私权的认定及赔偿额度,通常从有利于隐私保护的角度考虑,并结合隐私公开的目的、用途、范围等因素综合判定。在王某与某医院隐私权纠纷案中,王某认为北京某医院未经其许可将其在该医院的医疗档案和心脏起搏器监测情况透露给某公司,侵害了其隐私权,故起诉要求某医院出具书面道歉信并赔偿损失。法院经审理后认为,某医院与某公司就王某对心脏起搏器的使用情况进行沟通系源于王某对其安装的某公司生产的心脏起搏器质量提出投诉,属于医疗器械生产、销售方与医院就产品质量的正常沟通,仅限于解决王某对于心脏起搏器质量投诉所必须了解的范围,并未脱离对患者服务的范畴,也没有公开宣扬、泄露,某医院与某公司就王某安装的心脏起搏器程控问题进行沟通的行为不构成违法利用、泄露、宣扬患者隐私,故王某要求认定某医院侵犯其隐私权的依据不足,对其请求不予支持。在田某与某研究院隐私权纠纷[①]中,研究院向社会公布决定对"小儿进行性肌营养不良症"患者进行免费救助,患者田某得知后进行了申请,经审查其病情符合救助条件,研究院与田某签订协议并约定田某按要求提供检查、保健、随访的真实记录和信息,研究院设立档案和救助公示版,实行公开、公正、透明、有序的救助规则。田某随后发现自己的病情和被救助的文字资料、照片和视频录像,他认为研究院在未征得其同意的情况下,在网上向社会公布其患有肌萎缩遗传性疾病让他背负巨大精神压力,严重侵害了自己的隐私权,而研究院认为田某同意为其设立报建档案和救助公示版,研究院有救助档案的所有权和使用权,双方签约行为可以表明田某同意将自己的康复效果在网站上进行纪实性报道。法院经审理认为,双方约定救助中为了研究患者病情、更好地为患者进行救助可以对治疗信息及资料进行合理性使用,但是由于向一般公众披露患者肖像、病历资料、接受救助的影像、声像及文字资料涉及患者的隐私,在两种权利冲突时,法律给予患者隐私权以更高保护,使用过程中如果要向一般公众披露以上内容需要得到患者进一步授权及同意,因此法院认定研究院侵害田某的隐私权。

对医疗机构泄露患者信息、侵害隐私权的案件,认定赔偿额度时还应当考虑医疗机构的过错程度、医学专业性与大众知悉的渠道等进行综合考量。

(编写人:陈　雯)

法律条文

第一千二百二十七条　医疗机构及其医务人员不得违反诊疗规范实施不必要的检查。

条文主旨

本条是关于有关禁止过度医疗的规定。

① 参见北京市律师协会编:《医疗纠纷典型案例选编》,北京大学出版社2012年版,第136页。

新旧法对比

《侵权责任法》	《民法典》
第六十三条 医疗机构及其医务人员不得违反诊疗规范实施不必要的检查。	【内容不变】第一千二百二十七条

理解与适用

日常诊疗活动中,医疗机构或医务人员考虑漏诊、误诊风险、诊疗措施与医院各项收入之间的关系,往往会出现过度医疗的问题。比如为患者开具名目繁多的检查、治疗方案,轻症重治。为解决过度医疗问题,在临床中会适用次均费用等考核指标,临床中也在积极探索、梳理、建立临床路径,其目的均为管控过度医疗的发生。在司法实践中,如果医疗机构或者医务人员违反医疗法律、法规、规章、诊疗护理规范,检查治疗过度,造成患者人身损害、财产损失,需要承担相应的民事赔偿责任。诊疗规范是卫生行政部门以及全国性行业协会(学会)指定的各种标准、指南、规范、规程、制度等总称,主要是指 2006 年国家卫生部(现为国家卫生健康委员会)、国家中医药管理局和原总后卫生部三家联合委托中华医学会,由其各医学分会制定相关学科的《临床诊疗指南》,以及卫生部(现为国家卫生健康委员会)委托中华医学会,由其各医学分会制定的《临床技术操作规范》。

实务问题

在实务中,满足本条适用的条件有三:其一,不必要检查行为主体必须是医疗机构或者具有医疗执照的个体诊所。并不包含非法行医,也不包含医疗保健机构、药店等。其二,医疗机构或医务人员提供超过患者本身所需的医疗服务。对疾病、康复没有积极效果的,即为不合理、不必要。其三,须造成医疗损害,如患者人身伤亡、财产损失、精神痛苦等侵害。对于不必要的检查应承担的责任,包括退还不必要的检查医疗费。

关于“不必要的检查”认定,通常通过申请鉴定解决。

(编写人:陈 雯)

法律条文

第一千二百二十八条 医疗机构及其医务人员的合法权益受法律保护。

干扰医疗秩序,妨碍医务人员工作、生活,侵害医务人员合法权益的,应当依法承担法律责任。

条文主旨

本条是关于保障医疗机构和医务人员合法权益的规定。

新旧法对比

《侵权责任法》	《民法典》
第六十四条　医疗机构及其医务人员的合法权益受法律保护。干扰医疗秩序、妨害医务人员工作、生活的，应当依法承担法律责任。	第一千二百二十八条　医疗机构及其医务人员的合法权益受法律保护。 干扰医疗秩序，**妨碍**医务人员工作、生活，**侵害医务人员合法权益的**，应当依法承担法律责任。

理解与适用

实践中，一些医患纠纷的患者、家属并没有按照合法程序解决，采取“医闹”“闹访”的方式，甚至演变成杀医、伤医的恶性事件。法律不仅要保护遭受医疗损害的患者，对医疗机构及其医务人员合法权益，法律也应予以维护。

实务问题

干扰就医秩序、侵害医务人员合法权益的，不仅承担民事责任，还承担行政责任、刑事责任。如《执业医师法》第21条规定，医师在执业活动中享有7项权利，其中就包括“在执业活动中，人格尊严、人身安全不受侵犯”，第40条规定，“阻碍医师依法执业，侮辱、诽谤、威胁、殴打医师或者侵犯医师人身自由、干扰医师正常工作、生活的，依照治安管理处罚法的规定处罚；构成犯罪的，依法追究刑事责任”。

律师代理患方时，在整个代理过程中应提示患方理性维权，及时发现患方是否有如下行为，并告知患方相应法律后果：

（1）在医疗机构焚烧纸钱、摆设灵堂、摆放花圈、私拉横幅、违规停尸、聚众滋事、围堵大门或者重要出入口影响人员正常进出；

（2）在医疗机构内寻衅滋事；

（3）冲击或者占据医疗机构办公、诊疗场所；

（4）非法携带易燃、易爆危险物品或者管制器具进入医疗机构；

（5）侮辱、威胁、恐吓、故意伤害医务人员或者限制医务人员人身自由，或者威胁其他人员人身安全的行为；

(6)在医疗机构内故意损毁或者盗窃、抢夺公私财物;

(7)阻挠将尸体移放太平间或者殡仪馆;

(8)其他扰乱医疗机构正常秩序的行为。

目前,各级医疗机构在条件允许的范围内,逐渐完善医院安保、安检体系,这也为医疗机构就医安全稳定环境及医务人员执业安全提供有力保障。

(编写人:陈 雯)

第七章　环境污染和生态破坏责任

法律条文

第一千二百二十九条　因污染环境、破坏生态造成他人损害的，侵权人应当承担侵权责任。

条文主旨

本条是关于环境污染和生态破坏责任一般条款的规定，对环境污染和生态破坏责任适用无过错责任。

新旧法对比

《侵权责任法》	《民法典》
第六十五条　因污染环境造成损害的，污染者应当承担侵权责任。	第一千二百二十九条　因污染环境、**破坏生态**造成**他人**损害的，**侵权人**应当承担侵权责任。

理解与适用

1. 无过错责任原则

环境污染和生态破坏责任适用无过错责任原则，即不以侵权人的过错为要件，不管侵权人有无过错，都不影响环境污染和生态破坏责任的成立。

适用无过错责任原则具备多重效用，一方面，对被侵权人而言，环境污染具有原因复杂性等特征，证明侵权人的过错需要专业的技术知识，甚至有些问题以现有的科学文化水平难以阐明。如果要求过错的证明，往往会导致被侵权人举证艰难。除此之外，很多环境事件的发生是正常的生产活动，侵权人并无过错。另一方面，就侵权人而言，无过错责任的效果在于促使其采取更有效的预防措施，以提高所从事的活动的安全性，降低损害的发生概率，尽量避免损害的发生。

2. 环境污染和生态破坏责任的构成要件

本条的构成要件与一般的侵权行为民事责任的构成不同，无须具备一般侵权行为责任的全部要件，只需具备以下三个要件：行为人实施了环境污染和生态破坏的行为，环境污染、生态破坏致他人受到了损害的事实，行为人实施的行为与损害结果之间有因果关系。

(1)行为人实施了环境污染和生态破坏的行为。

环境污染行为，如工矿企业等单位将所产生的废气、废水、废渣、粉尘、垃圾、放射性物质等有害物质和噪声、震动、恶臭排放或传播到大气、水、土地等环境之中，使人类生存环境受到一定程度的危害的行为。破坏生态，是指实施使生态受到破坏的行为。无论是作为或不作为的环境污染和生态破坏行为，都构成环境污染和生态破坏的责任。对于实施哪些行为属于污染环境和破坏生态，或是哪些后果属于环境污染和生态破坏，立法并没有给出明确的定义。

(2)环境污染、生态破坏致他人受到了损害的事实。

损害是侵权责任必备的构成要件，无损害即无赔偿。任何人只有在因他人的行为受到实际损害之时才能获得法律上的救济，而行为人也只有在因自己的行为及自己所控制的物件致他人损害时，才有可能承担损害赔偿责任。

环境污染、生态破坏所导致的损害，以人身损害最为常见。比如水源污染、空气污染等，都可能造成自然人的人身及其财产损害，甚至可能会导致大范围的人身伤害、死亡后果。财产损害，主要是指民事主体的财产本身的毁损。比如，排放污水导致他人鱼塘养殖的鱼虾死亡，修建地铁导致地面塌陷致使他人的房屋开裂毁损等，这些环境污染、生态破坏使相关财产丧失了价值和使用价值。

(3)行为人实施的行为与损害结果之间有因果关系。

因果关系是行为与损害之间引起和被引起的内在必然联系。在环境污染责任的构成中，环境污染行为与损害事实之间的因果关系要件具有非常重要的地位。在环境污染责任中，因果关系不仅是判断污染者与被侵权人的损害事实之间是否具有引起与被引起的逻辑联系的客观依据，更是判断污染者的环境污染行为是否为被侵权人造成的损害承担侵权责任的客观依据。

对于因果关系的认定，必须同时进行实体和程序的考察。实体法上的因果关系作为侵权责任的构成要件，决定着责任成立所要达到的程度；而程序法上的判断规则则是诉讼过程中决定某一行为是否需要承担责任的标准，具体表现为举证责任。

符合上述要件的要求，构成环境污染和生态破坏责任，行为人对受到损害的被侵权人承担损害赔偿责任。

实务问题

1. 案情简介①

2017 年 4 月 11 日，王某在烟台市牟平区“王善禄”坟地上坟时，因燃烧纸钱引发山林火灾，致王格庄村 14、15、25 号，韩家庄村 25 号，峨山夼村 1 号，陶家村 1、2、3 号林地小班区域发生山林火灾，致参与救火的王某 3、于某当场死亡，致王某 1、李某、钟某受伤，经救治无效死亡，致王某 2、赵某受伤。经烟台市牟平区林业局统计核算，过火林地面积 82.09 公顷，受损主要树种为赤松、麻栎，共烧毁赤松 112,497 株，蓄积 523.19 立方米，造成直接经济损失人民币 7,874,790 元；烧毁的林地系公益林，属烟台市牟平区、韩家庄村、峨山夼村、陶家村所有。2018 年 1 月 5 日，烟台市牟平区人民法院作出（2017）鲁 0612 刑初 227 号刑事判决书，王某因失火罪被判处有期徒刑六年零六个月，并判决赔偿于某海、王某萍、于某永经济损失人民币 31,781 元，赔偿杜某益、林某东经济损失人民币 105,000 元。2018 年 6 月 12 日，公益诉讼起诉人对烟台市牟平区、韩家庄村、峨山夼村、陶家村四村的村民委员会主任分别进行调查，其均表示不提起民事诉讼。

2018 年 7 月 2 日，公益诉讼起诉人在《检察日报》上发布公告，公告期满后，没有符合条件的社会组织提起民事公益诉讼。同时，被烧毁的林木仍未进行补种，社会公共利益持续处于侵害状态。2018 年 8 月 13 日，烟台市牟平区林业局出具情况说明，认为过火林地部分树木未烧死而复活，不需再规划恢复造林；恢复造林需按因地制宜、适地适树的原则，合理配置造林树种，存在把原过火林地小班拆分或合并，小班数量发生变化。2018 年 6 月 14 日，公益诉讼起诉人提交烟台市牟平区林业局出具的《牟平区王格庄镇火烧迹地生态恢复规划简介》，证明需恢复造林 907 亩，共需投资 204.2565 万元。王某对投资数额不予认可，但未提交相反证据证明，亦未就生态环境修复费用向原审法院提出评估申请。

2. 法院认为

山东省烟台市中级人民法院一审认为，王某的行为严重破坏了生态公益林，损害了当地的生态环境，侵害了环境公共利益，其应当对烧毁的公益林地进行补植复绿，尽快修复被毁坏林地的生态功能。

---

① 山东省高级人民法院（2019）鲁民终 1086 号；山东省烟台市中级人民法院（2018）鲁 06 民初 485 号。

一审法院判决,被告王某赔偿生态环境修复费用 2,042,565 元。山东省高级人民法院二审驳回王某的上诉,维持原判。

3. 评析

该案是一起典型的环境民事公益诉讼案件。破坏生态属于损害社会公共利益的行为,侵权人应当对其破坏生态行为导致的社会公共利益损害承担相应的责任。提起环境民事公益诉讼的过程中,可以依靠在追究被告人刑事责任的过程中收集的证明被告人应当承担民事责任的证据,从而降低获得赔偿的难度,更有利于生态环境的保护。在侵权人没有能力自行履行修复生态环境义务的情况下,考虑到生态损害应当尽快得到修复,法院可以判令侵权人直接承担生态环境修复费用。此外,森林资源行政主管部门,虽然并非专业鉴定机构,但其负责当地森林资源的专门性管理,其掌握的当地森林植被情况及因火灾导致的生态损害数据等信息比较全面、客观,法院可以结合生态环境修复的具体情况,采纳相关规划中确定的修复费用。

该案涉及的是生态破坏损害责任问题,具体的构成要件包括:第一,具有环境侵权行为;第二,具有损害事实;第三,环境侵权行为与损害事实之间具有因果关系。该案一审法院正是根据环境侵权行为的构成要件进行分析,判定被告王某实施的破坏生态环境行为与当地生态环境损害后果之间存在直接的因果关系。二审法院依据《最高人民法院关于审理环境民事公益诉讼案件适用法律若干问题的解释》第 20 条、第 23 条最终判定被告王某应当承担生态环境修复费用。

(编写人:景 娜)

法律条文

第一千二百三十条 因污染环境、破坏生态发生纠纷,行为人应当就法律规定的不承担责任或者减轻责任的情形及其行为与损害之间不存在因果关系承担举证责任。

条文主旨

本条是关于环境污染和生态破坏纠纷的举证责任倒置的规定,环境污染和生态破坏责任的免责事由、减责事由,由侵权人一方承担。

新旧法对比

《侵权责任法》	《民法典》
第六十六条　因污染环境发生纠纷，污染者应当就法律规定的不承担责任或者减轻责任的情形及其行为与损害之间不存在因果关系承担举证责任。	第一千二百三十条　因污染环境、**破坏生态**发生纠纷，**行为人**应当就法律规定的不承担责任或者减轻责任的情形及其行为与损害之间不存在因果关系承担举证责任。

理解与适用

行为人需承担的举证责任包含以下两方面内容：第一，侵权责任构成要件中因果关系不存在的举证责任。第二，侵权责任构成要件具备后，就法律规定之不承担责任或者减轻责任情形的举证责任。

对环境污染和生态破坏责任的因果关系要件的证明实行因果关系推定规则，被侵权人只要证明了行为人的损害行为和自己受到损害的事实，就可以直接推定被侵权人的行为与该损害结果之间有因果关系。如果行为人主张自己的行为与损害结果之间没有因果关系，则应当举证推翻因果关系推定，继而判定是否构成侵权责任。此外，凡是主张免责、减责的行为人都是侵权人一方，当然由其承担举证责任，被侵权人不会为其主张和证明。

实务问题

1. 案情简介①

倪某龙于 1993 年建温室养殖场养殖中华鳖。2000 年 3 月，丹东海洋红风力发电有限责任公司（以下简称海洋红公司）在倪某龙养殖场周边村落建成大规模风力发电机组，其中两组发电机位于养殖场附近。一组位于养殖场东南约 100 米处，另一组位于养殖场西北 400～500 米处。2000 年 9 月后倪某龙养殖的中华鳖大量死亡，中华鳖生产处于停滞状态。2001 年 7 月 25 日，倪某龙自行委托辽宁省淡水渔业环境监督监测站针对被告海洋红公司对倪某龙养殖场生产影响进行了论证。辽宁省淡水渔业环境监督监测站 2001 年 8 月 5 日作出《丹东海洋红风力发电有限责任公司对倪某龙甲鱼场生产影响的论证报告》，结论为：养殖用水源和养殖池中水质的各项指标符合国家渔业水质标准，能够满足甲鱼生长对水质的要求，饲料中各项指标正常。风力发电机叶轮转动投影及噪声扰乱

① 辽宁省高级人民法院（2013）辽审三民提字第 45 号。

改变了温室大棚中甲鱼所需的安静生活环境，而且这种惊扰正值四五月，影响甲鱼繁殖、发育和生长，导致了一系列不良后果。后倪某龙针对其损失，又委托丹东国信资产评估有限责任公司进行了评估鉴定，丹东国信资产评估有限责任公司于2001年12月10日作出丹国信评报字(2001)第439号资产评估报告，结论为：原告水产养殖经营损失价值为1,508,400元，养殖经营场所迁移费用为129,566元，总计为1,637,966元。2003年6月26日，应海洋红公司申请，丹东市中级人民法院委托农业部黄渤海区渔业生态环境监测中心(以下简称渔业生态监测中心)针对“丹东海洋红风力发电厂对室内养殖中华鳖生长影响”进行现场试验鉴定，农业部黄渤海区渔业生态环境监测中心于2003年11月7日作出《丹东海洋红风力发电厂对室内养殖的中华鳖生长影响的现场试验鉴定报告》，结论为：试验现场的噪声、电磁辐射以及转动的阴影，不会对中华鳖的存活和生长造成影响。倪某龙撤回起诉。2007年1月30日，倪某龙以同一事实向东港市人民法院再次提起民事诉讼，庭审中，倪某龙提供农业部渔业局资源环保处出具的一份证明材料，该份证明材料认为：农业部黄渤海区渔业生态环境监测中心“关于风车的噪声、电磁辐射、转动阴影等因素对中华鳖的存活和生活影响的试验鉴定”已超出该局核发的《渔业污染事故调查鉴定资格证书》的业务范围。

应海洋红公司申请，经一审法院调查核实，农业部渔业局(中华人民共和国渔政渔港监督管理局)于2007年复函答复为：“依据农业部《渔业污染事故调查鉴定资格管理办法》，农业部黄渤海区渔业生态环境监测中心持有我局颁发的《渔业污染事故调查鉴定资格证书》(甲级)，具有渔业污染事故调查资格。”倪某龙诉请海洋红公司赔偿其养殖的中华鳖损失1,637,966元。

2. 法院认为

辽宁省东港市人民法院一审认为，因环境污染引起的损害赔偿诉讼，由加害人就法律规定的免责事由及行为与损害结果之间不存在因果关系承担举证责任。渔业生态监测中心作出的鉴定报告结论为：“试验现场的噪声、电磁辐射以及转动的阴影，不会对中华鳖的存活和生长造成影响。”倪某龙虽对此提出异议，但农业部渔业局已复函证实渔业生态监测中心具有渔业污染事故调查资格，故对该鉴定报告内容予以采信，判决驳回倪某龙的诉讼请求。二审法院维持一审判决。

辽宁省高级人民法院再审认为，根据2008年《最高人民法院关于民事诉讼证据的若干规定》第4条规定，因环境污染引起的损害赔偿诉讼，由加害人就法律规定的免责事由及其行为与损害结果之间不存在因果关系承担举证责任。本案存在发生损害的事实,且海洋红公司客观上实施风力发电所产生的噪声、光影及电磁可能会形成环境污染,海洋红公司应当就倪某龙饲养的中华鳖死亡与其实施的风力发电行为之间不存在因果关系承担举证责任。渔业生态监测中心虽作出鉴定意见认为现场的噪声、电磁辐射以及转动的阴影,不会对中华鳖的存活和生长造成影响。但农业部渔业局资源环保处答复认为,渔业生态监测中心“关于风车的噪声、电磁辐射、转动阴影等因素对中华鳖的存活和生活影响的试验鉴定”已经超出核发的《渔业污染事故调查鉴定资格证书》的业务范围。农业部渔业局虽答复称,渔业生态监测中心具有渔业污染事故鉴定资质,但并未对本案噪声、电磁辐射、转动阴影等因素对中华鳖的影响是否系渔业生态监测中心的鉴定范围作出实质性答复。本案应当认定渔业生态监测中心不具有涉及本案环境污染因素的鉴定资质。

案涉环境污染损害纠纷,是基于风力发电产生的噪声、光影及电磁造成的新类型环境污染,不属于一般意义上的渔业水域污染,仅具有渔业污染鉴定资质的机构所出具的鉴定结论不能作为定案的依据。中华鳖属于对噪声及光影敏感生物,而本案中风力发电机最近一组机组距离养殖场仅100米,不符合相关规范要求。《辽宁省风力发电厂生态建设管理暂行办法》可以印证中华鳖死亡与风力发电机所产生的噪声、转动阴影、电磁辐射等因素具有一定因果关系。本案海洋红公司未完成中华鳖死亡与其实施的风力发电行为之间不存在因果关系的举证证明责任,应承担相应的民事责任。辽宁省高级人民法院再审判决撤销一审、二审判决,改判海洋红公司承担本案损失的80%民事责任,赔偿倪某龙经济损失1,310,327.8元。

3. 评析

该案系因风力发电产生的噪声、光影及电磁造成损害的环境污染侵权纠纷。噪声是风力发电场典型的污染因素。光影的影响,虽未明确作为环境污染的类别,但与光污染类似,且相关研究表明风电场光影的规律性变化和晃动可能对居民和敏感生物产生影响,是可致污染的重要因素。关于电磁波污染,由于风力发电的原理即在于利用风力使得叶片带动磁场转动,由磁场能量转化为电能,在此过程中会产生磁场或电磁波的负面影响,也是已知的可能污染源。

该案的争议焦点是中华鳖死亡与海洋红公司实施的风力发电行为之间是否存在因果关系。对此,虽一审、二审法院未予认定该因果关系,但再审法院通过对鉴定机构资质的判断以及综合案件具体情况认定该因果关系存在。在侵权法上，加害行为与损害结果间的因果关系有两个特征，一是该因果关系具有客观性，符合自然科学上的因果规律。二是该因果关系认定具有主观性，一个社会内在的文化观念、习俗伦理、立法政策等都会影响该因果关系的认定。

《民法典》侵权责任编第1230条特别规定了举证责任倒置，即侵权人应当就行为与损害之间不存在因果关系承担举证责任。如若无法举证证明，侵权人应当承担举证不能的后果。法律上的因果关系认定不仅依赖自然科学知识，还依赖法学的价值判断。该案再审法院根据案件系风力发电厂噪声、光影及电磁污染的特点，综合相关部门就鉴定资质出具的证据，对于鉴定机构的鉴定资质进行了审查判断，未予采信鉴定意见，同时依据风力发电机组与养殖场的距离、风力发电厂生态建设相关规范文件，结合中华鳖的习性，认定了风力发电产生的噪声、光影及电磁与中华鳖的死亡具有一定的因果关系，体现了环境资源审判中对于专业性问题审查判断的特殊性，对于准确认定污染行为和损害的因果关系具有示范意义。

需要特别注意的是，该案存在对鉴定机构资质出具的两份结论相悖的意见，人民法院在采信证据方面没有完全依赖鉴定意见，而是在审查鉴定机构资质确定不予采信鉴定意见的基础上，从规范要求和侵权行为的特殊性出发，依据风力发电机最近一组机组距离养殖场仅100米，选址违反法律规定等因素，对于因果关系予以认定，体现了法学的价值判断对于认定因果关系成立与否的重要意义。

（编写人：景　娜）

法律条文

第一千二百三十一条　两个以上侵权人污染环境、破坏生态的，承担责任的大小，根据污染物的种类、浓度、排放量，破坏生态的方式、范围、程度，以及行为对损害后果所起的作用等因素确定。

条文主旨

本条是关于环境污染和生态破坏责任准用市场份额规则的规定。数人环境侵权，是指数人在同一相对集中的时间、地域内共同或分别排放污染物、破坏生态，造成生态环境损害的行为。本条即明确了数人环境侵权中，各侵权人承担责任份额的确定依据。

新旧法对比

《侵权责任法》	《民法典》
第六十七条　两个以上污染者污染环境，污染者承担责任的大小，根据污染物的种类、排放量等因素确定。	第一千二百三十一条　两个以上**侵权人**污染环境、**破坏生态**的，承担责任的大小，根据污染物的种类、**浓度**、排放量，**破坏生态的方式、范围、程度，以及行为对损害后果所起的作用**等因素确定。

理解与适用

数人环境侵权适用市场份额规则须具备以下三方面内容：第一，被侵权人已经受到实际损害，包括人身损害和财产损害。第二，造成这种损害的行为人为二人以上，数个行为人的同类行为都能造成该种损害。第三，每个行为人造成的究竟是哪一部分损害不能实际确定，即每一个行为人的行为对损害发生的原因力无法确定。

由于环境污染和生态破坏责任适用无过错责任，故不考察过错要件。

符合上述适用市场份额规则确定数人环境污染和生态破坏的责任份额要求的，具体根据污染物的种类、浓度、排放量，破坏生态的方式、范围、程度，行为对损害后果所起的作用等因素，按照实际比例，确定每个行为人应当承担的责任份额。

仅从文字表述来看，本条规定数人环境侵权承担按份责任。但需要强调的是，本条仅系各侵权人之间责任份额的确定规则，并非规定数人环境侵权一概适用按份责任。具体而言，在数人因环境侵权对受害人承担连带责任后，各侵权人之间的内部责任份额要按照本条规定加以确定。在数人因环境侵权对受害人承担按份责任时，直接适用本条规定确定各自的责任份额。

实务问题

1. 案情简介①

宜春市中安实业有限公司（以下简称中安公司）经营的粗铟工厂无危险废物经营资质、未依法取得建设项目环境影响评价审批同意、未配套任何污染防治设施。2016 年 1 月 6 日，中安公司与湖南珊田投资集团汇金有色资源有限公司

① 江西省高级人民法院（2018）赣民终 189 号。

（以下简称珊田公司）签订《合作协议》，约定珊田公司为中安公司的粗铟生产提供资金支持，珊田公司派人参与中安公司的经营管理和业务购销，并约定了盈利分配比例。2016 年 1 月至 4 月，中安公司从湖南、江西等地购入铅泥、机头灰等危险废物，用于非法生产提炼铁渣、锌渣、金属铟等产品。2016 年 1 月 4 日，中安公司与常宁市沿江锌业有限责任公司（以下简称沿江公司）签订《铅泥购销合同》，约定了金属铟、铅泥的价格、质量等事项。自 2016 年 1 月 4 日起，沿江公司分 8 次非法向中安公司提供铅泥 291.85 吨，珊田公司支付沿江公司用于非法采购危险废物款项 65 万元。新余市博凯再生资源开发有限责任公司（以下简称博凯公司）负责人杨某坚与中安公司签订《货物交换合同》，由博凯公司向中安公司提供机头灰、铅泥，进行非法提炼利用。自 2016 年 3 月 6 日起，博凯公司分 12 次向中安公司提供机头灰 149.14 吨。江西龙天勇有色金属有限公司（以下简称龙天勇公司）将机头灰与中安公司非法置换铅泥，将铅泥用于其生产利用，产生效益。自 2016 年 2 月 22 日起，龙天勇公司分 17 次向中安公司提供机头灰 351.29 吨。沿江公司、博凯公司、龙天勇公司向中安公司提供的危险废物共计 792.28 吨，分别占总重量的 36.84%、18.82%、44.34%。中安公司在生产过程中，将未经处理的含镉、铊、镍等重金属及砷的废液、废水，通过私设暗管的方式，直接排入袁河和仙女湖流域，造成新余市第三饮用水厂供水中断的特别重大环境突发事件。一审判决作出后，中华环保联合会、龙天勇公司、沿江公司提起上诉。二审期间，龙天勇公司提交了一份新证据，即国土资源部放射性矿产资源监督检测中心广东省矿产应用研究所于 2018 年 1 月 30 日出具的《分析检验报告》，其内容是对龙天勇公司机头灰的检测结果，用以证明龙天勇公司的机头灰不含有造成涉案环境污染的三种元素镉、铊、砷。

2. 法院认为

江西省新余市中级人民法院一审认为，中安公司通过私设暗管的方式向袁河偷排重金属污染物直接导致本次污染袁河、仙女湖流域生态环境事件，对环境侵权损害后果具有重大的过错。中安公司从事非法经营危险废物的资金来源于珊田公司，珊田公司对环境侵权损害后果具有一定的过错。龙天勇公司、博凯公司、沿江公司分别向中安公司非法提供危险废物，对环境侵权损害后果亦具有一定的过错。中安公司承担主要责任，珊田公司、龙天勇公司、博凯公司、沿江公司分别承担次要责任。一审法院综合各被告在环境侵权事件中的过错程度，认定中安公司承担 65% 的主要责任，珊田公司承担 15% 的次要责任，龙天勇公司、博凯公司、沿江公司分别按照提供的危险废物所占比例 44.34%、18.82%、36.84%

分担20%的次要责任(龙天勇公司、博凯公司、沿江公司分别承担8.87%、3.76%、7.37%)。

一审法院判决,(1)各被告人立即停止违法转移、处置危险废物,向公众赔礼道歉。(2)各被告人赔偿应急处置费用、应急监测费用及专家技术咨询费、评估费,中安公司赔偿9,240,227.1元、珊田公司赔偿2,132,360.1元、龙天勇公司赔偿1,260,935.6元、博凯公司赔偿534,511.6元、沿江公司赔偿1,047,699.6元。(3)各被告人承担生态环境修复费用及赔偿生态环境受到损害至恢复原状期间服务功能损失,中安公司承担14,690,812.5元、珊田公司承担3,390,187.5元、龙天勇公司承担2,004,730.88元、博凯公司承担849,807元、沿江公司承担1,665,712.12元。(4)各被告人承担合理的律师费、差旅费,中安公司承担130,000元、珊田公司承担30,000元、龙天勇公司承担17,740元、博凯公司承担7520元、沿江公司承担14,740元。

江西省高级人民法院二审维持原判。

3. 评析

本案在数人环境侵权的责任认定方面进行了有益的探索。长江中下游江河湖泊众多,流域生态功能退化严重,接近30%的重要湖库处于富营养化状态,生态环境形势严峻。本案中,中安公司通过私设暗管的方式偷排重金属污染物直接导致袁河和仙女湖流域特别重大环境突发事件,系直接的污染者。中安公司从事非法经营危险废物的资金来源于珊田公司,龙天勇公司、博凯公司、沿江公司则分别向中安公司非法提供危险废物,均应当按照其过错承担相应的责任。人民法院根据污染环境、破坏生态的范围和程度,生态环境恢复的难易程度,侵权主体过错程度等因素,参考专家意见,将危险废物的绝对数量作为承担责任大小的依据,判决五家公司按比例承担责任,并在省级媒体向公众赔礼道歉,有效保障了重点区域的水环境保护和水生态修复。

《民法典》侵权责任编第1231条沿袭了《侵权责任法》第67条的做法,规定了根据污染物的种类、浓度、排放量、破坏生态的方式、范围、程度,以及行为对损害后果所起的作用等因素来确定两个以上侵权人承担责任的大小。上述所提及的污染物的种类、排放量等相关证据均由污染企业掌握。据此,污染者应当承担举证责任,证明自家企业所排放的污染物的种类、浓度、排放量等对损害事实发生的作用力。在本案中,中安公司通过私设暗管的方式向袁河偷排重金属污染物直接导致本次污染事件,是直接的污染者。珊田公司、龙天勇公司、博凯公司、沿江公司分别只是提供资金或者危险废物,与中安公司并未有对上述非法排放行为的共同意思联络，且提供资金或者危险废物的行为并不足以造成本案污染事件和污染后果的发生。有鉴于连带责任的适用条件是法律规定或者当事人约定，在无法对上述情形作出明确的认定时，法院不应当判决每个污染企业承担连带责任。正确的做法是，在人民法院综合中安公司等五家公司在环境侵权事件中的过错程度后，判决五家公司按比例承担责任。

（编写人：景　娜）

法律条文

第一千二百三十二条　侵权人违反法律规定故意污染环境、破坏生态造成严重后果的，被侵权人有权请求相应的惩罚性赔偿。

条文主旨

本条是关于环境污染、破坏生态惩罚性赔偿责任的规定。侵权人恶意实施污染环境、破坏生态的行为，或者对该行为有重大过失时，以对侵权人实施惩罚和追求一般抑制效果为目的，法院在判令侵权人支付通常赔偿金的同时，还可以判令侵权人支付被侵权人高于实际损失的赔偿金。被侵权人所得的惩罚性赔偿数额应当是由"补偿性赔偿部分"加"相应的惩罚性赔偿部分"组成的。

新旧法对比

无	《民法典》
无	第一千二百三十二条　**侵权人违反法律规定故意污染环境、破坏生态造成严重后果的，被侵权人有权请求相应的惩罚性赔偿。**

理解与适用

根据本条的规定，环境侵权惩罚性赔偿责任的承担包括以下三个要件。

1. 主观要件

根据本条规定，侵权人主观上存在故意是环境侵权惩罚性赔偿责任的适用条件，即明知法律规定禁止损害生态环境而执意为之。如果作为原告的被侵权人请求侵权人承担惩罚性赔偿责任，就需要在环境侵权责任要件构成基础上，对于作为被告的侵权人主观上存在故意承担举证责任。

侵权人重大过失不适用惩罚性赔偿责任。重大过失仍属于过失的范畴,且侵权人是出于重大过失还是故意,对归责和确定责任范围会产生影响。故在本条已明确将主观要件限定于故意的情况下,重大过失自然被排除在外。

惩罚性赔偿具有惩罚性质,主要是针对恶意的、在道德上具有可非难性的行为而实施的特殊法律救济措施,属于损害补偿原则的例外,必须以侵权人的过错形态为故意时才能适用。因此,侵权人主观上是否为故意,不影响环境侵权责任的构成,但是会对其是否要承担惩罚性赔偿责任产生影响。

2. 行为要件

本条明确规定侵权人实施的污染环境、破坏生态行为需"违反法律规定",即侵权人实施的污染环境、破坏生态行为没有违反法律规定的,不能适用惩罚性赔偿。

在实践中,违反法律规定污染环境、破坏生态的大多是故意行为。比如《环境保护法》第63条列举的四种行为:(1)建设项目未依法进行环境影响评价,被责令停止建设,拒不执行的;(2)违反法律规定,未取得排污许可证排放污染物,被责令停止排污,拒不执行的;(3)通过暗管、渗井、渗坑、灌注或者篡改、伪造监测数据,或者不正常运行防治污染设施等逃避监管的方式违法排放污染物的;(4)生产、使用国家明令禁止生产、使用的农药,被责令改正,拒不改正的。以上行为,都是典型的侵权人违反法律规定故意污染环境、破坏生态的行为。侵权人实施了其中之一,即同时具备了承担惩罚性赔偿责任的主观要件和行为要件。

3. 结果要件

侵权人故意实施的损害生态环境的行为造成严重后果。对于"严重后果"的程度,本条并未作出明确规定。笔者认为,首先,从本条关于"污染环境、破坏生态造成严重后果"的表述来看,人身损害、财产损害、生态环境损害均包括其中。由于污染环境、破坏生态所造成的直接后果是生态环境损害,人身、财产损害实为间接后果,所以本条的"造成严重后果"首先指的是造成了严重的生态环境损害。在环境私益侵权中,则是表现为受害人的死亡或者健康严重损害。虽然财产损害并未被明确排除在外,但一般不宜支持以单纯的财产损害为基础的惩罚性赔偿请求。其次,造成严重后果,必须是已经实际发生的,而不能仅是一种风险。对于具有损害社会公共利益重大风险的污染环境、破坏生态的行为,原告可以请求排除妨碍、消除危险,但无权请求行为人支付惩罚性赔偿。

符合上述要件的要求,被侵权人有权向侵权人请求承担相应的惩罚性赔偿。

实务问题

1. 案情简介①

2008年8月20日,徐州市环境保护局作出《关于对铜山县鸿顺造纸厂年产6万吨高强瓦楞原纸技改项目环境影响报告表的批复》(以下简称技改项目环评报告表)。2014年12月,江苏省环境保护厅给徐州市鸿顺造纸有限公司(以下简称鸿顺公司)颁发排放污染物许可证,要求该项目执行《纸浆造纸工业水污染物排放标准》表2中"制浆和造纸联合生产企业"排放标准,废水排放总量限值为19.5万吨/年,废水只能用于回用或者灌溉,不能排放到地面水体。2013年至2015年,鸿顺公司6万吨高强瓦楞纸技改项目正常生产。2013年4月27日,徐州市铜山区环境保护局柳新环境监察中队发现鸿顺公司年产6万吨高强瓦楞纸项目存在私设暗管排放生产废水和污水处理设施不能正常运转等问题。2014年4月5日至6日,鸿顺公司私设暗排管排放未经处理的生产废水600吨,废水汇入苏北堤河。2014年4月18日,徐州市铜山区环境保护局(以下简称铜山环保局)作出铜环责改字[2014]21号责令改正环境违法行为决定书,责令该公司立即拆除暗管。2014年5月12日,铜山环保局向鸿顺公司发出铜环罚字[2014]25号行政处罚决定书,对鸿顺公司处以人民币5万元的罚款。2014年8月14日,鸿顺公司缴纳5万元罚款。

2015年2月24日至25日,鸿顺公司临时设置直径20厘米铁质排放管,将未经处理的生产废水经该公司污水处理厂南侧排入苏北堤河,排放量2000吨。徐州市铜山区环境监测站于2015年2月25日对该公司外排废水进行采水样监测,数据显示"化学需氧量为1180mg/L、氨氮为28.2mg/L、总磷为1.60mg/L",分别超过《纸浆造纸工业水污染物排放标准》12.1倍、2.5倍、1倍。2015年3月12日,铜山环保局作出铜环罚字[2015]6号行政处罚决定书,对鸿顺公司处以人民币10万元的罚款。2015年4月27日,鸿顺公司缴纳罚款10万元。另查明,鸿顺公司年产6万吨高强瓦楞纸技改项目环境影响报告于2008年8月20日经徐州市环境保护局徐环项[2008]75号文件批复,各类污染物年排放总量初步核定为:废水量≤195,030吨/年,COD≤33.54吨/年,SS≤33.54吨/年。2009年9月,徐州市环境保护局委托铜山县(现铜山区)环境保护局对上述技改项目进行环保设施竣工验收。同月,鸿顺公司污染物排放监测计量装置已与铜山县环境保护局监控中心联网,实现对废水排放总量和COD的连续监测,做到了数

① 江苏省高级人民法院(2016)苏民终1357号;江苏省徐州市中级人民法院(2015)徐环公民初字第6号。

据实时传输。

苏北堤河主要沿35米等高线,自沛县龙固向南,到铜山区张谷山入顺堤河后进入京杭运河不牢河段。苏北堤河铜山段,河道位于徐沛运河与顺堤河之间,全长23.56公里,是徐州市铜山区湖西地区的灌溉排涝的主要河道之一。苏北堤河柳新(江苏省徐州市铜山区柳新镇)段,全长5.1公里,沿线有多条中沟与桃园河相通,是柳新镇魏庄大沟以南桃园河以北地区的一条排涝并结合农田灌溉的河道。

2.法院认为

徐州市中级人民法院一审认为,被告鸿顺公司违反法律规定,先后在2013年、2014年、2015年连续三次违法排放废水,且2014年、2015年排放的废水直接汇入苏北堤河,造成环境污染,依据损害担责原则,应依法承担相应的法律责任。

关于全案损害赔偿数额认定问题,应不限于2600吨污水排放行为所造成的环境损害数额,而应酌情考虑相关因素,予以合理确定。从行政机关查处的被告连续三年三次违法排污情况看,被告都是故意违法,且采用偷埋、私设暗管等方式实施违法行为。被告为追求利益最大化,多次故意实施违法排污行为,在环保部门给予环境监察建议、处以罚款后,仍加大违法排污量,实施环境污染行为。可见,被告的主观过错较为明显。公益诉讼人主张被告应以2600吨废水造成的生态环境损害数额为基数在3倍至5倍区间承担最终赔偿数额,一审法院认定具有合理性。

一审民事判决,被告鸿顺公司赔偿生态环境修复费用及生态环境受到损害至恢复原状期间服务功能损失共计105.82万元,并支付公益诉讼人的专家费用3000元。宣判后,鸿顺公司提出上诉。江苏省高级人民法院二审驳回上诉,维持原判。

3.评析

该案是全国人大常委会授权检察机关提起的环境民事公益诉讼案件。该案的主要亮点之一是逐步确立惩罚性赔偿酌定机制。对环境污染所造成的损害数额,可以根据已查明的具体污染环境情节、被告违法程度及主观过错程度、防治污染设备的运行成本、被告生产经营情况及因侵害行为所获得的利益、污染环境的范围和程度、生态环境恢复的难易程度等因素予以酌情确定。

因环境民事公益诉讼所具有的专业性和技术性,对于因果关系的判断、损害程度和范围的确定等往往需要借助鉴定等专业技术手段来解决。从当前环境资源审判的实践来看,一方面,专业化、具有公信力的环境损害鉴定机构较为缺乏。另一方面,鉴定周期长、费用高等问题,客观上影响了鉴定结论的公信力、制约鉴定在环境资源审判中的作用。

《最高人民法院关于审理环境民事公益诉讼案件适用法律若干问题的解释》第23条规定了生态环境修复费用难以确定或确定具体数额所需鉴定费用明显过高时可以对生态环境修复费用综合主客观因素予以合理确定。本案中，被污染的水体具有自净能力，偷排的时间发生在2013年、2014年和2015年，案件审理时已无进行鉴定的客观条件，因此本案适用该解释第23条对生态环境修复费用进行了确定。

该案中，根据被告主观恶性程度裁量具有一定惩罚性因素的修复费用计算方法，对于从源头上遏制企业违法排污行为具有重要意义。从公益诉讼人提供的被告税务报表等证据看，被告在2013～2015年处于正常生产经营状态，被告自认高强瓦楞纸每吨市场价在2000～2100元，以年产6万吨的生产规模看，被告具有相对较大的生产规模，亦可能获得较高的经营利益。每吨50元的防治污染设备运行成本，意味着违法偷排能获取较高的非法利益。从行政机关查处的被告连续三年三次违法排污情况看，被告都是故意违法，且采用偷埋、私设暗管等方式实施违法行为。被告为追求利益最大化，多次故意实施违法排污行为，在环保部门给予环境监察建议、处以罚款后，仍加大违法排污量，实施环境污染行为。可见，被告的主观过错较为明显。

环境侵权行为及后果的复杂性、长久性、隐蔽性、迁移性等特点导致其危害性强、损害范围广且难以及时固定证据。根据法院确认的事实，不能仅就2600吨的排污事实确定被告的赔偿责任。鉴于被告的实际排污量及对生态环境实际造成的损害大小难以准确确定，本案应根据上述司法解释的规定，综合考虑案件事实及相关因素，酌情合理确定生态环境修复费用。

根据《民法典》侵权责任编第1232条的规定，被告鸿顺公司的排污行为符合环境侵权惩罚性赔偿责任的构成要件，应当对被告判处承担惩罚性赔偿责任。这样一来，不仅能够填补环境污染损失，还能惩罚被告等不法行为人，督促其积极纠正违法行为，并进一步吓阻其他不法行为人。

（编写人：景　娜）

法律条文

第一千二百三十三条　因第三人的过错污染环境、破坏生态的，被侵权人可以向侵权人请求赔偿，也可以向第三人请求赔偿。侵权人赔偿后，有权向第三人追偿。

条文主旨

本条是关于环境污染和生态破坏第三人责任的规定。第三人过错环境侵权,是指在侵权人与被侵权人之外的第三人过错的作用下,侵权人污染环境、破坏生态造成被侵权人损害的后果。

新旧法对比

《侵权责任法》	《民法典》
第六十八条　因第三人的过错污染环境造成损害的,被侵权人可以向污染者请求赔偿,也可以向第三人请求赔偿。污染者赔偿后,有权向第三人追偿。	第一千二百三十三条　因第三人的过错污染环境、**破坏生态**的,被侵权人可以向**侵权人**请求赔偿,也可以向第三人请求赔偿。**侵权人**赔偿后,有权向第三人追偿。

理解与适用

环境侵权责任中的第三人责任,是指第三人的过错使他人的行为造成了环境污染或者生态破坏的损害。通常来说,第三人的过错行为对于损害的发生具有直接的因果关系,是损害发生的直接原因。而行为人的行为是在第三人过错的作用下造成了被侵权人损害的后果。但是,在环境侵权责任中,真正造成损害的,是污染者的污染、破坏者的破坏,第三人的过错行为作用于污染者、破坏者,使得被侵权人遭受了损害,污染者、破坏者的行为与损害之间具有较为直接的因果关系。同时,污染环境、破坏生态责任适用无过错责任原则,是为了更好地保护生态环境、生产生活,保护被侵权人的民事权益。因此,环境侵权责任中因第三人过错行为造成损害的,不适用《民法典》一般侵权责任中有关因第三人过错行为人免责事由的规定。

侵权人和第三人基于不同的行为造成一个损害,两个行为都是损害发生的原因,而损害事实又是一个损害结果,并不是两个损害结果,这是环境污染和生态破坏责任第三人过错的基本特点。第三人的过错行为造成环境污染、生态破坏的,侵权人和第三人承担不真正连带责任,有如下两个具体规则。

1. 被侵权人同时享有不同的损害赔偿请求权

侵权人和第三人的行为产生不同的侵权责任,这个责任就救济被侵权人而言,具有同一的目的,而不是救济各个不同的损害。被侵权人可以“择一”行使,可以向侵权人或者向第三人请求承担责任,而不是向侵权人和第三人分别行使各个请求权。

构成第三人过错环境污染和生态破坏责任的,有过错的第三人和实际造成损害的侵权人都应当承担不真正连带责任的中间性责任,被侵权人可以向任何一方请求承担赔偿责任,请求哪一方承担责任,哪一方就应当承担赔偿责任。被侵权人选择的一个请求权实现之后,其他请求权消灭。

2. 有过错的第三人最终承担全部赔偿责任

如果被侵权人选择的被告是第三人,则第三人应当是最终承担侵权责任的人。如果选择的被告是侵权人,侵权人承担的是中间责任,在侵权人承担了侵权责任后可以向最终责任人即第三人请求追偿,最终责任人应当向侵权人承担最终责任。

实务问题

1. 案情简介①

郭俊某、贾某冬、郭贵某与东明县长兴集乡大许庄行政村签订坑塘承包合同,承包期自2014年10月1日起至2029年10月1日止,承包期限15年。三原告分别于2016年5月14日、2015年5月28日在河南省尉氏县水产技术服务站购买鱼苗在该坑塘内开始养鱼。鱼塘受污染后,2017年10月6日原告发现大量鱼死亡,就通过相关部门协商处理,处理未果。2017年11月16日原告郭俊某到东明县公安局长兴派出所报警,民警李某等人出警到达现场,发现位于大许庄护堤河东边的鱼塘里有大量死鱼,郭俊某向派出所陈述称一个月前发现有死鱼,当时找油田负责人协调,油田负责人说当时就报警了,黄南分局出警后一直没有作出处理。菏泽市公安局黄南分局马场派出所2018年2月8日情况说明:2017年10月10日马厂派出所在接到濮东采油厂治保巡检二大队治保二中队中队长孙某东报称:马厂油区1号站9-9井附近1号站至马厂联合站废旧回水干线被锯。马厂派出所立即出警到达现场,现场情况为:被锯干线位于马9-9井北偏西方向约200米处的水塘内,干线管道直径219mm,属废旧弃用干线,钢制管道被用锯锯开长10cm的口子(无断裂),锯口处无液体流出;现场有治保二中队孙某东、王某震等4名人员,因属废旧弃用干线,锯口处无液体流出,给周边没有造成任何影响和财产损失。2017年11月4日东明县水产服务中心根据大许庄郭俊某提供的情况,对大许庄鱼塘估产。三原告于2017年12月19日针对坑塘养殖的鱼死亡事实申请东明县公证处进行证据保全,东明县公证处于2017年12月20日进行现场察看,并出具(2017)东明证民字第1062号公证书一份,公证书载明:

① 山东省菏泽市中级人民法院(2019)鲁17民终3489号;山东省东明县人民法院(2019)鲁1728民初2234号。

在位于东明县黄河大堤路西侧标有“20+3”的坝处的南、北、西侧的坑塘处有鱼骨、死鱼，在坝北侧及沿坑塘从南往北走，有的鱼还活着但游不了。在坑塘偏南段的东侧，坑塘水面上方有管道两根。其中东侧一根较西侧一根稍粗。西侧管道在坑塘水面上方部分有口子。原告委托东明县环保局稽查大队对污染水质进行监测。

2. 法院认为

山东省东明县人民法院一审认为，被告中国石油化工股份有限公司中原油田分公司提供证据证明废旧回水干线有被他人锯开的痕迹，但马厂油区 1 号站 9-9 井附近 1 号站至马厂联合站废旧回水干线归被告所有，被告对废旧回水干线负有管理义务，被告对于存在污染危险的废旧管线未能及时回收，管理不当造成水污染，给原告造成了经济损失，被告依法应当承担赔偿责任。原告养鱼对鱼塘负有安全、监管责任，当鱼塘受到污染危险和污染发生时，未能及时防范、阻止污染的发生和损失的扩大，也应负有一定的责任，结合污染事实和双方当事人的过错程度，被告承担 70% 的赔偿责任较为适宜，其余由原告自行承担。一审判决被告中国石油化工股份有限公司中原油田分公司赔偿原告贾某冬、郭俊某、郭贵某养鱼经济损失 231,000 元，并驳回原告贾某冬、郭俊某、郭贵某其他诉讼请求。一审判决作出后，中国石油化工股份有限公司中原油田分公司上诉。山东省菏泽市中级人民法院认为，郭俊某等所举证据能够证明，中国石油化工股份有限公司废弃管道锯口破损处流出的液体致郭俊某等所承包鱼塘中水体 pH、COD、氨氮等含量明显偏高，该行为应认定为上诉人的水污染行为。同时，上诉人所举证据能够证明鱼塘中鱼类死亡的事实。且由于水污染行为导致鱼塘水体中 pH、COD、氨氮等含量明显偏高，也证明水污染行为及鱼类死亡之间存在关联性。虽然郭俊某等并无证据证明管道锯口系何人所为，但中国石油化工股份有限公司作为废弃管道的所有人，其对废弃管道有管护及防范危险发生的义务，其对管道流出废水污染鱼塘并导致死鱼，没有提交出充分证据证明其存在法律规定的不承担责任或者减轻责任的情形及其行为与损害之间不存在因果关系。同时，即使污染系他人过错所致，郭俊某等亦可依法向上诉人请求赔偿。二审法院驳回上诉，维持原判。

3. 评析

本案的核心在于第三人过错污染环境、破坏生态的赔偿责任承担。第三人的行为作用于污染者，污染者的污染行为造成了被侵权人损害的，根据《民法典》侵权责任编第 1233 条的规定，侵权人与第三人之间承担不真正连带责任，即被侵权人可以向侵权人请求赔偿,也可以向第三人请求赔偿。本案中,被告的废旧回水干线有被他人锯开的痕迹,而被告对废旧回水干线负有管理义务,因管理不当造成水污染,致使原告受到了侵害。郭俊某等从中国石油化工股份有限公司获得赔偿后,中国石油化工股份有限公司有权向破坏者追偿。这样的规则最大的效果就在于充分保护被侵权人的民事权益,从而推动各民事主体更好地保护生活、生态环境。因而,《民法典》第1233条继续保留了这一规则。

(编写人:景　娜)

法律条文

第一千二百三十四条　违反国家规定造成生态环境损害,生态环境能够修复的,国家规定的机关或者法律规定的组织有权请求侵权人在合理期限内承担修复责任。侵权人在期限内未修复的,国家规定的机关或者法律规定的组织可以自行或者委托他人进行修复,所需费用由侵权人负担。

条文主旨

本条是关于生态环境损害修复责任的规定,修复责任是指将生态环境受到的损害恢复原状。

新旧法对比

无	《民法典》
无	第一千二百三十四条　**违反国家规定造成生态环境损害,生态环境能够修复的,国家规定的机关或者法律规定的组织有权请求侵权人在合理期限内承担修复责任。侵权人在期限内未修复的,国家规定的机关或者法律规定的组织可以自行或者委托他人进行修复,所需费用由侵权人负担。**

理解与适用

生态环境受到的损害一般不是实际被侵权人个人受到的损害,而是国家、政府受到的损害,故请求承担修复责任的主体不是被侵权人,而是国家规定的机关或者法律规定的组织,比如生态环境保护部门或者环保公益组织。故生态环境修复的责任主体,是国家规定的机关或者法律规定的组织与侵权人。承担修复责任的规则有三:第一,违反国家规定造成生态环境损害,能够修复的,承担修复责任;第二,由国家规定的机关或者法律规定的组织作为请求权人,有权请求侵权人在合理期限内承担修复责任;第三,侵权人在合理期限内未履行修复责任的,国家规定的机关或者法律规定的组织可以自行或者委托他人进行修复,所需费用责令由侵权人承担。

需要明确的是,环境公益侵权责任的条款系环境侵权责任的特别规定,环境公益损害的救济优先适用该两条特别规定。该两条特别规定所没有明确的事项,适用《民法典》第1229条至第1233条关于环境侵权责任的一般规定以及《民法典》侵权责任编第一章至第三章的相关规定。

实务问题

1. 案情简介①

被告人甲某周因自建房屋,向本村申请砍伐木材50立方米。2018年7月底,被告人甲某周在未取得林木采伐许可证的情况下,谎称已取得砍树指标,请人在崇尔乡腊子沟村列更山上砍伐林木39棵,又请人帮其把被砍的林木剥皮。经若尔盖县环境保护和林业局认定,被砍伐的林木为云杉,蓄积为44.87立方米。同年9月10日,甲某周主动到若尔盖县森林公安局投案,如实供述犯罪事实,后签署认罪认罚具结书。四川省若尔盖县人民检察院依法提起刑事附带民事公益诉讼。

2. 法院认为

四川省若尔盖县人民法院一审认为,甲某周在未取得林木采伐许可证的情况下,以非法占有为目的,擅自砍伐国家所有的林木云杉,共计蓄积44.87立方米,数量巨大,其行为已构成盗伐林木罪,公诉机关指控罪名成立。鉴于甲某周构成自首,其盗伐林木目的是用于自建房且能认罪认罚,故对其减轻处罚。若尔盖县人民检察院依法提起附带民事公益诉讼,主体适格,程序合法,对其公益诉讼请求予以支持。

一审法院判决:(1)被告人甲某周犯盗伐林木罪,判处有期徒刑2年,缓刑3年,并处罚金人民币2000元。(2)作案工具油锯2台、木工斧3把予以没收。(3)盗伐的林木39株(蓄积44.87立方米)予以没收,上缴国库。(4)被告人甲某周在判决生效后6个月内,补种云杉树390株。

① 四川省若尔盖县人民法院(2018)川3232刑初25号。

3. 评析

本案系盗伐林木引发的刑事附带民事公益诉讼案件。通过案件审理，人民法院统筹运用刑事、民事责任方式，落实恢复性司法理念，在判决甲某周负刑事责任的同时承担补植复绿的生态环境修复责任，构建惩处和复绿并举的责任追究机制，对于有效树立“伐树要许可、毁树须担责”的生态保护意识，推动形成人与自然和谐共生的绿色生活方式，具有积极的促进作用。

《民法典》第1234条涉及的是生态环境修复的问题。《侵权责任法》未对此作出规定，导致生态环境受到损害时，往往是由政府来埋单，修复生态环境。本法新增了这一内容，是对自己责任的充分贯彻，即“谁污染，谁破坏，谁埋单”。

在本案中，被告甲某周违反国家规定，盗伐林木云杉。若尔盖县人民检察院诉请其进行生态环境修复。根据《民法典》侵权责任编第1234条前句的规定，甲某周应当承担修复责任。本案法院根据林木栽种的实际情况，要求甲某周植树造林，补种云杉树390株，是关于修复责任承担的具体措施。

值得注意的是，生态环境的损害较为特殊，其不属于一般的实际被侵权人的损害，而是属于国家的损害，因而本案中请求承担修复责任的主体是承担公益诉讼职能的检察机关。除此之外，省级以上的环保公益组织也可以作为原告提起诉讼。

（编写人：景　娜）

法律条文

第一千二百三十五条　违反国家规定造成生态环境损害的，国家规定的机关或者法律规定的组织有权请求侵权人赔偿下列损失和费用：

（一）生态环境受到损害至修复完成期间服务功能丧失导致的损失；

（二）生态环境功能永久性损害造成的损失；

（三）生态环境损害调查、鉴定评估等费用；

（四）清除污染、修复生态环境费用；

（五）防止损害的发生和扩大所支出的合理费用。

条文主旨

本条是关于国家机关或公益组织请求损害生态环境赔偿的规定。国家规定的机关，是指国家规定的负有生态环境保护职能的政府有关部门，即生态环境保护的主管部门。而法律规定的有关组织，是指法律规定的负有保护生态环境的社会公益组织。这些机关和组织，才是有权提起本条规定的损害赔偿诉讼的主体。

新旧法对比

无	《民法典》
无	第一千二百三十五条　**违反国家规定造成生态环境损害的，国家规定的机关或者法律规定的组织有权请求侵权人赔偿下列损失和费用：** **（一）生态环境受到损害至修复完成期间服务功能丧失导致的损失；** **（二）生态环境功能永久性损害造成的损失；** **（三）生态环境损害调查、鉴定评估等费用；** **（四）清除污染、修复生态环境费用；** **（五）防止损害的发生和扩大所支出的合理费用。**

理解与适用

环境侵权责任赔偿法律关系的请求权主体具有双重性：第一，于个人而言，是基于环境污染或者生态破坏侵害了被侵权人的民事权益。第二，于国家或组织而言，是基于国家的生态环境遭受了损害。

在双重的环境损害责任法律关系中，第一种情况救济的是被侵权人的权益损失，而第二种情况救济的是国家生态环境损失。这两重损害赔偿责任并行不悖，损害生态环境的行为人均须承担。就第二种情况而言，违反国家规定造成生态环境损害的，国家规定的机关或者法律规定的组织有权请求侵权人赔偿，侵权人应当承担赔偿责任。

具体的损害赔偿范围包括：

（1）生态环境受到损害至修复完成期间服务功能丧失导致的损失。生态环境受到损害如果造成了服务功能的丧失，在受到损害至修复完成期间应当得到的利益是侵权行为造成的损失，也即赔偿范围。

（2）生态环境功能永久性损害造成的损失。生态环境受到侵害，造成的后果是其功能永久丧失，应当进行评估，确定具体的损失范围，侵权人应当予以赔偿。

（3）生态环境损害调查、鉴定评估等费用。这是恢复生态环境、确定赔偿责任范围所必须进行的工作，支付的费用由侵权人负责赔偿。

（4）清除污染、修复生态环境费用。这些费用是清除污染、修复生态环境所必需的费用，应当予以赔偿。

（5）防止损害的发生和扩大所支出的合理费用。在生态环境受到损害后，有关机关和组织为了防止损害的发生和扩大，所支出的费用应当得到赔偿。

实务问题

1. 案情简介①

2017 年 11 月，河南鑫洲建筑工程有限公司（以下简称鑫洲公司）在新郑市龙湖镇小乔沟李木咀村及刘口村非法倾倒有毒土壤，李木咀村倾倒地块 3 块，刘口村倾倒地块 1 块。经江西求实司法鉴定中心鉴定，土壤中含有六六六与滴滴涕等农药因子，受污染土壤共计 14.885 万立方米。在有关部门采取紧急控制措施、查清污染事实、鉴定损害后果后，根据河南省郑州市人民政府的授权，郑州市生态环境局与鑫洲公司进行磋商，达成了《新郑市龙湖镇李木咀村与刘口村土壤污染案件生态环境损害赔偿协议》。协议一式 8 份，郑州市人民政府、郑州市生态环境局、鑫洲公司、郑州市财政部门、郑州市中级人民法院、郑州市人民检察院各持 1 份，1 份由郑州市人民政府持有用于向郑州市中级人民法院申请司法确认，1 份由郑州市人民政府持有备用于申请司法强制执行。

2. 法院认为

河南省郑州市中级人民法院经审查认为，当事人达成的《新郑市龙湖镇李木咀村与刘口村土壤污染案件生态环境损害赔偿协议》符合司法确认调解协议的法定条件。人民法院对协议内容的真实性、合法性审查以后，最终确认该协议有效。一方当事人拒绝履行或者未全部履行协议时，对方当事人可以向人民法院申请强制执行。

3. 评析

本案系土壤污染引发的生态环境损害赔偿司法确认案件。涉案磋商协议对赔偿权利人和赔偿义务人的身份，生态环境损害的事实、程度和有关证据，双方对生态损害鉴定报告的意见，生态环境损害修复模式及费用支付方式，修复工程

① 河南省郑州市中级人民法院（2020）豫 01 民特 10 号；河南省新郑市人民法院（2019）豫 0184 刑初 607 号。

持续期间,修复效果评估以及不履行或不完全履行协议的责任等内容做了全面约定,不仅确保生态环境损害修复工作落到实处,而且便于接受公众监督,充分保障公众的知情权和参与权。受案法院对生态环境损害磋商协议司法确认的程序、规则等进行了积极探索,提供了有益的经验。人民法院通过司法确认,赋予磋商协议强制执行效力,促进磋商在生态环境损害赔偿工作中的积极作用,引导企业积极履行生态环境保护主体责任,强化土壤污染管控和修复,促进流域生态环境保护修复。

《民法典》第 1235 条为生态修复责任的有效落实提供了明确的法律基础,涉及生态环境损害赔偿范围问题。在《民法典》出台以前,对于生态修复责任的承担的法律依据散落在相关法律规范和司法解释之中,而对于生态环境损害赔偿范围的问题,《侵权责任法》未作出规定,本法新增了这一内容。

在环境刑法方面,因行为人污染环境、破坏资源而触犯刑法的,除对行为人判处相应的刑罚外,还可根据刑事司法中修复性司法理念或《刑事诉讼法》第 99 条的规定,提起刑事附带民事诉讼来实现对生态损害的修复。《最高人民法院关于审理环境民事公益诉讼案件适用法律若干问题的解释》第 20 条第 3 款规定,生态环境修复费用包括制定、实施修复方案的费用,修复期间的监测、监管费用,以及修复完成后的验收费用、修复效果后评估费用等。本条款为审理民事公益诉讼案件提供了极具可操作性、程序性的指引,同时也为生态修复性司法提供了合理的操作规程。第 23 条对生态环境修复费用难以确定或者确定数额所需鉴定费用明显过高的情形下如何确定修复费用的问题制定了规则。第 24 条第 1 款规定了生态环境修复费用等应当专项使用。本条与上述法律规定是一脉相承的。

在该案中,鑫洲公司实施了污染行为,非法处置污染性土壤,造成土壤环境严重污染,需要对全部污染损害后果承担赔偿责任。根据《民法典》侵权责任编第 1235 条的规定,国家规定的机关或者法律规定的组织有权请求侵权人赔偿的费用包括生态环境修复期间服务功能丧失导致的损失、生态环境功能永久性损害造成的损失、生态环境损害调查以及鉴定评估等费用、清除污染以及修复生态环境费用等。

需要注意的是,本条规定所涉及的赔偿费用仅指对环境损害的赔偿费用。如若生态环境损害引发他人生命、健康损害,或者导致法人或非法人组织的财产受到损失,被侵权人仍然有权以自己的名义向造成生态环境损害的侵权人请求人身损害赔偿与财产损害赔偿。因此,当鑫洲公司的污染行为导致涉案污染区域的村民人身损害或者其他企业的财产受到损失时，被侵权人有权根据《民法典》侵权责任编第1229条的规定请求鑫洲公司承担侵权责任，并根据《民法典》侵权责任编第1179条与第1182条的规定分别请求人身损害赔偿与财产损害赔偿。

（编写人：景　娜）

第八章　高度危险责任

法律条文

第一千二百三十六条　从事高度危险作业造成他人损害的，应当承担侵权责任。

条文主旨

本条是关于高度危险责任一般条款的规定，规范高度危险活动的责任，为司法实践处理法律未明确规范的高度危险行为提供了一个指导性原则，具有兜底性功能，将那些法律没有规定的高度危险作业也涵盖进来，也为将来单行立法确立新的高度危险责任类型提供了基本的法律依据。

新旧法对比

《侵权责任法》	《民法典》
第六十九条　从事高度危险作业造成他人损害的，应当承担侵权责任。	【内容不变】第一千二百三十六条

理解与适用

高度危险责任，是指从事高度危险活动和持有高度危险物，在相关的作业活动中造成他人损害，应当适用无过错责任原则承担侵权责任的特殊侵权责任。

高度危险责任的构成包括以下三个要件。

1. 存在对周围环境致损的高度危险作业行为

高度危险作业是指从事高空、高压、易燃、易爆、剧毒、放射性、高速运输工具等对周围环境有高度危险的作业。高度危险作业是在活动过程中产生高度危险性的，因此只有采取一定的安全方法进行活动，才能够控制活动中产生的危险，减少损害发生的概率。

高度危险作业具备以下特征：第一，高度危险作业是一种合法行为，至少是不为法律禁止的行为，人类为了享受现代科技文明所带来的巨大经济利益，就必须允许从事某些高空、高压、易燃、易爆、剧毒、放射性以及高速运输工具作业的存在和发展，并赋予它们合法性。第二，基于科学技术和工业制造能力、材料强度等多方面的限制，加害人从事的作业对周围环境的高度危险以及可能造成的损害，即便加害人尽到高度注意义务也不能完全避免。

高度危险作业的危险性并非针对特定的人和财产，而是某一范围内的一切人和财产，如铁路、高速公路、机场、高压输电线路周围的居民及其财产，只有当损害发生后，才能具体确定受损的人员或财产。

2. 造成损害后果和存在严重危险

危险活动或危险物的致害后果，包括人身损害和财产损害。其中人身损害包括致伤、致残、致死，财产损害包括直接损失和间接损失，其计算方法与一般侵权行为损害后果的计算相同。

3. 须有因果关系存在

高度危险作业与损害后果之间须有因果关系，才构成高度危险责任的侵权责任，原则上应由受害人证明存在因果关系。在某些科技领域，受害人只能证明危险活动或危险物和损害事实存在表面上的因果关系，甚至仅能证明危险活动或危险物是损害后果的可能原因的，则可以推定因果关系存在，如果危险活动人或危险物保有人不能证明危险活动或危险物与损害结果之间没有因果关系，则推定因果关系要件成立。

实务问题

1. 本条规定的目的

本条规范目的在于应对工业社会层出不穷的各式风险，为补充性质的概括条款，仅在《民法典》及其他单行法针对各具体危险形态的特别责任规则不能适用的情形下充任请求权基础，即凡以本章其他各条为请求权基础时，不应援引本条。

2. 高度危险作业的危险性

高度危险作业的危险性，是指对周围环境造成损害的概率高，足以超过一般性作业的损害概率。法律规定高空、高压、易燃、易爆、剧毒、放射性、高速运输工具作业 7 种危险活动，但这并不全面，还有其他危险活动形式。

3. 案例①

1992 年 9 月 27 日上午 11 时，尤某龙到北方射击场西墙外的北山坡摘酸枣，被北方射击场进行兵器试验的跳弹打伤，2005 年 12 月，尤某龙诉至法院，要求北方射击场赔偿伤残赔偿金 60,000 元、精神损失费 5000 元和医疗费 8300 元。2005 年 4 月 12 日，尤某龙的伤情经北京市法庭科学技术鉴定研究所鉴定为伤残程度为八级，未对其脑外伤所致癫痫后果进行评残，后法院于 2006 年 3 月作出(2006)昌民初字第 00636 号民事判决书，判决北方射击场赔偿尤某龙残疾赔偿金 44,496 元，驳回其他诉讼请求。北方射击场提出上诉，后被判决驳回上诉，维持原判。

该案是适用高度危险责任的一般条款，将射击场的兵器试验界定为"高度危险作业"，从而适用无过错责任原则，使受害人获得侵权救济的典型案例。众所周知，兵器的功能在于造成目标人身伤害或财产损失，且兵器一旦使用则该潜在危险即转化为现实损害。因此，兵器具有致人伤亡的高度危险性。而且，兵器试验对于场地、程序、操作方法等方面都有严格的要求，以防止在试验过程中意外造成他人损害。

在该案中，原告尤某龙到被告北方射击场西墙外的北山坡摘酸枣，被北方射击场进行兵器试验的跳弹打伤，从而导致伤残的损害结果。由此可见，原告尤某龙的损害结果与被告北方射击场的兵器试验行为之间有法律上的因果关系，从而符合高度危险责任的构成要件。

（编写人：李长青）

法律条文

第一千二百三十七条　民用核设施或者运入运出核设施的核材料发生核事故造成他人损害的，民用核设施的营运单位应当承担侵权责任；但是，能够证明损害是因战争、武装冲突、暴乱等情形或者受害人故意造成的，不承担责任。

条文主旨

本条是关于对民用核设施和核材料损害责任的规定。核事故责任这类高度危险作业造成的损害应适用无过错责任原则。核事故责任的构成要件有三：第

① 北京市第一中级人民法院(2019)京 01 民终 6874 号；北京市昌平区人民法院(2019)京 0114 民初 8941 号。

一，民用核设施或者运入运出核设施的核材料发生核事故；第二，发生了损害后果；第三，核事故与损害后果之间具有因果关系。

新旧法对比

《侵权责任法》	《民法典》
第七十条　民用核设施发生核事故造成他人损害的，民用核设施的经营者应当承担侵权责任，但能够证明损害是因战争等情形或者受害人故意造成的，不承担责任。	第一千二百三十七条　民用核设施**或者运入运出核设施的核材料**发生核事故造成他人损害的，民用核设施的**营运单位**应当承担侵权责任；**但是**，能够证明损害是因战争、**武装冲突、暴乱**等情形或者受害人故意造成的，不承担责任。

理解与适用

核事故，是指核设施内的核燃料、放射性产物、放射性废物或者运入运出核设施的核材料所发生的放射性、毒害性、爆炸性或者其他危害性事故，或者一系列事故。

核设施包括：第一，核电厂、核热电厂、核供汽供热厂等核动力厂及装置；第二，核动力厂以外的研究堆、实验堆、临界装置等其他反应堆；第三，核燃料生产、加工、贮存和后处理设施等核燃料循环设施；第四，放射性废物的处理、贮存、处置设施。

核材料包括：第一，铀-235 材料及其制品；第二，铀-233 材料及其制品；第三，钚-239 材料及其制品；第四，法律、行政法规规定的其他需要管制的核材料。

不涉及核设施的核活动，如在教学科研、医学、工农业生产中运用放射性同位素所造成的损害不包含在核损害责任中，视具体情形适用高度危险物责任甚至过错责任的规则。

经营者在本条规定中主要是指对民用核设施、核材料享有实际处分权的所有人或管理人，即核设施的占有人。

民用核设施和核材料损害责任的构成要件包括：第一，民用核设施和核材料发生了核事故。如日本福岛核电站发生的核泄漏、苏联切尔诺贝利核电站发生的核泄漏事故，都是民用核设施损害责任中所称的核事故。第二，民用核设施和核材料的核事故造成了他人的人身损害或者财产损害。第三，民用核设施和核材料的核事故与他人人身损害和财产损害结果之间有因果关系。

关于免责事由，仅包括受害人故意或战争、武装冲突、暴乱等情形。基于自然原因所构成的不可抗力以及其他免责事由,不能被加以适用。

实务问题

我国司法实践中尚未发生过民用核设施或核材料发生核事故造成他人损害承担侵权责任的实际案例。

(编写人:李长青)

法律条文

第一千二百三十八条　民用航空器造成他人损害的,民用航空器的经营者应当承担侵权责任;但是,能够证明损害是因受害人故意造成的,不承担责任。

条文主旨

本条从形式上看是典型的完全法条,为民用航空器致害责任提供了统一的请求权基础。

新旧法对比

《侵权责任法》	《民法典》
第七十一条　民用航空器造成他人损害的,民用航空器的经营者应当承担侵权责任,但能够证明损害是因受害人故意造成的,不承担责任。	【内容不变】第一千二百三十八条

理解与适用

航空器,是指通过空气的反作用,而不是由空气对地面发生的反作用,在大气中取得支撑的任何机器,主要包括热气球、飞艇以及固定翼飞机、滑翔机、直升机等飞机。

需要指出的是,并非全部的航空器及航天器均为本条所调整。本条特用"民用"加以限定。所谓民用,是指非用于执行军事、海关及警察飞行任务。

民用航空可分为公共航空与通用航空两类。公共航空运输指公共航空运输企业使用民用航空器经营的旅客、行李或者货物的运输,包括公共航空运输企业使用民用航空器办理的免费运输。通用航空指使用民用航空器从事公共航空运输以外的民用航空活动,包括从事工业、农业、林业、渔业和建筑业的作业飞行以及医疗卫生、抢险救灾、气象探测、海洋监测、科学实验、教育训练、文化体育等方面的飞行活动。

民用航空器致害责任包括两种类型:一是民用航空器对运输的旅客、货物造成损害时的侵权责任;二是民用航空器对地面第三人造成损害时的侵权责任,一般指飞行中的民用航空器或从飞行中的民用航空器上下落的人或者物,造成地面、水面上的民事主体人身伤亡或财产损害,民用航空器的经营人依法应当承担侵权责任的情形。

关于民用航空器致害,本条规定了无过错责任原则,主要原因在于其运行中具有高度危险性。尽管随着科学技术的发展,民用航空器、航天器发生事故的概率不大,但一旦发生事故,其所造成的损害后果往往极为严重且不具有可控性。

民用航空器致害时,责任主体为经营者。民用航空器的经营者,就是指对民用航空器具有事实上处分权的人,具体包括所有人、承租人、融资租赁人等具有合法使用权的占有人。当然,受雇于经营者的雇员,如航空器的驾驶、操控人员并不属于本条所规定的经营者。

对于民用航空器发生事故的免责事由,本条仅规定了能够证明损害是因受害人故意造成的,不承担责任。这意味着,除受害人故意之外,其他免责事由原则上均不被加以考虑。但并不排除在特别法中对立法者基于特殊的价值判断所规定的其他免责事由的适用。当特别法中针对民用航空器致害的抗辩事由存在特殊规定时,应适用特别法规定。

实务问题

1. 民用航空器具有高度危险性

民用航空器具有高度危险性,因其造成损害所引发的侵权纠纷应适用无过错责任原则。因此,民用航空器的经营者应否承担侵权责任的关键在于损害结果是否由民用航空器造成。由于高度危险作业的特殊性,不应过于苛求受害人所承担的举证责任,但受害人的举证应达到高度盖然性的标准。

2. 包头"11·21"空难案例

2004年11月21日,由包头飞往上海的中国东方航空云南公司MU5210航班在包头市南海公园的南海湖中坠毁,造成55人死亡和南海公园湖水严重污染。2006年9月29日,中国东方航空云南公司、某保险公司与包头市政府签订《包头"11·21"空难地面第三者损害赔偿最终协议》,其中就空难所造成的南海公园水污染赔偿湖水水体污染治理费用人民币2140万元。

（编写人：李长青）

法律条文

第一千二百三十九条　占有或者使用易燃、易爆、剧毒、高放射性、强腐蚀性、高致病性等高度危险物造成他人损害的，占有人或者使用人应当承担侵权责任；但是，能够证明损害是因受害人故意或者不可抗力造成的，不承担责任。被侵权人对损害的发生有重大过失的，可以减轻占有人或者使用人的责任。

条文主旨

本条是关于对占有、使用高度危险物损害责任的规定。高度危险物损害责任是指因占有或使用高度危险物造成他人损害，占有人或使用人应当承担的严格责任。

新旧法对比

《侵权责任法》	《民法典》
第七十二条　占有或者使用易燃、易爆、剧毒、放射性等高度危险物造成他人损害的，占有人或者使用人应当承担侵权责任，但能够证明损害是因受害人故意或者不可抗力造成的，不承担责任。被侵权人对损害的发生有重大过失的，可以减轻占有人或者使用人的责任。	第一千二百三十九条　占有或者使用易燃、易爆、剧毒、高放射性、**强腐蚀性、高致病性**等高度危险物造成他人损害的，占有人或者使用人应当承担侵权责任；**但是**，能够证明损害是因受害人故意或者不可抗力造成的，不承担责任。被侵权人对损害的发生有重大过失的，可以减轻占有人或者使用人的责任。

理解与适用

本条规定高度危险物损害责任适用无过错责任原则，其理由在于，高度危险物具有高度危险性，应使归责更为严格。

本条规定的责任主体为高度危险物的占有人及使用人。所谓占有和使用，是指生产、储存、运输高度危险物以及将高度危险物作为原材料或者工具进行生产等行为。

高度危险物损害责任的构成要件有三：第一，行为人实施了占有或者使用易燃、易爆、剧毒、高放射性、强腐蚀性、高致病性等高度危险物的行为；第二，因高度危险物造成他人人身损害或者财产损害；第三，占有或者使用的高度危险物与人身损害或者财产损害事实之间有因果关系。

高度危险物损害责任抗辩事由依据法律效果的不同区分为免责事由和减责事由。免责事由包括：第一，能够证明损害是因受害人故意造成的；第二，能够证明损害是因不可抗力造成的。减责事由则是：被侵权人对损害的发生有重大过失的，可以减轻占有人或者使用人的责任；被侵权人的一般过失不是减轻责任的事由。

关于高度危险物的界定并不局限于本条所明确列举的情形，非为本条列举但具有与列举情形同样级别危险的危险物致害，也应适用本条规定。

实务问题

1. 高度危险物致害责任适用的是无过错责任

高度危险物具有“易燃、易爆、剧毒、高放射性、强腐蚀性、高致病性等”高度危险性，一方面，由于独特的物理或化学属性，这些物品非常容易造成人身伤亡和财产损失；另一方面，在占有、使用这些物品时，占有人、使用人必须尽到高度的注意义务，采取特别的防护。在这些物品的运输、装卸、储存或使用的过程中，稍有不慎，其内在的高度危险性就可能现实化，给他人造成损害。

2. 案例①

1996 年 1 月 5 日 7 时 30 分许，吉化集团公司建设公司（以下简称化建公司）下属公司员工宋某文在前往工作现场的路上，捡到一小金属链并装入裤袋中。当日 9 时许，宋某文感觉头晕、恶心，10 时开始呕吐。10 时 30 分许，化建公司工作人员黄某臣到放置探伤机的铅房时发现探伤机的伽马射线源丢失，立即通知领导，并组织人员四处查找。当日 17 时 30 分，在宋某文床下找到放射源（宋某文拣到的小金属链），立即将宋某文送往医院抢救治疗。宋某文先后进行了 7 次手术，于 1998 年 4 月 16 日出院，但需要定期检查。宋某文左前臂距肘关节下方 13 厘米处缺失，双下肢缺失，经鉴定为一级伤残。事故发生后，国家卫生部及省卫生厅均发出通报，认定该事故为三级责任事故，国家卫生部派出的三人事故调查小组的调查汇报中的结论为“此次事故的发生是设备故障、工作人员安全素养不高和操作规程不够严密的综合结果。属技术为主，同时也有人为因素的事故”。同时查明，丹东射线仪器集团股份有限公司（以下简称丹东射线公

① 吉林省高级人民法院（2000）吉民终字第 219 号。

司)生产的伽马射线探伤机不符合国家标准。宋某文起诉化建公司、丹东射线公司,要求各项赔偿。

法院审理认为:宋某文被伽马放射源致残的事实存在,根据卫生部调查小组的调查报告认定"该事故的发生原因有设备的质量问题,也有操作人员安全素养不高和操作规程不够严的因素,是综合结果",据此,化建公司、丹东射线公司对该事故的发生均有责任。鉴于该事故"属技术为主,同时也有人为因素",故丹东射线公司应承担主要责任,化建公司承担次要责任,两被告属共同侵权,应互负连带赔偿责任。

(编写人:李长青)

法律条文

第一千二百四十条　从事高空、高压、地下挖掘活动或者使用高速轨道运输工具造成他人损害的,经营者应当承担侵权责任;但是,能够证明损害是因受害人故意或者不可抗力造成的,不承担责任。被侵权人对损害的发生有重大过失的,可以减轻经营者的责任。

条文主旨

本条是对高度危险活动损害责任的规定,高度危险活动损害责任的构成要件为:(一)加害人实施了高度危险作业的行为;(二)发生了损害后果;(三)高度危险作业与损害后果之间有因果关系。①

新旧法对比

《侵权责任法》	《民法典》
第七十三条　从事高空、高压、地下挖掘活动或者使用高速轨道运输工具造成他人损害的,经营者应当承担侵权责任,但能够证明损害是因受害人故意或者不可抗力造成的,不承担责任。被侵权人对损害的发生有过失的,可以减轻经营者的责任。	第一千二百四十条　从事高空、高压、地下挖掘活动或者使用高速轨道运输工具造成他人损害的,经营者应当承担侵权责任;**但是**,能够证明损害是因受害人故意或者不可抗力造成的,不承担责任。被侵权人对损害的发生有**重大**过失的,可以减轻经营者的责任。

① 最高人民法院民法典贯彻实施工作领导小组主编:《中华人民共和国民法典侵权责任编理解与适用》,人民法院出版社2020年版,第615页。

理解与适用

1. 高度危险活动损害责任的适用范围

高度危险活动,是指经营者从事的高空、高压、地下挖掘、使用高速轨道运输工具等具有高度危险性的经营活动。

高空作业,是指超过正常高度进行的作业。至于正常的高度以及高空的概念,并不能够准确界定,而是应当在实践中具体掌握。

从事高空作业造成他人损害的,有两种情况:一种是高空作业造成作业的工人自己的人身伤害,另一种是高空作业造成了他人的损害,包括人身损害和财产损害。

高压作业,是指从事的经营活动的压力超过普通的程度,如高压电、高压水、高压气泵等。

地下挖掘活动,是一种高度危险行为,是指在地下掘进、构筑坑道、挖掘隧道、构筑地铁等在地下进行的具有高度危险的施工活动。

使用高速轨道运输工具,是指使用沿着固定轨道行驶的交通工具,这类交通工具一般包括铁路、地铁、轻轨、磁悬浮、有轨电车等在固定轨道上行驶的车辆。对于铁路事故来说,不仅包括列车运行过程中发生的人身财产损害,还包括从列车上坠落、投掷物品,列车排放能量,造成他人人身损害或者财产损害的事故。

2. 高度危险活动损害责任的构成要件

(1)经营者从事了高度危险活动,且该高度危险活动是合法经营,如果是违法经营,则要承担更重的责任;(2)造成了他人的人身损害或财产损害;(3)高度危险活动是造成人身损害或者财产损害的原因,两者有因果关系。

3. 高度危险活动损害责任的抗辩事由

高度危险活动损害责任的抗辩事由依据法律效果的不同区分为免责事由和减责事由。免责事由包括:(1)能够证明损害是因受害人故意造成的。受害人的故意包括直接故意和间接故意两种情形。直接故意,即受害人明知其行为会导致损害后果,而追求或希望损害结果的发生;间接故意,即受害人明知其行为可能导致损害后果,而放任这种后果的发生。(2)损害是因不可抗力造成的。减责事由则包括:被侵权人对损害的发生有重大过失的,可以减轻经营者的责任。被侵权人的一般过失所引发的损害,不能减轻经营者的责任。

实务问题

(1)高度危险活动致害责任与高度危险物致害责任一样,适用的都是无过错责任。前者的高度危险性来自活动,而后者来自物品本身。

高度危险活动致害责任的法定免责事由仅有受害人故意或不可抗力两种情

形。而不可抗力作为免责事由的重要前提条件是不可抗力应当是损害发生的唯一原因。受害人故意分为两种情形:第一,受害人通过高度危险活动自杀、自伤;第二,从事与高度危险活动有关的犯罪行为,包括盗窃电能,盗窃、破坏电力设施或者进行其他犯罪活动。

(2)案例①。

2017年1月27日16时许,周某在顶岸村顶岸一组王某家后面水池边钓鱼时,因抛竿不慎触及上方10kV高压电线,经家属、村民和平街乡卫生院医护人员抢救无效死亡。报警后,派出所出警处理,后经贵州医科大学司法鉴定中心鉴定周某符合电击死亡的鉴定意见。2017年2月6日,当地供电局与人民政府工作人员对涉案现场进行勘查,高压线距离地面为5.1米。

法院认为,周某系在同村王某家房屋后的水池边钓鱼时抛竿不慎触电死亡,其死亡与当地供电局的高压输电线路存在因果关系。供电局作为该高压线路的经营者,应对该高压线路造成周某死亡承担无过错责任。本案中,周某生前作为大学二年级学生,且年满18周岁,对高空、高压的危险性及钓鱼竿的长短具有充分的预估能力,在其明知存在危险的情况下放任自己的行为导致被电击身亡,周某对事故的发生具有重大过失,应当承担事故的主要责任,供电局承担事故的次要责任。因此,法院确定由供电局承担30%的赔偿责任,其余70%的责任由周某自行承担。

(编写人:李长青)

法律条文

第一千二百四十一条　遗失、抛弃高度危险物造成他人损害的,由所有人承担侵权责任。所有人将高度危险物交由他人管理的,由管理人承担侵权责任;所有人有过错的,与管理人承担连带责任。

条文主旨

遗失、抛弃高度危险物情形下的高度危险物致害责任,是指自然人、法人或者非法人组织所有、占有、管理的危险物被遗失、被抛弃后造成他人损害,应当承

① 贵州省黔西南布依族苗族自治州中级人民法院(2018)黔23民终493号。

担的侵权责任，包括遗失高度危险物、抛弃高度危险物和将高度危险物交由他人管理且有过错的三种情形。其所适用的归责原则总体上体现为无过错责任原则。

新旧法对比

《侵权责任法》	《民法典》
第七十四条 遗失、抛弃高度危险物造成他人损害的，由所有人承担侵权责任。所有人将高度危险物交由他人管理的，由管理人承担侵权责任；所有人有过错的，与管理人承担连带责任。	【内容不变】第一千二百四十一条

理解与适用

遗失高度危险物，是指权利主体非基于自身的意思而丧失对高度危险物的占有，但不包括他人非法占有情形。危险物遗失的，所有人对遗失物虽然丧失了占有，但是其对该物并没有丧失所有权，仍然是自己的财产。这种遗失的危险物造成受害人的损害，还是应当让该物的实际权利人承担责任。因此，遗失的危险物因其自身的危险性质致人损害的，由其所有人承担民事责任。

抛弃高度危险物，是指权利主体基于放弃权利的意思而不再占有高度危险物。对财产的抛弃，是对财产事实上的处分，事实上决定了这个物的命运，放弃了该物的所有权，因而对该物也就不再享有所有权。对于危险物同样如此，危险物被抛弃，所有权人就丧失了该危险物的所有权。该高度危险物由于其自身的危险性而致害他人，虽然抛弃该危险物的原所有人已经丧失了对该物的所有权，但是，造成损害的原因还是抛弃者所为，只要该危险物没有被他人所占有，或者他人没有对此产生所有权，仍然由抛弃物的原所有人承担侵权责任。

危险物交由他人管理损害责任，是指权利人基于某种原因将高度危险物交由他人管控处理。所有人将高度危险物交由他人管理，因该危险物造成他人损害，由危险物的管理人承担侵权责任；如果危险物的所有人有过错的，则与管理人承担连带责任。所有人的过错，是指所有人对高度危险物交由他人管理而未尽高度注意义务，具有疏忽或者懈怠，如未交代危险物的性质、保管方法、危险后果等。

遗失、抛弃高度危险物损害责任的归责原则总体上体现为无过错责任原则，例外情形下适用过错责任原则。在所有人遗失高度危险物的情形下，不论其是否具有过错，均应承担侵权责任；同样，在所有人抛弃高度危险物的情形下，也应承担侵权责任。对于高度危险物管理人,其承担的是无过错责任,即当高度危险物为管理人所管控时,不论管理人是否存在过错,当高度危险物致害时均应承担责任,遗失、抛弃情形也同样被包括在内。所有人有过错的,所有人与管理人承担连带责任。在此情形下,就管理人而言,其承担的仍旧为无过错责任,但就所有人而言,其承担的是过错责任。由于高度危险物具有高度的危险性,故所有人将危险物交由他人管理,管理人应具备相应的资质,若管理人不具备相应的资质,而所有人仍将高度危险物交由其管理的,说明所有人存在过错,故所有人承担的是过错责任。

所有人是指对高度危险物享有所有权的人。在理解本条规定时,责任主体意义上的所有人指的就是应负担危险物管控义务的主体。对于高度危险物而言,如所有人随意对其予以抛弃,则有可能造成社会民众的损害,此时,其抛弃行为因违反公序良俗而不发生效力。此外,所有权人即便实施了抛弃行为,在法律效果上仍旧不会发生抛弃的效力,故所有权人并未发生改变。

管理人是指对于高度危险物享有管控处理权限的人,主要指合法占有人而不包括非法占有人。

实务问题

1. 在所有人遗失或抛弃高度危险物的情况下,所有人应如何承担侵权责任

在所有人遗失或抛弃高度危险物的情形下,不论其是否具有过错,均应承担侵权责任。尽管遗失、抛弃高度危险物往往体现为所有人违反有关管理规范,可被认定为存在过错,但事实上,此种情形下所有人是否具有主观过错是不被加以考虑的,因此,仍构成无过错责任。

2. 案例①

河南某量贩公司所属购物广场于2014年11月15日上午开业,河南某文化传播公司为其组织开业现场的庆典活动,开业结束后,该购物广场的一个广告气球脱落飘浮,于2014年11月21日飘落到滨海县境内的陈某甲(儿童)家门前,陈某甲将气球捡拾回家,一直放在家中。2014年12月11日陈某甲等儿童在自家屋内玩耍气球,当日17时左右,气球发生爆炸,致房屋倒塌,将王某及陈某甲、陈某乙、陈某丙、陈某丁(四人均为儿童)埋压,陈某丙、陈某丁经送医院抢救无效死亡。王某、陈某甲、陈某乙均受伤。

法院审理认为,该案是高度危险物遗失造成的损害,广告氢气球的使用人应

① 江苏省滨海县人民法院(2015)滨民初字第1025号。

当具备相应资质，而河南某文化传播公司在未取得使用资质的情况下施放氢气球，明显具有过错，河南某量贩公司在选任庆典组织者时未能尽到审查义务，也有一定过错。而陈某甲等儿童的监护人未能尽到监护职责，应减轻河南某量贩公司、河南某文化传播公司的赔偿责任。据此，法院认定河南某量贩公司、河南某文化传播公司连带承担60%的赔偿责任。

（编写人：李长青）

法律条文

第一千二百四十二条　非法占有高度危险物造成他人损害的，由非法占有人承担侵权责任。所有人、管理人不能证明对防止非法占有尽到高度注意义务的，与非法占有人承担连带责任。

条文主旨

本条是关于非法占有高度危险物损害责任的规定，是规制高度危险物致害的另一种非典型情形，即危险物被他人非法占有并致人损害情形。高度危险物非法占有人对高度危险物致害承担无过错责任。高度危险物所有人或管理人对管理高度危险物负高度注意义务。高度危险物所有人或者管理人承担过错推定责任，非法占有人与未尽到高度注意义务的所有人、管理人的责任形态为连带责任。

新旧法对比

《侵权责任法》	《民法典》
第七十五条　非法占有高度危险物造成他人损害的，由非法占有人承担侵权责任。所有人、管理人不能证明对防止他人非法占有尽到高度注意义务的，与非法占有人承担连带责任。	【内容不变】第一千二百四十二条

理解与适用

高度危险物，是指易燃、易爆、剧毒、高放射性、强腐蚀性、高致病性等危险物。其范围应当与《民法典》第1239条规定的高度危险物范围一致。

非法占有高度危险物，是指通过盗窃、抢劫、抢夺等方法违背所有人或管理人的意志而取得对高度危险物占有之情形。另外,在高度危险物遗失的情形下,拾得人应该采取相应合理措施保管危险物,并及时通知遗失人或者报告招领机关;倘若将其占为己有的,自然也可认为是非法占有人,当然属于本条意义上的非法占有人。

高度危险物被他人非法占有时,该高度危险物已经脱离所有人、管理人的实际控制,因此,当非法占有的高度危险物造成他人损害时,对该高度危险物的所有人、管理人无法适用高度危险物致害无过错责任。然而,考虑到高度危险物的非法占有对社会产生危害的严重性,应当要求所有人、管理人为防止他人非法占有高度危险物尽到高度注意义务。倘若所有人、管理人未履行此等高度注意义务,应当对自己的过失承担责任。

所有人、管理人的高度注意义务,被认为高于一般的注意义务,是一种善良管理人的注意义务。虽然高度注意义务尚无明确的判断标准,但是可以从以下几个方面进行参考:第一,所有人和管理人要对高度危险物的风险具有可预见性;第二,所有人和管理人要采取足够的、谨慎的措施保证高度危险物的安全,避免对高度危险物失去占有、造成他人损害;第三,如果发生盗窃等非法占有情形,所有人和管理人能够制止并防止损害发生。

高度危险物的所有人、管理人虽然与非法占有人共同承担连带责任,但其责任基础在于没有尽到高度注意义务,即有过错。为了使受害人摆脱非法占有人无赔偿能力的风险,从而确保对其损害的填补,并促使所有人、管理人对高度危险物加强管理,受害人可以直接请求高度危险物所有人或者管理人赔偿全部损害。所有人、管理人承担责任后,可以向非法占有人进行追偿。

实务问题

1. 高度危险责任在适用时应注意的问题

高度危险责任的归责基础在于危险的存在,因此,应当由实际控制该危险之人承担侵权责任。在高度危险物被非法占有的情形下,实际控制高度危险物的是非法占有人,所以应当由非法占有人对高度危险物致害承担侵权责任。

另外,由于高度危险责任的成立不以过错为要件,故非法占有人也应对其非法占有高度危险物造成的损害承担无过错责任。

本条规定的“高度危险物”范围与《民法典》第1239条规定的高度危险物范围一致,是指易燃、易爆、剧毒、高放射性、强腐蚀性、高致病性等高度危险物。而非法占有的行为则包括盗窃、抢劫、抢夺等违背所有人或管理人的意志而取得对高度危险物占有的情形。

2. 案例[1]

2014年6月底，北京铁路局北京货运中心员工王某纪在北京铁路局北京货运中心廊坊服务部院内捡到一个灰绿色椭圆形的物体（附标记为“82-2式650”），并存放在宿舍内。2014年8月30日，何某随母亲陈某军到北京铁路局北京货运中心廊坊服务部员工宿舍，从王某纪处得到了该物体。后何某将该物体带回与陈某一起“研究”，导致该物体在陈某手中爆炸，致使陈某头面部、胸部软组织挫伤，左手肢体毁损，右上肢皮肤烧伤，后被送至廊坊市人民医院、北京市朝阳急诊抢救中心等处住院治疗。2015年9月2日，陈某经鉴定为六级伤残。

法院审理认为，非法占有高度危险物造成他人损害的，应当由非法占有人承担侵权责任，所有人、占有人不能证明对防止他人非法占有尽到高度注意义务的，应当与非法占有人承担连带责任，本案中王某纪没有占有高度危险物的权利，其在货运中心捡到的爆炸物，实际占有控制两月余。在非法占有高度危险物后，未尽到合理的上报、通知及注意义务，对该起案件的发生有过错，应当承担相应的责任；北京铁路局北京货运中心，对于自己管辖领域内的高度危险物未尽到合理的排查、注意义务，对自己管理或者他人遗失在本区域的高度危险物也没有尽到审查义务，对自己的员工没有尽到合理的管理、教育义务，对该起案件的发生亦存在相应的过错，该过错并不因为其不知情等情形的出现而有所减损，故该公司对该事故的发生承担主要的责任。陈某以及第三人何某的父母，作为未成年人的监护人，未尽到合理的教育、管理及监护义务，对该起事故的发生也有不可推卸之责任。综上，根据各方当事人的过错情形，依法确定各方当事人责任比例分别为：陈某承担该起事故20%的责任、王某纪承担该起事故30%的责任；北京铁路局北京货运中心承担该起事故40%的责任；何某承担该起事故10%的责任。

（编写人：李长青）

法律条文

第一千二百四十三条　未经许可进入高度危险活动区域或者高度危险物存放区域受到损害，管理人能够证明已经采取足够安全措施并尽到充分警示义务的，可以减轻或者不承担责任。

---

① 河北省廊坊市中级人民法院(2016)冀10民终964号。

条文主旨

本条是对进入高度危险活动区域、高度危险物存放区域损害责任的规定。高度危险活动区域或高度危险物存放区域管理人负有管理义务，高度危险活动区域或高度危险物存放区域损害责任适用无过错责任。

新旧法对比

《侵权责任法》	《民法典》
第七十六条　未经许可进入高度危险活动区域或者高度危险物存放区域受到损害，管理人已经采取安全措施并尽到警示义务的，可以减轻或者不承担责任。	第一千二百四十三条　未经许可进入高度危险活动区域或者高度危险物存放区域受到损害，管理人**能够证明**已经采取**足够**安全措施并尽到**充分**警示义务的，可以减轻或者不承担责任。

理解与适用

基于高度危险活动或者高度危险物对周围环境的高度危险性，高度危险作业相关法律规范通常要求高度危险作业人须设定高度危险活动区域或者高度危险物存放区域，并且进行封闭式管理，以此将高度危险区域与社会生活区域隔绝，并尽到管理义务，防止他人进入。

本条规定高度危险作业人应尽管理义务的内容为“足够”安全措施及“充分”警示义务，以此表明管理义务的程度实际为“高度注意义务”。

安全措施，不仅包括为了避免他人未经许可擅自进入该区域而依法采取的安全保卫措施，也包括为了避免因高度危险造成他人损害而采取的安全措施。

警示义务，是指设置醒目的警示标志从而使他人得以知悉将进入的区域属于高度危险区域或高度危险物存放区域。

高度危险活动区域或者高度危险物存放区域损害责任，适用无过错责任原则。由于高度危险活动或高度危险物的高度危险作业是合法的、正当的，是利用现代科学技术服务于社会，有利于国计民生，所以，对这种高度危险责任适用无过错责任原则的要求应当适当放宽。故未经许可进入高度危险活动区域或者高度危险物存放区域受到损害，如果高度危险管理人已经采取足够安全的措施，并且尽到充分警示义务的，不承担全部赔偿责任，而是减轻或者免除高度危险活动人和高度危险物品的作业人的侵权赔偿责任。只有在没有采取足够安全措施，也没有尽到充分警示义务的情形下，才承担全部赔偿责任，是比较宽松的无过错责任原则,接近于过错推定原则。

高度危险区域致害责任的减责和免责事由必须同时符合两个条件:其一,受害人是未经允许而进入高度危险区域的。其二,管理人必须已经采取安全措施且尽到了警示义务。两项条件缺一不可。

实务问题

1. 本条在适用时需要注意的问题

未经许可进入高度危险活动区域或者高度危险物存放区域受到损害,管理人减轻或者免除责任的规定是基于过失相抵的原理而设定的。受害人未经许可进入高度危险区域,同时管理人已经采取了足够安全措施并尽到了充分警示义务,则表明受害人明知是危险区域或者因其自身重大过失而进入,对因此而受到的损害有重大过错,这一重大过错包括故意和重大过失,比如受害人明知是高度危险区域而进入,对于相应的损害结果是积极追求或者放任的态度,则为受害人故意的情形,这时管理人应当免责,如果是受害人因为重大过失没有注意到警示误入高度危险区域的,一般只能减轻管理人的责任。在举证责任上,本条明确了采取举证责任倒置的规则,即由侵权人一方对其尽到相应注意义务,即采取足够安全措施并且充分警示的义务承担举证责任。

2. 案例①

2017 年 9 月 27 日 20 时 5 分许,韩某某驾驶悬挂苏牌的普通二轮摩托车沿京沪高速由南向北行驶至 846km+700m 处快车道内摔倒,人、车均躺在快速车道内。后金某驾驶小型客车行驶至该地点撞刮公路中间护栏后停在快速车道内。随后朱某某驾驶小型客车行驶至该地点在避让过程中撞击倒地的普通二轮摩托车。事故造成韩某某死亡,三车损坏。

淮安市公安局交通警察支队查明,事故发生时,摩托车驾驶者韩某某未佩戴头盔,且未依法取得普通二轮摩托车驾驶证,其摩托车未经公安机关登记。经江苏淮工车辆检测研究所有限公司鉴定,韩某某血液中未检测出乙醇。同时,经现场勘查、询问当事人、查找证人、查看监控录像、检验鉴定,摩托车倒地前未与其他车辆接触,当事人韩某某没有被车辆碾压,倒地后没有移动痕迹,摩托车倒地原因无法查清。金某驾车至事发地点撞刮公路中间护栏后停在快速车道内,造成所驾车辆损坏。朱某某驾车至事发地点撞击倒在路面上的摩托车,造成所驾

① 江苏省淮安市中级人民法院(2018)苏 08 民终 1917 号;江苏省淮安经济技术区人民法院(2018)苏 0891 民初 367 号。

车辆和摩托车损坏。

事故发生后,韩某某亲属将江苏京沪高速公路有限公司(以下简称京沪高速公司)、金某、朱某某以及两人所驾驶车辆投保保险公司诉至法院。

法院认为,金某、朱某某不应承担赔偿责任。韩某某系颅脑损伤死亡,符合交通事故致颅脑死亡特征。现有证据尚不足以证明金某驾驶的小型客车、朱某某驾驶的小型轿车与韩某某发生碰撞,原告未能举证证明两个小型轿车与倒地的普通二轮摩托车发生碰撞的事实,未能证明与韩某某死亡的事实存在因果关系。故金某、朱某某不应当承担赔偿责任。

同时,受害人韩某某明知高速公路是危险区域,却违反法律、法规禁止性规定驾驶机动车,存在摸手机而摔倒的高度危险的驾驶行为,对其遭受的损害持一种放任的态度。韩某某未经允许进入高速公路,违法驾驶,系违反高速公路治安管理的行为,超出了京沪高速公司职责范围。京沪高速公司提供涉案高速公路路段的竣工验收图纸,证明高速公路公司在所有的出入口都已设置警示标牌,禁止摩托车驶入高速公路,证明已尽到了安全警示义务。根据高速公路交警机构道路交通事故现场勘查笔录,沥青路面潮湿,并未记载存在障碍物及道路管理维护缺陷,没有任何证据证明事发地点高速公路路面存在影响通行的障碍物,所以韩某的死亡不是因为道路管理维护缺陷导致的,京沪高速公司已尽到路面通行的管理义务。韩某某亲属未能举证证明韩某从何处进入京沪高速,也未能举证证明京沪高速在出入口收费管理过程中存在过错。未经许可进入高度危险活动区域或者高度危险物存放区域受到损害,管理人已经采取安全措施并尽到警示义务的,可以减轻或者不承担责任,京沪高速公司不应承担责任。

(编写人:李长青)

法律条文

第一千二百四十四条　承担高度危险责任,法律规定赔偿限额的,依照其规定,但是行为人有故意或者重大过失的除外。

条文主旨

本条是关于高度危险责任赔偿限额的规定,限额赔偿制度是法律赋予高度危险责任相关责任人在特定情形下的法定特权,如果致损事由符合法律相关规定,则各运营设施相关责任人可以依据法律的规定,将自己的赔偿责任限制在一定的范围内。

“但是行为人有故意或者重大过失的除外”，这个但书使得本条成为限制性法条，被限制的是其他法律中有关高度危险责任赔偿限额的具体规定。高度危险源控制人犯下额外过错的，排除责任限额相关条款的适用。

新旧法对比

《侵权责任法》	《民法典》
第七十七条　承担高度危险责任，法律规定赔偿限额的，依照其规定。	第一千二百四十四条　承担高度危险责任，法律规定赔偿限额的，依照其规定，**但是行为人有故意或者重大过失的除外。**

理解与适用

限额赔偿是相对于全额赔偿而言，是指行为人的行为已经构成侵权责任，在法律有特别规定的情况下，不适用全额赔偿责任而实行限额赔偿的侵权责任制度。本条规定的限额赔偿的适用要件有二：第一，侵权人已经确定应当承担侵权责任，且承担的是高度危险责任；第二，法律对这种高度危险责任规定了实行限额赔偿的规范。按照这一规定，本章规定的高度危险责任，只要法律规定了限额赔偿，都可以适用限额赔偿制度。

在高度危险责任中，如果行为人在造成被侵权人损害的高度危险责任中有故意或者重大过失，则不适用限额赔偿规则，而应当承担全部赔偿责任。

限额赔偿适用的对象包括两种：第一，合同当事人的损害，如铁路运输、航空运输、海上运输损害赔偿的限额赔偿，都是规定对旅客的损害适用，不包括运输合同之外的其他人的损害。第二，既包括合同当事人的损害赔偿，也包括合同当事人以外的人的损害赔偿，如核事故损害赔偿责任。

关于高度危险责任，目前设定了赔偿限额的领域有四个：第一，核事故损害责任；第二，铁路损害责任；第三，民用航空器损害责任；第四，海上运输损害赔偿。

第一，核事故损害责任。国务院 2007 年 6 月 30 日发布的《关于核事故损害赔偿责任问题的批复》第 7 条规定：“核电站的营运者和乏燃料贮存、运输、后处理的营运者，对一次核事故所造成的核事故损害的最高赔偿额为 3 亿元人民币；其他营运者对一次核事故所造成的核事故损害的最高赔偿额为 1 亿元人民币。核事故损害的应赔总额超过规定的最高赔偿额的，国家提供最高限额为 8 亿元人民币的财政补偿。对非常核事故造成的核事故损害赔偿,需要国家增加财政补偿金额的由国务院评估后决定。"按照该规定,在核损害事故中,一次事故的损害赔偿限额,企业承担的最高限额为 3 亿元人民币,不足部分,国家承担的仍然是限额赔偿,最高为 8 亿元人民币。不论受害人有多少,只能在这个限额中按照债权平等的原则,按比例受偿。

第二,铁路损害责任。《铁路交通事故应急救援和调查处理条例》第 34 条规定:"事故造成铁路运输企业承运的货物、包裹、行李损失的,铁路运输企业应当依照《中华人民共和国铁路法》的规定承担赔偿责任。"第 35 条规定:"除本条例第三十三条、第三十四条的规定外,事故造成其他人身伤亡或者财产损失的,依照国家有关法律、行政法规的规定赔偿。"根据该规定,对于铁路旅客的伤亡赔偿,实行限额赔偿,最高赔偿额为 15 万元人民币,自带行李也实行限额赔偿,最高额为 2000 元人民币。对于路外人身伤亡和财产损失,则依照法律或者行政法规的规定承担赔偿责任,没有赔偿限额的限制。

第三,民用航空器损害责任。《国内航空运输承运人赔偿责任限额规定》第 3 条规定:"国内航空运输承运人(以下简称承运人)应当在下列规定的赔偿责任限额内按照实际损害承担赔偿责任,但是《民用航空法》另有规定的除外:(一)对每名旅客的赔偿责任限额为人民币 40 万元;(二)对每名旅客随身携带物品的赔偿责任限额为人民币 3000 元;(三)对旅客托运的行李和对运输的货物的赔偿责任限额,为每公斤人民币 100 元。"第 5 条规定:"旅客自行向保险公司投保航空旅客人身意外保险的,此项保险金额的给付,不免除或者减少承运人应当承担的赔偿责任。"按照这一规定,国内航空运输中发生的旅客人身、财产损害的赔偿,按照上述限额进行赔偿。超出以上限额的,不予赔偿。其赔偿性质与铁路交通事故相同,也不包括对航空旅客之外的其他人的损害赔偿问题。

第四,海上运输损害赔偿。《港口间海上旅客运输赔偿责任限额规定》第 3 条第 1 款规定:"承运人在每次海上旅客运输中的赔偿责任限额,按照下列规定执行:(一)旅客人身伤亡的,每名旅客不超过 4 万元人民币;(二)旅客自带行李灭失或者损坏的,每名旅客不超过 800 元人民币;(三)旅客车辆包括该车辆所载行李灭失或者损坏的,每一车辆不超过 3200 元人民币;(四)本款第(二)项、第(三)项以外的旅客其他行李灭失或者损坏的,每千克不超过 20 元人民币。"第 4 条规定:"海上旅客运输的旅客人身伤亡赔偿责任限制,按照 4 万元人民币乘以船舶证书规定的载客定额计算赔偿限额,但是最高不超过 2100 万元人民币。"这个规定是限于合同之中对旅客损害的限额赔偿。

实务问题

在高度危险责任中适用赔偿限额制度的典型案例较少。关于赔偿限额制度,多数是在航空、铁路旅客或货物运输合同纠纷中予以适用,作为对承运人存在违约行为导致托运人受有财产损失的情形下承担的违约损害赔偿责任的数额限制。

2004年"11·21"包头空难和2010年"8·24"伊春空难,是我国航空旅客人身损害赔偿最典型的例证。在包头空难中,赔偿标准是按照1993年《国内航空运输旅客身体损害赔偿暂行规定》的7万元赔偿限额为基础计算的,考虑到物价变动等因素,再加上行李赔偿金额和抚恤金等,每位旅客赔偿标准为21.1万元。伊春空难中的赔偿标准是以2006年中国民用航空总局令第164号,以40万元的赔偿限额规定为基础计算的,考虑到全国城镇居民人均可支配收入的累计增长幅度,再加上遇难旅客亲属的生活费补贴等,每位遇难旅客赔偿96万元。

(编写人:李长青)

第九章　饲养动物损害责任

法律条文

第一千二百四十五条　饲养的动物造成他人损害的，动物饲养人或者管理人应当承担侵权责任；但是，能够证明损害是因被侵权人故意或者重大过失造成的，可以不承担或者减轻责任。

条文主旨

本条是关于饲养动物损害责任的一般规定，动物致人损害时，除非法律规定有特殊情况，否则主要是由动物的饲养人或者管理人承担侵权责任。

新旧法对比

《侵权责任法》	《民法典》
第七十八条　饲养的动物造成他人损害的，动物饲养人或者管理人应当承担侵权责任，但能够证明损害是因被侵权人故意或者重大过失造成的，可以不承担或者减轻责任。	【内容不变】第一千二百四十五条

理解与适用

1. 相关概念

(1)饲养的动物。

饲养的动物一般是指特定人基于本意通过提供食物的方式所有、养育或者控制的动物，如家禽、家畜、宠物或驯养的野兽、爬行类动物等。

(2)动物饲养人或者管理人。

关于动物饲养人或者管理人，一般有两种情况：第一种情况为动物的所有权人自己直接占有和管理动物,这时动物的所有人就是动物的饲养人或者管理人,不需要区分;第二种情况是动物的所有权人委托他人饲养或者管理该动物,或该动物由第三人非法占有或管理,此种情况需要区分饲养人或者管理人。在委托的情况下,动物的所有权人应认定为饲养人,受委托人应认定为管理人,两者在具体案件中视过错程度承担侵权责任。在动物被第三人非法占有或管理的情形下,非法占有人或者管理人是否能够成为动物饲养人或者管理人,从而在动物致人损害时承担侵权责任,存在一定的争议,主流观点认为:尽管为非法占有,但是由于其实际占有或者管理动物,那么其就能够成为动物的饲养人或者管理人,其理论依据是"谁能控制动物危险,谁就承担责任"。

2. 侵权构成要件

饲养动物损害责任需要三个构成要件:第一,客观上存在饲养动物损害他人的行为,一般认为这里的动物伤人属于事件,并不要求饲养人有意为之;第二,被侵权人因为动物侵害的事实产生了实际损害,包括财产损害、人身损害和精神损害;第三,动物侵害行为与损害结果之间有因果关系。

3. 归责原则

侵权责任的归责原则一般分为过错责任原则、过错推定责任原则与无过错责任原则三种类型。根据通说,饲养动物侵权一般适用无过错责任原则。也就是说,不论行为人是否有主观过错,只要其行为与受害人的损害结果之间有因果关系,则令其承担损害赔偿责任。当然,如果被侵权人对损害存在故意或重大过失,可以减轻或排除动物饲养人或管理人的赔偿责任。

实务问题

1. 损害的价值认定

如遭遇动物侵害,首选当事人协商的方式确定财产损害的价值,如果争议太大,协商不成的,一般需要第三方裁判机构通过评估或根据市场情况酌情判定。对于人身损害或者精神损害的认定应当根据人身损害赔偿、精神损害赔偿的相关法律规定予以认定。

2. 举证责任的承担

被侵权人只要求就侵权构成要件举证,无须举证证明动物饲养人或管理人的主观过错。饲养人或管理人主张免除或减轻责任的,则需要由饲养人或管理人承担举证责任,证明被侵权人存在故意或重大过失。现实生活中,一般被侵权人存在故意或重大过失的情形主要包括"碰瓷儿"、盗窃别人饲养的动物等情形,需要注意的是,只有被侵权人故意造成损害的,才可以免除动物饲养人或管理人的民事责任,被侵权人有重大过失的,只能减轻动物饲养人或管理人的责任,被侵权人存在一般过失的,仍然由动物饲养人或管理人承担责任。

(编写人:李　辉)

法律条文

第一千二百四十六条　违反管理规定,未对动物采取安全措施造成他人损害的,动物饲养人或者管理人应当承担侵权责任;但是,能够证明损害是因被侵权人故意造成的,可以减轻责任。

条文主旨

本条是关于动物饲养人或管理人违反规定未对动物采取安全措施致人损害的特别规定。

新旧法对比

《侵权责任法》	《民法典》
第七十九条　违反管理规定,未对动物采取安全措施造成他人损害的,动物饲养人或者管理人应当承担侵权责任。	第一千二百四十六条　违反管理规定,未对动物采取安全措施造成他人损害的,动物饲养人或者管理人应当承担侵权责任;**但是,能够证明损害是因被侵权人故意造成的,可以减轻责任。**

理解与适用

1.“违反管理规定”的认定

此处的管理规定包括国家和地方颁布的关于饲养动物的各类法律法规的总称,包括但不限于《侵权责任法》《治安管理处罚法》《动物防疫条件审查办法》《北京市养犬管理规定》等。

2.“未对动物采取安全措施”的认定

“未对动物采取安全措施”指的是饲养人或管理人违反饲养动物的管理规定,没有或没有及时采取安全措施,如没有对动物进行拴链子等安全约束行为、违反规定将动物带入公共场所等。

3. 为什么本条中规定的是减轻责任,而不是免除责任?

本条主要规定的是动物饲养人或管理人存在违反管理规定的在先过错行

为,所以区别于本法第1245条,即便被侵权人对损害具有故意,由于动物饲养人或管理人的过错程度较高,此时,动物饲养人或管理人只能减轻责任,不能免除责任。

实务问题

本条与《民法典》第1245条为一般法与特殊法的法条竞合关系,适用时遵循特别法优先的原则,优先适用本条规定。同时,在司法实践中,适用本条时,被侵权人除了证明侵权的构成要件外,还应该举证证明动物的饲养人或管理人"违反管理规定,未对动物采取安全措施"。

(编写人:李 辉)

法律条文

第一千二百四十七条 禁止饲养的烈性犬等危险动物造成他人损害的,动物饲养人或者管理人应当承担侵权责任。

条文主旨

本条是关于对禁止饲养的危险动物致人损害侵权责任的规定。

新旧法对比

《侵权责任法》	《民法典》
第八十条 禁止饲养的烈性犬等危险动物造成他人损害的,动物饲养人或者管理人应当承担侵权责任	【内容不变】第一千二百四十七条

理解与适用

1."危险动物"的认定

本条列举烈性犬作为危险动物的代表,主要是现实生活中出现了大量饲养烈性犬伤人事件,但危险动物不仅仅包括烈性犬,危险动物的范围非常广泛,比如野兽等也属于危险动物。

2.危险动物的侵权责任

禁止饲养的危险动物致害责任适用无过错责任归责原则。

实务问题

“禁止饲养的危险动物”的标准，只有国家法律、法规、规章或者规范性法律文件所明确禁止饲养的动物才属于禁止饲养的危险动物，这一点，需要被侵权人举证证明，即被侵权人除了要证明侵权构成要件外，如果适用本条，还要证明动物饲养人或者管理人饲养的动物为“禁止饲养的烈性犬等危险动物”。例如，在日常生活中，大家对“大型犬”是否属于本条禁止饲养的危险动物存有争议，此时，还要从法律法规的规定出发来判断。

受害人有故意或者重大过失的，如果属于动物饲养人或者管理人饲养的动物属于禁止饲养的危险动物这种情形的，动物饲养人或管理人也不能减轻或免除责任。

（编写人：李　辉）

法律条文

第一千二百四十八条　动物园的动物造成他人损害的，动物园应当承担侵权责任；但是，能够证明尽到管理职责的，不承担侵权责任。

条文主旨

本条是关于动物园动物致人损害侵权责任的规定。

新旧法对比

《侵权责任法》	《民法典》
第八十一条　动物园的动物造成他人损害的，动物园应当承担侵权责任，但能够证明尽到管理职责的，不承担责任。	第一千二百四十八条　动物园的动物造成他人损害的，动物园应当承担侵权责任；**但是，能够证明尽到管理职责的，不承担侵权责任。**

理解与适用

1. 归责原则

动物园的侵权责任适用过错推定原则，这与其他的饲养动物致害责任不同，即在已知事实尚不能证明行为人有过错的情况下推定其有过错，从而令其承担损害赔偿责任。也就是动物园来承担举证责任来证明己方尽到管理职责。

2. 受害人的过错是否能减轻或免除动物园的责任

因为动物园侵权责任属于过错责任，所以，如果受害人具有故意或过失都可以减轻或免除动物园的责任。

实务问题

如何判断“动物园能够证明尽到管理职责的”？

司法实践中，对于该问题存在争议，因为没有法律或者司法解释的明确规定，因此判断动物园是否尽到管理职责需要法官根据个案认定，总结以往的典型司法判例，我们可以看到下述观点：

在谢某诉某动物园饲养动物致人损害纠纷案件[①]中，法院认为动物园的管理职责应根据具体动物的种类和性质来定，并且鉴于动物园所承担的独特社会功能，其不应该只是承担善良管理人的注意义务，而应该承担更高的符合其专业管理动物的注意义务。具体可从以下几点考量：第一，是否尽到了告知提醒义务。被告在动物园门口张贴了《上海市公园游园守则》，并在灵长馆笼舍等处悬挂了“禁止跨越栏杆”“禁止敲打”“禁止嬉弄”等图文并茂的警示牌。且游览动物是从远至近，挂于2米处的位置，适合游客从远处明显观察到，且被告配置了儿童较易识别的图文警示，其已尽到了告知义务。第二，管理人员是否有巡视制度，是否已尽到对游客擅自翻越、穿越栏杆靠近动物等行为的劝阻义务。第三，动物园灵长馆设施、设备有无安全问题。对于动物园来说，需要安装特殊的防患设备将游客与动物隔离，避免动物因为游客的挑动而加害他人。动物园更应履行必要的防护义务，避免行人在过失的情况下擅入动物侵害范围之内，从而造成他人损害。被告给灵长类动物安装了网状的铁质笼舍，并在外加装了防护栏，保持了一米五的安全间距，确实起到了一定的防护作用。但金属防护栏之间间距在十五厘米左右仅仅能避免成年人钻入，并不能防止幼童的钻入，现原告穿过防护栏，用手喂食猴子导致右手中指受伤。动物园是一所对公众开放的公共场所，每年要接待成千上万的学龄前儿童，根据其专业能力应能预见此危险发生的可能性，而未采取必要补救措施，因此动物园有过错，未尽到其管理职责。

因此，动物园是否尽到了管理职责，主要是由动物园承担举证责任，应考虑动物的种类、活动场所、受害人的特点等因素综合认定责任。

（编写人：李　辉）

① 载《最高人民法院公报》2013年第8期。

法律条文

第一千二百四十九条　遗弃、逃逸的动物在遗弃、逃逸期间造成他人损害的，由动物原饲养人或者管理人承担侵权责任。

条文主旨

本条是关于遗弃、逃逸动物致人损害侵权责任的规定。

新旧法对比

《侵权责任法》	《民法典》
第八十二条　遗弃、逃逸的动物在遗弃、逃逸期间造成他人损害的，由原动物饲养人或者管理人承担侵权责任。	第一千二百四十九条　遗弃、逃逸的动物在遗弃、逃逸期间造成他人损害的，**由动物原饲养人或者管理人**承担侵权责任。

理解与适用

“遗弃、逃逸”指的是动物的饲养人或者管理人主动放弃对动物的占有或者被动丧失对动物的占有。

实务问题

爱心人士定期或不定期喂养的流浪猫或者流浪狗，在该动物致人损害时，是否由爱心喂养者承担责任？我们认为，从鼓励爱心人士照顾流浪动物的角度出发，不应该让爱心人士承担侵权责任；如果爱心人士抱回流浪猫或者流浪狗后在家中进行长期喂养，则爱心人士属于动物的饲养人或者管理人，在该动物发生致人损害事件时，饲养人或管理人应当承担责任。

遗弃、逃逸的动物无法找到原所有人或者管理人时，谁应该承担责任？对于这个问题，根据目前的司法判例，如果动物致人损害时，确实无法找到饲养人或者管理人，若在特定区域被侵害，应当由负责安保义务的主体承担责任。

（编写人：李　辉）

法律条文

第一千二百五十条　因第三人的过错致使动物造成他人损害的，被侵权人可以向动物饲养人或者管理人请求赔偿，也可以向第三人请求赔偿。动物饲养人或者管理人赔偿后，有权向第三人追偿。

条文主旨

本条是关于第三人过错致使动物造成他人损害的侵权责任承担的规定。

新旧法对比

《侵权责任法》	《民法典》
第八十三条　因第三人的过错致使动物造成他人损害的，被侵权人可以向动物饲养人或者管理人请求赔偿，也可以向第三人请求赔偿。动物饲养人或者管理人赔偿后，有权向第三人追偿。	【内容不变】第一千二百五十条

理解与适用

1. 第三人的理解

第三人指的是动物饲养人或者管理人和受害人以外的主体。

2. 归责原则

适用过错责任原则，第三人应对其过错承担责任。同时，对动物饲养人或者管理人而言，其承担的是无过错责任。也就是说，受害人因第三人的过错而受到侵害，有权向动物饲养人、管理人或者第三人主张侵权责任，动物饲养人或者管理人承担责任后有权向第三人追偿。

实务问题

受害人可以根据实际情况决定赔偿义务人，可以选择动物饲养人、管理人、第三人。如果受害人选择动物饲养人或者管理人进行赔偿，由于动物饲养人或管理人承担的是无过错责任，需要对受害人进行赔偿，那么赔偿后是否可以全部向第三人追偿？首先，第三人是否有责任，需要动物的饲养人或者管理人进行举证证明；其次，要看第三人的过错是否是损害发生的唯一原因，如果损害完全是由第三人导致，则动物饲养人或者管理人可以全部向第三人追偿，如果第三人只是导致损害发生的部分原因，则适用《民法典》第1172条规定确定责任承担。

（编写人：李　辉）

法律条文

第一千二百五十一条　饲养动物应当遵守法律法规，尊重社会公德，不得妨碍他人生活。

条文主旨

本条是关于饲养动物应当遵守的行为规范的规定。

新旧法对比

《侵权责任法》	《民法典》
第八十四条　饲养动物应当遵守法律，尊重社会公德，不得妨害他人生活。	【内容不变】第一千二百五十一条

理解与适用

（1）“遵守法律法规”指的是饲养动物要在法律法规的限度内，采取合法的方式进行饲养。

（2）“尊重社会公德”指的是在社会生活中，每个人都应该遵守道德准则。

（3）“不妨碍他人生活”指的是要求动物饲养人或者管理人在不妨碍他人正常生活的基础上饲养动物；同时，也要求人们尊重饲养人或者管理人的权利，在不妨碍自己生活的前提下，不要加以干涉。

实务问题

现实生活中，饲养动物的人越来越多，有的已经严重干扰了别人的正常生活，本条的规定就是引导和规范人们依法、文明饲养动物。这一条不仅仅是对饲养人的约束，也是对管理人的约束，只要动物受其控制，哪怕是短期的，都要遵守法律、法规的规定和社会公德。

（编写人：李　辉）

第十章　建筑物和物件损害责任

法律条文

第一千二百五十二条　建筑物、构筑物或者其他设施倒塌、塌陷造成他人损害的，由建设单位与施工单位承担连带责任，但是建设单位与施工单位能够证明不存在质量缺陷的除外。建设单位、施工单位赔偿后，有其他责任人的，有权向其他责任人追偿。

因所有人、管理人、使用人或者第三人的原因，建筑物、构筑物或者其他设施倒塌、塌陷造成他人损害的，由所有人、管理人、使用人或者第三人承担侵权责任。

条文主旨

本条是关于建筑物、构筑物或者其他设施倒塌、塌陷致人损害侵权责任的规定。

新旧法对比

《侵权责任法》	《民法典》
第八十六条　建筑物、构筑物或者其他设施倒塌造成他人损害的，由建设单位与施工单位承担连带责任。建设单位、施工单位赔偿后，有其他责任人的，有权向其他责任人追偿。 因其他责任人的原因，建筑物、构筑物或者其他设施倒塌造成他人损害的，由其他责任人承担侵权责任。	第一千二百五十二条　建筑物、构筑物或者其他设施倒塌、**塌陷**造成他人损害的，由建设单位与施工单位承担连带责任，**但是建设单位与施工单位能够证明不存在质量缺陷的除外。建设单位、施工单位赔偿后，有其他责任人的，有权向其他责任人追偿。** 因**所有人、管理人、使用人或者第三人**的原因，建筑物、构筑物或者其他设施倒塌、**塌陷**造成他人损害的，由**所有人、管理人、使用人或者第三人**承担侵权责任。

理解与适用

1. 建筑物、构筑物或者其他设施的概念

建筑物是指人工建造的供人们进行生产、生活等活动的房屋或场所，如住宅、厂房等。构筑物是指不直接在内进行生产和生活活动的建筑物，如隧道、围墙、水坝、道路、水井、水塔、桥梁和烟囱等。其他设施是指建筑物、构筑物的附属设施，如路灯、涵洞、施工脚手架、塔吊、广告牌、天花板、楼梯、电梯等。前述概念均包括非法建造物。

2. 两种损害责任类型

(1)建筑物、构筑物或者其他设施缺陷损害责任。

第一，归责原则适用过错推定归责原则。建筑物、构筑物或者其他设施倒塌、塌陷造成他人损害的，推定该建筑物、构筑物或者其他设施存在建设缺陷，由建设单位与施工单位对被侵权人的损害承担连带责任。建设单位、施工单位可通过举证建筑物等不存在质量缺陷来证明自身没有过错，若能证明成功，则认定没有过错，若不能完成这一举证责任，则认定其有过错。

第二，责任主体之间的关系。建设单位又称业主单位，指建设工程项目的投资主体，也是建设项目管理的主体，对建设工程质量负责。施工单位是由相关专业人员组成的、有相应资质的、进行生产活动的企事业单位，施工单位负责建设工程的具体施工工作，应对建设工程的质量负责。其他责任人包括设计单位、监理单位、勘察单位、监督监察部门、竣工验收的部门以及除此以外的其他责任人。建设单位与施工单位之间为连带责任，受害人可以分别请求两者承担责任，也可以请求两者共担责任。如果工程质量缺陷是由其他责任人的过错造成的，则建设单位、施工单位承担的不再是终局责任，而是垫付责任，在实际赔偿后有权向其他责任人进行追偿。

(2)建筑物、构筑物或者其他设施管理缺陷损害责任。

建筑物、构筑物或者其他设施倒塌可能是建设单位、施工单位的原因，还可能是建筑物等的所有人、管理人或者使用人以及装修人等有责任的第三人的责任，如擅自改变承重结构、超使用期限使用、年久失修等原因所致损害。若所有人、管理人、使用人或者第三人对此有过错的，应承担侵权责任。

3. 原因力规则的适用

确定建筑物、构筑物或者其他设施倒塌、塌陷责任应适用原因力规则。原因力是指在造成同一个损害结果时，具有两个以上的原因的，各个不同的原因对于损害的发生或者扩大所发生的作用力。在多因一果的损害中,确定各个不同的原因造成损害的赔偿责任问题,需要考量各个原因的作用力,将责任分别归属于不同原因。

需要注意的是,地震中建筑物、构筑物或者其他设施倒塌、塌陷损害责任的认定较为特殊。一般情况下,如果该损害没有其他原因介入,仅因地震所致,应当免除所有人或者管理人的责任,参见最高人民法院《关于处理涉及汶川地震相关案件适用法律问题的意见(二)》第8条"因地震灾害引起房屋垮塌、建筑物或者其他设施以及建筑物上的搁置物、悬挂物发生倒塌、脱落、坠落造成他人损害的,所有人或者管理人不承担民事责任"。但是,若地震仅是建筑物等倒塌或塌陷的原因之一,或者主要不是地震的原因所致,而是建筑工程缺陷所致,则建设单位、施工单位不能以不可抗力作为免责理由,应根据具体案件情况,对各方过错程度以及原因力予以分析,合理确定责任分担。

实务问题

1. 在适用中需要注意的问题

(1)被害人对诉讼主体具有选择权。可以将建设单位与施工单位列为共同被告要求二者承担连带赔偿责任,也可仅起诉其中一方要求承担全部责任。

(2)建设单位、施工单位赔偿后,有权向其他责任人追偿,适用过错责任。在建筑物等倒塌、塌陷可归责于其他责任人的情况下,才能要求其他责任人承担侵权赔偿责任。

(3)受害人对损害发生存在过失的,应自负损害份额,减轻加害人的侵权责任。

(4)所有人、管理人以及使用人能够举证证明建筑物等倒塌、塌陷另有原因的,这个原因不是所有人、管理人以及使用人的过错造成的,那么可以免除所有人、管理人以及使用人的责任。

2. 案例

(1)建筑物、搁置物、悬挂物塌落损害赔偿纠纷一案。①

①案情简介。2010年10月5日11时许,原告黄某某将其所有的宝马轿车,占用人行道停放在被告经营的某宾馆门前,因宾馆大门前上方雨篷玻璃部分坠落,砸在停放在雨篷下的该宝马轿车,造成该车辆前引擎盖、前挡玻璃、刮水臂等损坏,损坏车辆经维修,花去维修费若干。

① 浙江省苍南县人民法院(2010)温苍民初字第1514号。

②裁判要旨。建筑物或者其他设施发生倒塌、脱落、坠落造成他人损害的,它的所有人或者管理人应当承担民事责任,但能证明自己没有过错的除外。本案中,被告经营宾馆所需而加建的玻璃雨篷,由于部分玻璃坠落砸坏原告停放在雨篷下面的车辆,造成原告车辆的损失。被告在没有证据证明其自身没有过错的情况下,依法应承担赔偿责任。原告在不是划定停车位的情况下,占用人行道而违规停车,其自身也存在过错,对此可减轻被告的赔偿责任。据此法院判定原告车辆受损造成的损失应由被告承担60%责任,原告自行承担40%责任。

(2)陈某芬诉中国航发某公司、潘某、沈阳黎明生活服务有限公司、李某军、陈仲某、陈笑某建筑物、构筑物倒塌损害责任纠纷案。①

①案情简介。2015年7月24日12时许,原告陈某芬到李某军经营的面馆处探望丈夫,刚进店不久,店内的房顶即发生塌落,将原告砸伤,并致另一人死亡。原告经送医,诊断为多处骨折、开放性外伤、全身多发软组织损伤、全身多发擦皮伤、右胫骨平台粉碎性骨折等,住院治疗17天,支付医疗费十余万元。经查,潘某与沈阳某制造公司生活服务公司签订有联合开发协议,约定由沈阳某制造公司生活服务公司提供土地,由潘某负责建造房屋;潘某与陈笑某当时系恋爱关系向陈笑某借款,并约定出租该房的租金由陈笑某收取,故倒塌房屋的相关租赁手续由陈仲某代办。陈仲某与李某军于2014年2月9日签订租房协议,约定将倒塌房屋租赁给李某军,租期3年,租金由陈仲某收取。

②裁判要旨。原告与各被告之间的法律关系及此次事故的责任承担问题系本案的焦点。沈阳某制造公司生活服务公司提供土地,由潘某负责建造房屋,所建造房屋应属于双方事实上共同建造及共有,现该房屋倒塌,致人伤亡,潘某与沈阳某制造公司生活服务公司应承担共同侵权责任。沈阳某公司主张原沈阳黎明生活服务公司在改制时将涉案房屋变更为改制后的黎明生活服务有限公司所有的问题,但根据黎明发动机公司提供的现有相关证据,尚无相关证据证明涉案房屋实际交付给黎明生活服务有限公司,且该房屋尚未办理房屋产权手续,因此即使黎明生活服务有限公司为该房屋所在地块登记的土地使用权人,也不能据此得出该公司为涉案房屋使用权人的结论,故人民法院对其提出的应由黎明生活服务有限公司承担此案赔偿责任的主张未予支持。李某军作为饭店经营者,应当为顾客提供安全的用餐环境,李某军将所租房屋用于餐饮经营用途,未履行任何安全审批事项,未尽到安全保障义务,具有过错,应承担与其过错相适应的

① 沈阳市大东区人民法院(2016)辽0104民初7606号。

损害赔偿责任。陈某芬虽系李某军妻子，但无证据证明其参与经营，故对潘某要求其承担责任的抗辩主张无事实及法律依据。陈仲某、陈笑某虽然代收倒塌房屋租金，但对于房屋倒塌并无过错，不应承担赔偿责任。

（编写人：刘　宇）

法律条文

第一千二百五十三条　建筑物、构筑物或者其他设施及其搁置物、悬挂物发生脱落、坠落造成他人损害，所有人、管理人或者使用人不能证明自己没有过错的，应当承担侵权责任。所有人、管理人或者使用人赔偿后，有其他责任人的，有权向其他责任人追偿。

条文主旨

本条是关于物件脱落、坠落致人损害侵权责任的规定。

新旧法对比

《侵权责任法》	《民法典》
第八十五条　建筑物、构筑物或者其他设施及其搁置物、悬挂物发生脱落、坠落造成他人损害，所有人、管理人或者使用人不能证明自己没有过错的，应当承担侵权责任。所有人、管理人或者使用人赔偿后，有其他责任人的，有权向其他责任人追偿。	【内容不变】第一千二百五十三条

理解与适用

物件脱落、坠落损害责任，是指建筑物、构筑物或者其他设施的某一个组成部分以及搁置物、悬挂物从建筑物、构筑物或者其他设施上脱落、坠落，致使他人人身、财产权益遭受损害，所有人、管理人或者使用人所应承担的侵权责任。如房屋屋顶的瓦片脱落即属于建筑物某一组成部分的脱落；搁置在阳台的花盆，悬挂在墙壁上的空调等坠落，就属于搁置物、悬挂物坠落，即搁置物、悬挂物不是建筑物等本身的组成部分，仅是搁置、悬挂在建筑物等上面，与建筑物等紧密联系。

1. 物件脱落、坠落损害责任的归责原则

物件脱落、坠落损害责任采用过错推定的归责原则。被侵权人证明自身遭受的损害是因建筑物等或者其搁置物、悬挂物发生脱落、坠落造成的，就已经完成初步举证责任。所有人、管理人或者使用人对自身没有过错承担举证责任，若不能证明自己没有过错的，便应承担侵权责任。

2. 物件脱落、坠落损害责任的构成要件

（1）造成损害的物件为建筑物、构筑物或者其他设施及其搁置物、悬挂物。建筑物，也称“房屋”，是指任何在土地上建造的直接供人们居住、从事生产或者进行其他活动的场所。构筑物，是指以人力方式在地面上建造的具有特定用途，但不能直接供人们进行居住生活、从事生产或者其他活动的场所。其他设施即建筑物、构筑物的附属设施。本条规定同样适用于尚未建成的建筑物等以及建筑物等的组成部分或者附属设施发生脱落、坠落致人损害的情形。搁置物、悬挂物是指摆放、悬吊于建筑物等上面，但独立于建筑物的物体。如阳台上的鸟笼、室外的广告牌等。

（2）建筑物等及其搁置物、悬挂物造成损害的形态是脱落、坠落。《民法典》侵权责任编第 10 章，没有规定建筑物和物件致人损害的一般条款，均是以直接列举的形式对损害情形进行了规定。倒塌致害的情形规定在本法第 1252 条中。本条规范的是脱落、坠落两种情形。需要注意的是，此处的脱落、坠落强调的是物体自发的动作，有别于人为抛掷。

（3）给所有人、管理人或者使用人以外的其他人造成了人身和财产损害结果。此处有两个重点，一是受害人应为所有人、管理人或者使用人以外的其他人。如因物件脱落、坠落造成了所有人、管理人或者使用人自己的损害，不能通过本条规定获得救济，如系他人责任导致损害，可依据《民法典》第 1165 条的规定维护自身权益。二是物件脱落、坠落给他人造成了实际的人身损害或者财产损失。

（4）损害后果与物件脱落、坠落之间具有因果关系，且受害人能够加以证明。要求所有人、管理人或者使用人不能举证证明自身没有过错。因物件脱落、坠落损害责任采用过错推定的归责原则，故适用举证责任倒置的证明方式。一方面，所有人、管理人或者使用人占有、控制着建筑物等设施及其搁置物、悬挂物，具有维护、管理设施及物体的义务，物件的脱落、坠落往往和管理、维护时存在过错有很大关系。另一方面，受害人通常并不了解建筑物等设施及其搁置物、悬挂物的情况，由受害人证明所有人、管理人或者使用人的过错，很难获得足够的证据，对受害人不公平。因此采用过错推定原则符合社会生活的实际，也有利于维护受害人的合法权益、预防损害后果的发生。

3. 责任承担

建筑物、构筑物等设施脱落造成他人损害时，责任主体为所有人、管理人或者使用人。所有人是指建筑物、构筑物等设施的所有权人。我国实行不动产登记制度，不动产登记簿是不动产物权归属和内容的根据。因此在确定所有人时可以通过查询不动产登记簿了解。此外，除了登记的物权人，还包括未经登记的农村宅基地自建房或合同约定而管理建筑物等设施及其搁置物、悬挂物的人。管理人是比较宽泛的概念，它是指虽非建筑物、构筑物等设施不动产的所有人，但依法或依约定对建筑物、构筑物等设施享有管理权限。依据授权和合同约定对建筑物、构筑物等设施享有管理权的人，比如物业服务公司对小区的共有部分负有保养、维护的义务和管理的职责，如果因为共有部分如小区建筑物外墙脱落造成他人损害的，物业公司应当承担侵权责任。使用人，是指基于债权关系或物权关系而对建筑物、构筑物等设施享有使用权的民事主体，即所有人之外的有权占有并使用该不动产的人，如房屋的承租人、借用人等。值得探讨的是，三者之间的责任形态，《民法典》并未给出明确的立法依据，实践中也一直存在争议。

本条还规定了责任追偿制度，即造成他人损害如果有其他责任人的，所有人、管理人或者使用人赔偿后，有权依法向其他责任人追偿。

实务问题

1. 本条在适用时需要注意的问题

（1）所有人、管理人或者使用人之间的责任形态，是连带责任、按份责任，还是不真正连带责任，目前尚无定论，需要具体案件具体分析。

（2）所有人、管理人或者使用人与其他责任人之间的责任承担。所有人、管理人或者使用人以存在其他责任人为由主张免除其一方责任的，是否可以由其他责任人直接承担责任？按照全国人大常委会法工委对《侵权责任法》的释义，其他责任人不直接对被侵权人承担侵权责任，但赋予了所有人、管理人或者使用人赔偿后，向其他责任人追偿的权利，即须由所有人、管理人或者使用人先行承担责任，然后再向其他责任人追偿。

（3）证明标准：①被侵权人的举证责任。受害人应对其受到损害的事实以及损害与物件脱落、坠落之间的因果关系承担举证责任。②建筑物等设施及物件所有人、管理人或者使用人对其没有过错承担举证责任。然而证明到何种程度能够免责是实践中的难点。损害事实的发生，证明所有人、管理人或者使用人的管理、维护是存在客观缺陷的。故不能简单以所有人、管理人或者使用人证明自身不存在管理、维护不当就可以免除责任，而应提高证明标准，即只有在证明自身已尽到管理、维护义务,或者损害是因第三人原因、受害人原因或不可抗力造成的,才能够免责,并且即便存在他方过错,甚至是不可抗力,若所有人、管理人或者使用人自身也存在过错,仍应承担相应责任。

2. 案例

陈某娥诉王某斌、张某阔等健康权纠纷案。①

(1)案情简介。被告张某亮、王某斌、张某阔经营的门店系相邻关系,位于中央路 282 号。2016 年 1 月 24 日 10 时 30 分许,张某阔经营的店面招牌部分滑落,张某阔随后组织拆除了其店面招牌,拆除工作于当日 11 时许完毕。张某阔拆除其店面招牌时,相邻王某斌的店面招牌一侧随之松动,松动的招牌一侧遇风即摆动。后张某阔通知王某斌加固其店面招牌。同日 12 时许,王某斌经营的店面招牌尚未加固,原告步行途经中央路 282 号,恰遇王某斌经营的店面招牌遇风坠落,坠落的招牌将原告砸倒在地,同时相邻张某亮经营的店面招牌亦随风坠落散落在倒地后的原告附近。事发时,原告身着长款羽绒服和长裤。原告倒地后不久被送至南京鼓楼医院救治,当日病历资料载明:因 1 小时前患者被广告牌砸伤腰部及双下肢,请骨科会诊建议入院手术治疗,暂无床,明日手足科门诊就诊,等等。

(2)裁判要旨。建筑物、构筑物或者其他设施及其搁置物、悬挂物发生脱落、坠落造成他人损害,所有人、管理人或者使用人不能证明自己没有过错的,应当承担侵权责任。所有人、管理人或者使用人赔偿后,有其他责任人的,有权向其他责任人追偿。二人以上共同实施侵权行为,造成他人损害的,应当承担连带责任。连带责任人根据各自责任大小确定相应的赔偿数额;难以确定责任大小的,平均承担赔偿责任。

该案中,被告王某斌经营的店面招牌坠落将原告砸伤,其在事发前已经知晓店面招牌存在安全隐患,仍未履行店面招牌的管理维护义务,最终导致损害的发生,被告王某斌存在过错,依法应当对原告的全部损失承担赔偿责任。被告张某阔拆除其店面招牌引发相邻店面招牌松动,致使相邻店面招牌遇风摆动存在安全风险,其对先行行为引发的该风险负有消除和避免损害发生的义务,被告张某阔虽通知了相邻店面经营者加固店面招牌,但并不能由此即免除其负有的该项义务。被告张某阔与被告王某斌均明知松动的店面招牌可能造成损害,却怠于履行义务放任损害后果的发生,两人存在不作为的共同过失,两人的过错与原告

① 江苏省南京市玄武区人民法院(2017)苏 0102 民初 2808 号;江苏省南京市中级人民法院(2018)苏 01 民终 7781 号。

的损害存在因果关系,属于共同侵权,应当对原告的全部损失承担连带赔偿责任。原告作为路人在道路上正常行走,无法预知店面招牌坠落的风险,对损害的发生并无任何过错,不应承担责任。该案店面招牌虽遇风坠落将原告砸伤,但系被告王某斌、张某阔未尽义务引发风险所致,并不属于不可抗力。

被告张某阔因其店面招牌部分滑落而予以拆除,继而引发相邻店面招牌松动,结合其及时告知被告王某斌有关情况以及被告王某斌、张某亮经营的店面招牌遇风坠落的实际情况,难以确定被告王某斌、张某阔的责任大小,应由两被告平均承担赔偿责任,即被告王某斌、张某阔各自承担50%责任。被告王某斌、张某阔向原告实际承担的超过前述责任部分,有权向对方追偿。

被告张某亮经营的店面招牌虽然坠落,但并未砸中原告,结合原告的实际伤情,原告受伤系被告王某斌经营的店面招牌坠落击中所致,且过错人为被告王某斌、张某阔而非张某亮,故被告张某亮不承担连带责任。

现有证据不能证明玄武门办事处系砸伤原告店面招牌的所有人、使用人或管理人,原告要求其承担连带责任,缺乏事实和法律依据。此外,玄武门办事处对店面招牌负有的是行政管理范畴的管理职责,并不属于民法意义上的管理人。

(编写人:刘 宇)

法律条文

第一千二百五十四条 禁止从建筑物中抛掷物品。从建筑物中抛掷物品或者从建筑物上坠落的物品造成他人损害的,由侵权人依法承担侵权责任;经调查难以确定具体侵权人的,除能够证明自己不是侵权人的外,由可能加害的建筑物使用人给予补偿。可能加害的建筑物使用人补偿后,有权向侵权人追偿。

物业服务企业等建筑物管理人应当采取必要的安全保障措施防止前款规定情形的发生;未采取必要的安全保障措施的,应当依法承担未履行安全保障义务的侵权责任。

发生本条第一款规定的情形的,公安等机关应当依法及时调查,查清责任人。

条文主旨

本条是关于高空抛物致人损害侵权责任的规定。

新旧法对比

《侵权责任法》	《民法典》
第八十七条　从建筑物中抛掷物品或者从建筑物上坠落的物品造成他人损害，难以确定具体侵权人的，除能够证明自己不是侵权人的外，由可能加害的建筑物使用人给予补偿。	第一千二百五十四条　**禁止从建筑物中抛掷物品**。从建筑物中抛掷物品或者从建筑物上坠落的物品造成他人损害**的，由侵权人依法承担侵权责任；经调查**难以确定具体侵权人的，除能够证明自己不是侵权人的外，由可能加害的建筑物使用人给予补偿。**可能加害的建筑物使用人补偿后，有权向侵权人追偿。** **物业服务企业等建筑物管理人应当采取必要的安全保障措施防止前款规定情形的发生；未采取必要的安全保障措施的，应当依法承担未履行安全保障义务的侵权责任。** **发生本条第一款规定的情形的，公安等机关应当依法及时调查，查清责任人。**

理解与适用

1. 法条变迁沿革

《侵权责任法》第 87 条规定，结束了此前裁判标准不统一的局面，为高空抛物案件的处理提供了明确的法律依据，对维护被侵权人合法权益、统一裁判尺度等发挥了积极的作用。但在适用过程中，该条打击范围太大、不利于及时查找侵权人、未能有效预防高空抛物行为等问题也逐渐暴露出来。2019 年，最高人民法院为充分发挥司法审判的惩罚、规范和预防功能，依法妥善审理高空抛物、坠物案件，切实维护人民群众“头顶上的安全”，保障人民安居乐业，维护社会公平正义，回应民众广泛期待，发布了《最高人民法院关于依法妥善审理高空抛物、坠物案件的意见》，为切实预防和惩治高空抛物行为发挥了积极作用。

基于《最高人民法院关于依法妥善审理高空抛物、坠物案件的意见》提供的更广阔的思路，以及社会对该意见施行过程中的反馈，本条在《侵权责任法》第 87 条的基础上进行了修改与完善。本条规定有以下六个特点：第一，明确规定高空抛物是违法行为，立场鲜明；第二，明确直接侵权人的法律责任；第三，明确可能加害建筑物使用人给予补偿系例外的规则；第四，明确可能加害建筑物使用人的追偿权；第五，明确物业服务企业的法律责任；第六，确立公安等机关的调查责任。

2. 在理解本和条时应注意的几个问题

（1）侵权人承担直接侵权责任。本条第 1 款规定，从建筑物中抛掷物品或者从建筑物上坠落的物品造成他人损害的，侵权人依法承担侵权责任。如此规定，主要考虑高空抛物的行为人主观方面往往具有故意。若是建筑物上坠落的物品致害的，按照本法第 1252 条、第 1253 条的规定能够确定责任的，应当由建设单位、施工单位或者所有人、管理人、使用人承担直接责任，此时，上述人员未尽到管理、维护义务，导致坠落物致人损害的后果发生，主观上亦可归责。

（2）公安等机关负有调查责任。实践中，高空抛物最大的难题就是查找行为人，受害人因举证能力的局限和调查权限的欠缺，无法提供确定侵权人的证据，进而导致维权的困难。为此，本条第 3 款明确规定，发生高空抛物情形的，公安等机关应当依法及时调查，查清责任人。这样，既能通过公安等侦查机关的介入，增加警示行为人从事高空抛物的威慑力，又能通过公安机关专业的调查能力、多样的调查手段，最大概率地查清责任人，方便受害者及时获得救济。同时，《最高人民法院关于依法妥善审理高空抛物、坠物案件的意见》第 10 条还规定了人民法院负有最大限度查找确定直接侵权人的职责，即"……人民法院在适用侵权责任法第八十七条裁判案件时，对能够证明自己不是侵权人的'可能加害的建筑物使用人'，依法予以免责。要加大依职权调查取证力度，积极主动向物业服务企业、周边群众、技术专家等询问查证，加强与公安部门、基层组织等沟通协调，充分运用日常生活经验法则，最大限度查找确定直接侵权人并依法判决其承担侵权责任"。

（3）可能加害建筑物使用人承担补偿责任。本条第 1 款第二句后半段规定："经调查难以确定具体侵权人的，除能够证明自己不是侵权人的外，由可能加害的建筑物使用人给予补偿。"关于此规定是基于公平原则，还是过错推定原则，当前理论上存在争议。该规定因实践中不易操作，且打击面过广，引起民众广泛讨论。此外，该规定还要求当事人证明自己没有做过某种行为，即要求当事人证无，有违逻辑。本条关于举证责任倒置的做法，确实在一定程度上加重了建筑物使用人的负担，但是事实上，如此规定的出发点在于合理分散损失，及时救济被侵权人，落脚点在于维护社会公平正义，促进社会和谐稳定。要求可能加害人"自证清白"，不是对可能加害人不公，而是为了平衡当事人之间的利益，实现真正意义上的公平。这一补偿责任更多的是基于公平的理念进行的，并不是赔偿责任,更不能理解为是可以被归责的过错责任。

(4)可能加害建筑物使用人的追偿权。本条在责令可能加害的建筑物使用人给予补偿的同时,增加"可能加害的建筑物使用人在补偿后,有权向侵权人追偿"的内容,进一步明确可能加害人承担的是一种垫付责任,其在承担补偿义务后享有对侵权人的追偿权,让侥幸暂时开脱的真正侵权人承担责任,免于可能加害人的"连坐责任",真正彰显司法的公平。

本条赋予了可能加害的建筑物使用人向侵权人追偿的权利,那么可能加害的建筑物使用人是否可以不当得利向受害人请求返还财产?一般认为,法律未明确赋予可能加害人向受害人追偿的权利。

(5)物业服务企业等建筑物管理人的责任。本条第2款规定:"物业服务企业等建筑物管理人应当采取必要的安全保障措施防止前款规定情形的发生;未采取必要的安全保障措施的,应当依法承担未履行安全保障义务的侵权责任。"小区物业服务与人们的生活密切,《民法典》明确了物业服务企业具有维护小区秩序、保障业主人身财产权益安全的义务。尤其是对高空抛物,本条进一步规定了物业服务企业的安全保障义务,受害人除了可以请求直接侵权人、可能加害人承担责任外,物业服务企业等建筑物管理人未采取必要的安全保障措施防止建筑物抛掷、坠落物品的,也应当对损害后果依法承担未履行安全保障义务的侵权责任。本条明确了物业服务企业等建筑物管理者的安全保障义务及责任,有利于督促物业服务企业依法履行宣传、防护、管理职责,采取安装监控、防护网等措施,最大限度地避免高空抛物对业主或其他人员造成损害的可能性,发生抛物、坠物事件后及时查找到真正侵害人,防止"连坐"可能加害人,为司法实践对类案的处理提供了统一的裁判思路和规则。

需要注意的是,物业服务企业作为直接侵权人时,应依照过错大小承担按份责任,归责原则适用本法第1253条规定。而当存在高空抛物直接侵权人时,物业服务企业等建筑物管理人同时违反了安全保障义务的,则应承担相应的补充责任,并且可以在承担责任后向直接侵权人追偿。

3.《刑法修正案(十一)》第33条与本条的衔接

《刑法修正案(十一)》第33条规定:在《刑法》第291条之一后增加一条,作为第291条之二:"从建筑物或者其他高空抛掷物品,情节严重的,处一年以下有期徒刑、拘役或者管制,并处或者单处罚金。有前款行为,同时构成其他犯罪的,依照处罚较重的规定定罪处罚。"

为了保护头顶上的安全,与《民法典》进行衔接,《刑法修正案(十一)》将高空抛物犯罪行为在刑法分则扰乱公共秩序罪一节中规定为新一类犯罪和罪名，形成了侵权责任、行政处罚、刑事责任的处罚由轻到重的阶梯过渡。该修订积极回应了社会关切，对高空抛物问题区别不同情况，制定出相应的罪行规范，从刑事实体法角度明确了高空抛物行为的构成要件及刑罚后果，有利于贯彻罪刑相适应原则，为高空抛物行为入罪提供了明确的实体法依据。

需要注意的是，第一，增设高空抛物犯罪，确实能够增强预防和震慑作用，但是实务中应严格把握情节严重的标准，保持刑法的谦抑性。第二，高空抛物犯罪行为需要承担民事责任和刑事责任的，二者可以同时存在，并不冲突。

实务问题

1. 在实务中应注意以下问题

(1)可能加害人的范围。本条规定的建筑物使用人是指在侵权行为发生时建筑物的实际使用人，包括建筑物的所有权人、承租人、借用人以及其他适用建筑物的人。建筑物使用人在建筑物内进行生活，可以控制建筑物内的物品，当发生建筑物高空抛物致害，无法确定具体侵权人时，根据社会生活的经验，可以确定建筑物使用人中存在可能的侵权人。实践中，可以通过日常生活经验法则、鉴定及其他科技手段，尽可能地缩小责任人的范围，引导和鼓励被侵权人积极寻找直接侵权人。

(2)可能加害人的免责情形。可能加害的建筑物使用人免责的事项包括：第一，证明发生损害时，自己不在建筑物内；第二，证明造成损害的物品不是自己所有；第三，证明自己所处的位置客观上不具有造成高空抛物致人损害的可能。必要时，可通过鉴定程序来判定上述问题。

(3)厘清不同侵权行为的民事责任。对于建筑物、构筑物或者其他设施及其搁置物、悬挂物发生脱落、坠落造成他人损害的，应当适用本法第1253条的规定确定侵权责任，可以尽量减少适用本条导致的责任承担主体范围不当扩大的问题。如果存在其他责任人的，所有人、管理人或者使用人赔偿后可向其他责任人行使追偿权。从建筑物中抛掷物品造成他人损害的，应当尽量查明直接侵权人，并依法判决其承担侵权责任。

(4)在有其他侵权人的情形下，依据本法第1253条的规定，物业服务企业等建筑物管理人在承担赔偿责任后，可以向其他责任人追偿。此处的追偿权须严格限定在本法第1253条规定的情形，必须是建筑物、构筑物或者其他设施及其搁置物、悬挂物发生脱落、坠落造成他人损害，因前述规定不包括从建筑物中抛掷物品这一致害行为。

2. 案例

(1)姜某诉威海凤林物业服务有限公司、刘某琼等物件损害责任纠纷案。[①]

①案情简介。2013 年 12 月 21 日 11 时许，原告姜某在威海经济技术开发区凤林工人新村东区 3 号楼下被楼上掉下的冰柱砸伤头部。

②裁判要旨。公民的人身健康权依法受保护，侵害公民身体造成损害的，应当承担相应的民事责任。建筑物、构筑物或者其他设施及其搁置物、悬挂物发生脱落、坠落造成他人损害，所有人、管理人或者使用人不能证明自己没有过错的，应当承担侵权责任。

该案中的坠落物为冰柱，其形成与事发前后的天气密切相关，属于因自然原因形成，形成的位置位于楼房顶部。对于被告刘某琼等业主，其虽为涉案楼房房屋的所有人或使用人，但并无清理楼房顶部冰柱的能力和设备，故不能苛责业主个人对因天气原因形成的楼顶冰柱进行清理，且其已经以物业服务合同的方式将涉案楼房公共部位等的管理责任转移给被告凤林物业公司。对于被告凤林物业公司，其为涉案小区提供物业服务，主要负责物业共用部位的日常维修、养护和管理，公共绿地、景观的养护，清洁服务等，其应当保证涉案小区公共部位的安全使用。但涉案事故发生前 3 天均下雪，且温度一直在 0℃上下，房顶的雪融化后又冷冻成冰，在达到一定温度后，肇事冰柱坠落造成原告受伤，其形成系自然原因，非人为因素可控，被告凤林物业公司虽对小区的公共部位存在维护义务，但对公共屋顶的冰雪清理难度较大，需要大量时间、人员及设备，根据被告凤林物业公司提供的物业服务合同及被告各业主的陈述，能够看出涉案楼房业主交纳的物业服务费较低，要求其随时对屋顶形成的冰雪不间断地进行清理在客观上也是无法实现的，但被告凤林物业公司可以通过对危险地段进行围挡、设立警示标志等手段提醒业主及过往行人，避免事故的发生。对于被告凤林物业公司提供的张贴警示通知的照片，原告不予认可，被告部分业主也称没见到过，即使该张贴警示通知真实，被告凤林物业公司的该张贴行为不能有效地起到警示作用，不能防止危险的发生。被告凤林物业公司未举证证明其采取了有效的防护措施，故对原告的受伤仍应承担适当的责任，以 20%为宜。

(2)黄某楠诉陈某茂等 12 户人身损害赔偿纠纷案。[②]

①案情简介。2010 年 5 月 29 日 16 时许，黄某楠随其母亲黄某光经过兴宁

---

① 山东省威海市经济技术开发区人民法院(2015)威经技区民初字第 34 号。

② 广东省兴宁市人民法院(2010)兴法民一初字第 1054 号;广东省梅州市中级人民法院(2011)梅中法民一终字第 123 号。

市兴田街道办事处丽都新园 B1、B2 栋楼门口路段时被 1 块状硬物(水泥制)砸伤头部,16 时 32 分兴宁市公安局大新街派出所民警接“110”指令后,会同兴宁市公安局刑事侦查大队的干警于 16 时 40 分赶到现场,并对现场进行勘查。勘查结果为:现场位于兴宁市兴田街道办事处丽都新园 B1、B2 栋(坐北向南)楼门口,案发时天气小雨,光照一般,距 B1、B2 栋楼门口约 2 米左右的花池边,遗留有黄某楠受伤后留下的血迹,血迹旁约 50 厘米处遗留一块规格为 10 厘米×10 厘米×5 厘米的疑似水泥块状物。经检查 B1、B2 栋楼外墙建筑,未发现墙体有剥落的情况,经询问及检查该楼住户住宅,未发现其他异常情况。现场提取疑似水泥块状物 1 块,并制作现场照片 1 份,笔录 1 份。黄某楠受伤后即送往兴宁市人民医院住院手术治疗,至 2010 年 6 月 17 日好转出院,共住院 20 天。黄某楠因伤所受的损失未得到公安部门的解决,其法定代理人遂于 2010 年 7 月 14 日向法院起诉,以兴宁市兴田街道办事处丽都新园 B1、B2 栋的 12 位住户为被告,要求 12 位住户连带赔偿黄某楠各项损失 66,567.30 元及残疾赔偿金。

②裁判要旨。黄某楠受伤后经公安机关调查未能确定具体的加害人,对难以确定具体侵权人的,除能够证明自己不是侵权人的外,由可能加害的建筑物使用人给予补偿,12 位上诉人均系可能加害的建筑物使用人,且未能提供证据证实自己不是加害人,故应对黄某楠的损害平均分担补偿责任。

(3)管某松诉刘某霞不明抛掷物、坠落物损害责任纠纷案。[①]

①案情简介。2016 年 7 月 9 日 7 时 40 分左右,管某松的亲戚沈某叶发现停放在 5 栋 3 单元门口的机动车(车辆所有人系管某松)被一花盆砸中,随即拨打“110”报警,派出所出警后经现场了解,出具一份接出警情况登记表,记载:沈某叶停放在 5 栋 3 单元门口的银色斯柯达轿车被楼上花盆坠落砸中,无具体对象,告知可自行固定相关证据,到法院诉讼。管某松随即将受损车辆自行拍照予以固定。现场照片反映花盆砸中车辆顶部的玻璃天窗后,因惯性原理花盆掉落在车旁地下。管某松维修该车辆实际支出 9550 元。

管某松车辆停放在青阳新村 5 栋住宅楼北面 3 单元楼下,距离该栋楼西边相邻 4 单元较远,中间隔一楼道,相邻 2 单元的北面房屋结构伸出 3 单元北墙一段距离,停放的车辆位置处于 3 单元北面窗户下,2 单元房屋伸出结构西侧,2 单元房屋朝外西墙无窗户。该住宅楼系老旧小区,无规划停车位,北侧近距离无高层建筑。朱某有系青阳新村 5 栋 307 室业主,刘某霞系青阳新村某室业主,董某炳系青阳新村 5 栋 507 室业主,徐某友系青阳新村 5 栋 607 室业主。本案事发

① 安徽省合肥市中级人民法院(2017)皖 01 民终 4324 号。

时董某炳的房屋实际租赁给他人使用。徐某友房屋的北面窗户安装防盗窗。

庭审时,法庭询问管某松是否要求追加承租人为本案被告,并进行释明,管某松表示不要求追加承租人为被告,并愿意承担相应诉讼风险。

②裁判要旨。本案中管某松车辆受损,虽经公安机关调查,但无法确定具体侵权人,故应由可能实施侵权行为的业主对其所受损害予以补偿。管某松车辆停放在 3 单元北面窗户下,离相邻 4 单元隔一楼道,距离较远,故可排除 4 单元楼上住户实施侵害行为的可能。住宅楼相邻 2 单元房屋结构因伸出一段距离,车辆停放在 2 单元房屋西面,2 单元的楼上住户也难以实施侵害行为。3 单元 207 室系管某松居住,按常理可排除其自行实施侵害行为的可能性。徐某友房屋安装了防盗窗,花盆不可能从 607 室窗户坠落,故徐正友可不承担侵权责任。董某炳房屋已出租,本人不在楼上居住,不可能实施侵害行为,可不承担侵权责任。因管某松不主张董某炳房屋的承租人承担责任,该户应分担的补偿份额应由管某松自行承担。朱某有提供的房屋租赁合同不能排除其实施侵害行为的可能性。刘某霞未提供证据。人民法院判决朱某有、刘某霞对管某松的损失承担补偿责任。管某松车辆紧靠居民住宅楼随意停放,影响业主正常通行,发生车辆损害事件,自身存在一定过错,综合确定管某松对其自身过错承担 40%的责任,由可能实施侵权行为的住户承担 60%的责任。

(4)刘某艳诉郴州祥安物业服务有限公司(以下简称祥安公司)违反安全保障义务责任纠纷案。①

①案情简介。2013 年 12 月 7 日中午 11 时许,刘某艳经过北湖市场二期后门口时,被从楼上窗户掉下的长约 30 厘米的“方木”砸伤头部,刘某艳当即被送往郴州市第三人民医院诊治,诊断为头皮裂伤。北湖市场分为一期、二期,本案发生地点位于北湖市场二期。北湖市场一期有专门的市场管理服务中心,负责经营管理等事务,但北湖市场二期无专门的市场经营管理者,北湖市场二期业主委员会与祥安公司签订了《物业管理服务合同》,由祥安公司负责北湖市场二期的物业管理工作。该物业管理服务合同第 2 项的服务内容为:(1)物业公共部分的维修、养护和管理;(2)物业的共用设施运行、维修和保养;(3)物业公共部位的清扫,垃圾及时每天清扫;(4)公共秩序维护,安全事项防范,协助公安、消防等相关事项的管理;(5)保障市场的用水、用电(供电、供水部门停电、停水除外)。经现场勘察,北湖市场二期共 5 层楼,1 楼、2 楼及之间的隔层系商铺,由不同业主经营百货,3、4、5 楼系仓库,用于存储货物。刘某艳受伤现场位于北湖市

① 湖南省郴州市中级人民法院(2014)郴民一终字第 730 号。

场二期后门口，受伤地点的建筑物上方有4个窗户，其中2楼、5楼的窗户系封闭，3楼、4楼有部分窗户无玻璃，且窗户旁边有许多杂物堆放，4楼无玻璃处安装了铁丝网，但3楼无玻璃处依然无任何防护装置。祥安公司办公地点位于4楼。

②裁判要旨。该案中，祥安公司作为北湖市场二期的物业管理单位，虽不是该市场的经营者，但依据祥安公司与北湖市场二期业主委员会签订的《物业管理服务合同》第4条之规定，祥安公司作为该市场的物业管理单位，具有维护市场秩序和安全事项防范的义务，可认定其为公共场所的管理人。祥安公司违反合同约定，未能完全履行维护市场应有的安全防范义务，导致"方木"坠落致刘某艳损害，祥安公司应当承担侵权责任。

刘某艳被从高空掉下的"方木"砸伤，祥安公司管理存在过失，在不能确定"方木"是谁抛掷的情况下，刘某艳选择祥安公司作为被告，以祥安公司违反安全保障义务为由诉请其承担责任，不违反法律规定。祥安公司认为本案属于不明抛掷物、坠落物损害责任纠纷，该案虽系由不明"方木"从高空落下而导致损害，亦符合不明抛掷物、坠落物损害责任纠纷的特征，在该案同时符合两种法律关系特征的情况下，刘某艳选择以祥安公司违反安全保障义务责任提起诉讼，并不违反法律规定。

（编写人：刘　宇）

法律条文

第一千二百五十五条　堆放物倒塌、滚落或者滑落造成他人损害，堆放人不能证明自己没有过错的，应当承担侵权责任。

条文主旨

本条是关于堆放物致人损害侵权责任的规定。

新旧法对比

《侵权责任法》	《民法典》
第八十八条　堆放物倒塌造成他人损害，堆放人不能证明自己没有过错的，应当承担侵权责任。	第一千二百五十五条　堆放物倒塌**、滚落或者滑落**造成他人损害，堆放人不能证明自己没有过错的，应当承担侵权责任。

理解与适用

堆放物损害责任，是指堆放物发生倒塌、滚落、滑落，致使他人人身、财产受到损害，堆放人所应承担的侵权责任。

1. 概念

堆放物是指将动产堆积在一处，如土地上或者其他地方而形成的物，堆放物仍属于动产，不固定于其堆放的处所。倒塌是指堆放物全部或者部分倾倒、坍塌。滚落是指堆放物从高处滚下。滑落是指堆放物从高处往下滑动。

2. 堆放物损害责任的构成要件

(1)发生了堆放物倒塌、滚落、滑落的致害行为。堆放物全部或者部分出现倒塌、滚落或者滑落。通常情况下，堆放物都是临时堆积、垒高形成的，物品如果没有进行堆放，一般不会对他人造成损害，但若堆放不当则会增加危险性。

(2)被侵权人受到实际损害。此处的被侵权人指堆放人以外的其他人。损害包括人身损害和财产损害。

(3)损害事实与堆放物倒塌、滚落、滑落之间具有因果关系，被侵权人能够加以证明。损害后果与堆放物倒塌、滚落、滑落之间存在引起与被引起的关系，包括直接因果关系，即堆放物致害直接作用于被侵权人，也包括间接因果关系，即堆放物倒塌、滚落、滑落引发其他事故，间接地造成了损害后果。被侵权人需举证证明其损害后果是堆放物倒塌、滚落、滑落导致的这一基本事实。

(4)堆放物损害责任采用过错推定原则。堆放人无法证明自己没有过错的，应承担赔偿责任。堆放物致害的，首先推定堆放人存在过错，即堆放人存在疏忽、懈怠的过失心理，才导致损害结果的发生。堆放人若主张免责，应证明自身已尽管理或注意义务，且不存在堆放瑕疵或者管理瑕疵。

3. 堆放物损害责任的主体

本条明确堆放物损害责任的主体为有过错的堆放人。堆放人，是指将物品堆放在某处的人。堆放人一般是指堆放物品的所有人，当所有人直接占有、管理该物时，该堆放物品致人损害，该所有人应当承担赔偿责任。但是在堆放物品非所有人占有和管理时，其赔偿义务主体应该是对堆放物品有直接占有和管理义务的管理人。由于堆放物对周边环境和人员可能造成潜在危险，堆放物所有人或者管理人要对自己占有、管理的堆放物品尽到合理的堆放看管义务。

需要注意的是，以上所述为堆放人与所有人、管理人重合的普遍情况，在例外情况下，堆放人可能既不是所有人也不是管理人，此时所有人和管理人是否应对堆放物致害承担赔偿责任？实际上，所有人或者管理人即便不是最终堆放人，也是对堆放行为发出指示,或者其他对堆放物负有监管责任的人,后者仍属于广义的堆放人。被侵权人可以根据本条规定要求堆放人对损害后果承担侵权责任,还可以依据过错侵权责任一般条款的规定要求未尽告知、管理、监督义务的所有人、管理人承担责任。

4. 免责事由

(1)堆放人已尽到合理注意义务,且不存在堆放及管理瑕疵。

(2)不可抗力。因不可抗力不能履行民事义务的,不承担民事责任。《最高人民法院关于处理涉及汶川地震相关案件适用法律问题的意见(二)》第9条规定:"因地震灾害致使堆放物品倒塌、滚落、滑落或者树木倾倒、折断或者果实坠落致人损害的,所有人或者管理人不承担赔偿责任。"需要注意的是,此处的免责是指地震系堆放物致害的唯一原因。也就是说,堆放人不能仅以存在不可抗力的法定事由而要求免责,若堆放人在其中仍存在过错,则仍需承担责任。

(3)受害人对损害后果的发生存在故意或重大过失,或者损害后果系由第三人过错造成。本法第1173条规定:"被侵权人对同一损害的发生或者扩大有过错的,可以减轻侵权人的责任。"第1174条规定:"损害是因受害人故意造成的,行为人不承担责任。"第1175条规定:"损害是因第三人造成的,第三人应当承担侵权责任。"需要注意的是,在上述情形下,堆放人不是当然免责,其仍需证明自身对堆放物的倒塌、滚落、滑落致害不存在过错,如果不能举证加以证明,仍需承担责任。日常生活中,许多情况下,堆放物致害看似是第三人过错造成,但实质仍与堆放人的管理瑕疵有关。如果堆放人未尽注意义务是损害发生的原因之一,则依各方的过错程度及原因力大小分别承担责任。

实务问题

1. 本条在适用中需要注意的问题

(1)在堆放人既不是所有人,也不是管理人时,堆放物损害赔偿责任主体如何认定。如果三者对责任主体有争议的,应由被告承担举证责任。

(2)建筑物、构筑物或者其他设施上的搁置物若系堆放形成的,也可认定为堆放物,此时出现本条及《民法典》第1253条规定的两种责任的竞合,被侵权人具有选择权,既可主张所有人、管理人、使用人承担责任,也可主张堆放人承担责任。

2. 案例

天津港盛储运有限公司与薛某良堆放物倒塌致害责任纠纷案。[①]

(1)案情简介。2013年4月30日,原告在被告的仓库干活,被堆放在旁的

① 天津市第二中级人民法院(2014)二中保民终字第0049号。

管垛砸伤。受伤后当日，原告到天津市天津医院住院治疗，经天津市津实司法鉴定中心鉴定，鉴定意见是：薛某良右手的损伤致右手功能丧失达双手的30%以上，为Ⅷ（八）级伤残。

（2）裁判要旨。堆放物倒塌造成他人损害，堆放人不能证明自己没有过错的，应当承担侵权责任。造成原告受伤的管垛堆放在被告的仓库内，被告认可其是管垛的管理人，被告提交的证据“出库单”不能证明具体的管垛的实际所有人，被告称该管垛的堆放人是天津鑫皓诚货运代理有限公司，并提交天津鑫皓诚货运代理有限公司与被告签订的《劳务及安全协议书》，但被告不确定是否将仓库的所有范围内的装卸工作均交与天津鑫皓诚货运代理有限公司办理，故根据被告提交的证据无法确认管垛的实际堆放人是天津鑫皓诚货运代理有限公司。在被告无法证明管垛的堆放人和所有人的情形下，被告作为管理人应当承担责任。在庭审中，被告也未能证明自己没有过错，被告陈述的因为原告手扶管垛才导致被砸伤的主张，被告并未提交证据予以证明，被告的证人也未能证明，故对被告的该项主张不予确认，认定被告应当承担对原告的赔偿责任。被告若有证据可以证明管垛的实际堆放人，可以另行诉讼向堆放人追偿。

（编写人：刘　宇）

法律条文

第一千二百五十六条　在公共道路上堆放、倾倒、遗撒妨碍通行的物品造成他人损害的，由行为人承担侵权责任。公共道路管理人不能证明已经尽到清理、防护、警示等义务的，应当承担相应的责任。

条文主旨

本条是关于公共道路妨碍通行致人损害侵权责任的规定。

新旧法对比

《侵权责任法》	《民法典》
第八十九条　在公共道路上堆放、倾倒、遗撒妨碍通行的物品造成他人损害的，有关单位或者个人应当承担侵权责任。	第一千二百五十六条　在公共道路上堆放、倾倒、遗撒妨碍通行的物品造成他人损害的，**由行为人承担侵权责任。公共道路管理人不能证明已经尽到清理、防护、警示等义务的，应当承担相应的责任。**

理解与适用

公共道路妨碍通行损害责任,是指在公共道路上堆放、倾倒、遗撒妨碍通行的物品,致使他人人身、财产受到损害,行为人承担过错责任,公共道路管理人承担过错推定责任的侵权赔偿责任。

1. 概念

公共道路,是指对社会一般人开放、可以同时供不特定的多数无轨车辆和行人通行的基础设施。《道路交通安全法》第119条第1项规定:“道路”,是指公路、城市道路和虽在单位管辖范围但允许社会机动车通行的地方,包括广场、公共停车场等用于公众通行的场所。《公路法》(2017修正)第2条第2款规定:公路包括公路桥梁、公路隧道和公路渡口。综合以上,公共道路包括机动车、非机动车和人行道等。判断公共道路的重点在于是否对社会一般人,即不特定社会公众开放。对于单位、封闭的社区、学校等不允许社会公众通行的内部、私人道路,不属于公共道路,发生损害的,不适用本条规定。

妨碍通行物,是指在公共道路上堆放、倾倒、遗撒物品,影响他人对公共道路正常、合理的适用。妨碍通行物的形态没有限制,既可以是倾倒的垃圾、非法设置的路障等固体形态,也可以是泄漏的石油等液体形态,还可以是排放的影响安全通行的蒸汽等气体形态。

公共道路管理人,是指对于公共道路负有管理、维护义务的单位或个人。我国对于不同公路道路管理人的规定,散见于多部法律、行政法规、规章和规范性文件等,如《公路法》《公路安全保护条例》《收费公路管理条例》等均对不同公共道路的管理人进行了规定,整体呈现出多层级、多元化的管理模式。具体到个案,应以具体的法律规定为依据,按照权责一致的原则对公共道路管理人进行判定。

2. 责任主体

本条规定的责任主体包括堆放、倾倒、遗撒妨碍通行物品的行为人,以及未尽清理、防护、管理、警示义务的公共道路管理人。

3. 归责原则与责任承担

堆放、倾倒、遗撒妨碍通行物品的行为人的责任,立法上并未明确。实务与理论中,也存在不同学说的争论。原则上行为人只要在公共道路上实施了堆放、倾倒、遗撒的加害行为,即应认定有过错,进一步对损害后果承担赔偿责任。此处的赔偿责任是指完全赔偿责任。

公共道路管理人的责任为过错推定。公共道路管理人不能证明已经尽到清理、防护、警示等义务的,应当承担相应的责任。此处的“相应的责任”,是指管理人的责任范围应根据公共道路管理人的过错程度具体确定。但本条并未明确说明管理人承担的是补充责任,因此被侵权人对责任承担的主体有选择权,既可以同时请求行为人和管理人承担责任,也可以只选择任一主体承担责任。

当公共道路管理人与行为人是同一主体时,若管理人堆放、倾倒、遗撒妨碍通行物品致害的,则管理人应被认定为行为人,对侵权行为承担完全赔偿责任。

4. 公共道路妨碍通行损害责任的构成要件

(1)造成损害的物件是在公共道路上堆放、倾倒、遗撒的障碍物。此点包含两层含义,第一,致害行为要发生在公共道路上;第二,致害物为在公共道路上妨碍他人通行的物品。

(2)被侵权人受到实际损害。损害包括人身损害和财产损害。

(3)损害事实与损害行为之间具有因果关系,被侵权人对此能够加以证明。损害后果与在公共道路上堆放、倾倒、遗撒妨碍通行物之间是引起与被引起的关系。被侵权人需要对该因果关系举证证明。

(4)公共道路管理人不能证明自身没有过错。对于公共道路上堆放、倾倒、遗撒物品妨碍通行的,公共道路管理人对道路负有及时清扫、排除的义务,如果违反上述义务,则应承担侵权责任。若管理人能够通过举证证明已尽到清理、防护、警示等义务,则可推翻其具有过错的推定。对管理人适用过错推定原则,是基于社会生活经验与大量司法实践的总结,反映了实际社情的需要,既有利于被侵权人所遭受损失的救济,也能够起到警示训导作用,引导管理公众向好向善。对于行为人的责任是否以过错作为构成要件,则应在个案中具体分析,并根据所采用的归责原则而有所不同。

实务问题

1. 本条在适用中需注意的问题

(1)实务中,对于不同的公共道路,如高速公路、省道、乡道等,行为人的注意义务与公共道路管理人的管理义务的标准存在不同,对于行为人责任的认定需要个案具体分析。

(2)实务中,应注意区分本条与本法第1255条堆放物损害责任。二者存在以下不同:一是致害物及损害发生的地点不同。本条规定的损害场所为公共道路,而堆放物损害责任的场所不要求在公共道路上。本条的致害物形态不限,可能是固体、液体或气体,堆放物损害责任的致害物通常是固体。二是致害物致害的方式不同。本条规定的致害方式为在公共道路上堆放、倾倒、遗撒妨碍通行的物品,而堆放物损害责任则由倒塌、滚落或者滑落致害。三是责任主体不同。本条责任主体是行为人或者公共道路管理人,堆放物损害责任的主体是堆放人。四是归责原则不同。本条中的管理人及堆放物损害责任的堆放人适用过错推定原则,而对于本条中的行为人,归责原则存在争议。五是责任承担不同。本条中行为人承担完全赔偿责任,管理人承担相应的责任,堆放物损害责任的堆放人承担完全赔偿责任。

2. 案例

胡某秀诉华盟路桥建设有限公司侵权责任纠纷案①。

(1)案情简介。2016 年 9 月 20 日,公路局与新县人民政府签订关于 S205 线吴陈河至田铺改建工程《项目立项建设委托协议》,协议委托新县人民政府对该路段改建,新县人民政府为此成立了公路建设指挥部。2018 年 10 月 9 日,该公路建设指挥部举行招标评标会议,××WT-3 合同段第一名为被告华盟公司。2018 年 11 月 13 日,该公路建设指挥部与被告华盟公司签订了《施工合同》《廉政合同》《安全生产合同》,约定了华盟公司承担施工合同项下的安全生产责任。2018 年 11 月 28 日 9 时许,箭厂河竹林村委会接上级通知与来某荣协商让其砍伐属施工改建范围内公路边的杨树。2018 年 11 月 29 日 8 时许,被告来某荣在砍伐 S205 省道路边树木时遇受害人汪某驾驶二轮摩托车行驶至该路段,汪某被锯倒的杨树砸伤后送新县人民医院救治,住院治疗 15 天,2018 年 12 月 14 日汪某因救治无效死亡。被告华盟公司该路段负责人陈某在新县公安局刑事侦查询问笔录中陈述:"我们公司中标的路段是从郭家河到箭河这一截道路,我们主要负责的事项就是对道路进行改建,就是负责具体的路面放线、修理、平整之类的。路面上的征地、采伐、协调之类的,我们平常都是找村里、箭河乡政府、县交通局的进行协调。"

(2)裁判要旨。在公共道路上遗撒妨碍通行的物品造成他人损害的,由行为人承担侵权责任。公共道路管理人不能证明已经尽到清理、防护、警示等义务的,应当承担相应的责任。本案侵权事故发生在可以正常通过的公路上,因道路改扩建需要清理道路两侧的树木,来某荣受村委会安排砍伐道路两侧树木,致使道路骑行人受伤致死。砍树危险的造成人和控制人是砍树人来某荣,应当承担责任,刑事判决书对此已有明确认定和意见。因来某荣是应竹林村委会安排,村

① 河南省信阳市中级人民法院(2020)豫 15 民终 1093 号。

委会应当知道在道路两侧砍树会对过往的车辆和行人造成危险,应当提醒并督促砍树人设立明显、可靠的安全警示标志,以防止发生安全事故。但村委会并没有提供证据证明其尽到相应责任。就本案而言,涉案公共道路的管理人是新县公路管理局,还是信阳市公路管理局,一般人并不知晓。原告起诉时将公路局列为被告主体也是适格的。本案信阳公路局作为公路管理主管部门,其职责是负责全市一般新建、改建、改善公路的设计、日常施工管理工作。车辆和行人在公共道路上通行时被路边砍倒的树木砸伤致死,公共道路的管理人不能证明自己已经尽到相应义务的,应当承担相应的责任。另外,来某荣砍树与新县公路管理局办公室、乡政府、村委会层层电话安排有关。从这个角度看,公路管理人也是要承担一定的责任的。因过错侵害他人民事权益造成损害的,应当承担侵权责任;依照法律规定推定行为人有过错,其不能证明自己没有过错的,应当承担侵权责任。据此,从本案事故发生的前后经过看,除来某荣以外,村委会、公路局均应当承担相应责任。关于华盟公司是否应当承担责任的问题。华盟公司作为事故路段的改扩建中标承包人,道路两侧树木的砍伐清理应属于改扩建工程附属项目内容,尽管来某荣不是受华盟公司委托进行砍树,但是清理道路两侧的树木,应当是施工项目部要与当地村委会、乡政府协调处理的内容之一。村委会也是受乡政府要求为修路工程项目清理道路两侧树木。在此过程中发生安全事故而产生侵权赔偿责任,依据无因管理的相关规定,道路改扩建承包人华盟公司应当分担相应责任。受害人在道路上行使速度较快、对前方存在危险没有尽到安全注意义务,也没有注意到路上安全警戒拦截人的提醒,而错误冲入砍伐区被砍倒的树木砸伤致死,作为一个正常民事行为能力人其自己也有一定过错,也应当承担一定责任。

(编写人:刘　宇)

法律条文

第一千二百五十七条　因林木折断、倾倒或者果实坠落等造成他人损害,林木的所有人或者管理人不能证明自己没有过错的,应当承担侵权责任。

条文主旨

本条是关于林木致人损害侵权责任的规定。

新旧法对比

《侵权责任法》	《民法典》
第九十条 因林木折断造成他人损害，林木的所有人或者管理人不能证明自己没有过错的，应当承担侵权责任。	第一千二百五十七条 因林木折断**、倾倒或者果实坠落等**造成他人损害，林木的所有人或者管理人不能证明自己没有过错的，应当承担侵权责任。

理解与适用

林木损害责任，是指林木折断、倾倒或者果实坠落等致使他人人身、财产遭受损害，林木的所有人或管理人所应承担的侵权责任。本条所称林木，包括自然生长和人工种植的林木。致害林木生长的地域范围没有限制。

1. 林木损害责任成立的构成要件

（1）发生了林木折断、倾倒或者果实坠落等致害行为。需要注意的是，林木致害形态包括林木折断、林木倾倒和果实坠落三种，同时本条的“等”字是对具体加害形态进行了开放式列举。

（2）被侵权人受到实际损害。此处的被侵权人指林木所有人或者管理人以外的其他人。损害包括人身损害和财产损害。

（3）损害事实与林木折断、倾倒或者果实坠落等之间具有因果关系，被侵权人对此能够加以证明。损害行为可以是林木折断、倾倒或者果实坠落的直接作用力造成，也可以由该作用力引发的其他现象造成。此外，除了林木直接接触被害人的人身、财产导致损害以外，间接的损害也应认定存在因果关系，如被侵权人为躲避折断的林木而造成伤情的。被侵权人需举证证明其损害后果是林木折断、倾倒或者果实坠落导致的这一基本事实。

（4）林木损害责任采用过错推定归则原则。本法延续了《侵权责任法》第90条过错推定的归则原则，推定所有人或者管理人存在疏忽的过失，此时若所有人或者管理人不能证明自己没有过错的，应当承担侵权责任。

2. 林木损害责任的主体

林木的所有人，指对林木享有占有、使用、收益和处分权利的人。《民法典》第250条规定：“森林、山岭、草原、荒地、滩涂等自然资源，属于国家所有，但是法律规定属于集体所有的除外。”第274条规定：“建筑区划内的道路，属于业主共有，但是属于城镇公共道路的除外。建筑区划内的绿地，属于业主共有，但是属于城镇公共绿地或者明示属于个人的除外。建筑区划内的其他公共场所、公用设施和物业服务用房,属于业主共有。”《森林法》(2019年修订)第20条规定:“国有企业事业单位、机关、团体、部队营造的林木,由营造单位管护并按照国家规定支配林木收益。农村居民在房前屋后、自留地、自留山种植的林木,归个人所有。城镇居民在自有房屋的庭院内种植的林木,归个人所有。集体或者个人承包国家所有和集体所有的宜林荒山荒地荒滩营造的林木,归承包的集体或者个人所有;合同另有约定的从其约定。其他组织或者个人营造的林木,依法由营造者所有并享有林木收益;合同另有约定的从其约定。”

林木的管理人,指所有人以外的,依据法律规定或者和所有人约定对林木进行管理的人。一般来讲,包括林木主管部门、果林的承包人或者对树木负有管理职责的物业公司等。

3. 责任承担及免责事由

林木所有人、管理人控制、管理、维护林木时发生了林木损害事实,所有人或者管理人依据本条规定,应当承担侵权责任。

若林木所有人或者管理人能够举证证明自身没有过错的,不承担侵权责任。免责事由主要包括:

(1)不可抗力。

被侵权人损害的发生系因不可抗力。是否构成不可抗力以及能否因此免责,重点在于审查普通民众在日常生活中能否避免、预见,由于不可抗力多为自然灾害,实务中,还可根据气象部门发布的信息等进行判定。需要注意的是,《最高人民法院关于处理涉及汶川地震相关案件适用法律问题的意见(二)》第9条规定:“因地震灾害致使堆放物品倒塌、滚落、滑落或者树木倾倒、折断或者果实坠落致人损害的,所有人或者管理人不承担赔偿责任。”此处的免责是指地震系林木致害的唯一原因。也就是说,所有人或者管理人不能仅以存在不可抗力的法定事由而要求免责,若所有人、管理人在其中仍存在过错,则仍需承担责任。例如,台风刮倒被虫害蛀朽的大树,大树将行人砸伤,由于所有人、管理人未及时治理虫害,没有尽到管理义务,仍需承担部分责任。

(2)受害人故意或重大过失以及第三人过错。

损害系由被害人的明显过错行为导致的,比如无视禁止进入林区的警示牌或围墙,受害人强行进入致损;拉扯树枝采摘果实,造成林木折断或果实坠落致损。因受害人具有故意或重大过失,林木管理人或者所有人没有过错的,不应承担赔偿责任。但被害人具有一般过错,林木所有人或者管理人亦存在管理瑕疵的,所有人、管理人仍须承担赔偿责任,但因受害人的过错,可以减轻所有人、管理人的责任。

本法第1175条规定:"损害是因第三人造成的,第三人应当承担侵权责任。"如果林木折断、倾倒或者果实坠落是由第三人人为因素造成的,如故意采摘果实投掷他人等,则应按照侵权责任一般条款的规定,由侵权行为人承担赔偿责任。但需要注意的是,此时第三人的行为应是造成损害发生的充分原因,而在多因一果的情况下,如第三人过错和所有人或者管理人未尽管理义务的过错混合致损时,应由第三人、所有人或者管理人根据过错大小承担责任。

实务问题

1. 本条在适用时需注意的问题

(1)林木所有人或者管理人能够举证证明自身已尽到管理、维护义务的,可以免责。但是,由于损害事实已经发生,足以证明林木没有得到及时养护,对此,所有人、管理人是具有过错的,故所有人、管理人不能仅以尽到定期管护义务而要求免责。另外,所有人、管理人主张以不可抗力、第三人过错、被害人故意等法定事由免责的,仍须证明自身已尽管理义务,而不是当然免责。

(2)存在多因一果的情形时,各方责任主体的责任如何分担,是补充责任还是按份责任,是实务中的难点。

2. 案例

吴某景、张某逸、吴某娟诉厦门市康健旅行社有限公司、福建省永春牛姆林旅游发展服务有限公司人身损害赔偿纠纷案。①

(1)案情简介。2005年5月5日,原告吴某景、张某逸与受害人张某等17人参加了由被告康健旅行社组织的牛姆林二日自驾游。当日13时45分左右,被告牛姆林公司的导游带吴某景、张某逸、张某等一行人进入牛姆林景区。当时天色阴沉,有人提出可能会下雨,建议导游调整行程,先就近游玩,次日再进入林区,但导游称即使下雨也不会持续很长时间,坚持带一行人进入林区。进入迎宾大道后,天色更加阴沉,有人再次建议导游不要前行,但导游借了雨具后仍要求大家继续往林区走。不久即开始刮风,并下起大雨,导游称往回走有一茶馆可以避雨,一行人便折回原路。14时7分,行至距迎宾大道入口约300米处,张某被一棵折断的马尾松砸伤倒地。张某受伤后,同伴立即联系急救中心及景区工作人员实施救援。一段时间后,景区工作人员抬来一张桌子,将张某抬到牛姆林广场,后又从广场运至停车场。在救护车到来之前,景区工作人员打电话联络景区

① 载《最高人民法院公报》2006年第6期。

医生进行救治,但景区的医生始终没有出现,现场未采取任何急救措施。救护车约于15时赶到,15时30分将张某送到医院,经抢救无效,张某于当日下午死亡。经法医鉴定,张某系生前被树干砸压致严重的颅脑损伤和血气胸而死亡。另查明:永春县气象局于2005年5月1日发布天气预报,内容为5月5日至6日有中到大雨天气,局部有大到暴雨。泉州市气象台5月4日发布天气预报为多云转雷阵雨。永春县气象局2005年6月29日出具的《关于5月4日的天气预报和5月5日的天气实况》证实,5月4日的天气预报为多云到阴,午后到夜里有阵雨或雷阵雨。又查明:2002年10月20日,被告牛姆林公司与天湖山医院签订《协议书》,约定:当遇到较大病患及意外,牛姆林公司安排在景区的医务人员无法医治时,天湖山医院愿意在力所能及的情况下协助医治。郭清城系牛姆林公司安排在景区的医生。2005年4月10日,牛姆林公司制定景区安全应急救援预案,其中"重特大伤亡事件应急处理"规定:因交通、火灾、水灾、经营设施、自然灾害等引发重特大伤亡事件,应急救援领导小组接到报告后,应立即组织医务人员和抢险人员,配备必要的抢险救助设备设施(如担架、药械等)进行现场施救和抬救,同时联系"120"救护中心和天湖山医院救护中心派出救护车和救护人员进行抢救。

(2)裁判要旨。关于被告康健旅行社对被害人张某的死亡应否承担责任的问题。康健旅行社与原告吴某景、张某逸及张某等人建立了旅游服务合同关系,在合同责任与侵权责任竞合的情况下,原告方可选择要求对方承担违约责任或侵权责任。现原告方选择了侵权之诉,以康健旅行社、牛姆林公司为被告,主体适格。原告方认为被告康健旅行社违反保障游客安全义务,应对康健旅行社具有过错承担举证责任。现原告方已举证证明在天气预报有雨、下雨征兆明显、游客多次建议次日再进入林区的情况下,导游却坚持带游客冒险进入林区。导游对恶劣天气的防患意识应当高于游客,且负有保障游客安全的责任,应以游客安全第一为宗旨,依诚实信用原则并结合当时的天气情况对是否调整行程作出正确判断。本案中,导游不顾恶劣天气的影响,坚持带游客冒险进入林区的错误行为,导致游客处于遭受风雨困扰的险境,并实际导致张某被折断的马尾松砸伤致死,其主观上具有过错。根据原告等人与康健旅行社签订的《国内旅游组团合同》,康健旅行社应为原告等一行游人提供导游服务。康健旅行社承诺提供优秀导游服务,在其未安排全陪导游的情况下,本案导游既代表牛姆林公司也代表康健旅行社,故康健旅行社对于张某的死亡也具有过错,应当承担相应的民事责任。

关于被告牛姆林公司对于被害人张某的死亡应否承担责任的问题。首先,在气象部门5月1日、5月4日发布的天气预报内容不一致的情况下,依生活经验应以5月4日的天气预报为准。证据显示,根据气象部门5月4日发布的天气预报,5月5日永春的天气是多云转雷阵雨。本案导游作为牛姆林公司的代表,在天气预报有雨,当时天色阴沉、下雨征兆明显的情况下,坚持带游客冒险进入林区,其行为具有明显过错,故牛姆林公司对此亦有过错。其次,牛姆林公司对马尾松折断导致张某被砸伤致死具有过错。牛姆林公司辩称:马尾松折断系受飑线影响,其对马尾松无管理瑕疵,事件的发生属不可抗力。法院认为,树木折断致人损害的,除树木的所有人或管理人已尽到维护、管理义务,或者损害结果的发生系因不可抗力所致,或者受害人因自己的过错造成损害等三种情形外,树木的所有人或管理人应当承担赔偿责任。牛姆林公司作为本案中折断的马尾松的管理人,只有提供证据证明具有前述免责事由,才能依法免除其赔偿责任。根据本案证据,泉州市气象台气象报告表明飑线的出现时间为14时25分,永春气象台的气象报告表明从14时10分开始永春自西向东受飑线影响,而张某被马尾松砸伤的时间是14时7分。即便确定14时10分飑线出现,张某也是在飑线出现前受伤。可见《核查情况汇报》关于"当时永春遭受到50年来未遇的强对流天气(飑线)袭击""该起事件为自然灾害所致"的观点不符合事实,牛姆林公司提供的证据不足以证明马尾松折断系飑线所致。牛姆林公司从事的是以林区观光为内容的经营性活动,该公司既是旅游项目经营者,又是景区树木的管理者,负有保障游客安全的义务,应当对于景区树木给予更加谨慎的管理和注意。根据原告方提供的照片,折断的马尾松顶端是秃的,从中心开始向外朽烂,牛姆林公司亦承认该树曾有树枝折断的情况发生。鉴于此,牛姆林公司本应对该树给予特别的注意,采取必要的防护加固或砍伐等措施,防止危险的发生。若采取防范措施需经有关部门批准,亦应及时按规定报批后进行,而不能借此消极对待。现牛姆林公司未能提供证据证明其已对该马尾松采取必要的防范措施,其提供的证据不足以证明该马尾松折断系不可抗力引起,亦不能证明张某本人对于事故的发生具有过错,牛姆林公司应对其管理的马尾松折断砸伤张某致死承担相应的民事责任。最后,牛姆林公司在事故发生后救助不力,导致损失扩大。游客受伤后,牛姆林公司负有以最大努力加以救助的义务。牛姆林公司是否尽到救助义务应审查其在事故发生后的实际行动,而不是审查其相关规章制度是否完善。虽然牛姆林公司的安全应急救援预案规定"应立即组织医务人员和抢险人员,配备必要的抢险救助设备设施(如担架、药械等)进行现场施救和抬救",但张某受伤后,同伴立即打电话联系景区工作人员救助,一段时间后(原告方证人称 20~30 分钟，牛姆林公司称不足 10 分钟），景区工作人员才抬来一张桌子。在救护车到来之前，景区工作人员联系景区医生施救，但景区医生始终没有出现，现场未采取任何急救措施。牛姆林公司只采取抬救措施，而未提供担架、专业医师进行现场施救，违反了自己制定的规定，没有尽到救助义务。牛姆林公司虽已与天湖山医院签订医疗协议建立紧急救援体系，但救护车在报警后近一小时才到达，不符合紧急救援的要求。牛姆林公司在张某受伤后，并未尽到最大救助努力，导致损害后果进一步扩大，应承担相应的民事责任。

（编写人：刘　宇）

法律条文

第一千二百五十八条　在公共场所或者道路上挖掘、修缮安装地下设施等造成他人损害，施工人不能证明已经设置明显标志和采取安全措施的，应当承担侵权责任。

窨井等地下设施造成他人损害，管理人不能证明尽到管理职责的，应当承担侵权责任。

条文主旨

本条是关于地面施工、地下设施致人损害侵权责任的规定。

新旧法对比

《侵权责任法》	《民法典》
第九十一条　在公共场所或者道路上挖坑、修缮安装地下设施等，没有设置明显标志和采取安全措施造成他人损害的，施工人应当承担侵权责任。 窨井等地下设施造成他人损害，管理人不能证明尽到管理职责的，应当承担侵权责任。	第一千二百五十八条　在公共场所或者道路上**挖掘**、修缮安装地下设施等**造成他人损害，施工人不能证明已经设置明显标志和采取安全措施的，应当承担侵权责任。** 窨井等地下设施造成他人损害，管理人不能证明尽到管理职责的，应当承担侵权责任。

理解与适用

1. 地面施工损害责任

地面施工损害责任，是指在公共场所或者道路上挖掘、修缮安装地下设施等，未设置明显标志和采取安全措施，造成他人损害，施工人应承担的民事责任。

（1）定性为施工行为致害更为准确。相比本法侵权责任编第十章规定的因物件致人损害的责任，地面施工损害责任更符合施工行为致害的责任。主要是因为在公共场所或者公共道路上施工，应当取得行政主管部门的批准，并按照安全文明施工规范操作。另外，公共场所和道路人员密集，路况复杂，如施工时无明显标志和采取安全措施，极易对不特定的社会公众生命财产安全造成损害。该条款的重点是为了规范施工人的施工行为，预防损害后果的发生。

（2）地面施工损害责任采用过错推定的归责原则。首先，地面施工作业的地点为公共场所或者道路上，不限于安装、修缮地下工作物，只要是进行地面施工活动的，均受本条规范调整。但需要注意的是，地下挖掘活动致害适用《民法典》第1240条关于严格责任的规定；在建设工程施工过程中发生施工工具坠落、脚手架倒塌等致害的，适用《民法典》第1252条、第1253条关于建筑物等设施倒塌以及物件脱落、坠落损害责任的规定。其次，地面施工活动与他人人身、财产损害之间具有因果关系，受害人应对这一基础事实进行举证证明。应注意的是，损害是对他人的损害，若施工人及雇员在施工中遭受损害，适用工伤事故等其他法律规定。再次，施工人设置的标志和采取的安全措施应当明显和具体。设置明显标志和采取安全措施，是施工人进行地面施工作业时的法定义务。最后，施工人负有证明已经设置明显标志和采取安全措施的责任。损害发生后，施工人只有举证证明同时履行了前述两项作为义务，才能免责，二者缺一不可。

（3）责任主体。地面施工损害责任的主体是施工人。施工人基于对工地的主导地位，可以有效控制和避免损害后果的发生。施工人通常包含施工项目的承包人、转包人、分包人和实际施工人。需要注意的是，施工单位的工作人员或者个人施工人的雇员不属于施工人，雇员的责任由雇主承担。

（4）减轻、免除责任的情形。施工人可以通过证明已设置明显标志和采取安全措施，没有过错来免除责任。此外，还可通过证明损害的发生完全因不可抗力，以及损害的发生系因第三人的过错或者因被侵权人的故意或过失引起，均可减免施工人的责任。

2. 地下设施损害责任

地下设施损害责任，是指窨井（城市地下管线中转、控制的地下空间）等地下设施致使他人人身、财产遭受损害，管理人所应承担的侵权责任。除窨井外，其他地下设施包括地窖、水井、下水道和其他地下坑道等。

（1）地下设施施工损害责任采用过错推定的归责原则。首先，窨井等地下设施为致害物。地面以上的设施不适用本条第2款的规定。其次，实际发生的损害结果与窨井等地下设施具有因果关系，受害人能够对这一基础事实进行举证证明。最后，管理人无法完成已尽管理责任的证明标准。

(2)责任主体。地下设施损害责任的主体为管理人，此处管理人是指负责对窨井等地下设施进行管理、维护的单位或者个人。

实务问题

1. 本条在适用时应注意的问题

(1)本条第1、2款可能产生混淆，如正在施工的地下设施造成损害，应当如何确定责任？一般来讲，如果损害发生在施工过程中，适用第1款规定，若损害发生在已经交付使用的地下设施中，应由管理人承担责任。

(2)地面施工作业中的施工人在已设置警示标志和采取安全措施的情况下，如因自然或第三人原因导致标志或设施被破坏，施工人未及时补救，导致损害发生的仍应负民事责任，即施工人应对标志和措施进行合理的维护，确保警示标志和措施持续存在于施工期间。

(3)本条第2款管理人的责任与第1款施工人的责任都应是积极的作为义务。第1款施工人负有设置明显标示和采取安全措施的作为义务，第2款管理人负有维修、养护的作为义务，不能简单地将管理人的义务理解为消极的注意义务，即接到损害信息后的修复义务，而应是主动巡查、主动维护的积极义务。

2. 案例

唐某某诉都江堰市开源物业管理有限责任公司(以下简称开源物管公司)、都江堰市自来水公司地面施工、地下设施损害责任纠纷案。①

(1)案情简介。2000年原告唐某与都江堰市统建发展有限公司签订《都江堰市商品房买卖合同》1份，约定：原告购买由都江堰市统建发展有限公司开发的位于都江堰市碧城苑某幢某单元1楼B号房屋，建筑面积162.25平方米。合同签订后，原告通过银行按揭方式向都江堰市统建发展有限公司支付购房款，2001年都江堰市统建发展有限公司向原告交付了房屋。之后，原告入住该房屋至今，但未办理房屋所有权证。2010年3月8日，都江堰市碧城苑业主委员会与被告开源物管公司签订《碧城苑物业管理委托服务合同》1份，约定：都江堰市碧城苑业主委员会将碧城苑委托开源物管公司进行物业管理。委托管理期限为4年，自2010年3月28日起至2014年3月28日止。对公用设施设备进行日常

① 四川省都江堰市人民法院(2012)都江民初字第167号。

管理和维修养护（依法应由专业部门负责的除外）。合同签订后，开源物管公司依合同约定对碧城苑进行物业管理。2010 年 8 月，原告发现其使用的地下室渗水，遂要求开源物管公司进行处理，但因未查找到渗水原因而未果。2011 年 5 月 30 日晚，被告自来水公司调度室值班人员接到电话称，碧城苑自来水管道爆管，请求维修。该公司立即派人员赶往现场，经查，确认是管道爆管，次日 8 时，自来水公司派工作人员对该管道进行了维修，此后，未再发生渗漏现象。

（2）裁判要旨。本案所涉房屋自来水表前管道属被告自来水公司所有，其对该表前管道负有定期检查维修、确保安全运行，在供水管道及其附属设施发生事故时应当及时组织抢修的义务。自来水公司虽主张其履行了定期检查维修并及时组织抢修恢复供水义务，但其应在经常性的维护管理工作中负有更高的注意义务，根据庭审查明事实，其在近一年的巡查中均未发现水管漏水，致使原告地下室渗水，故其未尽到相应管理职责。鉴于自来水公司在接报后及时组织抢修，承担了相应义务，故其对原告的损失应承担一定的赔偿责任。被告开源物管公司系碧城苑小区的物业管理单位，虽然根据 2003 年《物业管理条例》第 51 条第 1 款"供水、供电、供气、供热、通信、有线电视等单位，应当依法承担物业管理区域内相关管线和设施设备维修、养护的责任"之规定，自来水表前管道维修、养护的责任应由自来水公司履行。但开源物管公司根据《物业管理委托服务合同》的约定，对公用设施设备有进行日常管理和维修养护的责任。本案中，唐某就其地下室渗水多次向开源物管公司反映并要求处理，开源物管公司作为专业提供物管服务的企业，应当协助唐某查找渗水原因，在未找到原因时应当协助唐某积极向相关职能部门反映，由于其怠于履行其义务，致原告地下室渗水近一年之久，故开源物管公司亦应承担相应的赔偿责任。原告唐某作为案涉标的物的使用人，对由其居住、使用的地下室负有高度的注意义务，其地下室渗水近一年之久，未采取合理措施避免损失的扩大，其主观上亦存在过失。原告唐某亦应承担相应责任。

（编写人：刘　宇）

附　　则

法律条文

第一千二百五十九条　民法所称的“以上”、“以下”、“以内”、“届满”，包括本数；所称的“不满”、“超过”、“以外”，不包括本数。

条文主旨

本条是关于法律术语含义的规定。

理解与适用

有关法律术语含义的进一步明确，一般是放在附则中规定。

实务问题

关于本条的适用，应适用于《民法典》的所有各编，包括总则编和分则各编。同时，需要特别注意的是，对于“以外”等与数量无关的情形并不适用本条规定，比如《民法典》第181条、第182条关于正当防卫、紧急避险超过必要限度的规定就不适用本条规定。

（编写人：李　辉）

法律条文

第一千二百六十条　本法自2021年1月1日起施行。《中华人民共和国婚姻法》、《中华人民共和国继承法》、《中华人民共和国民法通则》、《中华人民共和国收养法》、《中华人民共和国担保法》、《中华人民共和国合同法》、《中华人民共和国物权法》、《中华人民共和国侵权责任法》、《中华人民共和国民法总则》同时废止。

条文主旨

本条是关于《民法典》施行时间以及相关法律废止的规定。

理解与适用

本条明确规定了《民法典》的施行时间是 2021 年 1 月 1 日。《民法典》主要是针对《婚姻法》《继承法》《民法通则》《收养法》《担保法》《合同法》《物权法》《侵权责任法》《民法总则》的相关内容进行的修改编纂，这九部法律属于旧法，《民法典》施行后，上述九部法律当然废止。

实务问题

《民法典》施行前，《婚姻法》《继承法》等九部法律继续适用，依据这九部法律作出的司法解释也可以继续适用。

《民法典》施行后，《婚姻法》《继承法》等九部法律同时废止。《公司法》等商事、知识产权等部门特别法律以及相关司法解释继续适用，如果司法解释与《民法典》冲突的，应适用《民法典》的规定。

《民法典》实施之前发生的法律事实，应当坚持法不溯及既往的原则，适用行为发生时的有效法律法规；《民法典》实施后发生的法律事实或者法律事实持续到《民法典》实施后的，适用《民法典》的规定。

（编写人：李　辉）